PPCE

POLICIAL PENAL DO ESTADO DO CEARÁ

EDITORA
AlfaCon
Concursos Públicos

Diretor Geral: Jadson Siqueira
Diretor Editorial: Javert Falco
Editor(a): Mateus Ruhmke Vazzoller
Gerente de Editoração: Alexandre Rossa

Língua Portuguesa
Adriano Paccielo, Giancarla Bombonato, Glaucia Cansian, Pablo Jamilk, Priscila Conte

Redação
Rachel Ribeiro

Noções de Informática
João Paulo, Katia Quadros e Luiz Rezende

Raciocínio Lógico
Daniel Lustosa

Noções de Administração Pública e Ética no Serviço Público
Luiz Rezende, Giovana Carranza, Evandro Guedes e Isabel Rossoni

Noções de Direito Administrativo
Evandro Guedes

Noções de Direito Constitucional
Daniel Sena e Gustavo Muzy

Noções de Direitos Humanos
Diogo Medeiros e Nilton Matos

Noções de Direito Penal
Eduardo Labruna, Evandro Guedes, Rafael Medeiros e Lucas Favero

Legislação Extravagante
André Adriano, Rafael Medeiros, Alessander Mendes, Felipe Ávila, Norberto Florindo, Guilherme de Luca e Evandro Guedes

Questões
José Augusto Melo de Carvalho, Danniel Maia Palladino, Luis Fernando de Menezes, André Adriano do Nascimento da Silva, Francisco Túlio Mendes Queiroz, Tatiana Aparecida Campos

Dados Internacionais de Catalogação na Publicação (CIP)
Angélica Ilacqua CRB-8/7057

P812

PPCE : policial penal do departamento de polícia penal do estado do Ceará / Equipe de professores Alfacon -- Cascavel, PR : AlfaCon, 2024.
710 p.

Bibliografia
ISBN 978-65-59187-27-0

1. Serviço público - Concursos – Brasil 2. Polícia penal – Ceará 3. Língua portuguesa 4. Informática 5. Direito 6. Raciocínio lógico 7. Redação I. Título

24-1587 **CDD 351.81076**

Índices para catálogo sistemático:
1. Serviço público - Brasil - Concursos

Dúvidas?
Acesse: **www.alfaconcursos.com.br/atendimento**

Núcleo Editorial:

Núcleo Comercial/Centro de Distribuição:

Data de fechamento
1ª impressão:
16/04/2024

EDITORA
AlfaCon
Concursos Públicos

www.alfaconcursos.com.br/apostilas

APRESENTAÇÃO

Chegou o momento de conquistar seu lugar no serviço público, e a chave para isso está na preparação certa com a obra elaborada pelo AlfaCon. Em um universo tão competitivo como o dos concursos públicos, a diferença está na qualidade da sua preparação. Para trilhar com sucesso sua jornada rumo a essa carreira tão desejada, é crucial contar com os materiais do AlfaCon.

Nesse material são abordados os seguintes assuntos:

- Língua Portuguesa
- Redação
- Noções de Informática
- Raciocínio Lógico
- Noções de Administração Pública e Ética no Serviço Público
- Noções de Direito Administrativo
- Noções de Direito Constitucional
- Noções de Direitos Humanos
- Noções de Direito Penal
- Legislação Extravagante

Nosso compromisso é proporcionar a você um material completo e de qualidade, estruturado com explicações claras e objetivas. Destacamos os tópicos mais frequentemente cobrados nas provas, garantindo que você esteja preparado para enfrentar qualquer desafio.

Além disso o AlfaCon também te ajuda com:

- **Atualizações (sempre que necessárias) no Site:** mantemos nosso conteúdo sempre atualizado, alinhado às últimas novidades e mudanças nos editais, para que você esteja sempre à frente da concorrência.
- **Conteúdo Complementar**: oferecemos material adicional para aprofundar seus estudos, proporcionando uma compreensão abrangente e sólida dos temas abordados.
- **Curso Gratuito:** como parte do nosso compromisso com o seu sucesso, você terá acesso a um curso gratuito que complementa sua preparação, proporcionando uma experiência ainda mais completa.

**Acesse o Conteúdo Online com o
Código de Resgate e Desperte o Seu Potencial!**

Estamos ao seu lado nessa jornada de conquistas. Desfrute ao máximo do seu material, e lembre-se: **cada momento de estudo é um passo rumo à sua aprovação!**

Bons estudos e rumo à sua aprovação

EDITORA
AlfaCon
Concursos Públicos

COMO ESTUDAR PARA UM CONCURSO PÚBLICO!

AlfaCon Concursos Públicos

Para se preparar para um concurso público, não basta somente estudar o conteúdo. É preciso adotar metodologias e ferramentas, como plano de estudo, que ajudem o concurseiro em sua organização.

As informações disponibilizadas são resultado de anos de experiência nesta área e apontam que estudar de forma direcionada traz ótimos resultados ao aluno.

Curso on-line GRATUITO

- Como montar caderno
- Como estudar
- Como e quando fazer simulados
- O que fazer antes, durante e depois de uma prova!

Ou pelo link: alfaconcursos.com.br/cursos/material-didatico-como-estudar

ORGANIZAÇÃO

Organização é o primeiro passo para quem deseja se preparar para um concurso público.

Conhecer o conteúdo programático é fundamental para um estudo eficiente, pois os concursos seguem uma tendência e as matérias são previsíveis. Usar o edital anterior - que apresenta pouca variação de um para outro - como base é uma boa opção.

Quem estuda a partir desse núcleo comum precisa somente ajustar os estudos quando os editais são publicados.

PLANO DE ESTUDO

Depois de verificar as disciplinas apresentadas no edital, as regras determinadas para o concurso e as características da banca examinadora, é hora de construir uma tabela com seus horários de estudo, na qual todas as matérias e atividades desenvolvidas na fase preparatória estejam dispostas.

PASSO A PASSO

VEJA AS ETAPAS FUNDAMENTAIS PARA ORGANIZAR SEUS ESTUDOS

PASSO 1	PASSO 2	PASSO 3	PASSO 4	PASSO 5
Selecionar as disciplinas que serão estudadas.	Organizar sua rotina diária: marcar pontualmente tudo o que é feito durante 24 horas, inclusive o tempo que é destinado para dormir, por exemplo.	Organizar a tabela semanal: dividir o horário para que você estude 2 matérias por dia e também destine um tempo para a resolução de exercícios e/ou revisão de conteúdos.	Seguir rigorosamente o que está na tabela, ou seja, destinar o mesmo tempo de estudo para cada matéria. Por exemplo: 2h/dia para cada disciplina.	Reservar um dia por semana para fazer exercícios, redação e também simulados.

Esta tabela é uma sugestão de como você pode organizar seu plano de estudo. Para cada dia, você deve reservar um tempo para duas disciplinas e também para a resolução de exercícios e/ou revisão de conteúdos. Fique atento ao fato de que o horário precisa ser determinado por você, ou seja, a duração e o momento do dia em que será feito o estudo é você quem escolhe.

AlfaCon Concursos Públicos

TABELA SEMANAL

SEMANA	SEGUNDA	TERÇA	QUARTA	QUINTA	SEXTA	SÁBADO	DOMINGO
1							
2							
3							
4							

SUMÁRIO

Sumário

Sumário

Sumário

LÍNGUA PORTUGUESA

1. FONOLOGIA

Para escrever corretamente, dentro das normas aplicadas pela gramática, é preciso estudar o menor elemento sonoro de uma palavra: o fonema. A fonologia, então, é o estudo feito dos fonemas.

Os fonemas podem ser classificados em vogais, semivogais e consoantes. Esta qualificação ocorre de acordo com a forma como o ar passa pela boca e/ou nariz e como as cordas vocais vibram para produzir o som deles.

Cuidado para não confundir fonema com letra! A letra é a representação gráfica do fonema. Uma palavra pode ter quantidades diferentes de letras e fonemas.

Por exemplo:

Manhã: 5 letras

m/ /a/ /nh/ /ã/: 4 fonemas

- **Vogais:** existem **vogais nasais**, quando ocorre o movimento do ar saindo pela boca e pelo nariz. Tais vogais acompanham as letras m e n, ou também podem estar marcadas pelo til (~). No caso das **vogais orais**, o som passa apenas pela boca.

  Por exemplo:

  Mãe, lindo, tromba → vogais nasais

  Flor, calor, festa → vogais orais
- **Semivogais:** os fonemas /i/ e /u/ acompanhados por uma vogal na mesma sílaba da palavra constituem as semivogais. O som das semivogais é mais fraco do que o das vogais.

  Por exemplo: automóvel, história.
- **Consoantes:** quando o ar que sai pela boca sofre uma quebra formada por uma barreira como a língua, os lábios ou os dentes. São elas: b, c, d, f, g, j, k, l, lh, m, n, nh, p, rr, r, s, t, v, ch, z.

Lembre-se de que estamos tratando de fonemas, e não de letras. Por isso, os dígrafos também são citados como consoantes: os dígrafos são os encontros de duas consoantes, também chamados de encontros consonantais.

O encontro de dois sons vocálicos, ou seja, vogais ou semivogais, chama-se encontro vocálico. Eles são divididos em: ditongo, tritongo e hiato.

- **Ditongo:** na mesma sílaba, estão uma vogal e uma semivogal.

  Por exemplo: p**ai** (**A** → vogal, **I** → semivogal).
- **Tritongo:** na mesma sílaba, estão juntas uma semivogal, uma vogal e outra semivogal.

  Por exemplo: Urug**uai** (**U** → semivogal, **A** → vogal, **I** → semivogal).
- **Hiato:** são duas vogais juntas na mesma palavra, mas em sílabas diferentes.

  Por exemplo: juíza (ju-í-za).

1.1 Partição silábica

Quando um fonema é falado em uma só expiração, ou seja, em uma única saída de ar, ele recebe o nome de sílaba. As palavras podem ser classificadas de diferentes formas, de acordo com a quantidade de sílabas ou quanto à sílaba tônica.

Pela quantidade de sílabas, as palavras podem ser:

- Monossílaba: 1 sílaba.

  Por exemplo: céu (monossílaba).
- Dissílaba: 2 sílabas.

  Por exemplo: jovem (jo-vem).
- Trissílaba: 3 sílabas.

  Por exemplo: palhaço (pa-lha-ço).
- Polissílaba: 4 ou mais sílabas.

  Por exemplo: dignidade (dig-ni-da-de,), particularmente (par-ti-cu-lar-men-te).

Pela tonicidade, ou seja, pela força com que a sílaba é falada e sua posição na palavra:

- **Oxítona:** a última sílaba é a tônica.
- **Paroxítona:** a penúltima sílaba é a tônica.
- **Proparoxítona:** a antepenúltima sílaba é a tônica.

A identificação da posição da sílaba tônica de uma palavra é feita de trás para frente. Desta forma, uma palavra oxítona possui como sílaba tônica a sílaba final da palavra.

Para realizar uma correta divisão silábica, é preciso ficar atento às regras.

- Não separe ditongos e tritongos.

  Por exemplo: sau-da-de, sa-guão.
- Não separe os dígrafos **CH**, **LH**, **NH**, **GU**, **QU**.

  Por exemplo: ca-**ch**o, a-be-**lh**a, ga-li-**nh**a, Gui-**lh**er-me, **qu**e-ri-do.
- Não separe encontros consonantais que iniciam sílaba.

  Por exemplo: **ps**i-có-lo-go, a-**gl**u-ti-nar.
- Separe as vogais que formam um hiato.

  Por exemplo: pa-**ra**-í-so, **sa**-ú-de.
- Separe os dígrafos **RR**, **SS**, **SC**, **SÇ**, **XC**.

  Por exemplo: ba**r**-**r**i-ga, a**s**-**s**a-do, pi**s**-**c**i-na, cre**s**-**ç**o, e**x**-**c**e-der.
- Separe as consoantes que estejam em sílabas diferentes.

  Por exemplo: a**d**-**j**un-to, sub**s**-**t**an-ti-vo, pra**g**-**m**á-ti-co.

2. ACENTUAÇÃO GRÁFICA

Antes de começar o estudo, é importante que você entenda quais são os padrões de tonicidade da Língua Portuguesa e quais são os encontros vocálicos presentes na Língua. Assim, fica mais fácil entender quais são as regras e como elas surgem.

2.1 Padrões de tonicidade

- **Palavras oxítonas:** última sílaba tônica (*so*-**fá**, *ca*-**fé**, *ji*-**ló**).
- **Palavras paroxítonas:** penúltima sílaba tônica (fer-**ru**-gem, a-**du**-bo, sa-**ú**-de).
- **Palavras proparoxítonas:** antepenúltima sílaba tônica (**â**-ni-mo, **ví**-ti-ma, **ó**-ti-mo).

2.2 Encontros vocálicos

- **Hiato: encontro vocálico que se separa (p**i-**a**-no, sa-**ú**-de).
- **Ditongo: encontro vocálico que permanece unido na sílaba** (cha-**péu**, to-**néis)**.
- **Tritongo: encontro vocálico que permanece unido na sílaba** (sa-**guão**, U-ru-**guai)**.

2.3 Regras gerais

2.3.1 Quanto às proparoxítonas

Acentuam-se todas as palavras proparoxítonas:

- Por exemplo: **ví**-ti-ma, **â**-ni-mo, hi-per-**bó**-**li**-**co.**

2.3.2 Quanto às paroxítonas

Não se acentuam as paroxítonas terminadas em **A**, **E**, **O** (seguidas ou não de S) **M** e **ENS**.

- Por exemplo: cas**te**lo, gra**na**da, pa**ne**la, pe**pi**no, **pa**jem, i**ma**gens etc.

Acentuam-se as terminadas em **R**, **N**, **L**, **X**, **I** ou **IS**, **US**, **UM**, **UNS**, **PS**, Ã ou ÃS e ditongos.

Por exemplo: susten**tá**vel, **tó**rax, **hí**fen, **tá**xi, **ál**bum, **bí**ceps, prin**cí**pio etc.

Fique de olho em alguns casos particulares, como as palavras terminadas em **OM**, **ON**, **ONS**.

- Por exemplo: **iân**dom; **pró**ton, **nêu**trons etc.

Com a reforma ortográfica, deixam de se acentuar as paroxítonas com **OO** e **EE**:

- Por exemplo: **voo**, enj**oo**, perd**oo**, mag**oo**, **leem**, **veem**, **deem**, **creem** etc.

2.3.3 Quanto às oxítonas

São acentuadas as terminadas em:

- **A** ou **AS**: so**fá**, Pa**rá**.
- **E** ou **ES**: ra**pé**, ca**fé**.
- **O** ou **OS**: a**vô**, ci**pó**.
- **EM** ou **ENS**: tam**bém**, para**béns**.

2.3.4 Acentuação de monossílabos

Acentuam-se os monossílabos tônicos terminados em **A**, **E** **O**, seguidos ou não de **S**.

- Por exemplo: **pá**, **pó**, **pé**, **já**, **lá**, **fé**, **só**.

2.3.5 Acentuação dos hiatos

Acentuam-se os hiatos quando forem formados pelas letras **I** ou **U**, sozinhas ou seguidas de **S**:

- Por exemplo: sa**ú**va, ba**ú**, bala**ús**tre, pa**ís**.

Exceções:

- Seguidas de **NH**: **tainha.**
- Paroxítonas antecedidas de ditongo: fe**i**ura.
- Com o **I** duplicado: xi**i**ta.

2.3.6 Ditongos abertos

Serão acentuados os ditongos abertos **ÉU**, **ÉI** e **ÓI**, com ou sem **S**, quando forem oxítonos ou monossílabos.

- Por exemplo: cha**péu**, **réu**, to**néis**, he**rói**, pas**téis**, ho**téis**, len**çóis** **etc**.

Com a reforma ortográfica, caiu o acento do ditongo aberto em posição de paroxítona.

- Por exemplo: id**ei**a, onomatop**ei**a, jib**oi**a, paran**oi**a, her**oi**co etc.

2.3.7 Formas verbais com hífen

Para saber se há acento em uma forma verbal com hífen, deve-se analisar o padrão de tonicidade de cada bloco da palavra:

- Aju**dá**-lo (oxítona terminada em "a" → monossílabo átono).
- Con**tar**-lhe (oxítona terminada em "r" → monossílabo átono).
- Convi**dá**-la-íamos (oxítona terminada em "a" → proparoxítona).

2.3.8 Verbos "ter" e "vir"

Quando escritos na 3ª pessoa do singular, não serão acentuados:

- Ele **tem/vem**.

Quando escritos na **3ª pessoa do plural**, receberão o **acento circunflexo**:

- Eles **têm/vêm.**

Nos verbos derivados das formas apresentadas anteriormente:

- Acento agudo para singular: contém, convém.
- Acento circunflexo para o plural: contêm, convêm.

2.3.9 Acentos diferenciais

Alguns permanecem:

- Pôde/pode (pretérito perfeito/presente simples).
- Pôr/por (verbo/preposição).
- Fôrma/forma (substantivo/verbo ou ainda substantivo).

Caiu o acento diferencial de:

- Para/pára (preposição/verbo).
- Pelo/pêlo (preposição + artigo/substantivo).
- Polo/pólo (preposição + artigo/substantivo).
- Pera/pêra (preposição + artigo/substantivo).

3. ACORDO ORTOGRÁFICO DA LÍNGUA PORTUGUESA

O Acordo Ortográfico busca simplificar as regras ortográficas da Língua Portuguesa e unificar a nossa escrita e a das demais nações de língua portuguesa: Portugal, Angola, Moçambique, Cabo Verde, Guiné-Bissau, São Tomé e Príncipe e Timor-Leste.

Sua implementação no Brasil passou por algumas etapas:

- **2009:** vigência ainda não obrigatória.
- **2010-2015:** adaptação completa às novas regras.
- **A partir de 1º de janeiro de 2016:** emprego obrigatório. O acordo ortográfico passa a ser o único formato da língua reconhecido no Brasil.

Entre as mudanças na língua portuguesa decorrentes da reforma ortográfica, podemos citar o fim do trema, alterações na forma de acentuar palavras com ditongos abertos e que sejam hiatos, supressão dos acentos diferenciais e dos acentos tônicos, novas regras para o emprego do hífen e inclusão das letras w, k e y ao idioma.

3.1 Trema

Não se usa mais o trema (¨), sinal colocado sobre a letra u para indicar que ela deve ser pronunciada nos grupos **gue**, **gui**, **que**, **qui**.

- Por exemplo: aguentar, bilíngue, cinquenta, delinquente, eloquente, ensanguentado, frequente, linguiça, quinquênio, sequência, sequestro, tranquilo etc.

Obs.: o trema permanece apenas nas palavras estrangeiras e em suas derivadas. Exemplos: Müller, mülleriano.

3.2 Regras de acentuação

3.2.1 Ditongos abertos em paroxítonas

Não se usa mais o acento dos ditongos abertos **EI** e **OI** das palavras paroxítonas (palavras que têm acento tônico na penúltima sílaba).

- Por exemplo: alcat**ei**a, andr**oi**de, ap**oi**a, ap**oi**o (verbo), aster**oi**de, b**oi**a, celul**oi**de, clarab**oi**a, colm**ei**a, Cor**ei**a, debil**oi**de, epop**ei**a, est**oi**co, estr**ei**a, gel**ei**a, her**oi**co, id**ei**a, jib**oi**a, j**oi**a, odiss**ei**a, paran**oi**a, paran**oi**co, plat**ei**a, tram**oi**a etc.

Obs.: a regra vale somente para palavras paroxítonas. Assim, continuam a ser acentuadas as palavras oxítonas e os monossílabos tônicos terminados em ÉI(**S**), ÓI(**S**).

- Por exemplo: papéis, herói, heróis, dói (verbo doer), sóis etc.

A palavra **ideia** não leva mais acento, assim como **heroico**, mas o termo **herói** é acentuado.

3.2.2 I e U tônicos depois de um ditongo

Nas palavras paroxítonas, não se usa mais o acento no **I** e no **U** tônicos quando vierem depois de um ditongo.

- Por exemplo: bai**u**ca, bocai**u**va (tipo de palmeira), cau**i**la (avarento).

Obs.:

- Se a palavra for oxítona e o I ou o U estiverem em posição final (ou seguidos de S), o acento permanece. Exemplos: tuiuiú, tuiuiús, Piauí.
- Se o I ou o U forem precedidos de ditongo crescente, o acento permanece. Exemplos: guaíba, Guaíra.

3.2.3 Hiatos EE e OO

Não se usa mais acento em palavras terminadas em **EEM** e **OO(S)**.

- Abenç**oo**, cr**eem**, d**eem**, d**oo**, enj**oo**, l**eem**, mag**oo**, perd**oo**, pov**oo**, v**eem**, v**oos**, z**oo**.

3.2.4 Acento diferencial

Não se usa mais o acento que diferenciava os pares pára/para, péla(s)/pela(s), pêlo(s)/pelo(s), pólo(s)/polo(s) e pêra/pera. Por exemplo:

Ele para o carro.
Ele foi ao polo Norte.
Ele gosta de jogar polo.
Esse gato tem pelos brancos.
Comi uma pera.

Obs.:

- Permanece o acento diferencial em **pôde/pode**. **Pôde** é a forma do passado do verbo poder (pretérito perfeito do indicativo), na 3ª pessoa do singular. **Pode** *é* a forma do presente do indicativo, na 3ª pessoa do singular.
    - Por exemplo: Ontem, ele não **pôde** sair mais cedo, mas hoje ele **pode**.
- Permanece o acento diferencial em pôr/por. Pôr é verbo. Por é preposição.
    - Por exemplo: Vou **pôr** o livro na estante que foi feita **por** mim.
- Permanecem os acentos que diferenciam o singular do plural dos verbos ter e vir, assim como de seus derivados (manter, deter, reter, conter, convir, intervir, advir etc.). Por exemplo:

  Ele **tem** dois carros. Eles **têm** dois carros.
  Ele **vem** de Sorocaba. Eles **vêm** de Sorocaba.
  Ele **mantém** a palavra. Eles **mantêm** a palavra.
  Ele **convém** aos estudantes. Eles **convêm** aos estudantes.
  Ele **detém** o poder. Eles **detêm** o poder.
  Ele **intervém** em todas as aulas. Eles **intervêm** em todas as aulas.
- É facultativo o uso do acento circunflexo para diferenciar as palavras **forma/fôrma**. Em alguns casos, o uso do acento deixa a frase mais clara. Por exemplo: Qual é a forma da fôrma do bolo?

3.2.5 Acento agudo no U tônico

Não se usa mais o acento agudo no **U** tônico das formas (tu) arguis, (ele) argui, (eles) arguem, do presente do indicativo dos verbos **arguir** e **redarguir**.

3.3 Hífen com compostos

3.3.1 Palavras compostas sem elementos de ligação

Usa-se o hífen nas palavras compostas que não apresentam elementos de ligação.

- Por exemplo: guarda-chuva, arco-íris, boa-fé, segunda-feira, mesa-redonda, vaga-lume, joão-ninguém, porta-malas, porta-bandeira, pão-duro, bate-boca etc.

Exceções: não se usa o hífen em certas palavras que perderam a noção de composição, como girassol, madressilva, mandachuva, pontapé, paraquedas, paraquedista, paraquedismo.

3.3.2 Compostos com palavras iguais

Usa-se o hífen em compostos que têm palavras iguais ou quase iguais, sem elementos de ligação.

- Por exemplo: reco-reco, blá-blá-blá, zum-zum, tico-tico, tique-taque, cri-cri, glu-glu, rom-rom, pingue-pongue, zigue-zague, esconde-esconde, pega-pega, corre-corre.

3.3.3 Compostos com elementos de ligação

Não se usa o hífen em compostos que apresentam elementos de ligação.

- Por exemplo: pé de moleque, pé de vento, pai de todos, dia a dia, fim de semana, cor de vinho, ponto e vírgula, camisa de força, cara de pau, olho de sogra.

Obs.: incluem-se nesse caso os compostos de base oracional.

- Por exemplo: Maria vai com as outras, leva e traz, diz que diz que, Deus me livre, Deus nos acuda, cor de burro quando foge, bicho de sete cabeças, faz de conta.

Exceções: água-de-colônia, arco-da-velha, cor-de-rosa, mais-que-perfeito, pé-de-meia, ao deus-dará, à queima-roupa.

3.3.4 Topônimos

Usa-se o hífen nas palavras compostas derivadas de topônimos (nomes próprios de lugares), com ou sem elementos de ligação. Por exemplo:

- Belo Horizonte: belo-horizontino.
- Porto Alegre: porto-alegrense.
- Mato Grosso do Sul: mato-grossense-do-sul.
- Rio Grande do Norte: rio-grandense-do-norte.
- África do Sul: sul-africano.

3.4 Uso do hífen com palavras formadas por prefixos

3.4.1 Casos gerais

Antes de H

Usa-se o hífen diante de palavra iniciada por **H**.

- Por exemplo: anti-higiênico, anti-histórico, macro-história, mini-hotel, proto-história, sobre-humano, super-homem, ultra-humano.

Letras iguais

Usa-se o hífen se o prefixo terminar com a mesma letra com que se inicia a outra palavra.

- Por exemplo: micro-ondas, anti-inflacionário, sub-bibliotecário, inter-regional.

Letras diferentes

Não se usa o hífen se o prefixo terminar com letra diferente daquela com que se inicia a outra palavra.

- Por exemplo: aeroespacial agroindustrial autoescola, antiaéreo, intermunicipal, supersônico, superinteressante, semicírculo.

Obs.: se o prefixo terminar por vogal e a outra palavra começar por **R** ou **S**, dobram-se essas letras.

- Por exemplo: minissaia, antirracismo, ultrassom, semirreta.

3.4.2 Casos particulares

Prefixos SUB- e SOB-

Com os prefixos **SUB-** e **SOB-**, usa-se o hífen também diante de palavra iniciada por **R**.

- Por exemplo: sub-região, sub-reitor, sub-regional, sob-roda.

Prefixos CIRCUM- e PAN-

Com os prefixos **CIRCUM-** e **PAN-**, usa-se o hífen diante de palavra iniciada por **M**, **N** e vogal.

- Por exemplo: circum-murado, circum-navegação, pan-americano.

Outros prefixos

Usa-se o hífen com os prefixos **EX-**, **SEM-**, **ALÉM-**, **AQUÉM-**, **RECÉM-**, **PÓS-**, **PRÉ-**, **PRÓ-**, **VICE-**.

- Por exemplo: além-mar, além-túmulo, aquém-mar, ex-aluno, ex-diretor, ex-hospedeiro, pós-graduação, pré-história, pré-vestibular, pró-europeu, recém-casado, recém-nascido, sem-terra, vice-rei.

Prefixo CO

O prefixo **CO** junta-se com o segundo elemento, mesmo quando este se inicia por **O** ou **H**. Neste último caso, corta-se o **H**. Se a palavra seguinte começar com **R** ou **S**, dobram-se essas letras.

- Por exemplo: coobrigação, coedição, coeducar, cofundador, coabitação, coerdeiro, corréu, corresponsável, cosseno.

Prefixos PRE- e RE-

Com os prefixos **PRE-** e **RE-**, não se usa o hífen, mesmo diante de palavras começadas por **E**.

- Por exemplo: preexistente, reescrever, reedição.

Prefixos AB-, OB- e AD-

Na formação de palavras com **AB-**, **OB-** e **AD-**, usa-se o hífen diante de palavra começada por **B**, **D** ou **R**.

- Por exemplo: ad-digital, ad-renal, ob-rogar, ab-rogar.

3.4.3 Outros casos do uso do hífen

NÃO e QUASE

Não se usa o hífen na formação de palavras com **não** e **quase**.

- Por exemplo: (acordo de) não agressão, (isto é, um) quase delito.

MAL

Com **mal**, usa-se o hífen quando a palavra seguinte começar por vogal, **H** ou **L**.

- Por exemplo: mal-entendido, mal-estar, mal-humorado, mal-limpo.

Obs.: quando **mal** significa doença, usa-se o hífen se não houver elemento de ligação.

- Por exemplo: mal-francês.

Se houver elemento de ligação, escreve-se sem o hífen.

- Por exemplo: mal de Lázaro, mal de sete dias.

Tupi-guarani

Usa-se o hífen com sufixos de origem tupi-guarani que representam formas adjetivas: **açu**, **guaçu**, **mirim**:

- Por exemplo: capim-açu, amoré-guaçu, anajá-mirim.

Combinação ocasional

Usa-se o hífen para ligar duas ou mais palavras que ocasionalmente se combinam, formando não propriamente vocábulos, mas encadeamentos vocabulares.

- Por exemplo: ponte Rio-Niterói, eixo Rio-São Paulo.

Hífen e translineação

Para clareza gráfica, se no final da linha a partição de uma palavra ou combinação de palavras coincidir com o hífen, ele deve ser repetido na linha seguinte.

- Por exemplo: O diretor foi receber os ex-
  -alunos.

3.4.4 Síntese das principais regras do hífen

	Síntese do hífen	Exemplos
Letras diferentes	Não use hífen	Infraestrutura, extraoficial, supermercado
Letras iguais	Use hífen	Anti-inflamatório, contra-argumento, inter-racial, hiper-realista
Vogal + R ou S	Não use hífen (duplique R ou S)	Corréu, cosseno, minissaia, autorretrato
Bem	Use hífen	Bem-vindo, bem-humorado

3.4.5 Quadro resumo do emprego do hífen com prefixos

Prefixos	Letra que inicia a palavra seguinte
Ante-, anti-, contra-, entre-, extra-, infra-, intra-, sobre-, supra-, ultra-	H/VOGAL IDÊNTICA À QUE TERMINA O PREFIXO Exemplos com H: ante-hipófise, anti-higiênico, anti-herói, contra-hospitalar, entre-hostil, extra-humano, infra-hepático, sobre-humano, supra-hepático, ultra-hiperbólico. Exemplos com vogal idêntica: anti-inflamatório, contra-ataque, infra-axilar, sobre-estimar, supra-auricular, ultra-aquecido.
Ab-, ad-, ob-, sob-	B/R/D (Apenas com o prefixo "Ad") Exemplos: ab-rogar (pôr em desuso), ad-rogar (adotar), ob-reptício (astucioso), sob-roda, ad-digital
Circum-, pan-	H/M/N/VOGAL Exemplos: circum-meridiano, circum-navegação, circum-oral, pan-americano, pan-mágico, pan-negritude.
Ex- (no sentido de estado anterior), sota-, soto-, vice-, vizo-	DIANTE DE QUALQUER PALAVRA Exemplos: ex-namorada, sota-soberania (não total), soto-mestre (substituto), vice-reitor, vizo-rei.
Hiper-, inter-, super-	H/R Exemplos: hiper-hidrose, hiper-raivoso, inter-humano, inter-racial, super-homem, super-resistente.
Pós-, pré-, pró- (tônicos e com significados próprios)	DIANTE DE QUALQUER PALAVRA Exemplos: pós-graduação, pré-escolar, pró-democracia. Obs.: se os prefixos não forem autônomos, não haverá hífen. Exemplos: predeterminado, pressupor, pospor, propor.
Sub-	B /H/R Exemplos: sub-bloco, sub-hepático, sub-humano, sub-região. Obs.: "subumano" e "subepático" também são aceitas.
Pseudoprefixos (diferem-se dos prefixos por apresentarem elevado grau de independência e possuírem uma significação mais ou menos delimitada, presente à consciência dos falantes.) Aero-, agro-, arqui-, auto-, bio-, eletro-, geo-, hidro-, macro-, maxi-, mega, micro-, mini-, muiti-, neo-, pluri-, proto-, pseudo-, retro-, semi-, tele-	H/VOGAL IDÊNTICA À QUE TERMINA O PREFIXO Exemplos com H: geo-histórico, mini-hospital, neo-helênico, proto-história, semi-hospitalar. Exemplos com vogal idêntica: arqui-inimigo, auto-observação, eletro-ótica, micro-ondas, micro-ônibus, neo-ortodoxia, semi-interno, tele-educação.

Não se utilizará o hífen:

- Em palavras iniciadas pelo prefixo **CO-**.
  - Por exemplo: Coadministrar, coautor, coexistência, cooptar, coerdeiro corresponsável, cosseno.
- Em palavras iniciadas pelos prefixos **DES-** ou **IN-** seguidos de elementos sem o "h" inicial.
  - Por exemplo: desarmonia, desumano, desumidificar, inábil, inumano etc.
- Com a palavra não.
  - Por exemplo: Não violência, não agressão, não comparecimento.
- Em palavras que possuem os elementos **BI**, **TRI**, **TETRA**, **PENTA**, **HEXA** etc.
  - Por exemplo: bicampeão, bimensal, bimestral, bienal, tridimensional, trimestral, triênio, tetracampeão, tetraplégico, pentacampeão, pentágono etc.
- Em relação ao prefixo **HIDRO-**, em alguns casos pode haver duas formas de grafia.
  - Por exemplo: hidroelétrica e hidrelétrica.
- No caso do elemento **SOCIO**, o hífen será utilizado apenas quando houver função de substantivo (= de associado).
  - Por exemplo: sócio-gerente / socioeconômico.

4. ORTOGRAFIA

A ortografia é a parte da Gramática que estuda a escrita correta das palavras. O próprio nome da disciplina já designa tal função. É oriunda das palavras gregas *ortho* que significa "correto" e *graphos* que significa "escrita".

4.1 Alfabeto

As letras **K**, **W** e **Y** foram inseridas no alfabeto devido a uma grande quantidade de palavras que são grafadas com tais letras e não podem mais figurar como termos exóticos em relação ao português. Eis alguns exemplos de seu emprego:

- Em abreviaturas e em símbolos de uso internacional: **kg** - quilograma / **w** - watt.
- Em palavras estrangeiras de uso internacional, nomes próprios estrangeiros e seus derivados: Kremlin, Kepler, Darwin, Byron, byroniano.

O alfabeto, também conhecido como abecedário, é formado (a partir do novo acordo ortográfico) por 26 letras.

FORMA MAIÚSCULA	FORMA MINÚSCULA	FORMA MAIÚSCULA	FORMA MINÚSCULA
A	a	N	n
B	b	O	o
C	c	P	p
D	d	Q	q
E	e	R	r
F	f	S	s
G	g	T	t
H	h	U	u
I	i	V	v
J	j	W	w
K	k	X	x
L	l	Y	y
M	m	Z	z

4.2 Emprego da letra H

A letra **H** demanda um pouco de atenção. Apesar de não possuir verdadeiramente sonoridade, ainda a utilizamos por convenção histórica. Seu emprego, basicamente, está relacionado às seguintes regras:

- No início de algumas palavras, por sua origem: hoje, hodierno, haver, Helena, helênico.
- No fim de algumas interjeições: Ah! Oh! Ih! Uh!
- No interior de palavra compostas que preservam o hífen, nas quais o segundo elemento se liga ao primeiro: super-homem, pré-história, sobre-humano.
- Nos dígrafos **NH**, **LH** e **CH**: tainha, lhama, chuveiro.

4.3 Emprego de E e I

Existe uma curiosidade a respeito do emprego dessas letras nas palavras que escrevemos: o fato de o "e", no final da palavra, ser pronunciado como uma semivogal faz com que muitos falantes pensem ser correto grafar a palavra com **I**.

Aqui, veremos quais são os principais aspectos do emprego dessas letras.

- Escreveremos com "e" palavras formadas com o prefixo **ANTE-** (que significa antes, anterior).
  - Por exemplo: antebraço, antevéspera, antecipar, antediluviano etc.
- A sílaba final de formas conjugadas dos verbos terminados em **–OAR** e **–UAR** (quando estiverem no subjuntivo).
  - Por exemplo: abençoe (abençoar), continue (continuar), pontue (pontuar).
- Algumas palavras, por sua origem.
  - Por exemplo: arrepiar, cadeado, creolina, desperdiçar, desperdício, destilar, disenteria, empecilho, indígena, irrequieto, mexerico, mimeógrafo, orquídea, quase, sequer, seringa, umedecer etc.
- Escreveremos com "i" palavras formadas com o prefixo **ANTI-** (que significa contra).
  - Por exemplo: antiaéreo, anticristo, antitetânico, anti-inflamatório.
- A sílaba final de formas conjugadas dos verbos terminados em **-AIR**, **-OER** e **-UIR**.
  - Por exemplo: cai (cair), sai (sair), diminui (diminuir), dói (doer).
- Os ditongos AI, OI, ÓI, UI.
  - Por exemplo: pai, foi, herói, influi.
- As seguintes palavras: aborígine, chefiar, crânio, criar, digladiar, displicência, escárnio, implicante, impertinente, impedimento, inigualável, lampião, pátio, penicilina, privilégio, requisito etc.

Vejamos alguns casos em que o emprego das letras **E** e **I** pode causar uma alteração semântica:

- Escrito com **E**:

  Arrear = pôr arreios.
  Área = extensão de terra, local.
  Delatar = denunciar.
  Descrição = ação de descrever.
  Descriminação = absolver.
  Emergir = vir à tona.
  Emigrar = sair do país ou do local de origem.
  Eminente = importante.

- Escrito com **I**:

  Arriar = abaixar, desistir.
  Ária = peça musical.
  Dilatar = alargar, aumentar.
  Discrição = separar, estabelecer diferença.
  Imergir = mergulhar.
  Imigrar = entrar em um país estrangeiro.
  Iminente = próximo, prestes a ocorrer.

O Novo Acordo Ortográfico explica que, agora, escreve-se com **I** antes de sílaba tônica. Veja alguns exemplos: acriano (admite-se, por ora, acreano, de Acre), rosiano (de Guimarães Rosa), camoniano (de Camões), nietzschiano (de Nietzsche) etc.

4.4 Emprego de O e U

Apenas por exceção, palavras em português com sílabas finais átonas (fracas) terminam por **US**; o comum é que se escreva com **O** ou **OS**. Por exemplo: carro, aluno, abandono, abono, chimango etc.

Exemplos das exceções a que aludimos: bônus, vírus, ônibus etc.

Em palavras proparoxítonas ou paroxítonas com terminação em ditongo, são comuns as terminações em **-UA**, **-ULA**, **-ULO**: tábua, rábula, crápula, coágulo.

As terminações em -**AO**, -**OLA**, -**OLO** só aparecem em algumas palavras: mágoa, névoa, nódoa, agrícola, vinícola, varíola etc.

Fique de olho na grafia destes termos:

- **Com a letra O:** abolir, boate, botequim, bússola, costume, engolir, goela, moela, moleque, mosquito etc.
- **Com a letra U:** bulício, buliçoso, bulir, camundongo, curtume, cutucar, jabuti, jabuticaba, rebuliço, urtiga, urticante etc.

4.5 Emprego de G e J

Essas letras, por apresentarem o mesmo som, eventualmente, costumam causar problemas de ortografia. A letra **G** só apresenta o som de **J** diante das letras **E** e **I**: gesso, gelo, agitar, agitador, agir, gíria.

4.5.1 Escreveremos com G

- Palavras terminadas em -**AGEM**, -**IGEM**, -**UGEM**. Por exemplo: garagem, vertigem, rabugem, ferrugem, fuligem etc.

  Exceções: pajem, lambujem (doce ou gorjeta), lajem (pedra da sepultura).
- Palavras terminadas em -ÁGIO, -ÉGIO, -ÍGIO, -ÓGIO, -ÚGIO: contágio, régio, prodígio, relógio, refúgio.
- Palavras derivadas de outras que já possuem a letra **G**. Por exemplo: **viagem** – viageiro; **ferrugem** – ferrugento; **vertigem** – vertiginoso; **regime** – regimental; **selvagem** – selvageria; **regional** – regionalismo.
- Em geral, após a letra "r". Por exemplo: aspergir, divergir, submergir, imergir etc.
- Palavras:

  De origem latina: agir, gente, proteger, surgir, gengiva, gesto etc.

  De origem árabe: álgebra, algema, ginete, girafa, giz etc.

  De origem francesa: estrangeiro, agiotagem, geleia, sargento etc.

  De origem italiana: gelosia, ágio etc.

  Do castelhano: gitano.

  Do inglês: gim.

4.5.2 Escreveremos com J

- Os verbos terminados em -**JAR** ou -**JEAR** e suas formas conjugadas:

  Gorjear: gorjeia (lembre-se das "aves"), gorjeiam, gorjearão.

  Viajar: viajei, viaje, viajemos, viajante.

Cuidado para não confundir os termos **viagem** (substantivo) com **viajem** (verbo "viajar"). Vejamos o emprego:
Ele fez uma bela viagem.
Tomara que eles viajem amanhã.

- Palavras derivadas de outras terminadas em -**JA**. Por exemplo: **granja:** granjeiro, granjear; **loja:** lojista, lojinha; **laranja:** laranjal, laranjeira; **lisonja:** lisonjeiro, lisonjeador; **sarja:** sarjeta.
- Palavras cognatas (raiz em comum) ou derivadas de outras que possuem o J. Por exemplo:

  Laje: lajense, lajedo.

  Nojo: nojento, nojeira.

  Jeito: jeitoso, ajeitar, desajeitado.
- Palavras de origem ameríndia (geralmente tupi-guarani) ou africana: canjerê, canjica, jenipapo, jequitibá, jerimum, jia, jiboia, jiló, jirau, Moji, pajé.
- Palavras: conjetura, ejetar, injeção, interjeição, objeção, objeto, objetivo, projeção, projeto, rejeição, sujeitar, sujeito, trajeto, trajetória, trejeito, berinjela, cafajeste, jeca, jegue, Jeremias, jerico, jérsei, majestade, manjedoura, ojeriza, pegajento, rijeza, sujeira, traje, ultraje, varejista.

4.6 Orientações sobre a grafia do fonema /s/

Podemos representar o fonema /s/ por:

- S: ânsia, cansar, diversão, farsa.
- SS: acesso, assar, carrossel, discussão.
- C, Ç: acetinado, cimento, açoite, açúcar.
- SC, SÇ: acréscimo, adolescente, ascensão, consciência, nasço, desça.
- X: aproximar, auxiliar, auxílio, sintaxe.
- XC: exceção, exceder, excelência, excepcional.

4.6.1 Escreveremos com S

- A correlação **ND** – **NS**:

  Pretender – pretensão, pretenso.

  Expandir – expansão, expansivo.
- A correlação **RG** – **RS**:

  Aspergir – aspersão.

  Imergir – imersão.

  Emergir – emersão.
- A correlação **RT** – **RS**:

  Divertir – diversão.

  Inverter – inversão.
- O sufixo -**ENSE**:

  Paranaense.

  Cearense.

  Londrinense.

4.6.2 Escreveremos com SS

- A correlação **CED** – **CESS**:

  Ceder – cessão.

  Interceder – intercessão.

  Retroceder – retrocesso.
- A correlação **GRED** – **GRESS**:

  Agredir – agressão, agressivo.

  Progredir – progressão, progresso.
- A correlação **PRIM** – **PRESS**:

  Imprimir – impressão, impresso.

  Oprimir – opressão, opressor.

  Reprimir – repressão, repressivo.
- A correlação **METER** – **MISS**:

  Submeter – submissão.

  Intrometer – intromissão.

4.6.3 Escreveremos com C ou com Ç

- Palavras de origem tupi ou africana. Por exemplo: açaí, araçá, Iguaçu, Juçara, muçurana, Paraguaçu, caçula, cacimba.
- **O Ç só será usado antes das vogais A, O e U.**
- Com os sufixos:

  -**AÇA:** barcaça.

  -**AÇÃO:** armação.

  -***ÇAR*:** aguçar.

  -**ECER:** esmaecer.

-**IÇA:** carniça.
-**NÇA:** criança.
-**UÇA:** dentuça.

- Palavras derivadas de verbos terminados em -**TER** (não confundir com a regra do -**METER** – -**MISS**):
  Abster: abstenção.
  Reter: retenção.
  Deter: detenção.
- Depois de ditongos:
  Feição; louça; traição.
- Palavras de origem árabe:
  Açúcar; açucena; cetim; muçulmano.

4.6.4 Emprego do SC

Escreveremos com **SC** palavras que são termos emprestados do latim. Por exemplo: adolescência; ascendente; consciente; crescer; descer; fascinar; fescenino.

4.6.5 Grafia da letra S com som de /z/

Escreveremos com S:

- Terminações em -**ÊS**, -**ESA** e -**ISA**, que indicam nacionalidade, título ou origem:
  Japonês – japonesa.
  Marquês – marquesa.
  Camponês – camponesa.
- Após ditongos: causa; coisa; lousa; Sousa.
- As formas dos verbos **pôr** e **querer** e de seus compostos:
  Eu pus, nós pusemos, pusésseis etc.
  Eu quis, nós quisemos, quisésseis etc.
- Terminações -**OSO** e -**OSA**, que indicam qualidade. Por exemplo: gostoso; garboso; fervorosa; talentosa.
- Prefixo **TRANS**-: transe; transação; transoceânico.
- Em diminutivos cujo radical termine em **S**:
  Rosa – rosinha.
  Teresa – Teresinha.
  Lápis – lapisinho.
- Na correlação **D** – **S**:
  Aludir – alusão, alusivo.
  Decidir – decisão, decisivo.
  Defender – defesa, defensivo.
- Verbos derivados de palavras cujo radical termina em **S**:
  Análise – analisar.
  Presa – apresar.
  Êxtase – extasiar.
  Português – aportuguesar.
- Substantivos com os sufixos gregos -**ESE**, -**ISA** e -**OSE**: catequese, diocese, poetisa, virose, (obs.: "catequizar" com **Z**).
- Nomes próprios: Baltasar, Heloísa, Isabel, Isaura, Luísa, Sousa, Teresa.
- Palavras: análise, cortesia, hesitar, reses, vaselina, avisar, defesa, obséquio, revés, vigésimo, besouro, fusível, pesquisa, tesoura, colisão, heresia, querosene, vasilha.

4.7 Emprego da letra Z

Escreveremos com Z:

- Terminações -**EZ** e -**EZA** de substantivos abstratos derivados de adjetivos:
  Belo – beleza.
  Rico – riqueza.
  Altivo – altivez.
  Sensato - sensatez.
- Verbos formados com o sufixo -**IZAR** e palavras cognatas: balizar, inicializar, civilizar.
- As palavras derivadas em:
  -**ZAL:** cafezal, abacaxizal.
  -**ZEIRO:** cajazeiro, açaizeiro.
  -**ZITO:** avezita.
  -**ZINHO:** cãozinho, pãozinho, pezinho
- Derivadas de palavras cujo radical termina em **Z**: cruzeiro, esvaziar.
- Palavras: azar, aprazível, baliza, buzina, bazar, cicatriz, ojeriza, prezar, proeza, vazamento, vizinho, xadrez, xerez.

4.8 Emprego do X e do CH

A letra X pode representar os seguintes fonemas:

/ch/: xarope.
/cx/: sexo, tóxico.
/z/: exame.
/ss/: máximo.
/s/: sexto.

4.9 Escreveremos com X

- Em geral, após um ditongo. Por exemplo: caixa, peixe, ameixa, rouxinol, caixeiro. **Exceções**: recauchutar e guache.
- Geralmente, depois de sílaba iniciada por **EN**-: enxada; enxerido; enxugar; enxurrada.
- Encher (e seus derivados); palavras que iniciam por **CH** e recebem o prefixo **EN**-. Por exemplo: encharcar, enchumaçar, enchiqueirar, enchumbar, enchova.
- Palavras de origem indígena ou africana: abacaxi, xavante, xará, orixá, xinxim.
- Após a sílaba **ME** no início da palavra. Por exemplo: mexerica, mexerico, mexer, mexida. **Exceção**: mecha de cabelo.
- Palavras: bexiga, bruxa, coaxar, faxina, graxa, lagartixa, lixa, praxe, vexame, xícara, xale, xingar, xampu.

4.10 Escreveremos com CH

- As seguintes palavras, em razão de sua origem: chave, cheirar, chuva, chapéu, chalé, charlatão, salsicha, espadachim, chope, sanduíche, chuchu, cochilo, fachada, flecha, mecha, mochila, pechincha.
- **Atente para a divergência de sentido com os seguintes elementos:**
  Bucho – estômago.
  Buxo – espécie de arbusto.
  Cheque – ordem de pagamento.
  Xeque – lance do jogo de xadrez.
  Tacha – pequeno prego.
  Taxa – imposto.

5. NÍVEIS DE ANÁLISE DA LÍNGUA

A Língua Portuguesa possui quatro níveis de análise. Veja cada um deles:

- **Nível fonético/fonológico:** estuda a produção e articulação dos sons da língua.
- **Nível morfológico:** estuda a estrutura e a classificação das palavras.
- **Nível sintático:** estuda a função das palavras dentro de uma sentença.
- **Nível semântico:** estuda as relações de sentido construídas entre as palavras.

Na **Semântica**, entre outras coisas, estuda-se a diferença entre linguagem de sentido denotativo (ou literal, do dicionário) e linguagem de sentido conotativo (ou figurado).

- Rosa é uma flor.
    - **Morfologia:**

        Rosa: substantivo;
        É: verbo ser;
        Uma: artigo;
        Flor: substantivo
    - **Sintaxe:**

        Rosa: sujeito;
        É uma flor: predicado;
        Uma flor: predicativo do sujeito.
    - **Semântica:**

        Rosa pode ser entendida como uma pessoa ou como uma planta, depende do sentido.

6. ESTRUTURA E FORMAÇÃO DE PALAVRAS

6.1 Estrutura das palavras

Para compreender os termos da Língua Portuguesa, deve-se observar, nos vocábulos, a presença de algumas estruturas como **raiz**, **desinências** e **afixos**:

- **Raiz ou radical (morfema lexical):** parte que guarda o sentido da palavra.
  Pedreiro.
  Pedrada.
  Em**pedr**ado.
  Pedregulho.
- **Desinências:** fazem a flexão dos termos.
  Nominais:
  Gênero: jogador/jogadora.
  Número: aluno/alunos.
  Grau: cadeira/cadeirinha.
  Verbais:
  Modo-tempo: cantá**va**mos, vendê**ra**mos.
  Número-pessoa: fize**mos,** compra**stes.**
- **Afixos: conectam-se às raízes dos termos.**
  Prefixos: colocados antes da raiz.
  Infeliz, **des**fazer, **re**tocar.
  Sufixos: colocados após a raiz.
  Feliz**mente**, capac**idade**, igual**dade.**

Também é importante atentar aos termos de ligação. São eles:

- **Vogal de ligação:**
  Gas**ô**metro, bar**ô**metro, caf**e**icultura, carn**í**voro.
- **Consoante de ligação:**
  Gira**s**sol, cafe**t**eira, pau**l**ada, cha**l**eira.

6.2 Radicais gregos e latinos

O conhecimento sobre a origem dos radicais é, muitas vezes, importante para a compreensão e memorização de inúmeras palavras.

6.2.1 Radicais gregos

Os radicais gregos têm uma importância expressiva para a compreensão e fácil memorização de diversas palavras que foram criadas e vulgarizadas pela linguagem científica.

Podemos observar que esses radicais se unem, geralmente, a outros elementos de origem grega e, frequentemente, sofrem alterações fonéticas e gráficas para formarem palavras compostas.

Seguem alguns radicais gregos, seus respectivos significados e algumas palavras de exemplo:

- ***Ácros*** **(alto):** acrópole, acrobacia, acrofobia.
- ***Álgos*** **(dor):** algofilia, analgésico, nevralgia.
- ***Ánthropos*** **(homem):** antropologia, antropófago, filantropo.
- ***Astér, astéros*** **(estrela):** asteroide, asterisco.
- ***Ástron*** **(astro):** astronomia, astronauta.
- ***Biblíon*** **(livro):** biblioteca, bibliografia, bibliófilo.
- ***Chéir, cheirós*** **(mão – cir-, quiro):** cirurgia, cirurgião, quiromante.
- ***Chlorós,*** **(verde):** cloro, clorofila, clorídrico.
- ***Chróma, chrómatos,*** **(cor):** cromático, policromia.
- ***Dáktylos*** **(dedo):** datilografia, datilografar.
- ***Déka*** **(dez):** decálogo, decâmetro, decassílabo.
- ***Gámos,*** **(casamento):** poligamia, polígamo, monogamia.
- ***Gastér, gastrós,*** **(estômago):** gastrite, gastrônomo, gástrico.
- ***Glótta, glóssa,*** **(língua):** poliglota, epiglote, glossário.
- ***Grámma*** **(letra, escrito):** gramática, anagrama, telegrama.
- ***Grápho*** **(escrevo):** grafia, ortografia, caligrafia.
- ***Heméra*** **(dia):** herneroteca, hernerologia, efêmero.
- ***Híppos*** **(cavalo):** hipódromo, hipismo, hipopótamo.
- ***Kardía*** **(coração):** cardíaco, cardiologia, taquicardia.
- ***Mésos,*** **(meio, do meio):** mesocarpo, mesóclise, mesopotâmia.
- ***Mnéme*** **(memória, lembrança):** mnemônico, amnésia, mnemoteste.
- ***Morphé*** **(forma):** morfologia, amorfo, metamorfose.
- ***Nekrós*** **(morto):** necrotério, necropsia, necrológio.
- ***Páis, paidós*** **(criança):** pedagogia, pediatria, pediatra.
- ***Pyr, pyrós*** **(fogo):** pirosfera, pirotécnico, antipirético.
- ***Rhis, rhinós*** **(nariz):** rinite, rinofonia, otorrino.
- ***Theós*** **(deus):** teologia, teólogo, apoteose.
- ***Zóon*** **(animal):** zoologia, zoológico, zoonose.

6.2.2 Radicais latinos

Outras palavras da língua portuguesa possuem radicais latinos. A maioria delas entrou na língua entre os séculos XVIII e XX. Seguem algumas das que vieram por via científica ou literária:

- ***Ager, agri*** **(campo):** agrícola, agricultura.
- ***Ambi*** **(de ambo, ambos):** ambidestro, ambíguo.
- ***Argentum, argenti*** **(prata):** argênteo, argentífero, argentino.
- ***Capillus, capilli*** **(cabelo):** capilar, capiliforme, capilaridade.
- ***Caput, capitis*** **(cabeça:** capital, decapitar, capitoso.
- ***Cola-, colere*** **(habitar, cultivar):** arborícola, vitícola.
- ***Cuprum, cupri*** **(cobre):** cúpreo, cúprico, cuprífero.
- ***Ego*** **(eu):** egocêntrico, egoísmo, ególatra.
- ***Equi-, aequus*** **(igual):** equivalente, equinócio, equiângulo.
- ***-fero, ferre*** **(levar, conter):** aurífero, lactífero, carbonífero.
- ***Fluvius*** **(rio):** fluvial, fluviômetro.
- ***Frigus, frigoris*** **(frio):** frigorífico, frigomóvel.
- ***Lapis, lapidis*** **(pedra):** lápide, lapidificar, lapidar.
- ***Lex, legis*** **(lei):** legislativo, legislar, legista.
- ***Noceo, nocere*** **(prejudicar, causar mal):** nocivo, inocente, inócuo.
- ***Pauper, pauperis*** **(pobre):** pauperismo, depauperar.
- ***Pecus*** **(rebanho):** pecuária, pecuarista, pecúnia.
- ***Pluvia*** **(chuva):** pluvial, pluviômetro.
- ***Radix, radieis*** **(raiz):** radical, radicar, erradicar.
- ***Sidus, sideris*** **(astro):** sideral, sidéreo, siderar.
- ***Stella*** **(estrela):** estelar, constelação.
- ***Triticum, tritici*** **(trigo):** triticultura, triticultor, tritícola.
- ***Vinum, vini*** **(vinho):** vinicultura, vinícola.
- ***Vitis*** **(videira):** viticultura, viticultor, vitícola.
- ***Volo, volare*** **(voar):** volátil, noctívolo.
- ***Vox, vocis*** **(voz):** vocal, vociferar.

6.3 Origem das palavras de Língua Portuguesa

As palavras da Língua Portuguesa têm múltiplas origens, mas a maioria delas veio do latim vulgar, ou seja, o latim que era falado pelo povo duzentos anos antes de Cristo.

No geral, as palavras que formam o nosso léxico podem ser de origem latina, de formação vernácula ou de importação estrangeira.

Quanto às palavras de origem latina, sabe-se que algumas datam dos séculos VI e XI, aproximadamente, e outras foram introduzidas na língua por escritores e letrados ao longo do tempo, sobretudo no período áureo, o século XVI, e de forma ainda mais abundante durante os séculos que o seguiram, por meios literário e científico. As primeiras, as formas populares, foram grandemente alteradas na fala do povo rude, mas as formas eruditas tiveram leves alterações.

Houve, ao longo desses séculos, com incentivo do povo luso-brasileiro, a criação de palavras que colaboraram para enriquecer o vocabulário. Essas palavras são chamadas criações vernáculas.

Desde os primórdios da língua, diversos termos estrangeiros entraram em uso, posteriormente enriquecendo definitivamente o patrimônio léxico, porque é inevitável que palavras de outros idiomas adentrem na língua por meio das relações estabelecidas entre os povos e suas culturas.

Devido a isso, encontramos, no vocabulário português, palavras provenientes:

- Do grego: por influência do cristianismo e do latim literário: anjo, bíblia, clímax. E por criação de sábios e cientistas: nostalgia, microscópio.
- Do hebraico: veiculadas pela Bíblia: aleluia, Jesus, Maria, sábado.
- Do alemão: guerra, realengo, interlância.
- Do árabe: algodão, alfaiate, algema.
- Do japonês: biombo, micado, samurai.
- Do francês: greve, detalhe, pose.
- Do inglês: bife, futebol, tênis.
- Do turco: lacaio, algoz.
- Do italiano: piano, maestro, lasanha.
- Do russo: vodca, esputinique.
- Do tupi: tatu, saci, jiboia, pitanga.
- Do espanhol: cavalheiro, ninharia, castanhola.
- De línguas africanas: macumba, maxixe, marimbondo.

Atualmente, o francês e o inglês são os idiomas com maior influência sobre a língua portuguesa.

6.4 Processos de formação de palavras

Há dois processos mais fortes (presentes) na formação de palavras em Língua Portuguesa: a composição e a derivação. Vejamos suas principais características.

6.4.1 Composição

É uma criação de vocábulo. Pode ocorrer por:

- **Justaposição:** sem perda de elementos.
  Guarda-chuva, girassol, arranha-céu etc.
- **Aglutinação:** com perda de elementos.
  Embora, fidalgo, aguardente, planalto, boquiaberto etc.
- **Hibridismo:** união de radicais oriundos de línguas distintas.
  Automóvel (latim e grego); sambódromo (tupi e grego).

6.4.2 Derivação

É uma transformação no vocábulo. Pode ocorrer das seguintes maneiras:

- **Prefixal (prefixação):** reforma, anfiteatro, cooperação.
- **Sufixal (sufixação):** pedreiro, engenharia, florista.
- **Prefixal – sufixal:** infelizmente, ateísmo, desordenamento.
- **Parassintética:** prefixo e sufixo simultaneamente, sem a possibilidade de remover umas das partes.
  Avermelhado, anoitecer, emudecer, amanhecer.
- **Regressão (regressiva) ou deverbal:** advinda de um verbo.
  Abalo (abalar), luta (lutar), fuga (fugir).
- **Imprópria (conversão):** mudança de classe gramatical.
  O jantar, um não, o seu sim, o pobre.

6.4.3 Estrangeirismo

Pode-se entender como um empréstimo linguístico.

- **Com aportuguesamento:** abajur (do francês *abat-jour*), algodão (do árabe *al-qutun*), lanche (do inglês *lunch*) etc.
- **Sem aportuguesamento:** *networking*, *software*, *pizza*, *show*, *shopping* etc.

6.5 Acrônimo ou sigla

- **Silabáveis:** podem ser separados em sílabas.
  Infraero (Infraestrutura Aeroportuária), **Petrobras** (Petróleo Brasileiro) etc.
- **Não-silabáveis:** não podem ser separados em sílabas.
  FMI, MST, SPC, PT, INSS, MPU etc.

6.6 Onomatopeia ou reduplicação

- **Onomatopeia:** tentativa de representar um som da natureza.
  Pow, paf, tum, psiu, argh.
- **Reduplicação:** repetição de palavra com fim onomatopaico.
  Reco-reco, tique-taque, pingue-pongue.
- **Redução ou abreviação:** eliminação do segmento de alguma palavra.
  Fone (telefone), cinema (cinematógrafo), pneu (pneumático) etc.

7. MORFOLOGIA

Antes de adentrar nas conceituações, veja a lista a seguir para facilitar o estudo. Nela, temos uma classe de palavra seguida de um exemplo.

Artigo: o, a, os, as, um, uma, uns, umas.

Adjetivo: legal, interessante, capaz, brasileiro, francês.

Advérbio: muito, pouco, bem, mal, ontem, certamente.

Conjunção: que, caso, embora.

Interjeição: Ai! Ui! Ufa! Eita!

Numeral: sétimo, vigésimo, terço.

Preposição: a, ante, até, após, com, contra, de, desde, em, entre.

Pronome: cujo, o qual, quem, eu, lhe.

Substantivo: mesa, bicho, concursando, Pablo, José.

Verbo: estudar, passar, ganhar, gastar.

7.1 Substantivos

É a palavra variável que designa qualidades, sentimentos, sensações, ações etc.

Quanto à sua classificação, o substantivo pode ser:

- **Primitivo** (sem afixos): pedra.
- **Derivado** (com afixos): pedreiro/empedrado.
- **Simples** (1 núcleo): guarda.
- **Composto** (mais de 1 núcleo): guarda-roupas.
- **Comum** (designa ser genérico): copo, colher.
- **Próprio** (designa ser específico): Maria, Portugal.
- **Concreto** (existência própria): cadeira, lápis.
- **Abstrato** (existência dependente): glória, amizade.

7.1.1 Substantivos concretos

Designam seres de existência própria, como: padre, político, carro e árvore.

7.1.2 Substantivos abstratos

Nomeiam qualidades ou conceitos de existência dependente, como: beleza, fricção, tristeza e amor.

7.1.3 Substantivos próprios

São sempre concretos e devem ser grafados com iniciais maiúsculas. Alguns substantivos próprios, no entanto, podem vir a se tornar comuns pelo processo de derivação imprópria que, geralmente, ocorre pela anteposição de um artigo e a grafia do substantivo com letra minúscula (um judas = traidor/um panamá = chapéu). As flexões dos substantivos podem se dar em gênero, número e grau.

7.1.4 Gênero dos substantivos

Quanto à distinção entre masculino e feminino, os substantivos podem ser:

- **Biformes:** quando apresentam uma forma para o masculino e outra para o feminino. Por exemplo: gato, gata, homem, mulher.
- **Uniformes:** quando apresentam uma única forma para ambos os gêneros. Nesse caso, eles estão divididos em:
  - **Epicenos:** usados para animais de ambos os sexos (macho e fêmea). Por exemplo: besouro, jacaré, albatroz.
  - **Comum de dois gêneros:** aqueles que designam pessoas. Nesse caso, a distinção é feita por um elemento ladeador (artigo, pronome). Por exemplo: o/a terrícola, o/a estudante, o/a dentista, o/a motorista.
  - **Sobrecomuns:** apresentam um só gênero gramatical para designar seres de ambos os sexos. Por exemplo: o indivíduo, a vítima, o algoz.

Em algumas situações, a mudança de gênero altera também o sentido do substantivo:

- O cabeça (líder).
- A cabeça (parte do corpo).

7.1.5 Número dos substantivos

Tentemos resumir as principais regras de formação do plural nos substantivos.

TERMINAÇÃO	VARIAÇÃO	EXEMPLO
vogal ou ditongo	acréscimo do S	barco – barcos
M	NS	pudim – pudins
ÃO (primeiro caso)	ÕES	ladrão – ladrões
ÃO (segundo caso)	ÃES	pão – pães
ÃO (terceiro caso)	S	cidadão – cidadãos
R	ES	mulher – mulheres
Z	ES	cartaz – cartazes
N	ES	abdômen – abdômenes
S (oxítonos)	ES	inglês – ingleses
AL, EL, OL, ULI	IS	tribunal – tribunais
IL (oxítonos)	S	barril – barris
IL (paroxítonos)	EIS	fóssil – fósseis
ZINHO, ZITO	S	anelzinho – aneizinhos

Alguns substantivos são grafados apenas no plural: alvíssaras, anais, antolhos, arredores, belas-artes, calendas, cãs, condolências, esponsais, exéquias, fastos, férias, fezes, núpcias, óculos, pêsames.

7.1.6 Grau do substantivo

Aumentativo/diminutivo

Analítico: quando se associam os adjetivos ao substantivo. Por exemplo: carro grande, pé pequeno.

Sintético: quando se adiciona ao substantivo sufixos indicadores de grau, carrão, pezinho.

- **Sufixos:**
  - **Aumentativos:** -ÁZIO, -ORRA, -OLA, -AZ, -ÃO, -EIRÃO, -ALHÃO, -ARÃO, -ARRÃO, -ZARRÃO.
  - **Diminutivos:** -ITO, -ULO-, -CULO, -OTE, -OLA, -IM, -ELHO, -INHO, -ZINHO. O sufixo -ZINHO é obrigatório quando o substantivo terminar em vogal tônica ou ditongo: cafezinho, paizinho etc.

O aumentativo pode exprimir tamanho (casarão), desprezo (sabichão, ministraço, poetastro) ou intimidade (amigão); enquanto o diminutivo pode indicar carinho (filhinho) ou ter valor pejorativo (livreco, casebre), além das noções de tamanho (bolinha).

7.2 Artigo

O artigo é a palavra variável que tem por função individualizar algo, ou seja, possui como função primordial indicar um elemento, por meio de definição ou indefinição da palavra que, pela anteposição do artigo, passa a ser substantivada. Os artigos se subdividem em:

- **Artigos definidos (O, A, OS, AS):** definem o substantivo a que se referem. Por exemplo:

  Hoje à tarde, falaremos sobre **a** aula da semana passada.

  Na última aula, falamos **do** conteúdo programático.

- **Artigos indefinidos (um, uma, uns, umas):** indefinem o substantivo a que se referem. Por exemplo:

  Assim que eu passar no concurso, eu irei comprar **um** carro.

  Pela manhã, papai, apareceu **um** homem da loja aqui.

É importante ressaltar que os artigos podem ser contraídos com algumas preposições essenciais, como demonstrado na tabela a seguir:

PREPOSIÇÕES	ARTIGO							
	DEFINIDO				INDEFINIDO			
	O	A	OS	AS	UM	UMA	UNS	UMAS
A	ao	à	aos	às	-	-	-	-
De	do	da	dos	das	dum	duma	duns	dumas
Em	no	na	nos	nas	num	numa	nuns	numas
Per	pelo	pela	pelos	pelas	-	-	-	-
Por	polo	pola	polos	polas	-	-	-	-

O artigo é utilizado para substantivar um termo. Ou seja, quer transformar algo em um substantivo? Coloque um artigo em sua frente.

Cantar alivia a alma. (Verbo)

O **cantar** alivia a alma. (Substantivo)

7.2.1 Emprego do artigo com a palavra "todo"

Quando inserimos artigos ao lado da palavra "todo", em geral, o sentido da expressão passa a designar totalidade. Como no exemplo abaixo:

Pobreza é um problema que acomete **todo país**. (todos os países)

Pobreza é um problema que acomete **todo o país**. (o país em sua totalidade).

7.3 Pronome

Em uma definição breve, podemos dizer que pronome é o termo que substitui um substantivo, desempenhando, na sentença em que aparece, uma função coesiva. Podemos dividir os pronomes em sete categorias, são elas: pessoais, tratamento, demonstrativos, relativos, indefinidos, interrogativos, possessivos.

Antes de partir para o estudo pormenorizado dos pronomes, vamos fazer uma classificação funcional deles quando empregados em uma sentença:

- **Pronomes substantivos:** são aqueles que ocupam o lugar do substantivo na sentença. Por exemplo:

  Alguém apareceu na sala ontem.

  Nós faremos todo o trabalho.

- **Pronomes adjetivos:** são aqueles que acompanham um substantivo na sentença. Por exemplo:

  Meus alunos são os mais preparados.

  Pessoa **alguma** fará tal serviço por **esse** valor.

7.3.1 Pronomes substantivos e adjetivos

É chamado **pronome substantivo** quando um pronome substitui um substantivo.

É chamado **pronome adjetivo** quando determina o substantivo com o qual se encontra.

7.3.2 Pronomes pessoais

Referem-se às pessoas do discurso, veja:

- Quem fala (1ª pessoa).
- Com quem se fala (2ª pessoa).
- De quem se fala (3ª pessoa).

Classificação dos pronomes pessoais (caso **reto** × caso **oblíquo**):

PESSOA GRAMATICAL	RETOS	OBLÍQUOS	
		ÁTONOS	TÔNICOS
1ª - Singular	eu	me	mim, comigo
2ª - Singular	tu	te	ti, contigo
3ª - Singular	ele, ela	o, a, lhe, se	si, consigo
1ª - Plural	nós	nos	nós, conosco
2ª - Plural	vós	vos	vós, convosco
3ª - Plural	eles, elas	os, as, lhes, se	si, consigo
Função	Sujeito	Complemento/Adjunto	

Veja a seguir o emprego de alguns pronomes (**certo** × **errado**).

Eu e tu × mim e ti

1ª regra: depois de preposição essencial, usa-se pronome oblíquo. Observe:

Entre mim e ti, não há acordo.

Sobre Manoel e ti, nada se pode falar.

Devo **a** ti esta conquista.

O presente é **para** mim.

Não saia **sem** mim.

Comprei um livro **para** ti.

Observe a preposição essencial destacada nas sentenças.

2ª regra: se o pronome utilizado na sentença for sujeito de um verbo, deve-se empregar os do caso reto.

Não saia sem **eu** deixar.

Comprei um livro para **tu** leres.

O presente é para **eu** desfrutar.

Observe que o pronome desempenha a função de sujeito do verbo destacado. Ou seja: "mim" não faz nada!

Não se confunda com as sentenças em que a ordem frasal está alterada. Deve-se, nesses casos, tentar colocar a sentença na ordem direta.

Para mim, fazer exercícios é muito bom. → Fazer exercícios é muito bom para mim.

Não é tarefa para mim realizar esta revisão. → Realizar esta revisão não é para mim.

Com causativos e sensitivos

Regra com verbos causativos (mandar, fazer, deixar) ou sensitivos (ver, ouvir, sentir): quando os pronomes oblíquos átonos são empregados com verbos causativos ou sensitivos, pode haver a possibilidade de desempenharem a função de sujeito de uma forma verbal próxima. Veja os exemplos:

Fiz **Juliana** chorar. (Sentença original).

Fi-**la** chorar. (Sentença reescrita com a substituição do termo Juliana pelo pronome oblíquo).

Em ambas as situações, a "Juliana é a chorona". Isso quer dizer que o termo feminino que está na sentença é sujeito do verbo "chorar". Pensando dessa maneira, entenderemos a primeira função da forma pronominal "la" que aparece na sentença reescrita.

Outro fator a ser considerado é que o verbo "fazer" necessita de um complemento, portanto, é um verbo transitivo. Ocorre que o complemento do verbo "fazer" não pode ter outro referente senão "Juliana". Então, entendemos que, na reescrita da frase, a forma pronominal "la" funciona como complemento do verbo "fazer" e sujeito do verbo "chorar".

Si e consigo

Esses pronomes somente podem ser empregados se se referirem ao sujeito da oração, pois possuem função reflexiva. Observe:

Alberto só pensa em si. ("Si" refere-se a "Alberto": sujeito do verbo "pensar").

O aluno levou as apostilas consigo. ("consigo" refere-se ao termo "aluno").

Estão erradas, portanto, frases como estas:

Creio muito em si, meu amigo.

Quero falar consigo.

Corrigindo:

Creio muito em você, meu amigo.

Quero falar contigo.

Conosco e convosco

As formas **"conosco"** e **"convosco"** são substituídas por **"com nós"** e **"com vós"** quando os pronomes pessoais são reforçados por palavras como **outros, mesmos, próprios, todos, ambos** ou **algum numeral**. Por exemplo:

Ele disse que iria com nós três.

Ele(s), ela(s) × o(s), a(s)

É muito comum ouvirmos frases como: "vi **ela** na esquina", "não queremos **eles** aqui". De acordo com as normas da Língua Portuguesa, é errado falar ou escrever assim, pois o pronome em questão está sendo utilizado fora de seu emprego original, ou seja, como um complemento (ao passo que deveria ser apenas sujeito). O certo é: "vi-**a** na esquina", "não **os** queremos aqui".

"O" e "a"

São complementos diretos, ou seja, são utilizados juntamente aos verbos transitivos diretos, ou nos bitransitivos, como no exemplo a seguir:

Comprei **um carro** para minha namorada = Comprei-**o** para ela. (Ocorreu a substituição do objeto direto)

É importante lembrar que há uma especificidade em relação à colocação dos pronomes "o" e "a" depois de algumas palavras:

- Se a palavra terminar em **R, S** ou **Z**: tais letras devem ser suprimidas e o pronome será empregado como **lo, la, los, las**.

  Fazer as tarefas = fazê-**las.**

  Querer o dinheiro = querê-**lo**.

- Se a palavra terminar com **ÃO, ÕE** ou **M**: tais letras devem ser mantidas e o pronome há de ser empregado como **no, na, nos, nas**.

  Compraram a casa = compraram-**na**.

  Compõe a canção = compõe-**na**.

Lhe

É um complemento indireto, equivalente a "a ele" ou "a ela". Ou seja, é empregado juntamente a um verbo transitivo indireto ou a um verbo bitransitivo, como no exemplo:

- Comprei um carro **para minha namorada** = comprei-**lhe** um carro. (Ocorreu a substituição do objeto indireto).

Muitas bancas gostam de trocar as formas "o" e "a" por "lhe", o que não pode ser feito sem que a sentença seja totalmente reelaborada.

7.3.3 Pronomes de tratamento

São pronomes de tratamento **você, senhor, senhora, senhorita, fulano, sicrano, beltrano** e as expressões que integram o quadro seguinte:

PRONOME	ABREVIATURA SINGULAR	ABREVIATURA PLURAL
Vossa Excelência(s)	V. Ex.ª	V. Ex.as
USA-SE PARA:		
Presidente (sem abreviatura), ministro, embaixador, governador, secretário de Estado, prefeito, senador, deputado federal e estadual, juiz, general, almirante, brigadeiro e presidente de câmara de vereadores.		
PRONOME	ABREVIATURA SINGULAR	ABREVIATURA PLURAL
Vossa(s) Magnificência(s)	V. Mag.ª	V. Mag.as
USA-SE PARA:		
Reitor de universidade para o qual também se pode usar V. Ex.ª.		

PRONOME	ABREVIATURA SINGULAR	ABREVIATURA PLURAL
Vossa(s) Senhoria(s)	V. Sª	V. S.^{as}
USA-SE PARA:		
Qualquer autoridade ou pessoa civil não citada acima.		
PRONOME	**ABREVIATURA SINGULAR**	**ABREVIATURA PLURAL**
Vossa(s) Santidade(s)	V. S	VV. SS.
USA-SE PARA:		
Papa.		
PRONOME	**ABREVIATURA SINGULAR**	**ABREVIATURA PLURAL**
Vossa(s) Eminência(s)	V. Em.ª	V.Em.^{as}
USA-SE PARA:		
Cardeal.		
PRONOME	**ABREVIATURA SINGULAR**	**ABREVIATURA PLURAL**
Vossa(s) Excelência(s) Reverendíssima(s)	V. Exª. Rev.ma	V. Ex.^{as}. Rev.^{mas}
USA-SE PARA:		
Arcebispo e bispo.		
PRONOME	**ABREVIATURA SINGULAR**	**ABREVIATURA PLURAL**
Vossa(s) Reverendíssima(s)	V. Rev.^{ma}	V.Rev.^{mas}
Usa-se para:		
Autoridade religiosa inferior às acima citadas.		
PRONOME	**ABREVIATURA SINGULAR**	**ABREVIATURA PLURAL**
Vossa(s) Reverência(s)	V. Rev.ª	V. Rev.^{mas}
USA-SE PARA:		
Religioso sem graduação.		
PRONOME	**ABREVIATURA SINGULAR**	**ABREVIATURA PLURAL**
Vossa(s) Majestade(s)	V. M.	VV. MM.
USA-SE PARA:		
Rei e imperador.		
PRONOME	**ABREVIATURA SINGULAR**	**ABREVIATURA PLURAL**
Vossa(s) Alteza(s)	V. A.	VV. AA.
USA-SE PARA:		
Príncipe, arquiduque e duque.		

Todas essas expressões se apresentam também com "Sua" para cujas abreviaturas basta substituir o "V" por "S".

Emprego dos pronomes de tratamento

- **Vossa Excelência** etc. × **Sua Excelência** etc.

Os pronomes de tratamento iniciados com "Vossa(s)" empregam-se em uma relação direta, ou seja, indicam o nosso interlocutor, pessoa com quem falamos:

> Soube que V. Ex.ª, Senhor Ministro, falou que não estava interessado no assunto da reunião.

Empregaremos o pronome com a forma "sua" quando a relação não é direta, ou seja, quando falamos sobre a pessoa:

> A notícia divulgada é de que Sua Excelência, o Presidente da República, foi flagrado em uma boate.

Utilização da 3ª pessoa

Os pronomes de tratamento são de 3ª pessoa; portanto, todos os elementos relacionados a eles devem ser empregados também na 3ª pessoa, para que se mantenha a uniformidade:

> É preciso que V. Ex.ª **diga** qual será o **seu** procedimento no caso em questão, a fim de que seus assessores possam agir a tempo.

Uniformidade de tratamento

No momento da escrita ou da fala, não é possível ficar fazendo "dança das pessoas" com os pronomes. Isso quer dizer que se deve manter a uniformidade de tratamento. Para tanto, se for utilizada 3ª pessoa no início de uma sentença, ela deve permanecer ao longo de todo o texto. Preste atenção para ver como ficou estranha a construção abaixo:

Quando **você** chegar, eu **te** darei o presente.

"Você" é de 3ª pessoa e "te" é de 2ª pessoa. Não há motivo para cometer tal engano. Tome cuidado, portanto. Podemos corrigir a sentença:

Quando tu chegares, eu te darei o presente.

Quando você chegar, eu lhe darei o presente.

7.3.4 Pronomes possessivos

São os pronomes que atribuem posse de algo às pessoas do discurso. Eles podem estar em:

- **1ª pessoa do singular:** meu, minha, meus, minhas.
- **2ª pessoa do singular:** teu, tua, teus, tuas.
- **3ª pessoa do singular:** seu, sua, seus, suas.
- **1ª pessoa do plural:** nosso, nossa, nossos, nossas.
- **2ª pessoa do plural:** vosso, vossa, vossos, vossas.
- **3ª pessoa do plural:** seu, sua, seus, suas.

Emprego

- Ambiguidade: "seu", "sua", "seus" e "suas" são os reis da ambiguidade (duplicidade de sentido).

  O policial prendeu o maconheiro em **sua** casa. (casa de quem?).

  Meu pai levou meu tio para casa em **seu** carro. (no carro de quem?).

- Corrigindo:

  O policial prendeu o maconheiro na casa **deste**.

  Meu pai, em **seu** carro, levou meu tio para casa.

- Emprego especial: não se usam os possessivos em relação às partes do corpo ou às faculdades do espírito. Devemos, pois, dizer:

  Machuquei a mão. (E não "a minha mão").

  Ele bateu a cabeça. (E não "a sua cabeça").

  Perdeste a razão? (E não "a tua razão").

7.3.5 Pronomes demonstrativos

São os que localizam ou identificam o substantivo ou uma expressão no espaço, no tempo ou no texto.

- **1ª pessoa:**

  Masculino: este(s).

  Feminino: esta(s).

  Neutro: isto.

  No espaço: com o falante.

  No tempo: presente.

  No texto: o que se pretende dizer ou o imediatamente retomado.

- **2ª pessoa**

  Masculino: esse(s).

  Feminino: essa(s).

  Neutro: isso.

  No espaço: pouco afastado.

  No tempo: passado ou futuro próximos.

  No texto: o que se disse anteriormente.

- **3ª pessoa**

  Masculino: aquele(s).

  Feminino: aquela(s).

  Neutro: aquilo.

  No espaço: muito afastado.

  No tempo: passado ou futuro distantes.

  No texto: o que se disse há muito ou o que se pretende dizer.

Quando o pronome retoma algo já mencionado no texto, dizemos que ele possui função **anafórica**. Quando aponta para algo que será dito, dizemos que possui função **catafórica**. Essa nomenclatura começou a ser cobrada em algumas questões de concurso público, portanto, é importante ter esses conceitos na ponta da língua.

Exemplos de emprego dos demonstrativos:

Veja **este** livro que eu trouxe, é muito bom.

Você deve estudar mais! **Isso** é o que eu queria dizer.

Vê **aquele** mendigo lá na rua? Terrível futuro o aguarda.

Há outros pronomes demonstrativos: **o, a, os, as**, quando antecedem o relativo que e podem ser permutados por **aquele(s), aquela(s), aquilo**. Veja os exemplos:

Não entendi o que disseste. (Não entendi aquilo que disseste.).

Esta rua não é a que te indiquei. (Esta rua não é aquela que te indiquei.).

Tal: quando puder ser permutado por qualquer demonstrativo:

Não acredito que você disse **tal** coisa. (Aquela coisa).

Semelhante: quando puder ser permutado por qualquer demonstrativo:

Jamais me prestarei a **semelhante** canalhice. (Esta canalhice).

Mesmo: quando modificar os pronomes eu, tu, nós e vós:

Eu **mesmo** investiguei o caso.

De modo análogo, classificamos o termo "**próprio**" (eu próprio, ela própria).

O termo "**mesmo**" pode ainda funcionar como pronome neutro em frases como: "é o mesmo", "vem a ser o mesmo".

Vejamos mais alguns exemplos:

José e **João** são alunos do ensino médio. Este gosta de matemática, **aquele** gosta de português.

Veja que a verdadeira relação estabelecida pelos pronomes demonstrativos focaliza, por meio do "este" o elemento mais próximo, por meio do "aquele" o elemento mais afastado.

Esta sala precisa de bons professores.

Gostaria de que esse órgão pudesse resolver meu problema.

Este(s), esta(s), isto indicam o local de onde escrevemos. **Esse(s), essa(s), isso** indicam o local em que se encontra o nosso interlocutor.

7.3.6 Pronomes relativos

São termos que relacionam palavras em um encadeamento. Os relativos da Língua Portuguesa são:

- **Que:** quando puder ser permutado por "o qual" ou um de seus termos derivados. Utiliza-se o pronome "que" para referências a pessoas ou coisas.

  O peão a **que** me refiro é Jonas.

- **O qual:** empregado para referência a coisas ou pessoas.

  A casa **na qual** houve o tiroteio foi interditada.

- **Quem:** é equivalente a dois pronomes: "aquele" e "que".

  O homem para **quem** se enviou a correspondência é Alberto.

- **Quanto:** será relativo quando seu antecedente for o termo "tudo".

  Não gastes tudo **quanto** tens.

- **Onde:** é utilizado para estabelecer referência a lugares, sendo permutável por "em que" ou "no qual" e seus derivados.

  O estado para **onde** vou é Minas Gerais.

- **Cujo:** possui um sentido possessivo. Não permite permuta por outro relativo. Também é preciso lembrar que o pronome "cujo" não admite artigo, pois já é variável (cujo/cuja, jamais "cujo o", "cuja a").

  Cara, o pedreiro em **cujo** serviço podemos confiar é Marcelino.

A preposição que está relacionada ao pronome é, em grande parte dos casos, oriunda do verbo que aparece posteriormente na sentença.

7.3.7 Pronomes indefinidos

São os pronomes que se referem, de forma imprecisa e vaga, à 3ª pessoa do discurso.

Eles podem ser:

- **Pronomes indefinidos substantivos:** têm função de substantivo: alguém, algo, nada, tudo, ninguém.
- **Pronomes indefinidos adjetivos:** têm função de adjetivo: cada, certo(s), certa (s).
- **Que variam entre pronomes adjetivos e substantivos:** variam de acordo com o contexto: algum, alguma, bastante, demais, mais, qual etc.

VARIÁVEIS				INVARIÁVEIS
MASCULINO		FEMININO		
SINGULAR	PLURAL	SINGULAR	PLURAL	
Algum	Alguns	Alguma	Algumas	Alguém
Certo	Certos	Certa	Certas	Algo
Muito	Muitos	Muita	Muitas	Nada
Nenhum	Nenhuns	Nenhuma	Nenhumas	Ninguém
Outro	Outros	Outra	Outras	Outrem
Qualquer	Quaisquer	Qualquer	Quaisquer	Cada
Quando	Quantos	Quanta	Quantas	-
Tanto	Tantos	Tanta	Tantas	-
Todo	Todos	Toda	Todas	Tudo
Vário	Vários	Vária	Várias	-
Pouco	Poucos	Pouca	Poucas	-

Fique bem atento para as alterações de sentido relacionadas às mudanças de posição dos pronomes indefinidos.

Alguma pessoa passou por aqui ontem. (Alguma pessoa = ao menos uma pessoa).

Pessoa alguma passou por aqui ontem. (Pessoa alguma = ninguém).

Locuções pronominais indefinidas

"Cada qual", "cada um", "seja qual for", "tal qual", "um ou outro" etc.

7.3.8 Pronomes interrogativos

Chamam-se interrogativos os pronomes **que**, **quem**, **qual** e **quanto**, empregados para formular uma pergunta direta ou indireta:

Que conteúdo estão estudando?
Diga-me **que** conteúdo estão estudando.
Quem vai passar no concurso?
Gostaria de saber **quem** vai passar no concurso.
Qual dos livros preferes?
Não sei ***qual*** dos livros preferes.
Quantos de coragem você tem?
Pergunte **quanto** de coragem você tem.

7.4 Verbo

É a palavra com que se expressa uma ação (cantar, vender), um estado (ser, estar), mudança de estado (tornar-se) ou fenômeno da natureza (chover).

Quanto à noção que expressam, os verbos podem ser classificados da seguinte maneira:

- **Verbos relacionais:** exprimem estado ou mudança de estado. São os chamados verbos de ligação.
- **Verbos de ligação: ser, estar, continuar, andar, parecer, permanecer, ficar, tornar-se etc.**
- **Verbos nocionais:** exprimem ação ou fenômeno da natureza. São os chamados verbos significativos.

Os verbos nocionais podem ser classificados da seguinte maneira:

- **Verbo Intransitivo (VI):** diz-se daquele que não necessita de um complemento para que se compreenda a ação verbal. Por exemplo: "morrer", "cantar", "sorrir", "nascer", "viver".
- **Verbo Transitivo (VT):** diz-se daquele que necessita de um complemento para expressar o afetado pela ação verbal. Divide-se em três tipos:
  - **Diretos (VTD):** não possuem preposição para ligar o complemento verbal ao verbo. São exemplos os verbos "querer", "comprar", "ler", "falar" etc.
  - **Indiretos (VTI):** possuem preposição para ligar o complemento verbal ao verbo. São exemplos os verbos "gostar", "necessitar", "precisar", "acreditar" etc.
  - **Diretos e Indiretos (VTDI) ou bitransitivos:** possuem dois complementos, um não preposicionado, outro com preposição. São exemplos os verbos "pagar", "perdoar", "implicar" etc.

Preste atenção na dica que segue:

João morreu. (Quem morre, morre. Não é preciso um complemento para entender o verbo).

Eu quero um aumento. (Quem quer, quer alguma coisa. É preciso um complemento para entender o sentido do verbo).

Eu preciso de um emprego. (Quem precisa, precisa "de" alguma coisa. Deve haver uma preposição para ligar o complemento ao seu verbo).

Mário pagou a conta ao padeiro. (Quem paga, paga algo a alguém. Há um complemento com preposição e um complemento sem preposição).

7.4.1 Estrutura e conjugação dos verbos

Os verbos possuem:

- **Raiz:** o que lhes guarda o sentido (**cant**ar, **corr**er, **sorr**ir).
- **Vogal temática:** o que lhes garante a família conjugacional (AR, ER, IR).
- **Desinências:** o que ajuda a conjugar ou nominalizar o verbo (canta**ndo**, cantá**vamos**).

Os verbos apresentam três conjugações, ou seja, três famílias conjugacionais. Em função da vogal temática, podem-se criar três paradigmas verbais. De acordo com a relação dos verbos com esses paradigmas, obtém-se a seguinte classificação:

- **Regulares:** seguem o paradigma verbal de sua conjugação sem alterar suas raízes (amar, vender, partir).
- **Irregulares:** não seguem o paradigma verbal da conjugação a que pertencem. As irregularidades podem aparecer na raiz ou nas desinências (ouvir – ouço/ouve, estar – estou/estão).
- **Anômalos:** apresentam profundas irregularidades. São classificados como anômalos em todas as gramáticas os verbos "ser" e "ir".
- **Defectivos:** não são conjugados em determinadas pessoas, tempo ou modo, portanto, apresentam algum tipo de "defeito" ("falir", no presente do indicativo, só apresenta a 1ª e a 2ª pessoa do plural). Os defectivos distribuem-se em grupos:
    - Impessoais.
    - Unipessoais: vozes ou ruídos de animais, só conjugados nas terceiras pessoas.
    - Antieufônicos: a sonoridade permite confusão com outros verbos – "demolir"; "falir", "abolir" etc.
- **Abundantes:** apresentam mais de uma forma para uma mesma conjugação.

Existe abundância **conjugacional** e **participial**. A primeira ocorre na conjugação de algumas formas verbais, como o verbo "haver", que admite "nós havemos/hemos", "vós haveis/heis". A segunda ocorre com as formas nominais de particípio.

A seguir segue uma lista dos principais abundantes na forma participial.

VERBOS	PARTICÍPIO REGULAR – EMPREGADO COM OS AUXILIARES "TER" E "HAVER"	PARTICÍPIO IRREGULAR – EMPREGADO COM OS AUXILIARES "SER", "ESTAR" E "FICAR"
aceitar	aceitado	aceito
acender	acendido	aceso
benzer	benzido	bento
eleger	elegido	eleito
entregar	entregado	entregue
enxugar	enxugado	enxuto
expressar	expressado	expresso
expulsar	expulsado	expulso
extinguir	extinguido	extinto
matar	matado	morto
prender	prendido	preso
romper	rompido	roto
salvar	salvado	salvo
soltar	soltado	solto
suspender	suspendido	suspenso
tingir	tingido	tinto

7.4.2 Flexão verbal

Relativamente à flexão verbal, anotamos:

- **Número:** singular ou plural.
- **Pessoa gramatical:** 1ª, 2ª ou 3ª.

Tempo: referência ao momento em que se fala (pretérito, presente ou futuro). O modo imperativo só tem um tempo, o presente.

- **Voz:** ativa, passiva, reflexiva e recíproca (que trabalharemos mais tarde).
- **Modo:** indicativo (certeza de um fato ou estado), subjuntivo (possibilidade ou desejo de realização de um fato ou incerteza do estado) e imperativo (expressa ordem, advertência ou pedido).

7.4.3 Formas nominais do verbo

As três formas nominais do verbo (infinitivo, gerúndio e particípio) não possuem função exclusivamente verbal.

- **Infinitivo:** assemelha-se ao substantivo, indica algo atemporal – o nome do verbo, sua desinência característica é a letra R: ama**r**, realça**r**, ungi**r** etc.
- **Gerúndio:** equipara-se ao adjetivo ou advérbio pelas circunstâncias que exprime de ação em processo. Sua desinência característica é -**NDO**: ama**ndo**, realça**ndo**, ungi**ndo** etc.
- **Particípio:** tem valor e forma de adjetivo – pode também indicar ação concluída, sua desinência característica é -**ADO** ou -**IDO** para as formas regulares: am**ado**, realç**ado**, ung**ido** etc.

7.4.4 Tempos verbais

Dentro do **modo indicativo**, anotamos os seguintes tempos:

- **Presente do indicativo:** indica um fato situado no momento ou época em que se fala.

    Eu amo, eu vendo, eu parto.
- **Pretérito perfeito do indicativo:** indica um fato cuja ação foi iniciada e concluída no passado.

    Eu amei, eu vendi, eu parti.
- **Pretérito imperfeito do indicativo:** indica um fato cuja ação foi iniciada no passado, mas não foi concluída ou era uma ação costumeira no passado.

    Eu amava, eu vendia, eu partia.
- **Pretérito mais-que-perfeito do indicativo:** indica um fato cuja ação é anterior a outra ação já passada.

    Eu amara, eu vendera, eu partira.
- **Futuro do presente do indicativo:** indica um fato situado em momento ou época vindoura.

    Eu amarei, eu venderei, eu partirei.
- **Futuro do pretérito do indicativo:** indica um fato possível, hipotético, situado num momento futuro, mas ligado a um momento passado.

    Eu amaria, eu venderia, eu partiria.

Dentro do **modo subjuntivo**, anotamos os seguintes tempos:

- Presente do subjuntivo: indica um fato provável, duvidoso ou hipotético, situado no momento ou época em que se fala. Para facilitar a conjugação, utilize a conjunção "que".

  Que eu ame, que eu venda, que eu parta.
- Pretérito imperfeito do subjuntivo: indica um fato provável, duvidoso ou hipotético, cuja ação foi iniciada, mas não concluída no passado. Para facilitar a conjugação, utilize a conjunção "se".

  Se eu amasse, se eu vendesse, se eu partisse.
- Futuro do subjuntivo: indica um fato provável, duvidoso, hipotético, situado num momento ou época futura. Para facilitar a conjugação, utilize a conjunção "quando".

  Quando eu amar, quando eu vender, quando eu partir.

7.4.5 Tempos compostos da voz ativa

Constituem-se pelos verbos auxiliares "**ter**" ou "**haver**" + particípio do verbo que se quer conjugar, dito principal.

No **modo indicativo**, os tempos compostos são formados da seguinte maneira:

- **Pretérito perfeito:** presente do indicativo do auxiliar + particípio do verbo principal (tenho amado).
- **Pretérito mais-que-perfeito:** pretérito imperfeito do indicativo do auxiliar + particípio do verbo principal (tinha amado).
- **Futuro do presente:** futuro do presente do indicativo do auxiliar + particípio do verbo principal (terei amado).
- **Futuro do pretérito:** futuro do pretérito indicativo do auxiliar + particípio do verbo principal (teria amado).

No **modo subjuntivo,** a formação se dá da seguinte maneira:

- **Pretérito perfeito:** presente do subjuntivo do auxiliar + particípio do verbo principal (tenha amado).
- **Pretérito mais-que-perfeito:** imperfeito do subjuntivo do auxiliar + particípio do verbo principal (tivesse amado).
- **Futuro composto:** futuro do subjuntivo do auxiliar + particípio do verbo principal (tiver amado).

Quanto às **formas nominais**, elas são formadas da seguinte maneira:

- **Infinitivo composto:** infinitivo pessoal ou impessoal do auxiliar + particípio do verbo principal (ter vendido/teres vendido).
- **Gerúndio composto:** gerúndio do auxiliar + particípio do verbo principal (tendo partido).

7.4.6 Vozes verbais

Quanto às vozes, os verbos apresentam voz:

- **Ativa:** o sujeito é agente da ação verbal.

  O corretor vende casas.
- **Passiva:** o sujeito é paciente da ação verbal.

  Casas são vendidas **pelo corretor**.
- **Reflexiva:** o sujeito é agente e paciente da ação verbal.

  A garota feriu-**se** ao cair da escada.
- **Recíproca:** há uma ação mútua descrita na sentença.

  Os amigos entreolh**aram-se**.

Voz passiva: sua característica é possuir um sujeito paciente, ou seja, que é afetado pela ação do verbo.

- **Analítica:** verbo auxiliar + particípio do verbo principal. Isso significa que há uma locução verbal de voz passiva.

  Casas **são *vendidas*** pelo corretor.

  Ele fez o trabalho – O trabalho **foi feito** por ele (mantido o pretérito perfeito do indicativo).

  O vento ia levando as folhas – As folhas iam **sendo levadas** pelo vento (mantido o gerúndio do verbo principal em um dos auxiliares).

  Vereadores entregarão um prêmio ao gari – Um prêmio **será entregue** ao gari por vereadores (veja como a flexão do futuro se mantém na locução).
- **Sintética:** verbo apassivado pelo termo "se" (partícula apassivadora) + sujeito paciente.

  Roubou-se **o dinheiro do povo**.

  Fez-se **o trabalho** com pressa.

É comum observar, em provas de concurso público, questões que mostram uma voz passiva sintética como aquela que é proveniente de uma ativa com sujeito indeterminado.

Alguns verbos da língua portuguesa apresentam **problemas de conjugação**:

Compraram um carro novo (ativa).

Comprou-se um carro novo (passiva sintética).

7.4.7 Verbos com a conjugação irregular

Abolir: defectivo – não possui a 1ª pessoa do singular do presente do indicativo, por isso não possui presente do subjuntivo e o imperativo negativo. (= banir, carpir, colorir, delinquir, demolir, descomedir-se, emergir, exaurir, fremir, fulgir, haurir, retorquir, urgir).

Acudir: alternância vocálica O/U no presente do indicativo – acudo, acodes etc. Pretérito perfeito do indicativo com U. (= bulir, consumir, cuspir, engolir, fugir).

Adequar: defectivo – só possui a 1ª e a 2ª pessoa do plural no presente do indicativo.

Aderir: alternância vocálica E/I no presente do indicativo – adiro, adere etc. (= advertir, cerzir, despir, diferir, digerir, divergir, ferir, sugerir).

Agir: acomodação gráfica G/J no presente do indicativo – ajo, ages etc. (= afligir, coagir, erigir, espargir, refulgir, restringir, transigir, urgir).

Agredir: alternância vocálica E/I no presente do indicativo – agrido, agrides, agride, agredimos, agredis, agridem. (= prevenir, progredir, regredir, transgredir).

Aguar: regular. Presente do indicativo – águo, águas etc. Pretérito perfeito do indicativo – aguei, aguaste, aguou, aguamos, aguastes, aguaram. (= desaguar, enxaguar, minguar).

Aprazer: irregular. Presente do indicativo – aprazo, aprazes, apraz etc. Pretérito perfeito do indicativo – aprouve, aprouveste, aprouve, aprouvemos, aprouvestes, aprouveram.

Arguir: irregular com alternância vocálica O/U no presente do indicativo – arguo (ú), arguis, argui, arguimos, arguis, arguem. Pretérito perfeito – argui, arguiste etc.

Atrair: irregular. Presente do indicativo – atraio, atrais etc. Pretérito perfeito – atraí, atraíste etc. (= abstrair, cair, distrair, sair, subtrair).

Atribuir: irregular. Presente do indicativo – atribuo, atribuis, atribui, atribuímos, atribuís, atribuem. Pretérito perfeito – atribuí, atribuíste, atribuiu etc. (= afluir, concluir, destituir, excluir, instruir, possuir, usufruir).

Averiguar: alternância vocálica O/U no presente do indicativo – averiguo (ú), averiguas (ú), averigua (ú), averiguamos, averiguais, averiguam (ú). Pretérito perfeito – averiguei, averiguaste etc. Presente do subjuntivo – averigue, averigues, averigue etc. (= apaziguar).

Cear: irregular. Presente do indicativo – ceio, ceias, ceia, ceamos, ceais, ceiam. Pretérito perfeito indicativo – ceei, ceaste, ceou, ceamos, ceastes, cearam. (= verbos terminados em -ear: falsear, passear... - alguns apresentam pronúncia aberta: estreio, estreia...).

Coar: irregular. Presente do indicativo – coo, côas, côa, coamos, coais, coam. Pretérito perfeito – coei, coaste, coou etc. (= abençoar, magoar, perdoar).

Comerciar: regular. Presente do indicativo – comercio, comerciais etc. Pretérito perfeito – comerciei etc. (= verbos em -iar, exceto os seguintes verbos: mediar, ansiar, remediar, incendiar, odiar).

Compelir: alternância vocálica E/I. Presente do indicativo – compilo, compeles etc. Pretérito perfeito indicativo – compeli, compeliste.

Compilar: regular. Presente do indicativo – compilo, compilas, compila etc. Pretérito perfeito indicativo – compilei, compilaste etc.

Construir: irregular e abundante. Presente do indicativo – construo, constróis, constrói, construímos, construís, constroem. Pretérito perfeito indicativo – construí, construíste etc.

Crer: irregular. Presente do indicativo – creio, crês, crê, cremos, credes, creem. Pretérito perfeito indicativo – cri, creste, creu, cremos, crestes, creram. Imperfeito indicativo – cria, crias, cria, críamos, críeis, criam.

Falir: defectivo. Presente do indicativo – falimos, falis. Pretérito perfeito indicativo – fali, faliste etc. (= aguerrir, combalir, foragir-se, remir, renhir).

Frigir: acomodação gráfica G/J e alternância vocálica E/I. Presente do indicativo – frijo, freges, frege, frigimos, frigis, fregem. Pretérito perfeito indicativo – frigi, frigiste etc.

Ir: irregular. Presente do indicativo – vou, vais, vai, vamos, ides, vão. Pretérito perfeito indicativo – fui, foste etc. Presente subjuntivo – vá, vás, vá, vamos, vades, vão.

Jazer: irregular. Presente do indicativo – jazo, jazes etc. Pretérito perfeito indicativo – jázi, jazeste, jazeu etc.

Mobiliar: irregular. Presente do indicativo – mobílio, mobílias, mobília, mobiliamos, mobiliais, mobíliam. Pretérito perfeito indicativo – mobiliei, mobiliaste.

Obstar: regular. Presente do indicativo – obsto, obstas etc. Pretérito perfeito indicativo – obtei, obstaste etc.

Pedir: irregular. Presente do indicativo – peço, pedes, pede, pedimos, pedis, pedem. Pretérito perfeito indicativo – pedi, pediste etc. (= despedir, expedir, medir).

Polir: alternância vocálica E/I. Presente do indicativo – pulo, pules, pule, polimos, polis, pulem. Pretérito perfeito indicativo – poli, poliste etc.

Precaver-se: defectivo e pronominal. Presente do indicativo – precavemo-nos, precaveis-vos. Pretérito perfeito indicativo – precavi-me, precaveste-te etc.

Prover: irregular. Presente do indicativo – provejo, provês, provê, provemos, provedes, proveem. Pretérito perfeito indicativo – provi, proveste, proveu etc.

Reaver: defectivo. Presente do indicativo – reavemos, reaveis. Pretérito perfeito indicativo – reouve, reouveste, reouve etc. (verbo derivado do haver, mas só é conjugado nas formas verbais com a letra v).

Remir: defectivo. Presente do indicativo – remimos, remis. Pretérito perfeito indicativo – remi, remiste etc.

Requerer: irregular. Presente do indicativo – requeiro, requeres etc. Pretérito perfeito indicativo – requeri, requereste, requereu etc. (Derivado do querer, diferindo dele na 1ª pessoa do singular do presente do indicativo e no pretérito perfeito do indicativo e derivados, sendo regular).

Rir: irregular. Presente do indicativo – rio, rir, ri, rimos, rides, riem. Pretérito perfeito indicativo – ri, riste. (= sorrir).

Saudar: alternância vocálica. Presente do indicativo – saúdo, saúdas etc. Pretérito perfeito indicativo – saudei, saudaste etc.

Suar: regular. Presente do indicativo – suo, suas, sua etc. Pretérito perfeito indicativo – suei, suaste, sou etc. (= atuar, continuar, habituar, individuar, recuar, situar).

Valer: irregular. Presente do indicativo – valho, vales, vale etc. Pretérito perfeito indicativo – vali, valeste, valeu etc.

Também merecem atenção os seguintes verbos irregulares:

▹ **Pronominais:** apiedar-se, dignar-se, persignar-se, precaver-se.

- **Caber**

  Presente do indicativo: caibo, cabes, cabe, cabemos, cabeis, cabem.

  Presente do subjuntivo: caiba, caibas, caiba, caibamos, caibais, caibam.

  Pretérito perfeito do indicativo: coube, coubeste, coube, coubemos, coubestes, couberam.

  Pretérito mais-que-perfeito do indicativo: coubera, couberas, coubera, coubéramos, coubéreis, couberam.

  Pretérito imperfeito do subjuntivo: coubesse, coubesses, coubesse, coubéssemos, coubésseis, coubessem.

  Futuro do subjuntivo: couber, couberes, couber, coubermos, couberdes, couberem.

- **Dar**

  Presente do indicativo: dou, dás, dá, damos, dais, dão.

  Presente do subjuntivo: dê, dês, dê, demos, deis, deem.

  Pretérito perfeito do indicativo: dei, deste, deu, demos, destes, deram.

  Pretérito mais-que-perfeito do indicativo: dera, deras, dera, déramos, déreis, deram.

  Pretérito imperfeito do subjuntivo: desse, desses, desse, déssemos, désseis, dessem.

  Futuro do subjuntivo: der, deres, der, dermos, derdes, derem.

- **Dizer**

  Presente do indicativo: digo, dizes, diz, dizemos, dizeis, dizem.

  Presente do subjuntivo: diga, digas, diga, digamos, digais, digam.

  Pretérito perfeito do indicativo: disse, disseste, disse, dissemos, dissestes, disseram.

  Pretérito mais-que-perfeito do indicativo: dissera, disseras, dissera, disséramos, disséreis, disseram.

  Futuro do presente: direi, dirás, dirá etc.

  Futuro do pretérito: diria, dirias, diria etc.

  Pretérito imperfeito do subjuntivo: dissesse, dissesses, dissesse, disséssemos, dissésseis, dissessem.

  Futuro do subjuntivo: disser, disseres, disser, dissermos, disserdes, disserem.

- **Estar**

  Presente do indicativo: estou, estas, está, estamos, estais, estão.

  Presente do subjuntivo: esteja, estejas, esteja, estejamos, estejais, estejam.

  Pretérito perfeito do indicativo: estive, estiveste, esteve, estivemos, estivestes, estiveram.

  Pretérito mais-que-perfeito do indicativo: estivera, estiveras, estivera, estivéramos, estivéreis, estiveram.

Pretérito imperfeito do subjuntivo: estivesse, estivesses, estivesse, estivéssemos, estivésseis, estivessem.

Futuro do subjuntivo: estiver, estiveres, estiver, estivermos, estiverdes, estiverem.

- **Fazer**

Presente do indicativo: faço, fazes, faz, fazemos, fazeis, fazem.

Presente do subjuntivo: faça, faças, faça, façamos, façais, façam.

Pretérito perfeito do indicativo: fiz, fizeste, fez, fizemos, fizestes, fizeram.

Pretérito mais-que-perfeito do indicativo: fizera, fizeras, fizera, fizéramos, fizéreis, fizeram.

Pretérito imperfeito do subjuntivo: fizesse, fizesses, fizesse, fizéssemos, fizésseis, fizessem.

Futuro do subjuntivo: fizer, fizeres, fizer, fizermos, fizerdes, fizerem.

Seguem esse modelo os verbos: desfazer, liquefazer e satisfazer.

Os particípios destes verbos e seus derivados são irregulares: feito, desfeito, liquefeito, satisfeito etc.

- **Haver**

Presente do indicativo: hei, hás, há, havemos, haveis, hão.

Presente do subjuntivo: haja, hajas, haja, hajamos, hajais, hajam.

Pretérito perfeito do indicativo: houve, houveste, houve, houvemos, houvestes, houveram.

Pretérito mais-que-perfeito do indicativo: houvera, houveras, houvera, houvéramos, houvéreis, houveram.

Pretérito imperfeito do subjuntivo: houvesse, houvesses, houvesse, houvéssemos, houvésseis, houvessem.

Futuro do subjuntivo: houver, houveres, houver, houvermos, houverdes, houverem.

- **Ir**

Presente do indicativo: vou, vais, vai, vamos, ides, vão.

Presente do subjuntivo: vá, vás, vá, vamos, vades, vão.

Pretérito imperfeito do indicativo: ia, ias, ia, íamos, íeis, iam.

Pretérito perfeito do indicativo: fui, foste, foi, fomos, fostes, foram.

Pretérito mais-que-perfeito do indicativo: fora, foras, fora, fôramos, fôreis, foram.

Pretérito imperfeito do subjuntivo: fosse, fosses, fosse, fôssemos, fôsseis, fossem.

Futuro do subjuntivo: for, fores, for, formos, fordes, forem.

- **Poder**

Presente do indicativo: posso, podes, pode, podemos, podeis, podem.

Presente do subjuntivo: possa, possas, possa, possamos, possais, possam.

Pretérito perfeito do indicativo: pude, pudeste, pôde, pudemos, pudestes, puderam.

Pretérito mais-que-perfeito do indicativo: pudera, puderas, pudera, pudéramos, pudéreis, puderam.

Pretérito imperfeito do subjuntivo: pudesse, pudesses, pudesse, pudéssemos, pudésseis, pudessem.

Futuro do subjuntivo: puder, puderes, puder, pudermos, puderdes, puderem.

- **Pôr**

Presente do indicativo: ponho, pões, põe, pomos, pondes, põem.

Presente do subjuntivo: ponha, ponhas, ponha, ponhamos, ponhais, ponham.

Pretérito imperfeito do indicativo: punha, punhas, punha, púnhamos, púnheis, punham.

Pretérito perfeito do indicativo: pus, puseste, pôs, pusemos, pusestes, puseram.

Pretérito mais-que-perfeito do indicativo: pusera, puseras, pusera, puséramos, puséreis, puseram.

Pretérito imperfeito do subjuntivo: pusesse, pusesses, pusesse, puséssemos, pusésseis, pusessem.

Futuro do subjuntivo: puser, puseres, puser, pusermos, puserdes, puserem.

Todos os derivados do verbo pôr seguem exatamente este modelo: antepor, compor, contrapor, decompor, depor, descompor, dispor, expor, impor, indispor, interpor, opor, pospor, predispor, pressupor, propor, recompor, repor, sobrepor, supor, transpor são alguns deles.

- **Querer**

Presente do indicativo: quero, queres, quer, queremos, quereis, querem.

Presente do subjuntivo: queira, queiras, queira, queiramos, queirais, queiram.

Pretérito perfeito do indicativo: quis, quiseste, quis, quisemos, quisestes, quiseram.

Pretérito mais-que-perfeito do indicativo: quisera, quiseras, quisera, quiséramos, quiséreis, quiseram.

Pretérito imperfeito do subjuntivo: quisesse, quisesses, quisesse, quiséssemos, quisésseis, quisessem.

Futuro do subjuntivo: quiser, quiseres, quiser, quisermos, quiserdes, quiserem.

- **Saber**

Presente do indicativo: sei, sabes, sabe, sabemos, sabeis, sabem.

Presente do subjuntivo: saiba, saibas, saiba, saibamos, saibais, saibam.

Pretérito perfeito do indicativo: soube, soubeste, soube, soubemos, soubestes, souberam.

Pretérito mais-que-perfeito do indicativo: soubera, souberas, soubera, soubéramos, soubéreis, souberam.

Pretérito imperfeito do subjuntivo: soubesse, soubesses, soubesse, soubéssemos, soubésseis, soubessem.

Futuro do subjuntivo: souber, souberes, souber, soubermos, souberdes, souberem.

- **Ser**

Presente do indicativo: sou, és, é, somos, sois, são.

Presente do subjuntivo: seja, sejas, seja, sejamos, sejais, sejam.

Pretérito imperfeito do indicativo: era, eras, era, éramos, éreis, eram.

Pretérito perfeito do indicativo: fui, foste, foi, fomos, fostes, foram.

Pretérito mais-que-perfeito do indicativo: fora, foras, fora, fôramos, fôreis, foram.

Pretérito imperfeito do subjuntivo: fosse, fosses, fosse, fôssemos, fôsseis, fossem.

Futuro do subjuntivo: for, fores, for, formos, fordes, forem.

As segundas pessoas do imperativo afirmativo são: sê (tu) e sede (vós).

- **Ter**

  Presente do indicativo: tenho, tens, tem, temos, tendes, têm.

  Presente do subjuntivo: tenha, tenhas, tenha, tenhamos, tenhais, tenham.

  Pretérito imperfeito do indicativo: tinha, tinhas, tinha, tínhamos, tínheis, tinham.

  Pretérito perfeito do indicativo: tive, tiveste, teve, tivemos, tivestes, tiveram.

  Pretérito mais-que-perfeito do indicativo: tivera, tiveras, tivera, tivéramos, tivéreis, tiveram.

  Pretérito imperfeito do subjuntivo: tivesse, tivesses, tivesse, tivéssemos, tivésseis, tivessem.

  Futuro do subjuntivo: tiver, tiveres, tiver, tivermos, tiverdes, tiverem.

Seguem esse modelo os verbos: ater, conter, deter, entreter, manter, reter.

- **Trazer**

  Presente do indicativo: trago, trazes, traz, trazemos, trazeis, trazem.

  Presente do subjuntivo: traga, tragas, traga, tragamos, tragais, tragam.

  Pretérito perfeito do indicativo: trouxe, trouxeste, trouxe, trouxemos, trouxestes, trouxeram.

  Pretérito mais-que-perfeito do indicativo: trouxera, trouxeras, trouxera, trouxéramos, trouxéreis, trouxeram.

  Futuro do presente: trarei, trarás, trará etc.

  Futuro do pretérito: traria, trarias, traria etc.

  Pretérito imperfeito do subjuntivo: trouxesse, trouxesses, trouxesse, trouxéssemos, trouxésseis, trouxessem.

  Futuro do subjuntivo: trouxer, trouxeres, trouxer, trouxermos, trouxerdes, trouxerem.

- **Ver**

  Presente do indicativo: vejo, vês, vê, vemos, vedes, veem.

  Presente do subjuntivo: veja, vejas, veja, vejamos, vejais, vejam.

  Pretérito perfeito do indicativo: vi, viste, viu, vimos, vistes, viram.

  Pretérito mais-que-perfeito do indicativo: vira, viras, vira, víramos, víreis, viram.

  Pretérito imperfeito do subjuntivo: visse, visses, visse, víssemos, vísseis, vissem.

  Futuro do subjuntivo: vir, vires, vir, virmos, virdes, virem.

Seguem esse modelo os derivados antever, entrever, prever, rever. Prover segue o modelo acima apenas no presente do indicativo e seus tempos derivados; nos demais tempos, comporta-se como um verbo regular da segunda conjugação.

- **Vir**

  Presente do indicativo: venho, vens, vem, vimos, vindes, vêm.

  Presente do subjuntivo: venha, venhas, venha, venhamos, venhais, venham.

  Pretérito imperfeito do indicativo: vinha, vinhas, vinha, vínhamos, vínheis, vinham.

  Pretérito perfeito do indicativo: vim, vieste, veio, viemos, viestes, vieram.

  Pretérito mais-que-perfeito do indicativo: viera, vieras, viera, viéramos, viéreis, vieram.

  Pretérito imperfeito do subjuntivo: viesse, viesses, viesse, viéssemos, viésseis, viessem.

  Futuro do subjuntivo: vier, vieres, vier, viermos, vierdes, vierem.

  Particípio e gerúndio: vindo.

7.4.8 Emprego do infinitivo

Apesar de não haver regras bem definidas, podemos anotar as seguintes ocorrências:

▷ Usa-se o **impessoal**:

- Sem referência a nenhum sujeito:

  É proibido **estacionar** na calçada.

- Nas locuções verbais:

  Devemos **pensar** sobre a sua situação.

- Se o infinitivo exercer a função de complemento de adjetivos:

  É uma questão fácil de **resolver**.

- Se o infinitivo possuir valor de imperativo:

  O comandante gritou: "**marchar!**"

▷ Usa-se o **pessoal**:

- Quando o sujeito do infinitivo é diferente do sujeito da oração principal:

  Eu não te culpo por **seres** um imbecil.

- Quando, por meio de flexão, se quer realçar ou identificar a pessoa do sujeito:

  Não foi bom **agires** dessa forma.

7.5 Adjetivo

É a palavra variável que expressa uma qualidade, característica ou origem de algum substantivo ao qual se relaciona.

- Meu terno é azul, elegante e italiano.

Analisando, entendemos assim:

Azul: característica.

Elegante: qualidade.

Italiano: origem.

7.5.1 Estrutura e a classificação dos adjetivos

Com relação à sua formação, eles podem ser:

- **Explicativos:** quando a característica é comum ao substantivo referido.

  Fogo **quente**, homem **mortal**. (Todo fogo é quente, todo homem é mortal).

- **Restritivos:** quando a característica não é comum ao substantivo, ou seja, nem todo substantivo é assim caracterizado.

  Terno **azul**, casa **grande**. (Nem todo terno é azul, nem toda casa é grande).

- **Simples:** quando possui apenas uma raiz.

  Amarelo, brasileiro, competente, sagaz, loquaz, inteligente, grande, forte etc.

- **Composto:** quando possui mais de uma raiz.

  Amarelo-canário, luso-brasileiro, verde-escuro, vermelho-sangue etc.

- **Primitivo:** quando pode dar origem a outra palavra, não tendo sofrido derivação alguma.

  Bom, legal, grande, rápido, belo etc.

- **Derivado:** quando resultado de um processo de derivação, ou seja, oriundo de outra palavra.

  Bondoso (de bom), grandioso (de grande), maléfico (de mal), esplendoroso (de esplendor) etc.

Os adjetivos que designam origem de algum termo são denominados adjetivos pátrios ou gentílicos.

Adjetivos pátrios de estados:

Acre: acriano.
Alagoas: alagoano.
Amapá: amapaense.
Aracaju: aracajuano ou aracajuense.
Amazonas: amazonense ou baré.
Belém (PA): belenense.
Belo Horizonte: belo-horizontino.
Boa Vista: boa-vistense.
Brasília: brasiliense.
Cabo Frio: cabo-friense.
Campinas: campineiro ou campinense.
Curitiba: curitibano.
Espírito Santo: espírito-santense ou capixaba.
Fernando de Noronha: noronhense.
Florianópolis: florianopolitano.
Fortaleza: fortalezense.
Goiânia: goianiense.
João Pessoa: pessoense.
Macapá: macapaense.
Maceió: maceioense.
Manaus: manauense.
Maranhão: maranhense.
Marajó: marajoara.
Natal: natalense ou papa-jerimum.
Porto Alegre: porto alegrense.
Ribeirão Preto: ribeiropretense.
Rio de Janeiro (estado): fluminense.
Rio de Janeiro (cidade): carioca.
Rio Branco: rio-branquense.
Rio Grande do Norte: rio-grandense-do-norte, norte-riograndense ou potiguar.
Rio Grande do Sul: rio-grandense-do-sul, sul-rio-grandense ou gaúcho.
Rondônia: rondoniano.
Roraima: roraimense.
Salvador: salvadorense ou soteropolitano.
Santa Catarina: catarinense ou barriga verde.
Santarém: santarense.
São Paulo (estado): paulista.
São Paulo (cidade): paulistano.
Sergipe: sergipano.
Teresina: teresinense.
Tocantins: tocantinense.

Adjetivos pátrios de países:

Croácia: croata.
Costa Rica: costarriquense.
Curdistão: curdo.
Estados Unidos: estadunidense, norte-americano ou ianque.
El Salvador: salvadorenho.
Guatemala: guatemalteco.
Índia: indiano ou hindu (os que professam o hinduísmo).
Israel: israelense ou israelita.
Irã: iraniano.
Moçambique: moçambicano.
Mongólia: mongol ou mongólico.
Panamá: panamenho.
Porto Rico: porto-riquenho.
Somália: somali.

Na formação de adjetivos pátrios compostos, o primeiro elemento aparece na forma reduzida e, normalmente, erudita.

Observe alguns exemplos de adjetivos pátrios compostos:

África: afro-americana.
Alemanha: germano- ou teuto-: competições teutoinglesas.
América: Américo-: companhia américo-africana.
Ásia: ásio-: encontros ásio-europeus.
Áustria: austro-: peças austro-búlgaras.
Bélgica: belgo-: acampamentos belgo-franceses.
China: sino-: acordos sino-japoneses.
Espanha: hispano- + mercado: hispano-português.
Europa: euro + negociações euro-americanas.
França: franco- ou galo-: reuniões franco-italianas.
Grécia: greco-: filmes greco-romanos.
Índia: indo-: guerras indo-paquistanesas.
Inglaterra: anglo-: letras anglo-portuguesas.
Itália: ítalo-: sociedade ítalo-portuguesa.
Japão: nipo-: associações nipo-brasileiras.
Portugal: luso-: acordos luso-brasileiros.

7.5.2 Locução adjetiva

Expressão que tem valor adjetival, mas que é formada por mais de uma palavra. Geralmente, concorrem para sua formação uma preposição e um substantivo. Veja alguns exemplos de locução adjetiva seguida de adjetivo:

De águia: aquilino.
De aluno: discente.
De anjo: angelical.
De bispo: episcopal.
De cabelo: capilar.
De cão: canino.
De dedo: digital.
De estômago: estomacal ou gástrico.
De fera: ferino.
De gelo: glacial.
De homem: viril ou humano.
De ilha: insular.
De lago: lacustre.
De madeira: lígneo.
De neve: níveo ou nival.
De orelha: auricular.
De paixão: passional.
De quadris: ciático.
De rio: fluvial.
De serpente: viperino.
De trigo: tritício.
De urso: ursino.
De velho: senil.

7.5.3 Flexão do adjetivo

O adjetivo pode ser flexionado em gênero, número e grau.

Flexão de gênero (masculino/feminino)

Com relação ao gênero, os adjetivos podem ser classificados de duas formas:

- Biformes: quando possuem uma forma para cada gênero.

  Homem **belo**/mulher **bela.**
  Contexto **complicado**/questão **complicada.**

- Uniformes: quando possuem apenas uma forma, como se fossem elementos neutros.

  Homem **fiel**/mulher **fiel.**

  Contexto **interessante**/questão **interessante.**

Flexão de número (singular/plural)

Os adjetivos simples seguem a mesma regra de flexão que os substantivos simples. Serão, por regra, flexionados os adjetivos compostos que, em sua formação, possuírem dois adjetivos. A flexão ocorrerá apenas no segundo elemento da composição.

Guerra greco-**romana** – Guerras greco-**romanas.**

Conflito **socioeconômico** – Análises **socioeconômicas.**

Por outro lado, se houver um substantivo como elemento da composição, o adjetivo fica invariável.

Blusa **amarelo-canário** – Blusas **amarelo-canário.**

Mesa **verde-musgo** – Mesas **verde-musgo.**

O caso em questão também pode ocorrer quando um substantivo passa a ser, por derivação imprópria, um adjetivo, ou seja, também serão invariáveis os "substantivos adjetivados".

Terno cinza – Ternos cinza.

Vestido rosa – Vestidos rosa.

E também:

Surdo mudo – surdos mudos.

Pele vermelha – peles vermelhas.

Azul- marinho e azul-celeste são invariáveis.

7.5.4 Flexão de grau (comparativo e superlativo)

Há duas maneiras de se estabelecer o grau do adjetivo: por meio do **grau comparativo** e por meio do **grau superlativo**.

Grau comparativo: estabelece um tipo de comparação de características, sendo estabelecido de três maneiras:

- **Inferioridade:** o açúcar é **menos** doce (do) **que** os teus olhos.
- **Igualdade:** o meu primo é **tão** estudioso **quanto** o meu irmão.
- **Superioridade:** gramática **é mais legal** (do) **que** matemática.

Grau superlativo: reforça determinada qualidade em relação a um referente. Pode-se estabelecer o grau superlativo de duas maneiras:

▹ **Relativo:** em relação a um grupo.
- **De superioridade:** José é o **mais** inteligente dos alunos.
- **De inferioridade:** o presidente foi o **menos** prestigiado da festa.

▹ **Absoluto:** sem relações, apenas reforçando as características:
- **Analítico:** com auxílio de algum termo:

  Pedro é muito magro.

  Pedro é magro, magro, magro.
- **Sintético** (com o acréscimo de -íssimo ou -érrimo):

  Pedro é macérrimo.

  Somos todos estudiosíssimos.

Veja, agora, alguns exemplos de superlativos sintéticos:

Ágil: agilíssimo.
Bom: ótimo ou boníssimo.
Capaz: capacíssimo.
Difícil: dificílimo.
Eficaz: eficacíssimo.
Fiel: fidelíssimo.
Geral: generalíssimo.
Horrível: horribilíssimo.
Inimigo: inimicíssimo.
Jovem: juveníssimo.
Louvável: laudabilíssimo.
Mísero: misérrimo.
Notável: notabilíssimo.
Pequeno: mínimo ou pequeníssimo.
Sério: seríssimo.
Terrível: terribilíssimo.
Vão: vaníssimo.

Atente à mudança de sentido provocada pela alteração de posição do adjetivo.

Homem **grande** (alto, corpulento).

Grande homem (célebre).

Mas isso nem sempre ocorre. Se você analisar a construção "giz azul" e "azul giz", perceberá que não há diferença semântica.

7.6 Advérbio

É a palavra invariável que se relaciona ao verbo, ao adjetivo ou a outro advérbio para atribuir-lhes uma circunstância. Veja os exemplos:

Os alunos saíram **apressadamente**.

O caso era muito **interessante**.

Resolvemos **muito bem** o problema.

7.6.1 Classificação do advérbio

- **Afirmação:** sim, certamente, efetivamente etc.
- **Negação:** não, nunca, jamais.
- **Intensidade:** muito, pouco, assaz, bastante, mais, menos, tão, tanto, quão etc.
- **Lugar:** aqui, ali, aí, aquém, acima, abaixo, atrás, dentro, junto, defronte, perto, longe, algures, alhures, nenhures etc.
- **Tempo:** agora, já, depois, anteontem, ontem, hoje, jamais, sempre, outrora, breve etc.
- **Modo:** assim, bem, mal, depressa, devagar, melhor, pior e a maior parte das palavras formadas de um adjetivo, mais a terminação "mente" (leve + mente = levemente; calma + mente = calmamente).
- **Inclusão:** também, inclusive.
- **Designação:** eis.
- **Interrogação:** onde, como, quando, por que.

Também existem as chamadas locuções adverbiais que vêm quase sempre introduzidas por uma preposição: à farta (= fartamente), às pressas (= apressadamente), à toa, às cegas, às escuras, às tontas, às vezes, de quando em quando, de vez em quando etc.

Existem casos em que utilizamos um adjetivo como forma de advérbio. É o que chamamos de adjetivo adverbializado. Veja os exemplos:

Aquele orador fala **belamente**. (Advérbio de modo).

Aquele orador fala **bonito**. (Adjetivo adverbializado que tenta designar modo).

7.7 Conjunção

É a palavra invariável que conecta elementos em algum encadeamento frasal. A relação em questão pode ser de natureza lógico-semântica (relação de sentido) ou apenas indicar uma conexão exigida pela sintaxe da frase.

7.7.1 Coordenativas

São as conjunções que conectam elementos que não possuem dependência sintática, ou seja, as sentenças que são conectadas por meio desses elementos já estão com suas estruturas sintáticas (sujeito / predicado / complemento) completas.

- **Aditivas:** e, nem (= e não), também, que, não só..., mas também, não só... como, tanto ... como, assim... como etc.
  José não foi à aula **nem** fez os exercícios.
  Devemos estudar **e** apreender os conteúdos.
- **Adversativas:** mas, porém, contudo, todavia, no entanto, entretanto, senão, não obstante, aliás, ainda assim.
  Os países assinaram o acordo, **mas** não o cumpriram.
  A menina cantou bem, **contudo** não agradou ao público.
- **Alternativas:** ou... ou, já ... já, seja... seja, quer... quer, ora... ora, agora... agora.
  Ora diz sim, **ora** diz não.
  Ou está feliz, **ou** está no ludibriando.
- **Conclusivas:** logo, pois (depois do verbo), então, portanto, assim, enfim, por fim, por conseguinte, conseguintemente, consequentemente, donde, por onde, por isso.
  O **concursando** estudou muito, **logo**, deverá conseguir seu cargo.
  É professor, **por conseguinte** deve saber explicar o conteúdo.
- **Explicativas:** isto é, por exemplo, a saber, ou seja, verbi gratia, pois (antes do verbo), pois bem, ora, na verdade, depois, além disso, com efeito, que, porque, ademais, outrossim, porquanto etc.
  Deve ter chovido, **pois** o chão está molhado.
  O homem é um animal racional, **porque** é capaz de raciocinar.
  Não converse agora, **que** eu estou explicando.

7.7.2 Subordinativas

São as conjunções que denotam uma relação de subordinação entre orações, ou seja, a conjunção subordinativa evidencia que uma oração possui dependência sintática em relação a outra. O que se pretende dizer com isso é que uma das orações envolvidas nesse conjunto desempenha uma função sintática para com sua oração principal.

Integrantes

- Que, se:
  Sei **que** o dia do pagamento é hoje.
  Vejamos **se** você consegue estudar sem interrupções.

Adverbiais

▷ **Causais:** indicam a causa de algo.

- Já que, porque, que, pois que, uma vez que, sendo que, como, visto que, visto como, como etc.
  Não teve medo do perigo, **já que** estava protegido.
  Passou no concurso, **porque** estudou muito.

▷ **Comparativas:** estabelecem relação de comparação:

- Como, mais... (do) que, menos... (do) que, tão como, assim como, tanto quanto etc.
  Tal como procederes, receberás o castigo.
  Alberto é aplicado **como** quem quer passar.

▷ **Concessivas (concessão):** estabelecem relação de quebra de expectativa com respeito à sentença à qual se relacionam.

- Embora, ainda que, dado que, posto que, conquanto, em que, quando mesmo, mesmo que, por menos que, por pouco que, apesar de (que).
  Embora tivesse estudado pouco, conseguiu passar.
  Conquanto estudasse, não conseguiu aprender.

▷ **Condicionais:** estabelecem relação de condição.

- Se, salvo se, caso, exceto se, contanto que, com tal que, caso, a não ser que, a menos que, sem que etc.
  Se tudo der certo, estaremos em Portugal amanhã.
  Caso você tenha dúvidas, pergunte a seu professor.

▷ **Consecutivas:** estabelecem relação de consequência.

- Tanto que, de modo que, de sorte que, tão...que, sem que etc.
  O aluno estudou **tanto que** morreu.
  Timeto Amon era **tão** feio **que** não se olhava no espelho.

▷ **Conformativas:** estabelecem relação de conformidade.

- Conforme, consoante, segundo, da mesma maneira que, assim como, como que etc.
  Faça a prova **conforme** teu pai disse.
  Todos agem **consoante** se vê na televisão.

▷ **Finais:** estabelecem relação de finalidade.

- Para que, a fim de que, que, porque.
  Estudou muito **para que** pudesse ter uma vida confortável.
  Trabalhei **a fim de que** o resultado seja satisfatório.

▷ **Proporcionais:** estabelecem relação de proporção.

- À proporção que, à medida que, quanto mais... tanto mais, quanto menos... tanto menos, ao passo que etc.
  À medida que o momento de realizar a prova chegava, a ansiedade de todos aumentava.
  Quanto mais você estudar, **tanto mais** terá a chance de ser bem-sucedido.

▷ **Temporais:** estabelecem relação de tempo.

- Quando, enquanto, apenas, mal, desde que, logo que, até que, antes que, depois que, assim que, sempre que, senão quando, ao tempo que, apenas que, antes que, depois que, sempre que etc.
  Quando todos disserem para você parar, continue.
  Depois que terminar toda a lição, poderá descansar um pouco.
  Mal chegou, já quis sair.

7.8 Interjeição

É o termo que exprime, de modo enérgico, um estado súbito de alma. Sem muita importância para a análise a que nos propomos, vale apenas lembrar que elas possuem uma classificação semântica:

- **Dor:** ai! ui!
- **Alegria:** ah! eh! oh!
- **Desejo:** oxalá! tomara!
- **Admiração:** puxa! cáspite! safa! quê!
- **Animação:** eia! sus! coragem!
- **Aplauso:** bravo! apoiado!
- **Aversão:** ih! chi! irra! apre!
- **Apelo:** ó, olá! psit! pitsiu! alô! socorro!
- **Silêncio:** psit! psiu! caluda!
- **Interrogação, espanto:** hem!

Há, também, locuções interjeitivas: **minha nossa! Meu Deus!**

A despeito da classificação acima, o que determina o sentido da interjeição é o seu uso.

7.9 Numeral

É a palavra que indica uma quantidade, multiplicação, fração ou um lugar em uma série. Os numerais podem ser divididos em:

- **Cardinais:** quando indicam um número básico: um, dois, três, cem mil etc.
- **Ordinais:** quando indicam um lugar numa série: primeiro, segundo, terceiro, centésimo, milésimo etc.
- **Multiplicativos:** quando indicam uma quantidade multiplicativa: dobro, triplo, quádruplo etc.
- **Fracionários:** quando indicam parte de um inteiro: meio, metade, dois terços etc.

ALGARISMO		CARDINAIS	ORDINAIS
ROMANOS	ARÁBICOS		
I	1	um	primeiro
II	2	dois	segundo
III	3	três	terceiro
IV	4	quatro	quarto
V	5	cinco	quinto
VI	6	seis	sexto
VII	7	sete	sétimo
VIII	8	oito	oitavo
IX	9	nove	nono
X	10	dez	décimo
XI	11	onze	undécimo ou décimo primeiro
XII	12	doze	duodécimo ou décimo segundo
XIII	13	treze	décimo terceiro
XIV	14	quatorze ou catorze	décimo quarto
XV	15	quinze	décimo quinto
XVI	16	dezesseis	décimo sexto
XVII	17	dezessete	décimo sétimo
XVIII	18	dezoito	décimo oitavo
XIX	19	dezenove	décimo nono
XX	20	vinte	vigésimo
XXI	21	vinte e um	vigésimo primeiro
XXX	30	trinta	trigésimo
XXXL	40	quarenta	quadragésimo
L	50	cinquenta	quinquagésimo
LX	60	sessenta	sexagésimo
LXX	70	setenta	septuagésimo ou setuagésimo
LXXX	80	oitenta	octogésimo
XC	90	noventa	nonagésimo
C	100	cem	centesimo
CC	200	duzentos	ducentésimo
CCC	300	trezentos	trecentésimo
CD	400	quatrocentos	quadringentésimo
D	500	quinhentos	quingentésimo
DC	600	seiscentos	seiscentésimo ou sexcentésimo
DCC	700	setecentos	septingentésimo
DCCC	800	oitocentos	octingentésimo
CM	900	novecentos	nongentésimo ou noningentésimo
M	1.000	mil	milésimo
X'	10.000	dez mil	dez milésimos
C'	100.000	cem mil	cem milésimos
M'	1.000.000	um milhão	milionésimo
M''	1.000.000.000	um bilhão	bilionésimo

Lista de numerais multiplicativos e fracionários:

Algarismos	Multiplicativos	Fracionários
2	duplo, dobro, dúplice	meio ou metade
3	triplo, tríplice	terço
4	quádruplo	quarto
5	quíntuplo	quinto
6	sêxtuplo	sexto
7	sétuplo	sétimo
8	óctuplo	oitavo
9	nônuplo	nono
10	décuplo	décimo
11	undécuplo	onze avos
12	duodécuplo	doze avos
100	cêntuplo	centésimo

7.9.1 Cardinais

Para realizar a leitura dos cardinais, é necessário colocar a conjunção "e" entre as centenas e dezenas, assim como entre as dezenas e a unidade.

Exemplo: 3.068.724 = três milhões, sessenta **e** oito mil, setecentos **e** vinte **e** quatro.

7.9.2 Ordinais

Quanto à leitura do numeral ordinal, há duas possibilidades: quando é inferior a 2.000, lê-se inteiramente segundo a forma ordinal.

- 1.766º = milésimo septingentésimo sexagésimo sexto.

Acima de 2.000, lê-se o primeiro algarismo como cardinal e os demais como ordinais. Hodiernamente, entretanto, tem-se observado a tendência a ler os números redondos segundo a forma ordinal.

- 2.536º = dois milésimos quingentésimo trigésimo sexto.
- 8 000º = oitavo milésimo.

7.9.3 Fracionários

O numerador de um numeral fracionário é sempre lido como cardinal. Quanto ao denominador, há dois casos:

- Primeiro: se for inferior ou igual a 10, ou ainda for um número redondo, será lido como ordinal 2/6 = dois sextos; 9/10 = nove décimos; centésimos (se houver). São exceções: 1/2 = meio; 1/3 = um terço.
- Segundo: se for superior a 10 e não constituir número redondo, é lido como cardinal, seguido da palavra "avos". 1/12 = um doze avos; 4/25 = quatro vinte e cinco avos.

Ao se fazer indicação de reis, papas, séculos, partes de uma obra, usam-se os numerais ordinais até décimo. A partir daí, devem-se empregar os cardinais. Século V (século quinto), século XX (vinte), João Paulo II (segundo), Bento XVI (dezesseis).

7.10 Preposição

É a palavra invariável que serve de ligação entre dois termos de uma oração ou, às vezes, entre duas orações. Costuma-se denominar "regente" o termo que exige a preposição e "regido" aquele que recebe a preposição:

Ele comprou um livro **de** poesia.

Ele tinha medo **de** ficar solitário.

Como se vê, a preposição "de", no primeiro caso, liga termos de uma mesma oração; no segundo, liga orações.

7.10.1 Preposições essenciais

São aquelas que têm como função primordial a conexão das palavras:

- a, ante, até, após, com contra, de, desde, em, entre, para, per, perante, por, sem, sob, sobre, trás.

Veja o emprego de algumas preposições:

Os manifestantes lutaram **contra** a polícia.

O aluno chegou **ao** salão rapidamente.

Aguardo sua decisão **desde** ontem.

Entre mim e ti, não há qualquer problema.

7.10.2 Preposições acidentais

São palavras que pertencem a outras classes, empregadas, porém, eventualmente como preposições: conforme, consoante, durante, exceto, fora, agora, mediante, menos, salvante, salvo, segundo, tirante.

O emprego das preposições acidentais é mais comum do que parece, veja os exemplos:

Todos saíram da sala, **exceto** eu.

Tirante as mulheres, o grupo que estava na sala parou de falar.

Escreveu o livro **conforme** o original.

7.10.3 Locuções prepositivas

Além das preposições simples, existem também as chamadas locuções prepositivas, que terminam sempre por uma preposição simples:

- abaixo de, acerca de, acima de, a despeito de, adiante de, a fim de, além de, antes de, ao lado de, a par de, apesar de, a respeito de, atrás de, através de, de acordo com, debaixo de, de cima de, defronte de, dentro de, depois de, diante de, embaixo de, em cima de, em frente de(a), em lugar de, em redor de, em torno de, em vez de, graças a, junto a (de), para baixo de, para cima de, para com, perto de, por baixo de, por causa de, por cima de, por detrás de, por diante de, por entre, por trás de.

7.10.4 Conectivos

Os conectivos têm a função de ligar palavras ou orações. Eles podem ser coordenativos (ligam orações coordenadas) ou subordinativos (ligam orações subordinadas).

Coordenativos

- Conjunções coordenativas que iniciam as orações coordenadas:

Aditivas: e.

Adversativas: mas.

Alternativas: ou.

Conclusivas: logo.

Explicativas: pois.

Subordinativos

- Pronomes relativos que iniciam as orações adjetivas:

Que.

Quem.

Cujo/cuja.

O qual/a qual.

- Conjunções subordinativas que iniciam as orações adverbiais:

Causais: porque.

Comparativas: como.

Concessivas: embora.

Condicionais: se.

Conformativas: conforme.

Consecutivas: (tão) que.

Finais: para que.

Proporcionais: à medida que.

Temporais: quando.

- **Conjunções subordinativas que iniciam as orações substantivas:**

Integrantes: que, se.

7.10.5 Formas variantes

Algumas palavras possuem mais de uma forma, ou seja, junto à forma padrão existem outras formas variantes.

Em algumas situações, é irrelevante a variação utilizada, mas em outros deve-se escolher a variação mais generalizada.

Exemplos:

Assobiar, assoviar.

Coisa, cousa.

Louro, loiro.

Lacrimejar, lagrimejar.

Infarto, enfarte.

Diabete, diabetes.

Transpassar, traspassar, trespassar.

8. SINTAXE BÁSICA

Sintaxe é a parte da Gramática que estuda a função das palavras ou das expressões em uma oração ou em um período.

Antes de iniciar o estudo da sintaxe, faz-se necessário definir alguns conceitos, tais como: frase, oração e período (conceitos essenciais).

- **Frase**: qualquer sentença dotada de sentido.
  Eu adoro estudar português!
  Fogo! Socorro!
- **Oração**: frase organizada em torno de uma forma verbal.
  Os alunos farão a prova amanhã!
- **Período**: conjunto de orações.
  - Período simples: 1 oração.
    Ex.: **Estudarei** português.
  - Período composto: mais de 1 oração.
    Ex.: **Estudarei** português e **farei** a prova.

8.1 Período simples (oração)

A oração é dividida em termos. Assim, o estudo fica organizado e impossibilita a confusão. São os termos da oração:

- Essenciais.
- Integrantes.
- Acessórios.

8.1.1 Termos essenciais da oração

Sujeito e predicado: são chamados de essenciais, porque são os elementos que dão vida à oração. Quer dizer, sem um deles (o predicado, ao menos) não se pode formar oração.

- O **Brasil** caminha para uma profunda transformação social.
  O Brasil: sujeito.
  Para uma profunda transformação social: predicado.

Sujeito

Sujeito é o termo sintático sobre o qual se declara ou se constata algo. Deve-se observar que há uma profunda relação entre o verbo que comporá o predicado e o sujeito da oração. Usualmente, o sujeito é formado por um substantivo ou por uma expressão substantivada.

O sujeito pode ser: simples; composto; oculto, elíptico ou desinencial; indeterminado; inexistente ou oracional.

- **Sujeito simples:** aquele que possui apenas um núcleo.
  O país deverá enfrentar difíceis rivais na competição.
  A perda de fôlego de algumas das grandes economias também já foi notada por outras gigantes do setor.
- **Sujeito composto:** é aquele que possui mais de um núcleo.
  João e Maria são amigos inseparáveis.
  Eu, meus **amigos** e todo o **resto** dos alunos faremos a prova.
- **Sujeito oculto, elíptico ou desinencial:** aquele que não se encontra expresso na oração, porém é facilmente subentendido pelo verbo apresentado.
  Acord**amos** cedo naquele dia. (Nós)
  Abr**i** o blusão, tirei o 38, e perguntei com tanta raiva que uma gota de meu cuspe bateu na cara dele. (R. Fonseca) (eu)
  Vanderlei caminh**ou** pela manhã. À tarde pass**eou** pelo lago municipal, onde encont**rou** a Anaconda da cidade. (Ele, Vanderlei)

Perceba que o sujeito não está grafado na sentença, mas é facilmente recuperável por meio da terminação do verbo.

- ▷ **Sujeito indeterminado:** ocorre quando o verbo não se refere a um núcleo determinado. São situações de indeterminação do sujeito:
  - Terceira pessoa do plural sem um referente:
    Nunca lhe **deram** nada.
    Fizeram comentários maldosos a seu respeito.
  - Com verbos transitivos indiretos, intransitivo e relacionais (de ligação) acompanhados da partícula "se" que, no caso, será classificada como índice de indeterminação de sujeito:
    Vive-se muito bem.
    Precisa-se de força e coragem na vida de estudante.
    Nem sempre **se está** feliz na riqueza.
- ▷ **Sujeito inexistente ou oração sem sujeito:** ocorre em algumas situações específicas.
  - Com verbos impessoais (principalmente os que denotam fenômeno da natureza).
    Em setembro **chove** muito.
    Nevava em Palotina.
  - Com o verbo haver, desde que empregado nos sentidos de existir, acontecer ou ocorrer.
    Há poemas perfeitos, não **há** poetas perfeitos.
    Deveria haver soluções para tais problemas.
  - Com os verbos ir, haver e fazer, desde que empregado fazendo alusão a tempo transcorrido.
    Faz um ano que não viajo. (verbo "fazer" no sentido de "tempo transcorrido")
    Há muito tempo que você não aparece. (verbo "haver" no sentido de "tempo")
    Vai para dois meses que não recebo salário. (verbo "ir" no sentido de "tempo")
  - Com os verbos ser ou estar indicando tempo.
    Era noite fechada.
    É tarde, eles não vêm!
  - Com os verbos bastar e chegar indicando cessamento.
    Basta de tanta corrupção no Senado!
    Chega de ficar calado quando a situação aperta!
  - Com o verbo ser indicando data ou horas.
    São dez horas no relógio da torre.
    Amanhã **serão** dez de dezembro.
- ▷ **Sujeito oracional:** ocorre nas análises do período composto, quando se verifica que o sujeito de um verbo é uma oração.
  É preciso **que você estude Língua Portuguesa.**

Predicado

É o termo que designa aquilo que se declara acerca do sujeito. É mais simples e mais prudente para o aluno buscar identificar o predicado antes do sujeito, pois, se assim o fizer, terá mais concretude na identificação do sujeito.

O predicado pode ser nominal, verbal ou verbo-nominal.

- **Predicado Nominal:** o predicado nominal é formado por um verbo relacional (de ligação) + predicativo.

Principais verbos de ligação: ser, estar, permanecer, continuar, ficar, parecer, andar e torna-se.

A economia da Ásia parecia derrotada após a crise.
O deputado, de repente, virou patriota.
Português é legal.

- **Predicado Verbal:** o predicado verbal tem como núcleo um verbo nocional.

  Empresários **investirão R$ 250 milhões em novo berço para o Porto de Paranaguá.**

- **Predicado Verbo-nominal:** ocorre quando há um verbo significativo (nocional) + um predicativo do sujeito.

  O trem chegou atrasado. ("atrasado" é uma qualidade do sujeito que aparece após o verbo, portanto, é um predicativo do sujeito).

  Pedro Paladino já nasceu rico.

  Acompanhei a indignação de meus alunos preocupado.

Predicativo

O predicativo é um termo componente do predicado. Qualifica sujeito ou objeto.

Josefina era **maldosa, ruim, sem valor**. (predicativo do sujeito)

Leila deixou o garoto **louco**. (predicativo do objeto)

O diretor nomeou João **chefe da repartição**. (predicativo do objeto)

8.2 Termos integrantes da oração

Os termos integrantes da oração são: objeto direto (complemento verbal); objeto indireto (complemento verbal); complemento nominal e agente da passiva.

- **Objeto Direto:** é o complemento de um verbo transitivo direto.

  Os bons cidadãos cumprem **as leis**. (quem cumpre, cumpre algo)

  Em resumo: ele queria **uma mulher**. (quem quer, quer algo)

- **Objeto Indireto:** é o complemento de um verbo transitivo indireto.

  Os bons cidadãos obedecem **às leis**. (quem obedece, obedece a algo)

  Necessitamos **de manuais mais práticos** nos dias de hoje. (quem necessita, necessita de algo)

- **Complemento Nominal:** é o complemento, sempre preposicionado, de adjetivos, advérbios e substantivos que, em determinadas circunstâncias, pedem complemento, assim como os verbos transitivos indiretos.

  O filme era impróprio para crianças.

  Finalizou-se a construção do prédio.

  Agiu favoravelmente ao réu.

- **Agente da Passiva:** é o complemento que, na voz passiva, designa o ser praticante da ação sofrida ou recebida pelo sujeito. Veja os exemplos:

  Voz ativa: o zagueiro executou a jogada.

  Voz passiva: a jogada foi executada **pelo zagueiro**. (**Agente da passiva**)

  Conversas foram interceptadas pela **Polícia Federal**. (Agente da passiva)

8.3 Termos acessórios da oração

Os termos acessórios da oração são: adjunto adnominal; adjunto adverbial; aposto e vocativo.

▷ **Adjunto Adnominal:** a função do adjunto adnominal é desempenhada por qualquer palavra ou expressão que, junto de um substantivo ou de uma expressão substantivada, modifica o seu sentido. Vejamos algumas palavras que desempenham tal função.

- **Artigos: as** alunas serão aprovadas.
- **Pronomes adjetivos: aquela** aluna será aprovada.
- **Numerais adjetivos: duas** alunas serão aprovadas.
- **Adjetivos:** aluno **estudioso** é aprovado.
- **Locuções adjetivas:** aluno **de gramática** passa no concurso.

▷ **Adjunto Adverbial:** o adjunto adverbial é o termo acessório (que não é exigido por elemento algum da sentença) que exprime circunstância ao verbo e, às vezes, ao adjetivo ou mesmo ao advérbio.

- **Advérbios:** os povos antigos trabalhavam mais.
- **Locuções Adverbiais:** li vários livros **durante as férias**.
- **Alguns tipos de adjuntos adverbiais:**

  Tempo: ontem, choveu muito.

  Lugar: gostaria de que me encontrasse **na esquina da padaria**.

  Modo: Alfredo executou a aria **fantasticamente**.

  Meio: fui para a escola **a pé**.

  Causa: por amor, cometem-se loucuras.

  Instrumento: quebrou a **vidraça com uma pedra**.

  Condição: se estudar muito, será aprovado.

  Companhia: faremos sucesso **com essa banda.**

▷ **Aposto:** o aposto é o termo sintático que, possuindo equivalência semântica, esclarece seu referente. Tipos de aposto:

Explicativo: Alencar, **escritor romântico**, possui uma obra vastíssima.

Resumitivo ou recapitulativo: estudo, esporte, cinema, **tudo** o chateava.

Enumerativo: preciso de duas coisas: **saúde e dinheiro**.

Especificativo: a notícia foi publicada na revista **Veja**.

Distributivo: havia grupos interessados: **o da direita e o da esquerda**.

Oracional: desejo só uma coisa: **que vocês passem no concurso**.

Vocativo: é uma interpelação, é um chamamento. Normalmente, indica com quem se fala.

▷ **Ó mar**, por que não me levas contigo?

- Vem, **minha amiga**, abraçar um vitorioso.

8.4 Período composto

O período composto possui dois processos: coordenação e subordinação.

- **Coordenação:** ocorre quando são unidas orações independentes sintaticamente. Ou seja, são autônomas do ponto de vista estrutural. Vamos a um exemplo:
  - Altamiro pratica esportes e estuda muito.
- **Subordinação:** ocorre quando são unidas orações que possuem dependência sintática. Ou seja, não estão completas em sua estrutura. O processo de subordinação ocorre de três maneiras:
  - **Substantiva:** quando a oração desempenhar a função de um substantivo na sentença (**sujeito, predicativo, objeto direto, objeto indireto, complemento nominal ou aposto**).
  - **Adjetiva:** quando a oração desempenhar a função de adjunto adnominal na sentença.
  - **Adverbial:** quando a oração desempenhar a função de adjunto adverbial na sentença.

  Eu quero **que vocês passem no concurso**. (Oração subordinada substantiva objetiva direta – a função de objeto direto está sendo desempenhada pela oração)

  O Brasil, **que é um belíssimo país**, possui vegetação exuberante. (Oração subordinada adjetiva explicativa)

Quando José entrou na sala, Manoel saiu. (Oração subordinada adverbial temporal)

8.4.1 Processo de coordenação

Há dois tipos de orações coordenadas: **assindéticas** e **sindéticas**.

- **Assindéticas:**

O nome vem da palavra grega *sýndetos*, que significa conjunção, união. Ou seja, oração que não possui conjunção quando está colocada ao lado de outra.

> Valdevino **correu (oração coordenada assindética), correu (oração coordenada assindética), correu (oração coordenada assindética)** o dia todo.

Perceba que não há conjunções para ligar os verbos, ou seja, as orações estão colocadas uma ao lado da outra sem síndeto, portanto, são **orações coordenadas assindéticas**.

- **Sindéticas:**

Contrariamente às assindéticas, as sindéticas possuem conjunção para exprimir uma relação lógico-semântica. Cada oração recebe o nome da conjunção que a introduz. Por isso é necessário decorar as conjunções.

- **Aditivas:** são introduzidas pelas conjunções e, nem, mas também, também, como (após "não só"), como ou quanto (após "tanto"), mais etc., dando a ideia de adição à oração anterior.

  > A seleção brasileira venceu a Dinamarca / **e empatou com a Inglaterra.** (Oração coordenada assindética / **oração coordenada sindética aditiva)**

- **Adversativas:** são introduzidas pelas conjunções: mas, porém, todavia, contudo, entretanto, no entanto, não obstante, senão, apesar disso, embora etc., indicando uma relação de oposição à sentença anterior.

  > O time batalhou muito, / **mas não venceu o adversário.** (Oração coordenada assindética / **oração coordenada sindética adversativa)**

- **Alternativas:** são introduzidas pelas conjunções ou... ou, ora... ora, já... já, quer... quer, seja... seja, nem... nem etc., indicando uma relação de alternância entre as sentenças.

  > Ora estuda, / ora trabalha. (**Oração coordenada sindética alternativa** / **oração coordenada sindética alternativa)**

- **Conclusivas:** são introduzidas pelas conjunções: pois (posposto ao verbo), logo, portanto, então, por conseguinte, por consequência, assim, desse modo, destarte, com isso, por isto, consequentemente, de modo que, indicando uma relação de conclusão do período anterior.

  > Comprei a carne e o carvão, / **portanto podemos fazer o churrasco.** (Oração coordenada assindética / **oração coordenada sindética conclusiva)**
  >
  > Estou muito doente, / **não posso, pois, ir à aula.** (Oração coordenada assindética/ **oração coordenada sindética conclusiva)**

- **Explicativas:** são introduzidas pelas conjunções que, porque, porquanto, por, portanto, como, pois (anteposta ao verbo), ou seja, isto é, indicando uma relação de explicação para com a sentença anterior.

  > Não converse, / **pois estou estudando.** (Oração coordenada assindética / **oração coordenada sindética explicativa)**

8.4.2 Processo de subordinação

As orações subordinadas substantivas se dividem em seis tipos, introduzidas, geralmente, pelas conjunções **"que"** e **"se"**.

- **Subjetiva:** exerce função de sujeito do verbo da oração principal.

  > É interessante / **que todos joguem na loteria.** (Oração principal / **oração subordinada substantiva subjetiva)**

- **Objetiva direta:** exerce função de objeto direto.

  > Eu quero / **que você entenda a matéria.** Quem quer, quer algo ou alguma coisa. (Oração principal / **oração subordinada substantiva objetiva direta)**

- **Objetiva indireta:** exerce função de objeto indireto.

  > Os alunos necessitam / **de que as explicações fiquem claras.** Quem necessita, necessita de algo. (Oração principal / **oração subordinada substantiva objetiva indireta)**

- **Predicativa:** exerce função de predicativo.

  > O bom é / **que você faça exercícios todos os dias.** (Oração principal / **oração subordinada substantiva predicativa)**

- **Completiva nominal:** exerce função de complemento nominal de um nome da oração principal.

  > Jonas tem vontade / **de que alguém o mande calar a boca.** (Oração principal / **oração subordinada substantiva completiva nominal)**

- **Apositivas:** possuem a função de aposto da sentença principal, geralmente são introduzidas por dois-pontos (:).

  > Eu quero apenas isto: / **que você passe no concurso.** (Oração principal / **oração subordinada substantiva apositiva)**

- **Orações subordinadas adjetivas:** dividem-se em dois tipos. Quando desenvolvidas, são introduzidas por um pronome relativo.

O nome oração subordinada adjetiva se deve ao fato de ela desempenhar a mesma função de um adjetivo na oração, ou seja, a função de adjunto adnominal. Na Gramática de Portugal, são chamadas de orações relativas pelo fato de serem introduzidas por pronome relativo.

- **Restritivas:** restringem a informação da oração principal. Não possuem vírgulas.

  > O homem / **que mora ao lado** / é mal-humorado. (Oração principal / **oração subordinada adjetiva restritiva** / oração principal)

Para entender basta perguntar: qualquer homem é mal-humorado? Não. Só o que mora ao lado.

- **Explicativas:** explicam ou dão algum esclarecimento sobre a oração principal.

  > João, / **que é o ex-integrante da comissão,** / chegou para auxiliar os novos contratados. (Oração principal / **oração subordinada adjetiva explicativa** /oração principal)

- **Orações subordinadas adverbiais:** dividem-se em nove tipos. Recebem o nome da conjunção que as introduz. Nesse caso, teremos uma principal (que não está negritada) e uma subordinada adverbial (que está em negrito).

Essas orações desempenham a função de adjunto adverbial da oração principal.

- **Causais:** exprimem a causa do fato que ocorreu na oração principal. Introduzidas, principalmente, pelas conjunções porque, visto que, já que, uma vez que, como que, como.

  > **Já que precisamos de dinheiro,** vamos trabalhar.

- **Comparativas:** representam o segundo termo de uma comparação. Introduzidas, na maior parte dos casos, pelas conjunções que, do que, como, assim como, (tanto) quanto.

  > Tiburcina fala **como uma gralha** (fala - o verbo está elíptico).

- **Concessivas:** indica uma concessão entre as orações. Introduzidas, principalmente, pelas conjunções embora, a menos que, ainda que, posto que, conquanto, mesmo que, se bem que, por mais que, apesar de que. Fique de olho na relação da conjunção com o verbo.

  Embora não tivesse tempo disponível, consegui estudar.

- **Condicionais:** expressa ideia de condição. Introduzidas, principalmente, pelas conjunções se, salvo se, desde que, exceto, caso, desde, contanto que, sem que, a menos que.

  Se ele não se defender, acabará como "boi-de-piranha" no caso.

- **Conformativas:** exprimem acordo, concordância entre fatos ou ideias. Introduzidas, principalmente, pelas conjunções como, consoante, segundo, conforme, de acordo com etc.

  Realize as atividades **conforme eu expliquei**.

- **Consecutivas:** indicam a consequência ou o efeito daquilo que se diz na oração principal. Introduzidas, principalmente, pelas conjunções que (precedida de tal, tão, tanto, tamanho), de sorte que, de modo que.

  Estudei tanto, **que saiu sangue dos olhos**.

- **Finais:** exprimem finalidade da ação primeira. Introduzidas, em grande parte dos casos, pelas conjunções para que, a fim de que, que e porque.

  Estudei muito **para que pudesse fazer a prova**.

- **Proporcionais:** expressa uma relação de proporção entre as orações. Introduzidas, principalmente, pelas conjunções (locuções conjuntivas) à medida que, quanto mais... mais, à proporção que, ao passo que, quanto mais.

  - José piorava, **à medida que abandonava seu tratamento**.

- **Temporais:** indicam circunstância de tempo. Introduzidas, principalmente, pelas conjunções quando, antes que, assim que, logo que, até que, depois que, mal, apenas, enquanto etc.

  Logo que iniciamos o trabalho os alunos ficaram mais tranquilos.

9. FUNÇÕES DO "SE"

A palavra "se", assim como o "que", possui diversas funções e costuma gerar muitas dúvidas. Por isso, para entender cada função e identificá-las, observe os exemplos a seguir.

9.1 Partícula apassivadora

Vendem-**se** plantas. (É possível passar a oração para a voz passiva analítica: plantas são vendidas).

Neste caso, o "se" nunca será seguido por preposição.

9.2 Pronome reflexivo

Nesse caso, o pronome expressa a igualdade entre o sujeito e o objeto da ação, exercendo a função de complemento verbal.

Penteou-**se** com capricho.

9.3 Pronome recíproco

Denota a ocorrência de que houve uma ação trocada entre os elementos do sujeito.

Amaram-**se** durante anos.

9.4 Partícula expletiva (de realce)

Tem o papel de realçar ou enfatizar um vocábulo ou um segmento da frase. Pode ser retirada da frase sem prejuízo sintático ou semântico.

Foi-**se** o tempo em que confiávamos nos políticos. (Não possui função na oração, apenas realça o que foi dito).

9.5 Pronome indeterminador do sujeito

O pronome "se" serve como índice de indeterminação do sujeito. O sujeito indeterminado é o sujeito que não quer ou não se pode identificar.

Precisa-**se** de secretária. (Não se pode passar a oração para a voz passiva analítica).

Nessa casa, come-**se** muito.

9.6 Parte do verbo pronominal

Alguns verbos exigem a presença da partícula "se" para indicar que a ação é referente ao sujeito que a pratica. Veja os exemplos:

Arrependeu-**se** de ter ligado.

Outros exemplos de verbos pronominais: lembrar-**se**, queixar-**se**, enganar-**se**, suicidar-**se**.

9.7 Conjunção

A conjunção "se" pode assumir várias funções, veja alguns exemplos:

Vou chegar no horário **se** nao chover. (Conjunção condicional).

Não sei **se** dormirei em casa hoje. (Conjunção integrante).

Se vai ficar aqui, então fale comigo. (Conjunção adverbial causal).

Se queria ser mãe, nunca demonstrou amor pelas crianças. (Conjunção concessiva).

10. FUNÇÕES DO "QUE"

A palavra "que" possui diversas funções e costuma gerar muitas dúvidas. Por isso, para entender cada função e identificá-las, observe os exemplos a seguir:

10.1 Substantivo

Senti um **quê** de falsidade naquela fala.

Neste caso, o que está precedido por um determinante – um artigo –, e é acentuado, pois assume o papel de um substantivo. Poderia ser substituído por outro substantivo:

Senti um **ar** de falsidade naquela fala.

Quanto atua como substantivo, o quê será sempre acentuado e precedido por um artigo, pronome ou numeral.

10.2 Pronome

Exemplos:

Que beleza de festa! (Pronome exclamativo)

O livro **que** comprei estava em promoção. (Pronome relativo)

Que dia é a prova? (Pronome interrogativo)

10.3 Interjeição

Exemplos:

Quê? Não entendi.

Quê! Ela sabe sim!

10.4 Preposição

Temos **que** chegar cedo.

Observe que a regência do verbo ter exige a preposição "de": *temos de chegar cedo*. No entanto, na fala coloquial, já é aceito o uso do "que" como preposição.

10.5 Advérbio

Que bela está a casa!

Neste caso, antecede um adjetivo, modificando-o: **como** a casa está bela!

Que longe estava da cidade!

Neste caso, antecede um advérbio, intensificando-o: Estava **muito longe** da cidade.

10.6 Conjunção

Exemplos:

Que gostem ou **que** não gostem, tomei minha decisão. (Conjunção alternativa).

Pode entrar na fila **que** não será atendida. (Conjunção adversativa).

Não falte à aula **que** o conteúdo é importante. (Conjunção explicativa).

10.7 Conjunção subordinativa

Exemplos:

Estava tão cansada **que** não quis recebê-lo. (Conjunção subordinativa consecutiva).

Gostei da viagem, cara **que** tenha sido. (Conjunção subordinativa concessiva).

Não corra **que** o chão está molhado! (Conjunção subordinativa causal).

10.8 Partícula expletiva (de realce)

Que bonito **que** está o seu cabelo! (Não tem função na oração, apenas realça o que está sendo falado)

11. CONCORDÂNCIA VERBAL E NOMINAL

Trata-se do processo de flexão dos termos a fim de se relacionarem harmoniosamente na frase. Quando se pensa sobre a relação do verbo com os demais termos da oração, o estudo focaliza a concordância verbal. Quando a análise se volta para a relação entre pronomes, substantivos, adjetivos e demais termos do grupo nominal, diz-se que o foco é concordância nominal.

11.1 Concordância verbal

11.1.1 Regra geral

O verbo concorda com o sujeito em número e pessoa.

O **primeiro-ministro** russo **acusou** seus inimigos.

Dois **parlamentares rebateram** a acusação.

Contaram-se **mentiras** no telejornal.

Vós sois os responsáveis por vosso destino.

Regras para sujeito composto

- Anteposto se colocado antes do verbo, o verbo vai para o plural:

  Eu e meus irmãos vamos à praia.

- Posposto se colocado após o verbo, o verbo concorda com o mais próximo ou vai para o plural:

  Morreu (morreram), no acidente, **o prefeito e o vereador**.

- Formado por pessoas (gramaticais) diferentes: plural da predominante.

  Eu, você e os alunos **estudaremos** para o concurso. (a primeira pessoa é a predominante, por isso, o verbo fica na primeira pessoa do plural).

- Com núcleos em correlação, a concordância se dá com o mais próximo ou fica no plural:

  O professor assim como o monitor auxilia(m) os estudantes.

- **Ligado por NEM o verbo concordará:**
  - No singular: se houver exclusão.

    Nem Josias nem Josué **percebeu** o perigo iminente.

  - No singular: quando se pretende individualizar a ação, aludindo a um termo em específico.

    Nem os esportes nem a leitura **o entretém**.

  - No plural: quando não houver exclusão, ou seja, quando a intenção for aludir ao sujeito em sua totalidade.

    Nem a minha rainha nem o meu mentor **serão** tão convincentes a ponto de me fazerem mudar de ideia.

- **Ligado por COM o verbo concorda com o antecedente do COM ou vai para o plural:**

  O vocalista com os demais integrantes da banda **realizaram (realizou)** o show.

- **Ligado por OU o verbo fica no singular (se houver exclusão) ou no plural (se não houver exclusão):**

  Ou Pedro Amorim ou Jurandir Leitão **será** eleito vereador da cidade.

  O aviso ou o ofício **deveriam** ser expedidos antes da data prevista.

- **Se o sujeito for construído com os termos:** um e outro, nem um nem outro, o verbo fica no singular ou plural, dependendo do sentido pretendido.

  Um e outro **passou (passaram)** no concurso.

  Um ou outro: verbo no singular.

  Um ou outro fez a lição.

- **Expressões partitivas seguidas de nome plural:** verbo no singular ou plural.

  A maior parte das pessoas **fez (fizeram)** o exercício recomendado.

- **Coletivo geral:** verbo no singular.

  O cardume **nadou** rio acima.

- **Expressões que indicam quantidade aproximada seguida de numeral:** o verbo concorda com o substantivo.

  Aproximadamente 20% dos eleitores **compareceram** às urnas.

  Aproximadamente 20% do eleitorado **compareceu** às urnas.

- **Pronomes (indefinidos ou interrogativos) seguidos dos pronomes "nós" e/ou "vós":** o verbo fica no singular ou plural.

  Quem de nós **fará (faremos)** a diferença?

- **Palavra QUE (pronome relativo):** o verbo concorda com o antecedente do pronome "que".

  Fui eu que **fiz** a diferença.

- **Palavra QUEM:** verbo na 3ª pessoa do singular.

  Fui eu *quem* **fez** a diferença.

Pela repetida utilização errônea, algumas gramáticas já toleram a concordância do verbo com a pessoa gramatical distinta da terceira, no caso de se utilizar um pronome pessoal como antecedente do "quem".

- **Um dos que**: verbo no singular ou plural.

  Ele foi *um dos que* **fez (fizeram)** a diferença.

- **Palavras sinônimas**: verbo concorda com o mais próximo ou fica no plural.

  A ruindade, a maldade, a vileza **habita (habitam)** a alma do ser humano.

- **Quando os verbos estiverem acompanhados da palavra "SE":** fique atento à função da palavra "SE".
  - **SE na função de pronome apassivador:** o verbo concorda com o sujeito paciente.

    Vendem-se casas e sobrados em Alta Vista.

    Presenteou-se o aluno aplicado com uma gramática.

  - **SE na função de índice de indeterminação do sujeito:** o verbo fica sempre na 3ª pessoa do singular.

    Precisa-se de empregados com capacidade de aprender.

    Vive-se muito bem na riqueza.

A dica é ficar de olho na transitividade do verbo. Se o verbo for VTI, VI ou VL, o termo "SE" será índice de indeterminação do sujeito.

- **Casos de concordância com o verbo "ser":**
  - **Quando indicar tempo ou distância**: concorda com o predicativo.

    Amanhã **serão** 7 de fevereiro.

    São 890 quilômetros daqui até Florianópolis.

  - **Quando houver sujeito que indica quantidade e predicativo que indica suficiência ou excesso**: concorda com o predicativo.

    Vinte milhões **era** muito por aquela casa.

    Sessenta centavos **é** pouco por aquele lápis.

  - **O verbo "dar", no sentido de "bater" ou "soar", acompanhado do termo "hora(s)":** concorda com o sujeito.

    Deram cinco horas no relógio do juiz.

    Deu cinco horas o relógio juiz.

  - **Verbo "parecer" somado a infinitivo:** flexiona-se um dos dois.

    Os alunos **pareciam** estudar novos conteúdos.

    Os alunos **pareciam estudarem** novos conteúdos.

- **Quando houver sujeito construído com nome no plural,** com artigo no singular ou sem artigo: o verbo fica no singular.

  Memórias Póstumas de Brás Cubas **continua** sendo lido por jovens estudantes.

  Minas Gerais **é** um lindo lugar.

- Com artigo plural: o verbo fica no plural.

  Os Estados Unidos **aceitaram** os termos do acordo assinado.

11.2 Concordância nominal

A concordância nominal está relacionada aos termos do grupo nominal. Ou seja, relaciona-se com o substantivo, o pronome, o artigo, o numeral e o adjetivo. Vamos à regra geral para a concordância.

11.2.1 Regra geral

O artigo, o numeral, o adjetivo e o pronome adjetivo devem concordar com o substantivo a que se referem em gênero e número.

Meu belíssimo e **antigo** carro **amarelo** quebrou, ontem, em **uma** rua **estreita.**

Os termos destacados acima, mantém uma relação harmoniosa com o núcleo de cada expressão. Relação essa que se estabelece em questões de gênero e de número.

A despeito de a regra geral dar conta de grande parte dos casos de concordância, devemos considerar a existência de casos particulares, que merecem atenção.

11.2.2 Casos que devem ser estudados

Dependendo da intencionalidade de quem escreve, pode-se realizar a concordância atrativa, primando por concordar com apenas um termo de uma sequência ou com toda a sequência. Vejamos:

Vi um carro e uma **moto** *vermelha.* (concordância apenas com o termo "moto")

Vi um carro e uma **moto** *vermelhos.* (concordância com ambos os elementos)

A palavra "**bastante**", por exemplo, varia de acordo com o contexto. Se "bastante" é pronome adjetivo, será variável; se for advérbio (modificando o verbo), será invariável, ou seja, não vai para o plural.

Há *bastantes* **motivos** para sua ausência. (adjetivo)

Os alunos **falam** *bastante.* (advérbio)

Troque a palavra "bastante" por "muito". Se "muito" for para o plural, "bastante" também irá.

Anexo, incluso, apenso, obrigado, mesmo, próprio: são adjetivos que devem concordar com o substantivo a que se referem.

O *relatório* segue **anexo** ao documento.

Os *documentos* irão **apensos** ao relatório.

A expressão "em anexo" é invariável (não vai para plural nem para o feminino).

As planilhas irão **em anexo.**

É bom, é necessário, é proibido, é permitido: variam somente se o sujeito vier antecedido de um artigo ou outro termo determinante.

Maçã **é bom** para a voz. / A maçã **é boa** para a voz.

É necessário **aparecer** na sala. / É necessária **sua aparição** na sala.

"Menos" e "alerta" são sempre invariáveis, contanto que respeitem sua classe de origem - advérbio: se forem derivadas para substantivo, elas poderão variar.

Encontramos **menos** alunos na escola. / Encontramos **menos** alunas na escola.

O policial ficou **alerta.** / Os policiais ficaram **alerta.**

"Só" e "sós" variam apenas quando forem adjetivos: quando forem advérbios, serão invariáveis.

Pedro apareceu **só** (sozinho) na sala. / Os meninos apareceram **sós** (sozinhos) na sala. (adjetivo)

Estamos **só** (somente) esperando sua decisão. (advérbio)

- A expressão "a sós" é invariável.

  A menina ficou **a sós** com seus pensamentos.

Troque "só" por "sozinho" (vai para o plural) ou "somente" (fica no singular).

12. REGÊNCIA VERBAL E NOMINAL

Regência é a parte da Gramática Normativa que estuda a relação entre dois termos, verificando se um termo serve de complemento a outro e se nessa complementação há uma preposição.

Dividimos a regência em:

- Regência verbal (ligada aos verbos).
- Regência nominal (ligada aos substantivos, adjetivos ou advérbios).

12.1 Regência verbal

Deve-se analisar, nesse caso, a necessidade de complementação, a presença ou ausência da preposição e a possibilidade de mudança de sentido do texto.

Vamos aos casos:

- **Agradar e desagradar:** são transitivos indiretos (com preposição a) nos sentidos de satisfazer, contentar.

  A biografia de Aníbal Machado **agradou/desagradou** à maioria dos leitores.

  A criança **agradava** ao pai por ser muito comportada.

- **Agradar:** pode ser transitivo direto (sem preposição) se significar acariciar, afagar.

  Agradar a esposa.

  Pedro passava o dia todo **agradando** os seus gatos.

- **Agradecer:** transitivo direto e indireto, com a preposição a, no sentido de demonstrar gratidão a alguém.

  Agradecemos a Santo Antônio o milagre alcançado.

  Agradecemos-lhes a benesse concedida.

O verbo em questão também pode ser transitivo direto no sentido de mostrar gratidão por alguma coisa:

  Agradeço a dedicação de todos os estudantes.

  Os pais **agradecem** a dedicação dos professores para com os alunos.

- **Aspirar:** é transitivo indireto (preposição "a") nos sentidos de desejar, pretender ou almejar.

  Sempre **aspirei** a um cargo público.

  Manoel **aspirava** a ver novamente a família na Holanda.

- **Aspirar:** é transitivo direto na acepção de inalar, sorver, tragar, ou seja, mandar para dentro.

  Aspiramos o perfume das flores.

  Vimos a empregada **aspirando** a poeira do sofá.

- **Assistir:** é transitivo direto no sentido de ajudar, socorrer etc.

  O professor **assistia** o aluno.

  Devemos **assistir** os mais necessitados.

- **Assistir:** é transitivo indireto (complemento regido pela preposição "a") no sentido de ver ou presenciar.

  Assisti ao comentário da palestra anterior.

  Você deve **assistir** às aulas do professor!

- **Assistir:** é transitivo indireto (complemento regido pela preposição "a") no sentido de "ser próprio de", "pertencer a".

  O direito à vida **assiste** ao ser humano.

  Esse comportamento **assiste** às pessoas vitoriosas.

- **Assistir:** é intransitivo no sentido de morar ou residir.

  Maneco **assistira** em Salvador.

- **Chegar:** é verbo intransitivo e possui os adjuntos adverbiais de lugar introduzidos pela preposição "a".

  Chegamos a Cascavel pela manhã.

  Este é o ponto a que pretendia **chegar**.

Caso a expressão indique posição em um deslocamento, admite-se a preposição em:

  Cheguei no trem à estação.

Os verbos ir e vir têm a mesma regência de chegar:

  Nós **iremos** à praia amanhã.

  Eles **vieram** ao cursinho para estudar.

- **Custar no sentido de** ter valor ou preço: verbo transitivo direto.

  O avião **custa** 100 mil reais.

- **Custar no sentido de** ter como resultado certa perda ou revés é verbo transitivo direto e indireto:

  Essa atitude **custou**-lhe a vida.

- **Custar no sentido de** ser difícil ou trabalhoso é intransitivo:

  Custa muito entender esse raciocínio.

- **Custar no sentido de** levar tempo ou demorar é intransitivo:

  Custa a vida para aprender a viver.

- **Esquecer/lembrar:** possuem a seguinte regra – se forem pronominais, terão complemento regido pela preposição "de"; se não forem, não haverá preposição.

  Lembrei-**me de** seu nome.

  Esqueci-**me de** seu nome.

  Lembrei seu nome.

  Esqueci seu nome.

- **Gostar:** é transitivo indireto no sentido de apreciar (complemento introduzido pela preposição "de").

  Gosto de estudar.

  Gosto muito de minha mãe.

- **Gostar:** como sinônimo de experimentar ou provar é transitivo direto.

  Gostei a sobremesa apenas uma vez e já adorei.

  Gostei o chimarrão uma vez e não mais o abandonei.

- **Implicar** pode ser:
  - **Transitivo direto** (sentido de acarretar):

    Cada escolha **implica** uma renúncia.

  - **Transitivo direto e indireto** (sentido de envolver alguém em algo):

    Implicou a irmã no crime.

  - **Transitivo indireto** (sentido de rivalizar):

    Joana estava **implicando** com o irmão menor.

- **Informar:** é bitransitivo, ou seja, é transitivo direto e indireto. Quem informa, informa:

  Algo a alguém: **informei** o acontecido para Jonas.

  Alguém de algo: **informei**-o do acontecido.

  Alguém sobre algo: **informei**-o sobre o acontecido.

- **Morar/residir:** verbos intransitivos (ou, como preconizam alguns dicionários, transitivo adverbiado), cujos adjuntos adverbiais de lugar são introduzidos pela preposição "em".

  José **mora** em Alagoas.

  Há boas pessoas **residindo** em todos os estados do Brasil.

- **Obedecer:** é um verbo transitivo indireto.

  Os filhos **obedecem** aos pais.

  Obedeça às leis de trânsito.

Embora transitivo indireto, admite forma passiva:

  Os pais são obedecidos pelos filhos.

O antônimo "desobedecer" também segue a mesma regra.

- **Perdoar:** é transitivo direto e indireto, com objeto direto de coisa e indireto de pessoa.

Jesus **perdoou** os pecados aos pecadores.

Perdoava-lhe a desconsideração.

Perdoar admite a voz passiva:

Os pecadores foram perdoados por Deus.

- **Precisar:** é transitivo indireto (complemento regido pela preposição de) no sentido de "necessitar".

Precisaremos de uma nova Gramática.

- **Precisar:** é transitivo direto no sentido de indicar com precisão.

Magali não soube **precisar** quando o marido voltaria da viagem.

- **Preferir:** é um verbo bitransitivo, ou seja, é transitivo direto e indireto, sempre exigindo a preposição a (preferir alguma coisa à outra).

Adelaide **preferiu** o filé ao risoto.

Prefiro estudar a ficar em casa descansando.

Prefiro o sacrifício à desistência.

É incorreto reforçar o verbo "preferir" ou utilizar a locução "do que".

- **Proceder:** é intransitivo na acepção de "ter cabimento":

Suas críticas são vazias, não **procedem**.

- **Proceder:** é também intransitivo na acepção de "portar-se":

Todas as crianças **procederam** bem ao lavarem as mãos antes do lanche.

- **Proceder:** no sentido de "ter procedência" é utilizado com a preposição de:

Acredito que a dúvida **proceda** do coração dos curiosos.

- **Proceder:** é transitivo indireto exigindo a preposição a no sentido de "dar início":

Os investigadores **procederam** ao inquérito rapidamente.

- **Querer:** é transitivo direto no sentido de "desejar":

Eu **quero** um carro novo.

- **Querer:** é transitivo indireto (com o complemento de pessoa) no sentido de "ter afeto":

Quero muito a meus alunos que são dedicados.

- **Solicitar:** é utilizado, na maior parte dos casos, como transitivo direto e indireto. Nada impede, entretanto, que se construa como transitivo direto.

O juiz **solicitou** as provas ao advogado.

Solicito seus documentos para a investidura no cargo.

- **Visar:** é transitivo direto na acepção de mirar.

O atirador **visou** o alvo e disparou um tiro certeiro.

- **Visar:** é transitivo direto também no sentido de "dar visto", "assinar".

O gerente havia **visado** o relatório do estagiário.

- **Visar:** é transitivo indireto, exigindo a preposição a, na acepção de "ter em vista", "pretender", "almejar".

Pedro **visava** ao amor de Mariana.

As regras gramaticais **visam** à uniformidade da expressão linguística.

12.2 Regência nominal

Alguns nomes (substantivos, adjetivos e advérbios) são comparáveis aos verbos transitivos indiretos: precisam de um complemento introduzido por uma preposição.

Acompanhemos os principais termos que exigem regência especial.

SUBSTANTIVO		
Admiração a, por	Devoção a, para, com, por	Medo a, de
Aversão a, para, por	Doutor em	Obediência a
Atentado a, contra	Dúvida acerca de, em, sobre	Ojeriza a, por
Bacharel em	Horror a	Proeminência sobre
Capacidade de, para	Impaciência com	Respeito a, com, para com, por
Exceção a	Excelência em	Exatidão de, em
Dissonância entre	Divergência com, de, em, entre, sobre	Referência a
Alusão a	Acesso a	Menção a

ADJETIVOS		
Acessível a	Diferente de	Necessário a
Acostumado a, com	Entendido em	Nocivo a
Afável com, para com	Equivalente a	Paralelo a
Agradável a	Escasso de	Parco em, de
Alheio a, de	Essencial a, para	Passível de
Análogo a	Fácil de	Preferível a
Ansioso de, para, por	Fanático por	Prejudicial a
Apto a, para	Favorável a	Prestes a
Ávido de	Generoso com	Propício a
Benéfico a	Grato a, por	Próximo a
Capaz de, para	Hábil em	Relacionado com
Compatível com	Habituado a	Relativo a
Contemporâneo a, de	Idêntico a	Satisfeito com, de, em, por
Contíguo a	Impróprio para	Semelhante a
Contrário a	Indeciso em	Sensível a
Curioso de, por	Insensível a	Sito em
Descontente com	Liberal com	Suspeito de
Desejoso de	Natural de	Vazio de
Distinto de, em, por	Dissonante a, de, entre	Distante de, para

ADVÉRBIOS		
Longe de	Perto de	Relativamente a
Contemporaneamente a	Impropriamente a	Contrariamente a

É provável que você encontre muitas listas com palavras e suas regências, porém a maneira mais eficaz de se descobrir a regência de um termo é fazer uma pergunta para ele e verificar se, na pergunta, há uma preposição. Havendo, descobre-se a regência.

- A descoberta era **acessível** a todos.

Faz-se a pergunta: algo que é acessível é acessível? (a algo ou a alguém). Descobre-se, assim, a regência de acessível.

13. PARALELISMO

Ocorre quando há uma sequência de expressões com estrutura idêntica.

13.1 Paralelismo sintático

O paralelismo sintático é possível quando a estrutura de termos coordenados entre si é idêntica. Nesse caso, entende-se que "termos coordenados entre si" são aqueles que desempenham a mesma função sintática em um período ou trecho.

João comprou **balas** e **biscoitos**.

Perceba que "balas" e "biscoitos" têm a mesma função sintática (objeto direto). Além disso, ambas são expressões nominais. Assim, apresentam, na sentença, uma estrutura sintática idêntica.

Os formandos **estão pensando na carreira, isto é, no futuro.**

Tanto "na carreira" quanto "no futuro" são complementos do verbo pensar. Ademais, as duas expressões são formadas por preposição e substantivo.

13.2 Paralelismo semântico

Estrutura-se pela coerência entre as informações.

Lucélia **gosta de maçã e de pera**.

Percebe-se que há uma relação semântica entre maçã e pera, pois ambas são frutas.

Lucélia **gosta de livros de ação e de pizza**.

Observa-se que os termos "livros de ação" e "pizza" não possuem sentidos semelhantes que garantam a sequência lógica esperada no período.

14. COLOCAÇÃO PRONOMINAL

Esta parte do conteúdo é relativa ao estudo da posição dos pronomes oblíquos átonos em relação ao verbo. Antes de iniciar o estudo, memorize os pronomes em questão.

PRONOMES OBLÍQUOS ÁTONOS
me
te
o, a, lhe, se
nos
vos
os, as, lhes, se

Quatro casos de colocação:

- **Próclise** (anteposto ao verbo):
  Nunca **o** vi.
- **Mesóclise** (medial em relação ao verbo):
  Dir-te-ei algo.
- **Ênclise** (posposto ao verbo):
  Passa-**me** a resposta.
- **Apossínclise** (intercalação de uma ou mais palavras entre o pronome e o verbo):
  - Talvez tu **me** já não creias.

14.1 Regras de próclise

- Palavras ou expressões negativas:
  Não **me** deixe aqui neste lugar!
  Ninguém **lhe** disse que seria fácil.
- Pronomes relativos:
  O material de que **me** falaste é muito bom.
  Eis o conteúdo que **me** causa nojo.
- Pronomes indefinidos:
  Alguém **me** disse que você vai ser transferido.
  Tudo **me** parece estranho.
- Conjunções subordinativas:
  Confiei neles, assim que **os** conheci.
  Disse que **me** faltavam palavras.
- Advérbios:
  Sempre **lhe** disse a verdade.
  Talvez **nos** apareça a resposta para essa questão.
- Pronomes interrogativos:
  Quem **te** contou a novidade?
  Que **te** parece essa situação?
- "Em + gerúndio"
  Em **se** tratando de Gramática, eu gosto muito!
  Nesta terra, em **se** plantando, tudo há de nascer.
- Particípio
  Ele havia avisado-**me.** (errado)
  Ele **me** havia avisado. (certo)
- Sentenças optativas:
  Deus **lhe** pague!
  Deus **o** acompanhe!

14.2 Regras de mesóclise

Emprega-se o pronome oblíquo átono no meio da forma verbal, quando ela estiver no futuro do presente ou no futuro simples do pretérito do indicativo.

Chamar-**te**-ei, quando ele chegar.
Se houver tempo, contar-**vos**-emos nossa aventura.
Contar-**te**-ia a novidade.

14.3 Regras de ênclise

Não se inicia sentença, em Língua Portuguesa, por pronome oblíquo átono. Ou seja, o pronome átono não deve ficar no início da frase.

Formas verbais:

- Do **infinitivo impessoal** (precedido ou não da preposição "a");
- Do **gerúndio**;
- Do **imperativo afirmativo**:
  Alcança-**me** o prato de salada, por favor!
  Urge obedecer-**se** às leis.
  O garoto saiu da sala desculpando-**se**.
  Tratando-**se** desse assunto, não gosto de pensar.
  Dá-**me** motivos para estudar.

Se o gerúndio vier precedido da preposição "em", deve-se empregar a próclise.

Em **se** tratando de Gramática, eu gosto muito.

14.4 Casos facultativos

Sujeito expresso, próximo ao verbo.

O menino se machucou **(-se)**.
Eu **me** refiro **(-me)** ao fato de ele ser idiota.

Infinitivo antecedido de "não" ou de preposição.

Sabemos que não se habituar **(-se)** ao meio causa problemas.
O público o incentivou a se jogar **(-se)** do prédio.

15. CRASE

O acento grave é solicitado nas palavras quando há a união da preposição "a" com o artigo (ou a vogal dependendo do caso) feminino "a" ou com os pronomes demonstrativos (aquele, aquela, aquilo e "a").

- Mário foi **à** festa ontem.

  Tem-se o "a" preposição e o "a" artigo feminino.

  Quem vai, vai a algum lugar. "Festa" é palavra feminina, portanto, admite o artigo "a".

- Chegamos **àquele** assunto (a + aquele).
- A gravata que eu comprei é semelhante **à** que você comprou (a + a).

Decore os casos em que não ocorre crase, pois a tendência da prova é perguntar se há crase ou não. Sabendo os casos proibitivos, fica muito fácil.

15.1 Crase proibitiva

Não se pode usar acento grave indicativo de crase:

- Antes de palavras masculinas.

  Fez uma pergunta **a** Mário.

- Antes de palavras de sentido indefinido.

  Não vai **a** festas, **a** reuniões, **a** lugar algum.

- Antes de verbos.

  Todos estão dispostos **a** colaborar.

- Antes de pronomes pessoais.

  Darei um presente **a ela**.

- Antes de nomes de cidade, estado ou país que não utilizam o artigo feminino.

  Fui **a** Cascavel.

  Vou **a** Pequim.

- Antes da palavra "casa" quando tem significado de próprio lar, ou seja, quando ela aparecer indeterminada na sentença.

  Voltei a casa, pois precisava comer algo.

Quando houver determinação da palavra casa, ocorrerá crase.

"Voltei à casa de meus pais."

- Da palavra "terra" quando tem sentido de solo.

  Os tripulantes vieram a terra.

A mesma regra da palavra "casa" se aplica à palavra terra.

- De expressões com palavras repetidas.

  Dia a dia, mano a mano, face a face, cara a cara etc.

- Diante de numerais cardinais referentes a substantivos que não estão determinados pelo artigo.

  Assistirei a duas aulas de Língua Portuguesa.

No caso de locuções adverbiais que exprimem hora determinada e nos casos em que o numeral estiver precedido de artigo, acentua-se:

"Chegamos às oito horas da noite."

"Assisti às duas sessões de ontem."

No caso dos numerais, há uma dica para facilitar o entendimento dos casos de crase. Se houver o "a" no singular e a palavra posterior no plural, não ocorrerá o acento grave. Do contrário, ocorrerá.

15.2 Crase obrigatória

Deve-se usar acento grave indicativo de crase:

- Antes de locução adverbial feminina.

  À noite, à tarde, às pressas, às vezes, à farta, à vista, à hora certa, à esquerda, à direita, à toa, às sete horas, à custa de, à força de, à espera de, à vontade, à toa.

- Antes de termos femininos ou masculinos com sentido da expressão "à moda de" ou "ao estilo de".

  Filé à milanesa, servir à francesa, brigar à portuguesa, gol à Pelé, conto à Machado de Assis, discurso à Rui Barbosa etc.

- Antes de locuções conjuntivas proporcionais.

  À medida que, à proporção que.

- Antes de locuções prepositivas.

  À procura de, à vista de, à margem de, à beira de, à custa de, à razão de, à mercê de, à maneira de etc.

- Para evitar ambiguidade: receberá o acento o termo afetado pela ação do verbo (objeto direto preposicionado).

  Derrubou a menina **à panela**.

  Matou a vaca **à cobra**.

  Diante da palavra distância quando houver determinação da distância em questão:

  Achava-se à **distância de cem** (ou de alguns) **metros**.

- Antes das formas de tratamento "senhora", "senhorita" e "madame" = não há consenso entre os gramáticos, no entanto, opta-se pelo uso.

  Enviei lindas flores **à senhorita**.

  Josias remeteu uma carta **à senhora**.

15.3 Crase facultativa

- Após a preposição até.

  As crianças foram até **à escola**.

- Antes de pronomes possessivos femininos.

  Ele fez referência **à nossa causa!**

- Antes de nomes próprios femininos.

  Mandei um SMS **à Joaquina**.

- Antes da palavra "Dona".

  Remeti uma carta à **Dona Benta**.

  Não se usa crase antes de nomes históricos ou sagrados.

  O padre fez alusão a Nossa Senhora.

  Quando o professor fez menção a Joana D'Arc, todos ficaram entusiasmados.

16. PONTUAÇÃO

A pontuação assinala a melodia de nossa fala, ou seja, as pausas, a ênfase etc.

16.1 Principais sinais e usos

16.1.1 Vírgula

É o sinal mais importante para concurso público.

Usa-se a vírgula para:

- Separar termos que possuem mesma função sintática no período.

  José, **Maria**, **Antônio** e **Joana** foram ao mercado. (Função de núcleo do sujeito).

- Isolar o vocativo.

  Então, **minha cara**, não há mais o que se dizer!

- Isolar um aposto explicativo (cuidado com essa regra, veja que não há verbo no aposto explicativo).

  O João, **ex-integrante da comissão**, veio fazer parte da reunião.

- Isolar termos antecipados, como: complemento, adjunto ou predicativo.

  Na semana passada, comemos camarão no restaurante português. (Antecipação de adjunto adverbial).

- Separar expressões explicativas, conjunções e conectivos.

  Isto é, ou seja, por exemplo, além disso, pois, porém, mas, no entanto, assim etc.

- Separar os nomes dos locais de datas.

  Cascavel, 2 de maio de 2012.

- Isolar orações adjetivas explicativas (pronome relativo + verbo + vírgula).

  O Brasil, **que é um belíssimo país**, possui ótimas praias.

- Separar termos de uma enumeração.

  Vá ao mercado e traga **cebola**, **alho**, **sal**, **pimenta e coentro**.

- Separar orações coordenadas.

  Esforçou-se muito, **mas não venceu o desafio**. (Oração coordenada sindética adversativa).

  Roubou todo o dinheiro, **e ainda apareceu na casa**. (Oração coordenada sindética aditiva).

A vírgula pode ser utilizada antes da conjunção aditiva "e" caso se queira enfatizar a oração por ela introduzida.

- Omitir um termo, elipse (no caso da elipse verbal, chamaremos "zeugma").
  - De dia era um anjo, de noite um **demônio**. (Omissão do verbo "ser").
- Separar termos de natureza adverbial deslocados dentro da sentença.

  Na semana passada, trinta alunos foram aprovados no concurso. (Locução adverbial temporal)

  Se estudar muito, você será aprovado no concurso. (Oração subordinada adverbial condicional)

16.1.2 Ponto final

Usa-se o ponto final:

- Ao final de frases para indicar uma pausa total; é o que marca o fim de um período.

  Depois de passar no concurso, comprarei um carro.

Em abreviaturas:

Sr., a. C., Ltda., num., adj., obs., máx., *bat.*, *brit. etc.*

16.1.3 Ponto e vírgula

Usam-se ponto e vírgula para:

- Separar itens que aparecem enumerados.
  - Uma boa dissertação apresenta:

    Coesão;

    Coerência;

    Progressão lógica;

    Riqueza lexical;

    Concisão;

    Objetividade;

    Aprofundamento.
- Separar um período que já se encontra dividido por vírgulas.

  Não gostava de trabalhar; queria, no entanto, muito dinheiro no bolso.

- Separar partes do texto que se equilibram em importância.

  Os pobres dão pelo pão o trabalho; os ricos dão pelo pão a fazenda; os de espíritos generosos dão pelo pão a vida; os de nenhum espírito dão pelo pão a alma. (Vieira)

  O capitalismo é a exploração do homem pelo homem; o socialismo é exatamente o contrário.

16.1.4 Dois pontos

São usados dois pontos quando:

- Se vai fazer uma citação ou introduzir uma fala.

  José respondeu:

  – Não, muito obrigado!

- Se quer indicar uma enumeração.

  Quero apenas uma coisa: que vocês sejam aprovados no concurso!

16.1.5 Aspas

São usadas aspas para indicar:

- Citação presente no texto.

  "Há distinção entre categorias do pensamento" – disse o filósofo.

- Expressões estrangeiras, neologismos, gírias.

  Na parede, haviam pintado a palavra "love". (Expressão estrangeira).

  Ficava "bailarinando", como diria Guimarães. (Neologismo).

  "Velho", esconde o "cano" aí e "deixa baixo". (Gíria).

16.1.6 Reticências

São usadas para indicar supressão de um trecho, interrupção na fala, ou dar ideia de continuidade ao que se estava falando.

[...] Profundissimamente hipocondríaco. Este ambiente me causa repugnância. Sobe-me à boca uma ânsia análoga à ânsia. Que se escapa pela boca de um cardíaco [...]

Eu estava andando pela rua quando...

Eu gostei da nova casa, mas da garagem...

16.1.7 Parênteses

- São usados quando se quer explicar melhor algo que foi dito ou para fazer simples indicações.

  Foi o homem que cometeu o crime (o assassinato do irmão).

16.1.8 Travessão

- Indica a fala de um personagem.

  Ademar falou.

  Amigo, preciso contar algo para você.

- Isola um comentário no texto.

  O estudo bem realizado – **diga-se de passagem, que quase ninguém faz** – é o primeiro passo para a aprovação.

- Isola um aposto na sentença.

  A Semântica – **estudo sobre as relações de sentido** – é importantíssima para o entendimento da Língua.

- Reforçar a parte final de um enunciado.

  Para passar no concurso, é preciso estudar muito – **muito mesmo.**

16.1.9 Trocas

A banca, eventualmente, costuma perguntar sobre a possibilidade de troca de termos, portanto, atenção!

Vírgulas, travessões e parênteses, quando isolarem um aposto, podem ser trocados sem prejuízo para a sentença.

Travessões podem ser trocados por dois pontos, a fim de enfatizar um enunciado.

16.1.10 Regra de ouro

Na ordem natural de uma sentença, é proibido:

- Separar sujeito e predicado com vírgulas:

  Aqueles maravilhosos velhos ensinamentos de meu pai foram de grande utilidade. (Certo)

  Aqueles maravilhosos velhos ensinamentos de meu pai, foram de grande utilidade. (Errado)

- Separar verbo de objeto:

  "O presidente do maravilhoso país chamado Brasil assinou uma lei importante. (Certo)

  O presidente do maravilhoso país chamado Brasil assinou, uma lei importante. (Errado)

17. PARÁFRASE

Parafrasear, em sentido lato, significa reescrever uma sequência de texto sem alterar suas informações originais. Isso quer dizer que o texto resultante deve apresentar o mesmo sentido do texto original, modificando, evidentemente, apenas a ordem frasal ou o vocabulário. Há algumas exigências para uma paráfrase competente. São elas:

- Usar a mesma ordem das ideias que aparecem no texto original.
- Em hipótese alguma é possível omitir informações essenciais.
- Não tecer comentários acerca do texto original, apenas parafrasear, sem frescura.
- Usar construções sintáticas e vocabulares que, apesar de manterem o sentido original, sejam distintas das do texto base.

17.1 Passos da paráfrase

Há alguns recursos para parafrasear um texto:

- Utilização de termos sinônimos.

    O presidente assinou o documento, **mas** esqueceu-se de pegar sua caneta.

    O presidente assinou o documento, **contudo** esqueceu-se de pegar sua caneta.

- Uso de palavras antônimas, valendo-se de palavra negativa.

    José era um **covarde.**

    José **não** era um **valente.**

- Emprego de termos anafóricos.

    São Paulo e Palmeiras são dois times brasileiros. O São Paulo venceu o Palmeiras na semana passada.

    São Paulo e Palmeiras são dois times brasileiros. **Aquele** (São Paulo) venceu **este** (Palmeiras) na semana passada.

- Permuta de termo verbal por nominal, e vice-versa.

    É importante que chegue cedo.

    Sua chegada é importante.

- Deixar termos elípticos.

    Eu preciso da colaboração de todos.

    Preciso da colaboração de todos.

- Alteração da ordem frasal.

    Adalberto venceu o último desafio de sua vida ontem.

    Ontem, Adalberto venceu o último desafio de sua vida.

- Transposição de voz verbal.

    Joel cortou a seringueira centenária. A seringueira centenária foi cortada por Joel.

- Troca de discurso.

    Naquela manhã, Oséas dirigiu-se ao pai dizendo: "Cortarei a grama sozinho." (Discurso direto).

    Naquela manhã, Oséas dirigiu-se ao pai dizendo que cortaria a grama sozinho. (Discurso indireto).

- Troca de palavras por expressões perifrásticas.

    O Rei do Futebol esteve presente durante as celebrações.

    Pelé esteve presente durante as celebrações.

- Troca de locuções por palavras de mesmo sentido.

    A turma **da noite** está comprometida com os estudos.

    A turma **noturna** está mais comprometida com os estudos.

18. REESCRITURA DE FRASES

A reescrita de frases é uma paráfrase que visa à mudança da forma de um texto. Para que o novo período esteja correto, é preciso que sejam respeitadas a correção gramatical e o sentido do texto original. Desse modo, quando há qualquer inadequação do ponto de vista gramatical e/ou semântico, o trecho reescrito deve ser considerado incorreto.

Assim, para resolver uma questão que envolve reescrita de trechos ou períodos, é necessário verificar os aspectos gramaticais (principalmente, pontuação, elementos coesivos, ortografia, concordância, emprego de pronomes, colocação pronominal, regência etc.) e aspectos semânticos (significação de palavras, alteração de sentido etc.).

Existem diversas maneiras de se parafrasear uma frase, por isso cada banca examinadora pode formular questões a partir de muitas formas. Nesse sentido, é essencial conhecer e dominar as variadas estruturas que uma sentença pode assumir quando ela é reescrita.

18.1 Substituição de palavras ou de trechos de texto

No processo de reescrita, pode haver a substituição de palavras ou trechos. Ao se comparar o texto original e o que foi reestruturado, é necessário verificar se essa substituição mantém ou altera o sentido e a coerência do primeiro texto.

18.1.1 Locuções × palavras

Em muitos casos, há locuções (expressões formadas por mais de uma palavra) que podem ser substituídas por uma palavra, sem alterar o sentido e a correção gramatical. Isso é muito comum com verbos.

> Os alunos **têm buscado** formação profissional. (Locução: têm buscado).
>
> Os alunos **buscam** formação profissional. (Uma palavra: buscam).

Ambas as frases têm sentido atemporal, ou seja, expressam ações constantes, que não têm fim.

18.1.2 Significação das palavras

Ao avaliarmos a significação das palavras, devemos ficar atentos a alguns aspectos: sinônimos, antônimos, polissemia, homônimos e parônimos.

Sinônimos

Palavras que possuem significados próximos, mas não são totalmente equivalentes.

> Casa – lar – moradia – residência.
>
> Carro – automóvel.

Para verificar a validade da substituição, deve-se também ficar atento ao significado contextual. Por exemplo, na frase "as fronteiras entre o bem e o mal", não há menção a limites geográficos, pois a palavra "fronteira" está em sentido conotativo (figurado).

Além disso, nem toda substituição é coerente. Por exemplo, na frase "eu comprei uma casa", fica incoerente reescrever "eu comprei um lar".

Antônimos

Palavras que possuem significados diferentes, opostos, contrários.

> Mal – bem.
>
> Ausência – presença.
>
> Subir – descer.
>
> Cheio – vazio.
>
> Possível – impossível.

Polissemia

Ocorre quando uma palavra apresenta mais de um significado em diferentes contextos.

> Banco (instituição comercial financeira; assento).
>
> Manga (parte da roupa; fruta).

A polissemia está relacionada ao significado contextual, ou seja, uma palavra tem um sentido específico apenas no contexto em que está inserida. Por exemplo:

> A eleição foi marcada por debates explosivos (ou seja: debates acalorados, e não com sentido de explodir algo).

Homônimos

Palavras com a mesma pronúncia (algumas vezes, a mesma grafia), mas com significados diferentes.

> Acender: colocar fogo. Ascender: subir.
>
> Concerto: sessão musical. Conserto: reparo.

Homônimos perfeitos

Palavras com a mesma grafia e o mesmo som.

> Eu **cedo** este lugar você. (**Cedo** = verbo).
>
> Cheguei **cedo** para jantar. (**Cedo** = advérbio de tempo).

Percebe-se que o significado depende do contexto em que a palavra aparece. Portanto, deve-se ficar atento à ortografia quando a questão é de reescrita.

Parônimos

Palavras que possuem significados diferentes, mas são muito parecidas na pronúncia e na escrita.

> Absolver: perdoar, inocentar. Absorver: aspirar.
>
> Comprimento: extensão. Cumprimento: saudação.

18.2 Conectores de mesmo valor semântico

Há palavras, principalmente as conjunções, que possuem valores semânticos específicos, os quais devem ser levados em conta no momento de fazer uma substituição.

Logo, pode-se reescrever um período, alterando a conjunção. Para tanto, é preciso que a outra conjunção tenha o mesmo valor semântico. Além disso, é importante verificar como ficam os tempos verbais após a substituição.

> **Embora** fosse tarde, fomos visitá-lo. (Conjunção subordinativa concessiva).
>
> **Apesar de** ser tarde, fomos visitá-lo. (Conjunção subordinativa concessiva).

No exemplo anterior, o verbo também sofreu alteração.

> Toque o sinal **para que** todos entrem na sala. (Conjunção subordinativa final).
>
> Toque o sinal **a fim de que** todos entrem na sala. (Conjunção subordinativa final).

No exemplo anterior, o verbo permaneceu da mesma maneira.

18.3 Retextualização de diferentes gêneros e níveis de formalidade

Na retextualização, pode-se alterar o nível de linguagem do texto, dependendo de qual é a finalidade da transformação proposta. Nesse caso, são possíveis as seguintes alterações: linguagem informal para a formal; tipos de discurso; vozes verbais; oração reduzida para desenvolvida; inversão sintática; dupla regência.

18.3.1 Linguagem formal × linguagem informal

Um texto pode estar escrito em linguagem coloquial (informal) ou formal (norma padrão). A proposta de reescrita pode mudar de uma linguagem para outra. Veja o exemplo:

Pra que serve a política? (Informalidade)

Para que serve a política? (Formalidade)

A oralidade, geralmente, é mais informal. Portanto, fique atento: a fala e a escrita são diferentes, ou seja, a escrita não reproduz a fala e vice-versa.

18.3.2 Tipos de discurso

Discurso está relacionado à construção de textos, tanto orais quanto escritos, portanto, ele é considerado uma prática social.

Em um texto, podem ser encontrados três tipos de discurso: o discurso direto, o indireto e o indireto livre.

Discurso direto

São as falas das personagens. Esse discurso pode aparecer em forma de diálogos e citações, e vêm marcados com alguma pontuação (travessão, dois pontos, aspas etc.). Ou seja, o discurso direto reproduz fielmente a fala de alguém.

O médico disse à paciente:

Você precisa fazer exercícios físicos regularmente.

Discurso indireto

É a reprodução da fala de alguém, a qual é feita pelo narrador. Normalmente, esse discurso é escrito em terceira pessoa.

O médico disse à paciente que ela precisava fazer exercícios regulamente.

Discurso indireto livre

É a ocorrência do discurso direto e indireto ao mesmo tempo. Ou seja, o narrador conta a história, mas as personagens também têm voz própria.

No exemplo a seguir, há um discurso direto: "que raiva", que mostra a fala da personagem.

Retirou as asas e estraçalhou-a. Só tinham beleza. Entretanto, qualquer urubu... que raiva...

(Ana Maria Machado)

No trecho a seguir, há uma fala da personagem, mesclada com a narração: "Para que estar catando defeitos no próximo?".

D. Aurora sacudiu a cabeça e afastou o juízo temerário. Para que estar catando defeitos no próximo? Eram todos irmãos. Irmãos.

(Graciliano Ramos)

Exemplo de uma transposição de discurso direto para indireto:

Ana perguntou:

– Qual é a resposta correta?

Ana perguntou qual era a resposta correta.

Nas questões de reescrita que tratam da transposição de discursos, é mais frequente a substituição do direto pelo indireto. Nesse caso, deve-se ficar atento aos tempos verbais.

18.3.3 Voz verbal

Um verbo pode apresentar-se na voz ativa, passiva ou reflexiva.

Ativa

Ocorre quando o sujeito é agente, ou seja, pratica a ação expressa pelo verbo.

O aluno resolveu o exercício.

Passiva

Ocorre quando o sujeito é paciente, ou seja, recebe a ação expressa pelo verbo.

O exercício foi resolvido pelo aluno.

Reflexiva

Ocorre quando o sujeito é agente e paciente ao mesmo tempo, ou seja, pratica e recebe a ação.

A criança feriu-se com a faca.

Não confunda o emprego reflexivo do verbo com a reciprocidade. Por exemplo:

Os lutadores de MMA feriram-se. (Um ao outro)

Formação da voz passiva

A voz passiva pode ocorrer de forma analítica ou sintética.

- **Voz passiva analítica:** verbo SER + particípio do verbo principal.

  A academia de polícia **será pintada**.

  O relatório é **feito** por ele.

- A variação de tempo é determinada pelo verbo auxiliar (SER), pois o particípio é invariável.

  João **fez** a tarefa. (Pretérito perfeito do indicativo)

  A tarefa **foi** feita por João. (Pretérito perfeito do indicativo)

  João **faz** a tarefa. (Presente do indicativo)

  A tarefa **é** feita por João. (Presente do indicativo)

  João **fará** a tarefa. (Futuro do presente)

  A tarefa **será** feita por João. (Futuro do presente)

- **Voz passiva sintética:** verbo na 3ª pessoa, seguido do pronome apassivador SE.

  Abriram-se as inscrições para o concurso.

Transposição da voz ativa para a voz passiva

Pode-se mudar de uma voz para outra sem alterar o sentido da frase.

Os médicos brasileiros **lançaram** um tratamento para o câncer.

Um tratamento para o câncer **foi lançado** pelos médicos brasileiros.

Nas questões de concursos, costuma-se cobrar a transposição da voz ativa para a passiva, e da voz passiva sintética para a analítica.

Veja os exemplos:

A fiscalização exige o passaporte.

O passaporte é exigido pela fiscalização.

Exige-se comprovante de pagamento.

É exigido comprovante de pagamento.

18.3.4 Oração reduzida × oração desenvolvida

As orações subordinadas podem ser reduzidas ou desenvolvidas. Não há mudança de sentido se houver a substituição de uma pela outra. Veja os exemplos:

Ao terminar a aula, todos podem sair. (Reduzida de infinitivo)

Quando terminarem a prova, todos podem sair. (Desenvolvida)

Os vizinhos ouviram uma criança chorando na rua. (Reduzida de gerúndio)

Os vizinhos ouviram uma criança que chorava na rua. (Desenvolvida)

Terminada a reforma, a família mudou-se para a nova casa. (Reduzida de particípio)

Assim que terminou a reforma, a família mudou-se para a nova casa. (Desenvolvida)

18.3.5 Inversão sintática

Um período pode ser escrito na ordem direta ou indireta. Nesse caso, quando ocorre a inversão sintática, a correção gramatical é mantida. Apenas é necessário ficar atento ao sentido do período.

- Ordem direta: sujeito – verbo – complementos/adjuntos adverbiais.

  Os documentos foram levados para o gerente. (Direta)

  Foram levados os documentos para o gerente. (Indireta)

18.3.6 Dupla regência

Há verbos que exigem a presença da preposição e outros não. Deve-se ficar atento ao fato de que a regência pode influenciar no significado de um verbo.

Verbos transitivos diretos ou indiretos

Sem alterar o sentido, alguns verbos admitem duas construções: uma transitiva direta e outra indireta. Portanto, a ocorrência ou não da preposição mantém um trecho com o mesmo sentido.

- Almejar

  Almejamos **a** paz entre os países que estão em guerra.

  Almejamos **pela** paz entre os países que estão em guerra.

- Atender

  O gerente atendeu **os** meus pedidos.

  O gerente atendeu **aos** meus pedidos.

- Necessitar

  Necessitamos algumas horas para organizar o evento.

  Necessitamos **de** algumas horas para organizar o evento.

Transitividade e mudança de significado

Existem alguns verbos que, conforme a mudança de transitividade, têm o sentido alterado.

- **Aspirar:** é **transitivo direto** no sentido de sorver, inspirar (o ar), inalar.

  Aspirava o suave perfume. (Aspirava-o.)

- **Aspirar:** é **transitivo indireto** no sentido de desejar, ter como ambição.

  Aspirávamos ao cargo de diretor.

19. FIGURAS DE LINGUAGEM

As figuras de linguagem (também chamadas de figuras de pensamento) são construções que se relacionam com a função **poética da linguagem**, ou seja, estão articuladas em razão de modificar o código linguístico para dar ênfase no sentido de uma frase.

É comum vermos exemplos de figuras de linguagem em propagandas publicitárias, poemas, músicas etc. Essas figuras estão presentes em nossa fala cotidiana, principalmente na fala de registro **informal**.

O registro dito informal é aquele que não possui grande preocupação com a situação comunicativa, uma vez que não há tensão para a comunicação entre os falantes. Gírias, erros de concordância e subtração de termos da frase são comuns nesse baixo nível de formalidade comunicativa. Até grandes poetas já escreveram textos sobre esse assunto, veja o exemplo do escritor Oswald de Andrade, que discute a norma gramatical em relação à fala popular do brasileiro:

Pronominais
Dê-me um cigarro
Diz a gramática
Do professor e do aluno
E do mulato sabido
Mas o bom negro e o bom branco
Da Nação Brasileira
Dizem todos os dias
Deixa disso camarada
Me dá um cigarro

ANDRADE, Oswald de Andrade. **Os Cem Melhores Poemas Brasileiros do Século** - Seleção e Organização de Ítalo Moriconi. Rio de Janeiro: Editora Objetiva, 2001.

Vejamos agora algumas das principais figuras de linguagem que costumam ser cobradas em provas de concursos públicos:

- **Metáfora:** uma figura de linguagem, que consiste na comparação de dois termos sem o uso de um conectivo.

  Rosa **é uma flor**. (A pessoa é como uma flor: perfumada, delicada, bela etc.).

  Seus olhos **são dois oceanos**. (Os olhos possuem a profundidade do oceano, a cor do oceano etc.).

  João **é fera**. (João é perito em alguma coisa, desempenha determinada tarefa muito bem etc.).

- **Metonímia:** figura de linguagem que consiste em utilização de uma expressão por outra, dada a semelhança de sentido ou a possibilidade de associação lógica entre elas.

Há vários tipos de metonímia, vejamos alguns deles:

Efeito pela causa: O carrasco ergueu **a morte**. (O efeito é a morte, a causa é o machado)

Marca pelo produto: Vá ao mercado e traga um Nescau. (Achocolatado em pó)

Autor pela obra: Li Camões com entusiasmo. (Quem leu, leu a obra, não o autor)

Continente pelo conteúdo: Comi dois pratos de feijão. (Comeu o feijão, ou seja, o conteúdo do prato)

Parte pelo todo: Peço sua **mão em casamento**. (Pede-se, na verdade, o corpo todo)

Possuidor pelo possuído: Mulher, vou **ao médico**. (Vai-se ao consultório que pertence ao médico, não ao médico em si)

- **Antítese:** figura de linguagem que consiste na exposição de ideias opostas.

*Nasce o **Sol** e **não dura mais que um dia***
*Depois da **Luz** se segue à **noite escura***
*Em **tristes sombras** morre a formosura,*
*Em contínuas **tristezas** e **alegrias**.*

(Gregório de Matos)

Os termos em negrito evidenciam relações semânticas de distinção (oposição). Nascer é o contrário de morrer, assim como sombra é o contrário de luz. Essa figura foi muito utilizada na poesia brasileira, em especial pelo autor dos versos citados anteriormente: Gregório de Matos Guerra.

- **Paradoxo:** expressão que contraria o senso comum. Ilógica.

*Amor é fogo que **arde sem se ver;***
*É ferida que **dói e não se sente;***
*É um **contentamento descontente;***
*É dor que **desatina sem doer**.*

(Luís de Camões)

A construção semântica apresentada é totalmente ilógica, pois é impossível uma ferida doer e não ser sentida, assim como não é possível o contentamento ser descontente.

- **Perífrase:** expressão que tem por função substituir semanticamente um termo:

  A última flor do Lácio anda muito judiada. (Português é a última flor do Lácio)

  O país do futebol é uma grande nação. (Brasil)

  O Bruxo do Cosme Velho foi um grande escritor. (Machado de Assis era conhecido como o Bruxo do Cosme Velho)

  O anjo de pernas tortas foi o melhor jogador do mundo. (Garrincha)

- **Eufemismo:** figura que consiste em atenuar uma expressão desagradável:

  José **pegou emprestado sem avisar**. (Roubou)

  Maurício **entregou a alma a Deus.** (Morreu)

  Coitado, só porque **é desprovido de beleza**. (Feio)

- **Disfemismo:** contrário ao eufemismo, é a figura de linguagem que consiste em tornar uma expressão desagradável em algo ainda pior.

  O homem **abotoou o paletó de madeira**. (Morreu)

  Está chupando cana pela raiz. (Morreu)

  Sentou no colo do capeta. (Morreu)

- **Prosopopeia:** atribuição de características animadas a seres inanimados.

  O vento sussurrou em meus ouvidos.

  Parecia que a **agulha odiava o homem**.

- **Hipérbole:** exagero proposital de alguma característica.

  Estou morrendo de rir.

  Chorou rios de lágrimas.

- **Hipérbato:** inversão sintática de efeito expressivo.

  Ouviram do Ipiranga as margens plácidas. / De um povo heroico o brado e retumbante.

  - **Colocando na ordem direta:**

  As margens plácidas do Ipiranga ouviram o brado retumbante de um povo heroico.

- **Gradação:** figura que consiste na construção de uma escala de termo que fazem parte do mesmo campo semântico.

  Plantou **a semente**, zelou pelo **broto**, regou a **planta** e colheu o **fruto**. (A gradação pode ser do campo semântico da palavra semente – broto, planta e fruto – ou da palavra plantar – zelar, regar, colher)

- **Ironia:** figura que consiste em dizer o contrário do que se pensa.

  Lamento por ter sido eu o vencedor dessa prova. (Evidentemente a pessoa não lamenta ser o vencedor de alguma coisa)

- **Onomatopeia:** tentativa de representar um som da natureza. Figura muito comum em histórias em quadrinhos.

  Pof, tic-tac, click, bum, vrum!

- **Sinestesia:** confusão dos sentidos do corpo humano para produzir efeitos expressivos.

  Ouvi uma **voz suave** saindo do quarto.

  O seu **perfume doce** é extremamente inebriante.

19.1 Vícios de linguagem

Em âmbito geral, vício de linguagem é toda expressão contrária à lógica da norma gramatical. Vejamos quais são os principais deslizes que se transformam em vícios.

- **Pleonasmo vicioso:** consiste na repetição desnecessária de ideias.

  Subir para cima.
  Descer para baixo.
  Entrar para dentro.
  Cardume de peixes.
  Enxame de abelhas.
  Elo de ligação.
  Fato real.

OBSERVAÇÃO

Pode existir o plágio expressivo em um texto poético. Na frase "ele penetrou na escura treva" há pleonasmo, mas não é vicioso.

- **Ambiguidade:** ocorre quando a construção frasal permite que a sentença possua dois sentidos.

  Tenho de buscar **a cadela da sua irmã**.

  A empregada disse para o chefe que o cheque estava sobre **sua mesa**.

- **Cacofonia:** ocorre quando a pronúncia de determinadas palavras permite a construção de outra palavra.

  Dei um beijo na bo**ca dela**. (Cadela)
  Nosso **hino** é belo. (Suíno)
  Na **vez passada**, esca**pei de** uma. (Vespa assada)

- **Barbarismo:** é um desvio na forma de falar ou grafar determinada palavra.

  Mortandela (em vez de mortadela).
  Poblema (em vez de problema).
  Mindingo (em vez de mendigo).
  Salchicha (em vez de salsicha).

Esse conteúdo costuma ser simples para quem pratica a leitura de textos poéticos, portanto, devemos sempre ler poesia.

19.2 Funções da linguagem

Deve-se a Roman Jakobson a discriminação das seis funções da linguagem na expressão e na comunicação humanas, conforme o realce particular que cada um dos componentes do processo de comunicação recebe no enunciado. Por isso mesmo, é raro encontrar em uma única mensagem apenas uma dessas funções, ou todas reunidas em um mesmo texto. O mais frequente é elas se superporem, apresentando-se uma ou outra como predominante.

Em que pese tal fato, é preciso considerar que há particularidades com relação às funções da linguagem, ou seja, cada função descreve algo em particular. Com isso, pretendo dizer que, antes de o estudante se ater às funções em si, é preciso que ele conheça o sistema que é um pouco mais amplo, ou seja, o ato comunicativo. Afinal, a teoria de Roman Jakobson se volta à descrição do ato comunicativo em si.

Na obra *Linguística e comunicação*, o linguista Roman Jakobson, pensando sobre o ato comunicativo e seus elementos, identifica seis funções da linguagem.

- Nesse esquema, identificamos:
  - **Emissor:** quem enuncia.
  - **Mensagem:** aquilo que é transmitido pelo emissor.
  - **Receptor:** quem recebe a mensagem.
  - **Código:** o sistema em que a mensagem é codificada. O código deve ser comum aos polos da comunicação.
  - **Canal:** meio físico porque ocorre a comunicação.

Pensando sobre esses elementos, Jakobson percebeu que cada função da linguagem está centrada em um elemento específico do ato comunicativo. É o que veremos agora.

As funções da linguagem são:

- **Referencial:** centrada na mensagem, ou seja, na transmissão do conteúdo. Como possui esse caráter, a objetividade é uma constante para a função referencial. É comum que se busque a imparcialidade quando dela se faz uso. É também conhecida como função denotativa. Como a terceira pessoa do singular é predominante, podem-se encontrar exemplos de tal função em textos científicos, livros didáticos, textos de cunho apenas informativo etc.
- **Emotiva:** centrada no emissor, ou seja, em quem enuncia a mensagem. Basicamente, a primeira pessoa predomina quando o texto se apoia sobre a função emotiva. É muito comum a observarmos em depoimentos, discursos, em textos sentimentais, e mesmo em textos líricos.
- **Apelativa:** centrada no receptor, ou seja, em quem recebe a mensagem. As características comuns a manifestações dessa função da linguagem são os verbos no modo imperativo, a tentativa de persuadir o receptor, a utilização dos pronomes de tratamento que tangenciem o interlocutor. É comum observar a função apelativa em propaganda, em discursos motivacionais etc.
- **Poética:** centrada na transformação da mensagem, ou seja, em como modificar o conteúdo da mensagem a fim de torná-lo mais expressivo. As figuras de linguagem são abundantes nessa função e, por sua presença, convencionou-se chamar, também, função poética de função conotativa. Textos literários, poemas e brincadeiras com a mensagem são fontes em que se pode verificar a presença da função poética da linguagem.
- **Fática:** centrada no canal comunicativo. Basicamente, busca testar o canal para saber se a comunicação está ocorrendo. Expressões como "olá", "psiu" e "alô você" são exemplos dessa função.
- **Metalinguística:** centrada no código. Quando o emissor se vale do código para explicar o próprio código, ou seja, num tipo de comunicação autorreferente. Como exemplo, podemos citar um livro de gramática, que se vale da língua para explicar a própria língua; uma aula de didática (sobre como dar aula); ou mesmo um poema que se refere ao processo de escrita de um poema. O poema a seguir é um ótimo exemplo de função metalinguística.

Catar feijão

Catar feijão se limita com escrever:
jogam-se os grãos na água do alguidar
e as palavras na da folha de papel;
e depois, joga-se fora o que boiar.
Certo, toda palavra boiará no papel,
água congelada, por chumbo seu verbo:
pois para catar esse feijão, soprar nele,
e jogar fora o leve e oco, palha e eco.

Ora, nesse catar feijão entra um risco:
o de que entre os grãos pesados entre
um grão qualquer, pedra ou indigesto,
um grão imastigável, de quebrar dente.
Certo não, quando ao catar palavras:
a pedra dá à frase seu grão mais vivo:
obstrui a leitura fluviante, flutual,
açula a atenção, isca-a com risco.

MELO NETO, João Cabral de. **Obra completa**. Rio de Janeiro: Nova Aguilar, 1995.

20. TIPOLOGIA TEXTUAL

O primeiro item que se deve ter em mente na hora de analisar um texto segundo sua tipologia é o caráter da predominância. Isso quer dizer que um mesmo agrupamento textual pode possuir características de diversas tipologias distintas, porém as questões costumam focalizar qual é o "tipo" predominante, o que mais está evidente no texto. Um pouco de bom-senso e uma pequena dose de conhecimento relativo ao assunto são necessários para obter sucesso nesse conteúdo.

Trabalharemos com três tipologias básicas: **narração, dissertação e descrição.**

20.1 Texto narrativo

Facilmente identificável, a tipologia narrativa guarda uma característica básica: contar algo, transmitir a ocorrência de fatos e/ou ações que possuam um registro espacial e temporal. Quer dizer, a narração necessita, também, de um espaço bem-marcado e de um tempo em que as ações narradas ocorram. Discorramos sobre cada aspecto separadamente.

São elementos de uma narração:

- **Personagem:** quem pratica ação dentro da narrativa, é claro. Deve-se observar que os personagens podem possuir características físicas (altura, aparência, cor do cabelo etc.) e psicológicas (temperamento, sentimentos, emoções etc.), as quais podem ser descritas ao longo do texto.
- **Espaço:** trata-se do local em que a ação narrativa ocorre.
- **Tempo:** é o lapso temporal em que a ação é descrita. O tempo pode ser enunciado por um simples "era uma vez".
- **Ação:** não existe narração sem ação! Ou seja, os personagens precisam fazer algo, ou sofrer algo para que haja ação narrativa.
- **Narrador:** afinal, como será contada uma estória sem uma voz que a narre? Portanto, este é outro elemento estruturante da tipologia narrativa. O narrador pode estar inserido na narrativa ou apenas "observar" e narrar os acontecimentos.

Note-se que, na tipologia narrativa, os verbos flexionados no pretérito são mais evidentes.

Eis um exemplo de narração, tente observar os elementos descritos anteriormente, no texto a seguir:

Um apólogo

Era uma vez uma agulha, que disse a um novelo de linha:

— Por que está você com esse ar, toda cheia de si, toda enrolada, para fingir que vale alguma cousa neste mundo?

— Deixe-me, senhora.

— Que a deixe? Que a deixe, por quê? Por que lhe digo que está com um ar insuportável? Repito que sim, e falarei sempre que me der na cabeça.

— Que cabeça, senhora? A senhora não é alfinete, é agulha. Agulha não tem cabeça. Que lhe importa o meu ar? Cada qual tem o ar que Deus lhe deu. Importe-se com a sua vida e deixe a dos outros.

— Mas você é orgulhosa.

— Decerto que sou.

— Mas por quê?

— É boa! Porque coso. Então os vestidos e enfeites de nossa ama, quem é que os cose, senão eu?

— Você? Esta agora é melhor. Você é que os cose? Você ignora que quem os cose sou eu e muito eu? – Você fura o pano, nada mais; eu é que coso, prendo um pedaço ao outro, dou feição aos babados...

— Sim, mas que vale isso? Eu é que furo o pano, vou adiante, puxando por você, que vem atrás obedecendo ao que eu faço e mando...

— Também os batedores vão adiante do imperador.

— Você é imperador?

— Não digo isso. Mas a verdade é que você faz um papel subalterno, indo adiante; vai só mostrando o caminho, vai fazendo o trabalho obscuro e ínfimo. Eu é que prendo, ligo, ajunto...

Estavam nisto, quando a costureira chegou à casa da baronesa. Não sei se disse que isto se passava em casa de uma baronesa, que tinha a modista ao pé de si, para não andar atrás dela. Chegou à costureira, pegou do pano, pegou da agulha, pegou da linha, enfiou a linha na agulha, e entrou a coser. Uma e outra iam andando orgulhosas, pelo pano adiante, que era a melhor das sedas, entre os dedos da costureira, ágeis como os galgos de Diana – para dar a isto uma cor poética. E dizia a agulha:

— Então, senhora linha, ainda teima no que dizia há pouco? Não repara que esta distinta costureira só se importa comigo; eu é que vou aqui entre os dedos dela, unidinha a eles, furando abaixo e acima...

A linha não respondia; ia andando. Buraco aberto pela agulha era logo enchido por ela, silenciosa e ativa, como quem sabe o que faz, e não está para ouvir palavras loucas. A agulha, vendo que ela não lhe dava resposta, calou-se também, e foi andando. E era tudo silêncio na saleta de costura; não se ouvia mais que o plic-plic-plic-plic da agulha no pano. Caindo o sol, a costureira dobrou a costura, para o dia seguinte. Continuou ainda nessa e no outro, até que no quarto acabou a obra, e ficou esperando o baile.

Veio a noite do baile, e a baronesa vestiu-se. A costureira, que a ajudou a vestir-se, levava a agulha espetada no corpinho, para dar algum ponto necessário. E enquanto compunha o vestido da bela dama, e puxava de um lado ou outro, arregaçava daqui ou dali, alisando, abotoando, acolchetando, a linha para mofar da agulha, perguntou-lhe:

— Ora, agora, diga-me, quem é que vai ao baile, no corpo da baronesa, fazendo parte do vestido e da elegância? Quem é que vai dançar com ministros e diplomatas, enquanto você volta para a caixinha da costureira, antes de ir para o balaio das mucamas? Vamos, diga lá.

Parece que a agulha não disse nada; mas um alfinete, de cabeça grande e não menor experiência, murmurou à pobre agulha:

— Anda, aprende, tola. Cansas-te em abrir caminho para ela e ela é que vai gozar da vida, enquanto aí ficas na caixinha de costura. Faze como eu, que não abro caminho para ninguém. Onde me espetam, fico.

Contei esta história a um professor de melancolia, que me disse, abanando a cabeça:

— Também eu tenho servido de agulha a muita linha ordinária!

ASSIS, Machado de. Um apólogo. In: **Para Gostar de Ler**. v. 9, Contos. São Paulo: Ática, 1984, p. 59.

20.2 Texto dissertativo

O texto dissertativo, também chamado por alguns de informativo, possui a finalidade de discorrer sobre determinado assunto, apresentando fatos, opiniões de especialistas, dados quantitativos ou mesmo informações sobre o assunto da dissertação. É preciso entender que nem sempre a dissertação busca persuadir o seu interlocutor, ela pode simplesmente transmitir informações pertinentes ao assunto dissertado.

Quando a persuasão é objetivada, o texto passa a ter também características argumentativas. A rigor, as questões de concurso público focalizam a tipologia, não seus interstícios, portanto, não precisa ficar desesperado com o fato de haver diferença entre texto dissertativo-expositivo e texto dissertativo-argumentativo. Importa saber que ele é dissertativo.

Ressalta-se que toda boa dissertação possui a **introdução** do tema, o **desenvolvimento** coeso e coerente, que está vinculado ao que se diz na introdução, e uma **conclusão** lógica do texto, evidenciando o que se permite compreender por meio da exposição dos parágrafos de desenvolvimento.

A tipologia dissertativa pode ser facilmente encontrada em editoriais, textos de divulgação acadêmica, ou seja, com caráter científico, ensaios, resenhas, artigos científicos e textos pedagógicos.

Exemplo de dissertação:

> ***Japão foi avisado sobre problemas em usinas dois anos antes, diz Wikileaks***
>
> *O Wikileaks, site de divulgação de informações consideradas sigilosas, vazou um documento que denuncia que o governo japonês já havia sido avisado pela vigilância nuclear internacional que suas usinas poderiam não ser capazes de resistir a terremotos. O relatório, assinado pelo embaixador Thomas Schieffer obtido pelo WikiLeaks foi publicado hoje pelo jornal britânico, The Guardian.*

O documento revela uma conversa de dezembro de 2008 entre o então deputado japonês, Taro Kono, e um grupo diplomático norte-americano durante um jantar. Segundo o relatório, um membro da Agência Internacional de Energia Atômica (AIEA) disse que as normas de segurança estavam obsoletas para aguentar os fortes terremotos, o que significaria "um problema grave para as centrais nucleares". O texto diz ainda que o governo do Japão encobria custos e problemas associados a esse ramo da indústria.

Diante da recomendação da AIEA, o Japão criou um centro de resposta de emergência em Fukushima, capaz de suportar, apenas, tremores até magnitude 7,0.

Como visto anteriormente, conceituar, polemizar, questionar a lógica de algum tema, explicar ou mesmo comentar uma notícia são estratégias dissertativas. Vamos dividir essa tipologia textual em dois tipos essencialmente diferentes: o **dissertativo-expositivo** e o **dissertativo-argumentativo**.

Padrão dissertativo-expositivo

A característica fundamental do padrão expositivo da dissertação é utilizar a estrutura da prosa não para convencer alguém de alguma coisa, e sim para apresentar uma ideia, apresentar um conceito. O princípio do texto expositivo não é a persuasão, é a informação e, justamente por tal fato, ficou conhecido como informativo. Para garantir uma boa interpretação desse padrão textual, é importante buscar a ideia principal (que deve estar presente na introdução do texto) e, depois, entender quais serão os aspectos que farão o texto progredir.

- **Onde posso encontrar esse tipo de texto?** Jornais revistas, sites sobre o mundo de economia e finanças. Diz-se que esse tipo de texto focaliza a função referencial da linguagem.
- **Como costuma ser o tipo de questão relacionada ao texto dissertativo-expositivo?** Geralmente, os elaboradores questionam sobre as informações veiculadas pelo texto. A tendência é que o elaborador inverta as informações contidas no texto.
- **Como resolver mais facilmente?** Toda frase que mencionar o conceito ou a quantidade de alguma coisa deve ser destacada para facilitar a consulta.

Padrão dissertativo-argumentativo

No texto do padrão dissertativo-argumentativo, existe uma opinião sendo defendida e existe uma posição ideológica por detrás de quem escreve o texto. Se analisarmos a divisão dos parágrafos de um texto com características argumentativas, perceberemos que a introdução apresenta sempre uma tese (ou hipótese) que é defendida ao longo dos parágrafos.

Uma vez feito isso, o candidato deve entender qual é a estratégia utilizada pelo produtor do texto para defender seu ponto de vista. Na verdade, agora é o momento de colocar "a mão na massa" para valer, uma vez que aqueles enunciados que iniciam com "infere-se da argumentação do texto", "depreende-se dos argumentos do autor" serão vencidos caso se observem os fatores de interpretação corretos:

- Conexão entre as ideias do texto (atenção para as conjunções).
- Articulação entre as ideias do texto (atenção para a combinação de argumentos).
- Progressão do texto.

Recursos argumentativos

Quando o leitor interage com uma fonte textual, deve observar – tratando-se de um texto com o padrão dissertativo-argumentativo – que o autor se vale de recursos argumentativos para construir seu raciocínio dentro do texto. Vejamos alguns recursos importantes:

- **Argumento de autoridade:** baseado na exposição do pensamento de algum especialista ou alguma autoridade no assunto. Citações, paráfrases e menções ao indivíduo podem ser tomadas ao longo do texto. É importante saber diferenciar se a opinião colocada em foco é a do autor ou se é a do indivíduo que ele cita ao longo do texto.
- **Argumento com base em consenso:** parte de uma ideia tomada como consensual, o que leva o leitor a entender apenas aquilo que o elaborador mostra. Sentenças do tipo "todo mundo sabe que", "é de conhecimento geral que" identificam esse tipo de argumentação.
- **Argumento com fundamentação concreta:** basear aquilo que se diz em algum tipo de pesquisa ou fato que ocorre com certa frequência.
- **Argumento silogístico (com base em um raciocínio lógico):** do tipo hipotético – "Se ... então".
- **Argumento de competência linguística:** consiste em adequar o discurso ao panorama linguístico de quem é tido como possível leitor do texto.
- **Argumento de exemplificação:** utilizar casos ou pequenos relatos para ilustrar a argumentação do texto.

20.3 Texto descritivo

Em um texto descritivo, faz-se um tipo de retrato por escrito de um lugar, uma pessoa, um animal ou um objeto. Os adjetivos são abundantes nessa tipologia, uma vez que a sua função de caracterizar os substantivos é extremamente exigida nesse contexto. É possível existir um texto descritivo que enuncie características de sensações ou sentimentos, porém não é muito comum em provas de concurso público. Não há relação temporal na descrição. Os verbos relacionais são mais presentes para poder evidenciar aspectos e características. Significa "criar" com palavras uma imagem.

Exemplo de texto descritivo:

Texto extraído da prova do BRB (2010) – Banca CESPE/UnB

Nome científico: *Ginkgo biloba L.*
Nome popular: *Nogueira-do-japão*
Origem: *Extremo Oriente*

Aspecto: as folhas dispõem-se em leque e são semelhantes ao trevo; a altura da árvore pode chegar a 40 metros; o fruto lembra uma ameixa e contém uma noz que pode ser assada e comida

20.4 Conotação × denotação

É interessante, quando se estuda o conteúdo de tipologia textual, ressaltar a distinção conceitual entre o sentido conotativo e o sentido denotativo da linguagem. Vejamos como se opera essa distinção:

Sentido conotativo: figurado, ou abstrato. Relaciona-se com as figuras de linguagem.

- Adalberto **entregou sua alma a Deus**.

  A ideia de entregar a alma a Deus é figurada, ou seja, não ocorre literalmente, pois não há um serviço de entrega de almas. Essa é uma figura que convencionamos chamar de **metáfora**.

Sentido denotativo: literal, ou do dicionário. Relaciona-se com a função **referencial** da linguagem.

- Adalberto **morreu**.

  Quando dizemos função referencial, entende-se que o falante está preocupado em transmitir precisamente o fato ocorrido, sem apelar para figuras de pensamento. Essa frase do exemplo serviu para mostrar o sinônimo da figura de linguagem anterior.

21. GÊNEROS TEXTUAIS

Os gêneros textuais podem ser textos orais ou escritos, formais ou informais. Eles possuem características em comum, como a intenção comunicativa, mas há algumas características que os distinguem uns dos outros.

21.1 Gêneros textuais e esferas de circulação

Cada gênero textual está vinculado a uma esfera de circulação, ou seja, um lugar comum em que ele pode ser encontrado.

Cotidiana: adivinhas, diário, álbum de família exposição oral, anedotas, fotos, bilhetes, músicas, cantigas de roda, parlendas, carta pessoal, piadas, cartão, provérbios, cartão postal, quadrinhas, causos, receitas, comunicado, relatos de experiências vividas, convites, trava-línguas, *curriculum vitae*.

Literária/artística: autobiografia, letras de músicas, biografias, narrativas de aventura, contos, narrativas de enigma, contos de fadas, narrativas de ficção, contos de fadas contemporâneos, narrativas de humor, crônicas de ficção, narrativas de terror, escultura, narrativas fantásticas, fábulas, narrativas míticas, fábulas contemporâneas, paródias, haicais, pinturas, histórias em quadrinhos, poemas, lendas, romances, literatura de cordel, tankas, memórias, textos dramáticos.

Científica: artigos, relatos históricos, conferências, relatórios, debates, palestras, verbetes, pesquisas.

Escolar: atas, relatos históricos, cartazes, relatórios, debates, regrados, relatos de experiências, diálogos/discussões argumentativas científicas, exposições orais, resenhas, júris simulados, resumos, mapas, seminários, palestras, textos argumentativos, pesquisas, textos de opinião, verbetes de enciclopédias.

Jornalística: imprensas, agendas culturais, fotos, anúncios de emprego, horóscopos, artigos de opinião, infográficos, caricaturas, manchetes, cartas ao leitor, mapas, mesas redondas, cartuns, notícias, charges, reportagens, classificados, resenhas críticas, crônicas jornalísticas, sinopses de filmes, editoriais, tiras, entrevistas (orais e escritas).

Publicidade: anúncios, músicas, caricaturas, **paródias**, cartazes, placas, comerciais para televisão, publicidades comerciais, *e-mails*, publicidades institucionais, *folders*, publicidades oficiais, fotos, textos políticos, *slogans*.

Política: abaixo-assinados, debates regrados, assembleias, discursos políticos, cartas de emprego, fóruns, cartas de reclamação, manifestos, cartas de solicitação, mesas redondas, debates, panfletos.

Jurídica: boletins de ocorrência, estatutos, constituição brasileira, leis, contratos, ofícios, declaração de direitos, procurações, depoimentos, regimentos, discursos de acusação, regulamentos, discursos de defesa, requerimentos.

Social: bulas, relatos históricos, manuais técnicos, relatórios, placas, relatos de experiências científicas, resenhas, resumos, seminários, textos argumentativos, textos de opinião, verbetes de enciclopédias.

Midiática: *blogs*, *realities show*, *chats*, *talks show*, desenhos animados, telejornais, e-mails, telenovelas, entrevistas, torpedos, filmes, vídeos clip, fotoblogs, videoconferências, *home page*.

21.2 Exemplos de gêneros textuais

Artigo: o artigo de opinião é um gênero textual que faz parte da esfera jornalística e tem por finalidade a exposição do ponto de vista sobre um determinado assunto. Assim como a dissertação, ele também se compõe de um título, uma introdução, um desenvolvimento e uma conclusão.

Ata: a ata tem como finalidade registrar ocorrências, resoluções e decisões de reuniões, sessões realizadas por algum órgão, setor, entidade etc.

Estrutura da ata:

- Dia, mês, ano e hora (por extenso);
- Local da reunião;
- Pessoas presentes, devidamente qualificadas;
- Ordem do dia (pauta);
- Fecho.

Observações:

- Não há disposição quanto à quantidade de pessoas que deve assinar a ata; pode ser assinada apenas pelo presidente e pelo secretário.
- A ata deve ser redigida de modo que não sejam possíveis alterações posteriores à assinatura (há o emprego de expressões "digo" e "em tempo").
- Não há parágrafos ou alíneas.
- A ata é o registro fiel.

Atestado: atestado é o documento mediante o qual a autoridade comprova um fato ou situação de que tenha conhecimento em razão do cargo que ocupa ou da função que exerce. Destina-se à comprovação de fatos ou situações passíveis de modificações frequentes. É uma mera declaração, ao passo que a certidão é uma transcrição. Ato administrativo enunciativo, o atestado é, em síntese, afirmação oficial de fatos.

Partes:

- **Título ou epígrafe:** denominação do ato (atestado).
- **Texto:** exposição do objeto da atestação. Pode-se declarar, embora não seja obrigatório, a pedido de quem e com que finalidade o documento é emitido.
- **Local e data:** cidade, dia, mês e ano da emissão do ato, podendo também citar, preferentemente sob forma de sigla, o nome do órgão em que a autoridade signatária do atestado exerce suas funções.
- **Assinatura:** nome e cargo ou função da autoridade que atesta.

Apostila: apostila é a averbação, feita abaixo dos textos ou no verso de decretos e portarias pessoais (nomeação, promoção, ascensão, transferência, readaptação, reversão, aproveitamento, reintegração, recondução, remoção, exoneração, demissão, dispensa, disponibilidade e aposentadoria), para que seja corrigida flagrante inexatidão material do texto original (erro na grafia de nomes próprios, lapso na especificação de datas etc.), desde que essa correção não venha a alterar a substância do ato já publicado.

Tratando-se de erro material em decreto pessoal, a apostila deve ser feita pelo Ministro de Estado que o propôs. Se o lapso houver ocorrido em portaria pessoal, a correção por apostilamento estará a cargo do ministro ou secretário signatário da portaria. Nos dois casos, a apostila deve sempre ser publicada no Boletim de Serviço ou Boletim Interno correspondente e, quando se tratar de ato referente a ministro de Estado, também no Diário Oficial da União.

A finalidade da correção de inexatidões materiais por meio de apostila é evitar que se sobrecarregue o Presidente da República com a assinatura de atos repetidos, e que se onere a Imprensa Nacional com a republicação de atos.

Forma e estrutura:

- Título, em maiúsculas e centralizado sobre o texto.

- Texto, no qual deve constar a correção que está sendo feita, a ser iniciada com a remissão ao decreto que autoriza esse procedimento.
- Local e data, por extenso:
  - Por exemplo: Brasília, em 12 de novembro de 1990.
- Identificação do signatário, abaixo da assinatura:
  - Por exemplo: NOME (em maiúsculas)
    Secretário da Administração Federal

No original do ato normativo, próximo à apostila, deverá ser mencionada a data de publicação da apostila no Boletim de Serviço ou no Boletim Interno.

Carta: pode ter caráter argumentativo quando se trata de uma carta aberta ou carta do leitor. Quando se trata de carta pessoal, há a presença de aspectos narrativos ou descritivos.

Charge: é um gênero textual em que é feita uma ilustração cômica, irônica, por meio de caricaturas, com o objetivo de satirizar, criticar ou fazer um comentário sobre algum acontecimento, que é atual, em sua grande maioria.

A charge é um dos gêneros textuais mais cobrados em questões de concurso. Deve-se dar atenção à crítica feita pelo autor, a qual pode ser percebida pela relação texto verbal e não verbal (palavras e imagens).

Certidão: certidão é o ato pelo qual se procede à publicidade de algo relativo à atividade Cartorária, a fim de que não haja dúvidas. Possui formato padrão próprio, termos essenciais que lhe dão suas características. Exige linguagem formal, objetiva e concisão.

Termos essenciais da certidão:

- **Afirmação:** certidão e dou fé que.
- **Identificação do motivo de sua expedição:** a pedido da parte interessada.
- **Ato a que se refere:** revendo os assentamentos constantes deste cartório, não logrei encontrar ação movida contra (nome).
- **Data:** de sua expedição.
- **Assinatura:** do escrivão.

Circular: é utilizada para transmitir avisos, ordens, pedidos ou instruções, dar ciência de leis, decretos, portarias etc.

- Destina-se a uma ou mais de uma pessoa/órgão/empresa. No caso de mais de um destinatário, todas as vias distribuídas devem ser iguais.
- A paragrafação pode seguir o estilo americano (sem entradas de parágrafo), ou estilo tradicional. No caso de estilo americano, todo o texto, a data e a assinatura devem ser alinhados à margem esquerda. No estilo tradicional, devem ser centralizados.

Partes:

- **Timbre:** impresso no alto do papel.
- **Título e número:** cerca de três linhas do timbre e no centro da folha. O número pode vir seguido do ano.
- **Data:** deve estar próxima do título e número, ao lado ou abaixo, podendo se apresentar de várias formas:
  - Por exemplo:
  - CIRCULAR Nº 01, DE 2 MARÇO DE 2002
  - CIRCULAR Nº 01
  - De 2 de março de 2002
  - CIRCULAR Nº 01/02
  - Rio de Janeiro, 2 de março de 2002
- **Ementa (opcional):** deve vir abaixo do título e data, cerca de três linhas.
  - Ementa: Material de consumo.
  - Ref.: Material de consumo.
- **Invocação:** cerca de quatro linhas do título. Dependendo do assunto e destinatários, a invocação é dispensável.
  - Excelentíssimo Senhor:
  - Senhor Prefeito:
  - Senhores Pais:
- **Texto:** cerca de três linhas do título. Deve conter:
  - Exposição do assunto, desenvolvida a partir dos objetivos.
  - A sensibilização do receptor/destinatário;
  - Convite a agir.
  - Cumprimento final:
  - Respeitosamente,
  - Atenciosamente,
- **Assinatura:** cerca de quatro linhas do cumprimento final. É composta do nome do emissor (só as iniciais maiúsculas) e cargo ou função (todo em maiúscula):
  - Por exemplo:
    Herivelto Nascimento
    DIRETOR
- **Anexos:** quando houver documentos a anexar, escreve-se a palavra anexo à margem esquerda, seguida da relação do que está anexado:
  - Por exemplo:
    Anexo: quadro de horários.
    Anexa: cópia do documento.
    Anexas: tabela de horários e cópia dos documentos.
- **Iniciais:** na última linha útil do papel, à esquerda, devemos escrever as iniciais de quem elaborou o texto (redator), seguidas das iniciais de quem a datilografou/digitou (em maiúscula ou minúscula, tanto faz). Quando o redator e o datilógrafo forem a mesma pessoa, basta colocar a barra seguida das iniciais:
  - PPS/AZ
  - Pps/az
  - /pps
  - /PPS
- **Declaração:** a declaração deve ser fornecida por pessoa credenciada ou idônea que nele assume a responsabilidade sobre uma situação ou a concorrência de um fato. Portanto, é uma comprovação escrita com caráter de documento. A declaração pode ser manuscrita em papel almaço simples ou digitada. Quanto ao aspecto formal, divide-se nas seguintes etapas:
  - **Timbre:** impresso com cabeçalho, contendo o nome do órgão ou empresa. Nas declarações particulares, usa-se papel sem timbre.
  - **Título:** no centro da folha, em caixa alta.
  - **Texto:**
    - Identificação do emissor.
    - O verbo atestar ou declarar deve aparecer no presente do indicativo, terceira pessoa do singular ou do plural.
    - Finalidade do documento: em geral, costuma-se usar o termo "para os devidos fins". Também se pode especificar: "para fins de trabalho", "para fins escolares" etc.
    - Nome e dados de identificação do interessado.

    - Citação do fato a ser atestado.
- **Local e data:** deve-se escrevê-lo acerca de três linhas do texto.

Editorial: é um gênero textual dissertativo-argumentativo que apresenta o posicionamento de uma empresa, revista, jornal sobre determinado assunto.

Entrevista: é um gênero textual em que aparece o diálogo entre o entrevistador e o(s) entrevistado(s), para obter informações sobre o entrevistado ou algum assunto. Podem aparecer elementos expositivos, argumentativos e narrativos.

Edital: é um documento em que são apresentados avisos, citações, determinações.

São diversos os tipos de editais, de acordo com o objetivo: pode comunicar uma citação, um proclame, um contrato, uma exoneração, uma licitação de obras, serviços, tomada de preço etc.

Entre eles, os editais mais comuns são os de concursos públicos, que determinam as etapas dos processos seletivos e as competências necessárias para a sua execução.

22. COMPREENSÃO E INTERPRETAÇÃO DE TEXTOS

22.1 Ideias preliminares sobre o assunto

Para interpretar um texto, o indivíduo precisa de muita atenção e de muito treino. Interpretar pode ser comparado com o disparar de uma arma: apenas temos chance de acertar o alvo se treinarmos muito e soubermos combinar todos os elementos externos ao disparo: velocidade do ar, direção, distância etc.

Quando o assunto é texto, o primordial é estabelecer uma relação contextual com aquilo que estamos lendo. Montar o contexto significa associar o que está escrito no texto-base com o que está disposto nas questões. Lembre-se de que as questões são elaboradas com a intenção de testar os concursandos, ou seja, deve ficar atento para todas as palavras e para todas as possibilidades de mudança de sentido que possa haver nas questões.

É preciso, para entender as questões de interpretação de qualquer banca, buscar o raciocínio que o elaborador da questão emprega na redação da questão. Usualmente, objetiva-se a depreensão dos sentidos do texto. Para tanto, destaque os itens fundamentais (as ideias principais contidas nos parágrafos) para poder refletir sobre tais itens dentro das questões.

22.2 Semântica ou pragmática?

Existe uma discussão acadêmica sobre o que possa ser considerado como semântica e como pragmática. Em que pese o fato de os universitários divergirem a respeito do assunto, vamos estabelecer uma distinção simples, apenas para clarear nossos estudos.

- **Semântica:** disciplina que estuda o **significado** dos termos. Para as questões relacionadas a essa área, o comum é que se questione acerca da troca de algum termo e a manutenção do sentido original da sentença.
- **Pragmática:** disciplina que estuda o **sentido** que um termo assume dentro de determinado contexto. Isso quer dizer que a identificação desse sentido depende do entorno linguístico e da intenção de quem exprime a sentença.

Para exemplificar essa situação, vejamos o exemplo a seguir:

- **Pedro está na geladeira.**

Nesse caso, é possível que uma questão avalie a capacidade de o leitor compreender que há, no mínimo, dois sentidos possíveis para essa sentença: um deles diz respeito ao fato de a expressão "na geladeira" poder significar algo como "ele foi até a geladeira buscar algo", o que – coloquialmente – significaria uma expressão indicativa de lugar.

O outro sentido diz respeito ao fato de "na geladeira" significar que "foi apartado de alguma coisa para receber algum tipo de punição".

A questão sobre **semântica** exigiria que o candidato percebesse a possibilidade de trocar a palavra "geladeira" por "refrigerador" – havendo, nesse caso, uma relação de sinonímia.

A questão de **pragmática** exigiria que o candidato percebesse a relação contextualmente estabelecida, ou seja, a criação de uma figura de linguagem (um tipo de metáfora) para veicular um sentido particular.

22.3 Questão de interpretação

Como se faz para saber que uma questão de interpretação é uma questão de interpretação?

Respondendo a essa pergunta, entende-se que há pistas que identificam a questão como pertencente ao rol de questões para interpretação. Os indícios mais precisos que costumam aparecer nas questões são:

- Reconhecimento da intenção do autor.
- Ponto de vista defendido.
- Argumentação do autor.
- Sentido da sentença.

Apesar disso, não são apenas esses os indícios de que uma questão é de intepretação. Dependendo da banca, podemos ter a natureza interpretativa distinta, principalmente porque o critério de intepretação é mais subjetivo que objetivo. Algumas bancas podem restringir o entendimento do texto; outras podem extrapolá-lo.

22.4 Dicas para interpretação

Há três elementos fundamentais para boa interpretação:

- Eliminação dos vícios de leitura.
- Organização.
- Sagacidade.

22.4.1 Vícios de leitura

A pior coisa que pode acontecer com o concursando, quando recebe um texto complexo para ler e interpretar, é cair num vício de leitura. Veja se você possui algum deles. Caso possua, tente eliminar o quanto antes.

Movimento

Como tudo inicia. O indivíduo pega o texto para ler e não para quieto. Troca a maneira de sentar, troca a posição do texto, nada está bom, nada está confortável. Em casa, senta para estudar e o que acontece? Fome. Depois? Sede. Então, a pessoa fica se mexendo para pegar comida, para tomar água, para ficar mais sossegado e o fluxo de leitura vai para o espaço. Fique quieto! O conceito é militar! Sente-se e permaneça assim até acabar a leitura, do contrário, vai acabar com a possibilidade de entender o que está escrito. Estudar com televisão, rádio, redes sociais e qualquer coisa dispersiva desse gênero só vai atrapalhar você.

Apoio

Não é aconselhável utilizar apoios para a leitura, tais como: réguas, acompanhar a linha com a caneta, ler em voz baixa, passar o dedo pelo papel etc. Basta pensar que seus olhos são muito mais rápidos que qualquer movimento ou leitura em voz alta.

"Garoto da borboleta"

Se você possui os vícios anteriores, certamente é um "garoto da borboleta" também. Isso quer dizer que é desatento e fica facilmente (fatalmente) disperso. Tudo chama sua atenção: caneta batendo na mesa, o concorrente barulhento, a pessoa estranha que está em sua frente, o tempo passando etc. Você vai querer ficar voltando ao início do texto porque não conseguiu compreender nada e, finalmente, vai perder as questões de interpretação.

22.4.2 Organização da leitura

Para que ocorra organização, é necessário compreender que todo texto possui:

- **Posto:** aquilo que é dito no texto. O conteúdo expresso.
- **Pressuposto:** aquilo que não está dito, mas que é facilmente compreendido.
- **Subentendido:** o que se pode interpretar por uma soma de dito com não-dito.

Veja um exemplo:

Alguém diz: "felizmente, meu tio parou de beber." É certo que o dito se compõe pelo conteúdo da mensagem: o homem parou de beber. O não-dito, ou pressuposto, fica a cargo da ideia de que o homem bebia e, agora, não bebe mais. Por sua vez, o subentendido pode ser abstraído como "meu tio possuía problemas com a bebida e eu assumo isso por meio da sentença que profiro". Não é difícil! É necessário, no entanto, possuir uma certa "malandragem linguística" para perceber isso de início.

22.5 Dicas para organização

As dicas de organização não são novas, mas são eficazes, vamos lá:

- **Ler mais de uma vez o texto (quando for curto, é lógico)**

A primeira leitura é para tomar contato com o assunto, a segunda, para observar como o texto está articulado.

Ao lado de cada parágrafo, escreva a principal ideia (tópico frasal) ou argumento mais forte do trecho. Isso ajuda você a ter clareza da temática e como ela está sendo desenvolvida.

Se o texto for muito longo, recomenda-se ler primeiro a questão de interpretação, para, então, buscá-la na leitura.

- **Observar as relações entre parágrafos**

Observar que há relações de exemplificação, oposição e causalidade entre os parágrafos do texto, por isso, tente compreender as relações intratextuais nos parágrafos.

Ficar de olho aberto para as conjunções adversativas: *no entanto*, *contudo*, *entretanto* etc.

- **Atentar para o comando da questão**

Responda àquilo que foi pedido.

  - **Dica:** entenda que modificar e prejudicar o sentido não são a mesma coisa.

- **Palavras de alerta (polarizadoras)**

Sublinhar palavras como: *erro*, *incorreto*, *correto* e *exceto*, para não se confundir no momento de responder à questão.

Inaceitável, *incompatível* e *incongruente* também podem aparecer.

- **Limitar os horizontes**

Não imaginar que você sabe o que o autor quis dizer, mas sim entender o que ele disse: o que ele escreveu. Não extrapolar a significação do texto. Para isso, é importante prestar atenção ao significado das palavras.

Pode até ser coerente o que você concluiu, mas se não há base textual, descarte.

> O homem **pode** morrer de infarto. / O homem **deve** morrer de infarto.

- **Busque o tema central do texto**

Geralmente aparece no primeiro parágrafo do texto.

- **Desenvolvimento**

Se o enunciado mencionar a argumentação do texto, você deve buscar entender o que ocorre com o desenvolvimento dos parágrafos.

Verificar se o desenvolvimento ocorre por:

- Causa e consequência.
- Enumeração de fatos.
- Retrospectiva histórica.
- Fala de especialista.
- Resposta a um questionamento.
- Sequência de dados.
- Estudo de caso.
- Exemplificação.

- **Relatores**

Atentar para os pronomes relativos e demonstrativos no texto. Eles auxiliam o leitor a entender como se estabelece a coesão textual.

Alguns deles: *que*, *cujo*, *o qual*, *onde*, *esse*, *este*, *isso*, *isto* etc.

- **Entender se a questão é de interpretação ou de compreensão**
  - Interpretação

Parte do texto para uma conclusão. As questões que solicitam uma inferência costumam apresentar as seguintes estruturas:

"É possível entender que..."
"O texto possibilita o entendimento de que..."
"O texto encaminha o leitor para..."
"O texto possibilita deduzir que..."
"Depreende-se do texto que..."
"Com apoio no texto, infere-se que..."
"Entende-se que..."
"Compreende-se que..."
"Compreensão"

Buscam-se as informações solicitadas pela questão no texto. As questões dessa natureza possuem as seguintes estruturas:

"De acordo com o texto, é possível afirmar..."
"Segundo o texto..."
"Conforme o autor..."
"No texto..."
"Conforme o texto..."

- **Tome cuidado com as generalizações**

Na maior parte das vezes, o elaborador da prova utiliza a generalização para tornar a questão incorreta.

Atenção para as palavras: *sempre*, *nunca*, *exclusivamente*, *unicamente*, *somente*.

O que você não deve fazer!
"Viajar" no texto: interpretar algo para além do que o texto permite.
Interpretar apenas um trecho do texto.
Entender o contrário: fique atento a palavras como "pode", "não", "deve" etc.

22.5.1 Astúcia da banca

Talvez seja essa a característica mais difícil de se desenvolver no concursando, pois ela envolve o conhecimento do tipo de interpretação e dos limites estabelecidos pelas bancas. Só há uma maneira de ficar esperto estudando para concurso público: realizando provas! Pode parecer estranho, mas depois de resolver 200 questões da mesma banca, você já consegue prever como será a próxima questão. Prever é garantir o acerto! Então, faça exercícios até cansar e, quando cansar, faça mais um pouco.

Vamos trabalhar com alguns exemplos agora:

- **Exemplo I**

> *Entre os maiores obstáculos ao pleno desenvolvimento do Brasil, está a educação. Este é o próximo grande desafio que deve ser enfrentado com paciência, mas sem rodeios. É a bola da vez dentro das políticas públicas prioritárias do Estado. Nos anos 1990 do século passado, o país derrotou a inflação – que corroía salários, causava instabilidade política e irracionalidade econômica. Na primeira década deste século, os avanços deram-se em direção a uma agenda social, voltada para a redução da pobreza e da desigualdade estrutural. Nos próximos anos,*

a questão da melhoria da qualidade do ensino deve ser uma obrigação dos governantes, sejam quais forem os ungidos pelas decisões das urnas.

Jornal do Brasil, Editorial, 21/1/2010 (com adaptações).

Agora o mesmo texto, devidamente marcado.

Entre ***os maiores obstáculos*** *ao pleno desenvolvimento do Brasil, está a educação. Este é o* ***próximo grande desafio*** *que deve ser enfrentado com paciência, mas sem rodeios. É a* ***bola da vez*** *dentro das políticas públicas prioritárias do Estado.* ***Nos anos 90 do século passado,*** *o país derrotou a inflação – que corroía salários, causava instabilidade política e irracionalidade econômica.* ***Na primeira década deste século,*** *os avanços deram-se em direção a uma agenda social, voltada para a redução da pobreza e da desigualdade estrutural.* ***Nos próximos anos,*** *a questão da melhoria da qualidade do ensino deve ser uma* ***OBRIGAÇÃO DOS GOVERNANTES****, sejam quais forem os ungidos pelas decisões das urnas.*

Observe que destacamos para você elementos que podem surgir, posteriormente como questões. O texto inicia falando que há mais obstáculos além da educação. Também argumenta, posteriormente, que já houve outros desafios além desse que ele chama de "próximo grande desafio". Utilizando uma expressão de sentido **conotativo** (bola da vez), o escritor anuncia que a educação ocupa posição de destaque quando o assunto se volta para as políticas públicas prioritárias do Estado.

No decorrer do texto, que se desenvolve por um tipo de retrospectiva histórica (veja o que está destacado), o redator traça um panorama dessas políticas públicas ao longo da história do país, fazendo uma previsão para os anos vindouros (o que foi destacado em caixa alta).

- **Exemplo II**

Um passo fundamental para que não nos enganemos quanto à ***natureza do capitalismo contemporâneo*** *e o significado das políticas empreendidas pelos países centrais para enfrentar a recente* ***crise econômica*** *é problematizarmos, com cuidado, o termo* ***neoliberalismo****: "começar pelas palavras talvez não seja coisa vã", escreve Alfredo Bosi em Dialética da Colonização.*

A partir da década de 1980*, buscando exprimir a natureza do capitalismo contemporâneo, muitos, principalmente os críticos, utilizaram esta palavra que, por fim, se generalizou. Mas o que, de fato, significa? O prefixo neo quer dizer novo; portanto, novo liberalismo. Ora, durante o século* ***XIX deu-se a construção de um liberalismo*** *que viria encontrar a sua crise definitiva na I Guerra Mundial em 1914 e na crise de 1929. Mas desde o período entre guerras e, sobretudo, depois, com o término da II Guerra Mundial, em 1945, tomou corpo um novo modelo, principalmente na Europa, que de certa forma se contrapunha ao velho liberalismo: era* ***o mundo da socialdemocracia****, da presença do Estado na vida econômica, das ações políticas inspiradas na reflexão teórica do economista britânico John Keynes, um crítico do liberalismo econômico clássico que viveu na primeira metade do século XX. Quando esse modelo também entrou em crise, no princípio da década de 1970, surgiu a perspectiva de* ***reconstrução da ordem liberal****. Por isso, novo liberalismo, neoliberalismo.*

Grupo de São Paulo, disponível em: http://www.correiocidadania.com.br/content/view/5158/9/. Acesso em: 28/10/2010. (Adaptado)

- **Exemplo III**

Em Defesa do Voto Obrigatório

O voto, direito duramente conquistado, ***deve ser considerado um dever*** *cívico, sem o exercício do qual o* ***direito se descaracteriza ou se perde****, afinal liberdade e democracia são fins e não apenas meios. Quem vive em uma comunidade política não pode estar* ***desobrigado*** *de opinar sobre os rumos dela. Nada contra a desobediência civil, recurso legítimo para o protesto cidadão, que, no caso eleitoral, se pode expressar no voto nulo (cuja tecla deveria constar na máquina utilizada para votação). Com o* ***voto facultativo****, o direito de votar e o de não votar ficam inscritos, em pé de igualdade, no corpo legal. Uma parte do eleitorado deixará voluntariamente de opinar sobre a constituição do poder político. O desinteresse pela política e a descrença no voto são registrados como mera "escolha", sequer como desobediência civil ou protesto.* ***A consagração da alienação política*** *como um direito legal interessa aos conservadores, reduz o peso da soberania popular e desconstitui o sufrágio como universal.*

Para o ***cidadão ativo****, que, além de votar, se organiza para garantir os direitos civis, políticos e sociais, o enfoque é inteiramente outro. O tempo e o* ***trabalho dedicados ao acompanhamento continuado da política não se apresentam como restritivos da liberdade individual.*** *Pelo contrário, são obrigações auto assumidas no esforço de construção e aprofundamento da democracia e de vigília na defesa das liberdades individuais e públicas. A ideia de que a democracia se constrói nas lutas do dia a dia se contrapõe, na essência, ao modelo liberal. O cidadão escolado na disputa política sabe que a liberdade de não ir votar é uma armadilha. Para que o sufrágio continue universal, para que todo poder emane do povo e não, dos donos do poder econômico, o voto, além de ser um direito,* ***deve conservar a sua condição de dever cívico.***

23. INTERPRETAÇÃO DE TEXTO POÉTICO

Cada vez mais comum em provas de concursos públicos, o texto poético possui suas particularidades. Nem todas as pessoas possuem a capacidade de ler um texto poético, quanto mais interpretá-lo. Justamente por esse fato, ele tem sido o predileto dos examinadores que querem dificultar a vida dos candidatos.

Antes de passar à interpretação propriamente dita, é preciso identificar a nomenclatura das partes de um poema. Cada "linha" do poema é chamada de "**verso**", o conjunto de versos é chamado de "**estrofe**". A primeira sugestão para quem pretende interpretar um poema é segmentar a interpretação por estrofe e anotar o sentido trazido ao lado e cada trecho.

Geralmente, as bancas pecam ao diferenciar **autor** de **eu-lírico**. O primeiro é realmente a pessoa por detrás da caneta, ou seja, é quem efetivamente escreve o texto; o segundo é a "voz" do poema, a "pessoa" fictícia, abstrata que figura como quem traz o poema para o leitor.

Outra dificuldade muito comum é a leitura do texto. Como o texto está em uma disposição que não é mais tão usual, as pessoas têm dificuldade para realizar a leitura. Eis uma dica fundamental: só interrompa a leitura quando chegar a um ponto ou a uma vírgula, porque é dessa maneira que se lê um texto poético. Além disso, é preciso que, mesmo mentalmente, o indivíduo tente dar ênfase na leitura, pois isso pode ajudar na interpretação.

Comumente, o vocabulário do texto poético não é acessível e, em razão disso, costuma haver notas explicativas com o significado das palavras, jamais ignore essa informação! Pode ser a salvação para a interpretação do texto lido.

Veja um exemplo:

Nel mezzo del camin
Cheguei. Chegaste. Vinhas fatigada
E triste, e triste e fatigado eu vinha.
Tinhas a alma de sonhos povoada,
E a alma de sonhos povoada eu tinha...

E paramos de súbito na estrada
Da vida: longos anos, presa à minha
A tua mão, a vista deslumbrada
Tive da luz que teu olhar continha.

Hoje, segues de novo... Na partida
Nem o pranto os teus olhos umedece,
Nem te comove a dor da despedida.
E eu, solitário, volto a face, e tremo,
Vendo o teu vulto que desaparece
Na extrema curva do caminho extremo.

(Olavo Bilac)

Existe outro fator extremamente importante na hora de tentar entender o conteúdo de um texto poético: o **título**! Nem todo poema possui um título, é claro, mas os que possuem ajudam, e muito, na compreensão do "assunto" do poema.

É claro que ter conhecimento do autor e do estilo de escrita por ele adotado é a ferramenta mais importante para que o candidato compreenda com profundidade o que está sendo veiculado pelo texto, porém, como grande parte das bancas ainda não chegou a esse nível de aprofundamento interpretativo, apenas o reconhecimento da superfície do texto já é suficiente para responder às questões.

Vejamos alguns textos para explanar melhor:

Bem no fundo
No fundo, no fundo,
Bem lá no fundo,
A gente gostaria
De ver nossos problemas
Resolvidos por decreto

A partir desta data,
Aquela mágoa sem remédio
É considerada nula
E sobre ela – silêncio perpétuo

Extinto por lei todo o remorso,
Maldito seja quem olhar pra trás,
Lá pra trás não há nada,
E nada mais

Mas problemas não se resolvem,
Problemas têm família grande,
E aos domingos saem todos passear
O problema, sua senhora
E outros pequenos probleminhas

(Paulo Leminski)

Interpretação: por mais que trabalhemos para resolvermos nossos problemas, a única certeza é a de que eles continuarão existindo, pois é isso o que nos move.

23.1 Tradução de sentido

As questões de tradução de sentido costumam ser o "calcanhar de Aquiles" dos candidatos. A maneira mais eficaz de resolvê-las é buscar relações de sinonímia em ambos os lados da sentença. Com isso, fica mais fácil acertar a questão.

Consideremos a relação de sinonímia presente entre "alegria" e "felicidade". Esses dois substantivos não significam, rigorosamente, a mesma coisa, mas são considerados sinônimos contextuais, se considerarmos um texto. Disso, entende-se que o sinônimo é identificado contextualmente e não depende, necessariamente, do conhecimento do sentido de todas as palavras.

Seria bom se fosse sempre dessa maneira. Ocorre que algumas bancas tentam selecionar de maneira não rigorosa os candidatos, cobrando deles o chamado "conhecimento que não é básico". O melhor exemplo é pedir o significado da palavra "adrede", o qual pouquíssimas pessoas conhecem.

23.2 Organização de texto

Em algumas bancas, é comum haver questões que apresentam um texto desordenado, para que o candidato o reordene, garantido a **coesão** e a **coerência**. Além disso, não é raro haver trecho de texto com lacunas para preencher com alguns parágrafos. Para que isso ocorra, é mister saber o que significa coesão e coerência. Vamos a algumas definições simples.

23.2.1 Coesão

Coesão é o conjunto de procedimentos e mecanismos que estabelecem conexão dentro do texto, o que busca garantir a progressão daquilo que se escreve nas sentenças. Pronomes, perífrases e sinônimos estão entre os mecanismos de coesão que podem ser empregados na sentença.

23.2.2 Coerência

Coerência diz respeito à organização de significância do texto, ou seja, o sentido daquilo que se escreve. A sequência temporal e o princípio de não contradição são os dispostos mais emergentes da coerência.

Em questões dessa natureza, busque analisar as sequências de entrada e saída dos textos. Veja se há definições e conectivos que encerram ideias, ou se há pronomes que buscam sequenciar as sentenças. Desse modo, fica mais fácil acertar a questão.

23.3 Significação das palavras

23.3.1 Compreensão, interpretação e intelecção

O candidato que é concurseiro de longa data sabe que, dentre as questões de interpretação de texto, é muito comum surgirem nomenclaturas distintas para fenômenos não tão distintos assim. Quer dizer que, se no seu edital há elementos como leitura, compreensão, intelecção ou interpretação de texto, no fundo, o conceito é o mesmo. Ocorre que, dentro desse processo de interpretação, há elementos importantes para a resolução dos certames.

O que se diz e o que se pode ter dito

Sempre que há um momento de enunciação, o material linguístico serve de base para que os interlocutores negociem o sentido daquilo que está na comunicação. Isso ocorre por meio de vários processos. É possível destacar alguns mais relevantes:

- **Dito:** consiste na superfície do enunciado. O próprio material linguístico que se enuncia.
- **Não-dito:** consiste naquilo que se identifica imediatamente, quando se trabalha com o que está posto (o dito).
- **Subentendido:** consiste nos sentidos ativados por um processo inferencial de análise e síntese do material linguístico somado ao não-dito.

Vejamos isso em uma sentença para compreendermos a teoria.

- "A eleição de Barack Obama não é um evento apenas americano."

  Dito: é o próprio conteúdo da sentença – o fato de a eleição em questão não ser um evento apenas americano.

  Não-dito: alguém poderia pensar que a eleição teria importância apenas para os americanos.

  Subentendido: pode-se concluir que a eleição em questão terá grandes repercussões, a um nível global.

23.4 Inferência

Para a finalidade dos concursos públicos, vamos considerar que a inferência é o resultado do processamento na leitura, ou seja, é aquilo que se pode "concluir" ou "depreender" da leitura de um texto.

No momento de responder a uma questão dessa natureza, recomenda-se prudência. Existe um conceito que parece fundamental para facilitar a resolução dessas questões. Ele se chama **ancoragem lexical.** Basicamente, entende-se como ancoragem lexical a inserção de algum elemento que dispara pressuposições e fomenta inferências, ou seja, se alguma questão pedir se é possível inferir algo, o candidato só poderá responder afirmativamente, se houver uma palavra ou uma expressão (âncora lexical) que permita associar diretamente esses elementos.

Semântica (sentido)

Evidentemente, o conteúdo relativo à significação das palavras deve muito a uma boa leitura do dicionário. Na verdade, o vocabulário faz parte do histórico de leitura de qualquer pessoa: quanto mais você lê, maior é o número de palavras que você vai possuir em seu vocabulário. Como é impossível receitar a leitura de um dicionário, podemos arrolar uma lista com palavras que possuem peculiaridades na hora de seu emprego. Falo especificamente de **sinônimos, antônimos, homônimos e parônimos**. Mãos à obra!

▷ **Sinônimos:**

- Sentido aproximado: não existem sinônimos perfeitos:

  Feliz – alegre – contente.

  Palavra – vocábulo.

  Professor – docente.

  O professor Mário chegou à escola. O **docente** leciona matemática.

▷ **Antônimos:**

- Oposição de sentido:

  Bem – mal.

  Bom – mau.

  Igual – diferente.

▷ **Homônimos:** são palavras com escrita ou pronúncia iguais (semelhantes), porém com significado (sentido) diferente.

  Adoro comer **manga** com sal.

  Derrubei vinho na **manga** da camisa.

Há três tipos de homônimos: homógrafos, homófonos e homônimos perfeitos.

- **Homógrafos** – palavras que possuem a mesma grafia, mas o som é diferente.

  O meu **olho** está doendo.

  Quando eu **olho** para você, dói.

- **Homófonos** – apresentam grafia diferente, mas o som é semelhante.

  A **cela** do presídio foi incendiada.

  A **sela** do cavalo é novinha.

- **Homônimos perfeitos** – possuem a mesma grafia e o mesmo som.

  O **banco** foi assaltado.

  O **banco** da praça foi restaurado ontem.

  Ele não **para** de estudar.

  Ele olhou **para** a prova.

- **Parônimos:** são palavras que possuem escrita e pronúncia semelhantes, mas com significado distinto.

  O professor fez a **descrição** do conteúdo.

  Haja com muita **discrição,** Marivaldo.

Aqui vai uma lista para você se precaver quanto aos sentidos desses termos:

- **Ascender** (subir) e **acender** (pôr fogo, alumiar).

  Quando Nero **ascendeu** em Roma, ele **acendeu** Roma.

- **Acento** (sinal gráfico) e **assento** (lugar de sentar-se).

  O **acento** grave indica crase.

  O **assento** 43 está danificado.

- **Acerca de** (a respeito de) e **cerca de** (aproximadamente).

  Há cerca de (faz aproximadamente).

  Falamos **acerca de** Português ontem.

  José mora **cerca de** mim.

  Há cerca de 10 anos, leciono Português.

- **Afim** (semelhante a) e **a fim de** (com a finalidade de).

  Nós possuímos ideias **afins.**

  Nós estamos estudando **a fim** de passar.

- **Aprender** (instruir-se) e **apreender** (assimilar).
  Quando você **apreender** o conteúdo, saberá que **aprendeu** o conteúdo.
- Área (superfície) e **ária** (melodia, cantiga).
  O tenor executou a ária.
  A polícia cercou a área.
- **Arrear** (pôr arreios) e **arriar** (abaixar, descer).
  Precisamos **arrear** o cavalo.
  Joaquim **arriou** as calças.
- **Caçar** (apanhar animais) e **cassar** (anular).
  O veado foi **caçado**.
  O deputado teve sua candidatura **cassada**.
- **Censo** (recenseamento) e **senso** (raciocínio).
  Finalizou-se o **censo** no Brasil.
  Argumentou com bom-**senso**.
- **Cerração** (nevoeiro) **serração** (ato de serrar).
  Nos dias de chuva, pode haver **cerração**.
  Rolou a maior **serração** na madeireira ontem.
- **Cerrar** (fechar) e **serrar** (cortar).
  Cerrou os olhos para a verdade.
  Marina **serrou**, acidentalmente, o nariz na serra.
- **Cessão** (ato de ceder), **seção** (divisão), **secção** (corte) e **sessão** (reunião).
  O órgão pediu a **cessão** do espaço.
  Compareça à **seção** de materiais.
  Fez-se uma **secção** no azulejo.
  Assisti à **sessão** de cinema ontem. Passava "A Lagoa Azul".
- **Concerto** (sessão musical) e **conserto** (reparo).
  Vamos ao **concerto** hoje.
  Fizeram o **conserto** do carro.
- **Mal** (antônimo de bem) e **mau** (antônimo de bom).
  O homem **mau** vai para o inferno.
  O **mal** nunca prevalece sobre o bem.
- **Ratificar** (confirmar) e **retificar** (corrigir).
  O documento **ratificou** a decisão.
  O documento **retificou** a decisão.
- **Tacha** (pequeno prego, mancha) e **taxa** (imposto, percentagem).
  Comprei uma **tacha**.
  Paguei outra **taxa**.
  Bucho (estômago) **e buxo** (arbusto)
- **Calda** (xarope) e **cauda** (rabo)
- **Cela** (pequeno quarto) **e sela** (arreio)
- **Chá** (bebida) e **xá** (título do soberano da Pérsia, atual Irã, antes da revolução islâmica)
- **Cheque** (ordem de pagamento) **e xeque** (lance do jogo de xadrez)
- **Comprimento** (extensão) e **cumprimento** (saudação)
- **Conjetura** (hipótese) **e conjuntura** (situação)
- **Coser** (costurar) e **cozer** (cozinhar)
- **Deferir** (costurar) **e diferir** (distinguir-se)
- **Degredado** (desterrado, exilado) e **degradado** (rebaixado, estragado)
- **Descrição** (ato de descrever) **e discrição** (reserva, qualidade de discreto)
- **Descriminar** (inocentar) e **discriminar** (distinguir)
- **Despensa** (lugar de guardar mantimentos) **e dispensa** (isenção, licença)
- **Despercebido** (não notado) e **desapercebido** (desprovido, despreparado)
- **Emergir** (vir à tona) **e imergir** (mergulhar)
- **Eminente** (notável, célebre) e **iminente** (prestes a acontecer)
- **Esbaforido** (ofegante, cansado) **e espavorido** (apavorado)
- **Esperto** (inteligente) e **experto** (perito)
- **Espiar** (observar) **e expiar** (sofrer castigo)
- **Estada** (ato de estar, permanecer) e **estadia** (permanência, estada por tempo limitado)
- **Estático** (imóvel) **e extático** (pasmo)
- **Estrato** (tipo de nuvem) e **extrato** (resumo)
- **Flagrante** (evidente) **e fragrante** (perfumado)
- **Fluir** (correr) e **fruir** (gozar, desfrutar)
- **Incidente** (episódio) **e acidente** (acontecimento grave)
- **Incipiente** (principiante) e **insipiente** (ignorante)
- **Inflação** (desvalorização do dinheiro) **e infração** (violação, transgressão)
- **Infligir** (aplicar castigo) e **infringir** (transgredir)
- **Intercessão** (ato de interceder) **e interseção ou intersecção** (ato de cortar)
- **Laço** (nó) e **lasso** (frouxo)
- **Mandado** (ordem judicial) **e mandato** (período político)
- **Ótico** (relativo ao ouvido) e **óptico** (relativo à visão)
- **Paço** (palácio) **e passo** (passada)
- **Peão** (empregado/peça de xadrez) e **pião** (brinquedo)
- **Pequenez** (pequeno) **e pequinês** (ração de cão, de Pequim)
- **Pleito** (disputa) e **preito** (homenagem)
- **Proeminente** (saliente) **e preeminente** (nobre, distinto)
- **Prescrição** (ordem expressa) e **proscrição** (eliminação, expulsão)
- **Prostrar-se** (humilhar-se) **e postar-se** (permanecer por muito tempo)
- **Ruço** (grisalho, desbotado) e **russo** (da Rússia)
- **Sexta** (numeral cardinal), **cesta** (utensílio) **e sesta** (descanso depois do almoço)
- **Sortido** (abastecido) e **surtido** (produzido, causado)
- **Sortir** (abastecer) **e surtir** (efeito ou resultado)
- **Sustar** (suspender) e **suster** (sustentar)
- **Tilintar** (soar) e **tiritar** (tremer)
- **Tráfego** (trânsito) **e tráfico** (comércio ilícito)
- **Vadear** (passa a pé ou a cavalo, atravessar o rio) e **vadiar** (vagabundear)
- **Viagem** (substantivo) **e viajem** (verbo)
- **Vultoso** (volumoso, grande vulto) e **vultuoso** (inchado)

24. TIPOS DE DISCURSO

Discurso está relacionado à construção de textos, tanto orais quanto escritos, portanto, ele é considerado uma prática social.

Em um texto, podem ser encontrados três tipos de discurso: o discurso **direto**, o **indireto** e o **indireto livre**.

24.1 Discurso direto

São as falas das personagens. Esse discurso pode aparecer em forma de diálogos e citações, e vem marcado com alguma pontuação (travessão, dois pontos, aspas etc.). Ou seja, o discurso direto reproduz fielmente a fala de alguém.

- Por exemplo:

  O médico disse à paciente:

  Você precisa fazer exercícios físicos regularmente.

24.2 Discurso indireto

É a reprodução da fala de alguém, a qual é feita pelo narrador. Normalmente, esse discurso é escrito em terceira pessoa.

- Por exemplo:

  O médico disse à paciente que ela precisava fazer exercícios regulamente.

24.3 Discurso indireto livre

É a ocorrência do discurso direto e indireto ao mesmo tempo. Ou seja, o narrador conta a história, mas as personagens também têm voz própria.

No exemplo a seguir, há um discurso direto: "que raiva", que mostra a fala da personagem.

> "Retirou as asas e estraçalhou-a. Só tinham beleza. Entretanto, qualquer urubu... que raiva..." (Ana Maria Machado)

No trecho a seguir, há uma fala da personagem, mesclada com a narração: "Para que estar catando defeitos no próximo?".

> "D. Aurora sacudiu a cabeça e afastou o juízo temerário. Para que estar catando defeitos no próximo? Eram todos irmãos. Irmãos." (Graciliano Ramos)

Exemplo de uma transposição de discurso direto para indireto:

Ana perguntou:

– Qual a resposta correta?

Ana perguntou qual era a resposta correta.

Ressalta-se que nas questões de reescrita que tratam da transposição de discursos, é mais frequente a substituição do direto pelo indireto.

REDAÇÃO

1 REDAÇÃO PARA CONCURSOS PÚBLICOS

A questão discursiva (redação) assusta muitos candidatos. Afinal, escrever de acordo com a norma culta da Língua Portuguesa, respeitando as inúmeras regras gramaticais, é tarefa que exige muita atenção. Além disso, é necessário que o candidato apresente bons argumentos dentro de uma estrutura na qual as ideias tenham coesão e façam sentido (coerência). Por isso, é importante que a redação seja estudada e treinada ao longo da preparação para o concurso almejado.

1.1 Por que tenho que me preparar com antecedência para a redação?

Quando a redação (questão discursiva) é solicitada, em geral, é uma etapa eliminatória (se o candidato não alcançar a nota mínima, é eliminado do concurso). Então, por ter peso significativo, podendo colocá-lo na lista de classificação ou tirá-lo dela, merece atenção especial.

Entretanto, não se pode dar início ao estudo para concurso pela redação. É necessário que o aluno tenha conhecimento das regras gramaticais, da estrutura sintática das orações e dos períodos, dos elementos de coesão textual, ou seja, é essencial uma maturidade para, então, produzir um texto. Além do domínio da norma culta, deve-se dedicar à disciplina de Atualidades, que, muitas vezes, já vem prevista no edital. Quem tem conhecimento do assunto se sente mais confortável para escrever.

1.2 Os primeiros passos

Antes de começar a praticar a produção de textos, é importante ler o edital de abertura do concurso (quando já tiver sido publicado; quando não, leia o último) para entender os critérios de avaliação da sua prova discursiva e sobre qual assunto o tema versará.

Veja aguns exemplos:

CONCURSO	EDITAL – PROVA DISCURSIVA	ASSUNTO COBRADO - TEMA	A PROPOSTA
DEPEN - 2015	A prova discursiva valerá 20,00 pontos e consistirá da redação de texto dissertativo, de até 30 linhas, acerca de tema de atualidades, constantes do subitem 22.2 deste edital.	Os assuntos que o tema pode abordar foram disponibilizados no edital. Atualidades: 1 Sistema de justiça criminal. 2 Sistema prisional brasileiro. 3 Políticas públicas de segurança pública e cidadania.	**SEGURANÇA PÚBLICA: POLÍCIA E POLÍTICAS PÚBLICAS** Ao elaborar seu texto, faça o que se pede a seguir. > Disserte a respeito da segurança como condição para o exercício da cidadania. [valor: 25,50 pontos] > Dê exemplos de ação do Estado na luta pela segurança pública. [valor: 25,50 pontos] > Discorra acerca da ausência do poder público e a presença do crime organizado. [valor: 25,00 pontos]
PC-PR - 2018	A Redação, com no mínimo 15 e no máximo 25 linhas, versará sobre um tema da atualidade	. Tema da atualidade, ou seja, pode ser cobrado qualquer assunto.	Com base na coletânea e nos conhecimentos sobre o tema, redija um texto dissertativo-argumentativo que coloque em discussão **a importância da correta emissão e decodificação da mensagem, bem como o repasse dessa mensagem ao interlocutor, seja na modalidade escrita ou oral.**
PF-2018 PERITO CRIMINAL	Para o cargo de Perito Criminal Federal, a prova discursiva, de caráter eliminatório e classificatório, valerá 13,00 pontos e consistirá da redação de texto dissertativo, de até 30 linhas, a respeito de temas relacionados aos conhecimentos específicos para cada cargo/área.	O tema tratará das matérias de conhecimentos específicos do cargo, ou seja, será um assunto do conteúdo programático.	Considerando que o texto precedente tem caráter unicamente motivador, redija um texto dissertativo acerca do **impacto da LRF na gestão pública**, abordando, necessariamente, os seguintes aspectos: 1. o processo de planejamento; [valor: 4,10 pontos] 2. as receitas e a renúncia fiscal; [valor: 4,10 pontos] 3. as despesas com pessoal. [valor: 4,20 pontos]
PRF - 2018	A prova discursiva valerá 20,00 pontos e consistirá da redação de texto dissertativo, de até 30 linhas, a respeito de temas relacionados aos objetos de avaliação.	O tema tratará de algum assunto relacionado ao conteúdo programático.	**O COMBATE ÀS INFRAÇÕES DE TRÂNSITO NAS RODOVIAS FEDERAIS BRASILEIRAS** Ao elaborar seu texto, aborde os seguintes aspectos: 1. medidas adotadas pela PRF no combate às infrações; [valor: 7,00 pontos] 2. ações da sociedade que auxiliem no combate às infrações; [valor: 6,00 pontos] 3. atitudes individuais para a diminuição das infrações. [valor: 6,00 pontos]
PM-SP - 2019 - SOLDADO	Prova Dissertativa (Parte II), de caráter eliminatório e classificatório, visa avaliar a capacidade do candidato de produzir uma redação que atenda ao tema e ao gênero/tipo de texto propostos, além de seu domínio da norma culta da língua portuguesa e dos mecanismos de coesão e coerência textual;	Não foi informado o tema nem o tipo de texto (dissertativo, narrativo, descritivo).	A popularização da internet ameaça o poder de influência da televisão?

A partir disso, o aluno deve direcionar a sua leitura para temas da atualidade, para matéria do conteúdo programático (conhecimentos específicos) ou para assunto relacionado ao cargo ou à instituição a que está concorrendo. É crucial que conheça a banca examinadora e que tenha contato com as provas anteriores a fim de observar o perfil das propostas de redação.

Em geral, as bancas de concursos públicos exigem textos dissertativos e apontam qual assunto o tema abordará (atualidades ou conteúdo programático). Quando isso não ocorrer, deve-se levar em consideração o perfil da banca e as provas anteriores para o mesmo cargo.

1.3 Orientações para o texto definitivo

a) Não use a 1ª pessoa do singular: os textos formais exigem a impessoalização da linguagem. Isso significa que, às vezes, é necessário omitir os agentes do discurso e as diversas vozes que compõem um texto. Então, empregue a terceira pessoa do singular ou do plural.

Ex.: **Eu acredito** que a pena de morte deve ser aplicada em casos de crimes hediondos. (Incorreto)

Acredita-se que a pena de morte deve ser aplicada em casos de crimes hediondos. (Correto)

Devemos analisar alguns fatores que contribuem para esse problema. (incorreto)

Alguns fatores que contribuem para esse problema devem ser analisados. (Correto)

Atenção!

A primeira pessoa do plural deve ser um sujeito socialmente considerado, como em "Nós (brasileiros) devemos entender que o voto é uma importante ferramenta para se alcançar uma mudança." Não empregue de forma indiscriminada.

Como impessoalizar a linguagem do texto dissertativo-argumentativo?

▷ **Oculte o agente:**

Para deixar o discurso mais objetivo, prefira por ocultar o agente sempre que possível. Isso pode ser feito por meio de expressões como: é importante, é preciso, é indispensável, é urgente, é crucial, é necessário, já que elas não revelam o agente da ação:

Ex.: É necessário discutir alguns aspectos relacionados a essa temática.

É essencial investir em educação para minimizar tais problemas.

▷ **Indetermine o sujeito:**

Indeterminar o sujeito também é uma estratégia de ocultar o agente da ação verbal. A melhor forma de empregar essa técnica é por meio do pronome indeterminador do sujeito (se).

| Muito **se** tem discutido sobre a redução da maioridade penal.

Acredita-se que a desigualdade social contribui para o aumento da violência.

▷ **Empregue a voz passiva:**

Na voz passiva, o sujeito da oração torna-se paciente, isto é, ele sofre a ação expressa pelo fato verbal. Empregá-la é um recurso que também oculta o agente da ação.

Ex.: Devem ser analisados alguns fatores que contribuem para o aumento da violência.

Medidas devem ser tomadas para a pacificação da sociedade.

a) Jamais se dirija ao leitor: o leitor é o examinador e o candidato não deve estabelecer um diálogo com ele.

b) Não use gírias; clichês, provérbios e citações sem critério. você pode acabar errando o autor da expressão (o que pega muito mal), ou até mesmo usá-la fora de contexto, o que pode direcionar a sua redação para um lado que você não quer. Os ditados populares empobrecem o texto. Os examinadores não gostam de ver o senso comum se repetindo.

| Desde os primórdios da humanidade; fechar com chave de ouro.

a) Evite a construção de períodos longos: pode prejudicar a clareza textual. Além disso, procure escrever na ordem direta.

b) Respeite as margens da folha de redação: não ultrapasse o limite estipulado na folha do texto definitivo.

c) Não use corretivo: se errar alguma palavra, risque (com um traço penas) e prossiga. Não use parênteses nem a palavra "digo".

| A sociedade sociedade deve se conscientizar do seu papel.

a) Evite algarismos, a não ser que se trate de anos, décadas, séculos ou referências a textos legais (artigos, decretos, etc.).

b) A letra deve ser legível: pode ser letra cursiva ou de imprensa. Não se esqueça de fazer a distinção entre maiúscula e minúscula.

c) Cuidado com a separação silábica.

Translineação: é a divisão das palavras no fim da linha. Eva em conta não apenas critérios de correção gramatical, mas também recomendações estilísticas (estética textual).

1) Não se isola sílaba forma apenas por uma vogal;

2) Não se isola elemento cacofônico;

3) Na partição de palavras hifenizadas, recomenda-se repetir o hífen na linha seguinte.

Maria foi secretária, ministra e era muito **a-**
miga do antigo presidente. Quando entrou na dis-
puta eleitoral, todos nós esperávamos que, lançando-
se candidata, facilmente ganharia as eleições.
INADEQUADO

Maria foi secretária, ministra e era muito
amiga do antigo presidente. Quando entrou na **disputa**
eleitoral, todos nós esperávamos que, lançando-
-se candidata, facilmente ganharia as eleições.
ADEQUADO

a) Não use as palavras generalizadoras, afinal sempre há uma exceção, um exemplo contrário ou algo assim.

| "Todos jogam lixo no chão" ou "Ninguém faria isso" ou "Isso jamais vai acontecer, é impossível."

a) Não invente dados estatísticos, pesquisas, mentiras convincentes.

b) Não use a ironia. A ironia é uma figura de linguagem que não deve ser utilizada no texto dissertativo argumentativo. Nele nada deve ficar subentendido. A escrita deve ser sempre clara, sem nada oculto, sem gracinha e de forma argumentativa.

c) Não é uma boa ideia usar palavras rebuscadas. Seu texto pode ficar sem fluência e clareza, dificultando a compreensão do corretor. Lembre-se: linguagem formal não é sinônimo de linguagem complicada.

| Hodiernamente, mister, mormente, dessarte, etc.

a) Evite estrangeirismo: empregar palavras estrangeiras em meio à nossa língua de forma desnecessária. Não é necessário fazer isso se há no português uma palavra correspondente que pode ser usada.

| Ex.: Stress em vez de estresse

b) Não se utilize de pergunta retórica.

Pergunta retórica: é uma interrogação que não tem como objetivo obter uma resposta, mas sim estimular a reflexão do indivíduo sobre determinado assunto.

1.4 Temas e textos motivadores

Os textos motivadores - um grupo de textos apresentados junto à proposta de redação - têm a função de situar o candidato acerca do tema proposto, fornecendo elementos que possam ajudá-lo a refletir sobre o assunto abordado. Tais textos servem para estimular ideias para o desenvolvimento do tema e são úteis por ajudar a manter o foco temático.

O papel dos textos motivadores da prova de redação é o de motivar, inspirar e contextualizar o candidato em relação ao tema proposta.

Esses textos não estão ali por acaso, então devem ser utilizados, e podem evitar que o candidato escreva uma redação genérica. Contudo, não podem ser copiados, pois as provas que contêm cópias terão as linhas desconsideradas e podem, quando em excesso, levar à nota zero.

Então, a intenção não é que o aluno reproduza as informações contidas nos textos motivadores. O que se deseja é que o candidato leia os textos, interprete-os e reelabore-os, interligando-os à sua discussão. Assim sendo, o ideal é retirar de cada texto motivador as ideias principais e que podem ser utilizadas na sua produção escrita.

Leia todos com atenção e não se esqueça de procurar estabelecer uma relação entre eles, ou seja, busque os pontos em comum, e os conecte de uma maneira que defina argumentos consistentes para sua redação. Escreva as principais ideias em forma de tópicos e com as suas palavras.

1.4.1 Tipos de textos motivadores

Os textos motivadores podem ser de vários tipos

- ▹ Matérias jornalísticas/ Reportagens

Um dos tipos mais comuns de textos motivadores são as matérias jornalísticas. Para que haja maior entendimento sobre elas, análise:

O que acontece?

Com quem acontece?

Em que lugar acontece?

Quando acontece?

De que modo acontece?

Por que acontece?

Para que acontece?

- ▹ Charges/Tirinhas

As charges ou as tirinhas são uma forma curta e, muitas vezes, descontraída de apresentar informações relevantes para a produção do texto. Repare nelas:

Os personagens;

O ambiente;

O assunto principal;

A linguagem utilizada (formal, informal, com figuras de linguagem ou não, com marcas de regionalismo ou não etc.).

- ▹ Gráficos

Os gráficos possibilitam uma leitura mais ágil das informações. Ao se deparar com eles, observe o seguinte:

O título;

As informações na horizontal e na vertical;

A forma como os índices foram representados (colunas, fatias etc.);

O uso de cores diferentes (caso haja);

A fonte da qual as informações foram coletadas.

- ▹ Imagens

Muitas vezes as imagens podem vir sem nenhuma palavra. Se isso ocorrer, note:

O que é a imagem (foto, quadro etc.)?

Quem é o autor dela?

Qual é o assunto principal?

O que está sendo retratado?

Há marcas temporais ou regionais na imagem?

Se o aluno não souber nada sobre a temática apresentada, os textos motivadores podem ser um ótimo suporte. Além dos dados expostos, tais textos também provocam a reflexão sobre outros aspectos do problema e jamais devem ser ignorados.

1.5 Título

O título só é obrigatório se for solicitado nas instruções da prova de redação.

Pode ser que a Banca examinadora deixe o espaço para o título, nesse caso, ele também é obrigatório.

Se puser o título e não for obrigatório (não for exigido), não receberá mais pontos por isso e só terá pontos descontados se contiver algum erro nele.

Caso se esqueça de colocar título quando for obrigatório, a redação não será anulada, mas poderá ter pontos (poucos) descontados.

Dicas:

- Nunca utilize tema como título;
- Não coloque ponto final;
- Não escreva todas as palavras com letra maiúscula;
- Não pule linha depois do título;
- Construa-o quando terminar o texto.

1.6 O texto dissertativo

Dissertar significa expor algum assunto. Dependendo da maneira como o esse assunto seja abordado, a dissertação poder ser **expositiva** ou **argumentativa**.

- ▹ **Dissertação expositiva: apresenta informações sobre assuntos, expõe, explica, reflete ideias de modo objetivo, imparcial. O autor é o porta-voz de uma opinião, ou seja, a intenção é expor fatos, dados estatísticos, informações científicas, argumentos de autoridades etc. Este tipo de texto pode ter duas abordagens:** Estudo de Caso (em que é apresentada uma solução para a situação hipotética apresentada) e Questão Teórica (em que é preciso apresentar conceitos, normas, regras, diretrizes de um determinado conteúdo).

  Vejamos um exemplo do tipo expositivo.

> A forma temporária como tratam os vídeos criados reflete outro aspecto característico desses apps. Em oposição à noção de que tudo o que é postado na internet fica registrado para a eternidade (e tem potencial de se transformar em viral), os aplicativos querem passar a sensação de efêmero. Quem não viu a transmissão ao vivo dificilmente terá nova chance. Nisso, eles se assemelham a outro app de sucesso, o Snapchat, serviço de troca de mensagens pelo qual o conteúdo é destruído segundos após ser recebido pelo destinatário.
>
> (VEJA, 2015, p. 98)

- ▹ **Dissertação argumentativa:** defende uma tese (ideia, ponto de vista) por meio de estratégias argumentativas. Tem a intenção de persuadir (convencer) o interlocutor. Em geral, há o predomínio da linguagem denotativa, de conectores de causa-efeito, de verbos no presente.

  Vejamos agora um exemplo do tipo argumentativo.

> Fazer pesquisa crítica envolve difíceis decisões de cunho ético e político a fim de que, não importa quais sejam os resultados de nossos estudos, nosso compromisso com os sujeitos pesquisados seja mantido. A questão é complexa por causa das múltiplas realidades dos múltiplos participantes envolvidos na pesquisa naturalística da visa social. Por exemplo, no projeto de pesquisa de referência neste artigo, havia um componente que envolvia a observação participante da sala de aula, isto é, a observação à procura das unidades e elementos significativos para os próprios participantes da situação.
>
> (KLEIMAN, 2001, p. 49)

Quando o texto dissertativo se dedica mais a expor ideias, a fazer que o leitor/ouvinte tome conhecimento de informações ou interpretações dos fatos, tem caráter expositivo e podemos classificá-lo como expositivo. Quando as interpretações expostas pelo texto dissertativo vão mais além nas intenções e buscam explicitamente convencer o leitor/ouvinte sobre a validade dessas explicações, classifica-se o texto como argumentativo (COROA , 2008b, p. 121).

Vale mencionar que, muitas, vezes, nos editais, não fica claro se o texto será expositivo ou argumentativo. Quando isso ocorrer, o candidato deve analisar as provas anteriores para traçar o perfil da banca examinadora. Mas não se preocupe, pois a estrutura de ambos é igual, ou seja, os dois tipos de texto devem conter introdução, desenvolvimento e conclusão. Além disso, no primeiro parágrafo, deve haver a apresentação da ideia central que será desenvolvida.

Veja as propostas a seguir:

Foi recentemente publicado no Americam Journal of Preventive Medicine um estudo com adultos jovens, de 19 a 32 anos de idade, apontando que quanto maior o tempo dispendido em mídias sociais de relacionamento, maior a sensação de solidão das pessoas. Além disso, esse estudo demonstrou também que quanto maior a frequência de uso, maior a sensação de isolamento social.

(Adaptado de: ESCOBAR, Ana. Disponível em: http://g1.globo.com)

Com base nas ideias do texto acima, redija uma dissertação sobre o tema:

Isolamento social na era da comunicação virtual

A partir da proposta apresentada, pode-se inferir que o examinador quer saber o ponto de vista (opinião) do candidato em relação ao assunto. A intenção é que seja apontado o que ele pensa a respeito do tema, e não que ele apresente de forma objetiva informações a fim de esclarecer determinado assunto. Então, resta claro que a dissertação terá caráter argumentativo.

Agora veja a proposta seguinte:

A segurança jurídica tem muita relação com a ideia de respeito à boa-fé. Se a administração adotou determinada interpretação como a correta e a aplicou a casos concretos, não pode depois vir a anular atos anteriores, sob o pretexto de que os mesmos foram praticados com base em errônea interpretação. Se o administrado teve reconhecido determinado direito com base em interpretação adotada em caráter uniforme para toda a administração, é evidente que a sua boa-fé deve ser respeitada. Se a lei deve respeitar o direito adquirido, o ato jurídico perfeito e a coisa julgada, por respeito ao princípio da segurança jurídica, não é admissível que os direitos do administrado fiquem flutuando ao sabor de interpretações jurídicas variáveis no tempo.

Maria Sylvia Zanella Di Pietro. Direito administrativo. p. 85 (com adaptações).

Considerando que o texto apresentado tem caráter estritamente motivador, elabore uma dissertação a respeito dos atos administrativos e da segurança jurídica no direito administrativo brasileiro, abordando, necessariamente, os seguintes aspectos:

1. os elementos de validade do ato administrativo e os critérios para sua convalidação; [valor: 14,00 pontos]

2. distinção entre ato administrativo nulo, anulável e inexistente; [valor: 10,00 pontos]

3. o controle exercido de ofício pela administração pública sobre os seus atos e o dever de agir e de prestar contas. [valor: 14,00 pontos]

Considerando o tema proposto e os tópicos apresentados, pode-se perceber que o candidato deve, necessariamente, produzir um texto expositivo, já que o examinador avaliará o conhecimento técnico dele sobre o assunto, e não o seu ponto de vista, a sua opinião. Para isso, deverá fundamentar suas ideias por meio de leis, doutrina, jurisprudência, citação de uma autoridade no assunto.

1.7 Estrutura do texto dissertativo

Não há dúvida de que todo texto dissertativo (expositivo ou argumentativo) deve ter início, meio e fim, ou seja, introdução, desenvolvimento e conclusão.

- **Introdução:** a importância da introdução é evidente, pois é ela que determina o tom do texto, o encaminhamento do desenvolvimento e sua estrutura. Então, ela deve ser vista como um compromisso que o autor assume com o restante do desenvolvimento. Nela haverá a contextualização do assunto que será desenvolvido ao longo do texto, ou seja, apresentação da ideia que será defendida (argumentação) ou esclarecida (exposição).
- **Desenvolvimento:** é a parte da redação em que há o desenvolvimento da ideia apresentada no primeiro parágrafo. Vai ocorrer a comprovação da tese por meio de argumentos – texto argumentativo – ou a exposição de informações a fim de esclarecer um assunto – texto expositivo.

Estrutura dos parágrafos de desenvolvimento:

Tópico frasal: apresentação da ideia-núcleo que será desenvolvida(introdução);

Comprovação da ideia-núcleo (desenvolvimento);

Fechamento do parágrafo (conclusão).

Jamais construa parágrafos com apenas um período. Os parágrafos de desenvolvimento devem ter, no mínimo, três períodos.

- **Conclusão:** consiste no fechamento das ideias apresentadas. Não podem ser expostos argumentos novos nesse parágrafo. O que ocorre é a retomada da ideia central (tese ou tema) e a apresentação das considerações finais.

2 DISSERTAÇÃO EXPOSITIVA E ARGUMENTATIVA

2.1 Dissertação expositiva

A dissertação expositiva tende à simples exposição de ideias, de informações, de definições e de conceitos, sem necessidade de um forte convencimento do leitor.

Quando o texto dissertativo se dedica mais a expor ideias, a fazer que o leitor/ouvinte tome conhecimento de informações ou interpretações dos fatos, tem caráter expositivo e podemos classificá-lo como expositivo. (COROA , 2008b, p. 121).

2.2 Estrutura do texto dissertativo-expositivo

Na introdução, há a apresentação do tema (parágrafo mais curto). Como não há tese, o candidato deve fazer a apresentação do tema (ideia central do texto).

▹ **Tipos de introdução:**

- **Definição:** tem por objetivo expor uma definição, uma ideia, uma expressão. Para isso, é importante ter como referência os sentidos expostos em dicionários, leis, doutrinas, etc.
- **Paráfrase:** é uma reescritura do tema e dos tópicos apresentados na proposta de redação. Não pode haver alteração de sentido e deve ser respeitada a simetria (paralelismo) sintático e semântico.
- **Citações e estatísticas:** neste tipo de introdução, o candidato traz uma frase (citação) de algum especialista no assunto, ou estatísticas a respeito do tema. Importante tomar cuidado para não trazer citações "vazias", que não sejam relacionadas ao assunto, e também se preocupar em fazer uma análise a respeito das estatísticas trazidas, para que elas não fiquem deslocadas.

▹ No desenvolvimento, há a apresentação de informações sobre assuntos, exposição, explicação de ideias de modo objetivo, fundamentação por meio de leis, citação de autores, exemplos etc. Segundo fulano de tal, ...; Segundo a Lei Tal,..., Conforme entendimento do STF, ... Em outras palavras, há presença de dados polifônicos. Não há opinião do candidato aqui, e sim apresentação do seu conhecimento técnico sobre determinado assunto.

ELEMENTOS COESIVOS PARA INCIAR OS PARÁGRAFOS DE DESENVOLVIMENTO

A primeira delas... A primeira dessas questões ... O primeiro desses pontos ... Em primeiro lugar, ...	→	1º PARÁGRAFO DE DESENVOLVIMENTO
Outra questão importante é... Também é de suma importância ... O segundo dos aspectos ... Além disso, ... Em segundo lugar, ...	→	2º PARÁGRAFO DE DESENVOLVIMENTO
Há de se considerar também, ... Há de se considerar, por último, ... O terceiro dos aspectos, ...	→	3º PARÁGRAFO DE DESENVOLVIMENTO

▹ Na conclusão, ocorrerá a retomada da ideia central.

Tipos de conclusão:

- **Síntese:** consiste em sintetizar as ideias que foram abordadas ao longo da dissertação, confirmando a ideia central que aparece na introdução do texto.
- **Proposta de intervenção:** elaborar uma sugestão para solucionar o problema posto em debate na proposta de redação. Essas sugestões precisam ter três características muito importantes. Em primeiro lugar, é preciso que elas sejam aplicáveis ao tema e ao que foi dito no texto. Além disso, as sugestões precisam ser detalhadas. A proposta bem elaborada deve conter um detalhamento do que fazer, como fazer, os meios e os participantes da proposta. Por último, proposta apresentada deve ser executável, ou seja, possível de ser realizada. Não adianta apresentar soluções utópicas e fantasiosas, pois elas não serão realizadas.
- **Dedução:** trata-se de um processo de raciocínio em que a conclusão é alcançada a partir de um conjunto de premissas abordadas em uma afirmação e que constroem um pensamento lógico. Isso se chama "regras de inferência". O candidato vai explorar nos parágrafos dedicados ao desenvolvimento da dissertação, tudo aquilo que sabe sobre o tema, fazer as devidas relações e, no momento da conclusão, manifestar o que se pode deduzir dessas informações.

ELEMENTOS COESIVOS PARA INCIAR O ÚLTIMO PARÁGRAFO

Por fim, ...

Por último, ...

Finalmente, ...

Em último lugar, ...

2.3 Propostas de dissertação expositiva

PROPOSTA I

A remição de pena, ou seja, o direito do condenado de abreviar o tempo imposto em sua sentença penal, pode ocorrer mediante trabalho, estudo e, de forma mais recente, pela leitura, conforme disciplinado pela Recomendação n.º 44/2013 do CNJ. A remição de pena, prevista na Lei de Execução Penal, está relacionada ao direito constitucional de individualização da pena. Dessa forma, as penas devem ser justas e proporcionais, além de particularizadas, levando-se em conta a aptidão à ressocialização demonstrada pelo apenado por meio do estudo ou do trabalho.

A possibilidade de remir a pena por meio da leitura já é realidade em diversos presídios do país. De acordo com a Recomendação n.º 44/2013 do CNJ, deve ser estimulada a remição pela leitura como forma de atividade complementar, especialmente para apenados aos quais não sejam assegurados os direitos ao trabalho, à educação e à qualificação profissional. Para isso, há necessidade de elaboração de um projeto pela autoridade penitenciária estadual ou federal com vistas à remição pela leitura, assegurando-se, entre outros critérios, a participação voluntária do preso e a existência de um acervo de livros dentro da unidade penitenciária. Segundo a norma, o preso deve ter o prazo de 21 a 30 dias para a leitura de uma obra, apresentando, ao final do período, uma resenha a respeito do assunto, que deverá ser avaliada pela comissão organizadora do projeto. Cada obra lida possibilita a remição de quatro dias de pena, com o limite de doze obras por ano, ou seja, no máximo 48 dias de remição por leitura a cada doze meses.

Internet: <www.cnj.jus.br> (com adaptações).

A Assembleia Legislativa do Ceará aprovou projeto de lei que altera o art. 4.º da Lei n.º 15.718/2014, elaborada conforme recomendação do CNJ. O projeto de lei torna expressa a possibilidade da leitura de livros religiosos proporcionarem a remição da pena em execução penal. Segundo a Secretaria de Administração Penitenciária (SAP), atualmente, no projeto Livro Aberto, são 5.100 detentos que leem mensalmente em 17 unidades prisionais do Ceará. O preso escolhe, a cada mês, uma obra literária dentre os títulos selecionados para a leitura, o que agora poderá incluir livros religiosos. Em seguida, o apenado redigirá relatório de leitura ou resenha — a ser elaborados de forma individual, presencial e em local adequado —, devendo atingir nota igual ou superior a 6,0 para ser aprovado pela Secretaria de Educação do Estado do Ceará (SEDUC). Depois, isso é levado para a vara judicial, para ser avaliada a redução da pena.

Internet: <www.ceara.gov.br> (com adaptações).

É indiscutível que a obra literária tem o poder de reorganizar a nossa visão de mundo, nossa mente e nossos sentimentos, tocando nosso espírito por meio das palavras, que não são apenas a forte presença do nosso código; elas comunicam sempre alguma coisa que nos toca, porque obedece a certa ordem. O caos originário dá lugar à ordem e, por conseguinte, a mensagem pode atuar. Uma boa notícia é que toda obra literária pressupõe essa superação do caos, determinada por um arranjo especial das palavras, fazendo uma proposta de sentido.

Maria Luzineide P. da C. Ribeiro e Maria do Rosário C. Rocha. Olhando pelo avesso: reflexões sobre a remição de pena pela leitura e a escolarização nas prisões brasileiras. In: Fernanda Marsaro dos Santos et al. (Org.). Educação nas prisões. 1.ª ed. Jundiaí: Paco, 2019, p. 203 (com adaptações).

A leitura é um poderoso instrumento de ascensão social, de amadurecimento do ser em relação à sua função dentro de uma complexa sociedade, de absorção da sua cultura ao redor (...) é uma atividade essencial a qualquer área do conhecimento e mais essencial ainda à própria vida do ser humano.

Fernanda M. dos Santos, Gesuína de F. E. Leclerc e Luciano C. Barbosa. Leitura que liberta: uma experiência para remição de pena no Distrito Federal. In: Fernanda Marsaro dos Santos et al. (Org.). Educação nas prisões. 1.ª ed. Jundiaí: Paco, 2019, p. 21.

Considerando que os textos anteriormente apresentados têm caráter unicamente motivador, redija um texto dissertativo abordando os seguintes aspectos acerca da remição de pena pela leitura.

1 A remição de pena pela leitura como forma de ressocialização. [valor: 9,50 pontos]

2 A importância da leitura como forma de reorganização da visão de mundo do detento. [valor: 9,50 pontos]

3 Possibilidades e desafios da implementação de projetos de leitura no sistema prisional brasileiro. [valor: 9,50 pontos]

Padrão de resposta da banca

O candidato deve redigir um texto dissertativo em que aborde os aspectos propostos, acerca da remição de pena pela leitura, de maneira clara e coerente, empregando mecanismos de coesão textual. O candidato deve demonstrar conhecer a atualidade do tema da remição de pena pela leitura como forma de ressocialização, bem como discorrer sobre a importância da leitura como possibilidade de ampliação da visão de mundo do participante do projeto dentro do estabelecimento prisional. Para tanto, pode, por exemplo, mencionar a Jornada da Leitura no Cárcere, evento cuja primeira edição ocorreu em fevereiro de 2020, com apoio do CNJ, a fim de identificar, refletir e disseminar as boas práticas de leitura no sistema carcerário. Por fim, o candidato deve discorrer sobre possibilidades de projetos de leitura que podem ser implementados no sistema penitenciário brasileiro e os desafios para que projetos dessa natureza sejam colocados em prática.

PROPOSTA II

Lei n.º 12.305, de 2 de agosto de 2010

Art. 6.º São princípios da Política Nacional de Resíduos Sólidos:

(...)

VI – a cooperação entre as diferentes esferas do poder público, o setor empresarial e demais segmentos da sociedade;

VII – a responsabilidade compartilhada pelo ciclo de vida dos produtos;

VIII – o reconhecimento do resíduo sólido reutilizável e reciclável como um bem econômico e de valor social, gerador de trabalho e renda e promotor de cidadania;

IX – o respeito às diversidades locais e regionais;

(...).

Internet: <mma.gov.br> (com adaptações).

Média da composição gravimétrica dos resíduos sólidos gerados no Brasil resíduos participação

Resíduos	Participação (%)	Quantidade (t por dia)
Material reciclável	31,9	58.527,40
metais	2,9	5.293,50
aço	2,3	4.213,70
alumínio	0,6	1.079,90
papel, papelão e tetrapak	13,1	23.997,40
plástico total	13,5	24.847,90
plástico firme	8,9	16.399,60
plástico rígido	4,6	8.449,30
vidro	2,4	4.388,60
material orgânico	51.4	94.335,10
outros	16,7	30.618,90
total	100	183.481,50

Internet: <www.politize.com.br> (com adaptações).

À proporção em que aumenta o número de habitantes nas cidades, cresce a geração de lixo. Observa-se que as cidades, cada vez mais, apresentam dificuldades para implantar, ordenar e gerenciar de modo sustentável os resíduos por elas gerados. Nesse contexto, em 12/8/2010, foi instituída a Política Nacional de Resíduos Sólidos (PNRS), pela Lei n.º 12.305/2010, que definiu princípios, objetivos, instrumentos e diretrizes relativos à gestão e ao gerenciamento de resíduos sólidos, incluídos os perigosos, em âmbito nacional.

Entre os conceitos introduzidos está o de responsabilidade compartilhada pelo ciclo de vida dos produtos: "conjunto de atribuições individualizadas e encadeadas dos fabricantes, importadores, distribuidores e comerciantes, dos consumidores e dos titulares dos serviços públicos de limpeza urbana e de manejo dos resíduos sólidos, para minimizar o volume de resíduos sólidos e rejeitos gerados, bem como para reduzir os impactos causados à saúde humana e à qualidade ambiental decorrentes do ciclo de vida dos produtos, nos termos desta Lei". Isso quer dizer que a lei exige que as empresas assumam o retorno de seus produtos descartados e cuidem da adequada destinação ao final de seu ciclo de vida útil.

Internet: <oeco.org.br> (com adaptações).

Cerca de 80% do impacto de um produto na natureza está relacionado ao seu design e a toda a cadeia logística. Assim, torna-se necessário rever os tipos de materiais produzidos e repensar suas formas de produção, para que seu destino final seja o começo de um novo ciclo, e não os aterros sanitários e os oceanos. O principal objetivo da economia circular é acabar com os resíduos, ou seja, não gerar desperdício.

Internet: <positiva.eco.br> (com adaptações).

Considerando que os fragmentos de texto precedentes têm caráter motivador, redija um texto dissertativo sobre o seguinte tema.

O DESCARTE DE RESÍDUOS SÓLIDOS NO BRASIL NO SÉCULO XXI

Ao elaborar seu texto, responda aos seguintes questionamentos.

1. Por que o modelo de descarte de resíduos sólidos predominante até o início do século XXI deve ser substituído? [valor: 9,50 pontos]

2. Em que consistem a economia circular e a responsabilidade compartilhada e de que forma esses novos conceitos podem impactar a economia do país? [valor: 19,00 pontos]

Padrão de resposta da banca

Com relação ao aspecto 1, o candidato pode mencionar que o modelo de descarte de resíduos sólidos predominante até o início do século XXI acarreta as consequências como as mencionadas a seguir:

– para o meio ambiente: nos lixões, os resíduos são depositados a céu aberto, sem tratamento ou controle ambiental, o que contribui para o aumento da poluição; há agravamento do efeito estufa em razão da produção de gás metano e contaminação do lençol freático por meio do chorume que é produzido;

– para a saúde pública: os lixos expostos atraem animais vetores de doenças; os catadores de lixo, nos lixões, ficam expostos ao contato direto com agentes físicos, químicos e biológicos potencialmente nocivos; o sentimento de marginalização dos indivíduos que sobrevivem do descarte alheio é intensificado, o que agrava os problemas sociais existentes;

– para a economia: parte da população marginalizada do mercado formal busca a sobrevivência nos restos produzidos pela sociedade; com isso, prejudica-se a economia que gira em torno do mercado formal e aumentam-se os gastos públicos para a recuperação da saúde das pessoas submetidas a essas condições de insalubridade.

Por essas e por outras razões, o modelo de descarte de resíduos sólidos predominante até o início do século XXI precisa ser substituído por outro, que seja sustentável para o planeta.

Com relação ao aspecto 2, o candidato deve explicitar em que consiste a economia circular e a responsabilidade compartilhada. Pode mencionar, por exemplo, que a economia circular visa ao máximo aproveitamento dos materiais, de forma que se produza o mínimo de resíduos (diferentemente da economia linear, em que algo é produzido, consumido e descartado), e que a responsabilidade compartilhada, que envolve o recolhimento de um produto pela empresa fabricante após o seu ciclo de uso, para que se dê a destinação adequada a ele, favorece o reaproveitamento de materiais e a diminuição da produção de resíduos. Assim, a economia circular e a responsabilidade compartilhada impactam o modo de fabricação de produtos, uma vez que visam cada vez mais ao reaproveitamento dos materiais que já existem e cada vez menos ao emprego de novas matérias-primas, o que se reverte em menos danos ao meio ambiente. A economia circular e a responsabilidade compartilhada impactam, ainda, o modo como um produto é consumido e a valorização de suas características: um produto de vida útil mais longa, fabricado com materiais que podem ser reaproveitados ou que se decompõem mais rapidamente, é mais valorizado, em detrimento daquele que não compartilha dessas características, como o produto gerado sob condição de obsolescência programada, por exemplo.

PROPOSTA III

O Estado, como pessoa jurídica, é um ser intangível. Somente se faz presente no mundo jurídico por meio de seus agentes, pessoas físicas cuja conduta é a ele imputada. O Estado, por si só, não pode causar danos a ninguém. Segundo o direito positivo, o Estado é civilmente responsável pelos danos que seus agentes causarem a terceiros. Sendo-o, incumbe-lhe reparar os prejuízos causados, mediante obrigação de pagar as devidas indenizações.

José dos Santos Carvalho Filho. Manual de direito administrativo. 32.ª ed. São Paulo: Atlas, 2018 (com adaptações).

Considerando que o fragmento de texto anteriormente apresentado tem caráter unicamente motivador, redija um texto dissertativo acerca da responsabilidade civil do Estado, abordando, necessariamente, os seguintes tópicos:

1 a teoria da responsabilidade civil do Estado atualmente aplicada no direito brasileiro; [valor: 9,00 pontos]

2 requisitos da responsabilidade civil; [valor: 20,00 pontos]

3 direito de regresso. [valor: 9,00 pontos]

Padrão de resposta da banca

1 A teoria da responsabilidade civil do Estado aplicada atualmente no direito brasileiro é a teoria da responsabilidade objetiva do Estado. Ela dispensa o fator culpa em relação ao fato danoso, ou seja, a culpa é desconsiderada com pressuposto da responsabilidade. Esta teoria é informada pela teoria do risco administrativo e pela teoria do risco integral. Na primeira, é possível aplicar as causas excludentes da responsabilidade do Estado (culpa da vítima, culpa de terceiros ou força maior). Na segunda, não.

2 Os requisitos da responsabilidade civil do Estado são: a) fato administrativo, que é considerado qualquer conduta, comissiva ou omissiva, legítima ou ilegítima, singular ou coletiva, atribuída ao poder público; b) dano, pois não há responsabilidade sem que haja o dano, seja material, seja moral; e c) nexo causal, pois somente haverá responsabilidade se houver uma relação de causalidade entre o fato administrativo e o dano. Ao lesado cabe demonstrar que o prejuízo sofrido se originou da conduta estatal.

3 O direito de regresso é garantido ao Estado no sentido de dirigir sua pretensão indenizatória contra o agente responsável pelo dano, se ele tiver agido com dolo ou culpa, conforme dispõe o § 6.º do art. 37 da Constituição Federal de 1988: "Art. 37. (...) § 6.º As pessoas jurídicas de direito público e as de direito privado prestadoras de serviços públicos responderão pelos danos que seus agentes, nessa qualidade, causarem a terceiros, assegurado o direito de regresso contra o responsável nos casos de dolo ou culpa".

PROPOSTA IV

Art. 215. O Estado garantirá a todos o pleno exercício dos direitos culturais e acesso às fontes da cultura nacional, e apoiará e incentivará a valorização e a difusão das manifestações culturais. § 1.º O Estado protegerá as manifestações das culturas populares, indígenas e afro-brasileiras, e das de outros grupos participantes do processo civilizatório nacional.

Brasil. Constituição da República Federativa do Brasil. Brasília - DF: Senado Federal, 1988.

Os direitos culturais protegem o potencial que cada pessoa possui — individualmente, em comunidade com outros e como grupo de pessoas — para desenvolver e expressar sua humanidade e visão de mundo, os significados que atribui a sua experiência e a maneira como o faz. Os direitos culturais podem ser considerados como algo que protege o acesso ao patrimônio e aos recursos culturais que permitem a ocorrência desses processos de identificação e de desenvolvimento.

Entrevista com Farida Shaheed, da ONU. In: Revista Observatório Itaú Cultural, n.º 11, jan.-abr./2011 (com adaptações).

Integrar os direitos culturais ao rol de direitos humanos — ou seja, considerá-los direitos inerentes ao ser humano — traz consequências importantes ao tratamento desses direitos, que não podem, por exemplo, sofrer nenhum tipo de distinção de raça, cor, sexo, língua, religião, opinião política, origem social ou nacional ou condição de nascimento ou riqueza. Tais direitos incorporam, ainda, outras características dos direitos humanos: são fundados no respeito pela dignidade e no valor de cada pessoa; são universais, ou seja, são aplicados de forma igual e sem discriminação a todas as pessoas; são inalienáveis, de modo que ninguém pode ser privado de seus direitos humanos (apesar de eles poderem ser limitados em situações específicas); são indivisíveis, inter-relacionados e interdependentes, já que não é suficiente respeitar apenas parte dos direitos humanos; e devem ser vistos como de igual importância entre si.

Nicolas Allen. Os direitos culturais como direitos humanos: breve sistematização de tratados internacionais. Internet: <http://institutodea.com> (com adaptações).

Considerando que os fragmentos de textos apresentados anteriormente têm caráter unicamente motivador, redija um texto dissertativo abordando:

1 a importância da cultura para a formação integral do ser humano; [valor: 14,00 pontos]

2 a relação entre cultura e cidadania; [valor: 12,00 pontos]

3 o dever do Estado de garantir o acesso à cultura bem como incentivar a difusão e preservação das manifestações culturais. [valor: 12,00 pontos]

Padrão de resposta da banca

Espera-se que o candidato seja capaz de apresentar argumentos coerentes e determinantes para a defesa do importante papel das manifestações culturais na formação integral do ser humano, mostrando como a cultura é um meio essencial de enriquecimento da maneira como o sujeito enxerga a si mesmo e ao mundo que o cerca. Também se espera que o candidato seja capaz de relacionar a cultura à cidadania, mostrando, mediante argumentos e exemplos consistentes, que fazer da cultura um aspecto de destaque nas sociedades é relevante para a convivência social e para o pleno exercício dos direitos dos cidadãos. Por fim, espera-se que o candidato seja capaz de discorrer acerca do dever do Estado de garantir o acesso à cultura bem como incentivar a difusão e preservação das manifestações culturais, como forma de assegurar o pleno exercício da cidadania pelo povo.

PROPOSTA V

A Lei n.º 11.705/2008, conhecida como Lei Seca, por reduzir a tolerância com motoristas que dirigem embriagados, colocou o Brasil entre os países com legislação mais severa sobre o tema. No entanto, a atitude dos motoristas pouco mudou nesses dez anos. Um levantamento, por meio da Lei de Acesso à Informação, indicou mais de 1,7 milhão de autuações, com crescimento contínuo desde 2008. O avanço das infrações nos últimos cinco anos ficou acima do aumento da frota de veículos e de pessoas habilitadas: o número de motoristas flagrados bêbados continua crescendo, em vez de diminuir com o endurecimento das punições ao longo desses anos.

Internet: <g1.globo.com> (com adaptações).

Nas estradas federais que cortam o estado de Pernambuco, durante o feriadão de Natal, a PRF registrou cento e três acidentes de trânsito, com cinquenta e dois feridos e sete mortos. Segundo a corporação, seis motoristas foram presos por dirigir bêbados e houve oitenta e sete autuações pela Lei Seca. Os números são parte da Operação Integrada Rodovia, deflagrada pela PRF. Em 2017, foram registrados noventa acidentes. No ano passado, a ação da polícia teve um dia a menos.

Internet: <g1.globo.com> (com adaptações).

Considerando que os fragmentos de texto acima têm caráter unicamente motivador, redija um texto dissertativo acerca do seguinte tema.

O COMBATE ÀS INFRAÇÕES DE TRÂNSITO NAS RODOVIAS FEDERAIS BRASILEIRAS

Ao elaborar seu texto, aborde os seguintes aspectos:

1 medidas adotadas pela PRF no combate às infrações; [valor: 7,00 pontos]

2 ações da sociedade que auxiliem no combate às infrações; [valor: 6,00 pontos]

3 atitudes individuais para a diminuição das infrações. [valor: 6,00 pontos]

Padrão de resposta da banca

Quanto ao desenvolvimento do tema, o candidato deve, a partir dos textos motivadores, abordar o tema e os aspectos propostos, de maneira clara e coerente, empregando os mecanismos de coesão textual. A abordagem dada ao tema pode variar, mas o candidato deve demonstrar conhecer a atualidade do tema das infrações nas rodovias, que vitimam inúmeras pessoas, além dos próprios ilícitos cometidos.

Com relação ao aspecto 1, espera-se que o candidato aborde medidas que podem ser implementadas ou que já são adotadas pela Polícia Rodoviária Federal no combate às infrações nas rodovias, como o aumento de efetivo, a ampliação do uso de equipamentos eletrônicos, o incremento de operações integradas no combate aos ilícitos, as campanhas institucionais, entre outras.

No aspecto 2, espera-se que o candidato aborde ações que podem ser feitas pela sociedade para diminuição das infrações, como campanhas de iniciativa privada para aumento da conscientização da conduta a ser praticada, palestras em entidades privadas com ampla divulgação, envolvimento com escolas públicas e privadas em busca da conscientização da sociedade, entre outras.

No que se refere ao aspecto 3, espera-se que o candidato aborde atitudes que o indivíduo pode realizar para combater as infrações, como a própria conscientização da conduta correta a ser praticada, a participação de atividades educativas de trânsito, o envolvimento em atividades de ajuda a vítimas de trânsito, entre outras.

Observação: foram citadas algumas medidas, ações e atitudes neste padrão de resposta apenas como exemplos.

2.4 Dissertação argumentativa

A dissertação argumentativa tem o objetivo de convencer o leitor sobre uma tese, por meio de fortes articulações lógicas entre os significados.

Quando as interpretações expostas pelo texto dissertativo vão mais além nas intenções e buscam explicitamente convencer o leitor/ouvinte sobre a validade dessas explicações, classifica-se o texto como argumentativo (COROA , 2008b, p. 121).

2.5 Estrutura do texto dissertativo-argumentativo

Na Introdução, deve haver a contextualização do tema. Em seguida, deve ser apresentada a tese que será desenvolvida (ponto de vista). Por fim, podem ser apresentados os argumentos para a defesa dessa opinião (opcional).

Tipos de introdução

- O candidato pode utilizar a definição ou citações e estatísticas, mas deve, em seguida, apresentar a tese (opinião).
- **Roteiro:** tem por objetivo apresentar ao leitor o roteiro que será seguido durante o desenvolvimento do seu texto tese + argumentos); assim, ao citar o roteiro na introdução, o autor deve segui-lo até o final, para que não haja incoerências.
- **Exemplo:** Em virtude da onda de conservadorismo que o Brasil vive na atualidade, tornam-se comuns as discussões sobre direitos coletivos. Nesse cenário, é importante analisar as causas do conservadorismo moderno e os reflexos dele nos direitos da coletividade.
- **Alusão histórica:** representa um tipo de introdução em que um fato passado se relaciona de algum modo a um fato presente, servindo de ponto de reflexão ou ela semelhanças entre eles, ou pelas diferenças. Após a contextualização, deve ser apresentada a tese.
- **Exemplo:** Por ter pecado nos excessos do liberalismo, a Revolução Francesa foi talvez a que mais contribuiu com o surgimento do conservadorismo. Do mesmo modo, no Brasil esse mesmo processo volta a emergir depois de anos de governo liberal no poder.

▷ O desenvolvimento é o parágrafo em que serão desenvolvidos argumentos para comprovar a tese exposta na introdução. Na primeira frase do parágrafo, ou seja, no tópico frasal é apresentada a ideia central do parágrafo (o argumento). Depois do tópico frasal (introdução), há a comprovação dessa ideia (desenvolvimento) e, por fim, o fechamento do parágrafo (conclusão).

Os diversos argumentos deverão ser sustentados com exemplos e provas que os validem, tornando-os indiscutíveis, como:

- Exemplos;
- Enumeração de fatos;
- Causa e efeito;
- Dados estatísticos;
- Citações de autores renomados;
- Depoimentos de personalidades renomadas;
- Alusões históricas.

▷ Na conclusão há a retomada e a reafirmação da tese inicial, já defendida pelos diversos argumentos apresentados no desenvolvimento.

▷ **Retomada da tese:** a melhor forma de fazer isso é parafraseando a sua tese, ou seja, passando exatamente a mesma ideia, mas com outras palavras.

▷ Os mesmos tipos de conclusão do texto expositivo podem ser usados aqui.

2.6 Propostas de dissertação argumentativa

PROPOSTA I

A partir da leitura do Texto Motivador abaixo e com base em seu conhecimento de mundo, escolha um dos temas e desenvolva um texto dissertativo-argumentativo. Seu texto deverá ser produzido em prosa e conter no mínimo 20 e no máximo 30 linhas.

TEMA: O excesso de imagens e sua relação com a realidade

O mundo das imagens

Talvez se possa dizer que o que predomina na mídia mundial é a imagem. Com frequência, as outras "linguagens" aparecem de maneira complementar [...] ou propriamente subordinada à imagem. Tanto assim que a mídia apresenta aspectos e fragmentos das configurações e movimentos da sociedade global como se fosse um vasto espetáculo de videoclipe [...] Ao lado da montagem, colagem, bricolagem, simulacro e virtualidade, muitas vezes combinando tudo isso, a mídia parece priorizar o espetáculo do videoclipe. Tanto é assim que guerras e genocídios parecem festivais pop, departamentos do shopping center global, cenas da Disneylândia mundial. Os mais graves e dramáticos acontecimentos da vida de indivíduos e coletividades aparecem, em geral, como um videoclipe eletrônico informático, desterritorializado entretenimento de todo o mundo.

Fonte: IANNI, Octávio. O mundo do trabalho. In: FREITAS, Marcos Cezar de. (Org.).A reinvenção do futuro. São Paulo: Cortez, 1996. p. 39

PROPOSTA II

A partir da leitura do Texto Motivador abaixo e com base em seu conhecimento de mundo, escolha um dos temas e desenvolva um texto dissertativo-argumentativo. Seu texto deverá ser produzido em prosa e conter no mínimo 20 e no máximo 30 linhas.

Tema: O cuidado com o corpo e com a mente e sua relação com o trabalho

Cuidar do corpo e da mente

Conciliar trabalho, estudo, rotina doméstica e os cuidados com o corpo e a mente pode, à primeira vista, parecer impossível. Por isso, o G1 conversou com especialistas para apontar passos essenciais para quem quer levar uma vida mais equilibrada. Eles concordaram em três pontos: fazer exercícios, comer bem, cuidar da saúde mental e buscar acompanhamento médico.

[...] Faça exercícios físicos. Fazer exercícios é a primeira recomendação. É simples: mexa-se. "Só de você não ser sedentário já está mil pontos à frente da pessoa sedentária", diz o clínico geral e médico de família Alfredo Salim Helito, do Hospital Sírio-Libanês, em São Paulo. "Se você tiver a opção entre ser magro e fazer atividade física, escolha a atividade física. O sedentarismo não pode acompanhar o ser humano", frisa.

Alimente-se bem. A alimentação saudável e equilibrada também é essencial. A alimentação foi outro ponto de consenso entre os especialistas ouvidos pelo G1 como chave para uma vida melhor. E a primeira dica de como nutrir melhor o corpo é: beber água.[...]

Cuide da saúde mental. Terapias, tradicionais ou alternativas, ajudam a melhorar a saúde mental. As intervenções tradicionais — como a psicoterapia ou a psicanálise — podem ajudar a prestar mais atenção às próprias emoções, pensamentos ou padrões de comportamento. Para a psicóloga Gláucia Flores, que atende em Brasília, o momento de buscar ajuda profissional é quando a pessoa percebe que está tendo prejuízos na vida.

"Vamos pensar nossa vida como uma pizza: uma fatia é o trabalho, uma é a família, uma é o casamento, os filhos, o lazer. Quando a gente dá mais importância pra uma do que pra outra, essa balança fica desigual. É importante, sim, que a gente encontre prazer no trabalho, mas também ter outros interesses para também aprender outras coisas", analisa Gláucia.

Vá ao médico. Encontrar um médico de confiança também é essencial. Além de adotar bons hábitos, fazer um acompanhamento médico pelo menos uma vez por ano também é recomendável, explica a clínica geral Sílvia Souto, da Aliança Instituto de Oncologia, em Brasília. Para começar, ela recomenda procurar, primeiro, um médico generalista.

Fonte: https://g1.globo.com/ciencia-e-saude/vivavoce/noticia/2019/02/01/cuidar--do-corpo-e-da-mente-veja-4-passos-paralevar-uma-vida-saudavel-e-equilibrada.ghtml. Adaptado. Acessado em 06/12/19

PROPOSTA III

Motivado pela leitura dos textos seguintes, sem, contudo, copiá-los ou parafraseá-los, redija um texto DISSERTATIVO-ARGUMENTATIVO com, no mínimo, 20 e, no máximo, 30 linhas, em modalidade e limites solicitados.

Tema: DESAFIOS DAS POLÍTICAS DE SEGURANÇA PÚBLICA PARA COMBATER A VIOLÊNCIA NA SOCIEDADE.

TEXTO 1

Constituições Federais e contexto político-institucional

O termo segurança "pública" parece ter sido usado pela primeira vez na Constituição Federal (CF) de 1937. Em outras Constituições, como a de 1934, aparece o termo segurança "interna" para tratar com matérias atinentes ao controle da ordem, fato que irá gerar vários dilemas organizacionais no país e em seu pacto federativo. É interessante constatar que, na CF de 1937, cabia exclusivamente à União a competência de regular a matéria e garantir "o bemestar, a ordem, a tranquilidade e a segurança públicas, quando o exigir a necessidade de uma regulamentação uniforme" (artigo 16, inciso V).

Nota-se aqui uma primeira tensão conceitual e que terá impacto direto nos mandatos e atribuições das polícias brasileiras. A Lei nº 192, de 17 de janeiro de 1936 regulava as atividades das polícias militares e as vinculava às unidades da federação, cabendo à União apenas um papel de supervisão e controle, por meio do Exército. Por essa lei, as polícias militares eram as responsáveis pela segurança "interna", enquanto a CF de 1937 fala de segurança "pública", atividade que formalmente não foi assumida por nenhuma instituição até a CF de 1988. O significativo é que essa lei só foi revogada pelo Decreto-Lei nº 317, de 13 de março de 1967, que regulamentou a CF de 1967 no que tange à atuação das polícias. O conceito criado pela CF de 1937 parece não ter conseguido se institucionalizar e não teve força para mudar, mesmo após o Estado Novo, as estruturas que organizavam as polícias estaduais. E ainda mais emblemático dessa dificuldade é que a CF de 1967 restabeleceu a competência das polícias militares para a "manutenção da ordem e segurança interna nos Estados, nos Territórios e no Distrito Federal" (grifo nosso).

Será somente a CF de 1988 que irá resgatar o conceito de 1937 e trará um capítulo específico sobre segurança "pública", não obstante repetir a CF de 1937 e não definir o significado desse conceito. A CF de 1988, em seu artigo 144, definirá tão somente quais são as instituições públicas encarregadas de prover segurança "pública" (LIMA, 2011). Em suma, nossa atual Constituição não define o que vem a ser segurança pública, apenas delimita quais organizações pertencem a esse campo.

Disponível em: <http://www.scielo.br/pdf/rdgv/v12n1/1808-2432-rdgv-12-10049.pdf> Acesso em: 20 de junho de 2019. Texto adaptado

TEXTO 2

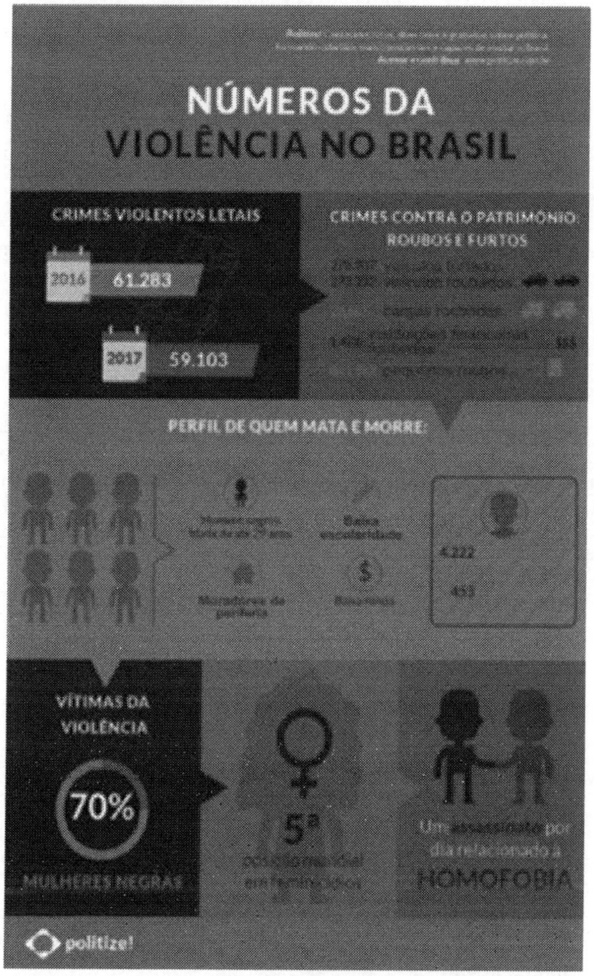

Disponível em: https://www.politize.com.br/seguranca-publica-brasileiraentenda. Acesso em 20 de junho de 2019. Texto adaptado.

PROPOSTA IV

Texto 01

Pela primeira vez, a população deve consumir mais conteúdo midiático na internet do que pela TV, de acordo com relatório da agência de mídia Zenith. Conforme a previsão, já em 2019 as pessoas devem passar mais horas navegando pela internet, fazendo compras, assistindo a filmes, séries e vídeos, conversando ou ouvindo música, do que assistindo à televisão.

("Internet irá ultrapassar TV já em 2019, indica relatório", 18.06.2018. https://epoca-negocios.globo.com. Adaptado)

Texto 02

De acordo com estudo divulgado pela empresa Morrison Foster, as pessoas passam, em média, sete horas por dia nas redes sociais. E é exatamente esse o local ocupado pelos influenciadores, que também estão conectados e produzindo conteúdos para seus seguidores a todo tempo. Segundo uma outra pesquisa, publicada pela Sprout Social, 74% dos consumidores guiam suas decisões de compra com base nas redes sociais. Ou seja, o público está atento às opiniões da internet e, principalmente, aos depoimentos de canais influentes e de credibilidade.

("A contribuição dos influenciadores digitais para a decisão de compra". 02.02.2018. https://franpress.com.br. Adaptado)

Texto 03

Nos últimos 10 anos, o tempo médio de consumo domiciliar de televisão passou de 8h18 para 9h17. Um crescimento de 12%. Vale ressaltar que esse foi um período de forte ascensão da internet como plataforma de distribuição de conteúdo. Os conteúdos da TV, além de entreter e informar, também exercem um papel importante na dinâmica social. Eles influenciam a pauta de conversas tanto com material que gera engajamento entre os telespectadores, como com publicidades criativas. O levantamento da Kantar IBOPE Media aponta que 51% das pessoas acham que a propaganda na TV é interessante e proporciona assunto para conversar. E, entre os que acessam a internet enquanto veem TV, 23% comentam nas redes sociais o que assistem – mostrando que a televisão segue marcando presença no dia a dia do brasileiro.

(João Paulo Reis. "Televisão: a abrangência e a influência do meio mais presente na vida dos brasileiros", 24.12.2018. https://observatoriodatelevisao.bol.uol.com.br. Adaptado)

Com base nas informações dos textos e em seus próprios conhecimentos, escreva um texto dissertativo, de acordo com a norma-padrão da língua portuguesa, sobre o tema:

A popularização da internet ameaça o poder de influência da televisão?

PROPOSTA V

Em visita aos Estados Unidos, em 1970, Margaret Thatcher fez o seguinte pronunciamento:

"Uma das razões por que valorizamos indivíduos não é porque sejam todos iguais, mas porque são todos diferentes. Permitamos que nossos filhos cresçam, alguns mais altos que outros, se tiverem neles a capacidade de fazê-lo. Pois devemos construir uma sociedade na qual cada cidadão possa desenvolver plenamente seu potencial, tanto para seu próprio benefício quanto para o da comunidade como um todo."

A premissa crucial que leva a afirmação de Thatcher a parecer quase evidente em si mesma - a suposição de que a "comunidade como um todo" seria adequadamente servida por todo cidadão dedicado a seu "próprio benefício" - acabou por ser admitida como ponto pacífico. Assim, no fim do século passado, tornou-se aceita a noção de que, ao agir egoisticamente, de algum modo as pessoas beneficiariam as outras.

(Adaptado de: ZYGMUNT, Bauman. A riqueza de poucos beneficia todos nós? Rio de Janeiro: Zahar, 2015, p.30)

II

Segundo a ortodoxia econômica, uma boa dose de desigualdade leva a economias mais eficientes e crescimento mais rápido. Isso se dá porque retornos mais altos e impostos menores no topo da escala - segundo afirmam - fomentariam o empreendedorismo e engendrariam um bolo econômico maior.

Assim, terá dado certo a experiência de fomento da desigualdade? Os indícios sugerem que não. A disparidade de riqueza atingiu dimensões extraordinárias, mas sem o progresso econômico prometido.

(Adaptado de: LANSEY, Stewart apud ZYGMUNT, Bauman. A riqueza de poucos beneficia todos nós? Rio de Janeiro: Zahar, 2015, p.24-25)

Considerando os textos acima, escreva uma dissertação argumentativa em que você discuta a seguinte questão:

A realização individual fomentaria maior igualdade social?

2.7 Elementos de coesão

Prioridade, relevância: em primeiro lugar, antes de mais nada, antes de tudo, em princípio, primeiramente, acima de tudo, principalmente, primordialmente, sobretudo.

Tempo: atualmente, hoje, frequentemente, constantemente às vezes, eventualmente, por vezes, ocasionalmente, sempre, raramente, não raro, ao mesmo tempo, simultaneamente, nesse ínterim, enquanto, quando, antes que, depois que, logo que, sempre que, assim que, desde que, todas as vezes que, cada vez que, então, enfim, logo, logo depois, imediatamente, logo após, a princípio, no momento em que, pouco antes, pouco depois, anteriormente, posteriormente, em seguida, afinal, por fim, finalmente, agora.

Semelhança, comparação, conformidade: de acordo com, segundo, conforme, sob o mesmo ponto de vista, tal qual, tanto quanto, como, assim como, como se, bem como, igualmente, da mesma forma, assim também, do mesmo modo, semelhantemente, analogamente, por analogia, de maneira idêntica, de conformidade com.

Condição, hipótese: se, caso, desde que, eventualmente.

Adição, continuação: além disso, demais, ademais, outrossim, ainda mais, por outro lado, também, e, nem, não só ... mas também, não só... como também, não apenas ... como também, não só ... bem como, com, ou (quando não for excludente).

Dúvida: talvez, provavelmente, possivelmente, quiçá, quem sabe, é provável, não é certo, se é que.

Certeza, ênfase: certamente, decerto, por certo, inquestionavelmente, sem dúvida, inegavelmente, com toda a certeza.

Ilustração, esclarecimento: por exemplo, só para ilustrar, só para exemplificar, isto é, quer dizer, em outras palavras, ou por outra, a saber, ou seja, aliás.

Propósito, intenção, finalidade: com o fim de, a fim de, com o propósito de, com a finalidade de, com o intuito de, para que, a fim de que, para.

Resumo, recapitulação, conclusão: em suma, em síntese, em conclusão, enfim, em resumo, portanto, assim, dessa forma, dessa maneira, desse modo, logo, dessa forma, dessa maneira, assim sendo.

Explicação: por consequência, por conseguinte, como resultado, por isso, por causa de, em virtude de, assim, de fato, com efeito, tão (tanto, tamanho)... que, porque, porquanto, pois, já que, uma vez que, visto que, como (= porque), portanto, logo, que (= porque), de tal sorte que, de tal forma que, haja vista.

Contraste, oposição, restrição: pelo contrário, em contraste com, salvo, exceto, menos, mas, contudo, todavia, entretanto, no entanto, embora, apesar de, apesar de que, ainda que, mesmo que, posto que, conquanto, se bem que, por mais que, por menos que, só que, ao passo que, por outro lado, em contrapartida, ao contrário do que se pensa, em compensação.

Contraposição: é possível que... no entanto... É certo que... entretanto... É provável que ... porém...

Sequenciação dos parágrafos: em primeiro lugar ..., em segundo ..., por último ...; por um lado ..., por outro ...; primeiramente, ...,em seguida, ..., finalmente, ...

Enumeração: é preciso considerar que ...; Também não devemos esquecer que ...; Não podemos deixar de lembrar que...

Reafirmação/Retomada: compreende-se, então, que ... É bom acrescentar ainda que ... É interessante reiterar ...

2.8 Critérios de avaliação das bancas

Banca Cespe

Aspectos Macroestruturais

1. Apresentação (legibilidade, respeito às margens e indicação de parágrafos) e estrutura textual (organização das ideais em texto estruturado).

2. Desenvolvimento do tema: tópicos da proposta

Aspectos Microestruturais

Ortografia

Morfossintaxe

Propriedade vocabular

Quando forem apresentados tópicos, deve-se construir 1 (um) parágrafo para cada tópico.

Banca FCC

O candidato deverá desenvolver texto dissertativo a partir de proposta única, sobre assunto de interesse geral. Considerando que o texto é único, os itens discriminados a seguir serão avaliados em estreita correlação:

- **Conteúdo: até 40 (quarenta) pontos:**

perspectiva adotada no tratamento do tema;

capacidade de análise e senso crítico em relação ao tema proposto;

consistência dos argumentos, clareza e coerência no seu encadeamento.

Obs.: A nota será prejudicada, proporcionalmente, caso ocorra abordagem tangencial, parcial ou diluída em meio a divagações e/ou colagem de textos e de questões apresentados na prova.

- **Estrutura: até 30 (trinta) pontos:**

respeito ao gênero solicitado;

progressão textual e encadeamento de ideias;

articulação de frases e parágrafos (coesão textual).

- **Expressão: até 30 (trinta) pontos:**
- **A avaliação da expressão não será feita de modo estanque ou mecânico, mas sim de acordo com sua estreita correlação com o conteúdo desenvolvido. A avaliação será feita considerando-se:**

desempenho linguístico de acordo com o nível de conhecimento exigido para o cargo/área/especialidade;

adequação do nível de linguagem adotado à produção proposta e coerência no uso;

domínio da norma culta formal, com atenção aos seguintes itens: estrutura sintática de orações e períodos, elementos coesivos; concordância verbal e nominal; pontuação; regência verbal e nominal; emprego de pronomes; flexão verbal e nominal; uso de tempos e modos verbais; grafia e acentuação.

Banca Cesgranrio

A Redação será avaliada conforme os critérios a seguir:

- adequação ao tema proposto;
- adequação ao tipo de texto solicitado;
- emprego apropriado de mecanismos de coesão (referenciação, sequenciação e demarcação das partes do texto);
- capacidade de selecionar, organizar e relacionar de forma coerente argumentos pertinentes ao tema proposto; e
- pleno domínio da modalidade escrita da norma-padrão (adequação vocabular, ortografia, morfologia, sintaxe de concordância, de regência e de colocação).

Banca Vunesp

Na avaliação da Prova Dissertativa (Parte II), serão considerados os critérios a seguir:

- **Tema:** considera-se se o texto do candidato atende ao tema proposto. A fuga completa ao tema proposto é motivo suficiente para que a redação não seja corrigida em qualquer outro de seus aspectos, recebendo nota 0 (zero);
- **Estrutura (gênero/tipo de texto e coerência): consideram-se aqui, conjuntamente, os aspectos referentes ao gênero/tipo de texto proposto e à coerência das ideias. A fuga completa ao gênero/tipo de texto é motivo suficiente para que a redação não seja corrigida em qualquer outro de seus aspectos, recebendo nota 0 (zero). Avalia-se aqui como o candidato sustenta sua tese em termos argumentativos e como essa argumentação está organizada, considerando-se a macroestrutura do texto dissertativo (introdução, desenvolvimento e conclusão). No gênero/tipo de texto, avalia-se também o tipo de interlocução construída: por se tratar de uma dissertação, deve-se prezar pela objetividade, sendo assim, o uso de primeira pessoa do singular e de segunda pessoa (singular e plural) poderá ser penalizado. Será considerado aspecto negativo a referência direta à situação imediata de produção textual (ex.:** como afirma o autor do primeiro texto/da coletânea/do texto I; como solicitado nesta prova/proposta de redação). Na coerência, será observada, além da pertinência dos argumentos mobilizados para a defesa do ponto de vista, a capacidade do candidato de encadear as ideias de forma lógica e coerente (progressão textual). Serão considerados aspectos negativos a presença de contradições entre as ideias, a falta de partes da macroestrutura dissertativa, a falta de desenvolvimento das ideias ou a presença de conclusões não decorrentes do que foi previamente exposto;

- **Expressão (coesão e modalidade):** consideram-se neste item os aspectos referentes à coesão textual e ao domínio da norma-padrão da língua portuguesa. Na coesão, avalia-se a utilização dos recursos coesivos da língua (anáforas, catáforas, substituições, conjunções etc.) de modo a tornar a relação entre frases e períodos e entre os parágrafos do texto mais clara e precisa. Serão considerados aspectos negativos as quebras entre frases ou parágrafos e o emprego inadequado de recursos coesivos. Na modalidade, serão examinados os aspectos gramaticais como ortografia, morfologia, sintaxe e pontuação, bem como a escolha lexical (precisão vocabular) e o grau de formalidade/informalidade expressa em palavras e expressões.

Banca IBFC

Para o desenvolvimento da Redação, o candidato deverá redigir, observando os critérios de correção estabelecidos no quadro abaixo:

Critérios de Correção

1 Conhecimento do tema (cobertura dos tópicos apresentados: domínio e interrelação entre os conceitos centrais do tema proposto);

2 Habilidade argumentativa (atualização, originalidade e relevância das informações);

3 Sequência lógica e de organização do pensamento (introdução, desenvolvimento e considerações finais);

4 Coerência e Coesão (pontuação, continuidade e progressão de ideias, uso apropriado de articuladores);

5 Morfossintaxe (relação entre as palavras, concordância verbal e nominal, regência verbal e nominal, organização e estruturação dos períodos e orações, emprego dos tempos e modos verbais e colocação de pronome);

6 Acentuação e ortografia.

Banca FGV

Na avaliação da Prova Escrita Discursiva, a redação será corrigida segundo os critérios a seguir:

PARTE 1 – ESTRUTURA TEXTUAL GLOBAL

(A) ABORDAGEM DO TEMA

Considera a capacidade de o candidato selecionar argumentos convenientes, dentro do perfil esperado, assim como a boa seleção desses argumentos.

(B) PROGRESSÃO TEXTUAL

Considera a capacidade de o candidato mostrar coesão e coerência entre os parágrafos componentes do texto por ele redigido, assim como a distribuição do tema por uma evolução adequada de suas partes.

PARTE 2 – CORREÇÃO GRAMATICAL

A correção gramatical será considerada sob o aspecto da melhor expressão escrita do ponto de vista comunicativo, ou seja, de sua adequação à situação comunicativa.

(A) SELEÇÃO VOCABULAR

Considera problemas de inadequação vocabular, troca entre parônimos, emprego de palavras gerais por específicas, emprego de vocábulos de variação linguística inadequada, marcas de oralidade.

(B) NORMA CULTA

Considera problemas gerais de construção frasal do ponto de vista comunicativo.

NOÇÕES DE INFORMÁTICA

1 LINUX

Trata-se de um sistema operacional (SO) criado por Linus Torvald, com base na plataforma UNIX. Nesta seção são abordados os conceitos relacionados diretamente a algumas funcionalidades e definições deste sistema.

1.1 Dual boot

É possível instalar em um mesmo computador múltiplos sistemas operacionais, de forma que, ao ligar o computador, o usuário escolhe qual sistema deseja utilizar. A etapa de escolha do sistema é controlada por gerenciadores de boot; quando se instala o Linux, ele instala automaticamente um gerenciador de boot, como o GRUB e o LILO.

1.2 Distribuições

Uma distribuição Linux é uma cópia modificada e compartilhada com a comunidade. Isso se deve ao fato de ele ser um software livre e, assim, é permitido alterar uma distribuição e repassar a outras pessoas que, por sua vez, também podem efetuar as suas alterações.

Há sites, como o https://distrowatch.com/, por exemplo, em que existem mais de 300 distribuições Linux registradas. As principais são:

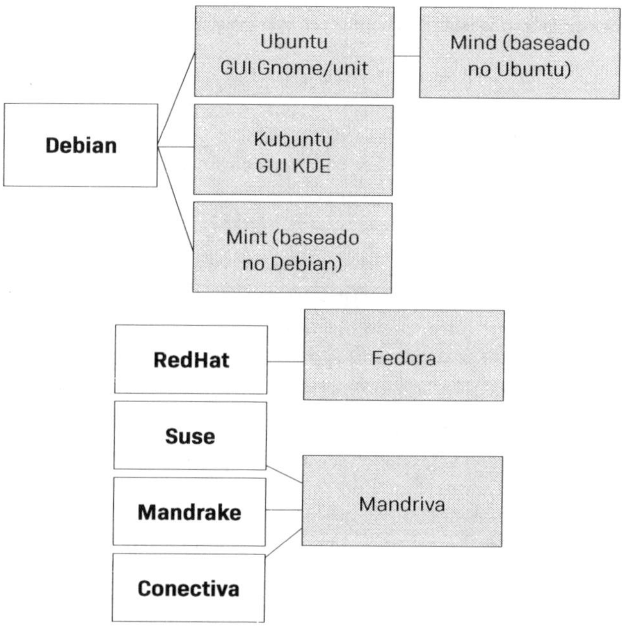

1.3 Estrutura de diretórios

A estrutura de diretórios define quais são as pastas do sistema e quais são as suas finalidades perante os programas e o próprio SO.

A estrutura de diretório do Linux, assim como a do Windows, possui caráter hierárquico, que toma como partida a raiz do sistema – no caso do Linux, a raiz do SO é o diretório / (barra). O termo raiz é atribuído, pois a estrutura de diretórios observada de forma inversa apresenta características de uma árvore que, a partir da raiz, possui seus galhos, as pastas e, por fim, suas folhas, os arquivos.

Diretórios	Funções
/dev	(devices): armazena os drivers/dev dos dispositivos.
/bin	(binaries): armazena os binários essenciais para o funcionamento do sistema. Como também comandos básicos do SO como rm, pwd, su, tar, entre outros.
/Sbin	(binaries): armazena os binários essenciais para o funcionamento do sistema que sejam vinculados ao Super Usuário (administrador).
/mnt	(Mount): conhecido como ponto de montagem padrão, é o local por meio do qual se tem acesso às unidades de armazenamento conectados no computador.
/etc	Armazena os arquivos de configuração do sistema operacional.
/boot	Arquivos necessários para o boot do sistema.
/tmp	Arquivos temporários.
/home	Armazena as pastas dos usuários.
/root	Diretório do administrador.

1.4 Gerenciadores de arquivos

O gerenciador de arquivo é o programa que permite navegar entre as pastas do computador, como também realizar tarefas do tipo copiar, recortar, colar, renomear e mover arquivos e pastas.

O Nautilus é o gerenciador de arquivos utilizado nas distribuições Linux que trabalham com a interface gráfica Gnome, enquanto as distribuições que utilizam o KDE têm como gerenciador de arquivos o Konqueror, que também pode ser utilizado como navegador de internet (o Nautilus tem essa opção desabilitada por segurança).

1.5 Terminal Linux

O Shell é o aplicativo que permite operar com o sistema operacional Linux por meio de linhas de comandos, ou seja, é o responsável por ler e interpretar um comando do usuário. Ele é similar ao Prompt de comandos no Windows (DOS).

1.6 Comandos Linux

Embora o Linux possua várias interfaces gráficas que podem ser utilizadas, a boa e velha linha de comando ainda é o caminho mais prático e rápido para a execução de muitas tarefas. Para facilitar o entendimento, a tabela a seguir contém os principais comandos suas ações:

Comandos	Funções
cd	Permite navegar entre as pastas.
ls	Lista arquivos e pastas do diretório atual.
clear	Limpa a tela.
exit	Sai do terminal.
cp	Copia um arquivo ou pasta especificado.
rm	Remove um arquivo ou pasta especificado.
init 0	Desliga o computador (é necessário ser administrador para executar este comando).
init 6	Reinicia o computador (é necessário ser administrador para executar este comando).
chmod	Permite alterar as permissões de arquivos e pastas.
mv	Move arquivos e pastas. Também pode ser utilizado para renomear um arquivo ou pasta.
pwd	Mostra o diretório em que você está.
mkdir	Cria um diretório.
reboot	Reinicia o sistema operacional.
tar	Empacota os arquivos e pastas em um único arquivo (não compacta).
gzip	Compacta os arquivos e/ou pastas em um mesmo arquivo.

2 WINDOWS 10

O Microsoft Windows 10 é um sistema operacional lançado em 29 de julho de 2015. Essa versão trouxe inúmeras novidades, principalmente por conta da sua portabilidade para celulares e tablets.

2.1 Requisitos mínimos

Para instalar o Windows 10, o computador deve ter no mínimo 1 GB de memória RAM para computadores com processador 32 bits de 1 GHz, e 2 GB de RAM para processadores de 32 bits de 1 GHz. Todavia, recomenda-se pelo menos 4 GB.

A versão 32 bits do Windows necessita, inicialmente, de 16 GB de espaço livre em disco, enquanto o Windows 64 bits utiliza 20 GB. A resolução mínima recomendada para o monitor é de 1.024 × 768.

2.2 Diferenças em relação à versão anterior

O Windows 10 nasceu com a promessa de ser o último Windows lançado pela Microsoft, o que não significa que não será atualizado. A proposta da fabricante é não lançar mais versões, a fim de tornar as atualizações mais constantes, sem a necessidade de aguardar para atualizar junto com uma versão numerada. Em de outubro de 2021, o Windows 11 foi lançado e conta com um visual mais limpo e minimalista, incluindo ícones remodelados, janelas translúcidas, nova iconografia e um Menu Iniciar centralizado.

O objetivo do projeto do novo Windows foi baseado na interoperabilidade entre os diversos dispositivos como tablets, smartphones e computadores, de modo que a integração seja transparente, sem que o usuário precise, a cada momento, indicar o que deseja sincronizar.

A Charms Bar, presente no Windows 8 e 8.1, foi removida, e a tela inicial foi fundida ao botão (menu) Iniciar. Algumas outras novidades apresentadas pela Microsoft são:

- Xbox Live e novo Xbox app proporcionam novas experiências de jogo no Windows 10. No Xbox, é possível que jogadores e desenvolvedores acessem à rede de jogos do Xbox Live, tanto nos computadores quanto no Xbox One. Os jogadores podem capturar, editar e compartilhar seus melhores.
- Momentos no jogo com o Game DVR e disputar novos jogos com os amigos nos dispositivos, conectando a outros usuários do mundo todo. Os jogadores também podem disputar jogos no seu computador, transmitidos por stream diretamente do console Xbox One para o tablet ou computador Windows 10, dentro de casa.
- Sequential mode: em dispositivos 2 em 1, o Windows 10 alterna facilmente entre teclado, mouse, toque e tablet. À medida que detecta a transição, muda convenientemente para o novo modo.
- Novos apps universais: o Windows 10 oferece novos aplicativos de experiência, consistentes na sequência de dispositivos, para fotos, vídeos, música, mapas, pessoas e mensagens, correspondência e calendário. Esses apps integrados têm design atualizado e uniformidade de app para app e de dispositivo para dispositivo. O conteúdo é armazenado e sincronizado por meio do OneDrive, e isso permite iniciar uma tarefa em um dispositivo e continuá-la em outro.

2.2.1 Área de Trabalho

A barra de tarefas apresenta como novidade a busca integrada.

2.2.2 Cortana

Esse recurso opera junto ao campo de pesquisa localizado na barra de tarefas do Windows. É uma ferramenta de execução de comandos por voz, porém, ainda não conta com versão para o português do Brasil.

2.2.3 Continue de onde parou

Esse recurso permite uma troca entre computador, tablet e celular sem que o usuário tenha de salvar os arquivos e os enviar para os aparelhos; o próprio Windows se encarrega da sincronização.

Ao abrir um arquivo em um computador e editá-lo, basta abri-lo em outro dispositivo, de modo que as alterações já estarão acessíveis (a velocidade e disponibilidade dependem da conexão à internet).

2.2.4 Desbloqueio imediato de usuário

Trata-se de um recurso disponível que permite ao usuário que possua webcam usar uma forma de reconhecimento facial para *logar* no sistema, sem a necessidade de digitar senha.

2.2.5 Múltiplas áreas de trabalho

Uma das novidades do Windows 10 é a possibilidade de manipular "múltiplas Áreas de Trabalho", uma característica que já estava há tempos presente no Linux e no MacOS. Ao usar o atalho Windows + Tab, é possível criar uma Área de Trabalho e arrastar as janelas desejadas para ela.

2.2.6 Iniciar

Com essa opção em exibição, ao arrastar o mouse ligeiramente para baixo, são listados os programas abertos pela tela inicial. Programas abertos dentro do desktop não aparecem na lista, conforme ilustrado a seguir.

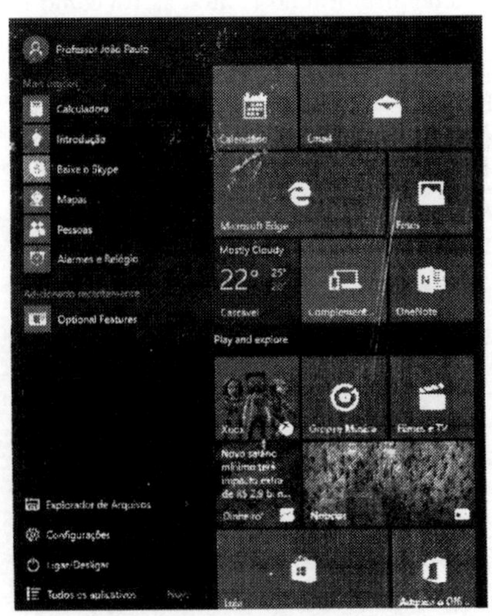

2.2.7 Aplicativos

Os aplicativos podem ser listados clicando-se no botão presente na parte inferior do botão Iniciar, mais à esquerda.

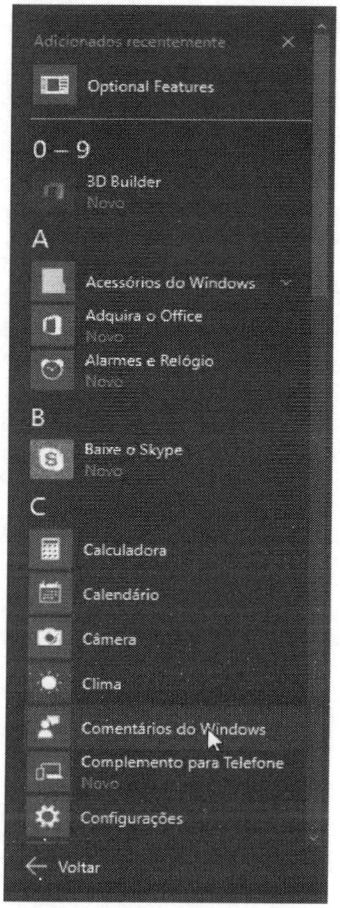

2.2.8 Acessórios

O Windows 10 reorganizou seus acessórios ao remover algumas aplicações para outro grupo (sistema do Windows).

Os aplicativos listados como acessórios são, efetivamente:

• Bloco de notas; • Conexão de área de trabalho remota; • Diário do Windows; • Ferramenta de captura; • Gravador de passos; • internet Explorer; • Mapa de caracteres;	• Notas autoadesivas; • Painel de entrada de expressões matemática; • Paint; • Visualizador XPS; • Windows Fax and Scan; • Windows Media Player; • WordPad.

2.2.9 Bloco de notas

O bloco de notas é um editor de texto simples, e apenas texto, ou seja, não aceita imagens ou formatações muito avançadas e são possíveis apenas algumas formatações de fonte: tipo/nome da fonte, estilo de fonte (negrito, itálico) e tamanho da fonte. A imagem a seguir ilustra a janela do programa.

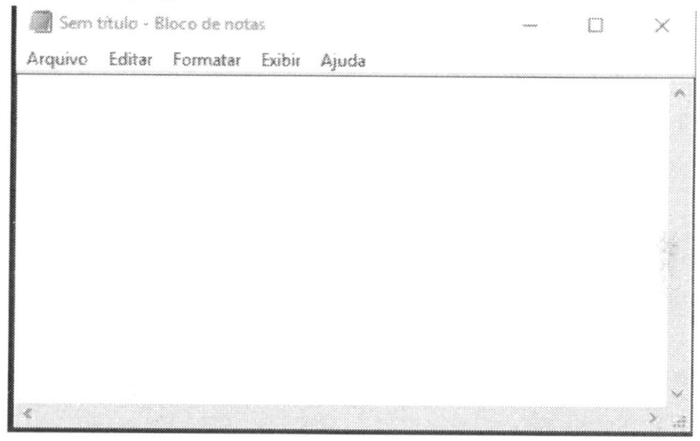

A cor da fonte não é uma opção de formatação presente. A janela a seguir ilustra as opções.

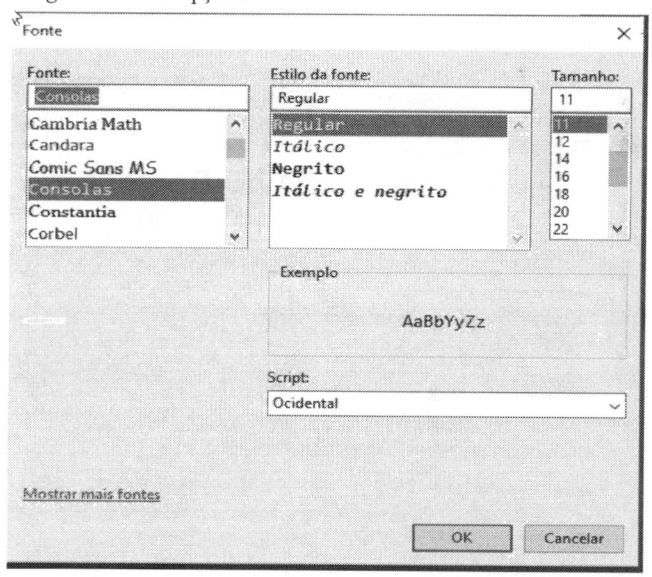

2.2.10 Conexão de área de trabalho remota

A conexão remota do Windows não fica ativa por padrão, por questões de segurança. Para habilitar a conexão, é necessário abrir a janela de configuração das Propriedades do Sistema, ilustrada a seguir. Essa opção é acessível pela janela Sistema do Windows.

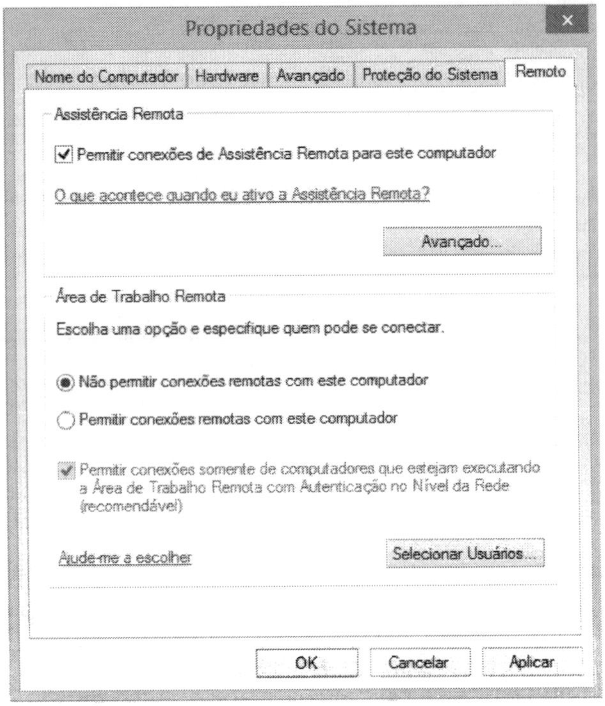

A conexão pode ser limitada à rede por restrição de autenticação em nível de rede, ou pela internet, usando contas de e-mail da Microsoft. A figura a seguir ilustra a janela da Conexão de Área de Trabalho Remota.

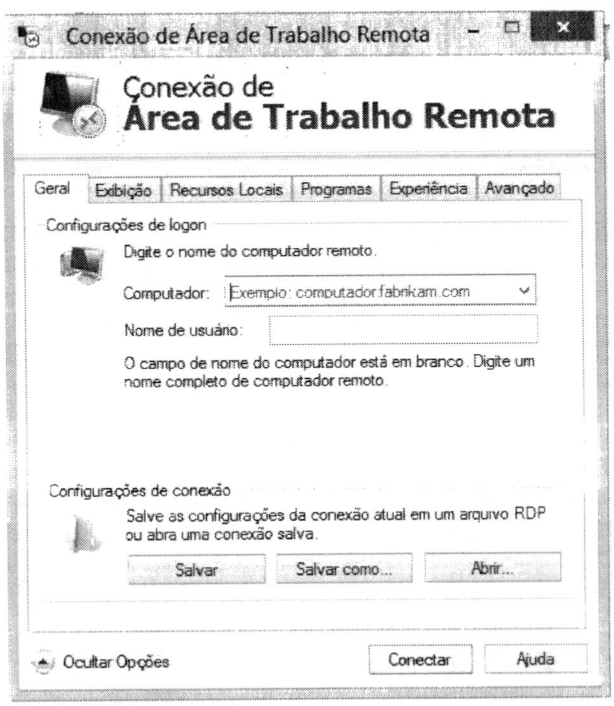

2.2.11 Diário do Windows

A ferramenta Diário do Windows é uma novidade no Windows 8. Ela permite que o usuário realize anotações como em um caderno. Os recursos de formatação são limitados, de modo que o usuário pode escrever com fonte manuscrita ou por meio de caixas de texto.

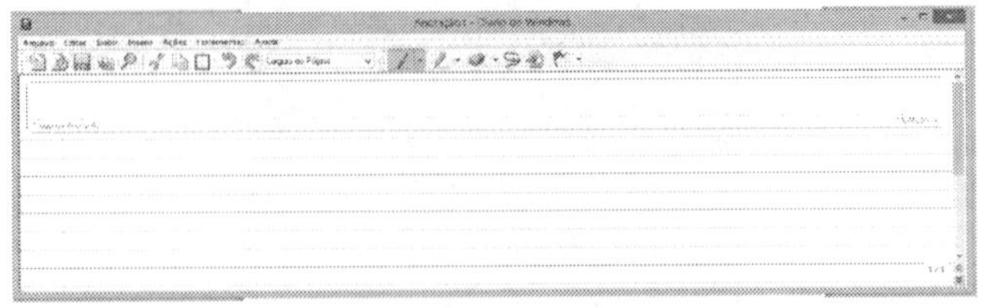

2.2.12 Ferramenta de captura

A ferramenta de captura, presente desde o Windows 7, permite o print de partes da tela do computador. Para tanto, basta selecionar a parte desejada usando o aplicativo.

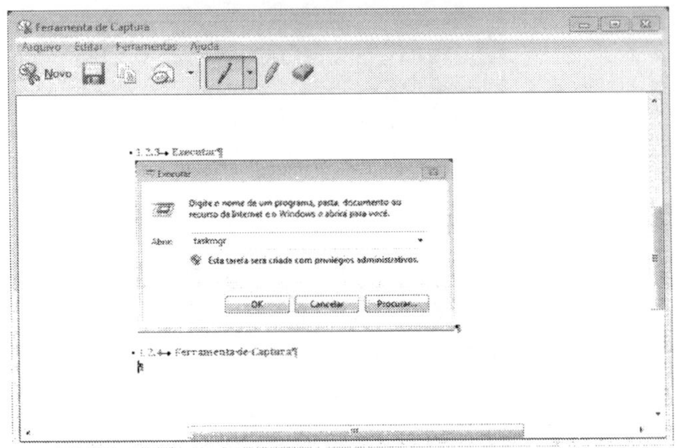

2.2.13 Gravador de passos

É um recurso vindo desde o Windows 8, muito útil para atendentes de suporte que precisam apresentar o passo a passo das ações que um usuário precisa executar para obter o resultado esperado. A figura a seguir ilustra a ferramenta com um passo gravado para exemplificação.

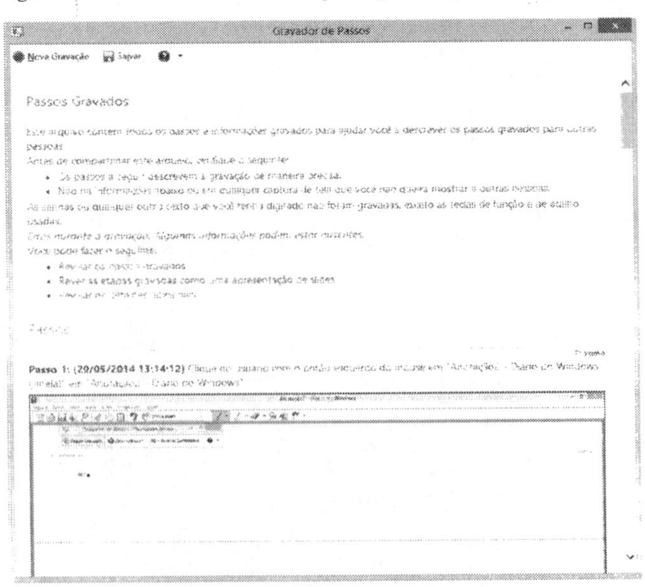

2.2.14 Mapa de caracteres

Frequentemente, faz-se necessário utilizar alguns símbolos diferenciados. Esses símbolos são chamados de caracteres especiais e esse recurso consegue listar os caracteres não presentes no teclado para cada fonte instalada no computador e copiá-los para a área de transferência do Windows.

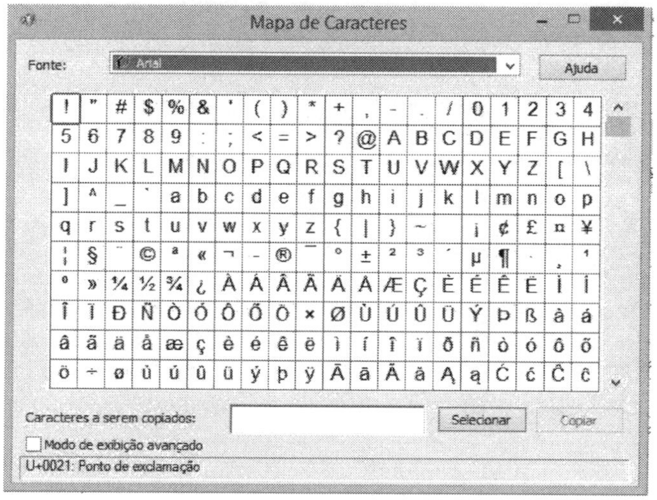

2.2.15 Notas autoadesivas

Por padrão, as notas autoadesivas são visíveis na Área de Trabalho, elas se parecem com post-its.

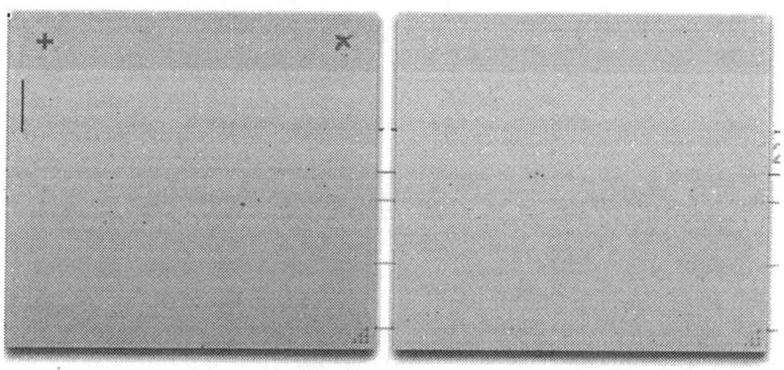

2.2.16 Painel de entrada de expressões matemáticas

Essa ferramenta possibilita o usuário de desenhar fórmulas matemáticas como integrais e somatórios, e ainda colar o resultado produzido em documentos. É possível fazer isso utilizando o mouse ou outro dispositivo de inserção como tablet canetas e mesas digitalizadoras.

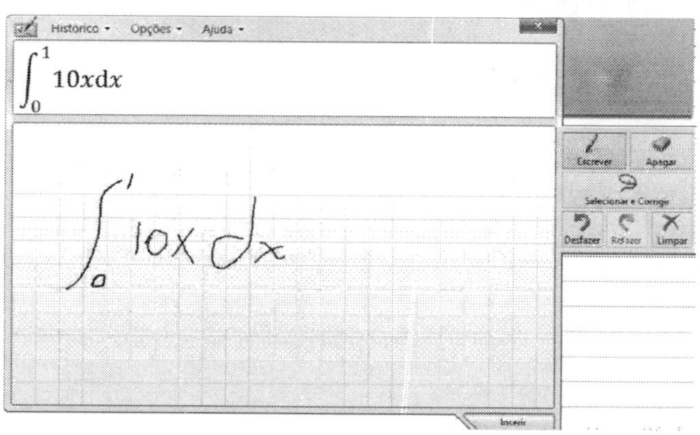

2.2.17 Paint

O tradicional editor de desenho do Windows, que salva seus arquivos no formato PNG, JPEG, JPG, GIF, TIFF e BMP (Bitmap), não sofreu mudanças em comparação com a versão presente no Windows 7.

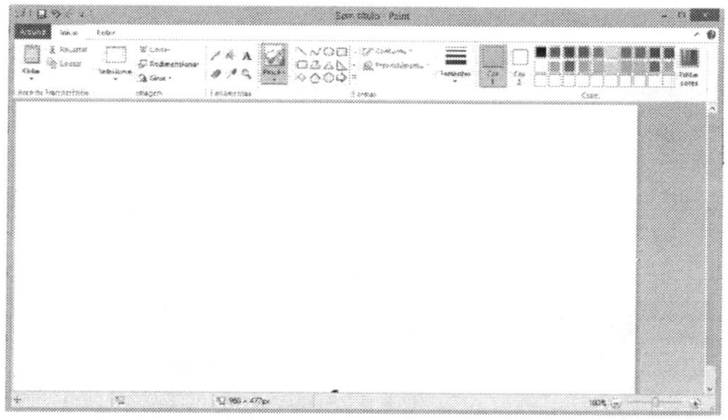

2.2.18 WordPad

É um editor de texto que faz parte do Windows, ao contrário do MS Word, com mais recursos que o Bloco de Notas.

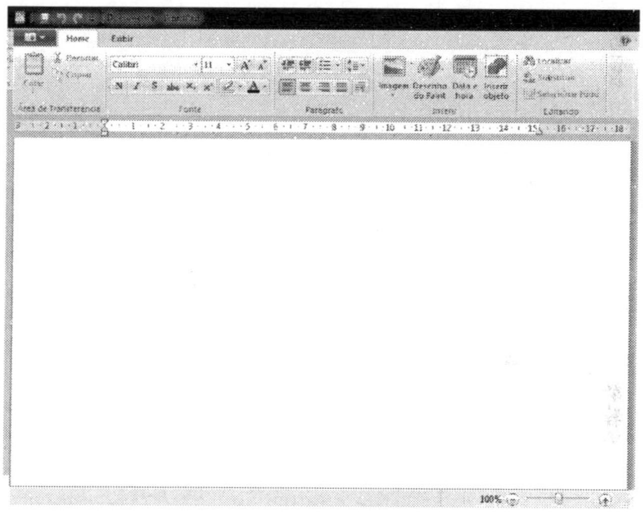

2.2.19 Facilidade de acesso

Anteriormente conhecida como ferramentas de acessibilidade, são recursos que têm por finalidade auxiliar pessoas com dificuldades para utilizar os métodos tradicionais de interação com o computador.

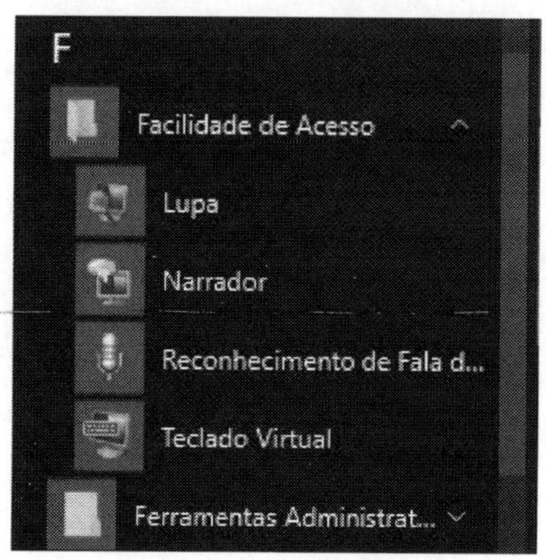

Lupa

Ao utilizar a lupa, pode-se ampliar a tela ao redor do ponteiro do mouse, como também é possível usar metade da tela do computador exibindo a imagem ampliada da área próxima ao cursor.

Narrador

O narrador é uma forma de leitor de tela que lê o texto das áreas selecionadas com o mouse.

Teclado virtual

O teclado virtual é um software que permite entrada de texto em programas de computador de maneira alternativa ao teclado convencional.

> **Fique ligado**
>
> É preciso ter muito cuidado para não confundir o teclado virtual do Windows com o teclado virtual usado nas páginas de internet Banking.

2.2.20 Calculadora

A calculadora do Windows 10 deixa de ser associada aos acessórios. Outra grande mudança é o fato de que sua janela pode ser redimensionada, bem como perde um modo de exibição, sendo eles: padrão, científica e programador. Apresenta inúmeras opções de conversões de medidas, conforme ilustrado respectivamente ilustradas a seguir.

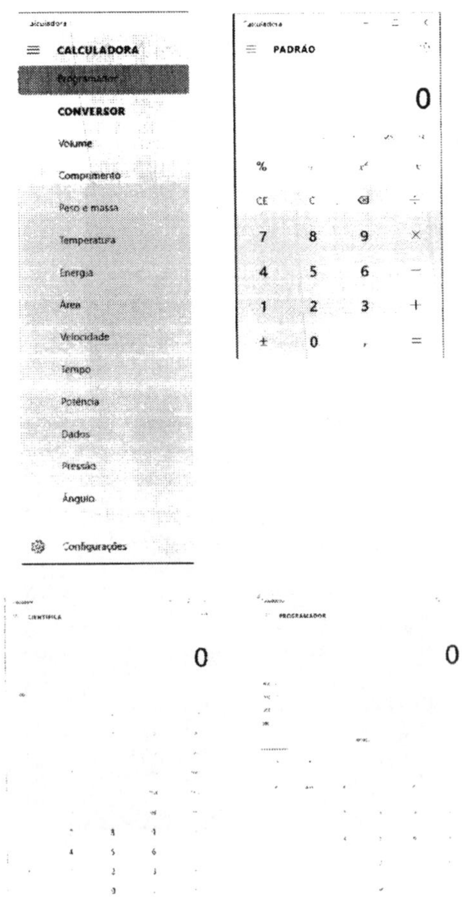

2.2.21 Painel de Controle

É o local onde se encontram as configurações do sistema operacional Windows e pode ser visualizado em dois modos: ícones ou categorias. As imagens a seguir representam, respectivamente, o modo ícones e o modo categorias.

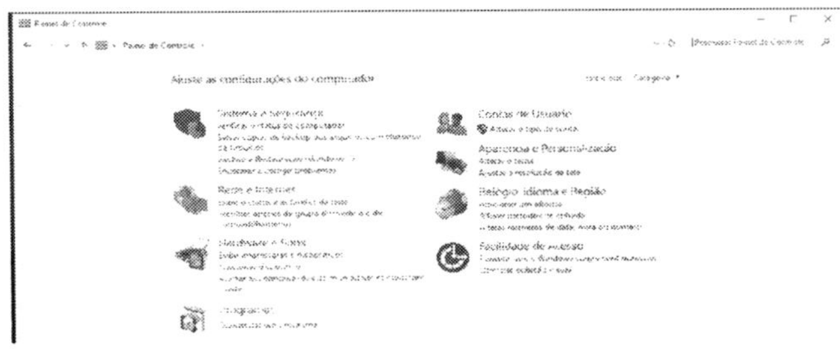

No modo categorias, as ferramentas são agrupadas de acordo com sua similaridade, como "Sistema e segurança", o que envolve o "Histórico de arquivos" e a opção "Corrigir problemas".

A opção para remover um programa possui uma categoria exclusiva chamada "Programas".

Na categoria "Relógio, idioma e região", temos acesso às opções de configuração do idioma padrão do sistema. Por consequência, é possível também o acesso às unidades métricas e monetárias, bem como alterar o layout do teclado ou botões do mouse.

Algumas das configurações também podem ser realizadas pela janela de configurações acessível pelo botão Iniciar.

2.2.22 Segurança e manutenção

Nessa seção, é possível verificar o nível de segurança do computador em relação ao sistema ou à possibilidade de invasão.

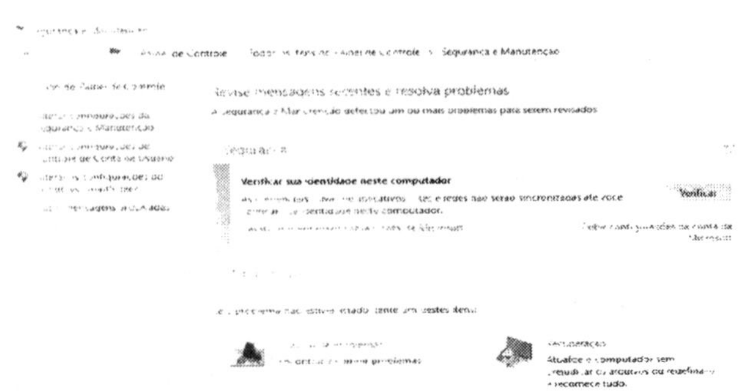

2.2.23 Windows Defender

No Windows 10, o Windows Defender passou a ser antivírus, além de ser antispyware.

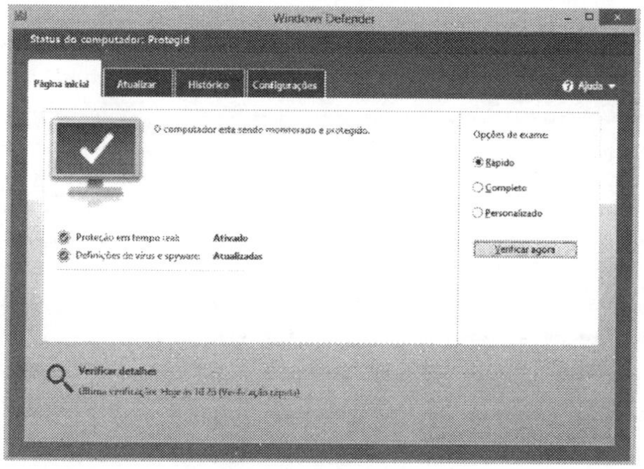

2.3 Estrutura de diretórios

Uma estrutura de diretórios é como o sistema operacional, em que organiza os arquivos, separando-os de acordo com sua finalidade.

O termo diretório é um sinônimo para pasta, que se diferencia apenas por ser utilizado, em geral, quando se cita alguma pasta "raiz" de um dispositivo de armazenamento ou partição.

Quando citamos o termo "raiz", estamos fazendo uma alusão a uma estrutura que se parece com uma árvore, que parte de uma raiz e cria vários galhos, que são as pastas, e as folhas, que são os arquivos. Dessa maneira, observamos que o **diretório raiz do Windows** é o diretório **C:** ou **C:**, enquanto o **diretório Raiz do Linux** é o /.

2.4 Ferramentas administrativas

Compreende ferramentas como agendador de tarefas, limpeza de disco, monitoramento de desempenho, entre muitos outros, que auxiliam na manutenção e no bom funcionamento da máquina.

Limpeza de disco

Apaga os arquivos temporários, por exemplo, arquivos da Lixeira, da pasta "Temporários da internet" e, no caso do Windows, a partir da versão Vista, as miniaturas.

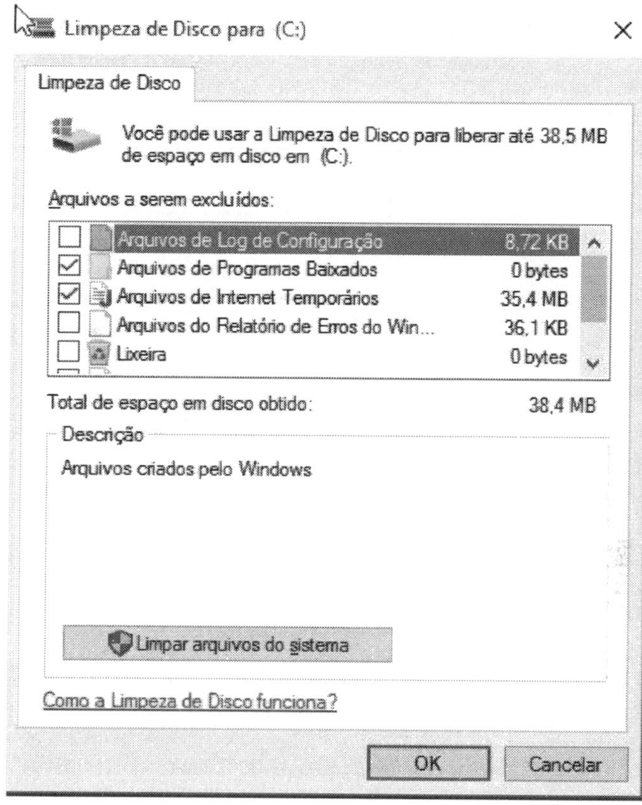

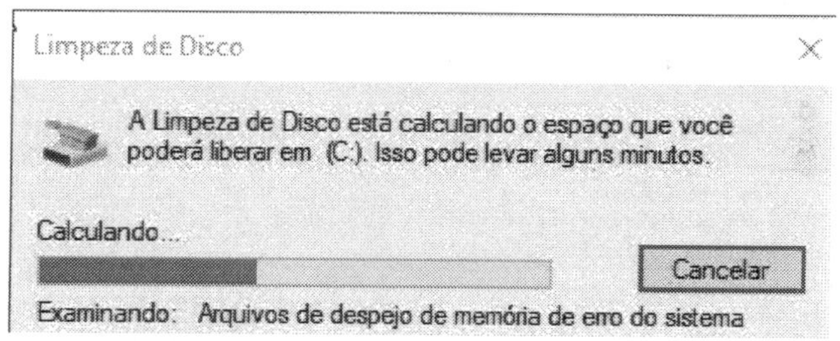

Lixeira

A capacidade da Lixeira do Windows é calculada. Assim, para HDs de até 40 GB, a capacidade é de 10%. Todavia, para discos rígidos maiores que 40 GB, o cálculo não é tão direto. Vamos a um exemplo: caso um HD possua o tamanho de 200 GB, é necessário descontar 40 GB, pois até 40 GB a lixeira possui capacidade de 10%; assim, sobram 160 GB. A partir desse valor, deve-se calcular mais 5%, ou seja, 8 GB. Com isso, a capacidade total da lixeira do HD de 200 GB fica com 4 GB + 8 GB = 12 GB.

Fique ligado

É importante, ainda, destacar que a capacidade da lixeira é calculada para cada unidade de armazenamento. Desse modo, se um HD físico de 500 GB estiver particionado, é necessário calcular separadamente a capacidade da lixeira para cada unidade.

A Lixeira é um local, e não uma pasta. Ela lista os arquivos que foram excluídos, porém nem todos aqueles que foram excluídos vão para a Lixeira. Vejamos a lista de situações em que um arquivo não será movido para a lixeira:

- Arquivos maiores do que a capacidade da Lixeira;
- Arquivos que estão compartilhados na rede;
- Arquivos de unidades removíveis;
- Arquivos que foram removidos de forma permanente pelo usuário.

Desfragmentar e otimizar unidades

É responsabilidade do Desfragmentador organizar os dados dentro do HD de maneira contínua/contígua para que o acesso às informações em disco seja realizado mais rapidamente.

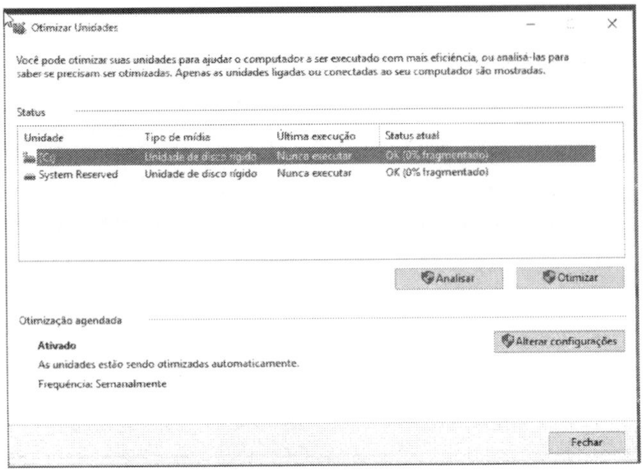

Configuração do sistema

A Configuração do Sistema é também acessível ao ser digitado o comando msconfig na janela "Executar". Essa ação permite configurar quais serviços serão carregados com o Sistema. No entanto, para fazer essa configuração, deve-se proceder ao acesso pelo "Gerenciador de tarefas".

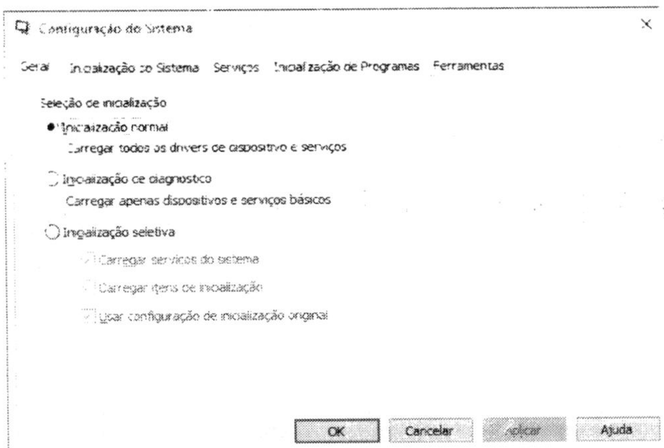

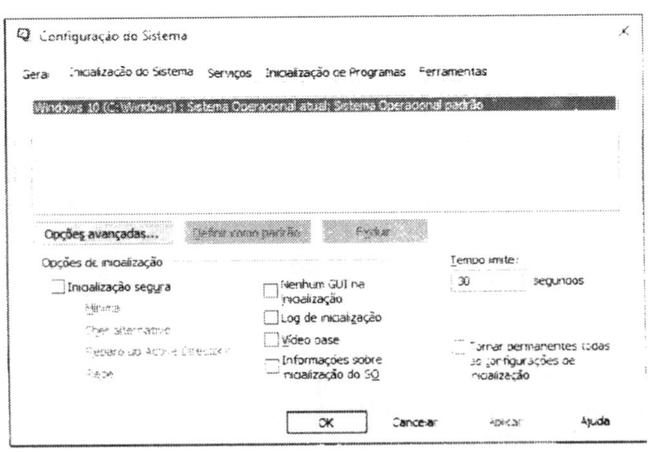

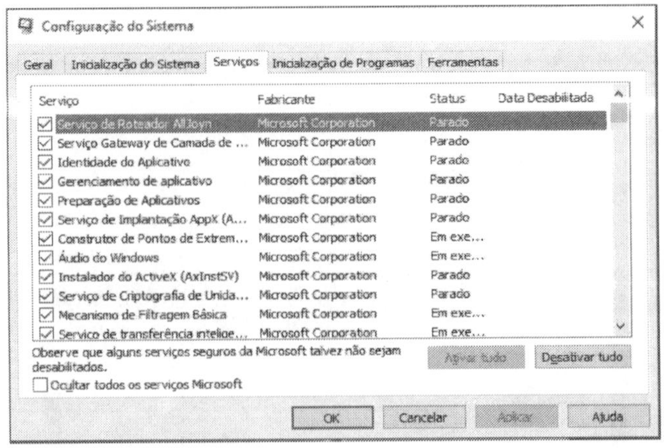

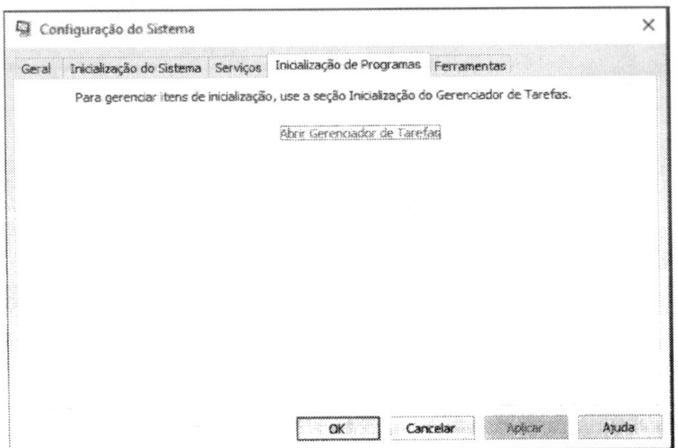

Monitor de recursos

Permite monitorar os recursos do computador e qual o uso que está sendo realizado.

ScanDisk

O ScankDisk é o responsável por verificar o HD em busca de falhas de disco. Muitas vezes, ele consegue corrigi-las.

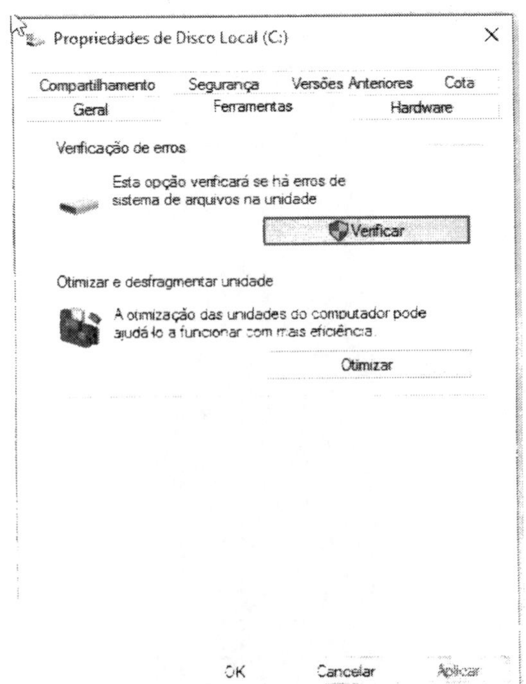

2.5 Configurações

Uma novidade do Windows 10 é a opção "Configurações", presente no botão Iniciar, que apresenta uma estrutura similar ao Painel de Controle, realizando a separação por categorias de ferramentas, conforme ilustra a figura a seguir.

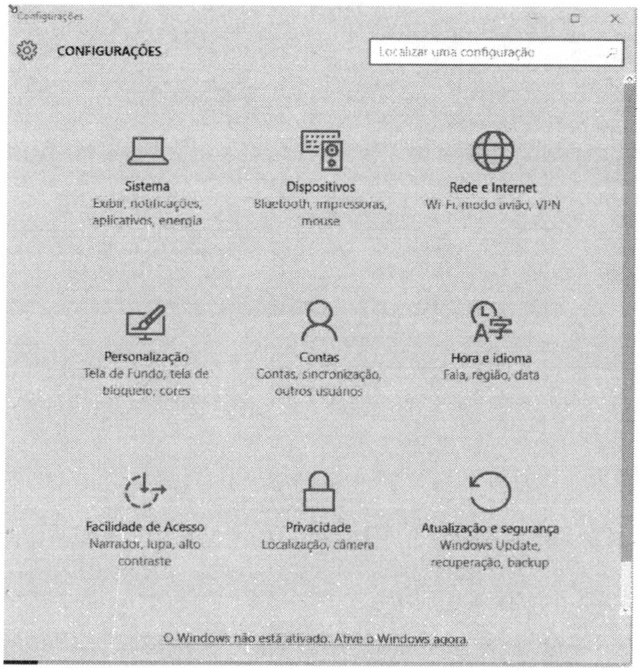

2.6 Sistema

Nessa opção, são apresentadas as ferramentas de configuração de resolução de tela, definição de monitor principal (caso possua mais de um), modos de gestão de energia (mais utilizados em notebooks).

Também é possível encontrar a opção "Mapas offline", que permite o download de mapas para a pesquisa e o uso por GPS, principalmente usado em dispositivos móveis ou dotados de GPS.

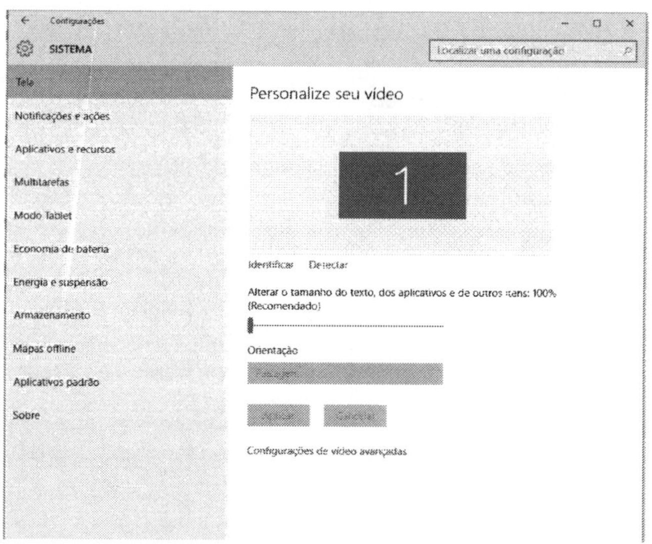

2.7 Dispositivos

Esse recurso lista os dispositivos que foram instalados em algum momento no sistema, como as impressoras.

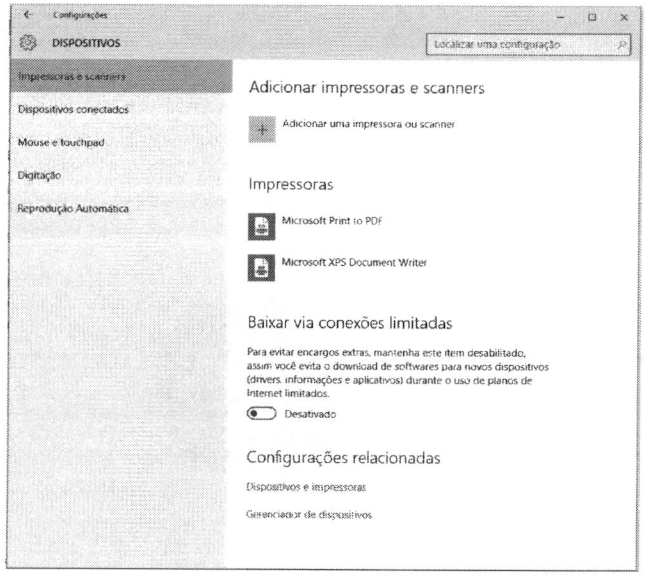

2.8 Rede e internet

Esse recurso serve para configurar rapidamente o proxy de uma rede, ou ativar/desativar a rede wi-fi, incluindo a opção para configurar uma rede VPN.

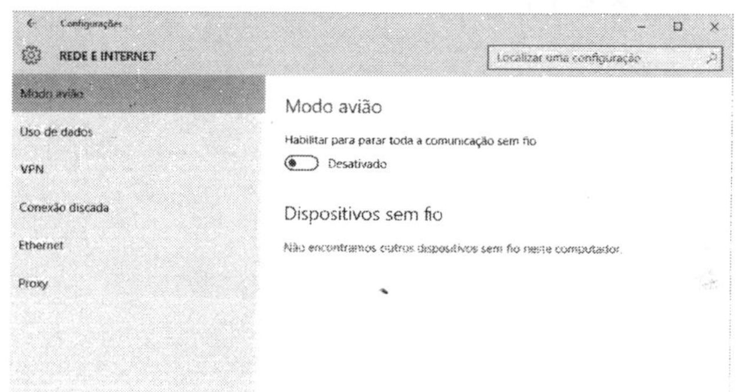

2.9 Personalização

Para personalizar os temas de cores da Área de Trabalho do Windows e os papéis de parede, a opção de personalização pode ser acessada pelas Configurações. Também é possível clicar com o botão direito do mouse sobre uma área vazia da Área de Trabalho e selecionar a opção "Personalizar".

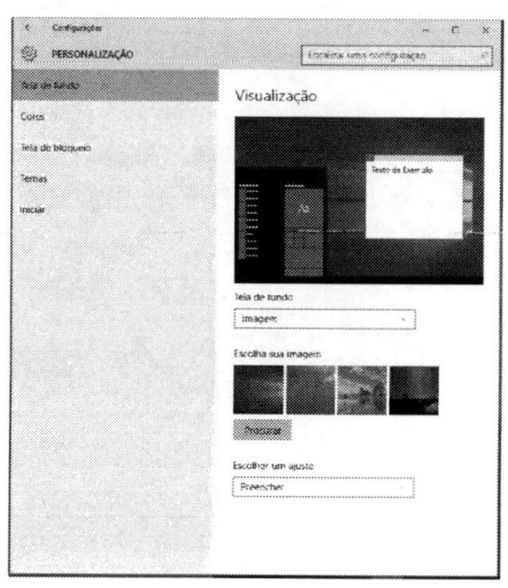

2.9.1 Contas

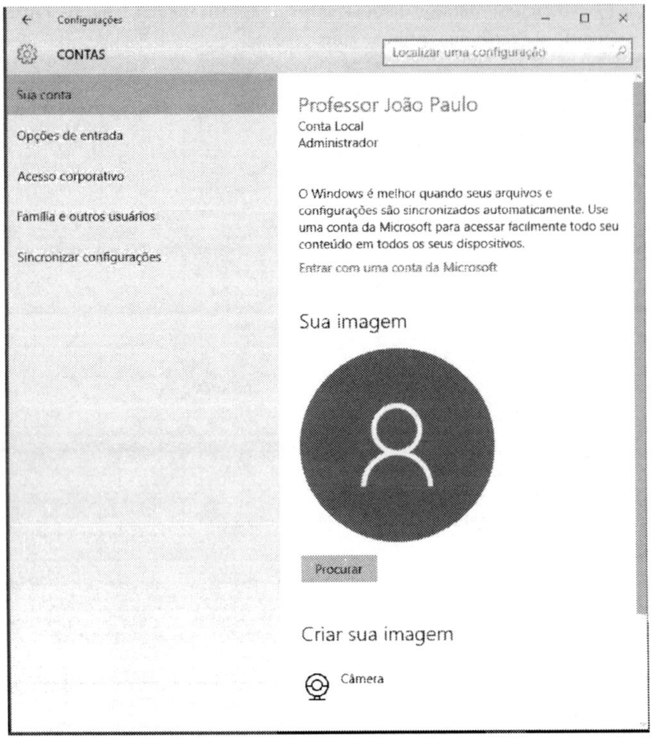

2.9.2 Hora e idioma

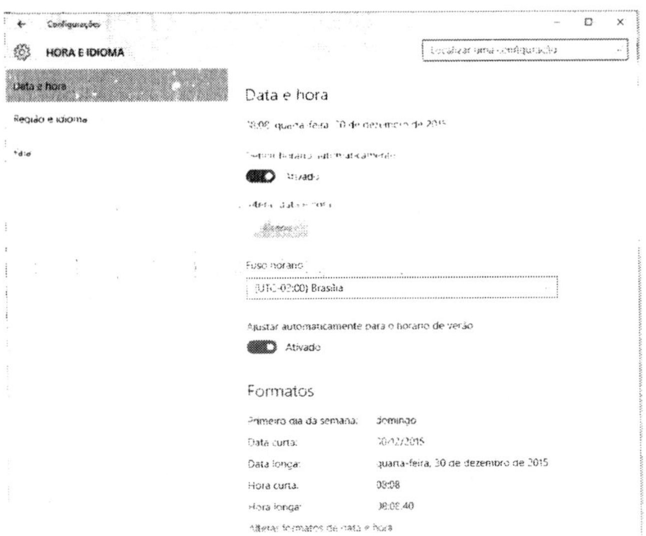

2.10 Facilidade de acesso

Além de contar com as ferramentas para acessibilidade, é possível configurar algumas características com alto contraste para melhorar o acesso ao uso do computador.

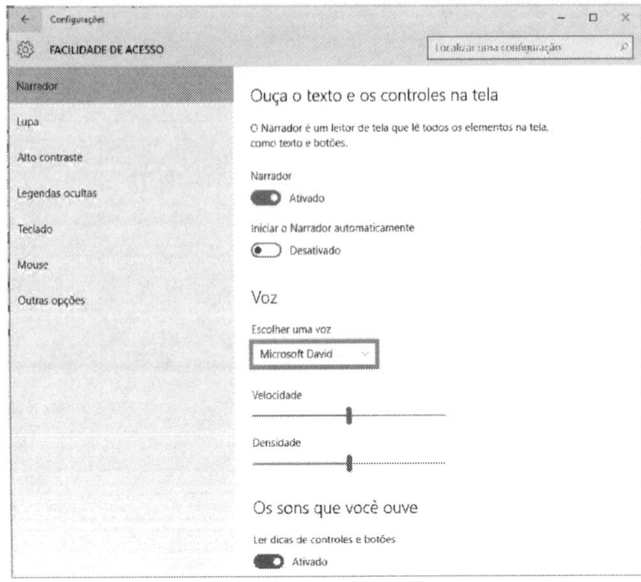

2.10.1 Privacidade

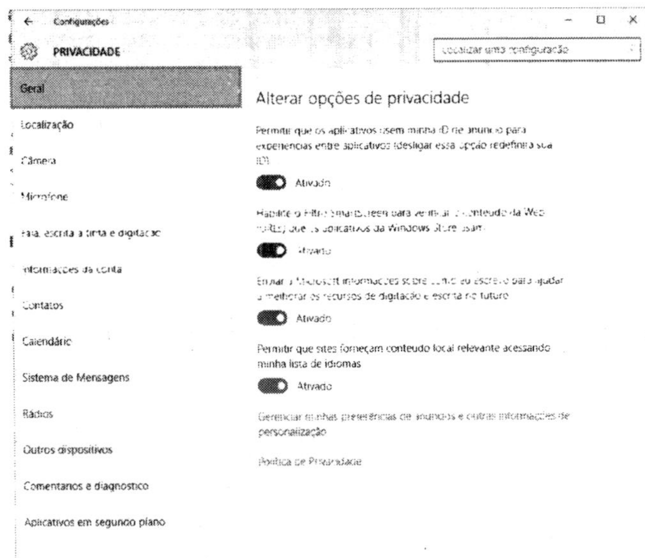

2.11 Atualização e segurança

Essa opção talvez seja uma das principais opções da janela de Configurações, pois, como necessidade mínima para a segurança, o sistema operacional deve estar sempre atualizado, assim como precisa possuir um programa antivírus que também esteja atualizado.

Vale lembrar que a realização periódica de backups também é considerada como um procedimento de segurança.

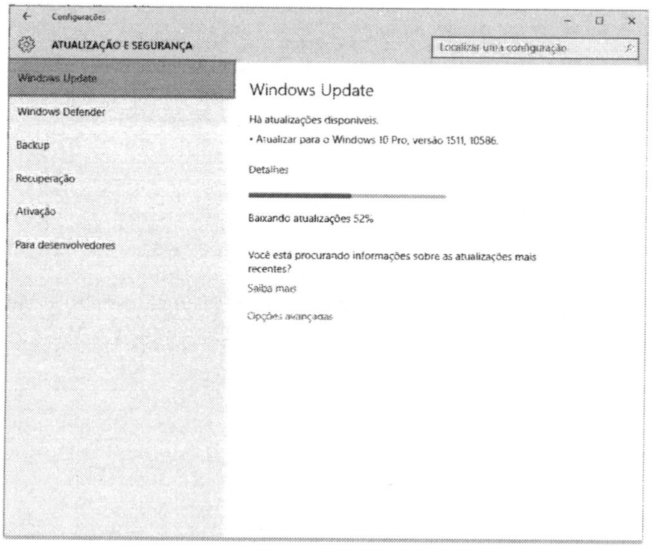

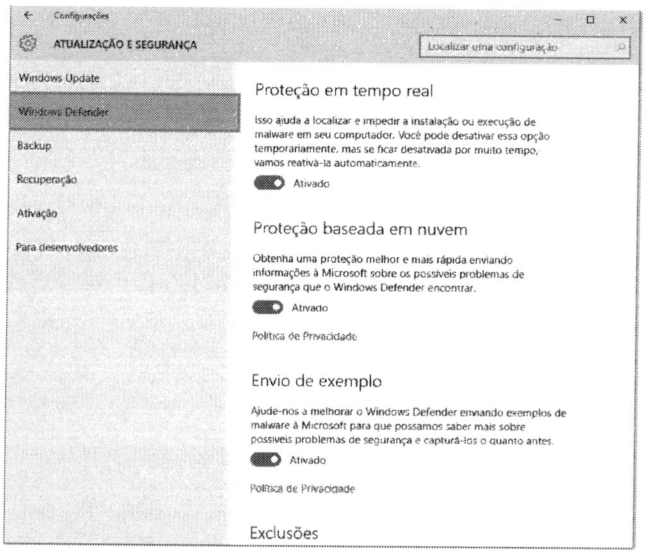

O Windows 10 realiza o backup dos arquivos usando a ferramenta "Histórico de arquivos", embora ainda permita realizar backups como no Windows 7.

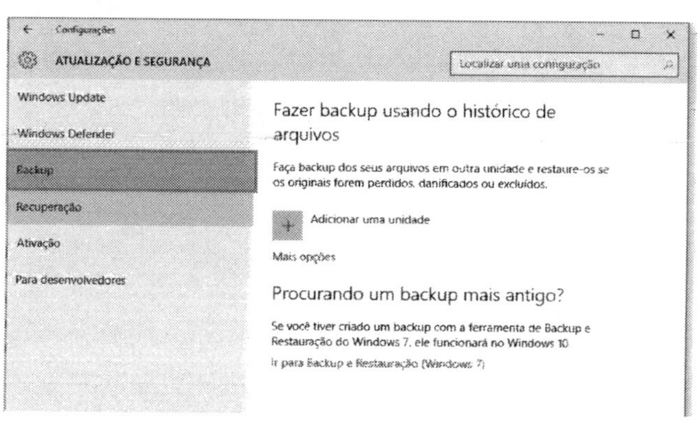

A opção "Para desenvolvedores" é uma novidade do Windows que assusta alguns usuários desavisados, pois, ao tentarem instalar algum aplicativo que não seja originário da loja da Microsoft, não conseguem. Esse impedimento ocorre por segurança. De qualquer forma, para poder instalar aplicativos "externos", basta selecionar a opção "Sideload" ou "Modo desenvolvedor".

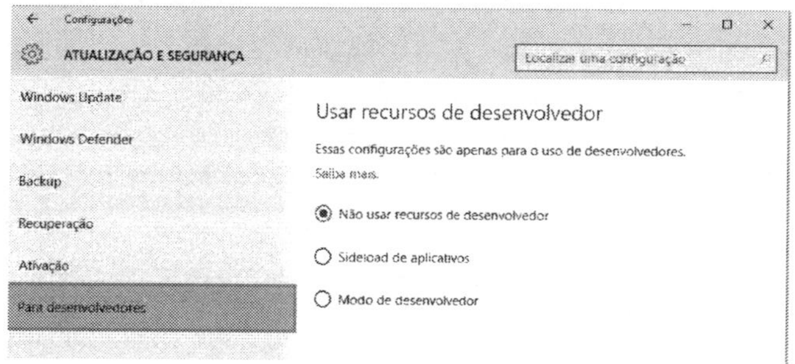

2.12 Backup no Windows 10

Um backup consiste em uma cópia de segurança dos arquivos, que deve ser feita periodicamente, preferencialmente em uma unidade de armazenamento separada do computador.

Apesar do nome cópia de segurança, um backup não impede que os dados sejam acessados por outros usuários. Ele é apenas uma salvaguarda dos dados para amenizar os danos de uma perda.

Nos Windows 8 e 10, o backup é gerenciado pelo "Histórico de arquivos", conforme a imagem a seguir.

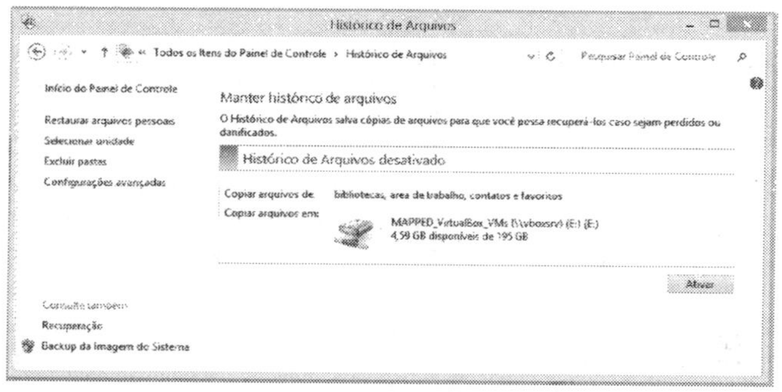

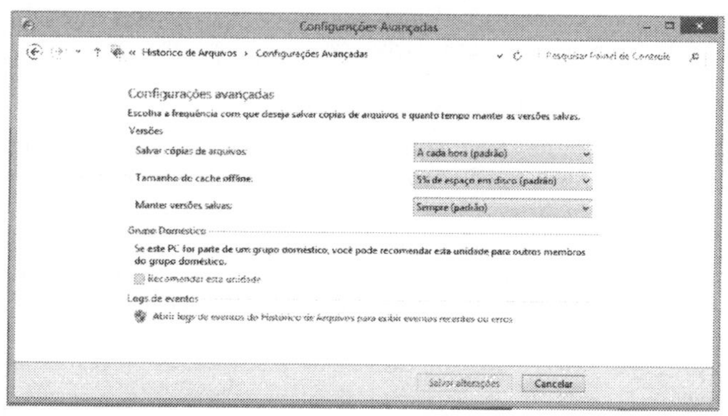

2.12.1 Backup da imagem do sistema

O Backup do Windows oferece a capacidade de criar uma imagem do sistema, que é uma imagem exata de uma unidade. Uma imagem do sistema inclui o Windows e as configurações do sistema, os programas e os arquivos. É possível usar esse recurso para restaurar o conteúdo do computador, caso o disco rígido ou o computador pararem de funcionar. Quando se restaura o computador a partir de uma imagem do sistema, trata-se de uma restauração completa; não é possível escolher itens individuais para a restauração, e todos os atuais programas, configurações do sistema e os arquivos serão substituídos. Embora esse tipo de backup inclua arquivos pessoais, é recomendável fazer backup dos arquivos regularmente, usando o Backup do Windows, a fim de que seja possível restaurar arquivos e pastas individuais conforme a necessidade. Quando for configurado um backup de arquivos agendado, o usuário poderá escolher se deseja incluir uma imagem do sistema. Essa imagem do sistema inclui apenas as unidades necessárias à execução do Windows. É possível criar manualmente uma imagem do sistema, caso o usuário queira incluir unidades de dados adicionais.

2.12.2 Disco de restauração

O disco de restauração armazena os dados mais importantes do sistema operacional Windows, em geral, o que é essencial para seu funcionamento. Esse disco pode ser utilizado quando o sistema vier a apresentar problemas, por vezes decorrentes de atualizações.

2.12.3 Tipos de backup

- **Completo/Normal:** também chamado backup total, é aquele em que todos os dados são salvos em única cópia de segurança. Ele é indicado para ser feito com menor frequência, pois é o mais demorado para ser processado, como também para ser recuperado. Contudo, localizar um arquivo fica mais fácil, pois se tem apenas uma cópia dos dados.
- **Diferencial:** esse procedimento de backup grava os dados alterados desde o último backup completo. Assim, no próximo backup diferencial, somente serão salvos os dados modificados desde a última vez em que foi realizado o completo. No entanto, esse backup é mais lento de ser processado do que o backup incremental, porém é mais rápido de ser restaurado, pois é necessário apenas restaurar o último backup completo e o último diferencial.
- **Incremental:** nesse tipo de backup, são salvos apenas os dados que foram alterados após a última cópia de segurança realizada. Este procedimento é mais rápido de ser processado, porém leva mais tempo para ser restaurado, pois envolve restaurar todos os backups anteriores. Os arquivos gerados são menores do que os gerados pelo backup diferencial.
- **Diário:** um backup diário copia todos os arquivos selecionados que foram modificados no dia de execução do backup diário. Os arquivos não são marcados como aqueles passaram por backup (o atributo de arquivo não é desmarcado).
- **De cópia:** um backup de cópia copia todos os arquivos selecionados, mas não os marca como arquivos que passaram por backup (ou seja, o atributo de arquivo não é desmarcado). A cópia é útil caso o usuário queira fazer backup de arquivos entre os backups normal e incremental, pois ela não afeta essas outras operações.

2.13 Explorador de arquivos

Conhecido até o Windows 7 como Windows Explorer, o gerenciador de arquivos do Windows usa a chamada Interface Ribbon (por faixas) no Windows 8 e 10. Com isso, torna mais acessíveis algumas ferramentas como a opção para exibir as pastas e os arquivos ocultos.

A figura a seguir ilustra a janela "Computador", que apresenta os dispositivos e unidades de armazenamento locais como HDs e Drives de mídias ópticas, bem como as mídias removíveis.

Um detalhe interessante sobre o Windows 10 é que as bibliotecas, conforme é possível verificar na imagem, não estão visíveis por padrão; o usuário precisa ativar sua exibição.

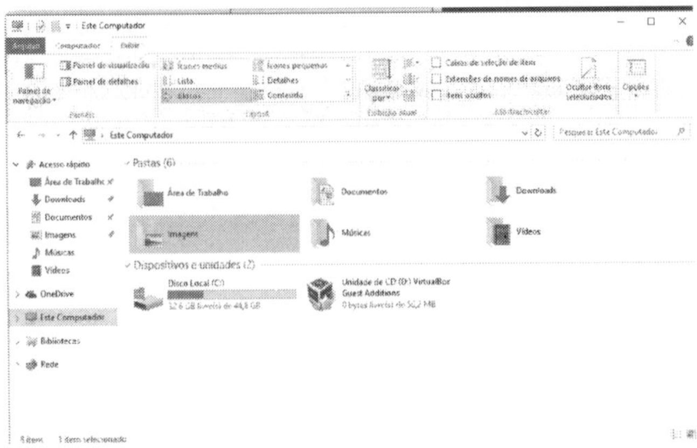

Ao selecionar arquivos ou pastas de determinados tipos, como imagens, algumas guias são exibidas como ilustra a série de figuras a seguir.

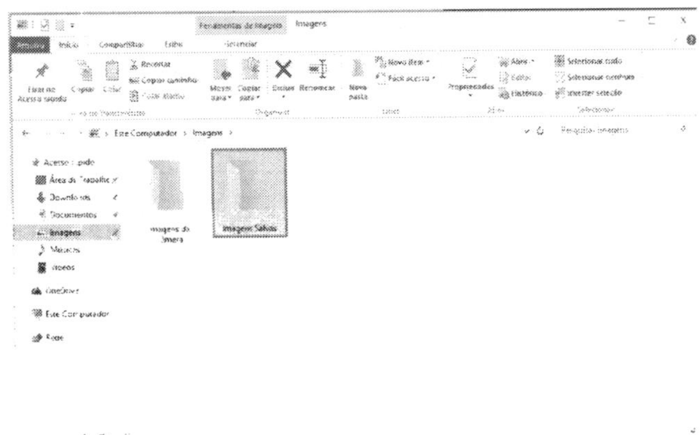

É possível notar que há opções específicas para facilitar o compartilhamento dos arquivos e pastas.

3 BROFFICE WRITER

3.1 Formatos de arquivos

Quando se fala nos editores do BrOffice (Libre Office), devemos conhecer seus formatos de arquivos padrões, ou seja, o formato com o qual será salvo um arquivo ao acionar a opção **Salvar Como**.

A suíte de aplicativos, como um todo, possui um formato genérico ODF (Open Document File – Formato de Documento Aberto). Assim, é possível no editor de texto, salvar neste formato, bem como no Calc e Impress. No entanto, o formato específico do Writer é o ODT (Open Document Text). As provas costumam relacionar os formatos com as versões dos editores. Então, vale lembrar que o Word 2003 não consegue trabalhar com esse formato de arquivo. Mas, pelo Writer, é possível salvar um documento de modo que ele possa ser aberto pelo Word 2003, ou seja, é possível salvar nos formatos DOC e DOCX. Em relação ao Word 2007 e 2010, por padrão, esses programas conseguem abrir e salvar arquivos no formato ODT.

3.2 Formatação de texto

A principal finalidade do Writer é editar textos. Portanto, suas principais ferramentas são para a formatação de documentos.

Barra de ferramentas de formatação

3.3 Barra de Menus

A seguir, é ilustrada a Barra de Menus e, por meio dela, temos acesso a quase todas as funcionalidades do programa. Observe que cada menu possui uma letra sublinhada. Por exemplo, o menu Arquivo possui a letra A sublinhada, essa letra sublinhada é a letra que pode ser utilizada após pressionar a tecla Alt, com o intuito de abrir o devido menu. Não é uma combinação necessariamente simultânea. Ela pode ser sequencial, ou seja, teclar Alt soltar e então pressionar a letra.

3.4 Menu Formatar

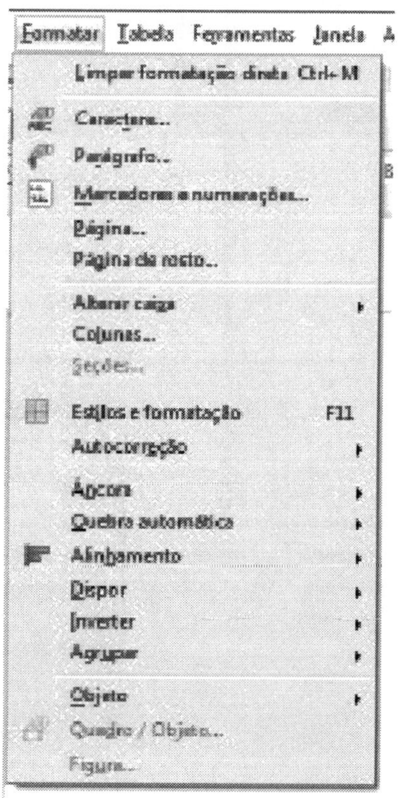

3.4.1 Botão direito do mouse

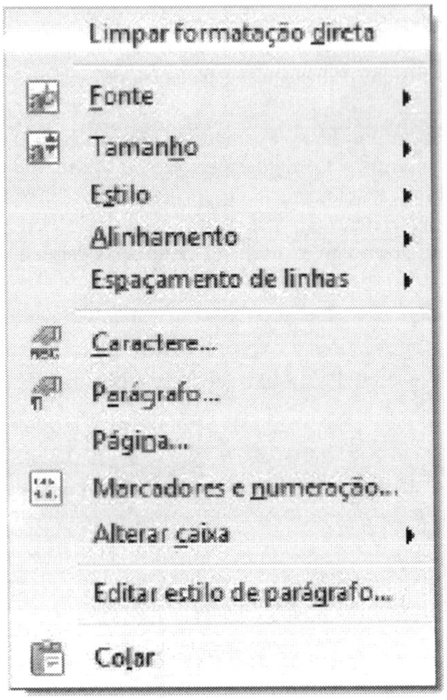

3.4.2 Caractere

Ao acionar esta opção, será aberta a janela ilustrada a seguir, por meio da qual podemos formatar as propriedades de fonte, como tipo/nome, estilo e tamanho e, pela aba Efeitos de Fonte, alterar a cor da fonte.

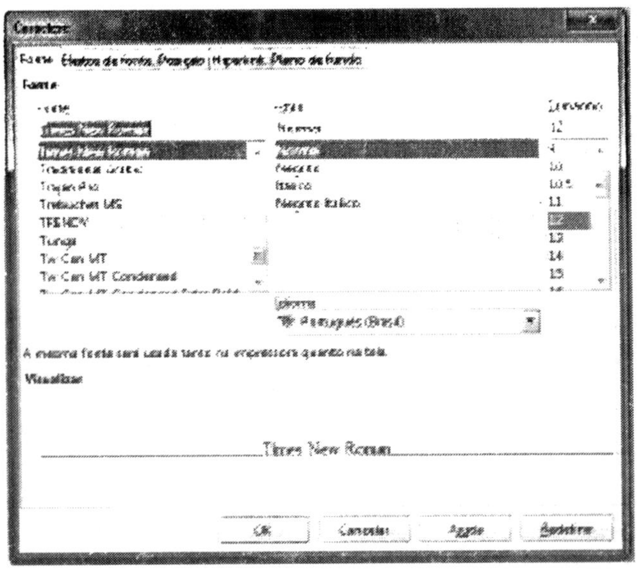

3.4.3 Parágrafo

As propriedades de Parágrafo englobam opções como recuos, espaçamento e alinhamentos, conforme ilustrado nas figuras na sequência:

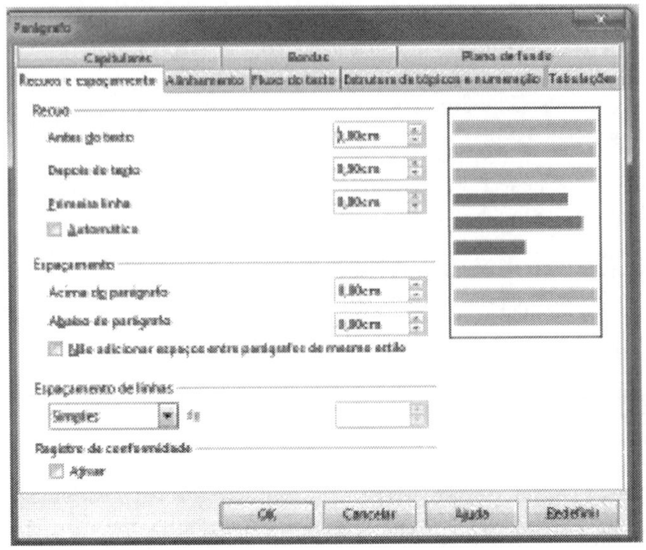

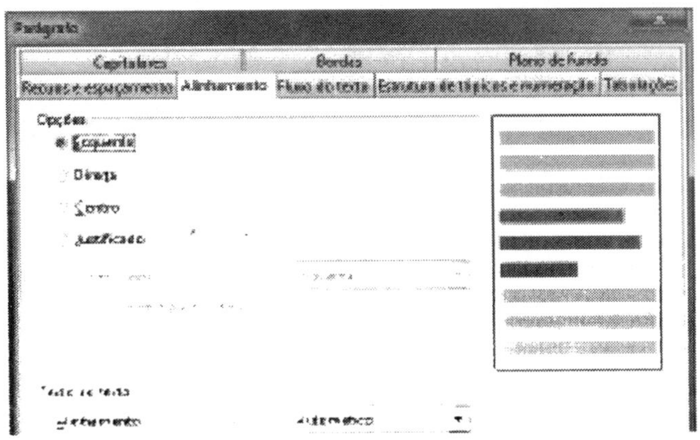

3.4.4 Marcadores e numeração

Fique atento à identificação de uso deste recurso, pois, pelo menu Formatar, elas estão descritas em conjunto. Porém, na barra de Ferramentas padrão elas são apresentadas em dois botões separados.

Ao acionar a opção pelo menu Formatar, a janela aberta apresenta os Marcadores em uma guia e a numeração em outra, conforme ilustram as duas figuras da sequência:

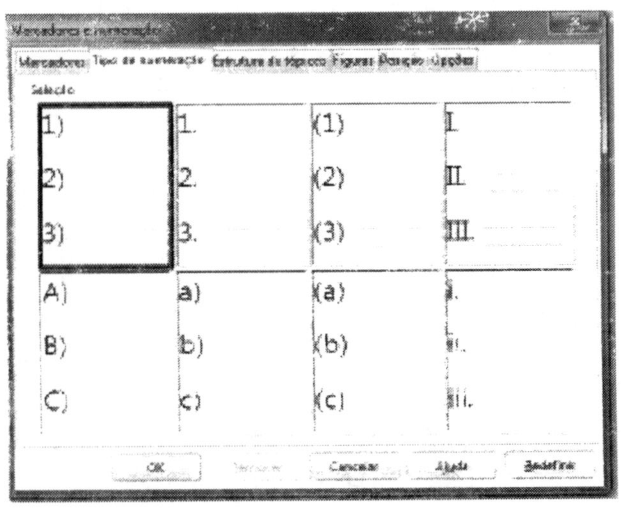

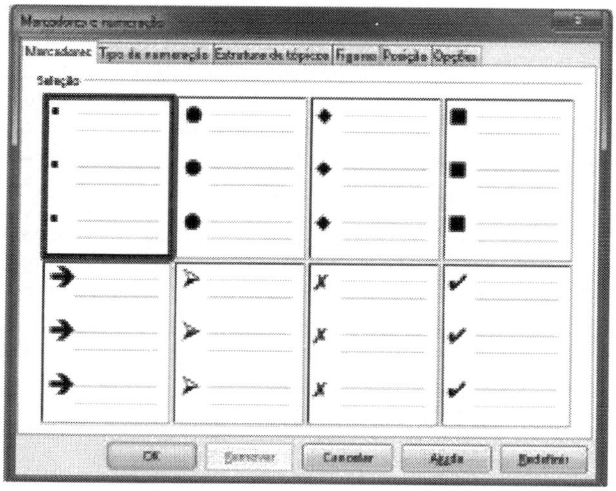

3.4.5 Página

Nesta opção, encontramos os recursos equivalentes aos encontrados na opção Configurar Página do Word, como dimensões das margens, dimensões de cabeçalho e rodapé, tamanho do papel e orientação da página. A imagem a seguir ilustra parte dessa janela:

3.4.6 Página de rosto

Por meio deste recurso, é possível inserir páginas em uma seção separada, para que, de uma forma mais simples, sejam trabalhadas com cabeçalhos e rodapés diferentes em um mesmo documento, mais especificamente, no que tange à numeração de páginas.

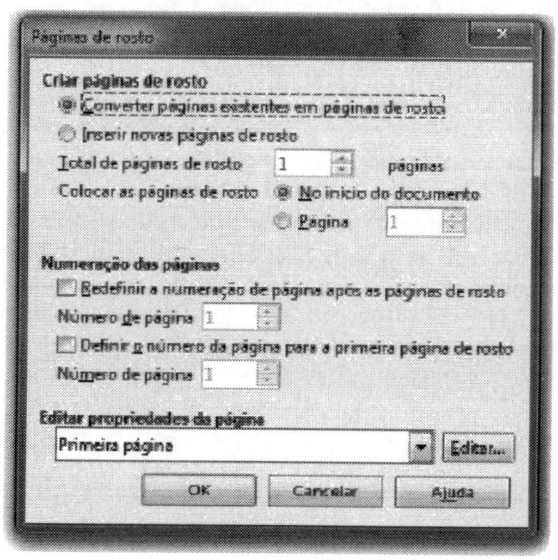

3.4.7 Alterar caixa

Equivalente à opção Maiúsculas e Minúsculas do Word, essa opção permite alterar a forma do caractere de texto. É importante conhecer as cinco opções desse recurso, conforme ilustrado a seguir:

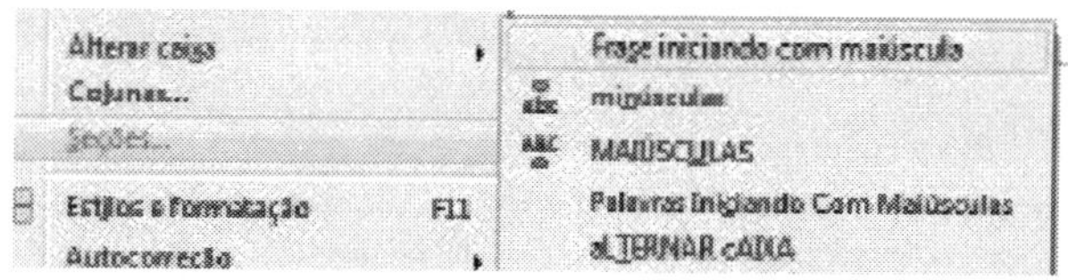

3.4.8 Estilos de formatação (F11) 

Por essa opção, podemos definir estilos de formatação para o texto selecionado, como título 1, título 2, título 3, entre outros, para que a edição do documento seja mais prática, além de favorecer a padronização.

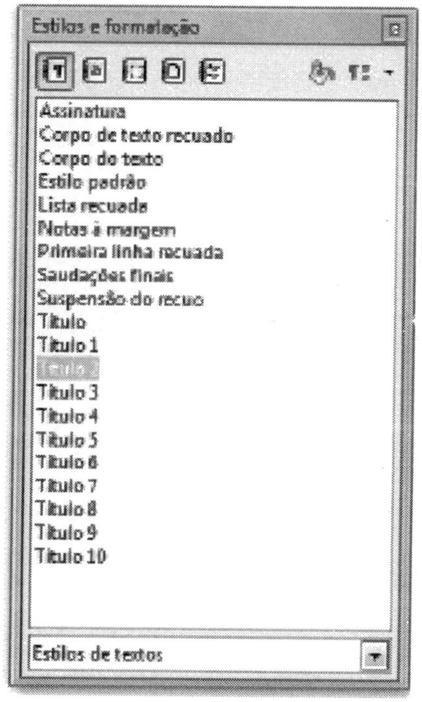

3.4.9 Ferramentas de formatação

Caractere

O campo descrito por Times New Roman define a grafia com que o texto será escrito, a exemplo: Arial, Times New Roman, Vivaldi. Esse campo também é conhecido como Tipo/Nome da Fonte.

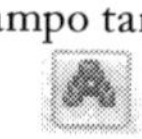 Negrito (Ctrl + B)

 Itálico (Ctrl + I)

 Sublinhado (Ctrl + U)

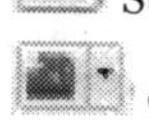 Cor da fonte

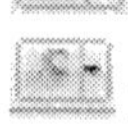 Realçar (exemplo do efeito)

Parágrafo

Alinhamento à esquerda (Ctrl + L)

Alinhamento centralizado (Ctrl + E)

Alinhamento à direita (Ctrl + R)

Alinhamento justificado (Ctrl + J)

Ativar/desativar numeração (F12)

Ativar/desativar marcadores (Shift + F12)

Diminuir o recuo

Aumentar o recuo

Tabulações

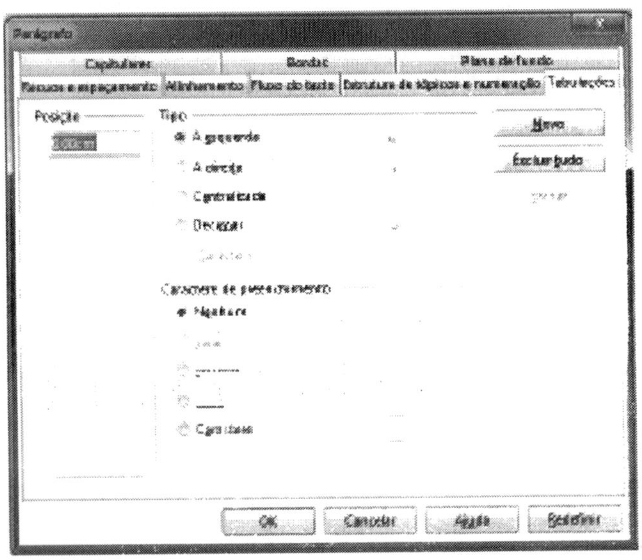

Caracteres não imprimíveis (Ctrl + F10)

Exibe as marcas de edição, que, como o próprio nome já informa, não aparecem na impressão. Essas marcações são úteis para um maior controle do documento em edição, como ilustrado a seguir. Os pontos à meia altura da linha representam um espaço e o mesmo símbolo do botão indica o final de um parágrafo. Assim, no exemplo a seguir, existem dois parágrafos.

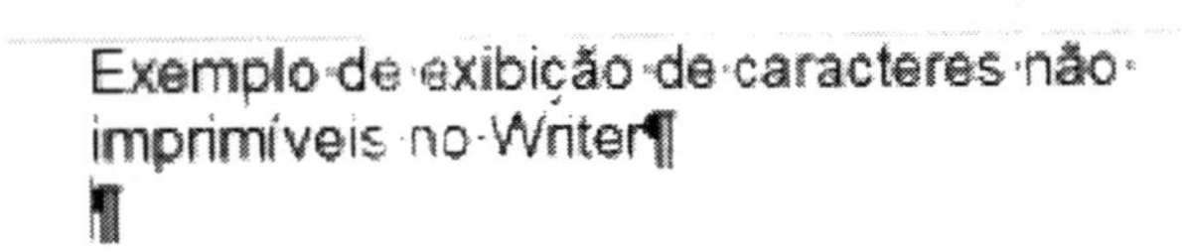

Cor do plano de fundo

Atenção para não confundir a cor do fundo do parágrafo com a ferramenta Realçar, pois a função Realçar aplica uma cor ao fundo do texto selecionado, enquanto a opção do Plano de Fundo aplica ao parágrafo, mesmo que tenha sido selecionada apenas uma palavra.

Estilos e formatação (F11)

Por meio deste botão ou pela tecla de atalho, é exibido o painel de estilos que oferece diversos estilos para a formatação do texto, por exemplo: Título 1, título 2, título 3, entre outros. A imagem a seguir ilustra o painel:

Além desse painel, também é possível escolher e aplicar um estilo por meio do Campo Estilos, ilustrado a seguir, presente na barra de ferramentas de formatação logo à esquerda do campo do tipo da fonte.

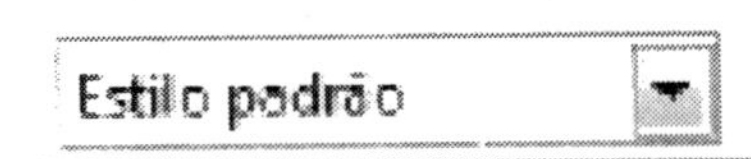

Os estilos de formatação são importantes estruturas na edição de um texto, principalmente se for necessário trabalhar com sumário, pois para utilizar o recurso de sumário, de forma que ele seja automático, é necessário utilizar os estilos de título.

3.4.10 Pincel de estilo

A ferramenta de Pincel de Estilo serve para copiar apenas a formatação. Ela não copia textos, apenas as suas características, como cor da fonte, tamanho, tipo de fonte entre outras, com o intuito de aplicar em outro trecho de texto.

O funcionamento da ferramenta parte de uma seleção prévia do trecho de texto que possui a formatação desejada, clicar no botão pincel de estilo, na sequência selecionar o trecho de texto ao qual se deseja aplicar as mesmas formatações, como que pintando a formatação. Ao terminar a seleção o texto selecionado já estará formatado tal qual o selecionado inicialmente, e o mouse volta ao normal para a edição.

3.4.11 Ferramentas

Exportar diretamente como PDF

O BrOffice como um todo possui este recurso que permite gerar um arquivo PDF a partir do documento em edição. A janela aberta por este botão é muito similar à janela de Salvar Como, em que se deve apontar o local onde o arquivo será salvo e com qual nome se deseja salvá-lo.

Imprimir arquivo diretamente

Este é um recurso diferente da impressão habitual pelo atalho Ctrl + P. Essa ferramenta de impressão direta manda o arquivo diretamente para a impressora que estiver definida, pelo painel de controle, como padrão, usando as propriedades padrão de impressão.

Visualizar página

Este é simplesmente o recurso de visualizar o que será impresso, útil para ter uma maior noção de como ficarão distribuídas as informações no papel.

Ortografia e gramática (F7)

Essa ferramenta exibe uma janela, ilustrada a seguir, por meio da qual é possível corrigir as palavras "erradas" no texto. Erradas porque na verdade, são indicadas as palavras não conhecidas pelo dicionário do programa. Uma vez que ela esteja correta, é possível acrescentá-la ao dicionário.

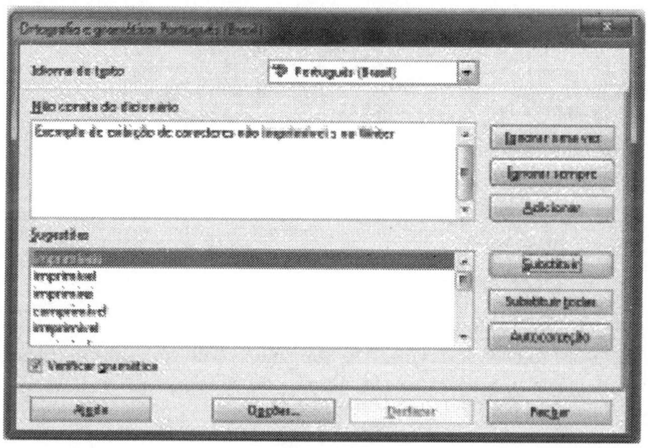

Autoverificação ortográfica

A Autoverificação é uma ferramenta presente apenas no BrOffice, cuja finalidade é apenas habilitar ou desabilitar a exibição do sublinhado vermelho das palavras desconhecidas.

Navegador (F5)

O Navegador tem aparecido nas provas apenas a título de conhecimento de seu nome, associado ao símbolo e atalho. Essa ferramenta é um recurso para navegar no texto, a partir das suas estruturas, como títulos, tabelas, figuras e outros itens que podem ser visualizados na figura a seguir:

Exemplo de exibição de caracteres não imprimíveis no Writer.

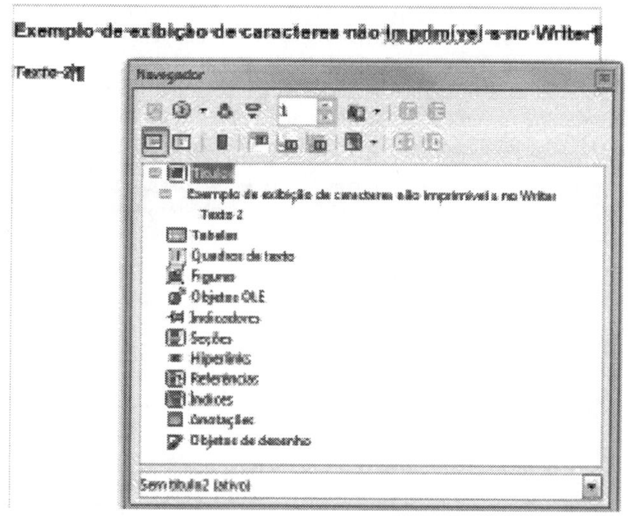

Galeria

O recurso Galeria tem peso similar ao Navegador nas provas. Acionar essa ferramenta resulta na exibição do painel ilustrado a seguir, por meio do qual é possível inserir, em meio ao documento, estruturas de navegação Web, como botões, sons e outros itens.

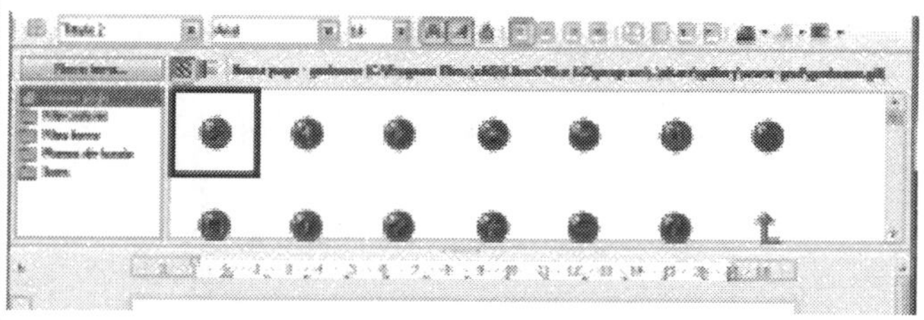

Tabela (Ctrl + F12)

O botão Tabela pode ser usado de duas maneiras. Clicando no desenho da tabela, é aberta a janela ilustrada a seguir. Caso seja clicado na flecha, é exibido um reticulado, pelo qual é possível selecionar a quantidade de células que se deseja criar em uma tabela.

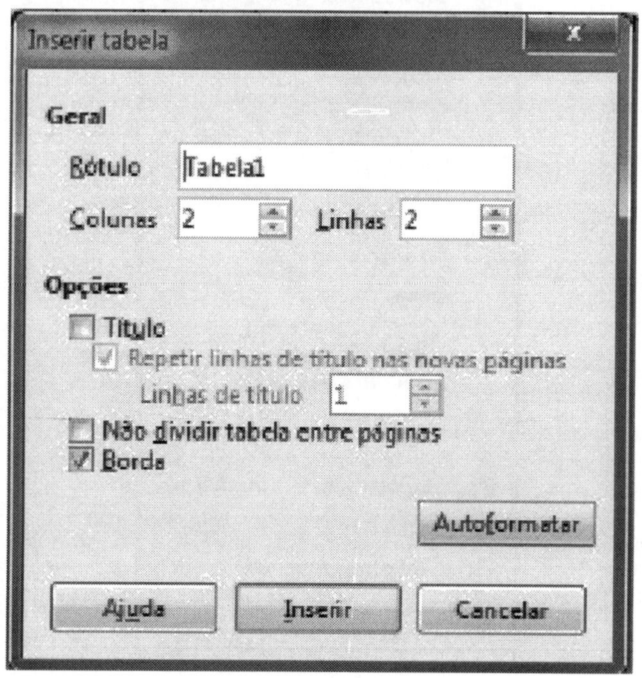

3.4.12 Aba página

A aba Página é a principal da janela de formatação de página. A figura a seguir ilustra essa aba. Observe que as margens estão definidas por padrão em 2 cm, e que o tamanho do papel padrão é o A4. Também é possível determinar a orientação da página. Vale lembrar que, em um mesmo documento, é possível intercalar páginas com orientações diferentes. Para isso, devem ser utilizadas seções.

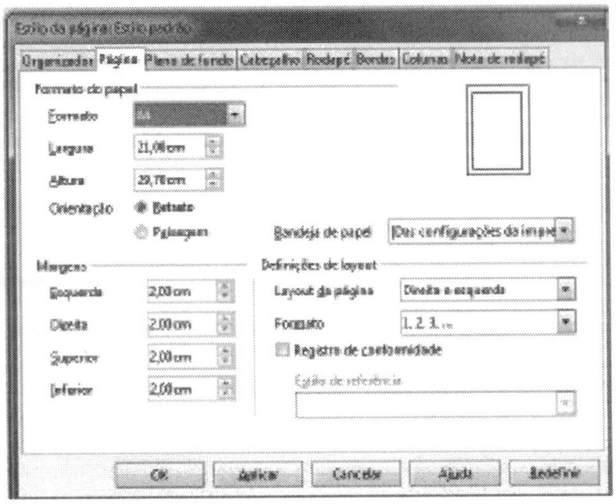

3.5 Menu Arquivo

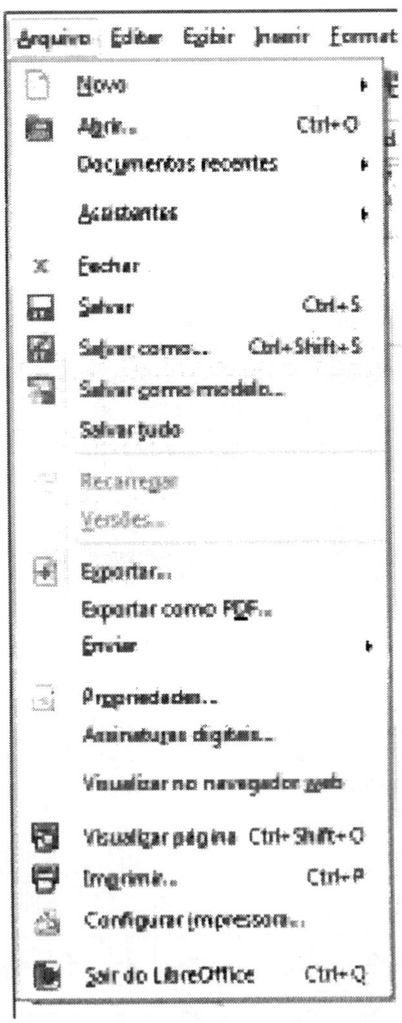

3.5.1 Novo

Dentre as opções do menu Arquivo, damos destaque para a opção Novo. Ela aponta a característica do BrOffice de ser uma suíte de aplicativos integrada, pois, mesmo estando no Writer, é possível criar uma planilha do Calc. No entanto, ao escolher na opção Novo, uma planilha será criada no Calc. Porém, ao realizar o acesso por meio deste caminho, o Calc é carregado mais rapidamente do que se o BrOffice estivesse fechado.

Para criar um Novo Documento em Branco podemos também utilizar a opção do atalho Ctrl + N.

3.5.2 Abrir (Ctrl + O)

Permite abrir um arquivo existente em uma unidade de armazenamento, navegando entre os arquivos e pastas.

Documentos recentes

Exibe a lista com os últimos documentos abertos, como também aqueles salvos, no Writer, com o intuito de fornecer um acesso mais rápido a eles.

3.5.3 Assistentes

Conforme ilustrado a seguir, existem vários assistentes no BrOffice. Eles são nada mais do que procedimentos realizados em etapas, a fim de auxiliar na criação ou estruturação de informações.

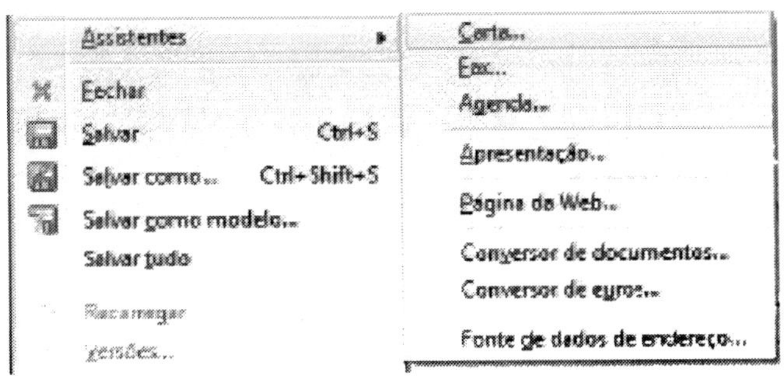

3.5.4 Fechar

A opção Fechar serve para fechar apenas o documento em edição, mantendo o programa aberto. Tem como teclas de atalho Ctrl + W ou Ctrl + F4.

3.5.5 Salvar

A opção Salvar apenas se preocupa em salvar as últimas alterações realizadas em um documento em edição. Seu atalho é Ctrl + S no Writer. Mas essa opção possui uma situação de exceção, quando o arquivo em edição é novo, ou seja, que nunca tenha sido salvo. Essa opção salvar corresponde à opção Salvar Como.

3.5.6 Salvar como

Esse recurso tem como princípio gerar um novo arquivo. Assim, se um arquivo for aberto e sejam realizadas várias alterações, sem salvar, e utilizar o comando Salvar Como, será aberta uma janela em que se solicita o local desejado e o nome do arquivo. Também é possível alterar o tipo de documento, após salvá-lo. O documento que fica em edição é o que acabou de ser salvo. O arquivo aberto inicialmente é apenas fechado, sem nenhuma alteração.

3.5.7 Salvar como modelo

Podemos criar um documento-base para outros documentos, utilizando formatações específicas. Assim, essa opção é a utilizada para salvar este arquivo, de modo que possa ser utilizado para esse fim.

3.5.8 Salvar tudo

Essa ferramenta aplica o comando salvar todos os documentos em edição no BrOffice, até mesmo os que estiverem em edição no Calc.

3.5.9 Recarregar

Ao acionar essa opção, a última versão salva do documento é restaurada. Com isso, as alterações não salvas serão perdidas.

3.5.10 Exportar

É possível pelo BrOffice exportar o documento de texto para outros formatos utilizados por outros programas como: XML, HTML, HTM ou mesmo o PDF.

3.5.11 Exportar como PDF

A opção Exportar como PDF é basicamente um caminho mais curto e explícito para gerar um arquivo PDF, a partir do documento em edição.

3.5.12 Assinaturas digitais

Assim como o Microsoft Office no BrOffice, é possível assinar um documento digitalmente. Claro que, para utilizar a funcionalidade por completo, é necessário possuir um certificado digital. Contudo, mesmo não possuindo um, é possível utilizar esse recurso para assinar um documento. Porém, apenas será garantida a integridade do mesmo e apenas no próprio computador do usuário.

3.5.13 Visualizar no navegador web

Já que podemos criar páginas da Internet, é interessante que, no mínimo, possamos visualizar como ela ficaria no navegador. Diante disso, ao acionar essa ferramenta, será aberto o navegador de Internet (Browser) padrão exibindo como página o documento em edição.

3.5.14 Sair

Em comparação com a opção Fechar, a opção Sair fecha o programa inteiro, podendo utilizar, para isso, os atalhos Alt + F4 ou Ctrl + Q.

3.6 Menu Editar

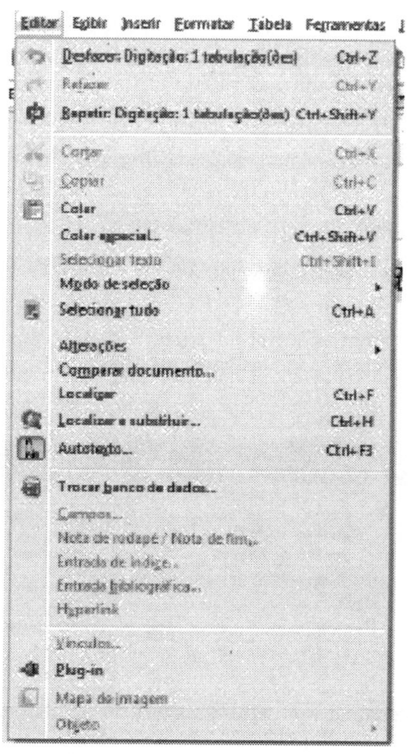

Do menu Editar anteriormente ilustrado, podemos destacar duas opções principais:

3.6.1 Colar especial

Esse recurso permite colar um determinado dado de acordo com a necessidade de formatação, ou seja, é possível manter a formatação igual à do local de onde foi copiado ou não utilizar formatação.

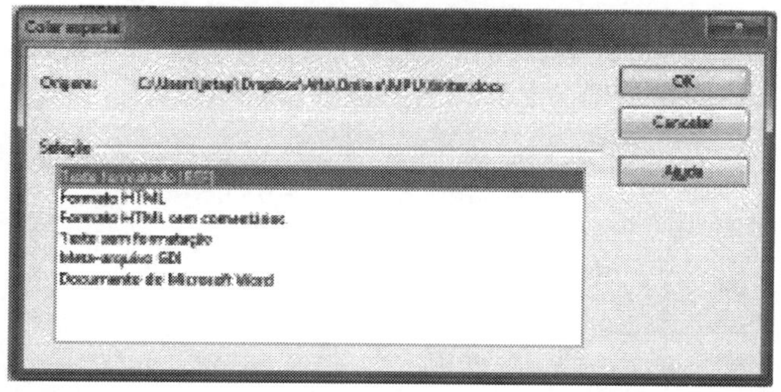

3.6.2 Selecionar tudo

A opção Selecionar Tudo tem como observação a sua tecla de atalho CTRL + A, que é a mesma utilizada para selecionar todos os arquivos e pastas de um diretório por meio dos gerenciadores de arquivos.

3.7 Menu Exibir

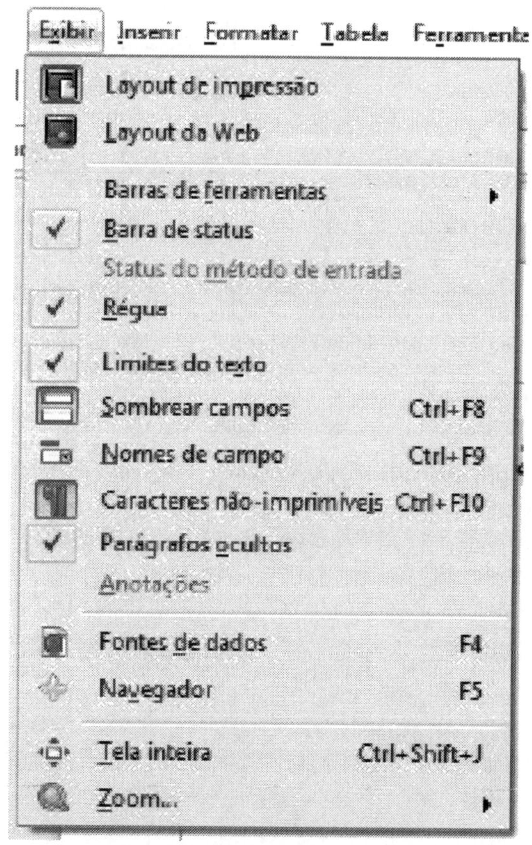

Do menu Exibir devemos conhecer os modos de exibição, bem como alguns itens importantes, listados a seguir. Mas, de modo geral, podemos pensar que as opções que normalmente encontramos nesse menu são coisas que não vemos e gostaríamos de ver, ou que estamos vendo, mas não desejamos mais ver.

3.7.1 Modos de exibição

São dois os Modos de Exibição: Layout de Impressão (Padrão) e Layout da Web. Contudo, poderíamos até considerar, dependendo da situação, a opção Tela Inteira como um modo de exibição.

3.7.2 Barra de ferramentas

A principal Barra de Ferramentas questionada nas provas é a barra de Desenho, que existe também no Writer e Calc, mas que é exibida por padrão apenas no Impress. A figura a seguir ilustra as barras disponíveis:

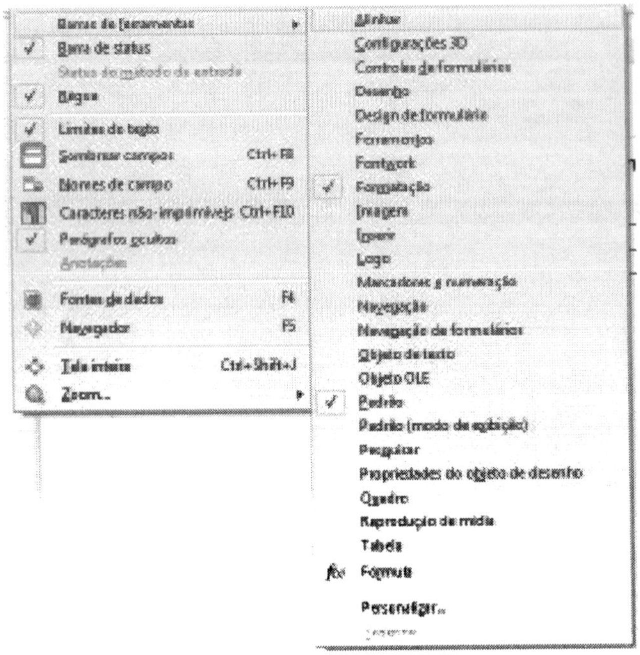

3.7.3 Barra de status

Essa é a barra que aparece por padrão nos editores. Ela fica localizada no fim da janela, ou seja, é a última barra dentro do programa. Nela encontramos informações como número da página atual e total de páginas do documento, idioma em uso e a ferramenta de zoom à direita.

3.7.4 Régua

Para ocultar a régua, basta desabilitar essa opção.

3.7.5 Limites de texto

Os Limites de Texto que são exibidos por padrão são, na verdade, as linhas que indicam as margens da página, ou seja, a área útil do documento.

3.7.6 Caracteres não imprimíveis (Ctrl + F10)

Os caracteres não imprimíveis também podem ser ativados pelo menu Exibir, como pelas teclas de atalho.

3.7.7 Navegador (F5)

O Navegador, anteriormente citado, também é encontrado no menu Exibir.

3.7.8 Tela inteira (Ctrl + Shift + J)

Modo de exibição que oculta as barras e ferramentas, objetivando a leitura do documento.

3.7.9 Zoom

Também podemos alterar o zoom utilizando o scroll do mouse, combinado com a tecla Ctrl.

3.7.10 Menu Inserir

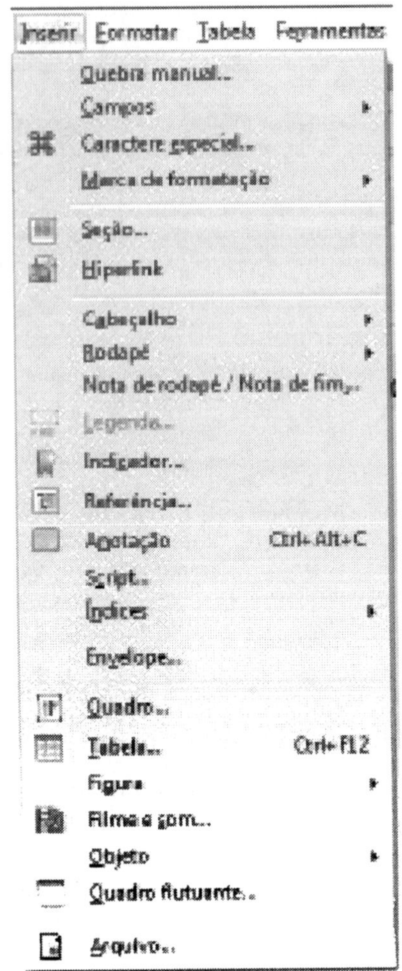

3.7.11 Quebra manual

Este recurso permite utilizar estruturas que sejam auto-organizadas, como as quebras de página. Existem três quebras de texto possíveis, além das quebras de seção.

Quebra de linha (Shift + Enter)

Faz com que o conteúdo, após a quebra, seja iniciado na próxima linha.

Quebra de coluna (Ctrl + Shift + Enter)

Faz com que o conteúdo, após a quebra, seja iniciado na próxima coluna.

Quebra de página (Ctrl + Enter)

Faz com que o conteúdo, após a quebra, seja iniciado na próxima página.

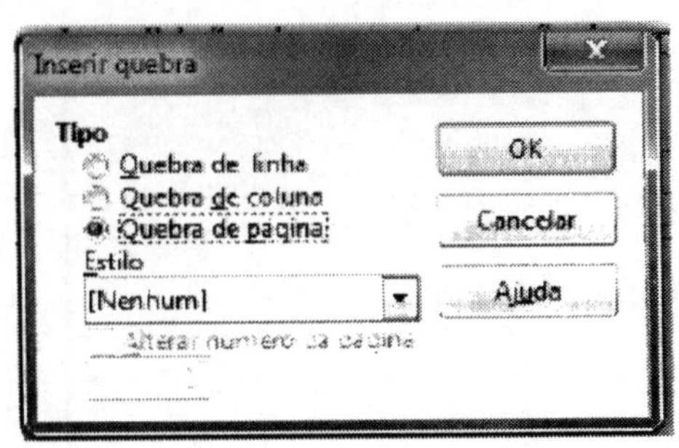

3.7.12 Campos

Os Campos são estruturas de dados que utilizam propriedades do arquivo como nome do autor, título, dentre outras como Data e Hora do sistema.

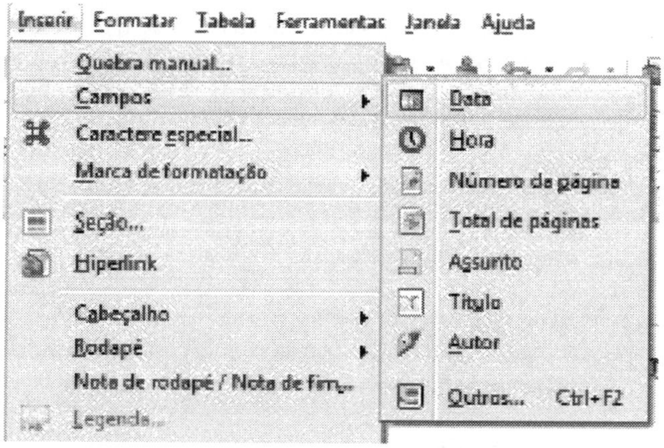

3.7.13 Caractere especial

A opção Caractere Especial pode ser utilizada para inserir símbolos como este ► entre inúmeros outros possíveis.

3.7.14 Seção

Uma Seção é o recurso-base para poder, em um mesmo documento, trabalhar com páginas com cabeçalhos e rodapés distintos, ou mesmo configurações de páginas distintas, como intercalar páginas em retrato e paisagem.

3.7.15 Cabeçalho / Rodapé

As estruturas de cabeçalhos e rodapés têm por princípio poupar trabalho durante a edição, de modo que o que for inserido nestas estruturas se repete nas demais páginas, não necessariamente do documento como um todo, mas em todas as páginas da mesma Seção.

3.7.16 Hiperlink

Um link nada mais é do que um caminho, um atalho para algum lugar. Esse lugar pode ser uma página na Internet, ou computador, como um arquivo que esteja na Internet ou mesmo no computador local. Também é possível fazer com que um link aponte para algum ponto do mesmo documento, criando uma espécie de navegação. Contudo, para realizar esse procedimento, deve-se antes inserir Indicadores. A imagem a seguir ilustra a janela de inserir hiperlink:

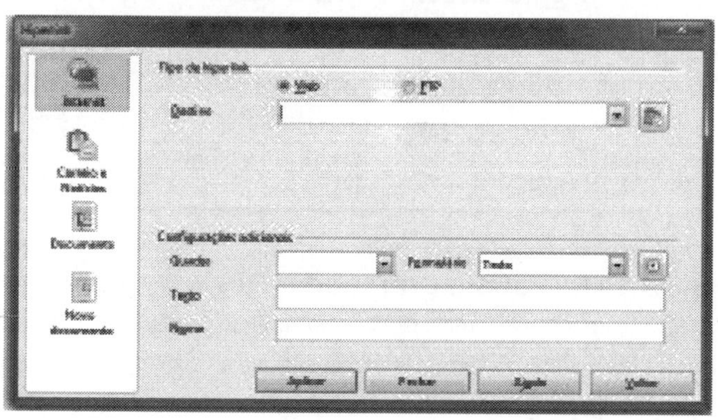

3.7.17 Nota de rodapé/nota de fim

Notas de Rodapé e Notas de Fim são observações que, por vezes, utilizamos para explicar algo que fugiria ao contexto de uma frase[1]. A identificação ao lado da palavra/frase serve para que, no rodapé da mesma página ou ao final do documento, o leitor busque a devida explicação para a observação.

3.7.18 Legenda

Uma Legenda é um recurso que poderia ser utilizado neste documento para identificar as figuras e referenciá-las em meio ao texto, mas como a estrutura de apresentação do conteúdo é linear e procura ser direta, não utilizamos esse recurso.

3.7.19 Indicador

Um Indicador é um ponto de referência para ser apontado por um hiperlink.

3.7.20 Referência

Uma Referência é uma citação pela qual utilizamos a ideia de informar algo do tipo, "conforme Figura 1". Em vez de escrever a palavra Figura 1, estaria utilizando uma referência a ela, para que caso seja inserida uma nova figura antes da 1 no documento, os locais em que havia sido citado como figura 1 sejam refatorados para 2.

3.7.21 Anotação

É o recurso de comentário que pode ser inserido em um documento como uma anotação do que deve ser feito.

3.7.22 Índices

Os Índices são os sumários e listas automáticas que podem ser inseridas em um documento, desde que se tenha utilizado os estilos de título e o recurso de legenda.

3.7.23 Quadro

Um quadro, basicamente, é uma caixa de texto para que seja inserido em seu interior uma estrutura qualquer.

3.7.24 Tabela

É mais um caminho possível para inserir uma tabela dentro do editor, dentre as quatro formas possíveis, como o atalho Ctrl + F12.

3.7.25 Figura

O recurso Figura permite inserir imagens de diferentes formatos (png, gif, jpg) em um documento.

3.7.26 Filme e som

É possível inserir uma música ou um vídeo em meio a um documento de texto.

3.7.27 Objeto

Destaque para a opção Objeto OLE (*Object Linked Embeded*) pela qual podemos inserir uma Planilha do Calc dentro de um documento de texto e ainda utilizá-la com suas características de planilha.

1 As notas de rodapé, assim como as notas de fim, têm a finalidade de trazer informações adicionais, que fogem ao contexto abordado no texto.

3.8 Menu Tabela

O menu Tabela apresenta as opções próprias de trabalho com uma tabela, como inicialmente inserir uma tabela no documento em edição. Várias opções aparecem desabilitadas, isso ocorre porque uma tabela não foi selecionada.

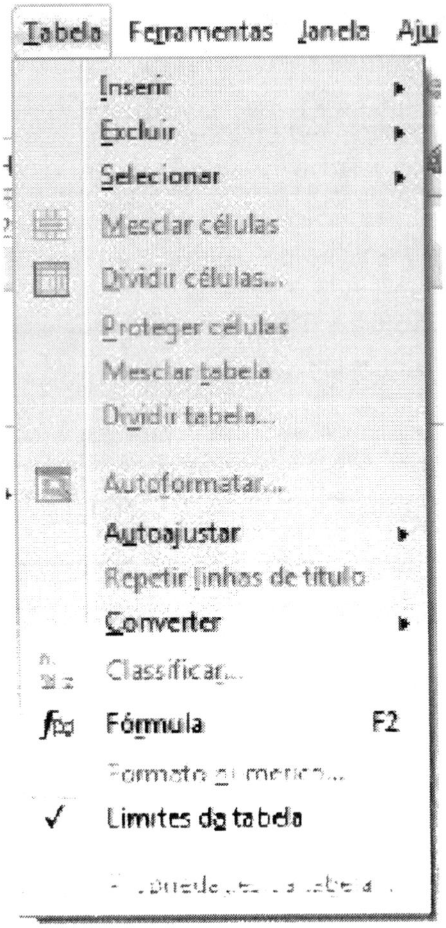

Outro caminho para se inserir uma tabela, além do menu Inserir e do atalho, dá-se por meio do menu Tabela opção Inserir e somente depois a opção Tabela.

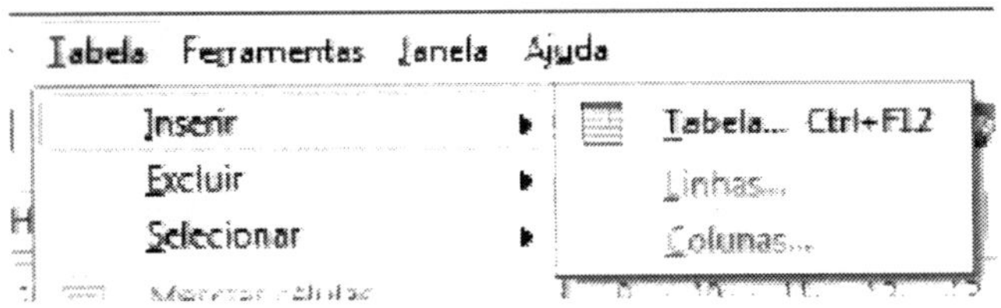

3.8.1 Mesclar células

Essa ferramenta só fica habilitada quando duas ou mais células de uma tabela estão selecionadas. Ao acioná-las, as células se tornam uma, ou seja, são mescladas.

3.8.2 Dividir células

Atente-se para esse recurso, pois somente em uma tabela é possível dividir células, ou seja, esse recurso não existe para planilhas.

3.8.3 Proteger células

É um recurso que pode ser utilizado para bloquear as alterações em uma determinada célula e em uma tabela.

3.8.4 Dividir tabela

Assim como é possível dividir uma célula, também podemos dividir uma tabela em duas ou mais, mas apenas tabelas.

3.8.5 Repetir linhas de título

Quando se trabalha com tabelas muito extensas, que se distribuem em várias páginas, é difícil manter a relação do que se tem em cada coluna e linha. Para não ter que copiar manualmente os títulos, podemos utilizar o recurso repetir linhas de título.

3.8.6 Converter

É possível converter tanto um texto em tabela como uma tabela em texto, utilizando, para isso, alguns critérios como espaços entre palavras ou tabulações, entre outros.

3.9 Menu Ferramentas

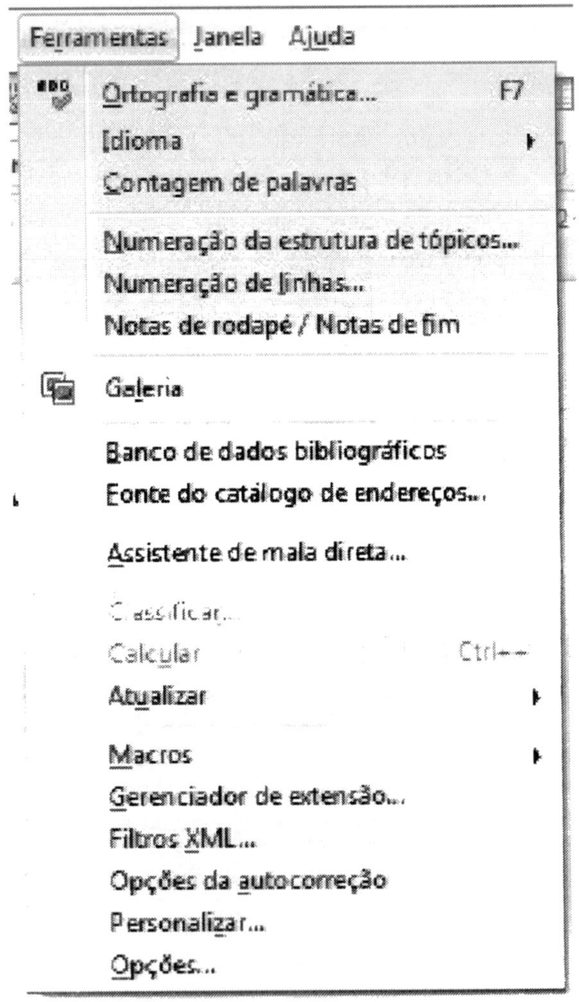

3.9.1 Ortografia e gramática (F7)

Abre uma janela para verificar o documento em busca de palavras desconhecidas ao dicionário do programa.

3.9.2 Idioma

No BrOffice Writer, podemos definir o idioma que está sendo trabalhado no texto selecionado, como no parágrafo e até para o documento de modo geral.

3.9.3 Contagem de palavras

O Writer também possui recurso de contabilização de total de palavras que compõem o texto.

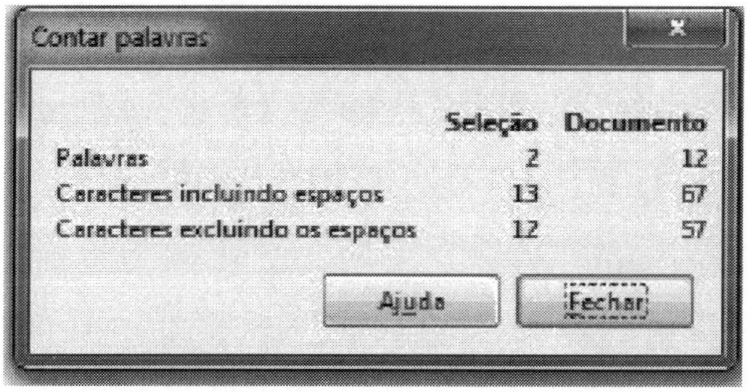

3.9.4 Numeração de linhas

Este recurso é bastante utilizado nas provas de Língua Portuguesa, em que ao lado das linhas, nos textos apresentados, aparece uma numeração, que não necessita ser exibida em todas as linhas. Atenção às questões que o comparam com o recurso Numeração, usado para numerar parágrafos.

Uma forma de identificar a diferença é pela presença dos indicadores de fim de parágrafo, visíveis quando a ferramenta "caracteres não imprimíveis" está ativa.

3.9.5 Notas de rodapé/notas de fim

Já vimos esse nome no menu Inserir. No entanto, são ferramentas distintas, mas relacionadas, pois esse recurso do menu Ferramentas abre a janela de configuração das notas, conforme ilustrado a seguir:

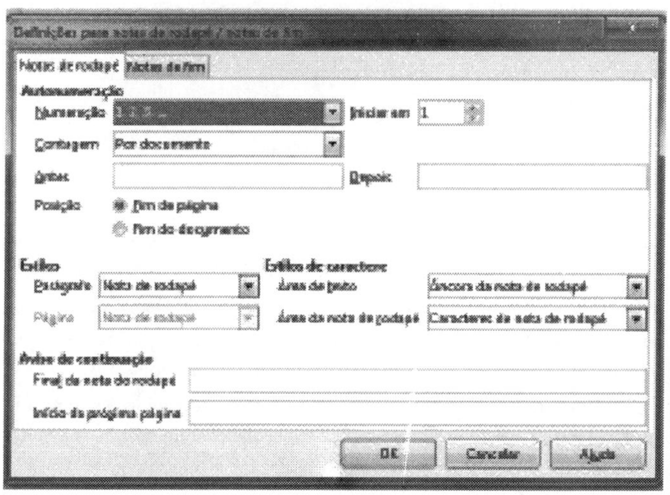

3.9.6 Galeria

A ferramenta que exibe a galeria também é encontrada no menu Ferramentas, além da barra de ferramentas padrão.

3.9.7 Assistente de mala direta

Uma ferramenta interessante para quem quer começar a entender o recurso de mala direta. Por meio dela, é possível criar uma mala direta passo a passo.

3.9.8 Macros

De uma forma geral, as Macros são regras criadas para automatizar tarefas repetitivas. Por meio dessa ferramenta é possível executar as macros existentes.

3.9.9 Opções de autocorreção

O recurso de Autocorreção é o responsável por corrigir palavras logo após a sua inserção, como colocar acento na palavra, caso digitada sem.

3.9.10 Opções

Esse recurso concentra as opções do programa como dados do usuário e recursos.

4 BROFFICE CALC

O BrOffice Calc é um editor de planilhas eletrônicas pelo qual pode-se estruturar um controle de livro-caixa ou estoque, dentre inúmeras outras estruturas para atender a necessidades básicas de um escritório, por exemplo, que deseja controlar suas atividades. A figura a seguir ilustra a janela principal desse programa.

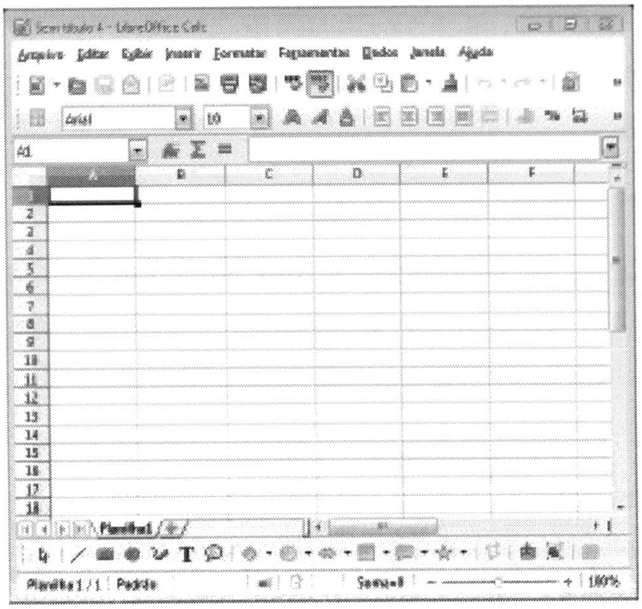

Para utilizar adequadamente esse programa, devemos entender as suas estruturas, com as quais iremos operar, como o formato de arquivo gerado.

Por padrão, um arquivo salvo no Calc é salvo no formato ODS (Open Document Spreadsheet), no entanto é possível por meio deste editor também salvar nos formatos padrões do Microsoft Office Excel: xls (97-2003) e xlsx (2007 e 2010).

Vale lembrar que o formato ODF é o formato genérico do BrOffice, conhecido como Open Document Format, ou seja, Formato de Documento Aberto. Fique atento, pois o PDF (Formato de Documento Portátil) também e possível de ser gerado pelo Calc, porém por meio da opção Exportar como PDF.

4.1 Planilha

Uma planilha nada mais é do que um reticulado de linhas e colunas, as quais são preenchidas com dados e fórmulas com o intuito de se obter algum resultado ou estruturar alguma informação.

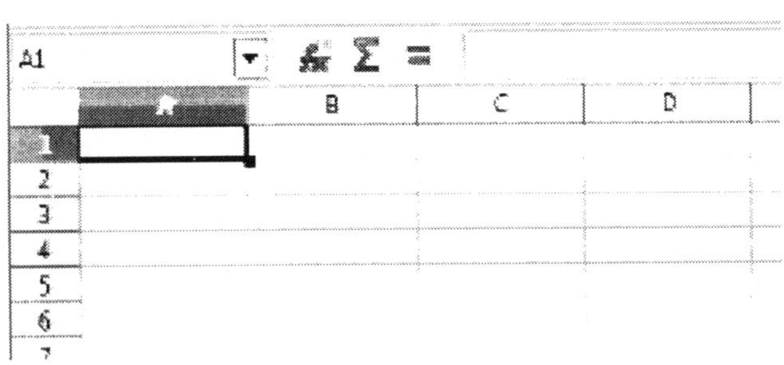

Por padrão, as linhas são identificadas por números enquanto as colunas são identificadas por letras, conforme ilustrado na figura acima. Vale lembrar que, uma vez que existe um padrão, que existe também outra forma de se trabalhar, neste caso, é possível utilizar números para as colunas, mas é necessário alterar as opções do programa.

Uma planilha já possui um total de 1.048.576 linhas por 1024 colunas, contudo, como o alfabeto vai apenas até a letra Z, a próxima coluna é dada pela combinação AA, seguida por AB até chegar a AZ, seguida por BA, BB e assim por diante até completar as 1024 colunas, sendo a última representada pela combinação AMJ.

O mais importante a ser observado sobre essa característica é que esses valores são fixos, ou seja, uma planilha sempre terá essa estrutura, mas quando usado o recurso inserir Linhas ou Colunas, ocorre um deslocamento de conteúdo para baixo, no caso de linhas, e para a direita, no caso de colunas.

4.2 Célula

Uma célula é a menor unidade estrutural de um editor de planilhas, elas são dadas pelo encontro de uma coluna com uma linha. Assim são identificadas pelos títulos das colunas e das linhas que são exibidas.

A célula A1 é a primeira célula de uma planilha, ou seja, é a célula que se encontra na coluna A e na linha 1.

4.2.1 Células de absorção

Dentre as características das células podemos citar as de Absorção, também conhecidas como células de resultado. Basicamente são aquelas que apresentam o resultado de algum cálculo.

Os indicadores de Células de Absorção são símbolos usados para identificar para o programa quais células devem ser calculadas. No Calc, são três os indicadores de células de absorção:

=	=5+5	10
+	+5+5	10
-	-5+5	0

4.2.2 Modos de endereçamento

Os modos de endereçamento são formas de identificar o endereço de uma célula, contudo para fins de identificação os três modos de endereçamento não possuem diferença, sua aplicação é apenas para os procedimentos de copiar e colar uma célula cujo conteúdo é uma fórmula, por vezes citado pelo clicar e arrastar.

Relativo: no modo de endereçamento relativo apenas precisamos indicar a coluna e a linha de uma célula. Como o exemplo: B2, ou seja, a célula que se encontra na junção da linha 2 com a coluna B.

Misto: no modo de endereçamento misto é utilizado o símbolo **$** (cifrão) para indicar que o dado que estiver imediatamente à sua direita será sempre o mesmo, ou seja, não poderá ser alterado.

Existem duas formas de endereçamento misto, em uma bloqueamos a coluna, enquanto na outra a linha é que é bloqueada.

Quando desejamos travar a coluna, escrevemos o endereço da célula, =$B2, assim a linha pode ser alterada quando houver deslocamento, porém, a coluna será sempre a coluna B.

Por outro lado, quando desejamos fixar uma linha, devemos escrever o **$** antes da linha, exemplo, =B$2, dessa forma, a coluna pode ser alterada quando houver deslocamento em relação à coluna, contudo a linha será sempre a linha 2.

Absoluto: no endereçamento absoluto tanto a coluna quanto a linha são fixadas, assim podemos dizer que a célula será sempre a mesma.

Endereço da planilha

<nome da Planilha>.<endereço da célula>

=Planilha1.B4+Planilha2.B4

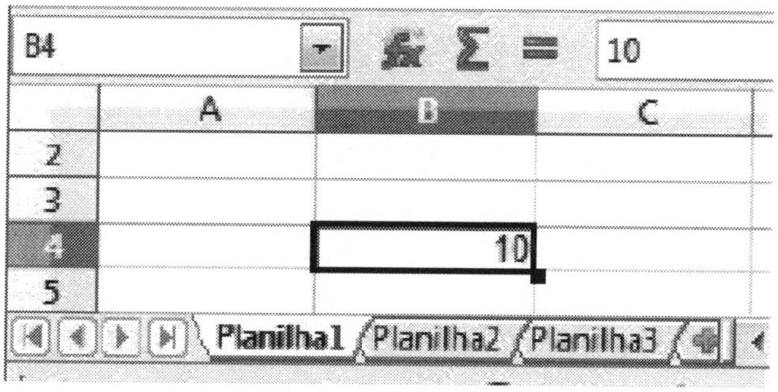

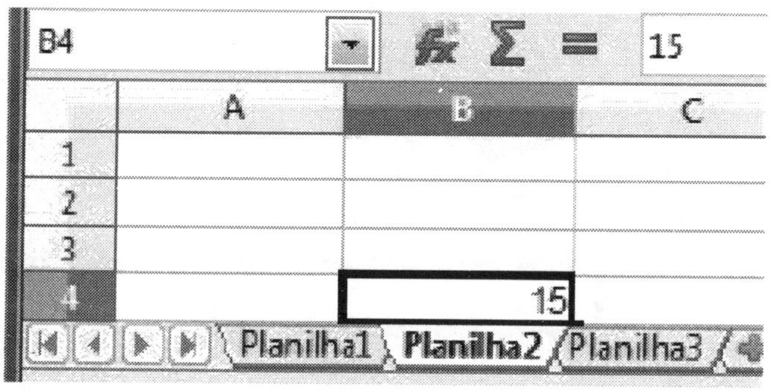

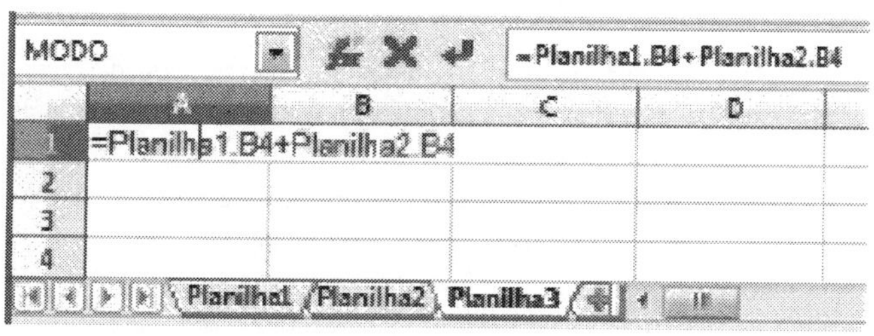

4.3 Operadores

No BrOffice Calc existem quatro tipos de operadores básicos: aritméticos, texto, referência e comparação, cada qual com suas peculiaridades.

4.3.1 Operadores aritméticos

Sobre Operadores Aritméticos, assim como sobre Células de Absorção, a maioria das perguntas é direta, mas as questões são colocadas na matemática destes operadores, ou seja, as regras de prioridade de operadores devem ser observadas para que não seja realizado um cálculo errado.

Operador	Símbolo	Exemplo de uso	Resultado
Adição	+	=5+5	10
Subtração	-	=5-5	0
Multiplicação	*	=5*5	25
Divisão	/	=5/5	1
Potenciação	^	=5^2	25
Percentagem	%	=200*10%	20

4.3.2 Operador de texto

Os editores também contam com um operador que permite atuar com texto. O operador de concatenação **&** tem a função de reunir o conteúdo das células na célula resultado. Atenção, nesse caso a ordem dos operadores altera o resultado.

A figura a seguir ilustra as células com operações de concatenação.

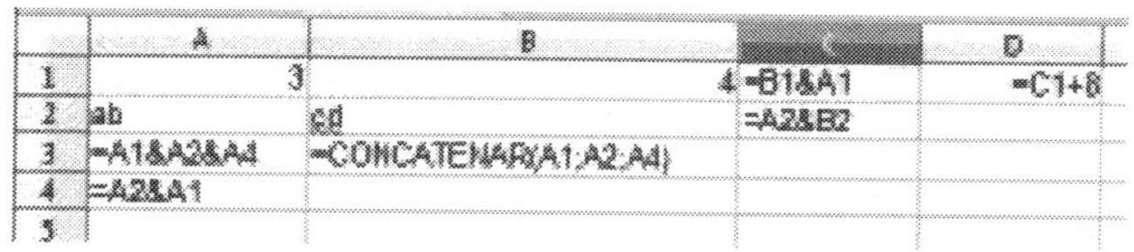

A figura a seguir mostra os resultados obtidos pelas fórmulas inseridas, atente aos resultados e perceba que a ordem dos fatores muda o resultado. Também observe que, por ter sido utilizado um operador de texto, o resultado por padrão fica alinhado à esquerda.

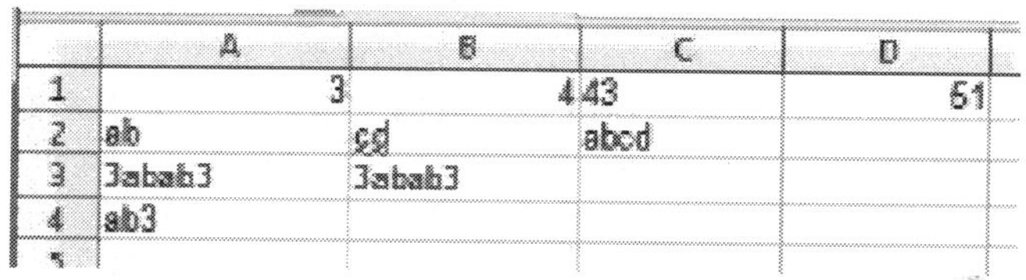

4.3.3 Referência

Os operadores de referência são aqueles utilizados para definir o intervalo de dados que uma função deve utilizar.

; ~	E	União
:	Até	Intervalo
!		Interseção

Considere o seguinte conjunto de dados em uma planilha em edição no Calc:

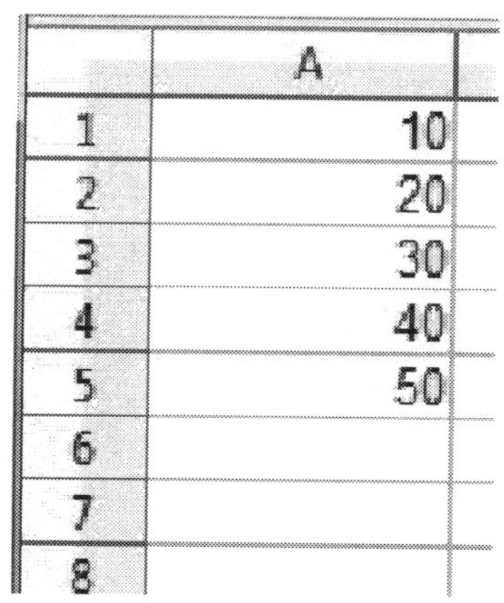

=SOMA(A1 : A4)

A função é lida como Soma de A1 até A4, ou seja, todas as células que estão no intervalo de A1 até A4 inclusive. No caso de exemplo o resultado = 100.

De forma equivalente pode-se escrever a função como se segue:

=SOMA(A1 ; A2 ; A3 ; A4)

A qual se lê Soma de A1 e A2 e A3 e A4, assim é possível especificar células aleatórias de uma planilha para realizar um cálculo.

=SOMA(A1 ; A4)

Neste caso fique atento pois, a leitura é Soma de A4 e A1, ou seja, apenas estão sendo somadas as células A1 com A4 as demais não entram no conjunto especificado. Assim, o resultado seria 50.

=SOMA(A1 : A4 ! A3 : A5)

Já nesta última situação apresentada, deseja-se somar apenas as células que são comuns ao intervalo de A1 até A4 com A3 até A5, que no caso são as células A3 e A4, assim a soma destas células resulta em 70.

4.4 Elemento fixador

O $ (cifrão) é um símbolo usado para travar alguma informação, via de regra o que estiver vinculado à direita.

As questões normalmente descrevem uma planilha e citam que uma determinada fórmula foi inserida em uma célula. Na sequência, a célula é selecionada, copiada e colada em outra célula, ou mesmo clicado pela alça de preenchimento e arrastado para outra célula.

No caso a seguir, foi inserida na célula C1 a fórmula =A1+$A2+A$2, após foi arrastada pela alça de preenchimento desta célula para a célula C2, assim a fórmula presente em C2 será:

1º de C1 para C2 foi acrescido apenas uma linha, sem alterar a coluna, assim as letras não são alteradas, mas existem modos de endereçamento misto, em que aparece $2 significa que a linha será sempre a linha 2, não podendo modificá-la.

	A	B	C	D
1	10	100	=A1+$A2+A$2	
2	50	200	=A2+$A3+A$2	
3	=$A$1+A1			
4		=$A$1+B2		
5				=B5+$A6+B$2
6				

	A	B	C	D
1	10	100	110	
2	50	200	120	
3	20			
4		210		
5				200
6				

C1	→	C2
Origem		Destino

	Destino		Origem	Deslocamento
Linha	2	-	1	1
Coluna	C3ª	-	C3ª	0

C1	→	D5
Origem		Destino

	Destino		Origem	Deslocamento
Linha	5	-	1	4
Coluna	D4ª	-	C3ª	1

A3	→	B4
Origem		Destino

	Destino		Origem	Deslocamento
Linha	4	-	3	1
Coluna	B2ª	-	A1ª	1

	→	
Origem		Destino

	Destino		Origem	Deslocamento
Linha		-		
Coluna		-		

4.5 Alça de preenchimento

A Alça de Preenchimento é um dos recursos que mais possui possibilidades de uso e por consequência respostas diferentes.

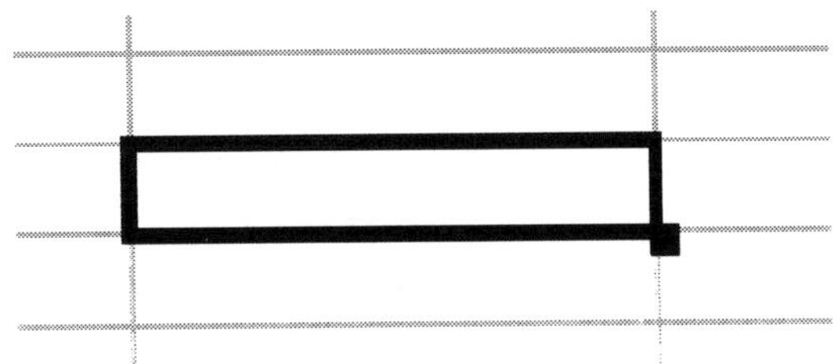

Observe que, quando uma ou mais células estão selecionadas, sempre no canto direito inferior é ilustrado um quadrado um pouco mais destacado, essa é a alça de preenchimento.

Ela possui esse nome porque é utilizada para facilitar o preenchimento de dados que obedeçam a uma regra ou padrão.

Quando uma única célula está selecionada e o seu conteúdo é um valor numérico. Ao clicar sobre a alça de preenchimento e arrastar seja na horizontal ou vertical, em qualquer sentido, exceto diagonal, será preenchido com uma Progressão Aritmética (PA) de razão 1, caso seja arrastado para esquerda ou para cima a razão é -1. A figura a seguir ilustra o comportamento.

A	B	C	D	E
		3		
		4		
3	4	5		
		6		7
		7		
		8		

Já na situação em que existem duas células adjacentes selecionadas contendo valores numéricos diferentes entre si, ao se arrastar pela alça de preenchimento as células serão preenchidas com uma PA cuja razão é a diferença entre os dois valores selecionados. A figura a seguir ilustra esse comportamento. Podemos observar que o valor que irá ser exibido na célula B6 será o número 30, com isso a célula B4 receberá o valor 20, enquanto a B5 receberá 25, conforme vemos na figura da direita.

Quando o conteúdo de uma única célula selecionada for um texto esse, será copiado para as demais células. Mas se o conteúdo, mesmo sendo um texto, fizer parte de uma série conhecida pelo programa às células serão preenchidas com o próximo valor da série. Por exemplo, se **Janeiro** for o conteúdo inserido na célula, então, ao arrastar pela alça de preenchimento para a direita ou para baixo a célula adjacente será preenchida com **Fevereiro**, por outro lado se for arrastado para cima ou para a esquerda a célula adjacente será preenchida com **Dezembro**. O mesmo vale para as sequências Jan, Seg e Segunda-feira.

Atenção: A, B, C não são conhecidos como série nos programas, mas o usuário pode criá-las.

Já na situação em que haja duas células que contenham textos diferentes selecionadas, ao arrastar será preenchido com o padrão encontrado.

Quando o conteúdo da célula for uma fórmula ao arrastar pela alça de preenchimento o resultado é o mesmo, ou seja, deverá ser calculada a nova fórmula de acordo com o deslocamento.

4.6 Funções

As funções são estruturas prontas criadas para que o usuário não se preocupe em como elas funcionam, mas apenas com que informações devem descrever para obter o resultado. Contudo, para as provas de concurso precisamos saber como elas funcionam.

A figura acima ilustra a barra de fórmulas e funções do Calc, por meio dela podemos inserir as funções, além de poder digitá-las diretamente. Essa barra também tem importante informação, pois é nela que é exibido o real conteúdo de uma célula, ou seja, se o que foi inserido foi uma fórmula ou um dado (valor) direto.

Caso ainda não conheça muito bem as funções é possível contar com o assistente de funções, que pode ser acessado pelo ícone  presente nessa mesma barra. À direita dele encontra-se o botão SOMA, que pode ser usado para inserir a função =SOMA( ) já o sinal de igual presente na sequência é o mesmo que digitar o símbolo na célula selecionada a fim de inserir uma fórmula ou função, tanto que seu nome é Função.

4.6.1 Principais funções

=SOMA( ) =MÉDIA( ) =MED( )

=MÁXIMO( ) =MAIOR(;) =MÍNIMO( )

=MENOR(;) =MODO( )

=média(a1:a5)

Calcula-se a Média de A1 até A5. O cálculo da média é a soma de um conjunto de valores dividido pelo total de valores **somados**, assim para o caso apresentado na figura acima o resultado da média de A1 até A5 é 20/4 totalizando 5, ou seja, as células vazias são ignoradas. Caso a célula A3 possua o valor 0, o resultado seria 4, pois 0 (zero) é número.

=média(a1;a2;a3;a4;a5)

Nesta segunda forma, apenas se mudou os operadores de referência, mas o resultado será o mesmo, pois o conjunto de dados é o mesmo.

=média(b1:b5)

O conjunto apresentado também resulta em 5.

=soma(b1:b5)/5

Muito comum de ser usado nas provas as estruturas de funções combinadas com expressões aritméticas como somar o conjunto de B1 até B5 e na sequência dividir o resultado por 5. Atente-se, pois para o caso em questão a expressão acima calcula a média, porém não se pode dizer o mesmo para a frase, **a função =SOMA(B1:B5)/5 calcula a média dos valores de B1 até B5 qualquer que seja o valor nas células**, pois se alguma célula estiver vazia não será dividido por 5 o total somado, a fim de calcular a média.

=b1+b2+b3+b4+b5/5

Cuidado com a expressão acima, porque ela não calcula a média, mas é bastante usada nas provas para induzir o candidato ao erro, lembre-se que os cálculos devem ser realizados respeitando as precedências de operadores. Assim, a expressão para calcular a média seria **=(B1+B2+B3+B4+B5)/5** usando os parênteses para mudar a precedência indicando que o que está entre eles é que deve ser calculado por primeiro.

=med(b1:b5)

Atenção a essa função, pois as provas induzem o candidato a pensar que se trata da função que calcula a média, contudo o que ela calcula é a **Mediana**, que é o elemento central de um conjunto de elementos. Porém, outra questão recorrente pode ser apresentada: ocorre quando o conjunto de dados é similar ao apresentado, ou seja, com números repetidos e fora de ordem, devemos lembrar que a mediada leva em consideração os valores em ordem e que estes se repetem. Desse modo, na mediana de B1 até B5 devemos observar os valores (3, 3, 5, 7, 7), com base nesse conjunto tem-se que a mediana é 5, pois é o elemento central.

=med(a1:a5)

Contudo, quando o conjunto possui uma quantidade par de elementos, a mediana é a média dos elementos centrais. Dado do conjunto (3, 3, 7, 7) a mediana é a média de 3 e 7, ou seja, 5.

=máximo(b1:b5)

Essa função retorna o valor mais alto do conjunto de dados especificado.

=maior(b1:b5;3)

Em comparação com a função Máximo, é comum aparecer a função Maior que permite identificar o enésimo termo de um conjunto.

No exemplo anterior podemos ler como o terceiro maior número do intervalo de B1 a B5.

Neste caso, como se deseja o maior valor o conjunto, deve ser considerado em ordem decrescente (7, 7, 5, 3, 3), assim o terceiro maior número é 5.

=mínimo(b1:b5)

Enquanto o máximo traz como resposta o valor mais alto, o mínimo retorna o mais baixo.

Para o exemplo acima a resposta é 3.

=menor(b1:b5;1)

A função Menor exibe o enésimo menor número de um conjunto, desta forma, no exemplo dado, pede-se o primeiro menor número do intervalo de B1 a B5 (3, 3, 5, 7, 7), na função menor o conjunto de dados deve ser considerado em ordem crescente, assim o primeiro menor é 3, o mesmo que o mínimo de B1 até B5.

=modo(a1:a5)

Esta função retorna o valor que aparece com maior frequência no conjunto especificado. No caso do exemplo, a resposta é 3.

=modo(b1:b5)

Observe que o resultado será sempre o valor mais baixo que mais se repete, mesmo que outro valor apareça com a mesma frequência, como no segundo exemplo a resposta também é 3.

4.6.2 Outras funções comuns

	A	B	C	D	E
1	3	7	10	A	
2	7	3	20	B	
3		7	30	A	
4	3	3	40	A	
5	7	5	10	B	
6					

=se(; ;)

A função SE é também conhecida como condicional, por meio dela é possível definir ações a serem executadas diante de determinadas situações (condições).

Sua sintaxe é composta por três campos sendo que no primeiro é colocado um teste lógico, após o ponto e vírgula temos o campo que contém a ação a ser executada, caso o teste lógico seja verdadeiro e na sequência. No último campo, contém a ação caso o teste lógico seja falso.

=cont.Núm( )

Esta função exibe o total de células de um intervalo que possui como conteúdo um valor numérico.

=cont.Se(;)

Enquanto a função CONT.SE retorna a quantidade de células que atendem ao critério estabelecido no segundo campo.

=somase(; ;)

Já a função SOMASE, permite somar apenas o conteúdo das células de interesse ao montante.

Assim se aplicada a função **=SOMASE(D1:D5;"=A";C1:C5)** a resposta será o montante da soma das células da coluna C que estiverem na mesma linha das células da coluna D que possuírem a letra A como conteúdo. Assim a resposta é 80.

Exs.:
=SE(C1>=10;"maior ou igual";"Menor")

Se o valor contido na célula C1 for maior ou igual a 10, então será escrito na célula o texto expresso no segundo campo da função. Por ser um texto, a ação desejada ele obrigatoriamente deve ser expresso entre aspas, contudo as aspas não serão exibidas na resposta.

Mas se o valor da célula C1 for menor do que então será escrito como resposta o texto **Menor**.

=cont.Núm(a1:a5)

Como a célula A3 está vazia, a resposta desta função é 4, pois existem apenas 4 células cujo conteúdo é um número.

=cont.Se(d1:d5; "=a")

Ao se aplicar a função acima, ela irá contar quantas células possuem o texto A, neste caso a resposta é 3.

4.7 Formatos de células

Ao clicar com o botão direito do mouse sobre uma ou mais células selecionadas é aberto o menu suspenso, ilustrado a seguir. Neste momento nos interessa a opção Formatar Células que, ao ser acionada, abre a janela de formatação de células.

4.7.1 Guia números

A figura a seguir ilustra a janela Formatar Células exibindo as opções da aba Números, as principais abas são as guias Número e Alinhamento.

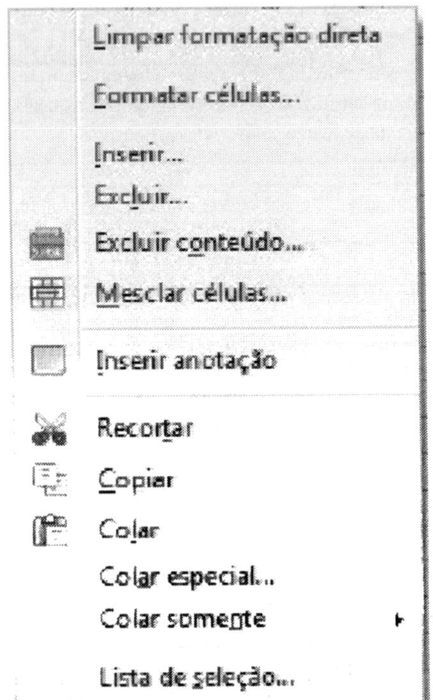

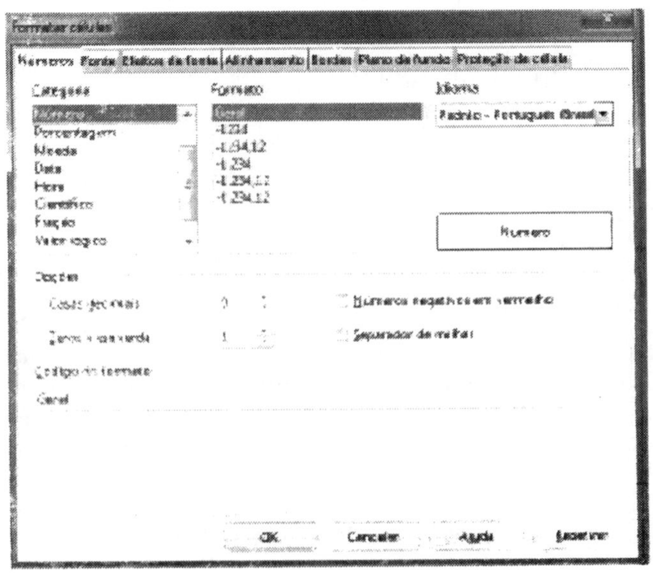

Na figura a seguir estão listados os formatos de células e exibidas as células formatadas.

	A	B
1	Número	5,70
2	Porcentagem	500,00%
3	Moeda	R$ 50,00
4	Data	09/04/13
5	Hora	23:20:00
6	Científico	5,00E+000
7	Fração	3/4
8	Valor Lógico	VERDADEIRO
9	Texto	teste
10		

Os formatos Moeda e Percentagem também podem ser definidos pelas opções da barra de Ferramentas de Formatação. A figura a seguir ilustra parte desta barra com as opções citadas.

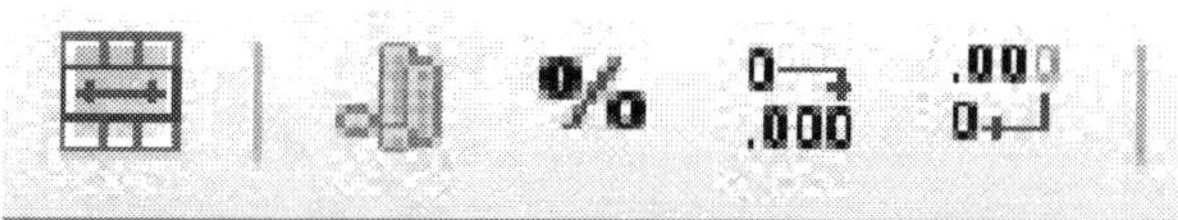

4.7.2 Guia alinhamento

Por meio desta guia, podemos formatar o alinhamento vertical e/ ou horizontal de uma célula bem como a orientação do texto, ou seja, sua direção aplicando um grau de inclinação.

Também encontramos a opção Quebra Automática de texto que permite distribuir o conteúdo de uma célula em várias linhas de texto dentro da mesma célula. A figura a seguir ilustra estas opções.

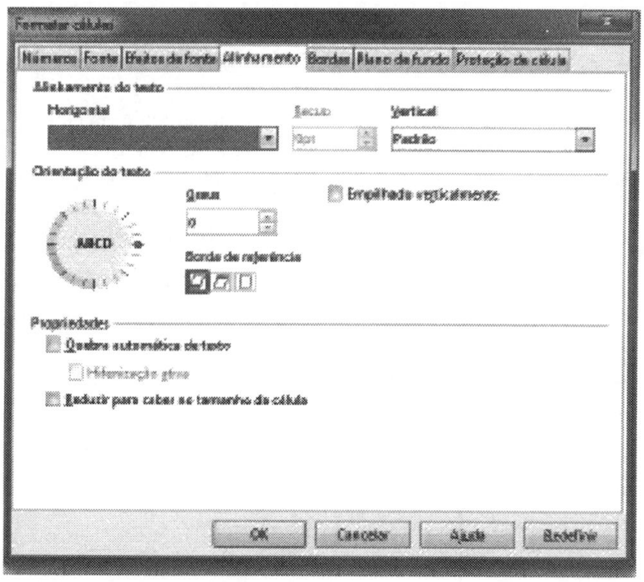

4.7.3 Outras ferramentas

Mesclar e centralizar

A opção Mesclar e Centralizar do Calc centraliza tanto na horizontal como na vertical. Porém, é possível exibir apenas o conteúdo da célula superior esquerda, como também se pode mover o conteúdo das células selecionadas que serão ocultas para a célula superior esquerda.

A sequência de imagens a seguir ilustra a operação de mesclar em que se opta por exibir apenas a célula superior esquerda, observe que as demais células são apenas ocultas, assim seus valores são mantidos e podem ser referenciados.

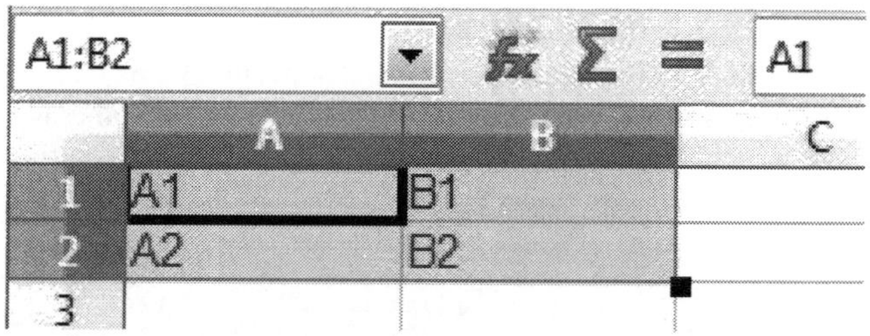

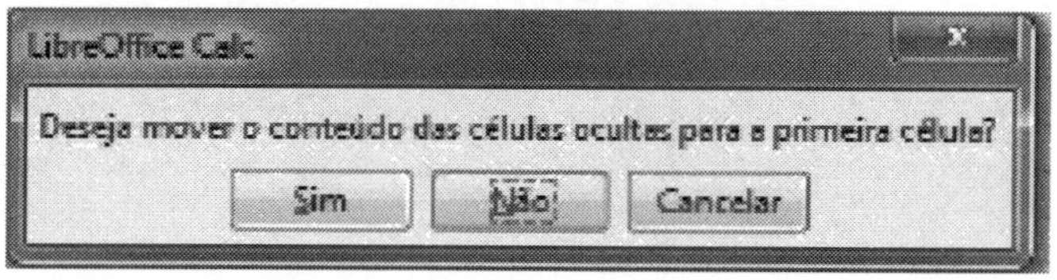

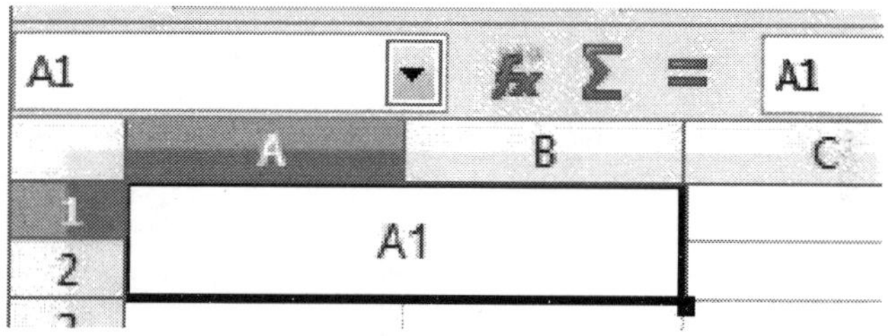

Nessa próxima sequência foi optado por mover o conteúdo para a célula superior esquerda, atente que a ordem dos dados é a mesma de leitura (esquerda para a direita e de cima para baixo).

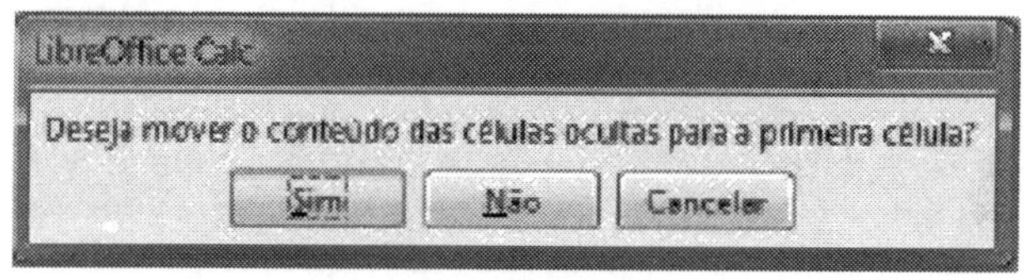

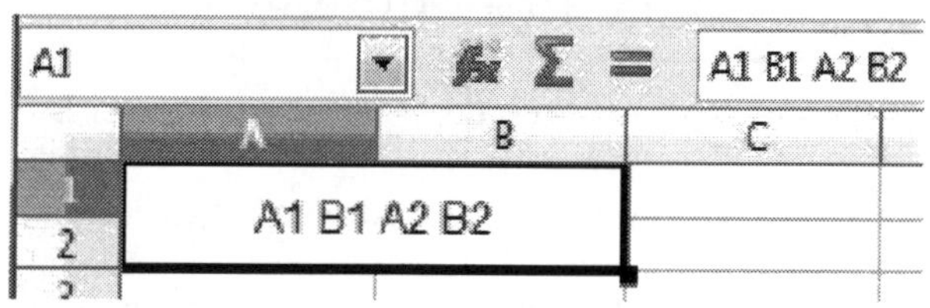

Bordas

Por padrão, em uma planilha, o que vemos são as linhas de grade e não as bordas das células, tanto que se realizarmos a impressão nenhuma divisão aparece. As bordas devem ser aplicadas manualmente de acordo com a necessidade, para isso, pode-se usar o botão Bordas presente na barra de ferramentas de formatação que, ao ser acionado, exibe as opções de bordas, como: bordas externas, internas, esquerda, direita, dentre outras.

Classificar

Outra opção que podemos destacar é a de classificação de dados, pela qual podemos ordenar um conjunto de dados selecionados em ordem crescente ou mesmo decrescente, por meio dos ícones.

5 BROFFICE IMPRESS

É também conhecido como editor de slides. Fique atento com as palavras expressas em português como eslaide, que aparenta ser errada, pelo fato de não ser empregada com frequência, comumente usada para induzir o candidato ao erro.

5.1 Janela do programa

Devemos, primeiramente, conhecer algumas funções da Janela do Editor para melhor entender seus recursos.

A primeira barra ao topo, onde encontramos os botões Fechar, Maximizar/Restaurar e Minimizar é a chamada Barra de Título, pois expressa o nome do arquivo e o programa no qual está sendo trabalhado.

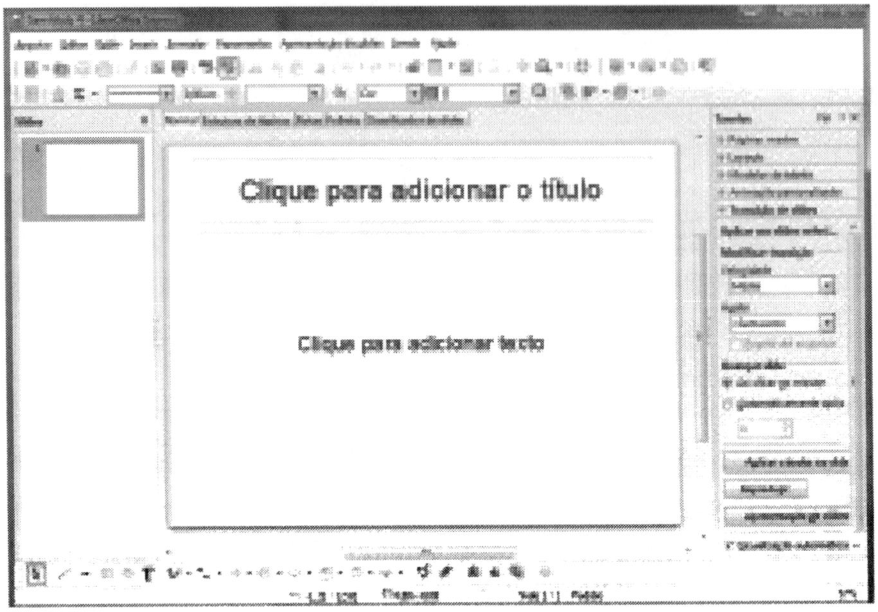

A barra logo abaixo é a Barra de Menu, onde se encontram as ferramentas do programa. Observe, à direita do menu Ferramentas, a existência de um menu diferente dos encontrados no Writer e Calc, o menu Apresentação de Slides. Nele, são encontradas as opções específicas das operações com slides como Cronometrar, Transição e Apresentação de Slides.

Na sequência, são exibidas as duas barras de ferramentas (Padrão e de Formatação). Fique atento às divisões da janela. Na lateral esquerda, está o painel Slides, nele são exibidas as miniaturas dos slides a fim de navegação na apresentação, bem como de organização. Uma vez que, para deslocar o slide, basta clicar e arrastá-lo para o local desejado.

A última é a barra de Status, por meio dela podemos visualizar em qual slide estamos, além de poder alterar o zoom do slide em edição.

Acima da barra de Status está a barra de Desenhos, ilustrada a seguir. Essa barra é comum aos demais editores (Calc e Writer). Porém, ela só aparece por padrão no Impress. Para ocultá-la ou exibi-la, basta selecionar a barra no menu Exibir → Barras de Ferramentas → Desenho.

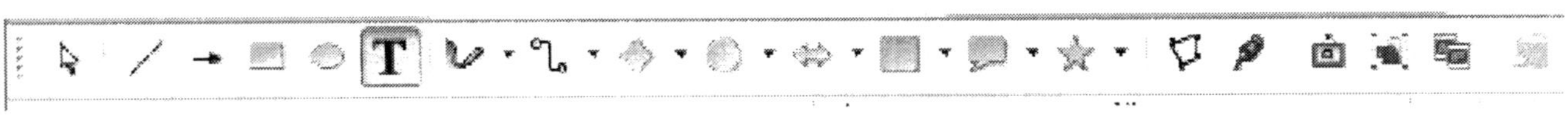

A área central da tela é onde fica o slide em edição, também conhecida como palco, quem sabe uma associação ao espaço onde o artista expõe a sua obra.

Já à direita, é exibido o Painel de Tarefas. Essa estrutura oferece diversas opções, conforme ilustrado a seguir:

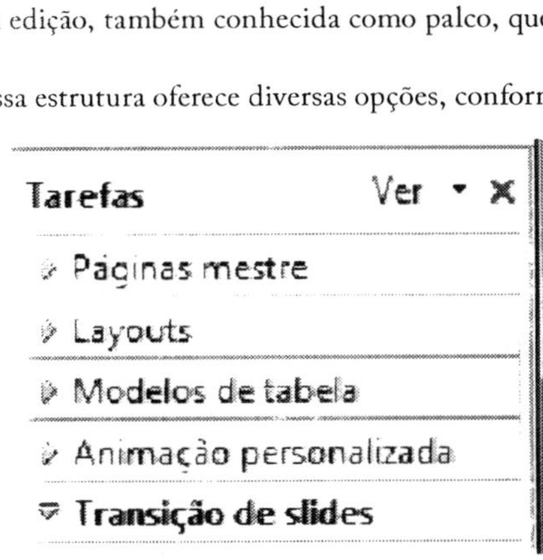

Acima do slide em edição, podem-se encontrar cinco opções, elas são modos de exibição que podem ser alternados.

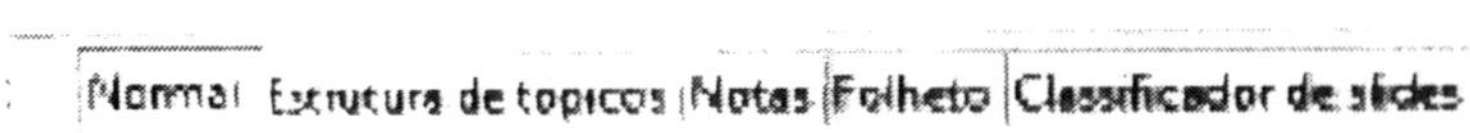

5.2 Mestre

Um mestre é aquele que deve ser seguido, ou seja, uma estrutura base para a criação de um conjunto de slides. Por meio dele podemos criar um modelo no qual se definem estilos de título, parágrafo, tópicos, planos de fundo e os campos de data/hora, rodapé e número do slide, conforme pode ser visualizado na imagem a seguir:

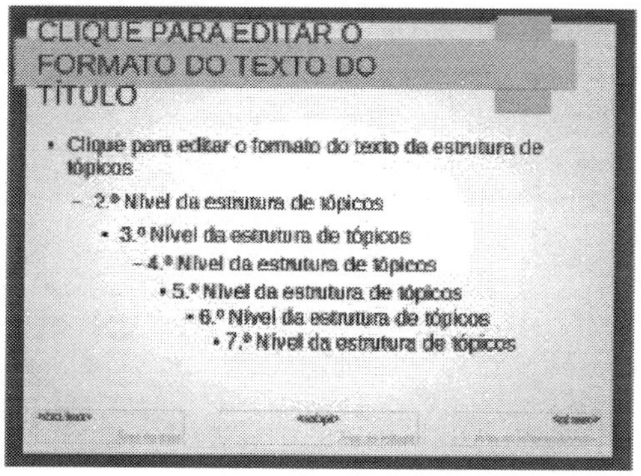

Para acionar o modo exibido, basta clicar no menu Exibir → Mestre → Slide Mestre.

A Nota Mestre serve para formatar as características das anotações (notas) que podem ser associadas a cada slide, conforme ilustrado a seguir.

Já o item Elementos do Slide Mestre, serve para indicar quais elementos devem aparecer nos slides ou notas.

No painel de Tarefas, a opção Páginas Mestre apresenta alguns modelos de Slides Mestres que podem ser utilizados pelo usuário.

5.3 Layouts

Também podendo ser citado como Leiaute, são as estruturas que um slide pode possuir, como slides de título, título e subtítulo, slide em branco entre outros.

A figura a seguir ilustra os diversos layouts disponíveis no Impress. Esses podem ser definidos a qualquer momento da edição, inclusive após o slide já ter sido inserido.

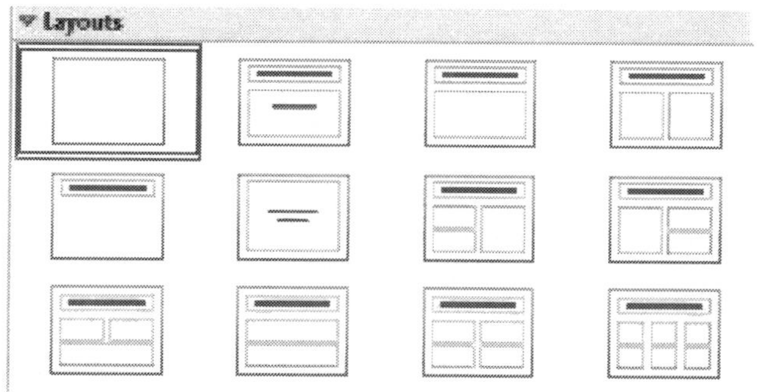

Por meio do botão Inserir Slide, presente na barra de ferramentas padrão, é possível escolher no momento da inserção o layout do slide. Após este já ter sido inserido, basta selecioná-lo no painel de slides, à esquerda, e escolher o novo layout desejado pelo botão de Layout do Slide ou pelo painel de Tarefas.

5.4 Formatos de arquivos

O Formato de Arquivo salvo por padrão no BrOffice (LibreOffice) Impress é o ODP (Open Document Presentation). Contudo, é possível salvar uma apresentação no formato ptt do PowerPoint (2003) ou pttx do PowerPoint 2007 e 2010.

Existe também um formato de arquivo pps (2003) e ppsx (2007 e 2010). Ele é um formato de autoplay, ou seja, ao ser acionado o arquivo com esse formato ele automaticamente é exibido no modo de exibição de slides.

5.5 Modos de exibição

Os Modos de Exibição refletem em diferentes estruturas e não apenas formas de visualizar os slides. No Impress, existem cinco modos de exibição principais, mas pode-se acrescentar também o modo de Apresentação de Slides como sendo um modo de exibição.

Para alternar entre os modos de exibição, pode-se escolher o modo desejado pelo Menu Exibir ou pelas opções presentes no topo do palco de edição.

5.5.1 Normal

Este é o modo de exibição padrão para a edição dos slides, conforme ilustrado a seguir. Com esse modo, é possível alterar os textos do slide, bem como suas formatações de texto, layout e plano de fundo.

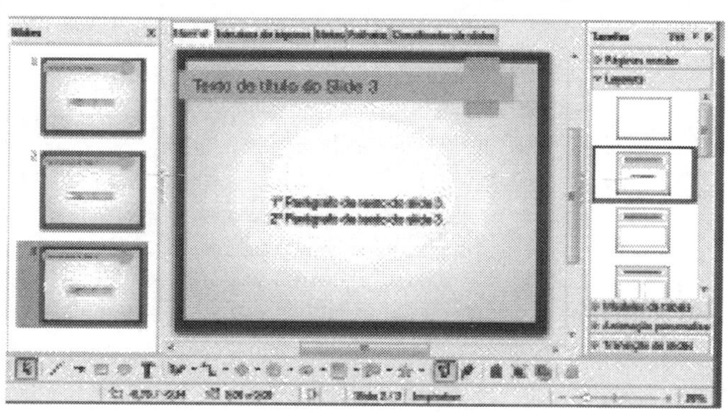

5.5.2 Estrutura de tópicos

Já no modo de Estruturas de Tópicos, as características de formatação do slide não são exibidas, mas apenas o conteúdo do slide. Cada slide é indicado, bem como cada parágrafo de conteúdo, conforme ilustrado a seguir. Propriedades como o tamanho e o tipo da fonte, bem como negrito, sublinhado e itálico são aparentes neste modo de exibição, ao contrário da cor da fonte.

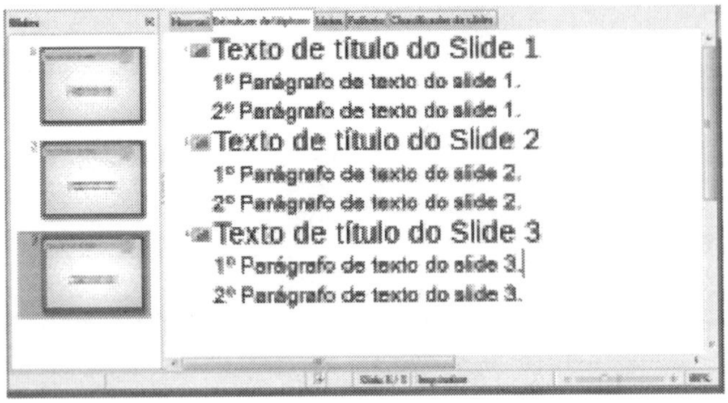

Notas

Este modo de exibição serve para que se possa inserir as anotações sobre um slide, muitas vezes usadas para descrever o assunto, ou conteúdo do slide, ou seja, são os tópicos a serem seguidos e apontados. Assim, as notas servem como um lembrete.

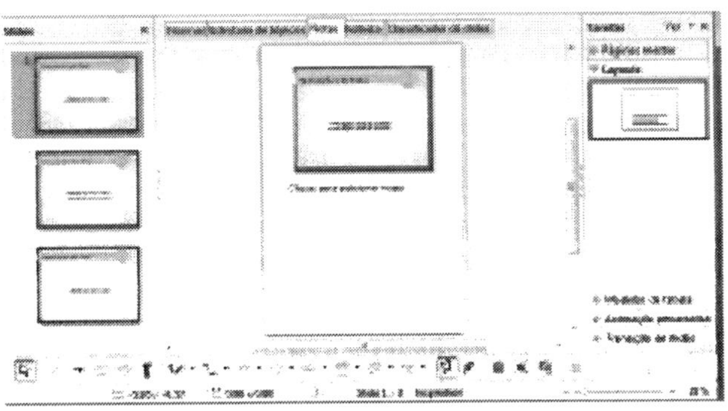

5.5.3 Folhetos

O modo de exibição de Folhetos, ilustrado a seguir, tem por objetivo as estruturas de cabeçalho e rodapé do modo de impressão de folhetos, ou seja, aquele em que são impressos vários slides por página.

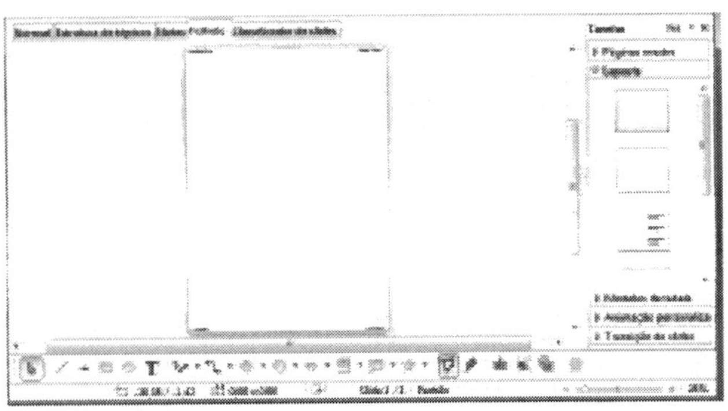

Também é possível dimensionar como ficaram os slides. Além do conteúdo do cabeçalho e rodapé, é possível inserir dados como data, hora e números de páginas. A figura a seguir ilustra com maior precisão os detalhes deste modo de exibição:

5.5.4 Classificador de slides

O modo Classificador de Slides serve para organizar a sequência dos slides na apresentação, oferecendo uma interface onde são exibidas as miniaturas das telas para que, ao clicar e arrastar os slides, seja possível movê-los para às posições desejadas. Na imagem a seguir, pode-se observar sua disposição:

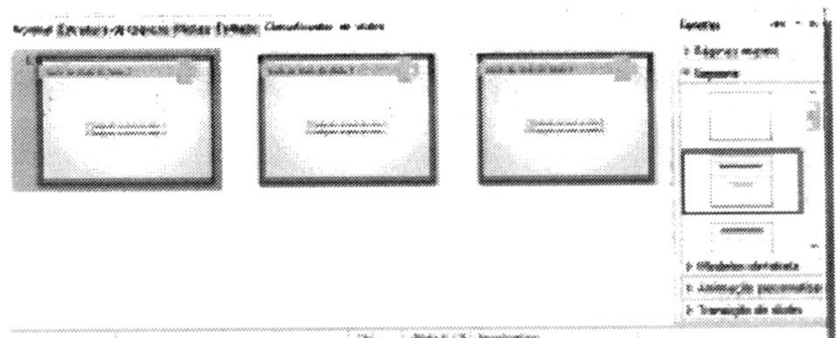

5.6 Inserir slide

Para inserir um slide em uma apresentação, podemos contar com o recurso Inserir Slide, que pode ser acionado a partir de três locais, dentro do editor de apresentação Impress: Menu Inserir, Botão direito do mouse e Barra de Ferramentas.

Além de poder inserir um novo slide pelo Menu Inserir, é possível duplicá-lo, ou seja, criar uma cópia do(s) slide(s) selecionado(s), conforme ilustrado a seguir.

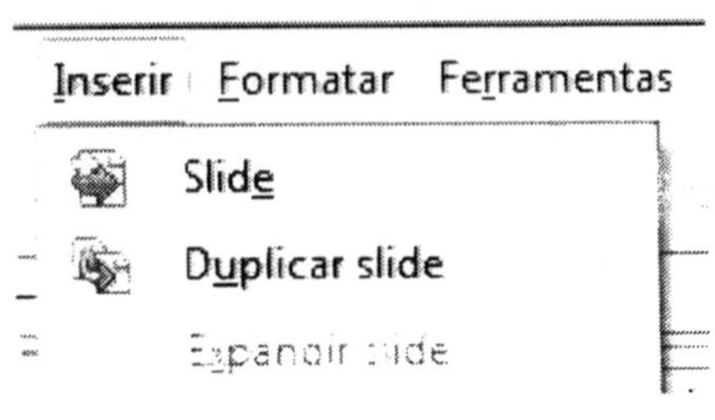

Com o clique do botão direito do mouse sobre um slide, é exibida a lista suspensa ilustrada a seguir, que possui tanto a opção de inserir novo slide, como duplicar o slide selecionado.

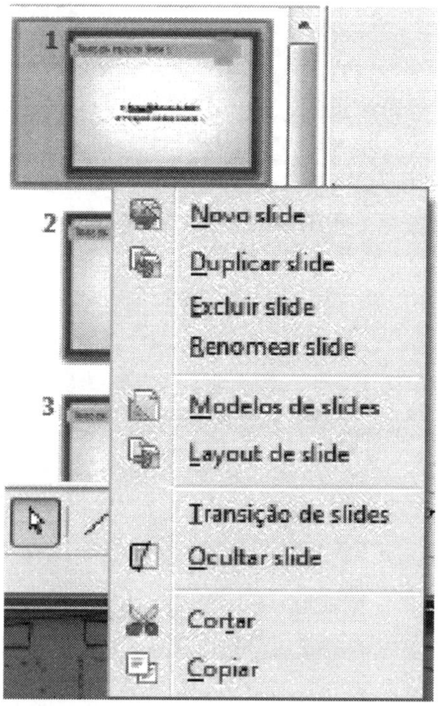

Caso o clique com o botão direito seja feito no espaço vazio, entre os slides é exibida apenas a opção Novo Slide, conforme ilustrado a seguir.

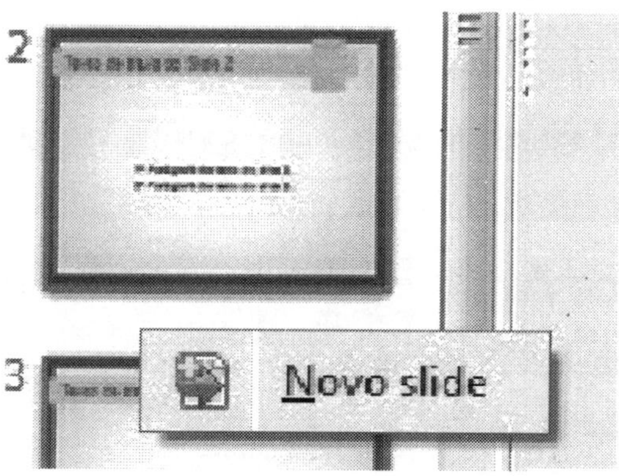

Já na barra de Ferramentas padrão, encontramos o ícone  que permite a inserção de um slide. Caso seja clicado na seta à sua direita, é possível ainda escolher o layout do slide que está sendo inserido.

5.7 Menu Apresentação de slides

Neste menu é que se encontram as opções específicas de uma edição de apresentação de slides, como os efeitos de animação e transição de slides. Assim, se a prova citar alguma opção solicitando o menu em que ela é apresentada, se a opção tiver relação à apresentação de slides, então provavelmente estará no menu Apresentação de Slides.

Dentre os itens deste menu, podem-se destacar:

5.7.1 Apresentação de Slides

É a opção que permite exibir a apresentação de slides em tela cheia, de forma a poder visualizá-la. Também é possível encontrar essa opção no Menu Exibir, assim como acioná-la por meio da tecla de atalho F5 que, no caso do Impress, sempre inicia a partir do slide selecionado.

5.7.2 Configuração da apresentação de slides

Por meio desta opção é possível configurar características da exibição da apresentação como tempo de transição de slides automática e a possibilidade padrão de trocar de slide a cada clique do mouse ou com tecla do teclado. A figura a seguir ilustra a janela de configurações de apresentação:

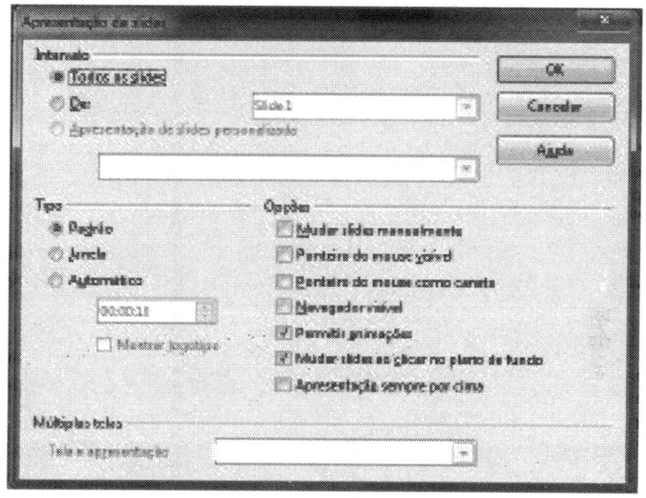

5.7.3 Cronometrar

A opção Cronometrar do Impress é muito inferior ao mesmo recurso no PowerPoint, se comparados. Em teoria, essa ferramenta deveria permitir marcar o tempo que seria gasto para explanar sobre uma apresentação. Contudo, o tempo é marcado por slide e exibido apenas enquanto este está sendo exibido, após, no próximo slide, o contador é novamente zerado.

5.7.4 Interação

Por meio deste recurso é possível modificar a sequência de exibição de uma apresentação, atribuindo a elementos do slide, como figuras e textos, ações como ir para determinado slide da apresentação, como que criando botões de navegação. Para isso, no entanto, faz-se necessário que algum elemento esteja selecionado.

5.7.5 Animação personalizada

Esse recurso permite atribuir um efeito a um elemento no slide. Ao ser acionado, exibe suas opções no Painel de Tarefas à direita da tela, conforme ilustrado a seguir.

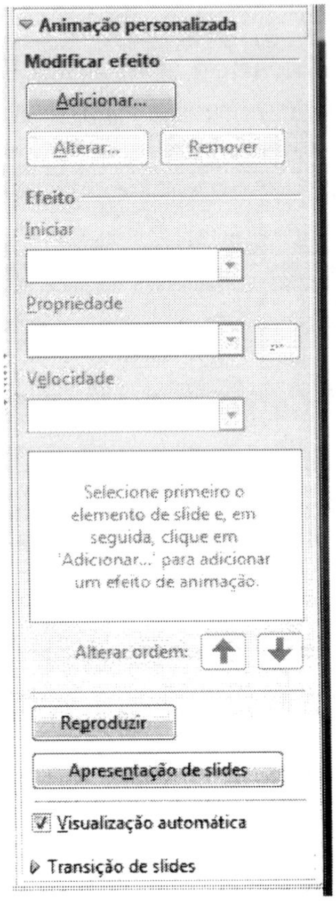

Para adicionar um efeito, é necessário selecionar algum elemento do slide, como texto ou figura e, na janela que se abre ao clicar em Adicionar (ilustrada a seguir), selecionar o efeito desejado, de acordo com categorias pré-definidas na forma de guias da janela, conforme ilustrado:

5.7.6 Transição de slides

Já a opção de Transição de Slides serve para aplicar um efeito a ser executado durante a troca de slide para outro. Permite, ainda, definir tempos específicos para cada slide em uma exibição automática.

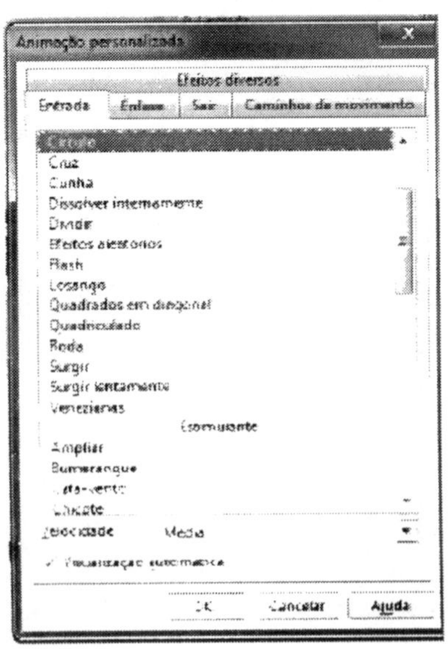

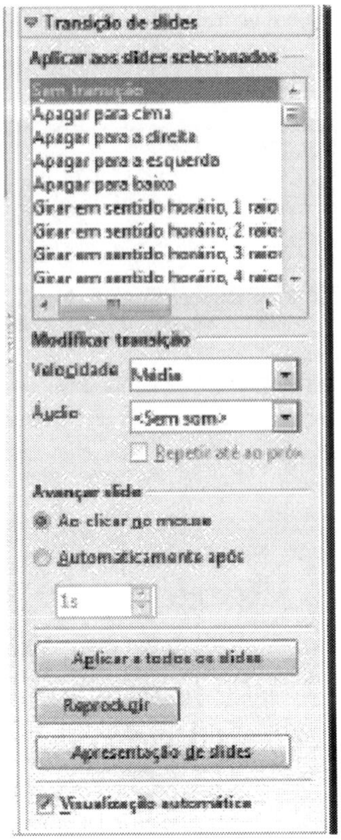

5.8 Impressão

É possível também imprimir a apresentação de slides de acordo com a necessidade, como imprimir um slide em cada página, como ilustrado na sequência, no modo **Slide**.

5.8.1 Slide

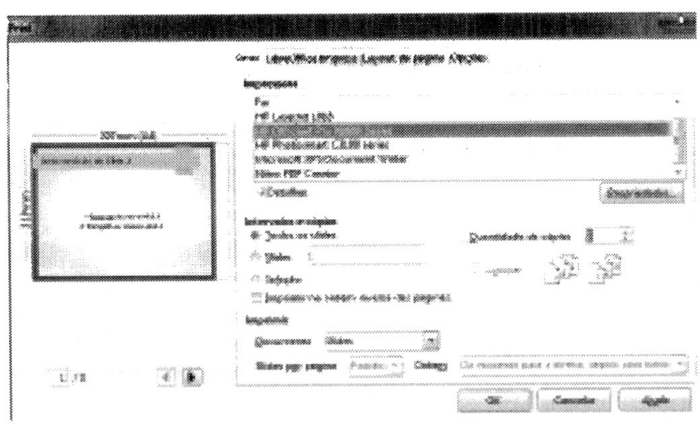

5.8.2 Folhetos

Caso necessário, para imprimir mais de um slide por página, pode-se escolher a opção Folheto, no campo Documento:

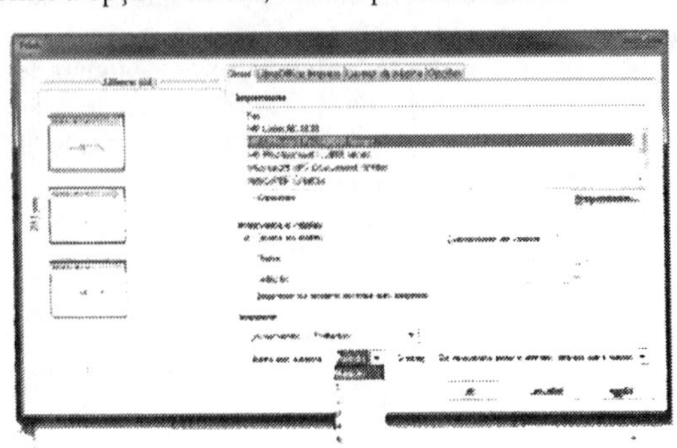

É importante observar que a janela anterior está com o número de três Slides por página, notando-se, assim, na pré-visualização à esquerda, que os slides ficam um abaixo do outro, nesta opção de impressão, enquanto nas demais quantias os slides são distribuídos como representado a seguir, no modo de impressão de quatro slides por página:

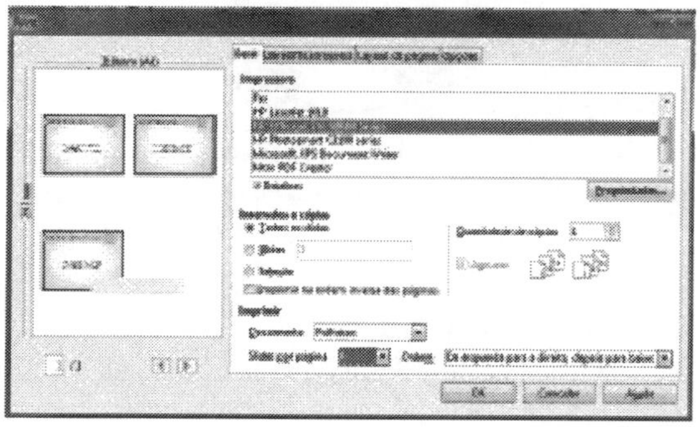

5.8.3 Notas

No modo de impressão de Notas, cada folha recebe um slide e, abaixo dele, são impressas as anotações referentes a ele.

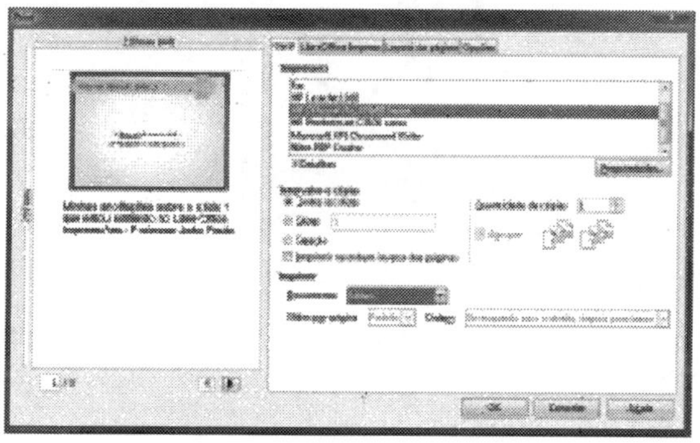

5.8.4 Estrutura de Tópicos

Já na forma de impressão de Estrutura de Tópicos, a impressão fica tal qual ao modo de exibição.

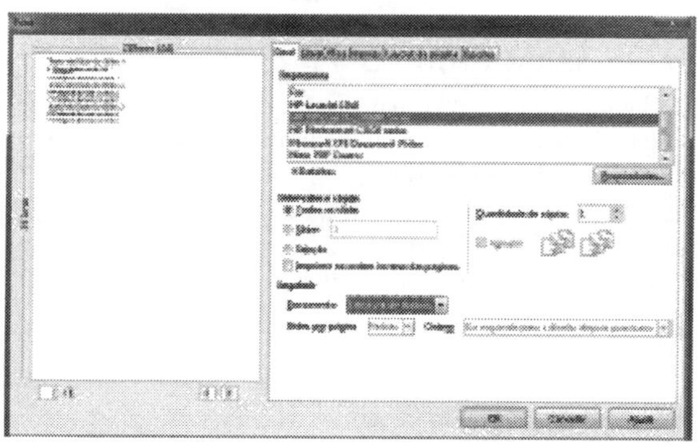

6 REDES DE COMPUTADORES

Dois computadores conectados entre si já caracterizam uma rede. Contudo, ela normalmente é composta por diversificados dispositivos como: celulares, smartphones, tablets, computadores, servidores, impressoras, roteadores, switches, hubs, modens etc. e, devido à essa grande variedade de dispositivos, o nome genérico HOST é atribuído aos dispositivos conectados na rede.

Todo host possui um endereço que o identifica na rede, que é o endereço IP. Mas também cada peça possui um número único de fábrica que o identifica, o MAC Address.

6.1 Paradigma de comunicação

Paradigma é um padrão a ser seguido e, no caso das redes, é o modelo Cliente/Servidor. Nesse modelo, o usuário é o cliente que envia uma solicitação ao servidor; ao receber a solicitação, o servidor a analisa e, se é de sua competência, provê a informação/dado.

6.2 Dispositivos de rede

Os dispositivos de rede são citados até mesmo em provas cujo conteúdo programático não cita a matéria de hardware. E na maioria das vezes em que aparecem questões sobre o assunto, se questiona em relação à finalidade de cada dispositivo na rede, portanto, nesta seção são descritos alguns dos principais dispositivos de rede:

Modem	Modulador/demulador | Responsável por converter o sinal analógico da linha telefônica em um sinal digital para o computador e vice-versa.
Hub	Conecta vários dispositivos em rede, mas não oferece muita segurança, pois envia as informações para todos na rede.
Switch	É um dispositivo que permite interligar vários dispositivos de forma mais inteligente que o Hub, pois no switch os dados são direcionados aos destinos corretos.
Roteador	Um roteador já trabalha no nível de rede; em um mesmo roteador podemos definir várias redes diferentes. Ele também cria uma rota para os dados.
Access Point	Um Ponto de Acesso opera de forma similar a um Switch, só que em redes sem fio.
Backbone	É a estrutura principal dentro de uma rede, na internet é a espinha dorsal que a suporta, ou seja, as principais ligações internacionais.

6.3 Topologia de rede

Topologia diz respeito à estrutura de organização dos dispositivos em uma rede.

6.3.1 Barramento

Na Topologia de Barramento, todos os dispositivos estão conectados no mesmo canal de comunicação, o que torna o tráfego de dados mais lento e, se o barramento se rompe, pode isolar parte da rede.

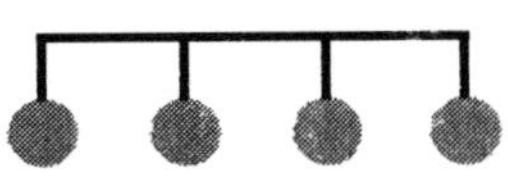

6.3.2 Anel

A estrutura em Anel conecta um dispositivo no outro; para que todos os computadores estejam conectados, é necessário que estejam ligados. Se o anel for simples, ou seja, de única via de dados, um computador desligado já é suficiente para tornar a rede inoperante para algum outro computador; o problema pode ser resolvido em partes, utilizando o anel duplo, trafegando dados em duas direções da rede, porém, se dois pontos forem desconectados, pode-se chegar à situação de duas redes isoladas.

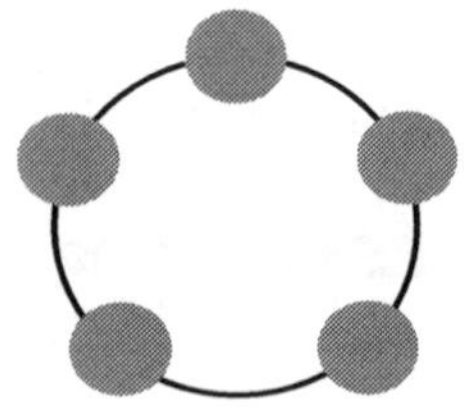

6.3.3 Estrela

Uma rede organizada em forma de estrela possui um nó centralizador. Esse modelo é um dos mais utilizados, pois um nó pode estar desconectado sem interferir no resto da rede, porém, o centro é o ponto crítico.

6.3.4 Estrela estendida

A Estrela Estendida é utilizada em situações como em uma universidade multicampi, em que um nó central é a conexão principal, a partir da qual se conecta com a internet, enquanto os outros *campi* possuem centrais secundárias como conexão entre seus computadores. A estrutura entre o nó principal e as centrais secundárias é o que chamamos de Backbone dessa rede.

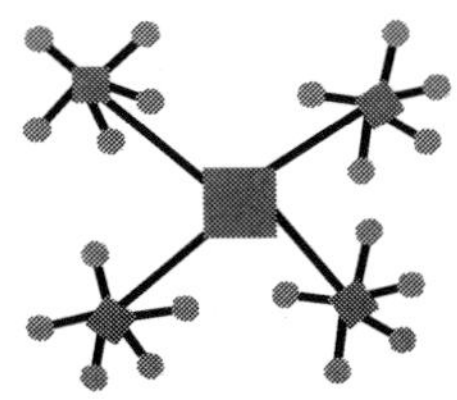

6.3.5 Malha

A conexão em malha é o modelo da internet, em que encontramos vários nós principais, mas também várias ligações entre diversos nós.

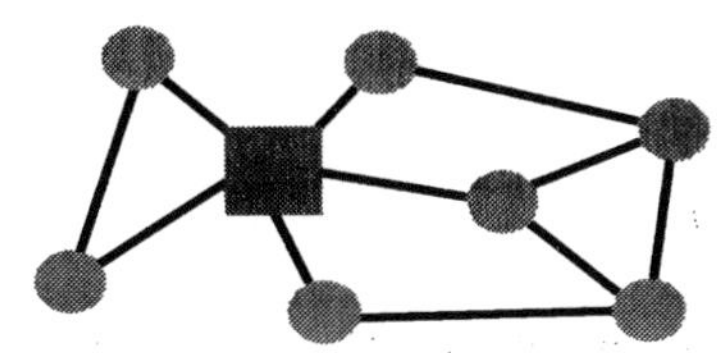

6.3.6 Pilhas de protocolos

Também colocadas pelas bancas examinadoras como modelos, as pilhas de protocolos definem um conjunto de protocolos e em quais camadas de rede devem operar.

Neste tópico temos dois tipos de questões que podem ser associados na prova. Questões que fazem relação com os tipos de redes e questões que tratam da finalidade dos principais protocolos utilizados em uma navegação na internet.

As pilhas de protocolos são:

TCP/IP	OSI

O modelo TCP/IP é o **padrão utilizado nas redes**. Mas, em redes privadas, mesmo o TCP/IP sendo padrão, pode ser implantado o modelo OSI.

Como o modelo TCP/IP é o padrão na seção seguinte são destacados os principais protocolos de navegação.

6.3.7 Principais protocolos

Um protocolo é uma regra de comunicação em redes, portanto, a transferência de arquivos, mesmo entre computadores de uma mesma rede, utiliza um protocolo como forma de padronizar o entendimento entre os dois.

HTTP

HTTP (HyperText Transport Protocol): é o protocolo de transferência de hipertexto. É o mais utilizado pelo usuário em uma navegação pela internet. Hipertexto consiste em um arquivo no formato HTML (HyperText Markup Language) - Linguagem de Marcação de Hipertexto.

HTML: é um arquivo que pode ser gerado por qualquer editor de texto, pois, quando é aberto no Bloco de Notas ou Wordpad, ele apresenta apenas informações de texto. No entanto, quando é aberto pelo navegador, este interpreta o código em HTML e monta o conteúdo Multimídia na página. Entende-se por conteúdo multimídia: textos, áudio, vídeos e imagens.

HTTPS

HTTPS **(HyperText Transport Protocol Secure)**, também conhecido como HTTP Seguro, é um protocolo que tem como diferença entre o HTTP apenas a segurança que oferece, pois, assim como o HTTP, serve para visualizar o conteúdo multimídia.

O que se questiona em relação a sua segurança é como ela é feita. O protocolo HTTPS utiliza o processo de Criptografia para manter sigilo sobre os dados transferidos entre o usuário e o servidor, para isso, são utilizados os protocolos TLS ou SSL.

Um detalhe muito importante é o de saber identificar se a navegação está sendo realizada por meio do protocolo HTTP ou pelo protocolo HTTPS. A forma mais confiável é observar a barra de endereços do navegador:

Firefox 10.02

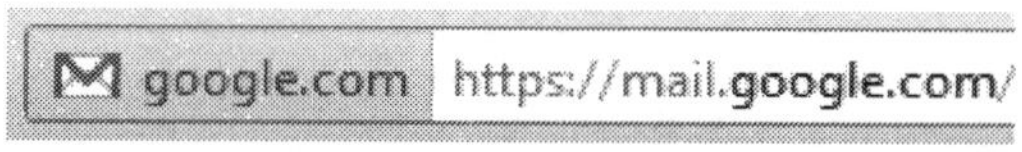

IE 9

Google Chrome

Logo no início da barra, observamos a indicação do protocolo HTTPS, que, sempre que estiver em uso, deverá aparecer. Porém, deve-se ter muita atenção, pois, quando é utilizado o HTTP, alguns navegadores atuais têm omitido a informação no começo da barra de endereços.

Outra informação que nos ajuda a verificar se o acesso é por meio de uma conexão segura é o símbolo do cadeado fechado.

FTP

FTP (File Transport Protocol) é o protocolo de transferência de arquivos utilizado quando um usuário realiza download ou upload de um arquivo na rede.

O protocolo FTP tem como diferencial o fato de operar sobre duas portas: uma para tráfego dos dados e outra para autenticação e controle.

6.4 Firewall

O firewall pode ser software, hardware ou ambos. Ele é o responsável por **monitorar as portas da rede/computador**, permitindo ou negando a passagem dos dados na rede, seja na entrada ou saída.

É o monitor que fica na porta olhando para uma lista na qual contém as regras que um dado tem de cumprir para passar por ela. Essa lista são os protocolos, por exemplo, o Firewall monitorando a porta 80, relativa ao protocolo HTTP, o qual só trabalha com conteúdo multimídia. Então, se um arquivo .EXE tentar passar pela porta 80, ele deve ser barrado; essa é a função do Firewall.

6.5 Tipos de redes

Podemos classificar as redes de acordo com sua finalidade; neste tópico expõe-se a diferença entre as redes: internet × intranet × extranet.

6.5.1 internet

É a rede das redes, também conhecida como rede mundial de computadores.

Muitas provas citam o sinônimo WWW (World Wide Web) para internet, ou por vezes apenas web. Ela é definida como uma **rede pública** a qual todos com computador e servidor de acesso podem conectar-se.

6.5.2 intranet

É uma rede empresarial, também chamada de rede corporativa. Tem como principal característica ser uma **rede privada**, portanto, possui controle de acesso, o qual é restrito somente a pessoas autorizadas.

Uma intranet geralmente é constituída com o intuito de compartilhar recursos entre os funcionários de uma empresa, de maneira que pessoas externas não tenham acesso a eles. Os recursos compartilhados podem ser: impressoras, arquivos, sistemas, entre outros.

6.5.3 Extranet

É quando parte de uma intranet é disponibilizada por meio da internet. Também dizemos que extranet é quando duas empresas com suas distintas intranets possuem um sistema comum que acessam apenas parte de cada uma das intranets.

6.5.4 VPN

VPN é uma forma de criar uma intranet entre localizações geograficamente distantes, com um custo mais baixo do que ligar cabos entre os pontos. Para isso, emprega-se o processo de criptografia nos dados antes de enviá-los por meio da internet e, quando o dado chega na outra sede, passa pelo processo de descriptografia. Dessa maneira, quem está navegando na internet não tem acesso às informações da empresa, que continuam restritas; esse processo também é chamado tunelamento.

6.6 Padrões de infraestrutura

São padrões que definem como deve ser organizada e quais critérios precisam ser seguidos para montar uma estrutura de rede de acordo com os padrões estabelecidos pelo Instituto de Engenheiros Eletricistas e Eletrônicos (IEEE).

O padrão Ethernet define as regras para uma infraestrutura cabeada, como tipos de cabos que devem ser utilizados, distância máxima, tipos e quantidade de dispositivos, entre outras. Já o padrão 802.11 define as regras para uma estrutura wi-fi, ou seja, para a rede sem fio.

6.7 Correio eletrônico

O serviço de e-mail é outro ponto bastante cobrado nos concursos públicos. Em essência, o que se pede é se o concursando sabe sobre as diferentes formas de se trabalhar com ele.

O e-mail é uma forma de comunicação assíncrona, ou seja, no momento do envio apenas o emissor precisa estar conectado.

6.7.1 Formas de acesso

Podemos ler e escrever e-mail utilizando duas formas diferentes. O webmail ganhou mais espaço no mercado e se tornou majoritário no ramo de e-mails, mas muitas empresas utilizam ainda os clientes de e-mail.

Webmail

O webmail é uma interface de acesso para o e-mail via Browser (navegador de internet), ou seja, uma forma de visualizar o e-mail via uma página de web. Diante disso, é possível destacar que usamos os protocolos HTTP ou HTTPS para visualizar páginas da internet. Dessa forma, ao acessar sites de e-mail como Gmail, Hotmail, Yahoo! e Outlook, fazemos uso desses protocolos, sendo o HTTPS o mais usado atualmente pelos grandes serviços de e-mail, pois confere ao usuário maior segurança no acesso.

Dizemos que o webmail é uma forma de ler e escrever e-mails, dificilmente citado como forma de enviar e receber, uma vez que quem realmente envia é o servidor e não o computador do usuário.

Quando um e-mail é enviado, ele parte diretamente do servidor no qual o remetente possui conta para o servidor do serviço de e-mail do destinatário.

Cliente de e-mail

Um cliente de e-mail é um programa específico para enviar e receber mensagens de e-mail e que é, necessariamente, instalado no computador do usuário. Como exemplo temos: o Microsoft Outlook, o Mozilla Thunderbird, o Outlook Express, e o Windows Live Mail.

Os programas clientes de e-mail usam protocolos específicos para envio e recebimento das mensagens de e-mail.

Protocolos utilizados pelos clientes de e-mail

Para o envio, um cliente de e-mail utiliza o protocolo SMTP (Simple Mail Transport Protocol – Protocolo de transporte de mensagens simples). Como todo protocolo, o SMTP também opera sobre uma porta específica, que pode ser citada como sendo a porta 25, correspondente ao padrão, mas atualmente ela foi bloqueada para uso dos usuários, vindo a ser substituída pela 587.

Com isso, em questões de Certo e Errado, apenas a 587 é a correta, quando abordado sobre o usuário, pois entre servidores a 25 ainda é utilizada. Já nas questões de múltipla escolha, vale o princípio da menos errada, ou seja, se não tiver a 587, a 25 responde à questão.

Mesmo que a mensagem de e-mail possua arquivos anexos a ela, envia-se por SMTP; assim o protocolo FTP não é utilizado.

Já para o recebimento, o usuário pode optar em utilizar o protocolo POP ou o protocolo IMAP, contudo, deve ser observada a diferença entre os dois, pois essa diferença é ponto para muitas questões.

O protocolo POP tem por característica baixar as mensagens de e-mail para o computador do usuário, mas por padrão, ao baixá-las, elas são apagadas do servidor. Portanto, as mensagens que um usuário está lendo estão, necessariamente, em seu computador.

Por outro lado, se o usuário desejar, ele pode configurar o protocolo de forma que sejam mantidas cópias das mensagens no servidor, no entanto, a que o usuário está lendo, efetivamente, está em seu computador. Sobre essa característica são citadas questões relacionando à configuração a uma espécie de backup das mensagens de e-mail.

Atualmente o protocolo POP encontra-se na versão 3; dessa forma ele pode aparecer nos textos de questão como POP3, não afetando a compreensão dela. Uma vez que o usuário necessita conectar na internet apenas para baixar as mensagens, é possível que ele se desconecte da internet e mesmo assim leia seus e-mails. E, uma vez configurado o SMTP, também é possível redigir as respostas off-line, sendo necessário, no entanto, conectar-se novamente para que as mensagens possam ser enviadas.

Ao invés de utilizar o POP, o usuário pode optar em fazer uso do protocolo IMAP, que é para acesso a mensagens de e-mail, as quais, por sua vez, residem no servidor de e-mails. Portanto, se faz necessário estar conectado à internet para poder ler o e-mail por meio do protocolo IMAP.

Spam

Spam é uma prática que tem como finalidade divulgar propagandas por e-mail, ou mesmo utilizar-se de e-mails que chamem a atenção do usuário e o incentivem a encaminhar para inúmeros outros contatos, para que, com isso, levantem uma lista de contatos que pode ser vendida na internet ou mesmo utilizada para encaminhar mais propagandas.

Geralmente um spammer utiliza-se de e-mail com temas como: filantropia, hoax (boatos), lendas urbanas, ou mesmo assuntos polêmicos.

6.8 URL (Uniform Resource Locator)

É um endereço que identifica um site, um serviço, ou mesmo um endereço de e-mail. A seguir, temos um exemplo de URL; observe que podemos dividi-la em várias partes.

6.8.1 Domínio

É o nome registrado de um site para que possa ser acessado por meio da internet. Assim como a URL, um domínio também pode ser dividido em três partes.

site.com.br

O .br indica que esse site está registrado no conjunto de domínios do Brasil, que é administrado e regulamentado pelo Registro.Br, componente do Comitê Gestor de internet no Brasil (CGI).

O Registro.Br define várias normas em relação à criação de um domínio, como o tamanho máximo de 26 caracteres, a limitação para apenas letras e números e recentemente a opção de criar domínios com letras acentuadas e o caractere **ç**.

Também compete ao Registro.Br a normatização da segunda parte do domínio, representado na figura pelo **.com**. Essa informação diz respeito ao ramo de atividade a que se destina o domínio, mas não nos garante qual a real finalidade do site. A última parte, por fim, é o próprio nome do site que se deseja registrar.

6.8.2 Protocolo IP

Cada equipamento na rede ganha o nome genérico de Host, o qual deve possuir um endereço para que seja localizado na rede. Esse é o endereço IP.

O protocolo IP é o responsável por trabalhar com essa informação, para tanto, um endereço IP possui versões: IPv4 e IPv6.

Um IP também é um endereço, portanto, pode ser inserido diretamente na barra de endereços de um navegador.

O IPv4 é composto por até quatro grupos de três dígitos que atingem valor máximo de 255 cada grupo, suportando, no máximo, cerca de 4 bilhões (4.294.967.296) de endereços.

O IPv6 é uma proposta que está gradativamente substituindo o IPv4, justamente pela pouca quantidade de endereço que ele oferece. O IPv6 é organizado em 8 grupos de 4 dígitos hexadecimais, suportando cerca de 3,4 × 1038, aproximadamente 3,6 undecilhões de endereços IP.

| 0123:4567:89AB:CDEF:1011:1314:5B6C:88CC

6.8.3 DNS (Domain Name System)

O Domain Name System (em português, Sistema de Nomes de Domínios) é o responsável por traduzir (resolver por meio de consultas aos servidores Raiz da internet) um domínio para o endereço IP do servidor que hospeda (armazena) o site desejado. Esse processo ocorre em questão de segundos e obedece a uma estrutura hierárquica.

6.9 Navegadores

Navegadores são programas que permitem acesso às páginas da internet, são muitas vezes citados em provas pelo termo em inglês Browser. Como exemplo, temos: internet Explorer, Mozilla Firefox e Google Chrome. Também são cobrados os conceitos dos tipos de dados de navegação que estão relacionados aos navegadores.

6.9.1 Cache

É um armazenamento temporário. No caso dos navegadores, trata-se de uma pasta onde são armazenados os conteúdos multimídias como imagens, vídeos, áudio e inclusive textos, para que, no segundo momento em que o mesmo conteúdo for acessado, ele possa ser mostrado ao usuário mais rapidamente.

6.9.2 Cookies

São pequenas informações que alguns sites armazenam no computador do usuário. Exemplos de informações armazenadas nos cookies: senhas, obviamente que são armazenadas criptografadas; também são muito utilizados em sites de compras, para armazenar o carrinho de compras.

6.9.3 Dados de formulários

Quando preenchemos um formulário, os navegadores oferecem opção para armazenar os dados digitados em cada campo, assim, quando necessário preencher o mesmo formulário ou ainda outro formulário com campos de mesmo nome, o navegador sugere os dados já usados a fim de autocompletar o preenchimento do campo.

6.10 Conceitos relacionados à internet

Nesta seção são apresentados alguns conceitos, tecnologias e ferramentas relacionadas à internet que são cobrados nas provas dos concursos.

6.10.1 Motores de busca

Os Motores de Busca são normalmente conhecidos por buscadores. Dentre os principais estão Google, Bing (MSN) e Yahoo!.

É importante observar que, nos navegadores atuais, os motores de busca são integrados, com isso podemos definir qual se deseja utilizar, por exemplo: o Google Chrome e o Mozilla Firefox utilizam como motor de busca padrão o Google, já o internet Explorer utiliza o Bing. Essa informação é relevante, pois é possível nesses navegadores digitar os termos buscados diretamente na barra de endereços, ao invés de acessar previamente o site do motor de busca.

Busca avançada

Os motores de busca oferecem alguns recursos para otimizar a busca, como operadores lógicos, também conhecidos como operadores booleanos[1]. Dentre eles podemos destacar a negação (-). Ao realizar uma busca na qual se deseja encontrar resultados que sejam relacionados a determinado assunto, porém os termos usados são comuns a outro, podemos utilizar o sinal de menos precedendo o termo do assunto irrelevante, como o exemplo de uma questão que já caiu em prova: realizar a busca por leite e cão, contudo, se for inserido apenas estes termos na busca, muitos resultados serão relacionados a gatos e leite. Para que as páginas que contenham a palavra gato não sejam exibidas na lista de páginas encontradas, basta digitar o sinal de menos (-) antes da palavra gato (sem espaço entre o sinal e a palavra), assim a pesquisa a ser inserida no buscador fica **Cão Leite -Gato**.

Também é possível realizar a busca por uma frase exata, assim, somente serão listados os sites que contenham exatamente a mesma expressão. Para isso, basta digitar a frase desejada entre aspas duplas.

- Busca por/em domínio específico: para buscar sites que possuam determinado termo em seu nome de domínio, basta inserir o texto site: seguido da palavra desejada, lembrando que não deve haver espaço entre site: e o termo desejado. De forma similar, também pode-se utilizar **inurl: termo** para buscar sites que possuam o termo na URL.

Quando o domínio já é conhecido, é possível realizar a busca por determinado termo apenas nas páginas do domínio. Para tanto, deve-se digitar **site:Dominiodosite termo.**

- **Calculadora**: é possível, ainda, utilizar o Google como uma calculadora, bastando digitar a expressão algébrica que se deseja resolver como 2 + 2 e, como resultado da "pesquisa", é apresentado o resultado da operação.
- **Operador**: quando não se sabe exatamente qual é a palavra para completar uma expressão, pode-se completar a lacuna com um asterisco, assim o motor de busca irá entender que naquele espaço pode ser qualquer palavra.
- **Busca por tipo de arquivo:** podemos refinar as buscas a resultados que consistam apenas em determinado formato de arquivo. Para tanto, podemos utilizar o operador filetype: assim, para buscar determinado tema, mas que seja em PDF, por exemplo, pode-se digitar **filetype: pdf tema.**

Tipos de busca

Os principais motores de busca permitem realizar as buscas de forma orientada a conteúdos gerais da web, como refinar a busca para exibir apenas imagens, vídeos ou mapas relacionados aos termos digitados.

6.10.2 Chat

Um chat é normalmente citado como um bate-papo em tempo real; é a forma de comunicação em que ambos os interlocutores estão conectados (on-line) simultaneamente. Muitos chats operam com salas de bate-papo. Um chat pode ser em um site específico como o chat do UOL. Conversas pelo MSN ou Facebook podem ser consideradas como chat, desde que ambos os interlocutores estejam conectados.

6.10.3 Fórum

Também conhecidos como Listas de Discussão, os fóruns funcionam como debates sobre determinados assuntos. Em um fórum não é necessário que os envolvidos estejam conectados para receberem os comentários, pois estes ficam disponíveis para acesso futuro pelo usuário ou mesmo por pessoas que não estejam cadastradas no fórum, contudo, existem muitos fóruns fechados, nos quais só se entra por convite ou mediante aquisição. A maioria deles vincula o e-mail dos envolvidos a uma discussão, alertando-os assim, caso um novo comentário seja acrescentado.

6.10.4 Moodle

O Moodle é uma ferramenta fortemente utilizada pelo setor público, e privado, para dar suporte ao Ensino a Distância (EAD).

1 Em referência à lógica de Boole, ou seja, a lógica que você estuda para o concurso.

7 SEGURANÇA DA INFORMAÇÃO

A Segurança da Informação é um ponto crucial para muitas bancas examinadoras de concurso público e, também, de interesse da instituição que irá receber os aprovados. Afinal, ao ser aprovado, o candidato fará parte do quadro de funcionários de uma instituição pública que possui uma intranet e sistemas sobre os quais há necessidade de manter uma boa política de segurança.

Segundo o Comitê Gestor de internet no Brasil (CGI), para um sistema ser classificado como seguro, ele deve atentar a três requisitos básicos: confidencialidade, integridade e disponibilidade.

Faz-se necessário que sejam atendidos alguns requisitos mínimos para uma segurança do microcomputador, que dependem tanto de recursos tecnológicos como de bom senso e discernimento por parte dos usuários.

Para manter um computador com o mínimo de segurança deve-se:

- Manter o **sistema operacional sempre atualizado**, pois a maioria dos malwares exploram as vulnerabilidades do SO.
- Possuir um sistema **antivírus** e manter tanto o aplicativo quanto as assinaturas de vírus[1] atualizadas.
- Manter o Firewall sempre ativo.
- Para se proteger contra os spywares também é indicada a instalação de um antispyware. Atualmente, a maioria dos antivírus já possui esse recurso integrado a eles.

7.1 Princípios básicos da segurança da informação

Os Princípios Básicos de Segurança em Tecnologia da Informação (TI) incluem os processos que devem ser garantidos para manter um sistema de informações seguro. Podemos destacar quatro conceitos como principais:

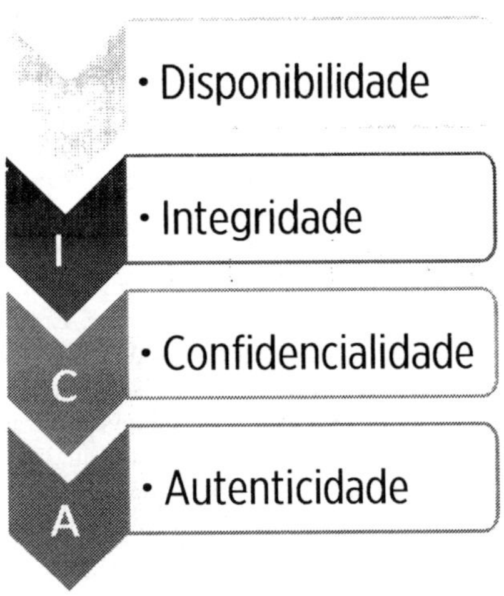

7.1.1 Disponibilidade

Deve garantir que os serviços ou recursos que forem necessários para uma tarefa, principalmente relacionados ao próprio processo de segurança, estejam sempre disponíveis. Um bom exemplo é na situação de entrega da declaração de imposto de renda, em que o serviço deve suportar a alta demanda que possa surgir sem afetar o usuário.

Podemos estreitar esse princípio sobre a garantia de que as chaves públicas do processo de Certificação Digital (estes conceitos são abordados na seção sobre Certificados Digitais) estejam sempre disponíveis para quem precisar delas.

1 Assinatura de vírus: é uma sequência de caracteres que identifica a presença do vírus em um arquivo.

7.1.2 Integridade

A Integridade garante a **não alteração** de uma informação/dado tanto no armazenamento quanto durante a troca dessas informações por algum meio. Com o princípio da integridade, verificamos se, durante o tráfego de uma informação, ela não foi alterada por alguém ou mesmo por falhas do processo de transmissão. No armazenamento ela garante que o dado não foi corrompido.

O processo que protege a integridade consiste na geração de um código de cerca de 20 caracteres, o **código HASH**, também conhecido como **resumo** de um dado; um exemplo é o MD5. O processo é realizado em uma via única, em que, a partir de um dado, gera-se o resumo dele. Porém, a partir do resumo, não é possível gerar o dado novamente.

Para verificar se houve alteração em um arquivo, deve-se comparar dois códigos HASH: um gerado por quem disponibiliza o dado e outro por quem o recebe. Se uma vírgula for alterada, os códigos gerados ficam completamente diferentes e é possível que dois dados diferentes gerem o mesmo HASH, mas é uma possibilidade ínfima.

7.1.3 Confidencialidade

O princípio da Confidencialidade é a garantia de que há sigilo sobre uma informação, de forma que o processo deve garantir que um dado não seja acessado por pessoas diferentes daquelas às quais ele se destina.

Para garantir a confidencialidade, utilizamos processo de criptografia de informações.

7.1.4 Autenticidade

A Autenticidade garante o autor de uma informação, ou seja, por meio dela podemos confirmar se uma mensagem é de autoria de quem diz.

Assim como a confidencialidade, a autenticidade é garantida por meio de criptografia.

7.2 Criptografia

A criptografia é a arte ou ciência de escrever em códigos, quer dizer, transformar um texto em algo ilegível de forma que possa ser armazenado ou enviado por um canal de comunicação. Assim, se alguém interceptá-lo, não conseguirá entender o que está escrito e o destinatário, ao receber a informação, deve fazer o processo inverso: decifrar o dado, para que consiga lê-lo.

Há dois principais métodos de criptografia: a de chave simétrica e a de chaves assimétricas.

7.2.1 Criptografia de chave simétrica

Uma chave de criptografia é uma informação a partir da qual seja possível transcrever uma mensagem criptografada.

A de chave simétrica é também conhecida como criptografia de chave única, em que a mesma chave é usada tanto para codificar uma mensagem quanto para decifrá-la. Um bom exemplo desse modelo é a criptografia maçônica.

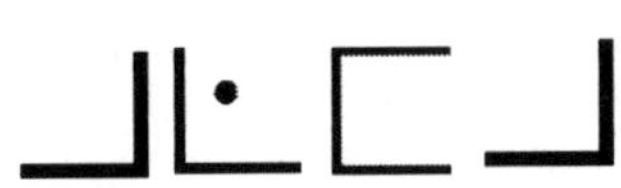

A informação apresentada está criptografada. Para decifrar o que ela diz, precisamos da chave de criptografia que, na simétrica, é a mesma usada para gerar a mensagem. A seguir, temos a chave que abre a mensagem.

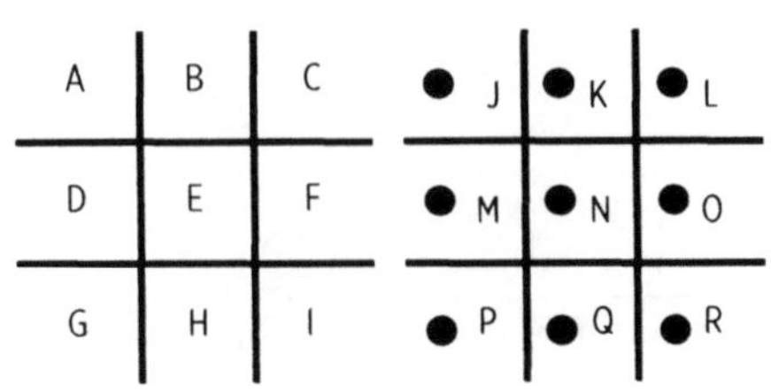

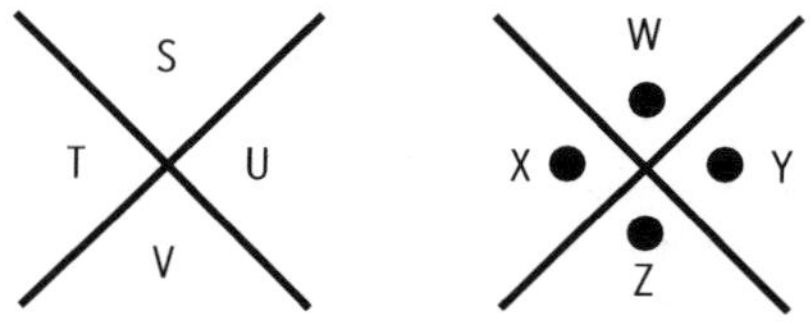

Ao substituirmos os símbolos pelas letras correspondentes, obtemos a palavra ALFA.

7.2.2 Criptografia de chaves assimétricas

Na criptografia de chaves assimétricas, em vez de uma chave como na simétrica, são usadas duas chaves que são diferentes entre si. Elas são chamadas de **Chave Pública** e a outra de **Chave Privada,** por conta da característica de cada uma.

A Chave Pública é uma informação (código) que fica disponível em um servidor de Chaves Públicas na internet, para quem precisar dela, enquanto a Chave Privada é um código que somente o dono deve conhecer.

O par de Chaves é único e correspondente, ou seja, uma mensagem/dado cifrada pela chave pública de um usuário só pode ser aberta pela chave privada do mesmo usuário. E o inverso também, uma mensagem cifrada com a chave privada de um usuário só pode ser descriptografada pela chave pública dele próprio.

7.2.3 Certificado digital

Um certificado digital é um documento eletrônico assinado digitalmente e cumpre o papel de associar um usuário a uma chave pública, pode ser comparado ao CPF ou CNPJ para empresas.

Ele também apresenta junto com a chave pública algumas informações essenciais como:

- Nome do dono da chave pública;
- Prazo de validade do certificado, que varia de 1 a 3 anos dependendo da classe contratada;
- Um número de série, critério de correspondência para identificar o usuário;
- E, juntamente, o certificado possui a assinatura da entidade de certificação, para comprovar sua validade.

Para adquirir um certificado digital, o usuário ou entidade deve procurar uma Autoridade Certificadora (AC), é a responsável por criar o par de Chaves de um usuário, ou uma Autoridade de Registro (AR), que é um intermediário entre o usuário e uma AC. Cabe a AR a responsabilidade de verificar os dados do usuário e encaminhar o pedido do certificado para a AC, entretanto, o usuário também pode se dirigir direto à AC. A Caixa Econômica Federal é a única instituição financeira que é uma AC.

7.2.4 Assinatura digital

Uma Assinatura Digital é um procedimento similar a uma assinatura de um documento impresso. Quando assinamos um contrato, normalmente ele possui mais de uma página, rubricamos2 todas elas exceto a última, pois a assinatura precisa ser completa. A rubrica não prova que o documento foi lido, mas sim para que aquela folha não seja substituída. Além disso, é preciso recorrer a um cartório para reconhecer e certificar a assinatura na última página.

Esse procedimento realizado no papel, juntamente com as garantias, foi adaptado para o mundo digital, afinal, papel ocupa espaço.

Quando falamos sobre a rubrica garantir a não alteração de um documento, citamos o princípio da Integridade. Portando, uma Assinatura Digital deve garantir também esse princípio, enquanto a certificação de quem assinou é o princípio da Autenticidade, que também deve ser garantido pela Assinatura Digital. Ou seja, garante os princípios da Autenticidade e da Integridade.

2 Rubrica: assinatura abreviada.

7.3 Ataques

Nem todos os ataques são realizados por malwares, atualmente existem duas práticas muito comuns utilizadas pelos criminosos cibernéticos para obter dados do usuário e realizar invasões.

7.3.1 Phishing

Phishing é uma expressão derivada do termo "pescar" em inglês, pois o que esse tipo de ataque faz é induzir o usuário a informar seus dados pessoais por meio de páginas da internet ou e-mails falsos.

Podemos identificar a página do tipo Phishing pelo endereço do site na barra de endereços do navegador, porque a página de phishing possui um endereço parecido, mas ligeiramente diferente do que o endereço desejado. Por exemplo, você certamente já deve ter visto ou ouvido falar de alguém que teve sua conta do Facebook3 hackeada4; esse ataque procede a partir de um recado que o usuário recebe em sua conta.

Imagine o seguinte cenário: um usuário está navegando no site www.facebook.com.br, conectado em sua conta e clica no recado que normalmente traz um anúncio chamativo como "veja as fotos/vídeos do fim de semana passado", "cara, olha o que vc aprontou no fds", entre outros tantos. Quando clicado, uma nova aba ou janela é carregada no navegador, apenas como uma distração para o usuário, pois, enquanto ele fica vendo a nova aba carregar, a anterior muda, ligeiramente, para um endereço do gênero www.facebooks.com.br ou www.facebooki.com.br e mostra uma página idêntica à página de login de usuário do Facebook.

Sem perceber, ao clicar no recado, acabou saindo de sua conta e redigita seu usuário e senha novamente e é redirecionado novamente para sua conta, porém, o usuário em nenhum momento havia saído. A página de login que lhe foi mostrada era uma página falsa que capturou suas informações de login; cerca de dois dias depois o perfil invadido começa a enviar propagandas para os amigos e o mesmo recado etc., até o usuário não conseguir mais entrar na conta.

7.3.2 Pharming

O Pharming é uma evolução do Phishing, uma forma de deixar este mais difícil de ser identificado. O Pharming, na maioria das questões, é cobrado com relação aos seus sinônimos: DNS Poisoning, Cache Poisoning, sequestro de DNS, sequestro de Cache, Envenenamento de DNS e Envenenamento de Cache.

7.3.3 Negação de serviço (DoS e DDoS)

Um ataque de negação de serviço se dá quando um servidor ou serviço recebe mais solicitações do que é capaz de suprir.

- **DoS** (Denial of Service) é um ataque individual, geralmente com o intuito de tornar um serviço inoperante para o usuário.
- **DDoS** (Distributed Denial of Service) é um ataque realizado em massa. Utiliza-se de vários computadores contaminados com um malware que dispara solicitações de acesso a determinados serviços ou sites, derrubando o serviço. Muitas vezes, enquanto o servidor tenta suprir a demanda, ele se torna vulnerável a inserções de códigos maliciosos. Um grupo intitulado Anonymous realizou vários ataques de DDoS em sites de governos em protesto às suas ações, por exemplo, em retaliação à censura do WikiLeaks5e do The Pirate Bay.6

3 Facebook: mídia social, definida erroneamente como rede social, assim como as demais.

4 Hackear: termo utilizado como sinônimo para invasão ou roubo.

5 WikiLeaks: portal com postagens de fontes anônimas com documentos, fotos e informações confidenciais, vazadas de governos ou empresas, sobre assuntos sensíveis.

6 The Pirate Bay: um dos maiores portais de compartilhamento, *peer to peer*.

7.4 Periféricos

São componentes de hardware da informática (peças e componentes físicos) que não são obrigatórios para o funcionamento do computador, porém são fundamentais para que o usuário possa estabelecer interface com o computador.

Existem periféricos em que o usuário envia informações para o computador, denominados periféricos de entrada, ou input. Existem periféricos em que o computador envia as informações para o usuário, denominados periféricos de saída, ou output. Existe ainda um conjunto de periféricos que cumpre as duas funções, e são denominados periféricos de híbridos, ou de Entrada e Saída (E/S) ou ainda Input/Output (I/O).

7.4.1 Periféricos de entrada (input)

Os periféricos de entrada são denominados dessa forma quando têm a função de auxiliar os usuários a enviarem informações para o computador, mas que não são obrigatórios para o seu funcionamento:

- **Mouse:** envia informações de ação para o computador, por meio da interface gráfica, utilizando o cursor visual.
- **Teclado:** envia comandos por intermédio de teclas físicas alfanuméricas, e atalhos ou teclas de atalhos.
- **Microfone:** envia comandos de voz para serem gravados ou executar alguma função no computador.
- **Scanner:** tem como função digitalizar imagens. O scanner padrão digitaliza imagens, transformando fotografias. Caso o scanner tenha o recurso OCR (reconhecimento óptico de caracteres), também terá a capacidade de digitalizar caracteres, transformando em um arquivo de texto que pode ser editado.
- **Leitores:** tanto os leitores de códigos de barras quanto os leitores biométricos enviam para o computador informações capturadas por eles.
- **Webcam:** captura imagens e envia para o computador, que pode servir para envio de imagens em videoconferência ou criação de arquivo de imagem.
- **Mesa digitalizadora:** também denominada tablete gráfico, tem a função de capturar escrita ou desenho em uma base que utiliza uma caneta especial e transformar em um arquivo de texto ou imagem.

7.4.2 Periféricos híbridos (input/output)

Caracterizam-se por cumprirem tanto a função de envio quanto de recebimento de informações:

- **Multifuncionais:** por padrão, são constituídas do periférico de entrada scanner e do periférico de saída impressora, e por esta razão são input/output, ou híbridas.
- **Monitor** touchscreen: os monitores padrão são geralmente componentes exclusivamente de saída, porém os que são sensíveis ao toque ou touchscreen são input/output ou híbridos.

7.4.3 Periféricos de saída (output)

São os componentes de hardware que não são obrigatórios para o funcionamento do computador, mas que têm a função de permitir a interface usuário-computador, e são responsáveis por possibilitar que o computador envie informações para o usuário, em uma interface máquina-homem, sendo considerados de saída, ou output.

Impressoras

As impressoras são periféricos exclusivamente de saída, que enviam documentos impressos e são classificados quanto às suas características de qualidade, velocidade, custo e autonomia de impressão, que é a capacidade da impressora trabalhar de forma contínua sem a necessidade da interferência humana.

- **Impressora matricial:** também é conhecida como impressora "de impacto" e que utiliza fita para impressão e formulário contínuo, tem como características principais baixa qualidade de impressão, baixo custo, baixa velocidade e alta autonomia.
- **Impressora jato de tinta:** é a que tem características mais residenciais e menos corporativas. Funciona com a tinta no estado líquido, utilizando cartuchos para a impressão, e tem como características principais: média qualidade de impressão, alto custo, média velocidade e baixa autonomia.
- **Impressora laser:** é a mais comum na maioria das empresas, pois suas características são as mais apropriadas para o uso em organizações, particularmente em atividades administrativas. Funciona com a tinta no estado sólido, utilizando tonners para a impressão, e tem como características principais: alta qualidade de impressão, médio custo, alta velocidade e média autonomia.
- **Outros tipos de impressoras:** existem ainda outros tipos de impressoras, como térmica, jato de cera, sculp (impressora "3D") e plotter (impressora para impressão de banners, mapas etc.).

Monitores

Os monitores são, por padrão, periféricos exclusivamente de saída. Caso o monitor tenha a característica touchscreen, será um periférico híbrido (input/output).

- **Monitor CRT Mono (de fósforo):** não é mais fabricado e tem a pior qualidade de geração original de imagens. Existem monitores de fósforo verde, cinza e laranja.
- **Monitores CRT Color (de tubo):** durante muito tempo foi o monitor padrão para os computadores de mesa (desktops). Tem um projetor e um amplificador que permitem a visualização das imagens geradas.
- **Monitor LCD (cristal líquido):** é o monitor padrão para computadores de mesa (desktops) ou notebooks e tablets. Existe uma subcategoria de monitores LCD denominada LED e OLED.

Fique ligado

Tanto o monitor CRT Color quanto o monitor LCD utilizam pixels para a geração de imagens. Um pixel possui três elementos internos, que geram, cada um, uma cor sólida, dentre as possíveis na paleta RGB (vermelho, verde e azul). Quanto maior for a distância entre pixels, pior será a geração original de imagens. Essa distância pode ser denominada DP ou Dot Pitch ou Pixel Pitch.

7.4.4 Periféricos de fornecimento de energia

Existe uma categoria de periféricos que não são nem de entrada de dados nem de saída de dados, mas, sim, para fornecimento de energia aos computadores.

- **Filtro de linha:** tem a função de interromper o fornecimento de energia no caso de sobrecarga e eliminar ruídos da rede elétrica.
- **Estabilizador:** tem a função de conter sobrecargas de energia, para que não comprometa o desempenho do computador. O estabilizador concentra tanto a sobretensão quanto a subtensão.
- **Nobreak:** tem a função de acumular energia da rede elétrica e, na ausência de energia da fonte de alimentação direta, fornece energia para o computador. O nobreak tem sempre autonomia relativa e nunca absoluta.

RACIOCÍNIO LÓGICO

1 PROPOSIÇÕES

1.1 Definições

Proposição é uma sentença declarativa que admite apenas um dos dois valores lógicos (verdadeiro ou falso). As sentenças podem ser classificadas em abertas – que são as expressões que não podemos identificar como verdadeiras ou falsas – ou fechadas – que são as expressões que podemos identificar como verdadeiras ou falsas.

A seguir exemplos de algumas sentenças:

> **p:** Danilo tem duas empresas.
> **Q:** Susana comprou um carro novo.
> **a:** Beatriz é inteligente.
> **B:** 2 + 7 = 10

Nos exemplos acima, as letras do alfabeto servem para representar (simbolizar) as proposições.

1.1.1 Valores lógicos das proposições

Uma proposição só pode ser classificada em dois valores lógicos, que são: **Verdadeiro (V)** ou **Falso (F)**, não admitindo outro valor.

As proposições têm três princípios básicos, no entanto, o princípio fundamental é:

- ▷ **Princípio da não contradição:** diz que uma proposição não pode ser verdadeira e falsa ao mesmo tempo.
- ▷ **Os outros dois são:**
- ▷ **Princípio da identidade:** diz que uma proposição verdadeira sempre será verdadeira e uma falsa sempre será falsa.
- ▷ **Princípio do terceiro excluído:** diz que uma proposição só pode ter dois valores lógicos, – verdadeiro ou falso – se **não existir** um terceiro valor.

Interrogações, exclamações, ordens e frase sem verbo não são proposições.

> Que dia é hoje?
> Que maravilha!
> Estudem muito.
> Ótimo dia.

1.1.2 Sentenças abertas e quantificadores lógicos

Existem algumas sentenças abertas com incógnitas (termo desconhecido) ou com sujeito indefinido, como x + 2 = 5, ou seja, não sendo consideradas proposições, porque não se pode classificá-las sem saber o valor de x ou se ter a definição do sujeito. Com o uso dos **quantificadores lógicos**, tornam-se proposições, uma vez que eles passam a dar valor ao x ou definir o sujeito.

Os quantificadores lógicos são:

∀: para todo; qualquer que seja; todo;

∃: existe; existe pelo menos um; algum;

∄: não existe; nenhum.

> x + 2 = 5 (sentença aberta – não é proposição).
> p: ∃ x, x + 2 = 5 (lê-se: existe x tal que, x + 2 =5). Agora é proposição, porque é possível classificar a proposição como verdadeira, já que sabemos que tem um valor de x que somado a dois é igual a cinco.

1.1.3 Negação de proposição (modificador lógico)

Negar uma proposição significa modificar o seu valor lógico, ou seja, se uma proposição é verdadeira, a sua negação será falsa, e se uma proposição for falsa, a sua negação será verdadeira.

Os símbolos da negação são (~) ou (¬) antes da letra que representa a proposição.

> **p:** 3 é ímpar.
> **~p:** 3 **não** é ímpar.
> **¬p:** 3 é **par** (outra forma de negar a proposição).
> **~p: não é verdade** que 3 é ímpar (outra forma de negar a proposição).
> **¬p: é mentira** que 3 é ímpar (outra forma de negar a proposição).

Lei da dupla negação:

~(~p) = p, negar uma proposição duas vezes significa voltar para a própria proposição:

> **q:** 2 é par;
> **~q:** 2 não é par;
> **~(~q):** 2 **não** é **ímpar**;
> Portanto:
> **q:** 2 é par.

1.1.4 Tipos de proposição

Simples ou atômica: são únicas, com apenas um verbo (ação), não pode ser dividida/separada (fica sem sentido) e não tem conectivo lógico.

> Na proposição "João é professor", tem-se uma única informação, com apenas um verbo. Não é possível separá-la e não ter um conectivo.

Composta ou molecular: tem mais de uma proposição simples, unidas pelos conectivos lógicos. Podem ser divididas/separadas e ter mais de um verbo (pode ser o mesmo verbo referido mais de uma vez).

> "Pedro é advogado e João é professor". É possível separar em duas proposições simples: "Pedro é advogado" e "João é professor".

Simples (atômicas)	Compostas (moleculares)
Não têm conectivo lógico	Têm conectivo lógico
Não podem ser divididas	Podem ser divididas
1 verbo	+ de 1 verbo

Conectivo lógico

Serve para unir as proposições simples, formando proposições compostas. São eles:

e: conjunção (∧)

ou: disjunção (∨)

ou... ou: disjunção exclusiva ($\underline{\vee}$)

se..., então: condicional (→)

se..., e somente se: bicondicional (↔)

Alguns autores consideram a negação (~) como um conectivo, aqui não faremos isso, pois os conectivos servem para formar proposição composta, e a negação faz apenas a mudança do valor das proposições.

O e possui alguns sinônimos, que são: mas, porém, nem (nem = e não) e a vírgula. O condicional também tem alguns sinônimos que são: portanto, quando, como e pois (pois = condicional invertido, como: A, pois B = B → A).

> **a:** Maria foi à praia.
> **b:** João comeu peixe.
> **p:** Se Maria foi a praia, então João comeu peixe.
> **q:** ou 4 + 7 = 11 ou a Terra é redonda.

1.2 Tabela verdade e valores lógicos das proposições compostas

A tabela verdade é um mecanismo usado para dar valor às proposições compostas (podendo ser verdadeiras ou falsas), por meio de seus respectivos conectivos.

A primeira coisa que precisamos saber numa tabela verdade é o seu número de linhas, e que esse depende do número de proposições simples que compõem a proposição composta.

Número de linhas = 2^n

Em que **n** é o número de proposições simples que compõem a proposição composta. Portanto, se houver 3 proposições simples formando a proposição composta, então, a tabela dessa proposição terá 8 linhas ($2^3 = 8$). Esse número de linhas da tabela serve para que tenhamos as possíveis relações entre V e F das proposições simples. Veja:

P	Q	R
V	V	V
V	V	F
V	F	V
V	F	F
F	V	V
F	V	F
F	F	V
F	F	F

Observe que temos as relações entre os valores lógicos das proposições, que são três verdadeiras (1ª linha), três falsas (última linha), duas verdadeiras e uma falsa (2ª, 3ª e 5ª linhas), e duas falsas e uma verdadeira (4ª, 6ª e 7ª linhas). Nessa demonstração, observamos uma forma prática de como organizar a tabela, sem se preocupar se foram feitas todas relações entre as proposições.

Para o correto preenchimento da tabela, devemos seguir algumas regras:

- Comece sempre pelas proposições simples e suas negações, se houver.
- Resolva os parênteses, colchetes e chaves, respectivamente (igual à expressão numérica), se houver.
- Faça primeiro as conjunções e disjunções, depois os condicionais e, por último, os bicondicionais.
- Em uma proposição composta, com mais de um conectivo, o conectivo principal será o que for resolvido por último (importante saber o conectivo principal).
- A última coluna da tabela deverá ser sempre a da proposição toda, conforme as demonstrações a seguir.

O valor lógico de uma proposição composta depende dos valores lógicos das proposições simples que a compõem e do conectivo utilizado. Veja a seguir.

Valor lógico de uma proposição composta por conjunção (e) = tabela verdade da conjunção ($\wedge$)

Conjunção e: p e q são proposições, sua conjunção é denotada por p $\wedge$ q. Essas proposições só são verdadeiras simultaneamente (se p ou q for falso, então p $\wedge$ q será falso).

| P $\wedge$ Q

P	Q	P∧Q
V	V	V
V	F	F
F	V	F
F	F	F

| Representado por meio de conjuntos, temos: P $\wedge$ Q

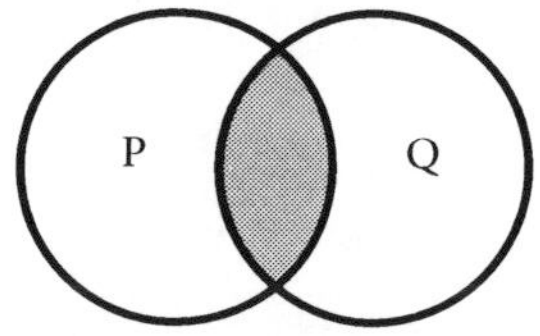

Valor lógico de uma proposição composta por disjunção (ou) = tabela verdade da disjunção ($\vee$)

Disjunção "ou": sejam p e q proposições, a disjunção é denotada por p $\vee$ q. Essas proposições só são falsas simultaneamente (se p ou q for verdadeiro, então p $\vee$ q será verdadeiro).

| P $\vee$ Q

P	Q	P∨Q
V	V	V
V	F	V
F	V	V
F	F	F

| Representado por meio de conjuntos, temos: P $\vee$ Q

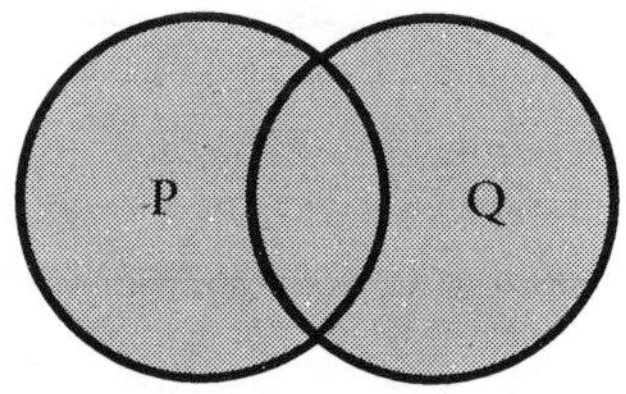

Valor lógico de uma proposição composta por disjunção exclusiva (ou, ou) = tabela verdade da disjunção exclusiva ($\veebar$)

Disjunção Exclusiva ou ..., ou ...: p e q são proposições, sua disjunção exclusiva é denotada por p $\veebar$ q. Essas proposições só são verdadeiras quando p e q tiverem valores diferentes/contrários (se p e q tiverem valores iguais, então p $\veebar$ q será falso).

| P $\veebar$ Q

P	Q	P⊻Q
V	V	F
V	F	V
F	V	V
F	F	F

| Representado por meio de conjuntos, temos: P $\veebar$ Q

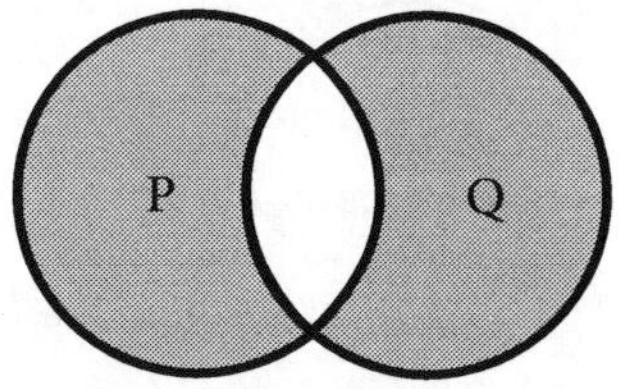

Valor lógico de uma proposição composta por condicional (se, então) = tabela verdade do condicional ($\rightarrow$)

Condicional Se p, e ntão q: p e q sãoproposições, sua condicional é denotada por p $\rightarrow$ q, onde se lê p condiciona q ou se p, então q. A proposição assume o valor falso somente quando p for verdadeira e q for falsa. A seguir, a tabela para a condicional de p e q.

RACI

| P → Q

P	Q	P → Q
V	V	V
V	F	F
F	V	V
F	F	V

Dicas:

P é antecedente e Q é consequente = P → Q

P é consequente e Q é antecedente = Q → P

P é suficiente e Q é necessário = P → Q

P é necessário e Q é suficiente = Q → P

| Representado por meio de conjuntos, temos: P → Q

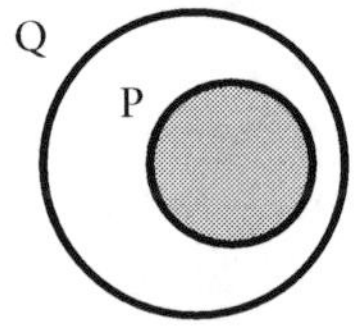

Valor lógico de uma proposição composta por bicondicional (se e somente se) = tabela verdade do bicondicional (↔)

Bicondicional se, e somente se: p e q sãoproposições, a bicondicional de p e q é denotada por p ↔ q, onde se lê p bicondicional q. Essas proposições só são verdadeias quando tiverem valores iguais (se p e q tiverem valores diferentes, então p ↔ q será falso).

No bicondicional, P e Q são ambos suficientes e necessários ao mesmo tempo.

| P ↔ Q

P	Q	P↔Q
V	V	V
V	F	F
F	V	F
F	F	V

| Representado por meio de conjuntos, temos: P ↔ Q

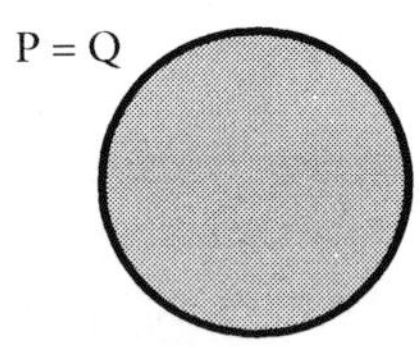

Proposição composta	Verdadeira quando:	Falsa quando:
P ∧ Q	P e Q são verdadeiras	Pelo menos uma falsa
P ∨ Q	Pelo menos uma verdadeira	P e Q são falsas
P ⊻ Q	P e Q têm valores diferentes	P e Q têm valores iguais
P → Q	P = verdadeiro, Q = verdadeiro ou P = falso	P = verdadeiro e Q = falso
P ↔ Q	P e Q têm valores iguais	P e Q têm valores diferentes

1.3 Tautologias, contradições e contingências

▷ **Tautologia:** proposição composta que é **sempre verdadeira,** independente dos valores lógicos das proposições simples que a compõem.

| **(P ∧ Q) → (P ∨ Q)**

P	Q	P ∧ Q	P ∨ Q	(P ∧ Q) → (P ∨ Q)
V	V	V	V	V
V	F	F	V	V
F	V	F	V	V
F	F	F	F	V

▷ **Contradição:** proposição composta que é **sempre falsa,** independente dos valores lógicos das proposições simples que a compõem.

| **~(P ∨ Q) ∧ P**

P	Q	P ∨ Q	~(P ∨ Q)	~(P ∨ Q) ∧ P
V	V	V	F	F
V	F	V	F	F
F	V	V	F	F
F	F	F	V	F

▷ **Contingência:** ocorre quando não é tautologia nem contradição.

| **~(P ⊻ Q) ↔ P**

P	Q	P ⊻ Q	~(P ⊻ Q)	~(P ⊻ Q) ↔ P
V	V	F	V	V
V	F	V	F	F
F	V	V	F	V
F	F	F	V	F

1.4 Equivalências lógicas

Duas ou mais proposições compostas são equivalentes, quando são formadas pelas mesmas proposições simples, e suas tabelas verdades (resultado) são iguais.

Fique Ligado
Atente-se para o princípio da equivalência. A tabela verdade está aí só para demonstrar a igualdade.

Seguem algumas demonstrações importantes:

▷ **P ∧ Q = Q ∧ P:** trocar as proposições de lugar – chamada de **recíproca**.

P	Q	P ∧ Q	Q ∧ P
V	V	V	V
V	F	F	F
F	V	F	F
F	F	F	F

- **P ∨ Q = Q ∨ P:** trocar as proposições de lugar – chamada de **recíproca**.

P	Q	P ∨ Q	Q ∨ P
V	V	V	V
V	F	V	V
F	V	V	V
F	F	F	F

P ⊻ Q = Q ⊻ P: trocar as proposições de lugar – chamada de **recíproca**.

P ⊻ Q = ~P ⊻ ~Q: negar as proposições – chamada de **contrária**.

P ⊻ Q = ~Q ⊻ ~P: trocar as proposições de lugar e negar – chamada de **contrapositiva.**

P ⊻ Q = (P ∧ ~Q) ∨ (~P ∧ Q): observe a seguir a exclusividade dessa disjunção.

P	Q	~P	~Q	P ∧ ~Q	~P ∧ Q	P ⊻ Q	Q ⊻ P	~P ⊻ ~Q	~Q ⊻ ~P	(P ∧ ~Q) ∨ (~P ∧ Q)
V	V	F	F	F	F	F	F	F	F	F
V	F	F	V	V	F	V	V	V	V	V
F	V	V	F	F	V	V	V	V	V	V
F	F	V	V	F	F	F	F	F	F	F

P ↔ Q = Q ↔ P: trocar as proposições de lugar – chamada de **recíproca**.

P ↔ Q = ~P ↔ ~Q: negar as proposições – chamada de **contrária.**

P ↔ Q = ~Q ↔ ~P: trocar as proposições de lugar e negar – chamada de **contrapostiva.**

P ↔ Q = (P → Q) ∧ (Q → P): observe a seguir a condicional para os dois lados, ou seja, bicondicional.

P	Q	~P	~Q	P→Q	Q→P	P↔Q	Q↔P	~P↔~Q	~Q↔~P	(P→Q) ∧ (Q→P)
V	V	F	F	V	V	V	V	V	V	V
V	F	F	V	F	V	F	F	F	F	F
F	V	V	F	V	F	F	F	F	F	F
F	F	V	V	V	V	V	V	V	V	V

Fique Ligado
A disjunção exclusiva e o bicondicional são as proposições com o maior número de equivalências.

P → Q = ~Q → ~P: trocar as proposições de lugar e negar – chamada de **contrapositiva**.

P → Q = ~P ∨ Q: negar o antecedente ou manter o consequente.

P	Q	~P	~Q	P→Q	~Q→~P	~P ∨ Q
V	V	F	F	V	V	V
V	F	F	V	F	F	F
F	V	V	F	V	V	V
F	F	V	V	V	V	V

Equivalências importantes e mais cobradas em concursos.

1.4.1 Negação de proposição composta

São também equivalências lógicas. Veja

▹ **~(P ∧ Q) = ~P ∨ ~Q** (Leis de Morgan)

Para negar a conjunção, troca-se o conectivo **e** (∧) por **ou** (∨) e nega-se as proposições que a compõem.

P	Q	~P	~Q	P∧Q	~(P∧Q)	~P∨~Q
V	V	F	F	V	F	F
V	F	F	V	F	V	V
F	V	V	F	F	V	V
F	F	V	V	F	V	V

▹ **~(P ∨ Q) = ~P ∧ ~Q** (Leis de Morgan)

Para negar a disjunção, troca-se o conectivo **ou** (∨) por **e** (∧) e negam-se as proposições simples que a compõem.

P	Q	~P	~Q	P∨Q	~(P∨Q)	~P∧~Q
V	V	F	F	V	F	F
V	F	F	V	V	F	F
F	V	V	F	V	F	F
F	F	V	V	F	V	V

▹ **~(P → Q) = P ∧ ~Q**

Para negar o condicional, mantém-se o antecedente e nega-se o consequente.

P	Q	~Q	P→Q	~(P→Q)	P∧~Q
V	V	F	V	F	F
V	F	V	F	V	V
F	V	F	V	F	F
F	F	V	V	F	F

▹ **~(P ⊻ Q) = P ↔ Q**

Para negar a disjunção exclusiva, faz-se o bicondicional ou nega-se a disjunção exclusiva com a própria disjunção exclusiva, mas negando apenas uma das proposições que a compõe.

P	Q	P⊻Q	~(P⊻Q)	P↔Q
V	V	F	V	V
V	F	V	F	F
F	V	V	F	F
F	F	F	V	V

▹ **~(P ↔ Q) = (P ⊻ Q)**

Para negar a bicondicional, faz-se a disjunção exclusiva ou nega-se o bicondicional com o próprio bicondicional, mas negando apenas uma das proposições que a compõe.

P	Q	P↔Q	~(P↔Q)	P⊻Q
V	V	V	F	F
V	F	F	V	V
F	V	F	V	V
F	F	V	F	F

1.5 Relação entre todo, algum e nenhum

Têm algumas relações entre si, conhecidas como **quantificadores lógicos.** Veja:

"Todo A é B" equivale a **"nenhum A não é B"**, vice-versa.

| "todo amigo é bom = nenhum amigo não é bom."

"Nenhum A é B" equivale a **"todo A não é B"**, vice-versa.

| "nenhum aluno é burro = todo aluno não é burro."

"Todo A é B" tem como negação **"algum A não é B"**, vice-versa.

| ~(todo estudante tem insônia) = algum estudante não tem insônia.

"Nenhum A é B" tem como negação **"algum A é B"**, vice-versa.

| ~(algum sonho é impossível) = nenhum sonho é impossível.

Representado em forma de conjuntos:

TODO A é B:

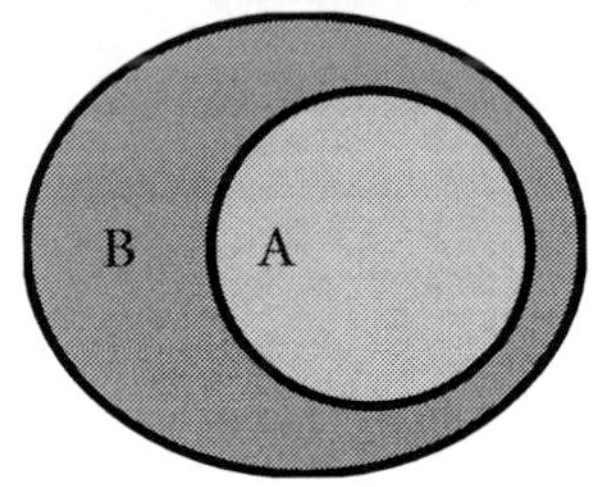

ALGUM A é B:

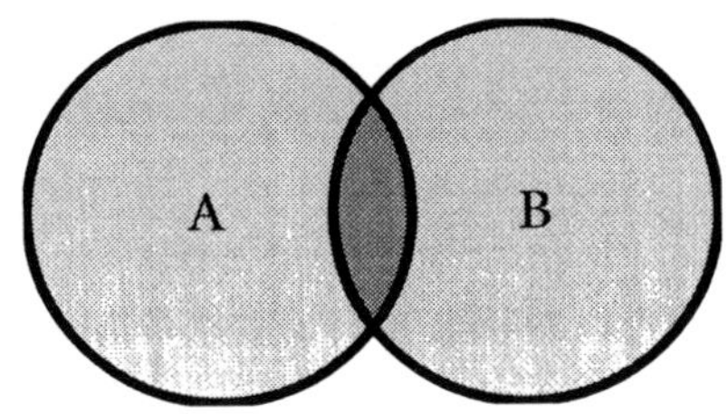

NENHUM A é B:

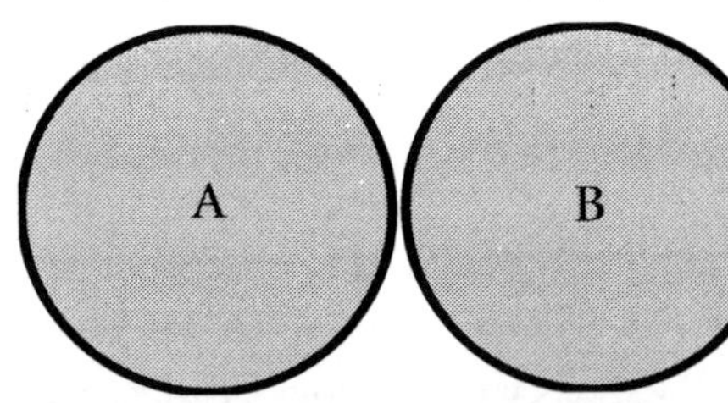

Relação de Equivalência	Relação de Negação
Todo A é B = Nenhum A não é B. *Todo diretor é bom ator. = Nenhum diretor é mau ator.*	Todo A é B = Algum A não é B. *Todo policial é honesto. = Algum policial não é honesto.*
Nenhum A é B = Todo A não é B. *Nenhuma mulher é legal. = Toda mulher não é legal.*	Nenhum A é B = Algum A é B. *Nenhuma ave é mamífera. = Alguma ave é mamífera.*

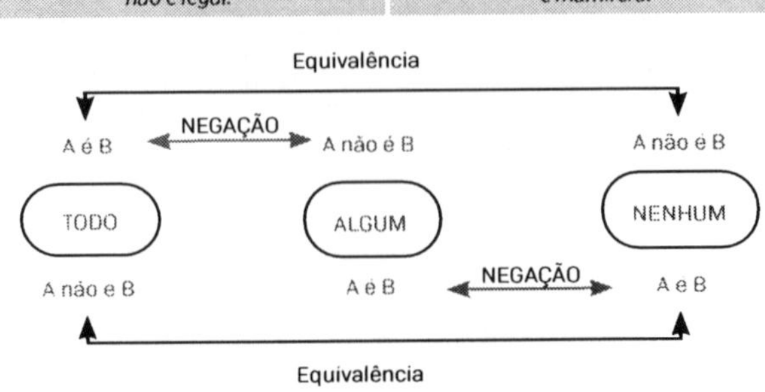

2 ARGUMENTOS

Os argumentos são uma extensão das proposições, mas com algumas características e regras próprias. Veja:

2.1 Definições

Argumento é um conjunto de proposições, divididas em premissas (proposições iniciais – hipóteses) e conclusões (proposições finais – teses).

p_1: Toda mulher é bonita.
p_2: Toda bonita é charmosa.
p_3: Maria é bonita.
c: Portanto, Maria é charmosa.
p_1: Se é homem, então gosta de futebol.
p_2: Mano gosta de futebol.
c: Logo, Mano é homem.

p1, p2, p3, pn, correspondem às premissas, e c à conclusão.

2.1.1 Representação dos argumentos

Os argumentos podem ser representados das seguintes formas:

$$\begin{array}{c} P_1 \\ P_2 \\ P_3 \\ \dots \\ \underline{P_n} \\ C \end{array}$$

ou

$$P_1 \wedge P_2 \wedge P_3 \wedge \cdots \wedge P_n \rightarrow C$$

ou

$$P_1, P_2, P_3, \cdots, Pn \vdash C$$

2.1.2 Tipos de argumentos

A seguir, conheça os tipos de argumentos.

Dedução

O argumento dedutivo é aquele que procede de proposições gerais para as proposições particulares. Esta forma de argumento é válida quando suas premissas, sendo verdadeiras, fornecem uma conclusão também verdadeira.

p_1: Todo professor é aluno.
p_2: Daniel é professor.
c: Logo, Daniel é aluno.

Indução

O argumento indutivo é o contrário do argumento dedutivo, procede de proposições particulares para proposições gerais. Quanto mais informações nas premissas, maior chance da conclusão estar correta.

p_1: Cerveja embriaga.
p_2: Uísque embriaga.
p_3: Vodca embriaga.
c: Portanto, toda bebida alcoólica embriaga.

Analogia

As analogias são comparações (nem sempre verdadeiras). Neste caso, procede de uma proposição conhecida para outra desconhecida, mas semelhante. Na analogia, não temos certeza.

p_1: No Piauí faz calor.
p_2: No Ceará faz calor.
p_3: No Paraná faz calor.
c: Sendo assim, no Brasil faz calor.

Falácia

As falácias são falsos argumentos, logicamente inconsistentes, inválidos ou que não provam o que dizem.

p_1: Eu passei num concurso público.
p_2: Você passou num concurso público.
c: Logo, todos passaram num concurso público.

Silogismos

Tipo de argumento formado por três proposições, sendo duas premissas e uma conclusão. São em sua maioria dedutivos.

p_1: Todo estudioso passará no concurso.
p_2: Beatriz é estudiosa.
c: Portanto, Beatriz passará no concurso.

2.1.3 Classificação dos argumentos

Os argumentos só podem ser classificados como válidos ou inválidos:

Válidos ou bem construídos

Os argumentos são válidos quando as premissas garantirem a conclusão, ou seja, quando a conclusão for uma consequência obrigatória do seu conjunto de premissas.

p_1: Toda mulher é bonita.
p_2: Toda bonita é charmosa.
p_3: Maria é mulher.
c: Portanto, Maria é bonita e charmosa.

Se Maria é mulher, toda mulher é bonita e toda bonita é charmosa, conclui-se que Maria só pode ser bonita e charmosa.

Inválidos ou mal construídos

Os argumentos são inválidos quando as premissas **não** garantem a conclusão, ou seja, quando a conclusão **não** for uma consequência obrigatória do seu conjunto de premissas.

p_1: Todo professor é aluno.
p_2: Daniel é aluno.
c: Logo, Daniel é professor.

Se Daniel é aluno, nada garante que ele seja professor, pois o que sabemos é que todo professor é aluno, não o contrário.

Alguns argumentos serão classificados apenas por meio desse conceito (da GARANTIA).

2.2 Métodos para classificar os argumentos

Os argumentos nem sempre podem ser classificados da mesma forma, por isso existem os métodos para sua classificação. Veja:

- **1º método:** diagramas lógicos (ou método dos conjuntos).

Utilizado sempre que houver as expressões **todo**, **algum** ou **nenhum** e seus respectivos sinônimos.

R A C I

> **Fique ligado**
>
> Esse método é muito utilizado pelas bancas de concursos e tende a confundir o concurseiro, principalmente nas questões em que temos mais de uma opção de diagrama para o mesmo enunciado. Lembre-se que quando isso ocorrer, a questão só estará correta se a conclusão estiver presente em todas as representações e se todos os diagramas corresponderem à mesma condição.

Representaremos o que for dito em forma de conjuntos e verificaremos se a conclusão está correta (presente nas representações).

As representações genéricas são:

TODO A é B:

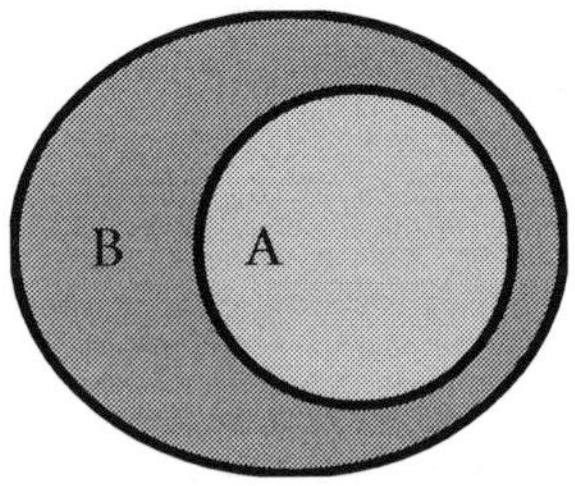

ALGUM A é B:

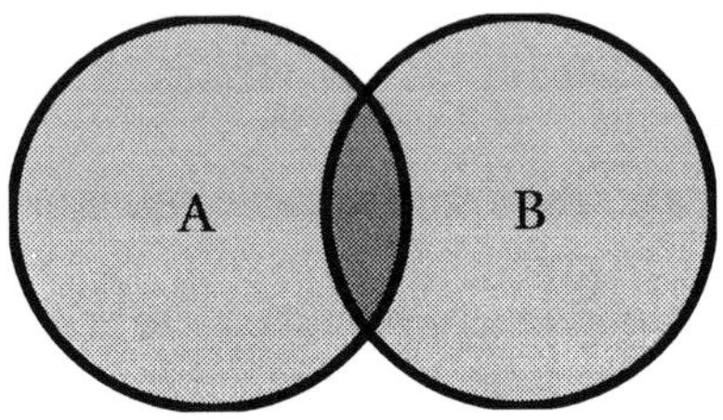

NENHUM A é B:

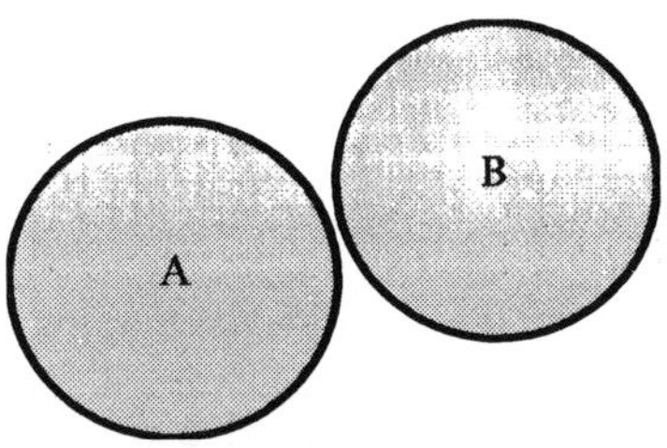

- **2º método:** premissas verdadeiras (proposição simples ou conjunção).

Utilizado sempre que não for possível os diagramas lógicos e se houver proposição simples ou conjunção.

A proposição simples ou a conjunção serão os pontos de partida da resolução, já que consideraremos todas as premissas verdadeiras e elas só admitem uma maneira de serem verdadeiras.

O método considera todas as premissas como verdadeiras, dá valor às proposições simples que as compõem e, no final, avalia a conclusão. Se a conclusão for verdadeira o argumento é válido, porém se a conclusão for falsa o argumento é inválido.

Premissas verdadeiras e conclusão verdadeira = argumento válido.

Premissas verdadeiras e conclusão falsa = argumento inválido.

- **3º método:** conclusão falsa (proposição simples, disjunção ou condicional).

Utilizado sempre que não for possível um dos dois métodos citados anteriormente e se na conclusão houver proposicão simples, disjunção ou condicional.

A proposição simples, a disjunção ou o condicional serão os pontos de partida da resolução, já que consideraremos a conclusão como sendo falsa e elas só admitem um jeito de serem falsas.

O método considera a conclusão como falsa, dá valor às proposições simples que as compõem, pressupondo as premissas como verdadeiras e atribui valor às proposições simples das premissas. Se a conclusão for falsa e as premissas verdadeiras, o argumento será inválido; porém se uma das premissas mudar de valor, então o argumento passa a ser válido.

Conclusão falsa e premissas verdadeiras = argumento inválido.

Conclusão falsa e pelo menos uma premissa falsa = argumento válido.

Para o 2º método e o 3º método, podemos definir a validade dos argumentos da seguinte forma:

Premissas	Conclusão	Argumento
Verdadeiras	Verdadeira	Válido
Verdadeiras	Falsa	Inválido
Pelo menos uma falsa	Falsa	Válido

- **4º método:** tabela verdade.

Utilizado em último caso, quando não for possível usar qualquer um dos anteriores.

Depende da quantidade de proposições simples que tiver o argumento, esse método fica inviável, pois temos que desenhar a tabela verdade. No entanto, esse método é um dos mais garantidos nas resoluções das questões de argumentos.

Consiste em desenhar a tabela verdade do argumento em questão e avaliar se as linhas em que as premissas forem todas verdadeiras – ao mesmo tempo – a conclusão também será toda verdadeira. Caso isso ocorra, o argumento será válido, porém se uma das linhas em que as premissas forem todas verdadeiras e a conclusão for falsa, o argumento será inválido.

Linhas da tabela verdade em que as premissas são todas verdadeiras e a conclusão, for verdadeira = argumento válido.

Linhas da tabela verdade em que as premissas são todas verdadeiras e pelo menos uma conclusão for falsa = argumento inválido.

3 PSICOTÉCNICOS

Questões psicotécnicas são as que não precisamos de conhecimento adicional para resolvê-las. As questões podem ser de associações lógicas, verdades e mentiras, sequências lógicas, problemas com datas – calendários, sudoku, entre outras.

Abordar-se-á, agora, as questões mais simples do raciocínio lógico para uma melhor familiarização.

Não existe teoria, somente prática e é com ela que vamos trabalhar e aprender.

01. (FCC) Considere que os dois primeiros pares de palavras foram escritos segundo determinado critério.

Temperamento → totem

Traficante → tetra

Massificar → ?

De acordo com esse mesmo critério, uma palavra que substituiria o ponto de interrogação é:

a) ramas.
b) maras.
c) armas.
d) samar.
e) asmar.

Resposta: C.

Ao analisar os dois primeiros pares de palavras, observamos que a segunda palavra de cada par é formada pela última sílaba + a primeira sílaba da primeira palavra do par, logo, teremos AR + MAS = armas.

02. (FCC) Observe atentamente a disposição das cartas em cada linha do esquema seguinte. A carta que está oculta é:

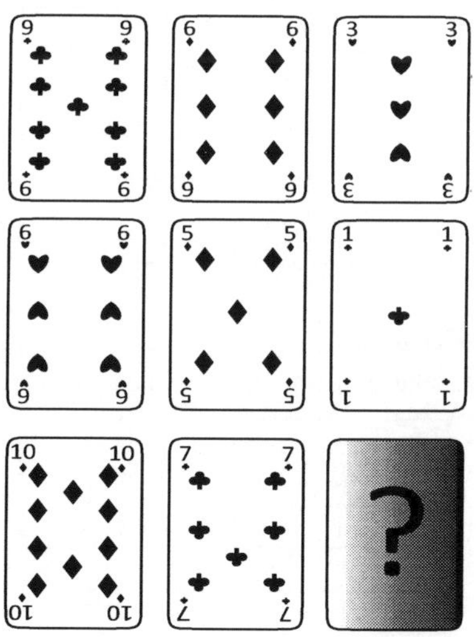

a) 

b) 

c) 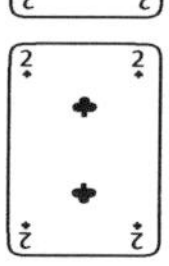

d) 

e) 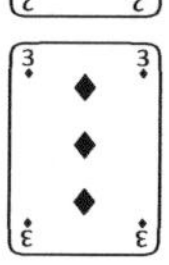

Resposta: A.

Ao observar cada linha (horizontal), temos nas duas primeiras três naipes iguais (copas, paus e ouros, só mudando a ordem). A terceira carta é o resultado da subtração da primeira pela segunda; portanto, a carta que está oculta tem que ser o 3 de copas, pois 10 – 7 = 3 e o naipe que não apareceu na terceira linha foi o de copas.

03. (FCC) Considere a sequência de figuras abaixo. A figura que substitui corretamente a interrogação é:

a) 

b) 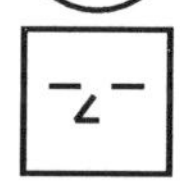

c) 

d) 

e) 

Resposta: A.

Observe que em cada fila (linha ou coluna) temos um círculo, um triângulo e um quadrado, fazendo o contorno da careta. Os olhos são círculos, quadrados ou tiras; o nariz é reto, para direita ou para esquerda; sendo assim, no ponto de interrogação o que está faltando é a carta redonda com os olhos em tiras e o nariz para a esquerda.

04. (FGV) Certo dia, três amigos fizeram, cada um deles, uma afirmação:

Aluísio: Hoje não é terça-feira.

Benedito: Ontem foi domingo.

Camilo: Amanhã será quarta-feira.

Sabe-se que um deles mentiu e que os outros dois falaram a verdade. Assinale a alternativa que indique corretamente o dia em que eles fizeram essas afirmações.

a) Sábado.
b) Domingo.
c) Segunda-feira.
d) Terça-feira.
e) Quarta-feira.

Resposta: C.

Com base no que foi dito na questão, Benedito e Camilo não podem estar falando a verdade, pois teríamos dois dias diferentes. Conclui-se que Aluísio e Benedito falaram a verdade, e que Camilo está mentindo. Logo, o dia em que foi feita a afirmação é uma segunda-feira.

05. (FUMARC) Heloísa, Bernardo e Antônio são três crianças. Uma delas tem 12 anos a outra tem 10 anos e a outra 8 anos. Sabe-se que apenas uma das seguintes afirmações é verdadeira:

I. Bernardo tem 10 anos.

II. Heloísa não tem 10 anos.

III. Antônio não tem 12 anos.

Considerando estas informações é correto afirmar que:

a) Heloísa tem 12 anos, Bernardo tem 10 anos e Antônio tem 8 anos.

b) Heloísa tem 12 anos, Bernardo tem 8 anos e Antônio tem 10 anos.

c) Heloísa tem 10 anos, Bernardo tem 8 anos e Antônio tem 12 anos.

d) Heloísa tem 10 anos, Bernardo tem 12 anos e Antônio tem 8 anos.

Resposta: D.

Como a questão informa que só uma afirmação é verdadeira, vejamos: se **I** for a verdadeira, teremos Bernardo e Heloísa, com 10 anos, o que pelo enunciado não é possível; se **II** for a verdadeira, teremos Bernardo e Heloísa com 8 anos, o que também não é possível; se **III** for a verdadeira, teremos Heloísa com 10 anos, Bernardo com 12 anos e Antônio com 8 anos.

06. (FCC) Na sentença seguinte falta a última palavra. Você deve escolher a alternativa que apresenta a palavra que MELHOR completa a sentença.

Devemos saber empregar nosso tempo vago; podemos, assim, desenvolver hábitos agradáveis e evitar os perigos da:

a) Desdita.

b) Pobreza.

c) Ociosidade.

d) Bebida.

e) Doença.

Resposta: C.

Qual dessas alternativas tem a palavra que mais se relaciona com tempo vago? A palavra é OCIOSIDADE.

No livro *Alice no País dos Enigmas*, o professor de matemática e lógica Raymond Smullyan apresenta vários desafios ao raciocínio lógico que têm como objetivo distinguir entre verdadeiro e falso. Considere o seguinte desafio inspirado nos enigmas de Smullyan.

Duas pessoas carregam fichas nas cores branca e preta. Quando a primeira pessoa carrega a ficha branca, ela fala somente a verdade, mas, quando carrega a ficha preta, ela fala somente mentiras. Por outro lado, quando a segunda pessoa carrega a ficha branca, ela fala somente mentira, mas, quando carrega a ficha preta, fala somente verdades.

Com base no texto acima, julgue o item a seguir.

07. (CESPE) Se a primeira pessoa diz "Nossas fichas não são da mesma cor" e a segunda pessoa diz "Nossas fichas são da mesma cor", então, pode-se concluir que a segunda pessoa está dizendo a verdade.

Certo ( ) Errado ( )

Resposta: Certo.

Ao analisar, a seguir, linha por linha da tabela, encontramos contradições nas três primeiras linhas, ficando somente a quarta linha como certa, o que garante que a segunda pessoa está falando a verdade.

1ª pessoa: Nossas fichas não são da mesma cor	2ª pessoa: Nossas fichas são da mesma cor
Ficha branca (verdade)	Ficha branca (mentira)
Ficha branca (verdade)	Ficha preta (verdade)
Ficha preta (mentira)	Ficha branca (mentira)
Ficha preta (mentira)	Ficha preta (verdade)

Uma proposição é uma afirmação que pode ser julgada como verdadeira (V) ou falsa (F), mas não como ambas. As proposições são usualmente simbolizadas por letras maiúsculas do alfabeto, como, por exemplo, P, Q, R etc. Se a conexão de duas proposições é feita pela preposição "e", simbolizada usualmente por $\wedge$, então obtém-se a forma $P \wedge Q$, lida como "P e Q" e avaliada como V se P e Q forem V, caso contrário, é F. Se a conexão for feita pela preposição "ou", simbolizada usualmente por $\vee$, então obtém-se a forma $P \vee Q$, lida como "P ou Q" e avaliada como F se P e Q forem F, caso contrário, é V. A negação de uma proposição é simbolizada por $\neg P$, e avaliada como V, se P for F, e como F, se P for V.

Um argumento é uma sequência de proposições P1 , P2 , ..., Pn , chamadas premissas, e uma proposição Q, chamada conclusão. Um argumento é válido, se Q é V sempre que P1, P2, ..., Pn forem V, caso contrário, não é argumento válido.

A partir desses conceitos, julgue o próximo item.

08. (CESPE) O quadro abaixo pode ser completamente preenchido com algarismos de 1 a 6, de modo que cada linha e cada coluna tenham sempre algarismos diferentes.

Certo ( ) Errado ( )

1				3	2
		5	6		1
	1	6		5	
5	4			2	
	3	2	4		
4			2		3

Resposta: Certo.

Vamos preencher o quadro, de acordo com o que foi pedido:

1	6	4	5	3	2
3	2	5	6	4	1
2	1	6	3	5	4
5	4	3	1	2	6
6	3	2	4	1	5
4	5	1	2	6	3

4 ANÁLISE COMBINATÓRIA

As primeiras atividades matemáticas estavam ligadas à contagem de objetos de um conjunto, enumerando seus elementos.

Vamos estudar algumas técnicas para a descrição e contagem de casos possíveis de um acontecimento.

4.1 Definição

A análise combinatória é utilizada para descobrir o **número de maneiras possíveis** para realizar determinado evento, sem que seja necessário demonstrar essas maneiras.

> Quantos são os pares formados pelo lançamento de dois **dados** simultaneamente?
>
> No primeiro dado, temos 6 possibilidades – do 1 ao 6 – e, no segundo dado, também temos 6 possibilidades – do 1 ao 6. Juntando todos os pares formados, temos 36 pares (6 · 6 = 36).
>
> (1,1), (1,2), (1,3), (1,4), (1,5), (1,6),
> (2,1), (2,2), (2,3), (2,4), (2,5), (2,6),
> (3,1), (3,2), (3,3), (3,4), (3,5), (3,6),
> (4,1), (4,2), (4,3), (4,4), (4,5), (4,6),
> (5,1), (5,2), (5,3), (5,4), (5,5), (5,6),
> (6,1), (6,2), (6,3), (6,4), (6,5), (6,6).
>
> Logo, temos **36 pares**.

Não há necessidade de expor todos os pares formados, basta que saibamos quantos pares existem.

Imagine se fossem 4 dados e quiséssemos saber todas as quadras possíveis, o resultado seria 1.296 quadras. Um número inviável de ser representado. Por isso utilizamos a análise combinatória.

Para resolver as questões de análise combinatória, utilizamos algumas técnicas, que veremos a seguir.

4.2 Fatorial

É comum, nos problemas de contagem, calcularmos o produto de uma multiplicação cujos fatores são números naturais consecutivos. Fatorial de um número (natural) é a multiplicação deste número por todos os seus antecessores, em ordem, até o número 1 ·

$$n! = n\,(n-1)(n-2)\ldots3.2.1, \textit{ sendo } n \in N \text{ e } n > 1.$$

Por definição, temos:

- 0! = 1
- 1! =1
- 4! = 4 · 3 · 2 · 1 = 24
- 6! = 6 · 5 · 4 · 3 · 2 · 1 = 720
- 8! = 8 · 7 · 6 · 5 · 4 · 3 · 2 · 1 = 40.320

Observe que:

- 6! = 6 · 5 · 4!
- 8! = 8 · 7 · 6!

Para n = 0, teremos: 0! = 1.

Para n = 1, teremos: 1! = 1.

> Qual deve ser o valor numérico de n para que a equação (n + 2)! = 20 · n! seja verdadeira?
>
> O primeiro passo na resolução deste problema consiste em escrevermos **(n + 2)!** em função de **n!**, em busca de uma equação que não mais contenha fatoriais:
>
> (n+2) (n+1) n! = 20n!, dividindo por n!, tem os:
>
> (n+2) (n+1) = 20, fazendo a distributiva.
>
> $n^2 + 3n + 2 = 20 \Rightarrow n^2 + 3n - 18 = 0$
>
> Conclui-se que as raízes procuradas são **-6** e **3**, mas como não existe fatorial de números negativos, já que eles não pertencem ao conjunto dos números naturais, ficamos apenas com a raiz igual a **3**.
>
> Portanto:
>
> O valor numérico de n, para que a equação seja verdadeira, é igual a 3.

4.3 Princípio fundamental da contagem (PFC)

O PFC é utilizado nas questões em que os elementos podem ser repetidos **ou** quando a ordem dos elementos fizer diferença no resultado.

É uma das técnicas mais importantes e uma das mais utilizadas nas questões de análise combinatória.

Fique ligado

Esses elementos são os dados das questões, os valores envolvidos.

Consiste de dois princípios: o **multiplicativo** e o **aditivo**. A diferença dos dois consiste nos termos utilizados durante a resolução das questões.

Multiplicativo: usado sempre que na resolução das questões utilizarmos o termo e. Como o próprio nome já diz, faremos multiplicações.

Aditivo: usado quando utilizarmos o termo **ou**. Aqui realizaremos somas.

> Quantas senhas de 3 algarismos são possíveis com os algarismos 1, 3, 5 e 7?
>
> Como nas senhas os algarismos podem ser repetidos, para formar senhas de 3 algarismos temos a seguinte possibilidade:
>
> SENHA = Algarismo E Algarismo E Algarismo
>
> Nº de SENHAS = 4 · 4 · 4 (já que são 4 os algarismos que temos na questão, e observe o princípio multiplicativo no uso do e). Nº de SENHAS = 64.

> Quantos são os números naturais de dois algarismos que são múltiplos de 5?
>
> Como o zero à esquerda de um número não é significativo, para que tenhamos um número natural com dois algarismos, ele deve começar com um dígito de 1 a 9. Temos, portanto, 9 possibilidades.
>
> Para que o número seja um múltiplo de 5, ele deve terminar em 0 ou 5, portanto, temos apenas 2 possibilidades. A multiplicação de 9 por 2 nos dará o resultado desejado. Logo: são 18 os números naturais de dois algarismos e múltiplos de 5.

4.4 Arranjo e combinação

Duas outras técnicas usadas para resolução de problemas de análise combinatória, sendo importante saber quando usa cada uma delas.

Arranjo: usado quando os elementos (envolvidos no cálculo) não podem ser repetidos E quando a ordem dos elementos faz diferença no resultado.

A fórmula do arranjo é:

$$A_{n,p} = \frac{n!}{(n \cdot p)!}$$

Sendo:

- **n** = todos os elementos do conjunto.
- **p** = os elementos utilizados.

> pódio de competição

Combinação: usado quando os elementos (envolvidos no cálculo) não podem ser repetidos E quando a ordem dos elementos não faz diferença no resultado.

A fórmula da combinação é:

$$C_{n,p} = \frac{n!}{p! \cdot (n-p)!}$$

Sendo:

n = a todos os elementos do conjunto.

p = os elementos utilizados.

salada de fruta.

4.5 Permutação

4.5.1 Permutação simples

Seja **E** um conjunto com **n** elementos. Chama-se permutação simples dos **n** elementos, qualquer agrupamento (sequência) de **n** elementos distintos de **E** em outras palavras. Permutação é a **organização** de **todos** os elementos

Podemos, também, interpretar cada permutação de **n** elementos como um arranjo simples de **n** elementos tomados **n** a **n**, ou seja, p = n.

Nada mais é do que um caso particular de arranjo cujo p = n.

Logo:

Assim, a fórmula da permutação é:

$$P_n = n!$$

Quantos anagramas tem a palavra prova?

A palavra **prova** tem 5 letras, e nenhuma repetida, sendo assim **n** = 5, é:

P5 = 5!

P5 = 5 · 4 · 3 · 2 · 1

P5 = 120 anagramas

Fique ligado

As permutações são muito usadas nas questões de anagramas.

Anagramas são palavras formadas com todas as letras de uma palavra, desde que essas novas palavras tenham sentido ou não na linguagem comum.

4.5.2 Permutação com elementos repetidos

Na permutação com elementos repetidos, usa-se a seguinte fórmula:

$$P_n^{k,y,\ldots,w} = \frac{n!}{k! \cdot y! \cdot \ldots \cdot w!}$$

Sendo:

n = o número total de elementos do conjunto.

k, y, w = as quantidades de elementos repetidos.

Quantos anagramas tem a palavra concurso?

Observe que na palavra **concurso** existem duas letras repetidas, C e O, e cada uma duas vezes, portanto, n = 8, k = 2 e y = 2, sendo:

$$P_8^{2,2} = \frac{8!}{2! \cdot 2!}$$

$$P_8^{2,2} = \frac{8 \cdot 7 \cdot 6 \cdot 5 \cdot 4 \cdot 3 \cdot 2!}{2 \cdot 1 \cdot 2!} \quad \text{(Simplificando o 2!)}$$

$$P_8^{2,2} = \frac{20.160}{2}$$

$P_8^{2,2} =$ 10.080 anagramas

Resumo:

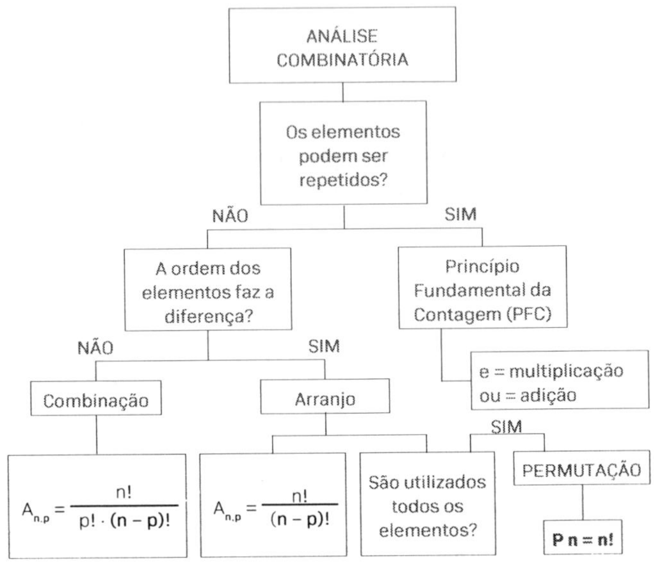

Para saber qual das técnicas utilizar, faça duas, no máximo, três perguntas para a questão, como segue:

Os elementos podem ser repetidos?

Se a resposta for sim, deve-se trabalhar com o PFC; se a resposta for não, passe para a próxima pergunta.

A ordem dos elementos faz diferença no resultado da questão?

Se a resposta for sim, trabalha-se com arranjo; se a resposta for não, trabalha-se com as combinações (todas as questões de arranjo podem ser feitas por PFC).

Vou utilizar todos os elementos para resolver a questão? (opcional)

Para fazer a 3ª pergunta, dependerá se a resposta da 1ª for não e a 2ª for sim; se a resposta da 3ª for sim, trabalha-se com as permutações.

4.5.3 Permutações circulares e combinações com repetição

Casos especiais dentro da análise combinatória

Permutação circular: usada quando houver giro horário ou anti-horário. Na permutação circular o que importa são as posições, não os lugares.

$$PC_n = (n-1)!$$

Sendo:

n = o número total de elementos do conjunto.

Pc = permutação circular.

Combinação com repetição: usada quando p > n ou quando a questão deixar subentendido que pode haver repetição.

$$A_{n,p} = C_{(n+p-1,p)} = \frac{(n+p-1)!}{p! \cdot (n-1)!}$$

Sendo:

n = o número total de elementos do conjunto.

p = o número de elementos utilizados.

Cr = combinação com repetição.

5 CONJUNTOS

5.1 Definição

Os conjuntos numéricos são advindos da necessidade de contar ou quantificar as coisas ou os objetos, adquirindo características próprias que os diferem. Os componentes de um conjunto são chamados de elementos. Costuma-se representar um conjunto nomeando os elementos um a um, colocando-os entre chaves e separando-os por vírgula,o que chamamos de representação por extensão. Para nomear um conjunto, usa-se geralmente uma letra maiúscula.

$A = \{1,2,3,4,5\} \rightarrow$ **conjunto finito**

$B = \{1,2,3,4,5,\ldots\} \rightarrow$ **conjunto infinito**

Ao montar o conjunto das vogais do alfabeto, os **elementos** serão a, e, i, o, u.

A nomenclatura dos conjuntos é formada pelas letras maiúsculas do alfabeto.

Conjunto dos estados da região Sul do Brasil:
A = {Paraná, Santa Catarina, Rio Grande do Sul}.

5.1.1 Representação dos conjuntos

Os conjuntos podem ser representados em **chaves** ou em **diagramas**.

Fique ligado

Quando é dada uma característica dos elementos de um conjunto, diz-se que ele está representado por compreensão.

A = {x | x é um múltiplo de dois maior que zero}

- **Representação em chaves**

Conjunto dos estados brasileiros que fazem fronteira com o Paraguai:
B = {Paraná, Mato Grosso do Sul}.

- **Representação em diagramas**

Conjunto das cores da bandeira do Brasil:

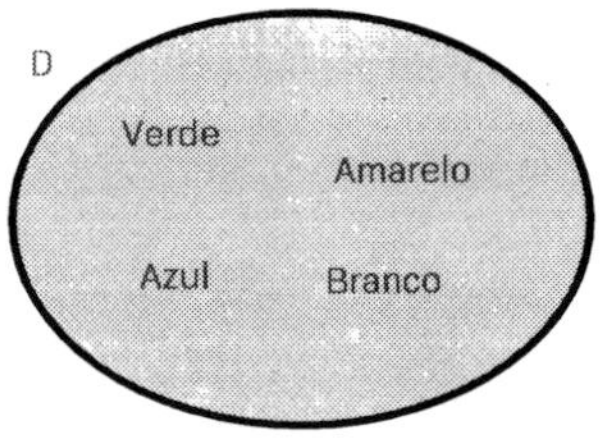

5.1.2 Elementos e relação de pertinência

Quando um elemento está em um conjunto, dizemos que ele pertence a esse conjunto. A relação de pertinência é representada pelo símbolo $\in$ (pertence).

Conjunto dos algarismos pares: **G** = {2, 4, 6, 8, 0}.
Observe que:
$4 \in G$
$7 \notin G$

5.1.3 Conjuntos unitário, vazio e universo

Conjunto unitário: possui um só elemento.

Conjunto da capital do Brasil: K = {Brasília}

Conjunto vazio: simbolizado por Ø ou {}, é o conjunto que não possui elemento.

Conjunto dos estados brasileiros que fazem fronteira com o Chile:
M = Ø.

Conjunto universo: em inúmeras situações é importante estabelecer o conjunto U ao qual pertencem os elementos de todos os conjuntos considerados. Esse conjunto é chamado de conjunto universo. Assim:

- Quando se estuda as letras, o conjunto universo das letras é o alfabeto.
- Quando se estuda a população humana, o conjunto universo é constituído de todos os seres humanos.

Para descrever um conjunto A por meio de uma propriedade característica p de seus elementos, deve-se mencionar, de modo explícito ou não, o conjunto universo U no qual se está trabalhando.

$A = \{x \in R \mid x>2\}$, onde $U = R \rightarrow$ forma explícita.
$A = \{x \mid x > 2\} \rightarrow$ forma implícita.

5.2 Subconjuntos

Diz-se que B é um subconjunto de A se todos os elementos de B pertencem a A.

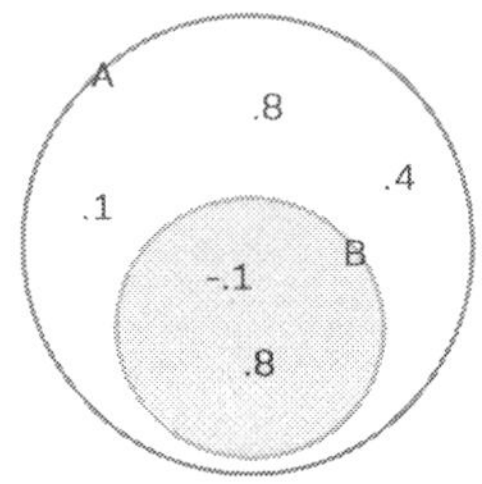

Deve-se notar que A = {-1, 0, 1, 4, 8} e B = {-1, 8}, ou seja, todos os elementos de B também são elementos do conjunto **A.**

- Os símbolos $\subset$ (contido), $\supset$ (contém), $\not\subset$ (não está contido) e $\not\supset$ (não contém) são utilizados para relacionar conjuntos.

  Nesse caso, diz-se que B está contido em A ou B é subconjunto de A ($B \subset A$). Pode-se dizer também que A contém B ($A \supset B$).

Observações:

- Se $A \subset B$ e $B \subset A$, então A = B.
- Para todo conjunto A, tem-se $A \subset A$.
- Para todo conjunto A, tem-se $\varnothing \subset A$, onde Ø representa o conjunto vazio.
- Todo conjunto é subconjunto de si próprio ($D \subset D$).
- O conjunto vazio é subconjunto de qualquer conjunto ($\varnothing \subset D$).
- Se um conjunto A possui p elementos, então ele possui 2p subconjuntos.
- O conjunto formado por todos os subconjuntos de um conjunto A, é denominado conjunto das partes de A. Assim, se A = {4, 7}, o conjunto das partes de A, é dado por {Ø, {4}, {7}, {4, 7}}.

5.3 Operações com conjuntos

União de conjuntos: a união de dois conjuntos quaisquer será representada por $A \cup B$ e terá os elementos que pertencem a A ou a B, ou seja, todos os elementos.

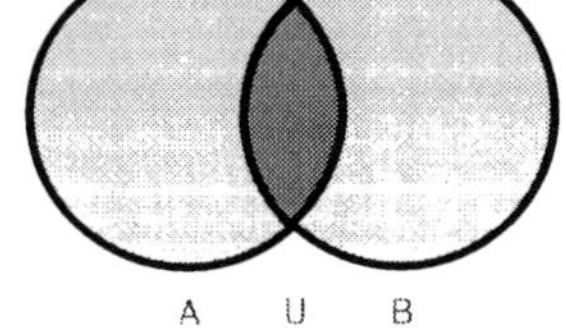

Interseção de conjuntos: a interseção de dois conjuntos quaisquer será representada por $A \cap B$. Os elementos que fazem parte do conjunto interseção são os elementos comuns aos dois conjuntos.

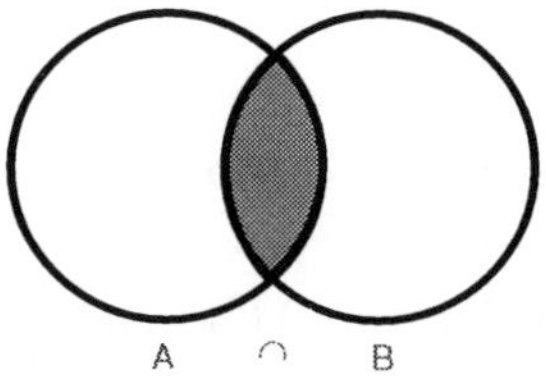

A ∩ B

Conjuntos disjuntos: se dois conjuntos não possuem elementos em comum, diz-se que eles são disjuntos. Simbolicamente, escreve-se $A \cap B = \varnothing$. Nesse caso, a união dos conjuntos A e B é denominada união disjunta. O número de elementos $A \cap B$ nesse caso é igual a zero.

$$n(A \cap B) = 0$$

Seja A = {1, 2, 3, 4, 5}, B = {1, 5, 6, 3}, C = {2, 4, 7, 8, 9} e D = {10, 20}. Tem-se:

$A \cup B = \{1, 2, 3, 4, 5, 6\}$

$B \cup A = \{1, 2, 3, 4, 5, 6\}$

$A \cap B = \{1, 3, 5\}$

$B \cap A = \{1, 3, 5\}$

$A \cup B \cup C = \{1, 2, 3, 4, 5, 6, 7, 8, 9\}$ e

$A \cap D = \varnothing$

É possível notar que A, B e C são todos disjuntos com D, mas A, B e C não são dois a dois disjuntos.

Diferença de conjuntos: a diferença de dois conjuntos quaisquer será representada por A – B e terá os elementos que pertencem somente a A, mas não pertencem a B, ou seja, que são exclusivos de A.

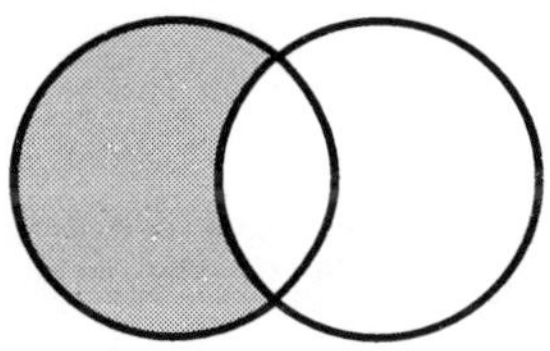

A - B

Complementar de um conjunto: se A está contido no conjunto universo U, o complementar de A é a diferença entre o conjunto universo e o conjunto A, será representado por CU(A) = U - A e terá todos os elementos que pertencem ao conjunto universo, menos os que pertencem ao conjunto A.

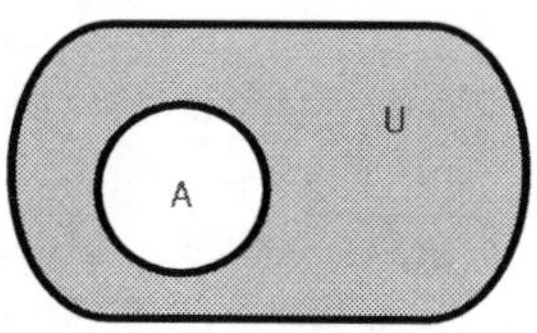

$C_p(A)$

6 CONJUNTOS NUMÉRICOS

Os números surgiram da necessidade de contar ou quantificar coisas ou objetos. Com o passar do tempo, foram adquirindo características próprias.

6.1 Números naturais

É o primeiro dos conjuntos numéricos. Representado pelo símbolo ℕ e formado pelos seguintes elementos:

ℕ = {0, 1, 2, 3, 4, 5, 6, 7, 8, 9, 10, 11, 12, 13, ... + ∞}

O símbolo ∞ significa infinito, o + quer dizer positivo, então +∞ quer dizer infinito positivo.

6.2 Números inteiros

Esse conjunto surgiu da necessidade de alguns cálculos não possuírem resultados, pois esses resultados eram negativos. Representado pelo símbolo ℤ e formado pelos seguintes elementos:

ℤ = {- ∞, ..., -3, -2, -1, 0, 1, 2, 3, ..., + ∞}

6.2.1 Operações e propriedades dos números naturais e inteiros

As principais operações com os números naturais e inteiros são: adição, subtração, multiplicação, divisão, potenciação e radiciação (as quatro primeiras são também chamadas operações fundamentais).

Adição

Na adição, a soma dos termos ou das parcelas resulta naquilo que se chama **total**.

$2 + 2 = 4$

As propriedades da adição são:

- **Elemento neutro:** qualquer número somado ao zero tem como total o próprio número.

$2 + 0 = 2$

- **Comutativa:** a ordem dos termos não altera o total.

$2 + 3 = 3 + 2 = 5$

- **Associativa:** o ajuntamento de parcelas não altera o total.

$(2 + 3) + 5 = 2 + (3 + 5) = 10$

Subtração

Operação contrária à adição é conhecida como diferença.

Os termos ou parcelas da subtração, assim como o total, têm nomes próprios:

M – N = P; em que M = minuendo, N = subtraendo e P = diferença ou resto.

$7 - 2 = 5$

Quando o subtraendo for maior que o minuendo, a diferença sera negativa.

Multiplicação

É a soma de uma quantidade de parcelas fixas. O resultado da multiplicação chama-se produto. Os sinais que indicam a multiplicação são o × e o ·.

$4 \times 7 = 7 + 7 + 7 + 7 = 28$

$7 \cdot 4 = 4 + 4 + 4 + 4 + 4 + 4 + 4 = 28$

As propriedades da multiplicação são:

Elemento neutro: qualquer número multiplicado por 1 tera como produto o próprio número.

$5 \cdot 1 = 5$

Comutativa: ordem dos fatores não altera o produto.

$3 \cdot 4 = 4 \cdot 3 = 12$

Associativa: o ajuntamento dos fatores não altera o resultado.

$2 \cdot (3 \cdot 4) = (2 \cdot 3) \cdot 4 = 24$

Distributiva: um fator em evidência multiplica todas as parcelas dentro dos parênteses.

$2 \cdot (3 + 4) = (2 \cdot 3) + (2 \cdot 4) = 6 + 8 = 14$

Fique ligado

Na multiplicação existe jogo de sinais. Veja a seguir:

Parcela	Parcela	Produto
+	+	+
+	-	-
-	+	-
-	-	+

$2 \cdot (-3) = -6$

$-3 \cdot (-7) = 21$

Divisão

É o inverso da multiplicação. Os sinais que indicam a divisão são: ÷, :, /.

$14 \div 7 = 2$

$25 : 5 = 5$

$36/12 = 3$

Fique ligado

Por ser o inverso da multiplicação, a divisão também possui o jogo de sinal.

6.3 Números racionais

Os números racionais são os números que podem ser escritos na forma de fração, são representados pela letra ℚ e podem ser escritos em forma de frações.

ℚ = $\frac{a}{b}$ (com b diferente de zero → b ≠ 0); em que a é o numerador e b é o denominador.

Pertencem também a este conjunto as dízimas periódicas (números que apresentam uma série infinita de algarismos decimais, após a vírgula) e os números decimais (aqueles que são escritos com a vírgula e cujo denominador são potências de 10).

Toda fração cujo numerador é menor que o denominador é chamada de fração própria.

6.3.1 Operações com números racionais

Adição e subtração

Para somar frações deve estar atento se os denominadores das frações são os mesmos. Caso sejam iguais, basta repetir o denominador e somar (ou subtrair) os numeradores, porém se os denominadores forem diferentes é preciso fazer o MMC (mínimo múltiplo comum) dos denominadores, constituindo novas frações equivalentes às frações originais e proceder com o cálculo.

$$\frac{2}{7} + \frac{4}{7} = \frac{6}{7}$$

$$\frac{2}{3} + \frac{4}{5} = \frac{10}{15} + \frac{12}{15} = \frac{22}{15}$$

Multiplicação

Multiplicar numerador com numerador e denominador com denominador das frações.

$$\frac{3}{4} \cdot \frac{5}{7} = \frac{15}{28}$$

Divisão

Para dividir frações, multiplicar a primeira fração com o inverso da segunda fração.

$$\frac{2}{3} \div \frac{4}{5} = \frac{2}{3} \cdot \frac{5}{4} = \frac{10}{12} = \frac{5}{6}$$

(Simplificado por 2)

Toda vez, que for possível, deve simplificar a fração até sua fração irredutível (aquela que não pode mais ser simplificada).

Potenciação

Se a multiplicação é a soma de uma quantidade de parcelas fixas, a potenciação é a multiplicação de uma quantidade de fatores fixos, tal quantidade indicada no expoente que acompanha a base da potência.

A potenciação é expressa por: $\mathbf{a}^n$, cujo **a** é a base da potência e o **n** é o expoente.

$4^3 = 4 \cdot 4 \cdot 4 = 64$

Propriedades das potências:

$a^0 = 1$

$3^0 = 1$

$a^1 = a$

$5^1 = 5$

$a^{-n} = 1/a^n$

$2^{-3} = 1/2^3 = 1/8$

$a^m \cdot a^n = a^{(m+n)}$

$3^2 \cdot 3^3 = 3^{(2+3)} = 3^5 = 243$

$a^m : a^n = a^{(m-n)}$

$4^5 : 4^3 = 4^{(5-3)} = 4^2 = 16$

$(a^m)^n = a^{m \cdot n}$

$(2^2)^4 = 2^{2 \cdot 4} = 2^8 = 256$

$a^{m/n} = \sqrt[n]{a^m}$

$7^{2/3} = \sqrt[3]{7^2}$

Não confunda: $(a^m)^n \neq a^{m^n}$

Não confunda também: $(-a)^n \neq -a^n$.

Radiciação

É a expressão da potenciação com expoente fracionário.

A representação genérica da radiciação é: $\sqrt[n]{a}$; cujo **n** é o índice da raiz, o **a** é o radicando e $\sqrt{\ }$ é o radical.

Quando o índice da raiz for o 2 ele não precisa aparecer e essa raiz será uma raiz quadrada.

Propriedades das raízes:

$\sqrt[n]{a^m} = (\sqrt[n]{a^m}) = a^{m/n}$

$\sqrt[m]{\sqrt[n]{a}} = \sqrt[m \cdot n]{a}$

$\sqrt[m]{a^m} = a = a^{m/m} = a^1 = a$

Racionalização: se uma fração tem em seu denominador um radical, faz-se o seguinte:

$$\frac{1}{\sqrt{a}} = \frac{1}{\sqrt{a}} \cdot \frac{\sqrt{a}}{\sqrt{a}} = \frac{\sqrt{a}}{\sqrt{a^2}} = \frac{\sqrt{a}}{a}$$

6.3.2 Transformação de dízima periódica em fração

Para transformar dízimas periódicas em fração, é preciso atentar-se para algumas situações:

- Verifique se depois da vírgula só há a parte periódica, ou se há uma parte não periódica e uma periódica.
- Observe quantas são as casas periódicas e, caso haja, as não periódicas. Lembre-se sempre que essa observação só será para os números que estão depois da vírgula.
- Em relação à fração, o denominador será tantos 9 quantos forem as casas do período, seguido de tantos 0 quantos forem as casas não periódicas (caso haja e depois da vírgula). Já o numerador será o número sem a vírgula até o primeiro período menos toda a parte não periódica (caso haja).

$$0{,}6666... = \frac{6}{9}$$

$$0{,}36363636... = \frac{36}{99}$$

$$0{,}123333... = \frac{123 - 12}{900} = \frac{111}{900}$$

$$2{,}8888... = \frac{28 - 2}{9} = \frac{26}{9}$$

$$3{,}754545454... = \frac{3754 - 37}{990} = \frac{3717}{990}$$

6.3.3 Transformação de número decimal em fração

Para transformar número decimal em fração, basta contar quantas casas existem depois da vírgula; então o denominador da fração será o número 1 acompanhado de tantos zeros quantos forem o número de casas, já o numerador será o número sem a vírgula.

$$0{,}3 = \frac{3}{10}$$

$$2{,}45 = \frac{245}{100}$$

$$49{,}586 = \frac{49586}{1000}$$

RACI

6.4 Números irracionais

São os números que não podem ser escritos na forma de fração.

O conjunto é representado pela letra 𝕀 e tem como elementos as dízimas não periódicas e as raízes não exatas.

6.5 Números reais

Simbolizado pela letra ℝ, é a união do conjunto dos números racionais com o conjunto dos números irracionais.

Representado, temos:

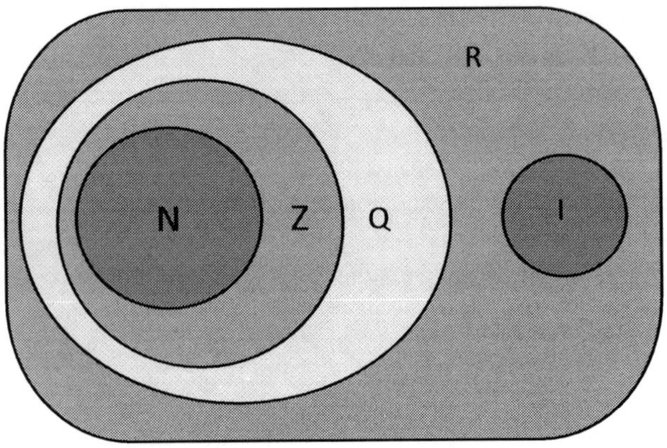

Colocando todos os números em uma reta, temos:

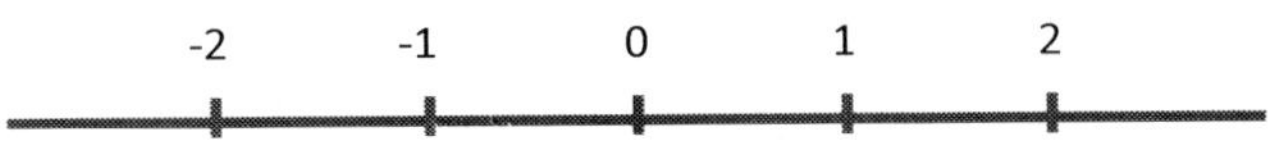

As desigualdades ocorrem em razão de os números serem maiores ou menores uns dos outros.

Os símbolos das desigualdades são:

≥ maior ou igual a.

≤ menor ou igual a.

> maior que.

< menor que.

Dessas desigualdades surgem os intervalos, que nada mais são do que um espaço dessa reta, entre dois números.

Os intervalos podem ser abertos ou fechados, depende dos símbolos de desigualdade utilizados.

Intervalo aberto ocorre quando os números não fazem parte do intervalo e os sinais de desigualdade são:

> maior que.

< menor que.

Intervalo fechado ocorre quando os números fazem parte do intervalo e os sinais de desigualdade são:

≥ maior ou igual a.

≤ menor ou igual a.

6.6 Intervalos

Os intervalos numéricos podem ser representados das seguintes formas:

6.6.1 Com os símbolos <, >, ≤, ≥

Quando usar os símbolos < ou >, os números que os acompanham não fazem parte do intervalo real. Quando usar os símbolos ≤ ou ≥, os números farão parte do intervalo real.

> $2 < x < 5$: o 2 e o 5 não fazem parte do intervalo.
> $2 \leq x < 5$: o 2 faz parte do intervalo, mas o 5 não.
> $2 \leq x \leq 5$: o 2 e o 5 fazem parte do intervalo.

6.6.2 Com os colchetes [ ]

Quando os colchetes estiverem voltados para os números, significa que farão parte do intervalo. Quando os colchetes estiverem invertidos, significa que os números não farão parte do intervalo.

>]2;5[: o 2 e o 5 não fazem parte do intervalo.
> [2;5[: o 2 faz parte do intervalo, mas o 5 não faz.
> [2;5]: o 2 e o 5 fazem parte do intervalo.

6.6.3 Sobre uma reta numérica

▹ **Intervalo aberto**

$2<x<5$: 

Em que 2 e 5 não fazem parte do intervalo numérico, representado pela marcação aberta (sem preenchimento - O).

▹ **Intervalo fechado e aberto**

$2 \leq x<5$: 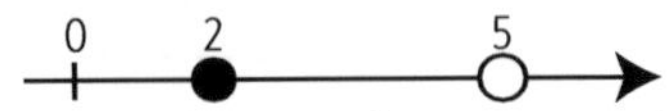

Em que 2 faz parte do intervalo, representado pela marcação fechada (preenchida●) em que 5 não faz parte do intervalo, representado pela marcação aberta (O).

▹ **Intervalo fechado**

$2 \leq x \leq 5$: 

Em que 2 e 5 fazem parte do intervalo numérico, representado pela marcação fechada (●).

6.7 Múltiplos e divisores

Os múltiplos são resultados de uma multiplicação de dois números naturais.

> Os múltiplos de 3 são: 0, 3, 6, 9, 12, 15, 18, 21, 24, 27, 30... (os múltiplos são infinitos).

Os divisores de um número são os números, cuja divisão desse número por eles será exata.

> Os divisores de 12 são: 1, 2, 3, 4, 6, 12.

Fique ligado

Números quadrados perfeitos são aqueles que resultam da multiplicação de um número por ele mesmo.

> $4 = 2 \cdot 2$
> $25 = 5 \cdot 5$

6.8 Números primos

São os números que têm apenas dois divisores, o 1 e ele mesmo. (Alguns autores consideram os números primos aqueles que tem 4 divisores, sendo o 1, o -1, ele mesmo e o seu oposto – simétrico.)

> 2 (único primo par), 3, 5, 7, 11, 13, 17, 19, 23, 29, 31, 37, 41, 43, 47, 53, 59, ...

Os números primos servem para decompor outros números.

A decomposição de um número em fatores primos serve para fazer o MMC e o MDC (máximo divisor comum).

6.9 MMC e MDC

O MMC de um, dois ou mais números é o menor número que, ao mesmo tempo, é múltiplo de todos esses números.

O MDC de dois ou mais números é o maior número que pode dividir todos esses números ao mesmo tempo.

Para calcular, após decompor os números, o MMC de dois ou mais números será o produto de todos os fatores primos, comuns e não comuns, elevados aos maiores expoentes. Já o MDC será apenas os fatores comuns a todos os números elevados aos menores expoentes.

$6 = 2 \cdot 3$
$18 = 2 \cdot 3 \cdot 3 = 2 \cdot 3^2$
$35 = 5 \cdot 7$
$144 = 2 \cdot 2 \cdot 2 \cdot 2 \cdot 3 \cdot 3 = 2^4 \cdot 3^2$
$225 = 3 \cdot 3 \cdot 5 \cdot 5 = 3^2 \cdot 5^2$
$490 = 2 \cdot 5 \cdot 7 \cdot 7 = 2 \cdot 5 \cdot 7^2$
$640 = 2 \cdot 2 \cdot 2 \cdot 2 \cdot 2 \cdot 2 \cdot 2 \cdot 5 = 2^7 \cdot 5$
MMC de 18 e 225 = $2 \cdot 3^2 \cdot 5^2 = 2 \cdot 9 \cdot 25 = 450$
MDC de 225 e 490 = 5

Para saber a quantidade de divisores de um número basta, depois da decomposição do número, pegar os expoentes dos fatores primos, somar +1 e multiplicar os valores obtidos.

$225 = 3^2 \cdot 5^2 = 3^{2+1} \cdot 5^{2+1} = 3 \cdot 3 = 9$

Nº de divisores = $(2 + 1) \cdot (2 + 1) = 3 \cdot 3 = 9$ divisores. Que são: 1, 3, 5, 9, 15, 25, 45, 75, 225.

6.10 Divisibilidade

As regras de divisibilidade servem para facilitar a resolução de contas, para ajudar a descobrir se um número é ou não divisível por outro. Veja algumas dessas regras.

Divisibilidade por 2: para um número ser divisível por 2, ele tem de ser par.

14 é divisível por 2.
17 não é divisível por 2.

Divisibilidade por 3: para um número ser divisível por 3, a soma dos seus algarismos tem de ser divisível por 3.

174 é divisível por 3, pois $1 + 7 + 4 = 12$.
188 não é divisível por 3, pois $1 + 8 + 8 = 17$.

Divisibilidade por 4: para um número ser divisível por 4, ele tem de terminar em 00 ou os seus dois últimos números devem ser múltiplos de 4.

300 é divisível por 4.
532 é divisível por 4.
766 não é divisível por 4.

Divisibilidade por 5: para um número ser divisível por 5, ele deve terminar em 0 ou em 5.

35 é divisível por 5.
370 é divisível por 5.
548 não é divisível por 5.

Divisibilidade por 6: para um número ser divisível por 6, ele deve ser divisível por 2 e por 3 ao mesmo tempo.

78 é divisível por 6.
576 é divisível por 6.
652 não é divisível por 6.

Divisibilidade por 9: para um número ser divisível por 9, a soma dos seus algarismos deve ser divisível por 9.

75 é não divisível por 9.
684 é divisível por 9.

Divisibilidade por 10: para um número ser divisível por 10, ele tem de terminar em 0.

90 é divisível por 10.
364 não é divisível por 10.

6.11 Expressões numéricas

Para resolver expressões numéricas, deve-se seguir a ordem:

- Resolva os parênteses ( ), depois os colchetes [ ], depois as chaves { }, sempre nessa ordem.
- Dentre as operações, resolva primeiro as potenciações e raízes (o que vier primeiro), depois as multiplicações e divisões (o que vier primeiro) e, por último, as somas e subtrações (o que vier primeiro).

Calcule o valor da expressão:
$8 - \{5 - [10 - (7 - 3 \cdot 2)] \div 3\}$
$8 - \{5 - [10 - (7 - 6)] \div 3\}$
$8 - \{5 - [10 - (1)] \div 3\}$
$8 - \{5 - [9] \div 3\}$
$8 - \{5 - 3\}$
$8 - \{2\}$
6

RACI

7 SISTEMA LEGAL DE MEDIDAS

7.1 Medidas de tempo

A unidade padrão do tempo é o segundo (s), mas devemos saber as seguintes relações:

1min = 60s

1h = 60min = 3.600s

1 dia = 24h = 1.440min = 86.400s

30 dias = 1 mês

2 meses = 1 bimestre

6 meses = 1 semestre

12 meses = 1 ano

10 anos = 1 década

100 anos = 1 século

> 15h47min18s + 11h39min59s = 26h86min77s = 26h87min17s = 27h27min17s= 1 dia 3h27min17s.
>
> 8h23min – 3h49min51s = 7h83min – 3h49min51s = 7h82min60s – 3h49min51s = 4h33min9s.

Cuidado com as transformações de tempo, pois elas não seguem o mesmo padrão das outras medidas.

7.2 Sistema métrico decimal

Serve para medir comprimentos, distâncias, áreas e volumes. Tem como unidade padrão o metro (m). Veja a seguir seus múltiplos, variações e algumas transformações.

Metro (m):

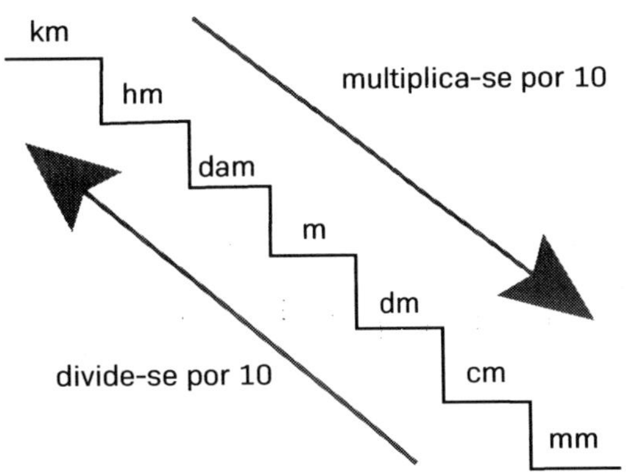

Ao descer um degrau da escada, multiplica-se por 10, e ao subir um degrau, divide-se por 10.

> Transformar 2,98km em cm = 2,98 · 100.000 = 298.000cm (na multiplicação por 10 ou suas potências, basta deslocar a vírgula para a direita).
>
> Transformar 74m em km = 74 ÷ 1.000 = 0,074km (na divisão por 10 ou suas potências, basta deslocar a vírgula para a esquerda).

Fique ligado

O grama (g) e o litro (l) seguem o mesmo padrão do metro (m).

Metro quadrado (m^2):

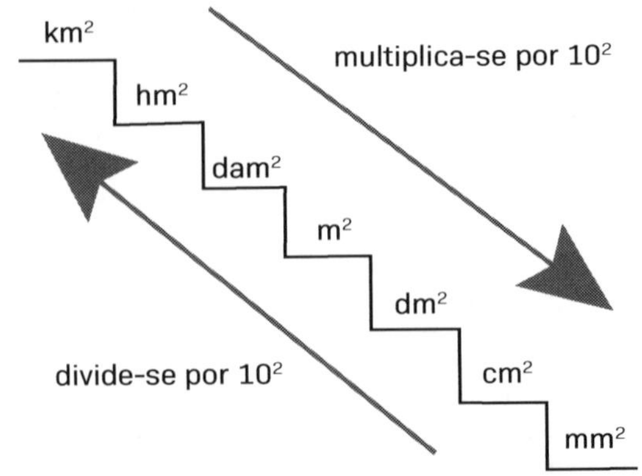

Ao descer um degrau da escada, multiplica por 10^2 ou 100, e ao descer um degrau, divide por 10^2 ou 100.

> Transformar $79{,}11m^2$ em cm^2 = 79,11 · 10.000 = $791.100cm^2$.
>
> Transformar $135m^2$ em km^2 = 135 ÷ 1.000.000 = $0{,}000135km^2$.

Metro cúbico (m^3):

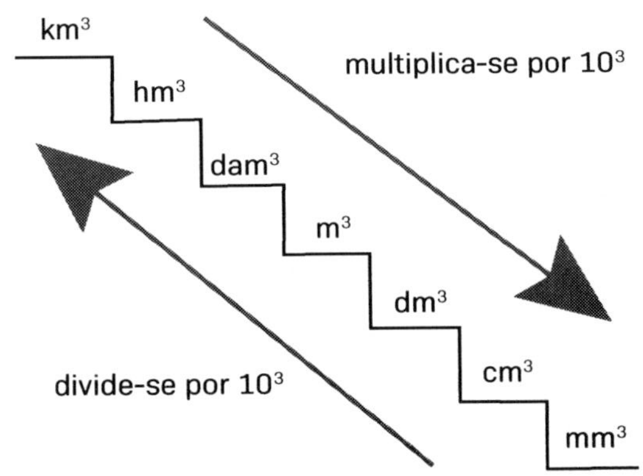

Ao descer um degrau da escada, multiplica-se por 10^3 ou 1.000, e ao subir um degrau, divide-se por 10^3 ou 1.000.

> Transformar $269dm^3$ em cm^3 = 269 · 1.000 = $269.000cm^3$.
>
> Transformar $4.831cm^3$ em m^3 = 4.831 ÷ 1.000.000 = $0{,}004831m^3$.

O metro cúbico, por ser uma medida de volume, tem relação com o litro (l), e essa relação é:

$1m^3$ = 1.000 litros.

$1dm^3$ = 1 litro.

$1cm^3$ = 1 mililitro.

8 PROPORCIONALIDADE

Os conceitos de razão e proporção estão ligados ao quociente. Esse conteúdo é muito solicitado pelas bancas de concursos.

Primeiramente, vamos compreender o que é grandeza, em seguida, razão e proporção.

8.1 Grandeza

É tudo aquilo que pode ser contado, medido ou enumerado.

> Comprimento (distância), tempo, quantidade de pessoas e/ou coisas etc.

Grandezas diretamente proporcionais: são aquelas em que o aumento de uma implica o aumento da outra.

> Quantidade e preço.

Grandezas inversamente proporcionais: são aquelas em que o aumento de uma implica a diminuição da outra.

> Velocidade e tempo.

8.2 Razão

É a comparação de duas grandezas. Essas grandezas podem ser da mesma espécie (unidades iguais) ou de espécies diferentes (unidades diferentes). Nada mais é do que uma fração do tipo $\frac{a}{b}$, com $b \neq 0$.

Nas razões, os numeradores são também chamados de antecedentes e os denominadores de consequentes.

Escala: comprimento no desenho comparado ao tamanho real.

Velocidade: distância comparada ao tempo.

8.3 Proporção

É determinada pela igualdade entre duas razões.

$$\frac{a}{b} = \frac{c}{d}$$

Dessa igualdade, tiramos a propriedade fundamental das proporções: o produto dos meios igual ao produto dos extremos (a chamada multiplicação cruzada).

$$b \cdot c = a \cdot d$$

É basicamente essa propriedade que ajuda resolver a maioria das questões desse assunto.

Dados três números racionais a, b e c, não nulos, denomina **quarta proporcional** desses números um número x tal que:

$$\frac{a}{b} = \frac{c}{x}$$

Proporção contínua é a que apresenta os meios iguais.

De um modo geral, uma proporção contínua pode ser representada por:

$$\frac{a}{b} = \frac{b}{c}$$

As outras propriedades das proporções são:

Numa proporção, a soma dos dois primeiros termos está para o 2º (ou 1º) termo, assim como a soma dos dois últimos está para o 4º (ou 3º).

$$\frac{a+b}{b} = \frac{c+d}{d} \text{ ou } \frac{a+b}{a} = \frac{c+d}{c}$$

Numa proporção, a diferença dos dois primeiros termos está para o 2º (ou 1º) termo, assim como a diferença dos dois últimos está para o 4º (ou 3º).

$$\frac{a-b}{b} = \frac{c-d}{d} \text{ ou } \frac{a-b}{a} = \frac{c-d}{c}$$

Numa proporção, a soma dos antecedentes está para a soma dos consequentes, assim como cada antecedente está para o seu consequente.

$$\frac{a+c}{b+d} = \frac{c}{d} = \frac{a}{b}$$

Numa proporção, a diferença dos antecedentes está para a diferença dos consequentes, assim como cada antecedente está para o seu consequente.

$$\frac{a-c}{b-d} = \frac{c}{d} = \frac{a}{b}$$

Numa proporção, o produto dos antecedentes está para o produto dos consequentes, assim como o quadrado de cada antecedente está para quadrado do seu consequente.

$$\frac{a \cdot c}{b \cdot d} = \frac{a^2}{b^2} = \frac{c^2}{d^2}$$

A última propriedade pode ser estendida para qualquer número de razões.

$$\frac{a \cdot c \cdot e}{b \cdot d \cdot f} = \frac{a^3}{b^3} = \frac{c^3}{d^3} = \frac{e^3}{f^3}$$

8.4 Divisão em partes proporcionais

Para dividir um número em partes direta ou inversamente proporcionais, devem-se seguir algumas regras.

- **Divisão em partes diretamente proporcionais**

> Divida o número 50 em partes diretamente proporcionais a 4 e a 6.
>
> $4x + 6x = 50$
>
> $10x = 50$
>
> $x = \frac{50}{10}$
>
> $x = 5$
>
> x = constante proporcional
>
> Então, $4x = 4 \cdot 5 = 20$ e $6x = 6 \cdot 5 = 30$
>
> Logo, a parte proporcional a 4 é o 20 e a parte proporcional ao 6 é o 30.

- **Divisão em partes inversamente proporcionais**

Divida o número 60 em partes inversamente proporcionais a 2 e a 3.

$$\frac{x}{2} = \frac{x}{3} = 60$$

$$\frac{3x}{6} + \frac{2x}{6} = 60$$

$5x = 60 \cdot 6$

$5x = 360$

$$x = \frac{360}{5}$$

$x = 72$

x = constante proporcional

$$\text{Então, } \frac{x}{2} = \frac{72}{2} = 36 \text{ e } \frac{x}{3} = \frac{72}{3} = 24$$

Logo, a parte proporcional a 2 é o 36 e a parte proporcional ao 3 é o 24.

Perceba que, na divisão diretamente proporcional, quem tiver a maior parte ficará com o maior valor. Já na divisão inversamente proporcional, quem tiver a maior parte ficará com o menor valor.

8.5 Regra das torneiras

Sempre que uma questão envolver uma situação que pode ser feita de um jeito em determinado tempo (ou por uma pessoa) e, em outro tempo, de outro jeito (ou por outra pessoa), e quiser saber em quanto tempo seria se fosse feito tudo ao mesmo tempo, usa-se a regra da torneira, que consiste na aplicação da seguinte fórmula:

$$t_T = \frac{t_1 \cdot t_2}{t_1 + t_2}$$

Em que **T** é o tempo.

Quando houver mais de duas situações, é melhor usar a fórmula:

$$\frac{1}{t_T} = \frac{1}{t_1} + \frac{1}{t_2} + \ldots + \frac{1}{t_n}$$

Em que **n** é a quantidade de situações.

Uma torneira enche um tanque em 6h. Uma segunda torneira enche o mesmo tanque em 8h. Se as duas torneiras forem abertas juntas quanto tempo vão levar para encher o mesmo tanque?

$$t_T = \frac{6 \cdot 8}{6 + 8} = \frac{48}{14} = 3h25min43s$$

8.6 Regra de três

Mecanismo prático e/ou método utilizado para resolver questões que envolvem razão e proporção (grandezas).

8.6.1 Regra de três simples

Aquela que só envolve duas grandezas.

Durante uma viagem, um carro consome 20 litros de combustível para percorrer 240km, quantos litros são necessários para percorrer 450km?

Primeiro, verifique se as grandezas envolvidas na questão são direta ou inversamente proporcionais, e monte uma estrutura para visualizar melhor a questão.

Distância	Litro
240	20
450	x

Ao aumentar a distância, a quantidade de litros de combustível necessária para percorrer essa distância também vai aumentar, então, as grandezas são diretamente proporcionais.

$$\frac{20}{x} = \frac{240}{450}$$

Aplicando a propriedade fundamental das proporções:

$240x = 9.000$

$$x = \frac{9.000}{240} = 37,5 \text{ litros}$$

8.6.2 Regra de três composta

Aquela que envolve mais de duas grandezas.

Dois pedreiros levam nove dias para construir um muro com 2m de altura. Trabalhando três pedreiros e aumentando a altura para 4m, qual será o tempo necessário para completar esse muro?

Neste caso, deve-se comparar uma grandeza de cada vez com a variável.

Dias	Pedreiros	Altura
9	2	2
x	3	4

Note que, ao aumentar a quantidade de pedreiros, o número de dias necessários para construir um muro diminui, então as grandezas pedreiros e dias são inversamente proporcionais. No entanto, se aumentar a altura do muro, será necessário mais dias para construí-lo. Dessa forma, as grandezas muro e dias são diretamente proporcionais. Para finalizar, monte a proporção e resolva. Lembre-se que quando uma grandeza for inversamente proporcional à variável sua fração será invertida.

$$\frac{9}{x} = \frac{3}{2} \cdot \frac{2}{4}$$

$$\frac{9}{x} = \frac{6}{8}$$

Aplicar a propriedade fundamental das proporções:

$6x = 72$

$$x = \frac{72}{6} = 12 \text{ dias}$$

9 FUNÇÕES

9.1 Definições

A função é uma relação estabelecida entre dois conjuntos A e B, em que exista uma associação entre cada elemento de A com um único de B por meio de uma lei de formação.

Podemos dizer que a função é uma relação de dois valores, por exemplo: $f(x) = y$, sendo que x e y são valores, nos quais x é o domínio da função (a função está dependendo dele) e y é um valor que depende do valor de x, sendo a imagem da função.

As funções possuem um conjunto chamado domínio e outro, imagem da função, além do contradomínio. No plano cartesiano, que o eixo x representa o **domínio** da função, enquanto no eixo y apresentam-se os valores obtidos em função de x, constituindo a imagem da função (o eixo y seria o **contradomínio** da função).

Com os conjuntos $A = \{1, 4, 7\}$ e $B = \{1, 4, 6, 7, 8, 9, 12\}$ cria-se a função $f: A \rightarrow B$ definida por $f(x) = x + 5$, que também pode ser representada por $y = x + 5$. A representação, utilizando conjuntos, desta função é:

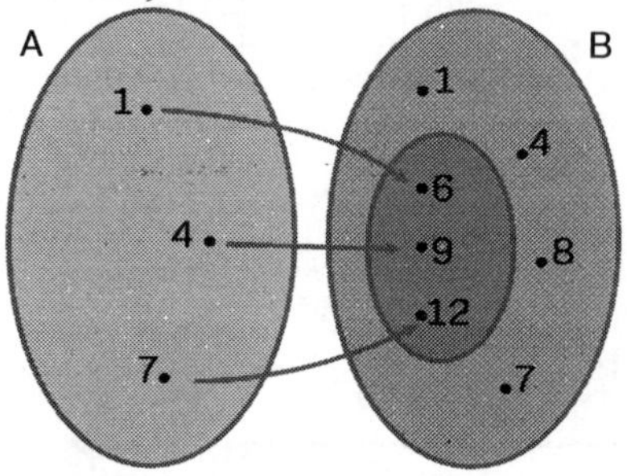

O conjunto A é o conjunto de saída e o B é o conjunto de chegada. Domínio é um sinônimo para conjunto de saída, ou seja, para esta função o domínio é o próprio conjunto $A = \{1, 4, 7\}$.

Como, em uma função, o conjunto de saída (domínio) deve ter todos os seus elementos relacionados, não precisa ter subdivisões para o domínio.

O domínio de uma função é chamado de campo de definição ou campo de existência da função, e é representado pela letra D.

O conjunto de chegada B, também possui um sinônimo, é chamado de contradomínio, representado por CD.

Note que é possível fazer uma subdivisão dentro do contradomínio e ter elementos do contradomínio que não são relacionados com algum elemento do domínio e outros que são. Por isso, deve-se levar em consideração esta subdivisão.

Este subconjunto é chamado de conjunto **imagem**, e é composto por todos os elementos em que as flechas de relacionamento chegam.

O conjunto imagem é representado por Im, e cada ponto que a flecha chega é chamado de imagem.

9.2 Plano cartesiano

Criado por René Descartes, o plano cartesiano consiste em dois eixos perpendiculares, sendo o horizontal chamado de eixo das abscissas e o vertical de eixo das ordenadas. O plano cartesiano foi desenvolvido por Descartes no intuito de localizar pontos em determinado espaço.

As disposições dos eixos no plano formam quatro quadrantes, mostrados na figura a seguir:

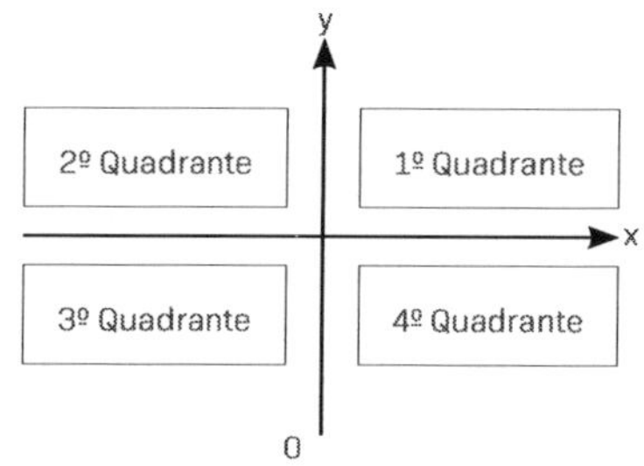

O encontro dos eixos é chamado de origem. Cada ponto do plano cartesiano é formado por um par ordenado (x, y), em que x: abscissa e y: ordenada.

9.2.1 Raízes

Em matemática, uma raiz ou zero da função consiste em determinar os pontos de interseção da função com o eixo das abscissas no plano cartesiano. A função f é um elemento no domínio de f tal que $f(x) = 0$.

Considere a função:

$f(x) = x^2 - 6x + 9$

3 é uma raiz de f, porque:

$f(3) = 3^2 - 6 \cdot 3 + 9 = 0$

9.3 Funções injetoras, sobrejetoras e bijetoras

Função injetora: é a função em que cada x encontra um único y, ou seja, os elementos distintos têm imagens distintas.

Função sobrejetora: a função em que o conjunto imagem é exatamente igual ao contradomínio (y).

Função bijetora: a função que for injetora e sobrejetora ao mesmo tempo.

9.4 Funções crescentes, decrescentes e constantes

Função crescente: à medida que x aumenta, as imagens vão aumentando.

Com $x_1 > x_2$ a função é crescente para $f(x_1) > f(x_2)$, isto é, aumentando valor de x, aumenta o valor de y.

Função decrescente: à medida que x aumenta, as imagens vão diminuindo (decrescente).

Com $x_1 > x_2$ a função é crescente para $f(x_1) < f(x_2)$, isto é, aumentando x, diminui o valor de y.

Função constante: em uma função constante qualquer que seja o elemento do domínio, eles sempre terão a mesma imagem, ao variar x encontra sempre o mesmo valor y.

9.5 Funções inversas e compostas

9.5.1 Função inversa

Dada uma função f: $A \rightarrow B$, se f é bijetora, se define a função inversa f^{-1} como sendo a função de B em A, tal que $f^{-1}(y) = x$.

Determine a inversa da função definida por:

$y = 2x + 3$

Trocando as variáveis x e y:

$x = 2y + 3$

Colocando y em função de x:

$2y = x - 3$

$y = \frac{x-3}{2}$, que define a função inversa da função dada.

9.5.2 Função composta

A função obtida que substitui a variável independente x por uma função, chama-se função composta (ou função de função).

Simbolicamente fica:

$$f_o g(x) = f(g(x)) \text{ ou } g_o f(x) = g(f(x))$$

Dadas as funções $f(x) = 2x + 3$ e $g(x) = 5x$, determine $g_o f(x)$ e $f_o g(x)$.

$g_o f(x) = g[f(x)] = g(2x + 3) = 5(2x + 3) = 10x + 15$

$f_o g(x) = f[g(x)] = f(5x) = 2(5x) + 3 = 10x + 3$

9.6 Função afim

Chama-se função polinomial do 1° grau, ou função afim, qualquer função f dada por uma lei da forma $f(x) = ax + b$, cujo a e b são números reais dados e $a \neq 0$.

Na função $f(x) = ax + b$, o número a é chamado de coeficiente de x e o número b é chamado termo constante.

9.6.1 Gráfico

O gráfico de uma função polinomial do 1° grau, $y = ax + b$, com $a \neq 0$, é uma reta oblíqua aos eixos x e y.

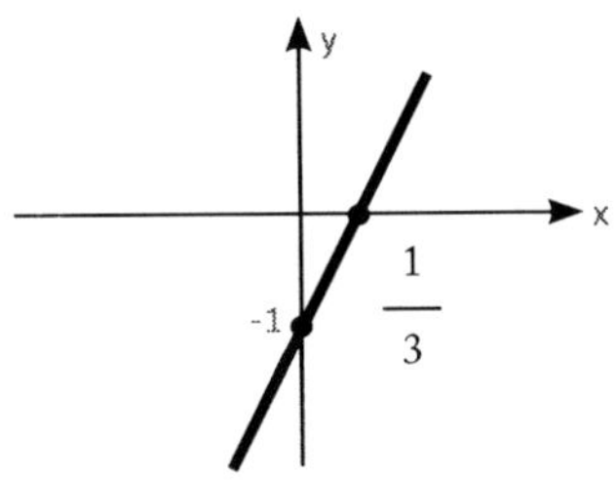

9.6.2 Zero e equação do 1º grau

Chama-se zero ou raiz da função polinomial do 1° grau $f(x) = ax + b$, $a \neq 0$, o número real x tal que $f(x) = 0$.

Assim: $f(x) = 0 \Rightarrow ax + b = 0 \Rightarrow x = \frac{-b}{a}$

9.6.3 Crescimento e decrescimento

A função do 1° grau $f(x) = ax + b$ é crescente, quando o coeficiente de x é positivo $(a > 0)$.

A função do 1° grau $f(x) = ax + b$ é decrescente, quando o coeficiente de x é negativo $(a < 0)$.

9.6.4 Sinal

Estudar o sinal de qualquer $y = f(x)$ é determinar o valor de x para os quais y é positivo, os valores de x para os quais y é zero e os valores de x para os quais y é negativo.

Considere uma função afim $y = f(x) = ax + b$, essa função se anula para a raiz $x = \frac{-b}{a}$.

Há dois casos possíveis:

a > 0 (a função é crescente)

$$y > 0 \Rightarrow ax + b > 0 \Rightarrow x > \frac{-b}{a}$$

$$y < 0 \Rightarrow ax + b < 0 \Rightarrow x < \frac{-b}{a}$$

Logo, y é positivo para valores de x maiores que a raiz; y é negativo para valores de x menores que a raiz.

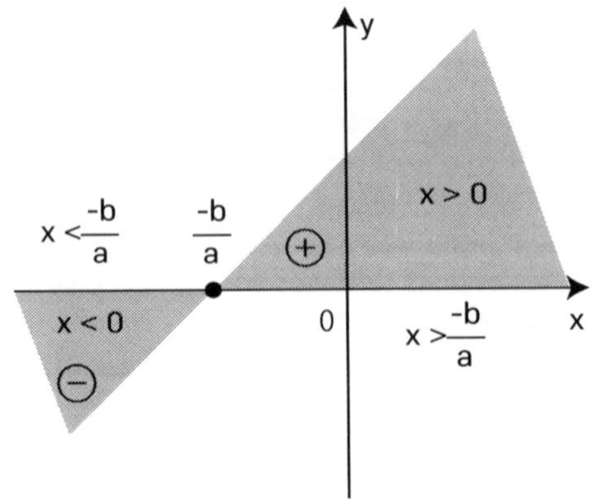

a < 0 (a função é decrescente)

$$y > 0 \Rightarrow ax + b > 0 \Rightarrow x < \frac{-b}{a}$$

$$y < 0 \Rightarrow ax + b < 0 \Rightarrow x < \frac{-b}{a}$$

Portanto, y é positivo para valores de x menores que a raiz; y é negativo para valores de x maiores que a raiz.

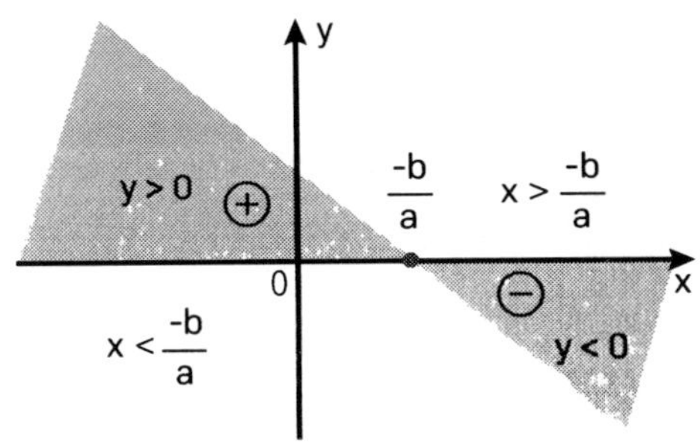

9.6.5 Equações e inequações do 1º grau

Equação

Uma equação do 1° grau na incógnita x é qualquer expressão do 1° grau que pode ser escrita em uma das seguintes formas:

$$ax + b = 0$$

Para resolver uma equação, basta achar o valor de x.

▹ **Sistema de equação**

Um sistema de equação de 1° grau com duas incógnitas é formado por duas equações de 1° grau com duas incógnitas diferentes em cada equação.

$$\begin{cases} x + y = 20 \\ 3x - 4y = 72 \end{cases}$$

Para encontrar o par ordenado desse sistema, é preciso utilizar dois métodos para a sua solução, são eles: substituição e adição.

▹ **Método da substituição**

Esse método consiste em escolher uma das duas equações, isolar uma das incógnitas e substituir na outra equação.

Dado o sistema $\begin{cases} x + y = 20 \\ 3x - 4y = 72 \end{cases}$ enumeramos as equações.

$$\begin{cases} x + y = 20 & \textbf{1} \\ 3x - 4y = 72 & \textbf{2} \end{cases}$$

Escolhemos a equação 1 e isolamos o x:

$x + y = 20$

$x = 20 - y$

Na equação 2, substituímos o valor de $x = 20 - y$.

$3x + 4 y = 72$

$3 (20 - y) + 4y = 72$

$60 - 3y + 4y = 72$

$- 3y + 4y = 72 - 60$

$\mathbf{y = 12}$

Para descobrir o valor de x, substituir y por 12 na equação:

$x = 20 - y.$

$x = 20 - y$

$x = 20 - 12$

$\mathbf{x = 8}$

Portanto, a solução do sistema é $S = (8, 12)$

▷ **Método da adição**

Este método consiste em adicionar as duas equações de tal forma que a soma de uma das incógnitas seja zero. Para que isso aconteça, será preciso que multipliquemos as duas equações ou apenas uma equação por números inteiros para que a soma de uma das incógnitas seja zero.

Dado o sistema:

$$\begin{cases} x + y = 20 \\ 3x - 4y = 72 \end{cases}$$

Para adicionar as duas equações e a soma de uma das incógnitas de zero, teremos que multiplicar a primeira equação por –3.

$$\begin{cases} x + y = 20 & \mathbf{(-3)} \\ 3x - 4y = 72 \end{cases}$$

Agora, o sistema fica assim:

$$\begin{cases} -3x - 3y = -60 \\ 3x + 4y = 72 \end{cases}$$

Adicionando as duas equações:

$- 3x - 3y = - 60$

$+ 3x + 4y = 72$

$\mathbf{y = 12}$

Para descobrir o valor de x, escolher uma das duas equações e substituir o valor de y encontrado:

$x + y = 20$

$x + 12 = 20$

$x = 20 - 12$

$\mathbf{x = 8}$

Portanto, a solução desse sistema é: $S = (8, 12)$

Inequação

Uma inequação do 1º grau na incógnita x é qualquer expressão do 1º grau que pode ser escrita em uma das seguintes formas:

$ax + b > 0$
$ax + b < 0$
$ax + b \geq 0$
$ax + b \leq 0$

Sendo **a, b** são números reais com $a \neq 0$.

$-2x + 7 > 0$

$x - 10 \leq 0$

$2x + 5 \leq 0$

$12 - x < 0$

▷ **Resolvendo uma inequação de 1º grau**

Uma maneira simples de resolver uma inequação do 1º grau é isolar a incógnita x em um dos membros da desigualdade.

Resolva a inequação $-2x + 7 > 0$:

$-2x > -7 \cdot (-1)$

$2x < 7$

$x < \frac{7}{2}$

Logo, a solução da inequação é $x < \frac{7}{2}$.

Resolva a inequação $2x - 6 < 0$:

$2x < 6$

$x < \frac{6}{2}$

$x < 3$

Portanto, a solução da inequação é $x < 3$.

Pode-se resolver qualquer inequação do 1º grau por meio do estudo do sinal de uma função do 1º grau, com o seguinte procedimento:

- Iguala-se a expressão ax + b a zero.
- Localiza-se a raiz no eixo x.
- Estuda-se o sinal conforme o caso.

$-2x + 7 > 0$

$-2x + 7 = 0$

$x = \frac{7}{2}$

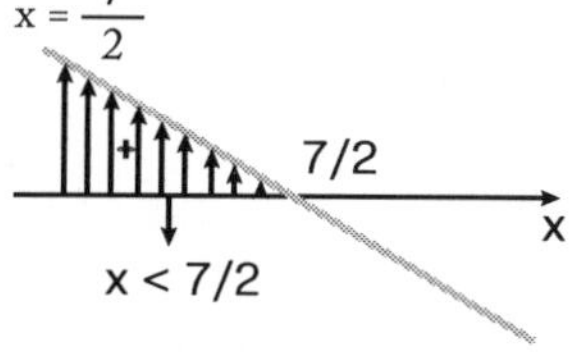

$2x - 6 < 0$

$2x - 6 = 0$

$x = 3$

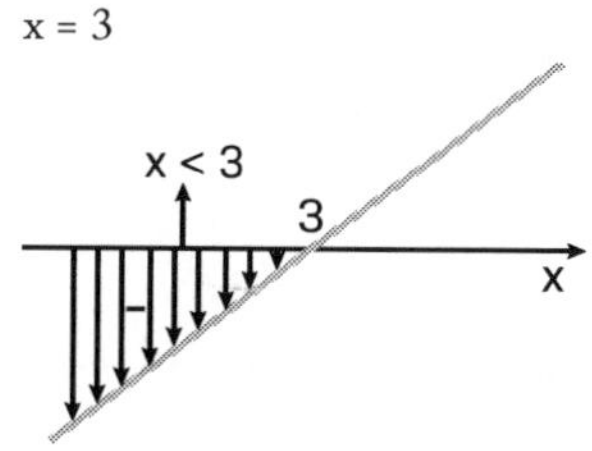

9.7 Equação e função exponencial

Equação exponencial é toda equação na qual a incógnita aparece em expoente.

Para resolver equações exponenciais, devem-se realizar dois passos importantes:

- Redução dos dois membros da equação a potências de mesma base.
- **Aplicação da propriedade:**

$a^m = a^n \Rightarrow m = n$ ($a \neq 1$ e $a > 0$)

9.7.1 Função exponencial

Funções exponenciais são aquelas nas quais temos a variável aparecendo em expoente.

A função $f: IR \to IR_+$, definida por $f(x) = a^x$, com $a \in IR_+$ e $a \neq 1$, é chamada função exponencial de base a. O domínio dessa função é o conjunto IR (reais) e o contradomínio é IR_+ (reais positivos, maiores que zero).

9.7.2 Gráfico cartesiano da função exponencial

Há dois casos a considerar:

Quando a>1:

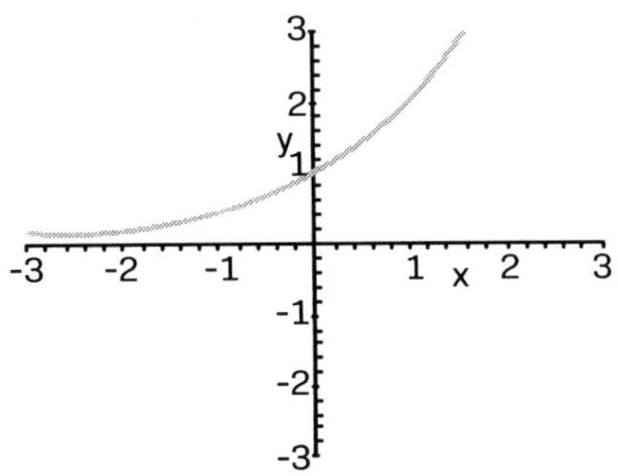

***f* (x) é crescente e Im = IR_+**

Para quaisquer x_1 e x_2 do domínio: $x_2 > x_1 \Rightarrow y_2 > y_1$ (as desigualdades têm mesmo sentido).

Quando 0 < a < 1:

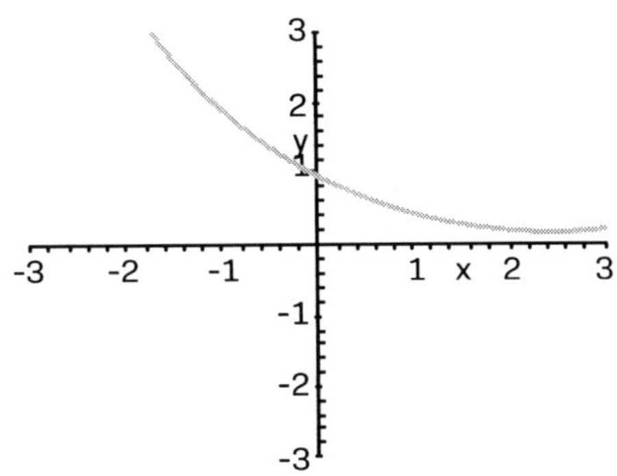

***f* (x) é decrescente e Im = IR_+**

Para quaisquer x_1 e x_2 do domínio: $x_2 > x_1 \Rightarrow y_2 < y_1$ (as desigualdades têm sentidos diferentes).

Nas duas situações, pode-se observar que:

- O gráfico nunca intercepta o eixo horizontal.
- A função não tem raízes; o gráfico corta o eixo vertical no ponto (0,1).
- Os valores de y são sempre positivos (potência de base positiva é positiva), portanto, o conjunto imagem é Im $= IR_+$.

9.7.3 Inequações exponenciais

Inequação exponencial é toda inequação na qual a incógnita aparece em expoente.

Para resolver inequações exponenciais, devem-se realizar dois passos:

- Redução dos dois membros da inequação a potências de mesma base.
- **Aplicação da propriedade:**

$a > 1$

$a^m > a^n \Rightarrow m > n$

(as desigualdades têm mesmo sentido)

$0 < a < 1$

$a^m > a^n \Rightarrow m < n$

(as desigualdades têm sentidos diferentes)

9.8 Equação e função logarítmica

9.8.1 Logaritmo

$$a^x = b \Leftrightarrow \log_a b = x$$

Sendo $b > 0$, $a > 0$ e $a \neq 1$

Na igualdade $x = \log_a b$ tem:

a = base do logaritmo

b = logaritmando ou antilogaritmo

x = logaritmo

Consequências da definição

Sendo $b > 0$, $a > 0$ e $a \neq 1$ e m um número real qualquer, em seguida, algumas consequências da definição de logaritmo:

$\log_a 1 = 0$

$\log_a a = 1$

$\log_a a^m = m$

$a^{\log_a b} = b$

$\log_a b = \log_a c \Leftrightarrow b = c$

Propriedades operatórias dos logaritmos

$\log_a (x \cdot y) = \log_a x + \log_a y$

$\log_a \left[\dfrac{x}{y}\right] = \log_a x - \log_a y$

$\log_a x^m = m \cdot \log_a x$

$\log_a \sqrt[n]{x^m} = \log_a x^{\frac{m}{n}} = \dfrac{m}{n} \cdot \log_a x$

Cologaritmo

$\text{colog}_a b = \log_a \dfrac{1}{b}$

$\text{colog}_a b = -\log_a b$

Mudança de base

$$\log_a x = \frac{\log_b x}{\log_b a}$$

9.8.2 Função logarítmica

A função f: $IR_+ \rightarrow IR$, definida por $f(x) = \log_a x$, com $a \neq 1$ e $a > 0$, é chamada função logarítmica de base a. O domínio dessa função é o conjunto IR_+ (reais positivos, maiores que zero) e o contradomínio é IR (reais).

Gráfico cartesiano da função logarítmica

Há dois casos a se considerar:

Quando a>1:

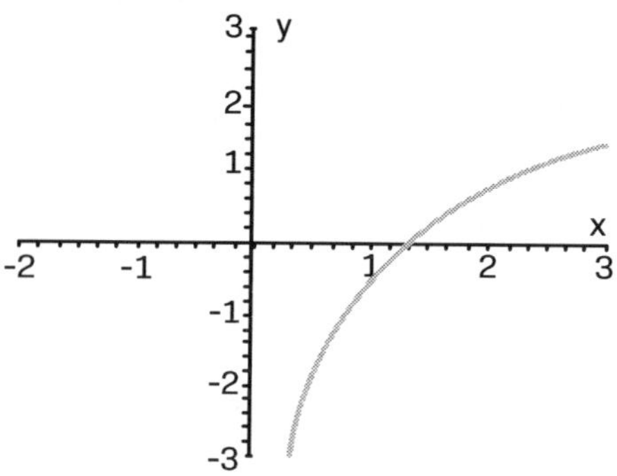

***f* (x) é crescente e Im = IR**

Para quaisquer x_1 e x_2 do domínio: $x_2 > x_1 \Rightarrow y_2 < y_1$ (as desigualdades têm mesmo sentido).

Quando 0<a<1:

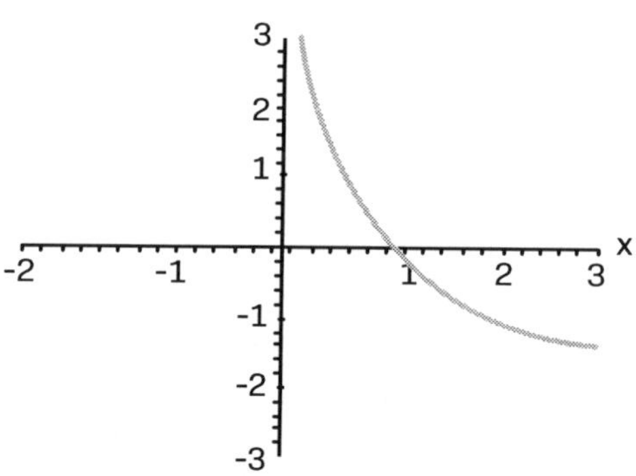

***f* (x) é decrescente e Im = IR**

Para quaisquer x_1 e x_2 do domínio: $x_1 > x_2 \Rightarrow y_1 < y_2$ (as desigualdades têm sentidos diferentes).

Nas duas situações, pode-se observar que:

- O gráfico nunca intercepta o eixo vertical.
- O gráfico corta o eixo horizontal no ponto (1, 0).
- A raiz da função é x = 1.
- Y assume todos os valores reais, portanto, o conjunto imagem é Im = IR.

9.8.3 Equações logarítmicas

Equações logarítmicas são toda equação que envolve logaritmos com a incógnita aparecendo no logaritmando, na base ou em ambos.

9.8.4 Inequações logarítmicas

Inequações logarítmicas são toda inequação que envolve logaritmos com a incógnita aparecendo no logaritmando, na base ou em ambos.

Para resolver inequações logarítmicas, devem-se realizar dois passos:

- Redução dos dois membros da inequação a logaritmos de mesma base.
- **Aplicação da propriedade:**

a > 1

$\log_a m > \log_a n \Rightarrow m > n > 0$

(as desigualdades têm mesmo sentido)

0 < a < 1

$\log_a m > \log_a n \Rightarrow 0 < m < n$

(as desigualdades têm sentidos diferentes)

10 SEQUÊNCIAS NUMÉRICAS

Neste capítulo, conheceremos a formação de uma sequência e também do que trata a P.A. (Progressão Aritmética) e a P.G. (Progressão Geométrica).

10.1 Definições

Sequências: conjunto de elementos organizados de acordo com certo padrão, ou seguindo determinada regra. O conhecimento das sequências é fundamental para a compreensão das progressões.

Progressões: são sequências numéricas com algumas características exclusivas.

Cada elemento das sequências e/ou progressões são denominados termos.

Sequência dos números quadrados perfeitos: (1, 4, 9, 16, 25, 36, 49, 64, 81, 100...).

Sequência dos números primos: (2, 3, 5, 7, 11, 13, 17, 19, 23, 29, 31, 37, 41, 43, 47, 53...).

O que determina a formação na sequência dos números é: $an = n^2$.

10.2 Lei de formação de uma sequência

Para determinar uma sequência numérica é preciso uma lei de formação. A lei que define a sequência pode ser a mais variada possível.

> A sequência definida pela lei $a_n = n^2 + 1$, com $n \in N$, cujo a_n é o termo que ocupa a n-ésima posição na sequência é: 0, 2, 5, 10, 17, 26... Por esse motivo, a_n é chamado de termo geral da sequência.

10.3 Progressão aritmética (P.A.)

Progressão aritmética é uma sequência numérica em que cada termo, a partir do segundo, é igual ao anterior adicionado a um número fixo, chamado razão da progressão (r).

Quando $r > 0$, a progressão aritmética é crescente; quando $r < 0$, decrescente e quando $r = 0$, constante ou estacionária.

- (2, 5, 8, 11, ...), temos r = 3. Logo, a P.A. é crescente.
- (20, 18, 16, 14, ...), temos r = -2. Logo, a P.A. é decrescente.
- (5, 5, 5, 5, ...), temos r = 0. Logo, a P.A. é constante.

A representação matemática de uma progressão aritmética é: $(a_1, a_2, a_3, \ldots, a_n, a_{n+1}, \ldots)$ na qual:

$$\begin{cases} a_2 = a_1 + r \\ a_3 = a_2 + r \\ a_4 = a_3 + r \\ \vdots \end{cases}$$

Se a razão de uma P.A. é a quantidade que acrescentamos a cada termo para obter o seguinte, podemos dizer que ela é igual à diferença entre qualquer termo, a partir do segundo, e o anterior. Assim, de modo geral, temos:

$$r = a_2 - a_1 = a_3 - a_2 = \ldots = a_{n+1} - a_n$$

Para encontrar um termo específico, a quantidade de termos ou até mesmo a razão de uma P.A., dispomos de uma relação chamada termo geral de uma P.A.: $a_n = a_1 + (n-1)\,r$, onde:

- a_n é o termo geral.
- a_1 é o primeiro termo.
- n é o número de termos.
- r é a razão da P.A.

Propriedades:

P_1. Em toda P.A. finita, a soma de dois termos equidistantes dos extremos é igual à soma dos extremos.

1 3 5 7 9 11

5 + 7 = 12

3 + 9 = 12

1 + 11 = 12

Dois termos são equidistantes quando a distância entre um deles para o primeiro termo da P.A. é igual a distância do outro para o último termo da P.A.

P_2. Uma sequência de três termos é P.A. se o termo médio é igual à média aritmética entre os outros dois, isto é, (a, b, c) é P.A. $\Leftrightarrow b = \frac{a + c}{2}$

> Seja a P.A. (2, 4, 6), então, $4 = \frac{2 + 6}{2}$

P_3. Em uma P.A. com número ímpar de termos, o termo médio é a média aritmética entre os extremos.

> (3, 6, 9, 12, 15, 18, 21, 24, 27, 30, 33, 36, 39), $21 = \frac{3 + 39}{2}$

P_4. A soma S_n dos n primeiros termos da P.A. $(a_1, a_2, a_3, \ldots a_n)$ é dada por:

$$S_n = \frac{(a_1 + a_n)}{2} \cdot n$$

> Calcule a soma dos temos da P.A. (1, 4, 7, 10, 13, 16, 19, 22, 25).
>
> $a_1 = 1$; $a_n = 25$; $n = 9$
>
> $S_n = \frac{(a_1 + a^n) \cdot n}{2}$
>
> $S_n = \frac{(1 + 25) \cdot 9}{2}$
>
> $S_n = \frac{(26) \cdot 9}{2}$
>
> $S_n = \frac{234}{2}$
>
> $S_n = 117$

10.3.1 Interpolação aritmética

Interpolar significa inserir termos, ou seja, interpolação aritmética é a colocação de termos entre os extremos de uma P.A. Consiste basicamente em descobrir o valor da razão da P.A. e inserir esses termos.

Utiliza-se a fórmula do termo geral para a resolução das questões, em que **n** será igual a **k + 2**, cujo **k** é a quantidade de termos que se quer interpolar.

> Insira 5 termos em uma P.A. que começa com 3 e termina com 15.
>
> $a_1 = 3$; $a_n = 15$; $k = 5$ e
>
> $n = 5 + 2 = 7$
>
> $a_n = a_1 + (n - 1) \cdot r$
>
> $15 = 3 + (7 - 1) \cdot r$
>
> $15 = 3 + 6r$
>
> $6r = 15 - 3$
>
> $6r = 12$
>
> $r = \frac{12}{6}$
>
> $r = 2$
>
> Então, P.A.
>
> (3, 5, 7, 9, 11, 13, 15)

10.4 Progressão geométrica (P.G.)

Progressão geométrica é uma sequência de números não nulos em que cada termo, a partir do segundo, é igual ao anterior multiplicado por um número fixo, chamado razão da progressão (q).

A representação matemática de uma progressão geométrica é $(a_1, a_2, a_3,\ldots,a_{n-1}, a_n)$, na qual $a_2 = a_1 \cdot q$, $a_3 = a_2 \cdot q$,... etc. De modo geral, escrevemos: $a_{n+1} = a_n \cdot q$, $\forall\ n \in N^*$ e $q \in R$.

Em uma P.G., a razão q é igual ao quociente entre qualquer termo, a partir do segundo, e o anterior.

> (4, 8, 16, 32, 64)
>
> $q = \frac{8}{4} = \frac{16}{8} = \frac{32}{16} = \frac{64}{32} = 2$
>
> (6,-18,54,-162)
>
> $q = \frac{186}{6} = \frac{54}{-18} = \frac{-162}{54} = -3$

Assim, podemos escrever:

$\frac{a_2}{a_1} = \frac{a_3}{a_2} = \ldots = \frac{a_{n+1}}{a_n} = q$, sendo q a razão da P.G.

Podemos classificar uma P.G. como:

Crescente:

Quando $a_1 > 0$ e $q > 1$

> (2,6,18,54,...) é uma P.G. crescente com $a_1 = 2$ e $q = 3$

Quando $a_1 < 0$ e $0 < q < 1$

> (-40, -20, -10,...) é uma P.G. crescente com $a_1 = -40$ e $q = 1/2$

Decrescente:

Quando $a_1 > 0$ e $0 < q < 1$

> (256, 64, 16,...) é uma P.G. decrescente com $a_1 = 256$ e $q = 1/4$

Quando $a_1 < 0$ e $q > 1$

> (-2, -10, -50,...) é uma P.G. decrescente com $a_1 = -2$ e $q = 5$

Constante:

Quando q=1

> (3, 3, 3, 3, 3,...) é uma P.G. constante com $a_1 = 3$ e $q = 1$

Alternada:

Quando $q < 0$

> (2,-6,18,-54) é uma P.G. alternada com $a_1 = 2$ e $q = -3$

A fórmula do termo geral de uma P.G. nos permite encontrar qualquer termo da progressão.

$$a_n = a_1 \cdot q^{n-1}$$

Propriedades:

P_1. Em toda P.G. finita, o produto de dois termos equidistantes dos extremos é igual ao produto dos extremos.

1   3   9   27   81   243

9 · 27 = 243

3 · 81 = 243

1 · 243 = 243

Dois termos são equidistantes quando a distância de um deles para o primeiro termo P.G. é igual a distância do outro para o último termo da P.G.

P_2. Uma sequência de três termos, em que o primeiro é diferente de zero, é uma P.G., e sendo o quadrado do termo médio igual ao produto dos outros dois, isto é, a≠0.

> (a, b, c) é P.G. $\Leftrightarrow b^2 = ac$
>
> $(2, 4, 8) \Leftrightarrow 4^2 = 2 \cdot 8 = 16$

P_3. Em uma P.G. com número ímpar de termos, o quadrado do termo médio é igual ao produto dos extremos.

> (2, 4, 8, 16, 32, 64, 128, 256, 512), temos que $32^2 = 2 \cdot 512 = 1.024$.

P_4. Soma dos n primeiros termos de uma P.G.: $S_n = \frac{a_1 (q^n - 1)}{q - 1}$

P_5. Soma dos termos de uma P.G. infinita:

> $S_\infty = \frac{a_1}{q-1}$, se $-1 < q < 1$
>
> 1 - q

- $S_\infty = +\infty$, se $q > 1$ e $a_1 > 0$
- $S_\infty = -\infty$, se $q > 1$ e $a_1 < 0$

10.4.1 Interpolação geométrica

Interpolar significa inserir termos, ou seja, interpolação geométrica é a colocação de termos entre os extremos de uma P.G. Consiste basicamente em descobrir o valor da razão da P.G. e inserir esses termos.

Utiliza-se a fórmula do termo geral para a resolução das questões, em que **n** será igual a **p + 2**, cujo **p** é a quantidade de termos que se quer interpolar.

> Insira 4 termos em uma P.G. que começa com 2 e termina com 2.048.
>
> $a_1 = 2$; $a_n = 2.048$; $p = 4$ e $n = 4 + 2 = 6$
>
> $a_n = a_1 \cdot q^{(n-1)}$
>
> $2.048 = 2 \cdot q^{(6-1)}$
>
> $2.048 = 2 \cdot q^5$
>
> $q^5 = \frac{2.048}{2}$
>
> $q^5 = 1.024$ $(1.024 = 4^5)$
>
> $q^5 = 4^5$
>
> $q = 4$
>
> P.G. (2, **8**, **32**, **128**, **512**, 2.048).

10.4.2 Produto dos termos de uma P.G.

Para o cálculo do produto dos termos de uma P.G., usar a seguinte fórmula:

$$P_n = \sqrt{(a_1 \cdot a_n)^n}$$

> Qual o produto dos termos da P.G. (5, 10, 20, 40, 80, 160)?
>
> $a_1 = 5$; $a_n = 160$; $n = 6$
>
> $P_n = \sqrt{(a_1 \cdot a_n)^n}$
>
> $P_n = \sqrt{(5 \cdot 160)^6}$
>
> $P_n = (5 \cdot 160)^3$
>
> $P_n = (800)^3$
>
> $P_n = 512.000.000$

11 MATRIZES

Matriz: é uma tabela que serve para organizar dados numéricos em linhas e colunas.

Nas matrizes, cada número é chamado de elemento da matriz, as filas horizontais são chamadas **linhas** e as filas verticais são chamadas **colunas**.

$$\begin{bmatrix} 1 & 4 & 7 \\ 13 & -1 & 18 \end{bmatrix} \longrightarrow \text{Linha}$$

↓ Coluna

No exemplo, a matriz apresenta 2 linhas e 3 colunas. Dizemos que essa matriz é do tipo 2x3 (2 linhas e 3 colunas). Lê-se dois por três.

11.1 Representação de uma matriz

Uma matriz pode ser representada por parênteses ( ) ou colchetes [ ], com seus dados numéricos inseridos dentro desses símbolos matemáticos. Cada um desses dados, ocupam uma posição definida por uma linha e coluna.

A nomenclatura da matriz se dá por uma letra maiúscula. De modo geral, uma matriz A de m linhas e n colunas (m x n) pode ser representada da seguinte forma:

$$A = \begin{bmatrix} a_{11} & a_{12} & a_{13} & \cdots & a_{1n} \\ a_{21} & a_{22} & a_{23} & \cdots & a_{2n} \\ a_{31} & a_{32} & a_{33} & \cdots & a_{3n} \\ \cdots & \cdots & \cdots & \cdots & \cdots \\ a_{m1} & a_{m2} & a_{m3} & & a_{mn} \end{bmatrix}_{m \times n} \quad \text{com } m, n \in \mathbb{N}^*$$

Abreviadamente:

$$A_{m \times n} = [a_{ij}]_{m \times n}$$

Com: $i \in \{1, 2, 3, ..., m\}$ e $j \in \{1, 2, 3, ...,n\}$

No qual, a_{ij} é o elemento da i linha com a j coluna.

$$B_{3 \times 2} = \begin{pmatrix} 4 & 7 \\ 6 & 8 \\ 18 & 10 \end{pmatrix}$$ matriz de ordem 3 x 2

$$C_{2 \times 2} = \begin{pmatrix} 2 & 13 \\ 18 & 28 \end{pmatrix}$$ matriz quadrada de ordem 2 x 2 ou somente 2

11.2 Lei de formação de uma matriz

As matrizes possuem uma lei de formação que define seus elementos a partir da posição (linha e coluna) de cada um deles na matriz, e podemos assim representar:

$D = (d_{ij})_{3 \times 3}$ em que $d_{ij} = 2i - j$

$$D = \begin{pmatrix} d_{11} = 2 \cdot (1) - 1 = 1 & d_{12} = 2 \cdot (1) - 2 = 0 & d_{13} = 2 \cdot (1) - 3 = -1 \\ d_{21} = 2 \cdot (2) - 1 = 3 & d_{22} = 2 \cdot (2) - 2 = 2 & d_{23} = 2 \cdot (2) - 3 = 1 \\ d_{31} = 2 \cdot (3) - 1 = 5 & d_{32} = 2 \cdot (3) - 2 = 4 & d_{33} = 2 \cdot (3) - 3 = 3 \end{pmatrix}$$

$$= \begin{pmatrix} 1 & 0 & -1 \\ 3 & 2 & 1 \\ 5 & 4 & 3 \end{pmatrix}$$

$$\text{Logo: } D = \begin{pmatrix} 1 & 0 & -1 \\ 3 & 2 & 1 \\ 5 & 4 & 3 \end{pmatrix}$$

11.3 Tipos de matrizes

Existem alguns tipos de matrizes mais comuns e usados nas questões de concursos são eles:

- **Matriz linha:** é aquela que possui somente uma linha.

$$A_{1 \times 3} = [4 \quad 7 \quad 10]$$

- **Matriz coluna:** é aquela que possui somente uma coluna.

$$B_{3 \times 1} = \begin{bmatrix} 6 \\ 13 \\ 22 \end{bmatrix}$$

- **Matriz nula:** é aquela que possui todos os elementos nulos ou zero.

$$C_{2 \times 3} = \begin{bmatrix} 0 & 0 & 0 \\ 0 & 0 & 0 \end{bmatrix}$$

- **Matriz quadrada:** é aquela que possui o número de linhas igual ao número de colunas.

$$D_{3 \times 3} = \begin{bmatrix} 2 & 4 & 7 \\ 13 & 10 & 18 \\ 32 & 29 & 1 \end{bmatrix}$$

  - **Características das matrizes quadradas:** possuem diagonal principal e secundária.

$$A_{3 \times 3} = \begin{bmatrix} \mathbf{1} & 2 & 3 \\ 2 & \mathbf{4} & 6 \\ 3 & 6 & \mathbf{9} \end{bmatrix} \quad \textbf{diagonal principal}$$

$$A_{3 \times 3} = \begin{bmatrix} 1 & 2 & \mathbf{3} \\ 2 & \mathbf{4} & 6 \\ \mathbf{3} & 6 & 9 \end{bmatrix} \quad \textbf{diagonal secundária}$$

- **Matriz identidade:** é toda a matriz quadrada que os elementos da diagonal principal são iguais a um e os demais são zeros.

$$A_{3 \times 3} = \begin{bmatrix} \mathbf{1} & 0 & 0 \\ 0 & \mathbf{1} & 0 \\ 0 & 0 & \mathbf{1} \end{bmatrix}$$

- **Matriz diagonal:** é toda a matriz quadrada que os elementos da diagonal principal são diferentes de zero e os demais são zeros.

$$A_{3 \times 3} = \begin{bmatrix} \mathbf{1} & 0 & 0 \\ 0 & \mathbf{4} & 0 \\ 0 & 0 & \mathbf{7} \end{bmatrix}$$

- **Matriz triangular:** é aquela cujos elementos de um dos triângulos formados pela diagonal principal são zeros.

$$A_{3 \times 3} = \begin{bmatrix} \mathbf{2} & 5 & 8 \\ \mathbf{0} & \mathbf{6} & 3 \\ \mathbf{0} & \mathbf{0} & 9 \end{bmatrix}$$

- **Matriz transposta (a^t):** é aquela em que ocorre a troca ordenada das linhas por colunas.

$$A = [a_{ij}]_{m \times n} \Rightarrow A^t = [a^t_{ji}]_{n \times m}$$

$$A_{2 \times 3} = \begin{bmatrix} 1 & 4 & 7 \\ 6 & 8 & 9 \end{bmatrix} \rightarrow A^t_{3 \times 2} = \begin{bmatrix} 1 & 6 \\ 4 & 8 \\ 7 & 9 \end{bmatrix}$$

Perceba que a linha 1 de A corresponde à coluna 1 de A^t e a coluna 2 de A corresponde à coluna 2 de A^t.

- **Matriz oposta:** é toda matriz obtida trocando o sinal de cada um dos elementos de uma matriz dada.

$$A_{2\times2} = \begin{bmatrix} 4 & -1 \\ -6 & 7 \end{bmatrix} \rightarrow -A_{2\times2} = \begin{bmatrix} -4 & 1 \\ 6 & -7 \end{bmatrix}$$

- **Matriz simétrica:** é toda matriz cuja matriz transposta é igual à própria matriz, ou seja, $A = A^t$.

$$\left.\begin{matrix} A = \begin{bmatrix} 1 & 3 \\ 3 & 2 \end{bmatrix} \\ A_t = \begin{bmatrix} 1 & 3 \\ 3 & 2 \end{bmatrix} \end{matrix}\right\} A = A^t$$

11.4 Operações com matrizes

Vamos estudar as principais operações com as matrizes. Atente-se para a multiplicação de duas matrizes.

- **Igualdade de matrizes:** duas matrizes são iguais quando possuem o mesmo número de linhas e colunas (mesma ordem) e os elementos correspondentes são iguais.

$$X = Y \rightarrow X_{2\times2} = \begin{bmatrix} 1 & 0 \\ 3 & 2 \end{bmatrix} \text{ e } Y_{2\times2} = \begin{bmatrix} 1 & 0 \\ 3 & 2 \end{bmatrix}$$

- **Soma de matrizes:** só é possível somar matrizes de mesma ordem. Para fazer o cálculo, somar os elementos correspondentes.

S = X + Y (S = matriz soma de X e Y)

$$X_{2\times3} = \begin{bmatrix} 6 & 8 & 9 \\ 10 & 13 & 4 \end{bmatrix} \text{ e } Y_{2\times3} = \begin{bmatrix} 18 & 22 & 30 \\ 9 & 14 & 28 \end{bmatrix}$$

$$S = \begin{bmatrix} 6+18 & 8+22 & 9+30 \\ 10+9 & 13+14 & 4+28 \end{bmatrix}$$

$$S_{2\times3} = \begin{bmatrix} 24 & 30 & 39 \\ 19 & 27 & 32 \end{bmatrix}$$

- **Produto de uma constante por uma matriz:** multiplicar a constante por todos os elementos da matriz.

P = 2Y

$$Y_{2\times2} = \begin{bmatrix} 7 & 4 \\ 13 & 25 \end{bmatrix}$$

$$P = \begin{bmatrix} 2\cdot7 & 2\cdot4 \\ 2\cdot13 & 2\cdot25 \end{bmatrix}$$

$$P_{2\times2} = \begin{bmatrix} 14 & 8 \\ 26 & 50 \end{bmatrix}$$

11.5 Multiplicação de matrizes

Para multiplicar matrizes, devemos multiplicar linhas por colunas, ou seja, multiplica o 1º número da linha pelo 1º número da coluna, o 2º número da linha pelo 2º número da coluna e, assim sucessivamente, para todos os elementos das linhas e colunas.

Esse procedimento de cálculo só poderá ser feito se o número de colunas da 1ª matriz for igual ao número de linhas da 2ª matriz.

$$(A_{m\times n}) \cdot (B_{n\times p}) = C_{m\times p}$$

$$M = A_{2\times3} \cdot B_{3\times2}$$

$$A_{2\times3} = \begin{bmatrix} \mathbf{1} & \mathbf{2} & \mathbf{4} \\ 5 & 7 & 6 \end{bmatrix} \text{ e } B_{3\times2} = \begin{bmatrix} \mathbf{2} & 3 \\ \mathbf{8} & 1 \\ \mathbf{4} & 9 \end{bmatrix}$$

$$M_{2\times3} = \begin{bmatrix} m_{11} & m_{12} \\ m_{21} & m_{22} \end{bmatrix}$$

$$M_{2\times2} = \begin{bmatrix} m_{11} = (1\cdot2 + 2\cdot8 + 4\cdot4) & m_{12} = (1\cdot3 + 2\cdot1 + 4\cdot9) \\ m_{21} = (5\cdot2 + 7\cdot8 + 6\cdot4) & m_{22} = (5\cdot3 + 7\cdot1 + 6\cdot9) \end{bmatrix}$$

$$M_{2\times2} = \begin{bmatrix} m_{11} = 34 & m_{12} = 41 \\ m_{21} = 90 & m_{22} = 76 \end{bmatrix}$$

$$M_{2\times2} = \begin{bmatrix} 34 & 41 \\ 90 & 76 \end{bmatrix}$$

11.5.1 Matriz inversa (a^{-1})

Se existe uma matriz B, quadrada de ordem n, tal que $A \cdot B = B \cdot A = I_n$, dizemos que a matriz B é a inversa de A. Costumamos indicar a matriz inversa por A^{-1}. Assim $B = A^{-1}$.

Logo: $A \cdot A^{-1} = A^{-1} \cdot A = I_n$

$$A \cdot A^{-1} = I_n$$

$$A_{2\times2} = \begin{bmatrix} 1 & -2 \\ 3 & 1 \end{bmatrix} \text{ e } A^{-1}_{2\times2} = \begin{bmatrix} a & b \\ c & d \end{bmatrix}$$

$$\begin{bmatrix} 1 & -2 \\ 3 & 1 \end{bmatrix} \cdot \begin{bmatrix} a & b \\ c & d \end{bmatrix} = \begin{bmatrix} 1 & 0 \\ 0 & 1 \end{bmatrix}$$

$$\begin{bmatrix} 1a - 2c & 1b - 2d \\ 3a + 1c & 3b + 1d \end{bmatrix} = \begin{bmatrix} 1 & 0 \\ 0 & 1 \end{bmatrix}$$

$$\begin{cases} 1a - 2c = 1 \\ 1b - 2d = 0 \\ 3a + 1c = 0 \\ 3b + 1d = 1 \end{cases} \quad \begin{cases} I \begin{cases} 1a - 2c = 1 \\ 3a + 1c = 0 \end{cases} \\ II \begin{cases} 1b - 2d = 0 \\ 3b + 1d = 1 \end{cases} \end{cases}$$

Resolvendo o sistema I:

$$I \begin{cases} 1a - 2c = 1 \\ 3a + 1c = 0 \ (\cdot 2) \end{cases}$$

$$I \begin{cases} 1a - 2c = 1 \\ 6a + 2c = 0 \end{cases} + \text{(somando as equações)}$$

$$7a = 1$$

$$a = \frac{1}{7}$$

Substituindo-se a em uma das duas equações, temos:

$$3\left(\frac{1}{7}\right) + 1c = 0$$

$$\frac{3}{7} + 1c = 0$$

$$c = \frac{-3}{7}$$

Resolvendo o sistema II:

$$II \begin{cases} 1b - 2d = 0 \ (\cdot -3) \\ 3b + 1d = 1 \end{cases}$$

$$II \begin{cases} -3 + 6d = 0 \\ 3b + 1d = 1 \end{cases} + \text{(somando as equações)}$$

$7d = 1$

$d = \frac{1}{7}$

Substituindo-se d em uma das duas equações, temos:

$1b - 2\left(\frac{1}{7}\right) = 0$

$b - \frac{2}{7} = 0$

$b = \frac{2}{7}$

$a = \frac{1}{7};\ b = \frac{2}{7};\ c = \frac{-3}{7};\ d = \frac{1}{7}$

Logo:

$$A^{-1}_{2\times 2} = \begin{bmatrix} \frac{1}{7} & \frac{2}{7} \\ \frac{-3}{7} & \frac{1}{7} \end{bmatrix}$$

12 DETERMINANTES

Determinante é um número real associado à matriz.

Só há determinante de matriz quadrada. Cada matriz apresenta um único determinante.

12.1 Cálculo dos determinantes

- **Determinante de uma matriz de ordem 1 ou de 1ª ordem:** se a matriz é de 1ª ordem, significa que ela tem apenas uma linha e uma coluna, portanto, só um elemento, que é o próprio determinante da matriz.

$A_{1\times1} = [13]$
Det A = 13
$B_{1\times1} = [-7]$
Det B = -7

- **Determinante de uma matriz de ordem 2 ou de 2ª ordem:** será calculado pela **subtração** do produto dos elementos da diagonal principal pelo produto dos elementos da diagonal secundária.

$$A_{2\times2} = \begin{bmatrix} 2 & 4 \\ 3 & 7 \end{bmatrix}$$

Det A = (2 · 7) – (4 · 3)
Det A = (14) – (12)
Det A = 2

$$B_{2\times2} = \begin{bmatrix} 6 & -4 \\ 8 & 9 \end{bmatrix}$$

Det B = (6 · 9) – (–1 · 8)
Det B = (54) – (–8)
Det B = 54 + 8
Det B = 62

- **Determinante de uma matriz de ordem 3 ou de 3ª ordem: será calculado pela Regra de Sarrus, que consiste em:**

1º passo: repetir as duas primeiras colunas ao lado da matriz.

2º passo: multiplicar os elementos da diagonal principal e das outras duas diagonais que seguem a mesma direção, e somá-los.

3º passo: multiplicar os elementos da diagonal secundária e das outras duas diagonais que seguem a mesma direção, e somá-los.

4º passo: o valor do determinante será dado pela subtração do resultado do 2º com o 3º passo.

$$A_{3\times3} = \left[\begin{array}{ccc|cc} 2 & 4 & 7 & 2 & 4 \\ 3 & 5 & 8 & 3 & 5 \\ 1 & 9 & 6 & 1 & 9 \end{array}\right] \qquad A_{3\times3} = \left[\begin{array}{ccc|cc} 2 & 4 & 7 & 2 & 4 \\ 3 & 5 & 8 & 3 & 5 \\ 1 & 9 & 6 & 1 & 9 \end{array}\right]$$

Det A = (2 · 5 · 6 + 4 · 8 · 1 + 7 · 3 · 9) - (7 · 5 · 1 + 2 · 8 · 9 + 4 · 3 · 6)
Det A = (60 + 32 + 189) – (35 + 144 + 72)
Det A = (281) – (251)
Det A = 30

Se estiver diante de uma matriz triangular ou matriz diagonal, o seu determinante será calculado pelo produto dos elementos da diagonal principal.

- **Matriz triangular**

$$A_{3\times3} = \left[\begin{array}{ccc|cc} 2 & 4 & 7 & 2 & 4 \\ 0 & 5 & 8 & 0 & 5 \\ 0 & 0 & 6 & 0 & 0 \end{array}\right] \qquad A_{3\times3} = \left[\begin{array}{ccc|cc} 2 & 4 & 7 & 2 & 4 \\ 0 & 5 & 8 & 0 & 5 \\ 0 & 0 & 6 & 0 & 0 \end{array}\right]$$

Det A = (2 · 5 · 6 + 4 · 8 · 0 + 7 · 0 · 0) - (7 · 5 · 0 + 2 · 8 · 0 + 4 · 0 · 6)
Det A = (60 + 0 + 0) - (0 + 0 + 0)
Det A = 60 (produto da diagonal principal = 2 · 5 · 6)

- **Matriz diagonal**

$$B_{3\times3} = \left[\begin{array}{ccc|cc} 2 & 0 & 0 & 2 & 0 \\ 0 & 5 & 0 & 0 & 5 \\ 0 & 0 & 6 & 0 & 0 \end{array}\right] \qquad B_{3\times3} = \left[\begin{array}{ccc|cc} 2 & 0 & 0 & 2 & 0 \\ 0 & 5 & 0 & 0 & 5 \\ 0 & 0 & 6 & 0 & 0 \end{array}\right]$$

Det B = (2 · 5 · 6 + 0 · 0 · 0 + 0 · 0 · 0) - (0 · 5 · 0 + 2 · 0 · 0 + 0 · 0 · 6)
Det B = (60 + 0 + 0) – (0 + 0 + 0)
Det B = 60 (produto da diagonal principal = 2 · 5 · 6)

- **Determinante de uma matriz de ordem superior a 3:** será calculado pela **Regra de Chió** ou pelo **Teorema de Laplace**.

- **Regra de Chió**

Escolha um elemento $a_{ij} = 1$.

Retire a linha (i) e a coluna (j) do elemento $a_{ij} = 1$, obtenha o menor complementar (D_{ij}) do referido elemento – uma nova matriz com uma ordem a menos.

Subtraia de cada elemento dessa nova matriz menor complementar (D_{ij}) o produto dos elementos que pertenciam a sua linha e coluna e que foram retirados, formando outra matriz.

Calcule o determinante dessa última matriz e multiplique por: (-1) i + j, sendo que i e j pertencem ao elemento $a_{ij} = 1$.

$$A_{3\times3} = \begin{bmatrix} 2 & 4 & 7 \\ 3 & 5 & 8 \\ 1 & 9 & 6 \end{bmatrix} \text{(I)}$$

$$\text{Det. } A_{3\times3} = \begin{bmatrix} 2 & 4 & 7 \\ 3 & 5 & 8 \\ 1 & 9 & 6 \end{bmatrix} = \begin{bmatrix} 4 & 7 \\ 5 & 8 \end{bmatrix} \text{(II)}$$

$$\text{Det. } A_{3\times3} = \begin{bmatrix} 2 & 4 & 7 \\ 3 & 5 & 8 \\ 1 & 9 & 6 \end{bmatrix} = \begin{bmatrix} 4 & 7 \\ 5 & 8 \end{bmatrix} \text{(II)}$$

$$\text{Det. } A_{3\times3} = \begin{bmatrix} 2 & 4 & 7 \\ 3 & 5 & 8 \\ 1 & 9 & 6 \end{bmatrix} = \begin{bmatrix} 4-(2\cdot9) & 7-(2\cdot6) \\ 5-(3\cdot9) & 8-(3\cdot6) \end{bmatrix} \text{(III)}$$

$$\text{Det. } A_{3\times3} = (-1)^{3+1} \cdot \begin{bmatrix} -14 & -5 \\ -22 & -10 \end{bmatrix} \text{(IV)}$$

$$\text{Det. } A_{3\times3} = (-1)^{3+1} \cdot (1) \cdot (140 - 110)$$

Det. A = 30

- **Teorema de Laplace**

Primeiramente, precisamos saber o que é um cofator. O cofator de um elemento a_{ij} de uma matriz é: A_{ij} = (-1)i + j · D_{ij}.

No teorema, deve-se escolher uma linha ou coluna do determinante, calcular o cofator de cada elemento da fila e multiplicar cada elemento pelo seu respectivo cofator, sendo a soma dos produtos o determinante da matriz.

Escolha uma linha ou coluna qualquer do determinante:

$$A_{3x3} = \begin{bmatrix} \mathbf{2} & 4 & 7 \\ \mathbf{3} & 5 & 8 \\ \mathbf{1} & 9 & 6 \end{bmatrix}$$

Calcule o cofator de cada elemento dessa fila:

$$a_{11} = A_{11} = (-1)^{1+1} \cdot \begin{bmatrix} 5 & 8 \\ 9 & 6 \end{bmatrix} = (1) \cdot (-42) = -42$$

$$a_{21} = A_{21} = (-1)^{2+1} \cdot \begin{bmatrix} 4 & 7 \\ 9 & 6 \end{bmatrix} = (1) \cdot (-39) = 39$$

$$a_{31} = A_{31} = (-1)^{3+1} \cdot \begin{bmatrix} 4 & 7 \\ 5 & 8 \end{bmatrix} = (1) \cdot (-3) = -3$$

Multiplique cada elemento da fila selecionada pelo seu respectivo cofator. O determinante da matriz será a soma desses produtos.

$\text{Det. } A_{3x3} = a_{11} \cdot A_{11} + a_{21} \cdot A_{21} + a_{31} \cdot A_{31}$

$\text{Det. } A_{3x3} = 2 \cdot (-42) + 3 \cdot 39 + 1 \cdot (-3)$

$\text{Det. } A_{3x3} = (-84) + 117 + (-3)$

$\text{Det. } A_{3x3} = 117 - 87$

$\text{Det } A = 30$

12.2 Propriedades dos determinantes

As propriedades dos determinantes servem para facilitar o cálculo do determinante, uma vez que, com elas, diminuímos nosso trabalho nas resoluções das questões de concursos.

- **Determinante de matriz transposta: se A é uma matriz de ordem n e A' sua transposta, então:** Det. A' = Det. A.

$$A_{2x2} = \begin{bmatrix} 2 & 3 \\ 1 & 4 \end{bmatrix}$$

$\text{Det. } A = 2 \cdot 4 - 3 \cdot 1$

$\text{Det. } A = 8 - 3$

$\text{Det. } A = 5$

$$A'_{2x2} = \begin{bmatrix} 2 & 1 \\ 3 & 4 \end{bmatrix}$$

$\text{Det. } A' = 2 \cdot 4 - 1 \cdot 3$

$\text{Det. } A' = 8 - 3$

$\text{Det. } A' = 5$

- **Determinante de uma matriz com fila nula:** se uma das filas (linha ou coluna) da matriz A for toda nula, então, Det. A = 0.

$$A_{2x2} = \begin{bmatrix} 2 & 3 \\ 0 & 0 \end{bmatrix}$$

$\text{Det. } A = 2 \cdot 0 - 3 \cdot 0$

$\text{Det. } A = 0 - 0$

$\text{Det. } A = 0$

- **Determinante de uma matriz cuja fila foi multiplicada por uma constante:** se multiplicarmos uma fila (linha ou coluna) qualquer da matriz A por um número k, o determinante da nova matriz será k vezes o determinante de A.

Det. A' (k vezes uma fila de A) = k · Det. A

$$A_{2x2} = \begin{bmatrix} 2 & 1 \\ 3 & 2 \end{bmatrix}$$

$\text{Det. } A = 2 \cdot 2 = 1 \cdot 3$

$\text{Det. } A = 4 - 3$

$\text{Det. } A = 1$

$$A'_{2x2} = \begin{bmatrix} 4 & 2 \\ 3 & 2 \end{bmatrix} \cdot 2 \ (k = 2)$$

$\text{Det. } A' = 4 \cdot 2 - 2 \cdot 3$

$\text{Det. } A' = 8 - 6$

$\text{Det. } A' = 2$

$\text{Det. } A' = k \cdot \text{Det. } A$

$\text{Det. } A' = 2 \cdot 1$

$\text{Det. } A' = 2$

- **Determinante de uma matriz multiplicada por uma constante:** se multiplicarmos toda uma matriz A de ordem n por um número k, o determinante da nova matriz será o produto (multiplicação) de k^n pelo determinante de A.

$\text{Det } (k \cdot A) = k^n \cdot \text{Det. } A$

$$A_{2x2} = \begin{bmatrix} 2 & 1 \\ 4 & 3 \end{bmatrix}$$

$\text{Det. } A = 2 \cdot 3 = 1 \cdot 4$

$\text{Det. } A = 6 - 4$

$\text{Det. } A = 2$

$$3 \cdot A_{2x2} = \begin{bmatrix} 6 & 3 \\ 12 & 9 \end{bmatrix}$$

$\text{Det. } 3A = 6 \cdot 9 - 3 \cdot 12$

$\text{Det. } 3A = 54 - 36$

$\text{Det. } 3A = 18$

$\text{Det } (k \cdot A) = kn \cdot \text{Det. } A$

$\text{Det } (3 \cdot A) = 3^2 \cdot 2$

$\text{Det } (3 \cdot A) = 9 \cdot 2$

$\text{Det } (3 \cdot A) = 18$

- **Determinante de uma matriz com filas paralelas iguais: se uma matriz A de ordem n ≥ 2 tem duas filas paralelas com os elementos respectivamente iguais, então:** Det. A = 0.

$$A_{2x2} = \begin{bmatrix} 2 & 3 \\ 2 & 3 \end{bmatrix}$$

$\text{Det. } A = 2 \cdot 3 - 3 \cdot 2$

$\text{Det. } A = 6 - 6$

$\text{Det. } A = 0$

- **Determinante de uma matriz com filas paralelas proporcionais:** se uma matriz A de ordem n ≥ 2 tem duas filas paralelas com os elementos respectivamente proporcionais, então, Det. A = 0.

$$A_{2x2} = \begin{bmatrix} 3 & 6 \\ 4 & 8 \end{bmatrix}$$

$\text{Det. } A = 3 \cdot 8 - 6 \cdot 4$

$\text{Det. } A = 24 - 24$

$\text{Det. } A = 0$

- **Determinante de uma matriz com troca de filas paralelas: se em uma matriz A de ordem n ≥ 2 trocarmos de posição duas filas paralelas, obteremos uma nova matriz B, tal que: Det. A = - Det. B.**

$A_{2\times2} = \begin{bmatrix} 5 & 4 \\ 2 & 3 \end{bmatrix}$

Det. A = 5 · 3 – 2 · 4
Det. A = 15 – 8
Det. A = 7

$B_{2\times2} = \begin{bmatrix} 4 & 5 \\ 3 & 2 \end{bmatrix}$

Det. B = 4 · 2 – 5 · 3
Det. B = 8 – 15
Det. B = –7
Det. A = – Det. B
Det. A = – (–7)
Det. A = 7

- **Determinante do produto de matrizes: se A e B são matrizes quadradas de ordem n, então:** Det. (A · B) = Det. A · Det. B.

$A_{2\times2} = \begin{bmatrix} 1 & 2 \\ 2 & 3 \end{bmatrix}$

Det. A = 1 · 3 – 2 · 2
Det. A = 3 – 4
Det. A = –1

$A_{2\times2} = \begin{bmatrix} 2 & 5 \\ 3 & 4 \end{bmatrix}$

Det. B = 2 · 4 – 5 · 3
Det. B = 8 – 15
Det. B = –7

$A \cdot B_{2\times2} = \begin{bmatrix} 8 & 13 \\ 13 & 22 \end{bmatrix}$

Det. (A · B) = 8 · 22 – 13 · 13
Det. (A · B) = 176 – 169
Det. (A · B) = 7
Det. (A · B) = Det. A · Det. B
Det. (A · B) = (–1) · (–7)
Det. (A · B) = 7

- **Determinante de uma matriz triangular:** o determinante é igual ao produto dos elementos da diagonal principal.

- **Determinante de uma matriz inversa: seja B a matriz inversa de A, então, a relação entre os determinantes de B e A é dado por:**

$$\text{Det(B)} = \frac{1}{\text{Det(A)}}$$

$A_{2\times2} = \begin{bmatrix} 1 & -2 \\ 3 & 1 \end{bmatrix}$

Det. A = 1 · 1 – (–2 · 3)
Det. A = 1 + 6
Det. A = 7

$B = A^{-1}_{2\times2} = \begin{bmatrix} \frac{1}{7} & \frac{2}{7} \\ -\frac{3}{7} & \frac{1}{7} \end{bmatrix}$

$\text{Det. B} = (\frac{1}{7} \cdot \frac{1}{7}) - (\frac{2}{7} \cdot -\frac{3}{7})$

$\text{Det. B} = \frac{1}{49} + \frac{6}{49}$

$\text{Det. B} = \frac{7}{49}$

$\text{Det. B} = \frac{1}{7}$

$\text{Det. B} = \frac{1}{\text{Det (A)}}$

$\text{Det. B} = \frac{1}{7}$

13 SISTEMAS LINEARES

Equação linear: é toda equação do 1º grau com uma ou mais incógnitas.

Sistema linear: é o conjunto de equações lineares.

Equação: $2x + 3y = 7$

Sistema: $\begin{cases} 2x + 3y = 7 \\ 4x - 5y = 3 \end{cases}$

Equação: $x + 2y + z = 8$

Sistema: $\begin{cases} x + y - z = 4 \\ 2x - y = z = 5 \\ x + 2y + z = 8 \end{cases}$

13.1 Representação de um sistema linear em forma de matriz

Todo sistema linear pode ser escrito na forma de uma matriz.

Esse conteúdo será importante mais adiante para a resolução dos sistemas.

$\begin{cases} 2x + 3y = 7 \\ 4x - 5y = 3 \end{cases}$

Forma de matriz

$$\begin{bmatrix} 2 \text{ (coeficiente de x)} & 3 \text{ (coeficiente de y)} \\ 4 \text{ (coeficiente de x)} & -5 \text{ (coeficiente de y)} \end{bmatrix} \cdot \begin{bmatrix} x \\ y \end{bmatrix} = \begin{bmatrix} 7 \\ 3 \end{bmatrix}$$

↓ Termos independentes

Matriz incompleta

$$\begin{bmatrix} 2 & 3 \\ 4 & -5 \end{bmatrix}$$

Matriz de x

$$\begin{bmatrix} \mathbf{7} & 3 \\ \mathbf{3} & -5 \end{bmatrix}$$

Substituem-se os coeficientes de x pelos termos independentes.

Matriz de y

$$\begin{bmatrix} 2 & \mathbf{7} \\ 4 & \mathbf{3} \end{bmatrix}$$

Substituem-se os coeficientes de y pelos termos independentes.

13.2 Resolução de um sistema linear

Resolvem-se os sistemas pelo método dos determinantes, também conhecido como **Regra de Cramer.**

Fique ligado

A Regra de Cramer só é possível quando o número de variáveis for igual ao número de equações.

Na regra, o valor das variáveis será calculado dividindo o **determinante da matriz da variável** pelo **determinante da matriz incompleta,** do sistema.

Então:

O valor de x é dado por:

$$x = \frac{\text{determinante de matriz de x}}{\text{determinante da matriz incompleta}}$$

O valor de y é dado por:

$$y = \frac{\text{determinante de matriz de y}}{\text{determinante da matriz incompleta}}$$

O valor de z é dado por:

$$z = \frac{\text{determinante de matriz de z}}{\text{determinante da matriz incompleta}}$$

Se o determinante da matriz incompleta for diferente de zero (Det. In. ≠ 0), teremos sempre um sistema possível e determinado.

Se o determinante da matriz incompleta for igual a zero (Det. In. = 0), temos duas situações:

- **1ª:** se os determinantes de todas as matrizes das variáveis também forem iguais a zero (Det. X = 0 e Det. Y = 0 e Det. Z = 0), teremos um sistema possível e indeterminado.
- **2ª:** se o determinante de, pelo menos, uma das matrizes das variáveis for diferente de zero (Det. · ≠ 0 ou Det. Y ≠ 0 ou Det. Z ≠ 0), teremos um sistema impossível.

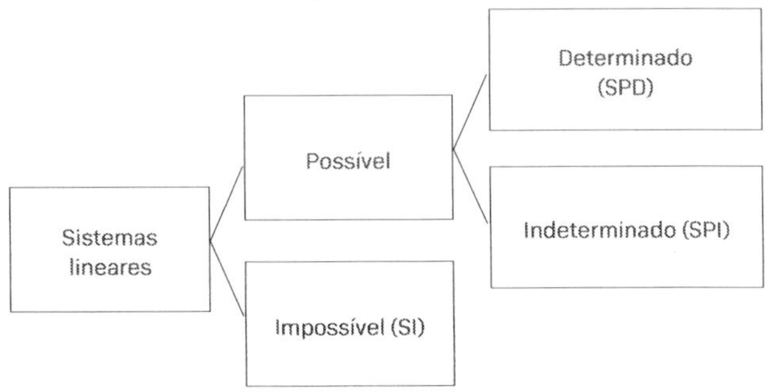

- **SPD:** sistema possível e determinado (quando Det. In. ≠ 0).
- **SPI:** sistema possível e indeterminado (quando Det. In. = 0, e Det. X = 0 e Det. Y = 0 e Det. Z = 0).
- **SI:** sistema impossível (quando Det. In. = 0, e Det. X ≠ 0 ou Det. Y ≠ 0 ou Det. Z ≠ 0).

$\begin{cases} x + y - z = 4 \\ 2x - y + z = 5 \\ x + 2y + z = 8 \end{cases}$

Matriz incompleta: $\begin{bmatrix} 1 & 1 & -1 \\ 2 & -1 & 1 \\ 1 & 2 & 1 \end{bmatrix}$ det. In. = -9

Matriz de X: $\begin{bmatrix} 4 & 1 & -1 \\ 5 & -1 & 1 \\ 8 & 2 & 1 \end{bmatrix}$ det. X = -27

Matriz de Y: $\begin{bmatrix} 1 & 4 & -1 \\ 2 & 5 & 1 \\ 1 & 8 & 1 \end{bmatrix}$ det. Y = -18

Matriz de Z: $\begin{bmatrix} 1 & 1 & 4 \\ 2 & -1 & 5 \\ 1 & 2 & 8 \end{bmatrix}$ det. Z = -9

Valor de x é: $x = \frac{-27}{-9} = 3$

Valor de y é: $y = \frac{-18}{-9} = 2$

Valor de z é: $z = \frac{-9}{-9} = 1$

Solução: x= 3, y = 2 e z = 1

14 TRIGONOMETRIA

Neste capítulo, estudaremos os triângulos e as relações que os envolvem.

14.1 Triângulos

O triângulo é uma das figuras mais simples e também uma das mais importantes da Geometria. O triângulo possui propriedades e definições de acordo com o tamanho de seus lados e medida dos ângulos internos.

▹ **Quanto aos lados, o triângulo pode ser classificado em:**

- **Equilátero:** possui todos os lados com medidas iguais.
- **Isósceles:** possui dois lados com medidas iguais.
- **Escaleno:** possui todos os lados com medidas diferentes.

▹ **Quanto aos ângulos, os triângulos podem ser denominados:**

- **Acutângulo:** possui os ângulos internos com medidas menores que 90°.
- **Obtusângulo:** possui um dos ângulos com medida maior que 90°.
- **Retângulo:** possui um ângulo com medida de 90°, chamado ângulo reto.

No triângulo retângulo existem importantes relações, uma delas é o **Teorema de Pitágoras**, que diz o seguinte: "A soma dos quadrados dos catetos é igual ao quadrado da hipotenusa".

$$a^2 = b^2 + c^2$$

A condição de existência de um triângulo é: um lado do triângulo ser menor do que a soma dos outros dois lados e também maior do que a diferença desses dois lados.

14.2 Trigonometria no triângulo retângulo

As razões trigonométricas básicas são relações entre as medidas dos lados do triângulo retângulo e seus ângulos. As três funções básicas da trigonometria são: seno, cosseno e tangente. O ângulo é indicado pela letra x.

Função	Notação	Definição
seno	sen(x)	$\dfrac{\text{medida do cateto oposto a x}}{\text{medida da hipotenusa}}$
cosseno	cos(x)	$\dfrac{\text{medida do cateto adjacente a x}}{\text{medida da hipotenusa}}$
tangente	tg(x)	$\dfrac{\text{medida do cateto oposto a x}}{\text{medida do cateto adjacente a x}}$

Relação fundamental: para todo ângulo x (medido em radianos), vale a importante relação:

$$\cos^2(x) + \text{sen}^2(x) = 1$$

14.3 Trigonometria em um triângulo qualquer

Os problemas envolvendo trigonometria são resolvidos em sua maioria por meio da comparação com triângulos retângulos. No cotidiano, algumas situações envolvem triângulos acutângulos ou triângulos obtusângulos. Nesses casos, necessitamos da Lei dos Senos ou dos Cossenos.

14.3.1 Lei dos senos

A Lei dos Senos estabelece relações entre as medidas dos lados com os senos dos ângulos opostos aos lados. Observe:

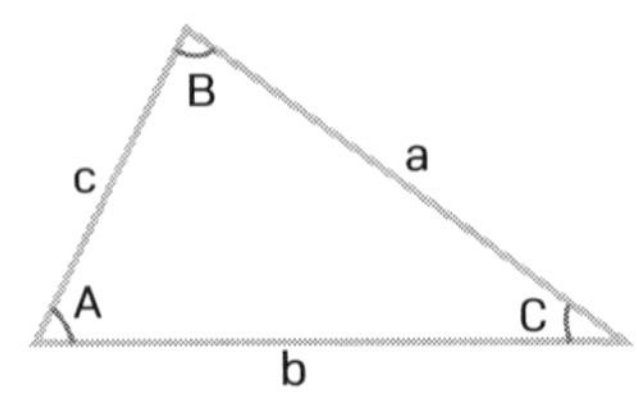

$$\frac{a}{\text{sen}A} = \frac{b}{\text{sen}B} = \frac{c}{\text{sen}C}$$

14.3.2 Lei dos cossenos

Nos casos em que não pode aplicar a Lei dos Senos, existe o recurso da Lei dos Cossenos. Ela permite trabalhar com a medida de dois segmentos e a medida de um ângulo. Dessa forma, dado um triângulo ABC de lados medindo a, b e c, temos:

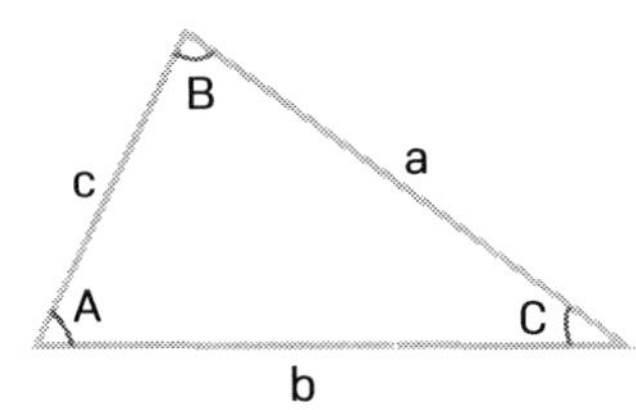

$$a^2 = b^2 + c^2 - 2 \cdot b \cdot c \cdot \cos A$$
$$b^2 = a^2 + c^2 - 2 \cdot a \cdot c \cdot \cos B$$
$$c^2 = a^2 + b^2 - 2 \cdot a \cdot b \cdot \cos C$$

14.4 Medidas dos ângulos

14.4.1 Medidas em grau

Sabe-se que uma volta completa na circunferência corresponde a 360°; se dividir em 360 arcos, haverá arcos unitários medindo 1° grau. Dessa forma, a circunferência é simplesmente um arco de 360° com o ângulo central medindo uma volta completa ou 360°.

É possível dividir o arco de 1° grau em 60 arcos de medidas unitárias iguais a 1' (arco de um minuto). Da mesma forma, podemos dividir o arco de 1' em 60 arcos de medidas unitárias iguais a 1" (arco de um segundo).

14.4.2 Medidas em radianos

Dada uma circunferência de centro O e raio R, com um arco de comprimento s e α o ângulo central do arco, vamos determinar a medida do arco em radianos de acordo com a figura a seguir:

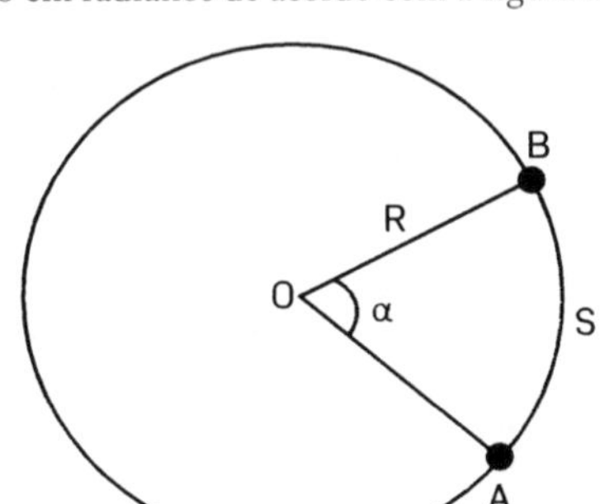

Diz-se que o arco mede um radiano se o comprimento do arco for igual à medida do raio da circunferência. Assim, para saber a medida de um arco em radianos, deve-se calcular quantos raios da circunferência são precisos para obter o comprimento do arco. Portanto:

$$\alpha = \frac{S}{R}$$

Com base nessa fórmula, podemos encontrar outra expressão para determinar o comprimento de um arco de circunferência:

$$s = \alpha \cdot R$$

De acordo com as relações entre as medidas em grau e radiano de arcos, vamos destacar uma regra de três capaz de converter as medidas dos arcos.

$360° \rightarrow 2\pi$ radianos (aproximadamente 6,28)

$180° \rightarrow \pi$ radiano (aproximadamente 3,14)

$90° \rightarrow \pi/2$ radiano (aproximadamente 1,57)

$45° \rightarrow \pi/4$ radiano (aproximadamente 0,785)

Medida em graus	Medida em radianos
180	π
x	a

14.5 Ciclo trigonométrico

Considerando um plano cartesiano, representados nele um círculo com centro na origem dos eixos e raios.

Divide-se o ciclo trigonométrico em quatro arcos, obtendo quatro quadrantes.

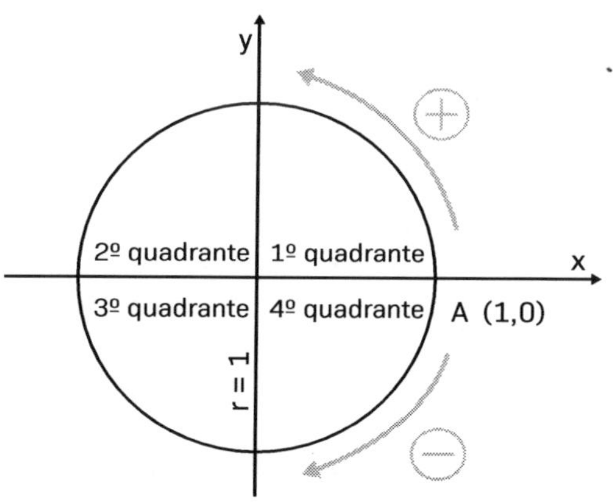

Dessa forma, obtêm-se as relações:

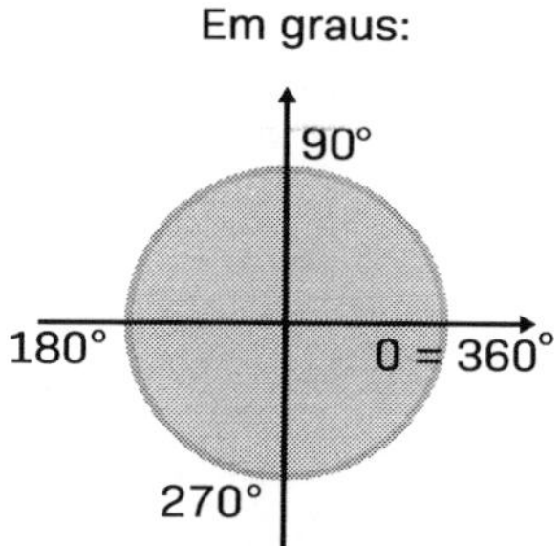

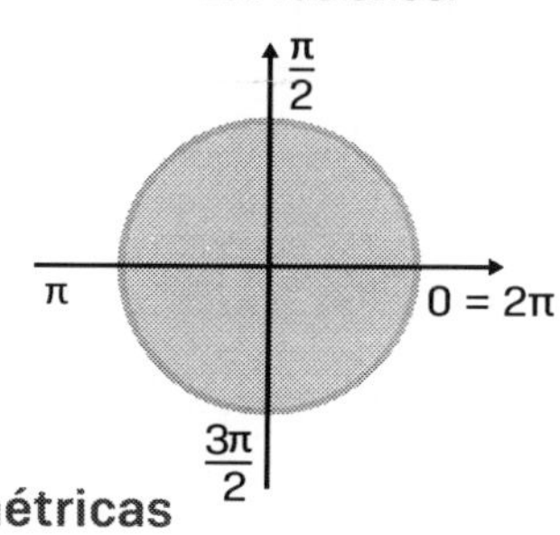

14.5.1 Razões trigonométricas

As principais razões trigonométricas são:

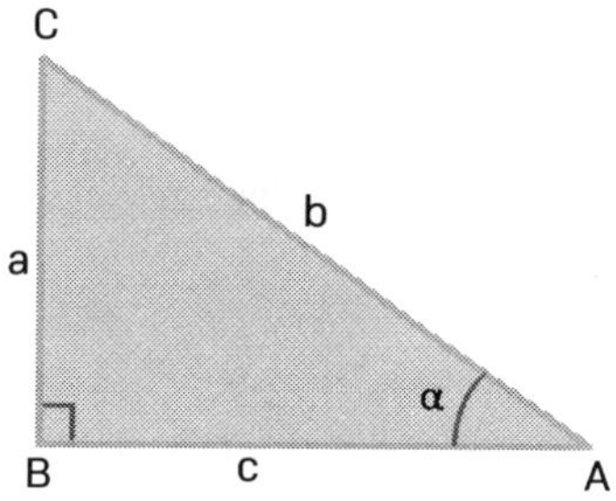

$$\text{sen}\ \alpha = \frac{\text{comprimento do cateto oposto}}{\text{comprimento da hitotenusa}} = \frac{a}{b}$$

$$\cos \alpha = \frac{\text{comprimento do cateto adjacente}}{\text{comprimento da hitotenusa}} = \frac{c}{b}$$

$$\text{tg}\ \alpha = \frac{\text{comprimento do cateto oposto}}{\text{comprimento do cateto adjacente}} = \frac{a}{b}$$

Outras razões decorrentes dessas são:

$$\text{tg}\ x = \frac{\text{sen}\ x}{\cos x}$$

$$\text{cotg}\ x = \frac{1}{\text{tg}x} = \frac{\cos x}{\text{sen}\ x}$$

$$\sec x = \frac{1}{\cos x}$$

$$\text{cossec}\ x = \frac{1}{\sec x}$$

A partir da relação fundamental, encontram as seguintes relações:

$(\text{sen}\ x)^2 + (\cos x)^2 = 1$ = [relação fundamental da trigonometria]

$1 + (\text{cotg}\ x)^2 = (\text{cossec}\ x)^2$

$1 + (\text{tg}\ x)^2 = (\sec x)^2$

14.5.2 Redução ao 1° quadrante

$\text{sen}(90° - \alpha) = \cos \alpha$

$\cos(90° - \alpha) = \text{sen}\ \alpha$

$\text{sen}(90° + \alpha) = \cos \alpha$

$\cos(90° + \alpha) = -\text{sen}\ \alpha$

$\text{sen}(180° - \alpha) = \text{sen}\ \alpha$

$\cos(180° - \alpha) = -\cos \alpha$

$\text{tg}(180° - \alpha) = -\text{tg}\ \alpha$

$\text{sen}(180° + \alpha) = -\text{sen}\ \alpha$

$\cos(180° + \alpha) = -\cos \alpha$

$\text{sen}(270° - \alpha) = -\cos \alpha$

$\cos(270° - \alpha) = -\text{sen}\ \alpha$

$\text{sen}(270° + \alpha) = -\cos \alpha$

$\cos(270° + \alpha) = \text{sen}\ \alpha$

$\text{sen}(-\alpha) = -\text{sen}\ \alpha$

$\cos(-\alpha) = \cos \alpha$

$\text{tg}(-\alpha) = -\text{tg}\ \alpha$

14.6 Funções trigonométricas

14.6.1 Função seno

Função seno é a função $\boldsymbol{f(x) = \text{sen } x}$.

O domínio dessa função é R e a imagem é Im [–1,1], visto que, na circunferência trigonométrica, o raio é unitário.

Então:

- Domínio de $f(x)$ = sen x; D(sen x) = R.
- Imagem de $f(x)$ = sen x; Im(sen x) = [–1,1].

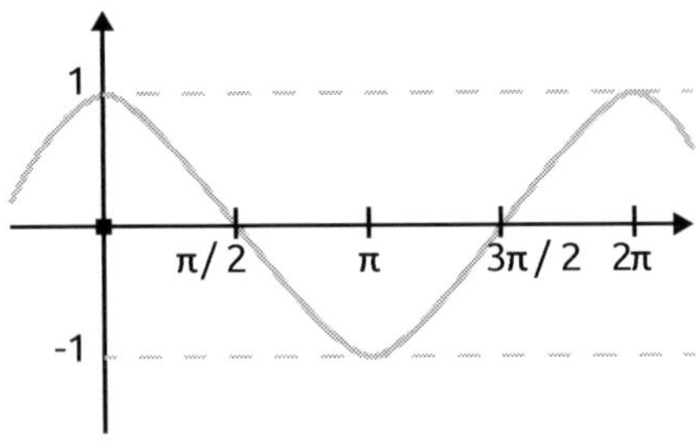

Sinal da função

$f(x)$ = sen x é positiva no 1º e 2º quadrantes (ordenada positiva).

$f(x)$ = sen x é negativa no 3º e 4º quadrantes (ordenada negativa).

- **Quando** $x \in \left[0, \frac{\pi}{2}\right]$: 1º quadrante, o valor de sen x cresce de 0 a 1.
- **Quando** $x \in \left[\frac{\pi}{2}, \pi\right]$: 2º quadrante, o valor de sen x decresce de 1 a 0.
- **Quando** $x \in \left[\pi, \frac{3\pi}{2}\right]$: 3º quadrante, o valor de sen x decresce de 0 a –1.
- **Quando** $x \in \left[\frac{3\pi}{2}, 2\pi\right]$: 4º quadrante, o valor de sen x cresce de –1 a 0.

14.6.2 Função cosseno

Função cosseno é a função $\boldsymbol{f(x) = \cos x}$

O domínio dessa função também é R e a imagem é Im [–1,1]; visto que, na circunferência trigonométrica, o raio é unitário.

Então:

- Domínio de $f(x)$ = cos x; D(cos x) = R.
- Imagem de $f(x)$ = cos x; Im(cos x) = [–1,1].

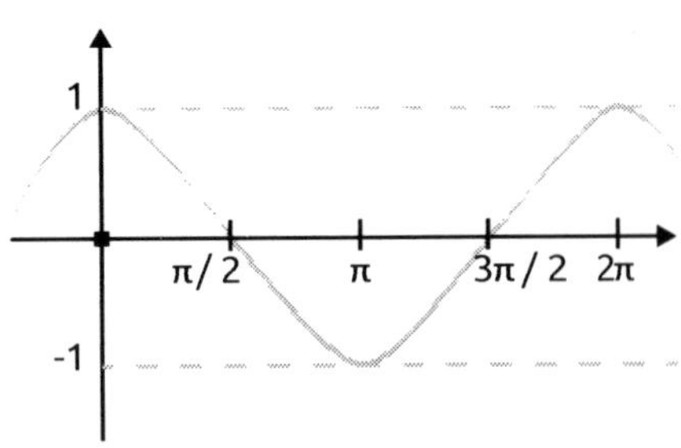

14.6.3 Sinal da função

$f(x)$ = cos x é positiva no 1º e 4º quadrantes (abscissa positiva).

$f(x)$ = cos x é negativa no 2º e 3º quadrantes (abscissa negativa).

- **Quando** $x \in \left[0, \frac{\pi}{2}\right]$: 1º quadrante, o valor de cos x cresce de 0 a 1.
- **Quando** $x \in \left[\frac{\pi}{2}, \pi\right]$: 2º quadrante, o valor de cos x decresce de 1 a 0.
- **Quando** $x \in \left[\pi, \frac{3\pi}{2}\right]$: 3º quadrante, o valor de cos x decresce de 0 a –1.
- **Quando** $x \in \left[\frac{3\pi}{2}, 2\pi\right]$: 4º quadrante, o valor de cos x cresce de –1 a 0.

14.6.4 Função tangente

Função tangente é a função $\boldsymbol{f(x) = \text{tg } x}$.

Então:

- **Domínio de $f(x)$:** o domínio dessa função são todos os números reais, exceto os que zeram o cosseno, pois não existe cos x = 0
- Imagem de $f(x)$ = Im =]–∞, ∞[

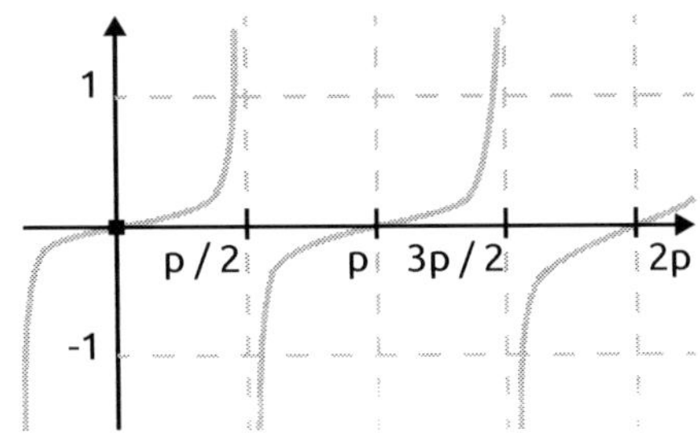

Sinal da função

$f(x)$ = tg x é positiva no 1º e 3º quadrantes (produto da ordenada pela abscissa positiva).

$f(x)$ = tg x é negativa no 2º e 4º quadrantes (produto da ordenada pela abscissa negativa).

14.6.5 Outras funções

Função secante

Denomina-se função secante a função: $f(x) = \frac{1}{\cos x}$

Função cossecante

Denomina-se função cossecante a função: $f(x) = \frac{1}{\text{sen } x}$

Função cotangente

Denomina-se função cotangente a função: $f(x) = \frac{1}{\text{tg } x}$

14.7 Identidades e operações trigonométricas

As mais comuns são:

sen(a + b) = sen a · cos b + sen b · cos a

sen(a – b) = sen a · cos b – sen b · cos a

cos(a + b) = cos a · cos b – sen a · cos b

cos(a – b) = cos a · cos b + sen a · cos b

$$\text{tg }(a + b) = \frac{\text{tga} + \text{tgb}}{1 - \text{tga} \cdot \text{tgb}}$$

$$\text{tg }(a - b) = \frac{\text{tga} - \text{tgb}}{1 + \text{tga} \cdot \text{tgb}}$$

$\text{sen}(2x) = 2 \cdot \text{sen}(x) \cdot \cos(x)$

$\cos(2x) = \cos^2(x) - \text{sen}^2(x)$

$\text{tg}(2x) = \left(\frac{2 \cdot \text{tg}(x)}{1 - \text{tg}^2(x)}\right)$

$\text{sen}(x) + \text{sen}(y) = 2 \cdot \text{sen}\left(\frac{x + y}{2}\right) \cdot \cos\left(\frac{x - y}{2}\right)$

$\text{sen}(x) - \text{sen}(y) = 2 \cdot \text{sen}\left(\frac{x - y}{2}\right) \cdot \cos\left(\frac{x + y}{2}\right)$

$\cos(x) + \cos(y) = 2 \cdot \cos\left(\frac{x + y}{2}\right) \cdot \cos\left(\frac{x - y}{2}\right)$

$\cos(x) - \cos(y) = 2 \cdot \text{sen}\left(\frac{x + y}{2}\right) \cdot \text{sen}\left(\frac{x - y}{2}\right)$

14.8 Bissecção de arcos ou arco metade

Também temos a fórmula do arco metade para senos, cossenos e tangentes:

$$\sin\left(\frac{a}{2}\right) = \pm\sqrt{\frac{1 - \cos(a)}{2}}$$

$$\cos\left(\frac{a}{2}\right) = \pm\sqrt{\frac{1 + \cos(a)}{2}}$$

$$\tan\left(\frac{a}{2}\right) = \pm\sqrt{\frac{1 - \cos(a)}{1 + \cos(a)}}$$

15 GEOMETRIA PLANA

- **Ceviana:** são segmentos de reta que partem do vértice do triângulo para o lado oposto.
- **Mediana:** é o segmento de reta que liga um vértice deste triângulo ao ponto médio do lado oposto a este vértice. As medianas se encontram em um ponto chamado de baricentro.
- **Altura:** altura de um triângulo é um segmento de reta perpendicular a um lado do triângulo ou ao seu prolongamento, traçado pelo vértice oposto. As alturas se encontram em um ponto chamado ortocentro.
- **Bissetriz:** é o lugar geométrico dos pontos que equidistam de duas retas concorrentes e, por consequência, divide um ângulo em dois ângulos congruentes. As bissetrizes se encontram em um ponto chamado incentro.
- **Mediatrizes:** são retas perpendiculares a cada um dos lados de um triângulo. As mediatrizes se encontram em um ponto chamado circuncentro.

15.1 Semelhanças de figuras

Duas figuras (formas geométricas) são semelhantes quando satisfazem a duas condições: os seus ângulos têm o mesmo tamanho e os lados correspondentes são proporcionais.

Nos triângulos existem alguns casos de semelhanças bem conhecidos:

- **1º caso: LAL (lado, ângulo, lado):** dois lados congruentes e o ângulo entre esses lados também congruentes.

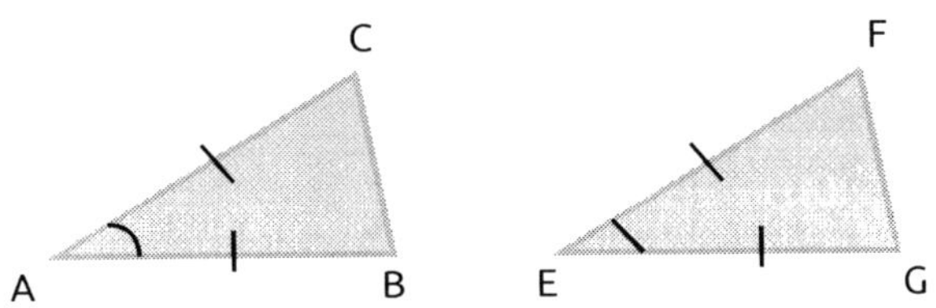

- **2º caso: LLL (lado, lado, lado):** os três lados congruentes.

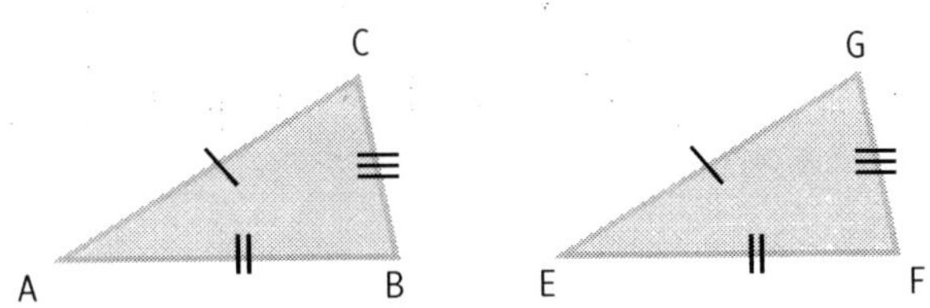

- **3º caso: ALA (ângulo, lado, ângulo):** dois ângulos congruentes e o lado entre esses ângulos também congruentes.

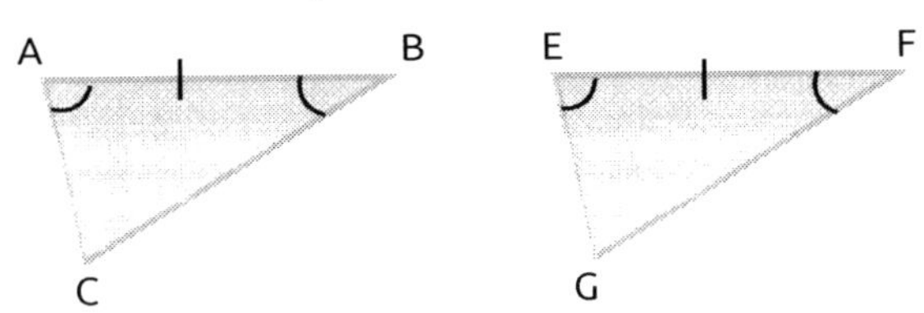

- **4º caso: LAAo (lado, ângulo, ângulo oposto):** congruência do ângulo adjacente ao lado, e congruência do ângulo oposto ao lado.

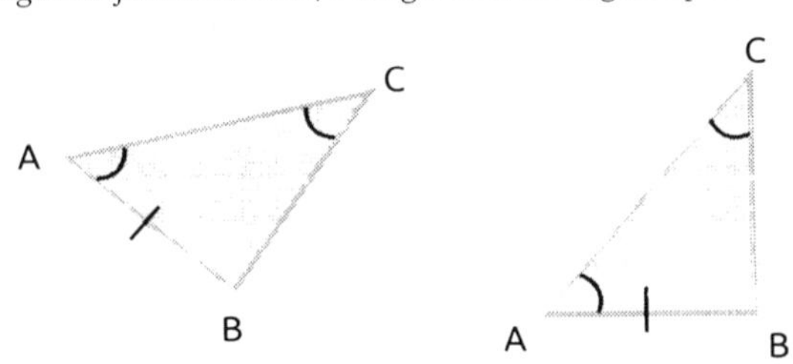

15.2 Relações métricas nos triângulos

15.2.1 Triângulo retângulo e suas relações métricas

Denomina-se triângulo retângulo o triângulo que tem um de seus ângulos retos, ou seja, um de seus ângulos mede 90°. O triângulo retângulo é formado por uma hipotenusa e dois catetos, a hipotenusa é o lado maior, o lado aposto ao ângulo de 90°, e os outros dois lados são os catetos.

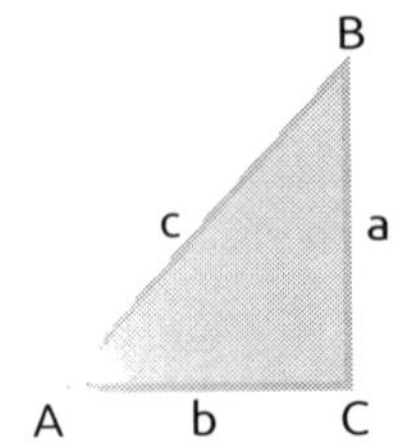

Na figura, podemos observar o triângulo retângulo de vértices A, B e C, e lados a, b e c. Como o ângulo de 90° está no vértice C, então a hipotenusa do triângulo é o lado c, e os catetos são os lados a e b.

Assim, podemos separar um triângulo em dois triângulos semelhantes:

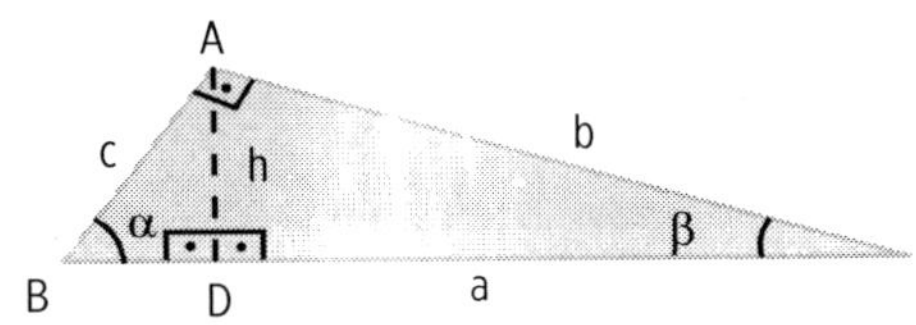

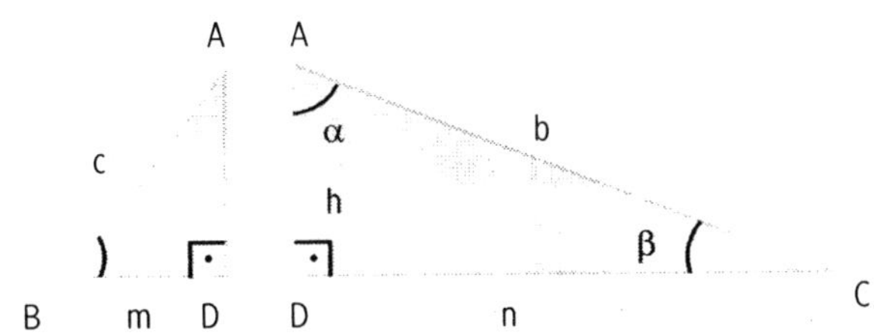

Neste segundo triângulo, podemos observar uma perpendicular à hipotenusa até o vértice A; essa é a altura h do triângulo, separando a hipotenusa em dois segmentos, o segmento m e o segmento n, separando esses dois triângulos obtemos dois triângulos retângulos, o triângulo ΔABD e ΔADC. Como os ângulos dos três triângulos são congruentes, então podemos dizer que os triângulos são semelhantes.

Com essa semelhança, ganhamos algumas relações métricas entre os triângulos:

$$\frac{c}{a} = \frac{m}{c} \Rightarrow c^2 = am$$

$$\frac{c}{a} = \frac{h}{b} \Rightarrow cb = ah$$

$$\frac{b}{a} = \frac{n}{b} \Rightarrow b^2 = an$$

$$\frac{h}{m} = \frac{n}{h} \Rightarrow h^2 = mn$$

Da primeira e da terceira equação, obtemos:

$c^2 + b^2 = am + an = a\,(m + n).$

Como vimos na figura que m+n=a, então temos:

$c^2 + b^2 = aa = a^2$

ou seja, trata-se do Teorema de Pitágoras.

15.2.2 Lei dos cossenos

Para um triângulo qualquer demonstra-se que:

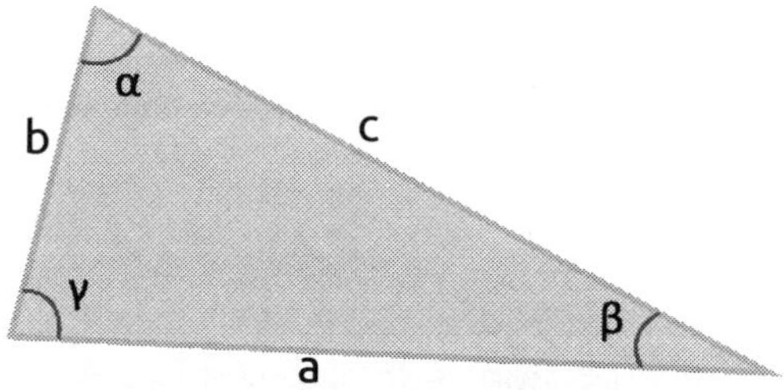

$$a^2 = b^2 + c^2 - 2 \cdot b \cdot c \cdot \cos\alpha$$

Note que o lado a do triângulo é oposto ao cosseno do ângulo α.

15.2.3 Lei dos senos

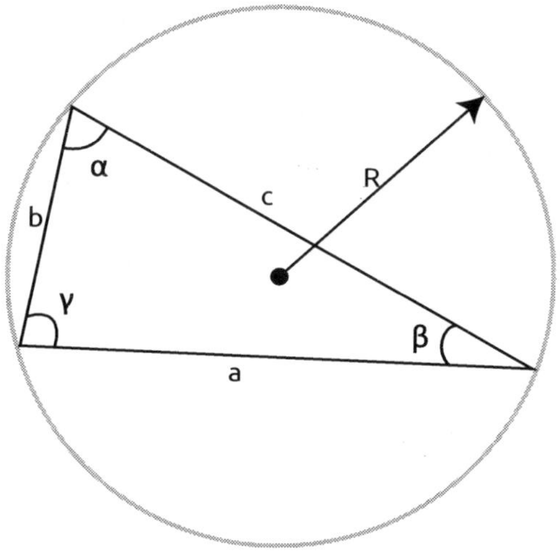

R é o raio da circunferência circunscrita a esse triângulo.

Neste caso, valem as seguintes relações, conforme a lei dos senos:

$$\frac{a}{\text{sen}\alpha} = \frac{b}{\text{sen}\beta} = \frac{c}{\text{sen}\gamma} = 2R$$

15.3 Quadriláteros

Quadrilátero é um polígono de quatro lados. Eles possuem os seguintes elementos:

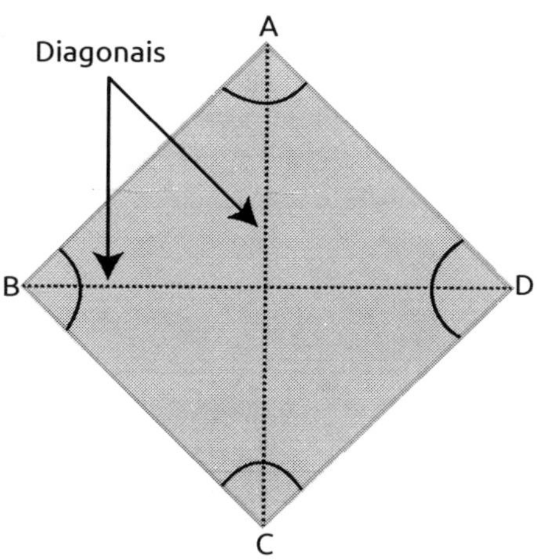

Vértices: A, B, C, e D.

Lados: AB, BC, CD, DA.

Diagonais: AC e BD.

Ângulos internos ou ângulos do quadrilátero ABCD: $\hat{A}, \hat{B}, \hat{C}, \hat{D}$.

Todo quadrilátero tem duas diagonais.

O perímetro de um quadrilátero ABCD é a soma das medidas de seus lados, ou seja, AB + BC + CD + DA.

15.3.1 Quadriláteros importantes

▷ **Paralelogramo:** é o quadrilátero que tem os lados opostos paralelos.

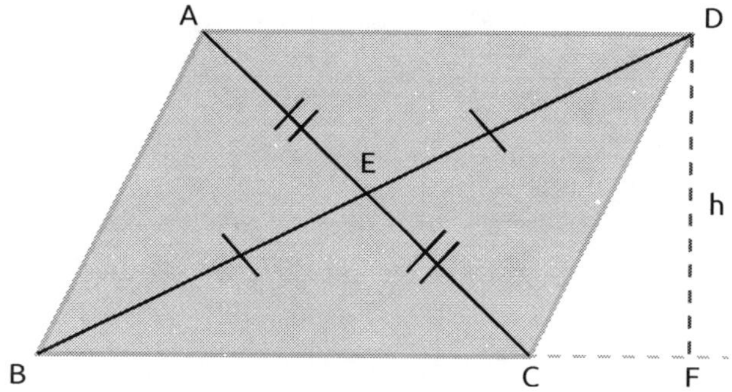

h é a altura do paralelogramo.

Em um paralelogramo:

- Os lados opostos são congruentes.
- Cada diagonal o divide em dois triângulos congruentes.
- Os ângulos opostos são congruentes.
- As diagonais interceptam-se em seu ponto médio.

▷ **Retângulo:** é o paralelogramo em que os quatro ângulos são congruentes (retos).

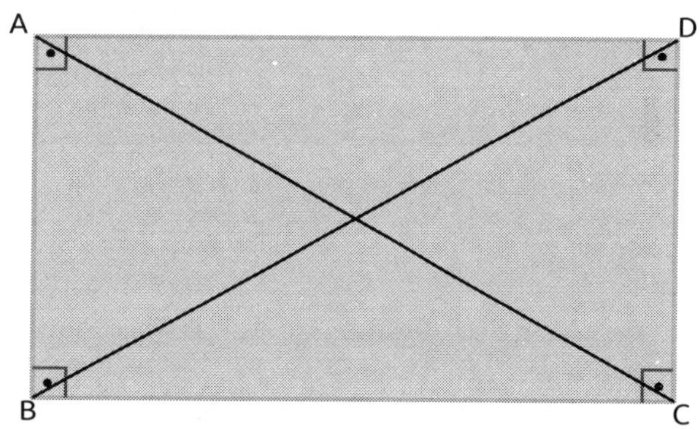

▷ **Losango:** é o paralelogramo em que os quatro lados são congruentes.

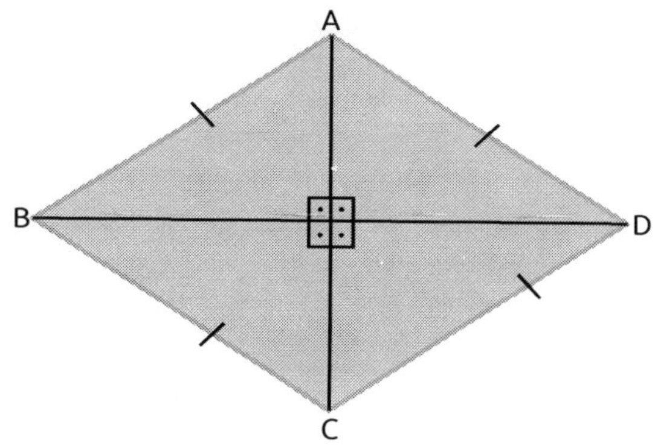

RACI

- **Quadrado:** é o paralelogramo em que os quatro lados e os quatro ângulos são congruentes.

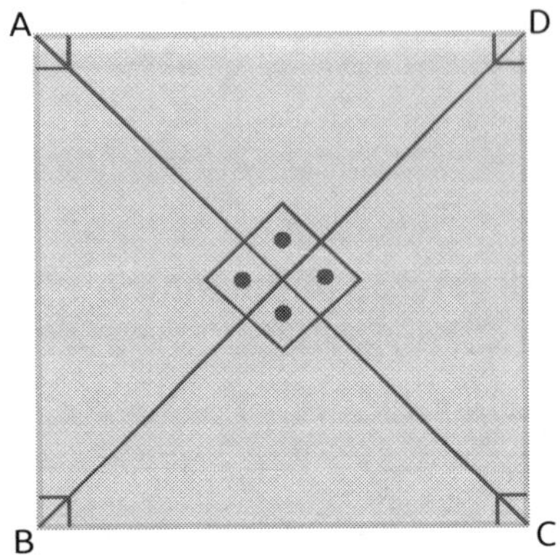

- **Trapézio:** é o quadrilátero que apresenta somente dois lados paralelos chamados bases.

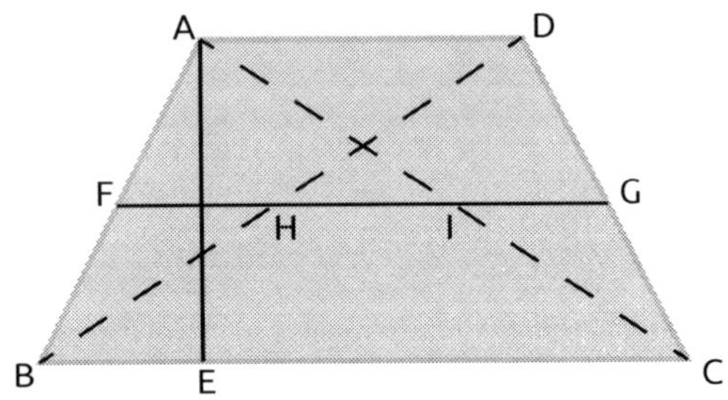

  - **Trapézio retângulo:** é aquele que apresenta dois ângulos retos.

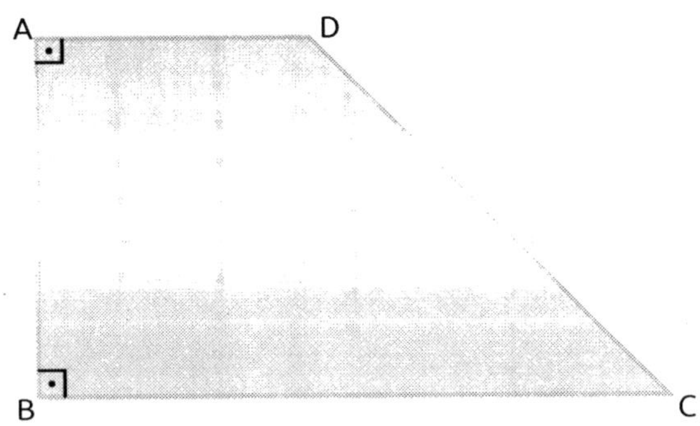

  - **Trapézio isósceles:** é aquele em que os lados não paralelos são congruentes.

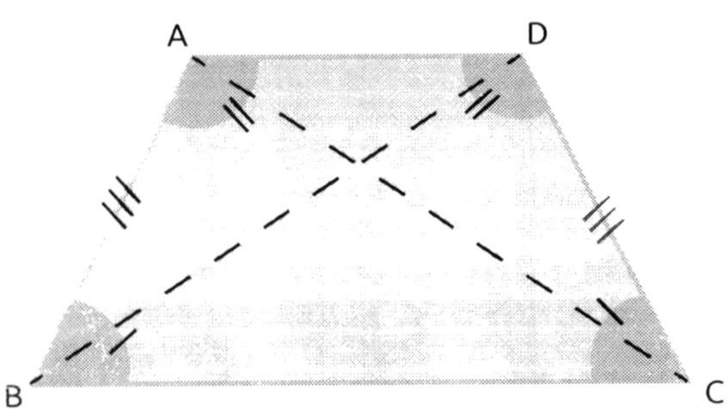

15.4 Polígonos regulares

Um polígono é regular se todos os seus lados e todos os seus ângulos forem congruentes.

Os nomes dos polígonos dependem do critério que se utiliza para classificá-los. Usando **o número de ângulos** ou o **número de lados**, tem-se a seguinte nomenclatura:

Número de lados (ou ângulos)	Nome do Polígono	
	Em função do número de ângulos	Em função do número de lados
3	triângulo	trilátero
4	quadrângulo	quadrilátero
5	pentágono	pentalátero
6	hexágono	hexalátero
7	heptágono	heptalátero
8	octógono	octolátero
9	eneágono	enealátero
10	decágono	decalátero
11	undecágono	undecalátero
12	dodecágono	dodecalátero
15	pentadecágono	pentadecalátero
20	icoságono	icosalátero

Nos polígonos regulares cada ângulo externo é dado por:

$$e = \frac{360°}{n}$$

A soma dos ângulos internos é dada por:

$$S_i = 180 \cdot (n - 2)$$

E cada ângulo interno é dado por:

$$i = \frac{180\,(n - 2)}{n}$$

15.4.1 Diagonais de um polígono

O segmento que liga dois vértices não consecutivos de polígono é chamado de diagonal.

O número de diagonais de um polígono é dado pela fórmula:

$$d = \frac{n \cdot (n - 3)}{2}$$

15.5 Círculos e circunferências

15.5.1 Círculo

É a área interna a uma circunferência.

15.5.2 Circunferência

É o contorno do círculo. Por definição, é o lugar geométrico dos pontos equidistantes ao centro.

A distância entre o centro e o lado é o raio.

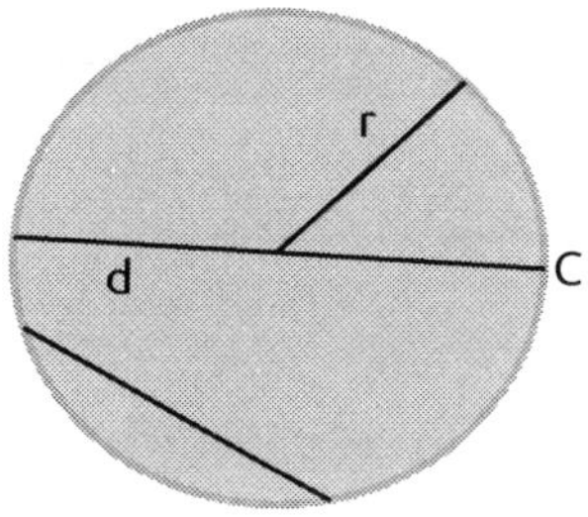

Corda

É o seguimento que liga dois pontos da circunferência.

A maior corda, ou corda maior de uma circunferência, é o diâmetro. Também dizemos que a corda que passa pelo centro é o diâmetro.

Posição relativa entre reta e circunferência

Uma reta é:

- **Secante:** distância entre a reta e o centro da circunferência é menor que o raio.
- **Tangente:** a distância entre a reta e o centro da circunferência é igual ao raio.
- **Externa:** a distância entre a reta e o centro da circunferência é maior que o raio.

Posição relativa entre circunferência

As posições relativas entre circunferência são basicamente 5:

- ▹ **Circunferência secante:** a distância entre os centros é menor que a soma dos raios das duas, porém, é maior que o raio de cada uma.

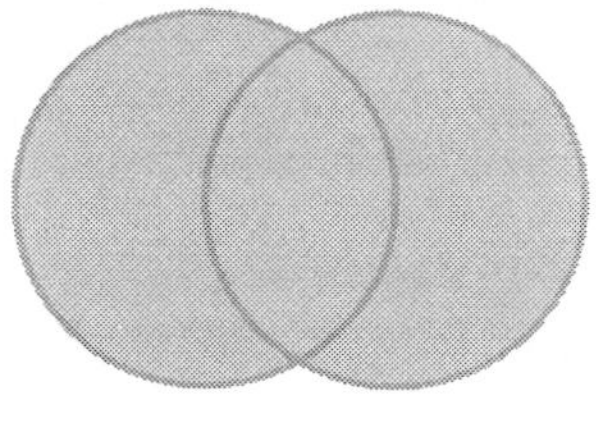

- ▹ **Externo:** a distância entre os centros é maior que a soma do raio.

- ▹ **Tangente:** distância entre os centros é igual à soma dos raios.

- ▹ **Interna:** distância entre os centros mais o raio da menor é igual ao raio da maior.

- ▹ **Interior:** distância entre os centros menos o raio da menor é menor que o raio da maior.

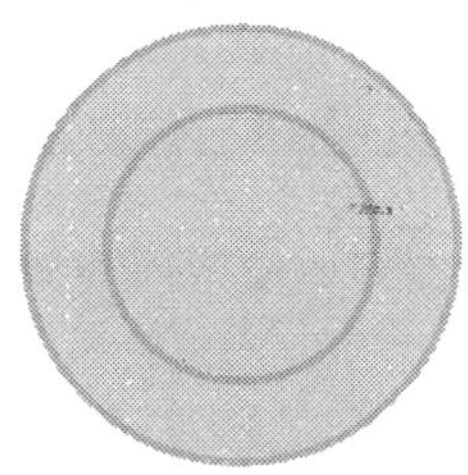

Ângulo central e ângulo inscrito

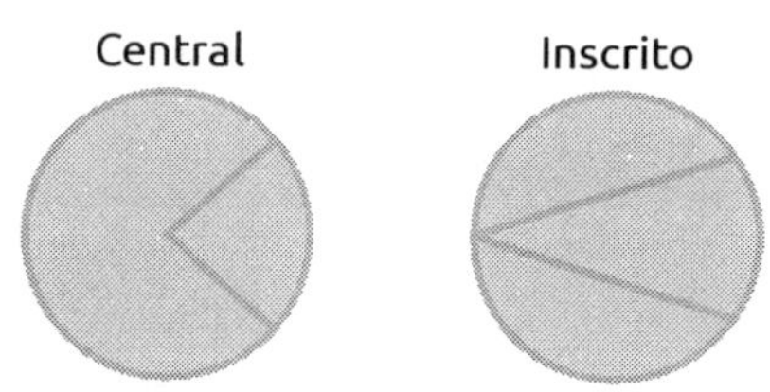

Um ângulo central sempre é o dobro do ângulo inscrito de um mesmo arco.

As áreas de círculos e partes do círculo são:

$$\text{Área do círculo} = \pi \cdot r^2 = \frac{1}{4}\pi \cdot D^2$$

$$\text{Área do setor circular} = \pi \cdot r^2 = \frac{\alpha}{360°} = \frac{1}{2}\alpha \cdot r^2$$

Área da coroa = área do círculo maior – área do círculo menor

> **Fique ligado**
>
> Os ângulos podem ser expressos em graus (360° = 1 volta) ou em radianos (2π = 1 volta)

15.6 Polígonos regulares inscritos e circunscritos

As principais relações entre a circunferência e os polígonos são:

- Qualquer polígono regular é inscritível em uma circunferência.
- Qualquer polígono regular e circunscritível a uma circunferência.

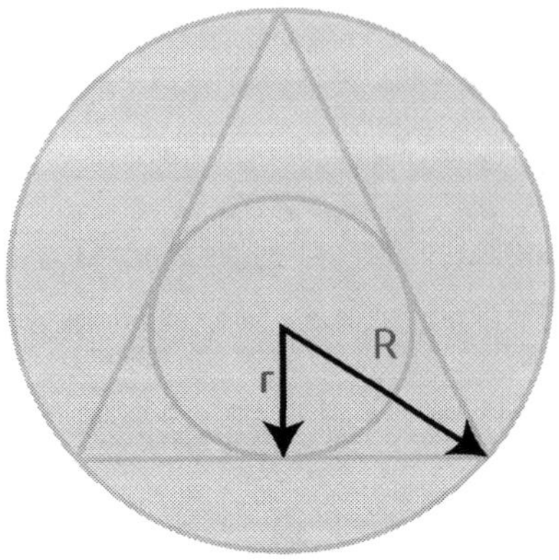

Polígono circunscrito a uma circunferência é o que possui seus lados tangentes à circunferência. Ao mesmo tempo, dizemos que esta circunferência está inscrita no polígono.

Um polígono é inscrito em uma circunferência se cada vértice do polígono for um ponto da circunferência, e neste caso dizemos que a circunferência é circunscrita ao polígono.

Da inscrição e circunscrição dos polígonos nas circunferências podem-se ter as seguintes relações:

Apótema de um polígono regular é a distância do centro a qualquer lado. Ele é sempre perpendicular ao lado.

Nos polígonos inscritos:

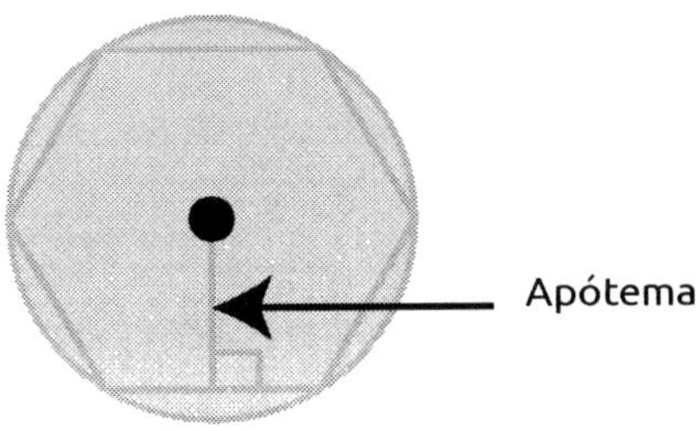

15.6.1 No quadrado

Cálculo da medida do lado (L):

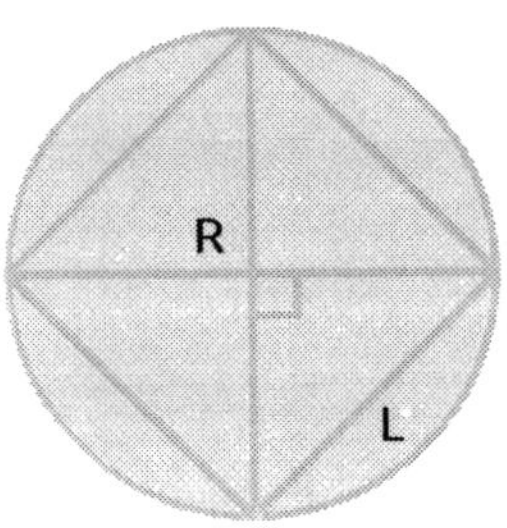

$$L = R\sqrt{2}$$

Cálculo da medida do apótema (a):

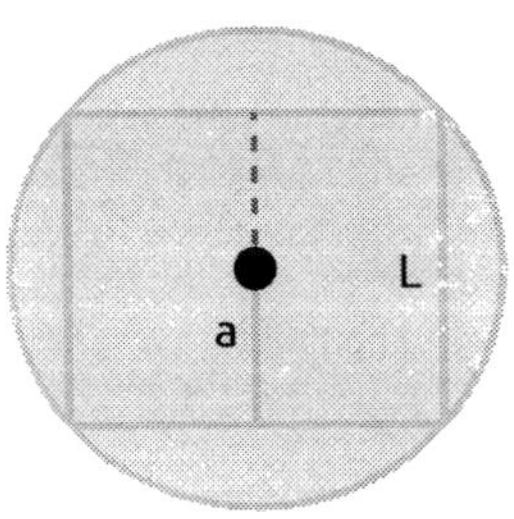

$$a = \frac{R\sqrt{2}}{2}$$

15.6.2 No hexágono

Cálculo da medida do lado (L):

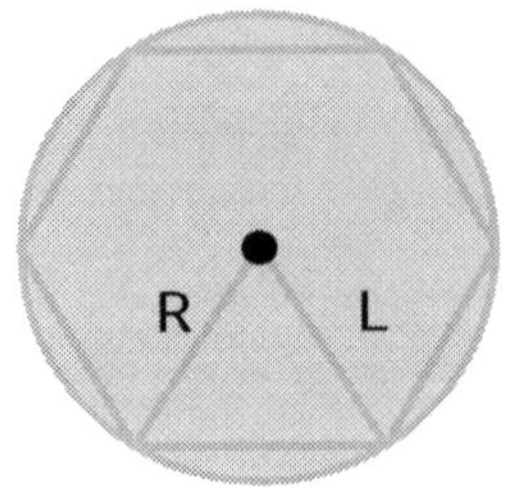

$$L = R$$

Cálculo da medida do apótema (a):

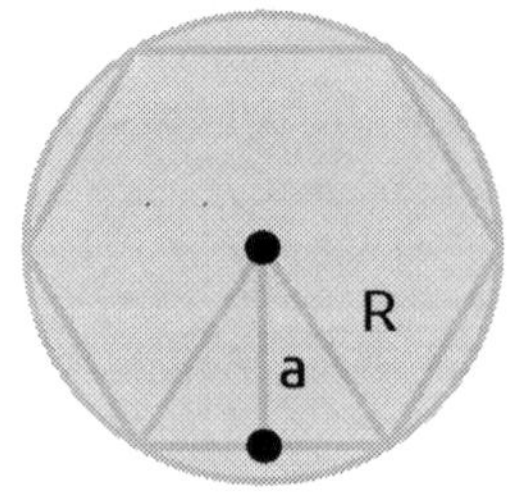

$$a = \frac{R\sqrt{3}}{2}$$

15.6.3 No triângulo equilátero

Nos polígonos circunscritos:

Cálculo da medida do lado (L):

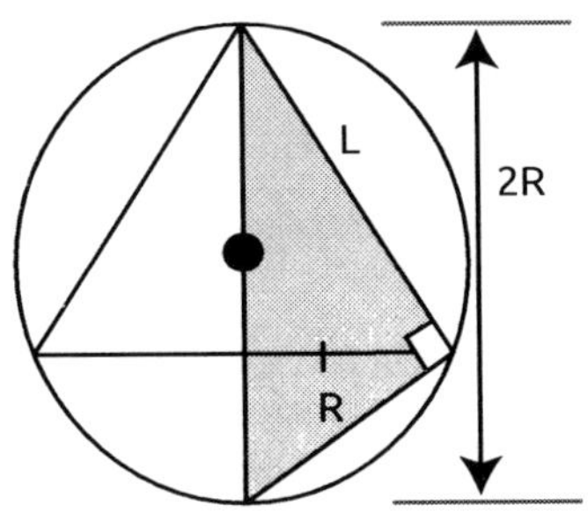

$$L = R\sqrt{3}$$

Cálculo da medida do apótema (a):

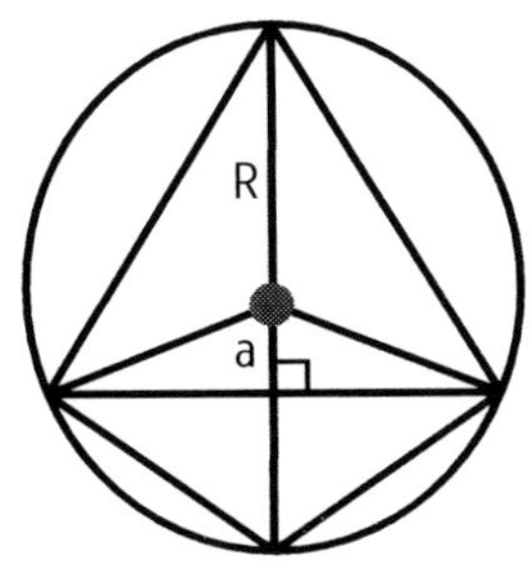

$$a = \frac{R}{2}$$

15.6.4 No quadrado

Cálculo da medida do lado (L):

$$L = 2R$$

Cálculo da medida do apótema (a):

$$a = R$$

15.6.5 No hexágono

Cálculo da medida do lado (L):

$$L = \frac{2R\sqrt{3}}{3}$$

Cálculo da medida do apótema (a):

$$a = R$$

15.6.6 No triângulo equilátero

Cálculo da medida do lado (L):

$$L = 2R\sqrt{3}$$

Cálculo da medida do apótema (a):

$$a = R$$

15.7 Perímetros e áreas dos polígonos e círculos

15.7.1 Perímetro

É o contorno da figura, ou seja, a soma dos lados da figura.

Para calcular o perímetro do círculo utilize: $P = 2\pi \cdot r$

15.7.2 Área

É o espaço interno, ou seja, a extensão que ela ocupa dentro do perímetro.

Principais áreas (S) de polígonos

Retângulo

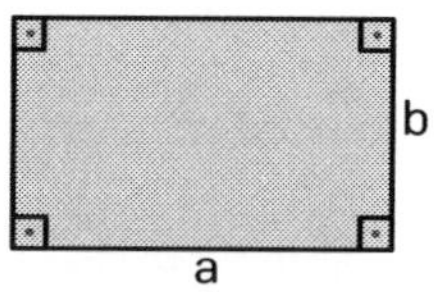

$$S = a \cdot b$$

Quadrado

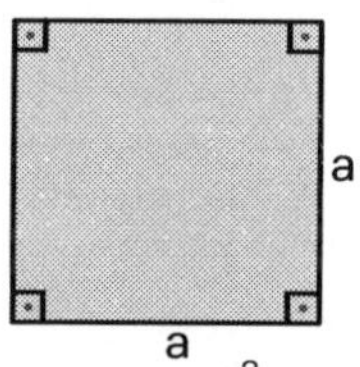

$$S = a^2$$

Paralelogramo

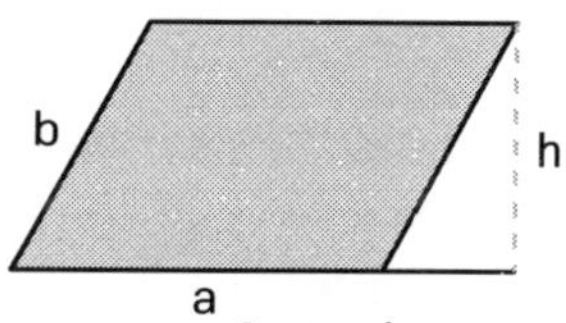

$$S = a \cdot h$$

Losango

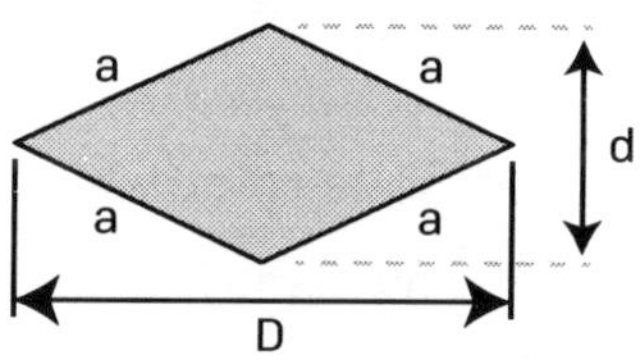

$$S = \frac{D \cdot d}{2}$$

Trapézio

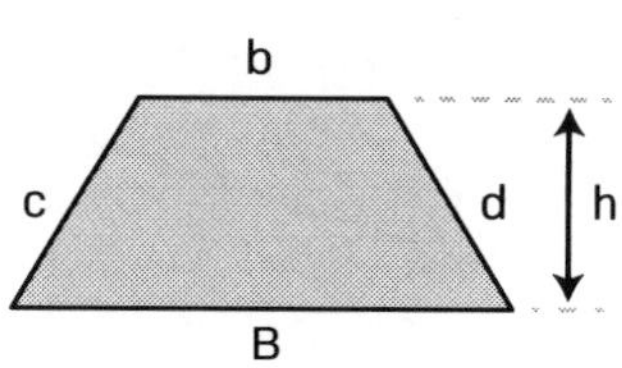

$$S = \frac{(B + b) \cdot h}{2}$$

Triângulo

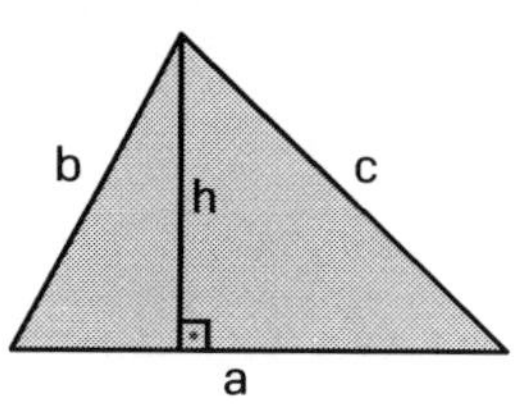

$$S = \frac{a \cdot h}{2}$$

Triângulo equilátero

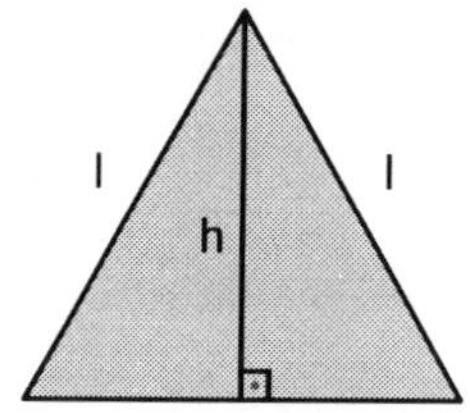

$$S = \frac{l^2\sqrt{3}}{4}$$

Círculo

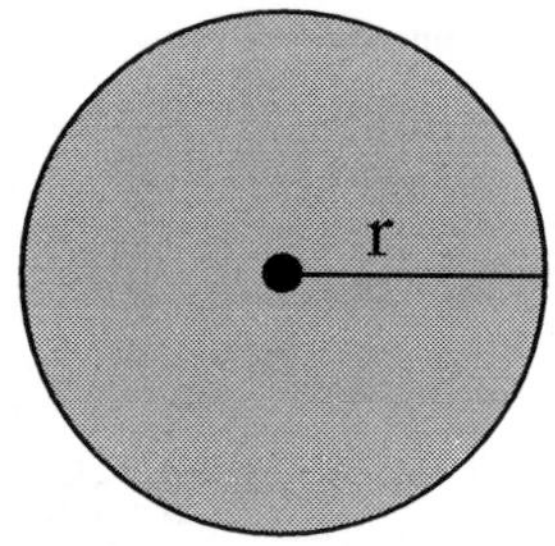

$$S = \pi \cdot r^2$$

16 GEOMETRIA ESPACIAL

Neste capítulo, serão abordados os principais conceitos de geometria espacial e suas aplicações.

16.1 Retas e planos

A reta é infinita, ou seja, contém infinitos pontos.

Por um ponto, podem ser traçadas infinitas retas.

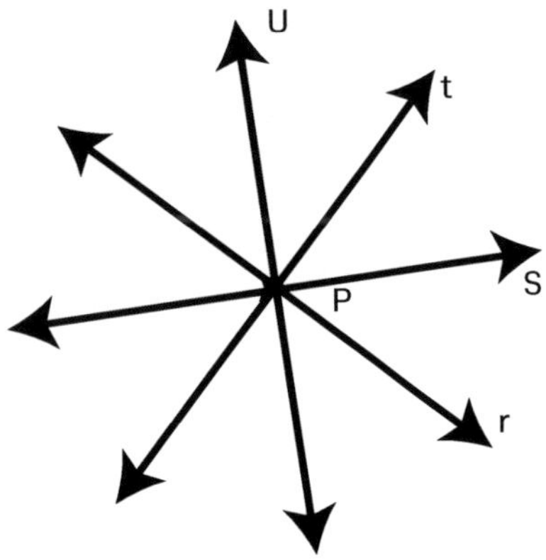

Por dois pontos distintos, passa uma única reta.

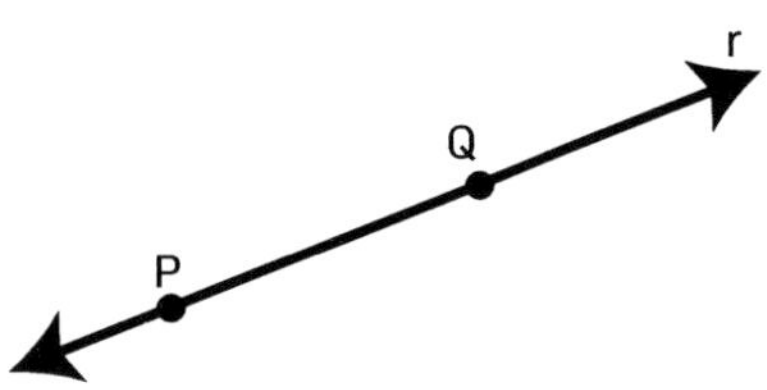

Um ponto qualquer de uma reta divide-a em duas semirretas.

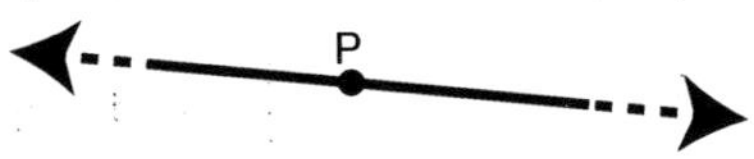

Por três pontos não colineares, passa um único plano.

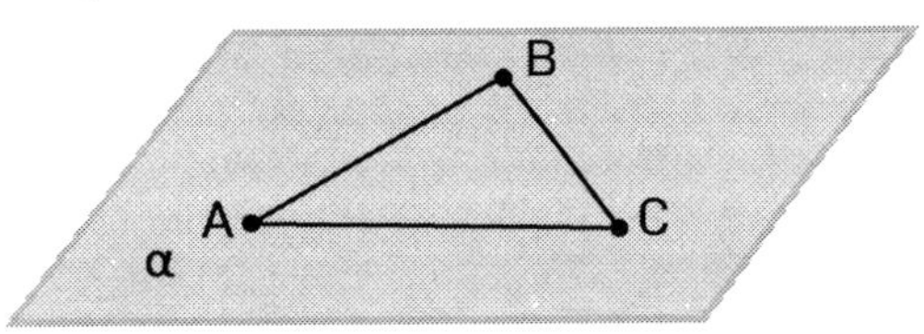

Por uma reta, pode ser traçada uma infinidade de planos.

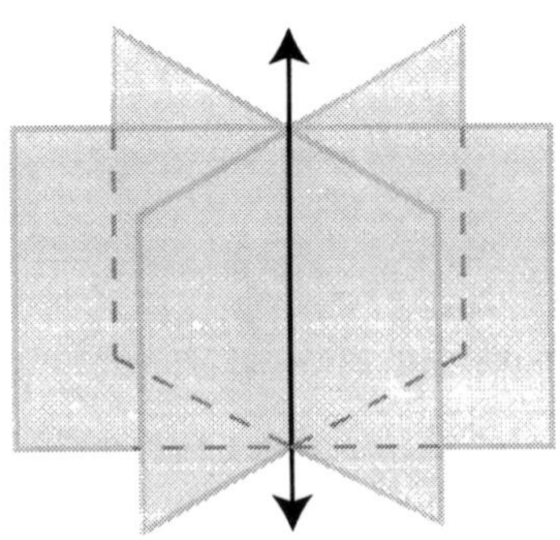

16.1.1 Posições relativas de duas retas

No espaço, duas retas distintas podem ser concorrentes, paralelas ou reversas:

Concorrentes

$r \cap s = \{P\}$

$r \subset \alpha$

$s \subset \alpha$

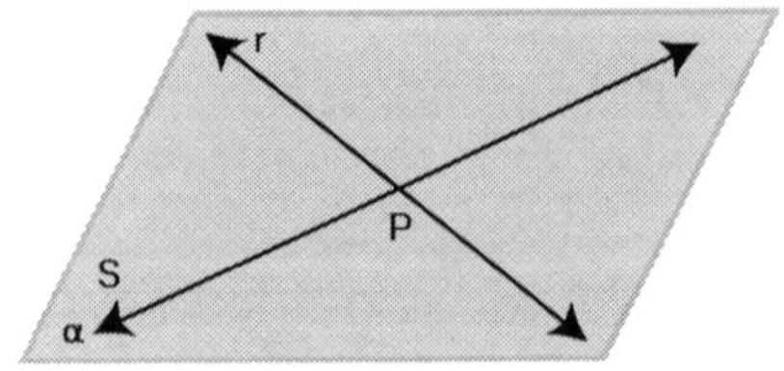

Paralelas

$r \cap s = \{\ \}$

$r \subset \alpha$

$s \subset \alpha$

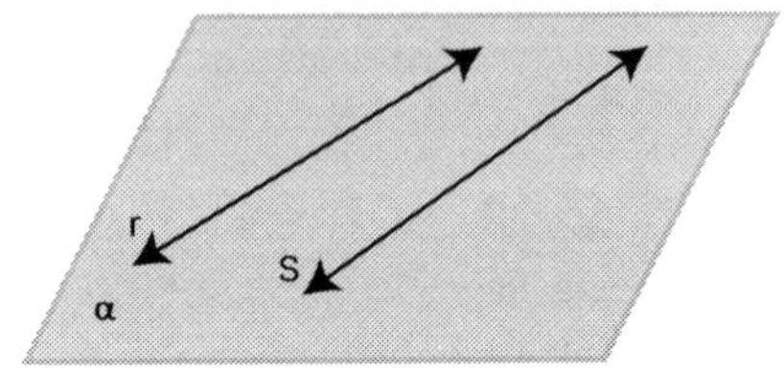

Concorrentes

$r \cap s = \{\ \}$

Não existe plano que contenha r e s simultaneamente

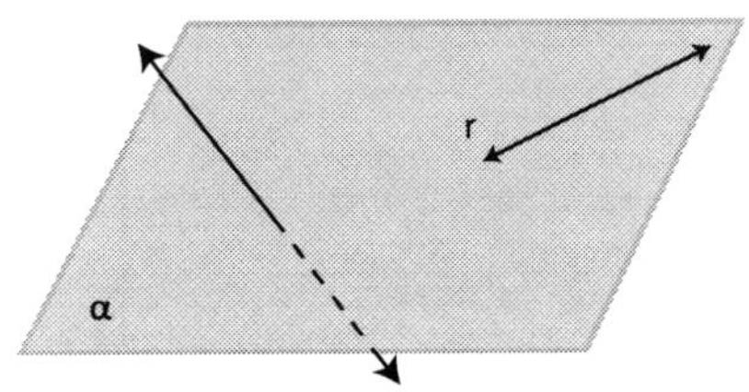

Em particular nas retas concorrentes, há aquelas que são perpendiculares.

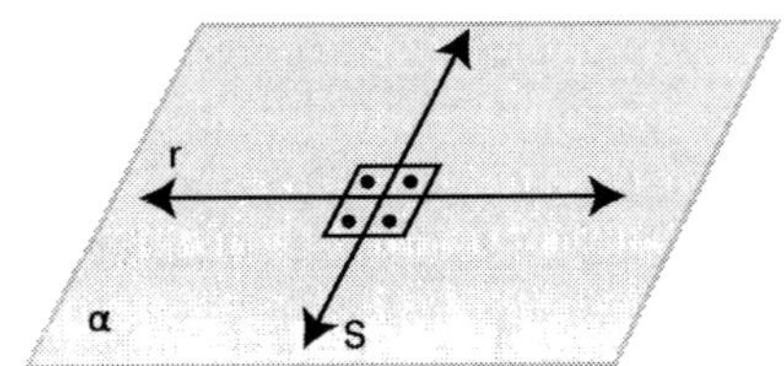

$r \perp s$

16.1.2 Posições relativas entre reta e plano

Reta contida no plano

Se uma reta r tem dois pontos distintos num plano α, então, r está contida nesse plano:

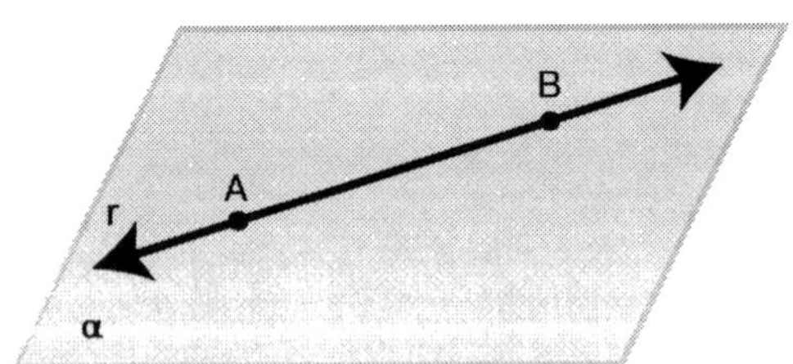

$$\begin{matrix} A \in \alpha \text{ e } B \in \alpha \\ A \in r \text{ e } B \in r \end{matrix} \Rightarrow r \subset \alpha$$

Reta concorrente ou incidente ao plano

Dizemos que a reta r fura o plano α ou que r e α são concorrentes em P quando $r \cap \alpha = \{ P \}$.

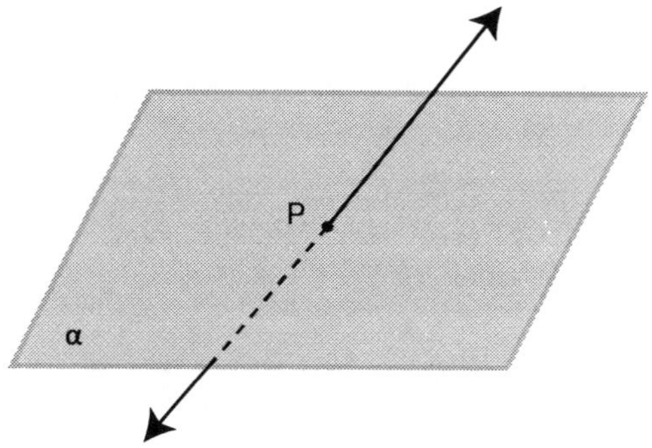

Reta paralela ao plano

Se uma reta r e um plano α não tem ponto em comum, então, a reta r é paralela a uma reta t contida no plano α; portanto, $r \,|\,|\, \alpha,\ |\,|\ t$ e $t \subset \alpha \Rightarrow r \,|\,|\, \alpha$

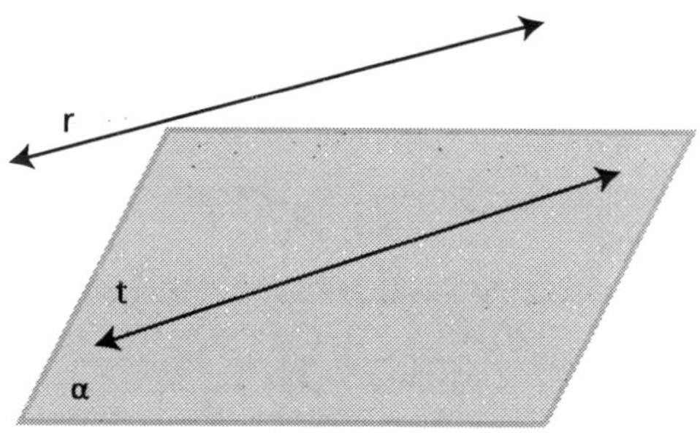

Se dois planos distintos têm um ponto em comum, então, a sua interseção é dada por uma única reta que passa por esse ponto.

16.1.3 Perpendicularismo entre reta e plano

Uma reta r é perpendicular a um plano α se, e somente se, r for perpendicular a todas as retas de α que passam pelo ponto de interseção de r e α.

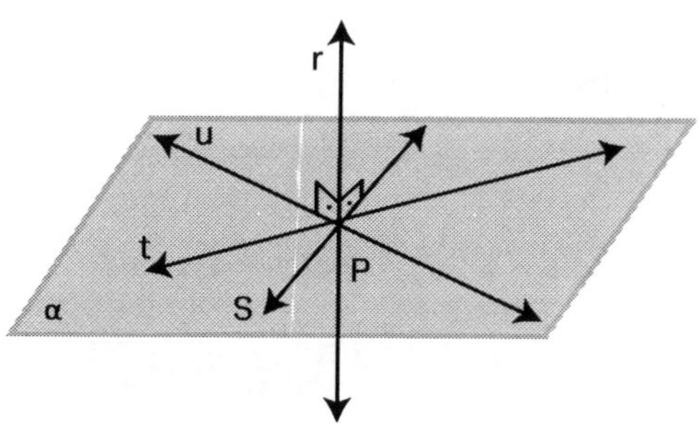

16.1.4 Posições relativas de dois planos

Planos coincidentes ou iguais

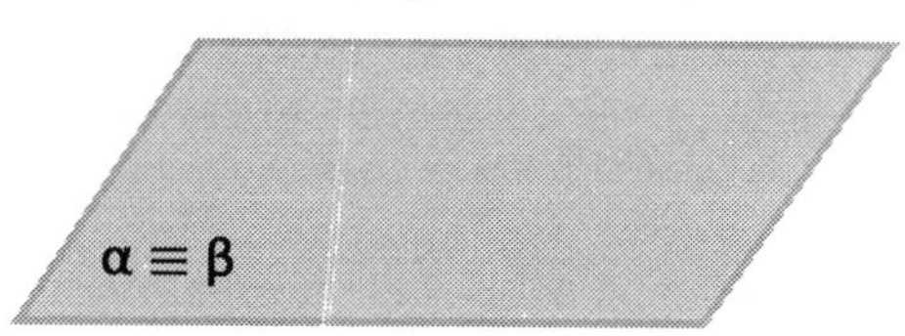

Planos concorrentes ou secantes

Dois planos, α e β, são concorrentes quando sua interseção é uma única reta:

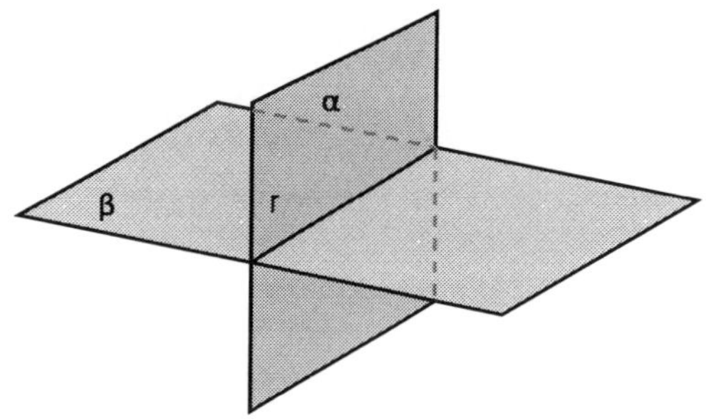

Planos paralelos

Dois planos, α e β, são paralelos quando sua interseção é vazia:

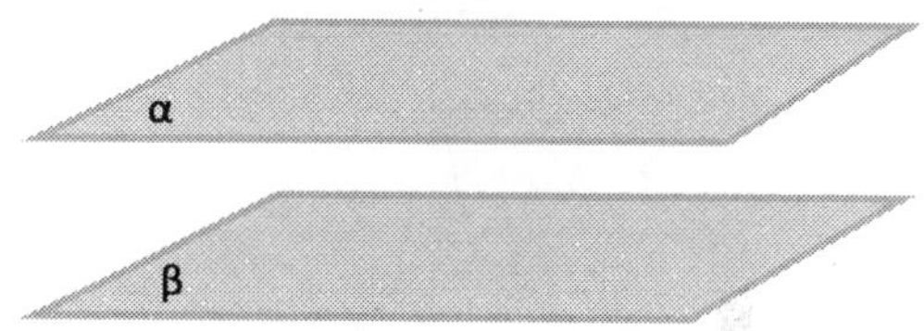

Perpendicularismo entre planos

Dois planos, α e β, são perpendiculares se existir uma reta de um deles que seja perpendicular ao outro:

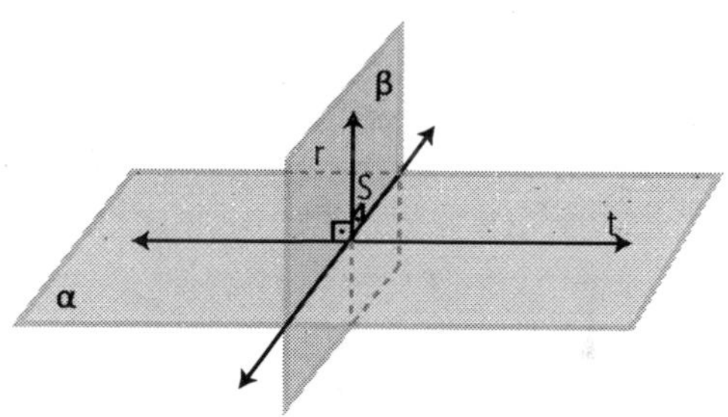

16.2 Prismas

Na figura a seguir, temos dois planos paralelos e distintos, α e β, um polígono convexo R contido em α e uma reta r que intercepta α e β, mas não R:

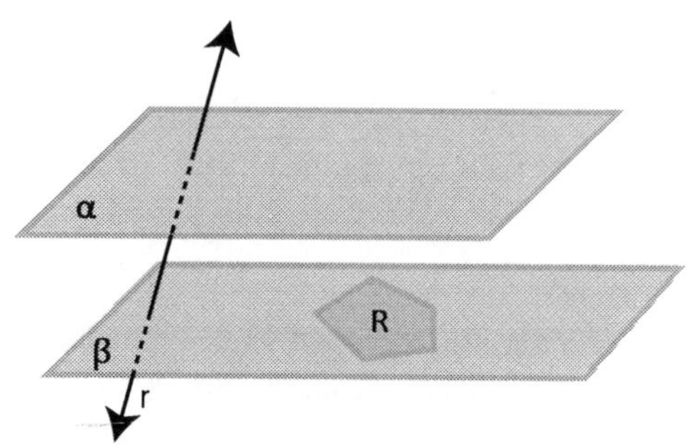

Para cada ponto P da região R, vamos considerar o segmento $\overline{P'P}$, paralelo à reta r (P linha, pertence a Beta).

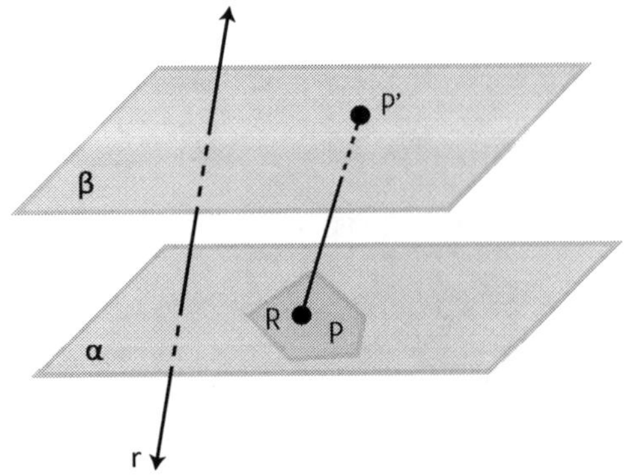

Assim, temos:

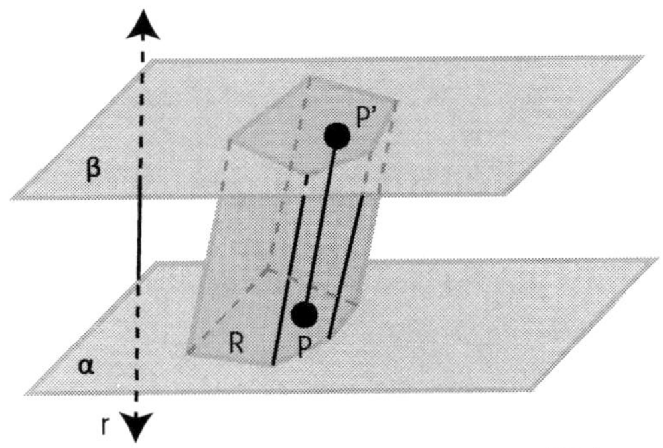

O conjunto de todos os segmentos congruentes $\overline{P'P}$ paralelos a r, é conhecido por prisma ou prisma limitado.

16.2.1 Elementos do prisma

Dado o prisma a seguir, considere os seguintes elementos:

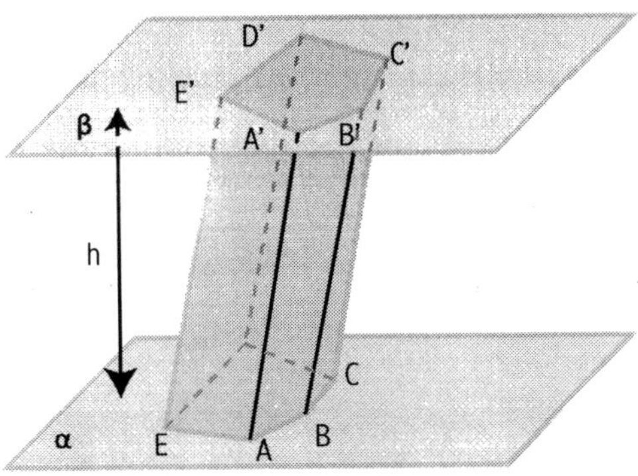

Bases: as regiões poligonais R e S

Altura: a distância h entre os planos α e β

Arestas das bases:

Lados AB, BC, CD, DE, EA, A'B', B'C', D'E', E'A' (dos polígonos)

Arestas laterais:

Os segmentos AA', BB', CC', DD', EE'

Faces laterais: os paralelogramos AA'BB', BB'C'C, CC'D'D, DD'E'E, EE'A'A

16.2.2 Classificação

Um prisma pode ser:

Reto: quando as arestas laterais são perpendiculares aos planos das bases.

Oblíquo: quando as arestas laterais são oblíquas aos planos das bases.

Prisma reto

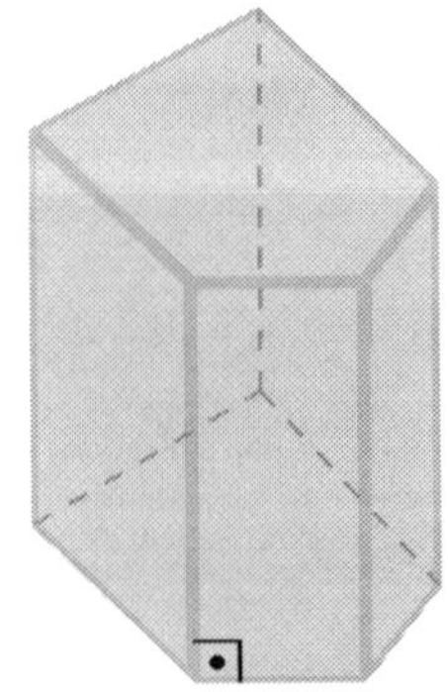

Prisma oblíquo

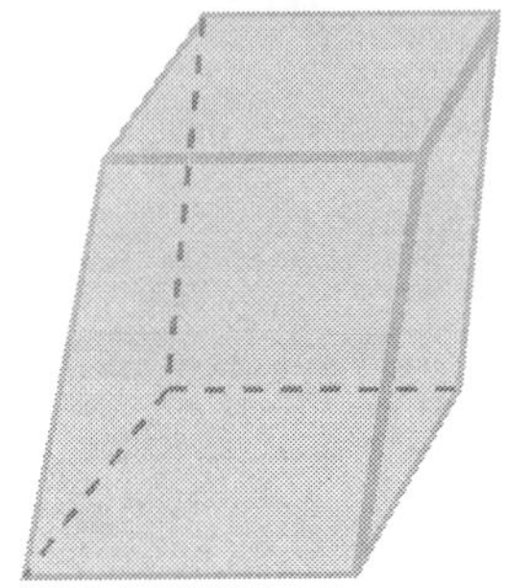

Prisma regular triangular

Chama-se de prisma regular todo prisma reto, cujas bases são polígonos regulares.

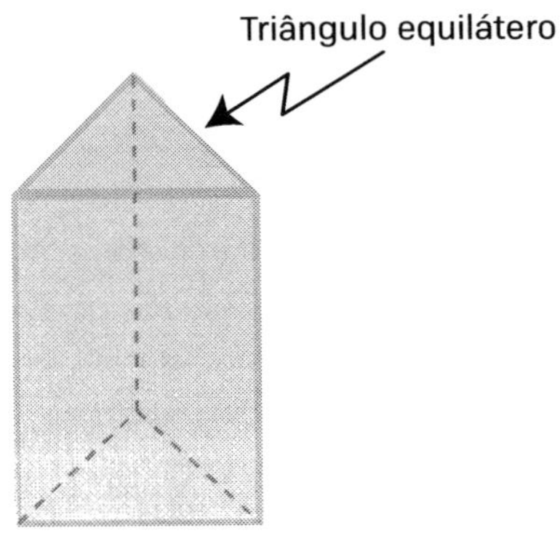

Prisma regular hexagonal

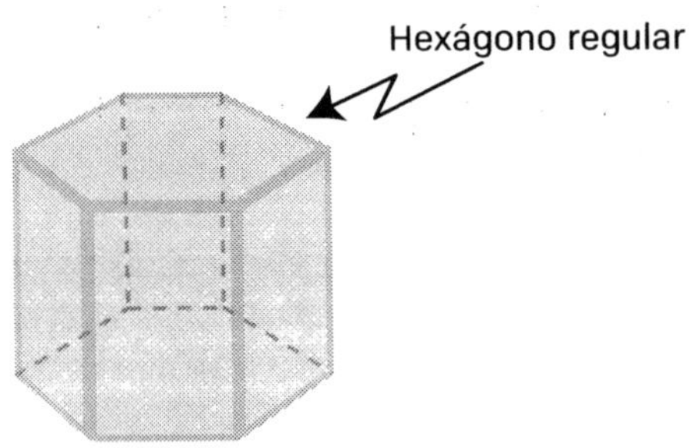

Fique ligado

As faces de um prisma regular são retângulos congruentes.

16.2.3 Áreas

Em um prisma distinguimos dois tipos de superfície: as faces e as bases. Assim, temos de considerar as seguintes áreas:

AL = n · AF (n = número de lados do polígono da base).

- **Área de uma face (AF):** área de um dos paralelogramos que constituem as faces.
- **Área lateral (AL).** soma das áreas dos paralelogramos que formam as faces do prisma.
- **Área da base (AB):** área de um dos polígonos das bases.
- **Área total (AT): soma da área lateral com a área das bases:**

$$A_T = A_L + 2A_B$$

16.2.4 Paralelepípedo

Todo prisma cujas bases são paralelogramos recebe o nome de paralelepípedo.

Paralelepípedo oblíquo

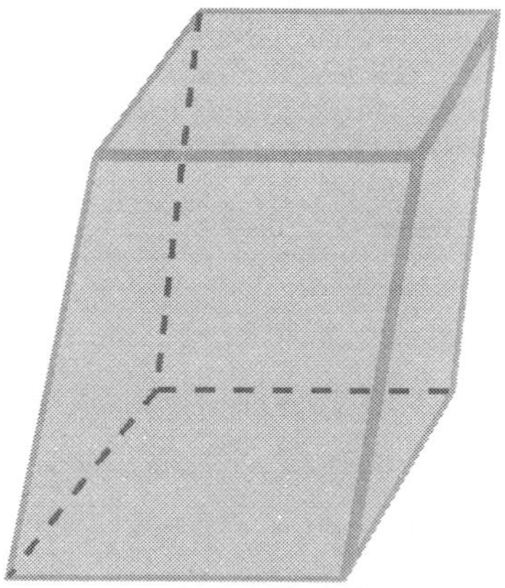

Paralelepípedo reto

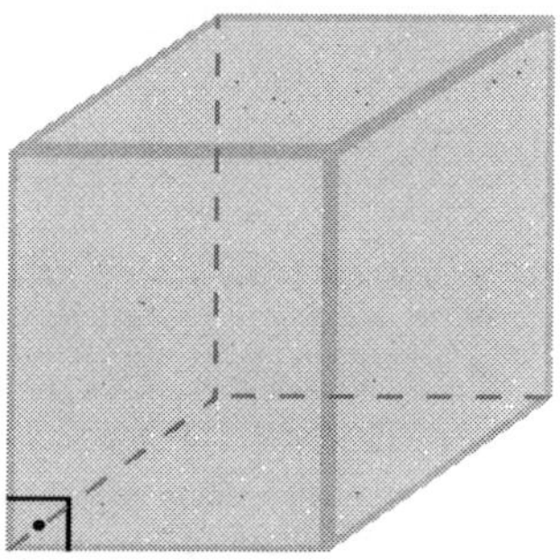

Se o paralelepípedo reto tem bases retangulares, ele é chamado de paralelepípedo reto-retângulo, ortoedro ou paralelepípedo retângulo.

Paralelepípedo retângulo

Diagonais da base e do paralelepípedo

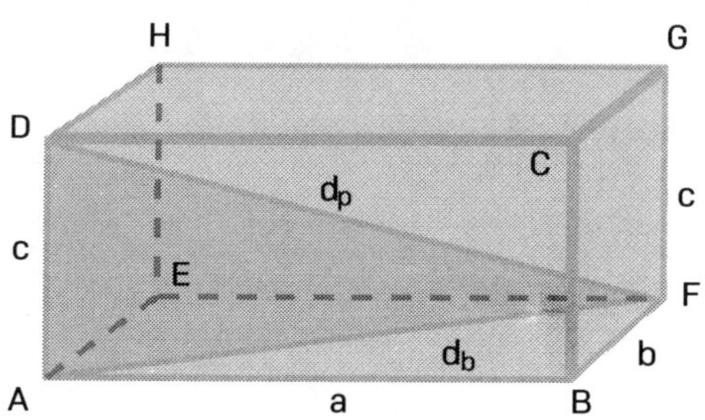

db = diagonal da base

dp = diagonal do paralelepípedo

Na base, ABFE, tem-se:

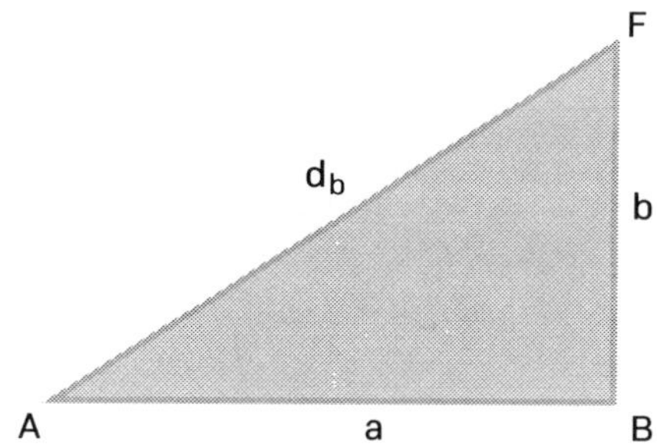

$$d_b^2 = a^2 + b^2 \Rightarrow d_b = \sqrt{a^2 + b^2}$$

No triângulo AFD, tem-se:

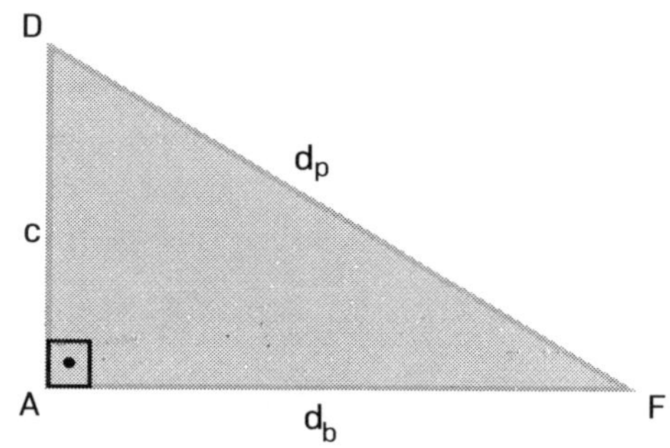

$$d_p^2 = d_b^2 + c^2 = a^2 + b^2 + c^2 \Rightarrow d_p = \sqrt{a^2 + b^2 + c^2}$$

Área lateral

Sendo AL a área lateral de um paralelepípedo retângulo, tem-se:

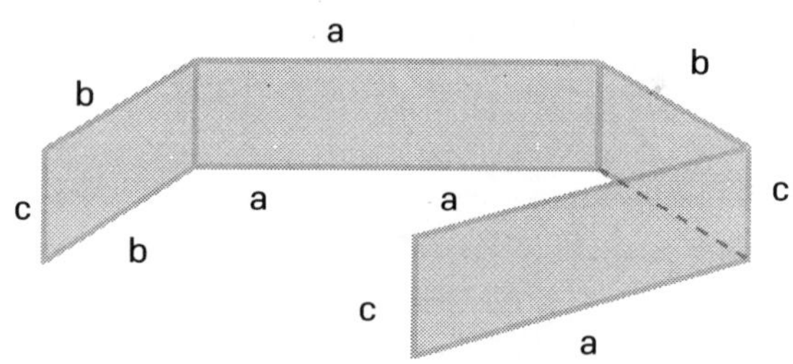

$$A_L = ac + bc + ac + bc = 2ac + 2bc = A_L = 2(ac + bc)$$

Área total

Planificando o paralelepípedo, verificamos que a área total é a soma das áreas de cada par de faces opostas:

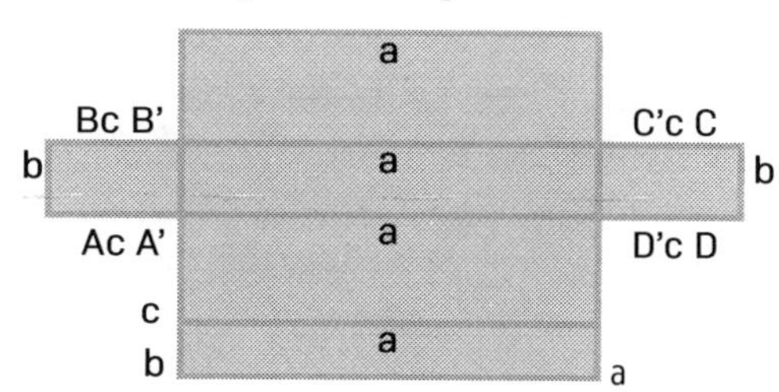

$$A_T = 2(ab + ac + bc)$$

Volume

O volume de um paralelepípedo retângulo de dimensões a, b e c é dado por:

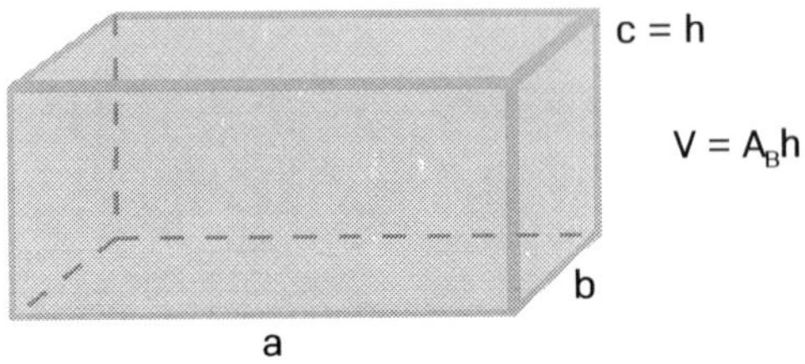

$V = a \cdot b \cdot c$

16.2.5 Cubo

Um paralelepípedo retângulo com todas as arestas congruentes (a = b = c) recebe o nome de cubo. Dessa forma, cada face é um quadrado.

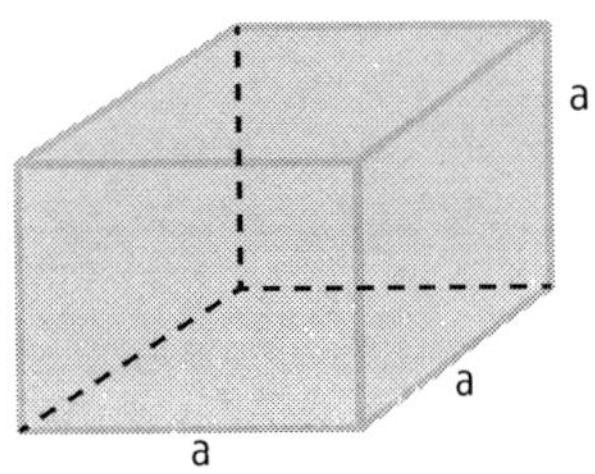

Diagonais da base e do cubo

Considere a figura a seguir:

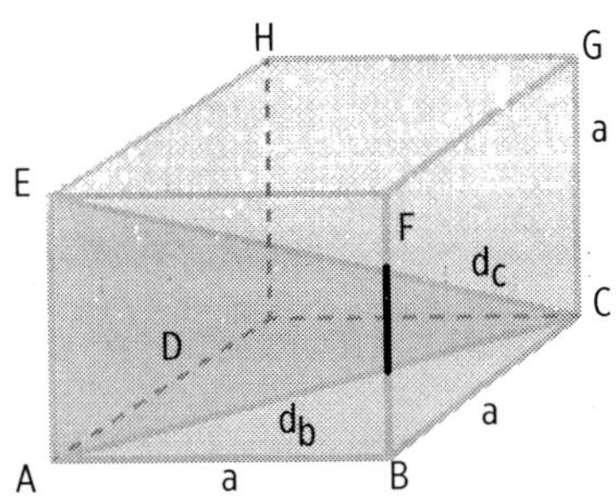

dc = diagonal do cubo

db = diagonal da base

Na base ABCD, tem-se:

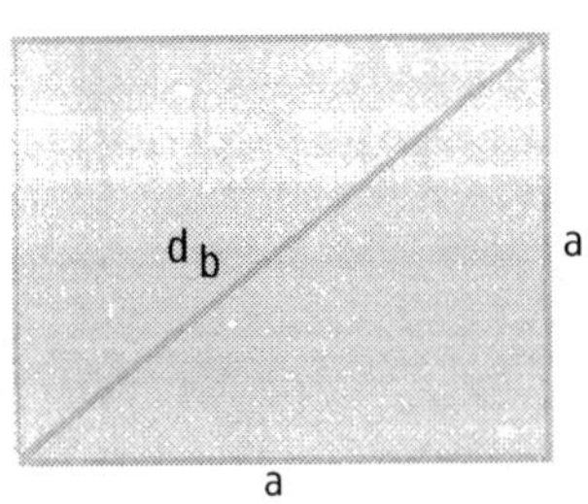

$d_c^2 = a^2 + a^2 = 2a^2 \Rightarrow d_b = a\sqrt{2}$

No triângulo ACE, tem-se:

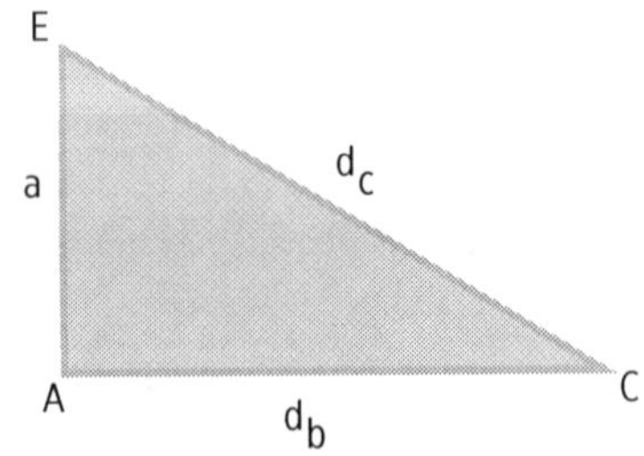

$d_c^2 = a^2 + d_b^2 = a^2 + 2\,a^2 = 3a^2 \Rightarrow d_b = a\sqrt{3}$

Área lateral

A área lateral AL é dada pela área dos quadrados de lado a:

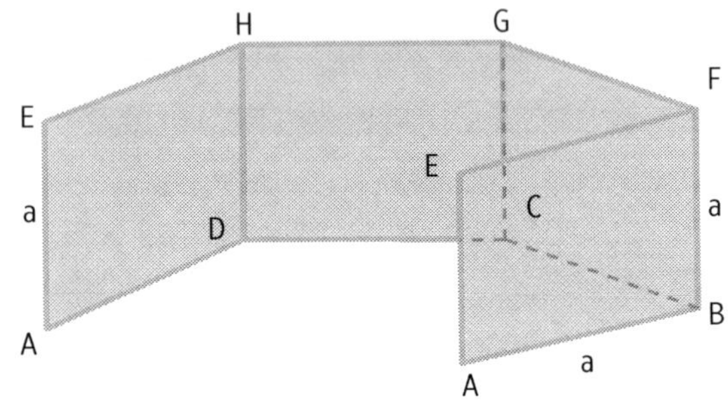

$A_L = 4a^2$

Área total

A área total AT é dada pela área dos seis quadrados de lado a:

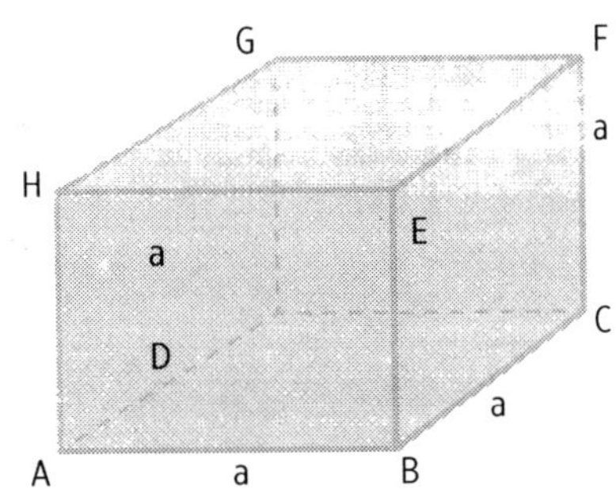

$A_T = 6a^2$

Volume

De forma semelhante ao paralelepípedo retângulo, o volume de um cubo de aresta a é dado por:

$V = a \cdot a \cdot a = a^3$

Generalização do volume de um prisma:

Vprisma = AB · h

16.3 Cilindro

16.3.1 Elementos do cilindro

Dado o cilindro a seguir, considere os seguintes elementos:

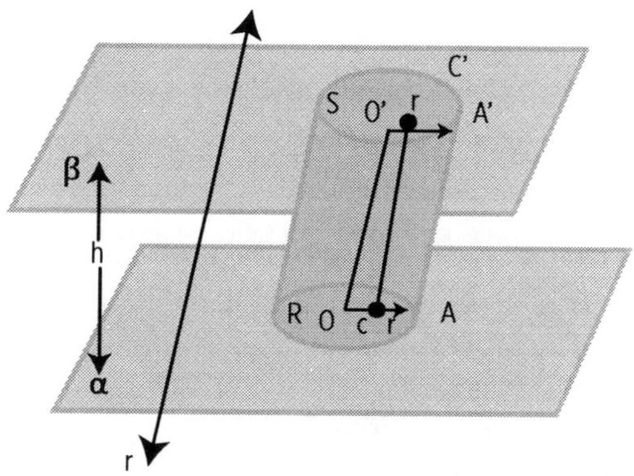

Bases: os círculos de centro O e O' e raios r.

Altura: a distância h entre os planos α e β.

Geratriz: qualquer segmento de extremidades nos pontos das circunferências das bases (por exemplo, $\overline{AA'}$) e paralelo à reta r.

16.3.2 Classificação do cilindro

Um cilindro pode ser:

- **Circular oblíquo:** quando as geratrizes são oblíquas às bases.
- **Circular reto:** quando as geratrizes são perpendiculares às bases.

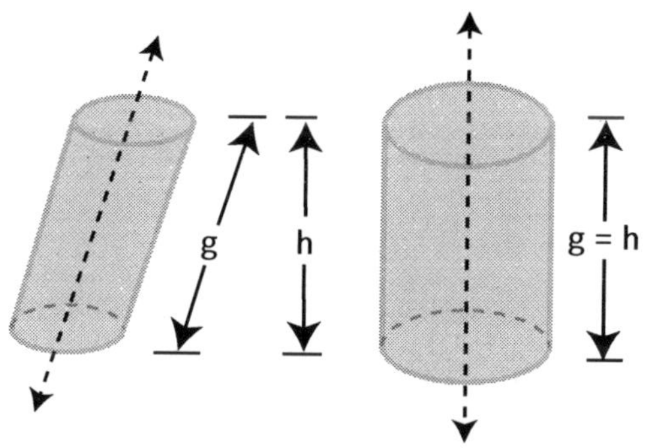

O cilindro circular reto é também chamado de cilindro de revolução, por ser gerado pela rotação completa de um retângulo por um de seus lados. Assim, a rotação do retângulo ABCD pelo lado $\overline{BC}$ gera o cilindro a seguir:

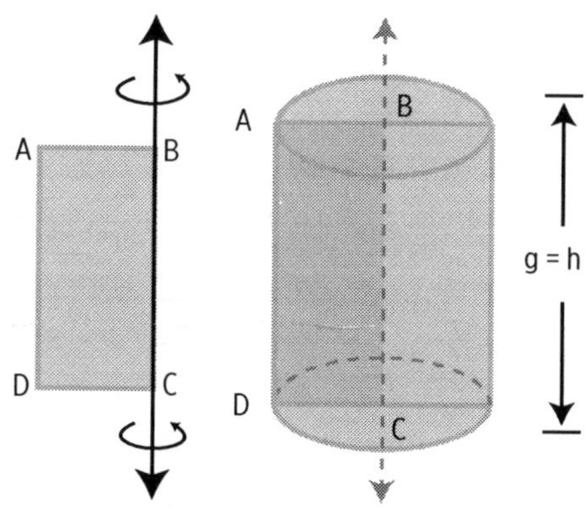

A reta $\overline{BC}$ contém os centros das bases e é o eixo do cilindro.

16.3.3 Seção

Seção transversal é a região determinada pela interseção do cilindro com um plano paralelo às bases. Todas as seções transversais são congruentes.

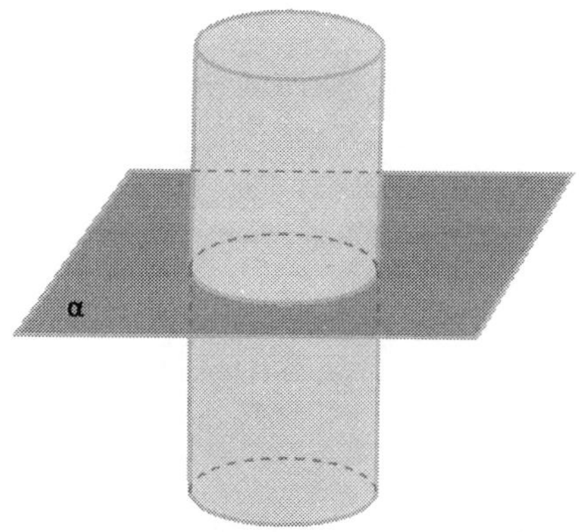

Seção meridiana é a região determinada pela interseção do cilindro com um plano que contém o eixo.

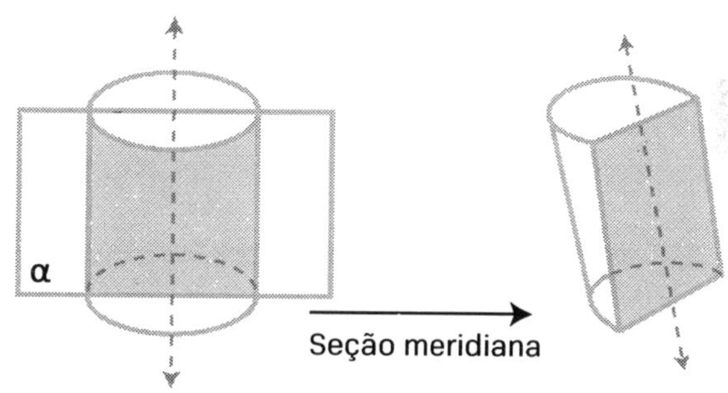

16.3.4 Áreas

Num cilindro, consideramos as seguintes áreas:

Área Lateral (AL)

Pode-se observar a área lateral de um cilindro fazendo a sua planificação:

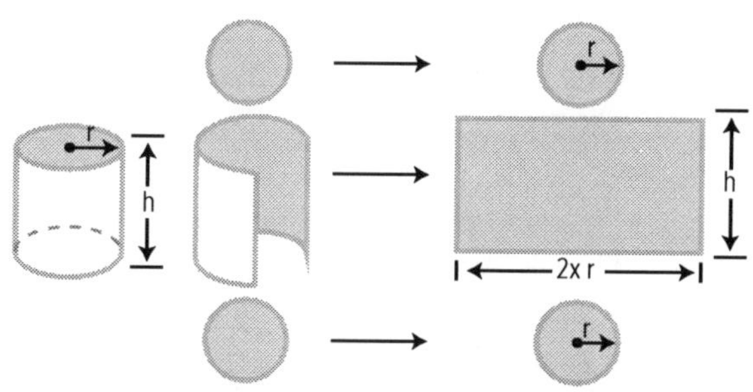

Assim, a área lateral do cilindro reto cuja altura é h e cujos raios dos círculos das bases são r é um retângulo de dimensões 2 π r e h:

$$A_L = 2\pi r h$$

Área da base (AB): área do círculo de raio r:

$$A_B = 2\pi r^2$$

Área total (AT): soma da área lateral com as áreas das bases:

$$A_T = A_L + 2_{AB} = 2\pi\, r\, h + 2\pi r^2 = 2\pi r\,(h + r)$$

16.3.5 Volume

O volume de todo paralelepípedo retângulo e de todo cilindro é o produto da área da base pela medida de sua altura:

$$V_{cilindro} = A_B \cdot h$$

No caso do cilindro circular reto, a área da base é a área do círculo de raio r, AB = π r¹ h; portanto, seu volume é:

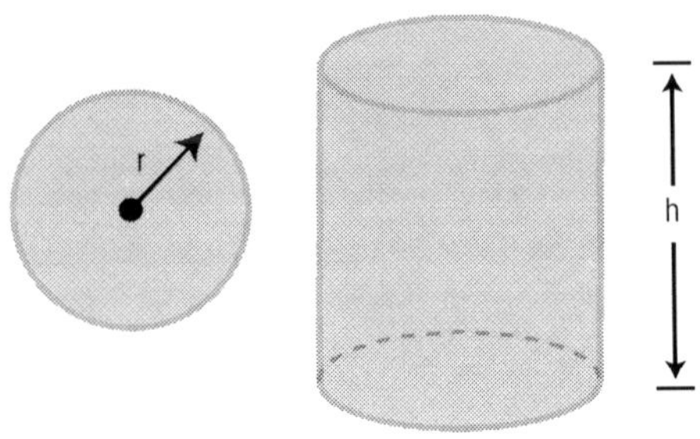

$$V = \pi \cdot r^2 \cdot h$$

16.3.6 Cilindro equilátero

Todo cilindro cuja seção meridiana é um quadrado (altura igual ao diâmetro da base) é chamado cilindro equilátero.

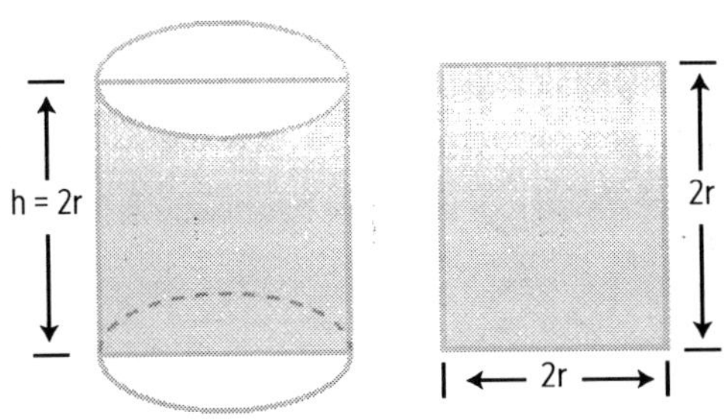

$$A_L = 2r \cdot 2\pi r = 4\pi r^2$$
$$A_T = A_L + A_B = 4\pi r^2 + 2\pi r^2 = 6\pi r^2$$

16.4 Cone circular

Dado um círculo C, contido num plano α, e um ponto V (vértice) fora de α, chamamos de cone circular o conjunto de todos os segmentos $\overline{VP}$, P ∈ C.

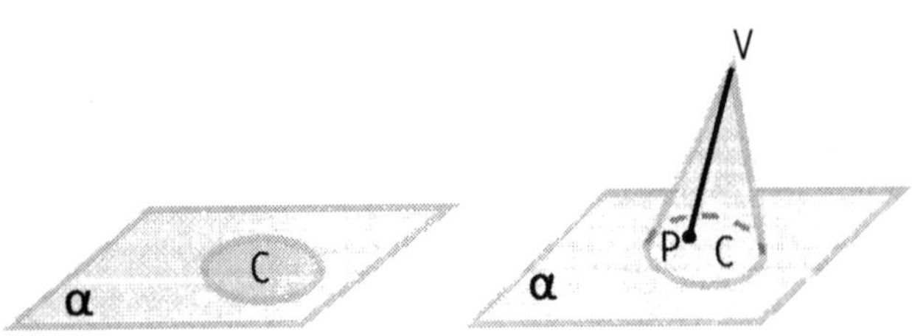

16.4.1 Elementos do cone circular

Dado o cone a seguir, consideramos os seguintes elementos:

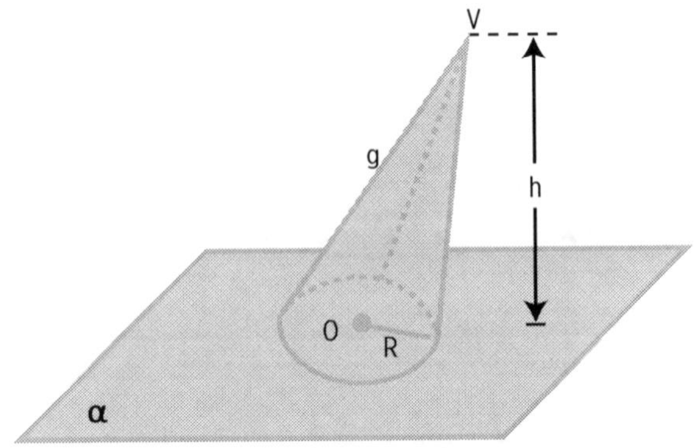

Altura: distância h do vértice V ao plano α.

Geratriz (g): segmento com uma extremidade no ponto V e outra em um ponto da circunferência.

Raio da base: raio R do círculo.

Eixo de rotação: reta $\overline{VO}$ determinada pelo centro do círculo e pelo vértice do cone.

16.4.2 Cone reto

Todo cone cujo eixo de rotação é perpendicular à base é chamado cone reto, também denominado cone de revolução. Ele pode ser gerado pela rotação completa de um triângulo retângulo em torno de um de seus catetos.

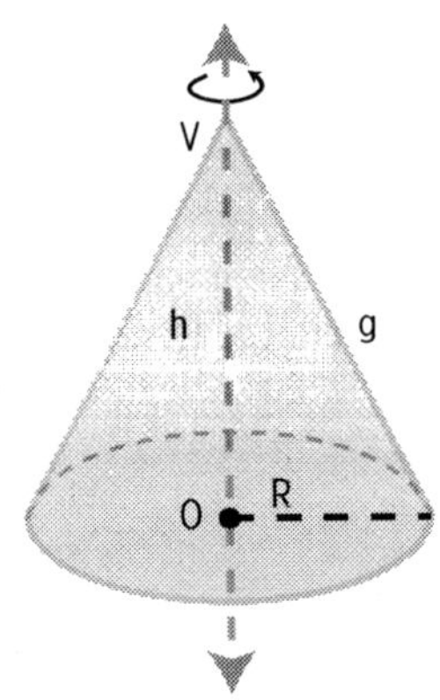

Da figura, e pelo Teorema de Pitágoras, temos a seguinte relação:

$$g^2 = h^2 + R^2$$

16.4.3 Seção meridiana

A seção determinada, em um cone de revolução, por um plano que contém o eixo de rotação é chamada seção meridiana.

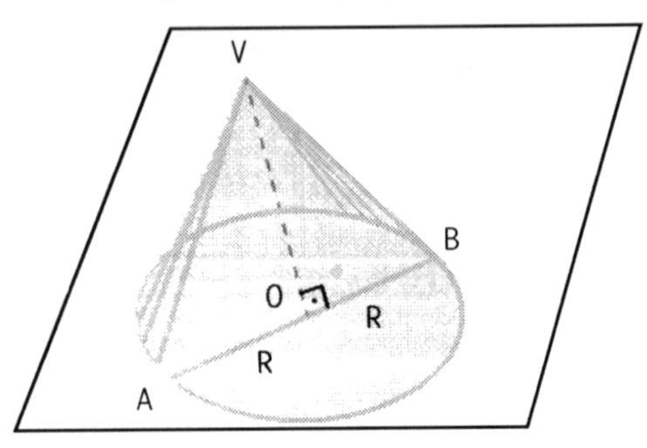

Se o triângulo AVB for equilátero, o cone também será equilátero:

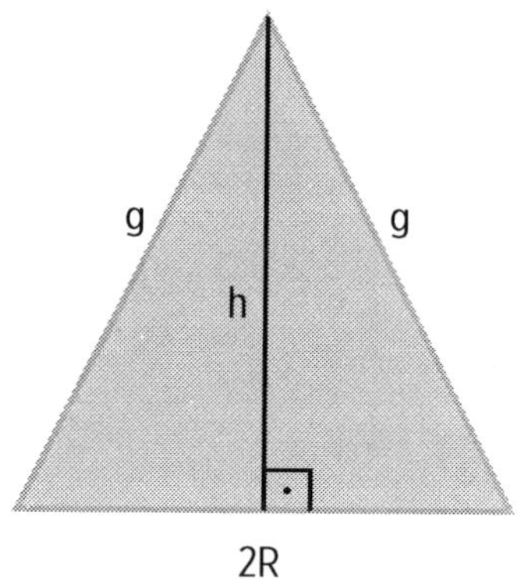

$$g = 2R$$
$$h = R\sqrt{3}$$

16.4.4 Áreas

Desenvolvendo a superfície lateral de um cone circular reto, obtemos um setor circular de raio g e comprimento $L = 2\pi R$.

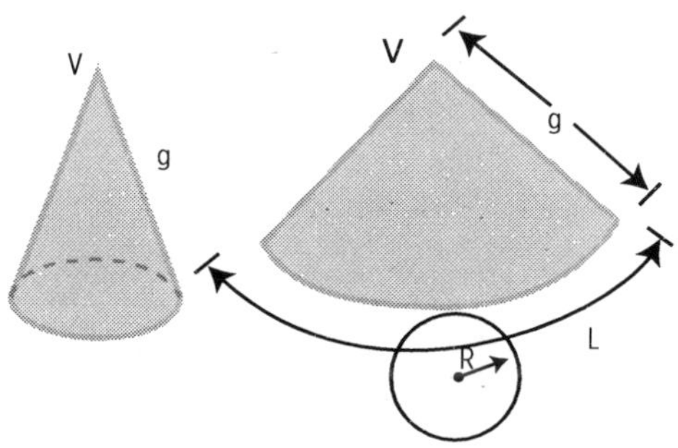

▷ **Assim, há de se considerar as seguintes áreas:**

Área lateral (AL): área do setor circular:

$$A_L = \frac{gl}{2} = \frac{g \cdot 2\pi R}{2} \Rightarrow A_L = \pi Rg$$

Área da base (AB): área do círculo do raio R:

$A_B = \pi R^2$

Área total (AT): soma da área lateral com a área da base:

$A_T = A_L + A_B = \pi Rg + \pi R^2 \rightarrow A_T\, \pi R\,(g + R)$

16.4.5 Volume

$$V_{cone} = 2\,\pi dS = 2\pi\, \frac{r}{3} \cdot \frac{rh}{2} \Rightarrow V_{cone}\, \frac{1}{3} \cdot \pi r^2 h$$

16.5 Pirâmides

Dado um polígono convexo R, contido em um plano α, e um ponto V (vértice) fora de α, chamamos de pirâmide o conjunto de todos os segmentos $\overline{VP}$, $P \in R$.

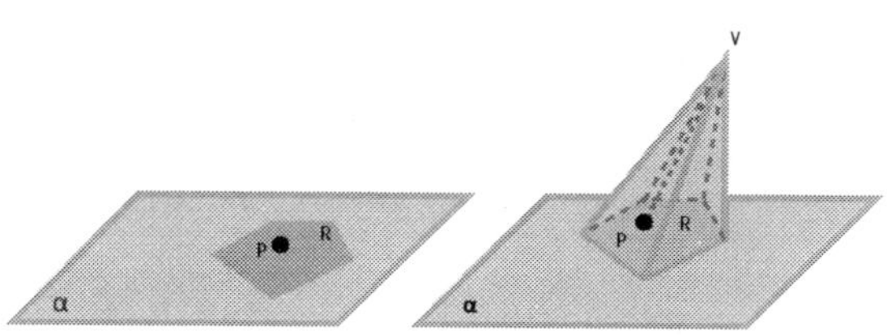

16.5.1 Elementos da pirâmide

Dada a pirâmide a seguir, tem-se os seguintes elementos:

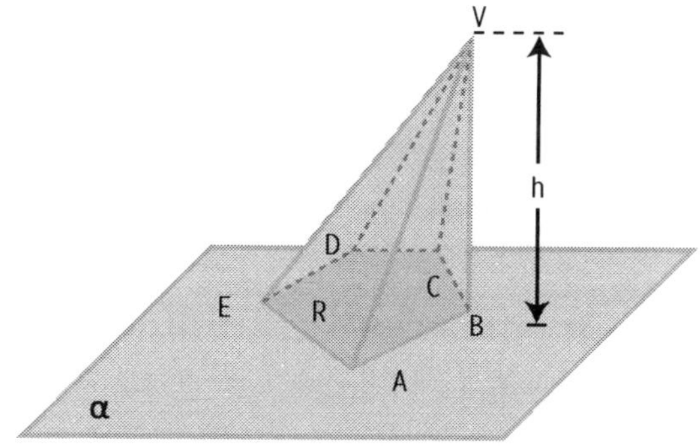

Base: o polígono convexo R.

Arestas da base: os lados AB, BC, CD, DE, EA do polígono.

Arestas laterais: os segmentos VA, VB, VC, VD, VE.

Faces laterais: os triângulos VAB, VBC, VCD, VDE, VEA.

Altura: distância h do ponto V ao plano.

16.5.2 Classificação

Uma pirâmide é reta quando a projeção ortogonal do vértice coincide com o centro do polígono da base.

Toda pirâmide reta, cujo polígono da base é regular, recebe o nome de pirâmide regular. Ela pode ser triangular, quadrangular, pentagonal etc., conforme sua base, seja, respectivamente, um triângulo, um quadrilátero, um pentágono etc.

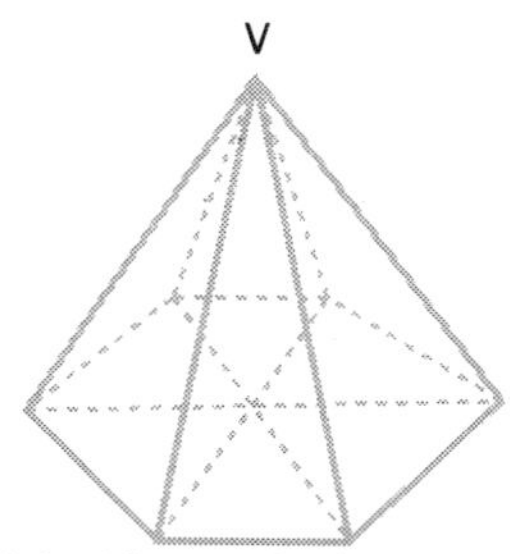

Pirâmide regular hexagonal

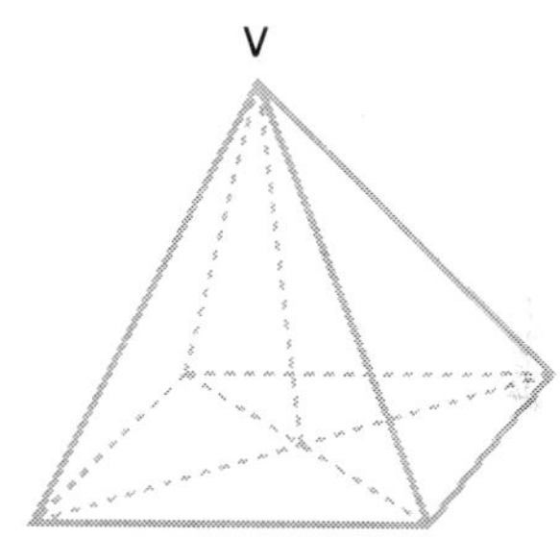

Pirâmide regular quadrangular

16.5.3 Áreas

Em uma pirâmide, temos as seguintes áreas:

Área lateral (AL): reunião das áreas das faces laterais.

Área da base (AB): área do polígono convexo (base da pirâmide).

Área total (AT): união da área lateral com a área da base.

$$A_T = A_L + A_B$$

Para uma pirâmide regular, temos:

$$V_L = n \cdot \frac{bg}{2}\, A_b = pa$$

Em que:

- **b** é a aresta;
- **g** é o apótema;
- **n** é o número de arestas laterais;
- **p** é o semiperímetro da base;
- **a** é o apótema do polígono da base.

16.5.4 Volume

$$V_{cone} = \frac{1}{3} \cdot \pi \cdot R^2h \rightarrow \boxed{V_{pirâmide} = \frac{1}{3} \cdot ABh}$$

$\pi \cdot R^2$ → Área de base

16.6 Troncos

Se um plano interceptar todas as arestas de uma pirâmide ou de um cone, paralelamente às suas bases, o plano dividirá cada um desses sólidos em dois outros: uma nova pirâmide e um tronco de pirâmide; e um novo cone e um tronco de cone.

16.6.1 Tronco da pirâmide

Dado o tronco de pirâmide regular a seguir, tem-se:

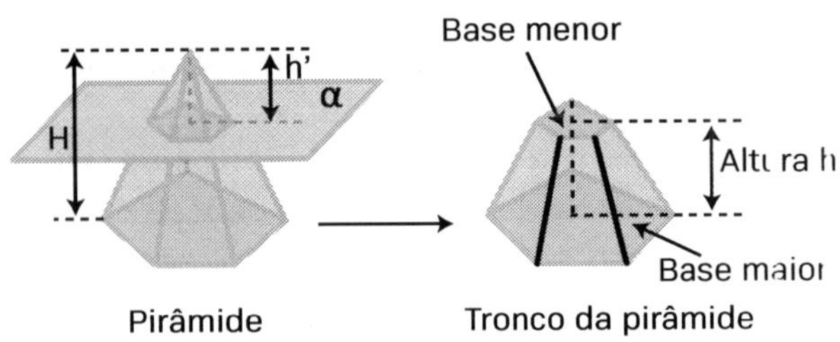

As bases são polígonos regulares paralelos e semelhantes.

As faces laterais são trapézios isósceles congruentes.

Áreas

Área lateral (AL): soma das áreas dos trapézios isósceles congruentes que formam as faces laterais.

Área total (AT): soma da área lateral com a soma das áreas da base menor (Ab) e maior (AB).

$$A_T = A_L + A_B + A_b$$

Volume

O volume de um tronco de pirâmide regular é dado por:

$$V_T = \frac{h}{3}\left(A_B + A_b + \sqrt{A_B A_b}\right)$$

Sendo V o volume da pirâmide e V' o volume da pirâmide obtido pela seção, é válida a relação:

$$\frac{V'}{V} = \left(\frac{h'}{H}\right)^3$$

16.6.2 Tronco do cone

Sendo o tronco do cone circular regular a seguir, tem-se:

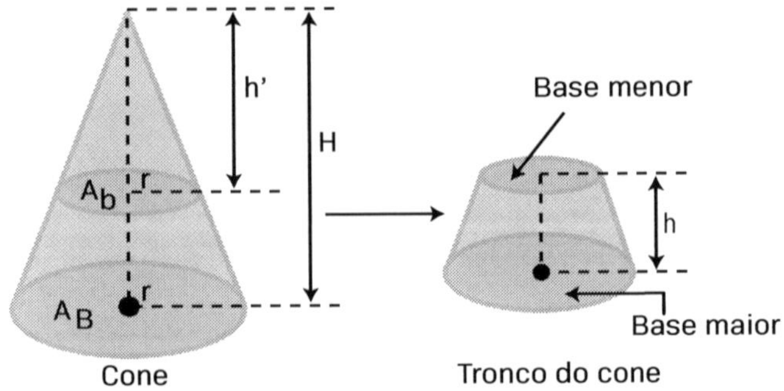

As bases maior e menor são paralelas.

A altura do tronco é dada pela distância entre os planos que contêm as bases.

Áreas

Área lateral

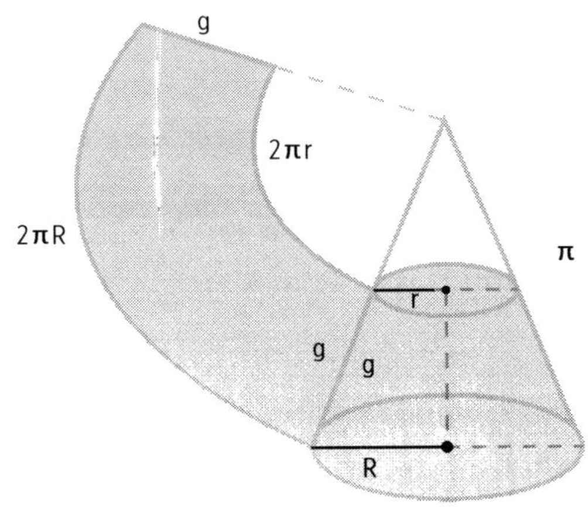

$$A_L = \pi(R + r)g$$

Área total

$$A_T = A_L + A_B + A_b = \pi(R + r)g + \pi R^2 + \pi r^2$$

$$\downarrow$$

$$A_T = [(R + r)g + R^2 + r^2]$$

Volume

$$V_T = \frac{h}{3}\left(A_B + A_b + \sqrt{A_B A_b}\right) \frac{h}{3}\left(\pi R^2 + \pi r^2 + \sqrt{\pi R^2 \cdot \pi r^2}\right)$$

$$\downarrow$$

$$V = \frac{\pi h}{3}\left(R^2 + r^2 + Rr\right)$$

Sendo V o volume do cone e V' o volume do cone obtido pela seção, são válidas as relações:

$$\frac{r}{r'} = \frac{H'}{h'}$$

$$\frac{A_B}{A_b} = \left(\frac{H'}{h'}\right)^2$$

$$\frac{V}{V'} = \left(\frac{H'}{h'}\right)^3$$

16.7 Esfera

Chama-se de esfera de centro O e raio R, o conjunto de pontos do espaço cuja distância ao centro é menor ou igual ao raio R.

Considerando a rotação completa de um semicírculo em torno de um eixo, a esfera é o sólido gerado por essa rotação. Assim, ela é limitada por uma superfície esférica e formada por todos os pontos pertencentes a essa superfície e ao seu interior.

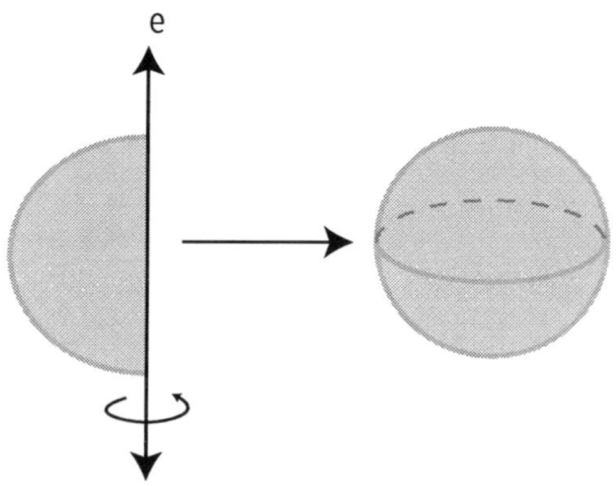

16.7.1 Volume

O volume da esfera de raio R é dado por:

$$V_e = \frac{4}{3} \cdot \pi R^3$$

16.7.2 Partes da esfera

Superfície esférica

A superfície esférica de centro O e raio R é o conjunto de pontos do espaço cuja distância ao ponto O é igual ao raio R.

Se considerar a rotação completa de uma semicircunferência em torno de seu diâmetro, a superfície esférica é o resultado dessa rotação.

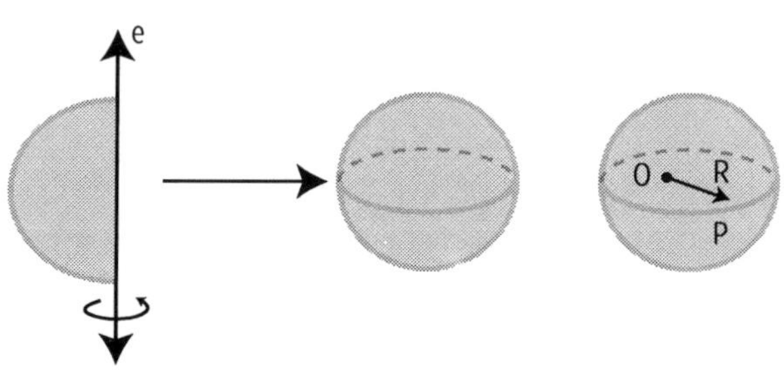

A área da superfície esférica é dada por:

$$A_s = 4\pi R^2$$

Zona esférica

É a parte da esfera gerada do seguinte modo:

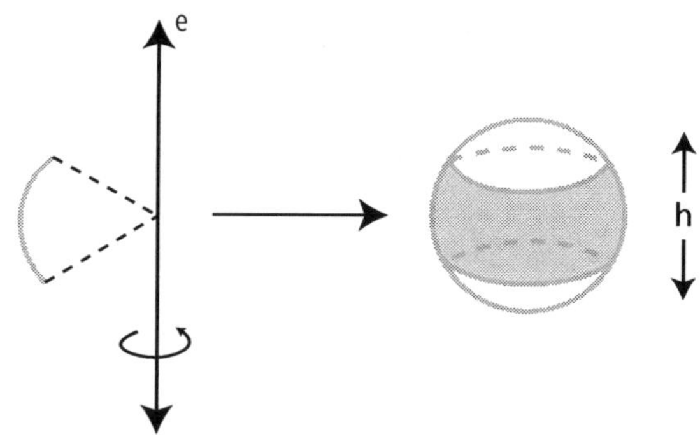

A área da zona esférica é dada por:

$$S = 2\pi Rh$$

Calota esférica

É a parte da esfera gerada do seguinte modo:

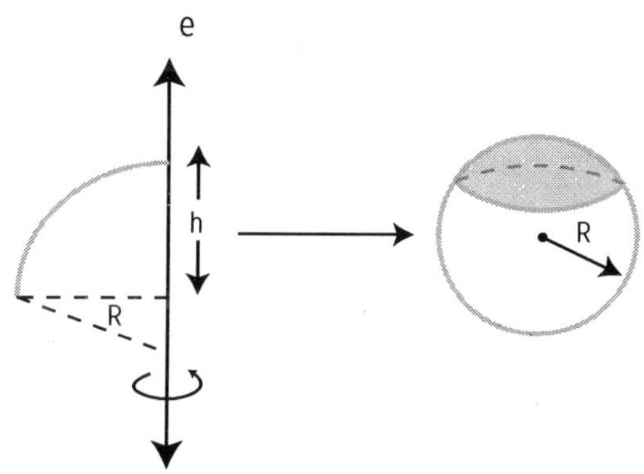

A área da calota esférica é dada por:

$$S = 2\pi Rh$$

Fuso esférico

O fuso esférico é uma parte da superfície esférica que se obtém ao girar uma semicircunferência de um ângulo $\alpha(0 < \alpha < 2\pi)$ em torno de seu eixo:

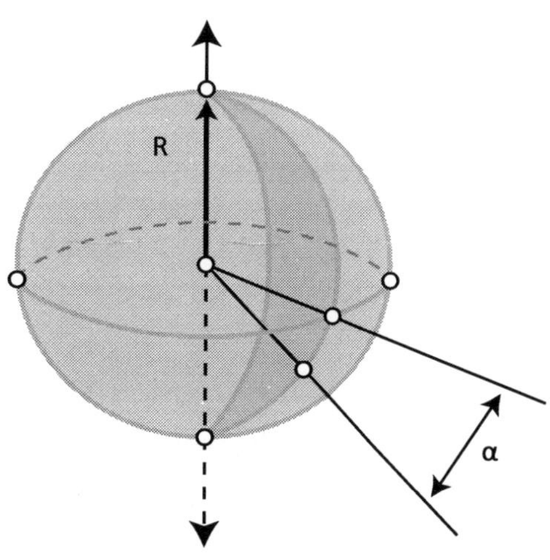

A área do fuso esférico pode ser obtida por uma regra de três simples:

$$\begin{array}{l} A_S - 2\pi \\ A_F - \alpha \end{array} \quad A_F = \frac{4\pi R^2\alpha}{2\pi} \Rightarrow A_F = 2R^2\alpha \text{ (}\alpha\text{ em radianos)}$$

$$\begin{array}{l} A_S - 360° \\ A_F - \alpha \end{array} \quad A_F = \frac{4\pi R^2\alpha}{360°} \Rightarrow A_F \ \frac{\pi R^2\alpha}{90°} \text{ (}\alpha\text{ em graus)}$$

Cunha esférica

Parte da esfera que se obtém ao girar um semicírculo em torno de seu eixo de um ângulo $\alpha (0 < \alpha < 2\pi)$:

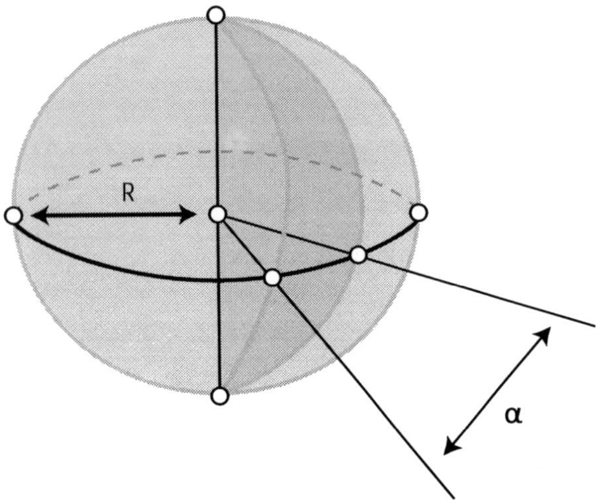

O volume da cunha pode ser obtido por uma regra de três simples:

$$\left.\begin{array}{l} V_c - 2\pi \\ V_c - \alpha \end{array}\right] V_c = \frac{\frac{4}{3}\pi R^3\alpha}{2\pi} \quad V_c = \frac{2}{3} R^3\alpha \text{ (}\alpha\text{ em radianos)}$$

$$\left.\begin{array}{l} V_c - 360° \\ V_c - \alpha \end{array}\right] V_c = \frac{\frac{4}{3}\pi R^3\alpha}{360°} \quad V_c = \frac{\pi R^3\alpha}{270°} \text{ (}\alpha\text{ em graus)}$$

NOÇÕES DE ADMINISTRAÇÃO E ÉTICA NO SERVIÇO PÚBLICO

1 ORGANIZAÇÃO ADMINISTRATIVA

O Estudo sobre a estrutura administrativa é geralmente vinculada ao Direito Administrativo, porém, como a linha entre esta matéria e Administração Pública é muito tênue, apresentaremos as definições dos termos como centralização, descentralização, concentração e desconcentração, porém focando na evolução administrativa do Estado brasileiro e suas reformas, pois esta é a forma de tais tópicos serem abordados quando são componentes da matéria Administração Pública.

A organização da administração pública no Brasil tem direta relação com os modelos administrativos que estiveram vigentes no Estado desde os anos 1930 do século passado até os dias atuais. É importante, no estudo para concursos públicos, criar esta relação, que é muita abordada pelas bandas organizadoras.

A opção por um ou outro modelo de organização administrativa, tem, portanto, influência na forma em que um governante exerce o poder e no grau de delegação de autoridade que resolve dar para os agentes públicos e parceiros privados.

1.1 Centralização e Descentralização

Um dos principais debates existentes na administração pública é em qual medida uma organização deve ser centralizada ou descentralizada. Historicamente este debate ganhou destaque global após o final da segunda guerra mundial, com a reorganização administrativa de praticamente todos os países da Europa. No Brasil, este debate ganhou relevância a partir do regime militar, nos anos 60 do século passado, com o Decreto-Lei 200/67, como veremos a seguir.

A Centralização e Descentralização, portanto, têm direta relação com quanto o administrador deve delegar autoridade ou manter o processo decisório concentrado em si mesmo e na estrutura sobre sua direta responsabilidade, sem delegar autoridade para terceiros.

Uma organização pode, portanto, ter unidades espalhadas em diversos Estados brasileiros, como Polícia Federal e mesmo assim ter centralização administrativa do ponto de vista da tomada de decisão.

Bresser Pereira, um dos mais importantes teóricos da administração pública e responsável pela última reforma administrativa do Estado brasileiro, explica esta relação: "do ponto de vista administrativo, a centralização ou a descentralização de caráter decisório é a que maior importância tem. A descentralização geográfica é geralmente um problema que interessa à produção (se a descentralização for de unidades produtivas) ou à mercadologia (se a descentralização for de unidade de vendas)... Para evitar confusões de ordem semântica usaremos as expressões centralização ou descentralização para nos referirmos ao nível em que as decisões são tomadas em uma organização"

Neste sentido, a existência de vários ministérios, com atribuições específicas, não constituiu exemplo de descentralização administrativa, pois quando analisamos o Estado brasileiro, a centralização e descentralização estão diretamente relacionadas à administração direta e indireta, como veremos no tópico que segue.

1.1.1 O Estado Brasileiro

Considerando o Estado brasileiro, a centralização e a descentralização estão relacionadas diretamente a organização administrativa do Estado, e a administração direta e indireta.

Centralização (administração direta) – Definimos que ocorre na administração pública a **centralização administrativa** quando a execução de tarefas é feita pelo próprio Estado de forma direta através de órgãos públicos e de servidores públicos destes órgãos que integram a Administração Direta (o próprio governo e os três poderes em âmbitos federal, estaduais e municipal).

Descentralização (administração indireta) – Definimos que ocorre na administração pública a **descentralização administrativa** quando o Estado (considerando a União, o Distrito Federal, os Estados e Municípios) delega algumas funções para outras pessoas jurídicas. Portanto a descentralização pressupõe duas pessoas jurídicas distintas: o Estado e a entidade jurídica que executará determinado serviço, por ter recebido do Estado essa atribuição. As entidades da administração direta são: Autarquias, Empresas Públicas, Sociedades de Economia Mista e Fundações Públicas.

1.1.2 Da Era Vargas até O Regime Militar

Com a revolução de 30 e a chegada ao poder de Getúlio Vargas, o Estado brasileiro entrou em uma fase weberiana, com a introdução do Modelo Burocrático, segundo a teoria desenvolvida por Max Weber. Com a adoção de princípios como a legalidade e a impessoalidade, a lógica era a concentração extrema das ações públicas, e inclusive a mais importante ação do governo Getúlio Vargas para a introdução do Modelo Burocrático, a criação da DASP (Departamento Administrativo do Serviço Público) através do Decreto-Lei 579/38 representou a centralização absoluta do Estado, com as decisões nas mãos de poucos: aqueles que dirigiam a DASP, que concentravam as decisões sobre compras, contratações, processos etc. Portanto esta fase foi caracterizada como a prioridade absoluta para a administração direta e a centralização.

Pode parecer contraditório, mas durante a era Vargas, mesmo priorizando a administração direta e a centralização das ações administrativas, pois era introduzido o Modelo Burocrática (Weberiano) que prioriza a concentração de ações, foram criadas importantes autarquias como o Banco Central do Brasil, que hoje é uma entidade da administração indireta.

1.1.3 O regime militar e o decreto-lei 200/67

A introdução do modelo burocrático na década de 30 do século passado era uma necessidade para superar o modelo que existia antes e que se mantinha por séculos (desde o Brasil colônia, passando pela monarquia, até os primeiros anos da república, que era o modelo patrimonialista baseado na pessoalidade, no favorecimento de parentes e pessoas próximas ao governante, com cargos no governo e a não distinção entre bens públicos e privados), porém nas décadas seguintes à introdução do modelo burocrático, ocorreu um desgaste administrativo devido a extrema centralização. A Administração pública no Brasil se tornou burocratizada (burocracia excessiva e redundante), e a condição monopolista daquela época não permitiu o Estado ter referências externas, tendo a auto-referência. Este desgaste teve seu auge nos anos 50 e 60 do século passado, tornando a administração pública burocratizada e ineficaz.

O regime militar, desde que assumiu o poder, realizou estudos sobre a administração pública com o objetivo de superar esse desgaste, e através do Decreto-Lei 200/67, tentou de forma malsucedida implementar o gerencialismo administrativo.

A forma que o regime militar tentou superar a rigidez burocrática foi um processo de delegação de poderes, priorizando a descentralização e a administração indireta, como podemos verificar no Plano Diretor da Reforma do Aparelho do Estado, de 1995.

"A reforma operada em 1967 pelo Decreto-Lei 200, entretanto, constitui um marco na tentativa de superação da rigidez burocrática, podendo ser considerada como um primeiro momento da administração gerencial no Brasil. Mediante o referido decreto-lei, realizou-se a transferência de atividades para autarquias, fundações, empresas públicas e sociedades de economia mista, a fim de obter-se maior dinamismo operacional por meio da descentralização funcional. Instituíram-se como princípios de racionalidade administrativa o planejamento e o orçamento, o descongestionamento das chefias executivas superiores (desconcentração/descentralização), a tentativa de reunir competência e informação no processo decisório, a sistematização, a coordenação e o controle".

O problema do Decreto-Lei 200/67, foi não criar um núcleo dirigente das ações públicas, e, com isso, perder o controle daquelas atividades e prestações de serviço transferidas para entidades da administração indireta. Esta situação trouxe de volta resquícios do patrimonialismo, como o desvio de verbas públicas, a falta de controle e o nepotismo.

1.1.4 A Constituição de 88

A promulgação da Constituição Federal vigente, em 1988, retorna, do ponto de vista administrativo, aos anos 30 do século passado, pois, tentando superar os resquícios do patrimonialismo que o Decreto-Lei 200/67 trouxe para o Estado brasileiro, consolidou o modelo burocrático, como o Plano Diretor da Reforma do Aparelho do Estado, de 1995, localiza:

"As ações rumo a uma administração pública gerencial são, entretanto, paralisadas na transição democrática de 1985 que, embora representasse uma grande vitória democrática, teve como um de seus custos mais surpreendentes o loteamento dos cargos públicos da administração indireta e das delegacias dos ministérios nos Estados para os políticos dos partidos vitoriosos. Um novo populismo patrimonialista surgia no país. De outra parte, a alta burocracia passava a ser acusada, principalmente pelas forças conservadoras, de ser a culpada da crise do Estado, na medida em que favorecera seu crescimento excessivo.

A conjunção desses dois fatores leva, na Constituição de 1988, a um retrocesso burocrático sem precedentes. Sem que houvesse maior debate público, o Congresso Constituinte promoveu um surpreendente engessamento do aparelho estatal, ao estender para os serviços do Estado e para as próprias empresas estatais praticamente as mesmas regras burocráticas rígidas adotadas no núcleo estratégico do Estado. A nova Constituição determinou a perda da autonomia do Poder Executivo para tratar da estruturação dos órgãos públicos, instituiu a obrigatoriedade de regime jurídico único para os servidores civis da União, dos Estados membros e dos Municípios, e retirou da administração indireta a sua flexibilidade operacional, ao atribuir às fundações e autarquias públicas normas de funcionamento idênticas às que regem a administração direta"

Podemos localizar em toda constituição federal elementos que reforçam a centralização, priorizando a administração direta, porém os elementos abaixo explicitam esta orientação burocrática da Constituição.

- Controle entre os poderes.
- Atribuições do tribunal de contas da União.
- Obrigatoriedade de concursos públicos (salvo "livre provimento").

1.1.5 A NAP (nova Administração Pública)

A última reforma do Estado ocorre na década de 1990, com a implementação da administração gerencial, descentralizando prestações de serviços e reestruturando a administração indireta, principalmente no governo Fernando Henrique Cardoso com o ministro Bresser Pereira, no então MARE (Ministério da Administração Federal e Reforma do Estado) que deu origem ao atual Ministério do Planejamento e Gestão.

A administração gerencial, ainda em fase de implementação, assume referências do mercado, como a excelência na prestação de serviço, a competitividade, e inclusive o fortalecimento da parceria entre a gestão pública e parceiros privados.

Na administração gerencial o controle passa a ser finalístico, não havendo relação hierárquica entre quem controla e quem é controlado, baseada na legalidade. Como por exemplo o controle do Estado na administração indireta, onde a direta, exerce ou controle finalístico sobre as fundações ou autarquias. As mais importantes referências teóricas da administração gerencial são Peter Druker (teoria da globalização nas empresas) e Michel Porter (teórico da competitividade e da vantagem competitiva).

Segundo a teoria de Peter Druker, a organização se adapta à globalização quando consegue oferecer o produto ou serviço prestado certo para o público certo, realizando adequada distribuição, preço e no momento correto adequados.

Segundo Porter, a organização nunca pode parar de aprender sobre o mercado em que atua, seus rivais e formular formas de melhorar sua posição competitiva. As 5 forças de portes são a rivalidade entre concorrentes, o poder de negociação dos clientes, o poder de barganha do fornecedor, a ameaça de entrada de novos concorrentes e a ameaça de produto substituídos.

Na administração gerencial, o controle passa a ser finalístico, não havendo relação hierárquica entre quem controla e quem é controlado, baseada na legalidade. Como, por exemplo, o controle do Estado na administração indireta, onde a direta exerce o controle finalístico sobre as fundações ou autarquias.

1.2 Concentração e Desconcentração

Diferentemente da centralização e descentralização, mas guardando relação com estes termos, a concentração e desconcentração estão vinculadas diretamente a forma em que uma organização divide internamente suas tarefas, e inclusive em sua adequação aos novos desafios administrativos, pois desde a última reforma administrativa do Estado brasileiro, nos anos 90 do século passado, a administração pública busca a vantagem competitiva, e isto tem direta relação com a concentração e desconcentração. Segue a definição inicial dos termos.

Concentração – A prestação de serviço ou ação administrativa (a competência administrativa) se realiza em órgão que não tem divisão interna, concentrando em si as ações. Na concentração existe uma única pessoa jurídica e um único órgão executando a ação administrativa.

Desconcentração – A prestação de serviço ou ação administrativa (a competência administrativa) com atribuições divididas entre diversos órgãos da mesma pessoa jurídica. Na concentração existe uma única pessoa jurídica e mais de um órgão executando a ação administrativa.

Sendo portanto coisas distintas, os termos centralização e concentração e descentralização de desconcentração podem estar associados na administração, cada um com sua definição, como conta do texto do Plano diretor ao analisar a reforma proposta pelo Decreto-Lei 579/38, um processo de priorizar a administração indireta (descentralização) e massificação de unidade (desconcentração), como explicita o trecho que segue...

"A reforma operada em 1967 pelo Decreto-Lei 200, entretanto, constitui um marco na tentativa de superação da rigidez burocrática, podendo ser considerada como um primeiro momento da administração gerencial no Brasil. Mediante o referido decreto-lei, realizou-se a transferência de atividades para autarquias, fundações, empresas públicas e sociedades de economia mista, a fim de obter-se maior dinamismo operacional por meio da descentralização funcional. Instituíram-se como princípios de racionalidade administrativa o planejamento e o orçamento, o descongestionamento das chefias executivas superiores (desconcentração/descentralização), a tentativa de reunir competência e informação no processo decisório, a sistematização, a coordenação e o controle".

2 ADMINISTRAÇÃO PÚBLICA E GOVERNO

2.1 Administração Pública e Governo: Conceito e Objetivos

Na administração, alguns modelos foram adotados ao longo da história e o desenvolvimento das organizações. A adoção de um ou outro modelo administrativo está diretamente relacionada aos objetivos políticos das organizações públicas e do Chefe do Executivo.

A adoção de determinado modelo administrativo formalmente não significa que características do modelo anterior sejam completamente excluídas, pois uma organização que, durante anos e décadas, utiliza determinado modelo tem enraizados, em sua estrutura, os aspectos deste modelo. Desse modo, não é automática a sua total superação, de forma que podem permanecer resquícios do modelo antigo.

Um bom exemplo da situação descrita é o modelo patrimonialista, que foi superado formalmente pela Administração Pública no Brasil na década de 1930. Porém, até a atualidade, encontramos resquícios deste modelo, como o nepotismo.

2.2 Modelo Patrimonialista

O modelo patrimonialista tem origem na Monarquia, em que os reis detinham o poder absoluto, de modo que não existiam instâncias de decisão democrática nem rotatividade de poder. Por este aspecto, o patrimonialismo é definido como absolutismo.

▷ **Entre as principais características do patrimonialismo estão:**
- Não existir distinção entre bens públicos e privados. No patrimonialismo, o governante recolhe tributos e impostos e faz aquilo que bem entender, podendo tanto construir edificações de interesse público como aumentar seu patrimônio pessoal.
- Decisões baseadas em motivações comportamentais. As decisões no modelo patrimonialista estão vinculadas diretamente àquilo que pensa o governante e ao seu padrão de comportamento.
- Pessoalidade. O nepotismo e o favorecimento de uma elite que gira em torno do governante caracterizam o patrimonialismo, pois não existem regras e legislação desenvolvida sobre as ações públicas.
- Absolutismo. No modelo patrimonialista, o governante detém o poder absoluto, não existindo, na administração, ferramentas eficazes de controle sobre seus atos ou instâncias colegiadas de decisão.

Podemos caracterizar o patrimonialismo como o modelo absolutista.

2.3 Modelo Burocrático

▷ **O modelo burocrático foi diretamente influenciado por Max Weber, de modo que a teoria da burocracia trouxe para as organizações públicas o princípio da impessoalidade. Além disso, são características desse modelo as regras claramente definidas, o racionalismo decisório e a regulamentação de ações públicas. As bases do modelo burocrático são:**
- Impessoalidade. As ações do Estado são voltadas para o bem e interesse público e não para a valorização pessoal, de acordo com os interesses e relações pessoais do governante. Ao contrário do patrimonialismo, as decisões são coletivas e não baseadas na pessoalidade.
- Distinção entre bens públicos e privados. No modelo burocrático, existe clara distinção entre bens públicos, que devem ser reservados para ações de interesse coletivo, e bens privados dos governantes.
- **Racionalismo decisório. A tomada de decisão não é baseada em decisões comportamentais e, sim, racionais, que apresentam quatro etapas:**
  - Identificação do problema.
  - Busca pela origem do problema.
  - Resolução do problema.
  - Busca pela não recorrência do problema.
- Legalidade. Ao contrário do patrimonialismo, o modelo burocrático tem nas normas, nas regras, na legalidade e na rigidez de procedimentos sua característica mais marcante. É por esta razão que o modelo burocrático pode ser definido como o modelo "dos papéis".

Fique ligado

A burocracia não é necessariamente algo ruim ou oneroso. Porém, a burocracia excessiva e redundante leva à burocratização de ações.

2.4 Administração Gerencial

A administração gerencial (NAP – Nova Administração Pública), ainda em fase de implementação, assume referências do mercado, como a excelência na prestação de serviços, a competitividade, e o fortalecimento da parceria entre a gestão pública e parceiros privados.

A Flexibilização Administrativa

Na administração gerencial, o controle passa a ser finalístico, não havendo relação hierárquica entre quem controla e quem é controlado. Ela é baseada na legalidade. Como exemplo, pode-se citar o controle do Estado na Administração indireta, em que a direta exerce o controle finalístico sobre as fundações. ou

Como principal característica da implementação do gerencialismo, temos a Emenda Constitucional 19/1998 e a criação da MARE.

2.5 Referências Teóricas da Administração Gerencial

As mais importantes referências teóricas da administração gerencial são Peter Druker (teoria da globalização nas empresas) e Michel Porter (teórico da competitividade e da vantagem competitiva).

Segundo a teoria de Peter Druker, a organização se adapta à globalização quando consegue oferecer o produto ou serviço prestado certo para o público certo, realizando adequada distribuição, preço etc. Segundo Porter, a organização nunca pode parar de aprender sobre o mercado em que atua, seus rivais e formular formas de melhorar sua posição competitiva. As cinco forças de Porter são: a rivalidade entre concorrentes; o poder de negociação dos clientes; o poder de barganha do fornecedor; a ameaça de entrada de novos concorrentes; e a ameaça de produto substituídos.

2.6 Controle na Administração Gerencial

Na administração gerencial o controle passa a ser finalístico, não havendo relação hierárquica entre que controla e quem é controlado, baseada na legalidade. Como por exemplo o controle do Estado na administração indireta, onde a direta, exerce ou controle finalístico sobre as fundações ou autarquias.

Fique ligado

Existe o controle hierárquico na administração gerencial, por exemplo, na administração direta. Porém, sua característica geral é o controle finalístico.

2.7 Diferenças e Convergências entre a Gestão Pública e a Privada

A administração gerencial se utiliza de vários aspectos da iniciativa privada. É importante destacar as diferenças e convergências que existem entre os dois aspectos administrativos.

As convergências residem nas ferramentas que existem na iniciativa privada e foram assimiladas pela gestão pública, como o BSC, Ciclo PDCA, Cultura Organizacional etc., assim como a busca pela excelência e pela qualidade total. A principal diferença reside no fato de que o Estado brasileiro está baseado na legalidade, enquanto a iniciativa privada tem maior flexibilidade administrativa.

2.8 Transparência, Informação e Controle Social na Administração Pública

Desde a última reforma administrativa ocorrida no Estado Brasileiro, nos anos 90 do século passado, quando a Administração Pública incorporou conceitos e ferramentas do mercado, consagrados na iniciativa privada, o gerencialismo norteia a gestão pública, levando o Brasil ao NAP (Nova Administração Pública).

- Governança – Tem relação com a "forma" de governar.
- Governabilidade – Tem relação com a "condição" para governar.
- ***Accountabililty*** – Tem relação com a "prestação de contas" dos atos do governo.

A última reforma administrativa do Estado brasileiro, que ocorreu nos anos 1990, durante o primeiro mandato do presidente FHC (Fernando Henrique Cardoso) foi liderada pelo então Ministro Bresser Pereira. A referida reforma levou a Administração Pública a manter as bases da burocracia, mas flexibilizar a gestão pública, introduzindo ferramentas do mercado (corporativas), com o objetivo de democratizar as informações e gerar o empoderamento das ações públicas, por parte do cidadão. Entre os principais conceitos da Nova Administração Pública está o foco por buscar a Governança, a Governabilidade e a *Accountability* nas ações administrativas.

2.9 Governança

O termo governança é abrangente e desdobra-se em diversas ações administrativas. Porém, na Administração Pública e na abordagem em provas de concursos públicos, a governança se traduz no envolvimento de pessoas interessadas nas discussões acerca das futuras ações públicas.

Também faz parte da governança o controle que a sociedade civil tem sobre as ações do governo, e a capacidade da Administração Pública em envolver todos nos processos organizacionais, levando-os a seguir e respeitar regras e códigos de conduta estabelecidos. Envolver a sociedade civil organizada nos debates sobre as ações administrativas do governo, consultando e debatendo com os interessados, os chamados "stakeholders" é a base da governança na Administração Pública.

Fique ligado

O exercício da governança na Administração Pública leva o cidadão ao empoderamento das ações públicas, ou seja, detém o poder coletivo de tomada de decisão, e é desenvolvida a consciência coletiva e social da participação nas ações públicas.

▹ **O Estado brasileiro se utiliza de diversas ferramentas para exercer a governança na Administração Pública, e as principais estão listadas a seguir:**

- Orçamento participativo;
- Conselhos gestores; Audiências públicas;
- Portal "e-democracia";
- Controle social.

2.10 Governabilidade

O conceito da governabilidade tem direta relação com as condições para se exercer o poder, tanto do ponto de vista legal quanto social. Um governo que não tem governabilidade não tem condições de envolver os interessados para debater as ações públicas, pois não tem legitimidade para tais ações. Nesse sentido, podemos concluir que, sem governabilidade, o governo não tem condições de exercer a governança como forma de administrar o Estado.

▹ **A governabilidade tem um eixo jurídico e outro social, conforme já se afirmou. A definição de cada um segue abaixo:**

- Governabilidade jurídica – Representa as condições legais para o exercício do poder, como o Chefe do Executivo ser eleito democraticamente em eleições majoritárias para cargos do Executivo. No entanto, apenas a condição legal não garante a governabilidade.
- Governabilidade social – Representa as condições sociais, a existência de uma base de apoio social para exercer o poder, a capacidade de um governo em manter índices de aprovação e setores importantes da sociedade, que representem essa base de sustentação social. Também tem relação com a governabilidade a capacidade do Chefe do Executivo em articular uma base de apoio parlamentar no Congresso Nacional e nas Câmaras Estaduais e Municipais. É possível que um governante tenha governabilidade social, mesmo que não tenha a jurídica, como nos casos de golpes de Estado. Um bom exemplo é o caso de Getúlio Vargas.

A
D
M

É
T
I

2.11 Accountability

Este termo é utilizado sem tradução pela completa inexistência de outra palavra na língua portuguesa que consiga traduzi-lo. *Accountabily* tem relação com a prestação de contas exercida pelo governo para a sociedade. Ou seja, esta prestação de contas ocorre não apenas aos *stakeholders*, mas para todos, sociedade civil e outras instâncias governamentais.

▹ **Existem basicamente dois tipos de *accountabilitys*: o vertical e o horizontal. A descrição de cada um deles está apresentada a seguir:**

- ***Accountability*** vertical – Exercido pela sociedade civil, por meio da prestação de contas do Governo para com a sociedade, através de Portais da Transparência, prestação de contas orçamentárias, ações do Governo etc. Ele é caracterizado por ser externo ao Poder Público.
- ***Accountability*** horizontal – Exercido pelos órgãos que controlam as ações internas, pelo domínio dentro do próprio Governo, como da Administração direta sobre a indireta, agências reguladoras frente às ações e serviços públicos etc. Ele se caracteriza por ser interno ao governo.

2.12 Eficiência, Eficácia e Efetividade

Também têm relação com a Nova Administração Pública e estreita afinidade com os elementos anteriormente descritos, os chamados "3Es" da Administração Pública, que são a Eficiência, Eficácia e Efetividade.

▹ **A seguir, verifica-se a descrição de cada um dos elementos:**

- **Eficiência – Introduzida de forma explícita no artigo 37 da Constituição pela Emenda Constitucional nº 19 de 1998, é a relação de recursos destinados e resultados obtidos pela Administração Pública. Em uma análise, é a questão chamada de "custo-benefício" nas ações públicas. Por exemplo:** se, ao final do prazo estipulado previamente, for construído um hospital público com os recursos (financeiros, de pessoas e materiais) propostos, sem necessidade de destinação complementar, será uma ação eficiente administrativamente. Portanto, a eficiência tem relação com a atividade "meio".

- Eficácia – Tem direta relação com a concreta efetivação da ação que motiva a existência da unidade pública ou função dos servidores públicos, a capacidade de atender àquilo que justifica a ação administrativa. Portanto, a eficácia tem relação com a "atividade fim"
- Efetividade – Tem relação com a entrega do "produto final" para os interessados, para os clientes-cidadãos, fazendo com que eles agreguem valor e aceitem a ação pública como justificável. Portanto, a efetividade tem relação com o "valor percebido" pelo cliente-cidadão.

2.13 Transparência

Assim como no sentido óptico do termo, ter transparência é não obstruir a visão, não impedir o acesso. Na Administração Pública, ter transparência é possibilitar que o cidadão tenha controle total dos atos públicos. O Poder Público, por sua vez, informa o cidadão de suas ações com tempo hábil para reação contrária.

A prestação de contas, tanto orçamentária quanto dos atos da Administração Pública, é uma ação de transparência. Atualmente, esta ação possui grande vínculo com o governo eletrônico, pois a Administração Pública se utiliza da internet para divulgação de seus atos.

O site http://www.portaldatransparencia.gov.br/, o chamado "Portal da Transparência", é um exemplo do uso de ferramentas de governo eletrônico para ter transparência nos atos públicos.

2.14 Administração Financeira e Governamental

A administração financeiro-orçamentária do Governo brasileiro é prevista na Constituição Federal.

> ***Art. 165.*** *Leis de iniciativa do Poder Executivo estabelecerão:*
>
> *o plano plurianual;*
>
> *as diretrizes orçamentárias;*
>
> *os orçamentos anuais.*
>
> ***§ 1º*** *- A lei que instituir o plano plurianual estabelecerá, de forma regionalizada, as diretrizes, objetivos e metas da Administração Pública federal para as despesas de capital e outras delas decorrentes e para as relativas aos programas de duração continuada.*

2.14.1 Plano Plurianual

Vigência - Do primeiro dia do segundo ano de mandato do presidente eleito (que elabora o PPA), até o final do primeiro ano fiscal do mandato subsequente.

- Encaminhamento - Até quatro meses antes do encerramento do primeiro exercício financeiro, 31 de agosto.
- Devolução para sanção ou veto - Término do 2º período legislativo. 22 de dezembro.

2.14.2 Lei de Diretrizes Orçamentárias

Vigência - De sua publicação até o final do exercício financeiro subsequente.

- Encaminhamento - Até 8 meses e meio antes do encerramento do exercício financeiro, 15 de abril.
- Devolução para sanção ou veto - Até o encerramento do primeiro período da seção legislativa, 17 de julho.

2.14.3 Lei Orçamentária Anual

- Vigência - Todo exercício financeiro.
- Encaminhamento - Até 4 meses antes do encerramento do exercício financeiro,31 de agosto.
- Devolução para sanção ou veto - Até o encerramento do segundo período da seção legislativa, 22 de dezembro.

3 PROCESSO ADMINISTRATIVO (ORGANIZACIONAL)

A Administração (do latim: *administratione*) é o conjunto de atividades voltadas à direção de uma organização. Tais atividades devem fazer uso de técnicas de gestão para que seus objetivos sejam alcançados de forma eficaz e eficiente, com responsabilidade social e ambiental. E o que são as organizações?

Segundo a banca Cespe, "*uma organização é o produto da combinação de esforços individuais, visando à realização de propósitos coletivos. Por meio de uma organização, é possível perseguir ou alcançar objetivos que seriam inatingíveis para uma pessoa*".

Organizações são, portanto, empreendimentos coletivos, com um fim comum. No sentido clássico da Administração Geral, podem ser analisados como organizações: as empresas (uma padaria ou o Google), os órgãos públicos, os partidos políticos, as igrejas, as associações de bairro e outros agrupamentos humanos.

Uma característica essencial das organizações é que elas são sistemas sociais, com divisão de tarefas.

Lacombe (2003, p.4) diz que a essência do trabalho do administrador é obter resultados por meio das pessoas que ele coordena. A partir desse raciocínio de Lacombe, temos o papel do "Gestor Administrativo" que, com sua capacidade de gestão com as pessoas, consegue obter os resultados esperados. **Drucker** (1998, p. 2) diz que administrar é manter as organizações coesas, fazendo-as funcionar.

Administrar como processo significa **planejar**, **organizar**, **dirigir** e **controlar** organizações e/ou tarefas, tendo como objetivo maior produtividade e/ou lucratividade. Para se chegar a isso, o administrador avalia os objetivos organizacionais e desenvolve as estratégias necessárias para alcançá-los. Este profissional, no entanto, não tem apenas função teórica, ele é responsável pela implantação de tudo que planejou e, portanto, será aquele que definirá os programas e métodos de trabalho, avaliando os resultados e corrigindo os setores e procedimentos que estiverem com problemas. Como é função do administrador que a produtividade e/ou lucros sejam altos, ele também terá a função de fiscalizar a produção e, para isso, é necessário que fiscalize cada etapa do processo, controlando, inclusive, os equipamentos e materiais envolvidos na produção, para evitar desperdícios e prejuízos para a organização.

A realidade das empresas de hoje é muito diferente das empresas administradas no passado. Com o surgimento de várias inovações tecnológicas e com o próprio desenvolvimento intelectual do homem, é necessário muito mais do que intuição e percepção das oportunidades. A administração necessita de um amplo conhecimento e a aplicação correta dos princípios técnicos até agora formulados, a necessidade de combinar os meios e objetivos com eficiência e eficácia.

Principais Funções Administrativas

- Fixar objetivos.
- **Analisar:** conhecer os problemas.
- Solucionar problemas.
- Organizar e alocar recursos (financeiros, materiais, ambientais, humanos e tecnológicos).
- Comunicar, dirigir e motivar as pessoas (liderar).

> **Fique ligado**
>
> Esse conjunto de funções administrativas: Planejar, Organizar, Dirigir e Controlar corresponde ao Processo Organizacional, que pode ser chamado também de Processo Administrativo.

- Negociar.
- Tomar as decisões.
- Mensurar e avaliar (controlar).

3.1 Planejamento

O trabalho do administrador não se restringe ao presente, ao atual, ao corrente. Ele precisa extrapolar o imediato e se projetar para frente. O administrador precisa tomar decisões estratégicas e planejar o futuro de sua organização. Ao tomar decisões, o administrador configura e reconfigura continuamente a sua organização ou a unidade organizacional que administra. Ele precisa saber em qual rumo deseja que sua organização vá em frente, tomar as decisões necessárias e elaborar os planos para que isso realmente aconteça. O planejamento está voltado para o futuro. E o futuro requer uma atenção especial. É para ele que a organização deve estar preparada a todo instante.

Planejamento é a função administrativa que define objetivos e decide sobre os recursos e tarefas necessários para alcançá-los adequadamente. Como principal decorrência do planejamento, estão os planos. Os planos facilitam a organização no alcance de suas metas e objetivos. Além disso, os planos funcionam como guias ou balizamentos para assegurar os seguintes aspectos:

01. Os planos definem os recursos necessários para alcançar os objetivos organizacionais.

02. Os planos servem para integrar os vários objetivos a serem alcançados em um esquema organizacional que proporciona coordenação e integração.

03. Os planos permitem que as pessoas trabalhem em diferentes atividades consistentes com os objetivos definidos; eles dão racionalidade ao processo; são racionais, porque servem de meios para alcançar adequadamente os objetivos traçados.

04. Os planos permitem que o alcance dos objetivos possa ser continuamente monitorado e avaliado em relação a certos padrões ou indicadores, a fim de permitir a ação corretiva necessária quando o progresso não seja satisfatório.

O primeiro passo do planejamento consiste na definição dos objetivos para a organização. Objetivos são resultados específicos que se pretende atingir. Os objetivos são estabelecidos para cada uma das subunidades da organização, como suas divisões ou departamentos etc. Uma vez definidos, os programas são estabelecidos para alcançar os objetivos de maneira sistemática e racional. Ao selecionar objetivos e desenvolver programas, o administrador deve considerar sua viabilidade e aceitação pelos gerentes e funcionários da organização.

3.1.1 Objetivos e Metas

Objetivo é um resultado desejado que se pretende alcançar dentro de um determinado período de tempo. Os objetivos organizacionais podem ser rotineiros, inovadores e de aperfeiçoamento. A partir dos objetivos se estabelece a estratégia adequada para alcançá-los. Enquanto os objetivos são qualitativos, as **metas** são quantitativas. **Ex.:** uma determinada empresa estabeleceu como objetivo aumentar as vendas, e a meta é de R$ 500.000,00 (quinhentos mil reais); os objetivos só serão alcançados se as vendas chegarem às metas estabelecidas.

Fique ligado

Os objetivos e as metas têm em comum o fato de que devem ser reais, alcançáveis; devem ter prazo; são hierárquicos, específicos e desafiadores.

3.1.2 Estratégias

Estratégia organizacional refere-se ao comportamento global e integrado da empresa em relação ao ambiente externo. A estratégia é formulada a partir da missão, da visão e dos objetivos organizacionais, da análise ambiental (o que há no ambiente) e da análise organizacional (o que temos na empresa) para definir o que devemos fazer. A estratégia é a maneira racional de aproveitar as oportunidades externas e de neutralizar as ameaças externas, bem como de aproveitar as forças potenciais internas e neutralizar as fraquezas potenciais internas.

Geralmente, a estratégia organizacional envolve os seguintes aspectos fundamentais:

- É definida pelo nível institucional da organização.
- É projetada em longo prazo e define o futuro e destino da organização.
- Envolve a empresa na sua totalidade.
- É um mecanismo de aprendizagem organizacional.

Planejar significa olhar para frente, visualizar o futuro e o que deverá ser feito; elaborar bons planos é ajudar as pessoas a fazer hoje as ações necessárias para melhor enfrentar os desafios do amanhã. Em outros termos, o planejamento, constitui hoje uma responsabilidade essencial em qualquer tipo de organização ou de atividade.

O planejamento constitui a função inicial da administração. Antes que qualquer função administrativa seja executada, a administração precisa planejar, ou seja, determinar os objetivos e os meios necessários para alcançá-los adequadamente.

3.1.3 O Planejamento como uma Função Administrativa

De acordo com Idalberto Chiavenato:

O planejamento pode estar voltado para a estabilidade, no sentido de assegurar a continuidade do comportamento atual em um ambiente previsível e estável. Também pode estar voltado para a melhoria do comportamento para assegurar a reação adequada a frequentes mudanças em um ambiente mais dinâmico e incerto. Pode ainda estar voltado para as contingências no sentido de antecipar-se a eventos que podem ocorrer no futuro e identificar as ações apropriadas para quando eles eventualmente ocorrerem.

Como todo planejamento se subordina a uma filosofia de ação, Ackoff aponta três tipos de filosofia do planejamento:

01. **Planejamento conservador:** É o planejamento voltado para a estabilidade e para a manutenção da situação existente. As decisões são tomadas no sentido de obter bons resultados, mas não necessariamente os melhores possíveis, pois dificilmente o planejamento procurará fazer mudanças radicais na organização. Sua ênfase é conservar as práticas atualmente vigentes. O planejamento conservador está mais preocupado em identificar e sanar deficiências e problemas internos do que em explorar oportunidades ambientais futuras. Sua base é predominantemente retrospectiva no sentido de aproveitar a experiência passada e projetá-la para o futuro.

02. **Planejamento otimizante (retrospectivo):** É o planejamento voltado para a adaptabilidade e inovação dentro da organização. As decisões são tomadas no sentido de obter os melhores resultados possíveis para a organização, seja minimizando recursos para alcançar um determinado desempenho ou objetivo, seja maximizando o desempenho par melhor utilizar os recursos disponíveis. O planejamento otimizante geralmente está baseado em uma preocupação em melhorar as práticas atualmente vigentes na organização. Sua base é predominantemente incremental no sentido de melhorar continuamente, tornando as operações melhores a cada dia que passa.

03. **Planejamento adaptativo (ofensivo):** É o planejamento voltado para as contingências e para o futuro da organização. As decisões são tomadas no sentido de compatibilizar os diferentes interesses envolvidos, elaborando uma composição capaz de levar a resultados para o desenvolvimento natural da empresa e ajustá-la às contingências que surgem no meio do caminho. O planejamento adaptativo procura reduzir o planejamento retrospectivo voltado para a eliminação das deficiências localizadas no passado da organização. Sua base é predominantemente aderente no sentido de ajustar-se às demandas ambientais e preparar-se para as futuras contingências.

Em todos os casos, o planejamento consiste na tomada antecipada de decisões. Trata-se de decidir , no momento presente, o que fazer antes da ocorrência da ação necessária. Não se trata simplesmente da previsão das decisões que deverão ser tomadas no futuro, mas da tomada de decisões que produzirão efeitos e consequências futuras.

3.1.4 O Processo de Planejamento

O planejamento é um processo constituído de uma série sequencial de seis passos, a saber:

- **Estabelecer a Missão e Visão no caso do Planejamento Estratégico.** As organizações não existem a esmo. Todas elas têm uma missão a cumprir. **Missão** significa uma incumbência que se recebe, a razão de existência de uma organização. A missão funciona como o propósito orientador para as atividades de uma organização e para aglutinar os esforços dos seus membros. Enquanto a missão define o credo da organização, a **visão** define o que a organização pretende ser no futuro. A visão funciona como o projeto do que a organização gostaria de ser, ou seja, define os objetivos organizacionais mais relevantes.
- **Definir os objetivos.** Os objetivos da organização devem servir de direção a todos os principais planos, servindo de base aos objetivos departamentais e a todos os objetivos das áreas subordinadas. Os objetivos devem especificar resultados desejados e os pontos finais aonde se pretende chegar, para conhecer os passos intermediários.
- **Diagnóstico.** Verificar qual a situação atual em relação aos objetivos. Simultaneamente, a definição dos objetivos, deve-se avaliar a situação atual em contraposição aos objetivos desejados, verificar onde se está e o que precisa ser feito.
- **Prognóstico, estabelecer estratégias.** Premissas constituem os ambientes esperados dos planos em operação. Como a organização opera em ambientes complexos, quanto mais pessoas estiverem atuando na elaboração e compreensão do planejamento e quanto mais se obter envolvimento para utilizar premissas consistentes, tanto mais coordenado será o planejamento. Trata-se de gerar cenários alternativos para os estados futuros das ações, analisar o que pode ajudar ou prejudicar o progresso em direção aos objetivos. A previsão é um aspecto importante no desenvolvimento de premissas. A previsão está relacionada com pressuposições antecipatórias a respeito do futuro.
- **Analisar as alternativas de ação (estratégias).** Trata-se de relacionar e avaliar as ações que devem ser tomadas, escolher uma delas para perseguir um ou mais objetivos, fazer um plano para alcançar os objetivos.
- **Escolher um curso de ação entre as várias alternativas.** Trata-se de uma tomada de decisão, em que se escolhe uma alternativa e se

abandonam as demais. A alternativa escolhida se transforma em um plano para o alcance dos objetivos.

- **Implementar o plano e avaliar os resultados.** Fazer aquilo que o plano determina e avaliar cuidadosamente os resultados para assegurar o alcance dos objetivos, seguir através do que foi planejado e tomar as ações corretivas à medida que se tornarem necessárias.

Nem sempre o planejamento é feito por administradores ou por especialistas trancados em salas e em apenas algumas épocas predeterminadas. Embora seja uma atividade voltada para o futuro, o planejamento deve ser contínuo e permanente e, se possível, abrangendo o maior número de pessoas na sua elaboração e implementação. Em outras palavras, o planejamento deve ser constante e participativo. A descentralização proporciona a participação e o envolvimento das pessoas em todos os aspectos do seu processo. É o chamado planejamento participativo.

Para fazer o planejamento, é vital que se conheça o contexto em que a organização está inserida. Em outras palavras, qual é o seu microambiente, qual a sua missão e quais os seus objetivos básicos. Sobretudo, quais os fatores-chave para o seu sucesso. A partir daí, pode-se começar a pensar em planejamento.

3.1.5 Fatores Críticos de Sucesso

Mas, o que são fatores críticos (chave) de sucesso?

Os **fatores críticos de sucesso**, em inglês ***critical success factor*** (CSF), são os pontos-chave que definem o sucesso ou o fracasso de um objetivo definido por um planejamento de determinada organização. Estes fatores precisam ser encontrados pelo estudo sobre os próprios objetivos, derivados deles, e tomados como condições fundamentais a serem cumpridas para que a instituição sobreviva e tenha sucesso na sua área. Quando bem definidos, os fatores críticos de sucesso se tornam um ponto de referência para toda a organização em suas atividades voltadas para a sua missão.

Exemplo: se a empresa quer melhorar o atendimento ao cidadão, um exemplo de fator crítico de sucesso é treinar os funcionários e colocar mais pessoas no setor de atendimento.

Os fatores críticos de sucesso são os elementos principais no alcance dos objetivos e metas da instituição, são aspectos ligados diretamente ao seu sucesso. Se eles não estiverem presentes, os objetivos não serão alcançados.

Como poderemos identificar os fatores críticos de sucesso?

Os fatores críticos de sucesso podem ser identificados de duas maneiras. Uma delas é perguntar ao cliente ao que ele atribui mais importância na hora de adquirir o produto ou serviço.

Por exemplo, o que um indivíduo que é concurseiro deve fazer para alcançar o seu objetivo que é ser servidor público? A resposta é óbvia: ele deve estudar, resolver questões, tirar dúvidas, assistir às aulas etc. Então podemos dizer que esses são exemplos de fatores críticos de sucesso.

Outra maneira para identificar os fatores críticos de sucesso é analisar profundamente os recursos organizacionais e o mercado, de maneira imaginativa, para identificar os segmentos que são mais decisivos e importantes. Para essa pesquisa, a ferramenta de *benchmarking* pode ser utilizada.

O *benchmarking* é um dos mais úteis instrumentos de gestão para melhorar o desempenho das empresas e conquistar a superioridade em relação à concorrência. Baseia-se na aprendizagem das melhores experiências de empresas similares e ajuda a explicar todo o processo que envolve uma excelente "performance" empresarial. A essência deste instrumento parte do princípio de que nenhuma empresa é a melhor em tudo, o que implica reconhecer que existe no mercado quem faz melhor do que nós. Habitualmente, um processo de *benchmarking* arranca quando se constata que a empresa está diminuindo a sua rentabilidade. Quando a aprendizagem resultante de um processo de *benchmarking* é aplicada de forma correta, facilita a melhoria do desempenho em situações críticas no seio de uma empresa.

Em outras palavras, *benchmarking* é a técnica por meio da qual a organização compara o seu desempenho com o de outra. Por meio do benchmarking, uma organização procura imitar outras organizações, concorrentes ou não, do mesmo ramo de negócios ou de outros, que façam algo de maneira particularmente bem feita (essa frase já apareceu de maneira idêntica em provas tanto da FCC como da Cespe).

Questões importantes a serem identificadas na elaboração do planejamento:

- É possível fazer?
- Vale a pena fazer?
- Quem faz?
- Como fazer bem?
- Funciona?

3.1.6 Benefícios do Planejamento

As empresas estão cada vez mais inseridas em ambientes altamente mutáveis e complexos; enfrentam uma enorme variedade de pessoas, fornecedores e concorrentes. Do lado externo, temos os concorrentes, o governo e suas regulamentações, a tecnologia, a economia globalizada, os fornecedores etc. No ambiente interno, existe a necessidade de trabalhar de forma cada vez mais eficiente, novas estruturas organizacionais, funcionários, recursos e muitos desafios administrativos.

O planejamento oferece inúmeras vantagens nessas situações, inclusive melhora a capacidade da empresa de se adaptar às mudanças (flexibilidade organizacional), ajuda na coordenação e na administração do tempo.

Vejamos algumas vantagens:

- permite utilizar os recursos de forma eficaz (alcance de resultados) e eficiente (economia);
- aumenta o conhecimento sobre o negócio/projeto e seu potencial de mercado;
- facilita a percepção de novas oportunidades ou riscos e aumenta a sensibilidade do empresário/executivo frente a problemas futuros;
- cria um "espírito de negócio" e comprometimento com o negócio/projeto, tanto em relação ao "dono" ou responsável pelo negócio, como também junto aos funcionários/parceiros envolvidos;
- determina tarefas e prazos com responsabilidade definida, viabilizando o controle do processo e do andamento do negócio;
- deixa claro para o empresário/executivo qual é o diferencial competitivo de seu negócio;
- pode ser utilizado como suporte para conseguir credibilidade e apoio financeiro interno e/ou no mercado;
- maior flexibilidade;
- agilidade nas tomadas de decisões;
- melhor conhecimento dos seus concorrentes;
- melhor comunicação entre os funcionários;
- maior capacitação gerencial, até dos funcionários de níveis inferiores;
- orientação maior nos comportamentos de funcionários;
- maior capacitação, motivação e comprometimento dos envolvidos;
- consciência coletiva;

ADM ÉTI

- melhor conhecimento do ambiente em que os funcionários trabalham;
- melhor relacionamento entre empresa-ambiente;
- maior capacidade e rapidez de adaptação dentro da empresa;
- visão de conjunto;
- aumenta o foco (concentração de esforços) e a flexibilidade (facilidade de se adaptar e ajustar);
- melhora a coordenação e o controle.

De acordo com Chiavenato: "O planejamento ajuda o administrador em todos os tipos de organização a alcançar o melhor desempenho, porque:

01. **O planejamento é orientado para resultados**. Cria um senso de direção, de desempenho orientado para metas e resultados a serem alcançados.

02. **O planejamento é orientado para prioridades**. Assegura que as coisas mais importantes receberão atenção principal.

03. **O planejamento é orientado para vantagens**. Ajuda a alocar e a dispor recursos para sua melhor utilização e desempenho.

04. **O planejamento é orientado para mudanças**. Ajuda a antecipar problemas que certamente aparecerão e a aproveitar oportunidades à medida que se defronta com novas situações."

3.1.7 Tipos de Planejamento

O planejamento é feito através de planos. O administrador deve saber lidar com diferentes tipos de planos. Estes podem incluir períodos de longo, médio e curto prazo, como podem envolver a organização inteira, uma divisão ou departamento ou ainda uma tarefa. O planejamento é uma função administrativa que se distribui entre, todos os níveis organizacionais. Embora o seu conceito seja exatamente o mesmo, em cada nível organizacional, o planejamento apresenta características diferentes.

O planejamento envolve uma volumosa parcela da atividade organizacional. Com isso, queremos dizer que toda organização está sempre planejando: o nível institucional elabora genericamente o planejamento estratégico, o nível intermediário segue-o com planos táticos e o nível operacional traça detalhadamente os planos operacionais. Cada qual dentro de sua área de competência e em consonância com os objetivos globais da organização. O planejamento impõe racionalidade e proporciona o rumo às ações da organização. Além disso, estabelece coordenação e integração de suas várias unidades, que proporcionam a harmonia e sinergia da organização no caminho em direção aos seus objetivos principais.

Os planos podem abranger diferentes horizontes de tempo. Os planos de curto prazo cobrem um ano ou menos; os planos intermediários, um a dois anos; e os planos de longo prazo abrangem cinco ou mais anos. Os objetivos do planejamento devem ser mais específicos, no curto prazo, e mais abertos, no longo prazo. As organizações precisam de planos para todas as extensões de tempo. O administrador do nível institucional está mais voltado para planos de longo prazo que atinjam a organização inteira para proporcionar aos demais administradores um senso de direção para o futuro.

Uma pesquisa desenvolvida por Elliot Jaques mostra como as pessoas variam em sua capacidade de pensar, organizar e trabalhar com eventos situados em diferentes horizontes de tempo. Muitas pessoas trabalham confortavelmente com amplitudes de apenas três meses; um pequeno grupo trabalha melhor com uma amplitude de tempo de um ano; e somente poucas pessoas podem enfrentar o desafio de 20 anos pela frente. Como o administrador pode trabalhar em vários níveis de autoridade, ele deve planejar em função de diferentes períodos de tempo. Enquanto o planejamento de um supervisor desafia o espaço de três meses, um gerente pode lidar com períodos de um ano, enquanto um diretor lida com uma amplitude que pode ir de três, cinco, dez anos ou mais. O progresso nos níveis mais elevados da hierarquia administrativa pressupõe habilidades conceituais a serem trabalhadas, bem como uma visão projetada em longo prazo de tempo.

3.1.8 Planejamento Estratégico

O planejamento estratégico apresenta cinco características fundamentais.

01. **O planejamento estratégico está relacionado com a adaptação da organização a um ambiente mutável.** Está voltado para as relações entre a organização e seu ambiente de tarefa. Portanto, sujeito à incerteza a respeito dos eventos ambientais. Por se defrontar com a incerteza, tem suas decisões baseadas em julgamentos e não em dados concretos. Reflete uma orientação externa que focaliza as respostas adequadas às forças e pressões que estão situadas do lado de fora da organização.

02. **O planejamento estratégico é orientado para o futuro.** Seu horizonte de tempo é o longo prazo. Durante o curso do planejamento, a consideração dos problemas atuais é dada apenas em função dos obstáculos e barreiras que eles possam provocar para um desejado lugar no futuro. É mais voltado para os problemas do futuro do que daqueles de hoje.

03. **O planejamento estratégico é compreensivo.** Ele envolve a organização como uma totalidade, abarcando todos os seus recursos, no sentido de obter efeitos sinergísticos de todas as capacidades e potencialidades da organização. A resposta estratégica da organização envolve um comportamento global, compreensivo e sistêmico.

04. **O planejamento estratégico é um processo de construção de consenso.** Dada a diversidade dos interesses e necessidades dos parceiros envolvidos, o planejamento oferece um meio de atender todos eles na direção futura que melhor convenha a todos.

05. **O planejamento estratégico é uma forma de aprendizagem organizacional.** Como está orientado para a adaptação da organização ao contexto ambiental, o planejamento constitui uma tentativa constante de aprender a ajustar-se a um ambiente complexo, competitivo e mutável.

O planejamento estratégico se assenta sobre três parâmetros: a visão do futuro, os fatores ambientais externos e os fatores organizacionais internos. Começa com a construção do consenso sobre o futuro que se deseja: é a visão que descreve o mundo em um estado ideal. A partir daí, examinam-se as condições externas do ambiente e as condições internas da organização.

3.1.9 Planejamento Tático

O planejamento tático é o planejamento focado no médio prazo e que enfatiza as atividades correntes das várias unidades ou departamentos da organização. O administrador utiliza o planejamento tático para delinear o que as várias partes da organização, como departamentos ou divisões, devem fazer para que a organização alcance sucesso. Os planos táticos geralmente são desenvolvidos para as áreas de produção, *marketing*, pessoal, finanças e contabilidade. Para ajustar-se ao planejamento tático, o exercício contábil da organização e os planos de produção, de vendas, de investimentos etc., abrangem geralmente o período anual.

Os planos táticos geralmente envolvem:

06. Planos de produção. Envolvendo métodos e tecnologias necessárias para as pessoas em seu trabalho arranjo físico do trabalho e equipamentos como suportes para as atividades e tarefas.

07. Planos financeiros. Envolvendo captação e aplicação do dinheiro necessário para suportar as várias operações da organização.

08. Planos de marketing. Envolvendo os requisitos de vender e distribuir bens e serviços no mercado e atender o cliente.

09. Planos de recursos humanos. Envolvendo recrutamento, seleção e treinamento das pessoas nas várias atividades dentro da organização. Recentemente, as organizações estão também se preocupando com a aquisição de competências essenciais para o negócio por meio da gestão do conhecimento corporativo.

Contudo, os planos táticos podem também se referir à tecnologia utilizada pela organização (tecnologia da informação, tecnologia de produção etc.), investimentos, obtenção de recursos etc.

Políticas

As políticas constituem exemplos de planos táticos que funcionam como guias gerais de ação. Elas funcionam como orientações para a tomada de decisão. Geralmente, refletem um objetivo e orienta as pessoas em direção a esses objetivos em situações que requeiram algum julgamento. As políticas servem para que as pessoas façam escolhas semelhantes ao se defrontarem com situações similares. As políticas constituem afirmações genéricas baseadas nos objetivos organizacionais e visam oferecer rumos para as pessoas dentro da organização.

3.1.10 Planejamento Operacional

O planejamento operacional é focalizado para o curto prazo e abrange cada uma das tarefas ou operações individualmente. Preocupa-se com "o que fazer" e com o "como fazer" as atividades quotidianas da organização. Refere-se especificamente às tarefas e operações realizadas no nível operacional. Como está inserido na lógica de sistema fechado, o planejamento operacional está voltado para a otimização e maximização de resultados, enquanto o planejamento tático está voltado para a busca de resultados satisfatórios.

O planejamento operacional é constituído de uma infinidade de planos operacionais que proliferam nas diversas áreas e funções dentro da organização. Cada plano pode consistir em muitos subplanos com diferentes graus de detalhamento. No fundo, os planos operacionais cuidam da administração da rotina para assegurar que todos executem as tarefas e operações de acordo com os procedimentos estabelecidos pela organização, a fim de que esta possa alcançar os seus objetivos. Os planos operacionais estão voltados para a eficiência (ênfase nos meios), pois a eficácia (ênfase nos fins) é problema dos níveis institucional e intermediário da organização.

Apesar de serem heterogêneos e diversificados, os planos operacionais podem ser classificados em quatro tipos, a saber:

01. Procedimentos. São os planos operacionais relacionados com métodos.

02. Orçamentos. São os planos operacionais relacionados com dinheiro.

03. Programas (ou programações). São os planos operacionais relacionados com tempo.

04. Regulamentos. São os planos operacionais relacionados com comportamentos das pessoas.

3.2 Organização

3.2.1 Definição de Organização

"Organização da empresa é a ordenação e o agrupamento de atividades e recursos, visando ao alcance de objetivos e resultados estabelecidos". (Djalma, 2002, p. 84).

Segundo Maximiano, uma **organização** é um sistema de recursos que procura alcançar objetivos. Em outras palavras, Organizar é desenhar/montar a estrutura da empresa/instituição de modo a facilitar o alcance dos resultados.

Os níveis da organização são:

Abrangência	Conteúdo	Tipo de Desenho	Resultado
Nível Institucional	A instituição como uma totalidade	Desenho organizacional	Tipo de organização
Nível intermediário	Caso departamento isoladamente	Desenho departamental	Tipo de departamentalização
Nível operacional	Cada tarefa ou operação	Desenho de cargos e tarefas	Análise e descrição de cargos

3.2.2 Estrutura Organizacional

VASCONCELOS (1989) entende estrutura como o resultado de um processo no qual a autoridade é distribuída, as atividades são especificadas (desde os níveis mais baixos até a alta administração) e um sistema de comunicação é delineado, permitindo que as pessoas realizem as atividades e exerçam a autoridade que lhes compete para o alcance dos objetivos da organização.

Estrutura organizacional: forma pela qual as atividades de uma organização são divididas, organizadas e coordenadas. (Stoner, 1992, p.230).

3.2.3 Estrutura Formal e Informal

Estrutura Formal: é aquela representada pelo organograma. Todas as relações são formais. Não se pode descartá-la e deixar funcionários se relacionarem quando eles não devem ter relações diretas. Na **Estrutura Formal (Organização Formal)**, conseguimos identificar os departamentos, os cargos, a definição das linhas de autoridade e de comunicação entre os departamentos e cargos envolvidos.

Já a **Estrutura Informal (Organização Informal)** é a rede de relações sociais e pessoais que não é representada ou requerida pela estrutura formal. Surge da interação social das pessoas, o que significa que se desenvolve, espontaneamente, quando as pessoas se reúnem. Portanto, apresenta relações que, usualmente, não são formalizadas e **não aparecem no organograma da empresa**. A organização informal envolve as emoções, atitudes e ações das pessoas em termos de suas necessidades, e não de procedimentos ou regras.

3.2.4 Elementos da Estrutura Organizacional

Especialização

Consequência da divisão do trabalho: cada unidade ou cargo passa a ter funções e tarefas específicas e especializadas.

A especialização pode dar-se em dois sentidos: vertical e horizontal.

A horizontal representa a tendência de criar departamentos especializados no mesmo nível hierárquico, cada qual com suas funções e tarefas. Exemplo: gerência de *Marketing*, gerência de Produção, gerência de Recursos Humanos.

A vertical caracteriza-se pelos níveis hierárquicos (chefia), pois, na medida em que ocorre a especialização horizontal do trabalho, é necessário coordenar essas diferentes atividades e funções. **Ex.**: Presidência, Diretoria-Geral, Gerências, Coordenadorias, Seções.

3.2.5 Centralização/ Descentralização/Delegação

Centralização

CENTRALIZAÇÃO significa que a autoridade para decidir está localizada no topo da organização, ou seja, a maioria das decisões relativas ao trabalho que está sendo executado não é tomada por aqueles que o executam, mas em um ponto mais alto da organização.

Vantagens	Desvantagens
• decisões mais consistentes com os objetivos gerais; • maior uniformidade de procedimentos; • aproveitamento da capacidade dos líderes generalistas; • redução dos riscos de erros por parte dos subordinados; • maior controle global do desempenho da organização.	• decisões e administradores distanciados dos fatos locais; • dependência dos subordinados; • diminuição da motivação, criatividade; • maior demora na implementação das decisões • maior custo operacional.

Descentralização

Por outro lado, podemos dizer que **DESCENTRALIZAÇÃO** significa que a maioria das decisões relativas ao trabalho que está sendo executado é tomada pelos que o executam, ou com sua participação. A autoridade para decidir está dispersa nos níveis organizacionais mais baixos. A tendência moderna ocorre no intuito de descentralizar para proporcionar melhor uso dos recursos humanos.

Vantagens	Desvantagens
- maior agilidade e flexibilidade nas decisões; - decisões mais adaptadas aos fatos locais; - maior motivação, autonomia e disponibilidade dos líderes; - maior facilidade do controle específico do desempenho de unidades e gerentes.	- perda de uniformidade das decisões; - maiores desperdícios e duplicação de recursos; - canais de comunicação mais dispersos; - dificuldade de encontrar responsáveis e controlar o desempenho da organização como um todo; - mais cara.

Delegação

Segundo Oliveira (2010, p. 189), delegação é o processo de transferência de determinado nível de autoridade de um chefe para seu subordinado, criando o correspondente compromisso pela execução da tarefa delegada.

Em outras palavras, delegação é o processo de transmitir certas tarefas e obrigações de uma pessoa para outra, em geral, de um superior para um colaborador. Aquele que recebe o poder delegado tem autoridade suficiente para concluir o trabalho, mas aquele que delega fica com a total responsabilidade pelo seu êxito ou fracasso.

3.2.6 Cadeia de Comando/ Escalar ou Linha de Comando

A cadeia de comando de uma organização mostra, basicamente, quem "manda em quem". Ou seja, descreve as linhas de autoridade, desde a cúpula da empresa até o seu nível mais baixo. A cadeia de comando mostra, portanto, a relação de subordinação dentro da estrutura e mostra como funciona a hierarquia funcional. Esta "estrutura hierárquica" é o que chamamos de "cadeia de comando".

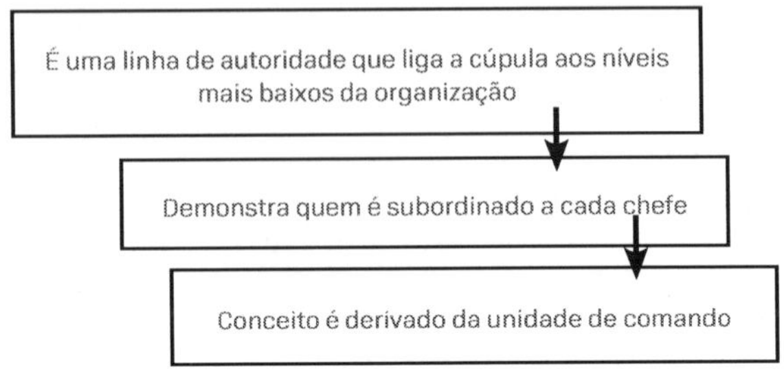

3.2.7 Amplitude Administrativa/Controle

Amplitude administrativa (ou amplitude de comando, ou de controle) é o número de subordinados/áreas que um gestor tem sob seu comando/supervisão. Em qualquer nível, cada gestor tem um determinado número de pessoas que se reportam a ele, pessoas estas que podem estar agrupadas em conjuntos de cargos ou em departamentos. Uma decisão importante no processo de organização é a definição da amplitude ideal de comando, ou seja, a quantidade de áreas e pessoas que um chefe tem capacidade de gerir com eficácia.

3.2.8 Organograma

É uma representação gráfica da estrutura da uma empresa/instituição, a divisão do trabalho em suas unidades/departamentos, a hierarquia e os canais de comunicação.

- **Divisão do trabalho:** quadros (retângulos) representam cargos ou unidades de trabalho (departamentos). Eles indicam o critério de divisão e de especialização das áreas, ou seja, como as responsabilidades estão divididas dentro da organização.
- **Autoridade e Hierarquia:** a quantidade de níveis verticais em que os retângulos estão agrupados mostra a cadeia de comando, ou seja, como a autoridade está distribuída, do diretor que tem mais autoridade, no topo da estrutura, até o funcionário que tem menos autoridade, na base da estrutura.
- **Canais de comunicação:** as linhas que verticais e horizontais que ligam os retângulos mostram as relações/comunicações entre as unidades de trabalho.

Formalização

Grau de controle da organização sobre o indivíduo, definido pelas normas e procedimentos, limitando a atuação e o comportamento.

Responsabilidade

Dever de desempenhar a tarefa ou atividade, ou cumprir um dever para o qual se foi designado. Nada mais é do que executar a tarefa adequadamente, de acordo com a confiança depositada.

O grau de responsabilidade é, geralmente, diretamente proporcional ao grau de autoridade da pessoa. Dessa forma, os cargos de alto escalão possuem maior autoridade e maior responsabilidade que os cargos mais baixos.

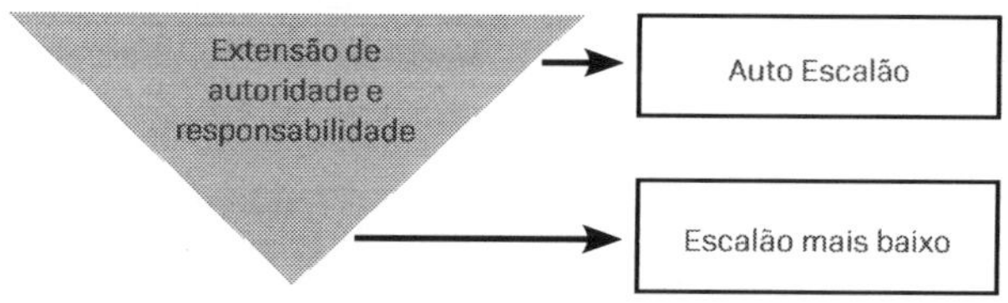

3.2.9 Departamentalização

Diferenciação horizontal que permite simplificar o trabalho, aproveitando os recursos de forma mais racional. É o agrupamento dos indivíduos em unidades gerenciáveis para facilitar a coordenação e o controle.

Um departamento é um "pedaço" da organização. É um setor que está focado em um aspecto de seu funcionamento. O departamento é uma unidade de trabalho que concentra um conjunto de tarefas.

Tipos de Departamentalização

Departamentalização por Função (Funcional)

É a divisão lógica de acordo com as funções a serem desempenhadas, ou seja, é a divisão departamental que segue o princípio da especialização.

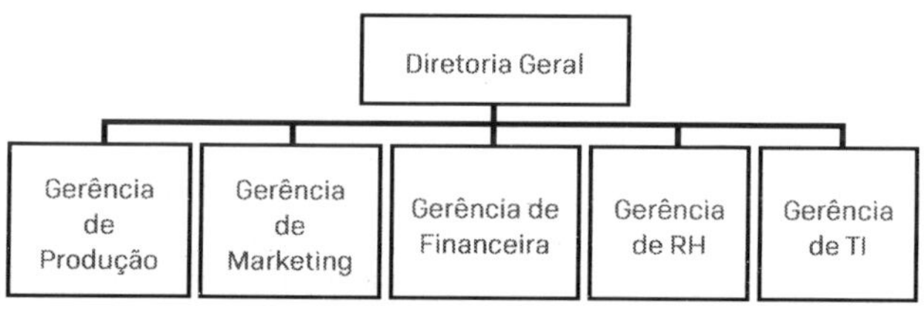

Vantagens	Desvantagens
- agrupa vários especialistas em uma mesma unidade; - simplifica o treinamento e orienta as pessoas para uma função específica, concentrando sua competência e habilidades técnicas; - permite economia de escala pelo uso integrado de pessoas, máquinas e produção em massa; - indicada para situações estáveis, tarefas rotineiras e para produtos ou serviços que permaneçam longos ciclos sem mudanças.	- reduz a cooperação interdepartamental (ênfase nas especialidades); - é inadequada para ambiente e tecnologia em constante mudança, pois dificulta a adaptação e a flexibilidade às mudanças externas; - foco na especialidade em detrimento do objetivo organizacional global.

Departamentalização Base Territorial ou Geográfica

É a diferenciação e o agrupamento das atividades de acordo com o local onde o trabalho será desempenhado, ou então a área de mercado a ser servida pela empresa. É utilizada geralmente por empresas que cobrem grandes áreas geográficas e cujos mercados são extensos e diversificados, ou seja, quando as circunstâncias externas indicam que o sucesso da organização depende particularmente do seu ajustamento às condições e às necessidades locais e regionais.

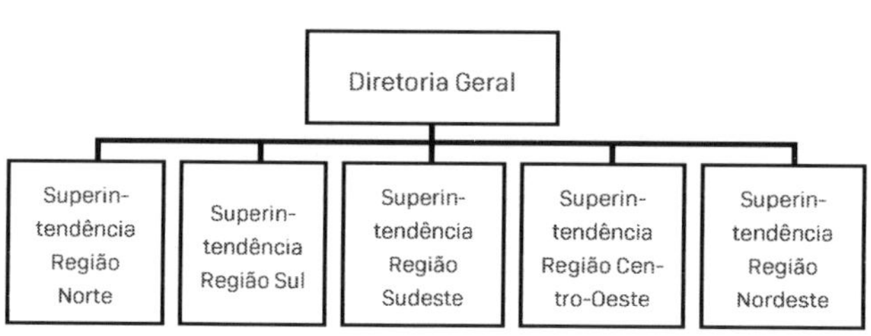

Vantagens	Desvantagens
- amplia a área de atuação, atingindo maior número de clientes; - permite fixar a responsabilidade de lucro e de desempenho no comportamento local ou regional, além de encorajar os executivos a pensar em termos de sucesso de território; - as características da empresa podem acompanhar adequadamente as variações de condições e características locais.	- o enfoque territorial pode deixar em segundo plano a coordenação, tanto dos aspectos de planejamento e execução, quanto de controle como um todo, em face do grau de liberdade e autonomia nas regiões; - em situações de instabilidade externa em determinada região, pode gerar temores e ansiedades na força de trabalho em função da possibilidade de desemprego ou prejuízo funcional.

Departamentalização por Produto/Serviço

Descentraliza as atividades e decisões de acordo com os produtos ou serviços executados. É realizada quando as atividades inerentes a cada um dos produtos ou serviços possuem diferenciações significativas e, por isso, fica mais fácil administrar cada produto/serviço individualmente.

Vantagens	Desvantagens
- fixa a responsabilidade dos departamentos para uma linha de produto; - facilita a coordenação entre as diferentes áreas: a preocupação principal é o produto, e as atividades das áreas envolvidas dão pleno suporte; - facilita a inovação, pois requer cooperação e comunicação dos vários grupos que contribuem para gerar o produto.	- dispersa os especialistas nos diversos subgrupos orientados para os produtos; - não é indicada para circunstâncias externas não mutáveis, empresas com pouca variabilidade dos produtos, por trazer custos operacionais elevados; - em situações de instabilidade externa, pode gerar temores e ansiedades na força de trabalho de determinada linha de produto, em função da possibilidade de desemprego ou prejuízo funcional; pode enfatizar a coordenação em detrimento da especialização.

Departamentalização por Cliente

Envolve a diferenciação e o agrupamento das atividades de acordo com o tipo de pessoa/grupo/empresa para quem o trabalho é executado. Divide as unidades organizacionais para que cada uma possa servir a um grupo de clientes, sendo indicada quando as características dos clientes – idade, sexo, nível socioeconômico – são determinantes para o sucesso do negócio e requerem diferentes abordagens para as vendas, os produtos, os serviços adicionais.

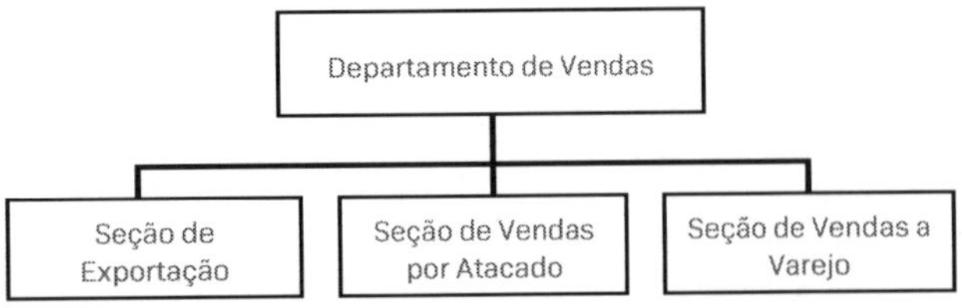

Vantagens	Desvantagens
- quando a satisfação do cliente é o aspecto mais crítico da organização, ou seja, quando o cliente é o mais importante, e os produtos e serviços devem ser adaptados às suas necessidades. - dispõe os executivos e todos os participantes da organização para a tarefa de satisfazer as necessidades e os requisitos dos clientes; - permite à organização concentrar seus conhecimentos sobre as distintas necessidades e exigências dos canais mercadológicos.	-as demais atividades da organização – produção, finanças – podem se tornar secundárias ou acessórias, em face da preocupação compulsiva com o cliente; - os demais objetivos da organização – lucratividade, produtividade – podem ser deixados de lado ou sacrificados.

Departamentalização por Processos

Processo é um conjunto de atividades inter-relacionadas e cíclicas que transforma insumos (entradas) em produtos (saídas). A departamentalização por fases do processo é utilizada quando o produto final é tão complexo que se faz necessário fabricá-lo a partir da divisão em processos menores, com linhas de produção distintas. Exemplo: indústria automobilística. Uma linha de produção é um arranjo físico de máquinas e equipamentos. Essa linha define o agrupamento de pessoas e de materiais para processar as operações.

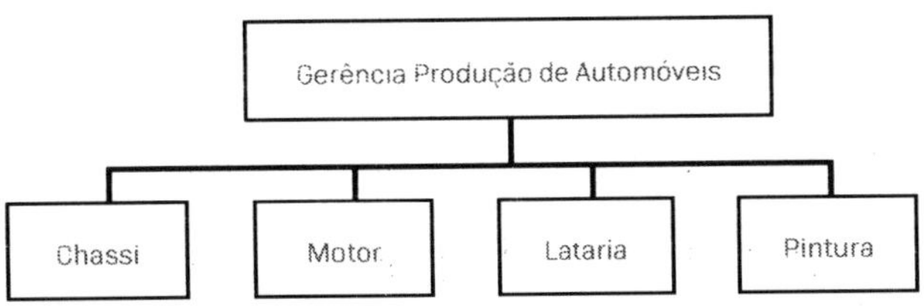

Vantagens	Desvantagens
- fixa a responsabilidade e a união dos esforços em determinado processo; - extrai vantagens econômicas oferecidas pela própria natureza do equipamento ou da tecnologia. A tecnologia passa a ser o foco e o ponto de referência para o agrupamento de unidades e posições.	- quando a tecnologia utilizada sofre mudanças e desenvolvimento revolucionários, a ponto de alterar profundamente os processos; - deve haver especial cuidado com a coordenação dos distintos processos.

Departamentalização por Projetos

Projeto é um evento temporário e não repetitivo, caracterizado por uma sequência lógica de atividades, com início, meio e fim, que se destina a atingir um objetivo claro e definido, sendo conduzido por pessoas dentro de parâmetros predefinidos de tempo, custo, recursos e qualidade.

A departamentalização por projetos, portanto, é utilizada em empresas cujos produtos envolvem grandes concentrações de recursos por um determinado tempo (navios, fábricas, usinas hidrelétricas, pontes, estradas), que exigem tecnologia sofisticada e pessoal especializado. Como o produto é de grande porte, exige planejamento individual e detalhado e um extenso período de tempo para execução; cada produto é tratado como um projeto.

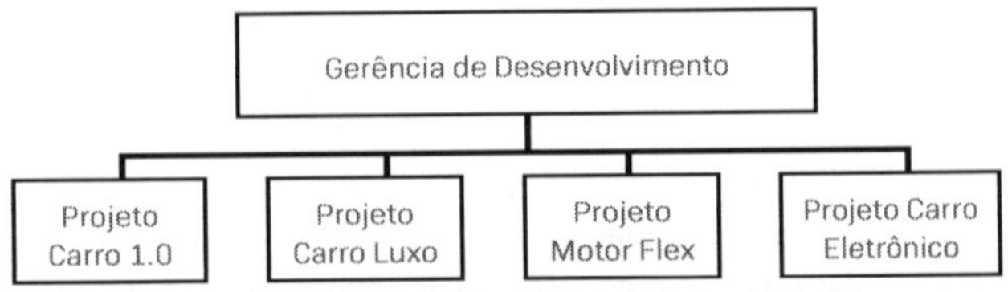

Vantagens	Desvantagens
concentração de recursos e especialistas para realizar um trabalho complexo; foco no resultado; melhoria no controle da execução.	cada projeto é único, inédito, e envolve muitas habilidades e conhecimentos dispersos na empresa ao longo de seu ciclo de execução. Assim, quando termina uma fase, ou mesmo o projeto, a empresa pode ser obrigada a dispensar pessoal ou a paralisar máquinas e equipamentos se não tiver outro projeto em vista.

Departamentalização Matricial

Chama-se matricial, pois combina duas formas de estrutura formando uma espécie de grade. Trata-se de uma estrutura mista, híbrida, que combina geralmente a departamentalização funcional com a de produtos ou de projetos.

Os projetos seriam as áreas-fim, enquanto a estrutura funcional seria a área-meio, responsável pelo apoio aos projetos. A autonomia e o poder relativo a cada estrutura seriam decorrentes da ênfase dada pela empresa aos projetos ou às funções tradicionais.

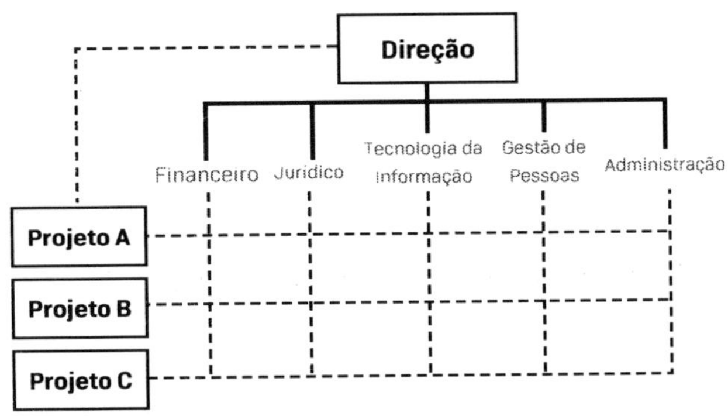

Vantagens	Desvantagens
- maior versatilidade e otimização dos recursos humanos; - forma efetiva para conseguir resultados ou resolver problemas complexos; -mais fortemente orientada para resultados; - maior grau de especialização.	- conflito linha/ projeto; - duplicidade de autoridade e comando.

Departamentalização Mista/Híbrida/Combinada

É praticamente impossível encontrar, na prática, a aplicação pura de um único tipo de departamentalização em toda uma empresa. Geralmente, encontra-se uma reunião de diversos tipos de departamentalização em todos os níveis hierárquicos, a qual se denomina **Departamentalização Mista** ou **Combinada**.

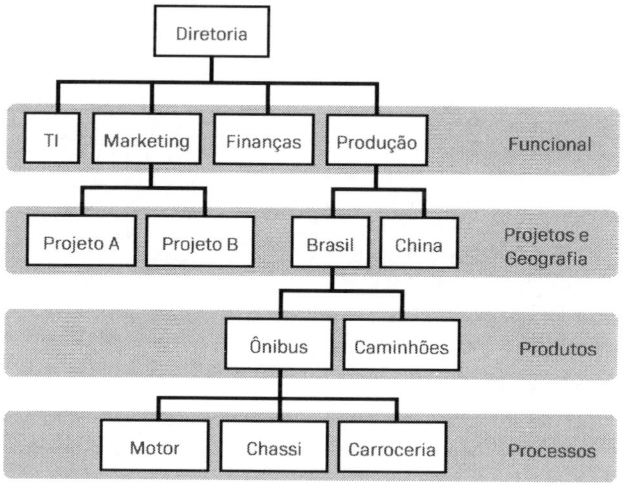

3.2.10 Modelos de Estrutura Organizacional

Desenho/Estrutura Vertical (Modelo Mecanicista)

O desenho é piramidal, caracterizando centralização das decisões. Geralmente é a estrutura de organizações tradicionais, forma burocrática, autoridade centralizada, hierarquizadas, mais rígidas, regras e procedimentos padronizados, divisão de trabalho, amplitude administrativa estreita e meios formais de coordenação.

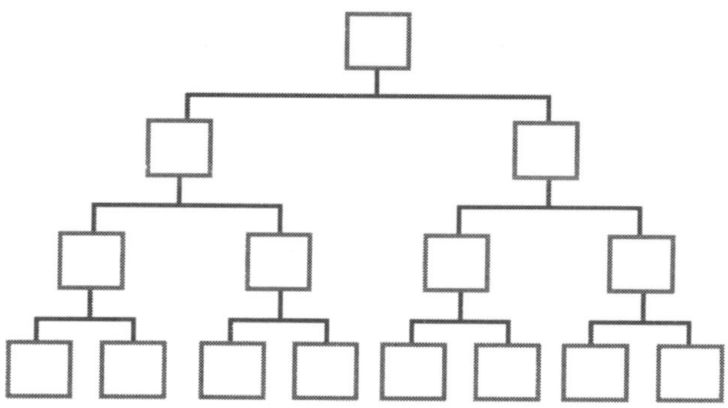

Desenho/Estrutura Horizontal (Modelo Orgânico)

As estruturas são mais achatadas e flexíveis, denotando a descentralização de decisões. *Downsizing* – estratégia administrativa para reduzir número de níveis e aspectos burocráticos da empresa. *Adhocráticos*, adaptativos, mais horizontais, com poucas regras e procedimentos, pouca divisão de trabalho, amplitudes administrativas maiores e mais meios pessoais de coordenação.

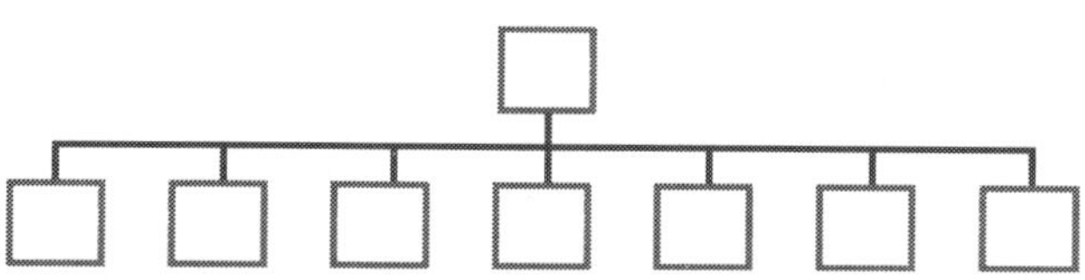

3.2.11 Variáveis Condicionantes da Estrutura Organizacional

01. Ambiente: instável, estável, homogêneo, heterogêneo (estrutura se adapta ao ambiente).

02. Estratégia: estabilidade ou crescimento (estrutura segue a estratégia), a mudança da estrutura em função da estratégia se chama covariação estrutural.

03. Tecnologia: em massa, por processo, unitária; sequencial, mediadora, intensiva (estrutura depende da tecnologia).

04. Ciclo de vida e tamanho: nascimento, crescimento, juventude, maturidade (estrutura se ajusta ao tamanho).

05. Pessoas: conhecimento x reposição.

3.2.12 Tipos de Estruturas Organizacionais

Cada estrutura deverá se adequar a um modelo, ora mais mecanicista, ora mais orgânico, a depender das variáveis condicionantes.

Os diferentes tipos de organização são decorrência da estrutura organizacional, ou seja, da arquitetura ou formato organizacional que assegura a divisão e a coordenação das atividades dos membros da instituição. A estrutura é o esqueleto que sustenta e articula as partes integrantes. Cada subdivisão recebe o nome de unidade, departamento, divisão, seção, equipe, grupo de trabalho.

Estrutura Linear

É a forma mais simples e antiga, originada dos exércitos e organizações eclesiásticas. O nome "linear" se dá em função das linhas diretas e únicas de autoridade e responsabilidade entre superiores e subordinados, resultando em um formato piramidal de organização. Cada gerente recebe e transmite tudo o que se passa na sua área de competência, pois as linhas de comunicação são rigidamente estabelecidas.

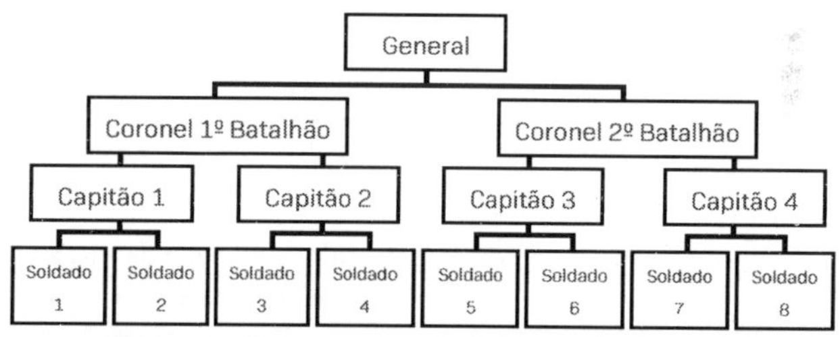

Vantagens	Desvantagens
- estrutura simples e de fácil compreensão e implantação; - clara delimitação das responsabilidades dos órgãos – nenhum órgão ou cargo interfere em área alheia; - estabilidade e disciplina garantidas pela centralização do controle e da decisão. - evita a ambiguidade; - unidade de comando, cada subordinado recebe ordens de um único chefe; - ideal para ambientes estáveis; - aproveita o conhecimento das - chefias generalistas; - geralmente só é vantajoso em empresas pequenas.	- o formalismo das relações pode levar à rigidez e à inflexibilidade, dificultando a inovação e adaptação a novas circunstâncias; - a autoridade linear baseada no comando único e direto pode tornar-se autocrática, dificultando o aproveitamento de boas ideias; - chefes tornam-se generalistas e ficam sobrecarregados em suas atribuições na medida em que tudo tem que passar por eles; - com o crescimento da organização, as linhas formais de comunicação se congestionam e ficam lentas, pois tudo deve passar por elas.

Estrutura Funcional

É o tipo de organização em que se aplica o princípio funcional ou princípio da especialização. Cada área é especializada em um determinado assunto; é a autoridade em um tema. Dessa forma, ela presta seus serviços às demais áreas de acordo com sua especialidade.

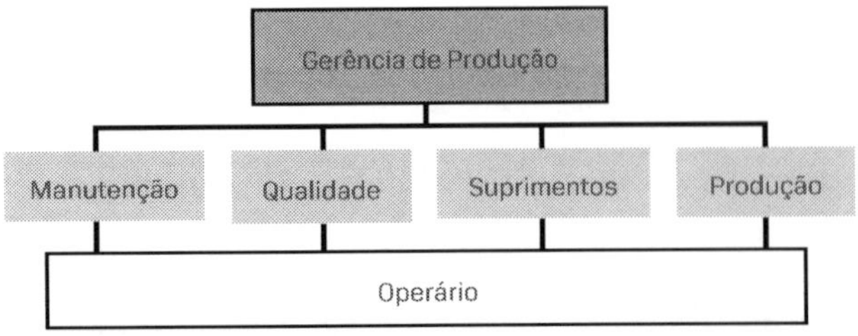

Vantagens	Desvantagens
- proporciona especialização e aperfeiçoamento; - permite a melhor supervisão técnica possível; - comunicações diretas, sem intermediação, mais rápidas e menos sujeitas a distorções; - separa as funções de planejamento e de controle das funções de execução: há uma especialização do planejamento e do controle, bem como da execução, permitindo plena concentração de cada atividade.	- não há unidade de mando, o que dificulta o controle das ações e a disciplina; - subordinação múltipla pode gerar tensão e conflitos dentro da organização; - concorrência entre os especialistas, cada um impondo seu ponto de vista de acordo com sua área de atuação; - coordenação e comunicação entre os departamentos é péssima; - pode gerar ambiguidade; responsabilidade parcial de cada departamento.

Estrutura Linear-Staff

Nela coexistem os órgãos de linha (de execução) e de assessoria (de apoio e consultoria), mantendo relações entre si. As atividades de linha são aquelas intimamente ligadas aos objetivos da organização (áreas-fim). As atividades de *staff* são as áreas-meio, ou seja, prestam serviços especializados que servem de suporte às atividades-fim.

A autoridade para decidir e executar é do órgão de linha. A área de *staff* apenas assessora, sugere, dá apoio e presta serviços especializados. A relação deve ser sinérgica, pois a linha necessita do *staff* para poder desenvolver suas atividades, enquanto o *staff* necessita da linha para poder atuar.

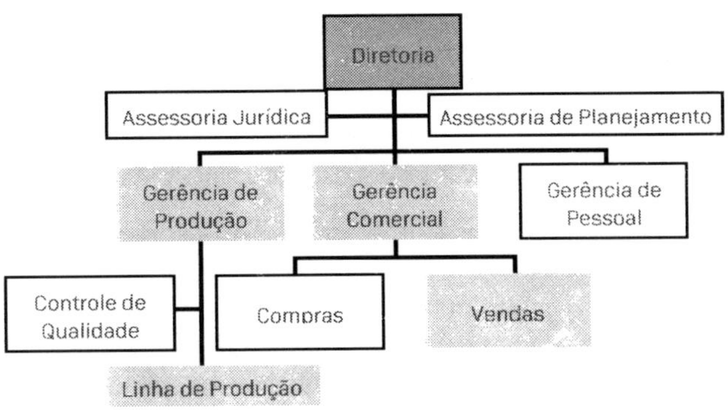

Vantagens	Desvantagens
melhor embasamento técnico e operacional para as decisões; agregar conhecimento novo e especializado à organização; facilita a utilização de especialistas; possibilita a concentração de problemas específicos nos órgãos de staff, enquanto os órgãos de linha ficam livres para executar as atividades-fim.	conflitos entre órgãos de linha e staff: experiências profissionais diversas, visões de trabalho distintas, diferentes níveis de formação; dificuldade de manutenção do equilíbrio entre linha e staff.

Estrutura Divisional ou Unidades Estratégicas de Negócios

Na estrutura divisional, a empresa desmembra sua estrutura em divisões, agregando os recursos e pessoas de acordo com os produtos, clientes e/ou mercados que são considerados importantes.

A vantagem deste modelo é que cada divisão funciona de maneira quase autônoma, independente, facilitando sua gestão. Cada divisão passa a ter seus próprios setores de pessoal, de *marketing*, e logística.

Com isso, estas divisões podem escolher estratégias distintas para atingir seus objetivos. Naturalmente, estas divisões não ficam "totalmente livres" do controle da cúpula da empresa, mas encontram muito mais flexibilidade para gerir seus negócios.

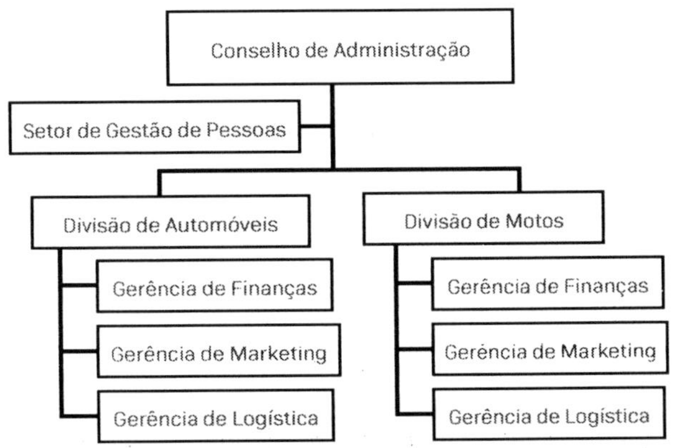

Vantagens	Desvantagens
- foco no resultado; - coordenação em razão do produto e serviço; - favorece a inovação e o crescimento; - comunicação e coordenação intradepartamentais boas.	- custos elevados, duplicidade de órgãos; - dificuldade de integração entre unidades; - a comunicação e a coordenação entre as divisões são péssimas.

Estrutura Matricial

Estas estruturas são um modelo híbrido, que conjuga duas estruturas em uma só. Normalmente, é um somatório de uma estrutura funcional com outra estrutura horizontal, temporária, focada em projetos.

As empresas que atuam com esta estrutura buscam associar as vantagens das duas estruturas, juntando os especialistas funcionais nos projetos mais estratégicos, sempre que necessário.

Ela é chamada de matricial porque seu aspecto é parecido com o de uma matriz. Sua criação foi uma tentativa de conciliar, em uma estrutura rígida e hierárquica, a flexibilidade de uma estrutura temporária.

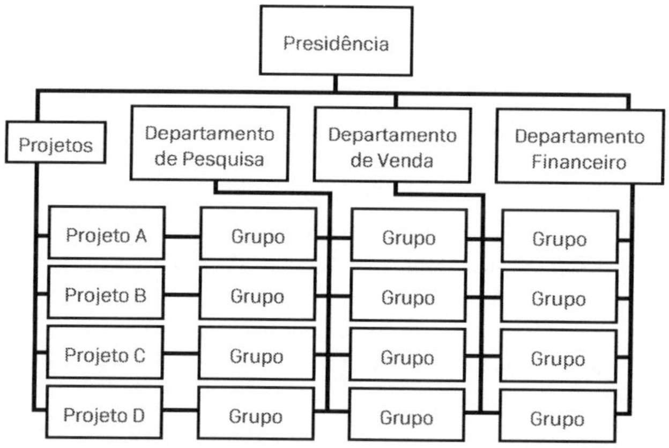

Vantagens	Desvantagens
- máximo aproveitamento de pessoal; - redução de custos; - flexibilidade para aumento e redução de quadro organizacional; - facilidade de apuração de resultado e controle de prazos e custos por projeto; - maior ganho de experiência prática do pessoal; - comunicação e coordenação intradepartamentais boas.	- menor lealdade à instituição; possibilidade de falta de contato entre elementos da mesma especialidade que trabalham em projetos diferentes; - responsabilidade parcial; comunicação e coordenação interdepartamentais péssimas.

Estrutura em Virtual ou em Rede

A antiga ideia de uma organização que "fazia de tudo" (ou verticalizada) ficou para trás. Como ninguém é "bom em tudo", devemos nos aliar a diferentes parceiros, dependendo da necessidade do momento.

Esta é a ideia central das redes organizacionais. Estas surgiram como uma necessidade de que as organizações fossem mais **flexíveis e adaptáveis às mudanças no ambiente**. Desta maneira, se uma empresa necessita de um novo design para seu novo produto, contrata um escritório de *design*. O mesmo ocorre quando esta empresa necessita de distribuir seu produto em um novo mercado – contrata uma empresa especializada em distribuição.

Assim sendo, a empresa pode estabelecer um foco naquilo que melhor sabe fazer e "mudar de rumo" sempre que for necessário. De acordo com este pensamento, surgiram as "organizações em rede" ou as "redes organizacionais".

Como as pessoas demandam cada vez mais produtos e serviços "customizados", essa tendência tem se acelerado. Mais estratégico do que ter capacidades "internas" (e mais estáveis, claro) é ter parceiros dentro de uma rede de atuação que deem este *Know-how* ou competências que possam ser "adquiridas" sempre que necessário.

A flexibilidade ocorre porque a organização passa a contratar qualquer serviço ou produto que precisar diretamente no mercado. Se em um segundo momento esses produtos e serviços não forem mais demandados, poderá cancelar o contrato e trocar de fornecedor, sem precisar demitir funcionários, vender maquinários, dentre outros custos e problemas.

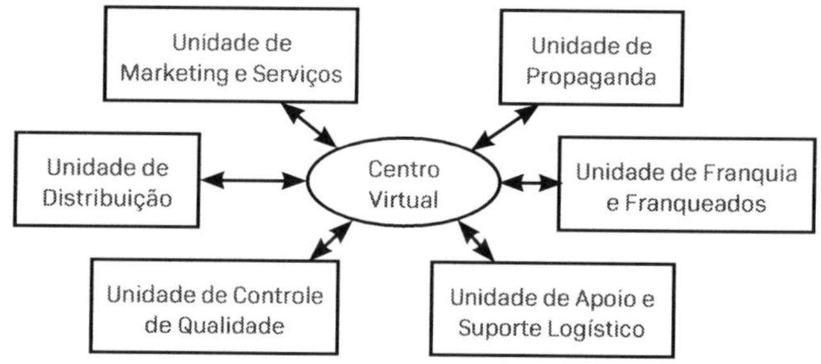

Vantagens	Desvantagens
- negócios virtuais ou unidades de negócios; - baixo custo operacional e administrativo; - competitividade global; - flexibilidade e adaptabilidade a ambientes complexos. - rapidez de respostas às demandas ambientais.	- controle global difícil, riscos e incertezas; - dificuldade de cultura corporativa e lealdades fracas.

3.3 Direção

A direção é a função administrativa que se refere ao relacionamento interpessoal do administrador com seus subordinados. Para que o planejamento e a organização possam ser eficazes, eles precisam ser complementados pela orientação e pelo apoio às pessoas, por meio de adequada comunicação, liderança e motivação, características estas que um administrador deve possuir para conseguir dirigir pessoas com eficiência. Enquanto as outras funções administrativas – planejamento, organização e controle – são impessoais, a direção constitui um processo interpessoal que define as relações entre os indivíduos.

A direção está relacionada diretamente com a atuação sobre as pessoas da organização. Por essa razão, constitui uma das mais complexas funções da administração. Alguns autores preferem substituir a palavra *direção* por liderança ou influenciação. Outros ainda preferem o termo *coaching*. A direção é a fusão de outras duas funções, a coordenação (ajustamento do trabalho) e a liderança.

Para podermos aprofundar na função *direção*, precisamos estudar motivação, pois é questão certa na sua prova também.

3.3.1 Motivação

A motivação define-se pelo desejo de exercer altos níveis de esforço em direção a determinados objetivos, organizacionais ou não, condicionados pela capacidade de satisfazer algumas necessidades individuais.

A motivação é relativa às forças internas ou externas que fazem uma pessoa se entusiasmar e persistir na busca de um objetivo.

Podemos dizer que as principais características básicas da motivação consistem no fato de que ela é um fenômeno individual, ou seja, somos únicos e devemos ser tratados com tal; a motivação é intencional, uma vez que está sob o controle do trabalhador; a motivação é multifacetada, depende tanto do estímulo como da escolha do comportamento empregado.

Outra característica encontrada é que não podemos medir a motivação diretamente. Medimos o comportamento motivado, a ação e as forças internas e externas que influenciam na escolha de ação, pois a motivação não é passível de observação.

A motivação é a força propulsora do comportamento; oferece direção, intensidade, sentido e persistência.

Ciclo Motivacional

Em todo estado de motivação existe um ciclo motivacional. Ele começa com o surgimento de uma necessidade; portanto, sem essa necessidade, não há ciclo. A necessidade traz um estado psicológico no indivíduo causando um desconforto levando a um motivo para sair de determinada situação. Quando as pessoas estão em estado estável, sem essa necessidade, elas tendem a ficar estáticas, acomodando-se nos lugares que ocupam. Por um lado, isso é bom, mas por outro, seres estáticos se acomodam com a situação atual e acabam ficando para trás. Por isso, este incômodo pode ser visto como algo positivo, pois é ele que faz as pessoas se moverem e conseguirem grandes realizações e avanços como seres humanos ou para qualquer outra coisa.

No ciclo motivacional nem sempre a necessidade pode ser satisfeita. Nesses casos ela é liberada na forma de frustrações, causando desconfortos psicológicos como apatia, depressão, entre outros. Porém, quando não é liberada em aspectos psicológicos, pode ser levada para vias fisiológicas, causando problemas no organismo. A necessidade pode também ser transferida para outro lugar, como, por exemplo, a não conquista de uma necessidade é compensada por algum outro benefício.

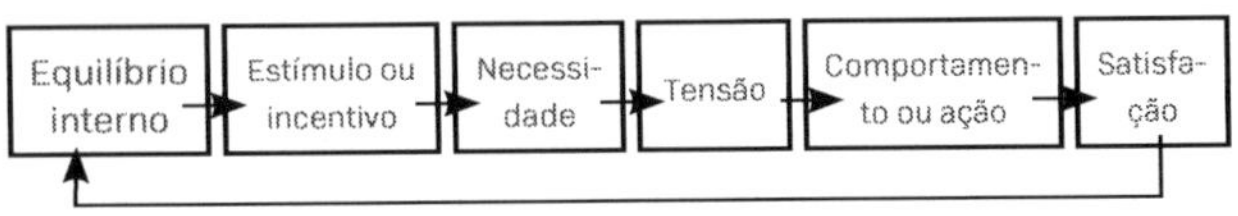

As etapas do ciclo motivacional, envolvendo a satisfação de uma necessidade

Tipos de Motivação

Observamos uma divisão no tipo de motivação sabendo que são diversas as causas motivacionais do indivíduo, suas necessidades e expectativas.

Chamamos a motivação de **INTRÍNSECA** quando ela está relacionada com recompensas psicológicas: reconhecimento, respeito, *status*. Esse tipo motivacional está intimamente ligado às ações individuais dos gerentes em relação aos seus subordinados.

Por outro lado, fala-se de motivação **EXTRÍNSECA** quando as causas estão baseadas em recompensas tangíveis: salários, benefícios, promoções, sendo que estas causas independem da gerência intermediária, pois geralmente são determinadas pela alta administração, pelos gerentes gerais.

3.3.2 Principais Teorias Motivacionais

Algumas provas, por exemplo, podem buscar a classificação das teorias em **teorias de conteúdo e teorias de processo**:

- As **teorias de conteúdo** são aquelas que se referem ao conteúdo da motivação, ou seja, **o que** leva o indivíduo a se motivar.
- As **teorias de processos** são aquelas que se referem ao processo motivacional e ao seu funcionamento.

Teorias de conteúdo	Teorias de processo
1. Teoria da Hierarquia das Necessidades de Maslow. 2. Teoria ERC de Alderfer. 3. Teoria dos dois fatores de Herzberg. 4. Teoria X e Y de McGregor. 5. Teoria das Necessidades adquiridas de McClelland.	1. Teoria da Expectativa ou da Expectância de Vroom. 2. Teoria do Reforço – Skinner. 3. Teoria da Equidade - Stacy Adams. 4. Teoria da Autoeficácia – Bandura. 5. Teoria da Definição de Objetivos – Edwin Locke.

Teorias de Conteúdo

As teorias de conteúdo partem do princípio de que os motivos do comportamento humano residem no próprio indivíduo. A motivação para agir e se comportar é originada das forças existentes no indivíduo. Assim, cada pessoa reage de forma diferente a estímulos recebidos.

Teoria da Hierarquia das Necessidades de Maslow

É a teoria mais conhecida sobre motivação , foi proposta pelo psicólogo americano Abraham H. Maslow, baseia-se na ideia de que cada ser humano esforça-se muito para satisfazer suas necessidades pessoais e profissionais. É um esquema que apresenta uma divisão hierárquica em que as necessidades consideradas de nível mais baixo devem ser satisfeitas antes das necessidades de nível mais alto. Segundo esta teoria, cada indivíduo tem de realizar uma "escalada" hierárquica de necessidades para atingir a sua plena autorrealização.

Para tanto, **Maslow** definiu uma série de cinco necessidades do ser, que são explicadas uma a uma a seguir:

Autorrealização	Desejo da pessoa de se tornar "tudo o que é capaz", crescimento profissional, etc.
Estima	Necessidade de respeito próprio, reconhecimento, status, etc.
Sociais	Necessidade de pertencimento: ter amigos, ter um bom ambiente de trabalho, etc.
Segurança	Ausência de ameaças e perigos: trabalho seguro, sem poluição, tranquilidade financeira
Fisiológicas	Necessidades mais básicas de todo ser-humano: ar, comida, água, etc.

Alguns aspectos sobre a Hierarquia de Necessidades de Maslow

- Para alcançar uma nova etapa, a anterior deve estar satisfeita. Isso se dá uma vez que, quando uma etapa está satisfeita, ela deixa de ser o elemento motivador do comportamento do ser, fazendo com que outra necessidade tenha destaque como motivação.
- Os 4 primeiros níveis dessas necessidades podem ser satisfeitos por aspectos extrínsecos (externos) ao ser humano, e não apenas por sua vontade.
- **Importante!** A necessidade de autorrealização nunca é saciada, ou seja, quanto mais se sacia, mais a necessidade aumenta.
- Acredita-se que as necessidades fisiológicas já nascem com o indivíduo. As outras mostradas no esquema acima se adquirem com o tempo.
- As necessidades primárias, ou básicas, satisfazem-se mais rapidamente que as necessidades secundárias, ou superiores.
- O indivíduo será sempre motivado pelas necessidades que se apresentarem mais importantes para ele.
- De acordo com Maslow, há uma hierarquia na satisfação das necessidades, indo da base para o topo.
- De acordo com os teóricos atuais, não há hierarquia entre as necessidades; tudo depende da prioridade de cada indivíduo. (BOLD)

Essa teoria está perdendo cada vez mais força, mas ainda é considerada importante pela excelente divisão das necessidades.

Teoria ERC ou ERG de Clayton Alderfer

Basicamente, é uma adaptação da teoria da hierarquia das necessidades de Maslow.

Alderfer procurou adequar os estudos de Maslow para que a teoria pudesse refletir os dados de suas pesquisas.

A primeira diferença é o fato de que Alderfer reduziu os níveis hierárquicos para três: de existência, de relacionamento e de crescimento (em inglês: *grow*).

01. Necessidades de existência (*existence*): incluem as necessidades de bem-estar físico: existência, preservação e sobrevivência. Abarcam as necessidades básicas de Maslow, ou seja, as fisiológicas e as de segurança.

02. Necessidades de relacionamento (*relatedness*): são as necessidades de relacionamentos interpessoais, ou seja, de sociabilidade e relacionamento social. Podem ser associadas às necessidades sociais e de estima de Maslow.

03. Necessidades de crescimento (*grow*): são as necessidades que o ser humano tem de desenvolver seu potencial e crescer. Relacionam-se com as necessidades de realização de Maslow.

Outra diferença está no fato de que na teoria ERC não existe uma hierarquia tão rígida. Vários níveis de necessidades podem ser estimulados ao mesmo tempo – a satisfação de um nível anterior não seria um pré-requisito para a satisfação do nível seguinte.

Além disso, se um nível de necessidade superior não for atendido, isso pode levar a pessoa a aumentar a necessidade de nível inferior. Exemplo: a falta de reconhecimento no trabalho poderia aumentar a demanda por melhores salários.

Teoria das Necessidades Adquiridas de David McClelland

De acordo com McClelland, a motivação é relacionada com a satisfação de certas necessidades adquiridas dos indivíduos. Estas necessidades seriam geradas por meio da própria experiência das pessoas, de sua vivência.

01. Necessidade de Realização (Competir): é o desejo de ser excelente, de ser melhor, de ser mais eficiente; as pessoas com essas necessidades gostam de correr riscos calculados, de ter responsabilidades, de traçar metas.

02. Necessidade de Poder (Exercer influência): é o desejo de controlar os outros e de influenciá-los. Pessoas assim têm grande poder de argumentação e esse poder pode ser tanto positivo quanto negativo; elas procuram assumir cargos de liderança.

03. Necessidade de Afiliação (Relacionar-se): reflete o desejo de interação social, de contatos interpessoais, de amizades e de poucos conflitos. Pessoas com essas necessidades colocam seus relacionamentos acima das tarefas.

As principais conclusões que podemos tirar dessa teoria são:

04. As pessoas se sentem muito motivadas quando o trabalho tem bastante responsabilidade, um grau médio de riscos e bastante *feedback*.

05. Uma grande necessidade de realização não faz de alguém, necessariamente, um bom gestor, mas faz com que ela busque o desempenho para atingir as metas fixadas. Isso acontece porque pessoas preocupadas demais em realizar os objetivos não costumam se importar tanto em fazer com que os membros de uma equipe melhorem seu desempenho. Os bons gerentes gerais não costumam ter uma alta necessidade de realização.

06. As necessidades de poder e afiliação estão intimamente ligadas ao sucesso gerencial. Os melhores gestores são aqueles que possuem grande necessidade de poder e baixa necessidade de afiliação. Pode-se considerar que uma grande motivação pelo poder é requisito para a eficácia administrativa.

Trata-se, como se vê, de uma teoria com bastante suporte, mas que possui dificuldades em se operacionalizar, dado que é custoso e demorado conseguir identificar as necessidades do indivíduo sob esta teoria, já que elas são subconscientes.

Teoria dos Dois Fatores de Herzberg

A Teoria dos Dois Fatores de Herzberg é uma das teorias motivacionais mais importantes, sendo também chamada de Teoria da Higiene-Motivação.

Segundo essa teoria, a motivação para o trabalho resulta de dois fatores:

- **Fatores Higiênicos:** referentes ao **AMBIENTE DE TRABALHO**, também chamados de fatores extrínsecos ou profiláticos. Eles **evitam a insatisfação** caso estejam presentes. Incluem aspectos como qualidade da supervisão, remuneração, políticas da empresa, condições físicas de trabalho, relacionamento com colegas e segurança no emprego, benefícios, estilos de gestão, políticas da empresa;
- **Fatores Motivacionais:** referentes ao **CONTEÚDO DO CARGO**, ou seja, ao próprio trabalho, sendo também chamados de fatores intrínsecos. São responsáveis pela existência de satisfação dos funcionários. Incluem aspectos como chances de promoção, oportunidades de crescimento pessoal, reconhecimento, responsabilidades e realização.

Fatores Motivacionais	Fatores Higiênicos
Trabalho em si.	Condições de trabalho.
Realização.	Administração da empresa.
Reconhecimento.	Salário.
Progresso.	Relações com o supervisor.
Responsabilidade.	Benefícios e incentivos sociais.

- A satisfação no cargo depende dos fatores motivacionais.
- A insatisfação no cargo depende dos fatores higiênicos.

Convém compreender que, para a Teoria dos Dois Fatores, **a satisfação não é o oposto da insatisfação.** (TODA A FRASE EM BOLD)

Na verdade, na ausência de fatores higiênicos, haveria a insatisfação; enquanto que, na sua presença, chegar-se-ia a um "ponto neutro", chamado de não insatisfação.

Enquanto isso, na ausência de fatores motivacionais, haveria, quanto a esses fatores, um estado de não satisfação. Se eles estiverem presentes, haveria um estado de satisfação.

Para que o trabalhador se sinta motivado, é necessário que ele possua fatores extrínsecos satisfeitos (para evitar a desmotivação) e fatores motivacionais também satisfeitos (para que se gere a motivação).

Teoria X e Y de Douglas McGregor

As Teorias X e Y são antagônicas quanto à sua visão do ser humano. Ambas foram desenvolvidas por Douglas McGregor, de

ADM ÉTI

acordo com sua observação do comportamento dos gestores com relação aos funcionários.

De acordo com os pressupostos da **Teoria X**, as pessoas: são preguiçosas e indolentes; evitam o trabalho; evitam a responsabilidade para se sentirem mais seguras; precisam ser controladas e dirigidas; são ingênuas e sem iniciativa.

Se o gestor tem esta visão negativa das pessoas, ele tende a ser mais controlador e repressor, a tratar os subordinados de modo mais rígido, a ser autocrático, a não delegar responsabilidades.

Nas pressuposições da **Teoria Y**, o trabalho é uma atividade tão natural como brincar ou descansar, portanto, as pessoas: são esforçadas e gostam de ter o que fazer; procuram e aceitam responsabilidades e desafios; podem ser automotivadas e autodirigidas; são criativas e competentes.

Como o gestor acredita no potencial dos funcionários, ele incentiva a participação, delega poderes e cria um ambiente mais democrático e empreendedor.

Teoria X	Teoria Y
Um indivíduo comum, em situações comuns, evitará sempre que possível o trabalho.	O indivíduo comum não só aceita a responsabilidade do trabalho, como também as procura.
Alguns indivíduos só trabalham sob forte pressão.	O controle externo e a ameaça não são meios adequados de se obter trabalho.
Precisam ser forçados, contralados para que se esforcem em cumprir os objetivos.	O dispêndio de esforço no trabalho é algo natural.
É preguiçoso e prefere ser dirigido, evita as responsabilidades, tem ambições e, acima de tudo, deseja sua própria segurança.	São criativos e incentivos, buscam sempre a solução para os problemas da empresa.
O indivíduo é motivado pelo menor esforço, demandando um acompanhamento por parte do líder.	São pessoas motivadas pelo máximo esforço, demandando uma participação maior nas decisões e negociações inerentes ao seu trabalho.
São ameaçados com punições severas para que se esforcem em cumprir os objetivos estabelecidos pela organização.	O atingimento dos objetivos da organização está ligado às recompensas associadas e não ao controle rígido e às punições.
O homem comum busca, basicamente, segurança.	Os indivíduos são criativos e inventivos, buscam sempre a solução para os problemas da empresa.

Teorias de Processo

Enquanto as teorias de conteúdo se preocupam com as necessidades, as teorias de processo procuram verificar como o comportamento é ativado, dirigido, mantido e ativado.

Teoria da Expectativa ou da Expectância de Vroom

A Teoria da Expectativa (também chamada de Expectância), de Victor Vroom, é uma das teorias da motivação mais amplamente aceitas para o contexto organizacional atual.

Sua ideia central é a seguinte: os funcionários ficarão motivados para um trabalho quando acreditarem que seu esforço gerará o desempenho esperado pela organização e que esse desempenho fará com que ele receba recompensas da organização, que servirão para a satisfação de suas metas pessoais.

Parece complexo, mas vamos desdobrar o que foi dito acima em três aspectos centrais. Assim, as relações que influenciam a motivação do funcionário na organização são as seguintes:

01. Relação esforço-desempenho (Expectância): trata-se da crença do funcionário de que seu esforço gerará o desempenho esperado e que esse resultado será percebido pela organização em sua avaliação de desempenho.

02. Relação desempenho-recompensa (Instrumentalidade): trata-se da crença de que ao atingir os objetivos fixados para si, o funcionário receberá recompensas da organização, como remuneração variável, bônus, folgas, etc.

03. Relação recompensa-metas pessoais (Valência): trata-se do grau em que as recompensas que o funcionário recebe da organização servem para que ele possa atingir as próprias metas pessoais.

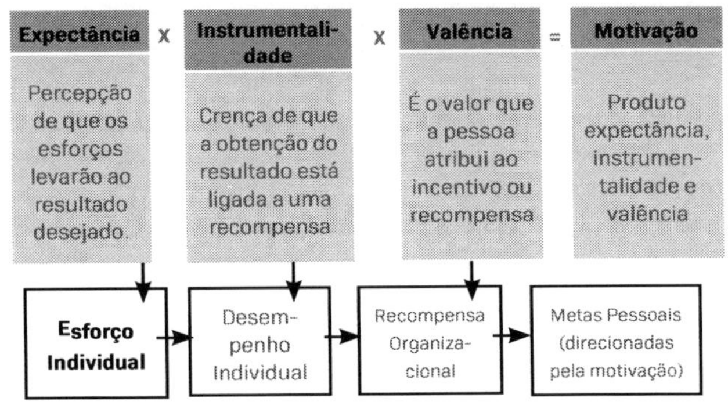

Teoria do Reforço - Skinner

A ideia principal dessa teoria é a de que o reforço condiciona o comportamento, sendo que este é determinado por experiências negativas ou positivas, devendo o gerente estimular comportamentos desejáveis e desencorajar comportamentos não agradáveis.

O reforço positivo se dá de várias formas, tais como: premiações, promoções e até um simples elogio a um trabalho bem feito. São motivadores vistos que incentivam o alto desempenho.

O reforço negativo condiciona o funcionário a não se comportar de maneira desagradável. Tal reforço atua por meio de repreensões, chegando até a demissão.

Conforme Schermerhorn (1996 apud CHIAVENATO, 2005, p. 486-487), **existem quatro estratégias de modificação de comportamento organizacional**:

- **Reforço positivo: para aumentar a frequência ou intensidade do comportamento desejável, relacionando com as consequências agradáveis e contingentes à sua ocorrência. Exemplo:** um administrador que demonstra aprovação por uma atitude de um funcionário; uma organização que concede um prêmio financeiro a um funcionário por uma boa sugestão.
- **Reforço negativo:** para aumentar a frequência ou intensidade do comportamento desejável pelo fato de evitar uma consequência desagradável e contingente à sua ocorrência. Um gerente deixa de repreender o funcionário faltoso ou deixa de exigir que não mais cometa determinada falta.
- **Punição:** para diminuir a frequência ou eliminar um comportamento indesejável pela aplicação da consequência desagradável e contingente à sua ocorrência. Um administrador repreende o funcionário ou suspende o pagamento de bônus ao funcionário que atrasa indevidamente o seu trabalho.

- **Extinção:** para diminuir a frequência ou eliminar um comportamento indesejável pela remoção de uma consequência agradável e contingente à sua ocorrência. Um administrador observa que um empregado faltoso recebe aprovação social de seus colegas e aconselha os colegas a não praticarem mais tal aprovação. A extinção não encoraja nem recompensa.

Teoria da Equidade - Stacy Adams

Para Stacy Adams, todos fazem uma comparação entre o que "entrega" e o que "recebe" em troca (pela empresa e colegas). Assim, a noção de que a relação é justa teria um impacto significativo na motivação.

Equidade, neste caso, é a relação entre a contribuição que o indivíduo dá em seu trabalho e as recompensas que recebe, comparadas com as recompensas que os outros recebem em troca dos esforços empregados. É uma relação de comparação social.

A Teoria da Equidade focaliza a relação dos resultados para os esforços empreendidos em relação à razão percebida pelos demais, existindo assim a EQUIDADE. Porém, quando essa relação resulta em um sentimento de desigualdade, ocorre a INEQUIDADE, podendo esta ser *negativa*, quando o trabalhador recebe menos que os outros, e positiva, quando o trabalhador recebe mais que os outros.

Se alguma dessas duas condições acontece, o indivíduo poderá se comportar da seguinte forma:

- Apresentará uma redução ou um aumento em nível de esforço.
- Poderá fazer tentativas para alterar os resultados.
- Poderá distorcer recursos e resultados.
- Poderá mudar de setor ou até de emprego.
- Poderá provocar mudanças nos outros.
- E, por fim, poderá trocar o grupo ao qual está se comparando.

A equidade é subjetiva: o que pode parecer justo para o superior pode não parecer justo para o subordinado. Por isso, a maior importância recai sobre o que o ambiente percebe como justo, e não sobre o que o gerente acredita ser justo.

Teoria da Autoeficácia - Bandura

Segundo esta teoria, a motivação e o desempenho de um indivíduo podem ser determinados pelo quanto este indivíduo acredita que pode ser eficiente desenvolvendo as tarefas (SPECTOR, 2006). Isso significa que pessoas com alto nível de **autoeficácia** são motivadas a fazer tarefas, pois acreditam que podem desempenhá-las bem, e pessoas com baixo nível de **autoeficácia** não se motivam por certas tarefas por não acreditarem no sucesso de suas ações para desenvolvê-las.

Utilizando o pensamento de Bandura, *apud* Yassudaetall (2005), pode-se dizer que a teoria da autoeficácia prevê que a confiança que o indivíduo tem em sua capacidade é uma grande fonte de motivação e é reguladora de suas atitudes. Quando uma pessoa se percebe capaz de realizar algo, esforça-se mais e tem mais motivação para concluir sua tarefa do que o indivíduo com baixo nível de autoeficácia.

Fique ligado

Autoeficácia é a percepção que temos de que somos capazes, competentes e aptos para realizar um trabalho. Assim, torna-se necessária para a motivação. Masquando é elevada demais, é um obstáculo para o aprendizado, pois o indivíduo acredita que já não precisa melhorar mais, porque está no nível de excelência.

Assim, este estudo afirma que uma pessoa esforça-se mais em tarefas que acredita ter maior grau de autoeficácia para realizar, e que a autoeficácia das pessoas pode variar de acordo com a tarefa que terão que realizar (SPECTOR, 2006).

Bandura também apresenta quatro fontes possíveis para autoeficácia: a fonte mais importante seria o próprio desempenho da pessoa nas tarefas em um determinado domínio. A autoeficácia também pode ser influenciada pela observação do desempenho de outras pessoas - que pode nos levar a concluir que faríamos melhor ou pior do que os outros fazem. Outra fonte da autoeficácia seria a persuasão verbal de outras pessoas, que podem nos convencer de que somos ou não capazes de realizar algo. Finalmente, a percepção de nossos estados fisiológicos também pode afetar nossa autoeficácia, pois se nos sentimos ansiosos, amedrontados frente a certas tarefas, podemos inferir que nos sentimos assim porque não somos capazes de realizá-las (BANDURA *apud* YASSUDA *et all*, 2005, p.1).

Teoria da Definição de Objetivos - Edwin Locke

A Teoria da Definição de Objetivos desenvolvida por Edwin Locke preconiza que a motivação das pessoas está intrinsecamente ligada à busca de alcance de objetivos. O objetivo sinaliza às pessoas o que precisa ser feito e quanto esforço elas terão de despender para o seu alcance.

É uma abordagem cognitiva que sustenta que o comportamento de uma pessoa é orientado por seus propósitos.

Está fundamentada em alguns pressupostos:

04. Objetivos bem definidos e mais difíceis de serem alcançados levam a melhores resultados do que metas genéricas e abrangentes.

05. Objetivos difíceis, para pessoas capacitadas, elevam o desempenho.

06. A retroação a respeito do desempenho provoca melhor desempenho. Quando a retroação é autogerenciada, é mais poderosa que a retroação externa.

07. Objetivos construídos com a participação dos funcionários, que terão que atingi-los para que surtam mais resultados.

08. Pessoas com alta autoeficácia tendem a concluir com êxito as tarefas. Pessoas com baixa autoeficácia precisam de maior retroação externa.

09. A definição individual de objetivos funciona melhor para tarefas individuais e independentes.

3.3.3 Estilos de Direção

Os Sistemas Administrativos

Dentro desse filão, Likert, outro expoente da teoria comportamental, fez uma pesquisa levando em conta algumas variáveis comportamentais importantes. Dentre elas, estão o processo decisorial, os sistemas de comunicação, o relacionamento interpessoal dos membros e os sistemas de punições e recompensas adotados pelas organizações.

- **Processo decisorial.** O administrador pode centralizar totalmente em suas mãos todas as decisões dentro da organização (centralização) ou pode descentralizar totalmente as decisões de maneira conjunta e participativa com as pessoas envolvidas (descentralização). Ele pode adotar uma supervisão direta, rígida e fechada sobre as pessoas (estilo autocrático) até uma supervisão genérica, aberta, democrática e orientadora que permite ampla autodireção e autocontrole por parte das pessoas (estilo democrático).
- **Sistemas de comunicação.** O administrador pode adotar fluxos descendentes de ordens e instruções e fluxos ascendentes de relatórios para informação (comunicação vertical e rígida), ou pode adotar sistemas de informação desenhados para proporcionar acesso a todos os dados necessários ao desempenho (comunicação vertical e horizontal intensa e aberta).
- **Relacionamento interpessoal.** O administrador pode adotar cargos com tarefas segmentadas e especializadas (cargos

especializados, individualizados e confinados em que as pessoas não podem se comunicar entre si) ou pode adotar desenhos de cargos que permitam o trabalho em grupo ou em equipe em operações autogerenciadas e autoavaliadas (cargos enriquecidos e abertos).

- Sistemas de punições e recompensas. O administrador pode adotar um esquema de punições que obtenha a obediência por meio da imposição de castigos e medidas disciplinares (ênfase nas punições e no medo), ou pode adotar um esquema de recompensas materiais e simbólicas para obter a aceitação, a motivação positiva e o comprometimento das pessoas (ênfase nas recompensas e no estímulo).

Likert chegou à conclusão de que as variáveis comportamentais escolhidas para sua pesquisa variam e se comportam como continuons.

Em função dessa continuidade, chegou à conclusão de que existem quatro sistemas administrativos.

Sistema 1: Autoritário-Coercitivo

No extremo esquerdo do *continuum*, o Sistema 1 constitui o sistema mais fechado, duro e arbitrário de administrar uma organização. É totalmente coercitivo e coativo, impondo regras e regulamentos, e exige rígida e cega obediência. As decisões são monopolizadas na cúpula da organização. Impede a liberdade, nega a informação, restringe o indivíduo e faz com que ele trabalhe isoladamente dos demais. Há forte desconfiança em relação às pessoas e impede-se qualquer contato interpessoal. Para incentivar as pessoas a trabalharem, utiliza punições e castigos - a motivação negativa - de modo a impor intimidação e medo e reforçar a obediência cega.

Sistema 2: Autoritário-Benevolente

O Sistema 2 é também um sistema autoritário. Todavia, é benevolente e menos coercitivo e fechado do que o anterior. Permite alguma delegação das decisões em níveis mais baixos, desde que essas decisões sejam repetitivas e operacionais e sujeitas à confirmação da cúpula. As restrições à liberdade são menores do que no Sistema l; oferece-se alguma informação, já que o fluxo vertical de informações traz ordens e comandos de cima para baixo e informações de baixo para cima a fim de abastecer o processo decisório. Existe ainda uma grande desconfiança das pessoas, mas permite-se algum relacionamento entre elas, como certa condescendência da organização. O sistema utiliza punições e castigos, mas já se preocupa com recompensas, que são estritamente materiais e salariais, frias e calculistas.

Sistema 3: Consultivo

O Sistema 3 já é mais aberto do que os anteriores. Deixa de ser autocrático e impositivo para dar alguma margem de contribuição das pessoas. Daí a sua denominação do sistema consultivo. Proporciona descentralização e delegação das decisões, permitindo que as pessoas possam envolver-se no processo decisorial da organização. O sistema se apoia em boa dose de confiança nas pessoas, permitindo que elas trabalhem ocasionalmente em grupos ou em equipes. As comunicações são intensas e o seu fluxo é vertical - acentuadamente ascendente e descendente - com algumas repercussões laterais ou horizontais. O sistema utiliza mais recompensas - que são predominantemente materiais e ocasionalmente sociais - e poucas punições.

Sistema 4: Participativo

No extremo direito do *continuum* está o Sistema 4, que constitui o sistema mais aberto e democrático de todos. É denominado sistema participativo, pois incentiva total descentralização e delegação das decisões aos níveis mais baixos da organização, exigindo apenas um controle dos resultados por parte da cúpula. As decisões passam a ser tomadas diretamente pelos executores das tarefas. O sistema se apoia em total confiança nas pessoas e no seu *empoderamento* (*empowerment*), incentivando a responsabilidade e o trabalho conjunto em equipe. As comunicações constituem o núcleo de integração do sistema, e seu fluxo é tanto vertical como horizontal para proporcionar envolvimento total das pessoas no negócio da organização. O sistema utiliza amplamente as recompensas salariais como parte do seu esquema de remuneração variável pelo alcance de metas e resultados, bem como recompensas sociais ou simbólicas. As punições são raras e, quando acontecem, são decididas e administradas pelas equipes ou grupos de trabalho.

Mas, o que determina o tipo de administração a ser desenvolvido pelo administrador? Geralmente, a consistência entre meios e fins. E aqui reside um dos principais aspectos da teoria administrativa. Essa consistência depende de conceitos e teorias a respeito da natureza das pessoas, como elas se comportam nas organizações e como os administradores devem se comportar nesse conjunto. Os sistemas administrativos de Likert constituem uma notável contribuição da escola comportamental para a avaliação do grau de abertura e democratização das organizações. As organizações bem-sucedidas estão migrando decidida e rapidamente para o lado direito do *continuum* descrito - Sistema 4 - e adotando posturas altamente participativas e democráticas com relação às pessoas que nelas trabalham.

3.3.4 O Papel da Direção

Para a Teoria Comportamental, o papel do administrador é promover a integração e articulação entre as variáveis organizacionais e as variáveis humanas, focalizando o ambiente e, mais especificamente, o cliente. De um lado, as variáveis organizacionais, como missão, objetivos, estrutura, tecnologia, tarefas etc.; e de outro, as variáveis humanas, como habilidades, atitudes, competências, valores, necessidades individuais etc., que devem ser devidamente articuladas e balanceadas. As ações de planejar, organizar, controlar e, principalmente, dirigir servem exatamente para proporcionar essa integração e articulação.

Para alcançar uma adequada integração e articulação entre as variáveis organizacionais e as variáveis humanas, o administrador deve utilizar vários mecanismos, como as variáveis comportamentais estudadas por Likert: o processo decisório, os sistemas de comunicação, o relacionamento interpessoal dos membros e o sistema de punições e recompensas.

Por meio desses mecanismos de integração, o papel do administrador se estende por uma ampla variedade de alternativas, que vão desde o Sistema 1 até o Sistema 4 de Likert. O administrador exerce direção, toma decisões e influencia e motiva as pessoas. Ele comunica e estrutura as organizações e desenha cargos e tarefas que repercutem no relacionamento interpessoal dos membros. Ele incentiva as pessoas sob diferentes aspectos. Em cada uma dessas áreas, o papel do administrador pode variar entre comportamentos ou abordagens alternativos.

A Direção e as Pessoas

As mais recentes abordagens administrativas enfatizam que são as pessoas que fazem a diferença nas organizações. Em outras palavras, em um mundo onde a informação é rapidamente disponibilizada e compartilhada pelas organizações, sobressaem aquelas que são capazes de transformá-la rapidamente em oportunidades em termos de novos produtos e serviços antes que outras organizações o façam. E isso somente pode ser conseguido com a ajuda das pessoas que sabem utilizá-la adequadamente, e não apenas com a tecnologia que pode ser adquirida no mercado. São as pessoas - e não apenas a tecnologia - que fazem a diferença. A tecnologia pode ser adquirida por qualquer organização com relativa facilidade nos balcões do mercado. Bons funcionários requerem um investimento muito mais longo em termos de capacitação quanto a habilidades e conhecimentos e, sobretudo, de confiança e comprometimento pessoal.

Ouchi deu o nome de **Teoria Z** para descrever o esquema de administração adotado pelos japoneses, cujos princípios são:

- Filosofia de emprego em longo prazo.
- Poucas promoções verticais e movimentos em cargos laterais.
- Ênfase no planejamento e desenvolvimento da carreira.
- Participação e consenso na tomada de decisões.
- Envolvimento dos funcionários.

É certo que todos esses princípios são válidos para o Japão e sua peculiar cultura oriental e tradições milenares. Mas todos eles podem ser simplesmente transplantados para um país como o nosso, com hábitos e costumes totalmente diferentes. Contudo, alguns aspectos mostram que confiança, consenso e envolvimento das pessoas no negócio são fatores inequívocos de sucesso organizacional. Em qualquer lugar do mundo, é bom não perdê-los de vista.

Conceito de Grupo Social

No passado, prevaleceu por longas décadas a noção de que os indivíduos constituíam o elemento básico na construção dos blocos organizacionais e da dinâmica organizacional. O tempo, a experiência e os resultados serviram para descartar essa noção míope e errônea, e as organizações mais avançadas passaram a redesenhar os seus processos organizacionais construídos sobre e ao redor de indivíduos para remodelá-los inteiramente no nível de grupos de trabalho. Um grande número de organizações está caminhando rápida e definitivamente nessa direção: a ideia é sair do nível do átomo ou da molécula e passar a selecionar grupos - e não mais indivíduos - treinar, remunerar, promover, liderar e motivar grupos, e uma enorme extensão de atividades organizacionais, no sentido de utilizar não mais as pessoas de maneira confinada e isolada, mas grupos de trabalho atuando coesa e conjuntamente. Chegou, portanto, a hora de levar os grupos a sério.

Um grupo pode ser definido como um conjunto de dois ou mais indivíduos que estabelecem contatos pessoais, significativos e propositais, uns com os outros, em uma base de continuidade, para alcançar um ou mais objetivos comuns. Nesse sentido, um grupo é muito mais do que um simples conjunto de pessoas, pois seus membros se consideram mutuamente dependentes para alcançar os objetivos e interagem uns com os outros regularmente para o alcance desses objetivos no decorrer do tempo. Todas as pessoas pertencem a vários grupos, dentro e fora de organizações. Por outro lado, os administradores estão participando e liderando as atividades de muitos e diferentes grupos em suas organizações.

Existem grupos formais e informais. Um grupo formal é um grupo oficialmente designado para atender a um específico propósito dentro de uma organização. Algumas unidades de grupo são permanentes e até podem aparecer nos organogramas de muitas organizações na figura de departamentos (como departamentos de pesquisa de mercado), divisões (como divisão de produtos de consumo) ou de equipes (como equipe de montagem de produtos). Um grupo permanente pode variar de tamanho, indo desde um pequeno departamento ou uma equipe de poucas pessoas até grandes divisões com centenas de pessoas envolvidas. Em todos esses casos, os grupos formais compartilham a característica comum de serem criados oficialmente para desempenhar certas tarefas em uma base duradoura, e continuam sua existência até que alguma decisão mude ou reconfigure a organização por alguma razão.

Os grupos temporários são criados para específicos propósitos e se dissolvem quando tal propósito é alcançado ou cumprido. Certos comitês ou forças-tarefa designados para resolver problemas específicos ou cumprir atribuições especiais são exemplos típicos de grupos temporários. O presidente de uma organização pode solicitar uma força-tarefa para estudar a viabilidade de adotar horário flexível para o pessoal de nível gerencial da empresa. Alguns grupos temporários requerem apenas um líder ou orientador, e não um gerente para alcançar bons resultados.

Por outro lado, muitas organizações utilizam grupos informais que emergem extraoficialmente e que não são reconhecidos como parte da estrutura formal da organização. São grupos amigáveis que se compõem de pessoas com afinidades naturais entre si e que trabalham juntas com mais facilidade. Os grupos de interesses são compostos de pessoas que compartilham interesses comuns e que podem ter interesses relacionados com o trabalho, como serviços comunitários, esportes ou religião.

Quaisquer que sejam os tipos de grupos de trabalho, é inegável a sua enorme utilidade para as organizações.

3.3.5 Trabalho em Equipe

A formação de uma boa equipe que conquiste excelentes resultados tem sido uma busca cada vez mais frequente em qualquer tipo de organização. A tradicional reunião de pessoas em busca de objetivos comuns, que, no passado, era chamada de equipe, hoje é entendida como sendo, na verdade, apenas agrupamento, ou grupo. A verdadeira equipe é aquela que possui objetivos claros, sabe exatamente onde deve chegar, cresce enquanto equipe, mas que respeita e incentiva o crescimento de cada um dos seus componentes. Dessa forma, muito mais do que retratar o papel das equipes na organização, pretende-se descrever os tipos de personalidade, de modo que se consiga uma formação, por meio de uma melhor análise, de equipes de elevado desempenho, com personalidades que venham sempre a somar.

O que é uma Equipe?

A equipe é um grupo de pessoas, em que seus participantes se conhecem, relacionam-se diretamente, havendo ainda uma unidade de espírito e de ação. Quando se focalizam as equipes, verifica-se que os resultados que elas querem atingir são os objetivos da organização.

A equipe traz consigo a ação, a execução do trabalho, agrupando profissionais de categorias diferentes ou não, complementando-se, articulando-se e dependendo uns dos outros para objetivos comuns.

Objetivos do Trabalho em Equipe

As organizações que se baseiam no trabalho em equipe buscam evitar condições opressivas de trabalho e as substituem por processos e políticas que estimulam as pessoas a trabalharem efetivamente para objetivos comuns. Conforme MOSCOVICI (1996) *"(...) desenvolver uma equipe é ajudar a aprender e a institucionalizar um processo constante de autoexame e avaliação das condições que dificultam seu funcionamento efetivo, além de desenvolver habilidades para lidar eficazmente com esses problemas."*

É necessário que uma equipe possua objetivos, para que consiga se manter e se desenvolver. Os objetivos são de suma importância para o trabalho em equipe, pois guiam as ações dos participantes do grupo, que coordenam e planejam seus esforços. Servem ainda para delimitar critérios a fim de resolver conflitos interpessoais, de maneira a promover a melhoria do trabalho, que passa a ser constantemente avaliado, analisado e revisado. Os objetivos, quando imediatos, têm maior significado para a equipe. Devem servir como passos intermediários para os objetivos principais.

Tipos de Equipes

PARKER (1995) divide as equipes em três tipos específicos, cada qual com as suas características.

A **equipe funcional** é formada por um chefe e seus subordinados diretos e tem sido a marca da empresa moderna. Questões como autoridade, relações, tomada de decisão, liderança e gerenciamento demarcado são simples e claras.

A **equipe autogerenciável** é um grupo íntegro de colaboradores responsáveis por todo um processo ou segmento de trabalho, que oferece um produto ou serviço a um cliente interno ou externo. Em diferentes instâncias, os membros da equipe trabalham em conjunto para melhorar as suas operações, lidar com os problemas do dia a dia e planejar e controlar as suas atividades.

E a **equipe interfuncional**, às vezes chamada de **equipe multidisciplinar**, faz parte da silenciosa revolução que atualmente vem abrangendo as organizações. PARKER (1995) diz que "*(...) as possibilidades para esse tipo de equipe parecem ser ilimitadas. Encontro-as nos mais diversos ramos de atividade, desempenhando uma gama de funções igualmente amplas, até então praticadas isoladamente.*" Ainda sob o enfoque de PARKER (1995), "*(...) equipes interfuncionais estão ajudando a agilizar o processo de desenvolvimento de produtos, melhorar o enfoque dado ao cliente, aumentar a capacidade criativa da empresa, oferecer um fórum para o aprendizado organizacional e servir de ponto único de contato para clientes, fornecedores e outros envolvidos.*"

Equipe virtual - as pessoas estão separadas fisicamente, mas unidas pela TI (Tecnologia da Informação).

Equipe temporária - as pessoas estão unidas por um período de tempo específico; após esse prazo, a equipe é desfeita.

Equipe força-tarefa - é uma equipe temporária, montada para resolver um problema específico.

Equipe transversal - é formada por pessoas de departamentos diferentes e níveis organizacionais diferentes.

Estágio de Desempenho de Equipes

De acordo com KATZENBACH e SMITH (apud MOSCOVICI, 1996), a curva de desempenho da equipe permite classificá-la de acordo com o modo de funcionamento em uma das cinco posições:

Pseudo-equipe: neste grupo, pode-se definir um trabalho, mas não há preocupação com o desempenho coletivo apreciável. Prevalece a individualidade.

Grupos de trabalho: não existe estímulo para transformar-se em equipe. Os membros partilham informações entre si, porém são mantidas, de forma individual, as responsabilidades e objetivos. Não se produz desempenho coletivo.

Equipe potencial: existe intenção de produzir o desempenho coletivo. Necessita-se assumir compromisso quanto ao resultado de grupo e se requerem esclarecimentos das finalidades, dos objetivos e da abordagem de tarefa.

Equipe real: composta de pessoas que, além de possuírem habilidades que se complementam, comprometem-se umas com as outras, por meio da missão e dos objetivos comuns e da abordagem de trabalho bem definida. Existe confiança entre os membros do grupo, assumindo responsabilidade plena sobre o desempenho.

Equipe de elevado desempenho: equipe com membros profundamente comprometidos com o crescimento pessoal de cada indivíduo e com o sucesso deles mesmos e dos outros. Possuem resultados muito além das expectativas. Na análise de MANZ e SIMS (1996), com coautores de Empresas sem chefes, instalando equipes de elevado desempenho, tem-se:

- **a)** aumento na produtividade;
- **b)** melhora na qualidade;
- **c)** melhora na qualidade de vida profissional dos funcionários;
- **d)** redução no nível de rotatividade de pessoal e absenteísmo;
- **e)** redução no nível de conflito;
- **f)** aumento na inovação;
- **g)** aumento na flexibilidade; e
- **h)** obtenção de economia de custos da ordem de 30% a 70%.

É necessário aprender a trabalhar em equipe, sabendo-se que uma equipe não começa a funcionar eficientemente no momento em que é criada. Conforme KOPITTKE (2000) "*é necessário um tempo para que a equipe se alinhe.*" Em um importante estudo, feito nos anos 70, o psicólogo Tuckman identificou quatro estágios de desenvolvimento de equipes que visam ao sucesso, conforme relata KOPITTKE (2000), sendo eles:

- **a)** **formação:** neste estágio, as pessoas ainda estão aprendendo a lidar umas com as outras; pouco trabalho é feito;
- **b)** **tormenta:** tem-se uma época de difícil negociação das condições sob as quais a equipe vai trabalhar;
- **c)** **aquiescência:** é a época na qual os papéis são aceitos (posse do problema) e as informações circulam livremente;
- **d)** **realização:** quando a execução do trabalho atinge níveis ótimos (não há mais problema).

Habilidades para o Trabalho em Equipe

As competências para um bom desempenho no trabalho em equipe diferem das competências necessárias ao trabalho individual. A seguir, estão explicitadas essas competências:

- **a)** **cooperar:** participar voluntariamente, apoiar as decisões da equipe, fazer a sua parte do trabalho;
- **b)** **compartilhar informações:** manter as pessoas informadas e atualizadas sobre o processo do grupo;
- **c)** **expressar expectativas positivas:** esperar o melhor das capacidades dos outros membros do grupo, falando dos membros da equipe para os outros com aprovação. Apelar para a racionalidade em situações de conflito e não assumir posição polêmica nesses casos;
- **d)** **estar disposto a aprender com os companheiros:** valorizar a experiência dos outros, solicitar dados e interagir pedindo e valorizando ideias;
- **e)** **encorajar os outros:** dar crédito aos colegas que tiveram bom desempenho tanto dentro como fora da equipe;
- **f)** **construir um espírito de equipe:** tomar atitudes especiais para promover clima amigável, moral alto e cooperação entre os membros da equipe;
- **g)** **resolver conflitos:** trazer à tona o conflito dentro da equipe e encorajar ou facilitar uma solução construtiva para a equipe. Não esconder ou evitar o problema, mas tentar resolvê-lo da forma mais rápida possível.

As diferenças entre as mentalidades		
Fatores	**Ênfase em "você"**	**Ênfase em "nós"**
Estrutura	Trabalho individual centralizado nos departamentos.	Trabalho por processos realizado por times semiautônomos.

Hierarquia	Rígida, com muitos níveis.	Poucos níveis para facilitar a comunicação e agilizar a tomada de decisões.
Carreira	Baseada em cargos e em tempo de serviço.	O funcionário ganha projeção à medida que adquire mais habilidades.
Execução de projetos	Uma área ou pessoa é eleita para levar adiante um projeto.	As equipes multidisciplinares, formadas por pessoas de diversos setores, assumem o projeto.
Tomada de decisão	Todas as decisões operacionais são de responsabilidade do supervisor.	As decisões sobre detalhes do dia a dia do funcionário são tomadas por ele mesmo. A autonomia acelera os processos e aumenta a produtividade.
Remuneração fixa	Baseada em cargos, tempo de serviço e formação.	Baseada nas habilidades que agregam valor aos produtos da empresa
Remuneração variável	Não há participação nos resultados.	Participação nos resultados proporcional às metas alcançadas variável pelo time ou pelo cumprimento de projetos individuais.
Comunicação	A comunicação é truncada, pois há dificuldade de transmissão das informações entre os departamentos. Crença de que a competição interna gera lucros para a empresa.	Estímulo à comunicação aberta entre todos os níveis. A internet tem sido o veículo mais utilizado e as reuniões viraram hábito diário.
Competição	Crença de que a competição interna gera lucros para a empresa.	Diminuição da competitividade. As promoções são baseadas nas habilidades adquiridas e, muitas vezes, só acontecem com o consentimento do grupo.

Liderança

Para o empregado de hoje, ter sucesso significa alcançar a realização pessoal, social e financeira, ser interdependente, contribuir para a solução de problemas, encontrar desafios e atingir metas. As pessoas querem sentir que seus esforços são valorizados e que seu trabalho é o diferenciWal que contribui para o sucesso da empresa em que trabalham.

O líder de hoje pode se perguntar: "*Quais as habilidades essenciais que preciso ter para obter a lealdade e o comprometimento da minha equipe? Como posso ser ainda mais útil com cada pessoa do meu time?*".

Tais questões serão respondidas adiante, com a intenção de estimular o pensamento e as ações do candidato, desenvolvendo nele as habilidades necessárias para adotar comportamentos de liderança e, ao mesmo tempo, obter êxito na prova de Administração Geral, pois este tema é muito cobrado em concursos.

A fim de conquistar o comprometimento de uma equipe, é necessário que o líder inspire – e não exija – respeito e confiança. Cada pessoa se compromete quando é tratada como se fizesse parte da equipe – quando sabe que sua contribuição é importante. Quando a pessoa percebe que é considerada, compreendida e reconhecida, sua percepção de comprometimento cresce. Um líder que forma outros líderes ensina que são seis os passos que criam condições para o desenvolvimento da lealdade e do comprometimento:

01. Comunicação franca e aberta.

02. Envolvimento e potencialização dos colaboradores.

03. Desenvolvimento profissional e pessoal dos colaboradores.

04. Demonstrar o reconhecimento.

05. Liderar com ética e imparcialidade.

06. Promover o bem-estar no ambiente de trabalho.

Quando Fayol anunciou as funções administrativas, elas eram representadas pela sigla POCCC (Planejamento, Organização, Comando, Coordenação e Controle). Com o passar do tempo, as funções de comando e coordenação foram unificadas na letra D, de direção. Essa função engloba atividades como a tomada de decisão, a comunicação com os subordinados, superiores e pares, a obtenção, a motivação e o desenvolvimento de pessoal.

A liderança nas empresas pode ocorrer de duas maneiras:

a) **liderança decorrente de uma função** (cargo com autoridade de decisão);

b) **liderança como uma qualidade pessoal** (conjunto de atributos e atitudes que tornam uma pessoa um líder.

Teorias sobre Liderança

As teorias sobre liderança podem ser classificadas em três grandes grupos:

01. Teoria dos traços de liderança.

02. Estilos de liderança.

03. Liderança situacional (contingencial).

Vamos aprofundar, vejamos o que o Idalberto Chiavenato explica:

1ª. Teoria dos Traços de Personalidade

De acordo com esta teoria, já desacreditada, o líder possuiria características marcantes de personalidade que o qualificariam para a função. Essas características eram:

- habilidade de interpretar objetivos e missões;
- facilidade em solucionar problemas e conflitos;
- habilidade de delegar responsabilidade aos outros;
- facilidade em supervisionar e orientar pessoas;
- habilidade de estabelecer prioridades;
- habilidade de planejar e programar atividades em equipe.

De acordo com vários autores, somente seriam líderes potenciais aqueles que possuíssem essas qualidades.

2ª. Estilos de Liderança?

Esta teoria aponta três estilos de liderança: **autocrática, democrática e liberal**. Ela está concentrada mais especificamente no modo como os líderes tomavam decisões, e o efeito que isso produzia nos índices de produtividade e na satisfação geral dos subordinados.

AUTOCRÁTICA	DEMOCRÁTICA	LIBERAL
Apenas o líder fixa as diretrizes, sem qualquer participação do grupo.	As diretrizes são debatidas pelo grupo, estimulado e assistido pelo líder.	Há liberdade completa para as decisões grupais ou individuais, com participação mínima do líder.
O líder determina as providências e as técnicas para a execução das tarefas, cada uma por vez, na medida em que se tornam necessárias e de modo imprevisível para o grupo.	O próprio grupo esboça as providências e as técnicas para atingir o alvo solicitando aconselhamento técnico ao líder quando necessário, passando este a sugerir duas ou mais alternativas para o grupo escolher. As tarefas ganham nova perspectivas com os debates.	A participação do líder no debate é pouca, esclarecendo que poderia fornecer informações desde que as pedissem.
O líder determina qual a tarefa que cada um deve executar e qual o seu companheiro de trabalho.	A divisão das tarefas fica a critério do próprio grupo e cada membro tem liberdade de escolher seus companheiros de trabalho.	Tanto a divisão das tarefas, como a escolha dos companheiros, fica totalmente a cargo do grupo. Absoluta falta de participação do líder.
O líder é Dominador e é "pessoal" nos elogios e nas críticas ao trabalho de cada membro.	O líder procura ser um membro normal do grupo, em espírito, sem encarregar-se muito de tarefas. O líder é "objetivo" e limita-se aos "fatos" em suas críticas e elogios.	**O líder não faz nenhuma tentativa de avaliar ou de regular o curso dos acontecimentos. O líder somente faz comentários irregulares sobre as atividades dos membros quando perguntado.**

As experiências demonstram o seguinte comportamento aos diferentes tipos de liderança a que foram submetidos:

- **Liderança Autocrática.** O comportamento dos grupos mostrou forte tensão, frustração e, sobretudo, agressividade, de um lado; e, de outro, nenhuma espontaneidade nem iniciativa, nem formação de grupos de amizade. Embora aparentemente gostassem das tarefas, não demonstraram satisfação com relação à situação. O trabalho somente se desenvolvia com a presença física do líder. Quando este se ausentava, as atividades paravam e os grupos expandiam seus sentimentos reprimidos, chegando a explosões de indisciplina e de agressividade.
- **Liderança Liberal.** Embora a atividade dos grupos fosse intensa, a produção foi simplesmente medíocre. As tarefas se desenvolviam ao acaso, com muitas oscilações, perdendo-se muito tempo com discussões mais voltadas para motivos pessoais do que relacionadas com o trabalho em si. Notou-se forte individualismo agressivo e pouco respeito com relação ao líder.
- **Liderança Democrática.** Houve formação de grupos de amizade e de relacionamentos cordiais entre os participantes. Líder e subordinados passaram a desenvolver comunicações espontâneas, francas e cordiais. O trabalho mostrou um ritmo suave e seguro sem alterações, mesmo quando o líder se ausentava. Houve um nítido sentido de responsabilidade e comprometimento pessoal.

Grid Gerencial

Robert R. Blake e Jane S. Mouton (1989) procuraram representar os vários modos de usar autoridade ao exercer a liderança por meio do Grid Gerencial. Esta representação possui duas dimensões: preocupação com a produção e preocupação com as pessoas.

A **preocupação com a produção** refere-se ao enfoque dado pelo líder aos resultados, ao desempenho, à conquista dos objetivos. O líder com este tipo de preocupação empenha-se na mensuração da quantidade e da qualidade do trabalho de seus subordinados.

A **preocupação com as pessoas** diz respeito aos pressupostos e atitudes do líder para com seus subordinados. Este tipo de preocupação revela-se de diversas formas, desde o esforço em assegurar a estima dos subordinados e em obter a sua confiança e respeito, até o empenho em garantir boas condições de trabalho, benefícios sociais e outras vantagens.

O inter-relacionamento entre as duas dimensões do Grid Gerencial expressa o uso de autoridade por um líder.

> **Ex.:** quando uma alta preocupação com as pessoas se associa a uma baixa preocupação com a produção, o líder deseja que as pessoas se relacionem bem e sejam "felizes", o que é bem diferente de quando uma alta preocupação com as pessoas se associa a uma alta preocupação com a produção. O líder, aqui, deseja que as pessoas mergulhem no trabalho e procurem colaborar com entusiasmo (Blake e Mouton, 1989, p.14).

Cinco estilos básicos de uso de autoridade são definidos por Blake e Mouton. Os autores criaram uma grade gerencial para mostrar que a preocupação com a produção e a preocupação com as pessoas são aspectos complementares e não mutuamente excludentes. Os líderes foram dispostos em dois eixos: o eixo horizontal se refere à preocupação com a produção, enquanto o eixo vertical se refere à preocupação com as pessoas. Cada eixo está dividido em nove graduações. A graduação mínima é 1 e significa pouquíssima preocupação por parte do administrador. A graduação máxima é 9 e significa a máxima preocupação possível. A figura subsequente ilustra a grade gerencial.

Os Cinco Estilos do Grid Gerencia e Seus Significados

ESTILO	SIGNIFICADO	PARTICIPAÇÃO	FRONTEIRAS INTERGRUPAIS
1.1	Mínima preocupação com a produção e com as pessoas.	Pouco envolvimento e comprometimento.	Isolamento. Falta de coordenação intergrupal.
1.9	Enfatiza as pessoas, com mínima preocupação com a produção.	Comportamento superficial e efêmero. Soluções do mínimo denominador comum.	Coexistência pacífica. Grupos evitam problemas para manter harmonia.
9.1	Preocupação máxima com a produção e mínima com as pessoas.	Não há participação das pessoas.	Hostilidade intergrupal. Suspeita e desconfiança mútuas. Atitude de ganhar/perder.

5.5	Estilo meio-termo. Atitude de conseguir alguns resultados sem muito esforço.	Meio caminho e acomodação que deixa todos descontentes.	Trégua inquieta. Transigência, rateios e acomodação para manter a paz.
9.9	Estilo de excelência. Ênfase na produção e nas pessoas.	Elevada participação e envolvimento. Comprometimento das pessoas.	Comunicações abertas e francas. Flexibilidade e atitude para o tratamento construtivo dos problemas.

Vejamos essa mesma grade, de modo mais detalhado, e como é a maneira pela qual cada líder pensa e atua:

- **(1,1):** a preocupação mínima com a produção e com as pessoas caracteriza o líder que desempenha uma gerência empobrecida. Este tipo de líder, em geral, adota uma postura passiva em relação ao trabalho, fazendo o mínimo para garantir sua permanência na organização.

"Faço o suficiente para ir levando. Aceito os fatos, as crenças e as posições que me são fornecidos. Guardo minhas opiniões para mim mesmo, mas respondo quando solicitado. Evito tomar partido, não revelando minhas opiniões, atitudes e ideias. Permaneço neutro ou tento manter-me fora do conflito. Deixo os outros tomarem suas decisões ou me conformo com o que quer que aconteça. Evito fazer críticas".

- **(1,9):** a preocupação máxima com as pessoas e mínima com a produção caracteriza o líder que faz do ambiente do trabalho um clube campestre. Este líder busca sempre a harmonia de relacionamentos, mesmo que tenha que sacrificar a eficiência e a eficácia do trabalho realizado.

"Tomo a iniciativa de ações que ajudem e apoiem os outros. Procuro fatos, crenças e posições que sugiram estar tudo bem. Em benefício da harmonia, não me inclino a contestar os outros. Acato as opiniões, atitudes e ideias dos outros, embora tenha restrições. Evito gerar conflitos, mas se ocorrerem, tento acalmar os ânimos, a fim de manter todos unidos. Busco tomar decisões que preservem as boas relações e estimulo os outros a tomarem decisões sempre que possível. Encorajo e elogio quando ocorre algo positivo, mas evito dar um 'feedback' negativo".

- **(9,1):** a preocupação máxima com a produção e mínima com as pessoas caracteriza o líder que se utiliza da autoridade para alcançar resultados. Este líder, em geral, age de maneira centralizadora e controladora.

"Exijo de mim e dos outros. Investigo os fatos, as crenças e as posições, a fim de manter qualquer situação sob controle e certificar-me de que os outros não estejam cometendo erros. Não abro mão de minhas opiniões, atitudes e ideias, mesmo que isso signifique rejeitar os pontos de vista alheios. Quando o conflito surge, procuro atalhá-lo ou fazer valer minha posição. Dou grande valor a tomar minhas próprias decisões e raramente me deixo influenciar pelos outros. Assinalo fraquezas ou o fracasso em corresponder às expectativas."

- **(5,5):** o meio-termo, ou seja, a preocupação média com a produção e com as pessoas caracteriza o líder que vê as pessoas no trabalho dentro do pressuposto do homem organizacional. Este tipo de líder busca o equilíbrio entre os resultados obtidos e a disposição e ânimo no trabalho.

"Tento manter um ritmo constante. Aceito os fatos mais ou menos pela aparência e investigo os fatos, as crenças e as posições quando surgem discrepâncias óbvias. Expresso minhas opiniões, atitudes e ideias como quem tateia o terreno e tenta chegar a uma concordância por meio de concessões mútuas. Quando surge um conflito, tento encontrar uma posição razoável, considerada conveniente pelos outros. Procuro tomar decisões exequíveis que os outros aceitem. Dou 'feedback' indireto ou informal sobre sugestões para aperfeiçoamento."

- **(9,9):** a máxima preocupação com a produção e com as pessoas caracteriza o líder que vê no trabalho em equipe a única forma de alcançar resultados, estimulando assim, a máxima participação e interação entre seus subordinados na busca de objetivos comuns.

"Exerço esforço vigoroso e os outros aderem entusiasticamente. Procuro e confirmo as informações. Solicito e dou atenção a opiniões, atitudes e ideias diferentes das minhas. Reavalio continuamente meus próprios dados, crenças e posições bem como os dos outros, a fim de estar seguro da sua validade. Julgo importante expressar minhas preocupações e convicções. Reajo a ideias melhores do que as minhas, mudando meu modo de pensar. Quando o conflito surge, procuro saber seus motivos, a fim de solucionar as causas subjacentes. Dou grande valor à tomada de decisões certas. Procuro o entendimento e o acordo. Encorajo o 'feedback' de mão-dupla a fim de fortalecer a operacionalidade".

Blake e Mouton caracterizaram este último estilo como o mais apropriado para conseguir os objetivos das organizações. Os treinamentos realizados por eles em programas de Desenvolvimento Organizacional visavam a fazer com que os líderes adotassem o estilo (9,9). Entretanto, pesquisas empíricas têm revelado que nem sempre este tipo de estilo de liderança é o mais indicado para a eficiência e a eficácia dos resultados.

3ª Teoria Situacional de Liderança

Nesta teoria, o líder pode assumir diferentes padrões de liderança de acordo com a situação e para cada um dos membros da sua equipe.

A Teoria Situacional surgiu diante da necessidade de um modelo significativo na área de liderança, em que é definida a maturidade como a capacidade e a disposição das pessoas de assumir a responsabilidade de dirigir o próprio comportamento. Portanto, entende-se como Liderança Situacional o líder que se comporta de um determinado modo ao tratar individualmente os membros do seu grupo e, de outro, quando se dirigir a este como um todo, dependendo do nível de maturidade das pessoas que tal líder deseja influenciar.

A Liderança Situacional não só sugere o estilo de liderança de alta probabilidade para os vários níveis de maturidade, como indica a probabilidade de sucesso das outras configurações de estilo, se o líder não for capaz de adotar o estilo desejável. Estes conceitos são válidos em qualquer situação em que alguém pretende influenciar o comportamento de outras pessoas. Em um contexto geral, ela pode ser aplicada em qualquer tipo organizacional, quer se trate de uma organização empresarial, educacional, governamental ou militar e até mesmo na vida familiar.

As principais ramificações da Teoria Situacional são:

- A escolha dos padrões de liderança.
- Modelo Contingencial.
- Teoria do Caminho – meta.

ADM ÉTI

A escolha dos padrões de liderança

De acordo com essa teoria, para que o administrador escolha qual o padrão de liderança que desenvolverá em relação aos seus subordinados, ele deve considerar e avaliar três forças.

01. Forças no administrador, como:

- **a)** seu sistema de valores e convicções pessoais;
- **b)** sua confiança nos subordinados;
- **c)** suas inclinações pessoais a respeito de como liderar;
- **d)** seus sentimentos de segurança em situações incertas.

02. Forças nos subordinados, como:

- **a)** sua necessidade de liberdade ou de orientação superior;
- **b)** sua disposição de assumir responsabilidade;
- **c)** sua segurança na incerteza;
- **d)** seu interesse pelo problema ou pelo trabalho;
- **e)** sua compreensão e identificação do problema;
- **f)** seus conhecimentos e experiência para resolver o problema;
- **g)** sua expectativa de participação nas decisões.

03. Forças na situação, como:

- **a)** o tipo de empresa, seus valores e tradições, suas políticas e diretrizes;
- **b)** a eficiência do grupo de subordinados;
- **c)** o problema a ser resolvido ou a complexidade do trabalho;
- **d)** a premência de tempo.

Da abordagem situacional, podem-se inferir as seguintes proposições:

- **a)** Quando as tarefas são rotineiras e respectivas, a liderança é geralmente limitada e sujeita a controles pelo chefe, que passa a se situar em um padrão de liderança próximo ao extremo esquerdo do gráfico.
- **b)** Um líder pode assumir diferentes padrões de liderança para cada um de seus subordinados, de acordo com as forças acima.
- **c)** Para um mesmo subordinado, o líder também pode assumir diferentes padrões de liderança, conforme a situação envolvida. Em situações em que o subordinado apresenta alto nível de eficiência, o líder pode dar-lhe maior liberdade nas decisões; mas se o subordinado apresenta erros seguidos e imperdoáveis, o líder pode impor-lhe maior autoridade pessoal e menor liberdade de trabalho.

Modelo Contingencial de Fiedler

O modelo contingencial de Fiedler enuncia que a liderança eficaz é função da correlação do estilo do líder e o grau de favorabilidade de uma situação. Segundo Hersey & Blanchard (1986), Fiedler enumerou como variáveis determinantes deste último, as relações pessoais entre os atores organizacionais, o modo de estruturação dos processos de trabalho e, ainda, o poder inerente à posição hierárquica do líder.

O autor modera orientações comportamentais com fatores situacionais de modo a prever a eficácia da liderança. A eficácia tanto pode ser conseguida com uma mais elevada orientação para a tarefa como com uma mais elevada orientação para o relacionamento – dependendo do contexto organizacional.

Existem alguns fatores que determinam a eficácia da liderança: relação líder-liderado, o grau de estruturação da tarefa e a quantidade de poder, por exemplo.

Quanto melhor for a relação líder-liderados; quanto mais elevada for a estruturação das tarefas e elevado o poder decorrente da posição ocupada pelo líder, maior será o controle ou influência que ele poderá ter.

Teoria Situacional de Hersey e Blanchard – O ciclo de vida da Liderança

A abordagem de Hersey e Blanchard se apoia no relacionamento entre a maturidade dos empregados e o comportamento do líder em relação ao relacionamento e à tarefa.

De acordo com os autores, os empregados variam muito em seu nível de maturidade - habilidade de fazer seu trabalho de forma independente, de assumir responsabilidade e de desejar o sucesso.

Nesse sentido, o estilo de liderança a ser utilizado depende da maturidade dos funcionários, que pode atingir um dos quatro estágios seguintes:

- **Maturidade 1:** as pessoas demonstram pouca capacidade e disposição para realizar as tarefas e assumir responsabilidades (motivação e capacidade baixas).
- **Maturidade 2:** as pessoas possuem motivação para o trabalho mas não possuem as competências necessárias para realizá-lo (baixa capacidade e alta motivação).
- **Maturidade 3:** as pessoas possuem as competências necessárias para a realização da tarefa, mas não estão motivadas para tal (alta capacidade e baixa motivação).
- **Maturidade 4:** as pessoas possuem as competências necessárias para a realização do trabalho e desejam realizar as tarefas que lhe são passadas (alta capacidade e alta motivação).

Em outras palavras, considerando o estágio da maturidade do grupo, o líder deverá adotar uma das formas de liderança possíveis, considerando tanto o **comportamento de relacionamento** (ou foco no apoio às pessoas), quanto **o comportamento de tarefa** (ou foco nas tarefas/produção), conforme apresentado a seguir:

- **Estilo 1: Narrar/Determinar/Dirigir (alto comportamento de tarefa e baixo comportamento de relacionamento):** é o estilo para grupos com a menor maturidade (M1). Nesse caso, o líder orienta claramente as tarefas a serem realizadas.
- **Estilo 2: Vender/Guiar/Persuadir (alto comportamento de tarefa e alto comportamento de relacionamento):** quando a maturidade está entre baixa e moderada (M2), esse é o estilo ideal. Nele, o líder, ao mesmo tempo em que convence as pessoas, apoia o seu desenvolvimento, pois elas possuem baixa capacitação;
- **Tipo 3: Participar (baixo comportamento de tarefa e alto comportamento de relacionamento):** é o estilo correto para a maturidade de média a alta (M3). Aqui, o papel do líder é muito mais de apoiar as pessoas, enfatizando a criação de motivação, do que de dirigi-las para a realização das tarefas, já que elas são capazes;
- **Tipo 4: Delegar (baixo comportamento de tarefa e baixo comportamento de relacionamento):** trata-se do estilo adequado para liderar pessoas com o maior nível de maturidade (M4). Nessa condição, a maturidade dos liderados permite que eles executem os planos com maior liberdade e menor controle, possibilitando ao líder a delegação das tarefas.

Teoria do Caminho-Meta

No cerne da Teoria do Caminho-Meta, encontra-se a noção de que o propósito primordial do líder é motivar os seus seguidores,, esclarecendo as metas e os melhores caminhos para alcançá-las. Essa abordagem está baseada na teoria da expectativa da motivação.

Segundo a Teoria do Caminho-Meta ou dos Objetivos, os líderes devem aumentar o número e os tipos de recompensas aos subordinados. Além disso, devem proporcionar orientação e aconselhamento para mostrar como essas recompensas podem ser obtidas. Isso significa que o líder deve ajudar os subordinados a terem expectativas realistas e a reduzir as barreiras que impedem o alcance das metas.

As pessoas estão satisfeitas com seu trabalho quando acreditam que ele levará a resultados desejáveis e trabalharão mais se sentirem que esse trabalho dará frutos compensadores. A consequência desses pressupostos para a liderança é que os liderados serão motivados pelo comportamento ou pelo estilo do líder à medida que esse estilo ou comportamento influenciam as expectativas (caminhos para a meta) e as valências (atratividade da meta). (CHIAVENATO, 1999)

Essa teoria propõe quatro estilos de comportamento, que podem permitir aos líderes manipularem as três variáveis motivacionais: liderança diretiva, encorajadora, participativa e orientada para a realização. Vejamos o quadro a seguir.

Estilos de comportamento da Teoria do Caminho-Meta (WAGNER III E HOLLENBECK, 1999, cap.9, p. 262) .

Liderança	Características
Diretiva	O líder é autoritário. Os subordinados sabem exatamente o que é esperado deles; e o líder fornece direções específicas. Os subordinados não participam na tomada de decisões.
Encorajadora	O líder é amistoso e acessível e demonstra uma preocupação genuína com os subordinados.
Participativa	O líder pede e usa sugestões dos subordinados, mas ainda toma as decisões.
Orientada para a realização	O líder fixa metas desafiadoras para os subordinados e demonstra confiança em que eles atingirão as metas.

Edward Hollander sugeriu que o processo de liderança é mais bem compreendido como a ocorrência de transações mutuamente gratificantes entre líderes e seguidores dentro de um determinado contexto situacional.

Seu modelo é conhecido como **modelo transacional**.

Liderança é a junção dos três vetores:

Líderes - Seguidores - Situações

Pode-se entender a liderança apenas por meio de uma avaliação das características importantes dessas três forças e dos modos pelos quais interagem. A liderança transacional está baseada em um processo de troca, no qual o líder provê recompensas em troca do esforço de seguidores e desempenho (Bass & Avolio, 1993). Bass (1995) claramente identifica a liderança transacional como sendo baseada em troca material ou econômica.

Teoria da Liderança Transformacional

Em essência, a liderança transformacional é o processo de construção do comprometimento organizacional por meio do *empowerment* dos seguidores para acompanhar esses objetivos. Ocorre quando os líderes elevam os interesses de seus empregados garantindo a aceitação dos propósitos e da missão do grupo e estimulam seus empregados a pensar além de seus interesses em prol dos interesses da organização.

Considerando os líderes transacionais, segundo Bass (1997), esse tipo de liderança ocorre quando o líder utiliza autoridade burocrática, foco na realização da tarefa, e recompensas ou punições.

Os líderes transformacionais preocupam-se com o progresso e o desenvolvimento de seus seguidores. Eles se preocupam em transformar os valores dos seguidores para suportar a visão e os objetivos da organização. Isso cria um clima de confiança no qual a visão pode ser compartilhada.

Bass (1997) afirma que a liderança transformacional, assim como o carisma, tornou-se um tópico popular na literatura recente sobre liderança nas organizações; alguns autores usam os dois termos indistintamente, enquanto outros fazem distinção entre ambos. Define líderes transformacionais basicamente em termos do efeito dos líderes sobre os seguidores. Os seguidores sentem confiança, admiração, lealdade e respeito com relação ao líder, estando motivados a fazer por ele mais do que originalmente é esperado.

3.4 Controle

Como as organizações não operam na base da improvisação e nem ao acaso, elas precisam ser devidamente controladas. Elas requerem um considerável esforço de controle em suas várias operações e atividades para saber se estão no rumo certo e dentro do que foi planejado, organizado e dirigido. O controle constitui a última das funções administrativas, vindo depois do planejamento, da organização e da direção. Controlar significa garantir que o planejamento seja bem executado e que os objetivos estabelecidos sejam alcançados da melhor maneira possível.

A função administrativa de controle está relacionada com a maneira pela qual os objetivos devem ser alcançados por meio da atividade das pessoas que compõem a organização. O planejamento serve para definir os objetivos, traçar as estratégias para alcançá-los e estabelecer os planos de ação. A organização serve para estruturar as pessoas e os recursos de maneira a trabalhar de forma organizada e racional. A direção mostra os rumos e dinamiza as pessoas para que utilizem os recursos da melhor maneira possível. Por fim, o controle serve para que todas as coisas funcionem da maneira certa e no tempo certo.

O controle verifica se a execução está de acordo com o que foi planejado: quanto mais completos, definidos e coordenados forem os planos, mais fácil será o controle. Quanto mais complexo o planejamento e quanto maior for o seu horizonte de tempo, tanto mais complexo será o controle. Quase todos os esquemas de planejamento trazem em seu bojo o seu próprio sistema de controle. Por meio da função de controle, o administrador assegura que a organização e seus planos estejam na trilha certa.

O desempenho de uma organização e das pessoas que a compõem depende da maneira como cada pessoa e cada unidade organizacional desempenha seu papel e se move no sentido de alcançar os objetivos e metas comuns. O controle é o processo pelo qual são fornecidas as informações e retroação para manter as funções dentro de suas respectivas trilhas. É a atividade integrada e monitorada que aumenta a probabilidade de que os resultados planejados sejam atingidos da melhor maneira.

3.4.1 Conceito de Controle

A palavra "controle" pode assumir vários e diferentes significados. Quando se fala em controle, pensa-se em significados como frear, regular, conferir ou verificar, exercer autoridade sobre alguém, comparar com um padrão ou critério. No fundo, todas essas conotações constituem meias verdades a respeito do que seja o controle. Contudo, sob um ponto de vista mais amplo, os três significados mais comuns de controle são:

- **Controle como função restritiva e coercitiva.** Utilizada no sentido de coibir ou restringir certos tipos de desvios indesejáveis ou de comportamentos não aceitos pela comunidade. Nesse sentido, o controle assume um caráter negativo e restritivo, sendo muitas vezes interpretado como coerção, delimitação, inibição e manipulação. É o chamado controle social aplicado nas organizações e nas sociedades para inibir o individualismo e a liberdade das pessoas.
- **Controle como um sistema automático de regulação.** Utilizado no sentido de manter automaticamente um grau constante no fluxo ou funcionamento de um sistema. É o caso do processo de controle automático das refinarias de petróleo, de indústrias químicas de processamento contínuo e automático. O mecanismo de controle detecta possíveis desvios ou irregularidades e proporciona automaticamente a regulação necessária para se voltar à normalidade. É o chamado controle cibernético que é inteiramente autossuficiente na monitoração do desempenho e na correção dos possíveis desvios. Quando algo está sob controle significa que está dentro do normal ou da expectativa.
- **Controle como função administrativa.** É o controle como parte do processo administrativo, como o planejamento, organização e direção.

Trataremos o controle sob o ponto de vista do terceiro significado, isto é, como parte do processo administrativo. Assim, o controle é a função administrativa que monitora e avalia as atividades e resultados alcançados para assegurar que o planejamento, a organização e a direção sejam bem-sucedidos.

Tal como o planejamento, a organização e a direção, o controle é uma função administrativa que se distribui entre todos os níveis organizacionais.

Assim, quando falamos de controle, queremos dizer que o nível institucional efetua o controle estratégico, o nível intermediário faz os controles táticos e o nível operacional, os controles operacionais. Cada qual dentro de sua área de competência. Os três níveis se interligam e se entrelaçam intimamente. Contudo, o processo é exatamente o mesmo para todos os níveis: monitorar e avaliar incessantemente as atividades e operações da organização.

O controle está presente, em maior ou menor grau, em quase todas as formas de ação organizacional. Os administradores passam boa parte de seu tempo observando, revendo e avaliando o desempenho de pessoas, de unidades organizacionais, de máquinas e equipamentos, de produtos e serviços, em todos os três níveis organizacionais.

3.4.2 O Processo de Controle

A finalidade do controle é assegurar que os resultados do que foi planejado, organizado e dirigido se ajustem tanto quanto possível aos objetivos previamente estabelecidos. A essência do controle reside na verificação se a atividade controlada está ou não alcançando os objetivos ou resultados desejados. Nesse sentido, o controle consiste basicamente de um processo que guia a atividade exercida para um fim previamente determinado. O processo de controle apresenta quatro etapas ou fases, a saber:

01. Estabelecimento de objetivos ou padrões de desempenho.

02. Avaliação ou mensuração do desempenho atual.

03. Comparação do desempenho atual com os objetivos ou padrões estabelecidos.

04. Tomada de ação corretiva para corrigir possíveis desvios ou anormalidades.

O processo de controle se caracteriza pelo seu aspecto cíclico e repetitivo. Na verdade, o controle deve ser visualizado como um processo sistêmico em que cada etapa influencia e é influenciada pelas demais.

3.4.3 Estabelecimento de Objetivos ou Padrões

O primeiro passo do processo de controle é estabelecer previamente os objetivos ou padrões que se deseja alcançar ou manter. Os objetivos já foram estudados anteriormente e servem como pontos de referência para o desempenho ou os resultados de uma organização, unidade organizacional ou atividade individual. O padrão é um nível de atividade estabelecido para servir como um modelo para a avaliação do desempenho organizacional. Um padrão significa um nível de realização ou de desempenho que se pretende tomar como referência. Os padrões funcionam como marcos que determinam se a atividade organizacional é adequada ou inadequada ou como normas que proporcionam a compreensão do que se deverá fazer. Eles dependem diretamente dos objetivos e fornecem os parâmetros que deverão balizar o funcionamento do sistema. Os padrões podem ser tangíveis ou intangíveis, específicos ou vagos, mas estão sempre relacionados com o resultado que se deseja alcançar.

Existem vários tipos de padrões utilizados para avaliar e controlar os diferentes recursos da organização, como:

- Padrões de quantidade. Como número de empregados, volume de produção, total de vendas, percentagem de rotação de estoque, índice de acidentes, índice de absenteísmo etc.
- Padrões de qualidade. Como padrões de qualidade de produção, índice de manutenção de máquinas e equipamentos, qualidade dos produtos ou serviços oferecidos pela organização, assistência técnica, atendimento ao cliente etc.
- Padrões de tempo. Como permanência média do empregado na organização, tempos padrões de produção, tempo de processamento dos pedidos de clientes, ciclo operacional financeiro etc.
- Padrões de custo. Como custo de estocagem de matérias-primas, custo do processamento de um pedido, custo de uma requisição de material, custo de uma ordem de serviço, relação custo-benefício de um equipamento, custos diretos e indiretos de produção etc.

3.4.4 Características do Controle

Na verdade, o administrador deve compreender que um sistema eficaz de controle precisa reunir os seguintes aspectos:

Orientação estratégica para resultados. O controle deve apoiar planos estratégicos e focalizar as atividades essenciais que fazem a real diferença para a organização.

Compreensão. O controle deve apoiar o processo de tomada de decisões apresentando dados em termos compreensíveis. O controle deve evitar relatórios complicados e estatísticas enganosas.

Orientação rápida para as exceções. O controle deve indicar os desvios rapidamente, por meio de uma visão panorâmica sobre onde as variações estão ocorrendo e o que deve ser feito para corrigi-las adequadamente.

Flexibilidade. O controle deve proporcionar um julgamento individual e que possa ser modificado para adaptar-se a novas circunstâncias e situações.

Autocontrole. O controle deve proporcionar confiabilidade, boa comunicação e participação entre as pessoas envolvidas.

Natureza positiva. O controle deve enfatizar o desenvolvimento, mudança e melhoria. Deve alavancar a iniciativa das pessoas e minimizar o papel da penalidade e das punições.

Clareza e objetividade. O controle deve ser imparcial e acurado para todos. Deve ser respeitado como um propósito fundamental: a melhoria do desempenho.

3.4.5 Tipos de Controle

Cada organização requer um sistema básico de controles para aplicar seus recursos financeiros, desenvolver pessoas, analisar o desempenho financeiro e avaliar a produtividade operacional. O desafio é saber como utilizar tais controles e aprimorá-los para, com isso, melhorar gradativa e incessantemente o desempenho de toda a organização.

Controles Estratégicos

Os controles estratégicos são denominados controles organizacionais: constituem o sistema de decisões de cúpula que controla o desempenho e os resultados da organização como um todo, tendo por base as informações externas — que chegam do ambiente externo - e as informações internas - que sobem internamente por meio dos vários níveis organizacionais.

Existem vários tipos de controles estratégicos, a saber:

Balanço e Relatórios Financeiros

É um tipo de controle do desempenho global que permite medir e avaliar o esforço total da organização, em vez de medir simplesmente algumas partes dela. O tipo mais utilizado de controle global são os balanços contábeis e relatórios financeiros, ressaltando aspectos como o volume de vendas, volume de produção, volume de despesas em geral, custos, lucros, utilização do capital, retorno sobre o investimento aplicado e outras informações numéricas dentro de um inter-relacionamento que varia de uma organização para outra. Geralmente, é um controle sobre o desempenho passado e sobre os resultados alcançados. Quase sempre permite a transposição de previsões de vendas e a previsão de despesas a serem incorridas, para proporcionar o balanço projetado ou uma espécie de projeção de lucros e perdas como importante ferramenta para o processo decisório da organização.

Controle dos Lucros e Perdas

O demonstrativo de lucros e perdas (L&P) proporciona uma visão sintética da posição de lucros ou de perdas da organização em um determinado período de tempo, permitindo comparações com períodos anteriores e detectar variações em algumas áreas (como despesas de vendas ou lucro bruto sobre vendas) que necessitam de maior atenção por parte do administrador. Já que a sobrevivência do negócio depende de sua lucratividade, o lucro se coloca como importante padrão para a medida do sucesso da organização como uma totalidade. Quando aplicado a uma unidade específica, o controle sobre L&P se baseia na premissa de que o objetivo do negócio como um todo é gerar lucros, e cada parte da organização deve contribuir para esse objetivo. A capacidade de cada unidade organizacional atingir um determinado lucro esperado passa a ser o padrão adequado para medir seu desempenho e resultados.

Análise do Retorno Sobre o Investimento (RSI)

Uma das técnicas de controle global utilizadas para medir o sucesso absoluto ou relativo da organização ou de uma unidade organizacional é a razão dos ganhos em relação ao investimento de capital. Trata-se de uma abordagem desenvolvida pela *DuPont Company* como parte do seu sistema de controle global. O sistema utilizado pela *DuPont* envolve os seguintes fatores na análise do RSI:

A análise do RSI permite que a organização avalie suas diferentes linhas de produtos ou unidades de negócios para verificar onde o capital está sendo mais eficientemente empregado. Permite identificar os produtos ou unidades mais rentáveis, como melhorar outros que estão pesando negativamente na balança dos lucros. Com isso, proporciona a possibilidade de fazer uma aplicação balanceada do capital em vários produtos ou unidades organizacionais para alcançar um lucro global maior.

Controles Táticos

Os controles táticos são feitos no nível intermediário e referem-se a cada uma das unidades organizacionais - departamentos, divisões ou equipes. Geralmente, estão orientados para o médio prazo, isto é, para o exercício anual. Os tipos de controles táticos mais importantes são:

Controle Orçamentado

Falamos de orçamento quando estudamos os tipos de planos relacionados com dinheiro. O orçamento é um plano de resultados esperados expressos em termos numéricos. Por meio do orçamento, a atividade da organização é traduzida em resultados esperados, tendo o dinheiro como denominador comum. Quase sempre se fala em planejamento orçamentário, relegando o controle orçamentário a um segundo plano. O controle orçamentário é um processo de monitorar e controlar despesas programadas das várias unidades organizacionais, no decorrer de um exercício anual, apontando possíveis desvios e indicando medidas corretivas.

Contabilidade de Custos

A contabilidade de custos é considerada um ramo especializado da contabilidade. Trata de informações sobre distribuição e análise de custos considerando algum tipo de unidade-base, como produtos, serviços, componentes, projetos ou unidades organizacionais. A contabilidade de custos classifica os custos em:

- Custos fixos. São os custos que independem do volume de produção ou do nível de atividade da organização. Qualquer que seja a quantidade de produtos produzidos, os custos fixos permanecem inalterados; mesmo que a empresa nada produza, eles se mantêm constantes. Envolvem aluguéis, seguros, manutenção, depreciação, salários dos gerentes, do pessoal de assessoria etc.
- Custos variáveis. São os custos que estão diretamente relacionados com o volume de produção ou com o nível de atividade da

organização. Constituem uma variável dependente da produção realizada e englobam custos de materiais diretos (materiais ou matérias-primas que são diretamente transformados em produto ou que participam diretamente na elaboração do produto) e custos de mão de obra direta (salários e encargos sociais do pessoal que realiza as tarefas de produção do produto).

Com base nos custos fixos e variáveis, pode-se calcular o ponto de equilíbrio (break-even point), também chamado ponto de paridade. É possível traçar um gráfico que permite mostrar a relação entre a renda total de vendas e os custos de produção. O ponto de equilíbrio é o ponto de intersecção entre a linha de vendas e a linha de custos totais. É o ponto em que não há lucro nem prejuízo. Ou em outros termos, é o ponto em que o lucro é zero e o prejuízo também.

O gráfico do ponto de equilíbrio é uma técnica de planejamento e de controle que procura mostrar como os diferentes níveis de venda ou de receita afetam os lucros da organização. O ponto de equilíbrio é o ponto em que os custos e as vendas se equiparam. No seu lado esquerdo, está a área de prejuízo e, no seu lado direito, a área de lucro.

Controles Operacionais

Os controles operacionais são feitos no nível operacional da organização e são projetados em curto prazo.

Disciplina

Nas organizações bem-sucedidas, o autocontrole e a autodisciplina das pessoas são sempre preferidos ao controle externo ou disciplina imposta pela força. Para muitos autores, a disciplina é o ato de influenciar o comportamento das pessoas por meio de reprimendas. Preferimos conceituar a disciplina como o processo de preparar uma pessoa de modo que ela possa desenvolver o autocontrole e tomar-se mais eficaz em fazer seu trabalho. O propósito do processo disciplinar desenvolvido pelo administrador é a manutenção de um desempenho humano de acordo com os objetivos organizacionais. O termo "disciplina" apresenta quase sempre uma conotação simplista de dar recompensas ou aplicar punições após o fato, quando, na realidade, a disciplina, em seu próprio contexto, deve ser visualizada como o desenvolvimento da habilidade ou capacidade de analisar situações, determinar qual é o comportamento adequado e decidir a agir favoravelmente no sentido de proporcionar contribuições à organização e receber suas recompensas.

Boa parte das ações corretivas de controle no nível operacional é realizada sobre as pessoas ou sobre o seu desempenho. É a chamada ação disciplinar: a ação disciplinar é a ação corretiva realizada sobre o comportamento de pessoas para orientar e/ou corrigir desvios ou discrepâncias. Seu propósito é reduzir a discrepância entre os resultados atuais e os resultados esperados. A ação disciplinar pode ser positiva ou negativa, dependendo do desvio ou da discrepância ocorridos. A ação positiva toma a forma de encorajamento, recompensas, elogios, treinamento adicional ou orientação pessoal. A ação negativa inclui o uso de advertências, admoestações, penalidades, castigos e até mesmo a demissão do funcionário. Quando é necessária a ação disciplinar negativa, ela deve ser adotada em etapas crescentes. A primeira, dependendo da infração cometida, deve ser uma reprimenda ou advertência. As reincidências devem merecer um crescimento progressivo nas penalidades para cada infração sucessiva: advertência verbal, advertência escrita, suspensão e demissão.

Para que possa ser eficaz, a ação disciplinar deve possuir as seguintes características:

Deve ser esperada. A ação disciplinar deve ser prevista em regras e procedimentos e previamente estabelecida. Não deve ser improvisada, mas planejada. A sanção negativa é imposta a fim de desencorajar a infração.

Deve ser impessoal. A ação disciplinar não deve simplesmente buscar punir uma determinada pessoa ou grupos, mas apenas corrigir a situação. Ela deve basear-se em fatos, e não em opiniões ou em pessoas. Não deve visar à pessoa, mas à discrepância, ao fato, ao comportamento em si. Ela deve fundamentar-se em regras e procedimentos.

Deve ser imediata. A ação disciplinar deve ser aplicada tão logo seja detectado o desvio, para que o infrator associe claramente a sua aplicação com o desvio que provocou.

Deve ser consistente. As regras e os regulamentos devem ser feitos para todas nas pessoas, sem exceções. Devem ser justos e equitativos, sem favoritismo ou tendenciosidade.

Deve ser limitada ao propósito. Depois de aplicada a ação disciplinar, o administrador deve reassumir sua atitude normal em relação ao funcionário faltoso. Tratar o funcionário sempre como faltoso é puni-lo permanentemente, encorajando hostilidade e autodepreciação, quando o certo seria adotar uma atitude positiva e construtiva.

Deve ser informativa. Isto é, deve proporcionar orientação sobre o que se deve fazer e o que não se pode fazer.

As técnicas de reforço positivo ou negativo que vimos anteriormente constituem um excelente ponto de partida para as situações disciplinares do dia a dia.

4 GESTÃO DE PROCESSOS

4.1 Conceitos

As organizações privadas ou públicas podem ser vistas como um conjunto de processos. Todo processo deve ter, **no mínimo**, entrada, processamento e saída. Os produtos mais típicos da saída são: bens, serviços e informações. É no "processamento" que estão concentradas as atividades do processo.

> **Fique ligado**
>
> O processo existe em todas as empresas - de forma bem definida ou de forma fragmentada (ainda que as empresas não consigam visualizá-lo e defini-lo como tal).

O valor é o cliente quem atribui, reconhecendo sua importância e demonstrando disposição em pagar o preço estabelecido. Fonte: Agostinho Paludo, Administração Pública, 3ª edição, Editora Elsevier, 2013, página 339.

Fornecedor	Atividades/Tarefas	Cliente
Entrada →	Processamento →	Saída →
Insumos Produto Serviço Informação	Transformação Agregação de valor	Produtos Bens Serviços Informações

Um processo compreende uma série de atividades, racionalmente sequenciais e inter-relacionadas, que devem ser executadas para se obter determinado resultado pretendido. É um modo de transformar insumos em produtos para atender à necessidade de algum cliente. O processo inicia com a identificação de uma necessidade e termina com a entrega do produto (bem ou serviço) ao cliente.

Na visão de Thomas Davenport *o processo é uma ordenação específica das atividades de trabalho no tempo e no espaço, com um começo e um fim, **inputs** e **outputs** claramente identificados*. Segundo o mesmo autor, tais atividades são estruturadas com a finalidade de agregar valor às entradas *(inputs)*, resultando em um produto para um cliente.

Desta maneira, todo tipo de trabalho importante em uma organização faz parte de algum processo. Não existe produto ou serviço fornecido sem que exista um processo organizacional por trás.

Harrington define processo como a utilização de recursos da empresa para oferecer resultados objetivos aos seus clientes. Assim sendo, **o processo seria um fluxo de trabalho**, em que existiriam os *inputs* (materiais, informação, equipamentos etc.) que seriam trabalhados, de forma a agregar valor. Desta forma, o fluxo resultaria em uma série de *outputs* (produtos e serviços desejados pelos clientes).

Para o GesPública (2011), o *processo é um conjunto de decisões que transformam insumos em valores gerados ao cliente/cidadão*.

Portanto, cada atividade destas pode agregar valor ou não ao processo, pois um erro ou demora em uma delas acabará por prejudicar o cliente.

Assim, quando pensamos em processo, temos de entender que estas atividades estão interligadas e que não adianta uma delas ser muito bem feita se outra for deficiente.

Desta forma, a gestão por processos implica uma ênfase em "como" o produto ou serviço é feito, ao contrário do foco no "quê" é feito, característica das organizações tradicionais.

Assim, é possível afirmar que toda vez que tivermos um conjunto de atividades e tarefas sendo executadas de forma integrada para produzir um produto (bem ou serviço) com vistas a atender a necessidades de clientes – teremos um processo – seja ele reconhecido ou não, nominado ou não, compreendido como tal ou não.

> **Fique ligado**
>
> De acordo com Nunes,
> "O modelo de organização orientado por processos passou a ser considerado como alternativa mais adequada para promover uma maior efetividade organizacional. O pressuposto foi ode que nessa forma de organização ocorresse uma eliminação de barreiras dentro da empresa, possibilitando a visualização da organização como um todo e uma maior inter-relação entre os diferentes agentes da cadeia de valor (cliente, fornecedor, executores do processo)".

4.1.1 Cadeia de Valor

Cadeia de Valor, para Michael Porter, é o conjunto de atividades tecnológicas e econômicas distintas que uma organização utiliza para entregar produtos e serviços aos seus clientes.

Cada uma dessas atividades (produção, distribuição, comercialização etc.) deve entregar algum "valor". Quanto mais valor agregado, mais competitiva fica a empresa. Este é um conceito relacionado com a vantagem competitiva.

Os processos podem ser assim classificados:

- **Processos negócio/principais/primários/chaves/essenciais/finalísticos, que são os processos que resultam na entrega de algum bem ou serviço ao cliente final – devem satisfazer as necessidades e expectativas dos clientes e demais partes interessadas. Ex.:** produção de um bem/prestação de serviço direto ao cliente final.
- **Processos secundários/administrativo/de suporte/auxiliares/meio, que são os processos internos que geram apenas bens e serviços internos, mas que, ao mesmo tempo, são indispensáveis para que os processos principais possam ser executados (dão suporte à execução dos processos principais), contribuindo para o sucesso da organização. Ex.:** gestão de pessoas, compras, manutenção em geral, contas a pagar, processos de recursos humanos etc.
- **Processos gerenciais, ligados às estratégias e utilizados na tomada de decisão, no estabelecimento de metas, na coordenação dos demais processos e na avaliação dos resultados. Ex.:** planejamento estratégico, gestão do conhecimento, avaliação de desempenho, avaliação da satisfação dos clientes etc.

Resumindo:

Percebe-se que os **processos de negócio** são os mais importantes para a organização, constituindo o cerne de sua existência, pois eles são responsáveis pelo atendimento das necessidades dos clientes, diferenciando a organização de suas concorrentes no mercado.

Os **processos organizacionais**, por sua vez, são aqueles que dão o devido suporte e apoio para que os processos de negócio possam funcionar bem e agregar valor para os clientes.

Os **processos gerenciais**, por sua vez, são aqueles relacionados às ações dos gerentes. Trata-se da tomada de decisões gerenciais pelos gerentes para que a organização possa seguir rumo ao futuro.

Por fim, apresenta-se outra visão, que divide os processos em:

- **Processos primários:** são aqueles que agregam valor para o cliente e que vão de ponta a ponta na organização. São equivalentes aos processos de negócio ou de clientes.
- **Processos secundários:** dão o suporte necessário para que os processos primários funcionem adequadamente. Relacionam-se com os processos de gerenciamento e administrativos.

4.2 Níveis de Detalhamento dos Processos

Em toda empresa, existem alguns processos mais complexos e outros mais simples. Além disso, existem processos mais importantes e outros menos importantes. O nível de detalhamento de um processo está relacionado com a sua complexidade.

Quanto mais complexo (mais atividades, entradas ou produtos resultantes), mais provável que tenhamos de "decompô-lo" em subprocessos para que seja mais fácil a análise e o controle.

A decomposição de um processo segue a seguinte lógica:

- **Macroprocesso:** compreende a visão mais geral do processo, que, em regra, abrange vários processos principais ou secundários e envolvem mais de uma função organizacional;
- **Processo:** conjunto de operações (atividades e tarefas) que recebe um insumo, agrega valor e transforma em um produto (bem/serviço) destinado ao atendimento de necessidades dos clientes internos e externos;
- **Subprocesso:** refere-se a uma parte específica do processo, composto por um conjunto de atividades que demandam insumos próprios e resultam em subproduto(s) que concorre(m) para o produto final do processo;
- **Atividade:** é um conjunto de tarefas com procedimentos definidos que descrevem o passo a passo para a execução de acordo com algum método/técnica. A atividade terá nome próprio, será precedida por um ***input*** (entrada) e resultará em um ***output*** (saída), em um produto parcial que concorre para o produto final do processo.

Atenção → São as atividades que agregam valor ao processo, assim, a cada atividade executada o processo deve adquirir um valor maior.

- **Tarefa:** é a menor divisão do trabalho, exclusivamente operacional, que corresponde ao fazer. É uma partição da atividade com rotina ou procedimento específico.

Atenção → Nos macroprocessos a visão é geral, sem detalhamentos, nos processos tem-se um nível intermediário de detalhamento, já para as atividades e tarefas o nível de detalhamento deve ser amplo, de forma a permitir que cada detalhe importante que compõe o processo possa ser claramente visualizado e compreendido.

Macroprocessos	→	Visão Geral
Processos	→	Detalhamento Intermediário
Atividades/Tarefas	→	Detalhamento Amplo

4.3 O Guia BPM CBOK

O gerenciamento de processos na Administração Pública brasileira utiliza as boas práticas previstas no guia *Business Process Management Common Book Of Knowledge* (BPM CBOK) - cujo nome pode ser traduzido como *Guia para o Corpo Comum de Conhecimentos sobre **Gerenciamento de Processos de Negócio.***

Trata-se de uma abordagem que busca identificar, desenhar, medir, monitorar, controlar e melhorar os processos de negócio nas organizações. A ideia é alinhar os processos de negócio à estratégia da organização para que ela obtenha o desempenho desejado

Nas palavras do Guia BPM CBOK:

Gerenciamento de Processos de Negócio (BPM) é uma abordagem disciplinada para identificar, desenhar, executar, documentar, medir, monitorar, controlar e melhorar processos de negócio automatizados ou não para alcançar os resultados pretendidos consistentes e alinhados com as metas estratégicas de uma organização. BPM envolve a definição deliberada, colaborativa e cada vez mais assistida por tecnologia, melhoria, inovação e gerenciamento de processos de negócio ponta a ponta que conduzem a resultados de negócios, criam valor e permitem que uma organização cumpra com seus objetivos de negócio com mais agilidade. BPM permite que uma organização alinhe seus processos de negócio à sua estratégia organizacional, conduzindo a um desempenho eficiente em toda a organização por meio de melhorias das atividades específicas de trabalho em um departamento, a organização como um todo ou entre organizações.

O gerenciamento de processos do BPM é estabelecido com base em um ciclo de vida que possui seis etapas:

01. planejamento;

02. análise;

03. desenho e modelagem;

04. implantação;

05. monitoramento e controle;

06. refinamento;

4.3.1 Planejamento

É a primeira etapa do ciclo de gerenciamento de processos. É nesta fase que é desenvolvido um plano e uma estratégia dirigida aos processos da organização, estabelecendo a estratégia e o direcionamento do BPM. O início do plano se dá por meio do entendimento das estratégias e metas que são desenhadas para garantir que o cliente perceba valor nos processos de negócio da organização. A estrutura e o direcionamento dos processos centrados no cliente são baseados no plano.

O planejamento deve assegurar que a abordagem de gestão dos processos de negócio integre a estratégia, as pessoas, processos e sistemas ao longo dos limites funcionais.

É aqui também que são identificados os papéis e responsabilidades organizacionais de gerenciamento de projetos, o patrocínio executivo, metas, expectativas quanto à medição do desempenho e as metodologias a serem utilizadas.

4.3.2 Análise

Após considerar as metas e objetivos desejados, a análise dos processos busca entender os processos atuais, também chamados de *AS IS* (do inglês - "como é" - em oposição aos processos a serem implementados no futuro, chamados de *TO BE* ("como será"), no contexto das metas e dos objetivos desejados.

Segundo o Guia de Gestão de Processos de Governo do GesPública, a análise reúne informações oriundas de planos estratégicos, modelos de processo, medições de desempenho, mudanças no ambiente externo e outros fatores, a fim de compreender os processos no escopo da organização como um todo. Nessa etapa são vistos alguns pontos como: objetivos da modelagem de negócio, ambiente do negócio que será modelado, principais *stakeholders* e escopo da modelagem de processos relacionados com o objetivo geral.

A análise dos processos leva em conta diferentes metodologias para facilitar as atividades de identificação do contexto e de diagnóstico da situação atual, que constituem o foco desta etapa.

4.3.3 Desenho e Modelagem

O desenho está focado sobre o desenho intencional e cuidadoso dos processos de negócio que entregam valor ao cliente. É no desenho que se definem as especificações dos processos de negócio, de modo que fique claro *o que, quando, onde, quem* e *como o trabalho* será realizado.

Conforme consta no Guia CBOK, o desenho dos processos trata da

Criação de especificações para processos de negócio novos ou modificados dentro do contexto dos objetivos de negócio, objetivos de desempenho de processo, fluxo de trabalho, aplicações de negócio, plataformas tecnológicas, recursos de dados, controles financeiros e operacionais, e integração com outros processos internos e externos.

Sobre a modelagem do processo, o Guia de Gestão de Processos de Governo do GesPública afirma o seguinte:

Já a modelagem de processo é definida como 'um conjunto de atividades envolvidas na criação de representações de um processo de negócio existente ou proposto', tendo por objetivo 'criar uma representação do processo em uma perspectiva ponta a ponta que o descreva de forma necessária e suficiente para a tarefa em questão'. Alternativamente chamada de fase de 'identificação', a modelagem pode ser também definida como 'fase na qual ocorre a representação do processo presente exatamente como o mesmo se apresenta na realidade, buscando-se ao máximo não recorrer à redução ou simplificação de qualquer tipo.

O Guia CBOK ressalta, no entanto, que a modelagem de processos pode ser executada tanto para o mapeamento dos processos atuais como para o mapeamento de propostas de melhoria. **Implementação**

Para a realização das atividades de implementação, subentende-se que as fases anteriores criaram e aprovaram um conjunto de especificações que podem ser executados sofrendo apenas pequenos ajustes pontuais.

Deste modo, a implementação nada mais é do que a realização do desenho do processo de negócio aprovado. Ela se dá por meio de procedimentos e fluxos de trabalho documentados, testados e operacionais.

4.3.4 Monitoramento e Controle

Esta etapa busca fornecer informações-chave de desempenho de processos por meio de métricas ligadas às metas estabelecidas e ao valor para a organização. A análise do desempenho realizada nesta etapa pode fazer com que se desenvolvam atividades de melhoria, redesenho ou reengenharia.

4.3.5 Refinamento

Segundo o Guia BPM CBOK, *o refinamento trata aspectos de ajustes e melhorias pós-implementação de processos com base nos indicadores e informações-chave de desempenho.*

Estes ajustes são feitos com base nas informações obtidas por meio da medição e do monitoramento de processos de negócio.

O Guia de Gestão de Processos de Governo afirma que esta etapa também pode ser chamada de "encenação", revendo o modelo de processo e implantando as mudanças propostas após o estudo de variados cenários.

4.4 Mapeamento de Processos

Para que possamos melhorar um processo necessitamos antes conhecê-lo. Desta maneira, precisamos analisar o processo, de forma a entender o fluxo de trabalho envolvido, quais são os setores e pessoas envolvidas e as decisões que devem ser tomadas durante o processo.

Portanto, o trabalho de "entender" e visualizar um processo de trabalho é chamado de **mapeamento de processos**. Este trabalho é executado, normalmente, por meio de uma ferramenta chamada de fluxograma, que será analisada posteriormente.

4.4.1 Técnicas de Mapeamento, Análise e Melhoria de Processos

Para que um profissional possa mapear um processo, ele deve primeiro compreendê-lo. Para que isso ocorra, existem diversas técnicas que podem ser utilizadas. As principais são:

- entrevistas e reuniões;
- observação das atividades *in loco*;
- análise da documentação e dos sistemas existentes;
- coleta de dados e evidências

Ao mapearmos um processo, este será descrito desde o início, deforma a representar cada atividade e decisão envolvida nele. Desta forma, a pessoa que estiver fazendo o mapeamento deverá compreender os elementos: (fornecedores, entradas, processo, saídas e clientes) de modo a descrever todos os aspectos do processo.

Entre os benefícios que uma organização pode ter ao mapear seus processos, temos:

- compreender o impacto que o processo tem para a organização e seus clientes;
- entender a relação de dependência entre os setores no processo;
- compreender quais são os "atores" envolvidos no processo;
- analisar se o processo é necessário e se é bem executado;
- propor mudanças no processo;
- identificar quais são os fatores críticos no processo.

Principais Técnicas para Mapeamento de Processos

Segundo DE MELLO (2008, p. 27), a literatura apresenta algumas técnicas de mapeamento com diferentes enfoques tornando a correta interpretação destas técnicas fundamental no processo de mapeamento.

Dentre as diversas técnicas de mapeamento podemos citar:

SIPOC: o SIPOC é uma ferramenta que consiste na identificação clara dos elementos dos processos, incluindo o próprio processo, suas entradas e saídas, além dos clientes e fornecedores do processo.

Trata-se de uma técnica utilizada antes mesmo do trabalha com o processo começar. Ela é anterior à construção de um mapa do processo ou fluxograma, pois identifica os fornecedores, a entrada dos insumos da empresa, todo o conjunto de atividades de processamento (tais como transporte, montagem, armazenamento etc.), os produtos finais do processo e a destinação para os clientes.

Discutindo a técnica, Lobato e Lima (2010, p. 350) apresentam os seguintes conceitos segundo Mello et. al. (2002): *fornecedor é aquele que propicia as entradas necessárias, podendo ser interno e externo; entrada é o que será transformado na execução do processo; processo é a representação esquemática da sequência de atividades que levam a um resultado esperado; saída é o produto ou serviço como solicitado pelo cliente; cliente é quem recebe o produto ou serviço.*

Blueprinting: é uma técnica que permite retratar o processo de serviço, os pontos de contato e as evidências físicas de um serviço do ponto de vista do cliente. É uma verdadeira "impressão digital" do processo, representando um verdadeiro mapa das transações em um processo de prestação de serviço.

Segundo Frazzon *et al.* (2014) *O uso do Service Blueprint surgiu como uma técnica para identificação de pontos de falha no processo, porém seu uso foi expandido para a área estratégica, pois ele também permite identificar as áreas prioritárias para o cumprimento dos objetivos operacionais estratégicas da organização (GIANESI; CORREA, 1994). Assim como contribui para decisões referentes ao posicionamento estratégico da organização de serviços (SHOSTACK, 1987).*

Essa ferramenta possibilita uma visualização de todo o processo de serviço em um diagrama, especialmente dos encontros de serviço com o cliente, também chamados de momentos da verdade, em que as evidências físicas da prestação de serviço são demonstradas, permitindo ainda a separação dos processos primários dos processos de apoio.

Fluxograma: esta é uma ferramenta muito utilizada para que se possa visualizar com facilidade o fluxo de ações para que determinado processo possa ser concluído.

Trata-se de um gráfico que representa o fluxo ou sequencia normal de qualquer trabalho, produto, documento, informação etc., utilizando-se de diferentes símbolos que esclarecem o que está acontecendo em cada etapa.

Mapafluxograma: o mapafluxograma apresenta o fluxo de movimentação física de um determinado item com base em uma rotina produtiva preestabelecida. É como um fluxograma de como o material deverá se movimentar no espaço físico para que o processo seja desempenhado de acordo com o que está previsto no fluxograma.

Assim, o mapafluxograma permite, em conjunto com o fluxograma, o estudo do processo como um todo, tanto do ponto de vista do conjunto de atividades desempenhadas como da movimentação de material no espaço físico.

IDEF: (*Integration Definition for Function Modeling* – Definição integrada para modelagem de funções).

Segundo o CBOK, O IDEF é um padrão federal de processamento de informação (FIPS – *Federal Information Processing Standard*) desenvolvido pela Força Aérea dos EUA. **O IDEF é utilizado para criar uma descrição clara e detalhada de um processo ou um sistema.**

- **Utiliza-se quando for preciso descrever formalmente um processo, para garantir um resultado detalhado, claro e preciso.**
- **Utiliza-se quando o processo for complexo, e outros métodos fossem resultar em um diagrama mais complexo.**
- **Utiliza-se quando houver tempo hábil para trabalhar em entender e produzir uma descrição completa e correta do processo.**
- **IDEF 0 – Modelo de funções (processos)**
- **IDEF 1 – Modelo de informações (dados)**
- **IDEF 2 – Modelo dinâmico (comportamento)**
- **IDEF 3 – Modelo de fluxo de trabalho (*workflow*)**

O IDEF 0, mais utilizado da família na modelagem de processo, destina-se a descrever graficamente o processo de transformação ou produção de um bem ou serviço.

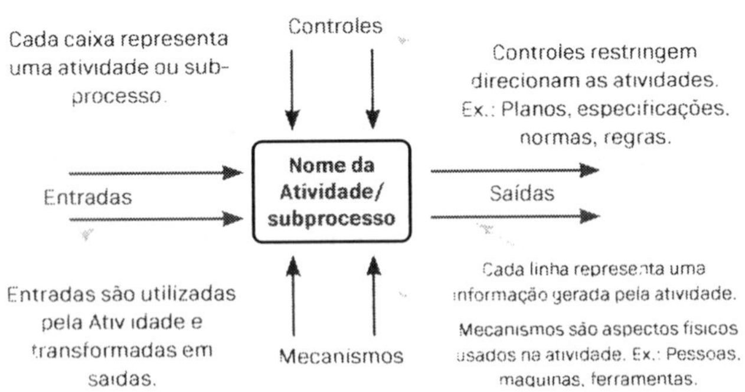

- **Mapeamento *Lean*:** é o mapeamento realizado com base na técnica do ***just in time*** para o processo, seja em manufatura, seja em serviço, tentando gerar economias ao longo do processamento para um processo enxuto. Sua base é a redução de desperdícios e de custos, eliminando do processo as atividades que não agregam valor, gerando um fluxo de valor. Por isso, a técnica também é conhecida como ***mapeamento do fluxo de valor do processo***.

4.5 Projeto de Mapeamento e Modelagem de Processos

O BPMN (Business *Process Modeling Notation*) é o padrão utilizado para o desenho (ou modelagem) dos processos em uma organização.

Consiste de um conjunto de **notações gráficas**, ou seja, um conjunto de símbolos padronizados que servem para que possamos descrever e redesenhar um processo. Esse diagrama, que nos permite visualizar um processo, também é conhecido como **fluxograma.**

Assim, essa é a ferramenta utilizada para efetuar o mapeamento e a modelagem dos processos. Desta forma, ele é utilizado para **descrever, de modo gráfico, um processo por meio do uso de símbolos e linhas.**

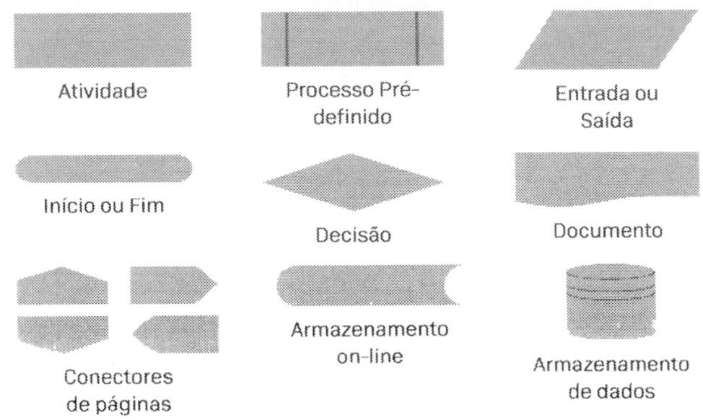

4.5.1 Grau de Maturidade em Processos

O grau de maturidade na Gestão de Processos de Negócio define a maturidade a partir de níveis, que medem a evolução da organização/ instituição quanto às práticas de gestão/gerenciamento de processos.

O Guia de Gestão de Processos no Governo do GesPública (2011) descreve a maturidade do processo em 5 níveis, a partir de dois modelos. Esses níveis refletem a transformação da organização na medida em que seus processos e capacidades são aperfeiçoados.

Na **visão do CBOK** – *Business Process Maturity*, os níveis (exceto o primeiro) são compostos por **áreas de processos**, estruturadas com vistas a atingir metas de criação, suporte e sustentação específicas de cada nível. Nessas áreas a **ênfase é nas melhores práticas**, indicando o que deve ser feito (mas não de que forma devem fazer).

- **Nível 1, Inicial:** os processos são executados de maneira ***ad-hoc***, o gerenciamento não é consistente e é difícil prever os resultados.
- **Nível 2, Gerenciado:** a gestão equilibra os esforços nas unidades de trabalho, garantindo que sejam executados de modo que se possa repetir o procedimento e satisfazer os compromissos primários dos grupos de trabalho. No entanto, outras unidades de trabalho que executam tarefas similares podem usar diferentes procedimentos.
- **Nível 3, Padronizado:** os processos padrões são consolidados com base nas melhores práticas identificadas pelos grupos de trabalho, e procedimentos de adaptação são oferecidos para suportar diferentes necessidades do negócio. Os processos padronizados propiciam uma economia de escala e base para o aprendizado por meio de meios comuns e experiências.
- **Nível 4, Previsível:** as capacidades habilitadas pelos processos padronizados são exploradas e devolvidas às unidades de trabalho. O desempenho dos processos é gerenciado estatisticamente

durante a execução de todo o ***workflow***, entendendo e controlando a variação, de forma que os resultados dos processos sejam previstos ainda em estados intermediários.

- **Nível 5, Otimizado:** ações de melhorias proativas e oportunistas buscam inovações que possam fechar os ***gaps*** entre a capacidade atual da organização e a capacidade requerida para alcançar seus objetivos de negócio.

4.6 Diferenciando BPM e BPMS

O BPM não aceita o conceito de processos da forma trazida pelos ERPs ou SIGs – ele tem entendimento próprio e separado. **Para o BPM o processo não se restringe à execução no sistema** – mas pode ser alterado, adaptado, melhorado, monitorado em tempo real e disponibilizado por toda a organização.

Assim, para dar suporte às novas exigências do BPM é que surgiram os BPMS. Mas o que são os BPMS?

- Os BPMS – ***Business Process Management Systems*** – correspondem ao sistema informatizado que dá suporte para a gestão de processos nas organizações/instituições; correspondem à tecnologia que suporta o conceito e as tarefas de gestão de processos do BPM.
- Os BPMS fazem referência a um sistema computacional que suporta a gestão da informação pela organização, com foco no gerenciamento de processos.
- Os BPMS constituem uma peça de *software* que dá suporte às atividades como modelagem, análise e aprimoramento de processos de negócio.
- Os BPMS correspondem à plataforma que dá suporte aos processos de negócio.

BPM → Foco no negócio e na gestão

BPMS → Foco em TI-Tecnologia da Informação

4.6.1 Reengenharia

Na década de 1980 (pode constar em prova também década de 90), a reengenharia foi um marco para a divulgação da administração de processos e do aprimoramento de processos. O autor desse conceito foi Michael Hammer, que o divulgou no artigo "Promovendo a reengenharia do trabalho: não automatize, destrua". Nesse texto, Hammer usa o verbo "*to reengineer*" (sem equivalente em português; ficaria "reengenheirar" se fosse traduzido literalmente) com o sentido de reformular a maneira de conduzir os negócios. Hammer afirmava que a tecnologia da informação tinha sido usada de forma incorreta pela maioria das empresas. O que elas faziam, geralmente, era automatizar os processos de trabalho de forma como estavam projetados. Elas deveriam, em vez disso, redesenhar os processos.

Em seu livro de 1993, *Reengeneering the corporation*, escrito em parceria com James Champy, as ideias originais foram ampliadas e acrescidas de uma metodologia para a implantação da reengenharia. Nesse livro, os autores apresentaram as bases da administração de processos e do aprimoramento dos processos.

A reengenharia firmou-se como proposta de redesenhar a organização em torno de seus processos, para torná-la mais ágil e eficiente. Moreira (1994) apresentou a reengenharia como uma proposição audaciosa:

Fazer a reengenharia é reinventar a empresa, desafiando suas doutrinas, práticas e atividades existentes, para, em seguida, redesenhar seus recursos de maneira inovadora, em processos que integram as funções departamentais. Esta reinvenção tem como objetivo otimizar a posição competitiva da organização, seu valor para os acionistas e sua contribuição para a sociedade.

4.7 Ciclo PDCA

O Ciclo PDCA teve origem com Shewhart, nos Estados Unidos, mas tornou-se conhecido como ciclo de Deming a partir de 1950, no Japão. Para o glossário do GesPública, Ciclo PDCA é *uma ferramenta que busca a lógica para fazer certo desde a primeira vez.*

É uma técnica simples para o controle de processos, que também pode ser utilizada para o gerenciamento contínuo das atividades de uma organização. **É um método** usado para controlar e melhorar as atividades de um processo.

O PDCA:

- padroniza as informações de controle;
- reduz e evita erros lógicos;
- facilita o entendimento das informações;
- melhora a realização das atividades; e
- proporciona resultados mais confiáveis.

Também chamado Ciclo da Melhoria Contínua, o PDCA é uma "ferramenta oficial da qualidade", utilizado em processos de trabalho com vistas a maximizar a eficiência e alcançar a excelência de produtos e serviços.

O PDCA parte da insatisfação com o "estado atual das coisas" e analisa os processos com vistas a realizá-los de maneira otimizada. Inclui as seguintes etapas:

- **planejamento (*plan*):** estabelecer objetivos, metas e os meios para alcançá-los;
- **execução (*do*):** executar as atividades propostas no planejamento;
- **controle/ verificação (*check*/*control*):** monitora/controla a execução e verifica o grau de cumprimento do que foi planejado;
- **ação avaliativa (*act*):** identifica eventuais falhas e corrige-as, a fim de melhorar a execução.

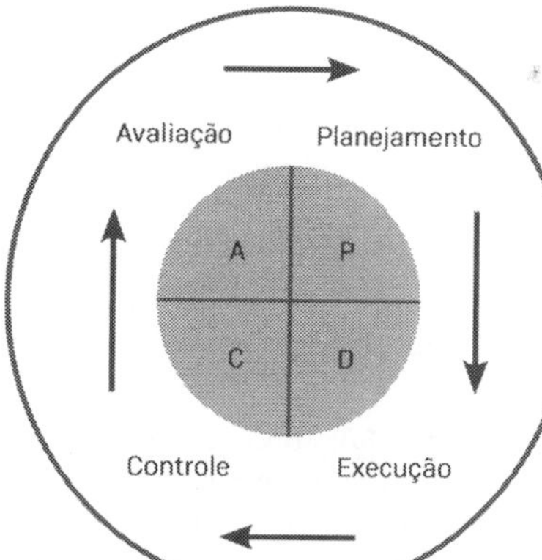

ADM ÉTI

5 PLANEJAMENTO ESTRATÉGICO

5.1 Processo de Planejamento

Maximiano descreve o planejamento como o processo de tomar *decisões para o futuro*. De forma mais completa, Chiavenato diz que *planejar é definir os objetivos e escolher antecipadamente o melhor curso de ação para alcançá-los*.

Para Felipe Sobral e Alketa Peci, o planejamento tem a dupla atribuição de definir o *que* deve ser feito – objetivos – e *como* deve ser feito – planos:

Planejamento	
Concepção de planos	Definição dos objetivos
Guias que entegram e coordenam as atividades da organização de forma a alcançar esses objetivos	Resultados, propósitos, intenções ou estados futuros que as organizações preteden alcaçar

Na lição de Chiavenato (2006), o planejamento pode ser considerado como um processo constituído de uma série sequencial de seis passos:

01. Definição dos objetivos: o primeiro passo do planejamento é o estabelecimento dos objetivos que se pretende alcançar, ou seja, os objetivos da organização devem orientar todos os principais planos, servindo de base os objetivos departamentais. Os objetivos devem especificar resultados desejados e os pontos finais a que se pretende chegar, para se conhecer quais os passos intermediários para chegar lá.

02. Verificação da situação atual em relação aos objetivos: simultaneamente à definição dos objetivos, deve-se avaliar a situação atual em contraposição aos objetivos desejados, verificar onde se está e o que precisa ser feito.

03. Desenvolver premissas quanto às condições futuras: premissas constituem os ambientes esperados dos planos em operação. Como a organização opera em ambientes complexos. Trata-se de gerar cenários alternativos para os estados futuros das ações, analisando o que pode ajudar ou prejudicar o progresso em relação aos objetivos.

04. Analisar as alternativas de ação: o quarto passo do planejamento é a busca e análise dos cursos alternativos de ação. Trata-se de relacionar e avaliar as ações que devem ser empreendidas.

05. Escolher um curso de ação entre as várias alternativas: o quinto passo é selecionar o curso de ação adequada para alcançar os objetivos propostos. Trata-se de uma tomada de decisão, em que se escolhe uma alternativa e se abandona as demais. A alternativa escolhida se transforma em um plano para alcance dos objetivos.

06. Implementar o plano e avaliar os resultados: fazer aquilo que o plano determina e avaliar cuidadosamente os resultados para assegurar o alcance dos objetivos, seguir por meio do que foi planejado e empreender as ações corretivas à medida que se tornarem necessárias.

5.2 Níveis de Planejamento

Nível	Características
Estratégico	Amplo e genérico - menor grau de detalhamento. Impacta em toda a organização. Determina objetivos e diretrizes institucionais. Longo Prazo - maior nível de incerteza.
Tático	Desdobramento das estratégias em cada unidade. Aproxima/intrega o estratégico com o operacional. Grau de detalhamento um pouco maior - diminui incertezas. Médio Prazo
Operacional	Desdobramento dos planos táticos em atividades. Máximo detalhamento - maior precisão. Curto prazo - menor risco. "O que" e "Como" fazer - procedimentos, cronogramas.

Planos Estratégicos	Definem a missão, o futuro e as formas de atuar no ambiente (produtos e serviços, clientes e mercados, vantagens competitivas), bem como os objetivos de longo prazo.
Planos Funcionais ou Administrativos	Definem os objetivos e curso de ação das áreas funcionais (marketing, finanças, oprações, recursos humanos) para realizar os planos estratégicos.
Planos operacionais	Definem atividades, recursos e formas de controle necessários para realizar os cursos de ação escolhidos.

O planejamento estratégico é insuficiente de forma isolada para que as organizações alcancem vantagem competitiva, sendo necessário o desenvolvimento e a implantação dos planejamentos táticos e operacionais de forma integrada e alinhada.

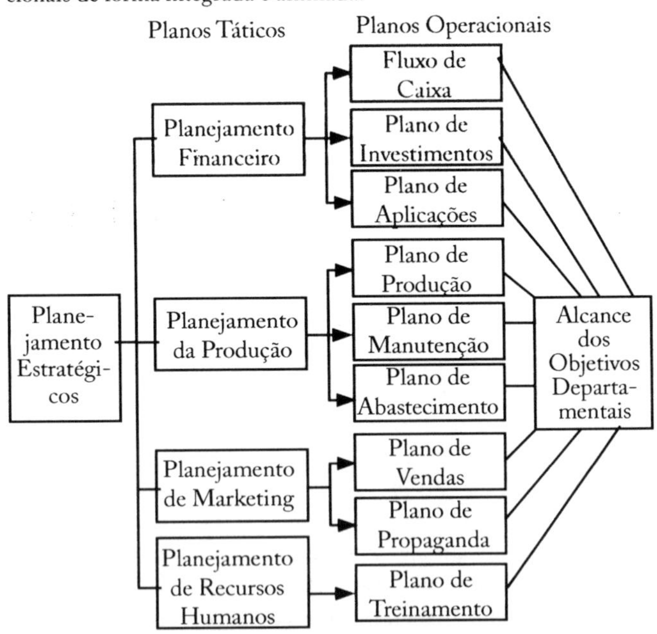

5.2.1 Planejamento Estratégico

O ambiente cheio de incertezas em que estão inseridas as organizações faz com que elas busquem se adaptar constantemente. E, nesse sentido, uma ferramenta indispensável é o planejamento estratégico, que proporciona flexibilidade na gestão das organizações com técnicas e processos administrativos.

No entanto, Matos e Chiavenato (1999) lecionam que o planejamento estratégico apresenta cinco características fundamentais:

- **O planejamento estratégico está relacionado com a adaptação da organização a um ambiente mutável:** ou seja, sujeito à incerteza a respeito dos eventos ambientais. Por se defrontar com a incerteza, tem suas decisões baseadas em julgamentos, e não em dados concretos. Reflete uma orientação externa que focaliza as respostas adequadas às forças e pressões que estão situadas do lado de fora da organização.
- **O planejamento estratégico é orientado para o futuro:** seu horizonte de tempo é o longo prazo. Durante o curso do planejamento, a consideração dos problemas atuais é dada em função dos obstáculos e barreiras que eles possam provocar para um almejado lugar no futuro.
- **O planejamento estratégico é compreensivo:** ele envolve a organização como uma totalidade, abarcando todos os seus recursos, no sentido de obter efeitos sinergéticos de todas as capacidades e potencialidades da organização. A resposta estratégica da organização envolve um comportamento global, compreensivo e sistêmico. A participação das pessoas é fundamental nesse aspecto, pois o planejamento estratégico não deve ficar apenas no papel, mas na cabeça e no coração de todos os envolvidos. São eles que o realizam e o fazem acontecer.
- **O planejamento estratégico é um processo de construção de consenso:** devido à diversidade dos interesses e necessidades dos parceiros envolvidos, o planejamento deve oferecer um meio de atender a todos na direção futura que melhor convenha para que a organização possa alcançar seus objetivos. Para isso, é preciso aceitação ampla e irrestrita para que o planejamento estratégico possa ser realizado, por meio dessas pessoas, em todos os níveis da organização.
- **O planejamento estratégico é uma forma de aprendizagem organizacional:** por estar orientado para a adaptação da organização ao contexto ambiental, o planejamento constitui uma tentativa constante de aprender a ajustar-se a um ambiente complexo, competitivo e suscetível a mudanças.

Etapas do Planejamento Estratégico

Para Maximiano, o planejamento estratégico é uma sequência de análises e decisões que compreende os seguintes componentes principais:

- - Entendimento da missão. (Em que ponto estamos?)
- - Análise do ambiente externo. (Quais são as ameaças e oportunidades do ambiente?)
- - Análise do ambiente interno. (Quais são os pontos fortes e fracos dos sistemas internos da organização?)
- - Definição do plano estratégico. (Para onde devemos ir? O que devemos fazer para chegar lá?)

Por seu turno, Chiavenato descreve sete etapas do planejamento estratégico:

- determinação dos objetivos;
- análise ambiental externa;
- análise organizacional interna;
- formulação de alternativas;
- elaboração do planejamento;
- implementação e execução;
- avaliação dos resultados.

Ademais, Djalma Rebouças de Oliveira dispõe que o planejamento estratégico compõe-se por quatro fases básicas:

Fase I – Diagnóstico estratégico – também denominada auditoria de posição, deve-se determinar "como se está". As pessoas representativas devem analisar os aspectos inerentes à realidade interna e externa da empresa. Essa fase pode ser dividida em cinco etapas básicas: (a) identificação da visão; (b) identificação dos valores; (c) análise externa; (d) análise interna; e (e) análise dos concorrentes.

Fase II – Missão da empresa – nesse momento, deve ser estabelecida a razão de ser da empresa, bem como o seu posicionamento estratégico. Essa fase divide-se em cinco etapas: (a) estabelecimento da missão da empresa; (b) estabelecimento dos propósitos atuais e potenciais; (c) estruturação e debate de cenários; (d) estabelecimento da postura estratégica; e (e) estabelecimento das macroestratégias e macropolíticas.

Fase III – Instrumentos prescritivos e quantitativos – nessa fase, deve-se estabelecer "de onde se quer chegar" e de "como chegar à situação que se deseja". Assim, pode-se dividi-la em dois instrumentos perfeitamente interligados: (a) instrumentos prescritivos (explicitação do que deve ser feito pela empresa); e (b) instrumentos quantitativos (projeções econômico-financeiras do planejamento orçamentário).

Fase IV – Controle e avaliação – deve verificar "como a empresa está indo" para a situação desejada.

5.2.2 Missão, Visão, Valores, Questões e Objetivos

A **missão significa a razão de ser da empresa.** A missão deve expressar o motivo da existência da organização e o que ela faz. Trata-se do propósito fundamental ou razão de existir de uma organização, independentemente de ser pública ou privada. É um referencial para as ações desempenhadas pela instituição.

Por outro lado, **a visão representa o consenso dos membros da organização sobre o futuro que se deseja.** Na hora de definir a visão, deve-se olhar para o futuro e identificar a forma como a organização deve ser vista por colaboradores, clientes, fornecedores e a sociedade em geral.

Por sua vez, os **valores são princípios, crenças, normas e padrões** que devem orientar o comportamento das pessoas na organização.

| Ex.: Profissionalismo, Equidade, Ética e Transparência.

Por fim, os **objetivos são resultados que a empresa pretende alcançar; enquanto as metas são os desdobramentos dos objetivos.** As estratégias representam o caminho a ser seguido para alcançar os objetivos.

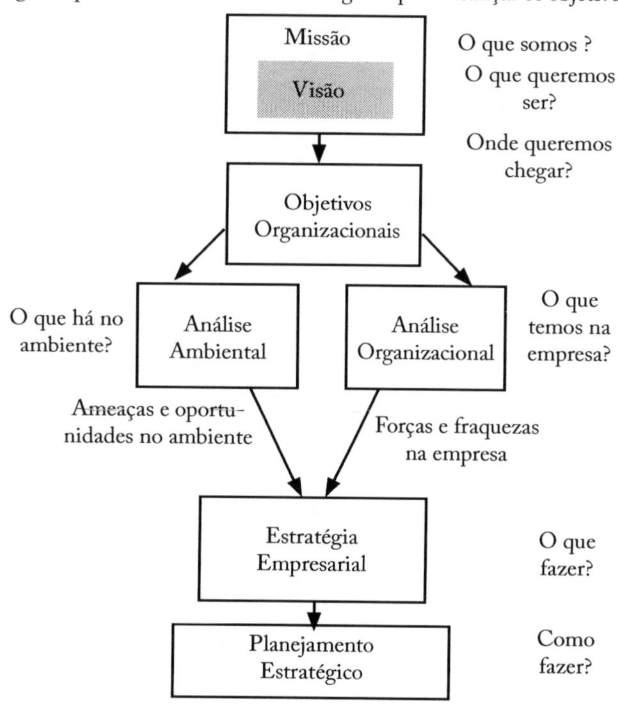

5.2.3 Evolução do Pensamento Estratégico

O pensamento estratégico vem evoluindo com o passar do tempo, sendo manifestado por meio de várias correntes. Moysés Filho et al. (2003, p. 15-30) descrevem as fases de evolução do pensamento estratégico empresarial, desde 1950 até os dias de hoje, por meio de seis escolas que se sucedem e se complementam no decorrer do tempo.

A primeira fase é correspondente **à Escola do Planejamento Financeiro**, segundo a qual a alta administração aprovava um orçamento visando apenas ao controle financeiro do desempenho.

A segunda fase, caracterizada pela **Escola do Planejamento a Longo Prazo**, baseava-se na projeção do futuro por meio da elaboração de cenários na premissa de que o futuro seria estimado pela projeção de indicadores passados e atuais, podendo ser melhorados a longo prazo pela intervenção ativa no presente.

A terceira fase, chamada de **Escola do Planejamento Estratégico**, caracterizou-se por se basear principalmente na análise das forças-fraquezas internas e das oportunidades-ameaças do ambiente, calçada na premissa de que as estratégias eficazes derivam de um processo de pensamento rigidamente formado, dando ênfase ao planejamento.

Já a quarta escola, definida como **Escola da Administração Estratégica**, embora aceitasse a maioria das premissas desenvolvidas anteriormente, concentrou sua abordagem no argumento de que a implantação das estratégias era tão importante quanto a sua formulação, focando consequentemente a abordagem prescritiva do pensamento estratégico.

Na quinta fase, **Escola da Gestão Estratégica**, a abordagem sistêmica foi inserida a todo o processo, em que além do ato de planejar estrategicamente, era também necessário organizar, dirigir e coordenar estrategicamente, proporcionando, com isso, uma abordagem mais integrada e menos centralizada.

A sexta escola, chamada de **Gestão Estratégica Competitiva**, é descrita como uma tendência do pensamento estratégico contemporâneo. Esta Escola tem como premissa básica a ideia de que a estratégia deve assumir a forma de um processo de aprendizado ao longo do tempo, integrando oito características básicas: Atuação Global; Proatividade e Foco Participativo; Incentivo à Criatividade; Controle pelo Balanced Scorecard; Organização em Unidades Estratégicas de Negócios; Ênfase em Alianças Responsabilidade Social Aprendizagem Contínua.

Evolução do Pensamento Estratégico

Escola de Pensamento	Caracteristicas Principais	Sistemas de Valores	Problemas	Predominância
Planejamento Financeiro	- Orçamento Anual - Controle Financeiro -Administração por objetivos (APO)	-Cumprir o Orçamento	-Promover a Miopia	Década de 1950
Planejamento a longo prazo	-Projeção de Tendências -Análise de Lacunas - Estudos de Cenários	-Projetar o Futuro	-Não prever descontinuidades	Década de 1960
Planejamento estratégico	-Pensamento Estratégico -Analise de Mudanças no Ambiente -Analise dos Recursos internos e Competências - Alocação de Recursos - Foco na Formulação	-Definir a Estratégia	-Falta de Foco na Implementação	Década de 1970
Administração Estratégica	-Analise da Estrutura da Industria -Contexto Econômico e Competitivo -Estratégia Genéricas -Cadeia de Valor -Foco na análise e Implementação -Pesquisa e Informações com Base Analítica	-Definir as Atividades da Industria	-Não Desenvolver a Abordagem Sistêmica	Década de 1980
Gestão Estratégica	-Pensamento Sistêmico -Integração entre Planejamento e Controle -Coordenação de todos os Recursos para o Objetivo -Organização Estrategica -Direção Estratégica -Foco nos Objetivos Financeiros	-Buscar Sintonia Entre os Ambientes Internos e Externos	-Falta de Alinhamento com a Filosofia Organizacional	Década de 1990
Gestão Estratégica Competitiva	-Atuação Global -Proatividade e Foco Participativo -Incentivo a Criatividade -Controle pelo Balanced Scorecard -Organização em Unidades Estratégicas de Negócios -Enfase em Alianças -Responsabilidade Social Aprendisagem Continua	-Estratégia como processo de Aprendisagem Continua e Integrada	---------------	Início do Século XXI

5.2.4 Análise SWOT

A técnica SWOT surgiu da tentativa de correção do planejamento corporativo, conhecido na época como planejamento estratégico mal-sucedido (Chiavenato 2000).

O planejamento estratégico, segundo Chiavenato (2000), é um método pelo qual uma organização deseja implantar uma determinada estratégia de negócios, crescimento e desenvolvimento almejando os objetivos propostos. Para Philip KOTLER (1975), o conceito de planejamento estratégico é um método gerencial pelo qual uma corporação estabelece sua direção a ser seguida, considerando a maximização da interação com o ambiente interno e externo. A direção estabelecida pela corporação deve considerar o âmbito de atuação, políticas funcionais, macropolíticas, estratégias funcionais, filosofia de atuação, macroestratégia, macro-objetivos e objetivos funcionais.

Segundo Andrade, et al. (2008),

"A sigla S.W.O.T., deriva da língua inglesa e traduz-se: ***sthreats*** *(forças),* ***Weaknesses*** *(fraquezas),* ***Opportunities*** *(oportunidades) e* ***Sthreats*** *(ameaças). Esta análise procura avaliar os pontos fortes e pontos fracos no ambiente interno da organização e as oportunidades e as ameaças no ambiente externo." (Andrade, et al. 2008).*

- **S – Sthreats:** Pontos fortes (Forças) – Descreve os pontos fortes da empresa que estão sob influência do próprio administrador;
- **W – Weaknesses:** Pontos fracos (Fraquezas) – Competências que estão sob influência do administrador, mas por algum motivo atrapalham ou não geram vantagem competitiva;
- **O - Opportunities:** oportunidades – Forças externas à empresa, influenciando positivamente, porém não estão sob controle do administrador.
- **T - Threats:** ameaças – Forças externas à empresa, que tendem a pesar negativamente nos negócios da empresa.

As Forças e Fraquezas são fatores que estão caracterizados como internos de criação ou de destruição de valores. Estes valores podem ser ativos, habilidades ou recursos financeiros e humanos que uma organização possui a disposição em relação aos seus concorrentes (Value Based Management, 2011).

Já as Oportunidades e as Ameaças são consideradas como fatores externos de criação ou de destruição de valores, não controlados pela empresa. Estes valores podem ser fatores demográficos, políticos, sociais, legais e Tecnológicos. (Value Based Management, 2011).

A análise SWOT é uma técnica que sintetiza os principais fatores internos e externos das organizações empresariais e sua capacidade estratégica de influenciar uma tendência de causar maior impacto no desenvolvimento da estratégia (Johnson, et al. 2007). O objetivo desta ferramenta "(...) é identificar o grau em que as forças e fraquezas atuais são relevantes para, e capazes de, lidar com as ameaças ou capitalizar as oportunidades no ambiente empresarial." (JOHNSON, et al. 2007).

Há várias vantagens na utilização desta técnica, dentre elas estão:

- Auxiliar a empresa a identificar o que a torna mais efetiva (forças), aumentando a confiança nas ações a serem tomadas, indicando um caminho mais seguro para sua ação no mercado.
- Planejar ações de correção e ajuste, identificando os pontos de melhoria da empresa (fraquezas).
- Usufruir das oportunidades identificadas.
- Diminuir os riscos referentes às ameaças identificadas.
- Alcance de um maior grau de conhecimento diante do negócio, ambiente e do nicho de mercado da empresa.
- Domínio do Problema.

A Análise SWOT ou Matriz SWOT, pode ser adotada por uma organização, unidade ou até mesmo por uma equipe favorecendo uma série de objetivos do projeto, podendo esta ser utilizada para avaliar um produto ou marca; uma terceirização de uma função de negócios; uma parceria ou aquisição. Além de que, quando bem aplicada pode trazer **benefícios** para o desenvolvimento de uma negociação, a aplicação de uma tecnologia específica ou uma fonte de alimentação especial.

- **Neutralidade Aplicação:** a análise SWOT é realizada por meio da identificação de um objetivo/problema, sendo assim deve se realizar uma sessão de Brainstorming utilizada para identificar os fatores internos e externos que são favoráveis e desfavoráveis para a realização deste objetivo. Permanecendo este mesmo critério para análise com finalidade de apoio ao planejamento estratégico, análise de oportunidades, análise competitiva, desenvolvimento de negócios ou processos de desenvolvimento de produtos.
- **Análise Multinível:** consiste em informações valiosas sobre as chances de seu objetivo, podendo ser fornecidas por meio da visualização de cada um dos quatro elementos das forças de análise SWOT (Forças, Fraquezas, Oportunidades e Ameaças), de forma independente ou em combinação.
- **Integração de Dados:** a análise SWOT propõe que as informações quantitativas e qualitativas a partir de um número de fontes devem ser combinadas, facilitando o acesso a uma gama de dados de múltiplas fontes, a fim de melhorar a comunicação, o nível de planejamento e tomada de decisões da empresa, auxiliando na coordenação de suas operações.
- **Simplicidade:** esse método de análise não requer habilidades técnicas nem treinamento. Sendo assim, ela pode ser realizada por qualquer pessoa com domínio e competência de realização sobre o negócio, ou setor em que ela opera. O processo envolve uma sessão de Brainstorming, em que serão discutidas as quatro dimensões de análise SWOT, como resultado, as crenças individuais de cada participante, os conhecimentos e os julgamentos são agregados em uma avaliação coletiva assegurada pelo grupo como um todo, com a finalidade de chegar a acordo/ solução.
- **Custo:** por meio da simplicidade de realização do método SWOT, a empresa pode escolher um membro da equipe em vez de contratar um consultor externo, reduzindo assim o custo de investimento. Além disso, pode ser realizado em um curto período de tempo já que o membro da empresa que irá realizar este método de análise já possui conhecimento sobre o negócio e a conduta da empresa.

As Desvantagens em Não Utilizar a Matriz SWOT

A MATRIZ SWOT é uma ferramenta que proporciona para as empresas a facilidade de poder identificar quais são seus pontos fortes e fracos, quais são suas oportunidades e ameaças. Com a sua implantação, pode trazer a capacidade de a empresa conseguir enxergar as características principais da empresa de um modo mais específico, profundo e detalhado.

Com a identificação dessas características, traz a facilidade de se fazer ou implantar melhorias em seu processo produtivo, e também aumenta sua vantagem competitiva no mercado. O importante é que as empresas se adequem a essa ferramenta, pois ela traz pode trazer um benefício qualitativo, e pode também agregar valor para a empresa e torna a empresa mais competitiva do ponto de vista da concorrência.

Empresas que não a implantam possuem grande dificuldade de identificar os pontos a serem melhorados, e quais são seus aspectos que podem lhe proporcionar oportunidades de melhoria? Não implantar a MATRIZ SWOT traz como consequência a baixa vantagem competitiva no mercado.

Empresas que optam por não a implantar podem conseguir sucesso, mas não com a mesma forma repentina e ágil de empresas que a implantam.

ESQUEMAS
Ambiente interno (variáveis controláveis): **Pontos fortes (Strengths)** - são competências, fatores ou características internas positivas que a organização possui – Ex.: funcionários capacitados; e **Pontos fracos (Weaknesses)** - são deficiências, fatores ou características internas negativas que prejudicam o desempenho e o cumprimento da missão organizacional – Ex.: funcionários não capacitados. **Ambiente externo (variáveis não controláveis):** **Oportunidades (Opportunities)** - as oportunidades são as forças externas à organização que influenciam positivamente no cumprimento da missão, mas que não temos controle sobre elas – Ex.: mercado internacional em expansão; e **Ameaças (Threats)** - são aspectos externos à organização que impactam negativamente no desempenho e no cumprimento da missão – Ex.: governo cria um novo imposto.

Forças	Fraquezas
- Boa imagem - Qualidade do produto - Baixo custo - Parcerias - Distribuição - Liderança de mercado - Competência Tecnologia própria	- Falta de direção e estratégia - Pouco investimento em inovação - Linha de produtos muito reduzida - Distribuição limitada - Custos Altos - Problemas operacionais internos - Falta de experiência da administração - Falta de formação dos funcionários
Oportunidades	**Ameaças**
- Rápido crescimento de mercado -Abertura aos mercados estrangeiros - Empresa rival enfrenta dificuldade - Encontrados novos usos do produto - Novas tecnologias - Mudanças demográficas - Novos métodos de distribuição - Diminuição da regulamentação	- Receção - Nova tecnologia - Mudanças demográficas - Empresas rivais adaptam novas estratégias - Barreiras ao comércio exterior - Desempenho negativos das empresas associadas - Aumento da regulamentação

Graus de interação	Comprotamento	Consequências
Negativoi ↓ [Dinossauro]	- Não reage - Não adapitativo - Não inovativo	Sobrevivência curto prazo ↓ [extinção]
Neutro ↓ [camaleão]	- Reagente - Adaptativo	Sobrevivência longo prazo ↓ [estagnação]
Positivo ↓ [homo sapiens]	- Reagente - Adaptativo - Inovativo	Sobrevivência longo prazo ↓ [desenvolvimento]

O cruzamento entre os quatro pontos da análise SWOT gera uma moldura em que a organização pode desenvolver suas estratégias e melhor aproveitar suas vantagens competitivas. Vamos utilizar, para essa demonstração, a nomenclatura FOFA:

FOFA		AMBIENTE INTERNO	
		Forças (S)	Fraquezas (W)
AMBIENTE EXTERNO	Oportunidades (O)	SO (máx.-máx.)- ALAVANCAGEM	WO (min.-máx.)- LIMITAÇÕES
		Tirar o máximo partido dos pontos fortes para aproveitar o máximo das oportunidades.	Minimizar ou superar os efeitos negativos dos pontos fracos e aproveitar oportunidades.
	Ameaças (T)	ST (máx. - min.)- VULNERABILIDADE	WT(min. - min.)- PROBLEMAS
		Tirar o máximo partido dos pontos fortes para minimizar efeitos das ameaças detectadas.	Minimizar ou ultrapassar pontos fracos e fazer face às ameaças.

Tipos de Estratégias

O executivo poderá escolher determinado tipo de estratégia que seja o mais adequado, tendo em vista a sua capacitação e o objetivo estabelecido. Entretanto, deverá estar ciente de que a escolha poderá nortear o seu desenvolvimento por um período de tempo que poderá ser longo.

As estratégias podem ser estabelecidas de acordo com a situação da empresa: podem estar voltadas à sobrevivência, à manutenção, ao crescimento ou ao desenvolvimento, conforme postura estratégica da empresa.

A combinação de estratégias deve ser feita de forma que aproveite todas as oportunidades possíveis, e utilizando a estratégia certa no memento certo.

Estratégia de Sobrevivência

Este tipo de estratégia deve ser adotado pela empresa quando não existir outra alternativa para ela, ou seja, apenas quando o ambiente e a empresa estão em situação inadequada com muitas dificuldades ou quando apresentam péssimas perspectivas (alto índice de pontos fracos internos e ameaças externas). Em qualquer outra situação, quando a empresa adota esta estratégia como precaução, as consequências podem ser desastrosas, pois numa postura de sobrevivência, normalmente a primeira decisão do executivo é parar os investimentos e reduzir, ao máximo, as despesas.

A sobrevivência pode ser uma situação adequada como condição mínima para atingir outros objetivos mais tangíveis no futuro, como lucros maiores, vendas incrementadas, maior participação no mercado, etc., mas não como um objetivo único da empresa, ou seja, estar numa situação de "sobreviver por sobreviver".

Os tipos que se enquadram na situação de estratégia de sobrevivência são:

- **Redução de custos:** utilizada normalmente em período de recessão, que consiste na redução de todos os custos possíveis para que a empresa possa subsistir.
- **Desinvestimento:** quando as empresas encontram-se em conflito com linhas de produtos que deixam de ser interessantes, portanto, é melhor desinvestir do que comprometer toda a empresa.

Se nenhuma estratégia básica de sobrevivência der certo, o executivo penderá para a adoção da estratégia de - Liquidação de negócio: estratégia usada em último caso, quando não existe outra saída, a não ser fechar o negócio.

Estratégia de Manutenção

Neste caso, a empresa identifica um ambiente com predominância de ameaças; entretanto, ela possui uma série de pontos fortes (disponibilidade financeira, recursos humanos, tecnologia etc.) acumulados ao longo dos anos, que possibilitam ao administrador, além de querer continuar sobrevivendo, também manter a sua posição conquistada até o momento. Para tanto, deverá sedimentar e usufruir ao máximo os seus pontos fortes, tendo em vista, inclusive, minimizar os seus pontos fracos, tentando ainda, maximizar os pontos fracos e minimizar os pontos fortes dos concorrentes.

A estratégia de manutenção é uma postura preferível quando a empresa está enfrentando ou espera encontrar dificuldades, e a partir dessa situação prefere tomar uma atitude defensiva diante das ameaças.

A estratégia de manutenção pode apresentar três situações:

- **Estratégia de estabilidade:** procura, principalmente, a manutenção de um estado de equilíbrio ameaçado, ou ainda, o seu retorno em caso de sua perda.
- **Estratégia de especialização:** a empresa busca conquistar ou manter a liderança no mercado por meio da concentração dos esforços de expansão numa única ou em poucas atividades da relação produto/mercado. Sua vantagem é a redução dos custos unitários, e a desvantagem é a vulnerabilidade pela alta dependência de poucas modalidades de fornecimento de produção e vendas.
- **Estratégia de nicho:** a empresa procura dominar um segmento de mercado que ela atua, concentrando o seu esforço e recursos em preservar algumas vantagens competitivas. Pode ficar entendido que este tipo de empresa tem um ambiente ecológico bem restrito, não procura expandir-se geograficamente e segue a estratégia do menor risco, executando-se aquele que é inerente a quem se encontra num só segmento. Assim a empresa dedica-se a um único produto, mercado ou tecnologia, pois não há interesse em desviar os seus recursos para outras atenções.

Estratégia de Crescimento

Nesta situação, o ambiente está proporcionando situações favoráveis que podem transformar-se em oportunidades, quando efetivamente é usufruída a situação favorável pela empresa. Normalmente, o executivo procura, nesta situação, lançar novos produtos, aumentar o volume de vendas etc.

Algumas das estratégias inerentes à postura de crescimento são:

- **Estratégia de inovação:** a empresa procura antecipar-se aos concorrentes por meio de frequentes desenvolvimentos e lançamentos de novos produtos e serviços; portanto, a empresa deve ter acesso rápido e direto a todas as informações necessárias num mercado de rápida evolução tecnológica.
- **Estratégia de joint venture:** trata-se de uma estratégia usada para entrar em novo mercado onde duas empresas se associam para produzir um produto. Normalmente, uma empresa entra no negócio com capital e a outra com a tecnologia necessária.
- **Estratégia de internacionalização:** a empresa estende suas atividades para fora do seu país de origem. Embora o processo seja lento e arriscado, esta estratégia pode ser muito interessante para empresas de grande porte, pela atual evolução de sistemas, como logísticos e comunicação.
- **Estratégia de expansão:** o processo de expansão das empresas deve ser muito bem planejado, pois caso contrário, elas podem ser absorvidas pelo Governo ou outras empresas nacionais ou multinacionais. Muitas vezes, a não expansão na hora certa pode provocar uma perda de mercado, de modo que a única providência da empresa perante esta situação seja a venda ou a associação com empresas de maior porte.

A decisão em investir na expansão é mais comum que na diversificação, pois esta última envolve uma mudança mais radical dos produtos, e dos seus usos atuais, enquanto a expansão aproveita uma situação de sinergia potencial muito forte.

Estratégia de Desenvolvimento

Neste caso, a predominância na situação da empresa é de pontos fortes e de oportunidades. Diante disso, o executivo deve procurar desenvolver a sua empresa por meio de duas direções: podem-se procurar novos mercados e clientes ou então, novas tecnologias diferentes daquelas que a empresa domina. A combinação destas permite ao executivo construir novos negócios no mercado.

- **Desenvolvimento de mercado:** ocorre quando a empresa procura maiores vendas, levando seus produtos a novos mercados.
- **Desenvolvimento de produto ou serviços:** ocorre quando a empresa procura maiores vendas mediante o desenvolvimento de melhores produtos e/ou serviços para seus mercados atuais. Este desenvolvimento pode ocorrer por meio de novas características do produto/serviço; variações de qualidade; ou diferentes modelos e tamanhos (proliferação de produtos).
- **Desenvolvimento financeiro:** união de duas ou mais empresas por meio da associação ou fusão, para a formação de uma nova empresa. Isto ocorre quando uma empresa apresenta poucos recursos financeiros e muitas oportunidades; enquanto a outra empresa tem um quadro totalmente ao contrário; e ambas buscam a união para o fortalecimento em ambos os aspectos.
- **Desenvolvimento de capacidades:** ocorre quando a associação é realizada entre uma empresa com ponto fraco em tecnologia e alto índice de oportunidades usufruídas e/ou potenciais, e outra empresa com ponto forte em tecnologia, mas com baixo nível de oportunidades ambientais.
- **Desenvolvimento de estabilidade:** corresponde a uma associação ou fusão de empresas que procuram tornar as suas evoluções uniformes, principalmente quanto ao aspecto mercadológico.

Entretanto a estratégia mais forte do desenvolvimento de uma empresa corresponde à diversificação, que é dividida em dois modelos:

- **Diversificação horizontal:** por meio desta estratégia, a empresa concentra o seu capital, pela compra ou associação com empresas similares. A empresa atua em ambiente econômico que lhe é familiar, porque os consumidores são do mesmo tipo. O potencial de ganhos de sinergia neste tipo de diversificação é baixo, com exceção da sinergia comercial, uma vez que os mesmos canais de distribuição são usados.

- **Diversificação vertical:** ocorre quando a empresa passa a produzir novo produto ou serviço, que se acha entre o seu mercado de matérias-primas e o consumidor final do produto que já se fabrica.
- **Diversificação concêntrica:** diversificação da linha de produtos, com o aproveitamento da mesma tecnologia ou força de vendas, oferecendo-se uma quantidade maior de produtos no mesmo mercado. A empresa pode ter ganhos substanciais em termos de flexibilidade.
- **Diversificação conglomerada:** consiste na diversificação de negócios em que a empresa não aproveitará a mesma tecnologia ou força de vendas.
- **Diversificação interna:** corresponde a uma situação em que a diversificação da empresa é, basicamente, gerada pelos fatores internos, e sofre menos influência dos fatores externos.
- **Diversificação mista:** trata-se de uma situação em que a empresa apresenta mais que um tipo anterior de diversificação ao mesmo tempo.

Diagnóstico		Interno	Interno
		Pontos Fracos	Pontos Forte
		Postura Estratégica de Sobrevivência	Postura Estratégica de Manutenção
EXTERNO	PREDOMINÂNCIA DE AMEAÇAS	Redução de Custos	Estabilidade
		Desinvestimento	Nicho
		Liquidação de Negocio	Especialização
		Postura Estratégica de Crescimento	Postura Estratégica de Desenvolvimento
	PREDOMINÂNCIA DE OPORTUNIDADES	Inovação	de Mercado
		Internacionalização	de Produção
		Joint Venture	Financeiro
			de Capacidades
		Expansão	de Estabilidade
			Diversificação

Resumo dos tipos básicos de estratégias:

Análise competitiva e estratégias genéricas de Michael Porter

Michael Porter desenvolveu um modelo de cinco forças competitivas. Esses fatores são os seguintes:

Ameaça de Novos Entrantes – Alto investimento necessário e economias de escala são alguns dos fatores que podem dificultar a entrada de um novo competidor em um mercado. Naturalmente, é mais difícil abrir uma nova indústria aeronáutica do que uma nova loja de roupas. Dessa forma, as empresas que estão em setores com altas barreiras à entrada sofrem menos competição dos que as que estão em mercados com baixas barreiras de entrada.

Poder de Negociação dos Clientes – Quanto mais informados estão os clientes, mais eles normalmente podem exigir das empresas qualidade, preço e serviços. Os clientes são poderosos quando são poucos, ou compram em grande quantidade, quando os custos de trocar de fornecedor são baixos, quando eles conhecem as estruturas de custos das empresas e quando podem deixar de consumir os produtos ou fabricá-los internamente.

Poder de Negociação dos Fornecedores – Muitos dos fatores que podem deixar os clientes fortes podem deixar os fornecedores poderosos se forem invertidos. Os fornecedores são fortes: quando são poucos e/ou dominam o mercado; quando o custo de trocar de fornecedor é alto; quando os clientes são pouco importantes; e quando podem se tornar competidores, ou seja, passar a concorrer no mercado do cliente.

Ameaça de Produtos Substitutos – Um produto é substituto quando satisfaz a mesma necessidade dos clientes (exemplo: manteiga e margarina). Se existem muitos produtos que podem substituir o produto que sua empresa fornece, a posição estratégica é difícil e o setor será menos atraente e lucrativo.

Rivalidade entre os Concorrentes – Se existem muitos concorrentes em um mercado e se a força deles é semelhante, pode ocorrer uma guerra de preços, levando a uma queda na atratividade do setor. Outros fatores que levam a isso são: custos fixos elevados, que podem levar as empresas a buscar operar com capacidade total, e uma grande barreira de saída, como instalações caras, de difícil venda, maquinário específico e altas indenizações, que podem levar empresas a continuar investindo e operando em mercados com lucratividades baixas.

Rivalidade entre Concorrentes
Avalia a competitividade do mercado, levando em conta aspectos como:
-Quantidade de concorrentes
-Diferenciação dos produtos
-Diversidade dos concorrentes
-Marketing Share de cada concorrente
-Poder/financeiro dos concorrentes

Novos Entrantes
Avalia a dificuldade de novas empresas entrarem no mesmo Mercado, observando:
-Necessidade de Capital para iniciar o negócio
-Custos de mudança
-Acesso aos canais de distribuição
-Khow, How, patentes
-Custos e tempo para regulamentação

Compradores
Avalia o seu poder de negociação sobre os fornecedores, observando:
-Volume de compras
-Custo de mudança de fornecedor
-Produtos substitutos
-Quantidade de fornecedores

Substitutos
Analisa a possibilidadede produtos substitutos através de:
-Propensão do comprador
-Relação/rendimento
-Custos de mudança para o comprador

Fornecedores
Avalia o poder de negociação dos fornecedores, levando em conta aspectos como:
-Quantidade de fornecedores
-Custo para mudanças de fornecedor

A partir das características de cada um dos fatores acima, as empresas podem tomar uma das **três estratégicas genéricas propostas por Porter: liderança em custo, diferenciação e foco (também chamado enfoque ou estratégia de nicho).**

Liderança em custos – Nessa estratégia, a empresa busca ser a mais eficiente na produção de produtos e serviços em seu mercado, de modo que tenha vantagem competitiva em relação aos seus concorrentes. Pode-se alcançar isso com: economias de escala, acesso a matérias-primas mais baratas, entre outras. Essa posição de custo mais baixo que seus concorrentes permite uma série de vantagens, como operar com lucratividade quando seus concorrentes estão perdendo dinheiro, por exemplo.

Diferenciação – Uma empresa também pode ter vantagens competitivas tendo produtos com características únicas na percepção de seus clientes, que lhe possibilitem cobrar um preço mais alto sem perder sua clientela. Um exemplo atual é a Apple. Essa empresa, com seus produtos inovadores, como o iPhone e o iPad, tem conquistado uma maior lealdade de seus clientes e maior lucratividade. A diferenciação pode ocorrer na qualidade do produto, no atendimento, no estilo do produto, na marca etc.

Foco ou Enfoque – Também é chamada de estratégia de nicho. Nessa situação, a empresa foca seus esforços em um mercado pequeno (seja geográfico, produto ou clientela) de modo a conseguir uma vantagem específica naquele mercado, que não tenha como conseguir em todo o mercado (a Ferrari buscou essa estratégia com o foco em carros de alto desempenho, pois era pequena para concorrer no mercado de automóveis populares, muito maior, antes de ser comprada pela Fiat).

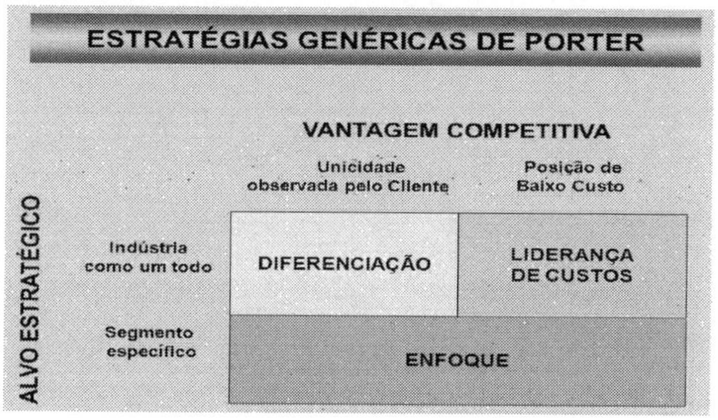

Em síntese, Porter identificou cinco forças competitivas que devem ser analisadas pelas empresas para que escolham uma de suas três estratégias genéricas.

Matriz ***Ansoff***

Um dos fatores mais importantes para o sucesso de uma organização ou de qualquer outro negócio é a análise estratégica do mercado. Igor *Ansoff*, professor e consultor russo, desenvolveu em 1965, uma ferramenta de análise e de definição dos problemas estratégicos.

A matriz de produtos e mercados de *Ansoff* tem como foco principal mostrar a expansão de produtos e mercados visando criar oportunidades de crescimento para as empresas. Um administrador pode usar essa matriz no momento em que estiver mapeando o portfólio da sua organização. Neste momento, será analisada a receita criada pelos produtos existentes, de modo a compará-la com a receita que a organização pretende alcançar. A matriz permite estruturar e definir a estratégia para esse crescimento.

A matriz *Ansoff* é um quadrante composto por duas dimensões: produtos e mercados. Do lado direito, encontram-se os produtos novos; e do esquerdo, os existentes. Essa combinação forma quatro estratégias para o crescimento e o desenvolvimento da empresa. Essas estratégias são: o desenvolvimento do mercado, a penetração no mercado, a diversificação e o desenvolvimento do produto.

A definição desse quadro mostra em qual mercado sua organização deseja atuar.

Desenvolvimento do mercado	No desenvolvimento de mercado, a empresa deseja vender seus produtos existentes em um mercado novo. Essa estratégia de desenvolvimento de mercado deve analisar os mercados parecidos com o seu, e pensar na expansão de seus negócios. Essa expansão deve analisar alguns fatores como localização geográfica e idade. Imaginemos uma loja de camisas on-line que vende apenas em um Estado. Ela pode expandir suas vendas para outras unidades federativas, incluindo outros serviços de entrega. Se o público-alvo dessa loja for composto por homens de uma determinada faixa etária, ela pode aumentar esse público ao incluir outras idades.
Penetração de mercado	A penetração de mercado visa vender os produtos existentes em um mercado existente, ou seja, pretende-se desenvolver uma estratégia para aumentar sua presença onde ela já atua. Essa estratégia pode ser feita por meio de liquidações, fidelização de clientes, promoções, entre outras ações.
Diversificação	A diversificação é uma estratégia que objetiva criar produtos, para atuar em novos mercados. Essa estratégia busca a inovação que inevitavelmente proporciona riscos, pois a empresa está entrando em um campo desconhecido. Logo, não tem muito como fugir desse fator. Criar uma estratégia para crescer e desenvolver nesse mercado é inerente a uma organização na maioria das vezes.
Desenvolvimento do produto	Essa estratégia sugere o desenvolvimento de novos produtos em mercados existentes. Isso pode ser feito por meio de aperfeiçoamento do produto e de melhorias tecnológicas. Um bom exemplo é a ação de empresas de refrigerantes que incluem em seu MIX de sucos e refrigerantes, versões diet e light.

		Produtos	
		Existentes	**Novos**
Mercados	**Existentes**	Penetração de Mercado	Desenvolvimento de produtos
	Novos	Desenvolvimento de Mercado	Diversificação

Construção de Cenários

Para Godet (apud MARCIAL E GRUMBACH, 2008, p. 47), cenário é *"o conjunto formado pela descrição coerente de uma situação futura e pelo encaminhamento dos acontecimentos que permitem passar da situação de origem à situação futura"*.

A importância de se trabalhar com cenários, conforme menciona Valdez (2007), é que eles permitem "estimular a imaginação, reduzir as incoerências, criar uma linguagem comum e permitir a reflexão". Já Franco (2007) informa que *"a existência de mais de uma solução é condição básica para a tomada de decisão e uma das bases do planejamento estratégico"*.

No tocante à atividade de planejamento estratégico, Cortez (2007) anota dois tipos de enfoques que explicam os estudos referentes ao futuro: **a abordagem projetiva e a prospectiva.**

Segundo esse autor, a **abordagem projetiva** se refere a cenário único. É a abordagem clássica. Para os seguidores dessa linha de pensamento, as forças que atuaram no passado até o presente serão as mesmas que atuarão no presente até o futuro. Com esse raciocínio, acreditam poder prever o que ocorrerá. Naturalmente, a previsão clássica não considera o ambiente macro, tendo somente a visão parcial do problema.

A figura a seguir apresenta de maneira simples esta abordagem:

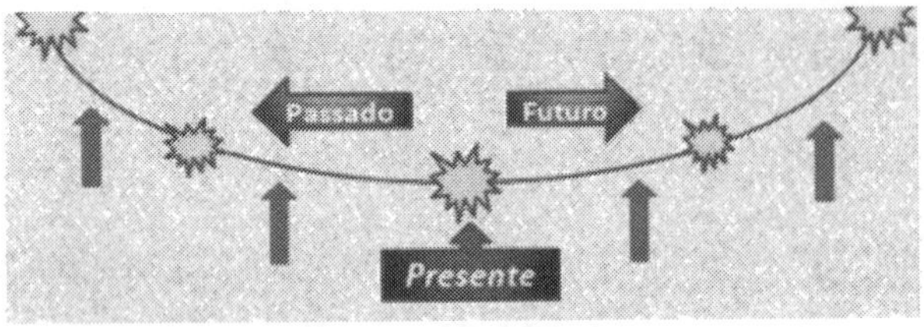

Figura 1 – Abordagem Projetiva

Pelo entendimento de Santos (2004), a abordagem prospectiva trata de vários cenários prováveis de ocorrer no futuro, dentro de um horizonte de tempo determinado. A abordagem prospectiva indica que as forças que atuaram no passado até o presente não necessariamente serão as mesmas que atuarão até o futuro. Desta forma, não existirá somente um só cenário.

A figura 2 exemplifica o raciocínio prospectivo:

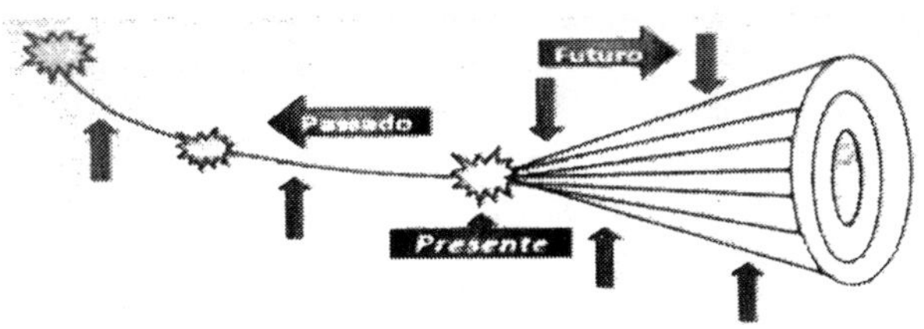

Figura 2 – Abordagem Prospectiva

O que se percebe é a criação de um cone (cone de futuro), em que o passado e o presente são conhecidos, sendo este último o vértice e os diversos caminhos até sua base os cenários que poderão vir a ocorrer.

A lógica dessa abordagem, segundo Marcial (2008), é no sentido de que, conhecendo os diversos caminhos, o homem pode influir na constituição de um futuro melhor. Isso requer que se considere o ambiente como um todo, levando em consideração as variáveis econômicas, ambientais, políticas, tecnológicas, entre outras, bem como os diversos agentes, clientes, governo, concorrentes etc. Perceber a intensidade dessas forças e, se possível, interferir para obter o melhor resultado é o propósito maior da análise prospectiva.

6 PRINCÍPIOS FUNDAMENTAIS DA ADMINISTRAÇÃO PÚBLICA

Neste momento, o objetivo é conhecer o rol de princípios fundamentais que norteiam e orientam toda a atividade administrativa do Estado, bem como toda a atuação da Administração Pública Direta e indireta.

Tais princípios são de observância obrigatória para toda a Administração Pública, quer da União, dos estados, do Distrito Federal, quer dos municípios. São considerados expressos, pois estão descritos expressamente no *caput* do art. 37 da Constituição Federal de 1988.

> ***Art. 37*** *A Administração Pública Direta e indireta de qualquer dos Poderes da União, dos Estados, do Distrito Federal e dos Municípios obedecerá aos princípios de legalidade, impessoalidade, moralidade, publicidade e eficiência e, também, ao seguinte. (Ver CF/1988)*

6.1 Classificação

Os princípios da Administração Pública são classificados como princípios explícitos (expressos) e implícitos.

É importante apontar que não existe relação de subordinação e de hierarquia entre os princípios expressos e os implícitos; na verdade, essa relação não existe entre nenhum princípio.

Isso quer dizer que, em um aparente conflito entre os princípios, um não exclui o outro, pois deve o administrador público observar ambos ao mesmo tempo, devendo nortear sua decisão na obediência de todos os princípios fundamentais pertinentes ao caso em concreto.

Como exemplo, não pode o administrador público deixar de observar o princípio da legalidade para buscar uma atuação mais eficiente (de acordo com o princípio da eficiência), devendo ele, na colisão entre os dois princípios, observar a lei e ainda buscar a eficiência conforme os meios que lhes seja possível.

Os **princípios explícitos** ou expressos são aqueles que estão descritos no *caput* do art. 37 da CF/1988. São eles:

- Legalidade;
- Impessoalidade;
- Moralidade;
- Publicidade;
- Eficiência.

Os **princípios implícitos** são aqueles que não estão descritos no *caput* do art. 37 da Constituição Federal. São eles:

- Supremacia do interesse público;
- Indisponibilidade do interesse público;
- Motivação;
- Razoabilidade;
- Proporcionalidade;
- Autotutela;
- Continuidade dos serviços públicos;
- Segurança jurídica, entre outros.

A seguir, analisaremos as características dos princípios fundamentais da Administração Pública que mais aparecem nas provas de concurso público.

6.2 Princípios explícitos da Administração Pública

6.2.1 Princípio da legalidade

O princípio da legalidade está previsto em dois lugares distintos na Constituição Federal. Em primeiro plano, no art. 5º, inciso II: *ninguém será obrigado a fazer ou deixar de fazer alguma coisa senão em virtude de lei.* O princípio da legalidade regula a vida dos particulares e, ao particular, é facultado fazer tudo que a lei não proíbe; é o chamado princípio da autonomia da vontade. Essa regra não deve ser aplicada à Administração Pública.

Em segundo plano, o art. 37, *caput* do texto Constitucional, determina que a Administração Pública somente pode fazer aquilo que a lei determina ou autoriza. Assim, em caso de omissão legislativa (falta de lei), a Administração Pública está proibida de agir.

Nesse segundo caso, a lei deve ser entendida em sentido amplo, o que significa que a Administração Pública deve obedecer aos mandamentos constitucionais, às leis formais e materiais (leis complementares, leis delegadas, leis ordinárias, medidas provisórias) e também às normas infralegais (decretos, resoluções, portarias, entre outros), e não somente a lei em sentido estrito.

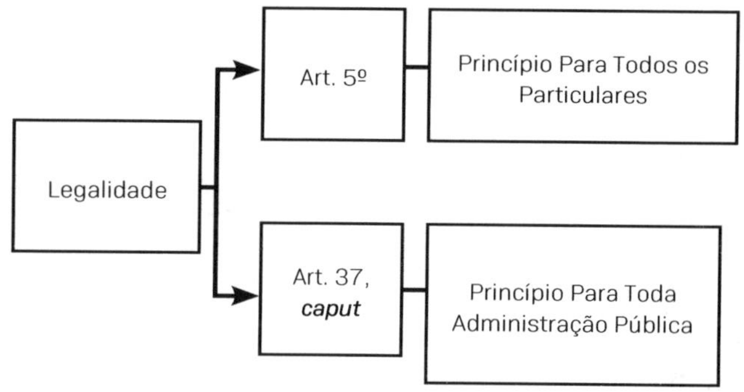

6.2.2 Princípio da impessoalidade

O princípio da impessoalidade determina que todas as ações da Administração Pública devem ser revestidas de finalidade pública. Além disso, como segunda vertente, proíbe a promoção pessoal do agente público, como determina o art. 37, § 1º da Constituição Federal de 1988:

> ***Art. 37, § 1º*** *A publicidade dos atos, programas, obras, serviços e campanhas dos órgãos públicos deverá ter caráter educativo, informativo ou de orientação social, dela não podendo constar nomes, símbolos ou imagens que caracterizem promoção pessoal de autoridades ou servidores públicos.*

O princípio da impessoalidade é tratado sob dois prismas, a saber:

- Como determinante da finalidade de toda atuação administrativa (também chamado de princípio da **finalidade**, considerado constitucional implícito, inserido no princípio expresso da impessoalidade).
- Como vedação a que o agente público se promova à custa das realizações da Administração Pública (vedação à promoção pessoal do administrador público pelos serviços, obras e outras realizações efetuadas pela Administração Pública).

É pelo princípio da impessoalidade que dizemos que o agente público age em imputação à pessoa jurídica a que está ligado, ou seja, pelo princípio da impessoalidade as ações do agente público são determinadas como se o próprio Estado estivesse agindo.

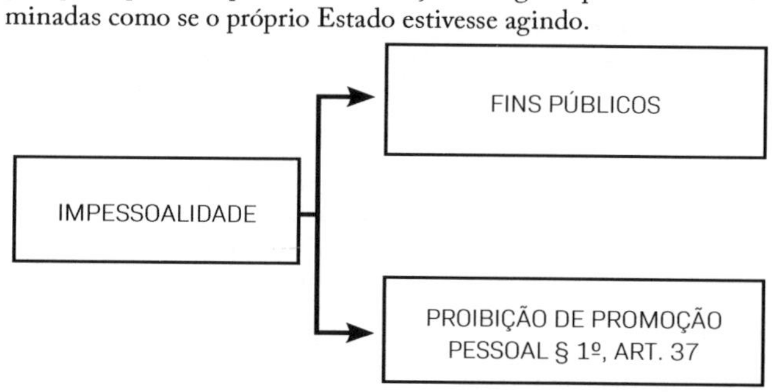

6.2.3 Princípio da moralidade

O princípio da moralidade é um complemento ao da legalidade, pois nem tudo que é legal é moral. Dessa forma, o Estado impõe a sua administração a atuação segundo a lei e também segundo a moral administrativa. Tal princípio traz para o agente público o dever de probidade. Esse dever é sinônimo de atuação com ética, decoro, honestidade e boa-fé.

O princípio da moralidade determina que o agente deva sempre trabalhar com ética e em respeito aos princípios morais da Administração Pública. O princípio está intimamente ligado ao dever de probidade (honestidade) e sua não observação acarreta a aplicação do art. 37, § 4º da Constituição Federal de 1988 e a Lei nº 8.429/1992 (Lei de Improbidade Administrativa).

> ***Art. 37, § 4º*** *Os atos de improbidade administrativa importarão a suspensão dos direitos políticos, a perda da função pública, a indisponibilidade dos bens e o ressarcimento ao erário, na forma e gradação previstas em lei, sem prejuízo da ação penal cabível.*

O desrespeito ao princípio da moralidade afeta a própria legalidade do ato administrativo, ou seja, leva a anulação do ato, e ainda pode acarretar a responsabilização dos agentes por improbidade administrativa.

O princípio da moralidade não se refere ao senso comum de moral, que é formado por meio das instituições que passam pela vida da pessoa, como família, escola, igreja, entre outras. Para a Administração Pública, esse princípio refere-se à moralidade administrativa, que está inserida no corpo das normas de Direito Administrativo.

6.2.4 Princípio da publicidade

Esse princípio deve ser entendido como aquele que determina que os atos da Administração sejam claros quanto à sua procedência. Por esse motivo, em regra, os atos devem ser publicados em diário oficial e, além disso, a Administração deve tornar o fato acessível (público). Tornar público é, além de publicar em diário oficial, apresentar os atos na internet, pois esse meio, hoje, é o que deixa todas as informações acessíveis.

O princípio da publicidade apresenta dupla acepção em face do sistema constitucional vigente:

- Exigência de publicação em órgão oficial como requisito de eficácia dos atos administrativos que devam produzir efeitos externos e dos atos que impliquem ônus para o patrimônio público.

Essa regra não é absoluta, pois, em defesa da intimidade e também do Estado, alguns atos públicos não precisam ser publicados:

> ***Art. 5º, X, CF/1988*** *São invioláveis a intimidade, a vida privada, a honra e a imagem das pessoas, assegurado o direito a indenização pelo dano material ou moral decorrente de sua violação.*
>
> ***Art. 5º, XXXIII, CF/1988*** *Todos têm direito a receber dos órgãos públicos informações de seu interesse particular, ou de interesse coletivo ou geral, que serão prestadas no prazo da lei, sob pena de responsabilidade, ressalvadas aquelas cujo sigilo seja imprescindível à segurança da sociedade e do Estado.*

Assim, o ato que tiver em seu conteúdo uma informação sigilosa ou relativa à intimidade da pessoa tem de ser resguardado no devido sigilo.

- **Exigência de transparência da atuação administrativa:**

> ***Art. 5º, XXXIII, CF/1988*** *Todos têm direito a receber dos órgãos públicos informações de seu interesse particular, ou de interesse coletivo ou geral, que serão prestadas no prazo da lei, sob pena de responsabilidade, ressalvadas aquelas cujo sigilo seja imprescindível à segurança da sociedade e do Estado.*

O princípio da publicidade orientou o poder legislativo nacional a editar a Lei nº 12.527/2011, que regulamenta o dispositivo do art. 5º, inciso XXXIII, da Constituição Federal de 1988. Dispõe sobre o acesso à informação pública, sobre a informação sigilosa, sua classificação, bem como a informação pessoal, entre outras providências. Tal dispositivo merece ser lido, pois essa lei transpassa toda a essência do princípio da publicidade.

Podemos inclusive afirmar que esse princípio foi materializado em lei após a edição da Lei nº 12.527/2011. Veja a seguir a redação do art. 3º dessa lei:

> ***Art. 3º*** *Os procedimentos previstos nesta Lei destinam-se a assegurar o direito fundamental de acesso à informação e devem ser executados em conformidade com os princípios básicos da Administração Pública e com as seguintes diretrizes:*
>
> *I - Observância da publicidade como preceito geral e do sigilo como exceção;*
>
> *II - Divulgação de informações de interesse público, independentemente de solicitações;*
>
> *III - Utilização de meios de comunicação viabilizados pela tecnologia da informação;*
>
> *IV - Fomento ao desenvolvimento da cultura de transparência na Administração Pública;*
>
> *V - Desenvolvimento do controle social da Administração Pública.*

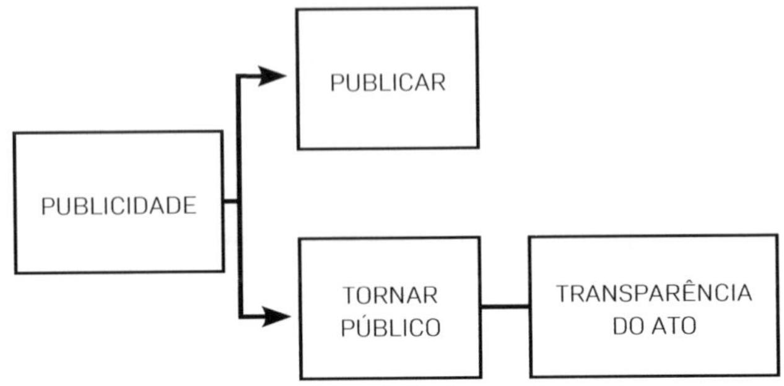

6.2.5 Princípio da eficiência

O princípio da eficiência foi o último a ser inserido no bojo do texto constitucional. Esse princípio foi incluído com a Emenda Constitucional nº 19/1998), e apresenta dois aspectos principais:

- Relativamente à forma de atuação do agente público, espera-se o melhor desempenho possível de suas atribuições, a fim de obter os melhores resultados.
- Quanto ao modo de organizar, estruturar e disciplinar a Administração Pública, exigiu-se que esse seja o mais racional possível, no intuito de alcançar melhores resultados na prestação dos serviços públicos.

> ***Art. 37, § 8º, CF/1988*** *A autonomia gerencial, orçamentária e financeira dos órgãos e entidades da Administração Direta e indireta poderá ser ampliada mediante contrato, a ser firmado entre seus administradores e o poder público, que tenha por objeto a fixação de metas de desempenho para o órgão ou entidade, cabendo à lei dispor sobre.*

O princípio da eficiência orienta a atuação da Administração Pública de forma que essa busque o melhor custo-benefício no exercício de suas atividades, ou seja, os serviços públicos devem ser prestados com adequação às necessidades da sociedade que o custeia.

A atuação da Administração Pública tem que ser eficiente, o que acarreta ao agente público o dever de agir com presteza, esforço, rapidez e rendimento funcional. Seu descumprimento poderá acarretar a perda do seu cargo por baixa produtividade apurada em procedimento da avaliação periódica de desempenho, tanto antes da aquisição da estabilidade, como também após.

6.3 Princípios implícitos da Administração Pública

6.3.1 Princípio da supremacia do interesse público sobre o privado

Esse princípio é também considerado o norteador do Direito Administrativo. Ele determina que o Estado, quando trabalhando com o interesse público, se sobrepõe ao particular. Devemos lembrar que esse princípio deve ser utilizado pelo administrador público de forma razoável e proporcional para que o ato não se transforme em arbitrário e, consequentemente, ilegal.

É o fundamento das prerrogativas do Estado, ou seja, da relação jurídica desigual ou vertical entre o Estado e o particular. A exemplo, temos o poder de império do Estado (também chamado de poder extroverso), que se manifesta por meio da imposição da lei ao administrado, admitindo até o uso da força coercitiva para o cumprimento da norma. Assim sendo, a Administração Pública pode criar obrigações, restringir ou condicionar os direitos dos administrados.

Limitações:

- Respeito aos demais princípios.
- Não está presente diretamente nos atos de gestão (atos de gestão são praticados pela administração na qualidade de gestora de seus bens e serviços, sem exercício de supremacia sobre os particulares, assemelhando-se aos atos praticados pelas pessoas privadas. São exemplos de atos de gestão a alienação ou a aquisição de bens pela Administração Pública, o aluguel a um particular de um imóvel de propriedade de uma autarquia, entre outros).

Exemplos de incidência:

- Intervenção na propriedade privada.
- Exercício do poder de polícia, limitando ou condicionando o exercício de direito em prol do interesse público.
- Presunção de legitimidade dos atos administrativos.

6.3.2 Princípio da indisponibilidade do interesse público

Conforme dito anteriormente, o princípio da indisponibilidade do interesse público juntamente com o da supremacia do interesse público, formam os pilares do regime jurídico administrativo.

Esse princípio é o fundamento das **restrições** do Estado. Assim sendo, apesar de o princípio da supremacia do interesse público prever prerrogativas especiais para a Administração Pública em determinadas relações jurídicas com o administrado, tais poderes são ferramentas que a ordem jurídica confere aos agentes públicos para alcançar os objetivos do Estado. E o uso desses poderes, então, deve ser balizado pelo interesse público, o que impõe restrições legais a sua atuação, garantindo que a utilização do poder tenha por finalidade o interesse público e não o do administrador.

Assim, é vedada a renúncia do exercício de competência pelo agente público, pois a atuação desse não é balizada por sua vontade pessoal, mas, sim, pelo interesse público, também chamado de interesse da lei. Os poderes conferidos aos agentes públicos têm a finalidade de auxiliá-los a atingir tal interesse. Com base nessa regra, concluímos que esses agentes não podem dispor do interesse público, por não ser o seu proprietário, e sim o povo. Ao agente público cabe a gestão da Administração Pública em prol da coletividade.

6.3.3 Princípios da razoabilidade e proporcionalidade

Os princípios da razoabilidade e da proporcionalidade não se encontram expressos no texto constitucional. Esses são classificados como princípios gerais do Direito e são aplicáveis a vários ramos da ciência jurídica. São chamados de princípios da proibição de excesso do agente público.

A razoabilidade diz que toda atuação da Administração tem que seguir a teoria do homem médio, ou seja, as decisões devem ser tomadas segundo o critério da maioria das pessoas "racionais", sem exageros ou deturpações.

- **Razoabilidade:** adequação entre meios e fins. O princípio da proporcionalidade diz que o agente público deve ser proporcional no uso da força para o cumprimento do bem público, ou seja, nas aplicações de penalidades pela Administração deve ser levada em conta sempre a gravidade da falta cometida.
- **Proporcionalidade:** vedação de imposição de obrigações, restrições e sanções em medida superior àquela estritamente necessária ao interesse público.

Podemos dar como exemplo a atuação de um fiscal sanitário, que esteja vistoriando dois estabelecimentos e, em um deles, encontre um quilo de carne estragada e, no outro, encontre uma tonelada.

Na aplicação da penalidade, deve ser respeitada tanto a razoabilidade quanto a proporcionalidade, ou seja, aplica-se, no primeiro, uma penalidade pequena, uma multa, por exemplo, e, no segundo, uma penalidade grande, suspensão de 90 dias.

Veja que o administrador não pode fazer menos ou mais do que a lei determina, isso em obediência ao princípio da legalidade, senão cometerá abuso de poder.

6.3.4 Princípio da autotutela

O princípio da autotutela propicia o controle da Administração Pública sob seus próprios atos em dois pontos específicos:

- **De legalidade:** em que a Administração Pública pode controlar seus próprios atos quando eivados de vício de ilegalidade, sendo provocado ou de ofício.
- **De mérito:** em que a Administração Pública pode revogar seus atos por conveniência e oportunidade.

> ***Súmula nº 473 – STF*** *A Administração pode anular seus próprios atos, quando eivados de vícios que os tornam ilegais, porque deles não se originam direitos; ou revogá-los, por motivo de conveniência ou oportunidade, respeitados os direitos adquiridos, e ressalvada, em todos os casos, a apreciação judicial.*

O princípio da autotutela não exclui a possibilidade de controle jurisdicional do ato administrativo previsto no art. 5º, inciso XXXV, da Constituição Federal de 1988: a lei não excluirá da apreciação do Poder Judiciário lesão ou ameaça a direito.

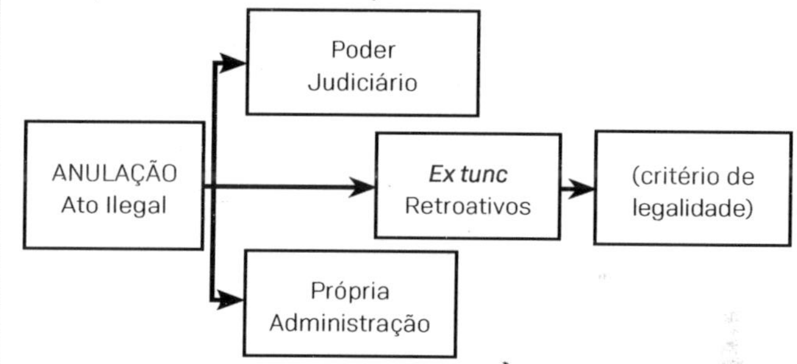

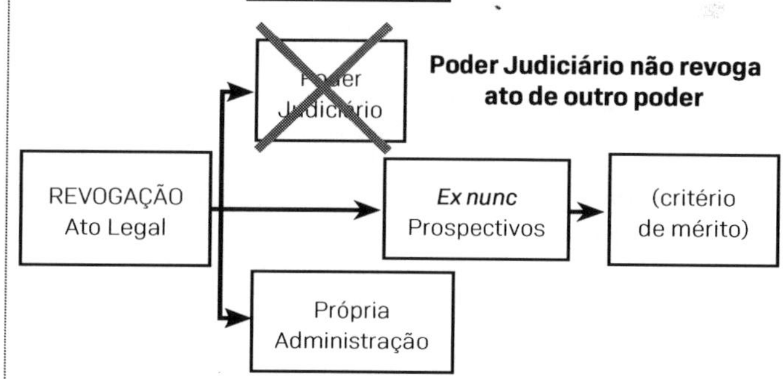

6.3.5 Princípio da ampla defesa

A ampla defesa determina que todos que sofrerem medidas de caráter de pena terão direito a se defender de todos os meios disponíveis legais em direito. Está previsto nos processos administrativos disciplinares:

> ***Art. 5ª, LV, CF/1988*** *Aos litigantes, em processo judicial ou administrativo, e aos acusados em geral são assegurados o contraditório e ampla defesa, com os meios e recursos a ela inerentes;*

6.3.6 Princípio da continuidade do serviço público

O princípio da continuidade do serviço público tem como escopo (objetivo) não prejudicar o atendimento dos serviços essenciais à população. Assim, evitam que esses sejam interrompidos.

Regra

- Os serviços públicos devem ser adequados e ininterruptos.

Exceção

- Aviso prévio;
- Situações de emergência.

Alcance

- Todos os prestadores de serviços públicos;
- Administração Direta;
- Administração Indireta;
- Concessionárias, autorizatárias e permissionárias de serviços públicos.

Efeitos

- Restrição de direitos das prestadoras de serviços públicos, bem como dos agentes envolvidos na prestação desses serviços, a exemplo do direito de greve.

Dessa forma, quem realiza o serviço público se submete a algumas restrições:

- Restrição ao direito de greve, art. 37, inciso VII, da Constituição Federal de 1988;
- Suplência, delegação e substituição – casos de funções vagas temporariamente;
- Impossibilidade de alegar a exceção do contrato não cumprido, somente em casos em que se configure uma impossibilidade de realização das atividades;
- Possibilidade da encampação da concessão do serviço, retomada da administração do serviço público concedido no prazo na concessão, quando o serviço não é prestado de forma adequada.

O Código de Defesa do Consumidor, em seu art. 22, assegura ao consumidor que os serviços essenciais devem ser contínuos, caso contrário, aos responsáveis, caberá indenização. O referido código não diz quais seriam esses serviços essenciais. Podemos usar, como analogia, o art. 10 da Lei nº 7.783/1989, que enumera os que seriam considerados fundamentais:

> ***Art. 10*** *São considerados serviços ou atividades essenciais:*
>
> *I - Tratamento e abastecimento de água; produção e distribuição de energia elétrica, gás e combustíveis;*
>
> *II - Assistência médica e hospitalar;*
>
> *III - Distribuição e comercialização de medicamentos e alimentos;*
>
> *IV - Funerários;*
>
> *V - Transporte coletivo;*
>
> *VI - Captação e tratamento de esgoto e lixo;*
>
> *VII - Telecomunicações;*
>
> *VIII - Guarda, uso e controle de substâncias radioativas, equipamentos e materiais nucleares;*
>
> *IX - Processamento de dados ligados a serviços essenciais;*
>
> *X - controle de tráfego aéreo e navegação aérea;*
>
> *XI - Compensação bancária.*

6.3.7 Princípio da segurança jurídica

Esse princípio veda a aplicação retroativa da nova interpretação da norma.

Caso uma regra tenha a sua redação ou interpretação revogada ou alterada, os atos praticados durante a vigência da norma antiga continuam valendo, pois tal princípio visa resguardar o direito adquirido, o ato jurídico perfeito e a coisa julgada.

Assim, temos que a nova interpretação da norma, via de regra, somente terá efeitos prospectivos, ou seja, da data em que for revogada para frente, não atingindo os atos praticados na vigência da norma antiga.

7 ÉTICA NO SERVIÇO PÚBLICO

Nesta unidade, trabalharemos o seguinte conteúdo: ética e moral; ética, princípios e valores; ética e democracia: exercício da cidadania; ética e função pública; ética no setor público: Código de Ética Profissional do Serviço Público (Decreto nº 1.171/1994). Acrescentamos, ao final, o Decreto nº 6.029/2007, que revogou o Decreto nº 1.171/1994 em parte, e que, muito embora não seja mencionado no edital, tem sido cobrado.

O Código de Ética Profissional do Serviço Público (Decreto nº 1.171/1994) contempla essencialmente duas partes.

A primeira, dita de ordem substancial (fundamental), fala sobre os princípios morais e éticos a serem observados pelo servidor, e constitui o Capítulo I, que abrange as regras deontológicas (Seção I), os principais deveres do servidor público (Seção II), bem como as vedações (Seção III).

Já a segunda parte, de ordem formal, dispõe sobre a criação e funcionamento de Comissões de Ética, e constitui o Capítulo II, que trata das Comissões de Ética em todos os órgãos do Poder Executivo Federal (Exposição de Motivos nº 001/94-CE).

Este conteúdo, referente ao Código de Ética Profissional do Serviço Público, considerando os últimos conteúdos cobrados, é um dos mais relevantes e que mais deve ser estudado.

7.1 Ética e moral

7.1.1 Ética

A palavra "ética" vem do grego *ethos*, que significa "modo de ser" ou "caráter" (índole).

A ética é a parte da filosofia que estuda a moralidade das ações humanas, isto é, se são boas ou más. É uma reflexão crítica sobre a moralidade.

A ética faz parte do nosso dia a dia. Em todas as nossas ações e relações, em algum grau, utilizamos nossos valores éticos. Isso não quer dizer que o homem já nasça com consciência plena do que é bom ou mau. Essa consciência existe, mas se desenvolve a partir do relacionamento com o meio e do autodescobrimento.

De acordo com o autor espanhol, Adolfo Vázquez, a ética representa uma abordagem científica sobre as constantes morais, ou seja, refere-se àquele conjunto de valores e costumes mais ou menos permanente no tempo e no espaço. Em outras palavras, a ética é a ciência da moral, isto é, de uma esfera do comportamento humano.

A ética pode ser definida como a teoria ou a ciência do comportamento moral, que busca explicar, compreender, justificar e criticar a moral ou as morais de uma sociedade. Compete à ética chegar, por meio de investigações científicas, à explicação de determinadas realidades sociais, ou seja, ela investiga o sentido que o homem dá a suas ações para ser verdadeiramente feliz. A ética é, portanto, filosófica e científica.

Entretanto, a ética não é puramente teoria; é um conjunto de princípios e disposições voltados para a ação, historicamente produzidos, cujo objetivo é balizar (limitar) as ações humanas.

Todavia, segundo Vázquez, não cabe à ética formular juízos de valor sobre a prática moral de outras sociedades, ou de outras épocas, em nome de uma moral absoluta e universal, mas deve antes explicar a razão de ser desta pluralidade e das mudanças de moral; isto é, deve esclarecer o fato de os homens terem recorrido a práticas morais diferentes e até opostas.

Em um sentido mais amplo, a ética engloba um conjunto de regras e preceitos de ordem valorativa, que estão ligados à prática do bem e da justiça, aprovando ou desaprovando a ação dos homens de um grupo social ou de uma sociedade.

Em suma, a ética é um conjunto de normas que rege a boa conduta humana.

Para que uma conduta possa ser considerada ética, três elementos essenciais devem ser ponderados: a ação (ato moral), a intenção (finalidade), e as circunstâncias (consequências) do ato. Se um único desses três elementos não for bom, correto e certo, o comportamento não é ético.

A norma ética é aquela que prescreve como o homem deve agir. Possui, como uma de suas características, a possibilidade de ser violada, ao contrário da norma legal (lei).

A ética não deve ser confundida com a lei, embora, com certa frequência, a lei tenha como base princípios éticos. Ao contrário da lei, nenhum indivíduo pode ser compelido, pelo Estado ou por outros indivíduos, a cumprir as normas éticas, nem sofrer qualquer sanção pela desobediência a estas.

Para o autor Lázaro Lisboa, a ética tem por objeto o comportamento humano no interior de cada sociedade, e o estudo desse comportamento com o fim de estabelecer níveis aceitáveis que garantam a convivência pacífica dentro das sociedades e entre elas, constitui o objetivo da Ética.

O estudo da ética demonstra que a consciência moral nos inclina para o caminho da virtude, que seria uma qualidade própria da natureza humana. Logo, um homem para ser ético precisa necessariamente ser virtuoso, ou seja, praticar o bem usando a liberdade com responsabilidade constantemente.

Segundo a classificação de Eduardo Garcia Maýnez, são quatro as formas de manifestação do pensamento ético ocidental:

- Ética empírica.
- Ética dos bens.
- Ética formal.
- Ética de valores.

A ética empírica está dividida em:

Ética Anarquista: só tem valor o que não contraria as tendências naturais;

Ética Utilitarista: é bom o que é útil;

Ética Ceticista: não se pode dizer com certeza o que é certo ou errado, bom ou mau, pois ninguém jamais será capaz de desvendar os mistérios da natureza.

Ética Subjetivista: "o homem é a medida de todas as coisas existentes ou inexistentes" (Protágoras).

Já a ética dos bens divide-se em:

Ética Socrática: para Sócrates (469 - 399 a.C.), o supremo bem, a virtude máxima é a sabedoria. As duas máximas de Sócrates são: "Só sei que nada sei" e "Conhece-te a ti mesmo".

Ética Platônica: para Platão (427 - 347 a.C.), todos os fenômenos naturais são meros reflexos de formas eternas, imutáveis, sugerindo o "mundo das ideias".

Ética Aristotélica: para Aristóteles (384 - 322 a.C.), a felicidade só pode ser conseguida com a integração de suas três formas: prazer, virtude (cidadania responsável), sabedoria (filosofia/ciência).

Ética Epicurista: para Epicuro (341 - 270 a.C.), o bem supremo é a felicidade, a ser atingido por meio dos prazeres (eudaimonismo hedonista) e os do espírito são mais elevados que os do corpo. Seu objetivo maior era afastar a dor e os sofrimentos.

Ética Estoica: Zenão (300 a.C.) fundou esta filosofia que ensina a ética da virtude como fim: o estoico não aspira ser feliz, mas ser bom.

Para a ética formal, segundo Kant, uma ação é boa, tem valor, deve ser feita, se obedece ao "princípio categórico", que está baseado na ideia do dever (vale sempre e é uma ordem).

Por fim, para a ética de valores, uma ação é boa (e consequentemente é um dever) se estiver fundamentada em um valor.

7.1.2 Moral

Os romanos traduziram o ethos grego para o latim mos, de onde vem a palavra "moral".

O termo "moral", portanto, deriva do latim "mos" ou "mores", que significa "costume" ou "costumes".

A moral é definida como o conjunto de normas, princípios, preceitos, costumes, valores que norteiam o comportamento do indivíduo no seu grupo social. A moral é normativa.

Em outras palavras, a moral é um conjunto de regras de conduta adotadas pelos indivíduos de um grupo social e tem a finalidade de organizar as relações interpessoais segundo os valores do bem e do mal.

A moral é a "ferramenta" de trabalho da ética. Sem os juízos de valor aplicados pela moral seria impossível determinar se a ação do homem é boa ou má.

A moral ocupa-se basicamente de questões subjetivas, abstratas e de interesses particulares do indivíduo e da sociedade, relacionando-se com valores ou condutas sociais.

A moral possui, portanto, um caráter subjetivo, que faz com que ela seja influenciada por vários fatores, alterando, assim, os conceitos morais de um grupo para outro. Esses fatores podem ser sociais, históricos, geográficos etc. Observa-se, então, que a moral é dinâmica, ou seja, ela pode mudar seus juízos de valor de acordo com o contexto em que esteja inserida.

Sendo assim, para Vázquez a moral é mutável e varia historicamente, de acordo com o desenvolvimento de cada sociedade e, com ela, variam os seus princípios e as suas normas. Ela norteia os valores éticos na Administração Pública.

Aristóteles, em seu livro "A Política", assevera que "os pais sempre parecerão antiquados para os seus filhos". Essa afirmação demonstra que, na passagem de uma geração para outra, os valores morais mudam.

Para que um ato seja considerado moral, ou seja, bom, deve ser livre, consciente, intencional e solidário. O ato moral tem, em sua estrutura, dois importantes aspectos: o normativo e o factual. O normativo são as normas e imperativos que enunciam o "dever ser". Ex.: cumpra suas obrigações, não minta, não roube etc. O factual são os atos humanos que se realizam efetivamente, ou seja, é a aplicação da norma no dia a dia, no convívio social.

Apesar de se assemelharem, e mesmo por vezes se confundirem, ética e moral são termos aplicados diferentemente. Enquanto o primeiro trata o comportamento humano como objeto de estudo e normatização, procurando tomá-lo de forma mais abrangente possível, o segundo se ocupa de atribuir um valor à ação. Esse valor tem como referências as normas e conceitos do que vem a ser bom ou mau, baseados no senso comum.

No contexto da ação pública, ética e moral não são considerados termos sinônimos. Portanto, não devem ser confundidos.

Enquanto a ética é teórica e busca explicar e justificar os costumes de uma determinada sociedade, a moral é normativa. Enquanto a ética tem caráter científico, a moral tem caráter prático imediato, visto que é parte integrante da vida cotidiana das sociedades e dos indivíduos. A moral é a aplicação da ética no cotidiano, é a prática concreta. A moral, portanto, não é ciência, mas objeto da ciência; e, neste sentido, é por ela estudada e investigada.

7.2 Ética: princípios e valores

7.2.1 Princípios

Segundo o dicionário Houaiss, princípio pode ser considerado o primeiro momento da existência (de algo) ou de uma ação ou processo. Pode também ser definido como um conjunto de regras ou código de (boa) conduta, com base no qual se governa a própria vida e ações.

Dados esses conceitos, percebe-se que os princípios que regem a conduta em sociedade são aqueles conceitos ou regras que se aprendem por meio do convívio, passados de geração para geração.

Esses conhecimentos se originaram, em algum momento, no grupo social em que estão inseridos, convencionando-se que sua aplicação é boa, e assim aceita pelo grupo.

Quando uma pessoa afirma que determinada ação fere seus princípios, ela está se referindo a um conceito ou regra, que foi originado em algum momento em sua vida ou na vida do grupo social em que está inserida, e que foi aceito como ação moralmente boa.

7.2.2 Valores

O conceito de valor tem sido investigado e definido em diferentes áreas do conhecimento (filosofia, sociologia, ciências econômicas, marketing etc.).

Os valores são as normas, princípios ou padrões sociais aceitos ou mantidos por indivíduos, classe ou sociedade. Dizem, portanto, respeito a princípios que merecem ser buscados.

O valor exprime uma relação entre as necessidades do indivíduo (respirar, comer, viver, posse, reproduzir, prazer, domínio, relacionar, comparar) e a capacidade das coisas, objetos ou serviços de satisfazê-las.

É na apreciação desta relação que se explica a existência de uma hierarquia de valores, segundo a urgência/prioridade das necessidades e a capacidade dos mesmos objetos para as satisfazerem, diferenciadas no espaço e no tempo.

Nas mais diversas sociedades, independentemente do nível cultural, econômico ou social em que estejam inseridas, os valores são fundamentais para se determinar quais são as pessoas que agem tendo por finalidade o bem.

O caráter dos seres, pelo qual são mais ou menos desejados ou estimados por uma pessoa ou grupo, é determinado pelo valor de suas ações.

Todos os termos que servem para qualificar uma ação ou o caráter de uma pessoa têm um peso bom e um peso ruim. Cite-se, como exemplo, os termos verdadeiro e falso, generoso e egoísta, honesto e desonesto, justo e injusto. Os valores dão "peso" à ação ou ao caráter de uma pessoa ou grupo.

Kant afirmava que toda ação considerada boa moralmente deveria ser universal, ou seja, ser boa em qualquer tempo e em qualquer lugar. Infelizmente, o ideal kantiano de valor e moralidade está muito longe de ser alcançado, pois as diversidades culturais e sociais fazem com que o valor dado a determinadas ações mude de acordo com o contexto.

O complexo de normas éticas se alicerça em valores, normalmente designados valores do "bem".

Segundo Felix Ruiz López:

> *Valores éticos são indicadores da relevância ou do grau de atendimento aos princípios éticos". Por exemplo, a dignidade da pessoa sugere e exige que se valorize o respeito às pessoas. Esses valores éticos só podem ser atribuídos a pessoas, pois elas são os únicos seres que agem com conhecimento de certo e errado, bem e mal, e com liberdade para agir. Algumas condutas podem ferir os valores éticos. A prática constante de respeito aos valores éticos conduz as pessoas às virtudes morais. (Fonte: ALONSO, Felix Ruiz; LÓPEZ, Francisco Granizo; CASTRUCCI, Plínio de Laura – Curso de Ética em Administração. São Paulo: Atlas, 2008. [Adaptado]).*

7.3 Ética e democracia: exercício da cidadania

7.3.1 Ética e democracia

O Brasil ainda caminha a passos muito lentos no que diz respeito à ética, principalmente no cenário político.

Vários são os fatores que contribuíram para esta realidade, dentre eles, principalmente, os golpes de Estado, a saber, o Golpe de 1930 e o Golpe de 1964.

Durante o período em que o país vivenciou a ditadura militar e em que a democracia foi colocada de lado, tivemos a suspensão do ensino da filosofia e, consequentemente, da ética, nas escolas e universidades; além disso, os direitos políticos do cidadão foram suspensos, a liberdade de expressão caçada e cresceu o medo da repressão.

Como consequência dessa série de medidas autoritárias e arbitrárias, nossos valores morais e sociais foram perdendo espaço para os valores que o Estado queria impor, levando a sociedade a uma espécie de "apatia" social.

Nos dias atuais, estamos presenciando uma nova fase em nosso país, no que tange à aplicabilidade das leis e da ética no poder.

Os crimes de corrupção envolvendo desvio de dinheiro estão sendo mais investigados e a polícia tem trabalhado com mais liberdade de atuação em prol da moralidade e do interesse público, o que tem levado os agentes públicos a refletir mais sobre seus atos antes ainda de praticá-los.

Essa nova fase se deve principalmente à democracia, implantada como regime político com a Constituição de 1988.

Etimologicamente, o termo democracia vem do grego demokratía, em que kratía significa governo e demo, povo. Logo, a democracia, por definição, é o "governo do povo".

A democracia confere ao povo o poder de influenciar na administração do Estado. Por meio do voto, o povo é que determina quem vai ocupar os cargos de direção do Estado. Logo, insere-se nesse contexto a responsabilidade tanto do povo, que escolhe seus dirigentes, quanto dos escolhidos, que deverão prestar contas de seus atos no poder.

A ética exerce papel fundamental em todo esse processo, regulamentando e exigindo dos governantes comportamento adequado à função pública, que lhe foi confiada por meio do voto, e conferindo ao povo as noções e os valores necessários tanto para o exercício e cobrança dos seus direitos quanto para atendimento de seus deveres.

É por meio dos valores éticos e morais, determinados pela sociedade, que podemos perceber se os atos cometidos pelos ocupantes de cargos públicos estão visando ao bem comum e ao interesse público.

7.3.2 Exercício da cidadania

Em se tratando do exercício da cidadania, podemos afirmar que todo cidadão tem direito a exercer a cidadania, isto é, seus direitos de cidadão; direitos esses garantidos constitucionalmente.

Direitos e deveres andam juntos no que tange ao exercício da cidadania. Não se pode conceber um direito que não seja precedido de um dever a ser cumprido; é uma via de mão dupla.

Os direitos garantidos constitucionalmente, individuais, coletivos, sociais ou políticos, são precedidos de responsabilidades que o cidadão deve ter perante a sociedade. Por exemplo, a Constituição garante o direito à propriedade privada, mas exige-se que o proprietário seja responsável pelos tributos que o exercício desse direito gera, como, por exemplo, o pagamento do Imposto Predial e Territorial Urbano (IPTU).

Exercer a cidadania, por consequência, é ser probo (íntegro, honrado, justo, reto), agir com ética assumindo a responsabilidade que advém de seus deveres enquanto cidadão inserto no convívio social.

7.4 Ética e função pública

Função pública é a competência, atribuição ou encargo para o exercício de determinada função. Ressalta-se que essa função não é livre, devendo, portanto, estar o seu exercício sujeito ao interesse público, ou seja, da coletividade.

No exercício das mais diversas funções públicas, os servidores devem respeitar, além das normatizações vigentes nos órgãos e entidades públicas que regulamentam e determinam a forma de agir dos agentes públicos, os valores éticos e morais que a sociedade impõe para o convívio em grupo. A não observação desses valores acarreta a uma série de erros e problemas no atendimento ao público e aos usuários do serviço, o que contribui de forma significativa para uma imagem negativa do órgão ou entidade e do serviço público.

O padrão ético dos servidores públicos, no exercício da função pública, advém de sua natureza, ou seja, do caráter público e de sua relação com o público.

O servidor deve estar atento a esse padrão não apenas no exercício de suas funções, mas também na vida particular. O caráter público do seu serviço deve se incorporar à sua vida privada, a fim de que os valores morais e a boa-fé, amparados constitucionalmente como princípios básicos e essenciais a uma vida equilibrada, sejam inseridos e se tornem uma constante em seu relacionamento com os usuários do serviço bem como com os colegas.

Os princípios constitucionais devem ser observados para que a função pública se integre de forma indissociável ao direito. Os princípios são:

- ▷ **Legalidade:** todo ato administrativo deve seguir fielmente os meandros da lei.
- ▷ **Impessoalidade:** aplicado como sinônimo de igualdade – todos devem ser tratados de forma igualitária e respeitando o que a lei prevê.
- ▷ **Moralidade:** respeito ao padrão moral para não comprometer os bons costumes da sociedade.
- ▷ **Publicidade:** refere-se à transparência de todo ato público, salvo os casos previstos em lei.
- ▷ **Eficiência:** ser o mais eficiente possível na utilização dos meios que são postos a sua disposição para a execução do seu mister (cargo ou função).

7.4.1 Ética no setor público

As questões éticas estão cada vez mais em voga na cena pública brasileira, dada à multiplicação de casos de corrupção e, sobretudo, à reação da sociedade frente a um tal grau de desmoralização das relações políticas e sociais.

Com os escândalos e denúncias de corrupção expostas pela mídia, refletir sobre essas questões traz à tona os conceitos éticos que envolvem a busca por melhores ações tanto na vida pessoal como na vida pública.

A ética é pautada na conduta responsável das pessoas. Daí a importância da escolha de um político com esse caráter, a fim de diminuir o mau uso da máquina pública e evitar que se venha auferir ganhos e vantagens pessoais.

Porém, as normas morais apenas fornecem orientações, cabendo ao político determinar quais são as exigências e limitações e decidir pela melhor alternativa de ação, que detém a responsabilidade em atender as demandas, no papel de representantes democráticos, com integridade e eficiência.

Durante as últimas décadas, o setor público foi alvo, tanto por parte da mídia quanto do senso comum vigente, de um processo deliberado de formação de uma caricatura, que transformou sua imagem no estereótipo de um setor muito burocrático, que não funciona e custa caro à população.

O cidadão, mesmo bem atendido por um servidor público, não consegue sustentar uma boa imagem do servidor e do serviço público, pois o que faz a imagem de um órgão ou entidade pública parecer boa diante da população é o atendimento de seus funcionários, e, por mais que os servidores sérios e responsáveis se esforcem, existe uma minoria que consegue facilmente acabar com todos os esforços levados a cabo por aqueles bons funcionários.

Nesse ponto, a ética se insere de maneira determinante para contribuir e melhorar a qualidade do atendimento, inserindo no âmbito do poder público os princípios e regras necessários ao bom andamento do serviço e ao respeito aos usuários.

Os novos códigos de ética, além de regulamentar a qualidade e o trato dispensados aos usuários e ao serviço público e de trazer punições para os que descumprem as suas normas, também têm a função de proteger a imagem e a honra do servidor que trabalha seguindo fielmente as regras nele contidas, contribuindo, assim, para uma melhoria na imagem do servidor e do órgão ou entidade perante a população.

Em se tratando da ética no serviço público, destacamos o Código de Ética Profissional do Servidor Público do Poder Executivo Federal, aprovado pelo Decreto nº 1.171/1994, que foi revogado em parte pelo Decreto nº 6.029, de 1º de fevereiro de 2007, que institui Sistema de Gestão da Ética do Poder Executivo Federal. Ambos os Decretos seguem na íntegra.

8 DECRETO Nº 31.198/2013 - CÓDIGO DE ÉTICA E CONDUTA DA ADMINISTRAÇÃO PÚBLICA ESTADUAL

8.1 Disposições preliminares

8.1.1 Princípios e valores fundamentais da conduta ética

Fica instituído o Código de Ética e Conduta da Administração Publica Estadual, na forma disposta neste Decreto, cujas normas aplicam-se aos agentes públicos civis e às seguintes autoridades da Administração Pública Estadual:

- Secretários de Estado, Secretários Adjuntos, Secretários Executivos e quaisquer ocupantes de cargos equiparados a esses, segundo a legislação vigente;
- Superintendente da Polícia Civil, Delegado Superintendente Adjunto da Polícia Civil, Perito Geral do Estado, Perito Geral Adjunto do Estado e quaisquer ocupantes de cargos equiparados a esses, segundo a legislação vigente;
- Dirigentes de Autarquias, inclusive as especiais, fundações mantidas pelo Poder Público, empresas públicas e sociedades de economia mista.

Fique Ligado

Está também sujeito ao Código de Ética e Conduta da Administração Pública Estadual todo aquele que exerça atividade, ainda que transitoriamente e sem remuneração, por nomeação, designação, contratação ou qualquer outra forma de investidura ou vínculo em órgão ou entidade da Administração Pública Direta e Indireta do Estado.

A conduta ética dos agentes públicos submetidos a este Decreto reger-se-á, especialmente, pelos seguintes princípios:

- boa-fé - agir em conformidade com o direito, com lealdade, ciente de conduta correta;
- honestidade – agir com franqueza, realizando suas atividades sem uso de mentiras ou fraudes;
- fidelidade ao interesse público – realizar ações com o intuito de promover o bem público, em respeito ao cidadão;
- impessoalidade – atuar com senso de justiça, sem perseguição ou proteção de pessoas, grupos ou setores;
- moralidade – evidenciar perante o público retidão e compostura, em respeito aos costumes sociais;
- dignidade e decoro no exercício de suas funções – manifestar decência em suas ações, preservando a honra e o direito de todos;
- lealdade às instituições – defender interesse da instituição a qual se vincula;
- cortesia – manifestar bons tratos a outros;
- transparência – dar a conhecer a atuação de forma acessível ao cidadão;
- eficiência – exercer atividades da melhor maneira possível, zelando pelo patrimônio público;
- presteza e tempestividade – realizar atividades com agilidade;
- Compromisso – comprometer-se com a missão e com os resultados organizacionais.

É vedado às pessoas abrangidas por este Código auferir qualquer tipo de vantagem patrimonial ou financeira, salvo nesse último caso a contraprestação mensal, em razão do exercício de cargo, mandato, função, emprego ou atividade nos Órgãos e Entidades do Poder Executivo Estadual, devendo eventuais ocorrências serem apuradas e punidas nos termos da legislação disciplinar, se também configurar ilícito administrativo.

Considera-se conduta ética a reflexão acerca da ação humana e de seus valores universais, não se confundindo com as normas disciplinares impostas pelo ordenamento jurídico.

8.2 Conduta ética das autoridades administração estadual

8.2.1 Normas éticas fundamentais

As normas fundamentais de conduta ética das Autoridades da Administração Estadual visam, especialmente, às seguintes finalidades:

- possibilitar à sociedade aferir a lisura do processo decisório governamental;
- contribuir para o aperfeiçoamento dos padrões éticos da Administração Pública Estadual, a partir do exemplo dado pelas autoridades de nível hierárquico superior;
- preservar a imagem e a reputação do administrador público cuja conduta esteja de acordo com as normas éticas estabelecidas neste Código;
- estabelecer regras básicas sobre conflitos de interesses públicos e privados e limitações às atividades profissionais posteriores ao exercício de cargo público;
- reduzir a possibilidade de conflito entre o interesse privado e o dever funcional das autoridades públicas da Administração Pública Estadual;
- criar mecanismo de consulta destinado a possibilitar o prévio e pronto esclarecimento de dúvidas quanto à conduta ética do administrador.

No exercício de suas funções, as pessoas abrangidas por este código deverão pautar-se pelos padrões da ética, sobretudo no que diz respeito à integridade, à moralidade, à clareza de posições e ao decoro, com vistas a motivar o respeito e a confiança do público em geral.

Fique Ligado

Os padrões éticos de que trata este artigo são exigidos no exercício e na relação entre suas atividades públicas e privadas, de modo a prevenir eventuais conflitos de interesses.

8.2.2 Conflitos de interesses

Configura conflito de interesse e conduta aética o investimento em bens cujo valor ou cotação possa ser afetado por decisão ou política governamental a respeito da qual a autoridade pública tenha informações privilegiadas, em razão do cargo ou função.

Configura conflito de interesse e conduta aética aceitar custeio de despesas por particulares de forma a permitir configuração de situação que venha influenciar nas decisões administrativas.

No relacionamento com outros Órgãos e Entidades da Administração Pública, a autoridade pública deverá esclarecer a existência de eventual conflito de interesses, bem como comunicar qualquer circunstância ou fato impeditivo de sua participação em decisão coletiva ou em órgão e entidade colegiados.

As propostas de trabalho ou de negócio futuro no setor privado, bem como qualquer negociação que envolva conflito de interesses, deverão ser imediatamente informadas pela autoridade pública à Comissão de Ética Pública - CEP, independentemente da sua aceitação ou rejeição.

As autoridades regidas por este Código de Ética, ao assumir cargo, emprego ou função pública, deverão firmar termo de compromisso de que, ao deixar o cargo, nos 6 meses seguintes, não poderão:

- atuar em benefício ou em nome de pessoa física ou jurídica, inclusive sindicato ou associação de classe, em processo ou negócio do qual tenha participado, em razão do cargo, nos seis meses anteriores ao término do exercício de função pública;
- prestar consultoria a pessoa física ou jurídica, inclusive sindicato ou associação de classe, valendo-se de informações não divulgadas publicamente a respeito de programas ou políticas do Órgão ou da Entidade da Administração Pública Estadual a que esteve vinculado ou com que tenha tido relacionamento direto e relevante.

A autoridade pública, ou aquele que tenha sido, poderá consultar previamente a CEP a respeito de ato específico ou situação concreta, nos termos do Art. 7º, Inciso I, do Decreto nº 29.887, de 31 de agosto de 2009, que instituiu o Sistema de Ética e Transparência do Poder Executivo Estadual.

8.2.3 Relacionamento entre as autoridades públicas

Eventuais divergências, oriundas do exercício do cargo, entre as autoridades públicas referidas no Art. 1º, devem ser resolvidas na área administrativa, não lhes cabendo manifestar-se publicamente sobre matéria que não seja afeta a sua área de competência.

É vedado à autoridade pública, referida no Art. 1º, opinar publicamente a respeito:

- da honorabilidade e do desempenho funcional de outra autoridade pública; e
- do mérito de questão que lhe será submetida, para decisão individual ou em órgão e entidade colegiados, sem prejuízo do disposto no Art. 13.

8.3 Conduta ética dos agentes públicos

8.3.1 Direitos e garantias do agente público

Como resultantes da conduta ética que deve imperar no ambiente de trabalho e em suas relações interpessoais, são direitos do agente público:

- liberdade de manifestação, observado o respeito à imagem da instituição e dos demais agentes públicos;
- manifestação sobre fatos que possam prejudicar seu desempenho ou sua reputação;
- representação contra atos ilegais ou imorais;
- sigilo da informação de ordem não funcional;
- atuação em defesa de interesse ou direito legítimo;
- ter ciência do teor da acusação e vista dos autos, quando estiver sendo apurada eventual conduta aética.

Ao autor de representação ou denúncia, que tenha se identificado quando do seu oferecimento, é assegurado o direito de obter cópia da decisão da Comissão de Ética e, às suas expensas, cópia dos autos, resguardados os documentos sob sigilo legal, e manter preservada em sigilo a sua identidade durante e após a tramitação do processo.

8.3.2 Deveres e vedações ao agente público

Deveres Éticos Fundamentais do Agente Público

São deveres éticos do agente público:

- agir com lealdade e boa-fé;
- ser justo e honesto no desempenho de suas funções e em suas relações com demais agentes públicos, superiores hierárquicos e com os usuários do serviço público;
- atender prontamente às questões que lhe forem encaminhadas;
- aperfeiçoar o processo de comunicação e o contato com o público;
- praticar a cortesia e a urbanidade nas relações do serviço público e respeitar a capacidade e as limitações individuais dos usuários do serviço público, sem qualquer espécie de preconceito ou distinção de raça, sexo, orientação sexual, nacionalidade, cor, idade, religião, preferência política, posição social e quaisquer outras formas de discriminação;
- respeitar a hierarquia administrativa;
- Não ceder às pressões que visem a obter quaisquer favores, benesses ou vantagens indevidas;
- comunicar imediatamente a seus superiores todo e qualquer ato ou fato contrário ao interesse público.

Vedações ao Agente Público

É vedado ao Agente Público:

- utilizar-se de cargo, emprego ou função, de facilidades, amizades, posição e influências, para obter qualquer favorecimento, para si ou para outrem em qualquer órgão público;
- imputar a outrem fato desabonador da moral e da ética que sabe não ser verdade;
- ser conivente com erro ou infração a este Código de Ética e Conduta da Administração Estadual;
- usar de artifícios para procrastinar ou dificultar o exercício regular de direito por qualquer pessoa;
- permitir que interesses de ordem pessoal interfiram no trato com o público ou com colegas;
- Faltar com a verdade com qualquer pessoa que necessite do atendimento em serviços públicos;
- dar o seu concurso a qualquer instituição que atente contra a moral, a honestidade ou a dignidade da pessoa humana;
- exercer atividade profissional antiética ou ligar o seu nome a empreendimentos que atentem contra a moral pública.

8.4 Sanções éticas

A violação das normas estipuladas neste Código acarretará as seguintes sanções éticas, sem prejuízo das demais sanções administrativas, civis e criminais aplicadas pelo poder competente em procedimento próprio, observado o disposto no Art. 26 do Decreto Estadual nº 29.887, de 31 de agosto de 2009:

- advertência ética, aplicável às autoridades e agentes públicos no exercício do cargo, que deverá ser considerada quando da progressão ou promoção desses, caso o infrator ocupe cargo em quadro de carreira no serviço público estadual;
- censura ética, aplicável às autoridades e agentes públicos que já tiverem deixado o cargo.

As sanções éticas previstas neste artigo serão aplicadas pela Comissão de Ética Pública - CEP e pelas Comissões Setoriais de Ética Publica - CSEPs, que poderão formalizar Termo de Ajustamento de Conduta, para os casos não previstos no Estatuto dos servidores públicos civis, encaminhar sugestão de exoneração do cargo em comissão à autoridade hierarquicamente superior ou rescindir contrato, quando aplicável.

Os preceitos relacionados neste Código não substituem os deveres, proibições e sanções constantes dos Estatutos dos Funcionários Públicos Civis do Estado do Ceará.

As infrações às normas deste Código, quando cometidas por terceirizados, poderão acarretar na substituição destes pela empresa prestadora de serviços.

8.5 Disposições finais

Os códigos de ética profissional existentes em Órgãos e Entidades específicos mantêm a vigência no que não conflitem com o presente Decreto.

A Controladoria e Ouvidoria Geral do Estado do Ceará deverá divulgar as normas contidas neste decreto, de modo a que tenham amplo conhecimento no ambiente de trabalho de todos os Órgãos e Entidades Estaduais.

9 LEI Nº 12.527/2011 - LEI DE ACESSO A INFORMAÇÃO

A Lei nº 12.527, sancionada em 18 de novembro de 2011, regulamenta o direito constitucional de acesso dos cidadãos às informações públicas e é aplicável aos três poderes da União, dos estados, do Distrito Federal e dos municípios. Esta Lei representou um importante passo para a consolidação do regime democrático brasileiro e para o fortalecimento das políticas de transparência pública.

A Lei institui como princípio fundamental que o acesso à informação pública é a regra, e o sigilo somente a exceção. Para garantir o exercício pleno do direito de acesso previsto na Constituição Federal, a Lei define os mecanismos, prazos e procedimentos para a entrega das informações solicitadas à administração pública pelos cidadãos. A Lei igualmente determina que os órgãos e entidades públicas deverão divulgar um rol mínimo de informações proativamente por meio da internet.

Os pedidos de acesso à informação podem ser encaminhados pelo Sistema Eletrônico do Serviço de Informações ao Cidadão (e-SIC). A Lei de Acesso à Informação (LAI) é considerada um divisor de águas em matéria de transparência pública, pois, dentre outros princípios, define que o acesso à informação é a regra, e o sigilo, a exceção.

Para a LAI, qualquer pessoa, física ou jurídica, poderá solicitar acesso às informações públicas, isto é, aquelas não classificadas como sigilosas, conforme procedimento que observará as regras, prazos, instrumentos de controle e recursos previstos.

É dever do Estado garantir o direito de acesso à informação, que será franqueada, mediante procedimentos objetivos e ágeis, de forma transparente, clara e em linguagem de fácil compreensão.

9.1 Introdução

> ***Art. 37*** *A administração pública direta e indireta de qualquer dos Poderes da União, dos Estados, do Distrito Federal e dos Municípios obedecerá aos princípios de legalidade, impessoalidade, moralidade, publicidade e eficiência.*
>
> ***Art. 216****, §2º Cabem à administração pública, na forma da lei, a gestão da documentação governamental e as providências para franquear sua consulta a quantos dela necessitem.*
>
> ***§ 3º*** *A lei disciplinará as formas de participação do Artigo 5º – XXXIII – todos têm direito a receber dos órgãos públicos informações de seu interesse particular, ou de interesse coletivo ou geral, que serão prestadas no prazo da lei, sob pena de responsabilidade, ressalvadas aquelas cujo sigilo seja imprescindível à segurança da sociedade e do Estado.*

Usuário na administração pública direta e indireta, regulando especialmente:

> *II – o acesso dos usuários a registros administrativos e a informações sobre atos de governo.*

Informação como Direito humano fundamental.

O acesso à informação é recebido como direito humano fundamental por importantes organismos da comunidade internacional. Desde o começo de sua formação, a Declaração Universal dos Direitos Humanos, adotada pela Assembleia Geral da Organização das Nações Unidas (ONU), em 1948, já previa.

Todo ser humano tem direito à liberdade de opinião e de expressão; esse direito inclui a liberdade de ter opiniões sem sofrer interferência e de procurar, receber e divulgar informações e ideias por quaisquer meios, sem limite de fronteiras.

Vários outros atos internacionais ratificados pelo Brasil reafirmaram a importância de garantir e proteger o direito à informação, a exemplo do Pacto Internacional dos Direitos Civis e Políticos (1966).

Toda e qualquer pessoa tem direito à liberdade de expressão; esse direito compreende a liberdade de procurar, receber e expandir informações e ideias de toda a espécie, sem consideração de fronteiras, sob forma oral ou escrita, impressa ou artística, ou por qualquer outro meio à sua escolha.

O princípio da publicidade é expressamente referido entre os princípios constitucionais da Administração Pública. O art. 37 da Constituição estabelece a observância dos princípios de legalidade, impessoalidade, moralidade, publicidade e eficiência e, em seus incisos, especifica alguns de seus aspectos. O parágrafo primeiro refere-se à publicidade institucional, dispondo que "a publicidade dos atos, programas, obras, serviços e campanhas dos órgãos públicos deverá ter caráter educativo, informativo ou de orientação social, dela não podendo constar nomes, símbolos ou imagens que caracterizem promoção pessoal de autoridades ou servidores públicos".

Uma compreensão adequada do princípio da publicidade, em uma cultura republicana, tornaria o comando normativo inútil, quase despiciendo. Não é o caso brasileiro, infelizmente. Os agentes públicos costumam confundir a publicidade como dever de transparência com a publicidade como instrumento de persuasão e usam da chamada publicidade institucional para promoção pessoal ou de seu grupo político, ofendendo também o princípio da impessoalidade e a finalidade da atuação do Poder Público.

A publicidade é princípio constitucional. O administrador público deve, necessária e imprescindivelmente, dar publicidade à sua atuação. "Sem a publicização dos seus atos, o poder público descamba em descontrole e arbítrio". Mas a publicidade institucional deve obedecer aos comandos constitucionais, observando as exigências do parágrafo primeiro do art. 37, e também ser adequada, eficiente, com o menor custo possível: "a informação veiculada, além de despersonalizada, deve ser 'qualificada', 'útil ao exercício da cidadania' e 'economicamente proporcional'.

A seguir, os princípios explicitados na LAI e de suma importância para os estudos da referida lei:

- **Princípio da publicidade máxima:** a abrangência do direito a informação deve ser ampla no tocante à quantidade de informações e órgãos envolvidos, bem como quanto aos indivíduos que poderão reivindicar esse direito;
- **Princípio da transparência ativa e a obrigação de publicar:** os órgãos públicos têm a obrigação de publicar informações de interesse público sem necessidade de provocação dos interessados.
- **Princípio da abertura de dados:** estímulo à disponibilização de dados em formato aberto, utilizado livremente, cujo acesso é facultado a qualquer interessado.

Destarte, a Lei de Acesso à Informação é uma lei nacional, logo, faz-se mister saber quem está sujeito ao seu regramento. Em outro prisma, precisamos conhecer todos os órgãos e entidades que estão obrigados a observar suas disposições, vejamos:

9.2 Disposições gerais

> ***Art. 1º*** *Esta Lei dispõe sobre os procedimentos a serem observados pela União, Estados, Distrito Federal e Municípios, com o fim de garantir o acesso a informações previsto no inciso XXXIII do art. 5º no inciso II do § 3º do art. 37 e no § 2º do art. 216 da Constituição Federal.*
>
> ***Parágrafo único.*** *Subordinam-se ao regime desta Lei:*
>
> *I - os órgãos públicos integrantes da administração direta dos Poderes Executivo, Legislativo, incluindo as Cortes de Contas, e Judiciário e do Ministério Público;*
>
> *II - as autarquias, as fundações públicas, as empresas públicas, as sociedades de economia mista e demais entidades controladas direta ou indiretamente pela União, Estados, Distrito Federal e Municípios.*

Ao observar a norma e seus incisos, depreende-se que, toda a administração pública direta e indireta, seja de direito público ou privado, está subordinada à observância da Lei de Acesso à Informação.

Além dessas mencionadas, aplicam-se também as disposições desta Lei, no que couber, às entidades privadas sem fins lucrativos que recebam, para realização de ações de interesse público, recursos públicos diretamente do orçamento ou mediante subvenções sociais, contrato de gestão, termo de parceria, convênios, acordo, ajustes ou outros instrumentos congêneres.

Nesse sentido, a publicidade a que estão submetidas as entidades privadas sem fins lucrativos refere-se à parcela dos recursos públicos recebidos e à sua destinação, sem prejuízo das prestações de contas a que estejam legalmente obrigadas.

Nesse caso, a publicidade não é tão ampla, quanto a dos demais órgãos da administração.

> ***Art. 2º*** *Aplicam-se as disposições desta Lei, no que couber, às entidades privadas sem fins lucrativos que recebam, para realização de ações de interesse público, recursos públicos diretamente do orçamento ou mediante subvenções sociais, contrato de gestão, termo de parceria, convênios, acordo, ajustes ou outros instrumentos congêneres.*
>
> ***Parágrafo único.*** *A publicidade a que estão submetidas as entidades citadas no caput refere-se à parcela dos recursos públicos recebidos e à sua destinação, sem prejuízo das prestações de contas a que estejam legalmente obrigadas.*

Diante da norma, cabe destacar o princípio da publicidade que é expressamente referido entre os princípios constitucionais da Administração Pública. O art. 37 da Constituição estabelece a observância dos princípios de legalidade, impessoalidade, moralidade, publicidade e eficiência e, em seus incisos, especifica alguns de seus aspectos. O parágrafo primeiro refere-se à publicidade institucional, dispondo que "a publicidade dos atos, programas, obras, serviços e campanhas dos órgãos públicos deverá ter caráter educativo, informativo ou de orientação social, dela não podendo constar nomes, símbolos ou imagens que caracterizem promoção pessoal de autoridades ou servidores públicos".

> ***Art. 3º*** *Os procedimentos previstos nesta Lei destinam-se a assegurar o direito fundamental de acesso à informação e devem ser executados em conformidade com os princípios básicos da administração pública e com as seguintes diretrizes:*
>
> *I - observância da publicidade como preceito geral e do sigilo como exceção;*
>
> *II - divulgação de informações de interesse público, independentemente de solicitações;*
>
> *III - utilização de meios de comunicação viabilizados pela tecnologia da informação;*
>
> *IV - fomento ao desenvolvimento da cultura de transparência na administração pública;*
>
> *V - desenvolvimento do controle social da administração pública.*

Para se executar os procedimentos previstos na LAI é necessário observar alguns requisitos que devem ser executados de acordo com os princípios básicos da administração pública, sendo esses princípios, como já citado anteriormente, os princípios da legalidade, impessoalidade, moralidade, publicidade e eficiência.

Legalidade Significa que a Administração Pública está sujeita aos princípios legais, ou seja, as leis ou normas administrativas contidas na Constituição. À Administração Pública só é permitido fazer aquilo que a lei autoriza. Quando a administração pública se afasta ou desvia da legalidade, ela é exposta à responsabilidade civil e criminal, conforme o caso. Desta forma, a lei acaba distribuindo responsabilidades aos gestores. Trazendo essa lógica para o cotidiano, um administrador público em um processo de licitação, por exemplo, deverá proceder de maneira já estabelecida e em hipótese nenhuma de forma diferente. Para finalizar esse princípio, nas palavras de Hely Lopes Meireles: "Na Administração Pública não há liberdade nem vontade pessoal. Enquanto na administração particular é lícito fazer tudo que a lei não proíbe, na Administração Pública só é permitido fazer o que a lei autoriza."

Impessoalidade Em sua essência, diz respeito à necessidade de o Estado agir de modo imparcial perante terceiros, não podendo beneficiar nem causar danos a pessoas específicas, mas sempre buscando chegar à comunidade ou um grupo amplo de cidadãos. Além disso, vincula-se ao entendimento de que os atos dos funcionários públicos são sempre imputados ao órgão para o qual oficiam, de forma que o ato de um agente é na verdade o ato de um órgão.

Moralidade, esse princípio evita que a Administração Pública se distancie da moral e obriga que a atividade administrativa seja pautada não só pela lei, mas também pela boa-fé, lealdade e probidade. Trata de obedecer não somente a lei jurídica, mas também a lei ética da própria instituição, ou seja, o administrador público precisa seguir padrões éticos.

Publicidade Diz respeito à divulgação oficial do ato para conhecimento público. O princípio da publicidade é requisito da eficácia e da moralidade. Sendo assim, todo ato administrativo deverá ser publicado, com exceção dos que possuem sigilo nos casos de segurança nacional, investigações policiais ou de interesse superior da Administração, conforme previstos na lei. Dados pessoais de servidores, por exemplo, constituem tipo de informação que não pode ser divulgada. 5. Eficiência Este princípio exige que a atividade administrativa seja exercida de maneira eficiente, com rendimento funcional. A eficiência exige resultados positivos para o serviço público e um atendimento satisfatório, em tempo razoável.

Fontes: Direito Administrativo Brasileiro (Hely Lopes Meireles), Os princípios da Administração Pública (Marcio Rosni Gregorius), Portal Politize.

Destarte, são diretrizes a serem observadas:

- Observância da publicidade como preceito geral e do sigilo como exceção;
- Divulgação de informações de interesse público, independentemente de solicitações;
- Utilização de meios de comunicação viabilizados pela tecnologia da informação;
- Fomento ao desenvolvimento da cultura de transparência na administração pública;
- Desenvolvimento do controle social da administração pública.

Art. 4º Para os efeitos desta Lei, considera-se:

I - informação: dados, processados ou não, que podem ser utilizados para produção e transmissão de conhecimento, contidos em qualquer meio, suporte ou formato;

II - documento: unidade de registro de informações, qualquer que seja o suporte ou formato;

III - informação sigilosa: aquela submetida temporariamente à restrição de acesso público em razão de sua imprescindibilidade para a segurança da sociedade e do Estado;

IV - informação pessoal: aquela relacionada à pessoa natural identificada ou identificável;

V - tratamento da informação: conjunto de ações referentes à produção, recepção, classificação, utilização, acesso, reprodução, transporte, transmissão, distribuição, arquivamento, armazenamento, eliminação, avaliação, destinação ou controle da informação;

VI - disponibilidade: qualidade da informação que pode ser conhecida e utilizada por indivíduos, equipamentos ou sistemas autorizados;

VII - autenticidade: qualidade da informação que tenha sido produzida, expedida, recebida ou modificada por determinado indivíduo, equipamento ou sistema;

VIII - integridade: qualidade da informação não modificada, inclusive quanto à origem, trânsito e destino;

IX - primariedade: qualidade da informação coletada na fonte, com o máximo de detalhamento possível, sem modificações.

Vale ressaltar que não é necessário gravar todos os conceitos apresentados. O importante é ligar as definições apresentadas com o conceito que está sendo exposto. Visto que, é quase que provável que uma questão de prova apresente uma definição e a associe com um outro conceito que não seja legalmente previsto.

Art. 5º É dever do Estado garantir o direito de acesso à informação, que será franqueada, mediante procedimentos objetivos e ágeis, de forma transparente, clara e em linguagem de fácil compreensão.

Quando observamos o acesso a informações, sabemos que os dados divulgados estão longe de ser apresentados de forma clara, continuada, em linguagem acessível e em formatos que facilitem seu uso e análise, mas entendemos que não devemos deixar de tentar promover a divulgação das informações existentes. Dito isso, o artigo apresentado afirma o papel proposto pela LAI.

9.3 Acesso a informações e da sua divulgação

Art. 6º Cabe aos órgãos e entidades do poder público, observadas as normas e procedimentos específicos aplicáveis, assegurar a:

I - gestão transparente da informação, propiciando amplo acesso a ela e sua divulgação;

II - proteção da informação, garantindo-se sua disponibilidade, autenticidade e integridade; e

III - proteção da informação sigilosa e da informação pessoal, observada a sua disponibilidade, autenticidade, integridade e eventual restrição de acesso.

Art. 7º O acesso à informação de que trata esta Lei compreende, entre outros, os direitos de obter:

I - orientação sobre os procedimentos para a consecução de acesso, bem como sobre o local onde poderá ser encontrada ou obtida a informação almejada;

II - informação contida em registros ou documentos, produzidos ou acumulados por seus órgãos ou entidades, recolhidos ou não a arquivos públicos;

III - informação produzida ou custodiada por pessoa física ou entidade privada decorrente de qualquer vínculo com seus órgãos ou entidades, mesmo que esse vínculo já tenha cessado;

IV - informação primária, íntegra, autêntica e atualizada;

V - informação sobre atividades exercidas pelos órgãos e entidades, inclusive as relativas à sua política, organização e serviços;

VI - informação pertinente à administração do patrimônio público, utilização de recursos públicos, licitação, contratos administrativos;

VII - informação relativa:

a) à implementação, acompanhamento e resultados dos programas, projetos e ações dos órgãos e entidades públicas, bem como metas e indicadores propostos;

b) ao resultado de inspeções, auditorias, prestações e tomadas de contas realizadas pelos órgãos de controle interno e externo, incluindo prestações de contas relativas a exercícios anteriores.

No entanto, o acesso à informação não se conecta as informações referentes a projetos de pesquisa e desenvolvimento científicos ou tecnológicos cujo sigilo seja necessário à segurança da sociedade e do Estado.

Destarte, quando não for autorizado o acesso total à informação por ser ela parcialmente sigilosa, é assegurado o acesso à parte não sigilosa por meio de certidão, extrato ou cópia com ocultação da parte sob sigilo.

VIII – (VETADO). (Incluído pela Lei nº 14.345, de 2022)

§ 1º *O acesso à informação previsto no caput não compreende as informações referentes a projetos de pesquisa e desenvolvimento científicos ou tecnológicos cujo sigilo seja imprescindível à segurança da sociedade e do Estado.*

§ 2º *Quando não for autorizado acesso integral à informação por ser ela parcialmente sigilosa, é assegurado o acesso à parte não sigilosa por meio de certidão, extrato ou cópia com ocultação da parte sob sigilo.*

§ 3º *O direito de acesso aos documentos ou às informações neles contidas utilizados como fundamento da tomada de decisão e do ato administrativo será assegurado com a edição do ato decisório respectivo.*

§ 4º *A negativa de acesso às informações objeto de pedido formulado aos órgãos e entidades referidas no art. 1º, quando não fundamentada, sujeitará o responsável a medidas disciplinares, nos termos do art. 32 desta Lei.*

§ 5º *Informado do extravio da informação solicitada, poderá o interessado requerer à autoridade competente a imediata abertura de sindicância para apurar o desaparecimento da respectiva documentação.*

§ 6º *Verificada a hipótese prevista no § 5º deste artigo, o responsável pela guarda da informação extraviada deverá, no prazo de 10 (dez) dias, justificar o fato e indicar testemunhas que comprovem sua alegação.*

Art. 8º *É dever dos órgãos e entidades públicas promover, independentemente de requerimentos, a divulgação em local de fácil acesso, no âmbito de suas competências, de informações de interesse coletivo ou geral por eles produzidas ou custodiadas.*

§ 1º *Na divulgação das informações a que se refere o caput, deverão constar, no mínimo:*

I – registro das competências e estrutura organizacional, endereços e telefones das respectivas unidades e horários de atendimento ao público;

II – registros de quaisquer repasses ou transferências de recursos financeiros;

III – registros das despesas;

IV – informações concernentes a procedimentos licitatórios, inclusive os respectivos editais e resultados, bem como a todos os contratos celebrados;

V – dados gerais para o acompanhamento de programas, ações, projetos e obras de órgãos e entidades; e

VI – respostas a perguntas mais frequentes da sociedade.

§ 2º *Para cumprimento do disposto no caput, os órgãos e entidades públicas deverão utilizar todos os meios e instrumentos legítimos de que dispuserem, sendo obrigatória a divulgação em sítios oficiais da rede mundial de computadores (internet).*

§ 3º *Os sítios de que trata o § 2º deverão, na forma de regulamento, atender, entre outros, aos seguintes requisitos:*

I – conter ferramenta de pesquisa de conteúdo que permita o acesso à informação de forma objetiva, transparente, clara e em linguagem de fácil compreensão;

II – possibilitar a gravação de relatórios em diversos formatos eletrônicos, inclusive abertos e não proprietários, tais como planilhas e texto, de modo a facilitar a análise das informações;

III – possibilitar o acesso automatizado por sistemas externos em formatos abertos, estruturados e legíveis por máquina;

IV – divulgar em detalhes os formatos utilizados para estruturação da informação;

V – garantir a autenticidade e a integridade das informações disponíveis para acesso;

VI – manter atualizadas as informações disponíveis para acesso;

VII – indicar local e instruções que permitam ao interessado comunicar-se, por via eletrônica ou telefônica, com o órgão ou entidade detentora do sítio; e

VIII – adotar as medidas necessárias para garantir a acessibilidade de conteúdo para pessoas com deficiência, nos termos do art. 17 da Lei nº 10.098, de 19 de dezembro de 2000, e do art. 9º da Convenção sobre os Direitos das Pessoas com Deficiência, aprovada pelo Decreto Legislativo nº 186, de 9 de julho de 2008.

§ 4º *Os Municípios com população de até 10.000 (dez mil) habitantes ficam dispensados da divulgação obrigatória na internet a que se refere o § 2º, mantida a obrigatoriedade de divulgação, em tempo real, de informações relativas à execução orçamentária e financeira, nos critérios e prazos previstos no art. 73-B da Lei Complementar nº 101, de 4 de maio de 2000 (Lei de Responsabilidade Fiscal).*

Fato interessante e com chances de ser cobrado nos concursos é a disposição da LAI que confirma como obrigatoriedade, para o cumprimento da transparência ativa, a divulgação de informações por meio da internet.

A transparência ativa é a divulgação de informações por iniciativa do próprio órgão público, sem que sequer tenha sido solicitada pelo administrado. Difere-se da transparência passiva, uma vez que na passiva, o cidadão só obteve as informações após requerer à Administração Pública.

Um bom exemplo de transferência ativa seria a publicação e esclarecimento de informações do interesse da população, no site oficial do órgão público. Ou seja, seria a divulgação proativa de toda e qualquer informação que seja de interesse público.

É chamado de transparência passiva, quando os dados são divulgados após solicitações específicas, que podem ser feitas por qualquer cidadão do município, que deseje saber mais sobre determinado ato ou processo. O "passivo", nesse caso, se refere ao fato de ser a resposta para algum pedido.

Das duas formas, os dados precisam ser disponibilizados para a visualização do público. Para tanto, essa divulgação deve ser feita no Portal da Transparência da cidade em questão.

Por que é melhor prezar pela transparência ativa?

São diversos os motivos pelos quais órgãos públicos definitivamente devem investir na tendência da transparência ativa. Listaremos alguns deles a seguir:

1. Evitar acúmulo de pedidos sobre um mesmo tema

Quando se investe na transparência ativa, uma consequência natural (e excelente para a gestão pública) é a diminuição de pedidos sobre um mesmo tema.

Ao deixar a informação ao (fácil) acesso da população, sem que o cidadão tenha de solicitar, o número de pedidos de informações e esclarecimentos certamente diminui.

Dessa forma, pode-se dedicar o tempo que se dedicaria ao atendimento das solicitações de informação, a outras coisas importantes no dia a dia do órgão público.

2. Reduzir gastos

Além de evitar acúmulo de pedidos, os órgãos públicos acabam, consequentemente, reduzindo o custo que antes tinham com a prestação de informações solicitadas pelos cidadãos.

3. Aumentar a credibilidade da gestão

Ao divulgar proativamente as informações de interesse público, a gestão pública acaba, consequentemente, sendo levada mais a sério e criando uma imagem de maior respeito junto à população.

4. Melhorar a comunicação com a população

Lembre-se da essência da LAI: reduzir o abismo que antes havia entre o administrado e o administrador, e favorecer o controle social. Sem o acesso à informação, esse controle sequer poderá ser realizado.

Facilitar o contato dos cidadãos também é fundamental nos órgãos públicos.

Lembre-se: a prática da transparência ativa não é apenas muito recomendável e benéfica, como obrigatória. Afinal, a Lei n.º 12.527/2011, em seu art. 8º, determina que órgãos e entidades públicas tem o dever de publicar informações públicas, de interesse coletivo ou geral, na internet. Há até mesmo um rol mínimo de informações que devem ser publicadas.

Ao estudar a Lei de Acesso a informações é necessário entender algumas definições importantes:

- **Informação:** dados, processados ou não, que podem ser utilizados para produção e transmissão de conhecimento, contidos em qualquer meio, suporte ou formato.
- **Informação sigilosa:** aquela submetida temporariamente à restrição de acesso público em razão de sua imprescindibilidade para a segurança da sociedade e do estado.
- **Tratamento da informação:** conjunto de ações referentes à produção, recepção, classificação, utilização, acesso, reprodução, transporte, transmissão, distribuição, arquivamento, armazenamento, eliminação, avaliação, destinação ou controle da informação.
- **Disponibilidade:** qualidade da informação que pode ser conhecida e utilizada por indivíduos, equipamentos ou sistemas autorizados.
- **Autenticidade:** qualidade da informação que tenha sido produzida, expedida, recebida ou modificada por determinado indivíduo, equipamento ou sistema.
- **Integridade:** qualidade da informação não modificada, inclusive quanto à origem, trânsito e destino.
- **Primariedade:** qualidade da informação coletada na fonte, com o máximo de detalhamento possível, sem modificações.

> ***Art. 9º*** *O acesso a informações públicas será assegurado mediante:*
>
> *I - criação de serviço de informações ao cidadão, nos órgãos e entidades do poder público, em local com condições apropriadas para:*
>
> *a) atender e orientar o público quanto ao acesso a informações;*
>
> *b) informar sobre a tramitação de documentos nas suas respectivas unidades;*
>
> *c) protocolizar documentos e requerimentos de acesso a informações; e*
>
> *II - realização de audiências ou consultas públicas, incentivo à participação popular ou a outras formas de divulgação.*

9.4 Procedimento de acesso à informação

9.4.1 Pedido de acesso

> ***Art. 10*** *Qualquer interessado poderá apresentar pedido de acesso a informações aos órgãos e entidades referidos no art. 1º desta Lei, por qualquer meio legítimo, devendo o pedido conter a identificação do requerente e a especificação da informação requerida.*
>
> ***§ 1º*** *Para o acesso a informações de interesse público, a identificação do requerente não pode conter exigências que inviabilizem a solicitação.*
>
> ***§ 2º*** *Os órgãos e entidades do poder público devem viabilizar alternativa de encaminhamento de pedidos de acesso por meio de seus sítios oficiais na internet.*
>
> ***§ 3º*** *São vedadas quaisquer exigências relativas aos motivos determinantes da solicitação de informações de interesse público.*

Alguns atributos do processo de solicitação de informações são retiradas dos artigos apresentados. Observe que os órgãos e entidades devem dar amplo e imediato acesso à informação que já se encontre disponível. Dito isso, para evitar a criação de obstáculos para o acesso às informações, não pode ser exigido, pelo órgão ou entidade que possui a informação, os motivos da solicitação ou, ainda, exigências que inviabilizem o seu acesso. A título de exemplo, imagine um órgão que, obviamente está querendo dificultar o acesso dos usuários às informações, exige, para a liberação da informação, cópia autenticada, em três vias, da certidão de casamento da pessoa que está solicitando. Observe que não se constata motivo razoável para tal procedimento, correto? porém, e o que ocorre quando o órgão ou entidade não possui a informação solicitada pelo usuário? Encontraremos a resposta adiante no § 1º do art. 11:

> ***Art. 11*** *O órgão ou entidade pública deverá autorizar ou conceder o acesso imediato à informação disponível.*
>
> ***§ 1º*** *Não sendo possível conceder o acesso imediato, na forma disposta no caput, o órgão ou entidade que receber o pedido deverá, em prazo não superior a 20 (vinte) dias:*
>
> *I - Comunicar a data, local e modo para se realizar a consulta, efetuar a reprodução ou obter a certidão;*
>
> *II - Indicar as razões de fato ou de direito da recusa, total ou parcial, do acesso pretendido; ou*
>
> *III - comunicar que não possui a informação, indicar, se for do seu conhecimento, o órgão ou a entidade que a detém, ou, ainda, remeter o requerimento a esse órgão ou entidade, cientificando o interessado da remessa de seu pedido de informação.*
>
> ***§ 2º*** *O prazo referido no § 1º poderá ser prorrogado por mais 10 (dez) dias, mediante justificativa expressa, da qual será cientificado o requerente.*
>
> ***§ 3º*** *Sem prejuízo da segurança e da proteção das informações e do cumprimento da legislação aplicável, o órgão ou entidade poderá oferecer meios para que o próprio requerente possa pesquisar a informação de que necessitar.*
>
> ***§ 4º*** *Quando não for autorizado o acesso por se tratar de informação total ou parcialmente sigilosa, o requerente deverá ser informado sobre a possibilidade de recurso, prazos e condições para sua interposição, devendo, ainda, ser-lhe indicada a autoridade competente para sua apreciação.*
>
> ***§ 5º*** *A informação armazenada em formato digital será fornecida nesse formato, caso haja anuência do requerente.*
>
> ***§ 6º*** *Caso a informação solicitada esteja disponível ao público em formato impresso, eletrônico ou em qualquer outro meio de acesso universal, serão informados ao requerente, por escrito, o lugar e a forma pela qual se poderá consultar, obter ou reproduzir a referida informação, procedimento esse que desonerará o órgão ou entidade pública da obrigação de seu fornecimento direto, salvo se o requerente declarar não dispor de meios para realizar por si mesmo tais procedimentos.*

Com a entrada em vigor da Lei de Acesso à Informação, muito se contestou sobre a constitucionalidade da divulgação de informações como a remuneração dos servidores públicos, bem como se tais dados se enquadravam como informações pessoais de tais agentes.

Destarte, o STF possui entendimento que a divulgação de informações relacionadas a remuneração de servidores é constitucional e a título de exemplo segue julgado:

> *Ementa: Constitucional. Publicação, em sítio eletrônico mantido pelo município de São Paulo, do nome de seus servidores e do valor dos correspondentes vencimentos. Legitimidade. 1. É legítima a publicação,*

inclusive em sítio eletrônico mantido pela Administração Pública, dos nomes dos seus servidores e do valor dos correspondentes vencimentos e vantagens pecuniárias. 2. Recurso extraordinário conhecido e provido. No seu voto, o Ministro Ayres Britto, relator, enfrentou e rebateu, um a um, os mesmos argumentos aqui adotados pelo acórdão recorrido. Eis o voto: 2. Inicio pelo juízo de que estamos a lidar com situação demandante de conciliação de princípios constitucionais em aparente estado de colisão. Aparente conflito, e não mais que isso. De um lado, faz-se presente, aí sim, o princípio da publicidade administrativa (caput do art. 37). Princípio que significa o dever estatal de divulgação dos atos públicos. Dever eminentemente republicano, porque a gestão da "coisa pública" (República é isso) é de vir a lume com o máximo de transparência. Tirante, claro, as exceções também constitucionalmente abertas, que são "aquelas cujo sigilo seja imprescindível à segurança da sociedade e do Estado" (inciso XXXIII do art. 5º). Logo, respeitadas que sejam as exceções constitucionalmente estampadas, o certo é que "todos têm direito a receber dos órgãos públicos informações de seu interesse particular ou de interesse coletivo ou geral, que serão prestadas no prazo da lei, sob pena de responsabilidade (...)", conforme a 1ª parte redacional do mesmo art. 5º. Com o que os indivíduos melhor se defendem das arremetidas eventualmente ilícitas do Estado, enquanto os cidadãos podem fazer o concreto uso do direito que a nossa Constituição lhes assegura pelo §2º do seu art. 72, verbis: "Qualquer cidadão, partido político, associação ou sindicato é parte legítima para, na forma da lei, denunciar irregularidades ou ilegalidades perante o Tribunal de Contas da União". 13. De outra banda, fala-se, basicamente, do direito que assistiria aos servidores municipais de não ver divulgada a sua remuneração bruta. Isso por implicar violação à sua intimidade e vida privada, de parelha com o perigo que representaria para a sua segurança pessoal e familiar o conhecimento geral de tal remuneração por modo nominalmente identificado. Conhecimento geral tanto mais temerário quanto disponibilizado em rede mundial de computadores (internet), porquanto viabilizador de formatação de um tipo de banco de dados que terminaria por habilitar terceiros a planejar golpes financeiros contra os servidores municipais e assediá-los pessoalmente para fins inconfessáveis. 14. O meu voto já se percebe. A situação dos agravantes cai sob a regência da 1ª parte do inciso XXXIII do art. 5º da Constituição. Sua remuneração bruta, cargos e funções por eles titularizados, órgãos de sua formal lotação, tudo é constitutivo de informação de interesse coletivo ou geral. Expondo-se, portanto, a divulgação oficial. Sem que a intimidade deles, vida privada e segurança pessoal e familiar se encaixem nas exceções de que trata a parte derradeira do mesmo dispositivo constitucional (inciso XXXIII do art. 5º), pois o fato é que não estão em jogo nem a segurança do Estado nem do conjunto da sociedade. 15. No tema, sinta-se que não cabe sequer falar de intimidade ou de vida privada, pois os dados objeto da divulgação em causa dizem respeito a agentes públicos enquanto agentes públicos mesmos; ou, na linguagem da própria Constituição, agentes estatais agindo "nessa qualidade" (§ 6º do art. 37). E quanto à segurança física ou corporal dos servidores, seja pessoal, seja familiarmente, claro que ela resultará um tanto ou quanto fragilizada com a divulgação nominalizada dos dados em debate, mas é um tipo de risco pessoal e familiar que se atenua com a proibição de se revelar o endereço residencial, o CPF e a CI de cada servidor. No mais, é o preço que se paga pela opção por uma carreira pública no seio de um Estado republicano. Estado que somente por explícita enunciação legal rimada com a Constituição é que deixa de atuar no espaço da transparência ou visibilidade dos seus atos, mormente os respeitantes àquelas rubricas necessariamente enfeixadas na lei orçamentária anual, como é o caso das receitas e despesas públicas. Não sendo por outra razão que os atentados a tal lei orçamentária são tipificados pela Constituição como "crimes de responsabilidade" (inciso VI do art. 85). É improcedente, portanto, o pedido formulado na presente demanda. Impõe-se, consequentemente, o provimento do recurso extraordinário, afirmando-se como tese de repercussão geral que é legítima a publicação, inclusive em sítio eletrônico mantido pela Administração Pública, dos nomes dos seus servidores e do valor dos correspondentes vencimentos e vantagens pecuniárias.

Art. 12 *O serviço de busca e de fornecimento de informação é gratuito.*

§ 1º *O órgão ou a entidade poderá cobrar exclusivamente o valor necessário ao ressarcimento dos custos dos serviços e dos materiais utilizados, quando o serviço de busca e de fornecimento da informação exigir reprodução de documentos pelo órgão ou pela entidade pública consultada*

§ 2º *Estará isento de ressarcir os custos previstos no § 1º deste artigo aquele cuja situação econômica não lhe permita fazê-lo sem prejuízo do sustento próprio ou da família, declarada nos termos da Lei nº 7.115, de 29 de agosto de 1983.*

Art. 13 *Quando se tratar de acesso à informação contida em documento cuja manipulação possa prejudicar sua integridade, deverá ser oferecida a consulta de cópia, com certificação de que esta confere com o original.*

Como descrito na norma, para dar maior seguridade a informação contida em um documento, é necessário que seja oferecida cópia com certificação de que a informação obtida é de acordo com a original.

Parágrafo único. *Na impossibilidade de obtenção de cópias, o interessado poderá solicitar que, a suas expensas e sob supervisão de servidor público, a reprodução seja feita por outro meio que não ponha em risco a conservação do documento original.*

Art. 14 *É direito do requerente obter o inteiro teor de decisão de negativa de acesso, por certidão ou cópia.*

Caso não seja possível obter a cópia, o solicitante pode exigir que a reprodução seja feita através de outro meio que não traga risco para a conservação do documento original.

9.4.2 Recursos

Art. 15 *No caso de indeferimento de acesso a informações ou às razões da negativa do acesso, poderá o interessado interpor recurso contra a decisão no prazo de 10 (dez) dias a contar da sua ciência.*

Parágrafo único. *O recurso será dirigido à autoridade hierarquicamente superior à que exarou a decisão impugnada, que deverá se manifestar no prazo de 5 (cinco) dias.*

Art. 16 *Negado o acesso a informação pelos órgãos ou entidades do Poder Executivo Federal, o requerente poderá recorrer à Controladoria-Geral da União, que deliberará no prazo de 5 (cinco) dias se:*

I - o acesso à informação não classificada como sigilosa for negado;

II - a decisão de negativa de acesso à informação total ou parcialmente classificada como sigilosa não indicar a autoridade classificadora ou a hierarquicamente superior a quem possa ser dirigido pedido de acesso ou desclassificação;

III - os procedimentos de classificação de informação sigilosa estabelecidos nesta Lei não tiverem sido observados; e

IV - Estiverem sendo descumpridos prazos ou outros procedimentos previstos nesta Lei.

§ 1º *O recurso previsto neste artigo somente poderá ser dirigido à Controladoria-Geral da União depois de submetido à apreciação de pelo menos uma autoridade hierarquicamente superior àquela que exarou a decisão impugnada, que deliberará no prazo de 5 (cinco) dias.*

§ 2º *Verificada a procedência das razões do recurso, a Controladoria-Geral da União determinará ao órgão ou entidade que adote as providências necessárias para dar cumprimento ao disposto nesta Lei.*

§ 3º *Negado o acesso à informação pela Controladoria-Geral da União, poderá ser interposto recurso à Comissão Mista de Reavaliação de Informações, a que se refere o art. 35.*

Caso seja negado o acesso a alguma informação por algum órgão ou entidade do Poder Executivo Federal, o requerente gozará de prazos para recorrer a Controladoria Geral da União que deliberará no prazo de 5 dias, caso a informação negada não seja taxada como sigilosa ou acesso à informação total ou parcialmente classificada como sigilosa não indicar a autoridade classificadora ou a hierarquicamente superior a quem possa ser dirigido pedido de acesso ou desclassificação, entre outros.

ADM ÉTI

Para que seja dirigido a CGU, o recurso deve preliminarmente submetido a apreciação de ao menos um superior hierárquico daquela que lavrou a decisão impugnada, que deliberará no prazo de 5 dias.

Art. 17 No caso de indeferimento de pedido de desclassificação de informação protocolado em órgão da administração pública federal, poderá o requerente recorrer ao Ministro de Estado da área, sem prejuízo das competências da Comissão Mista de Reavaliação de Informações, previstas no art. 35, e do disposto no art. 16.

§ 1º O recurso previsto neste artigo somente poderá ser dirigido às autoridades mencionadas depois de submetido à apreciação de pelo menos uma autoridade hierarquicamente superior à autoridade que exarou a decisão impugnada e, no caso das Forças Armadas, ao respectivo Comando.

§ 2º Indeferido o recurso previsto no caput que tenha como objeto a desclassificação de informação secreta ou ultrassecreta, caberá recurso à Comissão Mista de Reavaliação de Informações prevista no art. 35.

Art. 18 Os procedimentos de revisão de decisões denegatórias proferidas no recurso previsto no art. 15 e de revisão de classificação de documentos sigilosos serão objeto de regulamentação própria dos Poderes Legislativo e Judiciário e do Ministério Público, em seus respectivos âmbitos, assegurado ao solicitante, em qualquer caso, o direito de ser informado sobre o andamento de seu pedido.

A revisão de decisões denegatórias proferidas em recurso previsto no artigo 15 desta lei, deverão ter regulamentação própria dos poderes Legislativo, Judiciário e do MP.

§ 2º Os órgãos do Poder Judiciário e do Ministério Público informarão ao Conselho Nacional de Justiça e ao Conselho Nacional do Ministério Público, respectivamente, as decisões que, em grau de recurso, negarem acesso a informações de interesse público.

Art. 20 Aplica-se subsidiariamente, no que couber, a Lei nº 9.784, de 29 de janeiro de 1999, ao procedimento de que trata este Capítulo.

9.5 Restrições de acesso à informação

9.5.1 Disposições gerais

Art. 21 Não poderá ser negado acesso a informação necessária à tutela judicial ou administrativa de direitos fundamentais.

Os direitos fundamentais são aqueles essenciais ao ser humano. Há certa confusão entre eles e os direitos humanos. Por isso, importa saber: direitos fundamentais estão positivados no ordenamento constitucional.

Para José Afonso da Silva utiliza o termo "direitos fundamentais do homem" para tratar desses direitos. Para se respeitar o Princípio da Dignidade da Pessoa Humana, segundo o autor, é necessário que esses direitos sejam prerrogativas que o direito positivo concretize. Podemos dizer que estes são os direitos básicos individuais, coletivos, sociais e políticos presentes na Constituição.

Direitos fundamentais são aqueles inerentes à proteção do Princípio da Dignidade da Pessoa Humana. Elencados na Constituição Federal, possuem a mesma finalidade que os direitos humanos. A diferença se dá no plano em que são instituídos: se os direitos declaram, as garantias fundamentais asseguram.

***Parágrafo único.** As informações ou documentos que versem sobre condutas que impliquem violação dos direitos humanos praticada por agentes públicos ou a mando de autoridades públicas não poderão ser objeto de restrição de acesso.*

Os direitos humanos são definidos como sendo os direitos que devem ser garantidos a todos os indivíduos, independentemente da sua localização geográfica, etnia, religião, orientação sexual, ou posicionamento político.

Art. 22 O disposto nesta Lei não exclui as demais hipóteses legais de sigilo e de segredo de justiça nem as hipóteses de segredo industrial decorrentes da exploração direta de atividade econômica pelo Estado ou por pessoa física ou entidade privada que tenha qualquer vínculo com o poder público.

9.5.2 Classificação da informação quanto ao grau e prazos de sigilo

Art. 23 São consideradas imprescindíveis à segurança da sociedade ou do Estado e, portanto, passíveis de classificação as informações cuja divulgação ou acesso irrestrito possam:

I - pôr em risco a defesa e a soberania nacionais ou a integridade do território nacional;

II - prejudicar ou pôr em risco a condução de negociações ou as relações internacionais do País, ou as que tenham sido fornecidas em caráter sigiloso por outros Estados e organismos internacionais;

III - pôr em risco a vida, a segurança ou a saúde da população;

IV - oferecer elevado risco à estabilidade financeira, econômica ou monetária do País;

V - prejudicar ou causar risco a planos ou operações estratégicos das Forças Armadas;

VI - prejudicar ou causar risco a projetos de pesquisa e desenvolvimento científico ou tecnológico, assim como a sistemas, bens, instalações ou áreas de interesse estratégico nacional;

VII - pôr em risco a segurança de instituições ou de altas autoridades nacionais ou estrangeiras e seus familiares; ou

VIII - comprometer atividades de inteligência, bem como de investigação ou fiscalização em andamento, relacionadas com a prevenção ou repressão de infrações.

Ao observar essa norma, destaca-se que não é necessário decorá-la. Dito isso, observa-se que as situações descritas pela norma são casos em que a divulgação da informação traz risco para coletividade ou a segurança do Estado.

Destarte, observa-se quais informações podem ter seu acesso restrito ao público em geral. Entretanto, tem um tempo específico para que algumas informações podem ficar restritas do público, devemos observar o nível de segurança da informação, que poderá ser classificada em três níveis diferentes, são elas: reservada, secreta e ultrassecreta, sendo que o prazo de restrição varia de acordo com cada uma das classificações.

- **Reservada:** prazo máximo de 5 anos.
- **Secreta:** prazo máximo de 15 anos.
- **Ultrassecreta:** prazo máximo de 25 anos.

Art. 24 A informação em poder dos órgãos e entidades públicas, observado o seu teor e em razão de sua imprescindibilidade à segurança da sociedade ou do Estado, poderá ser classificada como ultrassecreta, secreta ou reservada.

§ 1º Os prazos máximos de restrição de acesso à informação, conforme a classificação prevista no caput, vigoram a partir da data de sua produção e são os seguintes:

I - ultrassecreta: 25 (vinte e cinco) anos;

II - secreta: 15 (quinze) anos; e

III - reservada: 5 (cinco) anos.

§ 2º As informações que puderem colocar em risco a segurança do Presidente e Vice-Presidente da República e respectivos cônjuges e filhos(as) serão classificadas como reservadas e ficarão sob sigilo até o término do mandato em exercício ou do último mandato, em caso de reeleição.

§ 3º Alternativamente aos prazos previstos no § 1º, poderá ser estabelecida como termo final de restrição de acesso a ocorrência de determinado evento, desde que este ocorra antes do transcurso do prazo máximo de classificação.

§ 4º Transcorrido o prazo de classificação ou consumado o evento que defina o seu termo final, a informação tornar-se-á, automaticamente, de acesso público.

§ 5º Para a classificação da informação em determinado grau de sigilo, deverá ser observado o interesse público da informação e utilizado o critério menos restritivo possível, considerados:

I - a gravidade do risco ou dano à segurança da sociedade e do Estado; e

II - o prazo máximo de restrição de acesso ou o evento que defina seu termo final.

É necessário observar a classificação das informações, mesmo que o prazo seja descrito de acordo com número de anos e seguridade, nada impede que a autoridade responsável, quando da classificação, estipule como prazo final um determinado evento que acontecerá no futuro. Dito isso, a situação não poderá ter prazo superior ao limite da respectiva classificação.

A título de exemplo, imagine que determinadas informações terão seu acesso restrito por se tratarem de pesquisas que o Brasil está fazendo para implantar um novo sistema de energia. Dito isso, as informações podem ser classificadas como reservadas (prazo de até cinco anos), ou poderão ter como termo final a data de certo acontecimento, que, no exemplo, poderia ser a conclusão das pesquisas e a obtenção de um parecer sobre a viabilidade do novo sistema de energia.

É de suma importância destacar as informações relativas à segurança do Presidente da República, seu cônjuge e filhos: estas serão classificadas como reservada e terão seu prazo restrito à duração do respectivo mandato. Porém, no caso de reeleição, a norma determina que a duração da classificação será até o término do exercício do segundo mandato, ainda que o prazo total (oito anos) exceda ao da classificação proposta. A LAI também instituiu a Comissão Mista de Reavaliação de Informações, à qual compete, prorrogar o prazo da informação ultrassecreta enquanto o seu acesso ou divulgação puder ocasionar ameaça externa à soberania nacional ou à integridade do território nacional ou grave risco às relações internacionais do País. Assim, podemos levar para a nossa prova que o prazo máximo de restrição à informação que acarrete prejuízo à segurança da sociedade ou do Estado é de 50 anos. Não podemos confundir tal regra, no entanto, com as disposições referentes às informações pessoais

9.5.3 Proteção e do controle de informações sigilosas

***Art. 25** É dever do Estado controlar o acesso e a divulgação de informações sigilosas produzidas por seus órgãos e entidades, assegurando a sua proteção.*

***§ 1º** O acesso, a divulgação e o tratamento de informação classificada como sigilosa ficarão restritos a pessoas que tenham necessidade de conhecê-la e que sejam devidamente credenciadas na forma do regulamento, sem prejuízo das atribuições dos agentes públicos autorizados por lei.*

***§ 2º** O acesso à informação classificada como sigilosa cria a obrigação para aquele que a obteve de resguardar o sigilo.*

***§ 3º** Regulamento disporá sobre procedimentos e medidas a serem adotados para o tratamento de informação sigilosa, de modo a protegê-la contra perda, alteração indevida, acesso, transmissão e divulgação não autorizados.*

***Art. 26** As autoridades públicas adotarão as providências necessárias para que o pessoal a elas subordinado hierarquicamente conheça as normas e observe as medidas e procedimentos de segurança para tratamento de informações sigilosas.*

***Parágrafo único.** A pessoa física ou entidade privada que, em razão de qualquer vínculo com o poder público, executar atividades de tratamento de informações sigilosas adotará as providências necessárias para que seus empregados, prepostos ou representantes observem as medidas e procedimentos de segurança das informações resultantes da aplicação desta Lei.*

É papel da administração pública prover medidas necessárias para treinar pessoas subordinadas hierarquicamente a ela, para que estas conheçam as normas e diferencie medidas de proteção de segurança para informações sigilosas.

9.5.4 Procedimentos de classificação, reclassificação e desclassificação

***Art. 27** A classificação do sigilo de informações no âmbito da administração pública federal é de competência:*

I - no grau de ultrassecreto, das seguintes autoridades:

a) Presidente da República;

b) Vice-Presidente da República;

c) Ministros de Estado e autoridades com as mesmas prerrogativas;

d) Comandantes da Marinha, do Exército e da Aeronáutica;

e) Chefes de Missões Diplomáticas e Consulares permanentes no exterior.

A classificação de informação em qualquer grau de sigilo deverá ser formalizada em decisão que conterá, os elementos a seguir:

- ▷ Assunto sobre o qual versa a informação;
- ▷ Fundamento da classificação;
- ▷ Indicação do prazo de sigilo, contado em anos, meses ou dias, ou do evento que defina o seu termo final;
- ▷ Identificação da autoridade que a classificou. Não poderá ser negado acesso à informação necessária à tutela judicial ou administrativa de direitos fundamentais.

Dito isso, os documentos, dados e informações que versem sobre condutas que impliquem violação dos direitos humanos praticada por agentes públicos ou a mando de autoridades públicas não poderão ser objeto de restrição de acesso.

A classificação do sigilo de informações no âmbito da administração pública federal é de competência:

- ▷ **No grau de ultrassecreto, das seguintes autoridades:**
  - Presidente da República;
  - Vice-Presidente da República;
  - Ministros de Estado e autoridades com as mesmas prerrogativas;
  - Comandantes da Marinha, do Exército e da Aeronáutica (deve ser ratificada pelos respectivos Ministros de Estado);
  - Chefes de Missões Diplomáticas e Consulares permanentes no exterior (deve ser ratificada pelos respectivos Ministros de Estado).
- ▷ No grau de secreto, das autoridades referidas no inciso I, dos titulares de autarquias, fundações ou empresas públicas e sociedades de economia mista. Nesse caso, não há necessidade de haver ratificação pelos respectivos Ministros, no caso de classificação feita pelos Comandantes ou Chefes de Missões.
- ▷ No grau de reservado, das autoridades referidas nos incisos I e II e das que exerçam funções de direção, comando ou chefia, nível DAS 101.5, ou superior.

Por fim, a competência prevista nos incisos I e II, no que se refere à classificação como ultrassecreta e secreta, poderá ser DELEGADA pela autoridade responsável a agente público, inclusive em missão no exterior, vedada a subdelegação.

II - no grau de secreto, das autoridades referidas no inciso I, dos titulares de autarquias, fundações ou empresas públicas e sociedades de economia mista; e

III - no grau de reservado, das autoridades referidas nos incisos I e II e das que exerçam funções de direção, comando ou chefia, nível DAS 101.5, ou superior, do Grupo-Direção e Assessoramento Superiores, ou de hierarquia equivalente, de acordo com regulamentação específica de cada órgão ou entidade, observado o disposto nesta Lei.

§ 1º A competência prevista nos incisos I e II, no que se refere à classificação como ultrassecreta e secreta, poderá ser delegada pela autoridade responsável a agente público, inclusive em missão no exterior, vedada a subdelegação.

§ 2º A classificação de informação no grau de sigilo ultrassecreto pelas autoridades previstas nas alíneas "d" e "e" do inciso I deverá ser ratificada pelos respectivos Ministros de Estado, no prazo previsto em regulamento.

§ 3º A autoridade ou outro agente público que classificar informação como ultrassecreta deverá encaminhar a decisão de que trata o art. 28 à Comissão Mista de Reavaliação de Informações, a que se refere o art. 35, no prazo previsto em regulamento.

***Art. 28** A classificação de informação em qualquer grau de sigilo deverá ser formalizada em decisão que conterá, no mínimo, os seguintes elementos:*

I - assunto sobre o qual versa a informação;

II - fundamento da classificação, observados os critérios estabelecidos no art. 24;

III - indicação do prazo de sigilo, contado em anos, meses ou dias, ou do evento que defina o seu termo final, conforme limites previstos no art. 24; e

IV - identificação da autoridade que a classificou.

***Parágrafo único.** A decisão referida no caput será mantida no mesmo grau de sigilo da informação classificada.*

***Art. 29** A classificação das informações será reavaliada pela autoridade classificadora ou por autoridade hierarquicamente superior, mediante provocação ou de ofício, nos termos e prazos previstos em regulamento, com vistas à sua desclassificação ou à redução do prazo de sigilo, observado o disposto no art. 24.*

§ 1º O regulamento a que se refere o caput deverá considerar as peculiaridades das informações produzidas no exterior por autoridades ou agentes públicos.

§ 2º Na reavaliação a que se refere o caput, deverão ser examinadas a permanência dos motivos do sigilo e a possibilidade de danos decorrentes do acesso ou da divulgação da informação.

§ 3º Na hipótese de redução do prazo de sigilo da informação, o novo prazo de restrição manterá como termo inicial a data da sua produção.

A autoridade ou autoridade hierarquicamente superior que classificar a informação deverá reavaliá-la, observando sempre os prazos previstos em regulamento próprio. O regulamento deverá considerar as peculiaridades das informações produzidas no exterior por autoridades ou agentes públicos.

Ao reavaliar, deverão ser observados e examinados a permanência dos motivos do sigilo e a possibilidade de danos decorrentes do acesso ou da divulgação da informa

***Art. 30** A autoridade máxima de cada órgão ou entidade publicará, anualmente, em sítio à disposição na internet e destinado à veiculação de dados e informações administrativas, nos termos de regulamento:*

§ 1º Os órgãos e entidades deverão manter exemplar da publicação prevista no caput para consulta pública em suas sedes.

§ 2º Os órgãos e entidades manterão extrato com a lista de informações classificadas, acompanhadas da data, do grau de sigilo e dos fundamentos da classificação.

A autoridade máxima publicará anualmente dados e informações administrativas. Os órgãos e entidades deverão manter exemplares para consulta prévia em suas redes.

9.6 Informações pessoais

***Art. 31** O tratamento das informações pessoais deve ser feito de forma transparente e com respeito à intimidade, vida privada, honra e imagem das pessoas, bem como às liberdades e garantias individuais.*

§ 1º As informações pessoais, a que se refere este artigo, relativas à intimidade, vida privada, honra e imagem:

I - terão seu acesso restrito, independentemente de classificação de sigilo e pelo prazo máximo de 100 (cem) anos a contar da sua data de produção, a agentes públicos legalmente autorizados e à pessoa a que elas se referirem; e

II - poderão ter autorizada sua divulgação ou acesso por terceiros diante de previsão legal ou consentimento expresso da pessoa a que elas se referirem.

§ 2º Aquele que obtiver acesso às informações de que trata este artigo será responsabilizado por seu uso indevido.

§ 3º O consentimento referido no inciso II do § 1º não será exigido quando as informações forem necessárias:

I - à prevenção e diagnóstico médico, quando a pessoa estiver física ou legalmente incapaz, e para utilização única e exclusivamente para o tratamento médico;

II - à realização de estatísticas e pesquisas científicas de evidente interesse público ou geral, previstos em lei, sendo vedada a identificação da pessoa a que as informações se referirem;

III - ao cumprimento de ordem judicial;

IV - à defesa de direitos humanos; ou

V - à proteção do interesse público e geral preponderante.

§ 4º A restrição de acesso à informação relativa à vida privada, honra e imagem de pessoa não poderá ser invocada com o intuito de prejudicar processo de apuração de irregularidades em que o titular das informações estiver envolvido, bem como em ações voltadas para a recuperação de fatos históricos de maior relevância.

§ 5º Regulamento disporá sobre os procedimentos para tratamento de informação pessoal.

No artigo supracitado demonstra como deve ser tratado questões de segurança de Estado e da coletividade, vejamos a seguir:

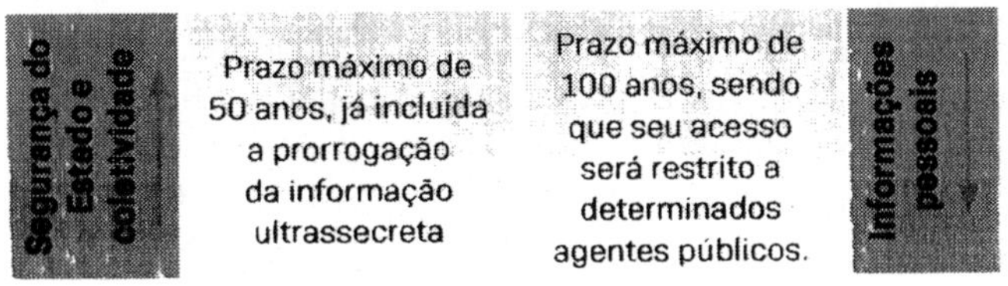

9.7 Responsabilidades

***Art. 32** Constituem condutas ilícitas que ensejam responsabilidade do agente público ou militar:*

I - recusar-se a fornecer informação requerida nos termos desta Lei, retardar deliberadamente o seu fornecimento ou fornecê-la intencionalmente de forma incorreta, incompleta ou imprecisa;

II - utilizar indevidamente, bem como subtrair, destruir, inutilizar, desfigurar, alterar ou ocultar, total ou parcialmente, informação que se encontre sob sua guarda ou a que tenha acesso ou conhecimento em razão do exercício das atribuições de cargo, emprego ou função pública;

III - agir com dolo ou má-fé na análise das solicitações de acesso à informação;

IV - divulgar ou permitir a divulgação ou acessar ou permitir acesso indevido à informação sigilosa ou informação pessoal;

V - impor sigilo à informação para obter proveito pessoal ou de terceiro, ou para fins de ocultação de ato ilegal cometido por si ou por outrem;

VI - ocultar da revisão de autoridade superior competente informação sigilosa para beneficiar a si ou a outrem, ou em prejuízo de terceiros; e

VII - destruir ou subtrair, por qualquer meio, documentos concernentes a possíveis violações de direitos humanos por parte de agentes do Estado.

§ 1º Atendido o princípio do contraditório, da ampla defesa e do devido processo legal, as condutas descritas no caput serão consideradas:

I - para fins dos regulamentos disciplinares das Forças Armadas, transgressões militares médias ou graves, segundo os critérios neles estabelecidos, desde que não tipificadas em lei como crime ou contravenção penal; ou

II - para fins do disposto na Lei nº 8.112, de 11 de dezembro de 1990, e suas alterações, infrações administrativas, que deverão ser apenadas, no mínimo, com suspensão, segundo os critérios nela estabelecidos.

§ 2º Pelas condutas descritas no caput, poderá o militar ou agente público responder, também, por improbidade administrativa, conforme o disposto nas Leis nºs 1.079, de 10 de abril de 1950, e 8.429, de 2 de junho de 1992.

Para melhor entender a LAI, deve-se compreender como caracteriza o acesso a informação, bem como os diversos recursos possíveis no caso de indeferimento. Preliminarmente, qualquer pessoa pode solicitar a informação ao órgão ou entidade pública.

A partir do momento em que a informação não pode ser fornecida, a autoridade deverá fundamentar tal decisão com as razões para a negativa de acesso à informação, de forma que é direito do particular obter, por certidão ou por cópia, o inteiro teor da decisão negatória.

O prazo para recurso, caso a informação seja negada é de 10 dias, sendo que a autoridade deverá se manifestar-se no prazo de cinco dias. Se a decisão se mantiver, poderá o particular, no âmbito federal, recorrer à Controladoria-Geral da União (CGU) no prazo de 10 dias, tendo o prazo de cinco dias para se manifestar. Vale a pene ressaltar que o recurso à CGU só é possível após o processo ter passado por, pelo menos, uma autoridade superior àquela que proferiu a decisão inicial. No caso de indeferimento da CGU, caberá, ainda, recurso para a Comissão Mista de Reavaliação de Informações, no prazo de 10 dias a contar da decisão.

Vejamos abaixa, algumas sanções passíveis de serem aplicadas aos que obtiverem acesso às informações e não observarem as disposições legais no que se refere à sua divulgação:

> ***Art. 33*** *A pessoa física ou entidade privada que detiver informações em virtude de vínculo de qualquer natureza com o poder público e deixar de observar o disposto nesta Lei estará sujeita às seguintes sanções:*
>
> *I - advertência;*
>
> *II - multa;*
>
> *III - rescisão do vínculo com o poder público;*
>
> *IV - suspensão temporária de participar em licitação e impedimento de contratar com a administração pública por prazo não superior a 2 (dois) anos;*
>
> *V - declaração de inidoneidade para licitar ou contratar com a administração pública, até que seja promovida a reabilitação perante a própria autoridade que aplicou a penalidade.*

Merecem destaque algumas hipóteses sobre as sanções:

- As sanções de advertência, rescisão do vínculo com o Poder Público e suspensão poderão ser aplicadas com a pena de multa, assegurado o direito de defesa do interessado, no respectivo processo, no prazo de 10 dias;
- A reabilitação da sanção de declaração de inidoneidade para licitar ou contratar com a Administração Pública será autorizada somente quando o interessado efetivar o ressarcimento ao órgão ou entidade dos prejuízos resultantes;
- A aplicação da sanção de declaração de inidoneidade para licitar ou contratar com a Administração Pública é de competência exclusiva da autoridade máxima do órgão ou entidade pública, facultada a defesa do interessado, no respectivo processo, no prazo de 10 dias da abertura de vista.

Destarte, o princípio da publicidade pode ser utilizado de diversas formas. Um desses sentidos é o da necessidade de transparência, por parte da Administração Pública, no exercício de suas funções.

Seguindo este prisma, a publicidade guarda relação com a transparência no acesso à informação, por parte dos usuários, de dados produzidos pelos órgãos e entidades da Administração Pública.

No entanto, ainda que a publicidade seja a regra, não se trata de uma questão absoluta, está previsto algumas exceções a defesa da intimidade e da vida privada dos usuários e a defesa da sociedade e do estado.

Alguns dispositivos constitucionais foram regulamentados com a edição da Lei de Acesso à Informação:

- Art. 5º, XXXIII – Todos têm direito a receber dos órgãos públicos informações de seu interesse particular, ou de interesse coletivo ou geral, que serão prestadas no prazo da lei, sob pena de responsabilidade, ressalvadas aquelas cujo sigilo seja imprescindível à segurança da sociedade e do Estado.
- **Art. 37, § 3º, II – A lei disciplinará as formas de participação do usuário na administração pública direta e indireta, regulando especialmente:** II – O acesso dos usuários a registros administrativos e a informações sobre atos de governo, observado o disposto no art. 5º, X e XXXIII.
- Art. 216, § 2º Cabem à administração pública, na forma da lei, a gestão da documentação governamental e as providências para franquear sua consulta a quantos dela necessitem.

A transparência ativa pode ser entendida como a obrigação que os órgãos e entidades têm de promover a transparência de suas informações, independentemente de haver ou não requerimento dos seus usuários. A transparência passiva, por outro lado, deve ser compreendida como a possibilidade de solicitação, por intermédio dos interessados, de informações que não se encontrem totalmente disponíveis para consulta.

> ***§ 1º*** *As sanções previstas nos incisos I, III e IV poderão ser aplicadas juntamente com a do inciso II, assegurado o direito de defesa do interessado, no respectivo processo, no prazo de 10 (dez) dias.*
>
> ***§ 2º*** *A reabilitação referida no inciso V será autorizada somente quando o interessado efetivar o ressarcimento ao órgão ou entidade dos prejuízos resultantes e após decorrido o prazo da sanção aplicada com base no inciso IV.*
>
> ***§ 3º*** *A aplicação da sanção prevista no inciso V é de competência exclusiva da autoridade máxima do órgão ou entidade pública, facultada a defesa do interessado, no respectivo processo, no prazo de 10 (dez) dias da abertura de vista.*
>
> ***Art. 34*** *Os órgãos e entidades públicas respondem diretamente pelos danos causados em decorrência da divulgação não autorizada ou utilização indevida de informações sigilosas ou informações pessoais, cabendo a apuração de responsabilidade funcional nos casos de dolo ou culpa, assegurado o respectivo direito de regresso.*
>
> ***Parágrafo único.*** *O disposto neste artigo aplica-se à pessoa física ou entidade privada que, em virtude de vínculo de qualquer natureza com órgãos ou entidades, tenha acesso a informação sigilosa ou pessoal e a submeta a tratamento indevido.*

9.8 Disposições finais e transitórias

> ***Art. 35*** *(Vetado).*
>
> ***§ 1º*** *É instituída a Comissão Mista de Reavaliação de Informações, que decidirá, no âmbito da administração pública federal, sobre o tratamento e a classificação de informações sigilosas e terá competência para:*
>
> *I - requisitar da autoridade que classificar informação como ultrassecreta e secreta esclarecimento ou conteúdo, parcial ou integral da informação;*
>
> *II - rever a classificação de informações ultrassecretas ou secretas, de ofício ou mediante provocação de pessoa interessada, observado o disposto no art. 7º e demais dispositivos desta Lei; e*

ADM ÉTI

III - prorrogar o prazo de sigilo de informação classificada como ultrassecreta, sempre por prazo determinado, enquanto o seu acesso ou divulgação puder ocasionar ameaça externa à soberania nacional ou à integridade do território nacional ou grave risco às relações internacionais do País, observado o prazo previsto no § 1º do art. 24.

§ 2º O prazo referido no inciso III é limitado a uma única renovação.

§ 3º A revisão de ofício a que se refere o inciso II do § 1º deverá ocorrer, no máximo, a cada 4 (quatro) anos, após a reavaliação prevista no art. 39, quando se tratar de documentos ultrassecretos ou secretos.

§ 4º A não deliberação sobre a revisão pela Comissão Mista de Reavaliação de Informações nos prazos previstos no § 3º implicará a desclassificação automática das informações.

§ 5º Regulamento disporá sobre a composição, organização e funcionamento da Comissão Mista de Reavaliação de Informações, observado o mandato de 2 (dois) anos para seus integrantes e demais disposições desta Lei.

***Art. 36** O tratamento de informação sigilosa resultante de tratados, acordos ou atos internacionais atenderá às normas e recomendações constantes desses instrumentos.*

Informações sigilosas que advenham de tratados, acordos ou atos internacionais deverão sempre observar o previsto nesta lei.

***Art. 37** É instituído, no âmbito do Gabinete de Segurança Institucional da Presidência da República, o Núcleo de Segurança e Credenciamento (NSC), que tem por objetivos:*

I - promover e propor a regulamentação do credenciamento de segurança de pessoas físicas, empresas, órgãos e entidades para tratamento de informações sigilosas; e

II - garantir a segurança de informações sigilosas, inclusive aquelas provenientes de países ou organizações internacionais com os quais a República Federativa do Brasil tenha firmado tratado, acordo, contrato ou qualquer outro ato internacional, sem prejuízo das atribuições do Ministério das Relações Exteriores e dos demais órgãos competentes.

***Parágrafo único.** Regulamento disporá sobre a composição, organização e funcionamento do NSC.*

***Art. 38** Aplica-se, no que couber, a Lei nº 9.507, de 12 de novembro de 1997, em relação à informação de pessoa, física ou jurídica, constante de registro ou banco de dados de entidades governamentais ou de caráter público.*

***Art. 39** Os órgãos e entidades públicas deverão proceder à reavaliação das informações classificadas como ultrassecretas e secretas no prazo máximo de 2 (dois) anos, contado do termo inicial de vigência desta Lei.*

§ 1º A restrição de acesso a informações, em razão da reavaliação prevista no caput, deverá observar os prazos e condições previstos nesta Lei.

§ 2º No âmbito da administração pública federal, a reavaliação prevista no caput poderá ser revista, a qualquer tempo, pela Comissão Mista de Reavaliação de Informações, observados os termos desta Lei.

§ 3º Enquanto não transcorrido o prazo de reavaliação previsto no caput, será mantida a classificação da informação nos termos da legislação precedente.

§ 4º As informações classificadas como secretas e ultrassecretas não reavaliadas no prazo previsto no caput serão consideradas, automaticamente, de acesso público.

Caso a informação ultrassecreta não seja reavaliada no prazo de 2 dias a contar do início da vigência desta lei. Tal reavaliação deverá sempre observar todos os prazos previstos nesta lei. No entanto, se tratando da Administração Pública Federal, a reavaliação poderá ser revista a qualquer tempo pela comissão mista de reavaliação de informações.

Enquanto perdurar os efeitos de reavaliação, será mantida a classificação da informação de acordo com os termos desta lei.

***Art. 40** No prazo de 60 (sessenta) dias, a contar da vigência desta Lei, o dirigente máximo de cada órgão ou entidade da administração pública federal direta e indireta designará autoridade que lhe seja diretamente subordinada para, no âmbito do respectivo órgão ou entidade, exercer as seguintes atribuições:*

I - assegurar o cumprimento das normas relativas ao acesso a informação, de forma eficiente e adequada aos objetivos desta Lei;

II - monitorar a implementação do disposto nesta Lei e apresentar relatórios periódicos sobre o seu cumprimento;

III - recomendar as medidas indispensáveis à implementação e ao aperfeiçoamento das normas e procedimentos necessários ao correto cumprimento do disposto nesta Lei; e

IV - orientar as respectivas unidades no que se refere ao cumprimento do disposto nesta Lei e seus regulamentos.

***Art. 41** O Poder Executivo Federal designará órgão da administração pública federal responsável:*

I - pela promoção de campanha de abrangência nacional de fomento à cultura da transparência na administração pública e conscientização do direito fundamental de acesso à informação;

II - pelo treinamento de agentes públicos no que se refere ao desenvolvimento de práticas relacionadas à transparência na administração pública;

III - pelo monitoramento da aplicação da lei no âmbito da administração pública federal, concentrando e consolidando a publicação de informações estatísticas relacionadas no art. 30;

IV - pelo encaminhamento ao Congresso Nacional de relatório anual com informações atinentes à implementação desta Lei.

***Art. 42** O Poder Executivo regulamentará o disposto nesta Lei no prazo de 180 (cento e oitenta) dias a contar da data de sua publicação.*

***Art. 43** O inciso VI do art. 116 da Lei no 8.112, de 11 de dezembro de 1990, passa a vigorar com a seguinte redação: Art. 116 VI - levar as irregularidades de que tiver ciência em razão do cargo ao conhecimento da autoridade superior ou, quando houver suspeita de envolvimento desta, ao conhecimento de outra autoridade competente para apuração.*

***Art. 44** O Capítulo IV do Título IV da Lei nº 8.112, de 1990, passa a vigorar acrescido do seguinte art. 126-A: Art. 126-A. Nenhum servidor poderá ser responsabilizado civil, penal ou administrativamente por dar ciência à autoridade superior ou, quando houver suspeita de envolvimento desta, a outra autoridade competente para apuração de informação concernente à prática de crimes ou improbidade de que tenha conhecimento, ainda que em decorrência do exercício de cargo, emprego ou função pública.*

***Art. 45** Cabe aos Estados, ao Distrito Federal e aos Municípios, em legislação própria, obedecidas as normas gerais estabelecidas nesta Lei, definir regras específicas, especialmente quanto ao disposto no art. 9º e na Seção II do Capítulo III.*

10 LEI Nº 13.709/2018 – LEI GERAL DE PROTEÇÃO DE DADOS PESSOAIS (LGPD)

10.1 A era dos direitos

Vivemos em uma era dos direitos, onde todo mundo tem direito a tudo. Na verdade, esse direito a "tudo" está garantido na nossa Constituição Federal de 1988, mas nos dias de hoje as pessoas passaram a ter mais consciência disso e passaram a usar e a exigir seus direitos. Esses direitos estão expressos no artigo 5º da Constituição Federal, no título II, onde trata dos Direitos e Garantias Fundamentais – Capítulo I Direitos e Deveres Individuais e Coletivos.

Vamos relembrar alguns desses direitos e deveres individuais e coletivos.

***Art. 5º.** IV - é livre a manifestação do pensamento, sendo vedado o anonimato;*

V - é assegurado o direito de resposta, proporcional ao agravo, além da indenização por dano material, moral ou à imagem;

IX - é livre a expressão da atividade intelectual, artística, científica e de comunicação, independentemente de censura ou licença;

XIV - é assegurado a todos o acesso à informação e resguardado o sigilo da fonte, quando necessário ao exercício profissional.

A Constituição Federal estabelece expressamente alguns direitos com relação à manifestação do pensamento, expressão intelectual e acesso à informação. Acontece que vivemos em um mundo, praticamente, virtual, onde nossa relação com as pessoas passou a ser virtual. A utilização das redes sociais, como Instagram TikTok, Facebook, Twitter é a forma como as pessoas se apresentam e mostram suas vidas e tudo que querem compartilhar.

Quando uma foto, vídeo ou mensagem "cai" na rede, em poucos minutos muitas pessoas recebem a informação e já ficam sabendo. E isso não é só com a rede social. Você já recebeu ou recebe ligações de telemarketing? Você conhece alguém, ou já aconteceu com você, de tentarem passar um golpe em você? Usar seu nome e sua foto e se passar por você em outro número de telefone para pedir dinheiro?

Nossa vida está totalmente exposta, praticamente, acabou aquela vida tranquila e sigilosa, em que as únicas pessoas que sabiam sobre sua vida eram aquelas que conviviam com você. Hoje, uma pessoa lá nos Estados Unidos ou Europa, pode ter acesso as suas fotos, e mesmo que fale o mesmo idioma, ela vê uma foto e recebe alguma informação.

Quantas vezes você abriu o Instagram e ficou sabendo de um "escândalo" com uma pessoa famosa ou uma pessoa famosa brigando pelo sigilo da sua vida? Não é difícil não ver isso.

Pois bem, entendendo essa contextualização conseguimos entender a importância da Lei de Proteção de Dados Pessoais. Por causa da globalização, menos temos nossos dados protegidos. Todas as vezes que entro em um site e quero me cadastrar em alguma coisa "gratuita", seja para ter acesso a alguma aula ou um e-book, surge um questionário que tenho que preencher meus dados, inclusive o CPF, mas se eu não colocar o CPF e o telefone, não consigo finalizar o cadastro para ter acesso aquele "documento".

Eu sempre me pergunto, por que eles precisam do meu CPF? Eu consigo um CPF algo muito pessoal e que não deveria ser exigido em todo lugar. Até porque, assim que eu preencho e coloco meu CPF, eu tenho a consciência de que aquele meu dado estará na Rede de Internet e qualquer pessoa pode pegar, qualquer pessoa não, mas os Hacker que existem por aí. Qual é o golpe do momento? Clonar a conta do Instagram. Se eles conseguem fazer isso, imagina pegar o CPF de uma pessoa e usar para fazer comprar, "sujar" o nome da pessoa, entre outros.

- Mas porque é necessário ter uma legislação específica para proteção dos dados pessoais?

Como concurseiro, você conhece o direito administrativo e sabe que a administração pública só pode fazer ou deixar de fazer o que está previsto em lei, certo? Então, se uma pessoa se sentir que seus dados foram violados e recorrer ao poder judiciário para resolver, como o juiz vai defender ou ter um argumento a favor da pessoa se não existe uma lei que assegura a proteção dos dados pessoais?

É muito complexo, né? Uma coisa que parece simples, envolve tantas áreas de conhecimento. Agora, vamos falar especificamente da Lei nº 13.709/2018.

10.2 Disposições preliminares

Vamos iniciar pelo primeiro artigo da lei, que colocarei na íntegra.

Art. 1º *Esta Lei dispõe sobre o tratamento de dados pessoais, inclusive nos meios digitais, por pessoa natural ou por pessoa jurídica de direito público ou privado, com o objetivo de proteger os direitos fundamentais de liberdade e de privacidade e o livre desenvolvimento da personalidade da pessoa natural. – Lei nº 13.709/2018*

As normas constantes nessa lei têm abrangência em todo o território brasileiro e os entes federados (União, Estados, Distrito Federal e Município) devem segui-las. O respeito às normas estabelecidas na legislação, tem como fundamento os seguintes pontos:

- O respeito à privacidade;
- A autodeterminação informativa;
- A liberdade de expressão, de informação, de comunicação e de opinião;
- A inviolabilidade da intimidade, da honra e da imagem;
- O desenvolvimento econômico e tecnológico e a inovação;
- A livre iniciativa, a livre concorrência e a defesa do consumidor;
- Os direitos humanos, o livre desenvolvimento da personalidade, a dignidade e o exercício da cidadania pelas pessoas naturais.

Tudo que está na lei aplica-se a qualquer operação de tratamento realizado por pessoa física ou jurídica de direito público ou privado, independendo do meio utilizado, independente do País de origem da pessoa ou de onde está localizado o dado. Entretanto, deve ser observado os seguintes pontos:

- A operação de tratamento seja realizada no território nacional;
- A atividade de tratamento tenha por objetivo a oferta ou o fornecimento de bens ou serviços ou o tratamento de dados de indivíduos localizados no território nacional;
- Os dados pessoais, objeto do tratamento, tenham sido coletados no território nacional.

§ 1º *Consideram-se coletados no território nacional os dados pessoais cujo titular nele se encontre no momento da coleta.*

§ 2º *Excetua-se do disposto no inciso I deste artigo o tratamento de dados previsto no inciso IV do caput do art. 4º desta Lei.*

- Então, essa lei se aplica a todo tipo de dado pessoal?

Não, existem alguns dados que estão fora da proteção dessa lei, esses dados são:

- Realizado por pessoa natural para fins exclusivamente particulares e não econômicos;
- **Realizado para fins exclusivamente:**
  - Jornalístico e artísticos;
  - Acadêmicos, aplicando-se a esta hipótese os arts. 7º e 11 desta Lei;
- **Realizado para fins exclusivos de:**
  - Segurança pública;
  - Defesa nacional;
  - Segurança do Estado;
  - Atividades de investigação e repressão de infrações penais;
  - Provenientes de fora do território nacional e que não sejam objeto de comunicação, uso compartilhado de dados com agentes de tratamento brasileiros ou objeto de transferência internacional de dados com outro país que não o de proveniência, desde que o país de proveniência proporcione grau de proteção de dados pessoais adequado ao previsto nesta Lei.

§ 1º *O tratamento de dados pessoais previsto no inciso III será regido por legislação específica, que deverá prever medidas proporcionais e estritamente necessárias ao atendimento do interesse público, observados o devido processo legal, os princípios gerais de proteção e os direitos do titular previstos nesta Lei.*

Os dados referentes à segurança pública, defesa nacional, segurança do Estado e atividades de investigação e repressão de infrações penais será protegida por uma legislação específica que estabelecerá as medidas necessárias ao atendimento do interesse público. Qual o entendimento disso? A utilização de dados pessoais para situações de segurança pública, defesa nacional, segurança do Estado ou atividade de investigação e repressão de infrações penais será conduzido por uma lei específica.

É proibido o tratamento de dados pessoais para fins exclusivos de segurança pública, defesa nacional, segurança do Estado ou atividade de investigação e repressão de infrações penais por pessoa de direito privado. Só será permitido em procedimentos sob tutela de pessoa jurídica de direito público, sendo objeto de informação específica à autoridade nacional.

Em nenhum caso a totalidade dos dados pessoais de banco de dados de segurança pública, defesa nacional, segurança do Estado ou atividade de investigação e repressão de infrações penais por pessoa de direito privado. A exceção aplica-se a pessoa jurídica que possua capital integralmente constituído pelo poder público.

Alguns termos que são usados nessa legislação possuem definições e que são importantes, para padronizar o entendimento do assunto abordado. Alguns dos termos são:

> *Art. 5º, I - dado pessoal: informação relacionada a pessoa natural identificada ou identificável;*
>
> *II - dado pessoal sensível: dado pessoal sobre origem racial ou étnica, convicção religiosa, opinião política, filiação a sindicato ou a organização de caráter religioso, filosófico ou político, dado referente à saúde ou à vida sexual, dado genético ou biométrico, quando vinculado a uma pessoa natural;*
>
> *IV - banco de dados: conjunto estruturado de dados pessoais, estabelecido em um ou em vários locais, em suporte eletrônico ou físico;*
>
> *V - titular: pessoa natural a quem se referem os dados pessoais que são objeto de tratamento;*
>
> *IX - agentes de tratamento: o controlador e o operador; X - tratamento: toda operação realizada com dados pessoais, como as que se referem a coleta, produção, recepção, classificação, utilização, acesso, reprodução, transmissão, distribuição, processamento, arquivamento, armazenamento, eliminação, avaliação ou controle da informação, modificação, comunicação, transferência, difusão ou extração;*
>
> *XVI - uso compartilhado de dados: comunicação, difusão, transferência internacional, interconexão de dados pessoais ou tratamento compartilhado de bancos de dados pessoais por órgãos e entidades públicos no cumprimento de suas competências legais, ou entre esses e entes privados, reciprocamente, com autorização específica, para uma ou mais modalidades de tratamento permitidas por esses entes públicos, ou entre entes privados;*
>
> *XIX - autoridade nacional: órgão da administração pública responsável por zelar, implementar e fiscalizar o cumprimento desta Lei em todo o território nacional. – Lei nº 13.709/2018*

10.3 Tratamento de dado pessoal

O tratamento de dados consiste em toda e qualquer operação realizada com os dados de uma pessoa.

Tratamento: toda operação realizada com dados pessoais; como as que se referem a:

- **Acesso:** possibilidade de comunicar-se com um dispositivo, meio de armazenamento, unidade de rede, memória, registro, arquivo etc., visando receber, fornecer, ou eliminar dados.
- **Armazenamento:** ação ou resultado de manter ou conservar em repositório um dado.
- **Arquivamento:** ato ou efeito de manter registrado um dado embora já tenha perdido a validade ou esgotada a sua vigência.
- **Avaliação:** ato ou efeito de calcular valor sobre um ou mais dados.
- **Classificação:** maneira de ordenar os dados conforme algum critério estabelecido.
- **Coleta:** recolhimento de dados com finalidade específica.
- **Comunicação:** transmitir informações pertinentes a políticas de ação sobre os dados.
- **Controle:** ação ou poder de regular, determinar ou monitorar as ações sobre o dado.
- **Difusão:** ato ou efeito de divulgação, propagação, multiplicação dos dados.
- **Distribuição:** ato ou efeito de dispor de dados de acordo com algum critério estabelecido.
- **Eliminação:** ato ou efeito de excluir ou destruir dado do repositório.
- **Extração:** ato de copiar ou retirar dados do repositório em que se encontrava.
- **Modificação:** ato ou efeito de alteração do dado.
- **Processamento:** ato ou efeito de processar dados.
- **Produção:** criação de bens e de serviços a partir do tratamento de dados.
- **Recepção:** ato de receber os dados ao final da transmissão.
- **Reprodução:** cópia de dado preexistente obtido por meio de qualquer processo.
- **Transferência:** mudança de dados de uma área de armazenamento para outra, ou para terceiro.
- **Transmissão:** movimentação de dados entre dois pontos por meio de dispositivos elétricos, eletrônicos, telegráficos, telefônicos, radioelétricos, pneumáticos etc.
- **Utilização:** ato ou efeito do aproveitamento dos dados.

Princípios que devem ser respeitados nas atividades de tratamento de dados pessoais:

- **Finalidade:** realização do tratamento para propósitos legítimos, específicos, explícitos e informados ao titular, sem possibilidade de tratamento posterior de forma incompatível com essas finalidades;
- **Adequação:** compatibilidade do tratamento com as finalidades informadas ao titular, de acordo com o contexto do tratamento;
- **Necessidade:** limitação do tratamento ao mínimo necessário para a realização de suas finalidades, com abrangência dos dados pertinentes, proporcionais e não excessivos em relação às finalidades do tratamento de dados;
- **Livre acesso:** garantia, aos titulares, de consulta facilitada e gratuita sobre a forma e a duração do tratamento, bem como sobre a integralidade de seus dados pessoais;
- **Qualidade dos dados:** garantia, aos titulares, de exatidão, clareza, relevância e atualização dos dados, de acordo com a necessidade e para o cumprimento da finalidade de seu tratamento;
- **Transparência:** garantia, aos titulares, de informações claras, precisas e facilmente acessíveis sobre a realização do tratamento e os respectivos agentes de tratamento, observados os segredos comercial e industrial;
- **Segurança:** utilização de medidas técnicas e administrativas aptas a proteger os dados pessoais de acessos não autorizados e de situações acidentais ou ilícitas de destruição, perda, alteração, comunicação ou difusão;
- **Prevenção:** adoção de medidas para prevenir a ocorrência de danos em virtude do tratamento de dados pessoais;
- **Não discriminação:** impossibilidade de realização do tratamento para fins discriminatórios ilícitos ou abusivos;

- **Responsabilização e prestação de contas:** demonstração, pelo agente, da adoção de medidas eficazes e capazes de comprovar a observância e o cumprimento das normas de proteção de dados pessoais e, inclusive, da eficácia dessas medidas.

Veja quantos pressupostos importantes temos quando o assunto é o tratamento dos dados pessoais? Você, como futuro servidor, tem que se atentar para todos esses princípios e normas estabelecidas por essa legislação. Agindo dentro da lei, obedecendo todos os aspectos, você está protegido, ou seja, ninguém poderá ir contra você, pois estará amparado pela legislação. Essa é a importância de conhecer a lei e aplicá-la na íntegra.

10.3.1 Requisitos para o tratamento de dados pessoais

A utilização dos dados pessoais só poderá ser usado nas seguintes hipóteses:

- Mediante o fornecimento de consentimento pelo titular;
- Para o cumprimento de obrigação legal ou regulatória pelo controlador;
- pela administração pública, para o tratamento e uso compartilhado de dados necessários à execução de políticas públicas previstas em leis e regulamentos ou respaldadas em contratos, convênios ou instrumentos congêneres;
- Para a realização de estudos por órgão de pesquisa, garantida, sempre que possível, a anonimização dos dados pessoais;
- Quando necessário para a execução de contrato ou de procedimentos preliminares relacionados a contrato do qual seja parte o titular, a pedido do titular dos dados;
- Para o exercício regular de direitos em processo judicial, administrativo ou arbitral, esse último nos termos da Lei nº 9.307, de 23 de setembro de 1996 (Lei de Arbitragem);
- Para a proteção da vida ou da incolumidade física do titular ou de terceiros;
- Para a tutela da saúde, exclusivamente, em procedimento realizado por profissionais de saúde, serviços de saúde ou autoridade sanitária;
- Quando necessário para atender aos interesses legítimos do controlador ou de terceiros, exceto no caso de prevalecerem direitos e liberdades fundamentais do titular que exijam a proteção dos dados pessoais;
- Para a proteção do crédito, inclusive quanto ao disposto na legislação pertinente.

10.3.2 Como fica o tratamento de dados pessoais que são de acesso público?

Neste caso, o tratamento de dados pessoais deve ter como fim, a boa-fé e o interesse público que justifique tal utilização. Quando o uso de dados pessoais for de acesso público, fica indispensável a exigência do termo de consentimento para os dados que se tornam públicos pela manifestação do titular. A dispensa do termo de consentimento não desobriga das demais obrigações previstas em lei.

O consentimento deve ser feito por escrito ou por meio que manifesta a vontade do titular do dado pessoal. Caso seja escrito, necessita de uma cláusula destacada das demais cláusulas contratuais e citar a finalidade, e as autorizações genéricas para o tratamento de dados pessoais serão anuladas.

> ***§ 6º*** *Em caso de alteração de informação referida nos incisos I, II, III ou V do art. 9º desta Lei, o controlador deverá informar ao titular, com destaque de forma específica do teor das alterações, podendo o titular, nos casos em que o seu consentimento é exigido, revogá-lo caso discorde da alteração.*

O titular do dado pessoal tem o direito de ter acesso as informações sobre o tratamento de seus dados, como forma de atender o princípio do livre acesso das seguintes situações:

- Finalidade específica do tratamento;
- Forma e duração do tratamento, observados os segredos comercial e industrial;
- Identificação do controlador;
- Informações de contato do controlador;
- Informações acerca do uso compartilhado de dados pelo controlador e a finalidade;
- Responsabilidades dos agentes que realizarão o tratamento;
- Direitos do titular, com menção explícita aos direitos contidos no art. 18 desta Lei.

> ***Art. 9**, § 1º Na hipótese em que o consentimento é requerido, esse será considerado nulo caso as informações fornecidas ao titular tenham conteúdo enganoso ou abusivo ou não tenham sido apresentadas previamente com transparência, de forma clara e inequívoca. § 2º Na hipótese em que o consentimento é requerido, se houver mudanças da finalidade para o tratamento de dados pessoais não compatíveis com o consentimento original, o controlador deverá informar previamente o titular sobre as mudanças de finalidade, podendo o titular revogar o consentimento, caso discorde das alterações.*

O verdadeiro interesse do controlado só será comprovado para tratamento de dados pessoais se as finalidades forem legítimas e considerarem situações tangíveis e sem excluir:

- Apoio e promoção de atividades do controlador;
- Proteção, em relação ao titular, do exercício regular de seus direitos ou prestação de serviços que o beneficiem, respeitadas as legítimas expectativas dele e os direitos e liberdades fundamentais, nos termos desta Lei.

10.3.3 Tratamento de dados pessoais sensíveis

A utilização de dados pessoais sensíveis só pode ser feita, se ocorrer em alguma das seguintes hipóteses:

- Quando o titular ou seu responsável legal consentir, de forma específica e destacada, para finalidades específicas;
- **Sem fornecimento de consentimento do titular, nas hipóteses em que for indispensável para:**
  - Cumprimento de obrigação legal ou regulatória pelo controlador;
  - Tratamento compartilhado de dados necessários à execução, pela administração pública, de políticas públicas previstas em leis ou regulamentos;
  - Realização de estudos por órgão de pesquisa, garantida, sempre que possível, a anonimização dos dados pessoais sensíveis;
  - Exercício regular de direitos, inclusive em contrato e em processo judicial, administrativo e arbitral;
  - Proteção da vida ou da incolumidade física do titular ou de terceiros;
  - Tutela da saúde, exclusivamente, em procedimento realizado por profissionais de saúde, serviços de saúde ou autoridade sanitária;
  - Garantia da prevenção à fraude e à segurança do titular, nos processos de identificação e autenticação de cadastro em sistemas eletrônicos, resguardados os direitos mencionados no art. 9º desta Lei e exceto no caso de prevalecerem direitos e liberdades fundamentais do titular que exijam a proteção dos dados pessoais.

> ***Art. 11**, § 3º A comunicação ou o uso compartilhado de dados pessoais sensíveis entre controladores com objetivo de obter vantagem econômica poderá ser objeto de vedação ou de regulamentação por parte da autoridade nacional, ouvidos os órgãos setoriais do Poder Público, no âmbito de suas competências.*
>
> ***§ 4º** É vedada a comunicação ou o uso compartilhado entre controladores de dados pessoais sensíveis referentes à saúde com objetivo de obter vantagem econômica, exceto nas hipóteses relativas a prestação de serviços de saúde, de assistência farmacêutica e de assistência à saúde, desde que observado o § 5º deste artigo, incluídos os serviços auxiliares de diagnose e terapia, em benefício dos interesses dos titulares de dados, e para permitir:*
>
> *I - a portabilidade de dados quando solicitada pelo titular; ou*
>
> *II - as transações financeiras e administrativas resultantes do uso e da prestação dos serviços de que trata este parágrafo.*

Importante ler o trecho que fala sobre a realização de estudo em saúde pública.

> ***Art. 13** Na realização de estudos em saúde pública, os órgãos de pesquisa poderão ter acesso a bases de dados pessoais, que serão tratados exclusivamente dentro do órgão e estritamente para a finalidade de realização de estudos e pesquisas e mantidos em ambiente controlado e seguro, conforme práticas de segurança previstas em regulamento específico e que incluam, sempre que possível, a anonimização ou pseudonimização dos dados, bem como considerem os devidos padrões éticos relacionados a estudos e pesquisas.*
>
> ***§ 1º** A divulgação dos resultados ou de qualquer excerto do estudo ou da pesquisa de que trata o caput deste artigo em nenhuma hipótese poderá revelar dados pessoais.*
>
> ***§ 2º** O órgão de pesquisa será o responsável pela segurança da informação prevista no caput deste artigo, não permitida, em circunstância alguma, a transferência dos dados a terceiro. § 3º O acesso aos dados de que trata este artigo será objeto de regulamentação por parte da autoridade nacional e das autoridades da área de saúde e sanitárias, no âmbito de suas competências.*

10.3.4 Tratamento de dados pessoais de criança e de adolescentes

Os dados pessoais de crianças e adolescentes podem ser usados quando o interesse for dos mesmos, com um consentimento específico por um dos pais ou pelo responsável legal. O controlador tem que manter pública a informação sobre os tipos de dados coletados, como estão sendo usados e os procedimentos realizados.

O tratamento de dados pessoais sem consentimento dos pais, só será permitida se forem usada uma única vez e sem armazenamento. Para a proteção dos dados, em nenhuma hipótese os dados podem ser repassados a terceiros sem a autorização dos pais ou responsável legal. Todas as informações relacionadas ao tratamento de dados pessoais de crianças e adolescentes precisa ser informada de forma simples, clara e acessível, respeitando as características físico-motoras, perceptivas, sensoriais, intelectuais e mentais do usuário, utilizando os recursos audiovisuais quando necessário, para assegurar as informações necessárias aos pais ou responsáveis legais.

10.3.5 Término do tratamento de dados

Será considerada encerrada a utilização de dados pessoais, nas seguintes hipóteses:

- Verificação de que a finalidade foi alcançada ou de que os dados deixaram de ser necessários ou pertinentes ao alcance da finalidade específica almejada;
- Fim do período de tratamento;
- Comunicação do titular, inclusive no exercício de seu direito de revogação do consentimento;
- Determinação da autoridade nacional, quando houver violação ao disposto nesta Lei.

Após a conclusão do tratamento de dados, as informações pessoais serão excluídas, no âmbito e nos limites técnicos das atividades. Os dados só serão conservados quando possuírem as seguintes finalidades:

- Cumprimento de obrigação legal ou regulatória pelo controlador;
- Estudo por órgão de pesquisa, garantida, sempre que possível, a anonimização dos dados pessoais;
- Transferência a terceiro, desde que respeitados os requisitos de tratamento de dados dispostos nesta Lei;
- Uso exclusivo do controlador, vedado seu acesso por terceiro, e desde que anonimizados os dados.

10.4 Direito do titular

Titular é a pessoa que possui o dado pessoal, e em meio a tantas situações de uso de dados pessoais, não podemos esquecer dos direitos que são conferidos a quem pertence esses dados. Ao titular é assegurada a titularidade de seus dados pessoais e garantidos os direitos fundamentais de liberdade, intimidade e privacidade.

Além desses direitos, o titular tem permissão para obter a relação de dados que estão sendo usados, a qualquer momento e por intermédio de requisição que aborda os seguintes aspectos:

- Confirmação da existência de tratamento;
- Acesso aos dados;
- Correção de dados incompletos, inexatos ou desatualizados;
- Anonimização, bloqueio ou eliminação de dados desnecessários, excessivos ou tratados em desconformidade com o disposto nesta Lei;
- Portabilidade dos dados a outro fornecedor de serviço ou produto, mediante requisição expressa, de acordo com a regulamentação da autoridade nacional, observados os segredos comercial e industrial;
- Eliminação dos dados pessoais tratados com o consentimento do titular, exceto nas hipóteses previstas no art. 16 desta Lei;
- Informação das entidades públicas e privadas com as quais o controlador realizou uso compartilhado de dados;
- Informação sobre a possibilidade de não fornecer consentimento e sobre as consequências da negativa;
- Revogação do consentimento, nos termos do § 5º do art. 8º desta Lei.

Para confirmar a existência ou acesso aos dados pessoais, o titular precisa fazer uma requisição, em uma destas formas:

- Em formato simplificado, imediatamente;
- Por meio de declaração clara e completa, que indique a origem dos dados, a inexistência de registro, os critérios utilizados e a finalidade do tratamento, observados os segredos comercial e industrial, fornecida no prazo de até 15 (quinze) dias, contado da data do requerimento do titular.

> ***Art. 19**, § 1º Os dados pessoais serão armazenados em formato que favoreça o exercício do direito de acesso. § 2º As informações e os dados poderão ser fornecidos, a critério do titular: I - por meio eletrônico, seguro e idôneo para esse fim; ou II - sob forma impressa.*
>
> ***Art. 20** O titular dos dados tem direito a solicitar a revisão de decisões tomadas unicamente com base em tratamento automatizado de dados pessoais que afetem seus interesses, incluídas as decisões destinadas a definir o seu perfil pessoal, profissional, de consumo e de crédito ou os aspectos de sua personalidade. – Lei nº 13.709/2018*

Sempre que for solicitado pelo titular, o controlador de dados pessoais tem a obrigatoriedade de passar as informações de forma clara e adequada, respeitando os critérios e os procedimentos usados na decisão automatizada, ponderando os segredos comerciais e industriais.

Os dados pessoais não podem ser usados para prejudicar o titular.

10.4.1 Regras

Caso uma pessoa jurídica de direito público faça o tratamento de dados pessoais, essa ação tem que ser executada buscando o interesse público, persecução do interesse público e com objetivos de cumprir com as competências legais do serviço público, desde que:

- Sejam informadas as hipóteses em que, no exercício de suas competências, realizam o tratamento de dados pessoais, fornecendo informações claras e atualizadas sobre a previsão legal, a finalidade, os procedimentos e as práticas utilizadas para a execução dessas atividades, em veículos de fácil acesso, preferencialmente em seus sítios eletrônicos;
- Seja indicado um encarregado quando realizarem operações de tratamento de dados pessoais, nos termos do art. 39 desta Lei;

As empresas públicas e as sociedades de economia mista, que atuarem em regime de concorrência, terão o mesmo tratamento que estão sujeitas as pessoas jurídicas de direito privado. O tratamento será igual aos órgãos e entidades do Poder público, quando suas atividades estiverem envolvidas na preparação e execução das políticas públicas.

Tratamento de dados pessoais por empresas públicas e sociedades de economia mista:

- **Atuação em regime de concorrência:** tratamento dispensado às pessoas jurídicas de direito privado.
- **Atuação envolvida em políticas públicas:** tratamento dispensado aos órgãos e às entidades do Poder Público.

O Poder Público poderá compartilhar dados pessoais, apenas se atender a alvo específico: executar as políticas públicas e as atribuições legais dos Órgãos e entidades públicas, sempre obedecendo os princípios de proteção de dados pessoais.

É vedado ao Poder Público mover qualquer dado para as entidades privadas, exceto nas condições de:

- Em casos de execução descentralizada de atividade pública que exija a transferência, exclusivamente para esse fim específico e determinado, observado o disposto na Lei nº 12.527, de 18 de novembro de 2011 (Lei de Acesso à Informação);
- Nos casos em que os dados forem acessíveis publicamente;
- Quando houver previsão legal ou a transferência for respaldada em contratos, convênios ou instrumentos congêneres;
- Na hipótese de a transferência dos dados objetivar exclusivamente a prevenção de fraudes e irregularidades, ou proteger e resguardar a segurança e a integridade do titular dos dados, desde que vedado o tratamento para outras finalidades.

Existe alguma situação em que o Poder Público pode compartilhar dados pessoais com pessoa de direito privado?

Sim, porém a comunicação e o compartilhamento, obrigatoriamente, têm que ser informados à autoridade nacional e o titular dos dados tem que autorizar. As exceções a essa regra acontecem quando:

- Nas hipóteses de dispensa de consentimento previstas nesta Lei;
- Nos casos de uso compartilhado de dados, em que será dada publicidade nos termos do inciso I do caput do art. 23 desta Lei;
- Nas exceções referentes ao compartilhamento de dados pelo Poder Público.

10.4.2 Responsabilidades

Transferência Internacional de dados, é permitida? Só é permitida quando acontece alguma das seguintes circunstâncias:

- Para países ou organismos internacionais que proporcionem grau de proteção de dados pessoais adequado ao previsto nesta Lei;
- **Quando o controlador oferecer e comprovar garantias de cumprimento dos princípios, dos direitos do titular e do regime de proteção de dados previstos nesta Lei, na forma de:**
  - Cláusulas contratuais específicas para determinada transferência;
  - Cláusulas-padrão contratuais;
  - Normas corporativas globais;
  - Selos, certificados e códigos de conduta regularmente emitidos;
- Quando a transferência for necessária para a cooperação jurídica internacional entre órgãos públicos de inteligência, de investigação e de persecução, de acordo com os instrumentos de direito internacional;
- Quando a transferência for necessária para a proteção da vida ou da incolumidade física do titular ou de terceiros;
- Quando a autoridade nacional autorizar a transferência;
- Quando a transferência resultar em compromisso assumido em acordo de cooperação internacional;
- Quando a transferência for necessária para a execução de política pública ou atribuição legal do serviço público, sendo dada publicidade nos termos do inciso I do caput do art. 23 desta Lei;
- Quando o titular tiver fornecido o seu consentimento específico e em destaque para a transferência, com informação prévia sobre o caráter internacional da operação, distinguindo claramente de outras finalidades;
- Quando necessário para atender as hipóteses

Os dados de países estrangeiros possuem alguma proteção? Sim, mas a autoridade nacional irá avaliar. Para essa avaliação, a autoridade verifica se os dados estão obedecendo os seguintes fatos:

- As normas gerais e setoriais da legislação em vigor no país de destino ou no organismo internacional;
- A natureza dos dados;
- A observância dos princípios gerais de proteção de dados pessoais e direitos dos titulares previstos nesta Lei;
- A adoção de medidas de segurança previstas em regulamento;
- A existência de garantias judiciais e institucionais para o respeito aos direitos de proteção de dados pessoais;
- Outras circunstâncias específicas relativas à transferência.

A autoridade nacional tem a atribuição de verificar as cláusulas específicas para uma determinada transferência, normas corporativas globais ou selos, certificados e códigos de conduta quando o controlador oferecer e comprovar garantias de cumprimento dos princípios, dos direitos do titular e do regime de proteção de dados.

Os requisitos, condições e garantias mínimas para a transferência dos direitos, são considerados na avaliação do conteúdo de cláusulas-padrão contratuais. Em algumas situações da análise contratual, a autoridade nacional pode solicitar outros outras informações adicionais, quando necessário.

10.5 Controlador e operador

Quem é o controlador e o operador? Quais suas funções? Ou qual a definição, de acordo com a legislação, de controlador e operador?

> ***Art. 5º**, VI - controlador: pessoa natural ou jurídica, de direito público ou privado, a quem competem as decisões referentes ao tratamento de dados pessoais;*

ADM ÉTI

VII – operador: pessoa natural ou jurídica, de direito público ou privado, que realiza o tratamento de dados pessoais em nome do controlador.

Em todas as ações e atividades realizadas de tratamento de dados pessoais, o controlador e operador são obrigados a manter o registro, principalmente quando se tratar de interesse próprio. A autoridade nacional tem competência para determinar que o controlador faça relatórios de impacto à proteção de dados pessoais, inclusive dos dados sensíveis. Neste relatório deve conter as operações de tratamento de dados. O operador faz aquilo que o controlador orienta.

***Art. 38**, parágrafo único. o relatório deverá conter, no mínimo, a descrição dos tipos de dados coletados, a metodologia utilizada para a coleta e para a garantia da segurança das informações e a análise do controlador com relação a medidas, salvaguardas e mecanismos de mitigação de risco adotados.*

Requisitos mínimos que deve conter no relatório:

- Descrição do tipo de dado coletado;
- Metodologia usada na coleta;
- Garantia de segurança das informações;
- Análise do controlador.

10.6 Encarregado pelo tratamento de dados pessoais

Quem indica a pessoa que será o encarregado, é o controlador. Após a escolha, as informações do encarregado serão disponibilizadas publicamente, de forma objetiva e clara, no endereço eletrônico do controlador.

São funções do encarregado:

- Aceitar reclamações e comunicações dos titulares, prestar esclarecimentos e adotar providências;
- Receber comunicações da autoridade nacional e adotar providências;
- Orientar os funcionários e os contratados da entidade a respeito das práticas a serem tomadas em relação à proteção de dados pessoais;
- Executar as demais atribuições determinadas pelo controlador ou estabelecidas em normas complementares.

Qualquer tipo de violação contra à legislação de proteção de dados pessoais pelo controlador ou operador, como por exemplo causar dano patrimonial a outrem, dano moral, dano individual ou coletivo, esses são obrigados a reparar o mal.

Garantia de efetivação de indenização ao titular:

- O operador responde solidariamente pelos danos causados pelo tratamento quando descumprir as obrigações da legislação de proteção de dados ou quando não tiver seguido as instruções lícitas do controlador, hipótese em que o operador equipara-se ao controlador, salvo nos casos de exclusão previstos no art. 43 desta Lei;
- Os controladores que estiverem diretamente envolvidos no tratamento do qual decorreram danos ao titular dos dados respondem solidariamente, salvo nos casos de exclusão.

10.7 Segurança e sigilo de dados

Os responsáveis pelos tratamentos de dados pessoais precisam adotar medidas de segurança, técnicas e administrativas adequadas para proteger os dados pessoais de acesso não autorizado, ou de situações acidentais ou ilícitas de destruição, perda, alteração, comunicação ou qualquer tratamento inadequado ou ilícito. A autoridade nacional pode determinar padrões mínimos para garantir a aplicação das medidas de segurança de dados pessoais, fundamentando-se na natureza das informações tratadas, as características específicas do tratamento e o estado atual da tecnologia, principalmente quando se tratar de dados pessoais sensíveis.

***Art. 48** O controlador deverá comunicar à autoridade nacional e ao titular a ocorrência de incidente de segurança que possa acarretar risco ou dano relevante aos titulares.*

Essa comunicação tem que respeitar um prazo razoável e conter, no mínimo, as seguintes informações:

- A descrição da natureza dos dados pessoais afetados;
- As informações sobre os titulares envolvidos;
- A indicação das medidas técnicas e de segurança utilizadas para a proteção dos dados, observados os segredos comercial e industrial;
- Os riscos relacionados ao incidente;
- Os motivos da demora, no caso de a comunicação não ter sido imediata;
- As medidas que foram ou que serão adotadas para reverter ou mitigar os efeitos do prejuízo.

O grau de gravidade do incidente é verificado pela autoridade nacional, e este pode exigir que o controlador adote providências, tais como:

- Ampla divulgação do fato em meios de comunicação;
- Medidas para reverter ou mitigar os efeitos do incidente.

***Art. 49** Os sistemas utilizados para o tratamento de dados pessoais devem ser estruturados de forma a atender aos requisitos de segurança, aos padrões de boas práticas e de governança e aos princípios gerais previstos nesta Lei e às demais normas regulamentares.*

NOÇÕES DE DIREITO ADMINISTRATIVO

1. INTRODUÇÃO AO DIREITO ADMINISTRATIVO

Na introdução ao Direito Administrativo, conheceremos algumas características do Direito Administrativo, seu conceito, sua finalidade e seu regime jurídico peculiar que orienta toda a sua atividade administrativa, seja ela exercida pelo próprio Estado-administrador, ou por particular. Para entendermos melhor tudo isso, é preciso iniciar os estudos pela compreensão adequada do papel do Direito na vida social.

O Direito é um conjunto de normas (regras e princípios) impostas coativamente pelo Estado que regulam a vida em sociedade, possibilitando a coexistência pacífica das pessoas.

1.1 Ramos do Direito

O Direito é historicamente dividido em dois grandes ramos: o **direito público** e o **direito privado**.

Em relação ao **direito privado**, vale o princípio da igualdade (isonomia) entre as partes; aqui não há que se falar em superioridade de uma parte sobre a outra. Por esse motivo, dizemos que estamos em uma relação jurídica horizontal ou em uma horizontalidade nas relações jurídicas.

O **direito privado** é regulado pelo princípio da autonomia da vontade, o que traduz a regra que diz que o particular pode fazer tudo aquilo que não é proibido (art. 5º, inciso II, da Constituição Federal de 1988).

No **direito público**, temos uma relação jurídica vertical, com o Estado em um dos polos, representando os interesses da coletividade, e um particular no outro, desempenhando seus próprios interesses. O Estado é tratado com superioridade ante ao particular, pois o Estado é o procurador da vontade da coletividade, que, representada pelo próprio Estado, deve ser tratada de forma prevalente ante a vontade do particular.

O fundamento dessa relação jurídica vertical é encontrado no princípio da supremacia do interesse público, que estudaremos com mais detalhes no tópico referente aos princípios. Já podemos, no entanto, adiantar que, o interesse público é supremo. Desse modo, são disponibilizadas ao Estado prerrogativas especiais para que este possa atingir os seus objetivos. Essas prerrogativas são os poderes da Administração Pública.

Os dois princípios norteadores do Direito Administrativo são: Supremacia do Interesse Público (gera os poderes) e Indisponibilidade do Interesse Público (gera os deveres da administração).

1.2 Conceito de Direito Administrativo

Na doutrina, podem ser encontrados vários conceitos para o Direito Administrativo. A seguir, descreveremos dois deles, trazidos pela doutrina contemporânea:

- O Direito Administrativo é o ramo do direito público que tem por objeto órgãos, agentes e pessoas jurídicas administrativas que integram a Administração Pública. A atividade jurídica não contenciosa que exerce e os bens que se utiliza para a consecução de seus fins são de natureza pública.
- O Direito Administrativo é o conjunto harmônico de princípios jurídicos que regem órgãos, agentes e atividades públicas que tendem a realizar concreta, direta e imediatamente os fins desejados pelo Estado.

Os conceitos de Direito Administrativo foram desenvolvidos de forma que se desdobram em uma sequência natural de tópicos que devem ser estudados ponto a ponto para que a matéria seja corretamente entendida.

1.3 Objeto do Direito Administrativo

Por meio desses conceitos, podemos constatar que o objeto do Direito Administrativo são as relações da Administração Pública, sejam elas de natureza interna entre as entidades que a compõem, seus órgãos e agentes, ou de natureza externa entre a administração e os administrados.

Além de ter por objeto a atuação da Administração Pública, também é foco do Direito Administrativo o desempenho das atividades públicas quando exercidas por algum particular, como no caso das concessões, permissões e autorizações de serviços públicos.

Resumidamente, podemos dizer que o Direito Administrativo tem por objeto a Administração Pública e as atividades administrativas, independentemente de quem as exerçam.

1.4 Fontes do Direito Administrativo

É o lugar de onde provém algo, no nosso caso, no qual emanam as regras do Direito Administrativo. Esse não está codificado em um único livro. Dessa forma, para o estudarmos de maneira completa, temos que recorrer às fontes, ou seja, a institutos esparsos. Por esse motivo, dizemos que o Direito Administrativo está tipificado (escrito), mas não está codificado em um único instituto.

- **Lei:** fonte principal do Direito Administrativo. A lei deve ser compreendida em seu sentido amplo, o que inclui a Constituição Federal, as normas supralegais, as leis e também os atos normativos da própria Administração Pública. Temos como exemplo os arts. 37 ao 41 da Constituição Federal, as Leis nºs 8.666/1993, 14.133/2021, 8.112/1990, 8.429/1992 (Lei de Improbidade Administrativa), 14.230/2021, 9.784/1999 (Processo Administrativo Federal) etc.
- **Súmulas Vinculantes:** são instruções jurídicas que norteiam a interpretação e aplicação das normas constitucionais. Ou seja, as decisões trazidas pelo STF nas súmulas devem ser seguidas pelo Poder Judiciário e pela Administração Pública.
- **Jurisprudência:** são decisões que são editadas pelos tribunais e não possuem efeito vinculante; são resumos numerados que servem de fonte de pesquisa do direito materializados em livros, artigos e pareceres.
- **Doutrina:** tem a finalidade de tentar sistematizar e melhor explicar o conteúdo das normas de Direito Administrativo. A doutrina pode ser utilizada como critério de interpretação de normas, bem como para auxiliar a produção normativa.
- **Costumes:** conjunto de regras não escritas, porém, observadas de maneira uniforme, as quais suprem a omissão legislativa acerca de regras internas da Administração Pública.

Segundo o doutrinador do Direito Administrativo, Hely Lopes Meirelles, em razão da deficiência da legislação, a prática administrativa vem suprindo o texto escrito e, sedimentada na consciência dos administradores e administrados, a praxe burocrática passa a saciar a lei e atuar como elemento informativo da doutrina.

Leis e súmulas vinculantes são consideradas fontes principais do Direito Administrativo. Jurisprudência, súmulas, doutrinas e costumes são considerados fontes secundárias.

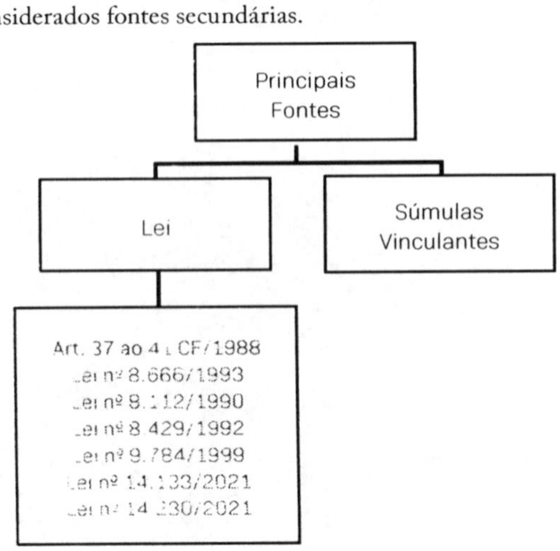

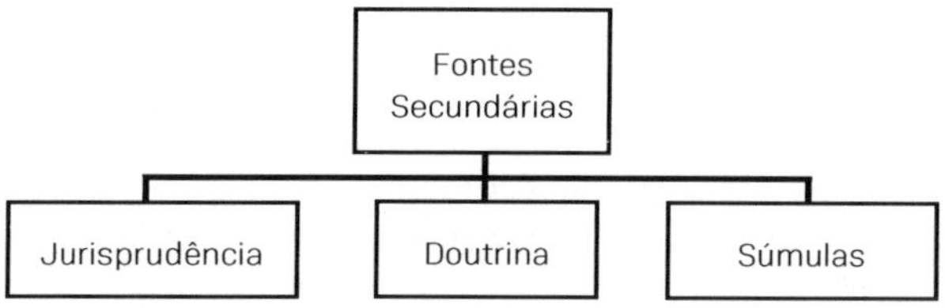

1.5 Sistemas Administrativos

É o regime que o Estado adota para o controle dos atos administrativos ilegais praticados pelo poder público nas diversas esferas e em todos os poderes. Existem dois sistemas que são globalmente utilizados:

- O **sistema francês** (do contencioso administrativo), não utilizado no Brasil, determina que as lides administrativas podem transitar em julgado, ou seja, as decisões administrativas têm força de definibilidade. Nesse sentido, falamos em dualidade de jurisdição, já que existem tribunais administrativos e judiciais, cada qual com suas competências.
- O **sistema inglês** (do não contencioso administrativo), também chamado de jurisdicional único ou unicidade da jurisdição, é o sistema que atribui somente ao Poder Judiciário a capacidade de tomar decisões sobre a legalidade administrativa com caráter de coisa julgada ou definitividade.

Atenção!

A Constituição Federal de 1988 adotou o Sistema Inglês, do não contencioso administrativo.

O Direito Administrativo, no nosso sistema, não pode fazer coisa julgada e todas as decisões administrativas podem ser revistas pelo Poder Judiciário, pois somente ele pode dar resolução em caráter definitivo. Ou seja, não cabem mais recursos, por isso, falamos em trânsito em julgado das decisões judiciais e nunca das decisões administrativas.

1.5.1 Via administrativa de curso forçado

São situações em que o particular é obrigado a seguir todas as vias administrativas até o fim, antes de recorrer ao Poder Judiciário. Isso é exceção, pois a regra é que, ao particular, é facultado recorrer-se ao Poder Judiciário, por força do art. 5º, inciso XXXV, da Constituição Federal de 1988.

Aqui, o indivíduo deve esgotar as esferas administrativas obrigatoriamente antes de ingressar com ação no Poder Judiciário.

> *XXXV - A lei não excluirá da apreciação do Poder Judiciário lesão ou ameaça a direito.*

Exemplos:

- **Justiça Desportiva:** só são admitidas pelo Poder Judiciário ações relativas à disciplina e às competições desportivas depois de esgotadas as instâncias da Justiça Desportiva. Art. 217, § 1º, CF/1988.
- **Ato administrativo ou omissão da Administração Pública que contrarie súmula vinculante:** só pode ser alvo de reclamação ao STF depois de esgotadas as vias administrativas. Lei nº 11.417/2006, art. 7º, § 1º.
- ***Habeas data*:** é indispensável para caracterizar o interesse de agir no *habeas data* a prova anterior do indeferimento do pedido de informação de dados pessoais ou da omissão em atendê-lo sem que se confirme situação prévia de pretensão. (STF, HD, 22-DF Min. Celso de Mello).

1.6 Regime jurídico administrativo

É o conjunto de normas e princípios de direito público que regulam a atuação da Administração Pública. Tais regras se fundamentam nos princípios da Supremacia e da Indisponibilidade do Interesse Público, conforme estudaremos adiante.

O princípio da supremacia do interesse público é o fundamento dos poderes da Administração Pública, afinal de contas, qualquer pessoa que tenha como fim máximo da sua atuação o interesse da coletividade, somente conseguirá atingir esses objetivos se dotadas de poderes especiais.

O princípio da indisponibilidade do interesse público é o fundamento dos deveres da Administração Pública, pois essa tem o dever de nunca abandonar o interesse público e de usar os seus poderes com a finalidade de satisfazê-lo.

Desses dois princípios, decorrem todos os outros princípios e regras que se desdobram no regime jurídico administrativo.

1.7 Noções de Estado

1.7.1 Conceito de Estado

- **Estado:** é a pessoa jurídica territorial soberana.
- **Pessoa:** capacidade para contrair direitos e obrigações.
- **Jurídica:** é constituída por meio de uma formalidade documental e não por uma mulher, tal como a pessoa física.
- **Territorial soberana:** quer dizer que, dentro do território do Estado, esse detém a soberania, ou seja, sua vontade prevalece ante a das demais pessoas (sejam elas físicas ou jurídicas). Podemos definir soberania da seguinte forma: soberania é a independência na ordem internacional (lá fora ninguém manda no Estado) e supremacia na ordem interna (aqui dentro quem manda é o Estado).

1.7.2 Elementos do Estado

- **Território**: é a base fixa do Estado (solo, subsolo, mar, espaço aéreo).
- **Povo**: é o componente humano do Estado.
- **Governo soberano**: é o responsável pela condução do Estado. Por ser tal governo soberano, ele não se submete a nenhuma vontade externa, apenas aos desígnios do povo.

1.7.3 Formas de Estado

- **Estado unitário:** é caracterizado pela centralização política; não existe divisão em Estados-membros ou municípios, há somente uma esfera política central que emana sua vontade para todo o país. É o caso do Uruguai.
- **Estado federado:** caracteriza-se pela descentralização política. Existem diferentes entidades políticas autônomas que são distribuídas regionalmente e cada uma exerce o poder político dentro de sua área de competência. É o caso do Brasil.

1.7.4 Poderes do Estado

Os poderes do Estado estão previstos no texto Constitucional.

> ***Art. 2º*** *São Poderes da União, independentes e harmônicos entre si, o Legislativo, o Executivo e o Judiciário.*

Os poderes podem exercer as funções para que foram investidos pela Constituição Federal (funções típicas) ou executar cargos diversos das suas competências constitucionais (funções atípicas). Por esse motivo, não há uma divisão absoluta entre os poderes, e sim relativa, pois o Poder Executivo pode executar suas funções típicas (administrar) e pode também iniciar o processo legislativo em alguns casos (pedido de vagas para novos cargos). Além disso, é possível até mesmo legislar no caso de medidas provisórias com força de lei.

Poderes	Funções típicas	Funções atípicas
Legislativo	Criar leis Fiscalizar (Tribunal de Contas)	Administrar Julgar conflitos
Executivo	Administrar	Criar leis Julgar conflitos
Judiciário	Julgar conflitos	Administrar Criar leis

É importante notar que a atividade administrativa está presente nos três poderes. Por isso, o Direito Administrativo, por ser um dos ramos do Direito Público, disciplina não somente a atividade administrativa do Poder Executivo, mas também as do Poder Legislativo e do Judiciário.

1.8 Noções de governo

Governar é atividade política e discricionária, tendo conduta independente. O ato de governar está relacionado com as funções políticas do Estado: de comandar, coordenar, direcionar e fixar planos e diretrizes de atuação do Estado.

O governo é o conjunto de Poderes e órgãos constitucionais responsáveis pela função política do Estado. Ele está diretamente ligado às decisões tomadas pelo Estado, exercendo direção suprema e geral. Ao fazer uma analogia, podemos dizer que o governo é o cérebro do Estado.

1.8.1 Função de governo e função administrativa

É comum aparecer em provas de concursos públicos questões que confundem as ideias de governo e de Administração Pública. Para evitar esse erro, analisaremos as diferenças entre as expressões.

O governo é uma atividade política e discricionária e que possui conduta independente. Para ele, a administração é uma atividade neutra, normalmente vinculada à lei ou à norma técnica, e exercida mediante conduta hierarquizada.

Não podemos confundir governo com Administração Pública, pois o governo se encarrega de definir os objetivos do Estado e as políticas para o alcance desses objetivos. A Administração Pública, por sua vez, se encarrega de atingir os objetivos traçados pelo governo.

O governo atua mediante atos de soberania ou, ao menos, de autonomia política na condução dos negócios públicos. A administração é atividade neutra, normalmente vinculada à lei ou à norma técnica. Governo é conduta independente, enquanto a administração é hierarquizada.

O governo deve comandar com responsabilidade constitucional e política, mas sem responsabilidade técnica e legal pela execução. A administração age sem responsabilidade política, mas com responsabilidade técnica e legal pela execução dos serviços públicos.

1.8.2 Sistemas de governo

Sistema de governo refere-se ao grau de dependência entre o Poder Legislativo e Executivo.

- **Parlamentarismo**

É caracterizado por uma grande relação de dependência entre o Poder Legislativo e o Executivo.

A chefia do Estado e a do Governo são desempenhadas por pessoas distintas.

Chefe de Estado: responsável pelas relações internacionais.

Chefe de governo: responsável pelas relações internas, o chefe de governo é o da Administração Pública.

- **Presidencialismo**

É caracterizado por não existir dependência, ou quase nenhuma, entre os Poderes Legislativo e Executivo.

A chefia do Estado e a do Governo são representadas pela mesma pessoa.

O Brasil adota o presidencialismo como sistema de governo.

1.8.3 Formas de governo

A forma de governo refere-se à relação entre governantes e governados.

- **Monarquia**

Hereditariedade: o poder é passado de pai para filho.

Vitaliciedade: o detentor do poder fica no cargo até a morte e não necessita prestar contas.

- **República**

Eletividade: o governante precisa ser eleito para chegar ao poder.

Temporalidade: ao chegar ao poder, o governante ficará no cargo por tempo determinado e deve prestar contas.

O Brasil adota a república como forma de governo.

2. ADMINISTRAÇÃO PÚBLICA

Antes de fazermos qualquer conceituação doutrinária sobre Administração Pública, podemos entendê-la como a ferramenta utilizada pelo Estado para atingir os seus objetivos. O Estado possui objetivos, e quem escolhe quais são eles é seu governo, pois a esse é que cabe a função política (atividade eminentemente discricionária) do Estado e que determina as suas vontades, ou seja, o Governo é o cérebro do Estado. Para poder atingir esses objetivos, o Estado precisa fazer algo, e o faz por meio de sua Administração Pública. Assim, essa é a responsável pelo exercício das atividades públicas do Estado.

2.1 Classificação de Administração Pública

2.1.1 Sentido material/objetivo

Em sentido material ou objetivo, a Administração Pública compreende o exercício de atividades pelas quais se manifesta a função administrativa do Estado.

Compõe a Administração Pública material qualquer pessoa jurídica, seus órgãos e agentes que exercem as atividades administrativas do Estado. Como exemplo de tais atividades, há a prestação de serviços públicos, o exercício do poder de Polícia, o fomento, a intervenção e as atividades da Administração Pública.

Essas são as chamadas atividades típicas do Estado e, pelo critério formal, qualquer pessoa que exerce alguma dessas é de Administração Pública, não importa quem seja. Por esse critério, teríamos, por exemplo, as seguintes pessoas na Administração Pública: União, estados, municípios, Distrito Federal, Autarquias, Fundações Públicas prestadoras de serviços públicos, Empresa Pública prestadora de serviço público, Sociedade de Economia Mista prestadora de serviços públicos e, ainda, as concessionárias, autorizatárias e permissionárias de serviço público.

Esse critério não é o adotado pelo Brasil. Assim sendo, a classificação feita acima não descreve a Administração Pública brasileira, que, conforme veremos a seguir, adota o modelo formal de classificação.

2.1.2 Sentido formal/subjetivo

Em sentido formal ou subjetivo, a Administração Pública compreende o conjunto de órgãos e pessoas jurídicas encarregadas, por determinação legal, do exercício da função administrativa do Estado.

Pelo modelo formal, segundo Meirelles, a Administração Pública é o conjunto de entidades (pessoas jurídicas, seus órgãos e agentes) que o nosso ordenamento jurídico identifica como Administração Pública, pouco interessa a sua área de atuação, ou seja, pouco importa a atividade, mas, sim, quem a desempenha. A Administração Pública brasileira que adota o modelo formal é classificada em Administração Direta e Indireta.

2.2 Organização da Administração

A Administração Pública foi definida pela Constituição Federal de 1988 no art. 37.

> *Art. 37 A Administração Pública Direta e indireta de qualquer dos Poderes da União, dos Estados, do Distrito Federal e dos Municípios obedecerá aos princípios de legalidade, impessoalidade, moralidade, publicidade e eficiência e, também, ao seguinte [...].*

O Decreto-lei nº 200/1967 determina quem é Administração Pública Direta e Indireta.

> *Art. 4º A Administração Federal compreende:*
>
> *I - A Administração Direta, que se constitui dos serviços integrados na estrutura administrativa da Presidência da República e dos Ministérios.*
>
> *II - A Administração Indireta, que compreende as seguintes categorias de entidades, dotadas de personalidade jurídica própria:*
>
> *a) Autarquias;*
>
> *b) Empresas Públicas;*
>
> *c) Sociedades de Economia Mista.*
>
> *d) Fundações públicas.*

Dessa forma, temos somente quatro pessoas que representam a Administração Direta. Elas são consideradas pessoas jurídicas de direito público e possuem várias características. As pessoas da Administração Direta recebem o nome de pessoas políticas do estado.

A Administração Indireta também representa um rol taxativo e não cabe ampliação. Existem quatro pessoas da Administração Indireta e nenhuma outra. Elas possuem características marcantes, contudo, não possuem a mais importante e que as diferencia das pessoas políticas do Estado: a capacidade de legislar (capacidade política).

2.3 Administração Direta

A Administração Direta é representada pelas entidades políticas. São elas: União, estados, Distrito Federal e municípios.

A definição no Brasil foi feita pelo Decreto-lei nº 200/1967, que dispõe sobre a organização da Administração Federal e estabelece diretrizes para a Reforma Administrativa.

É importante observar que esse decreto dispõe somente sobre a Administração Pública Federal, todavia, pela aplicação do princípio da simetria, tal regra é aplicada uniformemente por todo o território nacional. Assim sendo, tal classificação utilizada nesse decreto define expressamente a Administração Pública Federal e também, implicitamente, a Administração Pública dos demais entes da federação.

Os entes políticos possuem autonomia política (capacidade de legislar), administrativa (capacidade de se auto-organizar) e capacidade financeira (capacidade de julgar as próprias contas). Não podemos falar aqui em hierarquia entre os entes, mas sim em cooperação, pois um não dá ordens aos outros, visto que eles são autônomos.

As principais características da Administração Direta são:

- São pessoas jurídicas de direito público interno – têm autonomia.
- Unidas formam a República Federativa do Brasil: pessoa jurídica de direito público externo – tem soberania (independência na ordem externa e supremacia na interna).
- Regime jurídico de direito público.
- **Autonomia política:** administrativa e financeira.
- **Sem subordinação:** atuam por cooperação.
- **Competências:** extraídas da CF/1988.
- Responsabilidade civil – regra – objetiva.
- **Bens:** públicos, não podem ser objeto de sequestro, arresto, penhora etc.
- **Débitos judiciais:** são pagos por precatórios.
- **Regime de pessoal:** regime jurídico único.
- Competência para julgamento de ações judiciais da União é a Justiça Federal; dos demais Entes Políticos é a Justiça Estadual.

Algumas noções de centralização, descentralização e desconcentração são importantes para compreender a Administração Direta:

- **Centralização Administrativa:** órgãos e agentes trabalhando para a Administração Direta.
- **Descentralização administrativa:** técnica administrativa em que a Administração Direta passa a atividade administrativa, serviço ou obra pública para outras pessoas jurídicas ou físicas (para pessoa física somente por delegação por colaboração). A descentralização pode ser feita por outorga legal (titularidade + execução) ou diante delegação por colaboração (somente execução). A outorga legal cria as pessoas da Administração Indireta. A Delegação por colaboração gera os concessionários, permissionários e autorizatários de serviços públicos.
- **Descentralização por outorga legal:** também chamada de descentralização técnica, por serviços, ou funcional, é feita por lei e transfere a titularidade e a execução da atividade administrativa por prazo indeterminado para uma pessoa jurídica integrante da Administração Indireta.
- **Descentralização por delegação:** também chamada de descentralização por colaboração, é feita em regra por um contrato administrativo e, nesses casos, depende de licitação. Também pode acontecer descentralização por delegação por meio de um ato administrativo. Transfere somente a execução da atividade administrativa, e não a sua titularidade, por prazo determinado para um particular, pessoa física ou jurídica.

▷ **Outorga legal:**

- Feita por lei;
- Transfere a titularidade e a execução do serviço público;
- Não tem prazo.

▷ **Delegação:**

- Feita por contrato, exceto as autorizações;
- Os contratos dependem de licitação;
- Transfere somente a execução do serviço público e não a titularidade;
- À fiscalização do Poder Público. Tal fiscalização decorre do exercício do poder disciplinar;
- Tem prazo.
- **Desconcentração administrativa:** técnica de subdivisão de órgãos públicos para que melhor desempenhem o serviço público ou atividade administrativa. Em outras palavras, na desconcentração, a pessoa jurídica distribui competências no âmbito de sua própria estrutura. É a distribuição de competências entre os diversos órgãos integrantes da estrutura de uma pessoa jurídica da Administração Pública. Somente ocorre na Administração Direta ou Indireta, jamais para particulares, uma vez que não existem órgãos públicos entre particulares.

2.4 Administração Indireta

Pessoas/entes/entidades administrativas

- Fundações públicas;
- Autarquias;
- Sociedades de economia mista;
- Empresas públicas.

Características

- Tem personalidade jurídica própria;
- Tem patrimônio e receita próprios;
- Tem autonomia: administrativa, técnica e financeira.
- Não tem autonomia política;
- Finalidade definida em lei;
- Controle do Estado.

Não há subordinação nem hierarquia entre os entes da Administração Direta e indireta, mas sim vinculação que se manifesta por meio da **supervisão ministerial** realizada pelo ministério ou secretaria da pessoa política responsável pela área de atuação da entidade administrativa. Tal supervisão tem por finalidade o exercício do denominado **controle finalístico** ou **poder de tutela**.

Em alguns casos, a entidade administrativa pode estar diretamente vinculada à chefia do Poder Executivo e, nesse contexto, caberá a essa chefia o exercício do controle finalístico de tal entidade.

Nomeação de dirigentes: os dirigentes das entidades administrativas são nomeados pelo chefe do poder a que está vinculada a respectiva entidade, ou seja, as entidades administrativas ligadas ao Poder Executivo Federal têm seus dirigentes nomeados pelo chefe de tal poder, que, nesse caso, é o Presidente da República.

É válido lembrar que, em todos os poderes, existe a função administrativa no Executivo, de forma típica, e nos demais poderes, de forma atípica. Além disso, a função administrativa de todos os poderes é exercida pela sua Administração Pública (Administração Direta e Indireta), assim, existe Administração Pública Direta e Indireta nos três poderes e, caso uma entidade administrativa seja vinculada ao Poder Legislativo ou Judiciário, caberá ao chefe do respectivo poder a nomeação de tal dirigente.

Excepcionalmente, a nomeação de um dirigente pode depender ainda de aprovação do Poder Legislativo. Na esfera federal, temos como exemplo a nomeação dos dirigentes das agências reguladoras. Tais nomeações são feitas pelo Presidente da República e, para terem efeito, dependem de aprovação do Senado Federal.

Via de regra, lembraremos que a nomeação do dirigente de uma entidade administrativa é feita pelo chefe do Poder Executivo, sendo que, em alguns casos, é necessária a prévia aprovação de outro poder. Excepcionalmente, o Judiciário e o Legislativo poderão nomear dirigentes para essas entidades, desde que vinculadas ao respectivo poder.

Criação dos entes da Administração Indireta: a instituição das entidades administrativas depende sempre de uma lei ordinária específica. Essa lei pode criar a entidade administrativa. Nesse caso, nasce uma pessoa jurídica de direito público, a autarquia. A lei também pode autorizar a criação das entidades administrativas. Nessa circunstância, nascem as demais entidades da Administração Indireta: fundações públicas, empresas públicas e sociedades de economia mista. Pelo fato dessas entidades serem autorizadas por lei, elas são pessoas jurídicas de direito privado.

A lei que cria ou que autoriza a criação de uma entidade administrativa é uma **lei ordinária específica.**

Quando a lei autoriza a criação de uma entidade da Administração Indireta, a sua construção será consumada após o registro na serventia registral pertinente (cartório ou junta comercial, conforme o caso).

Ocorre extinção dos entes da Administração Indireta nas seguintes condições:

- Só lei revoga lei.
- Se a lei cria, a lei extingue.
- Se a lei autoriza a criação, autoriza também a extinção.

Relação da Administração Pública Direta com a Indireta: as entidades compreendidas na Administração Indireta vinculam-se ao Ministério em cuja área de competência estiver enquadrada sua principal atividade. Dessa forma, não há que se falar em hierarquia ou subordinação, mas, sim em vinculação.

A vinculação entre a Administração Direta e a Administração Indireta gera o chamado controle finalístico ou supervisão ministerial. Assim, a Administração Direta não pode intervir nas decisões da Indireta, salvo se ocorrer a chamada fuga de finalidade.

2.4.1 Autarquias

Autarquia é a pessoa jurídica de direito público, criada por lei, com capacidade de autoadministração, para o desempenho de serviço público descentralizado (atividade típica do Estado). É o próprio serviço público personificado.

Vejamos a seguir as suas características:

- **Personalidade jurídica:** direito público.
- Recebem todas as prerrogativas do direito público.
- **Finalidade:** atividade típica do Estado.
- **Regime jurídico:** público.
- **Responsabilidade civil:** objetiva.
- **Bens públicos:** não podem ser objeto de penhora, arresto ou sequestro.
- Ao serem constituídas, recebem patrimônio do ente instituidor e, a partir desse momento, seguem com sua autonomia.
- **Débitos judiciais:** pagamento por precatórios.
- **Regime de pessoal:** regime jurídico único.
- Competência para o julgamento de suas ações judiciais:
    - Autarquia Federal = Justiça Federal.
    - Outras Esferas = Justiça Estadual. Por exemplo: Instituto Nacional do Seguro Social (INSS), Banco Central do Brasil.

A seguir estão presentes as espécies de autarquias:

- **Comum ou ordinária (de acordo com Decreto-lei nº 200/1967):** são as autarquias que recebem as características principais, ou seja, criadas diretamente por lei, pessoas jurídicas de direito público e que desempenham um serviço público especializado; seu ato constitutivo é a própria lei.
- **Sob regime especial:** as autarquias em regime especial são submetidas a um regime jurídico peculiar, diferente do jurídico relativo às autarquias comuns. Por autarquia comum deve-se entender as ordinárias, aquelas que se submetem a regime jurídico comum das autarquias. Na esfera federal, o regime jurídico comum das autarquias é o Decreto-lei nº 200/1967. Se a autarquia, além das regras do regime jurídico comum, ainda é alcançada por alguma regra especial, peculiar às suas atividades, será considerada uma autarquia em regime especial.
- **Agências reguladoras:** são responsáveis por regular, normatizar e fiscalizar determinados serviços públicos que foram delegados ao particular. Em razão dessa característica, elas têm mais liberdade e maior autonomia, se comparadas com as Autarquias comuns. Por exemplo: Agência Nacional do Cinema (Ancine); Agência Nacional de Águas e Saneamento Básico (ANA); Agência Nacional de Aviação Civil (Anac); Associação Nacional de Tecnologia do Ambiente Construído (Antaq); Agência Nacional de Telecomunicações (Anatel); Agência Nacional de Energia Elétrica (Aneel); Agência Nacional do Petróleo, Gás Natural e Biocombustíveis (ANP); Agência Nacional de Transportes Terrestres (ANTT) etc.
- **Autarquia territorial:** é classificado como Autarquia Territorial o espaço que faça parte do território da União, mas que não se enquadre na definição de Estado-membro, Distrito Federal ou município. No Brasil atual, não existem exemplos de autarquias territoriais, mas elas podem vir a ser criadas. Nesse caso, esses territórios fazem parte da Administração Direta e são autarquias territoriais, pois são criados por lei e assumem personalidade jurídica de direito público.
- **Associações públicas (autarquias interfederativas ou multifederativas):** também chamadas de consórcio público de Direito Público. O consórcio público é a pessoa jurídica formada exclusivamente por entes da Federação, na forma da Lei nº 11.107/2005, para estabelecer relações de cooperação federativa, inclusive a realização de objetivos de interesse comum, constituída como associação pública, com personalidade jurídica de direito público e natureza autárquica, ou como pessoa jurídica de direito privado, sem fins econômicos. Assim, não é todo consórcio público que representa uma autarquia interfederativa, mas somente os públicos de Direito Público.

- **Autarquia fundacional ou fundação autárquica:** as fundações públicas de Direito Público (exceção) são consideradas, na verdade, uma espécie de autarquia.
- **Agências executivas:** as agências executivas não se configuram como pessoas jurídicas, menos ainda outra classificação qualquer. Representam, na prática, um título que é dado às autarquias e fundações públicas que assinam contrato de gestão com a Administração Pública, conforme art. 37, § 8º, CF/1988.
- **Conselhos fiscalizadores de profissões:** são considerados autarquias, contudo, comportam uma exceção muito importante:

ADI 3.026-DF Min. Eros Graus. 08/06/2006. OAB: Considerada entidade sui generis, um serviço independente não sujeita ao controle finalístico da Administração Direta.

2.4.2 Fundação Pública

A Fundação Pública é a entidade dotada de personalidade jurídica de direito privado, sem fins lucrativos, criada em virtude de autorização legislativa, para o desenvolvimento de atividades que não exijam execução por órgãos ou entidades de direito público, com autonomia administrativa, patrimônio próprio gerido pelos respectivos órgãos de direção e funcionamento custeado por recursos da União e de outras fontes.

Regra

- Autorizada por lei;
- Pessoa jurídica de direito privado;
- Depende de registro dos atos constitutivos na junta comercial;
- Depende de lei complementar que especifique o campo de atuação.

Exceção

- Criada diretamente por lei;
- Pessoa jurídica de direito público;
- Possui um capital personalizado (diferença meramente conceitual);
- Considerada pela doutrina como autarquia fundacional.

Atenção!

As fundações públicas de Direito Público, são espécie de autarquia, sendo chamadas pela doutrina como autarquias fundacionais.

Características

- **Personalidade jurídica:** direito privado.
- **Finalidade:** lei complementar definirá – sem fins lucrativos.
- **Regime jurídico:** híbrido (regras de Direito Público + direito privado) incontroverso.
- **Responsabilidade civil:** se for prestadora de serviço público, é objetiva; caso contrário, é subjetiva.
- **Bens privados, com exceção:** bens diretamente ligados à prestação de serviço público são bens públicos.
- **Débitos judiciais:** são pagos por meio do seu patrimônio, com exceção dos bens diretamente ligados à prestação de serviços públicos, que são bens públicos e não se submetem a pagamento de débitos judiciais.
- **Regime de pessoal:** Regime Jurídico Único (RJU).

Competência para o julgamento de suas ações judiciais:

- Justiça Federal.
- Outras esferas = Justiça Estadual.
- Instituto Brasileiro de Geografia e Estatística (IBGE), Biblioteca Nacional, Fundação Nacional do Índio (Funai).

2.4.3 Empresas Públicas e Sociedades de Economia Mista

São pessoas jurídicas de direito privado, criadas pela Administração Direta por meio de autorização da lei, com o respectivo registro, para a prestação de serviços públicos ou a exploração da atividade econômica.

A Lei nº 13.303/2016 dispõe sobre o estatuto jurídico da empresa pública, da sociedade de economia mista e de suas subsidiárias, no âmbito da União, dos estados, do Distrito Federal e dos municípios.

A referida lei apresenta os seguintes conceitos:

Art. 3º *Empresa pública é a entidade dotada de personalidade jurídica de direito privado, com criação autorizada por lei e com patrimônio próprio, cujo capital social é integralmente detido pela União, pelos Estados, pelo Distrito Federal ou pelos Municípios.*

Art. 4º *Sociedade de economia mista é a entidade dotada de personalidade jurídica de direito privado, com criação autorizada por lei, sob a forma de sociedade anônima, cujas ações com direito a voto pertençam em sua maioria à União, aos Estados, ao Distrito Federal, aos Municípios ou a entidade da Administração Indireta.*

2.4.4 Empresas Públicas e Sociedades de Economia Mista Exploradoras da Atividade Econômica

Art. 173 *Ressalvados os casos previstos nesta Constituição, a exploração direta de atividade econômica pelo Estado só será permitida quando necessária aos imperativos da segurança nacional ou a relevante interesse coletivo, conforme definidos em lei.*

§ 1º A lei estabelecerá o estatuto jurídico da Empresa Pública, da sociedade de economia mista e de suas subsidiárias que explorem atividade econômica de produção ou comercialização de bens ou de prestação de serviços, dispondo sobre:

I - Sua função social e formas de fiscalização pelo Estado e pela sociedade;

II - A sujeição ao regime jurídico próprio das empresas privadas, inclusive quanto aos direitos e obrigações civis, comerciais, trabalhistas e tributários;

III -. Licitação e contratação de obras, serviços, compras e alienações, observados os princípios da Administração Pública;

IV - A constituição e o funcionamento dos conselhos de administração e fiscal, com a participação de acionistas minoritários;

V - Os mandatos, a avaliação de desempenho e a responsabilidade dos administradores.

§ 2º As empresas públicas e as sociedades de economia mista não poderão gozar de privilégios fiscais não extensivos às do setor privado.

§ 3º A lei regulamentará as relações da Empresa Pública com o Estado e a sociedade.

§ 4º A lei reprimirá o abuso do poder econômico que vise à dominação dos mercados, à eliminação da concorrência e ao aumento arbitrário dos lucros.

§ 5º A lei, sem prejuízo da responsabilidade individual dos dirigentes da pessoa jurídica, estabelecerá a responsabilidade desta, sujeitando-a as punições compatíveis com sua natureza, nos atos praticados contra a ordem econômica e financeira e contra a economia popular.

DADM

2.4.5 Empresas Públicas e Sociedades de Economia Mista Prestadoras de Serviço Público

Essas entidades são criadas para a exploração da atividade econômica em sentido amplo, o que inclui o exercício delas em sentido estrito e também a prestação de serviços públicos que podem ser explorados com o intuito de lucro.

Segundo o art. 175 da Constituição Federal de 1988:

> ***Art. 175*** *Incumbe ao Poder Público, na forma da lei, diretamente ou sob regime de concessão ou permissão, sempre através de licitação, a prestação de serviços públicos.*
>
> ***Parágrafo único.*** *A lei disporá sobre:*
>
> *I - O regime das empresas concessionárias e permissionárias de serviços públicos, o caráter especial de seu contrato e de sua prorrogação, bem como as condições de caducidade, fiscalização e rescisão da concessão ou permissão;*
>
> *II - Os direitos dos usuários;*
>
> *III - Política tarifária;*
>
> *IV - A obrigação de manter serviço adequado.*

Não se inclui nessa categoria os serviços públicos relativos aos direitos sociais, pois esses não podem ser prestados com o intuito de lucro pelo Estado e, também, não são de titularidade exclusiva do Estado, podendo ser livremente explorados por particulares.

2.4.6 Sociedade de Economia Mista

A sociedade de economia mista é uma entidade dotada de personalidade jurídica de direito privado, autorizada por lei para a exploração de atividade econômica, sob a forma de sociedade anônima, cujas ações com direito a voto pertençam em sua maioria à União ou a entidade da Administração Indireta:

- Autorizada por lei;
- Pessoa jurídica de direito privado;
- Capital 50% + 1 ação no controle da Administração Pública;
- Constituição obrigatória por Sociedade Anônima (SA);
- Competência da Justiça Estadual.

2.4.7 Empresa Pública

Entidade dotada de personalidade jurídica de direito privado, com patrimônio próprio e capital exclusivo da União, autorizado por lei para a exploração de atividade econômica que o governo seja levado a exercer por força de contingência ou de conveniência administrativa, podendo revestir-se de qualquer das formas admitidas em direito.

Principais características:

- Autorizado por lei;
- Pessoa jurídica de direito privado;
- 100% na constituição de capital público;
- Constituído de qualquer forma admitido em direito;
- Competência da Justiça Federal.

Algumas características comuns das empresas públicas e sociedades de economia mista:

- **Personalidade jurídica:** direito privado.
- **Finalidade:** prestação de serviço público ou a exploração da atividade econômica.
- **Regime jurídico híbrido:** se for prestadora de serviço público, o regime jurídico é mais público; se for exploradora da atividade econômica, o regime jurídico é mais privado.
- **Responsabilidade civil:** se for prestadora de serviço público, a responsabilidade civil é objetiva, se for exploradora da atividade econômica, a civil é subjetiva.
- **Bens privados, com exceção:** bens diretamente ligados à prestação de serviço público são bens públicos.
- **Débitos judiciais:** são pagos por meio do seu patrimônio, com exceção dos bens diretamente ligados à prestação de serviços públicos, que são bens públicos e não se submetem a pagamento de débitos judiciais.
- **Regime de pessoal:** Consolidação das Leis do Trabalho (CLT) – Emprego Público.
- **Exemplos de empresas públicas:** Caixa Econômica Federal, Correios.
- **Exemplo de sociedades de economia mista:** Banco do Brasil e Petrobras.

O quadro a seguir foi desenvolvido para memorização das características mais importantes das pessoas da Administração Pública Indireta.

Tabela comparativa das características dos entes da Administração Pública

Característica	Entidades políticas	Autarquia	Fundação pública	Empresa pública	Sociedade de economia mista
Personalidade jurídica	Direito Público	Direito Público	direito privado	direito privado	direito privado
Finalidade	Competências constitucionais	Atividade típica do Estado	Lei complementar definirá	Exploração da atividade econômica ou prestação de serviço público	Exploração da atividade econômica ou prestação de serviço público
Regime jurídico	Direito Público	Direito Público	Híbrido: se PSP + público. Caso desenvolva outra atividade, mais privado.	Híbrido: se EAE + privado; se PSP + público	Híbrido: se EAE + privado; se PSP + público
Responsabilidade civil	Objetiva: ação Subjetiva: omissão	Objetiva: ação Subjetiva: omissão	PSP = Objetiva, nos demais casos, subjetiva	PSP = Objetiva, EAE = Subjetiva	PSP = Objetiva, EAE = Subjetiva
Bens	Públicos	Públicos	Privados, exceção: bens diretamente ligados à prestação de serviços públicos são bens públicos.	Privados, exceção: bens diretamente ligados à prestação de serviços públicos são bens públicos.	Privados, exceção: bens diretamente ligados à prestação de serviços públicos são bens públicos.
Débitos judiciais	Precatórios	Precatórios	Patrimônio	Patrimônio	Patrimônio
Regime de pessoal	Regime Jurídico Único	Regime Jurídico Único	Regime Jurídico Único	CLT	CLT
Competência para Julgamento	União: Justiça Federal; Demais: Justiça Estadual.	Federal: Justiça Federal; Demais: Justiça Estadual.	Federal: Justiça Federal; Demais: justiça Estadual.	Federal: Justiça Federal; Demais: justiça Estadual.	Todas: Justiça Estadual.

* EAE: Exploração da Atividade Econômica.

* PSP: Prestação de Serviço Público.

D A D M

3. ATO ADMINISTRATIVO

3.1 Conceito de ato administrativo

Ato administrativo é toda manifestação unilateral de vontade da Administração Pública, que, agindo nessa qualidade, tenha por fim imediato adquirir, resguardar, transferir, modificar, extinguir e declarar direitos, ou impor obrigações aos administrados ou a si própria.

Da prática dos atos administrativos gera-se superioridade e efeitos jurídicos.

3.2 Elementos de validade do ato administrativo

3.2.1 Competência

Poderes que a lei confere aos agentes públicos para exercer funções com o mínimo de eficácia. A competência tem caráter instrumental, ou seja, é um instrumento outorgado para satisfazer interesses públicos – finalidade pública.

Características da competência:

- **Obrigatoriedade:** ela é obrigatória para todos os agentes e órgãos públicos.
- **Irrenunciabilidade:** a competência é um poder-dever de agir e não pode ser renunciada pelo detentor do poder-dever. Contudo, tem caráter relativo uma vez que a competência pode ser delegada ou pode ocorrer a avocação.
- **Intransferível:** mesmo após a delegação, a competência pode ser retomada a qualquer tempo pelo titular do poder-dever, por meio da figura da revogação.
- **Imodificável:** pela vontade do agente, pois somente a lei determina competências.
- **Imprescritível:** a competência pode ser executada a qualquer tempo. Somente a lei pode exercer a função de determinar prazos prescricionais. Por exemplo: o art. 54 da Lei nº 9.784/1999 determina o prazo decadência de cinco anos para anular atos benéficos para o administrado de boa-fé.

3.2.2 Finalidade

Visa sempre ao interesse público e à finalidade específica prevista em lei. Por exemplo: remoção de ofício.

3.2.3 Forma

O ato administrativo é, em regra, formal e escrito.

3.2.4 Motivo

O motivo é a causa imediata do ato administrativo. É a situação de fato e de direito que determina ou autoriza a prática do ato, ou, em outras palavras, o pressuposto fático e jurídico (ou normativo) que enseja a prática do ato.

> ***Art. 40, § 1º, II, "a", CF/1988*** *Trata da aposentadoria por tempo de contribuição.*

Atenção!

A Lei nº 9.784/1999, que trata dos processos administrativos no âmbito da União, reza pelo princípio do informalismo, admitindo que existam atos verbais ou por meio de sinais (de acordo com o contexto).

3.2.5 Objeto

É o ato em si, ou seja, no caso da remoção o ato administrativo é o próprio instituto da remoção.

Por exemplo: demissão – quanto ao ato de demissão deve ter o agente competente para determiná-lo (competência), depois disso, deve ser revertido de forma escrita (forma), a finalidade deve ser o interesse público (finalidade), o motivo deve ser embasado em lei, ou seja, os casos do art. 132 da Lei nº 8.112/1990, o objeto é o próprio instituto da demissão que está prescrito em lei.

3.2.6 Motivação

É a exteriorização por escrito dos motivos que levaram a produção do ato.

- Faz parte do elemento "forma" e não do "motivo".
- Teoria dos motivos determinantes.

A motivação é elemento de controle de validade dos atos administrativos. Se ela for falsa, o ato é ilegal, independentemente da sua qualidade (discricionário ou vinculado).

Devem ser motivados:

- Todos os atos administrativos vinculados;
- Alguns atos administrativos discricionários (atos punitivos, que geram despesas, dentre outros).

A Lei nº 9.784/1999, em seu art. 50, traz um rol dos atos que devem ser motivados:

> ***Art. 50*** *Os atos administrativos deverão ser motivados, com indicação dos fatos e dos fundamentos jurídicos, quando:*
>
> *I - Neguem, limitem ou afetem direitos ou interesses;*
>
> *II - Imponham ou agravem deveres, encargos ou sanções;*
>
> *III - Decidam processos administrativos de concurso ou seleção pública;*
>
> *IV - Dispensem ou declarem a inexigibilidade de processo licitatório;*
>
> *V - Decidam recursos administrativos;*
>
> *VI - Decorram de reexame de ofício;*
>
> *VII - Deixem de aplicar jurisprudência firmada sobre a questão ou discrepem de pareceres, laudos, propostas e relatórios oficiais;*
>
> *VIII - Importem anulação, revogação, suspensão ou convalidação de ato administrativo.*
>
> ***§ 1º*** *A motivação deve ser explícita, clara e congruente, podendo consistir em declaração de concordância com fundamentos de anteriores pareceres, informações, decisões ou propostas, que, nesse caso, serão parte integrante do ato.*
>
> ***§ 2º*** *Na solução de vários assuntos da mesma natureza, pode ser utilizado meio mecânico que reproduza os fundamentos das decisões, desde que não prejudique direito ou garantia dos interessados.*
>
> ***§ 3º*** *A motivação das decisões de órgãos colegiados e comissões ou de decisões orais constará da respectiva ata ou de termo escrito.*

3.3 Atributos do ato administrativo

São as qualidades especiais dos atos administrativos que lhes asseguram uma qualidade jurídica superior à dos atos de direito privado.

3.3.1 Presunção de legitimidade e veracidade

Presume-se, em caráter relativo, que os atos da administração foram produzidos em conformidade com a lei e os fatos deles. Para os administrados, são obrigatórios. Ocorre, aqui, a inversão do ônus da prova (cabe ao administrado provar que o ato é vicioso).

3.3.2 Consequências

Imediata executoriedade do ato administrativo, mesmo impugnado pelo administrado. Até decisão que reconhece o vício ou susta os efeitos do ato.

Impossibilidade de o Poder Judiciário analisar, de ofício, elementos de validade do ato não expressamente impugnados pelo administrado.

3.3.3 Imperatividade

Imperativo, ou seja, é impositivo e independe da anuência do administrado, com exceção de:

- **Atos negociais:** a Administração concorda com uma pretensão do administrado ou reconhece que ela satisfaz os requisitos para o exercício de certo direito (autorização e permissão – discricionário; licença – vinculado).

- **Atos enunciativos:** declaram um fato ou emitem uma opinião sem que tal manifestação produza por si só efeitos jurídicos.

Atenção!
Relacionado ao ***poder extroverso*** do Estado (expressão italiana do autor Renato Aless), esse poder é usado como sinônimo para imperatividade nas provas de concurso.

3.3.4 Autoexecutoriedade

O ato administrativo, uma vez produzido pela Administração, é passível de execução imediata, independentemente de manifestação do Poder Judiciário.

Deve haver previsão legal, a exceção existe em casos de emergência. Esse atributo incide em todos os atos, com exceção dos enunciativos e negociais. A Administração não goza de autoexecutoriedade na cobrança de débito, quando o administrado resiste ao pagamento.

3.3.5 Tipicidade

O ato deve observar a forma e o tipo previsto em lei para sua produção.

3.4 Classificação dos atos administrativos

- **Atos vinculados:** são os que a Administração pratica sem margem alguma de liberdade de decisão, pois a lei previamente determinou o único comportamento possível a ser obrigatoriamente adotado sempre que se configure a situação objetiva descrita na lei. Não cabe ao agente público apreciar a situação objetiva descrita nela.
- **Atos discricionários:** a Administração pode praticar, com certa liberdade de escolha, nos termos e limites da lei, quanto ao seu conteúdo, seu modo de realização, sua oportunidade e sua conveniência administrativa.
- **Atos gerais:** caracterizam-se por não possuir destinatários determinados. Os atos gerais são sempre determinados e prevalecem sobre os individuais. Podem ser revogados a qualquer tempo. Por exemplo: são os decretos regulamentares. Esses atos necessitam ser publicados em meio oficial.
- **Atos individuais:** são aqueles que possuem destinatários certos (determinados), produzindo diretamente efeitos concretos, constituindo ou declarando situação jurídicas subjetivas. Por exemplo: nomeação em concurso público e exoneração. Os atos podem ser discricionários ou vinculados e sua revogação somente é passível caso não tenha gerado direito adquirido.
- **Atos simples:** decorrem de uma única manifestação de vontade, de um único órgão.
- **Atos complexos:** necessitam, para formação de seu conteúdo, da manifestação de vontade de dois ou mais órgãos.
- **Atos compostos:** o seu conteúdo depende de manifestação de vontade de um único órgão, contudo, para funcionar, necessita de outro ato que o aprove.

Diferenças entre Ato Complexo e Ato Composto

Ato Complexo
1 ato, 2 vontades e 2 ou + órgãos
Ato Composto
2 atos, 2 vontades, 1 órgão com aprovação de outro

Ato complexo	Ato composto
1 ato	2 atos
2 vontades	2 vontades
2 ou + órgãos	1 órgão com a aprovação de outro

Espécies de Atos Administrativos

- Normativo;
- Ordinatórios;
- Negociais;
- Enunciativos;
- Punitivos.

3.4.1 Atos normativos

São atos caracterizados pela generalidade e pela abstração, isto é, um ato normativo não é prescrito para uma situação determinada, mas para todos os eventos assemelhados; a abstração deriva do fato desse ato não representar um caso concreto, determinado, mas, sim, um caso abstrato, descrito na norma e possível de acontecer no mundo real. A regra abstrata deve ser aplicada no caso concreto.

Finalidade: regulamentar as leis e uniformizar procedimentos administrativos.

Características:

- Não possuem destinatários determinados;
- Correspondem aos atos gerais;
- Não pode inovar o ordenamento jurídico;
- Controle.

Regra: os atos administrativos normativos não podem ser atacados mediante recursos administrativos ou judiciais.

Exceção: atos normativos que gerarem efeitos concretos para determinado destinatário podem ser impugnados pelo administrado na via judicial ou administrativa. Por exemplo: decretos regulamentares, instruções normativas, atos declaratórios normativos.

3.4.2 Atos ordinários

São atos administrativos endereçados aos servidores públicos em geral.

Finalidade: divulgar determinações aplicáveis ao adequado desempenho de suas funções.

Características

- Atos internos;
- Decorrem do exercício do poder hierárquico;
- Vinculam os servidores subordinados ao órgão que o expediu;
- Não atingem os administrados;
- Estão hierarquicamente abaixo dos atos normativos;
- Devem obediência aos atos normativos que tratem da mesma matéria relacionada ao ato ordinatório.
- Por exemplo: instruções, circulares internas, portarias, ordens de serviço.

3.4.3 Atos negociais

São atos administrativos editados quando o ordenamento jurídico exige que o particular obtenha anuência prévia da Administração para realizar determinada atividade de interesse dele ou exercer determinado direito.

Finalidade: satisfação do interesse público, ainda que essa possa coincidir com o interesse do particular que requereu o ato.

Características:

- Os atos negociais não são imperativos, coercitivos e autoexecutórios;
- Os atos negociais não podem ser confundidos com contratos, pois, nesses existe manifestação de vontade bilateral e, nos atos negociais, nós temos uma manifestação de vontade unilateral da Administração Pública, que é provocada mediante requerimento do particular.

Os atos negociais também são divididos em vinculados, discricionários, definitivos e precários:

- **Atos negociais vinculados:** reconhecem um direito subjetivo do particular, mediante um requerimento, desse particular, comprovando preencher os requisitos que a lei exige para a anuência do direito, a Administração obrigatoriamente deve praticar o ato.
- **Atos negociais discricionários:** não reconhecem um direito subjetivo do particular, pois, mesmo que esse atenda às exigências necessárias para a obtenção do ato, a Administração poderá não o praticar, decidindo se executa ou não o ato por juízo de conveniência e oportunidade.
- **Atos negociais definitivos:** não comportam revogação, são atos vinculados, mas podem ser anulados ou cassados. Assim, esses atos geram, ao particular, apenas uma expectativa de definitividade.
- **Atos negociais precários**: podem ser revogados a qualquer tempo, são atos discricionários; geralmente, a revogação do ato negocial não gera direito de indenização ao particular.

Os atos negociais apresentam as seguintes espécies:

- **Licença:** fundamenta-se no poder de polícia da Administração. É ato vinculado e definitivo, pois reconhece um direito subjetivo do particular, mediante um requerimento desse, comprovando preencher os requisitos que a lei exige. Para a anuência do direito, a Administração, obrigatoriamente, deve praticar o ato. A licença não comporta revogação, mas ela pode ser anulada ou cassada. Assim, esses atos geram, ao particular, apenas uma expectativa de definitividade.

  Por exemplo: alvará para a realização de uma obra, alvará para o funcionamento de um estabelecimento comercial, licença para dirigir, licença para exercer uma profissão.
- **Admissão:** é o ato unilateral e vinculado pelo qual a Administração faculta a alguém a inclusão em estabelecimento governamental para o gozo de um serviço público. O ato de admissão não pode ser negado aos que preencham as condições normativas requeridas.

  Por exemplo: ingresso em estabelecimento oficial de ensino na qualidade de aluno; o desfrute dos serviços de uma biblioteca pública como inscrito entre seus usuários.
- **Aprovação:** é o ato unilateral e discricionário pelo qual a Administração faculta a prática de ato jurídico (aprovação prévia) ou manifesta sua concordância com ato jurídico já praticado (aprovação *a posteriori*).
- **Homologação**: é o ato unilateral e vinculado de controle pelo qual a Administração concorda com um ato jurídico ou série de atos (procedimento) já praticados, verificando a consonância deles com os requisitos legais condicionadores de sua válida emissão.
- **Autorização:** na maior parte das vezes em que é praticado, fundamenta-se no poder de polícia do Estado quando a lei exige a autorização como condicionante para prática de uma determinada atividade privada ou para o uso de bem público. Todavia, a autorização também pode representar uma forma de descentralizar, por delegação, serviços públicos para o particular.
  - A autorização é caracterizada por uma predominância do interesse do particular que solicita o ato, todavia, também existe interesse público na prática desse ato.
  - É um ato discricionário, pois não reconhece um direito subjetivo do particular; mesmo que esse atenda às exigências necessárias para a obtenção do ato, a Administração poderá não o praticar, decidindo se desempenha ou não o ato por juízo de conveniência e oportunidade.
  - É um ato precário, pois pode ser revogado a qualquer tempo. Via de regra, a revogação da autorização não gera direito de indenização ao particular, mas, caso a autorização tenha sido concedida por prazo certo, pode haver o direito de indenização para o particular.
- **Prazo:** a autorização é concedida sem prazo determinado, todavia, pode havê-la outorgada por prazo certo.
  - Por exemplo: atividades potencialmente perigosas e que podem colocar em risco a coletividade, por isso, a necessidade de regulação do Estado; autorização para porte de arma de fogo; autorização para a prestação de serviços privados de educação e saúde; autorização de uso de bem público; autorização de serviço público: prestação de serviço de táxi.
- **Permissão:** é o ato administrativo discricionário e precário, pelo qual a Administração Pública consente ao particular o exercício de uma atividade de interesse predominantemente da coletividade.
  - A permissão apresenta as seguintes características: pode ser concedida por prazo certo e pode ser imposta condições ao particular.
  - A permissão é um ato precário, pois pode ser revogada a qualquer tempo. Via de regra, a revogação da permissão não gera direito de indenização ao particular, mas, caso a autorização tenha sido concedida por prazo certo ou sob condições, pode haver o direito de indenização para o particular.
  - A permissão concedida ao particular, por meio de um ato administrativo, não se confunde com a permissão para a prestação de serviços públicos. Nesse último caso, representa uma espécie de descentralização por delegação realizada por meio de contrato.
  - Por exemplo: permissão de uso de bem público.

3.4.4 Atos enunciativos

São atos administrativos enunciativos aqueles que têm por finalidade declarar um juízo de valor, uma opinião ou um fato.

Características:

- Não produzem efeitos jurídicos por si só;
- Não contêm uma manifestação de vontade da administração.

Seguem alguns exemplos de atos enunciativos:

- **Certidão:** é uma cópia de informações registradas em banco de dados da Administração. Geralmente, é concedida ao particular mediante requerimento da informação registrada pela Administração.
- **Atestado:** declara uma situação de que a Administração tomou conhecimento em virtude da atuação de seus agentes. O atestado não se assemelha à certidão, pois essa declara uma informação constante em banco de dados e aquele declara um fato que não corresponde a um registro de um arquivo da Administração.
- **Parecer:** é um documento técnico, confeccionado por órgão especializado na respectiva matéria tema do parecer, em que o órgão emite sua opinião relativa ao assunto.
- **Apostila:** apostilar significa corrigir, emendar, complementar um documento. É o aditamento de um contrato administrativo ou de um ato administrativo. É um ato de natureza aditiva, pois sua finalidade é adicionar informações a um registro já existente.
  - Por exemplo: anotar alterações na situação funcional de um servidor.

3.4.5 Atos punitivos

São os atos administrativos por meio dos quais a Administração Pública impõe sanções a seus servidores ou aos administrados.

Fundamento:

- **Poder disciplinar:** quando o ato punitivo atinge servidores públicos e particulares ligados à Administração por algum vínculo jurídico específico.

- **Poder de polícia:** quando o ato punitivo atinge particulares não ligados à Administração Pública por um vínculo jurídico específico.

Os atos punitivos podem ser internos e externos:

- **Atos punitivos internos:** têm como destinatários os servidores públicos e aplicam penalidades disciplinares, ou seja, os atos punitivos internos decorrem sempre do poder disciplinar.
- **Atos punitivos externos:** têm como destinatários os particulares. Podem ter fundamento decorrente do poder disciplinar, quando punem particulares sujeitos à disciplina administrativa, ou podem ter fundamento no poder de polícia, quando punem particulares não ligados à Administração Pública.

Todo ato punitivo interno decorre do poder disciplinar, mas nem todo ato que decorre do poder punitivo que surge do poder disciplinar é um ato punitivo interno, pois, quando a Administração Pública aplica punição aos particulares ligados à administração, essa punição decorre do poder disciplinar, mas também representa um ato punitivo externo.

Todo ato punitivo decorrente do poder de polícia é um ato punitivo externo, pois, nesse caso, temos a Administração punindo sempre o particular.

3.5 Extinção dos atos administrativos

3.5.1 Anulação ou controle de legalidade

É o desfazimento do ato administrativo que decorre de vício de legalidade ou de legitimidade na prática do ato.

Cabimento

- Ato discricionário;
- Ato vinculado.

Competência para anular

- **Entidade da Administração Pública que praticou o ato:** pode anular o ato a pedido do interessado ou de ofício em razão do princípio da autotutela.
- **Poder Judiciário:** pode anular somente por provocação do interessado.

Efeitos da anulação: *ex tunc*, retroagem desde a data da prática do ato, impugnando a validade do ato.

Prazo: 5 anos.

- Contagem;
- Prática do ato.

No caso de efeitos patrimoniais contínuos, a partir do primeiro pagamento.

3.5.2 Revogação ou controle de mérito

É o desfazimento do ato administrativo por motivos de conveniência e oportunidade.

Cabimento

- Ato discricionário legal, inconveniente e inoportuno;
- Não é cabível a revogação de ato vinculado.

A competência para revogar é apenas a entidade da Administração Pública que praticou o ato.

Não pode o controle de mérito ser feito pelo Poder Judiciário na sua função típica de julgar. Todavia, a Administração Pública está presente nos três poderes da União e, caso uma entidade dos Poderes Judiciário, Legislativo ou Executivo pratique ato discricionário legal, que com o passar do tempo, se mostre inconveniente e inoportuno, somente a entidade que criou o ato tem competência para revogá-lo.

Assim, o Poder Judiciário não tem competência para exercer o controle de mérito dos atos da Administração Pública, mas essa prática atos administrativos e cabe somente a ela a revogação de seus atos.

Efeitos da revogação: *ex nunc*, não retroagem, ou seja, a revogação gera efeitos prospectivos, para frente.

3.5.3 Cassação

É o desfazimento do ato administrativo decorrente do descumprimento dos requisitos que permitem a manutenção do ato. Na maioria das vezes, a cassação representa uma sanção aplicada ao particular que deixou de atender às condições exigidas para a manutenção do ato.

Como exemplo, temos a cassação da carteira de motorista, que nada mais é do que a cassação de um ato administrativo classificado como licença. A cassação da licença para dirigir decorre da prática de infrações de trânsito praticadas pelo particular, assim, nesse caso, essa cassação é uma punição.

3.5.4 Convalidação

Convalidação é a correção com efeitos retroativos do ato administrativo com defeito sanável, o qual pode ser considerado:

- **Vício de competência relativo à pessoa**
  - **Exceção:** competência exclusiva (não cabe convalidação).
  - O vício de competência relativo à matéria não é considerado um defeito sanável e também não cabe convalidação.
- **Vício de forma**
  - **Exceção:** a lei determina que a forma seja elemento essencial de validade de determinado ato (também não cabe convalidação).
- **Convalidação tácita**
  - O art. 54 da Lei nº 9.784/1999 prevê que a Administração tem o direito de anular os atos administrativos de que decorram efeitos favoráveis para os destinatários. O prazo é de 5 anos, contados da data em que forem praticados, salvo comprovada má-fé. Transcorrido esse prazo, o ato foi convalidado, pois não pode ser mais anulado pela Administração.
- **Convalidação expressa**

> ***Art. 55, Lei nº 9.784/1999*** *Em decisão na qual se evidencie não acarretarem lesão ao interesse público nem prejuízo a terceiros, os atos que apresentarem defeitos sanáveis poderão ser convalidados pela própria Administração.*

D A D M

4. CONTRATOS ADMINISTRATIVOS

Para conceituarmos os contratos administrativos, em primeiro lugar, devemos isolar seus termos. A partir de então, podemos definir:

> **Contratos:** são acordos de vontades, manifestações bilaterais que formam um vínculo jurídico entre as partes, estipulando obrigações recíprocas para o atingimento de determinado objetivo comum.

Os contratos podem ser classificados como contratos públicos e contratos privados.

- **Contratos privados:** são contratos regulados integralmente pelo direito privado. A principal característica dos contratos privados é a absoluta igualdade entre as partes.
- **Contratos Públicos:** são contratos regulados predominantemente pelo direito público, mas com observância de algumas regras gerais relativas ao direito privado. Em um contrato público, predomina a relação da desigualdade entre as partes, pois dentre de um contrato público figura alguma entidade da Administração Pública e tal entidade é dotada de poderes especiais que a outra parte (particular) não possui e obrigatoriamente deve aceitar.

Os contratos, sejam eles públicos ou privados, são acordos de vontades, ou seja, são manifestações bilaterais de vontade.

Os contratos administrativos são públicos, e a diferença marcante entre os contratos administrativos e os privados é que aqueles são regidos predominantemente por um regime jurídico de direito público e estes são predominantemente regidos por normas de direito privado.

O jurídico de direito público dos contratos administrativos se manifesta por meio da existência das cláusulas exorbitantes.

Apesar de os contratos administrativos serem regidos predominantemente por um regime jurídico de direito público, aplica-se a esses a teoria geral dos contratos, na qual se manifesta o núcleo de disposições de direito privado dos contratos administrativos.

Em algumas situações, a Administração celebra contratos que são regidos precipuamente por normas de direito privado, nesse caso, temos os contratos da administração.

- **Contratos administrativos:** regidos predominantemente por normas de direito público, ou seja, normas de direito privado e normas de direito público (cláusulas exorbitantes).
- **Contratos da administração:** regidos predominantemente por normas de direito privado.

4.1 Conceito

Segundo o parágrafo único do art. 2º da Lei nº 8.666/1993, considera-se contrato todo e qualquer ajuste entre órgãos ou entidades da Administração Pública e particulares em que haja um acordo de vontades para a formação de vínculo e a estipulação de obrigações recíprocas, seja qual for a denominação utilizada.

Contrato administrativo é o ajuste que a Administração Pública, agindo nessa qualidade, firma com particular ou com outra entidade administrativa para a consecução de objetivos de interesse público, nas condições estabelecidas pela própria Administração.

Quando o autor utiliza a expressão "ajuste", fica claro que o contrato administrativo é um negócio jurídico firmado com a Administração, ou seja, um negócio em que a mesma será uma das partes. Porém, a expressão "agindo nessa qualidade" deixa claro que, em função da importância do objeto dessa avença, a administração deverá ter cuidados especiais, acautelando-se na proteção do interesse público.

Para tanto, a Administração necessita de mecanismos legais que lhe permitam firmar contratos que a coloquem em posição de supremacia. Isso para que possa, utilizando seu poder de império, fazer cumprir o contrato com o máximo de ganho para a sociedade. Afinal, ambas as partes representam interesses opostos, quando, por exemplo, em um contrato de concessão de serviços públicos, a sociedade deseja serviços públicos de qualidade, enquanto o particular deseja o lucro.

Como em qualquer estado de direito, em que ninguém será obrigado a fazer ou deixar de fazer alguma coisa, senão em virtude de lei, é ela que estabelece os mecanismos para que a Administração Pública possa garantir a supremacia do interesse público sobre o particular quando firma contratos administrativos, estabelecendo um regime jurídico que se caracteriza pelo estabelecimento de prerrogativas e sujeições.

4.2 Normas constitucionais

A Carta Magna de 1988 estabeleceu como privativa da União a competência para legislar sobre normas gerais de licitação e contratação, em todas as modalidades, para as Administrações Públicas Diretas, Autárquicas e Fundacionais da União, estados, Distrito Federal e municípios, obedecido o disposto no art. 37, inciso XXI, também para as empresas públicas e sociedades de economia mista.

O art. 37, inciso XXI, estabelece que, ressalvados os casos especificados na legislação, as obras, os serviços, as compras e as alienações serão contratados mediante processo de licitação pública que assegure igualdade de condições a todos os concorrentes, com cláusulas que estabeleçam obrigações de pagamento, mantidas as condições efetivas da proposta, nos termos da lei, que somente permitirá as exigências de qualificação técnica e econômica indispensáveis à garantia do cumprimento das obrigações.

Como a regra geral é de competência da União, cabe a estados e municípios estabelecerem regras suplementares.

4.3 Leis nº 8.666/1993 e nº 14.133/2021

Como principal mandamento legal que disciplinam a matéria, essas leis regulamentam o art. 37, inciso XXI, da Constituição Federal, instituem normas para licitações e contratos da Administração Pública e dão outras providências.

As Leis nº 8.666/1993 e nº 14.133/2021 estabelecem normas gerais sobre licitações e contratos administrativos pertinentes a obras, serviços, inclusive de publicidade, compras, alienações e locações no âmbito dos Poderes da União, dos estados, do Distrito Federal e dos municípios.

Subordinam-se ao regime dessas Leis, além dos órgãos da Administração Direta, os Fundos Especiais, as Autarquias, as Fundações Públicas, as empresas públicas, as sociedades de economia mista e demais entidades controladas direta ou indiretamente pela União, estados, Distrito Federal e municípios.

4.4 Outras leis sobre contratos

Várias leis versam sobre contrato, mas, de forma específica tratam sobre à matéria que se referem, sendo aplicadas as regras da Lei nº 8.666/1993 e Lei nº 14.133/2021 de forma subsidiária. São elas:

4.4.1 Lei nº 8.987/1995

Essa lei dispõe sobre o regime de concessão e permissão da prestação de serviços públicos, previsto no art. 175 da Constituição Federal de 1988, e dá outras providências.

Estabelece a lei que as concessões de serviços e de obras públicas e as permissões de serviços públicos reger-se-ão pelos termos do art. 175 da Constituição Federal, por essa Lei, pelas normas legais pertinentes e pelas cláusulas dos indispensáveis contratos.

4.4.2 Lei nº 9.074/1995

Estabelece normas para outorga e prorrogações das concessões e permissões de serviços públicos e dá outras providências.

Sujeitam-se ao regime de concessão ou, quando couber, de permissão, nos termos da Lei nº 8.987/1995, os seguintes serviços e obras públicas de competência da União:

- Vias federais, precedidas ou não da execução de obra pública;

- Exploração de obras ou serviços federais de barragens, contenções, eclusas, diques e irrigações, precedidas ou não da execução de obras públicas;
- Estações aduaneiras e outros terminais alfandegados de uso público, não instalados em área de porto ou aeroporto, precedidos ou não de obras públicas;
- Os serviços postais.

Outras leis esparsas foram editadas visando à regulamentação de serviços específicos, como as Leis nº 9.427/1997 (energia elétrica) e nº 9.472/1997 (telecomunicações), além da Lei nº 11.079/2004, que regulamenta as parecerias público privadas.

4.5 Características

4.5.1 Formalismo

Os contratos administrativos devem ser **formais** e **escritos**.

Em regra, é nulo e sem efeito o contrato verbal com a administração, salvo o de pequenas compras de pagamento imediato (compras de valor não superior a R$ 4.000,00).

4.5.2 Cláusulas essenciais

Todo contrato deve mencionar os nomes das partes e os de seus representantes, a finalidade, o ato que autorizou a sua lavratura, o número do processo da licitação, da dispensa ou da inexigibilidade, a sujeição dos contratantes às normas dessa Lei e às cláusulas contratuais.

De acordo com o art. 55 da Lei nº 8.666/1993, são cláusulas necessárias em todo contrato as que estabeleçam:

- O objeto e seus elementos característicos;
- O regime de execução ou a forma de fornecimento;
- O preço e as condições de pagamento, os critérios, data-base e periodicidade do reajustamento de preços, os critérios de atualização monetária entre a data do adimplemento das obrigações e a do efetivo pagamento;
- Os prazos de início de etapas de execução, de conclusão, de entrega, de observação e de recebimento definitivo, conforme o caso;
- O crédito pelo qual correrá a despesa, com a indicação da classificação funcional programática e da categoria econômica;
- As garantias oferecidas para assegurar sua plena execução, quando exigidas;
- Os direitos e as responsabilidades das partes, as penalidades cabíveis e os valores das multas;
- Os casos de rescisão;
- O reconhecimento dos direitos da Administração, em caso de rescisão administrativa prevista no art. 77 dessa Lei;
- As condições de importação, a data e a taxa de câmbio para conversão, quando for o caso;
- A vinculação ao edital de licitação ou ao termo que a dispensou ou a inexigiu, ao convite e à proposta do licitante vencedor;
- A legislação aplicável à execução do contrato e especialmente aos casos omissos;
- A obrigação do contratado de manter, durante toda a execução do contrato, em compatibilidade com as obrigações por ele assumidas, todas as condições de habilitação e qualificação exigidas na licitação.

A publicação na imprensa oficial do resumo do instrumento de contrato é um requisito de eficácia dos contratos administrativos.

Ainda, dispondo no mesmo sentido, o art. 92 da Lei nº 14.133/2021 prevê que são necessárias em todo contrato cláusulas que estabeleçam:

- O objeto e seus elementos característicos;
- A vinculação ao edital de licitação e à proposta do licitante vencedor ou ao ato que tiver autorizado a contratação direta e à respectiva proposta;
- A legislação aplicável à execução do contrato, inclusive quanto aos casos omissos;
- O regime de execução ou a forma de fornecimento;
- O preço e as condições de pagamento, os critérios, a data-base e a periodicidade do reajustamento de preços e os critérios de atualização monetária entre a data do adimplemento das obrigações e a do efetivo pagamento;
- Os critérios e a periodicidade da medição, quando for o caso, e o prazo para liquidação e para pagamento;
- Os prazos de início das etapas de execução, conclusão, entrega, observação e recebimento definitivo, quando for o caso;
- O crédito pelo qual correrá a despesa, com a indicação da classificação funcional programática e da categoria econômica;
- A matriz de risco, quando for o caso;
- O prazo para resposta ao pedido de repactuação de preços, quando for o caso;
- O prazo para resposta ao pedido de restabelecimento do equilíbrio econômico-financeiro, quando for o caso;
- As garantias oferecidas para assegurar sua plena execução, quando exigidas, inclusive as que forem oferecidas pelo contratado no caso de antecipação de valores a título de pagamento;
- O prazo de garantia mínima do objeto, observados os prazos mínimos estabelecidos nesta lei e nas normas técnicas aplicáveis, e as condições de manutenção e assistência técnica, quando for o caso;
- Os direitos e as responsabilidades das partes, as penalidades cabíveis e os valores das multas e suas bases de cálculo;
- As condições de importação e a data e a taxa de câmbio para conversão, quando for o caso;
- A obrigação do contratado de manter, durante toda a execução do contrato, em compatibilidade com as obrigações por ele assumidas, todas as condições exigidas para a habilitação na licitação, ou para a qualificação, na contratação direta;
- A obrigação de o contratado cumprir as exigências de reserva de cargos prevista em lei, bem como em outras normas específicas, para pessoa com deficiência, para reabilitado da Previdência Social e para aprendiz;
- O modelo de gestão do contrato, observados os requisitos definidos em regulamento;
- Os casos de extinção.

4.6 Obrigatoriedade e exceção dos contratos

Obrigatoriedade: o instrumento de contrato é obrigatório nos casos de concorrência e de tomada de preços, bem como nas dispensas e inexigibilidades cujos preços estejam compreendidos nos limites dessas duas modalidades de licitação.

Os contratos decorrentes de dispensa ou de inexigibilidade de licitação devem atender aos termos do ato que os autorizou e da respectiva proposta.

Facultativo: nos demais em que a Administração puder substituí-lo por outros instrumentos hábeis, como carta-contrato, nota de empenho de despesa, autorização de compra ou ordem de execução de serviço.

É importante observar que nos casos em que o contrato é facultativo, esse será substituído por algum outro instrumento hábil, tal como a carta-contrato, a nota de empenho, entre outros.

Dispensável: é dispensável o "termo de contrato" e facultada à substituição por outro instrumento, a critério da Administração e independentemente de seu valor, nos casos de compra com entrega imediata e integral dos bens adquiridos, dos quais não resultem obrigações futuras, inclusive assistência técnica.

4.7 Contratos de adesão

Os contratos administrativos são de adesão, pois a Administração cria as regras do contrato e a outra parte não pode propor alterações.

Uma minuta do contrato integrará o edital de licitação, para que os interessados em o celebrar possam conhecer suas cláusulas. Os particulares não propõem alterações no contrato, mas em contrapartida não estão obrigados a aceitá-lo. Todavia, uma vez concordando participar da licitação, o particular já sabe que, caso saia vencedor, será obrigado a celebrar o contrato, no entanto, caso não aceite participar, não há se falar em obrigatoriedade de celebrar o contrato.

4.8 Pessoalidade/*intuitu personae*

A execução do contrato deve ser feita pela pessoa física ou jurídica que aceitou as obrigações contratuais.

Em decorrência dessa característica, em regra, é vedada a subcontratação para a execução ou fornecimento do objeto do contrato.

Exceção: o contratado, na execução do contrato, sem prejuízo das responsabilidades contratuais e legais, poderá subcontratar partes da obra, serviço ou fornecimento, até o limite admitido, em cada caso, pela Administração. Nesse caso, as regras da subcontratação deverão integrar o edital de licitação e o próprio contrato.

Na situação de prestação de serviços técnicos especializados em que a empresa apresente relação de integrantes do seu corpo técnico como elemento de justificação de dispensa ou inexigibilidade de licitação, ficará a empresa obrigada a garantir que os referidos integrantes realizem pessoal e diretamente os serviços objeto do contrato. Nesse caso, temos uma vedação absoluta à subcontratação, ou seja, nessas circunstâncias, não há que se falar em subcontratação.

4.9 Cláusulas exorbitantes

As cláusulas exorbitantes são regras que extrapolam as comuns do direito privado; nesse, tais cláusulas seriam inaceitáveis, pois elas conferem mais poderes a uma parte do que a outra, e, no direito privado, as partes gozam de uma relação jurídica horizontal, igual.

Essas cláusulas exorbitantes representam as prerrogativas de direito público da Administração Pública nos contratos administrativos, indicam a supremacia da vontade do Estado diante da vontade individual e confere a esses contratos uma relação jurídica vertical entre a Administração e o particular que celebra o contrato.

As principais cláusulas exorbitantes estão descritas no art. 58 da Lei nº 8.666/1993:

> ***Art. 58*** *O regime jurídico dos contratos administrativos instituído por esta Lei confere à Administração, em relação a eles, a prerrogativa de:*
>
> *I - Modificá-los, unilateralmente, para melhor adequação às finalidades de interesse público, respeitados os direitos do contratado;*

As cláusulas econômico-financeiras do contrato deverão ser revistas para que se mantenha o equilíbrio contratual.

> *II - Rescindi-los, unilateralmente, nos casos especificados no inciso I do art. 79 desta Lei;*
>
> *III - Fiscalizar lhes a execução;*
>
> *IV - Aplicar sanções motivadas pela inexecução total ou parcial do ajuste;*
>
> *V - Nos casos de serviços essenciais, ocupar provisoriamente bens móveis, imóveis, pessoal e serviços vinculados ao objeto do contrato, na hipótese da necessidade de acautelar apuração administrativa de faltas contratuais pelo contratado, bem como na hipótese de rescisão do contrato administrativo.*

Além dessas hipóteses, nós temos as restrições à oposição pelo contratado da "exceção do contrato não cumprido" e as normas acerca da exigência de garantia pela Administração

Ademais, é importante pontuar que o art. 104 da Lei nº 14.133/2021 trata sobre as cláusulas exorbitantes:

> ***Art. 104*** *O regime jurídico dos contratos instituído por esta Lei confere à Administração, em relação a eles, as prerrogativas de:*
>
> *I - Modificá-los, unilateralmente, para melhor adequação às finalidades de interesse público, respeitados os direitos do contratado;*
>
> *II - Extingui-los, unilateralmente, nos casos especificados nesta Lei;*
>
> *III - Fiscalizar sua execução;*
>
> *IV - Aplicar sanções motivadas pela inexecução total ou parcial do ajuste;*
>
> *V - Ocupar provisoriamente bens móveis e imóveis e utilizar pessoal e serviços vinculados ao objeto do contrato nas hipóteses de:*
>
> *a) risco à prestação de serviços essenciais;*
>
> *b) necessidade de acautelar apuração administrativa de faltas contratuais pelo contratado, inclusive após extinção do contrato.*
>
> *§ 1º As cláusulas econômico-financeiras e monetárias dos contratos não poderão ser alteradas sem prévia concordância do contratado.*
>
> *§ 2º Na hipótese prevista no inciso I do caput deste artigo, as cláusulas econômico-financeiras do contrato deverão ser revistas para que se mantenha o equilíbrio contratual.*

4.10 Poder de alteração unilateral do contrato (mutabilidade)

De acordo com o art. 65 da Lei nº 8.666/1993, os contratos regidos por normas de direito público podem ser alterados, com as devidas justificativas, nos seguintes casos:

Unilateralmente pela Administração:

- Quando houver modificação do projeto ou das especificações, para melhor adequação técnica aos seus objetivos (alteração qualitativa);
- Quando necessária a modificação do valor contratual em decorrência de acréscimo ou diminuição quantitativa de seu objeto, nos limites permitidos em lei (alteração quantitativa).

A alteração quantitativa sofre um limite, conforme veremos a seguir.

O contratado fica obrigado a aceitar, nas mesmas condições contratuais, os acréscimos ou supressões que se fizerem nas obras, serviços ou compras, até 25% do valor inicial atualizado do contrato, e, no caso particular de reforma de edifício ou de equipamento, até o limite de 50% para os seus acréscimos.

Nenhum acréscimo ou supressão poderá exceder os limites estabelecidos.

No caso de supressão de obras, bens ou serviços, se o contratado já houver adquirido os materiais e posto no local dos trabalhos, esses deverão ser pagos pela Administração pelos custos de aquisição regularmente comprovados e monetariamente corrigidos, podendo caber indenização por outros danos eventualmente decorrentes da supressão, desde que regularmente comprovados.

Quaisquer tributos ou encargos legais criados, alterados ou extintos, bem como a superveniência de disposições legais, quando ocorridas após a data da apresentação da proposta, de comprovada repercussão nos preços contratados, implicarão a revisão desses para mais ou para menos, conforme o caso.

Havendo alteração unilateral do contrato que aumente os encargos do contratado, a Administração deverá restabelecer, por aditamento, o equilíbrio econômico-financeiro inicial.

A variação do valor contratual para fazer face ao reajuste de preços previsto no próprio contrato, as atualizações, compensações ou penalizações financeiras decorrentes das condições de pagamento nele previstas, bem como o empenho de dotações orçamentárias suplementares até o limite do seu valor corrigido, não caracterizam alteração do mesmo, podendo ser registrados por simples apostila, dispensando a celebração de aditamento.

Por acordo das partes:

- Quando conveniente a substituição da garantia de execução;
- Quando necessária a modificação do regime de execução da obra ou serviço, bem como do modo de fornecimento, em face

de verificação técnica da inaplicabilidade dos termos contratuais originários;

- Quando necessária a modificação da forma de pagamento, por imposição de circunstâncias supervenientes, mantido o valor inicial atualizado, vedada a antecipação do pagamento, com relação ao cronograma financeiro fixado, sem a correspondente contraprestação de fornecimento de bens ou execução de obra ou serviço;
- Para restabelecer a relação que as partes pactuaram inicialmente entre os encargos do contratado e a retribuição da Administração para a justa remuneração da obra, serviço ou fornecimento, objetivando a manutenção do equilíbrio econômico-financeiro inicial do contrato, na hipótese de sobrevirem fatos imprevisíveis, ou previsíveis, porém, de consequências incalculáveis, retardadores ou impeditivos da execução do ajustado, ou, ainda, em situação de força maior, caso fortuito ou fato do príncipe, configurando álea econômica extraordinária e extracontratual.

A respeito da alteração dos contratos, o art. 124 da Lei nº 14.133/2021 dispõe o seguinte:

> ***Art. 124.*** *Os contratos regidos por esta Lei poderão ser alterados, com as devidas justificativas, nos seguintes casos:*
>
> *I - Unilateralmente pela Administração:*
>
> *a) quando houver modificação do projeto ou das especificações, para melhor adequação técnica a seus objetivos;*
>
> *b) quando for necessária a modificação do valor contratual em decorrência de acréscimo ou diminuição quantitativa de seu objeto, nos limites permitidos por esta Lei;*
>
> *II - Por acordo entre as partes:*
>
> *a) quando conveniente a substituição da garantia de execução;*
>
> *b) quando necessária a modificação do regime de execução da obra ou do serviço, bem como do modo de fornecimento, em face de verificação técnica da inaplicabilidade dos termos contratuais originários;*
>
> *c) quando necessária a modificação da forma de pagamento por imposição de circunstâncias supervenientes, mantido o valor inicial atualizado e vedada a antecipação do pagamento em relação ao cronograma financeiro fixado sem a correspondente contraprestação de fornecimento de bens ou execução de obra ou serviço;*
>
> *d) para restabelecer o equilíbrio econômico-financeiro inicial do contrato em caso de força maior, caso fortuito ou fato do príncipe ou em decorrência de fatos imprevisíveis ou previsíveis de consequências incalculáveis, que inviabilizem a execução do contrato tal como pactuado, respeitada, em qualquer caso, a repartição objetiva de risco estabelecida no contrato.*
>
> ***§ 1º*** *Se forem decorrentes de falhas de projeto, as alterações de contratos de obras e serviços de engenharia ensejarão apuração de responsabilidade do responsável técnico e adoção das providências necessárias para o ressarcimento dos danos causados à Administração.*
>
> ***§ 2º*** *Será aplicado o disposto na alínea "d" do inciso II do caput deste artigo às contratações de obras e serviços de engenharia, quando a execução for obstada pelo atraso na conclusão de procedimentos de desapropriação, desocupação, servidão administrativa ou licenciamento ambiental, por circunstâncias alheias ao contratado.*

4.11 Fiscalização da execução do contrato

A execução do contrato deverá ser acompanhada e fiscalizada por um representante da Administração especialmente designado, permitida a contratação de terceiros para assisti-lo e subsidiá-lo de informações pertinentes a essa atribuição.

O representante da Administração anotará, em registro próprio, todas as ocorrências relacionadas com a execução do contrato, determinando o que for necessário à regularização das faltas ou defeitos observados.

As decisões e providências que ultrapassarem a competência do representante deverão ser solicitadas a seus superiores em tempo hábil para a adoção das medidas convenientes.

A fiscalização pelo poder público não isenta o particular contratado das suas responsabilidades legais.

4.12 Deveres do contratado quanto à fiscalização

O contratado deverá manter preposto, aceito pela Administração, no local da obra ou serviço, para representá-lo na execução do contrato. Ele é obrigado a reparar, corrigir, remover, reconstruir ou substituir, às suas expensas, no total ou em parte, o objeto do contrato em que se verificarem vícios, defeitos ou incorreções resultantes da execução ou de materiais empregados.

Além disso, é responsável pelos danos causados diretamente à Administração ou a terceiros decorrentes de sua culpa ou dolo na execução do contrato, não excluindo ou reduzindo essa responsabilidade à fiscalização ou ao acompanhamento pelo órgão interessado. Nesse caso, estamos diante da responsabilidade civil subjetiva do contrato, pois depende de dolo ou culpa, entretanto, quando se tratar de obra pública, se o dano causado for pelo simples fato da obra, então, estaremos diante da responsabilidade civil objetiva da Administração, não importando quem esteja realizando a obra.

O contratado é responsável pelos encargos trabalhistas, previdenciários, fiscais e comerciais resultantes da execução do contrato.

A inadimplência do contratado, com referência aos encargos trabalhistas, fiscais e comerciais não transfere à Administração Pública a responsabilidade por seu pagamento, nem poderá onerar o objeto do contrato ou restringir a regularização e o uso das obras e edificações, inclusive perante o Registro de Imóveis.

A Administração Pública responde solidariamente com o contratado pelos encargos previdenciários resultantes da execução do contrato.

4.13 Aplicação de sanções

O atraso injustificado na execução do contrato sujeitará o contratado à multa de mora, na forma prevista no instrumento convocatório ou no contrato.

- A multa aplicada após regular processo administrativo será descontada da garantia do respectivo contratado.
- Se a multa for de valor superior ao da garantia prestada, além da perda dessa, responderá o contratado pela sua diferença, a qual será descontada dos pagamentos eventualmente devidos pela Administração ou ainda, quando for o caso, cobrada judicialmente.

Pela inexecução total ou parcial do contrato a Administração poderá, garantida a prévia defesa, aplicar ao contratado as seguintes sanções:

- Advertência;
- Multa na forma prevista no instrumento convocatório ou no contrato;
- Suspensão temporária de participação em licitação e impedimento de contratar com a Administração, por prazo não superior a 2 anos.
- Declaração de inidoneidade para licitar ou contratar com a Administração Pública enquanto perdurarem os motivos determinantes da punição ou até que seja promovida a reabilitação perante a própria autoridade que aplicou a penalidade, que será concedida sempre que o contratado ressarcir a Administração pelos prejuízos resultantes e após decorrido o prazo da sanção aplicada com base no inciso anterior.

Esta última sanção é de competência exclusiva (não pode ser delegada) do ministro de Estado, do secretário estadual ou municipal, conforme o caso, facultada a defesa do interessado no respectivo processo, no prazo de 10 dias da abertura de vista, podendo a reabilitação ser requerida após dois anos de sua aplicação.

As sanções podem ser aplicadas de forma cumulativa, facultada a defesa prévia do interessado, no respectivo processo, no prazo de 5 dias úteis.

4.14 Ocupação temporária

Nos casos de serviços essenciais, a Administração pode ocupar provisoriamente bens móveis, imóveis, pessoais e serviços vinculados ao objeto do contrato.

Finalidade: necessidade de acautelar apuração administrativa de faltas contratuais pelo contratado, bem como na hipótese de rescisão do contrato administrativo.

Essa regra decorre do princípio da continuidade dos serviços públicos.

Nos contratos de concessão e permissão de serviços públicos, a ocupação temporária aparece com o nome de intervenção.

4.15 Exceção do contrato não cumprido/ *exceptio non adimpleti contractus*

No direito privado, caso uma das partes descumpra as cláusulas contratuais, é permitido a outra suspender a execução de sua parte até o adimplemento da outra parte.

Nos contratos de direito público, à exceção do contrato não cumprido, tem a seguinte aplicação:

▹ **Particular descumpre sua parte**

A Administração pode descumprir sua parte até o adimplemento do particular, e além disso, é possível que a administração aplique diretamente sanções ao particular.

▹ **Administração descumpre sua parte**

Regra: o particular é obrigado a continuar executando sua parte do contrato, não podendo alegar a exceção do contrato não cumprido.

Exceção: é facultado ao particular suspender a execução das suas obrigações diante de atraso superior a 90 dias dos pagamentos devidos pela administração decorrentes de obras, serviços ou fornecimento, ou parcelas desses, já recebidos ou executados, até a normalização da situação, salvo em caso de calamidade pública, grave perturbação da ordem interna ou guerra.

4.16 Exigência de garantia

A Administração pode exigir dos licitantes garantias cuja finalidade é assegurar o adequado cumprimento do contrato ou, no caso de inexecução, facilitar o ressarcimento dos prejuízos sofridos pela administração.

4.16.1 Modalidades

A critério da autoridade competente, em cada caso, desde que prevista no instrumento convocatório, poderá ser exigida prestação de garantia nas contratações de obras, serviços e compras.

Caberá ao contratado optar por uma das seguintes modalidades de garantia:

- Caução em dinheiro ou em títulos da dívida pública, devendo esses terem sido emitidos sob a forma escritural, mediante registro em sistema centralizado de liquidação e de custódia autorizado pelo Banco Central do Brasil e avaliados pelos seus valores econômicos, conforme definido pelo Ministério da Fazenda;
- Seguro-garantia;
- Fiança bancária.

4.16.2 Valor da garantia

Regra: não excederá a cinco por cento do valor do contrato e terá seu valor atualizado nas mesmas condições daquele.

Exceção: para obras, serviços e fornecimentos de grande vulto envolvendo alta complexidade técnica e riscos financeiros consideráveis, demonstrados por meio de parecer tecnicamente aprovado pela autoridade competente, o limite de garantia poderá ser elevado para até dez por cento do valor do contrato.

Nos casos de contratos que importem na entrega de bens pela Administração, dos quais o contratado ficará depositário, ao valor da garantia deverá ser acrescido o valor desses bens.

4.16.3 Restituição da garantia

A garantia prestada pelo contratado será liberada ou restituída após a execução do contrato e, quando em dinheiro, atualizada monetariamente.

4.17 Prazo de duração dos contratos administrativos

> ***Art. 57*** *A duração dos contratos ficará adstrita à vigência dos respectivos créditos orçamentários, exceto quanto aos relativos:*
>
> *I - Aos projetos cujos produtos estejam contemplados nas metas estabelecidas no Plano Plurianual, os quais poderão ser prorrogados se houver interesse da Administração e desde que isso tenha sido previsto no ato convocatório;*
>
> *II - À prestação de serviços a serem executados de forma contínua, que poderão ter a sua duração prorrogada por iguais e sucessivos períodos com vistas à obtenção de preços e condições mais vantajosas para a administração, limitada a sessenta meses;*

Em caráter excepcional, devidamente justificado e mediante consentimento superior, o prazo poderá ser prorrogado por até 12 meses.

> *IV - Ao aluguel de equipamentos e à utilização de programas de informática, podendo a duração estender-se pelo prazo de até 48 (quarenta e oito) meses após o início da vigência do contrato.*
>
> *V - Às hipóteses previstas nos incisos IX, XIX, XXVIII e XXXI do Art. 24, cujos contratos poderão ter vigência por até 120 (cento e vinte) meses, caso haja interesse da administração:*
>
> ***Art. 24, Lei nº 8.666/1993*** *É dispensável a licitação:*
>
> *IX - Quando houver possibilidade de comprometimento da segurança nacional, nos casos estabelecidos em decreto do Presidente da República, ouvido o Conselho de Defesa Nacional;*
>
> *XIX - Para as compras de material de uso pelas Forças Armadas, com exceção de materiais de uso pessoal e administrativo, quando houver necessidade de manter a padronização requerida pela estrutura de apoio logístico dos meios navais, aéreos e terrestres, mediante parecer de comissão instituída por decreto;*
>
> *XXVIII - Para o fornecimento de bens e serviços, produzidos ou prestados no País, que envolvam, cumulativamente, alta complexidade tecnológica e defesa nacional, mediante parecer de comissão especialmente designada pela autoridade máxima do órgão.*
>
> *XXXI - Nas contratações visando ao cumprimento do disposto nos arts. 3º, 4º, 5º e 20 da Lei nº 10.973 , de 2 de dezembro de 2004, observados os princípios gerais de contratação dela constantes.*
>
> ***Art. 57, § 1º, Lei nº 8.666/1993*** *Os prazos de início de etapas de execução, de conclusão e de entrega admitem prorrogação, mantidas as demais cláusulas do contrato e assegurada a manutenção de seu equilíbrio econômico-financeiro, desde que ocorra algum dos seguintes motivos, devidamente autuados em processo:*
>
> *I - Alteração do projeto ou especificações, pela Administração;*
>
> *II - Superveniência de fato excepcional ou imprevisível, estranho à vontade das partes, que altere fundamentalmente as condições de execução do contrato;*
>
> *III - Interrupção da execução do contrato ou diminuição do ritmo de trabalho por ordem e no interesse da Administração;*
>
> *IV - Aumento das quantidades inicialmente previstas no contrato, nos limites permitidos por esta Lei;*
>
> *V - Impedimento de execução do contrato por fato ou ato de terceiro reconhecido pela Administração em documento contemporâneo à sua ocorrência;*
>
> *VI - Omissão ou atraso de providências a cargo da Administração, inclusive quanto aos pagamentos previstos de que resulte, diretamente, impedimento ou retardamento na execução do contrato, sem prejuízo das sanções legais aplicáveis aos responsáveis.*

§ 2º Toda prorrogação de prazo deverá ser justificada por escrito e previamente autorizada pela autoridade competente para celebrar o contrato.

Já a Lei nº 14.133/2021 dispõe o seguinte sobre a duração dos contratos:

***Art. 105** A duração dos contratos regidos por esta Lei será a prevista em edital, e deverão ser observadas, no momento da contratação e a cada exercício financeiro, a disponibilidade de créditos orçamentários, bem como a previsão no plano plurianual, quando ultrapassar 1 (um) exercício financeiro.*

Atenção!

É vedado o contrato com prazo de vigência indeterminado.

4.18 Recebimento do objeto do contrato

***Art. 73** Executado o contrato, o seu objeto será recebido:*

I - Em se tratando de obras e serviços:

a) provisoriamente, pelo responsável por seu acompanhamento e fiscalização, mediante termo circunstanciado, assinado pelas partes em até 15 (quinze) dias da comunicação escrita do contratado;

b) definitivamente, por servidor ou comissão designada pela autoridade competente, mediante termo circunstanciado, assinado pelas partes, após o decurso do prazo de observação, ou vistoria que comprove a adequação do objeto aos termos contratuais. Este prazo não poderá ser superior a 90 (noventa) dias, salvo em casos excepcionais, devidamente justificados e previstos no edital.

II - Em se tratando de compras ou de locação de equipamentos:

a) provisoriamente, para efeito de posterior verificação da conformidade do material com a especificação;

b) definitivamente, após a verificação da qualidade e quantidade do material e consequente aceitação.

***§ 1º** - Nos casos de aquisição de equipamentos de grande vulto, o recebimento far-se-á mediante termo circunstanciado e, nos demais, mediante recibo.*

[...]

***§ 4º** Na hipótese de o termo circunstanciado ou a verificação não serem, respectivamente, lavrado ou procedida dentro dos prazos fixados, reputar-se-ão como realizados, desde que comunicados à Administração nos 15 (quinze) dias anteriores à exaustão dos mesmos. [...]*

***§ 2º** O recebimento provisório ou definitivo não exclui a responsabilidade civil pela solidez e segurança da obra ou do serviço, nem ético-profissional pela perfeita execução do contrato, dentro dos limites estabelecidos pela lei ou pelo contrato.*

Por sua vez, a Lei nº 14.133/2021 dispõe que:

***Art. 140** O objeto do contrato será recebido:*

I - Em se tratando de obras e serviços:

a) provisoriamente, pelo responsável por seu acompanhamento e fiscalização, mediante termo detalhado, quando verificado o cumprimento das exigências de caráter técnico;

b) definitivamente, por servidor ou comissão designada pela autoridade competente, mediante termo detalhado que comprove o atendimento das exigências contratuais;

II - Em se tratando de compras:

a) provisoriamente, de forma sumária, pelo responsável por seu acompanhamento e fiscalização, com verificação posterior da conformidade do material com as exigências contratuais;

b) definitivamente, por servidor ou comissão designada pela autoridade competente, mediante termo detalhado que comprove o atendimento das exigências contratuais.

§ 1º O objeto do contrato poderá ser rejeitado, no todo ou em parte, quando estiver em desacordo com o contrato.

§ 2º O recebimento provisório ou definitivo não excluirá a responsabilidade civil pela solidez e pela segurança da obra ou serviço nem a responsabilidade ético-profissional pela perfeita execução do contrato, nos limites estabelecidos pela lei ou pelo contrato.

§ 3º Os prazos e os métodos para a realização dos recebimentos provisório e definitivo serão definidos em regulamento ou no contrato.

§ 4º Salvo disposição em contrário constante do edital ou de ato normativo, os ensaios, os testes e as demais provas para aferição da boa execução do objeto do contrato exigidos por normas técnicas oficiais correrão por conta do contratado.

§ 5º Em se tratando de projeto de obra, o recebimento definitivo pela Administração não eximirá o projetista ou o consultor da responsabilidade objetiva por todos os danos causados por falha de projeto.

§ 6º Em se tratando de obra, o recebimento definitivo pela Administração não eximirá o contratado, pelo prazo mínimo de 5 (cinco) anos, admitida a previsão de prazo de garantia superior no edital e no contrato, da responsabilidade objetiva pela solidez e pela segurança dos materiais e dos serviços executados e pela funcionalidade da construção, da reforma, da recuperação ou da ampliação do bem imóvel, e, em caso de vício, defeito ou incorreção identificados, o contratado ficará responsável pela reparação, pela correção, pela reconstrução ou pela substituição necessárias.

4.19 Dispensa do recebimento provisório

***Art. 74** Poderá ser dispensado o recebimento provisório nos seguintes casos:*

I - Gêneros perecíveis e alimentação preparada;

II - Serviços profissionais;

III - Obras e serviços de valor até o valor de R$ 80.000,00, desde que não se componham de aparelhos, equipamentos e instalações sujeitos à verificação de funcionamento e produtividade.

***Parágrafo único.** Nesses casos o recebimento será feito mediante recibo.*

4.20 Extinção do contrato

Com a extinção do contrato, temos a abolição das obrigações de ambas as partes, que pode acontecer em decorrência das seguintes situações:

- Conclusão do objeto do contrato;
- Término do seu prazo de duração;
- Anulação do contrato;
- Rescisão do contrato.

4.20.1 Anulação do contrato

A anulação do contrato é idêntica à abolição de um ato administrativo, assim, se um contrato foi celebrado com ilegalidade, ele deve ser extinto. Essa regra se estende à fase da licitação, pois, se houve alguma ilegalidade na tramitação do processo licitatório, tal ilegalidade acarretará a nulidade do contrato.

A anulação pode ser feita pela própria Administração Pública de ofício ou a pedido e também pode ser feita pelo Poder Judiciário, somente por provocação.

A declaração de nulidade do contrato administrativo opera retroativamente impedindo os efeitos jurídicos que ele, ordinariamente, deveria produzir, além de desconstituir os já produzidos.

A nulidade não exonera a Administração do dever de indenizar o contratado pelo que esse houver executado até a data em que ela for declarada e por outros prejuízos regularmente comprovados, contanto que não lhe seja imputável, promovendo-se a responsabilidade de quem lhe deu causa.

4.20.2 Rescisão do contrato

A rescisão do contrato, em algumas hipóteses, se dá unilateralmente pela Administração e, em outras, de forma amigável ou via judicial.

- **Rescisão unilateral pela Administração**

Em regra, estamos diante de situações que caracterizam culpa do particular, entretanto, a rescisão unilateral do contrato administrativo também pode ter por motivo razões supervenientes de interesse público, o caso fortuito e a força maior. Nessas três últimas situações,

D A D M

a rescisão unilateral do contrato não resulta de culpa do particular. Seguem as hipóteses que acarretam a rescisão unilateral pela Administração Pública:

Art. 78 *Constituem motivo para rescisão do contrato:*

I - O não cumprimento de cláusulas contratuais, especificações, projetos ou prazos;

II - O cumprimento irregular de cláusulas contratuais, especificações, projetos e prazos;

III - A lentidão do seu cumprimento, levando a Administração a comprovar a impossibilidade da conclusão da obra, do serviço ou do fornecimento, nos prazos estipulados;

IV - O atraso injustificado no início da obra, serviço ou fornecimento;

V - A paralisação da obra, do serviço ou do fornecimento, sem justa causa e prévia comunicação à Administração;

VI - A subcontratação total ou parcial do seu objeto, a associação do contratado com outrem, a cessão ou transferência, total ou parcial, bem como a fusão, cisão ou incorporação, não admitidas no edital e no contrato;

VII - O desatendimento das determinações regulares da autoridade designada para acompanhar e fiscalizar a sua execução, assim como as de seus superiores;

VIII - O cometimento reiterado de faltas na sua execução, anotadas na forma do § 1º do art. 67 desta Lei;

IX - A decretação de falência ou a instauração de insolvência civil;

X - A dissolução da sociedade ou o falecimento do contratado;

XI - A alteração social ou a modificação da finalidade ou da estrutura da empresa, que prejudique a execução do contrato;

XII - Razões de interesse público, de alta relevância e amplo conhecimento, justificadas e determinadas pela máxima autoridade da esfera administrativa a que está subordinado o contratante e exaradas no processo administrativo a que se refere o contrato; (Não há culpa do particular)

XVII - A ocorrência de caso fortuito ou de força maior, regularmente comprovada, impeditiva da execução do contrato (não há culpa do particular);

Parágrafo Único. Os casos de rescisão contratual serão formalmente motivados nos autos do processo, assegurado o contraditório e a ampla defesa.

XVIII - Desrespeitar o art. 7º, inciso XXXIII, da CF: a proibição de trabalho noturno, perigoso ou insalubre a menores de dezoito e de qualquer trabalho a menores de dezesseis anos, salvo na condição de aprendiz, a partir de quatorze anos;

Sobre o assunto, a Lei nº 14.133/2021 dispõe que:

Art. 137 *Constituirão motivos para extinção do contrato, a qual deverá ser formalmente motivada nos autos do processo, assegurados o contraditório e a ampla defesa, as seguintes situações:*

I - Não cumprimento ou cumprimento irregular de normas editalícias ou de cláusulas contratuais, de especificações, de projetos ou de prazos;

II - Desatendimento das determinações regulares emitidas pela autoridade designada para acompanhar e fiscalizar sua execução ou por autoridade superior;

III - Alteração social ou modificação da finalidade ou da estrutura da empresa que restrinja sua capacidade de concluir o contrato;

IV - Decretação de falência ou de insolvência civil, dissolução da sociedade ou falecimento do contratado;

V - Caso fortuito ou força maior, regularmente comprovados, impeditivos da execução do contrato;

VI - Atraso na obtenção da licença ambiental, ou impossibilidade de obtê-la, ou alteração substancial do anteprojeto que dela resultar, ainda que obtida no prazo previsto;

VII - Atraso na liberação das áreas sujeitas a desapropriação, a desocupação ou a servidão administrativa, ou impossibilidade de liberação dessas áreas;

VIII - Razões de interesse público, justificadas pela autoridade máxima do órgão ou da entidade contratante;

IX - Não cumprimento das obrigações relativas à reserva de cargos prevista em lei, bem como em outras normas específicas, para pessoa com deficiência, para reabilitado da Previdência Social ou para aprendiz.

§ 1º Regulamento poderá especificar procedimentos e critérios para verificação da ocorrência dos motivos previstos no caput deste artigo.

§ 2º O contratado terá direito à extinção do contrato nas seguintes hipóteses:

I - Supressão, por parte da Administração, de obras, serviços ou compras que acarrete modificação do valor inicial do contrato além do limite permitido no art. 125 desta Lei;

II - Suspensão de execução do contrato, por ordem escrita da Administração, por prazo superior a 3 (três) meses;

III - Repetidas suspensões que totalizem 90 (noventa) dias úteis, independentemente do pagamento obrigatório de indenização pelas sucessivas e contratualmente imprevistas desmobilizações e mobilizações e outras previstas;

IV - Atraso superior a 2 (dois) meses, contado da emissão da nota fiscal, dos pagamentos ou de parcelas de pagamentos devidos pela Administração por despesas de obras, serviços ou fornecimentos;

V - Não liberação pela Administração, nos prazos contratuais, de área, local ou objeto, para execução de obra, serviço ou fornecimento, e de fontes de materiais naturais especificadas no projeto, inclusive devido a atraso ou descumprimento das obrigações atribuídas pelo contrato à Administração relacionadas a desapropriação, a desocupação de áreas públicas ou a licenciamento ambiental.

§ 3º As hipóteses de extinção a que se referem os incisos II, III e IV do § 2º deste artigo observarão as seguintes disposições:

I - Não serão admitidas em caso de calamidade pública, de grave perturbação da ordem interna ou de guerra, bem como quando decorrerem de ato ou fato que o contratado tenha praticado, do qual tenha participado ou para o qual tenha contribuído;

II - Assegurarão ao contratado o direito de optar pela suspensão do cumprimento das obrigações assumidas até a normalização da situação, admitido o restabelecimento do equilíbrio econômico-financeiro do contrato, na forma da alínea "d" do inciso II do caput do art. 124 desta Lei.

§ 4º Os emitentes das garantias previstas no art. 96 desta Lei deverão ser notificados pelo contratante quanto ao início de processo administrativo para apuração de descumprimento de cláusulas contratuais.

Art. 138. *A extinção do contrato poderá ser:*

I - Determinada por ato unilateral e escrito da Administração, exceto no caso de descumprimento decorrente de sua própria conduta;

II - Consensual, por acordo entre as partes, por conciliação, por mediação ou por comitê de resolução de disputas, desde que haja interesse da Administração;

III - Determinada por decisão arbitral, em decorrência de cláusula compromissória ou compromisso arbitral, ou por decisão judicial.

§ 1º A extinção determinada por ato unilateral da Administração e a extinção consensual deverão ser precedidas de autorização escrita e fundamentada da autoridade competente e reduzidas a termo no respectivo processo.

§ 2º Quando a extinção decorrer de culpa exclusiva da Administração, o contratado será ressarcido pelos prejuízos regularmente comprovados que houver sofrido e terá direito a:

I - Devolução da garantia;

II - Pagamentos devidos pela execução do contrato até a data de extinção;

III - Pagamento do custo da desmobilização.

***Art. 139** A extinção determinada por ato unilateral da Administração poderá acarretar, sem prejuízo das sanções previstas nesta Lei, as seguintes consequências:*

I - Assunção imediata do objeto do contrato, no estado e local em que se encontrar, por ato próprio da Administração;

II - Ocupação e utilização do local, das instalações, dos equipamentos, do material e do pessoal empregados na execução do contrato e necessários à sua continuidade;

III. Execução da garantia contratual para:

a) ressarcimento da Administração Pública por prejuízos decorrentes da não execução;

b) pagamento de verbas trabalhistas, fundiárias e previdenciárias, quando cabível;

c) pagamento das multas devidas à Administração Pública;

d) exigência da assunção da execução e da conclusão do objeto do contrato pela seguradora, quando cabível;

IV - Retenção dos créditos decorrentes do contrato até o limite dos prejuízos causados à Administração Pública e das multas aplicadas.

§ 1º A aplicação das medidas previstas nos incisos I e II do caput deste artigo ficará a critério da Administração, que poderá dar continuidade à obra ou ao serviço por execução direta ou indireta.

§ 2º Na hipótese do inciso II do caput deste artigo, o ato deverá ser precedido de autorização expressa do ministro de Estado, do secretário estadual ou do secretário municipal competente, conforme o caso.

- **Rescisão amigável ou judicial**

A rescisão amigável ou judicial decorre de hipóteses que caracterizam culpa da Administração em relação as suas obrigações contratuais.

***Art. 78,** Constituem motivo para rescisão do contrato: [...]*

XIII - A supressão, por parte da Administração, de obras, serviços ou compras, acarretando modificação do valor inicial do contrato além do limite permitido no § 1º do art. 65 desta Lei;

XIV - A suspensão de sua execução, por ordem escrita da Administração, por prazo superior a 120 (cento e vinte) dias, salvo em caso de calamidade pública, grave perturbação da ordem interna ou guerra, ou ainda por repetidas suspensões que totalizem o mesmo prazo, independentemente do pagamento obrigatório de indenizações pelas sucessivas e contratualmente imprevistas desmobilizações e mobilizações e outras previstas, assegurado ao contratado, nesses casos, o direito de optar pela suspensão do cumprimento das obrigações assumidas até que seja normalizada a situação;

XV - O atraso superior a 90 (noventa) dias dos pagamentos devidos pela Administração decorrentes de obras, serviços ou fornecimento, ou parcelas destes, já recebidos ou executados, salvo em caso de calamidade pública, grave perturbação da ordem interna ou guerra, assegurado ao contratado o direito de optar pela suspensão do cumprimento de suas obrigações até que seja normalizada a situação;

XVI - A não liberação, por parte da Administração, de área, local ou objeto para execução de obra, serviço ou fornecimento, nos prazos contratuais, bem como das fontes de materiais naturais especificadas no projeto;

4.20.3 Consequências da rescisão

As consequências da rescisão variam de acordo com a existência ou não de culpa do contratado, é importante observar que o simples fato da rescisão acontecer de forma unilateral por parte da Administração Pública não define as consequências, mas sim, a presença de culpa ou não do contratado.

- **Consequências da rescisão unilateral quando não há culpa do contratado**

Observe que nesses casos temos as hipóteses de que a culpa é da administração e ainda as de que a responsabilidade não é da administração, nem do contrato como nos casos de ocorrência de razões de interesse público que justifique a rescisão, bem como diante de caso fortuito ou força maior.

O contratado será ressarcido dos prejuízos regularmente comprovados que houver sofrido, tendo ainda direito a:

***Art. 79, § 2º,** [...]*

I - Devolução de garantia;

II - Pagamentos devidos pela execução do contrato até a data da rescisão;

III - Pagamento do custo da desmobilização.

- **Consequências da rescisão unilateral quando há culpa do contratado**

***Art. 80** [...]*

I - Assunção imediata do objeto do contrato, no estado e local em que se encontrar, por ato próprio da Administração;

II - Ocupação e utilização do local, instalações, equipamentos, material e pessoal empregados na execução do contrato, necessários à sua continuidade.

Esse ato deverá ser precedido de autorização expressa do ministro de Estado competente, ou secretário estadual ou municipal, conforme o caso.

III - Execução da garantia contratual, para ressarcimento da Administração, e dos valores das multas e indenizações a ela devidos;

IV - Retenção dos créditos decorrentes do contrato até o limite dos prejuízos causados à Administração.

4.21 Tipos de contrato

4.21.1 Contrato de obra pública

É todo ajuste entre a Administração Pública e o particular que tenha por objeto construção, reforma, fabricação, recuperação ou ampliação de móvel ou imóvel cuja finalidade seja à população em geral ou a prestação de serviços públicos.

4.21.2 Contrato de serviço

É todo ajuste entre a Administração Pública e o particular que tenha por objeto atividade destinada a obter determinada utilidade de interesse para a Administração, como: demolição, conserto, instalação, montagem, operação, conservação, reparação, adaptação, manutenção, transporte, locação de bens, publicidade, seguro ou trabalhos técnico-profissionais.

A diferença marcante entre o contrato de obra pública e o de serviço é que, neste caso, a Administração contrata um particular para exercer uma atividade de caráter contínuo, e no primeiro caso, a administração contrata o particular para realizar algo em que predomina o emprego de materiais, não havendo caráter contínuo, pois a obra um dia terminará. O mesmo raciocínio não é válido para a contratação de serviços.

4.21.3 Contrato de fornecimento

É todo ajuste entre a Administração Pública e o particular que tenha por objeto a aquisição remunerada de bens para fornecimento de uma só vez ou parceladamente.

4.21.4 Contrato de concessão

Contrato de concessão é o contrato administrativo pelo qual a Administração confere ao particular a execução remunerada de serviço público ou de obra pública, ou lhe cede o uso de bem público, para que o explore por sua conta e risco, pelo prazo e nas condições regulamentares e contratuais.

4.21.5 Convênio

É um acordo, ajuste ou qualquer outro instrumento que discipline a transferência de recursos financeiros de dotações consignadas no orçamento fiscal e no orçamento da Seguridade Social da União e tenha como partícipe, de um lado, órgão ou entidade da Administração Pública Federal, direta ou indireta, e, de outro, órgão ou entidade da Administração Pública estadual, distrital ou municipal, direta ou indireta, ou ainda, entidades privadas sem fins lucrativos, visando à execução de programa de governo, envolvendo a realização de projeto, atividade, serviço, aquisição de bens ou evento de interesse recíproco, em regime de mútua cooperação.

4.21.6 Contrato de repasse

É o instrumento administrativo por meio do qual a transferência dos recursos financeiros se processa por intermédio de instituição ou agente financeiro público federal, atuando como mandatário da União.

4.21.7 Termo de cooperação

É o instrumento por meio do qual é ajustada a transferência de crédito de órgão da Administração Pública Federal Direta, autarquia, fundação pública, ou empresa estatal dependente, para outro órgão ou entidade federal da mesma natureza.

4.21.8 Consórcio público

É a pessoa jurídica formada exclusivamente por entes da Federação, na forma da Lei nº 11.107/2005, para estabelecer relações de cooperação federativa, inclusive a realização de objetivos de interesse comum, constituída como associação pública, com personalidade jurídica de direito público e natureza autárquica, ou como pessoa jurídica de direito privado sem fins econômicos.

4.22 Contratação temporária

A Lei nº 8.745/1993 trata da contratação por tempo determinado para atender à necessidade temporária de excepcional interesse público, no serviço federal, nos termos do inciso IX do art. 37 da Constituição Federal.

Para atender à necessidade temporária de excepcional interesse público, os órgãos da Administração Federal Direta, as autarquias e as fundações públicas poderão efetuar contratação de pessoal por tempo determinado, devem observar as condições e prazos fixados na Lei nº 8.745/1993.

> ***Art. 2º*** *Considera-se necessidade temporária de excepcional interesse público:*
>
> *I - Assistência a situações de calamidade pública; (prazo máximo de 6 meses)*
>
> *II - Assistência a emergências em saúde pública; (prazo máximo de 6 meses)*
>
> *III - Realização de recenseamentos e outras pesquisas de natureza estatística efetuadas pela Fundação Instituto Brasileiro de Geografia e Estatística - IBGE; (prazo máximo de 1 ano)*
>
> *IV - Admissão de professor substituto e professor visitante; (prazo máximo de 1 ano)*
>
> *V - Admissão de professor e pesquisador visitante estrangeiro; (prazo máximo de 4 anos)*
>
> *VI - Atividades:*
>
> *a) Especiais nas organizações das Forças Armadas para atender à área industrial ou a encargos temporários de obras e serviços de engenharia; (prazo máximo de 4 anos)*
>
> *b) De identificação e demarcação territorial; (prazo máximo de 2 anos)*
>
> *c) Revogado.*
>
> *d) Finalísticas do Hospital das Forças Armadas; (prazo máximo de 1 ano)*
>
> *e) De pesquisa e desenvolvimento de produtos destinados à segurança de sistemas de informações, sob responsabilidade do Centro de Pesquisa e Desenvolvimento para a Segurança das Comunicações - CEPESC; (prazo máximo de dois anos)*
>
> *f) De vigilância e inspeção, relacionadas à defesa agropecuária, no âmbito do Ministério da Agricultura e do Abastecimento, para atendimento de situações emergenciais ligadas ao comércio internacional de produtos de origem animal ou vegetal ou de iminente risco à saúde animal, vegetal ou humana; (prazo máximo de 1 ano)*
>
> *g) Desenvolvidas no âmbito dos projetos do Sistema de Vigilância da Amazônia - SIVAM e do Sistema de Proteção da Amazônia - SIPAM; (prazo máximo de 4 anos)*
>
> *h) Técnicas especializadas, no âmbito de projetos de cooperação com prazo determinado, implementados mediante acordos internacionais, desde que haja, em seu desempenho, subordinação do contratado ao órgão ou entidade pública; (prazo máximo de três anos)*
>
> *i) Técnicas especializadas necessárias à implantação de órgãos ou entidades ou de novas atribuições definidas para organizações existentes ou as decorrentes de aumento transitório no volume de trabalho que não possam ser atendidas mediante a aplicação do art. 74 da Lei nº 8.112, de 11 de dezembro de 1990; (prazo máximo de 4 anos)*
>
> *j) Técnicas especializadas de tecnologia da informação, de comunicação e de revisão de processos de trabalho, não alcançadas pela alínea i e que não se caracterizem como atividades permanentes do órgão ou entidade; (prazo máximo de 4 anos)*
>
> *l) Didático-pedagógicas em escolas de governo; (prazo máximo de três anos)*
>
> *m) De assistência à saúde para comunidades indígenas; (prazo máximo de 2 anos)*
>
> *VII - Admissão de professor, pesquisador e tecnólogo substitutos para suprir a falta de professor, pesquisador ou tecnólogo ocupante de cargo efetivo, decorrente de licença para exercer atividade empresarial relativa à inovação; (prazo máximo de três anos)*
>
> *VIII - Admissão de pesquisador, de técnico com formação em área tecnológica de nível intermediário ou de tecnólogo, nacionais ou estrangeiros, para projeto de pesquisa com prazo determinado, em instituição destinada à pesquisa, ao desenvolvimento e à inovação;*
>
> *IX - Combate a emergências ambientais, na hipótese de declaração, pelo Ministro de Estado do Meio Ambiente, da existência de emergência ambiental na região específica; (prazo máximo de 6 meses)*
>
> *X - Admissão de professor para suprir demandas decorrentes da expansão das instituições federais de ensino, respeitados os limites e as condições fixados em ato conjunto dos Ministérios do Planejamento, Orçamento e Gestão e da Educação; (prazo máximo de 1 ano)*
>
> *XI - Admissão de professor para suprir demandas excepcionais decorrentes de programas e projetos de aperfeiçoamento de médicos na área de Atenção Básica em saúde em regiões prioritárias para o Sistema Único de Saúde (SUS), mediante integração ensino-serviço, respeitados os limites e as condições fixados em ato conjunto dos Ministros de Estado do Planejamento, Orçamento e Gestão, da Saúde e da Educação; (prazo máximo de três anos)*
>
> *XII - Admissão de profissional de nível superior especializado para atendimento a pessoas com deficiência, nos termos da legislação, matriculadas regularmente em cursos técnicos de nível médio e em cursos de nível superior nas instituições federais de ensino, em ato conjunto do*

Ministério do Planejamento, Desenvolvimento e Gestão e do Ministério da Educação.

As contratações dessas atividades serão feitas exclusivamente por projeto, **vedado o aproveitamento** dos contratados em qualquer área da Administração Pública.

A **contratação de professor substituto** poderá ocorrer para suprir a falta de docente efetivo em razão de:

- Vacância do cargo;
- Afastamento ou licença, na forma do regulamento;
- Nomeação para ocupar cargo de direção de reitor, vice-reitor, pró-reitor e diretor de campus.

O número total de professores substitutos e visitantes não poderá ultrapassar 20% do total de docentes efetivos em exercício na instituição federal de ensino.

Ato do Poder Executivo disporá, para efeitos dessa lei, sobre a declaração de emergências em saúde pública.

A contratação de professor visitante e de professor visitante estrangeiro tem por objetivo:

- Apoiar a execução dos programas de pós-graduação *stricto sensu*;
- Contribuir para o aprimoramento de programas de ensino, pesquisa e extensão;
- Colaborar para a execução de programas de capacitação docente;
- Viabilizar o intercâmbio científico e tecnológico.

Essas contratações (professor visitante e professor visitante estrangeiro) deverão:

- Atender a requisitos de titulação e competência profissional; ou
- Ter reconhecido renome em sua área profissional, atestado por deliberação do Conselho Superior da instituição contratante.

São requisitos mínimos de titulação e competência profissional para a contratação:

- Ser portador do título de doutor, no mínimo, há 2 anos;
- Ser docente ou pesquisador de reconhecida competência em sua área;
- Ter produção científica relevante, preferencialmente nos últimos 5 anos.

Excepcionalmente, no âmbito das instituições da rede federal de educação profissional, científica e tecnológica, poderão ser contratados professor visitante ou professor visitante estrangeiro, **sem o título de doutor, desde que possuam comprovada competência** em ensino, pesquisa e extensão tecnológicos ou reconhecimento da qualificação profissional pelo mercado de trabalho, na forma prevista pelo Conselho Superior da instituição contratante.

A contratação de professores substitutos, visitantes e visitantes estrangeiros poderá ser autorizada pelo dirigente da instituição, condicionada à existência de recursos orçamentários e financeiros para fazer frente às despesas decorrentes da contratação e ao quantitativo máximo de contratos estabelecido para a instituição.

A contratação dos professores substitutos fica limitada ao regime de trabalho de 20 horas ou 40 horas.

O recrutamento do pessoal a ser contratado, nos termos da Lei nº 8.745/1993, será feito mediante **processo seletivo simplificado** sujeito à ampla divulgação, inclusive por meio do Diário Oficial da União, **prescindindo de concurso público** (não precisa de concurso público).

A contratação para atender às necessidades decorrentes de calamidade pública, de emergência ambiental e de emergências em saúde pública prescindirá de processo seletivo. Nesses casos, a contratação dispensa até mesmo o processo seletivo.

Algumas contratações poderão ser efetivadas em vista de notória capacidade técnica ou científica do profissional, mediante análise do *curriculum vitae:*

- Relacionadas a um professor visitante.
- Referentes a um professor e pesquisador visitante estrangeiro.
- Especiais nas organizações das Forças Armadas para atender à área industrial ou a encargos temporários de obras e serviços de engenharia.
- Finalísticas do Hospital das Forças Armadas.
- De pesquisa e desenvolvimento de produtos destinados à segurança de sistemas de informações, sob responsabilidade do Centro de Pesquisa e Desenvolvimento para a Segurança das Comunicações (Cepesc).
- Desenvolvidas no âmbito dos projetos do Sistema de Vigilância da Amazônia (Sivam) e do Sistema de Proteção da Amazônia (Sipam).
- Didático-pedagógicas em escolas de governo.
- De assistência à saúde para comunidades indígenas.
- Admissão de pesquisador, nacional ou estrangeiro, para projeto de pesquisa com prazo determinado, em instituição destinada à pesquisa.

As seguintes contratações de pessoal serão feitas mediante processo seletivo simplificado, observados os critérios e condições estabelecidos pelo Poder Executivo:

- Técnicas especializadas, no âmbito de projetos de cooperação com prazo determinado, implementados mediante acordos internacionais, desde que haja, em seu desempenho, subordinação do contratado ao órgão ou entidade pública;
- Técnicas especializadas necessárias à implantação de órgãos ou entidades ou de novas atribuições definidas para organizações existentes ou as decorrentes de aumento transitório no volume de trabalho que não possam ser atendidas mediante a aplicação do art. 74 da Lei nº 8.112/1990.

4.22.1 Prorrogação dos contratos

Prazo total não excedente a 2 anos

- Admissão de professor substituto e professor visitante.
- De identificação e demarcação territorial.
- Finalísticas do Hospital das Forças Armadas.
- De vigilância e inspeção, relacionadas à defesa agropecuária, no âmbito do Ministério da Agricultura e do Abastecimento, para atendimento de situações emergenciais ligadas ao comércio internacional de produtos de origem animal ou vegetal ou de iminente risco à saúde animal, vegetal ou humana.
- Admissão de professor para suprir demandas decorrentes da expansão das instituições federais de ensino, respeitados os limites e as condições fixados em ato conjunto dos Ministérios do Planejamento, Orçamento e Gestão e da Educação.

Prazo total não excedente a 3 anos

- Realização de recenseamentos e outras pesquisas de natureza estatística efetuadas pela Fundação Instituto Brasileiro de Geografia e Estatística (IBGE).
- De pesquisa e desenvolvimento de produtos destinados à segurança de sistemas de informações, sob responsabilidade do Centro de Pesquisa e Desenvolvimento para a Segurança das Comunicações (Cepesc).

Prazo total não excedente a 4 anos

- Admissão de professor e pesquisador visitante estrangeiro.
- Especiais nas organizações das Forças Armadas para atender à área industrial ou a encargos temporários de obras e serviços de engenharia.
- Técnicas especializadas, no âmbito de projetos de cooperação com prazo determinado, implementados mediante acordos internacionais, desde que haja, em seu desempenho, subordinação do contratado ao órgão ou entidade pública.
- Didático-pedagógicas em escolas de governo.
- De assistência à saúde para comunidades indígenas.

- Admissão de pesquisador, nacional ou estrangeiro, para projeto de pesquisa com prazo determinado, em instituição destinada à pesquisa.

Prazo total não excedente a 5 anos

- Desenvolvidas no âmbito dos projetos do Sistema de Vigilância da Amazônia (Sivam) e do Sistema de Proteção da Amazônia (Sipam).
- Técnicas especializadas necessárias à implantação de órgãos ou entidades ou de novas atribuições definidas para organizações existentes ou as decorrentes de aumento transitório no volume de trabalho que não possam ser atendidas mediante a aplicação do art. 74 da Lei nº 8.112/1990.
- Técnicas especializadas de tecnologia da informação, de comunicação e de revisão de processos de trabalho, não alcançadas pela alínea "i" e que não se caracterizem como atividades permanentes do órgão ou entidade.

Prazo total não excedente a 6 anos

- Admissão de professor, pesquisador e tecnólogo substitutos para suprir a falta de professor, pesquisador ou tecnólogo ocupante de cargo efetivo, decorrente de licença para exercer atividade empresarial relativa à inovação.
- Admissão de professor para suprir demandas excepcionais decorrentes de programas e projetos de aperfeiçoamento de médicos na área de Atenção Básica em saúde em regiões prioritárias para o Sistema Único de Saúde (SUS), mediante integração ensino-serviço, respeitados os limites e as condições fixados em ato conjunto dos ministros de Estado do Planejamento, Orçamento e Gestão, da Saúde e da Educação.

Pelo prazo necessário **à superação da situação de calamidade pública ou das situações de emergências em saúde pública, desde que não exceda a 2 anos,** nos casos de:

- Assistência a situações de calamidade pública.
- Assistência a emergências em saúde pública.

As contratações somente poderão ser feitas com observância da dotação orçamentária específica e mediante prévia autorização do Ministro de Estado do Planejamento, Orçamento e Gestão e do Ministro de Estado sob cuja supervisão se encontrar o órgão ou entidade contratante, conforme estabelecido em regulamento.

Os órgãos e entidades contratantes encaminharão à Secretaria de Recursos Humanos do Ministério do Planejamento, Orçamento e Gestão, para controle do disposto na Lei nº 8.745/1993, síntese dos contratos efetivados.

É proibida a contratação, nos termos Lei nº 8.745/1993, de servidores da Administração Direta ou Indireta da União, dos estados, do Distrito Federal e dos municípios, bem como de empregados ou servidores de suas subsidiárias e controladas.

Essa proibição, entretanto, não se aplica no caso de formal comprovação da compatibilidade de horários, a contratação de:

- **Professor substituto nas instituições federais de ensino**, desde que o contratado não ocupe cargo efetivo integrante das carreiras de magistério de que trata a Lei nº 7.596/1987.
- **Profissionais de saúde em unidades hospitalares**, quando administradas pelo Governo Federal e para atender às necessidades decorrentes de calamidade pública, desde que o contratado não ocupe cargo efetivo ou emprego permanente em órgão ou entidade da Administração Pública Federal Direta e Indireta.

No caso de violação dessa proibição, sem prejuízo da nulidade do contrato, essa infração importará responsabilidade administrativa da autoridade contratante e do contratado, inclusive, se for a situação, solidariedade quanto à devolução dos valores pagos ao contratado.

A remuneração do pessoal contratado temporariamente nos termos da Lei nº 8.745/1993 será fixada: em importância não **superior ao valor da remuneração fixada para os servidores de final de Carreira das mesmas categorias, nos planos de retribuição ou nos quadros de cargos** e salários do órgão ou entidade contratante.

Admissão de professor substituto e professor visitante.

Admissão de professor para suprir demandas decorrentes da expansão das instituições federais de ensino, respeitados os limites e as condições fixados em ato conjunto dos Ministérios do Planejamento, Orçamento e Gestão e da Educação.

Admissão de professor para suprir demandas excepcionais decorrentes de programas e projetos de aperfeiçoamento de médicos na área de Atenção Básica em saúde em regiões prioritárias para o SUS, mediante integração ensino-serviço, respeitados os limites e as condições fixados em ato conjunto dos Ministros de Estado do Planejamento, Orçamento e Gestão, da Saúde e da Educação.

Em importância não superior ao valor da remuneração constante dos planos de retribuição ou nos quadros de cargos e salários do serviço público, para servidores que desempenhem função semelhante, ou, não existindo a semelhança, às condições do mercado de trabalho:

- Assistência a situações de calamidade pública.
- Assistência a emergências em saúde pública.
- Realização de recenseamentos e outras pesquisas de natureza estatística efetuadas pelo IBGE.
- Admissão de professor e pesquisador visitante estrangeiro.
- Atividades do inciso VI.
- Admissão de pesquisador, nacional ou estrangeiro, para projeto de pesquisa com prazo determinado, em instituição destinada à pesquisa.

Quando se tratar de coleta de dados, o valor da remuneração poderá ser formado por unidade produzida, desde que obedecido à mesma regra acima disposta:

- Realização de recenseamentos e outras pesquisas de natureza estatística efetuadas pelo IBGE.

Para os efeitos do cálculo dessa remuneração, não se consideram as vantagens de natureza individual dos servidores ocupantes de cargos tomados como paradigma.

Caberá ao Poder Executivo fixar as tabelas de remuneração para as hipóteses de contratações previstas nas alíneas "h", "i", "j", "l" e "m" do inciso VI do *caput* do art. 2º da Lei nº 8.745/1993.

Ao pessoal contratado nos termos da Lei nº 8.745/1993 aplica-se o disposto na Lei nº 8.647/1993 (lei que trata da vinculação do servidor público civil, ocupante de cargo em comissão sem vínculo efetivo com a Administração Pública Federal, ao Regime Geral de Previdência Social).

O pessoal contratado nos termos da Lei nº 8.745/1993, art. 9º **não** poderá:

> *I - Receber atribuições, funções ou encargos não previstos no respectivo contrato.*
>
> *II - Ser nomeado ou designado, ainda que a título precário ou em substituição, para o exercício de cargo em comissão ou função de confiança.*
>
> *III. Ser novamente contratado, com fundamento nessa Lei, antes de decorridos 24 meses do encerramento de seu contrato anterior (salvo nas hipóteses dos incisos I e IX do art. 2º desta Lei, mediante prévia autorização, conforme determina o art. 5º da Lei nº 8.745/1993).*

A inobservância dessas proibições importará na **rescisão do contrato** (nos casos dos incisos I e II) ou na **declaração da sua insubsistência** (no caso do inciso III), **sem prejuízo da responsabilidade administrativa** das autoridades envolvidas na transgressão.

As infrações disciplinares atribuídas ao pessoal contratado nos termos da Lei nº 8.745/1993 serão apuradas mediante sindicância, concluída no prazo de **30 dias e assegurada ampla defesa.**

4.23 Extinção do contrato (sem direito a indenizações)

- Pelo término do prazo contratual (comunicada com antecedência mínima de 30 dias).
- Por iniciativa do contratado (comunicada com antecedência mínima de 30 dias).
- Pela extinção ou conclusão do projeto, definidos pelo contratante, nos casos da alínea "h" do inciso VI do art. 2º da Lei nº 8.745/1993.

A extinção do contrato, por iniciativa do órgão ou entidade contratante, decorrente de **conveniência administrativa**, importará no pagamento ao **contratado de indenização correspondente à metade** do que lhe caberia referente ao restante do contrato.

O tempo de serviço prestado em virtude de contratação temporária nos termos dessa Lei será contado para todos os efeitos.

D
A
D
M

5. DEVERES E PODERES ADMINISTRATIVOS

Para um desempenho adequado do papel que compete à Administração Pública, o ordenamento jurídico confere a ela poderes e deveres especiais. Conheceremos seus deveres e poderes de modo a diferenciar a aplicabilidade de um ou de outro poder ou dever na análise de casos concretos, bem como apresentado nas questões de concurso público.

5.1 Deveres

Os deveres da Administração Pública são um conjunto de obrigações de direito público que a ordem jurídica confere aos agentes públicos com o objetivo de permitir que o Estado alcance seus fins.

O fundamento desses deveres é o princípio da indisponibilidade do interesse público, pois, como a Administração Pública é uma ferramenta do Estado para alcançar seus objetivos, não é permitido ao agente público usar dos seus poderes para satisfazer interesses pessoais ou de terceiros. Com base nessa regra, concluímos que esses agentes não podem dispor do interesse público, por não ser o seu proprietário, e sim o povo. A ele cabe a gestão da Administração Pública em prol da coletividade.

A doutrina, de modo geral, enumera como alguns dos principais deveres impostos aos agentes administrativos pelo ordenamento jurídico quatro obrigações administrativas, a saber:

- Poder-dever de agir;
- Dever de eficiência;
- Dever de probidade;
- Dever de prestar contas.

5.1.1 Poder-dever de agir

O poder-dever de agir determina que toda a Administração Pública tem que agir em caso de determinação legal. Contudo, essa é temperada, uma vez que o administrador precisa ter possibilidade real de atuar.

> ***Art. 37, § 6º, CF/1988*** *Policiais em serviço que presenciam um cidadão ser assaltado e morto e nada fazem. Nessa situação, além do dever imposto por lei, havia a possibilidade de agir. Nesse caso concreto, gera-se a possibilidade de indenização por parte do Estado, com base na responsabilidade civil do Estado.*

Enquanto, no direito privado, agir é uma faculdade do administrador, no direito público, agir é um dever legal do agente público.

Em decorrência dessa regra temos que os **poderes** administrativos são **irrenunciáveis**, devendo ser **obrigatoriamente exercidos** por seus titulares nas situações cabíveis.

A inércia do agente público acarreta responsabilização a ela por abuso de poder na modalidade omissão. A Administração Pública também responderá pelos danos patrimoniais ou morais decorrentes da omissão na esfera cível.

5.1.2 Dever de eficiência

A Constituição implementou o dever de eficiência com a introdução da Emenda Constitucional nº 19 de 1998, a chamada reforma administrativa. Esse novo modelo instituiu a denominada "administração gerencial", tendo vários exemplos dispostos no corpo do texto constitucional, como:

- Possibilidade de perda do cargo de servidor estável em razão de insuficiência de desempenho (art. 41, § 1º, inciso III);
- O estabelecimento como condição para o ganho da estabilidade de avaliação de desempenho (art. 41, § 4º);
- A possibilidade da celebração de contratos de gestão (art. 37, § 8º);
- A exigência de participação do servidor público em cursos de aperfeiçoamento profissional como um dos requisitos para a promoção na carreira (art. 39, § 2º).

5.1.3 Dever de probidade

O dever de probidade determina que todo administrador público, no desempenho de suas atividades, atue sempre com ética, honestidade e boa-fé, em consonância com o princípio da moralidade administrativa.

> ***Art. 37, § 4º, CF/1988*** *Os atos de improbidade administrativa importarão a suspensão dos direitos políticos, a perda da função pública, a indisponibilidade dos bens e o ressarcimento ao erário, na forma e gradação previstas em lei, sem prejuízo da ação penal cabível.*

Efeitos

- A suspensão dos direitos políticos;
- Perda da função pública;
- Ressarcimento ao erário;
- Indisponibilidade dos bens.

5.1.4 Dever de prestar contas

O dever de prestar contas decorre diretamente do princípio da indisponibilidade do interesse público, sendo pertinente à função do agente público, que é simples gestão da coisa pública.

> ***Art. 70, Parágrafo único, CF/1988*** *Prestará contas qualquer pessoa física ou jurídica, pública ou privada, que utilize, arrecade, guarde, gerencie ou administre dinheiros, bens e valores públicos ou pelos quais a União responda, ou que, em nome dessa, assuma obrigações de natureza pecuniária.*

5.2 Poderes administrativos

São mecanismos que, utilizados isoladamente ou em conjunto, permitem que a Administração Pública possa cumprir suas finalidades. Dessa forma, os poderes administrativos representam um conjunto de prerrogativas de direito público que a ordem jurídica confere aos agentes administrativos para o fim de permitir que o Estado alcance os seus fins.

O fundamento desses poderes é o princípio da supremacia do interesse público, pois, como a Administração Pública é uma ferramenta do Estado para alcançar seus objetivos, e tais objetivos são de interesse de toda coletividade, é necessário que o Estado possa ter prerrogativas especiais na busca de seus objetivos. Como exemplo, podemos citar a aplicação de uma multa de trânsito. Imagine que a lei fale que ultrapassar o sinal vermelho é errado, mas que o Estado não tenha o poder de aplicar a multa. De nada vale a previsão da infração na lei.

São poderes administrativos descritos pela doutrina pátria:

- Poder vinculado;
- Poder discricionário;
- Poder hierárquico;
- Poder disciplinar;
- Poder regulamentar;
- Poder de polícia.

5.2.1 Poder vinculado

O poder vinculado determina que o administrador somente pode fazer o que a lei determina; aqui não se gera poder de escolha, ou seja, está o administrador preso (vinculado) aos ditames da lei.

O agente público não pode fazer considerações de conveniência e oportunidade. Caso descumpra a única hipótese prevista na lei para orientar a sua conduta, praticará um ato ilegal, assim, deve o ato ser anulado.

5.2.2 Poder discricionário

O poder discricionário gera a margem de escolha, que é a conveniência e a oportunidade, o mérito administrativo. Diz-se que o agente público pode agir com liberdade de escolha, mas sempre respeitando os parâmetros da lei.

Duas são as vertentes que autorizam o poder discricionário: a lei e os conceitos jurídicos indeterminados. Esses últimos são determinações da própria lei, por exemplo: quando a lei prevê a boa-fé, quem decide se o administrado está de boa ou má-fé é o agente público, sempre sendo razoável e proporcional.

5.2.3 Poder hierárquico

Manifesta a noção de um escalonamento vertical da Administração Pública, já que temos a subordinação entre órgãos e agentes, sempre no âmbito de uma mesma pessoa jurídica.

É interessante salientar que não há subordinação nem hierarquia:

- Entre pessoas distintas.
- Entre os poderes da república.
- Entre a administração e o administrado.

Suas prerrogativas são:

- **Dar ordens:** cabe ao subordinado o dever de obediência, salvo nos casos de ordens manifestamente ilegais.
- Fiscalizar a atuação dos subordinados.
- Revisar os atos dos subordinados e, nessa atribuição:
- Manter os atos vinculados legais e os atos discricionários legais convenientes e oportunos.
- Convalidar os atos com defeitos sanáveis.
- Anular os atos ilegais.
- Revogar os atos discricionários legais inconvenientes e inoportunos.
- Aplicar sanções aos servidores que praticarem infrações funcionais.

A caraterística marcante é o grau de subordinação entre órgãos e agentes, sempre dentro da estrutura da mesma pessoa jurídica. O controle hierárquico permite que o superior aprecie todos os aspectos dos atos de seus subordinados (quanto à legalidade e quanto ao mérito administrativo) e pode ocorrer de ofício ou a pedido, quando for interesse de terceiros, por meio de recurso hierárquico.

- **Delegação**

Competência: é o ato discricionário, revogável a qualquer tempo, mediante o qual o superior hierárquico confere o exercício temporário de algumas de suas atribuições, originariamente pertencentes ao seu cargo, a um subordinado.

É importante alertar que, excepcionalmente, a lei admite a delegação para outro órgão que não seja hierarquicamente subordinado ao delegante, conforme podemos constatar da redação do art. 12 da Lei nº 9.784/1999:

> ***Art. 12*** *Um órgão administrativo e seu titular poderão, se não houver impedimento legal, delegar parte da sua competência a outros órgãos ou titulares, ainda que estes não lhe sejam hierarquicamente subordinados, quando for conveniente, em razão de circunstâncias de índole técnica, social, econômica, jurídica ou territorial.*

São características da delegação:

- **Não podem ser delegados:**
  - Edição de atos de caráter normativo;
  - A decisão de recursos administrativos;
  - As matérias de competência exclusiva do órgão ou autoridade.
- **Consequências:**
  - **Não acarreta renúncia de competências;**
  - Transfere o exercício da atribuição e não a titularidade, pois pode ser revogada a delegação a qualquer tempo pela autoridade delegante;
  - O ato de delegação e sua revogação deverão ser publicados em meio oficial.
  - **Avocação.**

Competência: avocar é o ato discricionário mediante o qual o superior hierárquico traz para si o exercício temporário de determinada competência, atribuída por lei a um subordinado.

Cabimento: é uma medida excepcional e deve ser fundamentada.

Restrições: não podem ser avocadas competências exclusivas do subordinado.

Consequências: desonera o agente de qualquer responsabilidade relativa ao ato praticado pelo superior hierárquico.

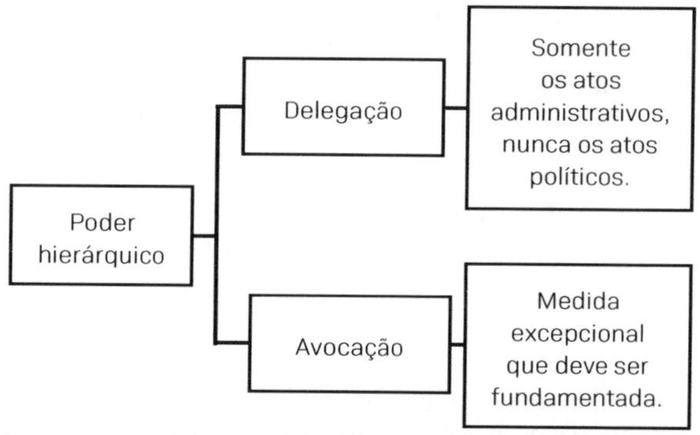

Atenção!

Segundo a Lei nº 9.784/1999, que trata do processo administrativo federal:

Art. 13. *Não podem ser objeto de delegação:*
I - a edição de atos de caráter normativo;
II - a decisão de recursos administrativos;
III - as matérias de competência exclusiva do órgão ou autoridade.

5.2.4 Poder disciplinar

O poder disciplinar é uma espécie de poder-dever de agir da Administração Pública. Dessa forma, o administrador público atua de forma a punir internamente as infrações cometidas por seus agentes e, em exceção, atua de forma a punir particulares que mantenham um vínculo jurídico específico com a Administração.

O poder disciplinar não pode ser confundido com o *jus puniendi* do Estado, ou seja, com o poder do Estado de aplicar a lei penal a quem comete uma infração penal.

Em regra, o poder disciplinar é discricionário, algumas vezes, é vinculado. Essa discricionariedade se encontra na escolha da quantidade de sanção a ser aplicada dentro das hipóteses previstas na lei, e não na faculdade de punir ou não o infrator, pois puni-lo é um dever. Assim, a punição não é discricionária, quantidade de punição que em regra é, porém, é importante lembrar que, quando a lei apontar precisamente a penalidade ou a quantidade dela que deve ser aplicada para determinada infração, o poder disciplinar será vinculado.

5.2.5 Poder regulamentar

Quando a Administração atua punindo particulares (comuns) que cometeram falta, ela está usando o poder de polícia. Contudo, quando atua penalizando particulares que mantenham um vínculo jurídico específico (plus), estará utilizando o poder disciplinar.

Existem duas formas de manifestação do poder regulamentar: o decreto regulamentar e o autônomo, sendo que o primeiro é a regra e o segundo é a exceção.

- **Decreto regulamentar**

Também denominado decreto executivo ou regulamento executivo.

O decreto regulamentar é uma prerrogativa dos chefes do poder executivo de regulamentar a lei para garantir a sua fiel aplicação.

- **Restrições**
  - Não inova o ordenamento jurídico;
  - Não pode alterar a lei;
  - Não pode criar direitos e obrigações;
  - Caso o decreto regulamentar extrapole os limites da lei, haverá quebra do princípio da legalidade. Nessa situação,

se do decreto regulamentar for federal, caberá ao Congresso Nacional sustar os seus dispositivos violadores da lei.

- **Exercício**
    - Somente por decretos dos chefes do poder Executivo (presidente da República, governadores e prefeitos), sendo uma competência exclusiva, indelegável a qualquer outra autoridade.
- **Natureza**
    - Decreto: natureza secundária ou derivada;
    - Lei: natureza primária ou originária.
- **Prazo para regulamentação**
    - A ausência do prazo é inconstitucional;
    - Enquanto não regulamentada, a lei é inexequível (não pode ser executada);
    - Se o chefe do Executivo descumprir o prazo, a lei se torna exequível (pode ser executada);
    - A competência para editar decreto regulamentar não pode ser objeto de delegação.
- **Decreto autônomo**

A Emenda Constitucional nº 32, alterou o art. 84 da Constituição Federal e deu ao seu inciso VI a seguinte redação:

> ***Art. 84*** *Compete privativamente ao Presidente da República: [...]*
>
> *VI. dispor, mediante decreto, sobre:*
>
> *a) organização e funcionamento da administração federal, quando não implicar aumento de despesa nem criação ou extinção de órgãos públicos;*
>
> *b) extinção de funções ou cargos públicos, quando vagos; [...]*

Essa previsão se refere ao que a doutrina chama de decreto autônomo, pois se refere à predição para o presidente da república tratar mediante decreto de determinados assuntos, sem lei anterior, balizando a sua atuação, pois a baliza foi a própria Constituição Federal. O decreto é autônomo porque não depende de lei.

Características:

- Inova o ordenamento jurídico;
- O decreto autônomo tem natureza primária ou originária;
- Somente pode tratar das matérias descritas no art. 84, inciso VI, da Constituição Federal de 1988;
- O presidente da República poderá delegar as atribuições mencionadas para edição de decretos autônomos aos ministros de Estado, ao procurador-geral da República ou ao advogado-geral da União, que observarão os limites traçados nas respectivas delegações, conforme prevê o inciso único do art. 84.

As regras relativas às competências do presidente da República no uso do decreto regulamentar e do autônomo são estendidas aos demais chefes do executivo nacional dentro das suas respectivas administrações públicas. Assim, governadores e prefeitos podem tratar, mediante decreto autônomo, dos temas estaduais e municipais de suas respectivas administrações que o presidente da República pode resolver, mediante decreto autônomo, na esfera da Administração Pública federal.

5.2.6 Poder de polícia

O Código Tributário Nacional, em seu art. 78, ao tratar dos fatos geradores das taxas, assim conceitua poder de polícia:

> ***Art. 78*** *Considera-se poder de polícia atividade da Administração Pública que, limitando ou disciplinando direito, interesse ou liberdade, regula a prática de ato ou abstenção de fato, em razão de interesse público concernente à segurança, à higiene, à ordem, aos costumes, à disciplina da produção e do mercado, ao exercício de atividades econômicas dependentes de concessão ou autorização do Poder Público, à tranquilidade pública ou ao respeito à propriedade e aos direitos individuais ou coletivos.*

O **conceito** de poder de polícia é a faculdade que dispõe a Administração Pública para condicionar, restringir o uso, o gozo de bens, atividades e direitos individuais, em benefício da coletividade ou do próprio Estado.

É competente para exercer o poder de polícia administrativa sobre uma dada atividade o ente federado, ao qual a Constituição da República atribui competência para legislar sobre essa mesma atividade, para regular a prática dessa.

Assim, podemos dizer que o poder de polícia é discricionário em regra, podendo ser vinculado nos casos em que a lei determinar. Ele dispõe que toda a Administração Pública pode condicionar ou restringir os direitos dos administrados em caso de não cumprimento das determinações legais.

O poder de polícia **fundamenta-se no império** do Estado **(poder extroverso)**, que decorre do princípio da supremacia do interesse público, pois, por meio de imposições limitando ou restringindo a esfera jurídica dos administrados, visa à Administração Pública à defesa de um bem maior, que é proteção dos direitos da coletividade, pois o interesse público prevalece sobre os particulares.

- **Atributos do Poder de Polícia**

Discricionariedade: o poder de polícia, em regra, é discricionário, pois dá margem de liberdade dentro dos parâmetros legais ao administrador público para agir; contudo, se a lei exigir, tal poder pode ser vinculado.

O Estado escolhe as atividades que sofrerão as fiscalizações da polícia administrativa. Essa escolha é manifestação da discricionariedade do poder de polícia do Estado. Também é manifestação da discricionariedade do poder de polícia a majoração da quantidade de pena aplicada a quem cometer uma infração sujeita à disciplina do poder de polícia.

Nos casos em que a lei prevê uma pena que tenha duração no tempo e não fixar exatamente a quantidade, dando uma margem de escolha de quantidade ao julgador, temos o exercício do poder discricionário na atuação de polícia e, como limite desse poder de punir, temos a própria lei que traz a ordem de polícia e ainda os princípios da razoabilidade e da proporcionalidade que vedam a aplicação da pena em proporção superior à gravidade do fato ilícito praticado.

O cabimento se aplica em autorização da lei e medida urgente.

Autoexecutoriedade: é a prerrogativa da Administração Pública de executar diretamente as decisões decorrentes do poder de polícia, por seus próprios meios, sem precisar recorrer ao judiciário.

A autoexecutoriedade no uso do poder de polícia não é absoluta, tendo natureza relativa, ou seja, não são todos os atos decorrentes do poder de polícia que são autoexecutórios. Para que um ato assim ocorra, é necessário que ele seja exigível e executório ao mesmo tempo.

Exigibilidade: exigível é aquela conduta prevista na norma que, caso seja infringida, pode ser aplicada uma **coerção indireta**, ou seja, caso a pessoa venha a sofrer uma penalidade e se recuse a aceitar a aplicação da sanção, a aplicação dessa somente poderá ser executada por decisão judicial. É o caso das multas, por exemplo, que podem ser lançadas a quem comete uma infração de trânsito, a administração não pode receber o valor devido por meio da coerção, caso a pessoa penalizada se recuse a pagar a multa, o seu recebimento dependerá de execução judicial pela Administração Pública. A exigibilidade é uma característica de todos os atos praticados no exercício do poder de polícia.

Executoriedade: executória é a norma que, caso seja desrespeitada, permite a aplicação de uma **coerção direta**, ou seja, a administração pode utilizar da força coercitiva para garantir a aplicação da penalidade, sem precisar recorrer ao Judiciário.

É o caso das sanções de interdição de estabelecimentos comerciais, suspensão de direitos, entre outras. Não são todas as medidas decorrentes do poder de polícia executórias.

O ato de polícia para ser autoexecutório precisa ser ao mesmo tempo exigível e executório, ou seja, nem todos os atos decorrentes do poder de polícia são autoexecutórios.

Coercibilidade: esse atributo informa que as determinações da Administração Pública podem ser impostas coercitivamente ao administrado, ou seja, o particular é obrigado a observar os ditames da administração. Caso ocorra resistência por parte desse, a Administração Pública estará autorizada a usar força, independentemente de autorização judicial, para fazer com que seja cumprida a regra de polícia. Todavia, os meios utilizados pela administração devem ser legítimos, humanos e compatíveis com a urgência e a necessidade da medida adotada.

- **Classificação**

O poder de polícia pode ser originário, no caso da Administração Pública Direta e derivada. Quando diz respeito às autarquias, a doutrina orienta que fundações públicas, sociedade de economia mista e empresas públicas não possuem o poder de polícia em suas ações.

Poder de polícia originário:

- Dado à Administração Pública Direta.

Poder de polícia delegado:

- Dado às pessoas da Administração Pública Indireta que possuem personalidade jurídica de direito público. Esse poder somente é proporcionado para as autarquias ligadas à Administração Indireta.

O poder de polícia não pode ser exercido por particulares ou por pessoas jurídicas de direito privado da Administração Indireta, entretanto, o STJ em uma recente decisão entendeu que os atos de consentimento de polícia e de fiscalização dessa, que por si só não têm natureza coercitiva, podem ser delegados às pessoas jurídicas de direito privado da Administração Indireta.

- **Meios de atuação**

O poder de polícia pode ser exercido tanto preventivamente quanto repressivamente.

Prevenção: manifesta-se por meio da edição de atos normativos de alcance geral, como leis, decretos, resoluções, entre outros, e também por meio de várias medidas administrativas, como a fiscalização, a vistoria, a notificação, a licença, a autorização, entre outras.

Repressão: manifesta-se por meio da aplicação de punições, como multas, interdição de direitos, destruição de mercadorias etc.

- **Ciclo de polícia**

O ciclo de polícia se refere às fases de atuação desse poder, ordem de polícia, consentimento, fiscalização e sanção de polícia. Para se completar, esse ciclo pode passar por quatro fases distintas:

Ordem de polícia: é a lei inovadora que tem trazido limites ou condições ao exercício de atividades privadas ou uso de bens.

Consentimento: é a autorização prévia fornecida pela Administração para a prática de determinada atividade privada ou para usar um bem.

Fiscalização: é a verificação, por parte da Administração Pública, para certificar-se de que o administrado está cumprindo as exigências contidas na ordem de polícia para a prática de determinada atividade privada ou uso de bem.

Sanção de Polícia: é a coerção imposta pela administração ao particular que pratica alguma atividade regulada por ordem de polícia em descumprimento com as exigências contidas.

É importante destacar que o ciclo de polícia não precisa necessariamente comportar essas quatro fases, pois as de ordem e fiscalização devem sempre estar presentes em qualquer atuação de polícia administrativa, todavia, as fases de consentimento e de sanção não estarão presentes em todos os ciclos de polícia.

- **Prescrição**

O prazo de prescrição das ações punitivas decorrentes do exercício do poder de polícia é de **5 anos** para a esfera federal, conforme constata-se na redação do art. 1º da Lei nº 9.873/1999:

> ***Art. 1º*** *Prescreve em cinco anos a ação punitiva da Administração Pública Federal, direta e indireta, no exercício do poder de polícia, objetivando apurar infração a legislação em vigor, contados da data da prática do ato ou, no caso de infração permanente ou continuada, do dia em que tiver cessado.*

Polícia Administrativa x Polícia Judiciária
Polícia Administrativa: atua visando evitar a prática de infrações administrativas, tem natureza preventiva, entretanto, em alguns casos ela pode ser repressiva. A polícia administrativa atua sobre atividades privadas, bens ou direitos. **Polícia Judiciária:** atua com o objetivo de reprimir a infração criminal, tem natureza repressiva, mas, em alguns casos, pode ser preventiva. Ao contrário da polícia administrativa que atua sobre atividades privadas, bens ou direitos, a atuação da judiciária recai sobre as pessoas.

- **Poder de polícia prestação de serviços públicos**

Não podemos confundir toda atuação estatal com a prestação de serviços públicos, pois, dentre as diversas atividades desempenhadas pela Administração Pública, temos, além da prestação de serviços públicos, o exercício do poder de polícia, o fomento, a intervenção na propriedade privada, entre outras.

Distingue-se o poder de polícia da prestação de serviços públicos, pois essa é uma atividade positiva, que se manifesta numa obrigação de fazer.

Poder de polícia: atividade negativa, que traz a noção de não fazer, proibição, excepcionalmente pode trazer uma obrigação de fazer. Seu exercício sofre tributação mediante taxa e é indelegável a particulares.

Serviço público: atividade positiva, que traz a noção de fazer algo. Sua remuneração se dá por meio da tarifa, que não é um tributo, mas, sim, uma espécie de preço público, e o serviço público, mesmo sendo de titularidade exclusiva do Estado, é delegável a particulares.

5.2.7 Abuso de poder

O administrador público tem de agir, obrigatoriamente, em obediência aos princípios constitucionais, do contrário, sua ação pode ser arbitrária e, consequentemente, ilegal, o que gerará o chamado abuso de poder.

- **Excesso de poder:** quando o agente público atua fora dos limites de sua esfera de competência.
- **Desvio de poder:** quando a atuação do agente, embora dentro de sua órbita de competência, contraria a finalidade explícita ou implícita na lei que determinou ou autorizou a sua atuação, tanto é desvio de poder a conduta contrária à finalidade geral (ou mediata) do ato – o interesse público –, quanto a que discrepe de sua finalidade específica (ou imediata).
- **Omissão de poder:** ocorre quando o agente público fica inerte diante de uma situação em que a lei impõe o uso do poder.

Atenção!
Todos os atos que forem praticados com abuso de poder são ilegais e devem ser anulados; essa anulação pode acontecer tanto pela via administrativa quanto pela via judicial. O remédio constitucional para combater o abuso de poder é o Mandado de Segurança.

6. RESPONSABILIDADE CIVIL DO ESTADO

A Responsabilidade Civil consubstancia-se na obrigação de indenizar um dano patrimonial decorrente de um fato lesivo voluntário. É modalidade de obrigação extracontratual e, para que ocorra, são necessários alguns elementos previstos no art. 37, § 6º, da Constituição Federal:

> *§ 6º As pessoas jurídicas de direito público e as pessoas jurídicas de direito privado prestadoras de serviço público responderão pelos danos seus agentes, nessa qualidade, causarem a terceiros, assegurado o direito de regresso contra o responsável nos casos de dolo ou culpa.*

6.1 Teoria do risco administrativo

É a responsabilidade objetiva do Estado, que paga o terceiro lesado, desde que ocorra o dano por ação praticada pelo agente público, mesmo o agente não agindo com dolo ou culpa.

Enquanto para a Administração a responsabilidade independe da culpa, para o servidor, ela depende: aquela é objetiva, esta é subjetiva e se apura pelos critérios gerais do Código Civil.

Atenção!

As pessoas jurídicas de direito privado prestadoras de serviço público estão também sob a responsabilidade na modalidade risco administrativo.

6.1.1 Requisitos

- O fato lesivo causado pelo agente em decorrência de culpa em sentido amplo, a qual abrange o dolo (intenção), e a culpa em sentido estrito, que engloba a negligência, a imprudência e a imperícia.
- A ocorrência de um dano patrimonial ou moral.
- O nexo de causalidade entre o dano havido e o comportamento do agente, o que significa ser necessário que o dano efetivamente haja decorrido diretamente, da ação ou omissão indevida do agente.
- Situações de quebra do nexo causal da Administração Pública (Rompimento do Nexo Causal). Veja os casos a seguir:
- **Caso I:** culpa exclusiva de terceiros ou da vítima.

  Por exemplo: Marco, agente federal, dirigindo regularmente viatura oficial em escolta, atropela Sérgio, um suicida. Nessa situação, a Administração Pública não está obrigada a indenizar, pois o prejuízo foi causado exclusivamente pela vítima.
- **Caso II:** caso fortuito, evento da natureza imprevisível e inevitável.

  Por exemplo: a Polícia Rodoviária Federal (PRF) apreende um veículo em depósito. No local, cai um raio e destrói por completo o veículo apreendido. Nessa situação, a Administração não estará obrigada a indenizar o prejuízo sofrido, uma vez que não ocorreu culpa.
- **Caso III:** motivo de força maior, evento humano imprevisível e inevitável.

  Por exemplo: a PRF apreende um veículo em depósito. Uma manifestação popular intensa invade-o e depreda todo o veículo, inutilizando-o. Nessa situação, a Administração não estará obrigada a indenizar o prejuízo sofrido, uma vez que não ocorreu culpa.

Atenção!

Estão incluídas todas as pessoas jurídicas de direito público, ou seja, a Administração Direta, as autarquias e as fundações públicas de direito público, independentemente de suas atividades.

6.2 Teoria da culpa administrativa

Segundo a teoria da culpa administrativa, também conhecida como teoria da culpa anônima ou falta de serviço, o dever do Estado de indenizar o dano sofrido pelo particular somente existe caso seja comprovada a existência de falta de serviço. É possível, ainda, ocorrer a responsabilização do Estado aos danos causados por fenômenos da natureza quando ficar comprovado que o Estado concorreu de alguma maneira para que se produzisse o evento danoso, seja por dolo ou culpa. Nessa situação, vigora a responsabilidade subjetiva, pois temos a condição de ter ocorrido com dolo ou culpa. A culpa administrativa pode decorrer de uma das três formas possíveis de falta do serviço:

- Inexistência do serviço.
- Mau funcionamento do serviço.
- Retardamento do serviço.

Cabe sempre ao particular prejudicado pela falta comprovar sua ocorrência para fazer justa indenização.

Para os casos de omissão, a regra geral é a responsabilidade subjetiva. No entanto, há casos em que mesmo na omissão a responsabilidade do Estado será objetiva, por exemplo, no caso de atendimento hospitalar deficiente e de pessoas sob a custódia do Estado, ou seja, o preso, pois, nesse caso, o Estado tem o dever de assegurar integridade física e mental do custodiado.

6.3 Teoria do risco integral

A Teoria do risco integral representa uma exacerbação da responsabilidade civil da Administração. Segundo essa teoria, basta a existência de evento danoso e do nexo causal para que surja a obrigação de indenizar para a administração, mesmo que o dano decorra de culpa exclusiva do particular.

Alguns autores consideram essa teoria para o caso de acidente nuclear.

6.4 Danos decorrentes de obras públicas

Só o fato da obra: sem qualquer irregularidade na sua execução.

- Responsabilidade Civil Objetiva da Administração Pública ou particular (tanto faz quem execute a obra).

Má execução da obra

- **Administração Pública:** responsabilidade civil objetiva, com direito de ação regressiva.
- **Particular:** responsabilidade civil subjetiva.

6.5 Responsabilidade civil decorrente de atos legislativos

Regra: irresponsabilidade do Estado.

Exceção 1: leis inconstitucionais:

- Depende de declaração de inconstitucionalidade do STF;
- Depende de ajuizamento de ação de reparação de danos.

Exceção 2: leis de efeitos concretos.

6.6 Responsabilidade civil decorrente de atos jurisdicionais

Regra: irresponsabilidade do Estado.

Exceção: erro judiciário – esfera penal, ou seja, erro do judiciário que acarretou a prisão de um inocente ou na manutenção do preso no cárcere por tempo superior ao prolatado na sentença, art. 5º, inciso LXXV, da Constituição Federal de 1988. Segundo o STF, essa responsabilidade não alcança outras esferas.

Caso seja aplicada uma prisão cautelar a um acusado criminal e ele venha a ser absolvido, o Estado não responderá pelo erro judiciário, pois se entende que a aplicação da medida não constitui erro do judiciário, mas, sim, uma medida cautelar pertinente ao processo.

6.7 Ação de reparação de Danos

Administração Pública Particular

- Pode ser amigável ou judicial.
- Não pode ser intentada contra o agente público cuja ação acarretou o dano.

Ônus da prova

- **Particular:** nexo de causalidade direto e imediato entre o fato lesivo e o dano.
- **Administração Pública**
    - Culpa exclusiva da vítima.
    - Força maior.
    - Culpa concorrente da vítima.

Valor da indenização destina-se à cobertura das seguintes despesas:

- O que a vítima perdeu;
- O que a vítima gastou (advogados);
- O que a vítima deixou de ganhar.
- **Em caso de morte:**
    - Sepultamento;
    - Pensão alimentícia para os dependentes com base na expectativa de vida da vítima.

Prescrição

De acordo com o art. 1º da Lei nº 9.494/1997: 5 anos.

Tal prazo aplica-se inclusive às delegatárias de serviço público.

6.8 Ação regressiva

Administração Pública agente público

O art. 37, § 6º, da CF/1988 permite à Administração Pública ou delegatária (concessionárias, autorizatárias e permissionárias) de serviço público a ingressar com uma ação regressiva contra o agente cuja atuação acarretou o dano, desde que comprovado dolo ou culpa.

Requisitos

- Trânsito em julgado da sentença que condenou a Administração ou delegatária a indenizar.
- Culpa ou dolo do agente público (responsabilidade civil subjetiva).

Regras especiais

- O dever de reparação se estende aos sucessores até o limite da herança recebida.
- Pode acontecer após a quebra do vínculo entre o agente público e a Administração Pública.
- A ação de ressarcimento ao erário é imprescritível.

O agente ainda pode ser responsabilizado nas esferas administrativa e criminal se a conduta que gerou o prejuízo ainda incorrer em crime ou em falta administrativa, conforme o caso, podendo as penalidades serem aplicadas de forma cumulativa.

7. CONTROLE DA ADMINISTRAÇÃO PÚBLICA

O Controle da Administração Pública é um conjunto de instrumentos que o ordenamento jurídico estabelece a fim de que a própria Administração Pública, os três poderes, e, ainda, o povo, diretamente ou por meio de órgãos especializados, possam exercer o poder de fiscalização, orientação e revisão da atuação de todos os órgãos, entidades e agentes públicos, em todas as esferas do poder.

7.1 Classificação

7.1.1 Quanto à origem

Controle Interno: acontece dentro do próprio poder, decorrente do princípio da autotutela.

Finalidade:

> ***Art. 74, CF/1988*** *Os Poderes Legislativo, Executivo e Judiciário manterão, de forma integrada, sistema de controle interno com a finalidade de:*
>
> *I - Avaliar o cumprimento das metas previstas no plano plurianual, a execução dos programas de governo e dos orçamentos da União;*
>
> *II - Comprovar a legalidade e avaliar os resultados, quanto à eficácia e eficiência, da gestão orçamentária, financeira e patrimonial nos órgãos e entidades da administração federal, bem como da aplicação de recursos públicos por entidades de direito privado;*
>
> *III - Exercer o controle das operações de crédito, avais e garantias, bem como dos direitos e haveres da União;*
>
> *IV - Apoiar o controle externo no exercício de sua missão institucional.*
>
> ***§ 1º*** *Os responsáveis pelo controle interno, ao tomarem conhecimento de qualquer irregularidade ou ilegalidade, dela darão ciência ao Tribunal de Contas da União, sob pena de responsabilidade solidária.*

Por exemplo:

- Pode ser exercido no âmbito hierárquico ou por órgãos especializados (sem hierarquia);
- O controle finalístico (controvérsia doutrinária, alguns autores falam que é modalidade de controle externo);
- A fiscalização realizada por um órgão da Administração Pública do Legislativo sobre a atuação dela própria;
- O controle realizado pela Administração Pública do Poder Judiciário nos atos administrativos praticados pela própria Administração Pública desse poder.

Controle externo: é exercido por um poder sobre os atos administrativos de outro poder.

A exemplo, temos o controle judicial dos atos administrativos, que analisa aspectos de legalidade dos atos da Administração Pública dos demais poderes; ou o controle legislativo realizado pelo poder legislativo, nos atos da Administração Pública dos outros poderes.

Controle popular: é o controle exercido pelos administrados na atuação da Administração Pública dos três poderes, seja por meio da ação popular, do direito de petição ou de outros.

É importante lembrar que os atos administrativos devem ser publicados, salvo os sigilosos. Todavia, uma outra finalidade da publicidade dos atos administrativos é o desenvolvimento do controle social da Administração Pública.

7.1.2 Quanto ao momento de exercício

Controle prévio: é exercido antes da prática ou antes da conclusão do ato administrativo.

Finalidade: é um requisito de validade do ato administrativo.

Por exemplo: a aprovação do Senado Federal da escolha de ministros do STF ou de dirigente de uma agência reguladora federal. Em tais situações, a referida aprovação antecede a nomeação de tais agentes.

Controle concomitante: é exercido durante a prática do ato.

Finalidade: possibilitar a aferição do cumprimento das formalidades exigidas para a formação do ato administrativo.

Por exemplo: fiscalização da execução de um contrato administrativo; acompanhamento de uma licitação pelos órgãos de controle.

Controle subsequente/corretivo/posterior: é exercido após a conclusão do ato.

Finalidade:

- Correção dos defeitos sanáveis do ato;
- Declaração de nulidade do ato;
- Revogação do ato discricionário legal inconveniente e inoportuno;
- Cassação do ato pelo descumprimento dos requisitos que são exigidos para a sua manutenção;
- Conferir eficácia ao ato.

Por exemplo: homologação de um concurso público.

7.1.3 Quanto ao aspecto controlado

Controle de legalidade: sua finalidade é verificar se o ato foi praticado em conformidade com o ordenamento jurídico, e, por esse, entendemos que o ato tem que ser praticado de acordo com as leis e também com os princípios fundamentais da Administração Pública.

A lei deve ser entendida, nessa situação, em sentido amplo, ou seja, a Constituição Federal, as leis ordinárias, complementares, delegadas, medidas provisórias e as normas infralegais.

- **Exercício:** são três as possibilidades:
  - **Própria Administração Pública:** pode realizar o controle de legalidade a pedido ou de ofício. Em decorrência do princípio da autotutela, é espécie de controle interno.
  - **Poder Judiciário:** no exercício da função jurisdicional, pode exercer o controle de legalidade somente por provocação. Nesse caso, é uma espécie de inspeção externo.
  - **Poder Legislativo:** somente pode exercer controle de legalidade nos casos previstos na Constituição Federal. É forma de controle externo.
- **Consequências:** são três as possibilidades:
  - **Confirmação** da validade do ato.
  - **Anulação** do ato com vício de validade (ilegal).
  - Um ato administrativo pode ser anulado pela própria Administração que o praticou, por provocação ou de ofício (controle interno) ou pelo Poder Judiciário. Nesse caso, somente por provocação (controle externo). A anulação gera efeitos retroativos (*ex tunc*), desfazendo todas as relações do ato resultadas, salvo, entretanto, os efeitos produzidos para os terceiros de boa-fé.
  - Prazo para anulação na via administrativa: 5 anos, contados a partir da prática do ato, salvo comprovada má-fé.
  - Segundo o STF, quando o controle interno acarretar o desfazimento de um ato administrativo que implique em prejuízo à situação jurídica do administrado, a administração deve antes instaurar um procedimento que garanta a ele o contraditório e a ampla-defesa, para que, dessa forma, possa defender os seus interesses.
  - **Convalidação:** é a correção do ato com efeitos retroativos do ato administrativo com defeito sanável. Considera-se problema reparável:
    - **Vício de competência relativo à pessoa**
      - Exceção: competência exclusiva (também não cabe convalidação).
      - O vício de competência relativo à matéria não é caracterizado como um defeito sanável.
    - **Vício de forma**
      - Exceção: lei determina que a forma seja elemento essencial de validade de determinado ato (também não cabe convalidação).

Assim, somente os vícios nos elementos forma e competência podem ser convalidados. Em todos os demais casos, a administração somente pode anular o ato.

Mesmo quando o defeito admite convalidação, a Administração Pública tem a possibilidade de anular, pois a regra é a anulação e a convalidação uma faculdade disponível ao agente público em hipóteses excepcionais.

Convalidação tácita: o art. 54 da Lei nº 9.784 /1999 prevê que a Administração tem o direito de anular os atos administrativos de que decorram efeitos favoráveis; para os destinatários, decai em cinco anos, contados da data em que forem praticados, salvo comprovada má-fé. Transcorrido esse prazo, o ato foi convalidado, pois não pode ser mais anulado pela administração.

Convalidação expressa: o prazo que a Administração Pública tem para convalidar um ato é o mesmo que ela tem para anular, ou seja, 5 anos contados a partir da data da prática do feito. Como analisamos, a convalidação, se trata de um controle de legalidade que verificou que o ato foi praticado com vício, todavia, na hipótese descrita no art. 55 da Lei nº 9.784/1999, a autoridade com competência para anular tal ato, pode optar pela sua convalidação.

> ***Art. 55, Lei nº 9.784/1999*** *Em decisão na qual se evidencie não acarretar lesão ao interesse público nem prejuízo a terceiros, os atos que apresentarem defeitos sanáveis poderão ser convalidados pela própria Administração.*

Controle de mérito: sua finalidade é verificar a conveniência e a oportunidade dos atos administrativos discricionários.

Exercício: em regra, é exercido discricionariamente pelo próprio poder que praticou o feito.

Excepcionalmente, o Poder Legislativo tem competência para verificar o mérito de atos administrativos dos outros poderes, esse é um controle de mérito de natureza política.

Não pode ser exercido pelo Poder Judiciário na sua função típica, mas pode ser executado pela Administração Pública do Poder Judiciário nos atos dela própria.

Consequências

- Manutenção do ato discricionário legal, conveniente e oportuno.
- Revogação do ato discricionário legal, inconveniente e inoportuno.

Nas hipóteses em que o Poder Legislativo exerce controle de mérito da atuação administrativa dos outros poderes, não lhe é permitida a revogação de tais atos.

7.1.4 Quanto à amplitude

Controle hierárquico: decorre da hierarquia presente na Administração Pública, que se manifesta na subordinação entre órgãos e agentes, sempre no âmbito de uma mesma pessoa jurídica. Acontece na Administração Pública dos três poderes.

Consequências: é um controle interno permanente (antes/durante/após a prática do ato) e irrestrito, pois verifica aspectos de legalidade e de mérito de um ato administrativo praticado pelos agentes e órgãos subordinados.

Esse controle está relacionado às atividades de supervisão, coordenação, orientação, fiscalização, aprovação, revisão, avocação e aplicação de meios corretivos dos desvios e irregularidades verificados.

Controle finalístico/tutela administrativa/supervisão ministerial: é exercido pela Administração Direta sobre as pessoas jurídicas da Administração Indireta.

Efeitos: depende de norma legal que o estabeleça, não se enquadrando como um controle específico, e sua finalidade é verificar se a entidade está atingindo as suas intenções estatutárias.

7.2 Controle administrativo

É um controle interno, fundado no poder de autotutela, exercido pelo Poder Executivo e pelos órgãos administrativos dos poderes legislativo e judiciário sobre suas próprias condutas, tendo em vista aspectos de legalidade e de mérito administrativo.

> ***Súmula nº 473 – STF*** *A Administração pode anular seus próprios atos, quando eivados de vícios que os tornam ilegais, porque deles não se originam direitos; ou revogá-los, por motivo de conveniência ou oportunidade, respeitados os direitos adquiridos, e ressalvada, em todos os casos, a apreciação judicial.*

O controle administrativo é sempre interno. Pode ser hierárquico, quando é feito entre órgãos verticalmente escalonados integrantes de uma mesma pessoa jurídica, seja da Administração Direta ou Indireta; ou não hierárquico, quando exercido entre órgãos que, embora integrem uma só pessoa jurídica, não estão na mesma linha de escalonamento vertical e também no controle finalístico exercido entre a Administração Direta e a Indireta.

O controle administrativo é um controle permanente, pois acontece antes, durante e depois da prática do ato; também é irrestrito, pois como já foi dito, analisa aspectos de legalidade e de mérito.

Ainda é importante apontar que o controle administrativo pode acontecer de ofício ou a pedido do administrado.

Quando interessado em provocar a atuação da Administração Pública, o administrado pode se valer da reclamação administrativa, que é uma expressão genérica para englobar um conjunto de instrumentos, como o direito de petição, a representação, a denúncia, o recurso, o pedido de reconsideração, a revisão, dentre outros meios.

O meio utilizado pela Administração Pública para processar o pedido do interessado é o processo administrativo, que, na esfera federal, é regulado pela Lei nº 9.784/1999.

7.3 Controle legislativo

É a fiscalização realizada pelo Poder Legislativo, na sua função típica de fiscalizar, na atuação da Administração Pública dos três poderes.

Quando exercido na atuação administrativa dos outros poderes, é espécie de controle externo; quando realizado na Administração Pública do próprio poder legislativo, é espécie de controle interno.

7.3.1 Hipóteses de controle legislativo

O controle legislativo na atuação da Administração Pública somente pode ocorrer nas hipóteses previstas na Constituição Federal, não sendo permitidas às Constituições Estaduais ou às leis orgânicas criarem novas modalidades de controle legislativo no respectivo território de sua competência. Caso se crie nova forma de controle legislativo por instrumento legal diverso da Constituição Federal, tal norma será inconstitucional.

Como as normas estaduais e municipais não podem criar novas modalidades de controle legislativo, nessas esferas, pelo princípio da simetria, são aplicadas as hipóteses de controle legislativo previstas na Constituição Federal para os estados e municípios. Todavia, vale ressaltar que como o sistema legislativo federal adota o bicameralismo, as hipóteses de controle do Congresso Nacional, do Senado, das comissões e do Tribunal de Contas da União são aplicadas às assembleias legislativas na esfera estadual e às câmaras de vereadores nas esferas municipais.

O controle legislativo apresenta as seguintes modalidades:

Controle de legalidade: quando se analisa aspectos de legalidade da atuação da Administração Pública dos três poderes, como dos atos e contratos administrativos.

Controle de mérito (político): é um controle de natureza política, que possibilita ao Poder Legislativo, nas hipóteses previstas na Constituição Federal, a intervir na atuação da Administração Pública do Poder Executivo, controlando aspectos de eficiência da atuação e também de conveniência da tomada de determinadas decisões do poder executivo.

Por exemplo: quando o Senado tem que aprovar o ato do presidente da República, que nomeia um dirigente de uma agência reguladora.

Efeitos: não acarreta revogação do ato, pois esse ainda não conclui o seu processo de formação enquanto não for aprovado pelo poder legislativo, ou seja, tal ato não gera efeitos até a aprovação, por isso, não há o que se falar em revogação.

Controle exercido pelo Congresso Nacional: a competência exclusiva do Congresso Nacional vem descrita no art. 40 da Constituição Federal de 1988:

> *V - Sustar os atos normativos do Poder Executivo que exorbitem do poder regulamentar ou dos limites de delegação legislativa;*

Tal situação acontece quando, no exercício do poder regulamentar, o presidente da R

epública edite um decreto para complementar determinada lei e, nesse decreto, ele venha a inovar o ordenamento jurídico, ultrapassando os limites da lei. Todavia, a sustação do ato normativo pelo Congresso Nacional não invalida todo o decreto, mas somente o trecho dele que esteja exorbitando do exercício do poder regulamentar.

> *IX - Julgar anualmente as contas prestadas pelo Presidente da República e apreciar os relatórios sobre a execução dos planos de governo;*
>
> *X - Fiscalizar e controlar, diretamente, ou por qualquer de suas Casas, os atos do Poder Executivo, incluídos os da Administração Indireta;*

Controle exercido privativamente pelo Senado Federal: as competências privativas do Senado Federal vêm descritas no art. 52 da Constituição Federal, dentre essas, algumas se referem ao exercício de atividades de controle:

> *I - Processar e julgar o Presidente e o Vice-Presidente da República nos crimes de responsabilidade, bem como os Ministros de Estado e os Comandantes da Marinha, do Exército e da Aeronáutica nos crimes da mesma natureza conexos com aqueles;*
>
> *II - Processar e julgar os Ministros do Supremo Tribunal Federal, os membros do Conselho Nacional de Justiça e do Conselho Nacional do Ministério Público, o Procurador-Geral da República e o Advogado-Geral da União nos crimes de responsabilidade;*

Nesses dois primeiros casos, o julgamento será presidido pelo presidente do STF, limitando-se este à condenação, que somente será proferida por dois terços dos votos do Senado Federal.

> *III - Aprovar previamente, por voto secreto, após arguição pública, a escolha de:*
>
> *a) Magistrados, nos casos estabelecidos nesta Constituição;*
>
> *b) Ministros do Tribunal de Contas da União indicados pelo Presidente da República;*
>
> *c) Governador de Território;*
>
> *d) Presidente e diretores do Banco Central;*
>
> *e) Procurador-Geral da República;*
>
> *f) titulares de outros cargos que a lei determinar.*
>
> *IV - Aprovar previamente, por voto secreto, após arguição em sessão secreta, a escolha dos chefes de missão diplomática de caráter permanente;*
>
> *V - Autorizar operações externas de natureza financeira, de interesse da União, dos Estados, do Distrito Federal, dos Territórios e dos Municípios;*
>
> *VI - Fixar, por proposta do Presidente da República, limites globais para o montante da dívida consolidada da União, dos Estados, do Distrito Federal e dos Municípios;*
>
> *VII - Dispor sobre limites globais e condições para as operações de crédito externo e interno da União, dos Estados, do Distrito Federal e dos Municípios, de suas autarquias e demais entidades controladas pelo Poder Público Federal;*
>
> *VIII - dispor sobre limites e condições para a concessão de garantia da União em operações de crédito externo e interno;*
>
> *IX - Estabelecer limites globais e condições para o montante da dívida mobiliária dos Estados, do Distrito Federal e dos Municípios;*

D A D M

X - Aprovar, por maioria absoluta e por voto secreto, a exoneração, de ofício, do Procurador-Geral da República antes do término de seu mandato;

XI - Avaliar periodicamente a funcionalidade do Sistema Tributário Nacional, em sua estrutura e seus componentes, e o desempenho das administrações tributárias da União, dos Estados e do Distrito Federal e dos Municípios.

Controle exercido pela Câmara dos Deputados: a competência da Câmara dos Deputados vem descrita no art. 51 da Constituição Federal, e nesse momento analisaremos as competências relativas à área de controle da administração:

Compete privativamente à Câmara dos Deputados:

I - Autorizar, por dois terços de seus membros, a instauração de processo contra o Presidente e o Vice-Presidente da República e os Ministros de Estado;

II - Proceder à tomada de contas do Presidente da República, quando não apresentadas ao Congresso Nacional dentro de sessenta dias após a abertura da sessão legislativa;

Fiscalização Contábil, Financeira e Orçamentária na Constituição Federal: também chamado de **Controle Financeiro Amplo**, vem descrito no art. 70 da CF/1988, que traz as seguintes regras:

Art. 70, CF/1988 *A fiscalização contábil, financeira, orçamentária, operacional e patrimonial da União e das entidades da Administração Direta e indireta, quanto à legalidade, legitimidade, economicidade, aplicação das subvenções e renúncia de receitas, será exercida pelo Congresso Nacional, mediante controle externo, e pelo sistema de controle interno de cada Poder.*

Como podemos observar, segundo os ditames do art. 70 da Constituição Federal, a fiscalização contábil, financeira e orçamentária é realizada tanto por meio de controle interno como de externo.

Áreas alcançadas pelo controle financeiro (amplo):

- **Contábil:** controla o cumprimento das formalidades no registro de receitas e despesas.
- **Financeira:** controla a entrada e a saída de capital, sua destinação.
- **Orçamentária:** fiscaliza e acompanha a execução do orçamento anual, plurianual.
- **Operacional:** controla a atuação administrativa, observando se estão sendo respeitadas as diretrizes legais que orientam a atuação da Administração Pública, bem como avaliando aspectos de eficiência e economicidade.
- **Patrimonial:** controle do patrimônio público, seja ele móvel ou imóvel.
- **Aspectos controlados:** as áreas alcançadas pelo controle financeiro (sentido amplo) abrangem os seguintes aspectos:
- **Legalidade:** atuação conforme a lei.
- **Legitimidade:** atuação conforme os princípios orientadores da atuação da Administração Pública.

O controle financeiro realizado pelo Congresso Nacional não analisa aspectos de mérito.

Para que o controle financeiro seja eficiente, é necessária a prestação de contas por parte das pessoas físicas ou jurídicas que, de qualquer forma, administrem dinheiro ou direito patrimonial público; tal regra vem descrita no parágrafo único do art. 70:

Art. 70 *[...]*

Parágrafo único. *Prestará contas qualquer pessoa física ou jurídica, pública ou privada, que utilize, arrecade, guarde, gerencie ou administre dinheiros, bens e valores públicos ou pelos quais a União responda, ou que, em nome desta, assuma obrigações de natureza pecuniária.*

Controle exercido pelos Tribunais de Contas: os Tribunais de Contas são órgãos de controle vinculados ao Poder Legislativo. A finalidade que possuem é auxiliar na função de exercer o controle externo da Administração Pública.

Apesar da expressão órgãos auxiliares, os tribunais de contas não se submetem ao Poder Legislativo, ou seja, não existe hierarquia nem subordinação entre os tribunais de contas e o Poder Legislativo.

A Constituição Federal, no art. 71, estabelece as competências do Tribunal de Contas da União (TCU), e, pelo princípio da simetria, os tribunais de contas estaduais e municipais detêm as mesmas competências nas suas esferas de fiscalização, não sendo permitidas às Constituições Estaduais e às leis orgânicas municipais criar novas hipóteses de controle. Veja as competências dos Tribunais de Contas a seguir.

Art. 71 *O controle externo, a cargo do Congresso Nacional, será exercido com o auxílio do Tribunal de Contas da União, ao qual compete:*

I - Apreciar as contas prestadas anualmente pelo Presidente da República, mediante parecer prévio que deverá ser elaborado em sessenta dias a contar de seu recebimento;

II - Julgar as contas dos administradores e demais responsáveis por dinheiros, bens e valores públicos da Administração Direta e indireta, incluídas as fundações e sociedades instituídas e mantidas pelo Poder Público federal, e as contas daqueles que derem causa a perda, extravio ou outra irregularidade de que resulte prejuízo ao erário público;

III - Apreciar, para fins de registro, a legalidade dos atos de admissão de pessoal, a qualquer título, na Administração Direta e indireta, incluídas as fundações instituídas e mantidas pelo Poder Público, excetuadas as nomeações para cargo de provimento em comissão, bem como a das concessões de aposentadorias, reformas e pensões, ressalvadas as melhorias posteriores que não alterem o fundamento legal do ato concessório;

IV - Realizar, por iniciativa própria, da Câmara dos Deputados, do Senado Federal, de Comissão técnica ou de inquérito, inspeções e auditorias de natureza contábil, financeira, orçamentária, operacional e patrimonial, nas unidades administrativas dos Poderes Legislativo, Executivo e Judiciário, e demais entidades referidas no inciso II;

V - Fiscalizar as contas nacionais das empresas supranacionais de cujo capital social a União participe, de forma direta ou indireta, nos termos do tratado constitutivo;

VI - Fiscalizar a aplicação de quaisquer recursos repassados pela União mediante convênio, acordo, ajuste ou outros instrumentos congêneres, a Estado, ao Distrito Federal ou a Município;

VII - Prestar as informações solicitadas pelo Congresso Nacional, por qualquer de suas Casas, ou por qualquer das respectivas Comissões, sobre a fiscalização contábil, financeira, orçamentária, operacional e patrimonial e sobre resultados de auditorias e inspeções realizadas;

VIII - Aplicar aos responsáveis, em caso de ilegalidade de despesa ou irregularidade de contas, as sanções previstas em lei, que estabelecerá, entre outras cominações, multa proporcional ao dano causado ao erário;

IX - Assinar prazo para que o órgão ou entidade adote as providências necessárias ao exato cumprimento da lei, se verificada ilegalidade;

X - Sustar, se não atendido, a execução do ato impugnado, comunicando a decisão à Câmara dos Deputados e ao Senado Federal;

XI - Representar ao Poder competente sobre irregularidades ou abusos apurados.

§ 1º *No caso de contrato, o ato de sustação será adotado diretamente pelo Congresso Nacional, que solicitará, de imediato, ao Poder Executivo as medidas cabíveis.*

§ 2º *Se o Congresso Nacional ou o Poder Executivo, no prazo de noventa dias, não efetivar as medidas previstas no parágrafo anterior, o Tribunal decidirá a respeito.*

§ 3º *As decisões do Tribunal de que resulte imputação de débito ou multa terão eficácia de título executivo.*

§ 4º *O Tribunal encaminhará ao Congresso Nacional, trimestral e anualmente, relatório de suas atividades.*

7.3.2 Pontos relevantes

A partir dessas regras, analisaremos alguns aspectos relevantes referentes ao controle da Administração Pública quando feito pelos tribunais de contas, nas suas respectivas áreas de competências.

Apreciação e julgamento das contas públicas: o TCU tem a competência de apreciar e julgar as contas dos administradores públicos.

Atenção!

Contas do Presidente da República são somente apreciadas mediante parecer prévio do tribunal de contas, a competência para julgá-las é do Congresso Nacional.

O julgamento das contas feito pelo Tribunal de Contas da União (TCU) não depende de homologação ou parecer do Poder Legislativo, pois, lembrando, os Tribunais de Contas não são subordinados ao Poder Legislativo.

Julgamento das contas do próprio Tribunal de Contas: como a Constituição Federal não se preocupou em estabelecer quem é que detém a competência para julgar as contas dos Tribunais de Contas, o Supremo Tribunal Federal (STF) entendeu que podem as Constituições Estaduais e Leis Orgânicas Municipais submeterem as contas dos Tribunais de Contas a julgamentos das suas respectivas casas legislativas.

Controle dos atos administrativos: o TCU tem o poder de sustar a execução do ato e, nesse caso, deve dar ciência dessa decisão à Câmara dos Deputados e ao Senado Federal.

> ***Súmula Vinculante nº 3*** *Nos processos perante ao Tribunal de Contas da União, asseguram-se o contraditório e a ampla defesa quando da decisão puder resultar anulação ou revogação de ato administrativo que beneficie o interessado, excetuada a apreciação da legalidade do ato de concessão inicial de aposentadoria, reforma e pensão.*

Controle dos Contratos Administrativos

- **Regra:** o TCU não pode sustar os contratos administrativos, pois tal competência é do Congresso Nacional, que deve solicitar de imediato ao Poder Executivo a adoção das medidas cabíveis.
- **Exceção:** caso o Congresso Nacional ou o Poder Executivo não tomem as medidas necessárias para a sustação do contrato em 90 dias, o TCU terá competência para efetuar a sua sustação.

Declaração de inconstitucionalidade das leis: segundo o STF, os tribunais de contas, no exercício de suas competências, podem declarar uma norma inconstitucional e afastar a sua aplicação nos processos de sua apreciação. Todavia, tal declaração de inconstitucionalidade deve ser feita pela maioria absoluta dos membros dos tribunais de contas.

> ***Súmula nº 347 – STF*** *O Tribunal de Contas, no exercício de suas atribuições, pode apreciar a constitucionalidade das leis e dos atos do poder público.*

7.4 Controle judiciário

É um controle de legalidade (nunca de mérito) realizado pelo Poder Judiciário, na sua função típica de julgar, nos atos praticados pelas Administração Pública de qualquer poder.

Esse controle por abranger somente aspectos de legalidade, fica restrito à possibilidade de anulação dos atos administrativos ilegais, não podendo o Poder Judiciário realizar o controle de mérito dos atos administrativos e, em consequência, não podendo revogar os atos administrativos praticados pela Administração Pública.

O controle judiciário somente será exercido por meio da provocação do interessado, não podendo o Poder Judiciário apreciar um ato administrativo de ofício, em decorrência do atributo da presunção de legitimidade dos atos administrativos.

É importante lembrar que a própria Administração Pública faz o controle de legalidade da sua própria atuação, todavia as decisões administrativas não fazem coisa julgada. Assim sendo, a decisão administrativa pode ser reformada pelo Poder Judiciário, pois somente as decisões desse poder é que tem o efeito de coisa julgada.

Os meios para provocar a atuação do Poder Judiciário são vários, dentre eles, encontramos:

- Mandado de Segurança.
- Ação Popular.
- Ação Civil Pública.
- Dentre outros.

NOÇÕES DE DIREITO CONSTITUCIONAL

1 INTRODUÇÃO AO DIREITO CONSTITUCIONAL

1.1 Noções gerais

Para iniciarmos o estudo do Direito Constitucional, alguns conceitos precisam ser esclarecidos.

Primeiramente, faz-se necessário conhecer qual será o objeto de estudo desta disciplina jurídica: **Constituição Federal.**

A Constituição Federal é a norma mais importante de todo o ordenamento jurídico brasileiro. Ela é a norma principal, a norma fundamental.

Se pudéssemos posicionar as espécies normativas na forma de uma pirâmide hierárquica, a Constituição Federal apareceria no topo desta pirâmide, ao passo que as outras espécies normativas estariam todas abaixo dela, como na ilustração:

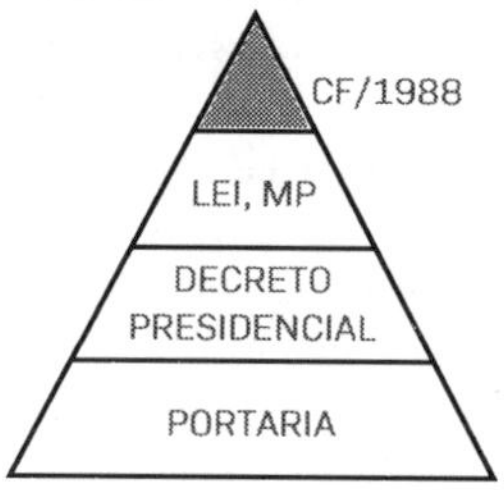

Para que sua preparação seja adequada, é necessário ter em vista uma Constituição atualizada. Isso por conta de que a Constituição Federal atual foi promulgada em 1988, mas já sofreu diversas alterações. Significa dizer, numa linguagem mais jurídica, que ela foi **emendada**.

As emendas constitucionais são a única forma de alteração do texto constitucional. Portanto, uma lei ou outra espécie normativa hierarquicamente inferior à Constituição jamais poderá alterar o seu texto.

Neste ponto, caberia a seguinte pergunta: o que torna a Constituição Federal a norma mais importante do direito brasileiro? A resposta é muito simples: a Constituição possui alguns elementos que a distinguem das outras espécies normativas, por exemplo:

- **Princípios constitucionais;**
- **Direitos fundamentais;**
- **Organização do Estado;**
- **Organização dos Poderes.**

De nada adiantaria possuir uma Constituição Federal com tantos elementos essenciais ao Estado se não existisse alguém para protegê-la. O próprio texto constitucional previu um Guardião para a Constituição: o **Supremo Tribunal Federal (STF).**

O STF é o órgão de cúpula do Poder Judiciário e possui como atribuição principal a guarda da Constituição. Ele é tão poderoso que, se alguém editar uma norma que contrarie o disposto no texto constitucional, o STF a declarará inconstitucional. Uma norma declarada inconstitucional pelo STF não produzirá efeitos na sociedade.

Além de guardião da Constituição Federal, o STF possui outra atribuição: a de intérprete do texto fundamental. É o STF quem define a melhor interpretação para esta ou aquela norma constitucional. Quando um Tribunal manifesta sua interpretação, dizemos que ele revelou sua **jurisprudência** (o pensamento dos tribunais), sendo a do STF a que mais interessa para o estudo do Direito Constitucional.

É exatamente neste ponto que se encontra a maior importância do STF para o objetivo que se tem em vista: é essencial conhecer sua jurisprudência, pois costuma cair em prova. Para se ter ideia da importância dessa matéria, é possível que alguma jurisprudência do STF seja contrária ao próprio texto constitucional. Dessa forma, o aluno precisa ter uma dupla percepção: conhecer o texto da Constituição e conhecer a jurisprudência do STF.

Contudo, ainda existe outra fonte de conhecimento essencial para o aprendizado em Direito Constitucional: a **doutrina**. A doutrina é o pensamento produzido pelos estudiosos do Direito Constitucional. Conhecer a doutrina também faz parte de sua preparação.

Em suma, para estudar Direito Constitucional é necessário estudar:

- **A Constituição Federal;**
- **A jurisprudência do Supremo Tribunal Federal;**
- **A doutrina do Direito Constitucional.**

Neste estudo, apresentaremos o conteúdo de Direito Constitucional atualizado, objetivo e necessário para prova, de forma que se tenha à mão um material suficiente ao estudo para concurso público.

> **Atenção**
>
> **Metodologia de Estudo**
>
> A preparação em Direito Constitucional precisa observar três passos:
> 1. Leitura da Constituição Federal;
> 2. Leitura de material teórico;
> 3. Resolução de exercícios.
>
> O aluno que seguir esses passos certamente chegará à aprovação em concurso público. Essa é a melhor orientação para quem está iniciando os estudos.

1.1.1 Classificações

A partir de algumas **características** que possuem as constituições, é possível classificá-las, agrupá-las. As classificações a seguir não são as únicas possíveis, realçando apenas aqueles elementos mais comumente cobrados nos concursos públicos.

- **Quanto à origem:** a Constituição Federal pode ser promulgada ou outorgada. A **promulgada** é aquela decorrente de um verdadeiro processo democrático para a sua elaboração, fruto de uma Assembleia Nacional Constituinte. A **outorgada** é aquela imposta, unilateralmente, por um governante ou por um grupo de pessoas, ao povo.
- **Quanto à possibilidade de alteração, mutação:** podem ser **flexíveis, rígidas** ou **semirrígidas**. As **flexíveis** não exigem, para a sua alteração, qualquer processo legislativo especial. As **rígidas**, contudo, dependem de um processo legislativo de alteração mais difícil do que aquele utilizado para as normas ordinárias. Já as constituições **semirrígidas** são aquelas cuja parte de seu texto só pode ser alterada por um processo mais difícil, sendo que outra parte pode ser mudada sem qualquer processo especial.
- **Quanto à forma adotada:** podem ser **escritas/dogmáticas** e **costumeiras**. As **dogmáticas** são aquelas que apresentam um único texto, no qual encontramos sistematizadas e organizadas todas as disposições essenciais do Estado. As **costumeiras** são aquelas formadas pela reunião de diversos textos esparsos, reconhecidos pelo povo como fundamentais, essenciais.
- **Quanto à extensão:** podem ser **sintéticas** ou **analíticas**. As **sintéticas** são aquelas concisas, enxutas e que só trazem as disposições políticas essenciais a respeito da forma, organização, fundamentos e objetivos do Estado. As analíticas são aquelas que abordam diversos assuntos, não necessariamente relacionados com a organização do Estado e dos poderes.

A partir das classificações apresentadas acima, temos que a Constituição Federal de 1988 pode ser considerada por **promulgada, rígida, escrita** e **analítica.**

2 TEORIA GERAL DO ESTADO

Antes de passarmos ao Estudo da Constituição propriamente dito, é importante que entendamos bem alguns conceitos relativos à chamada "Teoria Geral do Estado".

2.1 Conceito de Estado

A palavra "Estado" vem da palavra latina *status*, que significa "estar firme". Foi utilizada pela primeira vez no sentido atualmente aceito por Maquiavel, na sua obra *O Príncipe*.

A definição de Estado é muito importante para o Direito Constitucional pelo fato de a Constituição justamente regular a forma de existência e funcionamento de um determinado Estado, bem como as formas de transmissão e exercício do poder.

Embora não haja uma unanimidade sobre o conceito de Estado, que, aliás, já sofreu várias alterações ao longo do tempo, uma das definições mais aceitas é a cunhada por Max Weber, que o conceitua da seguinte forma:

> *Estado é uma instituição política que, dirigida por um governo soberano, detém o monopólio da força física, em determinado território, subordinando a sociedade que nele vive.*

Veja-se que a palavra "Estado", aqui, refere-se ao que chamamos de "País" (Estado Brasileiro, Estado Alemão, por exemplo), e não às unidades da Federação (estado de São Paulo, do Rio de Janeiro, de Pernambuco etc.). Quando a Constituição se refere a essas unidades internas, costuma chamá-las de estados membros ou utiliza-se do plural: estados.

É nesse primeiro sentido, por exemplo, que a Constituição usa o termo quando afirma que o Brasil constitui um "Estado Democrático de Direito" ou que o "Estado promoverá, na forma da lei, a defesa do consumidor".

Dessa forma, podemos definir Estado como pessoa jurídica formada por um conjunto de pessoas que ocupam um determinado território e cuja convivência mútua é regulada por meio de leis, a que estão submetidas essas pessoas, inclusive com o uso da força, se necessário, desde que obedecidas determinadas regras para sua utilização.

2.2 Origem do Estado

No que se refere ao momento do surgimento do Estado, existem diversas correntes.

A primeira, chamada de Teoria do Estado Sempiterno, afirma que o Estado, assim como a sociedade humana, sempre existiu, uma vez que o homem sempre viveu em grupos em que havia divisão de tarefas e reconhecimento de autoridades.

A segunda teoria defende que o Estado não existiu sempre, mas que surgiu em determinado momento da história humana para atender às necessidades de grupos isolados relacionadas à segurança, ordem, justiça, entre outras. Para os adeptos dessa vertente, sempre que um grupo de pessoas se associa para fins de proteção, reconhecendo autoridades que agem em nome do grupo inteiro, às quais é entregue o direito exclusivo de usar a força, se necessário, e que organizam em torno de si uma estrutura formal de comando, teríamos um Estado.

Já a terceira corrente entende que o conceito de Estado varia ao longo do tempo, mas compreende que sempre estaria ligado ao conceito de soberania, o qual surgiu somente no século XVII. Assim, para eles, o Estado surge somente no século XVII, ou seja, o que muitos chamam de Estado Moderno, para eles é simplesmente Estado.

No que se refere à forma de surgimento de um Estado, existem duas possibilidades: **formação originária** e **formação derivada.**

- **Formação originária:** nesse caso, o Estado surge espontaneamente do meio nacional, ou seja, surge de grupamentos humanos que ainda não se vincularam a outro Estado. Os primeiros Estados da antiguidade formaram-se dessa forma.
- Hoje em dia, quase já não é mais possível a criação de Estados de forma originária, uma vez que praticamente todo o globo terrestre, exceto o continente antártico e o alto-mar, está dividido entre as nações.
- **Formação derivada:** consiste na criação do Estado a partir de outros já existentes. É a forma atual de criação de estados.

A formação pode ocorrer por **fracionamento** ou **união:**

- **Fracionamento:** é a forma de formação derivada mais comum, há o desmembramento de um Estado, que dá origem a outro ou outros. Ele ocorre quando uma colônia ou mesmo uma parte plenamente integrada do território de um Estado declara sua independência, ocasionando uma ruptura quase sempre violenta.
- **União:** dois ou mais Estados, normalmente de forma pacífica e negociada (embora às vezes possa ocorrer uma anexação forçada), unificam-se, adotando uma constituição e leis comuns.
- Nesse caso, cada Estado renuncia a sua soberania para se integrar a outro. Quando adotada a formação por união, normalmente, tem-se optado pela forma de federação, a qual permite que os Estados que se juntaram, apesar de terem perdido sua soberania, possam manter certa autonomia em relação ao governo central.

2.3 Elementos essenciais do Estado

Normalmente, identificam-se quatro elementos caracterizadores do Estado, sendo que alguns autores falam em somente três, pois reúnem os dois últimos elementos (poder e soberania) em um só.

É importante observar que esses elementos não estiveram presentes em todas as formas de Estado organizados pela humanidade ao longo da história, sendo, na verdade, elementos típicos do chamado "Estado Moderno", que surgiu após o fim da Idade Média na Europa. Por isso, os elementos essenciais do Estado também são chamados de elementos caracterizadores do Estado moderno.

Os elementos essenciais ou caracterizadores do Estado são: **povo**, **território**, **poder** e **soberania**. Vejamos cada um deles.

2.3.1 Povo

É o elemento humano do Estado. É o conjunto de pessoas que, reunidas, formam sua população, tendo com o Estado um vínculo jurídico permanente. São os chamados nacionais ou súditos do Estado.

É a lei de cada Estado que define quem serão os seus nacionais, e pode ocorrer de uma pessoa ser nacional de mais de um Estado (ter dupla nacionalidade) ou até mesmo não ter nenhuma nacionalidade (são os chamados apátridas), mas o mais comum é que as pessoas tenham uma só nacionalidade.

O vínculo jurídico permanente estabelecido entre o Estado e seus súditos traz uma série de direitos e obrigações recíprocos, estabelecidos pela Constituição Federal e pelas leis.

No Brasil, por exemplo, os nacionais são obrigados a pagar tributos, a submeter-se às diversas leis brasileiras, a votar e, no caso dos cidadãos do sexo masculino, a prestar o serviço militar obrigatório.

Por outro lado, o Brasil obriga-se, entre outras coisas, a garantir a segurança de seus cidadãos, propiciar o acesso destes a serviços de saúde e de educação, zelar por um ambiente econômico estável, além de muitos outros direitos reconhecidos aos brasileiros.

Os estrangeiros não residentes no território do País (turistas, estudantes em intercâmbio, viajantes a negócios etc.) não são considerados parte de seu povo, pois lhes faltam o vínculo jurídico permanente com o Estado, o que pode restringir os seus direitos e diminuir os seus deveres em relação ao Estado.

2.3.2 Território

O território corresponde ao espaço físico ocupado pelo povo do Estado no globo terrestre. Corresponde à área em que o Estado exerce o seu poder, onde ele impõe suas leis.

Não há como existir Estado sem território. No entanto, a forma ou extensão desse território pode ser alterada sem que o Estado deixe de existir. Essa alteração de tamanho pode se dar tanto para mais (anexação de outros territórios, formação de ilhas pela ação da natureza etc.) como para menos (perda de territórios para outros países, invasão do mar etc.). O importante é que haja uma extensão definida de terra onde o Estado exerça seu poder.

Apesar da palavra "território" originar-se da palavra "terra", é importante observar que o território do Estado se estende também, no caso dos países que possuem praias marítimas, ao chamado "mar territorial", que é uma faixa de mar, paralela à costa do Estado, que também é considerada parte de seu território.

Embora o território seja um elemento indispensável à existência do Estado, não existe uma extensão mínima de território exigida. Tanto que o menor Estado do mundo, o Vaticano, possui apenas 0,44 km^2.

2.3.3 Poder

O poder é o elemento político do Estado e pode ser definido como a capacidade que o Estado tem de se autoadministrar e de obrigar as pessoas que se encontram em seu território a fazer algumas coisas ou a não fazer outras, utilizando, se necessário, da força.

Essas obrigações de fazer ou não fazer são definidas por aquilo que chamamos de lei, que nada mais é do que uma manifestação da vontade do Estado, a qual, numa democracia, deve também corresponder à vontade da população em geral.

Em outras palavras, então, podemos dizer que poder é o elemento do Estado que permite a ele criar leis e fazê-las obedecer, dentro dos limites de seu território.

Esse poder se manifesta por meio do chamado Governo, que é a autoridade suprema do Estado, seu órgão político, dotado de soberania.

Assim, embora nas democracias modernas costuma-se dizer que o poder pertence ao povo, o seu exercício se dá por meio dos representantes eleitos pelo povo, e não diretamente por ele. Já numa ditadura, o poder costuma ser exercido por pessoas não eleitas pelo povo.

Atualmente, entende-se que o poder do Estado deve ser utilizado para atender às necessidades da sociedade, buscando sempre o chamado bem-comum, que é a situação que propicie o máximo de bem-estar possível à maior parte da população.

2.3.4 Soberania

O conceito de soberania tem a ver com o respeito da ordem jurídica do Estado pelos outros países. É o reconhecimento que determinado Estado obtém de seus semelhantes, de sua independência em relação a qualquer outro país.

Essa soberania manifesta-se tanto interna como externamente.

A soberania interna está intimamente ligada ao poder, implicando a exclusividade, dentro do território nacional, da aplicação das leis elaboradas pelo próprio Estado, sem a ingerência de leis externas, a não ser nos casos permitidos pelo próprio Estado. Assim, no caso do Brasil, por exemplo, vigoram nos limites de nosso país as leis brasileiras, exceto nos casos em que a Constituição Federal, os tratados internacionais assinados pelo Brasil e nossas leis permitam a aplicação da lei estrangeira.

Já a soberania externa se relaciona com a independência do Estado no plano internacional, em que ele deve se pautar somente pelos seus compromissos, que devem ser assumidos prioritariamente pensando nos interesses de seus próprios súditos.

Existem os chamados protetorados, que alguns chamam de Estados semi-soberanos, que, embora gozem de certa autonomia política, administrativa, jurídica e econômica, colocam-se sob a autoridade de outro Estado, principalmente no que se refere à segurança e relações exteriores. Nesse caso, eles não são Estados de fato por lhes faltar a soberania plena. Exemplo de protetorado é Porto Rico, em relação aos Estados Unidos.

A soberania não impede que determinado Estado aceite a aplicação da lei estrangeira em seu território ou que assine tratados internacionais assumindo obrigações com outros países. O que ela exige é que, mesmo quando tais situações ocorrem, deve ser sempre por livre consentimento do Estado, o qual deve agir pensando nos interesses de seus cidadãos, ou, pelo menos, sem prejudicá-los.

Nossa Constituição Federal de 1988, logo em seu primeiro artigo, coloca a soberania como um dos fundamentos da República.

2.4 Personalidade jurídica do Estado

Apesar de o Estado ser formado, em seu aspecto visível, pela sua população, ser conduzido pelos governantes e ser movimentado pelos servidores públicos, não se confunde com nenhum deles.

Na verdade, ele possui personalidade jurídica, ou seja, o Direito reconhece a ele a sua existência própria, distinta do povo e até mesmo dos governantes que dirigem o Estado em um determinado momento.

É por conta dessa personalidade jurídica do Estado que se admite, por exemplo, que ele possua bens em seu nome, ou que possa entrar com ações na justiça (até mesmo contra os governantes ou contra os servidores públicos), ou ainda que seja processado por súditos, caso venha a lesar algum de seus direitos individuais.

No entanto, mesmo possuindo personalidade jurídica, o Estado precisa ser representado por alguém, como, aliás, ocorre com qualquer outra pessoa jurídica, como uma empresa, por exemplo.

E quem são aqueles que representam o Estado, manifestando a vontade dele?

Nos Estados modernos, essa capacidade de representação se divide entre inúmeras pessoas, cada uma representando o Estado para um determinado propósito e sempre com limites impostos pela Constituição e pelas leis.

Assim, são representantes do Estado, o Presidente da República, os parlamentares, os juízes, os membros do Ministério Público, os servidores públicos e todos aqueles a quem for concedida tal capacidade, sempre dentro das atribuições concedidas pela legislação.

2.5 Diferença entre Estado e nação

Muito embora, na prática, muitas vezes as palavras "Estado" e "nação" sejam tomadas como sinônimos, na Teoria Geral do Estado, faz-se distinção entre elas.

Já vimos que o Estado é uma pessoa jurídica soberana, formada por um conjunto de pessoas que ocupam um determinado território e cuja convivência mútua é regulada por meio de leis.

Por outro lado, uma nação pode ser definida como um grupo de pessoas cujos membros, extrapolando os laços familiares, possuem entre si laços de identidade mútua, que fazem com que esse grupo se sinta diferenciado, distinto, destacado em relação aos demais grupos humanos.

Esses laços de identidade mútua podem ser produzidos, por exemplo, pela origem em comum entre os membros da nação, ou ainda por um idioma diferenciado falado pelo grupo, ou por costumes ou religião próprios, que façam com que essa população se considere e seja vista como um grupo diferenciado e unido por algo em comum.

Assim, por exemplo, fala-se em nação curda, em nações indígenas, em nação cigana etc.

Veja que um mesmo Estado pode comportar mais de uma nação em seus limites territoriais. É o que ocorre com a Rússia, que possui em seu vastíssimo território várias nações distintas, como a dos chechenos, por exemplo.

Além disso, pode ocorrer de existirem nações sem Estado, como acontece atualmente com os curdos e ciganos e acontecia com os judeus até 1948.

2.6 Formas de Estado

O estado pode assumir duas formas: **unitária** ou **federal**.

2.6.1 Estados unitários

Nos Estados unitários, o poder e as leis emanam de uma única esfera. Não existem leis diferentes para diferentes regiões do país. As mesmas leis valem em todo o território nacional.

Como exemplos de Estados unitários temos: Suíça, Itália, Inglaterra, Chile e França.

2.6.2 Estados federais

Nos Estados federais (ou federações) têm-se duas esferas de governo (federal e estadual). No caso brasileiro, foi acrescentada uma terceira: a municipal.

Nestes países, existem os chamados estados membros (unidades federativas), que podem se autoadministrar, auto-organizar e criar suas próprias leis.

No entanto, esses estados membros estão reunidos em uma instituição chamada de União, que é quem representa toda a nação perante a comunidade internacional e que possui soberania.

Nas federações, geralmente, não existe o direito de secessão, ou seja, os estados membros não podem se desligar da União. A secessão costuma ser permitida somente nas chamadas confederações. Exemplos de federação: Brasil, Estados Unidos e a Alemanha.

Por fim, deve-se observar que, embora a federação reconheça a autonomia dos estados e municípios, existem situações de anormalidade que podem justificar a intervenção da União nos estados e a intervenção dos estados nos municípios, sendo que nossa Constituição trata dessas hipóteses nos artigos 34 e 35.

2.7 Poderes do Estado

O poder estatal é uno e indivisível.

No entanto, para evitar a concentração excessiva de poder nas mãos de uma só pessoa, costuma-se dividir o poder estatal em várias funções, exercidas por pessoas diferentes, prevendo-se a fiscalização e controle mútuo entre elas.

Cada uma dessas funções é chamada pela Constituição Federal de "poderes", que prevê a existência de três: Legislativo, Executivo e Judiciário, afirmando, em seu art. 2º, que eles são "independentes e harmônicos entre si".

Os três poderes possuem cada um deles uma atribuição específica, principal, mas essa divisão não é estanque, pois, cada Poder também exerce, embora secundariamente, atribuições de outros poderes.

Desta forma, a principal função do **Poder Legislativo** é elaborar as leis. No entanto, de forma secundária, os parlamentares também administram (por exemplo, quando contratam servidores ou empresas para prestar serviços de limpeza) e julgam (por exemplo, quando apreciam o processo de *impeachment* do Presidente da República).

Por outro lado, a principal função do **Poder Executivo** é administrar, governar. No entanto, de forma secundária, o Presidente da República também legisla (por exemplo, quando edita medidas provisórias ou quando sanciona projetos de lei) e julga (quando decide processos administrativos que envolvam seus subalternos).

Por fim, a principal função do **Poder Judiciário** é julgar. No entanto, de forma secundária, o Poder Judiciário também administra (por exemplo, quando realiza licitações para compras de bens ou realiza concursos públicos) e participa do processo legislativo (quando apresenta projetos de lei ou quando julga inconstitucionais determinadas leis).

3 TEORIA GERAL DA CONSTITUIÇÃO

3.1 Conceito de constituição e princípio da supremacia da constituição

Costuma-se dizer que a origem das constituições seria a chamada *Magna Charta Libertatum*, ou simplesmente *Magna Carta*, que foi assinada em 1215, pelo Rei João Sem Terra da Inglaterra, a qual aceitava limitações impostas à autoridade do rei por parte dos nobres locais.

Esse documento é considerado o embrião das constituições atuais porque, pela primeira vez, entendia-se que até mesmo o próprio rei teria de se submeter a um documento jurídico.

No entanto, embora se considere que essa seria a origem remota das constituições, o constitucionalismo, como ramo do Direito, surgiu juntamente com as constituições escritas e rígidas, sendo que as primeiras foram a dos Estados Unidos, em 1787, após a independência das 13 colônias inglesas, e a da França, em 1791, após a Revolução Francesa de 1789.

Essas duas constituições apresentavam dois traços marcantes: organização do Estado e limitação do poder estatal, por meio da previsão de direitos e garantias fundamentais.

Mas, o que vem a ser uma constituição?

A palavra "constituição" tem o significado de estrutura, formação, organização.

Pode ser definida como a lei fundamental e suprema de um Estado, que contém normas referentes à estruturação do Estado, forma de governo e aquisição do poder, direitos e garantias dos cidadãos.

Ou seja, a constituição vai definir, em normas gerais, o funcionamento do Estado, bem como os direitos fundamentais de seus cidadãos.

É o principal documento jurídico de uma nação e todas as leis lhe devem obediência, sendo que aquelas que contradisseram a constituição serão consideradas como aberrações jurídicas, e não devem produzir efeitos.

Essa ideia de superioridade da constituição em relação às leis é o que se chama de princípio da supremacia da constituição.

Para garantir tal supremacia, o Poder Judiciário se utiliza do chamado mecanismo de controle de constitucionalidade, afastando do ordenamento jurídico aquelas normas consideradas inconstitucionais.

3.1.1 Conceito ideal de constituição

Durante o século XIX, tendo em vista o surgimento de movimentos liberais em praticamente toda a Europa, exigindo que os respectivos monarcas de cada país aceitassem submeter-se a uma constituição, surgiram muitos textos com esse nome, mas que, na prática, serviam para legitimar o poder real.

Ou seja, funcionavam como "falsas constituições" para reforçar a autoridade dos reis.

Para combater isso, os constitucionalistas criaram o que ficou conhecido como "conceito ideal de Constituição".

Dessa forma, para que uma constituição possa ser considerada como tal, deve:

- Consagrar um sistema de garantias da liberdade (mecanismos de defesa do cidadão contra arbítrios estatais);
- Conter o princípio da divisão de poderes, permitindo o controle sistêmico do Estado por si mesmo;
- Ser escrita.

3.2 Classificação das constituições

As constituições podem ser classificadas por diversos critérios. Vejamos os principais deles.

3.2.1 Quanto ao conteúdo

Na verdade, não se trata de um critério de classificação de constituições, mas sim de normas constitucionais.

Por ele, as normas constitucionais podem ser agrupadas em dois grupos: **constituição material** e **constituição formal.**

- **Constituição material:** conjunto de regras substancialmente constitucionais, ou seja, são aquelas normas que tratam de assuntos propriamente constitucionais, como organização do Estado, direitos fundamentais etc.
- **Constituição formal:** o conjunto de todas as regras constantes da constituição escrita, consubstanciada em um documento solene, mesmo que algumas dessas regras tratem de matéria não propriamente constitucional. Ou seja, é tudo o que consta em uma constituição.

Existem normas que são formalmente constitucionais, porém materialmente não o são, porque tratam de assunto que poderia muito bem não estar da Constituição. Exemplo disso é a disposição constante no art. 242, § 2º:

> *§ 2º O Colégio Pedro II, localizado na cidade do Rio de Janeiro, será mantido na órbita federal.*

3.2.2 Quanto à forma

Quanto à sua forma, as constituições dividem-se em **escritas** e **costumeiras**.

- **Escritas:** conforme o próprio nome indica, caracterizam-se por se encontrarem consubstanciadas em textos legais formais. A maioria dos países ocidentais adota essa forma.

  Por exemplo: constituição brasileira, americana, francesa, alemã, portuguesa etc.).
- **Costumeiras:** são aquelas que não estão codificadas somente em textos legais formais, mas são formadas pelos costumes e decisões dos tribunais (a chamada jurisprudência) e em textos constitucionais esparsos.
  - Seu maior exemplo é o da Constituição Inglesa, pois aquele país não possui um documento intitulado "Constituição", sendo as normas organizadoras do Estado Inglês formadas ao longo de um extenso período.

3.2.3 Quanto ao modo de elaboração

Quanto a esse critério, podem as constituições ser **dogmáticas** ou **históricas**. Na verdade, essa classificação está muito ligada à classificação quanto à forma da constituição.

- **Dogmáticas:** são sempre escritas e são elaboradas por um órgão constituinte em um momento preciso e determinado, produzindo um documento que pode ser datado e que refletirá as ideias predominantes na sociedade em um determinado momento.
- Toda constituição escrita é dogmática e vice-versa.
- **Históricas:** estão associadas às constituições costumeiras, têm sua formação dispersa no tempo, sendo consolidadas por meio de um lento processo histórico, não havendo um momento em que se possa dizer: "eis a nossa Constituição pronta!", estando em um processo de contínua formação e alteração, uma vez que não estão consubstanciadas em um único documento.
- Uma vez mais, quem nos fornece o exemplo é a Constituição Inglesa.

3.2.4 Quanto à origem

Sob esse ponto de vista, as constituições podem ser **populares**, **outorgadas** ou **cesaristas**.

- **Populares:** são elaboradas por um órgão eleito pela vontade popular, chamado normalmente de Assembleia Constituinte, que assim delibera e aprova o documento como representante da vontade dos nacionais. Exemplo desse tipo é a nossa Constituição atual.
- **Outorgadas:** caracterizam-se por serem elaboradas sem a participação do povo, mas são impostas (outorgadas) por alguém ou um grupo que não recebeu do povo o poder constituinte originário.

Exemplo dessas constituições são as constituições brasileiras de 1824, 1937 e 1967.

Cesaristas ou plebiscitárias: representam um meio-termo entre os dois primeiros tipos, pois são elaboradas por alguém que não recebeu do povo a incumbência de elaborar a constituição, porém são submetidas posteriormente a um processo de aprovação popular (plebiscito).

3.2.5 Quanto à possibilidade de alteração

Nesse aspecto, as constituições podem ser: **imutáveis, rígidas, flexíveis** ou **semirrígidas**.

- **Imutáveis:** não admitem qualquer modificação por qualquer meio, tendo sempre o mesmo texto perpetuamente. Como se pode logo concluir, estão fadadas a uma existência de curta duração, uma vez que não podem ser alteradas para adaptarem-se às mudanças da sociedade.
- **Rígidas:** são aquelas que somente podem ser alteradas mediante um processo especial, mais solene e mais difícil do que o utilizado na elaboração das leis. A Constituição Brasileira de 1988 é rígida.
- **Flexíveis:** caracterizam-se por poderem ser modificadas sem a exigência de um processo qualificado diferente do adotado para a legislação ordinária. Ou seja, são aquelas que são alteradas da mesma forma que as leis.
- **Semirrígidas ou semiflexíveis:** são aquelas que contêm uma parte rígida, que somente pode ser alterada por um processo diferenciado, e uma parte flexível, que pode ser alterada por leis comuns. Quanto à extensão

De acordo com esse critério, as constituições podem ser **analíticas** ou **sintéticas**.

- **Analíticas:** também chamadas de dirigentes, têm esse nome por serem mais detalhadas, regendo todos os assuntos que entendam relevantes à formação, destinação e funcionamento do Estado. Por essa razão, são chamadas também de dirigentes. As constituições mais recentes tendem a ser analíticas.
- **Sintéticas:** também chamadas de negativas, preocupam-se somente com os princípios e as normas gerais de regência do Estado, organizando-o e limitando seu poder através dos direitos e garantias individuais. Ou seja, praticamente só possuem normas materialmente constitucionais. São chamadas de sintéticas por serem resumidas e tratarem somente dos assuntos materialmente constitucionais.

Um exemplo de constituição analítica é a nossa atual e um exemplo de constituição sintética é a norte-americana.

3.3 Poder constituinte

O poder constituinte pode ser definido como a manifestação soberana da suprema vontade política de um povo, social e juridicamente organizado, que se manifesta na elaboração e alteração da Constituição.

Ou seja, é o poder constituinte que elabora e altera a Constituição.

3.3.1 Titularidade

Em uma democracia, o poder constituinte pertence ao povo. Assim, a vontade constituinte é a vontade do próprio povo.

Porém, embora o povo seja o titular do direito, quem o exerce são seus representantes, uma vez que o exercício direto do poder constituinte pelo povo é inviável. Essa titularidade (mas não exercício direto) fica claro no preâmbulo de nossa Constituição: *"Nós, representantes do povo brasileiro, reunidos..."* e no parágrafo único do art. 1º. *"Todo o poder emana do povo, que o exerce por meio de representantes eleitos ou diretamente, nos termos desta Constituição"*.

3.3.2 Espécies de poder constituinte

O poder constituinte classifica-se em:

- **Poder constituinte originário**

O poder constituinte originário elabora a Constituição do Estado, organizando-o e criando seus poderes.

O exercício desse poder se manifesta na elaboração de uma nova constituição.

Pode-se identificar duas formas de expressão desse poder: através de uma Assembleia Constituinte eleita pelo povo, ato chamado de convenção (constituições populares, tendo como um dos exemplos a Constituição Federal de 1988) ou de um Movimento Revolucionário, através de um ato de outorga, como ocorreu com a Constituição de 1824.

O poder constituinte originário caracteriza-se por ser inicial (dá início ao ordenamento jurídico), ilimitado (não é limitado por qualquer norma jurídica anterior) e incondicionado (forma livre de exercício).

- **Poder constituinte derivado**

Tem esse nome porque deriva das normas estabelecidas pelo Poder Constituinte originário.

Além de derivado do Poder Constituinte originário, apresenta as características de subordinado ou limitado (encontra-se limitado pelas normas do texto constitucional, às quais deve obedecer, sob pena de inconstitucionalidade) e condicionado, uma vez que seu exercício deve seguir as regras estabelecidas pelo Poder Constituinte originário.

Por sua vez, o poder constituinte derivado subdivide-se em:

Poder constituinte derivado reformador: consiste na possibilidade de alterar-se o texto constitucional, respeitando-se os limites e a forma estabelecidos na Constituição.

Poder constituinte derivado decorrente: consiste na capacidade, em um Estado federal, de os estados membros se auto-organizarem por meio de constituições estaduais, respeitando as regras contidas na Constituição Federal.

Assim, no Brasil, por exemplo, cada estado possui a sua própria Constituição, e os municípios podem elaborar suas leis orgânicas.

3.4 Classificação das normas constitucionais quanto à sua eficácia

As normas constitucionais podem ser classificadas de acordo com sua aplicabilidade, ou seja, de acordo com sua capacidade de produzirem efeitos.

A classificação tradicional é do jurista José Afonso da Silva, que divide as normas constitucionais em três categorias: normas de eficácia plena, de eficácia contida e de eficácia limitada.

- **Normas de eficácia plena:** são aquelas que, desde a entrada em vigor da Constituição, produzem ou podem produzir todos os seus efeitos essenciais, nos termos propostos pelo constituinte (por exemplo: os remédios constitucionais).
- **Normas de eficácia contida:** são aquelas que, embora produzam seus efeitos desde logo, foi deixada margem, pelo constituinte, de restrição, pelo legislador ordinário, de seus efeitos. Por exemplo: art. 5º, inciso XIII.
- **Normas de eficácia limitada:** somente produzem seus efeitos plenamente após a edição de lei ordinária ou complementar que lhes desenvolva a aplicabilidade. Ou seja, precisam ser regulamentadas. Por exemplo: art. 7º, inciso XI.

Além desses três tipos, podemos citar também as normas programáticas:

- **Normas programáticas:** caracterizam-se por expressarem valores que devem ser respeitados e perseguidos pelo legislador. Não têm a pretensão de serem de aplicação imediata, mas, sim, de aplicação diferida, paulatina, constituindo um norte ao legislador. Por isso, normalmente, trazem conceitos vagos e abertos. Um exemplo de norma programática seria o art. 7º, inciso IV, de nossa Constituição Federal, que trata do salário-mínimo:

> ***Art. 7º*** *São direitos dos trabalhadores urbanos e rurais, além de outros que visem à melhoria de sua condição social: [...]*
>
> *IV – Salário mínimo, fixado em lei, nacionalmente unificado, capaz de atender a suas necessidades vitais básicas e às de sua família com moradia, alimentação, educação, saúde, lazer, vestuário, higiene, transporte e previdência social, com reajustes periódicos que lhe preservem o poder aquisitivo, sendo vedada sua vinculação para qualquer fim;*

3.5 Emendas constitucionais

No exercício do **poder constituinte derivado**, o Estado pode alterar o texto constitucional, respeitados os limites impostos pelo **poder constituinte originário**.

Estas alterações se dão por meio das chamadas emendas constitucionais, as quais, uma vez aprovadas, passam a compor o texto original da Magna Carta, em pé de igualdade com as demais normas.

A emenda constitucional é expressamente prevista como espécie normativa no art. 59 da Constituição Federal.

No entanto, para sua aprovação, uma proposta de emenda constitucional não pode incidir em alguma das restrições previstas pelo constituinte.

3.5.1 Restrições às emendas constitucionais

As restrições às emendas constitucionais podem ser de dois tipos: materiais (também chamadas de cláusulas pétreas), temporais e formais.

- **Restrições materiais**

Têm esse nome porque são restrições de conteúdo (matéria). Ou seja, a Constituição proíbe a aprovação de emendas que tratem de determinadas matérias.

Essas matérias que não podem ser objeto de emendas estão previstas no art. 60, § 4º, e são chamadas pela doutrina de cláusulas pétreas.

Vejamos o texto deste dispositivo:

> ***Art. 60*** *[...]*
>
> *§ 4º Não será objeto de deliberação a proposta de emenda tendente a abolir:*
>
> *I – A forma federativa de Estado;*
>
> *II – O voto direto, secreto, universal e periódico;*
>
> *III – A separação dos Poderes;*
>
> *IV – Os direitos e garantias individuais.*

Atenção

Teoria da dupla revisão

O constitucionalista português José Gomes Canotilho, na obra ***Direito Constitucional e Teoria da Constituição***, defendia ser possível a alteração das cláusulas pétreas, desde que antes fosse alterado o texto constitucional que as defina (teoria da dupla revisão). Ou seja, primeiro altera-se o rol das cláusulas pétreas e depois altera-se a constituição no particular.

No entanto, a maioria dos doutrinadores brasileiros rejeita esta tese por ser uma forma de burlar a vontade soberana do Constituinte Originário.

- **Restrições temporais**

O art. 60, § 1º, estabelece que a Constituição não poderá ser emendada: na vigência de intervenção federal; na vigência de estado de defesa; na vigência de estado de sítio.

- **Restrições formais**

As restrições formais nada mais são do que os procedimentos necessários para que a emenda constitucional possa ser votada e aprovada.

Pelo fato de a nossa constituição ser rígida, a elaboração de emendas exige um processo legislativo mais rígido e dificultoso do que o ordinário.

Ou seja, as restrições formais são os requisitos que deverão ser observados para a aprovação da emenda. Estão ligados à iniciativa para a propositura da emenda, ao rito e ao quórum necessários para sua aprovação.

3.5.2 Iniciativa

De acordo com o art. 60 da Constituição Federal de 1988, ela poderá ser emendada mediante proposta:

> *I – De um terço, no mínimo, dos membros da Câmara dos Deputados ou do Senado Federal;*
>
> *II – Do Presidente da República;*
>
> *III – De mais da metade das Assembleias Legislativas das unidades da Federação, manifestando-se, cada uma delas, pela maioria relativa de seus membros.*

Ou seja, uma Proposta de Emenda Constitucional (PEC) somente pode ser apresentada por uma dessas pessoas ou entidades.

3.5.3 Rito e quórum de aprovação

A PEC terá sua constitucionalidade examinada pela Comissão de Constituição e Justiça da Casa onde foi proposta. Após isso, será colocada em plenário e será votada em dois turnos, sendo que, em cada um deles, deverá ser aprovada por três quintos dos votos dos membros daquela Casa (maioria qualificada de 60% dos membros).

Se a PEC for aprovada nestes dois turnos, será enviada para votação na outra Casa legislativa, onde também deverá ser aprovada em dois turnos com três quintos de aprovação.

Após isso, se aprovada, será então promulgada pelas mesas da Câmara dos Deputados e do Senado Federal.

4 PRINCÍPIOS FUNDAMENTAIS

Os Princípios fundamentais, também chamados de Princípios constitucionais, formam a **base de toda a organização do Estado Brasileiro**. Como bem citado por José Afonso da Silva, na obra *Curso de Direito Constitucional Positivo*, "os Princípios Fundamentais visam essencialmente definir e caracterizar a coletividade política e o Estado e enumerar as principais opções político-constitucionais".

Exatamente em razão de sua importância, a Constituição Federal os colocou logo no início, pois eles são a base de todo o texto. O que se segue a partir desses princípios é mero desdobramento de seu conteúdo.

Quem se prepara para concurso público deve saber que, quando esse tema é abordado, costuma-se trabalhar questões com o conteúdo previsto nos arts. 1º ao 4º do texto constitucional. Geralmente, aparece apenas texto constitucional puro, mas, dependendo do concurso, as bancas costumam cobrar questões doutrinárias mais difíceis.

Quais princípios serão abordados?

- Princípio da tripartição dos poderes;
- Princípio federativo;
- Princípio republicano;
- Presidencialismo;
- Princípio democrático;
- Fundamentos da República Federativa do Brasil;
- Objetivos fundamentais da República Federativa do Brasil;
- Princípios que regem as relações internacionais do Brasil.

4.1 Princípio da tripartição dos poderes

Esse princípio, também chamado de princípio da separação dos poderes, originou-se, historicamente, numa tentativa de limitar os poderes do Estado. Alguns filósofos perceberam que, se o poder do Estado estivesse dividido entre três entidades diferentes, seria possível que a sociedade exercesse um maior controle de sua utilização.

Na verdade, a divisão não é do poder estatal, haja vista ser ele uno, indivisível e indelegável, mas apenas uma divisão das suas funções. Nos dizeres de José Afonso da Silva, na obra *Curso de Direito Constitucional Positivo*:

> O poder político, uno, indivisível e indelegável, se desdobra e se compõe de várias funções, fato que permite falar em distinções das funções, que fundamentalmente são três: a legislativa, a executiva e a jurisdicional.

A previsão constitucional desse princípio encontra-se no art. 2º, que diz:

> ***Art. 2º*** *São Poderes da União, independentes e harmônicos entre si, o Legislativo, o Executivo e o Judiciário.*

Esses são os três poderes, cada qual responsável pelo desenvolvimento de uma função principal do Estado:

- **Poder Executivo:** função principal (típica) de administrar o Estado.
- **Poder Legislativo:** função principal (típica) de legislar e fiscalizar as contas públicas.
- **Poder Judiciário:** função principal (típica) jurisdicional.

Além da sua própria função, a Constituição criou uma sistemática que permite a cada um dos poderes o exercício da função do outro poder. Essa função acessória chamamos de **função atípica:**

- **Poder Executivo:** função atípica de legislar e julgar.
- **Poder Legislativo:** função atípica de administrar e julgar.
- **Poder Judiciário:** função atípica de administrar e legislar.

Dessa forma, pode-se dizer que além da própria função, cada poder exerce de forma acessória a função do outro poder.

Uma pergunta sempre surge na cabeça dos candidatos: qual dos três poderes é mais importante?

A única resposta possível é a inexistência de poder mais importante. Cada poder possui sua própria função de forma que não se pode afirmar que exista hierarquia entre os poderes do Estado.

Eles são independentes e harmônicos entre si, e para se garantir essa harmonia, a doutrina norte-americana desenvolveu um sistema que mantém a igualdade entre os poderes: **sistema de freios e contrapesos** *(checks and balances)*.

O sistema de freios e contrapesos adotado pela nossa Constituição, revela-se nas inúmeras medidas previstas no texto constitucional que condicionam a competência de um poder à apreciação de outro poder de forma a garantir o equilíbrio entre os três poderes. A seguir estão alguns exemplos delas:

- **Necessidade de sanção do chefe do Poder Executivo** para que um projeto de lei aprovado pelo Poder Legislativo possa entrar em vigor.
- **Processo do chefe do Poder Executivo** por crime de responsabilidade a ser realizado no Senado Federal, cuja sessão de julgamento é presidida pelo presidente do STF.
- **Necessidade de apreciação** pelo Poder Legislativo das Medidas Provisórias editadas pelo chefe do Poder Executivo.
- **Nomeação dos ministros** do STF é feita pelo Presidente da República depois de aprovada pelo Senado Federal.

Em todas as hipóteses acima apresentadas, faz-se necessária a participação de mais de um Poder para a consecução de um ato administrativo. Isso cria uma verdadeira relação de interdependência entre os poderes, o que garante o equilíbrio entre eles.

Por último, não se pode esquecer que a separação dos poderes é uma das cláusulas pétreas por força do art. 60, § 4º, inciso III, da Constituição Federal.

Significa dizer que a separação dos poderes não pode ser abolida do texto constitucional por meio de emenda:

> ***Art. 60*** *[...]*
> *§ 4º Não será objeto de deliberação a proposta de emenda tendente a abolir: [...]*
> *III – A separação dos Poderes.*

4.2 Princípio federativo

Esse princípio apresenta a forma de Estado adotada no Brasil: federação. A forma de Estado reflete o modo de exercício do poder político em função do território. É uma forma composta ou complexa, visto que prevalece a pluralidade de poderes políticos internos. Está baseada na descentralização política do Estado, cuja representação se dá por meio de quatro entes federativos:

- **União;**
- **Estados;**
- **Distrito Federal;**
- **Municípios.**

Cada ente federativo possui sua **própria autonomia política**, o que **não** pode ser confundido com o atributo da soberania, pertencente ao Estado Federal.

A autonomia de cada ente confere-lhe a capacidade política de, inclusive, criar sua própria Constituição. Apesar de cada ente federativo possuir essa independência, não se pode esquecer que a existência do pacto federativo pressupõe a existência de uma Constituição Federal e da impossibilidade de separação (princípio da indissolubilidade do vínculo federativo). Havendo quebra do pacto federativo, a Constituição Federal prevê como instrumento de manutenção da forma de Estado a chamada Intervenção Federal, a qual será estudada em momento oportuno.

Não existe hierarquia entre os entes federativos. O que os distingue é a competência que cada um recebeu da Constituição Federal. Deve-se ressaltar que os estados e o Distrito Federal possuem direito de participação na formação da vontade nacional ao possuírem representantes no Senado Federal. Os municípios não possuem representantes no Senado Federal. Caracteriza-se, ainda, pela existência de um guardião da Constituição Federal, o Supremo Tribunal Federal (STF). A doutrina tem apontado para algumas características da forma federativa brasileira:

- **Tricotômica:** a Federação é constituída em três níveis: federal, estadual e municipal. O Distrito Federal não é considerado nessa classificação, haja vista possuir competência híbrida, ou seja, ora age como estado ora como município.
- **Centrífuga:** essa característica reflete a formação da federação brasileira. É a formação "de dentro para fora". A força de criação do estado federal brasileiro surgiu a partir de um Estado Unitário para a criação de um estado federado, ou seja, o poder centralizado que se torna descentralizado. O poder político era concentrado nas mãos de um só ente e, depois, passa a fazer parte de vários entes federativos.
- **Por desagregação:** ocorre quando um estado unitário resolve se descentralizar politicamente, desagregando o poder central em favor de vários entes titulares de poder político.

Como última observação, não menos importante, a **forma federativa de Estado** também é uma **cláusula pétrea.**

Depois de estudar os princípios da tripartição dos poderes e o poder federativo, passa-se a ver como eles estão estruturados dentro da República Federativa do Brasil. Uma informação importante antes disso: a autonomia política existente em cada ente federativo pode ser percebida por meio de existência dos poderes em cada um.

- União
  - Poder Executivo – Presidente da República.
  - Poder Legislativo – Congresso Nacional.
  - Poder Judiciário – STF e demais órgãos judiciais federais.
- Estados
  - Poder Executivo – Governador.
  - Poder Legislativo – Assembleia Legislativa.
  - Poder Judiciário – Tribunal de Justiça.
- Municípios
  - Poder Executivo – Prefeito.
  - Poder Legislativo – Câmara de Vereadores.
  - Poder Judiciário – Não existe.
- Distrito Federal
  - Poder Executivo – Governador.
  - Poder Legislativo – Câmara Legislativa.
  - Poder Judiciário – Tribunal de Justiça.

4.3 Princípio republicano

O princípio republicano representa a **forma de governo** adotada no Brasil. A forma de governo reflete o modo de aquisição e exercício do poder político, além de medir a relação existente entre o governante e o governado.

A melhor forma de entender esse instituto é conhecendo suas características. A primeira característica decorre da análise etimológica da expressão *res publica*. Essa expressão, que dá origem ao princípio ora estudado, significa coisa pública, ou seja, em um Estado republicano, o governante cuida da coisa pública, governa para o povo.

Outra característica importante é a temporariedade. Esse atributo revela o caráter temporário do exercício do poder político. Por causa desse princípio, em nosso Estado, o governante permanece no poder por tempo determinado.

Em uma República, o governante é escolhido pelo povo. Essa é a chamada eletividade. O poder político é adquirido pelas eleições, sendo que a vontade popular se concretiza nas urnas.

Por fim, em um Estado republicano, o governante pode ser responsabilizado por seus atos.

A forma de governo republicana se contrapõe à monarquia, cujas características são opostas às estudadas aqui.

É importante destacar que o princípio republicano não é uma cláusula pétrea, pois esse princípio não se encontra listado no rol das cláusulas pétreas do art. 60, § 4º, da Constituição Federal. Apesar disso, a Constituição o considerou como princípio sensível. Princípios sensíveis são aqueles que, se tocados, ensejarão a chamada Intervenção Federal, conforme previsto no art. 34, inciso VII, da Constituição Federal de 1988:

> ***Art. 34*** *A União não intervirá nos Estados nem no Distrito Federal, exceto para: [...]*
>
> *VII – assegurar a observância dos seguintes princípios constitucionais:*
>
> *a) forma republicana, sistema representativo e regime democrático.*

4.4 Presidencialismo

O Presidencialismo é o sistema de governo adotado no Brasil. O sistema de governo rege a relação entre o Poder Executivo e o Legislativo medindo o grau de dependência entre eles. No presidencialismo, prevalece a separação entre os Poderes Executivo e Legislativo, os quais são independentes e harmônicos entre si.

A Constituição Federal de 1988 declara, em seu art. 76, que:

> *O Poder Executivo é exercido pelo Presidente da República, auxiliado pelos Ministros de Estado.*

O Presidencialismo possui uma característica muito importante, que é a concentração das funções executivas em uma só pessoa, o Presidente, o qual é eleito pelo povo, e exerce ao mesmo tempo três funções: chefe de Estado, chefe de governo, e chefe da Administração Pública.

A função de chefe de Estado diz respeito a todas as atribuições do presidente nas relações externas do País. Como chefe de governo, o presidente possui inúmeras atribuições internas no que tange à governabilidade do país. Já como chefe da Administração Pública, o presidente exercerá as funções relacionadas com a chefia da Administração Pública federal.

4.5 Regime democrático

Este princípio revela o regime de governo adotado no Brasil. Caracteriza-se pela existência do Estado Democrático de Direito e pela preservação da dignidade da pessoa humana.

A democracia significa o governo do povo, pelo povo e para o povo. É a chamada soberania popular. Sua fundamentação constitucional encontra-se no art. 1º da CF/1988/1988:

> ***Art. 1º*** *[...]*
>
> ***Parágrafo único.*** *Todo o poder emana do povo, que o exerce por meio de representantes eleitos ou diretamente, nos termos desta Constituição.*

Esse princípio também é conhecido como princípio sensível e, no Brasil, caracteriza-se por seu exercício se dar de forma direta e indireta. Por esse motivo, a democracia brasileira é conhecida como semidireta ou participativa. Esse tema, porém, será abordado na seção sobre **Direitos Políticos**.

- Forma de Estado → Federativa
- Forma de Governo → Republicana
- Sistema de Estado → Presidencialista
- Regime de Estado → Democrático

4.6 Fundamentos da República Federativa do Brasil

Entre os Princípios Constitucionais mais importantes, destacam-se os Fundamentos da República Federativa do Brasil, os quais estão elencados no art. 1º da Constituição Federal de 1988:

> ***Art. 1º*** *A República Federativa do Brasil, formada pela união indissolúvel dos Estados e Municípios e do Distrito Federal, constitui-se em Estado Democrático de Direito e tem como fundamentos:*
> *I – A soberania;*
> *II – A cidadania;*
> *III – A dignidade da pessoa humana;*
> *IV – Os valores sociais do trabalho e da livre iniciativa;*
> *V – O pluralismo político.*

- **Soberania:** é um fundamento que possui estreita relação com o Poder do Estado. É a capacidade que o Estado tem de impor sua vontade. Esse princípio possui uma dupla acepção: soberania interna e externa.
- **A soberania interna** é a capacidade de impor o poder estatal no âmbito interno, perante os administrados, sem se sujeitar a qualquer outro poder.
- **A soberania externa** é percebida pelo reconhecimento dos outros Estados soberanos de que o Estado Brasileiro possui sua própria autonomia no âmbito internacional.
- **Cidadania:** como princípio revela a condição jurídica de quem é titular de direitos políticos. Ela permite ao indivíduo que possui vínculo jurídico com o Estado participar de suas decisões e escolher seus representantes. O exercício da cidadania guarda estreita relação com a democracia, pois essa autoriza a participação popular na formação da vontade estatal.
- **Dignidade da pessoa humana:** é considerada o princípio com maior hierarquia axiológica da Constituição. Sua importância se traduz na medida em que deve ser assegurada, primordialmente, pelo Estado, mas também deve ser observada nas relações particulares. Como fundamento, embasa toda a gama de direitos fundamentais, os quais estão ligados em sua origem a esse princípio. A dignidade da pessoa humana representa o núcleo mínimo de direitos e garantias que devem ser assegurados aos seres humanos.
- **Valor social do trabalho e da livre iniciativa:** revela a adoção de uma economia capitalista ao mesmo tempo em que elege o trabalho como elemento responsável pela valorização social. Ao mesmo tempo em que a Constituição garante uma liberdade econômica, protege o trabalho como elemento relacionado à dignidade do indivíduo como membro da sociedade.
- **Pluralismo político:** ao contrário do que parece, não está relacionado apenas com a pluralidade de partidos políticos, devendo ser entendido sob um sentido mais amplo, pois revela uma sociedade em que pluralidade de ideias se torna um ideal a ser preservado. Liberdades, como de expressão, religiosa ou política estão entre as formas de manifestação desse princípio.

4.7 Objetivos fundamentais da República Federativa do Brasil

Outro grupo de princípios constitucionais que costuma ser cobrado em prova é o dos objetivos da República Federativa do Brasil, os quais estão previstos em um rol exemplificativo no art. 3º da Constituição Federal de 1988:

> ***Art. 3º*** *Constituem objetivos fundamentais da República Federativa do Brasil:*
> *I – Construir uma sociedade livre, justa e solidária;*
> *II – Garantir o desenvolvimento nacional;*
> *III – Erradicar a pobreza e a marginalização e reduzir as desigualdades sociais e regionais;*
> *IV – Promover o bem de todos, sem preconceitos de origem, raça, sexo, cor, idade e quaisquer outras formas de discriminação.*

Os objetivos são verdadeiras metas a serem perseguidas pelo Estado com o fim de garantir os ditames constitucionais. Deve-se ter muita atenção em relação a esses dispositivos, pois eles costumam ser cobrados em prova fazendo-se alterações dos termos constitucionais.

Outra característica que distingue os fundamentos dos objetivos é o fato de os fundamentos serem nominados com substantivos ao passo que os objetivos se iniciam com verbos. Essa diferença pode ajudar a perceber qual a resposta correta na prova.

4.8 Princípios que regem as relações internacionais do Brasil

Têm-se os princípios que regem as relações internacionais, os quais estão previstos no art. 4º da Constituição Federal de 1988:

> ***Art. 4º*** *A República Federativa do Brasil rege-se nas suas relações internacionais pelos seguintes princípios:*
> *I – Independência nacional;*
> *II – Prevalência dos direitos humanos;*
> *III – Autodeterminação dos povos;*
> *IV – Não intervenção;*
> *V – Igualdade entre os Estados;*
> *VI – Defesa da paz;*
> *VII – Solução pacífica dos conflitos;*
> *VIII – Repúdio ao terrorismo e ao racismo;*
> *IX – Cooperação entre os povos para o progresso da humanidade;*
> *X – Concessão de asilo político.*
> ***Parágrafo único.*** *A República Federativa do Brasil buscará a integração econômica, política, social e cultural dos povos da América Latina, visando à formação de uma comunidade latino-americana de nações.*

Esses princípios revelam características muito interessantes do Brasil, ressaltando sua soberania e independência em relação aos outros Estados do mundo.

- **Independência nacional:** destaca, no âmbito da soberania externa, a relação do país com os demais estados, uma relação de igualdade, sem estar subjugado a outro Estado.
- **Prevalência dos direitos humanos:** vai ao encontro do fundamento da dignidade da pessoa humana, característica muito importante que se revela por meio do grande rol de direitos e garantias fundamentais previstos na Constituição Federal.
- **Autodeterminação dos povos:** por esse princípio, respeitam-se as decisões e escolhas de cada povo. Entende-se que cada povo é capaz de escolher o seu próprio caminho político e de resolver suas crises internas sem necessidade de intervenção externa de outros países.
- **Não intervenção:** no mesmo sentido de preservação e respeito à soberania dos demais Estados.

- **Igualdade entre os Estados:** sendo que cada país é reconhecido como titular de soberania na mesma proporção que os demais, sem hierarquia entre eles.
- **Defesa da paz:** princípio fundamental que funciona como bandeira defendida pelo Brasil em suas relações internacionais.
- **Solução pacífica dos conflitos:** revela o lado conciliador do governo brasileiro, que por vezes intermedeia relações conturbadas entre outros chefes de estado.
- **Repúdio ao terrorismo e ao racismo:** é princípio decorrente da dignidade da pessoa humana; terrorismo e racismo são tomados como inaceitáveis em sociedades modernas.
- **Cooperação entre os povos para o progresso da humanidade:** envolvimento em pesquisas científicas para cura de doenças, bem como na defesa e preservação do meio ambiente, entre outros.
- **Concessão de asilo político:** como princípio constitucional, fundamenta a decisão brasileira de amparar estrangeiros que estejam sendo perseguidos em seus países por questões políticas ou de opinião.

Destaca-se, entre os princípios que regem as relações internacionais, um mandamento para que a República Federativa do Brasil busque a integração econômica, política, social e cultural dos povos da América Latina, visando à formação de uma comunidade latino-americana de nações. Repare que o texto constitucional mencionou América Latina, não América do Sul. Parece não haver muita diferença, mas esse tema já foi cobrado em prova e a troca dos termos é considerada errada.

5 DIREITOS FUNDAMENTAIS – REGRAS GERAIS

5.1 Conceito

Os direitos e garantias fundamentais são institutos jurídicos que foram criados no decorrer do desenvolvimento da humanidade e se constituem de normas protetivas que formam um núcleo mínimo de prerrogativas inerentes à condição humana.

5.1.1 Amplitude horizontal e amplitude vertical

Possuem como objetivo principal a proteção do indivíduo diante do poder do Estado. Mas não só do Estado. Os direitos e garantias fundamentais também constituem normas de proteção do indivíduo em relação aos outros indivíduos da sociedade.

E é exatamente nesse ponto que surgem os conceitos de **amplitude vertical e amplitude horizontal.**

- **Amplitude vertical:** é o efeito protetor que as normas definidoras de direitos e garantias fundamentais produzem para um indivíduo diante do Estado.
- **Amplitude horizontal:** é o efeito protetor que as normas definidoras de direitos e garantias fundamentais produzem para um indivíduo diante dos outros indivíduos.

5.2 Classificação

A Constituição Federal, quando se refere aos direitos fundamentais, classifica-os em cinco grupos:

- Direitos e deveres individuais e coletivos;
- Direitos sociais;
- Direitos de nacionalidade;
- Direitos políticos;
- Partidos políticos.

Essa classificação encontra-se distribuída entre os arts. 5º e 17 do texto constitucional e é normalmente chamada pela doutrina de Conceito Formal dos Direitos Fundamentais. O Conceito Formal é o que a Constituição Federal resolveu classificar como sendo Direito Fundamental. É o rol de direitos fundamentais previstos expressamente no texto constitucional.

Costuma-se perguntar nas provas: "O rol de direitos fundamentais é um rol exaustivo? Ou melhor, taxativo?" O que se quer saber é se o rol de direitos fundamentais é só aquele que está expresso na Constituição ou não.

Responde-se a essa questão com o § 2º do art. 5º, que diz:

> *§ 2º Os direitos e garantias expressos nesta Constituição não excluem outros decorrentes do regime e dos princípios por ela adotados, ou dos tratados internacionais em que a República Federativa do Brasil seja parte.*

Isso significa que o rol não é taxativo, mas exemplificativo. A doutrina costuma chamar esse parágrafo de cláusula de abertura material, que é exatamente a possibilidade de existirem outros direitos fundamentais, ainda que fora do texto constitucional. Esse seria o conceito material dos direitos fundamentais, ou seja, todos os direitos fundamentais que possuem a essência fundamental, ainda que não estejam expressos no texto constitucional.

5.3 Características

O elemento jurídico acima abordado, além de explicar a possibilidade de se inserirem novos direitos fundamentais no rol dos que já existem expressamente na Constituição Federal, também constitui uma das características que serão abordadas a seguir:

- **Historicidade:** essa característica revela que os direitos fundamentais são frutos da evolução histórica da humanidade. Significa que eles evoluem com o passar do tempo.
- **Inalienabilidade:** os direitos fundamentais não podem ser alienados, não podem ser negociados, não podem ser transigidos.
- **Irrenunciabilidade:** os direitos fundamentais não podem ser renunciados.
- **Imprescritibilidade:** os direitos fundamentais não se sujeitam aos prazos prescricionais. Não se perde um direito fundamental pelo decorrer do tempo.
- **Universalidade:** os direitos fundamentais pertencem a todas as pessoas, independentemente da sua condição.
- **Máxima Efetividade:** essa característica é mais uma imposição ao Estado, que está coagido a garantir a máxima efetividade dos direitos fundamentais. Esses direitos não podem ser ofertados de qualquer forma. É necessário que eles sejam garantidos da melhor forma possível.
- **Concorrência:** os direitos fundamentais podem ser utilizados em conjunto com outros direitos. Não é necessário abandonar um para usufruir outro direito.
- **Complementariedade:** um direito fundamental não pode ser interpretado sozinho. Cada direito deve ser analisado juntamente com outros direitos fundamentais, bem como com outros institutos jurídicos.
- **Proibição do retrocesso:** essa característica proíbe que os direitos já conquistados sejam perdidos.
- **Limitabilidade:** não existe direito fundamental absoluto. São direitos relativos.
- **Não Taxatividade:** essa característica, já tratada anteriormente, diz que o rol de direitos fundamentais é apenas exemplificativo, tendo em vista a possibilidade de inserção de novos direitos.

5.4 Dimensões dos direitos fundamentais

As dimensões, também conhecidas por gerações de direitos fundamentais, são uma classificação adotada pela doutrina que leva em conta a ordem cronológica de reconhecimento desses direitos. São cinco as dimensões atualmente reconhecidas:

- **1ª dimensão:** foram os primeiros direitos conquistados pela humanidade. São direitos relacionados à liberdade, em todas as suas formas. Possuem um caráter negativo diante do Estado, tendo em vista ser utilizado como uma verdadeira limitação ao poder estatal, ou seja, o Estado, diante dos direitos de primeira dimensão, fica impedido de agir ou interferir na sociedade. São verdadeiros direitos de defesa com caráter individual. Estão entre estes direitos as liberdades públicas, civis e políticas.
- **2ª dimensão:** estes direitos surgem na tentativa de reduzirem as desigualdades sociais provocadas pela primeira dimensão. Por isso, são conhecidos como direitos de igualdade. Para reduzir as diferenças sociais, o Estado precisa interferir na sociedade: essa interferência reflete a conduta positiva adotada por meio de prestações sociais. São exemplos de direitos de segunda dimensão: os direitos sociais, econômicos e culturais.
- **3ª dimensão:** aqui estão os conhecidos direitos de fraternidade. São direitos que refletem um sentimento de solidariedade entre os povos na tentativa de preservarem os direitos de toda a coletividade. São de terceira geração o direito ao meio ambiente saudável, o direito ao progresso da humanidade, ao patrimônio comum, entre outros.

- **4ª dimensão:** esses direitos ainda não possuem um posicionamento pacífico na doutrina, mas costuma-se dizer que nesta dimensão ocorre a chamada globalização dos direitos fundamentais. São direitos que rompem com as fronteiras entre os Estados. São direitos de todos os seres humanos, independentemente de sua condição, como o direito à democracia, ao pluralismo político. São também considerados direitos de 4ª geração os direitos mais novos, que estão em construção, como o direito genético ou espacial.
- **5ª dimensão:** essa é a mais nova dimensão defendida por alguns doutrinadores. É formado basicamente pelo direito à paz. Esse seria o direito mais almejado pelo homem e que consubstancia a reunião de todos os outros direitos.

Deve-se ressaltar que esses direitos, à medida que foram sendo conquistados, complementavam os direitos anteriores, de forma que não se pode falar em substituição ou superação de uma geração sobre a outra, mas em cumulação, de forma que hoje podemos usufruir de todos os direitos pertencentes a todas as dimensões.

Para não se esquecer das três primeiras dimensões é só lembrar-se do lema da Revolução Francesa: Liberdade (1ª dimensão), Igualdade (2ª dimensão) e Fraternidade (3ª dimensão).

5.5 Titulares dos direitos fundamentais

5.5.1 Quem são os titulares dos direitos fundamentais?

A própria Constituição Federal responde a essa pergunta quando diz no *caput* do art. 5º que são titulares "os brasileiros e estrangeiros residentes no país". Mas será que é necessário residir no país para que o estrangeiro tenha direitos fundamentais?

Imaginemos um avião cheio de alemães que está fazendo uma escala no Aeroporto Municipal de Cascavel-PR.

Nenhum dos alemães reside no país. Seria possível entrar no avião e matar todas aquelas pessoas, haja vista não serem titulares de direitos fundamentais por não residirem no país? É claro que não. Para melhor se compreender o termo "residente", o STF o tem interpretado de forma mais ampla no sentido de abarcar todos aqueles que estão no país. Ou seja, todos os que estão no território brasileiro, independentemente de residirem no país, são titulares de direitos fundamentais.

Mas será que, para ser titular de direitos fundamentais, é necessário ter a condição humana? Ao contrário do que parece, não é necessário. Tem-se reconhecido como titulares de direitos fundamentais as pessoas jurídicas. Ressalta-se que não só as pessoas jurídicas de direito privado, mas também as pessoas jurídicas de direito público.

Os animais não são considerados titulares de direitos fundamentais, mas isso não significa que seja possível maltratá-los. Na prática, a Constituição Federal de 1988 os protege contra situações de maus-tratos. O STF já se pronunciou sobre a "briga de galo" e a "farra do boi", declarando-as inconstitucionais. Quanto à "vaquejada", o Supremo se manifestou acerca da admissibilidade parcial, desde que não figure flagelação do animal. Por fim, o tema de "rodeios" ainda não foi pleiteado. De outro lado, mortos podem ser titulares de direitos fundamentais, desde que o direito seja compatível (por exemplo: honra).

5.6 Cláusulas pétreas fundamentais

O art. 60, § 4º da Constituição Federal de 1988, traz o rol das chamadas **Cláusulas Pétreas:**

> *§ 4º Não será objeto de deliberação a proposta de emenda tendente a abolir:*
>
> *I – A forma federativa de Estado;*
>
> *II – O voto direto, secreto, universal e periódico;*
>
> *III – A separação dos Poderes;*
>
> *IV – Os direitos e garantias individuais.*

As Cláusulas Pétreas são núcleos temáticos formados por institutos jurídicos de grande importância, os quais não podem ser retirados da Constituição. Observe-se que o texto proíbe a abolição desses princípios, mas não impede que eles sejam modificados, no caso, para melhor. Isso já foi cobrado em prova. É importante notar que o texto constitucional prevê no inciso IV como sendo Cláusulas Pétreas apenas os direitos e garantias individuais. Pela literalidade da Constituição, não são todos os direitos fundamentais que são protegidos por esse instituto, mas apenas os de caráter individual. Parte da doutrina e da jurisprudência entende que essa proteção deve ser ampliada, abrangendo os demais direitos fundamentais. Deve-se ter atenção com esse tema em prova, pois já foram cobrados os dois posicionamentos.

5.7 Eficácia dos direitos fundamentais

O § 1º do art. 5º da Constituição Federal de 1988 prevê que:

> *§ 1º As normas definidoras dos direitos e garantias fundamentais têm aplicação imediata.*

Quando a Constituição Federal de 1988 se refere à aplicação de uma norma, na verdade está falando da sua eficácia.

Esse tema é sempre cobrado em provas de concurso. Com o intuito de obter uma melhor compreensão, é necessário conceituar, classificar e diferenciar os vários níveis de eficácia das normas constitucionais.

Para que uma norma constitucional seja aplicada é indispensável que a ela possua eficácia, a qual é a capacidade que uma norma jurídica tem de produzir efeitos.

Se os efeitos produzidos se restringem ao âmbito normativo, tem-se a chamada **eficácia jurídica**, ao passo que, se os efeitos são concretos, reais, tem-se a chamada **eficácia social.** Eficácia jurídica, portanto, é a capacidade que uma norma constitucional tem de revogar todas as outras normas que com ela apresentem divergência. Já a eficácia social, também conhecida como efetividade, é a aplicabilidade na prática, concreta, da norma. Todas as normas constitucionais possuem eficácia jurídica, mas nem todas possuem eficácia social. Logo, é possível afirmar que todas as normas constitucionais possuem eficácia. O problema surge quando uma norma constitucional não pode ser aplicada na prática, ou seja, não possui eficácia social.

Para explicar esse fenômeno, foram desenvolvidas várias classificações acerca do grau de eficácia de uma norma constitucional. A classificação mais adotada pela doutrina e mais cobrada em prova é a adotada pelo professor José Afonso da Silva, na obra *Curso de Direito Constitucional Positivo*. Para esse estudioso, a eficácia social se classifica em:

- **Eficácia plena:** são aquelas **autoaplicáveis.** São normas que possuem aplicabilidade direta, imediata e integral. Seus efeitos práticos são plenos. É uma norma que não depende de complementação legislativa para produzir efeitos. Veja os exemplos: art. 1º; art. 5º, *caput* e incisos XXXV e XXXVI; art. 19; art. 21; art. 53; art. 60, § 1º e 4º; art. 69; art. 128, § 5º, incisos I e II; art. 145, § 2º; entre outros.
- **Eficácia contida:** também são **autoaplicáveis**. Assim como as normas de eficácia plena, elas possuem **aplicabilidade direta e imediata**. Contudo, sua aplicação não é integral. É neste ponto que a eficácia contida se diferencia da eficácia plena. A norma de eficácia contida nasce plena, mas pode ser restringida por outra norma.

D C O N

- Daí a doutrina chamá-la de norma contível, restringível ou redutível. Essas espécies permitem que outra norma reduza a sua aplicabilidade. São normas que produzem efeitos imediatos, mas esses efeitos podem ser restringidos. Por exemplo: art. 5º, incisos VII, XII, XIII, XV, XXVII e XXXIII; art. 9º; art. 37, inciso I; art. 170, parágrafo único; entre outros.
- **Eficácia limitada:** são desprovidas de eficácia social. Diz-se que as normas de eficácia limitada não são autoaplicáveis, possuem aplicabilidade indireta, mediata e reduzida ou diferida.
- São normas que dependem de outra para produzirem efeitos. O que as difere das normas de eficácia contida é a dependência de outra norma para que produza efeitos sociais. Enquanto as de eficácia contida produzem efeitos imediatos, os quais poderão ser restringidos posteriormente, as de eficácia limitada dependem de outra norma para produzirem efeitos. Deve-se ter cuidado para não pensar que essas espécies normativas não possuem eficácia. Como se afirmou anteriormente, elas possuem eficácia jurídica, mas não possuem eficácia social. As normas de eficácia limitada são classificadas, ainda, em:
- **Normas de eficácia limitada de princípio institutivo:** são aquelas que dependem de outra norma para organizar ou instituir estruturas, entidades ou órgãos. Por exemplo: art. 18, § 2º; art. 22, parágrafo único; art. 25, § 3º; art. 33; art. 88; art. 90, § 2º; art. 102, § 1º; art. 107, § 1º; art. 113; art. 121; art. 125, § 3º; art. 128, § 5º; art. 131; entre outros.
- **Normas de eficácia limitada de princípio programático:** são aquelas que apresentam verdadeiros objetivos a serem perseguidos pelo Estado, programas a serem implementados. Em regra, possuem fins sociais. Por exemplo: art. 7º, incisos XI, XX e XXVII; art. 173, § 4º; arts. 196; 205; 215; 218; 227; entre outros.

O Supremo Tribunal Federal (STF) possui algumas decisões que conferiram o grau de eficácia limitada aos seguintes dispositivos: art. 5º, inciso LI; art. 37, inciso I; art. 37, inciso VII; art. 40, § 4º; art. 18, § 4º.

Feitas as considerações iniciais sobre esse tema, resta saber o que o § 1º do art. 5º da Constituição Federal de 1988 quis dizer com "aplicação imediata". Para traduzir essa expressão, basta analisar a explicação apresentada anteriormente. Segundo a doutrina, as normas que possuem aplicação imediata ou são de eficácia plena ou contida. Ao que parece, o texto constitucional quis restringir a eficácia dos direitos fundamentais em plena ou contida, não existindo, em regra, normas definidoras de direitos fundamentais com eficácia limitada. Entretanto, pelos próprios exemplos aqui apresentados, não é essa a realidade do texto constitucional. Certamente, existem normas de eficácia limitada entre os direitos fundamentais (art. 7º, incisos XI, XX e XXVII). A dúvida que surge então é: como responder na prova?

A doutrina e o STF têm entendido que, apesar do texto expresso na Constituição Federal, existem normas definidoras de direitos fundamentais que não possuem aplicabilidade imediata, as quais são de eficácia limitada. Diante dessa contradição, a doutrina tem orientado no sentido de se conferir a maior eficácia possível aos direitos fundamentais. Em prova, pode ser cobrada tanto uma questão abordando o texto puro da Constituição Federal quanto o posicionamento da doutrina. Deve-se responder conforme for perguntado.

A Constituição previu dois instrumentos para garantir a efetividade das normas de eficácia limitada: **Ação Direta de Inconstitucionalidade por Omissão** e o **Mandado de Injunção.**

5.8 Força normativa dos tratados internacionais

Uma regra muito importante para a prova é a que está prevista no § 3º do art. 5º da Constituição Federal de 1988:

> *§ 3º Os tratados e convenções internacionais sobre direitos humanos que forem aprovados, em cada Casa do Congresso Nacional, em dois turnos, por três quintos dos votos dos respectivos membros, serão equivalentes às emendas constitucionais.*

Esse dispositivo constitucional apresenta a chamada força normativa dos tratados internacionais.

Segundo o texto constitucional, é possível que um tratado internacional possua força normativa de emenda constitucional, desde que preencha os seguintes requisitos:

- Deve falar de direitos humanos;
- Deve ser aprovado nas duas casas legislativas do Congresso Nacional, ou seja, na Câmara dos Deputados e no Senado Federal;
- Deve ser aprovado em dois turnos em cada casa;
- Deve ser aprovado por 3/5 dos membros em cada turno de votação, em cada casa.

Preenchidos esses requisitos, o Tratado Internacional terá força normativa de **Emenda à Constituição.**

Mas surge a seguinte questão: e se o Tratado Internacional for de Direitos Humanos e não preencher os requisitos constitucionais previstos no § 3º do art. 5º da Constituição? Qual será sua força normativa? Segundo o STF, caso o Tratado Internacional fale de direitos humanos, mas não preencha os requisitos do § 3º do art. 5º da CF/1988/1988, ele terá força normativa de **norma supralegal.**

Ainda há os tratados internacionais que não falam de direitos humanos. São tratados que falam de outros temas, por exemplo, o comércio. Esses tratados possuem força normativa de **lei ordinária.**

Em suma, são três as forças normativas dos Tratados Internacionais:

- Emenda à Constituição;
- Norma supralegal;
- Lei ordinária.

5.9 Tribunal Penal Internacional (TPI)

Há outra regra muito interessante prevista no § 4º do art. 5º da Constituição Federal de 1988:

> *§ 4º O Brasil se submete à jurisdição de Tribunal Penal Internacional a cuja criação tenha manifestado adesão.*

É o chamado **Tribunal Penal Internacional**. Mas o que é o Tribunal Penal Internacional? É uma corte permanente, localizada em Haia, na Holanda, com competência de julgamento dos crimes contra a humanidade.

É um Tribunal, pois tem função jurisdicional; é penal porque só julga crimes; é internacional, haja vista sua competência não estar restrita à fronteira de um só Estado.

Mas uma coisa deve ser esclarecida. O TPI não julga qualquer tipo de crime. Só os crimes que tenham repercussão para toda a humanidade. Geralmente, são crimes de guerra, agressão estrangeira, genocídio, dentre outros.

Apesar de ser um tribunal com atribuições jurisdicionais, o TPI não faz parte do Poder Judiciário brasileiro. Sua competência é complementar à jurisdição nacional, não ofendendo, portanto, a soberania do Estado brasileiro. Isso significa que o TPI só age quando a Justiça Brasileira se omite ou é ineficaz.

5.10 Direitos e garantias

Muitos questionam se direitos e garantias são a mesma coisa, mas a melhor doutrina tem diferenciado esses dois institutos.

Os direitos são os próprios direitos previstos na Constituição Federal de 1988. São os bens jurídicos tutelados pela Constituição. Eles representam por si só esses bens.

As garantias são instrumentos de proteção dos direitos. São ferramentas disponibilizadas pela Constituição para a fruição dos direitos.

Apesar da diferença entre os dois institutos é possível afirmar que **toda garantia é um direito.**

6 DIREITOS E DEVERES INDIVIDUAIS E COLETIVOS

A Constituição Federal, ao disciplinar os direitos individuais, os coloca basicamente no art. 5º. Logo no *caput* desse artigo, já aparece uma classificação didática dos direitos ali previstos:

> ***Art. 5º*** *Todos são iguais perante a lei, sem distinção de qualquer natureza, garantindo-se aos brasileiros e aos estrangeiros residentes no País a inviolabilidade do direito à vida, à liberdade, à igualdade, à segurança e à propriedade, nos termos seguintes:*

Para estudarmos os direitos individuais, utilizaremos os cinco grupos de direitos previstos no *caput* do art. 5º:

- **Direito à vida;**
- **Direito à igualdade;**
- **Direito à liberdade;**
- **Direito à propriedade;**
- **Direito à segurança.**

Percebe-se que os 78 incisos do art. 5º, de certa forma, decorrem de um desses direitos que podem ser chamados de **"direitos raízes"**. Utilizando essa divisão, a seguir serão abordados os incisos mais importantes desse artigo, tendo em vista a preparação para a prova. Logicamente, não conseguiremos abordar todos os incisos, o que não tira a responsabilidade de lê-los.

6.1 Direito à vida

Ao falar desse direito, que é considerado pela doutrina como o **direito mais fundamental de todos**, por ser um pressuposto para o exercício dos demais direitos, enfrenta-se um primeiro desafio: esse direito é absoluto?

Assim como os demais direitos, o direito à vida não é absoluto. São várias as justificativas existentes para considerá-lo um direito passível de flexibilização.

6.1.1 Pena de morte

Existe pena de morte no Brasil? A resposta é sim. A alínea "a" do inciso XLVII do art. 5º traz essa previsão expressamente:

> *XLVII – Não haverá penas:*
>
> *a) de morte, salvo em caso de guerra declarada, nos termos do art. 84, XIX;*

Todas as vezes que a Constituição traz uma negação acompanhada de uma exceção, estamos diante de uma possibilidade.

6.1.2 Aborto

A prática de aborto no Brasil é permitida? O art. 128 do Código Penal Brasileiro apresenta duas possibilidades de prática de aborto que são verdadeiras excludentes de ilicitude:

> ***Art. 128*** *Não se pune o aborto praticado por médico:*
>
> *Aborto necessário*
>
> *I – Se não há outro meio de salvar a vida da gestante;*
>
> *Aborto sentimental*
>
> *II – Se a gravidez resulta de estupro e o aborto é precedido de consentimento da gestante ou, quando incapaz, de seu representante legal.*

São os **abortos necessário** e **sentimental**. Aborto necessário é aquele praticado para salvar a vida da gestante e o aborto sentimental é utilizado nos casos de estupro. Essas duas exceções à prática do crime de aborto são hipóteses em que se permite a sua prática no direito brasileiro. Além dessas duas hipóteses previstas expressamente na legislação brasileira, o STF também reconhece a possibilidade da prática de aborto do feto anencéfalo (feto sem cérebro). Mais uma vez, o direito à vida encontra-se flexibilizado.

6.1.3 Legítima defesa e estado de necessidade

Esses dois institutos, também excludentes de ilicitude do crime, são outras possibilidades de limitação do direito à vida, conforme disposto no art. 23 do Código Penal Brasileiro:

> ***Art. 23*** *Não há crime quando o agente pratica o fato:*
>
> *I – Em estado de necessidade;*
>
> *II – Em legítima defesa;*

Em linhas gerais e de forma exemplificativa, o estado de necessidade permite que, diante de uma situação de perigo, uma pessoa possa, para salvar uma vida, tirar a vida de outra pessoa. Na legítima defesa, caso sua vida seja ameaçada por alguém, existe legitimidade em retirar a vida de quem o ameaçou.

Outro ponto que deve ser ressaltado é que o direito à vida não está subordinado apenas ao fato de se estar vivo. Quando a constituição protege o direito à vida, a faz em suas diversas acepções. Existem dispositivos constitucionais que protegem o direito à vida no que tange a sua preservação da integridade física e moral (art. 5º, incisos III, V, XLVII e XLIX; art. 199, § 4º). A Constituição também protege o direito à vida no que tange à garantia de uma vida com qualidade (arts. 6º; 7º, inciso IV; 196; 205; 215).

6.2 Direito à igualdade

6.2.1 Igualdade formal e igualdade material

Possui como sinônimo o termo Isonomia. A doutrina classifica esse direito em:

- **Igualdade formal:** traduz-se no termo "todos são iguais perante a lei, sem distinção de qualquer natureza". É o previsto no *caput* do art. 5º. É uma igualdade jurídica, que não se preocupa com a realidade, mas apenas evita que alguém seja tratado de forma discriminatória.
- **Igualdade material:** também chamada de igualdade efetiva ou substancial. É a igualdade que se preocupa com a realidade. Traduz-se na seguinte expressão: "tratar os iguais com igualdade e os desiguais com desigualdade, na medida das suas desigualdades". Esse tipo de igualdade confere um tratamento com justiça para aqueles que não a possuem.

A igualdade formal é a regra utilizada pelo Estado para conferir um tratamento isonômico entre as pessoas. Contudo, por diversas vezes, um tratamento igualitário não consegue atender a todas as necessidades práticas. Faz-se necessária a utilização da igualdade em seu aspecto material para que se consiga produzir um verdadeiro tratamento isonômico.

Imaginemos as relações entre homens e mulheres. A regra é que homem e mulher são tratados da mesma forma conforme previsto no inciso I do art. 5º:

> *I – Homens e mulheres são iguais em direitos e obrigações, nos termos desta Constituição;*

Contudo, em diversas situações, homens e mulheres serão tratados de forma diferente:

- **Licença-maternidade:** tem duração de 120 dias para a mulher. Para o homem, apenas 5 dias de licença-paternidade;
- **Aposentadoria:** a mulher se aposenta 5 anos mais cedo que o homem;
- **Serviço militar obrigatório:** só o homem está obrigado.

Essas são algumas das situações em que são permitidos tratamentos desiguais entre as pessoas. As razões que justificam essa discriminação são as diferenças efetivas que existem entre os homens e as mulheres em cada uma das hipóteses. Exemplificando, a mulher tem mais tempo para se recuperar em razão da nítida distinção do desgaste feminino para o masculino no que tange ao parto. É indiscutível que, por mais desgastante que seja o nascimento de um filho para o pai, nada se compara ao sofrimento suportado pela mãe. Por essa razão, a licença-maternidade é maior que a licença-paternidade.

6.2.2 Igualdade nos concursos públicos

O tema diz respeito à igualdade nos concursos públicos. Seria possível restringir o acesso a um cargo público em razão do sexo de uma pessoa? Ou por causa de sua altura? Ou ainda, pela idade que possui?

Essas questões encontram a mesma resposta: sim! É possível, desde que os critérios discriminatórios preencham alguns requisitos:

- **Deve ser fixado em lei:** não basta que os critérios estejam previstos no edital, precisam estar previstos em lei, no seu sentido formal.
- **Deve ser necessário ao exercício do cargo:** o critério discriminatório deve ser necessário ao exercício do cargo. A título de exemplo: seria razoável exigir para um cargo de policial militar, altura mínima ou mesmo, idade máxima, que representam vigor físico, tendo em vista a natureza do cargo que exige tal condição. As mesmas condições não poderiam ser exigidas para um cargo de técnico judiciário, por não serem necessárias ao exercício do cargo.

Em suma, podem ser exigidos critérios discriminatórios desde que previstos em lei e que sejam necessários ao exercício do cargo, observados os critérios de proporcionalidade e razoabilidade.

Esse tema sempre tem sido alvo de questões em prova, principalmente sob o aspecto jurisprudencial.

6.2.3 Ações afirmativas

Como formas de concretização da igualdade material foram desenvolvidas políticas públicas de compensação dirigidas às minorias sociais chamadas de **ações afirmativas ou discriminações positivas**. São verdadeiras ações de cunho social que visam a compensar possíveis perdas que determinados grupos sociais tiveram ao longo da história de suas vidas. Quem nunca ouviu falar nas "quotas para os pobres nas Universidades" ou ainda, "reserva de vagas para deficientes em concursos públicos"? Essas são algumas das espécies de ações afirmativas desenvolvidas no Brasil.

Mas por que reservar vagas para deficientes em concursos públicos? O deficiente, qualquer que seja sua deficiência, quando se prepara para um concurso público possui muito mais dificuldade que uma pessoa que tem a plenitude de seu vigor físico. Em razão dessa diferença, o Estado, na tentativa de reduzir a desigualdade existente entre os concorrentes, resolveu compensar a limitação de um portador de necessidades especiais reservando-lhe vagas especiais.

Perceba que, ao contrário do que parece, quando se reservam vagas num concurso público para deficientes estamos diante de um nítido tratamento discriminatório, que nesse caso é justificável pelas diferenças naturais entre o concorrente sadio e o concorrente deficiente. Lembre-se de que igualdade material é tratar iguais com igualdade e desiguais com desigualdade. O que se faz por meio dessas políticas de compensação é tratar os desiguais com desigualdade, na medida de suas desigualdades. Só dessa forma é possível alcançar um verdadeiro tratamento isonômico entre os candidatos.

Por fim, destaca-se o fato de o STF ter declarado constitucional a política de cotas étnico-raciais para seleção de estudantes em universidades públicas pacificando uma discussão antiga sobre esse tipo de ação afirmativa.

6.3 Direito à liberdade

O direito à liberdade pertence à primeira geração de direitos fundamentais por expressarem os direitos mais ansiados pelos indivíduos como forma de defesa diante do Estado. O que se verá a seguir são algumas das acepções desse direito que podem ser cobradas em prova.

6.3.1 Liberdade de ação

O inciso II do art. 5º apresenta aquilo que a doutrina chama de liberdade de ação:

> *II – Ninguém será obrigado a fazer ou deixar de fazer alguma coisa senão em virtude de lei;*

Essa é a liberdade por excelência. Segundo o texto constitucional, a liberdade só pode ser restringida por lei. Por isso, dizemos que esse inciso também apresenta o **princípio da legalidade.**

A liberdade pode ser entendida de duas formas, a depender do destinatário da mensagem:

- **Para o particular:** liberdade significa "fazer tudo que não for proibido".
- **Para o agente público:** liberdade significa "poder fazer tudo o que for determinado ou permitido pela lei".

6.3.2 Liberdade de locomoção

Uma das liberdades mais almejadas pelos indivíduos durante as lutas sociais é o grande carro-chefe na limitação dos poderes do Estado. O inciso XV do art. 5º já diz:

> *XV – É livre a locomoção no território nacional em tempo de paz, podendo qualquer pessoa, nos termos da lei, nele entrar, permanecer ou dele sair com seus bens;*

Perceba-se que o direito explanado nesse inciso não possui caráter absoluto, haja vista ter sido garantido em tempo de paz. Isso significa que em momentos sem paz seriam possíveis restrições às liberdades de locomoção. Destaca-se o Estado de Sítio que pode ser decretado nos casos previstos no art. 137 da Constituição Federal de 1988. Nessas circunstâncias, seriam possíveis maiores restrições à chamada liberdade de locomoção por meio de medidas autorizadas pela própria Constituição Federal:

> ***Art. 137*** *O Presidente da República pode, ouvidos o Conselho da República e o Conselho de Defesa Nacional, solicitar ao Congresso Nacional autorização para decretar o estado de sítio nos casos de:*
>
> *I – Comoção grave de repercussão nacional ou ocorrência de fatos que comprovem a ineficácia de medida tomada durante o estado de defesa;*
>
> *II – Declaração de estado de guerra ou resposta a agressão armada estrangeira.*
>
> ***Art. 139*** *Na vigência do estado de sítio decretado com fundamento no art. 137, I, só poderão ser tomadas contra as pessoas as seguintes medidas:*
>
> *I – Obrigação de permanência em localidade determinada;*
>
> *II – Detenção em edifício não destinado a acusados ou condenados por crimes comuns;*

Outro ponto interessante refere-se à possibilidade de qualquer pessoa entrar, permanecer ou sair do país com seus bens. Esse direito também não pode ser encarado de forma absoluta, haja vista a possibilidade de se exigir declaração de bens ou pagamento de imposto quando da entrada no país com bens. Nesse caso, liberdade de locomoção não se confunde com imunidade tributária.

Caso a liberdade de locomoção seja restringida por ilegalidade ou abuso de poder, a Constituição reservou um poderoso instrumento garantidor, o chamado *Habeas corpus.*

> ***Art. 5º*** *[...]*
>
> *LXVIII – conceder-se-á "Habeas corpus" sempre que alguém sofrer ou se achar ameaçado de sofrer violência ou coação em sua liberdade de locomoção, por ilegalidade ou abuso de poder;*

6.3.3 Liberdade de pensamento

Essa liberdade serve de amparo para uma série de possibilidades no que tange ao pensamento. Assim como os demais direitos fundamentais, a manifestação do pensamento não possui caráter absoluto, sendo restringido pela própria Constituição Federal, que proíbe seu exercício de forma anônima:

> ***Art. 5º*** *[...]*
>
> *IV – É livre a manifestação do pensamento, sendo vedado o anonimato;*

A vedação ao anonimato, além de ser uma garantia ao exercício da manifestação do pensamento, possibilita o exercício do direito de resposta caso alguém seja ofendido.

Sobre Denúncia Anônima, é importante fazer uma observação. Diante da vedação constitucional ao anonimato, poder-se-ia imaginar que essa ferramenta de combate ao crime fosse considerada inconstitucional. Contudo, não tem sido esse o entendimento do STF. A denúncia anônima pode até ser utilizada como ferramenta de comunicação do crime, mas não pode servir como amparo para a instauração do Inquérito Policial, muito menos como fundamento para condenação de quem quer que seja.

6.3.4 Liberdade de consciência e crença religiosa

Uma primeira pergunta deve ser feita acerca da liberdade religiosa em nosso país: qual a religião oficial do Brasil? A única resposta possível: é nenhuma. A liberdade religiosa do Estado brasileiro é incompatível com a existência de uma religião oficial. É o que apresenta o inciso VI do art. 5º:

> *VI – É inviolável a liberdade de consciência e de crença, sendo assegurado o livre exercício dos cultos religiosos e garantida, na forma da lei, a proteção aos locais de culto e a suas liturgias;*

Esse inciso marca a liberdade religiosa existente no Brasil. Por esse motivo, dizemos que o Brasil é um Estado laico, leigo ou não confessional. Isso significa, basicamente, que no Brasil existe uma relação de separação entre Estado e Igreja. Essa relação entre o Estado e a Igreja encontra, inclusive, vedação expressa no texto constitucional:

> ***Art. 19** É vedado à União, aos Estados, ao Distrito Federal e aos Municípios:*
>
> *I – Estabelecer cultos religiosos ou igrejas, subvencioná-los, embaraçar-lhes o funcionamento ou manter com eles ou seus representantes relações de dependência ou aliança, ressalvada, na forma da lei, a colaboração de interesse público;*

Por causa da liberdade religiosa, é possível exercer qualquer tipo de crença no país. É possível ser católico, protestante, mulçumano, ateu ou satanista. Isso é liberdade de crença ou consciência. Liberdade de crer ou não crer. Perceba que o inciso VI, além de proteger as crenças e cultos, também protege as suas liturgias. Apesar do amparo constitucional, não se pode utilizar esse direito para praticar atos contrários às demais normas do direito brasileiro como, por exemplo, sacrificar seres humanos como forma de prestar culto a determinada divindade. Isso a liberdade religiosa não ampara.

Outro dispositivo importante é o previsto no inciso VII:

> ***Art. 5º** [...]*
>
> *VII – É assegurada, nos termos da lei, a prestação de assistência religiosa nas entidades civis e militares de internação coletiva;*

Nesse inciso, a Constituição Federal de 1988 garantiu a assistência religiosa nas entidades de internação coletivas, sejam elas civis ou militares. Entidades de internação coletivas são quartéis, hospitais ou hospícios. Em razão dessa garantia constitucional, é comum encontrarmos nesses estabelecimentos capelas para que o direito seja exercido.

Apesar da importância dos dispositivos analisados anteriormente, nenhum é mais cobrado em prova que o inciso VIII:

> ***Art. 5º** [...]*
>
> *VIII – Ninguém será privado de direitos por motivo de crença religiosa ou de convicção filosófica ou política, salvo se as invocar para eximir-se de obrigação legal a todos imposta e recusar-se a cumprir prestação alternativa, fixada em lei;*

Estamos diante do instituto da Escusa de Consciência. Esse direito permite a qualquer pessoa que, em razão de sua crença ou consciência, deixe de cumprir uma obrigação imposta sem que com isso sofra alguma consequência em seus direitos. Tal permissivo constitucional encontra uma limitação prevista expressamente no texto em análise. No caso de uma obrigação imposta a todos, se o indivíduo se recusar ao seu cumprimento, ser-lhe-á oferecida uma prestação alternativa. Não a cumprindo também, a Constituição permite que direitos sejam restringidos. O art. 15 prescreve que os direitos restringidos serão os direitos políticos:

> ***Art. 15** É vedada a cassação de direitos políticos, cuja perda ou suspensão só se dará nos casos de: [...]*
>
> *IV – Recusa de cumprir obrigação a todos imposta ou prestação alternativa, nos termos do art. 5º, VIII;*

6.3.5 Liberdade de reunião

Acerca dessa liberdade, é importante ressaltar as condições estabelecidas pelo texto constitucional:

> ***Art. 5º** [...]*
>
> *XVI – Todos podem reunir-se pacificamente, sem armas, em locais abertos ao público, independentemente de autorização, desde que não frustrem outra reunião anteriormente convocada para o mesmo local, sendo apenas exigido prévio aviso à autoridade competente;*

Enumerando-as, de forma a facilitar o estudo, tem-se que as condições estabelecidas para o exercício do direito à reunião são:

- **Reunião pacífica:** não se legitima uma reunião que tenha fins não pacíficos.
- **Sem armas:** para evitar a violência ou coação por meio de armas.
- **Locais abertos ao público:** encontra-se subentendida a reunião em local fechado.
- **Independente de autorização:** não precisa de autorização.
- **Necessidade de prévio aviso.**
- **Não frustrar outra reunião convocada anteriormente para o mesmo local:** garantia de isonomia no exercício do direito prevalecendo o de quem exerceu primeiro.

Sobre o exercício da liberdade de reunião é importante saber que ele não depende de autorização, mas necessita de prévio aviso.

Outro ponto que já foi alvo de questão de prova é a possibilidade de restrição desse direito no Estado de Sítio e no Estado de Defesa. O problema está na distinção entre as limitações que podem ser adotadas em cada uma das medidas:

> ***Art. 136** [...]*
>
> *§ 1º O decreto que instituir o estado de defesa determinará o tempo de sua duração, especificará as áreas a serem abrangidas e indicará, nos termos e limites da lei, as medidas coercitivas a vigorarem, dentre as seguintes:*
>
> *I – Restrições aos direitos de:*
>
> *a) reunião, ainda que exercida no seio das associações;*
>
> ***Art. 139.** Na vigência do estado de sítio decretado com fundamento no art. 137, I, só poderão ser tomadas contra as pessoas as seguintes medidas: [...]*
>
> *IV – Suspensão da liberdade de reunião;*

Ao passo que no **estado de defesa** ocorrerão **restrições** ao direito de reunião, no **estado de sítio** ocorrerá a **suspensão** desse direito.

6.3.6 Liberdade de associação

São vários os dispositivos constitucionais que regulam a liberdade de associação:

> ***Art. 5º** [...]*
>
> *XVII – É plena a liberdade de associação para fins lícitos, vedada a de caráter paramilitar;*
>
> *XVIII – A criação de associações e, na forma da lei, a de cooperativas independem de autorização, sendo vedada a interferência estatal em seu funcionamento;*
>
> *XIX – As associações só poderão ser compulsoriamente dissolvidas ou ter suas atividades suspensas por decisão judicial, exigindo-se, no primeiro caso, o trânsito em julgado;*
>
> *XX – Ninguém poderá ser compelido a associar-se ou a permanecer associado;*
>
> *XXI – As entidades associativas, quando expressamente autorizadas, têm legitimidade para representar seus filiados judicial ou extrajudicialmente;*

O primeiro ponto que dever ser lembrado é que a liberdade de associação só poderá ser usufruída para fins lícitos sendo proibida a criação de associação paramilitar.

Entende-se como associação de caráter paramilitar toda organização paralela ao Estado, sem legitimidade, com estrutura e organização tipicamente militar. São as facções criminosas, milícias ou qualquer outra organização que possua fins ilícitos e alheios aos do Estado.

Destaca-se, com a mesma importância, a dispensa de autorização e interferência estatal no funcionamento e criação das associações.

Maior destaque deve ser dado ao inciso XIX, que condiciona qualquer limitação às atividades associativas a uma decisão judicial. As associações podem ter suas atividades **suspensas** ou **dissolvidas**. Em qualquer um dos casos deve haver **decisão judicial**. No caso da **dissolução**, por ser uma medida mais grave, não basta qualquer decisão judicial, tem que ser **transitada em julgado**. Isso significa uma decisão definitiva, à qual não caiba mais recurso.

O inciso XX tutela a chamada liberdade associativa, pela qual ninguém será obrigado a se associar ou mesmo a permanecer associado a qualquer entidade associativa.

Por fim, temos o inciso XXI, que permite às associações que representem seus associados tanto na esfera judicial quanto na administrativa desde que possuam expressa autorização. Expressa autorização significa por escrito, por meio de instrumento legal que comprove a autorização.

Vale destacar que, para suspender as atividades de uma associação, basta qualquer decisão judicial; para dissolver, tem que haver decisão judicial transitada em julgado.

6.4 Direito à propriedade

Quando se fala em direito à propriedade, alguns atributos que lhe são inerentes aparecem imediatamente. Propriedade é a faculdade que uma pessoa tem de usar, gozar dispor de um bem. O texto constitucional garante esse direito de forma expressa:

> ***Art. 5º** [...]*
>
> *XXII – É garantido o direito de propriedade.*

Apesar de esse direito aparentar possuir um caráter absoluto, quando se investiga mais a fundo esse tema, percebe-se que ele possui vários limitadores no próprio texto constitucional. E é isso que se passa a analisar agora.

6.4.1 Limitações

Dentre as limitações existentes na Constituição, estão: função social, requisição administrativa, desapropriação, bem de família, propriedade imaterial e direito à herança.

6.4.2 Função social

A Constituição Federal de 1988 exige, em seu art. 5º, que a propriedade atenda a sua função social:

> *XXIII – A propriedade atenderá a sua função social;*

Isso significa que a propriedade não é tão individual quanto pensamos. A necessidade de observância da função social demonstra que a propriedade é muito mais que uma titularidade privada. Esse direito possui reflexos em toda a sociedade. É só imaginar uma propriedade imóvel, um terreno urbano, que, apesar de possuir um proprietário, fica abandonado. Cresce o mato, as pessoas começam a jogar lixo naquele lugar, alguns criminosos começam a utilizar aquele ambiente para prática de atividades ilícitas. Veja quantas coisas podem acontecer numa propriedade e que importarão em consequências gravosas para o meio social mais próximo. É por isso que a propriedade tem que atender a sua função social.

6.4.3 Requisição administrativa

Consta no inciso XXV do art. 5º:

> *XXV – No caso de iminente perigo público, a autoridade competente poderá usar de propriedade particular, assegurada ao proprietário indenização ulterior, se houver dano;*

Essa é a chamada Requisição Administrativa. Esse instituto permite que a propriedade seja limitada pela necessidade de se solucionar situação de perigo público. Não se trata de uma forma de desapropriação, pois o dono da propriedade requisitada não a perde, apenas a empresta para uso público, sendo garantido, posteriormente, havendo dano, direito a indenização. Esse instituto limita o caráter absoluto da propriedade.

6.4.4 Desapropriação

É a perda da propriedade. Esse é o limitador por excelência do direito, restringindo o caráter perpétuo da propriedade. A seguir, estão exemplificadas as três modalidades de desapropriação.

- **Desapropriação pelo mero interesse público:** essa modalidade é utilizada pelo Estado quando o interesse social ou a utilidade pública prevalecem sobre o direito individual. Nesse tipo de desapropriação, destaca-se que o proprietário nada fez para merecê-la, contudo, o interesse público exige que determinada área seja desapropriada. É o caso de construção de uma rodovia que exige a desapropriação de várias propriedades para o asfaltamento da via.
- Deve ser destacado que essa modalidade de desapropriação gera direito à indenização, que deve ser paga em dinheiro, previamente e com valor justo.
- Conforme o texto da Constituição Federal de 1988:

> ***Art. 5º** [...]*
>
> *XXIV – A lei estabelecerá o procedimento para desapropriação por necessidade ou utilidade pública, ou por interesse social, mediante justa e prévia indenização em dinheiro, ressalvados os casos previstos nesta Constituição;*

- **Desapropriação-sanção:** nesta modalidade, o proprietário, por algum motivo, não observou a função social da propriedade. Por esse motivo, é chamada de Desapropriação-sanção, haja vista ser uma verdadeira punição. Segundo a Constituição Federal de 1988, essa desapropriação gera direito à indenização, que deverá ser paga em títulos da dívida pública ou agrária. Segundo os arts. 182, § 4º, inciso III e 184 da Constituição Federal de 1988:

> ***Art. 182** [...]*
>
> *§ 4º É facultado ao Poder Público municipal, mediante lei específica para área incluída no plano diretor, exigir, nos termos da lei federal, do proprietário do solo urbano não edificado, subutilizado ou não utilizado, que promova seu adequado aproveitamento, sob pena, sucessivamente, de:*
>
> *I – Parcelamento ou edificação compulsórios;*
>
> *II – Imposto sobre a propriedade predial e territorial urbana progressivo no tempo;*
>
> *III – Desapropriação com pagamento mediante títulos da dívida pública de emissão previamente aprovada pelo Senado Federal, com prazo de resgate de até dez anos, em parcelas anuais, iguais e sucessivas, assegurados o valor real da indenização e os juros legais.*
>
> ***Art. 184** Compete à União desapropriar por interesse social, para fins de reforma agrária, o imóvel rural que não esteja cumprindo sua função social, mediante prévia e justa indenização em títulos da dívida agrária, com cláusula de preservação do valor real, resgatáveis no prazo de até vinte anos, a partir do segundo ano de sua emissão, e cuja utilização será definida em lei.*

- **Desapropriação confiscatória:** ***é a desapropriação que ocorre com a propriedade utilizada para cultivo de plantas psicotrópicas. Nesse caso, não haverá indenização, mas o proprietário poderá ser processado pela prática de ilícito penal.***

> ***Art. 243** As propriedades rurais e urbanas de qualquer região do País onde forem localizadas culturas ilegais de plantas psicotrópicas ou a exploração de trabalho escravo na forma da lei serão expropriadas e destinadas à reforma agrária e a programas de habitação popular, sem qualquer indenização ao proprietário e sem prejuízo de outras sanções previstas em lei, observado, no que couber, o disposto no art. 5º.*
>
> ***Parágrafo único.** Todo e qualquer bem de valor econômico apreendido em decorrência do tráfico ilícito de entorpecentes e drogas afins e da exploração de trabalho escravo será confiscado e reverterá a fundo especial com destinação específica, na forma da lei.*

Atenção!

Desapropriação por interesse público → indenizada em dinheiro.
Desapropriação-sanção → indenizada em títulos da Dívida Pública.
Desapropriação confiscatória → não tem direito à indenização.

6.4.5 Bem de família

A Constituição consagra uma forma de proteção às pequenas propriedades rurais chamada de bem de família:

> ***Art. 5º** [...]*
>
> *XXVI – A pequena propriedade rural, assim definida em lei, desde que trabalhada pela família, não será objeto de penhora para pagamento de débitos decorrentes de sua atividade produtiva, dispondo a lei sobre os meios de financiar o seu desenvolvimento;* =

O mais importante para prova é atentar para os requisitos estabelecidos no inciso, quais sejam:

- **Pequena propriedade rural:** não se trata de qualquer propriedade.
- **Definida em lei:** não em outra espécie normativa.
- **Trabalhada pela família:** não por qualquer pessoa.
- **Débitos decorrentes da atividade produtiva:** não por qualquer débito.

6.4.6 Propriedade imaterial

Além das propriedades sobre bens materiais, a Constituição também consagra normas de proteção sobre a propriedade de bens imateriais. São duas as propriedades consagradas: autoral e industrial.

- **Propriedade autoral:** encontra-se protegida nos incisos XXVII e XXVIII do art. 5º:

> *XXVII – Aos autores pertence o direito exclusivo de utilização, publicação ou reprodução de suas obras, transmissível aos herdeiros pelo tempo que a lei fixar;*
>
> *XXVIII – São assegurados, nos termos da lei:*
>
> *a) a proteção às participações individuais em obras coletivas e à reprodução da imagem e voz humanas, inclusive nas atividades desportivas;*
>
> *b) o direito de fiscalização do aproveitamento econômico das obras que criarem ou de que participarem aos criadores, aos intérpretes e às respectivas representações sindicais e associativas;*

- **Propriedade industrial:** encontra-se protegida no inciso XXIX:

> *XXIX – A lei assegurará aos autores de inventos industriais privilégio temporário para sua utilização, bem como proteção às criações industriais, à propriedade das marcas, aos nomes de empresas e a outros signos distintivos, tendo em vista o interesse social e o desenvolvimento tecnológico e econômico do País;*

Uma relação muito interessante entre a propriedade autoral e a industrial está no tempo de proteção previsto na Constituição Federal de 1988. Observe-se que na propriedade autoral o direito do autor é vitalício, tendo em vista a previsão de possibilidade de transmissão desses direitos aos herdeiros. Contudo, quando nas mãos dos sucessores, a proteção será pelo tempo que a lei fixar, ou seja, temporário.

Já na propriedade industrial, a proteção do próprio autor já possui caráter temporário.

6.4.7 Direito à herança

De nada adiantaria tanta proteção à propriedade se esse bem jurídico não pudesse ser transmitido por meio da sucessão de bens aos herdeiros após a morte. O direito à herança, consagrado expressamente na Constituição, traduz-se no coroamento do direito de propriedade. É a grande força motriz desse direito. Só faz sentido ter direito à propriedade se esse direito possa ser transferido aos herdeiros.

> ***Art. 5º** [...]*
>
> *XXX – É garantido o direito de herança;*
>
> *XXXI – A sucessão de bens de estrangeiros situados no País será regulada pela lei brasileira em benefício do cônjuge ou dos filhos brasileiros, sempre que não lhes seja mais favorável a lei pessoal do de cujus;*

Destaque especial deve ser dado ao inciso XXXI, que prevê a possibilidade de aplicação de lei estrangeira no país em casos de sucessão de bens de pessoa estrangeira desde que esses bens estejam situados no Brasil. A Constituição Federal permite que seja aplicada a legislação mais favorável aos herdeiros, quer seja a lei brasileira, quer seja a lei estrangeira.

6.5 Direito à segurança

Ao se referir à segurança como direito individual, o art. 5º pretende significar "segurança jurídica "que trata de normas de pacificação social e que produzem uma maior segurança nas relações sociais. Esse é o ponto alto dos direitos individuais. Sem dúvida, aqui está a maior quantidade de questões cobradas em prova.

6.5.1 Princípio da segurança nas relações jurídicas

Este princípio tem como objetivo garantir a estabilidade das relações jurídicas. Veja o que diz a Constituição:

> ***Art. 5º** [...]*
>
> *XXXVI – A lei não prejudicará o direito adquirido, o ato jurídico perfeito e a coisa julgada;*

Os três institutos aqui protegidos encontram seu conceito formalizado na ***Lei de Introdução às Normas do Direito brasileiro.***

> ***Art. 6º** [...]*
>
> *§ 1º Reputa-se ato jurídico perfeito o já consumado segundo a lei vigente ao tempo em que se efetuou.*
>
> *§ 2º Consideram-se adquiridos assim os direitos que o seu titular, ou alguém por ele, possa exercer, como aqueles cujo começo do exercício tenha termo pré-fixo, ou condição pré-estabelecida inalterável, a arbítrio de outrem.*
>
> *§ 3º Chama-se coisa julgada ou caso julgado a decisão judicial de que já não caiba recurso.*

Em linhas gerais, pode-se assim conceituá-los:

- **Direito adquirido:** direito já incorporado ao patrimônio do titular.
- **Ato jurídico perfeito:** ato jurídico que já atingiu seu fim. Ato jurídico acabado, aperfeiçoado, consumado.
- **Coisa julgada:** sentença judicial transitada em julgado. Aquela sentença em relação à qual não cabe mais recurso.

De uma coisa não se pode esquecer: a proibição de retroatividade da lei nos casos aqui estudados não se aplica às leis mais benéficas, ou seja, uma lei mais benéfica poderá produzir efeitos em relação ao direito adquirido, ao ato jurídico perfeito e à coisa julgada.

6.5.2 Devido processo legal

O devido processo legal possui como objetivo principal limitar o poder do Estado. Esse princípio condiciona a restrição da liberdade ou dos bens de um indivíduo à existência de um procedimento estatal que respeite todos os direitos e garantias processuais previstos na lei. É o que diz o inciso LIV do art. 5º:

> *LIV – Ninguém será privado da liberdade ou de seus bens sem o devido processo legal;*

A exigência constitucional de existência de processo aplica-se tanto aos processos judiciais quanto aos procedimentos administrativos.

Desse princípio, surge a garantia constitucional à **proporcionalidade** e **razoabilidade.** Da mesma forma, é durante o devido processo legal que poderão ser exercidos os direitos ao contraditório e à ampla defesa, que serão analisados a seguir.

6.5.3 Contraditório e ampla defesa

Essas garantias constitucionais, conforme já salientado, decorrem do devido processo legal. São utilizadas como ferramenta de defesa diante das acusações impostas pelo Estado ou por um particular nos processos judiciais e administrativos:

> *Art. 5º [...]*
> *LV – Aos litigantes, em processo judicial ou administrativo, e aos acusados em geral são assegurados o contraditório e ampla defesa, com os meios e recursos a ela inerentes;*

Mas o que significam o contraditório e a ampla defesa?

Contraditório é o direito de contradizer, contrariar, contraditar. Se alguém diz que você é ou fez alguma coisa, o contraditório lhe permite dizer que não é e que não fez o que lhe foi imputado. É simplesmente o direito de contrariar. Já a **ampla defesa** é a possibilidade de utilização de todos os meios admitidos em direito para se defender de uma acusação.

Em regra, o contraditório e a ampla defesa são garantidos em todos os processos judiciais ou administrativos, contudo, a legislação brasileira previu alguns procedimentos administrativos incompatíveis com o exercício desse direito:

- Inquérito policial.
- Sindicância investigativa.
- Inquérito civil.

Em suma, nos procedimentos investigatórios que não possuem o condão de punir o investigado não serão garantidos o contraditório e a ampla defesa.

Observem-se as Súmulas Vinculantes do Supremo Tribunal Federal que versam sobre esse tema:

> ***Súmula Vinculante nº 3 – STF*** *Nos processos perante o Tribunal de Contas da União asseguram-se o contraditório e a ampla defesa quando da decisão puder resultar anulação ou revogação de ato administrativo que beneficie o interessado, excetuada a apreciação da legalidade do ato de concessão inicial de aposentadoria, reforma e pensão.*
>
> ***Súmula Vinculante nº 5 – STF*** *A falta de defesa técnica por advogado no processo administrativo disciplinar não ofende a Constituição.*
>
> ***Súmula Vinculante nº 14 – STF*** *É direito do defensor, no interesse do representado, ter acesso amplo aos elementos de prova que, já documentados em procedimento investigatório realizado por órgão com competência de polícia judiciária, digam respeito ao exercício do direito de defesa.*
>
> ***Súmula Vinculante nº 21 – STF*** *É inconstitucional a exigência de depósito ou arrolamento prévios de dinheiro ou bens para admissibilidade de recurso administrativo.*

6.5.4 Proporcionalidade e razoabilidade

Eis uma garantia fundamental que não está expressa no texto constitucional apesar de ser um dos institutos mais utilizados pelo Supremo em suas decisões atuais. Trata-se de um princípio implícito, cuja fonte é o princípio do devido processo legal. Esses dois institutos jurídicos são utilizados como parâmetro de ponderação quando adotadas medidas pelo Estado, principalmente no que tange à restrição de bens e direitos dos indivíduos. Duas palavras esclarecem o sentido dessas garantias: necessidade e adequação.

Para saber se um ato administrativo observou os critérios de proporcionalidade e razoabilidade, deve-se questionar se o ato foi necessário e se foi adequado à situação.

Para exemplificar, imaginemos que um determinado fiscal sanitário, ao inspecionar um supermercado, depara-se com um pote de iogurte com a data de validade vencida há um dia. Imediatamente, ele prende o dono do mercado, dá dois tiros para cima, realiza revista manual em todos os clientes e funcionários do mercado e aplica uma multa de dois bilhões de reais. Pergunta-se: será que a medida adotada pelo fiscal foi necessária? Foi adequada? Certamente que não. Logo, a medida não observou os princípios da razoabilidade e proporcionalidade.

É importante deixar claro que os princípios da proporcionalidade e da razoabilidade estão implícitos no texto constitucional, ou seja, não estão previstos expressamente.

6.5.5 Inadmissibilidade das provas ilícitas

Uma das garantias mais importantes do direito brasileiro é a inadmissibilidade das provas ilícitas. Encontra-se previsto expressamente no inciso LVI do art. 5º:

> *LVI – São inadmissíveis, no processo, as provas obtidas por meios ilícitos.*

Em razão dessa garantia, é proibida a produção de provas ilícitas num processo sob pena de nulidade processual. Em regra, a prova ilícita produz nulidade de tudo o que a ela estiver relacionado. Esse efeito decorre da chamada **Teoria dos Frutos da Árvore Envenenada**. Segundo a teoria, se a árvore está envenenada, os frutos também o serão. Se uma prova foi produzida de forma ilícita, as demais provas dela decorrentes também serão ilícitas (ilicitude por derivação). Contudo, deve-se ressaltar que essa teoria é aplicada de forma restrita no direito brasileiro, ou seja, encontrada uma prova ilícita num processo, não significa que todo o processo será anulado, mas apenas os atos e demais provas que decorreram direta ou indiretamente daquela produzida de forma ilícita.

Caso existam provas autônomas produzidas em conformidade com a lei, o processo deve prosseguir ainda que tenham sido encontradas e retiradas as provas ilícitas. Logo, é possível afirmar que a existência de uma prova ilícita no processo não anula de pronto todo o processo.

Deve-se destacar, ainda, a única possibilidade já admitida de prova ilícita nos tribunais brasileiros: a produzida em legítima defesa.

6.5.6 Inviolabilidade domiciliar

Essa garantia protege o indivíduo em seu recinto mais íntimo: a casa. A Constituição dispõe que:

> ***Art. 5º** [...]*
> *XI – A casa é asilo inviolável do indivíduo, ninguém nela podendo penetrar sem consentimento do morador, salvo em caso de flagrante delito ou desastre, ou para prestar socorro, ou, durante o dia, por determinação judicial.*

Como regra, só se pode entrar na casa de uma pessoa com o seu consentimento. Excepcionalmente, a Constituição Federal admite a entrada sem consentimento do morador nos casos de:

- Flagrante delito.
- Desastre.
- Prestar socorro.
- Determinação Judicial – só durante o dia.

No caso de determinação judicial, a entrada se dará apenas durante o dia. Nos demais casos, a entrada será permitida a qualquer hora.

Alguns conceitos importantes: o que é casa? O que pode ser entendido como casa para efeito de inviolabilidade? A jurisprudência tem interpretado o conceito de casa de forma ampla, em consonância com o disposto nos arts. 245 e 246 do Código de Processo Penal:

> ***Art. 245*** *As buscas domiciliares serão executadas de dia, salvo se o morador consentir que se realizem à noite, e, antes de penetrarem na casa, os executores mostrarão e lerão o mandado ao morador, ou a quem o represente, intimando-o, em seguida, a abrir a porta.*
>
> ***Art. 246*** *Aplicar-se-á também o disposto no artigo anterior, quando se tiver de proceder a busca em compartimento habitado ou em aposento ocupado de habitação coletiva ou em compartimento não aberto ao público, onde alguém exercer profissão ou atividade.*

O STF já considerou como casa, para efeitos de inviolabilidade, oficina mecânica, quarto de hotel ou escritório profissional.

Outra questão relevante é saber o que é dia? Dois são os posicionamentos adotados na doutrina:

- Das 6 h às 18 h.
- Da aurora ao crepúsculo.

Segundo a jurisprudência, isso deve ser resolvido no caso concreto, tendo em vista variação de fusos horários existentes em nosso país, bem como a ocorrência do horário de verão. Na prática, é possível entrar na casa independentemente do horário, desde que seja durante o dia.

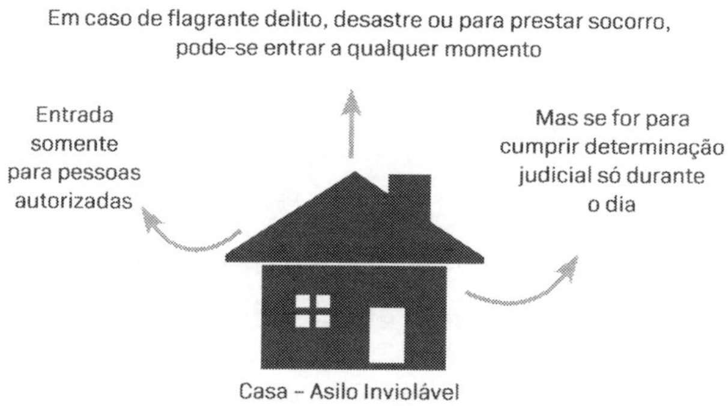

6.5.7 Princípio da inafastabilidade da jurisdição

Esse princípio, também conhecido como princípio do livre acesso ao poder judiciário ou direito de ação, garante, nos casos de necessidade, o acesso direto ao Poder Judiciário. Também, decorre desse princípio a ideia de que não é necessário o esgotamento das vias administrativas para ingressar com uma demanda no Poder Judiciário. Assim prevê a Constituição Federal:

> ***Art. 5º** [...]*
>
> *XXXV – A lei não excluirá da apreciação do Poder Judiciário lesão ou ameaça a direito;*

Perceba que a proteção possui sentido duplo: lesão ou ameaça à lesão. Significa dizer que a garantia pode ser utilizada tanto de forma preventiva como de forma repressiva. Tanto para prevenir a ofensa a direito como para reprimir a ofensa já cometida.

Quanto ao acesso ao Judiciário independentemente do esgotamento das vias administrativas, há algumas peculiaridades previstas na legislação brasileira:

- **Justiça desportiva:** a Constituição Federal de 1988 prevê no art. 217 que o acesso ao Poder Judiciário está condicionado ao esgotamento das vias administrativas.

  > ***Art. 217** [...]*
  >
  > *§ 1º O Poder Judiciário só admitirá ações relativas à disciplina e às competições desportivas após esgotarem-se as instâncias da justiça desportiva, regulada em lei.*

- **Compromisso arbitral:** a Lei nº 9.307/1996 prevê que as partes, quando em discussão patrimonial, poderão optar pela arbitragem como forma de resolução de conflito. Não se trata de uma instância administrativa de curso forçado, mas de uma opção facultada às partes.
- *Habeas data:* o art. 8º da Lei nº 9.507/1997 exige, para impetração do *habeas data*, a comprovação da recusa ao acesso à informação. Parte da doutrina não considera isso como exigência de prévio esgotamento da via administrativa, mas condição da ação. Veja-se a súmula nº 2 do STJ:

  > ***Súmula nº 2** – STJ Não cabe "Habeas Data" se não houve recusa de informações por parte da autoridade administrativa.*

- **Reclamação Constitucional:** o art. 7º, § 1º da Lei nº 11.417/2006, que regula a edição de Súmulas Vinculantes, prevê que só será possível a Reclamação Constitucional nos casos de omissão ou ato da Administração Pública que contrarie ou negue vigência à Súmula Vinculante, após o esgotamento das vias administrativas.

6.5.8 Gratuidade das certidões de nascimento e de óbito

A Constituição Federal de 1988 traz expressamente que:

> *Art. 5º, LXXVI. São gratuitos para os reconhecidamente pobres, na forma da lei:*
>
> *a) o registro civil de nascimento;*
>
> *b) a certidão de óbito;*

Observe-se que o texto constitucional condiciona o benefício da gratuidade do registro de nascimento e da certidão de óbito apenas para os reconhecidamente pobres. Entretanto, a Lei nº 6.015/1973 prevê que:

> ***Art. 30** Não serão cobrados emolumentos pelo registro civil de nascimento e pelo assento de óbito, bem como pela primeira certidão respectiva.*
>
> *§ 1º Os reconhecidamente pobres estão isentos de pagamento de emolumentos pelas demais certidões extraídas pelo cartório de registro civil.*

Perceba que essa lei amplia o benefício garantido na Constituição para todas as pessoas no que tange ao registro e à aquisição da primeira certidão de nascimento e de óbito. Quanto às demais vias, só serão garantidas aos reconhecidamente pobres. Deve-se ter cuidado com essa questão em prova, pois deve ser levado em conta se a pergunta tem como referência a Constituição ou não.

6.5.9 Celeridade processual

Traz o texto constitucional:

> ***Art. 5º** [...]*
>
> *LXXVIII – A todos, no âmbito judicial e administrativo, são assegurados a razoável duração do processo e os meios que garantam a celeridade de sua tramitação.*

Essa é a garantia da celeridade processual. Decorre do princípio da eficiência que obriga o Estado a prestar assistência em tempo razoável. Celeridade quer dizer rapidez, mas uma rapidez com qualidade. Esse princípio é aplicável nos processos judiciais e administrativos, visa dar maior efetividade a prestação estatal. Deve-se garantir o direito antes que o seu beneficiário deixe de precisar. Após a inclusão desse dispositivo entre os direitos fundamentais, várias medidas para acelerar a prestação jurisdicional foram adotadas, dentre as quais destacam-se:

- Juizados especiais;
- Súmula vinculante;
- Realização de inventários e partilhas por vias administrativas;
- Informatização do processo.

Essas são algumas das medidas que foram adotadas para trazer mais celeridade ao processo.

6.5.10 Erro judiciário

Dispositivo de grande utilidade social que funciona como limitador da arbitrariedade estatal. O Estado, no que tange à liberdade do indivíduo, não pode cometer erros sob pena de ter que indenizar o injustiçado. Isso é o que prevê o inciso LXXV do art. 5º:

> *LXXV – O Estado indenizará o condenado por erro judiciário, assim como o que ficar preso além do tempo fixado na sentença;*

6.5.11 Publicidade dos atos processuais

Em regra, os atos processuais são públicos. Essa publicidade visa a garantir maior transparência aos atos administrativos bem como permite a fiscalização popular. Além disso, atos públicos possibilitam um exercício efetivo do contraditório e da ampla defesa. Entretanto, essa publicidade comporta algumas exceções:

> ***Art. 5º** [...]*
>
> *LX – A lei só poderá restringir a publicidade dos atos processuais quando a defesa da intimidade ou o interesse social o exigirem;*

Nos casos em que a intimidade ou o interesse social exigirem, a publicidade poderá ser restringida apenas aos interessados. Imaginemos uma audiência em que estejam envolvidas crianças; nesse caso, como forma de preservação da intimidade, o juiz poderá restringir a participação na audiência apenas aos membros da família e demais interessados.

D C O N

6.5.12 Sigilo das comunicações

Uma das normas mais importantes da Constituição Federal que versa sobre segurança jurídica é esta:

> ***Art. 5º** [...]*
>
> *XII – É inviolável o sigilo da correspondência e das comunicações telegráficas, de dados e das comunicações telefônicas, salvo, no último caso, por ordem judicial, nas hipóteses e na forma que a lei estabelecer para fins de investigação criminal ou instrução processual penal;*

Esse dispositivo prevê quatro formas de comunicação que possuem proteção constitucional:

- Sigilo da correspondência;
- Comunicação telegráfica;
- Comunicação de dados;
- Comunicações telefônicas.

Dessas quatro formas de comunicação, apenas uma obteve autorização de violação do sigilo pelo texto constitucional: as comunicações telefônicas. Deve-se tomar cuidado com esse tema em prova. Segundo o texto expresso, só as comunicações telefônicas poderão ter o seu sigilo violado. E só o juiz poderá fazê-lo, com fins definidos também pela Constituição, os quais são para investigação criminal e instrução processual penal.

Entretanto, considerando a inexistência de direito fundamental absoluto, a jurisprudência tem considerado a possibilidade de quebra dos demais sigilos, desde que seja determinada por ordem judicial.

No que tange ao sigilo dos dados bancários, fiscais, informáticos e telefônicos, a jurisprudência tem permitido sua quebra por determinação judicial, determinação de Comissão Parlamentar de Inquérito, requisição do Ministério Público, solicitação da autoridade fazendária.

6.5.13 Tribunal do Júri

O Tribunal do Júri é uma instituição pertencente ao Poder Judiciário, que possui competência específica para julgar determinados tipos de crime. O Júri é formado pelo Conselho de Sentença, que é presidido por um Juiz Togado e por sete jurados que efetivamente farão o julgamento do acusado. A ideia do Tribunal do Júri é que o acusado seja julgado por seus pares.

A Constituição Federal apresenta alguns princípios que regem esse tribunal:

> ***Art. 5º** [...]*
>
> *XXXVIII – É reconhecida a instituição do júri, com a organização que lhe der a lei, assegurados:*
>
> *a) a plenitude de defesa;*
>
> *b) o sigilo das votações;*
>
> *c) a soberania dos veredictos;*
>
> *d) a competência para o julgamento dos crimes dolosos contra a vida.*

Segundo esse texto, o Tribunal do Júri é regido pelos seguintes princípios:

- **Plenitude de defesa:** esse princípio permite que no júri sejam utilizadas todas as provas permitidas em direito. Aqui, o momento probatório é bastante explorado haja vista a necessidade de se convencer os jurados que são pessoas comuns da sociedade.
- **Sigilo das votações:** o voto é sigiloso. Durante o julgamento não é permitido que um jurado converse com o outro sobre o julgamento sob pena de nulidade;
- **Soberania dos veredictos:** o que for decidido pelos jurados será considerado soberano. Nem o Juiz presidente poderá modificar o julgamento. Aqui quem decide são os jurados;
- **Competência para julgar os crimes dolosos contra a vida:** o júri não julga qualquer tipo de crime, mas apenas os dolosos contra a vida. Crimes dolosos, em simples palavras, são aqueles praticados com intenção, com vontade. São diferentes dos crimes culposos, os quais são praticados sem intenção.

6.5.14 Princípio da anterioridade

O inciso XXXIX do art. 5º da Constituição Federal de 1988 apresenta o chamado princípio da anterioridade penal:

> *XXXIX – Não há crime sem lei anterior que o defina, nem pena sem prévia cominação legal.*

Esse princípio decorre na necessidade de se prever antes da aplicação da pena, a conduta que é considerada como crime e a pena que deverá ser cominada. Mais uma regra de segurança jurídica.

6.5.15 Princípio da irretroatividade

Esse princípio também possui sua importância ao prever que a lei penal não poderá retroagir, salvo se for para beneficiar o réu.

> ***Art. 5º** [...]*
>
> *XL – A lei penal não retroagirá, salvo para beneficiar o réu.*

6.5.16 Crimes imprescritíveis, inafiançáveis e insuscetíveis de graça e anistia

Os dispositivos a seguir estão entre os mais cobrados em prova. O ideal é que sejam memorizados na ordem proposta no quadro abaixo:

> ***Art. 5º** [...]*
>
> *XLII – A prática do racismo constitui crime inafiançável e imprescritível, sujeito à pena de reclusão, nos termos da lei;*
>
> *XLIII – A lei considerará crimes inafiançáveis e insuscetíveis de graça ou anistia a prática da tortura, o tráfico ilícito de entorpecentes e drogas afins, o terrorismo e os definidos como crimes hediondos, por eles respondendo os mandantes, os executores e os que, podendo evitá-los, se omitirem;*
>
> *XLIV – Constitui crime inafiançável e imprescritível a ação de grupos armados, civis ou militares, contra a ordem constitucional e o Estado Democrático.*

Atenção

Crimes imprescritíveis → racismo; ação de grupos armados.
Crimes inafiançáveis → racismo; ação de grupos armados; tráfico; terrorismo, tortura; crimes hediondos.
Crimes insuscetíveis de graça e anistia → tráfico; terrorismo; tortura; crimes hediondos.

Os crimes inafiançáveis englobam todos os crimes previstos no art. 5º, incisos XLII, XLIII e XLIV.

Os crimes que são insuscetíveis de graça e anistia não são imprescritíveis, e vice e versa. Dessa forma, nunca pode existir, na prova, uma questão que trabalhe com as duas classificações ao mesmo tempo.

Nunca, na prova, pode haver uma questão em que se apresentem as três classificações ao mesmo tempo.

6.5.17 Princípio da personalidade da pena

Assim diz o inciso XLV, do art. 5º da Constituição Federal de 1988:

> *XLV – Nenhuma pena passará da pessoa do condenado, podendo a obrigação de reparar o dano e a decretação do perdimento de bens ser, nos termos da lei, estendidas aos sucessores e contra eles executadas, até o limite do valor do patrimônio transferido.*

Esse inciso diz que a pena é pessoal, quem comete o crime responde pelo crime, de forma que não é possível que uma pessoa cometa um crime e outra responda pelo crime em seu lugar, porque a pena é pessoal.

É necessário prestar atenção ao tema, pois já apareceu em prova tanto na forma de um problema quanto com a modificação do próprio texto constitucional. Esse princípio da personalidade da pena diz que a pena é pessoal, isto é, a pena não pode passar para outra pessoa, mas permite que a responsabilidade pelos danos civis possa passar para seus herdeiros. Para exemplificar, imaginemos que uma determinada pessoa assalta uma padaria e consegue roubar uns R$ 50.000,00.

Em seguida, a polícia prende o ladrão por ter roubado a padaria. Em regra, todo crime cometido gera uma responsabilidade penal prevista no Código Penal brasileiro. Ainda, deve-se ressarcir os danos causados à vítima. Se ele roubou R$50.000,00, tem que devolver, no mínimo, esse valor à vítima.

É muito difícil conseguir o montante voluntariamente, por isso, é necessário entrar com uma ação civil *ex delicto* para reaver o dinheiro referente ao crime cometido. O dono da padaria entra com a ação contra o bandido pedindo os R$ 50.000,00 acrescidos juros e danos morais. Enquanto ele cumpre a pena, a ação está tramitando. Ocorre que o preso se envolve numa confusão dentro da penitenciária e acaba morrendo.

O preso possui alguns filhos, os quais são seus herdeiros. Quando os bens passam aos herdeiros, chamamos isso de sucessão. Quando foram contabilizar os bens que o bandido tinha, perceberam que sobraram apenas R$ 30.000,00, valor que deve ser dividido entre os herdeiros. Pergunta:

O homem que cometeu o crime estava cumprindo pena, mas ele morreu. Qual filho assume o lugar dele? O mais velho ou o mais novo?

Nenhum dos dois, porque a pena é personalíssima. Só cumpre a pena quem praticou o crime.

É possível que a responsabilidade de reparar os danos materiais exigidos pelo dono da padaria recaia sobre seus herdeiros?

Sim. A Constituição diz que os herdeiros respondem com o valor do montante recebido, até o limite da herança recebida.

O dono da padaria pediu R$ 50.000,00, mas só sobraram R$ 30.000,00. Os filhos terão que inteirar esse valor até completar os R$ 50.000,00?

Não, pois a Constituição diz que os sucessores respondem até o limite do patrimônio transferido. Ou seja, se só são transferidos R$ 30.000,00, então os herdeiros só vão responder pela indenização com esses R$ 30.000,00. E o os outros R$ 20.000,00, quem vai pagar? Ninguém. O dono da padaria fica com esse prejuízo.

6.5.18 Penas proibidas e permitidas

Vejamos agora dois incisos do art. 5º da Constituição Federal de 1988, que sempre caem em prova juntos: incisos XLVI e XLVII. Há no inciso XLVI as penas permitidas e no XLVII as penas proibidas. Mas como isso cai em prova? O examinador pega uma pena permitida e diz que é proibida ou pega uma proibida e diz que é permitida. Conforme os incisos:

> ***Art. 5º*** *[...]*
>
> *XLVI – A lei regulará a individualização da pena e adotará, entre outras, as seguintes:*
>
> *a) privação ou restrição da liberdade;*
>
> *b) perda de bens;*
>
> *c) multa;*
>
> *d) prestação social alternativa;*
>
> *e) suspensão ou interdição de direitos.*

Aqui há o rol de penas permitidas. Memorize essa lista para lembrar quais são as penas permitidas. Atenção para uma pena que é pouco comum e que geralmente em prova é colocada como pena proibida, que é a pena de perda de bens.

Veja o próximo inciso com o rol de penas proibidas:

> *XLVII – Não haverá penas:*
>
> *a) de morte, salvo em caso de guerra declarada, nos termos do art. 84, XIX;*
>
> *b) de caráter perpétuo;*
>
> *c) de trabalhos forçados;*
>
> *d) de banimento;*
>
> *e) cruéis.*

Essas são as penas que não podem ser aplicadas no Brasil. E, na prova, é cobrado da seguinte forma: existe pena de morte no Brasil? Deve-se ter muita atenção com esse tema, pois apesar de a Constituição ter dito que é proibida, existe uma exceção: no caso de guerra declarada. Essa exceção é uma verdadeira possibilidade, de forma que se deve afirmar que existe pena de morte no Brasil. Apesar de a regra ser a proibição, existe a possibilidade de sua aplicação. Só como curiosidade, a pena de morte no Brasil é regulada pelo Código Penal Militar, a qual será executada por meio de fuzilamento.

A próxima pena proibida é a de caráter perpétuo. Não existe esse tipo de pena no Brasil, pois as penas aqui são temporárias. No Brasil, uma pessoa só fica presa por, no máximo, 40 anos.

A outra pena é a de trabalhos forçados. É aquela pena em que o sujeito é obrigado a trabalhar de forma a denegrir a sua condição como ser humano. Esse tipo de pena não é permitido no Brasil.

Há ainda a pena de banimento, que é a expulsão do brasileiro, tanto nato como naturalizado.

Por fim, a Constituição veda a aplicação de penas cruéis. Pena cruel é aquela que denigre a condição humana, expõe o indivíduo a situações desumanas, vexatórias, que provoquem intenso sofrimento.

6.5.19 Princípio da individualização da pena

Nos termos do art. 5º, inciso XLVIII, da Constituição Federal de 1988:

> *XLVIII – A pena será cumprida em estabelecimentos distintos, de acordo com a natureza do delito, a idade e o sexo do apenado;*

Esse dispositivo traz uma regra muito interessante, o princípio da individualização da pena. Significa que a pessoa, quando cumprir sua pena, deve cumpri-la em estabelecimento e condições compatíveis com a sua situação. Se mulher, deve cumprir com mulheres; se homem, cumprirá com homens; se reincidente, com reincidentes; se réu primário, com réus primários; e assim por diante. O ideal é que cada situação possua um cumprimento de pena adequado que propicie um melhor acompanhamento do poder público e melhores condições para a ressocialização.

6.5.20 Regras sobre prisões

São vários os dispositivos constitucionais previstos no art. 5º, da Constituição Federal de 1988, que se referem às prisões:

> *LXI – Ninguém será preso senão em flagrante delito ou por ordem escrita e fundamentada de autoridade judiciária competente, salvo nos casos de transgressão militar ou crime propriamente militar, definidos em lei;*
>
> *LXII – A prisão de qualquer pessoa e o local onde se encontre serão comunicados imediatamente ao juiz competente e à família do preso ou à pessoa por ele indicada;*
>
> *LXIII – O preso será informado de seus direitos, entre os quais o de permanecer calado, sendo-lhe assegurada a assistência da família e de advogado;*
>
> *LXIV – O preso tem direito à identificação dos responsáveis por sua prisão ou por seu interrogatório policial;*
>
> *LXV – A prisão ilegal será imediatamente relaxada pela autoridade judiciária;*
>
> *LXVI – Ninguém será levado à prisão ou nela mantido, quando a lei admitir a liberdade provisória, com ou sem fiança;*
>
> *LXVII – Não haverá prisão civil por dívida, salvo a do responsável pelo inadimplemento voluntário e inescusável de obrigação alimentícia e a do depositário infiel.*

Como destaque para provas, é importante enfatizar o disposto no inciso LXVII, o qual prevê duas formas de prisão civil por dívida:

- **Devedor de pensão alimentícia;**
- **Depositário infiel.**

Apesar de a Constituição Federal de 1988 apresentar essas duas possibilidades de prisão civil por dívida, o STF tem entendido que só existe uma: a prisão do devedor de pensão alimentícia. Isso significa que o depositário infiel não poderá ser preso. Essa é a inteligência da Súmula Vinculante nº 25:

> ***Súmula Vinculante nº 25*** *É ilícita a prisão civil de depositário infiel, qualquer que seja a modalidade do depósito.*

D C O N

Em relação a esse assunto, deve-se ter muita atenção ao resolver a questão. Se a Banca perguntar conforme a Constituição Federal, responde-se segundo a Constituição Federal. Mas se perguntar à luz da jurisprudência, responde-se conforme o entendimento do STF.

Atenção

Constituição Federal → duas formas de prisão civil → depositário infiel e devedor de pensão alimentícia.
STF → uma forma de prisão civil → devedor de pensão alimentícia.

6.5.21 Extradição

Fruto de acordo internacional de cooperação, a extradição permite que determinada pessoa seja entregue a outro país para que seja responsabilizada pelo cometimento de algum crime. Existem duas formas de extradição:

- **Extradição ativa:** quando o Brasil pede para outro país a extradição de alguém.
- **Extradição passiva:** quando algum país pede para o Brasil a extradição de alguém.

A Constituição Federal preocupou-se em regular apenas a extradição passiva por meios dos incisos LI e LII do art. 5º:

> *LI – Nenhum brasileiro será extraditado, salvo o naturalizado, em caso de crime comum, praticado antes da naturalização, ou de comprovado envolvimento em tráfico ilícito de entorpecentes e drogas afins, na forma da lei;*
> *LII – Não será concedida extradição de estrangeiro por crime político ou de opinião.*

De acordo com a inteligência desses dispositivos, três regras podem ser adotadas em relação à extradição passiva:

- **Brasileiro nato:** nunca será extraditado.
- **Brasileiro naturalizado:** será extraditado em duas hipóteses: crime comum cometido antes da naturalização comprovado envolvimento com o tráfico ilícito de drogas, antes ou depois da naturalização.
- **Estrangeiro:** poderá ser extraditado salvo em dois casos: **crime político e crime de opinião.**

Na **extradição ativa**, qualquer pessoa pode ser extraditada, inclusive o brasileiro nato. Deve-se ter muito cuidado com essa questão em prova. Lembre-se de que a extradição ativa ocorre quando o Brasil pede a extradição de um criminoso para outro país. Isso pode ser feito pedindo a extradição de qualquer pessoa que o Brasil queira punir.

Quais princípios que regem a extradição no país?

- **Princípio da reciprocidade:** o Brasil só extradita ao país que extradita para o Brasil. Deve haver acordo ou tratado de extradição entre o país requerente e o Brasil.
- **Princípio da especialidade:** o extraditando só poderá ser processado e julgado pelo crime informado no pedido de extradição.
- **Comutação da pena:** o país requerente deverá firmar um compromisso de comutar a pena prevista em seu país quando a pena a ser aplicada for proibida no Brasil.
- **Dupla tipicidade ou dupla incriminação:** só se extradita se a conduta praticada for considerada crime no Brasil e no país requerente.

Deve-se ter muito cuidado para não confundir extradição com entrega, deportação, expulsão ou banimento.

- **Extradição:** a extradição, como se viu, é instituto de cooperação internacional entre países soberanos para a punição de criminosos. Pela extradição, um país entrega o criminoso a outro país para que ele seja punido pelo crime praticado.
- **Entrega:** é o ato por meio do qual o país entrega uma pessoa para ser julgada no Tribunal Penal Internacional.
- **Deportação:** é a retirada do estrangeiro que tenha entrado de forma irregular no território nacional.
- **Expulsão:** é a retirada do estrangeiro que tenha praticado um ato ofensivo ao interesse nacional conforme as regras estabelecidas no Estatuto do Estrangeiro (art. 65, Lei nº 6.815/1980).
- **Banimento:** é uma das penas proibidas no direito brasileiro que consiste na expulsão de brasileiros para fora do território nacional.

6.5.22 Princípio da presunção da inocência

Também conhecido como princípio da não culpabilidade, essa regra de segurança jurídica garante que ninguém poderá ser condenado sem antes haver uma sentença penal condenatória transitada em julgado. Ou seja, uma sentença judicial condenatória definitiva:

> ***Art. 5º** [...]*
> *LVII – Ninguém será considerado culpado até o trânsito em julgado de sentença penal condenatória.*

6.5.23 Identificação criminal

> ***Art. 5º** [...]*
> *LVIII – O civilmente identificado não será submetido a identificação criminal, salvo nas hipóteses previstas em lei.*

A Constituição garante que não será identificado criminalmente quem possuir identificação pública capaz de identificá-lo. Contudo, a Lei nº 12.037/2009 prevê hipóteses nas quais será possível a identificação criminal mesmo de quem apresentar outra identificação:

> ***Art. 3º** Embora apresentado documento de identificação, poderá ocorrer identificação criminal quando:*
> *I – O documento apresentar rasura ou tiver indício de falsificação;*
> *II – O documento apresentado for insuficiente para identificar cabalmente o indiciado;*
> *III – O indiciado portar documentos de identidade distintos, com informações conflitantes entre si;*
> *IV – A identificação criminal for essencial às investigações policiais, segundo despacho da autoridade judiciária competente, que decidirá de ofício ou mediante representação da autoridade policial, do Ministério Público ou da defesa;*
> *V – Constar de registros policiais o uso de outros nomes ou diferentes qualificações;*
> *VI – O estado de conservação ou a distância temporal ou da localidade da expedição do documento apresentado impossibilite a completa identificação dos caracteres essenciais.*

6.5.24 Ação penal privada subsidiária da pública

> ***Art. 5º** [...]*
> *LIX – Será admitida ação privada nos crimes de ação pública, se esta não for intentada no prazo legal.*

Em regra, nos crimes de ação penal pública, o titular da ação penal é o Ministério Público. Contudo, havendo omissão ou mesmo desídia por parte do órgão ministerial, o ofendido poderá promover a chamada ação penal privada subsidiária da pública. Esse tema encontra-se disciplinado no art. 29 do Código de Processo Penal:

> ***Art. 29** Será admitida ação privada nos crimes de ação pública, se esta não for intentada no prazo legal, cabendo ao Ministério Público aditar a queixa, repudiá-la e oferecer denúncia substitutiva, intervir em todos os termos do processo, fornecer elementos de prova, interpor recurso e, a todo tempo, no caso de negligência do querelante, retomar a ação como parte principal.*

6.6 Remédios constitucionais

Os remédios constitucionais são espécies de garantias constitucionais que visam a proteger determinados direitos e até outras garantias fundamentais. São poderosas ações constitucionais que estão disciplinadas no texto da Constituição.

6.6.1 *Habeas corpus*

Sem dúvida, esse remédio constitucional é o mais importante para prova, haja vista a sua utilização para proteger um dos direitos mais ameaçados do indivíduo: a liberdade de locomoção. Vejamos o que diz o texto constitucional:

> ***Art. 5º** [...]*
>
> *LXVIII – Conceder-se-á "Habeas corpus" sempre que alguém sofrer ou se achar ameaçado de sofrer violência ou coação em sua liberdade de locomoção, por ilegalidade ou abuso de poder.*

É essencial, conhecer os elementos necessários para a utilização dessa ferramenta.

Deve-se compreender que o *Habeas corpus* é utilizado para proteger a liberdade de locomoção. Em relação a isso, é preciso estar atento, pois ele não tutela qualquer liberdade, mas apenas a liberdade de locomoção.

Outro ponto fundamental é que ele poderá ser utilizado tanto de forma preventiva quanto de forma repressiva.

- *Habeas corpus* **preventivo**: é aquele utilizado para prevenir a violência ou coação à liberdade de locomoção.
- *Habeas corpus* **repressivo**: é utilizado para reprimir à violência ou coação a liberdade de locomoção, ou seja, é utilizado quando a restrição da liberdade de locomoção já ocorreu.

Percebe-se que não é a qualquer tipo de restrição à liberdade de locomoção que caberá o remédio, mas apenas àquelas cometidas com ilegalidade ou abuso de poder.

Nas relações processuais que envolvem a utilização do *Habeas corpus*, é possível identificar a participação de três figurantes: o impetrante, o paciente e a autoridade coatora.

- **Impetrante:** o impetrante é a pessoa que impetra a ação. Quem entra com a ação. A titularidade dessa ferramenta é Universal, pois qualquer pessoa pode impetrar o HC. Não precisa sequer de advogado. Sua possibilidade é tão ampla que não precisa possuir capacidade civil ou mesmo qualquer formalidade. Esse remédio é desprovido de condições que impeçam sua utilização da forma mais ampla possível. Poderá impetrar essa ação tanto uma pessoa física quanto jurídica.
- **Paciente:** o paciente é quem teve a liberdade de locomoção restringida. Ele será o beneficiário do *Habeas corpus*. Pessoa jurídica não pode ser paciente de *Habeas corpus*, pois a liberdade de locomoção é um direito incompatível com sua natureza jurídica.
- **Autoridade coatora:** é quem restringiu a liberdade de locomoção com ilegalidade ou abuso de poder. Poderá ser tanto uma autoridade privada quanto uma autoridade pública.

Outra questão interessante que está prevista na Constituição é a gratuidade dessa ação:

> ***Art. 5º** [...]*
>
> *LXXVII – São gratuitas as ações de Habeas corpus e Habeas Data, e, na forma da lei, os atos necessários ao exercício da cidadania.*

A Constituição Federal de 1988 proíbe a utilização desse remédio constitucional em relação às punições disciplinares militares. É o que prevê o art. 142, § 2º:

> *§ 2º Não caberá "Habeas corpus" em relação a punições disciplinares militares.*

Contudo, o STF tem admitido o remédio quando impetrado por razões de ilegalidade da prisão militar. Quanto ao mérito da prisão, deve-se aceitar a vedação Constitucional, mas em relação às legalidades da prisão, prevalece o entendimento de que o remédio seria possível.

Também não cabe *Habeas corpus* em relação às penas pecuniárias, multas, advertências ou, ainda, nos processos administrativos disciplinares e no processo de *Impeachment*. Nesses casos, o não cabimento deve-se ao fato de que as medidas não visam restringir a liberdade de locomoção.

Por outro lado, a jurisprudência tem admitido o cabimento para impugnar inserção de provas ilícitas no processo ou quando houver excesso de prazo na instrução processual penal.

Por último, cabe ressaltar que o magistrado poderá concedê-lo de ofício.

6.6.2 *Habeas data*

O *habeas data* cuja previsão está no inciso LXXII do art. 5º tem como objetivo proteger a liberdade de informação:

> *LXXII – conceder-se-á "Habeas Data":*
>
> *a) para assegurar o conhecimento de informações relativas à pessoa do impetrante, constantes de registros ou bancos de dados de entidades governamentais ou de caráter público;*
>
> *b) para a retificação de dados, quando não se prefira fazê-lo por processo sigiloso, judicial ou administrativo.*

Duas são as formas previstas na Constituição para utilização desse remédio:

- **Para conhecer a informação.**
- **Para retificar a informação.**

É importante ressaltar que só caberá o remédio em relação às informações do próprio impetrante.

As informações precisam estar em um banco de dados governamental ou de caráter público, o que significa que seria possível entrar com um *habeas data* contra um banco de dados privado desde que tenha caráter público.

Da mesma forma que o *habeas corpus*, o *habeas data* também é gratuito:

> ***Art. 5º** [...]*
>
> *LXXVII – São gratuitas as ações de "Habeas corpus" e "Habeas Data", e, na forma da lei, os atos necessários ao exercício da cidadania.*

6.6.3 Mandado de segurança

O mandado de segurança é um remédio muito cobrado em prova em razão dos seus requisitos:

> ***Art. 5º, CF/1988/1988** [...]*
>
> *LXIX – Conceder-se-á mandado de segurança para proteger direito líquido e certo, não amparado por "Habeas corpus" ou "Habeas Data", quando o responsável pela ilegalidade ou abuso de poder for autoridade pública ou agente de pessoa jurídica no exercício de atribuições do Poder Público.*

Como se pode ver, o mandado de segurança será cabível proteger direito líquido e certo desde que não amparado por *Habeas corpus* ou *habeas data*. O que significa dizer que será cabível desde que não seja para proteger a liberdade de locomoção e a liberdade de informação. Esse é o chamado caráter subsidiário do mandado de segurança.

O texto constitucional exigiu também para a utilização dessa ferramenta a ilegalidade e o abuso de poder praticado por autoridade pública ou privada, desde que esteja no exercício de atribuições do poder público.

O mandado de segurança possui prazo decadencial para ser utilizado: 120 dias.

Existe também o mandado de segurança coletivo:

> ***Art. 5º** [...]*
>
> *LXX – O mandado de segurança coletivo pode ser impetrado por:*
>
> *a) partido político com representação no Congresso Nacional;*
>
> *b) organização sindical, entidade de classe ou associação legalmente constituída e em funcionamento há pelo menos um ano, em defesa dos interesses de seus membros ou associados.*

Observadas as regras do mandado de segurança individual, o mandado de segurança coletivo possui alguns requisitos que lhe são peculiares: os legitimados para propositura.

São legitimados para propor o mandado de segurança coletivo:

- **Partidos políticos com representação no Congresso Nacional:** para se ter representação no Congresso Nacional, basta um membro em qualquer uma das casas.
- **Organização sindical.**
- **Entidade de classe.**

D C O N

- **Associação.**

Desde que legalmente constituída e em funcionamento há, pelo menos, um ano. Segundo o STF, a necessidade de estar constituída e em funcionamento há pelo menos um ano só se aplica às associações. A Banca FCC entende que esse requisito se aplica a todas as entidades.

6.6.4 Mandado de injunção

O mandado de injunção é uma ferramenta mais complexa para se entender. Vejamos o que diz a Constituição Federal de 1988:

> *Art. 5º [...]*
>
> *LXXI – Conceder-se-á mandado de injunção sempre que a falta de norma regulamentadora torne inviável o exercício dos direitos e liberdades constitucionais e das prerrogativas inerentes à nacionalidade, à soberania e à cidadania.*

O seu objetivo é suprir a omissão legislativa que impede o exercício de direitos fundamentais. Algumas normas constitucionais para que produzam efeitos dependem da edição de outras normas infraconstitucionais. Essas normas são conhecidas por sua eficácia como normas de eficácia limitada. O mandado de injunção visa a corrigir a ineficácia das normas com eficácia limitada.

Todas as vezes que um direito deixar de ser exercido pela ausência de norma regulamentadora, será cabível esse remédio.

No que tange à efetividade da decisão, deve-se esclarecer a possibilidade de adoção por parte do STF de duas correntes doutrinárias:

- **Teoria concretista geral:** o Poder Judiciário concretiza o direito no caso concreto aplicando seu dispositivo com efeito *erga omnes*, para todos os casos iguais;
- **Teoria concretista individual:** o Poder Judiciário concretiza o direito no caso concreto aplicando seu dispositivo com efeito *inter partes*, ou seja, apenas com efeito entre as partes.

6.6.5 Ação popular

A ação popular é uma ferramenta fiscalizadora utilizada como espécie de exercício direto dos direitos políticos. Por isso, só poderá ser utilizada por cidadãos. Segundo o inciso LXXIII do art. 5º da Constituição Federal de 1988:

> *LXXIII – Qualquer cidadão é parte legítima para propor ação popular que vise a anular ato lesivo ao patrimônio público ou de entidade de que o Estado participe, à moralidade administrativa, ao meio ambiente e ao patrimônio histórico e cultural, ficando o autor, salvo comprovada má-fé, isento de custas judiciais e do ônus da sucumbência.*

Além da previsão constitucional, essa ação encontra-se regulamentada pela Lei nº 4.717/1965. Percebe-se que seu objetivo consiste em proteger o patrimônio público, a moralidade administrativa, o meio ambiente e o patrimônio histórico e cultural.

O autor não precisa pagar custas judiciais ou ônus de sucumbência, salvo se houver má-fé.

7 DIREITOS SOCIAIS E NACIONALIDADE

7.1 Direitos sociais

7.1.1 Prestações positivas

Os direitos sociais encontram-se previstos a partir do art. 6º até o art. 11 da Constituição Federal de 1988. São normas que se concretizam por meio de prestações positivas por parte do Estado, haja vista objetivarem reduzir as desigualdades sociais.

Deve-se dar destaque para o art. 6º, que foi alterado pela Emenda Constitucional nº 90/2015 e que possivelmente será objeto de questionamento em concurso público:

> ***Art. 6º*** *São direitos sociais a educação, a saúde, a alimentação, o trabalho, a moradia, o transporte, o lazer, a segurança, a previdência social, a proteção à maternidade e à infância, a assistência aos desamparados, na forma desta Constituição.*
>
> ***Parágrafo único.*** *Todo brasileiro em situação de vulnerabilidade social terá direito a uma renda básica familiar, garantida pelo poder público em programa permanente de transferência de renda, cujas normas e requisitos de acesso serão determinados em lei, observada a legislação fiscal e orçamentária. (Incluído pela EC nº 114/2021)*

Boa parte dos direitos aqui previstos necessita de recursos financeiros para serem implementados, o que acaba por dificultar sua plena eficácia.

No entanto, antes de avançar nessa parte do conteúdo, faz-se necessário dizer que costumam ser cobradas questões de provas que abordam apenas o texto puro da Constituição Federal de 1988. A principal orientação, portanto, é que se dedique tempo à leitura da Constituição Federal, mais precisamente, do art. 7º, que possui vários dispositivos que podem ser trabalhados em prova.

7.1.2 Reserva do possível

Seria possível exigir do Estado a concessão de um direito social quando tal direito não fosse assegurado de forma condizente com sua previsão constitucional? A título de exemplo, veremos um dispositivo dos direitos sociais dos trabalhadores:

> ***Art. 7º*** *[...]*
>
> *IV – Salário-mínimo, fixado em lei, nacionalmente unificado, capaz de atender a suas necessidades vitais básicas e às de sua família com moradia, alimentação, educação, saúde, lazer, vestuário, higiene, transporte e previdência social, com reajustes periódicos que lhe preservem o poder aquisitivo, sendo vedada sua vinculação para qualquer fim.*

Observe-se que a Constituição Federal de 1988 garante que o salário-mínimo deve atender às necessidades vitais básicas do trabalhador e de sua família com moradia, alimentação, educação, saúde, lazer, vestuário, higiene, transporte e previdência social. Entendendo que os direitos sociais são espécies de direitos fundamentais e, analisando-os sob o dispositivo previsto no § 1º do art. 5º, segundo o qual "as normas definidoras de direitos e garantias fundamentais têm aplicação imediata", pergunta-se: seria possível entrar com uma ação visando a garantir o disposto no inciso IV, que está sendo analisado?

Certamente não. Para se garantir tudo o que está previsto no referido inciso, seria necessário que o salário-mínimo valesse, em média, por volta de R$ 3.000,00. Agora, imagine se algum trabalhador conseguisse esse benefício por meio de uma decisão judicial, o que não fariam todos os demais trabalhadores do país.

Se o Estado fosse obrigado a pagar esse valor para todos os trabalhadores, os cofres públicos rapidamente quebrariam. Para se garantir essa estabilidade, foi desenvolvida a **Teoria da Reserva do Possível**, por meio da qual o Estado pode alegar essa impossibilidade financeira para atender algumas demandas, como o aumento do salário-mínimo. Quando o poder público for demandado para garantir algum benefício de ordem social, poderá ser alegada, previamente, a impossibilidade financeira para concretização do direito sob o argumento da reserva do possível.

7.1.3 Mínimo existencial

Por causa da Reserva do Possível, o Estado passou a se esconder atrás dessa teoria, eximindo-se da sua obrigação social de garantia dos direitos tutelados na Constituição Federal. Tudo o que era pedido para o Estado era negado sob o argumento de que "não era possível". Para trazer um pouco de equilíbrio a essa relação, foi desenvolvida outra teoria chamada de Mínimo Existencial. Essa teoria permite que os poderes públicos deixem de atender algumas demandas em razão da reserva do possível, mas exige que seja garantido o mínimo existencial.

7.1.4 Princípio da proibição ou retrocesso ou efeito cliquet

Uma regra que funciona com caráter de segurança jurídica é a proibição do retrocesso. Esse dispositivo proíbe que os direitos sociais já conquistados sejam esvaziados ou perdidos sob pena de desestruturação social do país.

7.1.5 Salário-mínimo

Feitas algumas considerações iniciais sobre a doutrina social, segue-se à análise de alguns dispositivos que se encontram no art. 7º da Constituição Federal de 1988:

> *IV – Salário-mínimo, fixado em lei, nacionalmente unificado, capaz de atender a suas necessidades vitais básicas e às de sua família com moradia, alimentação, educação, saúde, lazer, vestuário, higiene, transporte e previdência social, com reajustes periódicos que lhe preservem o poder aquisitivo, sendo vedada sua vinculação para qualquer fim.*

Vários pontos são relevantes nesse inciso. Primeiramente, é importante comentar o trecho "fixado em lei". Segundo o texto constitucional, o salário-mínimo só poderá ser fixado em Lei; entretanto, no dia 25 de fevereiro de 2011 foi publicada a Lei nº 12.382, que prevê a possibilidade de fixação do salário-mínimo por meio de Decreto do Poder Executivo. Questionado no STF, o guardião da Constituição considerou constitucional a fixação de salário-mínimo por meio de Decreto Presidencial.

Outro ponto interessante diz respeito ao salário-mínimo ser nacionalmente unificado. Muitos acham que alguns estados da federação fixam valores referentes ao salário-mínimo maiores do que o fixado nacionalmente. O STF já afirmou que os Estados não podem fixar salário-mínimo diferente do nacionalmente unificado. O que cada Estado pode fixar é o piso salarial da categoria de trabalhadores com valor maior que o salário-mínimo.

Algumas súmulas vinculantes do STF são importantes, pois se referem ao salário-mínimo:

> **Súmula Vinculante nº 4** *Salvo nos casos previstos na Constituição, o salário-mínimo não pode ser usado como indexador de base de cálculo de vantagem de servidor público ou de empregado, nem ser substituído por decisão judicial.*
>
> **Súmula Vinculante nº 6** *Não viola a Constituição o estabelecimento de remuneração inferior ao salário-mínimo para as praças prestadoras de serviço militar inicial.*
>
> **Súmula Vinculante nº 15** *O cálculo de gratificações e outras vantagens do servidor público não incide sobre o abono utilizado para se atingir o salário-mínimo.*

> **Súmula Vinculante 16:** *Os Arts. 7º, IV, e 39, § 3º (redação da EC nº 19/1998) da Constituição referem-se ao total da remuneração percebida pelo servidor público.*

7.1.6 Prescrição trabalhista

Um dos dispositivos previstos no art. 7º da Constituição Federal de 1988 mais cobrados em prova é o inciso XXIX:

> *XXIX – Ação, quanto aos créditos resultantes das relações de trabalho, com prazo prescricional de cinco anos para os trabalhadores urbanos e rurais, até o limite de dois anos após a extinção do contrato de trabalho.*

Imaginemos, por exemplo, uma pessoa que tenha exercido sua função no período noturno, em uma empresa, durante 20 anos. Contudo, em todos esses anos de trabalho, ela não recebeu nenhum adicional noturno. Ao ter seu contrato de trabalho rescindido, ela poderá ingressar em juízo pleiteando as verbas trabalhistas não pagas. Tendo em vista a existência de prazo prescricional para reaver seus direitos, o trabalhador terá o prazo de 2 anos para entrar com a ação, e só terá direito aos últimos 5 anos de adicional noturno.

Ressalta-se que esses 5 anos são contados a partir do dia em que se entrou com a ação. Se ele entrar com a ação no último dia do prazo de 2 anos, só terá direito a 3 anos de adicional noturno.

Nesse exemplo, se o trabalhador entrar com a ação no dia 01/01/2021, receberá os últimos 5 anos de adicional noturno, ou seja, até o dia 01/01/2016. Mas se o trabalhador entrar com a ação no dia 01/01/2023, último dia do prazo prescricional de 2 anos, ele terá direito aos últimos 5 anos de adicional noturno a contar do dia em que entrou com a ação. Isso significa que se depare o adicional noturno até o dia 01/01/2018. Perceba que, se o trabalhador demorar a entrar com a ação, ele perde os direitos trabalhistas anteriores ao prazo dos últimos 5 anos.

7.1.7 Proibição do trabalho noturno, perigoso e insalubre

Este inciso também é muito cotado para ser cobrado em prova. É importante lê-lo para que, em seguida, se possa responder a uma pergunta que fará entender o motivo de ele ser tão abordado em testes:

> ***Art. 7º** [...]*
>
> *XXXIII – Proibição de trabalho noturno, perigoso ou insalubre a menores de dezoito e de qualquer trabalho a menores de dezesseis anos, salvo na condição de aprendiz, a partir de quatorze anos.*

A pergunta é muito simples: a partir de qual idade pode trabalhar no Brasil? Você deve estar em dúvida: entre 16 e 14 anos. Isso é o que acontece com a maioria dos candidatos. Por isso, nunca esqueça: se temos uma regra e essa regra está acompanhada de uma exceção; temos, então, uma possibilidade.

Se a Constituição diz que é proibido o trabalho para os menores de 16 e, em seguida, excepciona essa regra dizendo que é possível a partir dos 14, na condição de aprendiz, ela quis dizer que o trabalho no Brasil se inicia aos 14 anos. Esse entendimento se fortalece à luz do art. 227, § 3º, inciso I:

> ***Art. 227** [...]*
>
> *§ 3º O direito a proteção especial abrangerá os seguintes aspectos:*
>
> *I – Idade mínima de quatorze anos para admissão ao trabalho, observado o disposto no art. 7º, XXXIII.*

7.1.8 Direitos dos empregados domésticos

O parágrafo único, do art. 7º, da Constituição Federal de 1988 assegurava ao trabalhador doméstico um número reduzido de direitos, se comparado com os demais empregados, urbanos ou rurais.

Nos termos da CF/1988/1988, estariam garantidos à categoria dos trabalhadores domésticos apenas os direitos previstos nos incisos IV, VI, VIII, XV, XVII, XVIII, XIX, XXI e XXIV, do art. 7º, bem como a sua integração à previdência social.

Com a promulgação da Emenda Constitucional nº 72, de 2 de abril de 2013, aquele parágrafo foi alterado para estender aos empregados domésticos praticamente todos os demais direitos constantes nos incisos, do art. 7º, da CF/1988.

A nova redação do parágrafo único, do art. 7º, da CF/1988 dispõe:

> ***Art. 7º** [...]*
>
> ***Parágrafo único.** São assegurados à categoria dos trabalhadores domésticos os direitos previstos nos incisos IV, VI, VII, VIII, X, XIII, XV, XVI, XVII, XVIII, XIX, XXI, XXII, XXIV, XXVI, XXX, XXXI e XXXIII e, atendidas as condições estabelecidas em lei e observada a simplificação do cumprimento das obrigações tributárias, principais e acessórias, decorrentes da relação de trabalho e suas peculiaridades, os previstos nos incisos I, II, III, IX, XII, XXV e XXVIII, bem como a sua integração à previdência social.*

7.1.9 Direitos coletivos dos trabalhadores

São basicamente os direitos relacionados à criação e organização das associações e sindicatos que estão previstos no art. 8º.

- **Princípio da unicidade sindical**

O primeiro direito coletivo refere-se ao princípio da unicidade sindical. Esse dispositivo proíbe a criação de mais de uma organização sindical, representativa de categoria profissional ou econômica, em uma mesma base territorial:

> ***Art. 8º** [...]*
>
> *II – É vedada a criação de mais de uma organização sindical, em qualquer grau, representativa de categoria profissional ou econômica, na mesma base territorial, que será definida pelos trabalhadores ou empregadores interessados, não podendo ser inferior à área de um Município.*

Em cada base territorial (federal, estadual, municipal ou distrital) só pode existir um sindicato representante da mesma categoria, lembrando que a base territorial mínima se refere à área de um município.

Exemplificando: só pode existir **um** sindicato municipal de pescadores no município de Cascavel. Só pode existir **um** sindicato estadual de pescadores no estado do Paraná. Só pode existir **um** sindicato federal de pescadores no Brasil. Contudo, é possível existirem vários sindicatos municipais de pescadores no Estado do Paraná.

- **Contribuição confederativa e sindical**

Essa questão costuma enganar até mesmo os mais preparados. Vejamos o que diz a Constituição Federal de 1988 no art. 8º, inciso IV:

> *IV – A assembleia geral fixará a contribuição que, em se tratando de categoria profissional, será descontada em folha, para custeio do sistema confederativo da representação sindical respectiva, independentemente da contribuição prevista em lei.*

A primeira coisa que se deve perceber é a existência de duas contribuições nesse inciso. Uma chamada de **contribuição confederativa** a outra de **contribuição sindical**.

A **contribuição confederativa** é a prevista nesse inciso, fixada pela assembleia geral, descontada em folha para custear o sistema confederativo. Essa contribuição é aquela paga às organizações sindicais e que só é obrigada aos filiados e aos sindicatos. Não possui natureza tributária, por isso obriga apenas as pessoas que voluntariamente se filiam a uma entidade sindical.

A **contribuição sindical**, que é a contribuição prevista em lei, mais precisamente na Consolidação das Leis Trabalhistas (Decreto-Lei nº 5.452/1943), deve ser paga por todos os trabalhadores ainda que profissionais liberais. Sua natureza é tributária, não possuindo caráter facultativo.

CONTRIBUIÇÃO	
Confederativa	**Sindical**
Fixada pela Assembleia	Fixada pela CLT
Natureza não tributária	Natureza tributária
Obrigada apenas aos filiados a sindicatos	Obrigada a todos os trabalhadores

- **Liberdade de associação**

Esse inciso costuma ser cobrado em prova devido às inúmeras possibilidades de se modificar o seu texto:

> *Art. 8º [...]*
>
> *V – Ninguém será obrigado a filiar-se ou a manter-se filiado a sindicato.*

É a liberdade de associação que permite aos trabalhadores escolherem se desejam ou não se filiar a um determinado sindicato. Ninguém será obrigado a filiar-se ou a manter-se filiado.

- **Participação do aposentado no sindicato**

Esse inciso também possui aplicação semelhante ao anterior, portanto, deve haver uma leitura atenta aos detalhes que podem ser modificados em prova:

> *Art. 8º [...]*
>
> *VII – O aposentado filiado tem direito a votar e ser votado nas organizações sindicais.*

- **Estabilidade sindical**

A estabilidade sindical constitui norma de proteção aos dirigentes sindicais que possui grande utilidade ao evitar o cometimento de arbitrariedades por partes das empresas em retaliação aos representantes dos empregados:

> *Art 8º [...]*
>
> *VIII – É vedada a dispensa do empregado sindicalizado a partir do registro da candidatura a cargo de direção ou representação sindical e, se eleito, ainda que suplente, até um ano após o final do mandato, salvo se cometer falta grave nos termos da lei.*

O importante aqui é entender o período de proteção que a Constituição Federal de 1988 garantiu aos dirigentes sindicais. A estabilidade se inicia com o registro da candidatura e permanece, com o candidato eleito, até um ano após o término do seu mandato. Ressalte-se que essa proteção contra despedida arbitrária não prospera diante do cometimento de falta grave.

7.2 Direitos de nacionalidade

A nacionalidade é um vínculo jurídico existente entre um indivíduo e um Estado. Esse vínculo jurídico é a ligação existente capaz de gerar direitos e obrigações entre a pessoa e o Estado.

A aquisição da nacionalidade decorre do nascimento ou da manifestação de vontade. Quando a nacionalidade é adquirida pelo nascimento, estamos diante da chamada **nacionalidade originária.** Mas, se for adquirida por meio da manifestação de vontade, estamos diante de uma **nacionalidade secundária.**

A **nacionalidade originária**, também chamada de aquisição de nacionalidade primária, é aquela involuntária. Decorre do nascimento desde que preenchidos os requisitos previstos na legislação. Um brasileiro que adquire nacionalidade originária é chamado de nato.

Dois critérios foram utilizados em nossa Constituição para se conferir a nacionalidade originária: *jus solis* e *jus sanguinis.*

- ***Jus solis:*** esse é critério do solo, critério territorial. Serão considerados brasileiros natos as pessoas que nascerem no território nacional. Esse é o critério adotado como regra no texto constitucional.
- ***Jus sanguinis*:** esse é o critério do sangue. Serão considerados brasileiros natos os descendentes de brasileiros, ou seja, aqueles que possuem o sangue brasileiro.

A **nacionalidade secundária** ou adquirida é a aquisição que depende de uma manifestação de vontade. É voluntária e, quem a adquire, possui a qualificação de naturalizado.

7.2.1 Conflito de nacionalidade

Alguns países adotavam apenas o critério *jus sanguinis*, outros somente o critério *jus solis*, e isso gerou alguns problemas que a doutrina nominou de conflito de nacionalidade. O conflito de nacionalidade pode ser de duas formas: positivo e negativo.

- **Conflito positivo:** ocorre quando o indivíduo adquire várias nacionalidades. Ele será chamado de polipátrida.
- **Conflito negativo:** ocorre quando o indivíduo não adquire qualquer nacionalidade. Esse será chamado de apátrida (*heimatlos*).

Para evitar a ocorrência desses tipos de conflito, os países têm adotado critérios mistos de aquisição de nacionalidade originária, a exemplo do próprio Brasil.

A seguir, serão analisadas várias hipóteses previstas no art. 12 da Constituição Federal de aquisição de nacionalidade tanto originária quanto secundária.

7.2.2 Nacionalidade originária

As hipóteses de aquisição da nacionalidade originária estão previstas no art. 12, I da Constituição Federal, e são:

> ***Art. 12*** *São brasileiros:*
>
> *I – Natos:*
>
> *a) os nascidos na República Federativa do Brasil, ainda que de pais estrangeiros, desde que estes não estejam a serviço de seu país;*
>
> *b) os nascidos no estrangeiro, de pai brasileiro ou mãe brasileira, desde que qualquer deles esteja a serviço da República Federativa do Brasil;*
>
> *c) os nascidos no estrangeiro de pai brasileiro ou de mãe brasileira, desde que sejam registrados em repartição brasileira competente ou venham a residir na República Federativa do Brasil e optem, em qualquer tempo, depois de atingida a maioridade, pela nacionalidade brasileira.*

A primeira hipótese, prevista na alínea "a", adotou para aquisição o critério *jus solis*, ou seja, serão considerados brasileiros natos aqueles que nascerem no país ainda que de pais estrangeiros, desde que, os pais não estejam a serviço do seu país. Para que os filhos de pais estrangeiros fiquem impedidos de adquirirem a nacionalidade brasileira, é preciso que ambos os pais sejam estrangeiros, mas basta que apenas um deles esteja a serviço do seu país. Se os pais estrangeiros estiverem a serviço de outro país, a doutrina tem entendido que não se aplicará a vedação.

Já a segunda hipótese, adotada na alínea "b", utilizou o critério *jus sanguinis* para fixação da nacionalidade originária. Serão brasileiros natos os nascidos fora do país, filho de pai ou mãe brasileira, desde que qualquer deles esteja a serviço da República Federativa do Brasil. Estar a serviço do país significa estar a serviço de qualquer ente federativo (União, estados, Distrito Federal ou municípios) incluídos os órgãos e entidades da administração indireta (fundações, autarquias, empresas públicas e sociedades de economia mista).

A terceira hipótese, prevista na alínea "c", apresenta, na verdade, duas possibilidades: uma depende do registro a outra depende da opção confirmativa.

Primeiro, temos a regra aplicada aos nascidos no estrangeiro, filho de pai brasileiro ou mãe brasileira, condicionada à aquisição da nacionalidade ao registro em repartição brasileira competente. Nessa hipótese, adota-se o critério *jus sanguinis* acompanhado do registro em repartição brasileira.

Em seguida, temos a segunda possibilidade destinada aos nascidos no estrangeiro de pai brasileiro ou de mãe brasileira, que venham a residir na República Federativa do Brasil e optem (opção confirmativa), em qualquer tempo, depois de atingida a maioridade, pela nacionalidade brasileira.

Essa é a chamada nacionalidade protestativa, pois depende da manifestação de vontade por parte do interessado. Deve-se ter cuidado com a condição para a manifestação da vontade que só pode ser exercida depois de atingida a maioridade, apesar de não existir tempo limite para o exercício desse direito.

7.2.3 Nacionalidade secundária

A seguir, serão apresentadas as hipóteses de aquisição de nacionalidade secundária:

> *Art. 12 [...]*
>
> *II – Naturalizados:*
>
> *a) Os que, na forma da lei, adquiram a nacionalidade brasileira, exigidas aos originários de países de língua portuguesa apenas residência por um ano ininterrupto e idoneidade moral;*
>
> *b) os estrangeiros de qualquer nacionalidade, residentes na República Federativa do Brasil há mais de quinze anos ininterruptos e sem condenação penal, desde que requeiram a nacionalidade brasileira.*

A primeira hipótese de naturalização, prevista na alínea "a" do inciso II, é a chamada naturalização ordinária. Essa naturalização apresenta uma forma de aquisição prevista em lei. Esta Lei é a nº 6.815/1980, que traz algumas regras para aquisição de nacionalidade, as quais não serão estudadas neste momento. O que interessa agora para a prova é a segunda parte da alínea, que confere um tratamento diferenciado para os originários de países de língua portuguesa, para quem será exigida apenas residência por um ano ininterrupto e idoneidade moral. Entende-se país de língua portuguesa qualquer país que possua a língua portuguesa como língua oficial (Angola, Portugal, Timor Leste, entre outros). Essa forma de naturalização não gera direito subjetivo ao estrangeiro, o que significa que ele poderá pleitear sua naturalização e essa poderá ser indeferida pelo Chefe do Poder Executivo, haja vista se tratar de um ato discricionário.

A alínea "b" do inciso II apresenta a chamada naturalização extraordinária ou quinzenária. Essa hipótese é destinada a qualquer estrangeiro e será exigida residência ininterrupta pelo prazo de 15 anos e não existência de condenação penal. Nessa espécie, não há discricionariedade em conceder a naturalização, pois ela gera direito subjetivo ao estrangeiro que tenha preenchido os requisitos.

O melhor é não esquecer que a ausência temporária da residência não quebra o vínculo ininterrupto exigido para a naturalização no país. Também deve ser ressaltado que não existe naturalização tácita ou automática, sendo exigido requerimento de quem desejar se naturalizar no Brasil.

7.2.4 Português equiparado

> *Art. 12 [...]*
>
> *§ 1º Aos portugueses com residência permanente no País, se houver reciprocidade em favor de brasileiros, serão atribuídos os direitos inerentes ao brasileiro, salvo os casos previstos nesta Constituição.*

Trata-se do chamado português equiparado ou quase nacional. Segundo o dispositivo, a Constituição assegura aos portugueses tratamento diferenciado, como se fossem brasileiros. Não se trata de uma hipótese de naturalização, nesse caso são atribuídos os mesmos direitos inerentes ao brasileiro.

Essa condição depende de reciprocidade por parte de Portugal. O Brasil possui um acordo internacional com Portugal por meio do Decreto nº 3.927/2001 que promulgou o Tratado de Cooperação, Amizade e Consulta Brasil/Portugal. Havendo o mesmo tratamento a um brasileiro quando estiver no país português, serão garantidos tratamentos diferenciados aos portugueses que aqui estiverem desde que manifestem interesse no recebimento desse tratamento diferenciado. Ressalta-se que para requerer esse tipo de tratamento será necessária, além do requerimento, a constituição de residência permanente no Brasil.

Por fim, não se pode esquecer de que o tratamento dado aos portugueses os equipara aos brasileiros naturalizados.

7.2.5 Tratamento diferenciado entre brasileiros

O § 2º do art. 12 proíbe o tratamento diferenciado entre brasileiros natos e naturalizados:

> *§ 2º A lei não poderá estabelecer distinção entre brasileiros natos e naturalizados, salvo nos casos previstos nesta Constituição.*

O próprio dispositivo excepciona a regra permitindo que a Constituição Federal estabeleça tratamento diferenciado entre brasileiros natos e naturalizados. São quatro os tratamentos diferenciados estabelecidos pelo texto constitucional:

- **Cargos privativos de brasileiros natos;**
- **Funções privativas de brasileiros natos;**
- **Regras de extradição;**
- **Propriedade de empresas de jornalística ou de radiodifusão.**

O § 3º apresenta a primeira hipótese de distinção dentre brasileiros natos e naturalizados:

> *§ 3º São privativos de brasileiro nato os cargos:*
>
> *I – De Presidente e Vice-Presidente da República;*
>
> *II – De Presidente da Câmara dos Deputados;*
>
> *III – De Presidente do Senado Federal;*
>
> *IV – De Ministro do Supremo Tribunal Federal;*
>
> *V – Da carreira diplomática;*
>
> *VI – de oficial das Forças Armadas;*
>
> *VII – De Ministro de Estado da Defesa.*

Os cargos privativos aos brasileiros natos são muito incidentes em provas. Por esse motivo, sugere-se que sejam memorizados. Dois critérios foram utilizados para escolha desses cargos. O primeiro está relacionado com os cargos que sucedem o Presidente da República (presidente e vice-Presidente da República, presidente da Câmara dos Deputados, presidente do Senado Federal e ministro do Supremo Tribunal Federal). O segundo critério diz respeito à segurança nacional (carreira diplomática, oficial das forças armadas e ministro do Estado da Defesa).

As funções privativas de brasileiros natos estão previstas no art. 89, inciso VII da Constituição Federal de 1988:

> ***Art. 89*** *O Conselho da República é órgão superior de consulta do Presidente da República, e dele participam:*
> *I – O Vice-Presidente da República;*
> *II – O Presidente da Câmara dos Deputados;*
> *III – O Presidente do Senado Federal;*
> *IV – Os líderes da maioria e da minoria na Câmara dos Deputados;*
> *V – Os líderes da maioria e da minoria no Senado Federal;*
> *VI – O Ministro da Justiça;*
> *VII – Seis cidadãos brasileiros natos, com mais de trinta e cinco anos de idade, sendo dois nomeados pelo Presidente da República, dois eleitos pelo Senado Federal e dois eleitos pela Câmara dos Deputados, todos com mandato de três anos, vedada a recondução.*

A terceira possibilidade de tratamento diferenciado diz respeito às regras de extradição previstas no inciso LI do art. 5º da Constituição Federal de 1988:

> *LI – Nenhum brasileiro será extraditado, salvo o naturalizado, em caso de crime comum, praticado antes da naturalização, ou de comprovado envolvimento em tráfico ilícito de entorpecentes e drogas afins, na forma da lei.*

A quarta previsão está no art. 222 da Constituição Federal de 1988:

> ***Art. 222*** *A propriedade de empresa jornalística e de radiodifusão sonora e de sons e imagens é privativa de brasileiros natos ou naturalizados há mais de dez anos, ou de pessoas jurídicas constituídas sob as leis brasileiras e que tenham sede no País.*

7.2.6 Perda da nacionalidade

A seguir serão trabalhadas as hipóteses de perda da nacionalidade. Uma pergunta: brasileiro nato pode perder a nacionalidade?

Vejamos o que diz a Constituição Federal:

> ***Art. 12, § 4º*** *Será declarada a perda da nacionalidade do brasileiro que:*
> *I – Tiver cancelada sua naturalização, por sentença judicial, em virtude de atividade nociva ao interesse nacional;*
> *II – Adquirir outra nacionalidade, salvo nos casos:*
> *a) de reconhecimento de nacionalidade originária pela lei estrangeira;*
> *b) de imposição de naturalização, pela norma estrangeira, ao brasileiro residente em estado estrangeiro, como condição para permanência em seu território ou para o exercício de direitos civis.*

Ao se analisar o dispositivo do *caput* desse parágrafo, é possível concluir que as regras são para os brasileiros natos ou naturalizados.

Mas vale a pena verificar cada hipótese:

- O inciso I deixa claro que é uma hipótese aplicada apenas aos brasileiros naturalizados (cancelamento de naturalização). Se o indivíduo tem seu vínculo com o Estado cancelado por decisão judicial, não há que se falar em permanência da nacionalidade brasileira;
- O inciso II já não permite a mesma conclusão, haja vista ter considerado qualquer brasileiro. Logo, ao brasileiro, seja ele nato ou naturalizado, que adquirir outra nacionalidade, será declarada a perda da nacionalidade, pelo menos em regra. Essa regra possui duas exceções: nos casos de reconhecimento de nacionalidade originária estrangeira ou de imposição de naturalização, não será declarada a perda da nacionalidade brasileira. É nestas hipóteses que se encontram permitidas as situações de dupla nacionalidade que conhecemos.

Uma questão interessante surge: seria possível a reaquisição da nacionalidade brasileira?

Uma vez perdida a nacionalidade, tem-se entendido que é possível a sua reaquisição dependo da forma que foi perdida.

Se o indivíduo perde a nacionalidade com fundamento no inciso I, por cancelamento de naturalização, só seria possível a reaquisição por meio de ação rescisória.

Caso o indivíduo perca a nacionalidade por ter adquirido outra, que revela a hipótese do inciso II, também será possível a reaquisição por decreto presidencial (art. 36, Lei nº 818/1949).

Apesar da divergência doutrinária, prevalece o entendimento de que o brasileiro, após a reaquisição, volta à condição anterior, ou seja, se era brasileiro nato, volta a ser nato, se era naturalizado, volta como naturalizado.

8 DIREITOS POLÍTICOS E PARTIDOS POLÍTICOS

8.1 Direitos políticos

Os direitos políticos são um conjunto de direitos fundamentais que permitem ao indivíduo participar da vontade política do Estado. Para se falar de direitos políticos, alguns conceitos são indispensáveis.

8.1.1 Cidadania, democracia e soberania popular

A Cidadania é a condição conferida ao indivíduo que possui direito político. É o exercício desse direito. Essa condição só é possível em nosso país por causa do regime de governo adotado, a Democracia. A democracia parte do pressuposto de que o poder do Estado decorre da vontade popular, da Soberania Popular. Conforme o parágrafo único do art. 1º da Constituição:

> ***Art. 1º** [...]*
>
> ***Parágrafo único.** Todo o poder emana do povo, que o exerce por meio de representantes eleitos ou diretamente, nos termos desta Constituição.*

A democracia brasileira é classificada como semidireta ou participativa, haja vista poder ser exercida tanto de forma direta como de forma indireta. Como forma de exercício direto temos o previsto no art. 14 da CF/1988/1988:

> ***Art. 14** A soberania popular será exercida pelo sufrágio universal e pelo voto direto e secreto, com valor igual para todos, e, nos termos da lei, mediante:*
>
> *I – Plebiscito;*
>
> *II – Referendo;*
>
> *III – Iniciativa popular.*

Mas ainda há a ação popular que também é forma de exercício direto dos direitos políticos:

> ***Art. 5º** [...]*
>
> *LXXIII – Qualquer cidadão é parte legítima para propor ação popular que vise a anular ato lesivo ao patrimônio público ou de entidade de que o Estado participe, à moralidade administrativa, ao meio ambiente e ao patrimônio histórico e cultural, ficando o autor, salvo comprovada má-fé, isento de custas judiciais e do ônus da sucumbência.*

Entendamos o que significa cada uma das formas de exercício direto dos direitos políticos.

- **Plebiscito:** consulta popular realizada antes da tomada de decisão. O representante do poder público quer tomar uma decisão, mas, antes de tomá-la, ele pergunta para os cidadãos quem concorda. O que os cidadãos decidirem será feito.
- **Referendo:** consulta popular realizada depois da tomada de decisão. O representante do poder público toma uma decisão e depois pergunta o que os cidadãos acharam.
- **Iniciativa Popular:** essa é uma das formas de se iniciar o processo legislativo no Brasil. A legitimidade para propor criação de lei pelo eleitorado encontra amparo no art. 61, § 2º da CF/1988:

> ***Art. 61** [...]*
>
> *§ 2º A iniciativa popular pode ser exercida pela apresentação à Câmara dos Deputados de projeto de lei subscrito por, no mínimo, um por cento do eleitorado nacional, distribuído pelo menos por cinco Estados, com não menos de três décimos por cento dos eleitores de cada um deles.*

- **Ação popular:** remédio constitucional previsto no inciso LXXIII que funciona como instrumento de fiscalização dos poderes públicos nos termos do inciso citado.

Quando se fala em exercício indireto, significa exercício por meio dos representantes eleitos que representarão a vontade popular.

Todas essas ferramentas disponibilizadas acima constituem formas de exercício dos direitos políticos no Brasil.

8.1.2 Classificação dos direitos políticos

A doutrina costuma classificar os direitos políticos em **direitos políticos positivos e direitos políticos negativos.**

- **Direitos políticos positivos**

Os direitos políticos positivos se mostram pela possibilidade de participação na vontade política do Estado. Esses direitos políticos se materializam por meio da Capacidade Eleitoral Ativa e da Capacidade Eleitoral Passiva. O primeiro é a possibilidade de votar. O segundo, de ser votado.

Para que se possa exercer a capacidade eleitoral ativa, faz-se necessário o chamado alistamento eleitoral. É, simplesmente, inscrever-se como eleitor, o que acontece quando obtemos o título de eleitor. A Constituição apresenta três regras para o alistamento e o voto:

- **Voto Obrigatório:** maiores de 18 anos.
- **Voto Facultativo:** maiores de 16 e menores de 18; analfabetos e maiores de 70 anos.
- **Voto Proibido:** estrangeiros e conscritos.

Vejamos estas regras previstas no texto constitucional:

> ***Art. 14.** [...]*
>
> *§ 1º O alistamento eleitoral e o voto são:*
>
> *I – Obrigatórios para os maiores de dezoito anos;*
>
> *II – Facultativos para:*
>
> *a) os analfabetos;*
>
> *b) os maiores de setenta anos;*
>
> *c) os maiores de dezesseis e menores de dezoito anos.*
>
> *§ 2º Não podem alistar-se como eleitores os estrangeiros e, durante o período do serviço militar obrigatório, os conscritos.*

A capacidade eleitoral passiva é a capacidade de ser eleito. É uma das formas de participação política em que o cidadão aceita a incumbência de representar os interesses dos seus eleitores. Para que alguém possa ser eleito se faz necessário o preenchimento das condições de elegibilidade. São condições de elegibilidade as previstas no art. 14, § 3º da Constituição Federal de 1988:

> ***Art. 14** [...]*
>
> *§ 3º São condições de elegibilidade, na forma da lei:*
>
> *I – a nacionalidade brasileira;*
>
> *II – o pleno exercício dos direitos políticos;*
>
> *III – o alistamento eleitoral;*
>
> *IV – o domicílio eleitoral na circunscrição;*
>
> *V – a filiação partidária;*
>
> *VI – a idade mínima de:*
>
> *a) trinta e cinco anos para Presidente e Vice-Presidente da República e Senador;*
>
> *b) trinta anos para Governador e Vice-Governador de Estado e do Distrito Federal;*
>
> *c) vinte e um anos para Deputado Federal, Deputado Estadual ou Distrital, Prefeito, Vice-Prefeito e juiz de paz;*
>
> *d) dezoito anos para Vereador.*

- **Direitos políticos negativos**

Os direitos políticos negativos são verdadeiras vedações ao exercício da cidadania. São inelegibilidades, hipóteses de perda ou suspensão dos direitos políticos que se encontram previstos expressamente no texto constitucional. Só não se pode esquecer a possibilidade prevista no § 9º do art. 14 da Constituição, que admite que sejam criadas outras inelegibilidades por Lei Complementar, desde possuam caráter relativo. Inelegibilidade absoluta, segundo a doutrina, só na Constituição Federal de 1988.

A primeira inelegibilidade está prevista no art. 14, § 4º:

> ***Art. 14** [...]*
>
> *§ 4º São inelegíveis os inalistáveis e os analfabetos.*

Trata-se de uma inelegibilidade absoluta que impede os inalistáveis e analfabetos a concorrerem a qualquer cargo eletivo. Nota-se primeiramente que a Constituição se refere aos inalistáveis como "inelegíveis". Todas as vezes que se encontrar o termo inalistável, deve-se pensar automaticamente em estrangeiros e conscritos. Logo, são inelegíveis os estrangeiros, conscritos e analfabetos.

Quanto aos analfabetos, uma questão merece atenção: os analfabetos podem votar, mas não podem receber votos.

Em seguida, tem-se o § 5º, que traz a chamada regra da reeleição. Trata-se de uma espécie de inelegibilidade relativa por meio do qual alguns titulares de cargos políticos ficam impedidos de se reelegerem por mais de duas eleições consecutivas, ou seja, é permitida apenas uma reeleição:

> ***Art. 14*** *[...]*
>
> *§ 5º O Presidente da República, os Governadores de Estado e do Distrito Federal, os Prefeitos e quem os houver sucedido, ou substituído no curso dos mandatos poderão ser reeleitos para um único período subsequente.*

O primeiro ponto interessante desse parágrafo está na restrição que só ocorre para os membros do Poder Executivo (presidente, governador e prefeito). Logo, um membro do Poder Legislativo poderá se reeleger quantas vezes ele quiser, enquanto o membro do Poder Executivo só poderá se reeleger uma única vez. Ressalte-se que o impedimento se aplica também a quem suceder ou substituir o titular dos cargos supracitados.

Mais uma regra de inelegibilidade relativa encontra-se no § 6º:

> ***Art. 14*** *[...]*
>
> *§ 6º Para concorrerem a outros cargos, o Presidente da República, os Governadores de Estado e do Distrito Federal e os Prefeitos devem renunciar aos respectivos mandatos até seis meses antes do pleito.*

Estamos diante da chamada regra de **desincompatibilização**. Da mesma forma que o dispositivo anterior só se aplica aos membros do Poder Executivo, e essa norma exige que os representantes desse Poder, para que possam concorrer a outro cargo, devem renunciar os respectivos mandatos até seis meses antes do pleito.

Ainda há a chamada inelegibilidade reflexa, ou em razão do parentesco. Essa hipótese gera um impedimento, não ao titular do cargo político, mas aos seus parentes até segundo grau. Também se aplica apenas aos membros do Poder Executivo:

> ***Art. 14*** *[...]*
>
> *§ 7º São inelegíveis, no território de jurisdição do titular, o cônjuge e os parentes consanguíneos ou afins, até o segundo grau ou por adoção, do Presidente da República, de Governador de Estado ou Território, do Distrito Federal, de Prefeito ou de quem os haja substituído dentro dos seis meses anteriores ao pleito, salvo se já titular de mandato eletivo e candidato à reeleição.*

O impedimento gerado está relacionado ao território de jurisdição do titular da seguinte forma:

- O prefeito gera inelegibilidade aos cargos de Prefeito e vereador do mesmo município;
- O governador gera inelegibilidade aos cargos de prefeito, vereador, deputado estadual, deputado federal, senador da República e governador do mesmo Estado Federativo;
- O Presidente gera inelegibilidade a todos os cargos eletivos do país.

São parentes de 1º grau: pai, mãe, filho, sogro. São parentes de 2º grau: avô, irmão, neto, cunhado.

O STF editou a Súmula Vinculante nº 18, que diz:

> ***Súmula Vinculante nº 18*** *A dissolução da sociedade ou do vínculo conjugal, no curso do mandato, não afasta a inelegibilidade prevista no § 7º do art. 14 da Constituição Federal.*

Lei complementar pode estabelecer novas hipóteses de inelegibilidade relativa. É o que dispõe o § 9º do art. 14:

> ***Art. 14*** *[...]*
>
> *§ 9º Lei complementar estabelecerá outros casos de inelegibilidade e os prazos de sua cessação, a fim de proteger a probidade administrativa, a moralidade para exercício de mandato considerada vida pregressa do candidato, e a normalidade e legitimidade das eleições contra a influência do poder econômico ou o abuso do exercício de função, cargo ou emprego na administração direta ou indireta.*

Com base no texto, é possível concluir que o rol de inelegibilidades relativas previstas na Constituição Federal de 1988 é meramente exemplificativo. Há ainda a Lei Complementar nº 64/1990 que traz várias hipóteses de inelegibilidade.

8.1.3 Condições para eleição do militar

O militar pode se candidatar a cargo político eletivo desde que observadas as regras estabelecidas no § 8º do art. 14:

> ***Art. 14*** *[...]*
>
> *§ 8º O militar alistável é elegível, atendidas as seguintes condições:*
>
> *I – se contar menos de dez anos de serviço, deverá afastar-se da atividade;*
>
> *II – se contar mais de dez anos de serviço, será agregado pela autoridade superior e, se eleito, passará automaticamente, no ato da diplomação, para a inatividade.*

Primeiramente, deve-se ressaltar que a Constituição veda a filiação partidária aos militares:

> ***Art. 142*** *[...]*
>
> *§ 3º [...]*
>
> *V – O militar, enquanto em serviço ativo, não pode estar filiado a partidos políticos.*

Recordando as condições de elegibilidade, tem-se que é necessária a filiação partidária para ser elegível, contudo, no caso do militar, o TSE tem entendido que o registro da candidatura supre a falta de prévia filiação partidária.

Um segundo ponto interessante decorre da própria interpretação do § 8º, que prevê duas regras para eleição dos militares em razão do tempo de serviço:

- **Militar com menos de dez anos:** deve se afastar da atividade;
- **Militar com mais de dez anos:** deve ficar agregado pela autoridade superior e se eleito, passado para inatividade.

Esse prazo de dez anos escolhido pela Constituição decorre da garantia de estabilidade para os militares.

8.1.4 Impugnação de mandato eletivo

Estes parágrafos dispensam explicação e, quando aparecem em prova, costumam cobrar o próprio texto constitucional. Deve-se ter cuidado com o prazo de 15 dias para impugnação:

> ***Art. 14*** *[...]*
>
> ***§ 10*** *O mandato eletivo poderá ser impugnado ante a Justiça Eleitoral no prazo de quinze dias contados da diplomação, instruída a ação com provas de abuso do poder econômico, corrupção ou fraude.*
>
> ***§ 11*** *A ação de impugnação de mandato tramitará em segredo de justiça, respondendo o autor, na forma da lei, se temerária ou de manifesta má-fé.*

8.1.5 Cassação, suspensão e perda dos direitos políticos

Uma coisa é certa: não existe cassação de direitos políticos no Brasil. Isso não pode ser esquecido, pois sempre é cobrado em prova. Apesar dessa norma protetiva, são permitidas a perda e a suspensão desses direitos, conforme disposto no art. 15 da Constituição:

> ***Art. 15*** *É vedada a cassação de direitos políticos, cuja perda ou suspensão só se dará nos casos de:*
>
> *I – Cancelamento da naturalização por sentença transitada em julgado;*
>
> *II – Incapacidade civil absoluta;*
>
> *III – Condenação criminal transitada em julgado, enquanto durarem seus efeitos;*
>
> *IV – Recusa de cumprir obrigação a todos imposta ou prestação alternativa, nos termos do art. 5º, VIII;*
>
> *V – Improbidade administrativa, nos termos do art. 37, § 4º.*

Observe-se que o texto constitucional não esclareceu muito bem quais são as hipóteses de perda ou suspensão, trabalho esse que ficou a cargo da doutrina fazer. Seguem abaixo as hipóteses de perda ou suspensão:

- **Cancelamento da naturalização por sentença transitada em julgado:** trata-se de perda dos direitos políticos. Ora, se o indivíduo teve cancelado seu vínculo com o Estado Brasileiro, não há sentido em lhe garantir os direitos políticos.
- **Incapacidade civil absoluta:** apesar de ser absoluta, essa incapacidade civil pode cessar dependendo da situação. Logo, é hipótese de suspensão dos direitos políticos.
- **Condenação criminal transitada em julgado, enquanto durarem seus efeitos:** condenação criminal é suspensão, pois dura enquanto durar a pena. Deve-se ter cuidado com essa questão em prova. O efeito da suspensão sobre os direitos políticos independe do tipo de pena aplicada ao cidadão.
- **Recusa de cumprir obrigação a todos imposta ou prestação alternativa, nos termos do art. 5º, inciso VIII:** essa é a famosa hipótese da escusa de consciência. Em relação a esse tema, existe divergência na doutrina. Parte da doutrina Constitucional entende que é hipótese de perda, outra parte da doutrina, principalmente eleitoral, entende que seja hipótese de suspensão.
- **Improbidade administrativa, nos termos do art. 37, § 4º, CF/1988/1988:** essa é mais uma hipótese de suspensão dos direitos políticos.

8.1.6 Princípio da anterioridade eleitoral

Este princípio exige o prazo de um ano para aplicação de lei que altere processo eleitoral. Isso visa a evitar que os candidatos sejam pegos de surpresa com as regras eleitorais. O art. 16 da Constituição Federal de 1988 diz:

> ***Art. 16*** *A lei que alterar o processo eleitoral entrará em vigor na data de sua publicação, não se aplicando à eleição que ocorra até um ano da data de sua vigência.*

8.2 Partidos políticos

8.2.1 Natureza jurídica dos partidos políticos

Os partidos políticos, segundo previsão expressa da Constituição Federal de 1988, possuem natureza jurídica de direito privado. Segundo o disposto no art. 17, § 2º:

> *§ 2º Os partidos políticos, após adquirirem personalidade jurídica, na forma da lei civil, registrarão seus estatutos no Tribunal Superior Eleitoral.*

Quando a Constituição determina que os partidos devem adquirir sua personalidade jurídica na forma da lei civil, praticamente, afirma que é uma pessoa jurídica de direito privado apesar de ser exigido seu registro no TSE.

8.2.2 Direitos dos partidos

Os partidos possuem vários direitos previstos expressamente na Constituição Federal de 1988, dentre os quais destacam-se:

- **Recursos do fundo partidário;**
- **Acesso gratuito ao rádio e à televisão (Lei nº 9.096/1995).**

8.2.3 Limitações aos partidos

Apesar da liberdade estampada no *caput* do art. 17 da CF/1988/1988, é possível perceber que a criação dos partidos políticos possui algumas limitações:

> ***Art. 17*** *É livre a criação, fusão, incorporação e extinção de partidos políticos, resguardados a soberania nacional, o regime democrático, o pluripartidarismo, os direitos fundamentais da pessoa humana e observados os seguintes preceitos:*
>
> *I – Caráter nacional;*
>
> *II – Proibição de recebimento de recursos financeiros de entidade ou governo estrangeiros ou de subordinação a estes;*
>
> *III – Prestação de contas à Justiça Eleitoral;*
>
> *IV – Funcionamento parlamentar de acordo com a lei. [...]*
>
> *§ 4º É vedada a utilização pelos partidos políticos de organização paramilitar.*

8.2.4 Verticalização

Antes da Emenda Constitucional nº 52/2006, era utilizada a chamada Verticalização, que significava a necessidade de vinculação das candidaturas do nível nacional, estadual, distrital ou municipal. Vejamos como está escrito agora:

> *§ 1º É assegurada aos partidos políticos autonomia para definir sua estrutura interna e estabelecer regras sobre escolha, formação e duração de seus órgãos permanentes e provisórios e sobre sua organização e funcionamento e para adotar os critérios de escolha e o regime de suas coligações nas eleições majoritárias, vedada a sua celebração nas eleições proporcionais, sem obrigatoriedade de vinculação entre as candidaturas em âmbito nacional, estadual, distrital ou municipal, devendo seus estatutos estabelecer normas de disciplina e fidelidade partidária.*

Significa dizer que não é mais preciso haver vinculação das candidaturas nos diversos níveis federativos (União, Estados, Distrito Federal e Municípios).

9 ORGANIZAÇÃO POLÍTICO-ADMINISTRATIVA

Para que se possa compreender a organização político-administrativa do Estado brasileiro, faz-se necessário, primeiramente, entender como se deu essa formação. Para isso, será abordado o princípio federativo.

9.1 Princípio federativo: entes federativos

A forma de Estado adotada no Brasil é a federativa. Quando se afirma que o nosso Estado é uma Federação, quer-se dizer como se dá o exercício do poder político em função do território. Em um Estado Federal, existe pluralidade de poderes políticos internos, os quais se organizam de forma descentralizada. No Brasil, são quatro poderes políticos, também chamados de entes federativos:

- **União;**
- **Estados;**
- **Distrito Federal;**
- **Municípios.**

Essa organização é baseada na autonomia política de cada ente federativo. Deve-se estar atento a esse tema em prova, pois as bancas gostam de trocar autonomia por soberania. Cada ente possui sua própria autonomia, enquanto o Estado Federal possui a soberania. A autonomia de cada ente federativo se dá no âmbito político, financeiro, orçamentário, administrativo e em qualquer outra área permitida pela Constituição Federal:

> ***Art. 18*** *A organização político-administrativa da República Federativa do Brasil compreende a União, os Estados, o Distrito Federal e os Municípios, todos autônomos, nos termos desta Constituição.*

Deve-se destacar, inclusive, que o pacto federativo sobrevive em torno da Constituição Federal, que impede sua dissolução sob pena de se decretar Intervenção Federal:

> ***Art. 34*** *A União não intervirá nos Estados nem no Distrito Federal, exceto para:*
>
> *I – Manter a integridade nacional.*

A proibição de secessão, que impede a separação de um ente federativo, também é conhecida como princípio da indissolubilidade.

Outro ponto muito cobrado em prova diz respeito à inexistência de hierarquia entre os entes federativos. O que distingue um ente federativo do outro não é a superioridade, mas a distribuição de competências feita pela própria Constituição Federal de 1988. Não se deve esquecer também que as Unidades da Federação possuem representação junto ao Poder Legislativo da União, mais precisamente, no Senado Federal.

Em razão dessa organização completamente diferenciada, a doutrina classifica a federação brasileira de várias formas:

- **Tricotômica:** federação constituída em três níveis: federal, estadual e municipal. O Distrito Federal não é considerado nessa classificação, haja vista possuir competência híbrida, agindo tanto como um Estado quanto como Município.
- **Centrífuga:** característica que reflete a formação da federação brasileira. É a formação "de dentro para fora". O movimento é de centrifugadora. A força de criação do estado federal brasileiro surgiu a partir de um Estado Unitário para a criação de um estado federado, ou seja, o poder centralizado que se torna descentralizado. O poder político era concentrado nas mãos de um só ente e depois passa a fazer parte de vários entes federativos.
- **Por desagregação:** ocorre quando um Estado Unitário resolve se descentralizar politicamente, desagregando o poder central em favor de vários entes titulares de poder político.

Mais uma característica que não pode ser ignorada em prova: a forma Federativa de Estado é uma **cláusula pétrea**, conforme dispõe o art. 60, § 4º, inciso I:

> ***Art. 60*** *[...]*
>
> *§ 4º Não será objeto de deliberação a proposta de emenda tendente a abolir:*
>
> *I – A forma federativa de Estado.*

Cumpre lembrar de que a capital do Brasil é Brasília. Deve-se ter cuidado: há questão de prova que diz que a capital é o Distrito Federal. O Distrito Federal é um ente federativo, ao passo que Brasília é uma região administrativa dentro do Distrito Federal:

> ***Art. 18*** *[...]*
>
> *§ 1º Brasília é a Capital Federal.*

Outra coisa com a qual se deve ter cuidado diz respeito aos territórios federais:

> ***Art. 18*** *[...]*
>
> *§ 2º Os Territórios Federais integram a União, e sua criação, transformação em Estado ou reintegração ao Estado de origem serão reguladas em lei complementar.*

Esses não são entes federativos, pois não possuem autonomia política. São pessoas jurídicas de direito público que possuem apenas capacidade administrativa. Sua natureza jurídica é de autarquia federal e só podem ser criados por lei federal. Para sua criação se faz necessária a aprovação das populações diretamente envolvidas, por meio de plebiscito, parecer da Assembleia Legislativa e lei complementar federal. Os territórios são administrados por governadores escolhidos pelo Presidente da República e podem ser divididos em municípios. Cada território elegerá quatro deputados federais, mas não poderá eleger Senador da República. Seguem abaixo vários dispositivos da Constituição Federal de 1988 que regulamentam os territórios:

> ***Art. 18*** *[...]*
>
> *§ 3º Os Estados podem incorporar-se entre si, subdividir-se ou desmembrar-se para se anexarem a outros, ou formarem novos Estados ou Territórios Federais, mediante aprovação da população diretamente interessada, através de plebiscito, e do Congresso Nacional, por lei complementar.*
>
> ***Art. 45*** *[...]*
>
> *§ 2º Cada Território elegerá quatro Deputados.*
>
> ***Art. 48*** *Cabe ao Congresso Nacional, com a sanção do Presidente da República, não exigida esta para o especificado nos Arts. 49, 51 e 52, dispor sobre todas as matérias de competência da União, especialmente sobre:[...]*
>
> *VI – Incorporação, subdivisão ou desmembramento de áreas de Territórios ou Estados, ouvidas as respectivas Assembleias Legislativas.*
>
> ***Art. 84*** *Compete privativamente ao Presidente da República: [...]*
>
> *XIV – Nomear, após aprovação pelo Senado Federal, os Ministros do Supremo Tribunal Federal e dos Tribunais Superiores, os Governadores de Territórios, o Procurador-geral da República, o presidente e os diretores do banco central e outros servidores, quando determinado em lei.*

A Constituição Federal autoriza a divisão dos Territórios em Municípios. Os Territórios com mais de 100.000 habitantes possuirão Poder Judiciário próprio, bem como membros do Ministério Público e Defensores Públicos Federais. Poderão ainda eleger membros para Câmara Territorial:

> ***Art. 33*** *[...]*
>
> *§ 1º Os Territórios poderão ser divididos em Municípios, aos quais se aplicará, no que couber, o disposto no Capítulo IV deste Título. [...]*
>
> *§ 3º Nos Territórios Federais com mais de cem mil habitantes, além do Governador nomeado na forma desta Constituição, haverá órgãos judiciários de primeira e segunda instância, membros do Ministério Público e defensores públicos federais; a lei disporá sobre as eleições para a Câmara Territorial e sua competência deliberativa.*

DCON

9.1.1 Vedações constitucionais

A Constituição Federal de 1988 fez questão de estabelecer algumas vedações expressas aos entes federativos, as quais estão previstas no art. 19:

> ***Art. 19** É vedado à União, aos Estados, ao Distrito Federal e aos Municípios:*
>
> *I – Estabelecer cultos religiosos ou igrejas, subvencioná-los, embaraçar-lhes o funcionamento ou manter com eles ou seus representantes relações de dependência ou aliança, ressalvada, na forma da lei, a colaboração de interesse público;*
>
> *II – Recusar fé aos documentos públicos;*
>
> *III – Criar distinções entre brasileiros ou preferências entre si.*

A primeira vedação decorre da laicidade do Estado brasileiro, ou seja, não possuímos religião oficial no Brasil, em razão da situação de separação entre Estado e Igreja. A segunda vedação decorre da presunção de veracidade dos documentos públicos. E, por último, contemplando o princípio da isonomia, o qual será tratado em momento oportuno, fica vedado estabelecer distinções entre brasileiros ou preferências entre si. Atente-se a esta questão.

9.1.2 Características dos entes federativos

- **União**

Muitos sentem dificuldade em visualizar a União, tendo em vista ser um ente meio abstrato. O que se precisa saber é que a União é uma pessoa jurídica de direito público interno ao mesmo tempo em que é pessoa jurídica de direito público externo. É o Poder Central responsável por assuntos de interesse geral do Estado e que representa os demais entes federativos. Apesar de não possuir o atributo de soberania, a União exerce essa soberania em nome do Estado Federal. É só pensar na representação internacional do Estado. Quem celebra tratados internacionais? É o chefe do executivo da União, o Presidente da República.

Um dos temas mais cobrados em prova são os Bens da União. Os bens da União estão previstos no art. 20 da Constituição Federal:

> ***Art. 20** São bens da União:*
>
> *I – Os que atualmente lhe pertencem e os que lhe vierem a ser atribuídos;*
>
> *II – As terras devolutas indispensáveis à defesa das fronteiras, das fortificações e construções militares, das vias federais de comunicação e à preservação ambiental, definidas em lei;*
>
> *III – Os lagos, rios e quaisquer correntes de água em terrenos de seu domínio, ou que banhem mais de um Estado, sirvam de limites com outros países, ou se estendam a território estrangeiro ou dele provenham, bem como os terrenos marginais e as praias fluviais;*
>
> *IV – As ilhas fluviais e lacustres nas zonas limítrofes com outros países; as praias marítimas; as ilhas oceânicas e as costeiras, excluídas, destas, as que contenham a sede de Municípios, exceto aquelas áreas afetadas ao serviço público e a unidade ambiental federal, e as referidas no art. 26, II;*
>
> *V – Os recursos naturais da plataforma continental e da zona econômica exclusiva;*
>
> *VI – O mar territorial;*
>
> *VII – Os terrenos de marinha e seus acrescidos;*
>
> *VIII – os potenciais de energia hidráulica;*
>
> *IX – Os recursos minerais, inclusive os do subsolo;*
>
> *X – As cavidades naturais subterrâneas e os sítios arqueológicos e pré-históricos;*
>
> *XI – As terras tradicionalmente ocupadas pelos índios.*
>
> *§ 1º É assegurada, nos termos da lei, à União, aos Estados, ao Distrito Federal e aos Municípios a participação no resultado da exploração de petróleo ou gás natural, de recursos hídricos para fins de geração de energia elétrica e de outros recursos minerais no respectivo território, plataforma continental, mar territorial ou zona econômica exclusiva, ou compensação financeira por essa exploração. (Redação dada pela Emenda Constitucional nº 102/2019)*
>
> *§ 2º A faixa de até cento e cinquenta quilômetros de largura, ao longo das fronteiras terrestres, designada como faixa de fronteira, é considerada fundamental para defesa do território nacional, e sua ocupação e utilização serão reguladas em lei.*

Esse artigo, quando cobrado em prova, costuma ser trabalhado apenas com o texto literal da Constituição. A dica de estudo é a memorização dos bens que são considerados da União. Contudo, alguns bens necessitam de uma explicação maior para que sejam compreendidos.

- **Terras devolutas**

O inciso II fala das chamadas terras devolutas, mas o que significa terras devolutas? São terras que estão sob o domínio da União sem qualquer destinação, nem pública nem privada. Serão da União apenas as terras devolutas indispensáveis à defesa das fronteiras, das fortificações e construções militares, das vias federais de comunicação e à preservação ambiental, conforme definição em lei. As demais terras devolutas serão de propriedade dos Estados Membros nos termos do art. 26, incisos IV:

> ***Art. 26** Incluem-se entre os bens dos Estados: [...]*
>
> *IV – As terras devolutas não compreendidas entre as da União.*

- **Mar Territorial, Plataforma Continental e Zona Econômica Exclusiva (ZEE)**

Os incisos IV e V apresentam três bens que são muito interessantes e que se confundem nas cabeças dos alunos: mar territorial, plataforma continental e Zona Econômica Exclusiva. A Lei nº 8.617/1993 esclarece as diferenças entre esses institutos.

O mar territorial é formado por uma faixa de água marítima ao longo da costa brasileira, com uma dimensão de 12 milhas marítimas, contadas a partir da linha base. A plataforma continental é o prolongamento natural do território terrestre, compreendidos o leito e o subsolo do mar até a distância de 200 milhas marítimas ou até o bordo exterior da margem continental.

A ZEE é a extensão situada além do mar territorial até o limite das 200 milhas marítimas.

Acerca desse tema sempre há confusão. O mar territorial é extensão do território nacional sobre qual o Estado exerce sua soberania. Já a plataforma continental e a zona econômica exclusiva são águas internacionais onde o direito à soberania do Estado se limita à exploração e ao aproveitamento, à conservação e a gestão dos recursos naturais, vivos ou não vivos, das águas sobrejacentes ao leito do mar, do leito do mar e seu subsolo, e no que se refere a outras atividades com vistas à exploração e ao aproveitamento da zona para fins econômicos.

- **Estados**

Os estados são pessoas jurídicas de direito público interno, entes federativos detentores de autonomia própria. Essa autonomia se percebe pela sua capacidade de auto-organização, autogoverno, autoadministração. Destaca-se, ainda, o seu poder de criação da própria Constituição Estadual, bem como das demais normas de sua competência:

> ***Art. 25** Os Estados organizam-se e regem-se pelas Constituições e leis que adotarem, observados os princípios desta Constituição.*

Percebe-se, ainda, o seu autogoverno à medida que cada Estado organiza seus próprios Poderes: Poder Legislativo (Assembleia Legislativa), Poder Executivo (Governador) e Poder Judiciário (Tribunal de Justiça). Destacam-se também suas autonomias administrativa, tributária e financeira.

Segundo o art. 18, § 3º, da Constituição Federal de 1988:

> ***Art. 18** [...]*
>
> *§ 3º Os Estados podem incorporar-se entre si, subdividir-se ou desmembrar-se para se anexarem a outros, ou formarem novos Estados ou Territórios Federais, mediante aprovação da população diretamente interessada, através de plebiscito, e do Congresso Nacional, por lei complementar.*

O que se precisa lembrar para a prova é que, para se criar outro Estado, faz-se necessária a aprovação da população diretamente interessada por meio de plebiscito e que essa criação depende de lei complementar federal. A Constituição Federal de 1988 prevê ainda a oitiva das Assembleias Legislativas envolvidas na modificação:

> ***Art. 48** Cabe ao Congresso Nacional, com a sanção do Presidente da República, não exigida esta para o especificado nos Arts. 49, 51 e 52, dispor sobre todas as matérias de competência da União, especialmente sobre: [...]*
>
> *IV – Incorporação, subdivisão ou desmembramento de áreas de Territórios ou Estados, ouvidas as respectivas Assembleias Legislativas.*

Em razão de sua autonomia, a Constituição Federal de 1988 apresentou um rol de bens que pertencem aos Estados:

> ***Art. 26** Incluem-se entre os bens dos Estados:*
>
> *I – As águas superficiais ou subterrâneas, fluentes, emergentes e em depósito, ressalvadas, neste caso, na forma da lei, as decorrentes de obras da União;*
>
> *II – As áreas, nas ilhas oceânicas e costeiras, que estiverem no seu domínio, excluídas aquelas sob domínio da União, Municípios ou terceiros;*
>
> *III – As ilhas fluviais e lacustres não pertencentes à União;*
>
> *IV – As terras devolutas não compreendidas entre as da União.*

Algumas regras em relação à Organização dos Poderes Legislativo e Executivo no âmbito dos Estados também aparecem na Constituição Federal de 1988. Quando cobradas em prova, a leitura e memorização dos artigos abaixo se tornam essenciais:

> ***Art. 27** O número de Deputados à Assembleia Legislativa corresponderá ao triplo da representação do Estado na Câmara dos Deputados e, atingido o número de trinta e seis, será acrescido de tantos quantos forem os Deputados Federais acima de doze.*
>
> *§ 1º Será de quatro anos o mandato dos Deputados Estaduais, aplicando-se-lhes as regras desta Constituição sobre sistema eleitoral, inviolabilidade, imunidades, remuneração, perda de mandato, licença, impedimentos e incorporação às Forças Armadas.*
>
> *§ 2º O subsídio dos Deputados Estaduais será fixado por lei de iniciativa da Assembleia Legislativa, na razão de, no máximo, setenta e cinco por cento daquele estabelecido, em espécie, para os Deputados Federais, observado o que dispõem os Arts. 39, § 4º, 57, § 7º, 150, II, 153, III, e 153, § 2º, I.*
>
> *§ 3º Compete às Assembleias Legislativas dispor sobre seu regimento interno, polícia e serviços administrativos de sua secretaria, e prover os respectivos cargos.*
>
> *§ 4º A lei disporá sobre a iniciativa popular no processo legislativo estadual.*
>
> ***Art. 28** A eleição do Governador e do Vice-Governador de Estado, para mandato de quatro anos, realizar-se-á no primeiro domingo de outubro, em primeiro turno, e no último domingo de outubro, em segundo turno, se houver, do ano anterior ao do término do mandato de seus antecessores, e a posse ocorrerá em primeiro de janeiro do ano subsequente, observado, quanto ao mais, o disposto no art. 77.*
>
> *§ 1º Perderá o mandato o Governador que assumir outro cargo ou função na Administração Pública direta ou indireta, ressalvada a posse em virtude de concurso público e observado o disposto no art. 38, I, IV e V.*
>
> *§ 2º Os subsídios do Governador, do Vice-Governador e dos Secretários de Estado serão fixados por lei de iniciativa da Assembleia Legislativa, observado o que dispõem os Arts. 37, XI, 39, § 4º, 150, II, 153, III, e 153, § 2º, I.*

- **Municípios**

Os municípios são elencados pela Constituição Federal de 1988 como entes federativos dotados de autonomia, a qual se percebe pela sua capacidade de auto-organização, autogoverno e autoadministração. São regidos por lei orgânica e possui Executivo e Legislativo próprio, os quais são representados, respectivamente, pela Prefeitura e pela Câmara Municipal e que são regulamentados pelos arts. 29 e 29-A da Constituição Federal de 1988. O examinador pode explorar, em prova de concurso público, questões que requeiram a memorização desses artigos. Para entender por que ele faria isso, recomenda-se a leitura:

> ***Art. 29** O Município reger-se-á por lei orgânica, votada em dois turnos, com o interstício mínimo de dez dias, e aprovada por dois terços dos membros da Câmara Municipal, que a promulgará, atendidos os princípios estabelecidos nesta Constituição, na Constituição do respectivo Estado e os seguintes preceitos:*
>
> *I – Eleição do Prefeito, do Vice-Prefeito e dos Vereadores, para mandato de quatro anos, mediante pleito direto e simultâneo realizado em todo o País;*
>
> *II – Eleição do Prefeito e do Vice-Prefeito realizada no primeiro domingo de outubro do ano anterior ao término do mandato dos que devam suceder, aplicadas as regras do art. 77, no caso de Municípios com mais de duzentos mil eleitores;*
>
> *III – Posse do Prefeito e do Vice-Prefeito no dia 1º de janeiro do ano subsequente ao da eleição;*
>
> *IV – Para a composição das Câmaras Municipais, será observado o limite máximo de:*
>
> *a) 9 (nove) Vereadores, nos Municípios de até 15.000 (quinze mil) habitantes;*
>
> *b) 11 (onze) Vereadores, nos Municípios de mais de 15.000 (quinze mil) habitantes e de até 30.000 (trinta mil) habitantes;*
>
> *c) 13 (treze) Vereadores, nos Municípios com mais de 30.000 (trinta mil) habitantes e de até 50.000 (cinquenta mil) habitantes;*
>
> *d) 15 (quinze) Vereadores, nos Municípios de mais de 50.000 (cinquenta mil) habitantes e de até 80.000 (oitenta mil) habitantes;*
>
> *e) 17 (dezessete) Vereadores, nos Municípios de mais de 80.000 (oitenta mil) habitantes e de até 120.000 (cento e vinte mil) habitantes;*
>
> *f) 19 (dezenove) Vereadores, nos Municípios de mais de 120.000 (cento e vinte mil) habitantes e de até 160.000 (cento sessenta mil) habitantes;*
>
> *g) 21 (vinte e um) Vereadores, nos Municípios de mais de 160.000 (cento e sessenta mil) habitantes e de até 300.000 (trezentos mil) habitantes;*
>
> *h) 23 (vinte e três) Vereadores, nos Municípios de mais de 300.000 (trezentos mil) habitantes e de até 450.000 (quatrocentos e cinquenta mil) habitantes;*
>
> *i) 25 (vinte e cinco) Vereadores, nos Municípios de mais de 450.000 (quatrocentos e cinquenta mil) habitantes e de até 600.000 (seiscentos mil) habitantes;*
>
> *j) 27 (vinte e sete) Vereadores, nos Municípios de mais de 600.000 (seiscentos mil) habitantes e de até 750.000 (setecentos cinquenta mil) habitantes;*
>
> *k) 29 (vinte e nove) Vereadores, nos Municípios de mais de 750.000 (setecentos e cinquenta mil) habitantes e de até 900.000 (novecentos mil) habitantes;*
>
> *l) 31 (trinta e um) Vereadores, nos Municípios de mais de 900.000 (novecentos mil) habitantes e de até 1.050.000 (um milhão e cinquenta mil) habitantes;*
>
> *m) 33 (trinta e três) Vereadores, nos Municípios de mais de 1.050.000 (um milhão e cinquenta mil) habitantes e de até 1.200.000 (um milhão e duzentos mil) habitantes;*
>
> *n) 35 (trinta e cinco) Vereadores, nos Municípios de mais de 1.200.000 (um milhão e duzentos mil) habitantes e de até 1.350.000 (um milhão e trezentos e cinquenta mil) habitantes;*

o) 37 (trinta e sete) Vereadores, nos Municípios de 1.350.000 (um milhão e trezentos e cinquenta mil) habitantes e de até 1.500.000 (um milhão e quinhentos mil) habitantes;

p) 39 (trinta e nove) Vereadores, nos Municípios de mais de 1.500.000 (um milhão e quinhentos mil) habitantes e de até 1.800.000 (um milhão e oitocentos mil) habitantes;

q) 41 (quarenta e um) Vereadores, nos Municípios de mais de 1.800.000 (um milhão e oitocentos mil) habitantes e de até 2.400.000 (dois milhões e quatrocentos mil) habitantes;

r) 43 (quarenta e três) Vereadores, nos Municípios de mais de 2.400.000 (dois milhões e quatrocentos mil) habitantes e de até 3.000.000 (três milhões) de habitantes;

s) 45 (quarenta e cinco) Vereadores, nos Municípios de mais de 3.000.000 (três milhões) de habitantes e de até 4.000.000 (quatro milhões) de habitantes;

t) 47 (quarenta e sete) Vereadores, nos Municípios de mais de 4.000.000 (quatro milhões) de habitantes e de até 5.000.000 (cinco milhões) de habitantes;

u) 49 (quarenta e nove) Vereadores, nos Municípios de mais de 5.000.000 (cinco milhões) de habitantes e de até 6.000.000 (seis milhões) de habitantes;

v) 51 (cinquenta e um) Vereadores, nos Municípios de mais de 6.000.000 (seis milhões) de habitantes e de até 7.000.000 (sete milhões) de habitantes;

w) 53 (cinquenta e três) Vereadores, nos Municípios de mais de 7.000.000 (sete milhões) de habitantes e de até 8.000.000 (oito milhões) de habitantes; e

x) 55 (cinquenta e cinco) Vereadores, nos Municípios de mais de 8.000.000 (oito milhões) de habitantes;

V – Subsídios do Prefeito, do Vice-Prefeito e dos Secretários Municipais fixados por lei de iniciativa da Câmara Municipal, observado o que dispõem os Arts. 37, XI, 39, § 4º, 150, II, 153, III, e 153, § 2º, I;

VI – O subsídio dos Vereadores será fixado pelas respectivas Câmaras Municipais em cada legislatura para a subsequente, observado o que dispõe esta Constituição, observados os critérios estabelecidos na respectiva Lei Orgânica e os seguintes limites máximos:

a) em Municípios de até dez mil habitantes, o subsídio máximo dos Vereadores corresponderá a vinte por cento do subsídio dos Deputados Estaduais;

b) em Municípios de dez mil e um a cinquenta mil habitantes, o subsídio máximo dos Vereadores corresponderá a trinta por cento do subsídio dos Deputados Estaduais;

c) em Municípios de cinquenta mil e um a cem mil habitantes, o subsídio máximo dos Vereadores corresponderá a quarenta por cento do subsídio dos Deputados Estaduais;

d) em Municípios de cem mil e um a trezentos mil habitantes, o subsídio máximo dos Vereadores corresponderá a cinquenta por cento do subsídio dos Deputados Estaduais;

e) em Municípios de trezentos mil e um a quinhentos mil habitantes, o subsídio máximo dos Vereadores corresponderá a sessenta por cento do subsídio dos Deputados Estaduais;

f) em Municípios de mais de quinhentos mil habitantes, o subsídio máximo dos Vereadores corresponderá a setenta e cinco por cento do subsídio dos Deputados Estaduais;

VII – O total da despesa com a remuneração dos Vereadores não poderá ultrapassar o montante de cinco por cento da receita do Município;

VIII – Inviolabilidade dos Vereadores por suas opiniões, palavras e votos no exercício do mandato e na circunscrição do Município;

IX – Proibições e incompatibilidades, no exercício da vereança, similares, no que couber, ao disposto nesta Constituição para os membros do Congresso Nacional e na Constituição do respectivo Estado para os membros da Assembleia Legislativa;

X – Julgamento do Prefeito perante o Tribunal de Justiça;

XI – Organização das funções legislativas e fiscalizadoras da Câmara Municipal;

XII – Cooperação das associações representativas no planejamento municipal;

XIII – Iniciativa popular de projetos de lei de interesse específico do Município, da cidade ou de bairros, através de manifestação de, pelo menos, cinco por cento do eleitorado;

XIV – Perda do mandato do Prefeito, nos termos do art. 28, parágrafo único.

Art. 29-A *O total da despesa do Poder Legislativo Municipal, incluídos os subsídios dos Vereadores e excluídos os gastos com inativos, não poderá ultrapassar os seguintes percentuais, relativos ao somatório da receita tributária e das transferências previstas no § 5º do art. 153 e nos arts. 158 e 159, efetivamente realizado no exercício anterior: (Conforme Emenda Constitucional nº 109/2021) [...]*

I – 7% (sete por cento) para Municípios com população de até 100.000 (cem mil) habitantes;

II – 6% (seis por cento) para Municípios com população entre 100.000 (cem mil) e 300.000 (trezentos mil) habitantes;

III – 5% (cinco por cento) para Municípios com população entre 300.001 (trezentos mil e um) e 500.000 (quinhentos mil) habitantes;

IV – 4,5% (quatro inteiros e cinco décimos por cento) para Municípios com população entre 500.001 (quinhentos mil e um) e 3.000.000 (três milhões) de habitantes;

V – 4% (quatro por cento) para Municípios com população entre 3.000.001 (três milhões e um) e 8.000.000 (oito milhões) de habitantes;

VI – 3,5% (três inteiros e cinco décimos por cento) para Municípios com população acima de 8.000.001 (oito milhões e um) habitantes.

§ 1º A Câmara Municipal não gastará mais de setenta por cento de sua receita com folha de pagamento, incluído o gasto com o subsídio de seus Vereadores.

§ 2º Constitui crime de responsabilidade do Prefeito Municipal:

I – Efetuar repasse que supere os limites definidos neste artigo;

II – Não enviar o repasse até o dia vinte de cada mês; ou

III – Enviá-lo a menor em relação à proporção fixada na Lei Orçamentária.

§ 3º. Constitui crime de responsabilidade do Presidente da Câmara Municipal o desrespeito ao § 1º deste artigo.

Mesmo sendo dotada de autonomia federativa, sua organização possui algumas limitações impostas pela própria Constituição. Entre essas limitações, deve-se destacar a ausência de Poder Judiciário no âmbito municipal, cuja função jurisdicional é exercida pelos órgãos do Judiciário federal e estadual. É importante lembrar que não existe representante municipal no Congresso Nacional.

A Constituição Federal de 1988 permite que sejam criados novos municípios, conforme as regras estabelecidas no art. 18, § 4º:

> ***Art. 18*** *[...]*
>
> *§ 4º A criação, a incorporação, a fusão e o desmembramento de Municípios, far-se-ão por lei estadual, dentro do período determinado por Lei Complementar Federal, e dependerão de consulta prévia, mediante plebiscito, às populações dos Municípios envolvidos, após divulgação dos Estudos de Viabilidade Municipal, apresentados e publicados na forma da lei.*

Perceba que as regras são um pouco diferentes das necessárias para a criação de Estados. A primeira coisa que deve ser lembrada é que a criação será por lei ordinária estadual, desde que haja autorização emanada de lei complementar federal. As populações diretamente envolvidas na modificação devem ser consultadas por meio de plebiscito. E, por último, não se pode esquecer a exigência de Estudo de Viabilidade Municipal. Para prova, memorize essas condições.

Um fato curioso é que apesar de não existir ainda uma Lei Complementar Federal autorizando o período de criação de Municípios, vários Municípios foram criados na vigência de Constituição Federal, o que obrigou o Congresso Nacional a aprovar a Emenda Constitucional nº

57/2008, que acrescentou o art. 96 ao Ato das Disposições Constitucionais Transitórias (ADCT), convalidando a criação dos Municípios até 31 de dezembro de 2006:

> ***Art. 96*** *Ficam convalidados os atos de criação, fusão, incorporação e desmembramento de Municípios, cuja lei tenha sido publicada até 31 de dezembro de 2006, atendidos os requisitos estabelecidos na legislação do respectivo Estado à época de sua criação.*

- **Distrito Federal**

Se questionarem se o Distrito Federal é um Estado ou é um Município, a resposta será: "O Distrito Federal não é Estado nem Município, é Distrito Federal."

A Constituição Federal afirma que o Distrito Federal é ente federativo assim como a União, os Estados e os Municípios. Esse ente federativo é conhecido pela sua autonomia e por sua competência híbrida. Quando se fala em competência híbrida, quer-se dizer que o DF pode exercer competências tanto de Estado quanto de Município:

> ***Art. 32*** *[...]*
>
> *§ 1º Ao Distrito Federal são atribuídas as competências legislativas reservadas aos Estados e Municípios.*

Caracteriza a sua autonomia o fato de poder criar a sua própria lei orgânica, bem como a existência do Poder Executivo (governador), Legislativo (Câmara Legislativa) e Judiciário (Tribunal de Justiça do Distrito Federal e Territórios):

> ***Art. 32*** *O Distrito Federal, vedada sua divisão em Municípios, reger-se-á por lei orgânica, votada em dois turnos com interstício mínimo de dez dias, e aprovada por dois terços da Câmara Legislativa, que a promulgará, atendidos os princípios estabelecidos nesta Constituição.*
>
> *§ 2º A eleição do Governador e do Vice-Governador, observadas as regras do art. 77, e dos Deputados Distritais coincidirá com a dos Governadores e Deputados Estaduais, para mandato de igual duração.*
>
> *§ 3º Aos Deputados Distritais e à Câmara Legislativa aplica-se o disposto no art. 27.*

Como se pode depreender da leitura do artigo, a autonomia do DF possui algumas limitações, por exemplo, a vedação da sua divisão em Municípios. Nesse mesmo sentido, deve-se lembrar que o Distrito Federal não possui competência para organizar e manter as Polícias Civil e Militar, o Corpo de Bombeiros Militar, o Poder Judiciário, o Ministério Público e a Defensoria Pública. Nesses casos, a competência foi conferida à União:

> ***Art. 32*** *[...]*
>
> *§ 4º Lei federal disporá sobre a utilização, pelo Governo do Distrito Federal, da polícia civil, da polícia penal, da polícia militar e do corpo de bombeiros militar. (Redação dada pela Emenda Constitucional nº 104/2019)*
>
> ***Art. 21*** *Compete à União:[...]*
>
> *XIII – organizar e manter o Poder Judiciário, o Ministério Público do Distrito Federal e dos Territórios e a Defensoria Pública dos Territórios;*
>
> *XIV – organizar e manter a polícia civil, a polícia penal, a polícia militar e o corpo de bombeiros militar do Distrito Federal, bem como prestar assistência financeira ao Distrito Federal para a execução de serviços públicos, por meio de fundo próprio; (Redação dada pela Emenda Constitucional nº 104/2019)*

Por fim, é importante lembrar que o Distrito Federal não se confunde com Brasília. Isso é facilmente percebido pela leitura do art. 18:

> ***Art. 18*** *A organização político-administrativa da República Federativa do Brasil compreende a União, os Estados, o Distrito Federal e os Municípios, todos autônomos, nos termos desta Constituição.*
>
> *§ 1º Brasília é a Capital Federal.*

O Distrito Federal é ente federativo, ao passo que Brasília é a capital federal. Sob a ótica da organização administrativa do DF, pode-se afirmar que Brasília é uma das regiões administrativas do Distrito Federal, haja vista não poder o DF ser dividido em municípios.

9.1.3 Competências dos entes federativos

Como já foi visto, entre os entes federativos não existe hierarquia. Mas o que diferencia um ente federativo do outro? A diferença está na distribuição das competências pela Constituição. Cada ente federativo possui sua parcela de responsabilidades estabelecidas dentro da Constituição Federal de 1988.

Para a fixação dessas competências, a Constituição fez uso do princípio da predominância de interesse. Esse princípio define a abrangência das competências de cada ente com base na predominância de interesse. Para a União, em regra, foram previstas competências de interesse geral, de toda a coletividade. Para os Estados, a Constituição reservou competências de interesse regional. Aos municípios, competências de interesse local. E, por fim, ao Distrito Federal, foram reservadas competências de interesse local e regional, razão pela qual a doutrina chama de competência híbrida.

As competências são classificadas em dois tipos:

- **Competências materiais ou administrativas:** são aquelas que preveem ações a serem desempenhadas pelos entes federativos.
- **Competências legislativas:** estão relacionadas com a capacidade que um ente federativo possui de criar leis, inovar o ordenamento jurídico. Primeiramente, serão analisadas as competências administrativas de todos os entes federativos. De início, será abordada a União.

9.1.4 Competências administrativas

A União possui duas formas de competências materiais: exclusiva e comum. As competências exclusivas estão previstas no art. 21 da Constituição Federal de 1988:

> ***Art. 21*** *Compete à União:*
>
> *I – Manter relações com Estados estrangeiros e participar de organizações internacionais;*
>
> *II – Declarar a guerra e celebrar a paz;*
>
> *III – Assegurar a defesa nacional;*
>
> *IV – Permitir, nos casos previstos em lei complementar, que forças estrangeiras transitem pelo território nacional ou nele permaneçam temporariamente;*
>
> *V – Decretar o estado de sítio, o estado de defesa e a intervenção federal;*
>
> *VI – Autorizar e fiscalizar a produção e o comércio de material bélico;*
>
> *VII – Emitir moeda;*
>
> *VIII – Administrar as reservas cambiais do País e fiscalizar as operações de natureza financeira, especialmente as de crédito, câmbio e capitalização, bem como as de seguros e de previdência privada;*
>
> *IX – Elaborar e executar planos nacionais e regionais de ordenação do território e de desenvolvimento econômico e social;*
>
> *X – Manter o serviço postal e o correio aéreo nacional;*
>
> *XI – Explorar, diretamente ou mediante autorização, concessão ou permissão, os serviços de telecomunicações, nos termos da lei, que disporá sobre a organização dos serviços, a criação de um órgão regulador e outros aspectos institucionais;*
>
> *XII – Explorar, diretamente ou mediante autorização, concessão ou permissão:*
>
> *a) os serviços de radiodifusão sonora, e de sons e imagens;*
>
> *b) os serviços e instalações de energia elétrica e o aproveitamento energético dos cursos de água, em articulação com os Estados onde se situam os potenciais hidroenergéticos;*
>
> *c) a navegação aérea, aeroespacial e a infraestrutura aeroportuária;*

d) os serviços de transporte ferroviário e aquaviário entre portos brasileiros e fronteiras nacionais, ou que transponham os limites de Estado ou Território;

e) os serviços de transporte rodoviário interestadual e internacional de passageiros;

f) os portos marítimos, fluviais e lacustres;

XIII – organizar e manter o Poder Judiciário, o Ministério Público do Distrito Federal e dos Territórios e a Defensoria Pública dos Territórios;

XIV – organizar e manter a polícia civil, a polícia penal, a polícia militar e o corpo de bombeiros militar do Distrito Federal, bem como prestar assistência financeira ao Distrito Federal para a execução de serviços públicos, por meio de fundo próprio; (Redação dada pela Emenda Constitucional nº 104/2019)

XV – Organizar e manter os serviços oficiais de estatística, geografia, geologia e cartografia de âmbito nacional;

XVI – Exercer a classificação, para efeito indicativo, de diversões públicas e de programas de rádio e televisão;

XVII – Conceder anistia;

XVIII – Planejar e promover a defesa permanente contra as calamidades públicas, especialmente as secas e as inundações;

XIX – Instituir sistema nacional de gerenciamento de recursos hídricos e definir critérios de outorga de direitos de seu uso;

XX – Instituir diretrizes para o desenvolvimento urbano, inclusive habitação, saneamento básico e transportes urbanos;

XXI – Estabelecer princípios e diretrizes para o sistema nacional de viação;

XXII – Executar os serviços de polícia marítima, aeroportuária e de fronteiras;

XXIII – Explorar os serviços e instalações nucleares de qualquer natureza e exercer monopólio estatal sobre a pesquisa, a lavra, o enriquecimento e reprocessamento, a industrialização e o comércio de minérios nucleares e seus derivados, atendidos os seguintes princípios e condições:

a) toda atividade nuclear em território nacional somente será admitida para fins pacíficos e mediante aprovação do Congresso Nacional;

b) sob regime de permissão, são autorizadas a comercialização e a utilização de radioisótopos para pesquisa e uso agrícolas e industriais; (Redação dada pela Emenda Constitucional nº 118, de 2022)

c) sob regime de permissão, são autorizadas a produção, a comercialização e a utilização de radioisótopos para pesquisa e uso médicos; (Redação dada pela Emenda Constitucional nº 118, de 2022)

d) a responsabilidade civil por danos nucleares independe da existência de culpa;

XXIV – organizar, manter e executar a inspeção do trabalho;

XXV – estabelecer as áreas e as condições para o exercício da atividade de garimpagem, em forma associativa.

XXVI – organizar e fiscalizar a proteção e o tratamento de dados pessoais, nos termos da lei. (Incluído pela Emenda Constitucional nº 115/2022)

Essas competências são exclusivas, pois a União exclui a possibilidade de outro ente federativo realizá-la. Por isso, diz-se que são indelegáveis. Só a União pode fazer.

A outra competência material da União é a comum. Ela é comum a todos os entes federativos, União, estados, Distrito Federal e municípios. Vejamos o que diz o art. 23 da Constituição Federal de 1988:

> ***Art. 23** É competência comum da União, dos Estados, do Distrito Federal e dos Municípios:*
>
> *I – Zelar pela guarda da Constituição, das leis e das instituições democráticas e conservar o patrimônio público;*
>
> *II – Cuidar da saúde e assistência pública, da proteção e garantia das pessoas portadoras de deficiência;*
>
> *III – Proteger os documentos, as obras e outros bens de valor histórico, artístico e cultural, os monumentos, as paisagens naturais notáveis e os sítios arqueológicos;*
>
> *IV – Impedir a evasão, a destruição e a descaracterização de obras de arte e de outros bens de valor histórico, artístico ou cultural;*
>
> *V – Proporcionar os meios de acesso à cultura, à educação, à ciência, à tecnologia, à pesquisa e à inovação;*
>
> *VI – Proteger o meio ambiente e combater a poluição em qualquer de suas formas;*
>
> *VII – Preservar as florestas, a fauna e a flora;*
>
> *VIII – Fomentar a produção agropecuária e organizar o abastecimento alimentar;*
>
> *IX – Promover programas de construção de moradias e a melhoria das condições habitacionais e de saneamento básico;*
>
> *X – Combater as causas da pobreza e os fatores de marginalização, promovendo a integração social dos setores desfavorecidos;*
>
> *XI – Registrar, acompanhar e fiscalizar as concessões de direitos de pesquisa e exploração de recursos hídricos e minerais em seus territórios;*
>
> *XII – Estabelecer e implantar política de educação para a segurança do trânsito.*
>
> ***Parágrafo único.** Leis complementares fixarão normas para a cooperação entre a União e os Estados, o Distrito Federal e os Municípios, tendo em vista o equilíbrio do desenvolvimento e do bem-estar em âmbito nacional.*

Agora vejamos as competências materiais dos Estados. A primeira de que já se falou, é a competência comum prevista no art. 23, analisada anteriormente.

Os Estados também possuem a chamada competência residual, reservada ou remanescente. Está prevista no art. 25, § 1º, o qual cita que estão reservadas aos Estados as competências que não lhe sejam vedadas pela Constituição. Significa dizer que os Estados poderão fazer tudo aquilo que não for competência da União ou do Município:

> ***Art. 25** [...]*
>
> *§ 1º São reservadas aos Estados as competências que não lhes sejam vedadas por esta Constituição.*

Em relação às competências administrativas dos Municípios, a Constituição previu duas espécies: Comum e Exclusiva. A competência comum está prevista no art. 23 e já foi vista anteriormente. A competência exclusiva está no art. 30, incisos III a IX da Constituição Federal de 1988:

> ***Art. 30** Compete aos Municípios:[...]*
>
> *III – Instituir e arrecadar os tributos de sua competência, bem como aplicar suas rendas, sem prejuízo da obrigatoriedade de prestar contas e publicar balancetes nos prazos fixados em lei;*
>
> *IV – Criar, organizar e suprimir distritos, observada a legislação estadual;*
>
> *V – Organizar e prestar, diretamente ou sob regime de concessão ou permissão, os serviços públicos de interesse local, incluído o de transporte coletivo, que tem caráter essencial;*
>
> *VI – Manter, com a cooperação técnica e financeira da União e do Estado, programas de educação infantil e de ensino fundamental;*
>
> *VII – Prestar, com a cooperação técnica e financeira da União e do Estado, serviços de atendimento à saúde da população;*
>
> *VIII – Promover, no que couber, adequado ordenamento territorial, mediante planejamento e controle do uso, do parcelamento e da ocupação do solo urbano;*
>
> *IX – Promover a proteção do patrimônio histórico-cultural local, observada a legislação e a ação fiscalizadora federal e estadual.*

No âmbito das competências administrativas, temos as competências do Distrito Federal que são chamadas de híbridas. O Distrito Federal pode fazer tudo o que for de competência dos Estados ou dos Municípios.

9.1.5 Competências legislativas

Vejamos agora as competências legislativas de cada ente federativo. Primeiramente, no que diz respeito às competências legislativas da União, elas podem ser privativas ou concorrentes.

As competências privativas da União estão previstas no art. 22 da Constituição Federal de 1988 e possuem como característica principal a possibilidade de delegação mediante Lei Complementar aos Estados:

> ***Art. 22** Compete privativamente à União legislar sobre:*
>
> *I – Direito civil, comercial, penal, processual, eleitoral, agrário, marítimo, aeronáutico, espacial e do trabalho;*
>
> *II – Desapropriação;*
>
> *III – Requisições civis e militares, em caso de iminente perigo e em tempo de guerra;*
>
> *IV – Águas, energia, informática, telecomunicações e radiodifusão;*
>
> *V – Serviço postal;*
>
> *VI – Sistema monetário e de medidas, títulos e garantias dos metais;*
>
> *VII – Política de crédito, câmbio, seguros e transferência de valores;*
>
> *VIII – Comércio exterior e interestadual;*
>
> *IX – Diretrizes da política nacional de transportes;*
>
> *X – Regime dos portos, navegação lacustre, fluvial, marítima, aérea e aeroespacial;*
>
> *XI – Trânsito e transporte;*
>
> *XII – Jazidas, minas, outros recursos minerais e metalurgia;*
>
> *XIII – Nacionalidade, cidadania e naturalização;*
>
> *XIV – Populações indígenas;*
>
> *XV – Emigração e imigração, entrada, extradição e expulsão de estrangeiros;*
>
> *XVI – Organização do sistema nacional de emprego e condições para o exercício de profissões;*
>
> *XVII – Organização judiciária, do Ministério Público do Distrito Federal e dos Territórios e da Defensoria Pública dos Territórios, bem como organização administrativa destes;*
>
> *XVIII – Sistema estatístico, sistema cartográfico e de geologia nacionais;*
>
> *XIX – Sistemas de poupança, captação e garantia da poupança popular;*
>
> *XX – Sistemas de consórcios e sorteios;*
>
> *XXI – normas gerais de organização, efetivos, material bélico, garantias, convocação, mobilização, inatividades e pensões das polícias militares e dos corpos de bombeiros militares; (Redação dada pela Emenda Constitucional nº 103/2019)*
>
> *XXII – Competência da polícia federal e das polícias rodoviária e ferroviária federais;*
>
> *XXIII – Seguridade social;*
>
> *XXIV – Diretrizes e bases da educação nacional;*
>
> *XXV – Registros públicos;*
>
> *XXVI – Atividades nucleares de qualquer natureza;*
>
> *XXVII – Normas gerais de licitação e contratação, em todas as modalidades, para as administrações públicas diretas, autárquicas e fundacionais da União, Estados, Distrito Federal e Municípios, obedecido o disposto no art. 37, XXI, e para as empresas públicas e sociedades de economia mista, nos termos do art. 173, § 1º, III;*
>
> *XXVIII – Defesa territorial, defesa aeroespacial, defesa marítima, defesa civil e mobilização nacional;*
>
> *XXIX – Propaganda comercial.*
>
> *XXX – proteção e tratamento de dados pessoais. (Incluído pela Emenda Constitucional nº 115/2022)*
>
> ***Parágrafo único.** Lei complementar poderá autorizar os Estados a legislar sobre questões específicas das matérias relacionadas neste artigo.*

As competências concorrentes, previstas no art. 24 da Constituição, podem ser exercidas de forma concorrentes pela União, pelos Estados e pelo Distrito Federal. Atenção: Município não possui competência concorrente. Vejamos o que diz o citado artigo:

> ***Art. 24** Compete à União, aos Estados e ao Distrito Federal legislar concorrentemente sobre:*
>
> *I – Direito tributário, financeiro, penitenciário, econômico e urbanístico;*
>
> *II – Orçamento;*
>
> *III – Juntas comerciais;*
>
> *IV – Custas dos serviços forenses;*
>
> *V – Produção e consumo;*
>
> *VI – Florestas, caça, pesca, fauna, conservação da natureza, defesa do solo e dos recursos naturais, proteção do meio ambiente e controle da poluição;*
>
> *VII – Proteção ao patrimônio histórico, cultural, artístico, turístico e paisagístico;*
>
> *VIII – Responsabilidade por dano ao meio ambiente, ao consumidor, a bens e direitos de valor artístico, estético, histórico, turístico e paisagístico;*
>
> *IX – Educação, cultura, ensino, desporto, ciência, tecnologia, pesquisa, desenvolvimento e inovação;*
>
> *X – Criação, funcionamento e processo do juizado de pequenas causas;*
>
> *XI – Procedimentos em matéria processual;*
>
> *XII – Previdência social, proteção e defesa da saúde;*
>
> *XIII – Assistência jurídica e Defensoria pública;*
>
> *XIV – Proteção e integração social das pessoas portadoras de deficiência;*
>
> *XV – Proteção à infância e à juventude;*
>
> *XVI – Organização, garantias, direitos e deveres das polícias civis.*
>
> *§ 1º No âmbito da legislação concorrente, a competência da União limitar-se-á a estabelecer normas gerais.*
>
> *§ 2º A competência da União para legislar sobre normas gerais não exclui a competência suplementar dos Estados.*
>
> *§ 3º Inexistindo lei federal sobre normas gerais, os Estados exercerão a competência legislativa plena, para atender a suas peculiaridades.*
>
> *§ 4º A superveniência de lei federal sobre normas gerais suspende a eficácia da lei estadual, no que lhe for contrário.*

No âmbito das competências concorrentes, algumas regras são fundamentais para a prova. Aqui, a participação da União é no sentido de fixar normas gerais, ficando os Estados com a competência de suplementar a legislação federal. Caso a União não legisle sobre determinada matéria de competência concorrente, nasce para o Estado o direito de legislar de forma plena sobre a matéria. Contudo, resolvendo a União legislar sobre matéria já regulada pelo Estado, a lei estadual ficará com sua eficácia suspensa pela lei federal nos pontos discordantes. Deve-se ter cuidado com esse último ponto. Não ocorre revogação da lei estadual pela lei federal, haja vista não existir hierarquia entre leis de entes federativos distintos. O que ocorre, como bem explicitou a Constituição Federal, é a suspensão da eficácia.

Quanto às competências dos Estados, há as seguintes espécies: residual, por delegação da União, concorrente suplementar e expressa.

A competência residual dos Estados é também chamada de competência remanescente ou reservada. Está prevista no art. 25, § 1º, que prevê que aos estados serão reservadas todas as competências que não sejam previstas a União ou aos municípios. Deve-se lembrar que esse dispositivo fundamenta tanto as competências materiais quanto as legislativas:

> ***Art. 25** [...]*
>
> *§ 1º São reservadas aos Estados as competências que não lhes sejam vedadas por esta Constituição.*

Outra competência dos Estados é a por delegação da União, que decorre da possibilidade de serem delegadas as competências privativas

DCON

da União mediante Lei Complementar. Encontra-se prevista no art. 22, parágrafo único:

> *Art. 22 [...]*
>
> ***Parágrafo único.*** *Lei complementar poderá autorizar os Estados a legislar sobre questões específicas das matérias relacionadas neste artigo.*

Temos ainda as competências concorrentes suplementares previstas no art. 24, § 2º da Constituição Federal de 1988. Essas suplementam a competência legislativa da União no âmbito das competências concorrentes permitindo, inclusive, que os Estados legislem de forma plena quando não existir lei federal sobre o assunto:

> *Art. 24 [...]*
>
> *§ 2º A competência da União para legislar sobre normas gerais não exclui a competência suplementar dos Estados.*
>
> *§ 3º Inexistindo lei federal sobre normas gerais, os Estados exercerão a competência legislativa plena, para atender a suas peculiaridades.*

Há também as competências expressas dos Estados, as quais podem ser encontradas nos art. 18, § 4º e 25, §§ 2º e 3º da Constituição Federal:

> *Art. 18 [...]*
>
> *§ 4º A criação, a incorporação, a fusão e o desmembramento de Municípios, far-se-ão por lei estadual, dentro do período determinado por Lei Complementar Federal, e dependerão de consulta prévia, mediante plebiscito, às populações dos Municípios envolvidos, após divulgação dos Estudos de Viabilidade Municipal, apresentados e publicados na forma da lei.*
>
> ***Art. 25,*** *§ 2º Cabe aos Estados explorar diretamente, ou mediante concessão, os serviços locais de gás canalizado, na forma da lei, vedada a edição de medida provisória para a sua regulamentação.*
>
> *§ 3º Os Estados poderão, mediante lei complementar, instituir regiões metropolitanas, aglomerações urbanas e microrregiões, constituídas por agrupamentos de municípios limítrofes, para integrar a organização, o planejamento e a execução de funções públicas de interesse comum.*

Para os Municípios, a Constituição previu dois tipos de competência legislativa: exclusiva e suplementar. A legislativa exclusiva dos Municípios está prevista no art. 30, I, o qual menciona que os Municípios possuem competência para legislar sobre assuntos de interesse local:

> ***Art. 30*** *Compete aos Municípios:*
>
> *I – Legislar sobre assuntos de interesse local.*

A competência legislativa suplementar está prevista no art. 30, II, que permite aos Municípios legislar de forma suplementar a Legislação Federal e Estadual:

> ***Art. 30*** *Compete aos Municípios: [...]*
>
> *II – Suplementar a legislação federal e a estadual no que couber.*

Por fim, nós há a competência legislativa do Distrito Federal que, conforme já dito, é híbrida, permitindo ao Distrito Federal legislar sobre as matérias de competência dos estados e dos municípios. Apesar dessa competência ampla, a Constituição resolveu estabelecer algumas limitações a sua autonomia legislativa excluindo algumas matérias de sua competência. Segundo o art. 21, incisos XIII e XIV da Constituição Federal de 1988, o Distrito Federal não possui competência para organizar e legislar sobre alguns dos seus órgãos: Poder Judiciário, Polícia Militar, Corpo de Bombeiros Militar e Polícia Civil.

> ***Art. 21*** *Compete à União:[...]*
>
> *XIII – Organizar e manter o Poder Judiciário, o Ministério Público do Distrito Federal e dos Territórios e a Defensoria Pública dos Territórios.*
>
> *XIV – organizar e manter a polícia civil, a polícia penal, a polícia militar e o corpo de bombeiros militar do Distrito Federal, bem como prestar assistência financeira ao Distrito Federal para a execução de serviços públicos, por meio de fundo próprio;*

Dicas para os concursos

Não se deve confundir as competências exclusivas com as privativas da União. **Competência exclusiva** é administrativa e indelegável. **Competência privativa** é legislativa e delegável. Não se deve confundir as **competências comuns** com as **concorrentes**. **Competência comum** é comum a todos os entes e é administrativa. **Competência concorrente** é só para União, estados e o Distrito Federal além de ser legislativa. Município tem competência comum, mas não tem concorrente.

Competências administrativas

- **União**
    - Exclusiva (art. 21)
    - Comum (art. 23)
- **Estados**
    - Comum (art. 23)
    - Residual, reservada, remanescente (art. 25, §1º)
- **Municípios**
    - Comum (art. 23)
    - Exclusiva (art. 30, III-IX)
- **Distrito Federal**
    - Competência híbrida

Competências legislativas

- **União**
    - Privativa (art. 22)
    - Concorrente (art. 24)
- **Estados**
    - Concorrente suplementar (art. 24)
    - Residual reservada remanescente (art. 25, §1º)
    - Por delegação da União (art. 22, parágrafo único)
    - Expressos (art. 25, §§2º e 3º)
- **Municípios**
    - Exclusiva (art. 30, I)
    - Suplementar ao Estado (art. 30, II)
- **Distrito Federal**
    - Competência híbrida (Estados e Municípios)

9.2 Intervenção

A Constituição Federal de 1988 está assentada no princípio federativo como forma de Estado adotada no Brasil. O fato de sermos uma federação reflete inúmeras características, dentre as quais se destaca a autonomia de cada ente federativo. A autonomia é atributo inerente aos entes federativos que exclui a possibilidade de hierarquia entre eles bem como a possibilidade de intervenção de um ente federativo no outro.

A regra constitucional é a da não intervenção. Contudo, excepcionalmente, a Constituição Federal de 1988 previu hipóteses taxativas que permitem a um ente federativo intervir em outro ente em situações que visem à preservação da unidade do pacto federativo, a garantia da soberania nacional e de princípios fundamentais.

A União poderá intervir nos estados e no Distrito Federal e os estados poderão intervir em seus Municípios. A União não pode intervir em município, salvo se for um município pertencente a Território Federal. Destaca-se, novamente, que a possibilidade de intervenção é uma exceção e só poderá ocorrer nas hipóteses taxativamente elencadas na Constituição Federal de 1988.

Outra regra comum às intervenções é que a competência para as decretar é exclusiva do chefe do Poder Executivo. Se a intervenção é federal, a competência para decretar é do Presidente da República. Se a intervenção é estadual, a competência é do Governador de Estado.

A seguir serão abordadas as espécies de intervenção.

9.2.1 Intervenção federal

A intervenção federal é a intervenção da União nos Estados ou nos Municípios pertencentes aos Territórios Federais e será decretada pelo Presidente da República.

Como dito anteriormente, a possibilidade de intervenção federal constitui exceção prevista em rol taxativo, conforme disposto no art. 34:

> ***Art. 34*** *A União não intervirá nos Estados nem no Distrito Federal, exceto para:*
>
> *I – Manter a integridade nacional;*
>
> *II – Repelir invasão estrangeira ou de uma unidade da Federação em outra;*
>
> *III – Pôr termo a grave comprometimento da ordem pública;*
>
> *IV – Garantir o livre exercício de qualquer dos Poderes nas unidades da Federação;*
>
> *V – Reorganizar as finanças da unidade da Federação que:*
>
> *a) suspender o pagamento da dívida fundada por mais de dois anos consecutivos, salvo motivo de força maior;*
>
> *b) deixar de entregar aos Municípios receitas tributárias fixadas nesta Constituição, dentro dos prazos estabelecidos em lei;*
>
> *VI – Prover a execução de lei federal, ordem ou decisão judicial;*
>
> *VII – Assegurar a observância dos seguintes princípios constitucionais:*
>
> *a) forma republicana, sistema representativo e regime democrático;*
>
> *b) direitos da pessoa humana;*
>
> *c) autonomia municipal;*
>
> *d) prestação de contas da Administração Pública, direta e indireta;*
>
> *e) aplicação do mínimo exigido da receita resultante de impostos estaduais, compreendida a proveniente de transferências, na manutenção e desenvolvimento do ensino e nas ações e serviços públicos de saúde.*

A partir desse artigo, a doutrina classificou a intervenção federal em dois tipos:

- **Intervenção federal espontânea:** ou de ofício, é aquela em que o Chefe do Poder Executivo, de forma discricionária, decreta a intervenção independentemente de provocação de outros órgãos. A decretação de ofício ocorrerá nas hipóteses previstas nos incisos I, II, III do art. 34:

> ***Art. 34*** *A União não intervirá nos Estados nem no Distrito Federal, exceto para:*
>
> *I – Manter a integridade nacional;*
>
> *II – Repelir invasão estrangeira ou de uma unidade da Federação em outra;*
>
> *III – Pôr termo a grave comprometimento da ordem pública.*

- **Intervenção federal provocada:** é aquela que depende da provocação dos órgãos legitimados pela Constituição Federal de 1988, conforme o art. 36:

> ***Art. 36*** *A decretação da intervenção dependerá:*
>
> *I – No caso do art. 34, IV, de solicitação do Poder Legislativo ou do Poder Executivo coacto ou impedido, ou de requisição do Supremo Tribunal Federal, se a coação for exercida contra o Poder Judiciário;*
>
> *II – No caso de desobediência a ordem ou decisão judiciária, de requisição do Supremo Tribunal Federal, do Superior Tribunal de Justiça ou do Tribunal Superior Eleitoral;*
>
> *III – De provimento, pelo Supremo Tribunal Federal, de representação do Procurador-geral da República, na hipótese do art. 34, VII, e no caso de recusa à execução de lei federal.*

A provocação se dá por meio de solicitação ou requisição. A solicitação não obriga o Presidente da República a decretar a medida, ao contrário da requisição, que está revestida de obrigatoriedade na qual caberá ao presidente apenas executá-la.

A decretação de intervenção federal por solicitação ocorrerá na hipótese do art. 34, inciso IV, a qual compete ao Poder Executivo ou Legislativo das Unidades da Federação solicitar a execução da medida quando se acharem coagidos ou impedidos de executarem suas atribuições constitucionais.

A decretação de intervenção federal por requisição ocorrerá nas hipóteses previstas no art. 34, incisos IV, VI e VII. No inciso IV, a requisição caberá ao Supremo Tribunal Federal quando a coação for exercida contra o Poder Judiciário. No inciso VI, a requisição virá do STF, STJ ou do TSE quando houver desobediência de ordem judicial. Nos incisos VI e VII, a requisição será do Supremo quando houver representação interventiva feita pelo Procurador Geral da República nos casos de recusa de execução de lei federal ou ofensa aos princípios sensíveis.

O decreto interventivo especificará todas as condições em que ocorrerá a medida e terá eficácia imediata após a sua decretação pelo Presidente da República. Após sua decretação, a medida será submetida a apreciação do Congresso Nacional no prazo de 24 horas:

> ***Art. 36*** *[...]*
>
> *§ 1º O decreto de intervenção, que especificará a amplitude, o prazo e as condições de execução e que, se couber, nomeará o interventor, será submetido à apreciação do Congresso Nacional ou da Assembleia Legislativa do Estado, no prazo de vinte e quatro horas.*
>
> *§ 2º Se não estiver funcionando o Congresso Nacional ou a Assembleia Legislativa, far-se-á convocação extraordinária, no mesmo prazo de vinte e quatro horas.*

Caberá ao Congresso Nacional aprovar ou suspender a execução da Intervenção:

> ***Art. 49*** *É da competência exclusiva do Congresso Nacional:[...]*
>
> *IV – Aprovar o estado de defesa e a intervenção federal, autorizar o estado de sítio, ou suspender qualquer uma dessas medidas.*

Nas hipóteses de intervenção decretada por requisição do Poder Judiciário previstas no art. 34, VI e VII, a Constituição dispensou a necessidade e apreciação do Congresso Nacional, destacando que, nesses casos, o decreto limitar-se-á a suspensão do ato impugnado, caso essa medida seja suficiente para conter a crise. Se a mera suspensão do ato não restabelecer a normalidade, poderão ser adotadas outras medidas com o mesmo objetivo:

> ***Art. 36*** *[...]*
>
> *§ 3º Nos casos do art. 34, VI e VII, ou do art. 35, IV, dispensada a apreciação pelo Congresso Nacional ou pela Assembleia Legislativa, o decreto limitar-se-á a suspender a execução do ato impugnado, se essa medida bastar ao restabelecimento da normalidade.*

Não podemos esquecer que nos casos de intervenção espontânea ou provocada por solicitação, o Presidente deverá consultar, antes da decretação, o Conselho da República e o Conselho da Defesa Nacional que emitirão parecer opinativo sobre a situação:

> ***Art. 90*** *Compete ao Conselho da República pronunciar-se sobre:*
>
> *I – Intervenção federal, estado de defesa e estado de sítio;*

> *Art. 91 [...]*
> *§ 1º Compete ao Conselho de Defesa Nacional:[...]*
> *II – Opinar sobre a decretação do estado de defesa, do estado de sítio e da intervenção federal.*

Cessando a crise, a ordem será restabelecida, inclusive com o retorno das autoridades públicas afastadas, caso não possuam outra incompatibilidade:

> *Art. 36 [...]*
> *§ 4º Cessados os motivos da intervenção, as autoridades afastadas de seus cargos a estes voltarão, salvo impedimento legal.*

Apesar de a Constituição Federal não mencionar sobre a possibilidade de controle judicial da intervenção, seria possível que ocorresse este controle caso os limites constitucionais estabelecidos fossem desrespeitados. Ressalta-se que contra a intervenção em si não cabe atuação do Poder Judiciário, considerando ser essa uma medida de natureza política.

9.2.2 Intervenção estadual

A intervenção estadual poderá ocorrer nos Municípios localizados em seu território mediante decreto do Governador do Estado nas hipóteses previstas no art. 35:

> *Art. 35 O Estado não intervirá em seus Municípios, nem a União nos Municípios localizados em Território Federal, exceto quando:*
> *I – Deixar de ser paga, sem motivo de força maior, por dois anos consecutivos, a dívida fundada;*
> *II – Não forem prestadas contas devidas, na forma da lei;*
> *III – Não tiver sido aplicado o mínimo exigido da receita municipal na manutenção e desenvolvimento do ensino e nas ações e serviços públicos de saúde;*
> *IV – O Tribunal de Justiça der provimento a representação para assegurar a observância de princípios indicados na Constituição Estadual, ou para prover a execução de lei, de ordem ou de decisão judicial.*

Devem ser atendidos os mesmos requisitos da intervenção federal: temporariedade, controle político pelo legislativo e decreto do Chefe do Executivo.

Na hipótese do inciso IV, a intervenção dependerá de representação interventiva do Procurador-geral de Justiça, sendo dispensada a apreciação da Assembleia Legislativa. Segundo o STF, essa decisão do Tribunal de Justiça que autoriza a intervenção do Estado no Município possui natureza político-administrativa e tem caráter definitivo, sendo insuscetível de recurso extraordinário para o STF.

10 ADMINISTRAÇÃO PÚBLICA

10.1 Conceito

Primeiramente, faz-se necessário conceituar a Administração Pública, remetendo ao *caput* do art. 37, Constituição Federal de 1988.

> ***Art. 37*** *A Administração Pública direta e indireta de qualquer dos Poderes da União, dos Estados, do Distrito Federal e dos Municípios obedecerá aos princípios de legalidade, impessoalidade, moralidade, publicidade e eficiência e, também, ao seguinte:*

Neste primeiro momento, deve-se entender que alguns termos que aparecem no art. 37. O conceito da Administração Pública deve ser visto sob dois aspectos. Sob a perspectiva objetiva, a Administração Pública constitui a atividade desenvolvida pelo poder público, que tem como função a satisfação do interesse público. Sob a perspectiva subjetiva, Administração Pública é o conjunto de órgãos e pessoas jurídicas que desempenham a atividade administrativa. Interessa aqui conhecer a Administração Pública sob essa última perspectiva, a qual se classifica em Administração Direta e Indireta.

- **Administração Pública Direta**: é formada por pessoas jurídicas de direito público, ou pessoas políticas, entes que possuem personalidade jurídica e autonomia própria. São entes da Administração Pública Direta a União, os Estados, o Distrito Federal e os municípios. Esses entes são pessoas jurídicas de Direito Público que exercem as atividades administrativas por meio dos órgãos e agentes pertencentes aos Poderes Executivo, Legislativo e Judiciário. Os órgãos não são dotados de personalidade jurídica própria, pois agem em nome da pessoa jurídica a qual estão vinculados.
- **Administração Pública Indireta:** é formada por pessoas jurídicas próprias, de direito público ou privado, que executam atividades do Estado por meio da descentralização administrativa. São os entes da Administração Indireta as Autarquias, Fundações Públicas, Sociedades de Economia Mista e Empresas Públicas.

Segundo a Constituição Federal de 1988, a Administração Pública, seja ela direta ou indireta, pertencente a qualquer dos Poderes, deverá obedecer aos Princípios da legalidade, impessoalidade, moralidade, publicidade e eficiência, os quais serão estudados agora.

10.2 Princípios expressos da Administração Pública

Os princípios que regem a Administração Pública são verdadeiros parâmetros que orientam o desenvolvimento da atividade administrativa, os quais são de observância obrigatória. A Administração é regida por princípios expressos e princípios implícitos. Primeiramente vamos analisar os princípios expressos no texto constitucional, que são: legalidade, impessoalidade, moralidade, publicidade e eficiência.

10.2.1 Legalidade

Esse é o primeiro princípio expresso na Constituição Federal para a Administração Pública. Para se entender o princípio da legalidade, é preciso analisar suas duas acepções: a legalidade em relação aos particulares e a legalidade em relação à Administração Pública.

Para os particulares, a legalidade remete ao art. 5º da Constituição: significa que ele poderá fazer tudo o que não for proibido por lei, conforme já previa o art. 5º, inciso II da Constituição Federal de 1988:

> *II – ninguém será obrigado a fazer ou deixar de fazer alguma coisa senão em virtude de lei.*

Já em relação à Administração Pública, a legalidade impõe uma conduta mais rigorosa exigindo que se faça apenas o que estiver determinado por lei ou que seja permitido pela lei: quando se fala em lei, trata-se daquela em sentido estrito, ou em sentido formal, porque há exceções à aplicação do princípio da legalidade que já apareceram em prova, como a medida provisória, o estado de defesa e o estado de sítio; por isso, esse princípio não deve ser encarado de forma absoluta.

A medida provisória é exceção, pois é ato emitido pelo chefe do Poder Executivo, porque com sua publicação já produz efeitos na sociedade; em seguida, temos os sistemas constitucionais de crises, sendo exceções, porque o decreto que rege essas medidas prevê algumas situações excepcionais, com amparo constitucional, então são exceções à legalidade, mas com fundamento constitucional. O agente público, ao agir, deverá pautar sua conduta segundo a lei.

10.2.2 Impessoalidade

Esse princípio exige do administrador uma postura isenta de interesses pessoais. Ele não poderá agir com o fim de atender suas próprias vontades. Agir de forma impessoal é agir visando a atender o interesse público. A impessoalidade deve ser enxergada sob duas perspectivas: finalidade da atuação administrativa e proibição da promoção pessoal. A impessoalidade deve ser vista sob duas perspectivas: primeiro, a impessoalidade se confunde com o interesse público; segundo, a impessoalidade é a proibição da autopromoção, ou seja, vedação à promoção pessoal.

A título exemplificativo, para a finalidade da atuação administrativa, que será sempre a satisfação do interesse público em benefício da coletividade, é que se realizam os concursos públicos para contratação de pessoal e licitação para contratação dos serviços pela Administração Pública, são formas exigidas por lei que garantem o referido princípio. Isso impede que o administrador atue satisfazendo seus interesses pessoais.

Nesse sentido, fica proibida a vinculação da imagem do administrador a obras e propagandas não se permitindo também a vinculação da sigla do partido. Ressalte-se ainda o teor da Súmula Vinculante nº 13 do STF, que veda a prática de nepotismo:

> ***Súmula Vinculante nº 13*** *A nomeação de cônjuge, companheiro ou parente em linha reta, colateral ou por afinidade, até o terceiro grau, inclusive, da autoridade nomeante ou de servidor da mesma pessoa jurídica, investido em cargo de direção, chefia ou assessoramento, para o exercício de cargo em comissão ou de confiança, ou, ainda, de função gratificada na Administração Pública direta e indireta, em qualquer dos Poderes da União, dos Estados, do Distrito Federal e dos municípios, compreendido o ajuste mediante designações recíprocas, viola a Constituição Federal.*

A impessoalidade também proíbe a promoção pessoal. O administrador público não poderá se utilizar da máquina administrativa para promover sua própria imagem. Veja o que diz o art. 37, § 1º diz:

> *§1º A publicidade dos atos, programas, obras, serviços e campanhas dos órgãos públicos deverá ter caráter educativo, informativo ou de orientação social, dela não podendo constar nomes, símbolos ou imagens que caracterizem promoção pessoal de autoridades ou servidores públicos.*

Notemos que esse parágrafo tem como objetivo trazer de forma expressa a proibição da vinculação da imagem do agente público com as obras e serviços realizadas durante seu mandato, nesse sentido, já existe proibição da utilização inclusive da sigla do partido.

10.2.3 Moralidade

Não é possível se definir o que é, mas é possível compreender por meio da interpretação das normas. Esse princípio prevê que o

D C O N

administrador deve agir conforme os fins públicos. Por esse princípio, ao administrador não basta fazer tudo conforme a lei. É importante o faça de boa-fé, respeitando os preceitos éticos, com probidade e justiça. E aqui não se fala em moral comum, mas em uma moral jurídica ou política.

A não observância do referido princípio poderá ser combatida por meio da Ação Popular, conforme prevê o art. 5º, inciso LXXIII da Constituição Federal de 1988:

> *LXXIII – Qualquer cidadão é parte legítima para propor ação popular que vise a anular ato lesivo ao patrimônio público ou de entidade de que o Estado participe, à moralidade administrativa, ao meio ambiente e ao patrimônio histórico e cultural, ficando o autor, salvo comprovada má-fé, isento de custas judiciais e do ônus da sucumbência.*

Ressalte-se também que, se o agente público agir em desconformidade com o princípio de moralidade, sua conduta poderá ensejar a ação de improbidade administrativa, a qual é punida nos termos do art. 37, § 4º:

> *§ 4º Os atos de improbidade administrativa importarão a suspensão dos direitos políticos, a perda da função pública, a indisponibilidade dos bens e o ressarcimento ao erário, na forma e gradação previstas em lei, sem prejuízo da ação penal cabível.*

10.2.4 Publicidade

A publicidade como princípio também poderá ser analisada sob duas acepções: a primeira delas é a publicidade como condição de eficácia do ato administrativo; a segunda, como forma de se garantir a transparência destes mesmos atos.

Como condição de eficácia do ato administrativo, a publicidade muito aparece em prova; o examinador costuma dizer que a publicidade é requisito de validade do ato administrativo, mas isso é errado, porque validade e eficácia são diferentes. A publicidade é necessária, pois é a forma de tornar conhecido o conteúdo do ato, principalmente se esse ato for capaz de produzir efeitos externos ou que ensejem ônus para o patrimônio público. Em regra, a publicidade se dá pelos meios de comunicação oficiais, como o Diário Oficial da União.

A publicidade também tem a função de garantir a transparência do ato administrativo. É uma forma dos administrados fiscalizarem a atuação do poder público. Apesar de sua importância, nesse aspecto a publicidade encontra limitação na própria Constituição que prevê a possibilidade de sigilo dos atos administrativos todas as vezes que for necessário para preservar a segurança da sociedade e do Estado:

> ***Art. 5º** [...]*
>
> *XXXIII – Todos têm direito a receber dos órgãos públicos informações de seu interesse particular, ou de interesse coletivo ou geral, que serão prestadas no prazo da lei, sob pena de responsabilidade, ressalvadas aquelas cujo sigilo seja imprescindível à segurança da sociedade e do Estado.*

10.2.5 Eficiência

O princípio da eficiência foi o último incluído no rol dos princípios, em razão da reforma administrativa promovida pela Emenda Constitucional nº 19/1998. A sua inserção como princípio expresso está relacionada a necessidade de produção de resultados satisfatórios à sociedade. A Administração Pública deve ter produtividade em suas atividades como se fosse iniciativa privada.

Como forma de garantir uma nova postura na prestação dos seus serviços, esse princípio exige que as ações sejam praticadas com celeridade, perfeição, visando a atingir ótimos resultados, sempre tendo como destinatário o bem-estar do administrado. A celeridade dos processos encontra-se prevista no art. 5º, inciso LXXVIII da Constituição Federal de 1988:

> *LXXVIII – A todos, no âmbito judicial e administrativo, são assegurados a razoável duração do processo e os meios que garantam a celeridade de sua tramitação.*

Em respeito ao princípio da eficiência, a Constituição Federal previu formas de participação do administrado como fiscal da Administração Pública:

> ***Art. 37** [...]*
>
> *§ 3º A lei disciplinará as formas de participação do usuário na Administração Pública direta e indireta, regulando especialmente:*
>
> *I – As reclamações relativas à prestação dos serviços públicos em geral, asseguradas a manutenção de serviços de atendimento ao usuário e a avaliação periódica, externa e interna, da qualidade dos serviços;*
>
> *II – O acesso dos usuários a registros administrativos e a informações sobre atos de governo, observado o disposto no art. 5º, X e XXXIII;*
>
> *III – A disciplina da representação contra o exercício negligente ou abusivo de cargo, emprego ou função na Administração Pública.*

Decorre desse princípio, ainda, a necessidade de avaliação de desempenho para concessão da estabilidade ao servidor público em estágio probatório, bem como a existência da avaliação periódica de desempenho como uma das condições para perda do cargo nos termos do art. 41 da Constituição Federal de 1988:

> ***Art. 41** São estáveis após três anos de efetivo exercício os servidores nomeados para cargo de provimento efetivo em virtude de concurso público.*
>
> *§ 1º O servidor público estável só perderá o cargo:*
>
> *I – Em virtude de sentença judicial transitada em julgado;*
>
> *II – Mediante processo administrativo em que lhe seja assegurada ampla defesa;*
>
> *III – Mediante procedimento de avaliação periódica de desempenho, na forma de lei complementar, assegurada ampla defesa.*
>
> *§ 2º Invalidada por sentença judicial a demissão do servidor estável, será ele reintegrado, e o eventual ocupante da vaga, se estável, reconduzido ao cargo de origem, sem direito a indenização, aproveitado em outro cargo ou posto em disponibilidade com remuneração proporcional ao tempo de serviço.*
>
> *§ 3º Extinto o cargo ou declarada a sua desnecessidade, o servidor estável ficará em disponibilidade, com remuneração proporcional ao tempo de serviço, até seu adequado aproveitamento em outro cargo.*
>
> *§ 4º Como condição para a aquisição da estabilidade, é obrigatória a avaliação especial de desempenho por comissão instituída para essa finalidade.*

Princípios expressos

Legalidade → fazer aquilo que a lei determina.
Impessoalidade → agir conforme fins públicos/vedação à promoção pessoal.
Moralidade → agir conforme a ética, a probidade e a justiça.
Publicidade → condição de eficácia dos atos/garantia da transparência.
Eficiência → gestão de bons resultados.

10.3 Princípios implícitos da Administração Pública

Além dos princípios expressamente previstos no *caput* do art. 37 da Constituição Federal de 1988 (legalidade, impessoalidade, moralidade, publicidade e eficiência), a doutrina elenca outros como princípios gerais de direito que decorrem da interpretação constitucional. Vejamos a seguir.

10.3.1 Supremacia do interesse público

Esse princípio é tido pela doutrina como um dos pilares do regime jurídico administrativo. Nesse sentido, o Estado representa o interesse público ou da coletividade, e a coletividade, em regra, deve prevalecer sobre o interesse privado. A Administração Pública, em sua relação com os administrados tem prevalência sobre o interesse privado.

O Regime Democrático adotado no Estado brasileiro confere à Administração Pública o poder de representar os interesses da sociedade, é nessa relação que vamos desenvolver a supremacia do interesse público, que decorre da relação de verticalidade entre o Estado e os particulares.

Esse princípio não goza de caráter absoluto, pois o Estado também age como se fosse particular em suas relações jurídicas, geralmente econômicas, por exemplo, o Estado não pode abusar da autoridade estatal sobre os direitos e princípios fundamentais dos administrados, já que esses são os limites da supremacia do interesse público.

Decorre desse princípio o poder de império exercido pela Administração Pública, a qual poderá impor sua vontade ao particular de forma coercitiva, podendo inclusive restringir seus direitos e impor obrigações, como ocorre no caso da desapropriação e requisição administrativa. Logicamente, esse princípio não goza de caráter absoluto, não tendo aplicabilidade nos atos praticados de mera gestão administrativa ou quando o poder público atua como particular nas relações econômicas.

10.3.2 Indisponibilidade do interesse público

Juntamente com a Supremacia do interesse público, o Princípio da indisponibilidade do interesse público forma a base do regime jurídico-administrativo. Por esse princípio, a Administração Pública não pode ser vista como dona da coisa pública, mas apenas gestora. A coisa pública pertence ao povo, e o Estado é o responsável pelo cuidado ou gestão da coisa pública.

Como limitação a esse princípio, existe o princípio da legalidade, que determina os passos e em que condições a Administração Pública pode se utilizar dos bens públicos, sempre respeitando a indisponibilidade do interesse público. Destaca-se ainda o papel que esse princípio exerce como limitador do princípio da supremacia do interesse público.

Um ponto importante a respeito desse princípio é que os bens públicos são indisponíveis, não pertencendo aos seus administradores ou aos seus agentes os quais estão proibidos, inclusive de renunciar a qualquer direito ou prerrogativa inerente ao Poder Público.

Na desapropriação, a Administração Pública pode retirar o bem de uma pessoa pelo fundamento da Supremacia do interesse público, por outro lado, em razão da Indisponibilidade do interesse público, há vedação à Administração Pública no sentido de não se apropriar de tal bem sem que o particular seja indenizado.

10.3.3 Razoabilidade e proporcionalidade

Esses princípios são, por vezes, vistos em separado pela doutrina; eles servem para a limitação da atuação administrativa, e devem ser vistos em conjunto, como unidade. A razoabilidade e a proporcionalidade decorrem do princípio do devido processo legal e são utilizados, principalmente, como limitador da discricionariedade administrativa, ainda mais quando o ato limitado restringe os direitos do administrado. Trata-se, portanto, de uma ferramenta para controle de legalidade que pode gerar a nulidade do ato administrativo. Ao pensar em razoabilidade e proporcionalidade, deve-se pensar em dois elementos que os identificam: adequação e necessidade.

A melhor forma de verificar a sua utilização prática é no caso concreto. Imagine uma fiscalização sanitária realizada pelo poder público em que o administrado é flagrado cometendo um ilícito sanitário, ou seja, encontra um produto com o prazo de validade vencido. Dependendo da infração cometida, será aplicada uma penalidade administrativa maior ou não. Com a aplicação dos princípios em tela, a penalidade deve ser necessária, adequada e equivalente à infração cometida. Os princípios garantem que a sanção aplicada não seja maior que a necessária para atingir o fim proposto pelo poder público. O que se busca é uma adequação entre os meios e os fins necessários, proibindo o excesso na aplicação das medidas.

Sem dúvida, esses princípios gerais de direito estão entre os mais utilizados atualmente nas decisões do Supremo Tribunal Federal, pois esses princípios são utilizados nas decisões para se adequar à lei ao caso concreto.

Em suma, esses princípios são a adequação dos meios com a finalidade proposta pela Administração Pública, com o fim de evitar os excessos cometidos pelo agente público. Em razão disso, também são conhecidos como a proibição do excesso, por isso, deve-se trabalhar a razoabilidade e a proporcionalidade como unidade.

10.3.4 Continuidade dos serviços públicos

Esse princípio se traduz pelo próprio nome. Ele exige que a atividade administrativa seja contínua, não sofra interrupções e seja adequada, com qualidade, para que não ocorram prejuízos tanto para a Administração quanto para os administrados. Apesar disso, há situações excepcionais, em que se permite a interrupção do serviço público. Existem limitações a esse princípio, tanto para a Administração, quanto para o particular que está incumbido de executar o serviço público, e sua atuação pode ser percebida no próprio direito de greve do servidor público que se encontra condicionado à observância da lei para ser exercido.

O poder de vinculação desse princípio é tão grande que o particular, ao prestar o serviço público por delegação, não poderá interrompê-lo ainda que a Administração Pública não cumpra sua parte no contrato. Significa dizer que o particular prejudicado no contrato administrativo **não poderá opor a exceção do contrato não cumprido,** ficando desobrigado apenas por decisão judicial transitada em julgado, ou seja, o particular não pode deixar de cumprir sua obrigação pelo não cumprimento por parte da administração, mas o particular pode deixar de prestar o serviço público quando determinado por decisão judicial.

O responsável pela prestação do serviço público só ficaria desobrigado da sua prestação em caso de emergência e desde que haja aviso prévio em situações de **segurança**, de **ordem técnica** ou mesmo por **inadimplência do usuário**.

10.3.5 Autotutela

Esse princípio permite que a Administração avalie e reveja seus próprios atos, tanto em relação à legalidade do ato, quanto ao aspecto do mérito. Essa possibilidade não impede o ato de ser apreciado pelo Poder Judiciário, limitando a verificação da legalidade, nunca o mérito. Quando o ato for revisto em razão de vício de legalidade, ocorre a anulação do ato, se a questão é de mérito (discricionariedade e oportunidade), a administração revoga seus atos.

Este princípio foi consagrado pelo Supremo por meio da Súmula Vinculante nº 473:

> ***Súmula Vinculante nº 473, STF*** *A administração pode anular seus próprios atos, quando eivados de vícios que os tornam ilegais, porque deles não se originam direitos; ou revogá-los, por motivo de conveniência ou oportunidade, respeitados os direitos adquiridos, e ressalvada, em todos os casos, a apreciação judicial.*

DCON

A autotutela dos atos administrativos não depende de provocação, podendo a administração analisar de ofício seus próprios atos. Essa é a ideia primordial da autotutela.

10.3.6 Segurança jurídica

Esse princípio tem fundamento inicial já no art. 5º da Constituição Federal de 1988, que decorre da própria garantia fundamental à Segurança Jurídica; no que tange a sua aplicabilidade na Administração Pública, esse princípio evoca a impossibilidade de a lei nova prejudicar o direito adquirido, o ato jurídico perfeito e a coisa julgada, ou seja, esse princípio veda a aplicação retroativa de nova interpretação da norma administrativa, para que o administrado não seja surpreendido com inovações jurídicas.

Por se tratar de um direito fundamental, a Administração Pública fica obrigada a assegurar o seu cumprimento sob pena de ser responsabilizada.

10.4 Regras aplicáveis aos servidores públicos

Passamos agora a analisar as regras aplicáveis aos servidores públicos, as quais estão previstas nos arts. 37 a 41 da Constituição Federal de 1988.

10.4.1 Cargos, empregos e funções

Os primeiros dispositivos relacionados aos servidores públicos e que foram apresentados pela Constituição Federal regulamentam o acesso a cargos, empregos e funções públicas. Vejamos o que diz o art. 37, I e II da Constituição Federal de 1988:

> *I – Os cargos, empregos e funções públicas são acessíveis aos brasileiros que preencham os requisitos estabelecidos em lei, assim como aos estrangeiros, na forma da lei;*
>
> *II – A investidura em cargo ou emprego público depende de aprovação prévia em concurso público de provas ou de provas e títulos, de acordo com a natureza e a complexidade do cargo ou emprego, na forma prevista em lei, ressalvadas as nomeações para cargo em comissão declarado em lei de livre nomeação e exoneração.*

Ao iniciarmos este estudo, uma distinção se faz necessária: qual a diferença entre cargo, emprego e função pública?

- **Cargo público** é a unidade de competência ofertada por uma pessoa jurídica de direito público e ocupada por um agente público que tenha sido criado por lei com denominação específica e quantidade certa. Quem ocupa um cargo público fez concurso público e é submetido a um regime estatutário e pode ser de provimento efetivo ou em comissão.
- **Emprego público**, por sua vez, é a unidade de competência desempenhada por agentes contratados sob regime celetista, ou seja, quem ocupa um emprego público possui uma relação trabalhista com a Administração Pública.
- **Função pública** é a atribuição ocupada por quem não possui cargo ou emprego público. Ocorre em duas situações: nas contratações temporárias e nas atividades de confiança.

Os cargos, empregos e funções são acessíveis a todos os brasileiros e estrangeiros que preencherem os requisitos previstos em lei. Aos estrangeiros, o acesso é limitado, essa é norma de eficácia limitada, pois depende de regulamentação, como professores ou pesquisadores em universidades e instituições de pesquisa científica e tecnológica. Destaca-se ainda que existem cargos privativos de brasileiros natos, os quais estão previstos no art. 12, § 3º da Constituição Federal de 1988: presidente e vice-Presidente da República, presidente da Câmara dos Deputados, Presidente do Senado Federal, ministro do STF, oficial das forças armadas, carreira diplomática e ministro do estado da defesa.

O acesso aos cargos e empregos públicos depende de aprovação em concurso público de provas ou de provas e títulos dependendo do cargo a ser ocupado. A realização do concurso não será necessária para o preenchimento de cargos em comissão, haja vista serem de livre nomeação e exoneração. Estão obrigados a contratar por meio de concurso toda a Administração Pública direta e indireta, seja do Poder Executivo, Legislativo, ou Judiciário, seja da União, estados, Distrito Federal e municípios.

É importante ressaltar, neste momento, que a função pública aqui tratada não pode ser confundida com a função que todo agente da Administração Pública detém, que é aquele conjunto de atribuições inerentes ao cargo ou emprego; neste momento a função pública foi tratada como diferenciação do cargo e do emprego públicos. Em seguida, é necessário ressaltar que os cargos em comissão dispensam o concurso público, que é meio exigido para que se ocupe um cargo ou empregos públicos.

10.4.2 Validade do concurso público

A Constituição Federal de 1988 previu prazo de validade para os concursos públicos. Vejamos o que diz o art. 37, incisos III e IV:

> ***Art. 37** [...]*
>
> *III – O prazo de validade do concurso público será de até dois anos, prorrogável uma vez, por igual período;*
>
> *IV – Durante o prazo improrrogável previsto no edital de convocação, aquele aprovado em concurso público de provas ou de provas e títulos será convocado com prioridade sobre novos concursados para assumir cargo ou emprego, na carreira.*

O prazo de validade será de **até dois anos,** podendo ser prorrogado apenas uma vez, por igual período. O prazo de validade passa a ser contado a partir da homologação do resultado. Este é o prazo que a Administração Pública terá para contratar ou nomear os aprovados para o preenchimento do emprego ou do cargo público, respectivamente.

Segundo posicionamento do STF, quem é aprovado dentro do número de vagas previstas no edital possui direito subjetivo à nomeação durante o prazo de validade do concurso. Uma forma de burlar esse sistema encontrado pela Administração Pública tem sido a publicação de edital com cadastro de reserva, que gera apenas uma expectativa de direito para quem foi classificado no concurso público.

Segundo a Constituição Federal de 1988, durante o prazo improrrogável do concurso, os aprovados terão prioridade na convocação diante dos novos concursados, o que não impede a abertura de novos certames apesar de a Lei nº 8.112/1990 proibir a abertura de novo concurso enquanto houver candidato aprovado no concurso anterior e desde que esteja dentro do prazo de validade. Na prova, deve-se responder conforme for perguntado. Se for segundo a Constituição Federal, não há proibição de realização de novo concurso enquanto existir outro com prazo de validade aberto. Se perguntar segundo a Lei nº 8.112/1990, não se abrirá novo concurso enquanto houver candidato aprovado em concurso anterior com prazo de validade não expirado.

10.4.3 Reserva de vaga para deficiente

Essa regra sobre concurso público é uma das mais importantes de inclusão social previstas no texto constitucional; é regra de ação afirmativa que visa à inserção social dos portadores de necessidades especiais, e compensar a perda social que alguns grupos têm. Possuindo valor social relevante, diz respeito à reserva de vagas para pessoas com necessidades especiais, que não podem ser tratados da mesma forma que as pessoas que estão em pleno vigor físico. Aqui, a isonomia deve ser material observando a nítida diferença entre os deficientes e os que não são. Vejamos o que dispõe a Constituição a respeito desse tema:

> ***Art. 37** [...]*
> *VIII – A lei reservará percentual dos cargos e empregos públicos para as pessoas portadoras de deficiência e definirá os critérios de sua admissão.*

Por se tratar de norma de eficácia limitada, a Constituição exigiu regulamentação para este dispositivo o que foi feito, no âmbito federal, pela Lei nº 8.112/1990:

> ***Art. 5** [...]*
> *§ 2º Às pessoas portadoras de deficiência é assegurado o direito de se inscrever em concurso público para provimento de cargo cujas atribuições sejam compatíveis com a deficiência de que são portadoras; para tais pessoas serão reservadas até 20% (vinte por cento) das vagas oferecidas no concurso.*

Esse dispositivo garante a reserva de até 20% das vagas oferecidas no concurso para os deficientes. Complementando esta norma, foi publicado o Decreto Federal nº 3.298/1999 que fixou o mínimo de 5% das vagas para deficientes, exigindo nos casos em que esse percentual gerasse número fracionado, que fosse arredondado para o próximo número inteiro. Essa proteção gerou um inconveniente nos concursos com poucas vagas, fazendo com que o STF interviesse e decidisse no sentido de que se a observância do mínimo de 5% ultrapassar o máximo de 20% não será necessário fazer a reserva da vaga. Isso é perfeitamente visível em concursos com duas vagas. Se fosse reservado o mínimo, ter-se-ia pelo menos 1 vaga para deficiente, o que corresponderia a 50% das vagas, ultrapassando assim o limite de 20% estabelecido em lei.

10.4.4 Funções de confiança e cargos em comissão

A Constituição Federal de 1988 prevê a existência das funções de confiança e os cargos em comissão:

> ***Art. 37** [...]*
> *V – As funções de confiança, exercidas exclusivamente por servidores ocupantes de cargo efetivo, e os cargos em comissão, a serem preenchidos por servidores de carreira nos casos, condições e percentuais mínimos previstos em lei, destinam-se apenas às atribuições de direção, chefia e assessoramento.*

Existem algumas peculiaridades entre esses dois institutos que sempre são cobrados em prova. As funções de confiança são privativas de ocupantes de cargo efetivo, ou seja, para aquele que fez concurso público; já os cargos em comissão podem ser ocupados por qualquer pessoa, apesar de a Constituição estabelecer que deve se reservar um percentual mínimo para os ocupantes de cargo efetivo. Tanto as funções de confiança como os cargos em comissão destinam-se às atribuições de **direção, chefia** e **assessoramento**.

- **Funções de confiança:** livres designação e livres dispensa – são apenas para servidores públicos ocupantes de cargos efetivos, os quais serão designados para seu exercício podendo ser dispensados a critério da Administração Pública.
- **Cargos em comissão:** são de livre nomeação e livre exoneração, podendo ser ocupados por qualquer pessoa, servidor público ou não. A ocupação de um cargo em comissão por pessoa não detentora de cargo de provimento efetivo não gera direito de ser efetivado, muito menos de adquirir a estabilidade.

10.4.5 Contratação por tempo determinado

Outra forma de ingresso no serviço público é por meio de contratação por tempo determinado. A Constituição prevê:

> ***Art. 37, IX.** A lei estabelecerá os casos de contratação por tempo determinado para atender a necessidade temporária de excepcional interesse público.*

Nesse caso, temos uma norma de eficácia limitada, pois a Constituição não regulamenta, apenas prevê que uma lei vai regulamentar.

Na contratação por tempo determinado, o contratado não ocupa cargo público nem possui vínculo trabalhista. Ele exercerá função pública de caráter temporário. Essa contratação tem que ser embasada em excepcional interesse público, questão emergencial. Em regra, faz-se o processo seletivo simplificado, podendo ser feito por meio de provas, entrevista ou até mesmo entrega de currículo; esse processo simplificado não pode ser confundido com o concurso público.

O seu contrato com a Administração Pública é regido por norma específica de regime especial que, no caso da esfera federal, será a Lei nº 8.745/1993. A referida lei traz várias hipóteses de contratação temporária para atender a essa necessidade excepcional.

10.5 Direitos sociais dos servidores públicos

Quando se fala em direitos sociais aplicáveis aos servidores públicos, significa dizer uma parcela dos direitos de natureza trabalhista prevista no art. 7º da Constituição Federal de 1988. Vejamos quais direitos sociais trabalhistas foram destinados a esses trabalhadores ocupantes de cargos públicos.

10.5.1 Direitos trabalhistas

A Constituição Federal não concedeu todos os direitos trabalhistas aos servidores públicos, mas apenas os previstos expressamente no texto constitucional no art. 39, § 3º:

> ***Art. 39** [...]*
> *§ 3º Aplica-se aos servidores ocupantes de cargo público o disposto no art. 7º, IV, VII, VIII, IX, XII, XIII, XV, XVI, XVII, XVIII, XIX, XX, XXII e XXX, podendo a lei estabelecer requisitos diferenciados de admissão quando a natureza do cargo o exigir.*

Segundo esse dispositivo, foram garantidos os seguintes direitos sociais aos servidores públicos:

> *IV – Salário-mínimo, fixado em lei, nacionalmente unificado, capaz de atender a suas necessidades vitais básicas e às de sua família com moradia, alimentação, educação, saúde, lazer, vestuário, higiene, transporte e previdência social, com reajustes periódicos que lhe preservem o poder aquisitivo, sendo vedada sua vinculação para qualquer fim;*
> *VII – Garantia de salário, nunca inferior ao mínimo, para os que percebem remuneração variável;*
> *VIII – Décimo terceiro salário com base na remuneração integral ou no valor da aposentadoria;*
> *IX – Remuneração do trabalho noturno superior à do diurno;*
> *XII – Salário-família pago em razão do dependente do trabalhador de baixa renda nos termos da lei;*
> *XIII – Duração do trabalho normal não superior a oito horas diárias e quarenta e quatro semanais, facultada a compensação de horários e a redução da jornada, mediante acordo ou convenção coletiva de trabalho;*
> *XV – Repouso semanal remunerado, preferencialmente aos domingos;*
> *XVI – Remuneração do serviço extraordinário superior, no mínimo, em cinquenta por cento à do normal;*
> *XVII – Gozo de férias anuais remuneradas com, pelo menos, um terço a mais do que o salário normal;*
> *XVIII – Licença à gestante, sem prejuízo do emprego e do salário, com a duração de cento e vinte dias;*
> *XIX – Licença-paternidade, nos termos fixados em lei;*
> *XX – Proteção do mercado de trabalho da mulher, mediante incentivos específicos, nos termos da lei;*
> *XXII – Redução dos riscos inerentes ao trabalho, por meio de normas de saúde, higiene e segurança;*
> *XXX – Proibição de diferença de salários, de exercício de funções e de critério de admissão por motivo de sexo, idade, cor ou estado civil.*

A experiência de ler os incisos destinados aos servidores públicos é muito importante para que você acerte em prova. O fato de outros direitos trabalhistas do art. 7º não terem sido previstos no art. 39 não significa que tais direitos não sejam concedidos aos servidores públicos. Ocorre que alguns direitos trabalhistas conferidos aos servidores públicos estão disciplinados em outros lugares na própria Constituição ou em leis esparsas. A título de exemplo, pode-se citar o direito à aposentadoria, que apesar de não ter sido referido no art. 39, § 3º, encontra-se previsto expressamente no art. 40 da Constituição Federal de 1988.

10.5.2 Liberdade de associação sindical

A Constituição Federal garante aos servidores públicos o direito à associação sindical:

> ***Art. 37*** *[...]*
>
> *VI – É garantido ao servidor público civil o direito à livre associação sindical.*

A Constituição Federal de 1988 concede ao servidor público civil o direito à associação sindical. Dessa forma, a livre associação profissional ou sindical não é garantida aos militares em razão da peculiaridade do seu regime jurídico, cuja vedação está prevista na própria Constituição Federal:

> ***Art. 142*** *[...]*
>
> *IV – Ao militar são proibidas a sindicalização e a greve.*

Segundo a doutrina, trata-se de uma norma autoaplicável, a qual não depende de regulamentação para ser exercida, pois o servidor pode prontamente usufruir desse direito.

10.5.3 Direito de greve

Segundo o art. 37, inciso VII, da Constituição Federal de 1988:

> *VII – O direito de greve será exercido nos termos e nos limites definidos em lei específica;*

O direito de greve, previsto na Constituição Federal aos servidores públicos, condiciona o seu exercício a uma norma regulamentadora, por isso é uma norma de eficácia limitada.

Como até o presente momento a necessária lei não foi publicada, o Supremo Tribunal Federal adotou a Teoria Concretista Geral, a partir da análise do Mandado de Injunção, e fez com que o direito de greve tivesse efetividade e conferiu efeito *erga omnes* à decisão, ou seja, os seus efeitos atingem todos os servidores públicos, ainda que aquele não tenha ingressado com ação judicial para exercer seu direito de greve.

A partir disso, segundo o STF, os servidores públicos de todo o país poderão se utilizar do seu direito de greve nos termos da Lei nº 7.783/1989, a qual regulamenta o direito de greve dos trabalhadores da iniciativa privada.

Ressalte-se que o direito de greve, juntamente com o de associação sindical, não se aplica aos militares pelos mesmos motivos já apresentados ao analisarmos o direito de liberdade de associação sindical.

10.5.4 Vedação à acumulação de cargos, empregos e funções públicas

A Constituição achou por bem regular a acumulação de cargos públicos no art. 37, incisos XVI e XVII:

> *XVI – É vedada a acumulação remunerada de cargos públicos, exceto, quando houver compatibilidade de horários, observado em qualquer caso o disposto no inciso XI:*
>
> *a) a de dois cargos de professor;*
>
> *b) a de um cargo de professor com outro técnico ou científico;*
>
> *c) a de dois cargos ou empregos privativos de profissionais de saúde, com profissões regulamentadas;*
>
> *XVII – A proibição de acumular estende-se a empregos e funções e abrange autarquias, fundações, empresas públicas, sociedades de economia mista, suas subsidiárias, e sociedades controladas, direta ou indiretamente, pelo poder público;*

Segundo o texto constitucional, em regra, é vedada a acumulação de cargos públicos, ressalvadas as hipóteses previstas na própria Constituição Federal de 1988 e quando houver compatibilidade de horário.

Além dessas hipóteses, a CF/1988/1988 também previu a acumulação lícita em outros casos, observemos:

- **Magistrado + magistério:** é permitida a acumulação de um cargo de juiz com um de professor:

  > ***Art. 95*** *[...]*
  >
  > ***Parágrafo único.*** *Aos juízes é vedado:*
  >
  > *I – Exercer, ainda que em disponibilidade, outro cargo ou função, salvo uma de magistério.*

- **Membro do Ministério Público + Magistério:** é permitida a acumulação de um cargo de Membro do Ministério Público com um de professor:

  > ***Art. 128*** *[...]*
  >
  > *§ 5º. Leis complementares da União e dos Estados, cuja iniciativa é facultada aos respectivos Procuradores-Gerais, estabelecerão a organização, as atribuições e o estatuto de cada Ministério Público, observadas, relativamente a seus membros: [...]*
  >
  > *II – As seguintes vedações:*
  >
  > *d) exercer, ainda que em disponibilidade, qualquer outra função pública, salvo uma de magistério.*

- **Cargo Eletivo + cargo, emprego ou função pública:** é permitida a acumulação de um cargo eletivo com um cargo emprego ou função pública:

  > ***Art. 38*** *Ao servidor público da administração direta, autárquica e fundacional, no exercício de mandato eletivo, aplicam-se as seguintes disposições:*
  >
  > *I – Tratando-se de mandato eletivo federal, estadual ou distrital, ficará afastado de seu cargo, emprego ou função;*
  >
  > *II – Investido no mandato de Prefeito, será afastado do cargo, emprego ou função, sendo-lhe facultado optar pela sua remuneração;*
  >
  > *III – Investido no mandato de Vereador, havendo compatibilidade de horários, perceberá as vantagens de seu cargo, emprego ou função, sem prejuízo da remuneração do cargo eletivo, e, não havendo compatibilidade, será aplicada a norma do inciso anterior;*
  >
  > *IV – Em qualquer caso que exija o afastamento para o exercício de mandato eletivo, seu tempo de serviço será contado para todos os efeitos legais, exceto para promoção por merecimento;*
  >
  > *V – Na hipótese de ser segurado de regime próprio de previdência social, permanecerá filiado a esse regime, no ente federativo de origem.*

A proibição de acumular se estende à percepção de remuneração e aposentadoria. Vejamos o que diz o §10º do art. 37:

> *§ 10 É vedada a percepção simultânea de proventos de aposentadoria decorrentes do art. 40 ou dos Arts. 42 e 142 com a remuneração de cargo, emprego ou função pública, ressalvados os cargos acumuláveis na forma desta Constituição, os cargos eletivos e os cargos em comissão declarados em lei de livre nomeação e exoneração.*

Aqui, a acumulação dos proventos da aposentadoria com a remuneração será permitida nos casos em que são autorizadas a acumulação dos cargos, ou, ainda, quando acumular com cargo em comissão e cargo eletivo. Significa dizer ser possível a acumulação dos proventos da aposentadoria de um cargo, emprego ou função pública com a remuneração de cargo, emprego ou função pública.

A Constituição Federal de 1988 também vedou a percepção de mais de uma aposentadoria, ressalvados os casos de acumulação de cargos permitida, ou seja, o indivíduo pode acumular as aposentadorias dos cargos que podem ser acumulados:

Art. 40 [...]

§ 6º Ressalvadas as aposentadorias decorrentes dos cargos acumuláveis na forma desta Constituição, é vedada a percepção de mais de uma aposentadoria à conta de regime próprio de previdência social, aplicando-se outras vedações, regras e condições para a acumulação de benefícios previdenciários estabelecidas no Regime Geral de Previdência Social.

10.5.5 Estabilidade

Um dos maiores desejos de quem faz concurso público é alcançar a Estabilidade. Essa é a garantia que se dá aos titulares de cargo público, ou seja, ao servidor público. Essa garantia faz que o servidor tenha certa tranquilidade para usufruir do seu cargo com maior tranquilidade; o servidor passa exercer suas atividades sem a preocupação de perder seu cargo por qualquer simples motivo. Vejamos o que diz a Constituição Federal:

***Art. 41** São estáveis após três anos de efetivo exercício os servidores nomeados para cargo de provimento efetivo em virtude de concurso público.*

§ 1º. O servidor público estável só perderá o cargo:

I – Em virtude de sentença judicial transitada em julgado;

II – Mediante processo administrativo em que lhe seja assegurada ampla defesa;

III – Mediante procedimento de avaliação periódica de desempenho, na forma de lei complementar, assegurada ampla defesa.

§ 2º Invalidada por sentença judicial a demissão do servidor estável, será ele reintegrado, e o eventual ocupante da vaga, se estável, reconduzido ao cargo de origem, sem direito a indenização, aproveitado em outro cargo ou posto em disponibilidade com remuneração proporcional ao tempo de serviço.

§ 3º Extinto o cargo ou declarada a sua desnecessidade, o servidor estável ficará em disponibilidade, com remuneração proporcional ao tempo de serviço, até seu adequado aproveitamento em outro cargo.

§ 4º Como condição para a aquisição da estabilidade, é obrigatória a avaliação especial de desempenho por comissão instituída para essa finalidade.

O primeiro ponto relevante é que a estabilidade se adquire após três anos de efetivo exercício. Só adquire estabilidade quem ocupa um cargo público de provimento efetivo, após a aprovação em concurso público. Essa garantia não se estende aos titulares de emprego público nem aos que ocupam cargos em comissão de livre nomeação e exoneração.

Não confunda a estabilidade com estágio probatório. Esse é o período de avaliação inicial dentro do novo cargo a que o servidor concursado se sujeita antes de adquirir sua estabilidade. A Constituição Federal de 1988 não fala nada de estágio probatório, mas, para os servidores públicos federais, aplica-se o prazo previsto na Lei nº 8.112/1990. Aqui temos um problema. O referido estatuto dos servidores públicos federais prevê o prazo de 24 meses para o estágio probatório.

Contudo, tem prevalecido, na doutrina e na jurisprudência, o entendimento de que não tem como se dissociar o prazo do estágio probatório da aquisição da estabilidade, de forma que até o próprio STF e o STJ reconhecem que o prazo do estágio probatório foi revogado tacitamente pela Emenda Constitucional nº 19/1998 que alterou o prazo de aquisição da estabilidade para 3 anos. Reforça esse entendimento o fato de que a Advocacia-Geral da União já emitiu parecer vinculante determinando a aplicação do prazo de **três anos para o estágio probatório** em todo o Poder Executivo Federal, o que de fato acontece. Dessa forma, para prova o prazo do estágio probatório é de 3 anos.

Segundo o texto constitucional, é condição para a aquisição da estabilidade a avaliação especial de desempenhos aplicada por comissão instituída para essa finalidade.

O servidor estável só perderá o cargo nas hipóteses previstas na Constituição, as quais são:

- **Sentença judicial transitada em julgado.**
- **Procedimento administrativo disciplinar.**
- **Insuficiência de desempenho comprovada na avaliação periódica.**
- **Excesso de despesas com pessoal nos termos do art. 169, § 3º.**

10.6 Regras para servidores em exercício de mandato eletivo

Para os servidores públicos que estão no exercício de mandato eletivo, aplicam-se as seguintes regras:

***Art. 38** Ao servidor público da administração direta, autárquica e fundacional, no exercício de mandato eletivo, aplicam-se as seguintes disposições:*

I – Tratando-se de mandato eletivo federal, estadual ou distrital, ficará afastado de seu cargo, emprego ou função;

II – Investido no mandato de Prefeito, será afastado do cargo, emprego ou função, sendo-lhe facultado optar pela sua remuneração;

III – Investido no mandato de Vereador, havendo compatibilidade de horários, perceberá as vantagens de seu cargo, emprego ou função, sem prejuízo da remuneração do cargo eletivo, e, não havendo compatibilidade, será aplicada a norma do inciso anterior;

IV – Em qualquer caso que exija o afastamento para o exercício de mandato eletivo, seu tempo de serviço será contado para todos os efeitos legais, exceto para promoção por merecimento;

V – Na hipótese de ser segurado de regime próprio de previdência social, permanecerá filiado a esse regime, no ente federativo de origem.

Em suma:

- **Mandato Eletivo Federal, Estadual ou Distrital:** afasta-se do cargo, emprego ou função;
- **Mandato Eletivo Municipal**
  - **Prefeito:** Afasta-se do cargo, mas pode optar pela remuneração;
  - **Vereador:** Havendo compatibilidade de horário, pode exercer os dois cargos e cumular as duas remunerações respeitando os limites legais. Não havendo compatibilidade de horário, deverá afastar-se do cargo podendo optar pela remuneração de um dos dois.

Havendo o afastamento, a Constituição Federal de 1988 determina ainda que esse período seja contabilizado como tempo de serviço gerando todos seus efeitos legais, com exceção da promoção de merecimento, além de ser contabilizado para efeito de benefício previdenciário.

10.7 Regras de remuneração dos servidores públicos

A Constituição Federal de 1988 previu várias regras referentes a remuneração dos servidores públicos, que consta no art. 37, da CF/1988/1988, as quais são bem interessantes para serem cobradas em sua prova:

X – A remuneração dos servidores públicos e o subsídio de que trata o § 4º do art. 39 somente poderão ser fixados ou alterados por lei específica, observada a iniciativa privativa em cada caso, assegurada revisão geral anual, sempre na mesma data e sem distinção de índices;

O primeiro ponto importante sobre a remuneração dos servidores é que ela só pode ser fixada por meio de lei específica, se a Constituição Federal de 1988 não estabelece qualquer outro critério, essa lei é ordinária. Além disso, a iniciativa da lei também é específica, ou seja, cada poder tem competência para propor a lei que altere o quadro

D C O N

remuneratório dos seus servidores. Por exemplo, no âmbito do Poder Executivo Federal o Presidente da República é quem tem a iniciativa para propor o projeto de lei.

Ainda há que se fazer a revisão geral anual, sem distinção de índices e sempre na mesma data, que serve para suprir as perdas inflacionárias que ocorrem com a remuneração dos servidores. No que tange à revisão geral anual, o STF entende que a competência para a iniciativa é privativa do Presidente da República, com base no art. 61, § 1º, II, "a" da CF/1988:

> *§ 1º São de iniciativa privativa do Presidente da República as leis que: [...]*
>
> *II – Disponham sobre:*
>
> *a) criação de cargos, funções ou empregos públicos na administração direta e autárquica ou aumento de sua remuneração.*

Outro ponto importante é o **teto constitucional**, que é o limite imposto para fixação das tabelas remuneratórias dos servidores; conforme o inciso XI do art. 37 da Constituição Federal de 1988:

> *XI – A remuneração e o subsídio dos ocupantes de cargos, funções e empregos públicos da administração direta, autárquica e fundacional, dos membros de qualquer dos Poderes da União, dos Estados, do Distrito Federal e dos Municípios, dos detentores de mandato eletivo e dos demais agentes políticos e os proventos, pensões ou outra espécie remuneratória, percebidos cumulativamente ou não, incluídas as vantagens pessoais ou de qualquer outra natureza, não poderão exceder o subsídio mensal, em espécie, dos Ministros do Supremo Tribunal Federal, aplicando-se como limite, nos Municípios, o subsídio do Prefeito, e nos Estados e no Distrito Federal, o subsídio mensal do Governador no âmbito do Poder Executivo, o subsídio dos Deputados Estaduais e Distritais no âmbito do Poder Legislativo e o subsídio dos Desembargadores do Tribunal de Justiça, limitado a noventa inteiros e vinte e cinco centésimos por cento do subsídio mensal, em espécie, dos Ministros do Supremo Tribunal Federal, no âmbito do Poder Judiciário, aplicável este limite aos membros do Ministério Público, aos Procuradores e aos Defensores Públicos.*

Vamos entender essa regra, analisando os diversos tipos de limites previstos no texto constitucional.

O primeiro limite é o Teto Geral, que, segundo a Constituição, corresponde ao subsídio do Ministro do Supremo Tribunal Federal. Isso significa que nenhum servidor público no Brasil pode receber remuneração maior que o subsídio do Ministro do Supremo Tribunal Federal. Esse limite se aplica a todos os poderes em todos os entes federativos. Ressalte-se que a iniciativa de proposta legislativa para fixação da remuneração dos Ministros pertence aos próprios membros do STF.

Em seguida, nós temos os subtetos, que são limites aplicáveis a cada poder e em cada ente federativo. Vejamos de forma sistematizada as regras previstas na Constituição Federal:

10.7.1 Estados e DF

Poder Executivo: subsídio do governador.

Poder Legislativo: subsídio do deputado estadual ou distrital.

Poder Judiciário: subsídio do desembargador do Tribunal de Justiça. Aplica-se este limite aos membros do Ministério Público e da Defensoria Pública dos Estados e Distrito Federal.

10.7.2 Municípios

Poder Executivo: subsídio do prefeito.

A Constituição Federal de 1988 permite que os estados e o Distrito Federal poderão, por iniciativa do governador, adotar limite único nos termos do art. 37, § 12, mediante emenda à Constituição Estadual ou à lei orgânica do Distrito Federal, o qual não poderá ultrapassar 90,25% do subsídio do ministro do STF. Ressalte-se que, se porventura for criado este limite único, ele não será aplicado a alguns membros do Poder Legislativo, como aos deputados distritais e vereadores.

A seguir, são abordados alguns limites específicos que também estão previstos no texto constitucional, mas em outros artigos, pois são determinados a algumas autoridades:

- **Governador e Prefeito:** subsídio do ministro do STF;
- **Deputado Estadual e Distrital:** 75% do subsídio do Deputado Federal;
- **Vereador:** 75% do subsídio do Deputado Estadual para os municípios com mais de 500.000 habitantes. Nos municípios com menos habitantes, aplica-se a regra proporcional a população conforme o art. 29, VI da Constituição Federal.
- **Magistrados dos Tribunais Superiores:** 95% do subsídio dos ministros do STF. Dos demais magistrados, o subteto é 95% do subsídio dos ministros dos Tribunais Superiores.

> ***Art. 93** [...]*
>
> *V – O subsídio dos Ministros dos Tribunais Superiores corresponderá a noventa e cinco por cento do subsídio mensal fixado para os Ministros do Supremo Tribunal Federal e os subsídios dos demais magistrados serão fixados em lei e escalonados, em nível federal e estadual, conforme as respectivas categorias da estrutura judiciária nacional, não podendo a diferença entre uma e outra ser superior a dez por cento ou inferior a cinco por cento, nem exceder a noventa e cinco por cento do subsídio mensal dos Ministros dos Tribunais Superiores, obedecido, em qualquer caso, o disposto nos Arts. 37, XI, e 39, § 4º.*

Tetos específicos
Governador e prefeito → subsídio do Ministro do STF.
Deputado estadual e distrital → 75% do subsídio do Deputado Federal.
Vereador → 75% do subsídio do Deputado Estadual (municípios + de 500 mil habitantes).
Magistrados dos Tribunais Superiores → 95% do subsídio dos ministros do STF.

Lembre-se de que esses limites se aplicam quando for possível a acumulação de cargos prevista no texto constitucional, ressalvados os seguintes casos:

- **Magistratura + magistério:** a resolução nº 14/2006 do Conselho Nacional de Justiça prevê que não se sujeita ao teto a remuneração oriunda no magistério exercido pelos juízes;
- Exercício cumulativo de funções no Supremo Tribunal Federal e Tribunal Superior Eleitoral.

Os limites aplicam-se as empresas públicas e sociedades de economia mista desde que recebam recursos da União dos Estados e do Distrito Federal para pagamento do pessoal e custeio em geral:

> ***Art. 37** [...]*
>
> *§ 9º O disposto no inciso XI aplica-se às empresas públicas e às sociedades de economia mista, e suas subsidiárias, que receberem recursos da União, dos Estados, do Distrito Federal ou dos Municípios para pagamento de despesas de pessoal ou de custeio em geral.*

A Constituição Federal também trouxe previsão expressa vedando qualquer equiparação ou vinculação de remuneração de servidor público:

> ***Art. 37, XIII.** É vedada a vinculação ou equiparação de quaisquer espécies remuneratórias para o efeito de remuneração de pessoal do serviço público.*

Antes da Emenda Constitucional nº 19/1998, muitos servidores incorporavam vantagens pecuniárias calculadas sobre outras vantagens, gerando aumento desproporcional da remuneração. Isso acabou com a alteração do texto constitucional:

> ***Art. 37** [...]*
>
> *XIV – Os acréscimos pecuniários percebidos por servidor público não serão computados nem acumulados para fins de concessão de acréscimos ulteriores.*

Destaque-se, ainda, a regra constitucional que prevê a irredutibilidade da remuneração dos servidores públicos:

> ***Art. 37** [...]*
>
> *XV – O subsídio e os vencimentos dos ocupantes de cargos e empregos públicos são irredutíveis, ressalvado o disposto nos incisos XI e XIV deste artigo e nos Arts. 39, § 4º, 150, II, 153, III, e 153, § 2º, I.*

A irredutibilidade aqui é meramente nominal, não existindo direito à preservação do valor real em proteção a perda do poder aquisitivo. A irredutibilidade também não impede a alteração da composição remuneratória; significa dizer que podem ser retiradas as gratificações, mantendo-se o valor nominal da remuneração, nem mesmo a supressão de parcelas ou gratificações; é preciso considerar que o STF entende não haver direito adquirido a regime jurídico.

10.8 Regras de aposentadoria

Esse tema costuma ser trabalhado em Direito Previdenciário devido às inúmeras regras de transição que foram editadas, além das previstas no texto constitucional. Para as provas de Direito Constitucional, é importante a leitura atenta dos dispositivos abaixo:

> ***Art. 40** O regime próprio de previdência social dos servidores titulares de cargos efetivos terá caráter contributivo e solidário, mediante contribuição do respectivo ente federativo, de servidores ativos, de aposentados e de pensionistas, observados critérios que preservem o equilíbrio financeiro e atuarial.*
>
> *§ 1º O servidor abrangido por regime próprio de previdência social será aposentado:*
>
> *I – por incapacidade permanente para o trabalho, no cargo em que estiver investido, quando insuscetível de readaptação, hipótese em que será obrigatória a realização de avaliações periódicas para verificação da continuidade das condições que ensejaram a concessão da aposentadoria, na forma de lei do respectivo ente federativo;*
>
> *II – compulsoriamente, com proventos proporcionais ao tempo de contribuição, aos 70 (setenta) anos de idade, ou aos 75 (setenta e cinco) anos de idade, na forma de lei complementar;*
>
> *III – no âmbito da União, aos 62 (sessenta e dois) anos de idade, se mulher, e aos 65 (sessenta e cinco) anos de idade, se homem, e, no âmbito dos Estados, do Distrito Federal e dos Municípios, na idade mínima estabelecida mediante emenda às respectivas Constituições e Leis Orgânicas, observados o tempo de contribuição e os demais requisitos estabelecidos em lei complementar do respectivo ente federativo.*
>
> *§ 2º Os proventos de aposentadoria não poderão ser inferiores ao valor mínimo a que se refere o § 2º do art. 201 ou superiores ao limite máximo estabelecido para o Regime Geral de Previdência Social, observado o disposto nos §§ 14 a 16.*
>
> *§ 3º As regras para cálculo de proventos de aposentadoria serão disciplinadas em lei do respectivo ente federativo.*
>
> *§ 4º É vedada a adoção de requisitos ou critérios diferenciados para concessão de benefícios em regime próprio de previdência social, ressalvado o disposto nos §§ 4º-A, 4º-B, 4º-C e 5º.*
>
> *§ 4º-A Poderão ser estabelecidos por lei complementar do respectivo ente federativo idade e tempo de contribuição diferenciados para aposentadoria de servidores com deficiência, previamente submetidos a avaliação biopsicossocial realizada por equipe multiprofissional e interdisciplinar.*
>
> *§ 4º-B Poderão ser estabelecidos por lei complementar do respectivo ente federativo idade e tempo de contribuição diferenciados para aposentadoria de ocupantes do cargo de agente penitenciário, de agente socioeducativo ou de policial dos órgãos de que tratam o inciso IV do caput do art. 51, o inciso XIII do caput do art. 52 e os incisos I a IV do caput do art. 144.*
>
> *§ 4º-C Poderão ser estabelecidos por lei complementar do respectivo ente federativo idade e tempo de contribuição diferenciados para aposentadoria de servidores cujas atividades sejam exercidas com efetiva exposição a agentes químicos, físicos e biológicos prejudiciais à saúde, ou associação desses agentes, vedada a caracterização por categoria profissional ou ocupação.*
>
> *§ 5º Os ocupantes do cargo de professor terão idade mínima reduzida em 5 (cinco) anos em relação às idades decorrentes da aplicação do disposto no inciso III do § 1º, desde que comprovem tempo de efetivo exercício das funções de magistério na educação infantil e no ensino fundamental e médio fixado em lei complementar do respectivo ente federativo.*
>
> *§ 6º Ressalvadas as aposentadorias decorrentes dos cargos acumuláveis na forma desta Constituição, é vedada a percepção de mais de uma aposentadoria à conta de regime próprio de previdência social, aplicando-se outras vedações, regras e condições para a acumulação de benefícios previdenciários estabelecidas no Regime Geral de Previdência Social.*
>
> *§ 7º Observado o disposto no § 2º do art. 201, quando se tratar da única fonte de renda formal auferida pelo dependente, o benefício de pensão por morte será concedido nos termos de lei do respectivo ente federativo, a qual tratará de forma diferenciada a hipótese de morte dos servidores de que trata o § 4º-B decorrente de agressão sofrida no exercício ou em razão da função.*
>
> *§ 8º É assegurado o reajustamento dos benefícios para preservar-lhes, em caráter permanente, o valor real, conforme critérios estabelecidos em lei.*
>
> *§ 9º O tempo de contribuição federal, estadual, distrital ou municipal será contado para fins de aposentadoria, observado o disposto nos §§ 9º e 9º-A do art. 201, e o tempo de serviço correspondente será contado para fins de disponibilidade.*
>
> *§ 10 A lei não poderá estabelecer qualquer forma de contagem de tempo de contribuição fictício.*
>
> *§ 11 Aplica-se o limite fixado no art. 37, XI, à soma total dos proventos de inatividade, inclusive quando decorrentes da acumulação de cargos ou empregos públicos, bem como de outras atividades sujeitas a contribuição para o regime geral de previdência social, e ao montante resultante da adição de proventos de inatividade com remuneração de cargo acumulável na forma desta Constituição, cargo em comissão declarado em lei de livre nomeação e exoneração, e de cargo eletivo.*
>
> *§ 12 Além do disposto neste artigo, serão observados, em regime próprio de previdência social, no que couber, os requisitos e critérios fixados para o Regime Geral de Previdência Social.*
>
> *§ 13 Aplica-se ao agente público ocupante, exclusivamente, de cargo em comissão declarado em lei de livre nomeação e exoneração, de outro cargo temporário, inclusive mandato eletivo, ou de emprego público, o Regime Geral de Previdência Social.*
>
> *§ 14 A União, os Estados, o Distrito Federal e os Municípios instituirão, por lei de iniciativa do respectivo Poder Executivo, regime de previdência complementar para servidores públicos ocupantes de cargo efetivo, observado o limite máximo dos benefícios do Regime Geral de Previdência Social para o valor das aposentadorias e das pensões em regime próprio de previdência social, ressalvado o disposto no § 16.*
>
> *§ 15 O regime de previdência complementar de que trata o § 14 oferecerá plano de benefícios somente na modalidade contribuição definida, observará o disposto no art. 202 e será efetivado por intermédio de entidade fechada de previdência complementar ou de entidade aberta de previdência complementar.*
>
> *§ 16 Somente mediante sua prévia e expressa opção, o disposto nos § § 14 e 15 poderá ser aplicado ao servidor que tiver ingressado no serviço público até a data da publicação do ato de instituição do correspondente regime de previdência complementar.*
>
> *§ 17 Todos os valores de remuneração considerados para o cálculo do benefício previsto no § 3° serão devidamente atualizados, na forma da lei.*
>
> *§ 18 Incidirá contribuição sobre os proventos de aposentadorias e pensões concedidas pelo regime de que trata este artigo que superem*

D C O N

o limite máximo estabelecido para os benefícios do regime geral de previdência social de que trata o art. 201, com percentual igual ao estabelecido para os servidores titulares de cargos efetivos.

§ 19 Observados critérios a serem estabelecidos em lei do respectivo ente federativo, o servidor titular de cargo efetivo que tenha completado as exigências para a aposentadoria voluntária e que opte por permanecer em atividade poderá fazer jus a um abono de permanência equivalente, no máximo, ao valor da sua contribuição previdenciária, até completar a idade para aposentadoria compulsória.

§ 20 É vedada a existência de mais de um regime próprio de previdência social e de mais de um órgão ou entidade gestora desse regime em cada ente federativo, abrangidos todos os poderes, órgãos e entidades autárquicas e fundacionais, que serão responsáveis pelo seu financiamento, observados os critérios, os parâmetros e a natureza jurídica definidos na lei complementar de que trata o § 22.

§ 21 (Revogado)

§ 22 Vedada a instituição de novos regimes próprios de previdência social, lei complementar federal estabelecerá, para os que já existam, normas gerais de organização, de funcionamento e de responsabilidade em sua gestão, dispondo, entre outros aspectos, sobre:

I – requisitos para sua extinção e consequente migração para o Regime Geral de Previdência Social;

II – modelo de arrecadação, de aplicação e de utilização dos recursos;

III – fiscalização pela União e controle externo e social;

IV – definição de equilíbrio financeiro e atuarial;

V – condições para instituição do fundo com finalidade previdenciária de que trata o art. 249 e para vinculação a ele dos recursos provenientes de contribuições e dos bens, direitos e ativos de qualquer natureza;

VI – mecanismos de equacionamento do déficit atuarial;

VII – estruturação do órgão ou entidade gestora do regime, observados os princípios relacionados com governança, controle interno e transparência;

VIII – condições e hipóteses para responsabilização daqueles que desempenhem atribuições relacionadas, direta ou indiretamente, com a gestão do regime;

IX – condições para adesão a consórcio público;

X – parâmetros para apuração da base de cálculo e definição de alíquota de contribuições ordinárias e extraordinárias.

10.9 Militares dos estados, Distrito Federal e territórios

A Constituição Federal distingue duas espécies de servidores, os civis e os militares, sendo que a estes reserva um regime jurídico diferenciado, previsto especialmente no art. 42 (Polícias Militares e Corpos de Bombeiros Militares) e no art. 142, § 3º (Forças Armadas - Exército, Marinha e Aeronáutica).

As Polícias Militares, os Corpos de Bombeiros Militares e as Forças Armadas são instituições organizadas com base na **hierarquia** e na **disciplina**.

Tomando de empréstimo o conceito constante do art. 14, § 1º e 2º, da Lei nº 6.880/1980 (Estatuto dos Militares das Forças Armadas), temos que a **hierarquia** militar é a ordenação da autoridade, em níveis diferentes, dentro da estrutura militar e a **disciplina** é a rigorosa observância e o acatamento integral das leis, regulamentos, normas e disposições que fundamentam o organismo militar e coordenam seu funcionamento regular e harmônico, traduzindo-se pelo perfeito cumprimento do dever por parte de todos e de cada um dos componentes desses organismos.

A hierarquia e a disciplina estão presentes em todo o serviço público. No entanto, no seio militar, elas são muito mais rígidas, objetivando garantir pronta e irrestrita obediência de seus membros, o que é imprescindível para o exercício das suas atividades.

As Polícias Militares e os Corpos de Bombeiros Militares são **órgãos de segurança pública** (art. 144, da Constituição Federal de 1988), organizados e mantidos pelos Estados.

Às Polícias Militares cabem as atribuições de polícia administrativa, ostensiva e a preservação da ordem pública. Aos Corpos de Bombeiros Militares cabe, além das atribuições definidas em lei (atividades de combate a incêndio, busca e resgate de pessoas etc.), a execução de atividades de defesa civil (art. 144, § 5º, da CF/1988/1988).

Segundo o § 6º, do art. 144, da CF/1988/1988, as Polícias Militares e os Corpos de Bombeiros Militares são forças auxiliares e reserva do Exército e subordinam-se aos governadores dos estados, do Distrito Federal e dos territórios.

Apesar de estarem subordinadas ao Governador do Distrito Federal, a organização e a manutenção da Polícia Militar e do Corpo de Bombeiros Militares do Distrito Federal são de competência da União (art. 21, inciso XIV, da CF/1988/1988).

No art. 42, a Constituição Federal estende aos policiais militares e aos bombeiros militares praticamente as mesmas **disposições** aplicáveis aos integrantes das Forças Armadas, militares da União, previstas no art. 142, § 2º e 3º, da Constituição Federal de 1988. Assim, entre outros:

- **O militar que seja alistável é elegível.** No entanto, se contar menos de dez anos de serviço, deverá afastar-se da atividade; se contar mais de dez anos de serviço será agregado pela autoridade superior e, se eleito, passará automaticamente, no ato da diplomação, para a inatividade.
- **Não cabe** *Habeas corpus* em relação a punições disciplinares militares.
- **Ao militar são proibidas** a sindicalização e a greve.
- O militar, **enquanto em serviço ativo**, não pode estar filiado a partidos políticos.

11 FUNÇÕES ESSENCIAIS À JUSTIÇA

As funções essenciais à justiça estão previstas expressamente do art. 127 ao 135 da Constituição Federal de 1988, elas são representadas pelas seguintes instituições:

- **Ministério Público;**
- **Advocacia Pública;**
- **Defensoria Pública;**
- **Advocacia.**

Ao contrário do que muitos pensam, essas instituições não fazem parte do Poder Judiciário, mas desempenham suas funções junto a esse poder. Sua atuação é essencial ao exercício jurisdicional, razão pela qual foram classificadas como funções essenciais. Essa necessidade se justifica em razão da impossibilidade de o Judiciário agir de ofício, ou seja, toda a atuação jurisdicional demanda provocação, a qual será titularizada por uma dessas instituições.

Esses organismos são representados por agentes públicos ou privados cuja função principal é provocar a atuação do Poder Judiciário, o qual se mantém inerte e imparcial, aguardando o momento certo para agir. São em sua essência "advogados".

O Ministério Público é o advogado da sociedade, pois, conforme prevê o *caput* do art. 127, incumbe-lhe a tarefa de defender a ordem jurídica, o regime democrático e os interesses sociais e individuais indisponíveis:

> ***Art. 127*** *O Ministério Público é instituição permanente, essencial à função jurisdicional do Estado, incumbindo-lhe a defesa da ordem jurídica, do regime democrático e dos interesses sociais e individuais indisponíveis.*

A Advocacia Pública advoga para o Estado representando os entes públicos judicial e extrajudicialmente ou mesmo desempenhando atividades de assessoria e consultoria jurídica.

A Defensoria Pública tem como atribuição principal advogar para os necessitados. São os defensores públicos responsáveis pela defesa dos hipossuficientes, aqueles que não possuem recursos financeiros para contratarem advogados privados.

E, por último, há a Advocacia, que, pela lógica, é privada, formada por advogados particulares, os quais são inscritos na Ordem dos Advogados do Brasil (OAB) e atuam de forma autônoma e independente dentro dos limites estabelecidos em lei.

O objetivo desta breve introdução é apresentar a diferença funcional básica entre as instituições de forma a facilitar o estudo que, a partir de agora, será mais aprofundado, visando a possíveis questões em provas de concursos públicos. Então, analisaremos, a partir de agora, as Funções Essenciais à Justiça.

11.1 Ministério Público

A compreensão dessa instituição inicia-se pela leitura do próprio texto constitucional, que prevê: o Ministério Público é uma instituição permanente, de natureza política, cujas atribuições possuem natureza administrativa, sem que com isso esteja subordinada ao Poder Executivo.

Fala-se em uma instituição independente e autônoma aos demais Poderes, motivo pelo qual está posicionada constitucionalmente em capítulo à parte na organização dos poderes como uma função essencial à justiça. Como função essencial à justiça, o Ministério Público é responsável pela provocação do Poder Judiciário em defesa da sociedade, quando se tratar de direitos sociais e individuais indisponíveis.

O Ministério Público no Brasil, além de obedecer às regras constitucionais, também é regido por duas normas: Lei Complementar nº 75/1993 e a Lei nº 8.625/1993. Essa regula o Ministério Público Nacional e é aplicável aos Ministérios Públicos dos Estados. Aquela é específica para o Ministério Público da União. Cada Estado da Federação poderá organizar o seu órgão ministerial editando sua própria lei orgânica estadual.

A seguir, será feita uma leitura da instituição sob a ótica constitucional sem aprofundar nas estruturas lançadas nas referidas leis orgânicas, o que será feito em momento oportuno.

11.1.1 Estrutura orgânica

Para viabilizar o exercício de suas funções, a Constituição Federal organizou o Ministério Público no art. 128:

> ***Art. 128*** *O Ministério Público abrange:*
>
> *I – o Ministério Público da União, que compreende:*
>
> *a) o Ministério Público Federal;*
>
> *b) o Ministério Público do Trabalho;*
>
> *c) o Ministério Público Militar;*
>
> *d) o Ministério Público do Distrito Federal e Territórios;*
>
> *II – os Ministérios Públicos dos Estados.*

Fique atento a essa classificação, pois o rol é taxativo e, em prova, os examinadores costumam mencionar a existência de um Ministério Público Eleitoral ao se fazer comparativo com a estrutura do Poder Judiciário. Na organização do MPU, não foi prevista a existência de Ministério Público com atribuição Eleitoral, função essa de competência do Ministério Público Federal e do Ministério Público Estadual, conforme prevê a Lei Complementar nº 75/1993 (arts. 72 a 80).

Como se pode perceber, o Ministério Público está dividido em Ministério Público da União e Ministério Público dos Estados, cada um com sua própria autonomia organizacional e chefia própria. O Ministério Público da União, por sua vez, abrange:

- Ministério Público Federal;
- Ministério Público do Trabalho;
- Ministério Público Militar;
- Ministério Público do Distrito Federal e Territórios.

Existe ainda o Ministério Público junto ao Tribunal de Contas, o qual possui natureza diversa do Ministério Público aqui estudado. Sua organização está atrelada ao Tribunal de Contas do qual faz parte, mas aos seus membros são estendidas as disposições aplicáveis aos Membros do Ministério Público:

> ***Art. 130*** *Aos membros do Ministério Público junto aos Tribunais de Contas aplicam-se as disposições desta seção pertinentes a direitos, vedações e forma de investidura.*

11.1.2 Atribuições

Suas atribuições se apoiam na defesa da ordem jurídica, do regime democrático e dos interesses sociais e individuais indisponíveis. É um verdadeiro defensor da sociedade e fiscal dos poderes públicos. Em rol meramente exemplificativo, a Constituição previu como funções institucionais o art. 129:

> ***Art. 129*** *São funções institucionais do Ministério Público:*
>
> *I – promover, privativamente, a ação penal pública, na forma da lei;*
>
> *II – zelar pelo efetivo respeito dos Poderes Públicos e dos serviços de relevância pública aos direitos assegurados nesta Constituição, promovendo as medidas necessárias a sua garantia;*
>
> *III – promover o inquérito civil e a ação civil pública, para a proteção do patrimônio público e social, do meio ambiente e de outros interesses difusos e coletivos;*
>
> *IV – promover a ação de inconstitucionalidade ou representação para fins de intervenção da União e dos Estados, nos casos previstos nesta Constituição;*
>
> *V – defender judicialmente os direitos e interesses das populações indígenas;*
>
> *VI – expedir notificações nos procedimentos administrativos de sua competência, requisitando informações e documentos para instruí-los, na forma da lei complementar respectiva;*
>
> *VII – exercer o controle externo da atividade policial, na forma da lei complementar mencionada no artigo anterior;*
>
> *VIII – requisitar diligências investigatórias e a instauração de inquérito policial, indicados os fundamentos jurídicos de suas manifestações processuais;*

DCON

IX – exercer outras funções que lhe forem conferidas, desde que compatíveis com sua finalidade, sendo-lhe vedada a representação judicial e a consultoria jurídica de entidades públicas.

§ 1º A legitimação do Ministério Público para as ações civis previstas neste artigo não impede a de terceiros, nas mesmas hipóteses, segundo o disposto nesta Constituição e na lei.

§ 2º As funções do Ministério Público só podem ser exercidas por integrantes da carreira, que deverão residir na comarca da respectiva lotação, salvo autorização do chefe da instituição.

§ 3º O ingresso na carreira do Ministério Público far-se-á mediante concurso público de provas e títulos, assegurada a participação da Ordem dos Advogados do Brasil em sua realização, exigindo-se do bacharel em direito, no mínimo, três anos de atividade jurídica e observando-se, nas nomeações, a ordem de classificação.

§ 4º Aplica-se ao Ministério Público, no que couber, o disposto no art. 93.

§ 5º A distribuição de processos no Ministério Público será imediata.

No desempenho das suas funções institucionais, algumas características foram previstas pela Constituição, as quais são muito importantes para a prova.

Os § 2º e § 3º afirmam que as funções do Ministério Púbico só podem ser exercidas por integrantes da carreira, ou seja, por Membros aprovados em concurso público de provas e títulos, assegurada a participação da OAB durante a sua realização, entre os quais são exigidos os seguintes requisitos:

- Ser bacharel em direito;
- Possuir, no mínimo, três anos de atividade jurídica.

Em relação à atividade jurídica, deve-se salientar a regulamentação feita pela Resolução nº 40 do Conselho Nacional do Ministério Público, a qual prevê, entre outras atividades, o exercício da advocacia ou de cargo, função e emprego que exija a utilização preponderante de conhecimentos jurídicos, ou até mesmo a realização de cursos de pós-graduação dentro dos parâmetros estabelecidos pela referida resolução. É importante lembrar que esse requisito deverá ser comprovado no momento da investidura no cargo, ou seja, na posse, depois de finalizadas todas as fases do concurso.

A Constituição exige ainda que o Membro do Ministério Público resida na comarca de lotação, salvo quando houver autorização do chefe da Instituição. Em razão da semelhança e importância com a carreira da magistratura, a Constituição previu expressamente a aplicação do art. 93 aos membros do Ministério Público, no que for compatível com a carreira. E, por fim, determina que a distribuição dos processos aos órgãos ministeriais seja feita de forma imediata.

Titular da ação penal pública

Segundo o inciso I do art. 129, compete ao Ministério Público promover, privativamente, a ação penal pública, na forma da lei. A doutrina classifica esse dispositivo como espécie de norma de eficácia contida possuindo aplicabilidade direta e imediata, permitida a regulamentação por lei.

Essa competência é corroborada pela possibilidade de requisição de diligências investigatórias e da instauração de inquérito policial, para que o órgão ministerial formule sua convicção sobre o ilícito penal, o que está previsto no inciso VIII do art. 129.

Essa exclusividade conferida pela Constituição Federal encontra limitação no próprio texto constitucional, ao permitir o cabimento de ação penal privada subsidiária da pública nos casos em que o Ministério Público (MP) fique inerte e não cumpra com sua obrigação.

Dessa competência decorre o poder de investigação do Ministério Público, o qual tem sido alvo de muita discussão nos tribunais. Quem não concorda com esse poder sustenta ser a atividade de investigação criminal uma atividade exclusiva da autoridade policial nos termos do art. 144 da CF/1988.

O posicionamento que tem prevalecido na doutrina e na jurisprudência é no sentido de que o Ministério Público tem legitimidade para promover a investigação criminal, haja vista ser ele o destinatário das informações sobre o fato delituoso produzido no inquérito policial. Ademais, por ter caráter administrativo, o inquérito policial é dispensável, não dependendo o Ministério Público da sua existência para promover a persecução penal.

Para a solução desse caso, tem-se aplicado a Teoria dos Poderes Implícitos. Segundo a teoria, as competências expressamente previstas no texto constitucional carregam consigo os meios necessários para sua execução, ou seja, a existência de uma competência explícita implica existência de competências implicitamente previstas e necessárias para execução da atribuição principal. Em suma, se ao Ministério Público compete o oferecimento exclusivo da ação penal pública, por consequência da aplicação dessa teoria, compete também a execução das atividades necessárias à formação da sua opinião sobre o delito. Significa dizer que o poder de investigação criminal está implicitamente previsto no poder de oferecimento da ação penal pública.

11.1.3 Legitimidade para promover o inquérito civil e a ação civil pública

O Ministério Público também é competente para promover o inquérito civil e a ação civil pública nos termos do inciso III do art. 129. Essas ferramentas são utilizadas para a proteção do patrimônio público e social, do meio ambiente e de outros interesses difusos e coletivos.

Entendem-se como interesses difusos aqueles de natureza indivisível, cujos titulares não se podem determinar apesar de estarem ligados uns aos outros pelas circunstâncias fáticas. Interesses coletivos se diferenciam dos difusos na medida em que é possível determinar quem são os titulares do direito.

Segundo a Constituição Federal, a ação civil pública não é medida exclusiva a ser adotada pelo Ministério Público:

> ***Art. 129** [...]*
>
> *§ 1º A legitimação do Ministério Público para as ações civis previstas neste artigo não impede a de terceiros, nas mesmas hipóteses, segundo o disposto nesta Constituição e na lei.*

A Lei nº 7.347/1985 (Lei de Ação Civil Pública) prevê que são legitimados para propor tal ação, além do MP:

- **A Defensoria Pública;**
- **A União, os estados, o Distrito Federal e os municípios;**
- **A autarquia, empresa pública, fundação ou sociedade de economia mista;**
- **A associação que concomitantemente esteja constituída há pelo menos 1 ano nos termos da lei civil e inclua entre suas finalidades institucionais a proteção ao meio ambiente, ao consumidor, à ordem econômica, à livre concorrência ou ao patrimônio artístico, estético, histórico, turístico e paisagístico.**

Já o inquérito civil é procedimento investigatório de caráter administrativo, que poderá ser instaurado pelo Ministério Público com o fim de colher os elementos de prova necessários para a sua convicção sobre o ilícito e, posteriormente, instrução da ação civil pública.

11.1.4 Controle de constitucionalidade

Função das mais relevantes desempenhada pelos órgãos ministeriais ocorre no controle da constitucionalidade das leis e atos normativos. Essa atribuição é inerente à sua função de guardião da ordem jurídica. Como protetor da ordem jurídica, compete ao Ministério Público oferecer as ações de controle abstrato de constitucionalidade, bem como a Representação Interventiva para fins de intervenção da União e dos estados nas hipóteses previstas na Constituição Federal.

11.1.5 Controle externo da atividade policial

A Constituição Federal determina que o Ministério Público realize o controle externo da atividade policial. Fala-se em controle externo haja vista o Ministério Público não pertencer à mesma estrutura das forças policiais. É uma instituição totalmente autônoma a qualquer órgão policial, razão pela qual não se pode falar em subordinação dos organismos policiais ao Parquet. A justificativa para essa atribuição decorre do fato de ser ele o destinatário final da atividade policial.

Se, por um lado, o controle externo objetiva a fiscalização das atividades policiais para que elas não sejam desenvolvidas além dos limites legais, preservando os direitos e garantias fundamentais dos investigados, por outro, garante o seu perfeito desenvolvimento, prevenindo e corrigindo a produção probatória, visando ao adequado oferecimento da ação penal.

O controle externo da atividade policial desenvolvido pelo Ministério Público, além de regulamentado nas respectivas leis orgânicas, está normatizado na Resolução nº 20 do CNMP. Ressalte-se que o controle externo não exime a instituição policial de realizar o seu próprio controle interno por meio das corregedorias e órgãos de fiscalização.

Sujeitam-se ao citado controle externo todas as instituições previstas no art. 144 da Constituição Federal de 1988, bem como as demais instituições que possuam parcela do poder de polícia desde que estejam relacionadas com a segurança pública e a persecução criminal.

11.1.6 Conselho Nacional do Ministério Público (CNMP)

O Conselho Nacional do Ministério Público, a exemplo do Conselho Nacional de Justiça, foi criado pela Emenda Constitucional nº 45/2004 com o objetivo de efetuar a fiscalização administrativa e financeira do Ministério Público, bem como o cumprimento dos deveres funcionais de seus membros.

- **Composição**

Segundo o texto constitucional, o CNMP é composto de 14 membros, nomeados pelo Presidente da República, depois de aprovada a escolha pela maioria absoluta do Senado Federal, para um mandato de dois anos, sendo permitida apenas uma recondução. Veja-se a composição prevista pela Constituição Federal no art. 130-A:

> ***Art. 130-A*** *O Conselho Nacional do Ministério Público compõe-se de quatorze membros nomeados pelo Presidente da República, depois de aprovada a escolha pela maioria absoluta do Senado Federal, para um mandato de dois anos, admitida uma recondução, sendo:*
>
> *I – o Procurador-geral da República, que o preside;*
>
> *II – quatro membros do Ministério Público da União, assegurada a representação de cada uma de suas carreiras;*
>
> *III – três membros do Ministério Público dos Estados;*
>
> *IV – dois juízes, indicados um pelo Supremo Tribunal Federal e outro pelo Superior Tribunal de Justiça;*
>
> *V – dois advogados, indicados pelo Conselho Federal da Ordem dos Advogados do Brasil;*
>
> *VI – dois cidadãos de notável saber jurídico e reputação ilibada, indicados um pela Câmara dos Deputados e outro pelo Senado Federal.*
>
> *§ 1º. Os membros do Conselho oriundos do Ministério Público serão indicados pelos respectivos Ministérios Públicos, na forma da lei.*

- **Atribuições**

Vejamos as atribuições previstas constitucionalmente para o CNMP:

> ***Art. 130-A*** *[...]*
>
> *§ 2º. Compete ao Conselho Nacional do Ministério Público o controle da atuação administrativa e financeira do Ministério Público e do cumprimento dos deveres funcionais de seus membros, cabendo-lhe:*
>
> *I – zelar pela autonomia funcional e administrativa do Ministério Público, podendo expedir atos regulamentares, no âmbito de sua competência, ou recomendar providências;*
>
> *II – zelar pela observância do art. 37 e apreciar, de ofício ou mediante provocação, a legalidade dos atos administrativos praticados por membros ou órgãos do Ministério Público da União e dos Estados, podendo desconstituí-los, revê-los ou fixar prazo para que se adotem as providências necessárias ao exato cumprimento da lei, sem prejuízo da competência dos Tribunais de Contas;*
>
> *III – receber e conhecer das reclamações contra membros ou órgãos do Ministério Público da União ou dos Estados, inclusive contra seus serviços auxiliares, sem prejuízo da competência disciplinar e correicional da instituição, podendo avocar processos disciplinares em curso, determinar a remoção, a disponibilidade ou a aposentadoria com subsídios ou proventos proporcionais ao tempo de serviço e aplicar outras sanções administrativas, assegurada ampla defesa;*
>
> *IV – rever, de ofício ou mediante provocação, os processos disciplinares de membros do Ministério Público da União ou dos Estados julgados há menos de um ano;*
>
> *V – elaborar relatório anual, propondo as providências que julgar necessárias sobre a situação do Ministério Público no País e as atividades do Conselho, o qual deve integrar a mensagem prevista no art. 84, XI.*
>
> *§ 3º. O Conselho escolherá, em votação secreta, um Corregedor nacional, dentre os membros do Ministério Público que o integram, vedada a recondução, competindo-lhe, além das atribuições que lhe forem conferidas pela lei, as seguintes:*
>
> *I – receber reclamações e denúncias, de qualquer interessado, relativas aos membros do Ministério Público e dos seus serviços auxiliares;*
>
> *II – exercer funções executivas do Conselho, de inspeção e correição geral;*
>
> *III – requisitar e designar membros do Ministério Público, delegando-lhes atribuições, e requisitar servidores de órgãos do Ministério Público.*
>
> *§ 4º. O Presidente do Conselho Federal da Ordem dos Advogados do Brasil oficiará junto ao Conselho.*
>
> *§ 5º. Leis da União e dos Estados criarão ouvidorias do Ministério Público, competentes para receber reclamações e denúncias de qualquer interessado contra membros ou órgãos do Ministério Público, inclusive contra seus serviços auxiliares, representando diretamente ao Conselho Nacional do Ministério Público.*

11.1.7 Princípios institucionais

A Constituição Federal prevê expressamente no § 1º do art. 127 os chamados princípios institucionais, os quais norteiam o desenvolvimento das atividades dos Órgãos Ministeriais:

> *§ 1º São princípios institucionais do Ministério Público a unidade, a indivisibilidade e a independência funcional.*

- **Princípio da unidade:** revela que os membros do Ministério Público integram um órgão único chefiado por um procurador-geral. Essa unidade é percebida dentro de cada ramo do Ministério Público, não existindo unidade entre o Ministério Público estadual e da União, ou entre os diversos Ministérios Públicos estaduais, ou ainda entre os ramos do Ministério Público da União. Qualquer divisão que exista dentro de um dos órgãos ministeriais possui caráter meramente funcional.
- **Princípio da indivisibilidade:** que decorre do princípio da unidade, revela a possibilidade de os membros se substituírem sem qualquer prejuízo ao processo, pois o Ministério Público é uno e indivisível. Os membros agem em nome da instituição e nunca em nome próprio, pois pertencem a um só corpo. Esse princípio veda a vinculação de um membro a um processo permitindo, inclusive, a delegação da denúncia a outro membro. Ressalte-se que, como no princípio da unidade, a indivisibilidade só ocorre dentro de um mesmo ramo do Ministério Público.
- **Princípio da independência funcional:** com uma dupla acepção: em relação aos membros e em relação à instituição. No que tange aos membros, o referido princípio garante uma atuação independente no exercício das suas atribuições sujeitando-se apenas às determinações constitucionais, legais e de sua consciência jurídica, não havendo qualquer hierarquia ou subordinação intelectual entre os membros. Sob a perspectiva da instituição, o princípio da independência funcional elimina qualquer subordinação do Ministério Público a outro poder. Apesar da independência funcional, verifica-se a existência de uma mera hierarquia administrativa.

Além desses princípios expressos na Constituição Federal, a doutrina e a jurisprudência reconhecem a existência de um princípio implícito no texto constitucional:

- **Princípio do promotor natural:** esse princípio decorre da interpretação do art. 129, § 2º, da Constituição, que afirma:

  § 2º As funções do Ministério Público só podem ser exercidas por integrantes da carreira, que deverão residir na comarca da respectiva lotação, salvo autorização do chefe da instituição.

O princípio do promotor natural veda a designação de membros do Ministério Público fora das hipóteses constitucionais e legais, exigindo que sua atuação seja predeterminada por critérios objetivos aplicáveis a todos os membros da carreira, evitando, assim, que haja designações arbitrárias. O princípio também impede a nomeação de promotor *ad hoc* ou de exceção considerando que as funções do Ministério Público só podem ser desempenhadas por membros da carreira.

11.1.8 Garantias

O Ministério Público, em razão da importância de sua função, recebeu da Constituição Federal algumas garantias que lhe asseguram a independência necessária para bem desempenhar suas atribuições. E não é só a instituição que possui garantias, mas os membros também. Vejamos o que diz a Constituição sobre as garantias institucionais e dos membros:

> ***Art. 127** [...]*
>
> *§ 2º Ao Ministério Público é assegurada autonomia funcional e administrativa, podendo, observado o disposto no art. 169, propor ao Poder Legislativo a criação e extinção de seus cargos e serviços auxiliares, provendo-os por concurso público de provas ou de provas e títulos, a política remuneratória e os planos de carreira; a lei disporá sobre sua organização e funcionamento.*
>
> *§ 3º O Ministério Público elaborará sua proposta orçamentária dentro dos limites estabelecidos na lei de diretrizes orçamentárias.*
>
> *§ 4º Se o Ministério Público não encaminhar a respectiva proposta orçamentária dentro do prazo estabelecido na lei de diretrizes orçamentárias, o Poder Executivo considerará, para fins de consolidação da proposta orçamentária anual, os valores aprovados na lei orçamentária vigente, ajustados de acordo com os limites estipulados na forma do § 3º.*
>
> *§ 5º Se a proposta orçamentária de que trata este artigo for encaminhada em desacordo com os limites estipulados na forma do § 3º, o Poder Executivo procederá aos ajustes necessários para fins de consolidação da proposta orçamentária anual.*
>
> *§ 6º Durante a execução orçamentária do exercício, não poderá haver a realização de despesas ou a assunção de obrigações que extrapolem os limites estabelecidos na lei de diretrizes orçamentárias, exceto se previamente autorizadas, mediante a abertura de créditos suplementares ou especiais.*

O art. 127, § 2º a § 6º, trata das chamadas **garantias institucionais.** Essas garantias visam a conceder maior autonomia à instituição, além de proteger sua independência no exercício de suas atribuições constitucionais. As Garantias Institucionais são de três espécies:

- **Autonomia funcional**: ao desempenhar sua função, o Ministério Público não se subordina a qualquer outra autoridade ou poder, sujeitando-se apenas às determinações constitucionais, legais e de sua consciência jurídica.
- **Autonomia administrativa**: é a capacidade de autogestão, autoadministração e autogoverno. O Ministério Público tem competência para propor ao Legislativo a criação, extinção e organização de seus cargos e carreiras bem como demais atos de gestão.
- **Autonomia financeira:** o Ministério Público pode elaborar sua proposta orçamentária dentro dos limites estabelecidos na Lei de Diretrizes Orçamentárias, tendo liberdade para administrar esses recursos.

Um dos temas mais importantes e que revelam a autonomia administrativa do Ministério Público é a possibilidade que a instituição tem de escolher os seus próprios chefes. Vejamos a literalidade do texto constitucional:

> ***Art. 128** [...]*
>
> *§ 1º O Ministério Público da União tem por chefe o Procurador-geral da República, nomeado pelo Presidente da República dentre integrantes da carreira, maiores de trinta e cinco anos, após a aprovação de seu nome pela maioria absoluta dos membros do Senado Federal, para mandato de dois anos, permitida a recondução.*
>
> *§ 2º A destituição do Procurador-geral da República, por iniciativa do Presidente da República, deverá ser precedida de autorização da maioria absoluta do Senado Federal.*

No âmbito dessa autonomia, a Constituição previu expressamente que o procurador-geral será escolhido pela própria instituição dentre os membros da carreira. No caso do Ministério Público da União (MPU), a chefia ficará a cargo do procurador-geral da República, o qual será nomeado pelo Presidente da República dentre os membros da carreira com mais de 35 anos de idade, desde que sua escolha seja aprovada pelo voto da maioria absoluta do Senado Federal. O procurador-geral da República exercerá seu mandato por dois anos, permitida a recondução. Ao permitir a recondução, a Constituição não estabeleceu limites, de forma que o procurador-geral da República poderá ser reconduzido por quantas vezes o presidente considerar conveniente. Se o presidente pode nomear o Chefe do MPU, ele também poderá destituí-lo do cargo, desde que autorizado pelo Senado pela mesma quantidade de votos, qual seja, maioria absoluta.

Já em relação à Chefia dos Ministérios Públicos dos Estados e do Distrito Federal e Territórios a regra é um pouco diferente:

> ***Art. 128** [...]*
>
> *§ 3º Os Ministérios Públicos dos Estados e o do Distrito Federal e Territórios formarão lista tríplice dentre integrantes da carreira, na forma da lei respectiva, para escolha de seu Procurador-Geral, que será nomeado pelo Chefe do Poder Executivo, para mandato de dois anos, permitida uma recondução.*
>
> *§ 4º Os Procuradores-Gerais nos Estados e no Distrito Federal e Territórios poderão ser destituídos por deliberação da maioria absoluta do Poder Legislativo, na forma da lei complementar respectiva.*

A escolha dos procuradores-gerais de justiça dependerá de nomeação pelo chefe do Poder Executivo, com base em lista tríplice formada dentre os integrantes da carreira, sendo permitida uma recondução. Diferentemente do procurador-geral da República, que poderá ser reconduzido várias vezes, o procurador-geral de Justiça só poderá ser reconduzido uma única vez. A destituição desses procuradores-gerais dependerá da deliberação da maioria absoluta do Poder Legislativo.

Já o art. 128, § 5º, apresenta as **garantias dos membros.**

> ***Art. 128** [...]*
>
> *§ 5º Leis complementares da União e dos Estados, cuja iniciativa é facultada aos respectivos Procuradores-Gerais, estabelecerão a organização, as atribuições e o estatuto de cada Ministério Público, observadas, relativamente a seus membros:*
>
> *I – as seguintes garantias:*
>
> *a) vitaliciedade, após dois anos de exercício, não podendo perder o cargo senão por sentença judicial transitada em julgado;*
>
> *b) inamovibilidade, salvo por motivo de interesse público, mediante decisão do órgão colegiado competente do Ministério Público, pelo voto da maioria absoluta de seus membros, assegurada ampla defesa;*
>
> *c) irredutibilidade de subsídio, fixado na forma do art. 39, § 4º, e ressalvado o disposto nos Arts. 37, X e XI, 150, II, 153, III, 153, § 2º, I;*

São duas espécies de garantias dos membros: **garantias de independência e garantias de imparcialidade.**

- **Garantias de independência**

São prerrogativas inerentes ao cargo e estão previstas no inciso I do referido artigo, as quais visam a garantir aos membros maior liberdade, independência e autonomia no exercício de sua função ministerial. Tais garantias são indisponíveis, proibindo o titular do cargo de dispensar qualquer das prerrogativas. São as garantias da vitaliciedade, inamovibilidade e irredutibilidade dos subsídios.

A **vitaliciedade** é como se fosse uma estabilidade só que muito mais vantajosa. O membro, ao ingressar na carreira mediante concurso público, torna-se vitalício após o efetivo exercício no cargo pelo prazo de dois anos. Uma vez vitalício só perderá o cargo por sentença judicial transitada em julgado. Após passar pelo estágio probatório de dois anos, um Membro do Ministério Público só perderá o cargo por sentença judicial transitada em julgado.

A **inamovibilidade** impede a movimentação do membro *ex-ofício* contra a sua vontade. Em regra, o Membro do Ministério Público só poderá ser removido ou promovido por sua própria iniciativa, ressalvados os casos em que houver interesse público. E mesmo quando o interesse público exigir, a remoção dependerá de decisão do órgão colegiado competente pelo voto da maioria absoluta de seus membros, assegurando-se o direito à ampla defesa.

A **Irredutibilidade dos Subsídios** diz respeito à proteção da remuneração do membro ministerial. Subsídio é a forma de retribuição pecuniária paga ao membro do Ministério Público a qual se caracteriza por ser uma parcela única. Com essa garantia, o Membro do Ministério Público poderá trabalhar sem medo de perder sua remuneração.

Ressalta-se que o Supremo Tribunal Federal já entendeu tratar-se esta irredutibilidade como meramente nominal, não protegendo o subsídio da desvalorização provocada por perdas inflacionárias. Lembre-se também de que essa garantia não é absoluta, pois comporta exceções previstas nos Arts. 37, X e XI, 150, II, 153, III, e 153, § 2º, I, da Constituição Federal. Em suma, a irredutibilidade não impedirá a redução do subsídio quando ultrapassar o teto constitucional ou em razão da cobrança do imposto de renda.

- **Garantias de imparcialidade**

São verdadeiras vedações e visam a garantir uma atuação isenta de qualquer interferência política ou pessoal.

> ***Art. 128*** *[...]*
>
> *§ 5º [...]*
>
> *II – as seguintes vedações:*
>
> *a) receber, a qualquer título e sob qualquer pretexto, honorários, percentagens ou custas processuais;*
>
> *b) exercer a advocacia;*
>
> *c) participar de sociedade comercial, na forma da lei;*
>
> *d) exercer, ainda que em disponibilidade, qualquer outra função pública, salvo uma de magistério;*
>
> *e) exercer atividade político-partidária;*
>
> *f) receber, a qualquer título ou pretexto, auxílios ou contribuições de pessoas físicas, entidades públicas ou privadas, ressalvadas as exceções previstas em lei (Incluída pela Emenda Constitucional nº 45, de 2004).*
>
> *§ 6º Aplica-se aos membros do Ministério Público o disposto no art. 95, parágrafo único, V.*

Antes de explorar essas regras, faz-se necessária a menção ao art. 29, § 3º, da ADCT:

> *§ 3º Poderá optar pelo regime anterior, no que respeita às garantias e vantagens, o membro do Ministério Público admitido antes da promulgação da Constituição, observando-se, quanto às vedações, a situação jurídica na data desta.*

Esse dispositivo retrata uma peculiaridade interessante a respeito dos membros do Ministério Público. Antes da promulgação da Constituição Federal de 1988, o regime jurídico a que estavam sujeitos era diferente. A ADCT permitiu aos membros que ingressaram antes de 1988 a escolha do regime jurídico a que estariam sujeitos a partir de então. Os membros que ingressaram na carreira antes de 1988 e que possuíam inscrição na OAB podem advogar desde que tenham optado pelo regime jurídico anterior a 1988. Para os membros que ingressaram na carreira depois da promulgação da Constituição Federal, essa escolha não é permitida, pois estão sujeitos apenas ao regime constitucional atual. Feita essa consideração, passa-se à análise das garantias vigentes.

Deve-se compreender a abrangência das vedações do inciso II do § 5º do art. 128 da Constituição Federal de 1988.

É vedado aos membros do Ministério Público receber, a qualquer título e sob qualquer pretexto, honorários, percentagens ou custas processuais, bem como receber auxílios ou contribuições de pessoas físicas, entidades públicas ou privadas, ressalvadas as exceções previstas em lei. Tais vedações visam a impedir que membros sejam motivados indevidamente a exercer suas funções sob a expectativa de receberem maiores valores pela sua atuação. Percebe-se que a vedação encontra exceção quando a contribuição está prevista em lei. Dessa forma, não ofende a Constituição Federal o recebimento de valores em razão da venda de livros, do exercício do magistério ou mesmo da ministração de palestra.

Outra vedação aplicável aos membros do Parquet é em relação ao exercício da advocacia. Acerca desse impedimento, deve-se ressaltar a situação dos membros do Ministério Público da União que ingressaram na carreira antes de 1988 e que tenham optado pelo regime jurídico anterior, nos termos do § 3º do art. 29 da ADCT, os quais poderão exercer a advocacia nos termos da Resolução nº 8 do CNMP, com a nova redação dada pela Resolução nº 16.

Ademais, o texto constitucional estendeu aos Membros do Ministério Público a mesma vedação aplicável aos Magistrados no art. 95, parágrafo único, V, qual seja, a de exercer a advocacia no juízo ou tribunal do qual se afastou, antes de decorridos três anos do afastamento do cargo por aposentadoria ou exoneração. A doutrina tem chamado essa vedação de quarentena.

Os membros do Ministério Público não podem participar de sociedade comercial, na forma da lei. Essa vedação encontra regulamentação na Lei nº 8.625/1993, a qual prevê a possibilidade de participação como cotista ou acionista.

Também não podem exercer, ainda que em disponibilidade, qualquer outra função pública, salvo uma de magistério. Ressalta-se que o CNMP regulamentou o exercício do magistério, que poderá ser público ou privado, por no máximo 20 horas aula por semana, desde que o horário seja compatível com as atribuições ministeriais e o seu exercício se dê inteiramente em sala de aula.

Para evitar que sua atuação seja influenciada por pressões políticas, a Constituição vedou o exercício de atividade político-partidária aos membros do Ministério Público. Isso significa que, se um membro quiser se filiar ou mesmo exercer um cargo político, deverá se afastar do cargo no Ministério Público. Essa vedação tem caráter absoluto desde a Emenda Constitucional nº 45/2004, a qual foi regulamentada pelo Conselho Nacional do Ministério Público, que determinou a aplicação da vedação apenas aos membros que tenham ingressado na carreira após a promulgação da emenda.

11.2 Advocacia Pública

A Advocacia Pública é a função essencial à justiça responsável pela defesa dos interesses dos entes estatais, tanto judicialmente quanto extrajudicialmente, bem como as atividades de consultoria e assessoramento jurídico do Poder Executivo.

No âmbito da União, essa atividade é exercida pela Advocacia-Geral da União, enquanto nos estados, Distrito Federal e nos municípios, a Advocacia Pública será exercida pelas procuradorias.

Apesar de não haver previsão constitucional para as procuradorias municipais, elas são perfeitamente possíveis desde que previstas na Lei Orgânica do Município ou permitidas sua criação pela Constituição Estadual.

São vistas, a seguir, quais instituições compõem a Advocacia Pública no Brasil.

11.2.1 Advocacia-Geral da União (AGU)

A AGU é responsável pela assistência jurídica da União, conforme prevê o texto constitucional:

> ***Art. 131*** *A Advocacia-Geral da União é a instituição que, diretamente ou através de órgão vinculado, representa a União, judicial e extrajudicialmente, cabendo-lhe, nos termos da lei complementar que dispuser sobre sua organização e funcionamento, as atividades de consultoria e assessoramento jurídico do Poder Executivo.*

> *§ 1º A Advocacia-Geral da União tem por chefe o Advogado-Geral da União, de livre nomeação pelo Presidente da República dentre cidadãos maiores de trinta e cinco anos, de notável saber jurídico e reputação ilibada.*

A chefia desse órgão fica a cargo do Advogado-Geral da União, o qual é nomeado livremente pelo Presidente da República, entre os cidadãos maiores de trinta e cinco anos, com notável saber jurídico e reputação ilibada. Segundo a Lei nº 10.683/2003, em seu art. 25, o advogado-geral da União é considerado ministro de Estado, sendo-lhe aplicadas todas as prerrogativas inerentes ao *status*. Atente-se para isso em prova, visto que, para ser o chefe dessa Instituição, não é necessário ser membro da carreira nem depende de aprovação do Senado Federal. É um cargo de livre nomeação e exoneração cuja confiança do Presidente da República se torna o principal critério para a escolha do seu titular.

Um detalhe muito importante e que pode ser cobrado em prova é que a Constituição Federal, ao apontar as competências dessa instituição, afirmou que a AGU representa judicial e extrajudicialmente a União e em relação a consultoria e assessoramento jurídico apenas ao Poder Executivo. Essas competências foram confirmadas na Lei Complementar nº 73/1993 (Lei Orgânica da Advocacia-Geral da União):

> ***Art. 1º*** *A Advocacia-Geral da União é a instituição que representa a União judicial e extrajudicialmente.*
>
> ***Parágrafo único.*** *À Advocacia-Geral da União cabem as atividades de consultoria e assessoramento jurídicos ao Poder Executivo, nos termos desta Lei Complementar.*

Enquanto a atividade de consultoria e assessoramento jurídico restringe-se apenas ao Poder Executivo, a representação judicial e extrajudicial abrangerá todos os poderes da União (Executivo, Legislativo e Judiciário), bem como suas autarquias e fundações públicas, conforme esclarece a Lei nº 9.028/1995:

> ***Art. 22*** *A Advocacia-Geral da União e os seus órgãos vinculados, nas respectivas áreas de atuação, ficam autorizados a representar judicialmente os titulares e os membros dos Poderes da República, das Instituições Federais referidas no Título IV, Capítulo IV, da Constituição, bem como os titulares dos Ministérios e demais órgãos da Presidência da República, de autarquias e fundações públicas federais, e de cargos de natureza especial, de direção e assessoramento superiores e daqueles efetivos, inclusive promovendo ação penal privada ou representando perante o Ministério Público, quando vítimas de crime, quanto a atos praticados no exercício de suas atribuições constitucionais, legais ou regulamentares, no interesse público, especialmente da União, suas respectivas autarquias e fundações, ou das Instituições mencionadas, podendo, ainda, quanto aos mesmos atos, impetrar Habeas corpus e mandado de segurança em defesa dos agentes públicos de que trata este artigo.*

É importante lembrar também que o ingresso na carreira da AGU depende de aprovação em concurso público de provas e títulos nos termos do art. 131, § 2º:

> *§ 2º O ingresso nas classes iniciais das carreiras da instituição de que trata este artigo far-se-á mediante concurso público de provas e títulos.*

Destaca-se ainda a atuação da AGU na defesa da República Federativa do Brasil em demandas instauradas perante Cortes Internacionais.

Além das diversas carreiras que serão vistas, não se pode esquecer dos Advogados da União, os quais são responsáveis pela defesa da União quando esta se encontra em juízo.

11.2.2 Procuradoria-Geral da Fazenda Nacional (PGFN)

A PGFN é órgão vinculado à AGU responsável pelas ações de natureza tributária, cujo objetivo principal é garantir o recebimento de recursos de origem fiscal. A Constituição assim define sua competência no art. 131:

> *Art. 131, § 3º. Na execução da dívida ativa de natureza tributária, a representação da União cabe à Procuradoria-Geral da Fazenda Nacional, observado o disposto em lei.*

11.2.3 Procuradoria-Geral Federal

A Procuradoria-Geral Federal, órgão vinculado à AGU, é responsável pela representação judicial e extrajudicial das autarquias e fundações públicas da União por meio dos Procuradores Federais. Sua previsão não é constitucional, mas está descrita na Lei nº 10.480/2002:

> ***Art. 10*** *À Procuradoria-Geral Federal compete a representação judicial e extrajudicial das autarquias e fundações públicas federais, as respectivas atividades de consultoria e assessoramento jurídicos, a apuração da liquidez e certeza dos créditos, de qualquer natureza, inerentes às suas atividades, inscrevendo-os em dívida ativa, para fins de cobrança amigável ou judicial.*

Em relação ao Banco Central, autarquia vinculada a União, foi prevista carreira própria regulamentada na Lei nº 9.650/1998, a qual localizou o Procurador do Banco Central como membro de carreira da própria instituição. Apesar disso, o Procurador do Banco Central está vinculado à AGU.

11.2.4 Procuradoria-Geral dos estados e do Distrito Federal

No âmbito dos estados e do Distrito Federal, a consultoria jurídica e a representação judicial serão realizadas pelos Procuradores dos Estados e do Distrito Federal, conforme preleciona o art. 132 da Constituição Federal:

> ***Art. 132*** *Os Procuradores dos Estados e do Distrito Federal, organizados em carreira, na qual o ingresso dependerá de concurso público de provas e títulos, com a participação da Ordem dos Advogados do Brasil em todas as suas fases, exercerão a representação judicial e a consultoria jurídica das respectivas unidades federadas.*
>
> ***Parágrafo único.*** *Aos procuradores referidos neste artigo é assegurada estabilidade após três anos de efetivo exercício, mediante avaliação de desempenho perante os órgãos próprios, após relatório circunstanciado das corregedorias.*

Segundo a Constituição, o ingresso na carreira depende de concurso público de provas e títulos, cuja participação da OAB é obrigatória em todas as suas fases, não sendo admitido, portanto, que as atividades de representação judicial e de consultoria jurídica sejam realizadas por ocupantes de cargos em comissão.

Apesar de não haver previsão constitucional, o STF já decidiu que devem ser aplicadas simetricamente as mesmas regras da União para a nomeação do Procurador-geral das Unidades Federadas. Dessa forma, o governador detém a competência de nomear e exonerar livremente o chefe da Instituição, não se exigindo que o titular do referido cargo seja membro da carreira.

Por fim, a Constituição Federal de 1988 garantiu aos procuradores estaduais e do Distrito Federal, estabilidade após três anos de efetivo exercício mediante avaliação de desempenho perante os órgãos próprios, após relatório circunstanciado das corregedorias.

11.2.5 Procuradoria dos municípios

Conforme já estudado, não existe previsão constitucional para a criação das procuradorias municipais, não havendo da mesma forma qualquer impedimento para sua criação. Logo, cada município poderá criar sua própria procuradoria, desde que prevista essa possibilidade na Constituição Estadual ou na Lei Orgânica do Município.

11.2.6 Defensoria Pública

Como instituição essencial ao funcionamento da Justiça, a Defensoria Pública é responsável, em primeiro plano, pela assistência jurídica e gratuita dos hipossuficientes, os quais não possuem recursos financeiros para contratar um advogado. Essa função tipicamente realizada pela Defensoria concretiza o direito fundamental expresso no art. 5º, LXXIV, da Constituição:

> ***Art. 5º*** *[...]*
>
> *LXXIV – O Estado prestará assistência jurídica integral e gratuita aos que comprovarem insuficiência de recursos.*

Complementando esse dispositivo, a Constituição previu no art. 134 algumas regras sobre a defensoria:

> ***Art. 134*** *A Defensoria Pública é instituição permanente, essencial à função jurisdicional do Estado, incumbindo-lhe, como expressão e instrumento do regime democrático, fundamentalmente, a orientação jurídica, a promoção dos direitos humanos e a defesa, em todos os graus, judicial e extrajudicial, dos direitos individuais e coletivos, de forma integral e gratuita, aos necessitados, na forma do inciso LXXIV do art. 5º desta Constituição Federal.*
>
> *§ 1º Lei complementar organizará a Defensoria Pública da União e do Distrito Federal e dos Territórios e prescreverá normas gerais para sua organização nos Estados, em cargos de carreira, providos, na classe inicial, mediante concurso público de provas e títulos, assegurada a seus integrantes a garantia da inamovibilidade e vedado o exercício da advocacia fora das atribuições institucionais.*
>
> *§ 2º Às Defensorias Públicas Estaduais são asseguradas autonomia funcional e administrativa e a iniciativa de sua proposta orçamentária dentro dos limites estabelecidos na lei de diretrizes orçamentárias e subordinação ao disposto no art. 99, § 2º.*
>
> *§ 3º Aplica-se o disposto no § 2º às Defensorias Públicas da União e do Distrito Federal.*
>
> *§ 4º São princípios institucionais da Defensoria Pública a unidade, a indivisibilidade e a independência funcional, aplicando-se também, no que couber, o disposto no art. 93 e no inciso II do art. 96 desta Constituição Federal.*

Atualmente, cada Unidade Federativa é responsável pela organização da sua Defensoria Pública, havendo ainda uma defensoria no âmbito da União e no Distrito Federal.

As defensorias estaduais possuem autonomia funcional e administrativa não se admitindo sua subordinação a nenhum dos poderes. Sua autonomia avança ainda nas questões orçamentárias permitindo que tenha iniciativa própria para apresentação de proposta orçamentária dentro dos limites estabelecidos na lei de diretrizes orçamentárias.

A Emenda Constitucional nº 74/2013, introduziu o § 3º ao art. 134, da CF/1988/1988 para conferir autonomia funcional e administrativa e a iniciativa de proposta orçamentária também às Defensorias Públicas da União e do Distrito Federal.

Segundo a Lei Complementar nº 80/1994 que organiza a Defensoria Pública:

> ***Art. 2º*** *A Defensoria Pública abrange:*
>
> *I – a Defensoria Pública da União;*
>
> *II – a Defensoria Pública do Distrito Federal e dos Territórios;*
>
> *III – as Defensorias Públicas dos Estados.*

Cabe aos defensores públicos a assistência jurídica integral dos hipossuficientes, não se limitando apenas à defesa judicial. A Lei Complementar nº 80/1994 traz extenso rol de atribuições:

> ***Art. 4º*** *São funções institucionais da Defensoria Pública, dentre outras:*
>
> *I – prestar orientação jurídica e exercer a defesa dos necessitados, em todos os graus;*
>
> *II – promover, prioritariamente, a solução extrajudicial dos litígios, visando à composição entre as pessoas em conflito de interesses, por meio de mediação, conciliação, arbitragem e demais técnicas de composição e administração de conflitos;*
>
> *III – promover a difusão e a conscientização dos direitos humanos, da cidadania e do ordenamento jurídico;*
>
> *IV – prestar atendimento interdisciplinar, por meio de órgãos ou de servidores de suas Carreiras de apoio para o exercício de suas atribuições;*
>
> *V – exercer, mediante o recebimento dos autos com vista, a ampla defesa e o contraditório em favor de pessoas naturais e jurídicas, em processos administrativos e judiciais, perante todos os órgãos e em todas as instâncias, ordinárias ou extraordinárias, utilizando todas as medidas capazes de propiciar a adequada e efetiva defesa de seus interesses;*
>
> *VI – representar aos sistemas internacionais de proteção dos direitos humanos, postulando perante seus órgãos;*
>
> *VII – promover ação civil pública e todas as espécies de ações capazes de propiciar a adequada tutela dos direitos difusos, coletivos ou individuais homogêneos quando o resultado da demanda puder beneficiar grupo de pessoas hipossuficientes;*
>
> *VIII – exercer a defesa dos direitos e interesses individuais, difusos, coletivos e individuais homogêneos e dos direitos do consumidor, na forma do inciso LXXIV do art. 5º da Constituição Federal;*
>
> *IX – impetrar Habeas corpus, mandado de injunção, Habeas Data e mandado de segurança ou qualquer outra ação em defesa das funções institucionais e prerrogativas de seus órgãos de execução;*
>
> *X – promover a mais ampla defesa dos direitos fundamentais dos necessitados, abrangendo seus direitos individuais, coletivos, sociais, econômicos, culturais e ambientais, sendo admissíveis todas as espécies de ações capazes de propiciar sua adequada e efetiva tutela;*
>
> *XI – exercer a defesa dos interesses individuais e coletivos da criança e do adolescente, do idoso, da pessoa portadora de necessidades especiais, da mulher vítima de violência doméstica e familiar e de outros grupos sociais vulneráveis que mereçam proteção especial do Estado;*
>
> *XII e XIII. Vetados.*
>
> *XIV – acompanhar inquérito policial, inclusive com a comunicação imediata da prisão em flagrante pela autoridade policial, quando o preso não constituir advogado;*
>
> *XV – patrocinar ação penal privada e a subsidiária da pública;*
>
> *XVI – exercer a curadoria especial nos casos previstos em lei;*
>
> *XVII – atuar nos estabelecimentos policiais, penitenciários e de internação de adolescentes, visando a assegurar às pessoas, sob quaisquer circunstâncias, o exercício pleno de seus direitos e garantias fundamentais;*
>
> *XVIII – atuar na preservação e reparação dos direitos de pessoas vítimas de tortura, abusos sexuais, discriminação ou qualquer outra forma de opressão ou violência, propiciando o acompanhamento e o atendimento interdisciplinar das vítimas;*
>
> *XIX – atuar nos Juizados Especiais;*
>
> *XX – participar, quando tiver assento, dos conselhos federais, estaduais e municipais afetos às funções institucionais da Defensoria Pública, respeitadas as atribuições de seus ramos;*
>
> *XXI – executar e receber as verbas sucumbenciais decorrentes de sua atuação, inclusive quando devidas por quaisquer entes públicos, destinando-as a fundos geridos pela Defensoria Pública e destinados, exclusivamente, ao aparelhamento da Defensoria Pública e à capacitação profissional de seus membros e servidores;*
>
> *XXII – convocar audiências públicas para discutir matérias relacionadas às suas funções institucionais.*

Por fim, cabe destacar que, assim como os Advogados Públicos, os Defensores Públicos são remunerados por meio de subsídio:

> ***Art. 135*** *Os servidores integrantes das carreiras disciplinadas nas Seções II e III deste Capítulo serão remunerados na forma do art. 39, § 4º.*

11.3 Advocacia

Quando a Constituição Federal se refere à advocacia, fala-se do advogado privado, profissional autônomo, indispensável à função jurisdicional. Os advogados estão vinculados à Ordem dos Advogados do Brasil, entidade de classe de natureza especial, não vinculada aos poderes do Estado e que tem como atribuições controlar, fiscalizar e selecionar novos profissionais para o exercício da carreira.

Segundo a Constituição Federal de 1988:

> ***Art. 133*** *O advogado é indispensável à administração da justiça, sendo inviolável por seus atos e manifestações no exercício da profissão, nos limites da lei.*

Esse dispositivo revela dois princípios que regem a advocacia no Brasil: o princípio da indispensabilidade e o da inviolabilidade.

- **Princípio da indispensabilidade:** o advogado é indispensável à administração da justiça, pois só ele possui a chamada capacidade postulatória. Logicamente, esse princípio não goza de caráter absoluto, sendo permitida a capacidade de postular ao próprio interessado em situações expressamente previstas na Constituição Federal como no *Habeas corpus* e nos juizados especiais.

- Destaca-se ainda que nos processos administrativos disciplinares a ausência de defesa técnica por meio de advogado não gera nulidade ao procedimento.
- **Princípio da inviolabilidade:** constitui norma que visa garantir ao advogado o exercício das suas atribuições de forma independente e autônoma às demais instituições do Estado. Da mesma forma, esse princípio não goza de caráter absoluto, sendo possível a limitação quando seus atos e atribuições não estiverem ligados ao exercício da profissão nos termos do Estatuto da Advocacia.

Como condição para o exercício dessa profissão, o STF já declarou que é constitucional a necessidade de aprovação do Exame de Ordem aplicado pela OAB aos bacharéis em Direito.

A amplitude desse tema requer análise aprofundada, a qual é feita em disciplina própria. Aqui foi feita uma breve análise constitucional do instituto.

Ministério Público → defende a sociedade.
Advocacia Pública → defende o Estado.
Advocacia Privada → defende os particulares.
Defensoria Pública → defende pessoas de baixa renda.

12 DEFESA DO ESTADO E DAS INSTITUIÇÕES DEMOCRÁTICAS

No título V, arts. 136 a 144, a Constituição Federal de 1988 apresenta instrumentos eficazes na proteção do Estado e de toda estrutura democrática. Os instrumentos disponibilizados são o Sistema Constitucional de Crises que compreende o Estado de Defesa e o Estado de Sítio, Forças Armadas e Segurança Pública, os quais serão analisados a partir de agora.

12.1 Órgãos de segurança pública

Conforme prescrito no *caput* do art. 144, a segurança pública é dever do Estado e tem como objetivo a preservação da ordem pública e da incolumidade das pessoas e do patrimônio. Esse tema é certo em concursos públicos da área de Segurança Pública e deve ser estudado com o foco na memorização de todo o artigo. Um dos pontos mais importantes está na definição de quais órgãos compõem a chamada segurança pública, os quais estão listados de forma taxativa no art. 144:

> ***Art. 144*** *A segurança pública, dever do Estado, direito e responsabilidade de todos, é exercida para a preservação da ordem pública e da incolumidade das pessoas e do patrimônio, através dos seguintes órgãos:*
>
> *I – polícia federal;*
>
> *II – polícia rodoviária federal;*
>
> *III – polícia ferroviária federal;*
>
> *IV – polícias civis;*
>
> *V – polícias militares e corpos de bombeiros militares.*
>
> *VI – polícias penais federal, estaduais e distrital.*

O STF já decidiu que esse rol é taxativo e que os demais entes federativos estão vinculados à classificação proposta pela Constituição. Diante disso, conclui-se que os estados, Distrito Federal e municípios estão proibidos de criar outros órgãos de segurança pública diferentes dos estabelecidos na Constituição Federal.

Ainda, como fruto dessa taxatividade, deve-se afirmar que nenhum outro órgão além dos estabelecidos nesse artigo poderá ser considerado como sendo de Segurança Pública. Isso se aplica às Guardas Municipais, aos Agentes Penitenciários, aos Agentes de Trânsito e aos Seguranças Privados.

Há ainda a chamada Força Nacional de Segurança, instituição criada como fruto de um acordo de cooperação entre os estados e o Distrito Federal que possui o objetivo de apoiar ações de segurança pública nesses locais. Apesar de ser formado por membros dos órgãos de segurança pública de todo o país, não se pode afirmar, principalmente numa prova de concurso, que essa instituição faça parte dos órgãos de Segurança Pública.

Não se pode esquecer das Polícias Legislativas criadas no âmbito da Câmara dos Deputados e do Senado Federal, previstas nos arts. 51, inciso IV e 52, inciso XIII. Também não entram na classificação de órgãos de Segurança Pública para a prova, pois não estão no rol do art. 144:

> ***Art. 51*** *Compete privativamente à Câmara dos Deputados:[...]*
>
> *IV – dispor sobre sua organização, funcionamento, polícia, criação, transformação ou extinção dos cargos, empregos e funções de seus serviços, e a iniciativa de lei para fixação da respectiva remuneração, observados os parâmetros estabelecidos na lei de diretrizes orçamentárias.*
>
> ***Art. 52*** *Compete privativamente ao Senado Federal: [...]*
>
> *XIII – dispor sobre sua organização, funcionamento, polícia, criação, transformação ou extinção dos cargos, empregos e funções de seus serviços, e a iniciativa de lei para fixação da respectiva remuneração, observados os parâmetros estabelecidos na lei de diretrizes orçamentárias.*

Cada um dos órgãos será organizado em estatuto próprio, conforme preleciona o § 7º do art. 144:

> *§ 7º. A lei disciplinará a organização e o funcionamento dos órgãos responsáveis pela segurança pública, de maneira a garantir a eficiência de suas atividades.*

12.1.1 Polícia Administrativa e Polícia Judiciária

Antes de iniciar uma análise mais detida do artigo em questão, uma importante distinção doutrinária deve ser feita em relação às polícias de segurança pública: Polícia Administrativa e Polícia Judiciária.

- **Polícia Administrativa** é a polícia preventiva. Sua atividade ocorre antes do cometimento da infração penal com o intuito de impedir a sua ocorrência. Sua atuação é ostensiva, ou seja, visível pelos membros da sociedade. É aquela polícia a que recorremos quando temos um problema. Uma característica marcante das polícias ostensivas é o seu uniforme. É a vestimenta que identifica um policial ostensivo. O maior exemplo de polícia administrativa é a Polícia Militar. Também são consideradas como polícia preventiva: Polícia Federal (em situações específicas), Polícia Rodoviária Federal, Polícia Ferroviária Federal e Corpo de Bombeiros Militar.
- **Polícia Judiciária** é a polícia repressiva. Sua atividade ocorre após o cometimento da infração penal, quando a atuação da polícia preventiva não surtiu efeito. Sua atividade é investigativa com o fim de encontrar os elementos comprobatórios do ilícito penal cometido. O resultado do trabalho das polícias judiciárias é utilizado posteriormente pelo Ministério Público para subsidiar sua atuação junto ao Poder Judiciário. Daí a razão do nome ser Polícia Judiciária. O resultado de seu trabalho é utilizado pelo Poder Judiciário em seus julgamentos. Atente-se para a seguinte diferença, pois já caiu em prova de concurso: a Polícia Judiciária não faz parte do Poder Judiciário, mas do Poder Executivo. São consideradas como Polícia Judiciária a Polícia Civil e a Polícia Federal. A Polícia Militar também possui atribuições repressivas quando atua na investigação de crimes cometidos por policiais militares.

Além dessa classificação, pode-se distinguir os órgãos do art. 144 em federais e estaduais, a depender da sua vinculação federativa:

- **Federais:** Polícia Federal, Polícia Rodoviária Federal e Polícia Ferroviária Federal;
- **Estaduais:** Polícia Civil, Polícia Militar e Corpo de Bombeiro Militar.

Feitas essas considerações iniciais, prossegue-se agora com a análise de cada um dos órgãos de segurança pública do art. 144.

12.1.2 Polícia Federal

A Polícia Federal é o órgão de segurança pública com maior quantidade de atribuições previstas na Constituição Federal, razão pela qual é a mais cobrada em prova:

> *§ 1º A polícia federal, instituída por lei como órgão permanente, organizado e mantido pela União e estruturado em carreira, destina-se a:*
>
> *I – apurar infrações penais contra a ordem política e social ou em detrimento de bens, serviços e interesses da União ou de suas entidades autárquicas e empresas públicas, assim como outras infrações cuja prática tenha repercussão interestadual ou internacional e exija repressão uniforme, segundo se dispuser em lei;*
>
> *II – prevenir e reprimir o tráfico ilícito de entorpecentes e drogas afins, o contrabando e o descaminho, sem prejuízo da ação fazendária e de outros órgãos públicos nas respectivas áreas de competência;*
>
> *III – exercer as funções de polícia marítima, aeroportuária e de fronteiras;*
>
> *IV – exercer, com exclusividade, as funções de polícia judiciária da União.*

D C O N

Deve-se destacar, como característica principal, a sua atuação como Polícia Judiciária exclusiva da União. É ela quem atuará na repressão dos crimes cometidos contra a União e suas entidades autárquicas e empresas públicas. Apesar de mencionar algumas entidades da administração indireta, não se mencionou as sociedades de economia mista. Isso força uma conclusão de que a Polícia Federal não tem atribuição nos crimes que envolvam interesses de sociedades de economia mista.

As demais atribuições serão exercidas concomitantemente com outros órgãos, limitando a exclusividade de sua atuação apenas à função investigativa no âmbito da União.

12.1.3 Polícia Rodoviária Federal

A Polícia Rodoviária Federal é órgão da União responsável pelo patrulhamento das rodovias federais:

> *§ 2º A polícia rodoviária federal, órgão permanente, organizado e mantido pela União e estruturado em carreira, destina-se, na forma da lei, ao patrulhamento ostensivo das rodovias federais.*

Eventualmente, sua atuação se estenderá às rodovias estaduais ou distritais mediante convênio firmado entre os entes federativos. Não havendo esse convênio, o patrulhamento das rodovias estaduais e distritais fica a cargo das Polícias Militares. É comum no âmbito das Polícias Militares a criação de batalhões ou companhias com essa atribuição específica, as chamadas Polícias Rodoviárias.

12.1.4 Polícia Ferroviária Federal

A Polícia Ferroviária Federal é o órgão da União responsável pelo patrulhamento das ferrovias federais:

> *§ 3º. A polícia ferroviária federal, órgão permanente, organizado e mantido pela União e estruturado em carreira, destina-se, na forma da lei, ao patrulhamento ostensivo das ferrovias federais.*

Diante da pouca relevância das ferrovias no Brasil, esse órgão ficou no esquecimento durante vários anos. No dia 5 agosto de 2011, a presidente Dilma sancionou a Lei nº 12.462, que criou no âmbito do Ministério da Justiça a Polícia Ferroviária Federal. O efetivo que comporá essa nova estrutura se originará das instituições que anteriormente cuidavam das ferrovias:

> ***Art. 48*** *A Lei nº 10.683, de 28 de maio de 2003, passa a vigorar com as seguintes alterações:*
>
> ***Art. 29*** *[...]*
>
> *XIV – Do Ministério da Justiça: o Conselho Nacional de Política Criminal e Penitenciária, o Conselho Nacional de Segurança Pública, o Conselho Federal Gestor do Fundo de Defesa dos Direitos Difusos, o Conselho Nacional de Combate à Pirataria e Delitos contra a Propriedade Intelectual, o Conselho Nacional de Arquivos, o Conselho Nacional de Políticas sobre Drogas, o Departamento de Polícia Federal, o Departamento de Polícia Rodoviária Federal, o Departamento de Polícia Ferroviária Federal, a Defensoria Pública da União, o Arquivo Nacional e até 6 (seis) Secretarias;*
>
> *§ 8º Os profissionais da Segurança Pública Ferroviária oriundos do grupo Rede, Rede Ferroviária Federal (RFFSA), da Companhia Brasileira de Trens Urbanos (CBTU) e da Empresa de Trens Urbanos de Porto Alegre (Trensurb) que estavam em exercício em 11 de dezembro de 1990, passam a integrar o Departamento de Polícia Ferroviária Federal do Ministério da Justiça (NR).*

12.1.5 Polícia Civil

Essa é a Polícia Judiciária no âmbito dos estados e do Distrito Federal. É dirigida por delegados de polícia de carreira e possui atribuição subsidiária à da Polícia Federal e à da Polícia Militar. Significa dizer que o que não for atribuição da Polícia Federal ou da Polícia Militar será da Polícia Civil:

> *§ 4º. às polícias civis, dirigidas por delegados de polícia de carreira, incumbem, ressalvada a competência da União, as funções de polícia judiciária e a apuração de infrações penais, exceto as militares.*

12.1.6 Polícia Militar e Corpo de Bombeiros Militar

Essas duas instituições possuem caráter essencialmente ostensivo dentro das atribuições próprias. A Polícia Militar é responsável pelo policiamento ostensivo e preservação da ordem pública.

É a Polícia Militar quem exerce a função principal de prevenção do crime. Quando se pensa em polícia, certamente é a primeira que vem à mente, pois é vista pela sociedade. Já o Corpo de Bombeiros Militar, apesar de não ser órgão policial, possui atribuição de segurança pública à medida que executa atividades de defesa civil. São responsáveis por uma atuação voltada para a proteção da sociedade, prestação de socorro, atuação em incêndios e acidentes. Destaca-se pela agilidade no atendimento, o que muitas vezes acaba por coibir maiores tragédias:

> *§ 5º às polícias militares cabem a polícia ostensiva e a preservação da ordem pública; aos corpos de bombeiros militares, além das atribuições definidas em lei, incumbe a execução de atividades de defesa civil.*
>
> *§ 6º As polícias militares e corpos de bombeiros militares, forças auxiliares e reserva do Exército, subordinam-se, juntamente com as polícias civis, aos Governadores dos Estados, do Distrito Federal e dos Territórios.*

Por serem corporações militares, a eles se aplicam as mesmas regras que são aplicadas às Forças Armadas, como a proibição de greve, filiação partidária e sindicalização.

São ainda consideradas forças auxiliares e reserva do Exército. Significa que, em um momento de necessidade de efetivo, seria possível a convocação de Policiais e Bombeiros Militares como força reserva e de apoio.

Estão subordinados aos governadores dos estados, a Distrito Federal e dos territórios a quem compete a gestão da Segurança Pública em cada ente federativo.

No que tange à Polícia Militar, ao Corpo de Bombeiros Militares e à Polícia Civil do Distrito Federal, há um detalhe que não pode ser esquecido, pois já foi cobrado em prova. Apesar da subordinação destas forças ao governador do Distrito Federal, a competência para legislar e manter estas corporações é da União.

Aqui há uma exceção na autonomia federativa do Distrito Federal, que está prevista expressamente na Constituição no art. 21, XIV:

> ***Art. 21*** *Compete à União:*
>
> *XIV – organizar e manter a polícia civil, a polícia penal, a polícia militar e o corpo de bombeiros militar do Distrito Federal, bem como prestar assistência financeira ao Distrito Federal para a execução de serviços públicos, por meio de fundo próprio; (Redação dada pela Emenda Constitucional nº 104/2019)*

12.1.7 Polícias penais

A Emenda Constitucional nº 104/2019 introduziu no rol de entidades de segurança pública as chamadas polícias penais.

De acordo com o art. 144, § 5º-A da Constituição Federal de 1988, cabe às polícias penais, vinculadas ao órgão administrador do sistema penal da unidade federativa a que pertencem, a segurança dos estabelecimentos penais.

13 ORDEM SOCIAL

A ordem social é um conjunto de ações desencadeadas por meio de prestações positivas do Estado que visam a reduzir as desigualdades sociais e a garantir um tratamento mínimo, com o fim de tornar efetivo o fundamento constitucional da dignidade da pessoa humana. Perceba este sentimento expresso no art. 193 da Constituição Federal de 1988:

> ***Art. 193*** *A ordem social tem como base o primado do trabalho, e como objetivo o bem-estar e a justiça sociais.*

O trabalho é considerado como a base de toda a teia social. É ele que garante a dignidade para as pessoas. Além disso, o citado artigo deixa claro o objetivo da Ordem Social, qual seja, garantir o bem-estar e a justiça sociais.

Esses direitos decorrem dos direitos sociais trabalhados anteriormente no art. 6º da Constituição. São direitos implementados por meio de políticas públicas.

A Constituição Federal de 1988 estabeleceu alguns grupos de direitos que são trabalhados na ordem social:

- Seguridade social;
- Educação, cultura e desporto;
- Ciência e tecnologia;
- Comunicação social;
- Meio ambiente;
- Família, criança, adolescente, jovem e idoso; e
- Indígena.

Esse tema, quando cobrado em prova, costuma ter uma abordagem próxima da literalidade da Constituição. Significa dizer que, para o candidato acertar questões sobre Ordem Social, será necessária a leitura repetida dos artigos que compõem essa parte da Constituição Federal. Apesar de o mais cobrado ser o próprio texto, tratar-se-á de cada um desses temas sob uma abordagem doutrinária e jurisprudencial.

13.1 Seguridade social

A Seguridade Social está prevista no art. 194 e constitui um conjunto de ações que visam a garantir o mínimo existencial para a população, objetivando melhores condições de vida. É composta de três ações: a saúde, a Previdência Social e a Assistência Social.

A implementação dessas ações são obrigação não só do Estado, mas também da sociedade, conforme estabelece o art. 194 da Constituição Federal de 1988:

> ***Art. 194*** *A seguridade social compreende um conjunto integrado de ações de iniciativa dos Poderes Públicos e da sociedade, destinadas a assegurar os direitos relativos à saúde, à previdência e à assistência social.*

Apesar da ação conjunta, a obrigação de organizar a seguridade social é do Estado, que deve fazer amparada nos seguintes objetivos:

- Universalidade da cobertura e do atendimento;
- Uniformidade e equivalência dos benefícios e serviços às populações urbanas e rurais;
- Seletividade e distributividade na prestação dos benefícios e serviços;
- Irredutibilidade do valor dos benefícios;
- Equidade na forma de participação no custeio;
- Diversidade da base de financiamento, identificando-se, em rubricas contábeis específicas para cada área, as receitas e as despesas vinculadas a ações de saúde, previdência e assistência social, preservado o caráter contributivo da previdência social;
- Caráter democrático e descentralizado da administração, mediante gestão quadripartite, com participação dos trabalhadores, dos empregadores, dos aposentados e do Governo nos órgãos colegiados.

A universalidade de cobertura representa a cobertura sobre qualquer situação de risco social enquanto a universalidade de atendimento está relacionada com a cobertura para todos os que necessitarem.

A uniformidade e equivalência de benefícios e serviços às populações urbanas e rurais deixa claro que não existe tratamento diferenciado entre os trabalhadores urbanos e rurais. Ambos são tratados da mesma forma.

A seletividade e a distributividade visam a redistribuir os benefícios sociais na tentativa de atender a quem mais dele necessitar. Em tese, esses princípios permitem um tratamento desigual sob o enfoque da igualdade material.

A Irredutibilidade do valor dos benefícios garante ao beneficiário a manutenção do valor nominal dos benefícios.

A equidade na forma de participação no custeio apresenta a ideia de distribuição justa levando em consideração a capacidade de contribuição e a isonomia entre os contribuintes. A ideia aqui para a manutenção da seguridade é que o custeio seja distribuído de forma justa entre os vários agentes contributivos. Esse princípio nos conduz ao seguinte, que é a **diversidade da base de financiamento,** o qual conta com a participação de vários agentes responsáveis pela manutenção financeira da Seguridade Social, especialmente, os trabalhadores, as empresas e os entes estatais.

Por fim, há o último objetivo, que é o **caráter democrático e descentralizado da administração, mediante gestão quadripartite,** com participação dos trabalhadores, dos empregadores, dos aposentados e do Governo nos órgãos colegiados. Aqui, há uma questão que já apareceu várias vezes em prova, principalmente por causa da palavra quadripartite, que significa a participação na gestão de forma democrática, envolvendo quatro atores sociais: trabalhadores, empregadores, aposentados e Governo.

Agora serão analisados os três serviços que compõem a seguridade social: saúde, previdência social e assistência social. Aqui se propõe analisar apenas os pontos mais importantes, envolvendo esses temas. Como já sinalizado anteriormente, na ordem social o mais cobrado em prova é o próprio texto constitucional.

13.2 Saúde

13.2.1 Caráter não contributivo

O direito à saúde é uma norma de proteção do direito à vida destinada a todas as pessoas, independentemente de contribuição à Previdência Social. Por isso, dizemos que não possui caráter contributivo, ou seja, quem quiser ser beneficiado pela saúde pública poderá utilizar dos seus serviços independentemente de filiação ou contribuição à previdência social. Observando a leitura do *caput* do art. 196, percebe-se que esse direito de caráter social é garantido a todos:

> ***Art. 196*** *A saúde é direito de todos e dever do Estado, garantido mediante políticas sociais e econômicas que visem à redução do risco de doença e de outros agravos e ao acesso universal e igualitário às ações e serviços para sua promoção, proteção e recuperação.*

13.2.2 Vinculação ao direito à vida

O direito à saúde decorre do próprio direito à vida, como forma de garantir qualidade à vida em sua modalidade de existência humana. De nada adianta garantir ao indivíduo o direito de viver se essa vida não possuir o mínimo de dignidade. Garantir saúde é cumprir os ditames constitucionais que protegem o indivíduo em sua existência, em perfeita consonância com o princípio da dignidade da pessoa humana.

13.2.3 Remoção de órgãos, tecidos e substâncias humanas

Outra norma muito interessante e que pode cair em prova é a proteção constitucional à remoção de órgãos, tecidos e substâncias humanas. A Constituição Federal de 1988, em seu art. 199, § 4º, traz expressamente a vedação para a comercialização de órgãos, apesar de não regulamentar as formas de remoção, pesquisa, coleta e processamento de sangue. A falta de regulamentação ocorre porque a Constituição deixou para a legislação infraconstitucional o dever de fazê-la.

O dispositivo em questão é um exemplo de norma de eficácia limitada, o qual foi regulamentado pelas Leis nºs 10.205/2001, 9.434/1997 e 11.105/2005:

> ***Art. 199*** *[...]*
>
> *§ 4º A lei disporá sobre as condições e os requisitos que facilitem a remoção de órgãos, tecidos e substâncias humanas para fins de transplante, pesquisa e tratamento, bem como a coleta, processamento e transfusão de sangue e seus derivados, sendo vedado todo tipo de comercialização.*

13.3 Previdência social

- Caráter contributivo e filiação obrigatória.

Sem dúvida, uma das questões mais cobradas em prova está no próprio *caput* do art. 201, que afirma ser a previdência social de caráter contributivo e filiação obrigatória:

> ***Art. 201*** *A previdência social será organizada sob a forma do Regime Geral de Previdência Social, de caráter contributivo e de filiação obrigatória, observados critérios que preservem o equilíbrio financeiro e atuarial, e atenderá, na forma da lei, a:*
>
> *I – cobertura dos eventos de incapacidade temporária ou permanente para o trabalho e idade avançada;*
>
> *II – proteção à maternidade, especialmente à gestante;*
>
> *III – proteção ao trabalhador em situação de desemprego involuntário;*
>
> *IV – salário-família e auxílio-reclusão para os dependentes dos segurados de baixa renda;*
>
> *V – pensão por morte do segurado, homem ou mulher, ao cônjuge ou companheiro e dependentes, observado o disposto no § 2º.*

Ter caráter contributivo significa dizer que só poderá ser beneficiado pela previdência social quem contribuir previamente com o sistema de previdência público. Além da contribuição, a Constituição exige a filiação ao sistema, na qualidade de segurado. Esse tema está regulamentado na Lei nº 8.213/1991.

13.3.1 Regras para aposentadoria

As regras de aposentadoria são o ponto forte desse tema; e deve ser aprofundado na disciplina de Direito Previdenciário.

> ***Art. 201*** *[...]*
>
> *§ 7º É assegurada aposentadoria no regime geral de previdência social, nos termos da lei, obedecidas as seguintes condições:*
>
> *I – 65 (sessenta e cinco) anos de idade, se homem, e 62 (sessenta e dois) anos de idade, se mulher, observado tempo mínimo de contribuição;*
>
> *II – 60 (sessenta) anos de idade, se homem, e 55 (cinquenta e cinco) anos de idade, se mulher, para os trabalhadores rurais e para os que exerçam suas atividades em regime de economia familiar, nestes incluídos o produtor rural, o garimpeiro e o pescador artesanal.*
>
> *§ 8º O requisito de idade a que se refere o inciso I do § 7º será reduzido em 5 (cinco) anos, para o professor que comprove tempo de efetivo exercício das funções de magistério na educação infantil e no ensino fundamental e médio fixado em lei complementar.*

O destaque fica para a redução do período de contribuição para quem exerce a função de magistério. Observe-se que a Constituição Federal de 1988 reduziu em cinco anos o tempo de contribuição necessário para aposentadoria para o professor que comprove o tempo de efetivo exercício previsto em lei complementar nas funções de magistério na educação infantil e no ensino fundamental e médio. Anteriormente, o texto constitucional exigia tempo exclusivo de dedicação a essas atividades.

13.3.2 Previdência privada

Outra regra que já foi cobrada em prova diz respeito à possibilidade de o regime de previdência ser organizado pela iniciativa privada. Algumas palavras-chave definem essa relação de previdência privada: complementar, autonomia e facultativo. Vejamos o que diz o art. 202 da CF/1988/1988:

> ***Art. 202*** *O regime de previdência privada, de caráter complementar e organizado de forma autônoma em relação ao regime geral de previdência social, será facultativo, baseado na constituição de reservas que garantam o benefício contratado, e regulado por lei complementar.*
>
> *§ 1º A lei complementar de que trata este artigo assegurará ao participante de planos de benefícios de entidades de previdência privada o pleno acesso às informações relativas à gestão de seus respectivos planos.*
>
> *§ 2º As contribuições do empregador, os benefícios e as condições contratuais previstas nos estatutos, regulamentos e planos de benefícios das entidades de previdência privada não integram o contrato de trabalho dos participantes, assim como, à exceção dos benefícios concedidos, não integram a remuneração dos participantes, nos termos da lei.*
>
> *§ 3º É vedado o aporte de recursos a entidade de previdência privada pela União, Estados, Distrito Federal e Municípios, suas autarquias, fundações, empresas públicas, sociedades de economia mista e outras entidades públicas, salvo na qualidade de patrocinador, situação na qual, em hipótese alguma, sua contribuição normal poderá exceder a do segurado.*
>
> *§ 4º Lei complementar disciplinará a relação entre a União, Estados, Distrito Federal ou Municípios, inclusive suas autarquias, fundações, sociedades de economia mista e empresas controladas direta ou indiretamente, enquanto patrocinadores de planos de benefícios previdenciários, e as entidades de previdência complementar.*
>
> *§ 5º A lei complementar de que trata o § 4º aplicar-se-á, no que couber, às empresas privadas permissionárias ou concessionárias de prestação de serviços públicos, quando patrocinadoras de planos de benefícios em entidades de previdência complementar.*
>
> *§ 6º Lei complementar estabelecerá os requisitos para a designação dos membros das diretorias das entidades fechadas de previdência complementar instituídas pelos patrocinadores de que trata o § 4º e disciplinará a inserção dos participantes nos colegiados e instâncias de decisão em que seus interesses sejam objeto de discussão e deliberação.*

Quando se diz complementar, quer se dizer que complementa o regime geral de previdência. A autonomia representa a não vinculação do regime privado ao público. E, por fim, a faculdade de se aderir, haja vista não constituir obrigação a nenhum trabalhador.

13.3.3 Assistência social

O art. 203 prevê os benefícios e serviços da Assistência Social. São várias as prestações oferecidas a quem precisa de assistência, geralmente aos hipossuficientes. A Assistência Social não depende de contribuição à previdência social:

> ***Art. 203*** *A assistência social será prestada a quem dela necessitar, independentemente de contribuição à seguridade social, e tem por objetivos:*
>
> *I – a proteção à família, à maternidade, à infância, à adolescência e à velhice;*
>
> *II – o amparo às crianças e adolescentes carentes;*
>
> *III – a promoção da integração ao mercado de trabalho;*
>
> *IV – a habilitação e reabilitação das pessoas portadoras de deficiência e a promoção de sua integração à vida comunitária;*
>
> *V – a garantia de um salário mínimo de benefício mensal à pessoa portadora de deficiência e ao idoso que comprovem não possuir meios de prover à própria manutenção ou de tê-la provida por sua família, conforme dispuser a lei.*
>
> *VI – a redução da vulnerabilidade socioeconômica de famílias em situação de pobreza ou de extrema pobreza. (Incluído pela Emenda Constitucional nº 114/2021)*

13.4 Meio ambiente

Nossa Constituição é uma das normas mais garantistas do Meio Ambiente. Essa postura tem colocado o país à frente de muitos outros nas questões de preservação ambiental. É muito interessante a forma como esse direito social é apresentado sendo bem de uso comum do povo cuja preservação visa a garantir um meio ambiente sadio para as presentes e futuras gerações:

> ***Art. 225*** *Todos têm direito ao meio ambiente ecologicamente equilibrado, bem de uso comum do povo e essencial à sadia qualidade de vida, impondo-se ao Poder Público e à coletividade o dever de defendê-lo e preservá-lo para as presentes e futuras gerações.*

13.4.1 Atribuições do Poder Público

Para que esse ideal de preservação seja garantido, a Constituição exigiu uma série de condutas dos Poderes Públicos, as quais estão previstas no § 1º do art. 225 da CF/1988/1988:

> *§ 1º Para assegurar a efetividade desse direito, incumbe ao Poder Público:*
>
> *I – preservar e restaurar os processos ecológicos essenciais e prover o manejo ecológico das espécies e ecossistemas;*
>
> *II – preservar a diversidade e a integridade do patrimônio genético do País e fiscalizar as entidades dedicadas à pesquisa e manipulação de material genético;*
>
> *III – definir, em todas as unidades da Federação, espaços territoriais e seus componentes a serem especialmente protegidos, sendo a alteração e a supressão permitidas somente através de lei, vedada qualquer utilização que comprometa a integridade dos atributos que justifiquem sua proteção;*
>
> *IV – exigir, na forma da lei, para instalação de obra ou atividade potencialmente causadora de significativa degradação do meio ambiente, estudo prévio de impacto ambiental, a que se dará publicidade;*
>
> *V – controlar a produção, a comercialização e o emprego de técnicas, métodos e substâncias que comportem risco para a vida, a qualidade de vida e o meio ambiente;*
>
> *VI – promover a educação ambiental em todos os níveis de ensino e a conscientização pública para a preservação do meio ambiente;*
>
> *VII – proteger a fauna e a flora, vedadas, na forma da lei, as práticas que coloquem em risco sua função ecológica, provoquem a extinção de espécies ou submetam os animais a crueldade.*

13.4.2 Responsabilização pela atividade lesiva ao meio ambiente

Os dois parágrafos que se seguem, ambos do art. 225 da Constituição Federal de 1988, são muito importantes, pois trazem a possibilidade de responsabilização pelo dano ambiental tanto na esfera administrativa quanto na esfera penal. Ou seja, quem polui o meio ambiente pode ser responsabilizado penalmente, incluindo a pessoa jurídica. Aqui fica claro que pessoa jurídica pode praticar crime:

> *§ 2º Aquele que explorar recursos minerais fica obrigado a recuperar o meio ambiente degradado, de acordo com solução técnica exigida pelo órgão público competente, na forma da lei.*
>
> *§ 3º As condutas e atividades consideradas lesivas ao meio ambiente sujeitarão os infratores, pessoas físicas ou jurídicas, a sanções penais e administrativas, independentemente da obrigação de reparar os danos causados.*

Se uma pessoa jurídica praticar crime ambiental ela será punida com uma sanção compatível com sua natureza jurídica.

13.4.3 Patrimônio nacional

Esse parágrafo já foi abordado várias vezes em prova e requer a memorização do candidato dos ecossistemas que são considerados patrimônio nacional. Os examinadores costumam incluir outro tipo de ecossistema não previsto nesse parágrafo. Por exemplo, em 2010 afirmou-se numa prova da banca CESPE/CEBRASPE que os "pampas gaúchos" também integravam o patrimônio nacional. Estes elementos devem ser memorizados:

> ***Art. 225** [...]*
>
> *§ 4º A Floresta Amazônica brasileira, a Mata Atlântica, a Serra do Mar, o Pantanal Mato-Grossense e a Zona Costeira são patrimônio nacional, e sua utilização far-se-á, na forma da lei, dentro de condições que assegurem a preservação do meio ambiente, inclusive quanto ao uso dos recursos naturais.*

13.4.4 Limitação para utilização do meio ambiente

Como forma de limitar a utilização do Meio Ambiente, a Constituição instituiu algumas restrições à utilização das terras devolutas ou arrecadadas. Essas terras são consideradas bens dos Estados e, por esse motivo, indisponíveis:

> ***Art. 225** [...]*
>
> *§ 5º São indisponíveis as terras devolutas ou arrecadadas pelos Estados, por ações discriminatórias, necessárias à proteção dos ecossistemas naturais.*

Outro dispositivo limitador é o § 6º, que restringe a instalação de reatores nucleares, os quais, antes de serem instalados, terão sua localização definida em legislação federal:

> ***Art. 225** [...]*
>
> *§ 6º As usinas que operem com reator nuclear deverão ter sua localização definida em lei federal, sem o que não poderão ser instaladas.*

Patrimônio Nacional
Floresta Amazônica Brasileira;
Pantanal Mato-Grossense;
Zona Costeira;
Serra do Mar;
Mata Atlântica.

13.5 Família, criança, adolescente, jovem e idoso

13.5.1 Família

Esse é um dos temas sobre a Ordem Social que aparecem em abundância em provas, veja-se:

> ***Art. 226** A família, base da sociedade, tem especial proteção do Estado.*
>
> *§ 1º. O casamento é civil e gratuita a celebração.*
>
> *§ 2º. O casamento religioso tem efeito civil, nos termos da lei.*
>
> *§ 3º Para efeito da proteção do Estado, é reconhecida a união estável entre o homem e a mulher como entidade familiar, devendo a lei facilitar sua conversão em casamento.*
>
> *§ 4º Entende-se, também, como entidade familiar a comunidade formada por qualquer dos pais e seus descendentes.*
>
> *§ 5º Os direitos e deveres referentes à sociedade conjugal são exercidos igualmente pelo homem e pela mulher.*
>
> *§ 6º O casamento civil pode ser dissolvido pelo divórcio.*
>
> *§ 7º Fundado nos princípios da dignidade da pessoa humana e da paternidade responsável, o planejamento familiar é livre decisão do casal, competindo ao Estado propiciar recursos educacionais e científicos para o exercício desse direito, vedada qualquer forma coercitiva por parte de instituições oficiais ou privadas.*
>
> *§ 8º O Estado assegurará a assistência à família na pessoa de cada um dos que a integram, criando mecanismos para coibir a violência no âmbito de suas relações.*

O primeiro destaque é o fim da separação judicial. De acordo com a nova redação do § 6º, a partir de agora o casamento se dissolve com o divórcio, sem a necessidade de efetivar-se primeiro a separação judicial.

Outro destaque é a recente decisão do Supremo Tribunal Federal (STF) que reconheceu a possibilidade de União Estável entre casais homoafetivos, ampliando a compreensão do § 3º. Sobre esse tema deve-se ter muito cuidado. A Constituição Federal entende que União Estável ocorre entre homem e mulher, enquanto o STF entende que pode ocorrer entre casais do mesmo sexo. Diante dessa pluralidade de entendimentos, caso em prova haja uma pergunta que tenha como base a Constituição Federal, deve-se responder que é só entre homem e mulher. Mas se a questão perguntar segundo o STF, nesse caso a União Estável poderá ocorrer entre pessoas do mesmo sexo. É bom lembrar também das entidades familiares reconhecidas pela Constituição Federal:

- **Casamento civil ou religioso:** quando ocorre a formalização da união entre um homem e mulher segundo as leis civis ou religiosas;
- **União estável:** união informal entre pessoas (do mesmo sexo ou não) com efeitos jurídicos iguais aos do casamento;

DCON

- **Monoparental:** quando a família é formada por qualquer um dos pais e seus descendentes.

Embora ainda não seja assegurado por lei, o STF, em 2011, reconheceu a união estável entre casais homoafetivos, e em 2013 uma resolução do Conselho Nacional de Justiça garantiu o casamento homoafetivo no Brasil.

13.5.2 Criança, adolescente e jovem

O art. 227 possui várias normas de proteção para a criança, o adolescente e jovem, que podem ser cobradas em prova. A Constituição também sofreu alterações nesse artigo por meio da Emenda Constitucional nº 65, que inseriu o Jovem entre os indivíduos que possuem proteção especial da Constituição Federal. Merece destaque especial no § 3º, I, que prevê como idade mínima para o trabalho da criança 14 anos:

> ***Art. 227*** *É dever da família, da sociedade e do Estado assegurar à criança, ao adolescente e ao jovem, com absoluta prioridade, o direito à vida, à saúde, à alimentação, à educação, ao lazer, à profissionalização, à cultura, à dignidade, ao respeito, à liberdade e à convivência familiar e comunitária, além de colocá-los a salvo de toda forma de negligência, discriminação, exploração, violência, crueldade e opressão.*
>
> *§ 1º O Estado promoverá programas de assistência integral à saúde da criança, do adolescente e do jovem, admitida a participação de entidades não governamentais, mediante políticas específicas e obedecendo aos seguintes preceitos:*
>
> *I – aplicação de percentual dos recursos públicos destinados à saúde na assistência materno-infantil;*
>
> *II – criação de programas de prevenção e atendimento especializado para as pessoas portadoras de deficiência física, sensorial ou mental, bem como de integração social do adolescente e do jovem portador de deficiência, mediante o treinamento para o trabalho e a convivência, e a facilitação do acesso aos bens e serviços coletivos, com a eliminação de obstáculos arquitetônicos e de todas as formas de discriminação.*
>
> *§ 2º A lei disporá sobre normas de construção dos logradouros e dos edifícios de uso público e de fabricação de veículos de transporte coletivo, a fim de garantir acesso adequado às pessoas portadoras de deficiência.*
>
> *§ 3º O direito a proteção especial abrangerá os seguintes aspectos:*
>
> *I – idade mínima de quatorze anos para admissão ao trabalho, observado o disposto no art. 7º, XXXIII;*
>
> *II – garantia de direitos previdenciários e trabalhistas;*
>
> *III – garantia de acesso do trabalhador adolescente e jovem à escola;*
>
> *IV – garantia de pleno e formal conhecimento da atribuição de ato infracional, igualdade na relação processual e defesa técnica por profissional habilitado, segundo dispuser a legislação tutelar específica;*
>
> *V – obediência aos princípios de brevidade, excepcionalidade e respeito à condição peculiar de pessoa em desenvolvimento, quando da aplicação de qualquer medida privativa da liberdade;*
>
> *VI – estímulo do Poder Público, através de assistência jurídica, incentivos fiscais e subsídios, nos termos da lei, ao acolhimento, sob a forma de guarda, de criança ou adolescente órfão ou abandonado;*
>
> *VII – programas de prevenção e atendimento especializado à criança, ao adolescente e ao jovem dependente de entorpecentes e drogas afins.*
>
> *§ 4º A lei punirá severamente o abuso, a violência e a exploração sexual da criança e do adolescente.*
>
> *§ 5º A adoção será assistida pelo Poder Público, na forma da lei, que estabelecerá casos e condições de sua efetivação por parte de estrangeiros.*
>
> *§ 6º Os filhos, havidos ou não da relação do casamento, ou por adoção, terão os mesmos direitos e qualificações, proibidas quaisquer designações discriminatórias relativas à filiação.*
>
> *§ 7º. No atendimento dos direitos da criança e do adolescente levar-se-á em consideração o disposto no art. 204.*
>
> *§ 8º A lei estabelecerá:*
>
> *I – o estatuto da juventude, destinado a regular os direitos dos jovens;*
>
> *II – o plano nacional de juventude, de duração decenal, visando à articulação das várias esferas do poder público para a execução de políticas públicas.*

- **Imputabilidade penal**

> ***Art. 228*** *São penalmente inimputáveis os menores de dezoito anos, sujeitos às normas da legislação especial.*

Dizer que são inimputáveis os menores de 18 anos significam dizer que a eles não podem ser imputada a prática de crime e nem podem ser punidos segundo o Código Penal. Por isso, o próprio dispositivo determina que a conduta ilícita dos menores de 18 anos seja regulada por legislação especial, a qual já existe: Lei nº 8.069/1990, Estatuto da Criança e do Adolescente.

- **Responsabilidade dos pais para com os filhos e dos filhos para com os pais**

> ***Art. 229*** *Os pais têm o dever de assistir, criar e educar os filhos menores, e os filhos maiores têm o dever de ajudar e amparar os pais na velhice, carência ou enfermidade.*

Atente-se nesse dispositivo para o dever recíproco de cuidado que a Constituição impõe tanto aos pais quanto aos filhos. Uma verdadeira lição de moral que não necessitaria sequer estar prevista na Constituição Federal. Contudo, as práticas abusivas de violência e desrespeito registradas em nosso país são tantas que o Legislador Originário não se excedeu em prever tais normas de proteção.

13.5.3 Idoso

Quanto à proteção constitucional ao idoso, veja-se o disposto no art. 230, o qual contém várias informações que podem se tornar questões de prova:

> *Art. 230 A família, a sociedade e o Estado têm o dever de amparar as pessoas idosas, assegurando sua participação na comunidade, defendendo sua dignidade e bem-estar e garantindo-lhes o direito à vida.*
>
> *§ 1º Os programas de amparo aos idosos serão executados preferencialmente em seus lares.*
>
> *§ 2º Aos maiores de sessenta e cinco anos é garantida a gratuidade dos transportes coletivos urbanos.*

Chama-se a atenção para a realização de programas de amparo aos idosos que se realizarão preferencialmente em seus lares. Preferencialmente, não é obrigatoriamente!

Outra questão que sempre aparece em prova é acerca da idade para a concessão de transporte gratuito: maior de 65 anos de idade. É muito comum as bancas tentarem confundir o candidato colocando a idade de 60 ou 70 anos. Apesar de todas as idades se referirem ao idoso, cada uma tem uma consequência jurídica diferente.

13.5.4 Indígenas

Os artigos que falam sobre os indígenas estão entre os mais cobrados da ordem social. Primeiramente, serão abordadas as Terras tradicionalmente ocupadas. É importante que memorize os elementos que caracterizam as terras tradicionalmente ocupadas, que estão previstas no § 1º do art. 231 da Constituição Federal de 1988:

> ***Art. 231*** *São reconhecidos aos índios sua organização social, costumes, línguas, crenças e tradições, e os direitos originários sobre as terras que tradicionalmente ocupam, competindo à União demarcá-las, proteger e fazer respeitar todos os seus bens.*
>
> *§ 1º São terras tradicionalmente ocupadas pelos índios as por eles habitadas em caráter permanente, as utilizadas para suas atividades produtivas, as imprescindíveis à preservação dos recursos ambientais necessários a seu bem-estar e as necessárias a sua reprodução física e cultural, segundo seus usos, costumes e tradições.*

Não se deve esquecer de que os indígenas não possuem a propriedade das terras tradicionalmente por eles habitadas, mas apenas a posse, conforme o § 2º do art. 231. Não se confunde a propriedade com a posse. A propriedade dessas terras é da União, conforme previsto no art. 20, inciso XI, da Constituição Federal de 1988:

> ***Art. 231, § 2º*** *As terras tradicionalmente ocupadas pelos índios destinam-se a sua posse permanente, cabendo-lhes o usufruto exclusivo das riquezas do solo, dos rios e dos lagos nelas existentes.*
>
> ***Art. 20*** *São bens da União:[...]*
>
> *XI as terras tradicionalmente ocupadas pelos índios.*

Várias regras constitucionais objetivam a proteção dessas terras:

> ***Art. 231,*** *§ 3º O aproveitamento dos recursos hídricos, incluídos os potenciais energéticos, a pesquisa e a lavra das riquezas minerais em terras indígenas só podem ser efetivados com autorização do Congresso Nacional, ouvidas as comunidades afetadas, ficando-lhes assegurada participação nos resultados da lavra, na forma da lei.*
>
> *§ 4º As terras de que trata este artigo são inalienáveis e indisponíveis, e os direitos sobre elas, imprescritíveis.*
>
> *[...]*
>
> *§ 6º São nulos e extintos, não produzindo efeitos jurídicos, os atos que tenham por objeto a ocupação, o domínio e a posse das terras a que se refere este artigo, ou a exploração das riquezas naturais do solo, dos rios e dos lagos nelas existentes, ressalvado relevante interesse público da União, segundo o que dispuser lei complementar, não gerando a nulidade e a extinção direito a indenização ou a ações contra a União, salvo, na forma da lei, quanto às benfeitorias derivadas da ocupação de boa fé.*
>
> *§ 7º Não se aplica às terras indígenas o disposto no art. 174, § 3º e § 4º.*

- **Remoção dos indígenas**

Uma norma de proteção e que demonstra a preocupação do constituinte originário com a preservação da cultura indígena é a que proíbe a remoção obrigatória dos indígenas sem que seja referendada pelo Congresso Nacional. O STF, em uma interpretação ampliativa desse instituto, entende que o indígena não pode ser intimado por comissão parlamentar de inquérito na condição de testemunha para prestar depoimento fora do seu habitat:

> ***Art. 231,*** *§ 5º É vedada a remoção dos grupos indígenas de suas terras, salvo, ad referendum do Congresso Nacional, em caso de catástrofe ou epidemia que ponha em risco sua população, ou no interesse da soberania do País, após deliberação do Congresso Nacional, garantido, em qualquer hipótese, o retorno imediato logo que cesse o risco.*

- **Defesa dos Direitos Indígenas**

O art. 232 delega ao Ministério Público como função institucional o dever de acompanhar os processos que tenham como partes os indígenas, suas comunidades e organização, os quais possuem legitimidade para ingressar em juízo em defesa dos seus direitos e interesses. A atribuição Ministerial encontra reforço no art. 129, inciso V da CF/1988/1988:

> ***Art. 232*** *Os índios, suas comunidades e organizações são partes legítimas para ingressar em juízo em defesa de seus direitos e interesses, intervindo o Ministério Público em todos os atos do processo.*
>
> ***Art. 129*** *São funções institucionais do Ministério Público: [...]*
>
> *V – defender judicialmente os direitos e interesses das populações indígenas.*

NOÇÕES DE DIREITOS HUMANOS

1 DIREITOS HUMANOS E RESPONSABILIDADE DO ESTADO

1.1 Estado, seu conceito e funções para os Direitos Humanos

O Estado é um corpo político administrativo, delimitado juridicamente e territorialmente, e constituído por forma de poder soberana com a função de garantir os direitos dos que o constituem e o bem-estar social. São três os pilares fundamentais que permitem sua articulação: os Poderes Executivo, Legislativo e Judiciário. O Estado tem responsabilidades nas áreas, política, econômica e social que devem garantir a eficiência, a estabilidade e equidade social.

O contrato social ou contratualismo indica uma classe de teorias que tentam explicar os caminhos que levam as pessoas a formarem Estados e/ou manterem a ordem social. Essa noção de contrato traz implícito que as pessoas renunciam a certos direitos para um governo ou outra autoridade a fim de obter as vantagens da ordem social. Sob esse prisma, o contrato social seria um acordo entre os membros da sociedade, pelo qual reconhecem a autoridade, igualmente sobre todos, de um conjunto de regras, de um regime político ou de um governante.

No entanto, ao falarmos de Direitos Humanos, o Estado surge como fenômeno garantidor e destrutivo, isto é, possui um lado positivo e outro negativo: **o Estado que garante é o mesmo que pode violar os Direitos Humanos. A Revolução Francesa foi um momento da História que**, além de marcar o início da Idade Contemporânea, **serve de exemplo para analisarmos as responsabilidades do Estado** e como esse Estado estabelecido em prol do bem comum pode se tornar autoritário e violar direitos diversos.

1.2 Gerações ou dimensões dos Direitos Humanos

Em 1979, Karel Vasak (primeiro secretário-geral do Instituto Internacional de Direitos Humanos em Estrasburgo), inspirado nos ideais da Revolução Francesa (liberdade, igualdade e fraternidade), foi o primeiro a propor uma divisão dos direitos humanos em gerações.

Alguns doutrinadores divergem sobre a terminologia mais coerente para se denominar o evento de evolução histórica dos direitos fundamentais, e isto acontece principalmente sobre o uso das expressões **gerações** e **dimensões**. É muito comum doutrinadores utilizarem gerações, porém parte da doutrina tem se posicionado contrária ao uso desse termo, defendendo o uso de dimensões, uma vez que gerações poderia desencadear a falsa ideia de que, conforme fossem evoluindo, ocorreria uma substituição de uma geração por outra.

- **Primeira geração ou dimensão:** referem-se às **liberdades negativas** ou clássicas. São chamados também de direitos de resistência ou de defesa. Enfatizam o princípio da liberdade, configurando direitos civis e políticos. A gênese dessa geração de direitos foi a resistência burguesa contra o Estado absolutista opressor, contra os privilégios da nobreza, contra o sistema feudal que oprimia a burguesia incipiente. Para a realização dos direitos de primeira geração, bastou o surgimento do Estado de Direito, em que a atuação dos entes estatais deveria ser feita mediante lei, suprimindo a vontade despótica do rei.

São direitos que surgiram com a Revolução Francesa e se afirmaram durante os séculos XVIII e XIX. Tinham como função limitar o poder estatal e garantir liberdade aos indivíduos ou grupos.

Fique ligado

A Constituição Imperial brasileira de 1824, em seu art. 179 (o último da Carta Magna), seguindo os passos da Declaração dos Direitos do Homem e do Cidadão, decretada pela Assembleia Nacional Francesa em 1789, afirmou que a inviolabilidade dos direitos civis e políticos tinha por base a liberdade, a segurança individual e a propriedade.

> ***Art. 179*** *A inviolabilidade dos Direitos Civis, e Politicos dos Cidadãos Brasileiros, que tem por base a liberdade, a segurança individual, e a propriedade, é garantida pela Constituição do Império, pela maneira seguinte.*
>
> *I – Nenhum Cidadão pode ser obrigado a fazer, ou deixar de fazer alguma cousa, senão em virtude da Lei. [...]*
>
> *V – Ninguém pode ser perseguido por motivo de Religião, uma vez que respeite a do Estado, e não ofenda a Moral Publica. [...]*
>
> *Trecho do texto original da Constituição de 1824.*

- **Segunda geração ou dimensão: direitos que se associam às liberdades positivas, reais ou concretas, assegurando o princípio da isonomia material entre os seres humanos. A Revolução Industrial foi o estopim da consagração dos direitos de segunda geração, a partir do século XIX, implicando na luta da classe proletária, na defesa de seus direitos básicos: alimentação, saúde e educação. O início do século XX é marcado pela Primeira Grande Guerra e pela fixação desses direitos, o que fica evidenciado, entre outros documentos, pela Constituição de Weimar e pelo Tratado de Versalhes, ambos de 1919. Surge com a queda do Estado Liberal e o aparecimento de um Estado de Bem-estar Social. O que está em jogo não são mais as individualidades, mas as categorias:** direitos do idoso, direitos dos trabalhadores.

A partir da Constituição de 1934, em meio à primeira passagem de Getúlio Vargas pelo poder, verifica-se maior inserção dos direitos de segunda geração nas Constituições brasileiras. Eles exigem do Estado mais participação para serem implementados, ou seja, é necessária uma atuação estatal positiva.

> ***Art. 148*** *Cabe à União, aos Estados e aos Municípios favorecer e animar o desenvolvimento das ciências, das artes, das letras e da cultura em geral, proteger os objetos de interesse histórico e o patrimônio artístico do País, bem como prestar assistência ao trabalhador intelectual. [...]*
>
> *Trecho do texto original da Constituição de 1934.*

- **Terceira geração ou dimensão:** baseada no princípio da fraternidade (ou solidariedade), os direitos dessa geração tendem a proteger interesses de titularidade coletiva ou difusa. Não se destinam especificamente à proteção dos interesses individuais, de um grupo ou de um determinado Estado, e demonstram grande preocupação com as gerações humanas, presentes e futuras. Essa geração possui origem na Revolução Técnico-científico-informacional ou Terceira Revolução Industrial.

Fique ligado

Em seu art. 225, a Constituição de 1988, a "Cidadã", enuncia que todos têm direito ao meio ambiente ecologicamente equilibrado, bem de uso comum do povo e essencial à sadia qualidade de vida, impondo-se ao poder público e à coletividade o dever de defendê-lo e de preservá-lo para as presentes e futuras gerações. Assim, é a primeira, dentre as Constituições brasileiras, que insere em seu texto um direito conhecido como de 3ª geração, ou seja, direito de solidariedade.

> ***Art. 225, CF/1988*** *Todos têm direito ao meio ambiente ecologicamente equilibrado, bem de uso comum do povo e essencial à sadia qualidade de vida, impondo-se ao Poder Público e à coletividade o dever de defendê-lo e preservá-lo para as presentes e futuras gerações.*

Atualmente, alguns doutrinadores defendem a existência dos direitos de quarta e quinta gerações ou dimensões, apesar de ainda não haver consenso na doutrina sobre o conteúdo dessa espécie de direito.

- **Quarta geração ou dimensão:** para Norberto Bobbio, são direitos relacionados à **engenharia genética**. Já para Paulo Bonavides, trata-se de aspectos introduzidos pela **globalização política**, relacionados à democracia, à informação e ao pluralismo. Além de Bobbio e de Bonavides, outros autores vêm promovendo o reconhecimento dos direitos de quarta geração ou dimensão.
- **Quinta geração ou dimensão:** Paulo Bonavides afirma em publicações recentes, que a **Paz** seria um direito de quinta geração.

1.3 Dimensão (ou eficácia) subjetiva e objetiva

- **Dimensão subjetiva**: nessa perspectiva, os direitos fundamentais geram direitos subjetivos aos seus titulares, permitindo que estes ordenem comportamentos (negativos ou positivos) dos destinatários. Constata-se que a referência aos direitos fundamentais como direitos subjetivos atribui a estes a característica de serem exigíveis judicialmente.
- **Dimensão objetiva:** os direitos fundamentais são dotados de certos valores que penetram por todo o ordenamento jurídico, condicionando e inspirando a interpretação e a aplicação de outras normas (**efeito irradiante**) e criando dever geral de proteção sobre aqueles bens jurídicos salvaguardados.

2 PROGRAMA NACIONAL DE DIREITOS HUMANOS (PNDH-3)

2.1 Contexto histórico e importância do Programa Nacional de Direitos Humanos

Os Programas Nacionais de Direitos Humanos brasileiros (PNDH-1/1996, PNDH-2/2002, PNDH-3/2009) tiveram origem na Declaração e Programa de Ação de Viena de 1993, organizada pela Organização das Nações Unidas (ONU). A preocupação, naquele momento histórico, era com o estímulo e a proteção dos direitos humanos nos diversos Estados membros da ONU. O Brasil se organizou e, por meio do Decreto nº 1.904/1996, inaugurou o primeiro PNDH brasileiro, focado em verificar e cumprir os direitos humanos em território nacional.

Em 2002, por meio do Decreto nº 4.229, o Brasil promoveu o segundo PNDH, dessa vez com ênfase nos direitos sociais e na democratização das oportunidades à população.

Já em 2009, com o Decreto nº 7.037, o governo lança o PNDH-3, que tem como base uma estrutura sistemática e que tenta englobar o máximo possível, com eficácia e eficiência, os pontos discutidos em todos os momentos que anteciparam sua formação, que foram:

6 eixos orientadores > 25 diretrizes > 82 objetivos estratégicos > 521 ações programáticas

Os objetivos estratégicos e as ações programáticas constam no anexo ao Decreto nº 7.037/2009.

2.2 Decreto nº 7.037/2009 e seus eixos orientadores

A seguir, apresentaremos o texto do Decreto nº 7.037/2009 na íntegra, com algumas contextualizações importantes para melhor compreensão de cada Eixo Orientador, retirados do anexo do próprio decreto:

> ***Decreto nº 7.037/2009***
>
> *Aprova o Programa Nacional de Direitos Humanos - PNDH-3 e dá outras providências.*
>
> *O PRESIDENTE DA REPÚBLICA, no uso da atribuição que lhe confere o art. 84, inciso VI, alínea "a", da Constituição,*
>
> *DECRETA:*
>
> ***Art. 1º*** *Fica aprovado o Programa Nacional de Direitos Humanos - PNDH-3, em consonância com as diretrizes, objetivos estratégicos e ações programáticas estabelecidos, na forma do Anexo deste Decreto.*
>
> ***Art. 2º*** *O PNDH-3 será implementado de acordo com os seguintes eixos orientadores e suas respectivas diretrizes:*

2.2.1 Eixo Orientador I – interação democrática entre Estado e sociedade civil

- **Diretriz 1:** interação democrática entre Estado e sociedade civil como instrumento de fortalecimento da democracia participativa.
- **Diretriz 2:** fortalecimento dos Direitos Humanos como instrumento transversal das políticas públicas e de interação democrática.
- **Diretriz 3:** interação e ampliação dos sistemas de informação em Direitos Humanos e construção de mecanismos de avaliação e monitoramento de sua efetivação.

6 objetivos - 28 ações programáticas

A partir da metade dos anos 1970, começam a ressurgir no Brasil iniciativas de rearticulação dos movimentos sociais, a despeito da repressão política e da ausência de canais democráticos de participação. Fortes protestos e a luta pela democracia marcaram esse período. Paralelamente, surgiram iniciativas populares nos bairros reivindicando direitos básicos como saúde, transporte, moradia e controle do custo de vida. Em um primeiro momento, eram iniciativas atomizadas que buscaram conquistas pontuais, mas que ao longo dos anos foram se caracterizando como movimentos sociais organizados.

Com o avanço da democratização do país, os movimentos sociais se multiplicaram. Alguns deles se institucionalizaram e passaram a ter expressão política. Os movimentos populares e sindicatos foram, no caso brasileiro, os principais promotores da mudança e da ruptura política em diversas épocas e contextos históricos. Com efeito, durante a etapa de elaboração da Constituição Cidadã de 1988, esses segmentos atuaram de forma especialmente articulada, afirmando-se como um dos pilares da democracia e influenciando diretamente nos rumos do país.

Nos anos que se seguiram, os movimentos passaram a se consolidar por meio de redes com abrangência regional ou nacional, firmando-se como sujeitos na formulação e no monitoramento das políticas públicas. Nos anos 1990, desempenharam papel fundamental na resistência a todas as orientações do neoliberalismo de flexibilização dos direitos sociais, privatizações, dogmatismo do mercado e enfraquecimento do Estado. Nesse mesmo período, multiplicaram-se pelo país experiências de gestão estadual e municipal em que lideranças desses movimentos, em larga escala, passaram a desempenhar funções de gestores públicos.

Com as eleições de 2002, alguns dos setores mais organizados da sociedade trouxeram reivindicações históricas acumuladas, passando a influenciar diretamente na atuação do governo e vivendo de perto suas contradições internas. Nesse novo cenário, o diálogo entre Estado e sociedade civil assumiu destaque, com a compreensão e a preservação do distinto papel de cada um dos segmentos no processo de gestão. A interação é desenhada por acordos e dissensos, debates de ideias e pela deliberação em torno de propostas. Esses requisitos são imprescindíveis ao pleno exercício da democracia, cabendo à sociedade civil exigir, pressionar, cobrar, criticar, propor e fiscalizar as ações do Estado.

Essa concepção de interação democrática construída entre os diversos órgãos do Estado e a sociedade civil trouxe consigo resultados práticos em termos de políticas públicas e avanços na interlocução de setores do poder público com toda a diversidade social, cultural, étnica e regional que caracteriza os movimentos sociais no Brasil. Avançou-se, fundamentalmente, na compreensão de que os Direitos Humanos constituem condição para a prevalência da dignidade humana, e que devem ser promovidos e protegidos por meio do esforço conjunto do Estado e da sociedade civil.

Dessa forma, uma das finalidades do PNDH-3 é dar continuidade à integração e ao aprimoramento dos mecanismos de participação existentes, além de criar novos meios de construção e monitoramento das políticas públicas sobre Direitos Humanos no Brasil. No âmbito institucional, o PNDH-3 amplia as conquistas na área de direitos e garantias fundamentais, pois internaliza a diretriz segundo a qual a primazia dos Direitos Humanos constitui princípio transversal a ser considerado em todas as políticas públicas.

Essas diretrizes discorrem sobre a importância de fortalecer a garantia e os instrumentos de participação social, o caráter transversal dos Direitos Humanos e a construção de mecanismos de avaliação e monitoramento de sua efetivação. Isso inclui a construção de um sistema de indicadores de Direitos Humanos e a articulação de políticas e instrumentos de monitoramento.

O Poder Executivo tem papel protagonista na coordenação e na implementação do PNDH-3, mas faz-se necessário definir responsabilidades compartilhadas entre União, Estados, Municípios e Distrito Federal na execução de políticas públicas, tanto quanto criar espaços de participação e controle social nos Poderes Judiciário e Legislativo, no Ministério Público e nas Defensorias, em ambiente de respeito, proteção e efetivação dos Direitos Humanos. O conjunto dos órgãos do Estado – não apenas no âmbito do Poder Executivo Federal – deve estar comprometido com a implementação e o monitoramento do PNDH-3.

Aperfeiçoar a interlocução entre Estado e sociedade civil depende da implementação de medidas que garantam à sociedade maior participação no acompanhamento e no monitoramento das políticas públicas em Direitos Humanos, num diálogo plural e transversal entre os vários atores sociais e deles com o Estado. Ampliar o controle externo dos órgãos públicos por meio de ouvidorias, monitorar os compromissos internacionais assumidos pelo Estado brasileiro, realizar conferências periódicas sobre a temática, fortalecer e apoiar a criação de conselhos nacional, distrital, estaduais e municipais de Direitos Humanos, garantindo-lhes eficiência, autonomia e independência são algumas das formas de assegurar o aperfeiçoamento das políticas públicas por meio de diálogo, de mecanismos de controle e das ações contínuas da sociedade civil.

Fortalecer as informações em Direitos Humanos com produção e seleção de indicadores para mensurar demandas, monitorar, avaliar, reformular e propor ações efetivas, garante e consolida o controle social e a transparência das ações governamentais. A adoção dessas medidas fortalece a democracia participativa, na qual o Estado atua como instância republicana da promoção e defesa dos Direitos Humanos e a sociedade civil como agente ativo – propositivo e reativo – de sua implementação.

2.2.2 Eixo Orientador II – desenvolvimento e Direitos Humanos

- **Diretriz 4:** efetivação de modelo de desenvolvimento sustentável, com inclusão social e econômica, ambientalmente equilibrado e tecnologicamente responsável, cultural e regionalmente diverso, participativo e não discriminatório.
- **Diretriz 5:** valorização da pessoa humana como sujeito central do processo de desenvolvimento.
- **Diretriz 6:** promover e proteger os direitos ambientais como Direitos Humanos, incluindo as gerações futuras como sujeitos de direitos.

8 objetivos – 54 ações programáticas

O tema "desenvolvimento" tem sido amplamente debatido por ser um conceito complexo e multidisciplinar. Não existe modelo único e preestabelecido de desenvolvimento, porém pressupõe-se que ele deva garantir a livre determinação dos povos, o reconhecimento de soberania sobre seus recursos e riquezas naturais, o respeito pleno à sua identidade cultural e a busca de equidade na distribuição das riquezas.

Durante muitos anos, o crescimento econômico, medido pela variação anual do Produto Interno Bruto (PIB), foi usado como indicador relevante para medir o avanço de um país. Acreditava-se que, uma vez garantido o aumento de bens e serviços, sua distribuição ocorreria de forma a satisfazer as necessidades de todas as pessoas. Constatou-se, porém, que, embora importante, o crescimento do PIB não é suficiente para causar, automaticamente, melhoria do bem-estar para todas as camadas sociais. Por isso, o conceito de desenvolvimento foi adotado por ser mais abrangente e refletir, de fato, melhorias nas condições de vida dos indivíduos.

A teoria predominante de desenvolvimento econômico o define como um processo que faz aumentar as possibilidades de acesso das pessoas a bens e serviços, propiciadas pela expansão da capacidade e do âmbito das atividades econômicas. O desenvolvimento seria a medida qualitativa do progresso da economia de um país, refletindo transições de estágios mais baixos para estágios mais altos, por meio da adoção de novas tecnologias que permitem e favorecem essa transição. Cresce nos últimos anos a assimilação das ideias desenvolvidas por Amartya Sen, que abordam o desenvolvimento como liberdade e seus resultados centrados no bem-estar social e, por conseguinte, nos direitos do ser humano.

São essenciais para o desenvolvimento: as liberdades e os direitos básicos como alimentação, saúde e educação.

As privações das liberdades não são apenas resultantes da escassez de recursos, mas das desigualdades inerentes aos mecanismos de distribuição, da ausência de serviços públicos e de assistência do Estado para a expansão das escolhas individuais. Esse conceito de desenvolvimento reconhece seu caráter pluralista e a tese de que a expansão das liberdades não representa somente um fim, mas também o meio para seu alcance. Como consequência, a sociedade deve pactuar as políticas sociais e os direitos coletivos de acesso e uso dos recursos. A partir de então, a medição de um índice de desenvolvimento humano veio substituir a medição de aumento do PIB, uma vez que o Índice de Desenvolvimento Humano (IDH) combina a riqueza per capita indicada pelo PIB aos aspectos de educação e expectativa de vida, permitindo, pela primeira vez, uma avaliação de aspectos sociais não mensurados pelos padrões econométricos.

No caso do Brasil, por muitos anos o crescimento econômico não levou à distribuição justa de renda e riqueza, mantendo-se elevados índices de desigualdade. As ações de Estado voltadas à conquista da igualdade socioeconômica requerem ainda políticas permanentes, de longa duração, para se verificar a plena proteção e promoção dos Direitos Humanos. É necessário que o modelo de desenvolvimento econômico se preocupe em aperfeiçoar os mecanismos de distribuição de renda e de oportunidades para todos os brasileiros, além de incorporar os valores de preservação ambiental.

Os debates sobre as mudanças climáticas e o aquecimento global, gerados pela preocupação com a maneira pela qual os países vêm explorando os recursos naturais e direcionando o progresso civilizatório, estão na agenda do dia. A discussão coloca em pauta os investimentos em infraestrutura e os modelos de desenvolvimento econômico na área rural, baseados, em grande parte, no agronegócio, sem a preocupação com a potencial violação dos direitos de pequenos e médios agricultores e das populações tradicionais.

O desenvolvimento pode ser garantido se as pessoas forem protagonistas do processo, pressupondo a garantia de acesso de todos os indivíduos aos direitos econômicos, sociais, culturais e ambientais, e incorporando a preocupação com a preservação e a sustentabilidade como eixos estruturantes de proposta renovada de progresso. Esses direitos têm como foco a distribuição da riqueza, dos bens e de serviços.

Todo esse debate traz desafios para a conceituação sobre os Direitos Humanos no sentido de incorporar o desenvolvimento como exigência fundamental. Nesse contexto, a perspectiva dos Direitos Humanos contribui para redimensionar o desenvolvimento. Motiva a deixar de ser a consideração de problemas individuais para se tornar questões de interesse comum, de bem-estar coletivo, o que alude novamente o Estado e o chama à corresponsabilidade social e à solidariedade.

Ressaltamos que a noção de desenvolvimento está sendo amadurecida como parte de um debate em curso na sociedade e no governo, incorporando a relação entre os direitos econômicos, sociais, culturais e ambientais, buscando a garantia do acesso ao trabalho, à saúde, à educação, à alimentação, à vida cultural, à moradia adequada, à previdência, à assistência social e a um meio ambiente sustentável. A inclusão do tema Desenvolvimento e Direitos Humanos foi feito na 11ª Conferência Nacional que reforçou as estratégias governamentais em sua proposta de desenvolvimento.

Assim, este tema do PNDH-3 propõe instrumentos de avanço e reforça propostas para políticas públicas de redução das desigualdades sociais concretizadas por meio de ações de transferência de renda, incentivo à economia solidária e ao cooperativismo, à expansão da reforma agrária, ao fomento da aquicultura, da pesca e do extrativismo e da promoção do turismo sustentável. O PNDH-3 inova ao incorporar o meio ambiente saudável e as cidades sustentáveis como Direitos Humanos, propõe a inclusão do item "direitos ambientais" nos relatórios de monitoramento sobre Direitos Humanos e do item "Direitos Humanos" nos relatórios ambientais, assim como fomenta pesquisas de tecnologias socialmente inclusivas.

Nos projetos e empreendimentos com grande impacto socioambiental, o PNDH-3 garante a participação efetiva das populações atingidas, além de prever ações mitigatórias e compensatórias. Considera fundamental fiscalizar o respeito aos Direitos Humanos nos projetos implementados pelas empresas transnacionais e seus impactos na manipulação das políticas de desenvolvimento. Nesse sentido, considera importante mensurar o impacto da biotecnologia aplicada aos alimentos, da nanotecnologia, dos poluentes orgânicos persistentes, metais pesados e outros poluentes inorgânicos em relação aos Direitos Humanos.

Alcançar o desenvolvimento com Direitos Humanos é capacitar as pessoas e as comunidades a exercerem a cidadania, com direitos e responsabilidades. É incorporar, nos projetos, a própria população brasileira, por meio de participação ativa nas decisões que afetam diretamente suas vidas. É assegurar a transparência dos grandes projetos de desenvolvimento econômico e mecanismos de compensação para a garantia dos Direitos Humanos das populações diretamente atingidas. Por fim, este PNDH-3 reforça o papel da equidade no Plano Plurianual, como instrumento de garantia de priorização orçamentária de programas sociais.

2.2.3 Eixo Orientador III – universalizar direitos em um contexto de desigualdades

- **Diretriz 7:** garantia dos Direitos Humanos de forma universal, indivisível e interdependente, assegurando a cidadania plena.
- **Diretriz 8:** promoção de direitos de crianças e adolescentes para o seu desenvolvimento integral, de forma não discriminatória assegurando seu direito de opinião e participação.
- **Diretriz 9:** combate às desigualdades estruturais.
- **Diretriz 10:** garantia da igualdade na diversidade.

25 objetivos – 213 ações programáticas

A Declaração Universal dos Direitos Humanos afirma em seu preâmbulo que o "reconhecimento da dignidade inerente a todos os membros da família humana e de seus direitos iguais e inalienáveis é o fundamento da liberdade, da justiça e da paz no mundo". No entanto, nas vicissitudes ocorridas no cumprimento da Declaração pelos Estados signatários, identificou-se a necessidade de reconhecer as diversidades e diferenças para concretização do princípio da igualdade.

No Brasil, ao longo das últimas décadas, os Direitos Humanos passaram a ocupar uma posição de destaque no ordenamento jurídico. O país avançou decisivamente na proteção e promoção do direito às diferenças. Porém o peso negativo do passado continua a projetar no presente uma situação de profunda iniquidade social. O acesso aos direitos fundamentais continua enfrentando barreiras estruturais, resquícios de um processo histórico, até secular, marcado pelo genocídio indígena, pela escravidão e por períodos ditatoriais, práticas que continuam a ecoar em comportamentos, leis e na realidade social.

O PNDH-3 assimila os grandes avanços conquistados ao longo dos últimos anos, tanto nas políticas de erradicação da miséria e da fome quanto na preocupação com a moradia e saúde, e aponta para a continuidade e ampliação do acesso a tais políticas, fundamentais para garantir o respeito à dignidade humana. Os objetivos estratégicos direcionados à promoção da cidadania plena preconizam a universalidade, a indivisibilidade e a interdependência dos Direitos Humanos, condições para sua efetivação integral e igualitária. O acesso aos direitos de registro civil, alimentação adequada, terra e moradia, trabalho decente, educação, participação política, cultura, lazer, esporte e saúde, deve considerar a pessoa humana em suas múltiplas dimensões de ator social e sujeito de cidadania.

À luz da história dos movimentos sociais e de programas de governo, o PNDH-3 orienta-se pela transversalidade, para que a implementação dos direitos civis e políticos transitem pelas diversas dimensões dos direitos econômicos, sociais, culturais e ambientais. Caso contrário, grupos sociais afetados pela pobreza, pelo racismo estrutural e pela discriminação dificilmente terão acesso a esses direitos.

As ações programáticas formuladas visam enfrentar o desafio de eliminar as desigualdades, levando em conta as dimensões de gênero e raça nas políticas públicas, desde o planejamento até a sua concretização e avaliação. Há, neste sentido, propostas de criação de indicadores que possam mensurar a efetivação progressiva dos direitos. Às desigualdades soma-se a persistência da discriminação, que muitas vezes se manifesta sob a forma de violência contra sujeitos histórica e estruturalmente vulneráveis.

O combate à discriminação mostra-se necessário, mas é insuficiente como medida isolada. Os pactos e as convenções que integram o sistema regional e internacional de proteção dos Direitos Humanos apontam para a necessidade de combinar essas medidas com políticas compensatórias que acelerem a construção da igualdade, como forma capaz de estimular a inclusão de grupos socialmente vulneráveis. Além disso, as ações afirmativas constituem medidas especiais e temporárias que buscam remediar um passado discriminatório. No rol de movimentos e grupos sociais que demandam políticas de inclusão social encontram-se, por exemplo, crianças, adolescentes, mulheres, pessoas idosas, lésbicas, gays, bissexuais, travestis, transexuais, pessoas com deficiência, pessoas moradoras de rua, povos indígenas, populações negras e quilombolas, ciganos, ribeirinhos, vazanteiros e pescadores.

Definem-se, nestas diretrizes, medidas e políticas que devem ser efetivadas para reconhecer e proteger os indivíduos como iguais na diferença, ou seja, para valorizar a diversidade presente na população brasileira para estabelecer acesso igualitário aos direitos fundamentais. Trata-se de reforçar os programas de governo e as resoluções pactuadas nas diversas conferências nacionais temáticas, sempre sob o foco dos Direitos Humanos, com a preocupação de assegurar o respeito às diferenças e o combate às desigualdades, para o efetivo acesso aos direitos.

Por fim, em respeito à primazia constitucional de proteção e promoção da infância, do adolescente e da juventude, o capítulo aponta suas diretrizes para o respeito e a garantia das gerações futuras. Como sujeitos de direitos, as crianças, os adolescentes e os jovens são frequentemente subestimados em sua participação política e em sua capacidade decisória. É dever assegurar-lhes, desde cedo, o direito de opinião e participação.

Marcadas pelas diferenças e por sua fragilidade temporal, as crianças, os adolescentes e os jovens estão sujeitos a discriminações e violências. As ações programáticas garantem espaços e investimentos que assegurem proteção contra qualquer forma de violência e discriminação, além da articulação entre família, sociedade e Estado para fortalecer a rede social de proteção que garante a efetividade de seus direitos.

2.2.4 Eixo Orientador IV – segurança pública, acesso à justiça e combate à violência

- **Diretriz 11:** democratização e modernização do sistema de segurança pública.
- **Diretriz 12:** transparência e participação popular no sistema de segurança pública e justiça criminal.
- **Diretriz 13:** prevenção da violência e da criminalidade e profissionalização da investigação de atos criminosos.
- **Diretriz 14:** combate à violência institucional, com ênfase na erradicação da tortura e na redução da letalidade policial e carcerária.
- **Diretriz 15:** garantia dos direitos das vítimas de crimes e de proteção das pessoas ameaçadas.
- **Diretriz 16:** modernização da política de execução penal, priorizando a aplicação de penas e medidas alternativas à privação de liberdade e melhoria do sistema penitenciário.
- **Diretriz 17:** promoção de sistema de justiça mais acessível, ágil e efetivo, para o conhecimento, a garantia e a defesa dos direitos.

29 objetivos – 161 ações programáticas

Por muito tempo, alguns segmentos da militância em Direitos Humanos mantiveram-se distantes do debate sobre as políticas públicas de segurança no Brasil. No processo de consolidação da democracia, por diferentes razões, movimentos sociais e entidades manifestaram dificuldade no tratamento do tema. Na base dessa dificuldade, estavam a memória dos enfrentamentos com o aparato repressivo ao longo de duas décadas de regime ditatorial, a postura violenta vigente, muitas vezes, em órgãos de segurança pública, a percepção do crime e da violência como meros subprodutos de uma ordem social injusta a ser transformada em seus próprios fundamentos.

Distanciamento análogo ocorreu nas universidades, que, com poucas exceções, não se debruçaram sobre o modelo de polícia legado ou sobre os desafios da segurança pública. As polícias brasileiras, nos termos de sua tradição institucional, pouco aproveitaram da reflexão teórica e dos aportes oferecidos pela criminologia moderna e demais ciências sociais, já disponíveis há algumas décadas às polícias e aos gestores de países desenvolvidos. A cultura arraigada de rejeitar as evidências acumuladas pela pesquisa e pela experiência de reforma das polícias no mundo era a mesma que expressava nostalgia de um passado de ausência de garantias individuais e que identificava na ideia dos Direitos Humanos não a mais generosa entre as promessas construídas pela modernidade, mas uma verdadeira ameaça.

Estavam postas as condições históricas, políticas e culturais para que houvesse um fosso aparentemente intransponível entre os temas da segurança pública e os Direitos Humanos. Nos últimos anos, contudo, esse processo de estranhamento mútuo passou a ser questionado. De um lado, articulações na sociedade civil assumiram o desafio de repensar a segurança pública a partir de diálogos com especialistas na área, policiais e gestores. De outro, começaram a ser implantadas as primeiras políticas públicas buscando caminhos alternativos de redução do crime e da violência, a partir de projetos centrados na prevenção e influenciados pela cultura de paz.

A proposição do Sistema Único de Segurança Pública, a modernização de parte das nossas estruturas policiais e a aprovação de novos regimentos e leis orgânicas das polícias, a consciência crescente de que políticas de segurança pública são realidades mais amplas e complexas do que as iniciativas possíveis às chamadas "forças da segurança", o surgimento de nova geração de policiais, disposta a repensar práticas e dogmas e, sobretudo, a cobrança da opinião pública e a maior fiscalização sobre o Estado, resultante do processo de democratização, têm tornado possível a construção de agenda de reformas na área.

O Programa Nacional de Segurança Pública com Cidadania (Pronasci) e os investimentos já realizados pelo Governo Federal na montagem de rede nacional de altos estudos em segurança pública, que têm beneficiado milhares de policiais em cada Estado, simbolizam, ao lado do processo de debates da 1ª Conferência Nacional de Segurança Pública, acúmulos históricos significativos, que apontam para novas e mais importantes mudanças.

As propostas elencadas neste eixo orientador do PNDH-3 articulam-se com esse processo histórico de transformação e exigem muito mais do que já foi alcançado. Para tanto, parte-se do pressuposto de que a realidade brasileira segue sendo gravemente marcada pela violência e por severos impasses estruturais na área da segurança pública.

Problemas antigos, como a ausência de diagnósticos, de planejamento e de definição formal de metas, a desvalorização profissional dos policiais e dos agentes penitenciários, o desperdício de recursos e a consagração de privilégios dentro das instituições, as práticas de abuso de autoridade e de violência policial contra grupos vulneráveis e a corrupção dos agentes de segurança pública demandam reformas tão urgentes quanto profundas.

As propostas sistematizadas no PNDH-3 agregam, nesse contexto, as contribuições oferecidas pelo processo da 11ª Conferência Nacional dos Direitos Humanos que passou a avançar sobre temas que não foram objeto de debate, trazendo para o PNDH-3 parte do acúmulo crítico que tem sido proposto ao país pelos especialistas e pesquisadores da área.

Em linhas gerais, o PNDH-3 aponta para a necessidade de ampla reforma no modelo de polícia e propõe o debate sobre a implantação do ciclo completo de policiamento às corporações estaduais. Prioriza transparência e participação popular, estimulando o aperfeiçoamento das estatísticas e a publicação de dados, assim como a reformulação do Conselho Nacional de Segurança Pública. Contempla a prevenção da violência e da criminalidade como diretriz, ampliando o controle sobre armas de fogo e indicando a necessidade de profissionalização da investigação criminal.

Com o objetivo de erradicar a tortura e reduzir a letalidade policial e carcerária, confere atenção especial a procedimentos operacionais padronizados, que previnam as ocorrências de abuso de autoridade e de violência institucional, e confiram maior segurança a policiais e agentes penitenciários. Reafirma a necessidade de criação de ouvidorias independentes em âmbito federal e, inspirado em tendências mais modernas de policiamento, estimula as iniciativas orientadas por resultados, o desenvolvimento do policiamento comunitário e voltado para a solução de problemas, elencando medidas que promovam a valorização dos trabalhadores em segurança pública. Contempla, ainda, a criação de um sistema federal que integre os atuais sistemas de proteção a vítimas e testemunhas, defensores de Direitos Humanos e crianças e adolescentes ameaçados de morte.

Também como diretriz, o PNDH-3 propõe uma profunda reforma da Lei de Execução Penal que introduza garantias fundamentais e novos regramentos para superar as práticas abusivas, hoje comuns. E trata as penas privativas de liberdade como última alternativa, propondo a redução da demanda por encarceramento e estimulando novas formas de tratamento dos conflitos, como as sugeridas pelo mecanismo da Justiça Restaurativa.

Reafirma-se a centralidade do direito universal de acesso à Justiça, com a possibilidade de acesso aos tribunais por toda a população, com o fortalecimento das defensorias públicas e a modernização da gestão judicial, de modo a garantir respostas judiciais mais céleres e eficazes. Destacam-se, ainda, o direito de acesso à Justiça em matéria de conflitos agrários e urbanos e o necessário estímulo aos meios de soluções pacíficas de controvérsias.

O PNDH-3 apresenta nesta eixo, fundamentalmente, propostas para que o Poder Público se aperfeiçoe no desenvolvimento de políticas públicas de prevenção ao crime e à violência, reforçando a noção de acesso universal à Justiça como direito fundamental, e sustentando que a democracia, os processos de participação e transparência, aliados ao uso de ferramentas científicas e à profissionalização de instituições e trabalhadores da segurança, assinalam os roteiros mais promissores para o Brasil avançar no caminho da paz pública.

2.2.5 Eixo Orientador V – educação e cultura em Direitos Humanos

- **Diretriz 18:** efetivação das diretrizes e dos princípios da política nacional de educação em Direitos Humanos para fortalecer cultura de direitos.
- **Diretriz 19:** fortalecimento dos princípios de democracia e dos Direitos Humanos nos sistemas de educação básica, nas instituições de ensino superior e nas instituições formadoras.
- **Diretriz 20:** reconhecimento da educação não formal como espaço de defesa e promoção dos Direitos Humanos.
- **Diretriz 21:** promoção da educação em Direitos Humanos no serviço público.
- **Diretriz 22:** garantia do direito à comunicação democrática e o acesso à informação para a consolidação de uma cultura em Direitos Humanos.

11 objetivos – 59 ações

A educação e a cultura em Direitos Humanos visam à formação de nova mentalidade coletiva para o exercício da solidariedade, do respeito às diversidades e da tolerância. Como processo sistemático e multidimensional que orienta a formação do sujeito de direitos, seu objetivo é combater o preconceito, a discriminação e a violência, promovendo a adoção de novos valores de liberdade, justiça e igualdade.

A educação em Direitos Humanos, como canal estratégico capaz de produzir uma sociedade igualitária, extrapola o direito à educação permanente e de qualidade. Trata-se de mecanismo que articula, dentre outros elementos:

- A apreensão de conhecimentos historicamente construídos sobre Direitos Humanos e a sua relação com os contextos internacional, regional, nacional e local;
- A afirmação de valores, atitudes e práticas sociais que expressem a cultura dos Direitos Humanos em todos os espaços da sociedade;
- A formação de consciência cidadã capaz de se fazer presente nos níveis cognitivo, social, ético e político;
- O desenvolvimento de processos metodológicos participativos e de construção coletiva, utilizando linguagens e materiais didáticos contextualizados;
- O fortalecimento de políticas que gerem ações e instrumentos em favor da promoção, da proteção e da defesa dos Direitos Humanos, bem como da reparação das violações.

O PNDH-3 dialoga com o Plano Nacional de Educação em Direitos Humanos (PNEDH) como referência para a política nacional de Educação e Cultura em Direitos Humanos, estabelecendo os alicerces a serem adotados nos âmbitos nacional, estadual, distrital e municipal. O PNEDH, refletido neste programa, se desdobra em cinco grandes áreas:

- Na **Educação Básica**, a ênfase do PNDH-3 é possibilitar, desde a infância, a formação de sujeitos de direito, priorizando as populações historicamente vulnerabilizadas. A troca de experiências entre crianças de diferentes raças e etnias, imigrantes, com deficiência física ou mental, fortalece, desde cedo, um sentimento de convivência pacífica. Conhecer o diferente, desde a mais tenra idade, é perder o medo do desconhecido, formar opinião respeitosa e combater o preconceito, às vezes arraigado na própria família.
- No PNDH-3, essa concepção se traduz em propostas de mudanças curriculares, incluindo a **educação transversal e permanente** nos temas ligados aos Direitos Humanos e, mais especificamente, o estudo de gênero e orientação sexual, das culturas indígena e afro-brasileira entre as disciplinas do ensino fundamental e médio.
- No **Ensino Superior**, as metas previstas visam a incluir os Direitos Humanos, por meio de diferentes modalidades como disciplinas, linhas de pesquisa, áreas de concentração, transversalização nos projetos acadêmicos dos diferentes cursos de graduação e pós-graduação, e em programas e projetos de extensão.
- A **educação não formal** em Direitos Humanos é orientada pelos princípios da emancipação e da autonomia, um processo de sensibilização e de formação da consciência crítica. Desta forma, o PNDH-3 propõe incluir o tema Educação em Direitos Humanos nos programas de capacitação de lideranças comunitárias e nos programas de qualificação profissional e de alfabetização de jovens e adultos. Volta-se, especialmente, para o estabelecimento de diálogo e parcerias permanentes como o vasto leque brasileiro de movimentos populares, sindicatos, igrejas, ONGs, clubes, entidades empresariais e toda sorte de agrupamentos da sociedade civil que desenvolvem atividades formativas em seu cotidiano.
- A **formação e a educação continuada** em Direitos Humanos, com recortes de gênero, relações étnico-raciais e de orientação sexual, em todo o serviço público, especialmente entre os agentes do sistema de Justiça de segurança pública, são fundamentais para consolidar o Estado Democrático e a proteção do direito à vida e à dignidade, garantindo tratamento igual a todos e o funcionamento de sistemas de Justiça que promovam os Direitos Humanos.

Aborda-se também o papel estratégico dos meios de comunicação de massa, no sentido de construir ou desconstruir ambiente nacional e cultura social de respeito e proteção aos Direitos Humanos. Daí a importância primordial de introduzir mudanças que assegurem ampla democratização desses meios, além de atuar permanentemente junto a todos os profissionais e as empresas do setor (seminários, debates, reportagens, pesquisas e conferências), buscando sensibilizar e conquistar seu compromisso ético com a afirmação histórica dos Direitos Humanos.

2.2.6 Eixo Orientador VI – direito à memória e à verdade

- **Diretriz 23:** reconhecimento da memória e da verdade como direito humano da cidadania e dever do Estado.
- **Diretriz 24:** preservação da memória histórica e a construção pública da verdade.
- **Diretriz 25:** modernização da legislação relacionada com a promoção do direito à memória e à verdade, fortalecendo a democracia.

3 objetivos - 11 ações

A investigação do passado é fundamental para a construção da cidadania. Estudar o passado, resgatar sua verdade e trazer à tona seus acontecimentos caracterizam forma de transmissão de experiência histórica essencial para a constituição da memória individual e coletiva.

O Brasil ainda processa com dificuldades o resgate da memória e da verdade sobre o que ocorreu com as vítimas atingidas pela repressão política durante o regime de 1964. A impossibilidade de acesso a todas as informações oficiais impede que familiares de mortos e desaparecidos possam conhecer os fatos relacionados aos crimes praticados e não permite à sociedade elaborar seus próprios conceitos sobre aquele período.

A história que não é transmitida de geração a geração torna-se esquecida e silenciada. O silêncio e o esquecimento das barbáries geram graves lacunas na experiência coletiva de construção da identidade nacional. Ao resgatar a memória e a verdade, o país adquire consciência superior sobre sua própria identidade, a democracia se fortalece. As tentações totalitárias são neutralizadas e crescem as possibilidades de se erradicar definitivamente alguns resquícios daquele período sombrio, como a tortura, por exemplo, ainda persistente no cotidiano brasileiro.

O trabalho de reconstituir a memória exige revisitar o passado e compartilhar experiências de dor, violência e mortes. Somente depois de lembrá-las e fazer seu luto, será possível superar o trauma histórico e seguir adiante. A vivência do sofrimento e das perdas não pode ser reduzida a conflito privado e subjetivo, uma vez que se inscreveu num contexto social, e não individual.

A compreensão do passado por intermédio da narrativa da herança histórica e pelo reconhecimento oficial dos acontecimentos possibilita aos cidadãos construírem os valores que indicarão sua atuação no presente. O acesso a todos os arquivos e documentos produzidos durante o regime militar é fundamental no âmbito das políticas de proteção dos Direitos Humanos.

As violações sistemáticas dos Direitos Humanos pelo Estado durante o regime ditatorial são desconhecidas pela maioria da população, em especial pelos jovens. A radiografia dos atingidos pela repressão política ainda está longe de ser concluída, mas calcula-se que pelo menos cinquenta mil pessoas foram presas somente nos primeiros meses de 1964; cerca de vinte mil brasileiros foram submetidos a torturas e cerca de quatrocentos cidadãos foram mortos ou estão desaparecidos. Ocorreram milhares de prisões políticas não registradas, 130 banimentos, 4.862 cassações de mandatos políticos, uma cifra incalculável de exílios e refugiados políticos.

As ações programáticas deste eixo orientador têm como finalidade assegurar o processamento democrático e republicano de todo esse período da história brasileira, para que se viabilize o desejável sentimento de reconciliação nacional. E para se construir consenso amplo no sentido de que as violações sistemáticas de Direitos Humanos registradas entre 1964 e 1985, assim como no período do Estado Novo, não voltem a ocorrer.

> ***Diretriz 25, parágrafo único.*** *A implementação do PNDH-3, além dos responsáveis nele indicados, envolve parcerias com outros órgãos federais relacionados com os temas tratados nos eixos orientadores e suas diretrizes.*
>
> ***Art. 3º*** *As metas, prazos e recursos necessários para a implementação do PNDH-3 serão definidos e aprovados em Planos de Ação de Direitos Humanos bianuais.*
>
> ***Art. 4º*** *(Revogado pelo Decreto nº 10.087/2019).*
>
> ***Art. 5º*** *Os Estados, o Distrito Federal, os Municípios e os órgãos do Poder Legislativo, do Poder Judiciário e do Ministério Público, serão convidados a aderir ao PNDH-3.*
>
> ***Art. 6º*** *Este Decreto entra em vigor na data de sua publicação.*
>
> ***Art. 7º*** *Fica revogado o Decreto nº 4.229/2002.*

As principais características de cada um dos eixos orientadores estudados são:

- **Eixo I:** diálogo entre Estado e sociedade civil; pressuposição de que a participação social monitora políticas públicas que garantem a realização dos Direitos Humanos e da legitimação da Democracia.
- **Eixo II:** evidencia a inclusão social; a ampliação do espaço da cidadania; levanta reflexões acerca das futuras gerações, além de atitudes que garantam os direitos dos cidadãos futuros.
- **Eixo III:** evidencia a necessidade de se reconhecer desigualdades; a concretização da igualdade frente a uma sociedade desigual; iniciativas para diminuir ou erradicar os problemas sociais que impeçam o desenvolvimento dos Direitos Humanos.
- **Eixo IV:** metas a serem traçadas no combate à violência; aplicação de medidas que promovam mais acesso à justiça; transparência da justiça e dos indivíduos que a ela promovem.
- **Eixo V:** atitudes relativas à ponte Educação – Direitos Humanos; atitudes com relação à ponte Cultura – Direitos Humanos;
- **Eixo VI:** valorização dos princípios históricos como valorização dos Direitos Humanos; reflexão acerca do processo histórico dos Direitos Humanos, evitando o retorno a momentos de violação desses direitos.

3 CONSTITUIÇÃO BRASILEIRA E TRATADOS DE DIREITOS HUMANOS

3.1 Contexto histórico

A Constituição da República Federativa do Brasil de 1988 apresenta em seu corpo, principalmente no Título I (Dos Princípios Fundamentais) e no Título II (Dos Direitos e Garantias Fundamentais), os conceitos de Direitos Humanos que foram historicamente construídos.

Para isso, os Tratados Internacionais de Direitos Humanos foram fundamentais na formação ideológica e sociocultural no contexto da Assembleia Nacional Constituinte de 1987, momento da gênese de nossa Carta Magna.

Antes de abordarmos os Tratados Internacionais de Direitos Humanos e sua relação com a Legislação brasileira e a Constituição, é necessário entendermos o que são Tratados Internacionais.

Fique ligado

Tratados Internacionais: segundo a Convenção de Viena (1969), configura um Tratado Internacional um acordo entre duas partes ou mais em âmbito internacional concretizado e formalizado por meio de texto escrito, com ciência de função de efeitos jurídicos no plano internacional. É o mecanismo pelo qual os Estados estabelecem obrigações para si em âmbito internacional e coparticipativo.

Na conjuntura histórica dos ataques à vida humana, das diversas atrocidades e atentados cometidos contra os seres humanos durante a Segunda Guerra Mundial e logo após seu fim, em guerras pontuais, a comunidade internacional passou a:

- Estabelecer ações que visavam punir os próprios Estados em casos de violação dos Direitos Humanos;
- Relativizar a Soberania dos Estados envolvidos que, a partir dos Tratados, colocavam seus acordos internacionais acima de suas vontades particulares.

Dentre as atrocidades ocorridas durante a Segunda Guerra Mundial estão:

- **Genocídio:** aproximadamente seis milhões de judeus mortos em campos de concentração.
- **Tortura e crueldade:** a polícia militar japonesa (*Kempeitai*) a serviço do Império, aplicava técnicas de tortura em prisioneiros como lascas de metal marteladas embaixo das unhas e ferro em brasa nas genitálias.
- **Crimes de guerra:** prisioneiros alemães na Noruega foram obrigados a limpar campos minados. O saldo foi de 392 feridos e 275 mortos.
- **Estupros:** o Exército Vermelho estuprou milhares de alemãs; os militares japoneses usavam mulheres capturadas em guerra como escravas sexuais.

O breve século XX fez emergir, então, o Direito Internacional dos Direitos Humanos. Era a resposta que a comunidade internacional daria:

- Aos Estados devastados pela guerra e que almejavam um futuro de paz;
- Às violações aos Direitos Humanos ocorridos em alta escala durante a guerra;
- Aos países como mecanismo de prevenção contra tentativas de uma nova guerra.

Apesar do movimento mundial pós-guerra, de todo empenho entre as nações para consolidar acordos e tratados que mantivessem o respeito à dignidade humana e aos Direitos Humanos e prevenissem outra "catástrofe bélica" como havia sido a Segunda Guerra Mundial, o Brasil só começou a participar intensamente do corpo internacional dos Direitos Humanos a partir de 1985, quando o país voltou a dar passos no retorno à Democracia.

Vários Tratados, Pactos e Convenções foram ratificados pelo Brasil. As propostas trazidas pela Carta Constitucional de 1988, evidenciando os Direitos Humanos como norteadores das relações internacionais, exibiram uma nova forma de compreensão a respeito desses direitos. Temos, então, uma clara relação entre Direitos Humanos e Processo de Democratização do Estado brasileiro.

3.2 Redemocratização e tratados internacionais de Direitos Humanos

Juntamente com a necessidade de afirmação democrática, em 1985, tem início no Brasil o processo de ratificação de diversos Tratados Internacionais de Direitos Humanos. Seu ponto inicial foi a ratificação em 1989 da Convenção contra a Tortura e outros Tratamentos cruéis, Desumanos ou Degradantes.

> ***Art. 5º, § 3º, CF/1988*** *Os tratados e as convenções internacionais sobre direitos humanos que forem aprovados, em cada Casa do Congresso Nacional, em dois turnos, por três quintos dos votos dos respectivos membros, serão equivalentes às emendas constitucionais.*

- **Problema:** os Tratados Internacionais anteriores à Emenda Constitucional nº 45/2004 teriam força de Emenda Constitucional com sistema de votação de maioria simples. Isto significa que haveria um ferimento no processo legislativo ao utilizar processo de votação para leis ordinárias elegendo Emendas Constitucionais.
- **Solução:** os tratados e as convenções internacionais sobre direitos humanos incorporados ao ordenamento jurídico brasileiro pela forma comum, ou seja, sem observar o disposto no art. 5º, § 3º, da Constituição Federal, possuem, segundo a posição que prevaleceu no Supremo Tribunal Federal, *status* supralegal, mas infraconstitucional.

Norma supralegal: está acima das leis, mas abaixo da Constituição Federal.
Rito ordinário: maioria simples (todos os tratados anteriores à EC nº 45/2004).
Rito de emenda: maioria qualificada (3/5, 2 turnos, 2 casas do Congresso Nacional).

O Direito Constitucional, depois de 1988, passou a contar com relações diferenciadas frente ao Direito Internacional dos Direitos Humanos. A visão da supralegalidade deste último encontra amparo em vários dispositivos constitucionais (art. 4º, art. 5º, §§ 2º ao 4º, CF/1988).

3.3 Localização dos Tratados Internacionais dos Direitos Humanos na Pirâmide de Hans Kelsen

A pirâmide de Hans Kelsen é uma teoria que caminha entre a Filosofia e o Direito e que se baseia na criação de uma hierarquia entre as leis. Dessa forma, quando houver um possível conflito legal, a pirâmide de Hans Kelsen pode ser utilizada para verificar o grau de prioridade das leis em discussão.

Dessa forma, os Tratados Internacionais dos Direitos Humanos, dentro de um contexto legal, também integram o *corpus* legislativo. Daí

DHUM

a importância de se entender como localizar e priorizar as diferentes leis sobre um determinado assunto.

A Constituição Federal de 1988 é um marco de ruptura com o processo jurídico ditatorial dos anos que a precederam. Neste sentido, os diversos vínculos nela existentes com os Direitos Humanos podem ser evidenciados em toda redação jurídica constitucional:

- **Dignidade da pessoa humana:** art. 1º, III.
- **Interação entre o direito brasileiro e os Tratados Internacionais de Direitos Humanos:** art. 5º, § 2º.
- **Sobre julgamento de causas relativas aos Direitos Humanos:** art. 109, V.

Ao considerarmos os Tratados Internacionais e seu encontro com a legislação constitucional brasileira, podemos extrair como conclusão de que a natureza do Direito encontrado no Tratado Internacional poderá gerar conflitos entre um TIDH e o Direito interno. Se, na existência de conflito entre um Direito interno e os Direitos Internacionais dos Direitos Humanos, a conclusão a que chegamos é a de que sempre prevalece a norma que melhor beneficia os direitos da pessoa humana.

3.3.1 Art. 5º, LXVII, CF/1988

Não haverá prisão civil por dívida, salvo a do responsável pelo inadimplemento voluntário e inescusável de obrigação alimentícia e a do depositário infiel.

- **Pacto de San José de Costa Rica (art. 7, VII):** ninguém deve ser detido por dívidas. Este princípio não limita os mandatos de autoridade judiciária competente expedidos em virtude de inadimplemento de obrigação alimentar.
- **Identificar-se com um direito já presente na Constituição. Exemplo: CF/1988 (art. 5º, III):** ninguém será submetido à tortura ou a tratamento desumano ou degradante.
- **Documentos Internacionais:**

> ***Art. 5º*** *Declaração Universal dos Direitos Humanos (1948).*
> ***Art. 7º*** *Pacto Internacional de Direitos Civis e Políticos (1966).*
> ***Art. 5º*** *Convenção Americana de Direitos Humanos (1969).*

3.4 Fases de incorporação

- **Primeira fase (celebração):** é o ato de celebração do tratado, convenção ou ato internacional, para posteriormente e internamente o parlamento decidir sobre sua viabilidade, conveniência e oportunidade. Essa etapa compete privativamente ao Presidente da República, pois a este cabe celebrar todos os tratados e atos internacionais (art. 84, VIII, CF/1988). No Brasil, concedem-se poderes de negociação de convenções internacionais a pessoas específicas, ou seja, aqueles considerados aptos para negociar em nome do Presidente da República: os Chefes de Missões Diplomáticas, sob a responsabilidade do Ministério das Relações Exteriores. Com isso, exime-se o Chefe de Estado de negociação corriqueira no âmbito das relações internacionais.
- **Segunda fase (aprovação parlamentar):** é de competência exclusiva do Congresso Nacional, pois cabe a este resolver definitivamente sobre tratados, acordos ou atos internacionais que acarretam encargos ou compromissos gravosos ao patrimônio nacional (art. 49, I, CF/1988). Se o Congresso Nacional concordar com a celebração do ato internacional, elabora-se um decreto legislativo, de acordo com o art. 59, VI da Constituição Federal, que é o instrumento adequado para referendar e aprovar a decisão do Chefe do Executivo, dando-se a este uma carta branca para ratificar ou aderir ao tratado.
- **Terceira fase (ratificação pelo presidente):** com o objetivo de incorporar o tratado e, a partir daí, passar a ter efeitos no ordenamento jurídico interno, é a fase em que o Presidente da República, mediante decreto, promulga o texto, publicando-o em português, em órgão da imprensa oficial, dando-se, pois, ciência e publicidade da ratificação da assinatura já lançada. Com a promulgação do tratado, esse ato normativo passa a ser aplicado de forma geral e obrigatória.

A doutrina mais moderna de direito internacional defende uma força mais expressiva dos tratados e convenções sobre a legislação infraconstitucional. Defende-se, inclusive, uma equivalência entre normas constitucionais e tratados, especialmente aqueles que versarem sobre direitos humanos, de maneira que, afora o controle de constitucionalidade, o intérprete deve ainda verificar se o caso sob análise está de acordo com a "legislação" internacional (controle de convencionalidade).

3.5 Declaração Universal dos Direitos Humanos (DUDH)

O período que sucedeu a Segunda Guerra Mundial carregou consigo a memória viva das grandes atrocidades experimentadas em um conflito sangrento e de proporções alarmantes. A barbárie imposta pelos nazistas, consolidada sobre a lógica da "supremacia racial", fez com que o mundo se colocasse diante de situações de absoluta desumanidade em que os direitos mais básicos do ser humano eram negados, restando-lhe a fome, a falta de liberdade, o trabalho forçado, o sofrimento e a morte. Contudo, a consolidação das potências bélicas, vitoriosas da grande guerra, resultou no encabeçamento de um movimento que traria respeito e segurança aos direitos humanos, garantindo-lhes proteção em qualquer tempo e lugar.

A Organização das Nações Unidas (ONU), constituída por 58 Estados-membros em sua origem, entre eles o Brasil, em 10 de dezembro de 1948 instituiu, por meio da Resolução 217-A (III), a Declaração Universal dos Direitos Humanos (DUDH). Quando foi editada, era apenas uma recomendação, não possuía força vinculante. Este posicionamento, no entanto, não é mais adequado porque décadas após a Resolução que criou a DUDH, os Tribunais Internacionais consideram que essa Resolução pode ser vista como espelho do costume internacional de proteção dos Direitos Humanos.

Constituído por 30 artigos, o documento traz a defesa dos direitos básicos para a promoção da dignidade humana. Sem distinção de cor, nacionalidade, orientação sexual, política ou religiosa, a Resolução visa impedir as arbitrariedades dos indivíduos e dos Estados que firam os Direitos Humanos:

> *Considerando que o reconhecimento da dignidade inerente a todos os membros da família humana e de seus direitos iguais e inalienáveis é o fundamento da liberdade, da justiça e da paz no mundo. [...]*
> *Considerando que o desprezo e o desrespeito pelos direitos humanos resultam em atos bárbaros que ultrajam a consciência da humanidade e que o advento de um mundo em que os homens gozem de liberdade de palavra, descrença e da liberdade de viverem a salvo do temor e da necessidade foi proclamado como a mais alta aspiração do homem comum, [...]*
> *Considerando que os povos das Nações Unidas reafirmaram, na Carta, sua fé nos direitos humanos fundamentais, na dignidade e no valor da pessoa humana e na igualdade de direitos dos homens e das mulheres, e que decidiram promover o progresso social e melhores condições de vida em uma liberdade mais ampla, [...]*
> *Considerando que uma compreensão comum desses direitos e liberdades é da mais alta importância para o pleno cumprimento desse compromisso.*
> *Trechos retirados do Preâmbulo da DUDH, 1948.*

Outros trechos da DUDH:

> *A presente Declaração Universal dos Direitos Humanos como o ideal comum a ser atingido por todos os povos e todas as nações, com o objetivo de que cada indivíduo e cada órgão da sociedade, tendo sempre em mente esta Declaração, se esforce, através do ensino e da educação, por promover o respeito a esses direitos e liberdades, e, pela adoção de medidas progressivas de caráter nacional e internacional, por assegurar o seu reconhecimento e a sua observância universal e efetiva, tanto entre os povos dos próprios Estados-Membros, quanto entre os povos dos territórios sob sua jurisdição.*

- **Medidas progressivas:** não é intenção da Declaração Universal dos Direitos Humanos que suas medidas sejam compreendidas e estabelecidas de maneira absoluta.
- **Declaração dos Direitos do Homem e do Cidadão (1789)**

> ***Artigo 1***
>
> *Todos os seres humanos nascem livres e iguais em dignidade e direitos. São dotados de razão e consciência e devem agir em relação uns aos outros com espírito de fraternidade.*

Nenhum pré-requisito é motivo de distinção entre cidadãos em relação ao direito.

> ***Artigo 2***
>
> *1. Todo ser humano tem capacidade para gozar os direitos e as liberdades estabelecidos nesta Declaração, sem distinção de qualquer espécie, seja de raça, cor, sexo, língua, religião, opinião política ou de outra natureza, origem nacional ou social, riqueza, nascimento, ou qualquer outra condição.*
>
> *2. Não será também feita nenhuma distinção fundada na condição política, jurídica ou internacional do país ou território a que pertença uma pessoa, quer se trate de um território independente, sob tutela, sem governo próprio, quer sujeito a qualquer outra limitação de soberania.*

- **Vedação à escravidão:** para alguns autores, temos um direito que se reveste de caráter absoluto.

> ***Artigo 4***
>
> *Ninguém será mantido em escravidão ou servidão; a escravidão e o tráfico de escravos serão proibidos em todas as suas formas.*

- **Base para os remédios constitucionais.**

> ***Artigo 8***
>
> *Todo ser humano tem direito a receber dos tribunais nacionais competentes remédio efetivo para os atos que violem os direitos fundamentais que lhe sejam reconhecidos pela constituição ou pela lei.*

- **Presunção de inocência e reserva legal.**

> ***Artigo 11***
>
> *1. Todo ser humano acusado de um ato delituoso tem o direito de ser presumido inocente até que a sua culpabilidade tenha sido provada de acordo com a lei, em julgamento público no qual lhe tenham sido asseguradas todas as garantias necessárias à sua defesa.*
>
> *2. Ninguém poderá ser culpado por qualquer ação ou omissão que, no momento, não constituíam delito perante o direito nacional ou internacional. Também não será imposta pena mais forte do que aquela que, no momento da prática, era aplicável ao ato delituoso.*

Em alguns artigos da DUDH, é possível verificar os principais **direitos tutelados** (grifos nossos):

> ***Artigo 5***
>
> ***Ninguém será submetido*** *à tortura nem a tratamento ou* ***castigo cruel, desumano*** *ou* ***degradante****.*
>
> ***Artigo 6***
>
> *Todo ser humano tem o direito de ser, em todos os lugares, reconhecido como pessoa perante a lei.*
>
> ***Artigo 7***
>
> ***Todos são iguais perante a lei*** *e têm direito, sem qualquer distinção, a igual proteção da lei.* ***Todos têm direito a igual proteção contra qualquer discriminação*** *que viole a presente Declaração e contra qualquer incitamento a tal discriminação.*
>
> ***Artigo 13***
>
> *1. Todo ser humano tem direito à* ***liberdade de locomoção*** *e residência dentro das fronteiras de cada Estado.*
>
> *2. Todo ser humano tem o direito de deixar qualquer país, inclusive o próprio, e a este regressar.*
>
> ***Artigo 14***
>
> *1. Todo ser humano, vítima de perseguição,* ***tem o direito de procurar e de gozar asilo em outros países.***
>
> *2. Este direito* ***não pode ser invocado em caso de perseguição legitimamente motivada*** *por crimes de direito comum ou por atos contrários aos objetivos e princípios das Nações Unidas.*
>
> ***Artigo 15***
>
> *1. Todo ser humano tem* ***direito a uma nacionalidade****.*
>
> *2. Ninguém será arbitrariamente privado de sua nacionalidade, nem do direito de mudar de nacionalidade.*
>
> ***Artigo 16***
>
> *1. Os homens e mulheres de maior idade, sem qualquer restrição de raça, nacionalidade ou religião, têm o* ***direito de contrair matrimônio e fundar uma família****. Gozam de iguais direitos em relação ao casamento, sua duração e sua dissolução.*
>
> *2. O casamento não será válido senão com o livre e pleno consentimento dos nubentes.*
>
> *3.* ***A família*** *é o núcleo natural e fundamental da sociedade e* ***tem direito à proteção da sociedade e do Estado****.*
>
> ***Artigo 17***
>
> *1. Todo ser humano tem* ***direito à propriedade****, só ou em sociedade com outros.*
>
> *2. Ninguém será arbitrariamente privado de sua propriedade.*
>
> ***Artigo 20***
>
> *1. Todo ser humano tem direito à* ***liberdade de reunião e associação pacífica****.*
>
> *2. Ninguém pode ser obrigado a fazer parte de uma associação.*
>
> ***Artigo 21***
>
> *1. Todo ser humano tem o* ***direito de tomar parte no governo de seu*** *país diretamente ou por intermédio de representantes livremente escolhidos.*
>
> *2. Todo ser humano tem igual direito de* ***acesso ao serviço público*** *do seu país.*
>
> *3.* ***A vontade do povo*** *será a base da autoridade do governo; esta vontade será expressa em* ***eleições periódicas e legítimas****, por* ***sufrágio universal****, por* ***voto secreto*** *ou processo equivalente que assegure a liberdade de voto.*
>
> ***Artigo 26***
>
> *1. Todo ser humano tem* ***direito à instrução****. A instrução será* ***gratuita, pelo menos nos graus elementares*** *e* ***fundamentais****. A instrução elementar será* ***obrigatória****.* ***A instrução técnico-profissional será acessível a todos****, bem como a* ***instrução superior****, está* ***baseada no mérito****.*
>
> *2. A instrução* ***será orientada no sentido do pleno desenvolvimento da personalidade humana e do fortalecimento do respeito pelos direitos humanos e pelas liberdades fundamentais****. A instrução promoverá a compreensão, a tolerância e a amizade entre todas as nações e grupos raciais ou religiosos, e coadjuvará as atividades das Nações Unidas em prol da manutenção da paz.*

3.5.1 Considerações sobre a Declaração Universal dos Direitos Humanos

Quando a Declaração Universal dos Direitos Humanos começou a ser pensada, o mundo ainda sentia os efeitos da Segunda Guerra Mundial, encerrada em 1945.

Outros documentos já haviam sido redigidos em reação a tratamentos desumanos e injustiças, como a Declaração de Direitos Inglesa (elaborada em 1689, após as Guerras Civis Inglesas, para pregar a democracia) e a Declaração dos Direitos do Homem e do Cidadão (redigida em 1789, após a Revolução Francesa, a fim de proclamar a igualdade para todos).

Depois da Segunda Guerra e da criação da Organização das Nações Unidas (também em 1945), líderes mundiais decidiram complementar a promessa da comunidade internacional de nunca mais permitir atrocidades como as que haviam sido vistas na guerra. Assim, elaboraram um guia para garantir os direitos de todas as pessoas e em todos os lugares do globo.

O documento foi apresentado na primeira Assembleia Geral da ONU em 1946 e repassado à Comissão de Direitos Humanos para que fosse usado na preparação de uma declaração internacional de direitos. Na primeira sessão da comissão em 1947, seus membros foram autorizados a elaborar o que foi chamado de "esboço preliminar da Declaração Internacional dos Direitos Humanos".

Um comitê formado por membros de oito países recebeu a declaração e se reuniu pela primeira vez em 1947. Ele foi presidido por Eleanor Roosevelt, viúva do presidente americano Franklin D. Roosevelt. O responsável pelo primeiro esboço da declaração, o francês René Cassin, também participou.

O primeiro rascunho da Declaração Universal dos Direitos Humanos, que contou com a participação de mais de 50 países na redação, foi apresentado em setembro de 1948 e teve seu texto final redigido em menos de dois anos.

3.5.2 Declaração Universal dos Direitos Humanos e a legislação brasileira

Podemos afirmar que houve uma clara violação dos Direitos Humanos durante 21 anos (1964 a 1985).

Temos uma violação desigual que atinge a sociedade em diferentes níveis.

A Emenda Constitucional nº 01/1969 alterou o Texto Constitucional, formando, na prática, uma nova Constituição (referente a Constituição de 1967).

Em 1984, como resposta à repressão imposta pela Constituição de 1967 aos Direitos Políticos, surgiu o movimento "Diretas Já", que reivindicava a volta das eleições diretas no Brasil para eleger o Presidente da República. No primeiro momento, o movimento não logrou êxito plenamente, pois a primeira eleição após o regime militar foi indireta, realizada pelo Congresso. Entretanto, obteve bom resultado quando, nestas eleições, devolveu o governo à sociedade civil.

A Constituição de 1988, conhecida como "Constituição Cidadã", é a que melhor representa a harmonia do Brasil com os Direitos Humanos atualmente. Pela própria estrutura da Constituição, a forma pela qual é escrita e a organização dos artigos, percebemos maior destaque aos Direitos Humanos: eles aparecem logo nas primeiras linhas do texto constitucional, a demonstrar que o constituinte quis garanti-los e fazer deles a base para a sociedade que nascia a partir daquele momento.

Logo no primeiro artigo, encontramos como fundamento da República Federativa do Brasil a "dignidade da pessoa humana", os "valores sociais do trabalho e da livre iniciativa" e o "pluralismo político". Isto prova que a nova ordem social, acolhida e inaugurada pela Constituição, rompia com aquela criada em 1967, e valorizava os direitos sociais, trabalhistas e políticos. É, porém, no art. 5º da Carta de 1988, que encontramos o maior leque de direitos garantidos; são direitos individuais e coletivos, direitos civis e instrumentos de controle judiciário da vida social e de limitações ao direito estatal de punir. É um grande avanço comparado à Constituição anterior.

3.6 Convenção Americana de Direitos Humanos (Pacto de São José)

É um Tratado Internacional entre os países membros da Organização dos Estados Americanos (OEA) firmado durante a Conferência Interamericana Especializada de Direitos Humanos em 22 de novembro de 1969 na cidade de San José da Costa Rica (país).

Possui **82 artigos**, incluindo as disposições transitórias, que estabelecem os direitos fundamentais da pessoa humana, como o direito à vida, à liberdade, à dignidade, à integridade pessoal e moral, à educação, entre outros.

Tem como **objetivo** promover a garantia dos direitos fundamentais da pessoa humana: direito à liberdade, à vida, à dignidade, à integridade pessoal, proibir a escravidão e a servidão humana, afirmar a liberdade de consciência e liberdade de orientação religiosa, além de garantir os direitos e proteção da família.

Este Tratado busca afirmar que os direitos essenciais da dignidade humana resultam da condição humana e não de sua nacionalidade. Ou seja, em qualquer lugar, o ser humano possui os mesmos direitos essenciais, sem qualquer tipo de discriminação.

O governo brasileiro depositou a carta de adesão a essa convenção em 25 de setembro de 1992. Portanto, a Convenção Americana sobre Direitos Humanos (Pacto de São José) entrou em vigor, para o Brasil, em 25 de setembro de 1992, conforme o disposto no segundo parágrafo de seu art. 74. A promulgação veio com o Decreto nº 678, de 6 de novembro de 1992.

> ***Artigo 74, 2*** *A ratificação desta Convenção ou a adesão a ela efetuar-se-á mediante depósito de um instrumento de ratificação ou de adesão na Secretaria-Geral da Organização dos Estados Americanos. Esta Convenção entrará em vigor logo que onze Estados houverem depositado os seus respectivos instrumentos de ratificação ou de adesão.* ***Com referência a qualquer outro Estado que a ratificar ou que a ela aderir ulteriormente, a Convenção entrará em vigor na data do depósito do seu instrumento de ratificação ou de adesão.*** *(grifo nosso).*

Fique ligado

Segundo a Emenda Constitucional nº 45/2004, sobre a reforma no Poder Judiciário, os tratados referentes aos direitos humanos passam a vigorar imediatamente e tornam-se equiparados às normas constitucionais.

Modo de aprovação: três quintos dos votos na Câmara dos Deputados e no Senado, em dois turnos em cada casa. Vale lembrar que o Pacto de São José é anterior à referida emenda.

> ***PARTE I – DEVERES DOS ESTADOS E DIREITOS PROTEGIDOS***
>
> ***Capítulo I: Enumeração de Deveres***
>
> ***Art. 1º*** *Obrigação de respeitar os direitos.*
>
> ***Art. 2º*** *Dever de adotar disposições de direito interno.*
>
> ***Capítulo II: Direitos Civis e Políticos***
>
> ***Art. 3º*** *Direito ao reconhecimento da personalidade jurídica.*
>
> ***Art. 4º*** *Direito à vida.*
>
> ***Art. 5º*** *Direito à integridade pessoal.*
>
> ***Art. 6º*** *Proibição da escravidão e da servidão.*
>
> ***Art. 7º*** *Direito à liberdade pessoal.*
>
> ***Art. 8º*** *Garantias judiciais.*
>
> ***Art. 9º*** *Princípios da legalidade e da retroatividade.*
>
> ***Art. 10*** *Direito à indenização.*
>
> ***Art. 11*** *Proteção da honra e dignidade.*
>
> ***Art. 12*** *Liberdade de consciência e religião.*

Art. 13 *Liberdade de pensamento e de expressão.*
Art. 14 *Direito da retificação ou resposta.*
Art. 15 *Direito à reunião.*
Art. 16 *Liberdade de associação.*
Art. 17 *Proteção da família.*
Art. 18 *Direito ao nome.*
Art. 19 *Direitos da criança.*
Art. 20 *Direito à nacionalidade.*
Art. 21 *Direito à propriedade privada.*
Art. 22 *Direito de circulação e de residência.*
Art. 23 *Direitos políticos.*
Art. 24 *Igualdade perante a lei.*
Art. 25 *Proteção judicial.*
Capítulo III: Direitos Econômicos, Sociais e Culturais
Art. 26 *Desenvolvimento progressivo.*
Capítulo IV: Suspensão de Garantias, Garantias e Aplicação
Art. 27 *Suspensão de garantias.*
Art. 28 *Cláusula federal.*
Art. 29 *Normas de interpretação.*
Art. 30 *Alcance das restrições.*
Art. 31 *Reconhecimento de outros direitos.*
Capítulo V: Deveres das Pessoas
Art. 32 *Correlação entre deveres e direitos.*
PARTE II – MEIOS DA PROTEÇÃO
Capítulo VI: Órgãos Competentes
Art. 33 *São competentes para conhecer dos assuntos relacionados com o cumprimento dos compromissos assumidos pelos Estados-Partes dessa convenção:*
a) a Comissão Interamericana de Direitos Humanos, doravante denominada a Comissão; e
b) a Corte Interamericana de Direitos Humanos, doravante denominada a Corte.
Capítulo VII: Comissão Interamericana de Direitos Humanos (CIDH)
Art. 34 *A Comissão Interamericana de Direitos Humanos compor-se-á de sete membros, que deverão ser pessoas de alta autoridade moral e de reconhecido saber em matéria de direitos humanos.*
Art. 35 *A Comissão representa todos os membros da Organização dos Estados Americanos.*
Art. 36 *Dos membros da comissão.*
Art. 37 *Da Eleição dos membros da comissão e do tempo de mandato.*
Art. 38 *Das Vagas.*
Art. 39 *Do Estatuto da Comissão.*
Art. 40 *Dos servidores de secretaria da Comissão.*
Art. 41 *Da principal função da Comıssão.*
Art. 42 *Dos relatórios dos Estados-Partes.*
Art. 43 *Das informações dos Estados-Partes.*
Art. 44 *Dos órgãos não governamentais.*
Art. 45 *Do reconhecimento da Comissão como representante dos Estados-Partes.*
Art. 46 *Dos requisitos para apresentação de petição à Comissão.*
Art. 47 *Da inadmissibilidade das petições apresentadas à Comissão.*
Art. 48 *Dos procedimentos após aceitação de petição pela Comissão.*
Art. 49 *Do procedimento (fim amistoso) pós-resolução de problemas pela Comissão.*
Art. 50 *Do procedimento (fim não amistoso) pós-resolução de problemas pela Comissão.*
Art. 51 *Dos procedimentos e limites temporais estabelecidos aos Estados pela Comissão.*
Capítulo VIII: Corte Interamericana de Direitos Humanos.
Art. 52 *Da composição da Corte.*
Art. 53 *Da eleição para juízes da Corte.*
Art. 54 *Do tempo de mandato dos juízes da corte.*
Art. 55 *Da Nacionalidade dos Juízes.*
Art. 56 *Da formação de quórum pelos juízes.*
Art. 57 *Da Comissão e da Corte.*
Art. 58 *Da Sede da Corte.*
Art. 59 *Da Secretaria da Corte.*
Art. 60 *Da elaboração do Estatuto pela Corte.*
Art. 61 *Do direito de submeter decisões à Corte.*
Art. 62 *Do reconhecimento da competência da Corte pelos Estados-Partes.*
Art. 63 *Das Garantias da Corte aos Estados-Partes.*
Art. 64 *Da relação entre Estados-Partes e a Corte.*
Art. 65 *Do relatório sobre as atividades da Corte.*
Art. 66 *Dos fundamentos de um processo na Corte.*
Art. 67 *Da Sentença da Corte.*
Art. 68 *Do Comprometimento com a Corte por parte dos Estados-Partes.*
Art. 69 *Das Sentenças da Corte.*
Capítulo IX: Disposições Comuns
Art. 70 *Das Condições de Juízes e da Corte.*
Art. 71 *Da incompatibilidade das atividades dos juízes com outras atividades.*
Art. 72 *Dos Gastos com Juízes e membros da Corte.*
Art. 73 *Das Sanções à Corte ou aos Juízes.*
PARTE III – DISPOSIÇÕES GERAIS E TRANSITÓRIAS
Capítulo X: Assinatura, Ratificação, Reserva, Emenda, Protocolo e Denúncia
Art. 74 *Da adesão e da Ratificação à Convenção.*
Art. 75 *Da Condição de objeto de reserva.*
Art. 76 *Das propostas de emenda à Convenção.*
Art. 77 *Dos projetos de protocolo por parte dos Estados- Partes.*
Art. 78 *Da Denúncia pelos Estados-Partes.*
Capítulo XI: Disposições Transitórias
Art. 79 *da apresentação dos membros dos Estados-Partes à convenção*
Art. 80 *Da eleição dos membros da comissão.*
Art. 81 *Da apresentação dos Estados-Partes.*
Art. 82 *Das eleições dos juízes da corte.*

Os Estados signatários da Convenção de São José se comprometem a respeitar os direitos e liberdades reconhecidas pela Convenção, algo essencial para o Direito Internacional e as relações diplomáticas entre os países.

Da mesma forma, os Estados Membros estão dispostos a tomar atitudes legais para que direitos acordados no Tratado sejam respeitados por todos os componentes.

A Convenção ainda estabelece um desenvolvimento progressivo dos direitos econômicos, sociais e culturais, de acordo com os recursos disponíveis. Esse é um meio encontrado para que as nações se tornem cada vez menos desiguais em um mundo cada vez mais globalizado.

O cumprimento e a proteção dos direitos humanos ficam sob a tutela de dois órgãos criados pela convenção: Comissão Interamericana dos Direitos Humanos e a Corte Interamericana dos Direitos Humanos.

3.7 Comissão Interamericana de Direitos Humanos (arts. 34 a 51)

A Comissão é o órgão principal da OEA, cuja função primordial é promover a observância e a defesa dos direitos humanos, além de servir como órgão consultivo nessa matéria, incorporando a sua estrutura básica por meio da sua inclusão na Carta da Organização. Compõe-se de sete membros que deverão ser pessoas de alta autoridade moral e de reconhecido saber em matéria de direitos humanos. Os membros da Comissão são eleitos a título pessoal, pela Assembleia Geral da Organização, de uma lista de candidatos propostos pelos governos dos Estados membros. Cada um dos referidos governos pode propor até três candidatos, nacionais do Estado que os propuser ou de qualquer outro Estado membro da Organização dos Estados Americanos. Quando proposta uma lista de três candidatos, pelo menos um deles deverá ser nacional de Estado diferente do proponente.

Os membros da Comissão são eleitos por quatro anos e só poderão ser reeleitos uma vez. Não pode integrar a Comissão mais de um nacional de um mesmo Estado. A Comissão tem a função principal de promover a observância e a defesa dos direitos humanos e, no exercício do seu mandato, tem as seguintes funções e atribuições:

Estimular a consciência dos direitos humanos nos povos da América.

Formular recomendações aos governos dos Estados membros, quando o considerar conveniente, no sentido de que adotem medidas progressivas em prol dos direitos humanos no âmbito de suas leis internas e seus preceitos constitucionais, bem como disposições apropriadas para promover o devido respeito a esses direitos.

Preparar os estudos ou relatórios que considerar convenientes para o desempenho de suas funções.

Solicitar aos governos dos Estados membros que lhe proporcionem informações sobre as medidas que adotarem em matéria de direitos humanos.

Atender às consultas que, por meio da Secretaria-Geral da Organização dos Estados Americanos, lhe formularem os Estados membros sobre questões relacionadas aos direitos humanos e, dentro de suas possibilidades, prestar-lhes o assessoramento que eles lhe solicitarem.

Atuar com respeito às petições e outras comunicações, no exercício de sua autoridade, conforme o disposto nos arts. 44 a 51 da Convenção Americana de Direitos Humanos.

Apresentar um relatório anual à Assembleia Geral da Organização dos Estados Americanos.

Qualquer pessoa ou grupo de pessoas, ou entidade não governamental legalmente reconhecida em um ou mais Estados membros da Organização, pode apresentar à Comissão petições que contenham denúncias ou queixas de violação desta Convenção por um Estado Parte.

3.8 Corte Interamericana de Direitos Humanos (arts. 52 a 73)

A Corte é um órgão de caráter jurisdicional criado pela Convenção com o objetivo de supervisionar o seu cumprimento, com uma função complementar àquela conferida pela mesma Convenção à Comissão. Com sede em San José, capital da Costa Rica, integra o Sistema Interamericano de Direitos Humanos. É um dos três Tribunais regionais de proteção dos Direitos Humanos, ao lado do Tribunal Europeu de Direitos Humanos e a Corte Africana de Direitos Humanos e dos Povos. Sua primeira reunião foi realizada em 1979, na sede da Organização dos Estados Americanos (OEA), em Washington, nos Estados Unidos.

A Corte é composta de sete juízes, nacionais dos Estados membros da Organização, eleitos a título pessoal dentre juristas da mais alta autoridade moral, de reconhecida competência em matéria de direitos humanos, que reúnam as condições requeridas para o exercício das mais elevadas funções judiciais, de acordo com a lei do Estado do qual sejam nacionais, ou do Estado que os propuser como candidatos. Não deve haver dois juízes da mesma nacionalidade.

Os juízes da Corte são eleitos, em votação secreta e pelo voto da maioria absoluta dos Estados Partes na Convenção, na Assembleia Geral da Organização, de uma lista de candidatos propostos pelos mesmos Estados. Cada um dos Estados Partes pode propor até três candidatos, nacionais do Estado que os propuser ou de qualquer outro Estado membro da Organização dos Estados Americanos. Quando se propuser uma lista de três candidatos, pelo menos um deles deverá ser nacional de Estado diferente do proponente. Os juízes da Corte serão eleitos por um período de seis anos e só poderão ser reeleitos uma vez. Somente os Estados Partes e a Comissão têm direito de submeter caso à decisão da Corte.

A Corte tem competência para conhecer de qualquer caso relativo à interpretação e aplicação das disposições da Convenção Americana de Direitos Humanos que lhe seja submetido, desde que os Estados Partes no caso tenham reconhecido ou reconheçam a referida competência. Quando decidir que houve violação de um direito ou liberdade protegidos nesta Convenção, a Corte determinará que se assegure ao prejudicado o gozo do seu direito ou liberdade violados. Determinará, também, se isso for procedente, que sejam reparadas as consequências da medida ou situação que haja configurado a violação desses direitos, além do pagamento de indenização justa à parte lesada.

Em casos de extrema gravidade e urgência, e quando se fizer necessário evitar danos irreparáveis às pessoas, a Corte, nos assuntos de que estiver conhecendo, poderá tomar as medidas provisórias consideradas pertinentes. Se se tratar de assuntos que ainda não estiverem submetidos ao seu conhecimento, poderá atuar a pedido da Comissão.

4 REGRAS DE BANGKOK

4.1 Estrutura Das Regras

- **Seção I:** regras 1 a 349 (administração das instituições);
- **Seção II:** regras 40 a 56 (categorias especiais);
  - Presas condenadas (subseção A);
  - Presas provisórias (subseção b);
- **Seção III: regras 57 a 66:** mulheres submetidas a sanções não privativas de liberdade;
- **Seção IV:** regras sobre pesquisa, avaliação, planejamento e compartilhamento das informações;

De todo esse conteúdo, aquele que tem a maior incidência é o disposto na seção I.

> *As seguintes regras não substituem de modo algum as regras mínimas para o tratamento de reclusos e as Regras de Tóquio. Portanto, todas as provisões contidas nesses dois instrumentos continuam a ser aplicadas a todos os presos e infratores sem discriminação.*

As Regras de Tóquio tratam das regras de medidas não privativas de liberdade, inclusive as Regras de Tóquio, que também são normas de soft law, elas foram utilizadas pela Lei nº 12.403/2011 que estabeleceu uma série de medidas cautelares diversas da prisão.

4.1.1 Regra 1

> *A fim de que o princípio de não discriminação, incorporado na regra 6 das Regras mínimas para o tratamento de reclusos, seja posto em prática, deve-se ter em consideração as distintas necessidades das mulheres presas na aplicação das Regras. A atenção a essas necessidades para atingir igualdade material entre os gêneros não deverá ser considerada discriminatória.*

Ademais ao texto das regras, cabe ressaltar que as regras mínimas contemplam também os deficientes ao afirmar que as medidas mínimas para atender os presos portadores deficiência não serão considerados discriminatórias, óbvio, a própria normativa fala que é um fenômeno de igualdade material, de conferir maiores doses de proteção a indivíduos mais vulneráveis.

4.1.2 Regra 2 – ingresso

> *1. Atenção adequada deve ser dedicada aos procedimentos de ingresso de mulheres e crianças, devido à sua especial vulnerabilidade nesse momento. Recém ingressas deverão ser providas de condições para contatar parentes; acesso a assistência jurídica; informações sobre as regras e regulamentos das prisões, o regime prisional e onde buscar ajuda quando necessário e em um idioma que elas compreendam; e, em caso de estrangeiras, acesso aos seus representantes consulares.*
>
> *2. Antes ou no momento de seu ingresso, deverá ser permitido às mulheres responsáveis pela guarda de crianças tomar as providências necessárias em relação a elas, incluindo a possibilidade de suspender por um período razoável a medida privativa de liberdade, levando em consideração o melhor interesse das crianças*

O item 2 traz uma mudança em relação as regras gerais, a da possibilidade de suspensão temporária da pena privativa de liberdade tendo em consideração o princípio do melhor interesse da criança, no caso brasileiro, como já vimos, da substituição por prisão domiciliar que é uma imposição da Lei da Primeira Infância que deu origem ao art. 318 do CPP.

4.1.3 Regra 3

> *1. No momento do ingresso, deverão ser registrados o número e os dados pessoais dos/as filhos/as das mulheres que ingressam nas prisões. Os registros deverão incluir, sem prejudicar os direitos da mãe, ao menos os nomes das crianças, suas idades e, quando não acompanharem a mãe, sua localização e situação de custódia ou guarda.*
>
> *2. Toda informação relativa à identidade das crianças deverá ser confidencial e o uso de tais informações deverá sempre obedecer à exigência de garantir o melhor interesse das crianças.*

O item 1 da Regra 3 já traz uma diferença, trata-se de algo específico em relação aos demais presos, além do registro do próprio preso será registrado também os filhos. Atente-se ao item 2 no tocante a confidencialidade das informações da criança

4.1.4 Regra 4 – alocação

> *Mulheres presas deverão permanecer, na medida do possível, em prisões próximas ao seu meio familiar ou local de reabilitação social, considerando suas responsabilidades como fonte de cuidado, assim como sua preferência pessoal e a disponibilidade de programas e serviços apropriados*

É importante se atentar com a nomenclatura "na medida do possível", pois bancas costumam trocar para "obrigatoriamente". Essa regra é muito importante, não foi cobrado em provas, e justamente nesse sentido: "Segunda as Regras de Bangkok as mulheres presas devem obrigatoriamente permanecer em prisões próximas aos seus filhos". Essa afirmação está errada, é preferencialmente.

4.1.5 Regra 5

> *A acomodação de mulheres presas deverá conter instalações e materiais exigidos para satisfazer as necessidades de higiene específicas das mulheres, incluindo absorventes higiênicos gratuitos e um suprimento regular de água disponível para cuidados pessoais das mulheres e crianças, em particular mulheres que realizam tarefas na cozinha e mulheres gestantes, lactantes ou durante o período da menstruação.*

Retomando o habeas corpus coletivo tratado anteriormente, o STF reconheceu que não é estrutura suficiente nos presídios para mulheres gestantes, lactantes e não há espaço para mulheres durante o período da menstruação.

4.1.6 Regra 6

> *O exame médico de mulheres presas deverá incluir avaliação ampla para determinar a necessidade de cuidados de saúde básicos e deverá também determinar:*
>
> *(a) A presença de doenças sexualmente transmissíveis ou de transmissão sanguínea; e, dependendo dos fatores de risco, mulheres presas poderão optar por realizar testes de HIV, com orientação antes e depois do teste;*
>
> *(b) Necessidades de cuidados com a saúde mental, incluindo transtorno de estresse pós-traumático e risco de suicídio e de lesões auto infligidas;*
>
> *(c) O histórico de saúde reprodutiva da mulher presa, incluindo gravidez atual ou recente, partos e qualquer questão relacionada à saúde reprodutiva;*
>
> *(d) A existência de dependência de drogas;*
>
> *(e) Abuso sexual ou outras formas de violência que possa ter sofrido anteriormente ao ingresso.*

4.1.7 Revistas

> *Regra 19*
>
> *Medidas efetivas deverão ser tomadas para assegurar a dignidade e o respeito às mulheres presas durante as revistas pessoais, as quais deverão ser conduzidas apenas por funcionárias que tenham sido devidamente treinadas em métodos adequados e em conformidade com procedimentos estabelecidos.*
>
> *Regra 20*
>
> *Deverão ser desenvolvidos outros métodos de inspeção, tais como escâneres, para substituir revistas íntimas e revistas corporais invasivas, de modo a evitar os danos psicológicos e possíveis impactos físicos dessas inspeções corporais invasivas.*

Regra 21

Funcionários/as da prisão deverão demonstrar competência, profissionalismo e sensibilidade e deverão preservar o respeito e a dignidade ao revistarem crianças na prisão com a mãe ou crianças visitando presas.

Cabe ressaltar que a Regra 20 já foi cobrada em prova anteriormente. Então veja o seguinte que as regras mínimas (Regras de Nelson Mandela) elas falam que a revista íntima só poderá ser feita em último caso, veja que as Regras de Nelson Mandela não proíbe de fora peremptória as revistas intimas, só em último caso, ela fala que a revista intima é vedado a criança, essa não poderá ser submetida a revista íntima, pois é vexatória, mas qualquer outra pessoa, em último caso, de forma excepcional, mas veja que as Regras de Bangkok vem para especificar a substituição das revistas íntimas e invasivas de modo a evitar os danos psicológicos e possíveis impactos dessas inspeções corporais.

Regras de Nelson Mandela: funcionário do sexo masculino não pode ter contato direto com a presa sozinho.

4.1.8 Disciplina e sanções

Regra 22

Não se aplicarão sanções de isolamento ou segregação disciplinar a mulheres gestantes, nem a mulheres com filhos/as ou em período de amamentação.

Regra 23

Sanções disciplinares para mulheres presas não devem incluir proibição de contato com a família, especialmente com crianças

Note que, a respeito da Regra 23, é possível a proibição do contato com a família em razão de segurança, mas não será permitida como forma de sanção.

Regra 25

1. Mulheres presas que relatarem abusos deverão receber imediatamente proteção, apoio e aconselhamento, e suas alegações deverão ser investigadas por autoridades competentes e independentes, com pleno respeito ao princípio de confidencialidade. Medidas de proteção deverão considerar especificamente os riscos de retaliações.

2. Mulheres presas que tenham sido submetidas a abuso sexual, especialmente aquelas que engravidaram em decorrência desse abuso, deverão receber orientações e aconselhamento médicos apropriados e deverão contar com os atendimentos médicos e psicológicos adequados, apoio e assistência jurídica.

3. Com o intuito de monitorar as condições de prisão e de tratamento das mulheres presas, os mecanismos de inspeção, grupos visitantes ou de monitoramento ou os órgãos supervisores deverão ter mulheres entre seus membros.

4.1.9 Instrumentos de contenção

Regra 24

Instrumentos de contenção jamais deverão ser usados em mulheres em trabalho de parto, durante o parto e nem no período imediatamente posterior.

É interessante ressaltar que a Regra 24 tem previsão no Código de Processo Penal, bem como nas Regras de Nelson Mandela. Retoma-se o conteúdo da Súmula Vinculante do STF.

Regra 29

A capacitação dos/as funcionários/as de penitenciárias femininas deverá colocá-los em condição de atender às necessidades especiais das presas para sua reinserção social, assim como a operação de serviços e equipamentos seguros e com foco na reabilitação. As medidas de capacitação de funcionárias deverão incluir também a possibilidade de acesso a postos superiores com responsabilidades determinantes para o desenvolvimento de políticas e estratégias em relação ao tratamento e cuidados com as presas.

Regra 30

Deverá haver um comprometimento claro e permanente em nível de gestão da administração penitenciária para evitar e abordar discriminações de gênero contra funcionárias.

Regra 31

Deverão ser elaborados e aplicados regulamentos e políticas claras sobre a conduta de funcionários/ as, com o intuito de prover a máxima proteção às mulheres presas contra todo tipo de violência física ou verbal motivada por razões de gênero, assim como abuso e assédio sexual.

4.2 Regras aplicadas as categorias especiais

4.2.1 Regra 40

Administradores de prisões deverão desenvolver e implementar métodos de classificação que contemplem as necessidades específicas de gênero e a situação das mulheres presas, com o intuito de assegurar o planejamento e a execução de programas apropriados e individualizados para a reabilitação, o tratamento e a reintegração das presas na sociedade

Percebe que aquilo que o professor André de Carvalho Ramos fala é brilhantes, pois as Regras de Bangkok giram em torno de duas tônicas: as necessidades específicas das mulheres e a reinserção social de maioria das mulheres não precisam ficar presas, pois não representam grandes riscos à sociedade, por exemplo, garantia da ordem pública.

4.2.2 Regra 41

A avaliação de risco e a classificação de presas que tomem em conta a dimensão de gênero deverão:

(a) Considerar que as mulheres presas apresentam, de um modo geral, menores riscos para os demais, assim como os efeitos particularmente nocivos que podem ter para as presas medidas disciplinares rigorosas e altos graus de isolamento;

(b) Possibilitar que informações essenciais sobre seus antecedentes, como situações de violência que tenham sofrido, histórico de transtorno mental e consumo de drogas, assim como responsabilidades maternas e de cuidados, sejam levadas em consideração na distribuição das presas e na individualização

da pena;

(c) Assegurar que o regime de pena das mulheres inclua serviços e programas de reabilitação condizentes com as necessidades específicas de gênero;

(d) Assegurar que as reclusas que necessitam de atenção à saúde mental sejam acomodadas em locais não restritivos e cujo nível de segurança seja o menor possível, e que recebam tratamento adequado ao invés de serem colocadas em unidades com elevados níveis de segurança apenas devido a seus problemas de saúde mental.

A alínea a da regra 1 traz o conceito de efeito contrário, e o professor Alessandro Barato traz a prisionização como sendo o conceito de efeito contrário, lá na criminologia, da socialização, pois para ele resulta na chamada "educação para ser bom preso e a educação para ser criminoso".

4.2.3 Regra 42

1. Mulheres presas deverão ter acesso a um programa amplo e equilibrado de atividades que considerem as necessidades específicas de gênero.

2. O regime prisional deverá ser flexível o suficiente para atender às necessidades de mulheres gestantes, lactantes e mulheres com filhos/as. Nas prisões serão oferecidos serviços e instalações para o cuidado das crianças a fim de possibilitar às presas a participação em atividades prisionais.

A respeito do item 2 da Regra 42, é matéria do texto constitucional, inclusive, no art. 5º onde se permite a amamentação das presas nesse período.

4.2.4 Relações sociais e assistência posterior ao encarceramento

Regra 43

Autoridades prisionais deverão incentivar e, onde possível, também facilitar visitas às mulheres presas como um importante pré-requisito para assegurar seu bem-estar mental e sua reintegração social.

Regra 44

Tendo em vista a probabilidade desproporcional de mulheres presas terem sofrido violência doméstica, elas deverão ser devidamente consultadas a respeito de quem, incluindo seus familiares, pode visitá-las.

Regra 48

1. Mulheres gestantes ou lactantes deverão receber orientação sobre dieta e saúde dentro de um programa a ser elaborado e supervisionado por um profissional da saúde qualificado. Deverão ser oferecidos gratuitamente alimentação adequada e pontual, um ambiente saudável e oportunidades regulares de exercícios físicos para gestantes, lactantes, bebês e crianças.

2. Mulheres presas não deverão ser desestimuladas a amamentar seus filhos/as, salvo se houver razões de saúde específicas para tal.

4.2.5 Minorias e povos indigenas

Regra 54

Autoridades prisionais deverão reconhecer que mulheres presas de diferentes tradições religiosas e culturais possuem necessidades distintas e podem enfrentar múltiplas formas de discriminação para obter acesso a programas e serviços cuja implementação seja ligada a fatores de gênero e culturais. Desta forma, autoridades prisionais deverão oferecer programas e serviços abrangentes que incluam essas necessidades, em consulta com as próprias presas e os grupos pertinentes.

4.2.6 Presas cauterlamento ou esperando julgamento

Regra 56

As autoridades competentes reconhecerão o risco específico de abuso que enfrentam as mulheres em prisão cautelar e adotarão medidas adequadas, de caráter normativo e prático, para garantir sua segurança nessa situação (veja também regra 58 abaixo, em relação às medidas cautelares alternativas).

4.2.7 Medidas não restritivas de liberdade

Regra 57

As provisões das Regras de Tóquio deverão orientar o desenvolvimento e a implementação de respostas adequadas às mulheres infratoras. Deverão ser desenvolvidas, dentro do sistema jurídico do Estado membro, opções específicas para mulheres de medidas despenalizadoras e alternativas à prisão e à prisão cautelar, considerando o histórico de vitimização de diversas mulheres infratoras e suas responsabilidades de cuidado

Veja que se trata de uma medida específica para verificar a situação emblemática de agravamento, acentuação, das mulheres privadas de liberdade e que estão relacionadas a pratica do tráfico de drogas, revelando desigualdade de gênero, pois notadamente vão transportar drogas para seus maridos, filhos e nunca, de um modo geral, são traficantes "autônomas" sempre há uma dependência de família.

4.2.8 Disposições pós-condenação

Regra 63

Decisões acerca do livramento condicional deverão considerar favoravelmente as responsabilidades de cuidado das mulheres presas, assim como suas necessidades específicas de reintegração social.

4.2.9 Mulheres gestantes e com filhos/as dependentes

Regra 64

Penas não privativas de liberdade para as mulheres gestantes e mulheres com filhos/as dependentes serão preferidas sempre que for possível e apropriado, sendo a pena de prisão considerada apenas quando o crime for grave ou violento ou a mulher representar ameaça contínua, sempre velando pelo melhor interesse do/a filho/a ou filhos/as e assegurando as diligências adequadas para seu cuidado.

Note que essa regra 64 tem tudo a ver com aquela decisão do STF de conceder prisão domiciliar à mulher, salvo se ela praticou algum crime grave ou contra seu próprio filho ou ainda em situação excepcionalíssimas.

4.2.10 Adolescentes do sexo feminino em conflito com a lei

Regra 65

A institucionalização de adolescentes em conflito com a lei deverá ser evitada tanto quanto possível. A vulnerabilidade de gênero das adolescentes do sexo feminino será tomada em consideração nas decisões.

4.2.11 Estrangeira

Regra 66

Será empregado máximo empenho para ratificar a Convenção das Nações Unidas contra o crime organizado transnacional29 e o Protocolo para a prevenção, repressão e punição do tráfico de pessoas, em especial mulheres e crianças, suplementar à Convenção30para implementar integralmente suas provisões com o intuito de oferecer máxima proteção às vítimas de tráfico e evitar a revitimização de mulheres estrangeiras.

4.2.12 Pesquisa, planejamento e avaliação

Regra 67

Serão envidados esforços para organizar e promover pesquisa ampla e orientada a resultados sobre delitos cometidos por mulheres, as razões que as levam a entrar em conflito com o sistema de justiça criminal, o impacto da criminalização secundária e o encarceramento de mulheres, as características das mulheres infratoras, assim como os programas estruturados para reduzir a reincidência criminal feminina, como uma base para planejamento efetivo, desenvolvimento de programas e formulação de políticas para atender às necessidades de reintegração social das mulheres infratoras.

Vale destacar que a criminalização secundária que a regra 67 faz referência é um conceito oriundo da criminologia, na qual a criminalização primária é o ato do poder legislativo de criar crimes e culminar penas e a criminalização secundária é o exercício do controle social formal.

NOÇÕES DE DIREITO PENAL

1 DA APLICAÇÃO DA LEI PENAL

O Direito Penal é o ramo do direito que repercute na esfera de liberdade do indivíduo. É, por excelência, o ramo do direito que prevê a tipificação de delitos (condutas proibidas, seguidas da aplicação da respectiva pena).

Porém, antes de adentrarmos especificamente nos crimes em espécie, é imprescindível repassarmos uma série de peculiaridades, conceitos e princípios que funcionam como verdadeiras matrizes, pelas quais toda a disciplina irá se desdobrar.

Seja como for, o Direito Penal tem como essência a proteção dos bens jurídicos mais importantes e necessários para a sobrevivência em sociedade.

Além disso, é mister dividir o Direito Penal em duas partes:

- Parte geral – dos arts. 1º ao 120.
- Parte especial – dos arts. 121 ao 361.

1.1 Conceitos importantes

A parte conceitual nunca teve grande relevância para as provas de concurso, entretanto, recentemente, a CESPE/CEBRASPE trouxe algumas questões envolvendo este aspecto, o que torna relevante a apresentação destas classificações.

1.1.1 Direito Penal objetivo e Direito Penal subjetivo

O Direito Penal objetivo consiste no conjunto de normas em vigor, o qual deve respeitar, naturalmente, o princípio da legalidade, estampado no art. 1º do Código Penal e art. 5º, XXXIX, da CF.

Por sua vez, o Direito Penal subjetivo traduz-se no chamado *jus puniendi*, ou seja, o direito de punir do Estado, representando a capacidade de produzir e fazer cumprir suas normas.

1.1.2 Direito Penal substantivo e Direito Penal adjetivo

O Direito Penal substantivo corresponde ao Direito material, que cria as figuras criminosas e contravencionais, enquanto o Direito Penal adjetivo é o direito processual que trata das normas destinadas a instrumentalizar a atuação do Estado diante da ocorrência de um crime.

1.1.3 Direito internacional penal e Direito Penal internacional

Conforme o estudo avançar, vamos perceber que o Direito Penal, como regra, é aplicado aos fatos ocorridos em território nacional. Porém, há a possibilidade de que a norma estrangeira seja aplicada a fato ocorrido dentro dos nossos limites territoriais. Quando a lei estrangeira regulamenta um fato ocorrido no Brasil, temos o fenômeno da **intraterritorialidade**, ou Direito internacional penal.

Noutro giro, existe também a possibilidade de a Lei Penal Brasileira regulamentar fatos que ocorram no estrangeiro, ao que se denomina **extraterritorialidade** ou Direito Penal internacional.

1.1.4 Direito Penal de emergência e Direito Penal simbólico

O Direito Penal de emergência consiste em situações em que uma lei é editada com a finalidade de atender aos reclames da sociedade ou pressões políticas. Pode também ser lembrado como um direito editado às pressas.

Já o Direito Penal simbólico pode ser tratado como um aleatório jurídico, na medida em que podemos ter a norma, porém sem efetividade jurídica, carecendo de regulamentação ou subsídios para sua implantação e aplicação.

1.2 Características da lei penal

- **Exclusividade:** somente a lei pode prever figuras criminosas e suas respectivas sanções.
- **Imperatividade:** é imposta a todos, independente da vontade do sujeito.
- **Generalidade:** todos devem respeitar a lei.
- **Impessoalidade:** destina-se a regulamentar fatos, não é direcionada à pessoa.

1.3 Classificação da lei penal

Lei penal incriminadora: define infrações e as respectivas sanções.

Obs.: a lei penal incriminadora subdivide-se em preceito primário (descrição da conduta) e preceito secundário (previsão de pena).

Lei penal não incriminadora: lei penal em sentido amplo. Não prevê a conduta criminosa. Desmembra-se em:

- **Permissiva justificante:** tornam lícitas determinadas condutas (Ex.: art. 25 do CP).
- **Permissiva exculpante:** elimina a culpabilidade (Ex.: embriaguez acidental completa – art. 28, § 1º, do CP).
- **Explicativa ou interpretativa:** norma conceitual (Ex.: art. 327 do CP).
- **Complementar:** aquela que delimita a aplicação da lei penal incriminadora.
- **Lei penal de extensão ou integrativa:** aquela utilizada para viabilizar a tipicidade de alguns fatos (Ex.: art. 14 do CP – tentativa).

Em muitos dispositivos da lei penal, temos menções que remetem à década de 40, quando o Código foi editado. Dessa forma, a interpretação das normas penais deve ser moderna e contemporânea à época em que é realizada.

Com relação às formas de interpretação, é preciso recordar alguns conceitos que podem induzir o candidato a erro, são os seguintes termos:

- **Interpretação extensiva:** situações em que a lei disse menos do que deveria, em razão disso, o intérprete amplia o significado da norma (Ex.: art. 186 do CP).
- **Interpretação restritiva:** a lei disse mais do que deveria, assim, o aplicador do direito deve enxugar o alcance da norma.
- **Interpretação analógica:** para esta modalidade, que destoa um pouco do conceito de interpretação, estamos diante de situações em que, em homenagem ao princípio da legalidade, o legislador traz algumas situações que de fato pretendeu regular, mas, na sequência, permite que aquilo que seja semelhante também seja abrangido pelo dispositivo (Ex.: quando o Código utiliza a expressão: "ou outro meio...", "ou por qualquer outro meio...", como acontece no art. 121, § 2º, I, do CP).

Também não se pode confundir métodos de interpretação com a analogia. Esta não é forma de interpretação, e, sim, de integração.

1.4 Princípios do Direito Penal

1.4.1 Legalidade

Indubitavelmente, trata-se da norma motriz, que permite o desenvolvimento de todo o Direito Penal, possibilitando a real identificação do plano sobre o qual o direito penal se desenvolve.

> ***Art. 1º, CP c/c art. 5º, XXXIX, CF*** *Não há crime sem lei anterior que o defina e não há pena sem prévia cominação legal.*

O princípio da legalidade visa a fornecer segurança jurídica em matéria penal, ou seja, dar às pessoas a garantia de que não sofrerão punição criminal, a não ser que pratiquem um comportamento descrito previamente em lei, com pena antecipadamente cominada.

Deste princípio matriz e balizador do Direito Penal, extraímos algumas regras:

- **Primeira regra:** proíbe a retroatividade de uma lei penal incriminadora (princípio da irretroatividade da lei penal). Entretanto, excepcionalmente permite-se a retroatividade da lei penal que beneficie o agente (art. 5º, XL, da CF).

A esta movimentação de leis no tempo damos o nome de extratividade.

A extratividade pode ser compreendida como um gênero do qual são espécies: a retroatividade (lei aplicada a período anterior à sua vigência – o que só ocorre *in bonam partem*); e a ultratividade (quando a lei é aplicada após o seu período de revogação, em homenagem ao *tempus regit actum*).

Art. 5º, XL – a lei penal não retroagirá, salvo para beneficiar o réu.

- **Segunda regra:** proíbe o uso da analogia, dos princípios gerais de direito ou costumes para incriminar determinadas condutas.

Permite-se, contudo, a aplicação da analogia *in bonam partem*. É importante conceituar **analogia**, pois usualmente seus termos são confundidos por outros institutos.

A analogia consiste em uma ferramenta de **integração** (não é interpretação), e em aplicar uma disposição prevista em lei para determinado caso, a outro caso semelhante, sem, contudo, ter previsão legal.

> **Ex.:** aplicação do perdão judicial constante no art. 121, § 5º, do CP ao homicídio culposo previsto no CTB.

Perceba que ambos os dispositivos tutelam a vida. Outrossim, um deles goza de um benefício e o outro não.

A lei penal, para produzir seus efeitos na prática, precisa ser: anterior ao fato, escrita, elaborada no seu sentido estrito e certa/determinada (ademais, deve respeitar o aspecto formal e material na sua elaboração).

- **Terceira regra:** consolida a ideia de proibição à criação a tipos penais vagos, abstratos, indeterminados, de modo que a lei penal deve ser determinada em seu conteúdo (taxatividade).

Importante mencionar que a norma penal em branco não se enquadra neste aspecto. A norma mencionada é aquela que depende de uma complementação normativa para que se possa compreender o âmbito de aplicação do preceito primário da norma.

Fique ligado

Ponto importante e que já foi tema de prova é que o princípio da legalidade é a soma do princípio da reserva legal (somente a lei pode criar crimes e prever penas) + princípio da anterioridade da lei penal (a lei deve ser anterior ao fato).

1.4.2 Intervenção mínima

Consagra a ideia de que o Direito Penal deve intervir minimamente na vida do indivíduo. Isso porque a regulamentação das condutas deve se limitar ao necessário e indispensável para manutenção da paz social. Assim, somente se deve recorrer à intervenção do Direito Penal em situações extremas, como a última saída (*ultima ratio*).

Este princípio é o responsável não só pela indicação dos bens de maior relevo, mas também se presta a fazer com que ocorra a chamada descriminalização.

Naturalmente, se é com base neste princípio que os bens são selecionados para permanecer sob a tutela do Direito Penal, porque são considerados como os de maior importância, também será com fundamento nele que o legislador fará retirar do nosso ordenamento jurídico penal certos tipos incriminadores.

Portanto, identifica-se que o Estado, a partir do Direito Penal, deve interferir o menos possível na vida em sociedade, devendo ser solicitado somente quando os demais ramos do direito, comprovadamente, não forem capazes de proteger aqueles de maior importância.

Tal princípio relaciona-se a duas características do Direito Penal: à **fragmentariedade e à subsidiariedade.**

A partir da ideia de intervenção mínima, temos dois desdobramentos:

- **Princípio da fragmentariedade:** caberá ao Direito Penal proteger os bens jurídicos mais importantes e punir os ataques mais graves, deixando de lado bens ou lesões de pouca importância.
- **Princípio da subsidiariedade:** o Direito Penal é direito de *ultima ratio*, isto é, só deve atuar nos casos em que os demais ramos do Direito forem insuficientes para resolver o problema.

1.4.3 Culpabilidade

Este princípio não encontra previsão expressa no texto constitucional, sendo um desdobramento lógico oriundo de critérios hermenêuticos (interpretativos).

Possui três sentidos fundamentais:

- Culpabilidade como elemento integrante do conceito analítico de crime;
- Culpabilidade como princípio medidor da pena;
- Culpabilidade como ferramenta *latu sensu*, que traz a ideia de responsabilidade.

O primeiro elemento corresponde a identificar se a culpabilidade é preenchida para fins de identificar se o critério trifásico para conceituar o crime encontra-se preenchido.

No segundo aspecto, a culpabilidade deve ser analisada sob o crivo de que o crime já existe, para tanto, no ato da aplicação de uma pena, o magistrado deve se ater ao **critério trifásico**, previsto no art. 59 do CP e ponderar qual é o grau de culpabilidade do agente, entendendo-se como o grau de participação do agente na prática da conduta.

Por derradeiro, o estudo da culpabilidade *latu sensu* consagra a ideia de que o sujeito só pode ser responsabilizado se sua conduta ofensiva for dolosa (quis o fato ou assumiu o risco de produzi-lo) ou culposa (deu causa ao resultado por imprudência, negligência ou imperícia), evitando-se, portanto, a chamada imputação objetiva.

Fique ligado

Embora a responsabilidade penal, em regra, seja subjetiva, no que diz respeito aos crimes ambientais e à responsabilidade civil do Estado, esta será objetiva.

Assim, a simples participação material no resultado não configura, por si só, responsabilidade penal.

1.4.4 Humanidade/dignidade da pessoa humana

A dignidade da pessoa humana configura valor transcendental e verdadeiro sobreprincípio, orientador de toda interpretação normativa, apta a influenciar a aplicação do ordenamento jurídico e nortear a atuação estatal em todos os seus setores.

Ciente desta importância, o legislador constituinte erigiu a dignidade humana como fundamento da República, o consagrando no art. 1º, III, da Constituição Federal de 1988:

> ***Art. 1º, CF** A República Federativa do Brasil, formada pela união indissolúvel dos Estados e Municípios e do Distrito Federal, constitui-se em Estado Democrático de Direito e tem como fundamentos:*
> *[...]*
> ***III** – a dignidade da pessoa humana.*

Por sua vez, preconiza o princípio da humanidade, as normas penais devem sempre dispensar tratamento humanizado aos sujeitos ativos de infrações penais, vedando-se a tortura, o tratamento desumano ou degradante penas de morte, de caráter perpétuo, cruéis, de banimento ou de trabalhos forçados.

Deve-se garantir ao indivíduo um mínimo existencial, um sentimento de autoestima e de respeitabilidade.

Penas proibidas: art. 5º, XLVII, da CF.

> ***Art. 5º, XLVII, CF** não haverá penas:*
> *a) de morte, salvo em caso de guerra declarada, nos termos do art. 84, XIX;*
> *b) de caráter perpétuo;*
> *c) de trabalhos forçados;*
> *d) de banimento;*
> *e) cruéis.*

Além disso, rotineiramente o Estado demonstra preocupação com este aspecto, como com a edição da Lei nº 13.769/2018, que estabelece regras especiais para a progressão de regime da mulher gestante, mãe ou responsável por pessoas ou crianças com deficiência.

A edição da referida norma consagra um entendimento firmado pelo STF no bojo do julgamento do HC nº 143.641/SP, no qual figuravam como pacientes todas as mulheres submetidas à prisão cautelar no sistema penitenciário nacional, que ostentassem a condição de gestante, puérperas (pouco tempo após o parto) ou mães com crianças de até 12 anos de idade sob sua responsabilidade.

1.4.5 Insignificância ou bagatela

Desenvolvido por Claus Roxin, o princípio da insignificância ou da bagatela estabelece que a finalidade do Direito Penal consiste na proteção subsidiária de bens jurídicos. Logo, comportamentos que produzam lesões insignificantes aos objetos jurídicos tutelados pela norma penal devem ser considerados penalmente irrelevantes. A aplicação do princípio produz fatos materialmente *atípicos*.

Assim, o Direito Penal deve procurar proteger a comunidade de crimes que tenham gravidade razoável, evitando punir os chamados crimes de bagatela (ninharia). Fundamenta-se no princípio da fragmentariedade, pois compete ao Direito Penal proteger bens jurídicos mais importantes, e não proteger as condutas irrelevantes no aspecto material. A conduta já nasce insignificante, atípica (excluída a tipicidade material).

> **Ex.:** acionar o aparato penal, porque um cidadão primário, sem antecedentes criminais, subtraiu, episodicamente, objeto em valor inferior a dez reais de um grande estabelecimento comercial, importaria na violação do princípio da insignificância (ou da bagatela própria).

Para sua incidência, a jurisprudência do STF e do STJ firmou entendimento de que é necessária a presença dos seguintes vetores:

- A mínima ofensividade da conduta do agente;
- Nenhuma periculosidade social da ação;
- O reduzidíssimo grau de reprovabilidade do comportamento;
- A inexpressividade da lesão jurídica provocada.

Para balizar a aplicação, vale também recortar que as circunstâncias subjetivas (pessoais) da vítima também devem ser levadas em consideração no que tange ao princípio da insignificância.

Assim, ainda que o bem seja de valor econômico irrelevante, não é possível aplicar o princípio da bagatela caso a lesão jurídica, do ponto de vista da vítima, seja considerável.

Por exemplo, um cão vira-latas, apesar de não apresentar valor econômico aferível, jamais será considerado insignificante para seu dono, razão pela qual não é possível aplicar o princípio da insignificância para o agente que furta o animal.

Acerca do assunto, merecem atenção as Súmulas nº 589, 599 e 606 do STJ:

> ***Súmula nº 589 – STJ***
> *É inaplicável o princípio da insignificância nos crimes ou contravenções penais praticados contra a mulher no âmbito das relações domésticas.*
> ***Súmula nº 599 – STJ***
> *O princípio da insignificância é inaplicável aos crimes contra a administração pública.*
> ***Súmula nº 606 – STJ***
> *Não se aplica o princípio da insignificância aos casos de transmissão clandestina de sinal de internet via radiofrequência que caracterizam o fato típico previsto no art. 183 da Lei nº 9.472/97.*

A jurisprudência também entende que não se aplica aos seguintes crimes: tráfico de drogas; roubo; moeda falsa; furto qualificado (em regra); estelionato previdenciário, crimes contra a administração pública; drogas; apropriação indébita previdenciária; contrabando.

Não bastasse, jurisprudência oscila (e muito) nesse aspecto. Nesse sentido, hoje prevalece o entendimento de que, ao indivíduo reincidente, analisando-se cada caso, pode ser aplicado o princípio em estudo. Entretanto, se estivermos de um criminoso contumaz, não se dará esta aplicação.

Vale destacar a aplicação do princípio no que tange ao crime de descaminho (art. 334 do CP).

Não obstante o crime de descaminho estar no capítulo dos crimes praticados por particular contra a Administração em geral, tanto o STF quanto o STJ admitem a aplicação do princípio da insignificância.

A justificativa passa pelo forte viés arrecadatório/tributário do tipo penal do art. 334 do CP, razão pela qual, como ocorre nos crimes tributários, admite-se a bagatela para o descaminho.

Fique ligado

Mesmo que soe como um contrassenso, o valor a ser considerado para fins de aplicação da insignificância no descaminho, é de R$ 20.000,00 (vinte mil reais).

1.4.6 *Ne bis in idem*

Este princípio não está previsto expressamente em nosso texto legal, mas, sim, no Estatuto de Roma, que criou o Tribunal Penal Internacional, e possui o seguinte enunciado:

> ***Art. 20** Ne bis in idem Salvo disposição em contrário do presente Estatuto, ninguém será julgado pelo Tribunal por condutas constitutivas de crimes pelos quais já tenha sido condenado ou absolvido pelo próprio Tribunal. Ninguém será julgado por outro tribunal por um crime previsto no art. 5º, pelo qual já tenha sido condenado ou absolvido pelo Tribunal. Ninguém que já tenha sido julgado por outro tribunal por uma conduta igualmente prevista nos arts. 6º, 7º ou 8º, será julgado pelo Tribunal pela mesma conduta, a menos que os procedimentos no outro tribunal: Tenham obedecido ao propósito de subtrair o acusado de sua responsabilidade penal por crimes sob a jurisdição do Tribunal; ou Não tenham sido conduzidos de forma independente ou imparcial, em conformidade com as normas do devido processo reconhecidas pelo direito internacional, mas de tal forma que, nas circunstâncias, era incompatível com a intenção de efetivamente submeter o indivíduo em questão à ação da justiça.*

D P E N

Como decorrência de todo princípio, este também não é absoluto, constando com a exceção do próprio Estatuto de Roma, relativamente ao crime de genocídio. Em nosso ordenamento jurídico, a exceção fica por conta da possibilidade de dupla punição pelo mesmo fato quando estivermos diante de uma hipótese de **extraterritorialidade** incondicionada da Lei Penal Brasileira.

Para nosso estudo, devemos correlacionar referido princípio em três aspectos:

- No sentido de que ninguém poderá ser processado duas vezes pelo mesmo crime (fato).

Fique ligado

Para o STJ não ocorre bis in idem para a hipótese de instauração de processo penal no Brasil, enquanto ainda tramita processo pelo mesmo fato no exterior, tendo em vista que apenas a sentença pode provocar efeitos no Brasil.

- Refere-se à **matéria**, já que ninguém pode ser condenado pela segunda vez em razão do mesmo fato.
- Refere-se à etapa de **execução** de um processo, consiste na ideia de que ninguém poderá executar duas penas pelo mesmo fato.

> ***Súmula nº 241 – STJ***
> *A reincidência penal não pode ser considerada como circunstância agravante e, simultaneamente, como circunstância judicial.*

1.4.7 Presunção de inocência

A Constituição Federal consagrou a presunção de inocência em seu art. 5º, LVII:

> ***Art. 5º, LVII, CF*** *Ninguém será considerado culpado até o trânsito em julgado de sentença penal condenatória.*

No mesmo sentido, o princípio também se concretiza na **Convenção Americana sobre Direito Humanos:**

> ***Art. 8º, § 2º*** *Toda pessoa acusada de um delito tem direito a que se presuma sua inocência, enquanto não for legalmente comprovada sua culpa. Durante o processo, toda pessoa tem direito, em plena igualdade, às seguintes garantias mínimas.*

Pelo presente princípio, identificamos duas regras: a primeira, que configura o dever da acusação em demonstrar a responsabilidade do réu (e não a este comprovar sua inocência); e que a condenação deve derivar da certeza do julgador, sendo que qualquer dúvida deve ser interpretada em favor do réu (*in dubio pro reo*). A segunda refere-se ao tratamento do acusado, ou seja, dentro do processo a finalidade do princípio é fazer com o que juiz veja o acusado como um inocente, com a tendência de absolvê-lo quando a acusação não conseguir provar a sua culpa.

É importante registrar que a partir do julgamento das Ações Declaratórias de Constitucionalidade (ADCs) nº 43, 44 e 54, o STF reconheceu que a execução provisória de pena, baseada em acórdão penal condenatório proferido em grau de apelação, ainda que sujeito a recurso especial ou extraordinário, viola o princípio constitucional da presunção de inocência, não sendo permitida, portanto.

Fique ligado

Esta regra pode ser alterada dependendo da composição do STF.

1.4.8 Materialização do fato

Eventual pena a ser imposta, deve ser baseada por ter o agente praticado um fato lesivo a bem jurídico de terceiro e não em razão do modo de ser do sujeito.

1.4.9 Isonomia/igualdade

Consagrou-se o princípio da isonomia, ou da igualdade, como a obrigação de tratar igualmente aos iguais, e desigualmente aos desiguais, na medida de suas desigualdades.

1.4.10 Proporcionalidade

O princípio da proporcionalidade objetiva, de imediato, uma justa correlação entre a gravidade do fato perpetrado pelo agente e a sanção penal correspondente.

1.4.11 Confiança

Trata-se de construção jurisprudencial para enfrentar os problemas resultantes dos crimes praticados na direção de veículo automotor. Em resumo, o indivíduo deve pautar sua conduta imaginando e acreditando que os outros cidadãos também cumprirão com sua parcela de responsabilidade. Se ocorrer a violação de um dever de confiança por parte de terceira pessoa, não há que se falar em responsabilidade do agente que participou do resultado.

> Ex.: quando o indivíduo conduz seu veículo com prudência e cautela e, de repente, uma pessoa correndo atravessa a rua, é atropelada e morre. Ora, o condutor agiu amparado pelo princípio da confiança, não tendo culpa (responsabilidade), já que dirigia na expectativa de que os demais respeitariam as regras de sinalização e circulação.

1.4.12 Ofensividade/lesividade/ exclusiva proteção de bens jurídicos

O princípio da ofensividade, também chamado de princípio da lesividade (*nullum crimen sine injuria*), significa que não há crime sem que haja lesão ou perigo de lesão a um bem jurídico determinado.

Este princípio exige que, para que ocorra a atuação/intervenção da lei penal, é preciso que exista lesão ou perigo de lesão ao bem jurídico tutelado.

- **Dessa forma, do referido princípio extrai-se duas importantes consequências:** De uma parte, **impede a incriminação de mera atitude interna.** As ideias e convicções, os desejos, as aspirações e os sentimentos dos homens não podem constituir o fundamento de um tipo penal, nem mesmo quando se orientem para a prática de um crime. Também veda a incriminação **de simples estados ou condições existenciais,** ou seja, não se pode punir alguém pelo que é ou pela sua periculosidade, mas tão somente pelo que faz.
- **Delitos de perigo abstrato e perigo concreto:** nos primeiros, o perigo gerado pela conduta é presumido (porte de arma, porte de drogas para consumo...), enquanto que, no segundo, a situação de perigo é exigida pela Lei e, para que a conduta seja materializada, este perigo precisa ser comprovado (Ex.: art. 250 do CP).

A autolesão, ou a colocação em risco de um bem jurídico próprio, não configura crime, em razão do que determina o princípio da alteridade.

Pelo fato de se exigir a ofensa ao bem jurídico é que não se pune, como regra, os atos preparatórios ou a simples cogitação.

Condutas internas não exigem a intervenção do Direito Penal.

1.4.13 Adequação social

Para o princípio da adequação social, o Direito Penal há de ser produzido e aplicado com um mínimo de racionalidade. Não faz sentido incriminar comportamentos socialmente adequados. A lei não pode coibir condutas úteis para o corpo social.

Este princípio parte do pressuposto de que comportamentos historicamente desenvolvidos dentro de um contexto social positivo, adequados, portanto, aos valores éticos-sociais tutelados pelo direito, não poderão ser tidos como ilícitos, ainda que se amoldem formalmente a um tipo penal.

Tal princípio tem, por decorrência, duas funções: a primeira, de restringir o âmbito de abrangência do tipo penal, no sentido de que não devem ser punidas aquelas condutas que sejam socialmente aceitas. A segunda vertente corresponde à ideia de orientar o legislador acerca da seleção de bens jurídicos.

> ***Súmula nº 502 – STJ***
>
> *Presentes a materialidade e a autoria, afigura-se típica, em relação ao crime previsto no art. 184, § 2º, do CP, a conduta de expor à venda CDs e DVDs piratas.*

1.4.14 Individualização da pena

Deriva do art. 5º, XLVI, da CF, que traz a seguinte redação:

> ***Art. 5º, XLVI*** *– a lei regulará a individualização da pena e adotará, entre outras, as seguintes:*

- ▷ Privação ou restrição da liberdade;
- ▷ Perda de bens;
- ▷ Multa;
- ▷ Prestação social alternativa;
- ▷ Suspensão ou interdição de direitos.

A individualização da pena deverá ocorrer nas seguintes fases: cominação, aplicação e execução.

- ▷ **Fase legislativa:** escolha das espécies de penas que irão cominar determinado comportamento penal.
- ▷ **Fase judiciária:** consistente na operação jurídica de fixação da pena que será imposta ao autor do fato típico, ilícito e culpável.
- ▷ **Fase administrativa:** consistente no cumprimento da pena após o trânsito em julgado da sentença penal condenatória, nos termos regulados na Lei de Execução Penal.

1.4.15 Pessoalidade/ intranscendência da pena

O referido princípio está positivado na Constituição Federal, em seu art. 5º, XLV, que estatui:

> ***Art. 5º, XLV, CF*** *Nenhuma pena passará da pessoa do condenado, podendo a obrigação de reparar o dano e a decretação do perdimento de bens ser, nos termos da lei, estendidas aos sucessores e contra eles executadas, até o limite do valor do patrimônio transferido.*

Este princípio traz um importante vetor de controle social, bem como a limitação da punição. Segundo este princípio, a pena não pode jamais transcender a pessoa que foi a autora ou partícipe do delito. Nesse contexto, diferentemente do que acontecia nos primórdios, sobretudo à época da vingança privada, a pena poderia passar para outra pessoa da família (ascendente, descendente ou colateral), entretanto, corroborado pelo princípio do direito penal do autor, somente quem pratica o fato é que pode sofrer os consectários lógicos decorrentes de uma conduta.

Se vincula, ainda, ao postulado da imputação subjetiva, de modo que apenas tem responsabilidade penal o agente que dolosa ou culposamente deu causa ao resultado, não se estendendo a terceiros as sanções daí decorrentes. Fundamenta-se na culpabilidade, pois, da mesma forma, apenas o agente que praticou o injusto e é reprovável por tal prática sofrerá a respectiva sanção penal.

A extensão para os limites patrimoniais, dizem respeito a uma possível indenização na seara cível, a título de reparação de danos.

1.5 Classificação e estrutura da lei penal

1.5.1 Lei penal incriminadora

É a norma penal por excelência. É aquela que define infrações e as respectivas sanções, efetivando o princípio da legalidade penal (art. 5º, XXXIX, da CF, e art. 1º do CP).

Fique ligado

A lei penal incriminadora se subdivide em **preceito primário** (descrição da conduta) e **preceito secundário** (previsão de pena).

1.5.2 Lei penal não incriminadora

É a denominada lei penal em sentido amplo, na medida em que não prevê a conduta criminosa, mas, sim, pode tornar lícita determinada conduta, ou apresentar descrições e conceitos gerais.

Desmembram-se em:

- ▷ **Permissiva justificante:** tornam lícitas determinadas condutas (Ex.: art. 25 do CP)
- ▷ **Permissiva exculpante:** elimina a culpabilidade (Ex.: embriaguez acidental completa – art. 28, § 1º, do CP).
- ▷ **Explicativa ou interpretativa:** norma conceitual (Ex.: art. 327 do CP – que nos traz o conceito de funcionário público).
- ▷ **Lei penal de extensão ou integrativa:** aquela utilizada para viabilizar a tipicidade de alguns fatos (Ex.: art. 14 do CP – tentativa).

Perceba que na utilização da norma relativa à tentativa, ela é quem permite a punição pelo respectivo fato. Seja como for, o indivíduo responde pela pena prevista para o delito, com a redução de 1 a 2/3.

Bom lembrar também quais são os crimes que **não** admitem tentativa, é o CCHOUP:

- ▷ **Crimes** culposos;
- ▷ **Contravenções** penais;
- ▷ Crimes **habituais;**
- ▷ Crimes **omissivos** próprios;
- ▷ Crimes **unissubsistentes;**
- ▷ Crimes **preterdolosos.**

1.5.3 Lei ou norma penal em branco ou incompleta ou primariamente remetida

É importante ressaltar que nem sempre o legislador consegue atingir todas as condutas a partir da edição de uma norma penal.

Nesse sentido, exsurge a chamada Lei Penal em Branco, ou também chamada de primariamente remetida.

Em linhas gerais, esta modalidade legislativa é aquela que depende de um **complemento normativo** para que se possa compreender o âmbito de alcance do preceito primário da norma.

Fique ligado

Ressalte-se que o preceito primário é aquele que descreve a conduta.

Para sua correta classificação e compreensão do instituto, deve-se observar com rigor a **fonte legislativa** (origem da norma).

1.5.4 Norma penal em branco homogênea/ em sentido *lato sensu*/imprópria/homóloga

Chama-se norma penal em branco em sentido *lato* ou norma pena em branco homogênea aquela cujo complemento está no mesmo patamar

D P E N

que a norma incriminadora, ou seja, tem a mesma natureza jurídica (é, portanto, lei e não outro ato normativo) e provém do mesmo órgão (o Poder Legislativo Federal).

> Ex.: uma lei complementa outra lei.

A normas penais em branco homogêneas ainda podem ser subdivididas:

- **Homovitelinas:** o complemento normativo origina-se da mesma fonte legislativa e encontra-se dentro do mesmo ramo do ordenamento jurídico (Ex.: art. 338 do CP, que é complementado pelo art. 5º do mesmo CP).
- **Heterovitelinas:** o complemento normativo vem da mesma fonte, porém, o complemento está em outro diploma normativo (Ex.: arts. 236 e 237 do CP, que são complementados por artigos do Código Civil – arts. 1.521, 1.523, 1.577).

1.5.5 Heterogênea/sentido estrito/própria/heteróloga

Já a norma penal em branco em sentido estrito ou norma penal em branco heterogênea é aquela cujo complemento normativo advém de fonte legislativa **diversa** (portaria, decreto, regulamento), como ocorre com a Lei de Drogas, que é complementada pela Portaria nº 344 da SVS/MS, ou seja, uma norma elaborada pelo **Poder Legislativo**, sendo complementada por uma norma do **Poder Executivo**.

Da mesma forma, as condutas descritas nos arts. 268 e 269 do CP, que trata da infração de medida sanitária destinada a impedir a introdução ou propagação de doença contagiosa e a omissão de informação de doença de notificação compulsória. Porém, essas doenças, bem como as medidas de contenção, devem partir de resoluções ou outros atos normativos expedidos pela Anvisa.

Vale destacar que, em que pese ter havido grande embate acerca da constitucionalidade desta modalidade de lei, prevaleceu o entendimento de que **são constitucionais**, na medida em que possibilitam um melhor e mais seguro controle das substâncias ditas por ilícitas, sem a necessidade de um moroso procedimento legislativo para sua alteração.

1.5.6 Norma penal em branco secundariamente remetida, ao avesso ou ao revés

Trata-se de nova denominação trazida pela doutrina.

Aqui, haverá necessidade de "complementação" do preceito secundário da norma.

Deixamos o termo complementação entre aspas pois não será, necessariamente, um complemento normativo, a fim de facilitar a retórica, haverá, em verdade, uma remessa de pena.

Ou seja, o preceito primário da norma é claro, porém, no que concerne à pena, haverá a disposição de que a pena será "a mesma aplicada para outro delito", conforme exemplos abaixo.

> **Ex. 1:** Art. 304 – Fazer uso de qualquer dos papéis falsificados ou alterados, a que se referem os arts. 297 a 302:

Pena – a cominada à falsificação ou à alteração.

> **Ex. 2:** Lei nº 2.889/1956.

Art. 1º *Quem, com a intenção de destruir, no todo ou em parte, grupo nacional, étnico, racial ou religioso, como tal:*

a) matar membros do grupo;

b) causar lesão grave à integridade física ou mental de membros do grupo;

c) submeter intencionalmente o grupo a condições de existência capazes de ocasionar-lhe a destruição física total ou parcial;

d) adotar medidas destinadas a impedir os nascimentos no seio do grupo;

e) efetuar a transferência forçada de crianças do grupo para outro grupo.

Será punido:

Com as penas do art. 121, § 2º, do Código Penal, no caso da letra "a";

Com as penas do art. 129, § 2º, no caso da letra "b";

Com as penas do art. 270, no caso da letra "c";

Com as penas do art. 125, no caso da letra "d";

Com as penas do art. 148, no caso da letra "e".

1.6 Fontes do Direito Penal

Trata-se da origem da norma, de onde se pode extrair conteúdo de Direito Penal. As fontes subdividem-se em fontes materiais, substanciais ou de produção e em fontes formais, de conhecimento ou de cognição.

1.6.1 Fonte material/de produção

Diz respeito à produção da norma. Em nosso ordenamento jurídico, existe apenas uma fonte, que é a União, representada pelo Poder Legislativo, conforme o art. 22, I, da CF.

1.6.2 Fonte formal/de conhecimento

De onde extraímos o conteúdo Direito Penal (instrumento de exteriorização). Subdividem-se em imediatas e mediatas:

- **Imediatas:** lei, Constituição Federal (através dos mandados de criminalização – art. 5º, XLII, XLIII, XLIV), tratados e acordos internacionais de direitos humanos, jurisprudência, princípios e complementos normativos.

Note-se que todas essas fontes fornecem, de maneira direta ou imediata, o conteúdo de Direito Penal. Não existe a necessidade de se passar por um processo de interpretação (processo hermenêutico).

- **Mediatas:** doutrina, pois são aquelas que, necessariamente, passam por um processo de interpretação.
- **Informal:** costumes.

Fique ligado

Costume não cria nem revoga infração penal.

Além disso, o princípio pode ser utilizado *secundum legem*, hipótese em que funcionará como ferramenta de apoio à lei. E pode ser classificado como *prater legem*, que são situações em que serão utilizados para suprir a falta da lei.

1.7 Analogia

A analogia constitui **método de integração do ordenamento jurídico**. Trata-se de mecanismo utilizado para suprir lacunas. Consiste em "aplicar, a um caso não contemplado de modo direto ou específico por uma norma jurídica, uma norma prevista para uma hipótese distinta, mas semelhante ao caso não contemplado".

Vale destacar que no Direito Penal somente se admite a analogia *in bonam partem*, ou seja, aquela utilizada em benefício do sujeito ativo da infração penal. Proíbe-se, de outro lado, a analogia *in malam partem*, isto é, em prejuízo do sujeito ativo da infração penal, justamente por importar na criação de delitos não previstos em lei ou no agravamento da punição de fatos já disciplinados legalmente, atentando contra o princípio da legalidade.

Um bom exemplo pode ser extraído do art. 302 do CTB. Trata-se do homicídio culposo praticado na direção de veículo automotor. O dispositivo mencionado, tutela à vida.

No art. 121 do Código Penal também temos a tutela à vida. Ocorre que no § 3º do art. 121 temos o homicídio culposo. Mais adiante, no § 5º do mesmo art. 121, temos uma hipótese de perdão judicial.

Pelo texto da lei, quando uma pessoa praticar homicídio culposo, se a consequência da conduta for mais grave do que uma possível pena, o magistrado deixará de aplicá-la.

Entretanto, esta hipótese de perdão judicial não está prevista para o homicídio culposo do CTB. Por isso, como ambos tutelam o mesmo bem jurídico, devem ter a mesma regulamentação. A consequência é a aplicação do perdão judicial analogicamente à previsão contida no CTB.

1.8 Interpretação de lei penal

Quando se fala em interpretação da lei penal, uma grande polêmica surge. Isso porque existem diversos conceitos e práticas aplicadas para se extrair o conteúdo da norma.

Ocorre que, diferentemente daquilo que é empregado por muitos, não podemos falar em critérios corretos e equivocados de interpretação. E a razão é muito simples: não existe certo ou errado.

A busca pela interpretação, por meio dos critérios hermenêuticos, depende daquilo que se defende.

Além disso, devemos enfatizar que, em muitos dispositivos da lei penal, temos menções que remetem à década de 1940, quando o Código foi editado.

Dessa forma, a interpretação das normas penais deve ser moderna e contemporânea à época em que é realizada.

Para permitir uma correta compreensão dos institutos, devemos nos ater à interpretação em três momentos: quanto ao sujeito, quanto ao meio e quanto ao resultado.

> **Ex.:** uma pessoa emprega um mecanismo e chega a um resultado, utilizando as três etapas.

1.8.1 Mecanismos empregados

Quanto ao sujeito

Quanto à pessoa que interpreta, temos as seguintes formas:

- **Autêntica ou legislativa:** é aquele fornecida pelo próprio legislador no corpo da lei. Como vemos, por exemplo, no art. 327 do CP, que traz expressamente a classificação de funcionário público.
- **Doutrinária ou científica:** é aquela interpretação feita pelos estudiosos do direito, gerando as chamadas correntes doutrinárias.
- **Jurisprudencial:** trata-se da interpretação praticada pelos órgãos jurisdicionais.

Quanto ao meio/modo

- **Gramatical:** considera o sentido literal das palavras.
- **Teleológica:** diz respeito à vontade intrínseca da lei, atendendo-se aos seus fins e busca pelo seu real sentido, coadunando o dispositivo interpretado com as demais disposições vigentes no universo jurídico.
- **Histórica:** é aquela que indaga a origem da lei, identificando os reais fundamentos da sua edição.
- **Sistemática:** é aquela moderna, realizada de acordo com as premissas atuais, e não de acordo com o entendimento existente no ato de edição da norma.

Quanto ao resultado

No que concerne ao resultado, a interpretação pode ser:

- **Declarativa:** é aquela em que o texto da lei corresponde ao que o legislador quis dizer, como se observa nas hipóteses do art. 302 do CPP, por exemplo.
- **Interpretação restritiva:** nesta modalidade, a lei disse mais do que deveria, assim o aplicador do direito deve restringir o alcance da norma, é o que se vê em termos deveras aberto, como no art. 312 do CTB (expressão garantia da ordem pública).
- **Interpretação extensiva:** situações em que a lei disse menos do que deveria, em razão disso o intérprete amplia o significado da norma (Ex.: art. 176 do CP – outras fraudes).

É possível a interpretação extensiva contra o réu?

A resposta deriva do entendimento do STF que encampou entendimento proferido por Zaffaroni no seguinte sentido: é possível a interpretação extensiva contra réu sempre que outra forma de interpretação puder gerar um escândalo (entenda-se reiteração de condutas) por sua notória irracionalidade.

Em resumo, o entendimento é de que é possível a interpretação extensiva contra o réu.

1.8.2 Interpretação analógica

Para esta modalidade, que destoa um pouco do conceito de interpretação, estamos diante de situações em que, em homenagem ao princípio da legalidade, o legislador traz algumas situações que de fato pretendeu regular, mas, na sequência, permite que aquilo que seja semelhante também seja abrangido pelo dispositivo (Ex.: quando o Código utiliza a expressão: "ou outro meio...", "ou por qualquer outro meio...", como acontece no art. 121, § 2º, I, do CP).

> ***Art. 121,§ 2º*** *Se o homicídio é cometido:*
>
> *I – mediante paga ou promessa de recompensa,* ***ou por outro motivo torpe;***
>
> *[...]*
>
> *III – com emprego de veneno, fogo, explosivo, asfixia, tortura* ***ou outro meio insidioso ou cruel, ou de que possa resultar perigo comum;***
>
> *IV – à traição, de emboscada, ou mediante dissimulação* ***ou outro recurso que dificulte ou torne impossível a defesa do ofendido.***

Fique ligado

Não se pode confundir a interpretação analógica com analogia. A primeira é interpretação; a segunda, é meio de integração utilizada em caso de lacuna de lei.

1.9 Lei penal no tempo

Como decorrência lógica do princípio da legalidade, aplica-se, em regra, a lei penal vigente ao tempo da realização do fato criminoso (*tempus regit actum*), ou seja, tão logo um fato seja praticado, a lei que estiver em vigência naquele momento, deve ser aplicada.

Excepcionalmente, no entanto, será permitida a retroatividade da lei penal para alcançar fatos passados, desde que benéfica ao réu, conforme assegura o art. 5º, XL, da CF:

> ***Art. 5º, XL*** *– A lei penal não retroagirá, salvo para beneficiar o réu.*

No mesmo sentido é a previsão do art. 2º do Código Penal:

> ***Art. 2º, CP*** *Ninguém pode ser punido por fato que lei posterior deixa de considerar crime, cessando em virtude dela a execução e os efeitos penais da sentença condenatória.*
>
> ***Parágrafo único.*** *A lei posterior, que de qualquer modo favorecer o agente, aplica-se aos fatos anteriores, ainda que decididos por sentença condenatória transitada em julgado.*

A esta possibilidade conferida à lei de movimentar-se no tempo (para beneficiar o réu) dá-se o nome de extra-atividade da lei penal.

A extra-atividade deve ser compreendida como gênero do qual são espécies:

- **Retroatividade**, capacidade que a lei penal tem de ser aplicada a fatos praticados antes da sua vigência; e
- **Ultratividade**, que representa a possibilidade de aplicação da lei penal mesmo depois de revogada.

1.9.1 Tempo do crime

> *Art. 4º, CP Considera-se praticado o crime no momento da ação ou omissão, ainda que outro seja o momento do resultado.*

Para a correta (e justa) aplicação da lei penal é imprescindível definir o tempo do crime, ou seja, quando um crime se considera praticado. A respeito disso, há diferentes teorias apontadas pela doutrina:

- **Teoria da atividade:** considera praticado o crime no momento da conduta (ação ou omissão), ainda que outro seja o momento do resultado. O CP adotou esta teoria (art. 4º).
- **Teoria do resultado:** considera o momento da produção do resultado (consumação).
- **Teoria mista (ou ubiquidade):** considera tanto o momento da conduta como o do resultado.

Crime permanente e imputabilidade: se uma pessoa menor de 18 anos inicia a prática de um crime permanente (Ex.: sequestro) e atinge a maioria enquanto não cessada a permanência, aplica-se a legislação penal, tendo em vista que passou a ser imputável durante a prática da conduta.

Fixação da imputabilidade: se um menor de 18 anos desfere facadas na vítima que vem a falecer dias depois, ocasião em que já atingiu a maioridade, aplica-se o Estatuto da Criança e do Adolescente (ECA) e não do Código Penal (CP), tendo em vista que o ato infracional foi praticado na época em que era inimputável (momento da conduta).

1.9.2 Sucessão de leis no tempo

Avaliando este tópico, é imprescindível ter em mente que, amparado pelo princípio da legalidade, diversos cenários podem aparecer para fins de validarem a substituição/sucessão legislativa. E, em decorrência disso, precisamos avaliar o disposto no art. 5º, XL, da CF.

Assim, no âmbito intertemporal, temos 4 situações distintas:

- ***Novatio legis* incriminadora:** trata-se de nova lei que aporta nova figura criminosa no ordenamento jurídico. Em resumo, um fato que não era criminalizado, com a vigência de determinada lei passa a ser.

  > **Ex.:** Lei nº 12.012/2009, que introduziu no CP a figura do art. 349-A, que consiste na figura de ingressar, promover, intermediar, auxiliar ou facilitar a entrada de aparelho telefônico de comunicação móvel, de rádio ou similar, sem autorização legal, em estabelecimento prisional, pratica o crime.

  Como se trata de lei nova prejudicial, não haverá retroatividade.

- ***Novatio legis in pejus:*** trata-se de lei nova que não cria um crime, mas que prejudica, de alguma forma, a situação do agente (Ex.: lei nova que aumenta a pena do delito).

  Como se trata de lei nova prejudicial, não haverá retroatividade.

- ***Novatio legis in mellius:*** trata-se de lei nova que surge com o intuito de melhorar, de alguma forma, a situação do agente (art. 2º, parágrafo único, do CP).

  Como se trata de lei nova benéfica, haverá retroatividade.

- ***Abolitio criminis:*** trata-se de lei nova que descriminaliza a conduta. É o melhor dos cenários para o agente, tendo em vista que, nesta modalidade, haverá a supressão da figura criminosa. Com isso, um fato que antes era considerado criminoso, deixará de ser. Sobrevindo *abolitio criminis* após o trânsito em julgado de sentença penal condenatória, cessa a execução da pena e extinguem-se todos os efeitos penais secundários da condenação, tais como a formação de condição para reincidência e a constituição de maus antecedentes.

  Como se trata de lei nova benéfica, haverá retroatividade.

- **Princípio da continuidade normativo-típica:** o conteúdo típico criminalizado migra para outro tipo penal.

  Não se trata de lei que extingue o crime. A lei continua com as mesmas disposições, porém, haverá tão somente a migração do conteúdo delitivo para outro dispositivo.

Acerca do tema **combinação de leis**, existe divergência doutrinária acerca da possibilidade, porém, a jurisprudência do STJ e a do STF já estão firmes no sentido de que a aplicação da norma não pode ser fracionada, devendo ser aplicada num todo.

Outrossim, merece destaque a Súmula nº 711 do STF, que discorre sobre a lei penal no caso de crimes permanentes ou continuados.

> ***Súmula nº 711 – STF***
>
> *A lei penal mais grave aplica-se ao crime continuado ou ao crime permanente, se a sua vigência é anterior à cessação da continuidade ou da permanência.*

1.9.3 Competência para a aplicação da lei mais benéfica após o trânsito em julgado

Em regra, é do juízo da execução, e não do Tribunal, mediante revisão criminal. Nesse sentido é o entendimento consolidado na jurisprudência:

> ***Súmula nº 611 – STF***
>
> *Transitada em julgado a sentença condenatória, compete ao juízo das execuções a aplicação da lei mais benigna.*

1.9.4 Retroatividade de lei penal mais benéfica

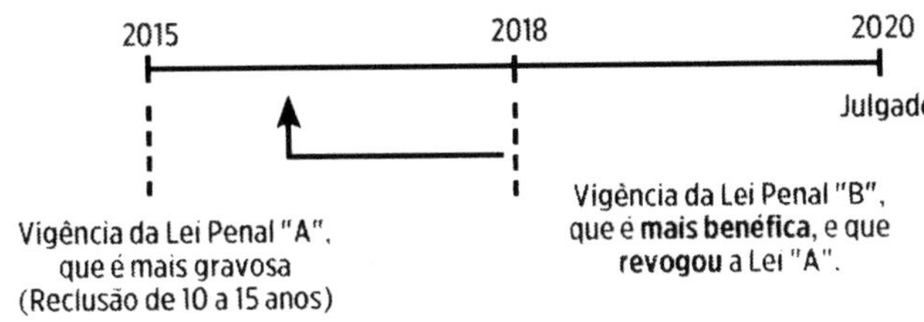

O sujeito ativo praticou o crime sob a vigência da Lei A. Entretanto, em 2018, **surgiu uma nova lei, uma lei mais benéfica que a Lei A**, que foi revogada. Nessa situação, será aplicada a **retroatividade** para **beneficiar o réu**, ainda que haja sentença condenatória transitada em julgado (sentença irrecorrível).

1.9.5 Ultratividade de lei mais benéfica

A ultratividade mais benéfica vai aplicar uma lei revogada que estava vigente na época do fato (*tempus regit actum*) e por ser mais benéfica que a lei nova.

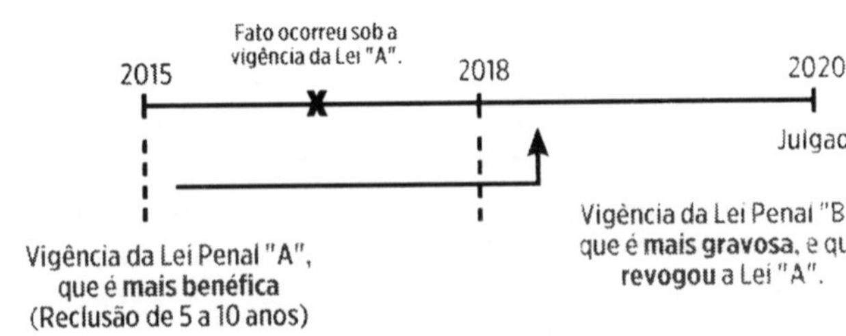

Como a banca pode usar os termos de lei nova mais benéfica ou lei nova mais gravosa:

- **BENÉFICA:**
  - ***Novatio legis in mellius*:** nova lei mais favorável, mais benéfica (**melhor**).
  - ***Abolitio criminis*.**

- GRAVOSA:
  - *Novatio legis* **incriminadora:** nova lei que torna um fato criminoso.
  - ***Novatio legis in pejus***: nova lei mais gravosa (**pior**).

Existe ainda uma expressão chamada ***lex tertia***, que seria uma terceira lei, mas formada pela combinação de outras duas (**é vedada sua aplicação no ordenamento jurídico, ainda que para favorecer**).

1.10 Súmula nº 711 - STF

> ***Súmula nº 711 – STF***
>
> *A lei penal mais grave aplica-se ao crime continuado ou ao crime permanente, se a sua vigência é anterior à cessação da continuidade ou da permanência.*

De uma forma clara e objetiva, não há aplicação necessariamente de uma lei mais benéfica quando o caso estiver tratando de **crimes pernamente ou continuado**, dado o fato de que a Súmula nº 711 do STF determina que se aplique a lei que estiver vigente anteriormente à cessação da continuidade/permanência, **ainda que ela seja mais grave.** Em outros termos, aplica-se a lei que estiver valendo quando o indivíduo cessou o crime (sendo a lei mais benéfica ou mais gravosa).

> **Ex.:** "B", penalmente imputável, sequestrou "A". Se sobrevier uma LEI (AINDA QUE MAIS GRAVOSA) e "B" estiver na permanência desse crime, cerceando a liberdade de "A", essa lei será aplicada a ele. Isso porque o crime de sequestro é permanente, consumando-se enquanto a vítima estiver em privação de liberdade pelo autor

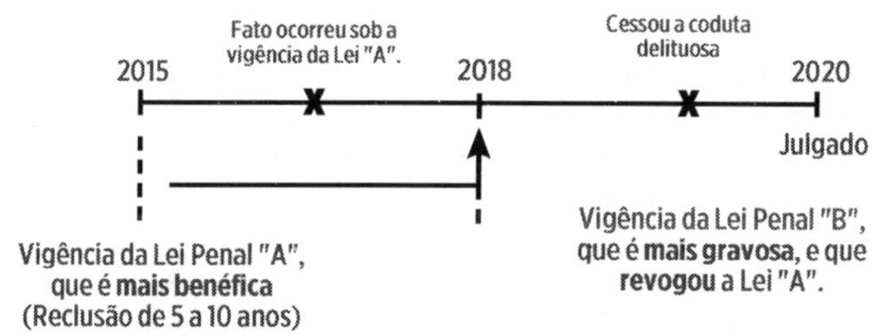

1.10.1 Lei excepcional e lei temporária

Segundo o art. 3º do CP, há a ultratividade da lei excepcional ou temporária: ela se aplica aos fatos havidos ao tempo de sua vigência, mesmo depois de decorrido o tempo de sua duração ou cessada a situação de excepcionalidade.

As leis excepcionais ou temporárias possuem duas características marcantes, quais sejam:

- **Ultrativas:** aplicam-se mesmo depois de revogadas.
- **Autorrevogáveis:** decorrido o prazo de duração ou a situação que autorizou a sua edição, a norma se extingue.

AMBAS:

- Efeito ULTRATIVO (MAIS GRAVOSO).

LEI TEMPORÁRIA:

- Tempo determinado para revogação (prazo certo).
- **Não** ocorre ***abolitio criminis*** em decorrência de sua *autorrevogação*, pois o autor será responsabilizado pelos atos praticados durante o império dela.

LEI EXCEPCIONAL:

- Não há um tempo certo fixado, pois são circunstâncias excepcionais que determinaram a criação da lei.
- **São exemplos de circunstâncias excepcionais:** estado de calamidade, guerra, situações fáticas que não há como determinar um prazo certo (pandemia).

Portanto, se a banca não afirmar tempo determinado, período determinado (prazo certo), estará falando da lei excepcional.

Em determinado momento de escassez de água, em razão da ausência de chuvas, entrou em vigor nova lei penal que tornou crime a conduta de lavar carros e/ou calçadas, enquanto **perdurasse o período de racionamento** de água (AOCP – Lei Excepcional).

1.11 Lei penal no espaço

Não basta que se determine em que momento a lei penal brasileira pode ser aplicada. Para que a lei cumpra as suas funções, é necessário que seja determinado em quais locais poderá o judiciário brasileiro exercer sua competência. Sobre o assunto, o Código Penal estabelece os critérios gerais para que a lei possa alcançar fatos cuja persecução penal seja do interesse do Estado brasileiro.

Por intermédio de tais critérios, pretende-se basicamente evitar que ocorram lacunas de impunidade a respeito de ilícitos que atinjam bens jurídicos tutelados, direta ou indiretamente, pelo ordenamento jurídico brasileiro. Por esta mesma razão, a generalidade dos Estados adota também critérios de incidência para as suas respectivas leis penais, criando-se, assim, uma espécie de "malha" de leis penais, circunstância esta que redunda na quase impossibilidade de "conflitos negativos de jurisdições", ou seja, o surgimento de "paraísos penais".

A matéria envolve, portanto, o chamado Direito Penal Internacional, ou seja, o ramo do Direito que define os crimes internacionais, próprios ou impróprios, as regras relativas à aplicação territorial e extraterritorial do Direito Penal, a imunidade de pessoas especialmente protegidas, a cooperação penal internacional em todos os seus níveis, as extradições, as transferências de condenados entre países, a determinação da forma e dos limites de execução de sentença penal estrangeira, a existência e funcionamento de tribunais penais internacionais ou regionais, bem como as demais questões jurídicas que envolvam a imputação criminal de fatos que possam surgir no plano internacional.

Especificamente no que diz respeito à aplicação da lei penal, ou seja, à prerrogativa de investigar, processar e julgar fatos no âmbito espacial, a doutrina elaborou alguns princípios gerais, que foram acolhidos, em maior ou menor extensão, pelos legisladores dos diversos países.

1.11.1 Princípios

Territorialidade

A lei penal aplica-se no território onde se exerce a soberania do Estado, independentemente da nacionalidade do agente ou da vítima ou do titular do bem jurídico atingido. O princípio da territorialidade é o preponderante na lei brasileira e é consequência direta da soberania estatal (art. 5º do CP).

Personalidade ou nacionalidade

A lei penal nacional pode ser aplicada ao cidadão onde quer que se encontre, devendo ser considerada apenas a nacionalidade do agente ou da vítima. Segundo tal princípio, a lei penal aplica-se aos fatos praticados pelo ou contra nacional de um Estado, independentemente do local da ocorrência do fato ou da procedência do bem jurídico lesado por tal conduta.

O princípio da personalidade se subdivide em ativo, referente, exatamente, ao autor do delito, e passivo, que também leva em consideração a nacionalidade da vítima.

Ressalte-se que os nacionais têm deveres para com o seu país, não sendo, portanto, aceitável, que, no estrangeiro, perpetrem fatos delituosos e contem com a impunidade ao retornarem à terra natal.

Ademais, como a maioria dos Estados não concede extradição de seus nacionais, justifica-se plenamente a existência desse princípio.

Defesa, real ou da proteção

A lei penal deve incidir tutelando determinados bens jurídicos de suma relevância para o Estado (vida, liberdade, patrimônio, fé pública etc.), onde quer que eles se encontrem, independentemente da nacionalidade do sujeito ativo da ameaça ou lesão de tais bens jurídicos.

O ordenamento jurídico brasileiro adota o princípio da defesa em três situações:

Crimes contra a vida ou liberdade do Presidente da República. É a primeira situação de extraterritorialidade incondicionada;

Crimes contra o patrimônio ou a fé pública da União, Distrito Federal, Estado, Município, empresa pública, sociedade de economia mista, fundação pública. É também hipótese de extraterritorialidade incondicionada; e

Crimes praticados contra a administração por quem está a seu serviço.

Por este princípio pune-se, por exemplo, o falsificador de moeda que opere no estrangeiro ou o estelionatário que acarrete um dano material nas finanças públicas fora do território nacional.

Justiça universal

A lei penal aplica-se a todo e qualquer fato punível, seja qual for a nacionalidade do agente ou do bem jurídico lesado ou posto em perigo e qualquer que tenha sido o lugar onde tenha sido o fato praticado. Por intermédio deste postulado, os Estados acordam em reprimir os fatos quem mais atentam contra a consciência universal, independentemente do lugar onde ocorram ou da nacionalidade do seu autor.

O ordenamento jurídico brasileiro reconhece o princípio da justiça universal em dois casos:

- **Crimes de genocídio:** ainda aqui a extraterritorialidade é incondicionada, embora seja exigido, para a aplicação da lei brasileira, um requisito: que o agente seja brasileiro ou domiciliado no Brasil; e
- **Crimes que, por tratado ou convenção, o Brasil se obrigou a reprimir:** trata-se também de situação na qual o parâmetro que determina a aplicação da lei brasileira é a necessidade de cooperação internacional, mas, ao contrário da primeira, a extraterritorialidade aqui é condicionada à presença cumulativa das condições já mencionadas.

Representação ou bandeira

Cuida-se de levar em conta, para efeito de aplicação da lei penal brasileira, a bandeira da embarcação ou aeronave no interior da qual o fato foi praticado. No caso, releva saber a natureza da aeronave ou embarcação (pública ou privada), bem como o lugar onde ela se encontre.

1.11.2 Classificações

Trata-se de normas que nos auxiliam a identificar quando a lei penal brasileira terá incidência.

O art. 5º do CP estabelece que, ressalvadas as disposições constantes em convenções, tratados e regras de direito internacional, aplica-se a lei brasileira ao crime cometido em território nacional.

Para fins de compreensão do território nacional, devemos entender que neste se compreende:

- **Território físico ou geográfico:** compreende o solo, subsolo, rios, lagos, mar territorial e o espaço aéreo correspondente.

> **Fique ligado**
>
> Para fins de definição do mar territorial, considera-se uma linha de 12 milhas náuticas contadas da linha de baixa-mar (art. 1º da Lei nº 8.617/1993).

- **Território jurídico ou por equiparação** (art. 5º, §§ 1º e 2º):
  - As embarcações e aeronaves brasileiras, de natureza pública ou a serviço do governo brasileiro onde quer que se encontrem;
  - As aeronaves e as embarcações brasileiras, mercantes ou de propriedade privada, que se encontrem, respectivamente, no espaço aéreo correspondente ou em alto-mar; e
  - Aeronaves ou embarcações estrangeiras de propriedade privada, achando-se aquelas em pouso no território nacional ou em voo no espaço aéreo correspondente, e estas em porto ou mar territorial do Brasil.

1.11.3 Disposições gerais

Diferentemente do que ocorre com o **tempo do crime**, aqui temos outro critério. Isso porque, aqui, relativamente ao **espaço** de aplicação da lei penal, tem-se por objetivo evitar o que a doutrina chama de "lacunas de impunidade", e fazer com que a lei penal alcance condutas que transcendam as fronteiras do território nacional.

A ideia aqui é fazer com que a lei brasileira possa ser aplicada aos chamados "crimes à distância", que são aqueles em que a conduta começa em um país e tem seu resultado em outro.

Para resolver o impasse, o CP adotou em seu art. 6º a chamada **teoria da ubiquidade** (mista, híbrida ou da unidade), que é aquela em que se considera praticado o crime no momento da ação ou da omissão, no todo ou em parte, bem como onde se produziu ou deveria produzir-se o resultado.

A adoção da teoria da ubiquidade impede a formação de vazios ou "pontos cegos", situação que poderia apresentar-se caso o país no qual foi praticada a conduta acolhesse a teoria do resultado, e aquele em que ocorreu o resultado acolhesse a teoria da atividade.

> **Exs.:**
>
> "A" é alvejado por disparo de arma de fogo no Brasil e vem a falecer após cruzar a fronteira com o Paraguai.
>
> "B" despacha um pacote contendo uma bomba-relógio que deveria ser detonada quando o destinatário, residente no Brasil, a abrisse, sendo certo que o artefato foi descoberto e desativado em alto-mar.

1.12 Extraterritorialidade da lei penal brasileira

Extraterritorialidade é o fenômeno pelo qual a lei penal brasileira se aplica a fatos ocorridos fora do território nacional, ou seja, pratica-se um crime em algum lugar estranho ao território brasileiro e, por determinação do nosso Código Penal, esse fato fica sujeito à aplicação da nossa lei penal.

Embora a regra em nosso ordenamento seja de que a lei penal será aplicada aos fatos que ocorrerem em território nacional, o art. 7º apresenta uma série de situações em que a lei penal brasileira pode ser aplicada a fatos ocorridos fora dos limites territoriais brasileiros.

O Código Penal prevê três **espécies** de extraterritorialidade. Os casos mais graves são os de extraterritorialidade **incondicionada**, em que a lei penal brasileira se aplica aos fatos praticados no exterior, independentemente de qualquer condição (art. 7º, I e § 1º). Por outro lado, existem as hipóteses de extraterritorialidade **condicionada**, em que a aplicação da lei penal brasileira depende do concurso de diversas condições (art. 7º, II e §§ 2º e 3º).

Por fim, há a extraterritorialidade **hipercondicionada**, prevista no art. 7º, § 3º, do CP, em que o legislador faz ainda mais exigências para a incidência da lei penal, do que para as hipóteses de extraterritorialidade condicionada. Vejamos cada uma das modalidades:

1.12.1 Extraterritorialidade incondicionada

Dar-se-á a extraterritorialidade incondicionada nas seguintes hipóteses:

> ***Art. 7º*** *Ficam sujeitos à lei brasileira, embora cometidos no estrangeiro:*
>
> *I – os crimes:*
>
> *a) contra a vida ou a liberdade do Presidente da República;*
>
> *b) contra o patrimônio ou a fé pública da União, do Distrito Federal, de Estado, de Território, de Município, de empresa pública, sociedade de economia mista, autarquia ou fundação instituída pelo Poder Público;*
>
> *c) contra a administração pública, por quem está a seu serviço;*
>
> *d) de genocídio, quando o agente for brasileiro ou domiciliado no Brasil;*
>
> *§ 1º Nos casos do inciso I, o agente é punido segundo a lei brasileira, ainda que absolvido ou condenado no estrangeiro.*

Veja-se que todas as hipóteses constantes do art. 7º consubstanciam fatos cuja gravidade reclama a adoção de providências, nos termos da legislação penal brasileira, independentemente de qualquer condição.

Vemos aqui verdadeira exceção ao *bis in idem*, isso porque, além de não ser necessário o preenchimento de nenhuma condição para a incidência da lei brasileira, o agente será punido mesmo que condenado no estrangeiro.

Eventual condenação aplicada no estrangeiro será detraída/descontada da condenação do Brasil, vide art. 8º do CP.

Para sua prova, os exemplos virão da maneira mais complexa possível. Entretanto, a resolução da questão depende exclusivamente do texto de lei.

1.12.2 Extraterritorialidade condicionada

A extraterritorialidade condicionada ocorre em relação às seguintes infrações:

> ***Art. 7º*** *Ficam sujeitos à lei brasileira, embora cometidos no estrangeiro: [...]*
>
> *II – os crimes:*
>
> *a) que, por tratado ou convenção, o Brasil se obrigou a reprimir;*
>
> *b) praticados por brasileiro;*
>
> *c) praticados em aeronaves ou embarcações brasileiras, mercantes ou de propriedade privada, quando em território estrangeiro e aí não sejam julgados. [...]*
>
> *§ 2º Nos casos do inciso II, a aplicação da lei brasileira depende do concurso das seguintes condições:*
>
> *a) entrar o agente no território nacional;*
>
> *b) ser o fato punível também no país em que foi praticado;*
>
> *c) estar o crime incluído entre aqueles pelos quais a lei brasileira autoriza a extradição;*
>
> *d) não ter sido o agente absolvido no estrangeiro ou não ter aí cumprido a pena;*
>
> *e) não ter sido o agente perdoado no estrangeiro ou, por outro motivo, não estar extinta a punibilidade, segundo a lei mais favorável.*

Para esta segunda hipótese de extraterritorialidade, vale mencionar que é necessária a ocorrência de um dos crimes descritos no inciso II do art. 7º, **mais** o preenchimento de todas as condições previstas no § 2º do mesmo dispositivo.

Além disso, a lei penal brasileira somente será aplicada aos crimes aqui destacados na hipótese de o agente não ter sido processado no estrangeiro.

Perceba que, na extraterritorialidade **incondicionada**, o agente será submetido ao julgamento de acordo com a lei brasileira independentemente de qualquer condição. Já na extraterritorialidade **condicionada**, é mister (obrigatória) a presença de todas as condições legalmente previstas.

É relevante mencionar que, nos casos de extraterritorialidade condicionada, não existirá a possibilidade de ocorrer *bis in idem*, haja vista que se o agente tiver sido absolvido ou condenado e cumprido pena no estrangeiro, ficará afastada a possibilidade de aplicação extraterritorial de nossa lei penal.

1.12.3 Extraterritorialidade hipercondicionada

Quando se tratar de crime praticado por estrangeiro, contra brasileiro, fora do nosso território, além das cinco condições previstas no § 2º, do art. 7º, anteriormente citadas, exigem-se outras duas, previstas no § 3º do mesmo dispositivo:

> ***Art. 7º, § 3º*** *A lei brasileira aplica-se também ao crime cometido por estrangeiro contra brasileiro fora do Brasil, se, reunidas as condições previstas no parágrafo anterior (§ 2º do art. 7º, II, do CP):*
>
> *a) não foi pedida ou foi negada a extradição;*
>
> *b) houve requisição do Ministro da Justiça.*

Com certeza esta é a hipótese que demonstra maior grau de excepcionalidade para a aplicação da lei brasileira, pois, para a sua aplicação, além das condições estabelecidas no § 2º do art. 7º, ainda se faz necessária a presença das outras duas condições.

1.13 Pena cumprida no estrangeiro

> ***Art. 8º*** *A pena cumprida no estrangeiro atenua a pena imposta no Brasil pelo mesmo crime, quando diversas, ou nela é computada, quando idênticas.*

O regramento contido neste dispositivo tem relação com as hipóteses de extraterritorialidade incondicionada da lei penal brasileira. Nesta toada, se o indivíduo cumpriu pena por um determinado fato no estrangeiro e caso seja hipótese de aplicação da nossa lei, a pena por ele cumprida no estrangeiro deve atenuar ou ser computada na pena imposta no Brasil.

1.14 Eficácia de sentença estrangeira

O art. 9º do CP estabelece as hipóteses em que a sentença penal estrangeira precisa ser homologada para que produza efeitos no Brasil. São as seguintes:

> ***Art. 9º*** *A sentença estrangeira, quando a aplicação da lei brasileira produz na espécie as mesmas consequências, pode ser homologada no Brasil para:*
>
> *I – obrigar o condenado à reparação do dano, a restituições e a outros efeitos civis;*
>
> *II – sujeitá-lo a medida de segurança.*
>
> ***Parágrafo único.*** *A homologação depende:*
>
> *a) para os efeitos previstos no inciso I, de pedido da parte interessada;*
>
> *b) para os outros efeitos, da existência de tratado de extradição com o país de cuja autoridade judiciária emanou a sentença, ou, na falta de tratado, de requisição do Ministro da Justiça.*

Segundo o art. 9º do CP, a sentença estrangeira, quando a aplicação da lei brasileira produz na espécie as mesmas consequências – dupla tipicidade –, pode ser homologada para: (1) obrigar o condenado à reparação do dano, restituição da coisa ou a outros efeitos civis; e

DPEN

(2) sujeitá-lo à medida de segurança, no caso de inimputável ou semi-imputável que necessite de especial tratamento.

Não obstante, o parágrafo único do art. 9º do CP estabelece os requisitos para a homologação da sentença penal estrangeira, sendo certo que a competência para tanto é do Superior Tribunal de Justiça, conforme o art. 105, I, "i", da CF, com a redação da Emenda Constitucional nº 45/2004.

Fique ligado

Antes da referida emenda, a competência era do STF.

Extrai-se, desse dispositivo que não é possível a homologação da sentença penal estrangeira para que no Brasil venha surtir a imposição de pena. Como visto, admitia-se a homologação tão somente para efeitos secundários e – acresça-se – de difícil verificação na prática, não sendo possível a incidência de um dos principais mecanismos de cooperação penal internacional, a teor do art. 9º do CP.

Porém, com a edição da Lei nº 13.445/2017 (Lei de Migração), houve parcial revogação do art. 9º do CP (derrogação).

Como dito, a Lei de Migração adotou o instituto da homologação da sentença penal estrangeira, sob a denominação de "transferência de execução de pena".

Segundo o art. 100, da Lei de Migração, nas hipóteses em que couber solicitação de extradição executória, a autoridade competente poderá solicitar ou autorizar a transferência de execução da pena, desde que observado o princípio do *non bis in idem*. Conforme o parágrafo único daquele dispositivo, sem prejuízo do disposto no Código Penal – vale dizer, sem prejuízo da homologação da sentença estrangeira para os efeitos secundários acima apontados –, a transferência de execução de pena será possível quando:

- O condenado em território estrangeiro for nacional ou tiver residência habitual ou vínculo pessoal no Brasil;
- A sentença tiver transitado em julgado;
- A duração da condenação a cumprir ou que restar para cumprir for de, pelo menos, um ano, na data de apresentação do pedido ao Estado da condenação;
- O fato que originou a condenação constituir infração penal perante a lei de ambas as partes; e
- Houver tratado ou promessa de reciprocidade de tratamento.

Demais disso, o pedido passivo de transferência da execução da pena formulado por Estado estrangeiro deve ser encaminhado pela via diplomática ou por via de autoridades centrais, se houver tratado nessa matéria, sendo certo que, após o recebimento pela autoridade responsável do Poder Executivo, ele deve ser encaminhado ao STJ para decisão quanto a sua homologação (art. 105, I, "i", da CF, c/c art. 101 e §§, da Lei nº 13.445/2017). Caso o STJ decida pelo preenchimento dos pressupostos legais para a homologação, deve a sentença estrangeira ser encaminhada para a respectiva vara de execução penal da Justiça Federal do local onde se encontra a pessoa que irá cumprir a pena (art. 102 da Lei nº 13.445/2017).

Por fim, vale destacar que a sentença estrangeira não depende de homologação para produzir reincidência, impedir a obtenção de *sursis* ou para aumentar o período para concessão de livramento condicional.

1.15 Contagem de prazo

Art. 10 *O dia do começo inclui-se no cômputo do prazo.*

Contam-se os dias, os meses e os anos pelo calendário comum.

Este dispositivo, embora pareça simples e não tenha a devida importância, deve ser enfatizado, na medida em que permite a aplicação de uma série de benefícios ao acusado.

Não se pode confundir o prazo de natureza penal com o prazo de natureza processual. Este possui previsão no art. 798, § 1º, do CPP e, para ele, não se computará no prazo o dia do começo, incluindo-se, porém, o do vencimento.

Ao contrário do que ocorre com os prazos processuais, os penais contam-se, incluindo-se o dia do começo. Não importa a hora do dia em que o evento que dá início ao prazo ocorreu. Conta-se o dia como um todo.

São prazos penais, por exemplo, o tempo de cumprimento de pena, o prazo decadencial e o prazo prescricional.

Por fim, os prazos penais são contínuos, não se prorrogam nem se suspendem em virtude de férias ou feriados.

1.16 Frações não computáveis da pena

Art. 11 *Desprezam-se, nas penas privativas de liberdade e nas restritivas de direitos, as frações de dia, e, na pena de multa, as frações de cruzeiro.*

No ato do cálculo da pena, se, ao final, o magistrado não obtiver um número inteiro, ele deverá desprezar as frações de dia nas penas privativas de liberdade e restritiva de direitos e, na pena de multa, desprezar as frações de real.

1.17 Conflito aparente de normas

Denomina-se conflito ou concurso aparente de normas a circunstância de duas ou mais normas penais incriminadoras regularem, em tese, o mesmo caso concreto, sendo que, efetivamente, somente uma deverá ser aplicada, em homenagem à vedação trazida pelo princípio do *ne bis in idem*.

O conflito aparente de normas possui as seguintes características:

- Unidade de fato;
- Aplicação (aparente) de mais de uma norma;
- Vigência simultânea dessas normas.

1.17.1 Critérios para resolver o conflito aparente de normas

Não há em nosso ordenamento jurídico critérios orientadores expressos sobre qual tipo penal preferir quando mais de um aparentemente for aplicável. A doutrina e a jurisprudência, porém, desenvolveram parâmetros norteadores, chamados comumente de "princípios", voltados à solução do conflito aparente de normas.

É importante destacar que para a existência de um verdadeiro conflito aparente de normas, três pressupostos devem ser identificados:

Fique ligado

Antes da referida emenda, a competência era do STF.

- **Unidade de fato:** é necessário que o agente tenha praticado efetivamente um único fato delituoso, pois, do contrário, haverá concurso de crimes (arts. 69 a 71 do CP);
- **Incidência aparente de dois ou mais tipos penais:** isso porque a aplicação de mais de um tipo penal a um único comportamento viola o princípio do *ne bis in idem*, de tal modo que a constatação de o fato configurar simultaneamente dois ou mais tipos penais deve ser apenas aparente, isto é, à primeira vista, pois cabe ao aplicador da lei identificar, dentre estes, qual deve prevalecer; e
- **Vigência simultânea dos tipos penais aparentemente aplicáveis:** é necessário que todos os tipos penais incidentes estejam em plena vigência, pois se um deles houver sido revogado por outro, não há conflito aparente de normas, mas **conflito de leis penais no tempo**, o qual deve ser solucionado por critérios próprios (*abolitio criminis, novatio legis in mellius, novatio legis in pejus* e *novatio legis* incriminadora).

Vejamos, a seguir, os critérios ou "princípios" utilizados na solução do conflito aparente de normas.

Princípio da especialidade

A aplicação da lei especial exclui a aplicação da lei geral.

> ***Art. 12, CP*** *As regras gerais deste Código aplicam-se aos fatos incriminados por lei especial, se esta não dispuser de modo diverso.*

Em suma, este princípio se faz pertinente para resolução do conflito aparente quando uma norma possua, em sua definição, todos os elementos típicos de outra, mais alguns denominados especializantes.

Se a hipótese a ser subsumida apresentar os elementos da norma particular, esta irá preponderar sobre aquela. Alude-se, nesse sentido, ao adágio latino: *lex specialis derogat legi generali.*

Princípio da subsidiariedade

O tipo penal prevalece sobre o tipo subsidiário. Também chamado de "soldado de reserva". Utiliza-se deste princípio quando não existir previsão legal para tanto, bem como quando não for possível caracterizar uma infração principal. Esses casos podem ser observados quando o legislador utiliza o termo "se o fato não constitui crime mais grave".

| Exs.: arts. 132, 238 e 307 do CP.

Embora de compreensão menos fácil do que o anterior, o princípio da subsidiariedade também é utilizado para a resolução do conflito aparente de normas. No caso, a relação que se estabelece não é a de exclusão entre o geral e o especial, mas, sim, entre normas primária e secundária.

> ***Art. 132*** *Expor a vida ou a saúde de outrem a perigo direto e iminente:*
>
> *Pena – detenção, de três meses a um ano, se o fato não constitui crime mais grave.*
>
> *Simulação de autoridade para celebração de casamento*
>
> ***Art. 238*** *Atribuir-se falsamente autoridade para celebração de casamento:*
>
> *Pena – detenção, de um a três anos, se o fato não constitui crime mais grave.*
>
> *Falsa identidade*
>
> ***Art. 307*** *Atribuir-se ou atribuir a terceiro falsa identidade para obter vantagem, em proveito próprio ou alheio, ou para causar dano a outrem:*
>
> *Pena – detenção, de três meses a um ano, ou multa, se o fato não constitui elemento de crime mais grave.*

Princípio da consunção/absorção

O crime-fim prevalece (absorve) sobre o crime-meio. Será utilizado quando a conduta definida na norma penal também está abrangida por outra mais ampla. Há uma relação entre continente e conteúdo.

Quando um crime for meio para um resultado, o crime-meio fica absorvido pelo crime-fim.

> **Ex.:** o agente tem a finalidade de matar uma determinada pessoa a socos e pontapés. Para a execução do delito, o indivíduo pratica diversas lesões corporais até chegar ao resultado. As lesões corporais foram o meio para a consumação, devendo ser, portando, absorvidas pelo homicídio.

Não obstante, justamente neste aspecto, vale destacar a Súmula nº 17 do STJ, que estabelece uma especial relação entre o crime de falsidade e estelionato, nesse sentido:

> ***Súmula nº 17 – STJ***
>
> *Quando o falso se exaure no estelionato, sem mais potencialidade lesiva, é por este absorvido.*

Princípio da alternatividade/tipo misto alternativo

Quando o agente comete mais de uma ação ou omissão, todas previstas no mesmo tipo penal, incorre em um único crime. Neste espeque, temos as situações envolvendo os chamados crimes de ação múltipla, ou, simplesmente, tipo misto alternativo.

Consiste naquelas condutas em que o tipo penal é composto por diversos núcleos (verbos).

Assim, a prática de mais de um verbo dentro de um mesmo contexto fático representa crime único.

Exemplo clássico é a Lei de Drogas, que traz em seu bojo 18 ações nucleares, conforme abaixo:

> ***Art. 33*** *Importar, exportar, remeter, preparar, produzir, fabricar, adquirir, vender, expor à venda, oferecer, ter em depósito, transportar, trazer consigo, guardar, prescrever, ministrar, entregar a consumo ou fornecer drogas, ainda que gratuitamente, sem autorização ou em desacordo com determinação legal ou regulamentar:*
>
> *Pena – reclusão de 5 (cinco) a 15 (quinze) anos e pagamento de 500 (quinhentos) a 1.500 (mil e quinhentos) dias-multa.*

2 TEORIA DO CRIME

2.1 Classificação de crimes e contravenções

No ordenamento jurídico brasileiro quando se fala em infração penal, estamos falando de crime e contravenção penal. Então, o termo **infração penal** é usado como um gênero do qual os crimes e contravenções são espécies.

Você poderia perfeitamente perguntar: mas e os delitos? Não existem os delitos? Existem países em que há três tipos de infrações penais, três espécies: os crimes, os delitos e as contravenções, sendo que os delitos ficariam entre os crimes e as contravenções, menos graves que os crimes e mais graves que as contravenções.

No Brasil, quando o vocábulo delito é sinônimo de crime. Aqui não há essa terceira espécie; só temos duas: crimes ou delitos e contravenções.

Poderíamos nos questionar: será que de fato existe alguma diferença entre crime e contravenção? Se olharmos a essência, os substratos, a substância, não há diferenças. Não há nada, nenhum elemento numa determinada conduta que diga que ela tem que ser uma contravenção ou crime. Não há diferença de natureza ontológica.

A diferença consiste no bem jurídico tutelado. O legislador reserva aos crimes a titulação das ofensas mais graves, inerentes aos bens jurídicos mais importantes para o convívio social. Por outro lado, reserva às condutas que não são consideradas tão importantes ou graves a condição de contravenção penal. Mas isso é apenas uma opção do legislador, por questão de política criminal. Tanto é assim que muitas condutas, que um dia foram classificadas como contravenções penais, hoje são tipificadas como crimes.

> **Exs.:** pode-se citar a questão da arma de fogo, cujo porte e posse até 1997 eram condutas tipificadas como contravenção penal e, a partir de 1997, passaram a ser catalogadas como crimes na Lei nº 10.826/2003, por uma opção do legislador.

Também há a questão dos maus-tratos aos animais. Até 1998, antes da Lei nº 9.605/1998 (Lei de Crimes Ambientais), a conduta de maus-tratos caracterizava conduta meramente contravencional. A partir da novel Lei, a conduta passou a ser tipificada como crime, conforme previsão do art. 32 da Lei nº 9.605/1998. No mesmo sentido, tem-se o racismo, que já foi contravenção penal, no entanto hoje é crime. Veja-se, portanto, que a questão é de opção legislativa, de política criminal, do que é mais ou menos grave, a depender do contexto social.

O examinador pode questionar se uma contravenção penal pode ser convertida em crime. Sim, você já sabe que pode, porque é uma opção legislativa. A diferença situa-se apenas no grau de reprovação, a depender do tempo histórico e dos valores de determinada sociedade. Mas por quê? Porque não há diferença de essência nem natureza, a diferença é apenas de reprovação da conduta.

2.2 Infração penal

É possível definir infração penal como toda conduta previamente tipificada na legislação como sendo ilícita.

Como afirma a doutrina, a infração penal é um gênero cujas espécies são: CRIME e CONTRAVENÇÃO.

2.2.1 Espécies

Crime

Trata-se de infração de maior potencial ofensivo, punida com pena de reclusão ou detenção, podendo, também, ser cominada a pena de multa, seja cumulativa ou alternativamente.

- Há algum conceito legal de crime?

A resposta é **SIM**.

O conceito legal de crime encontra-se no art. 1º do Decreto-lei nº 3.914/1941 (Lei de Introdução ao Código Penal), nos seguintes termos:

> ***Art. 1º*** *Considera-se crime a infração penal que a lei comina pena de reclusão ou de detenção, quer isoladamente, quer alternativa ou cumulativamente com a pena de multa [...].*

- Considerando que o art. 28 da Lei nº 11.343/2006 (Lei de Drogas) não prevê pena de reclusão ou detenção, houve descriminalização da conduta?

A resposta é **NÃO**.

Segundo o STF, apesar de não prever pena de prisão (reclusão ou detenção), o tipo penal do art. 28 da Lei de Drogas ainda é crime, havendo, apenas, a despenalização.

Art. 28 da Lei de Drogas
Despenalização

Demais peculiaridades do crime

- Os crimes podem ser de ação penal pública, condicionada ou incondicionada, ou de ação penal privada (art. 100 do CP);
- Os crimes admitem a tentativa (art. 14, II, do CP);
- Os crimes podem ser dolosos ou culposos;
- A lei penal brasileira se aplica tanto aos crimes praticados no Brasil (art. 5º do CP) como àqueles cometidos no exterior (art. 7º do CP);
- O limite de cumprimento das penas privativas de liberdade decorrentes de crime é de 40 anos (art. 75 do CP).

Contravenção

Por outro lado, a contravenção penal pode ser definida como infração de menor potencial ofensivo, sendo punida com prisão simples ou multa.

O conceito legal de contravenção também se encontra no art. 1º do Decreto-lei nº 3.914/1941 (Lei de Introdução ao Código Penal), nos seguintes termos:

> ***Art. 1º*** *[...] contravenção, a infração penal a que a lei comina, isoladamente, pena de prisão simples ou de multa, ou ambas, alternativa ou cumulativamente.*

As contravenções são tipificadas no Decreto-lei nº 3.688/1941, também conhecida como Lei das Contravenções Penais.

Peculiaridades das contravenções penais

- São sempre de ação penal pública incondicionada (art. 17 da LCP);
- As contravenções não admitem tentativa (art. 4º da LCP);
- A lei penal brasileira aplica-se somente às contravenções cometidas em território nacional (art. 2º da LCP);
- O limite de cumprimento da pena de contravenção (prisão simples) penal é de cinco anos (art. 10 da LCP).

Fique ligado
Cuidado para não confundir crime de menor potencial ofensivo (cuja pena máxima é igual ou inferior a dois anos) e infração de menor potencial ofensivo (contravenção).

Crime de menor potencial ofensivo	Infração de menor potencial ofensivo
Crime	Contravenção
Pena máxima igual ou inferior a 2 anos	

2.3 Sujeitos

2.3.1 Sujeito ativo

É aquele que ofende o bem jurídico protegido pelo Direito Penal, ou seja, é o agente que comete a infração penal.

Responsabilidade da pessoa jurídica

Sem dúvidas, a responsabilidade penal das pessoas jurídicas pela prática de crimes ambientais é um dos temas mais debatidos e questionados em concursos públicos.

Inicialmente, é importante destacar o art. 225, § 3º, da CF, com a seguinte redação:

> ***Art. 225, § 3º*** *As condutas e atividades consideradas lesivas ao meio ambiente sujeitarão os infratores, pessoas físicas ou* ***jurídicas****, a sanções penais e administrativas, independentemente da obrigação de reparar os danos causados.*

Por outro lado, o art. 3º da Lei nº 9.605/1998 também traz previsão expressa no mesmo sentido:

> ***Art. 3º*** *As pessoas jurídicas serão responsabilizadas administrativa, civil e penalmente conforme o disposto nesta Lei, nos casos em que a infração seja cometida por decisão de seu representante legal ou contratual, ou de seu órgão colegiado, no interesse ou benefício da sua entidade.*
>
> ***Parágrafo único.*** *A responsabilidade das pessoas jurídicas não exclui a das pessoas físicas, autoras, coautoras ou partícipes do mesmo fato.*

A doutrina sempre apresentou resistência a possibilidade de responsabilização penal da pessoa jurídica, já que o ente carece de voluntariedade, característica essencial da conduta considerada criminosa.

De fato, do ponto de vista lógico-jurídico, qualquer ação praticada pela pessoa jurídica, certamente, surge da vontade da(s) pessoa(s) físicas que a determina(m).

Contudo, a Constituição Federal trouxe, expressamente, a possibilidade de responsabilização penal da pessoa jurídica em seu art. 225, § 3º, razão pela qual, hoje, é amplamente admitida.

Pessoa jurídica
↓
Responsabilidade por crimes ambientais

▷ O que é teoria da dupla imputação?

Segundo a teoria da dupla imputação, para a responsabilização penal da pessoa jurídica é necessária a responsabilização (imputação), também, da pessoa física que a determina (comanda).

Teoria da dupla imputação	
Pessoa física	Pessoa jurídica

É importante ressaltar que a teoria da dupla imputação, antes exigida pelo STJ, não é mais aceita para os crimes ambientais.

Dessa forma, é plenamente possível que a pessoa jurídica seja denunciada e, inclusive, condenada sem que seja necessária a condenação da pessoa física que a administrava.

Por exemplo, é possível que a empresa Vale S/A seja condenada por crime ambiental sem que seja necessária a condenação de qualquer de seus funcionários ou administradores.

2.3.2 Sujeito passivo

É o titular do bem jurídico ofendido, ou seja, é aquele que foi lesado pela infração penal cometida pelo sujeito ativo.

Apesar de não ser frequentemente cobrado, há uma classificação quanto ao sujeito passivo, que pode ser exigida em provas de concurso público:

Sujeito passivo formal	Sujeito passivo material
O Estado, que sempre será atingido pela prática da infração penal	O titular do bem jurídico atingido

2.4 Critério de crime

Inicialmente, é importante destacar que o conceito de crime não é único e pode ser definido de diversas formas a depender do enfoque adotado.

Nesse sentido, a doutrina apresenta 3 critérios bastante comuns:

Critérios
↓
Material
↓
Formal
↓
Analítico

2.4.1 Critério material

Para tal critério, o crime é toda ação ou omissão que causa lesão ao bem jurídico penalmente tutelado.

Nas provas de concurso público, é bastante comum associar o critério material com um conceito pré-jurídico, ou seja, o crime seria tudo aquilo que atenta contra os interesses da sociedade e que é reprimido por meio do Direito Penal.

2.4.2 Critério formal

Por outro lado, para o critério formal, leva-se em consideração um conceito legal de crime.

Nesse sentido, como visto anteriormente, o conceito legal de crime é previsto no art. 1º do Decreto-lei nº 3.914/1941 (Lei de Introdução ao Código Penal), nos seguintes termos:

> ***Art. 1º*** *Considera-se crime a infração penal que a lei comina pena de reclusão ou de detenção, quer isoladamente, quer alternativa ou cumulativamente com a pena de multa[....].*

2.4.3 Critério analítico

Não há dúvidas de que é o critério mais exigido nos concursos públicos.

Inicialmente, é importante chamar atenção ao fato de que será adotada a **Teoria Tripartite**, aceita pela maioria das bancas de concurso público.

Assim, para o critério analítico, é possível conceituar o crime como sendo um fato típico, ilícito e culpável.

Critério analítico (Teoria tripartite)
↓
Fato típico
↓
Ilicitude
↓
Culpabilidade

DPEN

Fique ligado

Alguns doutrinadores adotam a **Teoria Bipartite.** Para tal corrente, a **culpabilidade** não seria um elemento do crime, mas um pressuposto de aplicação da pena.

"Escada" do crime

É importante destacar que, no critério analítico, só é possível falar em crime caso estejam presentes todos os elementos (tipicidade, ilicitude e culpabilidade).

> "A" atira contra "B", que vem a morrer por conta dos disparos de arma de fogo.

No exemplo acima, não é possível, *a priori*, afirmar a existência do crime de homicídio.

Assim, com as informações apresentadas, há como apontar, apenas, que houve um fato típico, previsto no art. 121 do Código Penal.

Com a escassez de informações, não há como saber se "A", por exemplo, agiu em legítima defesa, hipótese de exclusão da ilicitude.

Nesse caso, não há dúvidas da inexistência de crime, já que ausente o 2º elemento (ilicitude).

Tudo isso que foi dito pode ser resumido no seguinte esquema, denominado "escada do crime":

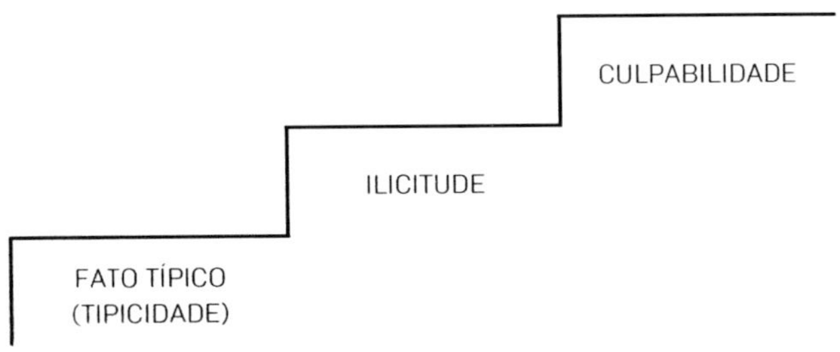

Fique ligado

Em suma, para a existência do crime, é necessária a presença de todos os elementos, de forma que cada um, na ordem apresentada, seja pressuposto do antecessor.

2.5 Fato típico

É todo fato jurídico decorrente da conduta de um indivíduo que atenta contra um bem jurídico e, por essa razão, o legislador resolveu reprimir por meio da criação de um tipo penal.

Por exemplo, cita-se o tipo penal do art. 121 do CP, conhecido como homicídio, que visa proteger a vida (bem jurídico).

Fique ligado

Tipo penal é a descrição, em lei, de uma conduta proibida e que enseja a cominação de uma pena.

2.5.1 Elementos do fato típico

Da mesma forma que o crime é formado por seus elementos (fato típico, ilicitude e culpabilidade), cada um deles será composto por outros elementos.

Em relação ao fato típico, os elementos são:

Fato típico

↓

Conduta

↓

Resultado

↓

Nexo Causal

↓

Tipicidade

Assim, até o momento, é possível apresentar o seguinte esquema:

	CRIME	
Fato típico	Culpabilidade	Ilicitude
↓		
Conduta		
Resultado		
Nexo Causal		
Tipicidade		

2.5.2 Resultado

Há uma classificação bem conhecida no Direito Penal que leva em consideração a relação entre o resultado naturalístico e a consumação do crime.

Dessa forma, os crimes podem ser classificados em:

Fato típico

↓

Material

↓

Formal

↓

Mera conduta

Crime material

O crime material é aquele em que há previsão no tipo penal de um resultado naturalístico e que tal circunstância precisa ocorrer para que se tenha a modalidade consumada.

Por exemplo, o homicídio é classificado como crime material, já que há no art. 121 do CP a previsão de que o resultado naturalístico (morte) é condição necessária para a consumação, ou seja, se não ocorrer o resultado morte, o homicídio restará praticado na modalidade tentada.

Crime material	
Previsão de resultado naturalístico	O resultado naturalístico é necessário para a consumação do crime

Crime formal

O crime formal é aquele em que há previsão no tipo penal de um resultado naturalístico, mas sua ausência no caso concreto não interfere na consumação do crime.

Por exemplo, o crime de extorsão (art. 158) prevê um resultado naturalístico, que é a obtenção da vantagem indevida pelo agente.

Contudo, a consumação da extorsão independe do recebimento dessa vantagem, já que esta se dá quando o agente a exige, ou seja, a obtenção do lucro ilícito é mero exaurimento do delito.

Crime formal	
Previsão de resultado naturalístico	O resultado naturalístico **não** é necessário para a consumação do crime

Crime de mera conduta

O crime de mera conduta é aquele em que não há previsão no tipo penal de um resultado naturalístico, ou seja, praticada a conduta descrita no tipo penal, o crime estará consumado.

A doutrina apresenta diversos exemplos de crimes de mera conduta, como a violação de domicílio (CP, art. 150).

Assim, uma vez violado o domicílio, o crime já estará consumado, até porque não há previsão de um resultado naturalístico em sua descrição, ou seja, basta que o agente adentre na residência sem autorização:

> ***Art. 150*** *Entrar ou permanecer, clandestina ou astuciosamente, ou contra a vontade expressa ou tácita de quem de direito, em casa alheia ou em suas dependências:*
>
> *Pena – detenção, de um a três meses, ou multa.*

Crime de mera conduta
Não há previsão de resultado naturalístico

2.5.3 Conduta

A doutrina atual, com origem na década de 1930, e que veio a se incorporar na legislação brasileira, classifica a conduta como o **comportamento humano voluntário psiquicamente dirigido a um fim.**

A conduta, pois, pressupõe um movimento humano voluntário (que seja dotado de vontade), que cause repercussão no mundo exterior. Por isso que, **como regra**, não se pune a cogitação e os atos preparatórios.

Assim, podemos traduzir dois elementos da conduta:

- Comportamento voluntário; e
- Exteriorização da vontade.

Exclusão da conduta

- **Caso fortuito e força maior:** decorre de atos imprevisíveis, fenômenos naturais, situações que tiveram a causa desconhecida. Para Zaffaroni, é um resultado que se produz fora do controle da vontade.
- **Involuntariedade:** atos praticados sem intenção.
  - **Estado de inconsciência completa:** sonambulismo, hipnose, ataque de epilepsia.
  - **Movimentos reflexos:** são atos originados a partir de uma reação automática do agente.
- **Coação física irresistível:** uma força física externa conduz o agente a praticar um fato ou o impossibilita de evitar o resultado.

Fique ligado
Este elemento não pode ser confundido com a coação moral irresistível, pois esta, além de ser uma situação à culpabilidade, o agente tinha a opção entre o agir/não agir, mas uma força psicológica (grave ameaça), retira a liberdade de escolha do cidadão.

Nexo causal

É o vínculo, a ponte que une a conduta ao resultado. Em resumo, trata-se da análise da vinculação do resultado ao agente.

O Código Penal dispõe sobre o nexo de causalidade no *caput* do art. 13, ao assim dispor:

> ***Art. 13*** *O resultado, de que depende a existência do crime, somente é imputável a quem lhe deu causa. Considera-se causa a ação ou omissão sem a qual o resultado não teria ocorrido.*

A nossa legislação adotou a chamada Teoria da Equivalência dos Antecedentes Causais (*conditio sine qua non*). Para essa teoria, reitere-se, todos os antecedentes do resultado, ainda que sobre ele tenham exercido mínima influência, serão considerados como sua "causa".

Essa teoria deve ser somada à teoria da eliminação hipotética dos antecedentes causais para se apurar quais são, de fato, as causas determinantes para o resultado. Mas cuidado para não regredir ao infinito!

Concausas

No caso concreto, é possível que exista mais de uma causa motivadora do resultado. É o que se denomina tecnicamente de concausa.

> **Ex.:** Pedro, desfere 4 tiros em seu desafeto, pretendendo matá-lo. Porém, o desafeto havia sido vítima de ministração de veneno por sua esposa minutos antes. O desafeto morre em decorrência do envenenamento.

Nesse caso, existem duas causas concorrendo para o evento morte. Entretanto, aplicando-se o método da eliminação hipotética, Pedro não pode ser responsabilizado pelo resultado, pois este aconteceria independentemente de sua conduta. Resta, pois, sua responsabilização por tentativa de homicídio.

A doutrina trata das **causas dependentes e independentes.** As primeiras seriam as que têm origem na conduta do sujeito e inserem-se dentro da sua linha de desdobramento causal natural, esperada. Já as causas independentes são as que, originando-se ou não da conduta do agente, produzem por si só o resultado. Elas configuram um fator que está fora do desdobramento do que normalmente aconteceria com a conduta praticada. São eventos inusitados, inesperados.

Ainda, a respeito das **causas independentes**, faz-se necessário distingui-las entre as causas **absolutamente** e as **relativamente** independentes da conduta.

As causas absolutamente independentes dizem respeito às que produzem por si só o resultado, não possuindo qualquer origem ou relação com a conduta praticada. Nesse caso, o resultado ocorreria de qualquer modo, com ou sem o comportamento realizado (eliminação hipotética), motivo pelo qual fica afastado o nexo de causalidade (fazendo com que não se possa imputar o resultado ao autor da conduta). O agente, desse modo, só responde pelos atos praticados, excluindo-se de seu âmbito a imputação do resultado.

As causas **absolutamente independentes** se dividem em:

- **Preexistentes:** a causa do resultado antecede o comportamento concorrente. Trata-se da situação do exemplo acima.
- **Concomitantes:** as causas concorrentes para o resultado são simultâneas.
- **Supervenientes:** a causa do resultado é posterior ao comportamento concorrente.

Para todas estas hipóteses, em se tratando de concausa absolutamente independente, não importa a espécie, o comportamento concorrente será punido na modalidade tentada.

Noutro giro, na **causa relativamente independente**, a origem efetiva do resultado se origina do comportamento concorrente, ocorrendo

D P E N

uma fusão entre as causas para produzir o resultado final. Possuem a mesma subclassificação.

Preexistente: o elemento que se conjuga para produzir ao resultado é anterior à causa concorrente.

> **Ex.:** indivíduo que é portador de hemofilia, vítima de uma pequena facada, que morre em razão da dificuldade para estancar o sangue. O autor dessa facada responde pelo crime consumado.

Concomitante: a causa efetiva do resultado se conjuga simultaneamente com a concausa.

> **Ex.:** "A" querendo matar "B" desfere-lhe um tiro. Por circunstâncias alheias, o tiro não atinge a vítima, mas esta, em razão do susto, tem um ataque cardíaco e morre. O agente "A" responde pelo crime doloso, na medida em que, se não tivesse atirado, "B" não morreria.

Superveniente: o elemento propulsor que se soma à concausa acontece após a causa concorrente. Trata-se de situação descrita no art. 13, § 1º, do CP.

> ***Art. 13, § 1º*** *A superveniência de causa relativamente independente exclui a imputação quando, por si só, produziu o resultado; os fatos anteriores, entretanto, imputam-se a quem os praticou.*

Formas de conduta

Quando se analisa a conduta, é importante analisar a voluntariedade do agente, que consiste em ter consciência do ato praticado.

Para tanto, é imprescindível analisar se a conduta foi dolosa (praticada intencionalmente) ou culposa (sem intenção de produzir o resultado), praticada por ação (conduta positiva/agir – ou também chamado de crime comissivo) ou por omissão (conduta negativa, deixar de fazer).

- **Crime doloso:** nos termos do art. 18, I, do CP, diz-se doloso o crime que o agente quis o resultado ou assumiu o risco de produzi-lo. Trata-se, pois da vontade consciente dirigida a praticar um crime. **O dolo apresenta dois elementos:** o volitivo, que consiste na vontade de praticar a conduta, e o intelectivo, que representa a consciência do resultado.
- **Crime culposo:** tem previsão no art. 18, II, do CP, e diz respeito às condutas praticadas com a quebra de um dever objetivo de cuidado. Ou seja, consiste em uma conduta não pretendida pelo autor do fato, que poderia ter sido evitado se as cautelas necessárias fossem observadas.

Nesta modalidade, o agente pratica uma conduta eivado de voluntariedade. Espera que seu resultado seja lícito, porém, pela quebra do dever objetivo de cuidado, falha.

Quebra do dever objetivo de cuidado

- **Imprudência:** consiste em uma conduta positiva, que deságua no resultado não pretendido.
- **Negligência:** abstenção, conduta negativa, deixar de fazer.
- **Imperícia:** falta de aptidão técnica.

Em suma, para a configuração do crime culposo, é necessário o preenchimento dos seguintes requisitos:

- Conduta humana e voluntária;
- Violação do dever objetivo de cuidado;
- Resultado (naturalístico) involuntário;
- Nexo de causalidade;
- Resultado involuntário previsível;
- Previsão legal para crime culposo.

Espécies de culpa

- **Culpa consciente:** o agente prevê o resultado, mas espera que ele não ocorra, supondo poder evitá-lo com sua habilidade.
- **Culpa inconsciente ou própria:** o agente não prevê o resultado, que era previsível. Qualquer outro cidadão, nas mesmas condições, poderia prever. O agente não quer e não assume o risco de produzir o resultado, mas falha relativamente ao dever de cuidado objetivo.
- **Culpa imprópria:** quando o dolo na conduta é tratado como culpa, em razão de um erro evitável (art. 20, § 1º, do CP).

Obs.: É elementar para o seu concurso diferenciar de maneira clara a culpa consciente do dolo eventual. Na primeira situação, o agente prevê o resultado, mas acredita que com sua habilidade ele é capaz de evitar o resultado. Já no dolo eventual, o agente prevê o resultado e assume o risco de sua ocorrência, agindo com descaso (com indiferença) em relação ao bem jurídico tutelado.

- **Crime comissivo:** é o crime praticado por ação, quando há subsunção de uma conduta a um núcleo de um tipo penal.
- **Crime omissivo:** trata-se de situações em que há uma abstenção de conduta, um deixar de fazer.
    - **Crime omissivo próprio:** é o crime omissivo por excelência, aquele em que já contém no tipo penal a ideia de não fazer, constando expressamente em seu núcleo o vocábulo "deixar de".

    > Ex.: arts. 135, 244 e 269 do CP.

    - **Crime omissivo impróprio ou comissivo por omissão (existem ainda os sinônimos: espúrio, impuro):** aqui não se leva em consideração apenas a abstenção de comportamento. Deve ser levado em consideração para esta classificação que a omissão a ser analisada é quando o agente tinha um dever jurídico para evitar a ocorrência do resultado.

Fique ligado

Trazendo uma rápida diferenciação: na **omissão própria**, o agente tem um dever genérico de agir, enquanto na **omissão imprópria**, o indivíduo tem um dever jurídico que o vincula ao resultado caso seja omisso. Além disso, na **omissão própria** o agente responde por omissão pura, enquanto na **omissão imprópria**, o agente responde por crime comissivo praticado por omissão.

A omissão imprópria tem sua previsão no art. 13, § 2º, do CP:

> ***§ 2º*** *A omissão é penalmente relevante quando o omitente devia e podia agir para evitar o resultado. O dever de agir incumbe a quem:*
> *a) tenha por lei obrigação de cuidado, proteção ou vigilância;*
> *b) de outra forma, assumiu a responsabilidade de impedir o resultado;*
> *c) com seu comportamento anterior, criou o risco da ocorrência do resultado.*

Crime preterdoloso

Além das espécies de crimes já estudados (doloso e culposo), reconhece-se o crime preterdoloso ou preterintencional, em que o resultado vai além da intenção do agente. O crime preterdoloso é uma das espécies de crime qualificado pelo resultado (gênero).

O agente quer um resultado e o atinge, mas sua conduta enseja outro evento, por ele não desejado (obtido culposamente).

> **Ex.:** lesão corporal seguida de morte (art. 129, § 3º, do CP). Ocorre "dolo no antecedente e culpa no consequente". Importante assinalar que o agente só responderá pelo resultado que agrava a pena se para ele concorrer, ao menos, culposamente (CP, art. 19).

2.6 Etapas da realização do delito - *iter criminis*

Aqui estamos diante do caminho do crime, os atos que são usualmente praticados até que alcancemos um resultado (jurídico ou naturalístico).

Ademais, estuda-se também a consumação e tentativa, tendo em vista que existe reflexo jurídico distinto em cada uma das situações.

Acerca das etapas, apresentamos as quatro:

- Cogitação;
- Atos preparatórios;
- Atos executórios;
- Consumação.

Fique ligado

O **exaurimento** não integra o *iter criminis*, mas serve de importante critério para solução de questões envolvendo sucessão de leis no tempo. Também pode recair em fato que aumenta a reprovabilidade da conduta.

2.6.1 Cogitação

Consiste na fase interna, o mero pensamento, antecipação mental. Mostra-se irrelevante aos fins de direito na medida em que não houve o exercício ou violação de bem jurídico alheio.

2.6.2 Atos preparatórios

Momento anterior ao início da execução e posterior à cogitação. Os atos preparatórios verificam-se quando a ideia passa da esfera mental e se materializa mediante condutas voltadas ao cometimento do crime.

Via de regra, os atos preparatórios são impuníveis, mas existem exceções.

Fique ligado

As exceções aparecem nos arts. 288 e 291 do CP, bem como no art. 34 da Lei de Drogas, e art. 5º da Lei nº 13.260/2016.

2.6.3 Atos executórios

Aqui, efetivamente, dá-se início à violação ao bem jurídico alheio. São as ações ou omissões diretamente dirigidas ao intento criminoso.

2.6.4 Consumação

É a fase conclusiva do *iter criminis*. O delito encontra-se consumado quando estiverem reunidos todos os elementos da definição legal do delito (art. 14, I, do CP). Com a consumação, alcança-se o resultado, o que faz preencher a figura típica.

O exaurimento não faz parte do *iter criminis*. Cuida-se, em verdade, de momento posterior à consumação, sendo, em regra, por ela absorvido.

2.7 Situações que impedem a responsabilização do agente pelo resultado

2.7.1 Tentativa

Também chamada de *conatus*, é denominada uma norma de extensão (regra ampliativa da tipicidade penal), que permite a aplicação de pena mesmo quando não há a consumação delitiva.

> ***Art. 14*** *Diz-se o crime:*
>
> ***Crime consumado***
>
> *I – consumado, quando nele se reúnem todos os elementos de sua definição legal;*
>
> ***Tentativa***
>
> *II – tentado, quando, iniciada a execução, não se consuma por circunstâncias alheias à vontade do agente.*
>
> ***Parágrafo único.*** *Salvo disposição em contrário, pune-se a tentativa com a pena correspondente ao crime consumado, diminuída de um a dois terços.*

A tentativa pode se desmembrar em:

- **Tentativa perfeita ou inacabada (crime falho):** o agente percorre todo o *iter criminis*, esgotando o processo executório que tinha por objetivo, mas a consumação não ocorre por fatores involuntários (circunstâncias alheais à sua vontade).
- **Tentativa imperfeita ou inacabada:** aqui o agente não consegue levar adiante todo o plano criminoso. O processo de execução delitiva sofre interferência antes mesmo da realização do itinerário previsto.
- **Tentativa vermelha ou cruenta:** a vítima sofre lesões, mas o fato não se consuma.
- **Tentativa branca ou incruenta:** a vítima não chega a ser fisicamente atingida.

Não admitem tentativa:

- Crimes de atentado;
- Crimes culposos;
- Crimes preterdolosos;
- Crimes omissivos próprios;
- Crimes unissubsistentes;
- Crimes habituais;
- Contravenções penais.

2.7.2 Desistência voluntária e arrependimento eficaz (tentativa abandonada ou qualificada)

As hipóteses relacionadas à chamada tentativa qualificada encontram respaldo no art. 15 do CP, que são os institutos da desistência voluntária e do arrependimento eficaz, também classificados como "ponte de ouro". São duas as espécies: a desistência voluntária e o arrependimento eficaz.

> ***Art. 15*** *O agente que, voluntariamente, desiste de prosseguir na execução ou impede que o resultado se produza, só responde pelos atos já praticados.*

A **desistência voluntária** está prevista na primeira parte do art. 15 do Código Penal, e consiste na prática em que o agente, durante a execução do delito, **desiste de prosseguir na execução quando lhe era possível.**

Assim, o agente que voluntariamente (não precisa ser espontaneamente) desiste de prosseguir na execução responde tão somente pelos atos já praticados.

Por outro lado, no **arrependimento eficaz**, os atos executórios já foram praticados, mas o agente, agindo em sentindo contrário, evita o resultado do crime.

> **Ex.:** OREIA, com intuito de matar, dispara os cinco tiros possíveis em NARIGA. Na sequência, se arrepende e socorre a vítima, levando-a ao hospital. Por conta do tratamento médico, NARIGA sobrevive.

Perceba que nesta segunda hipótese o agente evita a produção do resultado. E, para ser agraciado com a aplicação do instituto, o resultado não pode se produzir.

Além disso, perceba que neste instituto o agente termina de praticar **todos** os atos de execução.

Segundo o entendimento dominante na doutrina, as figuras do art. 15 do CP são excludentes da tipicidade tentada. Isso porque "tanto na desistência voluntária quanto no arrependimento eficaz não se atinge o momento consumativo do crime 'por vontade do agente'. Isso torna evidente a falta de adequação típica pela inocorrência do segundo elemento da tentativa, que é a não consumação do crime por circunstâncias independentes da vontade do agente".

2.7.3 Arrependimento posterior

> ***Art. 16*** *Nos crimes cometidos sem violência ou grave ameaça à pessoa, reparado o dano ou restituída a coisa, até o recebimento da denúncia ou da queixa, por ato voluntário do agente, a pena será reduzida de um a dois terços.*

Essa modalidade de "interferência" no *iter criminis* corresponde a uma hipótese em que o agente se arrepende da prática delitiva após a consumação do delito.

Nesse sentido, nos termos do art. 16 do CP, que também é conhecido como "Ponte de Prata", **nos crimes sem violência ou grave ameaça**, se o agente **repara o dano ou restitui a coisa** (por ato voluntário – não necessariamente espontâneo) **até o recebimento da denúncia**, tem sua pena reduzida de 1/3 a 2/3.

Obs. 1: Embora o *caput* do art. 16 estabeleça que o instituto é aplicado aos crimes sem violência ou grave ameaça, temos os seguintes entendimentos:

- É aplicável este instituto aos crimes de lesões corporais culposas, tendo em vista que, neste caso, a lesão está no resultado, e não no meio empregado.
- **Também se aplica o arrependimento posterior ao crime praticado com violência imprópria** (Ex.: quando há redução de capacidade de resistência da vítima), na medida em que inexiste violência física.

Obs. 2: Os **crimes contra a fé pública**, assim como os demais **crimes** não patrimoniais em geral, são incompatíveis com o instituto do **arrependimento posterior**, dada a impossibilidade material de haver reparação do dano causado ou a restituição da coisa subtraída.

2.7.4 Crime impossível

> ***Art. 17*** *Não se pune a tentativa quando, por ineficácia absoluta do meio ou por absoluta impropriedade do objeto, é impossível consumar-se o crime.*

Configura-se o crime impossível quando, após a prática do fato, constata-se que a consumação jamais poderia ter sido realmente alcançada.

Este instituto se materializa e, consequentemente, não permite a punição pela tentativa quando o meio for absolutamente ineficaz (Ex.: tentar matar alguém por um ato de bruxaria ou com uma arma de brinquedo) ou pela impropriedade do objeto (Ex.: atirar contra um cadáver; tomar medicação abortiva sem estar grávida).

É relevante destacar que o meio (absolutamente ineficaz) a que alude o Código é o meio executório e o objeto (absolutamente impróprio) a que faz referência é o objeto material.

Por fim, vale mencionar o chamado crime impossível por obra do agente provocador, que se dá quando a Polícia induz o agente a praticar o fato, assegurando-se, em paralelo, que será impossível consumá-lo. Essa hipótese decorre do entendimento jurisprudencial do STF:

> ***Súmula nº 145 – STF***
>
> *Não há crime, quando a preparação do flagrante pela polícia torna impossível a sua consumação.*

Tomemos como exemplo o fato de a Polícia, pretendendo identificar o autor de crimes contra o patrimônio em local de grande circulação de pessoas, colocar um policial ostentando diversas joias de ouro, fazendo-se passar pela vítima preferencial do investigado, com o intuito de servir de isca, para induzi-lo à prática do crime e, ao mesmo tempo, são colocados diversos policiais à paisana. Quando o agente tentar praticar o delito, será preso em flagrante pelos policiais. Veja-se que, nesse exemplo, a preparação do flagrante pela polícia torna impossível a consumação do delito.

2.8 Teoria do erro

Ainda dentro do campo da conduta, situação que gera boa discussão sobre o tema é a teoria do erro, prevista no art. 20 do CP, que traz a seguinte redação:

> ***Art. 20*** *O erro sobre elemento constitutivo do tipo legal de crime exclui o dolo, mas permite a punição por crime culposo, se previsto em lei.*

Erro, em Direito Penal, corresponde a uma *falsa percepção da realidade*. O erro pode interferir na responsabilidade penal do agente, retirando do fato seu caráter criminoso ou eximindo de culpa o autor do crime.

No *caput* do art. 20 temos a figura do erro de tipo, hipótese em que o agente ignora ou tem uma falsa percepção da realidade que o circunda, ou seja, ele não capta corretamente os eventos que ocorrem ao seu redor. O sujeito se confunde, trocando um fato por outros.

Por exemplo, incorre em erro de tipo a pessoa que, ao sair de um supermercado, dirige-se ao estacionamento e, diante de um automóvel idêntico ao seu (mesma cor e modelo), nele ingressa e, com sua chave, o aciona e deixa o local. A falsa percepção da realidade incidiu sobre um dado fático previsto como elementar do tipo penal do art. 155 do CP (no caso, desconhecia que o bem era "coisa alheia" e acreditava, de boa-fé, que se tratava de "coisa própria").

O erro de tipo pode ser desmembrado em: **essencial** e **acidental**.

O erro de tipo **essencial** recai sobre os dados principais do crime e pode ser inevitável ou evitável.

- **Inevitável/escusável/justificável/invencível:** é o erro imprevisível, que exclui o dolo (ausência de consciência) e a culpa (sem previsibilidade do resultado).
- **Evitável/inescusável/injustificável/vencível:** erro previsível. Exclui somente o dolo (falta de consciência) e pune-se a culpa, se prevista em lei.

Já o erro acidental recai sobre dados secundários do crime. Pode se dar de seis formas:

2.8.1 Erro sobre o objeto

O agente confunde o objeto material. A consequência é que o agente responde de acordo com o bem jurídico efetivamente atingido. Não há que se falar em exclusão do dolo nem da culpa.

2.8.2 Erro sobre a pessoa

Aqui, há o erro com relação à pessoa sobre a qual recai a conduta. Aqui, existe uma vítima real (que recebe a conduta), e uma virtual (a que deveria receber). A consequência, conforme prevê o art. 20, § 3º, do CP é que o agente responde pelo crime de acordo com as condições da vítima a que se pretendia atingir.

2.8.3 Erro na execução/*aberratio ictus*

Quando, por acidente ou erro no uso dos meios de execução, o agente, ao invés de atingir a pessoa que pretendia ofender, atinge pessoa diversa, responde como se tivesse praticado o crime contra aquela, atendendo-se ao disposto no § 3º do art. 20 deste Código. No caso de ser também atingida a pessoa que o agente pretendia ofender, aplica-se a regra do art. 70 deste Código.

2.8.4 Resultado diverso do pretendido/ *aberratio criminis ou delicti*

> ***Art. 74*** *Fora dos casos do artigo anterior, quando, por acidente ou erro na execução do crime, sobrevém resultado diverso do pretendido, o agente responde por culpa, se o fato é previsto como crime culposo; se ocorre também o resultado pretendido, aplica-se a regra do art. 70 deste Código.*

2.8.5 Erro provocado por terceiro

> ***Art. 20, § 2º*** *Responde pelo crime o terceiro que determina o erro.*

2.8.6 Erro sobre o nexo causal

Erro sobre o nexo causal é aquele em que o resultado almejado pelo agente é alcançado, mas se produz com nexo causal diverso, de maneira não quista pelo agente.

Divide-se em duas espécies:

- **A primeira é o erro sobre o nexo causal em sentido estrito:** ocorre quando o agente, mediante um só ato, provoca o resultado visado, porém com outro nexo de causalidade.

> **Ex.:** "A" empurra "B" de uma montanha para que ele morra afogado, porém, durante a queda, "B" bate a cabeça contra uma rocha e morre em razão das múltiplas lesões.

- **A segunda é o dolo geral ou *aberratio causae:*** nesta situação, o agente realiza uma pluralidade de atos, provocando o resultado pretendido, porém com outro liame (nexo causal).

> **Ex.:** Caio, com intenção de matar, desfere três tiros contra seu desafeto, Getúlio, acreditando tê-lo matado. Ato contínuo, desova o cadáver em uma distante lagoa da região, porém, Getúlio acaba morrendo por afogamento. Dessa forma, o agente será responsabilizado por crime único onde irá ser considerado, o nexo ocorrido (e não o pretendido inicialme

Erro de tipo essencial

O erro de tipo essencial é previsto no art. 20 do Código Penal, nos seguintes termos:

> ***Art. 20*** *O erro sobre elemento constitutivo do tipo legal de crime exclui o dolo, mas permite a punição por crime culposo, se previsto em lei.*

Dessa forma, o erro de tipo essencial ocorre quando a falsa percepção recai sobre elementares do tipo penal.

Fique ligado
Elementares do tipo penal: São os elementos do tipo penal que, se suprimidos, desclassificam o crime (leva a outro tipo penal) ou tornam a conduta atípica.

O caso concreto anteriormente apresentado é um exemplo de erro de tipo essencial, já que ser "menor de 14 anos" é elementar do tipo penal.

> ***Art. 217-A*** *Ter conjunção carnal ou praticar outro ato libidinoso com* ***menor de 14 (catorze) anos****:*
>
> *Pena – reclusão, de 8 (oito) a 15 (quinze) anos.*

Exclusão do dolo

A principal consequência do erro de tipo essencial é a **exclusão do dolo.**

O motivo é bastante simples.

Como o indivíduo age sob falsa percepção da realidade, a voluntariedade (dolo) de sua conduta é viciada, ou seja, ele não tinha a intenção de praticar o ilícito, aliás, teria, até mesmo, a evitado.

Apesar das terminologias semelhantes, é na consequência que se verifica a maior distinção entre o erro de tipo e o erro de proibição:

Erro de tipo	Erro de tipo
Exclusão do dolo	Exclusão da culpabilidade

Erro de tipo essencial: escusável x inescusável

Dentro do erro de tipo essencial, há a classificação em: 1) ESCUSÁVEL e 2) INESCUSÁVEL.

O erro de tipo **essencial escusável (inevitável)** ocorre quando o agente toma as devidas cautelas, mas, ainda assim, pratica a conduta com base em falsa percepção dos fatos, ou seja, qualquer outra pessoa agiria da mesma forma.

> "A", maior, conhece "B" em uma boate e a convida para passar a noite em sua casa. Contudo, "B" é menor e possui menos de 14 anos, apesar de sua compleição física aparentar mais idade (exemplo já apresentado).

Por outro lado, o **erro de tipo essencial inescusável (evitável)** ocorre quando o agente age sem tomar os cuidados adequados ao caso concreto, ou seja, age com **culpa.**

> "A", caçador, atira em direção a um arbusto que se movimentava, sem se preocupar em verificar se era, de fato, uma presa. Após o disparo, "A" descobre que atingiu "B", um outro caçador que se encontrava no local.

- O erro de tipo essencial sempre exclui o dolo?

A resposta é **SIM.**

Não importa se o erro de tipo essencial é escusável ou inescusável, pois se o agente agiu com falsa percepção dos fatos (realidade), sua intenção (dolo) é viciada.

Dessa forma, o Direito Penal, corretamente, exclui o dolo.

- Mas qual a diferença prática entre as modalidades do erro de tipo essencial?

Como no erro de tipo essencial inescusável (evitável) o agente age com culpa, haverá responsabilização penal caso a conduta corresponda a um tipo penal que admita a modalidade culposa.

Por exemplo, se o indivíduo pratica um homicídio incorrendo em erro de tipo essencial escusável, deverá responder pelo crime de homicídio culposo, já que o tipo penal admite a modalidade culposa.

Escusável	Inescusável
Exclui o dolo	Exclui o dolo
↓	↓
Exclui a culpa	Responde pela culpa se prevista a modalidade culposa

2.8.7 Erro de proibição

No erro de proibição, ao contrário do erro de tipo, a pessoa tem plena noção da realidade que se passa a seu redor.

Não há confusão mental sobre o que está acontecendo diante de seus olhos. O sujeito, portanto, sabe exatamente o que faz. Seu equívoco recai sobre a compreensão acerca de uma regra de conduta. Com seu comportamento, o agente viola alguma proibição contida em norma penal que desconhece por absoluto. Em outras palavras, ele sabe o que faz, só não sabe que o que faz é proibido.

O instituto está previsto no art. 21 do Código Penal:

> ***Art. 21*** *O desconhecimento da lei é inescusável. O erro sobre a ilicitude do fato, se inevitável, isenta de pena; se evitável, poderá diminuí-la de um sexto a um terço.*

É importante mencionar que não se pode confundir erro de proibição com o desconhecimento da lei. Isso porque a maioria da população desconhece a legislação, muito menos o Código Penal, contudo, as pessoas sabem bem que matar, roubar, sequestrar, ofender a honra etc. são crimes. Se o desconhecimento da lei isentasse a população de responsabilidade penal por seus atos, quase todos teriam um "alvará" para cometer os mais variados crimes, prejudicando terceiros, sem sofrer qualquer punição.

2.9 Descriminantes putativas

De início, registra-se que descriminante é sinônimo de causa de exclusão de ilicitude, que estão elencadas no art. 23 do Código Penal:

> ***Art. 23** Não há crime quando o agente pratica o fato:*
>
> *I – em estado de necessidade;*
>
> *II – em legítima defesa;*
>
> *III – em estrito cumprimento de dever legal ou no exercício regular de direito.*

O termo "putativa" está relacionado à ausência de realidade, ou seja, descriminante putativa é uma situação que somente aparenta ser uma causa de excludente de ilicitude.

As descriminantes putativas estão previstas no art. 20, § 1º, do CP, nos seguintes termos:

> ***Art. 20, § 1º** É isento de pena quem, por erro plenamente justificado pelas circunstâncias, supõe situação de fato que, se existisse, tornaria a ação legítima. Não há isenção de pena quando o erro deriva de culpa e o fato é punível como crime culposo.*

2.9.1 Espécies

Inicialmente, o tema requer muita atenção do aluno, bem como o domínio dos institutos: erro de proibição e erro de tipo.

Apesar do Código Penal não mencionar, são reconhecidas 2 (duas) espécies de descriminantes putativas:

Descriminantes putativas	
Falsa percepção dos fatos (pressupostos fáticos)	Erro sobre existência ou limite da descrimintante

2.10 Ilicitude

Também denominada antijuridicidade, é o segundo elemento do conceito analítico de crime. A ilicitude consiste na contrariedade do fato com o ordenamento jurídico, por meio da exposição a perigo de dano ou da lesão a um bem jurídico tutelado.

Ao examinar uma conduta, que é, em verdade, casuística, pois não é possível universalizar os fatos, é preciso analisar se o agente praticou esta conduta amparado por alguma situação que tornou a ação legítima ou não.

Se ele agir amparado por uma causa que torne lícita sua conduta, estaremos diante da exclusão da ilicitude e, como decorrência, do crime em si.

As causas excludentes de ilicitude podem ser chamadas de Descriminantes ou Justificantes.

A ilicitude, também denominada de antijuridicidade, é a relação de contrariedade entre o fato humano e as exigências do ordenamento jurídico.

2.10.1 Causas excludentes de ilicitude em espécie

São situações nas quais o ordenamento jurídico autoriza, excepcionalmente, a prática de fatos típicos. As excludentes de ilicitude são previstas no art. 23 do Código Penal. De acordo com o texto, são quatro as causas de justificação:

> ***Art. 23** Não há crime quando o agente pratica o fato:*
>
> *I – em estado de necessidade;*
>
> *II – em legítima defesa*
>
> *III – em estrito cumprimento de dever legal ou no exercício regular de direito.*
>
> *Excesso punível*
>
> ***Parágrafo único.** O agente, em qualquer das hipóteses deste artigo, responderá pelo excesso doloso ou culposo.*

Sendo o fato praticado nessas circunstâncias, não haverá crime.

Estado de necessidade

> ***Art. 24** Considera-se em estado de necessidade quem pratica o fato para salvar de perigo atual, que não provocou por sua vontade, nem podia de outro modo evitar, direito próprio ou alheio, cujo sacrifício, nas circunstâncias, não era razoável exigir-se.*
>
> *§ 1º Não pode alegar estado de necessidade quem tinha o dever legal de enfrentar o perigo.*
>
> *§ 2º Embora seja razoável exigir-se o sacrifício do direito ameaçado, a pena poderá ser reduzida de um a dois terços.*

Nesta modalidade de descriminante, verificamos situação em que dois bens jurídicos correm risco de perecer. Nesse contexto, a Lei permite que um deles seja sacrificado em detrimento de outrem, já que não seria possível a preservação de ambos.

Requisitos:

- ▹ **Perigo atual:** é o risco presente, real, gerado por fato humano, **comportamento de animal** (não provocado pelo dono) ou fato da natureza.
- ▹ A situação de perigo não pode ter sido causada pelo agente.
- ▹ Salvar direito próprio ou alheio.
- ▹ Inexistência de dever legal de enfrentar o perigo.
- ▹ Impossibilidade da prática de outro ato de salvaguarda.

Dentro do estado de necessidade, muito se discute acerca do furto famélico.

Hodiernamente, a jurisprudência encara esta situação como estado de necessidade, desde que preenchidos os seguintes requisitos:

- ▹ Fato praticado em razão de extrema miserabilidade do agente.
- ▹ Que o crime seja o único/último recurso possível.
- ▹ Subtração de coisa capaz de solucionar a situação de emergência.
- ▹ Falta de recursos ou impossibilidade de trabalhar.

Além disso, merece ênfase o exemplo do **ataque animal.**

Se o ataque animal se dá "por conta" do instinto deste, e, posteriormente, há o sacrifício de direito alheio (Ex.: morte do cachorro, invasão de domicílio ou deterioração de parte de carro), estaremos diante do estado de necessidade.

Por outro lado, se o animal for utilizado como uma ferramenta para ataque (como uma arma), eventual repulsa será considerada como a excludente da legítima defesa.

Legítima defesa

> ***Art. 25** Entende-se em legítima defesa quem, usando moderadamente dos meios necessários, repele injusta agressão, atual ou iminente, a direito seu ou de outrem.*
>
> ***Parágrafo único.** Observados os requisitos previstos no caput deste artigo, considera-se também em legítima defesa o agente de segurança pública que repele agressão ou risco de agressão a vítima mantida refém durante a prática de crimes.*

É a figura clássica quando se fala em excludente de ilicitude.

Requisitos:

- ▹ **Agressão injusta:** trata-se de uma agressão imotivada, ou seja, a conduta humana que lesa ou expõe a perigo o bem jurídico alheio.

Uma vez identificada a agressão injusta, o titular do bem que pode ser violado pode repeli-la, valendo-se da utilização dos meios necessários. Registre-se, que a saída do local para buscar uma arma, com o posterior regresso, afasta a ocorrência de legítima defesa.

É importante mencionar que contra o ataque de animal cabe estado de necessidade (a não ser que alguém provoque deliberadamente o animal, de modo que ele sirva como instrumento do ataque de um ser humano).

- **Atual ou iminente:** atual é a agressão presente, enquanto iminente é a que está para acontecer.
- **Uso moderado dos meios necessários:** deve haver um juízo de proporcionalidade ao se repelir a conduta.
- **Proteção de direito próprio ou de outrem:** a legítima defesa pode ser utilizada como instrumento para a proteção de direito próprio ou de terceiro.

Fique ligado

O pacote anticrime inseriu no art. 25 do CP a legítima defesa de agente de segurança pública.

Porém, trata-se dos mesmos requisitos daqueles previstos no *caput*. Assim, vale a pena conferir a letra da lei.

Por fim, vale destacar que a mera provocação enseja à legítima defesa. Ao reagir a uma provocação por parte da vítima, o agente responderá pelo crime, podendo ser reconhecida em seu favor uma atenuante genérica (art. 65, III, "b") ou um privilégio, como no crime de homicídio (art. 121, § 1º).

Estrito cumprimento do dever legal

Os agentes públicos, no curso de suas atuações, eventualmente podem violar bem jurídico alheio (Ex.: prisão).

Assim, se a intervenção é praticada de maneira legal, não há que se falar em ato ilícito, pois há respaldo da própria lei.

Nesse sentido, para não inviabilizar o desempenho das atividades inerentes ao cargo público, o Direito Penal criou uma hipótese de exclusão de ilicitude que autoriza o agente público a praticar condutas típicas, porém, não ilícitas.

Para que o cumprimento do dever legal exclua a ilicitude da conduta é preciso que obedeça aos seguintes requisitos:

- Existência prévia de um dever legal;
- Atitude pautada pelos estritos limites do dever; e
- Conduta, como regra, de agente público e, excepcionalmente, de particular.

Exercício regular de direito

Todo aquele que exerce um direito assegurado por lei não pratica ato ilícito. Quando o ordenamento jurídico, por meio de qualquer de seus ramos, autoriza determinada conduta, sua licitude reflete-se na seara penal, configurando excludente de ilicitude: exercício regular de um direito (art. 23, III, do CP).

Se a parte age em uma situação legítima, respaldada por um direito, não há que se falar em ilícito.

É o que ocorre, por exemplo, quando um civil efetua uma prisão em flagrante, conforme autorização do art. 301 do CPP.

Outro exemplo bastante difundido é o chamado desforço pessoal possessório (defesa da posse), regulado pela lei civil, efetivado depois de consumado o esbulho.

Atente-se que, durante a perturbação da posse, a reação do possuidor será legítima defesa. Porém, concretizado o esbulho, poderá o titular do direito (o possuidor) reavê-lo, reação esta que configurará o exercício regular de direito.

Consentimento do ofendido

Trata-se de causa supralegal de exclusão de ilicitude, que poderá ser reconhecida desde que: o não consentimento não pode integrar o tipo penal; o ofendido tem que ser capaz; o consentimento deve ser válido; o bem deve ser disponível; o bem deve ser próprio; o consentimento deve ser anterior à lesão e deve ser expresso.

É importante destacar que o art. 23 do CP apresenta um rol exemplificativo, ou seja, é possível identificar outras causas de exclusão da ilicitude no ordenamento jurídico.

Por exemplo, a doutrina entende que as hipóteses elencadas no art. 128 do CP – aborto terapêutico e aborto humanitário – são espécies de exclusão da ilicitude no crime de aborto.

Também é pacífico o entendimento de que há, inclusive, causas supralegais de exclusão de ilicitude, ou seja, situações em que, mesmo diante da ausência de lei específica, não haverá crime na conduta do agente.

Fique ligado

O consentimento, hipótese supralegal de exclusão da ilicitude, pode ser posterior à conduta do agente? A resposta é **NÃO**. Segundo a jurisprudência dos Tribunais Superiores, o consentimento da suposta vítima deve ser prévio ou, no mínimo, concomitante à conduta do agente.

2.10.2 Excesso no uso das excludentes

O excesso configura-se com a desnecessária intensificação de uma conduta inicialmente legítima. Predomina na doutrina o entendimento de que o excesso decorre tanto do emprego do meio desnecessário como da falta de moderação.

Havendo excesso durante a prática de uma excludente de ilicitude, a Lei permite que haja punição por excesso **doloso ou culposo** (art. 23, parágrafo único, do CP).

3 CULPABILIDADE

Este elemento do crime tem como pressuposto lógico a liberdade de escolha do indivíduo no ato da prática de uma conduta. A doutrina conceitua como "a capacidade antropológica de se determinar no sentido da norma jurídica".

Evidentemente, a responsabilidade penal só pode recair sobre aquele que possui aptidão de dominar os seus instintos (físicos e psíquicos) para praticar uma conduta. Em resumo, o indivíduo precisa ser livre para decidir (livre-arbítrio).

Como fator preponderante na análise dos elementos do crime, é imperioso, diante do caso concreto, formalizar a seguinte indagação: "Poderia o agente agir de outra forma?".

Assim, a culpabilidade constitui o **juízo de reprovação** que recai sobre o autor de um fato típico e antijurídico, resultando da soma dos seguintes elementos: imputabilidade, potencial consciência da ilicitude e exigibilidade de conduta diversa.

3.1 Elementos da culpabilidade

3.1.1 Imputabilidade

No ordenamento jurídico brasileiro, todos os maiores de 18 anos presumem-se imputáveis, salvo se possuírem qualquer anormalidade psíquica, duradoura ou transitória, que lhes retire a capacidade. Já para os menores de 18 anos, a presunção é inversa e não admite prova em contrário: por força de lei, são sempre considerados inimputáveis.

Consiste na capacidade de autodeterminação, ou o conjunto de condições que permitem ao agente a faculdade de atuar de modo distinto, permitindo que a responsabilidade penal possa recair sobre quem praticou a conduta.

A nossa construção legislativa não laborou no sentido de apresentar um conceito claro de imputabilidade, mas apresenta diretamente hipóteses de **inimputabilidade.**

No parágrafo único do art. 26 do Código Penal, há hipótese de semi-imputabilidade, na medida em que o agente é dotado de parcial capacidade para compreender a reprovabilidade do fato. A consequência da semi-imputabilidade é a aplicação de pena reduzida ou medida de segurança.

> ***Art. 26*** *É isento de pena o agente que, por doença mental ou desenvolvimento mental incompleto ou retardado, era, ao tempo da ação ou da omissão, inteiramente incapaz de entender o caráter ilícito do fato ou de determinar-se de acordo com esse entendimento.*
>
> *Redução de pena*
>
> ***Parágrafo único.*** *A pena pode ser reduzida de um a dois terços, se o agente, em virtude de perturbação de saúde mental ou por desenvolvimento mental incompleto ou retardado não era inteiramente capaz de entender o caráter ilícito do fato ou de determinar-se de acordo com esse entendimento.*
>
> *Menores de 18 anos*
>
> ***Art. 27*** *Os menores de 18 (dezoito) anos são penalmente inimputáveis, ficando sujeitos às normas estabelecidas na legislação especial*

3.1.2 Causas de exclusão da imputabilidade

Anomalia psíquica

A doença mental, ou desenvolvimento mental incompleto ou retardado, se aliada à falta de capacidade de compreender o caráter ilícito do fato e de determinar-se de acordo com esse entendimento, produz a inimputabilidade.

A expressão **doença mental** empregada pelo legislador deve ser tomada em seu sentido amplo ou lato, entendida como qualquer condição física ou psíquica, orgânica ou funcional, congênita ou adquirida, transitória ou permanente, que comprometa a capacidade de entendimento ou autodeterminação do sujeito.

De acordo com o art. 26 do CP, se, em virtude da doença mental, desenvolvimento mental incompleto ou retardado o agente era, ao tempo da ação ou omissão, inteiramente incapaz de entender o caráter ilícito do fato ou de determinar-se de acordo com esse entendimento, será considerado inimputável.

Por outro lado, estabelece o parágrafo único do art. 26 do CP que, se em virtude da perturbação mental ou desenvolvimento mental incompleto ou retardado o agente tem meramente diminuída a capacidade de entendimento ou determinação, o agente será considerado semi-imputável

Menoridade

No ordenamento jurídico brasileiro, a menoridade é a condição de toda pessoa que ainda não completou 18 anos de idade. O fundamento da inimputabilidade penal dos menores de 18 anos, além de prevista no art. 27 do CP, encontra-se determinada no art. 228 da CF.

> ***Art. 27, CP*** *Os menores de 18 (dezoito) anos são penalmente inimputáveis, ficando sujeitos às normas estabelecidas na legislação especial.*
>
> ***Art. 228, CF*** *São penalmente inimputáveis os menores de 18 (dezoito) anos, sujeitos às normas da legislação especial.*

Vale destacar que a idade do agente deve ser verificada no momento da conduta, pouco importando qual seja no momento do resultado, em virtude da adoção da teoria da atividade com relação ao tempo do crime, adotada pelo art. 4º do CP.

Por fim, é importante ressaltar que o adolescente (pessoa com mais de 12 e menos de 18 anos completos) que pratica um fato definido como crime ou contravenção penal incorre em ato infracional, nos termos da Lei nº 8.069/1990 – Estatuto da Criança e do Adolescente, ficando sujeito às chamadas medidas socioeducativas (internação, semiliberdade etc.).

A criança que cometer semelhante ato, por sua vez, pode receber a aplicação de uma medida protetiva (encaminhamento aos pais ou responsável, mediante termo de responsabilidade; orientação, apoio e acompanhamento temporários; matrícula e frequência obrigatórias em estabeecimento oficial de ensino fundamental etc.), nos termos do referido Estatuto

Emoção e paixão

Conforme previsão expressa do art. 28, I, do CP, não excluem a imputabilidade penal a emoção e a paixão.

Emoção e paixão não se confundem. Por **emoção** entende-se **a forte e transitória perturbação da afetividade** ou a viva excitação do sentimento. Cuida-se de um estado momentâneo. A paixão, por outro lado, corresponde a um forte sentimento de caráter duradouro.

Vale lembrar que a emoção, muito embora não isente o agente de pena, pode influenciar na sua dosimetria, beneficiando o agente com uma sanção reduzida.

É o caso, por exemplo, se o agente praticar um homicídio sob o **domínio de violenta emoção, logo em seguida a injusta provocação da vítima,** sua pena será reduzida de um sexto a um terço (art. 121, § 1º, do CP).

Ainda, aquele que praticar a infração penal sob *a influência* de violenta emoção provocada por ato injusto do ofendido receberá uma atenuante genérica, conforme previsão do art. 65, III, "c", do Código Penal

Embriaguez

A embriaguez consiste na intoxicação transitória e aguda, provocada por álcool ou substância de efeitos análogos.

Neste ponto, é imprescindível cuidado especial. Perceba, o inciso II do art. 28 do CP estabelece com propriedade que a **embriaguez voluntária ou culposa** também **não tem o condão de excluir** a imputabilidade penal.

A única forma de se excluir a imputabilidade em razão da embriaguez é aquela completa e fortuita ou acidental. Porém, exige-se que ela conduza o agente a estado em que seja inteiramente incapaz de entender o caráter criminoso do fato e de determinar-se de acordo com seu entendimento.

> ***Art. 28, CP** [...]*
>
> *§ 1º É isento de pena o agente que, por embriaguez completa, proveniente de caso fortuito ou força maior, era, ao tempo da ação ou da omissão, inteiramente incapaz de entender o caráter ilícito do fato ou de determinar-se de acordo com esse entendimento.*
>
> *§ 2º A pena pode ser reduzida de um a dois terços, se o agente, por embriaguez, proveniente de caso fortuito ou força maior, não possuía, ao tempo da ação ou da omissão, a plena capacidade de entender o caráter ilícito do fato ou de determinar-se de acordo com esse entendimento.*

A doutrina identifica três estágios de embriaguez: excitação, depressão e sono (letargia). Considera-se completa a embriaguez nas duas últimas fases, pois ela retira por completo a capacidade de discernimento do agente.

A embriaguez completa e involuntária enseja absolvição própria, por exclusão da culpabilidade (inimputabilidade penal). Se o comprometimento da capacidade de compreensão ou autodeterminação for apenas parcial, incidirá uma causa de diminuição de pena, de um a dois terços (art. 28, § 2º) ("semi-imputabilidade" penal).

Embriaguez fortuita ou acidental

É a embriaguez que ocorre a partir de um fato não previsível.

> **Fique ligado**
>
> Acerca da situação do alcoólatra, não enquadramos a situação no art. 28 do CP, mas sim na hipótese de doente mental do art. 26 do mesmo códex.

Embriaguez voluntária (dolosa ou culposa)

Na primeira vertente, estamos diante da situação em que o agente voluntariamente se embriaga (Ex.: pedindo várias rodadas de drinks) ou quando ele consome bebida em excesso e alcança o estado de embriaguez sem intenção.

A embriaguez voluntária possui três subdivisões: culposa; dolosa e preordenada.

- A **embriaguez culposa** consiste no excesso imprudente no consumo da bebida, ou seja, a pessoa não age com o propósito de embriagar-se, mas exagera na dose e se alcooliza.
- A **embriaguez dolosa**, por sua vez, se dá quando o indivíduo tem intenção prévia de se inebriar com álcool. Além do eventual prazer decorrente do consumo da bebida, ele almeja atingir o estágio de ebriez.
- A **preordenada**, por fim, ocorre quando o sujeito pretende se embriagar para cometer algum delito, ou seja, o agente, desde o início, atua com dolo de realizar algum comportamento criminoso, de modo que a bebida atua como possível fator de desinibição ou encorajamento para a prática do crime. Nesse caso, a embriaguez preordenada é constitui agravante genérica expressamente prevista no art. 61, II, "l", do Código Penal.

Em todas as situações acima retratadas, o agente responde pelo fato, aplicando-se a teoria da *actio libera in causa*, situação em que o sujeito pratica um comportamento criminoso sendo inimputável ou incapaz de agir, mas, em momento anterior, ele próprio se colocou nesta situação de ausência de imputabilidade ou de capacidade de ação, de maneira propositada ou, pelo menos, previsível.

É fundamental, nesse sentido, que o resultado posteriormente produzido tenha sido desejado ou seja, ao menos, previsível, no momento em que se realizou o ato livre, causador da futura inimputabilidade ou falta de ação

3.1.3 Potencial consciência da ilicitude

Para que o fato típico e contrário ao Direito possa ser reprovado ao agente que o praticou, é necessário que ele conheça ou possa conhecer justamente tal natureza ilícita.

Em resumo, o juízo de censura pressupõe que o agente saiba ou possa atingir a percepção de que o fato que praticou era antijurídico. Se não detiver o necessário conhecimento da proibição (que não se confunde com desconhecimento da lei, o qual é inescusável), sua ação ou omissão não terá a mesma reprovabilidade.

Não se pode confundir a imputabilidade com a consciência da ilicitude. É preciso atentar para a diferença, notadamente no que diz respeito à imputabilidade enquanto capacidade de entender o caráter ilícito do fato. Esta diz respeito a condições *mentais*, ao passo que a possibilidade de conhecer o caráter ilícito do fato (ou potencial consciência da ilicitude) refere-se a condições *culturais*

Erro de proibição

O erro de proibição é o equívoco que incide sobre o juízo de ilicitude de um comportamento criminoso. O agente tem perfeitamente formada a representação da sua conduta, mas acredita que o comportamento não constitui crime.

A ausência ou a errônea compreensão acerca da natureza ilícita do fato acarreta aquilo que se denomina de erro sobre o que é proibido (erro de proibição). A culpabilidade só restará afastada se o agente, além de não dispor do conhecimento da proibição, nem ao menos detiver capacidade para adquirir tal entendimento (careça de possibilidade – ou potencial – consciência da ilicitude). Assim dispõe o art. 21 do CP, em sua parte final:

> ***Art. 21** O desconhecimento da lei é inescusável. O erro sobre a ilicitude do fato, se inevitável, isenta de pena; se evitável, poderá diminuí-la de um sexto a um terço.*
>
> ***Parágrafo único.** Considera-se evitável o erro se o agente atua ou se omite sem a consciência da ilicitude do fato, quando lhe era possível, nas circunstâncias, ter ou atingir essa consciência.*

O erro de proibição que interfere, como visto, na consciência da ilicitude classifica-se em evitável (vencível ou inescusável) e inevitável (invencível ou escusável):

- **Inevitável:** isenta de pena, por excluir a culpabilidade em virtude da ausência de potencial conhecimento da ilicitude.
- **Evitável:** não isenta de pena nem exclui a culpabilidade, visto que o agente, embora não tivesse o real conhecimento, tinha o potencial conhecimento da ilicitude. A pena, entanto, será reduzida de 1/6 a 1/3.

3.1.4 Exigibilidade de conduta diversa

Neste requisito, deve-se analisar sobre a viabilidade e a possibilidade de o agente ter agido de outra forma, ou seja, se o agente poderia agir de acordo com o direito e não praticar uma conduta antijurídica.

Como nosso raciocínio para (des)construção da teoria do crime é inverso, é imperioso analisar os fatores que ensejam no afastamento deste requisito, quando se identifica na casuística que o agente não poderia agir de outra forma (o que se denomina de inexigibilidade de conduta diversa).

A Lei Penal apresenta duas figuras neste espeque:

- A coação moral irresistível;
- Obediência hierárquica a ordem não manifestamente ilegal.

> ***Art. 22** Se o fato é cometido sob coação irresistível ou em estrita obediência a ordem, não manifestamente ilegal, de superior hierárquico, só é punível o autor da coação ou da ord*

Coação moral irresistível

Trata-se de situação que não permite ao indivíduo agir de outra forma, uma vez que a prática da conduta se deu de modo em que não se poderia exigir do agente comportamento diverso.

Aqui, o comportamento do agente é viciado pois ele age impelido por uma ameaça de mal sério (*vis compulsiva*).

A coação deve ser irresistível quando não pode ser superada, senão com uma energia extraordinária, portanto, juridicamente inexigível.

Excluída a culpabilidade do fato, deverá o coator responder pelo delito.

Aqui, estamos diante do que se denomina de autoria mediata. Quando caracterizada a coação moral irresistível, somente será punível o autor da coação. O coagido será isento de pena. Apesar de haver duas pessoas envolvidas na consecução do fato, o coator e o coagido, não se há de falar em concurso de pessoas. O coagido é mero instrumento nas mãos do coator. Por isso fala-se em autoria mediata.

Fique ligado

A coação **moral** irresistível exclui a culpabilidade, enquanto a coação **física** irresistível representa uma causa de exclusão da conduta, afastando, pois, o **fato típico.**

3.1.5 Coação física irrestível x coação moral irresistível

Um dos temas mais relevantes da culpabilidade é a distinção entre coação física irresistível e coação moral irresistível.

Apesar de o resultado ser idêntico (inexistência de crime), são diversas as causas:

Coação física irresistível	Coação moral irresistível
Atipicidade	Exclusão da culpabilidade

Obediência hierárquica

Dá-se a obediência hierárquica quando alguém detentor de função pública, cumpre ordem de autoridade superior, revestida de caráter criminoso, desconhecendo a ilicitude de tal comando que, ademais, não pode ser manifestamente ilegal.

Trata-se também de hipótese de inexigibilidade de conduta diversa por não ser exigível que o funcionário público subordinado proceda a um minucioso exame de legalidade das ordens que recebe de seu superior hierárquico antes de cumpri-las.

Nesse requisito, deparamo-nos com a situação de hierarquia entre superior e subordinado. Dessa forma, não pode o funcionário questionar a determinação recebida pelo superior, salvo se claramente ilegal.

Os requisitos da excludente são:

- Relação de hierarquia em sentido estrito;
- Existência de uma ordem legal;
- Ilegalidade não manifesta; e
- Cumprimento nos estritos limites da ordem.

Se a ordem for não manifestamente ilegal, resta excluída a culpabilidade do agente, desde que sua obediência tenha se adstrito aos limites da ordem. Por outro lado, se a ordem for manifestamente ilegal, torna-se exigível que o subordinado se negue ao cumprimento, de forma que não há incidência da exculpante, mas, tão somente, atenuação da pena nos termos do art. 65, III, do CP.

4 CONCURSO DE PESSOAS

Como regra, os crimes podem ser praticados por uma ou por várias pessoas, em coautoria ou participação. Tais delitos denominam-se unissubjetivos, monossubjetivos ou de concurso eventual.

> **Ex.:** furto, roubo e homicídio.

Outros delitos, por sua vez, apenas podem ser cometidos por várias pessoas reunidas, são casos em que a pluralidade de sujeitos ativos aparece como condição para a existência do ilícito penal. Esses crimes chamam-se plurissubjetivos ou de concurso necessário. Nestes, não se fala em coautoria ou participação, pois todos os concorrentes são considerados autores do crime.

> **Ex.:** associação criminosa (art. 288 do CP).

Eventualmente, admite-se o chamado concurso necessário, ou seja, quando mais de uma pessoa concorre para a prática delitiva.

O concurso de pessoas consiste na reunião de várias pessoas que concorrem, de forma relevante, para a realização do mesmo evento, estando os autores em unidade de desígnios.

Para que se aplique valorização jurídica neste concurso, é imprescindível analisar o grau de intensidade de participação do indivíduo e em qual momento do *iter criminis* ele participou.

O concurso de pessoas depende do preenchimento dos quatro requisitos abaixo:

- Pluralidade de agentes e de condutas;
- Relevância causal das condutas;
- Liame subjetivo entre os agentes (atuação consciente ou domínio do fato);
- Identidade da infração.

Pois bem, superados os requisitos, é indispensável destacar que a Lei Penal Brasileira adotou a chamada **Teoria Monista** (unitária ou igualitária) para fins de estabelecer que os agentes que atuem em concurso responderão, em regra, por crime único.

Ademais, o art. 29 do CP ressalva que, todos responderão pelo crime, incidindo nas penas a ele previstas, na medida de sua culpabilidade.

> *Art. 29 Quem, de qualquer modo, concorre para o crime incide nas penas a este cominadas, na medida de sua culpabilidade.*

Assim, por exemplo, respondem pelo crime de latrocínio (art. 157, § 3º, II) tanto o agente que empunha a arma e efetua o disparo quanto o que, ciente de tudo, limita-se a dar-lhe cobertura.

Nessa toada, temos, pois, três formas da prática da conduta: autoria, coautoria e participação.

É de fundamental importância diferir cada uma das condutas, já que os conceitos não são trazidos pelo Código Penal.

Prevalece que **autor** é aquele que controla finalisticamente o fato, ou seja, quem decide sua forma de execução. **Partícipe**, por sua vez, é aquele que colabora dolosamente para o alcance do resultado, mas não exerce o domínio sobre a ação.

> **Ex.:** Paulo e Pedro querem praticar um furto. Enquanto Paulo pratica o núcleo do tipo penal, consistente na conduta de subtrair coisa alheia móvel, Pedro fica responsável por vigiar o local, para impedir que pessoas se aproximem ou para avisar Paulo de eventual aproximação. Neste caso, a norma do art. 29 é imprescindível para garantir a punição de Pedro como partícipe.

As figuras envolvendo a autoria podem se desdobrar:

- **Autoria Imediata:** aquele que executa o núcleo do tipo.
- **Autoria Mediata/Intelectual:** trata-se da pessoa que traça o plano para que outro o execute. Em resumo, vale-se de uma interposta pessoa para a execução de seu plano.

Essa hipótese de autoria pode aparecer na coação moral irresistível, obediência hierárquica, erro provocado por terceiro.

Fique ligado

Não se admite a autoria mediata nos crimes culposos, pois nestes o resultado é involuntário.

Ainda acerca da autoria mediata, destaca-se o novo conceito de autoria de escritório, hipótese de autoria utilizada no âmbito das organizações criminosas, estruturadas hierarquicamente.

- **Autoria Colateral:** hipótese em que dois ou mais agentes, um ignorando a conduta do outro, concentram suas condutas para o cometimento da mesma infração. Não há, no caso, vínculo subjetivo entre os agentes.

> **Ex.:** Pedro e Pablo desejam, sem vínculo subjetivo, matar José. Para tanto, armam uma tocaia (cada um a sua). Quando o alvo passa pelo local, Pedro e Pablo disparam, causando a morte de José. Se existisse vínculo psicológico entre os autores, ambos responderiam por homicídio. Todavia, como o vínculo entre eles não era presente, somente poderá ser responsabilizado aquele que produziu o resultado, à luz da teoria da equivalência dos antecedentes causais (art. 13 do CP).

Fique ligado

E se, a partir do exemplo anteriorquando os agentes atuam sem unidade de desígnios, causando a morte, não sendo possível imputar o resultado a algum deles?

Nesse caso, estaremos diante de autoria incerta. Como não se pode imputar o resultado às condutas que não foram propulsoras de resultado, a alternativa é punir ambos pelo crime tentado.

- **Coautoria:** quando dois ou mais indivíduos, ambos dominando o fato, praticam o núcleo do tipo. Trata-se da própria autoria desenvolvida por vários indivíduos.
- **Participação:** como visto acima, consiste na conduta do agente que pratica atos paralelos a fim de garantir o sucesso da empreitada.

A participação pode ocorrer pela via moral (induzimento ou instigação) ou pela via material (auxílio).

4.1 Concurso de pessoas em crimes culposos

É admissível a coautoria nos crimes culposos, desde que, naturalmente, dois ou mais indivíduos, agindo vinculados subjetivamente, atuem a partir da quebra de um dever objetivo de cuidado.

4.2 Crime omissivo

Apesar da divergência acerca da possibilidade de coautoria em crime omissivo, há corrente majoritária no sentido positivo.

> Ex.: "A" e "B" encontram "C" ferido e, ao invés de socorrê-lo, vão embora sem nada fazer. No caso concreto, ambos responderão pelo crime de omissão de socorro (art. 135 do CP).

4.3 Punibilidade no concurso de pessoas

Em regra, autor e partícipe respondem pela mesma conduta, ficando sujeitos à mesma sanção penal.

Entretanto, de acordo com as disposições legais, é indispensável que se analise e pondere o grau de participação para dosar a pena.

Devem aqui ser analisados os parágrafos do art. 29:

> *§ 1º Se a participação for de menor importância, a pena pode ser diminuída de um sexto a um terço.* ***(participação de menor importância)***
>
> *§ 2º Se algum dos concorrentes quis participar de crime menos grave, ser-lhe-á aplicada a pena deste; essa pena será aumentada até metade, na hipótese de ter sido previsível o resultado mais grave.* ***(cooperação dolosamente distinta)***

Em ambas as situações, a análise de aplicação dos institutos depende do caso concreto.

D P E N

4.4 Comunicabilidade das circunstâncias, condições e elementares

> ***Art. 30*** *Não se comunicam as circunstâncias e as condições de caráter pessoal, salvo quando elementares do crime.*

Aqui, importante três análises:

- A primeira diz respeito às circunstâncias e condições de caráter pessoal do agente (subjetivas), que não se comunicarão, mesmo com o conhecimento do coautor.
- A segunda, por sua vez, corresponde às condições de caráter objetivo, e sempre se comunicam, desde que os demais agentes tenham conhecimento a seu respeito.
- Por derradeiro, as elementares também se comunicarão, desde que ingressem na esfera de conhecimento dos agentes.

4.5 Participação impunível

> ***Art. 31*** *O ajuste, a determinação ou instigação e o auxílio, salvo disposição expressa em contrário, não são puníveis, se o crime não chega, pelo menos, a ser tentado.*

A análise desta conduta dispõe expressamente que os crimes como um todo, desde que não ingressem nos atos executórios, não receberão a chancela de intervenção do direito penal, salvo quando constituírem crimes autônomos. Trata-se de causa de atipicidade da conduta do partícipe, de modo que o seu comportamento só adquire relevância penal se o autor iniciar a execução do crime, ingressando, ao menos, na esfera da tentativa (art. 14, II, do CP).

Contudo, nos casos taxativamente previstos em lei, é possível a punição do ajuste, da determinação, da instigação e do auxílio como crime autônomo. É o que se dá nos crimes de incitação ao crime (art. 286 do CP) e de associação criminosa (art. 288 do CP).

5 CRIMES CONTRA A PESSOA

5.1 Crimes contra vida

5.1.1 Homicídio

Art. 121 Matar alguém:

Pena – reclusão, de seis a vinte anos.

A primeira figura delitiva, disposta na parte especial do Código Penal, diz respeito ao homicídio: morte injusta de uma pessoa (humana) praticada por outrem.

Atente-se: o crime do *caput* não é hediondo, **assim**, é **considerado apenas quando praticado em atividade típica de grupo de extermínio (ainda que por um só agente)**, tampouco, homicídio qualificado.

Vale destacar que a tipificação do tipo penal do art. 121, *caput*, determina-se por exclusão, isto é, constitui homicídio simples aquele que não é **privilegiado** (art. 121, § 1º) ou **qualificado** (art. 121, §2º).

O tipo penal do art. 121 visa à tutela da vida humana, a qual se inicia com a primeira contração expulsiva do feto e vai até o instante que antecede a morte cerebral. Quanto ao sujeito ativo, o homicídio é crime comum, podendo ser praticado por qualquer pessoa. De igual modo, qualquer pessoa pode ser classificada como sujeito passivo do homicídio, desde o início do nascimento.

No que tange à conduta, a prática do homicídio consiste em tirar a vida[1] de alguém e pode ser praticada de maneira comissiva ou omissiva. Recaindo a conduta sobre pessoa já sem vida, só podemos falar em crime impossível, dada a absoluta impropriedade do objeto (art. 17, CP).

Fique ligado

Portador de HIV que, intencionalmente, transmite a doença à parceira que não tinha ciência da condição do parceiro: para o STJ, restou decidido que a transmissão consciente do HIV caracteriza lesão corporal gravíssima, enquadrando-se a enfermidade no conceito de doença incurável (art. 129, § 2º, II, CP). Ainda, foi entendido que a ausência de manifestação dos sintomas não exclui o crime.

O homicídio é crime material, pois somente é consumado com a morte da vítima. Inclusive, considera-se como delito plurissubsistente, uma vez que a execução pode ser fracionada, admitindo-se a tentativa.

O delito insere-se na categoria dos **crimes que deixam vestígios.** Aplica-se, portanto, o disposto no art. 158 do CPP, tornando obrigatória a realização do exame de corpo de delito.

Homicídio privilegiado

Causa de diminuição de pena

§ 1º Se o agente comete o crime impelido por motivo de relevante valor social ou moral, ou sob o domínio de violenta emoção, logo em seguida a injusta provocação da vítima, o juiz pode reduzir a pena de um sexto a um terço.

De acordo com o § 1°, a pena será reduzida de um sexto até um terço, isto é, embora se tenha convencionado denominar de "homicídio privilegiado", cuida-se de causa da diminuição de pena.

Aqui, podemos extrair três hipóteses para a aplicação da redução da pena – são as chamadas causas privilegiadoras:

- **Relevante valor social (interesses coletivos):** o valor social refere-se ao motivo nobre ligado a questões de interesse coletivo;

  Ex.: indivíduo que espanca até a morte pessoa que vinha cometendo vários latrocínios na comunidade.

- **Relevante valor moral** (interesses particulares do agente, fazendo valer sentimento de piedade): por valor moral entende-se aquele que diz respeito aos interesses pessoais do agente e merece apoio da moralidade média das pessoas;

  Ex.: pai que mata o estuprador da filha.

- **Domínio de violenta emoção após injusta provocação da vítima:** ocorre a perda do autocontrole – o agente está em choque emocional.

Fique ligado

Não basta estar influenciado pela violenta emoção, e, sim, estar **dominado**.

O domínio da violenta emoção consiste num estado anímico diferenciado, em que o agente atua de maneira impulsiva. Para caracterizá-la, é preciso que haja reação imediata após a injusta provocação, sem nenhum tipo de intervalo.

O privilégio, ora discutido, tem natureza jurídica de **direito subjetivo do indivíduo**, e, uma vez reconhecido, a redução da pena é obrigatória. Outro ponto de destaque que deve ser enfatizado diz respeito à possibilidade de cumulação do privilégio com as qualificadoras. Prevalece a orientação de que o privilégio (causa subjetiva) somente é compatível com as qualificadoras de ordem **objetivas.**

Homicídio qualificado

Aqui, já avançamos ao campo de um crime considerado hediondo (o *quantum* de pena migra para 12 a 30 anos). As qualificadoras podem ser de natureza subjetiva ou objetiva:

- **Subjetiva:** são aquelas relacionadas aos motivos do crime, relacionadas à **"depravação espiritual do agente"** e estão previstas nos incisos I, II, V, VII quando expressam que o crime é praticado contra a autoridade ou agente de segurança em decorrência da função ou contra cônjuge, companheiro ou parente consanguíneo até terceiro grau, em razão dessa condição;
- **Objetivas:** são aquelas relacionadas ao **modo de execução**, constantes dos incisos III, IV, VI, VII e IX quando estabelecem que o crime é praticado contra autoridade ou agente de segurança no exercício da função.

Fique ligado

A vertente atual é a de que a qualificadora do feminicídio é de ordem objetiva, seguindo os parâmetros estabelecidos pela jurisprudência do STJ.

Assim, o homicídio qualificado pode se dar:

- **Mediante paga ou promessa de recompensa, ou por outro motivo torpe:** a primeira parte, corresponde ao homicídio mercenário ou por mandato remunerado. Quando o agente pratica o delito almejando o lucro ou uma recompensa prometida.

Fique ligado

A recompensa não necessita ser de ordem patrimonial, basta que seja qualquer tipo de vantagem.
Ademais, importante destacar que a qualificadora se materializa mesmo que a vantagem não chegue a ser percebida pelo agente.

Para a análise desta qualificadora, é imprescindível destacar que temos duas figuras presentes: o mandante e o executor.

A doutrina e a jurisprudência ensinam que a comunicação desta qualificadora não se dá de maneira automática ao mandante.

1 Considera-se que a vida extrauterina de um indivíduo se inicia com o parto (início das contrações expulsivas ou, quando ocorrer por intervenção cirúrgica, a partir do momento em que se inicia a cirurgia para retirada).

DPEN

Fique ligado

Imagine que um pai de família simples resida com sua família em uma localidade dominada por uma milícia local. Um dos milicianos estupra a filha de 15 anos.

O pai, consternado, solicita a um justiceiro que mate o traficante, mediante promessa de pagamento, o que ocorre.

Nesse caso, o executor responde pelo crime qualificado, enquanto que o pai responde pelo crime na forma simples, com aplicação do privilégio, pelo relevante valor moral.

Por motivo torpe entende-se aquele repugnante, que causa asco, nojo.

Na primeira parte do dispositivo, o delito é de concurso necessário, pois é indispensável a participação do mandante e do executor.

Fique ligado

A vingança pode ou não constituir motivo torpe, depende da causa que a originou (nem mesmo os tribunais possuem uniformidade).

▹ **Por motivo fútil:** aqui verifica-se total desproporção entre o delito e sua causa moral. Trata-se do motivo que é pequeno demais para que se justifique. É o motivo realmente insignificante.

Como exemplo, temos o cliente que mata o garçom, pois esse lhe entregou o troco errado; aquele que mata por dívidas irrisórias.

Enfim, no motivo fútil há um imenso abismo entre a motivação e o comportamento praticado pelo agente.

É a qualificadora que indica a percepção de que a motivação decorre de um fator insuficiente para conduzir alguém a delinquir.

▹ **Com emprego de veneno, fogo, explosivo, asfixia, tortura ou outro meio insidioso ou cruel, ou de que possa resultar perigo comum:** a utilização do veneno pode também ser chamada de venefício.

Veneno é um meio insidioso por excelência, pois a pessoa não sabe que está sendo morta. Cuida-se de qualquer substância gasosa, mineral, vegetal ou animal que, introduzida no organismo, é idônea a alterar ou destruir as funções vitais, levando a óbito. É, de fato, meio costumeiramente imperceptível, como ocorre com "vidro moído", adicionado a um suco ou alimento a ser ingerido pela vítima.

Fique ligado

Para caracterizar o venefício, seguindo o entendimento doutrinário e jurisprudencial, é imprescindível que o consumo do veneno seja desconhecido pela vítima.

Caso a vítima seja obrigada a ingerir substância que, sabidamente, está envenenada, poderá incidir a qualificadora do meio cruel.

O uso do fogo ou explosivo pode ser facilmente identificado a partir da casuística. Seja o agente ateando fogo ou inserindo artefato explosivo na vítima, ou em seu carro, sempre dominado pela vontade de matar.

Por asfixia entende-se todo impedimento, por qualquer meio (mecânico – enforcamento, afogamento, estrangulamento, esganadura ou sufocação – ou tóxico – produzido por gases) da passagem do ar pelas vias respiratórias e pulmões da pessoa.

Matar sob tortura significa infligir intenso mal para dar a morte a alguém. Tortura é, portanto, o excesso de dor, de angústia, de sofrimento desnecessário. Ela pode ser física ou mental, como ocorre, por exemplo, quando o agente emprega "terror" por ocasião da conduta homicida.

Fique ligado

Não há que se confundir o homicídio qualificado pela tortura com a tortura com resultado morte, mormente porque, na primeira hipótese, a intenção do agente é matar, enquanto que, na segunda, o resultado morte não é querido pelo agente, mas ocorre a título de preterdolo.

▹ **À traição, de emboscada, ou mediante dissimulação ou outro recurso que dificulte ou torne impossível a defesa do ofendido:** trata-se de uma qualificadora que representa uma forma covarde de tirar a vida de outrem. Está relacionada a uma conduta desleal ou com abuso de boa-fé da vítima.

| **Ex.:** matar a vítima enquanto está dormindo.

Na traição, há a quebra da confiança depositada pelo lesado. Isso porque, o agente constrói ou tira vantagem da confiança alheia.

A emboscada representa a armadilha, esconder-se para atacar o desafeto.

Na dissimulação, temos a aplicação de um disfarce, que tem o intuito de facilitar a aproximação do autor com a vítima.

Para identificar as demais hipóteses em que se torna impossível a defesa da vítima, estamos diante da utilização da interpretação analógica, que dependerá do casuísmo para sua qualificação.

▹ **Para assegurar a execução, a ocultação, a impunidade ou vantagem de outro crime:** a primeira parte do dispositivo denomina-se de homicídio **teleológico (assegurar a execução)**, já a segunda, **consequencial (assegurar a execução, impunidade ou vantagem de outro crime).**

No homicídio teleológico, o ato é praticado no intuito de permitir ao agente a prática de outra conduta.

| **Ex.:** agente mata o marido para estuprar sua mulher.

Já no homicídio consequencial, há a prática do crime para ocultar o outro crime, por exemplo: matar uma testemunha ocular de um fato.

Garantir a impunidade diz respeito à conduta de praticar homicídio para sagrar-se ileso. Ex.: matar o oficial de justiça que iria cumprir seu mandado de prisão.

Por fim, assegurar a vantagem de outro crime consiste em ter o proveito do crime anterior de maneira isolada.

Assim, podemos imaginar dois indivíduos que praticam um roubo. No intuito de permanecer sozinho com o proveito do crime, um dos coautores mata o outro, permanecendo assim, sozinho com todo o produto do crime.

▹ **Contra a mulher por razões da condição de sexo feminino** (art. 121, § 2°, VI,) – Feminicídio: trata-se de disposição inserida pela Lei nº 13.104/2015 que apresentou uma nova qualificadora para o delito de homicídio.

A disposição - que deve ser considerada como uma *novatio legis incriminadora* – está prevista no art. 121, § 2º, VI e tem sua conceituação no art. 121 e o § 2°-A. Não obstante, é importante conjugar as disposições mencionadas com o art. 121, §7º, que nos traz uma causa de aumento de pena, que adiante será abordado.

Fique ligado

O feminicídio consiste numa qualificadora do homicídio, logo, é considerado CRIME HEDIONDO (Lei nº 8.072/1990). Todavia, ao analisar o texto da referida lei, não se encontrará a disposição expressa do feminicídio, apenas do homicídio qualificado.

Outro ponto de relevância diz respeito à diferenciação entre os termos femicídio e feminicídio. O primeiro consiste na morte de uma mulher. Já o segundo, por sua vez, é uma espécie de femicídio, que consiste em tirar a vida da mulher por menosprezo ou discriminação à condição de mulher ou em decorrência de violência doméstica.

Nesse contexto, vale mencionar que todo feminicídio é um homicídio, mas nem todo homicídio de mulher é um feminicídio.

> **Ex.:** a morte, ainda que violenta, de uma mulher, por exemplo, decorrente de um acidente de trabalho, em nada se relaciona a sua condição de mulher.

A lei é taxativa ao designar a mulher como sujeito passivo desse crime.

Em resumo, temos dois elementos para caracterizar o feminicídio: 1) situação de violência doméstica; ou 2) discriminação ou menosprezo à condição de mulher.

Na primeira hipótese, violência doméstica e familiar se faz referência à Lei nº 11.340/2006 (Lei Maria da Penha). Nesse sentido, o art. 5º da Lei Maria da Penha define a violência doméstica e familiar. É importante ressaltar que a configuração da violência doméstica não exige, necessariamente, a coabitação, conforme o disposto na Súmula nº 600, do STJ.

Na segunda situação apresentada, faz-se necessário que a vítima seja mulher. Entretanto, considerando as atuais disposições envolvendo diversidade de gênero, a lei tem sido interpretada extensivamente para considerar como sujeito passivo do feminicídio também a pessoa transgênero, desde que seja demonstrado que o fato se deu por menosprezo ou discriminação à condição de gênero da vítima.

Menosprezo significa depreciação, desdém, indiferença, e discriminação é o ato de tratar de forma injusta, desigual. Nesse inciso, especificamente, não há necessidade de vínculo afetivo entre a mulher e o agente misógino, diferentemente da hipótese anterior.

Evidentemente, que diante de um caso concreto, é necessária uma profunda identificação para que se constate a real motivação do fato.

Fique ligado

Por fim, é importante ressaltar que, de acordo com o entendimento atual, o feminicídio é uma qualificadora de natureza objetiva, logo, compatível com o privilégio.

Causas de aumento de pena no feminicídio: vale destacar que a Lei nº 13.104/2015, além de dispor sobre o feminicídio, também trouxe causas de aumento da pena no referido crime, quando o fato for praticado: 1º) durante a gestação ou nos três meses posteriores ao parto; 2º) contra mulher menor de 14 anos, maior de 60 ou com reduzida capacidade de desistência; e 3º) na presença física ou virtual de descendente ou de ascendente da vítima.

Fique ligado

Os parentes colaterais (irmãos, tios, sobrinhos...) não foram incluídos no referido rol, razão porque não podem ser aqui enquadrados, pena de configurar analogia ***in malam partem***.

Como se pode verificar, cuidar-se-iam de situações nas quais a morte por razões da condição de sexo feminino guardaria maior reprovabilidade.

- **Contra autoridade ou agente de segurança pública (art. 121, § 2°, VII):** Trata-se do chamado homicídio funcional, circunstância qualificadora do delito de homicídio quando o crime é praticado contra autoridade ou agente das Forças Armadas, da segurança pública, integrantes do sistema prisional ou da Força Nacional de Segurança Pública, no exercício da função ou em decorrência dela, ou contra seu cônjuge, companheiro ou parente consanguíneo **até terceiro grau**, em razão dessa condição – atenção, relativamente aos parentes, é necessário que haja relação com a função do agente.

Fique ligado

Embora a letra de lei traga o termo "parentes consanguíneos", é imperioso aplicar uma interpretação sistemática, podendo aqui também considerar o filho adotivo, por exemplo.

Registra-se que esta qualificadora faz expressa referência a dois dispositivos da Constituição Federal de 1988: o art. 142 e o art. 144. O primeiro dispõe sobre as Forças Armadas e diz: as Forças Armadas, constituídas pela Marinha, pelo Exército e pela Aeronáutica, são instituições nacionais permanentes e regulares, organizadas com base na hierarquia e na disciplina, sob a autoridade suprema do Presidente da República, e destinam-se à defesa da Pátria, à garantia dos poderes constitucionais e, por iniciativa de qualquer destes, da lei e da ordem."

Por sua vez, o art. 144 dispõe sobre as autoridades e agentes de segurança pública: a segurança pública, dever do Estado, direito e responsabilidade de todos, é exercida para a preservação da ordem pública e da incolumidade das pessoas e do patrimônio, por meio dos seguintes órgãos:

- Polícia federal;
- Polícia rodoviária federal;
- Polícia ferroviária federal;
- Polícias civis;
- Polícias militares e corpos de bombeiros militares.
- Polícias penais federal, estaduais e distrital.

Cumpre mencionar que o § 8º, do art. 144, da Constituição, faz referência à guarda municipal e o § 10 refere-se à segurança viária. Considerando que a qualificadora não faz menção somente ao *caput* do art. 144 da Constituição Federal, deve-se entender que ela abarcaria, igualmente, as autoridades e agentes da guarda municipal e da segurança viária, bem como as pessoas a eles relacionados, o que ampliaria sobremodo, o raio de incidência dessa qualificadora.

Por outro lado, como visto, os integrantes do sistema prisional também são mencionados pela qualificadora em estudo.

- **Homicídio qualificado pelo emprego de arma de uso restrito ou proibido (art. 121, § 2°, VIII):** Trata-se de uma nova qualificadora, que havia sido vetada originalmente pelo Presidente da República, veto este que fora cassado pelo Congresso Nacional.

No ato da vedação, o Presidente da República entendeu que referido dispositivo violava o princípio da proporcionalidade, na medida em que não haveria coerência, pois se o fato fosse praticado com uso de uma arma branca ou com arma de fogo de uso permitida, a pena poderia ser mais branda.

Usou como argumento também o fato que a qualificadora poderia representar uma insegurança jurídica, tendo em vista que o fogo da referida qualificadora seriam os agentes de segurança pública.

Sua redação é bastante simples e qualifica o homicídio, elevando a pena-base para um patamar de 12 a 30 anos quando o homicídio é praticado mediante emprego de arma de fogo de uso **restrito** ou **proibido**.

A qualificadora é de natureza objetiva, pois se refere ao modo de execução do crime. Logo, é compatível com a forma privilegiada do homicídio. Assim como as demais hipóteses de homicídio qualificado, trata-se de crime hediondo, submetido aos rigores da Lei nº 8.072/1990.

De plano, vale ressaltar que se trata de uma norma penal em branco heterogênea, na medida em que depende de complementação normativa para se compreender o âmbito de alcance de seu preceito primário. Em linhas gerais, o complemento normativo será utilizado para classificar as armas de uso restrito ou proibido (Decreto nº 9.847/2019, art. 2º).

Apenas em linhas gerais, vale destacar que arma de fogo de uso restrito é aquela cujo uso é exclusivo das forças de segurança pública, enquanto que as armas de fogo de uso proibido são as armas dissimuladas que não possuem, em um primeiro momento, aparência de arma de fogo (Ex.: uma caneta que é dotada de dispositivos que permitem a expulsão de um projétil a partir da queima de gases).

Fique ligado

Outra questão importante é que a natureza jurídica da referida qualificadora é de ordem **objetiva**.

Importante frisar, igualmente, que referido dispositivo não faz menção acerca de o agente ter ou não o registro de cautela ou porte da referida arma. Para tanto, pessoa que ostente o porte ou registro e pratique crime doloso com arma de fogo de uso restrito ou proibido, responderá pelo delito de acordo com essa qualificadora.

A título de recapitulação, vale frisar que os decretos que regulamentam e classificam as armas de fogo de uso restrito e proibido não têm incidência em concursos policiais federais, justamente pelo fato de possuírem questões estritamente técnicas e voltadas ao estudo da estrutura e composição da arma, assim como a potência por ela proferida no ato do disparo.

Ditos regulamentos são dotados de complexidade e, por serem expedidos via Decreto, possuem fácil grau de revogação e edição.

Outro ponto que merece atenção, já que seus conceitos têm sido cobrados, diz respeito à classificação da norma. Como vimos, trata-se de norma penal em branco. Acerca disso, é importante ressaltar que nem sempre o legislador consegue atingir todas as condutas a partir da edição de uma norma penal.

Nesse sentido, exsurge a chamada Lei Penal em Branco, também chamada de primariamente remetida.

Em linhas gerais, essa modalidade legislativa é aquela que depende de um complemento normativo para que se possa compreender o âmbito de alcance do preceito primário da norma.

Fique ligado

Ressalte-se que o preceito primário é aquele que descreve a conduta.

Para sua correta classificação e compreensão do instituto, deve-se observar com rigor a **fonte legislativa** (origem da norma).

Divide-se em:

- **Norma penal em branco homogênea/em sentido *lato sensu*/imprópria/homóloga:** o complemento normativo advém da mesma fonte legislativa (Ex.: uma lei complementa outra lei).

A normas penais em branco homogêneas ainda podem ser subdivididas:

- **Homovitelinas: o complemento normativo vem da mesma fonte legislativa e se encontra dentro do mesmo ramo do ordenamento jurídico (Ex.:** art. 338 do CP, que é complementado pelo art. 5º do mesmo CP);
- **Heterovitelinas: o complemento normativo vem da mesma fonte, porém, o complemento está em outro diploma normativo (Ex.:** art. 236 e 237 do CP, que são complementados por artigos do Código Civil – arts. 1.521, 1.523, 1.577).

- **Heterogênea/sentido estrito/própria/heteróloga:** o complemento normativo vem de fonte legislativa **diversa**, como ocorre com a Lei de Drogas, que é complementada pela Portaria nº 344 da SVS/MS, ou seja, uma norma elaborada pelo Poder Legislativo, complementada por uma norma do Poder Executivo.

Da mesma forma, as condutas descritas nos arts. 268 e 269 do CP, que tratam da infração de medida sanitária destinada a impedir a introdução ou propagação de doença contagiosa e a omissão de informação de doença de notificação compulsória. Porém, essas doenças, bem como as medidas de contenção, devem partir de resoluções ou outros atos normativos expedidos pela Anvisa.

Vale destacar que, em que pese ter havido grande embate acerca da constitucionalidade dessa modalidade de lei, prevaleceu o entendimento de que **são constitucionais**, na medida em que possibilitam um melhor e mais seguro controle das substâncias ditas ilícitas, sem a necessidade de um moroso procedimento legislativo para sua alteração.

- **Norma penal em branco secundariamente remetida, ao avesso ou ao revés:** trata-se de nova denominação trazida pela doutrina, aqui, haverá necessidade de "complementação" do preceito secundário da norma.

O termo "complementação" foi grafado entre aspas, pois não será, necessariamente, um complemento normativo. A fim de facilitar a retórica, haverá, em verdade, uma remessa de pena, ou seja, o preceito primário da norma é claro, porém, no que concerne à pena, haverá a disposição de que a pena será "a mesma aplicada para outro delito", conforme exemplos a seguir.

Ex. 1: *Art. 304 Fazer uso de qualquer dos papéis falsificados ou alterados, a que se referem os arts. 297 a 302:*

Pena – a cominada à falsificação ou à alteração.

Ex. 2: Lei nº 2.889/1956

Art. 1º Quem, com a intenção de destruir, no todo ou em parte, grupo nacional, étnico, racial ou religioso, como tal:

a) matar membros do grupo;

b) causar lesão grave à integridade física ou mental de membros do grupo;

c) submeter intencionalmente o grupo a condições de existência capazes de ocasionar-lhe a destruição física total ou parcial;

d) adotar medidas destinadas a impedir os nascimentos no seio do grupo;

e) efetuar a transferência forçada de crianças do grupo para outro grupo.

Será punido:

Com as penas do art. 121, § 2º, do Código Penal, no caso da letra a;

Com as penas do art. 129, § 2º, no caso da letra b;

Com as penas do art. 270, no caso da letra c;

Com as penas do art. 125, no caso da letra d;

Com as penas do art. 148, no caso da letra e.

- **Homicídio contra menor de 14 (quatorze) anos (art. 121, §2°, IX):** trata-se de qualificadora acrescida pela Lei Henry Borel – Lei n°14.344/2022. A inovação legislativa prevê circunstância mais gravosa para os homicídios praticados contra menor de 14 (quatorze) anos, de modo que a pena atribuída a esses casos é de 12 a 30 anos, assim como as demais hipóteses qualificadoras previstas no §2°, do art. 121, do CP.

O nome da lei é uma homenagem a Henry Borel, menino de quatro anos que foi espancado e morto no apartamento em que morava com a mãe o padrasto, no dia 8 de março de 2021, no Rio de Janeiro.

Trata-se de qualificadora de natureza objetiva, relacionada à qualidade da vítima, absolutamente conectada com as disposições constitucionais previstas no art. 227 da CF, cujo dispositivo veicula como dever do Estado assegurar à criança e ao adolescente, com absoluta prioridade, o direito à vida.

Ademais, para a incidência da nova qualificadora, é necessário que o agente tenha consciência sobre a idade da vítima por ocasião do cometimento do crime, já que o Direito Penal é regido pelo princípio da responsabilidade subjetiva (ou princípio da culpabilidade), não havendo falar-se, assim, em responsabilidade penal objetiva.

A idade da vítima deve ser verificada no momento da prática da conduta, por força da adoção da teoria da atividade (art. 4°, CP).

Assim, o assassinato de crianças e adolescentes menores de 14 anos é considerado homicídio qualificado e crime hediondo, tendo em vista que a novel lei também alterou o art. I, da Lei n° 8.072/1990 para atribuir o caráter hediondo ao delito.

Ademais, a Lei n°14.344/2022 também acrescentou o § 2°-B ao art. 121, do CP, prevendo novas majorantes para o homicídio qualificado praticado contra menor de 14 anos.

De acordo com o inciso I do aludido dispositivo, a pena é aumentada de 1/3 (um terço) até a metade se o homicídio é praticado contra menor de 14 (quatorze) anos, com deficiência ou com doença que implique o aumento de sua vulnerabilidade. O inciso II prevê circunstância mais gravosa para os casos de homicídio contra menor de 14 (quatorze) anos nas situações, por exemplo, em que o autor seja ascendente, padrasto ou madrasta, da vítima. Nessas hipóteses, a pena será aumentada de 2/3 (dois terços).

Assim, o homicídio contra menor de menor de 14 (quatorze) anos, além de qualificar o delito, iniciando o cálculo da dosimetria da pena já em 12 anos, poderá ter a sanção penal aumentada com as novas circunstâncias previstas no novo § 2°-B, do art. 121, do CP.

A fim de clarificar e facilitar a memorização, vejamos a nova disposição legal:

> ***Art. 121** Matar alguém:*
> *Homicídio qualificado*
> *§ 2° Se o homicídio é cometido:*
> *[...]*
> *IX - contra menor de 14 (quatorze) anos:*
> ***Pena** - reclusão, de doze a trinta anos.*
> *[...]*
> *§ 2º-B. A pena do homicídio contra menor de 14 (qutorze) anos é aumentada de: (Incluído pela Lei nº 14.344, de 2022)*
> *I - 1/3 (um terço) até a metade se a vítima é pessoa com deficiência ou com doença que implique o aumento de sua vulnerabilidade; (Incluído pela Lei nº 14.344, de 2022)*
> *II - 2/3 (dois terços) se o autor é ascendente, padrasto ou madrasta, tio, irmão, cônjuge, companheiro, tutor, curador, preceptor ou empregador da vítima ou por qualquer outro título tiver autoridade sobre ela.*

Homicídio privilegiado-qualificado

Discute-se sobre a possibilidade do chamado homicídio privilegiado-qualificado.

> **Ex.:** Carlos, já não mais suportando o estado de saúde de sua genitora, que há anos batalha contra um câncer, e já em estado terminal, decide abreviar o seu sofrimento, adicionando, sem o seu conhecimento, uma dose excessiva de medicamento em seu soro, levando-a a óbito.

Na hipótese, evidente que o agente praticou o homicídio por relevante valor moral, porém, utilizou-se de meio insidioso para praticar o crime.

Sobre o tema, prevalece o entendimento de que é possível a coexistência do homicídio privilegiado **(natureza jurídica subjetiva)** com os tipos qualificados do § 2º, **desde que se tratem de hipóteses objetivas**, tais como o meio – como o meio insidioso, referido no exemplo – ou o modo de execução que dificulte ou impossibilite a defesa do ofendido.

Em resumo, o privilégio pode coexistir com as qualificadoras objetivas. Admite- se homicídio eutanásico cometido mediante veneno. A circunstância do relevante valor moral (subjetivo) não repele o elemento exasperador objetivo. O mesmo se diga do fato de alguém matar de emboscada e impelido por esse motivo.

A jurisprudência considera possível o homicídio privilegiado-qualificado: *A jurisprudência do STF admite a possibilidade de homicídio privilegiado-qualificado, desde que não haja incompatibilidade entre as circunstâncias do caso. O recurso utilizado para atingir a vítima 'é realidade objetiva, pertinente à mecânica do agir do infrator' (HC 77.347, HC 69.524, HC 61.074).* Daí a inexistência de contradição no reconhecimento da qualificadora, cujo caráter é objetivo (modo de execução do crime), e do privilégio, afinal reconhecido (sempre de natureza subjetiva).

Por outro lado, considera-se inadmissível a coexistência de homicídio privilegiado e qualificado, quando decorrentes de fatores ou motivações de natureza subjetiva – tais como a torpeza ou a futilidade –, uma vez que motivações nobres e reprováveis se excluem reciprocamente.

Homicídio culposo

> *§ 3º Se o homicídio é culposo:*
> *Pena - detenção, de um a três anos.*

Por se tratar de crime **culposo**, a punição é de detenção, menos rigorosa do que a previsão de pena para o crime doloso.

No homicídio culposo, observa-se que o resultado causado – a morte de um ser humano – não decorre de um comportamento doloso, mas, sim, da violação de um dever de cuidado exigido pela norma penal, ante a previsibilidade objetiva do fato desvalioso.

> **Fique ligado**
>
> Quando o resultado morte for causado na modalidade culpa na condução de veículo automotor a punição será regida pelo art. 302 do CTB (Lei nº9.503/1997).

Trata-se da situação em que o agente **não quis o resultado**, atuando por imprudência, negligência ou imperícia, quando o resultado jamais era aceito ou quisto pelo agente.

Relativamente às causas de aumento, temos a seguinte disposição:

> *Aumento de pena*
> *§ 4o No homicídio culposo, a pena é aumentada de 1/3 (um terço), se o crime resulta de inobservância de regra técnica de profissão, arte ou ofício, ou se o agente deixa de prestar imediato socorro à vítima, não procura diminuir as consequências do seu ato, ou foge para evitar prisão em flagrante. Sendo doloso o homicídio, a pena é aumentada de 1/3 (um terço) se o crime é praticado contra pessoa menor de 14 (quatorze) ou maior de 60 (sessenta) anos.*

A primeira parte do §4º do art. 121 do CP traz algumas situações majorantes para o homicídio culposo.

- **a)** Quando é praticado em inobservância de regra técnica de profissão, arte ou ofício, também chamada de **culpa profissional**;
- **b)** Quando ocorrer omissão de socorro;
- **c)** Quando não procura diminuir as consequências do seu ato; ou
- **d)** Quando o agente foge para evitar prisão em flagrante.

A segunda parte do § 4° prevê circunstâncias majorantes para a pena do homicídio doloso. De início, é importante destacar que a inclusão da qualificadora do inciso IX, do § 2° (contra menor de 14 anos), pela novel Lei n°14.344/2022, revogou tácita e parcialmente a segunda parte do § 4º do art. 121, do Código Penal, de modo que o homicídio praticado contra pessoa menor de 14 (quatorze) não mais pode servir como causa de aumento de pena, devendo agora, qualificar o delito doloso contra a vida.

Portanto, remanesce como causa de aumento de pena (1/3) somente a hipótese em que o crime de homicídio é praticado contra pessoa maior de 60 (sessenta) anos.

Vale destacar que para a incidência da majorante é necessário que o agente conheça (ou seja previsível) que se trata de idoso.

- ▷ **Perdão judicial:** ponto de fundamental destaque é que o homicídio **culposo** pode ter a possibilidade de perdão judicial.

> *§ 5º Na hipótese de homicídio culposo, o juiz poderá deixar de aplicar a pena, se as consequências da infração atingirem o próprio agente de forma tão grave que a sanção penal se torne desnecessária.*

D P E N

O perdão judicial constitui **causa extintiva da punibilidade**, por meio da qual o Estado, mediante a presença de certos requisitos, renuncia ao direito de punir, geralmente fundado na desnecessidade da pena.

No homicídio culposo, a causa extintiva da punibilidade se dá quando as consequências da infração atingirem o próprio agente de forma tão grave que a sanção penal se torne desnecessária.

Em resumo, se, por um descuido, da conduta do agente ocorre o resultado morte, a depender das consequências (quando a consequência da infração atinge o próprio autor do fato de maneira tão gravosa), é possível perdoá-lo.

Fique ligado

Por exemplo, o pai que, por descuido, deixa a arma de fogo cair no chão e provoca um disparo que acerta seu filho, que vem a óbito. Ou a mãe que esquece seu filho recém-nascido no interior do automóvel, causando a morte da criança por desidratação em razão da exposição do veículo ao sol por várias horas.

Evidentemente, que nos exemplos narrados, não se fará necessária a imposição de pena, já que o sofrimento decorrente da perda do filho é muito mais gravosa ao agente do que qualquer tipo de sanção.

No que se refere à natureza jurídica da sentença que concede o perdão judicial, o entendimento é de que não se trata de decisão absolutória e nem condenatória, mas **declaratória de extinção da punibilidade.** Vejamos o entendimento sumulado pelo STJ:

> ***Súmula nº 18 – STJ***
>
> *A sentença concessiva do perdão judicial é declaratória da extinção da punibilidade, não subsistindo qualquer efeito condenatório.*

5.1.2 Induzimento, instigação ou auxílio a suicídio ou à automutilação

> ***Art. 122*** *Induzir ou instigar alguém a suicidar-se ou a praticar automutilação ou prestar-lhe auxílio material para que o faça:*
>
> *Pena – reclusão, de 6 (seis) meses a 2 (dois) anos.*
>
> *§ 1º Se da automutilação ou da tentativa de suicídio resulta lesão corporal de natureza grave ou gravíssima, nos termos dos §§ 1º e 2º do art. 129 deste Código*
>
> *Pena – reclusão, de 1 (um) a 3 (três) anos.*
>
> *§ 2º Se o suicídio se consuma ou se da automutilação resulta morte:*
>
> *Pena – reclusão, de 2 (dois) a 6 (seis) anos.*
>
> *§ 3º A pena é duplicada:*
>
> *I – se o crime é praticado por motivo egoístico, torpe ou fútil;*
>
> *II – se a vítima é menor ou tem diminuída, por qualquer causa, a capacidade de resistência.*
>
> *§ 4º A pena é aumentada até o dobro se a conduta é realizada por meio da rede de computadores, de rede social ou transmitida em tempo real.*
>
> *§ 5º Aumenta-se a pena em metade se o agente é líder ou coordenador de grupo ou de rede virtual.*
>
> *§ 6º Se o crime de que trata o § 1º deste artigo resulta em lesão corporal de natureza gravíssima e é cometido contra menor de 14 (quatorze) anos ou contra quem, por enfermidade ou deficiência mental, não tem o necessário discernimento para a prática do ato, ou que, por qualquer outra causa, não pode oferecer resistência, responde o agente pelo crime descrito no § 2º do art. 129 deste Código.*
>
> *§ 7º Se o crime de que trata o § 2º deste artigo é cometido contra menor de 14 (quatorze) anos ou contra quem não tem o necessário discernimento para a prática do ato, ou que, por qualquer outra causa, não pode oferecer resistência, responde o agente pelo crime de homicídio, nos termos do art. 121 deste Código.*

A Lei nº 13.968/2019 trouxe importantes inovações para o delito previsto no art. 122, do CP, cuja redação anterior não era capaz de atender à modernidade das técnicas de induzimento ao suicídio ou automutilação. Porém, com todo respeito, o legislador errou ao inserir um crime contra a vida e um crime contra a integridade física dentro de um mesmo dispositivo, considerando, inclusive, o mesmo *quantum* de pena para as duas condutas, o que se revela desproporcional, já que os resultados oriundos da conduta podem ser distintos. Inclusive, a distinção é importante, pois a instigação, o induzimento ou o auxílio ao suicídio serão de competência do Tribunal do Júri, enquanto a instigação, o induzimento ou o auxílio à automutilação serão de competência do Juizado Especial Criminal (somente a figura do *caput*).

Nas condutas que direcionam ao suicídio (art. 122, 1ª parte, CP), qualquer pessoa pode ser caracterizada como sujeito ativo do crime, admitindo-se concurso eventual. Já o sujeito passivo deve ser apenas a pessoa capaz, uma vez que, se o "suicida" for incapaz de entender o significado de sua ação e de determinar-se de acordo com seu próprio entendimento, o agente responderá por homicídio, pois a incapacidade da vítima é um instrumento daquele que lhe provocou a morte (art. 122, § 7º, CP).

Já na figura das condutas que direcionam à automutilação (art. 122, 2ª parte), qualquer pessoa pode ser sujeito ativo. Quanto ao sujeito passivo, deve ser pessoa capaz, tendo em vista que, sendo a vítima menor de quatorze anos ou que não tenha capacidade de oferecer resistência, se da automutilação resulta morte (culposa, pois não era o resultado querido pelo agente), o agente responde por homicídio. Porém, *in factu*, este dispositivo sofre severas críticas, por não poder o agente responder por crime doloso contra a vida, sendo que a morte ocorreu de forma culposa. A doutrina tem caminhado no sentido de que, nesses casos, o agente deve responder por lesão corporal seguida de morte.

Pela atual sistemática, não se exige nenhum resultado lesivo, bastando a prática do núcleo do tipo para que a ação se consume.

Fique ligado

O crime é classificado como formal, na medida em que inexiste necessidade de resultado naturalístico para sua consumação. Assim, se o agente induz/instiga/auxilia materialmente a vítima a cometer suicídio ou a automutilar-se, incorre no delito do art. 122, caput. Não há necessidade nem mesmo de a vítima tentar se matar ou se automutilar, pois a conduta de induzir ou instigar já é suficiente para consumar o delito.

As condutas aqui previstas consistem em **instigar** (fomentar ideia existente), **induzir** (construir a ideia) ou **auxiliar** (prestação de auxílio). Este crime só é punido a título de dolo.

A conduta aqui praticada deve recair sobre uma pessoa específica ou grupo determinado de pessoas. Por esta razão, a disseminação ou a apologia da prática de suicídio para um grupo indistinto de pessoas, não será considerada crime.

- **Formas qualificadas (§ 1° e § 2°):** se da automutilação ou da tentativa de suicídio resultar lesão corporal grave ou gravíssima, haverá a punição do agente que induziu, instigou ou auxiliou em reclusão de um a três anos. Noutro giro, se o suicídio se consuma ou se da automutilação resultar morte, haverá pena de reclusão de dois a seis anos.
- **Causas de aumento de pena:** a pena para o crime será duplicada se o fato for praticado por motivo egoístico (interesses pessoais), torpe (motivo desprezível, repugnante) ou fútil (desproporcional), ou se a vítima é menor de idade ou tem diminuída, por qualquer causa, a capacidade de resistência.

A pena será aumentada também até o dobro (§ 4°) se a conduta é realizada por meio da rede de computadores, de rede social ou transmitida em tempo real. Ademais, poderá ocorrer o aumento da pena em até metade, se o agente é líder ou coordenador de grupo ou de rede virtual (§ 5°).

§ 6º Se o crime de que trata o § 1º deste artigo resulta em lesão corporal de natureza gravíssima e é cometido contra menor de 14 (quatorze) anos ou contra quem, por enfermidade ou deficiência mental, não tem o necessário discernimento para a prática do ato, ou que, por qualquer outra causa, não pode oferecer resistência, responde o agente pelo crime descrito no § 2º do art. 129 deste Código.

§ 7º Se o crime de que trata o § 2º deste artigo é cometido contra menor de 14 (quatorze) anos ou contra quem não tem o necessário discernimento para a prática do ato, ou que, por qualquer outra causa, não pode oferecer resistência, responde o agente pelo crime de homicídio, nos termos do art. 121 deste Código.

Aqui temos duas situações inusitadas que merecem destaque pela redação adotada. Se do crime previsto no § 1º do art. 122 ocorrer lesão corporal gravíssima e for praticado contra menor de 14 anos ou pessoa que, por enfermidade ou falta de discernimento para compreender os seus atos, o agente que instiga auxilia ou induz, responderá diretamente pela lesão corporal gravíssima, na medida em que a vulnerabilidade da vítima foi explorada para a prática do crime.

O mesmo raciocínio se aplica ao crime do art. 122, § 2º. Na hipótese, se praticado contra menor de 14 anos ou contra quem não tenha o necessário discernimento para a prática do ato, ou quem por qualquer outra causa não possa oferecer resistência, o agente que induz, instiga ou auxilia, responderá pelo crime de homicídio, ante a exploração da vulnerabilidade da vítima.

5.1.3 Infanticídio

***Art. 123** Matar, sob a influência do estado puerperal, o próprio filho, durante o parto ou logo após:*

Pena - detenção, de dois a seis anos.

A conduta aqui prevista é aquela em que a mãe mata o próprio filho, **influenciada pelo estado puerperal**, durante o parto ou logo após.

A figura aqui prevista é uma hipótese de homicídio privilegiado em que, por circunstâncias particulares e especiais, o legislador resolveu conferir tratamento mais brando à autora do delito, reduzindo as penas mínimas e máxima do delito. O puerpério é o período que se estende do início do parto até a volta da mulher às condições pré-gravidez. Momento em que a mãe sofre profundas alterações psíquicas e físicas, que chegam a transtorná-la, deixando-a sem plenas condições de entender o que está fazendo.

A influência do estado puerperal (estado originado a partir da profusão hormonal) deve ser constatado por laudo médico.

O período "logo após" é de difícil conceituação. Entretanto, prevalece que este lapso temporal compreende todo o período do puerpério.

A conduta só se pune a título de dolo.

Trata-se de delito próprio, pois só pode ser cometido por agente especial, no caso a mãe do recém-nascido.

O delito admite tentativa. Inclusive, vários casos de agressões contra recém-nascidos terminam não se consumando.

Fique ligado

Atualmente, existe o entendimento de que é possível a participação de outra pessoa na prática do crime, não se admitindo, no entanto, a coautoria.

5.1.4 Aborto provocado pela gestante ou com seu consentimento

***Art. 124** Provocar aborto em si mesma ou consentir que outrem lhe provoque:*

Pena - detenção, de um a três anos.

Tecnicamente, consiste na interrupção da gravidez com a destruição do produto da concepção. Na ótica jurídica, o termo inicial da gestação é a implantação do embrião no endométrio.

A hipótese do art. 124 traz duas hipóteses, o autoaborto e o aborto praticado por terceiro com o consentimento da gestante.

No autoaborto, o delito pode ser cometido por qualquer meio (crime de forma livre). É necessário que a gestante provoque em si própria (dê causa, produza, realize) a morte do produto do nascituro. No aborto consentido, um terceiro, com o consentimento válido da gestante, pratica o fato.

Quanto ao elemento subjetivo, o tipo penal é doloso, isto é, o ato deve ser praticado de modo consciente e voluntário, tendente à interrupção da vida humana intrauterina. Não se pune a forma culposa.

Fique ligado

Acerca do crime de aborto, é importante recordar que o STF possui precedente de que não haverá crime se o aborto for praticado até o terceiro mês da gestação. (HC nº 124.306)

5.1.5 Aborto provocado por terceiro sem o consentimento da gestante

***Art. 125** Provocar aborto, sem o consentimento da gestante:*

Pena - reclusão, de três a dez anos.

Trata-se da forma mais cruel de aborto, na medida em que a gestante é pega de surpresa, ou seja, tem a sua gestação interrompida sem o seu consentimento.

Dessa forma, tem-se a conduta punida com maior rigor do que as demais formas do abordo.

A conduta típica é semelhante àquela contida no art. 124, isto é, dá-se quando o agente provocar aborto, **sem o consentimento da mulher** ou **mediante consentimento inválido.**

Aborto provocado por terceiro com consentimento da gestante

***Art. 126** Provocar aborto com o consentimento da gestante:*

Pena - reclusão, de um a quatro anos.

***Parágrafo único.** Aplica-se a pena do artigo anterior, se a gestante não é maior de quatorze anos, ou é alienada ou débil mental, ou se o consentimento é obtido mediante fraude, grave ameaça ou violência.*

A conduta típica é semelhante àquela contida nos arts. 124 e 125, isto é, provocar aborto. Exige-se, todavia, que ocorra o **consentimento válido da gestante**.

Trata-se de crime que se manifesta como exceção à teoria monista, na medida em que, quem praticar o crime, com consentimento da gestante, responde por este crime, enquanto que, a gestante que consente para a sua prática responde pelo crime do art. 124 do CP.

Fique ligado

Se a gestante não é maior de 14 anos ou possui algum tipo de comprometimento mental ou, ainda, se o consentimento é obtido mediante fraude, o agente que pratica o aborto responde pela pena prevista do art. 125, na medida em que não se trata de consentimento válido.

5.1.6 Aborto majorado pelo resultado

***Art. 127** As penas cominadas nos dois artigos anteriores são aumentadas de um terço, se, em consequência do aborto ou dos meios empregados para provocá-lo, a gestante sofre lesão corporal de natureza grave; e são duplicadas, se, por qualquer dessas causas, lhe sobrevém a morte.*

DPEN

Haverá aumento de pena em um terço se, em decorrência do aborto praticado por terceiro, com ou sem o consentimento da gestante, ocorrer lesão corporal de natureza grave ou gravíssima.

A pena aplicada será duplicada se houver a morte da gestante.

As causas de aumento de pena aqui previstas não alcançam a figura do art. 124 (da própria gestante), pois, em homenagem ao princípio da lesividade, não se pune a autolesão.

5.1.7 Aborto legal

> ***Art. 128*** *Não se pune o aborto praticado por médico:*
>
> *Aborto necessário*
>
> *I - se não há outro meio de salvar a vida da gestante;*
>
> *Aborto no caso de gravidez resultante de estupro*
>
> *II - se a gravidez resulta de estupro e o aborto é precedido de consentimento da gestante ou, quando incapaz, de seu representante legal.*

O art. 128 prevê duas hipóteses em que a provocação do aborto não é considerada crime. Esses dispositivos têm natureza jurídica de causas especiais de exclusão da ilicitude. As figuras em que o aborto é legal são chamadas de aborto necessário (terapêutico) e sentimental (humanitário).

No inciso I, prevê-se o aborto necessário ou terapêutico, e, no inciso II, tem-se o denominado aborto sentimental ou humanitário ou ético.

Para a caracterização do inciso I, é imprescindível três requisitos:

- Ser praticado por médico;

Se for necessária a realização por pessoa sem habilitação profissional, poderá haver a incidência do estado de necessidade.

- Perigo de vida da gestante;
- A impossibilidade de outro meio de salvaguarda.

Para a caracterização da hipótese do inciso II, são necessários os seguintes requisitos:

- Ser praticado por médico;

Se for necessária a realização por pessoa sem habilitação profissional, poderá haver a incidência do estado de necessidade.

- Gravidez decorrente de estupro;
- Consentimento da gestante ou do representante legal.

Vale recordar que, além das hipóteses previstas, em 2012, ao julgar a ADPF n 54, o STF entendeu ser cabível mais uma forma de aborto, o que restou denominado de aborto terapêutico de feto anencéfalo. A anencefalia consiste na malformação do tubo neural, a caracterizar-se pela ausência parcial do encéfalo e do crânio, resultante de defeito no fechamento do tubo neural durante o desenvolvimento embrionário.

5.2 Lesões corporais

5.2.1 Lesão corporal leve

> ***Art. 129*** *Ofender a integridade corporal ou a saúde de outrem:*
>
> *Pena - detenção, de três meses a um ano.*

No capítulo II da parte especial, o CP trata das condutas criminosas que afetam a integridade física ou a saúde do corpo humano. Para a configuração do núcleo do tipo é preciso que a vítima sofra dano em seu corpo, com alguma alteração interna ou externa. Também é aceito, para fins de tipificação desta conduta, qualquer ofensa que provoque abalo ou prejuízo às funções orgânicas.

Objeto jurídico deste delito é a incolumidade pessoal (física do indivíduo), especialmente, no aspecto corporal, fisiológico e mental.

São dois os critérios de análise da lesão corporal, no primeiro aspecto, subdividem-se em:

- Simples (*caput*);
- Dolosa qualificada (§§1º, 2º e 3º);
- Dolosa privilegiada (§§4º e 5º);
- Culposa (§6º).

No segundo critério, leva-se em consideração o grau da lesão, desmembrando-se em:

- Leve;
- Grave;
- Gravíssima;
- Seguida de morte.

Qualquer pessoa pode ser o sujeito ativo do crime, enquanto que sujeito passivo é toda pessoa viva. Excepcionalmente, quando da lesão puder ocorrer aceleração de parto ou aborto, o sujeito passivo é a mulher grávida.

A punição, quanto à voluntariedade, dá-se a título de dolo, culpa e preterdolo.

A lesão leve pode ser considerada um crime subsidiário, pois, se não for possível classificá-la como uma lesão grave ou gravíssima, a tipificação permanece na conduta do *caput*.

Ademais, as lesões corporais de natureza leve e lesões culposas são suscetíveis de ação penal pública condicionada à representação do ofendido e serão processadas perante o Juizado Especial Criminal.

5.2.2 Lesão corporal grave

> *§ 1º Se resulta:*
>
> *I - Incapacidade para as ocupações habituais, por mais de trinta dias;*
>
> *II - perigo de vida;*
>
> *III - debilidade permanente de membro, sentido ou função:*
>
> *IV - aceleração de parto:*
>
> *Pena - reclusão, de um a cinco anos.*

Avançando ao campo das qualificadoras, no inciso I, considera-se qualificada a lesão que causa incapacidade física ou mental do agente em praticar suas atividades habituais por mais de 30 dias.

Por atividade ou ocupação habitual entende-se qualquer atividade costumeira, não necessariamente ligada ao trabalho ou ocupação lucrativa –, mas deve ser uma atividade lícita.

A gravidade da lesão será aferida por perícia médica após o trigésimo dia (art. 168, §2º, CPP), que, entretanto, poderá ser suprido pela prova testemunhal (art. 168, §3º, CPP).

No inciso II, trabalha-se com o perigo de vida, consistente no alto grau de probabilidade de um resultado fatal. O perigo deve ser presente, não presumido, e será atestado por laudo médico.

- Frise-se que o perigo de vida deve ser gerado a partir do preterdolo, uma vez que, se o agente tinha a intenção de matar e este resultado não ocorre, é imperiosa a punição por tentativa de homicídio.

A hipótese aventada no inciso III corresponde à diminuição/redução ou enfraquecimento da capacidade dos membros, sentidos (visão, audição, tato, paladar) ou função (capacidade respiratória, digestiva etc.).

Cuidado, a debilidade permanente não exige perpetuidade, mas somente que seja incerto o prazo de recuperação.

Fique ligado

Atente-se também que, no caso de órgãos duplos (olhos, rins, pulmões, dedos), a perda de um deles, com preservação da atividade do outro, caracteriza-se aqui, na **debilidade permanente**.

Por derradeiro, a hipótese do inciso IV tata da aceleração de parto. Mas cuidado! Se o feto é expulso sem vida ou, mesmo se, com vida logo vem a morrer em razão dos ferimentos, a lesão corporal será gravíssima.

Para caracterizar a qualificadora do inciso IV, é imprescindível que o agente saiba do estado gravídico da ofensora.

Em arremate, a doutrina de Cezar Roberto Bitencourt ensina que todas as qualificadoras contidas no §1º são de natureza **objetiva**.

5.2.3 Lesão corporal gravíssima

No §2º trataremos de situações que são, via de regra, irreparáveis.

§ 2° Se resulta:

Pena - reclusão, de dois a oito anos.

I - Incapacidade permanente para o trabalho;

A incapacidade aqui mencionada deve se dar para qualquer tipo de trabalho, e não, especificamente, para a função que até então era exercida pela vítima.

II - enfermidade incurável;

Para esta classificação, podemos configurar como a transmissão intencional de uma doença para qual não existe cura ou também o desenvolvimento de um processo patológico incurável após a prática da conduta ofensiva (Ex.: desenvolvimento de convulsão a partir de um traumatismo cranioencefálico).

Fique ligado

Para o STJ, restou decidido que a transmissão consciente do HIV caracteriza lesão corporal gravíssima, enquadrando-se a enfermidade no conceito de doença incurável (art. 129, §2º, II, CP). Ainda, entendeu que a ausência de manifestação dos sintomas não exclui o crime.

III - perda ou inutilização do membro, sentido ou função;

Aqui, trata-se de amputação, mutilação ou inutilização de mão, pé, braço...

IV - deformidade permanente;

Trata-se do dano estético irreparável. Além disso, a presente qualificadora abrange todo o corpo, não somente as regiões visíveis.

As questões da organizadora CESPE/CEBRASPE tendem a confundir o candidato entre as hipóteses de debilidade permanente e deformidade permanente de acordo com o grau da lesão (grave ou gravíssima).

Fique ligado

Para facilitar:

→ de**B**ilidade → Lesão **grave**: Pela ordem alfabética, o B vem antes do F, logo, está para a lesão GRAVE, que também é estudada antes da gravíssima.

→ de**F**ormidade → Lesão **gravíssima**: F depois do B.

V - aborto:

Indispensável que o agente tenha conhecimento do estado da vítima. Aqui, pune-se a lesão a título de dolo e o abortamento a título de culpa (crime preterdoloso ou preterintencional).

5.2.4 Lesão corporal seguida de morte

§ 3º Se resulta morte e as circunstâncias evidenciam que o agente não quis o resultado, nem assumiu o risco de produzi-lo:

Pena - reclusão, de quatro a doze anos.

Cuida-se do chamado "homicídio preterdoloso".

Em resumo, pune-se a morte causada culposamente. Conforme consta do dispositivo, é necessário que as circunstâncias do caso concreto indiquem que o sujeito não quis a morte, nem assumiu o risco de produzi-la, pena de responder pelo crime de homicídio culposo.

Em apertada síntese, pode-se dizer que o evento "morte" pode ter sido:

- **Previsto e querido:** homicídio doloso com dolo direto de 1º grau (homicídio doloso);
- **Previsto, não querido, mas aceito como efeito secundário necessário:** homicídio doloso com dolo direto de 2º grau (homicídio com dolo de consequência necessária);
- **Previsto, não querido, mas aceito ou tolerado:** homicídio doloso com dolo eventual;
- **Previsto, não querido, não aceito ou tolerado:** lesões corporais seguidas de morte com culpa consciente;
- **Não previsto, embora previsível:** lesões corporais seguidas de morte com culpa inconsciente;
- **Não previsto e não previsível:** exclusão da responsabilidade pela morte (art. 19, do CP).

5.2.5 Hipótese de diminuição de pena/lesão corporal privilegiada

§ 4º Se o agente comete o crime impelido por motivo de relevante valor social ou moral ou sob o domínio de violenta emoção, logo em seguida a injusta provocação da vítima, o juiz pode reduzir a pena de um sexto a um terço.

Tal como verificado no homicídio, há uma causa de redução de pena (de 1/6 a 1/3) quando o agente comete o crime impelido **por motivo de relevante valor social ou moral ou sob o domínio de violenta emoção, logo em seguida à injusta provocação da vítima.**

Assim, a causa de diminuição abrange fatores de cunho pessoal, subjetivo, incomunicável, portanto, no concurso de pessoas.

5.2.6 Substituição da pena

§ 5º O juiz, não sendo graves as lesões, pode ainda substituir a pena de detenção pela de multa, de duzentos mil réis a dois contos de réis:

I - se ocorre qualquer das hipóteses do parágrafo anterior;

II - se as lesões são recíprocas.

Incidente somente nas lesões corporais de natureza leve, a substituição da detenção por multa se dá quando presente a motivação privilegiada (§ 4º) ou na hipótese de lesões recíprocas.

Fique ligado

No caso de violência recíproca, cumpre verificar se um dos contendores agiu em legítima defesa, hipótese em que haverá excludente de ilicitude àquele que repele a injusta agressão.

5.2.7 Lesão corporal culposa

§ 6º Se a lesão é culposa:

***Pena** - detenção, de dois meses a um ano.*

Trata-se de situação em que a ofensa à integridade física ou à saúde da vítima decorre de comportamento em que há a violação do dever de cuidado. Compreende, pois, a culpa consciente ou inconsciente.

A gravidade das lesões corporais é irrelevante para a tipificação do delito de lesões corporais de natureza culposa, podendo ser levada em consideração na dosimetria da pena, haja vista a circunstância judicial das consequências do crime.

Fique ligado

A lesão corporal culposa não é desmembrada em leve, grave ou gravíssima.
O que se valora é a intenção ou não em produzir o resultado. Se dolosa, haverá a gradação, se culposa, não.
Vale destacar que as lesões corporais culposas praticadas na condução de veículo automotor tipificam o delito do art. 303, do CTB.

5.2.8 Aumento de pena

§ 7º Aumenta-se a pena de 1/3 (um terço) se ocorrer qualquer das hipóteses dos §§ 4º e 6º do art. 121 deste Código.

Haverá aumento de pena em 1/3, quando a lesão corporal culposa representar violação de regra técnica de arte, profissão ou ofício; ausência de socorro imediato ou fuga para evitar a prisão; ou lesão corporal dolosa contra criança ou idoso.

Ademais, haverá aumento de pena, se a lesão é praticada por milícia privada ou sob o pretexto de prestação de serviço de segurança ou, ainda, por grupo de extermínio.

5.2.9 Perdão judicial

§ 8º Aplica-se à lesão culposa o disposto no § 5º do art. 121.

Trata-se de hipótese de perdão judicial idêntica a existente para o homicídio culposo (art. 121, § 5º).

5.2.10 Violência doméstica

§ 9º Se a lesão for praticada contra ascendente, descendente, irmão, cônjuge ou companheiro, ou com quem conviva ou tenha convivido, ou, ainda, prevalecendo-se o agente das relações domésticas, de coabitação ou de hospitalidade:

Pena - detenção, de 3 (três) meses a 3 (três) anos.

§ 10 Nos casos previstos nos §§ 1º a 3º deste artigo, se as circunstâncias são as indicadas no § 9º deste artigo, aumenta-se a pena em 1/3 (um terço).

§ 11 Na hipótese do § 9º deste artigo, a pena será aumentada de um terço se o crime for cometido contra pessoa portadora de deficiência.

A pena máxima cominada para essa qualificadora foi triplicada pela Lei nº 11.340/2006 com o objetivo de retirar a violência doméstica e familiar contra a mulher (lesões leves) do âmbito das infrações de menor potencial ofensivo, vedando-se, inclusive, a pena alternativa das cestas básicas (art. 17, da Lei Maria da Penha).

Haverá o aumento da pena em 1/3 quando ocorrer o resultado lesões grave, gravíssima ou seguida de morte havidas contra ascendente, descendente, irmão, cônjuge ou companheiro, ou com quem conviva ou tenha convivido, ou, ainda, prevalecendo-se o agente das relações domésticas, de coabitação ou de hospitalidade.

Fique ligado

Vale frisar que, para que se caracterize a violência doméstica, não há a necessidade de coabitação entre autor do fato e vítima.

Na hipótese de violência doméstica (art. 129, § 9º), quando a vítima for pessoa portadora de deficiência, a pena sofrerá acréscimo de 1/3.

Cumpre observar que, quando da incidência de duas ou mais causas de aumento – ou de duas ou mais causas de diminuição –, contempladas na Parte Especial do Código, deve-se aplicar a regra constaste do art. 68, parágrafo único, do CP.

Quando a mulher figurar como vítima das lesões corporais será preciso verificar se o fato foi ou não resultante de violência doméstica ou familiar. Em caso positivo, e, sendo lesão corporal leve, o fato se subsumirá ao art. 129, § 9º, agravado pelo art. 61, II, f, p. final. Caso contrário, a lesão corporal leve fora do âmbito doméstico ou familiar caracterizará o art. 129, *caput*, c/c art. 61, II, f, parte final. Cuidando-se de lesão corporal grave e lesão corporai seguida de morte, incidirá a majorante do § 10, quando oriunda de violência doméstica ou familiar, c/c art. 61, II, f, parte final. A tipificação corresponderá ao art. 129, §§ 1º, 2º e 3º, c/c art. 61, II, f, p. final, quando as lesões forem resultantes de violência fora do ambiente familiar ou doméstico.

Em resumo, fez-se inserir a qualificadora da lesão corporal praticada em razão de discriminação à condição de mulher ou em situação de violência doméstica.

O próprio texto da lei faz a remessa específica ao § 2-A do art. 121, do CP.

Para compreender de maneira correta aquilo que se entende por violência doméstica, é imprescindível que se analise o que dispõem os arts. 5º e 7º da Lei nº 11.340/2006:

Art. 5º *Para os efeitos desta Lei, configura violência doméstica e familiar contra a mulher qualquer ação ou omissão baseada no gênero que lhe cause morte, lesão, sofrimento físico, sexual ou psicológico e dano moral ou patrimonial:*

I - no âmbito da unidade doméstica, compreendida como o espaço de convívio permanente de pessoas, com ou sem vínculo familiar, inclusive as esporadicamente agregadas;

II - no âmbito da família, compreendida como a comunidade formada por indivíduos que são ou se consideram aparentados, unidos por laços naturais, por afinidade ou por vontade expressa;

III - em qualquer relação íntima de afeto, na qual o agressor conviva ou tenha convivido com a ofendida, independentemente de coabitação.

Parágrafo único. *As relações pessoais enunciadas neste artigo independem de orientação sexual.*

Art. 7º *São formas de violência doméstica e familiar contra a mulher, entre outras:*

I - a violência física, entendida como qualquer conduta que ofenda sua integridade ou saúde corporal;

II - a violência psicológica, entendida como qualquer conduta que lhe cause dano emocional e diminuição da autoestima ou que lhe prejudique e perturbe o pleno desenvolvimento ou que vise degradar ou controlar suas ações, comportamentos, crenças e decisões, mediante ameaça, constrangimento, humilhação, manipulação, isolamento, vigilância constante, perseguição contumaz, insulto, chantagem, violação de sua intimidade, ridicularização, exploração e limitação do direito de ir e vir ou qualquer outro meio que lhe cause prejuízo à saúde psicológica e à autodeterminação;

III - a violência sexual, entendida como qualquer conduta que a constranja a presenciar, a manter ou a participar de relação sexual não desejada, mediante intimidação, ameaça, coação ou uso da força; que a induza a comercializar ou a utilizar, de qualquer modo, a sua sexualidade, que a impeça de usar qualquer método contraceptivo ou que a force ao matrimônio, à gravidez, ao aborto ou à prostituição, mediante coação, chantagem, suborno ou manipulação; ou que limite ou anule o exercício de seus direitos sexuais e reprodutivos;

IV - a violência patrimonial, entendida como qualquer conduta que configure retenção, subtração, destruição parcial ou total de seus objetos, instrumentos de trabalho, documentos pessoais, bens, valores e direitos ou recursos econômicos, incluindo os destinados a satisfazer suas necessidades;

V - a violência moral, entendida como qualquer conduta que configure calúnia, difamação ou injúria.

Desse modo, conclui-se que, mesmo no caso de lesão corporal praticada no contexto de violência doméstica e familiar, é indispensável que o crime envolva o gênero ("razões de condição de sexo feminino").

Ex. 1: convivente que pratica lesão corporal contra a mulher por alegar que ela "não tem direito de se separar dele".

Ex. 2: marido que pratica lesão corporal contra a esposa pelo fato de a mesma não preparar o jantar.

É importante destacar, igualmente, que existem hipóteses em que a vítima pode ser mulher, mas não haverá, necessariamente, o deslocamento para esta figura qualificada se não existir, no caso concreto, uma motivação baseada no gênero.

| **Ex.:** irmã que lesiona a outra numa disputa por herança.

Veja que nesse caso, por mais que a lesão tenha ocorrido em um ambiente doméstico, não houve a prática do delito em razão de menosprezo à condição de mulher ou em situação de violência doméstica, não há embasamento nas razões de gênero, e sim, discussão essencialmente patrimonial.

Por fim, impende destacar que o parágrafo em questão será aplicado apenas para a lesão corporal de natureza leve, na medida em que, sendo grave ou gravíssima, haverá o deslocamento da figura típica para este dispositivo.

Fique ligado

Haverá a aplicação da nova qualificadora para a mulher transgênero, ainda que não tenha se submetido à cirurgia de alteração de sexo.

5.2.11 Lesão corporal funcional

§ 12 Se a lesão for praticada contra autoridade ou agente descrito nos arts. 142 e 144 da Constituição Federal, integrantes do sistema prisional e da Força Nacional de Segurança Pública, no exercício da função ou em decorrência dela, ou contra seu cônjuge, companheiro ou parente consanguíneo até terceiro grau, em razão dessa condição, a pena é aumentada de um a dois terços.

A Lei nº 13.142/2015 alterou não somente o crime de homicídio, como também determinou o aumento de pena de um a dois terços, no caso de lesão corporal praticada contra autoridade ou agente, que seja integrante do sistema prisional ou da força nacional de segurança pública, no exercício da função ou em decorrência dela.

Assim, a referida causa de aumento tem incidência quando qualquer crime de lesão corporal dolosa (leve, grave, gravíssima ou seguida de morte) for cometido contra: integrante das Forças Armadas (art. 142, CF), integrante das forças de segurança pública (art. 144, CF), do sistema prisional, da Força Nacional de Segurança Pública.

É pressuposto da causa de aumento que a vítima esteja no exercício de suas funções no momento do delito ou que esse tenha sido cometido em decorrência delas. Quem agride policial que está de folga em razão, por exemplo, de uma discussão de trânsito não incorre na causa de aumento.

A referida majorante é também aplicável no caso de a violência ser cometida contra cônjuge ou companheiro ou parente consanguíneo de **até terceiro grau** da referida autoridade ou agente, igualmente em razão dessa condição.

Fique ligado

Neste aspecto, vale destacar o art. 1º, I-A da Lei nº 8.072/1990 que dispõe ser crime hediondo lesão corporal dolosa de natureza gravíssima (art. 129, § 2º) e lesão corporal seguida de morte (art. 129, § 3º), quando praticadas contra autoridade ou agente descrito nos arts. 142 e 144 da Constituição Federal, integrantes do sistema prisional e da Força Nacional de Segurança Pública, no exercício da função ou em decorrência dela, ou contra seu cônjuge, companheiro ou parente consanguíneo até terceiro grau, em razão dessa condição.

5.2.12 Lesão corporal praticada contra mulher por razões da condição do sexo feminino

§ 13 Se a lesão for praticada contra a mulher, por razões da condição do sexo feminino, nos termos do § 2º-A do art. 121 deste Código:
Pena *– reclusão, de 1 (um) a 4 (quatro anos)*

A Lei nº 14.188/2021 acrescentou o § 13 ao art. 129, prevendo a modalidade de lesão corporal em cenário de violência de gênero contra a mulher. Essa figura difere da "violência doméstica", descrita no art. 129, § 9º, que pode ter como sujeito passivo tanto o homem quanto a mulher. Já a nova modalidade qualificada, de sua parte, só admite a mulher como vítima do crime, exigindo, também, que a conduta seja praticada "por razões da condição do sexo feminino".

Por exemplo, se um homem, menosprezando a vítima por sua condição de mulher, a agride para provar sua superioridade física, causando-lhe lesão leve, incorre na qualificadora prevista no § 13.

Assim, com a inclusão do § 13º no art. 129 do CP, que se apresenta em relação de especialidade para com o § 9º, lesões leves cometidas contra mulheres em situação de violência doméstica ou mediante menosprezo ou discriminação à condição de mulher, ainda que perpetradas por descendente, ascendente, irmão, cônjuge, companheiro etc., não mais se enquadram no § 9º.

5.2.13 Ação penal

A lesão corporal de natureza leve é punida com detenção, de 3 meses a 1 ano. Por sua vez, a lesão corporal de natureza grave é sancionada com pena de reclusão, de 1 a 5 anos. A lesão gravíssima tem pena de reclusão, de 2 a 8 anos. Caso se trate de lesão corporal seguida de morte, a pena é de reclusão, de 4 a 12 anos. A lesão corporal culposa contém pena de detenção, de 2 meses a 1 ano. Na hipótese de violência doméstica, a pena é de detenção, de 6 meses a 1 ano.

A ação penal é pública, porém condicionada nas hipóteses de lesões de natureza leve e culposa, conforme o art. 88, da Lei nº 9.099/1995.

Nas demais hipóteses, a ação penal será pública incondicionada.

Fique ligado

No tocante à ação penal pública condicionada em delitos de violência doméstica e familiar contra a mulher, o art. 16, da Lei Maria da Penha só admite a "renúncia" ao direito de representação em audiência especial perante o Juiz e o membro do Ministério Público.
O art. 17, da mesma lei, veda a aplicação da pena substitutiva de cesta básica ou outras de prestação pecuniária, bem como a aplicação substitutiva de pagamento isolado de multa.
Ademais, em se tratando de lesão corporal, ainda que leve ou culposa, praticada no âmbito de violência doméstica e familiar, a ação penal sempre será pública incondicionada.

5.2.14 Periclitação da vida e da saúde

5.2.15 Perigo de contágio venéreo

Art. 130 *Expor alguém, por meio de relações sexuais ou qualquer ato libidinoso, a contágio de moléstia venérea, de que sabe ou deve saber que está contaminado:*
Pena – detenção, de três meses a um ano, ou multa.
§ 1º Se é intenção do agente transmitir a moléstia:
Pena – reclusão, de um a quatro anos, e multa.
§ 2º Somente se procede mediante representação.

A partir deste capítulo, serão analisados tipos penais que tratam de um perigo individual.

Também são tipos penais dotados de subsidiariedade. Ora tácita, ora expressa.

O crime é comum, na medida que pode ser praticado por qualquer pessoa.

A conduta pressupõe "expor alguém" a partir de relações sexuais ou qualquer ato libidinoso – conjunção carnal ou qualquer outro ato com conotação sexual, por exemplo, sexo oral -, a contágio de moléstia

DPEN

venérea, essa, podendo ser interpretada como uma Doença Sexualmente Transmissível (herpes, sífilis, gonorreia etc.).

A doutrina sustenta que a AIDS não é doença venérea, embora possa ser também transmitida por relações sexuais desprotegidas, como ocorre com o vírus da Hepatite B.

De modo que, a questão da AIDS, na dogmática penal, sempre foi envolta em grande polêmica. Em regra geral, se o agente sabe ou deve saber estar infectado com o vírus HIV (exame positivo ou sinais visíveis da moléstia) e mantém relação sexual com parceiro insciente desse fato, ele responde pelo ato em si, pelo crime do art. 131.

Se da relação sexual desprotegida, o parceiro contrai a AIDS, há uma mudança de tipificação, ou seja, o agente responderá por lesões corporais gravíssimas (art. 129, § 2º, II), de acordo com o posicionamento do STF – situação de extrema dificuldade em se comprovar.

Por outro lado, se o agente informa ao parceiro ser portador do vírus e esse consente livremente em manter relações sexuais sem proteção (sem preservativos), há a incidência do princípio da autocolocação em risco que exclui a tipicidade do ato.

Atente que o crime é formal ou de consumação antecipada, tendo em vista que a mera exposição da vítima ao perigo de contágio já basta para a sua tipificação.

O crime somente se pratica mediante dolo (direto ou eventual).

No §1º há a presença de uma qualificadora e o §2º estabelece que o crime somente se processa mediante ação penal pública condicionada à representação.

5.2.16 Perigo de contágio de moléstia grave

> ***Art. 131*** *Praticar, com o fim de transmitir a outrem moléstia grave de que está contaminado, ato capaz de produzir o contágio:*
>
> *Pena - reclusão, de um a quatro anos, e multa.*

Trata-se de crime comum, podendo ser praticado por qualquer pessoa que pratique um determinado ato com a finalidade de transmitir moléstia grave de que está contaminado, sujeita a produzir contágio para terceiros, seja por contato direto, ou indireto.

Veja que o crime se consuma independente do contágio.

Basta imaginar um agente que, sabendo ser portador de pneumonia bacteriana, espalha, intencionalmente, sua saliva em um corrimão de um shopping center.

Mesmo que não ocorra o efetivo contágio por terceiros, houve risco de contágio para terceiros, estando consumado o delito.

5.2.17 Perigo para a vida ou saúde de outrem

> ***Art. 132*** *Expor a vida ou a saúde de outrem a perigo direto e iminente:*
>
> *Pena - detenção, de três meses a um ano, se o fato não constitui crime mais grave.*
>
> ***Parágrafo único.*** *A pena é aumentada de um sexto a um terço se a exposição da vida ou da saúde de outrem a perigo decorre do transporte de pessoas para a prestação de serviços em estabelecimentos de qualquer natureza, em desacordo com as normas legais.*

Trata-se, igualmente, de crime comum, no qual a conduta pressupõe a colocação da vida ou da saúde de outrem em situação de perigo direto e iminente (prestes a ocorrer).

Podemos exemplificar com a conduta de um motorista de ônibus, que desce uma serra em alta velocidade, expondo os passageiros a uma situação clara de perigo.

O tipo é expressamente subsidiário, na medida em que, se o fato constituir crime mais grave, esse prevalecerá.

O crime somente se processa mediante dolo.

No parágrafo único, há uma causa de aumento de pena (de 1/6 a 1/3) se a exposição da vida ou da saúde de outrem decorre de transporte de pessoas para a prestação de serviços de qualquer natureza. Assim, haverá a incidência desta causa de aumento, independentemente, de serviço público ou privado.

5.2.18 Abandono de incapaz

> ***Art. 133*** *Abandonar pessoa que está sob seu cuidado, guarda, vigilância ou autoridade, e, por qualquer motivo, incapaz de defender-se dos riscos resultantes do abandono:*
>
> *§ 1º Se do abandono resulta lesão corporal de natureza grave:*
>
> *Pena - reclusão, de um a cinco anos.*
>
> *§ 2º Se resulta a morte:*
>
> *Pena - reclusão, de quatro a doze anos.*
>
> *Aumento de pena*
>
> *§ 3º As penas cominadas neste artigo aumentam-se de um terço:*
>
> *I - se o abandono ocorre em lugar ermo;*
>
> *II - se o agente é ascendente ou descendente, cônjuge, irmão, tutor ou curador da vítima.*
>
> *III – se a vítima é maior de 60 (sessenta) anos.*

Aqui, estaremos diante de crime próprio, na medida em que só poderá praticá-lo aquele que tem o dever de proteger a pessoa que está sob seu cuidado.

Trata-se de crime contra a vida e saúde de pessoa certa, tutelando-se também a proteção daquele que está sob a guarda ou responsabilidade de outrem.

O crime pressupõe o ato de abandonar, deixar sem amparo, assistência, auxílio a pessoa que está sob seu cuidado, sendo esta pessoa incapaz de se proteger dos riscos deste abandono.

O crime somente se pratica mediante dolo de abandono.

Fique ligado

Caso o agente promova o abandono com a intenção de matar, haverá dolo de homicídio, sendo que o crime contra a vida absorverá o crime em tela.

Os §§1º e 2º trazem qualificadoras quando, do abandono, decorre lesão grave ou morte, havendo uma previsão abstrata de pena maior para esta última situação.

No §3º há causas de aumento de pena (1/3) caso:

- O abandono ocorra em local ermo;
- Se o agente é ascendente, descendente, cônjuge, irmão, tutor ou curador da vítima;
- Se a vítima é maior de 60 anos.

5.2.19 Exposição ou abandono de recém-nascido

> ***Art. 134*** *Expor ou abandonar recém-nascido, para ocultar desonra própria:*
>
> *Pena - detenção, de seis meses a dois anos.*
>
> *§ 1º Se do fato resulta lesão corporal de natureza grave:*
>
> *Pena - detenção, de um a três anos.*
>
> *§ 2º Se resulta a morte:*
>
> *Pena - detenção, de dois a seis anos.*

Neste crime, estaremos diante de uma forma especial do abandono de incapaz.

O crime é próprio, pois somente o pai ou mãe biológicos podem ser sujeitos ativos.

O tipo objetivo alude, de forma alternativa, a "expor" ou "abandonar" recém-nascido, o que significa deixar o infante sem assistência, desamparado do cuidado maternal.

Percebe-se, ainda, a intenção de ocultar "desonra própria".

Para a maioria da doutrina, a honra que se pretende ocultar é a de cunho sexual, ou seja, visa-se "abafar" o nascimento da criança para manter a reputação, a boa-fama, a decência, enfim, de que gozaria o autor ou autora do crime. Segundo Damásio de Jesus, se se tratar de outro motivo, que não o de natureza sexual, por exemplo, miséria, excesso de prole, receio de um filho doentio etc., o fato constitui abandono de incapaz.

O crime é punido mediante dolo e se consuma com a real exposição à situação de perigo.

Os §§1º e 2º trazem previsões de figuras qualificadas pelo resultado (lesão grave ou morte).

5.2.20 Omissão de socorro

> ***Art. 135*** *Deixar de prestar assistência, quando possível fazê-lo sem risco pessoal, à criança abandonada ou extraviada, ou à pessoa inválida ou ferida, ao desamparo ou em grave e iminente perigo; ou não pedir, nesses casos, o socorro da autoridade pública:*
>
> *Pena - detenção, de um a seis meses, ou multa.*
>
> ***Parágrafo único.*** *A pena é aumentada de metade, se da omissão resulta lesão corporal de natureza grave, e triplicada, se resulta a morte.*

Trata-se de crime comum, omissivo por si só. A razão da incriminação e chancela pelo direito penal reside num dever social e moral de solidariedade para aqueles que estão em situação que reclama ajuda.

A omissão de socorro exige que a situação de perigo não tenha sido criada pelo próprio omitente. Se, ao contrário, o agente criou o perigo com um comportamento precedente (ingerência), responderá pelo resultado normativo nos termos do art. 13, § 2º.

O crime pode ser praticado de duas formas:

- **Diretamente**, ou seja, com o deixar de prestar socorro; ou
- **Indiretamente**, vale dizer, com o não pedido de assistência às autoridades públicas.

Atente-se, todavia, que em primeiro lugar o agente deve prestar imediata assistência. Caso não possa, deverá, então, procurar por socorro.

É o que ocorre, por exemplo, com a vítima que está a se afogar. Caso o agente não saiba ou não possa nadar por alguma circunstância, deverá acionar o Corpo de Bombeiros (ou outro órgão de proteção).

A autoridade pública, mencionada no tipo, é o servidor público em geral, isto é, policial civil, policial militar, bombeiro militar, guarda municipal etc.

A expressão **sem risco pessoal** consiste em agir sem risco à sua vida ou integridade física. A lei penal não exige heroísmo ou martírio, mas tão somente o possível, podendo e devendo o agente optar em chamar por socorro quando não tiver condições de agir pessoalmente. Ademais, o crime de omissão de socorro não admite tentativa, porquanto constitui infra*ção* instant*âne*a, consumando-se no instante em que o sujeito omite a presta*ção* de socorro. A falta de socorro quando a vítima está evidentemente morta não constitui crime, sendo considerada hipótese de crime impossível, pois não há socorro a ser prestado.

Por fim, o parágrafo único prevê que a pena será aumentada de metade (1/2) se da omissão resultar lesão corporal de natureza grave, ou triplicada, se houver o resultado morte. Aqui, o resultado não decorre diretamente da omissão, e sim, da causa originária que fez surgir a necessidade do socorro. Assim, a majorante somente será aplicada se ficar provado que, caso o agente tivesse socorrido a vítima, poderia ter-se evitado a ocorrência do resultado mais grave.

5.2.21 Condicionamento de atendimento médico hospitalar emergencial

> ***Art. 135-A*** *Exigir cheque-caução, nota promissória ou qualquer garantia, bem como o preenchimento prévio de formulários administrativos, como condição para o atendimento médico-hospitalar emergencial:*
>
> *Pena - detenção, de 3 (três) meses a 1 (um) ano, e multa.*
>
> ***Parágrafo único.*** *A pena é aumentada até o dobro se da negativa de atendimento resulta lesão corporal de natureza grave, e até o triplo se resulta a morte.*

A Lei nº 12.653/2012 introduziu, no Código Penal, no art. 135-A:

Segundo a dicção da lei, passou-se a tipificar a mencionada conduta comissiva, ao lado do tipo omissivo da omissão de socorro (art. 135, do CP), com o objetivo de obrigar dirigentes e empregados de estabelecimentos de saúde do tipo "pronto-socorro" **a não exigir** "cheques-caução", "nota promissória", ou qualquer outra garantia similar, bem como o preenchimento prévio de formulário administrativo, como *conditio sine qua non* para o atendimento médico-hospitalar emergencial.

Antes da referida inovação legal, não era frequente que aquele que procurasse atendimento médico-hospitalar emergencial, para si ou para terceiros, fosse instado, logo na recepção do nosocômio, a assinar um cheque em um determinado valor – o chamado "cheque-caução" – ou, alternativamente, a preencher um formulário administrativo. Tais providências, prévias e condicionantes do socorro médico, tinha por finalidade acautelar ou "proteger" financeiramente o estabelecimento hospitalar, na hipótese de o indivíduo não ter plano de saúde ou, caso fosse possuidor, que o mesmo não autorizasse, no todo ou em parte, a respectiva intervenção médica.

Superado o burocrático, com a autorização do respectivo plano de saúde, o cheque ou outro título de crédito deixado em caução, bem como o formulário administrativo, eram desconsiderados e devolvidos ao interessado. Caso o plano de saúde não autorizasse, por alguma razão, a cobertura financeira dos serviços médico-hospitalares, podia acontecer de o estabelecimento recusar o atendimento do necessitado ou, alternativamente, atendê-lo e cobrar o respectivo valor, descontando o cheque ou executando diretamente a dívida.

5.2.22 Maus-tratos

> ***Art. 136*** *Expor a perigo a vida ou a saúde de pessoa sob sua autoridade, guarda ou vigilância, para fim de educação, ensino, tratamento ou custódia, quer privando-a de alimentação ou cuidados indispensáveis, quer sujeitando-a a trabalho excessivo ou inadequado, quer abusando de meios de correção ou disciplina:*
>
> *Pena - detenção, de dois meses a um ano, ou multa.*
>
> *§ 1º Se do fato resulta lesão corporal de natureza grave:*
>
> *Pena - reclusão, de um a quatro anos.*
>
> *§ 2º Se resulta a morte:*
>
> *Pena - reclusão, de quatro a doze anos.*
>
> *§ 3º Aumenta-se a pena de um terço, se o crime é praticado contra pessoa menor de 14 (catorze) anos.*

Com a evolução dos costumes, a profissionalização da educação e a constatação de que inúmeros abusos de prerrogativas acarretavam perigos para a saúde ou mesmo a vida da pessoa em processo de educação, passou-se a ter como intolerável certos abusos daquele direito-dever.

Nesse sentido, o Código de Menores, promulgado em 1927, criminalizou os abusos corretivos, então denominados "castigos imoderados".

O bem jurídico tutelado pelo delito de maus-tratos é a vida e saúde humana, especialmente, daqueles submetidos à autoridade, à guarda, à vigilância, para fins de educação, ensino, tratamento ou custódia.

Saliente-se que o pátrio poder – ou melhor, o poder familiar – não é mais tido como um "direito absoluto", visto ser, unicamente, um meio para exercer direito à educação, dentre outros *munus*.

Em síntese, há de ser punido o excesso perpetrado pelos pais ou quaisquer outros responsáveis pela educação, ensino, tratamento ou custódia de pessoa determinada.

Com relação ao tipo objetivo, o primeiro destaque que deve ser dado diz respeito à relação subordinativa existente entre sujeito ativo e passivo. Exige-se uma relação de autoridade, guarda, vigilância para fins de educação, ensino, tratamento ou custódia.

Cuida-se de elementar típica especializante, acarretando, como dito, a figura do crime próprio. Os maus-tratos pressupõem determinadas condutas típicas.

O delito de maus-tratos se consuma com a exposição da vítima a perigo efetivo, ou seja, à probabilidade real de sofrer lesões. Trata-se de crime de perigo concreto, devendo-se comprovar a exposição ao risco de dano.

Dessa maneira, o mero empurrão, palmada ou beliscão, por mais antipedagógico que se apresente, não caracteriza, a princípio, o delito.

Anote-se que o crime é permanente nas três primeiras figuras típicas; e instantâneo na última.

Com relação à tentativa, em tese, é possível. Contudo, na prática, parece difícil se verificar a tentativa. Assim, em tese, se o agente é detido quando estava prestes a desferir uma surra de vara no filho, poderá responder pelo art. 136, do CP, na forma tentada.

De toda sorte, nas hipóteses de privação de alimentos ou dos cuidados básicos, não será possível a tentativa.

O crime somente se pratica mediante dolo.

Fique ligado

Não confundir o crime de maus-tratos com a tortura castigo.

É importante destacar que o delito de maus-tratos não se confunde com o tipo penal previsto no art. 1°, inciso II, da Lei n°9.455/1997 (Lei de Tortura). A diferença fundamental reside no **elemento subjetivo**. Nos maus-tratos, a intenção é obrigatoriamente a de educar, ensinar, tratar ou custodiar. **Na tortura, o objetivo não é educar, mas aplicar o castigo, que ganha importância como um fim em si mesmo. Além disso, neste delito os meios empregados produzem *intenso sofrimento físico ou mental*.** Configurará tortura, por exemplo, acorrentar o tutelado no porão da residência como forma de aplicar castigo. Haverá maus-tratos, de outra parte, se a medida consistir em privá-lo de alimentação por uma semana, visando educá-lo ou ensinar-lhe algo.

Nos §§1º e 2º há causas qualificadoras em decorrência do resultado culposo (lesão grave ou morte).

Se do crime de maus-tratos resultar **lesão corporal grave** ou **morte**, a conduta típica passa a ser qualificada, isto é, punida mais severamente. Tratam-se de qualificadoras exclusivamente **preterdolosas**, pois se o dolo do agente for de lesionar ou matar, não há que se falar no crime do art. 136, CP. No §3º, por fim, há causa de aumento de 1/3, se o crime é praticado contra pessoa menor de 14 (catorze) anos.

5.3 Rixa

Art. 137 *Participar de rixa, salvo para separar os contendores:*

Pena - detenção, de quinze dias a dois meses, ou multa.

Parágrafo único. *Se ocorre morte ou lesão corporal de natureza grave, aplica-se, pelo fato da participação na rixa, a pena de detenção, de seis meses a dois anos.*

Trata-se de crime comum, também denominado de crime de concurso necessário, já que se exige a presença de, pelo menos, três pessoas, para que o crime em estudo se consume.

Fundamentalmente, o ilícito consiste na briga entre várias pessoas, que se agridem reciprocamente.

Como ocorre em situações desse nível, é muito difícil apurar a responsabilidade pormenorizada das lesões havidas em brigas e confusões entre várias pessoas. Dessa forma, para rebarbar a impunidade por falta de provas, decidiu-se criminalizar o fato em si, ou seja, a rixa, posto que geradora de perigo para a saúde ou a vida individual. Numa palavra, rixa é confusão, baderna, desordem, distribuição indiscriminada de socos, tapas, empurrões, pontapés, arremesso de objetos etc.

Deve-se atentar para a sistemática da autonomia da rixa. Em outras palavras, pune-se a participação em rixa, de forma independente da imputação de lesões graves ou mesmo a morte. Restando apurada a autoria das lesões graves ou mesmo da morte, o agente também responderá, na forma do concurso formal, pelos crimes do art. 129 ou art. 121, respectivamente. No caso, não há incidência da forma qualificada da rixa (vedação do *bis in idem*). Os demais rixosos responderão pela forma qualificada do delito.

O bem jurídico protegido no crime de rixa é a incolumidade da pessoa física, mas, por via indireta objetiva-se também proteger a coletividade. Tutela-se, portanto, a incolumidade privada e pública.

Tratando-se de crime de perigo abstrato, a rixa se consuma por ocasião das agressões, ou seja, com a eclosão da briga generalizada.

Tratando-se de crime de perigo abstrato, a rixa se consuma por ocasião das agressões, ou seja, com a eclosão da briga generalizada.

O crime somente se pratica mediante dolo.

5.4 Crimes contra a honra

5.4.1 Calúnia

Art. 138 *Caluniar alguém, imputando-lhe falsamente fato definido como crime:*

Pena – detenção, de seis meses a dois anos, e multa.

§ 1º Na mesma pena incorre quem, sabendo falsa a imputação, a propala ou divulga.

§ 2º É punível a calúnia contra os mortos.

Exceção da verdade

§ 3º Admite-se a prova da verdade, salvo:

I – se, constituindo o fato imputado crime de ação privada, o ofendido não foi condenado por sentença irrecorrível;

II – se o fato é imputado a qualquer das pessoas indicadas no nº I do art. 141;

III – se do crime imputado, embora de ação pública, o ofendido foi absolvido por sentença irrecorrível.

Trata-se da conduta de imputar falsamente a outra pessoa, fato esse definido como **crime**.

Fique ligado

Não há previsão para imputação falsa de contravenção. Se isso ocorrer, poderemos estar diante do crime de difamação.

A conduta aqui prevista viola a honra objetiva do sujeito e está relacionada com a reputação e a boa fama do cidadão. Para sua consumação é imprescindível o conhecimento de terceiros. Qualquer pessoa pode ser o sujeito ativo deste crime (exceto as autoridades que gozam de inviolabilidade – senadores, deputados, vereadores).

Fique ligado

Ressaltamos que não existe autocalúnia. Se o agente, perante a autoridade, assumir a prática de crime inexistente, dando ensejo a investigações inúteis, responderá por autoacusação falsa (art. 341 do CP).

Haverá a calúnia quando o fato imputado jamais ocorreu, ou, quando o fato existiu e não foi a pessoa apontada seu autor. A conduta é praticada com dolo de ofender a honra da vítima. Não se admite a modalidade culposa.

Consuma-se no momento em que terceiro toma conhecimento da imputação criminosa feita à vítima. O crime é formal, pois consuma-se independentemente do dano à reputação da vítima. A tentativa se limita à modalidade escrita.

Fique ligado

Em defesa do interesse público, o CP admite a chamada exceção da verdade, ou seja, a prova da verdade da imputação, o que gera a atipia da conduta. Trata-se de um incidente processual, no qual o acusado de ter praticado calúnia pretende provar a veracidade do que alegou.

Existe também a chamada exceção de notoriedade, que consiste na oportunidade facultada ao demandado de demonstrar que suas afirmações são de domínio público. A exceção de notoriedade é cabível nos crimes de calúnia e de difamação. Ela se aplica sob o fundamento de que, se o fato é de domínio público, não há como se atentar contra a honra objetiva.

5.4.2 Difamação

> ***Art. 139*** *Difamar alguém, imputando-lhe fato ofensivo à sua reputação:*
>
> *Pena – detenção, de três meses a um ano, e multa.*
>
> *Exceção da verdade*
>
> ***Parágrafo único.*** *A exceção da verdade somente se admite se o ofendido é funcionário público e a ofensa é relativa ao exercício de suas funções.*

Consiste no ato de imputar a alguém fato não criminoso, mas ofensivo à sua reputação. O crime aqui previsto lesa a honra objetiva do autor. Para sua consumação, é imprescindível o conhecimento de terceiros.

Qualquer pessoa pode ser o sujeito ativo desta conduta (ressalvadas aquelas que possuem imunidade). O sujeito passivo também pode ser qualquer pessoa, inclusive a pessoa jurídica.

Fique ligado

Os mortos não podem ser difamados.

O crime se consuma quando um terceiro (ainda que um só) conhece da imputação desonrosa. É fundamental que a ofensa seja comunicada a terceiro. A exceção da verdade somente se admite se o ofendido é funcionário público e a ofensa é relativa ao exercício de suas funções.

> ***Súmula nº 714 – STF***
>
> *É concorrente a legitimidade do ofendido, mediante queixa, e do ministério público, condicionada à representação do ofendido, para a ação penal por crime contra a honra de servidor público em razão do exercício de suas funções.*

Para a difamação, admite-se a exceção de notoriedade.

5.4.3 Injúria

> ***Art. 140*** *Injuriar alguém, ofendendo-lhe a dignidade ou o decoro:*
>
> *Pena – detenção, de um a seis meses, ou multa.*
>
> *§ 1º O juiz pode deixar de aplicar a pena:*
>
> *I – quando o ofendido, de forma reprovável, provocou diretamente a injúria;*
>
> *II – no caso de retorsão imediata, que consista em outra injúria.*
>
> *§ 2º Se a injúria consiste em violência ou vias de fato, que, por sua natureza ou pelo meio empregado, se considerem aviltantes:*
>
> *Pena – detenção, de três meses a um ano, e multa, além da pena correspondente à violência.*
>
> *§ 3º Se a injúria consiste na utilização de elementos referentes à religião ou à condição de pessoa idosa ou com deficiência (Redação dada pela Lei nº 14.532, de 2023):*
>
> *Pena – reclusão de um a três anos, e multa.*

Diferentemente das modalidades anteriores, aqui o indivíduo tem atribuído qualidades negativas ou defeitos contra si. O crime aqui previsto viola a **honra subjetiva** do cidadão, que é aquela relacionada à dignidade e ao decoro pessoal. É o juízo que cada indivíduo tem de si (relacionado à autoestima).

Para sua consumação não é imprescindível o conhecimento de terceiros. Qualquer pessoa pode ser o sujeito ativo ou passivo deste crime. A pessoa jurídica, por não possuir honra subjetiva, não pode ser sujeito passivo deste crime.

A autoinjúria não constitui delito. Na injúria, como não existe a imputação de um fato, mas somente a opinião de um agente sobre o ofendido, não se admite a exceção da verdade nem a de notoriedade.

As hipóteses previstas no §1º consistem em formas de perdão judicial. Embora conste o verbo "poderá", é uniforme a ideia de que se trata de direito subjetivo do acusado. A qualificadora do § 2º é também denominada de injúria real.

A lei exige que a violência seja aviltante, agindo o agente com o propósito de ofender, humilhar a vítima (Ex.: cusparada, tapa na face). Nas palavras de Nelson Hungria, atinge-se a alma do agente e não somente a integridade física (puxão de orelha, cuspe no rosto, tapa na cara etc.).

Já a qualificadora do § 3º foi alterada pela Lei nº14.532/2023, de modo que a denominada injúria racial migrou do Código Penal para a Lei de Racismo (Lei nº 7.716/1989), sendo, então, equiparada ao crime de racismo. Agora, a ofensa motivada pela "raça, cor, etnia e origem" não mais consta do § 3º, do art. 140. Assim, os xingamentos envolvendo a raça, cor, etnia e origem passam a ser tipificados no art. 2º-A, da Lei nº 7.161989, com pena de dois a cinco anos de reclusão. É importante destacar que o termo "origem", anteriormente previsto no §3º, passou a ser denominado de "procedência nacional", configurando a injúria preconceituosa de origem interna, ou seja, para pessoas pertencentes a determinados estados da federação. Com alteração promovida pela Lei nº14.532/2023, a injúria racial deve sofrer as mesmas consequências do crime de racismo, quais sejam, a condição de crime inafiançável, imprescritível e de ação penal pública incondicionada.

É importante destacar que a conduta de injúria preconceituosa não pode ser confundida com o crime de racismo previsto no art. 20 da Lei nº 7.716/1989. Nessa, pressupõe-se a ocorrência de segregação em função da raça ou da cor, situação em que a segregação é utilizada com o intuito de criar, por meio de ações concretas, efetiva divisão dos cidadãos, baseado em preconceito de raça ou cor. Na injúria racial, o crime é praticado contra agente específico, por meio de xingamentos, com intuito de ofender moralmente o indivíduo.

Portanto, a injúria praticada contra a pessoa em razão da raça, cor, etnia ou procedência nacional torna-se, legalmente, espécie de racismo.

Fique ligado

Agora, com as alterações promovidas pela Lei nº14.532/2023, a injúria praticada contra a pessoa em razão da raça, cor, etnia ou procedência nacional torna-se, legalmente, espécie de racismo.

5.4.4 Disposições comuns aos crimes contra a honra

Causas de aumento de pena

Art. 141 *As penas cominadas neste Capítulo aumentam-se de um terço, se qualquer dos crimes é cometido:*

I - contra o Presidente da República, ou contra chefe de governo estrangeiro;

II - contra funcionário público, em razão de suas funções;

III - na presença de várias pessoas, ou por meio que facilite a divulgação da calúnia, da difamação ou da injúria.

IV - contra criança, adolescente, pessoa maior de 60 (sessenta) anos ou pessoa com deficiência, exceto na hipótese prevista no § 3º do art. 140 deste Código (Redação da pela Lei nº14.344/2022).

§ 1º - Se o crime é cometido mediante paga ou promessa de recompensa, aplica-se a pena em dobro. ***(também chamado de ofensa mercenária)****.*

§ 2º Se o crime é cometido ou divulgado em quaisquer modalidades das redes sociais da rede mundial de computadores, aplica-se em triplo a pena.

O art. 141 apresenta situações em que os crimes contra honra têm a pena aumentada de 1/3. Merece destaque a alteração promovida pela Lei nº14.344/2022, quanto à causa de aumento prevista no inciso IV, do art. 141. Anteriormente, não havia previsão de causa de aumento no caso de crimes contra honra praticado contra criança ou adolescente. Com a novel Lei, os crimes de calúnia, injúria e difamação praticados contra criança ou adolescente serão punidos mais severamente. Vale destacar que o inciso IV alerta, ao final, que a majorante não coexiste com a injúria qualificada pelo preconceito, evitando-se *bis in idem*.

Das disposições apresentadas, a que merece ressalva é a constante do § 2º, tendo em vista que havia sido vetada pelo Presidente da República, mas tal veto fora completamente afastado pelo Congresso Nacional, existindo agora, portanto, disposição que eleva a pena ao triplo.

Exclusão do crime

Art. 142 *Não constituem injúria ou difamação punível:*

I - a ofensa irrogada em juízo, na discussão da causa, pela parte ou por seu procurador;

II - a opinião desfavorável da crítica literária, artística ou científica, salvo quando inequívoca a intenção de injuriar ou difamar;

III - o conceito desfavorável emitido por funcionário público, em apreciação ou informação que preste no cumprimento de dever do ofício.

Parágrafo único. *Nos casos dos Ins. I e III, responde pela injúria ou pela difamação quem lhe dá publicidade.*

Não será considerado crime a injúria ou a difamação (exclui-se a calúnia) quando o fato for praticado em juízo, na discussão dos interesses dos envolvidos, alcançando a parte e seu procurador.

Ainda, a opinião da crítica, desde que não tenha a intenção clara de difamar ou de injuriar.

Também, o conceito desfavorável prestado por servidor público, em análise ou informação que preste no exercício da função.

Fique ligado

Na hipótese dos incisos I e III do art. 142, responderá pela injúria ou pela difamação aquele que lhe der publicidade.

Retratação

Art. 143 *O querelado que, antes da sentença, se retrata cabalmente da calúnia ou da difamação, fica isento de pena.*

Parágrafo único. *Nos casos em que o querelado tenha praticado a calúnia ou a difamação utilizando-se de meios de comunicação, a retratação dar-se-á, se assim desejar o ofendido, pelos mesmos meios em que se praticou a ofensa.*

A retratação é um ato unilateral, não depende de aceitação do ofendido.

Fique ligado

Não confundir retratação com o perdão do ofendido.

Como possui caráter subjetivo, a retratação de um dos querelados não se estende aos demais.

Ademais, a retratação só é cabível nos crimes de calúnia e difamação. E o momento em que se pode realizar a retratação é **até o proferimento da sentença.**

Pedido de explicações em juízo

Art. 144 *Se, de referências, alusões ou frases, se infere calúnia, difamação ou injúria, quem se julga ofendido pode pedir explicações em juízo. Aquele que se recusa a dá-las ou, a critério do juiz, não as dá satisfatórias, responde pela ofensa.*

Havendo ofensas equívocas, aquelas com duplo sentido, vagas, é dado ao suposto ofendido o direito de pedir explicações em juízo, funcionando como uma medida preparatória e facultativa para o oferecimento da inicial.

O juízo competente para o processamento do pedido de explicações é o juiz da vara criminal, onde irá tramitar a suposta ação penal privada.

Fique ligado

Vale destacar que se a parte se recusar a dar explicações ou as der de maneira não satisfatória, responderá pelo conteúdo da ofensa.

Ação penal

Art. 145 *Nos crimes previstos neste Capítulo somente se procede mediante queixa, salvo quando, no caso do art. 140, § 2º, da violência resulta lesão corporal.*

Parágrafo único. *Procede-se mediante requisição do Ministro da Justiça, no caso do inciso I do caput do art. 141 deste Código, e mediante representação do ofendido, no caso do inciso II do mesmo artigo, bem como no caso do § 3º do art. 140 deste Código.*

Nos crimes contra a honra, a regra é que se adote a ação penal privada. Porém, se do crime de injúria resulta lesão corporal, a ação será pública incondicionada. **Ainda, com o advento da Lei nº 9.099/1995, existe doutrina que sustenta o crime ser de ação penal pública condicionada se a lesão for leve.**

Somado a isso, será pública condicionada a representação no caso de o delito ser cometido contra funcionário público, no exercício de suas funções e, também, pública condicionada à requisição do Ministro da Justiça, caso o crime seja praticado contra o Presidente da República ou chefe de governo estrangeiro.

Súmula nº 714 – STF

É concorrente a legitimidade do ofendido, mediante queixa, e do Ministério Público, condicionada à representação do ofendido, para a ação penal por crime contra a honra de servidor público em razão do exercício de suas funções.

5.5 Crimes contra a liberdade individual

5.5.1 Crimes contra a liberdade pessoal

Constrangimento ilegal

Art. 146 *Constranger alguém, mediante violência ou grave ameaça, ou depois de lhe haver reduzido, por qualquer outro meio, a capacidade de resistência, a não fazer o que a lei permite, ou a fazer o que ela não manda:*

Pena *- detenção, de três meses a um ano, ou multa.*

Aumento de pena

§ 1º As penas aplicam-se cumulativamente e em dobro, quando, para a execução do crime, se reúnem mais de três pessoas, ou há emprego de armas.

§ 2º Além das penas cominadas, aplicam-se as correspondentes à violência.

§ 3º Não se compreendem na disposição deste artigo:

I - a intervenção médica ou cirúrgica, sem o consentimento do paciente ou de seu representante legal, se justificada por iminente perigo de vida;

II - a coação exercida para impedir suicídio.

A liberdade individual pode também ser chamada de "liberdade pública" – que consiste no direito de livre manifestação da vontade, a liberdade ambulatorial, a dignidade da pessoa humana, a privacidade, a intimidade, além de outras garantias do cidadão.

No caso em tela, a lei penal visa proteger a liberdade de autodeterminação, ou seja, o direito de a pessoa fazer ou não fazer o que lhe for permitido por lei.

Trata-se do direito de externar livremente sua vontade, direito de resistir àquilo que não deseja fazer ou se abster, salvo quando obrigada por força de uma norma geral e abstrata, ou seja, pela lei.

O crime em estudo é manifestamente subsidiário.

O sujeito ativo pode ser qualquer pessoa.

O núcleo do tipo é "constranger", que representa a ideia de coagir, compelir, forçar alguém a fazer ou não fazer o que não está obrigado por força de lei.

> **Ex.:** confessar um crime, escrever uma carta, entregar um documento etc.

A finalidade da coação pode ser a prestação de qualquer natureza, desde que não constitua outra infração penal (absorção). Em suma, trata-se de pretensão ilegítima, por exemplo, ingerir bebida alcoólica, ir ou não ir a determinado espetáculo, assistir ou não assistir a um programa de televisão, faltar a aulas na escola etc.

Não é necessário para satisfazer o tipo penal que o sujeito passivo resista à violência, ameaça ou a qualquer outro meio capaz de reduzir a sua resistência. O sujeito passivo pode anuir, viciosamente, claro, a fazer ou deixar de fazer o que lhe é impingido.

É elementar do tipo penal que a conduta seja praticada mediante violência ou grave ameaça.

O constrangimento ilegal se consuma com a efetiva adoção, por parte da vítima, total ou parcial, do comportamento impingido pelo agente.

A tentativa restará caracterizada quando, inobstante o emprego de violência física ou grave ameaça, não se realiza a ação pretendida, ou quando a vítima não se intimida, ou bem resiste heroicamente à agressão/ameaça sofrida.

O art. 146, § 1º contempla hipótese de aplicação da pena cumulativamente (detenção e multa) e em dobro quando, no momento da execução do crime, reúnem-se quatro ou mais pessoas, dado o excessivo acréscimo de temor. Na contagem dos concorrentes, computam-se menores e/ou terceiros não identificados.

Aplica-se, ainda, o disposto nesse parágrafo, na hipótese de emprego de armas. Atente-se que a palavra "armas", no plural, indica gênero e não a exigência de mais de um artefato.

Pode, portanto, ser uma arma legítima ou uma arma branca.

O art. 146, § 2º, do CP, determina que, em havendo o constrangimento com violência, haverá cúmulo material de infrações.

As hipóteses do § 3º do art. 146, do CP, representam excludentes de tipicidade. Assim, não haverá crime das hipóteses destacadas.

Ameaça

***Art. 147** Ameaçar alguém, por palavra, escrito ou gesto, ou qualquer outro meio simbólico, de causar-lhe mal injusto e grave:*

Pena - detenção, de um a seis meses, ou multa.

***Parágrafo único.** Somente se procede mediante representação.*

A ação nuclear consiste em *ameaçar*, isto é, intimidar, difundir o medo na vítima.

- É necessário que a ameaça seja idônea, isto é, capaz de inspirar temor e, dessa forma, atingir a vítima psicologicamente. Se for empregada de maneira vaga, deixará de ser idônea (Ex.: "você vai se arrepender"). Crime de menor potencial ofensivo: aplica-se a lei dos juizados (Lei nº 9.099/1995).
- Ação penal condicionada à representação.
- Meio simbólico: muro do indivíduo está marcado de sangue.

Fique ligado

É necessário que o mal seja injusto e grave.

Quanto ao elemento subjetivo, a infração é punida exclusivamente na forma **dolosa**. O fim do agente é intimidar o sujeito passivo **(elemento subjetivo específico)**. Se o autor pretender que a vítima faça ou deixe de fazer algo, ilegitimamente (sem amparo na lei), o crime será de constrangimento ilegal.

Tudo aquilo que tem que ser decidido pela justiça, não é considerado mal injusto, mas sim mal justo. Logo, não será considerado crime de ameaça.

Se for funcionário público constrangendo alguém pode caracterizar o crime de abuso de autoridade específica.

Perseguição (*stalking*)

***Art. 147-A** Perseguir alguém, reiteradamente e por qualquer meio, ameaçando-lhe a integridade física ou psicológica, restringindo-lhe a capacidade de locomoção ou, de qualquer forma, invadindo ou perturbando sua esfera de liberdade ou privacidade.*

Pena – reclusão, de 6 (seis) meses a 2 (dois) anos, e multa.

§ 1º A pena é aumentada de metade se o crime é cometido:

I – contra criança, adolescente ou idoso;

II – contra mulher por razões da condição de sexo feminino, nos termos do § 2º-A do art. 121 deste Código;

III – mediante concurso de 2 (duas) ou mais pessoas ou com o emprego de arma.

§ 2º As penas deste artigo são aplicáveis sem prejuízo das correspondentes à violência.

§ 3º Somente se procede mediante representação.

O crime de perseguição foi tipificado recentemente por meio da Lei nº 14.132/2021, incriminando a conduta de qualquer pessoa que **persegue** alguém (vítima determinada), **reiteradamente** e por qualquer meio, **ameaçando-lhe** a integridade física ou psicológica, **restringindo-lhe** a capacidade de **locomoção** ou, de qualquer forma, **invadindo** ou **perturbando** sua esfera de **liberdade** ou **privacidade**.

- Ameaçando-lhe a integridade: **física ou psicológica;** ou
- Restringindo-lhe a capacidade: **locomoção;** ou
- Invadindo/perturbando: **liberdade ou privacidade.**

O crime exige a prática reiterada (pluralidade), que pode se dar por meio de uma perseguição real (*stalking* presencial) ou remota (*stalking* virtual), esta última também chamada de *cyberstalking*, ocorrendo por meio de redes sociais, mensagens de texto, chamadas via telefone, *WhatsApp* etc.

Aumenta-se a pena se o crime é cometido:

DPEN

- Contra criança, adolescente ou idoso;
- Mediante concurso de duas ou mais pessoas;
- Emprego de **arma (genérica);**
- Contra mulher por razões da condição de sexo feminino, nos termos do § 2º-A do art. 121 deste Código.

Consideram-se razões da condição de sexo feminino: violência doméstica e familiar; menosprezo ou discriminação à condição de mulher.

Além disso, pune-se também o agente com as penas correspondentes à violência. Por exemplo, crime de lesão corporal.

Fique ligado

O crime somente se processa mediante representação da vítima ou do ofendido. Trata-se, portanto, de crime de ação penal pública **condicionada.**

Violência psicológica contra a mulher

> ***Art. 147-B Causar dano emocional à mulher** que a prejudique e perturbe seu pleno desenvolvimento ou que vise a degradar ou a controlar suas ações, comportamentos, crenças e decisões, **mediante** ameaça, constrangimento, humilhação, manipulação, isolamento, chantagem, ridicularização, limitação do direito de ir e vir ou qualquer outro meio que cause prejuízo à sua saúde psicológica e autodeterminação:*
>
> *Pena - **reclusão**, de 6 (seis) meses a 2 (dois) anos, e multa, **se a conduta não constitui crime mais grave**.*

A Lei nº 14.188/2021, "Lei do Sinal Vermelho", criou a conduta incriminadora Violência psicológica contra a mulher, tipificada no art. 147-B do Código Penal, dentro dos crimes contra a liberdade pessoal, tutelando-se, assim, a liberdade da mulher. Diante disso, reforça a ideia de que a violência contra a mulher não é somente física, conforme prevê o art. 7º da Lei Maria da Penha (Lei nº11.340/2006). Agora, surge em âmbito penal, a fim de suprir a deficiência legislativa que apenas trazia conceitos e formas dessa agressão.

O tipo penal visa proteger a integridade psíquica da mulher, seu bem-estar psicológico, sua autoestima e, ainda, sua liberdade e capacidade de autodeterminação.

É possível a **tentativa**, pois trata-se de crime plurissubsistente. Se o agente, por exemplo, de forma dolosa, ridiculariza ou humilha a vítima, mas não o suficiente para abalá-la emocionalmente, não alcançando este resultado por circunstâncias alheias à sua vontade, responde por crime tentado.

Fique ligado

Trata-se de um tipo penal **subsidiário**, afastando-se sua incidência se houver um crime mais grave.
O tipo penal é processado mediante ação penal pública **incondicionada.**

A descrição do tipo traz consigo um resultado naturalístico (**dano emocional**). Além disso, destaca-se que se trata de **crime comum em relação ao sujeito ativo,** mas não se faz necessária a motivação específica de gênero tipificada no art. 121, § 2º-A, **bastando que a vítima seja mulher.** Portanto, o vínculo familiar, o doméstico ou o afetivo estão dispensados para caracterização do delito.

Fique ligado

A prática do crime, **por si só**, não afasta a incidência da Lei nº 9.099/1995, exceto quando envolve violência doméstica ou familiar.

Conflito entre perseguição motivada por gênero x violência psicológica contra a mulher:

O crime do art. 147-B funciona como um "soldado reserva", atuando quando o fato não constitui um crime mais grave. Nesse caso, havendo perseguição **reiterada** contra uma mulher, considerando-se as razões de gênero do 121, § 2º-A, aplica-se o crime de **perseguição com aumento de pena em metade (art. 147-A, § 1, II)** por ser mais grave.

É possível que haja concurso de crimes, desde que as condutas sejam praticadas em contextos fáticos distintos.

Sequestro e cárcere privado

> ***Art. 148** Privar alguém de sua liberdade, mediante seqüestro ou cárcere privado:*
>
> *Pena - reclusão, de um a três anos.*
>
> *§ 1º A pena é de reclusão, de dois a cinco anos:*
>
> *I - se a vítima é ascendente, descendente, cônjuge ou companheiro do agente ou maior de 60 (sessenta) anos;*
>
> *II - se o crime é praticado mediante internação da vítima em casa de saúde ou hospital;*
>
> *III - se a privação da liberdade dura mais de quinze dias.*
>
> *IV – se o crime é praticado contra menor de 18 (dezoito) anos;*
>
> *V – se o crime é praticado com fins libidinosos.*
>
> *§ 2º Se resulta à vítima, em razão de maus-tratos ou da natureza da detenção, grave sofrimento físico ou moral:*
>
> *Pena - reclusão, de dois a oito anos.*

Este delito sofreu significativas alterações por conta de várias reformas legislativas. Porém, sua essência nunca deixou de existir, sendo representada por uma conduta que se assemelha ao constrangimento ilegal, mas com privação de liberdade.

O sujeito ativo pode ser qualquer pessoa. No entanto, sendo o agente funcionário público, poderá responder por delito de abuso de autoridade. Caso o agente tenha laços de família com a vítima, poderá responder pelo delito na forma qualificada.

Terminologicamente, sequestro difere de cárcere privado. A primeira modalidade é gênero, enquanto a segunda é espécie. Explicamos: cárcere privado é o confinamento em recinto fechado (quarto, banheiro, mala do carro etc.), enquanto que, no sequestro há a supressão da liberdade em qualquer lugar.

> **Ex.:** nas dependências de uma área rural.

A diferenciação reside apenas no plano teórico, eis que as situações recebem o mesmo tratamento jurídico.

É imprescindível que a privação ocorra por espaço de tempo juridicamente relevante, não se exigindo que a impossibilidade de superação das barreiras à locomoção seja absoluta, caracterizando, assim, o crime quando a "fuga" for arriscada ou extremamente vexatória (deixar uma mulher despida num banheiro público, por exemplo).

O crime somente se pratica mediante dolo.

O delito se consuma quando a vítima fica privada de sua liberdade de locomoção, isto é, no momento em que não possa exercitar o direito de ir ou vir.

Por outro giro, admite-se a tentativa. Isso porque se trata de delito material. É o que ocorre na hipótese de alguém ser surpreendido prestes a trancafiar a vítima num determinado cômodo.

No art. 148, § 1º, do CP, temos a previsão das formas qualificadas. A primeira diz respeito à condição da vítima: ascendente, descendente, cônjuge ou companheiro do agente.

A segunda qualificadora é a da vítima maior de 60 anos. Cuida-se de disposição inserida pelo Estatuto do Idoso, objetivando uma maior tutela desse grupo especial de pessoas. Não se desconhece que, em razão da saúde frágil, muitos idosos são inescrupulosamente privados da liberdade ambulatorial. Se a pessoa completa 60 anos durante o cativeiro, também incidirá a qualificadora.

A qualificadora seguinte trata do crime praticado mediante a internação. No caso, a internação ou a manutenção sob internação se dá de forma fraudulenta, como forma de mascarar o real propósito do agente.

A forma qualificada da duração de mais de 15 dias de privação da liberdade denota a maior reprovabilidade da conduta.

Há ainda a previsão da figura qualificada quando o crime for praticado contra menor de 18 anos ou quando o crime for praticado com fins libidinosos.

Fique ligado

Há que se recordar que se trata de crime permanente, ou seja, a qualificadora persiste ainda que a vítima venha a completar 18 anos no cárcere.

Redução à condição análoga a de escravo

Art. 149 *Reduzir alguém a condição análoga à de escravo, quer submetendo-o a trabalhos forçados ou a jornada exaustiva, quer sujeitando-o a condições degradantes de trabalho, quer restringindo, por qualquer meio, sua locomoção em razão de dívida contraída com o empregador ou preposto:*

Pena - reclusão, de dois a oito anos, e multa, além da pena correspondente à violência.

§ 1º Nas mesmas penas incorre quem:

I – cerceia o uso de qualquer meio de transporte por parte do trabalhador, com o fim de retê-lo no local de trabalho;

II – mantém vigilância ostensiva no local de trabalho ou se apodera de documentos ou objetos pessoais do trabalhador, com o fim de retê-lo no local de trabalho

§ 2º A pena é aumentada de metade, se o crime é cometido:

I – contra criança ou adolescente;

II – por motivo de preconceito de raça, cor, etnia, religião ou origem.

O crime de redução à condição análoga à de escravo (*plagium*[2]), contemplava um tipo aberto. Todavia, como a quase unanimidade dos casos dizia respeito aos lamentáveis episódios envolvendo pessoas exploradas economicamente, depois de alterações normativas, o tipo penal passou a ostentar redação específica sobre a exploração desumana de trabalhadores brasileiros ou estrangeiros, no campo ou na cidade.

Atente-se, ainda, que a presente infração penal denota um maior desprezo pela pessoa humana. Viola-se, por conseguinte, normas e de princípios inscritos na Constituição Federal de 1988, bem como em tratados e convenções internacionais.

Tutela-se a liberdade pessoal, com especial relação ao *status libertatis*. Busca-se evitar que uma pessoa seja submetida à servidão de outrem. A lei penal quer prevenir e reprimir a completa sujeição de uma pessoa ao poder de outra.

Fique ligado

Nesse particular, o hipotético consentimento do ofendido é irrelevante. Não há a exclusão do delito se o próprio sujeito concorda com a inteira supressão de sua liberdade pessoal, já que isso importaria em anulação da personalidade, o que é vedado pelo ordenamento jurídico.

Qualquer pessoa pode ser autora do crime sob consideração, assim como a vítima.

2 Expressão que vem do Direito Romano e consistia na imposição indevida de um cidadão à condição de escravo.

O tipo objetivo descreve a submissão total do sujeito passivo, suprimindo seu *status libertatis*. Em resumo, a vítima é forçada a sujeitar-se a uma situação atentatória aos seus mais básicos direitos. Para a tipicidade do fato, não é necessário que a vítima seja transportada ou transferida de um lugar para o outro, nem que seja enclausurada, ou sofra maus-tratos, desde que haja privações ao seu direito de ir e vir. Esse estado de submissão deve ter alguma duração temporal, caso contrário poderá ser crime de sequestro.

No Brasil, é comum encontrar-se essa situação tanto nas capitais como no interior dos Estados, onde indivíduos são contratados para prestar serviços em colheitas nas fazendas, mas acabam se tornando devedores de seus patrões que arcam com sua condução, hospedagem, alimentação etc. Até que quitem a dívida, esses indivíduos são forçados a trabalhar sem receber nada em troca.

Com a Lei nº 10.803/2003 foram elencadas modalidades específicas de redução à condução análoga de escravo:

- Submissão a trabalhos forçados ou a jornada exaustiva: sujeitar, subjugar a vítima, forçando-a trabalhos forçados ou exaustivos, quando a vítima não consegue oferecer recusa, em face do emprego de violência, grave ameaça ou fraude;
- Sujeição a condições degradantes de trabalho: o indivíduo é obrigado a trabalhar em condições violadoras de sua dignidade, sem possibilidade ou meios de interromper ou de se recusar a cumprir as ordens;
- Mediante restrição, por qualquer meio, de sua locomoção em razão de dívida contraída com o empregador ou preposto – em decorrência da dívida, há verdadeira restrição da liberdade de locomoção, sendo cerceada a liberdade de ir e vir do indivíduo.

A vítima é obrigada a trabalhar sem permissão para deixar o local até quitar a dívida contraída com o patrão ou preposto.

Tais ações podem ser praticadas por qualquer meio (crime de forma livre), inclusive mediante o emprego de fraude, ameaça ou violência. Trata-se de norma penal especial em relação aos delitos do art. 146 (constrangimento ilegal), art. 147 (ameaça) e art. 148 (cárcere privado), se forem meios para a prática do delito do art. 149, todos do CP. Porém, haverá concurso material se houver homicídio, lesões ou estupro, dentre outras figuras que tutelam bens jurídicos distintos.

O crime é praticado mediante dolo e se aperfeiçoa quando o agente reduz a vítima à condição semelhante à de escravo com a prática de alguma das condutas descritas no tipo.

A tentativa é, em tese, cabível, por tratar-se de crime material, embora, na prática, de difícil verificação. Alude-se ao exemplo do agente ser detido numa *blitz* policial no momento em que conduzia trabalhadores rurais para uma fazenda, onde ficariam sem oportunidade de transporte de volta.

Tráfico de pessoas

Art. 149-A *Agenciar, aliciar, recrutar, transportar, transferir, comprar, alojar ou acolher pessoa, mediante grave ameaça, violência, coação, fraude ou abuso, com a finalidade de:*

I - remover-lhe órgãos, tecidos ou partes do corpo;

II - submetê-la a trabalho em condições análogas à de escravo;

III - submetê-la a qualquer tipo de servidão;

IV - adoção ilegal; ou

V - exploração sexual.

Pena - reclusão, de 4 (quatro) a 8 (oito) anos, e multa.

§ 1º A pena é aumentada de um terço até a metade se:

I - o crime for cometido por funcionário público no exercício de suas funções ou a pretexto de exercê-las;

II - o crime for cometido contra criança, adolescente ou pessoa idosa ou com deficiência;

III - o agente se prevalecer de relações de parentesco, domésticas, de coabitação, de hospitalidade, de dependência econômica, de autoridade ou de superioridade hierárquica inerente ao exercício de emprego, cargo ou função; ou

IV - a vítima do tráfico de pessoas for retirada do território nacional.

§ 2º A pena é reduzida de um a dois terços se o agente for primário e não integrar organização criminosa.

O crime pode ser praticado por qualquer pessoa, cuida-se de crime comum. Contudo, na prática, observa-se o concurso de pessoas – na forma de associação ou organização criminosa – para a realização do delito. Com efeito, trata-se de um dos delitos controlados pelo crime organizado transnacional.

Por sua vez, o sujeito passivo é qualquer pessoa.

O tráfico de pessoas para fins de adoção ilegal pressupõe, via de regra, que a vítima seja criança ou adolescente.

Cuida-se de tipo de ação múltipla ou conteúdo variado. Os verbos são agenciar (tratar, cuidar, promover), aliciar (atrair, seduzir, cooptar), recrutar (trazer ou angariar adeptos), transportar (levar de um local para outro), transferir (fazer passar, deslocar), comprar (adquirir de forma onerosa), alojar (recolher ou acomodar) ou acolher (dar acolhida ou hospedar). A ação perpetrada por tais verbos recai sobre pessoa (homem, mulher ou criança) e deve ser empregada mediante grave ameaça (vis compulsiva), violência (vis absoluta), coação moral (que pode ser resistível ou irresistível), fraude (engano, artifício, ardil ou qualquer expediente capaz de induzir ou manter a vítima em erro) ou abuso (uso incorreto ou ilícito de um determinado direito ou de uma autoridade ou, ainda, tirar proveito da situação vulnerável da vítima, conforme as considerações acima apresentadas).

A finalidade objetivada com a conduta é a da remoção de órgãos, tecidos ou partes do corpo; submissão a trabalho em condições análogas à de escravo; submissão a qualquer tipo de servidão; adoção ilegal; ou exploração sexual.

Para existir, o tráfico de pessoas não exige mais o requisito da entrada ou a saída da vítima do território nacional. Todavia, é certo que o cruzar as fronteiras do país constitui-se uma das causas de aumento de pena, consoante o art. 149-A, § 1°, IV, do CP.

A anuência da vítima não descaracteriza o crime em questão.

O crime é praticado por dolo, agregado do especial fim de agir consubstanciado no propósito de remoção de órgãos, tecidos ou partes do corpo, submissão a trabalho em condições análogas à de escravo, submissão a qualquer tipo de servidão, adoção ilegal; ou exploração sexual.

A consumação ocorre com a realização das condutas de agenciar, aliciar, recrutar, transportar, transferir, comprar, alojar ou acolher pessoa, desde que empregada a violência física ou moral, a fraude ou o abuso de direito ou de autoridade. A finalidade objetivada pelo agente (remoção de órgãos, tecidos ou partes do corpo, submissão a trabalho em condições análogas à de escravo, submissão a qualquer tipo de servidão, adoção ilegal; ou exploração sexual) não necessita se verificar para fins de consumação.

A tentativa é cabível, por se tratar de crime plurissubsistente.

Segundo o § 1º, do art. 149-A, do CP, a pena é aumentada de um terço até a metade se o crime for cometido por funcionário público no exercício de suas funções, ou, a pretexto de exercê-las; se a vítima for criança, adolescente ou pessoa idosa ou com deficiência; se o agente se prevalecer de relações de parentesco, domésticas, de coabitação, de hospitalidade, de dependência econômica, de autoridade ou de superioridade hierárquica inerente ao exercício de emprego, cargo ou função; ou se a vítima for para o exterior.

No primeiro caso, além de ir contra a política criminal global de coibir o tráfico de pessoas, o funcionário público (cuja a definição para fins penais está contida no art. 327, do CP) infringe os deveres de probidade e de moralidade inerentes à administração pública federal, estadual ou municipal. Na hipótese de a vítima ser criança, adolescente ou pessoa idosa ou com deficiência, evidencia-se a situação de maior vulnerabilidade, justificando-se, assim, o reforço punitivo. No caso de aproveitamento dos vínculos especiais de parentesco, hospitalidade etc., é indiscutível o maior desvalor da conduta, devendo-se atentar para não incorrer em *bis in idem* no caso de funcionário público valer-se do exercício do seu cargo, emprego ou função nos quadros da administração pública. Por fim, a retirada da vítima do território nacional aprofunda tanto a gravidade da conduta como a do resultado, não raro colocando a vida da pessoa traficada ao risco de morte ou lesões corporais de natureza grave.

Nos termos do § 2°, do art. 149-A, do CP, a pena é reduzida de um até dois terços se o agente for primário e não integrar organização criminosa. Cuida-se de minorante inspirada na causa de diminuição existente em outra modalidade de tráfico, qual seja, no art. 33, § 4º, da Lei nº 11.343/2006 (Lei de Drogas), embora não contemple os requisitos adicionais de bons antecedentes e de não se dedicar às atividades criminosas.

De toda sorte, faz jus a redução de pena aquele que, de fato, além de não ser reincidente (art. 65, do CP), não estiver vinculado a nenhuma rede, esquema ou grupo de tráfico de pessoas, perpetrando-o de maneira episódica, restando, enfim, comprovado que não faz de tal crime um "meio de vida".

Se se tratar da conduta de recrutar trabalhadores, mediante fraude, com o fim de levá-los para território estrangeiro, o crime será do art. 206, do CP, e não tráfico de pessoas. Da mesma forma, se se tratar de aliciamento de trabalhadores de um local para outro do território nacional, estará caracterizado o crime do art. 207, do CP.

Não se confunde, igualmente, com o tráfico de pessoas, a conduta do "coiote", ou seja, daquele que promove, por qualquer meio, com o fim de obter vantagem econômica, a entrada ilegal em território nacional ou de brasileiro em país estrangeiro (art. 232-A, do CP, introduzido pela Lei nº 13.445/2017).

A pena é de quatro a oito anos de reclusão, além de multa na forma básica.

A ação é pública incondicionada. Quanto ao tráfico de pessoas, quando transnacional, a competência será da Justiça Federal (art. 109, V, da CF).

5.5.2 Crimes contra a inviolabilidade do domicílio

Violação de domicílio

Art. 150 *Entrar ou permanecer, clandestina ou astuciosamente, ou contra a vontade expressa ou tácita de quem de direito, em casa alheia ou em suas dependências:*

Pena - detenção, de um a três meses, ou multa.

§ 1º Se o crime é cometido durante a noite, ou em lugar ermo, ou com o emprego de violência ou de arma, ou por duas ou mais pessoas:

Pena - detenção, de seis meses a dois anos, além da pena correspondente à violência.

§ 3º Não constitui crime a entrada ou permanência em casa alheia ou em suas dependências:

I - durante o dia, com observância das formalidades legais, para efetuar prisão ou outra diligência;

II - a qualquer hora do dia ou da noite, quando algum crime está sendo ali praticado ou na iminência de o ser.

§ 4º A expressão "casa" compreende:

I - qualquer compartimento habitado;

II - aposento ocupado de habitação coletiva;

III - compartimento não aberto ao público, onde alguém exerce profissão ou atividade.

§ 5º Não se compreendem na expressão "casa":

I - hospedaria, estalagem ou qualquer outra habitação coletiva, enquanto aberta, salvo a restrição do n.º II do parágrafo anterior;

II - taverna, casa de jogo e outras do mesmo gênero.

Segundo o art. 5º, XI, CF, a casa é asilo inviolável do indivíduo. Protege-se, assim, a liberdade privada, especialmente da inviolabilidade do domicílio, do direito à tranquilidade doméstica e a paz íntima dos moradores (liberdade individual: inviolabilidade da habitação).

Qualquer pessoa pode praticar o crime em tela, inclusive o proprietário, quando o imóvel estiver legitimamente com terceiros. Idem, havendo divórcio, ficando um dos dois no antigo imóvel.

O sujeito ativo é o morador, aquele que pode permitir ou impedir a entrada de outrem em seu domicílio, seja ele proprietário, locador etc.

Prédio de apartamentos: qualquer morador, não só no seu imóvel, mas também nas áreas de uso comum.

Não há crime quando o agente entra a convite de um dos moradores, mesmo com o dissenso do outro, como ocorre em caso de infidelidade conjugal.

Os verbos são entrar ou permanecer na casa sem consentimento de quem de direito. Entrar significa ingressar, invadir, transpor os limites da casa ou suas dependências. O corpo do agente tem de transpor por inteiro a fronteira da casa com o mundo exterior. Por sua vez, permanecer é não sair quando, tendo ingressado legitimamente, recusa-se a se retirar (resistência de certa duração, que é algo mais do que mera hesitação).

Entrada ou permanência deve ser clandestina, astuciosa ou franca. Clandestina é a sorrateira, às escondidas do morador. Astuciosa ocorre quando o agente se utiliza de meios fraudulentos para induzir ou manter o morador em erro. Por exemplo, um falso entregador de pizza ou prestador de serviços ou empregado demitido que finge estar doente para não se locomover e permanecer, indevidamente, no imóvel. Franca, quando o agente contraria abertamente a vontade do morador, ou seja, força a entrada ou a sua permanência contra o dissenso explícito ou tácito do sujeito passivo.

O dissenso tácito se dá com as portas e janelas fechadas. Por sua vez, o expresso ocorre com gestos ou palavras do morador.

O "domicílio" para fins penais não se confunde com o "domicílio" do direito civil. Para esse último, entende-se como domicílio o lugar onde a pessoa estabelece sua residência com ânimo definitivo, o centro de suas ocupações habituais ou o centro de seus negócios. Para o Direito Penal, domicílio é todo lugar de habitação ou de atividade privada (Ex.: quarto de hotel ocupado por hóspede).

O conceito de casa compreende qualquer espaço delimitado habitado por alguém, uma construção materialmente isolada a que se aplica propriamente essa denominação ou qualquer aposento dentro dela que constitua a morada de outrem, quarto de hotel ou hospedaria, compartimento que esteja servindo, de maneira permanente ou transitória, de local de residência, ou mesmo a gruta que alguém tenha disposto para a sua moradia ou qualquer refúgio transformado em habitação.

O fato de um motel receber rotineiramente casais para encontros amorosos não desnatura a condição de habitação coletiva, e seus quartos, quando ocupados, constituem "casa" no sentido legal.

Importa considerar que o recinto deve estar separado do mundo exterior e que seja o espaço físico reservado a outrem.

Dependências da casa são os lugares que complementam a moradia (o *hall* do elevador do apartamento, o terraço, o quintal, o jardim, a garagem etc.). É necessário que haja certa conexão com a casa. Por exemplo, não é crime invadir o pasto de uma fazenda, ainda que isto possa configurar esbulho possessório.

Compartimento não aberto ao público, onde alguém exerce profissão ou atividade (art. 150, § 4º, III, do CP) compreende os escritórios de advocacia ou engenharia, consultório médico, gabinete odontológico, *atelier* de arte ou costura etc.

Segundo o art. 150 § 5º, do CP, não se compreendem na expressão "casa", a hospedaria ou qualquer outra habitação coletiva, enquanto aberta, salvo o aposento ocupado, bem como a taberna, casa de jogo etc. Esses locais não estão protegidos por serem abertos ao público e, consequentemente, não terem destinação de servir de espaço reservado da vida de alguém.

Pelo mesmo motivo, também não são considerados casa: restaurantes, boates, danceterias etc. Repartições públicas, ainda que com restrições de acesso, bem como salas de aula, também não são entendidas como casa.

Por fim, registre-se que é necessário que a casa seja habitada, ainda que os moradores estejam ausentes (Ex.: casa de campo, casa de praia).

O crime é praticado com dolo, ou seja, a vontade de ingressar ou permanecer na casa contra a vontade de quem de direito. Dispensa a finalidade contrária ao direito, basta o dolo genérico.

Não há dolo em episódio acidental, por exemplo, invadir uma casa para fugir de uma briga ou confusão na rua ou, ainda, por engano, ao errar a numeração de um apartamento.

O crime se consuma com a entrada efetiva, transposto pelo agente o limite que separa o domicílio do mundo externo, ou com a permanência ou persistência durante determinado lapso de tempo juridicamente apreciável. Trata-se de crime de mera conduta, que não reclama, assim, qualquer resultado naturalístico, bastando o perigo presumido na conduta do agente para aperfeiçoá-lo.

Tentativa: para a doutrina nada impede, apesar de ser crime de mera conduta.

> Ex.: forçar a entrada, sem sucesso; ser detido quando escalava o muro; manifestar propósito de permanecer sendo, contudo, expulso logo em seguida.

Segundo o art. 150, § 1º, do CP, qualifica-se o crime quando cometido "durante a noite". Isso quer dizer depois do entardecer, quando há ausência de luz solar. Durante a noite é o período compreendido entre o pôr-do-sol e o seu nascer. Cuida-se de uma concepção diferente de "repouso noturno", presente no crime de furto.

Qualifica-se, ainda, quando perpetrado em "lugar ermo". Cuida-se de lugar habitualmente desabitado, despovoado, pouco frequentado; a ausência de habitante torna mais fácil o crime.

O emprego de violência também qualifica a violação de domicílio. Violência pode ser definida como a força física utilizada contra pessoa ou coisa, como ocorre no caso de arrombamento ou agressões ao morador.

Outra qualificadora consiste no emprego de arma ou quando cometido por duas ou mais pessoas. Em ambas as hipóteses, evidencia-se a maior periculosidade da conduta, o que justifica sua majoração.

Qualifica, por fim, o crime, quando perpetrado por funcionário público, fora dos casos legais ou com inobservância das formalidades de estilo. Em se tratando, ainda, de autoridade pública, pode ser caracterizado o abuso de autoridade.

As formalidades em questão estão disciplinadas no art. 150, § 3º, do CP.

É lícita a violação do domicílio quando praticada nas condições estipuladas no § 3º do art. 150, vale dizer, não constitui crime o ingresso ou permanência nas seguintes hipóteses:

- Durante o dia, com observância das formalidades legais, para efetuar prisão ou outra diligência judicial (penhora, busca e apreensão etc.) ou administrativa (inspeções sanitárias etc.);
- A qualquer hora do dia ou da noite, quando algum crime está sendo praticado ou na iminência de o ser.

Aduz-se que a própria Constituição Federal contém semelhante permissiva, prevendo a hipótese do ingresso autorizado judicialmente, durante ou dia, ou em caso de flagrante delito, legítima defesa de terceiro, e, ainda, "em caso de desastre ou para prestar socorro" (art. 5º, XI, da CF).

A ação penal é pública incondicionada. Cabe transação penal ou suspensão condicional do processo.

5.5.3 Crimes contra a inviolabilidade dos segredos

Divulgação de segredo

***Art. 153** Divulgar alguém, sem justa causa, conteúdo de documento particular ou de correspondência confidencial, de que é destinatário ou detentor, e cuja divulgação possa produzir dano a outrem:*

Pena - detenção, de um a seis meses, ou multa, de trezentos mil réis a dois contos de réis.

§ 1º Somente se procede mediante representação.

§ 1º-A Divulgar, sem justa causa, informações sigilosas ou reservadas, assim definidas em lei, contidas ou não nos sistemas de informações ou banco de dados da Administração Pública:

Pena – detenção, de 1 (um) a 4 (quatro) anos, e multa.

§ 2º Quando resultar prejuízo para a Administração Pública, a ação penal será incondicionada.

O art. 153 tipifica a conduta daquele que divulga, sem justa causa, conteúdo de documento particular ou de correspondência confidencial, de que é destinatário ou detentor, que tenha a possibilidade de produzir dano a outrem.

Trata-se de crime próprio, pois o tipo penal exige uma qualidade especial do sujeito ativo, qual seja, a de destinatário ou detentor do documento particular ou de correspondência confidencial.

Supondo que a divulgação do segredo não pode causar dano, nesse caso, não há crime.

Crime de menor potencial ofensivo.

Fique ligado

Não se confunde com o art.325, do CP (tem como sujeito ativo o funcionário público). Logo, o art.153 § 1° serve para as pessoas que não sejam funcionários públicos.

Violação do segredo profissional

***Art. 154** Revelar alguém, sem justa causa, segredo, de que tem ciência em razão de função, ministério, ofício ou profissão, e cuja revelação possa produzir dano a outrem:*

Pena – detenção, de três meses a um ano, ou multa de um conto a dez contos de réis.

***Parágrafo único.** Somente se procede mediante representação.*

A privacidade da pessoa, sua intimidade, no que concerne ao sigilo daquelas informações particulares que confia apenas ao confidente necessário.

É crime **próprio**, já que o autor do crime deve ser titular de uma função, ministério, ofício ou profissão que toma conhecimento do segredo confiado em razão de um daqueles atributos. O autor deve estar no exercício da função quando obtiver a informação.

O sujeito passivo é aquele que for exposto a perigo de dano com a divulgação do segredo, podendo ser qualquer pessoa.

O agente deve revelar, **sem justa causa**, segredo, de que tem ciência em razão de função, ministério, ofício ou profissão, e cuja revelação possa produzir dano a alguém.

Elemento subjetivo: é doloso, não se exigindo que o agente tenha a intenção de prejudicar a vítima. Não se admite a modalidade culposa.

Por se tratar de crime formal, consuma-se com a mera divulgação do segredo, dispensando a ocorrência do dano para a consumação do delito. Admite-se a tentativa (se for praticado pela forma escrita).

A ação penal é pública condicionada à representação do ofendido.

Invasão de dispositivo informático

***Art. 154-A** Invadir dispositivo informático de uso alheio, conectado ou não à rede de computadores, com o fim de obter, adulterar ou destruir dados ou informações sem autorização expressa ou tácita do usuário do dispositivo ou de instalar vulnerabilidades para obter vantagem ilícita:*

Pena – reclusão, de 1 (um) a 4 (quatro) anos, e multa.

§ 1º Na mesma pena incorre quem produz, oferece, distribui, vende ou difunde dispositivo ou programa de computador com o intuito de permitir a prática da conduta definida no caput.

§ 2º Aumenta-se a pena de 1/3 (um terço) a 2/3 (dois terços) se da invasão resulta prejuízo econômico.

§ 3º Se da invasão resultar a obtenção de conteúdo de comunicações eletrônicas privadas, segredos comerciais ou industriais, informações sigilosas, assim definidas em lei, ou o controle remoto não autorizado do dispositivo invadido:

Pena – reclusão, de 2 (dois) a 5 (cinco) anos, e multa.

§ 4º Na hipótese do § 3º, aumenta-se a pena de um a dois terços se houver divulgação, comercialização ou transmissão a terceiro, a qualquer título, dos dados ou informações obtidos.

§ 5º Aumenta-se a pena de um terço à metade se o crime for praticado contra:

I - Presidente da República, governadores e prefeitos;

II - Presidente do Supremo Tribunal Federal;

III - Presidente da Câmara dos Deputados, do Senado Federal, de Assembleia Legislativa de Estado, da Câmara Legislativa do Distrito Federal ou de Câmara Municipal; ou

IV - dirigente máximo da administração direta e indireta federal, estadual, municipal ou do Distrito Federal.

Ação penal

***Art. 154-B** Nos crimes definidos no art. 154-A, somente se procede mediante representação, salvo se o crime é cometido contra a administração pública direta ou indireta de qualquer dos Poderes da União, Estados, Distrito Federal ou Municípios ou contra empresas concessionárias de serviços públicos.*

A Lei nº 14.155/2021 apresentou significativa alteração no que diz respeito à conduta prevista no art. 154-A do Código Penal. Isso porque a nova redação tem por objetivo proteger os dispositivos pessoais que possibilitam o armazenamento de informações pessoais e sigilosas.

Antes de adentrarmos na análise específica, é prudente analisar os tipos penais antes e depois da Lei nº 14.155/2021, vejamos:

Redação original	Redação após a Lei nº 14.155/2021
***Art. 154-A** Invadir dispositivo informático alheio, conectado ou não à rede de computadores, **Mediante Violação Indevida De Mecanismos De Segurança** e com o fim de obter, adulterar ou destruir dados ou informações sem autorização expressa ou tácita **do titular do dispositivo** ou instalar vulnerabilidades para obter vantagem ilícita:* ***Pena** – detenção, de **3 (três) meses a 1 (um) ano**, e multa.*	***Art. 154-A** Invadir dispositivo informático alheio, conectado ou não à rede de computadores, com o fim de obter, adulterar ou destruir dados ou informações sem autorização expressa ou tácita **do usuário do dispositivo** ou de instalar vulnerabilidades para obter vantagem ilícita:* ***Pena** – reclusão, de **1 (um) a 4 (um) ano**, e multa.*

Pela redação original, era necessário a invasão de dispositivo alheio **mediante a violação de mecanismo de segurança** (Ex.: senha, biometria, reconhecimento facial ou outro meio fraudulento). Tal exigência fora retirada do texto legal.

Pela atual redação, basta haver a invasão de dispositivo alheio, ainda que não tenha senha. Seguindo o que preceitua a doutrina, pela redação original, o crime era de ação vinculada, mas passou a ser de ação livre.

Destaque-se também que pela redação primária, era necessário que o bem invadido fosse de propriedade de outra pessoa. Com a reforma legislativa, basta que o equipamento seja de uso de outrem. Em resumo, o próprio dono do bem pode ser sujeito ativo do crime, desde que o uso do equipamento seja franqueado a outrem.

A pena também foi majorada. O delito foi afastado da esfera do JECRIM e passou a ser de competência da Justiça Comum Estadual.

Considerando apenas o já exposto, temos que a Lei nº 14.155/2021 deve ser considerada como uma *novatio legis in pejus*.

Nesse contexto, qualquer pessoa que tenha praticado o crime antes da vigência do referido diploma normativo será responsabilizada pela lei da data do fato (*tempus regit actum*), enquanto que só serão responsabilizados pela nova lei os indivíduos que praticarem as condutas após o início de vigência das novas disposições, que se deu em 27 de maio de 2021.

Avançando aos parágrafos, insta salientar que incorrerá na mesma pena prevista no *caput* (reclusão de 1 a 4 anos) aquele que produz, oferece, distribui, vende ou difunde dispositivo ou programa de computador que permita a invasão de dispositivo informático de uso alheio.

Resumindo, para que o agente seja responsabilizado pelo crime em questão, ele não necessita ser o invasor. Caso ele, de alguma forma, permita ou possibilite que outra pessoa invada o dispositivo, responderá pela mesma pena.

Havendo prejuízo econômico com a invasão, a pena será majorada no intervalo de 1 a 2/3.

O § 3º traz uma forma qualificada, aumentando o intervalo de pena para 2 a 5 anos quando da invasão resultar a obtenção de conteúdo de comunicações eletrônicas privadas, segredos comerciais ou industriais, informações sigilosas, assim definidas em lei, ou o controle remoto não autorizado do dispositivo invadido.

À luz desse dispositivo, percebe-se que a figura do *caput* é classificada como crime formal, na medida em que a mera invasão já é suficiente para configurar o crime.

No § 4º temos uma majorante referente à forma qualificada, sendo que a pena será aumentada de 1 a 2/3 quando houver comercialização ou transmissão dos dados ou informações obtidos. Haverá aumento de pena mesmo que a divulgação não seja onerosa.

O § 5º prevê outra causa de aumento, no intervalo de 1/3 à metade quando o crime for praticado contra:

- Presidente da República, governadores e prefeitos;
- Presidente do Supremo Tribunal Federal;
- Presidente da Câmara dos Deputados, do Senado Federal, de Assembleia Legislativa de Estado, da Câmara Legislativa do Distrito Federal ou de Câmara Municipal; ou
- Dirigente máximo da administração direta e indireta federal, estadual, municipal ou do Distrito Federal.

Por derradeiro, vale destacar que os crimes previstos no art. 154-A serão processados mediante representação do ofendido, ou seja, ação penal pública condicionada, exceto se o crime for praticado contra a Administração Pública Direta ou Indireta de qualquer dos poderes da União, Estados, Distrito Federal ou Municípios ou, ainda, contra empresas concessionárias de serviços públicos.

6 CRIMES CONTRA O PATRIMÔNIO

6.1 Furto

> ***Art. 155*** *Subtrair, para si ou para outrem, coisa alheia móvel: Pena – reclusão, de um a quatro anos, e multa.*
>
> *§ 1º A pena aumenta-se de um terço, se o crime é praticado durante o repouso noturno.*
>
> *§ 2º Se o criminoso é primário, e é de pequeno valor a coisa furtada, o juiz pode substituir a pena de reclusão pela de detenção, diminuí-la de um a dois terços, ou aplicar somente a pena de multa.*
>
> *§ 3º Equipara-se à coisa móvel a energia elétrica ou qualquer outra que tenha valor econômico.*
>
> *Furto qualificado*
>
> *§ 4º A pena é de reclusão de dois a oito anos, e multa, se o crime é cometido:*
>
> *I – com destruição ou rompimento de obstáculo à subtração da coisa;*
>
> *II – com abuso de confiança, ou mediante fraude, escalada ou destreza;*
>
> *III – com emprego de chave falsa;*
>
> *IV – mediante concurso de duas ou mais pessoas.*
>
> *§ 4º-A A pena é de reclusão de 4 (quatro) a 10 (dez) anos e multa, se houver emprego de explosivo ou de artefato análogo que cause perigo comum.*
>
> *§ 4º-B A pena é de reclusão, de 4 (quatro) a 8 (oito) anos, e multa, se o furto mediante fraude é cometido por meio de dispositivo eletrônico ou informático, conectado ou não à rede de computadores, com ou sem a violação de mecanismo de segurança ou a utilização de programa malicioso, ou por qualquer outro meio fraudulento análogo.*
>
> *§ 4º-C A pena prevista no § 4º-B deste artigo, considerada a relevância do resultado gravoso:*
>
> *I – aumenta-se de 1/3 (um terço) a 2/3 (dois terços), se o crime é praticado mediante a utilização de servidor mantido fora do território nacional;*
>
> *II – aumenta-se de 1/3 (um terço) ao dobro, se o crime é praticado contra idoso ou vulnerável.*
>
> *§ 5º A pena é de reclusão de três a oito anos, se a subtração for de veículo automotor que venha a ser transportado para outro Estado ou para o exterior.*
>
> *§ 6º A pena é de reclusão de 2 (dois) a 5 (cinco) anos se a subtração for de semovente domesticável de produção, ainda que abatido ou dividido em partes no local da subtração.*
>
> *§ 7º A pena é de reclusão de 4 (quatro) a 10 (dez) anos e multa, se a subtração for de substâncias explosivas ou de acessórios que, conjunta ou isoladamente, possibilitem sua fabricação, montagem ou emprego.*

Trata-se de delito que tutela o patrimônio e a propriedade de coisa móvel. Os bens imóveis, independentemente do tratamento que lhes é dado pelo Código Civil, não podem ser objeto de furto. Qualquer pessoa pode ser o sujeito ativo deste crime. O objeto material é a coisa alheia móvel que suporta a conduta criminosa. O verbo núcleo do tipo penal é "subtrair", que significa inverter o título da posse.

Além disso, admite-se a tentativa em todas as modalidades de furto (simples, privilegiado e qualificado).

Segundo a doutrina, a coisa necessariamente deve ser alheia. Portanto, a coisa de **ninguém** (nunca teve dono) e a coisa abandonada (dispensada) não são objetos materiais deste crime.

Diferentemente do que ocorre com a coisa perdida (pertence a alguém), portanto, quem apropria-se de achado que pertence a outrem, incorre na conduta do art. 169, parágrafo único, II, do CP.

Outro ponto de destaque diz respeito ao fato de que o sujeito ativo deve ter a intenção de não devolver a coisa à vítima, deve existir o chamado "ânimo de assenhoramento definitivo". Hipoteticamente, se a subtração se der apenas para uso momentâneo, com a restituição da *res* logo em seguida, ao que se denomina *FURTO DE USO*, estaremos diante de atipicidade da conduta.

Portanto, quanto ao elemento subjetivo, o furto é punido somente na forma dolosa (dolo direto ou eventual).

> **Fique ligado**
>
> E o **furto famélico** (furto para alimentação)? Neste caso, reconhece-se a excludente do estado de necessidade (art. 24, CP), desde que preenchidos os requisitos.

Para a consumação do delito, embora existam correntes diversas, os Tribunais Superiores encamparam a Teoria da *amotio ou apprehensio*, que estabelece a consumação no momento em que ocorrer a inversão da posse – mesmo que por um pequeno espaço de tempo ou por meio de posse mansa e pacífica.

Assim, a consumação do furto se dá quando a vítima perde, ainda que momentaneamente, a livre disponibilidade sobre o bem, não se exigindo que o agente tenha a posse mansa e pacífica do objeto material. Nesse sentido, vale destacar a tese firmada pelo STJ:

> *Consuma-se o crime de furto com a posse de fato da res furtiva, ainda que por breve espaço de tempo e seguida de perseguição ao agente, sendo prescindível a posse mansa e pacífica ou desvigiada (Tema nº934).*

A presença de sistema de vigilância ou a presença de seguranças, em estabelecimentos comerciais, não torna o crime impossível. Nesse sentido, foi editada a Súmula nº 567 do STJ, que estabelece:

> *Sistema de vigilância realizado por monitoramento eletrônico ou por existência de segurança no interior de estabelecimento comercial, por si só, não torna impossível a configuração do crime de furto.*

6.1.1 Furto majorado

O § 1º do art. 155 estabelece uma causa de aumento em razão do **repouso noturno.** A expressão destacada é que gera controvérsia para conceituação – eis que temos dispositivos em leis distintas com considerações que não convergem.

De qualquer forma, a orientação a ser adotada deve levar em conta o casuísmo, entendendo como repouso noturno aquele momento em que, presumidamente, a vítima encontra-se repousando. Assim, tal critério é variável, pois deve ser considerado o tempo em que as pessoas de determinado local costumeiramente recolhem-se para repouso, o que é diferente em uma grande cidade como São Paulo, diante de um pequeno município do interior.

O STJ admitiu a aplicação da causa de aumento em caso de furto praticado contra estabelecimento comercial ou residência desabitada, em razão da maior vulnerabilidade do patrimônio.

Além disso, no que tange à aplicabilidade da causa de aumento de pena do repouso noturno no crime de furto qualificado, o atual entendimento do STJ (Tema Repetitivo 1.087) é no sentido de que **o repouso noturno (§1°) é incompatível com o furto qualificado, pois a majorante, aplicada somente ao furto simples, não pode ser utilizada para redimensionar a dosimetria do delito, cujas penas previstas já são superiores e mais gravosas.** Vejamos a tese fixada (Tema Repetitivo nº 1.087):

> *A causa de aumento prevista no § 1° do art. 155 do Código Penal (prática do crime de furto no período noturno) não incide no crime de furto na sua forma qualificada (§ 4°).*

6.1.2 Furto privilegiado ou mínimo

O § 2°, do art. 155, prevê hipótese de causa de diminuição de pena, chamada pela doutrina de "furto privilegiado". A benesse trata-se de norma penal não incriminadora, e foi instituída, a fim de beneficiar os autores primários e que subtraem coisa de valor de pequeno valor. Assim, para a incidência do privilégio, temos duas situações:

- Primariedade do agente;
- Coisa de pequeno valor (aquela que não ultrapassa um salário mínimo).

Acerca da aplicação do privilégio ao furto qualificado, após muitos embates, editou-se a Súmula nº 511 do STJ:

> *É possível o reconhecimento do privilégio previsto no § 2º do art. 155 do CP nos casos de crime de furto qualificado, se estiverem presentes a primariedade do agente, o pequeno valor da coisa e a qualificadora for de ordem objetiva.*

Para o próprio tribunal, portanto, a qualificadora não se coaduna com o furto praticado mediante abuso de confiança e fraude, que ostentam a natureza subjetiva.

6.1.3 Cláusula de equiparação

O § 3º do art. 155 traz bens móveis por equiparação, qual seja, a energia elétrica ou qualquer outra com valor econômico (elétrica, radioativa, térmica etc.).

Acerca do sinal de TV a cabo, o STF julgou pela atipicidade da conduta, tendo em vista que, diferentemente da energia, que é um recurso findável, o sinal de TV a cabo não se esgota, nem diminui.

Contudo, o STJ já entendeu em sentido contrário.

Outro ponto de enfoque, que não merece ser confundido, diz respeito ao agente que altera (frauda) o medidor de energia, a fim de que o equipamento perca a perfeita funcionalidade e demonstre um resultado menor do consumo – esta conduta é tratada como estelionato (art. 171, CP), e não furto.

6.1.4 Furto qualificado

O § 4° do artigo 155 prevê as figuras qualificadas do furto, situações em que a pena mínima passa a ser de **2 a 8 anos de reclusão**, se o crime é praticado nas situações abaixo descritas.

Destruição ou rompimento de obstáculo

Trata-se do furto cometido mediante violência contra a coisa, por meio da degradação, do arrombamento, do rompimento, da demolição, da destruição total ou parcial de quaisquer objetos ou construções (cadeados, cofres, correntes, muro, teto, janela, portas etc.), que dificultem a subtração da coisa visada pelo agente.

O rompimento aqui mencionado, apto a qualificar o furto, deve ser exterior à coisa subtraída. Nesse contexto, se o agente quebra o vidro para subtrair o próprio veículo, **não haverá incidência da qualificadora.** Contudo, se ocorrer a quebra do vidro para subtrair um bem interno (Ex.: aparelho de som), **haverá a incidência da qualificadora.**

Outro ponto de destaque é que, embora o STJ já tenha reconhecido a aplicação do princípio da insignificância ao furto praticado mediante rompimento de obstáculo, a jurisprudência da corte é firme no sentido de que a escalada, o arrombamento, o rompimento de obstáculo, o concurso de agentes – ou quando o paciente é reincidente ou possuidor de maus antecedentes –, a reprovabilidade do comportamento está demonstrada, afastando a aplicação do princípio da insignificância.

Abuso de confiança

É uma circunstância subjetiva, reveladora de maior periculosidade do agente, que se aproveita de uma relação de confiança nele depositada. É importante frisar que esta qualificadora exige um especial vínculo de lealdade, não sendo considerada pela mera relação de emprego ou hospitalidade. Assim, para sua incidência, a vítima deve depositar, por algum motivo, **especial confiança no agente** (amizade, parentesco, relações ou referências profissionais etc.), **o qual dela se aproveita**

> Ex.: um amigo visita outro e, aproveitando-se da confiança depositada, subtrai algum bem sem que o proprietário perceba ou mesmo suspeite de suas intenções.

Em resumo, o sujeito ativo tem acesso à coisa em razão da confiança nele depositada. Portanto, se qualquer pessoa também puder praticar o fato, mesmo que com a relação de confiança, a qualificadora deverá ser afastada.

Fique ligado

O STJ considera inviável e incompatível o princípio da insignificância com o abuso de confiança.

Além disso, essa causa é a única que não se compatibiliza com o privilégio descrito no art. 155, § 2º, tendo em vista que ambos possuem natureza subjetiva, o que destoa do contido na Súmula nº 511 do STJ.

> ***Súmula nº 511 – STJ***
>
> *É possível o reconhecimento do privilégio previsto no § 2º do art. 155 do CP nos casos de crime de furto qualificado, se estiverem presentes a primariedade do agente, o pequeno valor da coisa e a qualificadora for de ordem objetiva.*

Fraude

É o emprego de artifício, meio enganoso, capaz de iludir a vigilância do ofendido e permitir maior facilidade na subtração pelo agente. É importante não confundir o furto mediante fraude com o estelionato, pois nesta modalidade a fraude empregada visa enganar a vítima, fazendo-a incidir em erro, para que entregue o objeto espontaneamente ao agente. Já no furto mediante fraude, a artimanha é utilizada para diminuir a vigilância da vítima sobre o bem, viabilizando sua retirada pelo agente, sem que o ofendido se dê conta disso.

Escalada

É o uso de via anormal para que o agente ingresse no local onde se encontra a coisa pretendida.

A confecção de um túnel para acesso pode ser classificada como escalada, a partir de uma interpretação extensiva. De acordo com o Superior Tribunal de Justiça, "a escalada pressupõe a entrada em um local por um meio anormal, exigindo do agente esforço físico incomum, como saltar um muro de 1,80 m de altura".

Destreza

Trata-se do indivíduo que aplica técnicas sorrateiras, físicas ou manuais, de maneira que o agente pratica o fato sem que a vítima perceba. A jurisprudência condiciona a aplicação desta qualificadora à vítima trazer o bem junto ao corpo, pressuposto lógico para se avaliar a habilidade.

Chave falsa

Trata-se de todo instrumento com ou sem forma de chave, destinado a abrir fechaduras, sem arrombá-las (grampos, tesouras, mixas, chave de fenda, etc.).

A ligação direta não foi prevista em lei, razão pela qual não se pode equipará-la à chave falsa ou ao rompimento de obstáculo. Registre-se, porém, que existem decisões (posicionamento minoritário) considerando a ligação direta como qualificadora mediante rompimento de obstáculo.

Concurso de pessoas

Basta a participação de mais de uma pessoa, ainda que a outra seja inimputável, para configurar a qualificadora. Vale destacar que não é necessário que todos os agentes estejam no local da subtração.

Fique ligado

Vale recordar a Súmula nº 442 do STJ, que veta a aplicação da majorante do concurso de agentes prevista para o crime de roubo.

Emprego de explosivo

Prevista no §4º-A, a qualificadora foi introduzida pela Lei nº 13.654/2018, a fim de estabelecer uma punição mais eficaz e proporcional para o crime de furto quando cometido com emprego de explosivo ou artefato similar, especialmente a ação de criminosos que explodem caixas eletrônicos para subtrair o dinheiro existente na máquina, uma vez que a explosão pode gerar perigo comum para a população nas imediações do local.

Fique ligado

Registre-se que o furto mediante uso de substância explosiva migrou à condição de crime hediondo.

Furto de veículo automotor

O § 5° estabelece que o furto será qualificado se o veículo for transportado para outro estado ou para o exterior. Vale destacar que a aplicação da qualificadora pressupõe a prévia intenção do agente de transportar o veículo para outro Estado ou para o exterior e a efetiva transposição de fronteiras.

Furto de animal

O § 6° prevê a figura qualificada denominada de abigeato. Esse tipo qualificado é destinado à análise da subtração de animais vivos.

Todavia, para que se enquadre nesta hipótese, é preciso que o animal seja domesticável e destinado à reprodução.

Entende-se por semovente o animal (irracional) que possui condições de se deslocar por conta própria. É fundamental que se cuide de semovente domesticável; significa que o animal deve ter o condão de ser domesticado, sendo desnecessário que já o tenha sido.

Furto de substância explosiva

Também introduzida pela Lei nº 13.654/2018, a qualificadora prevista no § 7° pune com maior rigor a subtração do explosivo ou de acessórios, independentemente de sua utilização. Nesse caso, o que qualifica o furto é a natureza do objeto material subtraído.

Portanto, difere da hipótese do §4º-A, tendo em vista que, lá, ocorre o **emprego da substância explosiva como meio para acessar o patrimônio.** A hipótese do §7º consiste em praticar o furto da própria substância explosiva.

Nova qualificadora do furto (eletrônico ou informático)

A Lei nº 14.155/2021 trouxe novas figuras no intuito de sancionar com maior rigor algumas situações envolvendo o furto.

A primeira modalidade é a prevista no § 4º-B, que qualifica o furto quando a fraude é empregada por meio de dispositivo eletrônico ou informático, estando ou não conectado à Internet, com ou sem violação de mecanismo de segurança. Será também qualificado se houver a utilização de programa malicioso ou qualquer outra ferramenta similar.

Fique ligado

Perceba que, aqui, o legislador optou por utilizar a técnica da interpretação analógica, para fins de classificar "outro meio fraudulento análogo".

Podemos dizer também que o parágrafo em estudo é a qualificadora da qualificadora. Isso porque este parágrafo traz uma forma qualificada para o furto (qualificado) mediante fraude.

Na sequência, faz-se prudente analisar o § 4º-C, que traz também algumas causas de aumento (majorantes) para o furto mediante fraude eletrônica previsto no § 4°-B. Nessa toada, o inciso I do parágrafo acima mencionado dispõe que a pena será elevada de 1/3 até 2/3, caso o crime seja praticado mediante utilização de servidor mantido fora do território nacional.

Como se sabe, o crime organizado tem investido em servidores internacionais (externos) para promover a invasão de dispositivos informáticos alheios, e, com isso, dificultar o trabalho da investigação, rastreamento de IPs etc., para dificultar a responsabilização do criminoso.

Fique ligado

Cuidado, pois aqui não haverá, via de regra, o deslocamento do feito à Justiça Federal, já que esta competência está prevista em um rol taxativo (art. 109 da CF).

Também haverá aumento de pena de 1/3 até o dobro se o crime é praticado contra idoso ou vulnerável, conforme estabelece o inciso II, do § 4°-C. Naturalmente, aqui o aumento se justifica em razão da ignorância da vítima, que, muitas vezes, não dispõe de um conhecimento tecnológico razoável para proteger seu sistema operacional (computador, celular, tablet, entre outros) de qualquer vulnerabilidade.

Contextualizando, esta nova Lei representa uma *novatio legis in pejus*, tendo em vista que prejudica a situação do agente. Dessa forma, não possui aplicação retroativa, sendo que as condutas que se assemelhem ao tipo legal somente terão aplicação após o início de vigência da norma, ou seja, 27 de maio de 2021.

Outro ponto de destaque é que agora existe compatibilidade da conduta com a norma positivada, na medida em que, com o avançar da tecnologia, muito se discutia acerca do uso de dispositivo para facilitar o acesso a contas bancárias, por exemplo.

Havia divergência sobre a tipificação da conduta, entre estelionato e furto mediante fraude, porém, com a nova disposição, não há mais discussão neste aspecto.

É relevante apresentar também que o artifício ardil é empregado para facilitar a **subtração** da coisa, razão pela qual não há que se falar em estelionato, já que, neste, o agente aplica a fraude para que a vítima entregue a vantagem indevida.

6.1.5 Ação penal

No furto, a ação penal é pública incondicionada, ressalvadas as observações do art. 182 do CP (escusas relativas), quando o crime é praticado entre cônjuges separados judicialmente ou desquitados, entre irmãos ou entre tio e sobrinho, se houver, nesse caso, coabitação, situações em que a ação penal se torna pública condicionada à representação do ofendido:

> ***Art. 182*** *Somente se procede mediante representação, se o crime previsto neste título é cometido em prejuízo:*
>
> *I – do cônjuge desquitado ou judicialmente separado;*
>
> *II – de irmão, legítimo ou ilegítimo;*
>
> *III – de tio ou sobrinho, com quem o agente coabita.*

6.2 Furto de coisa comum

> ***Art. 156*** *Subtrair o condômino, co-herdeiro ou sócio, para si ou para outrem, a quem legitimamente a detém, a coisa comum:*
>
> ***Pena*** *– detenção, de seis meses a dois anos, ou multa.*
>
> *§ 1º Somente se procede mediante representação.*
>
> *§ 2º Não é punível a subtração de coisa comum fungível, cujo valor não excede a quota a que tem direito o agente.*

Aqui, temos uma forma menos grave do crime de furto, uma modalidade específica. Não obstante, a conduta recai sobre objeto comum (e não alheio) a várias pessoas (condôminos, coerdeiros ou sócios). Este crime é próprio, pois só pode ser praticado pelo condômino.

A ação penal para este delito é condicionada à representação da vítima ou do representante legal (art. 155, § 1°).

Além disso, não haverá a punição para a hipótese de existir subtração de coisa substituível cujo valor não exceda a quota parte (fração ideal) a que o agente tenha direito.

6.3 Roubo e extorsão

6.3.1 Roubo

> ***Art. 157*** *Subtrair coisa móvel alheia, para si ou para outrem, mediante grave ameaça ou violência a pessoa, ou depois de havê-la, por qualquer meio, reduzido à impossibilidade de resistência:*
>
> *Pena - reclusão, de quatro a dez anos, e multa.*
>
> *§ 1° Na mesma pena incorre quem, logo depois de subtraída a coisa, emprega violência contra pessoa ou grave ameaça, a fim de assegurar a impunidade do crime ou a detenção da coisa para si ou para terceiro.*
>
> *§ 2° A pena aumenta-se de 1/3 (um terço) até metade:*
>
> *I – (revogado);*
>
> *II – se há o concurso de duas ou mais pessoas;*
>
> *III – se a vítima está em serviço de transporte de valores e o agente conhece tal circunstância;*
>
> *IV – se a subtração for de veículo automotor que venha a ser transportado para outro Estado ou para o exterior;*
>
> *V – se o agente mantém a vítima em seu poder, restringindo sua liberdade;*
>
> *VI – se a subtração for de substâncias explosivas ou de acessórios que, conjunta ou isoladamente, possibilitem sua fabricação, montagem ou emprego;*
>
> *VII – se a violência ou grave ameaça é exercida com emprego de arma branca.*
>
> *§ 2°-A A pena aumenta-se de 2/3 (dois terços):*
>
> *I – se a violência ou ameaça é exercida com emprego de arma de fogo;*
>
> *II – se há destruição ou rompimento de obstáculo mediante o emprego de explosivo ou de artefato análogo que cause perigo comum.*
>
> *§ 2°-B Se a violência ou grave ameaça é exercida com emprego de arma de fogo de uso restrito ou proibido, aplica-se em dobro a pena prevista no caput deste artigo.*
>
> *§ 3° Se da violência resulta:*
>
> *I – lesão corporal grave, a pena é de reclusão de 7 (sete) a 18 (dezoito) anos, e multa;*
>
> *II – morte, a pena é de reclusão de 20 (vinte) a 30 (trinta) anos, e multa.*

Neste artigo, abordaremos uma modalidade de crime complexo (tipo que se materializa pela junção de dois tipos penais: furto e constrangimento ilegal), que tutela o patrimônio, a liberdade individual e a integridade física do agente.

Entre as condutas previstas, é considerado hediondo o roubo cometido com restrição à liberdade de locomoção da vítima, com emprego de arma de fogo (uso permitido, restrito ou proibido) ou do qual resulte lesão corporal grave ou morte (art. 1°, II, "a", "b" ou "c", da Lei n°8.072/1990).

Trata-se de delito que pode ser praticado por qualquer pessoa, exceto o proprietário do objeto. O sujeito passivo é o possuidor/proprietário do bem.

A figura prevista no *caput* é descrita como "roubo próprio", aquela conduta em que o agente, para se apropriar do patrimônio alheio, aplica violência; grave ameaça; ou qualquer outro meio capaz de impossibilitar a vítima de resistir ou defender-se (esta última hipótese também é chamada de violência imprópria.

> Ex.: emprego de drogas, sonífero, hipnose, trancar a vítima em um cômodo.

No § 1°, temos a figura do roubo impróprio ou roubo por aproximação, que se configura quando o agente da violência ou grave ameaça não age para subtrair a coisa, mas para assegurar a impunidade do crime ou a detenção da coisa que já está na sua posse.

É importante colacionar dois entendimentos:

- Não cabe a aplicação do princípio da insignificância ao crime de roubo;
- É típica a conduta de roubar bem ilícito, pois a *res furtiva* tem relevância econômica para a vítima.

Para a consumação do delito, da mesma forma como acontece no furto, não há a necessidade de posse mansa e pacífica do bem. Adotou-se também a teoria da *amotio* (*apprehensio*). Nesse sentido, veja-se o entendimento jurisprudencial consolidado na Súmula n° 582 do STJ: *Consuma-se o crime de roubo com a inversão da posse do bem mediante emprego de violência ou grave ameaça, ainda que por breve tempo e em seguida à perseguição imediata ao agente e recuperação da coisa roubada, sendo prescindível a posse mansa e pacífica ou desvigiada.*

No que se refere à pluralidade de vítimas, o entendimento do STF é no sentido de que, se o roubo é cometido contra mais de uma pessoa e o agente subtrai bens de várias vítimas no mesmo contexto fático, caracteriza concurso formal de crimes. O STJ ratificou este entendimento. Inclusive, o fato de as pessoas serem da mesma família não torna o crime único.

Por outro lado, se o agente emprega grave ameaça ou violência contra duas pessoas, mas subtrai objeto de só uma delas, há crime único, porquanto apenas um patrimônio foi lesado.

A ocasional inexistência de valores em poder da vítima de assalto, inviabilizando sua consumação, traduz-se em caso de impropriedade **relativa** do objeto, o que caracteriza a tentativa, e não a figura de crime impossível.

Majorantes e qualificadoras

O §2° do art. 157 prevê circunstâncias majorantes, em que a pena será aumentada de 1/3 (um terço) até a 1/2 (metade).

O inciso I, que tratava sobre o emprego de arma, foi revogado pela Lei n°13.654/2018, tendo em vista que agora existem causas de aumento distintas para o emprego de arma branca e para o emprego de arma de fogo.

O inciso II faz referência ao concurso de pessoas. Para sua incidência, é imprescindível que os agentes pratiquem o núcleo do tipo e, ainda, que haja um mínimo de duas pessoas, devendo-se considerar possíveis inimputáveis ou agentes não identificados.

O inciso III traz a causa de aumento para situações em que o agente está em situação de transporte de valores.

O STJ tem decidido que o roubo cometido contra os Correios atrai esta majorante (REsp 1.309.966/RJ, j. 26/08/2014).

Redobre a atenção aqui, pois, neste caso, nos termos do art. 109, IV, da CF, a competência para julgamento será da Justiça Federal. Mas isso nem sempre será assim. Como é notório, os Correios também atuam em sistema de agências franqueadas – pessoas jurídicas de direito privado que alçam esse *status* por conta de processo licitatório. Dessa forma, se o fato atingir uma empresa franqueada, a competência será da Justiça Estadual – mas este entendimento diz respeito ao patrimônio da agência propriamente dita. Se a conduta atingir os bens transportados por SEDEX – ainda que por agente terceirizado –, o STF considera crime contra o serviço postal, atraindo a competência da Justiça Federal.

No inciso IV, temos a figura majorada do roubo quando o agente realiza a subtração de veículo e tem por objetivo o deslocamento da coisa para outro Estado da Federação ou para outro País. Vale destacar que a efetiva transposição da fronteira é necessária para incidência da aludida majorante.

O inciso V aumenta a pena para a hipótese em que o agente mantém a vítima em seu poder. São hipóteses em que o agente, para consumar o crime de roubo ou garantir o sucesso da fuga, mantém a vítima com restrição da liberdade. Por exemplo, se o agente mantém as vítimas confinadas e amarradas em um cômodo da casa, restringindo-lhes a liberdade por espaço de tempo suficiente à subtração dos bens objeto do roubo, incide o aumento de pena previsto no § 2º, V, do art. 157 do CP. Essa hipótese agora é considerada crime hediondo (art. 1°, II, "a", da Lei n°8.072/1990).

O inciso VI majora a pena se a subtração for de substâncias explosivas ou de acessórios que, conjunta ou isoladamente, possibilitem sua fabricação, montagem ou emprego.

Por fim, o inciso VII foi incluído pela Lei n° 13.964/2019 (Pacote Anticrime) prevendo como causa de aumento de pena o roubo cometido com emprego de arma branca (tais como: faca de cozinha, tesoura, navalha, pedra, vidro etc.).

O §2º-A lei também consagra uma causa de aumento de pena (*quantum* de 2/3) nas seguintes hipóteses:

> *I – violência ou ameaça é exercida com* ***emprego*** *(não bastando o mero porte) de arma de fogo;*

Acerca do uso da arma de brinquedo, deve-se destacar que a Súmula nº 174 do STJ já foi há muito revogada (ano de 2001).

Além disso, o STJ e STF entendem que, para a configuração da majorante, é desnecessária a apreensão da arma, desde que sua utilização seja ratificada por outros meios de prova (por exemplo, a palavra da vítima, que atestou que o agente efetuou disparos).

Entretanto, se a arma de fogo usada no crime for apreendida, periciada e se constatar sua ineficiência, não haverá que se falar na incidência da majorante.

Vale mencionar que o Pacote Anticrime – Lei n°13.964/2019 incluiu o roubo majorado pelo emprego de arma de fogo, inclusive de uso permitido, no rol dos delitos hediondos (alínea b do inciso II do art. 1º da Lei n. 8.072/90). II – se há destruição ou rompimento de obstáculo mediante o emprego de explosivo ou de artefato análogo que cause perigo comum.

Destacamos que o legislador não incluiu este inciso como crime hediondo. Isso se torna curioso, na medida em que o fez com relação ao furto praticado da mesma forma. A doutrina trata o tema como uma "omissão terrível".

O §2º-B prevê que a pena é aplicada **em dobro** se a violência ou a grave ameaça é exercida com emprego de arma de fogo de uso restrito ou proibido. A circunstância majorante, foi criada pela Lei Anticrime (Lei n° 13.964/2019).

Deve-se destacar que, nesse caso, o crime de roubo também é hediondo, tendo em vista que a Lei Anticrime, expressamente, o inclui no respectivo rol (alínea *b* do inciso II do art. 1º da Lei nº 8.072/1990).

Para a análise geral das causas de aumento, é imperioso ressaltar a Súmula nº 443 do STJ, a qual estabelece que a aplicação das causas de aumento deve ser devidamente fundamentada, não bastando a mera indicação do número de majorantes.

Por derradeiro, o §3º traz duas figuras que qualificam o crime de roubo: a primeira trata sobre lesão corporal de natureza grave ou gravíssima (pena de reclusão de 7 a 18 anos); e a segunda hipótese trata do resultado morte – o popular latrocínio (pena de 20 a 30 anos).

Para a ocorrência das qualificadoras, o resultado deve ter sido causado ao menos culposamente.

É relevante atinar, de igual forma, que as majorantes dos §§ 2º, 2º-A e 2º-B têm exclusiva aplicação aos crimes de roubo próprio e impróprio, não se aplicando para as hipóteses de roubo qualificado.

Acerca do latrocínio, impende ressaltar:

Morte consumada	Subtração consumada	Latrocínio consumado
Morte tentada	Subtração tentada	Latrocínio tentado
Morte consumada	Subtração tentada	**Latrocínio consumado (vide Súmula nº 610, STF)**
Morte tentada	Subtração consumada	Latrocínio tentado

Em resumo, se há a consumação da morte – ainda que a subtração não se materialize (tentativa) –, estaremos diante do latrocínio consumado, conforme entendimento do STF, nos termos da Súmulanº610: *Há crime de latrocínio, quando o homicídio se consuma, ainda que não realize o agente a subtração de bens da vítima.*

O processamento do roubo, em todas as suas modalidades, opera-se mediante ação penal pública incondicionada.

Segundo entendimento prevalente, na hipótese de latrocínio com vítimas distintas, o agente responderá pelos crimes na modalidade de concurso formal impróprio ou imperfeito (art. 70, 2ª parte do CP).

O latrocínio também é crime hediondo, previsto no art. 1°, inciso II, "c", da Lei n°8.072/1990.

Por fim, é importante destacar que a competência para julgamento do latrocínio será do **juiz singular** e não do Tribunal do Júri (Súmula nº 603 do STF).

6.3.2 Extorsão

> ***Art. 158*** *Constranger alguém, mediante violência ou grave ameaça, e com o intuito de obter para si ou para outrem indevida vantagem econômica, a fazer, tolerar que se faça ou deixar de fazer alguma coisa:*
>
> *Pena – reclusão, de quatro a dez anos, e multa.*
>
> *§ 1º Se o crime é cometido por duas ou mais pessoas, ou com emprego de arma, aumenta-se a pena de um terço até metade.*
>
> *§ 2º Aplica-se à extorsão praticada mediante violência o disposto no § 3º do artigo anterior.*
>
> *§ 3º Se o crime é cometido mediante a restrição da liberdade da vítima, e essa condição é necessária para a obtenção da vantagem econômica, a pena é de reclusão, de 6 (seis) a 12 (doze) anos, além da multa; se resulta lesão corporal grave ou morte, aplicam-se as penas previstas no art. 159, §§ 2º e 3º, respectivamente.*

Esse delito pune, num primeiro momento, o patrimônio da vítima, e, num segundo plano, a integridade física, a psíquica, a liberdade individual e a vida da pessoa.

O objetivo do agente na extorsão é a obtenção de uma indevida vantagem econômica, para si ou para outrem (o núcleo do tipo é o verbo "constranger", que possui como sinônimo: obrigar, coagir, exigir...). Todavia, estamos diante de um delito formal[1], que se consuma no instante em que a violência ou a grave ameaça é empregada, independentemente da obtenção da vantagem indevida.

Conforme já mencionado, a vantagem, além de ser econômica (cunho patrimonial), deve ser indevida (elemento normativo do tipo). Caso a vantagem seja devida, não há que se falar no delito de extorsão, mas sim no crime de exercício arbitrário das próprias razões, sem prejuízo da violência (CP, art. 345).

O crime pode ser praticado por qualquer pessoa, assim como qualquer pessoa pode ser a vítima. Há entendimento, inclusive, que a pessoa jurídica pode ser vítima de extorsão.

1 Súmula nº 96 do STJ: *O crime de extorsão consuma-se independentemente da obtenção da vantagem indevida.*

Fique ligado

Se a exigência da vantagem indevida partir de um servidor público, não teremos o crime de extorsão, mais sim o de concussão (art. 316, CP).

Não há de se confundir o delito de extorsão com o roubo, pois neste, o agente emprega a violência ou grave ameaça para subtrair o bem, buscando imediata vantagem, dispensando a participação da vítima. Já no delito de extorsão, há o constrangimento mediante emprego de violência ou grave ameaça para fazer com que a vítima lhe conceda uma vantagem econômica indevida. Assim, a diferença é que no roubo o agente atua sem a participação da vítima, ao passo que na extorsão o ofendido colabora com o criminoso.

Logo, não há de se confundir os delitos.

Vale a ressalva de que o entendimento do STJ e do STF é no sentido da possibilidade de cumulação material das infrações (art. 69, do CP), na hipótese em que o agente, após subtrair os bens da vítima mediante violência ou grave ameaça, a constrange a entregar o cartão bancário e a respectiva senha para sacar dinheiro de sua conta (STJ, AgRg no AREsp 323.029/DF – 01/09/2016).

Quanto ao elemento subjetivo, a extorsão somente se consuma mediante dolo, sendo imprescindível que o agente tenha consciência e vontade de realizar a conduta descrita no tipo penal.

O § 1° do art. 158 prevê hipótese de causa de aumento de pena, equivalente a 1/3 até metade, se o crime é cometido por duas ou mais pessoas ou com o emprego de arma, frisando que inimputáveis ou pessoas não identificadas servem para a contabilização do número de agentes.

Fique ligado

Como a lei não fez distinção acerca do que se entende por arma, tanto a doutrina quanto os tribunais entendem que se aplica aqui o sentido amplo de arma, considerando-se como tal tudo aquilo capaz de causar temor à vítima.

Se da extorsão resulta lesão corporal grave, gravíssima ou morte, aplicam-se os regramentos do § 3º do art. 157, com as respectivas proporções. Essas modalidades previstas no § 3º são consideradas como crimes hediondos (art. 1°, III, da Lei n°8.072/1990).

Para arrematar o art. 158, cabe destacar a figura prevista no § 3º do referido artigo, que contempla a hipótese de sequestro relâmpago.

Haverá a incidência da referida qualificadora quando o crime é cometido mediante a restrição da liberdade da vítima, e essa condição é necessária para a obtenção da vantagem econômica (pena de reclusão de 6 a 12 anos). Se da prática do crime resulta lesão corporal grave ou morte, aplicam-se as penas previstas no art. 159, §§ 2º e 3º (pena de reclusão de 24 a 30 anos).

O STJ, a seu turno, considerou aplicáveis a esta qualificadora as causas de aumento do § 1º do art. 158 do Código Penal. Assim, é possível que o juiz condene o agente por extorsão pela restrição da liberdade da vítima, e, na terceira fase da dosimetria da pena, aumente-a de um terço até metade, se o crime foi cometido por duas ou mais pessoas ou com emprego de arma.

Em razão da gravidade do delito, a ação penal será sempre pública incondicionada.

6.3.3 Extorsão mediante sequestro

> ***Art. 159*** *Sequestrar pessoa com o fim de obter, para si ou para outrem, qualquer vantagem, como condição ou preço do resgate:*
>
> *Pena – reclusão, de oito a quinze anos.*
>
> *§ 1º Se o sequestro dura mais de 24 (vinte e quatro) horas, se o sequestrado é menor de 18 (dezoito) ou maior de 60 (sessenta) anos, ou se o crime é cometido por bando ou quadrilha.*
>
> *Pena – reclusão, de doze a vinte anos.*
>
> *§ 2º Se do fato resulta lesão corporal de natureza grave:*
>
> *Pena – reclusão, de dezesseis a vinte e quatro anos.*
>
> *§ 3º Se resulta a morte:*
>
> *Pena – reclusão, de vinte e quatro a trinta anos.*
>
> *§ 4º Se o crime é cometido em concurso, o concorrente que o denunciar à autoridade, facilitando a libertação do sequestrado, terá sua pena reduzida de um a dois terços.*

Neste crime, analisamos a conduta em que a privação da liberdade é meio necessário para a obtenção da vantagem indevida. Além disso, as figuras aqui contidas, tanto em sua forma simples quando nas qualificadas, são todas denominadas hediondas.

Qualquer pessoa pode figurar no polo ativo. No polo passivo, igualmente, qualquer pessoa pode ser vítima. Inclusive, o entendimento predominante é que a pessoa jurídica também pode ser vítima, por exemplo, quando um dos sócios é sequestrado e o pagamento do resgate é feito com o patrimônio da empresa.

Se ocorrer a privação de liberdade de um animal, constrangendo-se seu dono, mediante grave ameaça a pagar resgate, haverá a figura da extorsão simples.

Para a configuração do presente crime, basta o autor exigir qualquer vantagem (diferentemente dos anteriores, em que a vantagem deveria ser indevida).

O delito é permanente, admitindo a prisão em flagrante em qualquer momento durante a privação da liberdade da vítima. Também é crime formal, porquanto se consuma com privação da liberdade da vítima, sendo o recebimento do resgate mero exaurimento do crime.

O crime é qualificado se o sequestro durar mais de 24 horas ou se o agente tem menos de 18 anos ou mais de 60 e, ainda, se o crime é praticado por associação criminosa (neste último caso, não haverá *bis in idem* se for processado e condenado pela extorsão qualificada + associação criminosa).

Fique ligado

Deve-se destacar que, se a pessoa forjar o próprio sequestro com o intuito de receber pelo resgate, estaremos diante do crime de extorsão (art. 158, CP).

O § 3º remete às mesmas condições previstas para o art. 157, § 3º, a qual fazemos remessa.

Por derradeiro, o § 4º apresenta uma hipótese de delação premiada, laborando em uma causa especial de redução de pena.

Assim, a pena será reduzida no patamar de 1/3 a 2/3 se o agente que concorreu para a prática delitiva denunciar o fato à autoridade e, em decorrência da delação houver a facilitação na libertação do sequestrado.

Pela gravidade e, ainda, por ser considerado hediondo, naturalmente a ação penal será pública incondicionada.

6.3.4 Extorsão indireta

> ***Art. 160*** *Exigir ou receber, como garantia de dívida, abusando da situação de alguém, documento que pode dar causa a procedimento criminal contra a vítima ou contra terceiro:*
>
> *Pena – reclusão, de um a três anos, e multa.*

Trata-se de infração que não costuma ser trabalhada pelas bancas de concurso, entretanto, *ad cautelam*, faremos breve análise.

O tipo em estudo é uma infração que tem por objetivo a proteção patrimonial nas relações entre credores e devedores.

O sujeito ativo será qualquer pessoa. Já o sujeito passivo é aquele que entrega o documento.

O documento entregue pela vítima deve ser suficiente para desaguar na propositura de um procedimento criminal, caso contrário, inexistirá o crime. O exemplo é a exigência da entrega de um cheque que, sabidamente, não possui fundos ou um cheque em branco.

A conduta só se pratica mediante dolo, exigindo-se que o sujeito ativo tenha plena consciência de que está abusando da situação financeira aflitiva do ofendido.

Na modalidade exigir, o crime é formal, enquanto que na conduta de receber é material.

O crime se consuma, independentemente, da instauração do procedimento criminal contra a vítima, basta que seja possível.

O crime processa-se mediante ação penal pública incondicionada.

6.4 Dano

> ***Art. 163*** *Destruir, inutilizar ou deteriorar coisa alheia:*
> *Pena - detenção, de um a seis meses, ou multa.*
> *Dano qualificado*
> ***Parágrafo único.*** *Se o crime é cometido:*
> *I - com violência à pessoa ou grave ameaça;*
> *II - com emprego de substância inflamável ou explosiva, se o fato não constitui crime mais grave;*
> *III - contra o patrimônio da União, Estado, Município, empresa concessionária de serviços públicos ou sociedade de economia mista;*
> *IV - por motivo egoístico ou com prejuízo considerável para a vítima:*
> *Pena - detenção, de seis meses a três anos, e multa, além da pena correspondente à violência.*

- O tipo penal do art. 163 do CP tutela a propriedade de coisas móveis e imóveis. O verbo núcleo do tipo descreve as ações de destruir, inutilizar ou deteriorar o bem alheio.
- **Destruir** significa arruinar, extinguir ou eliminar;
- **Inutilizar** significa tornar inútil ou imprestável alguma coisa para os fins a qual se destina;
- **Deteriorar** significa estragar ou corromper alguma coisa parcialmente.

No que se refere ao elemento subjetivo, o crime de dano só é punido na forma dolosa, pois o dano causado culposamente constitui mero ilícito civil. Assim, é imprescindível que exista vontade e consciência do agente em destruir, inutilizar ou deteriorar coisa alheia.

Por fim, é importante destacar que quando se tratar de **bem especialmente protegido** por lei, ato administrativo ou decisão judicial, arquivo, registro, museu, biblioteca, pinacoteca, instalação científica ou similar, a conduta se subsumirá ao **art. 62 da Lei n. 9.605/98 (Lei de Crimes Ambientais).**

6.4.1 Ação penal

> ***Art. 167*** *Nos casos do art. 163, do inciso IV do seu parágrafo e do art. 164, somente se procede mediante queixa.*

Em sua forma simples (art. 163, *caput)*, e na forma qualificada pelo motivo egoístico ou considerável prejuízo da vítima, o delito é processado mediante ação penal privada (queixa). Nos demais casos, a ação penal é pública incondicionada. A reparação do dano pode ensejar a aplicação do art. 16 do CP (arrependimento posterior) no caso do dano qualificado (§1°).

6.5 Apropriação indébita

> ***Art. 168*** *Apropriar-se de coisa alheia móvel, de que tem a posse ou a detenção:*
> *Pena - reclusão, de um a quatro anos, e multa.*
> *Aumento de pena*
> *§ 1° A pena é aumentada de um terço, quando o agente recebeu a coisa:*
> *I - em depósito necessário;*
> *II - na qualidade de tutor, curador, síndico, liquidatário, inventariante, testamenteiro ou depositário judicial:*
> *III - em razão de ofício, emprego ou profissão.*

Trata-se de mais um delito que protege o patrimônio e a posse sobre coisas móveis.

O crime pode ser praticado por qualquer pessoa. O sujeito passivo é o proprietário que teve a coisa indevidamente apropriada por outrem.

O verbo núcleo do tipo é "apropriar-se". Assim, o que consubstancia o delito é a apropriação, entendida como a conduta do agente que legitimamente detém algum objeto, em nome alheio, e, a partir de um certo momento, passa a agir como se dono da coisa fosse.

O crime só se pratica mediante dolo e, para sua ocorrência, é necessária a ocorrência dos seguintes requisitos: a) a vítima deve entregar voluntariamente o bem, ou seja, a posse do sujeito deve ser legítima; b) a posse deve ser confiada sem necessidade de vigilância; c) a conduta recai sobre bem alheio móvel; c) inversão do *animus* da posse, ou seja, o sujeito que detinha a coisa passa a tratá-la como sua.

Fique ligado

Constamos a ressalva de que o STJ entendeu que, mesmo que o bem seja fungível (possa ser substituído por outro de igual qualidade), haverá o crime.

Ainda, de acordo com o entendimento do STJ, é aplicável o princípio da insignificância ao delito em questão. Além disso, o ressarcimento do dano não exclui a tipicidade, apenas configura causa de redução de pena (arrependimento posterior), desde que preenchidos os requisitos do art. 16 do CP.

O § 1° prevê a chamada apropriação indébita circunstanciada. A pena será aumentada em 1/3 (um terço) quando o agente recebeu a coisa: em depósito necessário; na qualidade de tutor, curador, síndico, liquidatário, inventariante, testamenteiro ou depósito judicial; ou em razão de ofício, emprego ou profissão.

- Quanto às causas de aumento, a questão envolvendo o agente que recebe a coisa em depósito necessário tem sido controvertida, pois o depósito necessário será endossado a um servidor público que, se se apropria da coisa, pratica peculato.
- As demais situações são de fácil constatação.
- A ação penal será pública incondicionada.

6.5.1 Apropriação indébita previdenciária

> ***Art. 168-A*** *Deixar de repassar à previdência social as contribuições recolhidas dos contribuintes, no prazo e forma legal ou convencional:*
> *Pena – reclusão, de 2 (dois) a 5 (cinco) anos, e multa.*
> *§ 1° Nas mesmas penas incorre quem deixar de:*
> *I – recolher, no prazo legal, contribuição ou outra importância destinada à previdência social que tenha sido descontada de pagamento efetuado a segurados, a terceiros ou arrecadada do público;*
> *II – recolher contribuições devidas à previdência social que tenham integrado despesas contábeis ou custos relativos à venda de produtos ou à prestação de serviços;*
> *III - pagar benefício devido a segurado, quando as respectivas cotas ou valores já tiverem sido reembolsados à empresa pela previdência social.*
> *§ 2° É extinta a punibilidade se o agente, espontaneamente, declara, confessa e efetua o pagamento das contribuições, importâncias ou valores e presta as informações devidas à previdência social, na forma definida em lei ou regulamento, antes do início da ação fiscal.*
> *§ 3° É facultado ao juiz deixar de aplicar a pena ou aplicar somente a de multa se o agente for primário e de bons antecedentes, desde que:*
> *I – tenha promovido, após o início da ação fiscal e antes de oferecida a denúncia, o pagamento da contribuição social previdenciária, inclusive acessórios; ou*

II – o valor das contribuições devidas, inclusive acessórios, seja igual ou inferior àquele estabelecido pela previdência social, administrativamente, como sendo o mínimo para o ajuizamento de suas execuções fiscais.

§ 4º A faculdade prevista no § 3º deste artigo não se aplica aos casos de parcelamento de contribuições cujo valor, inclusive dos acessórios, seja superior àquele estabelecido, administrativamente, como sendo o mínimo para o ajuizamento de suas execuções fiscais.

O delito do art. 168-A trata da chamada apropriação indébita previdenciária, o qual visa tutelar a previdência social, gerida e administrada pela União. Portanto, é de competência da Justiça Federal.

O sujeito ativo é a pessoa que tem o dever legal de repassar à Previdência Social a contribuição devida e os respectivos recolhimentos. O sujeito passivo é a previdência social, existindo também entendimento de que se trata da União.

A conduta criminosa consiste na omissão de deixar de recolher os valores devidos à Previdência Social.

Fique ligado

Hipoteticamente, se o agente pratica a conduta de forma reiterada, o entendimento sedimentado é que responde em continuidade delitiva, ainda que se trate da gestão de empresas diferentes.

O crime somente se pratica mediante dolo e não há a necessidade de uma finalidade especial por parte do agente.

Segundo entendimento majoritário da doutrina, o crime é formal. Porém, **o STF entende que o crime é material, tendo em vista que, quando há a omissão daquele que deveria repassar o valor,** o agente enriquece ilicitamente, em detrimento da Previdência.

Como o crime é omissivo próprio, unissubsistente, não há de se falar em tentativa.

O importante e relevante de se analisar, diz respeito à hipótese de extinção da punibilidade prevista no §2°, o qual prevê que se o agente, espontaneamente, declarar, confessar e efetuar o pagamento das contribuições, importâncias ou valores e, ainda, prestar as informações devidas à previdência social, na forma definida em lei ou regulamento, antes do início da ação fiscal, extingue-se a punibilidade.

O § 3º prevê a hipótese de **perdão judicial** ou **privilégio.** Nessa situação, o juiz poderá deixar de aplicar a pena ou impor somente a multa, desde que presentes os requisitos genéricos e específicos alternativos.

Quanto aos requisitos genéricos, o agente deve ser primário e de bons antecedentes. Já quanto aos requisitos alternativos, o agente deve ter promovido, após o início da ação fiscal e antes de oferecida a denúncia, o pagamento da contribuição social previdenciária, inclusive acessórios; ou o valor das contribuições devidas, inclusive acessórios, seja igual ou inferior àquele estabelecido pela previdência social, administrativamente, como sendo o mínimo para o ajuizamento de suas execuções fiscais.

Relativamente aos valores utilizados como parâmetro, existe divergência, a jurisprudência do STJ entendia que o valor a ser aplicado seria o de R$ 10.000,00, desconsiderando a Portaria nº 75/2012 do Ministério da Fazenda (que estabelece R$ 20.000,00).

Porém, em recente decisão, datada de 22/05/2019, no AgRg na RvCr 4.881/RJ, a terceira turma entendeu que não se aplica o princípio da insignificância à apropriação indébita previdenciária e de sonegação de contribuição previdenciária, ratificando entendimento exarado pelo STF, no sentido de que a Previdência Social é bem supraindividual, que representa um interesse público, sendo, portanto, insuscetível de aplicação do princípio da bagatela.

6.5.2 Outras formas de apropriação

Apropriação de coisa havida por erro, caso fortuito ou força da natureza

Art. 169 *Apropriar-se alguém de coisa alheia vinda ao seu poder por erro, caso fortuito ou força da natureza:*

Pena - detenção, de um mês a um ano, ou multa.

Parágrafo único. *Na mesma pena incorre:*

Apropriação de tesouro

I - quem acha tesouro em prédio alheio e se apropria, no todo ou em parte, da quota a que tem direito o proprietário do prédio;

Apropriação de coisa achada

II - quem acha coisa alheia perdida e dela se apropria, total ou parcialmente, deixando de restituí-la ao dono ou legítimo possuidor ou de entregá-la à autoridade competente, dentro no prazo de quinze dias.

Art. 170 *Nos crimes previstos neste Capítulo, aplica-se o disposto no art. 155, § 2º.*

Os dispositivos em questão não possuem histórico de cobrança em concursos policiais, razão pela qual trazemos apenas sua redação, tendo em vista que não exigem grandes esforços hermenêuticos.

6.6 Estelionato e outras fraudes

6.6.1 Estelionato

Art. 171 *Obter, para si ou para outrem, vantagem ilícita, em prejuízo alheio, induzindo ou mantendo alguém em erro, mediante artifício, ardil, ou qualquer outro meio fraudulento:*

Pena - reclusão, de um a cinco anos, e multa, de quinhentos mil réis a dez contos de réis.

§ 1º Se o criminoso é primário, e é de pequeno valor o prejuízo, o juiz pode aplicar a pena conforme o disposto no art. 155, § 2º.

§ 2º Nas mesmas penas incorre quem:

Disposição de coisa alheia como própria

I - vende, permuta, dá em pagamento, em locação ou em garantia coisa alheia como própria;

Alienação ou oneração fraudulenta de coisa própria

II - vende, permuta, dá em pagamento ou em garantia coisa própria inalienável, gravada de ônus ou litigiosa, ou imóvel que prometeu vender a terceiro, mediante pagamento em prestações, silenciando sobre qualquer dessas circunstâncias;

Defraudação de penhor

III - defrauda, mediante alienação não consentida pelo credor ou por outro modo, a garantia pignoratícia, quando tem a posse do objeto empenhado;

Fraude na entrega de coisa

IV - defrauda substância, qualidade ou quantidade de coisa que deve entregar a alguém;

Fraude para recebimento de indenização ou valor de seguro

V - destrói, total ou parcialmente, ou oculta coisa própria, ou lesa o próprio corpo ou a saúde, ou agrava as consequências da lesão ou doença, com o intuito de haver indenização ou valor de seguro.

Fraude no pagamento por meio de cheque

VI - emite cheque, sem suficiente provisão de fundos em poder do sacado, ou lhe frustra o pagamento.

Fraude eletrônica

§ 2º-A *A pena é de reclusão, de 4 (quatro) a 8 (oito) anos, e multa, se a fraude é cometida com a utilização de informações fornecidas pela vítima ou por terceiro induzido a erro por meio de redes sociais, contatos telefônicos ou envio de correio eletrônico fraudulento, ou por qualquer outro meio fraudulento análogo.*

§ 2º-B *A pena prevista no § 2º-A deste artigo, considerada a relevância do resultado gravoso, aumenta-se de 1/3 (um terço) a 2/3 (dois terços), se o crime é praticado mediante a utilização de servidor mantido fora do território nacional.*

§ 3º A pena aumenta-se de um terço, se o crime é cometido em detrimento de entidade de direito público ou de instituto de economia popular, assistência social ou beneficência.

Estelionato contra idoso ou vulnerável

§ 4º A pena aumenta-se de 1/3 (um terço) ao dobro, se o crime é cometido contra idoso ou vulnerável, considerada a relevância do resultado gravoso.

§ 5º Somente se procede mediante representação, salvo se a vítima for:

I - a Administração Pública, direta ou indireta;

II - criança ou adolescente;

III - pessoa com deficiência mental; ou

IV - maior de 70 (setenta) anos de idade ou incapaz.

Neste título, analisaremos o crime de estelionato, espécie de delito patrimonial em que a fraude constitui elemento fundamento para da conduta típica. A fraude é aquilo que vicia a vontade alheia, que induz a vítima em erro, ou seja, o estelionato é perpetrado por intermédio da astúcia, do engodo, do embuste, da trapaça do agente, que objetiva induzir ou manter alguém em erro, a fim de obter indevida vantagem econômica.

Sobre a caracterização do tipo penal do art. 171, do CP, entende-se que o crime se configura quando o agente emprega qualquer meio fraudulento, induzindo alguém em erro ou mantendo-o nessa situação, e, conseguindo, assim, uma vantagem indevida para si ou para outrem, como lesão patrimonial alheia. A fraude é, portanto, o núcleo do delito. É o meio fraudulento que faz com que a vítima, enganada, entregue a coisa ao estelionatário.

O bem jurídico protegido é o patrimônio alheio, e ainda, protege-se, também, a boa-fé e a confiança recíproca.

O crime de estelionato pode ser praticado por qualquer pessoa, sendo classificado como crime comum, admitindo-se o concurso eventual de pessoas.

É a pessoa física ou jurídica que sofre a lesão patrimonial; normalmente, é aquele que vem a ser enganado, nada impedindo, porém, que seja terceira pessoa. Nesse sentido, a expressão "prejuízo alheio".

O núcleo da conduta é o verbo "obter", que significa receber ou adquirir vantagem em prejuízo alheio. Observe-se que esse verbo não se confunde com as ações de "subtrair" (art. 155, do CP) ou "apropriar-se" (art. 168, do CP). A forma se de obter a vantagem é por meio do "expediente fraudulento", desde que idôneo para lesar o bem jurídico. O próprio dispositivo exemplifica meios fraudulentos: artifício, ardil ou comportamento similar.

Fique ligado

Não confunda o estelionato com o furto qualificado pelo emprego da fraude. No primeiro, a vítima é induzida e mantida em erro e, voluntariamente, entrega o patrimônio ao estelionatário. No furto mediante fraude, haverá o emprego da fraude para permitir a subtração.

Como sempre saliento, é imprescindível recordar os verbos (ações nucleares), a fim de contextualizar com o caso concreto e permitir uma correta tipificação do delito.

A seu turno, induzir ou manter alguém em erro, significa que, no induzir, o agente conduz o lesado a errar, leva-o à falsa representação da realidade. Ao passo que no manter, o erro preexiste ao estelionatário, que, na verdade, dele se aproveita, não desfazendo o equívoco alheio.

O tipo menciona, ainda, "vantagem ilícita". Diversamente do furto ou da apropriação indébita, que aludem à "coisa alheia", ao estelionato basta a "vantagem ilícita", vale dizer, qualquer benefício de caráter econômico ou patrimonial.

O elemento subjetivo do crime é o dolo, consistente na vontade do agente de induzir ou manter alguém em erro, a fim de obter indevida vantagem, para si ou para outrem.

Cuida-se de crime material, consumando-se, portanto, com a ocorrência do resultado naturalístico, qual seja, a obtenção da vantagem econômica ilícita e o correspondente prejuízo alheio. O delito de estelionato consuma-se com a obtenção de vantagem ilícita em prejuízo alheio, desde que o agente desfrute, durante algum tempo desta vantagem, não desaparecendo o crime pelo ressarcimento do dano.

A tentativa é perfeitamente possível, por exemplo, no golpe de apresentar-se como suposto titular de uma conta bancária, mas não conseguir sacar valores depositados por conta da diligente intervenção do gerente daquela instituição bancária.

6.6.2 Estelionato privilegiado

No art. 171, § 1º, temos a figura do estelionato privilegiado, hipótese em que, sendo o réu primário e pequeno o valor do prejuízo, haverá a possibilidade de substituição da pena de reclusão pela detenção; ou a redução da pena de 1 a 2/3 ou, ainda, a possibilidade de aplicação apenas da pena de multa.

Perceba que o dispositivo fala em pequeno prejuízo e não em pequeno valor da coisa. Assim, valor do prejuízo deve ser apurado no caso concreto, a fim de se verificar se foi de grande ou pequena monta.

No § 2°, do art. 171, temos as condutas equiparadas ao estelionato. Vejamos uma a uma.

6.6.3 Disposição de coisa alheia como própria

Prevista no inciso I, do § 2°, esta modalidade pune a conduta de vender, permutar, dar em pagamento, em locação ou em garantia coisa alheia como própria. O verbo "vender" significa alienar por quantia certa. "Permutar" é sinônimo de trocar.

Por sua vez, "dar em pagamento" se refere ao instituto da "dação em pagamento", próprio do Direito Civil. Conforme o art. 356 do Código Civil, a dação em pagamento significa "acordo liberatório, feito entre credor e devedor, em que o credor consente na entrega de uma coisa diversa da avençada". Na hipótese em comento, a tal "coisa diversa da avençada" não seria do devedor, e sim, de pessoa alheia, mas o estelionatário dá em pagamento ao credor como se fosse dele próprio.

"Dar em locação" seria ceder a outrem, "por tempo determinado ou não, o uso e gozo de coisa não fungível, mediante certa retribuição", nos moldes do art. 565 do Código Civil. Na hipótese em comento, a coisa não fungível cedida seria de outra pessoa, mas o estelionatário a coloca como se fosse própria.

Por fim, "dar em garantia" se refere aos direitos reais como o penhor, a anticrese e a hipoteca, nos moldes dos arts. 1.419 e seguintes do Código Civil.

6.6.4 Alienação ou oneração fraudulenta de coisa própria (inalienável)

Prevista no inciso II, do §2°, a segunda modalidade especial é "vender, permutar, dar em pagamento ou em garantia coisa própria inalienável, gravada de ônus ou litigiosa, ou imóvel que prometeu vender a terceiro, mediante pagamento em prestações, silenciando sobre qualquer dessas circunstâncias.

Esta conduta se distingue da anterior porque aqui é o próprio dono da coisa que pratica o ilícito penal. Sua conduta é reprovada porque tenta vender, permutar, dar em pagamento ou em garantia coisa inalienável, seja por cláusula de inalienabilidade, ônus gravado, litígio sobre a coisa ou promessa de venda.

Para a configuração, natural que se obedeça ao regramento geral contido no *caput*.

6.6.5 Defraudação de penhor

Prevista no inciso III, do § 2°, a defraudação de penhor consiste em defraudar, mediante alienação não consentida pelo credor ou por outro modo, a garantia pignoratícia, quando tem a posse do objeto empenhado.

Cumpre observar que, em regra, o penhor implica na transferência efetiva do bem móvel. Entretanto, algumas vezes, por efeito da cláusula *constituti (constituto possessório)*, não há a tradição, permanecendo a coisa com o devedor (Ex.: o penhor de uma máquina industrial).

Nas hipóteses em que isso acontece e o devedor aliena a coisa sem consentimento, ocorre o preenchimento da figura típica em questão. Sobre o tema, decidiu-se que "caracteriza-se a defraudação de penhor pela pretensão de obter vantagem ilícita, decorrente diretamente da violação do direito do credor pela venda, permuta, dação, locação, dissipação ou escondimento do bem dado em garantia."

Em suma, a garantia pignoratícia deve ser sempre respeitada pelo devedor.

6.6.6 Fraude na entrega da coisa

Previsto no inciso IV, do § 2°, o tipo pressupõe defraudar substância, qualidade ou quantidade de coisa que deve entregar a alguém, ou seja, que o sujeito ativo tem a obrigação de entregar a outrem. Ex.: entrega de ouro de 18 quilates ao invés de 24 quilates.

6.6.7 Fraude para o recebimento de indenização ou valor de seguro

Prevista no inciso V, do § 2°, a fraude para o recebimento de indenização ou valor de seguro consiste em qualquer uma das várias condutas a seguir: destruir, total ou parcialmente, ou ocultar coisa própria, ou lesar o próprio corpo ou a saúde, ou agravar as consequências da lesão ou doença, com o intuito de haver indenização ou valor de seguro.

Trata-se de crime próprio, pois o sujeito ativo é quem tem o seguro a receber, admitindo-se, porém, a coautoria ou participação. A figura se desdobra em várias condutas: 1ª destruir total ou parcialmente coisa própria; 2ª ocultar coisa própria; 3ª lesar o próprio corpo ou a saúde (autolesão) que, no caso, é punível porque afeta o patrimônio de outrem; e 4ª agravar lesão ou doença já existente.

A modalidade é crime formal, ou de consumação antecipada, pois não se exige a efetiva obtenção da indenização ou do valor do seguro. De modo que o recebimento efetivo da indenização ou do valor do seguro representa **mero exaurimento** da atividade criminosa, vez que ele somente se refere ao elemento pessoal da conduta.

6.6.8 Fraude no pagamento por meio de cheque

Prevista no inciso VI, do § 2°, é a mais relevante das figuras equiparadas constantes do art. 171, do CP, em razão da grande incidência de casos dessa natureza. A primeira observação a ser feita é a de que o título de crédito denominado "cheque" constitui ordem de pagamento à vista.

Sobre o sujeito ativo, tem-se que vem a ser aquele que emite o cheque sem a correspondente provisão de fundos ou, alternativamente, aquele que frustra o seu pagamento. A seu turno, o sujeito passivo pode ser qualquer pessoa que venha a receber o título de crédito para pagamento de dívida.

O tipo objetivo contempla duas condutas: "emitir", que significa colocar em circulação; e "frustrar", que significa obstar o desconto na respectiva conta bancária, o popular **sustar.**

Na conduta de frustrar, observa-se que, no momento da emissão, não houve dolo, pois havia fundos suficientes à cobertura do cheque. Entretanto, em um segundo momento, o agente obsta-lhe o pagamento, por meio de contraordem ao gerente, retirando, a posterior, os valores existentes, comunicando fraudulentamente um suposto "furto de talonário"etc.

Se o estabelecimento bancário compensa o cheque por meio do limite bancário (cheque especial), não há crime. Se, todavia, o valor emitido superar o referido limite, o delito restará caracterizado. Nesse sentido, decidiu-se que ainda que se trate de cheque especial, pode configurar-se estelionato quando a emissão excede em muito o crédito que a instituição financeira concede ao agente.

Para a configuração desta modalidade, é imprescindível a demonstração de que o agente tinha a manifesta intenção de lesar e de obter o benefício.

6.6.9 Fraude eletrônica

A Lei nº14.155/2021 também trouxe inovações semelhantes às do crime de furto relativamente ao estelionato praticado por meio de redes sociais (*Facebook, Instagram, Whatsapp*) ou qualquer outro tipo de correspondência – física ou virtual –, que permita a aplicação de golpes. A nova lei inseriu os §§ 2°-A e 2°-B ao art. 171, prevendo a figura qualificada do estelionato quando a fraude for eletrônica.

Prevê o § 2°-A que a pena do estelionato será de 04 (quatro) a 08 (oito) anos de reclusão, e multa, se a fraude for cometida com a utilização de informações fornecidas pela vítima ou por terceiro induzido a erro por meio de dispositivo eletrônico ou informático (celular/computador/telefone), ou por qualquer outro meio fraudulento análogo.

De acordo com o §2°-B, se a fraude eletrônica for perpetrada com utilização de servidor mantido fora do território nacional, a pena será aumentada de um a dois terços. Vale destacar que a causa de aumento de pena do art. 171, § 2º-B é idêntica à do art. 155, § 4º-C.

Para elucidar qualquer tipo de dúvida que porventura exista, no furto mediante fraude, o agente emprega artifício ardil com o intuito de **subtrair.** Já no estelionato, há o emprego de fraude para que a vítima entregue "voluntariamente" – movida pelo erro – a coisa.

Exemplo dessa fraude é o caso clássico do SMS do "caminhão do Faustão" ou *e-mails* que anunciam o recebimento de prêmios. Outro exemplo recorrente, que faz milhares de vítimas, é o golpe do *WhatsApp*, em que o sujeito convence o ofendido, mediante ardil, a lhe passar os dados e o controle do aplicativo e, depois de obter o controle, age como se fosse a vítima e manda mensagens a seus contatos pedindo dinheiro "emprestado".

6.6.10 Causa de aumento de pena

O § 3° do art. 171 prevê hipóteses em que a pena aumenta de 1/3 (um terço) quando o estelionato é praticado em prejuízo de entidade de direito público ou de instituto de economia popular, assistência social ou beneficência. Tratando-se do patrimônio da Previdência Social, vide a Súmula n º24, do STJ.

Importante registrar que, no caso de percepção reiterada de benefícios previdenciários fraudulentos, ou seja, praticado "mês a mês", o entendimento jurisprudencial prevalente é de que, para o beneficiário, o estelionato é encarado como crime permanente. Esse entendimento é importante, dentre outras razões, porque influenciará na contagem do prazo prescricional.

No entanto, para aquele que habilita fraudulentamente (geralmente um funcionário do INSS), mercê de vantagem indevida, a conduta é instantânea. Nesse sentido, o STF decidiu que o agente que perpetra a fraude contra a Previdência Social recebe tratamento jurídico-penal diverso daquele que, ciente da fraude, figura como beneficiário das parcelas. O primeiro pratica crime instantâneo de efeitos permanentes; já o segundo pratica crime de natureza permanente, cuja execução se prolonga no tempo, renovando-se a cada parcela recebida da Previdência.

Por fim, destaca-se a previsão do § 4° de que a pena do estelionato será majorada de um terço até o dobro se o crime é praticado contra idoso ou vulnerável, considerada a relevância do resultado gravoso.

6.6.11 Distinções relevantes

Conforme já mencionado quando tratávamos do furto, distingue-se o estelionato do furto mediante fraude. Com efeito, no estelionato há entrega espontânea da coisa pela vítima e, no art. 155, § 4º, há subtração. No furto, a fraude é para "amortecer" a esfera de vigilância, e, no estelionato, para "viciar" a vontade.

Distingue-se, ainda, o estelionato da apropriação indébita. Nesta, não há má-fé desde o início, mas aquilo que se denomina – sem muita técnica – de "dolo subsequente", ou seja, a "malícia" do agente sobrevém à posse de boa-fé. Ao revés, no estelionato, a má-fé existe desde o início da conduta.

Impende destacar que, quando o crime de falsificação de documento, sem maior potencialidade lesiva, se exaure no estelionato, este absorve aquele.

6.6.12 Ação penal

Em 2019, houve alteração acerca da natureza jurídica da ação penal aplicável ao estelionato.

Até a vigência da Lei nº 13.964/2019 (Pacote Anticrime), a ação penal era pública incondicionada.

Porém, com as alterações trazidas pela nova lei, a ação penal do estelionato, em regra, passou a ser pública condicionada à representação da vítima. No entanto, a ação continua sendo pública incondicionada quando o estelionato for praticado contra:

- Administração pública, direta ou indireta;
- Criança ou adolescente;
- Pessoa com deficiência mental;
- Maior de 70 anos de idade ou incapaz.

6.7 Receptação

> ***Art. 180*** *Adquirir, receber, transportar, conduzir ou ocultar, em proveito próprio ou alheio, coisa que sabe ser produto de crime, ou influir para que terceiro, de boa-fé, a adquira, receba ou oculte:*
>
> *Pena - reclusão, de um a quatro anos, e multa.*
>
> *Receptação qualificada*
>
> *§ 1º Adquirir, receber, transportar, conduzir, ocultar, ter em depósito, desmontar, montar, remontar, vender, expor à venda, ou de qualquer forma utilizar, em proveito próprio ou alheio, no exercício de atividade comercial ou industrial, coisa que deve saber ser produto de crime:*
>
> *Pena - reclusão, de três a oito anos, e multa.*
>
> *§ 2º Equipara-se à atividade comercial, para efeito do parágrafo anterior, qualquer forma de comércio irregular ou clandestino, inclusive o exercício em residência.*
>
> *§ 3º Adquirir ou receber coisa que, por sua natureza ou pela desproporção entre o valor e o preço, ou pela condição de quem a oferece, deve presumir-se obtida por meio criminoso:*
>
> *Pena - detenção, de um mês a um ano, ou multa, ou ambas as penas.*
>
> *§ 4º A receptação é punível, ainda que desconhecido ou isento de pena o autor do crime de que proveio a coisa.*
>
> *§ 5º Na hipótese do § 3º, se o criminoso é primário, pode o juiz, tendo em consideração as circunstâncias, deixar de aplicar a pena. Na receptação dolosa aplica-se o disposto no § 2º do art. 155.*
>
> *§ 6º Tratando-se de bens do patrimônio da União, de Estado, do Distrito Federal, de Município ou de autarquia, fundação pública, empresa pública, sociedade de economia mista ou empresa concessionária de serviços públicos, aplica-se em dobro a pena prevista no caput deste artigo.*

Antes de sua tipificação, a receptação era conhecida como *post factum* impunível em crime contra o patrimônio (furto, roubo, estelionato etc.), razão pela qual recebia a mesma pena deste último. Com o passar do tempo e diante da disseminação da prática delitiva, ganhou contornos de crime autônomo.

Ademais, a receptação não se vincula, necessariamente, a um anterior crime contra o patrimônio. O delito pode existir, inclusive, em hipóteses de crimes de outra natureza, como peculato, tráfico de armas, contrabando, descaminho etc.

Denomina-se a receptação de "delito parasitário" ou acessório, na medida em que está relacionada a um crime anterior.

Qualquer pessoa pode praticar a receptação, menos o autor, coautor ou partícipe do delito antecedente.

É questionado se o proprietário pode também ser sujeito ativo da receptação. Tem-se que, a princípio, sim. Isso porque o tipo não exige a qualidade de coisa alheia. Pressupõe-se, porém, que haja a intermediação fática de um terceiro prejudicado.

> **Ex.:** "A" dá uma joia em penhor a "B", que vem a ser roubado. Algum tempo depois, "A" identifica sua joia, exposta à venda em um local mal afamado, adquirindo-a por preço ínfimo, lesando, indiretamente, a garantia pignoratícia do credor "B".

No exemplo, constata-se que, apesar de "A" ser o proprietário da joia, na verdade foi "B" quem sofreu prejuízo com o roubo da coisa, na medida em que, além de ser roubado, ele perdeu a garantia. Portanto, no exemplo, "A" praticou o crime de receptação de coisa própria. Ao revés, se "A" tivesse sido vítima de um delito, readquirindo sua joia, direta ou indiretamente, de um criminoso, sem prejudicar "B" ou qualquer outra pessoa, não haverá o delito em análise. No máximo, uma questão de natureza ética ou moral (transacionar com um infrator).

De acordo com o art. 180, do CP, a receptação pode ser: própria (1ª parte) ou imprópria (2ª parte).

Na receptação dolosa própria, o delito se consuma com a prática de algum dos verbos constantes do tipo, mediante a conduta de adquirir, ou seja, obter a coisa a título de domínio; ou receber, guardar, depositar; ou ocultar, esconder; ou transportar, levar o objeto de um lugar ao outro; ou conduzir (hipóteses que configuram crime permanente).

Fique ligado

Temos, pois, um tipo misto alternativo, na medida em que constam vários verbos na sua composição. Assim, a conduta incidente em mais de um verbo não enseja concurso de crimes, mas crime único. Dessa forma, o agente que adquire e, posteriormente, oculta o bem receptado, comete uma só infração penal.

Na receptação dolosa imprópria, a conduta consiste em "influir" para que terceiro de boa-fé adquira, receba ou oculte o bem que o agente sabe ser produto de crime. O agente influi (faz uma espécie de intermediação) junto ao terceiro de boa-fé, para que ele adquira, receba ou oculte a coisa produto de crime.

Cumpre dizer que o objeto material da receptação é a coisa produto do crime anterior.

Por sua vez, em respeito ao princípio da legalidade, a coisa precisa ser produto de crime, não abrangendo a figura das contravenções penais. Por essa razão, o crime anterior precisa ser provado, ainda que não se exija a condenação do autor do crime antecedente.

O STF entende ser incompatível o princípio da insignificância com o delito em questão, embora já o tenha aplicado em situações pontuais, especialmente, quando preenchidos todos os requisitos.

6.7.1 Elemento subjetivo

A receptação pressupõe o dolo direto, visto que o tipo alude à coisa que sabe ser produto de crime. Ao lado do dolo, há a exigência do especial fim de agir: **proveito próprio ou alheio** (elemento subjetivo específico).

6.7.2 Receptação qualificada

A receptação será punida de maneira mais gravosa quando houver a prática de algum dos núcleos descritos no §1º no exercício de atividade comercial ou industrial. Embora esteja prevista como receptação qualificada, há entendimento na doutrina de que se trata de crime autônomo, porquanto o dispositivo prevê seis novos verbos núcleos a mais que a figura do *caput*.

A figura do § 1° objetiva combater, reprimir de forma mais severa a ação de receptadores profissionais, especialmente, aqueles indivíduos que atuam sistematicamente com a receptação de veículos, os chamados "desmanches".

As condutas previstas no § 1° devem, necessariamente, se dar no exercício de atividade comercial ou industrial.

Além disso, o §2º considera como atividade comercial qualquer forma de comércio irregular ou clandestino, ainda que exercido, exclusivamente, em residência.

6.7.3 Receptação culposa

No § 3º do art. 180, o delito é punido a título de culpa. A receptação é o único crime patrimonial punido tanto na forma dolosa quanto culposa. Utiliza-se, o legislador, da expressão "coisa que deve presumir-se obtida por meio criminoso" para indicar que o agente atua violando o dever de cuidado exigido na conduta. A culpa pode ser consciente ou inconsciente.

Cumpre, ainda, observar que se trata de um raro caso de tipo culposo fechado, pois o dispositivo indica em que consiste o referido cuidado violado: natureza do objeto, desproporção entre valor ou preço do produto, condição de quem oferece.

Haverá, pois, a modalidade culposa da receptação quando houver manifesta desproporção entre o valor e o preço, ou pela desconfiança da condição de quem a oferece.

Segundo o § 4º do art. 180, para que possa haver receptação, é imprescindível a prática de um crime anterior, havendo, pois, uma acessoriedade material. Não é preciso, porém, a punição do delito antecedente, bastando tão somente a certeza jurídica de sua existência.

Por esta razão, o receptador será punido, ainda que desconhecido ou isento de pena o autor do crime anterior.

Fique ligado
Embora a Lei traga a expressão "crime anterior", admite-se o ato infracional anterior.

6.7.4 Perdão judicial e receptação privilegiada

O §5º traz importantes considerações.

A primeira delas é que, em se tratando de receptação culposa, dependendo das circunstâncias, o magistrado poderá **deixar de aplicar a pena**, concedendo ao réu o perdão judicial (art. 107, IX, CP).

Além disso, no que tange à receptação dolosa, admite-se a aplicação da figura da receptação privilegiada, que segue o mesmo regramento do furto privilegiado, ou seja, sendo o réu primário e de pequeno valor a coisa receptada, o magistrado poderá: a) substituir a pena de reclusão pela pena de detenção; b) reduzir a pena de 1 a 2/3 ou; c) aplicar somente a pena de multa.

6.7.5 Receptação de bens públicos

Conforme o disposto no § 6º, do art. 180, do CP, em se tratando de receptação de bens do patrimônio da União, de Estado, do Distrito Federal, de Município ou de autarquia, fundação pública, empresa pública, sociedade de economia mista ou empresa concessionária de serviços públicas, a pena deverá ser **aplicada em dobro.**

6.7.6 Ação penal

A ação penal é pública incondicionada.

6.7.7 Receptação de animal

Visando proteger as atividades campesinas, sobretudo o agronegócio, a Lei nº 13.330/2016 alterou não apenas o furto, para prever o crime de abigeato, como também, acrescentou ao nosso ordenamento a figura penal da receptação de animal.

Assim, a conduta prevista no art. 180-A é basicamente a mesma prevista no *caput* do art. 180, porém, quem recepta a coisa, deve fazê-la no exercício de atividade comercial e consta como objeto material o **semovente domesticável de produção, ainda que abatido ou dividido em partes,** cuja parte deva saber se tratar ser objeto de crime anterior.

> **Ex.:** João chega até o açougue de Zé e lhe oferece partes de carne (bovina) em que afirma que fora subtraída da propriedade de Carlos. Em razão do preço e da qualidade da carne, Zé adquire o produto e expõe à venda em seu estabelecimento.

O sujeito ativo é qualquer pessoa, desde que não seja o executor do crime anterior. O sujeito passivo também pode ser qualquer pessoa, sendo no caso a vítima do crime antecedente.

O crime se consuma quando o agente pratica algum dos verbos alternativamente previstos no tipo.

Na conduta consistente em ocultar, o crime será permanente, nas demais, por se tratar de crime material, consuma-se com a tradição. Admite-se, em qualquer caso, a tentativa.

A pena é de reclusão, de 2 (dois) a 5 (cinco) anos, e multa. A ação penal é pública incondicionada.

D P E N

7 CRIMES CONTRA A DIGNIDADE SEXUAL

7.1 Crimes contra a liberdade sexual

7.1.1 Revogação da expressão "costumes"

Antes da reforma promovida pela Lei n° 12.015/2009, que alterou a parte dos crimes sexuais, o Título VI do Código Penal era denominado "Dos Crimes Contra os Costumes", agora o título é "Dos Crimes Contra a Dignidade Sexual". A mudança foi fundamental, uma vez que, a expressão "Crimes Contra os Costumes" era um termo conservador, preconceituoso e violava o princípio da isonomia entre homens e mulheres.

Conservadora, pois determinava um comportamento sexual mediano às pessoas, ditado pelo Estado. Preconceituosa, porque havia a presunção de que se a pessoa não se comportasse sexualmente conforme os costumes sociais, como o a sociedade exigia, não era digna de tutela pelo direito penal. Ademais, a expressão também violava o "princípio da isonomia entre homens e mulheres", isso porque, em alguns tipos penais, utilizava-se o termo "mulher honesta", no sentido de que somente "a mulher honesta" era detentora de proteção face a determinados crimes, caso contrário, sua sexualidade não estaria protegida.

Além disso, o entendimento doutrinário sustentava que o marido não praticava crime sexual, quando mediante violência ou grave ameaça, mantivesse relação sexual contra a vontade de sua esposa, em razão do chamado "débito conjugal", ou seja, o dever recíproco de relação sexual entre os cônjuges. Ainda, o entendimento era de que o débito conjugal se aplicava apenas em favor do marido. Visto isso, percebe-se que a mulher sempre foi objetificada, tratada como um objeto de beleza e prazer.

Dessa forma, a expressão "Dos Crimes Contra os Costumes" foi substituída pelo título "Dos Crimes Contra a Dignidade Sexual" com fundamento princípio constitucional da dignidade da pessoa humana, um dos princípios mais importantes da Constituição Federal, com escopo de viabilizar a igualdade entre todas as pessoas, tanto homens como as mulheres.

7.1.2 Revogação do atentado violento ao pudor

A Lei n° 12.015/2009 também revogou o delito de "Atentado Violento ao Pudor" previsto no antigo art. 214 do Código Penal. Todavia, não houve *abolitio criminis*, porquanto a figura típica foi incorporada em outros delitos, a exemplo do crime de estupro (art. 213, CP). Nesse sentido, vejamos a diferença entre estupro e atentado violento ao pudor:

Estupro	Tentado violento ao pudor
Configurava como conjunção carnal	Qualquer ato libidinoso diverso da conjução carnal

Fique ligado

A questão é, houve ***"abolitio criminis"*** em relação ao crime de atentado violento ao pudor? NÃO! Não se pode confundir revogação formal do tipo com ***"abolitio criminis"***, vejamos:

Revogação do Tipo	"Abolitio Criminis"
O tipo é revogado, mas a conduta migra para outro tipo e continua sendo crime. **Princípio da continuidade típico-normativa.**	A conduta deixa de ser crime.

A conduta deixa de ser crime.

- **Princípio da continuidade típico-normativa ou princípio da continuidade normativa:** o tipo penal é revogado, mas a conduta migra para outro tipo penal e continua sendo típica.

Dessa forma, a conduta prevista no tipo penal do crime de "atentando violento ao pudor" continuou sendo criminalizada, porém em outro tipo penal, ou seja, o no delito constante do art. 213, do CP, o "crime de estupro".

7.1.3 Pena do estupro e princípio da proporcionalidade

A conduta de constranger alguém, mediante violência ou grave ameaça, a praticar conjunção carnal ou qualquer outro ato libidinoso que não seja consentido pela outra pessoa, constitui o crime de estupro. Quanto à sanção penal, uma parte da doutrina entende que a pena cominada ao estupro é igual a pena do crime de homicídio. Ademais, outra parte, entende que a pena viola o princípio da proporcionalidade, que por consequência seria inconstitucional.

Todavia, essa concepção de inconstitucionalidade da pena de estupro é uma tese minoritária e já superada, pois a dignidade sexual é um bem jurídico relevante tanto como a vida, assim, o legislador tem a discricionaridade política para estabelecer a sanção penal que entender a mais adequada e necessária para reprimir a conduta. Portanto, não pode o Poder Judiciário revogar a pena estabelecida pelo legislador na norma legal e aplicar a sanção punitiva que entenda ser a mais adequada.

- **Estupro simples** (art. 213,CP, *caput*)
- **Estupro qualificado pela lesão corporal grave** (art. 213, § 1°, primeira parte, CP)
- **Estupro qualificado pela idade da vítima – maior de 14 anos e menor de 18 anos** (art. 213, § 1°, parte final, CP)
- **Estupro qualificado pela morte** (art. 213, § 2°, CP)
- **Estupro de vulnerável** (art. 217-A, CP)

Fique ligado

O delito em qualquer de suas formas é HEDIONDO!

7.1.4 Estupro

> ***Art. 213*** *Constranger alguém, mediante violência ou grave ameaça, a ter conjunção carnal ou a praticar ou permitir que com ele se pratique outro ato libidinoso:*
>
> *Pena - reclusão, de 6 (seis) a 10 (dez) anos.*
>
> *§ 1º Se da conduta resulta lesão corporal de natureza grave ou se a vítima é menor de 18 (dezoito) ou maior de 14 (catorze) anos:*
>
> *Pena - reclusão, de 8 (oito) a 12 (doze) anos.*
>
> *§ 2º Se da conduta resulta morte:*
>
> *Pena - reclusão, de 12 (doze) a 30 (trinta) anos.*

O estupro é um **crime pluriofensivo**, ou seja, é aquele crime que atinge dois ou mais bens jurídicos distintos. Dessa maneira, tinge a liberdade sexual bem como a integridade física e psíquica.

Crime Pluriofensivo	
Liberdade Sexual	Integridade Física e Psíquica

Objeto material: é a pessoa violentada sexualmente (homem ou mulher).

Tipo objetivo: o verbo nuclear do delito e a conduta de "constranger" alguém a praticar ou permitir que se pratique qualquer ato libidinoso. Entende-se o verbo "constranger" como a conduta de obrigar alguém a fazer algo contra a sua vontade (forçar, compelir, subjugar).

A doutrina costuma dizer que o estupro é uma modalidade especial do crime de constrangimento ilegal, porém o estupro é um crime de "**ação vinculada**", ou seja, que não pode ser praticado por qualquer meio ou modo, deve ser praticado pelos meios de execução classificados pelo tipo penal. Desse modo, só pode ser praticado "**por meio de violência**" ou "**por grave ameaça**".

Conduta: Constranger	Violência	Indireta/Mediata
		Direta/Imediata
	Grave Ameaça (Justa / injusta)	

A ameaça pode até ser "justa", mas a finalidade é sempre "injusta"!

Portanto, a finalidade é sempre constranger a vítima a manter relação sexual, a qual ela não quer, assim, não importa o teor da grave ameaça, não importa se foi justa ou injusta, pois a finalidade é fazer algo contra a vontade da vítima (a finalidade é sempre ilícita).

- "a praticar ou permitir" – ocorre uma obrigação da vítima em ter uma conduta passiva.
- O estupro é considerado crime hediondo de acordo com o art. 1°, V, da Lei nº 8.072/1990.
- **Pena - reclusão, de 6 (seis) a 10 (dez) anos:** É possível ter prisão preventiva.
- O § 1º e o § 2º constituem qualificadoras do crime de estupro, tendo em vista que punem a conduta de acordo com o resultado, sendo as penas mínimas mais gravosas do que a sanção prevista na forma do *caput*.
- Vale destacar que o resultado lesão corporal grave é uma das circunstâncias que qualifica o crime, conforme previsão do § 1º, contudo, quando o tipo penal se refere à lesão corporal grave, nela também se compreende a lesão gravíssima prevista no § 2º, do art. 129, do CP.
- Se a vítima for menor de 14 anos, não estaremos falando do crime de estupro, mas, sim, de estupro de vulnerável previsto no art. 217 do CP.
- Os resultados lesão grave ou morte são produzidos a título de culpa (crime preterdoloso).

> **Ex.:** o sujeito tem o dolo de estuprar, mas bateu tanto na vítima que a matou. Logo, o resultado grave não era a intenção do agente. Contudo, se o sujeito tinha intenção de estuprar e, na sequência, resolve matar a vítima, ele irá responder pelas duas condutas em concurso de crimes (nessa situação, a morte não foi uma situação consequencial).

Por fim, é importante mencionar que ao crime de estupro aplicam-se as causas de aumento de pena dos arts. 226 e 234-A do CP, que seram vistas mais à frente.

7.1.5 Violação sexual mediante fraude

> ***Art. 215*** *Ter conjunção carnal ou praticar outro ato libidinoso com alguém, mediante fraude ou outro meio que impeça ou dificulte a livre manifestação de vontade da vítima:*
>
> *Pena - reclusão, de 2 (dois) a 6 (seis) anos.*
>
> ***Parágrafo único.*** *Se o crime é cometido com o fim de obter vantagem econômica, aplica-se também multa.*

O art. 215 pune a conduta do agente que para praticar a conjunção carnal ou outro ato libidinoso se vale de artifício fraudulento ou meio ardil para iludir a vítima e mantê-la em erro.

Como exemplo clássico, tem-se a situação do irmão gêmeo que se passa pelo outro para conseguir manter relação sexual com a cunhada.

Questão que ganha bastante repercussão também, diz respeito ao uso do preservativo na relação sexual.

Imagine a situação em que um dos parceiros condiciona a consumação da relação sexual ao uso do preservativo. Se o preservativo for retirado durante o ato sexual, poderá haver o crime do art. 215 do CP. Entretanto, se a pessoa que condicionou o uso do preservativo percebe a retirada da proteção, boicotando o ato, e mesmo assim, o parceiro insiste no ato sexual, teremos a migração da conduta para o estupro. O consentimento deve ser sempre observado.

O elemento subjetivo do tipo é o dolo (direto ou eventual).

O sujeito ativo pode ser qualquer pessoa. De igual modo, o sujeito passivo pode ser homem ou mulher. Em se tratando de vítima vulnerável (menor de 14 anos, pessoa com doença ou deficiência mental que retire o discernimento sexual ou que, por qualquer causa, tenha reduzida sua capacidade de resistência), o crime tipificado será o do art. 217-A (estupro de vulnerável).

A consumação do delito se dá com a prática do ato libidinoso. Admite-se a tentativa.

A pena da violação sexual mediante fraude é inferior à do estupro, justamente em razão do meio empregado, reprovável, mas em menor grau que a violência física ou grave ameaça.

7.1.6 Importunação sexual

> ***Art. 215-A*** *Praticar contra alguém e sem a sua anuência ato libidinoso com o objetivo de satisfazer a própria lascívia ou a de terceiro:*
>
> *Pena - reclusão, de 1 (um) a 5 (cinco) anos, se o ato não constitui crime mais grave.*

Neste dispositivo, vemos um tipo penal nitidamente subsidiário, que fora incluído em nosso ordenamento por força da Lei nº 13.718/2018.

Na época de edição e publicação da lei, havia intensos debates sobre as condutas corriqueiras que ocorriam em transportes coletivos, especialmente, a famosa "encoxada" e o caso do homem que ejaculou sobre o ombro de uma passageira.

Por muito tempo, por falta de previsão legal, as condutas mencionadas eram tipificadas apenas como contravenções penais (Decreto-lei n° 3.688/1941). Porém, com o apelo popular e o clamor midiático, houve por bem o legislado em migrar o conteúdo normativo para a tutela dos crimes contra a dignidade sexual, recebendo um tratamento mais adequado.

Fique ligado
Não há que se confundir os exemplos acima mencionados com a figura do estupro, tendo em vista que neste, é elementar a ocorrência de violência ou grave ameaça.

Trata-se de crime comum, de modo que qualquer pessoa pode figurar como sujeito ativo (autor) ou sujeito passivo (vítima).

Quanto à conduta do delito do art. 215-A, o verbo nuclear é "praticar", no sentido de realizar um ato libidinoso, a fim de satisfazer a lascívia própria ou de outrem. Entende-se como ato libidinoso aquele de conteúdo sexual. Não é necessário o contato do agente com a vítima, basta para a configuração do delito que autor tenha como objetivo a pessoa determinada.

O ato deve ser cometido contra alguém e sem a sua anuência, pois se houver consentimento, o fato é atípico.

O elemento subjetivo é o dolo, o agente deve agir com consciência e vontade de praticar o ato libidinoso.

7.1.7 Assédio sexual

> ***Art. 216-A** Constranger alguém com o intuito de obter vantagem ou favorecimento sexual, prevalecendo-se o agente da sua condição de superior hierárquico ou ascendência inerentes ao exercício de emprego, cargo ou função.*
>
> *Pena – detenção, de 1 (um) a 2 (dois) anos.*
>
> *§ 2º A pena é aumentada em até um terço se a vítima é menor de 18 (dezoito) anos.*

Neste crime, o legislador objetiva reprimir a conduta daquele que, abusando de sua posição de superior hierárquico ou possuindo ascendência sobre alguém, passa a importuná-lo, visando a prática de ato libidinoso.

Trata-se de crime próprio, porquanto somente o superior hierárquico ou pessoa com ascendência laboral ou funcional em relação à vítima, pode ser autor do delito. Quanto ao sujeito passivo, o tipo penal exige uma qualidade específica da vítima, qual seja, a de funcinário, empregado ou posição de inferioridade ou obediência na relação profissional pública ou privada). Não será crime o oposto, ou seja, o subalterno não pode ser sujeito ativo de assédio sexual contra seu superior.

A conduta proibida consiste em constranger (importunar, incomodar, forçar, obrigar, aborrecer insistentemente) com o intuito de obter vantagem ou favorecimento sexual (elemento subjetivo específico), vale dizer, qualquer benefício ou favor libidinoso que ofenda o pudor médio. O tipo consiste, portanto, na insistência inoportuna de alguém em posição privilegiada, que usa dessa vantagem para obter favores sexuais do subalterno. E não exige, ao menos expressamente, o fim da conjunção carnal.

Cumpre, contudo, observar que o simples galanteio, a cantada ou a paquera, desde que não atente contra o pudor tutelado nos crimes sexuais, não tipifica o crime. Há uma distinção entre o mero flerte, conduta socialmente tolerada ainda que incômoda, e o assédio, no qual há a ameaça de represália ou um insistente constrangimento indevido.

Fique ligado

Destaque-se também, que o STJ entendeu não haver o crime ora mencionado para situações envolvendo o ***personal trainer*** e a aluna, na medida em que existe apenas uma relação contratual, e não de hierarquia.

É fundamental que o agente se prevaleça do cargo, função ou emprego e, ademais, seja superior hierárquico ou tenha ascendência sobre a vítima.

7.2 Exposição da intimidade sexual

> ***Art. 216-B** Produzir, fotografar, filmar ou registrar, por qualquer meio, conteúdo com cena de nudez ou ato sexual ou libidinoso de caráter íntimo e privado sem autorização dos participantes:*
>
> *Pena – detenção, de 6 (seis) meses a 1 (um) ano, e multa.*
>
> ***Parágrafo único.** Na mesma pena incorre quem realiza montagem em fotografia, vídeo, áudio ou qualquer outro registro com o fim de incluir pessoa em cena de nudez ou ato sexual ou libidinoso de caráter íntimo.*

O tipo penal do art. 216-B foi inserido no ordenamento penal pela Lei nº 13.772/2018 com o intuito de proteger a exposição não autorizada da intimidade das relações sexuais e conter, sobretudo, aqueles que, de qualquer forma, produzem ou registram atos sexuais sem o consentimento dos participantes.

Naturalmente, que a conduta, ora em análise, tornou-se muito mais frequente com o avanço da tecnologia, em razão da facilidade dos registros fotográficos e de vídeos que dispõem os *smartphones* e suas câmeras, sobretudo, pela alta capacidade de armazenamento destes dispositivos, bem como por poderem ser ocultados em local fora do alcance de visão da vítima.

De acordo com o art. 216-B, são criminalizadas as condutas de produzir, fotografar, filmar ou registrar, por qualquer meio (crime de forma livre), conteúdo com cena de nudez ou ato sexual ou libidinoso de caráter íntimo e privado sem autorização dos participantes. Perceba que o tipo exige que a conduta seja praticada sem a anuênciados participantes, pois se houver autorização, não há que se falar em crime.

O parágrafo único prevê a figura equiparada do delito. De acordo com o dispositivo, incorre na mesma pena que realiza a "montagem" em fotografia, vídeo, áudio ou qualquer outro registro com o fim de incluir pessoa que não participou da relação sexual ou ato libidinoso.

7.3 Crimes sexuais contra vulnerável

7.3.1 Estupro de vulnerável

> ***Art. 217-A** Ter conjunção carnal ou praticar outro ato libidinoso com menor de 14 (catorze) anos:*
>
> *Pena – reclusão, de 8 (oito) a 15 (quinze) anos.*
>
> *§ 1º Incorre na mesma pena quem pratica as ações descritas no caput com alguém que, por enfermidade ou deficiência mental, não tem o necessário discernimento para a prática do ato, ou que, por qualquer outra causa, não pode oferecer resistência.*
>
> *§ 2º (VETADO)*
>
> *§ 3º Se da conduta resulta lesão corporal de natureza grave:*
>
> ***Pena** – reclusão, de 10 (dez) a 20 (vinte) anos.*
>
> *§ 4º Se da conduta resulta morte:*
>
> ***Pena** – reclusão, de 12 (doze) a 30 (trinta) anos.*
>
> *§ 5º As penas previstas no caput e nos §§ 1º, 3º e 4º deste artigo aplicam-se independentemente do consentimento da vítima ou do fato de ela ter mantido relações sexuais anteriormente ao crime.*

O delito do art. 217-A foi inserido no Código Penal por meio da Lei nº 12.015/2009 com o objetivo de tutelar a dignidade sexual das pessoas vulneráveis, revogando-se, assim, o antigo art. 224, do CP. Dessa forma, aquele que em razão de alguma condição pessoal (transitória ou permanente) é incapaz de consentir validamente para o ato sexual, possui denominação propria: vulnerável. Para o Código Penal (art. 217-A § 1º) são considerados vulneráveis os menores de 14 anos, os enfermos, deficientes mentais ou aqueles que por qualquer outra causa não possam oferecer resistência.

Por meio do tipo penal do art. 217-A, objetiva-se a defesa da dignidade sexual (notadamente a ingenuidade e a inocência) de um grupo de pessoas, em razão de sua condição de fragilidade, resguardando-lhes de um "ingresso precoce ou abusivo na vida sexual".

É importante destacar que, diferentemente do estupro, para esta modalidade de crime, em que se protege a vulnerabilidade da vítima, não se exige a ocorrência de violência ou grave ameaça para a configuração do crime.

A conduta típica consiste em "ter conjunção carnal" ou "praticar outro ato libidinoso" contra pessoa vulnerável. Atos libidinosos (diversos da conjunção carnal) são aqueles que tenham natureza sexual, como a felação, o coito anal, o beijo em partes pudendas, as carícias íntimas etc.

No caso da pessoa menor de 14 anos, o consentimento da vítima para a prática do ato sexual é irrevelante para a configuração do delito, tendo em vista a sua presunção de vulnerabilidade, conforme fixado pelo legislador no § 5°, do art. 217-A.

Fique ligado

Ademais, vale destacar que a Súmula nº 593 do STJ considera uma presunção absoluta de violência.

> ***Súmula nº 593 – STJ***
>
> *O crime de estupro de vulnerável se configura com a conjunção carnal ou prática de ato libidinoso com menor de 14 anos, sendo irrelevante eventual consentimento da vítima para a prática do ato, sua experiência sexual anterior ou existência de relacionamento amoroso com o agente.*

O delito é punido exclusivamente na forma **dolosa**. Exige-se do agente a voluntariedade e a consciência.

Vale destacar que as bancas de concurso gostam de introduzir o tipo em tela em uma análise sistemática com o instituto erro de tipo (art. 20, CP). Assim, o desconhecimento da condição de vulnerabilidade da vítima, torna atípica a conduta.

Nesse sentido, é indispensável que a idade da vítima ou a condição de vulnerabilidade esteja na sua esfera de conhecimento, caso contrário, o dolo será afastado e, como desdobramento, não haverá crime, ante a falta de previsão legal para a punição dos crimes em comento na modalidade culposa.

A ação penal é pública incondicionado. Trata-se de crime hediondo, tendo em vista expressa inclusão do delito do art. 217-A no rol do art. 1° da Lei n° 8.072/1990.

7.3.2 Corrupção de menores

> ***Art. 218*** *Induzir alguém menor de 14 (catorze) anos a satisfazer a lascívia de outrem:*
>
> *Pena – reclusão, de 2 (dois) a 5 (cinco) anos.*

A norma penal do art. 218, do CP, objetiva tutelar a livre formação da personalidade dos menores de 14 anos, protegendo sua inocência e imaturidade sexual.

O tipo contempla a conduta de induzir o menor de 14 anos a satisfazer a lascívia alheia. Separa-se, assim, a regra do concurso de pessoas, na medida em que, aquele que pratica ato sexual com menor de idade, responde pelo art. 217-A, enquanto que aquele que induz (sugere ao menor) responde pelo art. 218, com pena mais branda.

É importante destacar que se o agente induzir pessoa **maior de 14 anos** a satisfazer a lascívia alheia, tipifica-se o crime do art. 227, do CP, (mediação para servir à lascívia de outrem).

A ação deve recair sobre pessoa determinada, pois se o agente induz a vítima a satisfazer a lascívia de um número indeterminado de pessoas, o crime a ser configurado será o de favorecimento da prostituição (art. 218-B, CP).

O termo "lascívia" significa luxúria (desejo sexual).

O elemento subjetivo do tipo é dolo. Assim, o agente de agir com consciência e vontade de influenciar o menor de 14 anos a satisfazer a lascívia de outrem. Por outro lado, se o agente induz o menor a praticar determina ação sexual com o objetivo de satisfazer a sua própria lascívia, configura-se o crime de estupro de vulnerável (art. 217-A).

7.3.3 Satisfação de lascívia mediante presença de criança ou adolescente

> ***Art. 218-A*** *Praticar, na presença de alguém menor de 14 (catorze) anos, ou induzi-lo a presenciar, conjunção carnal ou outro ato libidinoso, a fim de satisfazer lascívia própria ou de outrem*
>
> *Pena – reclusão, de 2 (dois) a 4 (quatro) anos.*

Cuida-se de inovação também trazida pela Lei nº 12.015/2009, pretendendo tutelar o menor de 14 anos. Procurou-se, assim, adaptar o já mencionado delito de corrupção de menores à realidade do mundo contemporâneo.

Na verdade, tratava-se de lacuna existente na sistemática anterior, que previa tal proteção apenas ao maior de 14 anos. A criança ou adolescente menor de 14 anos que presenciasse (assistisse) ato de libidinagem, sem dele participar, não estava protegida pelo tipo de corrupção de menores, cuja idade mínima era de 14 anos. Não estava, igualmente, protegida pelo (revogado) atentado violento ao pudor. No caso do atual art. 218-A, do CP, o menor não pratica ato libidinoso, mas é levado a assistir à realização de atos dessa natureza. Não há, portanto, contato físico entre o agente e o menor, sequer o menor é levado a se despir (se o fizer, caracterizado está o crime do art. 217-A, do CP).

Ademais, com o avanço da tecnologia, a terminologia empregada (na presença de alguém menor de 14 anos) corresponde à presença física ou virtual do menor.

Por fim, vale mencionar que o art. 218-A exige, como elementar, seja a vítima menor de 14 anos. Sendo a vítima maior de 14 anos e menor de 18, induzida a presenciar ato libidinoso, visando à satisfação da lascívia própria ou alheia, tem-se configurado o crime de lenocínio qualificado (art. 227, §1°, do CP).

7.3.4 Favorecimento da prostituição ou de outra forma de exploração sexual de criança ou adolescente ou de vulnerável

> ***Art. 218-B*** *Submeter, induzir ou atrair à prostituição ou outra forma de exploração sexual alguém menor de 18 (dezoito) anos ou que, por enfermidade ou deficiência mental, não tem o necessário discernimento para a prática do ato, facilitá-la, impedir ou dificultar que a abandone:*
>
> *Pena – reclusão, de 4 (quatro) a 10 (dez) anos.*
>
> *§ 1° Se o crime é praticado com o fim de obter vantagem econômica, aplica-se também multa.*
>
> *§ 2° Incorre nas mesmas penas:*
>
> *I – quem pratica conjunção carnal ou outro ato libidinoso com alguém menor de 18 (dezoito) e maior de 14 (catorze) anos na situação descrita no **caput** deste artigo;*
>
> *II – o proprietário, o gerente ou o responsável pelo local em que se verifiquem as práticas referidas no caput deste artigo.*
>
> *§ 3° Na hipótese do inciso II do § 2°, constitui efeito obrigatório da condenação a cassação da licença de localização e de funcionamento do estabelecimento.*

DPEN

Trata-se de outra inovação que teve por objetivo adaptar o delito de corrupção de menores às necessidades da sociedade atual.

Partindo dessa premissa, a Lei nº 12.015/2009 objetivou regular, no art. 218-B, do CP, a grave questão da prostituição ou exploração sexual de menores de 18 anos e de pessoas sem condições de compreensão mental. Por sua vez, a Lei nº 12.978/2014 pretendeu conferir proteção mais eficaz à dignidade sexual de crianças e adolescentes, alterando a designação jurídica (*nomen iuris*) do art. 218-B, do Código Penal. O referido crime passou a se chamar "Favorecimento da prostituição ou de outra forma de exploração sexual de criança ou adolescente ou de vulnerável". Demais disso, a Lei nº 12.978/2014 classificou o referido crime como "hediondo", ou seja, submetido aos rigores da Lei nº 8.072/1990 (Lei dos Crimes Hediondos).

A propósito, cumpre registrar que a exploração sexual em questão diz respeito à dominação e abuso sexual de crianças e adolescentes. Em geral, o crime é praticado por "mercadores sexuais", que atuam em organizações criminosas locais ou internacionais, contando ou não com a participação dos pais ou responsáveis do menor.

Assim, o bem jurídico tutelado é a livre formação da personalidade do menor, do ponto de vista de sua sexualidade, resguardando-o de se prostituir ou se tornar alvo de exploração sexual.

Diversas são as condutas previstas no tipo penal do art. 218-B. Os verbos nucleares do tipo são "submeter" (obrigar, forçar, sujeitar), "induzir" (fazer surgir a ideia), "atrair" (seduzir, instigar, apresentar vantagens), "facilitar" (favorecer ou retirar obstáculos físicos ou morais) a vítima à prostituição ou outra forma de exploração sexual, ou "impedir" (obstaculizar) ou "dificultar" (comportamento inverso do facilitar) que a abandone. Deve-se destacar o verbo "submeter", haja vista a frequência com que menores são subjugados à exploração sexual.

O favorecimento pode ocorrer por ação ou por omissão, na hipótese em que o agente tenha o dever jurídico de impedir que a vítima ingresse na prostituição e nada faz para impedi-la.

Reitere-se que a exploração sexual consiste em inovação legislativa e significa tirar proveito da sua situação ou enganá-lo para fins de lucro. No caso, há uma relação de gênero e espécie entre exploração sexual e prostituição. Demais disso, a prostituição em si, para o maior de 18 anos ou para o mentalmente são, não é crime, embora seja, como dito, uma das formas de exploração sexual. Não obstante, o Código Penal criminaliza atividades em torno da prostituição, ou seja, como a de quem tira proveito da prostituição alheia, isto é, o proxeneta e o rufião.

Por outro lado, a prostituição do menor de 18 anos, sem qualquer intermediação, constituir-se-ia fato atípico. O art. 218-B, do CP, deixa claro que deve existir alguma forma de submissão, induzimento, atração, facilitação, impedimento ou dificuldade para o menor de 18 anos.

Ainda, se a pessoa prostituída for menor de 14 anos, não se aplica o art. 218-B, mas, sim, o art. 217-A, ou seja, trata-se de estupro de vulnerável. Assim, o cliente que mantém ato libidinoso com a criança ou adolescente menor de 14 anos é autor material do crime de estupro de vulnerável, ao passo que o agente que submete, induz, atrai, facilita a exploração sexual do menor, impede ou dificulta o abandono, será partícipe no delito.

Fique ligado

A doutrina majoritária entende que o art. 218-B do CP revogou tacitamente as disposições do art. 244-A do Estatuto da Criança e do Adolescente.

7.3.5 Divulgação de cena de estupro ou de cena de estupro de vulnerável, de cena de sexo ou de pornografia

> ***Art. 218-C*** *Oferecer, trocar, disponibilizar, transmitir, vender ou expor à venda, distribuir, publicar ou divulgar, por qualquer meio – inclusive por meio de comunicação de massa ou sistema de informática ou telemática –, fotografia, vídeo ou outro registro audiovisual que contenha cena de estupro ou de estupro de vulnerável ou que faça apologia ou induza a sua prática, ou, sem o consentimento da vítima, cena de sexo, nudez ou pornografia:*
>
> *Pena – reclusão, de 1 (um) a 5 (cinco) anos, se o fato não constitui crime mais grave.*
>
> *Aumento de pena*
>
> *§ 1º A pena é aumentada de 1/3 (um terço) a 2/3 (dois terços) se o crime é praticado por agente que mantém ou tenha mantido relação íntima de afeto com a vítima ou com o fim de vingança ou humilhação.*
>
> *Exclusão de ilicitude*
>
> *§ 2º Não há crime quando o agente pratica as condutas descritas no caput deste artigo em publicação de natureza jornalística, científica, cultural ou acadêmica com a adoção de recurso que impossibilite a identificação da vítima, ressalvada sua prévia autorização, caso seja maior de 18 (dezoito) anos.*

O delito do art. 218-C foi inserido no Código por meio da Lei nº 13.718/2018.

Trata-se de tipo penal misto alternativo, na medida em que contempla diversas ações nucleares na sua composição. Conforme se extrai da sua análise, o dispositivo legal tipifica duas condutas. A primeira delas consiste na divulgação de cena envolvendo estupro ou estupro de vulnerável. O outro comportamento punido se consubstancia na divulgação de cenas de sexo ou pornografia, sem o consentimento do ofendido.

Nesse contexto, aquele que divulga, oferece, troca, disponibiliza, transmite, vende, expõe à venda ou publica, por qualquer meio, cena que contenha estupro (simples ou de vulnerável), responde pelo crime.

Ademais, responde pela modalidade aquele que faz apologia ao estupro ou divulga imagens ou cenas de nudez sem o consentimento da vítima.

Quanto à sua consumação, o crime é de mera conduta. Basta que o agente incorra em quaisquer dos verbos do tipo para que se configure o delito.

Conforme estabelece o § 1°, haverá aumento de pena de 1/3 a 2/3 se a divulgação for feita por pessoa que tenha mantido relações de afeto com a vítima ou com o dolo específico de humilhar, ridicularizar ou como vingança.

Há ainda, causa expressa de exclusão de ilicitude no §2°, quando o agente pratica as condutas do ar. 218-B, do CP, em publicação de natureza jornalística, científica, cultural ou acadêmica com a adoção de recurso que impossibilite a identificação da vítima, ressalvada sua prévia autorização, caso seja maior de 18 (dezoito) anos.

7.3.6 Disposições gerais

> ***Art. 225*** *Nos crimes definidos nos Capítulos I e II deste Título, procede-se mediante ação penal pública incondicionada.*
>
> *Aumento de pena*
>
> ***Art. 226*** *A pena é aumentada:*
>
> *I – de quarta parte, se o crime é cometido com o concurso de 2 (duas) ou mais pessoas;*
>
> *II – de metade, se o agente é ascendente, padrasto ou madrasta, tio, irmão, cônjuge, companheiro, tutor, curador, preceptor ou empregador da vítima ou por qualquer outro título tiver autoridade sobre ela;*
>
> *IV - de 1/3 (um terço) a 2/3 (dois terços), se o crime é praticado:*

Estupro coletivo

a) mediante concurso de 2 (dois) ou mais agentes;

Estupro corretivo

b) para controlar o comportamento social ou sexual da vítima.

Os arts. 225 e 226 trazem situações envolvendo a ação penal aplicável e, também, situações correspondentes ao aumento de pena.

No que tange à ação penal, é importante destacar que a Lei nº 13.718/2018 alterou o art. 225, a fim de estabelecer que **todos** os crimes contra a dignidade sexual são processados mediante **ação penal pública incondicionada.**

Isso porque, até o advento da referida lei, o estupro simples, por exemplo, era processável mediante ação penal pública **condicionada** à representação da vítima.

Porém, o que se percebia com a ação penal condicionada, é que, muitas vezes, as vítimas não representavam contra o agressor por medo de represálias e para evitar a exposição. Entretanto, acertada foi a alteração legislativa, em vista de que a deflagração da ação penal não pode depender da iniciativa da vítima em manifestar sua vontade de punir o indivíduo que pratica atos dotados de repugnância.

Fique ligado

Em que pese a alteração da ação penal corresponder a um instituto de direito processual, o entendimento que se consolidou sobre o tema é que a Lei nº 13.718/2018 é uma Lei Processual com conteúdo de direito penal. Ficando, portanto, submissa às disposições do art. 5º, XL, da CF.

Inclusive, neste caso, a alteração da natureza da ação penal é compreendida como uma ***novatio legis in pejus.***

Relativamente às causas de aumento, são de fácil compreensão, bastando uma leitura dinâmica sobre as mesmas para recordar as hipóteses e o *quantum* de aumento.

Todavia, merece destaque e análise minuciosa o chamado estupro corretivo.

Estupro corretivo é crime? O estupro corretivo é o estupro praticado pelo agente que não concorda com a opção sexual ou comportamento social da vítima. E, neste caso a aludida circunstância caracteriza causa de aumento de pena, conforme previsão do **art. 226, IV, "b", Código Penal.**

***Art. 226** A pena é aumentada:*

[...]

IV - de 1/3 (um terço) a 2/3 (dois terços), se o crime é praticado:

b) para controlar o comportamento social ou sexual da vítima.

2. mediação para servir a lascívia de outrem

***Art. 227** Induzir alguém a satisfazer a lascívia de outrem:*

Pena - reclusão, de um a três anos.

§ 1º Se a vítima é maior de 14 (catorze) e menor de 18 (dezoito) anos, ou se o agente é seu ascendente, descendente, cônjuge ou companheiro, irmão, tutor ou curador ou pessoa a quem esteja confiada para fins de educação, de tratamento ou de guarda:

Pena - reclusão, de dois a cinco anos.

§ 2º Se o crime é cometido com emprego de violência, grave ameaça ou fraude:

Pena - reclusão, de dois a oito anos, além da pena correspondente à violência.

§ 3º Se o crime é cometido com o fim de lucro, aplica-se também multa.

7.4 Lenocínio e do tráfico de pessoa para fim de prostituição ou outra forma de exploração sexual

O Capítulo V do Título VI trata dos crimes envolvendo a exploração da prostituição. Prostituir-se não é crime, mas, tirar proveito ou vantagem da prostituição alheia ou, de qualquer forma, concorrer para a exploração sexual é crime.

O lenocínio pode ser definido como a conduta de prestar assistência à libidinagem de outrem, ou dela tirar proveito.

O lenocínio classifica-se em principal (induzir a vítima à libidinagem ou a prostituição) ou em acessório (facilitar ou explorar vítima já corrompida). O bem jurídico protegido é a liberdade sexual em sentido amplo. Em síntese, protege-se a dignidade sexual e a moralidade pública sexual.

A mediação para servir a lascívia de outrem trata-se do primeiro delito entre os abrangidos pelo Capítulo V, que trata "Do Lenocínio e do Tráfico de Pessoas para Fim de Prostituição ou Outra Forma de Exploração Sexual".

7.4.1 Mediação para servir a lascívia de outrem

***Art. 227** Induzir alguém a satisfazer a lascívia de outrem:*

Pena - reclusão, de um a três anos.

§ 1º Se a vítima é maior de 14 (catorze) e menor de 18 (dezoito) anos, ou se o agente é seu ascendente, descendente, cônjuge ou companheiro, irmão, tutor ou curador ou pessoa a quem esteja confiada para fins de educação, de tratamento ou de guarda:

Pena - reclusão, de dois a cinco anos.

§ 2º Se o crime é cometido com emprego de violência, grave ameaça ou fraude:

Pena - reclusão, de dois a oito anos, além da pena correspondente à violência.

§ 3º Se o crime é cometido com o fim de lucro, aplica-se também multa.

Conforme convencionou a doutrina, o art. 227 trata-se do chamado *lenocínio principal.*

O verbo nuclear é "induzir", que significa incutir na mente da vítima a ideia de realizar o ato. É necessário, ademais, que se busque a satisfação da lascívia de outrem.

Valer frisar que o autor da indução, também chamado de proxeneta, responde pelo crime do art. 227, ao passo que o agente que pratica o ato libidinoso não comete, em princípio, delito algum (desde que se trate de relação consensual entre adultos).

Há jurisprudência, nesse sentido: se no caso concreto ficar evidenciado que a vítima já é "corrompida" em relação a sua sexualidade, é necessário ter cuidado ao analisar a ocorrência do delito, pois a vítima não é menor de 14 anos, então, é necessário ter cautela na análise do tipo penal.

A terceira pessoa precisa ser certa ou determinada. Portanto, é necessário ter um terceiro específico.

A lascívia abrange a conjunção carnal ou qualquer outro ato libidinoso.

Quanto ao elemento subjetivo, o delito é punido exclusivamente na forma dolosa, de modo que pressupõe consciência e vontade de influenciar a vítima a realizar atitude tendente à satisfação da lascívia alheia.

O § 1º trata da forma qualificada do delito, no caso de a vítima ser maior de 14 e menor de 18 anos, com pena de reclusão, de dois a cinco anos. Atente-se, pois se a vítima for menor de 14 anos, o fato irá se adequar à figura típica do art. 218, do CP, eis que específico à faixa etária.

Também configura a forma qualificada do delito (§1°) se o agente é ascendente, descendente, cônjuge ou companheiro, irmão, tutor ou curador da vítima, ou pessoa a quem esteja confiada para fins de educação, de tratamento ou de guarda. Aqui, o legislador objetivou punir de forma mais severa o agente, em razão da sua condição diante da vítima.

A regra do art. 227, § 2º, opera-se quando ocorre a violência, real ou ficta, a grave ameaça ou a fraude. Esta segunda forma de lenocínio qualificado tem pena de reclusão de dois a oito anos, além da pena correspondente à violência.

Por fim, de acordo com o § 3°, se o lenocínio é praticado em atividade mercenária, ou seja, com finalidade de lucro, aplica-se cumulativamente a pena de multa.

7.4.2 Favorecimento da prostituição ou outra forma de exploração sexual

> ***Art. 228*** *Induzir ou atrair alguém à prostituição ou outra forma de exploração sexual, facilitá-la, impedir ou dificultar que alguém a abandone:*
>
> *Pena – reclusão, de 2 (dois) a 5 (cinco) anos, e multa.*
>
> *§ 1º Se o agente é ascendente, padrasto, madrasta, irmão, enteado, cônjuge, companheiro, tutor ou curador, preceptor ou empregador da vítima, ou se assumiu, por lei ou outra forma, obrigação de cuidado, proteção ou vigilância:*
>
> *Pena – reclusão, de 3 (três) a 8 (oito) anos.*
>
> *§ 2º Se o crime, é cometido com emprego de violência, grave ameaça ou fraude:*
>
> *Pena – reclusão, de quatro a dez anos, além da pena correspondente à violência.*
>
> *§ 3º Se o crime é cometido com o fim de lucro, aplica-se também multa.*

Analisando os modelos existentes mundo afora, há a seguinte sistemática quanto ao tratamento da prostituição:

- Sistema da regulamentação, no qual a prostituição é legalizada como forma sanitária de higienização da atividade;
- Sistema da abolição, no qual não se considera a atividade da prostituição em si como criminosa;
- Sistema da proibição, no qual a prostituição é um ilícito penal.

O Direito Penal brasileiro, em razão de não punir a prostituição, adota o modelo abolicionista, recriminando apenas as condutas que tenham por objetivo tirar proveito da prostituição alheia.

Vale observar que a prostituição pressupõe a habitualidade de contatos carnais, prestados por uma pessoa a um indeterminado número de indivíduos. Habitualidade e indeterminação de parceiros ou clientes são os elementos caracterizadores da prostituição.

Tutela-se a moralidade sexual, especialmente para impedir o aumento da prostituição. Para alguns, a norma também tutela a liberdade sexual em sentido amplo. Em suma, como no tipo anterior, visa-se, por fim, proteger a dignidade sexual.

A norma contempla quatro verbos, sendo os dois primeiros "induzir" e "atrair", ou seja, cooptar diretamente a degradação máxima de um ser humano. O verbo "facilitar" consiste na conduta de contribuir de maneira a que alguém se submeta à exploração sexual (por exemplo, angariar clientes para a prostituta, colocar a prostituta num local favorável da via pública etc.).

Os verbos "impedir" ou "dificultar" o abandono da prostituição pressupõem a pessoa já prostituída que, não obstante, tem sua vontade de sair dessa situação obstada dolosamente pelo agente, por exemplo, com cobrança de dívidas, não lhe dando o passaporte etc.

O elemento subjetivo é o dolo. O autor ou partícipe deve atuar com consciência e vontade de fomentar a prostituição ou exploração sexual alheia.

O §1° prevê a forma qualificado do delito. Se o agente for ascendente, padrasto, madrasta, irmão, enteado, cônjuge, companheiro, tutor ou curador, preceptor ou empregador da vítima, ou se assumiu, por lei ou outra forma, obrigação de cuidado, proteção ou vigilância, aplica-se reclusão, com pena de 3 (três) a 8 (oito) anos.

Se o crime é cometido com emprego de violência, grave ameaça ou fraude, a pena será de reclusão, de quatro a dez anos, além da pena correspondente à violência.

Caso o delito seja cometido com o fim de lucro, aplica-se também multa. Repete-se, portanto, a dinâmica do art. 227, excluindo-se a menoridade e a descendência, bem como a pessoa confiada a outrem.

7.4.3 Casa de prostituição

> ***Art. 229*** *Manter, por conta própria ou de terceiro, estabelecimento em que ocorra exploração sexual, haja, ou não, intuito de lucro ou mediação direta do proprietário ou gerente:*
>
> *Pena – reclusão, de dois a cinco anos, e multa.*

Por intermédio do art. 229, do CP, o legislador procura proteger a moral pública sexual, especialmente evitar a proliferação das formas de lenocínio.

O verbo é "manter", tendo como sinônimo: conservar, prover, sustentar. Exige-se a **habitualidade** da atividade, isto é, a **reiteração** ou **permanência** de atos. Casa de prostituição é o prostíbulo, bordel, zona, casa de lupanar, onde as prostitutas permanecem à espera dos clientes. Em resumo, o local onde as pessoas prostituídas exercem o comércio sexual.

Segundo a doutrina, a norma em questão deve ser interpretada restritivamente, de forma que os locais destinados a encontros libidinosos de namorados, como os motéis, não podem ser considerados casas de prostituição.

Quanto à consumação, como se trata de crime habitual, a infração somente atinge sua realização integral, nos termos do art. 14, I, do CP, quando o sujeito mantém, reiteradamente (isto é, com estabilidade), o estabelecimento em que se verifica a exploração sexual.

O tipo não abrange a manutenção de casa de prostituição infantil ou juvenil. No caso, o fato se subsume ao art. 218-B, do CP, como acima mencionado.

7.4.4 Rufianismo

> ***Art. 230*** *Tirar proveito da prostituição alheia, participando diretamente de seus lucros ou fazendo-se sustentar, no todo ou em parte, por quem a exerça:*
>
> *Pena – reclusão, de um a quatro anos, e multa.*
>
> *§ 1º Se a vítima é menor de 18 (dezoito) e maior de 14 (catorze) anos ou se o crime é cometido por ascendente, padrasto, madrasta, irmão, enteado, cônjuge, companheiro, tutor ou curador, preceptor ou empregador da vítima, ou por quem assumiu, por lei ou outra forma, obrigação de cuidado, proteção ou vigilância:*
>
> *Pena – reclusão, de 3 (três) a 6 (seis) anos, e multa.*
>
> *§ 2º Se o crime é cometido mediante violência, grave ameaça, fraude ou outro meio que impeça ou dificulte a livre manifestação da vontade da vítima:*
>
> *Pena – reclusão, de 2 (dois) a 8 (oito) anos, sem prejuízo da pena correspondente à violência.*

Neste crime, temos a figura do rufião (cafetão) ou proxeneta. Eis que o indivíduo não é o prostituído, e sim, o intermediador dos encontros.

A conduta nuclear do delito consiste em "tirar proveito", ou seja, auferir vantagens da prostituição alheia, seja 1) participação direta dos lucros, como uma espécie de sócio da prostituta; ou 2) se fazer sustentar e viver das expensas daquela, recebendo roupas, alimentos etc. Em qualquer caso, há o requisito da habitualidade da conduta, como se fosse um "estilo de vida". É classificado como delito permanente. Perceba, portanto, que não se configura o crime, se o agente aufere, ocasionalmente, proveito da prostituição da vítima.

O delito somente se configura na forma dolosa. É fundamental que o sujeito tenha conhecimento de que a pessoa de quem retira seu sustento exerce a prostituição.

As formas qualificadas do delito são contempladas pelos §§ 1º e 2º do art. 230. A primeira delas configura-se quando a vítima for menor de 18 e maior de 14 anos ou se o crime for cometido por ascendente, padrasto, madrasta, irmão, enteado, cônjuge, companheiro, tutor ou curador, preceptor ou empregador da vítima, ou por quem assumiu, por lei ou outra forma, obrigação de cuidado, proteção ou vigilância.

A segunda forma qualificada, prevista no §2°, configura-se quando o crime é cometido mediante violência, grave ameaça, fraude ou outro meio que impeça ou dificulte a livre manifestação da vontade da vítima, hipótese em que a pena será de reclusão, de 2 (dois) a 8 (oito) anos, sem prejuízo da pena correspondente à violência.

7.4.5 Tráfico de pessoas

Antigamente, inserido nos crimes contra a dignidade sexual, migrou seu conteúdo normativo (princípio da continuidade normativo típica) para o título dos crimes contra a pessoa, encontrando suas previsões a partir do art. 149-A, do CP.

7.4.6 Promoção de migração ilegal

> ***Art. 232-A*** *Promover, por qualquer meio, com o fim de obter vantagem econômica, a entrada ilegal de estrangeiro em território nacional ou de brasileiro em país estrangeiro:*
>
> *Pena - reclusão, de 2 (dois) a 5 (cinco) anos, e multa.*
>
> *§ 1º Na mesma pena incorre quem promover, por qualquer meio, com o fim de obter vantagem econômica, a saída de estrangeiro do território nacional para ingressar ilegalmente em país estrangeiro.*
>
> *§ 2º A pena é aumentada de 1/6 (um sexto) a 1/3 (um terço) se:*
>
> *I - o crime é cometido com violência; ou*
>
> *II - a vítima é submetida a condição desumana ou degradante.*
>
> *§ 3º A pena prevista para o crime será aplicada sem prejuízo das correspondentes às infrações conexas.*

Com o advento da Lei de Migração (Lei nº13.445/2017) estabeleceu-se uma nova política migratória e uma nova política criminal relacionada com tratamento a ser dispensado ao estrangeiro – ou, consoante à nova terminologia, "migrante" ou "visitante". Nesse sentido, "na contramão da tendência moderna, observada principalmente nos Estados Unidos e na Europa, de criminalizar as migrações, a Lei nº 13.445/2017, em seu art. 3º, III, prevê como princípio regente da política migratória brasileira a não criminalização da migração. A lei prevê ainda, em seu art. 123, que, em regra, ninguém será privado de sua liberdade por razões migratórias."

Temos, pois, uma política liberal quando o assunto é a migração. Notadamente, como ocorre com a prostituição (que não é crime), crimes envolvendo migração somente serão tipificados quando uma pessoa age de forma a explorar a política migratória, cobrando, por exemplo, uma comissão para facilitar a entrada ou a saída irregular do país.

Demais disso, a Lei nº 13.445/2017 introduziu o art. 232-A no Código Penal, estabelecendo o crime de promoção de migração ilegal. Cuida-se de conduta praticada pelo chamado "coiote", ou seja, aquele que, mediante paga ou promessa de vantagem econômica, se especializa em conduzir ou promover o ingresso de migrantes no território de um determinado país, por meio de rotas alternativas ou clandestinas.

Por estar inserido no Capítulo V, do Título VI, da Parte Especial do Código, o bem jurídico em tese protegido pelo art. 232-A, do CP, seria a dignidade sexual, na esteira dos tipos penais anteriormente analisados. Entretanto, cumpre observar que na descrição típica do art. 232-A, do CP, não há menção à vantagem de natureza libidinosa ou de cunho moral, como seria a prostituição ou exploração sexual, mas tão somente vantagem econômica. Por esse motivo, tem-se que o bem jurídico protegido é a dignidade da pessoa humana, bem como a política migratória brasileira e os princípios em que se vê construída, nos termos da Lei de Migração (Lei nº 13.445/2017).

A conduta típica tem como núcleo o ato de "promover" que significa fazer, realizar, empreender, no caso, a saída ou entrada de pessoas dentro ou fora do território nacional. Cuida-se de crime de forma livre, pois a promoção se dá "por qualquer meio", podendo ser por intermédio de veículo terrestre, embarcação, aeronave, trilhas abertas pela densa floresta, túneis etc.

A consumação do delito se dá com a efetiva promoção da entrada de estrangeiro em território nacional ou com o ingresso de brasileiro no território de outro país (a transposição de fronteiras, portanto, é necessária para tais fins).

Tipifica-se tanto o ingresso do estrangeiro no território nacional como o comportamento inverso, ou seja, a entrada ilegal de cidadão brasileiro no território de outro Estado.

O §1° prevê a conduta equiparada do delito, de modo que incorre na mesma pena quem promove, por qualquer meio, com o fim de obter vantagem econômica, a saída de estrangeiro do território nacional para ingressar ilegalmente em país estrangeiro.

O § 2º prevê duas majorantes: ser o crime cometido com violência e ser a vítima submetida à condição desumana ou degradante. O aumento de pena deverá ser da ordem de de 1/6 (um sexto) a 1/3 (um terço).

7.5 Ultraje público ao pudor

7.5.1 Ato obsceno

> ***Art. 233*** *Praticar ato obsceno em lugar público, ou aberto ou exposto ao público:*
>
> *Pena - detenção, de três meses a um ano, ou multa.*

7.5.2 Escrito ou objeto obsceno

> ***Art. 234*** *Fazer, importar, exportar, adquirir ou ter sob sua guarda, para fim de comércio, de distribuição ou de exposição pública, escrito, desenho, pintura, estampa ou qualquer objeto obsceno:*
>
> *Pena - detenção, de seis meses a dois anos, ou multa.*
>
> ***Parágrafo único.*** *Incorre na mesma pena quem:*
>
> *I - vende, distribui ou expõe à venda ou ao público qualquer dos objetos referidos neste artigo;*
>
> *II - realiza, em lugar público ou acessível ao público, representação teatral, ou exibição cinematográfica de caráter obsceno, ou qualquer outro espetáculo, que tenha o mesmo caráter;*
>
> *III - realiza, em lugar público ou acessível ao público, ou pelo rádio, audição ou recitação de caráter obsceno.*

Como desmembramento do direito penal, a este também incumbe um dever de aplicar regramentos relacionados à decência do cidadão, justamente para impor limites de convivência social.

Neste exato sentido é que se pune o ato e escritos obscenos, evitando-se a prática de atos que atentem contra a moralidade pública ou que possam estigmatizar a sociedade.

Notadamente, são situações que extravasam o limite do aceitável.

Dessa forma, o bem jurídico protegido é o pudor público, a moralidade no meio social a ser observada por cada indivíduo.

No caso do art. 233, do CP, o verbo é "praticar" ato obsceno. Isto é, praticar a conduta de conteúdo sexual, atentaria ao pudor público. O verbo "praticar" pressupõe comportamento comissivo. Trata-se de situação diferente da conduta de importunação ofensiva ao pudor (art. 61, LCP). Na verdade, são atos de conotação sexual, por exemplo, urinar na via pública exibindo o órgão genital.

Nesse sentido, entendeu-se pela ocorrência do crime em um caso no qual o agente exibia propositadamente o pênis em via pública.

Lugar público, na forma descrita no tipo, é onde as pessoas transitam. Lugar aberto ao público é o local onde qualquer um pode acessar. Lugar exposto ao público é o local devassado, passível de observação pelo público, como as varandas de apartamentos, quintais com muro baixo etc.

O delito se consuma com a realização do ato obsceno, independentemente de causar abalo moral em determinada pessoa. Isso porque, por ser crime de perigo, não é necessário que o ato seja presenciado por alguém em particular, ou que se comprove que determinado indivíduo tenha se ofendido.

Ademais, há discussão se o delito do art. 233 constitui a conduta conhecida como *streaking* ou "chispada", que consiste no ato de correr nu pelas ruas, praças, estádios de futebol etc. Nesse sentido, decidiu-se pela caracterização do crime, visto que, apesar da nudez se fazer presente em certos contextos sociais, no estágio em que se encontra a sociedade brasileira, ela não ganhou ainda as ruas. Desse modo, a exibição de homens despidos em plena via pública ainda se traduz numa ação que desmerece ou altera o equilíbrio ético normal que preside a vida social do momento; escandaliza, é obscena.

Por sua vez, o art. 234, do CP, para boa parte da doutrina, já se encontra tacitamente revogado, inclusive, apontam que a linguagem utilizada no artigo é ultrapassada e já superada, além de visar a censura.

Ainda, o objeto material do delito é a escrita (manuscrita ou impressa), desenho (representação gráfica), pintura (representação colorida), estampa (figura impressa por chapa gravada) ou qualquer outro objeto obsceno (como fotografias, esculturas).

O elemento subjetivo é o dolo. Sendo necessário que o agente atue com o fim de comércio, de distribuição ou de exposição pública, mesmo que o realize clandestinamente.

Equiparam-se ao tipo aqueles que: a) vendem, distribuem ou expõem à venda ou ao público qualquer dos objetos referidos; os que b) realizam, em lugar público ou acessível ao público, representação teatral, ou exibição cinematográfica de caráter obsceno, ou qualquer outro espetáculo de mesmo caráter; assim como os que c) realizam, em lugar público ou acessível ao público, ou pelo rádio, audição ou recitação de caráter obsceno.

7.6 Disposições gerais

> ***Art. 234-A*** *Nos crimes previstos neste Título a pena é aumentada:*
>
> *I – (VETADO);*
>
> *II – (VETADO);*
>
> *III - de metade a 2/3 (dois terços), se do crime resulta gravidez;*
>
> *IV - de 1/3 (um terço) a 2/3 (dois terços), se o agente transmite à vítima doença sexualmente transmissível de que sabe ou deveria saber ser portador, ou se a vítima é idosa ou pessoa com deficiência.*
>
> ***Art. 234-B*** *Os processos em que se apuram crimes definidos neste Título correrão em segredo de justiça.*

O Capítulo VII, do Título VI, do CP, acrescentado pela Lei nº 12.105/2009, prevê as disposições específicas dos crimes contra a dignidade sexual, contendo hipóteses de causas de aumento de pena e a previsão expressa acerca do **segredo de justiça nos crimes sexuais,** a fim de evitar o ultraje da imagem da vítima ou qualquer tipo de exploração.

Conforme determina o art. 234-A, inciso III, a pena será aumentada de 2/3 (causa de aumento fixa) se ocorrer gravidez a partir dos crimes contra a dignidade sexual.

Será aumentada de 1/3 a 2/3 se ocorrer transmissão de DST, da qual o portador tenha ciência, ou se a vítima é idosa ou pessoa deficiente.

Acerca da **transmissão dolosa de DST,** vale destacar que a jurisprudência dos tribunais superiores está pacificada acerca da AIDS que, se transmitida intencionalmente (em ato sexual consentido), será caracterizada como espécie de lesão corporal gravíssima, restringindo-se às situações em que a relação sexual foi consentida. Havendo sexo sem consentimento de um dos envolvidos acrescido de violência, grave ameaça ou sendo a vítima vulnerável, a conduta migra para os crimes de estupro ou estupro de vulnerável, a depender de cada caso.

8 DOS CRIMES CONTRA INCOLUMIDADE PÚBLICA

As disposições previstas neste título correspondem à proteção coletiva, que representem um significado de segurança ou firmeza de todos os membros da sociedade.

8.1 Crimes de perigo comum

8.1.1 Incêndio

> ***Art. 250*** *Causar incêndio, expondo a perigo a vida, a integridade física ou o patrimônio de outrem:*
>
> *Pena - reclusão, de três a seis anos, e multa.*

O tipo penal do art. 250, do CP, tem como verbo núcleo a conduta de causar ou provocar incêndio de forma que exponha a perigo a vida e a integridade física de pessoas ou o patrimônio alheio.

O bem jurídico tutelado é a incolumidade pública.

Trata-se de **crime de perigo comum,** ou seja, expõe ao perigo de vida um número indeterminado de pessoas. Alguns autores entendem que se trata de **crime de perigo concreto,** que deverá ser efetivamente demonstrado no caso real para efeito de reconhecimento do crime.

Sobre o assunto, o STJ tem o seguinte entendimento:

> *É consabido que o crime de incêndio, previsto no artigo 250 do Código Penal, é um delito de perigo concreto, bastando, para sua configuração, que o fogo tenha a potencialidade de colocar em risco os bens jurídicos tutelados: a incolumidade pública, a vida, a integridade física ou o patrimônio de terceiros - o que ocorreu no caso, uma vez que o fogo não se alastrou para os prédios vizinhos devido a pronta intervenção do corpo de bombeiros impediu essa ocorrência. - Cumpre assinalar, ainda, que o delito em questão é um crime de perigo comum, sendo prescindível que a conduta seja dirigida a determinadas vítimas. - Com efeito, verifica-se que se as instâncias originárias, soberanas na análise do conjunto probatório, concluíram pela existência de incêndio provocado, que expôs "a perigo a vida e a integridade física ou o patrimônio de outrem" (fls. 133), a modificação de tal entendimento, acolhendo a tese de atipicidade flagrante do incêndio majorado, demandaria profunda incursão no material probatório produzido nos autos, providência incabível com a estreita via do habeas corpus. - Agravo regimental a que se nega provimento. (STJ - AgRg no HC: 192574 ES 2010/0225708-7, Relator: Ministra MARILZA MAYNARD (DESEMBARGADORA CONVOCADA DO TJ/SE), Data de Julgamento: 25/06/2013, T5 - QUINTA TURMA, Data de Publicação: DJe 01/08/2013)*

Consumação e tentativa

A consumação ocorre quando o "incêndio expõe a perigo a vida, a integridade física ou patrimonial de pessoas", consistindo em um crime material (para consumação é necessário o resultado naturalístico).

É cabível a tentativa. Nesse sentido, vale mencionar os exemplos citados pelos autores Rogério Sanches Cunha e Nelson Hungria: "a mecha acesa é atirada para dentro de uma casa, mas não se comunica o fogo a objeto algum, porque os moradores conseguiram retirá-la a tempo; o fogo da mecha comunica-se a um móvel da casa, mas, antes de atingir a construção, é apagado por outrem; já predisposto o meio de eclosão do incêndio, é descoberto e inutilizado por terceiros".

Causas de aumento de pena

> ***Art. 250 [...]***
>
> *§ 1º As penas aumentam-se de um terço:*
>
> *I - se o crime é cometido com intuito de obter vantagem pecuniária em proveito próprio ou alheio;*
>
> *II - se o incêndio é:*
>
> *a) em casa habitada ou destinada à habitação;*
>
> *b) em edifício público ou destinado a uso público ou a obra de assistência social ou de cultura;*
>
> *c) em embarcação, aeronave, comboio ou veículo de transporte coletivo;*
>
> *d) em estação ferroviária ou aeródromo;*
>
> *e) em estaleiro, fábrica ou oficina;*
>
> *f) em depósito de explosivo, combustível ou inflamável;*
>
> *g) em poço petrolífico ou galeria de mineração;*
>
> *h) em lavoura, pastagem, mata ou floresta.*

Conforme se verifica no § 1°, a pena é aumentada de 1/3, quando:

- **O crime é cometido com intuito de obter vantagem pecuniária em proveito próprio ou alheio:** Na circunstância prevista no inciso I, para configurar a majorante é necessária a presença do **elemento subjetivo específico** do agente, consistente na obtenção de vantagem pecuniária com a prática do crime, seja em proveito próprio ou alheio. Ademais, para a sua consumação não é necessária a efetiva obtenção da vantagem pecuniária, bastando apenas o "intuito" do agente (**crime formal**).

  Jurisprudência relacionada:

  > *O crime de incêndio, conforme dicção do art. 250 do Código Penal, exige que o agente tenha a intenção em causar dano ao patrimônio alheio, expondo a perigo de vida. Trata-se do dolo de perigo, onde o sujeito deve, voluntariamente, provocar o incêndio, podendo resultar em perigo comum e prejudicar terceiros. 2. No caso em tela, restou configurado o dolo da apelante ao atear fogo na casa da vítima, situação que colocou em risco a vida da vítima, sua família e vizinhança. Assim, não merece guarida a tese defensiva de desclassificação para o delito de dano (Ap. Crim. 0001581- 76.2010.8.10.0024/MA, 3.ª C. Crim., rel. José De Ribamar Froz Sobrinho, 20.07.2015, v.u.).*

- **Se o incêndio é em casa habitada ou destinada à habitação:** cumpre esclarecer, primeiramente, o que é considerado "casa", trata-se de um local destinado à moradia de pessoas.

Em relação a esta causa de aumento de pena, a legislação aponta que deve ser "casa habitada" ou "destinada à habitação", ou seja, mesmo que não esteja ocupada no momento do incêndio, a sua "destinação de habitação" é suficiente para configurar o aumento de pena.

Portanto, é dispensável que a casa esteja ocupada na ocasião em que o incêndio é provocado, bastando que sua destinação seja para fins de habitação/moradia.

- **Se o incêndio é em edifício público ou destinado a uso público ou a obra de assistência social ou de cultura:** Conforme esclarece o autor Jamil Alves, "edifício público é aquele de propriedade do Poder Público (união, Estados, Distrito Federal e Municípios) ou afetado a uma finalidade pública", ou seja, consiste em **edifício público** qualquer propriedade do Estado ou, então, que tenha por finalidade o atendimento público ou obra de assistência social ou de cultura.

Restará configurado o aumento de pena quando o agente provocar o incêndio em qualquer das hipóteses tratadas.

- **Se o incêndio é em embarcação, aeronave, comboio ou veículo de transporte coletivo:** pelas palavras do ilustre autor Guilherme Nucci, "*embarcação é toda construção destinada a navegar sobre a água; aeronave é "todo aparelho manobrável em voo, que possa sustentar-se e circular no espaço aéreo, mediante reações aerodinâmicas, apto a transportar pessoas ou coisas" (art. 106, do Código Brasileiro de Aeronáutica); comboio significa trem; veículo de transporte coletivo é qualquer meio utilizado para conduzir várias pessoas de um lugar para outro (ônibus, por exemplo)*".

Portanto, causar incêndio em qualquer desses meios de transporte é circunstância que configura causa de aumento de pena.

- **Se o incêndio é em estação ferroviária ou aeródromo:** entende-se por **estação ferroviária** o local destinado ao embarque e desembarque de passageiros de trem. Já o **aeródromo**, de acordo com o conceito disposto no art. 28, do Código Brasileiro de Aeronáutica, é toda área destinada ao pouso, decolagem e movimentação de aeronaves.

D P E N

- **Se o incêndio é em estaleiro, fábrica ou oficina:**
  - **Estaleiro** consiste no local onde se constroem ou fazem reparação de navios ou embarcações;
  - **Fábrica** é o local industrial destinado à produção de bens de consumo;
  - **Oficina** é o local onde se realiza reparo, manutenção ou conserto de objetos ou coisas em geral.
- **Se o incêndio é em depósito de explosivo, combustível ou inflamável:**
  - **Depósito** é o local onde se guarda ou armazena objeto ou coisa;
  - **Explosivo** é a substância com grande poder destruidor, que por meio de uma reação química é detonado, liberando grande quantidade de gases e calor;
  - **Combustível** consiste em uma substância capaz de produzir chamas.
  - **Inflamável** é uma substância altamente suscetível de entrar em combustão.
- **Se o incêndio é em poço petrolífico ou galeria de mineração:** *"Poço petrolífero é a cavidade funda, aberta na terra, que atinge lençol de combustível líquido natural; galeria de mineração é a passagem subterrânea, extensa e larga, destinada à extração de minérios"* (NUCCI, 2019).
- **Se o incêndio é em lavoura, pastagem, mata ou floresta: por fim, segue a definição dada pelo autor Guilherme Nucci:** *"Lavoura é plantação ou terreno cultivado; pastagem é o terreno onde há erva para o gado comer; mata é o terreno onde se desenvolvem árvores silvestres; floresta é o terreno onde há grande quantidade de árvores unidas pelas copas. Essa figura está derrogada pelo art. 41 da Lei nº 9.605/1998, no tocante a causar incêndio em mata ou floresta. Aplicam-se os princípios da especialidade e da sucessividade. Restam, apenas, os incêndios provocados em lavoura e pastagem".*

Incêndio culposo

> ***Art. 250 [...]***
> *§ 2º Se culposo o incêndio, é pena de detenção, de seis meses a dois anos.*

O crime previsto no art. 250, do CP, também aceita a modalidade culposa, como na situação em que o agente, agindo com descuido, faz uma fogueira para celebrar a festa de São João (Festa Junina) e, porventura, esquece de apagá-la, ocasionando um incêndio. Diante de tal conduta, restará configurado o crime de incêndio na modalidade culposa.

Dessa forma, se o agente agir sem o devido cuidado, por imprudência, negligência ou imperícia, incorrerá em culpa (quando não há intenção de produzir o resultado danoso).

8.1.2 Explosão

> ***Art. 251*** *Expor a perigo a vida, a integridade física ou o patrimônio de outrem, mediante explosão, arremesso ou simples colocação de engenho de dinamite ou de substância de efeitos análogos:*
> *Pena - reclusão, de três a seis anos, e multa.*
> *§ 1º Se a substância utilizada não é dinamite ou explosivo de efeitos análogos:*
> *Pena - reclusão, de um a quatro anos, e multa.*

Assim, como no crime de incêndio, o objeto jurídico tutelado pelo delito do art. 251 é a incolumidade pública.

O núcleo do tipo penal deste crime é **"expor"** a perigo a vida, a integridade física patrimonial de outrem mediante o emprego de explosão, logo, a simples conduta de "expor" a vida de outrem em perigo já configura o crime do art. 251, do CP.

Conforme a conduta descrita na figura do *caput* do art. 251, punem-se condutas perigosas praticadas mediante o uso de engenho de dinamite ou de substância de efeitos análogos. Como engenho de dinamite entende-se a bomba, artefato ou aparato de dinamite.

A **explosão** é conceituada pelo autor Jamil Alves como "súbita e violenta liberação de energia em curto espaço de tempo, geralmente acompanhada de forte estrondo, deslocamento de ar e altas temperaturas".

Qualquer forma, como arremesso ou colocação de dinamite, que cause uma detonação expondo a perigo de vida, a integridade física ou patrimonial de pessoas, é considerada crime de explosão, como mencionado.

O elemento subjetivo do tipo é o dolo, que se caracteriza pela vontade livre e consciente de expor a perigo a vida, a integridade física ou o patrimônio de outrem, com conhecimento do perigo comum.

Consumação e tentativa

O crime de explosão consiste em crime material, a sua consumação depende da ocorrência do resultado naturalístico, ou seja, a explosão, arremesso ou colocação de dinamite.

Alguns doutrinadores entendem ser possível a tentativa, porém, na prática essa hipótese é de difícil acontecimento.

Forma privilegiada

> ***Art. 251 [...]***
> *§ 1º Se a substância utilizada não é dinamite ou explosivo de efeitos análogos:*
> *Pena - reclusão, de um a quatro anos, e multa.*

O legislador possibilitou no §1° a forma privilegiada do crime de explosão, caso a substância utilizada se trate de explosivo diverso de dinamite ou explosivo. Podemos citar os exemplos dado pelo autor Hungria de substância que não é de dinamite ou explosivo, a pólvora pícrica, o algodão-pólvora ou piroxilina, e demais produtos com composto do cloreto de potássio.

Causa de aumento de pena

> ***Art. 251, § 2º*** *As penas aumentam-se de um terço, se ocorre qualquer das hipóteses previstas no § 1º, I, do artigo anterior, ou é visada ou atingida qualquer das coisas enumeradas no nº II do mesmo parágrafo.*

As penas do delito de explosão são aumentadas de 1/3 (um terço) quando a conduta é cometida "com intuito de obter vantagem pecuniária em proveito próprio ou alheio" ou se é visada ou atingida qualquer das coisas enumeradas no inciso II, do art. 250, § 1°.

Modalidade culposa

> ***Art. 251*** *[...]*
> *§ 3º No caso de culpa, se a explosão é de dinamite ou substância de efeitos análogos, a pena é de detenção, de seis meses a dois anos; nos demais casos, é de detenção, de três meses a um ano.*

Admite-se a forma culposa do crime de explosão, quando a conduta for praticada por meio de "dinamite ou substância de efeitos análogos", terá pena de detenção de 6 meses a 2 anos, e nos demais casos, de 3 meses a 1 ano.

Portanto, pune-se a conduta culposa do agente que praticou a explosão por negligência, imprudência ou imperícia.

8.1.3 Uso de gás tóxico ou asfixiante

> ***Art. 252*** *Expor a perigo a vida, a integridade física ou o patrimônio de outrem, usando de gás tóxico ou asfixiante:*
> *Pena - reclusão, de um a quatro anos, e multa.*

A exemplo do que sucede nos dois tipos penais anteriores (arts. 250 e 251), a conduta criminalizada no art. 252, do CP, consiste na ação de **"expor"** a perigo a vida, a integridade física ou o patrimonial de outrem, usando de **"gás tóxico ou asfixiante"**.

De acordo com o autor Guilherme Nucci, *"Gás tóxico é o fluido compressível que envenena; gás asfixiante é o produto químico que provoca sufocação no organismo"*.

Trata-se de **crime de perigo concreto,** isto é, o uso de gás tóxico ou asfixiante depende da comprovação da existência de perigo a um montante indeterminado de indivíduos.

Quanto ao sujeito ativo, o crime pode ser praticado por qualquer pessoa. O sujeito passivo é a coletividade.

Ainda, o autor Nelson Hungria destaca que "o perigo, porém, tal como no tocante ao incêndio e à explosão, tem de ser averiguado ou comprovado *in concreto*, isto é, cumpre demonstrar que a vida, integridade física ou patrimônio de outrem correu efetivo risco".

O elemento subjetivo do tipo é o dolo, consistente na vontade livre e consciente de usar o gás, com conhecimento do perigo comum (dolo de perigo).

Vale mencionar que se o agente visar atingir determinada pessoa (ou mesmo um número determinado de pessoas), não haverá o crime do art. 252, podendo configurar crime contra a pessoa (por exemplo, homicídio, lesões corporais etc.).

Fique ligado

Uso de gás lacrimogêneo pela polícia: se usado de forma moderada para impelir a injusta agressão (atual ou iminente) não configura crime, conforme podemos verificar no art. 252, do CP. Trata-se, portanto, de uma excludente de antijuridicidade da legítima defesa (art. 25 do CP).

Consumação e tentativa

A consumação se realiza quando se faz o uso de gás tóxico ou asfixiante, gerando perigo à vida ou à integridade física de outrem. Admite-se, também, a tentativa.

Modalidade culposa

> ***Art. 252, parágrafo único.*** *Se o crime é culposo:*
>
> *Pena – detenção, de três meses a um ano.*

A modalidade culposa, como nos demais crimes, é praticada por culpa do agente (existindo previsibilidade do resultado) quando deixa de observar os devidos cuidados, ou seja, com negligência, imprudência ou imperícia.

8.1.4 Fabrico, fornecimento, aquisição posse ou transporte de explosivos ou gás tóxico, ou asfixiante

> ***Art. 253*** *Fabricar, fornecer, adquirir, possuir ou transportar, sem licença da autoridade, substância ou engenho explosivo, gás tóxico ou asfixiante, ou material destinado à sua fabricação:*
>
> *Pena – detenção, de seis meses a dois anos, e multa.*

Há cinco núcleos deste tipo penal, quais sejam: **fabrico, fornecimento, aquisição posse** ou **transporte.** Podemos conceituá-los da seguinte forma:

- **Fabrico:** produzir, fazer ou construir coisas.
- **Fornecer:** entregar, dar ou prover.
- **Adquirir:** receber, obter ou comprar algo.
- **Possuir:** ter a posse ou usufruir de algo.
- **Transportar:** levar de um lugar a outro.

Trata-se de crime misto alternativo, praticando mais de uma conduta na mesma relação fática configura apenas um único crime.

Além disso, **consiste em crime de perigo abstrato,** dispensando a lesão ao bem jurídico tutelado. Assim, o simples fato de expor a perigo ou risco concreto, é suficiente para caracterizar o delito. Tem-se como exemplo análogo, o crime de porte ilegal de arma de fogo.

Consumação e tentativa

Ocorrerá a consumação quando o agente "fabricar, fornecer, adquirir, possuir ou transportar", gás tóxico ou asfixiante, ou material destinado à sua fabricação.

Neste caso, podemos afirmar que se trata de **crime formal,** haja vista, não ser necessário o resultado naturalístico para sua consumação, expor a perigo já configura o crime.

A tentativa é admitida, porém como menciona o autor Rogério Sanches, é de difícil configuração, já que a preparação do material destinado à fabricação do gás ou do explosivo, já consumará o crime.

8.1.5 Inundação

> ***Art. 254*** *Causar inundação, expondo a perigo a vida, a integridade física ou o patrimônio de outrem:*
>
> *Pena – reclusão, de três a seis anos, e multa, no caso de dolo, ou detenção, de seis meses a dois anos, no caso de culpa.*

A exemplo do que ocorre nos crimes de incêndio, explosão e uso de gás tóxico e asfixiante, o que se pune no art. 254 é a conduta daquele que, ao **"causar"** inundação, expõe a perigo a vida, a integridade física ou o patrimônio de outrem.

O que seria **inundação?** É o alagamento de um local. De acordo com o ensinamento do ilustre autor Nelson Hungria, "entende-se por *inundação* o alagamento de um local de notável extensão, não destinado a receber águas [...], sendo necessário que não esteja mais no poder do agente dominar a força natural das águas, cujo desencadeamento provocou, criando uma situação de perigo comum", ainda menciona que "é o alagamento provocado pela saída das águas de seus limites naturais ou artificiais, em volume e extensão tais que ocasionem perigo comum".

Classificação

É um **crime comum** (pode ser praticado por qualquer pessoa); **crime material** (necessário à produção do resultado naturalístico); **comissivo** (exige uma ação do agente); de **perigo comum e concreto** (coloca um número indeterminado de pessoas em perigo, neste caso, deve ser analisado em cada caso); **instantâneo; unissubjetivo** (pode ser praticado apenas por um agente); **plurissubsistente** (pode ser praticado por vários atos); **unissubsistente** (pode ser praticado por um único ato) e de **forma livre.**

Consumação e tentativa

O crime se consuma quando o agente causa ou provoca a inundação, gerando perigo de vida a outrem.

É admissível a tentativa, uma vez que o crime é plurissubsistente (poder ser fracionado).

Modalidade culposa

> ***Pena*** *– reclusão, de três a seis anos, e multa, no caso de dolo, ou* ***detenção, de seis meses a dois anos, no caso de culpa.***

Pode correr a modalidade culposa, quando o agente não tem a intenção de provocar o dano, porém, atua com imprudência, negligência ou imperícia, neste caso, o legislador prevê a pena de detenção de seis meses a dois anos.

DPEN

8.1.6 Perigo de inundação

> ***Art. 255*** *Remover, destruir ou inutilizar, em prédio próprio ou alheio, expondo a perigo a vida, a integridade física ou o patrimônio de outrem, obstáculo natural ou obra destinada a impedir inundação:*
>
> *Pena – reclusão, de um a três anos, e multa.*

A figura típica do delito consiste em "**remover, destruir ou inutilizar,** em prédio próprio ou alheio", causando perigo à vida, à integridade física ou patrimonial de outrem.

No que tange ao conceito do crime em análise, o autor Guilherme de Souza Nucci define que "***remover*** (mudar de um lugar para outro ou afastar), ***destruir*** (arruinar ou fazer desaparecer) ou ***inutilizar*** (tornar inútil ou invalidar) são condutas que se compõem com o verbo *expor*, que, como já dissemos, significa arriscar".

Classificação

Classifica-se como **crime comum** (pode ser praticado por qualquer pessoa), **crime formal** (não é necessária a produção do resultado naturalístico, com a existência do perigo ou dano já configura o delito); **comissivo** (exige uma ação do agente); de **perigo comum e concreto** (coloca um número indeterminado de pessoas em perigo, neste caso, deve ser analisado em cada caso); **instantâneo; unissubjetivo** (pode ser praticado apenas por um agente); **plurissubsistente** (pode ser praticado por vários atos); **unissubsistente** (pode ser praticado por um único ato) e de **forma livre.**

Consumação e tentativa

Consuma-se o crime quando o agente expõe a perigo a vida, a integridade física ou patrimonial de outrem.

Para os autores Rogério Sanches e Heleno Fragoso é cabível a tentativa, vejamos o exemplo citado por Fragoso:

"A tentativa do crime de inundação, pode corresponder materialmente ao crime de perigo de inundação consumado (por exemplo, na forma de destruição de diques ou barragens). A diferença entre um e outro caso reside no elemento subjetivo, pois no perigo de inundação o agente não quer o alagamento, nem assume o risco de produzi-lo".

Os autores Guilherme de Souza Nucci e Jamil Alves entendem não ser admissível a tentativa, haja vista que o resultado do delito é involuntário, pois já se punem os atos preparatórios.

Quadro comparativo inundação x perigo de inundação

	Inundação (art. 254)	Perigo de inundação (art. 255)
Consumação e tentativa	Consumação: Efetiva inundação Tentativa: cabível	Consumação: Expor a perigo de inundação. Tentativa: não é cabível.
Elemento subjetivo	Dolo direto ou eventual. Culpa (inundação culposa).	Dolo
Penas	reclusão, de três a seis anos, e multa, no caso de dolo, ou detenção, de seis meses a dois anos, no caso de culpa	reclusão, de um a três anos, e multa
Núcleo do tipo penal	"Causar, expondo..."	"Remover, destruir ou inutilizar, em prédio próprio ou alheio, expondo..."

8.1.7 Desabamento ou desmoronamento

> ***Art. 256*** *Causar desabamento ou desmoronamento, expondo a perigo a vida, a integridade física ou o patrimônio de outrem:*
>
> *Pena – reclusão, de um a quatro anos, e multa.*

A conduta criminosa consiste em "causar" desabamento ou desmoronamento, expondo a perigo a vida, a integridade física ou patrimonial de outrem. Revela-se em **dolo** de perigo, ou seja, a intenção de praticar tal conduta pelo agente.

Classificação

Trata-se de **crime comum** (pode ser praticado por qualquer pessoa); **crime material** (necessária a produção do resultado naturalístico); **comissivo** (exige uma ação do agente); de **perigo comum e concreto** (coloca um número indeterminado de pessoas em perigo, neste caso, deve ser analisado em cada caso); **instantâneo; unissubjetivo** (pode ser praticado apenas por um agente); **plurissubsistente** (pode ser praticado por vários atos); e de **forma livre.**

Consumação e tentativa

Consuma-se o delito quando ocorre o desmoronamento ou desabamento expondo a perigo de vida, a integridade física ou patrimonial de outrem.

Admite-se, também, a tentativa, quando iniciados os atos executórios e não se consuma o crime por circunstâncias alheias à vontade do agente.

Modalidade culposa

> ***Art. 256, parágrafo único.*** *Se o crime é culposo:*
>
> *Pena – detenção, de seis meses a um ano.*

O parágrafo único prevê a possibilidade do delito na modalidade culposa, ou seja, provocado por imprudência, negligência ou imperícia. Neste caso, o legislador apenou a conduta do agente com detenção de seis meses a um ano.

8.1.8 Subtração, ocultação ou inutilização de material de salvamento

> ***Art. 257*** *Subtrair, ocultar ou inutilizar, por ocasião de incêndio, inundação, naufrágio, ou outro desastre ou calamidade, aparelho, material ou qualquer meio destinado a serviço de combate ao perigo, de socorro ou salvamento; ou impedir ou dificultar serviço de tal natureza:*
>
> *Pena – reclusão, de dois a cinco anos, e multa.*

Ocorre o delito do art. 257, do CP, quando o agente **"subtrai, oculta** ou **inutiliza",** por ocasião de incêndio, inundação, naufrágio, ou outro desastre ou calamidade, aparelho, material ou qualquer meio destinado a serviço de combate ao perigo, de socorro ou salvamento; ou **impede** ou **dificulta** serviço de tal natureza. Há cinco núcleos do tipo penal: *subtrair, ocultar ou inutilizar; impedir ou dificultar*, vejamos a definição dada pelo autor Guilherme Nucci:

Subtrair (tirar ou apoderar-se), ***ocultar*** (esconder ou encobrir) e ***inutilizar*** (tornar inútil ou danificar) são as condutas que têm por objeto aparelho, material ou outro meio destinado ao serviço de combate ao perigo, de socorro ou salvamento. ***Impedir*** (colocar obstáculo ou embaraçar) e ***dificultar*** (tornar mais custoso) conjugam-se com serviço de tal natureza.

Classificação

Classifica-se como **crime comum** (pode ser praticado por qualquer pessoa); **crime formal** (não é necessário a produção do resultado naturalístico, com a existência do perigo ou dano já configura o delito); **comissivo** (exige uma ação do agente); de **perigo comum e abstrato** (coloca um número indeterminado de pessoas em perigo, neste caso, presume-se o risco de dano ou lesão ao bem jurídico tutelado); **instantâneo ou**

permanente; unissubjetivo (pode ser praticado apenas por um agente); **plurissubsistente** (pode ser praticado por vários atos); e de **forma livre.**

Consumação e tentativa

Por ser crime formal, ou seja, não ser necessária a produção do resultado naturalístico, a existência do perigo ou dano já é suficiente para configurar o delito. O delito consuma-se no momento em que o agente **"subtrai, oculta ou inutiliza"**, material ou qualquer meio destinado a serviço de combate ao perigo, de socorro ou salvamento; ou **"impede** ou **dificulta"** serviço de tal natureza.

Para que haja o delito, deve a conduta incriminada ser praticada por ocasião de incêndio, inundação, naufrágio, ou outro desastre ou calamidade, sendo indiferente que tais situações sejam resultado de crime ou advenham de caso fortuito ou força maior.

É admissível a tentativa.

8.1.9 Formas qualificadas de crime de perigo comum

> ***Art. 258*** *Se do crime doloso de perigo comum resulta lesão corporal de natureza grave, a pena privativa de liberdade é aumentada de metade; se resulta morte, é aplicada em dobro. No caso de culpa, se do fato resulta lesão corporal, a pena aumenta-se de metade; se resulta morte, aplica-se a pena cominada ao homicídio culposo, aumentada de um terço.*
>
> ***Modalidade culposa***
>
> ***Parágrafo único.*** *No caso de culpa, a pena é de detenção, de um a seis meses, ou multa.*

O presente art. 258 trata de causas especiais de aumento de pena, aplicáveis, exclusivamente, aos crimes de perigo comum previstos nos arts. 250 a 257, do CP. São previstas hipóteses em que, do crime de perigo comum, resulta lesão corporal de natureza grave (ou gravíssima), sendo a pena privativa de liberdade aumentada de metade ou morte, ou se resulta morte, a pena é aplicada em dobro.

Segundo o autor Jamil Chaim, tratam-se de **"crimes preterdolosos,** havendo dolo na conduta e culpa no resultado que agrava especialmente a pena", isto é, dolo no antecedente e culpa no consequente (crime qualificado pelo resultado).

Porém, em relação à conduta antecedente ser culposa, não há essa compatibilidade, pois conforme afirma o autor Guilherme de Souza Nucci, "é natural que o resultado mais grave possa ser, também, imputado ao agente a título de culpa, pois inexiste incompatibilidade".

Jurisprudência relacionada ao assunto:

> ***Os crimes de perigo comum*** *são qualificados pelo resultado, nos termos do art. 258 do Código Penal.* ***Exige-se dolo ou culpa na conduta antecedente, devendo a conduta consequente ser culposa.*** *Dessa forma, incabível a tese defensiva de que inexistiu dolo na conduta consequente, visto que se existisse o animus necandi seria um crime contra a vida e não crime de incêndio (STJ - REsp 945.311/SP, 5.ª T., rel. Laurita Vaz, 27.03.2008, v.u.).*

8.1.10 Difusão de doença ou praga

> ***Art. 259*** *Difundir doença ou praga que possa causar dano a floresta, plantação ou animais de utilidade econômica:*
>
> *Pena - reclusão, de dois a cinco anos, e multa.*

Sobre este tipo penal do art. 259, é necessária ter uma certa atenção, uma vez que houve **revogação tácita** do dispositivo pelo art. 61 da Lei dos Crimes Ambientais (Lei nº 9.605/1998), havendo sucessão de leis penais, vejamos:

> ***Art. 61*** *Disseminar doença ou praga ou espécies que possam causar dano à agricultura, à pecuária, à fauna, à flora ou aos ecossistemas:*
>
> *Pena - reclusão, de um a quatro anos, e multa.*

Podemos perceber que a lei em comento é mais abrangente que o disposto no art. 259, do CP, porém, a pena foi consideravelmente reduzida para reclusão de 1 a 4 anos, e multa.

Além disso, a modalidade culposa foi suprimida pela legislação especial, neste caso, a conduta agora é atípica, ocorrendo a chamada "*abolitio criminis*".

8.2 Crimes contra a segurança dos meios de comunicação e transporte e outros serviços públicos

8.2.1 Perigo de desastre ferroviário

> ***Art. 260*** *Impedir ou perturbar serviço de estrada de ferro:*
>
> *I - destruindo, danificando ou desarranjando, total ou parcialmente, linha férrea, material rodante ou de tração, obra-de-arte ou instalação;*
>
> *II - colocando obstáculo na linha;*
>
> *III - transmitindo falso aviso acerca do movimento dos veículos ou interrompendo ou embaraçando o funcionamento de telégrafo, telefone ou radiotelegrafia;*
>
> *IV - praticando outro ato de que possa resultar desastre:*
>
> *Pena - reclusão, de dois a cinco anos, e multa.*

Objeto jurídico tutelado pelo art. 260, do CP, é a incolumidade pública, especialmente, a segurança dos meios de transporte ferroviário ou equiparados.

As condutas incriminadas consistem em "impedir ou perturbar serviço de estrada de ferro, sendo punido aquele que destrói, danifica ou perturba a ordem das ferrovias. O conceito de "estrada de ferro" foi definido pelo § 3° do art. 260, do CP, entendendo ser qualquer via de comunicação em que circulem veículos de tração mecânica, em trilhos ou por meio de cabo aéreo.

> ***Art. 260 [...]***
>
> *§ 3º Para os efeitos deste artigo, entende-se por estrada de ferro qualquer via de comunicação em que circulem veículos de tração mecânica, em trilhos ou por meio de cabo aéreo.*

Portanto, o conceito de estrada de ferro, para efeitos penais, abrange, portanto, não só os trens, como também o metrô, os bondes (ainda existentes em algumas cidades) e os teleféricos.

Os incisos I ao IV tratam acerca dos meios executórios do delito, apresentadas as maneiras de "impedir ou destruir serviço de estrada de ferro":

- **Destruindo, danificando ou desarranjando, total ou parcialmente, linha férrea, material rodante ou de tração, obra-de-arte ou instalação: As condutas referentes a esse inciso são: "destruir** (arruinar ou fazer desaparecer); **danificar** (causar dano ou deteriorar); ***desarranjar*** (alterar a boa ordem ou embaraçar), tendo por objeto linha férrea, material rodante ou de tração, obra-de-arte ou instalação. Pode se dar **total ou parcialmente**: significa que a destruição, danificação ou desarranjo pode ser completo ou incompleto, dando margem, de qualquer forma, à configuração do crime".

O objeto material do delito é a linha férrea/ferrovia; ***material rodante*** (que são os veículos não ferroviários) ou ***de tração*** (locomotivas ou rebocados); bem como ***obra-de-arte*** (estruturas que se repetem ao longo de uma estrada ou linha férrea, como pontes, viadutos, túneis, muros de arrimo e outros) e ***instalação*** (objetos necessários para condução e funcionamento do serviço férreo, por exemplo, cabos, cancelas, chaves de desvio, entre outros).

- **Colocando obstáculo na linha:** trata-se da prática de colocar obstáculo na linha férrea para impedir seu regular funcionamento.

- **Transmitindo falso aviso acerca do movimento dos veículos ou interrompendo ou embaraçando o funcionamento de telégrafo, telefone ou radiotelegrafia:** pune-se, também, o agente que ***transmitir falso aviso*** quanto ao movimento dos veículos, além da conduta de interromper ou embaraçar (atrapalhar ou confundir) ***o funcionamento de telégrafo, telefone ou radiotelegrafia*** (meios de comunicação ou de transmissão de informação).
- **Praticando outro ato de que possa resultar desastre:** neste inciso, é necessário realizar uma interpretação analógica, pois trata-se de condutas que possam causar perigo aos serviços de transportes, que porventura possam vir a causar um acidente ou prejuízo considerável.

De acordo com o autor Damásio de Jesus, "o crime consuma-se com a efetiva situação de perigo de desastre grave em estrada de ferro. No caso de **desastre ferroviário preterdoloso, a tentativa não será admissível,** visto que os crimes preterdolosos não admitem a forma tentada. O desastre ferroviário culposo não admite, por igual, a tentativa. Admite-se a forma tentada se o elemento subjetivo do desastre ferroviário é o dolo. Nesse caso, podendo o *iter criminis* ser fracionado, a tentativa estará configurada se, iniciados os atos executórios, o crime não alcança consumação por circunstâncias alheias à vontade do agente".

Classificação

Classifica-se como **crime comum** (pode ser praticado por qualquer pessoa); **crime formal** (não é necessária a produção do resultado naturalístico, com a existência do perigo ou dano já configura o delito); de **perigo comum e concreto** (coloca um número indeterminado de pessoas em perigo, neste caso, deve-se analisar em cada caso o efetivo dano); **comissivo** (exige uma ação do agente); **instantâneo; unissubjetivo** (pode ser praticado por um único agente); **plurissubsistente** (pode ser praticado por vários atos); e de **forma livre.**

Forma qualificada

> ***Art. 260 § 1º*** *Se do fato resulta desastre:*
> *Pena - reclusão, de quatro a doze anos e multa.*

O crime será qualificado (reclusão, de quatro a doze anos, e multa) se do fato doloso (hipóteses do *caput*) resultar desastre (acidente ou grave prejuízo) ferroviário.

Modalidade culposa

> ***Art. 260 § 2º*** *No caso de culpa, ocorrendo desastre:*
> *Pena - detenção, de seis meses a dois anos.*

Também foi prevista a modalidade culposa, quando o agente impede ou perturba o serviço de estrada de ferro por culpa, e dá causa ao desastre igualmente por inobservância do cuidado objetivo necessário. Portanto, tal modalidade só ocorrerá quando sobrevier o desastre por culpa do agente causador, caso não ocorra o desastre não será punido, trata-se de um **crime condicionado pelo resultado.**

8.2.2 Atentado contra a segurança de transporte marítimo, fluvial ou aéreo

> ***Art. 261*** *Expor a perigo embarcação ou aeronave, própria ou alheia, ou praticar qualquer ato tendente a impedir ou dificultar navegação marítima, fluvial ou aérea:*
> *Pena - reclusão, de dois a cinco anos.*

Protege-se a incolumidade pública, especificamente, a segurança dos meios de transportes coletivo marítimo, fluvial e aéreo. Desse modo, configura o crime a conduta de "expor" a perigo embarcação ou aeronave, própria ou alheia, ou praticar qualquer ato tendente a impedir ou dificultar navegação marítima, fluvial ou aérea.

Trata-se de **crime formal,** não exigindo o efetivo dano (resultado naturalístico), bastando a exposição a perigo bem jurídico tutelado, portanto, consuma-se o delito no momento em que o agente **"expõe"** a perigo embarcação ou aeronave de outrem, ou então, com a conduta de **"praticar"** qualquer ato que impeça ou dificulte a navegação marítima, fluvial ou aérea. É admissível a tentativa.

Classificação

Classifica-se como **crime comum** (pode ser praticado por qualquer pessoa); **crime formal** (não é necessária a produção do resultado naturalístico, com a existência do perigo ou dano já configura o delito); de **perigo comum e concreto** (coloca um número indeterminado de pessoas em perigo, neste caso, deve-se analisar em cada caso o efetivo dano); **comissivo** (exige uma ação do agente); **instantâneo; unissubjetivo** (pode ser praticado por um único agente); **plurissubsistente** (pode ser praticado por vários atos); e de **forma livre.**

Sinistro em transporte marítimo, fluvial ou aéreo

> ***Art. 261, § 1º*** *Se do fato resulta naufrágio, submersão ou encalhe de embarcação ou a queda ou destruição de aeronave:*
> *Pena - reclusão, de quatro a doze anos.*

O § 1° prevê a figura qualificada do delito. Se do fato (condutas dolosas previstas no *caput* do artigo) resulta naufrágio (perda de embarcação), submersão (afundamento de embarcação), encalhe de embarcação (impedimento à flutuação), a queda (precipitação ao solo) ou destruição de aeronave (despedaçamento), a pena será de reclusão, de 4 a 12 anos.

Trata-se de crime preterdoloso, pois o agente age com dolo quanto à exposição a perigo (*caput*), e culpa no que tange ao resultado (§ 1°).

Prática do crime com o fim de lucro

> ***Art. 261 § 2º*** *Aplica-se, também, a pena de multa, se o agente pratica o crime com intuito de obter vantagem econômica, para si ou para outrem.*
> *Pena - detenção, de seis meses a dois anos.*

O § 2° prevê a figura qualificada pelo fim de lucro. Se o agente pratica o crime (do *caput* ou do § 1°) com o intuito de obter vantagem econômica, para si ou para outrem, aplica-se, além da pena privativa de liberdade, a pena de multa.

Sendo econômica, a vantagem não consiste só em dinheiro, podendo ser de outra natureza. Esse é o especial fim de agir (elemento subjetivo do tipo), que não precisa ser efetivamente alcançado pelo agente, bastando ter sido essa sua intenção. Na doutrina tradicional é o "dolo específico".

Modalidade culposa

> ***Art. 261, § 3º*** *No caso de culpa, se ocorre o sinistro:*
> *Pena - detenção, de seis meses a dois anos.*

Ocorre a modalidade culposa na situação em que o agente age com culpa (falta do cuidado objetivo necessário pelas circunstâncias) e dá causa a sinistro, isto é, às situações descritas no § 1°, a pena será de detenção, de seis meses a dois anos.

8.2.3 Atentado contra a segurança de outro meio de transporte

> ***Art. 262*** *Expor a perigo outro meio de transporte público, impedir-lhe ou dificultar-lhe o funcionamento:*
> *Pena - detenção, de um a dois anos.*

O art. 262 criminaliza a conduta de expor a perigo outro meio de transporte público, impedir-lhe ou dificultar-lhe o funcionamento.

O tipo penal em análise visa à segurança de outros meios de transporte público, isto é, aqueles não incluídos nos arts. 260 e 261 (estradas de ferro, aeronaves e embarcações, marítimas e fluviais). Abrange, portanto, ônibus, embarcações lacustres (transporte feito em lagoas, rios), lotações, táxis etc., desde que se destinem ao transporte público. Esses são, portanto, os objetos materiais do crime.

O delito consuma-se com o surgimento da situação de perigo concreto de desastre, ou seja, com o simples ato de "expor" a perigo outros meios de transporte não descritos no dispositivo legal, neste caso, utiliza-se a interpretação analógica para esclarecer sobre "outro meio" de transporte, conforme acima exposto.

Classificação

Classifica-se como **crime comum** (pode ser praticado por qualquer pessoa); **crime formal** (não é necessária a produção do resultado naturalístico, com a existência do perigo ou dano já configura o delito); de **perigo comum e concreto** (coloca um número indeterminado de pessoas em perigo, neste caso, deve-se analisar cada caso o efetivo dano); **comissivo** (exige uma ação do agente); **instantâneo; unissubjetivo** (pode ser praticado por um único agente); **plurissubsistente** (pode ser praticado por vários atos); e de **forma livre.**

Forma qualificada

> ***Art. 262** [...]*
>
> *§ 1º Se do fato resulta desastre, a pena é de reclusão, de dois a cinco anos.*

Trata-se da figura qualificada do delito. Se a conduta dolosa do agente resultar em desastre, a pena será de reclusão de 2 a 5 anos.

Modalidade culposa

> ***Art. 262** [...]*
>
> *§ 2º No caso de culpa, se ocorre desastre:*
>
> *Pena - detenção, de três meses a um ano.*

O legislador também dispôs sobre a modalidade culposa no § 2°, se por culpa (imprudência, negligência ou imperícia) do agente resulte desastre, a pena será de detenção se 3 meses a 1 ano.

8.2.4 Forma qualificada

> ***Art. 263** Se de qualquer dos crimes previstos nos arts. 260 a 262, no caso de desastre ou sinistro, resulta lesão corporal ou morte, aplica-se o disposto no art. 258.*

O art. 263 permite o agravamento da pena nos casos em que o resultado (lesão corporal ou morte), não desejado pelo agente, tiver sido ocasionado por culpa do agente (isto é, por inobservância do dever de cuidado objetivo exigível nas circunstâncias do caso concreto.

Assim, o art. 263 determina a aplicação aos crimes dos arts. 260 a 262 das disposições do art. 258, do CP, quando no caso de desastre ou sinistro, ocorrer o resultado lesão corporal ou morte:

> ***Art. 258** Se do crime doloso de perigo comum resulta lesão corporal de natureza grave, a pena privativa de liberdade é aumentada de metade; se resulta morte, é aplicada em dobro. No caso de culpa, se do fato resulta lesão corporal, a pena aumenta-se de metade; se resulta morte, aplica-se a pena cominada ao homicídio culposo, aumentada de um terço.*

8.2.5 Arremesso de projétil

> ***Art. 264** Arremessar projétil contra veículo, em movimento, destinado ao transporte público por terra, por água ou pelo ar:*
>
> *Pena - detenção, de um a seis meses.*

A conduta prevista é "arremessar projétil contra veículo, em movimento, destinado ao transporte público por terra, por água ou pelo ar". este delito consiste em lançar qualquer objeto sólido que seja apto a causar lesões ou danos as pessoas ou coisas. Todavia, o dispositivo legal informa, especificamente, ser arremesso contra veículo público em movimento, não se tipificando a figura caso o veículo esteja parado.

Ademais, o projétil precisa ser apto a causar dano a pessoa ou bens indeterminados. O veículo deve ser destinado ao transporte público.

Conforme define Guilherme de Souza Nucci, *"projétil é qualquer objeto sólido que serve para ser arremessado, inclusive por arma de fogo ou instrumento similar, como armas de airsoft ou paintball."*

Ocorre a consumação quando é "**arremessado**" ou "**lançado**" o projétil contra qualquer veículo público em movimento. É possível a tentativa quando por circunstâncias alheias à vontade do agente não se consuma o delito.

Lembrando, que se o arremesso de objeto for para atingir, especialmente, uma pessoa, o crime não é do art. 264, mas, sim, o art. 121 ou o art. 129, do CP.

Classificação

Classifica-se como **crime comum** (pode ser praticado por qualquer pessoa); **crime formal** (não é necessária a produção do resultado naturalístico, com a existência do perigo ou dano já configura o delito); de **perigo comum e abstrato** (coloca um número indeterminado de pessoas em perigo, neste caso, presume-se o risco de dano ou lesão ao bem jurídico tutelado); **comissivo** (exige uma ação do agente); **instantâneo; unissubjetivo** (pode ser praticado por um único agente); **plurissubsistente** (pode ser praticado por vários atos); **unissubsistente** (pode ser praticado por um único ato) e de **forma livre.**

Forma qualificada

> ***Art. 264, parágrafo único.** Se do fato resulta lesão corporal, a pena é de detenção, de seis meses a dois anos; se resulta morte, a pena é a do art. 121, § 3º, aumentada de um terço.*

Se da pratica do crime resultar lesão corporal, aplica-se a pena de detenção de 6 meses a 2 anos, e, no caso de morte, a pena será a correspondente do art. 121, § 3°, do CP, aumentada de um terço.

8.2.6 Atentado contra a segurança de serviço de utilidade pública

> ***Art. 265** Atentar contra a segurança ou o funcionamento de serviço de água, luz, força ou calor, ou qualquer outro de utilidade pública:*
>
> *Pena - reclusão, de um a cinco anos, e multa.*

Configura-se o delito do art. 265, do CP, quando o agente atentar contra a segurança ou o funcionamento de serviço de utilidade pública (água, luz, força ou calor, ou qualquer outro serviço de interesse da coletividade). A conduta de "**atentar** contra a segurança" consiste em praticar qualquer ato tendente a tornar insegura a prestação do serviço, sendo necessário que o ato seja idôneo a perturbar a segurança ou o funcionamento de qualquer serviço de utilidade pública".

Consuma-se no momento que o agente pratica o ato de atentar contra o funcionamento de qualquer serviço de utilidade pública, fazendo com que o serviço seja paralisado ou prejudicado de certa forma. É possível a tentativa, apesar de difícil ocorrência na prática.

Classificação

Classifica-se como **crime comum** (pode ser praticado por qualquer pessoa); **crime formal** (não é necessária a produção do resultado naturalístico, com a existência do perigo ou dano já configura o delito); de **perigo comum e abstrato** (coloca um número indeterminado de pessoas em perigo, neste caso, presume-se o risco de dano ou lesão ao bem jurídico tutelado); **comissivo** (exige uma ação do agente); **instantâneo; unissubjetivo** (pode ser praticado por um único agente); **plurissubsistente** (pode ser praticado por vários atos); e de **forma livre.**

Forma qualificada

> ***Art. 265 parágrafo único.*** *Aumentar-se-á a pena de 1/3 (um terço) até a metade, se o dano ocorrer em virtude de subtração de material essencial ao funcionamento dos serviços.*

O parágrafo único prevê a forma qualificada do delito quando o agente causa o dano por meio de subtração de material essencial ao funcionamento do serviço público. Neste caso, a pena será aumentada de 1/3 (um terço) até a metade. Para a incidência da causa de aumento é necessária a comprovação do efetivo dano.

8.2.7 Interrupção ou perturbação de serviço telegráfico, telefônico, informático, telemático ou de informação de utilidade pública

> ***Art. 266*** *Interromper ou perturbar serviço telegráfico, radiotelegráfico ou telefônico, impedir ou dificultar-lhe o restabelecimento:*
>
> *Pena - detenção, de um a três anos, e multa.*
>
> *§ 1º Incorre na mesma pena quem interrompe serviço telemático ou de informação de utilidade pública, ou impede ou dificulta-lhe o restabelecimento.*

Consiste na conduta de "**interromper** ou **perturbar** serviço telegráfico, radiotelegráfico ou telefônico, impedir ou dificultar-lhe o restabelecimento", desse modo, o núcleo do tipo penal é "interromper ou perturbar", bastando a sua ocorrência para a consumação do delito. Admite-se a tentativa.

Segundo o autor Guilherme de Souza Nucci, "o serviço telegráfico, radiotelegráfico ou telefônico é o desempenho de atividades ligadas aos sistemas de transmissão de mensagens entre pontos diversos, mediante o envio de sinais (telegrafia), de telegrafia sem fio, por ondas eletromagnéticas (radiotelegrafia) e de transmissão da palavra falada a certa distância (telefonia)".

O art. 266 visa à proteção do bom funcionamento do serviço público, isto é, de um número indeterminado de pessoas, de maneira que, se o comportamento é interromper ou perturbar aparelho telegráfico, radiotelegráfico ou telefônico determinado, ou ainda impedir ou dificultar seu restabelecimento, ou a comunicação entre duas pessoas, não haverá enquadramento neste delito.

Classificação

Classifica-se como **crime comum** (pode ser praticado por qualquer pessoa); **crime formal** (não é necessária a produção do resultado naturalístico, com a existência do perigo ou dano já configura o delito); de **perigo comum e abstrato** (coloca um número indeterminado de pessoas em perigo, neste caso, presume-se o risco de dano ou lesão ao bem jurídico tutelado); **comissivo** (exige uma ação do agente); **instantâneo; unissubjetivo** (pode ser praticado por um único agente); **plurissubsistente** (pode ser praticado por vários atos); e de **forma livre.**

Forma qualificada

> ***Art. 266, § 2º*** *Aplicam-se as penas em dobro se o crime é cometido por ocasião de calamidade pública.*

O § 2° prevê a forma qualificada do delito, sendo a pena aplicada em dobro, se o crime é cometido por ocasião de calamidade pública (catástrofe, desgraça pública). Aqui, o objetivo do legislador é punir de forma mais severa o agente que pratica o crime em uma situação de calamidade pública, circunstância em que o serviço telegráfico, radiotelegráfico, telefônico, telemático ou de informação de utilidade pública tem importância ainda maior para a população.

8.3 Crimes contra saúde pública

8.3.1 Epidemia

> ***Art. 267*** *Causar epidemia, mediante a propagação de germes patogênicos:*
>
> *Pena - reclusão, de dez a quinze anos.*
>
> *§ 1º Se do fato resulta morte, a pena é aplicada em dobro.*
>
> *§ 2º No caso de culpa, a pena é de detenção, de um a dois anos, ou, se resulta morte, de dois a quatro anos.*

O tipo penal deste delito é "**causar**" epidemia mediante **propagação** ou **disseminação** de germes patogênicos.

Objeto jurídico do delito é a incolumidade pública, especialmente, a saúde pública.

E o que seria uma **epidemia** e **germes patogênicos?** De acordo com o autor Guilherme de Souza Nucci, "epidemia significa uma doença que acomete, em curto espaço de tempo e em determinado lugar, várias pessoas. Exemplos: peste, sarampo, varíola, tifo, febre amarela, dengue e suas variantes, gripe H1N1, difteria etc. ***Germes patogênicos*** são os microrganismos capazes de gerar doenças, como os vírus, os bacilos e as bactérias, entre outros."

Propagação é o ato de difundir, multiplicar, transmitir.

O elemento subjetivo do tipo é o dolo, consistente na vontade livre e consciente de propagar germes patogênicos, com o especial fim de causar epidemia.

A consumação ocorre com o surgimento da epidemia, no momento em que há a disseminação da moléstia (**crime material**), gerando perigo concreto para um número indeterminado de pessoas. Admite-se ocorrência da tentativa.

Classificação

Classifica-se como crime comum (pode ser praticado por qualquer pessoa); **crime material** (necessária a produção do resultado naturalístico); **comissivo** (exige uma ação do agente); **crime de dano** (deve haver a comprovação de efetiva lesão ao bem jurídico tutelado); **instantâneo; unissubjetivo** (pode ser praticado por um único agente); **plurissubsistente** (pode ser praticado por vários atos); **unissubsistente** (pode ser praticado por um único ato) e de **forma livre.**

Vale mencionar que o autor Guilherme de Souza Nucci entende ser **crime de perigo concreto,** "pois objeto jurídico protegido não é a incolumidade individual, e sim coletiva, além de ser crime contra a saúde pública, e não individual. Logo, a ocorrência da doença em alguns faz parte do perigo concreto determinado pelo tipo penal. Fosse a conduta do agente voltada somente a alguns indivíduos, estaríamos diante de um crime de lesão corporal, cuja pena é muito menor. Quem espalha doença, no entanto, pode terminar condenado a uma pena elevada de dez anos de reclusão".

Causa de aumento de pena

> ***Art. 267 [...]***
>
> *§ 1º Se do fato resulta morte, a pena é aplicada em dobro.*

Aumenta-se a pena quando ocorre o resultado morte como destaca o art. 267, § 1°, do CP, neste caso, aplica-se o dobro da pena.

Modalidade culposa

> *§ 2º No caso de culpa, a pena é de detenção, de um a dois anos, ou, se resulta morte, de dois a quatro anos.*

É prevista a modalidade culposa em duas situações: sem resultado morte e com resultado morte, a primeira configura pena de detenção e a segunda pena de 2 a 4 anos.

8.3.2 Infração de medida sanitária preventiva

> *Art. 268 Infringir determinação do poder público, destinada a impedir introdução ou propagação de doença contagiosa:*
> *Pena – detenção, de um mês a um ano, e multa.*
> ***Parágrafo único.** A pena é aumentada de um terço, se o agente é funcionário da saúde pública ou exerce a profissão de médico, farmacêutico, dentista ou enfermeiro.*

Trata-se de crime em que o agente infringe determinação legal quando destinado a impedir introdução ou propagação de doença contagiosa.

O que se pune é a conduta de infringir determinação do Poder Público, destinada a impedir introdução ou propagação de doença contagiosa.

A "determinação do poder público" significa descumprimento de lei, decreto, portaria, regulamentos, entre outros, proferidas por qualquer autoridade pública.

O tipo penal deste delito é "**infringir**", consumando-se no momento em que o agente "infringe" a determinação legal dada por autoridade pública, a fim de impedir introdução ou propagação de doença contagiosa (ou seja, transmissão de uma pessoa a outro por contato direto ou indireto).

Importante destacar que se trata de **norma penal em branco,** que se completa com a existência de outra lei, decreto, portaria ou regulamento que tenha caráter de ordem ou proibição.

A consumação do delito se dá com a violação, sem necessidade de que ocorra a introdução ou a propagação de doença contagiosa.

Classificação

Classifica-se como **Crime comum** (pode ser praticado por qualquer pessoa); **crime formal** (não é necessária a produção do resultado naturalístico, com a existência do perigo ou dano já configura o delito); de **perigo comum e abstrato** (coloca um número indeterminado de pessoas em perigo, neste caso, presume-se o risco de dano ou lesão ao bem jurídico tutelado); **instantâneo; unissubjetivo** (pode ser praticado por um único agente); **plurissubsistente** (pode ser praticado por vários atos); e de **forma livre.**

Causa de aumento de pena

> ***Art. 268, parágrafo único.** A pena é aumentada de um terço, se o agente é funcionário da saúde pública ou exerce a profissão de médico, farmacêutico, dentista ou enfermeiro.*

Ocorre o aumento de pena quando o crime é praticado por funcionário de saúde pública ou aquele que exerce a profissão de médico, farmacêutico, dentista ou enfermeiro. A pena é aumentada de um terço.

A punição mais severa nesses casos justifica-se em face da maior reprovabilidade da conduta daquele que, tendo as funções descritas no parágrafo único, pratica, mesmo assim, a conduta incriminada.

8.3.3 Omissão de notificação de doença

> *Art. 269 Deixar o médico de denunciar à autoridade pública doença cuja notificação é compulsória:*
> *Pena – detenção, de seis meses a dois anos, e multa.*

Revela-se em crime contra incolumidade pública realizado, particularmente, por médico no âmbito da saúde pública, quando este deixa de denunciar à autoridade pública doença que deve ser compulsoriamente comunicada.

A **notificação compulsória** consiste na comunicação obrigatória aos órgãos públicos devidos.

O elemento do núcleo penal é "**deixar de comunicar**", ou seja, não passar ou comunicar a informação sobre determinada doença à autoridade competente.

Fique ligado

A portaria sobre as doenças que devem ser comunicadas é a Portaria nº 204 /2016, que regulamenta a Lei. nº 6.259/1975.

Portanto, trata-se, também, de uma **norma penal em branco.**

Consuma-se no momento que o agente se omite "**deixa**" de denunciar. Além disso, consiste em **crime omissivo puro, não admitindo a tentativa,** haja vista a impossibilidade do crime ser fracionado(unissubjetivo).

Classificação

Classifica-se como **crime próprio** (exige uma condição especial do agente, ou seja, ser médico); **crime de mera conduta** (consumando o delito com a pratica da conduta, não necessitando de resultado naturalístico); **omissivo** (exige uma omissão do agente – deixar de fazer algo – conduta negativa); de **perigo comum e abstrato** (coloca um número indeterminado de pessoas em perigo, neste caso, presume-se o risco de dano ou lesão ao bem jurídico tutelado); de **forma vinculada** (só pode ser cometido por meio indicado no dispositivo legal, o não envio da notificação à autoridade pública) **instantâneo; unissubjetivo** (pode ser praticado por um único agente); **unissubsistente** (pode ser praticado por um único ato) e de **forma livre.**

8.3.4 Envenenamento de água potável ou de substância alimentícia ou medicinal

> *Art. 270 Envenenar água potável, de uso comum ou particular, ou substância alimentícia ou medicinal destinada a consumo:*
> *Pena – reclusão, de dez a quinze anos.*
> *§ 1º Está sujeito à mesma pena quem entrega a consumo ou tem em depósito, para o fim de ser distribuída, a água ou a substância envenenada.*

Consiste em crime, no qual o agente envenena água potável, de uso comum ou particular, ou substância alimentícia ou medicinal destinada a consumo.

Sobre seus elementos, o autor Guilherme de Souza Nucci conceitua como:

"***Água potável*** é a água boa para beber, sem risco à saúde";

"***Envenenar*** significa misturar substância que altera ou destrói as funções vitais do organismo em alguma coisa ou intoxicar";

"***Uso comum ou particular***, significando que pode a água estar situada numa fonte, lago ou qualquer lugar de livre acesso público, portanto, de uso comum, ou mesmo em propriedade particular, sendo de uso privativo de alguém;

"***Substância alimentícia*** é a matéria que se destina a nutrir e sustentar o organismo";

Substância medicinal é a matéria voltada à cura de algum mal orgânico".

Ocorre a consumação no momento em que a pessoa "envenena" água potável, substância alimentícia ou medicinal de consumo, causando danos à saúde de outrem. É cabível a tentativa.

Classificação

Classifica-se como **crime comum** (pode ser praticado por qualquer pessoa); **crime formal** (não é necessária a produção do resultado naturalístico, com a existência do perigo ou dano já configura o delito); de **perigo comum e abstrato** (coloca um número indeterminado de pessoas em perigo, neste caso, presume-se o risco de dano ou lesão ao bem jurídico tutelado); **comissivo** (exige uma ação do agente); **instantâneo; unissubjetivo** (pode ser praticado por um único agente);

D P E N

plurissubsistente (pode ser praticado por vários atos); **unissubsistente** (pode ser praticado por um único ato) e de **forma livre.**

Modalidade culposa

> ***Art. 270,§ 2º*** *Se o crime é culposo:*
> *Pena - detenção, de seis meses a dois anos.*

Há a modalidade culposa, quando o agente age com imprudência, negligência ou imperícia. Neste caso, a pena é de detenção de 6 meses a 2 anos.

8.3.5 Corrupção ou poluição de água potável

> ***Art. 271*** *Corromper ou poluir água potável, de uso comum ou particular, tornando-a imprópria para consumo ou nociva à saúde:*
> *Pena - reclusão, de dois a cinco anos.*

O verbo núcleo do tipo penal do art. 271 é "**corromper**" ou "**poluir**" água potável, de uso comum ou particular, tornando-a imprópria para consumo ou nociva à saúde. Corromper significa estragar, adulterar ou infectar, e poluir significa sujar ou degradar.

O objeto material é água potável, de uso comum ou particular. Águas potáveis são "as águas próprias para a alimentação, servindo para qualquer espécie de consumo (bebida, preparo de alimentos e bebidas etc.), podendo ser classificadas em águas de fontes e de abastecimento.

A consumação ocorre com a efetiva impropriedade ou nocividade provocada pela corrupção ou poluição, independentemente de real danos às pessoas. Deve, contudo, haver comprovação de perigo comum concreto.

Admite-se a tentativa.

Classificação

Classifica-se como **crime comum** (pode ser praticado por qualquer pessoa); **crime formal** (não é necessária a produção do resultado naturalístico, com a existência do perigo ou dano já configura o delito); de **perigo comum e abstrato** (coloca um número indeterminado de pessoas em perigo, neste caso, presume-se o risco de dano ou lesão ao bem jurídico tutelado); **comissivo** (exige uma ação do agente); **instantâneo; unissubjetivo** (pode ser praticado por um único agente); **plurissubsistente** (pode ser praticado por vários atos); **unissubsistente** (pode ser praticado por um único ato) e de **forma livre.**

Modalidade culposa

> ***Art. 271 [...]***
> ***Parágrafo único.*** *Se o crime é culposo:*
> *Pena - detenção, de dois meses a um ano.*

O parágrafo único prevê a modalidade culposa do delito, sendo aplicada a pena de detenção de 2 meses a 1 ano.

8.3.6 Falsificação, corrupção, adulteração ou alteração de substância ou produtos alimentícios

> ***Art. 272*** *Corromper, adulterar, falsificar ou alterar substância ou produto alimentício destinado a consumo, tornando-o nociva à saúde ou reduzindo-lhe o valor nutritivo:*
> *Pena - reclusão, de 4 (quatro) a 8 (oito) anos, e multa.*
> *§ 1º-A Incorre nas penas deste artigo quem fabrica, vende, expõe à venda, importa, tem em depósito para vender ou, de qualquer forma, distribui ou entrega a consumo a substância alimentícia ou o produto falsificado, corrompido ou adulterado.*
> *§ 1º Está sujeito às mesmas penas quem pratica as ações previstas neste artigo em relação a bebidas, com ou sem teor alcoólico.*

Conforme cita o autor Jamil Alves, há quatro núcleos no tipo penal: "**corromper** (estragar, viciar a composição), **adulterar** (deturpar, piorar a qualidade), **falsificar** (reproduzir por imitação, dando aparência de genuíno ao que não é) e **alterar** (modificar, transformar)'. Desse modo, ocorre a consumação do crime quando praticado pelo agente um dos verbos anteriormente mencionados.

Além disso, todas essas condutas devem tornar a substância ou produto alimentício nocivo à saúde das pessoas, ou então, reduzir o valor nutritivo do alimento.

"*Nocivo à saúde* significa algo prejudicial às normais funções orgânicas, físicas e mentais".

"*Valor nutritivo* é a qualidade de servir para alimentar e sustentar, própria dos alimentos" .

Ainda, o delito pode ser caracterizado como **tipo misto alternativo,** de modo que se o agente praticar mais de uma conduta na mesma situação fática, restará caracterizado crime único.

Classificação

Classifica-se como **crime comum** (pode ser praticado por qualquer pessoa); **crime formal** (não é necessária a produção do resultado naturalístico, com a existência do perigo ou dano já configura o delito); de **perigo comum e abstrato** (coloca um número indeterminado de pessoas em perigo, neste caso, presume-se o risco de dano ou lesão ao bem jurídico tutelado); **comissivo** (exige uma ação do agente); **instantâneo; unissubjetivo** (pode ser praticado por um único agente); **plurissubsistente** (pode ser praticado por vários atos); **unissubsistente** (pode ser praticado por um único ato) e de **forma livre.**

Formas equiparadas

> ***Art. 272 [...]***
> *§ 1º-A Incorre nas penas deste artigo quem fabrica, vende, expõe à venda, importa, tem em depósito para vender ou, de qualquer forma, distribui ou entrega a consumo a substância alimentícia ou o produto falsificado, corrompido ou adulterado.*
> *§ 1º Está sujeito às mesmas penas quem pratica as ações previstas neste artigo em relação a bebidas, com ou sem teor alcoólico.*

O legislador, ainda, tratou das formas equiparadas no § 1°-A, do art. 272, do CP, vejamos: "***Fabricar*** significa manufaturar ou construir; ***vender***, alienar por certo preço; ***expor à venda***, pôr à vista para ser alienado; ***importar***, trazer de fora para dentro do País; ***ter em depósito para vender***, manter guardado até que seja alienado; ***distribuir***, espalhar ou entregar a uns e outros; ***entregar a consumo***, passar às mãos de alguém para que seja ingerido. O objeto das condutas é a substância alimentícia ou o produto falsificado, corrompido ou adulterado" .

Modalidade culposa

> ***Art. 272 [...]***
> *§ 2º Se o crime é culposo:*
> *Pena - detenção, de 1 (um) a 2 (dois) anos, e multa.*

É prevista a modalidade culposa no caso de negligência, imprudência ou imperícia do agente, sendo apenado em detenção de 1 a 2 anos, além de multa.

Das condutas previstas no *caput*, a forma culposa abrange, apenas, a corrupção, a adulteração e a alteração. Fica dela excluída a falsificação, pois esta, obviamente, não pode ser culposa.

8.3.7 Falsificação, corrupção, adulteração ou alteração de produto destinado a fins terapêuticos ou medicinais

> ***Art. 273*** *Falsificar, corromper, adulterar ou alterar produto destinado a fins terapêuticos ou medicinais:*
> *Pena - reclusão, de 10 (dez) a 15 (quinze) anos, e multa.*

§ 1º Nas mesmas penas incorre quem importa, vende, expõe à venda, tem em depósito para vender ou, de qualquer forma, distribui ou entrega a consumo o produto falsificado, corrompido, adulterado ou alterado.

§ 1º-A Incluem-se entre os produtos a que se refere este artigo os medicamentos, as matérias-primas, os insumos farmacêuticos, os cosméticos, os saneantes e os de uso em diagnóstico.

§ 1º-B Está sujeito às penas deste artigo quem pratica as ações previstas no § 1º em relação a produtos em qualquer das seguintes condições:

II - em desacordo com a fórmula constante do registro previsto no inciso anterior;

III - sem as características de identidade e qualidade admitidas para a sua comercialização;

IV - com redução de seu valor terapêutico ou de sua atividade;

V - de procedência ignorada;

VI - adquiridos de estabelecimento sem licença da autoridade sanitária competente.

O tipo penal do art. 273 consiste na conduta de falsificar, adulterar, corromper ou alterar produto destinado a fins medicinais ou terapêuticos, trata-se de substância voltada a curar, tratar ou aliviar dor ou doença, ou mesmo, a prevenir moléstias.

Classifica-se como **tipo misto alternativo,** ocorrendo uma ou mais condutas do tipo penal, no mesmo contexto fático, restará configurado apenas um único delito.

Para sua consumação, basta o agente praticar qualquer um dos núcleos do tipo penal, quais sejam: **falsificar, corromper, adulterar** ou **alterar.** É aceita a modalidade tentada.

Classificação

Classifica-se como **crime comum** (pode ser praticado por qualquer pessoa); crime formal (não é necessária a produção do resultado naturalístico, com a existência do perigo ou dano já configura o delito); de **perigo comum e abstrato** (coloca um número indeterminado de pessoas em perigo, neste caso, presume-se o risco de dano ou lesão ao bem jurídico tutelado); **comissivo** (exige uma ação do agente); **instantâneo; unissubjetivo** (pode ser praticado por um único agente); **plurissubsistente** (pode ser praticado por vários atos); **unissubsistente** (pode ser praticado por um único ato) e de **forma livre.**

Formas equiparadas

Art. 273 [...]

§ 1º-A Incluem-se entre os produtos a que se refere este artigo os medicamentos, as matérias-primas, os insumos farmacêuticos, os cosméticos, os saneantes e os de uso em diagnóstico.

§ 1º-B Está sujeito às penas deste artigo quem pratica as ações previstas no § 1º em relação a produtos em qualquer das seguintes condições:

I - sem registro, quando exigível, no órgão de vigilância sanitária competente;

II - em desacordo com a fórmula constante do registro previsto no inciso anterior;

III - sem as características de identidade e qualidade admitidas para a sua comercialização;

IV - com redução de seu valor terapêutico ou de sua atividade;

V - de procedência ignorada;

VI - adquiridos de estabelecimento sem licença da autoridade sanitária competente.

O § 1º, do art. 273, elenca as formas equiparadas do delito de falsificar ou alterar produtos terapêuticos e medicinais. Necessária se faz a leitura na íntegra do dispositivo legal.

Importar (trazer algo de fora para dentro do País); ***vender*** (alienar por certo preço); ***expor à venda*** (colocar à vista com o fim de alienar a certo preço); ***ter em depósito para vender*** (manter algo guardado com o fim de alienar a certo preço); ***distribuir*** (dar para várias pessoas em várias direções ou espalhar); ***entregar a consumo*** (passar algo às mãos de terceiros para que seja ingerido ou gasto). O objeto jurídico é o produto falsificado, corrompido, adulterado ou alterado.

A conduta de comprar no território nacional, ou mesmo de transportar em território nacional, sem distribuição ou entrega a consumo, não é conduta típica.

Sobre o inciso V, do § 1°-B, do art. 273, do CP tem-se o seguinte julgado do STJ:

> *[...] O crime de ter em depósito, para venda, produto destinado a fins terapêuticos ou medicinais de procedência ignorada é de perigo abstrato e independe da prova da ocorrência de efetivo risco para quem quer que seja. E a indispensabilidade do dano concreto à saúde do pretenso usuário do produto evidencia ainda mais a falta de harmonia entre o delito e a pena abstratamente cominada (de 10 a 15 anos de reclusão) se comparado, por exemplo, com o crime de tráfico ilícito de drogas - notoriamente mais grave e cujo bem jurídico também é a saúde pública. 5. A ausência de relevância penal da conduta, a desproporção da pena em ponderação com o dano ou perigo de dano à saúde pública decorrente da ação e a inexistência de consequência calamitosa do agir convergem para que se conclua pela falta de razoabilidade da pena prevista na lei. A restrição da liberdade individual não pode ser excessiva, mas compatível e proporcional à ofensa causada pelo comportamento humano criminoso. 6. Arguição acolhida para declarar inconstitucional o preceito secundário da norma. (STJ - AI no HC: 239363 PR 2012/0076490-1, Relator: Ministro SEBASTIÃO REIS JÚNIOR, Data de Julgamento: 26/02/2015, CE - CORTE ESPECIAL, Data de Publicação: DJe 10/04/2015)*

Vale destacar que se a importação não é de produto terapêutico ou medicinal falsificado, corrompido, adulterado ou alterado, mas apenas de pequena quantidade de produto sem registro na ANVISA, o crime é o de contrabando (art. 334-A, do CP).

Modalidade culposa

Art. 273 [...]

§ 2º Se o crime é culposo:

Pena - detenção, de 1 (um) a 3 (três) anos, e multa.

Ocorre a modalidade culposa quando a conduta do agente for praticada com imprudência, negligência ou imperícia, aplica-se a pena de detenção de 1 ano a 3 anos, além de multa.

Fique ligado

Em regra, a competência é da **Justiça Estadual,** contudo, haverá interesse da União se houver indícios da internacionalidade do delito, hipótese em que a competência será da **Justiça Federal,** conforme entendimento do STJ.

Vejamos a jurisprudência relacionada:

> *A jurisprudência desta Corte Superior é firme em assinalar que o simples fato de colocar à venda medicamentos estrangeiros de uso proibido em território nacional não atrai a competência da Justiça Federal para apuração da suposta prática do delito previsto no art. 273, §§ 1º e 1º-B, I, do Código Penal. Faz-se necessária, ainda, a demonstração da internacionalidade do delito, ou seja, a indicação de elementos aptos a evidenciar que o acusado adquiriu tais produtos no exterior. Precedentes. 2. A moldura fática delineada na denúncia e no acórdão evidencia que o corréu admitiu que buscava, pessoalmente, os medicamentos com ele apreendidos no Paraguai. Logo, em relação a esse acusado, não restam dúvidas da competência da Justiça Federal. 3. Ainda que se admita que o recorrente não soubesse que os medicamentos eram trazidos do Paraguai pelo coinvestigado, está configurada hipótese de prorrogação legal da competência, diante da nítida conexão probatória. 4. Recurso não provido. (STJ - RHC: 65435 SP 2015/0282397-5, Relator: Ministro ROGERIO SCHIETTI CRUZ, Data de Julgamento: 09/10/2018, T6 - SEXTA TURMA, Data de Publicação: DJe 30/10/2018)*

8.3.8 Emprego de processo proibido ou de substância não permitida

> ***Art.** 274 Empregar, no fabrico de produto destinado a consumo, revestimento, gaseificação artificial, matéria corante, substância aromática, anti-séptica, conservadora ou qualquer outra não expressamente permitida pela legislação sanitária:*
>
> *Pena - reclusão, de 1 (um) a 5 (cinco) anos, e multa.*

Trata o crime da conduta de empregar "fazer uso de algo ou aplicar", sendo o objeto do delito material o fabrico de produto destinado ao consumo público. De forma exemplificativa, o legislador fez menção a alguns processos e substâncias, como o uso de gaseificação artificial, matéria corante, substância aromática, antisséptica, conservadora ou qualquer outra não expressamente permitida pela legislação regente.

Acerca da conduta criminosa, o autor Jamil Alves menciona os seguintes exemplos: "empregar brometo de potássio no preparo de produtos de panificação; usar amianto na confecção de uma caixa d'água; utilizar substância aromática não permitida pela legislação sanitária na fabricação de um brinquedo ou de um perfume".

Como se vê, o que o tipo penal criminaliza é o emprego, na fabricação, de processo proibido ou de substância não expressamente permitida pela legislação sanitária.

Por ser **crime formal,** consuma-se o delito no momento em que há o efetivo **"emprego"** do processo ou substância não permitida pela legislação sanitária, mesmo que não ocorra o efetivo dano ou lesão a vida de outrem. Admite-se a tentativa.

Classificação

Classifica-se como **crime comum** (pode ser praticado por qualquer pessoa); **crime formal** (não é necessária a produção do resultado naturalístico, com a existência do perigo ou dano já configura o delito); de **perigo comum e abstrato** (coloca um número indeterminado de pessoas em perigo, neste caso, presume-se o risco de dano ou lesão ao bem jurídico tutelado); **comissivo** (exige uma ação do agente); **instantâneo; unissubjetivo** (pode ser praticado por um único agente); **plurissubsistente** (pode ser praticado por vários atos); **unissubsistente** (pode ser praticado por um único ato) e de **forma livre.**

8.3.9 Invólucro ou recipiente com falsa indicação

> ***Art.** 275 Inculcar, em invólucro ou recipiente de produtos alimentícios, terapêuticos ou medicinais, a existência de substância que não se encontra em seu conteúdo ou que nele existe em quantidade menor que a mencionada:*
>
> *Pena - reclusão, de 1 (um) a 5 (cinco) anos, e multa.*

Este delito consiste na conduta de **"inculcar"**, isto é, indicar ou citar na embalagem, rótulo ou qualquer outra forma equiparada, a existência de substância que não se encontra em seu conteúdo ou que nele existe em quantidade menor que a mencionada.

O autor Guilherme de Souza Nucci conceitua os elementos deste tipo penal da seguinte forma:

"***Inculcar*** significa apontar, citar, gravar ou imprimir".

"***Invólucro*** é tudo aquilo que serve para encerrar ou conter alguma coisa, como capa plástica ou de papel; ***recipiente*** é o objeto destinado a encerrar em si substâncias líquidas ou sólidas, como frascos ou sacos plásticos".

"***Produtos alimentícios, terapêuticos e medicinais*** são as substâncias destinadas a nutrir ou sustentar o organismo (alimentícias), a aliviar ou curar doenças (terapêuticos) ou a combater males e enfermidades (medicinais)".

A consumação ocorre quando o agente **falsamente indica** a existência de substância que não há no produto ou quando menciona a quantidade menor que a existente.

Classificação

Classifica-se como **crime comum** (pode ser praticado por qualquer pessoa); **crime formal** (não é necessária a produção do resultado naturalístico, com a existência do perigo ou dano já configura o delito); de **perigo comum e abstrato** (coloca um número indeterminado de pessoas em perigo, neste caso, presume-se o risco de dano ou lesão ao bem jurídico tutelado); **comissivo** (exige uma ação do agente); **instantâneo; unissubjetivo** (pode ser praticado por um único agente); **plurissubsistente** (pode ser praticado por vários atos); e de **forma livre.**

Admite-se a tentativa.

8.3.10 Produto ou substância nas condições dos dois artigos anteriores

> ***Art.** 276 Vender, expor à venda, ter em depósito para vender ou, de qualquer forma, entregar a consumo produto nas condições dos arts. 274 e 275.*
>
> *Pena - reclusão, de 1 (um) a 5 (cinco) anos, e multa.*

O objeto material deste delito se refere às condições apresentadas no art. 274 ou 275, do Código Penal, caracterizando-se pela conduta de **vender, expor à venda, ter em depósito para vender ou,** de qualquer forma, **entregar** a consumo o produto nas condições dos aludidos dispositivos.

Nas hipóteses de expor e de ter em depósito, há o elemento subjetivo do tipo indicado pelo especial fim de agir do agente ("à venda" e "para vender").

Consuma-se o delito quando é praticada qualquer das condutas tratadas anteriormente **"vender, expor à venda, ter em depósito para vender ou entregar".** Neste caso, também, admite-se a tentativa.

Classificação

Classifica-se como **crime comum** (pode ser praticado por qualquer pessoa); **crime formal** (não é necessária a produção do resultado naturalístico, com a existência do perigo ou dano já configura o delito); de **perigo comum e abstrato** (coloca um número indeterminado de pessoas em perigo, neste caso, presume-se o risco de dano ou lesão ao bem jurídico tutelado); **comissivo** (exige uma ação do agente); **instantâneo; unissubjetivo** (pode ser praticado por um único agente); **plurissubsistente** (pode ser praticado por vários atos); e de **forma livre.**

8.3.11 Substância destinada à falsificação

> ***Art.** 277 Vender, expor à venda, ter em depósito ou ceder substância destinada à falsificação de produtos alimentícios, terapêuticos ou medicinais:*
>
> *Pena - reclusão, de 1 (um) a 5 (cinco) anos, e multa.*

O tipo penal do art. 277 criminaliza a conduta do agente que "vende, expõe à venda, tem em depósito ou cede substância destinada à falsificação de produtos alimentícios, terapêuticos ou medicinais", ocorrendo a sua consumação no momento em que se pratica um dos verbos núcleos do delito: **"vender, expor à venda, ter em depósito** ou **ceder".** Admite-se a tentativa.

Conforme esclarece o ilustre autor Guilherme de Souza Nucci, *"A substância deve ser especificamente voltada à falsificação, embora se deva verificar essa finalidade no caso concreto, e não de maneira geral. Assim, quando uma substância possuir múltipla destinação, sendo uma delas a de produzir alimentos ou remédios falsos, é preciso que fique bem demonstrado na situação concreta ser essa a razão de agir do autor. No mais, parece-nos extremado rigorismo pretender que a substância sirva unicamente para falsificar os produtos mencionados. É o mesmo modo de interpretar utilizado no caso do art. 253 ("substância ou engenho explosivo, gás tóxico ou asfixiante, ou material destinado à sua fabricação"). Há posição em sentido contrário, exigindo que a substância tenha finalidade inequívoca de falsificação".*

Classificação

Classifica-se como **crime comum** (pode ser praticado por qualquer pessoa); **crime formal** (não é necessária a produção do resultado naturalístico, com a existência do perigo ou dano já configura o delito); de **perigo comum e abstrato** (coloca um número indeterminado de pessoas em perigo, neste caso, presume-se o risco de dano ou lesão ao bem jurídico tutelado); **comissivo** (exige uma ação do agente); **instantâneo; unissubjetivo** (pode ser praticado por um único agente); **plurissubsistente** (pode ser praticado por vários atos); e de **forma livre.**

8.3.12 Outras substâncias nocivas à saúde pública

> ***Art. 278*** *Fabricar, vender, expor à venda, ter em depósito para vender ou, de qualquer forma, entregar a consumo coisa ou substância nociva à saúde, ainda que não destinada à alimentação ou a fim medicinal:*
>
> *Pena - detenção, de um a três anos, e multa.*

Aqui o delito é referente à coisa ou substância nociva à saúde de outrem, consistente na conduta de **fabricar, vender, expor** à venda, **ter em depósito** para vender ou, de qualquer forma, **entregar** a consumo coisa ou substância nociva à saúde, ainda que não destinada à alimentação ou a fim medicinal, consumando-se o delito no momento que se pratica qualquer uma destas condutas. É admitida a tentativa, já que os atos podem ser fracionados (*iter criminis*).

Vale mencionar que a coisa ou substância não precisa ser falsificada, bastando que traga dano potencial à saúde, o que exige comprovação por perícia oficial.

O elemento subjetivo do tipo é o dolo, consistente na vontade livre e consciente de praticar as ações, com conhecimento da nocividade à saúde pública.

Classificação

Classifica-se como **crime comum** (pode ser praticado por qualquer pessoa); **crime formal** (não é necessária a produção do resultado naturalístico, com a existência do perigo ou dano já configura o delito); de **perigo comum e abstrato** (coloca um número indeterminado de pessoas em perigo, neste caso, presume-se o risco de dano ou lesão ao bem jurídico tutelado); **comissivo** (exige uma ação do agente); **instantâneo; unissubjetivo** (pode ser praticado por um único agente); **plurissubsistente** (pode ser praticado por vários atos); e de **forma livre.**

Modalidade culposa

> ***Art. 278 [...]***
>
> ***Parágrafo único.*** *Se o crime é culposo:*
>
> *Pena - detenção, de dois meses a um ano.*

É prevista a modalidade culposa com pena de detenção de 2 meses a 1 ano.

8.3.13 Medicamento em desacordo com receita médica

> ***Art. 280*** *Fornecer substância medicinal em desacordo com receita médica:*
>
> *Pena - detenção, de um a três anos, ou multa.*

O delito do art. 278 configura-se com a conduta de fornecer substância medicinal em desacordo com receita médica. Quanto ao sujeito ativo, o crime pode ser praticado por qualquer pessoa, consumando-se no momento em que o agente "**fornece**" a substância medicinal em desacordo com a receita médica.

O elemento subjetivo do delito é o dolo, consistente na vontade livre e consciente de fornecer o medicamente em desacordo com a prescrição médica.

Classificação

Classifica-se como **crime comum** (pode ser praticado por qualquer pessoa); **crime formal** (não é necessária a produção do resultado naturalístico, com a existência do perigo ou dano já configura o delito); de **perigo comum e abstrato** (coloca um número indeterminado de pessoas em perigo, neste caso, presume-se o risco de dano ou lesão ao bem jurídico tutelado); **comissivo** (exige uma ação do agente); **instantâneo; unissubjetivo** (pode ser praticado por um único agente); **plurissubsistente** (pode ser praticado por vários atos); e de **forma livre.**

Modalidade culposa

> ***Art. 280 [...]***
>
> ***Parágrafo único.*** *Se o crime é culposo:*
>
> *Pena - detenção, de dois meses a um ano.*

Há previsão da modalidade culposa do delito, sendo aplicada a pena de detenção de 2 meses a 1 ano. Configura-se a culpa quando o agente, descurando-se do cuidado objetivo necessário, der causa ao resultado perigoso resultante do fornecimento do medicamento em desacordo com receita médica[4].

8.3.14 Exercício ilegal da medicina, arte dentária ou farmacêutica

> ***Art. 282*** *Exercer, ainda que a título gratuito, a profissão de médico, dentista ou farmacêutico, sem autorização legal ou excedendo-lhe os limites:*
>
> *Pena - detenção, de seis meses a dois anos.*
>
> ***Parágrafo único.*** *Se o crime é praticado com o fim de lucro, aplica-se também multa.*

O livre exercício da profissão é direito fundamental assegurado pela Constituição Federal, especificamente, no art. 5°, XIII, estabelecendo que "é livre o exercício de qualquer trabalho, ofício ou profissão, atendidas as qualificações profissionais que a lei estabelecer", ou seja, em regra, é livre o exercício de qualquer profissão, contudo, algumas atividades são reguladas por lei, devendo ser exercidas conforme estabelecido pela legislação, isto para garantir a saúde, a integridade física, moral e patrimonial da coletividade.

Dentre as profissões reguladas por lei, as atividades de médico, dentista ou farmacêutico devem ser exercidas de acordo com a legislação de regência, a fim de se proteger a saúde pública. Desse modo, o art. 282 criminaliza a conduta de "exercer, ainda que a título gratuito, a profissão de médico, dentista ou farmacêutico, sem autorização legal ou excedendo-lhe os limites".

Consequentemente, consuma-se o delito quando o agente, não possuindo a autorização legal, "exerce" a profissão de médico, dentista ou farmacêutico, podendo esse exercício ser tanto de forma onerosa como gratuita. Entende-se que **não é cabível a tentativa,** pois a característica do crime é a sua habitualidade, ou seja, a reiteração dos atos, neste caso, o crime já estaria consumado. No entanto, há doutrinadores, como José Henrique Pierangeli, que entendem de forma contrária, admitindo-se a modalidade tentada.

Importante destacar que se trata de **crime habitual,** haja vista a exigência da reiteração de atos do agente, devendo ser um hábito, um modo de vida não tolerado pela lei. Portanto, a prática de forma esporádica, de alguns atos, não configura o delito em questão.

Classificação

Classifica-se como **crime comum** (pode ser praticado por qualquer pessoa); **crime formal** (não é necessária a produção do resultado naturalístico, com a existência do perigo ou dano já configura o delito); de **perigo comum e abstrato** (coloca um número indeterminado de pessoas em perigo, neste caso, presume-se o risco de dano ou lesão ao bem jurídico tutelado); **comissivo** (exige uma ação do agente); **crime habitual** (pressupõe a reiteração de atos, praticado de forma habitual) ; **unissubjetivo** (pode ser praticado por um único agente); **plurissubsistente** (pode ser praticado por vários atos); e de **forma livre.**

Forma qualificada

> ***Art. 282 , parágrafo único.*** *Se o crime é praticado com o fim de lucro, aplica-se também multa.*

O legislador, ainda, destacou a figura típica qualificada quando o crime é praticado com fim de lucro, aplicando-se, de forma cumulativa, a multa.

Segundo o autor Damásio de Jesus, "não é necessário que o sujeito aufira, efetivamente, o lucro visado. Basta que pratique, reiteradamente, atos privativos das profissões de médico, dentista ou farmacêutico, visando lucro, para que incida a qualificadora.

8.3.15 Charlatanismo

> ***Art. 283*** *Inculcar ou anunciar cura por meio secreto ou infalível:*
> *Pena - detenção, de três meses a um ano, e multa.*

Consiste na prática de "**inculcar** ou **anunciar cura** por meio secreto ou infalível. O verbo "inculcar" corresponde a **apregoar** ou dar a entender, e, anunciar é divulgar. O agente anuncia ou promete algo que, muitas das vezes, é ineficaz, fazendo a vítima acreditar ser algo infalível.

O delito consuma-se com a inculcação ou anúncio da cura, independentemente, de qualquer outro resultado. A tentativa é admissível, desde que, tendo o charlatão iniciado a execução do delito, é interrompido e obstado de alcançar a sua consumação por circunstâncias alheias à sua vontade. Admite-se a tentativa.

Diferentemente do crime de exercício ilegal da medicina, no qual é necessária a habitualidade, no "crime de charlatanismo não exige a habitualidade da conduta criminosa. Basta à configuração do delito a prática, ainda que só uma vez, do ato descrito no tipo", conforme destaca o ilustre autor Damásio de Jesus.

Classificação

Classifica-se como **crime comum** (pode ser praticado por qualquer pessoa); **crime formal** (não é necessária a produção do resultado naturalístico, com a existência do perigo ou dano já configura o delito); de **perigo comum e abstrato** (coloca um número indeterminado de pessoas em perigo, neste caso, presume-se o risco de dano ou lesão ao bem jurídico tutelado); **comissivo** (exige uma ação do agente); **instantâneo ; unissubjetivo** (pode ser praticado por um único agente); **plurissubsistente** (pode ser praticado por vários atos); e de **forma livre.**

8.3.16 Curandeirismo

> ***Art. 284*** *Exercer o curandeirismo:*
> *I - prescrevendo, ministrando ou aplicando, habitualmente, qualquer substância;*
> *II - usando gestos, palavras ou qualquer outro meio;*
> *III - fazendo diagnósticos:*
> *Pena - detenção, de seis meses a dois anos.*
> ***Parágrafo único.*** *Se o crime é praticado mediante remuneração, o agente fica também sujeito à multa.*

Configura-se como crime a prática de exercer o curandeirismo, ou seja, o agente não possui qualquer noção ou conhecimento sobre medicina ou farmácia, e se presta a curar pessoas sem qualquer título profissional.

Conforme destaca Nucci, *"o termo curandeirismo já possui uma significação peculiar, que é a atividade desempenhada pela pessoa que promove curas sem ter qualquer título ou habilitação para tanto, fazendo-o, geralmente, por meio de reza ou emprego de magia. Não haveria, em tese, necessidade de existir o complemento dado pelos incisos, mas, no caso presente, o tipo é de forma vinculada, exigindo que os atos somente sejam considerados penalmente relevantes quando tiverem a roupagem prescrita em lei".*

A forma de exercício do curandeirismo é prevista nos incisos I, II e III do art. 284, do CP, sendo os verbos núcleos do tipo penal as condutas de **"exercer"**, **"prescrever, ministrar ou aplicar"**, habitualmente, qualquer substância; **"usando gestos, palavras ou qualquer outro meio"; "fazer diagnósticos".**

Consuma-se o delito pela reiteração dos atos descritos nos incisos I, II e III do art. 284, do CP, isto é, pela sua habitualidade, do mesmo modo que ocorre no delito do exercício ilegal da profissão. Portanto, não é cabível a tentativa, pois como há reiteração dos atos, o crime já foi consumado.

Classificação

Classifica-se como **crime comum** (pode ser praticado por qualquer pessoa); **crime formal** (não é necessária a produção do resultado naturalístico, com a existência do perigo ou dano já configura o delito); de **perigo comum e abstrato** (coloca um número indeterminado de pessoas em perigo, neste caso, presume-se o risco de dano ou lesão ao bem jurídico tutelado); **comissivo** (exige uma ação do agente); **crime habitual** (pressupõe a reiteração de atos, praticado de forma habitual) ; **unissubjetivo** (pode ser praticado por um único agente); **plurissubsistente** (pode ser praticado por vários atos); e **de forma livre.**

8.3.17 Forma qualificada

> ***Art. 285*** *Aplica-se o disposto no art. 258 aos crimes previstos neste Capítulo, salvo quanto ao definido no art. 267.*

O legislador, ainda, possibilitou a forma qualificada aos delitos contra a saúde pública, aplicando-se o disposto do art. 258, do CP, com exceção do previsto no art. 267 (epidemia), que já prevê causa especial de aumento de pena (§ 1°) e figura qualificada (§ 2°) se do fato, doloso ou culposo, resultar morte.

> ***Art. 258*** *Se do crime doloso de perigo comum resulta lesão corporal de natureza grave, a pena privativa de liberdade é aumentada de metade; se resulta morte, é aplicada em dobro. No caso de culpa, se do fato resulta lesão corporal, a pena aumenta-se de metade; se resulta morte, aplica-se a pena cominada ao homicídio culposo, aumentada de um terço.*

9 CRIMES CONTRA A PAZ PÚBLICA

9.1 Incitação ao crime

> ***Art. 286*** *Incitar, publicamente, a prática de crime:*
>
> *Pena - detenção, de três a seis meses, ou multa.*

O art. 286 tutela a paz pública, compreendida no sentido coletivo de paz e segurança asseguradas pela ordem jurídica.

O crime é comum, e consiste na conduta daquele que induz, estimula, provoca, publicamente, a prática de determinado **crime.**

Fique ligado

Veja que o legislador não fez referência à contravenção penal ou atos imorais.

A conduta deve atingir número indeterminado de pessoas.

Ademais, há o entendimento de que o agente deve apontar fatos determinados, especificando os atos a serem praticados, não bastando defender a descriminalização de uma conduta, por exemplo.

O crime se pratica mediante dolo, consistente na vontade do agente de incitar, publicamente, a prática de crime (fato determinado), sendo considerado como um crime de ação livre.

Quanto à consumação, o crime é formal e se consuma no momento em que o agente, incitando publicamente a prática de crime, coloca em perigo a paz pública.

Trata-se de infração de menor potencial ofensivo, de modo que é cabível a transação penal, sendo o crime de competência do Juizado Especial Criminal (Lei n° 9.099/1995).

9.2 Apologia de crime ou de criminoso

> ***Art. 287*** *Fazer, publicamente, apologia de fato criminoso ou de autor de crime:*
>
> *Pena - detenção, de três a seis meses, ou multa.*

Assim como o crime do art. 286, o delito em estudo também tutela a paz pública.

O crime é comum, pois pode ser praticado por qualquer pessoa.

A conduta consiste basicamente em "incitar", no sentido de estimular, incentivar publicamente apologia de **fato criminoso ou à pessoa de criminoso.**

Fique ligado

Não existe apologia à contravenção.

Além disso, a apologia deve ser de delito doloso passado, na medida em que, se o fato se referir a crime futuro, teremos o crime previsto no art. 286, do CP.

Fique ligado

Vale frisar que o STF, na ADPF 187 decidiu ser legal e lícita a MARCHA DA MACONHA.

O crime se pratica mediante dolo de fazer exposição ao fato criminoso.

A ação penal é pública incondicionada.

Trata-se de infração de menor potencial ofensivo, de modo que é cabível a transação penal, sendo o crime de competência do Juizado Especial Criminal (Lei n° 9.099/1995).

9.3 Associação criminosa

> ***Art. 288*** *Associarem-se 3 (três) ou mais pessoas, para o fim específico de cometer crimes:*
>
> *Pena - reclusão, de 1 (um) a 3 (três) anos.*
>
> ***Parágrafo único.*** *A pena aumenta-se até a metade se a associação é armada ou se houver a participação de criança ou adolescente.*

É o antigo delito denominado de quadrilha ou bando. Com a vigência da Lei n° 12.850/2013, o *nome iuris* do delito foi alterado para "associação criminosa".

O tipo penal do art. 288 tutela a paz pública.

Trata-se de crime comum, pois pode ser praticado por qualquer pessoa. Todavia, é delito classificado como plurissubjetivo ou de concurso necessário, pois para sua configuração exige-se a presença de, pelo menos, três pessoas.

Não há a necessidade de divisão de funções, sendo indiferente a posição ocupada pelo associado, bem como é desnecessário que os associados se conheçam. Identificando-se o vínculo associativo estável e permanente, haverá o crime em tela.

Vale frisar que a reunião de pessoas deve se dar para a prática de crimes, pois a reunião para a prática de contravenções penais (jogo do bicho, por exemplo) não enseja o reconhecimento da associação criminosa.

O elemento subjetivo do crime é o dolo, consubstanciado na vontade consciente de se associaram, três ou mais pessoas, acrescido do especial fim de agir, representado pela expressão "para o fim de cometer crimes".

O parágrafo único prevê causa de aumento de pena (majorante) de 1/2 (metade)para a hipótese de a associação ser armada ou se houver participação de criança ou adolescente.

Fique ligado

Ainda, há a previsão para a forma qualificada do delito, conforme art. 8º da Lei n° 8.072/1990, que dispõe:

> ***Art. 8º*** *Será de três a seis anos de reclusão a pena prevista no art. 288 do Código Penal, quando se tratar de crimes hediondos, prática da tortura, tráfico ilícito de entorpecentes e drogas afins ou terrorismo.*
>
> *Poderá também haver redução para situação de delação premiada (parágrafo único do art. 8º da Lei de crimes hediondos):*
>
> ***Parágrafo único.*** *O participante e o associado que denunciar à autoridade o bando ou quadrilha, possibilitando seu desmantelamento, terá a pena reduzida de um a dois terços.*

A ação penal para o delito é pública incondicionada.

O delito praticado em sua modalidade simples (art. 288, *caput*) ou circunstanciado (art. 288, parágrafo único) admite o Acordo de Não Persecução Penal (ANPP) previsto no art. 28-A do Código de Processo Penal. Ademais, não sendo cabível o ANPP, por não ser necessário e suficiente para reprovação e prevenção do crime, admite-se a suspensão condicional do processo no caso do art. 288, *caput*, tendo em vista que a pena mínima é de 1 ano de reclusão.

9.4 Constituição de milícia privada

> ***Art. 288-A*** *Constituir, organizar, integrar, manter ou custear organização paramilitar, milícia particular, grupo ou esquadrão com a finalidade de praticar qualquer dos crimes previstos neste Código:*
>
> *Pena - reclusão, de 4 (quatro) a 8 (oito) anos.*

A lei penal, com esta tipificação, buscou recrudescer o tratamento ao crime organizado e à constituição de milícias.

D P E N

O objeto material do delito é a o**rganização paralimitar, a milícia particular, o grupo e o esquadrão.**

A organização paramilitar é espécie de associação civil, sem vínculo com o Estado, armada e com estrutura própria, que se utiliza de táticas policiais ou militares para alcançar os objetivos do grupo.

A milícia particular, por sua vez, também constitui espécie de agrupamento de civis, armado e estruturado, com a finalidade de restaurar a segurança em determinados locais controlados por grupos criminosos, diante da omissão estatal.

Já o grupo e esquadrão possuem relação direta com os grupos de extermínio. Trata-se da associação de matadores, composta por particulares, ou em alguns casos, por policiais, que se denominam de "justiceiros", que objetivam eliminar pessoas rotuladas como perigosas para a coletividade.

Para tanto, quanto ao número mínimo de agentes, diante da omissão legislativa, entende-se que o grupo deve ser composto pela união de ao menos 3 pessoas para a prática de crimes previsos no Código Penal.

Trata-se de crime plurissubjetivo ou de concurso necessário.

O tipo é misto alternativo e o objetivo é centralizar o poder de punir e de oferecer serviços básicos ao Estado.

O crime somente se pratica mediante dolo (consciência e vontade) e a ação penal é pública incondicionada.

10 CRIMES CONTRA A FÉ PÚBLICA

No Título X do Código Penal (crimes contra a fé pública), tutela-se a fé pública e a credibilidade da autenticidade e o valor dos documentos e atos prescritos para as relações em sociedade. Conforme ensina Nélson Hungria, "a fé pública é a expressão da certeza jurídica, é a confiança geral na verdade de certos atos, símbolos ou formas (testemunho, moeda, documento) a que a lei atribui valor jurídico".

Sem a fé pública, seria impossível a vida em sociedade, pois inexistiria a confiança em determinados atos, documentos, sinais e símbolos, que regem as relações diárias.

10.1 Moeda falsa

> ***Art. 289*** *Falsificar, fabricando-a ou alterando-a, moeda metálica ou papel-moeda de curso legal no país ou no estrangeiro:*
>
> *Pena – reclusão, de três a doze anos, e multa.*
>
> *§ 1º Nas mesmas penas incorre quem, por conta própria ou alheia, importa ou exporta, adquire, vende, troca, cede, empresta, guarda ou introduz na circulação moeda falsa.*
>
> *§ 2º Quem, tendo recebido de boa-fé, como verdadeira, moeda falsa ou alterada, a restitui à circulação, depois de conhecer a falsidade, é punido com detenção, de seis meses a dois anos, e multa.*
>
> *§ 3º É punido com reclusão, de três a quinze anos, e multa, o funcionário público ou diretor, gerente, ou fiscal de banco de emissão que fabrica, emite ou autoriza a fabricação ou emissão:*
>
> *I – de moeda com título ou peso inferior ao determinado em lei;*
>
> *II – de papel-moeda em quantidade superior à autorizada.*
>
> *§ 4º Nas mesmas penas incorre quem desvia e faz circular moeda, cuja circulação não estava ainda autorizada.*
>
> *Crimes assimilados ao de moeda falsa*
>
> ***Art. 290*** *Formar cédula, nota ou bilhete representativo de moeda com fragmentos de cédulas, notas ou bilhetes verdadeiros; suprimir, em nota, cédula ou bilhete recolhidos, para o fim de restituí-los à circulação, sinal indicativo de sua inutilização; restituir à circulação cédula, nota ou bilhete em tais condições, ou já recolhidos para o fim de inutilização:*
>
> *Pena – reclusão, de dois a oito anos, e multa.*
>
> ***Parágrafo único.*** *O máximo da reclusão é elevado a doze anos e multa, se o crime é cometido por funcionário que trabalha na repartição onde o dinheiro se achava recolhido, ou nela tem fácil ingresso, em razão do cargo.*

O crime em estudo é comum, na medida em que pode ser praticado por qualquer pessoa. As condutas descritas no *caput* do art. 289 e em seu § 1º dizem respeito ao ato específico de falsificar o papel moeda ou a moeda metálica (falsificar significa conferir aparência de moeda verdadeira, seja nacional, seja estrangeira).

Como um dos núcleos, tem-se a **alteração**, que consiste em atribuir valor diverso ao papel moeda, por exemplo, transformar uma nota de 10,00 em uma de 100,00.

Segundo a doutrina, somente se configura o crime, se a alteração foi no sentido de atribuir maior valor à cédula ou à moeda metálica.

Trata-se de crime formal, de perigo abstrato, já que não há a necessidade de prejuízo a terceiro para que o delito se consuma.

O elemento subjetivo do tipo é o dolo, consistente na vontade e consciência de falsificar a moeda e de colocá-la em circulação.

O crime se consuma no momento da fabricação ou alteração, sendo perfeitamente admissível a tentativa, haja vista que o núcleo do tipo permite o fracionamento da conduta.

Outro ponto que merece realce é que, para que o crime se consuma, a falsificação deve ser convincente, ou seja, apta a confundir ou ludibriar pessoa capaz, não caracterizando o crime do art. 289 a falsificação grosseira, na medida em que se trata de crime impossível.

Todavia, mesmo se tratando de crime impossível no que tange à fé pública, poderá ocorrer o crime de estelionato (art. 171, CP), conforme preconiza a Súmula nº73, do STJ:

> *A utilização de papel-moeda grosseiramente falsificado configura, em tese, o crime de estelionato, de competência da Justiça Estadual.*

Para a configuração do crime em questão, não é necessário que o agente coloque os produtos falsificados em circulação. Por fim, seguindo precedentes jurisprudenciais (Informativo nº 554, do STJ), o instituto do arrependimento posterior não é compatível com o delito de moeda falsa.

No que se refere ao princípio da insignificância, o entendimento predominante é pela sua não aplicabilidade, ainda que ínfimo o valor, tendo em vista que a credibilidade do papel moeda que circula no País está em foco.

10.1.1 Circulação de moeda falsa

O § 1º prevê a forma equiparada do delito, que pune com a mesma pena do *caput* aquele que importa, exporta, vende, adquire, cede, empresta, guarda ou introduz em circulação moeda falsa.

10.1.2 Figura privilegiada

No § 2º, do art. 289, do CP, temos a figura privilegiada do delito de moeda falsa, que consiste na conduta do indivíduo que, após receber uma moeda falsa, e, com o manifesto intuito de minimizar seu prejuízo, reintroduz a moeda falsa em circulação.

O pressuposto para a incidência do privilégio é que o agente tenha recebido o dinheiro como se fosse legítimo, ignorando a sua falsidade. Não obstante, restitui a moeda à circulação, passando para outro terceiro de boa-fé, de pois de conhecer a falsidade.

A pena prevista para esta modalidade é mais branda, quando comparada com a figura do *caput*, punindo o agente com pena de detenção, de seis meses a dois anos, e multa. O fundamento do privilégio é a menor reprovabilidade da conduta, pois o agente é vítima da falsidade anterior.

10.1.3 Forma qualificada

Por sua vez, o § 3º, do art. 289, prevê a figura qualificada do delito, que é classificado como crime próprio, pois é praticado pelo funcionário público ou diretor, gerente, ou fiscal do banco emissor, responsável por emitir ou autorizar a fabricação da moeda com título ou peso inferior ao determinado em lei ou de papel-moeda em quantidade superior à autorizada.

Ao contrário do que ocorre na figura do *caput* e nos §§ 1° e 2°, o objeto material não é a moeda falsa ou alterada (de curso legal no País ou no estrangeiro), e, sim, a moeda verdadeira, mas cujo título ou peso esteja abaixo do determinado em lei (inciso I) ou mesmo o papel-moeda em quantidade superior à autorizada (inciso II).

Para esclarecimento sobre o tema, "título" corresponde às substâncias contidas na moeda metálica, por exemplo, estanho, cobre etc. A doutrina chama atenção ao inciso II, em que não consta a moeda metálica. Dessa forma, caso o agente fabrique moeda metálica em quantidade superior à autorizada, a conduta será atípica.

10.1.4 Desvio e circulação indevida

O § 4º prevê outra figura equiparada à qualificada, que consiste em permitir a circulação de moeda que ainda dependa de autorização.

Trata-se de crime próprio, pois somente pode ser praticado pelo funcionário público, responsável pela guarda e liberação de circulação da moeda.

Portanto, a autorização de circulação da moeda constitui o elemento normativo do tipo, porquanto se autorizada a circulação, não haverá a figura típica do § 4°.

10.1.5 Crimes assimilados

O art. 290 prevê o crime assimilado ao de moeda falsa, criminalizando a conduta do o agente que, utilizando fragmentos de moeda legítima, forma nova cédula de papel moeda, com o fim de colocá-la em circulação; ou daquele que suprime o sinal indicador de que a cédula havia sido retirada de circulação, ou, ainda, recolocar em circulação moeda ou papel moeda que já havia sido recolhida para inutilização.

Para a configuração do delito é necessário que haja potencialidade lesiva na conduta do agente, isto é, a capacidade de enganar um número indeterminado de pessoas, de modo que a moeda passa a circular como se legítima fosse.

O parágrafo único do art. 290 prevê a forma qualificada do delito, quando o crime é praticado por funcionário que trabalhe na repartição, onde o dinheiro se achava recolhido, ou possui, em razão do cargo, fácil acesso às cédulas.

Fique ligado

Neste último caso, o crime será próprio, pois o criminoso se vale das facilidades que o cargo lhe proporciona.

10.1.6 Petrechos para falsificação de moeda

O crime de petrechos para falsificação de moeda está previsto no art. 291, do Código Penal, nos seguintes termos:

> ***Art. 291*** *Fabricar, adquirir, fornecer, a título oneroso ou gratuito, possuir ou guardar maquinismo, aparelho, instrumento ou qualquer objeto especialmente destinado à falsificação de moeda:*
>
> *Pena – reclusão, de dois a seis anos, e multa.*

O tipo penal pune a conduta do agente que pratica um dos verbos núcleos (fabricar, adquirir, fornecer ou possuir) referentes ao objeto destinado à falsificação de moeda. Trata-se de tipo misto alternativo, que visa coibir a disseminação e a prática de crimes do agente que auxilia a fomentar a produção de moeda falsa.

Em regra, as condutas são punidas a partir dos atos executórios. Contudo, temos aqui uma exceção à regra. Trata-se de ato meramente preparatório, que recebe a chancela do direito penal. Inclusive, impende destacar que, para a consumação do delito, não se faz necessário o efetivo uso do maquinário, sendo suficiente o agente possuí-lo ou tê-lo guardado para que o crime reste consumado.

Segundo a jurisprudência pacificada nos Tribunais Superiores, não é possível o concurso de crimes entre os delitos do art. 289 e 291, caso o agente, efetivamente, utilize os petrechos (instrumentos) para falsificar a moeda. Isso porque, o delito do art. 291 será absorvido (crime subsidiário), devendo o autor responder apenas pelo tipo penal do art. 289, do Código Penal. Ex.: durante cumprimento de mandado de busca e apreensão, a equipe policial logrou encontrar na residência de "A" grande quantidade de cédulas falsas, bem como impressora jato de tinta de alta performance e arquivos digitais contendo moldes de cédulas correntes.

Segundo o STJ, o objeto especialmente destinado à falsificação não se trata de equipamento desenvolvido exclusivamente para a falsificação de moeda, já que tal entendimento esvaziaria o tipo penal. Dessa forma, entende-se como objeto especialmente destinado à falsificação de moeda, aquele em que o agente dá uso à essa contrafação. Ex.: "[...] a posse de impressora, ainda que manufaturada visando ao uso doméstico, mas com o propósito de a utilizar precipuamente para contrafação da moeda, incorre no referido crime".

10.2 Falsidade documental

Antes de analisarmos os dispositivos que tutelam os crimes relacionados à falsidade documental, é imperioso destacar que existem 3 tipos de falsidades relevantes para o Direito Penal:

A falsidade material, que consiste em falsificar a estrutura de um documento público;

A falsidade ideológica, que corresponde à conduta de inserir informações falsas em um documento legítimo;

Por último, a falsidade pessoal, que corresponde ao ato de se passar por outra pessoa.

10.2.1 Falsificação de documento público

> ***Art. 297*** *Falsificar, no todo ou em parte, documento público, ou alterar documento público verdadeiro:*
>
> *Pena - reclusão, de dois a seis anos, e multa.*
>
> *§ 1º Se o agente é funcionário público, e comete o crime prevalecendo-se do cargo, aumenta-se a pena de sexta parte.*
>
> *§ 2º Para os efeitos penais, equiparam-se a documento público o emanado de entidade paraestatal, o título ao portador ou transmissível por endosso, as ações de sociedade comercial, os livros mercantis e o testamento particular.*
>
> *§ 3º Nas mesmas penas incorre quem insere ou faz inserir:*
>
> *I – na folha de pagamento ou em documento de informações que seja destinado a fazer prova perante a previdência social, pessoa que não possua a qualidade de segurado obrigatório;*
>
> *II – na Carteira de Trabalho e Previdência Social do empregado ou em documento que deva produzir efeito perante a previdência social, declaração falsa ou diversa da que deveria ter sido escrita;*
>
> *III – em documento contábil ou em qualquer outro documento relacionado com as obrigações da empresa perante a previdência social, declaração falsa ou diversa da que deveria ter constado.*
>
> *§ 4º Nas mesmas penas incorre quem omite, nos documentos mencionados no § 3º, nome do segurado e seus dados pessoais, a remuneração, a vigência do contrato de trabalho ou de prestação de serviços.*

O delito do art. 297 tutela a fé pública, especialmente, a autenticidade dos documentos.

Trata-se de tipo penal que busca reprimir a conduta do agente que falsifica documento emanado pela Administração Pública (ou equiparado) ou altera documento público verdadeiro.

O art. 297 pune a falsidade material, ou seja, aquela que diz respeito à forma (estrutura) do documento. Em resumo, o agente CRIA um documento público. Exemplo: agente que, possuindo uma impressora com alta capacidade, imprime uma cédula de identidade.

Fique ligado

A substituição da foto no documento de identidade é classificada como crime de falsidade de documento.

Para a constatação da falsificação de documento público, não se exige a perícia, embora a regra seja a sua realização.

A consumação do delito ocorre com a efetiva falsificação ou adulteração, indepedente da ocorrência de qualquer resultado. Trata-se, portanto, de crime formal.

Ademais, é imprescindível que a falsificação seja idônea para enganar indeterminado número de pessoas, pois o falso grosseiro não traz perigo à fé pública.

Vale destacar o teor da Súmula nº 17, do STJ: *quando o falso se exaure no estelionato, sem mais potencialidade lesiva, é por este absorvido.* Conforme este entendimento, quando o crime de falsificação se exaure no estelionato, aplica-se o princípio da consunção, em vista de que o crime de falso serviu como meio necessário para a consumação do estelionato.

Em razão da súmula apresentada, destacamos que nem sempre o crime fim possuirá pena mais elevada.

O § 1º do art. 297 prevê causa especial de aumento de pena quando o agente é funcionário público e comete o crime utilizando-se do cargo, caso em que a pena será aumentada de 1/6.

O §2º, por sua vez, trata dos documentos públicos por equiparação. O dispositivo apresenta um rol de documentos particulares que, para fins penais, são equiparados a documento público, sendo eles: documento emanado de entidade paraestatal, o título ao portador ou transmissível por endosso (cheque, nota promissória, duplicata etc.), as ações de sociedade comercial, os livros mercantis e o testamento particular.

Os §§ 3º e 4º, do art. 297, do Código Penal, apresentam os tipos penais equiparados à falsificação de documento público. O § 3º, em seus incisos, tipifica a conduta do agente que insere informação falsa ou diversa da que deveria constar, na folha de pagamento ou em documento de informações que seja destinado a fazer prova perante a previdência social; na CTPS do empregado ou em documento destinado à previdência social, ou em documento contábil relacionado com as obrigações da empresa perante a previdência social.

Ao contrário do *caput*, a falsidade empregada pelo agente no § 3º é a ideológica, que se refere ao conteúdo do documento.

O § 4º prevê a figura equiparada que incrimina condutas omissivas, punindo com as mesmas penas do *caput* aquele que omitir, nos mesmos documentos elencados no § 3º, as seguintes informações: o nome do segurado e seus dados pessoais, a remuneração, a vigência do contrato de trabalho ou de prestação de serviços.

Conforme se observa, o art. 297, §4º, do Código Penal, trata da omissão de anotação de vínculo empregatício na CTPS. Assim, questiona-se: qual é o **juízo competente** para julgar o crime do art. 297, §4º, do Código Penal?

Duas correntes existem sobre o tema. Para o STJ (em posição majoritária), o sujeito passivo do tipo penal é a Previdência Social, pois a omissão na CTPS leva ao não recolhimento de contribuições sociais devidas pelo vínculo empregatício. Dessa forma, a competência seria da Justiça Federal.

Contudo, em sentido contrário, a 1ª Turma do STF firmou entendimento de que não haveria lesão a bem ou interesse da União, suficiente o bastante, a potencializar a atração da competência da Justiça Federal, sendo, portanto, de competência da Justiça Estadual.

10.2.2 Falsificação de documento particular

> ***Art. 298*** *Falsificar, no todo ou em parte, documento particular ou alterar documento particular verdadeiro:*
>
> *Pena - reclusão, de um a cinco anos, e multa.*
>
> *Falsificação de cartão*
>
> ***Parágrafo único.*** *Para fins do disposto no caput, equipara-se a documento particular o cartão de crédito ou débito.*

Trata-se de tipo penal que busca reprimir a conduta do agente que falsifica ou altera documento particular.

Assim como delito do art. 297, a falsidade que se pune é a material, ou seja, aquela que diz respeito à forma do documento. O delito do art. 298 pune duas condutas, a de falsificar, no todo ou em parte, documento particular, ou alterar documento particular verdadeiro.

Vale destacar que a falsificação deve ser idônea, apta a enganar um número indeterminado de pessoas, pois o falso grosseiro não traz perigo a fé pública.

Ademais, o conceito de documento particular é alcançado por exclusão, ou seja, será particular todo documento que não se amoldar ao conceito de documento público ou equiparado.

É importante destacar que a Lei nº 12.737/2012, consolidando o que já era aplicado pela jurisprudência, acrescentou o parágrafo único ao art. 298, sedimentando a ideia de que o cartão de crédito ou débito é equiparado a documento particular.

10.2.3 Falsidade ideológica

> ***Art. 299*** *Omitir, em documento público ou particular, declaração que dele devia constar, ou nele inserir ou fazer inserir declaração falsa ou diversa da que devia ser escrita, com o fim de prejudicar direito, criar obrigação ou alterar a verdade sobre fato juridicamente relevante:*
>
> *Pena - reclusão, de um a cinco anos, e multa, se o documento é público, e reclusão de um a três anos, e multa, de quinhentos mil réis a cinco contos de réis, se o documento é particular.*
>
> ***Parágrafo único.*** *Se o agente é funcionário público, e comete o crime prevalecendo-se do cargo, ou se a falsificação ou alteração é de assentamento de registro civil, aumenta-se a pena de sexta parte.*

Ao contrário dos tipos penais vistos anteriormente, a conduta do art. 299, do CP, é classificada como um falso ideológico. É importante distinguir os conceitos de falsidade material e falsidade ideológica.

Na falsidade material, o que se frauda é a própria forma do documento, que é alterada, no todo ou em parte, ou é forjada pelo agente, que cria um documento novo. Já na falsidade ideológica, ao contrário, a forma do documento é verdadeira, mas seu conteúdo é falso, isto é, a ideia ou declaração que o documento contém não corresponde à verdade.

Repise-se que nos crimes anteriores (arts. 297 e 298), a falsidade recai sobre o próprio documento (sua parte exterior), enquanto a ideológica diz respeito ao seu conteúdo, tratado no art. 299, do CP.

No delito do art. 299 pune-se a conduta daquele que omite em documento público ou particular, declaração que dele devia constar, ou nele inserir ou fazer inserir declaração falsa ou diversa da que devia ser escrita.

Exemplos das condutas:

- Indicação de condutor diverso do que conduzia o veículo no momento da infração de trânsito;
- Declarações inverídicas no Imposto de Renda;
- Preenchimento de declaração de ITCMD com valores que não correspondem ao real.

Fique ligado

A falsa declaração de pobreza para obter a gratuidade de Justiça configura o crime de falsidade ideológica, segundo o entendimento do STJ.

Para a consumação do delito de falsidade ideológica exige-se que o documento com informações inverídicas tenha a aptidão de fazer prova por si mesmo.

Ademais, para a consumação do delito não basta que o agente insira ou omita a informação falsa no documento público ou particular,

DPEN

é necessário que atue com a intenção de prejudicar direito, criar obrigação ou alterar a verdade sobre fato juridicamente relevante.

Conforme determina o parágrafo único, haverá aumento de pena em 1/6 se o agente for funcionário público, e, comete o crime prevalecendo-se do cargo, ou se a falsificação ou alteração é de assentamento de registro civil.

10.2.4 Falso reconhecimento de firma ou letra

> ***Art. 300*** *Reconhecer, como verdadeira, no exercício de função pública, firma ou letra que o não seja:*
>
> *Pena - reclusão, de um a cinco anos, e multa, se o documento é público; e de um a três anos, e multa, se o documento é particular.*

O delito do art. 300 tutela a fé pública, mormente o fato da legitimidade dos documentos produzidos pelos tabeliães.

O crime é próprio, pois só pode ser praticado pelo agente público que goza de poderes específicos para promover o reconhecimento de firma (assinatura) ou letra (manuscrito).

A conduta suscetível de punição é o reconhecimento como verdadeira de firma ou letra que não seja autêntica.

A pena será mais gravosa se o reconhecimento for em documento público.

10.2.5 Certidão ou atestado ideologicamente falso

> ***Art. 301*** *Atestar ou certificar falsamente, em razão de função pública, fato ou circunstância que habilite alguém a obter cargo público, isenção de ônus ou de serviço de caráter público, ou qualquer outra vantagem:*
>
> *Pena - detenção, de dois meses a um ano.*

Este delito tutela a autenticidade de atestados emitidos com a finalidade de habilitar uma pessoa a obter cargo público ou isentá-la de qualquer ônus.

Trata-se de crime próprio, tendo em vista que o *caput* prevê expressamente que o crime somente pode ser praticado pelo funcionário público, quando age em razão de seu ofício.

O elemento subjetivo do tipo é o dolo, configurando-se o crime quando o agente atua com vontade livre de atestar falsamente, com consciência de que poderá propiciar vantagem a outrem.

> **Fique ligado**
>
> Para a consumação do crime é indispensável que o documento seja idôneo para habilitar, de fato, a pessoa para a função pública.

Falsidade material de atestado ou certidão

> *§ 1º Falsificar, no todo ou em parte, atestado ou certidão, ou alterar o teor de certidão ou de atestado verdadeiro, para prova de fato ou circunstância que habilite alguém a obter cargo público, isenção de ônus ou de serviço de caráter público, ou qualquer outra vantagem:*
>
> *Pena - detenção, de três meses a dois anos.*
>
> *§ 2º Se o crime é praticado com o fim de lucro, aplica-se, além da pena privativa de liberdade, a de multa.*

Trata-se de modalidade específica de falsidade, que consiste na conduta de falsificar atestado ou certidão ou alterar teor de documento verdadeiro para provar falsamente que alguém se encontra apto a obter cargo público, para se isentar de alguma sanção.

Enquanto no *caput* pune-se o falso ideológico (relativo ao conteúdo do documento), nesta modalidade a falsidade é material (relativa à forma), pois aqui o agente falsifica, no todo ou em parte, ou altera o teor de certidão ou atestado verdadeiro.

Ainda, se o crime é praticado com finalidade de lucro também será aplicada a pena de multa.

O crime é formal, ou seja, consuma-se com o simples ato da falsificação, sem a necessidade de obtenção de lucro pelo agente.

10.2.6 Falsidade de atestado médico

> ***Art. 302*** *Dar o médico, no exercício da sua profissão, atestado falso:*
>
> *Pena - detenção, de um mês a um ano.*
>
> ***Parágrafo único.*** *Se o crime é cometido com o fim de lucro, aplica-se também multa.*

Trata-se de um tipo especial de falsidade ideológica que é praticado pelo médico (crime próprio).

> **Fique ligado**
>
> Se o atestado for emitido por um dentista, médico veterinário ou outro profissional da área da saúde, não estaremos diante da conduta do art. 302, em razão da proibição da analogia ***in malam partem***. Como consequência, poderá haver a responsabilização pelo crime de falsidade ideológica.

O verbo núcleo do delito é "dar", no sentido de "fornecer, entregar", o atestado falso.

O crime se consuma no momento em que o médico fornece ou entrega o atestado para a pessoa que fará uso daquele documento.

Importante destacar que o atestado médico deve corresponder a situações clínicas (de saúde), ainda que de outra área de especialidade do paciente.

> **Ex.:** um médico cardiologista pode conceder um atestado médico acerca de uma condição clínica de uma gestante.

Nesse contexto, não haverá crime se o médico atesta acerca da conduta social do agente.

Ademais, é necessário que a falsidade seja referente a fato juridicamente relevante, devendo haver potencialidade de dano no atestado falso.

Caso o médico que forneça o atestado seja funcionário público, responderá pelo crime do art. 301, do CP, em razão do princípio da especialidade.

10.2.7 Reprodução ou adulteração de selo ou peça filatélica

> ***Art. 303*** *Reproduzir ou alterar selo ou peça filatélica que tenha valor para coleção, salvo quando a reprodução ou a alteração está visivelmente anotada na face ou no verso do selo ou peça:*
>
> *Pena - detenção, de um a três anos, e multa.*
>
> ***Parágrafo único.*** *Na mesma pena incorre quem, para fins de comércio, faz uso do selo ou peça filatélica.*

Esse tipo penal, embora conste do Código Penal, foi revogado tacitamente pelo art. 39 e parágrafo único da Lei nº 6.535/1978.

Todavia, o tipo penal visa coibir a posse do selo ou de peça filatélica (são selos ou carimbos comemorativos) para fins de comércio. Sem esse fim, o fato será atípico.

10.2.8 Uso de documento falso

> ***Art. 304*** *Fazer uso de qualquer dos papéis falsificados ou alterados, a que se referem os arts. 297 a 302:*
>
> *Pena - a cominada à falsificação ou à alteração.*

O tipo penal do art. 304 pune a conduta do agente que utiliza o documento público ou particular falso.

O crime de uso de documento falso se consuma com a simples utilização de documento comprovadamente falso, sendo considerado um crime formal.

A pena para o crime em estudo, depende da natureza do documento utilizado.

Fique ligado
Segundo o STJ (Info 553), é possível a condenação pelo crime de uso de documento falso com outros elementos de prova que não seja necessariamente a prova pericial.

O art. 304 do Código Penal não se configura caso o agente tenha sido o responsável pela falsificação do documento utilizado, hipótese em que o agente responderá pelo falso, sendo a utilização do documento mero exaurimento do crime.

Em relação à competência para julgamento do delito em estudo, há o entendimento sumulado do STJ:

> ***Súmula nº 546 - STJ***
>
> *A competência para processar e julgar o crime de uso de documento falso é firmada em razão da entidade ou órgão ao qual foi apresentado o documento público, não importando a qualificação do órgão expedidor.*

> **Ex.:** João apresenta uma CNH falsa para uma equipe de policiais rodoviários federais. Nesse caso, a competência será da Justiça Federal, em razão do agente público a quem foi apresentado o documento falso.

Ponto de fundamental relevância diz respeito ao encontro **fortuito do documento falso,** por exemplo, numa situação de abordagem e revista pessoal, por parte da equipe policial.

Imagine que, após a abordagem policial, o servidor solicita do condutor do automóvel o seu documento de identificação, esse apresenta seu RG e, após ser solicitada a apresentação de sua CNH, o sujeito afirma não possuir – embora possua uma falsificada em sua carteira. Desconfiado, o policial rodoviário realiza revista pessoal no condutor e encontra uma CNH falsa em sua carteira.

Para o exemplo narrado, entende-se que o encontro casual do documento falso em poder de alguém (como ocorre por ocasião de uma revista policial) não é suficiente para configurar o tipo penal, tendo em vista que o núcleo do tipo corresponde à conduta de "FAZER USO", e, no caso narrado, inexiste o elemento volitivo do agente, consistente na vontade de usar o documento, com consciência da falsidade.

10.2.9 Supressão de documento

> ***Art. 305*** *Destruir, suprimir ou ocultar, em benefício próprio ou de outrem, ou em prejuízo alheio, documento público ou particular verdadeiro, de que não podia dispor:*
>
> *Pena - reclusão, de dois a seis anos, e multa, se o documento é público, e reclusão, de um a cinco anos, e multa, se o documento é particular.*

O crime em estudo diz respeito à conduta daquele que destrói (danifica totalmente), suprime (retira parte do conteúdo) ou oculta, em benefício próprio ou de terceiros ou em prejuízo de terceiro, documento público ou particular (objeto material), legítimos, de que não poderia dispor. Assim, não é típica a conduta se o agente pode, livremente, desfazer-se do documento.

Cuidado, pois a sanção será distinta para os delitos a depender da natureza do documento. A pena será mais grave se o documento é público.

Se o documento é público, reclusão, de dois a seis anos, e multa; se o documento é particular, reclusão, de um a cinco anos, e multa.

A ação penal é pública incondicionada.

10.2.10 Falsa identidade

O crime de falsidade identidade está previsto no art. 307, do Código Penal, nos seguintes termos:

> ***Art. 307*** *Atribuir-se ou atribuir a terceiro falsa identidade para obter vantagem, em proveito próprio ou alheio, ou para causar dano a outrem:*
>
> *Pena - detenção, de três meses a um ano, ou multa, se o fato não constitui elemento de crime mais grave.*

Inicialmente, é importante destacar a diferença entre a falsa identidade (CP, art. 307) e o uso de documento falso (CP, art. 304).

A **falsa identidade** não envolve a apresentação de documento falso, ou seja, o agente apenas atribui-lhe um nome falso.

> **Ex.:** "A", ao ser preso em flagrante pela prática de um crime, informa aos policiais que seu nome é "B".

Falsa identidade	Uso de documento falso
O agente atribui-se um nome falso	O agente apresenta um documento de identidade falso

O art. 307 incrimina, assim, a ação de quem, verbalmente ou por escrito, imputa, a si próprio ou a terceira pessoa, identidade que não é a verdadeira.

O elemento subjetivo é o dolo, consistente na vontade consciente de atribuir-se falsa identidade com o especial fim de agir (para obter vantagem em proveito próprio ou alheio, ou causar prejuízo a outrem).

Trata-se de crime formal, ocorrendo a sua consumação com a simples atribuição da falsa identidade.

A tentativa não é possível, por tratar-se de crime unissubsistente.

A ação penal é pública incondicionada.

Falsa identidade x autodefesa

O Direito Penal assegura ao acusado o direito de não produzir prova contra si mesmo (princípio do *nemu tenetur se detegere*).

Contudo, o STF entende que tal prerrogativa não alcança a conduta do agente que se atribui falsa identidade, sendo, portanto, considerada uma conduta típica.

O entendimento acima apresentado, inclusive, é corroborado pelo STJ na seguinte súmula:

> ***Súmula nº 522 – STJ***
>
> *A conduta de atribuir-se falsa identidade perante autoridade policial é típica, ainda que em situação de alegada autodefesa.*

No mesmo sentido, em sede de repercussão geral, veja-se o Tema 478: **"**O princípio constitucional da autodefesa (art. 5º, LXIII, da CF) não alcança aquele que atribui falsa identidade perante autoridade policial com o intento de ocultar maus antecedentes, sendo, portanto, típica a conduta praticada pelo agente (art. 307 do CP)".

10.2.11 Uso de documento de identificação civil de terceiro

O crime de uso de documento de identificação civil de terceiro está previsto no art. 308 do Código Penal nos seguintes termos:

> ***Art. 308*** *Usar, como próprio, passaporte, título de eleitor, caderneta de reservista ou qualquer documento de identidade alheia ou ceder a outrem, para que dele se utilize, documento dessa natureza, próprio ou de terceiro:*
>
> *Pena - detenção, de quatro meses a dois anos, e multa, se o fato não constitui elemento de crime mais grave.*

São duas as condutas típicas previstas no art. 308: usar, como próprio, documento de identificação alheio; e ceder a outrem, para que dele se utilize, documento dessa natureza. A primeira conduta consiste no emprego ou utilização, pelo agente, de documento de terceira pessoa, como se fosse seu. A segunda, por sua vez, consiste na entrega, no fornecimento, do documento pessoal para que outrem utilize como se fosse seu.

Ademais, é importante destacar a diferença entre o uso de documento de identificação civil de terceiro (CP, art. 308) e o uso de documento falso (CP, art. 304).

O **uso de documento de identificação civil de terceiro** não envolve um documento falso, mas de terceiro, legítimo.

> **Ex.:** "A", portando o RG de seu irmão "B", apresenta tal documento à equipe policial quando é preso em flagrante.

Uso de documento de i dentificação civil de terceiro	Uso de documento falso
Apresenta um documento de identidade de terceiro	Apresenta um documento de identidade falso

Por outro lado, há distinção do tipo penal do art. 308 com o crime de falsa identidade (art. 307), pois neste não há a apresentação de qualquer documento.

Uso de documento de identificação civil de terceiro	Falsa identidade
Apresenta um documento de identidade de terceiro	Apenas atribui um nome falso

10.2.12 Adulteração de sinal identificador de veículo automotor

O crime de adulteração de sinal identificador de veículo automotor está previsto no art. 311 do Código Penal nos seguintes termos:

> ***Art. 311*** *Adulterar ou remarcar número de chassi ou qualquer sinal identificador de veículo automotor, de seu componente ou equipamento:*
> *Pena - reclusão, de três a seis anos, e multa.*

A conduta punida pelo art. 311 é adulterar (falsificar, contrafazer) ou remarcar (marcar de novo) número de chassi ou qualquer sinal identificador de veículo automotor, de seu componente ou equipamento.

O elemento subjetivo do tipo é o dolo, consistente vontade livre e consciente do agente de adulterar ou remarcar, sabendo da falsidade do novo número ou sinal. A consumação do delito se dá com a adulteração ou remarcação idônea a dissimular a identificação do veículo.

Em relação ao meio executório, questiona-se: configura o crime do art. 311 a conduta do agente consistente em colocar fita adesiva na placa do automóvel?

A resposta é **SIM.**

Apesar de corrente doutrinária em sentido contrário, a jurisprudência dos Tribunais Superiores tem entendimento no sentido de se tratar de fato típico a conduta do agente que coloca fita adesiva para alterar letras ou números da placa do automóvel.

Configura o crime do art. 311 do Código Penal a conduta do agente de adulterar a placa de veículo reboque ou semirreboque?

A resposta é **NÃO.**

O art. 311 do Código Penal menciona o termo "veículo automotor", que, nos termos do CTB, pode ser conceituado como:

> *VEÍCULO AUTOMOTOR - todo veículo a motor de propulsão que circule por seus próprios meios, e que serve normalmente para o transporte viário de pessoas e coisas, ou para a tração viária de veículos utilizados para o transporte de pessoas e coisas. O termo compreende os veículos conectados a uma linha elétrica e que não circulam sobre trilhos (ônibus elétrico).*

Dessa forma, os reboques e semirreboques não se enquadram na definição acima, razão pela qual a conduta de adulterar sua placa é considerada **atípica.**

Causa de aumento de pena

O art. 311, §1º, do Código Penal, apresenta uma causa de aumento de pena:

> *§ 1º Se o agente comete o crime no exercício da função pública ou em razão dela, a pena é aumentada de um terço.*

Nesta hipótese, em que o agente age como autor do crime, a função pública deve, de alguma forma, propiciar ou facilitar a prática da conduta incriminada.

Forma equiparada

O art. 311, §2º, do Código Penal, apresenta a forma equiparada:

> *§ 2º Incorre nas mesmas penas o funcionário público que contribui para o licenciamento ou registro do veículo remarcado ou adulterado, fornecendo indevidamente material ou informação oficial.*

Neste caso, o agente pode responder tanto como coautor quanto partícipe. O fornecimento de material ou informação oficial deve ser indevido, isto é, realizado em desacordo com as normas vigentes.

10.3 Fraudes em certames de interesse público

> ***Art. 311-A*** *Utilizar ou divulgar, indevidamente, com o fim de beneficiar a si ou a outrem, ou de comprometer a credibilidade do certame, conteúdo sigiloso de:*
> *I - concurso público;*
> *II - avaliação ou exame públicos;*
> *III - processo seletivo para ingresso no ensino superior; ou*
> *IV - exame ou processo seletivo previstos em lei:*
> *Pena - reclusão, de 1 (um) a 4 (quatro) anos, e multa.*
> *§ 1º Nas mesmas penas incorre quem permite ou facilita, por qualquer meio, o acesso de pessoas não autorizadas às informações mencionadas no caput.*
> *§ 2º Se da ação ou omissão resulta dano à administração pública:*
> *Pena - reclusão, de 2 (dois) a 6 (seis) anos, e multa.*
> *§ 3º Aumenta-se a pena de 1/3 (um terço) se o fato é cometido por funcionário público.*

As disposições relativas a este dispositivo foram inseridas pela Lei nº 12.550/2011, prevendo punição para os indivíduos que fraudem certames de interesse público ou de acesso ao nível superior ou qualquer outro exame para acesso a determinado cargo (concurso público, ENEM, vestibular, Exame da OAB etc.).

Objetivamente, o legislador procurou suprir uma lacuna, tendo em vista que referida conduta, com o avanço da tecnologia, não encontrava respaldo no ordenamento jurídico.

Por muito tempo, os Tribunais Superiores discutiam acerca da "cola eletrônica". Para alguns julgadores, a conduta consistia no crime de estelionato, para outros, falsidade ideológica e, para uma terceira posição, seria fato atípico.

Com a ausência de disposição específica, prevaleceu a posição de que o fato seria atípico por violação ao princípio da taxatividade.

O sujeito ativo pode ser qualquer pessoa. O tipo não requer nenhuma condição ou qualidade pessoal e, em se tratando de funcionário público, há incidência da causa de aumento de pena do § 3º, do art. 311-A, do CP.

Trata-se de crime comum, pois pode ser praticado por qualquer pessoa, enquanto o sujeito passivo é o Estado, titular do bem jurídico, fé pública. Secundariamente, entende-se que pode ser vítima do delito o concorrente prejudicado com a fraude ou a instituição que promove o certame.

Os núcleos do tipo consistem em utilizar ou divulgar o **conteúdo sigiloso** de concurso público; avaliação ou exame público; processo seletivo para ingresso no ensino superior; ou o exame ou processo seletivo previsto em lei.

Registre-se, **por exemplo,** que, aquele que vaza o gabarito de um certame, uma prova de concurso, pratica o crime em questão.

Por outro lado, se há a utilização de ponto, no qual o participante do concurso repassa as questões para que um terceiro, "expert", a realize e devolva o gabarito, estaremos diante de fato atípico.

Todavia, se quem passa as informações leva ao candidato o conteúdo sigiloso do gabarito, haverá o crime em tela.

O crime em questão somente se pratica mediante dolo, devendo existir especial fim de agir, consistente em beneficiar a si ou terceiro ou de comprometer a lisura do certame.

Trata-se de crime formal, razão pela qual o crime se consuma, independentemente, de prejuízo. O caminho do crime (*iter criminis)* pode ser fracionado, admitindo-se a tentativa.

O § 1º, do art. 311-A, prevê a figura equiparada do delito, aplicando a mesma pena do *caput* para quem permite ou facilita, por qualquer meio, o acesso de pessoas não autorizadas às informações sigilosas de certames de interesse público.

Prevê o § 2° a forma qualificada do delito, estabelecendo que se da ação ou omissão resultar dano à administração pública, a pena é de reclusão, de dois a seis anos e multa.

Há ainda, previsão de causa de aumento de pena (1/3), quando quem pratica o núcleo do tipo é funcionário público, prevalecendo-se de suas funções.

A ação penal é pública incondicionada.

11 CRIMES CONTRA A ADMINISTRAÇÃO PÚBLICA

11.1 Crimes funcionais

Antes de adentrarmos aos tipos penais propriamente ditos, é mister ressaltar que aqui estaremos diante dos **crimes funcionais,** ou seja, aqueles em que o agente, no exercício de suas funções ou a pretexto dela, aproveita-se da facilidade e do grau de confiança de sua função para tirar algum proveito ilícito.

Naturalmente, que embora os crimes não envolvam necessariamente o uso de violência, mostram-se reprováveis na medida em que quebram um dever de lealdade do servidor para com a Administração Pública.

Inclusive, a reprovabilidade destes delitos é de tamanha dimensão, que a orientação jurisprudencial é a de não permitir a aplicação do princípio da insignificância, pois a conduta fere o aspecto material e moral da Administração Pública (Sumula nº 599, STJ).

Além disso, os crimes funcionais podem ser divididos em:

- Próprios (puros); e
- Impróprios (impuros).

11.1.1 Crimes funcionais próprios

Serão próprios aqueles em que, faltando a qualidade de funcionário público ao autor, o fato passa a ser tratado como conduta atípica. Pode-se dizer, então, que nos crimes funcionais próprios, desaparecendo a condição funcional do agente, opera-se a atipicidade total da conduta.

Fique ligado

É o que acontece, por exemplo, com o crime de prevaricação do art. 319, do CP ("Retardar ou deixar de praticar, indevidamente, ato de ofício, ou praticá-lo contra disposição expressa de lei, para satisfazer interesse ou sentimento pessoal).

Perceba que o crime só pode ser praticado pelo funcionário público. Não haverá punição, a título de exemplo, de um particular que deixa de praticar indevidamente um ato de ofício em ato de satisfação de interesse pessoal.

Poderá ocorrer uma sanção administrativa de acordo com as disposições da CLT (Consolidação das Leis do Trabalho), mas jamais um crime.

11.1.2 Crimes funcionais impróprios

Por outro lado, os crimes funcionais **impróprios** são aqueles em que, não mais subsistindo a qualidade de servidor do agente, desaparece o crime funcional, ocorrendo, porém, uma responsabilidade subsidiária (**atipicidade relativa**).

É o que ocorre, a título de exemplo, no crime de peculato, do art. 312, do CP, que traz a seguinte conduta: "Apropriar-se o funcionário público de dinheiro, valor ou qualquer outro bem móvel, público ou particular, de que tem a posse em razão do cargo, ou desviá-lo, em proveito próprio ou alheio".

Analisando o núcleo da primeira conduta (apropriar-se), percebe-se que, se o funcionário público se apropria do bem de que tem a posse em razão do cargo, haverá o crime mencionado. Porém, afastando a condição de funcionário público do agente, se um particular, em situação de trabalho, apropria-se de patrimônio alheio, haverá o crime de apropriação indébita.

Fique ligado

Destaco, por fim, que, é possível o concurso de pessoas entre civil e funcionário público, sendo que ambos poderão responder pelo crime funcional. Entretanto, é **imprescindível** que o particular conheça a condição funcional do agente.

11.2 Conceito de funcionário público

O conceito daquilo que se entende por funcionário público, deriva do art. 327, do CP, conforme abaixo:

> ***Art. 327*** *Considera-se funcionário público, para os efeitos penais, quem, embora transitoriamente ou sem remuneração, exerce cargo, emprego ou função pública.*
>
> *§ 1º Equipara-se a funcionário público quem exerce cargo, emprego ou função em entidade paraestatal, e quem trabalha para empresa prestadora de serviço contratada ou conveniada para a execução de atividade típica da Administração Pública.*
>
> *§ 2º A pena será aumentada da terça parte quando os autores dos crimes previstos neste Capítulo forem ocupantes de cargos em comissão ou de função de direção ou assessoramento de órgão da administração direta, sociedade de economia mista, empresa pública ou fundação instituída pelo poder público.*

Perceba que, destoando da técnica empregada pelo direito administrativo, o Código Penal emprega um conceito em sentido amplo do que se entende por funcionário público.

Para fins penais, será considerado funcionário, todo aquele que exerce cargo, emprego ou função pública, ainda que transitoriamente (temporariamente) e sem remuneração (de maneira gratuita, não onerosa).

Nesse contexto, o jurado, o mesário, médico voluntário que atua em hospital credenciado ao SUS, serão considerados funcionários públicos à luz do direito penal.

Vale ressaltar que o §1º, do art. 327, apresenta os chamados FUNCIONÁRIOS PÚBLICOS POR EQUIPARAÇÃO, que alcança todos aqueles que exerçam cargo, emprego ou função pública em entidades paraestatais (ONG's), OSCIPS, Sistema S).

Aplica-se também àqueles que trabalham para empresa prestadora de serviço contratada ou conveniada para a execução de atividade típica da Administração Pública. Neste caso, podemos mencionar as empresas particulares que, por contratação direta ou licitação, atuam em atribuição do poder público.

> **Ex.:** empresa ALFA que, por contrato ou convênio, estabelecido com o poder público, é responsável pela implantação e atualização de um programa de computador por meio do qual se dão os atos e procedimentos administrativos.

Logo, laborando numa interpretação inversa do dispositivo, temos que aqueles que são contratados pelo poder público para exercer função **não típica de Estado,** não serão considerados funcionários públicos por equiparação. É o que ocorre, por exemplo, com prestadores de serviço de limpeza ou segurança privada.

Em arremate ao art. 327, vale destacar a causa de aumento de pena contida no §2º, que dispõe que a pena será aumentada da terça parte quando os autores dos crimes previstos neste Capítulo forem ocupantes de cargos em comissão ou de função de direção ou assessoramento de **órgão da administração direta, sociedade de economia mista, empresa pública ou fundação** instituída pelo poder público.

Logo, a partir da análise, importante traçar dois cenários relevantes para a melhor compreensão:

- **O primeiro** é que as autarquias não se incluem neste rol.
- **O segundo** é que o STF tem entendimento consolidado no sentido de que Prefeitos, Governadores e o Presidente da República, quando autores de crimes funcionais, estão incluídos na causa de aumento.

11.3 Crimes praticados por funcionário público contra a administração em geral

11.3.1 Peculato

Art. 312 *Apropriar-se o funcionário público de dinheiro, valor ou qualquer outro bem móvel, público ou particular, de que tem a posse em razão do cargo, ou desviá-lo, em proveito próprio ou alheio:*

Pena - reclusão, de dois a doze anos, e multa.

§ 1º Aplica-se a mesma pena, se o funcionário público, embora não tendo a posse do dinheiro, valor ou bem, o subtrai, ou concorre para que seja subtraído, em proveito próprio ou alheio, valendo-se de facilidade que lhe proporciona a qualidade de funcionário.

Peculato culposo

§ 2º Se o funcionário concorre culposamente para o crime de outrem:

Pena - detenção, de três meses a um ano.

§ 3º No caso do parágrafo anterior, a reparação do dano, se precede à sentença irrecorrível, extingue a punibilidade; se lhe é posterior, reduz de metade a pena imposta.

Peculato mediante erro de outrem

Art. 313 *Apropriar-se de dinheiro ou qualquer utilidade que, no exercício do cargo, recebeu por erro de outrem:*

Pena - reclusão, de um a quatro anos, e multa.

Inserção de dados falsos em sistema de informações.

Art. 313-A *Inserir ou facilitar, o funcionário autorizado, a inserção de dados falsos, alterar ou excluir indevidamente dados corretos nos sistemas informatizados ou bancos de dados da Administração Pública com o fim de obter vantagem indevida para si ou para outrem ou para causar dano:*

Pena – reclusão, de 2 (dois) a 12 (doze) anos, e multa.

Modificação ou alteração não autorizada de sistema de informações

Art. 313-B *Modificar ou alterar, o funcionário, sistema de informações ou programa de informática sem autorização ou solicitação de autoridade competente:*

Pena – detenção, de 3 (três) meses a 2 (dois) anos, e multa.

Parágrafo único. *As penas são aumentadas de um terço até a metade se da modificação ou alteração resulta dano para a Administração Pública ou para o administrado.*

Podemos classificar o peculato em 5 espécies:

- Peculato apropriação → art. 312, *caput*, 1ª parte;
- Peculato desvio → art. 312, *caput*, 2ª parte;
- Peculato furto → art. 312, §1º;
- Peculato culposo → art. 312, §2º;
- Peculato mediante erro de outrem ou peculato estelionato → art. 313;
- Peculato eletrônico → arts. 313-A e B.

Antes de adentrarmos especificamente em cada figura, é prudente uma análise de circunstâncias comuns, que se aplicam a todas as modalidades do delito.

O peculato é **crime próprio**, na medida em que só pode ser praticado por funcionário público.

Porém, mesmo sendo próprio, admite-se o concurso de pessoas para punir igualmente o particular se este detiver conhecimento da condição funcional do coautor, caso contrário, o particular (mesmo agindo em concurso, mas desconhecendo a condição funcional do agente), responderá por modalidade de apropriação indébita ou furto, no caso do art. 312, §1°, por exemplo.

O sujeito passivo do delito é o Estado, que é lesado na sua esfera patrimonial.

Na figura do **peculato apropriação,** o agente apodera-se de dinheiro, valor ou qualquer outro bem móvel do qual detenha a posse legítima, passando, contudo, a comportar-se como se fosse dono da coisa. Tornando prático: trata-se de uma modalidade especial de apropriação indébita.

No peculato desvio (ou malversação), o funcionário público dá destinação diversa à coisa, em benefício próprio ou de outrem, auferindo vantagem de qualquer natureza. Inclusive, essa modalidade exige um dolo específico do agente, qual seja, o desvio em proveito (patrimonial ou moral) próprio ou alheio. Se o desvio for praticado em benefício da própria administração, poderá ocorrer outro delito (como é o caso do crime de emprego irregular de verbas ou rendas públicas — CP, art. 315), mas não o peculato.

Como já ressaltado nas Condições Gerais, ao crime em comento não se aplica o princípio da insignificância, por força da **Súmula nº 599, do STJ**. Não obstante, não se extingue a punibilidade pela reparação integral do dano. O que pode ocorrer é a figura do arrependimento posterior (art. 16, CP).

> **Fique ligado**
>
> Embora o arrependimento posterior possa ser aplicado ao crime de peculato, não se entende pela sua aplicação do crime de **moeda falsa.**

Diferente da conduta de se apropriar, o **peculato furto** (ou peculato impróprio) previsto no art. 312, §1°, incrimina o servidor público que subtrai, ou concorre para a subtração de coisa que se encontra sob a guarda ou custódia da Administração. Em resumo, o agente, servidor público, não tem a posse do bem, mas vale-se da facilidade que a função lhe proporciona e subtrai – ou concorre para que seja subtraída -, coisa do ente público ou de particular depositada junto à Administração.

Na conduta "subtrair", é o próprio funcionário quem subtrai o bem, como no crime de furto (art. 155, do CP). Já na hipótese de concorrer para a subtração, o servidor público, de forma voluntária e consciente, concorre para que terceira pessoa subtraia o objeto material. Neste caso, há concurso necessário entre o funcionário e o terceiro responsável pela subtração, lembrando-se que a condição funcional do servidor se comunicará a esse, porque se trata de circunstância elementar ao crime (art. 30, CP). É imprescindível que o particular tenha conhecimento da qualidade de funcionário público do agente principal.

Outra figura prevista, com punição mais branda, é o **peculato culposo,** previsto no §2°, do art. 312.

Nesta modalidade, o agente, por meio de manifesta quebra do dever objetivo de cuidado (negligência, imprudência ou imperícia), cria condições favoráveis para a prática do peculato doloso, em qualquer de suas modalidades.

> **Ex.:** Funcionário que sai da repartição às pressas e deixa aberta a porta de um armário onde se depositavam bens apreendidos de alto valor. Assim, se durante a madrugada uma pessoa, ciente da situação, invade o departamento e subtrai os bens armazenados, haverá o crime patrimonial deste, enquanto que o servidor descuidado responderá pelo peculato culposo.

Ainda, no peculato culposo, prevê o § 3 que, **se o agente promove a reparação do dano antes da sentença transitada em julgado, haverá extinção da punibilidade. Se posterior ao trânsito em julgado, não haverá extinção da punibilidade, mas, sim, redução da metade da pena imposta.**

A figura mencionada **somente se aplica ao peculato culposo.**

As questões tendem a suscitar a possibilidade da aplicação do §3º no peculato doloso, o que, evidentemente, não se aplica.

O **peculato mediante erro de outrem (art. 313)** é uma forma especial de apropriação havida por erro de outrem. Aqui, o agente se apodera do bem ou valor em razão do erro de outra pessoa, ou seja, o agente não estava na posse de dinheiro ou qualquer utilidade, mas pelo erro de terceiro que se engana na entrega da coisa, o servidor público se apropria do objeto. Nesta modalidade, diz-se que o dolo é superveniente, na medida em que este não existe no momento em que o agente recebe a coisa por erro, mas, sim, no momento em que dela se apropria.

Ademais, a pessoa que se engana na entrega tanto pode ser particular como outro funcionário público.

Por derradeiro, vejamos a figura típica do chamado peculato eletrônico (digital). O delito se divide em duas modalidades:

- A primeira, disposta no art. 313-A, do CP, corresponde à tutela da proteção dos dados, que somente podem ser alterados para atender ao interesse público.

Aqui, o sujeito ativo é o funcionário público autorizado, ou seja, o que está investido na função de cuidar dos sistemas informatizados.

- A segunda, prevista no art. 313-B, diz respeito à modificação ou alteração, praticada por funcionário, em sistema de informações ou programa de informática sem autorização ou solicitação da autoridade responsável.

Diferentemente do que ocorre com o tipo penal art. 313-A, que protege os dados de um sistema, na figura do art. 313-B, tutela-se o próprio sistema de informações ou programa de informática, por isso mais branda.

O sujeito ativo é o funcionário público.

Para a modalidade trabalhada no segundo item, haverá aumento de pena de um terço até a metade, se da modificação ou alteração resulta dano para a Administração Pública ou para o administrado.

11.3.2 Modificação ou alteração não autorizada de sistema de informações

Se a conduta não for inserir, facilitar, alterar ou excluir dados, mas, sim modificar, temos a tipificação do art. 313-B, que tem uma pena bem mais branda:

> ***Art. 313-B*** *Modificar ou alterar, o funcionário, sistema de informações ou programa de informática sem autorização ou solicitação de autoridade competente:*
>
> *Pena - detenção, de 3 (três) meses a 2 (dois) anos, e multa.*
>
> ***Parágrafo único.*** *As penas são aumentadas de um terço até a metade se da modificação ou alteração resulta dano para a Administração Pública ou para o administrado.*

O parágrafo único do art. 313-B prevê uma modalidade majorada em razão do resultado, ou seja, se da modificação ou alteração resultar dano para a Administração Pública ou para o administrado, as penas serão aumentadas de 1/3 até 1/2.

11.3.3 Extravio, sonegação ou inutilização de livro ou documento

> ***Art. 314*** *Extraviar livro oficial ou qualquer documento, de que tem a guarda em razão do cargo; sonegá-lo ou inutilizá-lo, total ou parcialmente:*
>
> *Pena - reclusão, de um a quatro anos, se o fato não constitui crime mais grave.*

São três os verbos núcleos do tipo: **extraviar, inutilizar ou sonegar** livro ou documento.

Trata-se de crime de mão própria, pois somente o funcionário público que detém a guarda do livro ou documento, em razão do cargo, pode praticar o aludido delito.

Note que nos dias atuais, praticamente todos os dados da Administração Pública são armazenados em sistemas informatizados, mas ainda existem livros e documentos (em menor quantidade do que antigamente).

O elemento subjetivo do delito é o dolo, ou seja, exige-se a vontade livre e consciente de extraviar, sonegar ou inutilizar livro oficial ou documento.

Por se tratar de **crime doloso**, a mera desorganização do funcionário público não enseja a caracterização do delito, apesar de estar sujeito a procedimento administrativo disciplinar.

- **Extraviar** significa propositalmente dar outra destinação ao documento que deveria estar naquele determinado setor (determinado livro que deveria estar no setor "A" foi, propositalmente, colocado no setor "B").
- **Inutilizar** significa deteriorar, destruir o documento e pode se dar de forma total (quando é completamente destruído) ou parcial (manchado, destruído ou deteriorado, mas não em sua totalidade).
- **Sonegar** significa esconder determinado livro ou documento da administração pública (ato comumente chamado de "engavetamento" de documentos).

O funcionário público pode extraviar, inutilizar ou sonegar documentos da administração por qualquer motivo que seja. No entanto, quando o funcionário público extravia, inutiliza ou sonega livro ou documento público por solicitar ou aceitar vantagem indevida ou aceitar promessa de **vantagem indevida**, incorre o agente na conduta do art. 317, do Código Penal (corrupção passiva) ou ainda no delito de **concussão (art. 316, CP)**, caso tenha havido a exigência de vantagem indevida.

Note que na cominação da pena para o crime de do art. 314, o legislador prevê reclusão de um a quatro anos **se o fato não constituir crime mais grave**, já pensando na possibilidade de se caracterizar a corrupção passiva, sendo o art. 314 um crime subsidiário dos delitos mais graves.

11.3.4 Emprego irregular de verbas ou rendas públicas

> ***Art. 315*** *Dar às verbas ou rendas públicas aplicação diversa da estabelecida em lei:*
>
> *Pena - detenção, de um a três meses, ou multa.*

A conduta que se incrimina no art. 315 é a de dar aplicação diversa da estabelecida em lei às verbas ou rendas públicas. Trata-se, portanto, de norma penal em branco, em que as verbas ou rendas devem ser vinculadas, por lei, a certa destinação (educação, saúde etc.).

O elemento subjetivo do tipo é o dolo, que consiste na vontade livre e consciente de dar aplicação diferente às verbas ou rendas públicas. A consumação se dá com a efetiva aplicação diversa das verbas ou rendas, independentemente de prejuízo patrimonial ao ente público.

A primeira impressão que se tem ao realizar a leitura da conduta prevista no art. 315 é que se trata de um crime grave. No entanto, veja que se trata de um delito de menor potencial ofensivo, porquanto as penas mínima e máxima previstas são um a três meses de detenção.

No tipo penal apresentado, digamos que a verba mencionada era destinada à reforma de uma quadra poliesportiva. No entanto, a verba acabou sendo empregada irregularmente para a reforma de um hospital público. Note que ambas as obras são de interesse público, ou seja, o delito em comento trata da hipótese de o desvio ocorrer para atender outro interesse público distinto daquele que estava previsto no primeiro momento, mas ainda assim, é um desvio.

Atente-se para o fato de que a conduta prevista no art. 315, do CP, em nada se assemelha com o peculato, que é um dos crimes mais graves que podem ser cometidos contra a Administração Pública.

No crime de peculato, o funcionário público subtrai, se apropria ou desvia bem ou valor de domínio público, para si ou para outrem, ou seja, para um interesse particular, diferente do que ocorre no art. 315, em que o desvio se direciona para outro interesse público.

11.3.5 Concussão

> ***Art. 316*** *Exigir, para si ou para outrem, direta ou indiretamente, ainda que fora da função ou antes de assumi-la, mas em razão dela, vantagem indevida:*
>
> *Pena - reclusão, de 2 (dois) a 12 (doze) anos, e multa.*

O verbo núcleo do tipo é exigir, que tem o sentido de impor, ordenar etc. Trata-se da exigência (imposição, ordem) praticada pelo funcionário público contra outra pessoa, no intuito de obter vantagem indevida.

É importante não confundir o delito de concussão com o crime de corrupção passiva. A diferença está entre os verbos **exigir**, de um lado, e solicitar, receber ou aceitar, de outro. Enfim, na concussão há a imposição da vantagem indevida, sendo a vítima constrangida em razão da função pública do agente. Na corrupção passiva, a intensidade da solicitação equipara-se a uma negociação.

Trata-se de crime próprio, pois somente o funcionário público pode cometê-lo, ainda que fora da função ou antes de assumi-la, desde, entretanto, que atue em nome do cargo.

Fique ligado

Vale frisar que se admite a coautoria com particular, desde que esse tenha conhecimento da condição funcional do agente.

O sujeito passivo primário é o Estado, notadamente no aspecto da moralidade e eficiência administrativa, já que o agente atua em nome do ente que representa. De maneira secundária, o particular também é considerado sujeito passivo, porquanto é lesado pelo servidor.

O crime se consuma com a mera exigência da vantagem indevida, direta ou indiretamente (valendo-se de interposta pessoa), sendo o recebimento da vantagem mero exaurimento do crime. Em resumo, não há a necessidade de obtenção da vantagem, sendo classificado como um crime formal.

A vantagem deve ser indevida, isto é, ilegal, e será, em regra, de natureza econômica e patrimonial. Deve, em suma, beneficiar o próprio agente ou terceiro – não a administração pública.

O crime somente se pratica mediante dolo, inexistindo previsão para a modalidade culposa.

11.3.6 Excesso de exação

> *§ 1º Se o funcionário exige tributo ou contribuição social que sabe ou deveria saber indevido, ou, quando devido, emprega na cobrança meio vexatório ou gravoso, que a lei não autoriza:*
>
> ***Pena*** *- reclusão, de 3 (três) a 8 (oito) anos, e multa.*
>
> *§ 2º Se o funcionário desvia, em proveito próprio ou de outrem, o que recebeu indevidamente para recolher aos cofres públicos:*
>
> *Pena - reclusão, de dois a doze anos, e multa.*

O crime em debate constitui uma forma especial de concussão. Nesse sentido, o sujeito ativo do excesso de exação é o funcionário público encarregado da arrecadação tributária.

O sujeito passivo é o Estado e, indiretamente, o particular atingido.

O excesso de exação é previsto sob duas modalidades distintas: exigência indevida e cobrança vexatória.

A primeira consiste em **exigir tributo ou contribuição que sabe ou deveria saber indevido.**

A segunda consiste em **empregar meio vexatório (que humilha, ridiculariza) ou gravoso na cobrança de tributo devido.**

O crime só se pratica mediante dolo.

Há ainda a previsão da forma qualificada do delito no § 2°, na qual o agente desvia, em proveito próprio ou alheio, o que obteve indevidamente. Segundo se entende, a tipicidade reveste-se da peculiaridade de que o agente, após praticar a conduta delitiva a que se refere o § 1º, desvia em proveito seu ou de outrem o que recebeu ilicitamente, deixando, por conseguinte, de recolhê-lo aos cofres públicos.

Há, pois, dois momentos: no primeiro, há o recebimento indevido; e, no segundo, o posterior desvio do numerário.

A ação penal é pública incondicionada.

11.3.7 Corrupção passiva

> ***Art. 317*** *Solicitar ou receber, para si ou para outrem, direta ou indiretamente, ainda que fora da função ou antes de assumi-la, mas em razão dela, vantagem indevida, ou aceitar promessa de tal vantagem:*
>
> *Pena – reclusão, de 2 (dois) a 12 (doze) anos, e multa.*
>
> *§ 1º A pena é aumentada de um terço, se, em conseqüência da vantagem ou promessa, o funcionário retarda ou deixa de praticar qualquer ato de ofício ou o pratica infringindo dever funcional.*
>
> *§ 2º Se o funcionário pratica, deixa de praticar ou retarda ato de ofício, com infração de dever funcional, cedendo a pedido ou influência de outrem:*
>
> *Pena - detenção, de três meses a um ano, ou multa.*

Lamentavelmente, a corrupção é modalidade criminosa que se faz presente desde o alto escalão da Administração Pública até em atos corriqueiros da vida atual – como a conhecida "cervejinha" ou "cafezinho" solicitado por funcionário público. A corrupção, além de implicar aumento de custos com desvios de dinheiro público, de corroer a confiança nas instituições e na própria Democracia, acarreta efeitos indiretos que, muitas vezes, não são lembrados, gerando graves consequências no próprio crescimento econômico e no desenvolvimento social do país.

A ideia em se coibir o delito de corrupção gira em torno da preservação da moralidade administrativa e no zelo em se manter hígido o nome do Estado.

Noutro vértice, a incriminação da corrupção objetiva evitar o enriquecimento ilícito do agente público.

Trata-se de crime próprio, pois somente pode figurar como sujeito ativo, o funcionário público, ainda que fora da função ou antes de assumi-la, mas desde que pratique o crime em razão da sua função. Vale destacar, os funcionários públicos por equiparação (art. 327, §1º, CP).

É importante ressaltar que, se houver coautoria ou participação no crime de corrupção passiva, o particular (*extraneus*) responderá pelo mesmo tipo, uma vez que há comunicabilidade das circunstâncias elementares do crime, nos termos do art. 30, do Código Penal, sendo, no caso, comunicável a qualidade de funcionário público. Portanto, o particular pode figurar como sujeito ativo desse crime, quando houver concurso de pessoas.

O sujeito passivo é a Administração Pública. Eventualmente, o particular assediado pelo funcionário público também pode ser sujeito passivo, quando não houver a bilateralidade da infração penal.

O tipo objetivo compreende as condutas de **solicitar, receber ou aceitar** promessa de vantagem indevida. Solicitar significa pedir, requerer, manifestar o desejo de receber a espúria vantagem. A solicitação pode ser expressa ou tácita, predominando, nos casos concretos, esta última. A princípio, a solicitação denota um comportamento unilateral. Nesse caso, havendo a solicitação de vantagem indevida, se o particular efetuar o pagamento, este não praticará crime, configurando-se o mero exaurimento da corrupção passiva.

A segunda conduta é receber, isto é, adquirir, tomar, obter, alcançar a vantagem ilícita. Aqui, há o princípio da bilateralidade da corrupção, ou seja, encontra-se uma exceção à teoria monista do concurso de pessoas (art. 29, *caput,* do CP). Significa dizer que ao invés de os indivíduos que solicitam ou recebem a vantagem responderem pelo mesmo tipo penal, serão capitulados em delitos distintos, no caso, corrupção passiva e ativa (crime praticado pelo particular que oferece ou promete vantagem). Naturalmente, se o funcionário público recebe, é porque alguém ofertou.

O terceiro verbo é o aceitar a promessa de vantagem, que consiste em concordar, anuir a um pagamento futuro. Há, igualmente, a bilateralidade de comportamentos.

Conforme tratado anteriormente, se ao invés de solicitar a vantagem indevida, o agente público exigi-la, o crime praticado será o de concussão (art. 316, CP).

Pressupõe-se, para a caracterização do delito, que a conduta do agente deve guardar relação com o exercício da função.

O objeto material é a vantagem indevida, que constitui todo benefício ou proveito contrário ao direito, de qualquer natureza, seja material, imaterial (moeda virtual ou *bitcoin*), moral ou pessoal (favores sexuais).

O crime somente se pratica mediante dolo, ou seja, com a vontade livre e consciente de praticar as ações previstas no tipo penal, aliado ao elemento subjetivo do tipo implícito na expressão "para si ou para outrem".

O crime é formal e sua consumação independe da ocorrência do resultado pretendido. O crime se aperfeiçoa com a mera solicitação da vantagem ou aceitação da promessa, ainda que essa não se concretize. Todavia, no verbo **receber**, entende-se que o crime é material.

Cumpre registrar que, se após a consumação do delito (trata-se de crime formal), o funcionário público concretiza a ilícita "contrapartida", incidirá a causa de aumento do art. 317, § 1º, do CP.

A propósito, vale ressaltar que não se descaracteriza a prisão em flagrante do funcionário no momento do recebimento da "propina", quando, antes, já houve a solicitação da vantagem. Não há que falar em "flagrante preparado" no caso do funcionário ser capturado no momento em que colocava a "mão no dinheiro", não obstante, tecnicamente, poder ser alegado o exaurimento do delito.

Causa de aumento de pena

O §1º prevê a chamada corrupção própria exaurida. Ocorre quando o funcionário, em consequência da vantagem ou promessa, efetivamente, retarda (atrasa) ou deixa de praticar qualquer ato de ofício, ou o pratica infringindo dever funcional.

Cuida-se de hipótese de exaurimento da corrupção passiva que aumenta a reprimenda imposta, diante da maior lesão ao bem jurídico. Nesse sentido, dispõe o art. 317, § 1º, do CP que, se em consequência da vantagem ou promessa o funcionário retarda ou deixa de praticar qualquer ato de ofício ou o pratica infringindo dever funcional, a pena deve ser aumentada de um terço.

Forma privilegiada

Segundo o art. 317, § 2º, do CP, se o funcionário pratica, deixa de praticar ou retarda ato de ofício, com infração de dever funcional, **cedendo a pedido ou influência de outrem**, a pena será de detenção, de três meses a um ano, ou multa.

Nesse caso, o funcionário público não se utiliza da sua função para negociar vantagem indevida; simplesmente, ele viola o dever de fidelidade funcional para atender a um pedido de terceiro, influente ou não. Exige-se que haja pedido ou influência. É a reprovável "deferência" ou "vassalagem" do sujeito ativo que dá origem à forma especial de corrupção que, no caso, aproxima-se bastante do delito de prevaricação.

A ação penal é pública incondicionada.

11.3.8 Facilitação de contrabando ou descaminho

> ***Art. 318*** *Facilitar, com infração de dever funcional, a prática de contrabando ou descaminho (art. 334):*
>
> *Pena – reclusão, de 3 (três) a 8 (oito) anos, e multa.*

O tipo penal do art. 318 incrimina a facilitação da prática de contrabando ou descaminho, por funcionário público, com infração de dever funcional.

Trata-se de outra exceção ao princípio da unidade do delito – igualmente ao verificado no caso de corrupção passiva e ativa. Isso porque, a rigor, o funcionário público que facilita o descaminho ou o contrabando, violando o seu dever funcional, responderia como partícipe dos crimes dos arts. 334 e 334-A, caso não houvesse o aludido tipo penal.

É classificado como crime próprio, pois só o funcionário público, com dever funcional de fiscalização ou repressão ao contrabando ou descaminho, pode cometer o delito.

O sujeito passivo é o Estado, mais especificamente, a União Federal, em razão do controle de entrada e saída de mercadorias do país. É possível, ainda, ter como sujeito passivo indireto, os Estados da Federação, em razão da tributação reflexa.

O crime somente se pratica com dolo, inexistindo previsão para a forma culposa.

A ação penal é pública incondicionada.

11.3.9 Prevaricação

> ***Art. 319*** *Retardar ou deixar de praticar, indevidamente, ato de ofício, ou praticá-lo contra disposição expressa de lei, para satisfazer interesse ou sentimento pessoal:*
>
> *Pena – detenção, de três meses a um ano, e multa.*

O crime do art. 319 consiste no ato do funcionário público retardar ou deixar de praticar, indevidamente, ato de ofício, ou praticá-lo contra disposição expressa da lei, para satisfazer interesse ou sentimento pessoal.

Assim, na hipótese de omissão ou retardamento do ato de ofício, ou na prática desse *contra legem*, guiado por motivação particular, configurada estará a figura da prevaricação.

Trata-se de crime funcional próprio, pois, uma vez afastada a condição de funcionário público do agente, operar-se-á a atipicidade absoluta da conduta.

O crime só se pratica mediante dolo, inexistindo previsão para a modalidade culposa.

Demais disso, exige-se o elemento subjetivo do tipo, compreendido com a expressão "para satisfazer interesse ou sentimento pessoal." Sem essa finalidade específica, a conduta será atípica. Interesse pessoal é a vantagem pretendida pelo funcionário público, seja moral ou material.

Sentimento diz respeito à afetação do funcionário para com determinada pessoa, como simpatia, ódio, vingança etc.

Cumpre salientar, no particular, a grande "fragilidade", em termos práticos, do delito de prevaricação.

Com efeito, nos casos levados a juízo, há uma grande dificuldade de se provar que o ato praticado, omitido ou retardado, se deu em razão da motivação indevida. Isso porque sempre há uma margem de argumentação defensiva no sentido da conveniência ou oportunidade do ato praticado, retardado ou omitido pelo funcionário público. Na dúvida sobre a pertinência da "justificativa", impõe-se, como se sabe, a absolvição do réu.

A ação penal é pública incondicionada. Cabe transação penal ou suspensão condicional do processo, nos termos da Lei nº 9.099/1995.

11.3.10 Prevaricação imprópria

> ***Art. 319-A*** *Deixar o Diretor de Penitenciária e/ou agente público, de cumprir seu dever de vedar ao preso o acesso a aparelho telefônico, de rádio ou similar, que permita a comunicação com outros presos ou com o ambiente externo:*
>
> *Pena – detenção, de 3 (três) meses a 1 (um) ano.*

Trata-se de delito que visa tutelar a lisura no procedimento de recuperação do apenado, visando evitar seu acesso aos meios de comunicação.

Nesse sentido, inúmeros são os efeitos negativos da permissão, direta ou indireta, da manipulação de aparelhos de comunicação por parte dos presos: extorsões, preparações para fugas, gerenciamento da organização criminosa de dentro das prisões etc.

Quanto ao sujeito ativo, o crime somente pode ser praticado pelo Diretor de Penitenciária ou o agente público que tenha o dever de impedir o acesso dos presos a celulares e afins, como diretores de cadeia pública e centros de detenção provisória, agentes penitenciários, Delegados de Polícia ou carcereiros em cujas delegacias se achem recolhidos presos.

O objetivo é evitar que o preso tenha acesso aos meios de comunicação.

Fique ligado

Segundo o entendimento dos Tribunais Superiores, a permissão de acesso a ***chip*** de aparelho celular não configura o presente crime.

A prevaricação penitenciária somente é punida na forma dolosa, direta ou eventual. O crime se pratica mediante a omissão dolosa.

A tentativa não é possível, tendo em vista que se trata de crime omissivo próprio.

A ação penal é pública incondicionada.

11.3.11 Condescendência criminosa

> ***Art. 320*** *Deixar o funcionário, por indulgência, de responsabilizar subordinado que cometeu infração no exercício do cargo ou, quando lhe falte competência, não levar o fato ao conhecimento da autoridade competente:*
>
> *Pena - detenção, de quinze dias a um mês, ou multa.*

O delito do art. 320 contém duas modalidades. A primeira, consiste na conduta do funcionário **em deixar de responsabilizar** subordinado que cometeu infração no exercício do cargo. O agente, embora tenha competência, deixa de responsabilizar, isto é, não promove a apuração da falta nem aplica ao subordinado as cominações legais. A segunda, configura-se com a conduta do funcionário público de **não levar o fato ao conhecimento** da autoridade competente, quando lhe falte competência.

O pressuposto lógico-jurídico é o fato de que o subordinado tenha cometido infração penal ou administrativa, ou seja, que haja alguma relação com a falta e o exercício do cargo. Ao revés, caso se tratar de falta não relacionada com o serviço público, o fato é atípico.

O crime é omissivo próprio e somente se pratica mediante dolo.

A ação penal é pública incondicionada. Cabe transação penal ou suspensão condicional do processo, conforme o caso.

11.3.12 Advocacia administrativa

> ***Art. 321*** *Patrocinar, direta ou indiretamente, interesse privado perante a administração pública, valendo-se da qualidade de funcionário:*
>
> *Pena - detenção, de um a três meses, ou multa.*
>
> ***Parágrafo único.*** *Se o interesse é ilegítimo:*
>
> *Pena - detenção, de três meses a um ano, além da multa.*

O verbo núcleo do tipo é "patrocinar", que tem a significação de pleitear, advogar, defender, apadrinhar interesse alheio. Configura-se com a conduta o agente que representa, patrocina, intervém, pede, pleiteia por interesse privado perante a Administração Pública, valendo-se da qualidade de funcionário público.

Trata-se de crime próprio, pois somente pode ser praticado por funcionário público.

O delito pode ser cometido direta ou indiretamente. Na forma direta, o próprio funcionário público atua para a obtenção do atendimento do interesse particular. No meio indireto, ele se vale de interposta pessoa, estafeta ou terceiro que faz às vezes do funcionário, agindo, pois, em seu nome.

O crime somente se pratica mediante dolo. Na forma qualificada, deve existir o conhecimento da ilegitimidade do ato.

A consumação ocorre com a prática do primeiro ato de patrocínio, independentemente, de lograr obter alguma decisão favorável ao seu "cliente". Admite-se a tentativa.

Tratando-se de interesse ilegítimo, ou seja, não agasalhado em lei, incide a qualificadora do parágrafo único do art. 321, do CP.

11.3.13 Violência arbitrária

> ***Art. 322*** *Praticar violência, no exercício de função ou a pretexto de exercê-la:*
>
> *Pena - detenção, de seis meses a três anos, além da pena correspondente à violência.*

Há discussão doutrinária e jurisprudencial sobre a revogação ou não deste dispositivo por força da Nova Lei de Abuso de Autoridade (Lei nº 13.869/2019).

Há duas correntes sobre o assunto. Prevalece a orientação de que não houve revogação, consoante entendimento do STF. Entretanto, o tipo penal funcionará de maneira subsidiária.

O bem jurídico tutelado pelo delito do art. 322 é a garantia do regular desenvolvimento das atividades da administração pública. Secundariamente, tutela a integridade do particular afetado pela ação violenta.

O verbo núcleo do tipo é "praticar", que tem o sentido de cometer, fazer, executar. A figura típica pune a prática de violência, entendida essa como a "violência física sobre a pessoa visada, não bastando, portanto, a simples violência moral (ameaça).

É requisito do tipo penal que a violência seja cometida pelo agente no exercício da função, ou seja, quando o funcionário público está efetivamente desempenhando sua atividade funcional específica; ou a pretexto de exercê-la.

O elemento subjetivo é o dolo, ou seja, a vontade de praticar violência com consciência e arbitrariedade.

11.3.14 Abandono de função

> ***Art. 323*** *Abandonar cargo público, fora dos casos permitidos em lei:*
>
> *Pena - detenção, de quinze dias a um mês, ou multa.*
>
> *§ 1º Se do fato resulta prejuízo público:*
>
> *Pena - detenção, de três meses a um ano, e multa.*
>
> *§ 2º Se o fato ocorre em lugar compreendido na faixa de fronteira:*
>
> *Pena - detenção, de um a três anos, e multa.*

O núcleo do tipo é "abandonar", que significa afastar-se deliberadamente, ausentar-se de maneira arbitrária do local onde exerce o cargo público. O abandono deve ser inequívoco e total, vale dizer, sem deixar espaço para substitutos. E, segundo a doutrina, este abandono deve acarretar uma probabilidade de dano ao serviço público.

Caso se trate de demissão requerida pelo servidor público, deve-se aguardar o deferimento por parte da Administração Pública. Caso se afaste sem aguardar a decisão final sobre a demissão, poderá o agente responder pelo crime em questão.

O tipo subjetivo é o dolo, consistente na vontade consciente de abandonar o efetivo exercício do cargo, abrangendo o conhecimento da irregularidade da medida.

O delito se opera com o afastamento do exercício do cargo público por tempo juridicamente relevante. Por se tratar de delito omissivo próprio, não cabe a tentativa.

Há, ainda, a presença de duas qualificadoras. Na primeira, a pena é agravada se, do abandono, redundar prejuízo público.

Na segunda qualificadora, a pena é exasperada quando o fato é cometido em lugar compreendido na faixa de fronteira. No caso, há, naturalmente, um prejuízo maior em razão da lacuna que prejudica os interesses nacionais frente aos países limítrofes. De acordo com o art. 1º, da Lei nº 6.634/1979, é considerada área indispensável à Segurança Nacional a faixa interna de 150 Km (cento e cinquenta quilômetros) de largura, paralela à linha divisória terrestre do território nacional, que será designada como Faixa de Fronteira.

11.3.15 Exercício funcional ilegalmente antecipado ou prolongado

> ***Art. 324*** *Entrar no exercício de função pública antes de satisfeitas as exigências legais, ou continuar a exercê-la, sem autorização, depois de saber oficialmente que foi exonerado, removido, substituído ou suspenso:*
>
> *Pena - detenção, de quinze dias a um mês, ou multa.*

O tipo penal do art. 324, do CP, objetiva proteger a Administração Pública no que diz respeito à segurança e à regularidade do exercício do cargo público, desde a sua investidura até o afastamento do servidor, temporária ou definitivamente.

Objetiva-se evitar insegurança jurídica decorrente da anulação ou mesmo nulidade dos atos praticados por quem ainda não tomou posse, ou, em outro extremo, por quem não mais possui o direito de exercê-lo.

Cuida-se de crime próprio. Por essa razão, o sujeito ativo é o funcionário público que entra no exercício de função, antecipadamente, ou que a exerce mesmo depois de saber, oficialmente, da sua exoneração/remoção ou suspensão.

Todavia, para que haja a incriminação, exige-se que ele tenha conhecimento oficial do impedimento em questão.

Após essa ciência, a continuidade no cargo caracterizará o delito em tela.

O crime só se pratica com dolo, isto é, mediante a vontade e consciência de antecipar ou prolongar o exercício da atividade funcional, com consciência da ilegalidade.

A consumação ocorre com a realização do primeiro ato de ofício indevido. Admite-se a tentativa.

A ação penal é pública incondicionada.

11.3.16 Violação de sigilo funcional

> ***Art. 325*** *Revelar fato de que tem ciência em razão do cargo e que deva permanecer em segredo, ou facilitar-lhe a revelação:*
>
> *Pena - detenção, de seis meses a dois anos, ou multa, se o fato não constitui crime mais grave.*
>
> *§ 1º Nas mesmas penas deste artigo incorre quem:*
>
> *I – permite ou facilita, mediante atribuição, fornecimento e empréstimo de senha ou qualquer outra forma, o acesso de pessoas não autorizadas a sistemas de informações ou banco de dados da Administração Pública;*
>
> *II – se utiliza, indevidamente, do acesso restrito.*
>
> *§ 2º Se da ação ou omissão resulta dano à Administração Pública ou a outrem:*
>
> *Pena – reclusão, de 2 (dois) a 6 (seis) anos, e multa.*

Conforme dispõe o art. 5º, XXXIII, da CF, todos têm direito a receber dos órgãos públicos informações de seu interesse particular, ou de interesse coletivo ou geral, que serão prestadas no prazo da lei, sob pena de responsabilidade, ressalvadas aquelas cujo sigilo seja imprescindível à segurança da sociedade e do Estado.

No mesmo sentido, o art. 37, § 3º, inc. II, da Constituição de 1988, dispõe que a lei disciplinará as formas de participação do usuário na Administração Pública direta e indireta, regulando especialmente: o acesso dos usuários a registros administrativos e a informações sobre atos de governo, observado o disposto no art. 5º, X e XXXIII.

Desse modo, é evidente que as informações que encampam a atuação pública são dotadas de publicidade. Todavia, soa natural que, em determinadas situações, essa publicidade seja mitigada em prol do próprio interesse público, por exemplo, o sigilo no curso de uma investigação.

Desta feita, o funcionário que, violando seu dever de observar o sigilo, revelar fato conhecido em razão do cargo, prejudicando a Administração Pública ou algum particular, incorre no delito do art. 325, do CP.

O sujeito ativo é o funcionário público. Aliás, trata-se de crime próprio, pois somente o funcionário público que tem ciência do segredo, é que pode praticá-lo. Na hipótese de uma terceira pessoa, que não o funcionário público, receber a informação por aquele "vazada", não responde pelo crime, a não ser que tenha induzido, instigado ou auxiliado, secundariamente, o funcionário infiel.

Fique ligado

O pressuposto lógico do crime é que o funcionário tenha conhecimento do segredo em razão do cargo, vale dizer, por força do desempenho de suas funções. Se ele toma conhecimento por razões diversas, não haverá o crime em foco.

Por outro lado, caso se trate de um segredo de interesse particular, poderá caracterizar o art. 154, do CP.

O crime somente se pratica mediante dolo.

A consumação ocorre com o ato da revelação do segredo ou de sua facilitação. Trata-se de delito formal, que independe de produção efetiva de dano, bastando sua potencialidade lesiva.

A tentativa dependerá da forma pela qual o segredo chega até ao terceiro. Se for via oral, não há possibilidade de tentativa; se for por meio escrito, v.g., há possibilidade do *conatus*.

11.4 Crimes praticados por particular contra a administração em geral

11.4.1 Usurpação de função pública

> ***Art. 328** Usurpar o exercício de função pública:*
>
> *Pena – detenção, de três meses a dois anos, e multa.*
>
> ***Parágrafo único.** Se do fato o agente aufere vantagem:*
>
> *Pena – reclusão, de dois a cinco anos, e multa.*

A partir deste artigo serão analisados os crimes praticados por particulares contra a Administração Pública.

O delito do art. 328 criminaliza a conduta do sujeito que se apropria de maneira ilegítima e ilegal de função reservada a qualquer agente público. A ideia do núcleo "usurpar o exercício de função pública" significa exercer indevidamente, sem ter o direito.

Pode praticar o crime em estudo aquele que se usurpa nas funções de servidor público, de natureza vitalícia, efetiva, temporária ou delegada, sejam elas civis ou militares.

Trata-se de crime comum, que pode ser praticado por qualquer pessoa, inclusive por funcionário público quando venha a exercer uma função que não lhe compete.

Fique ligado

Vale frisar que, se o agente alega que é titular de uma função pública, mas não realiza nenhum ato a ela inerente, não há delito, mas, apenas, a contravenção do art. 45, da Lei das Contravenções Penais.

O elemento subjetivo do tipo é o dolo, consistente na vontade de usurpar a função, com consciência da ilegitimidade do exercício.

O parágrafo único prevê a figura qualificado do delito, se o agente ao usurpar a função pública, aufere vantagem moral ou material, para si ou para terceiro.

A ação penal é pública incondicionada.

11.4.2 Resistência

> ***Art. 329** Opor-se à execução de ato legal, mediante violência ou ameaça a funcionário competente para executá-lo ou a quem lhe esteja prestando auxílio:*
>
> *Pena – detenção, de dois meses a dois anos.*
>
> *§ 1º Se o ato, em razão da resistência, não se executa:*
>
> *Pena – reclusão, de um a três anos.*
>
> *§ 2º As penas deste artigo são aplicáveis sem prejuízo das correspondentes à violência.*

Trata-se da conduta daquele que se opõe à execução de um ato **legal**, por exemplo, impedir um oficial de justiça de cumprir um mandado, exercendo violência ou ameaça (não precisa ser grave) contra ele.

Destacamos que a "oposição" referida no dispositivo legal deve-se a uma resistência denominada **ativa**, não caracterizando o delito em tela a resistência passiva, que é o ato de esbravejar, espernear ou manifestar discordância contra o ato praticado.

O crime em tela tem por objetivo proteger a higidez e credibilidade dos servidores públicos.

Além disso, se a resistência se dá para evitar um ato ilegal, a conduta configura fato atípico, na medida em que o particular estará agindo amparado por alguma excludente de ilicitude.

O crime só se pratica com dolo.

O crime será qualificado se o ato, em razão da resistência, não se executa.

A pena do crime de resistência será somada à pena de eventual violência, aplicando-se a regra do concurso material de infrações.

A ação penal é pública incondicionada.

11.4.3 Desobediência

> ***Art. 330** Desobedecer a ordem legal de funcionário público:*
>
> *Pena – detenção, de quinze dias a seis meses, e multa.*

Distintamente do que ocorre no crime anterior, na desobediência, pune-se a conduta de quem desobedece à ordem **legal** de funcionário público. Por isso, é muito comum que, havendo resistência, haverá desobediência. Todavia, é possível desobedecer sem resistir, já que a resistência é condicionada à existência de violência ou ameaça ao servidor que cumpre ato legal.

Além disso, para a tipificação da desobediência é indispensável que o destinatário da ordem tenha o dever jurídico de obedecê-la, isto é, a obrigação de acatá-la.

Nesse contexto, não obedecer a ordem legal do funcionário público (ficar parado, em silêncio ou outra conduta) configura o crime em estudo.

Merece destaque o entendimento majoritário no sentido de que até mesmo o servidor público pode cometer este crime, desde que a ordem não seja relacionada às suas funções.

O elemento subjetivo do crime é o dolo, ou seja, a vontade livre e consciente de desobedecer a ordem legal que tem obrigação de cumprir. O erro ou o motivo de força maior exclui o elemento subjetivo.

Admite-se a tentativa somente na forma comissiva, não sendo possível na omissiva.

A ação é pública incondicionada.

11.4.4 Desacato

> ***Art. 331** Desacatar funcionário público no exercício da função ou em razão dela:*
>
> *Pena – detenção, de seis meses a dois anos, ou multa.*

O crime de desacato tutela a moralidade, a dignidade e o prestígio da função pública.

Embora o STJ tenha se posicionado pela inconstitucionalidade deste delito, por – de acordo com o antigo entendimento – violar o direito de liberdade de expressão, prevalece a orientação de que todos os direitos comportam mitigação, razão pela qual o delito contido no art. 331 é plenamente constitucional e tem por objetivo proteger a Administração Pública.

O verbo núcleo do delito é "desacatar" que consiste na conduta de humilhar, menosprezar, achincalhar, menoscabar etc. o funcionário público quando no exercício de sua função ou em razão dela. Assim, o entendimento é de que, para que se configure desacato, faz-se necessário que a ofensa seja dirigida diretamente ao funcionário público. Entende-se também que não é admissível que o crime de desacato seja cometido por telefone, fax, telegrama, correspondência eletrônica, carta ou pela imprensa. Nessas situações, estaremos diante de crimes contra a honra.

Ademais, o entendimento predominante é que um funcionário público pode praticar o crime em tela quando desacatar outro, pouco importando a posição hierárquica.

> **Fique ligado**
>
> Em resumo, é elementar para a consumação do crime que a conduta seja realizada contra funcionário público **no exercício da função ou em razão dela, vale dizer, o chamado nexo funcional.**

A prática delitiva se dá mediante dolo, consistente na vontade livre e consciente de proferir palavra ou praticar ato injurioso ou difamatório, com finalidade de desprestigiar a função pública do ofendido.

Vale destacar que não haverá crime se o funcionário houver dado causa ao desacato, pois neste caso será retorsão ou justa repulsa, em que ausente o dolo inerente ao tipo.

A ação penal é pública incondicionada.

11.4.5 Tráfico de influência

> ***Art. 332*** *Solicitar, exigir, cobrar ou obter, para si ou para outrem, vantagem ou promessa de vantagem, a pretexto de influir em ato praticado por funcionário público no exercício da função:*
>
> *Pena - reclusão, de 2 (dois) a 5 (cinco) anos, e multa.*
>
> ***Parágrafo único.*** *A pena é aumentada da metade, se o agente alega ou insinua que a vantagem é também destinada ao funcionário.*

O delito do art. 332 tutela o prestígio (bom nome) da Administração Pública. O tipo penal tem como finalidade evitar a chamada comercialização da suposta influência em atividade de funcionário público.

O objetivo deste tipo penal é dizimar a conduta de qualquer indivíduo que tenha por intuito obter vantagem pessoal sob o argumento de intervir em atividade funcional de servidor público.

A característica do delito está na razão da conduta do agente a pretexto de influir em ato praticado por funcionário público no exercício da função. O sujeito ativo solicita, exige, cobra ou obtém a vantagem ou promessa de vantagem a pretexto de influir em ato praticado por funcionário público.

Note-se, desde logo, que do tipo legal está excluída a alegação de que se possa exercer influência sobre servidores da justiça, tais quais juiz, jurado, órgão do Ministério Público, funcionário de justiça, perito, tradutor, intérprete ou testemunha, uma vez que esses se inserem no rol taxativo do art. 357, do CP (exploração de prestígio).

O crime pode ser praticado por qualquer pessoa, até mesmo por funcionário público.

O delito somente se pratica mediante dolo.

Haverá aumento de pena (1/2), caso o agente dê a entender que a importância ou qualquer outra vantagem, também será destinada ao funcionário público.

11.4.6 Corrupção ativa

> ***Art. 333*** *Oferecer ou prometer vantagem indevida a funcionário público, para determiná-lo a praticar, omitir ou retardar ato de ofício:*
>
> *Pena – reclusão, de 2 (dois) a 12 (doze) anos, e multa.*
>
> ***Parágrafo único.*** *A pena é aumentada de um terço, se, em razão da vantagem ou promessa, o funcionário retarda ou omite ato de ofício, ou o pratica infringindo dever funcional.*

Trata-se de mais um tipo penal que tutela a credibilidade do Estado frente a seus agentes.

Os núcleos do tipo são "oferecer" e "prometer" vantagem indevida para determinar que funcionário público pratique, omita ou retarde ato que deveria praticar de ofício. Oferecer tem o sentido de pôr à disposição, apresentar para que seja aceito. Prometer, por sua vez, tem o sentido de obrigar-se, comprometer-se, garantir dar alguma coisa.

É a clássica forma de corrupção, o chamado "cafezinho" ou "ajudinha".

O entendimento que prevalece nos tribunais superiores é o de que a entrega de lembranças, cestas de natal ou outras regalias ao funcionário público, sem o ânimo de corrompê-lo, não caracteriza o crime em questão.

Vale destacar que se houver imposição do funcionário para o oferecimento ou promessa, não há corrupção ativa, mas concussão praticada pelo funcionário (CP, art. 316).

O crime em estudo é formal e se consuma com a simples promessa ou oferecimento da vantagem indevida.

Caso o agente aceite, poderá haver a responsabilização do particular por corrupção ativa e do servidor que aceita ou recebe por corrupção passiva (art. 317, CP).

> **Fique ligado**
>
> Se a corrupção for de testemunha ou perito, tradutor ou intérprete, aplicar-se-á a norma incriminadora do art. 343, do CP, em homenagem ao princípio da especialidade.

O crime só se pratica mediante dolo, que se representa pela vontade, livre e consciente de oferecer ou prometer vantagem indevida a funcionário público, acrescido do elemento subjetivo do injusto, manifestado pelo especial fim de agir, que, no caso, é a intenção manifesta de levar o funcionário a praticar ato de ofício, ou omiti-lo ou retardá-lo.

O delito será qualificado quando, em razão da vantagem ou promessa, o funcionário retarda ou omite ato de ofício, ou o pratica infringindo dever funcional.

A ação penal é pública incondicionada.

11.4.7 Descaminho

> ***Art. 334*** *Iludir, no todo ou em parte, o pagamento de direito ou imposto devido pela entrada, pela saída ou pelo consumo de mercadoria.*
>
> *Pena - reclusão, de 1 (um) a 4 (quatro) anos.*
>
> *§ 1º Incorre na mesma pena quem:*
>
> *I - pratica navegação de cabotagem, fora dos casos permitidos em lei;*
>
> *II - pratica fato assimilado, em lei especial, a descaminho;*
>
> *III - vende, expõe à venda, mantém em depósito ou, de qualquer forma, utiliza em proveito próprio ou alheio, no exercício de atividade comercial ou industrial, mercadoria de procedência estrangeira que introduziu clandestinamente no País ou importou fraudulentamente ou que sabe ser produto de introdução clandestina no território nacional ou de importação fraudulenta por parte de outrem;*
>
> *IV - adquire, recebe ou oculta, em proveito próprio ou alheio, no exercício de atividade comercial ou industrial, mercadoria de procedência estrangeira, desacompanhada de documentação legal ou acompanhada de documentos que sabe serem falsos.*
>
> *§ 2º Equipara-se às atividades comerciais, para os efeitos deste artigo, qualquer forma de comércio irregular ou clandestino de mercadorias estrangeiras, inclusive o exercido em residências.*
>
> *§ 3º A pena aplica-se em dobro se o crime de descaminho é praticado em transporte aéreo, marítimo ou fluvial.*

O crime de descaminho, hoje, encontra previsão isolada, mas, ao longo do tempo, sempre fora trabalhado em conjunto ao contrabando. Entretanto, em 2014, por força da Lei nº 13.008/2014, houve a divisão do dispositivo, que passou a prever as condutas em dispositivos apartados (separados), notadamente, por se perceber um maior grau de reprovabilidade do contrabando, que é punido com maior rigor.

Em rápida síntese, é necessário apresentar distinções breves entre os delitos de descaminho e contrabando. O primeiro consiste em fraude no pagamento de impostos devidos para o mesmo fim (entrada ou saída de mercadorias permitidas do País), enquanto que o segundo consiste na importação ou exportação de mercadoria proibida no Brasil.

No crime de descaminho, protege-se o interesse tributário e alfandegário, enquanto que, no de contrabando, a conduta atinge a Administração Pública no aspecto de fiscalização e controle dos serviços de saúde, segurança pública, moralidade etc.

Conforme se extrai do *caput* do art. 334, o tipo penal incrimina a conduta de iludir, no todo ou em parte, o pagamento de direito ou imposto devido pela entrada, pela saída ou pelo consumo de mercadoria.

O descaminho é crime comum, que pode ser praticado por qualquer pessoa.

Fique ligado

O funcionário público que concorre com o crime, facilitando-o com infração de dever funcional, pratica a conduta do art. 318, do CP.

Como dito, o descaminho protege a regularidade tributária no país. Por exemplo, na importação é obrigatório o pagamento do Imposto de Importação, contribuições sociais (PIS/PASEP/COFINS) e, eventualmente, do ICMS. Na saída da mercadoria são devidos, em regra, o Imposto de Exportação e tributação reflexa. Como se vê, na conduta, o agente ilude a arrecadação tributária da União e, eventualmente, dos Estados.

Há ainda as figuras equiparadas do delito, que recebem a mesma pena do *caput*, estando elas dispostas no § 1º do artigo. A primeira é a navegação de cabotagem fora dos casos permitidos em lei (§ 1º, I). Essa hipótese delitiva consiste em norma penal em branco, pois depende de uma norma extrapenal para dar os contornos da tipificação, disciplinando, assim, a navegação de cabotagem (ou seja, aquela circunscrita ao território nacional, tendo por escopo a comunicação e o comércio entre os portos do país).

A segunda é a prática de fato assimilado, em lei especial, a descaminho (§ 1º, II). Trata-se de outra norma penal em branco, exigindo preceito em Lei especial que a complemente.

A terceira é o uso comercial ou industrial de mercadoria que o próprio agente importou ou introduziu, ou que sabe ser produto de importação fraudulenta (§ 1º, III). Este inciso trata de condutas múltiplas, relacionadas, na primeira parte, com atividade comercial ou industrial, ainda que irregular ou clandestina (§ 2º), mas sempre revestida de habitualidade ou continuidade.

Observe-se que o tipo descreve condutas do próprio autor do contrabando ou descaminho. Nesse caso, pelo princípio da especialidade, o conflito aparente se resolve pela aplicação exclusiva do § 1º, "I", afastando a incidência do *caput*.

Na segunda parte, definem-se fatos que deveriam ser, em tese, crime de receptação. O agente vende etc., mercadoria, objeto de contrabando ou descaminho cometido por terceiro ("ou que sabe ser produto de introdução clandestina no território nacional ou de importação fraudulenta por parte de outrem"). Nesse caso, não basta a realização de um dos vários verbos, mas deve haver, necessariamente, ciência da origem delituosa da coisa para que se complete o elemento do dolo direto. Pelo mesmo princípio da especialidade, o dispositivo afasta a aplicação do art. 180, do CP.

Por fim, a quarta figura assimilada é a receptação de produtos de descaminho (§ 1º, IV). Nela, encontram-se definidas várias condutas, igualmente praticadas no exercício de atividade comercial ou industrial, que constituiriam, a rigor, o tipo de receptação do art. 180 § 1º, do CP, mas que, em razão da regra da especialidade, serão punidas pelo presente dispositivo.

As ações, no caso, pressupõem a entrada ilícita no País de mercadoria estrangeira, que chega ao sujeito:

- Sem a documentação exigida pela lei;
- Com documentação falsa, de conhecimento do agente.

Há, portanto, a exigência de dolo na ação do comerciante etc. Se ele age de forma culposa, violando dever de cuidado, há a incidência da receptação culposa do art. 180, § 3º, do CP.

A conduta deve ser praticada no exercício de atividade comercial ou industrial, ainda que irregular ou clandestina (§ 2º). Exige-se, pois, a continuidade ou habitualidade do comportamento, vale dizer, a reiteração na prática delituosa, com destinação comercial ou industrial da mercadoria.

O crime só se pratica mediante dolo.

É considerado delito formal, bastando a entrada ou saída da mercadoria do território nacional para que a conduta se materialize.

Considerando a natureza estabelecida para o crime, segundo a jurisprudência do STF, para a configuração do delito em estudo, não se faz necessária a consolidação do débito na via administrativa.

A ação penal é pública incondicionada.

11.4.8 Contrabando

> ***Art. 334-A*** *Importar ou exportar mercadoria proibida:*
>
> *Pena - reclusão, de 2 (dois) a 5 (cinco) anos.*
>
> *§ 1º Incorre na mesma pena quem:*
>
> *I - pratica fato assimilado, em lei especial, a contrabando;*
>
> *II - importa ou exporta clandestinamente mercadoria que dependa de registro, análise ou autorização de órgão público competente;*
>
> *III - reinsere no território nacional mercadoria brasileira destinada à exportação;*
>
> *IV - vende, expõe à venda, mantém em depósito ou, de qualquer forma, utiliza em proveito próprio ou alheio, no exercício de atividade comercial ou industrial, mercadoria proibida pela lei brasileira;*
>
> *V - adquire, recebe ou oculta, em proveito próprio ou alheio, no exercício de atividade comercial ou industrial, mercadoria proibida pela lei brasileira.*
>
> *§ 2º Equipara-se às atividades comerciais, para os efeitos deste artigo, qualquer forma de comércio irregular ou clandestino de mercadorias estrangeiras, inclusive o exercido em residências.*
>
> *§ 3º A pena aplica-se em dobro se o crime de contrabando é praticado em transporte aéreo, marítimo ou fluvial.*

Num primeiro momento, e, inclusive, já foi objeto de questão de prova para a Polícia Federal, destaca-se que o crime de contrabando é punível em razão do princípio da continuidade normativo típica, tendo em vista que a Lei nº 13.008/2014 deslocou o conteúdo criminoso do contrabando para o art. 334-A, do CP, operando-se uma revogação formal do tipo penal, permanecendo típica, a conduta.

As disposições específicas assemelham-se ao crime de descaminho. Inclusive, o funcionário público que facilita o contrabando responde pelo crime do art. 318, do CP.

No contrabando, a mercadoria (coisa móvel de qualquer natureza), pode ser absoluta ou relativamente proibida, sendo que, no primeiro caso, a mercadoria não pode ingressar ou sair em hipótese nenhuma. Já no segundo caso, é possível, desde que satisfeitas as condições previstas na legislação especial.

Há ainda as figuras equiparadas, estando elas dispostas no § 1º do artigo. A primeira figura assimilada (§ 1º, I) consiste na prática de fato assimilado, em lei especial, ao contrabando. Trata-se de outra norma penal em branco, exigindo preceito em Lei especial que a complemente. Como exemplo, temos os decretos que regulamentam as zonas francas.

A segunda forma equiparada (§ 1º, II) é a importação ou exportação clandestina de mercadoria que depende de registro, análise ou autorização de órgão público competente (Ex.: cigarros, agrotóxicos...)

No § 1º, III, o que se proíbe é a reinserção em território nacional de mercadoria brasileira destinada à exportação. Será o caso de se punir aqueles que desviam produtos destinados, especificamente, para exportação.

O quarto caso de contrabando por assimilação é o de uso comercial ou industrial de mercadoria proibida pela lei brasileira (§ 1º, IV). Este inciso trata de condutas múltiplas, relacionadas com atividade comercial ou industrial, ainda que irregular ou clandestina (§ 2º), mas sempre revestida de habitualidade ou continuidade. Trata-se de situação que se assemelha ao inciso III, do artigo anterior.

A última conduta equiparada é a de receptação de produtos de contrabando (§ 1º, V). Semelhante ao inciso IV, do artigo anterior, aqui, novamente, encontram-se definidas várias condutas ("adquire, recebe ou oculta"), igualmente, praticadas no exercício de atividade comercial ou industrial, que constituiriam, a rigor, o tipo de receptação do art. 180, § 1º, do CP, mas que, em razão do princípio da especialidade, serão punidas pelo presente dispositivo.

Diferente do caso de receptação de produto de descaminho, para a receptação de contrabando, somente importará que o sujeito receba mercadoria que é proibida pela lei brasileira. Em caso de necessário conhecimento da situação, há então a exigência de dolo da ação do comerciante ou industrial. Se ele age culposamente, violando dever de cuidado, há a incidência da receptação culposa do art. 180, § 3º, do CP.

Reitere-se que a conduta deve ser praticada no exercício de atividade comercial ou industrial, ainda que irregular ou clandestina (conforme o §2º, do art. 334-A, do CP). Exige-se, pois, a continuidade ou habitualidade do comportamento, vale dizer, reiterada prática delituosa, com destinação comercial ou industrial da mercadoria.

O crime só se pratica mediante dolo, que consiste na vontade livre e consciente de importar ou exportar mercadoria proibida.

A ação penal é pública incondicionada.

11.4.9 Inutilização de edital ou de sinal

> ***Art. 336*** *Rasgar ou, de qualquer forma, inutilizar ou conspurcar edital afixado por ordem de funcionário público; violar ou inutilizar selo ou sinal empregado, por determinação legal ou por ordem de funcionário público, para identificar ou cerrar qualquer objeto:*
>
> *Pena – detenção, de um mês a um ano, ou multa.*

Cumpre ressaltar que edital é um documento afixado no mural da repartição para emanar alguma ordem ao funcionário público. Por outro lado, sinal é um objeto empregado para identificar ou lacrar alguma coisa. Consuma-se quando da prática das condutas, independentemente, de qual dano material à Administração Pública.

11.4.10 Subtração ou inutilização de livro ou documento

> ***Art. 337*** *Subtrair, ou inutilizar, total ou parcialmente, livro oficial, processo ou documento confiado* ***à custódia de funcionário****, em razão de ofício, ou de particular em serviço público:*
>
> *Pena – reclusão, de dois a cinco anos,* ***se o fato não constitui crime mais grave.***

A conduta é subtrair ou inutilizar, total ou parcialmente livro oficial, processo ou documento entregue em confiança a funcionário público ou a particular em serviço público. Consuma-se no momento da prática de quaisquer das condutas previstas no tipo. O crime do art. 337 é absolutamente assemelhado com o crime do art. 314, ambos do CP. As peculiaridades são:

O crime do art. 314 é praticado por funcionário público, o que não ocorre com o crime do art. 337.

No crime do art. 314 do CP, o autor, além de ser funcionário público, deve ter a guarda do documento em razão de sê-lo. Já no crime do art. 337, o autor do crime não tem a posse do livro ou documento. Quem desfruta da posse é o funcionário público ou o particular em serviço público.

11.4.11 Sonegação de contribuição previdenciária

> ***Art. 337-A*** *Suprimir ou reduzir contribuição social previdenciária e qualquer acessório, mediante as seguintes condutas:*
>
> *I – omitir de folha de pagamento da empresa ou de documento de informações previsto pela legislação previdenciária segurados empregado, empresário, trabalhador avulso ou trabalhador autônomo ou a este equiparado que lhe prestem serviços;*
>
> *II – deixar de lançar mensalmente nos títulos próprios da contabilidade da empresa as quantias descontadas dos segurados ou as devidas pelo empregador ou pelo tomador de serviços;*
>
> *III – omitir, total ou parcialmente, receitas ou lucros auferidos, remunerações pagas ou creditadas e demais fatos geradores de contribuições sociais previdenciárias:*
>
> *Pena – reclusão, de 2 (dois) a 5 (cinco) anos, e multa.*

O STJ se manifestou acerca do sujeito ativo do crime, o que é divergente da doutrina. Para o STJ, qualquer pessoa pode ser o sujeito ativo do crime!

Extinção da punibilidade

> *§ 1º É extinta a punibilidade se o agente,* ***espontaneamente****, declara e confessa as contribuições, importâncias ou valores e presta as informações devidas à previdência social, na forma definida em lei ou regulamento, antes do início da ação fiscal.*

Faculdade do juiz

> *§ 2º É facultado ao juiz* ***deixar de aplicar*** *a pena ou aplicar* ***somente a de multa*** *se o agente for primário e de bons antecedentes, desde que:*
>
> *II – o valor das contribuições devidas, inclusive acessórios, seja igual ou inferior àquele estabelecido pela previdência social, administrativamente, como sendo o mínimo para o ajuizamento de suas execuções fiscais.*

Aumento de pena

> *§ 3º Se o empregador não é pessoa jurídica e sua folha de pagamento mensal não ultrapassa R$ 1.510,00 (um mil, quinhentos e dez reais), o juiz poderá reduzir a pena de* ***um terço até a metade*** *ou aplicar* ***apenas a de multa.***
>
> *§ 4º O valor a que se refere o parágrafo anterior será reajustado nas mesmas datas e nos mesmos índices do reajuste dos benefícios da previdência social.*

11.5 Crimes em licitações e contratos administrativos

Antes de avançar à análise dos tipos penais, é importante tecer algumas considerações sobre os crimes envolvendo licitações e contratos administrativos.

Primeiramente, a licitação consiste no procedimento utilizado pela administração pública para a execução de uma função do Estado.

O contrato administrativo, por sua vez, representa o vínculo formal estabelecido entre a administração e o vencedor da licitação, no qual serão estabelecidas as condições para o desenvolvimento dos trabalhos (chamado de contrato vertical ou leonino).

A antiga (ainda vigente) Lei de Licitações (Lei nº 8.666/1990) já representava um tormento para quem a estudava. Não obstante, o Congresso aprovou e já se encontra em vigência a nova Lei de Licitações – Lei nº 14.133/2021.

Em resumo, as duas leis possuem vigência simultânea.

Evidentemente, que aqui buscaremos analisar tão somente os aspectos penais da Nova Lei de Licitações, que transferiu todas as condutas tidas por ilícitas para o Código Penal.

Como o conteúdo é muito recente, naturalmente que haverá reflexo jurisprudencial sobre o tema.

11.5.1 Contratação direta ilegal

> ***Art. 337-E*** *Admitir, possibilitar ou dar causa à contratação direta fora das hipóteses previstas em lei:*
>
> *Pena – reclusão, de 4 (quatro) a 8 (oito) anos, e multa.*

A nova Lei de Licitações estabelece em seus arts. 71 a 73 as hipóteses de contratação direta. Nesse contexto, sempre que o funcionário público admitir, possibilitar ou dar causa à realização de contratação direta fora das hipóteses legais, haverá o crime em tela.

Estamos diante de uma norma penal em branco, na medida em que as hipóteses de contratação direta estão inseridas na Lei Específica.

Trata-se de crime comum, podendo qualquer pessoa figurar como sujeito ativo, tanto o particular (contratante, por exemplo), como o agente público responsável por viabilizar a contratação direta ilegal.

O crime é formal e se consuma com a mera permissão ou instauração de contratação direta fora do estabelecido pela legislação.

> **Fique ligado**
>
> Como mencionado no preâmbulo, os Tribunais Superiores exigem dolo específico (benefício próprio ou de terceiro, ou para prejudicar o processo licitatório) para a consumação deste delito.

O crime se processa mediante ação penal pública incondicionada.

11.5.2 Frustração do caráter competitivo de licitação

> ***Art. 337-F*** *Frustrar ou fraudar, com o intuito de obter para si ou para outrem vantagem decorrente da adjudicação do objeto da licitação, o caráter competitivo do processo licitatório:*
>
> *Pena – reclusão, de 4 (quatro) anos a 8 (oito) anos, e multa.*

O bem jurídico tutelado tipo penal é a preservação do caráter competitivo da licitação, de modo a assegurar a seleção da proposta mais vantajosa para a Administração Pública.

O crime em análise tem por intuito impedir que haja um procedimento licitatório hígido, no qual os licitantes, por meio de artifícios, pretendem frustrar o resultado do procedimento, como uma combinação de preços, por exemplo.

O crime é formal (não se exige a obtenção da vantagem) e, como no delito anterior, exige-se o dolo específico.

O elemento subjetivo do delito é o dolo, consistente na consciência e vontade do agente de frustrar ou fraudar a natureza competitiva do processo licitatório.

Trata-se de crime comum, o qual pode ser cometido por qualquer pessoa, particular ou agente público. Quando a conduta for cometida pelo servidor público responsável por zelar pela higidez do certame, haverá a incidência da agravante genérica do art. 61, II, *g*, do Código, relativa a cometer o delito com violação de dever inerente ao cargo público.

A ação penal é pública incondicionada.

11.5.3 Patrocínio de contratação indevida

> ***Art. 337-G*** *Patrocinar, direta ou indiretamente, interesse privado perante a Administração Pública, dando causa à instauração de licitação ou à celebração de contrato cuja invalidação vier a ser decretada pelo Poder Judiciário:*
>
> *Pena – reclusão, de 6 (seis) meses a 3 (três) anos, e multa.*

O delito do art. 337-G é uma modalidade específica do delito contido no art. 321, do CP.

O crime é próprio, pois só pode ser praticado por funcionário público.

Assim, o crime se consuma quando o funcionário público representa interesses privados junto à Administração Pública, dando causa à instauração do procedimento licitatório ou quando firmar contrato que seja desconstituído pelo Judiciário (condição específica para punição).

A doutrina entende que o crime é material, eis que depende de resultado naturalístico.

O crime somente se pratica mediante dolo e é processado por ação penal pública incondicionada.

11.5.4 Modificação ou pagamento irregular em contrato administrativo

> ***Art. 337-H*** *Admitir, possibilitar ou dar causa a qualquer modificação ou vantagem, inclusive prorrogação contratual, em favor do contratado, durante a execução dos contratos celebrados com a Administração Pública, sem autorização em lei, no edital da licitação ou nos respectivos instrumentos contratuais, ou, ainda, pagar fatura com preterição da ordem cronológica de sua exigibilidade:*
>
> *Pena – reclusão, de 4 (quatro) anos a 8 (oito) anos, e multa.*

Trata-se de tipo misto alternativo (vários núcleos), que incrimina a conduta do funcionário público (crime próprio) que admite, possibilita ou dá causa a qualquer modificação ou a obtenção de vantagem ou permite a prorrogação contratual sem autorização nos instrumentos regulatórios.

A segunda forma de conduta prevista, diz respeito ao pagamento de fatura fora da ordem cronológica de exigibilidade, ou seja, sem qualquer autorização, altera-se a ordem dos pagamentos, dando-se preferência a uns em detrimento de outros.

O crime é doloso e processado mediante ação penal pública incondicionada.

11.5.5 Perturbação de processo licitatório

> ***Art. 337-I*** *Impedir, perturbar ou fraudar a realização de qualquer ato de processo licitatório:*
>
> *Pena – detenção, de 6 (seis) meses a 3 (três) anos, e multa.*

Trata-se de crime que pune a conduta daquele que atrapalha a realização de qualquer ato de processo licitatório.

O crime é comum, pois pode ser praticado por qualquer pessoa.

As ações nucleares são **impedir** (obstar, obstruir, impossibilitar a execução ou o prosseguimento), **perturbar** (turbar, atrapalhar, embaraçar, tumultuar) ou **fraudar** (enganar, iludir).

O tipo é misto alternativo e, deveras, subjetivo, na medida em que competirá ao magistrado tecer um juízo de valor ao comportamento do agente, para aferir se se amolda ao tipo legal.

O crime é material, pois se exige o efetivo impedimento, perturbação ou fraude à realização dos atos do processo licitatório.

O tipo é doloso e processado por ação penal pública incondicionada.

11.5.6 Violação de sigilo em licitação

> ***Art. 337-J*** *Devassar o sigilo de proposta apresentada em processo licitatório ou proporcionar a terceiro o ensejo de devassá-lo:*
>
> *Pena - detenção, de 2 (dois) anos a 3 (três) anos, e multa.*

O tipo penal do art. 337-J objetiva tutelar a competitividade, imparcialidade, impessoalidade e a lisura do procedimento licitatório.

A conduta incriminada é a de quebrar o sigilo de proposta apresentada no bojo de processo de licitação ou propiciar que um terceiro pratique a conduta.

Trata-se de crime próprio, pois o sujeito ativo deve ser o agente público responsável pela manutenção do segredo em torno da proposta apresentada. Além disso, é crime formal, se consumando pela efetiva ciência indevida do teor da proposta licitatória.

Só pode ser praticado mediante dolo.

A ação penal é pública incondicionada.

11.5.7 Afastamento de licitante

> ***Art. 337-K*** *Afastar ou tentar afastar licitante por meio de violência, grave ameaça, fraude ou oferecimento de vantagem de qualquer tipo:*
>
> *Pena - reclusão, de 3 (três) anos a 5 (cinco) anos, e multa, além da pena correspondente à violência.*
>
> ***Parágrafo único.*** *Incorre na mesma pena quem se abstém ou desiste de licitar em razão de vantagem oferecida.*

Trata-se de tipo misto alternativo (vários núcleos), no qual se incrimina a conduta daquele que afasta ou tenta afastar licitante, valendo-se de violência, grave ameaça, fraude ou oferecimento de vantagem.

Fique ligado

Aqui, estamos diante de um crime de empreendimento ou atentado, tendo em vista que se pune a conduta consumada e a tentada com a mesma pena.

O parágrafo único deste artigo prevê a modalidade equiparada, ao permitir a punição de quem se abstém ou desiste de licitar, em razão de vantagem oferecida.

Percebe-se, dessa forma, que, se uma pessoa aceita a vantagem e se afasta do procedimento licitatório, será punido com a mesma pena daquele que lhe ofereceu efetivamente a vantagem.

O crime é doloso e processado mediante ação penal pública incondicionada.

11.5.8 Fraude em licitação ou contrato

> ***Art. 337-L*** *Fraudar, em prejuízo da Administração Pública, licitação ou contrato dela decorrente, mediante:*
>
> *I - entrega de mercadoria ou prestação de serviços com qualidade ou em quantidade diversas das previstas no edital ou nos instrumentos contratuais;*
>
> *II - fornecimento, como verdadeira ou perfeita, de mercadoria falsificada, deteriorada, inservível para consumo ou com prazo de validade vencido;*
>
> *III - entrega de uma mercadoria por outra;*
>
> *IV - alteração da substância, qualidade ou quantidade da mercadoria ou do serviço fornecido;*
>
> *V - qualquer meio fraudulento que torne injustamente mais onerosa para a Administração Pública a proposta ou a execução do contrato:*
>
> *Pena - reclusão, de 4 (quatro) anos a 8 (oito) anos, e multa.*

No crime em tela, há a punição daquele que aplica fraude em prejuízo da Administração Pública, licitação ou contrato dela decorrente. Para tanto, a fraude aplicada deve se dar da seguinte forma:

- Entrega de mercadoria ou prestação de serviços com qualidade ou em quantidades diversas das previstas no edital ou nos instrumentos contratuais;
- Fornecimento, como verdadeira ou perfeita, de mercadoria falsificada, deteriorada, inservível para consumo ou com prazo de validade vencido;
- Entrega de uma mercadoria por outra;
- Alteração da substância, qualidade ou quantidade da mercadoria ou do serviço fornecido;
- Qualquer meio fraudulento que torne injustamente mais onerosa para a Administração Pública a proposta ou a execução do contrato.

O crime é comum, podendo ser praticado por qualquer pessoa.

O elemento subjetivo do tipo é o dolo, que consiste na vontade e consciência de fraudar a licitação ou contrato administrativo dela decorrente. Há, ainda, elemento subjetivo específico, traduzido no propósito de gerar prejuízo à Administração Pública.

Trata-se de crime material porque sua consumação depende da efetiva produção de prejuízo à Administração Pública, mediante a realização dos comportamentos arrolados no tipo penal.

A ação penal pública incondicionada.

11.5.9 Contratação inidônea

> ***Art. 337-M*** *Admitir à licitação empresa ou profissional declarado inidôneo:*
>
> *Pena - reclusão, de 1 (um) ano a 3 (três) anos, e multa.*
>
> *§ 1º Celebrar contrato com empresa ou profissional declarado inidôneo:*
>
> *Pena - reclusão, de 3 (três) anos a 6 (seis) anos, e multa.*
>
> *§ 2º Incide na mesma pena do caput deste artigo aquele que, declarado inidôneo, venha a participar de licitação e, na mesma pena do § 1º deste artigo, aquele que, declarado inidôneo, venha a contratar com a Administração Pública.*

O *caput* do art. 337-M incrimina a conduta de **permitir a participação de** empresa ou profissional declarado inidôneo.

O mero fato de uma pessoa, seja física ou jurídica, ter sido admitida no processo licitatório macula o procedimento, motivo pelo qual a conduta é tida como ilícita. O crime é próprio, pois apenas o funcionário público com competência para admitir os licitantes é quem pratica o crime em tela.

Desconectando a ordem dos dispositivos, vale mencionar que o parágrafo terceiro equipara à figura do *caput* a conduta do particular declarado inidôneo que **participe da licitação. Neste parágrafo, o crime é comum, pois qualquer empresa participante pode praticá-lo.**

Retomando a sequência, o parágrafo primeiro prevê a **forma qualificada do delito**, com a previsão da conduta de **celebrar contrato** com empresa ou profissional declarado inidôneo, ou seja, mesmo depois de atestada a inidoneidade do participante, celebra-se o contrato.

O crime é doloso, exigindo para a sua consumação a vontade e consciência de admitir ao certame ou celebrar o vínculo contratual com profissional ou empresa, ciente de que foram declarados inidôneos.

É processado mediante ação penal pública incondicionada.

11.5.10 Impedimento indevido

> ***Art. 337-N*** *Obstar, impedir ou dificultar injustamente a inscrição de qualquer interessado nos registros cadastrais ou promover indevidamente a alteração, a suspensão ou o cancelamento de registro do inscrito:*
>
> *Pena - reclusão, de 6 (seis) meses a 2 (dois) anos, e multa.*

A conduta incriminada na primeira parte é a de obstar, impedir ou dificultar injustamente a inscrição de qualquer interessado nos registros cadastrais. Exige-se, para a tipificação da conduta, o elemento normativo "injustamente", de modo que se o obstáculo imposto, por exemplo, possuir fundamento legal, a conduta nem sequer será típica.

O crime é próprio, de acordo com a doutrina, porquanto só pode ser cometido pelo agente público responsável pela inscrição do profissional ou empresa no cadastro, ou pela manutenção desses como inscritos no registro.

Nas modalidades de "obstar" e "impedir", é necessário que a inscrição não ocorra para a consumação do delito, razão pela qual o crime é material. Na modalidade de "dificultar", não é imprescindível tal resultado, de modo que o crime é de mera conduta. Na figura de promover, o crime também é material, consumando-se com a efetiva alteração, suspensão ou cancelamento do registro.

O crime é doloso e se processa mediante ação penal pública incondicionada.

11.5.11 Omissão grave de dado ou de informação por projetista

> ***Art. 337-O*** *Omitir, modificar ou entregar à Administração Pública levantamento cadastral ou condição de contorno em relevante dissonância com a realidade, em frustração ao caráter competitivo da licitação ou em detrimento da seleção da proposta mais vantajosa para a Administração Pública, em contratação para a elaboração de projeto básico, projeto executivo ou anteprojeto, em diálogo competitivo ou em procedimento de manifestação de interesse:*
>
> *Pena - reclusão, de 6 (seis) meses a 3 (três) anos, e multa.*
>
> *§ 1º Consideram-se condição de contorno as informações e os levantamentos suficientes e necessários para a definição da solução de projeto e dos respectivos preços pelo licitante, incluídos sondagens, topografia, estudos de demanda, condições ambientais e demais elementos ambientais impactantes, considerados requisitos mínimos ou obrigatórios em normas técnicas que orientam a elaboração de projetos.*
>
> *§ 2º Se o crime é praticado com o fim de obter benefício, direto ou indireto, próprio ou de outrem, aplica-se em dobro a pena prevista no caput deste artigo.*

A conduta incriminada no art. 337-O é omitir, modificar ou entregar à Administração **levantamento cadastral ou condição de entorno** nas seguintes condições: **em relevante dissonância com a realidade** (projeto que não se adequa à real necessidade); **em frustração ao caráter competitivo da licitação** (projeto, por exemplo, feito sob medida para determinado contratante); **ou em detrimento da seleção da proposta mais vantajosa para a Administração Pública** (projeto que busque evitar a seleção da proposta mais vantajosa, frustrando a finalidade da licitação).

Essas condutas, para a configuração do delito, devem ocorrer em:

- Contratação para a elaboração de projeto básico, projeto executivo ou anteprojeto;
- Diálogo competitivo; ou
- Procedimento de manifestação de interesse.

O **levantamento cadastral** é a pesquisa ou investigação, culminando na coleta de dados, envolvendo informações cadastrais.

Já a condição de contorno é definida pelo parágrafo primeiro. Assim, consideram-se **condição de contorno** as informações e os levantamentos suficientes e necessários para a definição da solução de projeto e dos respectivos preços pelo licitante, incluídos sondagens, topografia, estudos de demanda, condições ambientais e demais elementos ambientais impactantes, considerados requisitos mínimos ou obrigatórios em normas técnicas que orientam a elaboração de projetos.

A Administração, antes de proceder à licitação de obras, por exemplo, pode contratar a elaboração de um projeto básico, que será utilizado para seleção das melhores propostas para execução de obras.

O § 2º prevê causa de aumento de pena, que será aplicada no caso de o crime ser praticado **com a finalidade de obter benefício, direto ou indireto, próprio ou de outrem**.

O crime é doloso e se processa mediante ação penal pública incondicionada.

11.5.12 Pena de multa

> ***Art. 337-P*** *A pena de multa cominada aos crimes previstos neste Capítulo seguirá a metodologia de cálculo prevista neste Código e não poderá ser inferior a 2% (dois por cento) do valor do contrato licitado ou celebrado com contratação direta.*

No tocante à aplicação da pena de multa, deve-se observar as disposições estabelecidas pela própria lei penal, sendo que a sanção não pode ser inferior a 2% do valor do contrato.

11.6 Crimes contra a administração da justiça

11.6.1 Reingresso de estrangeiro expulso

> ***Art. 338*** *Reingressar no território nacional o estrangeiro que dele foi expulso:*
>
> *Pena - reclusão, de um a quatro anos, sem prejuízo de nova expulsão após o cumprimento da pena.*

É um delito pouco explorado pelas bancas, mas é de fácil compreensão. Trata simplesmente do reingresso de estrangeiro expulso, conduta bastante rara de ser encontrada.

Além disso, claramente é crime de competência investigativa da Polícia Federal e será processado e julgado perante a Justiça Federal.

Vale destacar que é pressuposto do crime que o sujeito tenha, antes de praticá-lo, sido regularmente expulso por ato legal (ex: decreto presidencial de expulsão).

11.6.2 Denunciação caluniosa

> ***Art. 339*** *Dar causa à instauração de inquérito policial, de procedimento investigatório criminal, de processo judicial, de processo administrativo disciplinar, de inquérito civil ou de ação de improbidade administrativa contra alguém, imputando-lhe crime, infração ético-disciplinar ou ato ímprobo de que o sabe inocente:*
>
> *Pena - reclusão, de dois a oito anos, e multa.*
>
> *§ 1º A pena é aumentada de sexta parte, se o agente se serve de anonimato ou de nome suposto.*
>
> *§ 2º A pena é diminuída de metade, se a imputação é de prática de contravenção.*

O crime do art. 339 tem por objetivo evitar o andamento de investigações baseado em falsas imputações.

A conduta indicada no tipo penal é "dar causa", que significa provocar, motivar, originar. A imputação feita pelo agente requer a indicação de pessoa determinada, a descrição do crime, da infração ético-disciplinar ou ato ímprobo, supostamente cometido.

Ainda, o agente deve saber que o imputado é inocente, seja porque não foi o autor do crime, seja porque o delito não existiu.

Assim, estará consumado o delito quando o sujeito, que pode ser qualquer pessoa, dá causa:

- A instauração de IP;
- A procedimento investigatório criminal (PIC);
- A processo judicial;

- A processo administrativo disciplinar;
- A inquérito civil; ou
- A ação de improbidade administrativa, imputando a alguém crime, contravenção, infração ético-disciplinar ou ato de improbidade administrativa de que sabe ser a pessoa inocente.

Ademais, o paradigma para a correta percepção deste delito é que, aqui, o agente, imputando falsamente um fato a outrem, provoca a ação da autoridade.

A pena será aumentada de 1/6 se o agente se valer do anonimato.

A pena será diminuída de metade se a imputação é de contravenção penal.

O crime em estudo não se confunde com a calúnia, já que nesta, o *animus* é de "lesionar" a imagem do imputado, enquanto que no art. 339 a finalidade especial do agente é prejudicar o imputado, mediante a utilização da máquina pública.

O crime somente se pratica por dolo e a ação penal é pública incondicionada.

11.6.3 Comunicação falsa de crime

> ***Art. 340*** *Provocar a ação de autoridade, comunicando-lhe a ocorrência de crime ou de contravenção que sabe não se ter verificado:*
> *Pena - detenção, de um a seis meses, ou multa.*

Consiste na conduta de provocar a ação de autoridade a partir de uma informação falsa de crime ou contravenção.

É o popular **trote.**

Igualmente, não se pode confundir o crime de denunciação caluniosa com a comunicação falsa de crime. Neste, o agente comunica um fato inexistente, enquanto que, naquela, o fato existe, mas imputa-se a autoria a quem se sabe não ter praticado a infração.

O crime somente se pratica mediante dolo e a ação penal é pública incondicionada.

11.6.4 Autoacusação falsa

> ***Art. 341*** *Acusar-se, perante a autoridade, de crime inexistente ou praticado por outrem:*
> *Pena - detenção, de três meses a dois anos, ou multa.*

Trata-se da conduta de imputar a si mesmo, assumir a autoria de delito que não ocorreu ou que foi perpetrado por terceiro. Enfim, é confessar ter cometido um crime imaginário ou, se existente, que foi praticado por outra pessoa.

Fique ligado

Consiste na autoimputação falsa de **crime** inexistente ou praticado por outrem, não se incluindo a contravenção.

Além disso, é necessário que se faça "perante" a autoridade, não configurando o crime quando a confissão é feita a particular ou pessoa sem a qualidade de autoridade.

O elemento subjetivo do tipo é o dolo, consistente na vontade livre de acusar-se, com consciência de que o crime inexistiu ou foi cometido por outrem.

A ação penal é pública incondicionada.

11.6.5 Falso testemunho ou falsa perícia

> ***Art. 342*** *Fazer afirmação falsa, ou negar ou calar a verdade como testemunha, perito, contador, tradutor ou intérprete em processo judicial, ou administrativo, inquérito policial, ou em juízo arbitral:*
> *Pena - reclusão, de 2 (dois) a 4 (quatro) anos, e multa.*
> *§ 1º As penas aumentam-se de um sexto a um terço, se o crime é praticado mediante suborno ou se cometido com o fim de obter prova destinada a produzir efeito em processo penal, ou em processo civil em que for parte entidade da administração pública direta ou indireta.*
> *§ 2º O fato deixa de ser punível se, antes da sentença no processo em que ocorreu o ilícito, o agente se retrata ou declara a verdade.*
> ***Art. 343*** *Dar, oferecer ou prometer dinheiro ou qualquer outra vantagem a testemunha, perito, contador, tradutor ou intérprete, para fazer afirmação falsa, negar ou calar a verdade em depoimento, perícia, cálculos, tradução ou interpretação:*
> *Pena - reclusão, de três a quatro anos, e multa.*
> ***Parágrafo único.*** *As penas aumentam-se de um sexto a um terço, se o crime é cometido com o fim de obter prova destinada a produzir efeito em processo penal ou em processo civil em que for parte entidade da administração pública direta ou indireta.*

O bem jurídico tutelado pelo art. 342 é a administração da justiça e veracidade das provas.

O objetivo de um processo, administrativo ou judicial é, basicamente, buscar a verdade dos fatos.

Naturalmente, que qualquer sujeito processual que interfira calando com a verdade ou, simplesmente, não participando de maneira honesta, compromete o resultado do feito.

O delito incrimina os comportamentos de "**fazer afirmação falsa**", que consiste na conduta comissiva, na qual o agente afirma uma inverdade, "**negar a verdade**", conduta na qual o agente nega o que sabe, e "**calar a verdade**", circunstância em que o agente silencia, omite o que sabe.

O crime pode ser praticado por qualquer pessoa. Na segunda parte, somente o perito, tradutor, contador, podem incorrer no delito.

Fique ligado

Lembre-se, prevalece no STF e no STJ a orientação no sentido de que a pessoa que não presta juramento de dizer a verdade também poderá responder por este crime.

Por sua vez, o perito é um auxiliar da justiça, consistindo em especialista chamado a opinar acerca de questão concernente ao seu âmbito de conhecimento. Tradutor é o perito incumbido de traduzir do estrangeiro. Intérprete é quem medeia a comunicação entre a autoridade e alguma pessoa que desconhece o idioma nacional ou que não pode falar (Ex.: Libras). Contador é o especialista em cálculos, muitas vezes, o único apto a avaliar balanços empresariais, importantes, principalmente, para casos de crimes falimentares.

O falso testemunho ou falsa perícia podem ser praticados em:

- Processo judicial, aquele presidido por autoridade judiciária;
- Processo administrativo, o meio de apuração e punição de faltas de servidores públicos e demais pessoas sujeitas a regime funcional estatutário;
- Inquérito policial, o procedimento administrativo que realiza a persecução criminal pré-processual;
- Juízo arbitral, um meio alternativo de solução de litígio, ou qualquer outra corte administrativa de mediação de conflitos.;

O crime só se pratica mediante dolo e a ação penal é pública incondicionada.

Por outro lado, não haverá o crime de falso testemunho se a testemunha mentir, ainda que compromissada, para não se incriminar (autodefesa), pois há inexigibilidade de conduta diversa da sua parte.

11.6.6 Coação no curso do processo

> ***Art. 344*** *Usar de violência ou grave ameaça, com o fim de favorecer interesse próprio ou alheio, contra autoridade, parte, ou qualquer outra pessoa que funciona ou é chamada a intervir em processo judicial, policial ou administrativo, ou em juízo arbitral:*
>
> *Pena - reclusão, de um a quatro anos, e multa, além da pena correspondente à violência.*

O direito penal como última instância de atuação deve manter preservada a estrutura da justiça e o bom andamento processual, por esta razão é que o prosseguimento íntegro de um processo também recebe a chancela do direito penal quando maculado ou quando esteja na iminência de ser comprometido.

O crime do art. 344 consiste em usar o agente de violência ou grave ameaça no intuito de favorecer interesse próprio ou alheio, contra quem venha a funcionar no processo judicial, policial, administrativo ou arbitral.

O crime somente se pratica mediante dolo e se consuma com o uso da violência ou grave ameaça, não sendo necessário que o agente consiga o efetivo favorecimento ou que a vítima se sinta intimidada.

A ação penal é pública incondicionada.

11.6.7 Exercício arbitrário das próprias razões

> ***Art. 345*** *Fazer justiça pelas próprias mãos, para satisfazer pretensão, embora legítima, salvo quando a lei o permite:*
>
> *Pena - detenção, de quinze dias a um mês, ou multa, além da pena correspondente à violência.*
>
> ***Parágrafo único.*** *Se não há emprego de violência, somente se procede mediante queixa.*
>
> ***Art. 346*** *Tirar, suprimir, destruir ou danificar coisa própria, que se acha em poder de terceiro por determinação judicial ou convenção:*
>
> *Pena - detenção, de seis meses a dois anos, e multa.*

O art. 345 criminaliza a conduta do agente que tendo ou acreditando ter direito contra outra pessoa, em vez de recorrer à justiça, arbitrariamente satisfaz sua pretensão, fazendo justiça pelas próprias mãos, conforme a expressão utilizada pelo tipo penal. Como visto, o direito penal é controlado e aplicado pelo Estado, não sendo permitida a aplicação do direito pelo próprio particular, como ocorria, por exemplo, no período da vingança privada.

O crime somente se consuma quando a pretensão do agente é satisfeita.

A ação penal será pública incondicionada se houver o uso de violência. Não havendo violência, por expressa previsão legal, a ação penal será privada, sendo promovida mediante queixa.

Por sua vez, o art. 346, do CP, prevê a figura mais grave do crime de exercício arbitrário das próprias razões, que elenca em seu *caput* as condutas que serão punidas: tirar, suprimir, destruir, danificar coisa própria que esteja em poder de terceiro, o que pode ocorrer devido a uma ordem judicial (medida liminar, penhora, guarda, fiel depositário etc.) ou em decorrência de um contrato (convenção, acordo, convênio etc.) bilateral entre as partes.

Importa destacar que para a caracterização aludido delito, é necessário que a coisa (objeto do delito) pertença ao sujeito ativo; caso contrário, a conduta poderá ser tipificada como crime contra o patrimônio ou desobediência à ordem judicial.

O elemento subjetivo do tipo é o dolo. A consumação do delito se dá com a efetiva tirada, supressão, destruição ou danificação. A tentativa é possível e o crime se processa mediante ação penal pública incondicionada.

11.6.8 Fraude processual

> ***Art. 347*** *Inovar artificiosamente, na pendência de processo civil ou administrativo, o estado de lugar, de coisa ou de pessoa, com o fim de induzir a erro o juiz ou o perito:*
>
> *Pena - detenção, de três meses a dois anos, e multa.*
>
> ***Parágrafo único.*** *Se a inovação se destina a produzir efeito em processo penal, ainda que não iniciado, as penas aplicam-se em dobro.*

O processo é o meio pelo qual o Estado-Juiz aplica as disposições do direito material, a fim de aplicá-lo de maneira imparcial e dirimir os conflitos sociais. Sob esta ótica, a fraude processual, crime descrito no art. 347, do CP, tem como finalidade impedir o bom êxito do processo.

O sujeito ativo pode ser qualquer pessoa, mesmo que não seja interessada ou não tenha participação no processo.

O sujeito passivo é o Estado.

A ideia central da figura criminosa consiste na inovação artificiosa, consistente em alterar ou mudar o estado de um lugar, coisa ou pessoa, com a finalidade específica de induzir a erro o juiz da causa ou o perito responsável pela reconstituição (apenas os dois envolvidos).

A inovação artificiosa significa a transformação de algo utilizando-se de um meio fraudulento (artifício ou ardil), ou seja, que visa ocultar a constatação da modificação realizada.

A inovação artificiosa, para configurar a hipótese do *caput*, deverá ocorrer na pendência do julgamento de processo civil ou administrativo. Se a inovação ocorrer no curso de processo penal, haverá causa de aumento de pena (em dobro).

O crime só se pratica com dolo e com a finalidade específica de ludibriar o juiz ou perito.

A ação penal é pública incondicionada.

11.6.9 Favorecimento pessoal

> ***Art. 348*** *Auxiliar a subtrair-se à ação de autoridade pública autor de crime a que é cominada pena de reclusão:*
>
> *Pena - detenção, de um a seis meses, e multa.*
>
> *§ 1º Se ao crime não é cominada pena de reclusão:*
>
> *Pena - detenção, de quinze dias a três meses, e multa.*
>
> *§ 2º Se quem presta o auxílio é ascendente, descendente, cônjuge ou irmão do criminoso, fica isento de pena.*

O **crime** de favorecimento pessoal caracteriza-se pela assistência prestada depois da prática de um delito, com o intuito de auxiliar o autor do crime, a que é cominada pena de **reclusão**, a subtrair-se (fugir) da ação da autoridade competente (tanto judicial como a policial).

Se o autor do crime a que se presta o auxílio, é cominada pena de detenção, haverá a forma privilegiada do delito, conforme prevê o §1º, do art. 348.

O crime é praticado com dolo de favorecimento de outrem, mediante a vontade livre de auxiliar, com consciência de que o favorecido está ou irá ser perseguido pela autoridade.

A consumação se dá no momento que o favorecido consegue subtrair-se à ação da autoridade pública.

Fique ligado

Lição importantíssima trazida pelo §2º, do art. 348, do CP, diz respeito à chamadas escusas absolutórias. Assim, se o auxílio é prestado ao **cônjuge, ascendente, descendente ou irmão,** o sujeito será isento de pena. Mas cuidado, pois esta disposição não se aplica aos crimes subsequentes, especialmente no favorecimento real.

A ação penal é pública incondicionada.

11.6.10 Favorecimento real

Art. 349 Prestar a criminoso, fora dos casos de coautoria ou de receptação, auxílio destinado a tornar seguro o proveito do crime:

Pena - detenção, de um a seis meses, e multa.

Diferentemente do favorecimento pessoal, o favorecimento real se materializa pelo auxílio prestado a criminoso, a fim de garantir o sucesso do ilícito praticado anteriormente, assegurando-se o proveito do crime.

Merece atenção a expressão "fora dos casos de coautoria ou de receptação". Perceba que a configuração do delito exige que o auxílio seja prestado após a prática do crime, pois se o auxílio for praticado antes ou durante a prática criminosa, configurar-se-á a coautoria ou participação. Nesse sentido, a descrição do tipo penal é clara na expressão "que o agente não seja coautor, partícipe ou receptador".

A conduta de prestar indica comportamento ativo direcionado a tornar seguro o proveito do crime de outrem.

O crime somente se pratica com dolo.

Se o agente desconhece que o proveito é oriundo de delito precedente, haverá erro de tipo.

A ação penal é pública incondicionada.

11.6.11 Favorecimento real impróprio

Art. 349-A Ingressar, promover, intermediar, auxiliar ou facilitar a entrada de aparelho telefônico de comunicação móvel, de rádio ou similar, sem autorização legal, em estabelecimento prisional.

Pena: detenção, de 3 (três) meses a 1 (um) ano.

Trata-se de delito que visa tutelar a integridade de estabelecimento prisional, evitando que os visitantes ingressem ou facilitem a entrada de aparelhos telefônicos ou qualquer outro meio que permita contato com o meio externo.

O tipo penal prevê cinco verbos núcleos alternativos: ingressar, promover, intermediar, auxiliar ou facilitar.

As condutas incriminadas devem ser praticadas sem autorização legal (elemento normativo do tipo) e em estabelecimento prisional, pois caso contrário, o fato é atípico.

Com relação ao sujeito ativo é importante ter cuidado. Em regra, pode ser qualquer pessoa, inclusive o próprio apenado (que se encontre em regime aberto ou semiaberto).

Reitere-se que se o sujeito ativo for funcionário público, poderá responder pelo delito do art. 319-A, do CP.

Ademais, o preso que utiliza o celular nas dependências do estabelecimento prisional não pratica crime, apenas falta grave.

O crime se pratica mediante dolo, ou seja, a vontade livre e consciente de praticar as condutas previstas no tipo penal, a fim de fazer chegar ao preso o equipamento de comunicação.

A ação penal é pública incondicionada.

11.6.12 Fuga de pessoa presa ou submetida à medida de segurança

Art. 351 Promover ou facilitar a fuga de pessoa legalmente presa ou submetida a medida de segurança detentiva:

Pena - detenção, de seis meses a dois anos.

§ 1º Se o crime é praticado a mão armada, ou por mais de uma pessoa, ou mediante arrombamento, a pena é de reclusão, de dois a seis anos.

§ 2º Se há emprego de violência contra pessoa, aplica-se também a pena correspondente à violência.

§ 3º A pena é de reclusão, de um a quatro anos, se o crime é praticado por pessoa sob cuja custódia ou guarda está o preso ou o internado.

§ 4º No caso de culpa do funcionário incumbido da custódia ou guarda, aplica-se a pena de detenção, de três meses a um ano, ou multa.

No rol dos crimes praticados em face do sistema prisional, o tipo penal do art. 351 possui grande relevância.

O bem jurídico tutelado é a administração da justiça.

Inicialmente, vale destacar que o crime de **fuga de pessoa presa ou submetida à medida de segurança não é praticado pelo preso**, mas sim, pela pessoa que promove ou facilita a sua fuga.

Fique ligado

Ainda, é prudente ressaltar que, caso o funcionário público promova ou facilite a fuga, esse responde a título de dolo ou culpa, conforme §4º, do art. 351, do CP.

Retirada a exceção do quadro acima, quando o crime é próprio, a regra é que o crime seja comum, podendo ser praticado por qualquer pessoa.

O art. 351 criminaliza a conduta de quem promove ou facilita a fuga de pessoa legalmente presa (inclusive menor que cumpre medida socioeducativa) ou submetida à medida de segurança detentiva. Ademais, cuida-se de crime de ação livre, podendo ser praticado com emprego de qualquer meio executivo: ameaça, fraude, violência contra a pessoa ou coisa, dentre outros meios.

Ademais, é indispensável a **legalidade** da prisão (provisória ou definitiva) ou medida de segurança, pois, em se tratando de prisão ilegal, não haverá o preenchimento dos elementos que constituem o tipo penal, porquanto a legalidade da prisão é elemento normativo do tipo.

O crime se pratica mediante dolo, admitindo-se a culpa quando o sujeito ativo é o funcionário público, conforme acima destacado.

O §1° prevê a forma qualificada pelo meio de execução. De acordo com o dispositivo, se o crime é praticado à mão armada (arma branca ou de fogo), ou por mais de uma pessoa, ou mediante arrombamento, a pena será de reclusão de dois a seis anos.

O § 2° trata do concurso de crimes no caso de emprego de violência contra pessoa, sendo aplicada cumulativamente à pena correspondente à violência com a sanção do delito do art. 351.

Por fim, o § 3°, prevê circunstância qualificadora em razão da condição do agente, incidindo quando o crime é praticado por pessoa sob cuja custódia ou guarda está o preso ou internado. No caso, identifica-se uma falha funcional, cuidando-se, pois, de qualificadora, na qual o sujeito ativo é especial próprio. Dessa maneira, o servidor responsável pelos detentos que facilitar a fuga do custodiado é quem responde pela forma qualificada.

A ação penal é de iniciativa pública incondicionada.

11.6.13 Evasão mediante violência

Art. 352 Evadir-se ou tentar evadir-se o preso ou o indivíduo submetido a medida de segurança detentiva, usando de violência contra a pessoa:

Pena - detenção, de três meses a um ano, além da pena correspondente à violência.

O crime em questão visa evitar a rebeldia daquele que se encontra custodiado.

Trata-se de crime próprio, pois somente a pessoa presa ou submetida à medida de segurança pode praticar o delito, sendo indispensável que a prisão ou internação seja formalmente legal.

Entretanto, o crime somente restará consumado se o detento fugir ou tentar fugir valendo-se de violência contra a pessoa.

Logo, se a fuga é desprovida de violência, não há que se falar no crime do art. 352.

Fique ligado

É relevante mencionar que o crime do art. 352 é punido com a mesma pena tanto para aquele que efetivamente foge quanto para aquele que tenta fugir, mas não consegue, recebendo a nomenclatura de crime de empreendimento ou de atentado.

O crime só se pratica com dolo, consistente na vontade livre e consciente de evadir-se, usando de violência contra pessoa.

A ação penal é pública incondicionada.

11.6.14 Arrebatamento de preso

> ***Art. 353*** *Arrebatar preso, a fim de maltratá-lo, do poder de quem o tenha sob custódia ou guarda:*
>
> *Pena - reclusão, de um a quatro anos, além da pena correspondente à violência.*

A conduta consiste em arrebatar preso do poder de quem o tenha sob custódia ou guarda, a fim de maltratá-lo. O verbo é arrebatar, que significa tomar à força, arrancar, subtrair o preso.

O tipo alude ao preso, seja a prisão legal ou ilegal. Não há menção àquele que cumpre medida de segurança.

A seu turno, o preso pode ser arrebatado do seu cubículo ou de outro local que se encontre sob a tutela pública, como uma sala de audiência, por exemplo.

A conduta somente se pratica com o dolo de arrebatamento somado ao especial fim de agir (maltratar o preso).

A ação penal é pública incondicionada.

11.6.15 Motim de presos

> ***Art. 354*** *Amotinarem-se presos, perturbando a ordem ou disciplina da prisão:*
>
> *Pena - detenção, de seis meses a dois anos, além da pena correspondente à violência.*

Para se evitar rebeliões e o mau comportamento carcerário, houve a necessidade de tipificação desta conduta.

O crime é plurissubjetivo, pois, seguindo o entendimento que prevalece, deve ser praticado por um número significativo de pessoas. Portanto, é crime coletivo ou de concurso necessário.

Amotinarem-se significa rebelarem-se, revoltarem-se, promover algazarra.

Para a consumação do crime, que só se pratica mediante dolo, é imperioso que a revolta conjunta tumultue a ordem ou disciplina do estabelecimento prisional, mediante atos de violência contra os agentes penitenciários e as instalações.

A ação penal é pública incondicionada.

11.6.16 Patrocínio infiel

> ***Art. 355*** *Trair, na qualidade de advogado ou procurador, o dever profissional, prejudicando interesse, cujo patrocínio, em juízo, lhe é confiado:*
>
> *Pena - detenção, de seis meses a três anos, e multa.*

Trata-se de crime próprio, que só pode ser praticado pelo advogado legitimamente constituído ou por procurador.

No crime em estudo há uma traição envolvendo o dever profissional, prejudicando a pessoa que o constituiu para atuar em juízo.

O crime é material e somente praticado mediante dolo.

A ação penal é pública incondicionada.

11.6.17 Patrocínio simultâneo ou tergiversação

> ***Parágrafo único.*** *Incorre na pena deste artigo o advogado ou procurador judicial que defende na mesma causa, simultânea ou sucessivamente, partes contrárias.*

Na mesma pena do artigo anterior incorre o advogado ou o procurador (crime próprio), que patrocina (representa, defende) interesses simultâneos (ao mesmo tempo) ou de maneira sucessiva (inicia representando uma parte e, posteriormente, passa a representar a outra).

Aqui, contudo, o crime é de consumação antecipada (formal), na medida em que não se exige o prejuízo efetivo.

O crime é doloso e processado mediante ação penal pública incondicionada.

11.6.18 Sonegação de papel ou objeto de valor probatório

> ***Art. 356*** *Inutilizar, total ou parcialmente, ou deixar de restituir autos, documento ou objeto de valor probatório, que recebeu na qualidade de advogado ou procurador:*
>
> *Pena - detenção, de seis meses a três anos, e multa.*

O crime é próprio, pois só pode ser praticado pelo advogado ou procurador (exigência do tipo penal).

Assim, sempre que o patrocinador da causa destruir ou tornar sem valor documento ou não o restituir, configurar-se-á o crime em tese.

A consumação do delito ocorre com a não restituição dos autos ou com a inutilização daquilo que tenha valor probatório.

O crime é doloso e processado mediante ação penal pública incondicionada.

11.6.19 Exploração de prestígio

> ***Art. 357*** *Solicitar ou receber dinheiro ou qualquer outra utilidade, a pretexto de influir em juiz, jurado, órgão do Ministério Público, funcionário de justiça, perito, tradutor, intérprete ou testemunha:*
>
> *Pena - reclusão, de um a cinco anos, e multa.*
>
> ***Parágrafo único.*** *As penas aumentam-se de um terço, se o agente alega ou insinua que o dinheiro ou utilidade também se destina a qualquer das pessoas referidas neste artigo.*

Trata-se de modalidade especial do delito de tráfico de influência.

O sujeito ativo é qualquer pessoa que solicita ou recebe dinheiro (propina) sob a mera alegação de que irá influir em funcionário da justiça. Inclusive, o tipo penal cita taxativamente os servidores, não se estendendo a outras pessoas: juiz, jurado, órgão do MP, funcionários da justiça (oficial de justiça, técnicos, analistas e demais serventuários), perito, tradutor, intérprete ou testemunha.

Registre-se que para a consumação do crime, o funcionário público mencionado **não precisa ter conhecimento da situação**, na medida em que o autor do fato está se utilizando de um suposto interesse sobre o serventuário.

Fique ligado

No tráfico de influência (art. 332, CP), os núcleos são os mesmos ("solicitar, exigir, cobrar ou obter, para si ou para outrem), vantagem ou promessa de vantagem, a pretexto de influir em ato praticado por funcionário público no exercício da função", mas a suposta influência é exercida sobre um funcionário público que não seja atuante nas etapas relacionadas ao processo.

A mera solicitação consiste em crime formal (de consumação antecipada), enquanto o recebimento é crime material.

O parágrafo único prevê causa especial de aumento de pena de 1/3 (um terço), se o agente alegar ou insinuar que o dinheiro ou utilidade também se destina a qualquer das pessoas referidas no tipo penal.

Vale frisar que o funcionário que, supostamente, será influenciado não terá o conhecimento da situação, pois, se o tiver, poderá praticar o crime do art. 317, do CP.

Além disso, não há a necessidade de o sujeito ativo do crime de exploração de prestígio exercer efetivamente a influência sobre o funcionário, porquanto é punível a mera alegação do agente de que irá influir. Se a referida influência ocorrer, haverá mero exaurimento do crime (fato posterior não punível).

O crime é doloso e processado mediante ação penal pública incondicionada.

11.6.20 Violência ou fraude em arrematação judicial

> ***Art. 358*** *Impedir, perturbar ou fraudar arrematação judicial; afastar ou procurar afastar concorrente ou licitante, por meio de violência, grave ameaça, fraude ou oferecimento de vantagem:*
>
> *Pena - detenção, de dois meses a um ano, ou multa, além da pena correspondente à violência.*

Trata-se de crime comum, podendo ser praticado por qualquer pessoa.

O tipo penal tutela a administração da justiça, objetivando inibir práticas lesivas em arrematação judicial promovida por particular. O art. 358 criminaliza a conduta daquele que tumultua, impede a realização de uma arrematação judicial ou, por meio de violência ou grave ameaça, impede que o interessado participe.

O crime é doloso e processado mediante ação penal pública incondicionada.

11.6.21 Desobediência à decisão judicial sobre perda ou suspensão de direito

> ***Art. 359*** *Exercer função, atividade, direito, autoridade ou múnus, de que foi suspenso ou privado por decisão judicial:*
>
> *Pena - detenção, de três meses a dois anos, ou multa.*

Da mesma forma que a lei penal pune aquele que se diz funcionário público ou que exerce a função pública antes de nomeado ou depois de formalmente afastado, há a previsão daquele que exerce uma função, atividade, direito, autoridade ou múnus (serviço privado, mas com relevância pública, por exemplo, a advocacia) de que foi afastado por decisão judicial.

O crime é classificado como próprio, pois somente aquele afastado por decisão judicial é que pode praticá-lo.

Para tanto, é preciso que o agente exerça atos relacionados à função mesmo depois de ter sido afastado por decisão judicial.

O crime é doloso e processado mediante ação penal pública incondicionada.

11.7 Crimes contra as finanças públicas

Buscando preservar a saúde das finanças públicas, a Lei Complementar nº 101/2000 (Lei de Responsabilidade Fiscal) estabeleceu normas voltadas para a responsabilidade na gestão fiscal, a fim de prevenir riscos e corrigir desvios capazes de afetar o equilíbrio das contas públicas. A partir da LC nº 101/2000, foi editada a Lei nº 10.028/2000, que acrescentou o Capítulo IV (Dos Crimes contra as Finanças Públicas) ao Título XI (Dos Crimes contra a Administração Pública) da Parte Especial do CP (arts. 359-A a 359-H).

Importante lembrar que a depender da operação de crédito realizada com finanças públicas, vai se estabelecer a justiça competente para processar e julgar o caso, ora justiça federal ora justiça estadual.

11.7.1 Sujeitos do crime contra as finanças públicas

Trata-se de crime próprio, pois somente pode ser praticado pelos agentes públicos que detenham atribuição legal para realizar operação de crédito com finanças públicas.

11.7.2 Contratação de operação de crédito

> ***Art. 359-A*** *Ordenar, autorizar ou realizar operação de crédito, interno ou externo, sem prévia autorização legislativa:*
>
> *Pena – reclusão, de 1 (um) a 2 (dois) anos.*
>
> ***Parágrafo único.*** *Incide na mesma pena quem ordena, autoriza ou realiza operação de crédito, interno ou externo:*
>
> *I – Com inobservância de limite, condição ou montante estabelecido em lei ou em resolução do Senado Federal.*
>
> *II – Quando o montante da dívida consolidada ultrapassa o limite máximo autorizado por lei.*

O art. 359-A criminaliza a conduta do sujeito ativo que **ordenar autorizar ou realizar operação de crédito de maneira interna ou externa sem a prévia autorização legislativa.** Isso quer dizer que não pode existir operação de crédito sem autorização prévia da câmara de vereadores, no âmbito municipal ou da assembleia legislativa em nível estadual, ou autorização do Congresso Nacional no âmbito federal. Note que estamos diante do **sistema de freios e contrapesos**, tão comentado por todo o ordenamento jurídico, que consiste no controle do poder pelo próprio poder.

Importante ressaltar que quando se fala em operações de créditos é preciso destacar o art. 29, inciso III, da Lei de Responsabilidade Fiscal (LC nº 101/2000), que apresenta o conceito de operação de crédito:

> *Lei Complementar nº 101/2000*
>
> ***Art. 29*** *Para os efeitos desta Lei Complementar, são adotadas as seguintes definições:*
>
> *III - operação de crédito: compromisso financeiro assumido em razão de mútuo, abertura de crédito, emissão e aceite de título, aquisição financiada de bens, recebimento antecipado de valores provenientes da venda a termo de bens e serviços, arrendamento mercantil e outras operações assemelhadas, inclusive com o uso de derivativos financeiros;*

Outra importante característica do tipo penal do art. 359–A diz respeito à sua consumação. Trata-se de **crime formal,** consumando-se quando o **sujeito ativo** pratica alguma das condutas típicas consistente em **ordenar ou autorizar operação de crédito.** Por outro lado, a conduta de **realizar operação de crédito trata-se de uma conduta material,** pois a consumação só ocorrerá com a efetiva contratação da operação de crédito.

Note que no elementar **ordenar**, poderá existir uma relação de hierarquia e subordinação, de modo que o subordinado ao agir praticar a conduta, de forma dolosa (com consciência e vontade), responderá como partícipe do crime. No entanto, se a operação de crédito é realizada sem a observância de ilegalidade por parte do subordinado, esse pode alegar **erro de proibição e ser isento de pena**, visto que só está cumprindo uma ordem.

Vale destacar que para a configuração do delito exige-se que as condutas sejam praticadas "sem prévia autorização legislativa", que vem a ser o elemento normativo do tipo. Existindo autorização, não há que se falar no crime do art. 359-A.

Outro detalhe que merece atenção é que o crime do art. 359-A não admite a modalidade **culposa**, admitindo-se por parte do funcionário público somente a atuação com dolo direto ou dolo eventual.

Fique ligado

Em razão da sanção cominada ao delito do art. 359-A ser de 1 a 2 anos, incide a lei do juizado especial criminal (JECRIM) Lei nº 9.099/1995, ainda que bem criticada pela doutrina haja vista que o delito visa lesar às finanças públicas.

11.7.3 Inscrição de despesas não empenhadas em restos a pagar

> ***Art. 359-B*** *Ordenar ou autorizar a inscrição em restos a pagar, de despesa que não tenha sido previamente empenhada ou que exceda limite estabelecido em lei:*
>
> *Pena – detenção, de 6 (seis) meses a 2 (dois) anos.*

Perceba que, novamente, trata-se de um crime de natureza formal, não exigindo resultado naturalístico para sua consumação. Note que o simples fato de o agente **ordenar ou autorizar** a inscrição em restos a pagar **sem estar previamente empenhada** ou que exceda o limite estabelecido, já configura a conduta do art. 359-B.

Conforme o art. 36 da Lei nº 4.320/1964, consideram-se restos a pagar as despesas empenhadas, mas não pagas até o dia 31 de dezembro, distinguindo-se as processadas das não processadas.

Trata-se de crime próprio, sendo sujeito ativo o agente público que possua atribuição legal para ordenar ou autorizar a inscrição em restos a pagar.

Portanto, incorre na conduta criminosa tipificada no art. 359-B o agente público que ordenar ou autorizar a inscrição em restos a pagar, de **dívida que não foi empenhada ou excedeu o limite previsto.**

11.7.4 Assunção de obrigação no último ano do mandato ou legislatura

> ***Art. 359-C*** *Ordenar ou autorizar a assunção de obrigação, nos dois últimos quadrimestres do último ano do mandato ou legislatura, cuja despesa não possa ser paga no mesmo exercício financeiro ou, caso reste parcela a ser paga no exercício seguinte, que não tenha contrapartida suficiente de disponibilidade de caixa:*
>
> *Pena - reclusão, de 1 (um) a 4 (quatro) anos.*

Note que a preocupação deste tipo penal é com o futuro Governo, haja vista que incorrerá nesse crime o agente que ordenar ou autorizar a assunção de obrigação nos dois últimos quadrimestres do último ano do mandato legislativo ou legislatura e que a despesa não possa ser paga no mesmo exercício financeiro ou que não tenha disponibilidade de caixa.

Outro detalhe desse dispositivo que deve ser observado trata-se de os **dois últimos quadrimestres do mandato ou legislatura, na qual a despesa não possa ser paga.** É importante também se atentar para o fato de que esse tipo penal trata de **assunção de despesa**, enquanto que os arts. 359-F e 359-G tratam do **não cancelamento de restos a pagar e o aumento de despesa total com pessoal no último ano do mandato ou legislatura,** respectivamente.

Note que existe um lapso temporal diferente que pode ser cobrado na sua prova. Veja que no art.359-C a conduta de **ordenar ou autorizar** a assunção de obrigação, deve se dar **nos dois últimos quadrimestres do último ano do mandato ou legislatura,** ao passo que no art. 359-G a conduta de **ordenar, autorizar ou executar** ato que acarrete aumento de **despesa** total com pessoal, deve ocorrer nos **180 dias anteriores** ao final do mandato ou da legislatura.

11.7.5 Ordenação de despesa não autorizada

> ***Art. 359-D*** *Ordenar despesa **não** autorizada por lei:*
>
> *Pena – reclusão, de 1 (um) a 4 (quatro) anos.*

No art.359-D é apresentada uma conduta genérica, no sentido de que o servidor público não pode ordenar despesas, quando não autorizadas por lei (lei orçamentária anual).

Trata-se de crime formal, não se exigindo resultado naturalístico, ou seja, que a despesa tenha sido efetuada, bastando a efetiva ordem da despesa não autorizada por lei, para a sua consumação.

Também se trata de crime próprio, pois somente pode ser praticado por agente público com atribuição legal para ordenar despesa.

O tipo penal abre algumas exceções, como no caso de uma despesa imprevisível ou um fato decorrente da força da natureza, que exigem uma atenção maior do Estado com a sociedade. Nesse caso, abre-se exceção para uma despesa não autorizado por lei.

Não haverá crime se a despesa tiver sido autorizada na lei orçamentária.

11.7.6 Prestação de garantias graciosas

> ***Art. 359-E*** *Prestar garantia em operação de crédito sem que tenha sido constituída contragarantia em valor igual ou superior ao valor da garantia prestada, na forma da lei:*
>
> *Pena - detenção, de 3 (três) meses a 1 (um) ano.*

O crime de prestação de garantias graciosas prevê conduta de menor potencial ofensivo. Observe que a definição de **operações de crédito** encontra-se no art. 29 da LRF, conforme acima mencionado.

A conduta típica do art. 359-E é prestar garantia, que significa dar, conceder. A garantia é prestada sem ter sido constituída contragarantia em valor igual ou superior àquela, na forma da lei.

Assim, por exemplo, o Estado (União, DF, Estado ou Município), em uma relação contratual, realiza uma operação de crédito com o particular (terceiro) e nessa transação o ente público oferece uma garantia para o terceiro, com objetivo de assegurar o cumprimento do contrato. Contudo, nessa relação contratual, o particular **não ofereceu uma contragarantia de valor igual ou superior ao valor ofertado pelo Estado.**

Portanto, o crime se consuma com a prestação de garantia sem a correspondente contragarantia, em valor igual ou superior àquela.

Fique ligado

Note que se não ocorrer uma contragarantia na relação contratual entre o Estado e o particular, estará configurado o crime de prestação de garantias graciosas.

11.7.7 Não cancelamento de restos a pagar

> ***Art. 359-F*** *Deixar de ordenar, de autorizar ou de promover o cancelamento do montante de restos a pagar inscrito em valor superior ao permitido em lei:*
>
> *Pena - detenção, de 6 (seis) meses a 2 (dois) anos.*

Como já foi visto anteriormente, o resto a pagar trata-se de despesa que já foi, previamente, empenhada, mas que não será paga até o fim do período orçamentário ou até 31/12.

O crime de não cancelamento de restos a pagar, previsto no art. 359-F, exige uma conduta dolosa do agente, consistente na vontade livre e consciente de deixar de ordenar, de autorizar ou de promover o cancelamento do montante de restos a pagar inscrito em valor superior ao permitido em lei.

Este delito ocorre da seguinte forma: o Estado, inicialmente, inscreve uma dívida em restos a pagar para realizar o pagamento em ano posterior, no entanto, diante da impossibilidade financeira para o pagamento da dívida, o agente público deixa de forma dolosa de promover o cancelamento do montante inscrito em restos a pagar.

11.7.8 Aumento de despesa total com pessoal no último ano do mandato ou legislatura

> ***Art. 359-G*** *Ordenar, autorizar ou executar ato que acarrete aumento de despesa total com pessoal, nos 180 dias anteriores ao final do mandato ou da legislatura:*
>
> *Pena - reclusão, de 1 (um) a 4 (quatro) anos.*

Assim como nos delitos anteriores, o tipo penal do art. 359-G tutela o equilíbrio das contas públicas, principalmente, a proteção da administração seguinte.

O crime do art. 359-G tem como verbos núcleos as condutas de ordenar, autorizar ou executar, **ato que acarrete aumento com despesa total com pessoal, 180 dias anteriores ao final do mandato ou legislatura.**

O conceito de despesa total com pessoal está previsto no art. 18 da LCnº101/2000 (LRF):

> ***Art. 18*** *Para os efeitos desta Lei Complementar,* ***entende-se como despesa total com pessoal****: o somatório dos gastos do ente da Federação com os ativos, os inativos e os pensionistas, relativos a mandatos eletivos, cargos, funções ou empregos, civis, militares e de membros de Poder, com quaisquer espécies remuneratórias, tais como vencimentos e vantagens, fixas e variáveis, subsídios, proventos da aposentadoria, reformas e pensões, inclusive adicionais, gratificações, horas extras e vantagens pessoais de qualquer natureza, bem como encargos sociais e contribuições recolhidas pelo ente às entidades de previdência.*

O delito se consuma com o aumento da despesa total com pessoal, no prazo de 180 dias anteriores ao final do mandato ou legislatura.

Vale destacar que esse delito difere do **art. 359-C** visto anteriormente.

11.7.9 Oferta pública ou colocação de títulos no mercado

> ***Art. 359-H*** *Ordenar, autorizar ou promover a oferta pública ou a colocação no mercado financeiro de títulos da dívida pública sem que tenham sido criados por lei ou sem que estejam registrados em sistema centralizado de liquidação e de custódia:*
>
> *Pena - reclusão, de 1 (um) a 4 (quatro) anos.*

O delito de oferta pública ou colocação de títulos no mercado, previsto no art. 359-H criminaliza a conduta do agente público que ordenar, autorizar ou promover a oferta pública ou a colocação no mercado financeiro de títulos da dívida pública, sem que esses tenham sido criados por lei ou sem que estejam registrados em sistema centralizado de liquidação e de custódia.

Como se observa, a oferta pública ou a colocação no mercado financeiro, constituem o elemento normativo do tipo, porquanto se os títulos da dívida pública tenham sido criados por lei, ou esses tenham sido registrados em sistema centralizado de liquidação e de custódia, não restará configurado o delito do art. 359-H.

Trata-se de crime formal, que dispensa a ocorrência de resultado naturalístico para sua consumação.

A ação penal é pública incondicionada.

LEGISLAÇÃO EXTRAVAGANTE

1 LEI Nº 9.455/1997 – LEI DE TORTURA

A prática da tortura encontra proibição expressa no art. 5º, inciso III, da Constituição Federal:

> *III – ninguém será submetido a tortura nem a tratamento desumano ou degradante.*

No mesmo sentido, a Convenção contra a Tortura e outros Tratamentos ou Penas Cruéis, Desumanos ou Degradantes (Decreto nº 40/1991) define que o termo "tortura" designa qualquer ato pelo qual dores ou sofrimentos agudos, físicos ou mentais, são infligidos intencionalmente a uma pessoa a fim de obter, dela ou de uma terceira pessoa, informações ou confissões; de castigá-la por ato que ela ou uma terceira pessoa tenha cometido ou seja suspeita de ter cometido; de intimidar ou coagir essa pessoa ou outras pessoas; ou por qualquer motivo baseado em discriminação de qualquer natureza; quando tais dores ou sofrimentos são infligidos por um funcionário público ou outra pessoa no exercício de funções públicas, ou por sua instigação, ou com seu consentimento ou sua aquiescência. Não se considerará como tortura as dores ou os sofrimentos que sejam consequência unicamente de sanções legítimas, ou que sejam inerentes a tais sanções ou delas decorram (art. 1º, 1).

Essa convenção determinou, em seu art. 4º, que cada Estado-Parte assegurará que os atos de tortura sejam considerados crimes segundo sua legislação penal.

A Lei nº 12.847/2013 instituiu o Sistema Nacional de Prevenção e Combate à Tortura (SNPCT), com o objetivo de fortalecer a prevenção e o combate à tortura, por meio de articulação e atuação cooperativa de seus integrantes, dentre outras formas, permitindo as trocas de informações e o intercâmbio de boas práticas.

Com esse objetivo, o Brasil editou a Lei nº 9.455/1997, para atender à Convenção assinada pelo País, com a finalidade de proteção de todos os seres humanos contra a prática de tortura.

Antes de dar prosseguimento a este estudo, devemos definir o que efetivamente se entende por tortura, levando em consideração a Lei nº 9.455/1997. Isso porque essa lei não seguiu integralmente o parâmetro legislativo que a fundamentou, permitindo a punição da tortura praticada não só por funcionário público, mas também por particulares. Nesse contexto, podemos entender a tortura como todo sofrimento físico ou mental que tenha como finalidade a obtenção de informação, declaração ou confissão; provocar uma ação ou omissão criminosa; causar sofrimento em razão de discriminação pela raça ou religião; ou ainda como meio de aplicação de castigo ou medida preventiva contra alguém sob sua guarda, poder ou autoridade.

Todos os crimes previstos na Lei de Tortura visam tutelar de maneira imediata o bem jurídico "dignidade humana". Sobre o tema, é relevante mencionar o precedente do Supremo Tribunal Federal sobre a definição de dignidade humana:

> *[..] a dignidade da pessoa humana precede a Constituição de 1988 e esta não poderia ter sido contrariada, em seu art. 1º, III, anteriormente a sua vigência. [..] Tem razão a arguente ao afirmar que a dignidade não tem preço. As coisas têm preço, as pessoas têm dignidade. A dignidade não tem preço, vale para todos quantos participam do humano. Estamos, todavia, em perigo quando alguém se arroga o direito de tomar o que pertence à dignidade da pessoa humana como um seu valor (valor de quem se arrogue a tanto). É que, então, o valor do humano assume forma na substância e medida de quem o afirme e o pretende impor na qualidade e quantidade em que o mensure. Então o valor da dignidade da pessoa humana já não será mais valor do humano, de todos quantos pertencem à humanidade, porém de quem o proclame conforme o seu critério particular. Estamos então em perigo, submissos à tirania dos valores. (STF, Pleno, ADPF 153, voto do rel. Min. Eros Grau, j. 29.04.2010, DJe 06.08.2010). (grifo nosso)*

De forma mediata, indireta, também se pretende tutelar a vida e a integralidade física da pessoa torturada.

Vale lembrar, ainda, que todos os crimes de tortura são dolosos, isto é, dependem da vontade consciente do agente que o realiza para sua caracterização. Em outras palavras, não há tortura culposa.

Em todos os casos, ademais, a ação penal será pública incondicionada, isto é, o Ministério Público não dependerá de representação da vítima para ingressar com a denúncia contra o suspeito.

Para facilitar o entendimento, vamos dividir a tortura em duas partes: inciso I e inciso II. Depois que tal assunto for compreendido, dividiremos cada parte conforme sua modalidade.

> ***Art. 1º*** *Constitui crime de tortura:*
>
> ***I*** *– constranger alguém com emprego de violência ou grave ameaça, causando-lhe sofrimento físico ou mental:*
>
> ***a)*** *com o fim de obter informação, declaração ou confissão da vítima ou de terceira pessoa;*
>
> *b) para provocar ação ou omissão de natureza criminosa;*
>
> *c) em razão de discriminação racial ou religiosa; (grifo nosso)*

A tortura prevista no inciso I fica condicionada ao preenchimento cumulativo de três elementos: o meio utilizado + as consequências sofridas pela vítima + a finalidade pretendida ou as razões do crime.

Meio utilizado	Violência ou grave ameaça
Consequências sofridas	Físicas ou mentais
Finalidades ou razões	Fim de obter informação, declaração ou confissão Provocar ação ou omissão de natureza criminosa Discriminação racial ou religiosa

Nessas hipóteses, o sujeito ativo pode ser qualquer pessoa, não se exigindo qualidade especial, de modo que o inciso I tratará de um crime comum.

> ***II*** *– submeter alguém, sob sua guarda, poder ou autoridade, com emprego de violência ou grave ameaça, a intenso sofrimento físico ou mental, como forma de aplicar castigo pessoal ou medida de caráter preventivo. (grifo nosso)*

Este inciso apresenta uma importante diferença com relação ao inciso anterior, pois trata de uma hipótese de crime próprio de tortura. Assim, o sujeito ativo nesse caso tem uma qualidade definida no tipo penal, de modo que somente os indivíduos nele descritos é que podem praticá-lo. Então, o crime descrito no inciso II somente será praticado por aquele que tem a guarda, o poder ou a autoridade sobre a vítima.

Sujeito ativo	Detentor	Guarda Poder Autoridade

E, ainda, devemos nos atentar à palavra "intenso". O legislador teve o cuidado de ressaltar que não será qualquer sofrimento a ser punido nesse tipo incriminador, apenas os que ensejam intenso sofrimento. A questão é que o intenso sofrimento é um tipo penal aberto, ou seja, dependerá do caso concreto para verificar sua aplicação, devendo o delegado de polícia apurar a intensidade do sofrimento recebido pela vítima, bem como ao Ministério Público comprovar a intensidade desse sofrimento e o juiz justificá-lo na sentença. Caso não seja verificado o "intenso sofrimento", o agente poderá responder pelo crime de maus-tratos.

Outro aspecto importante sobre este inciso é que há dolo específico nele, ou seja, a vontade de aplicar o sofrimento como forma de castigo pessoal ou medida de caráter preventivo.

O castigo se refere a uma conduta já praticada pela vítima. Assim, o agente tem a intenção de puni-la por algo já feito. Já a medida de caráter preventivo tem a finalidade de evitar que determinada conduta seja praticada, ela antecede a conduta, visando evitar sua ocorrência.

> *STJ. Recurso ordinário em habeas corpus. Tortura. Lesão corporal e cárcere privado. Crimes praticados em contexto de violência doméstica. Prisão em temporária convertida em preventiva. Circunstâncias dos crimes. Gravidade excessiva. Periculosidade social. Garantia da ordem pública. Custódia fundamentada e necessária. Condições pessoais favoráveis. Irrelevância. Coação ilegal não demonstrada. Reclamo improvido. 1. Não há o que se falar em constrangimento ilegal quando a constrição está devidamente justificada na garantia da ordem pública, em razão da gravidade efetiva dos delitos em tese praticados e da periculosidade social do acusado, bem demonstradas pelas circunstâncias em que ocorreu o fato criminoso. 2. Caso em que o recorrente foi denunciado pelos crimes de tortura, lesão corporal e cárcere privado, acusado de haver submetido um bebê de pouco mais de 1 ano de idade, que estava sob a sua autoridade, a intenso sofrimento físico e mental, utilizando de violência como forma de castigo pessoal, ofendendo também a sua integridade corporal. Além disso, o agente teria privado a liberdade da mãe da vítima, sua companheira, mediante cárcere privado, tentando evitar que a mesma prestasse socorro a filha que, em razão das agressões sofridas, se encontrava desfalecida. 3. Condições pessoais favoráveis não têm, em princípio, o condão de, isoladamente, revogar a prisão cautelar, se há nos autos elementos suficientes a demonstrar a necessidade da custódia. 4. Recurso ordinário improvido. (STJ – (5ª T.) – Rec. em HC 83785 – SP – Rel.: Min. Jorge Mussi – J. em 22/08/2017 – DJ 30/08/2017 – Doc. LEGJUR 177.1642.4004.6200)*

Depois de termos nos dedicado à observação de cada inciso, analisaremos o que eles têm de semelhante e depois os dividiremos conforme sua modalidade.

Primeiramente, é pertinente compreender que, em todas as modalidades descritas anteriormente, o crime de tortura é material, isto é, para que o crime se configure, é necessário que ocorra o resultado naturalístico. Em ambos, admite-se a tentativa e, ainda, a desistência voluntária. E em todos os casos, a ação será pública incondicionada.

Modalidades de tortura	
Tortura-prova	Art. 1º, I, "a"
Tortura-crime	Art. 1º, I, "b"
Tortura discriminatória	Art. 1º, I, "c"
Tortura-castigo	Art. 1º, II

> ***Art. 1º [...]***
>
> ***§ 1º*** *Na mesma pena incorre quem submete pessoa presa ou sujeita à medida de segurança a sofrimento físico ou mental, por intermédio da prática de ato não previsto em lei ou não resultante de medida legal. (grifo nosso)*
>
> *Pena – Reclusão, de dois a oito anos.*

Neste parágrafo, é possível observar que a exigência é quanto ao sujeito passivo, de modo que apenas poderão ser vítimas nesse tipo incriminador as pessoas que estão presas ou sujeitas à medida de segurança.

> ***Art. 1º [...]***
>
> ***§ 2º*** *Aquele que se omite em face dessas condutas, quando tinha o dever de evitá-las ou apurá-las, incorre na pena de detenção de um a quatro anos. (grifo nosso)*

Agora, falaremos da omissão diante da tortura. Nesse caso, o agente tinha o dever de evitar o cometimento da tortura ou de efetuar sua apuração, mas não o fez. Esse tipo penal tem uma peculiaridade, primeiramente temos que dividir o § 2º em duas partes.

A primeira parte diz respeito ao trecho "Aquele que se omite em face dessas condutas, quando tinha o dever de evitá-las"; portanto, estamos falando de um crime próprio, no qual somente podem ser sujeitos ativos as pessoas que tinham o dever de agir, as quais estão descritas no art. 13, § 2º do CP:

> ***Art. 13, CP [...]***
>
> *§ 2º A omissão é penalmente relevante quando o omitente devia e podia agir para evitar o resultado. O dever de agir incumbe a quem:*
>
> *a) tenha por lei obrigação de cuidado, proteção ou vigilância;*
>
> *b) de outra forma, assumiu a responsabilidade de impedir o resultado;*
>
> *c) com seu comportamento anterior, criou o risco da ocorrência do resultado.*

E a segunda parte se relaciona ao trecho " A omissão é penalmente relevante quando o omitente devia e podia agir para evitar o resultado". Neste caso, estamos falando de um crime próprio em que o sujeito ativo só poderá ser a autoridade competente para a apuração do fato.

Então, podemos concluir que o crime de omissão diante da tortura se divide em conduta omissiva de evitação e conduta omissiva de apuração.

Quem comete a tortura	→	Pena – Reclusão de 2 a 8 anos
Quem se omite a tortura	→	Pena – Detenção de 1 a 4 anos

> ***Art. 1º [...]***
>
> ***§ 3º*** *Se resulta lesão corporal de natureza grave ou gravíssima, a pena é de reclusão de quatro a dez anos; se resulta morte, a reclusão é de oito a dezesseis anos.*

A tortura será qualificada se dela houver como resultado lesão corporal de natureza grave, que são as hipóteses previstas no art. 129, § 1º, do CP, ou gravíssima, hipóteses previstas no art. 129, § 2º, do CP, ou se da tortura se resulta a morte.

1.1 Lesão corporal de natureza grave

> ***Art. 129, CP*** *[...]*
>
> ***§ 1º*** *Se resulta:*
>
> ***I*** *– Incapacidade para as ocupações habituais, por mais de trinta dias;*
>
> ***II*** *– perigo de vida;*
>
> ***III*** *– debilidade permanente de membro, sentido ou função;*
>
> ***IV*** *– aceleração de parto.*

1.2 Lesão corporal de natureza gravíssima

> ***Art. 129, CP*** *[...]*
>
> ***§ 2º*** *Se resulta:*
>
> ***I*** *– Incapacidade permanente para o trabalho;*
>
> ***II*** *– enfermidade incurável;*
>
> ***III*** *– perda ou inutilização do membro, sentido ou função;*
>
> ***IV*** *– deformidade permanente;*
>
> ***V*** *– aborto.*

Tortura que resulta lesão corporal grave	→	Pena – Reclusão de 4 a 10 anos
Tortura que resulta lesão corporal gravíssima	→	Pena – Reclusão em 4 a 10 anos
Tortura que resulta morte	→	Pena – Reclusão de 8 a 16 anos

A tortura qualificada pelo resultado morte ocorre quando há dolo na conduta antecedente (tortura) e dolo ou culpa na consequente (lesão ou morte), exatamente o que ocorreu. A vítima era agredida consecutivamente pelo réu, culminando com sua morte, e condená-lo pelo art. 121, § 2º, inciso III, do CP, e pelo art. 1º, inciso II, § 4º, inciso II, da Lei nº 9.455/1997, incidiria no bis in idem (TJRJ, Apelação Criminal 7.584/2009, rel. Des. Suely Lopes Magalhães, j. em 25/11/2009).

> ***Art. 1º** [...]*
>
> ***§ 4º** Aumenta-se a pena de um sexto até um terço:*
>
> ***I** – se o crime é cometido por agente público;*
>
> ***II** – se o crime é cometido contra criança, gestante, portador de deficiência, adolescente ou maior de 60 (sessenta) anos;*
>
> ***III** – se o crime é cometido mediante sequestro.*

Aumenta-se a pena de 1/6 a 1/3	Se cometido por agente público	**Funcionário público:** de acordo com o art. 327, do Código Penal, considera-se funcionário público, para os efeitos penais, quem, embora transitoriamente ou sem remuneração, exerce cargo, emprego ou função pública.
	Se cometido contra criança, gestante, portador de deficiência, adolescente ou maior de 60 anos	**Criança:** pessoa até 12 anos de idade incompletos (art. 2º da Lei 8.069/1990). **Adolescente:** pessoa entre 12 e 18 anos de idade (art. 2º da Lei 8.069/1990). **Portador de deficiência:** considera-se pessoa com deficiência aquela que tem impedimento de longo prazo de natureza física, mental, intelectual ou sensorial, o qual, em interação com uma ou mais barreiras, pode obstruir sua participação plena e efetiva na sociedade em igualdade de condições com as demais pessoas (art. 2º da Lei nº 13.146/2015). **Maior de 60 anos:** é a pessoa idosa conforme estabelece art. 1º do Estatuto do Idoso (Lei nº 10.741/2003).
	Se cometido mediante sequestro	**Sequestro:** é a privação da liberdade da vítima por tempo juridicamente relevante.

As causas de aumento de pena se aplicam também ao crime de omissão à tortura e às hipóteses de tortura qualificada, não se limitando aos crimes previstos no art. 1º.

> ***Art. 1º** [...]*
>
> ***§ 5º** A condenação acarretará a perda do cargo, função ou emprego público e a interdição para seu exercício pelo dobro do prazo da pena aplicada.*

Existem algumas pessoas que têm o dever de agir, ou seja, têm como obrigação o dever de proteger o indivíduo. Tanto no § 4º, inciso I, quanto no § 5º, o legislador visa garantir que o crime de tortura, quando praticado por agente público, tenha uma pena mais severa, uma vez que o agente público, dentro de suas funções, não age em nome próprio, mas, sim, em nome do Estado, sendo que é dever do Estado garantir a proteção aos indivíduos.

Assim, o crime de tortura, quando praticado por agente público, acarreta causa de aumento de pena e, ainda, perda do cargo e interdição para seu exercício.

Suponhamos que Afonso, carcereiro de determinado presídio, torture Daniel, sendo este um dos presos sob sua responsabilidade; suponhamos que Afonso seja condenado pelo crime de tortura e o juiz o sentencie a pena de 6 anos. Além da perda do cargo automática, Afonso só poderá exercer qualquer outra função pública depois de transcorrido o prazo de 12 anos, por força o previsto neste § 5º.

Vale ressaltar que a perda do cargo é, segundo o Supremo Tribunal Federal, efeito automático da condenação:

> *[...] a perda do cargo, função ou emprego público – que configura efeito extrapenal secundário – constitui consequência necessária que resulta, automaticamente, de pleno direito, da condenação penal imposta ao agente público pela prática do crime de tortura, ainda que se cuide de integrante da Polícia Militar, não se lhe aplicando, a despeito de tratar-se de Oficial da Corporação, a cláusula inscrita no art. 125, § 4º, da Constituição da República. Doutrina. Precedentes. (STF, 2ª T., AI 769.637, rel. Min. Celso de Melo, j. 25/06/2013, DJe 15/10/2013).*

No mesmo sentido: "A perda do cargo, função ou emprego público é efeito automático da condenação pela prática do crime de tortura, não sendo necessária fundamentação concreta para a sua aplicação (STJ, 6ª T., AgRg no Ag 1388953/SP, rel. Min.Maria Thereza de Assis Moura, j. 20/06/2013, DJe 28/06/2013)."

> ***Art. 1º** [...]*
>
> ***§ 6º** O crime de tortura é inafiançável e insuscetível de graça ou anistia.*

Temos aqui um aspecto muito importante que merece atenção: o § 6º segue estritamente o que dispõe a Constituição Federal:

> ***Art. 5º**, CF/1988 [...]*
>
> *XLIII – A lei considerará crimes inafiançáveis e insuscetíveis de graça ou anistia a prática da tortura, o tráfico ilícito de entorpecentes e drogas afins, o terrorismo e os definidos como crimes hediondos, por eles respondendo os mandantes, os executores e os que, podendo evitá-los, se omitirem.*

Devemos frisar é que, para fins de concurso, o crime de tortura é equiparado a crime hediondo. Então, além da regra constitucional e da Lei de Tortura, seguimos ainda a regra da Lei nº 8.072/1990:

> ***Art. 2º**, Lei nº 8.072/1990 Os crimes hediondos, a prática da tortura, o tráfico ilícito de entorpecentes e drogas afins e o terrorismo são insuscetíveis de:*
>
> ***I** – anistia, graça e indulto;*
>
> ***II** – fiança.*

Fique ligado!
Não esqueça que, para fins de concurso público, o crime de tortura é inafiançável, insuscetível de graça, anistia e indulto.

Embora haja discussão na doutrina, o Supremo Tribunal Federal decidiu que a Constituição Federal veda, implicitamente, o indulto àqueles que tenham praticado crimes hediondos e assemelhados (como é o caso da tortura), veja-se:

> *Crime hediondo: vedação de graça: inteligência. (...) é constitucional o art. 2º, I, da Lei nº 8.072/1990, porque, nele, a menção ao indulto é meramente expletiva da proibição de graça aos condenados por crimes hediondos ditada pelo art. 5º, XLIII, da Constituição. Na Constituição, a graça individual e o indulto coletivo - que ambos, tanto podem ser totais ou parciais, substantivando, nessa última hipótese, a comutação de pena - são modalidades do poder de graça do Presidente da República (art. 84, XII) - que, no entanto, sofre a restrição do art. 5º, XLIII, para excluir a possibilidade de sua concessão, quando se trata de condenação por crime hediondo. Proibida a comutação de pena,*

> *na hipótese do crime hediondo, pela Constituição, é irrelevante que a vedação tenha sido omitida no D. 3.226/99 (STF, 1ª T., HC 81.565, rel. Min. Sepúlveda Pertence, j. 19/02/2002, DJ 22/03/2002).*
>
> ***Art. 1º** [...]*
>
> ***§ 7º** O condenado por crime previsto nesta Lei, salvo a hipótese do § 2º, iniciará o cumprimento da pena em regime fechado. (grifo nosso)*

Com exceção do crime de omissão à tortura, todos os crimes previstos nessa lei terão como regime inicial o fechado, sendo possível assim a progressão de regimes.

> *Súmula nº 698 – STF*
>
> *Não se estende aos demais crimes hediondos a admissibilidade de progressão no regime de execução da pena aplicada ao crime de tortura.*

Caso a questão pergunte sobre o início do cumprimento de pena de acordo com a jurisprudência do Supremo Tribunal Federal, a resposta será diferente do texto legal, pois a Corte Suprema entende inconstitucional qualquer determinação abstrata para o início do cumprimento de pena no regime fechado.

> ***Art. 2º** O disposto nesta Lei aplica-se ainda quando o crime não tenha sido cometido em território nacional, sendo a vítima brasileira ou encontrando-se o agente em local sob jurisdição brasileira.*

Aplicação extra territorial da Lei nº 9.455/1997	Caso o crime seja cometido **fora do território nacional** quando:	a vítima for brasileira ou o agente esteja em local sob jurisdição brasileira.

2 LEI Nº 10.826/2003 - ESTATUTO DO DESARMAMENTO

2.1 Conceitos introdutórios

O Estatuto do Desarmamento é uma lei que possui normas de Direito Administrativo, Penal e Processual Penal, iremos focar o estudo acerca das infrações penais; contudo, para entender determinados pontos existentes na Lei, será necessário o conhecimento básico de alguns conceitos iniciais.

Por exemplo, o órgão responsável pela autorização e pelo registro de arma de fogo, em regra, é o SINARM (Sistema Nacional de Armas), alocado na Polícia Federal e instituído pelo Ministério da Justiça, cujas competências são exauridas do art. 3º da referida Lei.

2.1.1 Objetivo

▹ Os objetivos estão expostos na ementa da Lei, quais sejam:
- Dispõe sobre registro, posse, porte e comercialização de armas de fogo e munição;
- Dispõe sobre o Sistema Nacional de Armas – SINARM;
- Define crimes; e
- Dá outras providências.

O Estatuto tem incriminação apenas das armas de fogo, acessórios, munições e artefatos explosivos ou incendiários, não se aplicando às armas brancas (arts. 18 e 19 da LCP, ou art. 242 do ECA).

2.1.2 Norma penal em branco

▹ A Lei nº 10.826/2003 não definiu o conceito do que é:
- Arma de fogo, acessório e munição;
- De uso permitido, restrito e proibido; e
- Artefato explosivo ou incendiário.

Tais definições e outros complementos são regulados por diversos decretos, dentre eles: Decreto nº 9.607/2018 (Política Nacional de Exportação e Importação de Produtos de Defesa), , Decreto nº 9.847/2019 (Regulamento acerca do porte, da comercialização, do SIN'ARM e do SIGMA), Decreto nº 10.030/2019 (Regulamento de Produtos Controlados pelo Comando do Exército), Decreto nº 11.366/2023, além de outros.

Definições dadas pelo Decreto nº 10.030/2019 (Anexo III) e Inclusões e alterações dadas pelo Decreto nº 10.627/2021	
Acervo de cidadão	Acervo de cidadão - Relação das armas de fogo pertencentes a uma pessoa física, destinadas à sua defesa pessoal para segurança própria.
Acessório de arma de fogo	artefatos listados nominalmente na legislação como Produto Controlado pelo Exército - PCE que, acoplados a uma arma, possibilitam a alteração da configuração normal do armamento, tal como um supressor de som.
Acessório explosivo	Engenho não muito sensível, de elevada energia de ativação, que tem por finalidade fornecer energia suficiente à continuidade de um trem explosivo e que necessita de um acessório iniciador para ser ativado.
Arma de fogo	Arma que arremessa projéteis empregando a força expansiva dos gases, gerados pela combustão de um propelente confinado em uma câmara, normalmente solidária a um cano, que tem a função de dar continuidade à combustão do propelente, além de direção e estabilidade ao projétil.
Carregador	Depósito ou receptáculo para armazenamento de cartuchos de munição para disparo em armas de fogo, integrante ou destacável do armamento.
Explosivo	Tipo de matéria que, quando iniciada, sofre decomposição muito rápida, com grande liberação de calor e desenvolvimento súbito de pressão.

Definições dadas pelo Anexo I do Decreto nº 10.030/2019	
Arma de fogo de uso permitido	As armas de fogo semiautomáticas ou de repetição que sejam: a) de porte, cujo calibre nominal, com a utilização de munição comum, não atinja, na saída do cano de prova, energia cinética superior a mil e duzentas libras-pé ou mil seiscentos e vinte joules; b) portáteis de alma lisa; ou c) portáteis de alma raiada, cujo calibre nominal, com a utilização de munição comum, não atinja, na saída do cano de prova, energia cinética superior a mil e duzentas libras-pé ou mil seiscentos e vinte joules.
Arma de fogo de uso restrito	As armas de fogo automáticas e as semiautomáticas ou de repetição que sejam: a) não portáteis; b) de porte, cujo calibre nominal, com a utilização de munição comum, atinja, na saída do cano de prova, energia cinética superior a mil e duzentas libras-pé ou mil seiscentos e vinte joules; ou c) portáteis de alma raiada, cujo calibre nominal, com a utilização de munição comum, atinja, na saída do cano de prova, energia cinética superior a mil e duzentas libras-pé ou mil seiscentos e vinte joules.
Arma de fogo de uso proibido	a) as armas de fogo classificadas de uso proibido em acordos e tratados internacionais dos quais a República Federativa do Brasil seja signatária; ou b) as armas de fogo dissimuladas, com aparência de objetos inofensivos.
Munição de uso restrito	As munições que: a) atinjam, na saída do cano de prova de armas de porte ou portáteis de alma raiada, energia cinética superior a mil e duzentas libras-pé ou mil seiscentos e vinte joules; b) sejam traçantes, perfurantes ou fumígenas; c) sejam granadas de obuseiro, de canhão, de morteiro, de mão ou de bocal; ou d) sejam rojões, foguetes, mísseis ou bombas de qualquer natureza.
Munição de uso proibido	As munições que sejam assim definidas em acordo ou tratado internacional de que a República Federativa do Brasil seja signatária e as munições incendiárias ou químicas.

Arma de fogo de porte	As armas de fogo de dimensões e peso reduzidos que podem ser disparadas pelo atirador com apenas uma de suas mãos, a exemplo de pistolas, revólveres e garruchas.
Arma de fogo portátil	As armas de fogo que, devido às suas dimensões ou ao seu peso, podem ser transportadas por uma pessoa, tais como fuzil, carabina e espingarda.
Arma de fogo não portátil art. 2º, IX)	As armas de fogo que, devido às suas dimensões ou ao seu peso, precisam ser transportadas por mais de uma pessoa, com a utilização de veículos, automotores ou não, ou sejam fixadas em estruturas permanentes.

Classificação e definição das armas de fogo: a classificação e definição das armas de fogo de uso permitido, restrito ou proibido, além das obsoletas e de valor histórico, serão disciplinadas por ato do chefe do Poder Executivo Federal, por meio de proposta do Comando do Exército, conforme expõe o caput do art. 23 do referido estatuto.

> ***Art. 23*** *A classificação legal, técnica e geral bem como a definição das armas de fogo e demais produtos controlados, de usos proibidos, restritos, permitidos ou obsoletos e de valor histórico serão disciplinadas em ato do chefe do Poder Executivo Federal, mediante proposta do Comando do Exército.*
>
> *§ 1º Todas as munições comercializadas no País deverão estar acondicionadas em embalagens com sistema de código de barras, gravado na caixa, visando possibilitar a identificação do fabricante e do adquirente, entre outras informações definidas pelo regulamento desta Lei.*
>
> *§ 2º Para os órgãos referidos no art. 6º, somente serão expedidas autorizações de compra de munição com identificação do lote e do adquirente no culote dos projéteis, na forma do regulamento desta Lei.*
>
> *§ 3º As armas de fogo fabricadas a partir de 1 (um) ano da data de publicação desta Lei conterão dispositivo intrínseco de segurança e de identificação, gravado no corpo da arma, definido pelo regulamento desta Lei, exclusive para os órgãos previstos no art. 6º.*
>
> *§ 4º As instituições de ensino policial e as guardas municipais referidas nos incisos III e IV do 'caput' do art. 6º desta Lei e no seu § 7º Poderão adquirir insumos e máquinas de recarga de munição para o fim exclusivo de suprimento de suas atividades, mediante autorização concedida nos termos definidos em regulamento.*

Em muitos lugares na referida Lei, haverá expressões que determinam a necessidade de complemento normativo, tais como: na forma [...], nas condições [...], nos termos do regulamento desta Lei; sem autorização ou em desacordo com determinação legal ou regulamentar.

2.1.3 SINARM e registro

> ***Art. 1º*** *O Sistema Nacional de Armas – SINARM, instituído no Ministério da Justiça, no âmbito da Polícia Federal, tem circunscrição em todo o território nacional.*

O SINARM é órgão vinculado à Polícia Federal e o responsável pelo cadastramento e registro das armas de fogo em território nacional, salvo as das Forças Armadas e Auxiliares, bem como as dos órgãos que constem em seus registros próprios (art. 2º, parágrafo único) — estas serão cadastradas no SIGMA.

> ***Art. 2º*** *Ao SINARM compete:*
>
> *I – identificar as características e a propriedade de armas de fogo, mediante cadastro;*
>
> *II – cadastrar as armas de fogo produzidas, importadas e vendidas no País;*
>
> *III – cadastrar as autorizações de porte de arma de fogo e as renovações expedidas pela Polícia Federal;*
>
> *IV – cadastrar as transferências de propriedade, extravio, furto, roubo e outras ocorrências suscetíveis de alterar os dados cadastrais, inclusive as decorrentes de fechamento de empresas de segurança privada e de transporte de valores;*
>
> *V – identificar as modificações que alterem as características ou o funcionamento de arma de fogo;*
>
> *VI – integrar no cadastro os acervos policiais já existentes;*
>
> *VII – cadastrar as apreensões de armas de fogo, inclusive as vinculadas a procedimentos policiais e judiciais;*
>
> *VIII – cadastrar os armeiros em atividade no País, bem como conceder licença para exercer a atividade;*
>
> *IX – cadastrar mediante registro os produtores, atacadistas, varejistas, exportadores e importadores autorizados de armas de fogo, acessórios e munições;*
>
> *X – cadastrar a identificação do cano da arma, as características das impressões de raiamento e de microestriamento de projétil disparado, conforme marcação e testes obrigatoriamente realizados pelo fabricante;*
>
> *XI – informar às Secretarias de Segurança Pública dos Estados e do Distrito Federal os registros e autorizações de porte de armas de fogo nos respectivos territórios, bem como manter o cadastro atualizado para consulta.*
>
> ***Parágrafo único.*** *As disposições deste artigo não alcançam as armas de fogo das Forças Armadas e Auxiliares, bem como as demais que constem dos seus registros próprios.*

Armas de fogo de uso restrito: compete ao Comando do Exército autorizar a aquisição e registrar as armas de fogo de uso restrito (art. 3º, parágrafo único).

> ***Art. 3º*** *É obrigatório o registro de arma de fogo no órgão competente.*
>
> ***Parágrafo único.*** *As armas de fogo de uso restrito serão registradas no Comando do Exército, na forma do regulamento desta Lei.*
>
> ***Art. 27*** *Caberá ao Comando do Exército autorizar, excepcionalmente, a aquisição de armas de fogo de uso restrito.*
>
> ***Parágrafo único.*** *O disposto neste artigo não se aplica às aquisições dos Comandos Militares.*

2.1.4 Da posse de arma de fogo

A regra geral é que a população não tenha arma de fogo, daí o nome "Estatuto do Desarmamento". Contudo, um particular poderá obter a autorização para **posse de arma de fogo de uso permitido** (há diferença entre "posse" e "porte") caso preencha os requisitos necessários do art. 4º, que são, entre outros: curso técnico, avaliação psicológica, pagamento de taxas; bem como a idade mínima de 25 anos (art. 28).

> ***Art. 4º*** *Para adquirir arma de fogo de uso permitido o interessado deverá, além de declarar a efetiva necessidade, atender aos seguintes requisitos:*
>
> *I – comprovação de idoneidade, com a apresentação de certidões negativas de antecedentes criminais fornecidas pela Justiça Federal, Estadual, Militar e Eleitoral e de não estar respondendo a inquérito policial ou a processo criminal, que poderão ser fornecidas por meios eletrônicos;*
>
> *II – apresentação de documento comprobatório de ocupação lícita e de residência certa;*
>
> *III – comprovação de capacidade técnica e de aptidão psicológica para o manuseio de arma de fogo, atestadas na forma disposta no regulamento desta Lei.*
>
> *§ 1º O SINARM expedirá autorização de compra de arma de fogo após atendidos os requisitos anteriormente estabelecidos, em nome do requerente e para a arma indicada, sendo intransferível esta autorização.*

LEGIS

§ 2º A aquisição de munição somente poderá ser feita no calibre correspondente à arma registrada e na quantidade estabelecida no regulamento desta Lei.

§ 3º A empresa que comercializar arma de fogo em território nacional é obrigada a comunicar a venda à autoridade competente, como também a manter banco de dados com todas as características da arma e cópia dos documentos previstos neste artigo.

§ 4º A empresa que comercializa armas de fogo, acessórios e munições responde legalmente por essas mercadorias, ficando registradas como de sua propriedade enquanto não forem vendidas.

§ 5º A comercialização de armas de fogo, acessórios e munições entre pessoas físicas somente será efetivada mediante autorização do SINARM.

§ 6º A expedição da autorização a que se refere o §1º será concedida, ou recusada com a devida fundamentação, no prazo de 30 (trinta) dias úteis, a contar da data do requerimento do interessado.

§ 7º O registro precário a que se refere o §4º prescinde do cumprimento dos requisitos dos incisos I, II e III deste artigo.

§ 8º Estará dispensado das exigências constantes do inciso III do 'caput' deste artigo, na forma do regulamento, o interessado em adquirir arma de fogo de uso permitido que comprove estar autorizado a portar arma com as mesmas características daquela a ser adquirida.

***Art. 28** É vedado ao menor de 25 (vinte e cinco) anos adquirir arma de fogo, ressalvados os integrantes das entidades constantes dos incisos I, II, III, V, VI, VII e X do 'caput' do art. 6º desta Lei.*

Diferenciação entre posse e porte: a posse de arma de fogo restringe-se à circunscrição residencial ou empresarial – desde que seja o proprietário ou o responsável legal. Já o porte é a autorização de levar a arma de fogo consigo além desses locais.

***Art. 5º** O certificado de Registro de Arma de Fogo, com validade em todo o território nacional, autoriza o seu proprietário a manter a arma de fogo exclusivamente no interior de sua residência ou domicílio, ou dependência desses, ou, ainda, no seu local de trabalho, desde que seja ele o titular ou o responsável legal pelo estabelecimento ou empresa.*

§ 1º O certificado de registro de arma de fogo será expedido pela Polícia Federal e será precedido de autorização do SINARM.

§ 2º Os requisitos de que tratam os incisos I, II e III do art. 4º deverão ser comprovados periodicamente, em período não inferior a 3 (três) anos, na conformidade do estabelecido no regulamento desta Lei, para a renovação do Certificado de Registro de Arma de Fogo.

§ 3º O proprietário de arma de fogo com certificados de registro de propriedade expedido por órgão estadual ou do Distrito Federal até a data da publicação desta Lei que não optar pela entrega espontânea prevista no art. 32 desta Lei deverá renová-lo mediante o pertinente registro federal, até o dia 31 de dezembro de 2008, ante a apresentação de documento de identificação pessoal e comprovante de residência fixa, ficando dispensado do pagamento de taxas e do cumprimento das demais exigências constantes dos incisos I a III do 'caput' do art. 4º desta Lei.

§ 4º Para fins do cumprimento do disposto no §3º deste artigo, o proprietário de arma de fogo poderá obter, no Departamento de Polícia Federal, certificado de registro provisório, expedido na rede mundial de computadores — internet, na forma do regulamento e obedecidos os procedimentos a seguir:

I – emissão de certificado de registro provisório pela internet, com validade inicial de 90 (noventa) dias; e

II – revalidação pela unidade do Departamento de Polícia Federal do certificado de registro provisório pelo prazo que estimar como necessário para a emissão definitiva do certificado de registro de propriedade.

§5º Aos residentes em área rural, para os fins do disposto no 'caput' deste artigo, considera-se residência ou domicílio toda a extensão do respectivo imóvel rural.

Do porte de arma de fogo

***Art. 6º** É proibido o porte de arma de fogo em todo o território nacional, salvo para os casos previstos em legislação própria e para:*

I – os integrantes das Forças Armadas;

II – os integrantes de órgãos referidos nos incisos I, II, III, IV e V do 'caput' do art. 144 da Constituição Federal e os da Força Nacional de Segurança Pública (FNSP);

III – os integrantes das guardas municipais das capitais dos Estados e dos Municípios com mais de 500.000 (quinhentos mil) habitantes, nas condições estabelecidas no regulamento desta Lei;

IV – os integrantes das guardas municipais dos Municípios com mais de 50.000 (cinquenta mil) e menos de 500.000 (quinhentos mil) habitantes, quando em serviço;

V – os agentes operacionais da Agência Brasileira de Inteligência e os agentes do Departamento de Segurança do Gabinete de Segurança Institucional da Presidência da República;

VI – os integrantes dos órgãos policiais referidos no art. 51, IV, e no art. 52, XIII, da Constituição Federal;

VII – os integrantes do quadro efetivo dos agentes e guardas prisionais, os integrantes das escoltas de presos e as guardas portuárias;

VIII – as empresas de segurança privada e de transporte de valores constituídas, nos termos desta Lei;

IX – para os integrantes das entidades de desporto legalmente constituídas, cujas atividades esportivas demandem o uso de armas de fogo, na forma do regulamento desta Lei, observando-se, no que couber, a legislação ambiental.

X – integrantes das Carreiras de Auditoria da Receita Federal do Brasil e de Auditoria-Fiscal do Trabalho, cargos de Auditor-Fiscal e Analista Tributário.

XI – os tribunais do Poder Judiciário descritos no art. 92 da Constituição Federal e os Ministérios Públicos da União e dos Estados, para uso exclusivo de servidores de seus quadros pessoais que efetivamente estejam no exercício de funções de segurança, na forma de regulamento a ser emitido pelo Conselho Nacional de Justiça – CNJ e pelo Conselho Nacional do Ministério Público – CNMP.

§1º As pessoas previstas nos incisos I, II, III, V e VI do 'caput' deste artigo terão direito de portar arma de fogo de propriedade particular ou fornecida pela respectiva corporação ou instituição, mesmo fora de serviço, nos termos do regulamento desta Lei, com validade em âmbito nacional para aquelas constantes dos incisos I, II, V e VI.

§ 1º-A (Revogado)

§ 1º-B Os integrantes do quadro efetivo de agentes e guardas prisionais poderão portar arma de fogo de propriedade particular ou fornecida pela respectiva corporação ou instituição, mesmo fora de serviço, desde que estejam:

I – submetidos a regime de dedicação exclusiva;

II – sujeitos à formação funcional, nos termos do regulamento; e

III – subordinados a mecanismos de fiscalização e de controle interno.

§ 1º-C (Vetado)

§ 2º A autorização para o porte de arma de fogo aos integrantes das instituições descritas nos incisos V, VI, VII e X do 'caput' deste artigo está condicionada à comprovação do requisito a que se refere o inciso III do 'caput' do art. 4º desta Lei nas condições estabelecidas no regulamento desta Lei.

§ 3º A autorização para o porte de arma de fogo das guardas municipais está condicionada à formação funcional de seus integrantes em estabelecimentos de ensino de atividade policial, à existência de mecanismos de fiscalização e de controle interno, nas condições estabelecidas no regulamento desta Lei, observada a supervisão do Ministério da Justiça.

§ 4º Os integrantes das Forças Armadas, das polícias federais e estaduais e do Distrito Federal, bem como os militares dos Estados e do Distrito Federal, ao exercerem o direito descrito no art. 4º, ficam dispensados do cumprimento do disposto nos incisos I, II e III do mesmo artigo, na forma do regulamento desta Lei.

§ 5º Aos residentes em áreas rurais, maiores de 25 (vinte e cinco) anos que comprovem depender do emprego de arma de fogo para prover sua subsistência alimentar familiar será concedido pela Polícia Federal o porte de arma de fogo, na categoria caçador para subsistência, de uma

arma de uso permitido, de tiro simples, com 1 (um) ou 2 (dois) canos, de alma lisa e de calibre igual ou inferior a 16 (dezesseis), desde que o interessado comprove a efetiva necessidade em requerimento ao qual deverão ser anexados os seguintes documentos:

I – documento de identificação pessoal;

II – comprovante de residência em área rural; e

III – atestado de bons antecedentes.

§ 6º O caçador para subsistência que der outro uso à sua arma de fogo, independentemente de outras tipificações penais, responderá, conforme o caso, por porte ilegal ou por disparo de arma de fogo de uso permitido. (Redação dada pela Lei nº 11.706, de 2008)

§ 7º Aos integrantes das guardas municipais dos Municípios que integram regiões metropolitanas será autorizado porte de arma de fogo, quando em serviço.

Art. 7º *As armas de fogo utilizadas pelos empregados das empresas de segurança privada e de transporte de valores, constituídas na forma da lei, serão de propriedade, responsabilidade e guarda das respectivas empresas, somente podendo ser utilizadas quando em serviço, devendo essas observar as condições de uso e de armazenagem estabelecidas pelo órgão competente, sendo o certificado de registro e a autorização de porte expedidos pela Polícia Federal em nome da empresa.*

§ 1º O proprietário ou diretor responsável de empresa de segurança privada e de transporte de valores responderá pelo crime previsto no parágrafo único do art. 13 desta Lei, sem prejuízo das demais sanções administrativas e civis, se deixar de registrar ocorrência policial e de comunicar à Polícia Federal perda, furto, roubo ou outras formas de extravio de armas de fogo, acessórios e munições que estejam sob sua guarda, nas primeiras 24 (vinte e quatro) horas depois de ocorrido o fato.

§ 2º A empresa de segurança e de transporte de valores deverá apresentar documentação comprobatória do preenchimento dos requisitos constantes do art. 4º desta Lei quanto aos empregados que portarão arma de fogo.

§ 3º A listagem dos empregados das empresas referidas neste artigo deverá ser atualizada semestralmente junto ao SINARM.

Art. 7º-A *As armas de fogo utilizadas pelos servidores das instituições descritas no inciso XI do art. 6º serão de propriedade, responsabilidade e guarda das respectivas instituições, somente podendo ser utilizadas quando em serviço, devendo estas observar as condições de uso e de armazenagem estabelecidas pelo órgão competente, sendo o certificado de registro e a autorização de porte expedidos pela Polícia Federal em nome da instituição.*

§ 1º A autorização para o porte de arma de fogo de que trata este artigo independe do pagamento de taxa.

§ 2º O presidente do tribunal ou o chefe do Ministério Público designará os servidores de seus quadros pessoais no exercício de funções de segurança que poderão portar arma de fogo, respeitado o limite máximo de 50% (cinquenta por cento) do número de servidores que exerçam funções de segurança.

§ 3º O porte de arma pelos servidores das instituições de que trata este artigo fica condicionado à apresentação de documentação comprobatória do preenchimento dos requisitos constantes do art. 4º desta Lei, bem como à formação funcional em estabelecimentos de ensino de atividade policial e à existência de mecanismos de fiscalização e de controle interno, nas condições estabelecidas no regulamento desta Lei.

§ 4º A listagem dos servidores das instituições de que trata este artigo deverá ser atualizada semestralmente no SINARM.

§ 5º As instituições de que trata este artigo são obrigadas a registrar ocorrência policial e a comunicar à Polícia Federal eventual perda, furto, roubo ou outras formas de extravio de armas de fogo, acessórios e munições que estejam sob sua guarda, nas primeiras 24 (vinte e quatro) horas depois de ocorrido o fato.

Art. 8º *As armas de fogo utilizadas em entidades desportivas legalmente constituídas devem obedecer às condições de uso e de armazenagem estabelecidas pelo órgão competente, respondendo o possuidor ou o autorizado a portar a arma pela sua guarda na forma do regulamento desta Lei.*

O porte de arma de fogo, geralmente, é proibido (principalmente aos particulares), porém, com regras específicas, os arts. 6º, 7º e 8º autorizam alguns agentes (a maioria se trata de órgãos públicos de segurança pública). Além de outros que possuem autorização emanada de outras leis específicas.

Basicamente, é autorizado para Agentes Públicos (em serviço ou fora dele):

Forças Armadas (art. 6º, *caput*, I)
Art. 142, *caput*, CF/1988: Marinha; Aeronáutica; Exército.
Órgãos de Segurança Pública e Força Nacional de Segurança Pública (art. 6º, caput, II)
Art. 144, *caput*, CF/1988: Polícia Federal; Polícia Rodoviária Federal; Polícia Ferroviária Federal; Polícias Civis; Polícias Militares e Corpo de Bombeiros Militares; Polícias penais federal, estaduais e distrital; Força Nacional de Segurança Pública – FNSP.
Guardas Municipais* (art. 6º, caput, III)
Capitais de Estado e Municípios com mais de 500 mil habitantes.
GSI-PR e ABIN (art. 6º, caput, V)
Agentes Operacionais da ABIN; Agentes de Segurança Presidencial do GSI-PR.
Polícia Legislativa Federal (art. 6º, caput, VI)
Polícia da Câmara dos Deputados (art. 51, IV, CF/1988); Polícia do Senado (art. 52, XIII, CF/1988).

Agentes Públicos (apenas em serviço):

Guardas Municipais* (art. 6º, caput, IV, e § 7º)
Municípios com **mais de 50** mil habitantes e **menos de 500** mil habitantes (art. 6º, caput, IV); Municípios que integrem **regiões metropolitanas** (art. 6º, § 7º).
Guardas prisionais e portuárias (art. 6º, caput, VII)
Agentes e guardas prisionais (poderão obter o porte para uso fora de serviço, desde que preencham os requisitos do § 1º-B do art. 6º); Integrantes de escolta de presos; Guardas portuários.
Auditoria Fiscal Federal Tributária e Trabalhista (art. 6º, *caput*, X).
Auditor-Fiscal da Receita Federal; Analista Tributário da Receita Federal; Auditor-Fiscal do Trabalho Federal.
Agentes de Segurança do Poder Judiciário e Ministério Público (art. 6º, caput, XI)
Porte em nome da instituição e uso em serviço: competência da **Polícia Federal** (art. 7º-A).

Particulares:

Empresas de Segurança Privada e de Transporte de Valores (art. 6º, caput, VIII)
Porte em nome da empresa e uso apenas em serviço: competência da **Polícia Federal** (art. 7º).
Caçador para subsistência (art. 6º, §§ 5º e 6º)
Porte "caçador para subsistência" (residente em área rural): competência da **Polícia Federal**.
Atiradores, caçadores e colecionadores (art. 9º)
Integrantes (art. 6º, caput, IX) e entidades desportivas (art. 8º). Registro e porte de trânsito (guia de tráfego): competência do **Comando do Exército** (art. 9º).

Estrangeiros no Brasil:

Responsáveis pela segurança de cidadãos estrangeiros em visita ou sediados no Brasil.
Autorização do porte de arma de fogo: competência do **Ministério da Justiça** (art. 9º).
Representantes estrangeiros em competição internacional oficial de tiro no Brasil.
Registro e porte de trânsito: competência do **Comando do Exército** (art. 9º).

Art. 9º Compete ao Ministério da Justiça a autorização do porte de arma para os responsáveis pela segurança de cidadãos estrangeiros em visita ou sediados no Brasil e, ao Comando do Exército, nos termos do regulamento desta Lei, o registro e a concessão de porte de trânsito de arma de fogo para colecionadores, atiradores e caçadores e de representantes estrangeiros em competição internacional oficial de tiro realizada no território nacional.

Autorização conforme os órgãos	
Ministério da Justiça	Autorização do porte de arma para: Seguranças de cidadãos estrangeiros em visita ou sediados no Brasil.
Comando do Exército	Registro e concessão de porte de trânsito de arma de fogo para: Colecionadores; Atiradores; Caçadores; e Representantes estrangeiros em competição internacional oficial de tiro realizada no território nacional.

Perda automática: aquele que for abordado ou detido em estado de embriaguez ou sob o efeito drogas perderá automaticamente a eficácia do porte de arma de fogo (art. 10, § 2º).

***Art. 10** A autorização para o porte de arma de fogo de uso permitido, em todo o território nacional, é de competência da Polícia Federal e somente será concedida após autorização do SINARM.*

§1º A autorização prevista neste artigo poderá ser concedida com eficácia temporária e territorial limitada, nos termos de atos regulamentares, e dependerá de o requerente:

I – demonstrar a sua efetiva necessidade por exercício de atividade profissional de risco ou de ameaça à sua integridade física;

II – atender às exigências previstas no art. 4º desta Lei;

III – apresentar documentação de propriedade de arma de fogo, bem como o seu devido registro no órgão competente.

§ 2º A autorização de porte de arma de fogo, prevista neste artigo, perderá automaticamente sua eficácia caso o portador dela seja detido ou abordado em estado de embriaguez ou sob efeito de substâncias químicas ou alucinógenas.

Fique ligado
O uso ostensivo de arma de fogo para aqueles que possuem o porte é proibido. Ou seja, o sujeito que leva a arma consigo, mas a deixa aparecer. O resultado é o mesmo para quem seja detido embriagado portando a arma de fogo: cassação do porte e apreensão da arma (art. 20, Decreto nº 9.847/2019).

***Art. 11** Fica instituída a cobrança de taxas, nos valores constantes do Anexo desta Lei, pela prestação de serviços relativos:*

I – ao registro de arma de fogo;

II – à renovação de registro de arma de fogo;

III – à expedição de segunda via de registro de arma de fogo;

IV – à expedição de porte federal de arma de fogo;

V – à renovação de porte de arma de fogo;

VI – à expedição de segunda via de porte federal de arma de fogo.

§ 1º Os valores arrecadados destinam-se ao custeio e à manutenção das atividades do SINARM, da Polícia Federal e do Comando do Exército, no âmbito de suas respectivas responsabilidades.

§ 2º São isentas do pagamento das taxas previstas neste artigo as pessoas e as instituições a que se referem os incisos I a VII e X e o § 5º do art. 6º desta Lei.

***Art. 11-A** O Ministério da Justiça disciplinará a forma e as condições do credenciamento de profissionais pela Polícia Federal para comprovação da aptidão psicológica e da capacidade técnica para o manuseio de arma de fogo.*

§1º Na comprovação da aptidão psicológica, o valor cobrado pelo psicólogo não poderá exceder ao valor médio dos honorários profissionais para realização de avaliação psicológica constante do item 1.16 da tabela do Conselho Federal de Psicologia.

§ 2º Na comprovação da capacidade técnica, o valor cobrado pelo instrutor de armamento e tiro não poderá exceder R$ 80,00 (oitenta reais), acrescido do custo da munição.

§ 3º A cobrança de valores superiores aos previstos nos §§ 1º e 2º deste artigo implicará o descredenciamento do profissional pela Polícia Federal.

2.1.5 Do comércio

A **comercialização, produção, importação, exportação ou manutenção** de armas de fogo em território nacional são permitidas desde que o estabelecimento comercial tenha sido previamente *autorizado pelo Comando do Exército (art. 24) e cadastrado no SINARM* (art. 2º, IX).

***Art. 24** Excetuadas as atribuições a que se refere o art. 2º desta Lei, compete ao Comando do Exército autorizar e fiscalizar a produção, exportação, importação, desembaraço alfandegário e o comércio de armas de fogo e demais produtos controlados, inclusive o registro e o porte de trânsito de arma de fogo de colecionadores, atiradores e caçadores.*

Comércio entre pessoas físicas: o comércio entre pessoas físicas só é possível mediante *autorização prévia do SINARM* (art. 4º, § 5º), bem como a atividade de armeiro (art. 2º, VIII).

Fique ligado
A proibição não se restringe apenas às armas de fogo, mas também às armas de brinquedos (art. 26).

***Art. 26** São vedadas a fabricação, a venda, a comercialização e a importação de brinquedos, réplicas e simulacros de armas de fogo, que com estas se possam confundir.*

> ***Parágrafo único.*** *Excetuam-se da proibição as réplicas e os simulacros destinados à instrução, ao adestramento, ou à coleção de usuário autorizado, nas condições fixadas pelo Comando do Exército.*

2.1.6 Das armas de fogo apreendidas

Destinatário das armas de fogo apreendidas (art. 25): deverão ser encaminhadas ao Comando do Exército pela autoridade judiciária competente, em até 48 horas, desde que já tenha sido feito o laudo pericial, a juntada aos autos e não mais interessem à persecução penal, a fim de serem destruídas ou doadas aos órgãos de segurança pública (art. 144, CF/1988) ou às Forças Armadas (art. 142, CF/1988).

> ***Art. 25*** *As armas de fogo apreendidas, após a elaboração do laudo pericial e sua juntada aos autos, quando não mais interessarem à persecução penal serão encaminhadas pelo juiz competente ao Comando do Exército, no prazo de até 48 (quarenta e oito) horas, para destruição ou doação aos órgãos de segurança pública ou às Forças Armadas, na forma do regulamento desta Lei. (Redação dada pela Lei nº 13.886/2019)*
>
> *§ 1º As armas de fogo encaminhadas ao Comando do Exército que receberem parecer favorável à doação, obedecidos o padrão e a dotação de cada Força Armada ou órgão de segurança pública, atendidos os critérios de prioridade estabelecidos pelo Ministério da Justiça e ouvido o Comando do Exército, serão arroladas em relatório reservado trimestral a ser encaminhado àquelas instituições, abrindo-se-lhes prazo para manifestação de interesse.*
>
> *§1º-A As armas de fogo e munições apreendidas em decorrência do tráfico de drogas de abuso, ou de qualquer forma utilizadas em atividades ilícitas de produção ou comercialização de drogas abusivas, ou, ainda, que tenham sido adquiridas com recursos provenientes do tráfico de drogas de abuso, perdidas em favor da União e encaminhadas para o Comando do Exército, devem ser, após perícia ou vistoria que atestem seu bom estado, destinadas com prioridade para os órgãos de segurança pública e do sistema penitenciário da unidade da federação responsável pela apreensão.*
>
> *§ 2º O Comando do Exército encaminhará a relação das armas a serem doadas ao juiz competente, que determinará o seu perdimento em favor da instituição beneficiada.*
>
> *§ 3º O transporte das armas de fogo doadas será de responsabilidade da instituição beneficiada, que procederá ao seu cadastramento no SINARM ou no SIGMA.*
>
> *§ 4º (Vetado)*
>
> *§ 5º O Poder Judiciário instituirá instrumentos para o encaminhamento ao SINARM ou ao SIGMA, conforme se trate de arma de uso permitido ou de uso restrito, semestralmente, da relação de armas acauteladas em juízo, mencionando suas características e o local onde se encontram.*

2.1.7 Do Banco Nacional de Perfis Balísticos

Criação do Banco Nacional de Perfis Balísticos: a Lei nº 13.964/2019 (Pacote Anticrime) incluiu o art. 34-A no Estatuto do Desarmamento a fim de auxiliar o trabalho pericial com sistema automatizado e integrado.

> ***Art. 34-A*** *Os dados relacionados à coleta de registros balísticos serão armazenados no Banco Nacional de Perfis Balísticos.*
>
> *§ 1º O Banco Nacional de Perfis Balísticos tem como objetivo cadastrar armas de fogo e armazenar características de classe e individualizadoras de projéteis e de estojos de munição deflagrados por arma de fogo.*
>
> *§ 2º O Banco Nacional de Perfis Balísticos será constituído pelos registros de elementos de munição deflagrados por armas de fogo relacionados a crimes, para subsidiar ações destinadas às apurações criminais federais, estaduais e distritais.*
>
> *§ 3º O Banco Nacional de Perfis Balísticos será gerido pela unidade oficial de perícia criminal.*
>
> *§ 4º Os dados constantes do Banco Nacional de Perfis Balísticos terão caráter sigiloso, e aquele que permitir ou promover sua utilização para fins diversos dos previstos nesta Lei ou em decisão judicial responderá civil, penal e administrativamente.*
>
> *§ 5º É vedada a comercialização, total ou parcial, da base de dados do Banco Nacional de Perfis Balísticos.*
>
> *§ 6º A formação, a gestão e o acesso ao Banco Nacional de Perfis Balísticos serão regulamentados em ato do Poder Executivo federal.*

Justificado no Projeto de Lei nº 882/2019, de autoria do então Ministro Sérgio Moro, segundo o qual:

> *Registre-se, ainda, a introdução do art. 34-A., que disciplina a coleta de dados e armazenamento de perfis balísticos, através de um Banco Nacional gerenciados por Unidade Oficial de Perícia Criminal. Trata-se de modalidade de prova técnica essencial para a apuração de crimes praticados com arma de fogo, entre eles o homicídio, cujos índices de apuração não têm sido positivos. A Secretaria Nacional de Segurança Pública – SENASP, em nota técnica manifestou-se afirmando: 'A Criação do Banco Nacional de Perfis Balísticos, com sistemas automatizados em rede integrada, possibilitará a elucidação dos crimes envolvendo armas de fogo como Homicídios, Feminicídios, Latrocínios, Roubos, crimes realizados por Organizações Criminosas, dentre outros.'.*

2.2 Dos crimes e das penas

Bem jurídico tutelado: é a segurança pública e a paz social (incolumidade pública): preserva-se a coletividade e não apenas uma única pessoa, ou seja, **não é a incolumidade física**. A segurança pública, de acordo com a CF/1988 (art. 144, *caput*), é dever do Estado, porém de responsabilidade de todos. Assim, aqueles que atentem contra a preservação da ordem social e da incolumidade pública serão punidos de acordo com a Lei.

Ação penal: é pública incondicionada, uma vez que o bem jurídico tutelado pela norma é a incolumidade pública.

Sujeito passivo: o sujeito passivo imediato é a coletividade, ou seja, trata-se de crime vago e, em regra, de perigo abstrato e de mera conduta. Quase todos os delitos são dolosos e comissivos; contudo, haverá um ou outro que será culposo ou omissivo, como é o caso da omissão de cautela (art. 13, *caput*).

Fiança e liberdade provisória: geralmente, os crimes previstos na Lei nº 10.826/2003 são suscetíveis de liberdade provisória (todos) e afiançáveis (salvo os arts. 16, 17 e 18).

Delitos hediondos: os arts. 16, 17 e 18 são considerados crimes hediondos (art. 1º, parágrafo único, Lei nº 8.072/1990) e, por conseguinte, insuscetíveis de anistia, graça, indulto e fiança.

Inconstitucionalidade do art. 21º e dos parágrafos únicos dos arts. 14º e 15º: tais dispositivos foram considerados inconstitucionais segundo o Supremo Tribunal Federal (STF/ADI 3.112), uma vez que não estão incluídos no rol constitucional dos delitos inafiançáveis, conforme os incisos XLII, XLIII, XLIV, do art. 5º, da Carta Magna, quais sejam: racismo, tortura, tráfico ilícito de drogas, terrorismo, crimes hediondos e ação de grupos armados contra a ordem constitucional e o Estado Democrático.

> *A **proibição de estabelecimento de fiança** para os delitos de 'porte ilegal de arma de fogo de uso permitido' e de 'disparo de arma de fogo', **mostra-se desarrazoada,** porquanto são crimes de mera conduta, que não se equiparam aos crimes que acarretam lesão ou ameaça de lesão à vida ou à propriedade. **[...] Insusceptibilidade de liberdade provisória** quanto aos delitos elencados nos arts. 16, 17 e 18. **Inconstitucionalidade reconhecida,** visto que o texto magno não autoriza a prisão 'ex lege', em face dos princípios da presunção de inocência e da obrigatoriedade de fundamentação dos mandados de prisão pela autoridade judiciária competente. [...] Ação julgada procedente, em*

L E G I S

parte, para declarar a ***inconstitucionalidade dos parágrafos únicos dos artigos 14 e 15 e do artigo 21*** *da Lei nº 10.826, de 22 de dezembro de 2003. STF, ADI 3.112/DF, Rel. Min. Ricardo Lewandowski, julgado em 02/05/2007, Tribunal Pleno, DJe 26/10/2007.*

Norma penal em branco: por se tratar de norma penal em branco, a definição de arma de fogo, munição e acessórios de uso permitido, restrito ou proibido e artefatos explosivos constam em outras normas infralegais. Lembre-se de que o Estatuto do Desarmamento cuida apenas de arma de fogo, acessórios e munições, mas não de arma branca (o porte dela poderá configurar contravenção penal).

Apenas um delito qualificado: somente o crime de "posse ou porte ilegal de arma de fogo de uso proibido" é qualificado (art. 16, §2º), já os arts. 19 e 20 se referem a majorantes (causas de aumento de pena).

Abolitio criminis **temporária ou vacatio legis indireta:**

> ***Art. 30*** *Os possuidores e proprietários de arma de fogo de uso permitido ainda não registrada deverão solicitar seu registro até o dia 31 de dezembro de 2008, mediante apresentação de documento de identificação pessoal e comprovante de residência fixa, acompanhados de nota fiscal de compra ou comprovação da origem lícita da posse, pelos meios de prova admitidos em direito, ou declaração firmada na qual constem as características da arma e a sua condição de proprietário, ficando este dispensado do pagamento de taxas e do cumprimento das demais exigências constantes dos incisos I a III do 'caput' do art. 4º desta Lei. (Redação dada pela Lei nº 11.706, de 19/06/2008) (Prazo prorrogado até 31/12/2009, de acordo com o art. 20 da Lei nº 11.922/2009)*
>
> *Parágrafo único. Para fins do cumprimento do disposto no 'caput' deste artigo, o proprietário de arma de fogo poderá obter, no Departamento de Polícia Federal, certificado de registro provisório, expedido na forma do §4º do art. 5º desta Lei.*
>
> ***Art. 31*** *Os possuidores e proprietários de armas de fogo adquiridas regularmente poderão, a qualquer tempo, entregá-las à Polícia Federal, mediante recibo e indenização, nos termos do regulamento desta Lei.*
>
> ***Art. 32*** *Os possuidores e proprietários de arma de fogo poderão entregá-la, espontaneamente, mediante recibo, e, presumindo-se de boa-fé, serão indenizados, na forma do regulamento, ficando extinta a punibilidade de eventual posse irregular da referida arma.*

A abolitio criminis temporária a que se referem os arts. 30 e 32 é aplicável somente à **posse de arma de fogo de uso permitido (art. 12),** contudo, há duas datas que distinguem a aplicação:

- Até 23/10/2005: além do art. 12, também era cabível à "posse de arma de fogo de uso permitido com numeração raspada ou suprimida" (art. 16, § 1º, IV).

> ***Súmula nº 513*** **– STJ***: A 'abolitio criminis' temporária prevista na Lei nº 10.826/2003 aplica-se ao crime de posse de arma de fogo de uso permitido com numeração, marca ou qualquer outro sinal de identificação raspado, suprimido ou adulterado, praticado somente até 23/10/2005.*

- Após 23/10/2005 e até 31/12/2009: somente aplicável ao art. 12, a posse de arma de fogo de uso permitido.

> *É típica a conduta de possuir arma de fogo de uso permitido com numeração, marca ou qualquer outro sinal de identificação raspado, suprimido ou adulterado, praticada após 23/10/2005, pois, em relação a esse delito, a 'abolitio criminis' temporária cessou nessa data, termo final da prorrogação dos prazos previstos na redação original dos arts. 30 e 32 da Lei nº 10.826/2003. A nova redação do art. 32 da Lei nº 10.826/2003, trazida pela Lei nº 11.706/2008, não mais suspendeu, temporariamente, a vigência da norma incriminadora ou instaurou uma 'abolitio criminis' temporária — conforme operado pelo art. 30 da mesma lei —, mas instituiu uma causa permanente de exclusão da punibilidade, consistente na entrega espontânea da arma. A causa extintiva da punibilidade, na hipótese legal, consiste em ato jurídico (entrega espontânea da arma), e tão somente se tiver havido a sua efetiva prática é que a excludente produzirá seus efeitos. Se isso não ocorreu, não é caso de aplicação da excludente. STJ, REsp 1.311.408/RN, Rel. Min. Sebastião Reis Júnior, julgado em 13/03/2013, Terceira Seção, DJe 20/05/2013.*

2.2.1 Posse irregular de arma de fogo de uso permitido (art. 12)

> ***Art. 12*** *Possuir ou manter sob sua guarda arma de fogo, acessório ou munição, de uso permitido, em desacordo com determinação legal ou regulamentar, no interior de sua residência ou dependência desta, ou, ainda no seu local de trabalho, desde que seja o titular ou o responsável legal do estabelecimento ou empresa:*
>
> ***Pena*** *– detenção, de 1 (um) a 3 (três) anos, e multa.*

Cuida-se, aqui, exclusivamente da **posse** de arma de fogo, acessório ou munição, **de uso permitido**. Portanto, atente-se se houver a expressão "porte", "de uso restrito" ou "de uso proibido", pois incorrerá em outro tipo penal: ou art. 14, ou art. 16.

Veja que o tipo penal versa apenas sobre arma de fogo, bem como toda a Lei nº 10.826/2003. Portanto, é **fato atípico** para o Estatuto do Desarmamento a posse ou o porte de **arma branca**, mas será contravenção penal (art. 19, LCP).

Descrição do crime

Sujeito ativo: é comum na primeira parte (não necessita de qualidade especial); enquanto, na segunda, é próprio, uma vez que somente "o titular ou o responsável legal do estabelecimento ou empresa" pode cometê-lo.

Condutas: como o tipo penal possui mais de um verbo, "possuir" e "manter", é considerado de ação múltipla (de conteúdo variado, tipo misto alternativo ou multinuclear).

Delimitação espacial: em sua residência, dependências dela ou em seu local de trabalho desde que seja o titular ou responsável pela empresa.

Caminhão não é residência (STJ): se o delito é de posse de arma de fogo e ocorreu dentro do prazo da 'vacatio legis' indireta, a pena deve ser extinta, mas tal causa de extinção não se estende ao porte de arma de fogo encontrada dentro do caminhão que o paciente dirigia. O conceito de residência não se confunde com o de veículo-caminhão, pois este é mero instrumento de trabalho. STJ, HC 116.052/MG, Rel. Min. Jane Silva (Des. Conv. do TJ/MG), julgado em 20/11/2008, 6ª Turma, DJe 09/12/2008.

Caminhão não é local de trabalho (STJ): configura delito de porte ilegal de arma de fogo se a arma é apreendida no interior de caminhão. O caminhão não é um ambiente estático, não podendo ser reconhecido como local de trabalho. STJ, REsp 1.219.901/MG, Rel. Min. Sebastião Reis Júnior, julgado em 24/04/2012, 6ª Turma, DJe 10/05/2012 (Vide Inf. 496).

Objeto material: arma de fogo, acessório ou munição, de uso permitido (norma penal em branco).

Elemento normativo jurídico: em desacordo com determinação legal ou regulamentar, isto é, sem o certificado de registro de arma de fogo (norma penal em branco).

Elemento subjetivo: delito exclusivamente doloso (não há tipificação da modalidade culposa) e sem necessidade de fim específico (dolo genérico).

Consumação e tentativa: trata-se de crime de perigo abstrato e de mera conduta, não necessitando de resultado naturalístico, além de ser delito permanente em que a sua consumação se protrai no tempo, portanto, a prisão em flagrante é possível em qualquer momento enquanto perdurar a sua guarda ou posse. Ainda que seja de difícil ocorrência, a tentativa é possível (plurissubsistente).

Sursis processual: trata-se de crime de médio potencial ofensivo (a pena mínima é de até 1 ano e a máxima é superior a 2 anos), no qual será julgado pelo Juizado Comum, contudo é cabível a suspensão condicional do processo (art. 89, Lei nº 9.099/1995).

Ação penal pública incondicionada: por se tratar de crime de perigo abstrato, no qual o bem jurídico tutelado é a incolumidade pública.

Fiança policial: uma vez que a pena máxima não é superior a 4 anos nem está no rol constitucional dos crimes inafiançáveis (art. 5º, incisos XLII, XLIII e XLIV, CF/1988), é possível a liberdade provisória mediante fiança policial (art. 322, CPP).

2.2.2 Omissão de cautela (art. 13º)

> ***Art. 13*** *Deixar de observar as cautelas necessárias para impedir que menor de 18 (dezoito) anos ou pessoa portadora de deficiência mental se apodere de arma de fogo que esteja sob sua posse ou que seja de sua propriedade:*
>
> ***Pena** – detenção, de 1 (um) a 2 (dois) anos, e multa.*
>
> ***Parágrafo único.** Nas mesmas penas incorrem o proprietário ou diretor responsável de empresa de segurança e transporte de valores que deixarem de registrar ocorrência policial e de comunicar à Polícia Federal perda, furto, roubo ou outras formas de extravio de arma de fogo, acessório ou munição que estejam sob sua guarda, nas primeiras 24 (vinte e quatro) horas depois de ocorrido o fato.*

Devemos ter cuidado quanto a esse artigo, pois, **no *caput*,** é um **delito culposo**; já **no parágrafo único, é doloso** (crime autônomo). Dessa forma, analisaremos as condutas em separado, inicialmente pela omissão de cautela prevista no caput.

As penas são as mesmas para as duas condutas, tanto no caput, quanto no parágrafo único, sendo que, em ambos os casos, estamos tratando de **infração de menor potencial ofensivo**: com pena máxima de 2 anos (art. 61, Lei nº 9.099/1995). Portanto, será julgado pelo Juizado Especial Criminal (JECRIM) e é admissível as suas benesses (art. 2º, Lei nº 9.099/1995), por exemplo: a transação penal e o sursis processual (art. 89, Lei nº 9.099/1995).

Ação penal: pública e incondicionada, de igual modo toda a Lei nº 10.826/2003, por se tratar de crimes de perigo em que o bem jurídico tutelado é a incolumidade pública.

Fiança em sede policial: também é possível nas duas situações, uma vez que a pena máxima é inferior a 4 anos.

Descrição do crime (*caput*)

Sujeitos do crime: com relação ao sujeito ativo é próprio, na medida em que o agente é o possuidor ou proprietário da arma de fogo; já o sujeito passivo imediato é a coletividade (crime vago) e, mediatamente, qualquer menor de 18 anos ou deficiente mental que venha efetivamente a se apoderar da arma de fogo: comum.

Objeto material: somente arma de fogo, porém de qualquer porte, seja de uso permitido, restrito ou proibido. Assim, será fato atípico quando se tratar de munições ou acessórios.

Elemento subjetivo e conduta: é a culpa na modalidade negligência, com a conduta de "deixar de observar as cautelas necessárias" (omissão do dever objetivo de cuidado).

Consumação e tentativa: consuma-se no exato momento em que há o apossamento pelo menor de 18 ou deficiente mental da arma de fogo independentemente da ocorrência de deflagração de munição ou crime mais grave (crime instantâneo e de perigo). Dessa forma, caso o agente viva sozinho e esqueça a arma de fogo sobre a mesa, será fato atípico, bem como se ele tiver o zelo necessário. Por exemplo, imagine que o agente tenha guardado a arma em um cofre, mas de qualquer forma a criança venha a se apoderar dela furtando a chave do cofre: não haverá crime. Outrossim, por ser delito culposo e omissivo puro, não se admite a tentativa: ou se consuma, ou não há crime.

Concurso material: caso o menor de 18 anos, ou o deficiente mental que tenha se apoderado da arma de fogo, venha a cometer um crime, por exemplo, um homicídio, o agente possuidor ou proprietário da arma de fogo responderá pela infração do art. 13 (omissão de cautela) e pelo outro delito cometido.

Fique ligado

É muito comum as bancas de concursos cobrarem acerca desse crime relacionado ao deficiente físico, mas é incorreto. Portanto, tenha muito cuidado e lembre-se que são apenas dois sujeitos que descrevem o tipo penal sobre se apoderar da arma de fogo:

Menor de 18 anos de idade;

Pessoa com deficiência mental.

Deficiente físico: (fato atípico)

Descrição do crime (parágrafo único)

Sujeitos do crime: em relação ao sujeito ativo é próprio, pois somente "o proprietário ou diretor responsável" da empresa de segurança e transporte de valores poderá cometê-lo; já o sujeito passivo imediato é a coletividade (crime vago), contudo, há dois obstáculos nos estudos: o registro policial (qualquer delegacia) e a comunicação à Polícia Federal (especificamente).

Objeto material: arma de fogo, acessório ou munição que estejam sob sua guarda.

Elemento subjetivo e conduta: é exclusivamente doloso (não se admite a modalidade culposa) com condutas omissivas próprias de "deixar de registrar" ocorrência policial do sumiço e "deixar de comunicar" à Polícia Federal.

Consumação e tentativa: consuma-se após 24 horas do efetivo conhecimento do furto ou extravio (crime a prazo). Por conta disso, não se inicia a contagem do tempo enquanto não houver o conhecimento "do sumiço". A tentativa não é possível, por ser um crime omissivo próprio (ou omissivo puro).

2.2.3 Porte ilegal de arma de fogo de uso permitido (art. 14)

> ***Art. 14*** *Portar, deter, adquirir, fornecer, receber, ter em depósito, transportar, ceder, ainda que gratuitamente, emprestar, remeter, empregar, manter sob guarda ou ocultar arma de fogo, acessório ou munição, de uso permitido, sem autorização e em desacordo com determinação legal ou regulamentar:*
>
> ***Pena** – reclusão, de 2 (dois) a 4 (quatro) anos, e multa.*
>
> ***Parágrafo único.** O crime previsto neste artigo é inafiançável, salvo quando a arma de fogo estiver registrada em nome do agente. (Vide Adin 3.112-1)*

Semelhantemente ao art. 12, este delito prevê incriminação pelo porte de arma de fogo, acessório ou munição, de uso permitido. Cuidado, pois, caso o agente possua autorização para posse de arma de fogo de uso permitido em sua residência e a leve consigo para o seu local de trabalho, sem ser proprietário ou responsável legal, configurará crime previsto no art. 14: porte ilegal de arma de fogo de uso permitido.

Além disso, se a arma de fogo, acessório ou munição forem "de uso restrito" ou "de uso proibido", o crime será o do art. 16 (posse ou porte ilegal de arma de fogo de uso restrito ou proibido).

Fique ligado

Cuida-se apenas de arma de fogo (toda a Lei nº 10.826/2003); portanto, é fato atípico para o Estatuto do Desarmamento o porte de arma branca: será contravenção penal (art. 19, LCP).

Descrição do crime

Sujeito ativo: comum, uma vez que qualquer pessoa pode cometê-lo, até mesmo um integrante dos órgãos de segurança pública cujo porte seja deferido, basta que esteja com arma de fogo diversa da qual lhe foi autorizada. Por exemplo: um policial militar que transporte no seu carro uma Winchester.44, do século XIX, totalmente funcional, que tenha ganhado de seu avô, porém sem certificado de registro (CR).

Condutas: como possui 13 verbos, é considerado tipo misto alternativo (de ação múltipla, de conteúdo variado ou multinuclear); assim, no mesmo contexto fático, a prática de mais de uma conduta pelo mesmo agente será crime único, por força do princípio da alternatividade.

Objeto material: arma de fogo, acessório ou munição, de uso permitido (norma penal em branco).

Arma desmuniciada, com defeito parcial e totalmente inapta: com relação à capacidade lesiva da arma, devemos entender como é a jurisprudência dos Tribunais Superiores e como é cobrado em prova, havendo algumas situações.

- **Arma desmontada ou desmuniciada:** é crime, do mesmo modo que carregar apenas uma única munição.

> *O Supremo Tribunal Federal firmou o entendimento de que é de perigo abstrato o crime de porte ilegal de arma de fogo, sendo, portanto,* ***irrelevante*** *para sua configuração encontrar-se a* ***arma desmontada ou desmuniciada****. STF, HC 95.861/RJ, Rel. p/ ac. Min. Dias Toffoli, julgado em 02/06/2015, 2ª Turma, DJe 01/07/2015.*

> *Este Superior Tribunal de Justiça tem jurisprudência pacificada no sentido de que o* ***porte ilegal de arma de fogo desmuniciada ou desmontada configura hipótese de perigo abstrato,*** *bastando apenas a prática do ato de levar consigo para a consumação do delito. Dessa forma, eventual nulidade do laudo pericial, ou até mesmo a sua ausência,* ***não impede o enquadramento da conduta.*** *STJ, AgRg no REsp 1.390.999/SP, Rel. Min. Laurita Vaz, julgado em 27/03/2014, 5ª Turma, DJe 03/04/2014. Precedente: STJ, AgRg no AREsp 179.022/DF, Rel. Min. Assusete Magalhães, julgado em 07/02/2013, 6ª Turma, DJe 05/04/2013.*

- **Arma com defeito parcial:** trata-se de objeto material com impropriedade relativa e, portanto, é típica.

> *O mero fato de o* ***funcionamento de arma de fogo não ser perfeito*** *não afasta a tipicidade material do* ***crime definido*** *no art. 14 da Lei nº 10.826/2003. STF, HC 93.816/RS, Rel. Min. Joaquim Barbosa, julgado em 06/05/2008, 2ª Turma, DJe 01/08/2008 (Vide Inf. 505).*

- **Arma totalmente inidônea:** crime impossível, pela impropriedade absoluta do objeto material ou ineficácia absoluta do meio.

> ***Não está caracterizado o crime*** *de porte ilegal de* ***arma de fogo*** *quando o instrumento apreendido sequer pode ser enquadrado no conceito técnico de arma de fogo, por estar quebrado e, de acordo com laudo pericial,* ***totalmente inapto*** *para realizar disparos. STJ, AgRg no AREsp 397.473/DF, Rel. Min. Marco Aurélio Bellizze, julgado 19/08/2014, 5ª Turma, DJe 25/08/2014 (Vide Inf. 544).*

Fique ligado

Para configurar o crime impossível, não só a arma de fogo deve ser totalmente inapta, mas também a arma estar desmuniciada ou as munições serem totalmente inaptas (deflagradas e percutidas ou estragadas).

> *A Terceira Seção desta Corte pacificou entendimento no sentido de que o tipo penal de posse ou porte ilegal de arma de fogo cuida-se de delito de mera conduta ou de perigo abstrato, sendo irrelevante a demonstração de seu efetivo caráter ofensivo. Na hipótese, contudo, em que demonstrada por laudo pericial a* ***total ineficácia da arma de fogo*** *(inapta a disparar)* ***e das munições apreendidas*** *(deflagradas e percutidas), deve ser reconhecida a atipicidade da conduta perpetrada, diante da ausência de afetação do bem jurídico incolumidade pública, tratando-se de* ***crime impossível pela ineficácia absoluta do meio****. STJ, REsp 1.451.397/MG, Rel. Min. Maria Thereza de Assis Moura, julgado em 15/09/2015, 6ª Turma, DJe 01/10/2015 (Vide Inf. 570).*

É crime		
Arma desmontada ou desmuniciada.	Arma com defeito parcial.	Arma inapta e municiada.

Elemento subjetivo: delito exclusivamente doloso (não há tipificação da modalidade culposa) e sem necessidade de fim específico (dolo genérico).

Elemento normativo jurídico: sem autorização e em desacordo com determinação legal ou regulamentar (norma penal em branco).

Consumação e tentativa: é instantâneo nas condutas: adquirir, fornecer, receber, ceder, emprestar, remeter e empregar; permanente nas demais. A tentativa é possível.

Ação penal: pública incondicionada, por se tratar de crime de perigo abstrato e de mera conduta, no qual o bem jurídico tutelado é a incolumidade pública (segurança pública e paz social).

Fiança policial: o parágrafo único foi considerado inconstitucional pelo STF (ADI 3.112), portanto, é possível a fiança em sede policial (art. 322, CPP), já que sua pena máxima é de 4 anos e não está no rol constitucional dos crimes inafiançáveis (art. 5º, incs. XLII, XLIII e XLIV, CF/1988).

Concurso de crimes: normalmente, o porte ilegal de arma de fogo, tanto de uso permitido quanto de uso restrito, é crime-meio (menor e menos grave) para se atingir um crime-fim (maior e mais grave). Dessa forma, poderá ou não ocorrer a absorção do porte pelo crime mais grave (princípio da consunção), desde que seja no mesmo contexto fático. Por exemplo, o agente porta arma de fogo para o cometimento de um único homicídio ou roubo, então será possível a aplicação da consunção, havendo crime único. Portanto, tenha cuidado.

- **Roubo e porte, no mesmo contexto (logo após):** é crime único (princípio da consunção).

> *O crime de porte de arma é* ***absorvido*** *pelo de roubo quando restar evidenciado o nexo de dependência ou de subordinação entre as duas condutas e que os delitos foram praticados em um mesmo contexto fático — o que caracteriza o princípio da consunção. STJ, Jurisprudência em Teses nº 51. Precedentes: HC 315.059/SP; AgRg no AREsp 484.845/DF; HC 249.718/RJ; HC 228.062/SC; HC 206.274/SP; HC 71.696/PR; HC 156.621/SP; HC 138.530/SP.*

> *PRINCÍPIO DA CONSUNÇÃO. ABSORÇÃO DO PORTE ILEGAL DE ARMA PELO CRIME PATRIMONIAL. A posse de arma de fogo,* ***logo após*** *a execução de roubo com o seu emprego,* ***não constitui crime autônomo*** *previsto no art. 16, §1º, IV, da Lei nº 10.826/03, por se encontrar na linha de desdobramento do crime patrimonial. STF, RHC 123.399/RJ, Rel. Min. Dias Toffoli, julgado em 30/09/2014, 1ª Turma, DJe 17/11/2014.*

- **Roubo e porte, em contexto diverso (dias após):** configura concurso material de crimes (delitos autônomos).

> *PRINCÍPIO DA CONSUNÇÃO. INAPLICABILIDADE. CIRCUNSTÂNCIAS FÁTICAS DISTINTAS. DELITOS AUTÔNOMOS. [...] o acusado foi flagrado na* ***posse ilegal da arma de fogo em momento distinto*** *ao da prática do crime de roubo, caracterizando, assim, uma nova conduta autônoma e independente, o que*

impede a aplicação do princípio da consunção. STJ, AgRg no AREsp 988.625/ES, Rel. Min. Ribeiro Dantas, julgado em 07/03/2017, 5ª Turma, DJe 15/03/2017. No mesmo sentido: HC 241.666/SP, HC 317.337/RJ.

▹ **Homicídio e porte de arma de fogo:** há duas situações possíveis:

Caso ocorra **no mesmo contexto fático**, será **crime único**. Por exemplo, imagine que, logo após a prisão do estuprador de sua filha, o pai, sob o domínio de violenta emoção, saque a arma do coldre do policial que estava levando o meliante e, então, dispare contra o bandido.

*A jurisprudência desta Corte Superior de Justiça orienta no sentido de que **o crime de homicídio absorve o de porte ilegal de arma de fogo** quando as duas condutas delituosas guardem, entre si, uma **relação de meio e fim** estreitamente vinculadas. STJ, HC 126.944/MS, Rel. Min. Jorge Mussi, julgado em 04/03/2010, 5ª Turma, DJe 05/04/2010.*

Se o agente não possuir autorização de posse nem porte, mas tiver a arma de fogo previamente **(contexto diverso)**, haverá **concurso de crimes.**

*A conduta de portar armas ilegalmente **não pode ser absorvida** pelo crime de homicídio qualificado, quando resta evidenciada a existência de crimes autônomos, sem nexo de dependência ou subordinação. STJ, HC 226.373/SP, Rel. Min. Laurita Vaz, julgado em 26/02/2013, 5ª Turma, DJe 06/03/2013.*

*Embora seja admissível, não se revela possível, 'in casu', a aplicação do princípio da consunção, porquanto a conduta de portar a arma de um lado, e a tentativa de homicídio de outro, ao que se tem, decorrem de desígnios autônomos **não se verificando a relação de meio e fim** que autoriza a absorção de uma figura típica pela outra. STJ, HC 101.127/SP, Rel. Min. Felix Fischer, julgado em 02/10/2008, 5ª Turma, DJe 10/11/2008.*

▹ **Legítima defesa absorve o homicídio, mas não o porte ilegal de arma de fogo:** trata-se de delito autônomo.

***Não se comunica** a excludente de ilicitude que é a legítima defesa, relativa ao homicídio, **ao crime autônomo de porte ilegal de arma**. STF, HC 120.678/PR, Rel. p/ ac. Min. Marco Aurélio, julgado em 24/02/2015, 1ª Turma, DJe 06/04/2015.*

Multiplicidade de armas do mesmo tipo penal: o porte de mais de uma arma de fogo, munição ou acessório, no mesmo contexto, e do mesmo tipo penal (e.g.: ou apenas do art. 14, ou apenas do art. 16), não configura concurso de crimes, mas, sim, crime único (princípio da consunção).

*A apreensão de **mais de uma** arma de fogo, acessório ou munição, em um **mesmo contexto** fático, não caracteriza concurso formal ou material de crimes, mas **delito único**. STJ, Jurisprudência em Teses nº 23. Precedentes: HC 228.231/SP; HC 163.783/RJ; HC 194.697/SP; HC 104.669/RJ; HC 110.800/SP; AREsp 303.312/SP (Vide Inf. 488).*

Multiplicidade de armas de tipos penais diferentes: o porte de mais de uma arma de fogo, munição ou acessório, no mesmo contexto, de uso permitido (art. 14) e de uso restrito ou proibido (art. 16), haverá concurso de crimes, porque estão em tipos penais diferentes. Quanto ser concurso material ou formal de crimes, há divergência doutrinária e, por conseguinte, a banca irá mencionar que ocorrerá apenas o concurso de crimes (sem adentrar às suas espécies, material ou formal).

***Não há crime único**, podendo haver concurso formal, quando, no mesmo contexto fático, o agente incide nas condutas dos arts. 14 (porte ilegal de arma de fogo de uso permitido) e 16 (posse ou porte ilegal de arma de fogo de uso restrito) da Lei nº 10.826/2003. STJ, Jurisprudência em Teses nº 23. Precedentes: HC 130.797/SP; HC 162.018/SP.*

Não há crime único, podendo haver concurso material, quando, no mesmo contexto fático, o agente incide nas condutas dos arts. 14 (porte ilegal de arma de fogo de uso permitido) e 16 (posse ou porte ilegal de arma de fogo de uso restrito) da Lei nº 10.826/2003. STJ, Jurisprudência em Teses nº 23. Precedentes: HC 211.834/SP; REsp 1.418.900/AL.

Fique ligado

O Estatuto do Desarmamento prevê a incriminação não só de armas de fogo, mas também de munições e acessórios. Sendo assim, a conduta de levar consigo munições sem a referida arma de fogo, incorrerá em crime previsto no Estatuto (Lei nº 10.826/2003), até mesmo se estiver com partes da arma de fogo ou com ela desmuniciada. Do mesmo modo, quando se tratar de acessórios, por exemplo, uma mira telescópica.

2.2.4 Disparo de arma de fogo (art. 15)

***Art. 15** Disparar arma de fogo ou acionar munição em lugar habitado ou em suas adjacências, em via pública ou em direção a ela, desde que essa conduta não tenha como finalidade a prática de outro crime:*

***Pena** – reclusão, de 2 (dois) a 4 (quatro) anos, e multa.*

***Parágrafo único.** O crime previsto neste artigo é inafiançável. (Vide Adin 3.112-1)*

Cuida-se de crime subsidiário (soldado reserva), isto é, se o agente tiver intenção de crime mais grave, então será absorvido pelo delito maior. Além disso, só existirá o crime se for praticado em local habitado ou em sua direção.

Descrição do crime

Sujeito ativo: é comum, uma vez que pode ser praticado por qualquer pessoa.

Elemento subjetivo e conduta: é o dolo (não há modalidade culposa) de "disparar" arma de fogo ou "acionar" munição (tipo misto alternativo).

Delimitação espacial: são duas situações que devem ser somadas para o crime existir: em lugar habitado ou em suas adjacências; e em via pública ou em direção a ela. Se o agente efetuar o disparo em local ermo e desabitado, por exemplo. em uma área rural sem pessoas aos arredores, será fato atípico.

Objeto material: arma de fogo ou munição, de uso permitido, restrito ou proibido (norma penal em branco). O tipo penal não mencionou sobre "acessório" (fato atípico).

Consumação e tentativa: consuma-se no momento em que se der o disparo da arma ou o acionamento da munição (delito instantâneo) e de mera conduta (não é obrigatória ocorrência de resultado naturalístico a bem jurídico individual), sendo possível a tentativa (plurissubsistente).

▹ **Absorção do porte pelo disparo:** há duas situações a depender do contexto.

- **No mesmo contexto:** será **crime único**, havendo absorção do porte de arma de fogo de uso permitido (art. 14) pelo disparo de arma de fogo (princípio da consunção).

  *A jurisprudência desta Corte possui entendimento firmado no sentido de que não é automática a aplicação do princípio da consunção para **absorção do** delito de **porte** de arma de fogo **pelo** de **disparo**, dependendo das circunstâncias em que ocorreram as condutas. [...] Na hipótese dos autos, as instâncias ordinárias reconheceram que os crimes foram praticados no **mesmo contexto** fático, devendo ser aplicado o referido postulado para que a **conduta menos grave** (porte ilegal de arma de fogo) seja **absorvida pela conduta mais grave** (disparo de arma de fogo). STJ, AgRg no REsp 1.331.199/PR, Rel. Min. Ericson Maranho (Des. Conv. do TJ/SP), julgado em 23/10/2014, 6ª Turma, DJe 10/11/2014.*

- **Em momentos distintos (contexto diverso):** haverá **concurso de crimes** (delitos autônomos).

*Segundo iterativa jurisprudência desta Corte, **não há falar em aplicação do princípio da consunção** quando dos delitos de porte ilegal de arma e disparo de arma de fogo são praticados em **momentos diversos**, em **contextos distintos**. STJ, CC 134.342/GO, Rel. Min. Newton Trisotto (Des. Conv. do TJ/SC), julgado em 22/04/2015, 3ª Seção, DJe 05/05/2015. Precedentes: HC 128.533/MG; AgRg no REsp 1.347.003/SC; HC 214.606/RJ.*

Concurso de crimes: normalmente, quando a finalidade for crime mais grave, então este absorverá o disparo, por se tratar de crime subsidiário, descrito no trecho: "desde que essa conduta não tenha como finalidade a prática de outro crime" (subsidiariedade explícita). Por exemplo: o agente dispara arma de fogo com a finalidade de se cometer um homicídio. Entretanto, o problema surge se o delito não for mais grave, há divergência doutrinária, como é o exemplo do disparo de arma de fogo e lesão corporal de natureza leve.

*Nesse sentido, discorre Fernando Capez (apud Gonçalves & Júnior, 2016): Em resumo, o delito previsto no art. 15, 'caput', da Lei nº 10.826/2003 não é absorvido pelo crime de lesões corporais de natureza leve, em face de sua maior gravidade. Entendemos que **o agente responde por ambos os crimes em concurso**.*

2.2.5 Posse ou porte ilegal de arma de fogo de uso restrito (art. 16)

Art. 16 Possuir, deter, portar, adquirir, fornecer, receber, ter em depósito, transportar, ceder, ainda que gratuitamente, emprestar, remeter, empregar, manter sob sua guarda ou ocultar arma de fogo, acessório ou munição de uso restrito, sem autorização e em desacordo com determinação legal ou regulamentar: (Redação dada pela Lei nº 13.964/2019)

Pena – reclusão, de 3 (três) a 6 (seis) anos, e multa.

§ 1º Nas mesmas penas incorre quem: (Redação dada pela Lei nº 13.964/2019)

I – suprimir ou alterar marca, numeração ou qualquer sinal de identificação de arma de fogo ou artefato;

II – modificar as características de arma de fogo, de forma a torná-la equivalente a arma de fogo de uso proibido ou restrito ou para fins de dificultar ou de qualquer modo induzir a erro autoridade policial, perito ou juiz;

III – possuir, detiver, fabricar ou empregar artefato explosivo ou incendiário, sem autorização ou em desacordo com determinação legal ou regulamentar;

IV – portar, possuir, adquirir, transportar ou fornecer arma de fogo com numeração, marca ou qualquer outro sinal de identificação raspado, suprimido ou adulterado;

V – vender, entregar ou fornecer, ainda que gratuitamente, arma de fogo, acessório, munição ou explosivo a criança ou adolescente; e

VI – produzir, recarregar ou reciclar, sem autorização legal, ou adulterar, de qualquer forma, munição ou explosivo.

§ 2º Se as condutas descritas no 'caput' e no §1º deste artigo envolverem arma de fogo de uso proibido, a pena é de reclusão, de 4 (quatro) a 12 (doze) anos. (Incluído pela Lei nº 13.964/2019)

Cuida-se, não só da posse, mas também do porte (além de outras 12 condutas previstas no caput e mais outras 19 figuras equiparadas no § 1º) de arma de fogo, acessório ou munição **de uso restrito (*caput*)** ou **de uso proibido** (§ 2º), bem como as formas equiparadas (§ 1º).

Delito hediondo: o art. 16 foi incluído no rol dos crimes hediondos pela Lei nº 13.497/2017. Todavia, com o advindo da Lei nº 13.964/2019, promoveu-se uma alteração nesse dispositivo prevendo ser hediondo "o crime de posse ou porte ilegal de arma de fogo de uso proibido" (art. 1º, parágrafo único, II, Lei nº 8.072/1990).

Desde a Lei nº 13.497/2017 se discutia acerca do alcance da hediondez do art. 16º do Estatuto do Desarmamento: somente o caput ou todo o artigo (caput e figuras equiparadas). De acordo com o Superior Tribunal de Justiça – STJ, todo o art. 16 possui natureza hedionda.

INFORMATIVO Nº 657 – STJ

A qualificação de hediondez aos crimes do art. 16 da Lei nº 10.826/2003, inserida pela Lei nº 13.497/2017, abrange os tipos do 'caput' e as condutas equiparadas previstas no seu parágrafo único. O art. 16 da Lei nº 10.826/2003 (Estatuto do Desarmamento) prevê gravosas condutas de contato com 'arma de fogo, acessório ou munição de uso proibido ou restrito', vindo seu parágrafo único a acrescer figuras equiparadas — em gravidade e resposta criminal. Dessa forma, ainda que algumas das condutas equiparadas possam ser praticadas com armas de uso permitido, o legislador as considerou graves ao ponto de torná-las com reprovação criminal equivalente às condutas do 'caput'. No art. 1º, parágrafo único, da Lei nº 8.072/1990, com redação dada pela Lei nº 13.497/2017, o legislador limitou-se a prever que o delito descrito no art. 16 da Lei nº 10.826/2003 é considerado hediondo. Assim, como a equiparação é tratamento igual para todos os fins, considerando equivalente o dano social e equivalente também a necessária resposta penal, salvo ressalva expressa, ao ser qualificado como hediondo o art. 16 da Lei nº 10.826/2003, as condutas equiparadas devem receber igual tratamento. STJ, Informativo nº 657, HC 526.916/SP, Rel. Min. Nefi Cordeiro, julgado em 01/10/2019, 6ª Turma, DJe 08/10/2019.

Reviveu-se a discussão pela doutrina a partir da Lei nº 13.964/2019, na medida em que o nomen juris foi alterado para "posse ou porte ilegal de arma de fogo de uso proibido", ou seja, o art. 16 do Estatuto do Desarmamento só é hediondo quando envolver arma de fogo de uso proibido.

Inafiançável e insuscetível de graça, anistia e indulto: por se tratar de delito hediondo, não há possibilidade de fiança nem perdão pelos dispositivos da graça, da anistia e do indulto (art. 2º, caput, Lei nº 8.072/1990), mas ainda é suscetível de liberdade provisória (art. 2º, § 3º, Lei nº 8.072/1990).

Descrição do crime (*caput*)

Sujeito ativo: é comum, uma vez que pode ser praticado por qualquer pessoa.

Elemento subjetivo e conduta: exclusivamente doloso (não há modalidade culposa) e, como possui 14 verbos, é considerado de ação múltipla (de conteúdo variado, tipo misto alternativo ou multinuclear).

Objeto material: no caput, trata-se apenas de arma de fogo, acessório ou munição de uso restrito.

Consumação e tentativa: em regra, é delito instantâneo, nas condutas: adquirir, fornecer, ceder, emprestar, remeter e empregar. Será permanente, nas condutas: possuir, deter, portar, ter em depósito, transportar, manter sob sua guarda e ocultar arma de fogo. Não há a necessidade de resultado naturalístico a integridade física individual, haja vista ser crime de mera conduta e de perigo abstrato. A tentativa é possível (plurissubsistente).

Formas equiparadas (§ 1º): as condutas previstas no § 1º sujeitam o agente às mesmas penas previstas no caput. Estende-se o alcance de incriminação da norma, abarcando as armas de fogo, acessórios e munições de uso restrito, de uso permitido (conspurcadas) e artefatos explosivos ou incendiários.

Forma qualificada (§ 2º): a pena será de reclusão de 4 (quatro) a 12 (doze) anos se a arma de fogo for de uso proibido.

Conflito aparente de normas: por força do princípio da especialidade, quando houver conflito entre normas penais e o objeto material for arma de fogo, acessório ou munição, então prevalecerá o Estatuto do Desarmamento.

Conduta	Conflito	Prevalece
Numeração, marca ou qualquer outro sinal de identificação raspado, suprimido ou adulterado	Arts. 12 e 14 (Est. do Desarmamento)	Art. 16, § 1º, I e IV (Est. do Desarmamento)
Fraude processual em arma de fogo	Art. 347 do CP	Art. 16, § 1º, II (Est. do Desarmamento)
Ceder arma de fogo, acessório, munição ou explosivo à criança ou ao adolescente	Art. 242 do ECA	Art. 16, § 1º, V (caso a arma não seja de fogo, então se aplicará o ECA)
Possuir, deter, fabricar ou empregar artefato explosivo ou incendiário, sem autorização ou em desacordo com determinação legal ou regulamentar	Art. 253 do CP	Art. 16, § 1º, III (Est. do Desarmamento)

<table>
<tr><td rowspan="6">Arma de fogo</td><td rowspan="3">De uso permitido</td><td>Posse</td><td>Art.12</td></tr>
<tr><td>Porte</td><td>Art.14</td></tr>
<tr><td>Adulterada</td><td>Art.16</td></tr>
<tr><td rowspan="3">De uso restrito</td><td>Posse</td><td rowspan="3">Art.16</td></tr>
<tr><td>Porte</td></tr>
<tr><td>Adulterada</td></tr>
</table>

2.2.6 Comércio ilegal de arma de fogo (art. 17)

> ***Art. 17*** *Adquirir, alugar, receber, transportar, conduzir, ocultar, ter em depósito, desmontar, montar, remontar, adulterar, vender, expor à venda, ou de qualquer forma utilizar, em proveito próprio ou alheio, no exercício de atividade comercial ou industrial, arma de fogo, acessório ou munição, sem autorização ou em desacordo com determinação legal ou regulamentar:*
>
> *Pena – reclusão, de 6 (seis) a 12 (doze) anos, e multa. (Redação dada pela Lei nº 13.964/2019)*
>
> *§ 1º Equipara-se à atividade comercial ou industrial, para efeito deste artigo, qualquer forma de prestação de serviços, fabricação ou comércio irregular ou clandestino, inclusive o exercido em residência. (Redação dada pela Lei nº 13.964/2019)*
>
> *§ 2º Incorre na mesma pena quem vende ou entrega arma de fogo, acessório ou munição, sem autorização ou em desacordo com a determinação legal ou regulamentar, a agente policial disfarçado, quando presentes elementos probatórios razoáveis de conduta criminal preexistente. (Incluído pela Lei nº 13.964/2019)*

Por mais que o nome do crime dê a impressão de ser "compra e venda" (comércio) apenas de "armas de fogo" (comércio ilegal de arma de fogo), o tipo penal abarca não só a atividade comercial, mas também a industrial e a prestadora de serviços, bem como os acessórios e as munições.

Descrição do crime

Sujeito ativo: é próprio, uma vez que somente o agente que estiver "no exercício de atividade comercial ou industrial" (habitualidade preexistente), sem autorização ou em desacordo com determinação legal ou regulamentar. Se cometido por qualquer um dos agentes listados nos arts. 6º, 7º ou 8º, haverá aumento de metade da pena (art. 20).

Atividade irregular ou residencial (§ 1º): o exercício habitual exercido de forma irregular, clandestino ou residencial será equiparado à atividade comercial ou industrial.

Armeiro: o exercício da atividade de armeiro, sem a devida licença, pode sujeitar o infrator às penas do art. 17, § 1º, da Lei nº 10.826/03.

> ***Art. 4º, Portaria nº 2.259/2011 (DG-DPF)*** *O armeiro não poderá prestar qualquer serviço aos possuidores de armas de fogo não registradas ou sem os documentos de que trata o artigo anterior, devendo, nesse caso, informar imediatamente à Polícia Federal.*
>
> ***Art. 5º*** *É vedado ao armeiro a realização de recarga de munição, assim como adquirir, deter ou manter em depósito equipamento ou material destinado a esse fim.*
>
> ***Art. 6º*** *[...]*
>
> ***§2º*** *É vedada a modificação das características da arma de fogo, de forma a torná-la equivalente a arma de fogo de uso proibido ou restrito ou para fins de dificultar ou de qualquer modo induzir a erro autoridade policial, perito ou juiz.*
>
> ***Art. 7º*** *A licença concedida ao armeiro não implica autorização para a fabricação artesanal de armas, armações, canos, ferrolhos, e nem para a comercialização do material que tiver posse em razão de seu ofício.*

Elemento subjetivo e conduta: delito exclusivamente doloso (não se admite a forma culposa) e de tipo misto alternativo (de ação múltipla, de conteúdo variado ou multinuclear), por haver 14 verbos.

Objeto material: arma de fogo, acessório ou munição, sem autorização ou em desacordo com determinação legal ou regulamentar.

Forma simples *(caput)*: a punição na modalidade simples só é cabível ao objeto material de uso permitido (reclusão, de 6 a 12 anos, e multa).

Forma majorada: se a arma de fogo, acessório ou munição forem de uso proibido ou restrito, então haverá aumento de metade da pena (art. 19).

Consumação e tentativa: instantâneo nas modalidades: adquirir, receber, desmontar, montar, remontar, adulterar, vender ou utilizar; e permanente nas demais: alugar, transportar, conduzir, ocultar, ter em depósito, expor à venda. A tentativa é admissível (plurissubsistente).

Delito hediondo: a Lei nº 13.964/2019, incluiu o art. 17 do referido Estatuto no rol dos crimes hediondos (art. 1º, parágrafo único, III, Lei nº 8.072/1990).

Inafiançável e insuscetível de graça, anistia e indulto: por se tratar de delito hediondo, não há possibilidade de fiança nem perdão pelos dispositivos da graça, da anistia e do indulto (art. 2º, caput, Lei nº 8.072/1990), mas ainda é suscetível de liberdade provisória (art. 2º, § 3º, Lei nº 8.072/1990).

Prisão por agente encoberto (§ 2º): a Lei nº 13.964/2019 (Pacote Anticrime) acrescentou a possibilidade de prisão em flagrante, por agente policial disfarçado, de quem vender ou entregar arma de fogo, acessório ou munição, desde que a conduta criminal seja preexistente. Não haverá crime impossível por obra do agente provocador, o chamado flagrante preparado (Súmula nº 145 – STF).

Justificado no Projeto de Lei nº 882/2019, de autoria do Ministro Sérgio Moro, segundo o qual:

> *Vale aqui lembrar que as operações policiais disfarçadas, 'undercover operations' nos Estados Unidos, são extremamente eficazes naquele país. A exigência de indícios de conduta criminal pré-existente visa evitar aquilo que os norte-americanos chamam de 'entrapment', quando um agente policial provoca a prática de um crime por parte de um inocente e não de um criminoso. A Súmula nº 145 do STF (Não há crime, quando a preparação do flagrante pela polícia torna impossível a sua consumação) não é óbice para a sua aplicação, pois, além de antiga e ter analisado matéria legal, o Supremo vem temperando sua rigidez. No HC 67.908/SP, julgado pela 2ª Turma do STF em 08/03/1990, decidiu-se, cf. ementa, que 'denunciado o paciente pela guarda de baxixe, para comercialização, ato preexistente à venda*

ficta da substância entorpecente aos policiais — não há falar em crime impossível em face da provocação do flagrante'. O mesmo entendimento foi manifestado no HC 69.476/SP, julgado também pela 2ª Turma do STF em 04/08/1992 ('Posse de entorpecente pelo réu, que preexistia à atuação do agente provocador, ao manifestar interesse pela aquisição da droga, para fixar a prova pelo crime já consumado. Não é invocável, na espécie, a Súmula 145'). De teor semelhante, encontram-se ainda o HC 72.674/SP, julgado em 26/03/1996, pela 2ª Turma do STF; o HC 73.898/SP, julgado pela 2ª Turma do STF em 21/05/1996; o HC 74.510/SP, julgado pela 1ª Turma do STF em 08/10/1996; e o HC 81.970/SP, julgado pela 1ª Turma do STF em 28/06/2002.

2.2.7 Tráfico internacional de arma de fogo (art. 18º)

Art. 18 *Importar, exportar, favorecer a entrada ou saída do território nacional, a qualquer título, de arma de fogo, acessório ou munição, sem autorização da autoridade competente:*

Pena – reclusão de 8 (oito) a 16 (dezesseis) anos, e multa. (Redação dada pela Lei nº 13.964/2019)

Parágrafo único. *Incorre na mesma pena quem vende ou entrega arma de fogo, acessório ou munição, em operação de importação, sem autorização da autoridade competente, a agente policial disfarçado, quando presentes elementos probatórios razoáveis de conduta criminal preexistente. (Incluído pela Lei nº 13.964/2019)*

Descrição do crime

Sujeito ativo: pode ser praticado por qualquer pessoa, por isso se trata de crime comum. Por força da conduta "favorecer a qualquer título", agentes públicos, em serviço, também incorrerão no delito que, de qualquer forma, favorecerem (não evitarem ou buscar evitar, dolosamente). Se cometido por qualquer um dos agentes listados nos arts. 6º, 7º ou 8º, haverá aumento de metade da pena (art. 20).

Elemento subjetivo e conduta: é o dolo (não há conduta culposa) da internacionalidade de forma ilegal, atinge os interesses não só da coletividade (segurança pública), mas também da União pela ausência de pagamento dos tributos de importação ou exportação. Como possui 3 verbos, é considerado de conteúdo variado (multinuclear, tipo misto alternativo ou de ação múltipla).

Objeto material: arma de fogo, acessório ou munição, sem autorização da autoridade competente.

Forma simples *(caput)*: a punição na modalidade simples só é cabível ao objeto material de uso permitido (reclusão, de 8 a 16 anos, e multa).

Forma majorada: se a arma de fogo, acessório ou munição forem de uso proibido ou restrito, então haverá aumento de metade da pena (art. 19).

Consumação e tentativa: consuma-se no exato momento da entrada no território nacional ou da saída dele (delito instantâneo), não necessitando de efetiva entrega a seu destinatário, venda ou utilização dos objetos (crime formal). É admissível a tentativa (plurissubsistente).

Justiça Federal: os crimes previstos no Estatuto do Desarmamento, em regra, são de competência da Justiça Estadual, porém o tráfico internacional de armas compete à Justiça Federal, pois ofende os interesses da União (art. 21º, XXII, e art. 109, IV e V, da CF/1988) que exerce o controle alfandegário.

Delito hediondo: a Lei nº 13.964/2019, incluiu o tráfico internacional de armas de fogo no rol dos crimes hediondos (art. 1º, parágrafo único, IV, Lei nº 8.072/1990).

Inafiançável e insuscetível de graça, anistia e indulto: por se tratar de delito hediondo, não há possibilidade de fiança nem perdão pelos dispositivos da graça, da anistia e do indulto (art. 2º, caput, Lei nº 8.072/1990), mas ainda é suscetível de liberdade provisória (art. 2º, § 3º, Lei nº 8.072/1990).

Prisão por agente encoberto (par. único): a Lei nº 13.964/2019 (Pacote Anticrime) acrescentou a possibilidade de prisão em flagrante, por agente policial disfarçado, de quem vender ou entregar arma de fogo, acessório ou munição, desde que a conduta criminal seja preexistente. Não haverá crime impossível por obra do agente provocador, o chamado flagrante preparado (Súmula nº 145 – STF).

Conflito aparente de normas

Por força do princípio da especialidade, quando os crimes de contrabando (art. 334-A, CP) e a facilitação de contrabando ou descaminho (art. 318, CP) tiverem por objeto armas de fogo, acessórios e munições, então, incorrerá no art. 18 do Estatuto do Desarmamento.

Crime	Conflito	Prevalece
Contrabando	Art. 334-A do CP	Art. 18 (Est. do Desarmamento)
Facilitação de contrabando ou descaminho	Art. 318 do CP	Art. 18 (Est. do Desarmamento)

2.2.8 Aumento de pena (arts. 19 e 20)

Art. 19 *Nos crimes previstos nos arts. 17 e 18, a pena é aumentada da metade se a arma de fogo, acessório ou munição forem de uso proibido ou restrito.*

Art. 20 *Nos crimes previstos nos arts. 14, 15, 16, 17 e 18, a pena é aumentada da metade se:*

I – forem praticados por integrante dos órgãos e empresas referidas nos arts. 6º, 7º e 8º desta Lei; ou

II – o agente for reincidente específico em crimes dessa natureza. (Incluído pela Lei nº 13.964, de 24/12/2019)

▹ Basicamente, haverá aumento de metade da pena em duas situações:

- **Quanto ao objeto material:** de uso restrito ou proibido (nos arts. 17 e 18).
- **Quanto ao sujeito ativo:** agente listado nos arts. 6º, 7º e 8º; ou reincidente específico (nos arts. 14 a 18).

2.2.9 Liberdade provisória (art. 21)

Art. 21 *Os crimes previstos nos arts. 16, 17 e 18 são insuscetíveis de liberdade provisória.*

Tal artigo foi considerado inconstitucional pelo STF (ADI 3.112), bem como os parágrafos únicos dos arts. 14 e 15. Portanto, **todos** os crimes do Estatuto do Desarmamento **admitem a liberdade provisória** e, ressalvando os arts. 16, 17 e 18 (delitos hediondos), também admitem a fiança.

*A **proibição de estabelecimento de fiança** para os delitos de 'porte ilegal de arma de fogo de uso permitido' e de 'disparo de arma de fogo', mostra-se **desarrazoada**, porquanto são crimes de mera conduta, que não se equiparam aos crimes que acarretam lesão ou ameaça de lesão à vida ou à propriedade. [...] **Insusceptibilidade de liberdade provisória** quanto aos delitos elencados nos arts. 16, 17 e 18. **Inconstitucionalidade reconhecida**, visto que o texto magno não autoriza a prisão 'ex lege', em face dos princípios da presunção de inocência e da obrigatoriedade de fundamentação dos mandados de prisão pela autoridade judiciária competente. [...] Ação julgada procedente, em parte, para declarar a **inconstitucionalidade** dos **parágrafos únicos dos artigos 14 e 15 e do artigo 21** da Lei nº 10.826, de 22 de dezembro de 2003. STF, ADI 3.112/DF, Rel. Min. Ricardo Lewandowski, julgado em 02/05/2007, Tribunal Pleno, DJe 26/10/2007.*

3 LEI Nº 12.846/2013

Dispõe sobre a responsabilização administrativa e civil de pessoas jurídicas pela prática de atos contra a administração pública, nacional ou estrangeira, e dá outras providências

3.1 Disposições gerais

Art. 1º *Esta Lei dispõe sobre a responsabilização objetiva administrativa e civil de pessoas jurídicas pela prática de atos contra a administração pública, nacional ou estrangeira.*

Parágrafo único. *Aplica-se o disposto nesta Lei às sociedades empresárias e às sociedades simples, personificadas ou não, independentemente da forma de organização ou modelo societário adotado, bem como a quaisquer fundações, associações de entidades ou pessoas, ou sociedades estrangeiras, que tenham sede, filial ou representação no território brasileiro, constituídas de fato ou de direito, ainda que temporariamente.*

Art. 2º *As pessoas jurídicas serão responsabilizadas objetivamente, nos âmbitos administrativo e civil, pelos atos lesivos previstos nesta Lei praticados em seu interesse ou benefício, exclusivo ou não.*

Art. 3º *A responsabilização da pessoa jurídica não exclui a responsabilidade individual de seus dirigentes ou administradores ou de qualquer pessoa natural, autora, coautora ou partícipe do ato ilícito.*

§ 1º A pessoa jurídica será responsabilizada independentemente da responsabilização individual das pessoas naturais referidas no caput

§ 2º Os dirigentes ou administradores somente serão responsabilizados por atos ilícitos na medida da sua culpabilidade.

3.2 Atos lesivos à administração pública nacional ou estrangeira

Art. 5º *Constituem atos lesivos à administração pública, nacional ou estrangeira, para os fins desta Lei, todos aqueles praticados pelas pessoas jurídicas mencionadas no parágrafo único do art. 1º, que atentem contra o patrimônio público nacional ou estrangeiro, contra princípios da administração pública ou contra os compromissos internacionais assumidos pelo Brasil, assim definidos:*

I - prometer, oferecer ou dar, direta ou indiretamente, vantagem indevida a agente público, ou a terceira pessoa a ele relacionada;

II - comprovadamente, financiar, custear, patrocinar ou de qualquer modo subvencionar a prática dos atos ilícitos previstos nesta Lei;

III - comprovadamente, utilizar-se de interposta pessoa física ou jurídica para ocultar ou dissimular seus reais interesses ou a identidade dos beneficiários dos atos praticados;

IV - no tocante a licitações e contratos:

a) frustrar ou fraudar, mediante ajuste, combinação ou qualquer outro expediente, o caráter competitivo de procedimento licitatório público;

b) impedir, perturbar ou fraudar a realização de qualquer ato de procedimento licitatório público;

c) afastar ou procurar afastar licitante, por meio de fraude ou oferecimento de vantagem de qualquer tipo;

d) fraudar licitação pública ou contrato dela decorrente;

e) criar, de modo fraudulento ou irregular, pessoa jurídica para participar de licitação pública ou celebrar contrato administrativo;

f) obter vantagem ou benefício indevido, de modo fraudulento, de modificações ou prorrogações de contratos celebrados com a administração pública, sem autorização em lei, no ato convocatório da licitação pública ou nos respectivos instrumentos contratuais; ou

g) manipular ou fraudar o equilíbrio econômico-financeiro dos contratos celebrados com a administração pública;

V - dificultar atividade de investigação ou fiscalização de órgãos, entidades ou agentes públicos, ou intervir em sua atuação, inclusive no âmbito das agências reguladoras e dos órgãos de fiscalização do sistema financeiro nacional.

§ 1º Considera-se administração pública estrangeira os órgãos e entidades estatais ou representações diplomáticas de país estrangeiro, de qualquer nível ou esfera de governo, bem como as pessoas jurídicas controladas, direta ou indiretamente, pelo poder público de país estrangeiro.

3.3 Responsabilização administrativa

Art. 6º *Na esfera administrativa, serão aplicadas às pessoas jurídicas consideradas responsáveis pelos atos lesivos previstos nesta Lei as seguintes sanções:*

I - multa, no valor de 0,1% (um décimo por cento) a 20% (vinte por cento) do faturamento bruto do último exercício anterior ao da instauração do processo administrativo, excluídos os tributos, a qual nunca será inferior à vantagem auferida, quando for possível sua estimação; e

II - publicação extraordinária da decisão condenatória.

§ 3º A aplicação das sanções previstas neste artigo não exclui, em qualquer hipótese, a obrigação da reparação integral do dano causado.

§ 4º Na hipótese do inciso I do caput , caso não seja possível utilizar o critério do valor do faturamento bruto da pessoa jurídica, a multa será de R$ 6.000,00 (seis mil reais) a R$ 60.000.000,00 (sessenta milhões de reais).

3.4 Acordo de leniência

Art. 16 *A autoridade máxima de cada órgão ou entidade pública poderá celebrar acordo de leniência com as pessoas jurídicas responsáveis pela prática dos atos previstos nesta Lei que colaborem efetivamente com as investigações e o processo administrativo, sendo que dessa colaboração resulte:*

I - a identificação dos demais envolvidos na infração, quando couber; e

II - a obtenção célere de informações e documentos que comprovem o ilícito sob apuração.

§2º A celebração do acordo de leniência isentará a pessoa jurídica das sanções previstas no inciso II do art. 6º e no inciso IV do art. 19 e reduzirá em até 2/3 (dois terços) o valor da multa aplicável.

§ 3º O acordo de leniência não exime a pessoa jurídica da obrigação de reparar integralmente o dano causado.

§ 10. A Controladoria-Geral da União - CGU é o órgão competente para celebrar os acordos de leniência no âmbito do Poder Executivo federal, bem como no caso de atos lesivos praticados contra a administração pública estrangeira.

4 LEI Nº 12.850/2013 – LEI DE ORGANIZAÇÃO CRIMINOSA

4.1 Breve histórico da organização criminosa

Embora não seja um fenômeno recente, a criminalidade organizada apresenta um dos problemas centrais decorrentes da globalização. Antes localizado em algumas partes do mundo, como na Itália, por meio da mais famosa Máfia Italiana, que se construía sob a estrutura e a hierarquia de uma verdadeira família, ganhou notoriedade especialmente com a dramaturgia. Mas não só, outras organizações criminosas pelo mundo, com o processo de globalização, acabaram por se espalhar pelo globo, chegando, inclusive, a inspirar entre nós o estabelecimento de uma verdadeira criminalidade organizada.

Na legislação brasileira, embora desde a edição do Código Penal já fosse previsto o delito de quadrilha ou bando (art. 288), essa incriminação não se mostrava suficiente diante dos novos desafios que as organizações criminosas nacionais e transnacionais apresentavam. Nesse contexto, houve a edição da Lei nº 9.034/1995, que dispunha sobre a utilização de meios operacionais para a prevenção e repressão de ações praticadas por organizações criminosas. Essa Lei, entretanto, não trazia os elementos necessários para um efetivo combate dessa criminalidade.

4.2 Convenção de Palermo

Importante documento internacional que trata sobre o tema, a Convenção de Palermo ou, mais tecnicamente, Convenção das Nações Unidas contra o Crime Organizado Transnacional, foi incorporada ao sistema normativo brasileiro pelo Decreto nº 5.015/2004.

Em seu art. 1º, a Convenção traz como objetivo "promover a cooperação para prevenir e combater mais eficazmente a criminalidade organizada transnacional". Para tanto, estabelece uma série de mecanismos para a criminalização e o combate aos crimes relacionados a esse tipo de infração penal, definindo, para efeitos da Convenção, "Grupo criminoso organizado" como "grupo estruturado de três ou mais pessoas, existente há algum tempo e atuando concertadamente com o propósito de cometer uma ou mais infrações graves ou enunciadas na presente Convenção, com a intenção de obter, direta ou indiretamente, um benefício econômico ou outro benefício material".

Registre-se que, embora a Recomendação nº 3/2006 do Conselho Nacional de Justiça tenha proposto a adoção do conceito estabelecido na Convenção de Palermo, o que motivou, inclusive precedentes do Superior Tribunal de Justiça nesse sentido. Por exemplo: no HC 77.771, 5ª T., rel. Min. Laurita Vaz, j. 30/05/2008, acabou não sendo considerada como uma definição legal válida de organização criminosa, sendo insuficiente para terminar sua punição criminal além dos casos de quadrilha ou bando (então prevista no art. 288 do Código Penal) ou associação para o tráfico (art. 35, Lei de Drogas). Nesse sentido, a conclusão do Supremo Tribunal Federal:

> *Em matéria penal, prevalece o dogma da reserva constitucional de lei em sentido formal, pois a Constituição da República somente admite a lei interna como única fonte formal e direta de regras de direito penal, a significar, portanto, que as cláusulas de tipificação e de cominação penais, para efeito de repressão estatal, subsumem-se ao âmbito das normas domésticas de direito penal incriminador, regendo-se, em consequência, pelo postulado da reserva de Parlamento. Doutrina. Precedentes (STF).* **As convenções internacionais, como a Convenção de Palermo, não se qualificam, constitucionalmente, como fonte formal direta legitimadora da regulação normativa concernente à tipificação de crimes e à cominação de sanções penais.** (*2ª T., AgR no RHC 121.835, rel. Min. Celso de Mello, j. 13/10/2015, DJe 20/11/2015*).

4.3 Conceito de organização criminosa

A Lei nº 12.850/2013 revogou a Lei nº 9.034/1995 – que até 2013 tratava sobre o crime organizado sem, contudo, definir organização criminosa. Atualmente, a Lei nº 12.850/2013 **define organização criminosa** e cuida dos crimes cometidos por elas, afirmando, em seu art. 1º, que seu objetivo é definir organização criminosa e dispor sobre a investigação criminal, os meios de obtenção da prova, infrações penais correlatas e o procedimento criminal a ser aplicado.

A Lei nº 12.850/2013 traz no § 1º do art. 1º o **conceito de organização criminosa** com a seguinte redação:

> *Art. 1º, § 1º Considera-se organização criminosa a* ***associação de 4 (quatro) ou mais pessoas estruturalmente ordenada*** *e caracterizada pela* ***divisão de tarefas,*** *ainda que informalmente, com objetivo de obter, direta ou indiretamente,* ***vantagem*** *de qualquer natureza,* ***mediante a prática de infrações penais cujas penas máximas sejam superiores a 4 (quatro) anos, ou que sejam de caráter transnacional.***

O § 2º do art. 1º estende, ainda, a aplicabilidade da Lei nº 12.850/2013:

> *I – às infrações penais previstas em* ***tratado ou convenção internacional*** *quando, iniciada a execução no País, o resultado tenha ou devesse ter ocorrido no estrangeiro, ou reciprocamente;*
>
> ***II*** *– às* ***organizações terroristas,*** *entendidas como aquelas voltadas para a prática dos atos de terrorismo legalmente definidos.*

Podemos dizer que uma das mais importantes informações sobre o crime organizado se encontra no art. 1º, que é a definição de organização criminosa.

O Código Penal, no art. 288, trata do crime de associação criminosa, que pode facilmente ser confundido com a organização, por isso, a definição do que é e como se caracteriza a organização criminosa, trazida em lei específica, torna-se ainda mais importante, pois, além da tipificação de um novo crime, ainda nos traz as diferenças entre ela e um crime já existente na legislação comum.

A Lei nº 12.850/2013 trouxe, ainda, modificações ao Código Penal, o crime de associação criminosa antes era conhecido como crime de quadrilha ou bando.

Além do mais, a Lei do Crime Organizado se aplica também aos crimes previstos em tratados ou convenções internacionais, desde que tenha iniciado sua execução no Brasil e o resultado tenha ou devesse ocorrer no exterior, ou quando a execução se iniciar no exterior e o resultado tenha ou devesse ocorrer no Brasil. Aplica-se também às organizações terroristas internacionais, reconhecidas conforme as normas de direito internacional, por foro do qual o Brasil seja participante, desde que os atos de suporte, preparatórios ou mesmo os executórios ocorram ou possam ocorrer no Brasil.

	Associação criminosa	Organização criminosa
Previsão legal	Art. 288, CP	Art. 2º, Lei nº 12.850/2013
Quantidade de integrantes	3 ou mais pessoas	4 ou mais pessoas

Características	Finalidade específica de cometer crimes.	• Estrutura ordenada; • **Divisão de tarefas**, mesmo que informalmente; • **Objetivo de obter**, direta ou indiretamente, **vantagem** de qualquer natureza; • **Prática de infrações penais** cujas **penas máximas sejam superiores a 4 anos**, ou que tenham **caráter transnacional**.

Os crimes de associação criminosa do Código Penal (art. 288), da Lei de drogas (art. 35, Lei nº 11.343/2006), de organização criminosa para fins de terrorismo (art. 3º, Lei nº 13.260/2016) e de organização criminosa do art. 2º da Lei nº 12.850/2013.

Na sequência, após definir o que é organização criminosa, a Lei estabelece o crime referente à promoção, à constituição (criação) ou ao financiamento de organização criminosa, equiparando a essa prática o fato de integrar organização ou mesmo de impedir ou, de qualquer forma, embaraçar a investigação de infração penal que a envolva:

> *Art. 2º **Promover, constituir, financiar ou integrar**, pessoalmente ou por interposta pessoa, **organização criminosa**:*
>
> ***Pena – Reclusão**, de 3 (três) a 8 (oito) anos, e multa, sem prejuízo das penas correspondentes às demais infrações penais praticadas.*
>
> *§ 1º Nas mesmas penas incorre quem impede ou, de qualquer forma, embaraça a investigação de infração penal que envolva organização criminosa.*
>
> *§ 2º As penas aumentam-se até a metade se na atuação da organização criminosa houver emprego de arma de fogo.*
>
> *§ 3º A pena é agravada para quem exerce o comando, individual ou coletivo, da organização criminosa, ainda que não pratique pessoalmente atos de execução.*
>
> *§ 4º A pena é aumentada de 1/6 (um sexto) a 2/3 (dois terços):*
>
> *I – se há participação de criança ou adolescente;*
>
> *II – se há concurso de funcionário público, valendo-se a organização criminosa dessa condição para a prática de infração penal;*
>
> *III – se o produto ou proveito da infração penal destinar-se, no todo ou em parte, ao exterior;*
>
> *IV – se a organização criminosa mantém conexão com outras organizações criminosas independentes;*
>
> *V – se as circunstâncias do fato evidenciarem a transnacionalidade da organização.*
>
> *§ 5º Se houver indícios suficientes de que o funcionário público integra organização criminosa, poderá o juiz determinar seu afastamento cautelar do cargo, emprego ou função, sem prejuízo da remuneração, quando a medida se fizer necessária à investigação ou instrução processual.*
>
> *§ 6º A condenação com trânsito em julgado acarretará ao funcionário público a perda do cargo, função, emprego ou mandato eletivo e a interdição para o exercício de função ou cargo público pelo prazo de 8 (oito) anos subsequentes ao cumprimento da pena.*
>
> *§ 7º Se houver indícios de participação de policial nos crimes de que trata esta Lei, a Corregedoria de Polícia instaurará inquérito policial e comunicará ao Ministério Público, que designará membro para acompanhar o feito até a sua conclusão.*
>
> *§ 8º As lideranças de organizações criminosas armadas ou que tenham armas à disposição deverão iniciar o cumprimento da pena em estabelecimentos penais de segurança máxima.*
>
> *§ 9º O condenado expressamente em sentença por integrar organização criminosa ou por crime praticado por meio de organização criminosa não poderá progredir de regime de cumprimento de pena ou obter livramento condicional ou outros benefícios prisionais se houver elementos probatórios que indiquem a manutenção do vínculo associativo.*

Um ponto que merece destaque é o afastamento cautelar do funcionário público por determinação judicial para fins de investigação e instrução processual. Por se tratar de medida cautelar, sua remuneração é mantida durante o período de afastamento. Seria um meio de evitar que o servidor influencie, de alguma forma, nesses procedimentos.

Se condenado, o funcionário público pode perder o cargo, emprego ou função pública e ficar inabilitado para o exercício de função pública pelo prazo de 8 anos subsequentes ao cumprimento da pena, ou seja, após o cumprimento da pena se inicia a contagem do prazo de inabilitação.

Havendo indícios de participação de policial nos crimes trazidos por lei, será determinada a Corregedoria de Polícia para a instauração do inquérito e a comunicação do ocorrido ao Ministério Público, o qual determinará membro para acompanhar o feito até a sua conclusão.

Vale registrar, ademais, que a Lei nº 13.964/2019 (Pacote Anticrime) introduziu a determinação de que as lideranças de organizações criminosas – armadas ou que tenham armas à disposição – iniciarão o cumprimento da pena em estabelecimentos penais de segurança máxima (lembre-se que o regime fechado pressupõe o cumprimento em estabelecimento de segurança máxima ou média). De outro lado, os condenados por integrar organização criminosa ou por crime praticado por meio delas não poderão progredir de regime ou obter livramento condicional ou outros benefícios prisionais se persistirem elementos probatórios que indiquem que eles mantêm o vínculo associativo com a organização.

Pena – Reclusão, de 3 a 8 anos, e multa	Promover, constituir, financiar ou integrar, pessoalmente ou por interposta pessoa, organização criminosa.
	Impedir ou, de qualquer forma, embaraçar a investigação de infração penal que envolva organização criminosa.

Aumento de pena	
Aumentam-se até a metade	Se, na atuação da organização criminosa, houver emprego de arma de fogo.
Aumentam-se de 1/6 a 2/3	• se há participação de criança ou adolescente;
	• se há concurso de funcionário público, valendo-se a organização criminosa dessa condição para a prática de infração penal;
	• se o produto ou proveito da infração penal destinar-se, no todo ou em parte, ao exterior;
	• se a organização criminosa mantém conexão com outras organizações criminosas independentes;
	• se as circunstâncias do fato evidenciarem a transnacionalidade da organização.

A pena é agravada	Para quem exerce o comando, individual ou coletivo, da organização criminosa, ainda que não pratique pessoalmente atos de execução.

LEGIS

Importante não confundir a organização criminosa da Lei nº 12.850/2013 com a já analisada associação criminosa do art. 288 do Código Penal, nem com as demais formas de associação ou organização criminosa previstas em lei.

A Lei nº 11.343/2006, por exemplo, prevê a forma mais simples de caracterização do delito exigindo apenas duas pessoas associadas para o fim de praticar o tráfico, reiteradamente ou não, nos seguintes moldes:

> ***Art. 35*** *Associarem-se duas ou mais pessoas para o fim de praticar, reiteradamente ou não, qualquer dos crimes previstos nos arts. 33, caput e § 1º, e 34 desta Lei:*
>
> ***Pena – Reclusão,*** *de 3 (três) a 10 (dez) anos, e pagamento de 700 (setecentos) a 1.200 (mil e duzentos) dias-multa.*

Por sua vez, a Lei Antiterrorismo (Lei nº 13.260/2016) também estabelece sua própria incriminação relativa à organização terrorista, impondo a seguinte incriminação:

> ***Art. 3º*** *Promover, constituir, integrar ou prestar auxílio, pessoalmente ou por interposta pessoa, a organização terrorista:*
>
> ***Pena – Reclusão,*** *de cinco a oito anos, e multa.*

Há, ainda, a Lei nº 2.889/1956, que estabelece a associação para a prática de genocídio, com a seguinte redação:

> ***Art. 2º*** *Associarem-se mais de 3 (três) pessoas para prática dos crimes mencionados no artigo anterior:*
>
> *Pena – Metade da cominada aos crimes ali previstos.*

Note que, diante desse quadro, o delito de organização criminosa, previsto no art. 2º da Lei nº 12.850/2013, apresenta-se como norma geral com relação ao crime de associação criminosa, ao crime de organização terrorista ou mesmo à associação para a prática de genocídio.

A Lei nº 13.964/2019 (Pacote Anticrime) inclui no dispositivo a previsão de que as lideranças de organizações criminosas armadas ou que tenham armas à disposição iniciarão o cumprimento da pena em estabelecimento de segurança armada, sendo que o condenado por integrar organizações criminosas não poderá progredir de regime ou mesmo obter livramento condicional ou outros benefícios enquanto mantiver o vínculo associativo.

4.4 Meios de obtenção de prova

Diferentemente dos meios de prova, os meios de obtenção de prova são indiretos, ou seja, buscam a obtenção de meios de prova (como a apreensão, um documento ou uma testemunha, por exemplo), sendo que, ademais, para sua *obtenção,* acabam por reduzir direitos constitucionalmente assegurados, como o caso da redução do sigilo das telecomunicações para a realização de uma interceptação telefônica. Por tudo isso, devem ser usados com moderação, desde que comprovada sua necessidade no caso concreto. Diz o art. 3º da Lei nº 12.850/2013 que, em qualquer fase da persecução penal, serão permitidos, sem prejuízo de outros já previstos em lei, os seguintes meios de obtenção da prova:

São meios de obtenção de prova:

> *I – colaboração premiada;*
>
> *II – captação ambiental de sinais eletromagnéticos, ópticos ou acústicos;*
>
> *III – ação controlada;*
>
> *IV – acesso a registros de ligações telefônicas e telemáticas, a dados cadastrais constantes de bancos de dados públicos ou privados e a informações eleitorais ou comerciais;*
>
> *V – interceptação de comunicações telefônicas e telemáticas, nos termos da legislação específica;*
>
> *VI – afastamento dos sigilos financeiro, bancário e fiscal, nos termos da legislação específica;*
>
> *VII – infiltração, por policiais, em atividade de investigação, na forma do art. 11;*
>
> *VIII – cooperação entre instituições e órgãos federais, distritais, estaduais e municipais na busca de provas e informações de interesse da investigação ou da instrução criminal.*

Interessante mencionar que, havendo necessidade justificada de manter sigilo sobre a capacidade investigatória, poderá ser dispensada licitação para contratação de serviços técnicos especializados, aquisição ou locação de equipamentos destinados à polícia judiciária para o rastreamento e a obtenção de provas previstas nos incisos II e V do art. 3º, sendo que fica dispensada a publicação de que trata o parágrafo único do art. 61 da Lei nº 8.666/1993, devendo ser comunicado o órgão de controle interno da realização da contratação.

4.4.1 Colaboração premiada

> ***Art. 3º-A*** *O acordo de colaboração premiada é negócio jurídico processual e meio de obtenção de prova, que pressupõe utilidade e interesse públicos.*
>
> ***Art. 3º-B*** *O recebimento da proposta para formalização de acordo de colaboração demarca o início das negociações e constitui também marco de confidencialidade, configurando violação de sigilo e quebra da confiança e da boa-fé a divulgação de tais tratativas iniciais ou de documento que as formalize, até o levantamento de sigilo por decisão judicial.*
>
> ***§ 1º*** *A proposta de acordo de colaboração premiada poderá ser sumariamente indeferida, com a devida justificativa, cientificando-se o interessado.*
>
> ***§ 2º*** *Caso não haja indeferimento sumário, as partes deverão firmar Termo de Confidencialidade para prosseguimento das tratativas, o que vinculará os órgãos envolvidos na negociação e impedirá o indeferimento posterior sem justa causa.*
>
> ***§ 3º*** *O recebimento de proposta de colaboração para análise ou o Termo de Confidencialidade não implica, por si só, a suspensão da investigação, ressalvado acordo em contrário quanto à propositura de medidas processuais penais cautelares e assecuratórias, bem como medidas processuais cíveis admitidas pela legislação processual civil em vigor.*
>
> ***§ 4º*** *O acordo de colaboração premiada poderá ser precedido de instrução, quando houver necessidade de identificação ou complementação de seu objeto, dos fatos narrados, sua definição jurídica, relevância, utilidade e interesse público.*
>
> ***§ 5º*** *Os termos de recebimento de proposta de colaboração e de confidencialidade serão elaborados pelo celebrante e assinados por ele, pelo colaborador e pelo advogado ou defensor público com poderes específicos.*
>
> ***§ 6º*** *Na hipótese de não ser celebrado o acordo por iniciativa do celebrante, esse não poderá se valer de nenhuma das informações ou provas apresentadas pelo colaborador, de boa-fé, para qualquer outra finalidade.*
>
> ***Art. 3º-C*** *A proposta de colaboração premiada deve estar instruída com procuração do interessado com poderes específicos para iniciar o procedimento de colaboração e suas tratativas, ou firmada pessoalmente pela parte que pretende a colaboração e seu advogado ou defensor público.*
>
> ***§ 1º*** *Nenhuma tratativa sobre colaboração premiada deve ser realizada sem a presença de advogado constituído ou defensor público.*
>
> ***§ 2º*** *Em caso de eventual conflito de interesses, ou de colaborador hipossuficiente, o celebrante deverá solicitar a presença de outro advogado ou a participação de defensor público.*
>
> ***§ 3º*** *No acordo de colaboração premiada, o colaborador deve narrar todos os fatos ilícitos para os quais concorreu e que tenham relação direta com os fatos investigados.*
>
> ***§ 4º*** *Incumbe à defesa instruir a proposta de colaboração e os anexos com os fatos adequadamente descritos, com todas as suas circunstâncias, indicando as provas e os elementos de corroboração.*
>
> ***Art. 4º*** *O juiz poderá, a requerimento das partes, conceder o perdão judicial, reduzir em até 2/3 (dois terços) a pena privativa de liberdade ou substituí-la por restritiva de direitos daquele que tenha colaborado efetiva e voluntariamente com a investigação e com o processo criminal, desde que dessa colaboração advenha um ou mais dos seguintes resultados:*
>
> ***I*** *– a identificação dos demais coautores e partícipes da organização criminosa e das infrações penais por eles praticadas;*

II – a revelação da estrutura hierárquica e da divisão de tarefas da organização criminosa;

III – a prevenção de infrações penais decorrentes das atividades da organização criminosa;

IV – a recuperação total ou parcial do produto ou do proveito das infrações penais praticadas pela organização criminosa;

V – a localização de eventual vítima com a sua integridade física preservada.

§ 1º Em qualquer caso, a concessão do benefício levará em conta a personalidade do colaborador, a natureza, as circunstâncias, a gravidade e a repercussão social do fato criminoso e a eficácia da colaboração.

§ 2º Considerando a relevância da colaboração prestada, o Ministério Público, a qualquer tempo, e o delegado de polícia, nos autos do inquérito policial, com a manifestação do Ministério Público, poderão requerer ou representar ao juiz pela concessão de perdão judicial ao colaborador, ainda que esse benefício não tenha sido previsto na proposta inicial, aplicando-se, no que couber, o art. 28 do Decreto-lei nº 3.689, de 3 de outubro de 1941 (Código de Processo Penal).

§ 3º O prazo para oferecimento de denúncia ou o processo, relativos ao colaborador, poderá ser suspenso por até 6 (seis) meses, prorrogáveis por igual período, até que sejam cumpridas as medidas de colaboração, suspendendo-se o respectivo prazo prescricional.

§ 4º Nas mesmas hipóteses do caput deste artigo, o Ministério Público poderá deixar de oferecer denúncia se a proposta de acordo de colaboração referir-se a infração de cuja existência não tenha prévio conhecimento e o colaborador:

I – não for o líder da organização criminosa;

II – for o primeiro a prestar efetiva colaboração nos termos deste artigo.

§ 4º-A Considera-se existente o conhecimento prévio da infração quando o Ministério Público ou a autoridade policial competente tenha instaurado inquérito ou procedimento investigatório para apuração dos fatos apresentados pelo colaborador.

§ 5º Se a colaboração for posterior à sentença, a pena poderá ser reduzida até a metade ou será admitida a progressão de regime ainda que ausentes os requisitos objetivos.

§ 6º O juiz não participará das negociações realizadas entre as partes para a formalização do acordo de colaboração, que ocorrerá entre o delegado de polícia, o investigado e o defensor, com a manifestação do Ministério Público, ou, conforme o caso, entre o Ministério Público e o investigado ou acusado e seu defensor.

§ 7º Realizado o acordo na forma do § 6º deste artigo, serão remetidos ao juiz, para análise, o respectivo termo, as declarações do colaborador e cópia da investigação, devendo o juiz ouvir sigilosamente o colaborador, acompanhado de seu defensor, oportunidade em que analisará os seguintes aspectos na homologação:

I – regularidade e legalidade;

II – adequação dos benefícios pactuados àqueles previstos no caput e nos § § 4º e 5º deste artigo, sendo nulas as cláusulas que violem o critério de definição do regime inicial de cumprimento de pena do art. 33 do Decreto-lei nº 2.848, de 7 de dezembro de 1940 (Código Penal), as regras de cada um dos regimes previstos no Código Penal e na Lei nº 7.210, de 11 de julho de 1984 (Lei de Execução Penal) e os requisitos de progressão de regime não abrangidos pelo § 5º deste artigo;

III – adequação dos resultados da colaboração aos resultados mínimos exigidos nos incisos I, II, III, IV e V do caput deste artigo;

IV – voluntariedade da manifestação de vontade, especialmente nos casos em que o colaborador está ou esteve sob efeito de medidas cautelares.

§ 7º-A O juiz ou o tribunal deve proceder à análise fundamentada do mérito da denúncia, do perdão judicial e das primeiras etapas de aplicação da pena, nos termos do Decreto-lei nº 2.848, de 7 de dezembro de 1940 (Código Penal) e do Decreto-lei nº 3.689, de 3 de outubro de 1941 (Código de Processo Penal), antes de conceder os benefícios pactuados, exceto quando o acordo prever o não oferecimento da denúncia na forma dos § § 4º e 4º-A deste artigo ou já tiver sido proferida sentença.

§ 7º-B São nulas de pleno direito as previsões de renúncia ao direito de impugnar a decisão homologatória.

§ 8º O juiz poderá recusar a homologação da proposta que não atender aos requisitos legais, devolvendo-a às partes para as adequações necessárias.

§ 9º Depois de homologado o acordo, o colaborador poderá, sempre acompanhado pelo seu defensor, ser ouvido pelo membro do Ministério Público ou pelo delegado de polícia responsável pelas investigações.

§ 10 As partes podem retratar-se da proposta, caso em que as provas autoincriminatórias produzidas pelo colaborador não poderão ser utilizadas exclusivamente em seu desfavor.

§ 10-A Em todas as fases do processo, deve-se garantir ao réu delatado a oportunidade de manifestar-se após o decurso do prazo concedido ao réu que o delatou.

§ 11 A sentença apreciará os termos do acordo homologado e sua eficácia.

§ 12 Ainda que beneficiado por perdão judicial ou não denunciado, o colaborador poderá ser ouvido em juízo a requerimento das partes ou por iniciativa da autoridade judicial.

§ 13 O registro das tratativas e dos atos de colaboração deverá ser feito pelos meios ou recursos de gravação magnética, estenotipia, digital ou técnica similar, inclusive audiovisual, destinados a obter maior fidelidade das informações, garantindo-se a disponibilização de cópia do material ao colaborador.

§ 14 Nos depoimentos que prestar, o colaborador renunciará, na presença de seu defensor, ao direito ao silêncio e estará sujeito ao compromisso legal de dizer a verdade.

§ 15 Em todos os atos de negociação, confirmação e execução da colaboração, o colaborador deverá estar assistido por defensor.

§ 16. Nenhuma das seguintes medidas será decretada ou proferida com fundamento apenas nas declarações do colaborador:

I – medidas cautelares reais ou pessoais;

II – recebimento de denúncia ou queixa-crime;

III – sentença condenatória.

§ 17 O acordo homologado poderá ser rescindido em caso de omissão dolosa sobre os fatos objeto da colaboração.

§ 18 O acordo de colaboração premiada pressupõe que o colaborador cesse o envolvimento em conduta ilícita relacionada ao objeto da colaboração, sob pena de rescisão.

Art. 5º São direitos do colaborador:

I – usufruir das medidas de proteção previstas na legislação específica;

II – ter nome, qualificação, imagem e demais informações pessoais preservados;

III – ser conduzido, em juízo, separadamente dos demais coautores e partícipes;

IV – participar das audiências sem contato visual com os outros acusados;

V – não ter sua identidade revelada pelos meios de comunicação, nem ser fotografado ou filmado, sem sua prévia autorização por escrito;

VI – cumprir pena ou prisão cautelar em estabelecimento penal diverso dos demais corréus ou condenados.

Art. 6º O termo de acordo da colaboração premiada deverá ser feito por escrito e conter:

I – o relato da colaboração e seus possíveis resultados;

II – as condições da proposta do Ministério Público ou do delegado de polícia;

III – a declaração de aceitação do colaborador e de seu defensor;

IV – as assinaturas do representante do Ministério Público ou do delegado de polícia, do colaborador e de seu defensor;

V – a especificação das medidas de proteção ao colaborador e à sua família, quando necessário.

Art. 7º O pedido de homologação do acordo será sigilosamente distribuído, contendo apenas informações que não possam identificar o colaborador e o seu objeto.

§ 1º As informações pormenorizadas da colaboração serão dirigidas diretamente ao juiz a que recair a distribuição, que decidirá no prazo de 48 (quarenta e oito) horas.

§ 2º O acesso aos autos será restrito ao juiz, ao Ministério Público e ao delegado de polícia, como forma de garantir o êxito das investigações, assegurando-se ao defensor, no interesse do representado, amplo acesso aos elementos de prova que digam respeito ao exercício do direito de defesa, devidamente precedido de autorização judicial, ressalvados os referentes às diligências em andamento.

§ 3º O acordo de colaboração premiada e os depoimentos do colaborador serão mantidos em sigilo até o recebimento da denúncia ou da queixa-crime, sendo vedado ao magistrado decidir por sua publicidade em qualquer hipótese.

A colaboração premiada, também chamada de delação premiada, é um procedimento previsto na legislação penal de forma dispersa, com regras próprias a depender do caso, de acordo com a dicção legal pode-se definir a colaboração premiada como negócio jurídico processual e meio de obtenção de prova, que pressupõe utilidade e interesse públicos. Ela é um dos principais meios de provas da lei e auxilia na investigação e no curso do processo criminal. Deve-se registrar, contudo, que ela isolada não é suficiente para a condenação, é necessária a colaboração e mais o auxílio de outros meios de prova.

Esse meio de prova pode conceder ao colaborador três benefícios:

- O perdão judicial;
- Redução em até 2/3 da pena privativa;
- Substituição da pena privativa de liberdade por restritiva de direitos.

Mas, para isso, o agente deve colaborar efetiva e voluntariamente com a investigação, de modo que sua vontade seja livre, cabendo somente a ele a escolha de colaborar. Ainda, para que o benefício seja concedido, não basta sua boa vontade em colaborar, dessa colaboração deve-se obter um dos seguintes resultados:

- A identificação dos demais coautores e partícipes da organização criminosa e das infrações penais por eles praticadas;
- A revelação da estrutura hierárquica e da divisão de tarefas da organização criminosa;
- A prevenção de infrações penais decorrentes das atividades da organização criminosa;
- A recuperação total ou parcial do produto ou do proveito das infrações penais praticadas pela organização criminosa;
- A localização de eventual vítima com a sua integridade física preservada.

A concessão do benefício deve considerar a personalidade do colaborador, a natureza, as circunstâncias, a gravidade e a repercussão social do fato criminoso e a eficácia da colaboração. De modo que, quanto mais relevante for a colaboração, melhor é o benefício concedido. Assim, o próprio MP ou o delegado de polícia, a qualquer tempo podem requerer a concessão do perdão judicial ao colaborador.

A colaboração suspende, ainda, o prazo para oferecimento da denúncia, ou do processo, por até 6 meses, prorrogável por igual período, de modo a suspender também o prazo prescricional. O termo "por igual período" não significa a prorrogação por mais 6 meses, mas, sim, pelo prazo estabelecido para a suspensão.

Ministério Público pode deixar de oferecer a denúncia se a proposta de acordo de colaboração referir-se à infração de cuja existência não tenha prévio conhecimento e o colaborador:

- Não for o líder da organização criminosa;
- For o primeiro a prestar efetiva colaboração.

Vale registrar que se considera existente o conhecimento prévio da infração quando o Ministério Público ou a autoridade policial competente tenha instaurado inquérito ou procedimento investigatório para apuração dos fatos apresentados pelo colaborador.

Realizado o acordo, serão remetidos ao juiz, para análise, o respectivo termo, as declarações do colaborador e a cópia da investigação, devendo o juiz ouvir sigilosamente o colaborador, acompanhado de seu defensor, oportunidade em que analisará os seguintes aspectos na homologação:

Art. 4º [...]

§ 7º [...]

I – regularidade e legalidade;

***II – adequação dos benefícios pactuados**, sendo nulas as cláusulas que violem o critério de definição do regime inicial de cumprimento de pena e as regras de cada um dos regimes previstos no Código Penal e na Lei de Execução Penal e os requisitos de progressão de regime não abrangidos na Lei de Organização Criminosa;*

***III – adequação dos resultados da colaboração** aos resultados mínimos exigidos pela lei;*

***IV – voluntariedade da manifestação de vontade**, especialmente nos casos em que o colaborador está ou esteve sob efeito de medidas cautelares.*

O juiz ou o tribunal deve proceder à **análise fundamentada do mérito** da denúncia, do perdão judicial e das primeiras etapas de aplicação da pena, nos termos do Código Penal e do Código de Processo Penal), antes de conceder os benefícios pactuados, exceto quando o acordo previr o não oferecimento da denúncia ou já tiver sido proferida sentença.

Serão nulas de pleno direito as previsões de renúncia ao direito de impugnar a decisão homologatória.

O juiz poderá recusar a homologação da proposta que não atender aos requisitos legais, devolvendo-a às partes para as adequações necessárias.

A colaboração, **após a sentença**, pode reduzir a pena em até metade ou poderá admitir ao colaborador a progressão de regime, ainda que ausentes os pressupostos para sua concessão.

Outro ponto de extrema importância é a proibição do juiz na participação das negociações de colaboração, essa função é do Ministério Público ou do delegado, em conjunto com o colaborador e seu defensor.

O termo de acordo deve conter, nos termos da própria lei:

- O relato da colaboração e seus possíveis resultados;
- As condições da proposta do Ministério Público ou do delegado de polícia;
- A declaração de aceitação do colaborador e de seu defensor;
- As assinaturas do representante do Ministério Público ou do delegado de polícia, do colaborador e de seu defensor;
- A especificação das medidas de proteção ao colaborador e à sua família, quando necessário.

O recebimento da proposta para formalização de acordo de colaboração determina o início das negociações e caracteriza o marco de confidencialidade. Assim, a violação de sigilo e quebra da confiança e da boa-fé, a divulgação de tais tratativas iniciais ou de documento que as formalize, até o levantamento de sigilo por decisão judicial constitui quebra dessa confidencialidade. A proposta de acordo de colaboração premiada poderá ser sumariamente indeferida, com a devida justificativa, cientificando-se o interessado. Contudo, caso não haja indeferimento sumário, as partes deverão firmar o Termo de Confidencialidade para prosseguimento das tratativas, o que vinculará os órgãos envolvidos na negociação e impedirá o indeferimento posterior sem justa causa.

O recebimento de proposta de colaboração para análise ou o Termo de Confidencialidade não implica, por si só, a suspensão da investigação, ressalvado acordo em contrário quanto à propositura de medidas processuais penais cautelares e assecuratórias, bem como medidas processuais cíveis admitidas pela legislação processual civil em vigor. O acordo de colaboração premiada poderá ser precedido de instrução, quando houver necessidade de identificação ou complementação de seu objeto, dos fatos narrados, sua definição jurídica, relevância, utilidade e interesse público.

Os termos de recebimento de proposta de colaboração e de confidencialidade serão elaborados pelo celebrante e assinados por ele, pelo colaborador e pelo advogado ou defensor público com poderes específicos.

Na hipótese de não ser celebrado o acordo por iniciativa do celebrante, esse não poderá se valer de nenhuma das informações ou provas apresentadas pelo colaborador, de boa-fé, para qualquer outra finalidade.

A proposta de colaboração premiada deve estar instruída com **procuração do interessado com poderes específicos** para iniciar o procedimento de colaboração e suas tratativas, ou firmada pessoalmente pela parte que pretende a colaboração e seu advogado ou defensor público. Importante registrar: **nenhuma tratativa sobre colaboração premiada deve ser realizada sem a presença de advogado constituído ou defensor público**. Em caso de eventual conflito de interesses, ou de colaborador hipossuficiente, o celebrante deverá solicitar a presença de outro advogado ou a participação de defensor público.

No acordo de colaboração premiada, o colaborador deve narrar todos os fatos ilícitos para os quais concorreu e que tenham relação direta com os fatos investigados.

Incumbe à defesa instruir a proposta de colaboração e os anexos com os fatos adequadamente descritos, com todas as suas circunstâncias, indicando as provas e os elementos de corroboração. O acordo será remetido ao juiz, o qual verificará sua regularidade, legalidade e voluntariedade, podendo, ainda, ouvir o colaborador sigilosamente na presença de seu defensor. Se não forem verificados os requisitos mencionados, o juiz poderá recusar a homologação da proposta ou adequá-la ao caso concreto.

O registro das tratativas e dos atos de colaboração deverá ser feito pelos meios ou recursos de gravação magnética, estenotipia, digital ou técnica similar, inclusive audiovisual, destinados a obter maior fidelidade das informações, garantindo-se a disponibilização de cópia do material ao colaborador.

Nos depoimentos que prestar, o colaborador renunciará, na presença de seu defensor, ao direito ao silêncio e estará sujeito ao compromisso legal de dizer a verdade. Em todos os atos de negociação, confirmação e execução da colaboração, o colaborador deverá estar assistido por defensor.

Vale registrar, ademais, que em todas as fases do processo, deve-se garantir ao réu delatado a oportunidade de manifestar-se após o decurso do prazo concedido ao réu que o delatou.

Nenhuma das seguintes medidas será decretada ou proferida com fundamento apenas nas declarações do colaborador:

> *Art. 4º [...]*
>
> *§ 16 [...]*
>
> *I – medidas cautelares reais ou pessoais;*
>
> *II – recebimento de denúncia ou queixa-crime;*
>
> *III – sentença condenatória.*

Nota-se que o colaborador passa a ser titular de uma série de direitos que visam garantir sua segurança, de modo a assegurar que os demais membros da organização criminosa não saibam quem colaborou com as investigações.

O pedido de homologação do acordo será sigilosamente distribuído, contendo apenas informações que não possam identificar o colaborador e o seu objeto.

As informações pormenorizadas da colaboração serão dirigidas diretamente ao juiz a que recair a distribuição, que decidirá no prazo de 48 horas. O acesso aos autos será restrito ao juiz, ao Ministério Público e ao delegado de polícia, como forma de garantir o êxito das investigações, assegurando-se ao defensor, no interesse do representado, amplo acesso aos elementos de prova que digam respeito ao exercício do direito de defesa, devidamente precedido de autorização judicial, ressalvados os referentes às diligências em andamento.

O acordo de colaboração premiada e os depoimentos do colaborador serão **mantidos em sigilo até o recebimento da denúncia** ou da queixa-crime, sendo vedado ao magistrado decidir por sua publicidade em qualquer hipótese

Colaboração premiada	
Benefícios que podem ser concedidos	• Perdão judicial; • Redução da pena em até 2/3; • Substituição da pena privativa de liberdade em restritiva de direito.
Colaboração	• Deve ser efetiva e voluntária trazendo um dos seguintes resultados: • A identificação dos demais coautores e partícipes da organização criminosa e das infrações penais por eles praticadas; • A revelação da estrutura hierárquica e da divisão de tarefas da organização criminosa; • A prevenção de infrações penais decorrentes das atividades da organização criminosa; • A recuperação total ou parcial do produto ou do proveito das infrações penais praticadas pela organização criminosa; • A localização de eventual vítima com sua integridade física preservada.
Acordo	• O acordo é apenas homologado pelo juiz, ele não participa das negociações, cabendo ao Ministério Público ou ao Delegado firmar o acordo com o colaborador e seu defensor.
Direitos do colaborador	• Usufruir das medidas de proteção previstas na legislação específica; • Ter nome, qualificação, imagem e demais informações pessoais preservadas; • Ser conduzido, em juízo, separadamente dos demais coautores e partícipes; • Participar das audiências sem contato visual com os outros acusados; • Não ter sua identidade revelada pelos meios de comunicação, nem ser fotografado ou filmado, sem sua prévia autorização por escrito; • Cumprir pena ou prisão cautelar em estabelecimento penal diverso dos demais corréus ou condenados.

4.5 Ação controlada

A ação controlada constitui na autorização legal concedida à autoridade policial para retardar a intervenção penal diante da prática da infração penal relativa à organização criminosa, de modo a esperar um momento mais adequado, garantindo a produção de uma prova mais consistente.

Nos termos do art. 8º da Lei nº 12.850/2013:

> *Art. 8º Consiste a ação controlada em **retardar a intervenção policial ou administrativa relativa à ação praticada por organização criminosa ou a ela vinculada,** desde que mantida sob observação e acompanhamento para que a medida legal se concretize no **momento mais eficaz à formação de provas e obtenção de informações.***

Esse meio de obtenção da prova tem como finalidade aguardar um momento mais propício para se produzir um efeito maior, de maneira a alcançar um resultado muito melhor do que se a ação tivesse sido feita de imediato. Por exemplo: o agente policial, verificando atividade de organização criminosa, vê apenas um integrante agindo; ele aguarda um pouco mais para efetuar o flagrante de delito com o intuito de prender mais integrantes e, assim, desestruturar toda a organização.

É por essa razão que essa modalidade também é conhecida como flagrante retardado. A ação controlada, contudo, **não pode ser confundida com o flagrante preparado,** que torna o crime impossível.

Esse retardamento deve ser **previamente comunicado ao juiz,** que, se achar necessário, estabelecerá seus limites e ainda fará a comunicação imediata ao Ministério Público.

Ainda toda a operação será **sigilosa** e enquanto não se encerrar as diligências os autos ficaram restritos ao acesso do juiz, Ministério Público e ao delegado de polícia.

E se caso a ação controlada envolver travessia de fronteiras, apenas pode haver o retardamento com a cooperação das autoridades dos países que sejam considerados como provável itinerário ou destinatário do investigado, com o intuito de se evitar fugas e extravio do proveito do crime.

Ação controlada	
O que é?	• Retardamento de intervenção policial ou administrativa relativa à ação praticada por organização criminosa. Por isso pode ser chamada de flagrante retardado.
Características	• Deve ser previamente comunicada ao juiz; • O ministério público deverá ser comunicado; • Os autos ficam sob sigilo até o encerramento das diligências; • No caso de a ação envolver transposição de fronteiras, somente há o retardamento se houver cooperação do país que figure como provável itinerário ou destino do investigado.

4.6 Infiltração de agentes

> ***Art. 10** A infiltração de agentes de polícia em tarefas de investigação, representada pelo delegado de polícia ou requerida pelo Ministério Público, após manifestação técnica do delegado de polícia quando solicitada no curso de inquérito policial, será precedida de circunstanciada, motivada e sigilosa autorização judicial, que estabelecerá seus limites.*
>
> ***§ 1º** Na hipótese de representação do delegado de polícia, o juiz competente, antes de decidir, ouvirá o Ministério Público.*
>
> ***§ 2º** Será admitida a infiltração se houver indícios de infração penal de que trata o art. 1º e se a prova não puder ser produzida por outros meios disponíveis.*
>
> ***§ 3º** A infiltração será autorizada pelo prazo de até 6 (seis) meses, sem prejuízo de eventuais renovações, desde que comprovada sua necessidade.*
>
> ***§ 4º** Findo o prazo previsto no § 3º, o relatório circunstanciado será apresentado ao juiz competente, que imediatamente cientificará o Ministério Público.*
>
> ***§ 5º** No curso do inquérito policial, o delegado de polícia poderá determinar aos seus agentes, e o Ministério Público poderá requisitar, a qualquer tempo, relatório da atividade de infiltração.*
>
> ***Art. 10-A** Será admitida a ação de agentes de polícia infiltrados virtuais, obedecidos os requisitos do caput do art. 10, na internet, com o fim de investigar os crimes previstos nesta Lei e a eles conexos, praticados por organizações criminosas, desde que demonstrada sua necessidade e indicados o alcance das tarefas dos policiais, os nomes ou apelidos das pessoas investigadas e, quando possível, os dados de conexão ou cadastrais que permitam a identificação dessas pessoas.*
>
> ***§ 1º** Para efeitos do disposto nesta Lei, consideram-se:*
>
> ***I** – dados de conexão: informações referentes a hora, data, início, término, duração, endereço de Protocolo de Internet (IP) utilizado e terminal de origem da conexão;*
>
> ***II** – dados cadastrais: informações referentes a nome e endereço de assinante ou de usuário registrado ou autenticado para a conexão a quem endereço de IP, identificação de usuário ou código de acesso tenha sido atribuído no momento da conexão.*
>
> ***§ 2º** Na hipótese de representação do delegado de polícia, o juiz competente, antes de decidir, ouvirá o Ministério Público.*
>
> ***§ 3º** Será admitida a infiltração se houver indícios de infração penal de que trata o art. 1º desta Lei e se as provas não puderem ser produzidas por outros meios disponíveis.*
>
> ***§ 4º** A infiltração será autorizada pelo prazo de até 6 meses, sem prejuízo de eventuais renovações, mediante ordem judicial fundamentada e desde que o total não exceda a 720 dias e seja comprovada sua necessidade.*
>
> ***§ 5º** Findo o prazo previsto no § 4º deste artigo, o relatório circunstanciado, juntamente com todos os atos eletrônicos praticados durante a operação, deverão ser registrados, gravados, armazenados e apresentados ao juiz competente, que imediatamente cientificará o Ministério Público.*
>
> ***§ 6º** No curso do inquérito policial, o delegado de polícia poderá determinar aos seus agentes, e o Ministério Público e o juiz competente poderão requisitar, a qualquer tempo, relatório da atividade de infiltração.*
>
> ***§ 7º** É nula a prova obtida sem a observância do disposto neste artigo.*
>
> ***Art. 10-B** As informações da operação de infiltração serão encaminhadas diretamente ao juiz responsável pela autorização da medida, que zelará por seu sigilo.*
>
> ***Parágrafo único.** Antes da conclusão da operação, o acesso aos autos será reservado ao juiz, ao Ministério Público e ao delegado de polícia responsável pela operação, com o objetivo de garantir o sigilo das investigações.*
>
> ***Art. 10-C** Não comete crime o policial que oculta a sua identidade para, por meio da internet, colher indícios de autoria e materialidade dos crimes previstos no art. 1º desta Lei.*
>
> ***Parágrafo único.** O agente policial infiltrado que deixar de observar a estrita finalidade da investigação responderá pelos excessos praticados.*
>
> ***Art. 10-D** Concluída a investigação, todos os atos eletrônicos praticados durante a operação deverão ser registrados, gravados, armazenados e encaminhados ao juiz e ao Ministério Público, juntamente com relatório circunstanciado.*
>
> ***Parágrafo único.** Os atos eletrônicos registrados citados no caput deste artigo serão reunidos em autos apartados e apensados ao processo criminal juntamente com o inquérito policial, assegurando-se a preservação da identidade do agente policial infiltrado e a intimidade dos envolvidos.*
>
> ***Art. 11** O requerimento do Ministério Público ou a representação do delegado de polícia para a infiltração de agentes conterão a demonstração da necessidade da medida, o alcance das tarefas dos agentes e, quando possível, os nomes ou apelidos das pessoas investigadas e o local da infiltração.*
>
> ***Parágrafo único.** Os órgãos de registro e cadastro público poderão incluir nos bancos de dados próprios, mediante procedimento sigiloso e requisição da autoridade judicial, as informações necessárias à efetividade da identidade fictícia criada, nos casos de infiltração de agentes na internet.*
>
> ***Art. 12** O pedido de infiltração será sigilosamente distribuído, de forma a não conter informações que possam indicar a operação a ser efetivada ou identificar o agente que será infiltrado.*

§ 1º As informações quanto à necessidade da operação de infiltração serão dirigidas diretamente ao juiz competente, que decidirá no prazo de 24 (vinte e quatro) horas, após manifestação do Ministério Público na hipótese de representação do delegado de polícia, devendo-se adotar as medidas necessárias para o êxito das investigações e a segurança do agente infiltrado.

§ 2º Os autos contendo as informações da operação de infiltração acompanharão a denúncia do Ministério Público, quando serão disponibilizados à defesa, assegurando-se a preservação da identidade do agente.

§ 3º Havendo indícios seguros de que o agente infiltrado sofre risco iminente, a operação será sustada mediante requisição do Ministério Público ou pelo delegado de polícia, dando-se imediata ciência ao Ministério Público e à autoridade judicial.

Art. 13 *O agente que não guardar, em sua atuação, a devida proporcionalidade com a finalidade da investigação, responderá pelos excessos praticados.*

Parágrafo único. *Não é punível, no âmbito da infiltração, a prática de crime pelo agente infiltrado no curso da investigação, quando inexigível conduta diversa.*

Esse meio de obtenção de prova possivelmente é um dos que trazem mais riscos ao agente policial, pois, nesse caso, o agente age como se fosse integrante da organização criminosa, com a finalidade de obter provas dos crimes por ela cometidos. E é por essa razão que a infiltração somente será admitida quando não houver outro meio de se obter as provas necessárias.

Por ser uma ação que envolve grande risco, é necessária a autorização judicial, mediante requerimento do Ministério Público ou do delegado de polícia.

E ainda não basta a mera autorização judicial, ela deve preencher mais três requisitos:

A autorização judicial deve ser:	
	Circunstanciada: deve ser específica, trazendo os detalhes do procedimento.
	Motivada: deve conter as razões pelas quais a ação é necessária.
	Sigilosa: devendo proteger a operação a ser realizada de modo que garanta seu êxito.

A infiltração poderá ser autorizada pelo prazo de até 6 meses, podendo ser prorrogada desde que comprovada a necessidade. Além disso, o pedido de infiltração deverá ser distribuído sigilosamente a fim de garantir a integridade do agente e a eficácia da operação. Os detalhes das informações serão remetidos ao juiz após a distribuição do pedido, devendo, em 24 horas, proferir sua decisão.

O art. 13 traz uma informação extremamente importante: o agente deve atuar dentro dos seus limites, agindo proporcionalmente com a finalidade da investigação, de modo a responder pelos excessos praticados. Porém, a lei também protege o agente, garantindo que, se não houver outra forma, o crime por ele praticado não será punível.

Por fim, temos os direitos do agente, que têm como única finalidade a sua proteção. Por se tratar de operação de risco, deve tomar quantas medidas forem necessárias para garantir sua segurança.

Infiltração de agentes	
Requisitos	• Somente se a prova não puder ser obtida por outro meio. • Autorização judicial – circunstanciada, motivada e sigilosa. • Deve ser requerida pelo delegado de polícia ou pelo Ministério Público.
Características	• Vai ser autorizada por 6 meses, podendo ser prorrogado desde que comprovada a necessidade. • A distribuição do pedido será feita sigilosamente. • Após a distribuição, o pedido será remetido ao juiz, que deverá proferir a decisão em 24 horas. • O agente responde pelos excessos que praticar na infiltração. • Os crimes cometidos pelo agente no curso da infiltração, se não puderem ser evitados, não serão puníveis.
Direitos do agente	• Recusar ou fazer cessar a atuação infiltrada. • Ter sua identidade alterada, aplicando-se, no que couber, o disposto no art. 9º da Lei nº 9.807, de 13 de julho de 1999, bem como usufruir das medidas de proteção a testemunhas. • Ter seu nome, sua qualificação, sua imagem, sua voz e demais informações pessoais preservadas durante a investigação e o processo criminal, salvo se houver decisão judicial em contrário. • Não ter sua identidade revelada, nem ser fotografado ou filmado pelos meios de comunicação, sem sua prévia autorização por escrito.

4.7 Acesso a registros, dados cadastrais, documentos e informações

De acordo com o art. 15, da Lei nº 12.850/2013, o delegado de polícia e o Ministério Público terão acesso, **independentemente de autorização judicial**, **apenas** aos dados cadastrais do investigado que informem exclusivamente a qualificação pessoal, a filiação e o endereço mantidos pela Justiça Eleitoral, empresas telefônicas, instituições financeiras, provedores de internet e administradoras de cartão de crédito.

Em relação especificamente às **empresas de transporte**, a lei determina que elas devem possibilitar, pelo prazo de 5 anos, acesso direto e permanente do juiz, do Ministério Público ou do delegado de polícia aos bancos de dados de reservas e registro de viagens.

Já as concessionárias de **telefonia fixa ou móvel** devem manter, também pelo prazo de 5 anos, à disposição das autoridades registros de identificação dos números dos terminais de origem e de destino das ligações telefônicas internacionais, interurbanas e locais. Vale lembrar que os registros se referem unicamente à existência de ligações e não ao conteúdo delas, que dependerá, sempre, de interceptação telefônica.

Note que há limitação ao acesso do delegado de polícia e ao Ministério Público aos dados cadastrais do investigado, que se atêm somente às qualificações pessoais, filiação e endereço, não envolvendo qualquer quebra de sigilo bancário, fiscal ou de comunicações.

Note que a lei só permite o registro de números telefônicos e de viagens, não o acesso a conversas, ligações e afins. Esses registros deverão ser mantidos por essas empresas pelo prazo de 5 anos.

4.8 Crimes ocorridos na investigação e na obtenção da prova

Com o objetivo de tutelar as investigações no âmbito das organizações criminosas, especialmente protegendo as pessoas envolvidas (como o agente infiltrado) e o conteúdo das investigações (a divulgação antecipada de uma colaboração, por exemplo), o legislador estabeleceu quatro tipos penais incriminadores na Lei nº 12.850/2013. São eles:

Art. 18 *Revelar a identidade, fotografar ou filmar o colaborador, sem sua prévia autorização por escrito:*

Pena *– Reclusão, de 1 (um) a 3 (três) anos, e multa.*

L E G I S

Art. 19 Imputar falsamente, sob pretexto de colaboração com a Justiça, a prática de infração penal a pessoa que sabe ser inocente, ou revelar informações sobre a estrutura de organização criminosa que sabe inverídicas:

***Pena** – Reclusão, de 1 (um) a 4 (quatro) anos, e multa.*

Art. 20 Descumprir determinação de sigilo das investigações que envolvam a ação controlada e a infiltração de agentes:

***Pena** – Reclusão, de 1 (um) a 4 (quatro) anos, e multa.*

Art. 21 Recusar, ou omitir dados cadastrais, registros, documentos e informações requisitadas pelo juiz, Ministério Público ou delegado de polícia, no curso de investigação ou do processo:

***Pena** – Reclusão, de 6 (seis) meses a 2 (dois) anos, e multa.*

***Parágrafo único.** Na mesma pena incorre quem, de forma indevida, se apossa, propala, divulga ou faz uso dos dados cadastrais de que trata esta Lei.*

Os crimes cometidos dentro da investigação e no meio de obtenção de prova serão punidos cada qual com uma pena específica, conforme a gravidade da conduta. Mas note que dois desses crimes (arts. 18 e 20) têm a finalidade protetiva, pois tratam de ações que violam a segurança dos colaboradores e infiltrados.

4.8.1 Disposições finais

Os crimes previstos na lei e as infrações penais conexas devem ser apuradas mediante **procedimento comum ordinário** previsto no Código de Processo Penal, devendo a instrução ser encerrada em um prazo razoável, sendo que, se o réu estiver preso, o prazo máximo será de **120 dias**, prorrogável por igual período, desde que por decisão fundamentada e devidamente motivada pela complexidade da causa ou por fato procrastinatório atribuído ao réu.

Importante registrar que, de acordo com o art. 23 da Lei, **o sigilo da investigação** poderá ser decretado pela autoridade judicial competente, para garantia da celeridade e da eficácia das diligências investigatórias, devendo, contudo, ser assegurado ao defensor, no interesse do representado, amplo acesso aos elementos de prova que digam respeito ao exercício do direito de defesa, devidamente precedido de autorização judicial, ressalvados os referentes às diligências em andamento.

Por fim, caso determinado o depoimento do investigado, seu defensor terá assegurada a prévia vista dos autos, ainda que classificados como sigilosos, no prazo mínimo de três dias que antecedem ao ato, podendo ser ampliado, a critério da autoridade responsável pela investigação.

Prevê o art. 24 da lei que o art. 288, do Decreto-lei nº 2.848/1940 (Código Penal), passa a vigorar com a seguinte redação:

***Art. 288,** CP Associarem-se 3 (três) ou mais pessoas, para o fim específico de cometer crimes:*

Pena – Reclusão, de 1 (um) a 3 (três) anos.

Parágrafo único. A pena aumenta-se até a metade se a associação é armada ou se houver a participação de criança ou adolescente.

Na sequência, determina o art. 25 da Lei de Organização Criminosa que o art. 342, do Código Penal, passa a vigorar com a seguinte redação:

Art. 25 O art. 342 do Decreto-lei nº 2.848, de 7 de dezembro de 1940 (Código Penal), passa a vigorar com a seguinte redação

Pena – Reclusão, de 2 (dois) a 4 (quatro) anos, e multa.

Falso testemunho ou falsa perícia

***Art. 342** Fazer afirmação falsa, ou negar ou calar a verdade como testemunha, perito, contador, tradutor ou intérprete em processo judicial, ou administrativo, inquérito policial, ou em juízo arbitral:*

Pena – Reclusão, de 2 (dois) a 4 (quatro) anos, e multa.

§ 1º As penas aumentam-se de um sexto a um terço, se o crime é praticado mediante suborno ou se cometido com o fim de obter prova destinada a produzir efeito em processo penal, ou em processo civil em que for parte entidade da administração pública direta ou indireta.

§ 2º O fato deixa de ser punível se, antes da sentença no processo em que ocorreu o ilícito, o agente se retrata ou declara a verdade.

Em conclusão, a lei revoga expressa e totalmente a Lei nº 9.034/1995, antiga Lei das Organizações Criminosas.

5 LEI Nº 7.210/1984 – LEI DE EXECUÇÃO PENAL

A Lei de Execução Penal (Lei nº 7.210/1984) estabelece o procedimento destinado à efetiva aplicação da pena ou da medida de segurança, definido anteriormente por sentença judicial.

A execução da pena é um procedimento autônomo, regulamentado por lei específica no qual serão juntadas cópias do processo penal com o intuito de se acompanhar o cumprimento da pena e a concessão de benefícios do apenado.

Com base no princípio da pessoalidade e da individualização da pena, cada acusado terá direito a um processo de execução individual, ainda que haja mais envolvidos no mesmo crime por ele cometido.

A execução penal se apresenta como um novo processo, possuindo caráter jurisdicional e administrativo, e tem por finalidade efetivar as normas acerca da sentença penal e oferecer ao condenado ou internado condições de reintegração social.

A doutrina diverge sobre a natureza jurídica da execução penal, visto que há quem defenda que esta tenha natureza jurisdicional e outros defendam que esta tenha natureza administrativa.

Contudo, é certo que o juiz da execução penal pratica atos administrativos, mas também pratica atos jurisdicionais. Assim, podemos dizer que a execução penal tem uma natureza híbrida, contudo esse entendimento não é pacífico.

5.1 Objeto e aplicação da lei de execução penal

> *Art. 1º A execução penal tem por objetivo efetivar as disposições de sentença ou decisão criminal e proporcionar condições para a harmônica integração social do condenado e do internado.*

A LEP tem como seu objetivo garantir o cumprimento das sanções impostas na sentença ou na decisão criminal, visando proporcionar ao condenado ou internado medidas de reintegração social.

> *Art. 2º A jurisdição penal dos juízes ou tribunais da justiça ordinária, em todo o território nacional, será exercida, no processo de execução, na conformidade desta Lei e do Código de Processo Penal.*
>
> *Parágrafo único. Esta lei aplicar-se-á igualmente ao preso provisório e ao condenado pela Justiça Eleitoral ou Militar, quando recolhido a estabelecimento sujeito à jurisdição ordinária.*

As decisões ou sentenças proferidas por outras justiças, como a Federal, Militar ou Eleitoral, nos casos em que as penas sejam cumpridas em estabelecimento prisional estadual, a execução da pena será de competência da Justiça Estadual.

> ***Súmula nº 192 – STJ***
>
> *Compete ao Juízo das Execuções Penais do Estado a execução das penas impostas a sentenciados pela Justiça Federal, Militar ou Eleitoral, quando recolhidos a estabelecimentos sujeitos a Administração Estadual.*

Ainda, seguindo a mesma linha de pensamento desta súmula, o condenado pela justiça estadual, que se encontrar em cumprimento pena em estabelecimento prisional federal, terá como competente para o processo de execução da pena a Justiça Federal.

Ademais, ressalta-se que o preso provisório, conforme art. 3º da LEP, está sujeito à execução penal, ou seja, ainda que não haja sentença penal condenatória transitada em julgada, ao preso provisório se aplicam as mesmas regras do condenado ou do internado, tendo em vista que está em regime fechado, garantindo, assim, que a pessoa já presa provisoriamente seja beneficiada pela LEP.

A LEP dentro deste artigo quis reforçar que o condenado ou internado tem os seus direitos preservados, ainda que o agente seja condenado ele não perde seu estado de ser humano. Existem alguns direitos que são atingidos no momento da condenação, como a liberdade e os direitos políticos. Contudo, todos os demais direitos que a sentença não atinge devem ser aplicados ao preso, garantindo que haja o tratamento humanizado, com respeito de modo a não sofrer qualquer tipo de discriminação.

Também, todos os direitos elencados como fundamentais pelo art. 5º da CF/1988, que não tenham sido afetados pela sentença, deverão ser aplicados ao condenado, tal como o direito à vida, segurança, igualdade, legalidade, proteção à integridade física e moral etc.

> *Art. 4º O Estado deverá recorrer à cooperação da comunidade nas atividades de execução da pena e da medida de segurança.*

Essa cooperação da comunidade está relacionada ao item 25 da Exposição de Motivos da LEP, que "*muito além da passividade ou da ausência de reação quanto as vítimas mortas ou traumatizadas, a comunidade participa ativamente do procedimento da execução, quer através de um conselho, quer através das pessoas jurídicas ou naturais que assistem ou fiscalizam não somente as reações penais em meios fechados (penas privativas da liberdade e medida de segurança detentiva) como também em meio livre (pena de multa e penas restritivas de direitos)*".

Fica evidente que cabe à comunidade o auxílio na reabilitação do condenado, ou seja, o Estado, em conjunto com a comunidade, deve trabalhar para ajudar o condenado a voltar à sociedade, e como meio de garantir esse auxílio, dentro da LEP foram introduzidas figuras como o Patronato, o Conselho da Comunidade, como formas de garantir que haja efetivamente essa cooperação e não seja apenas algo utópico.

5.2 Condenado e internado

5.2.1 Classificação

> *Art. 5º Os condenados serão classificados, segundo os seus antecedentes e personalidade, para orientar a individualização da execução penal.*

O processo de individualização da pena acontece por meio de três fases:

- 1ª fase: âmbito legislativo – ocorre com a criação do tipo penal incriminador, no qual se estabelece de forma abstrata o mínimo e o máximo da pena cominada.
- 2ª fase: âmbito judicial – ocorre quando o juiz do processo de conhecimento, ao se deparar com o caso concreto, seguindo as diretrizes processuais fixa a pena cabível ao agende.
- 3ª fase: âmbito executório – ocorre quando o juiz da execução penal adapta a pena aplicada pelo juiz da sentença à pessoa do condenado, ou seja, lhe concede ou nega benefícios com base no seu histórico pessoal.

Com o intuito de orientar essa terceira fase de individualização, o art. 5º da LEP trouxe de forma expressa a necessidade de classificação dos condenados à pena privativa de liberdade, tendo por critérios obrigatórios o exame de seus antecedentes e de sua personalidade, os quais podem, ainda, ser agregados a outros fatores, como o âmbito familiar e social do agente e até mesmo sua capacidade laboral.

A classificação é um direito do preso, garantindo a ele tratamento individual, que auxiliará em sua ressocialização, proporcionando um cumprimento de pena dentro de suas condições e necessidades.

Conforme estabelece o art. 6º, cabe à Comissão Técnica de Classificação a elaboração do programa individualizado da pena privativa de liberdade, adequando esta à realidade do condenado ou do preso provisório, avaliando suas condições subjetivas e somando-as com as particularidades acerca do crime praticado, como a natureza do crime praticado, seu grau de periculosidade, seu grau de instrução, dentre outros.

Será, então, função da Comissão especificar que tipo de trabalho será o mais adequado ao preso, se este pode estudar, se deve fazer terapia ocupacional, se precisa de acompanhamento psicológico, se existe necessidade de acompanhamento assistencial e relação ao preso e à sua família, as atividades de lazer indicadas, a forma como as necessidades do preso serão supridas, bem como o local indicado para o cumprimento da pena, tentando possibilitar da melhor forma possível a ressocialização do indivíduo.

O exame de antecedentes fará uma análise dos dados pertinentes à vida pregressa do condenado, ou seja, sua vida antes da condenação, verificando se existe outros processos que o condenado esteja respondendo, bem como uma eventual reincidência.

Contudo, o exame de personalidade tem por objetivo verificar as características genéticas do condenado, principalmente no que diz respeito ao seu caráter e às suas tendências. Nesse exame, é verificado se existem traços no condenado que são permanentes ou se existem traços dinâmicos que podem ser modificações no decorrer da execução da pena; por isso que se leva em conta não apenas o histórico conhecido, mas também a realidade em que ele está inserido.

▷ Exame de classificação:

- Caráter genérico;
- Fatores familiares e realidade social;
- Personalidade do condenado;
- Antecedentes.

> *Art. 7º A Comissão Técnica de Classificação, existente em cada estabelecimento, será presidida pelo Diretor e composta, no mínimo por dois chefes de serviço, um psiquiatra, um psicólogo e um assistente social, quando se tratar de condenado à pena privativa da liberdade.*
>
> *Parágrafo único. Nos demais casos a Comissão atuará junto ao Juízo da Execução e será integrada por fiscais do Serviço Social.*

A composição da Comissão Técnica dependerá da natureza da pena, ou seja, se será pena restritiva de direitos ou de liberdade.

Ao se tratar de pena restritiva de direitos, a LEP não faz a mesma exigência das penas privativas de liberdade, ficando deste modo dispensada a avaliação do condenado.

> *Art. 8º O condenado ao cumprimento de pena privativa de liberdade, em regime fechado será submetido a exame criminológico para a obtenção dos elementos necessários a uma adequada classificação e com vistas à individualização da execução.*
>
> ***Parágrafo único.** Ao exame de que trata este artigo poderá ser submetido o condenado ao cumprimento da pena privativa de liberdade em regime semiaberto.*

Primeiramente, não devemos confundir o exame criminológico com o exame de classificação. Como vimos, o exame de classificação é apresentado de forma genérica, já o exame criminológico é mais limitado, de modo a se restringir a questões de ordem psicológica e psiquiátrica do condenado.

O exame criminológico tem como função relevar elementos como maturidade, frustrações, vínculos efetivos, grau de agressividade, periculosidade, e a partir desses pontos verificar se existe a possibilidade de novas práticas delituosas.

O artigo em análise estabelece que o exame criminológico será obrigatório, isso acontece porque os crimes que a imposição é o regime fechado são mais gravosos, se fazendo necessário, então, a análise do condenado. Contudo no cumprimento de pena inicial em regime semiaberto esse exame será facultativo, podendo ser feito por iniciativa da Comissão visando uma melhor individualização da pena.

No que diz respeito ao exame criminológico na progressão de regime, a jurisprudência entende que o juiz pode solicitar desde que o faça fundamentadamente, uma vez que o benefício da progressão é direito adquirido o cumprimento dos requisitos do art. 112 da LEP, tendo o condenado bons antecedentes fornecidos pela direção do estabelecimento prisional, e como a regra da progressão de regime é aplicada também ao livramento condicional, aplica-se a ele a faculdade do exame criminológico, isto é, o entendimento que os tribunais superiores vêm tendo acerca do caso.

> *Art. 9º A Comissão, no exame para a obtenção de dados reveladores da personalidade, observando a ética profissional e tendo sempre presentes peças ou informações do processo, poderá:*
>
> *I – entrevistar pessoas;*
>
> *II – requisitar, de repartições ou estabelecimentos privados, dados e informações a respeito do condenado;*
>
> *III – realizar outras diligências e exames necessários.*

A partir do que estabelece esse artigo, verifica-se que a Comissão Técnica de classificação deve buscar sempre o maior número de subsídios a respeito do condenado, ou seja, não se deve medir esforços para que todos os dados e as informações possíveis sobre o condenado sejam apreciadas. Além das providências elencadas no art. 9º, pode, ainda, a Comissão fazer uma análise dos autos da ação e do processo de execução, bem como verificar o comportamento do acusado durante a fase de execução.

Embora a comissão tenha um papel fundamental na formação do convencimento do juiz da execução, este não está vinculado às conclusões encontradas pela Comissão, ou seja, pode o juiz decidir de modo contrário ao que estabelece a comissão, desde que fundamente sua decisão.

> *Art. 9º-A Os condenados por crime praticado, dolosamente, com violência de natureza grave contra pessoa, ou por qualquer dos crimes previstos no art. 1º da Lei nº 8.072, de 25 de julho de 1990, serão submetidos, obrigatoriamente, à identificação do perfil genético, mediante extração de DNA – ácido desoxirribonucleico, por técnica adequada e indolor.*
>
> *§ 1º A identificação do perfil genético será armazenada em banco de dados sigiloso, conforme regulamento a ser expedido pelo Poder Executivo.*
>
> *§ 1º-A A regulamentação deverá fazer constar garantias mínimas de proteção de dados genéticos, observando as melhores práticas da genética forense.*
>
> *§ 2º A autoridade policial, federal ou estadual, poderá requerer ao juiz competente, no caso de inquérito instaurado, o acesso ao banco de dados de identificação de perfil genético.*
>
> *§ 3º Deve ser viabilizado ao titular de dados genéticos o acesso aos seus dados constantes nos bancos de perfis genéticos, bem como a todos os documentos da cadeia de custódia que gerou esse dado, de maneira que possa ser contraditado pela defesa.*
>
> *§ 4º O condenado pelos crimes previstos no caput deste artigo que não tiver sido submetido à identificação do perfil genético por ocasião do ingresso no estabelecimento prisional deverá ser submetido ao procedimento durante o cumprimento da pena.*
>
> *§ 5º A amostra biológica coletada só poderá ser utilizada para o único e exclusivo fim de permitir a identificação pelo perfil genético, não estando autorizadas as práticas de fenotipagem genética ou de busca familiar.*
>
> *§ 6º Uma vez identificado o perfil genético, a amostra biológica recolhida nos termos do caput deste artigo deverá ser correta e imediatamente descartada, de maneira a impedir a sua utilização para qualquer outro fim.*

§ 7º A coleta da amostra biológica e a elaboração do respectivo laudo serão realizadas por perito oficial.

§ 8º Constitui falta grave a recusa do condenado em submeter-se ao procedimento de identificação do perfil genético.

Estamos diante da identificação obrigatória do perfil genético, nos casos dos crimes dolosos praticados com violência de natureza grave contra a pessoa, bem como nos casos de prática de crime hediondo.

Essa identificação visa equipar o banco de dados para que sejam facilitados os esclarecimentos acerca do crime em investigações futuras, tal como disposto no § 1º.

A exigência desse tipo de exame é limitada a apenas condenações que decorram de determinados crimes:

- Crimes dolosos praticados com violência de natureza grave contra a pessoa;
- Crimes hediondos.

O material genético a ser extraído deve ser realizado por meio de técnica adequada e indolor, ou seja, não pode ser invasiva nem causar lesões físicas ao condenado, e, ainda, a extração de DNA deverá ser determinada na sentença condenatória após o trânsito em julgado, a fim de que não se viole o princípio da presunção de inocência.

Identificado o perfil genético, este deverá ser armazenado no banco de dados sigilosos regulamentado por meio do Poder Executivo, tendo as autoridades acesso a esses dados apenas mediante ordem judicial.

A ordem judicial pode vir de qualquer vara criminal; a competência dependerá de para qual juiz a representação do delegado foi distribuída ordinariamente.

Note que o exame é uma garantia do preso, uma vez que o indivíduo não tenha sido submetido a ele no início do cumprimento da pena; durante a sua execução, ele deverá ser.

Havendo recusa do preso ao realizar o exame de identificação genético, essa conduta será considerada como falta grave.

Fique atento aos § § 1º-A, 3º, 4º e 8º, pois todos foram introduzidos pela Lei nº 13.964/2019.

Assistência – Disposições gerais

Art. 10 *A assistência ao preso e ao internado é dever do Estado, objetivando prevenir o crime e orientar o retorno à convivência em sociedade.*

Parágrafo único. A assistência estende-se ao egresso.

A reabilitação do condenado é a finalidade primordial da pena ou da medida de segurança, possibilitando ao indivíduo o retorno ao convívio em sociedade. Contudo, para que isso venha acontecer, é necessário que o Estado adote medidas de assistência ao preso e ao internado, de forma a orientá-los no retorno da sua vida social, reduzindo as chances de reincidência em prática delituosa.

Essa assistência se estende também ao "egresso", sendo este o liberado definitivo pelo prazo de 1 ano, contado da saída do estabelecimento prisional, ou o liberado condicionalmente pelo período de prova. Isso ocorre porque de nada adiantaria o agente ter a assistência durante o período de cárcere e, no momento de sua reintegração, se este ficasse desamparado.

É um meio de garantir que o tempo passado longe da sociedade e as dificuldades encontradas façam com que ele volte ao caminho criminoso.

Evitando a reincidência criminosa, bem como o auxílio ao retorno dos condenados ao convívio social, a LEP trouxe as espécies de assistência disponibilizadas, sendo elas o amparo material, à saúde, jurídico, educacional, social e religioso, cada uma com sua função individual, conforme prevê o art. 11 da Lei nº 7.210/1984.

Assistência material

Art. 12 *A assistência material ao preso e ao internado consistirá no fornecimento de alimentação, vestuário e instalações higiênicas.*

Art. 13 *O estabelecimento disporá de instalações e serviços que atendam aos presos nas suas necessidades pessoais, além de locais destinados à venda de produtos e objetos permitidos e não fornecidos pela Administração.*

Visa garantir o fornecimento de roupas, alimentação, produtos e instalações de higiene, asseio da sela ou alojamento entre outros, na exposição dos motivos da LEP. O item 41 menciona que a assistência ao condenado se espelhou nos princípios e nas regras internacionais sobre os direitos da pessoa presa, em especial às Regras Mínimas da Organização das Nações Unidas (ONU).

Sobre a alimentação, tais regras determinam que: *"a administração fornecerá a cada preso, em horas determinadas, uma alimentação de boa qualidade, bem preparada e servida, cujo valor nutritivo seja suficiente para a manutenção da sua saúde e das suas forças" (item 20.1); e "todo preso deverá ter a possibilidade de dispor de água potável quando dela necessitar".*

A questão sobre vestuário também teve amparo das regras mencionadas: estabelecendo que *"todo preso a quem não seja permitido vestir suas próprias roupas deverá receber as apropriadas ao clima e em quantidade suficiente para manter-se em boa saúde. Ditas roupas não poderão ser, de forma alguma, degradantes ou humilhantes" (item 17.1); "todas as roupas deverão estar limpas e mantidas em bom estado. A roupa de baixo será trocada e lavada com a frequência necessária à manutenção da higiene" (item 17.2); "em circunstâncias excepcionais, quando o preso necessitar afastar-se do estabelecimento penitenciário para fins autorizados, ele poderá usar suas próprias roupas, que não chamem atenção sobre si" (item 17.3); "quando um preso for autorizado a vestir suas próprias roupas, deverão ser tomadas medidas para se assegurar que, quando do seu ingresso no estabelecimento penitenciário, as mesmas estão limpas e são utilizáveis" (item 18); e "cada preso disporá, de acordo com os costumes locais ou nacionais, de uma cama individual e de roupa de cama suficiente e própria, mantida em bom estado de conservação e trocada com uma frequência capaz de garantir sua limpeza" (item 19).*

No que diz respeito à higiene pessoal e asseio da sela ou alojamento, será dever do preso cuidar, contudo, cabendo à administração carcerária fornecer meios para que esse dever possa ser cumprido.

O art. 13 deve ser entendido junto com o art. 88 da LEP, em se tratando de estabelecimento destinado a presos em regime fechado o condenado será alojado em cela individual que conterá dormitório, aparelho sanitário e lavatório. Sendo requisitos básicos da unidade celular:

- salubridade do ambiente pela concorrência dos fatores de aeração, insolação e condicionamento térmico adequado à existência humana;
- área mínima de seis metros quadrados.

E, ainda, havendo a impossibilidade de acesso dos presos e internados a certos objetos de consumo e de uso pessoal, desde que não fornecidos pela administração penitenciária e que se trate de objetos de uso permitido, haverá um local destinado à venda destes materiais.

Assistência à saúde

Como dito anteriormente, o condenado tem a garantia de aplicação de todos os direitos que não são atingidos pela sentença. Dentre esses direitos, encontra-se o da vida, e entre os meios de se garantir esse direito está a assistência à saúde na qual visa conceder aos presos o devido tratamento de saúde, médico ou ambulatorial, bem como o fornecimento de medicação quando se fizer necessária.

Nesse sentido, o art. 14 estabelece que a assistência à saúde terá caráter preventivo e curativo e compreenderá atendimento médico, farmacêutico e odontológico.

O art. 14 está em concordância com o art. 41, inciso VII da LEP, que determina como direito do preso a assistência à saúde. Ainda, o art. 43 garante a contratação de médico de confiança pessoal do internado, ou da sua família, com o intuito de orientar e acompanhar o tratamento recebido em casos de medida de segurança.

Caso não haja dentro do estabelecimento prisional local adequado ao tratamento do condenado, mediante autorização do diretor ou do juiz da execução, poderá a assistência ser prestada em local diverso nos termos do art. 14, § 2º.

E, ainda, a mulher no pré-natal e no pós-parto e ao recém-nascido, são assegurados a assistência à saúde, e em se tratamento de gestante de alto risco, quando o tratamento não possa ser atendido dentro do estabelecimento prisional, a jurisprudência tem entendido que excepcionalmente a prisão domiciliar se estende a gestantes em regimes diversos do aberto. Também, será assegurado tratamento humanitário à mulher grávida durante os atos médico-hospitalares preparatórios para a realização do parto e durante o trabalho de parto, bem como à mulher no período de puerpério, cabendo ao Poder Público promover a assistência integral à sua saúde e à do recém-nascido.

Assistência jurídica

> ***Art. 16*** *As Unidades da Federação deverão ter serviços de assistência jurídica, integral e gratuita, pela Defensoria Pública, dentro e fora dos estabelecimentos penais.*
>
> *§ 1º As Unidades da Federação deverão prestar auxílio estrutural, pessoal e material à Defensoria Pública, no exercício de suas funções, dentro e fora dos estabelecimentos penais.*
>
> *§ 2º Em todos os estabelecimentos penais, haverá local apropriado destinado ao atendimento pelo Defensor Público.*
>
> *§ 3º Fora dos estabelecimentos penais, serão implementados Núcleos Especializados da Defensoria Pública para a prestação de assistência jurídica integral e gratuita aos réus, sentenciados em liberdade, egressos e seus familiares, sem recursos financeiros para constituir advogado.*

Como se sabe, em todo o processo criminal, inclusive na execução da pena, é fundamental a presença do defensor, visando tornar efetiva as garantias ao longo de toda execução.

A assistência deverá ser proporcionada aos presos ou internados pobres, ou seja, àqueles que não tenham recursos financeiros para constituir um advogado particular para acompanhar a execução da pena, bem como requerer benefícios, buscar reparação por erros judiciários, dentre outros conforme dispõe o art. 15 da LEP.

Ademais, nos termos do art. 16, o Estado, por meio da Defensoria Pública, tem a responsabilidade de proporcionar essa assistência, dentro e fora dos estabelecimentos prisionais e, para isso, deve o Estado auxiliar com estrutura, recursos humanos e materiais, possibilitando, assim, o exercício de suas funções. A LEP também introduz a necessidade de criação de Núcleos Especializados da Defensoria Pública, ainda que se trate de sentenciados em liberdade ou de egressos e seus familiares.

Assistência educacional

> ***Art. 17*** *A assistência educacional compreenderá a instrução escolar e a formação profissional do preso e do internado.*

Dentro do campo da assistência educacional, insere-se a instrução escolar e formação profissional do preso ou do internado, efetivando a regra constitucional de educação para todos.

> ***Art. 18*** *O ensino de primeiro grau será obrigatório, integrando-se no sistema escolar da unidade federativa.*
>
> ***Art. 18-A*** *O ensino médio, regular ou supletivo, com formação geral ou educação profissional de nível médio, será implantado nos presídios, em obediência ao preceito constitucional de sua universalização.*
>
> *§ 1º O ensino ministrado aos presos e presas integrar-se-á ao sistema estadual e municipal de ensino e será mantido, administrativa e financeiramente, com o apoio da União, não só com os recursos destinados à educação, mas pelo sistema estadual de justiça ou administração penitenciária.*
>
> *§ 2º Os sistemas de ensino oferecerão aos presos e às presas cursos supletivos de educação de jovens e adultos.*
>
> *§ 3º A União, os Estados, os Municípios e o Distrito Federal incluirão em seus programas de educação à distância e de utilização de novas tecnologias de ensino, o atendimento aos presos e às presas.*

O art. 18 traz a obrigatoriedade do Ensino Fundamental, antes chamado de 1º Grau, a todos os presos, de modo que todos que não tenham a instrução fundamental passem a ter como um direito a ser efetivado pelo Estado. Contudo, para que isso aconteça, será necessário a implementação de escolas ou cursos dentro dos estabelecimentos prisionais, devendo atender a todos os requisitos e as capacidades técnicas exigidas para a formação. Ou seja, o preso deverá ter o mesmo ensino disponibilizado em ensinos públicos ou particulares, habilitando este para seguir com os estudos quando posto em liberdade.

> ***Art. 19*** *O ensino profissional será ministrado em nível de iniciação ou de aperfeiçoamento técnico.*
>
> *Parágrafo único. A mulher condenada terá ensino profissional adequado à sua condição.*

Como o ensino é um forte aliado na ressocialização do condenado, dispõe o art. 19 que ele pode ser feito em nível de iniciação para aqueles que não possuem a habilitação educacional, bem como pode ser feito em forma de aperfeiçoamento profissional.

E, ainda, o legislador teve o cuidado de garantir que deverá existir atividades que sejam habitualmente adequadas ao público feminino, visando facilitar sua reinserção social.

Por estar o legislador ciente da realidade e das dificuldades que o Poder Público possa encontrar para efetivar essa assistência, possibilitou-se o convênio entre Estado e escolas públicas ou particulares que ofereçam cursos especializados, conforme prevê o art. 20 da LEP.

Para que essa assistência seja ainda mais ampla, o art. 21 determina que os estabelecimentos prisionais sejam dotados de biblioteca, garantindo aos presos acesso à leitura, visto que este pode ser um forte instrumento de enriquecimento cultural e fonte de estudo, sendo um grande fator na reabilitação do preso, auxiliando também na disciplina prisional.

Por fim, o art. 21-A prevê a realização de censo penitenciário, para que se garanta a efetiva e completa assistência educacional ao preso para apurar informações relevantes que auxiliarão no momento da aplicação desses direitos, como o nível de escolaridade de cada preso, a existência de cursos nos níveis fundamental e médio e o número de apenados atendidos, a implementação de cursos profissionais, a existência de biblioteca e suas condições, bem como outros dados relevantes.

Assistência social

> ***Art. 22*** *A assistência social tem por finalidade amparar o preso e o internado e prepará-los para o retorno à liberdade.*

A pena tem como finalidade a ressocialização do indivíduo, de modo que possibilite sua volta ao convívio social. Assim, o serviço social passa a auxiliar o indivíduo, dando a ele suporte para enfrentar as dificuldades encontradas após sua liberação e até mesmo acompanhando o preso ou internado durante o processo de execução, auxiliando, dessa forma, o processo de reabilitação.

A assistência social passa a ser o elo entre a realidade carcerária e a realidade social, auxiliando o preso a reconhecer as causas que o levaram a transgredir e os meios para evitar que isso ocorra novamente.

Para auxiliar nesse processo de reabilitação, o serviço de assistência social terá algumas incumbências, conforme prevê o art. 23 e seus incisos:

I – conhecer os resultados dos diagnósticos e exames;

Os exames aos quais o preso está sujeito na fase executória serão analisados pela assistência social com a finalidade de dar ao órgão maior conhecimento sobre o indivíduo e, assim, poder traçar métodos de adaptação do preso ao convívio social, bem como sua adaptação dentro do cárcere.

II – relatar, por escrito, ao diretor do estabelecimento, os problemas e as dificuldades enfrentados pelo assistido;

A assistência social tem um contato direto com o preso, de modo que ela conhecerá a realidade do cotidiano dentro do estabelecimento prisional, realidade essa que refletirá no processo de reabilitação. Por isso, havendo problemas ou dificuldades, deverão ser informadas, garantindo que o diretor tenha conhecimento do que o indivíduo esteja passando.

III – acompanhar o resultado das permissões de saídas e das saídas temporárias;

As autorizações de saída facultadas ao preso podem ser classificadas em permissões de saídas e saídas temporárias.

- **Permissões de saída**: é destinada ao preso que cumpre regime fechado ou semiaberto. Nesse caso, o preso terá permissão para sair do estabelecimento prisional, contudo, com a necessidade de ser escoltado, nos casos de falecimento ou doença grave do cônjuge, companheira, ascendente, descendente ou irmão, bem como no caso de necessitar o apenado de tratamento médico.
- **Saídas temporárias**: podem ser destinadas aos presos em regime semiaberto, sendo dispensada a escolta, contudo, pode-se exigir o monitoramento eletrônico, para os fins de visita à família, frequência em curso educacional.

Como em ambos os casos o preso passa a ter contato com o convívio em sociedade, a LEP estabelece o acompanhamento da assistência social durante essas saídas, conseguindo verificar a forma que o preso reage fora do cárcere.

IV – promover, no estabelecimento, pelos meios disponíveis, a recreação;

Um dos pontos negativos do cárcere é a falta de ocupação, isso pode interferir diretamente no processo de reabilitação do preso e, por isso, incumbe à assistência social possibilitar atividades de integração no cárcere, de forma a manter a disciplina e o bom convívio entre os encarcerados.

V – promover a orientação do assistido, na fase final do cumprimento da pena, e do liberando, de modo a facilitar o seu retorno à liberdade;

Após um tempo dentro do cárcere, é normal que, ao se aproximar o período de liberdade, o preso passe a ter sentimentos de dúvida, medo, ansiedade e insegurança, pois ele não sabe o que acontecerá após sua libertação. Visando impedir que esses sentimentos o levem à frustração e a uma possível volta à vida criminosa, a assistência social se torna um mecanismo de orientação e alicerce diante desse fato marcante na vida do condenado.

VI – providenciar a obtenção de documentos, dos benefícios da previdência social e do seguro por acidente no trabalho;

É comum que, ao ser colocado em liberdade, o ex-preso não tenha documentação que o habilite a práticas de atos da vida civil ou mesmo obtenção de emprego. Desse modo, o serviço social vem como orientador sob como ele pode obter esses documentos e, ainda, promover seu encaminhamento a eventuais benefícios previdenciários que ele ou alguém de sua família possam a ter direito.

VII – orientar e amparar, quando necessário, a família do preso, do internado e da vítima.

Ao contrário do que se pensa, não é apenas o preso que precisa de auxílio da fase de execução; a família que sofreu um abalo também precisa de suporte. Assim, o serviço social servirá como suporte, passando a orientar a família para que os laços entre eles e o preso não sejam desfeitos, bem como ajudar na busca de recursos econômicos para que haja manutenção das necessidades básicas.

Logo, essa assistência não se limita ao preso, pois a família da vítima também necessita desse cuidado, principalmente em crimes em que os resultados são mais graves, como na ocorrência de morte, estupro, dentre outros.

Assistência religiosa

O art. 24 da LEP assegura a assistência religiosa aos presos, a posse de livros religiosos e a liberdade de culto, diante do acesso de pessoas religiosas, em local adequado, para a realização de culto. Ademais, nenhum preso será obrigado a participar de atividade religiosa.

Assistência ao egresso

***Art. 25** A assistência ao egresso consiste;*

I – na orientação e apoio para reintegrá-lo à vida em liberdade;

II – na concessão, se necessário, de alojamento e alimentação, em estabelecimento adequado, pelo prazo de dois meses.

Parágrafo único. O prazo estabelecido no inciso II poderá ser prorrogado uma única vez, comprovado, por declaração do assistente social, o empenho na obtenção de emprego.

A preocupação com o egresso surge da prática comum dentro da sociedade no sentido de discriminar e marginalizar o ex-condenado. Entre esses pontos, temos a dificuldade de aceitação dentro do mercado de trabalho. Consiste, então, a assistência do egresso nos primeiros passos após a sua liberdade, evitando que o abandono social ou a dificuldade o coloque de volta ao caminho criminoso.

A assistência pode consistir tanto na orientação quanto no apoio, muitas vezes por meio de núcleos especializados ao retorno do egresso, bem como ao seu retorno dentro da família, incluindo-o em atividades produtivas, direcionamento ao mercado de trabalho, de forma a apoiar o respeito e o exercício dos direitos inerentes a todas as pessoas. A assistência também pode consistir no fornecimento de moradia e alimentação, em ambientes adequados, nos casos em que o egresso não tenha onde ficar. Contudo, essa assistência é limitada a 2 meses, prorrogável por uma única vez, desde que comprovado por declaração o empenho do egresso na busca por emprego; porém, se transcorrido o prazo sem que o egresso tenha onde ficar, ele será encaminhado aos serviços de alojamento e alimentação destinados à população carente em geral, mas não perderá o auxílio da assistência social já em progresso.

***Art. 26** Considera-se egresso para os efeitos desta Lei:*

I – o liberado definitivo, pelo prazo de um ano a contar da saída do estabelecimento;

II – o liberado condicional, durante o período de prova.

Assim, nos termos do art. 27 da LEP, a assistência social ajudará o egresso a voltar ao convívio social e o auxiliará na ressocialização por meios que possibilitem voltar a trabalhar e prover seu próprio sustento. Isso não implica, contudo, em preferências ou prioridades com relação a outros candidatos, seja no setor privado ou mesmo em concurso público.

Trabalho – Disposições gerais

Art. 28 O trabalho do condenado, como dever social e condição de dignidade humana, terá finalidade educativa e produtiva.

§ 1º Aplicam-se à organização e aos métodos de trabalho as precauções relativas à segurança e à higiene.

§ 2º O trabalho do preso não está sujeito ao regime da Consolidação das Leis do Trabalho.

Será considerado como trabalho a atividade desempenhada pelo preso, dentro ou fora dos estabelecimentos prisionais, sujeito à devida remuneração.

O trabalho tem função ressocializadora e, com isso, apresenta-se como mecanismo de recuperação, disciplina e aprendizado para a vida que o condenado levará após o cumprimento da sua pena.

O trabalho se apresenta como um direito do preso, mas também como um dever no curso da execução penal, ou seja, o trabalho remunerado é obrigatório ao preso dentro das suas capacidades e aptidão. Vale ressaltar que a obrigatoriedade não se confunde com o trabalho forcado, uma vez que se o preso se negar a fazer incorrerá em cometimento de falta grave, e esse ficará sujeito às infrações disciplinares, mas não sofrerá qualquer tipo de constrangimento pela recusa.

O trabalho terá uma dupla finalidade: educativa, ou seja, possibilitará ao preso o aprendizado de um ofício no qual pode dar continuidade quando posto em liberdade, bem como a finalidade produtiva, que consiste na realização de algo útil, podendo o preso sentir o resultado do seu trabalho e o recebimento de remuneração por ele.

Outro aspecto importante é que o preso faz jus aos direitos previstos nas normas legais de higiene e segurança no trabalho, de modo que se este ficar enfermo por conta do trabalho ou sofrer acidente trabalhista, ele fará jus ao recebimento de indenização similares ao que o trabalhador em liberdade tenha direito.

Sobre a inaplicabilidade da Consolidação das Leis do Trabalho (CLT), há que se atentar ao caso concreto. Em se tratando de trabalho dentro do estabelecimento prisional, este será um dever do preso e, por isso, não está regido pela CLT. Mas nos casos em que o trabalho é feito no âmbito externo, ou seja, fora do estabelecimento prisional, a jurisprudência pacificou entendimento de que "*o trabalho externo prestado por condenado em regime aberto não configura o trabalho prisional, previsto na Lei das Execuções Penais*", *razão pela qual se reconhece "relação de trabalho que se sujeita à tutela da CLT"*.

Por conseguinte, o art. 29 da LEP assegura ao preso o direito à remuneração adequada, que será estabelecida em tabela para evitar que haja injustiças ou exploração, de forma a abolir a mão de obra carcerária gratuita, não podendo ser inferior a 3/4 do salário-mínimo.

Além do mais, poderá ser descontado da remuneração a indenização do dano ex delicto, bem como os valores necessários para subsistência da família do preso, suas despesas pessoais e, ainda, o ressarcimento do Estado pelas despesas realizadas com a manutenção do condenado dentro do cárcere. Contudo, o desconto do ressarcimento só poderá ser feito após todos os demais descontos terem sido atendidos (§ 1º).

A LEP não dispõe o percentual de desconto em cada caso, sendo tarefa da legislação estadual ou federal pertinente sobre o assunto estabelecer. Ademais, o que restar da remuneração deverá ser depositado em caderneta de poupança, que será disponibilizada ao preso quando em liberdade (§ 2º).

Art. 30 As tarefas executadas como prestação de serviço à comunidade não serão remuneradas.

No que diz respeito à pena de prestação de serviço à comunidade, sendo esta uma possibilidade de pena restritiva de direitos, ela será feita de forma gratuita, ou seja, o condenado não recebe remuneração pelos serviços prestados.

Trabalho interno

Art. 31 O condenado à pena privativa de liberdade está obrigado ao trabalho na medida de suas aptidões e capacidade.

Parágrafo único. Para o preso provisório o trabalho não é obrigatório e só poderá ser executado no interior do estabelecimento.

Entende-se como trabalho interno aquele prestado dentro das dependências do estabelecimento prisional, podendo consistir em construção, reforma, conservação, melhoramentos, serviços auxiliares nas cozinhas, lavanderias e enfermarias. Como já dissemos anteriormente, a LEP comporta o trabalho como um direito, mas também como uma obrigação do preso, e a recusa acarreta infração disciplinar, exceto no caso de preso político e o preso provisório – estes não são obrigados –, contudo, se o preso por vontade própria quiser trabalhar, poderá, desde que o faça internamente.

Art. 32 Na atribuição do trabalho deverão ser levadas em conta a habilitação, a condição pessoal e as necessidades futuras do preso, bem como as oportunidades oferecidas pelo mercado.

§ 1º Deverá ser limitado, tanto quanto possível, o artesanato sem expressão econômica, salvo nas regiões de turismo.

§ 2º Os maiores de sessenta anos poderão solicitar ocupação adequada à sua idade.

§ 3º Os doentes ou deficientes físicos somente exercerão atividades apropriadas ao seu estado.

Como podemos ver, para que o preso tenha um trabalho atribuído, deverá ser verificado antes sua habilitação e condição pessoal, por exemplo, se estiver grávida, se for portador de necessidades especiais, suas necessidades futuras e as oportunidades oferecidas no mercado de trabalho.

Sendo o trabalho um meio de profissionalização e reinserção do preso na sociedade, o melhor é que este seja aproveitado tanto na execução quanto na sua liberação, visando ao que o mercado de trabalho tem buscado. Por essa razão é que a prática do artesanato é limitada, por não ser uma atividade rentável a ponto de possibilitar ao indivíduo sustento futuro de sua família, salvo em regiões de turismo, onde recebe muitos visitantes e, com isso, o trabalho local passa a ser valorizado ou quando o preso não tiver aptidão para desempenhar outra atividade.

Aos idosos é assegurado o direito de ter uma ocupação adequada para sua idade, de modo a respeitar suas condições físicas, mentais e psíquicas. Ao preso doente ou portador de necessidades especiais serão disponibilizadas atividades adequadas à sua condição, de modo a não excluir este da atividade laborativa.

Art. 33 A jornada normal de trabalho não será inferior a seis, nem superior a oito horas, com descanso nos domingos e feriados.

Parágrafo único. *Poderá ser atribuído horário especial de trabalho aos presos designados para os serviços de conservação e manutenção do estabelecimento penal.*

A princípio apenas a jornada diária já permite ao preso a obtenção dos benefícios e, por isso, decidiu o STJ que, "para fins de remição, será considerado no cálculo apenas o dia de trabalho realizado, isto é, o dia em que for desempenhada a jornada completa de trabalho e não o número de horas trabalhadas". Ou seja, o dia de trabalho realizado é o que conta para o cálculo da remissão e não as horas – se o agente trabalhou uma jornada inteira de 6 horas, não se computa 6 horas de remissão, mas, sim, um dia inteiro.

A LEP possibilita, ainda, uma jornada especial de trabalho aos presos designados para serviço de manutenção e conversão do estabelecimento prisional, serviços estes que não podem ser interrompidos e, por isso, exigem sua prestação em horários distintos dos estabelecidos na regra normal, inclusive nos dias que seria de descanso.

> ***Art. 34*** *O trabalho poderá ser gerenciado por fundação, ou empresa pública, com autonomia administrativa, e terá por objetivo a formação profissional do condenado.*
>
> *§ 1º Nessa hipótese, incumbirá à entidade gerenciadora promover e supervisionar a produção, com critérios e métodos empresariais, encarregar-se de sua comercialização, bem como suportar despesas, inclusive pagamento de remuneração adequada.*
>
> *§ 2º Os governos federal, estadual e municipal poderão celebrar convênio com a iniciativa privada, para implantação de oficinas de trabalho referentes a setores de apoio dos presídios.*

O gerenciamento do trabalho pode ser feito por fundação ou empresa pública, com autonomia administrativa que terá como finalidade a formação profissional do preso, de modo que incumbirá a ela a supervisão e o financiamento das atividades laborativas.

Pode, ainda, por meio de convênios celebrados com o Poder Público, ocorrer participação da iniciativa privada na implantação de oficinas de trabalhos referentes aos setores de apoio dos estabelecimentos prisionais.

> ***Art. 35*** *Os órgãos da administração direta ou indireta da União, Estados, Territórios, Distrito Federal e dos Municípios adquirirão, com dispensa de concorrência pública, os bens ou produtos do trabalho prisional, sempre que não for possível ou recomendável realizar-se a venda a particulares.*
>
> *Parágrafo único. Todas as importâncias arrecadadas com as vendas reverterão em favor da fundação ou empresa pública a que alude o artigo anterior ou, na sua falta, do estabelecimento penal.*

Os produtos do trabalho dos presos serão comercializados a particulares. Caso não seja possível, estes serão adquiridos pela Administração Pública, sem a necessidade de haver concorrência pública, uma vez que a intenção por trás da aquisição é a preparação profissional do preso, sendo que os valores arrecadados serão revertidos em favor da fundação ou empresa gerenciadora ou então em favor do estabelecimento prisional.

Trabalho externo

> ***Art. 36*** *O trabalho externo será admissível para os presos em regime fechado somente em serviço ou obras públicas realizadas por órgãos da administração direta ou indireta, ou entidades privadas, desde que tomadas as cautelas contra a fuga e em favor da disciplina.*
>
> *§ 1º O limite máximo do número de presos será de dez por cento do total de empregados na obra.*
>
> *§ 2º Caberá ao órgão da administração, à entidade ou à empresa empreiteira a remuneração desse trabalho.*
>
> *§ 3º A prestação de trabalho a entidade privada depende do consentimento expresso do preso.*

O trabalho externo é aquele realizado fora da prisão, com o intuito de gerar oportunidade para o reingresso do preso na sociedade. O preso em regime fechado poderá trabalhar externamente quando os serviços forem realizados em obras públicas por órgão da Administração Pública, desde que os meios de prevenção contrafuga e disciplina sejam devidamente tomados.

Decidiu, ainda, o STJ que: "Não obstante esta Corte já ter decidido pela possibilidade de concessão de trabalho externo a condenado em regime fechado, tem-se como indispensável, à concessão da benesse, a obediência a requisitos legais de ordem objetiva e subjetiva, além da vigilância direta, mediante escolta. Sobressai a impossibilidade prática de concessão da medida, evidenciando-se que não há como se designar um policial, diariamente, para acompanhar e vigiar o preso durante a realização dos serviços extramuros".

Contudo, por se tratar de regime fechado, o preso não tem vínculo empregatício, aplicando-se a ele as regras da LEP, pois o trabalho é obrigatório. Já ao preso no regime semiaberto, será permitido o trabalho externo em qualquer local, ou seja, aqui não existe as limitações de ser trabalho em obras públicas mediante escolta e, mais uma vez, reforço, conforme entendimento jurisprudencial, ao preso no semiaberto se aplica o vínculo empregatício, se sujeitando então as regras da CLT.

> ***Art. 37*** *A prestação de trabalho externo, a ser autorizada pela direção do estabelecimento, dependerá de aptidão, disciplina e responsabilidade, além do cumprimento mínimo de um sexto de pena.*
>
> *Parágrafo único. Revogar-se-á a autorização de trabalho externo ao preso que vier a praticar fato definido como crime, for punido por falta grave, ou tiver comportamento contrário aos requisitos estabelecidos neste artigo.*

Caberá a direção do estabelecimento prisional deliberar acerca do trabalho externo, se preenchido os requisitos exigidos.

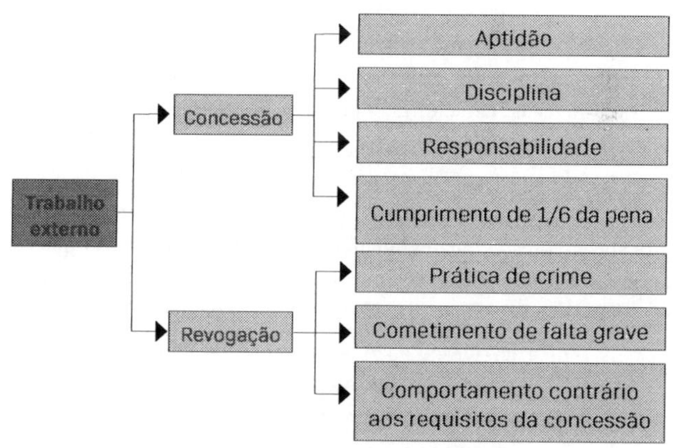

Deveres, direitos e disciplina dos deveres

> ***Art. 38*** *Cumpre ao condenado, além das obrigações legais inerentes ao seu estado, submeter-se às normas de execução da pena.*

O condenado está vinculado ao cumprimento das obrigações impostas na sentença:

- **Pena de prisão:** privação de liberdade;
- **Pena restritiva de direitos:** se sujeitar às limitações impostas;
- **Pena de multa:** responder com seu patrimônio pelo pagamento.

Além das obrigações mencionadas, que decorrem da própria natureza da pena, existe o rol de deveres do condenado, cuja violação aplica em medidas disciplinares que interferirão no momento da deliberação sobre a concessão ou não de benefícios ao preso.

> ***Art. 39*** *Constituem deveres do condenado:*

I – comportamento disciplinado e cumprimento fiel da sentença;

O comportamento disciplinar estar ligado à obediência significa que o preso deve agir com passividade, seguindo aquilo que lhe é determinado, visando à boa convivência com os demais presos, o impedimento de tumulto, brigas ou dissentimentos. O comportamento disciplinado influencia diretamente no momento de apreciação de pedidos de benefícios em favor do condenado, como no caso da progressão de regime, que, além de outros requisitos, exige bom comportamento carcerário. Outro ponto é o fiel cumprimento da sentença, seria dizer que não basta o cumprimento da obrigação principal que seria a pena privativa de liberdade, mas também o cumprimento das demais obrigações advindas da sentença, por exemplo, o ressarcimento do dano *ex delicto*.

II – obediência ao servidor e respeito a qualquer pessoa com quem deva relacionar-se;

O dever de obediência implica tanto nas ordens dadas pelos servidores do estabelecimento prisional quanto no respeito a estes, implicando em falta grave a violação esse tipo de violação.

III – urbanidade e respeito no trato com os demais condenados;

O dever de urbanidade está ligado à boa convivência entre os condenados, evitando desse modo prática de condutas que possam gerar qualquer tipo de desentendimento dentro do ambiente carcerário.

IV – conduta oposta aos movimentos individuais ou coletivos de fuga ou de subversão à ordem ou à disciplina;

O termo "conduta oposta" tem como finalidade não estimular a atuação do condenado no sentido de participar, seja de que forma for, em movimentos voltados à fuga, motins, tumultos, rebeliões etc., sendo essa prática considerada uma falta grave.

Perceba que a lei só pede ao condenado que não haja de forma oposta, não sendo ele obrigado a denunciar ou intervir sem tomar conhecimento dessa situação.

V – execução do trabalho, das tarefas e das ordens recebidas;

Como já vimos, para o condenado em pena privativa de liberdade, o trabalho é obrigatório pelo seu caráter ressocializador, e sendo obrigatório, sua recusa caracteriza falta grave, interferindo no momento de concessão de benefícios, por exemplo, no caso de progressão de regime.

VI – submissão à sanção disciplinar imposta;

O art. 53 da LEP traz o rol de sanções disciplinares que serão impostas ao preso em consequência das faltas praticadas. O que este inciso estabelece é que o preso, ao incorrer em alguma falta, deve cumprir a sanção a ele imposta, como forma de aprendizado e disciplina.

VII – indenização à vítima ou aos seus sucessores;

O art. 91 do Código Penal insere como efeito automático e obrigatório da sentença condenatória transitada em julgado a obrigação certa de indenizar a vítima pelo dano causado pelo crime. Contudo, o não cumprimento dessa obrigação não constitui falta disciplinar, mas poderá influenciar de forma negativa para concessão de benefícios, por exemplo, o livramento condicional.

VIII – indenização ao Estado, quando possível, das despesas realizadas com a sua manutenção, mediante desconto proporcional da remuneração do trabalho;

Lembre-se que há a possibilidade do desconto da remuneração do trabalho do preso em favor do Estado, com o intuito de o ressarcir por todas as despesas tidas com o condenado.

IX – higiene pessoal e asseio da cela ou alojamento;

O preso tem o dever de cuidar da limpeza tanto do compartimento individual quanto coletivo utilizado por ele.

X – conservação dos objetos de uso pessoal.

Essa conservação diz respeito aos objetos disponibilizados pela administração carcerária ao preso, como o colchão, as roupas, os objetos de higiene etc.

Parágrafo único. Aplica-se ao preso provisório, no que couber, o disposto neste artigo.

Perceba, ainda, que o parágrafo único diz que as mesmas regras aplicadas ao condenado definitivo se aplicam ao preso provisório, com exceção aos deveres decorrentes exclusivamente da condenação, como o fiel cumprimento da sentença, as indenizações à vítima e a execução do trabalho.

Direitos

Art. 40 *Impõe-se a todas as autoridades o respeito à integridade física e moral dos condenados e dos presos provisórios.*

Além de previsto na LEP, o art. 5º, XLIX da CF/1988 e o art. 38 do CP também asseguram aos presos, sejam eles definitivos ou provisórios, o respeito à sua integridade física e moral, tratando-se de um direito fundamental da pessoa humana.

Essa proteção foi reforçada pelo STJ: "o Estado Democrático de Direito repudia o tratamento cruel dispensado pelos seus agentes a qualquer pessoa, inclusive os presos. Impende assinalar, neste ponto, o que estabelece a *Lex Fundamentalis*, no art. 5º, inciso XLIX, segundo o qual os presos conservam, mesmo em tal condição, o direito à intangibilidade de sua integridade física e moral. Desse modo, é inaceitável a imposição de castigos corporais aos detentos, em qualquer circunstância, sob pena de censurável violação aos direitos fundamentais da pessoa humana".

Seguindo esta mesma direção de proteção à integridade física e moral do preso, o STF editou a Súmula Vinculante nº 11: "Só é lícito o uso de algemas em casos de resistência e de fundado receio de fuga ou de perigo à integridade física própria ou alheia, por parte do preso ou de terceiros, justificada a excepcionalidade por escrito, sob pena de responsabilidade disciplinar, civil e penal do agente ou da autoridade e de nulidade da prisão ou do ato processual a que se refere, sem prejuízo da responsabilidade civil do Estado".

O rol de direitos apresentados pelo art. 41 da LEP é meramente exemplificativo, ou seja, os direitos do preso não estão limitados ao que está previsto aqui, mas, como já vimos, assegura-se ao preso todos os direitos não atingidos pela sentença ou pela lei. Pode-se dizer, então, que o preso tem direito a tudo que não lhe é proibido.

Em seguida, analisar-se-ão cada um dos direitos dispostos no artigo em análise.

Art. 41 *Constituem direitos do preso:*

I – alimentação suficiente e vestuário;

Estando o Estado responsável pelo condenado, será cabível a ele prover a alimentação necessária, bem como o fornecimento de uniforme para identificá-lo em relação às demais pessoas que circulam pelo estabelecimento prisional, desde que esse vestuário não afronte a dignidade da pessoa humana, expondo o preso ao ridículo.

II – atribuição de trabalho e sua remuneração;

O trabalho, além de ser uma obrigação, é ainda um direito do preso e isso acontece por seu caráter ressocializador e por beneficiar o preso com redução de pena. A remuneração pelo trabalho é, também, um direito do preso, sendo vedado o trabalho gratuito.

III – previdência social;

Conforme dispõe também o art. 39 do CP, o preso tem direito à previdência social. Embora o trabalho dele não esteja sujeito às regras da CLT, ele fará jus aos benefícios previdenciários. Vale a ressalva de que a lei não prevê a possibilidade de desconto automático da remuneração para contribuição previdenciária, sendo essa uma faculdade.

Outro aspecto importante sobre o direito do preso e a previdência está no auxílio-reclusão, que é um benefício concedido pelo INSS aos dependentes de pessoas presas, quando essas pessoas já contribuem para a previdência social no momento de sua prisão.

IV – constituição de pecúlio;

É a verba depositada em caderneta de poupança em decorrência da remuneração pelo trabalho, o qual será entregue ao preso quando for posto em liberdade. Lembre-se de que esse valor só será depositado após serem feitos todos os descontos necessários.

V – proporcionalidade na distribuição do tempo para o trabalho, o descanso e a recreação;

O trabalho terá uma jornada fixa para que durante os períodos vagos não haja ociosidade. É um direito do preso que lhe sejam promovidas atividades recreativas, que além de contribuir para a manutenção da disciplina ainda auxiliem no processo de ressocialização.

VI – exercício das atividades profissionais, intelectuais, artísticas e desportivas anteriores, desde que compatíveis com a execução da pena;

Esse inciso vem para reforçar a ideia de que o preso precisa de atividades que auxiliem no seu retorno à vida em sociedade, de modo que o Estado deve promover meios, espaços e condições que possibilitem a realização de atividades profissionais, intelectuais, artísticas e desportivas quando compatíveis com a execução da pena.

VII – assistência material, à saúde, jurídica, educacional, social e religiosa;

Essa assistência vem prevista ao longo da LEP. Na forma de assistência material, temos o fornecimento de roupas, instalações higiênicas e alimentação; na assistência à saúde, temos o direito ao tratamento médico; na assistência jurídica, temos a Defensoria Pública; como assistência educacional, temos a instrução escolar e a formação profissional; como assistência social, temos o amparo realizado em função do preso ou internado, bem como de sua família para prepará-lo para seu reingresso na sociedade; e, por fim, como assistência religiosa, temos a permissão de que os presos e internados participem de atividades religiosas organizadas dentro do estabelecimento prisional e também tendo acesso a livros contendo conteúdo religioso.

VIII – proteção contra qualquer forma de sensacionalismo;

A imagem do indivíduo já é naturalmente atingida quando condenado por um crime é recolhido ao cárcere, de modo que não há motivos para haver sensacionalismo infundados envolvendo seu nome, o que só faz contribuir com sua marginalização. Esse dispositivo não veda reportagens ou notícias envolvendo os estabelecimentos prisionais, nem eventuais entrevistas concedidas de forma espontânea pelo preso; contudo, o conteúdo desses trabalhos não pode atentar contra a dignidade da pessoa humana.

IX – entrevista pessoal e reservada com o advogado;

Essa prerrogativa decorre do direito à ampla defesa, sendo uma garantia prevista constitucionalmente pelo art. 5º, inciso LV da CF/1988. Esse direito de entrevista decorre do direito à sigilo entre cliente e advogado, de modo que nenhuma interceptação será permitida.

Durante um tempo chegou a existir a discussão sobre restringir esse direito aos presos que se encontram em Regime Disciplinar Diferenciado, por exemplo: a Secretaria da Administração Penitenciária editou a Resolução SAP nº 49/2002, com o objetivo de disciplinar o direito à visita e entrevista dos advogados com os presos do Regime Disciplinar Diferenciado, dispondo que as entrevistas com advogado deverão ser previamente agendadas, mediante requerimento, escrito ou oral, à direção do estabelecimento, que designará imediatamente data e horário para o atendimento reservado, dentro dos 10 dias subsequentes. Contudo, o STJ entendeu que essa regra era ilegal: "O prévio agendamento das visitas, mediante requerimento à direção do estabelecimento prisional, é exigência que fere o direito do advogado de comunicar-se com cliente recolhido a estabelecimento civil, ainda que incomunicável, conforme preceitua o citado art. 7º da Lei nº 8.906/1994, norma hierarquicamente superior ao ato impugnado". Essa decisão se deu pelo fato de que, ainda que em Regime Disciplinar Diferenciado, o preso faz parte do mesmo sistema que os demais, de modo que, ao aplicar a resolução, ele seria tratado de maneira desigual aos demais, ferindo diretamente a garantia constitucional da igualdade.

X – visita do cônjuge, da companheira, de parentes e amigos em dias determinados;

Como auxílio na reabilitação do preso, a proximidade da família e de pessoas próximas nesse momento é essencial. Contudo, essa visitação será feita em dia e horário determinado pela Administração Penitenciária; contudo, esse direito não é ilimitado, podendo sofrer restrições conforme o caso.

Existem dois pontos relevantes sobre o tema. O primeiro é sobre a visita do filho menor de idade, foi entendida pelo STF que deve ser permitida e que cabe à administração prisional proporcionar meios para que isso ocorra, uma vez que o preso precisa do contato com a família no processo de ressocialização. O segundo ponto é sobre a chamada "visita íntima", sendo as visitas que têm como objetivo satisfazer as necessidades sexuais do preso, como um meio de tentar reduzir a tensão interna entre os presos e manter a disciplina entre eles, em especial a violência de caráter sexual entre eles e, ainda, manter o vínculo afetivo com o seu cônjuge ou companheiro.

XI – chamamento nominal;

O preso tem o direito de ser chamado pelo nome, de modo a ser vedada sua designação por número, apelidos ou qualquer outra denominação que não seu próprio nome.

XII – igualdade de tratamento salvo quanto às exigências da individualização da pena;

O preso tem direito à igualdade, de modo a não ser tratado de forma distinta aos demais. Contudo, essa igualdade deve ser limitada às exigências da individualização da pena, ou seja, o preso deve ser tratado de forma igual naquilo em que houver igualdade de situação.

XIII – audiência especial com o diretor do estabelecimento;

É o direito do preso de ter contato direto com o diretor para apresentar reclamações, sugestões, fazer pedidos, dentre outros. Esse direito constitui importante instrumento de manutenção da ordem e da disciplina dentro do estabelecimento prisional.

Segundo entendimento de Guilherme de Souza Nucci, "o direito não deve ser absoluto, mas regrado. O diretor-geral não pode negar-se sistematicamente a receber os presos em audiência, mas pode impor limites e condições em nome da disciplina e da segurança".

XIV – representação e petição a qualquer autoridade, em defesa de direito;

Esse direito encontra respaldo no art. 5º, XXXIV da CF/1988, o qual dispõe que:

> *XXXIV – São a todos assegurados, independentemente do pagamento de taxas:*
>
> *a) o direito de petição aos Poderes Públicos em defesa dos direitos ou contra ilegalidade ou abuso de poder.*

Assim, é reforçado o direito do preso de representar ou peticionar diretamente ao Poder Judiciário ou a outros órgãos públicos, visando apresentar reclamações ou realizar pedidos em defesa de seu direito.

Vale a ressalva de que o direito de representação e petição não confere ao preso permissão para ajuizar medidas que exijam capacidade postulatória para tanto.

XV – contato com o mundo exterior por meio de correspondência escrita, da leitura e de outros meios de informação que não comprometam a moral e os bons costumes.

Ao preso, é garantido o direito de ter contato com o mundo exterior por meio de correspondência, leitura de jornais, televisão, rádio ou qualquer outro meio de comunicação, inclusive, conforme os avanços tecnológicos, o acesso à internet.

A limitação dos meios que comprometam a moral e os bons costumes possibilita à administração carcerária, em prol da segurança, da disciplina e do objetivo ressocializador da pena, proibir aos detentos o acesso a determinados conteúdos, por exemplo, notícias de rebeliões ou motins, filmes com atos de violência entre detentos ou relativos ao cometimento de crimes, sites pornográficos, livros alusivos a armas, bombas, dentre outros.

XVI – atestado de pena a cumprir, emitido anualmente, sob pena da responsabilidade da autoridade judiciária competente.

Esse direito surgiu em 2003, com a necessidade de fornecer ao preso, ao menos anualmente, o quanto de pena ainda resta a ele cumprir, uma vez que o cálculo da pena não se limita à simples subtração entre o total imposto e o tempo já cumprido, pois existem diversas situações que podem reduzir o tempo de pena do preso.

Parágrafo único. Os direitos previstos nos incisos V, X e XV poderão ser suspensos ou restringidos mediante ato motivado do diretor do diretor do estabelecimento.

Trata-se de uma suspensão ou redução da jornada de trabalho, da recreação, das visitas e dos contatos com o mundo exterior. Vale a ressalva que a doutrina entende que como o parágrafo único foi explícito ao mencionar quais direitos podem ser suspensos e restringidos, significa dizer que os demais direitos não estão sujeitos à suspensão ou restrição.

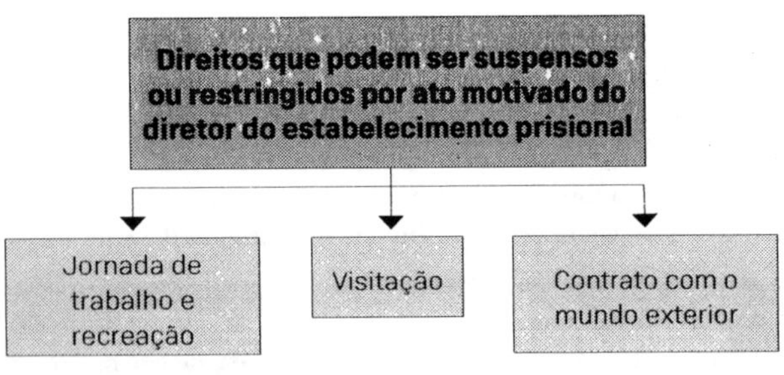

***Art. 42** Aplica-se ao preso provisório e ao submetido à medida de segurança, no que couber, o disposto nesta Seção.*

Os direitos assegurados ao preso definitivo são aplicados no que couber aos réus presos provisoriamente e aos submetidos a medidas de segurança.

No que diz respeito ao preso provisório, o art. 41, XVI não teria aplicabilidade, uma vez que, como não existe condenação, não há pena definitiva estabelecida. E, ainda, ele não fica obrigado ao trabalho, será facultado a ele.

Contudo, com relação ao internado, existe a possibilidade de que o seu próprio estado mental não permita o exercício de determinados direitos, que poderão ser suspensos ou restringidos pelo período que for necessário.

***Art. 43** É garantida a liberdade de contratar médico de confiança pessoal do internado ou do submetido a tratamento ambulatorial, por seus familiares ou dependentes, a fim de orientar e acompanhar o tratamento.*

Parágrafo único. As divergências entre o médico oficial e o particular serão resolvidos pelo juiz de execução.

O direito à contratação a médico de confiança pessoal do internado ou ao preso submetido a tratamento ambulatorial tem como finalidade alcançar maiores chances de cura, uma vez que se trata de médico em quem o internado tenha confiança que facilitaria a relação médico/paciente. Fora que, como sabemos, um médico particular não tem as limitações, em termos de recursos materiais e humanos, que os estabelecimentos psiquiátricos têm. Contudo, se houver divergências entre o diagnóstico do médico do estabelecimento psiquiátrico e do médico particular, esta será resolvida pelo juiz da execução.

Disciplina – Disposições gerais

***Art. 44** A disciplina consiste na colaboração com a ordem na obediência às determinações das autoridades e seus agentes e no desempenho do trabalho.*

Parágrafo único. Estão sujeitos à disciplina o condenado à pena privativa de liberdade ou restrita de direitos e o preso provisório.

A disciplina consiste em um conjunto de regras que impõe ao condenado atenção às normas disciplinares contidas no estabelecimento prisional, bem como o fiel cumprimento aos deveres contidos no art. 39.

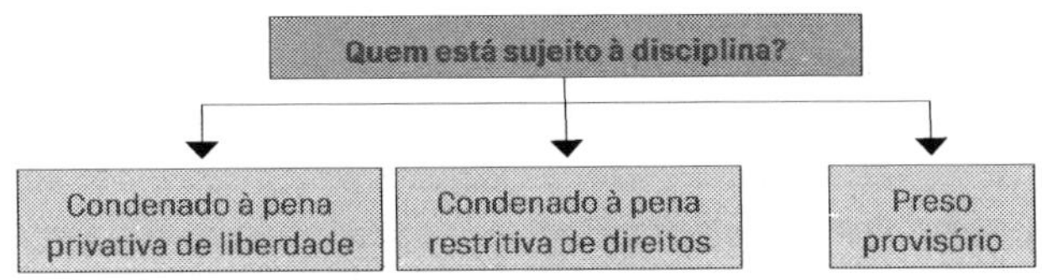

***Art. 45** Não haverá falta nem sanção disciplinar sem expressa e anterior previsão legal ou regulamentar.*

Este artigo consagra o princípio da legalidade, sendo uma regra semelhante à contida no art. 1º do Código Penal e do art. 5º, inciso XXXIX da CF/1988, ou seja, toda e qualquer sanção disciplinar deve ser estabelecida anteriormente pela lei ou por regulamentos emitidos pela administração carcerária.

§ 1º As sanções não poderão colocar em perigo a integridade física e moral do condenado.

São expressamente vedadas as sanções que possam colocar em perigo a integridade física e moral do condenado. Essa regra vai de encontro com a previsão do art. 5º, inciso XLIX, da CF/1988, segundo a qual "é assegurado aos presos o respeito à integridade física e moral". No mesmo sentido, o art. 38 do Código Penal dispõe que "o preso conserva todos os direitos não atingidos pela perda da liberdade, impondo-se a todas as autoridades o respeito à sua integridade física e moral", e o art. 40 da LEP estabelece que "impõe-se a todas as autoridades o respeito à integridade física e moral dos condenados e dos presos provisórios". Como se vê, não há como permitir qualquer ato de constrangimento ou prática vexatória contra segregados.

§ 2º É vedado o emprego de cela escura.

No passado, conhecíamos a cela escura por "solitária", um local precário, insalubre que não apresentava condições de ser habitado. Ressalta-se que essa proibição não impede que o preso seja recolhido a uma cela individual, conforme os termos previstos para o preso em regime disciplinar diferenciado.

A proibição é de que o preso seja colocado ou mantido em uma cela sob condições indignas, desumana ou degradante.

§ 3º São vedadas as sanções coletivas.

Tal artigo tem como finalidade garantir que não se consagre a responsabilidade penal objetiva, a qual é proibida no Direito Penal, uma vez que não se pode punir indiscriminadamente todos os indivíduos sem que se comprove a participação de cada um deles.

Tratando do tema, o Tribunal de Justiça de São Paulo decidiu que o simples fato de alguns apenados habitarem a cela, sem a demonstração de sua participação efetiva na escavação do túnel com intenção de fuga, não conduz à aplicação da pena correspondente à falta grave, devendo-se ponderar "que nos termos do § 3º do art. 45 da LEP é vedada a sanção coletiva, prevalecendo assim o princípio da individualização da culpa".

> ***Art. 46*** *O condenado ou denunciado, no início da execução da pena ou da prisão, será cientificado das normas disciplinares.*

Logo no ingresso do preso ao estabelecimento prisional, é necessário que ele seja comunicado das regras disciplinares existentes, a fim de que futuramente não seja alegado por ele ignorância de tais regras.

> ***Art. 47*** *O poder disciplinar, na execução da pena privativa da liberdade, será exercido pela autoridade administrativa conforme as disposições regulamentares.*

Quando se tratar de execução de pena privativa de liberdade, o poder disciplinar será exercido pela autoridade administrativa carcerária, conforme as regras contidas no regulamento do estabelecimento prisional. Ao conferir à direção do estabelecimento prisional, a imposição e a execução das sanções disciplinares, estabelece a lei uma exceção ao princípio da jurisdicionalidade. Portanto, podemos afirmar que a atuação do juiz da execução nesses casos apenas ocorrerá nas hipóteses em que a administração carcerária infringir as regras estabelecidas pela lei ou pelo regulamento, devendo-se instaurar, nesse caso, o incidente de desvio de execução contido no art. 185 da LEP, o qual pode ser suscitado pelo Ministério Público, pelo Conselho Penitenciário, pelo próprio sentenciado ou por qualquer dos demais órgãos da execução penal.

> ***Art. 48*** *Na execução das penas restritas de direitos, o poder disciplinar será exercido pela autoridade administrativa a que estiver sujeito o condenado.*
>
> *Parágrafo único. Nas faltas graves, a autoridade representará ao juiz da execução para os fins dos arts. 118, inciso I, 125, 127, 181, § § 1º, letra d, e 2º desta Lei.*

Diferente do artigo citado, em se tratando de penas restritivas de direito o poder disciplinar será conferido à autoridade administrativa em que o condenado esteja sujeito, isso ocorre porque muitas vezes esse tipo de penalidade será executado por estabelecimento administrados por agentes do Estado.

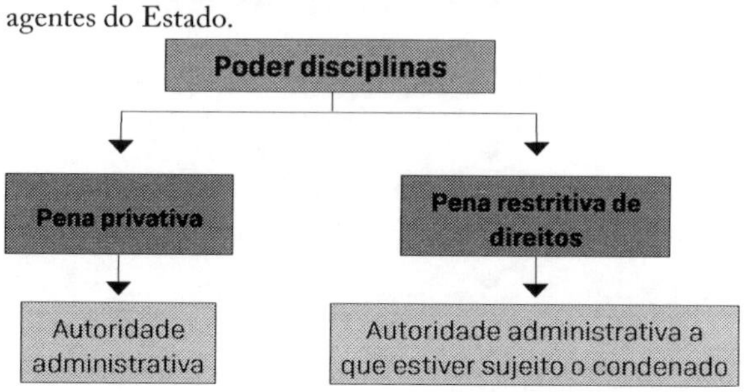

Faltas disciplinares

> ***Art. 49*** *As faltas disciplinares classificam-se em leves, médias e graves. A legislação local especificará as leves e médias, bem assim as respectivas sanções.*
>
> *Parágrafo único. Pune-se a tentativa com a sanção correspondente à falta consumada.*

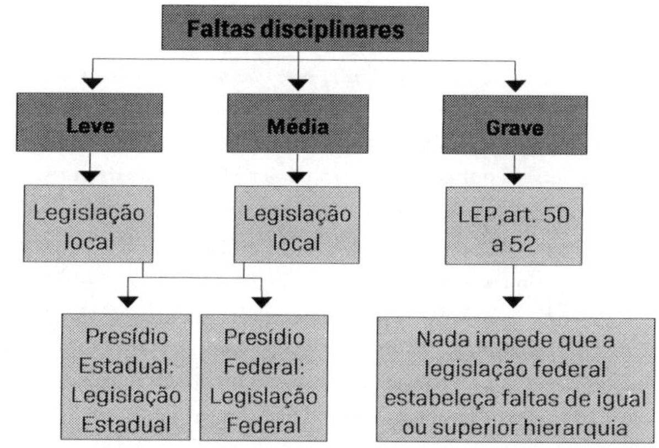

A tentativa será punida com a sanção correspondente à falta consumada, parte da doutrina entende que a aplicação da sanção disciplinar cabível na tentativa depende de cada caso, uma vez que deve ser levado em conta que as consequências da tentativa não são tão graves como se tivesse sido consumado. Em sentido contrário, outra parte da doutrina entende que seja a falta tentada ou consumada a sanção a ser aplicada deve ser a mesma, sem qualquer redução.

> ***Art. 50*** *Comete falta grave o condenado a pena privativa de liberdade que:*
>
> *I – incitar ou participar de movimento para subverter a ordem ou a disciplina;*
>
> *II – fugir;*
>
> *III – possuir, indevidamente, instrumento capaz de ofender a integridade física de outrem;*
>
> *IV – provocar acidente de trabalho;*
>
> *V – descumprir, no regime aberto, as condições impostas;*
>
> *VI – inobservar os deveres previstos nos incisos II e V no art. 39 desta Lei;*
>
> *VII – tiver em sua posse, utilizar ou fornecer aparelho telefônico, de rádio ou similar, que permita a comunicação com outros presos ou com o ambiente externo;*
>
> *VIII – recusar submeter-se ao procedimento de identificação do perfil genético.*
>
> *Parágrafo único. O disposto neste artigo aplica-se no que couber, ao preso provisório.*

Este artigo estabelece o rol de condutas que se classificam como faltas de natureza grave praticadas por condenados que cumprem pena privativa de liberdade, e que se estendem, no que couber, também ao preso provisório.

De acordo com a jurisprudência, esse rol estabelecido pela Lei de Execução Penal é taxativo, não podendo ser ampliado por outros atos normativos.

Assim se pronunciou o Superior Tribunal de Justiça, salientando que "resolução da Secretaria de Administração Penitenciária do Estado de São Paulo tipificando a conduta como falta grave não é suficiente para legitimar a decisão (de punição), pois nos termos do art. 49 da Lei nº 7.210/1984, a legislação local somente está autorizada a especificar as condutas que caracterizem faltas leves ou médias e suas respectivas sanções".

Na apuração da falta grave, é indispensável assegurar ao apenado o direito à ampla defesa e ao contraditório, sob pena de nulidade da punição eventualmente aplicada.

Fique atento ao inciso VIII, pois ele foi introduzido pela Lei nº 13.964/19 (Pacote Anticrime).

> ***Art. 51*** *Comete falta grave o condenado à pena restritiva de direitos que:*
>
> *I – descumprir, injustificadamente, a restrição imposta;*

II – retardar, injustificadamente, o cumprimento da obrigação imposta;

III – inobservar os deveres previstos nos incisos II e V do art. 39 desta Lei.

Este artigo determina quais condutas se enquadram como faltas graves cometidas por condenados a pena restritivas de direitos.

I – descumprir, injustificadamente, a restrição imposta;

Ocorre quando o condenado descumpre a obrigação imposta na pena sem qualquer motivação.

II – retardar, injustificadamente, o cumprimento da obrigação imposta;

Ocorre quando o condenado atrasa o início do cumprimento da obrigação imposta na pena sem nenhum motivo relevante.

III – inobservar os deveres previstos nos incisos II e V do art. 39 desta Lei.

Trata-se da desobediência ao servidor, do desrespeito a qualquer pessoa com quem deva o condenado se relacionar e da não execução do trabalho, das tarefas ou das ordens recebidas.

Art. 52 *A prática de fato previsto como crime doloso constitui falta grave e, quando ocasionar subversão da ordem ou disciplina internas, sujeitará o preso provisório, ou condenado, nacional ou estrangeiro, sem prejuízo da sanção penal, ao regime disciplinar diferenciado, com as seguintes características:*

I – duração máxima de até 2 (dois) anos, sem prejuízo de repetição da sanção por nova falta grave de mesma espécie;

II – recolhimento em cela individual;

III – visitas quinzenais, de 2 (duas) pessoas por vez, a serem realizadas em instalações equipadas para impedir o contato físico e a passagem de objetos, por pessoa da família ou, no caso de terceiro, autorizado judicialmente, com duração de 2 (duas) horas;

IV – direito do preso à saída da cela por 2 (duas) horas diárias para banho de sol, em grupos de até 4 (quatro) presos, desde que não haja contato com presos do mesmo grupo criminoso;

V – entrevistas sempre monitoradas, exceto aquelas com seu defensor, em instalações equipadas para impedir o contato físico e a passagem de objetos, salvo expressa autorização judicial em contrário;

VI – fiscalização do conteúdo da correspondência;

VII – participação em audiências judiciais preferencialmente por videoconferência, garantindo-se a participação do defensor no mesmo ambiente do preso.

A primeira parte do *caput* do art. 52 diz que a prática de fato previsto como crime doloso constitui falta grave. Contudo, a lei não faz qualquer distinção entre o condenado por pena privativa de liberdade e restritiva de direitos, então, podemos entender que ela se aplica a ambos.

No que diz respeito aos crimes preterdolosos, considerando que neles existe dolo quanto ao crime antecedente, em regra incidem na regra contida anteriormente. Note que o artigo não exige condenação, basta apenas a prática do ato considerado crime doloso.

Por fim, se o ato praticado ocasionar subversão da ordem ou da disciplina internas do estabelecimento prisional, o juiz da execução está autorizado a determinar a inclusão do preso ao regime disciplinar diferenciado.

§ 1º O regime disciplinar diferenciado também será aplicado aos presos provisórios ou condenados, nacionais ou estrangeiros:

I – que apresentem alto risco para a ordem e a segurança do estabelecimento penal ou da sociedade;

II – sob os quais recaiam fundadas suspeitas de envolvimento ou participação, a qualquer título, em organização criminosa, associação criminosa ou milícia privada, independentemente da prática de falta grave.

§ 2º (Revogado)

§ 3º Existindo indícios de que o preso exerce liderança em organização criminosa, associação criminosa ou milícia privada, ou que tenha atuação criminosa em 2 (dois) ou mais Estados da Federação, o regime disciplinar diferenciado será obrigatoriamente cumprido em estabelecimento prisional federal.

§ 4º Na hipótese dos parágrafos anteriores, o regime disciplinar diferenciado poderá ser prorrogado sucessivamente, por períodos de 1 (um) ano, existindo indícios de que o preso:

I – continua apresentando alto risco para a ordem e a segurança do estabelecimento penal de origem ou da sociedade;

II – mantém os vínculos com organização criminosa, associação criminosa ou milícia privada, considerados também o perfil criminal e a função desempenhada por ele no grupo criminoso, a operação duradoura do grupo, a superveniência de novos processos criminais e os resultados do tratamento penitenciário.

§ 5º Na hipótese prevista no § 3º deste artigo, o regime disciplinar diferenciado deverá contar com alta segurança interna e externa, principalmente no que diz respeito à necessidade de se evitar contato do preso com membros de sua organização criminosa, associação criminosa ou milícia privada, ou de grupos rivais.

§ 6º A visita de que trata o inciso III do caput deste artigo será gravada em sistema de áudio ou de áudio e vídeo e, com autorização judicial, fiscalizada por agente penitenciário.

§ 7º Após os primeiros 6 (seis) meses de regime disciplinar diferenciado, o preso que não receber a visita de que trata o inciso III do caput deste artigo poderá, após prévio agendamento, ter contato telefônico, que será gravado, com uma pessoa da família, 2 (duas) vezes por mês e por 10 (dez) minutos.

O regime disciplinar diferenciado (RDD) é uma forma especial de cumprimento de pena dentro do regime fechado, caracterizada pela permanência do preso em cela individual, com limitação ao direito de visita e redução no direito de saída da cela.

O RDD é considerado tanto uma sanção disciplinar como uma medida cautelar, sendo sanção disciplinar quando imposta nos termos do art. 52, caput da LEP, e medida cautelar nos termos do art. 52 e § § da LEP.

O crime de organização criminosa vem definido no art. 1º, § 1º da Lei nº 12.850/2013; já o crime de quadrilha ou banco, atualmente nomeado por associação criminosa nos termos do art. 24 da Lei nº 12.850/2013.

Fique ligado!

O art. 52 foi inteiramente alterado pela Lei nº 13.694/2019, ou seja, tem grandes chances de o examinador cobrar esse artigo.

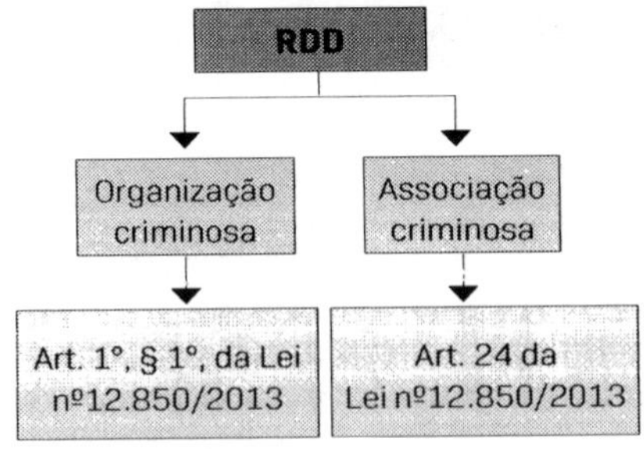

Sanções e recompensas

Art. 53 *Constituem sanções disciplinares:*

I – advertência verbal;

II – repreensão;

III – suspensão ou restrição de direitos (art. 41, parágrafo único);

IV – isolamento na própria cela, ou em local adequado, nos estabelecimentos que possuam alojamento coletivo, observado o disposto no art. 8º desta Lei;

V – inclusão no regime disciplinar diferenciado.

Esse rol de sanções é taxativo, de modo que não será admitida sua ampliação. A aplicação das sanções disciplinares é alternativa e não cumulativa.

Considerando a necessidade de que a sanção seja individual e proporcional à conduta praticada pelo preso, determina o art. 57, caput, da LEP que, na sua imposição, devem ser levados em conta a natureza, os motivos, as circunstâncias e as consequências do fato, bem como a pessoa do faltoso e seu tempo de prisão.

> ***Art. 54*** *As sanções dos incisos I a IV do art. 53 serão aplicadas por ato motivado do diretor do estabelecimento e a do inciso V, por prévio e fundamentado despacho do juiz competente.*
>
> *§ 1º A autorização para a inclusão do preso em regime disciplinar dependerá de requerimento circunstanciado elaborado pelo diretor do estabelecimento ou outra autoridade administrativa.*
>
> *§ 2º A decisão judicial sobre inclusão de preso em regime disciplinar será precedida de manifestação do Ministério Público e da defesa e prolatada no prazo máximo de quinze dias.*

A inclusão do preso ao RDD está condicionada ao prévio e fundamentado despacho do juiz competente. Existe divergências sobre quem seria o juiz competente; uma corrente defende que seja o juiz das execuções penais, outra defende que pode ser o próprio juiz do processo.

A legitimidade para postular a inclusão do RDD é o diretor do estabelecimento prisional em que encontre o preso provisório ou condenado, ou de outra autoridade administrativa, como secretário de Segurança Pública e o secretário da Administração Penitenciária, sendo vedado ao juiz determiná-lo ex officio, tampouco o Ministério Público requerer essa inserção.

Assim, apresentado o pedido de inclusão do preso ao RDD, sobre ele deverá se manifestar o MP e a defesa, sendo que cada um terá o prazo de 3 dias, após transcorrido o prazo, caberá ao juiz da execução proferir a decisão dentro de 15 dias, sendo que dessa decisão caberá o recurso de agravo da execução.

> ***Art. 55*** *As recompensas têm em vista o bom comportamento reconhecido em favor do condenado, de sua colaboração com a disciplina e de sua dedicação ao trabalho.*
>
> ***Art. 56*** *São recompensas:*
>
> *I – o elogio;*
>
> *II – a concessão de regalias.*
>
> *Parágrafo único. A legislação local e os regulamentos estabelecerão a natureza e a forma de concessão de regalias.*

As recompensas têm como finalidade estimular o preso a manter bom comportamento, a ter responsabilidade no exercício do seu trabalho e de cumprir de forma adequada os deveres que lhe são impostos pela LEP.

Aplicação das sanções

> ***Art. 57*** *Na aplicação das sanções disciplinares, levar-se-ão em conta a natureza, os motivos, as circunstâncias e as consequências do fato, bem como a pessoa do faltoso e seu tempo de prisão.*
>
> *Parágrafo único. Nas faltas graves, aplicam-se as sanções previstas nos incisos III a V do art. 53 desta Lei.*

Assim como toda sanção, não basta apenas que se verifique o ato de forma isolada, mas, sim, todas as circunstâncias para que a falta fosse cometida.

> ***Art. 58*** *O isolamento, a suspensão e a restrição de direitos não poderão exceder a trinta dias, ressalvada a hipótese do regime disciplinar diferenciado.*
>
> *Parágrafo único. O isolamento será sempre comunicado ao juiz da execução.*

O artigo em análise trouxe um limite de 30 para a duração das penas de isolamento, suspensão e restrição de direito, uma vez que, por se tratar de sanções mais severas, deve-se garantir que não haverá abuso na aplicação da sanção. Perceba ainda que por se tratar da sanção mais severa, o isolamento deve ser informado ao juiz de execução.

Procedimento disciplinar

> ***Art. 59*** *Praticada a falta disciplinar, deverá ser instaurado o procedimento para sua apuração, conforme regulamento, assegurado o direito de defesa.*
>
> *Parágrafo único. A decisão será motivada.*
>
> ***Art. 60*** *A autoridade administrativa poderá decretar o isolamento preventivo do faltoso pelo prazo de até dez dias. A inclusão do preso no regime disciplinar diferenciado, no interesse da disciplina e da averiguação do fato, dependerá de despacho do juiz competente.*
>
> *Parágrafo único. O tempo de isolamento ou inclusão preventiva no regime disciplinar diferenciado será computado no período de cumprimento da sanção disciplinar.*

As aplicações das sanções disciplinares contidas no art. 53, incisos I a V, compete ao diretor do estabelecimento prisional, exigindo motivação para tanto. Já a penalidade contida no art. 53, inciso V, está condicionada a decisão fundamentada do juiz competente.

A aplicação dessas sanções, seja qual for, será precedida de prévio procedimento administrativo disciplinar, que será instaurado no âmbito do estabelecimento prisional, no qual será assegurado ao preso o direito de defesa.

Considera-se necessária a presença do advogado durante o procedimento administrativo disciplinar, sob pena de nulidade por afrontamento às garantias constitucionais da ampla defesa e do contraditório. Assim, não se pode aplicar a sanção sem respeitar essa formalidade. Se o fizer, a imposição da sanção poderá ser revista judicialmente, uma vez que a regra contida na Súmula Vinculante nº 5 não se aplica em sede de execução penal diante da repercussão na liberdade de ir e vir do condenado.

Instaurado o procedimento administrativo, podem ocorrer três situações:

- Não ser reconhecida a prática da falta disciplinar ou não apurar a sua autoria;
- Ser reconhecida a prática da falta disciplinar de natureza leve ou média;
- Ser reconhecida a prática da natureza disciplinar de natureza grave.

Órgãos da execução penal – Disposições gerais

> ***Art. 61*** *São órgãos da execução penal:*
>
> *I – o Conselho Nacional de Política Criminal e Penitenciária;*
>
> *II – o Juízo da Execução;*
>
> *III – o Ministério Público;*
>
> *IV – o Conselho Penitenciário;*
>
> *V – os Departamentos Penitenciários;*
>
> *VI – o Patronato;*
>
> *VII – o Conselho da Comunidade;*
>
> *VIII – a Defensoria Pública.*

Cada um desses órgãos possui diferentes atribuições, sendo que uma não conflita com a outra. Todos são relevantes para o controle e a fiscalização da execução penal e para o fortalecimento do propósito da LEP de ressocialização do condenado e de apoio ao egresso.

Conselho Nacional de Política Criminal e Penitenciária

> ***Art. 62*** *O Conselho Nacional de Política Criminal e Penitenciária, com sede na Capital da República, é subordinado ao Ministério da Justiça.*

Art. 63 O Conselho Nacional de Política Criminal e Penitenciária será integrado por treze membros designados através de ato do Ministério da Justiça, dentre professores e profissionais da área do Direito Penal, Processual Penal, Penitenciário e ciências correlatas, bem como por representantes da comunidade e dos Ministérios da área social.

Parágrafo único. O mandato dos membros do Conselho terá duração de dois anos, renovado um terço em cada ano.

Art. 64 Ao Conselho Nacional de Política Criminal e Penitenciária, no exercício de suas atividades, em âmbito federal ou estadual, incumbe:

I – propor diretrizes da política criminal quanto a prevenção do delito, Administração da Justiça Criminal e execução das penas e das medidas de segurança;

II – contribuir na elaboração de planos nacionais de desenvolvimento, sugerindo as metas e prioridades da política criminal e penitenciária;

III – promover a avaliação periódica do sistema criminal para a sua adequação às necessidades do País;

IV – estimular e promover a pesquisa criminológica;

V – elaborar programa nacional penitenciário de formação e aperfeiçoamento do servidor;

VI – estabelecer regras sobre a arquitetura e construção de estabelecimentos penais e casas de albergados;

VII – estabelecer os critérios para a elaboração da estatística criminal;

VIII – inspecionar e fiscalizar os estabelecimentos penais, bem assim informar-se, mediante relatórios do Conselho Penitenciário, requisições, visitas ou outros meios, acerca do desenvolvimento da execução penal nos Estados, Territórios e Distrito Federal, propondo às autoridades dela incumbida as medidas necessárias ao seu aprimoramento;

IX – representar ao juiz da execução ou à autoridade administrativa para instauração de sindicância ou procedimento administrativo, em caso de violação das normas referentes à execução penal;

X – representar à autoridade competente para a interdição, no todo ou em parte, de estabelecimento penal.

O Conselho Nacional de Política Criminal e Penitenciária é um órgão colegiado, com sede em Brasília, subordinado ao Ministério da Justiça. O conselho é composto por 13 membros, designados por ato do Ministério da Justiça, entre professores e profissionais da área do Direito Penal, Processo Penal, Penitenciário e Ciências Correlatadas, bem como por representantes da comunidade dos Ministérios da área social.

O mandato dos membros do conselho tem duração de 2 anos, renovando-se 1/3 em cada ano.

As funções do CNPCP vêm definidas no art. 64.

Juízo da execução

Art. 65 A execução penal competirá ao juiz indicado na lei local de organização judiciária e, na sua ausência, ao da sentença.

O juiz competente para atuar no âmbito da execução penal será o juiz indicado pela lei local, ou na sua falta o juiz da sentença. Menciona-se o juiz da sentença porque, em comarcas menores, é comum a inexistência de vara específica para execução criminal; nesse caso, a função de execução da pena será exercida pelo próprio juiz que proferiu a sentença no processo conhecimento.

Existe um ponto de discussão na doutrina, pois a LEP se aplica no que couber ao preso provisório. Assim, parte da doutrina entende que competiria ao juiz de execução do local de cumprimento da reprimenda decidir sobre os incidentes que surgirem durante a execução. Contudo, outra parte da doutrina entende que, por se tratar de execução provisória da pena, esta deveria se submeter ao juiz da condenação.

No caso de o preso ter sido condenado pela Justiça Federal, mas se encontrar recolhido em estabelecimento prisional estadual, caberá, nesse caso, ao juiz das execuções penais do estado presidir sobre a execução da pena imposta, não sendo relevante o âmbito da condenação.

Outro caso é quando o preso é transferido de um estabelecimento prisional estadual para estabelecimento de segurança máxima federal. Nesse caso, o acompanhamento da execução da pena caberá ao juiz federal competente da localidade em que se situar o referido estabelecimento. Entretanto, em se tratando de transferência de preso provisório, será de responsabilidade do juízo que solicitou a transferência do preso dirigir o controle da prisão, por meio de carta precatória.

No caso de o apenado estar sob suspensão condicional do processo, a competência será fixada pelo juízo da residência do executado. Essa regra será aplicada igualmente ao indivíduo que cumpre pena restritiva de direitos.

No que diz respeito à pena de multa, a competência é da vara de execuções fiscais, por ser considerada uma dívida de valor.

Por fim, no tocante à medida de segurança, a competência será do juízo da execução da comarca em que estiver sendo cumprida, não sendo relevante, para tanto, se a hipótese é de internação ou de tratamento ambulatorial.

Art. 66 Compete ao juiz da execução:

I – aplicar aos casos julgados lei posterior que de qualquer modo favorecer o condenado;

II – declarar extinta a punibilidade;

III – decidir sobre:

a) soma ou unificação de penas;

b) progressão ou regressão nos regimes;

c) detração e remição da pena;

d) suspensão condicional da pena;

e) livramento condicional;

f) incidentes da execução;

IV – autorizar saídas temporárias;

V – determinar:

a) a forma de cumprimento da pena restritiva de direitos e fiscalizar sua execução;

b) a conversão da pena restritiva de direitos e de multa em privativa de liberdade;

c) a conversão da pena privativa de liberdade em restritiva de direitos;

d) a aplicação da medida de segurança, bem como a substituição da pena por medida de segurança;

e) a revogação da medida de segurança;

f) a desinternação e o restabelecimento da situação anterior;

g) o cumprimento de pena ou medida de segurança em outra Comarca;

h) a remoção do condenado na hipótese prevista no § 1º do art. 86 desta Lei;

VI – zelar pelo correto cumprimento da pena e da medida de segurança;

VII – inspecionar, mensalmente, os estabelecimentos penais, tomando providências para o adequado funcionamento e promovendo, quando for o caso, a apuração de responsabilidade;

VIII – interditar, no todo ou em parte, estabelecimento penal que estiver funcionando em condições inadequadas ou com infringência aos dispositivos desta Lei;

IX – compor e instalar o Conselho da Comunidade;

X – emitir anualmente atestado de pena a cumprir.

A execução penal é jurisdicionalizada, o que significa dizer que incumbe ao magistrado impulsioná-la, bem como cabe a ela fiscalizar o adequado cumprimento da pena imposta. Assim, o artigo citado arrola quais são as competências do juiz da execução.

Trata-se de um rol meramente exemplificativo, ou seja, as competências do juiz da execução não se exaurem aqui.

Ministério Público

Art. 67 O Ministério Público fiscalizará a execução da pena e da medida de segurança, oficiando no processo executivo e nos incidentes da execução.

Art. 68 Incumbe, ainda, ao Ministério Público;

I – fiscalizar a regularidade formal das guias de recolhimento e de internamento;

II – requerer;

a) todas as providências necessárias ao desenvolvimento do processo executivo;

b) a instauração dos incidentes de excesso ou desvio de execução;

c) a aplicação de medida de segurança, bem com a substituição da pena por medida de segurança;

d) a revogação da medida de segurança;

e) a conversão de penas, a progressão ou regressão nos regimes e a revogação da suspensão condicional da pena e do livramento condicional;

f) a internação, a desinternação e o restabelecimento da situação anterior;

III – interpor recursos de decisões proferidas pela autoridade judiciária, durante a execução.

Parágrafo único. O órgão do Ministério Público visitará mensalmente os estabelecimentos penais, registrando a sua presença em livro próprio.

Ao Ministério Público, incumbe atuar em todo processo de execução, desde o início até a extinção da punibilidade do condenado.

No decorrer da sua atuação, existem duas intervenções que são facultadas ao membro do MP: uma, diz respeito a requerer deliberações judicias relacionadas à concessão ou revogações de benefícios, instauração de incidentes, conversões e demais providências concernentes ao desenvolvimento do processo executivo; e a segunda, no sentido de intervir mediante a formulação de pareceres com relação a situações materializadas no processo de execução criminal decorrentes de postulações do apenado ou do seu defensor, de manifestações do conselho da comunidade, de pronunciamentos do Conselho Penitenciário, de constatações ex officio do juiz da execução etc. Contudo, é pacífico o entendimento jurisprudencial de que a ausência de manifestação do MP em todas as fases pertinentes à execução da pena é causa de nulidade absoluta.

O rol contido no art. 68 é meramente exemplificado, uma vez que no próprio decorrer da LEP vemos demais situações em que se faz necessária a atuação do parquet.

Conselho penitenciário

De acordo com o art. 69, o Conselho Penitenciário é um órgão consultivo e fiscalizador da execução da pena, de modo que constitui um elo entre o Poder Executivo e o Judiciário sobre esse tema.

O CP é um órgão consultivo, pois a ele compete opinar, mediante pareceres, nas situações que lhe são apresentadas. Também é órgão fiscalizador no sentido que lhe cabe zelar pela observância dos direitos e interesses dos sentenciados.

Ainda, o § 1º do art. 69 estabelece que o CP será integrado por membros nomeados pelo governador do estado, do Distrito Federal e dos territórios; entre professores e profissionais da área do Direito Penal, Processo Penal, Penitenciário e ciências correlatadas, bem como por representantes da comunidade, com mandato de 4 anos.

Nos termos do art. 69, fica a cargo da legislação federal e estadual a regulamentação do funcionamento do CP.

O CP é composto por 20 membros efetivos, escolhidos e indicados entre profissionais que apresentem experiência de, no mínimo, 10 anos na área de Direito Penal, Processual Penal, Penitenciário e ciências correlatadas, distribuídos da seguinte forma:

- Seis médicos psiquiatras, indicados pelo Conselho Regional de Medicina do Estado de São Paulo;
- Quatro Procuradores de Justiça, indicados pelo procurador-geral de Justiça do Estado;
- Dois procuradores da República, indicados pelo procurador-geral da República;
- Quatro advogados, indicados pela Ordem dos Advogados do Brasil – Seção São Paulo (OAB-SP), sendo dois deles na qualidade de representantes da comunidade e dois procuradores do Estado, da Procuradoria de Assistência Judiciária, indicados pelo procurador-geral do estado;
- Dois psicólogos, indicados pelo Conselho Regional de Psicologia do Estado de São Paulo;
- Além de dirigentes de órgãos com atuação no sistema prisional, estes últimos na qualidade de membros informantes, sem direito ao voto.

Não havendo vedação legislativa, nada impede que o Conselho Penitenciário, vencido o respectivo mandato, sejam reconduzidos. Também não se afasta a possibilidade da sua exoneração ocorrer antes do final do período de 4 anos, podendo esta ser motivada pela prática de infrações penais ou administrativas, tudo em conformidade com o que dispõe a lei, conforme disposição do § 2º do art. 69.

Art. 70 Incumbe ao Conselho Penitenciário:

I – emitir parecer sobre indulto e comutação de pena, excetuada a hipótese de pedido de indulto com base no estado de saúde do preso;

II – inspecionar os estabelecimentos e serviços penais;

III – apresentar, no primeiro trimestre de cada ano, ao Conselho Nacional de Política Criminal e Penitenciária, relatório dos trabalhos efetuados no exercício anterior;

IV – supervisionar os patronatos, bem como assistência dos egressos.

O rol de atribuições do Conselho Penitenciário não é taxativo, visto que a própria LEP traz outras funções no decorrer dos demais artigos.

5.3 Departamentos Penitenciários

5.3.1 Departamento Penitenciário Nacional (Depen)

De acordo com o caput do art. 71, o Depen está subordinado ao Ministério da Justiça, sendo um órgão executivo da Política Penitenciária Nacional e de apoio administrativo e financeiro do Conselho Nacional de Política Criminal e Penitenciária.

Art. 72 São atribuições do Departamento Penitenciário Nacional:

I – acompanhar a fiel aplicação das normas de execução penal em todo o território nacional;

II – inspecionar e fiscalizar periodicamente os estabelecimentos e serviços penais;

III – assistir tecnicamente as unidades federativas na implementação dos princípios e regras estabelecidos nesta Lei;

IV – colaborar com as unidades federativas, mediante convênios, na implantação de estabelecimentos e serviços penais;

V – colaborar com as unidades federativas para a realização de cursos de formação de pessoal penitenciário e de ensino profissionalizante do condenado e do internado;

VI – estabelecer, mediante convênios com as unidades federativas, o cadastro nacional das vagas existentes em estabelecimentos locais destinadas ao cumprimento de penas privativas de liberdade aplicadas pela justiça de outra unidade federativa, em especial para presos sujeitos a regime disciplinar;

VII – acompanhar a execução da pena das mulheres beneficiadas pela progressão especial de que trata o § 3º do art. 112 desta Lei,

LEGIS

monitorando sua integração social e a ocorrência de reincidência, específica ou não, mediante a realização de avaliações periódicas e de estatísticas criminais.

§ 1º Incumbe também ao Departamento a coordenação e supervisão dos estabelecimentos penais e de internamento federais.

§ 2º Os resultados obtidos por meio do monitoramento e das avaliações periódicas previstas no inciso VII do caput deste artigo serão utilizados para, em função da efetividade da progressão especial para a ressocialização das mulheres de que trata o § 3º do art. 112 desta Lei, avaliar eventual desnecessidade do regime fechado de cumprimento de pena para essas mulheres nos casos de crimes cometidos sem violência ou grave ameaça.

Trata-se de um órgão responsável por executar a política penitenciária estabelecida pelo Ministério da Justiça, cabendo-lhe garantir que as normas de execução penal sejam aplicadas de forma adequada em todo o país.

Departamento penitenciário local

A LEP, nos arts. 73 e 74, trouxe a possibilidade de os estados-membros criarem, dentro de seu âmbito de atuação, departamento penitenciário ou órgão similar, sendo que a lei local definirá suas atribuições, com o fim de supervisionar e coordenar os estabelecimentos prisionais da sua respectiva unidade federativa.

Além de objetivar acompanhar a execução da pena mais de perto, a esses órgãos incumbe ainda a função de promoção da melhoria do sistema carcerário, adotando estrutura adequada para atender as demandas de humanização da pena, bem como fortalecer o processo ressociativo e integrativo do preso para com a sociedade.

Direção e do pessoal dos estabelecimentos penais

Para que o agente possa se tornar diretor de estabelecimento prisional, ele deve preencher alguns requisitos cumulativos:

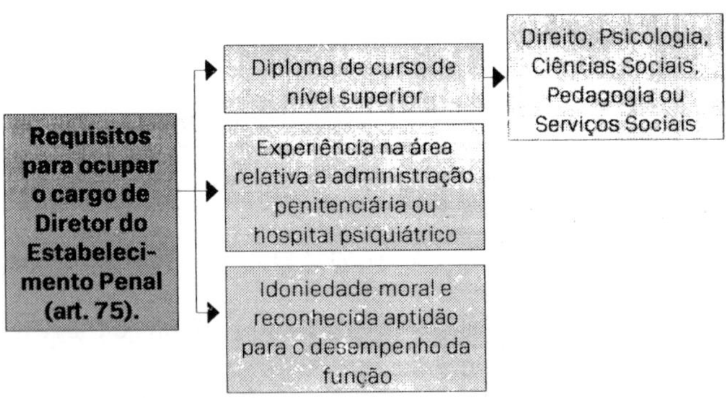

Além disso, o diretor deve residir no próprio estabelecimento ou nas proximidades, dedicando tempo integral à função exercida.

> ***Art. 76*** *O Quadro do Pessoal Penitenciário será organizado em diferentes categorias funcionais, segundo as necessidades do serviço, com especificação de atribuições relativas às funções de direção, chefia e Assessoramento do estabelecimento e às demais funções.*

A LEP se preocupou em constar a organização do quadro pessoal penitenciário em suas diferentes categorias funcionais, estabelecidas de acordo com a necessidade do serviço prestado, bem como especificando as atribuições inerentes a cada função, sendo elas de direção, chefia e assessoramento do estabelecimento penal.

Essa organização surgiu em decorrência da complexidade do processo de execução da pena, no qual demanda do estabelecimento prisional diversas funções que devem ser exercidas por uma pessoa especializada no tema.

São distribuídos em quatro categorias distintas o pessoal penitenciário:

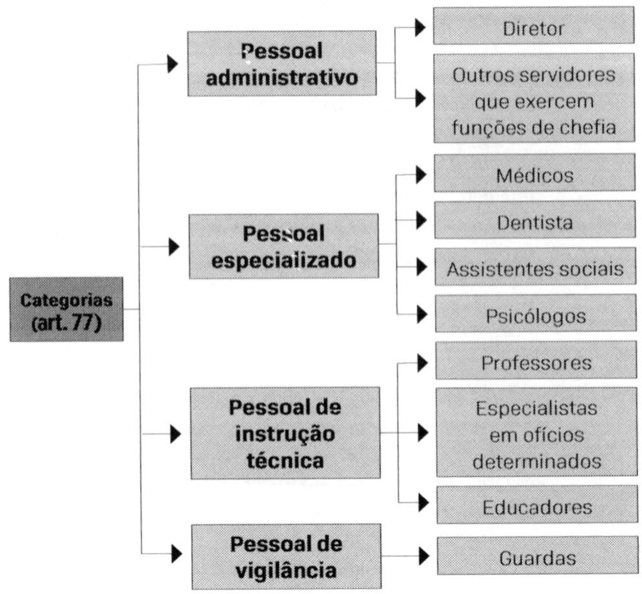

Independentemente dessa classificação, a lei estabelece que o ingresso dos servidores, bem como a progressão e ascensão funcional dependerão de participação de cursos específicos, devendo ser realizada a reciclagem periódica daqueles que estiverem em exercício. E, ainda, nos estabelecimentos penais destinados às mulheres, a lei assegura que o trabalho será exercido por mulheres, com exceção de se tratar de pessoal técnico especializado.

Patronato

> ***Art. 78*** *O Patronato público ou particular destina-se a prestar assistência aos albergados e aos egressos (art. 26).*
>
> ***Art. 79*** *Incumbe também ao Patronato:*
>
> *I – orientar os condenados à pena restritiva de direitos;*
>
> *II – fiscalizar o cumprimento das penas de prestação de serviço à comunidade e de limitação de fim de semana;*
>
> *III – colaborar na fiscalização do cumprimento das condições da suspensão e do livramento condicional.*

O patronato, de acordo com o art. 78, destina-se a prestar assistência aos albergados e aos egressos, que estão na condição de liberdade ou por estarem regime aberto, ou por estar cumprindo penas restritivas de direitos ou por outro benefício a ele concedido, uma vez que o caput do art. 78 menciona que o patronato está destinado à assistência aos albergados e aos egressos.

Incumbe, ainda, ao patronato orientar os condenados às penas restritivas de direitos, fiscalizar o cumprimento das penas e dos benefícios, verificando se estão sendo respeitadas as restrições impostas.

Os patronatos podem ser públicos ou particulares, sendo público aqueles oficiais, vinculados ao Poder Público, e particulares aqueles que são exercidos por instituições privadas que auxiliam o Poder Judiciário na execução e fiscalização das penas alternativas e contribuem para a valorização do apenado na comunidade e no seio familiar.

Conselho da Comunidade

A LEP instituiu o Conselho da Comunidade no art. 80, o qual tem o intuito de demostrar a importância da participação da sociedade no processo de ressocialização do condenado, uma vez que o descaso e a falta de aceitação da sociedade é um dos fatores que podem determinar a reincidência criminosa.

O Conselho da Comunidade será composto por:

Art. 81 Incumbe ao Conselho da Comunidade:

I – visitar, pelo menos mensalmente, os estabelecimentos penais existentes na Comarca;

II – entrevistar presos;

III – apresentar relatórios mensais ao juiz da execução e ao Conselho Penitenciário;

IV – diligenciar a obtenção de recursos materiais e humanos para melhor assistência ao preso ou internado, em harmonia com a direção do estabelecimento.

Considerando as atribuições contidas no art. 81 da LEP, podemos notar que elas estão, em sua maioria, referindo-se sobre a atuação diante de sentenciados presos ou internados. Desse modo, podemos concluir que o Conselho de Comunidade deve ser instalado nas comarcas onde haja presídio ou hospital de custódia e tratamento psiquiátrico.

Será de competência do juiz da execução, nos termos do art. 66, inciso IX da LEP, a compor e instalar o conselho da comunidade.

O rol de atribuições do conselho não é exaustivo, uma vez que a própria LEP estabelece outras funções em outros artigos.

Defensoria Pública

Em prol da ampla defesa a LEP introduziu, no art. 81-A, a Defensoria Pública como uma espécie de fiscal da execução da pena e da medida de segurança, garantindo que todos aqueles que não tiverem condições financeiras de pagar um defensor particular não fiquem desamparados de defesa técnica.

Art. 81-B Incumbe, ainda, à Defensoria Pública:

I – requerer:

a) todas as providências necessárias ao desenvolvimento do processo executivo;

b) a aplicação aos casos julgados de lei posterior que de qualquer modo favorecer o condenado;

c) a declaração de extinção da punibilidade;

d) a unificação de penas;

e) a detração e remição da pena;

f) a instauração dos incidentes de excesso ou desvio de execução;

g) a aplicação de medida de segurança e sua revogação, bem como a substituição da pena por medida de segurança;

h) a conversão de penas, a progressão nos regimes, a suspensão condicional da pena, o livramento condicional, a comutação de pena e o indulto;

i) a autorização de saídas temporárias;

j) a internação, a desinternação e o restabelecimento da situação anterior;

k) o cumprimento de pena ou medida de segurança em outra comarca;

l) a remoção do condenado na hipótese prevista no § 1º do art. 86 desta Lei;

II – requerer a emissão anual do atestado de pena a cumprir;

III – interpor recursos de decisões proferidas pela autoridade judiciária ou administrativa durante a execução;

IV – representar ao Juiz da execução ou à autoridade administrativa para instauração de sindicância ou procedimento administrativo em caso de violação das normas referentes à execução penal;

V – visitar os estabelecimentos penais, tomando providências para o adequado funcionamento, e requerer, quando for o caso, a apuração de responsabilidade;

VI – requerer à autoridade competente a interdição, no todo ou em parte, de estabelecimento penal.

Parágrafo único. O órgão da Defensoria Pública visitará periodicamente os estabelecimentos penais, registrando a sua presença em livro próprio.

O rol em que consta as atribuições da Defensoria é meramente exemplificativo, podendo ela vatuar em outras hipóteses fora das contidas no art. 81-B.

Estabelecimentos penais – Disposições gerais

De acordo com o art. 82, os estabelecimentos penais são destinados ao condenado, ao indivíduo submetido à medida de segurança, ao preso provisório e ao egresso, considerando o egresso como sendo o liberado definitivo, pelo prazo de 1 ano a contar da saída do estabelecimento, bem como o preso sob liberdade condicional durante o período de prova.

São estabelecimentos penais previstos na LEP:

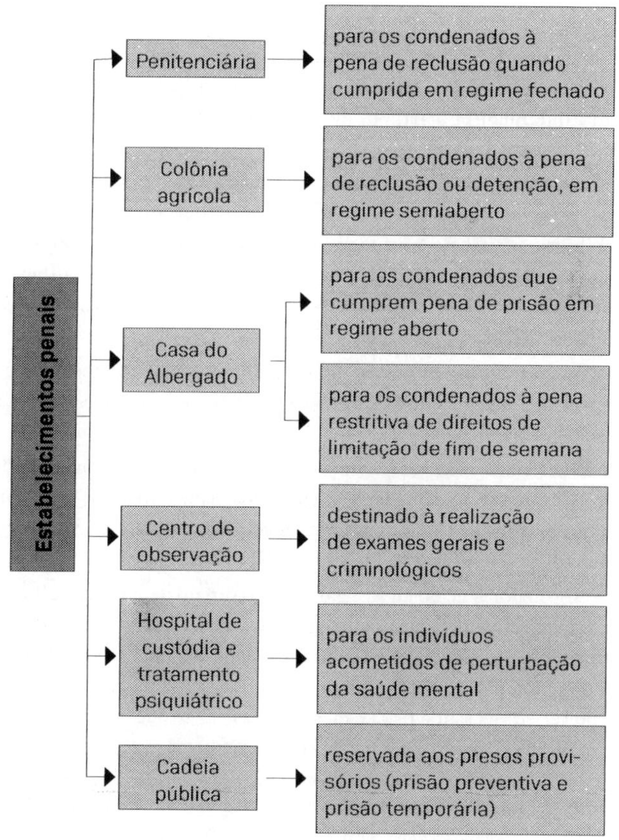

No que diz respeito à classificação legal dos estabelecimentos penais e das diferenças entre elas, a lei não impõe que o Poder Público construa prédios separados para abrigar cada um deles. Nesse sentido, o art. 82, § 2º da LEP diz que um mesmo conjunto arquitetônico poderá abrigar estabelecimento com destinações diversas, desde que cada um fique isolado do outro.

O isolamento deve ocorrer, por exemplo, com divisão do estabelecimento prisional em pavilhões ou alas específicas, uma para cada diferente categoria dos presos.

Os estabelecimentos, a depender de sua natureza, dentro de suas dependências, deverão contar com áreas e serviços destinados a dar assistência, educação, trabalho, recreação e prática esportiva. Essa norma está agregada a outras normas contidas na LEP, especialmente aquelas que garantem ao preso a assistência material, a assistência à saúde, a assistência jurídica, a assistência educacional e assistência social e o direito ao trabalho.

A lei ainda obriga que dentro dos estabelecimentos existam salas de aula destinadas a cursos de ensino básico e profissionalizante. A previsão legal tem como condão auxiliar na capacitação do indivíduo, de modo que ela possa retornar ao mercado de trabalho quando colocado em liberdade.

Outro ponto no qual o legislador se preocupou em trazer para o texto legislativo foi garantir a instalação destinada à Defensoria Pública nos estabelecimentos prisionais, impondo ao Poder Público que forneça aos defensores a estrutura pessoal e material necessária para o atendimento da população carcerária.

Ainda, como meio de prevenir a superlotação dos estabelecimentos prisionais, a LEP determina que a lotação deve ser compatível com a estrutura e a finalidade impostas pelo Conselho Nacional de Política Criminal e Penitenciária, a qual incube delimitar o limite máximo de capacidade do estabelecimento, atendendo à sua natureza e especificidades.

No caso de haver a superlotação carcerária, esta poderá implicar na interdição do estabelecimento penal, determinada pelo juiz da execução com fundamento no art. 66, inciso VIII, da LEP, sem prejuízo da incidência do art. 203, § 4º da LEP.

O art. 82, § 1º da LEP veio para confirmar a regra constante no art. 5º, inciso XLVII da CF, estabelecendo que a mulher deve ser recolhida em estabelecimento próprio e adequado para suas condições pessoais. O objetivo dessa norma é separar os homens das mulheres, tentando afastar as violências de ordem sexual e da própria promiscuidade entre eles.

Os estabelecimentos que são direcionados às mulheres deverão possuir, de forma exclusiva, agentes do sexo feminino de segurança nas suas dependências internas.

Os estabelecimentos femininos deverão, ainda, ter berçários, onde as condenadas possam cuidar dos seus filhos, tendo direito de amamentá-los no mínimo até os 6 meses de idade, regra essa que harmoniza com o disposto no art. 5º, inciso L da CF/1988.

Aos maiores de 60 anos, é garantido o direito de serem recolhidos em estabelecimentos penais adequados à sua condição penal, independentemente do seu regime de cumprimento de pena. Essa norma se fundamenta na maior fragilidade por conta da sua idade, como meio de preservar sua saúde física e mental. Ressalta-se que, em se tratando de maior de 70 anos, o regime de cumprimento de pena será o aberto.

> ***Art. 83-A*** *Poderão ser objeto de execução indireta as atividades materiais acessórias, instrumentais ou complementares desenvolvidas em estabelecimentos penais, e notadamente:*
>
> *I – serviços de conservação, limpeza, informática, copeiragem, portaria, recepção, reprografia, telecomunicações, lavanderia e manutenção de prédios, instalações e equipamentos internos e externos;*
>
> *II – serviços relacionados à execução de trabalho pelo preso.*
>
> *§ 1º A execução indireta será realizada sob supervisão e fiscalização do Poder Público.*
>
> *§ 2º Os serviços relacionados neste artigo poderão compreender o fornecimento de materiais, equipamentos, máquinas e profissionais.*

O artigo anterior estabelece que o preso possa cumprir sua pena de forma indireta ao exercer algumas atividades realizadas dentro do estabelecimento prisional, sendo que essas atividades seriam supervisionadas e fiscalizadas.

Consoante o art. 83-B, os cargos relacionados às funções de direção, chefia e coordenação não podem ser delegados a outras pessoas dentro do quadro pessoal do sistema prisional, isso porque são cargos com poder de decisão e as pessoas que irão exercê-los devem ser previamente escolhidas e devem, ainda, preencher os requisitos estabelecidos pela LEP.

> ***Art. 84*** *O preso provisório ficará separado do condenado por sentença transitada em julgado.*
>
> *§ 1º Os presos provisórios ficarão separados de acordo com os seguintes critérios:*
>
> *I – acusados pela prática de crimes hediondos ou equiparados;*
>
> *II – acusados pela prática de crimes cometidos com violência ou grave ameaça à pessoa;*
>
> *III – acusados pela prática de outros crimes ou contravenções diversos dos apontados nos incisos I e II.*
>
> *§ 2º O preso que, ao tempo do fato, era funcionário da Administração da Justiça Criminal ficará em dependência separada.*
>
> *§ 3º Os presos condenados ficarão separados de acordo com os seguintes critérios:*
>
> *I – condenados pela prática de crimes hediondos ou equiparados;*
>
> *II – reincidentes condenados pela prática de crimes cometidos com violência ou grave ameaça à pessoa;*
>
> *III – primários condenados pela prática de crimes cometidos com violência ou grave ameaça à pessoa;*
>
> *IV – demais condenados pela prática de outros crimes ou contravenções em situação diversa das previstas nos incisos I, II e III.*
>
> *§ 4º O preso que tiver sua integridade física, moral ou psicológica ameaçada pela convivência com os demais presos ficará segregado em local próprio.*
>
> ***Art. 85*** *O estabelecimento penal deverá ter lotação compatível com a sua estrutura e finalidade.*
>
> *Parágrafo único. O Conselho Nacional de Política Criminal e Penitenciária determinará o limite máximo de capacidade do estabelecimento, atendendo a sua natureza e peculiaridades.*

Primeiramente, vale diferenciar quem é o preso provisório e quem é o definitivo. O primeiro é referente àqueles que se encontram presos de forma preventiva ou temporária; já os definitivos são aqueles condenados por decisão judicial transitada em julgado.

Seguindo a linha do CPP, a LEP também determina que os presos definitivos devem ficar separados dos provisórios, uma vez que o preso definitivo está em cárcere por ter ficado comprovada sua responsabilidade criminal. Já o preso preventivo está lá por necessidade cautelar; não há certeza sobre sua culpa nem sobre sua inocência.

Nos casos em que a estrutura do estabelecimento não consegue fazer a divisão dos presos, a prisão domiciliar se apresenta como um meio de resolver a questão. Embora as hipóteses em que a prisão preventiva possa ser convertida em domiciliar sejam taxativas, o preso não pode ter seu direito violado. Assim, o STF já entendeu que, zelando pelo bem-estar do acusado, deve-se ir pelo que mais o beneficia, no caso a prisão domiciliar.

Sendo o preso primário, este cumprirá sua pena em seção distinta daquela reservada aos presos reincidentes, isso porque se deve evitar que o indivíduo que acabou de iniciar sua vida no cárcere permaneça na mesma cela que criminosos habituais, podendo sofrer influências negativas que possam vir a prejudicar seu processo de ressocialização.

O preso que no momento do crime era funcionário da administração da justiça criminal ficará em local separado dos demais, isolado dos presos comuns, com o objetivo de resguardar sua integridade física e moral, que por hostilidade dos demais presos poderá ser comprometida.

Embora o artigo se relacione apenas aos funcionários da administração da justiça, a jurisprudência tem entendido que esta regra deve ser aplicada por analogia aos agentes penitenciários e aos policiais civis ou militares.

As penas privativas de liberdade que estão sendo aplicadas pela justiça de uma unidade federativa poderão ser executadas em outro estado, seja em estabelecimento local ou da União, conforme disposto no art. 86.

No que diz respeito aos presos que apresentem um perigo maior à sociedade podem ser colocados em presídios de segurança máxima em local distante, conforme estabelece o art. 86, § 1º da LEP.

Os egressos e os liberados da medida de segurança poderão realizar atividades laborais nos estabelecimentos penais desde que estes se dediquem a obras públicas ou ao aproveitamento de terras ociosas, isso conforme o § 2º do art. 86. O trabalho poderá ser desenvolvido em estabelecimentos destinados aos presos dos regimes semiaberto e aberto, e, em caráter excepcional, poderá ser realizado em locais reservados aos presos do regime fechado.

Penitenciária

Em consonância com o art. 87, a penitenciaria é destinada aos condenados à pena de reclusão em regime de cumprimento fechado. É um estabelecimento que contará com o máximo de segurança, muros altos e com vigilância ostensiva exercida por meio de policiais ou agentes penitenciários. Note que a lei foi omissa sobre os condenados à pena de detenção que se encontrem em regime fechado. Nesse caso, os detentos cumpriram sua pena em penitenciárias, contudo permanecendo em alas separadas dos condenados com pena de reclusão.

O parágrafo único assegura a construção de estabelecimentos separados aos presos provisórios e os que se encontrem em cumprimento em RDD, os quais por razão de ordem pública precisam contar com máxima condição de segurança e, ainda, necessitam de recolhimento em celas individuais.

Com o objetivo de garantir os direitos e as garantias fundamentais do preso, a LEP, no art. 88, determina que o condenado deva ser alojado em cela individual, que conterá equipamentos mínimos para uma vida digna dentro do cárcere, sem contar nas condições mínimas de salubridade do ambiente, bem como deverá ter a área mínima de 6 metros quadrados, tudo isso para garantir que os presos sejam tratados de forma humanizada.

Além dos requisitos mínimos de humanização contidos no art. 89, a penitenciária que se destina ao recolhimento de mulheres deverá ser dotada de uma seção voltada para gestante e parturiente e de creche para abrigar crianças maiores de 6 meses e menores de 7 anos, com a finalidade de assistir a criança desamparada cuja responsável esteja presa.

A previsão de que o processo, além de ser ressocializador, deve ainda garantir que a execução da pena seja feita de forma justa, estando em consonância com o que a Constituição Federal consagra como sendo direito e garantia de toda pessoa humana.

> ***Art. 90*** *A penitenciária de homens será construída em local afastado do centro urbano a distância que não restrinja a visitação.*

O cuidado do legislador neste dispositivo decorre das questões de segurança para a comunidade, junto a qual esteja situado o estabelecimento, considerando-se principalmente a possiblidade de motins e de fugas. Contudo, essa precaução não pode impedir o contato do preso com seus familiares e amigos durante o período em cárcere, uma vez que o isolamento pode tornar o processo ressocializador ineficaz.

Colônia agrícola, industrial ou similar

Não importa a forma como o sentenciado passou para o regime do semiaberto, seja ele o inicial, seja ele alcançado por meio de progressão de regime. Uma vez estando em cumprimento de pena no semiaberto, em consonância com o art. 91, ele deverá ser colocado em colônia agrícola, industrial ou similar.

Trata-se de um estabelecimento de segurança média, sem muros ou grades, com uma segurança discreta e não armada. Os presos dentro desta condição têm liberdade de movimento, uma vez que a vigilância nesse estabelecimento se baseia na disciplina e responsabilidade do preso.

O preso em regime semiaberto colocado em colônia agrícola, industrial ou similar, poderá ser alojado em compartimento coletivo conforme disposto no art. 92, desde que observadas as condições de salubridade do ambiente, em especial ao que diz respeito à aeração, isolação e condicionamento térmico.

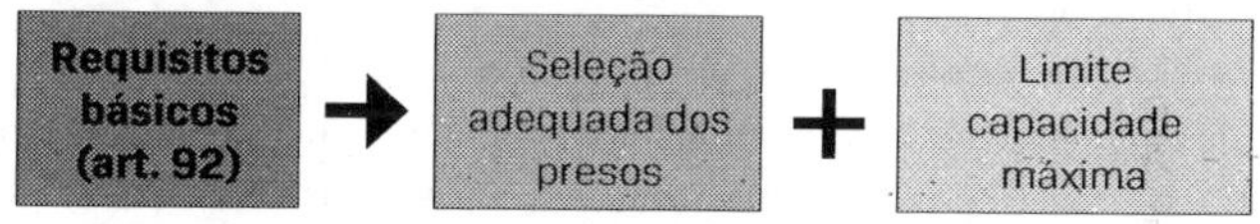

No caso de não haver vaga na unidade prisional, o preso deverá ser posto no regime aberto ou em prisão domiciliar, uma vez que seria ilegal que ele cumprisse sua pena em local mais gravoso por falta de estruturas do Estado.

Casa do albergado

> ***Art. 94*** *O prédio deverá situar-se em centro urbano, separado dos demais estabelecimentos, e caracterizar-se pela ausência de obstáculos físicos contra a fuga.*
>
> ***Art. 95*** *Em cada região haverá pelo menos uma Casa do Albergado, a qual deverá conter, além dos aposentos para acomodar os preços, local adequado para cursos e palestras.*
>
> *Parágrafo único. O estabelecimento terá instalações para os serviços de fiscalização e orientação dos condenados.*

O art. 93 dispõe que a casa do albergado se destina ao cumprimento de pena privativa de liberdade dentro do regime aberto, bem como da pena restritiva de direitos de limitação de fim de semana.

O regime aberto está baseado na autodisciplina e no senso de responsabilidade e sem vigilância, trabalhar, frequentar curso ou exercer outra atividade autorizada, permanecendo recolhido na casa do albergado durante o período noturno e nos dias de folga.

A limitação do fim de semana consiste na obrigação de permanecer, aos sábados e aos domingos, pelo período de 5 horas diárias, em casa do albergado ou em outro estabelecimento igualmente adequado. Nesse local, poderão ser realizados cursos e palestras ou, ainda, serem atribuídas atividades educativas.

O prédio da casa do albergado deverá situar-se em centro urbano, separado dos demais estabelecimentos, caracterizando-se pela ausência de guarda armada e de obstáculos físicos contra a fuga, como grades e muros. Contudo, nada impede de existir na referida casa o controle de entrada e saída dos condenados, até mesmo para que seja informado adequadamente ao juiz da execução sobre o correto cumprimento da pena. Em termos de estrutura física, dispõe a lei que a edificação, além dos aposentos para acomodar os presos, deverá conter local adequado para cursos e palestras.

Centro de observação

Art. 96 No Centro de Observação realizar-se-ão os exames gerais e o criminológico, cujos resultados serão encaminhados à Comissão Técnica de Classificação.

Parágrafo único. No Centro poderão ser realizadas pesquisas criminológicas.

Art. 97 O Centro de Observação será instalado em unidade autônoma ou em anexo a estabelecimento penal.

Art. 98 Os exames poderão ser realizados pela Comissão Técnica de Classificação, na falta do Centro de Observação.

Tendo como finalidade a orientação sobre a individualização da pena e, com isso, dar início à execução da pena, o centro de observação surge para dar aplicabilidade às garantias contidas nos arts. 5º e 8º da LEP. O condenado à pena privativa de liberdade será submetido a exames gerais e, também, ao criminológico, como forma de garantir que cada indivíduo seja tratado dentro do processo de execução da pena conforme suas peculiaridades.

Os exames mencionados terão seus resultados encaminhados à Comissão Técnica de Classificação, a fim de que seja elaborado o programa individualizado da pena privativa de liberdade adequada ao condenado.

O centro de observação, que deve existir em cada estado, será instalado em unidade autônoma ou em prédio anexo ao estabelecimento penal. Se ausente, a lei permitirá que os exames gerais e criminológicos sejam realizados pela comissão técnica – classificação instalada no estabelecimento que se encontra o condenado.

Hospital de custódia e tratamento psiquiátrico

Art. 99 O Hospital de Custódia e Tratamento Psiquiátrico destina-se aos inimputáveis e semi-imputáveis referidos no art. 26 e seu parágrafo único do Código Penal.

Parágrafo único. Aplica-se ao Hospital, no que couber, o disposto no parágrafo único do art. 88 desta Lei.

Art. 100 O exame psiquiátrico e os demais exames necessários ao tratamento são obrigatórios para todos os internados.

Art. 101 O tratamento ambulatorial, previsto no art. 97, segunda parte, do Código Penal, será realizado no Hospital de Custódia e Tratamento Psiquiátrico ou em outro local com dependência médica adequada.

O hospital de custódia e tratamento psiquiátrico, conforme dispõe o art. 99, é destinado aos inimputáveis e semi-imputáveis mencionados no art. 26, em seu parágrafo único. Em outras palavras, esse tipo de estabelecimento está reservado ao recolhimento dos indivíduos sujeitos à medida de segurança de internação. A lei permite, ainda, que na falta desses estabelecimentos ou de vagas, o indivíduo possa ser internado em outra instituição igualmente adequada. Esse estabelecimento será, ainda, o local adequado para o recebimento de indivíduos que sejam acometidos de doença mental no curso da execução da pena, até que ele se recupere e que possa retornar à casa prisional.

Além dos equipamentos médicos necessários, o hospital deve ainda cumprir os requisitos contidos no art. 88 da LEP, ou seja, garantir que o indivíduo terá as condições mínimas de salubridade e de área mínima de 6 metros quadrados.

Em consonância com o art. 100, todos os internados nesses estabelecimentos deverão ser submetidos a um exame psiquiátrico, a fim de que a eles lhe seja atestada sua verdadeira condição mental. A lei não menciona de quanto em quanto tempo esse exame deve ser realizado, ficando a critério dos médicos responsáveis pelo indivíduo submetido a tratamento.

Os indivíduos sujeitos à medida de segurança, ainda, deverão ser submetidos aos exames de cessação de periculosidade.

Cadeia pública

Art. 102 A cadeia pública destina-se ao recolhimento de presos provisórios.

Art. 103 Cada comarca terá, pelo menos uma cadeia pública a fim de resguardar o interesse da Administração da Justiça Criminal e a permanência do preso em local próximo ao seu meio social e familiar.

Art. 104 O estabelecimento de que trata este Capítulo será instalado próximo de centro urbano, observando-se na construção as exigências mínimas referidas no artigo 88 e seu parágrafo único desta Lei.

De acordo com Guilherme de Souza Nucci, na obra Leis Penais e Processuais Penais Comentadas (2018), cadeia pública "é o estabelecimento destinado a abrigar presos provisórios, em sistema fechado, porém sem as características do regime fechado. Em outras palavras, a cadeia, normalmente encontrada na maioria das cidades brasileiras, é um prédio (muitas vezes anexo à delegacia de polícia) que abriga celas – o ideal é que fossem individuais ou, pelo menos, sem superlotação –, contendo um pátio para banho de sol. Não há trabalho disponível, nem outras dependências de lazer, cursos etc., justamente por ser lugar de passagem, onde não se deve cumprir pena."

5.3.2 Execução das penas em espécie

Penas privativas de liberdade – Disposições gerais

Art. 105 Transitando em julgado a sentença que aplicar pena privativa de liberdade, se o réu estiver ou vier a ser preso, o Juiz ordenará a expedição de guia de recolhimento para a execução.

O trânsito em julgado da sentença penal condenatória é decorrente da irrecorribilidade da decisão que reconheceu a procedência da acusação e a imposição de sanção penal. Esse é o marco essencial do cumprimento das penas privativas de liberdade, por observância ao princípio constitucional da presunção de inocência.

Formalmente, uma vez ocorrendo o trânsito, será expedida a guia de recolhimento para a execução. Essa guia nada mais é do que a formalização de que houve a condenação e o estabelecimento dos seus limites. Essa guia deverá ser expedida independentemente de o condenado estar solto ou preso.

Nesse sentido, o art. 106 da LEP determina que a guia de recolhimento será remetida à autoridade administrativa responsável pela execução penal, contendo o nome do condenado, sua qualificação civil, o número do registro geral de identificação, o inteiro teor da denúncia e da sentença condenatória, com a certidão do trânsito em julgado, bem como a informação de antecedentes, o grau de instrução, a data de término da pena e outras peças indispensáveis à execução.

A guia de recolhimento é a formalização da execução penal. Emitida, em regra, com o trânsito em julgado, ela é tida como se fosse a petição inicial da execução penal, isto é, seu ato inaugural. Responsável pelo cumprimento da pena da decisão do Poder Judiciário, a remessa da guia deverá ser comunicada ao Ministério Público, devendo ser retificada (corrigida) sempre que houver modificação em relação ao cumprimento da pena (§ 1º).

Note que o funcionário da Administração da Justiça Criminal, em razão de sua peculiar situação, ficará em dependência separada quando do cumprimento da sanção penal (§ 2º).

Art. 107 Ninguém será recolhido, para cumprimento de pena privativa de liberdade, sem a guia expedida pela autoridade judiciária.

§ 1º A autoridade administrativa incumbida da execução passará recibo da guia de recolhimento para juntá-la aos autos do processo, e dará ciência dos seus termos ao condenado.

§ 2º As guias de recolhimento serão registradas em livro especial, segundo a ordem cronológica do recebimento, e anexadas ao prontuário do condenado, aditando-se, no curso da execução, o cálculo das remições e de outras retificações posteriores.

A existência da guia de recolhimento é condição sem a qual não se poderá dar início à execução da penal. No caso, contudo, de determinação da prisão processual, em que não há trânsito em julgado da sentença penal condenatória, mas, sim, de uma necessidade cautelar do processo (para, por exemplo, evitar a fuga do suspeito), a guia é dispensada, bastando para o recolhimento o mandado de prisão emitido pela autoridade judiciária.

***Art. 108** O condenado a quem sobrevier doença mental será internado em Hospital de Custódia e Tratamento Psiquiátrico.*

Não se trata, na hipótese, propriamente da conversão da pena privativa de liberdade em medida de segurança (como previsto no art. 183 da LEP), mas de uma situação provisória em que se manifesta uma doença mental. Caso ela se torne definitiva, de longa duração, será necessário dar início ao processo de conversão.

***Art. 109** Cumprida ou extinta a pena, o condenado será posto em liberdade, mediante alvará do Juiz, se por outro motivo não estiver preso.*

Esse dispositivo tem a função de exigir a expedição de ato do Poder Judiciário para a soltura do condenado, não bastando mera determinação administrativa. Pense que se para ser inserido no sistema é necessário um ato judicial, para ser solto, a mesma via é necessária. Até por ser possível a existência de outros processos que exigem a manutenção do condenado preso.

Regimes

***Art. 110** O Juiz, na sentença, estabelecerá o regime no qual o condenado iniciará o cumprimento da pena privativa de liberdade, observado o disposto no artigo 33 e seus parágrafos do Código Penal.*

O estabelecimento do regime inicial de cumprimento de pena (se fechado, semiaberto ou aberto) deve ser o produto do chamado sistema trifásico de individualização da pena, previsto nos arts. 59 a 68 do Código Penal. Os artigos referidos pelo dispositivo dizem respeito somente a previsão em abstrato dos três regimes.

***Art. 111** Quando houver condenação por mais de um crime, no mesmo processo ou em processos distintos, a determinação do regime de cumprimento será feita pelo resultado da soma ou unificação das penas, observada, quando for o caso, a detração ou remição.*

Parágrafo único. Sobrevindo condenação no curso da execução, somar-se-á a pena ao restante da que está sendo cumprida, para determinação do regime.

O juízo da execução penal é um "juízo universal", isto é, todas as penas aplicadas a uma mesma pessoa serão cumpridas numa mesma Vara de Execução Criminal, que estará vinculada ao local em que o condenado estiver preso ou que tiver domicílio, se estiver em liberdade. Como registra Guilherme de Souza Nucci, na obra Leis Penais e Processuais Penais Comentadas (2018):

[...] cabe ao juiz que controla todas as suas condenações promover o necessário somatório das penas e verificar a adequação do regime imposto, bem como dos benefícios auferidos. Em caso de concurso material, quando as penas serão somadas, é possível que o réu tenha, exemplificando, três penas de dois anos em regime aberto, cada uma delas, pois todas provenientes de juízos criminais diferentes. É natural que, concentrando-se todas elas na Vara de Execução Penal, o montante atingirá seis anos e o regime aberto torna-se incompatível (art. 33, § 2º, b, CP). Deve o magistrado adaptá-lo ao semiaberto, no mínimo. Por outro lado, é viável haver a unificação de penas (consultar a nota 175 ao art. 66, III, a, desta Lei), ocasião em que nova adaptação de regime pode ser necessária. Ilustrando: o réu possui dez condenações por furto simples, atingindo dez anos de reclusão, motivo pelo qual foi inserido no regime inicial fechado (art. 33, § 2º, a, CP). Porém, em seu processo de execução da pena, constata-se ter havido crime continuado (art. 71, CP), razão pela qual o juiz unifica todas elas em um ano e seis meses de reclusão. Deve, logicamente, afastar o regime fechado, concedendo o aberto.

Assim, a ideia do legislador é sempre que sobrevier nova condenação, no âmbito da execução, o juiz precisará unificar as penas e verificar qual o regime que deve ser imposto no caso concreto.

***Art. 112** A pena privativa de liberdade será executada em forma progressiva com a transferência para regime menos rigoroso, a ser determinada pelo juiz, quando o preso tiver cumprido ao menos:*

I – 16% da pena, se o apenado for primário e o crime tiver sido cometido sem violência à pessoa ou grave ameaça;

II – 20% da pena, se o apenado for reincidente em crime cometido sem violência à pessoa ou grave ameaça;

III – 25% da pena, se o apenado for primário e o crime tiver sido cometido com violência à pessoa ou grave ameaça;

IV – 30% da pena, se o apenado for reincidente em crime cometido com violência à pessoa ou grave ameaça;

V – 40% da pena, se o apenado for condenado pela prática de crime hediondo ou equiparado, se for primário;

VI – 50% da pena, se o apenado for:

a) condenado pela prática de crime hediondo ou equiparado, com resultado morte, se for primário, vedado o livramento condicional;

b) condenado por exercer o comando, individual ou coletivo, de organização criminosa estruturada para a prática de crime hediondo ou equiparado; ou

c) condenado pela prática do crime de constituição de milícia privada;

VII – 60% da pena, se o apenado for reincidente na prática de crime hediondo ou equiparado;

VIII – 70% da pena, se o apenado for reincidente em crime hediondo ou equiparado com resultado morte, vedado o livramento condicional.

§ 1º Em todos os casos, o apenado só terá direito à progressão de regime se ostentar boa conduta carcerária, comprovada pelo diretor do estabelecimento, respeitadas as normas que vedam a progressão.

§ 2º A decisão do juiz que determinar a progressão de regime será sempre motivada e precedida de manifestação do Ministério Público e do defensor, procedimento que também será adotado na concessão de livramento condicional, indulto e comutação de penas, respeitados os prazos previstos nas normas vigentes.

O sistema progressivo de cumprimento de pena determinado na Lei de Execução Penal é fundamentado, essencialmente, em dois requisitos: um objetivo, consistente na necessidade de um determinado tempo de cumprimento, e um subjetivo, aferido através de atestado emitido pelo direto do estabelecimento.

O sistema brasileiro tem influência direta do sistema irlandês, que melhor adaptou o regime progressivo. A sua utilização visa manter a esperança do condenado na redução do rigor do cumprimento da pena com o passar do tempo e a demonstração do seu mérito, do seu merecimento.

Originalmente, para a demonstração do mérito, era necessária a realização de um novo exame criminológico. Contudo, em razão da ausência de profissionais suficientes para realização dos exames, foi substituído somente pelo atestado de boa conduta carcerária. Vale mencionar que embora não haja mais previsão legal de submissão ao sentenciado à exame criminológico para a progressão, a jurisprudência entende que é possível a realização da perícia caso o fato assim justifique. Nesse sentido, a Súmula nº 439 do Superior Tribunal de Justiça dispõe o seguinte: "Admite-se o exame criminológico pelas peculiaridades do caso, desde que em decisão motivada".

Como toda decisão judicial, aquela que determina a progressão será motivada, sendo ouvido o Ministério Público e o defensor do sentenciado.

Em relação aos requisitos objetivos, a modificação realizada pelo Pacote Anticrime foi substancial, criando diversos percentuais diferentes para progressão, dependendo do crime praticado (sem violência, com violência ou hediondo) e da condição de primário ou reincidente do condenado. Esquematicamente, entende-se essa como a melhor visualização:

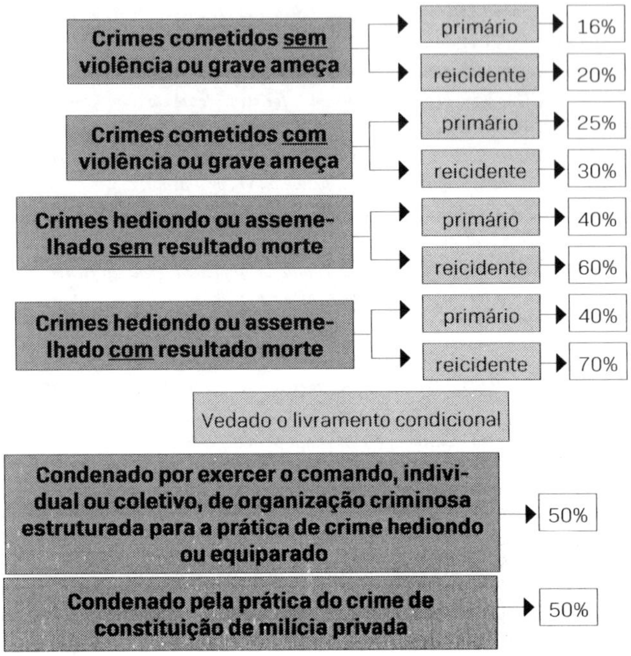

Importante registar, por fim, que não se admite a chamada progressão *per saltum*, isto é, a transferência direta do regime fechado para o regime aberto. Somente será possível essa transferência, de maneira provisória quando faltar vagas no regime intermediário. Nesse sentido, a Súmula Vinculante nº 56 do Supremo Tribunal Federal dispõe que: "A falta de estabelecimento penal adequado não autoriza a manutenção do condenado em regime prisional mais gravoso, devendo-se observar, nessa hipótese, os parâmetros fixados no RE 641.320/RS"

§ 3º No caso de mulher gestante ou que for mãe ou responsável por crianças ou pessoas com deficiência, os requisitos para progressão de regime são, cumulativamente:

I – não ter cometido crime com violência ou grave ameaça a pessoa;

II – não ter cometido o crime contra seu filho ou dependente;

III – ter cumprido ao menos 1/8 da pena no regime anterior;

IV – ser primária e ter bom comportamento carcerário, comprovado pelo diretor do estabelecimento;

V – não ter integrado organização criminosa.

§ 4º O cometimento de novo crime doloso ou falta grave implicará a revogação do benefício previsto no § 3º deste artigo.

Em se tratando de mulheres gestantes ou mães que sejam responsáveis por pessoas em situação de vulnerabilidade (pela idade ou por deficiência), terão um requisito temporal diferenciado (1/8), desde que cumpridos os demais requisitos previsto em lei.

§ 5º Não se considera hediondo ou equiparado, para os fins deste artigo, o crime de tráfico de drogas previsto no § 4º do art. 33 da Lei nº 11.343, de 23 de agosto de 2006.

Essa modificação, também realizada pelo Pacote Anticrime, foi decorrente da mudança na jurisprudência do Supremo Tribunal Federal. Por uma questão de política criminal, a jurisprudência acabou excluindo dos crimes hediondos o chamado "pequeno traficante", consistente no indivíduo primário, com bons antecedentes, que não se dedique a atividades criminosas nem faça parte de organização criminosa. Nessas hipóteses, o critério para progressão seguirá aqueles determinados para os crimes comuns.

§ 6º O cometimento de falta grave durante a execução da pena privativa de liberdade interrompe o prazo para a obtenção da progressão no regime de cumprimento da pena, caso em que o reinício da contagem do requisito objetivo terá como base a pena remanescente.

Se, de um lado, há grande incentivo ao "bom" comportamento durante o cumprimento de pena, por meio da possibilidade da progressão de regime, a Lei de Execução Penal também prevê o inverso, a chamada regressão de regime. Contudo, quando o condenado já está no regime mais gravoso, por exemplo, a prática de falta grave – obviamente – não levará a progressão. Para que essa falta não passe impune, além da perda dos dias remidos, o apenado terá o reinício dos prazos para obtenção da progressão. Pense, por exemplo, que o apenado tenha recebido uma pena de 10 anos; após o cumprimento de 5 anos, pratique falta grave. Seu prazo para obtenção da progressão será zerado, porém o novo cálculo somente incidirá sobre os 5 anos restantes, pois pena cumprida é pena extinta, não mais sendo utilizada para fins de benefícios.

Art. 113 *O ingresso do condenado em regime aberto supõe a aceitação de seu programa e das condições impostas pelo Juiz.*

De acordo com o art. 36 do Código Penal, o regime aberto é baseado na autodisciplina e no senso de responsabilidade do condenado. Assim, para o seu ingresso no regime aberto se realiza uma audiência para que essas condições sejam aceitas pelo apenado.

Art. 114 *Somente poderá ingressar no regime aberto o condenado que:*

I – estiver trabalhando ou comprovar a possibilidade de fazê-lo imediatamente;

II – apresentar, pelos seus antecedentes ou pelo resultado dos exames a que foi submetido, fundados indícios de que irá ajustar-se, com autodisciplina e senso de responsabilidade, ao novo regime.

Parágrafo único. Poderão ser dispensadas do trabalho as pessoas referidas no artigo 117 desta Lei.

Tendo em vista que um dos objetivos da própria sanção é a reintegração social do condenado, e o trabalho é uma das principais formas de fazê-lo, a Lei de Execução Penal condicionou o ingresso no regime aberto para os condenados que demonstrarem sua aptidão para a autodisciplina e responsabilidade e também para o trabalho ou para a possibilidade de trabalhar imediatamente.

Contudo, em razão da situação brasileira, esse requisito não pode ser tomado como absoluto. Esse é o entendimento do Superior Tribunal de Justiça: "As turmas que integram a Terceira Seção desta Corte consagraram o entendimento de que a regra do art. 114, I, da LEP, a qual exige do condenado, para ingressar no regime aberto, a comprovação de trabalho ou a possibilidade imediata de fazê-lo (apresentação de proposta de emprego), deve sofrer temperamentos, ante a realidade brasileira (HC 292.764/RJ, rel. Min. Maria Thereza de Assis Moura, Sexta Turma, DJe 27/06/2014) (HC 285.115/SP, Rel. Ministro Gurgel de Faria, Quinta Turma, DJe 08/04/2015)" (STJ, 6ª T., AgRg no HC 334247, rel. Min. Nefi Cordeiro, j. 14/03/2017).

O art. 115 da LEP traz as chamadas condições mínimas (gerais e obrigatórias) para a inserção no regime aberto, sendo elas:

- O dever de permanecer no local designado, durante o repouso e nos dias de folga;
- Sair para o trabalho e retornar, nos horários estabelecidos;
- Não se ausentar da cidade onde reside, sem autorização;

- Comparecer a Juízo, para informar e justificar suas atividades, quando determinado.

O dispositivo, ademais, prevê a possibilidade de o juiz estabelecer condições especiais, que tenham relação com o crime praticado pelo apenado, como a proibição de contato com a vítima do delito pelo qual fora condenado. Como já decidiu o STJ do Paraná: "É lícito ao Juiz estabelecer condições especiais para a concessão do regime aberto, em complementação daquelas previstas na LEP (art. 115, LEP), mas não poderá adotar a esse título nenhum efeito já classificado como pena substitutiva (art. 44, CPB)." (3ª S., REsp 1.107.314, rel. Min. Laurita Vaz, j. 13/12/2010, Dje 05/10/2011.). Aliás, sobre a utilização de uma pena substitutiva como condição do regime aberto, o mesmo Tribunal estabeleceu a Súmula 493: "É inadmissível a fixação de pena substitutiva (art. 44 do CP) como condição especial ao regime aberto.".

> ***Art. 116*** *O Juiz poderá modificar as condições estabelecidas, de ofício, a requerimento do Ministério Público, da autoridade administrativa ou do condenado, desde que as circunstâncias assim o recomendem.*

O artigo prevê a possibilidade justa do juiz da Execução adaptar as condições da pena às circunstâncias fáticas que se apresentarem.

> ***Art. 117*** *Somente se admitirá o recolhimento do beneficiário de regime aberto em residência particular quando se tratar de:*
>
> *I – condenado maior de 70 anos;*
>
> *II – condenado acometido de doença grave;*
>
> *III – condenada com filho menor ou deficiente físico ou mental;*
>
> *IV – condenada gestante.*

A chamada prisão albergue domiciliar (PAD) é destinada, a princípio, aos condenados que estejam elencados no rol do art. 117 da LEP. A realidade brasileira, contudo, impôs que essa espécie seja praticamente a regra quando se fala em regime aberto, tendo em vista a ausência de casas do albergado no Brasil. Ademais, esse é o entendimento do STJ (HC 216.828, j. 15/02/2012), diante da precariedade do sistema prisional e a ausência de condições para o cumprimento da pena em regime aberto.

> ***Art. 118*** *A execução da pena privativa de liberdade ficará sujeita à forma regressiva, com a transferência para qualquer dos regimes mais rigorosos, quando o condenado:*
>
> *I – praticar fato definido como crime doloso ou falta grave;*
>
> *II – sofrer condenação, por crime anterior, cuja pena, somada ao restante da pena em execução, torne incabível o regime (artigo 111).*
>
> *§ 1º O condenado será transferido do regime aberto se, além das hipóteses referidas nos incisos anteriores, frustrar os fins da execução ou não pagar, podendo, a multa cumulativamente imposta.*
>
> *§ 2º Nas hipóteses do inciso I e do parágrafo anterior, deverá ser ouvido previamente o condenado.*

Se a progressão é um direito daquele que tem mérito, nada mais natural que a regressão seja uma sanção aquele que descumpriu os objetivos do sistema prisional. Com efeito, caso o apenado pratique fato definido como crime doloso ou qualquer das faltas graves taxativamente previstas na LEP deverá ser transferido para regime mais gravoso de cumprimento de pena. Isso ocorrerá tanto se estiver em regime semiaberto quanto no regime aberto. Sobre o regime aberto, ademais, prevê o dispositivo que poderá haver a regressão se frustrar os fins da execução da pena (descumprindo as medidas impostas) ou se deixar de pagar a multa, quando podia fazê-lo. Nas duas hipóteses, o apenado deverá ser ouvido antes da regressão para que, podendo, justifique sua conduta e impeça a sanção.

De outro lado, caso haja uma unificação da pena do apenado, com o novo patamar punitivo deverá o Juiz da Execução realizar nova análise sobre o regime correto para cumprimento da sanção. Nesse caso, como a nova condenação já foi resultado de um processo judicial, desnecessária a oitiva do apenado.

Note que não há determinação expressa para que a progressão seja para o regime imediatamente mais grave. A doutrina, assim, entende cabível a progressão do regime aberto direto para o fechado. Para tanto, é claro, deve ser realizada fundamentação idônea.

Por fim, vale mencionar que é possível a chamada suspensão cautelar do regime em razão da prática de crime doloso ou de falta grave, conforme entendimento do STF (HC 84.112, j. 04/05/2004).

> ***Art. 119*** *A legislação local poderá estabelecer normas complementares para o cumprimento da pena privativa de liberdade em regime aberto (artigo 36, § 1º, do Código Penal).*

5.3.3 Autorizações de saída

Permissão de saída

> ***Art. 120*** *Os condenados que cumprem pena em regime fechado ou semiaberto e os presos provisórios poderão obter permissão para sair do estabelecimento, mediante escolta, quando ocorrer um dos seguintes fatos:*
>
> *I – falecimento ou doença grave do cônjuge, companheira, ascendente, descendente ou irmão;*
>
> *II – necessidade de tratamento médico.*
>
> *Parágrafo único. A permissão de saída será concedida pelo diretor do estabelecimento onde se encontra o preso.*

Como observa Guilherme de Souza Nucci, na obra Leis Penais e Processuais Penais Comentadas (2018): "Os presos, condenados ou provisórios, podem deixar o estabelecimento penal, sob escolta de policiais ou agentes penitenciárias, que assegurem não haver fuga, para situações de necessidade: a) participar de cerimônia funerária em decorrência de falecimento do cônjuge, companheiro(a), ascendente, descendente ou irmão; b) visitar as mesmas pessoas retro mencionadas quando padecerem de doença grave; c) necessidade de submissão a tratamento médico não disponível no presídio ou em hospital penitenciário anexo."

Vale mencionar que a permissão para tratamento médico somente se aplica caso não haja o serviço no próprio estabelecimento.

> ***Art. 121*** *A permanência do preso fora do estabelecimento terá a duração necessária à finalidade da saída.*

A permissão não se confunde com a saída temporária. A permissão está condicionada ao motivo de sua determinação, enquanto a segunda já possui um tempo previamente determinado.

Saída temporária

> ***Art. 122*** *Os condenados que cumprem pena em regime semiaberto poderão obter autorização para saída temporária do estabelecimento, sem vigilância direta, nos seguintes casos:*
>
> *I – visita à família;*
>
> *II – frequência a curso supletivo profissionalizante, bem como de instrução do 2º grau ou superior, na Comarca do Juízo da Execução;*
>
> *III – participação em atividades que concorram para o retorno ao convívio social.*
>
> *§ 1º A ausência de vigilância direta não impede a utilização de equipamento de monitoração eletrônica pelo condenado, quando assim determinar o juiz da execução.*
>
> *§ 2º Não terá direito à saída temporária a que se refere o caput deste artigo o condenado que cumpre pena por praticar crime hediondo com resultado morte.*

A saída temporária, de acordo com Nucci (2018), é um direito "destinado aos presos que cumprem pena em regime semiaberto, como forma de viabilizar, cada vez mais, a reeducação, desenvolvendo-lhes o senso de responsabilidade, para, no futuro, ingressar no regime aberto, bem como para dar início ao processo de ressocialização."

A concessão desse direito, segundo determinação do Superior Tribunal de Justiça, é exclusivo da autoridade judiciária. Nesse sentido, a Súmula nº 520 dispõe que: "O benefício de saída temporária no âmbito da execução penal é ato jurisdicional insuscetível de delegação à autoridade administrativa do estabelecimento prisional".

Note que o Pacote Anticrime inseriu dois parágrafos no artigo, autorizando a imposição da vigilância indireta (por meio de equipamento de monitoração eletrônica), quando determinado pelo juiz. Ademais, proibiu-se a concessão de saídas temporárias aos condenados por crime hediondo com resultado morte.

> ***Art. 123*** *A autorização será concedida por ato motivado do Juiz da execução, ouvidos o Ministério Público e a administração penitenciária e dependerá da satisfação dos seguintes requisitos:*
>
> *I – comportamento adequado;*
>
> *II – cumprimento mínimo de 1/6 da pena, se o condenado for primário, e 1/4, se reincidente;*
>
> *III – compatibilidade do benefício com os objetivos da pena.*

Como toda decisão judicial, a concessão da saída temporária deve ser motivada pela autoridade judiciária e precedida da oitiva tanto do Ministério Público quanto da administração penitenciária. Note que os requisitos legais são cumulativos, devendo o apenado cumprir os três para pleitear o direito.

> ***Art. 124*** *A autorização será concedida por prazo não superior a 7 dias, podendo ser renovada por mais 4 vezes durante o ano.*
>
> *§ 1º Ao conceder a saída temporária, o juiz imporá ao beneficiário as seguintes condições, entre outras que entender compatíveis com as circunstâncias do caso e a situação pessoal do condenado:*
>
> *I – fornecimento do endereço onde reside a família a ser visitada ou onde poderá ser encontrado durante o gozo do benefício;*
>
> *II – recolhimento à residência visitada, no período noturno;*
>
> *III – proibição de frequentar bares, casas noturnas e estabelecimentos congêneres.*
>
> *§ 2º Quando se tratar de frequência a curso profissionalizante, de instrução de ensino médio ou superior, o tempo de saída será o necessário para o cumprimento das atividades discentes.*
>
> *§ 3º Nos demais casos, as autorizações de saída somente poderão ser concedidas com prazo mínimo de 45 dias de intervalo entre uma e outra.*

O dispositivo limita a concessão de 4 saídas por ano por prazo não superior a 7 dias. Normalmente, na prática, são concedidas em períodos festivos, como as comemorações de final de ano, Dia das Mães ou dos Pais.

> ***Art. 125*** *O benefício será automaticamente revogado quando o condenado praticar fato definido como crime doloso, for punido por falta grave, desatender as condições impostas na autorização ou revelar baixo grau de aproveitamento do curso.*
>
> *Parágrafo único. A recuperação do direito à saída temporária dependerá da absolvição no processo penal, do cancelamento da punição disciplinar ou da demonstração do merecimento do condenado.*

Assim como todos os direitos concedidos no campo das execuções, a saída temporária visa, na medida do possível, facilitar a reintegração social do apenado. Assim, qualquer demonstração no sentido contrário deverá ser sancionada, no caso, com a revogação, além do processo para apuração de falta grave eventualmente praticada.

Remição

> ***Art. 126*** *O condenado que cumpre a pena em regime fechado ou semiaberto poderá remir, por trabalho ou por estudo, parte do tempo de execução da pena.*
>
> *§ 1º A contagem de tempo referida no caput será feita à razão de:*
>
> *I – 1 dia de pena a cada 12 horas de frequência escolar – atividade de ensino fundamental, médio, inclusive profissionalizante, ou superior, ou ainda de requalificação profissional – divididas, no mínimo, em 3 dias;*
>
> *II – 1 dia de pena a cada 3 dias de trabalho.*
>
> *§ 2º As atividades de estudo a que se refere o § 1º deste artigo poderão ser desenvolvidas de forma presencial ou por metodologia de ensino a distância e deverão ser certificadas pelas autoridades educacionais competentes dos cursos frequentados.*
>
> *§ 3º Para fins de cumulação dos casos de remição, as horas diárias de trabalho e de estudo serão definidas de forma a se compatibilizarem.*
>
> *§ 4º O preso impossibilitado, por acidente, de prosseguir no trabalho ou nos estudos continuará a beneficiar-se com a remição.*
>
> *§ 5º O tempo a remir em função das horas de estudo será acrescido de 1/3 no caso de conclusão do ensino fundamental, médio ou superior durante o cumprimento da pena, desde que certificada pelo órgão competente do sistema de educação.*
>
> *§ 6º O condenado que cumpre pena em regime aberto ou semiaberto e o que usufrui liberdade condicional poderão remir, pela frequência a curso de ensino regular ou de educação profissional, parte do tempo de execução da pena ou do período de prova, observado o disposto no inciso I do § 1º. deste artigo.*
>
> *§ 7º O disposto neste artigo aplica-se às hipóteses de prisão cautelar.*
>
> *§ 8º A remição será declarada pelo juiz da execução, ouvidos o Ministério Público e a defesa.*

A remição consiste no resgate de parcela da pena pelo trabalho ou pelo estudo do condenado. É uma das principais formas de reintegração social possíveis, por permitir uma adaptação do apenado ao mercado de trabalho que encontrará no meio aberto, além de, é claro, trazer melhores instrumentos para a vida em sociedade.

Originalmente, a remição se dava unicamente em relação ao trabalho. Com a evolução da jurisprudência, adotada agora pela lei, o estudo foi inserido como forma de remição. Posteriormente, o Conselho Nacional de Justiça (CNJ), por meio da Resolução nº 44, estabeleceu até a possibilidade de remição pela leitura.

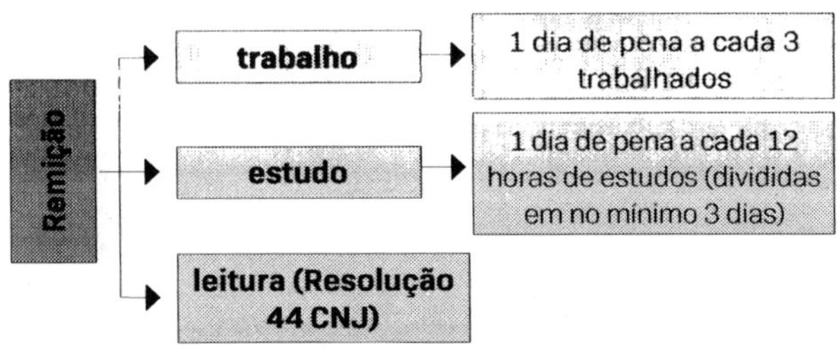

> ***Art. 127*** *Em caso de falta grave, o juiz poderá revogar até 1/3 do tempo remido, observado o disposto no art. 57, recomeçando a contagem a partir da data da infração disciplinar.*

Como não poderia ser diferente, o apenado não deve se esquecer dos objetivos centrais da execução penal para manutenção de seus direitos. Entre as consequências danosas decorrentes da prática da falta grave está, expressamente, a perda de até 1/3 dos dias remidos. Essa sanção é uma forma de contramotivação ao descumprimento dos objetivos da execução penal.

Esse dispositivo foi uma evolução em relação à previsão originária da LEP, que determinava a perda de todo o tempo remido. Interessante notar que a lei só prevê um máximo de perda, mas não um mínimo. Discute-se o mínimo de tempo a ser determinado, se seria o mínimo de 1 dia ou de 1/6. Os defensores da perda de 1 dia se ancoram na falta de qualquer previsão, devendo utilizar-se a perda mínima como critério. De outro lado, parte dos autores entende que 1/6 é o modelo ideal, por ser o menor patamar previsto na legislação.

> ***Art. 128*** *O tempo remido será computado como pena cumprida, para todos os efeitos.*

A própria palavra remição já deixa claro que todo o tempo remido deve ser considerado como pena cumprida e não como tempo eventualmente a ser descontado do total da pena (que seria o correto se o termo usado fosse remissão). Prevê a LEP, então, que haverá remição (resgate) e não remissão (perdão). O que é mais benéfico para o apenado, uma vez que a pena cumprida é pena extinta, acelerando não só o término do cumprimento das penas, mas também a obtenção de todos os benefícios prisionais. Nesse sentido, é o entendimento do STJ (HC 205.895, 6ª Turma, j. 23/08/2011).

> ***Art. 129*** *A autoridade administrativa encaminhará mensalmente ao juízo da execução cópia do registro de todos os condenados que estejam trabalhando ou estudando, com informação dos dias de trabalho ou das horas de frequência escolar ou de atividades de ensino de cada um deles.*
>
> *§ 1º O condenado autorizado a estudar fora do estabelecimento penal deverá comprovar mensalmente, por meio de declaração da respectiva unidade de ensino, a frequência e o aproveitamento escolar.*
>
> *§ 2º Ao condenado dar-se-á a relação de seus dias remidos.*

Todos os envolvidos no processo de remição devem possuir os dados atualizados mensalmente – tanto o juízo da execução quanto o próprio condenado. É uma forma de controle e incentivo ao mesmo tempo.

> ***Art. 130*** *Constitui o crime do artigo 299 do Código Penal declarar ou atestar falsamente prestação de serviço para fim de instruir pedido de remição.*

Prevê o art. 299 do Código Penal o crime de falsidade ideológica. A previsão é desnecessária, mas serve como um *aviso* buscando evitar declarações falsas para a remição.

Livramento condicional

> ***Art. 131*** *O livramento condicional poderá ser concedido pelo Juiz da execução, presentes os requisitos do artigo 83, incisos e parágrafo único, do Código Penal, ouvidos o Ministério Público e Conselho Penitenciário.*

O livramento condicional é um benefício prisional que, embora siga normalmente o mesmo processo da progressão, tem requisitos próprios. Como observa Nucci em Leis Penais e Processuais Penais Comentadas (2018), o livramento condicional é "um instituto de política criminal, destinado a permitir a redução do tempo de prisão com a concessão antecipada e provisória da liberdade do condenado, quando é cumprida pena privativa de liberdade, mediante o preenchimento de determinados requisitos e a aceitação de certas condições."

De acordo com o art. 83 do Código Penal, o juiz concederá o livramento condicional ao condenado a pena privativa de liberdade igual ou superior a 2 anos, desde que:

> ***Art. 83,*** *CP [...]*
>
> *I – cumprida mais de um terço da pena se o condenado não for reincidente em crime doloso e tiver bons antecedentes;*
>
> *II – cumprida mais da metade se o condenado for reincidente em crime doloso;*
>
> *III – comprovado:*
>
> *a) bom comportamento durante a execução da pena;*
>
> *b) não cometimento de falta grave nos últimos 12 (doze) meses;*
>
> *c) bom desempenho no trabalho que lhe foi atribuído; e*
>
> *d) aptidão para prover a própria subsistência mediante trabalho honesto;*
>
> *IV – tenha reparado, salvo efetiva impossibilidade de fazê-lo, o dano causado pela infração;*
>
> *V – cumpridos mais de dois terços da pena, nos casos de condenação por crime hediondo, prática de tortura, tráfico ilícito de entorpecentes e drogas afins, tráfico de pessoas e terrorismo, se o apenado não for reincidente específico em crimes dessa natureza.*

Ademais, para o condenado por crime doloso, cometido com violência ou grave ameaça à pessoa, a concessão do livramento ficará também subordinada à constatação de condições pessoais que façam presumir que o liberado não voltará a delinquir.

Em que pese a legislação, mencione o *poder* do juiz da execução conceder o livramento, há, em verdade, um direito subjetivo do condenado que preencher os requisitos.

Por fim, vale mencionar que de acordo com a Súmula nº 441 do Superior Tribunal de Justiça: "A falta grave não interrompe o prazo para obtenção de livramento condicional".

> ***Art. 132*** *Deferido o pedido, o Juiz especificará as condições a que fica subordinado o livramento.*
>
> *§ 1º Serão sempre impostas ao liberado condicional as obrigações seguintes:*
>
> *a) obter ocupação lícita, dentro de prazo razoável se for apto para o trabalho;*
>
> *b) comunicar periodicamente ao Juiz sua ocupação;*
>
> *c) não mudar do território da comarca do Juízo da execução, sem prévia autorização deste.*
>
> *§ 2º Poderão ainda ser impostas ao liberado condicional, entre outras obrigações, as seguintes:*
>
> *a) não mudar de residência sem comunicação ao Juiz e à autoridade incumbida da observação cautelar e de proteção;*
>
> *b) recolher-se à habitação em hora fixada;*
>
> *c) não frequentar determinados lugares.*
>
> ***Art. 133*** *Se for permitido ao liberado residir fora da comarca do Juízo da execução, remeter-se-á cópia da sentença do livramento ao Juízo do lugar para onde ele se houver transferido e à autoridade incumbida da observação cautelar e de proteção.*
>
> ***Art. 134*** *O liberado será advertido da obrigação de apresentar-se imediatamente às autoridades referidas no artigo anterior.*
>
> ***Art. 135*** *Reformada a sentença denegatória do livramento, os autos baixarão ao Juízo da execução, para as providências cabíveis.*

Note que o art. 132 da LEP divide as condições em obrigatórias (§ 1º) e facultativas (§ 2º). Todas devem ser levadas a conhecimento do condenado, que deverá cumpri-las integralmente para não perder o benefício e, consequentemente, voltar ao estágio anterior de cumprimento de pena. É essencial a observância dos requisitos, pois, uma vez revogado o benefício, em regra, o tempo que permaneceu em livramento será desconsiderado.

> ***Art. 136*** *Concedido o benefício, será expedida a carta de livramento com a cópia integral da sentença em 2 vias, remetendo-se uma à autoridade administrativa incumbida da execução e outra ao Conselho Penitenciário.*
>
> ***Art. 137*** *A cerimônia do livramento condicional será realizada solenemente no dia marcado pelo Presidente do Conselho Penitenciário, no estabelecimento onde está sendo cumprida a pena, observando-se o seguinte:*
>
> *I – a sentença será lida ao liberando, na presença dos demais condenados, pelo Presidente do Conselho Penitenciário ou membro por ele designado, ou, na falta, pelo Juiz;*
>
> *II – a autoridade administrativa chamará a atenção do liberando para as condições impostas na sentença de livramento;*
>
> *III – o liberando declarará se aceita as condições.*
>
> *§ 1º De tudo em livro próprio, será lavrado termo subscrito por quem presidir a cerimônia e pelo liberando, ou alguém a seu rogo, se não souber ou não puder escrever.*
>
> *§ 2º Cópia desse termo deverá ser remetida ao Juiz da execução.*

A carta de livramento é o documento oficial que contém a concessão do benefício e todas as obrigações do apenado. Para que não haja qualquer ruído na comunicação, além de receber propriamente a carta, é realizada uma cerimônia oficial, tanto para incentivar o cumprimento das condições como para esclarecê-las.

> ***Art.** 138 Ao sair o liberado do estabelecimento penal, ser-lhe-á entregue, além do saldo de seu pecúlio e do que lhe pertencer, uma caderneta, que exibirá à autoridade judiciária ou administrativa, sempre que lhe for exigida.*
>
> *§ 1º A caderneta conterá:*
>
> *a) a identificação do liberado;*
>
> *b) o texto impresso do presente Capítulo;*
>
> *c) as condições impostas.*
>
> *§ 2º Na falta de caderneta, será entregue ao liberado um salvo-conduto, em que constem as condições do livramento, podendo substituir-se a ficha de identificação ou o seu retrato pela descrição dos sinais que possam identificá-lo.*
>
> *§ 3º Na caderneta e no salvo-conduto deverá haver espaço para consignar-se o cumprimento das condições referidas no artigo 132 desta Lei.*

Como o sentenciado permanece em cumprimento de pena, ainda vinculado ao sistema prisional, mantém uma identificação própria, até como forma de ser controlado pelo sistema policial.

> ***Art.** 139 A observação cautelar e a proteção realizadas por serviço social penitenciário, Patronato ou Conselho da Comunidade terão a finalidade de:*
>
> *I – fazer observar o cumprimento das condições especificadas na sentença concessiva do benefício;*
>
> *II – proteger o beneficiário, orientando-o na execução de suas obrigações e auxiliando-o na obtenção de atividade laborativa.*
>
> *Parágrafo único. A entidade encarregada da observação cautelar e da proteção do liberado apresentará relatório ao Conselho Penitenciário, para efeito da representação prevista nos artigos 143 e 144 desta Lei.*

Como observa Guilherme de Souza Nucci em Leis Penais e Processuais Penais (2018), o "cumprimento da pena precisa ser efetivo e real, em particular quando se trata de benefício concedido para avaliar o grau de ressocialização do sentenciado. Nesse cenário, as condições fixadas pelo juiz para o gozo do livramento condicional devem ser fielmente respeitadas."

> ***Art.** 140 A revogação do livramento condicional dar-se-á nas hipóteses previstas nos artigos 86 e 87 do Código Penal.*
>
> *Parágrafo único. Mantido o livramento condicional, na hipótese da revogação facultativa, o Juiz deverá advertir o liberado ou agravar as condições.*

São hipóteses de revogação obrigatória caso o condenado venha a ser condenado à pena privativa de liberdade, em sentença irrecorrível:

> *I – por crime cometido durante a vigência do benefício;*
>
> *II – por crime anterior, observada a nova unificação das penas.*

De outro lado, será facultativa a revogação quando o liberado deixar de cumprir qualquer das obrigações constantes da sentença, ou for irrecorrivelmente condenado, por crime ou contravenção, a pena que não seja privativa de liberdade.

> ***Art.** 141 Se a revogação for motivada por infração penal anterior à vigência do livramento, computar-se-á como tempo de cumprimento da pena o período de prova, sendo permitida, para a concessão de novo livramento, a soma do tempo das duas penas.*
>
> ***Art.** 142 No caso de revogação por outro motivo, não se computará na pena o tempo em que esteve solto o liberado, e tampouco se concederá, em relação à mesma pena, novo livramento.*
>
> ***Art.** 143 A revogação será decretada a requerimento do Ministério Público, mediante representação do Conselho Penitenciário, ou, de ofício, pelo Juiz, ouvido o liberado.*

Unicamente na hipótese em que a revogação se der por crime praticado anteriormente pelo apenado, o tempo que esteve em livramento não será desconsiderado. Entendeu o legislador que o cometimento de crime posterior ou o descumprimento das demais condições devem levar à perda de todo o tempo de livramento, como forma de evitar o descumprimento das condições.

Pelos mesmos motivos, o apenado que tem o benefício revogado, em regra, não poderá novamente receber o livramento: "O apenado que motiva a revogação do livramento condicional não pode obter novamente o mesmo benefício, exceto quando a perda da benesse decorrer de infração penal cometida em data anterior à vigência do livramento, nos exatos termos dos arts. 88 do Código Penal e 142 da Lei de Execuções Penais que, consoante precedentes do Superior Tribunal de Justiça, foram recepcionados pela Constituição Federal" (STJ, 5ª T., HC 135.437, rel. Min. Laurita Vaz, 29/04/2010).

> ***Art.** 144 O Juiz, de ofício, a requerimento do Ministério Público, da Defensoria Pública ou mediante representação do Conselho Penitenciário, e ouvido o liberado, poderá modificar as condições especificadas na sentença, devendo o respectivo ato decisório ser lido ao liberado por uma das autoridades ou funcionários indicados no inciso I do caput do art. 137 desta Lei, observado o disposto nos incisos II e III e §§ 1º e 2º do mesmo artigo.*

O livramento condicional, tal qual o regime aberto, pode a qualquer tempo sofrer modificações em seus requisitos, para melhor adaptá-lo à realidade.

> ***Art.** 145 Praticada pelo liberado outra infração penal, o Juiz poderá ordenar a sua prisão, ouvidos o Conselho Penitenciário e o Ministério Público, suspendendo o curso do livramento condicional, cuja revogação, entretanto, ficará dependendo da decisão final.*

O dispositivo refere-se à possibilidade de suspensão do curso do livramento condicional. Tal procedimento visa evitar a revogação açodada, permitindo a realização do devido processo legal para verificação das causas e motivos que levaram ao descumprimento das condições, conforme entendimento do Supremo Tribunal Federal (HC 99652, j. 03/11/2009).

Assim, com a prática de uma nova infração penal, durante o período de livramento, a prorrogação é automática.

> ***Art.** 146 O Juiz, de ofício, a requerimento do interessado, do Ministério Público ou mediante representação do Conselho Penitenciário, julgará extinta a pena privativa de liberdade, se expirar o prazo do livramento sem revogação.*

Com o fim do prazo determinado para o livramento sem sua prorrogação ou revogação, haverá a extinção da punibilidade do apenado. Importante observar que: "Consoante o disposto nos artigos 90 do Código Penal e 146 da Lei de Execuções Penais, não é possível prorrogar, suspender ou revogar o livramento condicional após o escoamento do período de prova, mesmo que em razão da prática de novo delito durante o referido período." (STJ, 5ª T., HC 346.663, rel. Min. Reynaldo Soares da Fonseca, j. 06/12/2016).

Monitoração eletrônica

> ***Art.** 146-B O juiz poderá definir a fiscalização por meio da monitoração eletrônica quando:*
>
> *I – (Vetado)*
>
> *II – autorizar a saída temporária no regime semiaberto;*
>
> *III – (Vetado)*
>
> *IV – determinar a prisão domiciliar;*
>
> *V – (Vetado)*
>
> ***Art.** 146-C O condenado será instruído acerca dos cuidados que deverá adotar com o equipamento eletrônico e dos seguintes deveres:*
>
> *I – receber visitas do servidor responsável pela monitoração eletrônica, responder aos seus contatos e cumprir suas orientações;*
>
> *II – abster-se de remover, de violar, de modificar, de danificar de qualquer forma o dispositivo de monitoração eletrônica ou de permitir que outrem o faça;*
>
> *III – (Vetado)*

Parágrafo único. A violação comprovada dos deveres previstos neste artigo poderá acarretar, a critério do juiz da execução, ouvidos o Ministério Público e a defesa:

I – a regressão do regime;

II – a revogação da autorização de saída temporária;

III a V – (Vetados)

VI – a revogação da prisão domiciliar;

VII – advertência, por escrito, para todos os casos em que o juiz da execução decida não aplicar alguma das medidas previstas nos incisos de I a VI deste parágrafo.

***Art. 146-D** A monitoração eletrônica poderá ser revogada:*

I – quando se tornar desnecessária ou inadequada;

II – se o acusado ou condenado violar os deveres a que estiver sujeito durante a sua vigência ou cometer falta grave.

A monitoração eletrônica foi inserida pela Lei nº 12.258/2010 à Lei de Execução Penal, buscando aumentar o controle sobre aqueles sujeitos a cumprimento de pena fora do sistema prisional. Houve, como se percebe, diversos vetos à lei, devido à polêmica no entorno do regramento. As questões envolvendo o tema costumam ser literais, indicando-se a leitura cuidadosa dos dispositivos.

Penas restritivas de direitos – Disposições gerais

***Art. 147** Transitada em julgado a sentença que aplicou a pena restritiva de direitos, o Juiz da execução, de ofício ou a requerimento do Ministério Público, promoverá a execução, podendo, para tanto, requisitar, quando necessário, a colaboração de entidades públicas ou solicitá-la a particulares.*

***Art. 148** Em qualquer fase da execução, poderá o Juiz, motivadamente, alterar, a forma de cumprimento das penas de prestação de serviços à comunidade e de limitação de fim de semana, ajustando-as às condições pessoais do condenado e às características do estabelecimento, da entidade ou do programa comunitário ou estatal.*

As penas restritivas de direitos estão previstas no art. 43 do Código Penal, cabendo à Lei de Execução Penal o estabelecimento de alguns critérios para seu cumprimento. É bom lembrar que essas penas podem ser, a critério do Juízo da execução, modificadas entre elas, para atender melhor os fins da sanção que fora aplicada no caso concreto.

Prestação de serviços à comunidade

***Art. 149** Caberá ao Juiz da execução:*

I – designar a entidade ou programa comunitário ou estatal, devidamente credenciado ou convencionado, junto ao qual o condenado deverá trabalhar gratuitamente, de acordo com as suas aptidões;

II – determinar a intimação do condenado, cientificando-o da entidade, dias e horário em que deverá cumprir a pena;

III – alterar a forma de execução, a fim de ajustá-la às modificações ocorridas na jornada de trabalho.

§ 1º O trabalho terá a duração de 8 (oito) horas semanais e será realizado aos sábados, domingos e feriados, ou em dias úteis, de modo a não prejudicar a jornada normal de trabalho, nos horários estabelecidos pelo Juiz.

§ 2º A execução terá início a partir da data do primeiro comparecimento.

***Art. 150** A entidade beneficiada com a prestação de serviços encaminhará mensalmente, ao Juiz da execução, relatório circunstanciado das atividades do condenado, bem como, a qualquer tempo, comunicação sobre ausência ou falta disciplinar.*

Umas das penas mais efetivas de todo o sistema, a prestação de serviços à comunidade é determinada pela sentença condenatória, mas cabe ao juiz da execução a determinação do local de prestação pelo apenado. Importante ressaltar que a previsão do § 1º do art. 149 da LEP está em conflito com o Código Penal, que prevê que a duração do trabalho será de 7 horas semanais. Na prática, aplica-se o CP, que é norma mais nova (modificada em 1998). De outro lado, a atribuição de controlar mais de perto a prestação de serviços será da entidade beneficiada, que deverá enviar relatórios ao juiz da execução.

Limitação de fim de semana

***Art. 151** Caberá ao Juiz da execução determinar a intimação do condenado, cientificando-o do local, dias e horário em que deverá cumprir a pena.*

Parágrafo único. A execução terá início a partir da data do primeiro comparecimento.

***Art. 152** Poderão ser ministrados ao condenado, durante o tempo de permanência, cursos e palestras, ou atribuídas atividades educativas.*

Parágrafo único. Nos casos de violência doméstica contra a mulher, o juiz poderá determinar o comparecimento obrigatório do agressor a programas de recuperação e reeducação.

***Art. 153** O estabelecimento designado encaminhará, mensalmente, ao Juiz da execução, relatório, bem assim comunicará, a qualquer tempo, a ausência ou falta disciplinar do condenado.*

A limitação de final de semana é uma das penas menos aplicadas em nosso sistema, seja pela falta de rigor punitivo, seja pela falta de local para sua efetiva prestação. Consiste no comparecimento do condenado aos sábados e domingos, por 5 horas diárias, em casa do albergado ou estabelecimento adequado, onde serão ministrados cursos e palestras ou atribuídas atividades educativas.

Interdição temporária de direitos

***Art. 154** Caberá ao Juiz da execução comunicar à autoridade competente a pena aplicada, determinada a intimação do condenado.*

§ 1º Na hipótese de pena de interdição do artigo 47, inciso I, do Código Penal, a autoridade deverá, em 24 horas, contadas do recebimento do ofício, baixar ato, a partir do qual a execução terá seu início.

§ 2º Nas hipóteses do artigo 47, incisos II e III, do Código Penal, o Juízo da execução determinará a apreensão dos documentos, que autorizam o exercício do direito interditado.

***Art. 155** A autoridade deverá comunicar imediatamente ao Juiz da execução o descumprimento da pena.*

Parágrafo único. A comunicação prevista neste artigo poderá ser feita por qualquer prejudicado.

De acordo com o art. 47 do Código Penal, as penas de interdição temporária de direitos são:

***Art. 47**, CP [...]*

I – proibição do exercício de cargo, função ou atividade pública, bem como de mandato eletivo;

II – proibição do exercício de profissão, atividade ou ofício que dependam de habilitação especial, de licença ou autorização do Poder Público;

III – suspensão de autorização ou de habilitação para dirigir veículo.

IV – proibição de freqüentar determinados lugares.

V – proibição de inscrever-se em concurso, avaliação ou exame públicos.

Suspensão condicional

***Art. 156 , Lei nº 7.210/1984** O Juiz poderá suspender, pelo período de 2 a 4 anos, a execução da pena privativa de liberdade, não superior a 2 anos, na forma prevista nos artigos 77 a 82 do Código Penal.*

A suspensão condicional da pena (ou *sursis* penal) consiste em medida determinada na sentença condenatória, na qual o juiz determinará a suspensão do cumprimento efetivo da pena caso o condenado cumpra determinados requisitos. De acordo com o art. 77 do Código Penal, a execução da pena privativa de liberdade, não superior a 2 anos, poderá ser suspensa, por 2 a 4 anos, desde que:

I – o condenado não seja reincidente em crime doloso;

II – a culpabilidade, os antecedentes, a conduta social e personalidade do agente, bem como os motivos e as circunstâncias autorizem a concessão do benefício;

III – não seja indicada ou cabível a substituição por pena restritiva de direitos. Importante registar que a condenação anterior a pena de multa não impede a concessão do benefício.

De outro lado, a execução da pena privativa de liberdade, não superior a 4 anos, poderá ser suspensa, por 4 a 6 anos, desde que o condenado seja maior de 70 anos de idade, ou razões de saúde justifiquem a suspensão.

Art. 157 *O Juiz ou Tribunal, na sentença que aplicar pena privativa de liberdade, na situação determinada no artigo anterior, deverá pronunciar-se, motivadamente, sobre a suspensão condicional, quer a conceda, quer a denegue.*

Como toda decisão judicial, a concessão ou denegação da suspensão condicional da pena depende de motivação idônea pelo juiz.

Art. 158 *Concedida a suspensão, o Juiz especificará as condições a que fica sujeito o condenado, pelo prazo fixado, começando este a correr da audiência prevista no artigo 160 desta Lei.*

§ 1º As condições serão adequadas ao fato e à situação pessoal do condenado, devendo ser incluída entre as mesmas a de prestar serviços à comunidade, ou limitação de fim de semana, salvo hipótese do artigo 78, § 2º, do Código Penal.

§ 2º O Juiz poderá, a qualquer tempo, de ofício, a requerimento do Ministério Público ou mediante proposta do Conselho Penitenciário, modificar as condições e regras estabelecidas na sentença, ouvido o condenado.

§ 3º A fiscalização do cumprimento das condições, reguladas nos Estados, Territórios e Distrito Federal por normas supletivas, será atribuída a serviço social penitenciário, Patronato, Conselho da Comunidade ou instituição beneficiada com a prestação de serviços, inspecionados pelo Conselho Penitenciário, pelo Ministério Público, ou ambos, devendo o Juiz da execução suprir, por ato, a falta das normas supletivas.

§ 4º O beneficiário, ao comparecer periodicamente à entidade fiscalizadora, para comprovar a observância das condições a que está sujeito, comunicará, também, a sua ocupação e os salários ou proventos de que vive.

§ 5º A entidade fiscalizadora deverá comunicar imediatamente ao órgão de inspeção, para os fins legais, qualquer fato capaz de acarretar a revogação do benefício, a prorrogação do prazo ou a modificação das condições.

§ 6º Se for permitido ao beneficiário mudar-se, será feita comunicação ao Juiz e à entidade fiscalizadora do local da nova residência, aos quais o primeiro deverá apresentar-se imediatamente.

Art. 159 *Quando a suspensão condicional da pena for concedida por Tribunal, a este caberá estabelecer as condições do benefício.*

§ 1º De igual modo proceder-se-á quando o Tribunal modificar as condições estabelecidas na sentença recorrida.

§ 2º O Tribunal, ao conceder a suspensão condicional da pena, poderá, todavia, conferir ao Juízo da execução a incumbência de estabelecer as condições do benefício, e, em qualquer caso, a de realizar a audiência admonitória.

Art. 160 *Transitada em julgado a sentença condenatória, o Juiz a lerá ao condenado, em audiência, advertindo-o das consequências de nova infração penal e do descumprimento das condições impostas.*

Art. 161 *Se, intimado pessoalmente ou por edital com prazo de 20 dias, o réu não comparecer injustificadamente à audiência admonitória, a suspensão ficará sem efeito e será executada imediatamente a pena.*

Como toda a execução da pena é judicializada, caberá o controle da efetividade da suspensão a autoridade judiciária, assim como a imposição e acompanhamento das condições. Interessante notar que a suspensão, eventualmente, pode até ser concedida diretamente pelo Tribunal. Isso se dá, normalmente, nos casos de desclassificação ou absolvição por delitos conexos ou, mesmo, em caso de competência originária.

Art. 162 *A revogação da suspensão condicional da pena e a prorrogação do período de prova dar-se-ão na forma do artigo 81 e respectivos parágrafos do Código Penal.*

De acordo com o art. 81 do Código Penal, a suspensão será revogada obrigatoriamente se, no curso do prazo, o beneficiário:

I – for condenado, em sentença irrecorrível, por crime doloso;

II – deixar de pagar a multa ou não efetuar, sem motivo justificado, a reparação do dano; ou

III – descumprir a prestação de serviços ou limitação de final de ano no primeiro ano de suspensão.

Contudo, poderá haver a revogação se o condenado descumprir qualquer outra condição imposta ou é irrecorrivelmente condenado, por crime culposo ou por contravenção, a pena privativa de liberdade ou restritiva de direitos.

Art. 163 *A sentença condenatória será registrada, com a nota de suspensão em livro especial do Juízo a que couber a execução da pena.*

§ 1º Revogada a suspensão ou extinta a pena, será o fato averbado à margem do registro.

§ 2º O registro e a averbação serão sigilosos, salvo para efeito de informações requisitadas por órgão judiciário ou pelo Ministério Público, para instruir processo penal.

Todos os eventos relativos à suspensão condicional da pena deverão ser registrados formalmente, não só para acompanhamento, mas também para a verificação posterior do cumprimento de requisitos e consequências da sentença penal condenatória, como a reincidência.

Pena de multa

Art. 164 *Extraída certidão da sentença condenatória com trânsito em julgado, que valerá como título executivo judicial, o Ministério Público requererá, em autos apartados, a citação do condenado para, no prazo de 10 (dez) dias, pagar o valor da multa ou nomear bens à penhora.*

§ 1º Decorrido o prazo sem o pagamento da multa, ou o depósito da respectiva importância, proceder-se-á à penhora de tantos bens quantos bastem para garantir a execução.

§ 2º A nomeação de bens à penhora e a posterior execução seguirão o que dispuser a lei processual civil.

Art. 165 *Se a penhora recair em bem imóvel, os autos apartados serão remetidos ao Juízo Cível para prosseguimento.*

Art. 166 *Recaindo a penhora em outros bens, dar-se-á prosseguimento nos termos do § 2º do artigo 164, desta Lei.*

A pena de multa foi convertida exclusivamente em dívida de valor em 1996, no âmbito do Código Penal. Atualmente, portanto, ela não mais pode ser convertida em pena privativa de liberdade. Por isso, deve ser executada como dívida que é.

Art. 167 *A execução da pena de multa será suspensa quando sobrevier ao condenado doença mental (artigo 52 do Código Penal).*

O mesmo que se dá com a pena privativa de liberdade se dá com a multa. O condenado que esteja em *situação* de doença mental deve ser, mesmo que provisoriamente, excluído tanto do cumprimento da pena privativa de liberdade quanto da pena de multa.

Art. 168 *O Juiz poderá determinar que a cobrança da multa se efetue mediante desconto no vencimento ou salário do condenado, nas hipóteses do artigo 50, § 1º, do Código Penal, observando-se o seguinte:*

I – o limite máximo do desconto mensal será o da quarta parte da remuneração e o mínimo o de um décimo;

II – o desconto será feito mediante ordem do Juiz a quem de direito;

III – o responsável pelo desconto será intimado a recolher mensalmente, até o dia fixado pelo Juiz, a importância determinada.

Art. 169 *Até o término do prazo a que se refere o artigo 164 desta Lei, poderá o condenado requerer ao Juiz o pagamento da multa em prestações mensais, iguais e sucessivas.*

§ 1º O Juiz, antes de decidir, poderá determinar diligências para verificar a real situação econômica do condenado e, ouvido o Ministério Público, fixará o número de prestações.

§ 2º Se o condenado for impontual ou se melhorar de situação econômica, o Juiz, de ofício ou a requerimento do Ministério Público, revogará o benefício executando-se a multa, na forma prevista neste Capítulo, ou prosseguindo-se na execução já iniciada.

De modo a facilitar a cobrança da multa, é possível o parcelamento por meio do desconto mensal nas hipóteses previstas no art. 168 da LEP.

***Art. 170** Quando a pena de multa for aplicada cumulativamente com pena privativa da liberdade, enquanto esta estiver sendo executada, poderá aquela ser cobrada mediante desconto na remuneração do condenado (artigo 168).*

§ 1º Se o condenado cumprir a pena privativa de liberdade ou obtiver livramento condicional, sem haver resgatado a multa, far-se-á a cobrança nos termos deste Capítulo.

§ 2º Aplicar-se-á o disposto no parágrafo anterior aos casos em que for concedida a suspensão condicional da pena.

Sempre que possível haverá a execução conjunta de ambas as sanções. Na maior parte das vezes, contudo, o apenado somente realizará o pagamento após o cumprimento da pena mais grave.

Execução das medidas de segurança – Disposições gerais

***Art. 171** Transitada em julgado a sentença que aplicar medida de segurança, será ordenada a expedição de guia para a execução.*

***Art. 172** Ninguém será internado em Hospital de Custódia e Tratamento Psiquiátrico, ou submetido a tratamento ambulatorial, para cumprimento de medida de segurança, sem a guia expedida pela autoridade judiciária.*

Assim como ocorre no âmbito da pena privativa de liberdade, as medidas de segurança somente podem ser cumpridas após emissão da guia de execução. As medidas de segurança são destinadas aos agentes que tiverem praticado fatos típicos e ilícitos, mas sejam reconhecidos como inimputáveis. Nesse caso, ao invés de condenados, são submetidos a uma sentença chamada de absolutória imprópria, pois absolve o agente, mas impõe uma medida de segurança baseada na sua periculosidade, não na culpabilidade.

***Art. 173** A guia de internamento ou de tratamento ambulatorial, extraída pelo escrivão, que a rubricará em todas as folhas e a subscreverá com o Juiz, será remetida à autoridade administrativa incumbida da execução e conterá:*

I – a qualificação do agente e o número do registro geral do órgão oficial de identificação;

II – o inteiro teor da denúncia e da sentença que tiver aplicado a medida de segurança, bem como a certidão do trânsito em julgado;

III – a data em que terminará o prazo mínimo de internação, ou do tratamento ambulatorial;

IV – outras peças do processo reputadas indispensáveis ao adequado tratamento ou internamento.

§ 1º Ao Ministério Público será dada ciência da guia de recolhimento e de sujeição a tratamento.

§ 2º A guia será retificada sempre que sobrevier modificações quanto ao prazo de execução.

***Art. 174** Aplicar-se-á, na execução da medida de segurança, naquilo que couber, o disposto nos artigos 8º e 9º desta Lei.*

A guia de execução, seja ela uma guia de internamento ou de tratamento ambulatorial, cumprirá as formalidades legais, tal qual a guia de recolhimento.

Cessação da periculosidade

***Art. 175** A cessação da periculosidade será averiguada no fim do prazo mínimo de duração da medida de segurança, pelo exame das condições pessoais do agente, observando-se o seguinte:*

I – a autoridade administrativa, até 1 mês antes de expirar o prazo de duração mínima da medida, remeterá ao Juiz minucioso relatório que o habilite a resolver sobre a revogação ou permanência da medida;

II – o relatório será instruído com o laudo psiquiátrico;

III – juntado aos autos o relatório ou realizadas as diligências, serão ouvidos, sucessivamente, o Ministério Público e o curador ou defensor, no prazo de 3 dias para cada um;

IV – o Juiz nomeará curador ou defensor para o agente que não o tiver;

V – o Juiz, de ofício ou a requerimento de qualquer das partes, poderá determinar novas diligências, ainda que expirado o prazo de duração mínima da medida de segurança;

VI – ouvidas as partes ou realizadas as diligências a que se refere o inciso anterior, o Juiz proferirá a sua decisão, no prazo de 5 dias.

***Art. 176** Em qualquer tempo, ainda no decorrer do prazo mínimo de duração da medida de segurança, poderá o Juiz da execução, diante de requerimento fundamentado do Ministério Público ou do interessado, seu procurador ou defensor, ordenar o exame para que se verifique a cessação da periculosidade, procedendo-se nos termos do artigo anterior.*

***Art. 177** Nos exames sucessivos para verificar-se a cessação da periculosidade, observar-se-á, no que lhes for aplicável, o disposto no artigo anterior.*

Como visto, no caso de inimputabilidade, é a periculosidade e não a culpabilidade o motivo de ser da execução. Assim, diferentemente dos presos submetido à pena privativa de liberdade, em que há modelos previamente impostos com tempos mínimos de cumprimento, as medidas de segurança estão em constante avaliação e, a princípio, a qualquer momento poderá ser verificada a cessação da periculosidade do sujeito.

***Art. 178** Nas hipóteses de desinternação ou de liberação (artigo 97, § 3º, do Código Penal), aplicar-se-á o disposto nos artigos 132 e 133 desta Lei.*

***Art. 179** Transitada em julgado a sentença, o Juiz expedirá ordem para a desinternação ou a liberação.*

Como observa Guilherme de Souza Nucci (2018), "revê a lei penal que o tratamento ambulatorial pode ser convertido em internação, caso essa providência seja necessária para fins curativos. Nada fala, no entanto, quanto à conversão da internação em tratamento ambulatorial, o que se nos afigura perfeitamente possível. Muitas vezes, o agente pode não revelar periculosidade suficiente para ser mantido internado, mas ainda necessitar de um tratamento acompanhado. Assim, valendo-se, por analogia, da hipótese prevista no art. 97, § 4º, do Código Penal, pode o magistrado determinar a desinternação do agente para o fim de se submeter a tratamento ambulatorial, que seria a conversão da internação em tratamento ambulatorial. Leia-se, uma autêntica desintegração progressiva".

Assim como as penas privativas de liberdade, as medidas de segurança também têm fim. Foi-se o tempo em que eram vistas como perpétuas. A jurisprudência já determinou sua limitação no máximo pelo prazo determinado no art. 75 do Código Penal, havendo, contudo, entendimento ainda mais moderno de que a limitação da duração da medida de segurança seria o mesmo da pena máxima do crime imputado ao inimputável. Nesse sentido, a Súmula nº 517 do Superior Tribunal de Justiça: "O tempo de duração da medida de segurança não deve ultrapassar o limite máximo da pena abstratamente cominada ao delito praticado".

5.3.4 Incidentes de execução

Conversões

Art. 180 A pena privativa de liberdade, não superior a 2 anos, poderá ser convertida em restritiva de direitos, desde que:

I – o condenado a esteja cumprindo em regime aberto;

II – tenha sido cumprido pelo menos 1/4 da pena;

III – os antecedentes e a personalidade do condenado indiquem ser a conversão recomendável.

A hipótese complementa o disposto no Código Penal, permitindo a conversão de pena privativa de liberdade que já esteja em cumprimento em pena restritiva de direitos, no âmbito da execução.

Art. 181 A pena restritiva de direitos será convertida em privativa de liberdade nas hipóteses e na forma do artigo 45 e seus incisos do Código Penal.

§ 1º A pena de prestação de serviços à comunidade será convertida quando o condenado:

a) não for encontrado por estar em lugar incerto e não sabido, ou desatender a intimação por edital;

b) não comparecer, injustificadamente, à entidade ou programa em que deva prestar serviço;

c) recusar-se, injustificadamente, a prestar o serviço que lhe foi imposto;

d) praticar falta grave;

e) sofrer condenação por outro crime à pena privativa de liberdade, cuja execução não tenha sido suspensa.

§ 2º A pena de limitação de fim de semana será convertida quando o condenado não comparecer ao estabelecimento designado para o cumprimento da pena, recusar-se a exercer a atividade determinada pelo Juiz ou se ocorrer qualquer das hipóteses das letras "a", "d" e "e" do parágrafo anterior.

§ 3º A pena de interdição temporária de direitos será convertida quando o condenado exercer, injustificadamente, o direito interditado ou se ocorrer qualquer das hipóteses das letras "a" e "e", do § 1º, deste artigo.

No caso de descumprimento de condições estabelecidas para as penas restritivas de direitos, a Lei de Execução Penal também possibilita a reconversão da pena alternativa em pena privativa de liberdade.

Art. 183 Quando, no curso da execução da pena privativa de liberdade, sobrevier doença mental ou perturbação da saúde mental, o Juiz, de ofício, a requerimento do Ministério Público, da Defensoria Pública ou da autoridade administrativa, poderá determinar a substituição da pena por medida de segurança.

Este artigo prevê a efetiva substituição da pena por medida de segurança. Aqui não se trata das hipóteses anteriores, em que há uma suspensão da pena, mas há efetiva substituição com definitividade.

Vale registar, nesse ponto, que "Em se tratando de medida de segurança aplicada em substituição à pena corporal, prevista no art. 183 da Lei de Execução Penal, sua duração está adstrita ao tempo que resta para o cumprimento da pena privativa de liberdade estabelecida na sentença condenatória. Precedentes desta Corte" (STJ, 6ª T., HC 373.405, rel. min. Maria Thereza de Assis Moura, j. 06/10/2016).

Art. 184 O tratamento ambulatorial poderá ser convertido em internação se o agente revelar incompatibilidade com a medida.

Parágrafo único. Nesta hipótese, o prazo mínimo de internação será de 1 ano.

O tratamento ambulatorial é direcionado aos agentes que tenham praticado crime apenado com pena de detenção, considerados menos graves. Há, contudo, a hipótese desse tratamento se tornar uma internação, caso se mostre incompatível com a realidade.

Excesso ou desvio

Art. 185 Haverá excesso ou desvio de execução sempre que algum ato for praticado além dos limites fixados na sentença, em normas legais ou regulamentares.

De acordo com Nucci (2018), "instaura-se um incidente próprio, que correrá em apenso ao processo de execução, quando houver desvio (destinação diversa da finalidade da pena) ou excesso (aplicação abusiva do previsto em lei) em relação ao cumprimento da pena, seja ela de que espécie for. Exemplos: a) o condenado é privado do trabalho, embora deseje participar das atividades, porque se encontra em cela isolada, apenas para garantir a sua incolumidade física, vez que se encontra ameaçado por outros presos. O Estado deve buscar formas alternativas de proteção à integridade dos presos, mas não pode privá-los do trabalho, que, além de um dever, é um direito do condenado. Trata-se de um desvio da execução penal; b) o condenado, por ter cometido alguma falta disciplinar, passa mais de trinta dias em isolamento, infringindo o disposto no art. 58 desta Lei. Há nítido excesso de execução; c) pode-se aventar uma hipótese mista, em que se vislumbra desvio e excesso. Imagine-se o preso inserido no regime disciplinar diferenciado por ter desrespeitado o diretor do presídio (falta grave), porém fato que não se coaduna com o previsto nas hipóteses do art. 52 desta Lei."

Art. 186 Podem suscitar o incidente de excesso ou desvio de execução:

I – o Ministério Público;

II – o Conselho Penitenciário;

III – o sentenciado;

IV – qualquer dos demais órgãos da execução penal.

Os demais órgãos da execução designam, especialmente, o Conselho Nacional de Política Criminal e Penitenciária (CNPCP), os Departamentos Penitenciários, o Patronato, o Conselho da Comunidade e, eventualmente, o próprio juiz, agindo de ofício.

Anistia e indulto

Art. 187 Concedida a anistia, o Juiz, de ofício, a requerimento do interessado ou do Ministério Público, por proposta da autoridade administrativa ou do Conselho Penitenciário, declarará extinta a punibilidade.

Anistia é uma forma de perdão concedida por meio de lei. Nas palavras de Guilherme de Souza Nucci (2018), "é a declaração feita pelo Poder Público, através de lei, editada pelo Congresso Nacional, de que determinado fato, anteriormente considerado criminoso, se tornou impunível por motivo de utilidade social. Volta-se, primordialmente, a crimes políticos, mas nada impede a sua aplicação a outras infrações penais."

Art. 188 O indulto individual poderá ser provocado por petição do condenado, por iniciativa do Ministério Público, do Conselho Penitenciário, ou da autoridade administrativa.

O indulto individual, também chamado de graça, é uma modalidade de perdão concedida pelo presidente da República (art. 84, inc. XII, CF/1988) por meio de decreto autônomo. Os critérios para sua concessão são discricionários do chefe do Executivo.

Art. 189 A petição do indulto, acompanhada dos documentos que a instruírem, será entregue ao Conselho Penitenciário, para a elaboração de parecer e posterior encaminhamento ao Ministério da Justiça.

Art. 190 O Conselho Penitenciário, à vista dos autos do processo e do prontuário, promoverá as diligências que entender necessárias e fará, em relatório, a narração do ilícito penal e dos fundamentos da sentença condenatória, a exposição dos antecedentes do condenado e do procedimento deste depois da prisão, emitindo seu parecer sobre o mérito do pedido e esclarecendo qualquer formalidade ou circunstâncias omitidas na petição.

***Art. 191** Processada no Ministério da Justiça com documentos e o relatório do Conselho Penitenciário, a petição será submetida a despacho do Presidente da República, a quem serão presentes os autos do processo ou a certidão de qualquer de suas peças, se ele o determinar.*

***Art. 192** Concedido o indulto e anexada aos autos cópia do decreto, o Juiz declarará extinta a pena ou ajustará a execução aos termos do decreto, no caso de comutação.*

Os arts. 189 a 192 trazem, textualmente, o procedimento para a realização de anistia e indulto.

***Art. 193** Se o sentenciado for beneficiado por indulto coletivo, o Juiz, de ofício, a requerimento do interessado, do Ministério Público, ou por iniciativa do Conselho Penitenciário ou da autoridade administrativa, providenciará de acordo com o disposto no artigo anterior.*

De acordo com Nucci (2018), indulto coletivo é "a clemência concedida pelo presidente da República, por decreto, a condenados em geral, desde que preencham determinadas condições objetivas e/ou subjetivas. Cuida-se, também, de ato discricionário do chefe do Poder Executivo, sem qualquer vinculação a parecer de órgão da execução penal. Anualmente, no mínimo um decreto é editado (como regra, o denominado indulto de Natal), podendo perdoar integralmente a pena, gerando a extinção da punibilidade, mas mantendo-se o registro da condenação na folha de antecedentes do beneficiário, para fins de reincidência e análise de antecedentes criminais, como pode perdoar parcialmente a pena, operando-se um desconto (comutação), sem provocar a extinção da punibilidade."

Procedimento judicial

***Art. 194** O procedimento correspondente às situações previstas nesta Lei será judicial, desenvolvendo-se perante o Juízo da execução.*

Todo o procedimento de execução é jurisdicional. O controle dos direitos é feito por meio do Poder Judiciário. Cabe ao Poder Executivo, unicamente, o cumprimento de suas determinações ou a realização de procedimento essencialmente internos aos estabelecimentos prisionais.

***Art. 195** O procedimento judicial iniciar-se-á de ofício, a requerimento do Ministério Público, do interessado, de quem o represente, de seu cônjuge, parente ou descendente, mediante proposta do Conselho Penitenciário, ou, ainda, da autoridade administrativa.*

***Art. 196** A portaria ou petição será autuada ouvindo-se, em 3 dias, o condenado e o Ministério Público, quando não figurem como requerentes da medida.*

§ 1º Sendo desnecessária a produção de prova, o Juiz decidirá de plano, em igual prazo.

§ 2º Entendendo indispensável a realização de prova pericial ou oral, o Juiz a ordenará, decidindo após a produção daquela ou na audiência designada.

O procedimento de execução é oficial, isto é, não há necessidade de requerimento pelo Ministério Público ou parte interessada.

O agravo é o único recurso previsto na Lei de Execução Penal. É denominado agravo em execução. Como não há previsão de seu procedimento, utiliza-se o rito dos recursos em sentido estrito, previsto nos arts. 582 a 592 do Código de Processo Penal.

Disposições finais e transitórias

As disposições finais e transitórias têm incidência muito baixa em provas e concursos, portanto, serão apenas transcritas a seguir. Elas se referem a temas que não são afetos diretamente aos demais temas da norma, ou simplesmente servem como orientação para a realização de outras normas, esgotando na edição delas a sua eficácia.

***Art. 198** É defesa ao integrante dos órgãos da execução penal, e ao servidor, a divulgação de ocorrência que perturbe a segurança e a disciplina dos estabelecimentos, bem como exponha o preso à inconveniente notoriedade, durante o cumprimento da pena.*

***Art. 199** O emprego de algemas será disciplinado por decreto federal.*

***Art. 200** O condenado por crime político não está obrigado ao trabalho.*

***Art. 201** Na falta de estabelecimento adequado, o cumprimento da prisão civil e da prisão administrativa se efetivará em seção especial da Cadeia Pública.*

***Art. 202** Cumprida ou extinta a pena, não constarão da folha corrida, atestados ou certidões fornecidas por autoridade policial ou por auxiliares da Justiça, qualquer notícia ou referência à condenação, salvo para instruir processo pela prática de nova infração penal ou outros casos expressos em lei.*

***Art. 203** No prazo de 6 (seis) meses, a contar da publicação desta Lei, serão editadas as normas complementares ou regulamentares, necessárias à eficácia dos dispositivos não autoaplicáveis.*

§ 1º Dentro do mesmo prazo deverão as Unidades Federativas, em convênio com o Ministério da Justiça, projetar a adaptação, construção e equipamento de estabelecimentos e serviços penais previstos nesta Lei.

§ 2º Também, no mesmo prazo, deverá ser providenciada a aquisição ou desapropriação de prédios para instalação de casas de albergados.

§ 3º O prazo a que se refere o caput deste artigo poderá ser ampliado, por ato do Conselho Nacional de Política Criminal e Penitenciária, mediante justificada solicitação, instruída com os projetos de reforma ou de construção de estabelecimentos.

§ 4º O descumprimento injustificado dos deveres estabelecidos para as Unidades Federativas implicará na suspensão de qualquer ajuda financeira a elas destinada pela União, para atender às despesas de execução das penas e medidas de segurança.

***Art. 204** Esta Lei entra em vigor concomitantemente com a lei de reforma da Parte Geral do Código Penal, revogadas as disposições em contrário, especialmente a Lei nº 3.274, de 2 de outubro de 1957.*

6 LEI Nº 13.869/2019 - ABUSO DE AUTORIDADE

6.1 Aspectos gerais

6.1.1 Contexto da lei

Em setembro de 2019 tivemos a publicação da Lei nº 13.869/2019, nossa nova Lei de Abuso de Autoridade, a qual revogou expressamente a Lei nº 4.898/1965 – antiga Lei de Abuso de Autoridade - além de alterar diversos dispositivos de outras leis em vigor.

6.1.2 Finalidade da lei

Estudamos em Direito Administrativo que o Estado e seus agentes possuem algumas prerrogativas não extensíveis aos particulares, como por exemplo a presunção de legitimidade de seus atos (são, a princípio, considerados praticados de acordo com a lei). Contudo, não raro temos a ocorrência de condutas praticadas por agentes estatais que extrapolam ou se desviam dos limites da lei, caracterizando-se em verdadeiro abuso da autoridade legitimamente conferida a eles.

Com isso, surge a necessidade de contenção e punição desses atos praticados em desconformidade com a legislação. Várias são as normas, administrativas, cíveis e penais, que visam punir o agente público que abusa de seu poder. Temos como exemplo os crimes do Código Penal, notadamente os cometidos contra a Administração Pública, que buscam, mesmo que de forma indireta quanto ao abuso, punir tais atos praticados por agentes públicos. Da mesma forma, há normas administrativas, como a Lei de Improbidade, que sancionam administrativamente tais condutas.

Ao lado dessas normas, tínhamos a Lei mº 4.898/1965, a qual, como vimos, foi revogada pela nova Lei de Abuso de Autoridade - Lei nº 13.869/2019 – atualmente em vigor e que, nas palavras de Greco e Sanches, tem por finalidade: *modernizar a prevenção e repressão aos comportamentos abusivos de poder no trato dos direitos fundamentais do cidadão, colocando em mira a conduta de autoridades e agentes públicos*[1].

6.1.3 Organização

Vale ressaltar ainda que a Lei nº 13.869/2019 é dividida nos seguintes Capítulos:

Capítulo I	DISPOSIÇÕES GERAIS
Capítulo II	DOS SUJEITOS DO CRIME
Capítulo III	DA AÇÃO PENAL
Capítulo IV	DOS EFEITOS DA CONDENAÇÃO E DAS PENAS RESTRITIVAS DE DIREITOS
Capítulo V	DAS SANÇÕES DE NATUREZA CIVIL E ADMINISTRATIVA
Capítulo VI	**DOS CRIMES E DAS PENAS**
Capítulo VII	DO PROCEDIMENTO
Capítulo VIII	DISPOSIÇÕES FINAIS

6.2 Sujeitos do crime e características gerais

> ***Art. 1º** Esta Lei define os crimes de abuso de autoridade, cometidos por agente público, servidor ou não, que, no exercício de suas funções ou a pretexto de exercê-las, abuse do poder que lhe tenha sido atribuído.*
>
> ***§ 1º** As condutas descritas nesta Lei constituem crime de abuso de autoridade quando praticadas pelo agente com a finalidade específica de prejudicar outrem ou beneficiar a si mesmo ou a terceiro, ou, ainda, por mero capricho ou satisfação pessoal.*
>
> ***§ 2º** A divergência na interpretação de lei ou na avaliação de fatos e provas não configura abuso de autoridade.*
>
> ***Art. 2º** É sujeito ativo do crime de abuso de autoridade qualquer agente público, servidor ou não, da administração direta, indireta ou fundacional de qualquer dos Poderes da União, dos Estados, do Distrito Federal, dos Municípios e de Território, compreendendo, mas não se limitando a:*
>
> *I - Servidores públicos e militares ou pessoas a eles equiparadas;*
>
> *II - Membros do Poder Legislativo;*
>
> *III - membros do Poder Executivo;*
>
> *IV - Membros do Poder Judiciário;*
>
> *V - Membros do Ministério Público;*
>
> *VI - Membros dos tribunais ou conselhos de contas.*
>
> ***Parágrafo único.** Reputa-se agente público, para os efeitos desta Lei, todo aquele que exerce, ainda que transitoriamente ou sem remuneração, por eleição, nomeação, designação, contratação ou qualquer outra forma de investidura ou vínculo, mandato, cargo, emprego ou função em órgão ou entidade abrangidos pelo caput deste artigo.*

6.2.1 Sujeitos ativo

Quanto ao sujeito ativo (quem pratica o crime), como se extrai da leitura do art. 1°, *caput* c/c art. 2°, os crimes da Lei nº 13.869/2019 são próprios (exigirão uma condição especial do sujeito ativo), os quais somente poderão ser cometidos por **agente público**.

Mas qual o conceito "Agente Público" para os fins da mencionada Lei?

É um conceito bastante amplo. Resumindo e esquematizando o disposto no art. 2°, temos que se trata:

Aquele que exerce cargo, emprego, função ou mandato na administração direta ou indireta ou funcional de qualquer dos poderes da União dos Poderes da União, dos Estados, do Distrito Federal, dos Municípios e de Território	
Ainda que de forma transitória ou sem remuneração (Ex.: mesários eleitorais, jurados).	Por qualquer forma de investidura ou vínculo (Ex.: eleição, nomeação, designação, contratação).

O art. 2°, em seus incisos, traz um rol exemplificativo de sujeitos ativos, sem prejuízo de vários outros exemplos: servidores públicos; empregados públicos; agentes políticos; militares, etc.

6.2.2 No exercício de suas funções ou a pretexto de exercê-las

Segundo o art. 1°, os crimes da Lei poderão ser cometidos por agente público: que estiver **no exercício da sua função pública** (Ex.: policial em serviço); bem como por aquele que, embora não esteja no exercício da função (Ex.: policial de folga), cometer o ato invocando a sua condição de autoridade pública, ou seja, **a pretexto de exercê-la**.

Exige-se, portanto, que a conduta cometida guarde relação com a função pública do sujeito ativo para que tenhamos a configuração de crime contido na lei (que pode estar exercendo-a efetivamente ou mesmo atuando a pretexto de exercê-la).

6.2.3 Agente público de férias ou licença

Poderá ser sujeito ativo de crime da Lei nº 13.869/2019. Isso porque quando está de férias ou licença o agente público conserva o seu vínculo com a Administração Pública e, como vimos, é possível que

1 GRECO, Rogério. CUNHA, Rogério Sanches. Abuso de Autoridade Lei n° 13.869/2019 comentada artigo por artigo. Salvador: Juspodivm, 2020, p. 12.

o abuso seja cometido não só no exercício da função, mas também a pretexto de exercê-la.

6.2.4 Agente público aposentado ou demitido

Nesses casos, o sujeito não mais possui vínculo funcional com a Administração Pública (não é mais "agente público" para fins da lei), não podendo cometer, em regra, crime de abuso de autoridade.

6.2.5 Múnus público

Aquele que exerce múnus público (um tipo de encargo imposto pela lei) - como por exemplo o tutor, curador, inventariante - não é "agente público" para os fins da Lei de Abuso de Autoridade, não podendo assim ser considerado sujeito ativo dos delitos tipificados na mencionada norma.

6.2.6 Concurso de pessoas

Como são crimes próprios, os delitos da Lei nº 13.869/2019 admitem tanto coautoria quanto participação.

Assunto interessante diz respeito à possibilidade de o particular cometer crime da nova Lei de Abuso de Autoridade: **via de regra não cometerá**, haja vista que não é "agente público" para os fins do mencionado art. 2°.

Contudo, existe uma possibilidade de o particular responder pelo delito: quando pratica-lo conjuntamente com um "agente público", ou seja, atuando como coautor ou partícipe (concurso de pessoas). Dessa forma, sozinho, o particular nunca cometerá crime da Lei de Abuso de Autoridade.

E por qual razão o particular também responderá por crime da Lei nº 13.869/2019, nesse caso de concurso de pessoas? Explicamos. O art. 30 do Código Penal dispõe que *não se comunicam as condições de caráter pessoal, salvo quando elementares do crime.* Ou seja, quando houver uma **elementar**, essa irá se comunicar (aos coautores e partícipes do delito).

Elementares são, basicamente, os dados fundamentais/principais de uma conduta criminosa. Nos crimes da Lei nº 13.869/2019, a condição de "agente público" é uma elementar, portanto ela irá se comunicar, se transmitir do agente público ao particular, respondendo, ambos, por crime de Abuso de Autoridade. Obviamente se o particular desconhecer a condição de agente público do seu parceiro, não responderá por crime de abuso

6.3 Bem jurídico e sujeito passivo

Os bens jurídicos tutelados, ou seja, os valores fundamentais que a Lei nº 13.869/2019 buscou proteger ao criminalizar as condutas de abuso de autoridade são dois: **o regular funcionamento da Administração Pública**, a qual não pode admitir que as condutas de seus agentes estejam em desconformidade com a lei; **os direitos fundamentais das vítimas**, as quais sofreram o ato de abuso por parte do agente estatal.

Analisando os bens jurídicos protegidos pela Lei, teremos que, à semelhança, são dois os sujeitos passivos (vítimas) do crime de abuso: tanto o **Estado**, responsável pela "máquina pública", quanto a pessoa (física ou jurídica) que sofreu a conduta ilegal por parte do agente estatal

6.4 Elemento subjetivo

Todos os crimes previstos na Lei nº 13.869/2019 são **dolosos** - não há delito de abuso de autoridade culposo - e exigem, além do dolo genérico (presente em todo crime doloso), um especial fim de agir, o qual encontra-se previsto no art. 1°, §1°

6.5 Ação penal e competência

> ***Art. 3º*** *Os crimes previstos nesta Lei são de ação penal pública incondicionada.*
>
> *§ 1º Será admitida ação privada se a ação penal pública não for intentada no prazo legal, cabendo ao Ministério Público aditar a queixa, repudiá-la e oferecer denúncia substitutiva, intervir em todos os termos do processo, fornecer elementos de prova, interpor recurso e, a todo tempo, no caso de negligência do querelante, retomar a ação como parte principal.*
>
> *§ 2º A ação privada subsidiária será exercida no prazo de 6 (seis) meses, contado da data em que se esgotar o prazo para oferecimento da denúncia.*

6.5.1 Ação penal

Todos os crimes da Lei de Abuso de Autoridade serão processados e julgados mediante ação penal pública incondicionada.

O art. 3°, em seus §§ 1° e 2°, traz a chamada ação penal privada subsidiária da pública, que consiste na possibilidade de admissão da ação penal privada para crimes que se processam originariamente sob ação penal pública, caso essa não seja intentada no prazo legal[2] pelo Ministério Público (titular dessa espécie de ação penal). Aqui a lei praticamente repetiu o já previsto no Código de Processo Penal, o qual aborda essa temática com mais detalhamento.

Observe que, mesmo no caso de admissão da ação penal privada subsidiária da pública, o Ministério Público continua tendo um amplo poder de gerência, podendo: aditar ou repudiar a queixa (oferecendo denúncia substitutiva); intervir em todos os termos do processo; fornecer elementos de prova; interpor recurso; e, a todo tempo, no caso de negligência do querelante, retomar a ação como parte principal. Além disso, note que o prazo de exercício dessa espécie de ação será de 6 meses, a contar da data em que se esgotar o prazo para oferecimento da denúncia. Transcorrido o prazo mencionado sem que a vítima tenha oferecido a queixa subsidiária, opera-se a decadência do direito de ação (o MP continua legitimado a oferecer a denúncia enquanto não extinta a punibilidade do crime, Ex.: prescrição).

6.5.2 Competência

A competência para julgamento dos crimes de abuso de autoridade é, via de regra, da **Justiça Comum Estadual**.

Poderemos ter também o julgamento pela **Justiça Comum Federal** se vislumbrarmos, no caso concreto, alguma das hipóteses previstas no art. 109 da CF, com destaque para o inciso IV (ofensa a algum bem, serviço ou interesse da União, suas autarquias ou empresas públicas).

> **Ex.:** crime de abuso de autoridade cometido no interior de órgão público federal (bem da União).

E o crime da Lei nº 13.869/2019 praticado por militar? De qual Justiça é a competência?

Segundo a melhor doutrina, se praticado por militar **no exercício de suas funções/em serviço**, competência da **Justiça Militar**. Vamos explicar melhor. Esse é um ponto que tem que ficar bem claro, pois trata-se de uma novidade introduzida pela **Lei nº 13.491/2017**.

Antes da edição da **Lei nº 13.491/2017**, mesmo praticado por militar, os crimes previstos nas leis penais especiais seriam sempre de competência da Justiça Comum. Isso porque a Justiça Militar julga apenas crimes militares e, anteriormente à lei citada, crime militar era definido como aquele contido no Código Penal Militar. Porém, a partir da vigência da mencionada norma, houve **alteração no conceito de crime militar** (em tempo de paz), de forma que atualmente os crimes militares são,

2 O prazo para oferecimento da denúncia encontra-se previsto no art. 46 do CPP: 5 dias estando o réu preso; 15 dias estando o réu solto ou afiançado.

LEGIS

além dos previstos no CPM: **aqueles contidos nas leis penais especiais e também no Código Penal (comum),** desde **que sejam praticados em alguma das situações elencadas no art. 9°, II do CPM.**

Dessa forma, o crime de abuso de autoridade cometido por militar, em alguma das situações do art. 9, II do CPM (Ex.: em serviço), será julgado pela **Justiça Militar** (haja vista se tratar de crime militar por extensão/equiparação).

6.6 Efeitos da condenação e penas restritivas de direitos

> ***Art. 4º*** *São efeitos da condenação:*
>
> *I - Tornar certa a obrigação de indenizar o dano causado pelo crime, devendo o juiz, a requerimento do ofendido, fixar na sentença o valor mínimo para reparação dos danos causados pela infração, considerando os prejuízos por ele sofridos;*
>
> *II - A inabilitação para o exercício de cargo, mandato ou função pública, pelo período de 1 (um) a 5 (cinco) anos;*
>
> *III - a perda do cargo, do mandato ou da função pública.*
>
> ***Parágrafo único.*** *Os efeitos previstos nos incisos II e III do caput deste artigo são condicionados à ocorrência de reincidência em crime de abuso de autoridade e não são automáticos, devendo ser declarados motivadamente na sentença.*

6.6.1 Efeitos da condenação

No art. 4° da Lei estão previstos os efeitos extrapenais aplicáveis a quem for condenado por crime de abuso de autoridade. É interessante pontuar que alguns desses efeitos são automáticos, não necessitando de fundamentação pelo juiz quando da prolação da sentença condenatória (inciso I[3]) – uma vez condenado por crime da lei, automaticamente lhe será imposto tal efeito, quando for o caso.

Contudo, outros deles exigirão a devida fundamentação pelo magistrado para a sua caracterização (incisos II e III) – se o juiz, na sentença condenatória, nada diz a respeito desses efeitos, eles não serão impostos ao condenado. Quanto a esses, também é obrigatória a presença de reincidência específica, ou seja, que o condenado seja reincidente **em crime da Lei nº 13.869/2019** (foi condenado definitivamente por delito da Lei de Abuso de Autoridade e, posteriormente).

Para além do mencionado, o desafio do futuro aprovado aqui é memorizar o texto legal. Dessa forma, segue um esquema com as principais informações a serem gravadas:

São efeitos da condenação		
Perda de cargo, do mandato ou da função pública.	Inabilitação para o exercício de cargo, mandato ou função pública - 1 a 5 anos.	Torna certa a obrigação de indenizar o dano causado pelo crime + devendo o juiz, a requerimento do ofendido, fixar na sentença o valor mínimo para reparação dos danos, considerando os prejuízos sofridos.
Esse efeito é condicionado a ocorrência de reincidência em crime de abuso de autoridade e não automático.		

> ***Art. 5º*** *As penas restritivas de direitos substitutivas das privativas de liberdade previstas nesta Lei são:*
>
> *I - Prest..ção de serviços à comunidade ou a entidades públicas;*
>
> *II - Suspensão do exercício do cargo, da função ou do mandato, pelo prazo de 1 (um) a 6 (seis) meses, com a perda dos vencimentos e das vantagens;*
>
> ***Parágrafo único.*** *As penas restritivas de direitos podem ser aplicadas autônoma ou cumulativamente.*

6.6.2 Penas restritivas de direitos

O art. 5° traz as penas restritivas de direitos substitutivas das penas privativas de liberdade específicas para crimes da lei de abuso de autoridade, as quais podem ser aplicadas de forma autônoma (apenas uma delas) ou cumulativa (as duas em conjunto). Embora a lei anuncie quais são as penas substitutivas possíveis, nada diz a respeito dos requisitos para se operar essa substituição (quanto a esse ponto, deveremos observar o previsto no art. 44 do Código Penal).

Da mesma forma que o art. 4°, para provas de concursos a memorização do dispositivo é fundamental. Portanto, saiba:

Art. 5º - Penas Restritivas de Direito Substitutivas (aplicadas - autônoma ou cumulativamente):	
Prestação de serviços à comunidade ou entidades públicas.	Suspensão do exercício do cargo, função ou do mandato, pelo prazo de 1 a 6 meses + com a perda dos vencimentos e das vantagens.

6.7 Sanções de natureza civil e administrativa

> ***Art. 6°*** *As penas previstas nesta Lei serão aplicadas independentemente das sanções de natureza civil ou administrativa cabíveis.*
>
> ***Parágrafo único.*** *As notícias de crimes previstos nesta Lei que descreverem falta funcional serão informadas à autoridade competente com vistas à apuração.*
>
> ***Art. 7°*** *As responsabilidades civil e administrativa são independentes da criminal, não se podendo mais questionar sobre a existência ou a autoria do fato quando essas questões tenham sido decididas no juízo criminal.*
>
> ***Art. 8°*** *Faz coisa julgada em âmbito cível, assim como no administrativo-disciplinar, a sentença penal que reconhecer ter sido o ato praticado em estado de necessidade, em legítima defesa, em estrito cumprimento de dever legal ou no exercício regular de direito.*

6.7.1 Princípio da independência das instâncias

Via de regra, quanto à diversidade de punições a um ato ilícito vigora o princípio da independência das instâncias: as esferas cível, administrativa e penal são autônomas, ou seja, não guardam qualquer relação de dependência entre si. Por exemplo, para que se apure a responsabilização criminal de um ato de abuso de autoridade, não é necessário aguardar a instauração ou mesmo o encerramento do processo administrativo disciplinar (e vice-versa). É nesse sentido o teor do art. 6°, *caput* da Lei.

Além disso, é possível que um único ato de abuso de autoridade dê ensejo a três espécies diferentes de responsabilização: ADMINISTRATIVA + CIVIL + PENAL (as quais, em regra, são independes).

Contudo, pela leitura dos dispositivos seguintes – art. 7° e 8° - inferimos que o princípio mencionado não é absoluto, comportando duas exceções positivadas na Lei nº 13.869/2019:

Se o juízo do crime já decidiu a respeito da existência ou autoria do fato (materialidade e autoria):	→	Essas questões não poderão ser novamente questionadas nas esferas civil e administrativa

3 Sendo mais específico, doutrina especializada entende que a primeira parte do inciso I é efeito automático da condenação, enquanto a segunda parte do dispositivo (*devendo o juiz, a requerimento do ofendido, fixar na sentença o valor mínimo para reparação dos danos causados pela infração, considerando os prejuízos por ele sofridos*) exigirá requerimento do ofendido para sua incidência (efeito não automático).

Ou seja, o que foi decidido na esfera criminal em relação a existência ou autoria do fato, por meio de sentença penal condenatória (ou absolutória), torna-se imutável para as demais, retirando parcela da "independência" dessas instâncias.

A sentença penal que reconhecer ter sido o ato praticado em estado de necessidade, legítima defesa, estrito cumprimento de dever legal ou exercício regular de direito:	→	Faz coisa julgada no âmbito civil e administrativo

A sentença penal que reconhecer alguma das causas de exclusão da ilicitude do art. 23 CP, de igual modo, é imodificável nas demais esferas, esvaziando também parte da "independência" das mesmas.

6.7.2 Notificação falta funcional

Conforme disposto no art. 6°, parágrafo único no caso de notícia de crime que descreva também alguma falta funcional (âmbito administrativo), tal fato será comunicado à autoridade competente com vistas à respectiva apuração da responsabilidade disciplinar.

As condutas descritas na Lei constituem criem de abuso de autoridade quando praticadas pelo agente com finalidade específica de (solo específico):	
Prejudicar outrem	Beneficiar a terceiro
Beneficiar a si mesmo	Ou, ainda, por mero capricho ou satisfação pessoal

Portanto, pelo menos em regra, sem a existência de alguma dessas finalidades específicas não há que se falar em crime da Lei de Abuso de Autoridade. Ok!

Então para a caracterização dos delitos da Lei nº 13.869/2019 é necessário que se alcance alguma das finalidades citadas?

Não é necessário que se alcance, mas apenas que haja a pretensão, a intenção, o fim específico de abusar de seu poder, praticando alguma das condutas tipificadas na lei, para se chegar a qualquer dessas finalidades (mesmo que ela não seja alcançada).

6.8 Divergência na interpretação de lei ou na avaliação de fatos e provas

É certo que o operador do Direito, rotineiramente, se vê diante da necessidade de interpretar leis ou dispositivos de leis, bem como avaliar fatos e provas nas mais diversas situações. É comum que existam divergências entre os operadores quanto a interpretação ou avaliação desses fatos, isso é inclusive muito salutar. A divergência leva ao aprofundamento da questão, o que poderá gerar um raciocínio melhor construído, uma tese melhor trabalhada.

Atento a isso, o legislador previu no art. 1°, §2° que:

> ***Art. 1°, § 2º*** *A divergência na interpretação de lei ou na avaliação de fatos e provas não configura abuso de autoridade.*

Dessa forma, não que se falar em crime de abuso de autoridade no caso de mera divergência na interpretação de lei ou na avaliação de fatos e provas.

6.9 Procedimento

> ***Art. 39*** *Aplicam-se ao processo e ao julgamento dos delitos previstos nesta Lei, no que couber, as disposições do Decreto-Lei nº 3.689, de 3 de outubro de 1941 (Código de Processo Penal), e da Lei nº 9.099, de 26 de setembro de 1995.*

Diferentemente do previsto na antiga lei de abuso de autoridade (Lei nº 4.898/1965), a qual previa um procedimento especial aos seus crimes, a Lei nº 13.869/2019 dispõe em seu art. 39 que aplicam-se aos delitos as normas de processo e julgamento contidas no Código de Processo Penal ou na Lei nº 9.099/1995 (Juizados Especiais Criminais).

De forma objetiva, saiba que a nova Lei de Abuso de Autoridade traz um padrão quanto à sanção penal privativa de liberdade, de modo que os delitos são punidos de duas uma:

- **Ou detenção de 6 meses a 2 anos** (menor potencial ofensivo): nesse caso, aplicar-se-ão as disposições da Lei nº 9.099/1995: procedimento sumaríssimo, institutos despenalizadores e demais disposições da lei.
- **Ou detenção de 1 a 4 anos** (médio potencial ofensivo): para esses, aplicar-se-ão as disposições do CPP. Sendo mais específico, em regra incidirá o procedimento especial reservado ao processo e julgamento dos crimes de responsabilidade dos funcionários públicos (arts. 513 a 518 do CPP), aplicando-se subsidiariamente as normas do procedimento ordinário.

Ressaltamos, por fim, a possibilidade de aplicação da Lei nº 9.099/1995 (no que for compatível), em especial o instituto da suspensão condicional do processo (pois todos os crimes da nova lei de abuso de autoridade possuem pena mínima igual ou inferior a 1 ano).

6.10 Crimes em espécie

A partir do art. 9° nós temos a previsão dos crimes em espécie da nova lei de abuso de autoridade. Certamente a maior parte das questões irão exigir do candidato o conhecimento da letra da lei, principalmente nesse momento inicial, no qual são escassas as decisões jurisprudenciais sobre o tema e as discussões doutrinárias ainda embrionárias.

Inicialmente, como forma de sistematizar os temas, elencaremos aqui ensinamentos sobre os seguintes pontos (alguns já abordados anteriormente, mas que merecem atenção do futuro aprovado, pois aproveitam a todos os crimes da lei): **elemento subjetivo; modalidades da conduta; objeto material**.

6.10.1 Elemento subjetivo

Os crimes previstos na lei são todos dolosos (não há abuso de autoridade culposo). Além disso, não basta o chamado "dolo genérico" (ou simplesmente "dolo"), pois, como já estudado, os delitos exigirão também uma finalidade específica (dolo específico), constante no art. 1°, §1° da Lei.

6.10.2 Modalidades comissiva e omissiva

Em regra, os crimes da lei serão cometidos mediante ação (crimes comissivos), contudo, alguns outros delitos exigirão uma omissão por parte do agente público para sua caracterização (crimes omissivos). Saiba, portanto, que a Lei prevê tanto crimes comissivos quanto omissivos.

6.10.3 Objeto material

É a pessoa ou coisa sob a qual recai a conduta do agente, no caso dos delitos da Lei nº 13.869/2019, cuida-se da pessoa física ou jurídica que sofreu o ato consistente em crime de abuso de autoridade.

6.10.4 Art. 9°

> ***Art. 9º*** *Decretar medida de privação da liberdade em manifesta desconformidade com as hipóteses legais:*
>
> *Pena - detenção, de 1 (um) a 4 (quatro) anos, e multa.*
>
> ***Parágrafo único.*** *Incorre na mesma pena a autoridade judiciária que, dentro de prazo razoável, deixar de:*
>
> ***I*** *- Relaxar a prisão manifestamente ilegal;*

LEGIS

II - Substituir a prisão preventiva por medida cautelar diversa ou de conceder liberdade provisória, quando manifestamente cabível;

III - deferir liminar ou ordem de habeas corpus, quando manifestamente cabível.

Conduta Típica

Estamos diante da conduta de agente público que decreta medida de privação da liberdade em **manifesta**[4] desconformidade com a lei. O conceito de "medida de privação de liberdade" é amplo, abrangendo a **prisão cautelar** (flagrante, preventiva, temporária), **prisão definitiva** (em razão de sentença condenatória transitada em julgado), **prisão civil** (dívida de alimentos) e internação de menor infrator (Lei nº 8.069/1990).

Portanto, trata-se da situação na qual o sujeito ativo, em manifesta desconformidade com o previsto em lei e abusando de seu poder, ordena a privação de liberdade de uma pessoa.

> **Ex.:** juiz que decreta a prisão temporária de um sujeito em razão do cometimento do crime de ameaça (art. 147 CP). Tal ordem é manifestamente ilegal, haja vista que o delito do art. 147 CP não consta no rol da Lei nº 7.960/1989 (prisão temporária).

Figuras equiparadas

No parágrafo único nós temos algumas figuras equiparadas, ou seja, cada inciso constitui um crime autônomo, mas que receberá a mesma consequência penal da conduta prevista no *caput*, incorrendo na mesma pena a autoridade judiciária que, **dentro de prazo razoável, deixar de:**

- Relaxar prisão **manifestamente** ilegal: juiz que ao receber o preso em flagrante, na audiência de custódia, e verificada nítida ilegalidade na prisão, deixa de relaxa-la, convertendo-a em prisão preventiva;
- Substituir a prisão preventiva por medida cautelar diversa ou de conceder liberdade provisória, **quando manifestamente cabível**: conduta do juiz que ao receber preso em flagrante na audiência de custódia - sendo caso de flagrante lícito - e diante da evidente ausência dos requisitos para decretação da prisão preventiva (art. 312 c/c art. 313 do CPP), mesmo assim decide ordena-la, deixando de conceder a liberdade provisória manifestamente cabível;
- Deferir liminar ou ordem de ***habeas corpus*****, quando manifestamente cabível**: imagine que um juiz esteja há vários meses com um pedido liminar ou de *habeas corpus* concluso para seu julgamento em processo criminal e, ainda, é manifestamente cabível o pleiteado pela defesa. Mesmo diante de tal situação, o juiz dolosamente se mantém inerte, não deferindo o pedido nitidamente cabível.

Sujeitos do crime

Sujeito ativo: em relação ao *caput*, poderá ser qualquer agente público, na forma do art. 2°, pois todo agente estatal é passível de decretar medida de privação de liberdade em **manifesta** desconformidade com a lei; quanto ao parágrafo único, será apenas quem se enquadrar na qualidade de autoridade judiciária: Juiz, Desembargador, Ministro.

Sujeito passivo: tanto o Estado quanto a pessoa que sofreu a conduta ilegal por parte do agente público.

Modalidades comissiva e omissiva

O verbo "decretar" (*caput*) exige uma ação por parte do sujeito ativo (crime comissivo). Contudo, no tocante ao verbo "deixar" parágrafo único) temos delito praticado por omissão (crime omissivo próprio).

6.10.5 Art. 10

***Art. 10** Decretar a condução coercitiva de testemunha ou investigado manifestamente descabida ou sem prévia intimação de comparecimento ao juízo:*

Pena - detenção, de 1 (um) a 4 (quatro) anos, e multa.

Conduta típica

Em breves palavras, condução coercitiva consiste em levar alguém, ainda que contra a sua vontade, à presença de determinada autoridade para que possa realizar algum ato proveitoso à persecução penal. Segundo o CPP, existe a possibilidade de condução coercitiva em relação aos seguintes sujeitos: **vítima** (art. 201, §1°); **acusado** (art. 260); **testemunha** (art. 218); **perito** (art. 278).

Embora haja todas essas possibilidades, teremos o crime do art. 10 quando o agente público legitimado decretar condução coercitiva, de **testemunha ou investigado** (apenas esses), em uma de duas situações:

- **Quando manifestamente descabida a medida**: citamos como exemplo uma condução coercitiva do investigado para interrogatório em sede policial. O STF recentemente reconheceu a impossibilidade de condução coercitiva de investigado ou réu objetivando a realização de interrogatório na fase investigatória ou judicial, considerando não recepcionada a parte do art. 260 do CPP que dispõe sobre a possibilidade de aplicação da medida "*para interrogatório*";
- **Quando não tenha havido prévia intimação de comparecimento ao juízo**: sem intimação prévia e o subsequente não comparecimento na data agendada de forma injustificada, a condução coercitiva de testemunha ou investigado configurará o crime do art. 10.

Sujeitos do crime

Sujeito ativo: para melhor doutrina, a condução coercitiva pode ser determinada por várias autoridades, como por exemplo: juiz; autoridade policial; membro do Ministério Público. Dessa forma, não só o juiz como também qualquer agente público com atribuição para determinar a medida poderá ser sujeito ativo do crime

6.10.6 Art. 12

***Art. 12** Deixar injustificadamente de comunicar prisão em flagrante à autoridade judiciária no prazo legal:*

Pena - detenção, de 6 (seis) meses a 2 (dois) anos, e multa.

***Parágrafo único.** Incorre na mesma pena quem:*

I - Deixa de comunicar, imediatamente, a execução de prisão temporária ou preventiva à autoridade judiciária que a decretou;

II - Deixa de comunicar, imediatamente, a prisão de qualquer pessoa e o local onde se encontra à sua família ou à pessoa por ela indicada;

III - deixa de entregar ao preso, no prazo de 24 (vinte e quatro) horas, a nota de culpa, assinada pela autoridade, com o motivo da prisão e os nomes do condutor e das testemunhas;

IV - Prolonga a execução de pena privativa de liberdade, de prisão temporária, de prisão preventiva, de medida de segurança ou de internação, deixando, sem motivo justo e excepcionalíssimo, de executar o alvará de soltura imediatamente após recebido ou de promover a soltura do preso quando esgotado o prazo judicial ou legal.

Conduta típica

Os delitos do art. 12 criminalizam o descumprimento de certos deveres legais, inerentes ao momento da prisão ou à execução da pena e de observância obrigatória pelos agentes públicos encarregados. Não se trata de discutir a legalidade da prisão em si, mas sim o cumprimento ou não de deveres correlatos, previstos em lei.

O art. 12, inicialmente, pune o agente público que deixa injustificadamente[5] de comunicar prisão em flagrante à autoridade judiciária no prazo legal. Esse dever de comunicação encontra-se previsto no art. 306, *caput* do CPP (bem como no art. 5°, LXII, CF) que anuncia, dentre outros, a exigência de comunicação imediata da prisão em flagrante de qualquer pessoa ao juiz competente, o qual, uma vez descumprido, caracterizará o crime em questão.

Perceba que o prazo legal dessa comunicação - conforme extraído da letra do art. 306, *caput, CPP* - é **imediatamente**. Contudo, ressaltamos que para boa parte da **doutrina é lícito que a comunicação da prisão se dê no prazo de 24 horas** (aplicando-se, por extensão, o

4 Cuida-se de um elemento normativo a ser esclarecido pelo intérprete. Os mesmo acontece em relação aos termos "dentro de prazo razoável", "manifestamente cabível", presentes no parágrafo único e incisos.

5 Se houver justo motivo, por exemplo falha nos sistemas de comunicação, não há crime.

prazo para remessa do auto de prisão em flagrante ao juiz - art. 306, §1°, CPP), sem que haja crime algum.

Por outro lado, também encontramos entendimento que interpreta literalmente o art. 306, *caput*, CPP, assim se a comunicação da prisão ao juiz não ocorrer imediatamente haverá o delito do art. 12, *caput* da Lei nº 13.869/2019. Para prova objetiva, recomendamos essa interpretação literal do dispositivo.

Figuras equiparadas

No parágrafo único nós temos algumas figuras equiparadas, ou seja, cada inciso constitui um crime autônomo, mas que receberá a mesma consequência penal da conduta prevista no *caput*, incorrendo na mesma pena quem:

- **Deixa de:** comunicar, imediatamente, a **execução** de prisão temporária ou **preventiva à autoridade judiciária** que a decretou. Cuida-se de um dever prescrito pelo art. 289-A, §3° do CPP. Quanto ao alcance da expressão "imediatamente" – aqui e no inciso II - valem as mesmas observações feitas ao *caput*;

Fique ligado

Autoridade policial que cumpre prisão preventivamente legalmente autorizada por juiz, porém não o comunica imediatamente sobre a execução da medida.

- **Deixa de:** comunicar, imediatamente, a prisão de qualquer pessoa e o local onde se encontra **à sua família ou à pessoa por ela indicada**. Esses também são deveres, à semelhança do *caput*, previstos no art. 306 do CPP (bem como no art. 5°, LXII, CF);
- **Deixa de**: entregar ao preso, no prazo de 24 (vinte e quatro) horas, a **nota de culpa**, assinada pela autoridade, com o motivo da prisão e o nome do condutor e das testemunhas. O dever de entrega da nota de culpa no prazo de 24 horas encontra-se previsto no art. 306, §2° do CPP;
- **Deixa**: sem justo e excepcionalíssimo motivo, de **executar imediatamente** alvará de soltura de preso ou **promover a sua soltura** quando esgotado o prazo judicial ou legal, prolongando, dessa forma, a execução de **pena privativa de liberdade**, de **prisão temporária ou preventiva, de medida de segurança ou de internação**.

É certo que se houver justo motivo para a não execução imediata do alvará/não promoção de soltura, não há crime.

> **Ex.:** atraso em virtude de rebelião no presídio ou diante de falha nos sistemas de comunicação, etc.

Sujeitos do crime

Sujeito ativo: será qualquer agente público com atribuição de praticar as condutas previstas nos tipos penais.

Modalidade omissiva

O crime do art. 12 (*caput* ou parágrafo único) reclama conduta omissiva por parte do sujeito ativo (crime omissivo próprio). Excepcionalmente aqui, não há modalidade comissiva do delito.

6.10.7 Art. 13

> ***Art. 13** Constranger o preso ou o detento, mediante violência, grave ameaça ou redução de sua capacidade de resistência, a:*
>
> *I - Exibir-se ou ter seu corpo ou parte dele exibido à curiosidade pública;*
>
> *II - Submeter-se a situação vexatória ou a constrangimento não autorizado em lei;*
>
> *III - produzir prova contra si mesmo ou contra terceiro:*
>
> *Pena - detenção, de 1 (um) a 4 (quatro) anos, e multa, sem prejuízo da pena cominada à violência.*

Conduta típica

O crime do art. 13 objetiva tutelar a integridade física e moral do preso ou detento, a qual encontra respaldo em dispositivos constitucionais (art. 5°, XLIX - *é assegurado aos presos o respeito à integridade física e moral*) e legais (art. 41, VIII, LEP - *constituem direitos do preso: proteção contra qualquer forma de sensacionalismo*). Nesse sentido, o mencionado delito tipifica a conduta do agente público que constrange/obriga o preso ou detento, mediante violência, grave ameaça ou redução de sua capacidade de resistência (violência imprópria), a:

- **Exibir-se ou ter seu corpo ou parte dele exibido à curiosidade pública:** essa última expressão indica a ausência de finalidade pública na exibição da pessoa presa ou detida, ou seja, o objetivo é saciar a curiosidade de terceiros e não uma efetiva e razoável contribuição à persecução penal;

> **Ex.:** policial que coloca pessoa presa em flagrante dentro do "baú" da viatura (bagageiro adaptado) e comunica à imprensa para que possam fotografá-lo e exibi-lo à curiosidade pública. Nessa situação, o constrangimento foi realizado mediante violência imprópria, pois o preso, subjugado na parte traseira da viatura, encontrava-se com sua capacidade de resistência reduzida.

Ressaltamos que a exposição da imagem de pessoa presa, mesmo que contra sua vontade, mas com o objetivo de auxiliar na elucidação do delito e desde que dentro de limites razoáveis e proporcionais ao atingimento da finalidade pública, não configurará o delito em questão. Podemos citar a divulgação à imprensa das fotos de pessoa presa suspeita de cometer vários delitos contra a dignidade sexual, para que seja possível a identificação de outras possíveis vítimas.

- Submeter-se a situação vexatória ou a constrangimento não autorizado em lei: policial que, mediante grave ameaça, constrange pessoa presa a gravar um vídeo de desculpas, chorando e se auto ofendendo, em razão dos delitos praticados;

Vale ressaltar que se a situação causar vexame ou constrangimento, porém for autorizada pela lei, não há crime.

> **Ex.:** prisão preventiva lícita, decretada pelo juiz e executada na empresa do detido, na presença de seus funcionários.

- **Produzir prova contra si mesmo ou contra terceiro**: O tipo penal consagra o princípio do *nemo tenetur se detegere* ou direito a não auto incriminação, o qual garante ao réu o direito de não praticar nenhum comportamento ativo que possa auto incriminá-lo. Tipifica também o constrangimento à produção de prova contra terceiro.

> **Ex.:** escrivão de polícia que constrange pessoa detida, mediante grave ameaça, a fornecer um fio de seu cabelo para que se realize exame de DNA, necessário a comprovar a materialidade de um crime de estupro (art. 213 CP).

Sem prejuízo da pena cominada à violência

Observe que, se para cometer o delito do art. 13 o agente público se valer do emprego de violência à vítima, teremos concurso de crimes - por expressa disposição legal: *detenção, de 1 (um) a 4 (quatro) anos, e multa, **sem prejuízo da pena cominada à violência.***

Sujeitos do crime

Sujeito ativo: é o agente público que praticar a conduta prevista no tipo penal (não se enquadram como sujeito ativo do delito, os profissionais da imprensa que, porventura, venham a capturar imagens do preso ou detento – não são "agentes públicos").

6.10.8 Art. 15

> ***Art. 15 Constranger** a depor, **sob ameaça de prisão**, pessoa que, em razão de função, ministério, ofício ou profissão, deva guardar segredo ou resguardar sigilo:*
>
> *Pena - detenção, de 1 (um) a 4 (quatro) anos, e multa.*
>
> ***Parágrafo único.** Incorre na mesma pena quem prossegue com o interrogatório:*
>
> *I - de pessoa que tenha decidido exercer o direito ao silêncio; ou*
>
> *II - de pessoa que tenha optado por ser assistida por advogado ou defensor público, sem a presença de seu patrono.*

O núcleo do tipo (verbo) deste crime é **constranger**. Este delito só poder ser praticado por ação, não cabe imputação por omissão.

Sujeito passivo: Os sujeitos passivos deste crime estão previstos no art. 207 do Código de Processo Penal.

> ***Art. 207*** *São proibidas de depor as pessoas que, em razão de função, ministério, ofício ou profissão, devam guardar segredo, salvo se, desobrigadas pela parte interessada, quiserem dar o seu testemunho.*

Exemplos:

- Um padre em relação a uma confissão;
- Um psicólogo em relação ao seu paciente;
- Advogado.

Essas pessoas não podem ser constrangidas a depor, ainda que estejam desobrigadas pela parte interessada.

Esse constrangimento não é feito de qualquer forma para a caracterização deste delito. O constrangimento deve ser feito sobre a ameaça de prisão.

Pois, a maioria da doutrina, Renato Brasileiro, Renee do O', Rogério Greco e **Rogério Sanches Cunha, entende que esse crime é um crime de ação vinculada.**

Já no parágrafo único do art. 15 da Lei nº 13.869/2019 trata de um crime em que o sujeito passivo do crime só podem ser o **acusado ou réu**, uma vez que se trata de interrogatório.

O interrogatório divide-se em duas fases.

- A 1º fase trata-se da qualificação do interrogando. Na qual a autoridade policial coleta dados de identificação do acusado/réu, por exemplo, seu nome, endereço, idade;
- Já na 2º fase trata-se do mérito, do fato em si.

O crime em análise recai sobre a segunda fase do interrogatório, na qual se discute o mérito, ou seja, o que aconteceu de fato.

Fique ligado

Um delegado de polícia inicia o interrogatório. Porém, o interrogando suscita seu direito ao silêncio e o delegado continua estimulando-o a fala, não respeitando assim o direito ao silêncio do acusado. Caracteriza-se o crime do art. 15, parágrafo único, I da Lei nº 13.869/2019.

A primeira fase ou parte do interrogatório não dá ao interrogando o direito ao silêncio quanto menos a faltar com a verdade, pois trata-se de informações sobre a sua identidade. Por isso, não cabe a alegação de autodefesa neste momento do interrogatório, conforme demonstra a Súmula nº 522 do STJ.

Além disso, incorre no art. 68 da Lei de Contravenções Penais o interrogando que mentir ou silenciar seus dados pessoais na fase de qualificação do interrogatório (1º fase).

> ***Súmula nº 522 - STJ***
>
> *A conduta de atribuir-se falsa identidade perante autoridade policial é típica, ainda que em situação de alegada autodefesa.*

Sujeito ativo

Qualquer agente público com atribuição de praticar as funções descritas no tipo penal.

6.10.9 Art. 15-A

Recentemente, por meio da Lei nº 14.321/2022, um novo crime foi adicionado à Lei de Abuso de Autoridade (Lei nº 13.869/2019), que trata da **violência institucional**.

> ***Art. 15-A*** *Submeter a vítima de infração penal ou a testemunha de crimes violentos a procedimentos desnecessários, repetitivos ou invasivos, que a leve a reviver, sem estrita necessidade:*
>
> *I - a situação de violência; ou*
>
> *II - outras situações potencialmente geradoras de sofrimento ou estigmatização:*
>
> *Pena - detenção, de 3 (três) meses a 1 (um) ano, e multa.*
>
> *§ 1º Se o agente público permitir que terceiro intimide a vítima de crimes violentos, gerando indevida revitimização, aplica-se a pena aumentada de 2/3 (dois terços).*
>
> *§ 2º Se o agente público intimidar a vítima de crimes violentos, gerando indevida revitimização, aplica-se a pena em dobro.*

Essa tipificação trata da possibilidade de a vítima sofrer indiretamente em razão do delito que foi praticado contra ela, através da sua submissão a procedimentos repetitivos ou desnecessários, dentro de instituições estatais (delegacia, fórum), fazendo com que ela reviva o evento traumático da violência ou sofrimento.

Esse processo de sofrimento causado é denominado de **vitimização secundária** ou **revitimização**. Em suma, são situações em que o sofrimento não decorre diretamente da violência praticada contra a vítima, mas que se dá em decorrência de procedimentos institucionais.

- Pode acontecer, por exemplo, em tomada de depoimentos ou em virtude de um mau atendimento nos órgãos públicos;

Portanto, o art. 15-A da Lei de Abuso de Autoridade visa punir a conduta de agentes públicos que submetam **vítima de infração penal ou testemunha de crime violento** a um processo de revitimização.

Outro ponto que merece destaque, diz respeito à pena cominada para o crime de violência institucional: **detenção de 3 (três) meses a 1 (um) ano.** É a menor pena da Lei nº 13.869/2019 e, por se tratar de delito de menor potencial ofensivo, é cabível o procedimento do Juizado Especial Criminal (Lei nº 9.099/1995) e os benefícios que dele decorrem.

- Ainda que incidam as causas de aumento de pena, previstas no §1º e §2º, o crime continua sendo de menor potencial ofensivo, vez que não ultrapassa o limite máximo de 2 anos.

Em seguida, vale salientar quais indivíduos podem ser vítimas desse crime:

- As vítimas de infração penal;
- A testemunha de crimes violentos. Nesse ponto, **obrigatoriamente** a testemunha deve ser de crimes violentos, não de qualquer tipo de infração penal.

Prosseguindo, ainda no *caput* do art. 15-A, a lei menciona *"procedimentos desnecessários, repetitivos ou invasivos"*. Não há especificação de quais procedimentos se enquadram nesse conceito, mas são considerados quaisquer procedimentos em que a vítima é submetida perante um agente público e que diga respeito à infração penal.

Só haverá a conduta criminosa, caso a lembrança dos eventos criminosos seja desnecessária, ou seja, quando **não houver a estrita necessidade**.

- Imagine que determinada pessoa foi vítima de uma tentativa de homicídio. Ela deverá ser ouvida em sede policial, para a elucidação do fato, ato que **obrigatoriamente** deve ocorrer e será inevitável que ela reviva os eventos traumáticos que passou;

Ainda, a vítima foi intimada para prestar este depoimento em horário no qual ela poderá se locomover, após total recuperação de sua saúde. Chegando no órgão público, foi tratada com a cordialidade devida. Veja que ela não foi submetida a um procedimento desnecessário, portanto, não haverá crime por parte do agente público.

Agora, em sentido contrário, veja outro exemplo:

▷ Imagine uma testemunha de um crime de homicídio (crime violento). O delegado que estava conduzindo a investigação desse delito achou que o primeiro depoimento prestado por essa testemunha não seria suficiente para se chegar à identificação do autor do crime;

O delegado, por sua vez, tem a convicção de que tal testemunha sabe quem é o autor, mas não quer revelar. Diante disso, dolosamente, ordena que a testemunha seja intimada toda semana, por várias vezes, para prestar múltiplos depoimento até que ela revele o que ele deseja.

Perceba que o delegado (agente público) submeteu uma testemunha de crime violento a procedimento desnecessário e repetitivo, fazendo-a reviver os eventos traumáticos sem que houvesse estrita necessidade em fazê-lo. Nesse caso, presente o dolo específico, haverá o crime de violência institucional (art. 15-A).

Causas de aumento de pena

Primeiramente, ambas as causas de aumento possuem uma característica em comum: serão aplicadas quando há **intimidação à vítima de crime violento que cause uma indevida revitimização.**

Em segundo lugar, as duas causas são aplicáveis somente **às vítimas de crimes violentos**, de modo que as testemunhas (citadas pelo *caput*) não são abrangidas pelas causas de aumento.

Terceiro, está presente o ato de **intimidar** a vítima, que é uma postura ainda mais hostil do que aquela prevista no *caput*.

Agora, especificamente sobre o §1º, trata-se da situação em que o agente público adota uma postura omissiva e permite que um **terceiro intimide a vítima** de crime violento, causando indevida revitimização (aplica-se a pena aumentada de 2/3).

Quanto ao §2º, trata-se da situação em que o **próprio agente público intimida a vítima** de crime violento, causando indevida revitimização (aplica-se a pena em dobro).

Característica comum	§ 1º	§ 2º
Intimidação da vítima de crime violento, causando indevida revitimação.	Agentê público se omite e permite que terceiro intimide a vitima.	Quando o próprio agente público pratica a intimação.

Sujeitos do crime

Em relação ao **sujeito ativo**, poderá ser qualquer agente público com atribuição de aplicar o procedimento (ex: juiz, delegado, promotor de justiça, etc). Assim, como todos os crimes da Lei de Abuso de Autoridade, trata-se de um crime próprio.

Já o **sujeito passivo** é a vítima de infração penal ou testemunha de crime violento. Lembrando que no contexto das causas de aumento (§§1º e 2º), apenas a vítima de crime violento pode figurar como sujeito passivo.

Consumação do crime

O crime de violência institucional é um **crime formal**, ou seja, consuma-se com a mera prática da conduta e não exige a ocorrência do resultado naturalístico (alteração no mundo natural).

Tal delito se consuma com a submissão da vítima aos procedimentos desnecessários, repetitivos ou invasivos que a fazem reviver, sem estrita necessidade, a situação de violência, sofrimento ou estigmatização.

A tentativa é possível. Cuida-se, ainda, de crime de perigo concreto.

6.10.10 Art. 16

> *Art. 16* ***Deixar de identificar-se ou identificar-se falsamente ao preso*** *por ocasião de sua captura ou quando deva fazê-lo durante sua detenção ou prisão:*
>
> *Pena - detenção, de 6 (seis) meses a 2 (dois) anos, e multa.*
>
> ***Parágrafo único.*** *Incorre na mesma pena quem, como responsável por* ***interrogatório*** *em sede de* ***procedimento investigatório de infração penal, deixa de identificar-se*** *ao preso* ***ou atribui a si mesmo falsa identidade, cargo ou função.***

Tem-se neste dispositivo a consagração de um direito fundamental previsto no art. 5, LXIV da CRFB/88, a saber, a identificação dos agentes responsáveis por sua prisão (art.16, caput) ou interrogatório (art. 16, parágrafo único).

> *LXIV - o preso tem direito à identificação dos responsáveis por sua prisão ou por seu interrogatório policial;*

Caput

O art. 16, *caput* pode ser praticado tanto por ação ou por omissão. Por omissão quando o agente deixar de identificar-se. Por ação quando ele utilizar-se de identificação falsa.

Sujeito passivo: é somente o **preso**, seja na captura, detenção ou prisão.

Sujeito ativo: qualquer agente público com atribuição de praticar as funções descritas no tipo penal.

Parágrafo único

É um crime equiparado ao art. 16, *caput*. Contudo, o PÚ fala em atribui a si mesmo falsa **identidade, cargo ou função** enquanto no *caput* fala-se apenas em identidade/identificação.

Neste ponto, a doutrina diverge, pois, para alguns no caput não abrangerá cargo ou função. Portanto, no art. 16, *caput*, se o agente público se identificar falsamente quanto a cargo ou função **não** haveria tipicidade.

Já no parágrafo único do mesmo dispositivo, se o agente público se identificar falsamente quanto a cargo ou função haveria tipicidade.

No parágrafo único do art. 16 também configura-se o crime por ação ou omissão.

Sujeitos do crime

Sujeito passivo: o mesmo sujeito passivo do *caput*, o preso! Contudo, apenas no momento do interrogatório de procedimento investigatório de infração penal. Por isso, a maioria da doutrina diz que este delito em fase pré-processual. Não cabe falar em caracterização do delito na fase processual penal/ fase judicial.

Sujeito ativo: qualquer agente público com atribuição de praticar as funções descritas no tipo penal, autoridade policial, membro do Ministério Público, desde que na fase pré-processual.

6.10.11 Art. 18

> *Art. 18* ***Submeter o preso a interrogatório policial durante o período de repouso noturno****, salvo se capturado em flagrante delito ou se ele, devidamente assistido, consentir em prestar declarações:*
>
> *Pena - detenção, de 6 (seis) meses a 2 (dois) anos, e multa.*

Em regra, o interrogatório não pode ser feito em horário de repouso noturno, ou seja, horário de descanso.

Contudo, há duas exceções, se o preso for capturado em flagrante delito no horário de descanso noturno ou se ele, estando assistido, desejar prestar declarações.

Sujeitos do crime

Sujeito passivo: o sujeito passivo é o preso, porém a tipificação só ocorre se o ato se der em sede de inquérito policial.

Sujeito ativo: somente a autoridade policial (Delegado de Polícia).

Repouso noturno

A lei em análise é silente a respeito do conceito de repouso noturno. Por isso, há bastante divergência doutrinária acerca do assunto.

Contudo, segundo Renato Brasileiro, aplica-se para fins de conceituação de repouso noturno o art. 22, § 1º , inciso III da Lei nº 13.869/2019, aplica-se um prazo da própria Lei de Abuso de Autoridade.

Portanto, o período compreendido entre 21h (vinte e uma horas) até 5h (cinco horas).

> *Art. 22 Invadir ou adentrar, clandestina ou astuciosamente, ou à revelia da vontade do ocupante, imóvel alheio ou suas dependências, ou nele permanecer nas mesmas condições, sem determinação judicial ou fora das condições estabelecidas em lei:*
>
> *Pena – detenção, de 1 (um) a 4 (quatro) anos, e multa.*
>
> *§ 1º Incorre na mesma pena, na forma prevista no **caput** deste artigo, quem:*
>
> *III – cumpre mandado de busca e apreensão domiciliar **após as 21h (vinte e uma horas) ou antes das 5h (cinco horas)**.*

> **Ex.:** A autoridade policial inicia o interrogatório do preso antes das 20 horas, contudo, as 20 horas e 50 minutos, ele percebe que aquele interrogatório não está finalizado ainda e que seu término não está próximo, ou seja, ele precisaria continuar o interrogatório após as 21 horas.

Neste caso, ele pode continuar com o interrogatório, mesmo ultrapassando o horário das 21 horas ou ele deve interromper o interrogatório e dar continuidade após o horário de repouso noturno?

Para Renato Brasileiro, o Delegado de Polícia deverá interromper o interrogatório e retomá-lo no dia seguinte após as 5 horas. Num entendimento diferente do que se aplica aos mandados de busca e apreensão.

6.10.12 Art. 19

> ***Art. 19 Impedir ou retardar, injustificadamente**, o envio de pleito de preso à autoridade judiciária competente para a apreciação da legalidade de sua prisão ou das circunstâncias de sua custódia:*
>
> *Pena – detenção, de 1 (um) a 4 (quatro) anos, e multa.*
>
> ***Parágrafo único.** Incorre na mesma pena o magistrado que, ciente do impedimento ou da demora, **deixa** de tomar as providências tendentes a saná-lo ou, não sendo competente para decidir sobre a prisão, **deixa** de enviar o pedido à autoridade judiciária que o seja.*

Este artigo busca proteger o direito fundamental ao direito de petição, art. 5, XXXIV da CRFB/88.

> ***Art. 5º** Todos são iguais perante a lei, sem distinção de qualquer natureza, garantindo-se aos brasileiros e aos estrangeiros residentes no País a inviolabilidade do direito à vida, à liberdade, à igualdade, à segurança e à propriedade, nos termos seguintes:*
>
> *XXXIV – são a todos assegurados, independentemente do pagamento de taxas:*
>
> *a) o **direito de petição aos Poderes Públicos** em defesa de direitos ou contra ilegalidade ou abuso de poder;*

Caput

Para que haja a tipificação deste crime faz-se necessário que a conduta do agente público ocorra de forma **injustificada,** pois, caso exista uma justificativa a conduta será atípica.

Os núcleos do tipo penal em análise são impedir ou retardar, os quais podem ocorrer **por ação ou omissão**. Uma vez que o verbo impedir demonstra uma ação do sujeito ativo, já o verbo retardar traz uma ideia de um não fazer, ou seja, uma omissão.

> **Ex.:** O preso redige um habeas corpus requerendo sua soltura para o juiz. Entretanto, o diretor do estabelecimento prisional, a fim de prejudicar dolosamente o preso, impede que esse habeas corpus chegue ao juiz. Restará configurado o crime do art. 19, caput da Lei nº 13.869/2019.

Sujeitos do crime

Sujeito ativo: trata-se de crime próprio, somente o agente público pode cometê-lo.

Sujeito passivo: o sujeito passivo deste crime é somente o preso.

Porém, para configuração do delito o **pedido** do preso terá de ser necessariamente **a autoridade judiciária (juiz) competente para apreciar sua prisão ou qualquer circunstância relativa a sua custódia.**

Parágrafo único

No parágrafo únci do art. 19 da Lei nº 13.869/2019 estão previstas as figuras equiparadas ao crime do *caput* do referido artigo. A conduta deste crime apenas se configura por omissão.

Sujeito ativo: também é crime próprio, porém, o sujeito ativo deste crime é somente o magistrado (juiz, desembargador ou ministro).

Art. 19 da Lei nº 13.869/2019	
Caput	Parágrafo único
Ação ou Omissão	Apenas por Omissão

6.10.13 Art. 20

> ***Art. 20** Impedir, **sem justa causa, a entrevista pessoal e reservada do preso com seu advogado**:*
>
> *Pena – detenção, de 6 (seis) meses a 2 (dois) anos, e multa.*
>
> ***Parágrafo único.** Incorre na mesma pena quem **impede o preso**, o **réu solto ou o investigado** de **entrevistar-se pessoal e reservadamente com seu advogado ou defensor, por prazo razoável, antes de audiência judicial**, e de sentar-se ao seu lado e com ele comunicar-se durante a audiência, salvo no curso de interrogatório ou no caso de audiência realizada por videoconferência.*

Caput

A conduta deste crime é impedir a entrevista pessoal e reservada do preso com seu advogado.

A entrevista pessoal e reservada do preso com seu advogado é assegurada constitucionalmente como um direito fundamental previsto no art. 5º , LXIII da CRFB/88.

> *LXIII – **o preso** será informado de seus direitos, entre os quais o de permanecer calado, sendo-lhe **assegurada a assistência** da família e **de advogado**;*

Sujeitos do crime

Sujeito ativo: trata-se de crime próprio somente o agente público pode cometê-lo.

Sujeito passivo: no caput do art. 20 da Lei de Abuso de Autoridade o sujeito passivo é **apenas o preso,** diferentemente do parágrafo único do mesmo artigo.

Parágrafo único

Trata-se de uma figura equiparada ao art. 20, caput. Por isso, a conduta deste crime também é impedir a entrevista pessoal e reservada do preso com seu advogado, porém, por prazo razoável antes da audiência ou de sentar-se ao seu lado e com ele comunicar-se durante a audiência.

Exceções:

- Interrogatório em juízo;
- Audiência realizada por videoconferência.

Segundo a maioria da doutrina, a exceção do interrogatório é mencionada porque, no interrogatório, o sistema vigente é o presidencialista, ou seja, as perguntas serão realizadas diretamente do juiz para o interrogando. As partes levaram suas perguntas ao juiz e ele as fará diretamente ao acusado/réu.

Sujeito ativo: somente o magistrado/autoridade judiciária (juiz, desembargador ou ministro).

Sujeito passivo: o sujeito passivo deste crime pode ser preso, réu solto ou investigado.

6.10.14 Art. 21

> ***Art. 21*** *Manter presos de ambos os sexos na mesma cela ou espaço de confinamento:*
>
> *Pena - detenção, de 1 (um) a 4 (quatro) anos, e multa.*
>
> ***Parágrafo único.*** *Incorre na mesma pena quem mantém, na mesma cela, criança ou adolescente na companhia de maior de idade ou em ambiente inadequado, observado o disposto na Lei nº 8.069, de 13 de julho de 1990 (Estatuto da Criança e do Adolescente).*

Este crime visa proteger o direito do preso previsto no art. 82 da Lei de Execução Penal (LEP).

> ***Art. 82*** *Os estabelecimentos penais destinam-se ao condenado, ao submetido à medida de segurança, ao preso provisório e ao egresso.*
>
> ***§ 1º A mulher e o maior de sessenta anos, separadamente, serão recolhidos a estabelecimento próprio e adequado à sua condição pessoal.***
>
> *§ 2º - O mesmo conjunto arquitetônico poderá abrigar estabelecimentos de destinação diversa desde que devidamente isolados.*

Cela ou espaço de confinamento

Cela é o local onde ficam os presos definitivos ou provisórios, seja em penitenciárias ou delegacias.

Espaço de confinamento é qualquer outro local enclausurado onde fique o preso que não seja uma cela destinado ao preso provisório ou definitivo. Ex.: baú da viatura/gaiola.

Transexuais e travestis

Há uma intensa discussão doutrinária envolvendo os transexuais e travestis no que tange a questão de qual seria a cela e espaço de confinamento adequado a este grupo de pessoas.

Alguns entendem que os transexuais, de maneira geral, devem ser recolhidos em celas femininas.

Outros doutrinadores vão entender que neste caso vale a opção do indivíduo que está preso. Caso o indivíduo do gênero masculino se identifique com o gênero feminino, mesmo não tendo realizado cirurgia de redesignação sexual, sem alteração no registro civil, deve ser recolhido em unidade prisional feminina.

Segundo Nucci, "(...)Há, certamente, a omissão legislativa – e não deveria ter acontecido - onde prender travesti e transexuais. Já que inexiste clara definição, não se pode processar por abuso de autoridade o lugar onde se coloca, preso, a pessoa travesti ou transexual, vale dizer, em cela masculina ou feminina.(...)"

Cuida-se de tema que carece de uniformização pelos tribunais superiores.

Sujeitos do crime

Sujeito ativo: Somente aquele agente público com atribuição de praticar as funções descritas no tipo penal tanto para a tipificação do *caput* quanto do parágrafo único do art. 21 da Lei de Abuso de Autoridade.

Parágrafo único

A figura descrita no parágrafo único da art. 21 é equiparada a conduta do art. 21, *caput* e nela incorre o agente que, na mesma cela, colocar criança ou adolescente na companhia de maior de idade ou em ambiente inadequado. Para a interpretação do art. 21, parágrafo único faz-se necessário remeter-se aos arts. 94 e 123 do Estatuto da Criança e do Adolescente.

> ***Art. 94*** *As entidades que desenvolvem programas de internação têm as seguintes obrigações, entre outras:*
>
> *I - observar os direitos e garantias de que são titulares os adolescentes;*
>
> *II - não restringir nenhum direito que não tenha sido objeto de restrição na decisão de internação;*
>
> *III - oferecer atendimento personalizado, em pequenas unidades e grupos reduzidos;*
>
> *IV - preservar a identidade e oferecer ambiente de respeito e dignidade ao adolescente;*
>
> *V - diligenciar no sentido do restabelecimento e da preservação dos vínculos familiares;*
>
> *VI - comunicar à autoridade judiciária, periodicamente, os casos em que se mostre inviável ou impossível o reatamento dos vínculos familiares;*
>
> *VII - oferecer instalações físicas em condições adequadas de habitabilidade, higiene, salubridade e segurança e os objetos necessários à higiene pessoal;*
>
> *VIII - oferecer vestuário e alimentação suficientes e adequados à faixa etária dos adolescentes atendidos;*
>
> *IX - oferecer cuidados médicos, psicológicos, odontológicos e farmacêuticos;*
>
> *X - propiciar escolarização e profissionalização;*
>
> *XI - propiciar atividades culturais, esportivas e de lazer;*
>
> *XII - propiciar assistência religiosa àqueles que desejarem, de acordo com suas crenças;*
>
> *XIII - proceder a estudo social e pessoal de cada caso;*
>
> *XIV - reavaliar periodicamente cada caso, com intervalo máximo de seis meses, dando ciência dos resultados à autoridade competente;*
>
> *XV - informar, periodicamente, o adolescente internado sobre sua situação processual;*
>
> *XVI - comunicar às autoridades competentes todos os casos de adolescentes portadores de moléstias infecto-contagiosas;*
>
> *XVII - fornecer comprovante de depósito dos pertences dos adolescentes;*
>
> *XVIII - manter programas destinados ao apoio e acompanhamento de egressos;*
>
> *XIX - providenciar os documentos necessários ao exercício da cidadania àqueles que não os tiverem;*
>
> *XX - manter arquivo de anotações onde constem data e circunstâncias do atendimento, nome do adolescente, seus pais ou responsável, parentes, endereços, sexo, idade, acompanhamento da sua formação, relação de seus pertences e demais dados que possibilitem sua identificação e a individualização do atendimento.*
>
> *§ 1º Aplicam-se, no que couber, as obrigações constantes deste artigo às entidades que mantêm programas de acolhimento institucional e familiar.*
>
> *§ 2º No cumprimento das obrigações a que alude este artigo as entidades utilizarão preferencialmente os recursos da comunidade.*
>
> ***Art. 123*** *A internação deverá ser cumprida em entidade exclusiva para adolescentes, em local distinto daquele destinado ao abrigo, obedecida rigorosa separação por critérios de idade, compleição física e gravidade da infração.*

6.10.15 Art. 22

Art. 22 Invadir ou adentrar, clandestina ou astuciosamente, ou à revelia da vontade do ocupante, imóvel alheio ou suas dependências, ou nele permanecer nas mesmas condições, sem determinação judicial ou fora das condições estabelecidas em lei:

Pena – detenção, de 1 (um) a 4 (quatro) anos, e multa.

*§ 1º Incorre na mesma pena, na forma prevista no **caput** deste artigo, quem:*

I – coage alguém, mediante violência ou grave ameaça, a franquear-lhe o acesso a imóvel ou suas dependências;

III – cumpre mandado de busca e apreensão domiciliar após as 21h (vinte e uma horas) ou antes das 5h (cinco horas).

***§ 2º Não haverá crime se o ingresso for para prestar socorro, ou quando houver fundados indícios que indiquem a necessidade do ingresso em razão de situação de flagrante delito ou de desastre** (**excludentes de ilicitude**).*

Caput

Invadir, adentrar ou permanecer clandestinamente ou astuciosamente, a â revalia da vontade do ocupante	—	Imóvel alheio ou suas dependências (Ex.: quintal, garagem)	—	Tudo isso sem determinação legal ou em desacordo com a lei

Quando que o ingresso ou permanência em imóvel alheio descumprirá as condições estabelecidas na lei?

***Art. 5, XI, CRFB/88** A casa é asilo inviolável do indivíduo, ninguém nela podendo penetrar sem consentimento do morador, salvo em caso de flagrante delito ou desastre, ou para prestar socorro, ou, durante o dia, por determinação judicial;*

Ou seja, quando não for hipótese de:

- Flagrante delito;
- Desastre;
- Prestação de socorro; ou
- Durante o dia, por determinação judicial.

Figura equiparada

Coage alguém, mediate violência ou grave	—	a franquear-lhe o acesso a imóvel ou suas dependências
Cumpre mandado de busca e apreensão domiciliar	—	após as 21h (vinte e uma horas) ou antes das 5h (cinco horas)

Ex.: um policial que chega na residência do suspeito da prática do crime, porém, sem ordem judicial e sem elementos para um flagrante. Esse mesmo policial começa a coagir o investigado, dizendo que já há inquérito instaurado, e que ele teria de consentir com a entrada, caso contrário ele iria "ferrar" o investigado no inquérito policial. E diz mais:

- Quem não deve não teme. Então, você tem de me deixar entrar, eu vou interpretar que você está devendo alguma coisa.

Nesta situação, há uma coação mediante grave ameaça para que o morador franqueie, ou seja, permita a entrada no imóvel ou sua dependência. Isso figura a conduta típica do art. 22, § 1º, I da **Lei nº 13.869/2019.**

O inciso III pressupõe que há um mandado judicial a ser realizado, portanto, ele precisa ser cumprido durante o dia.

A Constituição Federal não traz o conceito de dia deixando a cargo do legislador infraconstitucional e a jurisprudência definirem este conceito. A Lei nº 13.869/2019 definiu que o conceito de dia, para o cumprimento de mandado de busca e apreensão, abrange o horário de 5 (cinco) horas e 21 (vinte e uma) horas.

Portanto, cumprir ordem judicial de busca e apreensão, depois das 21 horas e antes das 5horas, configura crime de abuso de autoridade, na forma do art. 22, § 1º, inciso III da **Lei nº 13.869/2019.**

Antes da Lei de Abuso de Autoridade, para o conceito de dia utilizava-se o critério cronológico, ou seja, dia era o horário das 6 (seis) horas até as 18 (dezoito) horas.

- Imagine que policiais munidos de um mandado de busca e apreensão domiciliar ingressam no imóvel do suspeito as 20 (vinte) horas.

  Nesta situação há crime de abuso de autoridade? Não!

  Essa prova será considerada lícita?

Para boa parte da doutrina (Renato Brasileiro, Norberto Avena, Guilherme de Souza Nucci):

Neste caso, a prova é totalmente lícita, válida e constitucional. Isso porque o critério do art. 22, § 1º, inciso III da **Lei nº 13.869/2019, além de definir um tipo penal, também será determinante quanto a licitude da prova, ou seja, se a prova é lícita ou não.**

Sujeitos do crime

Sujeito ativo: todo o art. 22 da **Lei nº 13.869/2019 é crime próprio, apenas podendo cometê-lo o agente público.**

Conduta

- **Omissiva**: permanecer - Caput.
- **Comissiva**: demais verbos do caput e § 1º .

Faz-se necessário observar que o art. 22 da Lei de Abuso de Autoridade "equivale" ao crime de invasão de domicílio, a diferença está no sujeito ativo desses delitos.

Por isso, **a Lei nº 13.869/2019 REVOGOU o art. 150, § 2º do CP** que era uma causa de aumento de pena do crime de violação de domicílio (quando o crime fosse cometido por funcionário público).

6.10.16 Art. 23

***Art. 23** Inovar artificiosamente, no curso de diligência, de investigação ou de processo, o estado de lugar, de coisa ou de pessoa, com o fim de eximir-se de responsabilidade ou de responsabilizar criminalmente alguém ou agravar-lhe a responsabilidade:*

Pena – detenção, de 1 (um) a 4 (quatro) anos, e multa.

Ex.: policial, autor de crime de homicídio, que no decorrer das investigações forja uma carta de comunicação de suicídio, dando a entender ter sido redigida pela vítima, com o intento de fazer cessar a persecução penal.

Ou seja, o termo "inovar artificiosamente" significa criar, montar algo que não corresponde à realidade. Ademais, esta inovação deve estar minimamente apta a enganar alguém, caso contrário não haverá crime (crime impossível).

***Parágrafo único.** Incorre na mesma pena quem pratica a conduta com o intuito de:*

I – eximir-se de responsabilidade civil ou administrativa por excesso praticado no curso de diligência;

Imagine que em determinada diligência, o policial comete excesso no momento do cumprimento de uma ordem de busca e apreensão (quebrou vários móveis da residência). Sabendo que este excesso certamente resultaria em uma responsabilização cível ou administrativa, ele adultera as imagens das câmeras de segurança daquele local com o objetivo de eximir-se dessa provável responsabilidade.

Perceba que o agente não cometeu infração penal com o excesso, porém ele certamente lhe gerará responsabilidade na esfera cível ou administrativa. Na verdade, o crime ocorre quando, diante do excesso, o sujeito pratica a conduta para eximir-se de uma das responsabilidades mencionadas.

II - omitir dados ou informações ou divulgar dados ou informações incompletos para desviar o curso da investigação, da diligência ou do processo.

A omissão ou incompletude do dado ou informação tem como finalidade necessária embaraçar o andamento de investigação, diligência ou processo.

Neste delito (como um todo), cabe salientar que o sujeito ativo pode ser qualquer agente público capaz de praticar os atos descritos.

6.10.17 Art. 24

***Art. 24** Constranger, sob violência ou grave ameaça, funcionário ou empregado de instituição hospitalar pública ou privada a admitir para tratamento pessoa cujo óbito já tenha ocorrido, com o fim de alterar local ou momento de crime, prejudicando sua apuração:*

Pena - detenção, de 1 (um) a 4 (quatro) anos, e multa, além da pena correspondente à violência.

Imagine que um policial está com um suspeito da prática de um crime e, após espanca-lo, o suspeito acaba falecendo. Diante da situação, sabendo que o indivíduo estava morto, o policial leva-o até um hospital para que o médico receba o falecido como se vivo estivesse, com o objetivo de alterar o momento da morte. O médico nega realizar o ato ilícito proposto, então o policial o ameaça de morte para que faça sua vontade.

Nesse caso, perceba que o objetivo do agente foi o de alterar o momento da morte, **prejudicando a apuração do crime**. Além disso, destaca-se que o agente necessariamente deve saber que o indivíduo já está sem vida.

No exemplo acima o agente responderá pelo delito do art. 24 da Lei nº 13.869/2019 em concurso com o art. 121, CP (homicídio – considerando o dolo de matar), haja vista o teor do preceito secundário daquele, o qual estabelece pena de detenção, de 1 a 4 anos, e multa, além da pena correspondente à violência (a grave ameaça será absorvida pelo crime da Lei nº 13.869/2019).

Novamente, o sujeito ativo, como um todo, pode ser qualquer agente público.

6.10.18 Art. 25

***Art. 25** Proceder à obtenção de prova, em procedimento de investigação ou fiscalização, por meio manifestamente ilícito:*

Pena - detenção, de 1 (um) a 4 (quatro) anos, e multa.

Observado que o *caput* menciona procedimentos de investigação ou fiscalização, pode-se afirmar que o crime também é aplicável a procedimentos administrativos (da Receita Federal, por exemplo).

Imagine que um investigador de polícia deseje colher elementos de autoria e materialidade de determinada infração penal, mas está encontrando muita dificuldade. Posteriormente, ele toma conhecimento de que o suspeito da infração se comunica através de cartas com outro criminoso e certamente ali estarão presentes elementos de autoria e materialidade do crime. No entanto não foi concedida autorização judicial para interceptação das correspondências.

Então, mesmo sem autorização, o policial vai até a caixa de correspondências do suspeito e retira as cartas lá presentes, onde realmente constam evidências da autoria e materialidade.

Claramente o policial obteve as provas de forma ilícita, violando o sigilo da correspondência (art. 5°, XII da CF) e agindo sem autorização judicial.

***Parágrafo único.** Incorre na mesma pena quem faz uso de prova, em desfavor do investigado ou fiscalizado, com prévio conhecimento de sua ilicitude.*

Perceba que no parágrafo único o agente não agiu para obter a prova ilícita (ela já existia), mas sim fez uso, em desfavor do investigado ou fiscalizado, de prova que já sabia ilícita.

O sujeito ativo desde delito, como um todo, pode ser qualquer agente público que praticar as condutas previstas no tipo.

6.10.19 Art. 27

***Art. 27** Requisitar instauração ou instaurar procedimento investigatório de infração penal ou administrativa, em desfavor de alguém, à falta de qualquer indício da prática de crime, de ilícito funcional ou de infração administrativa:*

Pena - detenção, de 6 (seis) meses a 2 (dois) anos, e multa.

Fique ligado

Existem duas ADINs (Ações Diretas de Inconstitucionalidade) em andamento cujo objeto é esse delito, mas nenhuma delas foi julgada até o momento. Portanto, o crime previsto neste artigo ainda é considerado constitucional.

Note que a instauração de procedimento investigatório deve ser contra alguém específico – não haverá crime se for uma investigação sem autoria definida.

> **Ex.:** imagine que um Delegado de Polícia tenha o seu vizinho como inimigo. Este vizinho recebeu uma ótima proposta de emprego e, sabendo disso, o delegado instaura um inquérito policial contra ele, acusando-o da prática de tráfico de drogas. O delegado sabe que este crime nunca ocorreu, mas tem como objetivo frustrar a contratação do vizinho no novo emprego.

Este artigo (entre outros da Lei de Abuso de Autoridade) é alvo de críticas, em razão da subjetividade por ele trazida – não é muito claro quando se caracteriza a "falta de qualquer indício", ficando a critério do intérprete na análise do caso concreto.

Além disso, alguns juristas afirmam que este crime pode servir como desestímulo ao início de novas investigações, quando os indícios ainda são muito frágeis, mas que poderiam ser enrijecidos no decurso do inquérito (ou procedimento administrativo).

***Parágrafo único.** Não há crime quando se tratar de sindicância ou investigação preliminar sumária, devidamente justificada.*

O parágrafo único prevê que não haverá o crime quando se tratar de sindicância ou investigação preliminar sumária, devidamente justificada. Assim, havendo qualquer indício, por menor que seja, da prática de crime, infração funcional ou administrativa, não responderá pelo delito em questão o agente público que instaurar ou requisitar o procedimento (aliás, esse será o seu dever).

O sujeito ativo desde delito, como um todo, pode ser qualquer agente público que praticar as condutas previstas no tipo.

6.10.20 Art. 28

***Art. 28** Divulgar gravação ou trecho de gravação sem relação com a prova que se pretenda produzir, expondo a intimidade ou a vida privada ou ferindo a honra ou a imagem do investigado ou acusado:*

Pena - detenção, de 1 (um) a 4 (quatro) anos, e multa.

Infelizmente, o legislador não deixou claro quais tipos de gravação podem ser considerados para fins deste delito. No entanto, a doutrina entende que a "gravação" é resultado de uma anterior interceptação ou de anterior escuta realizada.

Ou seja, o crime trata da divulgação da *mídia* em que está armazenada a comunicação anteriormente interceptada. Podem ser comunicações telefônicas ou ambientais (reguladas pela Lei 9.296/96).

- Relembrando o que se compreende por interceptação ambiental: são sinais ópticos (filmagens), sinais acústicos (gravação de voz) ou sinais eletromagnéticos (ondas de rádio).

Ademais, ressalta-se que a gravação que foi divulgada (inteiramente ou trechos) deve ser sido interceptada de forma **lícita**. Isso porque, na hipótese de a interceptação ter ocorrido de forma ilícita, pode-se estar diante do crime do art. 10 da Lei nº 9.296/1996.

Além disso, para que tenhamos o delito do art. 28, o tipo penal exige que a conduta do sujeito ativo:

- Recaia sobre gravação ou trecho de gravação sem relação com a prova que se pretenda produzir. Portanto, caso a gravação ou trecho guarde relação com a prova a ser produzida, não haverá o crime do art. 28 (podendo estar caracterizado o delito do art. 10 ou 10-A da Lei nº 9.296/1996, a depender da espécie de comunicação – telefônica ou ambiental);
- Exponha a intimidade ou a vida privada ou fira a honra ou a imagem. Se a conduta não atacar algum desses direitos constitucionalmente garantidos, não teremos o crime;
- Tenha como destinatário o investigado (fase investigativa) ou acusado (fase judicial). Dessa forma, se a conduta recair sobre qualquer outra pessoa que não alguma das citadas, não haverá o crime.

O sujeito ativo desde delito é o agente público que deva assegurar a confidencialidade da gravação.

6.10.21 Art. 29

> ***Art. 29*** *Prestar informação falsa sobre procedimento judicial, policial, fiscal ou administrativo com o fim de prejudicar interesse de investigado:*
>
> *Pena - detenção, de 6 (seis) meses a 2 (dois) anos, e multa.*

A constitucionalidade desse delito também está sendo discutida em duas ADINs, mas até o momento não houve julgamento do feito. Por enquanto, é constitucional.

A informação falsa prestada pode estar relacionada aos âmbitos judicial, policial, fiscal ou administrativo. Outro ponto importante é que o sujeito deve saber que está prestando uma informação falsa, pois se trata de um crime doloso.

Ademais, a finalidade da informação falsa deve ser exclusivamente para prejudicar os interesses do investigado. Quando há a intenção de beneficiar o investigado, pode-se caracterizar o crime do art. 319 do Código Penal (prevaricação).

O sujeito ativo desde delito, como um todo, pode ser qualquer agente público que praticar as condutas previstas no tipo.

6.10.22 Art. 30

> ***Art. 30*** *Dar início ou proceder à persecução penal, civil ou administrativa sem justa causa fundamentada ou contra quem sabe inocente:*
>
> *Pena - detenção, de 1 (um) a 4 (quatro) anos, e multa.*

Para a caracterização deste delito, a persecução iniciada deve ser penal, civil ou administrativa, desde **que sem justa causa fundamentada** ou contra **pessoa que o sujeito ativo sabe inocente**.

- A ausência de justa causa é quando não existem elementos mínimos para que se inicie uma persecução (elementos mínimos de materialidade ou autoria), ou seja, ausência de lastro probatório mínimo.

Assim como outros artigos da Lei de Abuso de Autoridade, vários doutrinadores entendem que o art. 30 é inconstitucional, pois é muito vago o conceito do que seria uma persecução penal, civil ou **administrativa "sem justa causa"**, tornando subjetiva essa avaliação.

O sujeito ativo será o agente público que praticar a conduta prevista no tipo penal.

6.10.23 Art. 31

> ***Art. 31*** *Estender injustificadamente a investigação, procrastinando-a em prejuízo do investigado ou fiscalizado:*
>
> *Pena - detenção, de 6 (seis) meses a 2 (dois) anos, e multa.*

Primeiramente, note que o crime descrito não se restringe ao âmbito penal, pois o legislador utilizou os termos "investigado" e "fiscalizado" (englobando o âmbito administrativo também).

Outro elemento normativo fundamental é o termo *"estender injustificadamente"*. Novamente, a lei não explica o que se deve entender a partir disso. A doutrina aponta que não se trata de uma mera contagem de dias, em que há um limite máximo – deve-se considerar a **complexidade da investigação, o número de vítimas e quem de fato está procrastinando o caso.**

> ***Parágrafo único.*** *Incorre na mesma pena quem, inexistindo prazo para execução ou conclusão de procedimento, o estende de forma imotivada, procrastinando-o em prejuízo do investigado ou do fiscalizado.*

O parágrafo único traz uma conduta equiparada ao *caput*. Independentemente de haver ou não prazo para a conclusão de determinado procedimento, a procrastinação poderá ser verificada de acordo com o caso concreto.

O sujeito ativo será o agente público que incidir na conduta prevista no tipo penal.

Por sua vez, a conduta pode ser comissiva (ação) ou omissiva (omissão).

- Quando um delegado toma medidas protelatórias, com o intuito de prejudicar o investigado, há conduta **comissiva**, por exemplo;
- Quando o delegado se omite quanto ao andamento da investigação, com o intuito de prejudicar o investigado, há conduta **omissiva**, por exemplo.

6.10.24 Art. 32

> ***Art. 32*** *Negar ao interessado, seu defensor ou advogado acesso aos autos de investigação preliminar, ao termo circunstanciado, ao inquérito ou a qualquer outro procedimento investigatório de infração penal, civil ou administrativa, assim como impedir a obtenção de cópias, ressalvado o acesso a peças relativas a diligências em curso, ou que indiquem a realização de diligências futuras, cujo sigilo seja imprescindível:*
>
> *Pena - detenção, de 6 (seis) meses a 2 (dois) anos, e multa.*

Trata-se da conduta de negar ao interessado (ou ao seu defensor), o acesso aos autos ou à obtenção de cópias destes, podendo ser procedimento investigatório de infração penal, civil ou administrativa.

Existe ressalva quanto às diligências em andamento ou aquelas que estejam relacionadas com diligências futuras. Por exemplo, uma interceptação telefônica que está em curso. Portanto, como uma conclusão óbvia, não haverá crime quando a negativa de acesso aos autos estiver fundamentada na imprescindibilidade de sigilo da diligência (futura ou em andamento).

O presente texto legal possui inspiração no enunciado da Súmula Vinculante nº 14: *É direito do defensor, no interesse do representado, ter acesso amplo aos elementos de prova que, já documentados em procedimento investigatório realizado por órgão com competência de polícia judiciária, digam respeito ao exercício do direito de defesa.*

O sujeito ativo será o agente público que incidir na conduta prevista no tipo penal.

6.10.25 Art. 33

> ***Art. 33*** *Exigir informação ou cumprimento de obrigação, inclusive o dever de fazer ou de não fazer, sem expresso amparo legal:*
>
> *Pena - detenção, de 6 (seis) meses a 2 (dois) anos, e multa.*

O delito do art. 33 não deve ser confundido com o crime de **constrangimento ilegal**, previsto no art. 146 do Código Penal. Neste último, faz-se necessária a presença de violência ou grave ameaça, diferentemente do crime da Lei de Abuso de Autoridade. Outra diferença, diz respeito ao sujeito ativo – no crime do Código Penal não se exige a qualidade de agente público.

Também não se deve confundir este crime com a **extorsão**, do art. 158 do Código Penal, pelas mesmas razões apresentadas acima, além do fato de o crime de extorsão envolver vantagem de natureza patrimonial.

> ***Parágrafo único.*** *Incorre na mesma pena quem se utiliza de cargo ou função pública ou invoca a condição de agente público para se eximir de obrigação legal ou para obter vantagem ou privilégio indevido.*

Enquanto no caput o agente público exige o cumprimento de obrigação ou informação sem fundamento na lei, no parágrafo único ele utilizará o seu cargo ou função para se eximir de uma obrigação prevista na lei ou obter vantagem indevida.

Entendemos que a vantagem indevida pode ser de qualquer espécie (não necessariamente patrimonial).

> **Ex.:** policial que vai a uma boate e, na bilheteria, invoca a sua função pública para conseguir adentrar no estabelecimento de forma gratuita, obtendo assim uma vantagem indevida. Crime do art. 33, parágrafo único.

O sujeito ativo será o agente público que incidir na conduta prevista no tipo penal (*caput* e parágrafo único).

6.10.26 Art. 36

> ***Art. 36*** *Decretar, em processo judicial, a indisponibilidade de ativos financeiros em quantia que extrapole exacerbadamente o valor estimado para a satisfação da dívida da parte e, ante a demonstração, pela parte, da excessividade da medida, deixar de corrigi-la:*
>
> *Pena - detenção, de 1 (um) a 4 (quatro) anos, e multa.*

Veja que este crime possui dupla exigência para sua caracterização: **decretar** a indisponibilidade de ativos financeiros em quantia que extrapole exacerbadamente o valor estimado para a satisfação da dívida e, ante a demonstração, pela parte, da excessividade da medida, **deixar de corrigi-la**. O crime apenas estará configurado com a presença das duas condutas.

Ademais, é apresentada uma conduta comissiva (decretar) seguida de uma conduta omissiva (deixar de corrigir) – é o que a doutrina denomina de **crime de conduta mista**.

O sujeito ativo é a autoridade judiciária (juiz, desembargador, ministro), pois ela será a competente para decretar a indisponibilidade de ativos financeiros.

6.10.27 Art. 37

> ***Art. 37 Demorar demasiada e injustificadamente no exame de processo de que tenha requerido vista em órgão colegiado,*** *com o intuito de procrastinar seu andamento ou retardar o julgamento:*
>
> *Pena - detenção, de 6 (seis) meses a 2 (dois) anos, e multa.*

É bastante comum que os órgãos colegiados lidem com processos complexos, razão pela qual o pedido de vistas muitas vezes é necessário, para que o desembargador (por exemplo) analise o caso com mais atenção.

Contudo, embora salutar, em algumas ocasiões esses pedidos de vista atrasam de forma demasiada o andamento processual, podendo gerar danos irreversíveis (Ex.: prescrição). Nesse sentido foi editado o presente delito, o qual exigirá uma demora considerável e injustificada no exame de processo constante em órgão colegiado pelo sujeito ativo e, ainda, que essa conduta tenha por finalidade procrastinar seu andamento ou retardar o julgamento.

O sujeito ativo deve ser aquele que integra ou atua em órgão colegiado (desembargador, ministro, membro do Ministério Público, por exemplo). Ademais, trata-se de crime omissivo (não há modalidade comissiva do delito).

6.10.28 Art. 38

> ***Art. 38*** *Antecipar o responsável pelas investigações, por meio de comunicação, inclusive rede social, atribuição de culpa, antes de concluídas as apurações e formalizada a acusação:*
>
> *Pena - detenção, de 6 (seis) meses a 2 (dois) anos, e multa.*

Estamos diante da conduta do agente público, responsável pelas investigações, que antecipa, por meio de comunicação, inclusive rede social, atribuição de culpa, antes de concluídas as apurações (investigações) e formalizada a acusação (oferecimento da peça acusatória).

Imagine que um delegado de polícia, dolosamente, atribuía a culpa pelo cometimento de um crime a um investigado, através de um programa de televisão, mas sem indiciamento, finalização das investigações ou formalização da acusação. Nesta hipótese, temos o delito do art. 38.

Exige-se que a antecipação na atribuição de culpa se dê por meio de comunicação, inclusive rede social (crime de forma vinculada).

Renato Brasileiro acrescenta que "não haverá crime se a conduta for praticada no âmbito de uma conversa privada, por exemplo (v.g., conversa particular via whatsapp). A comunicação é o processo de informação que se realiza entre os comunicadores e a audiência, heterogênea e anônima, por meio de instrumentos que são os meios de comunicação".[6]

O sujeito ativo será o agente público que incidir na conduta prevista no tipo penal.

6 LIMA, Renato Brasileiro de. Legislação Criminal Especial Comentada. 9ª ed. Salvador: Juspodivm, 2021, p. 198.

7 LEI Nº 8.072/1990 – LEI DE CRIMES HEDIONDOS

Dispõe sobre os crimes hediondos, nos termos do art. 5º, XLIII, CF/1988 e determina outras providências.

São considerados **hediondos** os seguintes crimes, todos tipificados no Decreto-lei nº2.848/1940 – Código Penal, consumados ou tentados:

- Homicídio (art. 121), quando praticado em atividade típica de grupo de extermínio, ainda que cometido por um só agente, e homicídio qualificado (art. 121, § 2º, incisos I a IX).

> ***Art. 121*** *[...]*
>
> *Homicídio qualificado*
>
> *§ 2° Se o homicídio é cometido:*
>
> *I – mediante paga ou promessa de recompensa, ou por outro motivo torpe;*
>
> *II – por motivo fútil;*
>
> *III – com emprego de veneno, fogo, explosivo, asfixia, tortura ou outro meio insidioso ou cruel, ou de que possa resultar perigo comum;*
>
> *IV – à traição, de emboscada, ou mediante dissimulação ou outro recurso que dificulte ou torne impossível a defesa do ofendido;*
>
> *V – para assegurar a execução, a ocultação, a impunidade ou vantagem de outro crime:*
>
> *Pena - reclusão, de doze a trinta anos.*
>
> ***Feminicídio***
>
> *VI – contra a mulher por razões da condição de sexo feminino:*
>
> *VII – contra autoridade ou agente descrito nos arts. 142 e 144 da Constituição Federal, integrantes do sistema prisional e da Força Nacional de Segurança Pública, no exercício da função ou em decorrência dela, ou contra seu cônjuge, companheiro ou parente consanguíneo até terceiro grau, em razão dessa condição:*
>
> *VIII – com emprego de arma de fogo de uso restrito ou proibido:*
>
> *Homicídio contra menor de 14 (quatorze) anos*
>
> *IX – contra menor de 14 (quatorze) anos:*
>
> *Pena - reclusão, de doze a trinta anos*

- Lesão corporal dolosa de natureza gravíssima (art. 129, § 2º) e lesão corporal seguida de morte (art. 129, § 3º), quando praticadas contra autoridade ou agente descrito nos arts. 142 e 144 da Constituição Federal, integrantes do sistema prisional e da Força Nacional de Segurança Pública, no exercício da função ou em decorrência dela, ou contra seu cônjuge, companheiro ou parente consanguíneo até terceiro grau, em razão dessa condição.
- Roubo:
  - Circunstanciado pela restrição de liberdade da vítima (art. 157, § 2º, V).
  - Circunstanciado pelo emprego de arma de fogo (art. 157, § 2º-A, I) ou pelo emprego de arma de fogo de uso proibido ou restrito (art. 157, § 2º-B).
  - Qualificado pelo resultado lesão corporal grave ou morte (art. 157, § 3º).
- Extorsão qualificada pela restrição da liberdade da vítima, ocorrência de lesão corporal ou morte (art. 158, § 3º).
- Extorsão mediante sequestro e na forma qualificada (art. 159, *caput*, e §§ 1º, 2º e 3º).
- Estupro (art. 213, *caput* e §§ 1º e 2º).

Estupro
Art. 213, caput: Constranger alguém, mediante violência ou grave ameaça, a ter conjunção carnal ou a praticar ou permitir que com ele se pratique outro ato libidinoso.
Art. 213, § 1º: Se da conduta resulta lesão corporal de natureza grave ou se a vítima é menor de 18 ou maior de 14 anos.
Art. 213, § 2º: Se da conduta resulta morte.

- Estupro de vulnerável (art. 217-A, *caput* e §§ 1º, 2º, 3º, 4º e 5º).

> ***Art. 217-A*** *Ter conjunção carnal ou praticar outro ato libidinoso com menor de 14 (catorze) anos: [...]*
>
> *§ 1º Incorre na mesma pena quem pratica as ações descritas no caput com alguém que, por enfermidade ou deficiência mental, não tem o necessário discernimento para a prática do ato, ou que, por qualquer outra causa, não pode oferecer resistência.*
>
> *§ 2º (Vetado)*
>
> *§ 3º Se da conduta resulta lesão corporal de natureza grave:*
>
> *Pena - reclusão, de 10 (dez) a 20 (vinte) anos.*
>
> *§ 4º Se da conduta resulta morte:*
>
> *Pena - reclusão, de 12 (doze) a 30 (trinta) anos.*
>
> *§ 5º As penas previstas no caput e nos §§ 1º, 3º e 4º deste artigo aplicam-se independentemente do consentimento da vítima ou do fato de ela ter mantido relações sexuais anteriormente ao crime.*

- Epidemia com resultado morte (art. 267, § 1º).
- Falsificação, corrupção, adulteração ou alteração de produto destinado a fins terapêuticos ou medicinais (art. 273, *caput* e § 1º, § 1º-A e § 1º-B, com a redação dada pela Lei nº 9.677, de 2 de julho de 1998).
- Favorecimento da prostituição ou de outra forma de exploração sexual de criança ou adolescente ou de vulnerável (art. 218-B, *caput*, e §§ 1º e 2º).

> ***Favorecimento da prostituição ou de outra forma de exploração sexual de criança ou adolescente ou de vulnerável***
>
> ***Art. 218-B*** *Submeter, induzir ou atrair à prostituição ou outra forma de exploração sexual alguém menor de 18 (dezoito) anos ou que, por enfermidade ou deficiência mental, não tem o necessário discernimento para a prática do ato, facilitá-la, impedir ou dificultar que a abandone:*
>
> *Pena - reclusão, de 4 (quatro) a 10 (dez) anos.*
>
> *§ 1º Se o crime é praticado com o fim de obter vantagem econômica, aplica-se também multa.*
>
> *§ 2º Incorre nas mesmas penas:*
>
> *I – quem pratica conjunção carnal ou outro ato libidinoso com alguém menor de 18 (dezoito) e maior de 14 (catorze) anos na situação descrita no caput deste artigo;*
>
> *II – o proprietário, o gerente ou o responsável pelo local em que se verifiquem as práticas referidas no caput deste artigo.*

- Furto qualificado pelo emprego de explosivo ou de artefato análogo que cause perigo comum (art. 155, § 4º-A).
- Consideram-se também hediondos, tentados ou consumados:
  - O crime de genocídio, previsto nos arts. 1º, 2º e 3º da Lei nº 2.889/1956;
  - O crime de posse ou porte ilegal de arma de fogo de uso proibido, previsto no art. 16 da Lei nº 10.826/2003;
  - O crime de comércio ilegal de armas de fogo, previsto no art. 17 da Lei nº 10.826/2003;
  - O crime de tráfico internacional de arma de fogo, acessório ou munição, previsto no art. 18 da Lei nº 10.826/2003;
  - O crime de organização criminosa, quando direcionado à prática de crime hediondo ou equiparado.

7.1 Crimes equiparados a hediondos

Consideram-se também hediondos, tentados ou consumados:

- O crime de genocídio, previsto nos arts. 1º, 2º e 3º da Lei nº 2.889/1956;

> *Art. 1º Quem, com a intenção de destruir, no todo ou em parte, grupo nacional, étnico, racial ou religioso, como tal:*
>
> *a) matar membros do grupo;*
>
> *b) causar lesão grave à integridade física ou mental de membros do grupo;*

c) submeter intencionalmente o grupo a condições de existência capazes de ocasionar-lhe a destruição física total ou parcial;

d) adotar medidas destinadas a impedir os nascimentos no seio do grupo;

e) efetuar a transferência forçada de crianças do grupo para outro grupo.

Art. 2º Associarem-se mais de 3 (três) pessoas para prática dos crimes mencionados no artigo anterior:

Pena – Metade da cominada aos crimes ali previstos.

Art. 3º Incitar, direta e publicamente alguém a cometer qualquer dos crimes de que trata o art. 1º:

Pena – Metade das penas ali cominadas.

- ▷ O crime de posse ou porte ilegal de arma de fogo de uso proibido, previsto no art. 16 da Lei nº 10.826/2003.
- ▷ O crime de comércio ilegal de armas de fogo, previsto no art. 17 da Lei nº 110.826/2003.
- ▷ O crime de tráfico internacional de arma de fogo, acessório ou munição, previsto no art. 18 da Lei nº 10.826/2003.
- ▷ O crime de organização criminosa, quando direcionado à prática de crime hediondo ou equiparado.

7.2 Privilégios não aplicados aos crimes hediondos

Os crimes hediondos, a prática da tortura, o tráfico ilícito de entorpecentes e drogas afins e o terrorismo são insuscetíveis de:

- ▷ Anistia, graça e indulto;
- ▷ Fiança.

Art. 2º, § 1º A pena por crime previsto neste artigo será cumprida inicialmente em regime fechado.

§ 2º (Revogado pela Lei nº 13.964/2019)

§ 3º Em caso de sentença condenatória, o juiz decidirá fundamentadamente se o réu poderá apelar em liberdade.

§ 4º A prisão temporária, sobre a qual dispõe a Lei no 7.960, de 21 de dezembro de 1989, nos crimes previstos neste artigo, terá o prazo de 30 (trinta) dias, prorrogável por igual período em caso de extrema e comprovada necessidade.

Art. 3º A União manterá estabelecimentos penais, de segurança máxima, destinados ao cumprimento de penas impostas a condenados de alta periculosidade, cuja permanência em presídios estaduais ponha em risco a ordem ou incolumidade pública.

7.3 Regime inicial

O art. 2º, § 1º da Lei em estudo determina que a pena por crime hediondo será cumprida, inicialmente, em regime fechado. Contudo, a jurisprudência fixou entendimento que o regime inicial fechado não é obrigatório, ou seja, a hediondez ou a gravidade do crime não obriga, por si só, que o regime aplicado ao caso seja o mais grave, deve o magistrado analisar o caso concreto, e, apenas, após isso, decidir qual regime é o melhor a ser aplicado, respeitando os princípios constitucionais de individualização da pena e fundamentação das decisões.

Em caso de sentença condenatória, o juiz decidirá, fundamentadamente, se o réu poderá apelar em liberdade.

7.4 Prisão temporária

A prisão temporária, sobre a qual dispõe a Lei nº 7.960/1989, nos crimes hediondos, terá o prazo de 30 dias, prorrogável por igual período em caso de extrema e comprovada necessidade.

Prisão Temporária → 30 dias → 30 dias

A União manterá estabelecimentos penais, de segurança máxima, destinados ao cumprimento de penas impostas a condenados de alta periculosidade, cuja permanência em presídios estaduais ponha em risco a ordem ou incolumidade pública.

7.5 Alterações no Código Penal

***Art. 5º** Ao art. 83 do Código Penal é acrescido o seguinte inciso: [...]*

***Art. 83** [...]*

V – cumprido mais de dois terços da pena, nos casos de condenação por crime hediondo, prática da tortura, tráfico ilícito de entorpecentes e drogas afins, e terrorismo, se o apenado não for reincidente específico em crimes dessa natureza.

***Art. 6º** Os arts. 157, § 3º; 159, caput e seus §§ 1º, 2º e 3º; 213; 214; 223, caput e seu parágrafo único; 267, caput e 270; caput, todos do Código Penal, passam a vigorar com a seguinte redação: [...]*

***Art. 157** [...]*

§ 3º Se da violência resulta lesão corporal grave, a pena é de reclusão, de cinco a quinze anos, além da multa; se resulta morte, a reclusão é de vinte a trinta anos, sem prejuízo da multa.

***Art. 159** [...]*

Pena - reclusão, de oito a quinze anos.

§ 1º,

Pena - reclusão, de doze a vinte anos.

§ 2º,

Pena - reclusão, de dezesseis a vinte e quatro anos.

§ 3º,

Pena - reclusão, de vinte e quatro a trinta anos.

***Art. 213** [...]*

Pena - reclusão, de seis a dez anos.

***Art. 214** [...]*

Pena - reclusão, de seis a dez anos.

***Art. 223** [...]*

Pena - reclusão, de oito a doze anos.

Parágrafo único [...] Pena - reclusão, de doze a vinte e cinco anos.

***Art. 267** [...]*

Pena – reclusão, de dez a quinze anos.

***Art. 270** [...]*

Pena – reclusão, de dez a quinze anos.

***Art. 7º** Ao art. 159 do Código Penal fica acrescido o seguinte parágrafo:*

***Art. 159** [...]*

§ 4º

Se o crime é cometido por quadrilha ou bando, o co-autor que denunciá-lo à autoridade, facilitando a libertação do seqüestrado, terá sua pena reduzida de um a dois terços.

***Art. 8º** Será de três a seis anos de reclusão a pena prevista no art. 288 do Código Penal, quando se tratar de crimes hediondos, prática da tortura, tráfico ilícito de entorpecentes e drogas afins ou terrorismo.*

***Parágrafo único.** O participante e o associado que denunciar à autoridade o bando ou quadrilha, possibilitando seu desmantelamento, terá a pena reduzida de um a dois terços.*

***Art. 9º** As penas fixadas no art. 6º para os crimes capitulados nos arts. 157, § 3º, 158, § 2º, 159, caput e seus §§ 1º, 2º e 3º, 213, caput e sua combinação com o art. 223, caput e parágrafo único, 214 e sua combinação com o art. 223, caput e parágrafo único, todos do Código Penal, são acrescidas de metade, respeitado o limite superior de trinta anos de reclusão, estando a vítima em qualquer das hipóteses referidas no art. 224 também do Código Penal.*

***Art. 10** O art. 35 da Lei nº 6.368, de 21 de outubro de 1976, passa a vigorar acrescido de parágrafo único, com a seguinte redação:*

***Art. 35** [...]*

***Parágrafo único.** Os prazos procedimentais deste capítulo serão contados em dobro quando se tratar dos crimes previstos nos arts. 12, 13 e 14.*

8 LEI Nº 11.343/2006 - LEI DE DROGAS (SISNAD)

Esta Lei institui o Sistema Nacional de Políticas Públicas sobre Drogas (Sisnad); prescreve medidas para prevenção do uso indevido, Fique ligado e reinserção social de usuários e dependentes de drogas; estabelece normas para repressão à produção não autorizada e ao tráfico ilícito de drogas e define crimes.

Drogas: as substâncias ou os produtos capazes de causar dependência, assim especificados em lei ou relacionados em listas atualizadas periodicamente pelo Poder Executivo da União.

Proibição: ficam proibidas, em todo o território nacional, as drogas, bem como o plantio, a cultura, a colheita e a exploração de vegetais e substratos dos quais possam ser extraídas ou produzidas drogas, ressalvada a hipótese de autorização legal ou regulamentar, bem como o que estabelece a Convenção de Viena, das Nações Unidas, sobre substâncias psicotrópicas, de 1971, a respeito de plantas de uso estritamente ritualístico-religioso.

Autorização: pode a União autorizar o plantio, a cultura e a colheita dos vegetais referidos no *caput* deste artigo, exclusivamente para fins medicinais ou científicos, em local e prazo predeterminados, mediante fiscalização, respeitadas as ressalvas supramencionadas.

8.1 Sistema nacional de políticas públicas sobre drogas

Finalidades: o Sisnad tem a finalidade de articular, integrar, organizar e coordenar as atividades relacionadas com: a prevenção do uso indevido, a Fique ligado e a reinserção social de usuários e dependentes de drogas; a repressão da produção não autorizada e do tráfico ilícito de drogas.

Entende-se por Sisnad o conjunto ordenado de princípios, regras, critérios e recursos materiais e humanos que envolvem as políticas, planos, programas, ações e projetos sobre drogas, incluindo-se nele, por adesão, os sistemas de políticas públicas sobre drogas dos estados, Distrito Federal e municípios.

O Sisnad atuará em articulação com o Sistema Único de Saúde (SUS) e com o Sistema Único de Assistência Social (SUAS).

8.1.1 Princípios e objetivos do sistema nacional de políticas públicas sobre drogas

Princípios do Sisnad:

> ***Art. 4º*** *[...]*
>
> *I – o respeito aos direitos fundamentais da pessoa humana, especialmente quanto à sua autonomia e à sua liberdade;*
>
> *II – o respeito à diversidade e às especificidades populacionais existentes;*
>
> *III – a promoção dos valores éticos, culturais e de cidadania do povo brasileiro, reconhecendo-os como fatores de proteção para o uso indevido de drogas e outros comportamentos correlacionados;*
>
> *IV – a promoção de consensos nacionais, de ampla participação social, para o estabelecimento dos fundamentos e estratégias do Sisnad;*
>
> *V – a promoção da responsabilidade compartilhada entre Estado e Sociedade, reconhecendo a importância da participação social nas atividades do Sisnad;*
>
> *VI – o reconhecimento da intersetorialidade dos fatores correlacionados com o uso indevido de drogas, com a sua produção não autorizada e o seu tráfico ilícito;*
>
> *VII – a integração das estratégias nacionais e internacionais de prevenção do uso indevido, Fique ligado e reinserção social de usuários e dependentes de drogas e de repressão à sua produção não autorizada e ao seu tráfico ilícito;*
>
> *VIII – a articulação com os órgãos do Ministério Público e dos Poderes Legislativo e Judiciário visando à cooperação mútua nas atividades do Sisnad;*
>
> *IX – a adoção de abordagem multidisciplinar que reconheça a interdependência e a natureza complementar das atividades de prevenção do uso indevido, Fique ligado e reinserção social de usuários e dependentes de drogas, repressão da produção não autorizada e do tráfico ilícito de drogas;*
>
> *X – a observância do equilíbrio entre as atividades de prevenção do uso indevido, Fique ligado e reinserção social de usuários e dependentes de drogas e de repressão à sua produção não autorizada e ao seu tráfico ilícito, visando a garantir a estabilidade e o bem-estar social;*
>
> *XI – a observância às orientações e normas emanadas do Conselho Nacional Antidrogas – Conad.*

Objetivos do Sisnad:

> ***Art. 5º*** *[...]*
>
> *I – contribuir para a inclusão social do cidadão, visando a torná-lo menos vulnerável a assumir comportamentos de risco para o uso indevido de drogas, seu tráfico ilícito e outros comportamentos correlacionados;*
>
> *II – promover a construção e a socialização do conhecimento sobre drogas no país;*
>
> *III – promover a integração entre as políticas de prevenção do uso indevido, Fique ligado e reinserção social de usuários e dependentes de drogas e de repressão à sua produção não autorizada e ao tráfico ilícito e as políticas públicas setoriais dos órgãos do Poder Executivo da União, Distrito Federal, Estados e Municípios;*
>
> *IV – assegurar as condições para a coordenação, a integração e a articulação das atividades.*

8.1.2 Composição do sistema nacional de políticas públicas sobre drogas

A organização do Sisnad assegura a orientação central e a execução descentralizada das atividades realizadas em seu âmbito, nas esferas federal, distrital, estadual e municipal e se constitui matéria definida no regulamento desta Lei.

8.1.3 Competências

Compete à União:

- Formular e coordenar a execução da Política Nacional sobre Drogas;
- Elaborar o Plano Nacional de Políticas sobre Drogas, em parceria com estados, Distrito Federal, municípios e a sociedade;
- Coordenar o Sisnad;
- Estabelecer diretrizes sobre a organização e funcionamento do Sisnad e suas normas de referência;
- Elaborar objetivos, ações estratégicas, metas, prioridades, indicadores e definir formas de financiamento e gestão das políticas sobre drogas;
- Promover a integração das políticas sobre drogas com os estados, o Distrito Federal e os municípios;
- Financiar, com estados, Distrito Federal e municípios, a execução das políticas sobre drogas, observadas as obrigações dos integrantes do Sisnad;
- Estabelecer formas de colaboração com estados, Distrito Federal e municípios para a execução das políticas sobre drogas;
- Garantir publicidade de dados e informações sobre repasses de recursos para financiamento das políticas sobre drogas;
- Sistematizar e divulgar os dados estatísticos nacionais de prevenção, tratamento, acolhimento, reinserção social e econômica e repressão ao tráfico ilícito de drogas;

- Adotar medidas de enfretamento aos crimes transfronteiriços;
- Estabelecer uma política nacional de controle de fronteiras, visando a coibir o ingresso de drogas no país.

8.2 Formulação das políticas sobre drogas

8.2.1 Plano nacional de políticas sobre drogas

Objetivos do plano nacional de políticas sobre drogas:

> ***Art. 8º-D** [...]*
>
> *I – promover a interdisciplinaridade e integração dos programas, ações, atividades e projetos dos órgãos e entidades públicas e privadas nas áreas de saúde, educação, trabalho, assistência social, previdência social, habitação, cultura, desporto e lazer, visando à prevenção do uso de drogas, Fique ligado e reinserção social dos usuários ou dependentes de drogas;*
>
> *II – viabilizar a ampla participação social na formulação, implementação e avaliação das políticas sobre drogas;*
>
> *III – priorizar programas, ações, atividades e projetos articulados com os estabelecimentos de ensino, com a sociedade e com a família para a prevenção do uso de drogas;*
>
> *IV – ampliar as alternativas de inserção social e econômica do usuário ou dependente de drogas, promovendo programas que priorizem a melhoria de sua escolarização e a qualificação profissional;*
>
> *V – promover o acesso do usuário ou dependente de drogas a todos os serviços públicos;*
>
> *VI – estabelecer diretrizes para garantir a efetividade dos programas, ações e projetos das políticas sobre drogas;*
>
> *VII – fomentar a criação de serviço de atendimento telefônico com orientações e informações para apoio aos usuários ou dependentes de drogas;*
>
> *VIII – articular programas, ações e projetos de incentivo ao emprego, renda e capacitação para o trabalho, com objetivo de promover a inserção profissional da pessoa que haja cumprido o plano individual de atendimento nas fases de tratamento ou acolhimento;*
>
> *IX – promover formas coletivas de organização para o trabalho, redes de economia solidária e o cooperativismo, como forma de promover autonomia ao usuário ou dependente de drogas egresso de tratamento ou acolhimento, observando-se as especificidades regionais;*
>
> *X – propor a formulação de políticas públicas que conduzam à efetivação das diretrizes e princípios;*
>
> *XI – articular as instâncias de saúde, assistência social e de justiça no enfrentamento ao abuso de drogas; e*
>
> *XII – promover estudos e avaliação dos resultados das políticas sobre drogas.*

Plano: terá duração de 5 anos a contar de sua aprovação.

Poder Público: deverá dar a mais ampla divulgação ao conteúdo do Plano Nacional de Políticas sobre Drogas.

8.2.2 Conselhos de políticas sobre drogas

Conselhos de políticas sobre drogas: constituídos por estados, Distrito Federal e municípios, terão os seguintes objetivos:

> ***Art. 8-E** [...]*
>
> *I – auxiliar na elaboração de políticas sobre drogas;*
>
> *II – colaborar com os órgãos governamentais no planejamento e na execução das políticas sobre drogas, visando à efetividade das políticas sobre drogas;*
>
> *III – propor a celebração de instrumentos de cooperação, visando à elaboração de programas, ações, atividades e projetos voltados à prevenção, tratamento, acolhimento, reinserção social e econômica e repressão ao tráfico ilícito de drogas;*
>
> *IV – promover a realização de estudos, com o objetivo de subsidiar o planejamento das políticas sobre drogas;*
>
> *V – propor políticas públicas que permitam a integração e a participação do usuário ou dependente de drogas no processo social, econômico, político e cultural no respectivo ente federado; e*
>
> *VI – desenvolver outras atividades relacionadas às políticas sobre drogas em consonância com o Sisnad e com os respectivos planos.*

8.2.3 Acompanhamento e da avaliação das políticas sobre drogas

Instituições com atuação nas áreas da Fique ligado à saúde e da assistência social: que atendam usuários ou dependentes de drogas devem comunicar ao órgão competente do respectivo sistema municipal de saúde os casos atendidos e os óbitos ocorridos, preservando a identidade das pessoas, conforme orientações emanadas da União.

Dados estatísticos nacionais de repressão ao tráfico ilícito de drogas integrarão sistema de informações do Poder Executivo.

8.3 Atividades de prevenção do uso indevido, Fique ligado e reinserção social de usuários e dependentes de drogas

8.3.1 Prevenção - diretrizes

Atividades de prevenção do uso indevido de drogas: constituem atividades de prevenção do uso indevido de drogas, para efeito desta Lei, aquelas direcionadas para a redução dos fatores de vulnerabilidade e risco e para a promoção e o fortalecimento dos fatores de proteção.

Devem observar os seguintes princípios e diretrizes:

> ***Art. 19** [...]*
>
> *I – o reconhecimento do uso indevido de drogas como fator de interferência na qualidade de vida do indivíduo e na sua relação com a comunidade à qual pertence;*
>
> *II – a adoção de conceitos objetivos e de fundamentação científica como forma de orientar as ações dos serviços públicos comunitários e privados e de evitar preconceitos e estigmatização das pessoas e dos serviços que as atendam;*
>
> *III – o fortalecimento da autonomia e da responsabilidade individual em relação ao uso indevido de drogas;*
>
> *IV – o compartilhamento de responsabilidades e a colaboração mútua com as instituições do setor privado e com os diversos segmentos sociais, incluindo usuários e dependentes de drogas e respectivos familiares, por meio do estabelecimento de parcerias;*
>
> *V – a adoção de estratégias preventivas diferenciadas e adequadas às especificidades socioculturais das diversas populações, bem como das diferentes drogas utilizadas;*
>
> *VI – o reconhecimento do "não-uso", do "retardamento do uso" e da redução de riscos como resultados desejáveis das atividades de natureza preventiva, quando da definição dos objetivos a serem alcançados;*
>
> *VII – o tratamento especial dirigido às parcelas mais vulneráveis da população, levando em consideração as suas necessidades específicas;*
>
> *VIII – a articulação entre os serviços e organizações que atuam em atividades de prevenção do uso indevido de drogas e a rede de Fique ligado a usuários e dependentes de drogas e respectivos familiares;*
>
> *IX – o investimento em alternativas esportivas, culturais, artísticas, profissionais, entre outras, como forma de inclusão social e de melhoria da qualidade de vida;*
>
> *X – o estabelecimento de políticas de formação continuada na área da prevenção do uso indevido de drogas para profissionais de educação nos 3 (três) níveis de ensino;*
>
> *XI – a implantação de projetos pedagógicos de prevenção do uso indevido de drogas, nas instituições de ensino público e privado, alinhados às Diretrizes Curriculares Nacionais e aos conhecimentos relacionados a drogas;*
>
> *XII – a observância das orientações e normas emanadas do Conad;*

XIII – o alinhamento às diretrizes dos órgãos de controle social de políticas setoriais específicas.

Dirigidas à criança e ao adolescente deverão estar em consonância com as diretrizes emanadas pelo Conselho Nacional dos Direitos da Criança e do Adolescente (Conanda).

8.3.2 Semana nacional de políticas sobre drogas

Fica instituída a Semana Nacional de Políticas sobre Drogas, comemorada anualmente, na quarta semana de junho. No período de que trata, serão intensificadas as ações de:

> ***Art. 19-A** [...]*
>
> *I – difusão de informações sobre os problemas decorrentes do uso de drogas;*
>
> *II – promoção de eventos para o debate público sobre as políticas sobre drogas;*
>
> *III – difusão de boas práticas de prevenção, tratamento, acolhimento e reinserção social e econômica de usuários de drogas;*
>
> *IV – divulgação de iniciativas, ações e campanhas de prevenção do uso indevido de drogas;*
>
> *V – mobilização da comunidade para a participação nas ações de prevenção e enfrentamento às drogas;*
>
> *VI – mobilização dos sistemas de ensino previstos na Lei nº 9.394, de 20 de dezembro de 1996 - Lei de Diretrizes e Bases da Educação Nacional, na realização de atividades de prevenção ao uso de drogas.*

8.3.3 Atividades de prevenção, tratamento, acolhimento e de reinserção social e econômica de usuários ou dependentes de drogas

Fique ligado ao usuário e dependente: constituem atividades de Fique ligado ao usuário e dependente de drogas e respectivos familiares, para efeito desta Lei, aquelas que visem à melhoria da qualidade de vida e à redução dos riscos e dos danos associados ao uso de drogas.

Reinserção social do usuário ou do dependente: constituem atividades de reinserção social do usuário ou do dependente de drogas e respectivos familiares, para efeito desta Lei, aquelas direcionadas para sua integração ou reintegração em redes sociais.

Princípios e diretrizes: atividades de Fique ligado e as de reinserção social do usuário e do dependente de drogas e respectivos familiares devem observar os seguintes princípios e diretrizes:

> ***Art. 22** [...]*
>
> *I – respeito ao usuário e ao dependente de drogas, independentemente de quaisquer condições, observados os direitos fundamentais da pessoa humana, os princípios e diretrizes do Sistema Único de Saúde e da Política Nacional de Assistência Social;*
>
> *II – a adoção de estratégias diferenciadas de Fique ligado e reinserção social do usuário e do dependente de drogas e respectivos familiares que considerem as suas peculiaridades socioculturais;*
>
> *III – definição de projeto terapêutico individualizado, orientado para a inclusão social e para a redução de riscos e de danos sociais e à saúde;*
>
> *IV – Fique ligado ao usuário ou dependente de drogas e aos respectivos familiares, sempre que possível, de forma multidisciplinar e por equipes multiprofissionais;*
>
> *V – observância das orientações e normas emanadas do Conad;*
>
> *VI – o alinhamento às diretrizes dos órgãos de controle social de políticas setoriais específicas.*
>
> *VII – estímulo à capacitação técnica e profissional;*
>
> *VIII – efetivação de políticas de reinserção social voltadas à educação continuada e ao trabalho;*
>
> *IX – observância do plano individual de atendimento;*
>
> *X – orientação adequada ao usuário ou dependente de drogas quanto às consequências lesivas do uso de drogas, ainda que ocasional.*

8.3.4 Educação na reinserção social e econômica

Pessoas atendidas por órgãos integrantes do Sisnad: terão atendimento nos programas de educação profissional e tecnológica, educação de jovens e adultos e alfabetização.

8.3.5 Tratamento do usuário ou dependente de drogas

Redes dos serviços de saúde da união, dos estados, do distrito federal, dos municípios: desenvolverão programas de Fique ligado ao usuário e ao dependente de drogas, respeitadas as diretrizes do Ministério da Saúde e os princípios explicitados no art. 22 desta Lei, obrigatória a previsão orçamentária adequada.

Tratamento do usuário ou dependente de drogas: deverá ser ordenado em uma rede de Fique ligado à saúde, com prioridade para as modalidades de tratamento ambulatorial, incluindo excepcionalmente formas de internação em unidades de saúde e hospitais gerais nos termos de normas dispostas pela União e articuladas com os serviços de assistência social e em etapas que permitam:

- Articular a Fique ligado com ações preventivas que atinjam toda a população;
- Orientar-se por protocolos técnicos predefinidos, baseados em evidências científicas, oferecendo atendimento individualizado ao usuário ou dependente de drogas com abordagem preventiva e, sempre que indicado, ambulatorial;
- Preparar para a reinserção social e econômica, respeitando as habilidades e projetos individuais por meio de programas que articulem educação, capacitação para o trabalho, esporte, cultura e acompanhamento individualizado; e
- Acompanhar os resultados pelo SUS, Suas e Sisnad, de forma articulada.

União: caberá à União dispor sobre os protocolos técnicos de tratamento, em âmbito nacional.

Internação de dependentes de drogas: somente será realizada em unidades de saúde ou hospitais gerais, dotados de equipes multidisciplinares e deverá ser obrigatoriamente autorizada por médico devidamente registrado no Conselho Regional de Medicina (CRM) do Estado onde se localize o estabelecimento no qual se dará a internação.

Tipos de internação: são considerados 2 tipos de internação:

- Internação voluntária: aquela que se dá com o consentimento do dependente de drogas;
- Internação involuntária: aquela que se dá, sem o consentimento do dependente, a pedido de familiar ou do responsável legal ou, na absoluta falta deste, de servidor público da área de saúde, da assistência social ou dos órgãos públicos integrantes do Sisnad, com exceção de servidores da área de segurança pública, que constate a existência de motivos que justifiquem a medida.

Internação voluntária: deverá ser precedida de declaração escrita da pessoa solicitante de que optou por este regime de tratamento; seu término dar-se-á por determinação do médico responsável ou por solicitação escrita da pessoa que deseja interromper o tratamento.

- Deve ser realizada após a formalização da decisão por médico responsável;
- Será indicada depois da avaliação sobre o tipo de droga utilizada, o padrão de uso e na hipótese comprovada da impossibilidade de

utilização de outras alternativas terapêuticas previstas na rede de Fique ligado à saúde;

- Perdurará apenas pelo tempo necessário à desintoxicação, no prazo máximo de 90 (noventa) dias, tendo seu término determinado pelo médico responsável;
- A família ou o representante legal poderá, a qualquer tempo, requerer ao médico a interrupção do tratamento.

Indicação: a internação, em qualquer de suas modalidades, só será indicada quando os recursos extra-hospitalares se mostrarem insuficientes.

Fique ligado!

Todas as internações e altas de que trata esta Lei deverão ser informadas, em, no máximo, de 72 horas, ao Ministério Público, à Defensoria Pública e a outros órgãos de fiscalização, por meio de sistema informatizado único, na forma do regulamento desta Lei.

Garantia de sigilo: é garantido o sigilo das informações disponíveis no sistema referido no § 7º e o acesso será permitido apenas às pessoas autorizadas a conhecê-las, sob pena de responsabilidade.

É vedada a realização de qualquer modalidade de internação nas comunidades terapêuticas acolhedoras.

8.3.6 Plano individual de atendimento

Atendimento ao usuário ou dependente de drogas: na rede de Fique ligado à saúde dependerá de: avaliação prévia por equipe técnica multidisciplinar e multissetorial; e elaboração de um Plano Individual de Atendimento (PIA).

Avaliação prévia da equipe técnica: subsidiará a elaboração e execução do projeto terapêutico individual a ser adotado, levantando-se no mínimo: o tipo de droga e o padrão de seu uso; e o risco à saúde física e mental do usuário ou dependente de drogas ou das pessoas com as quais convive.

PIA: deverá contemplar a participação dos familiares ou responsáveis, os quais têm o dever de contribuir com o processo, sendo esses, no caso de crianças e adolescentes, passíveis de responsabilização civil, administrativa e criminal, nos termos da Lei nº 8.069/1990 – Estatuto da Criança e do Adolescente (ECA).

Elaboração: o PIA será inicialmente elaborado sob a responsabilidade da equipe técnica do primeiro projeto terapêutico que atender o usuário ou dependente de drogas e será atualizado ao longo das diversas fases do atendimento.

- Os resultados da avaliação multidisciplinar;
- Os objetivos declarados pelo atendido;
- A previsão de suas atividades de integração social ou capacitação profissional;
- Atividades de integração e apoio à família;
- Formas de participação da família para efetivo cumprimento do plano individual;
- Designação do projeto terapêutico mais adequado para o cumprimento do previsto no plano; e
- As medidas específicas de Fique ligado à saúde do atendido.

Será elaborado no prazo de até 30 dias da data do ingresso no atendimento.

Informações produzidas na avaliação e as registradas no plano individual de atendimento são consideradas sigilosas.

União, estados, distrito federal e municípios: poderão conceder benefícios às instituições privadas que desenvolverem programas de reinserção no mercado de trabalho, do usuário e do dependente de drogas encaminhados por órgão oficial.

Instituições da sociedade civil: sem fins lucrativos, com atuação nas áreas da Fique ligado à saúde e da assistência social, que atendam usuários ou dependentes de drogas poderão receber recursos do Funad, condicionados à sua disponibilidade orçamentária e financeira.

Usuário e dependente de drogas: que, em razão da prática de infração penal, estiverem cumprindo pena privativa de liberdade ou submetidos a medida de segurança, têm garantidos os serviços de Fique ligado à sua saúde, definidos pelo respectivo sistema penitenciário.

8.3.7 Acolhimento em comunidade terapêutica acolhedora

Acolhimento do usuário ou dependente de drogas na comunidade terapêutica acolhedora caracteriza-se por:

- Oferta de projetos terapêuticos ao usuário ou dependente de drogas que visam à abstinência;
- Adesão e permanência voluntária, formalizadas por escrito, entendida como uma etapa transitória para a reinserção social e econômica do usuário ou dependente de drogas;
- Ambiente residencial, propício à formação de vínculos, com a convivência entre os pares, atividades práticas de valor educativo e a promoção do desenvolvimento pessoal, vocacionada para acolhimento ao usuário ou dependente de drogas em vulnerabilidade social;
- Avaliação médica prévia;
- Elaboração de plano individual de atendimento; e
- Vedação de isolamento físico do usuário ou dependente de drogas.

Fique ligado!

Não são elegíveis para o acolhimento as pessoas com comprometimentos biológicos e psicológicos de natureza grave que mereçam Fique ligado médico-hospitalar contínua ou de emergência, caso em que deverão ser encaminhadas à rede de saúde.

8.3.8 Crimes e das penas

Penas previstas: poderão ser aplicadas isolada ou cumulativamente, bem como substituídas a qualquer tempo, ouvidos o Ministério Público e o defensor.

Fique ligado!

Quem adquirir, guardar, tiver em depósito, transportar ou trouxer consigo, para consumo pessoal, drogas sem autorização ou em desacordo com determinação legal ou regulamentar, será submetido às seguintes penas: advertência sobre os efeitos das drogas; prestação de serviços à comunidade; medida educativa de comparecimento a programa ou curso educativo.

Medidas: às mesmas medidas submete-se quem, para seu consumo pessoal, semeia, cultiva ou colhe plantas destinadas à preparação de pequena quantidade de substância ou produto capaz de causar dependência física ou psíquica.

Juiz: para determinar se a droga destinava-se a consumo pessoal, o juiz atenderá à natureza e à quantidade da substância apreendida, ao local e às condições em que se desenvolveu a ação, às circunstâncias sociais e pessoais, bem como à conduta e aos antecedentes do agente.

Prestação de serviços à comunidade: será cumprida em programas comunitários, entidades educacionais ou assistenciais, hospitais, estabelecimentos congêneres, públicos ou privados sem fins lucrativos, que se ocupem, preferencialmente, da prevenção do consumo ou da recuperação de usuários e dependentes de drogas.

Poder Público: o juiz determinará ao Poder Público que coloque à disposição do infrator, gratuitamente, estabelecimento de saúde, preferencialmente ambulatorial, para tratamento especializado.

Imposição da medida educativa: o juiz, atendendo à reprovabilidade da conduta, fixará o número de dias-multa, em quantidade nunca inferior a 40 nem superior a 100, atribuindo depois a cada um, segundo a capacidade econômica do agente, o valor de um trinta avos até 3 vezes o valor do maior salário mínimo.

Valores decorrentes da imposição da multa: serão creditados à conta do Fundo Nacional Antidrogas.

Prescrição: prescrevem em 2 anos a imposição e a execução das penas, observado, no tocante à interrupção do prazo, o disposto nos arts. 107 e seguintes do Código Penal.

8.4 Repressão à produção não autorizada e ao tráfico ilícito de drogas

Licença prévia da autoridade competente: é indispensável a licença prévia da autoridade competente para produzir, extrair, fabricar, transformar, preparar, possuir, manter em depósito, importar, exportar, reexportar, remeter, transportar, expor, oferecer, vender, comprar, trocar, ceder ou adquirir, para qualquer fim, drogas ou matéria-prima destinada à sua preparação, observadas as demais exigências legais.

Plantações ilícitas: serão imediatamente destruídas pelo delegado de polícia, que recolherá quantidade suficiente para exame pericial, de tudo lavrando auto de levantamento das condições encontradas, com a delimitação do local, asseguradas as medidas necessárias para a preservação da prova.

Dispensa de autorização: em caso de ser utilizada a queimada para destruir a plantação, observar-se-á, além das cautelas necessárias à proteção ao meio ambiente, o disposto no Decreto nº 2.661/1998, no que couber, dispensada a autorização prévia do órgão próprio do Sistema Nacional do Meio Ambiente (Sisnama).

Glebas cultivadas com plantações ilícitas: serão expropriadas, conforme o disposto no art. 243 da Constituição Federal, de acordo com a legislação em vigor.

8.4.1 Crimes

> ***Art. 33*** *Importar, exportar, remeter, preparar, produzir, fabricar, adquirir, vender, expor à venda, oferecer, ter em depósito, transportar, trazer consigo, guardar, prescrever, ministrar, entregar a consumo ou fornecer drogas, ainda que gratuitamente, sem autorização ou em desacordo com determinação legal ou regulamentar:*
>
> *Pena – reclusão de 5 a 15 anos e pagamento de 500 a 1.500 dias-multa.*

Nas mesmas penas incorre quem:

> ***Art. 33*** *[...]*
>
> *I – importa, exporta, remete, produz, fabrica, adquire, vende, expõe à venda, oferece, fornece, tem em depósito, transporta, traz consigo ou guarda, ainda que gratuitamente, sem autorização ou em desacordo com determinação legal ou regulamentar, matéria-prima, insumo ou produto químico destinado à preparação de drogas;*
>
> *II – semeia, cultiva ou faz a colheita, sem autorização ou em desacordo com determinação legal ou regulamentar, de plantas que se constituam em matéria-prima para a preparação de drogas;*
>
> *III – utiliza local ou bem de qualquer natureza de que tem a propriedade, posse, administração, guarda ou vigilância, ou consente que outrem dele se utilize, ainda que gratuitamente, sem autorização ou em desacordo com determinação legal ou regulamentar, para o tráfico ilícito de drogas;*
>
> *IV – vende ou entrega drogas ou matéria-prima, insumo ou produto químico destinado à preparação de drogas, sem autorização ou em desacordo com a determinação legal ou regulamentar, a agente policial disfarçado, quando presentes elementos probatórios razoáveis de conduta criminal preexistente.*
>
> ***Art. 33, §2º*** *Induzir, instigar ou auxiliar alguém ao uso indevido de droga:*
>
> *Pena – detenção, de 1 a 3 anos, e multa de 100 a 300 dias-multa.*
>
> *Oferecer droga, eventualmente e sem objetivo de lucro, a pessoa de seu relacionamento, para juntos a consumirem:*

Pena – detenção, de 6 meses a 1 ano, e pagamento de 700 a 1.500 dias-multa, sem prejuízo das penas.

Delitos definidos: as penas poderão ser reduzidas de um sexto a dois terços, desde que o agente seja primário, de bons antecedentes, não se dedique às atividades criminosas nem integre organização criminosa.

> ***Art. 34*** *Fabricar, adquirir, utilizar, transportar, oferecer, vender, distribuir, entregar a qualquer título, possuir, guardar ou fornecer, ainda que gratuitamente, maquinário, aparelho, instrumento ou qualquer objeto destinado à fabricação, preparação, produção ou transformação de drogas, sem autorização ou em desacordo com determinação legal ou regulamentar:*
>
> *Pena – reclusão, de 3 a 10 anos, e pagamento de 1.200 a 2.000 dias-multa.*
>
> ***Art. 35*** *Associarem-se duas ou mais pessoas para o fim de praticar, reiteradamente ou não, qualquer dos crimes previstos:*
>
> *Pena – reclusão, de 3 a 10 anos, e pagamento de 700 a 1.200 dias-multa.*
>
> *Nas mesmas penas do caput deste artigo incorre quem se associa para a prática reiterada do crime definido.*
>
> ***Art. 36*** *Financiar ou custear a prática de qualquer dos crimes previstos:*
>
> *Pena – reclusão, de 8 a 20 anos, e pagamento de 1.500 a 4.000 dias-multa.*
>
> ***Art. 37*** *Colaborar, como informante, com grupo, organização ou associação destinados à prática de qualquer dos crimes previstos:*
>
> *Pena – reclusão, de 2 a 6 anos, e pagamento de 300 a 700 dias-multa.*
>
> ***Art. 38*** *Prescrever ou ministrar, culposamente, drogas, sem que delas necessite o paciente, ou fazê-lo em doses excessivas ou em desacordo com determinação legal ou regulamentar:*
>
> *Pena – detenção, de 6 meses a 2 anos, e pagamento de 50 a 200 dias-multa.*
>
> *O juiz comunicará a condenação ao Conselho Federal da categoria profissional a que pertença o agente.*
>
> ***Art. 39*** *Conduzir embarcação ou aeronave após o consumo de drogas, expondo a dano potencial a incolumidade de outrem:*
>
> *Pena – detenção, de 6 meses a 3 anos, além da apreensão do veículo, cassação da habilitação respectiva ou proibição de obtê-la, pelo mesmo prazo da pena privativa de liberdade aplicada, e pagamento de 200 a 400 dias-multa.*
>
> *As penas de prisão e multa, aplicadas cumulativamente com as demais, serão de 4 a 6 anos e de 400 a 600 dias-multa, se o veículo referido no caput deste artigo for de transporte coletivo de passageiros.*

Penas são aumentadas de um sexto a dois terços, se:

> ***Art. 40,*** *I - a natureza, a procedência da substância ou do produto apreendido e as circunstâncias do fato evidenciarem a transnacionalidade do delito;*
>
> *II - o agente praticar o crime prevalecendo-se de função público ou no desempenho de missão de educação, poder familiar, guarda ou vigilância;*
>
> *III - a infração tiver sido cometida nas dependências ou imediações de estabelecimentos prisionais, de ensino ou hospitalares, de sedes de entidades estudantis, sociais, culturais, recreativas, esportivas, ou beneficentes, de locais de trabalho coletivo, de recintos onde se realizem espetáculos ou diversões de qualquer natureza, de serviços de*

tratamento de dependentes de drogas ou de reinserção social, de unidades militares ou policiais ou em transportes públicos;

IV - o crime tiver sido praticado com violência, grave ameaça, emprego de arma de fogo, ou qualquer processo de intimidação difusa ou coletiva;

V - caracterizado o tráfico entre Estados da Federação ou entre estes e o Distrito Federal;

VI - sua prática envolver ou visar a atingir criança ou adolescente ou a quem tenha, por qualquer motivo, diminuída ou suprimida a capacidade de entendimento e determinação;

VII - o agente financiar ou custear a prática do crime.

Indiciado ou acusado: que colaborar voluntariamente com a investigação policial e o processo criminal na identificação dos demais coautores ou partícipes do crime e na recuperação total ou parcial do produto do crime, no caso de condenação, terá pena reduzida de um terço a dois terços.

Juiz, na fixação das penas: considerará, com preponderância sobre o previsto no art. 59, do Código Penal, a natureza e a quantidade da substância ou do produto, a personalidade e a conduta social do agente.

Fique ligado!

Na fixação da multa, o juiz, atendendo ao que dispõe a Lei, determinará o número de dias-multa, atribuindo a cada um, segundo as condições econômicas dos acusados, valor não inferior a um trinta avos nem superior a 5 vezes o maior salário mínimo.

Multas: que em caso de concurso de crimes serão impostas sempre cumulativamente, podem ser aumentadas até o décuplo se, em virtude da situação econômica do acusado, considerá-las o juiz ineficazes, ainda que aplicadas no máximo.

Crimes: são inafiançáveis e insuscetíveis de sursis, graça, indulto, anistia e liberdade provisória, vedada a conversão de suas penas em restritivas de direitos.

Livramento condicional: dar-se-á o livramento condicional após o cumprimento de dois terços da pena, vedada sua concessão ao reincidente específico.

É isento de pena o agente que, em razão da dependência, ou sob o efeito, proveniente de caso fortuito ou força maior, de droga, era, ao tempo da ação ou da omissão, qualquer que tenha sido a infração penal praticada, inteiramente incapaz de entender o caráter ilícito do fato ou de determinar-se de acordo com esse entendimento.

Absolver o agente: reconhecendo, por força pericial, que este apresentava, à época do fato previsto, as condições referidas, poderá determinar o juiz, na sentença, seu encaminhamento para tratamento médico adequado.

Penas: podem ser reduzidas de um terço a dois terços se, por força das circunstâncias, o agente não possuía, ao tempo da ação ou da omissão, a plena capacidade de entender o caráter ilícito do fato ou de determinar-se de acordo com esse entendimento.

Sentença condenatória: o juiz, com base em avaliação que ateste a necessidade de encaminhamento do agente para tratamento, realizada por profissional de saúde com competência específica na forma da lei, determinará que a tal se proceda.

8.4.2 Procedimento penal

Procedimento relativo aos processos por crimes: definidos neste Título rege-se pelo disposto neste Capítulo, aplicando-se, subsidiariamente, as disposições do Código de Processo Penal e da Lei de Execução Penal.

Agente de qualquer das condutas: salvo se houver concurso com os crimes, será processado e julgado, que dispõe sobre os Juizados Especiais Criminais.

Não se imporá prisão em flagrante: devendo o autor do fato ser imediatamente encaminhado ao juízo competente ou, na falta deste, assumir o compromisso de a ele comparecer, lavrando-se termo circunstanciado e providenciando-se as requisições dos exames e perícias necessários.

Ausente a autoridade judicial: as providências previstas serão tomadas de imediato pela autoridade policial, no local em que se encontrar, vedada a detenção do agente.

Agente: será submetido a exame de corpo de delito, se o requerer ou se a autoridade de polícia judiciária entender conveniente, e em seguida liberado.

Juizados especiais criminais: o Ministério Público poderá propor a aplicação imediata de pena, a ser especificada na proposta.

Condutas tipificadas: o juiz, sempre que as circunstâncias o recomendem, empregará os instrumentos protetivos de colaboradores e testemunhas.

8.4.3 Investigação

Prisão em flagrante: ocorrendo prisão em flagrante, a autoridade de polícia judiciária fará, imediatamente, comunicação ao juiz competente, remetendo-lhe cópia do auto lavrado, do qual será dada vista ao órgão do Ministério Público, em 24 horas.

Lavratura do auto de prisão em flagrante: para efeito da lavratura do auto de prisão em flagrante e estabelecimento da materialidade do delito, é suficiente o laudo de constatação da natureza e quantidade da droga, firmado por perito oficial ou, na falta deste, por pessoa idônea.

Perito que subscrever o laudo: não ficará impedido de participar da elaboração do laudo definitivo.

Cópia do auto de prisão em flagrante: recebida cópia do auto de prisão em flagrante, o juiz, no prazo de 10 dias, certificará a regularidade formal do laudo de constatação e determinará a destruição das drogas apreendidas, guardando-se amostra necessária à realização do laudo definitivo.

Destruição das drogas: será executada pelo delegado de polícia competente no prazo de 15 dias na presença do Ministério Público e da autoridade sanitária.

Local: será vistoriado antes e depois de efetivada a destruição das drogas, sendo lavrado auto circunstanciado pelo delegado de polícia, certificando-se neste a destruição total delas.

Destruição das drogas apreendidas sem a ocorrência de prisão em flagrante: será feita por incineração, no prazo máximo de 30 dias contados da data da apreensão, guardando-se amostra necessária à realização do laudo definitivo.

Inquérito policial: será concluído no prazo de 30 dias, se o indiciado estiver preso, e de 90 dias, quando solto. Os prazos podem ser duplicados pelo juiz, ouvido o Ministério Público, mediante pedido justificado da autoridade de polícia judiciária.

Findos os prazos: a autoridade de polícia judiciária, remetendo os autos do inquérito ao juízo: relatará sumariamente as circunstâncias do fato, justificando as razões que a levaram à classificação do delito, indicando a quantidade e natureza da substância ou do produto apreendido, o local e as condições em que se desenvolveu a ação criminosa, as circunstâncias da prisão, a conduta, a qualificação e os antecedentes do agente; ou requererá sua devolução para a realização de diligências necessárias.

Remessa dos autos: far-se-á sem prejuízo de diligências complementares: necessárias ou úteis à plena elucidação do fato, cujo resultado deverá ser encaminhado ao juízo competente até 3 dias antes da audiência de instrução e julgamento; necessárias ou úteis à indicação dos bens, direitos e valores de que seja titular o agente, ou que figurem em seu nome, cujo resultado deverá ser encaminhado ao juízo competente até 3 dias antes da audiência de instrução e julgamento.

Em qualquer fase da persecução criminal: relativa aos crimes previstos, são permitidos, além dos previstos em lei, mediante autorização judicial e ouvido o Ministério Público, os seguintes procedimentos investigatórios: a infiltração por agentes de polícia, em tarefas de investigação, constituída pelos órgãos especializados pertinentes; a não-atuação policial sobre os portadores de drogas, seus precursores químicos ou outros produtos utilizados em sua produção, que se encontrem no território brasileiro, com a finalidade de identificar e responsabilizar maior número de integrantes de operações de tráfico e distribuição, sem prejuízo da ação penal cabível.

Autorização: será concedida desde que sejam conhecidos o itinerário provável e a identificação dos agentes do delito ou de colaboradores.

8.4.4 Instrução criminal

Providências: recebidos em juízo os autos do inquérito policial, de Comissão Parlamentar de Inquérito ou peças de informação, dar-se-á vista ao Ministério Público para, no prazo de 10 dias, adotar uma das seguintes providências: requerer o arquivamento; requisitar as diligências que entender necessárias; oferecer denúncia, arrolar até 5 testemunhas e requerer as demais provas que entender pertinentes.

Oferecida a denúncia: o juiz ordenará a notificação do acusado para oferecer defesa prévia, por escrito, no prazo de 10 dias.

Resposta: consistente em defesa preliminar e exceções, o acusado poderá arguir preliminares e invocar todas as razões de defesa, oferecer documentos e justificações, especificar as provas que pretende produzir e, até o número de 5, arrolar testemunhas. Se a resposta não for apresentada no prazo, o juiz nomeará defensor para oferecê-la em 10 dias, concedendo-lhe vista dos autos no ato de nomeação.

Apresentada a defesa: o juiz decidirá em 5 dias.

Imprescindível: se entender imprescindível, o juiz, no prazo máximo de 10 dias, determinará a apresentação do preso, realização de diligências, exames e perícias.

Recebida a denúncia: o juiz designará dia e hora para a audiência de instrução e julgamento, ordenará a citação pessoal do acusado, a intimação do Ministério Público, do assistente, se for o caso, e requisitará os laudos periciais.

Condutas tipificadas como infração: o juiz, ao receber a denúncia, poderá decretar o afastamento cautelar do denunciado de suas atividades, se for funcionário público, comunicando ao órgão respectivo.

Audiência: será realizada dentro dos 30 dias seguintes ao recebimento da denúncia, salvo se determinada a realização de avaliação para atestar dependência de drogas, quando se realizará em 90 dias.

Audiência de instrução e julgamento: após o interrogatório do acusado e a inquirição das testemunhas, será dada a palavra, sucessivamente, ao representante do Ministério Público e ao defensor do acusado, para sustentação oral, pelo prazo de 20 minutos para cada um, prorrogável por mais 10, a critério do juiz.

Interrogatório: após proceder ao interrogatório, o juiz indagará das partes se restou algum fato para ser esclarecido, formulando as perguntas correspondentes se o entender pertinente e relevante.

Sentença: encerrados os debates, proferirá o juiz sentença de imediato, ou o fará em 10 dias, ordenando que os autos para isso lhe sejam conclusos.

Réu: nos crimes previstos, o réu não poderá apelar sem recolher-se à prisão, salvo se for primário e de bons antecedentes, assim reconhecido na sentença condenatória.

8.4.5 Apreensão, arrecadação e destinação de bens do acusado

Decreto: o juiz, a requerimento do Ministério Público ou do assistente de acusação, ou mediante representação da autoridade de polícia judiciária, poderá decretar, no curso do inquérito ou da ação penal, a apreensão e outras medidas assecuratórias nos casos em que haja suspeita de que os bens, direitos ou valores sejam produto do crime ou constituam proveito dos crimes previstos nesta Lei.

Código de processo penal: o juiz poderá determinar a prática de atos necessários à conservação dos bens, direitos ou valores.

Ordem de apreensão ou sequestro de bens, direitos ou valores: poderá ser suspensa pelo juiz, ouvido o Ministério Público, quando a sua execução imediata puder comprometer as investigações.

Medidas assecuratórias: se as medidas assecuratórias recaírem sobre moeda estrangeira, títulos, valores mobiliários ou cheques emitidos como ordem de pagamento, será determinada, imediatamente, a sua conversão em moeda nacional.

Moeda estrangeira apreendida em espécie: deve ser encaminhada a instituição financeira, ou equiparada, para alienação na forma prevista pelo Conselho Monetário Nacional.

Hipótese de impossibilidade da alienação: a moeda estrangeira será custodiada pela instituição financeira até decisão sobre o seu destino.

Após a decisão sobre o destino da moeda estrangeira: caso seja verificada a inexistência de valor de mercado, seus espécimes poderão ser destruídos ou doados à representação diplomática do país de origem.

Valores relativos às apreensões: feitas antes da data de entrada em vigor da Medida Provisória nº 885, de 17 de junho de 2019, e que estejam custodiados nas dependências do Banco Central do Brasil devem ser transferidos à Caixa Econômica Federal, no prazo de 360 dias, para que se proceda à alienação ou custódia, de acordo com o previsto nesta Lei.

Apreensão de veículos, embarcações, aeronaves e quaisquer outros meios de transporte e dos maquinários, utensílios, instrumentos e objetos de qualquer natureza utilizados para a prática dos crimes definidos nesta Lei será imediatamente comunicada pela autoridade de polícia judiciária responsável pela investigação ao juízo competente.

O juiz, no prazo de 30 dias contado da comunicação de que trata o *caput*, determinará a alienação dos bens apreendidos, excetuadas as armas, que serão recolhidas na forma da legislação específica.

Alienação: será realizada em autos apartados, dos quais constará a exposição sucinta do nexo de instrumentalidade entre o delito e os bens apreendidos, a descrição e especificação dos objetos, as informações sobre quem os tiver sob custódia e o local em que se encontrem.

Determinação da avaliação dos bens apreendidos: o juiz determinará a avaliação dos bens apreendidos, que será realizada por oficial de justiça, no prazo de 5 dias a contar da autuação, ou, caso sejam necessários conhecimentos especializados, por avaliador nomeado pelo juiz, em prazo não superior a 10 dias.Feita a avaliação, o juiz intimará o órgão gestor do Funad, o Ministério Público e o interessado para se manifestarem no prazo de 5 dias e, dirimidas eventuais divergências, homologará o valor atribuído aos bens.

Ministério Público: deve fiscalizar o cumprimento da regra estipulada. Aplica-se a todos os tipos de bens confiscados a regra estabelecida.

Bens móveis e imóveis: devem ser vendidos por meio de hasta pública, preferencialmente por meio eletrônico, assegurada a venda pelo maior lance, por preço não inferior a 50% do valor da avaliação judicial.

Juiz: ordenará às secretarias de fazenda e aos órgãos de registro e controle que efetuem as averbações necessárias, tão logo tenha conhecimento da apreensão.

Alienação: de veículos, embarcações ou aeronaves, a autoridade de trânsito ou o órgão congênere competente para o registro, bem como as secretarias de fazenda, devem proceder à regularização dos bens no prazo de 30 dias, ficando o arrematante isento do pagamento de multas, encargos e tributos anteriores, sem prejuízo de execução fiscal em relação ao antigo proprietário. Eventuais multas, encargos ou tributos pendentes de pagamento não podem ser cobrados do arrematante ou do órgão público alienante como condição para regularização dos bens.

Autoridade de trânsito ou órgão congênere: competente para o registro poderá emitir novos identificadores dos bens.

Interesse público na utilização: comprovado o interesse público na utilização de quaisquer dos bens de que trata o art. 61, os órgãos de polícia judiciária, militar e rodoviária poderão deles fazer uso, sob sua responsabilidade e com o objetivo de sua conservação, mediante autorização judicial, ouvido o Ministério Público e garantida a prévia avaliação dos respectivos bens.

Juízo: deve cientificar o órgão gestor do Funad para que, em 10 dias, avalie a existência do interesse público e indique o órgão que deve receber o bem.

Prioridade: os órgãos de segurança pública que participaram das ações de investigação ou repressão ao crime que deu causa à medida.

Autorização judicial de uso de bens: deverá conter a descrição do bem e a respectiva avaliação e indicar o órgão responsável por sua utilização.

Órgão responsável pela utilização do bem: deverá enviar ao juiz periodicamente, ou a qualquer momento quando por este solicitado, informações sobre seu estado de conservação.

Fique ligado!

Quando a autorização judicial recair sobre veículos, embarcações ou aeronaves, o juiz ordenará à autoridade ou ao órgão de registro e controle a expedição de certificado provisório de registro e licenciamento em favor do órgão ao qual tenha deferido o uso ou custódia, ficando este livre do pagamento de multas, encargos e tributos anteriores à decisão de utilização do bem até o trânsito em julgado da decisão que decretar o seu perdimento em favor da União.

Hipótese de levantamento: se houver indicação de que os bens utilizados na forma deste artigo sofreram depreciação superior àquela esperada em razão do transcurso do tempo e do uso, poderá o interessado requerer nova avaliação judicial.

Constatada a depreciação: o ente federado ou a entidade que utilizou o bem indenizará o detentor ou proprietário dos bens.

Depósito, em dinheiro, de valores referentes ao produto da alienação ou a numerários apreendidos ou que tenham sido convertidos deve ser efetuado na Caixa Econômica Federal, por meio de documento de arrecadação destinado a essa finalidade.

Depósitos: devem ser transferidos, pela Caixa Econômica Federal, para a conta única do Tesouro Nacional, independentemente de qualquer formalidade, no prazo de 24 horas, contado do momento da realização do depósito, onde ficarão à disposição do Funad.

Absolvição do acusado em decisão judicial: o valor do depósito será devolvido a ele pela Caixa Econômica Federal no prazo de até 3 dias úteis, acrescido de juros.

Hipótese de decretação do seu perdimento em favor da união: o valor do depósito será transformado em pagamento definitivo, respeitados os direitos de eventuais lesados e de terceiros de boa-fé.

Valores devolvidos pela caixa econômica federal: por decisão judicial, devem ser efetuados como anulação de receita do Funad no exercício em que ocorrer a devolução.

Caixa econômica federal: deve manter o controle dos valores depositados ou devolvidos.

Ao proferir a sentença, o juiz decidirá sobre: o perdimento do produto, bem, direito ou valor apreendido ou objeto de medidas assecuratórias; e o levantamento dos valores depositados em conta remunerada e a liberação dos bens utilizados.

Bens, direitos ou valores apreendidos em decorrência dos crimes tipificados nesta lei ou objeto de medidas assecuratórias: após decretado seu perdimento em favor da União, serão revertidos diretamente ao Funad.

Juiz: remeterá ao órgão gestor do Funad relação dos bens, direitos e valores declarados perdidos, indicando o local em que se encontram e a entidade ou o órgão em cujo poder estejam, para os fins de sua destinação nos termos da legislação vigente.

Transitada em julgado a sentença condenatória: o juiz do processo, de ofício ou a requerimento do Ministério Público, remeterá à Senad relação dos bens, direitos e valores declarados perdidos em favor da União, indicando, quanto aos bens, o local em que se encontram e a entidade ou o órgão em cujo poder estejam, para os fins de sua destinação nos termos da legislação vigente.

Antes de encaminhar os bens ao órgão gestor do FUNAD, o juiz deve:

Art. 63, §4-A, I – ordenar às secretarias de fazenda e aos órgãos de registro e controle que efetuem as averbações necessárias, caso não tenham sido realizadas quando da apreensão; e

II – determinar, no caso de imóveis, o registro de propriedade em favor da União no cartório de registro de imóveis competente, nos termos do caput e do parágrafo único do art. 243 da Constituição Federal, afastada a responsabilidade de terceiros prevista no inciso VI do caput do art. 134 da Lei nº 5.172, de 25 de outubro de 1966 (Código Tributário Nacional), bem como determinar à Secretaria de Coordenação e Governança do Patrimônio da União a incorporação e entrega do imóvel, tornando-o livre e desembaraçado de quaisquer ônus para sua destinação.

Fique ligado!

Decorridos 360 dias do trânsito em julgado e do conhecimento da sentença pelo interessado, os bens apreendidos, os que tenham sido objeto de medidas assecuratórias ou os valores depositados que não forem reclamados serão revertidos ao Funad.

Pedido de restituição: nenhum pedido de restituição será conhecido sem o comparecimento pessoal do acusado, podendo o juiz determinar a prática de atos necessários à conservação de bens, direitos ou valores.

Juiz determinará a liberação total ou parcial dos bens, direitos e objeto de medidas assecuratórias: quando comprovada a licitude de sua origem, mantendo-se a constrição dos bens, direitos e valores necessários e suficientes à reparação dos danos e ao pagamento de prestações pecuniárias, multas e custas decorrentes da infração penal.

Senad: compete à Senad, do Ministério da Justiça e Segurança Pública, proceder à destinação dos bens apreendidos e não leiloados em caráter cautelar, cujo perdimento seja decretado em favor da União, por meio das seguintes modalidades: alienação, mediante: licitação; doação com encargo a entidades ou órgãos públicos, bem como a comunidades terapêuticas acolhedoras que contribuam para o alcance das finalidades do Funad; ou venda direta; incorporação ao patrimônio de órgão da administração pública, observadas as finalidades do Funad; destruição; ou inutilização.

Alienação por meio de licitação: deve ser realizada na modalidade leilão, para bens móveis e imóveis, independentemente do valor de avaliação, isolado ou global, de bem ou de lotes, assegurada a venda pelo maior lance, por preço não inferior a 50% do valor da avaliação.

Edital do leilão: será amplamente divulgado em jornais de grande circulação e em sítios eletrônicos oficiais, principalmente no Município em que será realizado, dispensada a publicação em diário oficial.

Alienações realizadas por meio de sistema eletrônico da administração pública: a publicidade dada pelo sistema substituirá a publicação em diário oficial e em jornais de grande circulação.

Alienação de imóveis: o arrematante fica livre do pagamento de encargos e tributos anteriores, sem prejuízo de execução fiscal em relação ao antigo proprietário.

Alienação de veículos: embarcações ou aeronaves deverão ser observadas as disposições desta Lei.

Ministério da Justiça e Segurança Pública, pode celebrar convênios ou instrumentos congêneres com órgãos e entidades da União, dos Estados, do Distrito Federal ou dos Municípios, bem como com comunidades terapêuticas acolhedoras, a fim de dar imediato cumprimento ao estabelecido neste artigo.

Observados os procedimentos licitatórios: previstos em lei, fica autorizada a contratação da iniciativa privada para a execução das ações de avaliação, de administração e de alienação dos bens a que se refere esta Lei.

Compete ao Ministério da Justiça e Segurança Pública regulamentar os procedimentos relativos à administração, à preservação e à destinação dos recursos provenientes de delitos e atos ilícitos e estabelecer os valores abaixo dos quais se deve proceder à sua destruição ou inutilização.

Produto da alienação dos bens apreendidos ou confiscados: será revertido integralmente ao Funad, vedada a sub-rogação sobre o valor da arrematação para saldar eventuais multas, encargos ou tributos pendentes de pagamento.

Hipótese de condenação por infrações: às quais esta Lei comine pena máxima superior a 6 anos de reclusão, poderá ser decretada a perda, como produto ou proveito do crime, dos bens correspondentes à diferença entre o valor do patrimônio do condenado e aquele compatível com o seu rendimento lícito.

Decretação da perda prevista: fica condicionada à existência de elementos probatórios que indiquem conduta criminosa habitual, reiterada ou profissional do condenado ou sua vinculação a organização criminosa.

Perda prevista: entende-se por patrimônio do condenado todos os bens: de sua titularidade, ou sobre os quais tenha domínio e benefício direto ou indireto, na data da infração penal, ou recebidos posteriormente; e transferidos a terceiros a título gratuito ou mediante contraprestação irrisória, a partir do início da atividade criminal.

Condenado: poderá demonstrar a inexistência da incompatibilidade ou a procedência lícita do patrimônio.

União: por intermédio da Senad, poderá firmar convênio com os Estados, com o Distrito Federal e com organismos orientados para a prevenção do uso indevido de drogas, a Fique ligado e a reinserção social de usuários ou dependentes e a atuação na repressão à produção não autorizada e ao tráfico ilícito de drogas, com vistas na liberação de equipamentos e de recursos por ela arrecadados, para a implantação e execução de programas relacionados à questão das drogas.

8.5 Cooperação internacional

De conformidade com os princípios da não-intervenção em assuntos internos, da igualdade jurídica e do respeito à integridade territorial dos Estados e às leis e aos regulamentos nacionais em vigor, e observado o espírito das Convenções das Nações Unidas e outros instrumentos jurídicos internacionais relacionados à questão das drogas, de que o Brasil é parte, o governo brasileiro prestará, quando solicitado, cooperação a outros países e organismos internacionais e, quando necessário, deles solicitará a colaboração, nas áreas de:

> ***Art. 65** [...]*
>
> *I – intercâmbio de informações sobre legislações, experiências, projetos e programas voltados para atividades de prevenção do uso indevido, de Fique ligado e de reinserção social de usuários e dependentes de drogas;*
>
> *II – intercâmbio de inteligência policial sobre produção e tráfico de drogas e delitos conexos, em especial o tráfico de armas, a lavagem de dinheiro e o desvio de precursores químicos;*
>
> *III – intercâmbio de informações policiais e judiciais sobre produtores e traficantes de drogas e seus precursores químicos.*

9 IMPROBIDADE ADMINISTRATIVA

A improbidade administrativa está prevista no texto constitucional em seu art. 37, § 4º, que prevê:

> ***Art. 37, § 4º, CF/1988*** *Os atos de improbidade administrativa importarão a suspensão dos direitos políticos, a perda da função pública, a indisponibilidade dos bens e o ressarcimento ao erário, na forma e gradação previstas em lei, sem prejuízo da ação penal cabível.*

A norma constitucional determinou que os atos de improbidade administrativa deveriam ser regulamentados para a sua execução, o que ocorreu com a edição da Lei nº 8.429/1992 por meio da Lei nº 14.230/2021, que dispõe sobre as sanções aplicáveis aos agentes públicos nos casos de enriquecimento ilícito no exercício de mandato, cargo, emprego ou função na Administração Pública Direta, Indireta ou fundacional e dá outras providências.

9.1 Sujeitos

9.1.1 Sujeito passivo (vítima)

A Administração Direta, Indireta ou fundacional de qualquer dos Poderes da União, dos estados, do Distrito Federal, dos municípios, de território, de empresa incorporada ao patrimônio público ou de entidade para cuja criação ou custeio o erário haja concorrido ou concorra com mais de 50% do patrimônio ou da receita anual.

Entidade que receba subvenção, benefício ou incentivo, fiscal ou creditício, de órgão público, bem como daquelas para cuja criação ou custeio o erário haja concorrido ou concorra com menos de cinquenta por cento do patrimônio ou da receita anual, limitando-se, nesses casos, a sanção patrimonial à repercussão do ilícito sobre a contribuição dos cofres públicos.

9.1.2 Sujeito ativo (pessoa que pratica o ato de improbidade administrativa)

Agente público (exceção agente político sujeito a crime de responsabilidade Supremo Tribunal Federal), servidores ou não, com algum tipo de vínculo nas entidades que podem ser vítimas de improbidade administrativa.

Conceito de agente público para aplicação da lei
Reputa-se agente público, para os efeitos dessa lei, todo aquele que exerce, ainda que transitoriamente ou sem remuneração, por eleição, nomeação, designação, contratação ou qualquer outra forma de investidura ou vínculo, mandato, cargo, emprego ou função nas entidades mencionadas no artigo anterior. Qualquer pessoa que induza ou concorra com o agente público ou que se beneficie do ato. As disposições dessa lei são aplicáveis, no que couber, àquele que, mesmo não sendo agente público, induza ou concorra para a prática do ato de improbidade ou dele se beneficie sob qualquer forma direta ou indireta.

9.2 Regras gerais

Os agentes públicos de qualquer nível ou hierarquia são obrigados a velar pela estrita observância dos princípios de legalidade, impessoalidade, moralidade e publicidade no trato dos assuntos que lhe são afetos.

Ocorrendo lesão ao patrimônio público por ação ou omissão, dolosa ou culposa, do agente ou de terceiros, dar-se-á o integral ressarcimento do dano.

No caso de enriquecimento ilícito, o agente público ou terceiro beneficiário perderá os bens ou valores acrescidos ao seu patrimônio.

Quando o ato de improbidade causar lesão ao patrimônio público ou ensejar enriquecimento ilícito, como medida cautelar, caberá à autoridade administrativa responsável pelo inquérito representar ao Ministério Público, para a indisponibilidade dos bens do indiciado.

O sucessor daquele que causar lesão ao patrimônio público ou se enriquecer ilicitamente está sujeito às cominações dessa lei até o limite do valor da herança.

9.3 Atos de improbidade administrativa

As modalidades estão previstas do art. 9º ao 11, da Lei nº 8.429/1992, e constituem um rol exemplificativo, ou seja, no caso concreto, podem existir outras situações capituladas como improbidade que não estão expressamente previstas no texto da lei.

9.3.1 Enriquecimento ilícito

> *Art. 9º Constitui ato de improbidade administrativa importando em enriquecimento ilícito auferir, mediante a prática de ato doloso, qualquer tipo de vantagem patrimonial indevida em razão do exercício de cargo, de mandato, de função, de emprego ou de atividade nas entidades referidas no art. 1º desta Lei, e notadamente:*
>
> *I - Receber, para si ou para outrem, dinheiro, bem móvel ou imóvel, ou qualquer outra vantWgem econômica, direta ou indireta, a título de comissão, percentagem, gratificação ou presente de quem tenha interesse, direto ou indireto, que possa ser atingido ou amparado por ação ou omissão decorrente das atribuições do agente público;*
>
> *II - Perceber vantagem econômica, direta ou indireta, para facilitar a aquisição, permuta ou locação de bem móvel ou imóvel, ou a contratação de serviços pelas entidades referidas no art. 1º por preço superior ao valor de mercado;*
>
> *III - Perceber vantagem econômica, direta ou indireta, para facilitar a alienação, permuta ou locação de bem público ou o fornecimento de serviço por ente estatal por preço inferior ao valor de mercado;*
>
> *IV - Utilizar, em obra ou serviço particular, qualquer bem móvel, de propriedade ou à disposição de qualquer das entidades referidas no art. 1º desta Lei, bem como o trabalho de servidores, de empregados ou de terceiros contratados por essas entidades;*
>
> *V - Receber vantagem econômica de qualquer natureza, direta ou indireta, para tolerar a exploração ou a prática de jogos de azar, de lenocínio, de narcotráfico, de contrabando, de usura ou de qualquer outra atividade ilícita, ou aceitar promessa de tal vantagem;*
>
> *VI - Receber vantagem econômica de qualquer natureza, direta ou indireta, para fazer declaração falsa sobre qualquer dado técnico que envolva obras públicas ou qualquer outro serviço ou sobre quantidade, peso, medida, qualidade ou característica de mercadorias ou bens fornecidos a qualquer das entidades referidas no art. 1º desta Lei;*
>
> *VII - Adquirir, para si ou para outrem, no exercício de mandato, de cargo, de emprego ou de função pública, e em razão deles, bens de qualquer natureza, decorrentes dos atos descritos no caput deste artigo, cujo valor seja desproporcional à evolução do patrimônio ou à renda do agente público, assegurada a demonstração pelo agente da licitude da origem dessa evolução;*
>
> *VIII - Aceitar emprego, comissão ou exercer atividade de consultoria ou assessoramento para pessoa física ou jurídica que tenha interesse suscetível de ser atingido ou amparado por ação ou omissão decorrente das atribuições do agente público, durante a atividade;*
>
> *IX - Perceber vantagem econômica para intermediar a liberação ou aplicação de verba pública de qualquer natureza;*
>
> *X - Receber vantagem econômica de qualquer natureza, direta ou indiretamente, para omitir ato de ofício, providência ou declaração a que esteja obrigado;*
>
> *XI - Incorporar, por qualquer forma, ao seu patrimônio, bens, rendas, verbas ou valores integrantes do acervo patrimonial das entidades mencionadas no art. 1º dessa lei;*
>
> *XII - Usar, em proveito próprio, bens, rendas, verbas ou valores integrantes do acervo patrimonial das entidades mencionadas no art. 1º dessa lei.*

9.3.2 Prejuízo ao erário

Dos atos de improbidade administrativa que causam prejuízo ao erário:

> ***Art. 10*** *Constitui ato de improbidade administrativa que causa lesão ao erário qualquer ação ou omissão dolosa, que enseje, efetiva e comprovadamente, perda patrimonial, desvio, apropriação, malbaratamento ou dilapidação dos bens ou haveres das entidades referidas no art. 1º desta Lei, e notadamente:*
>
> *I - Facilitar ou concorrer, por qualquer forma, para a indevida incorporação ao patrimônio particular, de pessoa física ou jurídica, de bens, de rendas, de verbas ou de valores integrantes do acervo patrimonial das entidades referidas no art. 1º desta Lei;*
>
> *II - Permitir ou concorrer para que pessoa física ou jurídica privada utilize bens, rendas, verbas ou valores integrantes do acervo patrimonial das entidades mencionadas no art. 1º desta lei, sem a observância das formalidades legais ou regulamentares aplicáveis à espécie;*
>
> *III - Doar à pessoa física ou jurídica bem como ao ente despersonalizado, ainda que de fins educativos ou assistências, bens, rendas, verbas ou valores do patrimônio de qualquer das entidades mencionadas no art. 1º desta lei, sem observância das formalidades legais e regulamentares aplicáveis à espécie;*
>
> *IV - Permitir ou facilitar a alienação, permuta ou locação de bem integrante do patrimônio de qualquer das entidades referidas no art. 1º desta lei, ou ainda a prestação de serviço por parte delas, por preço inferior ao de mercado;*
>
> *V - Permitir ou facilitar a aquisição, permuta ou locação de bem ou serviço por preço superior ao de mercado;*
>
> *VI - Realizar operação financeira sem observância das normas legais e regulamentares ou aceitar garantia insuficiente ou inidônea;*
>
> *VII - Conceder benefício administrativo ou fiscal sem a observância das formalidades legais ou regulamentares aplicáveis à espécie;*
>
> *VIII - Frustrar a licitude de processo licitatório ou de processo seletivo para celebração de parcerias com entidades sem fins lucrativos, ou dispensá-los indevidamente, acarretando perda patrimonial efetiva;*
>
> *IX - Ordenar ou permitir a realização de despesas não autorizadas em lei ou regulamento;*
>
> *X - Agir ilicitamente na arrecadação de tributo ou de renda, bem como no que diz respeito à conservação do patrimônio público;*
>
> *XI - Liberar verba pública sem a estrita observância das normas pertinentes ou influir de qualquer forma para a sua aplicação irregular;*
>
> *XII - Permitir, facilitar ou concorrer para que terceiro se enriqueça ilicitamente;*
>
> *XIII - Permitir que se utilize, em obra ou serviço particular, veículos, máquinas, equipamentos ou material de qualquer natureza, de propriedade ou à disposição de qualquer das entidades mencionadas no art. 1º desta lei, bem como o trabalho de servidor público, empregados ou terceiros contratados por essas entidades.*
>
> *XIV - Celebrar contrato ou outro instrumento que tenha por objeto a prestação de serviços públicos por meio da gestão associada sem observar as formalidades previstas na lei;*
>
> *XV - Celebrar contrato de rateio de consórcio público sem suficiente e prévia dotação orçamentária, ou sem observar as formalidades previstas na lei.*
>
> *XVI - Facilitar ou concorrer, por qualquer forma, para a incorporação, ao patrimônio particular de pessoa física ou jurídica, de bens, rendas, verbas ou valores públicos transferidos pela Administração Pública a entidades privadas mediante celebração de parcerias, sem a observância das formalidades legais ou regulamentares aplicáveis à espécie;*
>
> *XVII - Permitir ou concorrer para que pessoa física ou jurídica privada utilize bens, rendas, verbas ou valores públicos transferidos pela Administração Pública a entidade privada mediante celebração de parcerias, sem a observância das formalidades legais ou regulamentares aplicáveis à espécie;*
>
> *XVIII - Celebrar parcerias da Administração Pública com entidades privadas sem a observância das formalidades legais ou regulamentares aplicáveis à espécie;*
>
> *XIX - Agir para a configuração de ilícito na celebração, na fiscalização e na análise das prestações de contas de parcerias firmadas pela Administração Pública com entidades privadas;*
>
> *XX - Liberar recursos de parcerias firmadas pela Administração Pública com entidades privadas sem a estrita observância das normas pertinentes ou influir de qualquer forma para a sua aplicação irregular.*
>
> *XXI - (Revogado pela Lei nº 14.230/2021).*

9.3.3 Atos que atentem aos princípios da Administração Pública

> ***Art. 11*** *Constitui ato de improbidade administrativa que atenta contra os princípios da Administração Pública a ação ou omissão dolosa que viole os deveres de honestidade, de imparcialidade e de legalidade, caracterizada por uma das seguintes condutas:*
>
> *I e II (Revogados pela Lei nº 14.230/2021).*
>
> *III - Revelar fato ou circunstância de que tem ciência em razão das atribuições e que deva permanecer em segredo, propiciando beneficiamento por informação privilegiada ou colocando em risco a segurança da sociedade e do Estado;*
>
> *IV - Negar publicidade aos atos oficiais, exceto em razão de sua imprescindibilidade para a segurança da sociedade e do Estado ou de outras hipóteses instituídas em lei;*
>
> *V - Frustrar, em ofensa à imparcialidade, o caráter concorrencial de concurso público, de chamamento ou de procedimento licitatório, com vistas à obtenção de benefício próprio, direto ou indireto, ou de terceiros;*
>
> *VI - Deixar de prestar contas quando esteja obrigado a fazê-lo, desde que disponha das condições para isso, com vistas a ocultar irregularidades;*
>
> *VII - Deixar de prestar contas quando esteja obrigado a fazê-lo, desde que disponha das condições para isso, com vistas a ocultar irregularidades;*
>
> *VIII - Descumprir as normas relativas à celebração, fiscalização e aprovação de contas de parcerias firmadas pela Administração Pública com entidades privadas. (Redação dada pela Lei nº 13.019, de 2014)*
>
> *IX e X -(Revogados pela Lei nº 14.230/2021).*

9.4 Efeitos da lei

A lei de improbidade administrativa gera quatro efeitos.

- Suspensão dos direitos políticos;
- Perda da função pública;
- Indisponibilidade dos bens;
- Ressarcimento ao erário.

A suspensão dos direitos políticos e a perda da função pública somente se dão depois do trânsito em julgado da sentença condenatória. A indisponibilidade dos bens não constitui penalidade, mas, sim medida cautelar e pode se dar mesmo antes do início da ação.

O ressarcimento ao erário, por sua vez, constitui a responsabilidade civil do agente, ou seja, a obrigação de reparar o dano.

9.5 Sanções

9.5.1 Natureza das sanções

Administrativa

- Perda da função pública;
- Proibição de contratar com o poder público;
- Proibição de receber benefícios ou incentivos fiscais do poder público.

Civil

- Ressarcimento ao erário;
- Perda dos bens;
- Multa.

Política

- Suspensão dos direitos políticos.

Medida cautelar

- A indisponibilidade dos bens visa à garantia da aplicação das penalidades civis.
- Não estabelece sanções penais, mas, se o fato também for tipificado como crime, haverá tal responsabilidade.

9.5.2 Penalidades

- **Enriquecimento ilícito:** perda dos bens ou valores acrescidos ilicitamente ao patrimônio; perda da função pública; suspensão dos direitos políticos até 14 anos; pagamento de multa civil equivalente ao valor do acréscimo patrimonial; e proibição de contratar com o Poder Público ou receber benefícios ou incentivos fiscais ou creditícios, direta ou indiretamente, ainda que por intermédio de pessoa jurídica da qual seja sócio majoritário, por prazo não superior a 14 anos.
- **Prejuízo ao erário:** perda dos bens ou valores acrescidos ilicitamente ao patrimônio, se concorrer essa circunstância; perda da função pública; suspensão dos direitos políticos até 12 anos; pagamento de multa civil equivalente ao valor do dano; e proibição de contratar com o poder público ou receber benefícios ou incentivos fiscais ou creditícios, direta ou indiretamente, ainda que por intermédio de pessoa jurídica da qual seja sócio majoritário, por prazo não superior a 12 anos.
- **Atos que atentem contra os princípios da Administração Pública:** pagamento de multa civil de até 24 vezes o valor da remuneração percebida pelo agente; e proibição de contratar com o Poder Público ou receber benefícios ou incentivos fiscais ou creditícios, direta ou indiretamente, ainda que por intermédio de pessoa jurídica da qual seja sócio majoritário, por prazo não superior a 4 anos.

9.5.3 Punições

Art. 12 da Lei nº 8.429/1992			
Modalidades Sanções	Enriquecimento Ilícito (art. 9º)	Prejuízo ao Erário (art. 10)	Afronta os princípios (art. 11)
Suspensão dos direitos políticos	Até 14 anos	Até 12 anos	-
Multa civil	Equivalente ao valor do acréscimo	Equivalente ao valor do dano	Até 24X o valor da remuneração
Proibição de contratar com a administração	Não superior a 14 anos	Não superior a 12 anos	Não superior a 4 anos

Aplicação das sanções: na fixação das penas previstas, o juiz levará em conta a extensão do dano causado, assim como o proveito patrimonial obtido pelo agente.

Independe de aprovação ou rejeição de contas pelos órgãos de controle.

9.6 Prescrição

Os atos de improbidade administrativa prescrevem, segundo o art. 23 da Lei nº 8.429/1992:

> ***Art. 23** A ação para a aplicação das sanções previstas nesta Lei prescreve em 8 (oito) anos, contados a partir da ocorrência do fato ou, no caso de infrações permanentes, do dia em que cessou a permanência.*
>
> *I a III Revogados pela Lei nº 14.230/2021.*
>
> ***§ 1º** A instauração de inquérito civil ou de processo administrativo para apuração dos ilícitos referidos nesta Lei suspende o curso do prazo prescricional por, no máximo, 180 (cento e oitenta) dias corridos, recomeçando a correr após a sua conclusão ou, caso não concluído o processo, esgotado o prazo de suspensão.*
>
> ***§ 2º** O inquérito civil para apuração do ato de improbidade será concluído no prazo de 365 (trezentos e sessenta e cinco) dias corridos, prorrogável uma única vez por igual período, mediante ato fundamentado submetido à revisão da instância competente do órgão ministerial, conforme dispuser a respectiva lei orgânica.*
>
> ***§ 3º** Encerrado o prazo previsto no § 2º deste artigo, a ação deverá ser proposta no prazo de 30 (trinta) dias, se não for caso de arquivamento do inquérito civil.*
>
> ***§ 4º** O prazo da prescrição referido no caput deste artigo interrompe-se:*
>
> *I - Pelo ajuizamento da ação de improbidade administrativa;*
>
> *II - Pela publicação da sentença condenatória;*
>
> *III - Pela publicação de decisão ou acórdão de Tribunal de Justiça ou Tribunal Regional Federal que confirma sentença condenatória ou que reforma sentença de improcedência;*
>
> *IV - Pela publicação de decisão ou acórdão do Superior Tribunal de Justiça que confirma acórdão condenatório ou que reforma acórdão de improcedência;*
>
> *V - Pela publicação de decisão ou acórdão do Supremo Tribunal Federal que confirma acórdão condenatório ou que reforma acórdão de improcedência.*
>
> ***§ 5º** Interrompida a prescrição, o prazo recomeça a correr do dia da interrupção, pela metade do prazo previsto no caput deste artigo.*
>
> ***§ 6º** A suspensão e a interrupção da prescrição produzem efeitos relativamente a todos os que concorreram para a prática do ato de improbidade.*
>
> ***§ 7º** Nos atos de improbidade conexos que sejam objeto do mesmo processo, a suspensão e a interrupção relativas a qualquer deles estendem-se aos demais.*
>
> ***§ 8º** O juiz ou o tribunal, depois de ouvido o Ministério Público, deverá, de ofício ou a requerimento da parte interessada, reconhecer a prescrição intercorrente da pretensão sancionadora e decretá-la de imediato, caso, entre os marcos interruptivos referidos no § 4º, transcorra o prazo previsto no § 5º deste artigo.*

Atenção!
As ações de ressarcimento ao erário dos prejuízos causados por atos dolosos de improbidade administrativa são imprescritíveis.

L E G I S

10 DECRETO Nº 9.489/2018 - REGULAMENTA A LEI Nº 13.675/2018

10.1 Disposições preliminares

Este Decreto estabelece normas, estrutura e procedimentos para a execução da Política Nacional de Segurança Pública e Defesa Social, de que trata a Lei n.º 13.675, de 11 de junho de 2018 , que institui o Sistema Único de Segurança Pública - Susp.

A Política Nacional de Segurança Pública e Defesa Social será implementada por estratégias que garantam integração, coordenação e cooperação federativa, interoperabilidade, liderança situacional, modernização da gestão das instituições de segurança pública, valorização e proteção dos profissionais, complementaridade, dotação de recursos humanos, diagnóstico dos problemas a serem enfrentados, excelência técnica, avaliação continuada dos resultados e garantia da regularidade orçamentária para execução de planos e programas de segurança pública.

Configuram meios e instrumentos essenciais da Política Nacional de Segurança Pública e Defesa Social:

- o Plano Nacional de Segurança Pública e Defesa Social - PNSP, que compreenderá o Plano Nacional de Enfrentamento de Homicídios de Jovens;
- o Sistema Nacional de Informações e Gestão de Segurança Pública e Defesa Social; e
- a atuação integrada dos mecanismos formados pelos órgãos federais de prevenção e controle de atos ilícitos contra a administração pública e referentes à ocultação ou à dissimulação de bens, direitos e valores.

O Ministério da Justiça e Segurança Pública, responsável pela gestão, pela coordenação e pelo acompanhamento do Susp, orientará e acompanhará as atividades dos órgãos integrados ao Sistema, além de promover as seguintes ações:

- apoiar os programas de aparelhamento e modernização dos órgãos de segurança pública e defesa social do País;
- implementar, manter e expandir, observadas as restrições previstas em lei quanto ao sigilo, o Sistema Nacional de Informações e de Gestão de Segurança Pública e Defesa Social;
- efetivar o intercâmbio de experiências técnicas e operacionais entre os órgãos policiais federais, estaduais, distrital e as guardas municipais;
- valorizar a autonomia técnica, científica e funcional dos institutos oficiais de criminalística, medicina legal e identificação, de modo a lhes garantir condições plenas para o exercício de suas competências;
- promover a qualificação profissional dos integrantes da segurança pública e defesa social, especialmente nos âmbitos operacional, ético e técnico-científico;
- elaborar estudos e pesquisas nacionais e consolidar dados e informações estatísticas sobre criminalidade e vitimização;
- coordenar as atividades de inteligência de segurança pública e defesa social integradas ao Sistema Brasileiro de Inteligência; e
- desenvolver a doutrina de inteligência policial.

A autonomia dos institutos oficiais de criminalística, medicina legal e identificação de que trata o inciso IV do caput refere-se, exclusivamente, à liberdade técnico-científica para a realização e a conclusão de procedimentos e exames inerentes ao exercício de suas competências.

No desempenho das competências de que tratam os incisos VII e VIII do caput, o Ministério da Justiça e Segurança Pública manterá sistemas destinados à coordenação, ao planejamento e à integração das atividades de inteligência de segurança pública e defesa social e de inteligência penitenciária no território nacional e ao assessoramento estratégico dos Governos federal, estaduais, distrital e municipais, com informações e conhecimentos que subsidiem a tomada de decisões nesse âmbito.

O Ministério da Justiça e Segurança Pública poderá firmar instrumentos de cooperação, para integrar aos sistemas de que trata o § 2º, outros órgãos ou entidades federais, estaduais, distrital e municipais cujas atividades sejam compatíveis com os interesses das atividades de inteligência.

Ato do Ministro de Estado da Justiça e Segurança Pública disporá sobre os procedimentos necessários ao cumprimento das ações de que trata o caput no âmbito do Ministério da Justiça e Segurança Pública.

10.2 Plano nacional de segurança pública e defesa social

10.2.1 regime de formulação

Caberá ao Ministério da Justiça e Segurança Pública elaborar o PNSP, que deverá incluir o Plano de Nacional de Enfrentamento de Homicídios de Jovens, além de estabelecer suas estratégias, suas metas, suas ações e seus indicadores, direcionados ao cumprimento dos objetivos e das finalidades estabelecidos nos art. 6º e art. 22 da Lei nº 13.675, de 2018.

A elaboração do PNSP observará as diretrizes estabelecidas no art. 24 da Lei nº 13.675, de 2018, e no art. 3º da Lei nº 11.530, de 24 de outubro de 2007, no que couber, e será feita com a cooperação dos demais órgãos e entidades com competências complementares.

O PNSP terá duração de dez anos, contado da data de sua publicação e deverá ser estruturado em ciclos de implementação de dois anos.

Sem prejuízo do pressuposto de que as ações de prevenção à criminalidade devem ser consideradas prioritárias na elaboração do PNSP, o primeiro ciclo do PNSP editado após a data de entrada em vigor deste Decreto deverá priorizar ações destinadas a viabilizar a coleta, a análise, a atualização, a sistematização, a interoperabilidade de sistemas, a integração e a interpretação de dados:

- de segurança pública e defesa social;
- prisionais;
- de rastreabilidade de armas e munições;
- relacionados com perfil genético e digitais; e
- sobre drogas.

A elaboração do Plano Nacional de Segurança Pública e Defesa Social terá fase de consulta pública, efetuada por meio eletrônico, sob a coordenação do Ministério da Justiça e Segurança Pública.

10.2.2 Metas para o acompanhamento e a avaliação das políticas de segurança pública e defesa social

Os integrantes do Susp, a que se refere o art. 9º da Lei nº 13.675, de 2018 , elaborarão, estabelecerão e divulgarão, anualmente, programas de ação baseados em parâmetros de avaliação e metas de excelência com vistas à prevenção e à repressão, no âmbito de suas competências, de infrações penais e administrativas e à prevenção de desastres, que tenham como finalidade:

- planejar, pactuar, implementar, coordenar e supervisionar as atividades de educação gerencial, técnica e operacional, em cooperação com os entes federativos;
- apoiar e promover educação qualificada, continuada e integrada;
- identificar e propor novas metodologias e técnicas de educação destinadas ao aprimoramento de suas atividades;
- identificar e propor mecanismos de valorização profissional;
- apoiar e promover o sistema de saúde para os profissionais de segurança pública e defesa social; e
- apoiar e promover o sistema habitacional para os profissionais de segurança pública e defesa social.

Até o dia 30 de abril de cada ano-calendário, o Ministério da Justiça e Segurança Pública, em articulação com os órgãos competentes dos Estados, do Distrito Federal e dos Municípios, avaliará a implementação do Plano Nacional de Segurança Pública e Defesa Social, com o objetivo de verificar o cumprimento das metas estabelecidas e elaborar recomendações aos gestores e aos operadores de políticas públicas relacionadas com segurança pública e defesa social.

10.2.3 mecanismos de transparência e avaliação e de controle e correição de atos dos órgãos do Sistema Único de Segurança Pública

Aos órgãos de correição dos integrantes operacionais do Susp, no exercício de suas competências, caberão o gerenciamento e a realização dos procedimentos de apuração de responsabilidade funcional, por meio de sindicância e processo administrativo disciplinar, e a proposição de subsídios para o aperfeiçoamento das atividades dos órgãos de segurança pública e defesa social.

Caberá ao Ministério da Justiça e Segurança Pública instituir mecanismos de registro, acompanhamento e avaliação, em âmbito nacional, dos órgãos de correição, e poderá, para tanto, solicitar aos órgãos de correição a que se refere o caput o fornecimento de dados e informações que entender necessários, respeitadas as atribuições legais e de modo a promover a racionalização de meios com base nas melhores práticas.

Os titulares dos órgãos de correição a que se refere o caput , que exercerão as suas atribuições preferencialmente por meio de mandato, deverão colaborar com o processo de avaliação referido no § 1º, de modo a facilitar o acesso à documentação e aos elementos necessários ao seu cumprimento efetivo.

O Ministério da Justiça e Segurança Pública considerará, entre os critérios e as condições para prestar apoio à implementação dos planos de segurança pública e de defesa social dos Estados, do Distrito Federal e dos Municípios, os indicadores de eficiência apurados no processo de avaliação de que trata o § 1º.

Aos órgãos de ouvidoria da União, dos Estados, do Distrito Federal e dos Municípios caberão, nos termos do disposto no art. 34 da Lei nº 13.675, de 2018 , o recebimento e o tratamento de representações, elogios e sugestões de qualquer pessoa sobre as ações e as atividades dos profissionais e dos membros integrantes do Susp, e o encaminhamento ao órgão competente para tomar as providências legais e fornecer a resposta ao requerente.

10.3 Sistema nacional de informações e gestão de segurança pública e defesa social

10.3.1 composição

O Sistema Nacional de Informações e Gestão de Segurança Pública e Defesa Social disporá, para a consecução de seus objetivos, dos seguintes sistemas e programas, que atuarão de forma integrada:

- Sistema Nacional de Acompanhamento e Avaliação das Políticas de Segurança Pública e Defesa Social;
- Sistema Nacional de Informações de Segurança Pública, Prisionais e de Rastreabilidade de Armas e Munições, de Material Genético, de Digitais e de Drogas;
- Sistema Integrado de Educação e Valorização Profissional;
- Rede Nacional de Altos Estudos em Segurança Pública; e
- Programa Nacional de Qualidade de Vida para Profissionais de Segurança.

10.3.2 Sistema Nacional de Acompanhamento e Avaliação das Políticas de Segurança Pública e Defesa Social

A implementação do Sistema Nacional de Acompanhamento e Avaliação das Políticas de Segurança Pública e Defesa Social observará o disposto no art. 26 ao art. 32 da Lei nº 13.675, de 2018 .

10.3.3 Comissão Permanente do Sistema Nacional de Acompanhamento e Avaliação das Políticas de Segurança Pública e Defesa Social

Fica criada a Comissão Permanente do Sistema Nacional de Acompanhamento e Avaliação das Políticas de Segurança Pública e Defesa Social, com a função de coordenar a avaliação dos objetivos e das metas do PNSP.

A Comissão Permanente será composta por cinco representantes, titulares e suplentes, indicados e designados pelo Ministro de Estado da Justiça e Segurança Pública.

Caberá ao Ministro de Estado da Justiça e Segurança Pública, dentre os membros por ele indicados, designar o Presidente da Comissão Permanente.

O mandato dos representantes da Comissão Permanente será de dois anos, admitida uma recondução.

A Comissão Permanente poderá criar, por meio de portaria, até dez comissões temporárias de avaliação com duração não superior a um ano, que serão constituídas por, no máximo, sete membros, observado o disposto em seu regimento interno e no art. 32 da Lei nº 13.675, de 2018.

A Comissão Permanente se reunirá, em caráter ordinário, trimestralmente e, em caráter extraordinário, sempre que convocado por seu Presidente ou pelo Ministro de Estado da Justiça e Segurança Pública.

A Comissão Permanente deliberará por maioria simples, com a presença da maioria de seus representantes.

É vedado à Comissão Permanente designar para as comissões temporárias avaliadores que sejam titulares ou servidores dos órgãos gestores avaliados, caso:

- tenham relação de parentesco até terceiro grau com titulares ou servidores dos órgãos gestores avaliados; ou

- estejam respondendo a processo criminal ou administrativo.

As comissões temporárias, sempre que possível, deverão ter um representante da Controladoria-Geral da União ou do Instituto de Pesquisa Econômica Aplicada ou do Ministério da Cidadania, observado o disposto no art. 32 da Lei nº 13.675, de 2018.

As reuniões serão realizadas, preferencialmente, por videoconferência.

Caberá à Comissão Permanente do Sistema Nacional de Acompanhamento e Avaliação das Políticas de Segurança Pública e Defesa Social, com o apoio técnico e administrativo do Ministério da Justiça e Segurança Pública, por intermédio do Gabinete da Secretaria Nacional de Segurança Pública, coordenar o processo de acompanhamento e avaliação de que tratam os § 1º e § 2º do art. 8º.

A Comissão Permanente adotará as providências necessárias ao cumprimento do disposto no art. 31 da Lei nº 13.675, de 2018 .

Os órgãos integrantes do Susp assegurarão à Comissão Permanente e às comissões temporárias de avaliação o acesso às instalações, à documentação e aos elementos necessários ao exercício de suas competências.

A Comissão Permanente adotará as providências necessárias ao cumprimento do disposto no art. 27 da Lei nº 13.675, de 2018.

A Comissão Permanente do Sistema Nacional de Acompanhamento e Avaliação das Políticas de Segurança Pública e Defesa Social assegurará a participação, no processo de avaliação do PNSP, de representantes dos Poderes Legislativo, Executivo e Judiciário, do Ministério Público, da Defensoria Pública e dos conselhos estaduais, distrital e municipais de segurança pública e defesa social, observados os parâmetros estabelecidos na Lei nº 13.675, de 2018 .

10.3.4 Sistema Nacional de Informações de Segurança Pública, Prisionais, de Rastreabilidade de Armas e Munições, de Material Genético, de Digitais e de Drogas

O Sistema Nacional de Informações de Segurança Pública, Prisionais, de Rastreabilidade de Armas e Munições, de Material Genético, de Digitais e de Drogas, instituído pelo art. 35 da Lei nº 13.675, de 2018 , será integrado por órgãos criados ou designados para esse fim por todos os entes federativos.

O Ministério da Justiça e Segurança Pública buscará a integração do Sistema Nacional de Informações de Segurança Pública, Prisionais, de Rastreabilidade de Armas e Munições, de Material Genético, de Digitais e de Drogas com sistemas de informação de outros países, de modo a conferir prioridade aos países que fazem fronteira com a República Federativa do Brasil.

Constarão do Sistema Nacional de Informações de Segurança Pública, Prisionais, de Rastreabilidade de Armas e Munições, de Material Genético, de Digitais e de Drogas, sem prejuízo de outros definidos por seu Conselho Gestor, dados e informações relativos a:

- ocorrências criminais registradas e comunicações legais;
- registro e rastreabilidade de armas de fogo e munições;
- entrada e saída de estrangeiros;
- pessoas desaparecidas;
- execução penal e sistema prisional;
- recursos humanos e materiais dos órgãos e das entidades de segurança pública e defesa social;
- condenações, penas, mandados de prisão e contramandados de prisão;
- repressão à produção, à fabricação e ao tráfico de drogas ilícitas e a crimes correlacionados, além da apreensão de drogas ilícitas;
- índices de elucidação de crimes;
- veículos e condutores; e
- banco de dados de perfil genético e digitais.

Os dados e as informações, a serem fornecidos de forma atualizada pelos integrantes do Sistema Nacional de Informações de Segurança Pública, Prisionais, de Rastreabilidade de Armas e Munições, de Material Genético, de Digitais e de Drogas, deverão ser padronizados e categorizados com o fim de assegurar padrões de integridade, disponibilidade, confidencialidade, confiabilidade e tempestividade dos sistemas informatizados do Governo federal.

Na divulgação dos dados e das informações, a identificação pessoal dos envolvidos deverá ser preservada.

Os dados e as informações referentes à prevenção, ao tratamento e à reinserção social de usuários e dependentes de drogas ilícitas serão fornecidos, armazenados e tratados de forma agregada, de modo a preservar o sigilo, a confidencialidade e a identidade de usuários e dependentes, observada a natureza multidisciplinar e intersetorial prevista na legislação.

O fornecimento de dados dos usuários, de acessos e consultas do Sistema Nacional de Informações de Segurança Pública, Prisionais, de Rastreabilidade de Armas e Munições, de Material Genético, de Digitais e de Drogas ficará condicionado à instauração e à instrução de processos administrativos ou judiciais, observados, nos casos concretos, os procedimentos de segurança da informação e de seus usuários.

O usuário que utilizar indevidamente as informações obtidas por meio do Sistema Nacional de Informações de Segurança Pública, Prisionais, de Rastreabilidade de Armas e Munições, de Material Genético, de Digitais e de Drogas ficará sujeito à responsabilidade administrativa, civil e criminal.

Compete ao Conselho Gestor do Sistema Nacional de Informações de Segurança Pública, Prisionais, de Rastreabilidade de Armas e Munições, de Material Genético, de Digitais e de Drogas, órgão consultivo do Ministério da Justiça e Segurança Pública, por meio de resolução:

- propor procedimentos sobre coleta, análise, sistematização, integração, atualização, interpretação de dados e informações referentes às políticas relacionadas com:
  - segurança pública e defesa social;
  - sistema prisional e execução penal;
  - rastreabilidade de armas e munições;
  - banco de dados de perfil genético e digitais; e
  - enfrentamento do tráfico de drogas ilícitas;
- propor:
  - metodologia, padronização, categorias e regras para tratamento dos dados e das informações a serem fornecidos ao Sistema Nacional de Informações de Segurança Pública, Prisionais, de Rastreabilidade de Armas e Munições, de Material Genético, de Digitais e de Drogas;
  - dados e informações a serem integrados ao Sistema Nacional de Informações de Segurança Pública, Prisionais, de Rastreabilidade de Armas e Munições, de Material Genético, de Digitais e de Drogas, observado o disposto no art. 18;
  - padrões de interoperabilidade dos sistemas de dados e informações que integrarão o Sistema Nacional de Informações de Segurança

Pública, Prisionais, de Rastreabilidade de Armas e Munições, de Material Genético, de Digitais e de Drogas;

- critérios para integração e gestão centralizada dos sistemas de dados e informações a que se refere o art. 18;
- rol de crimes de comunicação imediata; e
- forma e condições para adesão dos Municípios, do Poder Judiciário, da Defensoria Pública, do Ministério Público, e dos demais entes públicos que considerar pertinentes;

▹ propor normas, critérios e padrões para disponibilização de estudos, estatísticas, indicadores e outras informações para auxiliar na formulação, na implementação, na execução, no monitoramento e na avaliação das políticas públicas relacionadas com segurança pública e defesa social, sistema prisional e de execução penal, rastreabilidade de armas e munições, banco de dados de perfil genético e digitais, e enfrentamento do tráfico de drogas ilícitas;

▹ sugerir procedimentos para implementação, operacionalização, aprimoramento e fiscalização do Sistema Nacional de Informações de Segurança Pública, Prisionais, de Rastreabilidade de Armas e Munições, de Material Genético, de Digitais e de Drogas;

▹ instituir grupos de trabalho relacionados com segurança pública e defesa social, sistema prisional e execução penal, enfrentamento do tráfico ilícito de drogas e prevenção, tratamento e reinserção social de usuários e dependentes de drogas;

▹ promover a elaboração de estudos com vistas à integração das redes e dos sistemas de dados e informações relacionados com segurança pública e defesa social, sistema prisional e execução penal, e enfrentamento do tráfico ilícito de drogas;

▹ propor condições, parâmetros, níveis e formas de acesso aos dados e às informações do Sistema Nacional de Informações de Segurança Pública, Prisionais, de Rastreabilidade de Armas e Munições, de Material Genético, de Digitais e de Drogas, assegurada a preservação do sigilo;

▹ controlar e dar publicidade a situações de inadimplemento dos integrantes do Sistema Nacional de Informações de Segurança Pública, Prisionais, de Rastreabilidade de Armas e Munições, de Material Genético, de Digitais e de Drogas, em relação ao fornecimento de informações obrigatórias, ao Ministro de Estado da Justiça e Segurança Pública, para aplicação do disposto no § 2º do art. 37 da Lei nº 13.675, de 2018; e

▹ publicar relatórios anuais que contemplem estatísticas, indicadores e análises relacionadas com segurança pública e defesa social, sistema prisional e de execução penal, rastreabilidade de armas e munições, banco de dados de perfil genético e digitais, e enfrentamento do tráfico de drogas ilícitas.

As Resoluções do Conselho Gestor serão submetidas à aprovação do Ministro de Estado da Justiça e Segurança Pública, que, na qualidade de responsável pela administração, pela coordenação e pela formulação de diretrizes do Sistema Nacional de Informações de Segurança Pública, Prisionais, de Rastreabilidade de Armas e Munições, de Material Genético, de Digitais e de Drogas, editará as normas complementares necessárias à implementação das medidas aprovadas.

O Conselho Gestor do Sistema Nacional de Informações de Segurança Pública, Prisionais, de Rastreabilidade de Armas e Munições, de Material Genético, de Digitais e de Drogas será composto pelos seguintes representantes, titulares e suplentes:

▹ quatro representantes do Ministério da Justiça e Segurança Pública, sendo:

- um da Diretoria de Gestão e Integração e Informações da Secretaria Nacional de Segurança Pública;
- um do Departamento Penitenciário Nacional;
- um da Polícia Federal; e
- um da Polícia Rodoviária Federal;

▹ um representante do Ministério da Mulher, da Família e dos Direitos Humanos; e

▹ cinco representantes dos Estados ou do Distrito Federal, sendo um de cada região geográfica.

Os representantes a que se refere o inciso III do caput serão escolhidos por meio de eleição direta pelos gestores dos entes federativos de sua região.

Os representantes titulares e suplentes do Conselho Gestor serão indicados pelos titulares dos órgãos que representam e designados pelo Ministro de Estado da Justiça e Segurança Pública.

O mandato dos representantes do Conselho Gestor será de dois anos, admitida uma recondução.

A recondução dos representantes a que se refere o inciso III do caput será realizada por meio de nova consulta aos entes federativos integrantes da região geográfica correspondente.

O Presidente do Conselho Gestor será o Diretor da Diretoria de Gestão e Integração de Informações da Secretaria Nacional de Segurança Pública do Ministério da Justiça e Segurança Pública.

Em suas ausências e seus impedimentos, o Presidente do Conselho Gestor, será substituído pelo Coordenador-Geral do Sistema Nacional de Informações de Segurança Pública, Prisionais, de Rastreabilidade de Armas e Munições, de Material Genético, de Digitais e de Drogas.

O Conselho Gestor se reunirá, em caráter ordinário, trimestralmente e, em caráter extraordinário, sempre que convocado por seu Presidente.

O Conselho Gestor do Sistema Nacional de Informações de Segurança Pública, Prisionais, de Rastreabilidade de Armas e Munições, de Material Genético, de Digitais e de Drogas deliberará por maioria simples, com a presença da maioria de seus representantes e caberá ao seu Presidente o voto de qualidade para desempate.

A estrutura administrativa do Conselho Gestor do Sistema Nacional de Informações de Segurança Pública, Prisionais, de Rastreabilidade de Armas e Munições, de Material Genético, de Digitais e de Drogas é composta por:

▹ uma Secretaria-Executiva;

▹ três câmaras técnicas;

▹ gestores dos entes federativos.

A Secretaria-Executiva do Conselho será exercida pela Diretoria de Gestão e Integração de Informações da Secretaria Nacional de Segurança Pública do Ministério da Justiça e Segurança Pública e terá competência para:

▹ organizar as reuniões do Conselho Gestor, das câmaras técnicas e as eleições dos representantes do referido Conselho;

▹ prestar apoio técnico-administrativo, logístico e financeiro ao Conselho Gestor; e

▹ promover a articulação entre os integrantes do Sistema Nacional de Informações de Segurança Pública, Prisionais, de Rastreabilidade de Armas e Munições, de Material Genético, de Digitais e de Drogas.

As câmaras técnicas, de caráter temporário, com duração não superior a um ano, têm por objetivo oferecer sugestões e embasamento técnico para subsidiar as decisões do Conselho Gestor, as quais poderão operar simultaneamente.

Cada câmara técnica atuará em uma das seguintes áreas:

- estatística e análise;
- inteligência; e
- tecnologia da informação.

Cada câmara técnica será composta pelos seguintes representantes, titulares e suplentes:

- um representante do Ministério da Justiça e Segurança Pública;
- cinco representantes dos Estados ou do Distrito Federal, dos quais serão designados um para cada região geográfica.

A coordenação das câmaras técnicas será definida em regimento interno.

Os representantes das câmaras técnicas serão designados pelo Ministro da Justiça e Segurança Pública.

Cada ente federativo indicará um gestor titular e um suplente para atuar em cada uma das seguintes áreas:

- estatística e análise;
- inteligência; e
- tecnologia da informação.

Caberá aos gestores dos entes federativos, sem prejuízo de outras competências conferidas pelo Conselho Gestor:

- repassar dados e informações sobre as suas áreas de atuação sempre que solicitado pelo Conselho Gestor;
- acompanhar a qualidade e a frequência do fornecimento e da atualização de dados e informações do Sistema Nacional de Informações de Segurança Pública, Prisionais, de Rastreabilidade de Armas e Munições, de Material Genético, de Digitais e de Drogas e comunicar ao ente federativo correspondente a respeito do fornecimento de dados e informações obrigatórios;
- auxiliar na execução das atividades de coleta, tratamento, fornecimento e atualização de dados e de informações de cada área de atuação; e
- gerir as rotinas e as atividades referentes ao Sistema Nacional de Informações de Segurança Pública, Prisionais, de Rastreabilidade de Armas e Munições, de Material Genético, de Digitais e de Drogas.

Caberá ao Conselho Gestor do Sistema Nacional de Informações de Segurança Pública, Prisionais, de Rastreabilidade de Armas e Munições, de Material Genético, de Digitais e de Drogas propor alterações quanto às suas áreas de atuação, a que se referem o § 1º do art. 24 e o caput do art. 26.

As reuniões das câmaras técnicas do Conselho Gestor serão realizadas por videoconferência.

O Conselho Gestor poderá, em caráter excepcional, convocar os seus representantes para reuniões presenciais.

O Conselho Gestor poderá convidar representantes de outros órgãos e entidades, públicos ou privados, para participar de suas reuniões, sem direito a voto.

10.3.5 Sistema Integrado de Educação e Valorização Profissional

A implementação do Sistema Integrado de Educação e Valorização Profissional observará o disposto no art. 38 ao art. 41 da Lei nº 13.675, de 2018 .

Compete à Secretaria Nacional de Segurança Pública do Ministério da Justiça e Segurança Pública, em coordenação com os demais órgãos e entidades federais com competências concorrentes, executar os programas de que tratam o inciso I ao inciso IV do § 1º do art. 38 da Lei nº 13.675, de 2018, com o fim de assegurar, no âmbito do Susp, o acesso às ações de educação, presenciais ou a distância, aos profissionais de segurança pública e defesa social.

10.3.6 Programa Nacional de Qualidade de Vida para Profissionais de Segurança Pública

Escopo

Fica instituído o Programa Nacional de Qualidade de Vida para Profissionais de Segurança Pública - Programa Pró-Vida, conforme o disposto no art. 42 da Lei nº 13.675, de 2018.

O Programa Pró-Vida:

- atenderá aos objetivos de elaboração, de implementação, de apoio, de monitoramento e de avaliação de iniciativas de saúde biopsicossocial, saúde ocupacional e segurança no trabalho, mecanismos de proteção e valorização dos profissionais de segurança pública e defesa social; e
- estimulará a integração, a colaboração e a articulação das instituições de segurança pública e defesa social no âmbito dos eixos de que trata o § 2º.

São eixos de implementação do Programa Pró-Vida:

- saúde biopsicossocial - compreende ações de atenção à saúde, à luz das interações entre as dimensões biológica, psicológica e social, com vistas a integrar de forma sistêmica as diferentes abordagens terapêuticas;
- saúde ocupacional e segurança no trabalho - compreende ações de promoção da saúde e de proteção dos profissionais da segurança pública e o desenvolvimento geral dos aspectos estruturais e gerenciais do meio ambiente do trabalho;
- mecanismos de proteção - mecanismos instituídos com vistas à garantia da dignidade e à proteção dos profissionais de segurança pública e defesa social contra aquilo que possa limitar a sua capacidade de atender às suas necessidades fundamentais, em situações de vulnerabilidade e de violação de direitos; e
- valorização dos profissionais de segurança pública e defesa social - compreende ações com impacto na cultura e no clima organizacional, orientadas para a promoção da dignidade, da realização e do reconhecimento profissional.

As ações de direitos humanos dos profissionais de segurança pública e defesa social, relacionadas aos mecanismos de proteção, serão desenvolvidas no âmbito do Programa Pró-Vida, em cooperação com os demais órgãos e entidades com competências complementares.

Compete à Secretaria Nacional de Segurança Pública do Ministério da Justiça e Segurança Pública coordenar o Programa Pró-Vida, em cooperação com os demais órgãos e entidades com competências complementares.

Os mecanismos de proteção a que se referem o inciso I do § 1º e o § 3º serão instituídos em consonância com o Programa Nacional de Promoção, Proteção e Defesa dos Direitos Humanos dos Profissionais de Segurança Pública e Defesa Social e dos Profissionais do Sistema Socioeducativo - Programa PraViver, instituído pelo Decreto nº 11.106, de 29 de junho de 2022.

Rede Nacional de Qualidade de Vida para os Profissionais de Segurança Pública

Fica instituída, no âmbito do Programa Pró-Vida, a Rede Nacional de Qualidade de Vida para os Profissionais de Segurança Pública - Rede Pró-Vida, com a finalidade de:

- colaborar com a articulação das instituições de segurança pública e defesa social no âmbito dos eixos de que trata o § 2º do art. 33;

- estimular a produção de conhecimentos técnico-científicos relativos aos eixos de que trata o § 2º do art. 33;
- contribuir para o compartilhamento e a multiplicação do conhecimento de que trata o inciso II;
- difundir as ações executadas no âmbito do Programa Pró-Vida; e
- coletar contribuições dos órgãos e das entidades a que se refere o art. 33-B para o aperfeiçoamento do Programa Pró-Vida.

A Rede Pró-Vida é composta por representantes dos seguintes órgãos e entidades:

- do Ministério da Justiça e Segurança Pública, dos quais:
  - um da Secretaria Nacional de Segurança Pública, que a coordenará;
  - um da Secretaria de Gestão e Ensino em Segurança Pública;
  - um da Secretaria de Operações Integradas;
  - um da Secretaria Nacional de Política Sobre Drogas e Gestão de Ativos;
  - um da Polícia Federal;
  - um da Polícia Rodoviária Federal;
  - um do Departamento Penitenciário Nacional; e
- do Ministério da Mulher, da Família e dos Direitos Humanos;
- das instituições estaduais ou distritais de segurança pública, quando manifestado o interesse em participar da Rede Pró-Vida, representadas por um profissional pertencente:
  - às Polícias Militares;
  - aos Corpos de Bombeiros Militares;
  - às Polícias Civis;
  - às Polícias Penais Estaduais e Distrital; e
  - aos Institutos Oficiais de Criminalística, de Medicina legal e de Identificação, quando couber.

Cada membro da Rede Pró-Vida terá um suplente, que o substituirá em suas ausências e seus impedimentos.

A participação na Rede Pró-Vida será considerada prestação de serviço público relevante, não remunerada.

A Rede Pró-Vida se reunirá, em caráter ordinário, semestralmente e, em caráter extraordinário, mediante convocação de seu Coordenador.

Os membros da Rede Pró-Vida que se encontrarem no Distrito Federal se reunirão presencialmente ou por videoconferência, nos termos do disposto no Decreto nº 10.416, de 7 de julho de 2020, e os membros que se encontrarem em outros entes federativos participarão da reunião por meio de videoconferência.

O quórum de aprovação da Rede Pró-Vida é de maioria simples.

Na hipótese de empate, além do voto ordinário, o Coordenador da Rede Pró-Vida terá o voto de qualidade.

O Coordenador da Rede Pró-Vida poderá convidar representantes de outros órgãos e entidades, públicos ou privados, para participar de suas reuniões, sem direito a voto.

A Secretaria-Executiva da Rede Pró-Vida será exercida pela Secretaria Nacional de Segurança Pública do Ministério da Justiça e Segurança Pública.

10.4 Integração dos mecanismos de prevenção e controle de atos ilícitos contra a administração pública

Sem prejuízo das competências atribuídas à Controladoria-Geral da União pela Lei nº 12.846, de 1º de agosto de 2013, caberá ao Ministério da Justiça e Segurança Pública praticar os atos necessários para integrar e coordenar as ações dos órgãos e das entidades federais de prevenção e controle de atos ilícitos contra a administração pública e referentes à ocultação ou à dissimulação de bens, direitos e valores, definidos em plano estratégico anual, aprovado de acordo com os critérios e os procedimentos estabelecidos em ato do Ministro de Estado da Justiça e Segurança Pública.

10.5 Conselho nacional de segurança pública e defesa social

10.5.1 Composição do Conselho Nacional de Segurança Pública e Defesa Social

O Conselho Nacional de Segurança Pública e Defesa Social - CNSP terá a seguinte composição:

- o Ministro de Estado da Justiça e Segurança Pública, que o presidirá;
- o Secretário-Executivo do Ministério da Justiça e Segurança Pública, que exercerá a vice-presidência e substituirá o Presidente em suas ausências e seus impedimentos;
- o Diretor-Geral da Polícia Federal;
- o Diretor-Geral da Polícia Rodoviária Federal;
- o Diretor-Geral do Departamento Penitenciário Nacional;
- o Secretário Nacional de Segurança Pública;
- o Secretário Nacional de Proteção e Defesa Civil;
- o Secretário Nacional de Políticas sobre Drogas;
- os seguintes representantes da administração pública federal, indicados pelo Ministro de Estado correspondente:
  - um representante da Casa Civil da Presidência da República;
  - um representante do Ministério da Defesa;
  - um representante do Ministério da Mulher, da Família e dos Direitos Humanos;
  - um representante do Gabinete de Segurança Institucional da Presidência da República;
- os seguintes representantes estaduais e distrital:
  - um representante das polícias civis, indicado pelo Conselho Nacional de Chefes de Polícia Civil;
  - um representante das polícias militares, indicado pelo Conselho Nacional de Comandantes Gerais;
  - um representante dos corpos de bombeiros militares, indicado pelo Conselho Nacional dos Corpos de Bombeiros Militares do Brasil;
  - um representante das secretarias de segurança pública ou de órgãos congêneres, indicado pelo Colégio Nacional dos Secretários de Segurança Pública;
  - um representante dos institutos oficiais de criminalística, medicina legal e identificação, indicado pelo Conselho Nacional de Perícia Criminal; e
  - um representante dos agentes penitenciários, indicado por conselho nacional devidamente constituído;
- um representante dos agentes de trânsito, indicado por conselho nacional devidamente constituído;
- um representante das guardas municipais, indicado por conselho nacional devidamente constituído;
- um representante da Guarda Portuária, indicado por conselho nacional devidamente constituído;
- um representante do Poder Judiciário, indicado pelo Conselho Nacional de Justiça;
- um representante do Ministério Público, indicado pelo Conselho Nacional do Ministério Público;

- um representante da Defensoria Pública, indicado pelo Colégio Nacional de Defensores Públicos Gerais;
- um representante da Ordem dos Advogados do Brasil, indicado pelo Conselho Federal da Ordem dos Advogados do Brasil;
- dois representantes de entidades da sociedade civil organizada cuja finalidade esteja relacionada com políticas de segurança pública e defesa social, eleitos nos termos do disposto no § 3º;
- dois representantes de entidades de profissionais de segurança pública, eleitos nos termos do disposto no § 3º; e
- os seguintes indicados, de livre escolha e designação pelo Ministro de Estado da Justiça e Segurança Pública:
  - um representante do Poder Judiciário;
  - um representante do Ministério Público; e
  - até oito representantes com notórios conhecimentos na área de políticas de segurança pública e defesa social e com reputação ilibada.
- o Secretário de Operações Integradas do Ministério da Justiça e Segurança Pública.

O Ministro de Estado da Justiça e Segurança Pública designará os representantes a que se referem o inciso IX ao inciso XVII do caput.

Cada representante titular terá um representante suplente para substituí-lo em suas ausências e seus impedimentos.

Os representantes a que se referem os incisos XVIII e XIX do caput serão escolhidos por meio de processo aberto a entidades da sociedade civil organizada cuja finalidade esteja relacionada com políticas de segurança pública e entidades de profissionais de segurança pública que manifestem interesse em participar do CNSP.

O processo a que se refere o § 3º será precedido de convocação pública, cujos termos serão aprovados na primeira reunião deliberativa do CNSP, observados o requisito de representatividade e os critérios objetivos definidos também na primeira reunião.

O mandato dos representantes a que se referem o inciso IX ao inciso XX do caput será de dois anos, admitida uma recondução.

A participação no CNSP será considerada prestação de serviço público relevante, não remunerada.

10.5.2 Funcionamento do Conselho Nacional de Segurança Pública e Defesa Social

O CNSP se reunirá, em caráter ordinário, semestralmente, e, em caráter extraordinário, sempre que convocado por seu Presidente.

As reuniões ordinárias e extraordinárias do CNSP serão realizadas com a presença da maioria simples de seus representantes.

As reuniões do CNSP ocorrerão, preferencialmente, por videoconferência.

As recomendações do CNSP serão aprovadas pela maioria simples de seus representantes e caberá ao seu Presidente, além do voto ordinário, o voto de qualidade para desempate.

O CNSP poderá convidar representantes de outros órgãos e entidades, públicos ou privados, para participar de suas reuniões, sem direito a voto.

O CNSP poderá criar até dez câmaras técnicas com exercício simultâneo.

As câmaras técnicas terão caráter temporário, com duração não superior a um ano, e serão constituídas por, no máximo, sete membros.

Caberá ao Ministério da Justiça e Segurança Pública a edição dos demais atos administrativos necessários à consecução das atividades do CNSP, por intermédio de sua Secretaria-Executiva ou de unidade que venha a ser instituída para esse fim em regimento interno, que prestará apoio técnico e administrativo ao CNSP e às suas câmaras técnicas.

10.5.3 Competência do Conselho Nacional de Segurança Pública e Defesa Social

O CNSP, órgão colegiado permanente, integrante estratégico do Susp, tem competência consultiva, sugestiva e de acompanhamento social das atividades de segurança pública e defesa social, respeitadas as instâncias decisórias e as normas de organização da administração pública.

O CNSP exercerá o acompanhamento dos integrantes operacionais do Susp, a que se refere o § 2º do art. 9º da Lei nº 13.675, de 2018 , e poderá recomendar providências legais às autoridades competentes, de modo a considerar, entre outros definidos em regimento interno ou em norma específica, os seguintes aspectos:

- as condições de trabalho, a valorização e o respeito pela integridade física e moral de seus integrantes;
- o cumprimento das metas definidas de acordo com o disposto na Lei nº 13.675, de 2018 , para a consecução dos objetivos do órgão;
- o resultado célere na apuração das denúncias em tramitação nas corregedorias; e
- o grau de confiabilidade e aceitabilidade do órgão pela população por ele atendida.

Compete, ainda, ao CNSP:

- propor diretrizes para políticas públicas relacionadas com segurança pública e defesa social, com vistas à prevenção e à repressão da violência e da criminalidade e à satisfação de princípios, diretrizes, objetivos, estratégias, meios e instrumentos da Política Nacional de Segurança Pública e Defesa Social, estabelecidos no art. 4º ao art. 8º da Lei nº 13.675, de 2018 ;
- apreciar o Plano Nacional de Segurança Pública e Defesa Social e, quando necessário, fazer recomendações relativamente aos objetivos, às ações estratégicas, às metas, às prioridades, aos indicadores e às formas de financiamento e gestão das políticas de segurança pública e defesa social nele estabelecidos;
- propor ao Ministério da Justiça e Segurança Pública e aos integrantes do Susp a definição anual de metas de excelência com vistas à prevenção e à repressão das infrações penais e administrativas e à prevenção de desastres, por meio de indicadores públicos que demonstrem, de forma objetiva, os resultados pretendidos;
- contribuir para a integração e a interoperabilidade de informações e dados eletrônicos sobre segurança pública e defesa social, prisionais e sobre drogas, e para a unidade de registro das ocorrências policiais;
- propor a criação de grupos de trabalho com o objetivo de produzir e publicar estudos e diagnósticos para a formulação e a avaliação de políticas públicas relacionadas com segurança pública e defesa social;
- prestar apoio e articular-se, sistematicamente, com os conselhos estaduais, distrital e municipais de segurança pública e defesa social, com vistas à formulação de diretrizes básicas comuns e à potencialização do exercício de suas atribuições legais e regulamentares;
- estudar, analisar e sugerir alterações na legislação pertinente; e
- promover a articulação entre os órgãos que integram o Susp e a sociedade civil.

O CNSP divulgará anualmente e, de forma extraordinária, quando necessário, as avaliações e as recomendações que emitir a respeito das matérias de sua competência.

As convocações para as reuniões do CNSP, do Conselho Gestor do Sinesp e da Comissão Permanente do Sinaped especificarão o horário de início das atividades e previsão para seu término.

Na hipótese de reunião ordinária com duração superior a duas horas, deverá ser especificado período para votação, que não poderá ser superior a duas horas.

É vedada a divulgação de discussões em curso nos colegiados sem a prévia anuência do Ministro de Estado da Justiça e Segurança Pública.

A participação nos colegiados e nos subcolegiados de que trata este Decreto será considerada prestação de serviços públicos relevante, não remunerada.

Os regimentos internos dos colegiados serão elaborados no prazo de noventa dias, contado da data de publicação deste Decreto.

Os regimentos internos de que trata o caput serão aprovados por maioria simples.

11 LEI Nº 13.675/2018 - ORGANIZAÇÃO DOS ÓRGÃOS RESPONSÁVEIS PELA SEGURANÇA PÚBLICA

11.1 Disposições preliminares

Esta Lei institui o Sistema Único de Segurança Pública (Susp) e cria a Política Nacional de Segurança Pública e Defesa Social (PNS-PDS), com a finalidade de preservação da ordem pública e da incolumidade das pessoas e do patrimônio, por meio de atuação conjunta, coordenada, sistêmica e integrada dos órgãos de segurança pública e defesa social da União, dos Estados, do Distrito Federal e dos Municípios, em articulação com a sociedade.

A segurança pública é dever do Estado e responsabilidade de todos, compreendendo a União, os Estados, o Distrito Federal e os Municípios, no âmbito das competências e atribuições legais de cada um.

11.2 Política nacional de segurança pública e defesa social (PNSPDS)

11.2.1 Competência para Estabelecimento das Políticas de Segurança Pública e Defesa Social

Compete à União estabelecer a Política Nacional de Segurança Pública e Defesa Social (PNSPDS) e aos Estados, ao Distrito Federal e aos Municípios estabelecer suas respectivas políticas, observadas as diretrizes da política nacional, especialmente para análise e enfrentamento dos riscos à harmonia da convivência social, com destaque às situações de emergência e aos crimes interestaduais e transnacionais.

11.2.2 Princípios

São princípios da PNSPDS:

- respeito ao ordenamento jurídico e aos direitos e garantias individuais e coletivos;
- proteção, valorização e reconhecimento dos profissionais de segurança pública;
- proteção dos direitos humanos, respeito aos direitos fundamentais e promoção da cidadania e da dignidade da pessoa humana;
- eficiência na prevenção e no controle das infrações penais;
- eficiência na repressão e na apuração das infrações penais;
- eficiência na prevenção e na redução de riscos em situações de emergência e desastres que afetam a vida, o patrimônio e o meio ambiente;
- participação e controle social;
- resolução pacífica de conflitos;
- uso comedido e proporcional da força pelos agentes da segurança pública, pautado nos documentos internacionais de proteção aos direitos humanos de que o Brasil seja signatário;
- proteção da vida, do patrimônio e do meio ambiente;
- publicidade das informações não sigilosas;
- promoção da produção de conhecimento sobre segurança pública;
- otimização dos recursos materiais, humanos e financeiros das instituições;
- simplicidade, informalidade, economia procedimental e celeridade no serviço prestado à sociedade;
- relação harmônica e colaborativa entre os Poderes;
- transparência, responsabilização e prestação de contas.

A lei do ente federado deverá conter como critério para ingresso na instituição ser aprovado em exame de saúde e exame toxicológico com larga janela de detecção.

Além dos exames do caput deste artigo, o regulamento desta Lei estabelecerá as regras do exame toxicológico aleatório.

11.2.3 Diretrizes

São diretrizes da PNSPDS:

- atendimento imediato ao cidadão;
- planejamento estratégico e sistêmico;
- fortalecimento das ações de prevenção e resolução pacífica de conflitos, priorizando políticas de redução da letalidade violenta, com ênfase para os grupos vulneráveis;
- atuação integrada entre a União, os Estados, o Distrito Federal e os Municípios em ações de segurança pública e políticas transversais para a preservação da vida, do meio ambiente e da dignidade da pessoa humana;
- coordenação, cooperação e colaboração dos órgãos e instituições de segurança pública nas fases de planejamento, execução, monitoramento e avaliação das ações, respeitando-se as respectivas atribuições legais e promovendo-se a racionalização de meios com base nas melhores práticas;
- formação e capacitação continuada e qualificada dos profissionais de segurança pública, em consonância com a matriz curricular nacional;
- fortalecimento das instituições de segurança pública por meio de investimentos e do desenvolvimento de projetos estruturantes e de inovação tecnológica;
- sistematização e compartilhamento das informações de segurança pública, prisionais e sobre drogas, em âmbito nacional;
- atuação com base em pesquisas, estudos e diagnósticos em áreas de interesse da segurança pública;
- atendimento prioritário, qualificado e humanizado às pessoas em situação de vulnerabilidade;
- padronização de estruturas, de capacitação, de tecnologia e de equipamentos de interesse da segurança pública;
- ênfase nas ações de policiamento de proximidade, com foco na resolução de problemas;
- modernização do sistema e da legislação de acordo com a evolução social;
- participação social nas questões de segurança pública;
- integração entre os Poderes Legislativo, Executivo e Judiciário no aprimoramento e na aplicação da legislação penal;
- colaboração do Poder Judiciário, do Ministério Público e da Defensoria Pública na elaboração de estratégias e metas para alcançar os objetivos desta Política;
- fomento de políticas públicas voltadas à reinserção social dos egressos do sistema prisional;
- incentivo ao desenvolvimento de programas e projetos com foco na promoção da cultura de paz, na segurança comunitária e na integração das políticas de segurança com as políticas sociais existentes em outros órgãos e entidades não pertencentes ao sistema de segurança pública;

- distribuição do efetivo de acordo com critérios técnicos;
- deontologia policial e de bombeiro militar comuns, respeitados os regimes jurídicos e as peculiaridades de cada instituição;
- unidade de registro de ocorrência policial;
- uso de sistema integrado de informações e dados eletrônicos;
- incentivo à designação de servidores da carreira para os cargos de chefia, levando em consideração a graduação, a capacitação, o mérito e a experiência do servidor na atividade policial específica;
- celebração de termo de parceria e protocolos com agências de vigilância privada, respeitada a lei de licitações.

11.2.4 Objetivos

São objetivos da PNSPDS:

- fomentar a integração em ações estratégicas e operacionais, em atividades de inteligência de segurança pública e em gerenciamento de crises e incidentes;
- apoiar as ações de manutenção da ordem pública e da incolumidade das pessoas, do patrimônio, do meio ambiente e de bens e direitos;
- incentivar medidas para a modernização de equipamentos, da investigação e da perícia e para a padronização de tecnologia dos órgãos e das instituições de segurança pública;
- estimular e apoiar a realização de ações de prevenção à violência e à criminalidade, com prioridade para aquelas relacionadas à letalidade da população jovem negra, das mulheres e de outros grupos vulneráveis;
- promover a participação social nos Conselhos de segurança pública;
- estimular a produção e a publicação de estudos e diagnósticos para a formulação e a avaliação de políticas públicas;
- promover a interoperabilidade dos sistemas de segurança pública;
- incentivar e ampliar as ações de prevenção, controle e fiscalização para a repressão aos crimes transfronteiriços;
- estimular o intercâmbio de informações de inteligência de segurança pública com instituições estrangeiras congêneres;
- integrar e compartilhar as informações de segurança pública, prisionais e sobre drogas;
- estimular a padronização da formação, da capacitação e da qualificação dos profissionais de segurança pública, respeitadas as especificidades e as diversidades regionais, em consonância com esta Política, nos âmbitos federal, estadual, distrital e municipal;
- fomentar o aperfeiçoamento da aplicação e do cumprimento de medidas restritivas de direito e de penas alternativas à prisão;
- fomentar o aperfeiçoamento dos regimes de cumprimento de pena restritiva de liberdade em relação à gravidade dos crimes cometidos;
- racionalizar e humanizar o sistema penitenciário e outros ambientes de encarceramento;
- fomentar estudos, pesquisas e publicações sobre a política de enfrentamento às drogas e de redução de danos relacionados aos seus usuários e aos grupos sociais com os quais convivem;
- fomentar ações permanentes para o combate ao crime organizado e à corrupção;
- estabelecer mecanismos de monitoramento e de avaliação das ações implementadas;
- promover uma relação colaborativa entre os órgãos de segurança pública e os integrantes do sistema judiciário para a construção das estratégias e o desenvolvimento das ações necessárias ao alcance das metas estabelecidas;
- estimular a concessão de medidas protetivas em favor de pessoas em situação de vulnerabilidade;
- estimular a criação de mecanismos de proteção dos agentes públicos que compõem o sistema nacional de segurança pública e de seus familiares;
- estimular e incentivar a elaboração, a execução e o monitoramento de ações nas áreas de valorização profissional, de saúde, de qualidade de vida e de segurança dos servidores que compõem o sistema nacional de segurança pública;
- priorizar políticas de redução da letalidade violenta;
- fortalecer os mecanismos de investigação de crimes hediondos e de homicídios;
- fortalecer as ações de fiscalização de armas de fogo e munições, com vistas à redução da violência armada;
- fortalecer as ações de prevenção e repressão aos crimes cibernéticos.

Os objetivos estabelecidos direcionarão a formulação do Plano Nacional de Segurança Pública e Defesa Social, documento que estabelecerá as estratégias, as metas, os indicadores e as ações para o alcance desses objetivos.

11.2.5 Estratégias

A PNSPDS será implementada por estratégias que garantam integração, coordenação e cooperação federativa, interoperabilidade, liderança situacional, modernização da gestão das instituições de segurança pública, valorização e proteção dos profissionais, complementaridade, dotação de recursos humanos, diagnóstico dos problemas a serem enfrentados, excelência técnica, avaliação continuada dos resultados e garantia da regularidade orçamentária para execução de planos e programas de segurança pública.

11.2.6 Meios e Instrumentos

São meios e instrumentos para a implementação da PNSPDS:

- os planos de segurança pública e defesa social;
- o Sistema Nacional de Informações e de Gestão de Segurança Pública e Defesa Social, que inclui:
  - o Sistema Nacional de Acompanhamento e Avaliação das Políticas de Segurança Pública e Defesa Social (Sinaped);
  - o Sistema Nacional de Informações de Segurança Pública, Prisionais, de Rastreabilidade de Armas e Munições, de Material Genético, de Digitais e de Drogas (Sinesp;
  - o Sistema Integrado de Educação e Valorização Profissional (Sievap);
  - a Rede Nacional de Altos Estudos em Segurança Pública (Renaesp);
  - o Programa Nacional de Qualidade de Vida para Profissionais de Segurança Pública (Pró-Vida);
- o Plano Nacional de Enfrentamento de Homicídios de Jovens;
- os mecanismos formados por órgãos de prevenção e controle de atos ilícitos contra a Administração Pública e referentes a ocultação ou dissimulação de bens, direitos e valores.
- o Plano Nacional de Prevenção e Enfrentamento à Violência contra a Mulher, nas ações pertinentes às políticas de segurança, implementadas em conjunto com os órgãos e instâncias estaduais, municipais e do Distrito Federal responsáveis pela rede de prevenção e de atendimento das mulheres em situação de violência.

11.3 Sistema único de segurança pública

11.3.1 Composição do Sistema

É instituído o Sistema Único de Segurança Pública (Susp), que tem como órgão central o Ministério Extraordinário da Segurança Pública e é integrado pelos órgãos de que trata o art. 144 da Constituição Federal , pelos agentes penitenciários, pelas guardas municipais e pelos demais integrantes estratégicos e operacionais, que atuarão nos limites de suas competências, de forma cooperativa, sistêmica e harmônica.

São integrantes estratégicos do Susp:

- a União, os Estados, o Distrito Federal e os Municípios, por intermédio dos respectivos Poderes Executivos;
- os Conselhos de Segurança Pública e Defesa Social dos três entes federados.

São integrantes operacionais do Susp:

- polícia federal;
- polícia rodoviária federal;
- polícias civis;
- polícias militares;
- corpos de bombeiros militares;
- guardas municipais;
- órgãos do sistema penitenciário;
- institutos oficiais de criminalística, medicina legal e identificação;
- Secretaria Nacional de Segurança Pública (Senasp);
- secretarias estaduais de segurança pública ou congêneres;
- Secretaria Nacional de Proteção e Defesa Civil (Sedec);
- Secretaria Nacional de Política Sobre Drogas (Senad);
- agentes de trânsito;
- guarda portuária.
- polícia legislativa, prevista no § 3º do art. 27, no inciso IV do caput do art. 51 e no inciso XIII do caput do art. 52 da Constituição Federal.

Os sistemas estaduais, distrital e municipais serão responsáveis pela implementação dos respectivos programas, ações e projetos de segurança pública, com liberdade de organização e funcionamento, respeitado o disposto nesta Lei.

11.3.2 Funcionamento

A integração e a coordenação dos órgãos integrantes do Susp dar-se-ão nos limites das respectivas competências, por meio de:

- operações com planejamento e execução integrados;
- estratégias comuns para atuação na prevenção e no controle qualificado de infrações penais;
- aceitação mútua de registro de ocorrência policial;
- compartilhamento de informações, inclusive com o Sistema Brasileiro de Inteligência (Sisbin);
- intercâmbio de conhecimentos técnicos e científicos;
- integração das informações e dos dados de segurança pública por meio do Sinesp.

O Susp será coordenado pelo Ministério Extraordinário da Segurança Pública.

As operações combinadas, planejadas e desencadeadas em equipe poderão ser ostensivas, investigativas, de inteligência ou mistas, e contar com a participação de órgãos integrantes do Susp e, nos limites de suas competências, com o Sisbin e outros órgãos dos sistemas federal, estadual, distrital ou municipal, não necessariamente vinculados diretamente aos órgãos de segurança pública e defesa social, especialmente quando se tratar de enfrentamento a organizações criminosas.

O planejamento e a coordenação das operações referidas no § 2º deste artigo serão exercidos conjuntamente pelos participantes.

O compartilhamento de informações será feito preferencialmente por meio eletrônico, com acesso recíproco aos bancos de dados, nos termos estabelecidos pelo Ministério Extraordinário da Segurança Pública.

O intercâmbio de conhecimentos técnicos e científicos para qualificação dos profissionais de segurança pública e defesa social dar-se-á, entre outras formas, pela reciprocidade na abertura de vagas nos cursos de especialização, aperfeiçoamento e estudos estratégicos, respeitadas as peculiaridades e o regime jurídico de cada instituição, e observada, sempre que possível, a matriz curricular nacional.

O Ministério Extraordinário da Segurança Pública fixará, anualmente, metas de excelência no âmbito das respectivas competências, visando à prevenção e à repressão das infrações penais e administrativas e à prevenção dos desastres, e utilizará indicadores públicos que demonstrem de forma objetiva os resultados pretendidos.

A aferição anual de metas deverá observar os seguintes parâmetros:

- as atividades de polícia judiciária e de apuração das infrações penais serão aferidas, entre outros fatores, pelos índices de elucidação dos delitos, a partir dos registros de ocorrências policiais, especialmente os de crimes dolosos com resultado em morte e de roubo, pela identificação, prisão dos autores e cumprimento de mandados de prisão de condenados a crimes com penas de reclusão, e pela recuperação do produto de crime em determinada circunscrição;
- as atividades periciais serão aferidas mediante critérios técnicos emitidos pelo órgão responsável pela coordenação das perícias oficiais, considerando os laudos periciais e o resultado na produção qualificada das provas relevantes à instrução criminal;
- as atividades de polícia ostensiva e de preservação da ordem pública serão aferidas, entre outros fatores, pela maior ou menor incidência de infrações penais e administrativas em determinada área, seguindo os parâmetros do Sinesp;
- as atividades dos corpos de bombeiros militares serão aferidas, entre outros fatores, pelas ações de prevenção, preparação para emergências e desastres, índices de tempo de resposta aos desastres e de recuperação de locais atingidos, considerando-se áreas determinadas;
- a eficiência do sistema prisional será aferida com base nos seguintes fatores, entre outros:
  - o número de vagas ofertadas no sistema;
  - a relação existente entre o número de presos e a quantidade de vagas ofertadas;
  - o índice de reiteração criminal dos egressos;
  - a quantidade de presos condenados atendidos de acordo com os parâmetros estabelecidos pelos incisos do caput deste artigo, com observância de critérios objetivos e transparentes.

A aferição considerará aspectos relativos à estrutura de trabalho físico e de equipamentos, bem como de efetivo.

A aferição de que trata o inciso I do caput deste artigo deverá distinguir as autorias definidas em razão de prisão em flagrante das autorias resultantes de diligências investigatórias.

O Ministério Extraordinário da Segurança Pública, responsável pela gestão do Susp, deverá orientar e acompanhar as atividades dos órgãos integrados ao Sistema, além de promover as seguintes ações:

- apoiar os programas de aparelhamento e modernização dos órgãos de segurança pública e defesa social do País;
- implementar, manter e expandir, observadas as restrições previstas em lei quanto a sigilo, o Sistema Nacional de Informações e de Gestão de Segurança Pública e Defesa Social;
- efetivar o intercâmbio de experiências técnicas e operacionais entre os órgãos policiais federais, estaduais, distrital e as guardas municipais;
- valorizar a autonomia técnica, científica e funcional dos institutos oficiais de criminalística, medicina legal e identificação, garantindo-lhes condições plenas para o exercício de suas funções;
- promover a qualificação profissional dos integrantes da segurança pública e defesa social, especialmente nas dimensões operacional, ética e técnico-científica;
- realizar estudos e pesquisas nacionais e consolidar dados e informações estatísticas sobre criminalidade e vitimização;
- coordenar as atividades de inteligência da segurança pública e defesa social integradas ao Sisbin;
- desenvolver a doutrina de inteligência policial.

É de responsabilidade do Ministério Extraordinário da Segurança Pública:

- disponibilizar sistema padronizado, informatizado e seguro que permita o intercâmbio de informações entre os integrantes do Susp;
- apoiar e avaliar periodicamente a infraestrutura tecnológica e a segurança dos processos, das redes e dos sistemas;
- estabelecer cronograma para adequação dos integrantes do Susp às normas e aos procedimentos de funcionamento do Sistema.

A União poderá apoiar os Estados, o Distrito Federal e os Municípios, quando não dispuserem de condições técnicas e operacionais necessárias à implementação do Susp.

Os órgãos integrantes do Susp poderão atuar em vias urbanas, rodovias, terminais rodoviários, ferrovias e hidrovias federais, estaduais, distrital ou municipais, portos e aeroportos, no âmbito das respectivas competências, em efetiva integração com o órgão cujo local de atuação esteja sob sua circunscrição, ressalvado o sigilo das investigações policiais.

Regulamento disciplinará os critérios de aplicação de recursos do Fundo Nacional de Segurança Pública (FNSP) e do Fundo Penitenciário Nacional (Funpen), respeitando-se a atribuição constitucional dos órgãos que integram o Susp, os aspectos geográficos, populacionais e socioeconômicos dos entes federados, bem como o estabelecimento de metas e resultados a serem alcançados.

Entre os critérios de aplicação dos recursos do FNSP serão incluídos metas e resultados relativos à prevenção e ao combate à violência contra a mulher.

As aquisições de bens e serviços para os órgãos integrantes do Susp terão por objetivo a eficácia de suas atividades e obedecerão a critérios técnicos de qualidade, modernidade, eficiência e resistência, observadas as normas de licitação e contratos.

11.4 Conselhos de segurança pública e defesa social

11.4.1 Composição

A estrutura formal do Susp dar-se-á pela formação de Conselhos permanentes a serem criados na forma do art. 21 desta Lei.

Serão criados Conselhos de Segurança Pública e Defesa Social, no âmbito da União, dos Estados, do Distrito Federal e dos Municípios, mediante proposta dos chefes dos Poderes Executivos, encaminhadas aos respectivos Poderes Legislativos.

O Conselho Nacional de Segurança Pública e Defesa Social, com atribuições, funcionamento e composição estabelecidos em regulamento, terá a participação de representantes da União, dos Estados, do Distrito Federal e dos Municípios.

Os Conselhos de Segurança Pública e Defesa Social congregarão representantes com poder de decisão dentro de suas estruturas governamentais e terão natureza de colegiado, com competência consultiva, sugestiva e de acompanhamento social das atividades de segurança pública e defesa social, respeitadas as instâncias decisórias e as normas de organização da Administração Pública.

Os Conselhos de Segurança Pública e Defesa Social exercerão o acompanhamento das instituições referidas no § 2º do art. 9º desta Lei e poderão recomendar providências legais às autoridades competentes.

O acompanhamento de que trata o § 3º deste artigo considerará, entre outros, os seguintes aspectos:

- as condições de trabalho, a valorização e o respeito pela integridade física e moral dos seus integrantes;
- o atingimento das metas previstas nesta Lei;
- o resultado célere na apuração das denúncias em tramitação nas respectivas corregedorias;
- o grau de confiabilidade e aceitabilidade do órgão pela população por ele atendida.

Caberá aos Conselhos propor diretrizes para as políticas públicas de segurança pública e defesa social, com vistas à prevenção e à repressão da violência e da criminalidade.

A organização, o funcionamento e as demais competências dos Conselhos serão regulamentados por ato do Poder Executivo, nos limites estabelecidos por esta Lei.

Os Conselhos Estaduais, Distrital e Municipais de Segurança Pública e Defesa Social, que contarão também com representantes da sociedade civil organizada e de representantes dos trabalhadores, poderão ser descentralizados ou congregados por região para melhor atuação e intercâmbio comunitário.

11.4.2 Conselheiros

Os Conselhos serão compostos por:

- representantes de cada órgão ou entidade integrante do Susp;
- representante do Poder Judiciário;
- representante do Ministério Público;
- representante da Ordem dos Advogados do Brasil (OAB);
- representante da Defensoria Pública;
- representantes de entidades e organizações da sociedade cuja finalidade esteja relacionada com políticas de segurança pública e defesa social;
- representantes de entidades de profissionais de segurança pública.

Os representantes das entidades e organizações referidas nos incisos VI e VII do caput deste artigo serão eleitos por meio de processo aberto a todas as entidades e organizações cuja finalidade seja relacionada com as políticas de segurança pública, conforme convocação pública e critérios objetivos previamente definidos pelos Conselhos.

Cada conselheiro terá 1 (um) suplente, que substituirá o titular em sua ausência.

Os mandatos eletivos dos membros referidos nos incisos VI e VII do caput deste artigo e a designação dos demais membros terão a duração de 2 (dois) anos, permitida apenas uma recondução ou reeleição.

Na ausência de representantes dos órgãos ou entidades referidos no caput deste artigo, aplica-se o disposto no § 7º do art. 20 desta Lei.

11.5 Formulação dos planos de segurança pública e defesa social

11.5.1 Planos

A União instituirá Plano Nacional de Segurança Pública e Defesa Social, destinado a articular as ações do poder público, com a finalidade de:

- promover a melhora da qualidade da gestão das políticas sobre segurança pública e defesa social;
- contribuir para a organização dos Conselhos de Segurança Pública e Defesa Social;
- assegurar a produção de conhecimento no tema, a definição de metas e a avaliação dos resultados das políticas de segurança pública e defesa social;
- priorizar ações preventivas e fiscalizatórias de segurança interna nas divisas, fronteiras, portos e aeroportos.

As políticas públicas de segurança não se restringem aos integrantes do Susp, pois devem considerar um contexto social amplo, com abrangência de outras áreas do serviço público, como educação, saúde, lazer e cultura, respeitadas as atribuições e as finalidades de cada área do serviço público.

O Plano de que trata o caput deste artigo terá duração de 10 (dez) anos a contar de sua publicação.

As ações de prevenção à criminalidade devem ser consideradas prioritárias na elaboração do Plano de que trata o caput deste artigo.

A União, por intermédio do Ministério Extraordinário da Segurança Pública, deverá elaborar os objetivos, as ações estratégicas, as metas, as prioridades, os indicadores e as formas de financiamento e gestão das Políticas de Segurança Pública e Defesa Social.

Os Estados, o Distrito Federal e os Municípios deverão, com base no Plano Nacional de Segurança Pública e Defesa Social, elaborar e implantar seus planos correspondentes em até 2 (dois) anos a partir da publicação do documento nacional, sob pena de não poderem receber recursos da União para a execução de programas ou ações de segurança pública e defesa social.

O poder público deverá dar ampla divulgação ao conteúdo das Políticas e dos Planos de segurança pública e defesa social.

A União, em articulação com os Estados, o Distrito Federal e os Municípios, realizará avaliações anuais sobre a implementação do Plano Nacional de Segurança Pública e Defesa Social, com o objetivo de verificar o cumprimento das metas estabelecidas e elaborar recomendações aos gestores e operadores das políticas públicas.

A primeira avaliação do Plano Nacional de Segurança Pública e Defesa Social realizar-se-á no segundo ano de vigência desta Lei, cabendo ao Poder Legislativo Federal acompanhá-la.

11.5.2 Diretrizes Gerais

Os agentes públicos deverão observar as seguintes diretrizes na elaboração e na execução dos planos:

- adotar estratégias de articulação entre órgãos públicos, entidades privadas, corporações policiais e organismos internacionais, a fim de implantar parcerias para a execução de políticas de segurança pública e defesa social;
- realizar a integração de programas, ações, atividades e projetos dos órgãos e entidades públicas e privadas nas áreas de saúde, planejamento familiar, educação, trabalho, assistência social, previdência social, cultura, desporto e lazer, visando à prevenção da criminalidade e à prevenção de desastres;
- viabilizar ampla participação social na formulação, na implementação e na avaliação das políticas de segurança pública e defesa social;
- desenvolver programas, ações, atividades e projetos articulados com os estabelecimentos de ensino, com a sociedade e com a família para a prevenção da criminalidade e a prevenção de desastres;
- incentivar a inclusão das disciplinas de prevenção da violência e de prevenção de desastres nos conteúdos curriculares dos diversos níveis de ensino;
- ampliar as alternativas de inserção econômica e social dos egressos do sistema prisional, promovendo programas que priorizem a melhoria de sua escolarização e a qualificação profissional;
- garantir a efetividade dos programas, ações, atividades e projetos das políticas de segurança pública e defesa social;
- promover o monitoramento e a avaliação das políticas de segurança pública e defesa social;
- IX - fomentar a criação de grupos de estudos formados por agentes públicos dos órgãos integrantes do Susp, professores e pesquisadores, para produção de conhecimento e reflexão sobre o fenômeno da criminalidade, com o apoio e a coordenação dos órgãos públicos de cada unidade da Federação;
- fomentar a harmonização e o trabalho conjunto dos integrantes do Susp;
- garantir o planejamento e a execução de políticas de segurança pública e defesa social;
- fomentar estudos de planejamento urbano para que medidas de prevenção da criminalidade façam parte do plano diretor das cidades, de forma a estimular, entre outras ações, o reforço na iluminação pública e a verificação de pessoas e de famílias em situação de risco social e criminal.

11.5.3 Metas para Acompanhamento e Avaliação das Políticas de Segurança Pública e Defesa Social

Os integrantes do Susp fixarão, anualmente, metas de excelência no âmbito das respectivas competências, visando à prevenção e à repressão de infrações penais e administrativas e à prevenção de desastres, que tenham como finalidade:

- planejar, pactuar, implementar, coordenar e supervisionar as atividades de educação gerencial, técnica e operacional, em cooperação com as unidades da Federação;
- apoiar e promover educação qualificada, continuada e integrada;
- identificar e propor novas metodologias e técnicas de educação voltadas ao aprimoramento de suas atividades;
- identificar e propor mecanismos de valorização profissional;
- apoiar e promover o sistema de saúde para os profissionais de segurança pública e defesa social;
- apoiar e promover o sistema habitacional para os profissionais de segurança pública e defesa social.

11.5.4 Cooperação, da Integração e do Funcionamento Harmônico dos Membros do SUSP

É instituído, no âmbito do Susp, o Sistema Nacional de Acompanhamento e Avaliação das Políticas de Segurança Pública e Defesa Social (Sinaped), com os seguintes objetivos:

- contribuir para organização e integração dos membros do Susp, dos projetos das políticas de segurança pública e defesa social e dos respectivos diagnósticos, planos de ação, resultados e avaliações;
- assegurar o conhecimento sobre os programas, ações e atividades e promover a melhora da qualidade da gestão dos programas, ações, atividades e projetos de segurança pública e defesa social;
- garantir que as políticas de segurança pública e defesa social abranjam, no mínimo, o adequado diagnóstico, a gestão e os resultados das políticas e dos programas de prevenção e de controle da violência, com o objetivo de verificar:
  - a compatibilidade da forma de processamento do planejamento orçamentário e de sua execução com as necessidades do respectivo sistema de segurança pública e defesa social;
  - a eficácia da utilização dos recursos públicos;
  - a manutenção do fluxo financeiro, consideradas as necessidades operacionais dos programas, as normas de referência e as condições previstas nos instrumentos jurídicos celebrados entre os entes federados, os órgãos gestores e os integrantes do Susp;
  - a implementação dos demais compromissos assumidos por ocasião da celebração dos instrumentos jurídicos relativos à efetivação das políticas de segurança pública e defesa social;
  - a articulação interinstitucional e intersetorial das políticas.

Ao final da avaliação do Plano Nacional de Segurança Pública e Defesa Social, será elaborado relatório com o histórico e a caracterização do trabalho, as recomendações e os prazos para que elas sejam cumpridas, além de outros elementos a serem definidos em regulamento.

Os resultados da avaliação das políticas serão utilizados para:

- planejar as metas e eleger as prioridades para execução e financiamento;
- reestruturar ou ampliar os programas de prevenção e controle;
- adequar os objetivos e a natureza dos programas, ações e projetos;
- celebrar instrumentos de cooperação com vistas à correção de problemas constatados na avaliação;
- aumentar o financiamento para fortalecer o sistema de segurança pública e defesa social;
- melhorar e ampliar a capacitação dos operadores do Susp.

O relatório da avaliação deverá ser encaminhado aos respectivos Conselhos de Segurança Pública e Defesa Social.

As autoridades, os gestores, as entidades e os órgãos envolvidos com a segurança pública e defesa social têm o dever de colaborar com o processo de avaliação, facilitando o acesso às suas instalações, à documentação e a todos os elementos necessários ao seu efetivo cumprimento.

O processo de avaliação das políticas de segurança pública e defesa social deverá contar com a participação de representantes dos Poderes Legislativo, Executivo e Judiciário, do Ministério Público, da Defensoria Pública e dos Conselhos de Segurança Pública e Defesa Social, observados os parâmetros estabelecidos nesta Lei.

Cabe ao Poder Legislativo acompanhar as avaliações do respectivo ente federado.

O Sinaped assegurará, na metodologia a ser empregada:

- a realização da autoavaliação dos gestores e das corporações;
- a avaliação institucional externa, contemplando a análise global e integrada das instalações físicas, relações institucionais, compromisso social, atividades e finalidades das corporações;
- a análise global e integrada dos diagnósticos, estruturas, compromissos, finalidades e resultados das políticas de segurança pública e defesa social;
- o caráter público de todos os procedimentos, dados e resultados dos processos de avaliação.

A avaliação dos objetivos e das metas do Plano Nacional de Segurança Pública e Defesa Social será coordenada por comissão permanente e realizada por comissões temporárias, essas compostas, no mínimo, por 3 (três) membros, na forma do regulamento próprio.

É vedado à comissão permanente designar avaliadores que sejam titulares ou servidores dos órgãos gestores avaliados, caso:

- tenham relação de parentesco até terceiro grau com titulares ou servidores dos órgãos gestores avaliados;
- estejam respondendo a processo criminal ou administrativo.

11.6 Controle e da transparência

11.6.1 Controle Interno

Aos órgãos de correição, dotados de autonomia no exercício de suas competências, caberá o gerenciamento e a realização dos processos e procedimentos de apuração de responsabilidade funcional, por meio de sindicância e processo administrativo disciplinar, e a proposição de subsídios para o aperfeiçoamento das atividades dos órgãos de segurança pública e defesa social.

11.6.2 Acompanhamento Público da Atividade Policial

A União, os Estados, o Distrito Federal e os Municípios deverão instituir órgãos de ouvidoria dotados de autonomia e independência no exercício de suas atribuições.

À ouvidoria competirá o recebimento e tratamento de representações, elogios e sugestões de qualquer pessoa sobre as ações e atividades dos profissionais e membros integrantes do Susp, devendo encaminhá-los ao órgão com atribuição para as providências legais e a resposta ao requerente.

11.6.3 Transparência e da Integração de Dados e Informações

É instituído o Sistema Nacional de Informações de Segurança Pública, Prisionais, de Rastreabilidade de Armas e Munições, de Material Genético, de Digitais e de Drogas (Sinesp), com a finalidade de armazenar, tratar e integrar dados e informações para auxiliar na formulação, implementação, execução, acompanhamento e avaliação das políticas relacionadas com:

- segurança pública e defesa social;
- sistema prisional e execução penal;
- rastreabilidade de armas e munições;
- banco de dados de perfil genético e digitais;
- enfrentamento do tráfico de drogas ilícitas.

O Sinesp tem por objetivos:

- proceder à coleta, análise, atualização, sistematização, integração e interpretação de dados e informações relativos às políticas de segurança pública e defesa social;
- disponibilizar estudos, estatísticas, indicadores e outras informações para auxiliar na formulação, implementação, execução, monitoramento e avaliação de políticas públicas;
- promover a integração das redes e sistemas de dados e informações de segurança pública e defesa social, criminais, do sistema prisional e sobre drogas;
- garantir a interoperabilidade dos sistemas de dados e informações, conforme os padrões definidos pelo conselho gestor.
- produzir dados sobre a qualidade de vida e a saúde dos profissionais de segurança pública e defesa social;
- produzir dados sobre a vitimização dos profissionais de segurança pública e defesa social, inclusive fora do horário de trabalho;
- produzir dados sobre os profissionais de segurança pública e defesa social com deficiência em decorrência de vitimização na atividade;
- produzir dados sobre os profissionais de segurança pública e defesa social que sejam dependentes químicos em decorrência da atividade;
- produzir dados sobre transtornos mentais e comportamento suicida dos profissionais de segurança pública e defesa social.

O Sinesp adotará os padrões de integridade, disponibilidade, confidencialidade, confiabilidade e tempestividade dos sistemas informatizados do governo federal.

Integram o Sinesp todos os entes federados, por intermédio de órgãos criados ou designados para esse fim.

Os dados e as informações de que trata esta Lei deverão ser padronizados e categorizados e serão fornecidos e atualizados pelos integrantes do Sinesp.

O integrante que deixar de fornecer ou atualizar seus dados e informações no Sinesp poderá não receber recursos nem celebrar parcerias com a União para financiamento de programas, projetos ou ações de segurança pública e defesa social e do sistema prisional, na forma do regulamento.

O Ministério Extraordinário da Segurança Pública é autorizado a celebrar convênios com órgãos do Poder Executivo que não integrem o Susp, com o Poder Judiciário e com o Ministério Público, para compatibilização de sistemas de informação e integração de dados, ressalvadas as vedações constitucionais de sigilo e desde que o objeto fundamental dos acordos seja a prevenção e a repressão da violência.

A omissão no fornecimento das informações legais implica responsabilidade administrativa do agente público.

11.7 Capacitação e valorização do profissional em segurança pública e defesa social

11.7.1 Sistema Integrado de Educação e Valorização Profissional (Sievap)

É instituído o Sistema Integrado de Educação e Valorização Profissional (Sievap), com a finalidade de:

- planejar, pactuar, implementar, coordenar e supervisionar as atividades de educação gerencial,
- identificar e propor novas metodologias e técnicas de educação voltadas ao aprimoramento de suas atividades;
- apoiar e promover educação qualificada, continuada e integrada;
- identificar e propor mecanismos de valorização profissional.

O Sievap é constituído, entre outros, pelos seguintes programas:

- matriz curricular nacional;
- Rede Nacional de Altos Estudos em Segurança Pública (Renaesp);
- Rede Nacional de Educação a Distância em Segurança Pública (Rede EaD-Senasp);
- programa nacional de qualidade de vida para segurança pública e defesa social.

Os órgãos integrantes do Susp terão acesso às ações de educação do Sievap, conforme política definida pelo Ministério Extraordinário da Segurança Pública.

A matriz curricular nacional constitui-se em referencial teórico, metodológico e avaliativo para as ações de educação aos profissionais de segurança pública e defesa social e deverá ser observada nas atividades formativas de ingresso, aperfeiçoamento, atualização, capacitação e especialização na área de segurança pública e defesa social, nas modalidades presencial e a distância, respeitados o regime jurídico e as peculiaridades de cada instituição.

A matriz curricular é pautada nos direitos humanos, nos princípios da andragogia e nas teorias que enfocam o processo de construção do conhecimento.

Os programas de educação deverão estar em consonância com os princípios da matriz curricular nacional.

A Renaesp, integrada por instituições de ensino superior, observadas as normas de licitação e contratos, tem como objetivo:

- promover cursos de graduação, extensão e pós-graduação em segurança pública e defesa social;
- fomentar a integração entre as ações dos profissionais, em conformidade com as políticas nacionais de segurança pública e defesa social;
- promover a compreensão do fenômeno da violência;
- difundir a cidadania, os direitos humanos e a educação para a paz;
- articular o conhecimento prático dos profissionais de segurança pública e defesa social com os conhecimentos acadêmicos;
- difundir e reforçar a construção de cultura de segurança pública e defesa social fundada nos paradigmas da contemporaneidade, da inteligência, da informação e do exercício de atribuições estratégicas, técnicas e científicas;
- incentivar produção técnico-científica que contribua para as atividades desenvolvidas pelo Susp.

A Rede EaD-Senasp é escola virtual destinada aos profissionais de segurança pública e defesa social e tem como objetivo viabilizar o acesso aos processos de aprendizagem, independentemente das limitações geográficas e sociais existentes, com o propósito de democratizar a educação em segurança pública e defesa social.

11.7.2 Programa Nacional de Qualidade de Vida para Profissionais de Segurança Pública (Pró-Vida)

O Programa Nacional de Qualidade de Vida para Profissionais de Segurança Pública (Pró-Vida) tem por objetivo elaborar, implementar, apoiar, monitorar e avaliar, entre outros, os projetos de programas de atenção psicossocial e de saúde no trabalho dos profissionais de segurança pública e defesa social, bem como a integração sistêmica das unidades de saúde dos órgãos que compõem o Susp.

O Pró-Vida desenvolverá durante todo o ano ações direcionadas à saúde biopsicossocial, à saúde ocupacional e à segurança do trabalho e mecanismos de proteção e de valorização dos profissionais de segurança pública e defesa social.

O Pró-Vida publicará, anualmente, as informações de que tratam os incisos V, VI, VII, VIII e IX do caput do art. 36 desta Lei, de todo o território nacional, conforme regulamentação a ser editada pelo Poder Executivo federal.

O Pró-Vida também deverá desenvolver ações de prevenção e de enfrentamento a todas as formas de violência sofrida pelos profissionais de segurança pública e defesa social, a fim de promover uma cultura de respeito aos seus direitos humanos.

A implementação das ações de que trata o § 1º deste artigo será pactuada, nos termos dos respectivos planos de segurança pública, entre:

- a União;
- os Estados;
- o Distrito Federal; e
- os Municípios.

O Pró-Vida produzirá diretrizes direcionadas à prevenção da violência autoprovocada e do suicídio.

O Ministério da Justiça e Segurança Pública divulgará, no âmbito do Pró-Vida, em conjunto com a Rede Nacional de Qualidade de Vida para os Profissionais de Segurança Pública (Rede Pró-Vida), diretrizes de prevenção e de atendimento dos casos de emergência psiquiátrica que envolvam violência autoprovocada e comportamento suicida dos profissionais de segurança pública e defesa social, a ser adaptadas aos contextos e às competências de cada órgão.

As políticas e as ações de prevenção da violência autoprovocada e do comportamento suicida dos profissionais de segurança pública e defesa social desenvolvidas pelas instituições de segurança pública e defesa social deverão observar, no momento da pactuação de que trata o § 4º do art. 42 desta Lei, as seguintes diretrizes:

- perspectiva multiprofissional na abordagem;
- atendimento e escuta multidisciplinar e de proximidade;
- discrição e respeito à intimidade nos atendimentos;
- integração e intersetorialidade das ações;
- ações baseadas em evidências científicas;
- atendimento não compulsório;
- respeito à dignidade humana;
- ações de sensibilização dos agentes;
- articulação com a rede de saúde pública e outros parceiros;
- realização de ações diversificadas ou cumprimento de disciplinas curriculares específicas durante os cursos de formação;
- desenvolvimento de ações integradas de assistência social e promoção da saúde mental de forma preventiva e inclusiva para a família;
- melhoria da infraestrutura das unidades;
- incentivo ao estabelecimento de carga horária de trabalho humanizada;
- incentivo ao estabelecimento de política remuneratória condizente com a responsabilidade do trabalho policial;
- incentivo à gestão administrativa humanizada.

As políticas e as ações de prevenção institucional da violência autoprovocada, nos termos dos §§ 1º e 2º deste artigo, serão executadas por meio de estratégias de prevenção primária, secundária e terciária.

A prevenção primária referida no § 3º deste artigo destina-se a todos os profissionais da segurança pública e defesa social e deve ser executada por meio de estratégias como:

- estímulo ao convívio social, proporcionando a aproximação da família de seu local de trabalho;
- promoção da qualidade de vida do profissional de segurança pública e defesa social;
- elaboração e/ou divulgação de programas de conscientização, de informação e de sensibilização sobre o suicídio;
- realização de ciclos de palestras e de campanhas que sensibilizem e relacionem qualidade de vida e ambiente de trabalho;
- abordagem do tema referente a saúde mental em todos os níveis de formação e de qualificação profissional;
- capacitação dos profissionais de segurança pública e defesa social no que se refere à identificação e ao encaminhamento dos casos de risco;
- criação de espaços de escuta destinados a ouvir o profissional de segurança pública e defesa social, para que ele se sinta seguro a expor suas questões.

A prevenção secundária referida no § 3º deste artigo destina-se aos profissionais de segurança pública e defesa social que já se encontram em situação de risco de prática de violência autoprovocada, por meio de estratégias como:

- criação de programas de atenção para o uso e abuso de álcool e outras drogas;
- organização de rede de cuidado como fluxo assistencial que permita o diagnóstico precoce dos profissionais de segurança pública e defesa social em situação de risco, com o envolvimento de todo o corpo da instituição, de modo a sinalizar a mudança de comportamento ou a preocupação com o colega de trabalho;
- incorporação da notificação dos casos de ideação e de tentativa de suicídio no Sistema Nacional de Vigilância Epidemiológica, resguardada a identidade do profissional;
- acompanhamento psicológico regular;
- acompanhamento psicológico para profissionais de segurança pública e defesa social que tenham se envolvido em ocorrência de risco e em experiências traumáticas;
- acompanhamento psicológico para profissionais de segurança pública e defesa social que estejam presos ou respondendo a processos administrativos ou judiciais.

A prevenção terciária referida no § 3º deste artigo destina-se aos cuidados dos profissionais de segurança pública e defesa social que tenham comunicado ideação suicida ou que tenham histórico de violência autoprovocada, por meio de estratégias como:

- aproximação da família para envolvimento e acompanhamento no processo de tratamento;
- enfrentamento a toda forma de isolamento ou de desqualificação ou a qualquer forma de violência eventualmente sofrida pelo profissional em seu ambiente de trabalho;
- restrição do porte e uso de arma de fogo;
- acompanhamento psicológico e, sempre que for o caso, médico, regular;
- outras ações de apoio institucional ao profissional.

O disposto neste artigo aplica-se aos integrantes das carreiras policiais previstas no § 3º do art. 27, no inciso IV do caput do art. 51 e no inciso XIII do caput do art. 52 da Constituição Federal, conforme regulamentação das respectivas Casas Legislativas.

Os mecanismos de proteção de que trata o § 1º do art. 42 desta Lei quanto à proteção, à promoção e à defesa dos direitos humanos dos profissionais de segurança pública e defesa social observarão:

LEGIS

- adequação das leis e dos regulamentos disciplinares que versam sobre direitos e deveres dos profissionais de segurança pública e defesa social à Constituição Federal e aos instrumentos internacionais de direitos humanos;
- valorização da participação dos profissionais de segurança pública e defesa social nos processos de formulação das políticas públicas relacionadas com a área;
- acesso a equipamentos de proteção individual e coletiva, em quantidade e qualidade adequadas, garantindo a instrução e o treinamento continuado quanto ao uso correto dos equipamentos e a sua reposição permanente, considerados o desgaste e os prazos de validade;
- zelo pela adequação, pela manutenção e pela permanente renovação de todos os veículos utilizados no exercício profissional, bem como garantia de instalações dignas em todas as instituições, com ênfase nas condições de segurança, de higiene, de saúde e de ambiente de trabalho;
- adoção de orientações, de medidas e de práticas concretas direcionadas à prevenção, à identificação e ao enfrentamento de qualquer modalidade de discriminação;
- salvaguarda do respeito integral aos direitos constitucionais das profissionais de segurança pública, consideradas as especificidades relativas à gestação e à amamentação, bem como as exigências permanentes de cuidado com os filhos que sejam crianças e adolescentes, assegurando a elas instalações físicas e equipamentos individuais específicos sempre que necessário;
- estímulo e valorização do conhecimento e da vivência dos profissionais de segurança pública e defesa social idosos, impulsionando a criação de espaços institucionais para transmissão de experiências, bem como a formação de equipes de trabalho compostas de profissionais de diferentes faixas etárias para exercitar a integração intergeracional;
- estabelecimento de rotinas e de serviços internos que contemplem a preparação para o período de aposentadoria dos profissionais de segurança pública e defesa social, de forma a estimular o prosseguimento em atividades de participação cidadã após a fase de serviço ativo;
- incentivo à acessibilidade e à empregabilidade das pessoas com deficiência em instalações e equipamentos do sistema de segurança pública, assegurada a reserva constitucional de vagas nos concursos públicos;
- promoção do aperfeiçoamento profissional e da formação continuada como direitos do profissional de segurança pública e defesa social, estabelecendo como objetivo a universalização da graduação universitária;
- utilização dos dados sobre os processos disciplinares e administrativos movidos contra profissionais de segurança pública e defesa social para identificar vulnerabilidades dos treinamentos e inadequações na gestão de recursos humanos;
- garantia a assistência jurídica para fins de recebimento de seguro, de pensão, de auxílio ou de outro direito de familiares, em caso de morte do profissional de segurança pública e defesa social;
- amparo aos profissionais de segurança pública e defesa social que tenham sido vitimados ou que tenham ficado com deficiência ou sequela;
- critérios de promoção estabelecidos na legislação do respectivo ente federado, sendo a promoção por merecimento com critérios objetivos previamente definidos, de acesso universal e em percentual da antiguidade.

As ações de saúde ocupacional e de segurança no trabalho de que trata o § 1º do art. 42 desta Lei observarão:

- a atuação preventiva em relação aos acidentes ou doenças relacionados aos processos laborais por meio de mapeamento de riscos inerentes à atividade;
- o aprofundamento e a sistematização dos conhecimentos epidemiológicos de doenças ocupacionais entre profissionais de segurança pública e defesa social;
- a mitigação dos riscos e dos danos à saúde e à segurança;
- a melhoria das condições de trabalho dos profissionais de segurança pública e defesa social, para prevenir ou evitar a morte prematura do profissional ou a incapacidade total ou parcial para o trabalho;
- a criação de dispositivos de transmissão e de formação em temas referentes a segurança, a saúde e a higiene, com periodicidade regular, por meio de eventos de sensibilização, de palestras e de inclusão de disciplinas nos cursos regulares das instituições;
- a adoção de orientações, de medidas e de práticas concretas direcionadas à prevenção, à identificação e ao enfrentamento de qualquer discriminação nas instituições de segurança pública e defesa social;
- a implementação de paradigmas de acessibilidade e de empregabilidade das pessoas com deficiência em instalações e equipamentos do sistema de segurança pública e defesa social, assegurada a reserva constitucional de vagas nos concursos públicos;
- a promoção de reabilitação e a reintegração dos profissionais ao trabalho, em casos de lesões, de traumas, de deficiências ou de doenças ocupacionais, em decorrência do exercício de suas atividades;
- a viabilidade de mecanismos de readaptação dos profissionais de segurança pública e defesa social e de deslocamento para novas funções ou postos de trabalho como alternativa ao afastamento definitivo e à inatividade em decorrência de acidente de trabalho e de ferimento ou sequela;
- a garantia aos profissionais de segurança pública e defesa social de acesso ágil e permanente a toda informação necessária para o correto desempenho de suas funções, especialmente quanto à legislação a ser observada;
- a erradicação de todas as formas de punição que envolvam maus-tratos ou tratamento cruel, desumano ou degradante contra os profissionais de segurança pública e defesa social tanto no cotidiano funcional quanto em atividades de formação e treinamento;
- o combate ao assédio sexual e moral nas instituições, por meio de veiculação de campanhas internas de educação e de garantia de canais para o recebimento e a apuração de denúncias;
- a garantia de que todos os atos decisórios de superiores hierárquicos que disponham sobre punições, escalas, lotação e transferências sejam devidamente motivados, fundamentados e publicados;
- a regulamentação da jornada de trabalho dos profissionais de segurança pública e defesa social, de forma a garantir o exercício do direito à convivência familiar e comunitária; e
- a adoção de Comissão Interna de Prevenção de Acidentes e de Assédio (Cipa) com composição paritária de representação dos profissionais e da direção das instituições.

São objeto da atenção especial das diretrizes de saúde ocupacional e de segurança no trabalho dos profissionais de segurança pública e defesa social:

- as jornadas de trabalho;
- a proteção à maternidade;
- o trabalho noturno;

- os equipamentos de proteção individual;
- o trabalho em ambiente de risco e/ou insalubre;
- a higiene de alojamentos, de banheiros e de unidades de conforto e descanso para os profissionais;
- a política remuneratória com negociação coletiva para recomposição do poder aquisitivo da remuneração, com a participação de entidades representativas; e
- segurança no processo de trabalho.

As ações de saúde biopsicossocial de que trata o § 1º do art. 42 desta Lei observarão as seguintes diretrizes:

- a realização de avaliação em saúde multidisciplinar periódica, consideradas as especificidades das atividades realizadas por cada profissional, incluídos exames clínicos e laboratoriais;
- o acesso ao atendimento em saúde mental, de forma a viabilizar o enfrentamento da depressão, do estresse e de outras alterações psíquicas;
- o desenvolvimento de programas de acompanhamento e de tratamento dos profissionais envolvidos em ações com resultado letal ou com alto nível de estresse;
- a implementação de políticas de prevenção, de apoio e de tratamento do alcoolismo, do tabagismo ou de outras formas de drogadição e de dependência química;
- o desenvolvimento de programas de prevenção do suicídio, por meio de atendimento psiquiátrico, de núcleos terapêuticos de apoio e de divulgação de informações sobre o assunto;
- o estímulo à prática regular de exercícios físicos, garantindo a adoção de mecanismos que permitam o cômputo de horas de atividade física como parte da jornada semanal de trabalho;
- a implementação de política que permita o cômputo das horas presenciais em audiência judicial ou policial em decorrência da atividade; e
- a elaboração de cartilhas direcionadas à reeducação alimentar como forma de diminuição de condições de risco à saúde e como fator de bem-estar profissional e de autoestima.

11.8 Disposições finais

Os documentos de identificação funcional dos profissionais da área de segurança pública e defesa social serão padronizados mediante ato do Ministro de Estado Extraordinário da Segurança Pública e terão fé pública e validade em todo o território nacional.

Deverão ser realizadas conferências a cada 5 (cinco) anos para debater as diretrizes dos planos nacional, estaduais e municipais de segurança pública e defesa social.

12 PORTARIA INTERMINISTERIAL Nº 1/2014 - PNAISP

Fica instituída a Política Nacional de Atenção Integral à Saúde das Pessoas Privadas de Liberdade no Sistema Prisional (PNAISP) no âmbito do Sistema Único de Saúde (SUS).

Entende-se por pessoas privadas de liberdade no sistema prisional aquelas com idade superior a 18 (dezoito) anos e que estejam sob a custódia do Estado em caráter provisório ou sentenciados para cumprimento de pena privativa de liberdade ou medida de segurança, conforme previsto no Decreto-Lei nº 3.689, de 3 de outubro de 1941 (Código Penal) e na Lei nº 7.210, de 11 de julho de 1984 (Lei de Execução Penal).

A PNAISP será regida pelos seguintes princípios:

- respeito aos direitos humanos e à justiça social;
- integralidade da atenção à saúde da população privada de liberdade no conjunto de ações de promoção, proteção, prevenção, assistência, recuperação e vigilância em saúde, executadas nos diferentes níveis de atenção;
- equidade, em virtude de reconhecer as diferenças e singularidades dos sujeitos de direitos;
- promoção de iniciativas de ambiência humanizada e saudável com vistas à garantia da proteção dos direitos dessas pessoas;
- corresponsabilidade interfederativa quanto à organização dos serviços segundo a complexidade das ações desenvolvidas, assegurada por meio da Rede Atenção à Saúde no território; e
- valorização de mecanismos de participação popular e controle social nos processos de formulação e gestão de políticas para atenção à saúde das pessoas privadas de liberdade.

Constituem-se diretrizes da PNAISP:

- promoção da cidadania e inclusão das pessoas privadas de liberdade por meio da articulação com os diversos setores de desenvolvimento social, como educação, trabalho e segurança;
- atenção integral resolutiva, contínua e de qualidade às necessidades de saúde da população privada de liberdade no sistema prisional, com ênfase em atividades preventivas, sem prejuízo dos serviços assistenciais;
- controle e/ou redução dos agravos mais frequentes que acometem a população privada de liberdade no sistema prisional;
- respeito à diversidade étnico-racial, às limitações e às necessidades físicas e mentais especiais, às condições econômico sociais, às práticas e concepções culturais e religiosas, ao gênero, à orientação sexual e à identidade de gênero; e
- intersetorialidade para a gestão integrada e racional e para a garantia do direito à saúde.

É objetivo geral da PNAISP garantir o acesso das pessoas privadas de liberdade no sistema prisional ao cuidado integral no SUS.

São objetivos específicos da PNAISP:

- promover o acesso das pessoas privadas de liberdade à Rede de Atenção à Saúde, visando ao cuidado integral;
- garantir a autonomia dos profissionais de saúde para a realização do cuidado integral das pessoas privadas de liberdade;
- qualificar e humanizar a atenção à saúde no sistema prisional por meio de ações conjuntas das áreas da saúde e da justiça;
- promover as relações intersetoriais com as políticas de direitos humanos, afirmativas e sociais básicas, bem como com as da Justiça Criminal; e
- fomentar e fortalecer a participação e o controle social.

Os beneficiários da PNAISP são as pessoas que se encontram sob custódia do Estado inseridas no sistema prisional ou em cumprimento de medida de segurança.

As pessoas custodiadas nos regimes semiaberto e aberto serão preferencialmente assistida nos serviços da rede de atenção à saúde.

As pessoas submetidas à medida de segurança, na modalidade tratamento ambulatorial, serão assistidas nos serviços da rede de atenção à saúde.

Os trabalhadores em serviços penais, os familiares e demais pessoas que se relacionam com as pessoas privadas de liberdade serão envolvidos em ações de promoção da saúde e de prevenção de agravos no âmbito da PNAISP.

As ações de saúde serão ofertadas por serviços e equipes interdisciplinares, assim definidas:

- a atenção básica será ofertada por meio das equipes de atenção básica das Unidades Básicas de Saúde definidas no território ou por meio das Equipes de Saúde no Sistema Prisional (ESP), observada a pactuação estabelecida; e
- a oferta das demais ações e serviços de saúde será prevista e pactuada na Rede de Atenção à Saúde.

A oferta de ações de saúde especializada em serviços de saúde localizados em complexos penitenciários e/ou unidades prisionais com população superior a 1.000 (mil) pessoas privadas de liberdade será regulamentada por ato específico do Ministro de Estado da Saúde.

Os serviços de saúde nas unidades prisionais serão estruturados como pontos de atenção da Rede de Atenção à Saúde e cadastrados no Sistema Cadastro Nacional de Estabelecimentos de Saúde (SCNES).

A assistência farmacêutica no âmbito desta Política será disciplinada em ato específico do Ministro de Estado da Saúde.

A estratégia e os serviços para avaliação psicossocial e monitoramento das medidas terapêuticas aplicáveis às pessoas com transtorno mental em conflito com a lei, instituídos no âmbito desta Política, serão regulamentados em ato específico do Ministro de Estado da Saúde.

A adesão à PNAISP ocorrerá por meio da pactuação do Estado e do Distrito Federal com a União, sendo observados os seguintes critérios:

- assinatura de Termo de Adesão, conforme modelo constante no anexo I a esta Portaria;
- elaboração de Plano de Ação Estadual para Atenção à Saúde da Pessoa Privada de Liberdade, de acordo com o modelo constante no anexo III a esta Portaria; e
- encaminhamento da respectiva documentação ao Ministério da Saúde para aprovação.

A adesão estadual, uma vez aprovada pelo Ministério da Saúde, será publicada no Diário Oficial da União por ato específico do Ministro de Estado da Saúde.

Ao Estado e ao Distrito Federal que aderir à PNAISP será garantida a aplicação de um índice para complementação dos valores a serem repassados pela União a título de incentivo, que será objeto de ato específico do Ministro de Estado da Saúde.

A adesão municipal à PNAISP será facultativa, devendo observar os seguintes critérios:

- adesão estadual à PNAISP;

- existência de população privada de liberdade em seu território;
- assinatura do Termo de Adesão Municipal, conforme modelo constante no anexo II a esta Portaria;
- elaboração de Plano de Ação Municipal para Atenção à Saúde da Pessoa Privada de Liberdade, de acordo com o modelo constante no anexo III; e
- encaminhamento da respectiva documentação ao Ministério da Saúde para aprovação.

A adesão municipal, uma vez aprovada pelo Ministério da Saúde, será publicada no Diário Oficial da União por ato específico do Ministro de Estado da Saúde.

Ao Município que aderir a PNAISP será garantida a aplicação de um índice para complementação dos valores a serem repassados pela União a título de incentivo financeiro, que será objeto de ato específico do Ministro de Estado da Saúde.

Compete à União:

- por intermédio do Ministério da Saúde:
  - elaborar planejamento estratégico para implementação da PNAISP, em cooperação técnica com Estados, Distrito Federal e Municípios, considerando as questões prioritárias e as especificidades regionais, de forma contínua e articulada com o Plano Nacional de Saúde e instrumentos de planejamento e pactuação do SUS;
  - garantir a continuidade da PNAISP por meio da inclusão de seus componentes nos Planos Plurianuais e nos Planos Nacionais de Saúde;
  - garantir fontes de recursos federais para compor o financiamento de programas e ações na rede de atenção à saúde nos Estados, Distrito Federal e Municípios, transferindo de forma regular e automática, os recursos do Fundo Nacional de Saúde;
  - definir estratégias para incluir de maneira fidedigna as informações epidemiológicas das populações prisionais nos sistemas de informação do Ministério da Saúde;
  - avaliar e monitorar as metas nacionais de acordo com a situação epidemiológica e as especificidades regionais, utilizando os indicadores e instrumentos que sejam mais adequados;
  - prestar assessoria técnica e apoio institucional no processo de gestão, planejamento, execução, monitoramento e avaliação de programas e ações da PNAISP na rede de atenção à saúde;
  - apoiar a articulação de instituições, em parceria com as Secretarias de Saúde dos Estados, do Distrito Federal e dos Municípios, para capacitação e educação permanente dos profissionais de saúde para a gestão, planejamento, execução, monitoramento e avaliação de programas e ações da PNAISP no SUS;
  - prestar assessoria técnica aos Estados, Distrito Federal e Municípios na implantação dos sistemas de informação em saúde que contenham indicadores específicos da PNAISP;
  - apoiar e fomentar a realização de pesquisas consideradas estratégicas no contexto desta Política, mantendo atualizada uma agenda de prioridades de pesquisa para o SUS;
  - promover, no âmbito de sua competência, a articulação intersetorial e interinstitucional necessária à implementação das diretrizes da PNAISP;
  - promover ações de informação, educação e comunicação em saúde, visando difundir a PNAISP;
  - propor estratégias para o desenvolvimento de habilidades necessárias dos gestores e profissionais atuantes no âmbito da PNAISP, por meio dos processos de educação permanente em saúde, em consonância com as diretrizes nacionais e realidades locorregionais;
  - estimular e apoiar o processo de discussão sobre as ações e programas em saúde prisional, com participação dos setores organizados da sociedade nas instâncias colegiadas e de controle social, em especial no Conselho Nacional de Saúde (CNS), no Conselho Nacional de Justiça (CNJ) e no Conselho Nacional de Política Criminal e Penitenciária (CNPCP); e
  - apoiar, técnica e financeiramente, a construção, a ampliação, a adaptação e o aparelhamento das unidades básicas de saúde em estabelecimentos prisionais; e
- por intermédio do Ministério da Justiça:
  - executar as ações de promoção, proteção e recuperação da saúde, no âmbito da atenção básica, em todas as unidades prisionais sob sua gestão;
  - elaborar o plano de acompanhamento em saúde dentro dos instrumentos de planejamento e gestão para garantir a continuidade da PNAISP, considerando as questões prioritárias e as especificidades regionais de forma contínua e articulada com o SUS;
  - repassar informações atualizadas ao Ministério da Saúde acerca da estrutura, classificação dos estabelecimentos prisionais, número de trabalhadores do sistema prisional e de pessoas privadas de liberdade, dentre outras informações pertinentes à gestão;
  - disponibilizar o acesso às informações do Sistema de Informação Penitenciária para as gestões federais, estaduais, distritais e municipais da área prisional e da saúde com o objetivo de subsidiar o planejamento das ações de saúde;
  - apoiar a organização e a implantação dos sistemas de informação em saúde a serem utilizados pelas gestões federais, estaduais, distritais e municipais da área prisional e da saúde;
  - assistir técnica e financeiramente, no âmbito da sua atribuição, na construção, na reforma e no aparelhamento do espaço físico necessário à unidade de saúde dentro dos estabelecimentos penais;
  - acompanhar a fiel aplicação das normas sanitárias nacionais e internacionais, visando garantir as condições de habitabilidade, higiene e humanização das ambiências prisionais;
  - elaborar e divulgar normas técnicas sobre segurança para os profissionais de saúde dentro dos estabelecimentos penais;
  - incentivar a inclusão dos agentes penitenciários nos programas de capacitação/sensibilização em saúde para a população privada de liberdade; e
  - colaborar com os demais entes federativos para a inserção do tema "Saúde da Pessoa Privada de Liberdade" nos espaços de participação e controle social da justiça, nas escolas penitenciárias e entre os custodiados.

Compete ao Estado e ao Distrito Federal:

- por intermédio da Secretaria Estadual de Saúde:
  - executar, no âmbito da atenção básica, as ações de promoção, proteção e recuperação da saúde da população privada de liberdade, referenciada em sua pactuação;
  - coordenar e implementar a PNAISP, no âmbito do seu território, respeitando suas diretrizes e promovendo as adequações necessárias, de acordo com o perfil epidemiológico e as especificidades regionais e locais;
  - elaborar o plano de ação para implementação da PNAISP junto com a Secretaria de Justiça e a Administração Penitenciária ou congêneres, considerando as questões prioritárias e as especificidades regionais, de forma contínua e articulada com o Plano de Saúde do Estado ou do Distrito Federal e instrumentos de planejamento e pactuação do SUS;

- implantar e implementar protocolos de acesso e acolhimento como instrumento de detecção precoce e seguimento de agravos, viabilizando a resolutividade no acompanhamento dos agravos diagnosticados;
- participar do financiamento para o desenvolvimento das ações e serviços em saúde de que tratam esta Portaria;
- prestar assessoria técnica e apoio institucional aos Municípios e às regiões de saúde no processo de gestão, planejamento, execução, monitoramento e avaliação da PNAISP;
- desenvolver mecanismos técnicos e estratégias organizacionais de capacitação e educação permanente dos trabalhadores da saúde para a gestão, planejamento, execução, monitoramento e avaliação de programas e ações no âmbito estadual ou distrital, consoantes a PNAISP, respeitando as diversidades locais; e
- promover, no âmbito de sua competência, as articulações intersetorial e interinstitucional necessárias à implementação das diretrizes da PNAISP, bem como a articulação do SUS na esfera estadual ou distrital; e

▷ por intermédio da Secretaria Estadual de Justiça, da Administração Penitenciária ou congênere:

- executar, no âmbito da atenção básica, as ações de promoção, proteção e recuperação da saúde em todas as unidades prisionais sob sua gestão;
- assessorar os Municípios, de forma técnica, junto à Secretaria Estadual de Saúde, no processo de discussão e implantação da PNAISP;
- considerar estratégias de humanização que atendam aos determinantes da saúde na construção e na adequação dos espaços das unidades prisionais;
- garantir espaços adequados nas unidades prisionais a fim de viabilizar a implantação e implementação da PNAISP e a salubridade dos ambientes onde estão as pessoas privadas de liberdade;
- adaptar as unidades prisionais para atender às pessoas com deficiência, idosas e com doenças crônicas;
- apoiar, técnica e financeiramente, a aquisição de equipamentos e a adequação do espaço físico para implantar a ambiência necessária ao funcionamento dos serviços de saúde no sistema prisional, seguindo as normas, regulamentos e recomendações do SUS e do CNPCP;
- atualizar e compartilhar os dados sobre a população privada de liberdade com a Secretaria Municipal de Saúde;
- participar do financiamento das ações e serviços previstos na Política;
- garantir o acesso, a segurança e a conduta ética das equipes de saúde nos serviços de saúde do sistema prisional;
- apoiar intersetorialmente a realização das ações de saúde desenvolvidas pelas equipes de saúde no sistema prisional;
- garantir o transporte sanitário e a escolta para que o acesso dos presos aos serviços de saúde internos e externos se realize em tempo oportuno, conforme a gravidade;
- participar do planejamento e da realização das ações de capacitação de profissionais que atuam no sistema prisional; e
- viabilizar o acesso de profissionais e agentes públicos responsáveis pela realização de auditorias, pesquisas e outras formas de verificação às unidades prisionais, bem como aos ambientes de saúde prisional, especialmente os que tratam da PNAISP.

Compete ao Distrito Federal e aos Municípios, por meio da respectiva Secretaria de Saúde, quando aderir à PNAISP:

▷ executar, no âmbito da atenção básica, as ações de promoção, proteção e recuperação da saúde da população privada de liberdade referenciada em sua pactuação;

▷ coordenar e implementar a PNAISP, no âmbito do seu território, respeitando suas diretrizes e promovendo as adequações necessárias, de acordo com o perfil epidemiológico e as especificidades locais;

▷ elaborar o plano de ação para implementação da PNAISP junto com a Secretaria Estadual de Saúde e a Secretaria de Justiça, Administração Penitenciária ou congêneres, considerando as questões prioritárias e as especificidades regionais de forma contínua e articulada com os Planos Estadual e Regionais de Saúde e os instrumentos de planejamento e pactuação do SUS;

▷ cadastrar, por meio dos programas disponíveis, as pessoas privadas de liberdade no seu território, assegurando a sua identificação no Cartão Nacional de Saúde;

▷ elaborar e executar as ações de vigilância sanitária e epidemiológica;

▷ implantar e implementar protocolos de acesso e acolhimento como instrumento de detecção precoce e seguimento de agravos, viabilizando a resolutividade no acompanhamento dos agravos diagnosticados;

▷ monitorar e avaliar, de forma contínua, os indicadores específicos e os sistemas de informação da saúde, com dados produzidos no sistema local de saúde;

▷ desenvolver mecanismos técnicos e estratégias organizacionais de capacitação e educação permanente dos trabalhadores da saúde para a gestão, planejamento, execução, monitoramento e avaliação de programas e ações na esfera municipal e/ou das regionais de saúde, com especial atenção na qualificação e estímulo à alimentação dos sistemas de informação do SUS;

▷ promover, junto à população do Distrito Federal ou do Município, ações de informação, educação e comunicação em saúde, visando difundir a PNAISP;

▷ fortalecer a participação e o controle social no planejamento, na execução, no monitoramento e na avaliação de programas e ações no âmbito do Conselho de Saúde do Distrito Federal ou do Município e nas demais instâncias de controle social existentes no município; e

▷ promover, no âmbito de sua competência, a articulação intersetorial e interinstitucional necessária à implementação das diretrizes da PNAISP e a articulação do SUS na esfera municipal.

O monitoramento e a avaliação da PNAISP, dos serviços, das equipes e das ações de saúde serão realizados pelo Ministério da Saúde e pelo Ministério da Justiça por meio da inserção de dados, informações e documentos nos sistemas de informação da atenção à saúde.

Será instituído Grupo Condutor da PNAISP no âmbito de cada Estado e do Distrito Federal, formado pela respectiva Secretaria de Saúde, pela respectiva Secretaria de Justiça ou congênere, pela Administração Prisional ou congênere, pelo Conselho de Secretários Municipais de Saúde (COSEMS) do respectivo Estado e pelo apoio institucional do Ministério da Saúde, que terá como atribuições:

▷ mobilizar os dirigentes do SUS e dos sistemas prisionais em cada fase de implantação e implementação da PNAISP;

▷ apoiar a organização dos processos de trabalho voltados para a implantação e implementação da PNAISP no Estado e no Distrito Federal;

▷ identificar e apoiar a solução de possíveis pontos críticos em cada fase de implantação e implementação da PNAISP; e

▷ monitorar e avaliar o processo de implantação e implementação da PNAISP.

As pessoas privadas de liberdade poderão trabalhar nos serviços de saúde implantados dentro das unidades prisionais, nos programas de educação e promoção da saúde e nos programas de apoio aos serviços de saúde.

A decisão de trabalhar nos programas de educação e promoção da saúde do SUS e nos programas de apoio aos serviços de saúde será da pessoa sob custódia, com anuência e supervisão do serviço de saúde no sistema prisional.

Será proposta ao Juízo da Execução Penal a concessão do benefício da remição de pena para as pessoas custodiadas que trabalharem nos programas de educação e promoção da saúde do SUS e nos programas de apoio aos serviços de saúde.

Os entes federativos terão prazo até 31 de dezembro de 2016 para efetuar as medidas necessárias de adequação de suas ações e seus serviços para que seja implementada a PNAISP conforme as regras previstas nesta Portaria.

Enquanto não efetivada a implementação da PNAISP conforme as regras previstas nesta Portaria, os entes federativos manterão o cumprimento das regras previstas na Portaria Interministerial nº 1.777/MS/MJ, de 9 de setembro de 2003.

L E G I S

13 PORTARIA INTERMINISTERIAL N 210/2014

Fica instituída a Política Nacional de Atenção às Mulheres em Situação de Privação de Liberdade e Egressas do Sistema Prisional - PNAMPE, com o objetivo de reformular as práticas do sistema prisional brasileiro, contribuindo para a garantia dos direitos das mulheres, nacionais e estrangeiras, previstos nos arts. 10, 14, § 3 , 19, parágrafo único, 77, § 2 , 82, § 1 , 83, §§ 2 e 3 , e 89 da Lei n 7.210, de 11 de julho de 1984.

São diretrizes da PNAMPE:

- prevenção de todos os tipos de violência contra mulheres em situação de privação de liberdade, em cumprimento aos instrumentos nacionais e internacionais ratificados pelo Estado Brasileiro relativos ao tema;
- fortalecimento da atuação conjunta e articulada de todas as esferas de governo na implementação da Política Nacional de Atenção às Mulheres em Situação de Privação de Liberdade e Egressas do Sistema Prisional;
- fomento à participação das organizações da sociedade civil no controle social desta Política, bem como nos diversos planos, programas, projetos e atividades dela decorrentes;
- humanização das condições do cumprimento da pena, garantindo o direito à saúde, educação, alimentação, trabalho, segurança, proteção à maternidade e à infância, lazer, esportes, assistência jurídica, atendimento psicossocial e demais direitos humanos;
- fomento à adoção de normas e procedimentos adequados às especificidades das mulheres no que tange a gênero, idade, etnia, cor ou raça, sexualidade, orientação sexual, nacionalidade, escolaridade, maternidade, religiosidade, deficiências física e mental e outros aspectos relevantes;
- fomento à elaboração de estudos, organização e divulgação de dados, visando à consolidação de informações penitenciárias sob a perspectiva de gênero;
- incentivo à formação e capacitação de profissionais vinculados à justiça criminal e ao sistema prisional, por meio da inclusão da temática de gênero e encarceramento feminino na matriz curricular e cursos periódicos;
- incentivo à construção e adaptação de unidades prisionais para o público feminino, exclusivas, regionalizadas e que observem o disposto na Resolução n 9, de 18 de novembro de 2011, do Conselho Nacional de Política Criminal e Penitenciária -CNPCP;
- fomento à identificação e monitoramento da condição de presas provisórias, com a implementação de medidas que priorizem seu atendimento jurídico e tramitação processual;
- fomento ao desenvolvimento de ações que visem à assistência às pré-egressas e egressas do sistema prisional, por meio da divulgação, orientação ao acesso às políticas públicas de proteção social, trabalho e renda;

Nos termos do inciso VIII, entende-se por regionalização a distribuição de unidades prisionais no interior dos estados, visando o fortalecimento dos vínculos familiares e comunitários.

São objetivos da PNAMPE:

- fomentar a elaboração das políticas estaduais de atenção às mulheres privadas de liberdade e egressas do sistema prisional, com base nesta Portaria;
- induzir para o aperfeiçoamento e humanização do sistema prisional feminino, especialmente no que concerne à arquitetura prisional e execução de atividades e rotinas carcerárias, com atenção às diversidades e capacitação periódica de servidores;
- promover, pactuar e incentivar ações integradas e intersetoriais, visando à complementação e ao acesso aos direitos fundamentais, previstos na Constituição Federal e Lei de Execução Penal, voltadas às mulheres privadas de liberdade e seus núcleos familiares; e
- aprimorar a qualidade dos dados constantes nos bancos de dados do sistema prisional brasileiro, contemplando a perspectiva de gênero; e
- fomentar e desenvolver pesquisas e estudos relativos ao encarceramento feminino.

São metas da PNAMPE:

- criação e reformulação de bancos de dados em âmbito estadual e nacional sobre o sistema prisional, que contemplem:
  - quantidade de estabelecimentos femininos e mistos que custodiam mulheres, indicando número de mulheres por estabelecimento, regime e quantidade de vagas;
  - existência de local adequado para visitação, frequência e procedimentos necessários para ingresso do visitante social e íntimo;
  - quantidade de profissionais inseridos no sistema prisional feminino, por estabelecimento e área de atuação;
  - quantidade de mulheres gestantes, lactantes e parturientes;
  - quantidade e idade dos filhos em ambiente intra e extramuros, bem como pessoas ou órgãos responsáveis pelos seus cuidados;
  - indicação do perfil da mulher privada de liberdade, considerando estado civil, faixa etária, cor ou etnia, deficiência, nacionalidade, religião, grau de instrução, profissão, rendas mensais da família anterior ao aprisionamento e atual, documentação civil, tempo total das penas, tipos de crimes, procedência de área rural ou urbana, regime prisional e reiteração criminal;
  - quantidade de mulheres inseridas em atividades laborais internas e externas e educacionais, formais e profissionalizantes;
  - quantidade de mulheres que recebem assistência jurídica regular, da Defensoria Pública, outro órgão ou advogado particular, e frequência desses procedimentos na unidade prisional;
  - quantidade e motivo de óbitos relacionados à mulher e à criança, no âmbito do sistema prisional;
  - dados relativos à incidência de hipertensão, diabetes, tuberculose, hanseníase, Doenças Sexualmente Transmissíveis - DST, Síndrome da Imunodeficiência Adquirida - AIDS-HIV e outras doenças;
  - quantidade de mulheres inseridas em programas de atenção à saúde mental e dependência química;
  - quantidade e local de permanência das mulheres internadas em cumprimento de medidas de segurança e total de vagas; e
  - quantidade de mulheres que deixaram o sistema prisional por motivos de alvará de soltura, indulto, fuga, progressão de regime ou aplicação de medidas cautelares diversas da prisão.
- incentivo aos órgãos estaduais de administração prisional para que promovam a efetivação dos direitos fundamentais no âmbito dos estabelecimentos prisionais, levando em conta as peculiaridades relacionadas a gênero, cor ou etnia, orientação sexual, idade, maternidade, nacionalidade, religiosidade e deficiências física e mental, bem como aos filhos inseridos no contexto prisional, que contemplem:
  - **assistência material: alimentação, vestuário e instalações higiênicas, incluindo itens básicos, tais como:**
    - **alimentação:** respeito aos critérios nutricionais básicos e casos de restrição alimentar;
    - **vestuário:** enxoval básico composto por, no mínimo, uniforme específico, agasalho, roupa íntima, meias, chinelos, itens de cama

e banho, observadas as condições climáticas locais e em quantidade suficiente; e

- **itens de higiene pessoal:** kit básico composto por, no mínimo, papel higiênico, sabonete, creme e escova dental, xampu, condicionador, desodorante e absorvente, em quantidade suficiente;

▷ acesso à saúde em consonância com a Política Nacional de Atenção Integral à Saúde das Pessoas Privadas de Liberdade no Sistema Prisional, a Política Nacional de Atenção Integral à Saúde da Mulher e as políticas de atenção à saúde da criança, observados os princípios e as diretrizes do Sistema Único de Saúde - SUS, bem como o fomento ao desenvolvimento de ações articuladas com as secretarias estaduais e municipais de saúde, visando o diagnóstico precoce e tratamento adequado, com implantação de núcleos de referência para triagem, avaliação inicial e encaminhamentos terapêuticos, voltados às mulheres com transtorno mental.

- acesso à educação em consonância com o Plano Estratégico de Educação no âmbito do Sistema Prisional e as Diretrizes Nacionais para a Oferta de Educação para Jovens e Adultos em Situação de Privação de Liberdade nos Estabelecimentos Penais, associada a ações complementares de cultura, esporte, inclusão digital, educação profissional, fomento à leitura e a programas de implantação, recuperação e manutenção de bibliotecas;
- acesso à assistência jurídica integral para garantir a ampla defesa e o contraditório nos processos judiciais e administrativos relativos à execução penal, viabilizando o atendimento pessoal por intermédio da Defensoria Pública, outro órgão, advogado particular ou pela realização de parcerias;
- acesso a atendimento psicossocial desenvolvido no interior das unidades prisionais, por meio de práticas interdisciplinares nas áreas de dependência química, convivência familiar e comunitária, saúde mental, violência contra a mulher e outras, as quais devem ser articuladas com programas e políticas governamentais;
- assistência religiosa com respeito à liberdade de culto e de crença; e
- **acesso à atividade laboral com desenvolvimento de ações que incluam, entre outras, a formação de redes cooperativas e a economia solidária, observando:**
- compatibilidade das horas diárias de trabalho e estudo que possibilitem a remição; e
- compatibilidade da atividade laboral com a condição de gestante e mãe, garantida a remuneração, a remição e a licença maternidade para as mulheres que se encontravam trabalhando.
- **atenção específica à maternidade e à criança intramuros, observando:**

identificação da mulher quanto à situação de gestação ou maternidade, quantidade e idade dos filhos e das pessoas responsáveis pelos seus cuidados e demais informações, por meio de preenchimento de formulário próprio;

inserção da mulher grávida, lactante e mãe com filho em local específico e adequado com disponibilização de atividades condizentes à sua situação, contemplado atividades lúdicas e pedagógicas, coordenadas por equipe multidisciplinar;

autorização da presença de acompanhante da parturiente, devidamente cadastrada/o junto ao estabelecimento prisional, durante todo o período de trabalho de parto, parto e pós-parto imediato, conforme disposto no art. 19-J da Lei n 8.080, de 19 de setembro de 1990;

proibição do uso de algemas ou outros meios de contenção em mulheres em trabalho de parto e parturientes, observada a Resolução n 3, de 1 de junho de 2012, do CNPCP;

inserção da gestante na Rede Cegonha, junto ao SUS, desde a confirmação da gestação até os dois primeiros anos de vida do bebê;

desenvolvimento de ações de preparação da saída da criança do estabelecimento prisional e sensibilização dos responsáveis ou órgãos por seu acompanhamento social e familiar;

respeito ao período mínimo de amamentação e de convivência da mulher com seu filho, conforme disposto na Resolução n 3 de 15 de julho de 2009, do CNPCP, sem prejuízo do disposto no art. 89 da Lei 7.210 de 11 de julho de 1984;

desenvolvimento de práticas que assegurem a efetivação do direito à convivência familiar, na forma prevista na Lei n 8.069, de 13 de julho de 1990;

desenvolvimento de ações que permitam acesso e permanência das crianças que estão em ambientes intra e extramuros à rede pública de educação infantil; e

disponibilização de dias de visitação especial, diferentes dos dias de visita social, para os filhos e dependentes, crianças e adolescentes, sem limites de quantidade, com definição das atividades e do papel da equipe multidisciplinar;

- respeito à dignidade no ato de revista às pessoas que ingressam na unidade prisional, inclusive crianças e adolescentes;
- **implementação de ações voltadas ao tratamento adequado à mulher estrangeira, observando:**

realização de parcerias voltadas à regularização da sua permanência em solo brasileiro, durante o período de cumprimento da pena;

articulação de gestões entre as unidades prisionais e as embaixadas e consulados visando à efetivação dos direitos da estrangeira em privação de liberdade;

instituição de parcerias voltadas à emissão de Cadastro de Pessoa Física - CPF provisório, com vistas à abertura de conta bancária e ao acesso a programas de reintegração social e assistência à mulher presa;

garantia de acesso à informação sobre direitos, procedimentos de execução penal no território nacional, questões migratórias, bem como telefones de contato de órgãos brasileiros, embaixadas e consulados estrangeiros, preferencialmente no idioma materno;

instituição de procedimentos que permitam a manutenção dos vínculos familiares, por meio de contato telefônico, videoconferência, cartas, entre outros;

incentivo do acesso à educação à distância, quando disponibilizado pelo respectivo consulado, sem prejuízo da participação nas atividades educativas existentes na unidade prisional; e

fomento à viabilização de transferência das presas estrangeiras não residentes ao seu país de origem, especialmente se nele tiverem filhos, caso haja tratados ou acordos internacionais em vigência, após prévia requisição e o consentimento da presa.

- **promoção de ações voltadas à presa provisória, observando:**

adoção de medidas adequadas, de caráter normativo ou prático, para garantir sua segurança e integridade física;

garantia da custódia da presa provisória em local adequado, sendo vedada sua manutenção em distritos policiais; e

adoção de medidas necessárias para viabilização do exercício do direito a voto.

▷ garantia de estrutura física de unidades prisionais adequada à dignidade da mulher em situação de prisão, de acordo com a Resolução nº 9, de 18 de novembro de 2011, do Conselho Nacional de Política Criminal e Penitenciária - CNPCP, com a implementação de espaços adequados à efetivação dos direitos das mulheres em situação de prisão, tais como saúde, educação, trabalho, lazer, estudo, maternidade, visita íntima, dentre outros;

- promoção de ações voltadas à segurança e gestão prisional, que garantam:
  - procedimentos de segurança, regras disciplinares e escolta diferenciados para as mulheres idosas, com deficiência, gestantes, lactantes e mães com filhos, inclusive de colo;
  - desenvolvimento de práticas alternativas à revista íntima nas pessoas que ingressam na unidade prisional, especialmente crianças e adolescentes; e
  - oferecimento de transporte diferenciado para mulheres idosas, com deficiência, gestantes, lactantes e mães com filhos, sem utilização de algemas.
- capacitação permanente de profissionais que atuam em estabelecimentos prisionais de custódia de mulheres, com implementação de matriz curricular que contemple temas específicos, tais como:
  - identidade de gênero;
  - especificidades da presa estrangeira;
  - orientação sexual, direitos sexuais e reprodutivos;
  - abordagem étnico-racial;
  - prevenção da violência contra a mulher;
  - saúde da mulher, inclusive mental, e dos filhos inseridos no contexto prisional;
  - acessibilidade;
  - dependência química;
  - maternidade;
  - desenvolvimento infantil e convivência familiar;
  - arquitetura prisional; e
  - direitos e políticas sociais.
- promoção de ações voltadas às pré-egressas e egressas do sistema prisional, por meio de setor interdisciplinar específico, observando:
  - disponibilização, no momento da saída da egressa do estabelecimento prisional, de seus documentos pessoais, inclusive relativos à sua saúde, e outros pertences;
  - articulação da secretaria estadual de administração prisional com os órgãos responsáveis, com vistas à retirada de documentos; e
  - viabilização, por meio de parcerias firmadas pelo órgão estadual de administração prisional, de tratamento de dependência química, inclusão em programas sociais, em cursos profissionalizantes, geração de renda, de acordo com os interesses da egressa.

Para a efetivação dos direitos de que trata esta Portaria deverão ser assegurados recursos humanos e espaços físicos adequados às diversas atividades para a integração da mulher e de seus filhos.

As unidades prisionais deverão providenciar a documentação civil básica que permita acesso das mulheres, inclusive das estrangeiras, à educação e ao trabalho.

O Departamento Penitenciário Nacional - DEPEN deverá se articular com os órgãos estaduais de administração prisional para que sejam constituídas comissões intersetoriais específicas para tratar dos assuntos relacionados às mulheres em situação de privação de liberdade e egressas do sistema prisional.

O DEPEN deverá se articular com os órgãos estaduais de administração prisional para que seja elaborado um planejamento institucional para o cumprimento gradual das estratégias estabelecidas nesta Política e nas políticas estaduais, com vistas à melhoria de práticas voltadas às mulheres em situação de privação de liberdade e egressas do sistema prisional.

No âmbito do DEPEN, o planejamento institucional será coordenado pela Comissão Especial do Projeto Efetivação dos Direitos das Mulheres no Sistema Penal.

O DEPEN prestará apoio técnico e financeiro aos órgãos estaduais de administração prisional, com ênfase nas seguintes áreas:

- educação e capacitação profissional de servidores, priorizando os projetos em estabelecimentos prisionais que custodiam mulheres;
- trabalho, disponibilizando maquinários para oficinas laborais;
- saúde, priorizando o aparelhamento de centros de referência à saúde materno-infantil, bem como articulações voltadas à garantia da saúde da mulher presa;
- aparelhamento, incentivando o desenvolvimento de novas tecnologias que possam ser adaptadas ao ambiente prisional, voltadas às especificidades da mulher; e
- engenharia, elaborando projetos referência para a construção de unidades prisionais específicas femininas.

Fica instituído, no âmbito do Ministério da Justiça, o Comitê Gestor da PNAMPE, para fins de monitoramento e avaliação de seu cumprimento.

O Comitê Gestor de que trata o caput será composto por representantes, titulares e suplentes, dos seguintes órgãos:

- Departamento Penitenciário Nacional:
  - Coordenação do Projeto Efetivação dos Direitos das Mulheres no Sistema Penal;
  - Ouvidoria do Departamento Penitenciário Nacional;
  - Coordenação-Geral de Reintegração Social e Ensino;
  - Coordenação-Geral do Fundo Penitenciário Nacional;
  - Coordenação-Geral de Penas e Medidas Alternativas;
  - Coordenação-Geral de Pesquisas e Análise da Informação;
  - Coordenação de Saúde; e
  - Coordenação de Educação;
- Secretaria de Políticas para as Mulheres da Presidência da República :
  - Coordenação de Acesso à Justiça, da Secretaria de Enfrentamento à Violência contra as Mulheres.

Serão convidados permanentes a integrar o Comitê Gestor um representante de cada um dos seguintes órgãos:

- Secretaria de Direitos Humanos da Presidência da República;
- Secretaria de Políticas de Promoção da Igualdade Racial da Presidência da República;
- Secretaria Nacional de Juventude da Secretária-geral da Presidência da República;
- Ministério da Saúde;
- Ministério da Educação;
- Ministério do Trabalho e Emprego;
- Ministério da Cultura;
- Ministério do Desenvolvimento Social e Combate à Fome;
- Ministério do Esporte;

Poderão ser convidados a participar das reuniões do Comitê Gestor especialistas e representantes de outros órgãos ou entidades públicas e privadas, federais e estaduais, com atribuições relacionadas à PNAMPE.

Os representantes titulares e seus suplentes de que tratam os §§ 1 e 2 serão designados por ato do Diretor-Geral do DEPEN, após indicação dos órgãos que representam.

A participação no Comitê Gestor é considerada prestação de serviço público relevante, não remunerada.

A coordenação do Comitê Gestor será exercida por um representante da Comissão Especial do Projeto Efetivação dos Direitos das Mulheres no Sistema Penal indicado pelo DEPEN, e um representante da Secretaria de Enfrentamento à Violência contra as Mulheres, indicado pela SPM. .

O Comitê Gestor realizará reuniões trimestrais, podendo ser convocada reunião extraordinária pela coordenação, e deverá apresentar:

- no prazo de noventa dias, a contar da publicação desta Portaria, plano de trabalho de suas atividades com metas e prazos; e
- relatórios anuais de avaliação de cumprimento da PNAMPE, com sugestões de aperfeiçoamento de sua implementação.

O DEPEN e a Secretaria de Políticas para as Mulheres observarão a PNAMPE na celebração de convênios e nos repasses de recursos aos órgãos e entidades federais e estaduais do sistema prisional brasileiro.

14 RESOLUÇÃO N º 3/2009 - DIRETRIZES NACIONAIS PARA A OFERTA DE EDUCAÇÃO

Estabelecer as Diretrizes Nacionais para a Oferta de Educação nos estabelecimentos penais.

As ações de educação no contexto prisional devem estar calcadas na legislação educacional vigente no país e na Lei de Execução Penal, devendo atender as especificidades dos diferentes níveis e modalidades de educação e ensino.

A oferta de educação no contexto prisional deve:

- atender aos eixos pactuados quando da realização do Seminário Nacional pela Educação nas Prisões (2006), quais sejam: a) gestão, articulação e mobilização; b) formação e valorização dos profissionais envolvidos na oferta de educação na prisão; e c) aspectos pedagógicos;
- resultar do processo de mobilização, articulação e gestão dos Ministérios da Educação e Justiça, dos gestores estaduais e distritais da Educação e da Administração Penitenciária, dos Municípios e da sociedade civil;
- ser contemplada com as devidas oportunidades de financiamento junto aos órgãos estaduais e federais;
- estar associada às ações de fomento à leitura e a implementação ou recuperação de bibliotecas para atender à população carcerária e aos profissionais que trabalham nos estabelecimentos penais; e
- promover, sempre que possível, o envolvimento da comunidade e dos familiares do(a)s preso(a)s e internado(a)s e prever atendimento diferenciado para contemplar as especificidades de cada regime, atentando-se para as questões de inclusão, acessibilidade, gênero, etnia, credo, idade e outras correlatas.

A gestão da educação no contexto prisional deve permitir parcerias com outras áreas de governo, universidades e organizações da sociedade civil, com vistas à formulação, execução, monitoramento e avaliação de políticas públicas de estímulo à educação nas prisões.

As autoridades responsáveis pelos estabelecimentos penais devem propiciar espaços físicos adequados às atividades educacionais (salas de aula, bibliotecas, laboratórios, etc), integrar as práticas educativas às rotinas da unidade prisional e difundir informações incentivando a participação do(a)s preso(a)s e internado(a)s.

A Direção dos estabelecimentos penais deve permitir que os documentos e materiais produzidos pelos Ministérios da Educação e da Justiça, Secretarias Estaduais de Educação e órgãos responsáveis pela Administração Penitenciária, que possam interessar aos educadores e educandos, sejam disponibilizados e socializados.

Devem ser elaboradas e priorizadas estratégias que possibilitem a continuidade de estudos para os egressos, articulando-as com entidades que atuam no apoio dos mesmos – tais como patronatos, conselhos e fundações de apoio ao egresso e organizações da sociedade civil.

O trabalho prisional, também entendido como elemento de formação integrado à educação, devendo ser ofertado em horário e condições compatíveis com as atividades educacionais.

Educadores, gestores, técnicos e agentes penitenciários dos estabelecimentos penais devem ter acesso a programas de formação integrada e continuada que auxiliem na compreensão das especificidades e relevância das ações de educação nos estabelecimentos penais, bem como da dimensão educativa do trabalho.

Recomenda-se que os educadores pertençam, preferencialmente, aos quadros da Secretaria de Educação, sejam selecionados por concursos públicos e percebam remuneração acrescida de vantagens pecuniárias condizentes com as especificidades do cargo.

A pessoa presa ou internada, com perfil e formação adequados, poderá atuar como monitor no processo educativo, recebendo formação continuada condizente com suas práticas pedagógicas, devendo este trabalho ser remunerado.

O planejamento das ações de educação nas prisões poderá contemplar além das atividades de educação formal, propostas de educação não-formal e formação profissional, bem como a inclusão da modalidade de educação à distância.

Recomenda-se, a cada unidade da federação, que as ações de educação formal sigam um calendário comum aos estabelecimentos penais onde houver oferta.

O capítulo "Seminário Nacional pela Educação nas Prisões: Significados e Proposições", do Projeto "Educando para a Liberdade", constitui o Anexo I da presente Resolução.

O texto integral do projeto "Educando para a Liberdade", pode ser encontrado no seguinte endereço eletrônico www.mj.gov.br/cnpcp.

Esta Resolução entrará em vigor na data de sua publicação.

14.1 Seminário nacional pela educação nas prisões: significados e proposições

O Seminário Nacional pela Educação nas Prisões foi realizado em Brasília entre os dias 12 e 14 de julho de 2006, como singular expressão dos esforços que os ministérios da Educação e da Justiça e a Representação da UNESCO no Brasil vêm envidando, no sentido de criar condições e possibilidades para o enfrentamento dos graves problemas que perpassam a inclusão social de apenados e egressos do sistema penitenciário1.

De fato, desde 2005, essas instituições trabalham juntas em torno do Projeto Educando para a Liberdade, que deu origem a uma série de atividades e conquistas no campo da educação nas prisões. Oficinas técnicas, seminários regionais, proposições para a alteração da lei de execução penal, financiamento de projetos junto aos sistemas estaduais e o próprio fortalecimento das relações entre os órgãos de governo responsáveis pela questão no âmbito federal são alguns dos resultados que merecem ser contabilizados ao longo desse período.

Toda essa disposição está fundada em duas convicções. Primeiro, de que educação é um direito de todos. Depois, de que a concepção e implementação de políticas públicas, visando ao entendimento especial de segmentos da população estrutural e historicamente fragilizados, constituem um dos modos mais significativos pelos quais o Estado e a Sociedade podem renovar o compromisso para com a realização desse direito e a democratização de toda a sociedade.

O espaço e o tempo do sistema penitenciário, aliás, confirmam esses pressupostos. Embora não faltem referências no plano interno e internacional, segundo as quais se devam colocar em marcha amplos programas de ensino, com a participação dos detentos, a fim de responder às suas necessidades e aspirações em matéria de educação, ainda são muito tímidos os resultados alcançados2.

Assim é que, como demonstram dados do ministério da Justiça, de 240.203 pessoas presas em dezembro de 2004, apenas 44.167 desenvolviam atividades educacionais, o que equivale a aproximadamente 18% do total. Isso muito embora a maioria dessa população seja composta por jovens e adultos com baixa escolaridade: 70% não possuem o ensino fundamental completo e 10,5% são analfabetos (BRASIL,

2004). Para agravar a situação, o cumprimento do direito de presos e presas à educação não apenas escapa dos reclamos cotidianos do que se convencionou chamar de opinião pública, como muitas vezes conta com sua desaprovação.

Em termos históricos, esse cenário tem sido confrontado a partir de práticas pouco sistematizadas que, em geral, dependem da iniciativa e das idiossincrasias de cada direção de estabelecimento prisional. Não existe um aproximação entre as pastas da Educação e da Administração Penitenciária que viabilize uma oferta coordenada e com bases conceituais mais precisas. Ignoram-se, com isso:

- o acúmulo teórico e prático de que o país dispõe no terreno da educação de jovens e adultos (EJA), como modalidade específica para o atendimento do público em questão e seguramente mais apropriada para o enfrentamento dos desafios que ele impõe;
- a singularidade do ambiente prisional e a pluralidade de sujeitos, culturas e saberes presentes na relação de ensino-aprendizagem; e
- a necessidade de se refletir sobre a importância que o atendimento educacional na unidade prisional pode vir a ter, para a reintegração social das pessoas atendidas.

Nessas condições, o Seminário Nacional foi idealizado como momento para que as discussões realizadas durante todas as atividades executadas no projeto – ou a partir do projeto – pudessem ser traduzidas como orientações concretas aos órgãos do poder público e à sociedade civil em relação a este cenário, na perspectiva de inspirar a produção de experiências exemplares de sua transformação.

O presente relatório consolida os resultados dos debates e proposições que a esse respeito foram realizados por todos aqueles que, de uma maneira ou de outra, estiveram envolvidos nesse processo de diálogo e construção coletiva3.

Como desdobramento dos seminários regionais, o Seminário Nacional adotou uma divisão didática das propostas em três grandes "eixos", que afinal foram preservados neste texto e encontram-se articulados e descritos abaixo. Evidentemente, porém, cada um deve ser lido na perspectiva de complementariedade em relação aos demais.

14.1.1 Gestão, articulação e mobilização

As propostas enquadradas neste eixo destinam-se a fornecer estímulos e subsídios para a atuação da União, dos estados e da sociedade civil, com vistas à formulação, execução e monitoramento de políticas públicas para a educação nas prisões. Nesse sentido, de acordo com os participantes de seminário, para que se garanta uma educação de qualidade para todos no sistema penitenciário, é importante que:

- O governo federal, por intermédio dos ministérios da Educação e da Justiça, figure como o responsável pelo fomento e indução de políticas públicas de Estado no domínio da educação nas prisões, estabelecendo as parcerias necessárias junto aos estados e municípios.
- A oferta de educação no sistema penitenciário seja fruto de uma articulação entre o órgão responsável pela administração penitenciária e a Secretaria de Educação que atue junto ao sistema local, cabendo a ambas a responsabilidade pela gestão e pela coordenação desta oferta, sob a inspiração de Diretrizes Nacionais.
- A articulação implique disponibilização de material pedagógico da modalidade de EJA para as escolas que atuam no sistema penitenciário, como insumo para a elaboração de projetos pedagógicos adequados ao público em questão.
- O trabalho articulado encontre as devidas oportunidades de financiamento junto às pastas estaduais e aos órgãos ministeriais, especialmente com a inclusão dos alunos matriculados no Censo Escolar.
- A gestão se mantenha aberta a parcerias com outras áreas de governo, universidades e organizações da sociedade civil, sob a orientação de Diretrizes Nacionais.
- Os educadores do sistema pertençam, preferencialmente, aos quadros da Secretaria de Educação, selecionados por concursos públicos e com remuneração acrescida de vantagens pecuniárias condizentes com as especificidades do cargo.
- A gestão propicie espaços físicos adequados às práticas educativas (por exemplo: salas de aula, bibliotecas, laboratórios etc.), além de adquirir os equipamentos e materiais necessários, evitando improvisos e mudanças constantes.
- A construção de espaços adequados para a oferta de educação, bem como de esporte e cultura, seja proporcional à população atendida em cada unidade.
- As autoridades responsáveis pela gestão transformem a escola em espaço de fato integrado às rotinas da unidade prisional e de execução penal, com a inclusão de suas atividades no plano de segurança adotado.
- O diagnóstico da vida escolar dos apenados logo no seu ingresso ao sistema, com vistas a obter dados para a elaboração de uma proposta educacional que atenda às demandas e circunstâncias de cada um, seja realizado.
- O atendimento diferenciado para presos(as) do regime fechado, semi-aberto, aberto, presos provisórios e em liberdade condicional e aqueles submetidos à medida de segurança independente de avaliação meritocrática seja garantido.
- O atendimento contemple a diversidade, atentando-se para as questões de inclusão, acessibilidade, gênero, etnia, credo, idade e outras correlatas.
- Os responsáveis pela oferta elaborem estratégias para a garantia de continuidade de estudos para os egressos, articulando-as com entidades que atuam no apoio dos mesmos – tais como patronatos, conselhos e fundações de apoio ao egresso e organizações da sociedade civil.
- A remição pela educação seja garantida como um direito, de forma paritária com a remição concedida ao trabalho e cumulativa quando envolver a realização paralela das duas atividades.
- O trabalho prisional seja tomado como elemento de formação e não de exploração de mão-de-obra, garantida a sua oferta em horário e condições compatíveis com as da oferta de estudo.
- Além de compatível, o trabalho prisional (e todas as demais atividades orientadas à de reintegração social nas prisões) se torne efetivamente integrado à educação.
- A certificação não-estigmatizante para as atividades cursadas pelos educandos (sejam eles cursos regulares de ensino fundamental e médio, atividades não- formais, cursos profissionalizantes etc.), de maneira a conciliar a legislação e o interesse dos envolvidos, seja garantida.
- A existência de uma política de incentivo ao livro e à leitura nas unidades, com implantação de bibliotecas e com programas que atendam não somente aos alunos matriculados, mas a todos os integrantes da comunidade prisional.
- A elaboração de uma cartilha incentivando os apenados à participação nos programas educacionais, bem como informações relativas à remição pelo estudo.
- Os documentos e materiais produzidos pelos ministérios da Educação e da Justiça e/ou pelas secretarias de Estado de Educação e de Administração Penitenciária, que possam interessar aos educadores e

LEGIS

educandos do sistema, sejam disponibilizados e socializados, visando ao estreitamento da relação entre os níveis de execução e de gestão da educação nas prisões.

- Sejam promovidos encontros regionais e nacionais sobre a educação nas prisões envolvendo todos os atores relevantes, em especial diretores de unidades prisionais e do setor de ensino, tendo como um dos itens de pauta a troca de experiências.

14.1.2 Formação e valorização dos profissionais envolvidos na oferta

As propostas enquadradas neste eixo destinam-se a contribuir para a qualidade da formação e para as boas condições de trabalho de gestores, educadores, agentes penitenciários e operadores da execução penal. Nesse sentido, de acordo com os participantes do Seminário, para que se garanta uma educação de qualidade para todos no sistema penitenciário, é importante que:

- Ao ingressar no cotidiano do sistema prisional, o professor passe por um processo de formação, promovido pela pasta responsável pela Administração Penitenciária em parceria com a da Educação, no qual a educação nas prisões seja tematizada segundo os marcos da política penitenciária nacional.
- A formação continuada dos profissionais que atuam no sistema penitenciário ocorra de maneira integrada, envolvendo diferentes áreas, como trabalho, saúde, educação, esportes, cultura, segurança, assistência psicossocial e demais áreas de interesse, de modo a contribuir para a melhor compreensão do tratamento penal e aprimoramento das diferentes funções de cada segmento.
- No âmbito de seus projetos políticos-pedagógicos, as escolas de formação de profissionais penitenciários atuem de forma integrada e coordenada para formação continuada de todos os profissionais envolvidos e aprimoramento nas condições de oferta da educação no sistema penitenciário. Nos estados em que elas não existem, sejam implementadas, conforme Resolução nº 04, do Conselho Nacional de Política Criminal e Penitenciária.
- As instituições de ensino superior e os centros de pesquisa sejam considerados parceiros potenciais no processo de formação e na organização e disponibilização de acervos bibliográficos.
- A formação dos servidores penitenciários contemple na sua proposta pedagógica a dimensão educativa do trabalho desses profissionais na relação com o preso.
- Os atores estaduais estimulem a criação de espaços de debate, formação, reflexão e discussão como fóruns e redes que reflitam sobre o papel da educação nas prisões.
- Os cursos superiores de graduação em Pedagogia e as demais licenciaturas incluam nos seus currículos a formação para a EJA e, nela, a educação prisional.
- Os educandos e educadores recebam apoio de profissionais técnicos (psicólogos, terapeutas, fonoaudiólogos etc.) para o constante aprimoramento da relação de ensino-aprendizagem.
- A pessoa presa, com perfil e formação adequados, possa atuar como monitor no processo educativo, recebendo formação continuada condizente com suas práticas pedagógicas, com direito à remição e remuneração.

14.1.3 Aspectos pedagógicos

As propostas enquadradas neste eixo destinam-se a garantir a qualidade da oferta da educação nas prisões, com base nos fundamentos conceituais e legais da educação de jovens e adultos, bem como os paradigmas da educação popular, calcada nos princípios da autonomia e da emancipação dos sujeitos do processo educativo. Nesse sentido, de acordo com os participantes do seminário, para que se garanta uma educação de qualidade para todos no sistema penitenciário, é importante que:

- Venha a ser criado um regimento escolar próprio para o atendimento nos estabelecimentos de ensino do sistema prisional, no intuito de preservar a unidade filosófica, político-pedagógico estrutural e funcional das práticas de educação nas prisões.
- Seja elaborado, em cada estado, os seus projetos pedagógicos próprios para a educação nas prisões, contemplando as diferentes dimensões da educação (escolarização, cultura, esporte e formação profissional), considerando a realidade do sistema prisional para a proposição das metodologias.
- Seja estimulada a produção de material didático específico para a educação no sistema penitenciário, para complementar os recursos de EJA disponibilizados pela gestão local.
- Seja elaborado um currículo próprio para a educação nas prisões que considere o tempo e o espaço dos sujeitos da EJA inseridos nesse contexto e que enfrente os desafios que ele propõe em termos da sua reintegração social.
- Seja elaborada essa proposta curricular a partir de um Grupo de Trabalho que ouça os sujeitos do processo educativo nas prisões (educadores, educandos, gestores do sistema prisional, agentes penitenciários e pesquisadores de EJA e do sistema prisional).
- Seja incluída na educação de jovens e adultos no sistema penitenciário a formação para o mundo do trabalho, entendido como um lócus para a construção da autonomia do sujeito e de desenvolvimento de suas capacidades profissionais, intelectuais, físicas, culturais e sociais.
- Sejam os familiares dos presos e a comunidade em geral estimulados, sempre que possível, a acompanhar e a participar de atividades educacionais que contribuam para o processo de reintegração social.
- Sejam ampliadas as possibilidades de educação a distância em seus diferentes níveis, resguardando-se deste atendimento o ensino fundamental.
- Sejam ampliadas as possibilidades de uso de tecnologias nas salas de aula de unidades prisionais, visando ao enriquecimento da relação de ensino- aprendizagem.
- Seja garantida a autonomia do professor na avaliação do aluno em todo o processo de ensino aprendizagem.

15 RESOLUÇÃO Nº 31/2022 - IMPLEMENTAÇÃO DE MONITORAÇÃO ELETRÔNICA

A presente Resolução regulamenta a implementação, acompanhamento, fiscalização e encerramento das medidas de monitoração eletrônica, decorrentes de ordens judiciais, realizadas pelas Centrais de Monitoração, geridas pelo Departamento Penitenciário Nacional (DEPEN) e pelas administrações penitenciárias das unidades federadas.

Pela administração penitenciária ou polícia penal, implementar os serviços destinados à execução da monitoração, que deverão se estruturar na forma de Centrais de Monitoração Eletrônica para atendimento ao disposto na presente Resolução.

As Centrais de Monitoração Eletrônica são responsáveis pela gestão do serviço de monitoração eletrônica, o que inclui a administração, execução e controle das medidas, conforme estabelecido no art. 4° do Decreto nº 7.627/2011.

Para atender à demanda de cada unidade federativa, especialmente a interiorização dos serviços de monitoração, poderão ser criados núcleos regionais vinculados às Centrais de Monitoração.

Referidos núcleos regionais, independente de realizar apenas parte das atividades de acompanhamento e fiscalização das medidas de monitoramento, deverão atender integralmente aos preceitos da presente Resolução.

Os serviços de monitoração eletrônica deverão ser instalados em locais adequados, de modo a favorecer as atividades de atendimento e acompanhamento das pessoas monitoradas.

As atribuições para exercício da atividade de monitoração eletrônica, especialmente as atividades-fim de acompanhamento e fiscalização, são exclusivas de servidores públicos do sistema penitenciário.

Toda regulamentação administrativa deve buscar a padronização da execução da medida de monitoração eletrônica em todo o território nacional, sem prejuízo de condições específicas determinadas por via judicial.

Considera-se monitoração eletrônica a vigilância telemática posicional de pessoas através do uso de dispositivo e tecnologias que permitam indicar sua localização em tempo real.

O dispositivo e tecnologias utilizadas deverão possuir mecanismos de detecção de rompimento, descarregamento, violação de área de inclusão ou exclusão, além de quaisquer outras condutas que visem impedir ou fraudar as informações fornecidas quanto ao paradeiro da pessoa monitorada ou o status do dispositivo.

Para os fins da presente resolução, áreas de inclusão ou exclusão são os perímetros delimitados no software de monitoração que indicam os locais onde a pessoa monitorada terá sua locomoção autorizada ou restrita, em determinados horários, de acordo com as condições estabelecidas na decisão judicial.

A monitoração eletrônica, realizada pelas Centrais de Monitoração ou núcleos regionais vinculados àquelas, visa a promover:

- a efetividade das medidas protetivas de urgência;
- a garantia de efetividade de medida cautelar diversa da prisão;
- a garantia de efetividade de cumprimento de decisão judicial que tenha determinado a monitoração eletrônica para cumprimento de acórdão ou sentença penal condenatória;
- a reinserção social das pessoas monitoradas.

Compete às Centrais de Monitoração:

- assegurar tratamento digno e não discriminatório às pessoas monitoradas eletronicamente, bem como das mulheres em situação de violência doméstica e familiar, quando optarem pela utilização de Unidade Portátil de Rastreamento (UPR);
- orientar a pessoa monitorada quanto aos seus direitos e deveres, enquanto submetida à medida de monitoração, além de encaminhá-la aos serviços de proteção social, quando necessário;
- advertir a pessoa monitorada, no ato da instalação do equipamento, das consequências do descumprimento das condições estabelecidas, bem ainda, dos danos ao dispositivo de monitoração que deverá ser devolvido ao final de cumprimento da medida;
- orientar as mulheres em situação de violência doméstica e familiar que não utilizarem a Unidade Portátil de Rastreamento (UPR) apropriadamente, a fazer bom uso do dispositivo, sendo vedada qualquer intervenção que gere revitimização;
- disponibilizar serviço de suporte técnico a pessoa monitorada por meio de contato telefônico ou atendimento presencial, de forma ininterrupta, capaz de esclarecer dúvidas, resolver eventuais incidentes com vistas à adequada manutenção da medida;
- acompanhar o efetivo cumprimento da medida específica, podendo marcar, quando necessário, atendimento pessoal da pessoa monitorada no respectivo núcleo ou realizar o acompanhamento in loco para fiscalização das condições impostas na decisão judicial;
- informar, mensalmente, o quantitativo de dispositivos de monitoração eletrônica existentes, instalados e disponíveis ao Grupo de Monitoramento e Fiscalização (GMF) do tribunal de sua unidade federativa;
- encaminhar relatório circunstanciado sobre a pessoa monitorada ao juízo competente, quando por este determinado ou quando as circunstâncias assim o exigirem;
- comunicar ao juízo competente, em até 48 (quarenta e oito) horas, sobre fato que possa dar causa à revogação da medida ou modificação de suas condições, através de canais existentes ou que venham a ser criados nos sistemas Banco Nacional de Medidas Penais (BNMP) e Sistema de Execução Eletrônico Unificado (SEEU) ou, residualmente, através de sistemas de malote digital;
- criar, adequar e manter programas e equipes multidisciplinares de acompanhamento e apoio à pessoa monitorada;
- elaborar, através de sua equipe técnica multidisciplinar, programas de conscientização para as vítimas de violência doméstica, inclusive sobre a importância do uso da UPR com o escopo de reduzir o risco de nova agressão;
- promover, através de sua equipe técnica multidisciplinar, o encaminhamento das pessoas vítimas de violência doméstica às Redes de apoio e assistência, além do encaminhamento dos autores de tais delitos para programas de grupos reflexivos e acompanhamento psicossocial;
- apresentar relatórios técnicos para as empresas fornecedoras do serviço de monitoração a fim de evitar inconsistências na monitoração, promover a melhoria dos mecanismos de segurança, aprimorar as funcionalidades do software de acompanhamento e a qualidade dos dispositivos e suas características.

A monitoração eletrônica será iniciada após o recebimento da ordem judicial, a instalação do dispositivo, sua configuração e o cadastro das condições impostas na decisão no sistema de acompanhamento.

A monitoração de que trata a presente Resolução dar-se-á pela afixação ao corpo da pessoa monitorada de dispositivo não ostensivo de monitoração eletrônica, indicando a localização da pessoa monitorada em determinados intervalos de tempo, o horário respectivo e dados de status do dispositivo, além de outras informações úteis à fiscalização do cumprimento de suas condições.

Os intervalos de tempo de coleta e envio da localização da pessoa monitorada não poderão ser superiores a 30 (trinta) segundos, de modo a alcançar a melhor performance de rastreamento em tempo real.

O dispositivo individual de monitoração deve possuir especificações técnicas que potencializem a duração da bateria que deverá ter capacidade mínima de 24 (vinte e quatro) horas de duração e recarga facilitada, preferencialmente por meio de carregador que não limite o deslocamento.

A Central de Monitoração deverá balizar-se pelas condições especificadas na decisão judicial quanto aos locais de acesso permitido e proibido, as rotas permitidas e proibidas entre os locais autorizados, os horários e dias de recolhimento se houver, assim como o prazo de duração da medida, que poderão ser modificadas, quando necessário, por nova ordem da autoridade judicial ou pela própria Central de Monitoração, na forma do art. 12 desta Resolução.

No caso de alterações das condições estabelecidas, estas passarão a vigorar somente após a pessoa monitorada ser pessoalmente comunicada.

Visando a coibir e prevenir a violência doméstica e familiar contra a mulher, para a efetiva fiscalização do cumprimento das medidas protetivas de urgência, a vítima, desde que manifeste anuência, também receberá dispositivo não ostensivo de monitoração eletrônica, Unidade Portátil de Rastreamento (UPR), que deverá ser portada exclusivamente por ela junto ao corpo, de modo a detectar eventual descumprimento das medidas de proibição de aproximação e de frequência a determinados lugares.

O servidor da Central de Monitoração, ao receber a pessoa a ser monitorada, verificará se a decisão judicial contém todas as informações necessárias à monitoração, verificando se as condições pessoais da pessoa monitorada e seu local de residência possuem algum empecilho ao início da monitoração.

Eventuais óbices à monitoração estabelecida, a exemplo de inexistência de cobertura telefônica ou de sinal de GPS no local de residência da pessoa monitorada ou da vítima quando estiver utilizando a Unidade Portátil de Rastreamento (UPR), inexistência de fornecimento de energia elétrica ou qualquer outro motivo que inviabilize a medida, deverão ser comunicados pela Central em até 48 (quarenta e oito horas) após a identificação da situação, acompanhada de manifestação demonstrando a inviabilidade técnica, ao juízo prolator da decisão ou responsável pelo acompanhamento da medida.

Da mesma forma, a existência de áreas de inclusão ou exclusão sobrepostas, distanciamento imposto incompatível com a distância entre as residências da pessoa monitorada e vítima ou qualquer outra dificuldade para o início da execução da medida, deverá ser comunicada nos termos do parágrafo anterior, acompanhada de manifestação indicando a possível adequação a cada caso.

Na oportunidade do comparecimento, em havendo condições técnicas, será efetuada a coleta de biometria para atualização da identificação civil, bem como de material genético, nas hipóteses previstas no art. 9º-A da Lei nº 7.210/1984 - Lei de Execução Penal.

Ao ensejo da instalação do dispositivo, a pessoa monitorada será instruída, pessoalmente e por escrito, quanto ao funcionamento do sistema de monitoração eletrônica, de suas obrigações e das consequências do descumprimento.

Enquanto durar a monitoração, sem prejuízo das demais condições fixadas na decisão que a determinar, são deveres da pessoa monitorada:

- receber visitas de membro da equipe da Central de Monitoração, responder aos seus contatos telefônicos e cumprir suas orientações;
- abster-se de qualquer comportamento que possa afetar o normal funcionamento da monitoração eletrônica, especialmente atos tendentes a impedi-la ou dificultá-la, a eximir-se dela, a ludibriar o servidor que a acompanha, a causar dano ao equipamento utilizado para a atividade ou permitir que outrem o faça;
- informar à Central de Monitoração se detectar falhas no respectivo equipamento, no prazo de 1 (uma) hora;
- recarregar o equipamento, regularmente, de forma correta;
- manter atualizada a informação de seus endereços residencial, de estudo e trabalho, bem como os respectivos contatos telefônicos;
- comparecer, quando convocada, à Central de Monitoração.

Caberá ao juízo responsável pela determinação da monitoração, expressamente em sua ordem judicial, permitir flexibilizações de horários previamente definidos para atividades externas, estudo, orientação religiosa, trabalho, tratamento médico hospitalar ou ambulatorial frequente, mudança de endereço, devendo a Central de Monitoração, ao receber a decisão, proceder ao ajuste do sistema de monitoração eletrônica e exigir a seguinte documentação da pessoa monitorada:

- em caso de flexibilização para estudo, apresentar declaração de matrícula escolar, declaração de frequência e grade de horário, devendo as declarações escolares conter nome completo e identificação do responsável e dados cadastrais da escola (endereço, CNPJ, telefone de contato);
- em caso de flexibilização para orientação religiosa, apresentar declaração da instituição religiosa, contendo endereço, telefone, nome completo da autoridade religiosa, datas e horários de frequência;
- em caso de flexibilização para trabalho, apresentar Carteira de Trabalho ou Contrato de Trabalho devidamente assinado, cópia do contrato social e última alteração contratual da empresa, horário/escala, endereço, nome completo e telefone de contato do responsável pela contratação ou, no caso de declaração de trabalho, esta deverá estar devidamente assinada pelo empregador e terá validade máxima de 30 (trinta) dias;
- em caso de tratamento médico-hospitalar ou ambulatorial frequente, comprovado por documento hábil assinado pelo médico, indicando a CID, natureza, duração do tratamento e declaração do estabelecimento de tratamento com dados cadastrais (endereço, CNPJ, telefone de contato);
- em caso de mudança de endereço, o comprovante de endereço, contrato de aluguel ou declaração do proprietário do imóvel, desde que não afete as condições impostas de distanciamento da vítima.

Caberá à Central de Monitoração a análise da documentação e o deferimento ou indeferimento da solicitação, motivando o ato.

As flexibilizações de horário concedidas serão válidas pelo período de 90(noventa) dias, renováveis e condicionadas à comprovação do exercício da atividade que fundamentou a flexibilização.

São considerados descumprimentos, observado o previsto especificamente em cada medida:

- violação de área de inclusão;
- violação de área de exclusão;
- violação de horários estabelecidos;
- perda de sinal de comunicação com o núcleo de monitoração;
- descarregamento completo da bateria do dispositivo;

- violação do dispositivo;
- danificação do dispositivo.

Em caso de descumprimento, a Central de Monitoração deverá adotar o seguinte fluxo:

- registro do incidente no sistema de monitoração eletrônica com data e horário;
- envio de sinal luminoso, sonoro ou vibratório ao dispositivo de monitoração eletrônica;
- contato telefônico com a pessoa monitorada ou pessoa de contato cadastrada, caso aquela não resolva o incidente de pronto ou deixe de contatar a Central de Monitoração;
- convocação da pessoa monitorada à Central, nos casos pertinentes, para manutenção ou outra solução técnica em até 24 (vinte e quatro) horas, podendo a Central, mediante agendamento, readequar o prazo que não poderá ultrapassar 48 (quarenta e oito) horas sem solução;
- convocação da pessoa monitorada à Central para, nos casos pertinentes, promover atendimento através da equipe multidisciplinar;
- encaminhamento de ofício ao juízo informando o descumprimento através de canais existentes ou que venham a ser criados nos sistemas Banco Nacional de Medidas Penais (BNMP) e Sistema de Execução Eletrônico Unificado (SEEU) e, residualmente, através de sistemas de malote digital;
- após esgotado o fluxo, a Central poderá realizar a fiscalização in loco pelos policiais penais, assim como solicitar apoio às demais forças policiais no caso de perigo à incolumidade dos agentes, devendo o juízo responsável pela medida ser comunicado na sequência.

O fluxo previsto neste artigo não afasta a possibilidade de o responsável pelo monitoramento de solicitar apoio de outras forças policiais, no caso de descumprimento em medida de monitoração, quando se vislumbre potencial perigo à incolumidade de qualquer pessoa, especialmente em se tratando de medida em que haja mulher vítima de violência doméstica ou familiar, com imediata comunicação ao juízo responsável pela medida.

Diante do caráter substitutivo e temporário da medida de monitoração quando aplicada como medida cautelar, deverá a Central de Monitoração encaminhar ao juízo responsável, a cada 90 (noventa) dias, relatório condensando as informações do acompanhamento feito, solicitando avaliação quanto à sua manutenção ou revogação.

O sistema de monitoração será estruturado de modo a preservar o sigilo dos dados e das informações da pessoa monitorada, na forma da lei.

O Departamento Penitenciário Nacional (DEPEN), com base na presente resolução, estabelecerá diretrizes nacionais para a gestão dos serviços de monitoração eletrônica e protocolo com fluxos de atendimento das Centrais de Monitoração Eletrônica.

As Centrais de Monitoração, existentes na data da publicação desta Resolução ou em vias de instalação nos próximos 6 (seis) meses, estruturadas em desconformidade com o § 5º do art. 2º deverão ser regularizadas no prazo de 1 (um) ano, prorrogável pelo mesmo período, com justificativa ao Departamento Penitenciário Nacional (DEPEN).

16 RESOLUÇÃO Nº 4/2017 - PADRÕES MÍNIMOS PARA A ASSISTÊNCIA À PESSOA PRIVADA DE LIBERDADE

Estabelecer parâmetro mínimos de lista de produtos de higiene, de artigos de asseio e roupas limpas às pessoas privadas de liberdade, considerando as suas especificidades, além de colchão e roupas de cama e banho, de preferência de material ignífugo, conforme o Anexo I desta Resolução, visando melhor qualidade no tratamento penal ofertado às pessoas privadas de liberdade no sistema prisional.

O vestuário e as roupas de cama deverão estar em bom estado de conservação e serão substituídos, no máximo, a cada quinze dias, para fins de higienização, salvo os cobertores e os agasalhos de moletom, o casaco de lã e as luvas cuja substituição ocorrerá quando necessário.

Quando a pessoa presa apresentar patologias, inclusive mentais, que necessitem substituições diferenciadas dos itens de asseio, enxoval e uniforme, estas ocorrerão conforme a situação o exigir.

Em respeito às diferenças de gênero e demais especificidades, o fornecimento dos itens de asseio, enxoval e uniforme devem ocorrer de forma diferenciada e em quantidade adequada, conforme a situação o exigir.

Em unidades prisionais que abriguem mulheres e, transitoriamente, mulheres gestantes, nutrizes, bebês e crianças, o fornecimento de itens de asseio, enxoval e uniforme deve respeitar a necessidade e a regularidade que a situação o exigir, incluindo kits com itens mínimos para a maternidade.

Sugerir o fornecimento de kits mínimos, e custeio de passagem ou meio de retorno ao domicílio, para a pessoa egressa do sistema prisional no momento de sua dispensa da unidade, conforme a situação o exigir.

O par de tênis e o par de sandálias serão repostos quando o seu estado de conservação recomendar.

O colchão, lençóis, toalha de banho e cobertor serão mantidos em bom estado de higiene, sendo substituídos quando o seu estado de conservação o exigir.

O quantitativo dos itens do enxoval e do uniforme, bem como suas características poderão ser alterados de acordo com as condições climáticas da região geográfica onde se encontra a Unidade Prisional e de acordo com as condições de gênero, patologias e especialmente existência transitória de mulheres gestantes, nutrizes, bebês e crianças.

A escolha dos materiais dos itens a serem entregues à pessoa privada de liberdade na admissão prisional, e dos itens com reposição periódica, deve observar a segurança da pessoa privada de liberdade e dos profissionais que atuam na unidade prisional.

A reposição dos materiais deve ser realizada em razão de desgaste natural ou por reposição periódica, sendo dever da pessoa privada de liberdade a conservação dos objetos de uso pessoal, nos termos do art. 39, X, da Lei de Execução Penal.

Esta Resolução não se aplica a assistência material prestada pelo Conselho da Comunidade, cuja colaboração não exime os deveres do Estado.

LEGISLAÇÃO ESPECÍFICA

1 IN Nº03/2020 - NORMAS E PROCEDIMENTOS OPERACIONAIS DO SISTEMA PENITENCIÁRIO DO CEARÁ

Estabelecer e Padronizar as Normas e regras de segurança do trabalho do Sistema Penitenciário do Estado do Ceará e seus anexos, a serem adotados e cumpridos no interior dos Estabelecimentos Prisionais, por todos os servidores, colaboradores, presos, visitantes ou qualquer pessoa que porventura necessite adentrar nos Estabelecimentos Prisionais desta Unidade Federativa.

1.1 Disposições gerais

Eventuais regras de segurança ou assuntos não abordados nesta normativa deverão ser formalizados através de documento próprio, relatando as possíveis sugestões ou problemas que tenham ocorrido em função da lacuna legislativa existente.

Os casos omissos ou excepcionais que não estão elencados nesta Instrução Normativa serão resolvidos pelo Secretário da Administração Penitenciária ou, por ele encaminhado às pessoas competentes, para se necessário, seja alterado o presente documento ou elaborado instrumento específico.

A não observância do que está disposto nesta IN, ensejará sanções disciplinares em desfavor do servidor, conforme previsto no Estatuto dos Funcionários Públicos Civis do Estado do Ceará e Legislações pertinentes.

Este dispositivo entrará em vigor na data de sua publicação, revogadas a INSTRUÇÃO NORMATIVA SEJUS Nº 02/2018 e as disposições em contrário.

1.2 Hierarquia

A Secretaria da Administração Penitenciária – SAP, não obstante a sua pluralidade setorial, prima pela observância ao sequenciamento hierárquico bem como, por suas características especiais; fundamenta-se também na hierarquia funcional, disciplina e, sobretudo, na defesa dos direitos e garantias individuais da pessoa humana, conforme abaixo discriminado:

- o Secretário da Secretaria da Administração Penitenciária;
- o Secretário Executivo da Administração Penitenciária;
- o Secretário Executivo de Planejamento e Gestão Interna;
- o Coordenador Especial do Sistema Prisional;
- o Supervisor da Célula de Segurança, Controle e Disciplina;
- o Diretor de Unidade, Diretor Adjunto, Chefe do Núcleo de Segurança e Disciplina, Gerente de Patrimônio e o Chefe de Equipe.

A direção da Unidade Prisional será composta pelo Diretor, Diretor Adjunto, Chefe de Segurança e Disciplina, Gerente de Patrimônio e Chefe de Equipe.

1.3 Atribuições

Ao Agente Penitenciário, compete:

- observar as normas legais e regulamentares, bem como cumprir as ordens superiores, salvo quando manifestamente ilegais;
- tratar com urbanidade e cordialidade os servidores, colaboradores e visitantes em geral;
- colaborar para a disciplina coletiva e eficiência das atividades e operações;
- ser assíduo e pontual ao serviço, exercendo com zelo e dedicação as atribuições do cargo, bem como ser leal à Instituição;
- atender com presteza e prontidão aos demais servidores do Sistema Prisional, servidores de outras Instituições, bem como o público em geral, prestando as informações requeridas, salvo quando protegidas por sigilo ou que comprometam a segurança e a disciplina na Unidade;
- levar por escrito ao conhecimento da Chefia Imediata as irregularidades de que tiver ciência em razão do cargo ou da função que exerça;
- zelar pela economia do material e conservação do patrimônio público;
- guardar sigilo sobre a documentação e os assuntos de natureza reservada de que tenha conhecimento em razão do cargo que ocupa, ou da função que exerça;
- desempenhar ações preventivas e repressivas, no âmbito do Sistema Prisional, visando coibir:
  - o tráfico e o uso de substâncias ilícitas;
  - o cometimento de crimes ou transgressões;
  - a comunicação não autorizada de presos com o mundo exterior;
  - a entrada e permanência de armas, objetos ou instrumentos ilícitos que atentam contra a segurança e integridade física de servidores e/ou terceiros e presos; e
  - a tentativa de fuga, verificando as grades, cobogós e toda a estrutura;
- garantir a ordem, a disciplina e a segurança das Unidades Prisionais;
- preencher, redigir e digitar relatórios, formulários e comunicações internas e externas, bem como manter atualizados os sistemas informatizados;
- exercer atividades de escolta, custódia e condução de presos à presença de Autoridades, quando requerido;
- conduzir veículos oficiais e viaturas para os quais esteja habilitado, conforme carteira nacional de habilitação - CNH;
- exercer atividades de escolta de Autoridades e/ou Servidores do Sistema Prisional;
- executar operações de escolta e custódia de presos em movimentações internas, externas e transferências entre Unidades Prisionais do Ceará ou para outros Estados;
- exercer atividades relacionadas ao monitoramento eletrônico e/ou outras tecnologias direcionadas aos presos;
- operar sistemas informatizados, de radiocomunicação no âmbito das atividades internas e externas do Sistema Prisional;
- desempenhar atribuições inerentes ao cargo ocupado, aplicando, quando autorizado e habilitado para tal, técnicas de averiguação e pesquisa, bem como de inteligência, contrainteligência e monitoramento diversos;
- ministrar treinamentos voltados à atividade de segurança penitenciária desde que devidamente habilitado e autorizado pela administração superior da SAP, que prevaleça o interesse público na qualificação do servidor e que o curso seja compatível com o desempenho de sua função;
- deverá apresentar-se ao serviço, portando identidade funcional, bem como devidamente uniformizado e com os equipamentos necessários ao desempenho da função;
- apresentar-se ao serviço com o devido asseio e apresentação pessoal;
- comunicar, em tempo hábil ao chefe imediato, os abusos ou desvios dos quais tiver conhecimento;

- colaborar com o asseio e a conservação de seu local de trabalho bem como mantê-lo limpo;
- verificar previamente sua escala de serviço, bem como se apresentar, com antecedência, à chefia a que estiver subordinado, ou justificar de imediato a impossibilidade de fazê-lo;
- prestar auxílio, quando dispuser dos meios para fazê-lo, às autoridades públicas ou a seus Agentes que, no exercício de suas funções, necessitem de seu apoio imediato;
- repassar imediatamente à chefia imediata, qualquer objeto achado, recuperado ou que lhe seja entregue em razão de suas atribuições;
- utilizar linguagem formal e respeitosa em comunicação oficial, informação ou ato semelhante;
- não frequentar, uniformizado e em razão de serviço, lugares incompatíveis com o decoro da função;
- não induzir superior ou colega a erro ou engano;
- não veicular ou propiciar a divulgação de notícia falsa, documentação, imagens, áudios e vídeos de fatos ocorridos nesta Instituição, contendo informações reservadas ou que exponham a estrutura física ou as regras de segurança de que tenha conhecimento ou acesso em razão do cargo que ocupa, ou da função que exerça, nos meios de comunicação em geral, como jornais, sites, redes sociais, blogs, aplicativos, imprensa, etc;
- realizar, apenas quando previamente autorizado pelo superior hierárquico, trabalhos ou operações conjuntas com outros órgãos ou seus Agentes;
- não abandonar ou se ausentar do posto de serviço em que esteja escalado sem prévia autorização de seu superior imediato, nem se manter desatento ou displicente quando o estiver ocupando, configurando desídia essas últimas condutas;
- não publicar, sem ordem expressa da autoridade competente, documentos oficiais, ainda que não sejam de caráter reservado, ou ensejar a divulgação do seu conteúdo, no todo ou em parte;
- XXXIVnão dar, alugar, penhorar ou vender a qualquer pessoa ou instituição, peças de uniforme ou de equipamento, novas ou usadas;
- primar pela compostura e sobriedade profissional quando em serviço ou em qualquer circunstância em que se apresente como Agente Penitenciário, uniformizado ou não;
- não usar uniforme quando não estiver de serviço;
- abster-se de fazer uso de bebidas alcoólicas ou se apresentar embriagado estando em serviço ou uniformizado;
- manter atualizados junto à COGEP os dados pessoais, comunicando qualquer alteração de endereço e/ou telefone;
- atender às requisições judiciais e administrativas e, quando estiver de plantão, dar ciência prévia à chefia imediata, da necessidade de ausentar-se do posto de serviço, pelo tempo necessário para atender à requisição, mediante apresentação de documentação comprobatória, salvo casos excepcionais que serão tratados com a direção da Unidade/ Chefia imediata;
- exercer atividades correlatas.

Todos os Agentes Penitenciários deverão estar aptos à execução das atividades específicas de suas atribuições, consoante, a necessidade que lhe seja apresentada.

A descrição e regulamentação quanto ao Uniforme estão dispostas no Decreto Nº 32.535, de 27 de fevereiro de 2018, e em suas posteriores alterações.

Ao Diretor de Unidade Prisional, compete:

- comunicar, imediatamente, à CEAP e à Gestão Superior da SAP sobre qualquer alteração ou eventualidade que venha ocorrer na Unidade Prisional;
- dirigir, coordenar, orientar e fiscalizar os trabalhos técnicos, administrativos, operacionais, laborais, educativos, religiosos, esportivos e culturais da Unidade respectiva
- adotar medidas necessárias à preservação dos Direitos e Garantias Individuais dos presos;
- dar cumprimento às determinações judiciais e prestar aos Juízes, Tribunais, Ministério Público, Defensoria Pública e Conselho Penitenciário as informações que lhe forem solicitadas, relativas aos condenados e aos presos provisórios;
- assegurar o normal funcionamento da Unidade, observando e fazendo observar as normas da Lei de Execução Penal e de normas correlatas;
- administrar as Unidades traçando diretrizes, orientando e controlando e fiscalizando a execução das atividades sob sua responsabilidade;
- realizar outras atividades dentro de sua área de competência.

O ocupante do cargo de Diretor de Unidade Prisional será escolhido, obrigatoriamente, entre os servidores estáveis de carreira de segurança penitenciária da Secretaria da Administração Penitenciária, de acordo com os critérios estabelecidos no art. 75 da Lei de Execuções Penais.

Ao Diretor Adjunto, compete:

- assessorar diretamente o Diretor da Unidade Prisional no desempenho de suas atribuições, principalmente na direção, coordenação, orientação e fiscalização dos trabalhos técnicos, administrativos, operacionais, laborais, educativos, religiosos, esportivos e culturais da Unidade respectiva;
- substituir, em seus afastamentos, ausências e impedimentos legais, o Diretor da Unidade Prisional, independente de designação específica;
- autorizar a expedição de certidões relativas aos assuntos da Unidade;
- acompanhar a execução do plano de férias dos servidores da Unidade;
- preparar dentro dos prazos estipulados os documentos de controle de frequência, faltas, licenças e quaisquer alterações relativos aos servidores e colaboradores, encaminhando-os à Coordenadoria Especial de Administração Penitenciária – CEAP e Coordenadoria de Gestão de Pessoas - COGEP;
- exercer outras atribuições que lhes forem conferidas ou delegadas.

A substituição prevista neste artigo será gratuita, salvo se exceder 30 (trinta) dias, quando então será remunerada por todo o período, de acordo com o § 3º, do art. 40, da Lei Nº. 9.826, de 14 de maio de 1974.

O termo substituição contempla as nomeações que ocorrem em substituição ao titular do cargo em comissão em casos de afastamento ou de impedimento do titular, por tempo determinado.

É considerado afastamento para fins de substituição:

- férias;
- licença saúde; e
- licença gestante.

O cargo de Diretor Adjunto deve, obrigatoriamente, ser ocupado por servidor estável de carreira de segurança penitenciária da Secretaria da Administração Penitenciária.

Ao Gerente Administrativo, compete:

LEIS

- organizar, controlar, executar e fiscalizar as atividades de apoio necessárias ao bom funcionamento operacional da Unidade Prisional, inclusive a manutenção preventiva e corretiva;
- receber, controlar e distribuir gêneros alimentícios, destinados ao consumo da Unidade;
- supervisionar os serviços de copa e de cozinha;
- requisitar o material de expediente e providenciar a redistribuição junto aos demais serviços da Unidade Prisional;
- manter sob sua guarda e responsabilidade todos os pertences do preso, de uso não permitido, pelo prazo de 30 (trinta) dias, que deverão ser entregues aos familiares, ao advogado ou quem o preso indicar, fornecendo a estes comprovantes de recebimento. Expirado o prazo supracitado, e não realizada a retirada dos pertences nos termos acima, os bem de valor serão protocolados e guardados em local apropriado que serão entregues aos presos quando deixarem as Unidades Prisionais;
- manter em bom estado de funcionamento as instalações elétricas, telefônicas, hidro-sanitárias e de climatização do prédio requisitando, com antecedência, o material que for necessário para este fim;
- elaborar o relatório anual das atividades inerentes ao serviço e do inventário patrimonial;
- efetuar o balancete mensal do estoque de mercadoria existente;
- proceder com a identificação, fiscalização e conferência de todo o material permanente em uso na unidade;
- adotar as medidas de segurança contra incêndio nas dependências da Unidade especialmente na área de prontuário e almoxarifado;
- fiscalizar e providenciar a manutenção preventiva e corretiva de veículos, máquinas, equipamentos e móveis em uso na unidade;
- zelar pela conservação e limpeza do prédio, acompanhando e fiscalizando as atividades a serem executadas;
- executar e controlar os serviços de reprodução reprográfica ou similar de documentos, publicações e impressos de interesse da Unidade;
- organizar a prestação de contas dos suprimentos de fundos destinados a Unidade Prisional, conforme legislação específica;
- exercer outras atividades correlatas.

O cargo de Gerente Administrativo deverá ser ocupado obrigatoriamente, por servidor de carreira de segurança penitenciária da Secretaria da Administração Penitenciária, preferencialmente estável, mediante indicação do diretor do estabelecimento e com anuência da Gestão Superior da SAP.

Ao Chefe de Segurança e Disciplina (CSD) compete:

- gerenciar o setor de Segurança e Disciplina, elaborando o plano de segurança interna da Unidade Prisional, visando proteger a vida e a incolumidade física dos servidores de carreira, colaboradores, presos, visitantes em geral, a garantia das instalações físicas, bem como promover o conjunto de medidas que assegurem o cumprimento da disciplina prisional;
- fiscalizar, organizar, controlar e orientar os Agentes Penitenciários no exercício de suas atribuições na ocupação dos postos e execução das atividades inerentes;
- orientar os presos quanto aos seus direitos, deveres e normas de conduta a serem observadas, quando de sua chegada à Unidade;
- demarcar a área de segurança e movimentação interna com as devidas sinalizações;
- fazer constar no prontuário disciplinar dos presos as ocorrências e alterações havidas com estes;
- VIcontrolar e acompanhar a movimentação de preso, quando das transferências internas;
- supervisionar e manter atualizada, no sistema informatizado (SISPEN), a relação geral dos presos com sua devida localização dentro do estabelecimento prisional;
- encaminhar ao Conselho Disciplinar as faltas disciplinares, praticadas por presos para conhecimento e julgamento;
- promover vistorias regulares nos presos e nas dependências da Unidade Prisional, de caráter preventivo ou sempre que houver fundadas suspeitas de porte ou uso, de qualquer material ou objeto, ilícito ou proibido, que possam ser utilizados para prática de crimes ou faltas disciplinares;
- manter atualizados registros e ocorrências funcionais relativas aos Agentes Penitenciários;
- XIorganizar, supervisionar e fiscalizar a composição das equipes no desempenho e execução de suas funções;
- propor à Direção a implantação e modificação de postos de serviço quando se fizer necessário à segurança e bom funcionamento da Unidade;
- zelar, orientar e fiscalizar, pelo bom funcionamento, a manutenção dos equipamentos e implementos necessários à execução dos serviços de segurança interna;
- promover mensalmente, em caráter ordinário, reuniões com os Agentes Penitenciários e extraordinariamente, quando necessário;
- sugerir ao diretor, quando solicitado, nomes para escolha e designação dos chefes de equipes;
- manter em arquivo o registro das pessoas que visitam a Unidade;
- comunicar, diariamente, ao diretor e/ou substituto, as alterações constantes no relatório de serviço diário;
- manter informado o diretor sobre quaisquer alterações havidas na Unidade;
- exercer outras atividades correlatas.

O cargo de Chefe de Segurança e Disciplina deverá ser ocupado, obrigatoriamente, por servidor de carreira de segurança penitenciária da Secretaria da Administração Penitenciária, preferencialmente estável, mediante indicação do diretor do estabelecimento e com anuência da Gestão Superior da SAP.

Ao Chefe de Equipe, compete:

- responder pela unidade prisional na ausência da direção;
- supervisionar a equipe de plantão observando as determinações superiores;
- conferir e ler os relatórios das equipes anteriores ao seu plantão;
- conferir o material e equipamentos de segurança sob sua responsabilidade, discriminados em relatório anterior, informando ao CSD, qualquer divergência na quantidade, estado de conservação e funcionamento dos mesmos;
- elaborar a escala do serviço diário, distribuindo os Agentes para ocupação nos postos de serviço, observando as diretrizes do plano de segurança;
- registrar a frequência dos Agentes em serviço;
- comunicar, imediatamente, ao CSD da Unidade a falta injustificada de servidor para que sejam tomadas as providências cabíveis;
- fiscalizar a ocupação dos postos de serviço e a execução das atividades de rotina pelos servidores de plantão;
- dar encaminhamento e supervisionar a execução das determinações da Direção e do Chefe de Segurança e Disciplina;

- comunicar, imediatamente, qualquer ocorrência que comprometa a ordem, a segurança e a disciplina da Unidade, ao Chefe de Segurança e Disciplina e/ou Chefia Imediata e Diretor, relatando em seguida, de forma circunstanciada, por escrito;
- em caso de emergência que comprometa a integridade física do preso, autorizar transferência interna, ou se for o caso, a saída temporária do mesmo para atendimento médico, mediante escolta, diante da ausência de seu superior hierárquico, devendo ser observada a comunicação posterior;
- atualizar o sistema informatizado (SISPEN), todas as vezes que fizer movimentação de preso para cumprir sua pena em local diferente ao que ele ocupava anteriormente;
- exercer a vigilância, em conjunto com os Agentes Penitenciários de plantão, cumprindo e fazendo cumprir as normas e regulamentos da Unidade;
- elaborar relatório circunstanciado ao final de seu plantão, registrando todas as ocorrências havidas;
- exercer outras atividades correlatas.

O cargo de Chefe de Equipe dos Agentes Penitenciários deverá ser ocupado obrigatoriamente por servidor de carreira de segurança penitenciária da Secretaria da Administração Penitenciária, preferencialmente estável, mediante indicação do Chefe de Segurança e Disciplina com anuência do diretor da Unidade e da Gestão Superior da SAP.

1.4 Escala de serviço

Os servidores de segurança penitenciária são submetidos ao regime de plantão de 24 (vinte e quatro) x 72 (setenta e duas) horas, conforme legislação vigente .

1.5 Permutas e reposições de plantão

Os Agentes Penitenciários em regime de plantão poderão solicitar até 04 (quatro) trocas de serviço durante o mês, não podendo ultrapassar 48 (quarenta e oito) horas consecutivas, somados o dia de seu plantão com o dia da permuta.

A jornada de trabalho semanal não poderá ser superior a 48 (quarenta e oito) horas, somadas as horas trabalhadas da escala ordinária com o dia da troca do referido plantão.

A permuta, em regra, ocorrerá entre Agentes Penitenciários lotados na mesma Unidade Prisional e a reposição do serviço deverá ocorrer no prazo máximo de 30 (trinta) dias, contados do dia da sua solicitação.

Os casos omissos serão analisados pelas direções e encaminhados à CEAP para deliberação.

Ocorrendo remoção do servidor, antes da reposição do serviço previamente agendado, essa condição deverá ser informada a CEAP a fim de viabilizar a reposição e não acarretar prejuízo ao serviço.

O requerimento de permuta deverá ser encaminhado à chefia imediata, através de formulário padrão, anexo a esta IN que, posteriormente, o enviará ao Chefe de Segurança e Disciplina para análise que o remeterá à Direção que decidirá sobre o deferimento.

É ato discricionário do Diretor o deferimento ou não da solicitação de permuta.

O requerimento de permuta deverá conter as informações que se seguem, sob pena de indeferimento:

- o nome completo e matrícula do substituto e do substituído;
- a justificativa para troca solicitada;
- quantidade de permutas realizadas no mês;
- datas em que ocorrerão as substituições;
- a assinatura de ambos servidores;
- anuência do Chefe de Segurança e Disciplina.

O pedido deverá ser efetuado com antecedência mínima de 05 (cinco) dias úteis, e, caso seja autorizado, as partes interessadas receberão uma cópia, para que apresentem aos chefes de plantão no dia de serviço da substituição.

O requerimento original de permuta deverá ser arquivado nos assentamentos funcionais dos servidores.

Caso ocorra a autorização da Direção e uma das partes envolvidas na solicitação descumpra o estabelecido por ocasião do pedido, o responsável pelo descumprimento será impedido de efetuar nova solicitação por período de 90 (noventa) dias, sendo efetuado o desconto da falta ao serviço daquele que não compareceu e tomadas as demais medidas administrativas cabíveis.

A falta ao serviço do substituto não desobriga o substituído a cumprir com a autorização anteriormente deferida, devendo esse se apresentar ao trabalho no dia que consta no requerimento administrativo.

Caso ambos descumpram o estabelecido na solicitação, a Chefia imediata tomará as medidas necessárias para suprir a vacância do posto.

O Agente Penitenciário convocado para suprir a vacância do posto, por solicitação da Chefia Imediata, terá este período compensado de acordo com a legislação pertinente.

Os Agentes que descumprirem a solicitação de permuta, responderão procedimento administrativo em razão do ocorrido, em conformidade com o Estatuto dos Servidores Públicos do Estado do Ceará.

Não será permitida a troca de plantão remunerada, sob pena de responsabilidade administrativa dos envolvidos.

Não haverá distinção na escala de plantão dos servidores lotados nas Unidades Prisionais, devendo ser observado o estabelecido na Lei Nº. 14.582/2009 e suas posteriores alterações.

1.6 Frequência dos servidores lotados nas unidades

As frequências dos servidores serão registradas, obrigatoriamente, por meio de registro biométrico e em modelo de frequência padrão disponibilizado pela Coordenadoria de Gestão de Pessoas – COGEP, anexo a esta Instrução Normativa, estabelecido pela Secretaria da Administração Penitenciária, considerando o início e o término de sua jornada de trabalho

Na impossibilidade de se fazer o registro biométrico, deverá o diretor da Unidade Prisional, através de relatório próprio e juntada de documentos comprobatórios, atestar a frequência do referido servidor, sendo ele o responsável pela veracidade das informações contidas no relatório, sob pena de responder administrativa e penalmente.

Em caso de impossibilidade de comparecimento ao serviço, com a falta devidamente justificada, deverá o servidor comunicar imediatamente ao chefe imediato para que este possa, em tempo hábil, tomar as medidas necessárias a fim de minimizar os prejuízos às atividades do serviço.

Em se tratando de licença de saúde o servidor deverá apresentar o atestado à Unidade no prazo de 48h (quarenta e oito) horas, sob pena de ter lançado em sua ficha funcional a falta ao serviço.

Na falta injustificada do servidor, o chefe de plantão deverá registrar no relatório diário e comunicar, imediatamente, ao Diretor da Unidade Prisional através de relatório para que este o encaminhe à CEAP para as providências cabíveis, tão logo tome ciência.

1.7 Protocolos e procedimentos de segurança dos recursos e equipamentos de uso dos agentes penitenciários

Os agentes penitenciários poderão ter à sua disposição, conforme disponibilidade e necessidade, para o exercício de atividade para o qual estiver escalado, conforme determinação de seu superior hierárquico, respeitada sua capacidade técnica, os seguintes recursos e equipamentos abaixo elencados:

- rádio HT;
- telefone;
- computador com acesso à Internet e ao SISPEN;
- algemas e suas respectivas chaves;
- tonfas;
- colete balístico;
- arma curta; VIII - arma longa; e
- instrumentos de Menor Potencial Ofensivo;
- outros que se façam necessários, especificamente ao posto.

Fique Ligado

A disponibilização quantitativa dos recursos e equipamentos elencados nos incisos deste artigo respeitará as especificidades próprias de cada Unidade Prisional.

1.8 Postos de serviço

Posto de serviço é o local, determinado pela direção ou autoridade competente, do qual o profissional não pode se afastar, sob pena de perder a visão da área protegida, o controle de acesso ou que de alguma forma comprometa a segurança da unidade.

O servidor somente poderá se retirar do posto de serviço mediante rendição no local ou quando determinado pela chefia imediata, não podendo esse ficar abandonado ou desocupado, ainda que temporária ou transitoriamente.

Na troca de plantão, o servidor deverá aguardar rendição em seu posto de serviço, sob pena de responder, administrativa e penalmente, pelo abandono do posto e por suas eventuais consequências.

O servidor que estiver assumindo o posto de serviço deverá efetuar a conferência em todo equipamento destinado à segurança do setor.

Diante da constatação de irregularidades de que trata este artigo, o servidor antes de assumir o posto de serviço, deverá informar o ocorrido ao seu superior imediato para tomada de providências cabíveis.

No momento da rendição do posto, o servidor deverá tomar ciência de todas as atividades que estão sendo executadas e suas eventuais alterações.

No posto de serviço, o servidor deverá se manter atento em toda e qualquer atividade de segurança em que esteja responsável pela vigilância e execução, devendo ainda acompanhar as mensagens pelo HT respondendo prontamente quando chamado.

Fica proibido portar ou utilizar, no posto de serviço, livros, apostilas, cadernos, revistas, jogos, resumos e similares, que não sejam relacionados às atividades do local em virtude do comprometimento da atenção do servidor no exercício de suas atividades.

O Sistema de Videomonitoramento, em hipótese alguma, suprirá o trabalho e a presença física do Agente Penitenciário no posto de serviço, servindo apenas como item de segurança suplementar.

1.9 Postos nos blocos e alas

Ao Agente Penitenciário de serviço nos Blocos e Alas compete:

- quando se tratar de atividade ordinária:
  - exercer a vigilância aproximada, sempre em contato visual, ficando responsável pela guarda e vigilância das alas como também pelo resguardo da ordem e disciplina nas mesmas;
  - ser responsável pelos materiais e equipamentos pertencentes ao posto escalado;
  - permanecer em estado de alerta para identificar, sempre que possível, presos que descumpram as normas de segurança a fim de que possam ser responsabilizados pelas suas condutas, comunicando por HT qualquer situação que fuja à normalidade e que necessite de apoio;
  - efetuar rondas minuciosas no interior das alas verificando portas, cadeados e as condições no interior das celas da Unidade, bem como na área externa entre os blocos, nos fundos da cela onde ficam reclusos os presos, e pelas muralhas, com o máximo de atenção, configurando desídia o não cumprimento;
  - proceder às ações de retirada e recolhimento de interno de dentro das celas devidamente revistado e algemado,
  - acompanhar e fiscalizar a distribuição da alimentação e a execução da higienização das alas feitas pelos internos;
  - executar a soltura, vigilância e recolhimento do banho de sol;
  - realizar a contagem e a conferência nominal dos presos;
  - resguardar o direito ao atendimento jurídico e de saúde à pessoa presa;
  - executar vistorias estruturais dentro das celas sempre que os presos estiverem em banho de sol e revistas gerais e estruturais sempre que se fizerem necessárias;
  - acompanhar visual e pessoalmente qualquer movimentação de interno pelas dependências da Unidade;
  - exercer outras atividades correlatas.
- quando se tratar de motim, rebelião ou situações da perturbação da ordem e disciplina:
  - tomando conhecimento, comunicar imediatamente o fato, via HT ou outro meio disponível, ao chefe imediato para que este entre em contato com o CIOPS e Direção, e providenciar de imediato os equipamentos de segurança necessários e disponíveis para restabelecer a ordem e a disciplina;
  - tentar identificar e informar o local exato e a extensão da emergência;
  - agir efetivamente, utilizando os meios necessários, para conter e evitar que a ação dos presos se propague a outras áreas da Unidade Prisional;
  - solicitar, se necessário, recursos adicionais à chefia superior;
  - monitorar a movimentação dos presos até a chegada dos grupos de apoio especiais e de agentes de outras unidades, caso seja necessário o apoio;
  - acompanhar as mensagens e orientações pelos HTs;
  - proceder com a retirada, de dentro da Unidade Prisional, das pessoas que não atuam na área operacional;
  - estabelecer perímetro e isolar a área de segurança;
  - manter a Direção informada, caso a mesma não se encontre na Unidade Prisional, sobre as medidas adotadas para retomada da ordem e disciplina do local;
  - controlada a emergência, apoiar os procedimentos de revista nos presos, nas celas e demais locais indicados pelo Coordenador da operação;

- encerrada a emergência, prestar informações a fim de subsidiar a elaboração do Relatório minucioso sobre o fato e outros procedimentos necessários.
- proceder com o atendimento médico aos presos, caso seja necessário, responsabilização administrativa e penal daqueles que forem identificados como participantes da ação de subversão a ordem e a disciplina.
- quando devidamente autorizado ou determinado por superior hierárquico, prestar apoio à outra Unidade Prisional quando em momento de fato crítico;
- exercer outras atividades correlatas.

Fique Ligado

É vedado ao servidor adentrar nas dependências onde tenham contato com pessoas presas portando arma de fogo com munição letal bem como facas, canivetes ou análogos, ressalvados aqueles autorizados pela direção da Unidade ou autoridade superior da SAP.

1.10 Posto de guarda externa

Ao servidor escalado no posto de guarda externa, tais como guaritas, muralhas, alambrados e portões de acesso, compete:

- ▹ fazer a segurança do perímetro externo e interno da Unidade Prisional, contribuindo diretamente para o seu normal funcionamento, mediante a vigilância e segurança preventiva e combativa;
- ▹ estar provido de armamento longo e curto, com munição letal e colete balístico para garantia da segurança do servidor, do setor e do serviço, e outros equipamentos que estejam disponíveis e que possam auxiliar na execução das referidas atividades;
- ▹ agir, imediatamente, diante de situações provenientes de perigo identificado e passíveis de comprometer a segurança orgânica da Unidade Prisional, a fim de conter e dispersar a ação de modo a eliminar ou minimizar, ao máximo, os riscos à segurança de todos;
- ▹ solicitar apoio e comunicar, imediatamente, à chefia imediata e à autoridade competente para conhecimento e/ou providências, toda situação identificada como possível risco a segurança;
- ▹ exercer outras atividades correlatas.

1.11 Procedimentos de entrada no complexo penitenciário e nas unidades prisionais

Para efeitos desta normativa, consideram-se 02 (dois) tipos de acesso à área de segurança prisional:

- ▹ acesso ao complexo penitenciário quando na área de segurança existir mais de uma unidade prisional;
- ▹ acesso à unidade/estabelecimento prisional propriamente a partir de seu portão principal.

Os estabelecimentos prisionais se constituem em área de segurança e de acesso restrito e controlado, exigindo a adoção de medidas preventivas quando do ingresso de pessoas e veículos, em prol da segurança, da ordem e da disciplina.

1.12 Ingresso de pessoas

Somente será autorizada a entrada de qualquer pessoa nos estabelecimentos prisionais do Estado de Ceará mediante identificação oficial, válida e com foto, e demais procedimentos de segurança que se fizerem necessários.

O servidor que estiver no controle de acesso da unidade prisional, deverá solicitar a identificação da pessoa e registrar em livro próprio os dados necessários.

As pessoas que tiverem acesso aos estabelecimentos prisionais sejam elas servidores, colaboradores da SAP ou de outros órgãos públicos, prestadores de serviços, fornecedores, terceiros, advogados, dentre outros, deverão, obrigatoriamente, ser devidamente cadastradas e credenciadas no Sistema de Informações Penitenciárias – SISPEN, constando em registro o nome, número do documento de identificação, dia e hora da entrada e saída bem como a finalidade do acesso, ressalvados aqueles devidamente autorizados pela direção ou autoridade superior da SAP ou que a situação de emergência assim o exigir.

Os fornecedores e prestadores de serviço deverão enviar, antecipadamente, os documentos e informações solicitadas pela SAP com a identificação dos funcionários das empresas contratadas que necessitarão de acesso às Unidades Prisionais.

Sempre que ocorrerem mudanças das pessoas contratadas, essas só terão acesso às referidas Unidades após o cumprimento do caput deste artigo.

É expressamente proibida a entrada de qualquer pessoa portando arma de fogo e munições, de qualquer espécie, no interior dos estabelecimentos prisionais em local que haja circulação de pessoa presa ou a partir da área delimitada por responsável pela segurança, Diretor ou autoridade competente, salvo os casos excepcionais autorizados pela Direção ou autoridade superior ou que a situação de emergência o exigir.

Das pessoas autorizadas, quando se fizer necessário que a arma seja recolhida, essa deverá ser guardada em local seguro conforme determinado pela direção da Unidade.

Fica proibida a entrada, permanência ou uso de aparelho de telefonia móvel celular, bem como seus acessórios, e de qualquer outro equipamento ou dispositivo eletrônico de comunicação, capaz de transmitir ou receber sinais eletromagnéticos, no interior das Unidades Prisionais, Guaritas, Passadiços e áreas de circulação comum.

Excetuam-se da proibição do artigo anterior os equipamentos de radiocomunicação do acervo da SAP, utilizados no serviço diário das Unidades, bem como os aparelhos de telefonia móvel dos servidores e colaboradores lotados na UP, no âmbito interno da área administrativa, previamente cadastrados junto à Direção da Unidade e das pessoas autorizadas pela Direção ou autoridade superior desta Secretaria.

1.13 Advogados

Não será permitido ao advogado o acesso ao interior da Unidade Prisional acompanhado de terceiros.

Na recepção o servidor efetuará o cadastramento e registro do advogado no Sistema - SISPEN, bem como fará constar no livro de ingresso, onde será feito seu registro com o número da Ordem, qual o cliente que atenderá, a data, horário da entrada, horário da saída e assinatura do advogado.

O advogado deverá se identificar apresentando sua credencial de registro na Ordem dos advogados do Brasil – OAB, para que seja verificada a veracidade e validade do documento, informando a que veio e com quem deseja falar; em seguida, o servidor que o atendeu deverá comunicar ao Chefe de Equipe para providenciar o encaminhamento do preso ao parlatório, devendo o Profissional do Direito aguardar a retirada de seu cliente e autorização para seguir ao parlatório.

Não será permitida ao advogado, durante atendimento jurídico, a entrega de alimentos ou objetos destinados aos presos.

A entrega de material por advogado só será permitida com prévia autorização da Direção da Unidade, quando o preso não receber visita de familiar, ficando restrito ao kit de higiene, devendo submeter-se às regras de segurança, observando o rol de materiais permitidos em conformidade com a Portaria Nº. 04/2020 de 15 de janeiro de 2020, suas posteriores alterações, ou outra que venha substituí- la.

O advogado poderá estar acompanhado de estagiário, desde que, este possua credencial registrada no órgão de classe – OAB; contudo, em hipótese alguma, o estagiário poderá adentrar sem a companhia do advogado.

O advogado não poderá adentrar à Unidade portando materiais ou objetos que não estejam autorizados, tais como: aparelho de telefone móvel, carteira, agenda, cigarros, isqueiro, pasta, chaves, aparelhos eletroeletrônicos, relógios dentre outros. Contudo, caso necessário, o profissional será orientado a guardar seus pertences, em local apropriado.

O advogado será conduzido até a sala de espera, onde aguardará a autorização do Agente Penitenciário de plantão para seu deslocamento até a sala destinada para o atendimento jurídico ou ao destino final.

O advogado deverá ser submetido à busca eletrônica, na entrada e na saída de seu atendimento, através de body scan e, na falta deste, por detectores de metais.

O profissional interessado no ingresso que se opuser ao cumprimento da determinação acima, terá sua entrada proibida e será comunicado ao Órgão de Classe no qual está registrado.

Após a busca eletrônica o advogado será conduzido, na entrada e na saída, por um Agente Penitenciário até o local de atendimento. Art. 57. Ao término do atendimento, o advogado sairá da sala de parlatório ou local apropriado antes do preso, que ficará aguardando no local.

O preso deverá ser revistado sem roupas, e estas revistadas à parte, antes e depois de acessar as salas de parlatório ou sala de atendimento, não sendo permitida a saída do local com qualquer tipo de objeto ou material.

Os documentos solicitados ao Departamento de Divisão de Prontuários - DIPRON, deverão ser requeridos no próprio setor e emitidos em até 5 dias úteis contados da data da solicitação, salvo em situações urgentes a serem definidas pela Direção da Unidade.

É vedada ao advogado, a entrada e a saída dos locais de atendimentos com cartas, bilhetes ou objetos, sem análise prévia, exceto documentos judiciais.

Não será permitida ao advogado a retirada de pertences de seus clientes aos finais de semana e feriados.

Não serão aceitos alvará de soltura e decisões judiciais apresentados por advogado.

Após o horário de expediente, somente será permitido o ingresso para atendimento se previamente agendado com a direção e mediante autorização da CEAP a fim de resguardar a segurança do causídico e que o atendimento seja incluído no plano de segurança do Estabelecimento.

Caso o advogado necessite de alguma outra informação, deverá ser encaminhado a Direção da Unidade.

Em casos excepcionais nas rotinas das Unidades Prisionais tais como: dia de visitação, entregas de malote, vistorias, alterações de segurança, deverá prevalecer a preservação da integridade física do preso, bem como o interesse coletivo, até que sejam concluídas as atividades em andamento, ou restabelecida a ordem e a disciplina.

1.14 Oficiais de justiça

No primeiro portão de acesso à Unidade Prisional, o oficial de justiça deverá apresentar carteira funcional visando à identificação e acesso ao estacionamento.

O acesso do oficial de justiça deverá ocorrer em horário de expediente da Unidade Prisional, salvo em casos excepcionais, com prévia autorização da Direção e ratificação da Administração Superior da Pasta.

Somente será permitido o ingresso do oficial de justiça após o horário de expediente da Unidade Prisional, se previamente agendado com a direção e autorizado pela CEAP.

Depois de identificado, se o oficial de justiça estiver com veículo próprio ou de serviço, deverá ser orientado a deixar na vaga destinada ao estacionamento, quando houver.

Não será permitido ao Oficial de Justiça o acesso ao interior da unidade, acompanhado de terceiros.

Acompanhado de um Agente Penitenciário, o oficial deverá ser encaminhado até a recepção ou setor de vistoria, objetivando a busca eletrônica através de detectores de metais.

O serventuário da Justiça interessado no ingresso, que se opuser ao cumprimento da determinação acima, terá sua entrada proibida e o fato será comunicado ao Juízo responsável.

Sempre que o oficial da justiça ingressar em qualquer Unidade Prisional, deverá portar somente materiais ou objetos que sejam estritamente necessários para o cumprimento de seu dever funcional.

Após busca eletrônica, o oficial será acompanhado, na entrada e na saída, por um Agente Penitenciário até o local do atendimento, devendo o servidor permanecer até a conclusão do procedimento.

Não será permitida ao oficial de justiça a entrega de alimentos ou objetos destinados aos presos.

Após dar ciência ao preso do teor da intimação/citação, deverá encaminhar a documentação à direção para as providências cabíveis e posterior arquivamento no prontuário.

Caso o referido setor esteja fechado, o Oficial de Justiça entregará os documentos ao Chefe de Equipe, que deverão ser registrados em livro de protocolo e remetidos ao setor responsável.

Após o atendimento, o preso deverá ser revistado sem roupas, e estas revistadas a parte, antes e depois de acessar as salas de atendimento, não sendo permitida a saída do local com qualquer tipo de objeto ou material não permitido.

É vedada ao Oficial de Justiça a entrada e a saída dos locais de atendimento com cartas ou objetos, exceto documentos judiciais.

Caso o oficial de justiça necessite de alguma outra informação deverá ser encaminhado a Direção da Unidade.

1.15 Ingresso de veículos

Somente serão autorizados entrar com veículo particular nos complexos penitenciários:

- os servidores e colaboradores da SAP;
- autoridades públicas ou servidores de outros órgãos, em razão de serviço;
- fornecedores e prestadores de serviço devidamente cadastrados e autorizados;
- advogados, no exercício da profissão;
- as pessoas devidamente autorizadas pelas Direções de unidade prisional ou autoridade Superior da SAP.

Os advogados poderão ter acesso com motoristas, caso necessário, e deverão estacionar os veículos em local próprio, fora da Unidade Prisional.

No controle de acesso ao Complexo Penitenciário e estabelecimentos prisionais deverá ser feita a identificação do motorista, do veículo e de seus ocupantes, em ficha própria, constando o nome do servidor que fez a identificação.

A identificação do condutor deverá conter o nome, número do documento de identificação, cargo/profissão, horário de entrada e saída, destino e finalidade.

O veículo deverá ser identificado com número da placa, modelo e cor predominante, exceto as viaturas caracterizadas pertencentes à SAP.

Todo e qualquer veículo que adentrar nos estabelecimentos prisionais deverá ser revistado na entrada e na saída, qualquer que seja o usuário ou carga transportada, salvo veículo de caráter oficial, em serviço, nos casos de motim, rebelião, intervenção e movimentação de detentos em caráter de urgência.

Ao passar no posto de acesso o veículo deverá ter os vidros abaixados e seu porta-malas aberto pelo condutor do veículo.

Em se tratando de veículos com compartimento de carga isolado e fechado, do tipo baú, van ou similar, este compartimento será também inspecionado, bem como, a parte inferior do veículo.

O veículo que estiver estacionado na área de acesso das unidades prisionais deverá permanecer devidamente fechado e sem qualquer ocupante no seu interior, ressalvados os veículos oficiais de autoridades e viaturas operacionais.

1.16 Revistas

Considera-se revista manual toda inspeção realizada mediante contato físico da mão do Agente público competente, sobre a roupa da pessoa revistada, sendo vedado o desnudamento total ou parcial, o toque nas partes íntimas, o uso de espelhos, o uso de cães farejadores, bem como a introdução de quaisquer objetos nas cavidades corporais da pessoa revistada.

A retirada de calçados, casacos, jaquetas e similares, bem como de acessórios, não caracteriza desnudamento.

Considera-se revista eletrônica toda inspeção realizada mediante uso de equipamentos eletrônicos, detectores de metais, body scanners, aparelhos de raio-x ou similares.

Considera-se revista material aquela realizada em pertences e objetos (bolsas, mochilas, bornal, malas etc.) devendo ser feita de forma manual e eletrônica ou com uso de cães farejadores.

Toda pessoa que adentrar na Unidade Prisional, bem como os servidores e colaboradores, deverão se submeter à revista eletrônica e material, preservando-se a integridade física, psicológica e moral da pessoa revistada.

A revista pessoal à qual devem se submeter todos que queiram ter acesso a uma Unidade Prisional para manter contato com pessoa presa ou ainda para prestar serviços, ainda que exerçam qualquer cargo ou função pública, será realizada com respeito à dignidade da pessoa humana, sendo vedada qualquer forma de desnudamento, tratamento desumano ou degradante.

Onde houver body scan, obrigatoriamente, este será o meio utilizado para a revista eletrônica.

A realização de revista manual deverá ser realizada por Agente Penitenciário e ocorrerá nas seguintes hipóteses:

- o estado de saúde impeça que a pessoa a ser revistada se submeta a determinados equipamentos de revista eletrônica;
- quando não existir equipamento eletrônico ou este não estiver funcionando;
- após a realização da revista eletrônica, subsistir fundada suspeita de porte ou posse de objetos, produtos ou substâncias, cuja entrada seja proibida.

A revista prevista neste artigo deverá ser realizada por servidor habilitado do mesmo sexo do revistado.

O servidor ou a pessoa interessada no ingresso, que se opuser ao cumprimento da determinação do caput, terá seu ingresso proibido.

Os servidores plantonistas somente poderão adentrar no interior das Unidades Prisionais com objetos necessários para o desenvolvimento de suas funções e após os mesmos serem vistoriados.

Os servidores que necessitarem utilizar armários ficam previamente informados que, se necessário, a revista dos mesmos será realizada na presença de seus usuários. Caso ausente, o armário será aberto para revista sendo posteriormente lacrado e dada a ciência ao responsável.

Aparelhos de telefonia celular, chaves ou outros objetos que não são permitidos ao funcionário o porte e uso durante a permanência na Unidade, no momento do ingresso, deverão ficar guardados nos veículos ou em armários.

É expressamente proibido a qualquer pessoa que adentre no interior da Unidade Prisional ou nas guaritas de vigilância, internas e externas, o uso e porte de aparelhos telefônicos, aparelhos eletroeletrônicos, uso de mochilas ou valises e o uso ou porte de cigarros, estando o infrator sujeito às sanções previstas em Lei.

Antes e depois das visitas, os presos deverão ser submetidos à revista.

1.17 Os visitantes deverão ser revistados antes de adentrarem e na saída da unidade prisional. Procedimentos internos

1.17.1 Ingresso, reingresso, transferências e soltura

O ingresso de preso em Unidade Prisional poderá ser por transferência da custódia da Polícia Civil para o Sistema Penitenciário, advindo de outra Unidade, cumprimento de mandado de prisão ou custódia excepcional e temporária, concretizando-se com a conferência dos dados de identificação e documentação obrigatória de ingresso especificada, além do cadastramento em sistema próprio desta Secretaria.

O ingresso/admissão do preso provisório ou condenado precede a apresentação dos seguintes documentos:

- guia do Auto de prisão em flagrante e/ou do mandado de prisão judicial;
- guia de recolhimento, expedida pela autoridade judiciária competente, observando-se o disposto nos Artigos 105 a 107 da Lei Nº. 7.210/84, em caso de preso condenado;
- comprovação de que o mesmo foi submetido a exame ad cautelam (exame de corpo de delito);
- comprovante de identificação precedida de foto criminal do preso junto à Delegacia de Capturas e Polinter ou órgão da Secretaria de Segurança Pública e Defesa Social - SSPDS correspondente, quando possível; e

- documento de autorização da CATVA, e/ou da Corregedoria no âmbito de suas respectivas competências, salvo nos casos de presos oriundos da audiência de custódia da Comarca de Fortaleza ou por decisão judicial.

Fique Ligado

O procedimento para ingresso do preso no Centro de Triagem e Observação Criminológica será regulamentado em portaria própria, considerando a especificidade desta Unidade.

Após a coleta da documentação necessária para o ingresso do preso, o Agente/colaborador responsável deverá, obrigatoriamente, realizar o cadastramento do mesmo no SISPEN.

No ato do ingresso, será aberto em nome do preso prontuário físico e eletrônico, devidamente numerado em ordem seriada, onde serão anotados, dentre outros, foto, seus dados de identificação e qualificação, de forma completa, dia e hora da chegada, situação de saúde física e mental, aptidão profissional e alcunhas.

Nos prontuários físicos e eletrônicos ficarão arquivados todos os documentos relativos ao preso, inclusive, sempre que possível, certidão atualizada de antecedentes criminais, bem como comprovante do seu domicílio de origem.

O prontuário eletrônico acontecerá através de alimentação do Sistema de Informação Penitenciária – SISPEN, e o preenchimento, em sua integralidade, das informações solicitadas.

Em hipótese alguma o responsável pelo cadastro dos presos deverá efetuar registros abreviando iniciais de nome e sobrenome.

Caso o preso já esteja cadastrado no Sistema SISPEN, deverá ser realizada a atualização do banco de dados, inclusive fotos, contudo, o campo endereço não deverá ser alterado o anterior, mas adicionado um novo endereço, se for o caso.

Na realização do cadastro, o responsável deverá efetuar a matrícula interna do preso, e anexar ao seu prontuário.

Nos ingressos de presos provisórios, não haverá abertura de prontuário, permanecendo o cadastro da Unidade de origem.

A todo preso que ingressar em Unidade Prisional deverá ser feita a preleção sobre os direitos e deveres do preso, conforme legislação vigente, bem como as regras disciplinares das Unidades Prisionais, que deverá ser efetivada pela Direção ou membros da segurança penitenciária.

Os pertences trazidos com o preso cuja posse não seja permitida, bem como objetos de valor e dinheiro serão inventariados e encaminhados à Direção/Chefia Imediata, mediante recibo, e poderão ser entregues aos familiares, ao advogado ou a quem o preso autorizar por escrito.

Em caso de transferência de preso para outra Unidade e este possua pertences e objetos inventariados na Unidade de ingresso, esses deverão ser encaminhados juntos com a transferência do preso.

Os pertences e objetos inventariados que não forem retirados pelas pessoas indicadas no caput serão entregues ao preso quando de sua saída da Unidade Prisional.

Em caso de falecimento do preso, os valores e bens a este pertencente, devidamente inventariados, serão entregues aos familiares, atendidas as disposições legais pertinentes.

Os responsáveis pelo ingresso e admissão do preso deverão encaminhar, ato contínuo, à conclusão do procedimento, a relação dos presos admitidos à Chefia de Segurança e Disciplina e/ou Administrador, para conhecimento e providências relacionadas à realização da acolhida e alocação.

Os estabelecimentos destinados a mulheres terão estrutura adequada às suas especificidades e os responsáveis pela segurança interna serão Agentes Penitenciários do sexo feminino, exceto em eventos críticos ou festivos.

No momento do ingresso, será providenciada a entrega, a pessoa presa, de uniforme cedido pela Unidade Prisional, bem como do kit básico de higiene, colchão, lençol e utensílios para realizar suas refeições, mediante termo de recebimento com o qual o custodiado também será responsável pela guarda e conservação dos mesmos, podendo responder, administrativa e penal e civilmente, em caso de danos propositais nesses.

Somente será feita a entrega de novo material por substituição daquele que foi entregue anteriormente, com o recolhimento desse pelo servidor que efetivar a troca, mediante termo assinado pela pessoa presa do recebimento.

Para as Unidades Prisionais que não tenham condições de entregar o uniforme à pessoa presa, deverão oportunizar a entrada de roupas que obedecem às características padrões das fornecidas pelo Estado, vedando quaisquer outras.

Os termos de recebimento de materiais assinados pelas pessoas presas deverão ser arquivados em seus prontuários.

No ingresso de pessoa presa ao Sistema Penitenciário, deverão ser providenciados o corte do cabelo em tamanho único, retirada da barba e do bigode, informando-a que é seu dever a higiene pessoal e asseio da cela e o seu descumprimento resultará na adoção das medidas disciplinares cabíveis de acordo com o estabelecido na Lei de Execução Penal e legislações correlatas.

O tempo para permanência do preso em período de adaptação nas celas de triagem e identificação, por ocasião de seu ingresso em Unidade Prisional, será de 30 (trinta) dias, no mínimo, a fim de que possam se adaptar às regras de segurança da Unidade Prisional, saindo em período anterior somente com ordem da Direção ou em caso de emergência.

Durante o período de adaptação, a pessoa presa não poderá receber visitas.

Sempre que ocorrer o ingresso de pessoa presa, o servidor ou colaborador deverá verificar se o mesmo é provisório ou condenado para orientação a individualização da execução penal, segundo seus antecedentes e personalidade, quando possível.

Os presos com idade superior a 60 (sessenta) anos, sempre que possível, deverão ser alojados em local separado, devendo ser comunicado à chefia imediata.

A transferência é o deslocamento da pessoa presa de uma Unidade Prisional para outra e se dará mediante autorização ou determinação da CEAP.

A Direção/Administração da Unidade Prisional deverá preparar a documentação do preso com antecedência de 24 (vinte e quatro) horas, a fim de agilizar a transferência e a escolta.

Após a adequação do SISPEN, uma vez que todos os documentos estiverem digitalizados e inseridos no referido Sistema, os prontuários físicos padronizados do preso deverão seguir para a nova Unidade, permanecendo cópia na Unidade Prisional de origem.

Todos os pertences e documentação recebidos e produzidos durante a custódia da pessoa presa na Unidade Prisional deverão ser encaminhados através da escolta.

O alvará de soltura deverá ser cumprido pelo Diretor da Unidade Prisional ou seu substituto, em 24h (vinte e quatro horas) contadas do seu recebimento, após a realização das consultas aos bancos de dados necessários.

Na Ausência do Diretor e Vice Diretor bem como nos finais de semana ou feriado prolongado em que não se tenha expediente administrativo, o chefe de plantão deverá comunicar a Direção tão logo tome ciência para que sejam tomadas as providências cabíveis ao cumprimento do alvará.

Deverá ser feita a comunicação ao respectivo juiz que expediu o alvará de soltura bem como ao juiz da Vara de Execuções Penais quanto ao seu cumprimento ou as razões que o impossibilitaram justificando a manutenção da prisão.

Nos casos em que o alvará de soltura esteja condicionado ao uso de tornozeleira eletrônica, tão logo tenha ciência, o Diretor da Unidade Prisional deverá entrar em contato com o setor de monitoramento eletrônico para que providencie as medidas necessárias para sua execução a fim de dar cumprimento à determinação judicial conforme o previsto no artigo 119.

1.18 Horários dos procedimentos diários nas unidades prisionais

A rotina ordinária, nas Unidades Prisionais do Estado do Ceará, obedecerá como base os horários abaixo descritos, sem prejuízo das demais atividades:

- alvorada, contagem e conferência nominal dos internos, distribuição do café da manhã, recolhimento de lixo, limpeza da Unidade e retirada de internos para atendimentos diversos previamente relacionado e informado: 06h às 8h;
- banho de sol matinal de: 08h às 12h;
- distribuição do almoço: 11h;
- banho de sol vespertino de: 13h às 17h;
- distribuição do jantar: a partir das 16h;
- contagem e conferência nominal dos internos: Logo após o encerramento das atividades e trancamento de todos os presos.

Fique Ligado

A logística para distribuição de alimentação a partir de sua chegada à unidade, não deverá ultrapassar o período de 01 (uma) hora, sob pena do prejuízo nutricional dos alimentos.

A Direção organizará e informará outros horários necessários para atendimentos, atividades laborais, educativas, religiosas e visitas, respeitando os protocolos adotados pela secretaria.

1.19 Revista do preso e seus pertences

O Agente Penitenciário deverá orientar o preso a tirar a roupa por completo, revistar as peças manualmente e individualmente e, quando necessário, passar o detector de metais nos chinelos, colchão e/ou em objetos de uso pessoal que não sejam maleáveis.

Para a revista do preso, o Agente Penitenciário deverá solicitar aquele que abra a boca, levante a língua e com o dedo indicador abra o canto das bochechas e gengivas. Em caso do uso de prótese dentária, solicitar sua retirada para revista, devolvendo-a a seguir; averiguar cabelo, costas, sola dos pés, palmas das mãos estendidas, embaixo das axilas e o agachamento por quantas vezes forem necessárias, visando averiguar as partes íntimas.

1.20 Procedimentos de revistas das celas

Quando o Agente Penitenciário for executar alguma atividade no interior das alas, vivências e celas, devem ser observados todos os procedimentos de segurança necessários.

Durante o horário de banho de sol dos presos, é obrigatório a realização da revista estrutural das celas, de acordo com os procedimentos a seguir:

- os Agentes responsáveis pela revista deverão entrar nas celas e fazer a verificação da estrutura física: piso, paredes, teto e instalações hidrossanitárias, no intuito de verificar se houve qualquer dano e/ ou alteração estrutural na cela;
- verificar a existência de quaisquer materiais não permitidos e/ ou excessos, providenciando a retirada, se houver;
- revistar as grades, olhando atentamente para averiguar se não estão serradas ou danificadas;
- não permitir que sejam colados cartazes, cartolinas ou papelões nas paredes, seja nas celas, ou em outros locais que porventura os presos devam permanecer, bem como não permitir que seja riscado ou danificado o interior da cela; se isso ocorrer, imediatamente fazer comunicação escrita ao Chefe de equipe, que tomará as medidas cabíveis;
- assinar termo de vistoria, indicando as alterações observadas no ato da revista.

Caso seja encontrado qualquer ilícito, ou dano ao patrimônio, identificado o autor, deverá ser encaminhado para registro de ocorrência na Delegacia Policial e após o procedimento ser encaminhado à cela de isolamento disciplinar preventivo.

Iniciar o Procedimento Administrativo Disciplinar dos autores que foram identificados.

Caso seja verificado qualquer tipo de alteração, deverá ser imediatamente comunicada ao Chefe de Equipe/Chefia Imediata, que determinará as providências a serem tomadas.

1.21 Contagem e conferência nominal dos presos

Caberá ao Agente Penitenciário a responsabilidade sobre a contagem e a conferência nominal dos presos que deverá ser realizada diariamente ao final das rotinas do dia e na retomada das atividades ao amanhecer e/ou quantas vezes forem necessárias ou determinado pela chefia imediata.

1.22 Procedimentos de algemação

O uso de algemas visa garantir a segurança das pessoas e da Unidade Prisional durante a movimentação interna e externa de preso. Será obrigatório observado as ressalvas estabelecidas desta IN.

1.23 Deslocamento interno de presos

Para qualquer tipo de deslocamento o preso deverá ser revistado sem roupas, e estas revistadas a parte, antes e depois de acessar os locais permitidos, não sendo autorizada a entrada e a saída do local com qualquer tipo de objeto ou material, salvo com expressa autorização do Chefe de Equipe ou Chefia Imediata, o que deverá ser registrada em Relatório Diário de Plantão.

Antes de abrir celas para retirada de preso, bem como nos procedimentos de saída e recolhimento do horário de banho de sol, atendimentos de saúde, atendimento de advogado, oficinas, sala de aula ou retorno de visita, o Agente Penitenciário deverá certificar-se que os portões dos corredores e das demais celas estejam fechados.

Nas saídas e por todo o trajeto para as movimentações internas, será necessário o uso de algemas, salvo em situações excepcionais, desde que respeitado os padrões de segurança.

É permitido ao preso, autorizado pelo Agente, retirar da cela o colchão, roupas de cama e objetos de uso pessoal por ocasião de transferência interna, desde que os materiais sejam devidamente vistoriados.

Na saída e retorno do banho de sol o preso não poderá levar consigo nenhum tipo de objeto que não seja sua própria vestimenta.

É proibido o deslocamento de presos ao setor administrativo, salvo com prévia autorização do Diretor ou da chefia imediata e devidamente escoltado por Agente Penitenciário.

A retirada dos presos deverá ser coordenada pelo Chefe de Equipe ou Chefia Imediata, devendo ser observadas as regras de segurança interna, bem como deve ser evitado o excesso de presos nos corredores.

Em caso de problemas de indisciplina ou que perturbem a ordem e segurança durante o procedimento realizado, imediatamente deverá ser isolado o local, realizado o fechamento de todos os portões e acionada a chefia imediata para providências. Contudo, em hipótese alguma, poderá ocorrer o abandono do local até que sejam restabelecidas a ordem e a disciplina.

O acesso de presos à área coletiva de visitas será estabelecido pelo Gestor da Unidade Prisional, observando sempre as regras aqui definidas e as questões de segurança interna.

1.24 Deslocamento externo de presos

Deslocamentos externos, devidamente autorizados, sempre deverão ser escoltados por Agentes Penitenciários observando as condições e procedimentos de segurança.

Qualquer atividade laboral envolvendo presos e ferramentas deverão ser sempre acompanhadas. O preso deverá ser revistado na saída e no retorno, constatando em Relatório de Plantão o número de ferramentas que serão utilizadas no serviço.

1.25 Visitas às pessoas privadas de liberdade e do ingresso de materiais e objetos permitidos nas unidades

As visitas aos presos o ingresso de objetos, alimentação e outros, nas Unidades Prisionais, além do disposto nesta normativa, estão regulamentados através da Portaria SAP Nº. 004/2020, publicada no DOE de 15 de janeiro de 2020, suas posteriores alterações ou outra que venha substitui-la.

1.26 Escoltas

1.26.1 Escolta externa

A escolta externa de presos será realizada pelos Agentes Penitenciários da Unidade, salvo em casos de presos, ou grupo de presos, que requeiram programa de segurança mais elaborado, ocasião em que será remetido aos grupos especiais.

As escoltas, função indelegável, obrigatoriamente serão feitas por Agentes Penitenciários e em veículos oficiais em toda a sua composição.

A equipe da escolta será composta por número de integrantes da segurança condizentes com a proporção numérica de presos, perfil criminal e complexidade do evento.

A escolta de presos de alta periculosidade será realizada pelos Grupos Especiais.

Em nenhuma hipótese será permitida a presença de colaboradores terceirizados neste procedimento, inclusive como motorista.

A escolta será realizada nas seguintes ocasiões:

- transferência de presos entre Unidades da SAP;
- determinação de autoridade judicial;
- condução de presos para atendimento de saúde rotineiro ou emergencial;
- encaminhamento de preso para comparecer a sepultamento de ascendentes, descendentes, irmãos e cônjuges; (Art. 120 LEP);
- acompanhamento de presos a cartórios, bancos e demais instituições públicas, com a devida ordem judicial;
- condução de presos às delegacias, em caso de infração pena; e
- outras que forem determinadas por autoridade competente.

A escolta externa para comparecimento a sepultamento será realizada mediante apresentação do atestado de óbito e demais documentos, observadas as normas de segurança, não sendo permitida escolta para velório.

Nas escoltas decorrentes de demandas interestaduais deverão ser observadas as seguintes diretrizes:

- ao receber a requisição de outro Estado, relativamente à escolta de preso, a Unidade Prisional deverá encaminhar a referida requisição, à Coordenadoria Administrativa da CEAP que após análise, deliberará para Assessoria Operacional daquela Coordenadoria operacionalizar a missão;
- uma vez autorizada a escolta, a Unidade Prisional de destino deverá ser contatada pela equipe da escolta, de modo a confirmar se está ciente do procedimento; e
- cabe à Assessoria Operacional da CEAP gerenciar, junto às Unidades Prisionais e Células Regionais, todas as etapas programáticas para efetivação da Escolta, inclusive o registro dos escoltantes, escoltados e veículo.

Os Agentes Penitenciários escalados para realização de escolta são legalmente responsáveis pelos equipamentos que utilizam e pelos presos que transportam, submetendo-se às sanções administrativas e penais cabíveis nos casos de irregularidades.

As informações referentes ao planejamento da execução da escolta deverão ser tratadas pela Direção/administração da Unidade diretamente com a Coordenação Operacional da CEAP.

No caso de transferência entre as Unidades da SAP, é indispensável levar o ofício de apresentação e devidas autorizações e cópias dos prontuários gerais padronizados do preso e a movimentação no SISPEN.

No caso de realização de escolta coletiva, considerada a obrigação de preservar a integridade física e moral dos presos, deve-se observar a condição de cada um:

- estado de saúde e gênero;
- existência de comparsas entre os presos a serem escoltados juntos; e
- existência de inimigos ou problemas de convivência entre os presos a serem escoltados juntos.

Fique Ligado

No caso de escolta de presas há que observar também a existência de grávidas e suas respectivas condições, visando estabelecer procedimentos em consonância ao que estabelece o Código de Processo Penal, LEP e legislações pertinentes.

A Unidade Prisional, em eventual impossibilidade de realização de procedimento de escolta externa, comunicará o fato imediatamente à Assessoria Operacional da CEAP, de modo que ainda disponha de tempo hábil para providenciar apoio junto às demais Unidades Prisionais ou orientar a adoção de outros procedimentos.

1.26.2 Escolta externa hospitalar

Define-se como escolta hospitalar o acompanhamento,vigilância e custódia de presos em hospitais, clínicas médicas ou similares, públicas ou particulares, realizados por Agentes Penitenciários, aos quais cumpre:

- a trajar obrigatoriamente o uniforme;
- respeitar as normas da administração do Estabelecimento Hospitalar, sem prejuízo dos critérios de segurança da escolta;
- manter sempre o preso dentro do seu campo de visão;
- não se afastar do posto de serviço sem prévia rendição;
- observar o estrito cumprimento das regras de algemação; e
- outros que se façam necessários especificamente ao posto.

A escolta em ambulância contará, minimamente, com um Agente Penitenciário, presente junto à equipe de socorristas, no compartimento de pacientes, durante todo o trajeto, sendo que, na cabine, deverá estar outro Agente Penitenciário.

A ambulância que esteja transportando presos, além da presença dos Agentes Penitenciários junto ao preso e ao motorista, poderá ser escoltada por uma ou mais viaturas do Sistema Prisional.

O Agente Penitenciário só não permanecerá junto à equipe de socorristas quando sua presença inviabilizar o atendimento; contudo, dever-se-á levar em conta a segurança dos socorristas e do próprio preso, sendo que tal situação deverá ser resolvida em comum acordo com os profissionais da saúde.

No caso previsto no § 2º deste artigo, quando não houver consenso entre a equipe de escolta e os profissionais de saúde envolvidos na operação, a situação deverá ser rapidamente comunicada à Direção/ Administração da Unidade Prisional, a qual deverá orientar a conduta mais acertada por parte dos Agentes Penitenciários ou comunicar a CEAP para as providências cabíveis.

1.26.3 Escolta aérea

O planejamento da escolta aérea, bem como a designação da equipe que irá executá-la, deverá observar os seguintes requisitos:

- encaminhar os dados pessoais do preso para a Coordenadoria de Inteligência para análise de periculosidade;
- enviar à Unidade Federativa de destino, com antecedência mínima de 10 (dez) dias úteis, ofício de solicitação de apoio e informações acerca do pessoal que será designado a receber e prestar o suporte necessário à escolta, informando, ainda, dados dos escoltantes e do (s) escoltado (s), número do voo, horário de embarque e desembarque nos aeroportos;
- –ntes de iniciar o procedimento de cotação e compra de passagens, verificar, via contato telefônico ou por e-mail, se a Unidade Prisional de destino do preso está ciente da realização da demanda; e
- montar pasta de viagem com toda documentação referente à demanda, a saber:
  - cópia do ofício de solicitação de apoio encaminhado ao Estado de destino do preso e resposta;
  - ofício e/ou ordem judicial das autorizações da transferência;
  - cópia do prontuário do preso;
  - recibo de entrega do preso; e
  - laudo do exame de corpo de delito.

A equipe que executará a escolta aérea deverá ser integrada por, no mínimo, dois Agentes Penitenciários para cada preso, em observância às regras dispostas na Resolução ANAC Nº 461 de 25 de janeiro de 2018, que dispõe sobre os procedimentos de embarque e desembarque de passageiros armados, despacho de armas de fogo e de munição e transporte de passageiros sob custódia a bordo de aeronaves civis, os quais deverão:

- trajar roupa social, preferencialmente blazer;
- ter sob cautela arma curta;
- portar algemas;
- conferir toda a documentação do preso;
- conferir nas passagens aéreas o nome dos Agentes Penitenciários e o nome do (s) preso (s) que embarcarão na aeronave;
- assegurar que o (s) preso (s) esteja trajando roupas comuns, sendo vedado o uso de bermudas e camisetas;
- chegar, no mínimo, com duas horas de antecedência ao aeroporto;
- realizar o check in de todos que embarcarão, inclusive do preso;
- dirigir-se ao posto da Polícia Federal para preenchimento do "Formulário de Embarque de Passageiro Portando Arma de Fogo";
- solicitar que a Polícia Federal local faça contato com a Polícia Federal do aeroporto de destino, a fim de dar ciência da chegada do grupo de escolta para eventual apoio;
- realizar o procedimento de revista no preso em ambiente reservado no aeroporto; e
- dirigir-se, nas viagens com escalas de voo, à Polícia Federal ou Órgão competente no momento do desembarque e reembarque em outra aeronave.

Durante o voo, o preso não deverá ser algemado a assentos, mesas ou a quaisquer outras partes da aeronave, devendo, quando aplicável, permanecer algemado para frente, com as algemas presas no cinto de algemação.

Quando da necessidade do uso de banheiro por parte do escoltado, deverão os escoltantes vistoriar todo o local antes e após, certificando-se da impossibilidade de acessos a fugas, bem como da posse de materiais que possam ser utilizados para fins que comprometam o êxito da missão.

1.27 Uso de veículos oficiais

Consideram-se veículos oficiais os de propriedade da SAP, bem como os locados, cedidos e aqueles objetos de convênio, caracterizados ou não.

Os veículos oficiais serão sempre utilizadas de maneira adequada, no que tange a limpeza, lotação máxima, velocidade compatível e condições básicas de segurança para trafegar, devendo seu condutor evitar expô-los a situações que lhe acarretem desgastes e avarias, assim como usá-los dentro das reais necessidades de serviço, de forma a economizar combustível, respondendo por eventuais danos causados a título de dolo ou culpa.

É obrigatório uso de cinto de segurança e a observância de todas as normas de trânsito durante o uso dos veículos oficiais, sendo vedado aos condutores o uso de aparelho celular enquanto estiver dirigindo bem como a utilização das faixas exclusivas aos ônibus.

O Livro de Registro de Movimentação será fornecido pelo Núcleo de Transporte - NUTRAN, e somente será substituído mediante a contra-apresentação do anteriormente utilizado e esse deverá permanecer arquivado no referido Setor por, no mínimo, 05 (cinco) anos.

Compete ao chefe do Núcleo de Transporte - NUTRAN, e aos Gerentes de Patrimônio das Unidades Prisionais realizar vistorias semanais nos veículos oficiais, preferencialmente, no período matutino das segundas- feiras, nas quais serão observados todos os itens obrigatórios de segurança e as condições gerais, inclusive limpeza, e fiscalizar os registros de movimentação efetuados nas cadernetas de controle.

Cabe ao chefe do NUTRAN e aos Gerentes de Patrimônio ter o conhecimento do estado geral dos veículos sob sua responsabilidade e providenciar as manutenções periódicas indispensáveis à sua conservação para que se mantenham nas melhores condições possíveis de funcionamento.

Incumbe ao condutor do veículo oficial zelar pelas condições básicas de funcionamento e fazer as devidas anotações no respectivo Livro de Registro de Movimentação, observando, antes de colocá-lo em circulação, o seu estado geral de conservação e higiene, componentes de segurança, nível de óleo do motor e do sistema hidráulico, freios, embreagem, pneus e nível de água do sistema de arrefecimento.

Fique Ligado

A inobservância de qualquer das providências do caput acarretará na responsabilização do servidor por eventual prejuízo.

Incumbe ainda aos condutores de veículos oficiais portar sempre carteira funcional ou crachá, documentos de habilitação devidamente atualizados, documentos e cartão de abastecimento relativos ao veículo.

É obrigatório ao condutor de veículo oficial anotar os deslocamentos efetuados no respectivo Livro de Registro de Movimentação indicando a data, o destino, a hora de saída e chegada com os respectivos dados do hodômetro do veículo, sua identificação pessoal e matrícula, bem como os dados referentes a abastecimento, quando for o efetuar, de forma legível.

Os danos de qualquer natureza ocasionados em viatura, decorrentes de acidente de tráfego ou provocados por outrem, serão objeto de registro de ocorrência policial, com descrição das circunstâncias precisas do evento e rol de testemunhas, devidamente individualizadas, e submetidos obrigatoriamente a exame pericial e serão, imediatamente, comunicados ao NUTRAN.

Adotadas as providências, apurada a responsabilidade e comprovado que a causa determinante do dano se deu por dolo ou culpa do condutor do veículo oficial envolvido no acidente de trânsito, este será responsável pelo reparo do dano mediante assinatura de termo de compromisso, indicando empresa particular para recuperação do bem.

Caberá ao NUTRAN a aprovação do conserto e caso seja constatado que a recuperação do bem tenha sido executada fora dos padrões de qualidade exigidos, o condutor/responsável deverá adotar as providências necessárias, objetivando reparar as falhas detectadas.

O condutor se negando a reparar o dano ao veículo oficial em que deu causa por dolo ou culpa, conforme parágrafo anterior, o Setor de Transporte deverá tomar providência com as medidas legais cabíveis.

Ficam proibidos a condução e o abastecimento de veículos oficiais por quem não esteja devidamente autorizado.

Recebidas as notificações de infrações de trânsito, o NUTRAN, no prazo de 24 (vinte e quatro) horas, deverá, sob pena de responsabilidade solidária de seu chefe, encaminhá-las às Unidades Prisionais para as providências cabíveis.

Caberá ao condutor de veículo oficial a responsabilidade pela justificativa das infrações decorrentes de atos praticados por ele na direção do veículo, nos termos do Código de Trânsito Brasileiro, através de relatório que deverá ser encaminhado ao NUTRAN, sob pena de assumir a responsabilidade pela infração caso não seja feita a referida justificativa.

Não sendo possível identificar o condutor do veículo oficial, por deficiência no controle de movimentação, assumirá a responsabilidade pelo ato cometido aquele em que a veículo estiver sob sua cautela.

No recurso, obrigatoriamente, constarão nome, cargo, matrícula, lotação e as circunstâncias que o levaram a cometer o ato infracional.

Utilização de viaturas em desacordo com as disposições desta Instrução Normativa e legislações correlatas implicará em responsabilidade civil, administrativa e penal, conforme o caso.

1.28 Relatório diário de plantão

O Chefe de Equipe que estiver assumindo o plantão efetuará a abertura do relatório diário do mesmo, seguindo o modelo padrão anexo a esta IN, com o preenchimento das seguintes informações:

- ▷ titularidade e registro dos Agentes Penitenciários de plantão, especificando os postos de serviços e horários que cada integrante ocupará;
- ▷ recebimento e conferência do material permanente e material de consumo, especificando cada um deles;
- ▷ tomar conhecimento do registro da contagem geral de presos e alterações que porventura tenham ocorrido no plantão anterior;
- ▷ registrar as movimentações internas e externas de presos relatando a motivação, origem e destino do deslocamento;
- ▷ registrar as ocorrências do plantão;
- ▷ entradas e saídas de presos, constando o número da cela onde ingressou e/ou para onde foi transferido;
- ▷ registro dos presos que receberam visitas ou atendimento de advogados;
- ▷ registros dos horários em que foram realizadas revistas e vistorias nas celas bem como os servidores que as executaram;
- ▷ registros dos horários em que foram realizadas as contagens e conferências nominais dos presos bem como os servidores que as executaram;
- ▷ registro dos presos que receberam atendimentos assistenciais, identificando os profissionais e especificando o tipo de atendimento realizado;
- ▷ registro das faltas disciplinares ocorridas, constando de forma circunstanciada, sobretudo o nome completo dos envolvidos, independente da comunicação interna por escrito enviada à chefia imediata;
- ▷ alterações ocorridas que envolvam servidores, constando horários de saída e chegada, sempre que porventura o Agente Penitenciário necessitar se ausentar de seu posto de trabalho;
- ▷ registro de chegadas tardias de Agentes Penitenciários, bem como de faltas, informando se foram justificadas ou não;
- ▷ registro do número geral de presos por ala/vivência e cela, e demais locais em que estejam recolhidos; e
- ▷ outras informações que a Direção entender necessárias.

1.29 Procedimentos a serem adotados em situações adversas

É proibido o ingresso de Agentes Penitenciários masculinos nas celas e/ou alojamentos das presas, salvo se acompanhados por uma Agente penitenciária feminina.

Em caso de falta de energia elétrica deverá ser feito contato telefônico com a Companhia de Energia Elétrica informando o problema ocorrido e solicitando conserto imediato, registrando o protocolo em relatório de plantão.

Durante a falta de energia elétrica, os Agentes Penitenciários deverão ligar de imediato o gerador e efetuar rondas internas e externas em todos os setores.

Constar no relatório de plantão e fazer Boletim de Ocorrência Interna para o Chefe de Segurança relatando dia, horário da queda e da retomada da energia e providências tomadas, indicando protocolo, nome de atendente e horário do contato telefônico com a Companhia Elétrica responsável, origem e motivo, quando possível.

Em caso de tumultos durante o horário de visitas, o servidor escalado no posto deverá comunicar imediatamente a Direção da Unidade e providenciar a retirada dos visitantes, conduzindo- os a um local seguro para posterior conferência através do documento de identificação.

Após os visitantes serem identificados individualmente, com acompanhamento de um Agente Penitenciário, deverão ser encaminhados para fora da Unidade Prisional; contudo, as carteiras dos visitantes deverão ser recolhidas e informado a todos que o documento poderá ser retirado posteriormente com a Direção.

Em casos de eventos críticos e outras situações complexas que necessitem de apoio especializado deverá ser acionada, prioritariamente, equipe especializada da Secretaria da Administração Penitenciária.

Em caso de necessidade de intervenção da Polícia Militar, em caráter urgente e excepcional, em qualquer das Unidades Prisionais do Estado do Ceará, sua permanência no interior das mesmas se dará pelo tempo estritamente necessário ao restabelecimento da ordem e da segurança interna.

Em caso de ocorrências diversas, tais como: fugas, evasões, óbitos, acidentes, etc o local será isolado e o evento será comunicado imediatamente à CEAP que dará ciência à Administração Superior, ao Poder Judiciário, à Polícia Judiciária e será solicitada, se for o caso, a Perícia Forense. Para tanto, será elaborado relatório informando as circunstâncias em que ocorreu o incidente.

1.30 Registro e publicação de imagens e acesso aos meios de comunicação

É vedado, aos servidores e colaboradores desta Secretaria da Administração Penitenciária, conceder informações institucionais aos meios de comunicação através de entrevistas e/ou declarações à imprensa sem prévia ciência e anuência da administração superior da SAP, bem como, da Assessoria de Comunicação – ASCOM.

Não é permitida a entrada da imprensa em qualquer Unidade Prisional desta Secretaria da Administração Penitenciária sem prévia anuência expressa da administração superior da Pasta e ciência da assessoria de comunicação, com intuito de resguardar a segurança dos profissionais de imprensa, dos servidores e presos.

O registro de quaisquer imagens dentro das Unidades Prisionais deve ser feito, estritamente, pela Assessoria de Comunicação da Secretaria da Administração Penitenciária ou, excepcionalmente, pelos servidores responsáveis pelas atividades a serem desenvolvidas, sempre com a prévia ciência e autorização da referida Assessoria, mediante apresentação de Termo de Autorização do Servidor/Colaborador.

Os presos, porventura identificados em registros de imagens das Unidades Prisionais, deverão autorizar o seu uso, por escrito, com o devido preenchimento do Termo de Autorização para uso de imagem e depoimento anexo a esta normativa.

É vedado qualquer registro e compartilhamento de fotos, áudio ou vídeo, em aplicativos de mensagens, redes sociais ou qualquer outro meio de comunicação, que exponham o sistema prisional ou seus servidores, no todo ou em parte, salvo quando solicitado e autorizado formalmente pela administração superior da pasta.

Não é permitido compartilhar informações inerentes à administração institucional a grupos de mensagens instantâneas, redes sociais, jornais, revistas e outros.

1.31 Disposições finais

É proibido o uso ou porte de cigarros e similares a qualquer pessoa que adentrar na Unidade Prisional em conformidade com a Lei Federal Nº. 12.546 de 2011.

O descumprimento das normas vigentes acarretará Responsabilidade Administrativa e Penal, ficando as obrigações e direitos atrelados ao disposto em Lei específica de cada categoria funcional.

Casamentos civis, registro de filhos e reconhecimento de filhos em cartório serão feitos através do setor competente que poderá prestar as orientações necessárias.

Retirada de valores monetários em instituições bancárias, por presos (as) somente serão realizadas com autorização do MM Juiz da Vara de Execuções Penais da Comarca.

Em caso de evasão, falecimento ou transferência definitiva do preso (a), os familiares terão um prazo máximo de 30 dias para retirar os pertences do mesmo. Caso isto não aconteça, os pertences serão doados.

É proibido a todos os colaboradores e servidores negociar e/ou receber presentes dos presos (as) e/ou de seus familiares.

Não será autorizado o repasse de informações pessoais de colaboradores ou servidores. Caso ocorra ligação telefônica ou alguém compareça na Unidade Prisional solicitando-as, deve ser orientado que as solicite formalmente através de processo protocolado na sede da SAP, o qual será encaminhado ao Comitê de Acesso à Informação da pasta.

2 LC Nº258/2021 - REGIME DISCIPLINAR DOS POLICIAIS PENAIS

2.1 Disposições gerais

Esta Lei dispõe sobre o regime disciplinar aplicável aos agentes públicos do quadro permanente da Secretaria da Administração Penitenciária – SAP, definindo regras sobre o comportamento ético, bem como os procedimentos para apuração da responsabilidade administrativa disciplinar.

Estão sujeitos às disposições desta Lei os policiais penais de carreira e demais servidores públicos do quadro permanente da SAP.

Compete à Controladoria Geral de Disciplina dos Órgãos de Segurança Pública e Sistema Penitenciário - CGD apurar a responsabilidade disciplinar dos policiais penais de carreira, nos termos da Lei Complementar n.º 98, de 13 de junho de 2011.

É da competência da Procuradoria de Processo Administrativo Disciplinar – Propad, órgão de execução programática da Procuradoria-Geral do Estado, apurar a responsabilidade disciplinar dos demais servidores públicos do quadro permanente da SAP, nos termos da Lei Complementar n.º 58, de 31 de março de 2006.

2.2 Responsabilidade

Os policiais penais de carreira e os servidores públicos do quadro permanente da SAP respondem civil, penal e administrativamente pelo exercício irregular de suas atribuições, sujeitando-se, cumulativamente, às cominações cabíveis nas respectivas esferas.

Fique Ligado

O agente público legalmente afastado do exercício funcional não estará isento de responsabilidade, nos termos do ***caput*** deste artigo, por infrações cometidas antes ou durante o afastamento, observadas as disposições desta Lei.

A responsabilidade civil do agente público decorre de ato doloso ou culposo que, nos termos do § 6.º do art. 37 da Constituição Federal, importe em dano ao Estado ou a terceiros.

A indenização devida em razão de responsabilização será descontada da remuneração do agente público, não lhe excedendo o desconto a 1/10 (um décimo) do valor total, exceto nos casos de danos decorrentes de atos dolosos enquadrados na Lei Federal n.º 8.429, de 2 de junho de 1992, situação em que o ressarcimento se dará de uma só vez.

Em caso de prejuízo a terceiros, o servidor responderá perante o Estado, em ação regressiva proposta na forma da legislação.

A apuração da responsabilidade funcional, nos termos desta Lei, se processa por meio de investigação preliminar, de sindicância ou de processo administrativo disciplinar, assegurados em ambos o contraditório e a ampla defesa.

A investigação preliminar e a sindicância poderão tramitar perante a Secretaria da Administração Penitenciária do Estado do Ceará – SAP, por delegação do Controlador-Geral de Disciplina dos Órgãos de Segurança Pública.

Sob pena de responsabilização, o agente público exercente de função de chefia, ao tomar conhecimento de fato que possa configurar ilícito administrativo, deve representar perante autoridade competente, para apuração do fato.

Configurando a conduta funcional irregular, a um só tempo, ilícito administrativo, civil e penal, a autoridade competente para determinar a abertura do procedimento disciplinar adotará providências para a apuração da responsabilidade civil ou penal, quando for o caso, durante ou após concluída a sindicância ou o processo administrativo disciplinar.

A legítima defesa e o estado de necessidade excluem a responsabilidade administrativa, assim como a alienação mental ao tempo do fato, comprovada por perícia médica oficial.

Considera-se legítima defesa o revide moderado e proporcional à agressão ou à iminência de agressão moral ou física, que atinja ou vise a atingir o servidor, os seus superiores hierárquicos, colegas de trabalho ou o patrimônio da instituição administrativa a que servir.

Considera-se em estado de necessidade o agente público cuja conduta se revele indispensável ao atendimento de urgência administrativa, inclusive para fins de preservação do patrimônio público.

A legítima defesa e o estado de necessidade não excluem a responsabilização administrativa em caso de excesso, imoderação ou desproporcionalidade do ato praticado, culposo ou doloso.

2.3 Deveres funcionais

São deveres dos agentes públicos abrangidos por esta Lei:

- desempenhar as atribuições legais e regulamentares inerentes ao cargo ou função com zelo, dedicação, eficiência e probidade;
- participar, no caso de policiais penais, de treinamentos ou cursos ofertados pelo Estado que busquem manter a preparação física e intelectual necessária para o exercício de sua função;
- manter conduta pública e privada compatível com a dignidade da função;
- adotar as providências cabíveis e fazer as comunicações devidas, em face das irregularidades que ocorram em serviço ou de que tenha conhecimento;
- oferecer aos internos informações sobre as normas que orientarão seu tratamento, regras disciplinares e seus direitos e deveres;
- cumprir suas obrigações de maneira que inspirem respeito e exerçam influências benéficas aos internos;
- registrar as atividades de trabalho de natureza interna e externa em livros de ocorrências;
- preencher formulários próprios descritos no Procedimento Operacional Padrão (POP), dentre outros;
- utilizar, conservar e guardar adequadamente aparelhos, materiais, veículos, armamentos, equipamentos, banco de dados, operação de sistema de monitoramento, sistemas de comunicação e outros disponíveis para o sistema prisional;
- desempenhar suas funções agindo sempre com discrição, honestidade, imparcialidade, respeitando os princípios da legalidade, impessoalidade, moralidade, publicidade, bem como lealdade às normas constitucionais;
- respeitar e fazer respeitar a hierarquia do serviço público, obedecendo às ordens superiores, exceto se manifestamente ilegal;
- fazer cumprir as regras, os princípios e fundamentos institucionais que regem o Sistema Penitenciário;
- comparecer no horário regular do expediente ou escala de plantão com pontualidade para exercer os atos de seu ofício;
- ter irrepreensível conduta profissional, colaborando para o prestígio do serviço público e zelando pela dignidade de suas funções;
- desempenhar com zelo, presteza, eficiência e produtividade, dentro dos prazos, os serviços a seu cargo e os que, na forma da lei, lhe sejam atribuídos;

- tratar as pessoas com urbanidade;
- zelar pela economia e conservação do material que lhe for confiado;
- fazer uso correto do uniforme, identidade funcional, brevês e distintivos do Sistema Penitenciário, conforme disciplinado em regulamento próprio;
- guardar sigilo sobre assunto da repartição;
- levar as irregularidades de que tiver ciência em razão do cargo ao conhecimento da autoridade superior ou, quando houver suspeita do envolvimento desta, ao conhecimento de outra autoridade competente para apuração;
- cumprir de forma pessoal e integral a carga horária do seu cargo e/ou função pública;
- representar contra ilegalidade, abuso de poder ou omissão no cumprimento da lei;
- manter atualizados junto à Coordenadoria de Gestão de Pessoas da Secretaria da Administração Penitenciária os dados pessoais, comunicando qualquer alteração no estado civil, de endereço e/ou telefone.

Fique Ligado

O disposto neste artigo não exime o agente público da obediência a outros deveres previstos em lei, regulamento e norma interna inerentes à natureza da função.

2.4 Transgressões disciplinares

Pela gravidade, as transgressões disciplinares classificam-se em:

- de primeiro grau;
- de segundo grau;
- de terceiro grau;
- de quarto grau.

Fique Ligado

As transgressões previstas neste artigo aplicam-se aos servidores do quadro permanente da SAP, no que for compatível com o exercício das respectivas funções.

Configuram transgressões disciplinares de primeiro grau:

- permutar horário de serviço ou execução de tarefa sem expressa permissão da autoridade competente;
- usar vestuário inadequado para o serviço;
- exibir desnecessariamente arma, distintivo ou algema;
- deixar de ostentar distintivo, quando exigido para o serviço;
- não se apresentar ao serviço, sem justo motivo, ao término de licença de qualquer natureza, férias ou dispensa de serviço;
- tratar de interesse particular na repartição;
- atribuir-se indevidamente qualidade funcional diversa do cargo ou da função que exerce;
- acionar desnecessariamente sirene de viatura policial;
- utilizar a chefia seus agentes de forma incompatível com o serviço policial penal;
- deixar de repassar ou de comunicar imediatamente ao superior hierárquico qualquer objeto achado, recuperado ou que lhe seja entregue em razão de suas atribuições;
- salvo justo motivo, chegar atrasado ao serviço ou plantão para o qual estiver escalado, caso não reincidente.

Configuram transgressões disciplinares de segundo grau:

- negligenciar a guarda de bens, armas, instrumentos ou valores pertencentes à repartição penitenciária ou valores e bens pertencentes a presos ou a terceiros, que estejam sob sua responsabilidade;
- deixar de comunicar à autoridade competente informação que venha a comprometer a ordem pública ou o bom andamento do serviço;
- fazer uso indevido da cédula funcional ou da arma que lhe haja sido confiada para o serviço, caso não constitua falta mais grave;
- indicar ou insinuar nome de advogado para assistir pessoa que esteja presa;
- deixar de frequentar com assiduidade, salvo justo motivo, cursos em que haja sido matriculado pelo órgão responsável pelo sistema penitenciário ou por este designado;
- abster-se, sem justo motivo, de aceitar encargos inerentes à categoria funcional;
- ofender os colegas de trabalho e demais servidores que compõem o sistema penitenciário, com palavras, atos ou gestos, qualquer que seja o meio empregado;
- agir com dolo ou culpa, provocando o extravio ou danificando objetos, livros e material de expediente do estabelecimento penitenciário, caso não constitua falta mais grave;
- valer-se do cargo para lograr proveito pessoal ou de outrem, em detrimento da dignidade da função pública, caso não constitua falta mais grave;
- participar de gerência ou administração de sociedade privada, personificada ou não, exercer o comércio, exceto na qualidade de acionista, cotista ou comanditário;
- atuar, como procurador ou intermediário, junto a repartições públicas, salvo quando se tratar de benefícios previdenciários ou assistenciais de parentes até o segundo grau, e de cônjuge ou companheiro;
- aceitar comissão, emprego ou pensão de estado estrangeiro;
- praticar usura sob qualquer de suas formas;
- proceder de forma desidiosa;
- utilizar pessoal ou recursos materiais da repartição em serviços ou atividades particulares;
- incumbir a terceiros o cumprimento da carga horária do seu cargo, salvo se previamente autorizada a permuta de acordo com regulamento interno;
- ausentar-se do serviço sem autorização superior;
- retirar, sem prévia autorização da autoridade competente, qualquer documento ou objeto da instituição, caso não constitua falta mais grave;
- permitir visitas, inobservando a fixação dos dias e horários próprios, de cônjuges, companheiros, parentes e amigos dos presos;
- deixar de cumprir ordens emanadas de autoridades competentes, salvo se manifestamente ilegal;
- eximir-se do cumprimento de suas funções;
- recusar-se ou criar dolosamente obstáculo a prestar depoimento e/ou ser acareado na qualidade de testemunha, ou recusar-se a executar trabalho solicitado para instruir processo judicial ou administrativo;
- gerar por palavra ou gestos ofensivos descrédito à Instituição Penitenciária;
- desrespeitar decisão ou ordem judicial, ou procrastinar seu cumprimento;
- praticar ato definido em lei como abuso de poder;
- salvo justo motivo, faltar ou chegar atrasado ao serviço ou plantão para o qual estiver escalado, se reincidente, abandoná-lo ou deixar

de comunicar, com antecedência, à autoridade superior a que estiver subordinado a impossibilidade de comparecer à instituição;

- veicular ou propiciar a divulgação de notícia falsa, documentação, imagens, áudios e vídeos de fatos ocorridos na SAP, nos meios de comunicação em geral, como jornais, sites, redes sociais, blogs, aplicativos, imprensa e demais meios de comunicação e interação social;
- apresentar-se ao trabalho alcoolizado ou sob efeito de substância que determine dependência física ou psíquica;
- deixar de atender às requisições judiciais e administrativas ou deixar de dar ciência à chefia imediata, em caso de impossibilidade de fazê-lo;
- deixar de comunicar previamente à chefia imediata acerca da necessidade de ausentar-se da unidade de serviço para atender requisição, mediante apresentação de documentação comprobatória.

Configuram transgressões disciplinares do terceiro grau:

- promover ou facilitar fuga de presos;
- aplicar de forma irregular dinheiro público;
- abandonar cargo, tal considerada a injustificada ausência ao serviço por mais de 30 (trinta) dias consecutivos ou 60 (sessenta) dias intercalados, no período de 12 (doze) meses;
- cobrar carceragem, custas, emolumentos ou qualquer outra despesa;
- praticar ato definido como crime que, por natureza e configuração, o incompatibilize para o exercício da função;
- promover ou facilitar a entrada de equipamentos eletrônicos, armas, bebidas alcoólicas e substâncias entorpecentes nas dependências das unidades prisionais;
- praticar ato de improbidade administrativa;
- adotar conduta que caracterize incontinência pública ou postura escandalosa na repartição;
- provocar ou participar de greve ou paralisação total ou parcial, em prejuízo do serviço policial penal ou outros serviços inerentes à administração penitenciária;
- cometer crime tipificado em lei quando praticado em detrimento de dever inerente ao cargo ou função, ou quando o crime for considerado de natureza grave, a critério da autoridade competente;
- executar medida privativa da liberdade individual sem as formalidades legais ou com abuso de poder;
- negligenciar na revista do preso, deixando de apreender produtos ilícitos ou proibidos, conforme disposições regulamentares;
- permitir que os presos conservem em seu poder instrumentos que possam causar danos nas dependências a que estejam recolhidos, ou produzir lesões em terceiros;
- dar, vender, ceder, alugar ou emprestar cédula de identidade, distintivo funcional, peças de uniformes ou de equipamentos novos ou usados;
- agredir fisicamente, em serviço, servidor ou particular, salvo em legítima defesa própria ou de outrem;
- fazer uso, em serviço ou uniformizado, de substância que acarrete dependência física ou psíquica;
- acumular cargos, funções e empregos públicos remunerados, salvo nos casos permitidos na Constituição Federal, permitida a opção, ao final do processo disciplinar, caso constatada a boa-fé na acumulação.

Configuram transgressões disciplinares de quarto grau:

- traficar substância que determine dependência física ou psíquica;
- revelar dolosamente segredo ou assunto de que tenha conhecimento, em razão de cargo ou função, que possam prejudicar o bom andamento e/ou funcionamento do serviço na repartição ou em unidades prisionais;
- praticar tortura ou crimes definidos como hediondos;
- exigir, solicitar ou receber vantagem indevida, ou aceitar promessa de tal vantagem, diretamente ou por intermédio de outrem, para si ou para terceiro, em razão das funções, ainda que fora desta.

2.5 Sanções disciplinares

Constituem sanções disciplinares:

- a repreensão;
- a suspensão;
- a demissão;
- a demissão a bem do serviço público;
- a cassação de aposentadoria ou disponibilidade.

A pena de repreensão será aplicada por escrito no caso de inobservância aos deveres funcionais previstos no art. 6.º desta Lei.

A suspensão será aplicada:

- por até 30 (trinta) dias na hipótese de transgressão de primeiro grau ou na reincidência de falta já punida com repreensão;
- de 30 (trinta) a 90 (noventa) dias na hipótese de transgressão de segundo grau.

Durante o período de suspensão, o agente público não fará jus aos direitos e vantagens inerentes ao exercício do cargo.

A autoridade competente para aplicar a pena de suspensão poderá convertê-la, antes do início de sua execução, em multa equivalente a 50% (cinquenta por cento) da remuneração correspondente ao período da suspensão, devendo o agente público permanecer em serviço.

A sanção cabível em casos de transgressão disciplinar de terceiro grau é a demissão.

Fique Ligado

A demissão dar-se-á a bem do serviço público na hipótese de transgressão disciplinar de quarto grau e de transgressão disciplinar de terceiro grau em que a gravidade da infração justificar a medida, a critério da autoridade julgadora.

A sanção de cassação de aposentadoria ou de disponibilidade será aplicada ao agente público que houver praticado, em atividade, transgressão disciplinar sujeita à penalidade de demissão, inclusive a bem do serviço.

As sanções disciplinares resultarão de sindicância e de procedimento administrativo disciplinar, os quais reger-se-ão conforme disposto no art. 20 desta Lei, assegurados o exercício do contraditório e da ampla defesa, bem como os recursos e meios a ela inerentes.

Na aplicação da sanção, a autoridade competente levará em consideração os antecedentes funcionais do agente público, as circunstâncias em que o ilícito ocorreu, a natureza e a gravidade da infração e os danos que dela provierem.

2.6 Extinção da punibilidade

Extingue-se a punibilidade da transgressão disciplinar:

- morte do agente público;
- pela prescrição.

A prescrição se consuma nos seguintes prazos:

- para infrações sujeitas à pena de repreensão, em 2 (dois) anos;
- para infrações sujeitas à pena de suspensão, em 4 (quatro) anos;

- para infrações sujeitas à pena de demissão, de demissão a bem do serviço público e de cassação de aposentadoria ou disponibilidade, em 6 (seis) anos.

Não se aplica o disposto no § 1.º deste artigo:

- a ilícitos caracterizados como crime, cuja prescrição dar-se nos prazos e condições previstos na legislação penal;
- no caso de abandono de cargo, cujo prazo de prescrição não se inicia enquanto estiver em curso o ilícito.

O prazo de prescrição inicia-se na data em que conhecido o fato e interrompe-se pela abertura de sindicância ou de processo administrativo, quando for o caso.

Suspensa a tramitação de sindicância ou de processo administrativo disciplinar por qualquer motivo imperioso devidamente justificado pela autoridade competente, inclusive em razão de incidente de insanidade mental, o curso da prescrição também se considerará suspenso, sendo retomado após o definitivo julgamento do incidente ou quando findo o impedimento que motivou a suspensão.

2.7 Disposições finais

Conforme previsto em legislação específica, são competentes o Chefe do Executivo e o Controlador Geral de Disciplina dos Órgãos de Segurança Pública e Sistema Penitenciário para aplicar as sanções previstas nesta Lei.

As sindicâncias e os processos administrativos disciplinares instaurados para apurar a responsabilidade dos policiais penais de carreira reger-se-ão pelo disposto na Lei n.º 13.441, de 29 de janeiro de 2004, já para os demais servidores do quadro da SAP, pelo disposto na Lei n.º 9.826, de 14 de maio de 1974.

A apuração disciplinar de que trata esta Lei dar-se-á em atenção aos princípios da legalidade, da moralidade, da impessoalidade e da justa motivação, sem prejuízo da observância às demais normas éticas e comportamentais definidas como padrão de conduta para a gestão administrativa estadual, levando em consideração, em especial, o disposto na Lei n.º 15.036, de 18 de novembro de 2011.

3 LEI Nº14.582/2009 - REDENOMINA A CARREIRA GUARDA PENITENCIÁRIA

A carreira Guarda Penitenciária, integrante do Grupo Ocupacional Atividades de Apoio Administrativo e Operacional, prevista no item 2, do anexo I, da Lei nº12.386, de 9 de dezembro de 1994, fica redenominada para carreira Segurança Penitenciária e estruturada na forma do anexo I, desta Lei.

Os ocupantes dos cargos/funções de Agente Penitenciário, da carreira Segurança Penitenciária redenominada pelo art.1º desta Lei, são posicionados na forma do anexo II.

A Tabela vencimental para a carreira Segurança Penitenciária é a prevista no anexo III.

Os servidores integrantes da carreira redenominada por esta Lei são submetidos ao regime de plantão de 12 x 36 horas, podendo haver revezamento no período diurno e noturno.

A estrutura remuneratória dos Agentes Penitenciários, integrantes da Carreira de Segurança Penitenciária, é composta pelo vencimento base constante do anexo III, da Gratificação de Atividades Especiais e de Risco – GAER, prevista no art.7º e Adicional Noturno previsto no art.8º, todos desta Lei.

Além das parcelas previstas no caput deste artigo, o Agente Penitenciário integrante da Carreira de Segurança Penitenciária, poderá receber vantagem pessoal, sendo esta compreendida como o valor já incorporado à remuneração do Agente decorrente do exercício de cargo em comissão e a Gratificação por Adicional de Tempo de Serviço para aqueles que já tinham implementado as condições para tanto quando da edição da Lei nº12.913, de 18 de junho de 1999.

Poderá ainda o Agente Penitenciário integrante da Carreira de Segurança Penitenciária perceber complemento, este entendido como a parte percebida pelo agente que ultrapasse os valores decorrentes da presente Lei, percebida no mês anterior ao da publicação desta norma, excluídas a vantagem pessoal e a gratificação por adicional de tempo de serviço.

Fica concedido, a partir de 1º de setembro de 2008, Abono aos Agentes Penitenciários na forma do anexo IV, da presente Lei, valor este absorvido na composição da remuneração, decorrente da redenominação da Carreira de Segurança Penitenciária.

O disposto no caput deste artigo aplica-se aos aposentados e aos pensionistas.

O abono previsto neste artigo não poderá ser considerado ou computado para fins de concessão ou de cálculos de vantagens financeiras de qualquer natureza, cessando integralmente os pagamentos a esse título quando da implementação da tabela vencimental que trata o anexo III.

Fica instituída a Gratificação de Atividades Especiais e de Risco – GAER, devida aos servidores em atividades ocupantes dos cargos/funções de Agente Penitenciário, integrantes da Carreira de Segurança Penitenciária, no percentual de 40% (quarenta por cento), incidente, exclusivamente, sobre o vencimento base, em razão do efetivo exercício das funções específicas de segurança, internas e externas, nos estabelecimentos prisionais do Estado.

A GAER prevista no caput é devida aos integrantes da carreira prevista no art.1º desta Lei, como compensação do acréscimo da jornada quando no efetivo exercício sob regime de plantão de 12 (doze) horas de trabalho, com revezamento no período diurno e noturno, perfazendo uma carga horária semanal de 48 (quarenta e oito) horas.

Os servidores ocupantes dos cargos/funções de Agentes Penitenciários quando no exercício de cargos comissionados nas unidades prisionais e na Coordenadoria do Sistema Penal, cujas atribuições sejam de natureza penitenciária, farão jus a GAER.

É devido aos servidores ocupantes dos cargos/funções de Agente Penitenciário o adicional por trabalho noturno nas seguintes condições:

- O adicional por trabalho noturno é devido ao servidor cujo trabalho seja executado entre 22 (vinte e duas horas) de um dia às 5 (cinco) horas do dia seguinte;
- A hora de trabalho noturno será computada como de 52 (cinquenta e dois) minutos e 30 (trinta) segundos;
- O trabalho noturno será remunerado com um acréscimo de 25% (vinte e cinco por cento) sobre o valor da hora diurno.

A Gratificação pela execução de trabalho em condições especiais, inclusive com risco de vida ou de saúde, prevista no inciso VI, do art.132, da Lei nº9.826, de 14 de maio de 1974, e no parágrafo único, art.1º, da Lei nº9.598, de 28 de junho de 1972, e no art.7º da Lei nº9.788, de 4 de dezembro de 1973, é incompatível com a percepção das gratificações previstas nesta Lei, sendo vedado o seu pagamento aos integrantes da carreira redenominada por esta Lei.

Fica extinta e cessa seu pagamento em relação aos integrantes da carreira de Segurança Penitenciária a Gratificação Especial de Localização Carcerária, o Abono Provisório e o Acréscimo de 40% (quarenta por cento) sobre o vencimento base, previstos no art.1º e seus parágrafos, no art.2º e parágrafo único, e art.3º, da Lei nº13.095, de 12 de janeiro de 2001.

A Gratificação de que trata o art.5º, desta Lei, é incompatível com a percepção da Gratificação pela prestação de serviços extraordinários, sendo vedado o seu pagamento aos integrantes da carreira Segurança Penitenciária.

A Gratificação, de que trata o art.5º, desta Lei, será incorporada aos proventos de aposentadoria, desde que o servidor tenha contribuído por pelo menos 60 (sessenta) meses ininterruptos para o Sistema Único de Previdência – SUPSEC.

Para os servidores que implementarem as regras dos arts.3º e 6º da Emenda Constitucional Federal nº41, de 19 de dezembro de 2003, ou do art.3º, da Emenda Constitucional Federal nº47, de 5 de julho de 2005, e cujo período de percepção por ocasião do pedido de aposentadoria seja menor do que 60 (sessenta) meses, será observada a média aritmética do período de percepção, multiplicado pela fração cujo numerador será o número correspondente ao total de meses trabalhados e o denominador será sempre o numeral 60 (sessenta).

O disposto neste artigo não se aplica para os servidores que se aposentarem pelas regras previstas no art.40 da Constituição Federal, com a redação dada pela Emenda Constitucional Federal nº41, de 19 de dezembro de 2003, nos termos da Legislação Federal.

Ficam mantidas as regras instituídas no Capítulo IV, da Lei nº12.386, de 9 de dezembro de 1994, referente a ascensão funcional do servidor ocupante do cargo/função de Agente Penitenciário, conforme a estrutura e composição constante no anexo I, sem prejuízo do interstício em curso.

Os critérios específicos e os procedimentos para aplicação do princípio do mérito e/ou da antiguidade para a efetivação da progressão e da promoção são os definidos no Decreto nº22.793, de 1º de outubro de 1993, até que sejam definidos novos critérios.

As despesas decorrentes da aplicação desta Lei correrão por conta das dotações orçamentárias próprias do Órgão.

4 LEI Nº 16.063/2016 - ABONO ESPECIAL POR REFORÇO OPERACIONAL

Ficam acrescidos à Lei nº 14.582, de 21 de dezembro de 2009, o art. 5º-A e o anexo único, observada a seguinte redação:

▷ Fica instituído o Abono Especial por Reforço Operacional ao Agente Penitenciário que, em caráter voluntário, participar de serviço para o qual seja designado eventualmente, nos termos desta Lei e do respectivo regulamento.

- O Abono Especial por Reforço Operacional é de natureza voluntária e a operação de reforço operacional deverá ser planejada pela Secretaria da Justiça e Cidadania, utilizando-se no máximo 50% (cinquenta por cento) do efetivo de Agentes Penitenciários ativos, conforme a natureza do trabalho de segurança penitenciária a ser desenvolvido nos termos do anexo único desta Lei.
- O abono de que trata este artigo não será incorporado aos vencimentos para nenhum efeito, inclusive previdenciário, bem como não será considerado para cálculo de quaisquer vantagens pecuniárias.
- O abono Especial por Reforço Operacional será limitado à execução de, no máximo, 60 (sessenta) horas de reforços operacionais por mês, além da jornada normal de trabalho do Agente Penitenciário.

O art. 11 da Lei nº 14.582, de 21 de dezembro de 2009, passa a vigorar com a seguinte redação:

▷ A gratificação que trata o art. 7º desta Lei é incompatível com a percepção de qualquer gratificação pela prestação de serviços extraordinários, com exceção dos serviços eventuais a que estiverem inscritos voluntariamente os agentes penitenciários designados eventualmente pela Secretaria da Justiça e Cidadania, a título de Reforço Operacional, na forma do art. 5º- A desta Lei.

O art. 14 da Lei nº 14.582, de 21 de dezembro de 2009, passa a vigorar com a seguinte redação:

▷ As despesas decorrentes desta Lei correrão por conta de dotação orçamentária da Secretaria da Justiça e Cidadania - SEJUS, podendo ser suplementada, em caso de necessidade.

LEIS

5 LEI Nº 18.428/2023 - FUNCIONAMENTO DA UNIDADE PRISIONAL DE SEGURANÇA MÁXIMA

5.1 Disposição inicial

Lei dispõe sobre o funcionamento e os procedimentos a serem adotados na Unidade Prisional de Segurança Máxima – UPSM, vinculada à Secretaria da Administração Penitenciária e Ressocialização – SAP, observado o disposto na Lei Federal n.º 11.671, de 8 de maio de 2008, notadamente no art. 11-B, bem como, de forma subsidiária, a Lei Federal n.º 7.210, de 11 de julho de 1984

Esta Lei aplica-se também a todo e qualquer espaço em qualquer unidade prisional que opere como de segurança máxima em caráter temporário ou permanente.

5.2 Destinação

A UPSM é destinada à custódia provisória ou execução de pena privativa de liberdade e à ressocialização de presos do sexo masculino cujo histórico e circunstâncias do caso concreto recomendem a providência, observadas as disposições desta Lei.

5.3 Procedimento de inclusão, transferência e exclusão

Serão transferidos para a UPSM presos, condenados definitivamente ou provisoriamente, cujo comportamento justifique a medida, seja para a garantia da segurança pública, seja para a do próprio preso.

Não é permitida a inclusão de presos em regime semiaberto na UPSM, salvo no caso de autorização judicial ou quando aplicável o regime disciplinar diferenciado, nos termos do art. 52 da Lei Federal n.º 7.210, de 1984.

Os pedidos de inclusão, transferência e exclusão de apenados para a UPSM serão realizados pela via judicial, nos termos da Resolução n.º 404, de 2 de agosto de 2021, do Conselho Nacional de Justiça, e alterações posteriores.

Para a inclusão ou transferência, o preso deverá, pelo menos, alternativamente:

- ter desempenhado função de liderança ou participado, de forma relevante, em organização criminosa;
- ter praticado crime que coloque em risco a sua integridade física no ambiente prisional de origem;
- ser membro de quadrilha ou bando envolvido na prática reiterada de crimes com violência ou grave ameaça;
- ser réu colaborador ou delator premiado, desde que essa condição represente risco à sua integridade física no ambiente prisional de origem;
- estar envolvido em incidentes de fuga, de violência ou de grave indisciplina no sistema prisional de origem;
- estar submetido ao Regime Disciplinar Diferenciado – RDD, enquanto perdurar a decisão de inclusão no referido regime; ou
- ser indicado pela SAP ou por outros órgãos do Sistema de Justiça para inclusão ou transferência, nos casos em que devidamente motivada a providência como forma de assegurar a ordem e a disciplina nos termos de portaria da referida Secretaria, a ser expedida no prazo de 30 (trinta) dias a contar da publicação desta Lei.

A inclusão na UPSM no atendimento do interesse da segurança pública será para custódia provisória ou pena privativa de liberdade, observadas as seguintes condições:

- recolhimento em cela coletiva ou individual ou, nos termos da Resolução n.º 9, de 18 de novembro de 2011, e suas posteriores atualizações, do Conselho Nacional de Polícia Criminal e Penitenciária – CNPCP;
- visitas quinzenais, de 2 (duas) pessoas por vez, a serem realizadas em instalações equipadas para impedir o contato físico e a passagem de objetos, por pessoa da família, ou no caso de terceiro, autorizado judicialmente, com duração de 2 (duas) horas, sem prejuízo do estabelecimento de condições mais favoráveis em portaria da SAP, preservada a segurança penitenciária;
- banho de sol diário, podendo haver atividade física assistida, em pátio de sol ou solário, assim definidos na Resolução n.º 9, de 18 de novembro de 2011, do CNPCP;
- monitoramento de todos os meios de comunicação, inclusive de correspondência escrita;
- participação nas atividades de educação e capacitação, que compreenderão a instrução escolar e a formação profissional do preso, bem como o direito de participação no projeto Livro Aberto;
- trabalhos oferecidos pela SAP, na medida de suas aptidões e capacidades;
- assistência religiosa, com liberdade de culto, permitindo-se-lhes a participação nos serviços organizados na UPSM, bem como a posse de livros de instrução religiosa;
- assistência material ao preso, que consistirá no fornecimento de alimentação, vestuário e instalações higiênicas;
- assistência à saúde do preso, que terá caráter preventivo e curativo e compreenderá atendimento médico, farmacêutico, odontológico e psicológico;
- assistência jurídica destinada aos presos sem recursos financeiros para constituir advogado, prestada pela Defensoria Pública do Estado do Ceará;
- assistência social, que tem por finalidade amparar o preso e prepará-lo para o retorno à liberdade;
- o período de permanência será de até 3 (três) anos, renovável por iguais períodos, desde que motivadamente, observados os requisitos da transferência, e se persistirem os motivos que a determinaram.

Os presos na UPSM terão direito a banho de sol de até 2 (duas) horas diárias, em grupos de, no mínimo, 2 (duas) pessoas, desde que não haja contato com presos do mesmo grupo criminoso.

A efetiva inclusão do preso na UPSM concretizar-se-á somente após a conferência dos seus dados de identificação com o ofício/instrumento oficial de apresentação.

Na inclusão, serão observados os procedimentos e será analisada a seguinte documentação:

- certificação das condições físicas e mentais do preso, mediante Exame de Corpo de Delito;
- prontuário penitenciário e os seus pertences pessoais;
- prestação de informações ao preso sobre as normativas, bem como sobre seus direitos e deveres legais;
- comunicação ao juízo competente, realizada pela Direção da UPSM, nos termos da Resolução n.º 404 de 02/08/2021, alterada pela Resolução n.º 434, de 28 de outubro de 2021, do CNJ.

- comunicação à família do preso, ou pessoa por ele indicada, efetuada pelo setor de assistência social da Unidade, a fim de que sejam repassadas todas as informações referentes à sua nova lotação carcerária.

5.4 Monitoração da unidade prisional

A UPSM deverá dispor de monitoramento de áudio e vídeo nas áreas comuns, para fins de preservação da ordem interna e da segurança pública, vedado seu uso nas celas e no atendimento advocatício, salvo expressa autorização judicial em contrário.

As gravações das visitas não poderão ser utilizadas como meio de prova de infrações penais pretéritas ao ingresso do preso no estabelecimento.

5.5 Disposições gerais

No período compreendido entre as 22 (vinte e duas) horas e as 6 (seis) horas, se a natureza do serviço e o nível de segurança empregado permitirem, será concedido aos policiais penais revezamento para repouso, a ser distribuído de acordo com o efetivo disponível no plantão, devendo permanecer em vigilância a quantidade suficiente para cobrir os postos de serviço de vigilância de forma ininterrupta.

O Grupo de Ações Penitenciárias – GAP deverá, durante 24 (vinte e quatro) horas por dia, ocupar as guaritas e conceder absoluta prioridade de atendimento e atuação na UPSM.

O atendimento pelo advogado na UPSM dar-se-á segundo as disposições da Lei Federal n.º 8.906, de 4 de julho de 1994, da Lei Federal n.º 7.210, de 1984, e das demais legislações aplicáveis, preservada a segurança pública e penitenciária.

Decreto do Poder Executivo editará normas complementares que se fizerem necessárias ao funcionamento da UPSM, observado o disposto nesta Lei.

L E I S

6 LEI Nº 9.826/1974 - ESTATUTO DOS FUNCIONÁRIOS PÚBLICOS CIVIS DO CEARÁ

6.1 Regime jurídico do funcionário público

Estatutário, com regras próprias (RPPS).

Não se subordina à legislação trabalhista e é próprio do servidor do Estado do Ceará. Importante ressaltar que o Estatuto só é aplicável ao servidor efetivo, não incluindo os temporários, comissionados, terceirizados ou qualquer outra espécie de prestador de serviço.

Art. 1º - Regime Jurídico do Funcionário Civil é o conjunto de normas e princípios, estabelecidos por este Estatuto e legislação complementar, reguladores das relações entre o Estado e o ocupante de cargo público.

Art. 2º - Aplica-se o regime jurídico de que trata esta lei:

I - aos funcionários do Poder Executivo;

II - aos funcionários autárquicos do Estado;

III - aos funcionários administrativos do Poder Legislativo;

IV - aos funcionários administrativos do Tribunal de Contas do Estado e do Conselho de Contas dos Municípios.

Art. 3º - Funcionário Público Civil é o ocupante de cargo público, ou o que, extinto ou declarado desnecessário o cargo, é posto em disponibilidade.

Art. 4º - Cargo público é o lugar inserido no Sistema Administrativo Civil do Estado, caracterizando-se, cada um, por determinado conjunto de atribuições e responsabilidades de natureza permanente.

Parágrafo único - Exclui-se da regra conceitual deste artigo o conjunto de empregos que, inserido no Sistema Administrativo Civil do Estado, se subordina à legislação trabalhista.

Art. 5º - Para os efeitos deste Estatuto, considera-se Sistema Administrativo o complexo de órgãos dos Poderes Legislativo e Executivo e suas entidades autárquicas.

6.2 Provimento dos cargos

Os cargos públicos do Estado do Ceará são acessíveis a todos brasileiros (natos ou naturalizados), observadas as condições prescritas em lei e regulamento. O estrangeiro só poderá ocupar cargo público na forma prevista em lei, em conformidade com o art. 37 da CF/88.

De acordo com a natureza dos cargos, o seu provimento pode ser em caráter efetivo ou em comissão.

A escolha dos ocupantes de cargos em comissão poderá recair, ou não, em funcionário do Estado, na forma do regulamento. Os cargos públicos são providos por nomeação, promoção, reintegração, aproveitamento, reversão, transposição, transformação.

Art. 6º - Os cargos públicos do Estado do Ceará são acessíveis a todos brasileiros, observadas as condições prescritas em lei e regulamento.

Art. 7º - De acordo com a natureza dos cargos, o seu provimento pode ser em caráter efetivo ou em comissão.

Art. 8º - Os cargos em comissão serão providos, por livre nomeação da autoridade competente, dentre pessoas que possuam aptidão profissional e reúnam as condições necessárias à sua investidura, conforme se dispuser em regulamento.

§ 1º - A escolha dos ocupantes de cargos em comissão poderá recair, ou não, em funcionário do Estado, na forma do regulamento.

§ 2º - No caso de recair a escolha em servidor de entidade da Administração Indireta, ou em funcionário não subordinado à autoridade competente para nomear, o ato de nomeação será precedido da necessária requisição.

§ 3º - A posse em cargo em comissão determina o concomitante afastamento do funcionário do cargo efetivo de que for titular, ressalvados os casos de comprovada acumulação legal.

Art. 9º - Os cargos públicos são providos por:

I - nomeação;

II - promoção;

**III - acesso;*

**Ver Constituição Federal art. 37, inciso II e Constituição Estadual art. 154, inciso II.*

**IV - transferência; *Ver Constituição Federal art. 37, inciso II e Constituição Estadual art. 154, inciso II.*

V - reintegração;

VI - aproveitamento;

VII - reversão;

VIII - transposição;

IX - transformação.

Art. 10 - O ato de provimento deverá indicar a existência de vaga, com os elementos capazes de identificá-la.

Art. 11 - O disciplinamento normativo das formas de provimento dos cargos públicos referidos nos itens VIII e IX do art. 9º é objeto de legislação específica.

6.2.1 Remoção

Art. 37 - Remoção é o deslocamento do funcionário de uma para outra unidade ou entidade do Sistema Administrativo, processada de ofício ou a pedido do funcionário, atendidos o interesse público e a conveniência administrativa.

§ 1º - A remoção respeitará a lotação das unidades ou entidades administrativas interessadas e será realizada, no âmbito de cada uma, pelos respectivos dirigentes e chefes, conforme se dispuser em regulamento.

§ 2º - O funcionário estadual cujo cônjuge, também servidor público, for designado ex-offício para ter exercício em outro ponto do território estadual ou nacional ou for detentor de mandato eletivo, tem direito a ser removido ou posto à disposição da unidade de serviço estadual que houver no lugar de domicílio do cônjuge ou em que funcionar o órgão sede do mandato eletivo, com todos os direitos e vantagens do cargo.

Art. 38 - A remoção por permuta será processada a pedido escrito de ambos os interessados e de acordo com as demais disposições deste Capítulo.

6.2.2 Reintegração

Art. 52 - A reintegração, que decorrerá de decisão administrativa ou judicial, é o reingresso do funcionário no serviço administrativo, com ressarcimento dos vencimentos relativos ao cargo.

Parágrafo único - A decisão administrativa que determinar a reintegração será proferida em recurso ou em virtude de reabilitação funcional determinada em processo de revisão nos termos deste Estatuto.

Art. 53 - A reintegração será feita no cargo anteriormente ocupado, o qual será restabelecido caso tenha sido extinto.

Art. 54 - Reintegrado o funcionário, quem lhe houver ocupado o lugar será reconduzido ao cargo anteriormente ocupado, sem direito a qualquer indenização, ou ficará como excedente da lotação.

Art. 55 - O funcionário reintegrado será submetido a inspeção médica e aposentado, se julgado incapaz.

6.2.3 Aproveitamento

Art. 56 - Aproveitamento é o retorno ao exercício do cargo do funcionário em disponibilidade.

Art. 57 - A juízo e no interesse do Sistema Administrativo, os funcionários estáveis, ocupantes de cargos extintos ou declarados desnecessários, poderão ser compulsoriamente aproveitados em outros cargos compatíveis com a sua aptidão funcional, mantido o vencimento do cargo, ou postos em disponibilidade nos termos do art. 109, parágrafo único da Constituição do Estado.

§ 1º - O aproveitamento dependerá de provas de habilitação, de sanidade e capacidade física mediante exames de suficiência e inspeção médica.

§ 2º - Quando o aproveitamento ocorrer em cargo cujo vencimento for inferior ao do anteriormente ocupado, o funcionário perceberá a diferença a título de vantagem pessoal, incorporada ao vencimento para fins de progressão horizontal, disponibilidade e aposentadoria.

§ 3º - Não se abrirá concurso público, nem se preencherá vaga no Sistema Administrativo Estadual sem que se verifique, previamente, a inexistência de funcionário a aproveitar, possuidor da necessária habilitação.

Art. 59 - Será tornado sem efeito o aproveitamento e cassada a disponibilidade do funcionário, se este, cientificado, expressamente, do ato de aproveitamento, não tomar posse no prazo legal, salvo caso de doença comprovada em inspeção médica.

Parágrafo único - Provada em inspeção médica a incapacidade definitiva, a disponibilidade será convertida em aposentadoria, com a sua consequente decretação.

6.2.4 Reversão

Art. 60 - Reversão é o reingresso no Sistema Administrativo do aposentado por invalidez, quando insubsistentes os motivos da aposentadoria.

Art. 61 - A reversão far-se-á de ofício ou a pedido, de preferência no mesmo cargo ou naquele em que se tenha transformado, ou em cargo de vencimentos e atribuições equivalentes aos do cargo anteriormente ocupado, atendido o requisito da habilitação profissional.

Parágrafo único - São condições essenciais para que a reversão se efetive:

a) que o aposentado não haja completado 60 (sessenta) anos de idade;

b) que o inativo seja julgado apto em inspeção médica;

c) que a Administração considere de interesse do Sistema Administrativo o reingresso do aposentado na atividade.

6.2.5 Concurso

O concurso público de provas ou de provas e títulos é obrigatório para o ingresso efetivo no serviço público.

6.2.6 Nomeação

A nomeação será em caráter vitalício, nos casos expressamente previstos na Constituição, e em caráter efetivo, quando se tratar de nomeação para cargo da classe inicial ou singular de determinada categoria funcional.

Pode ainda ser em comissão, de livre nomeação e exoneração, consistindo em ato discricionário da Administração Pública.

Art. 17 - A nomeação será feita:

I - em caráter vitalício, nos casos expressamente previstos na Constituição;

II - em caráter efetivo, quando se tratar de nomeação para cargo da classe inicial ou singular de determinada categoria funcional;

III - em comissão, quando se tratar de cargo que assim deve ser provido.

Parágrafo único - Em caso de impedimento temporário do titular do cargo em comissão, a autoridade competente nomeará o substituto, exonerando-o, findo o período da substituição.

Art. 18 - Será tornada sem efeito a nomeação quando, por ato ou omissão do nomeado, a posse não se verificar no prazo para esse fim estabelecido.

6.3 Posse

Posse é o fato que completa a investidura em cargo público. Não haverá posse nos casos de promoção, acesso e reintegração.

Requisitos da posse:

- Ser brasileiro;
- Ter a maioridade;
- Estar no gozo dos direitos políticos;
- Estar quite com as obrigações militares e eleitorais;
- Ter boa conduta;
- Gozar saúde;
- Possuir aptidão para o cargo;
- Ter-se habilitado previamente em concurso, exceto nos casos de nomeação para cargo em comissão ou outra forma de provimento para a qual não se exija o concurso;
- Ter atendido às condições especiais, prescritas em lei ou regulamento para determinados cargos ou categorias funcionais.

São competentes para dar posse:

- O Governador do Estado, às autoridades que lhe são diretamente subordinadas;
- Os Secretários de Estado, aos dirigentes de repartições que lhes são diretamente subordinadas;
- Os dirigentes das Secretarias Administrativas, ou unidades de administração geral equivalente, da Assembleia Legislativa, do Tribunal de Contas do Estado, e do Conselho de Contas dos Municípios, aos seus funcionários, se de outra maneira não estabelecerem as respectivas leis orgânicas e regimentos internos;
- O Diretor-Geral do órgão central do sistema de pessoal, aos demais funcionários da Administração Direta;
- Os dirigentes das Autarquias, aos funcionários dessas entidades.

Poderá haver posse por procuração, quando se tratar de funcionário ausente do País ou do Estado, ou, ainda, em casos especiais, a juízo da autoridade competente.

A posse ocorrerá no prazo de 30 dias da publicação do ato de provimento no órgão oficial. A requerimento do funcionário ou de seu representante legal, a autoridade competente para dar posse poderá prorrogar o prazo até o máximo de 60 dias contados do seu término.

Art. 19 - Posse é o fato que completa a investidura em cargo público.

Parágrafo único - Não haverá posse nos casos de promoção, acesso e reintegração.

Art. 20 - Só poderá ser empossado em cargo público quem satisfizer os seguintes requisitos:

I - ser brasileiro;

II - ter completado 18 anos de idade;

III - estar no gozo dos direitos políticos;

IV - estar quite com as obrigações militares e eleitorais;

V - ter boa conduta;

VI - gozar saúde, comprovada em inspeção médica, na forma legal e regulamentar;

VII - possuir aptidão para o cargo;

VIII - ter-se habilitado previamente em concurso, exceto nos casos de nomeação para cargo em comissão ou outra forma de provimento para a qual não se exija o concurso;

IX - ter atendido às condições especiais, prescritas em lei ou regulamento para determinados cargos ou categorias funcionais.

§ 1º - A prova das condições a que se refere os itens I e II deste artigo não será exigida nos casos de transferência, aproveitamento e reversão.

§ 2º - Ninguém poderá ser empossado em cargo efetivo sem declarar, previamente, que não ocupa outro cargo ou exerce função ou emprego público da União, dos Estados, dos Municípios, do Distrito Federal, dos Territórios, de Autarquias, empresas públicas e sociedades de economia mista, ou apresentar comprovante de exoneração ou dispensa do outro cargo que ocupava, ou da função ou emprego que exerce, ou, ainda, nos casos de acumulação legal, comprovante de ter sido a mesma julgada lícita pelo órgão competente.

Art. 21 - São competentes para dar posse:

I - o Governador do Estado, às autoridades que lhe são diretamente subordinadas;

II - os Secretários de Estado, aos dirigentes de repartições que lhes são diretamente subordinadas;

III - os dirigentes das Secretarias Administrativas, ou unidades de administração geral equivalente, da Assembleia Legislativa, do Tribunal de Contas do Estado, e do Conselho de Contas dos Municípios, aos seus funcionários, se de outra maneira não estabelecerem as respectivas leis orgânicas e regimentos internos;

IV - o Diretor-Geral do órgão central do sistema de pessoal, aos demais funcionários da Administração Direta;

V - os dirigentes das Autarquias, aos funcionários dessas entidades.

Art. 22 - No ato da posse será apresentada declaração, pelo funcionário empossado, dos bens e valores que constituem o seu patrimônio, nos termos da regulamentação própria.

**Regulamentado pelo Decreto nº 11.471, de 29.9.1975 - D. O. 4.12.1975 - Apêndice.*

Art. 23 - Poderá haver posse por procuração, quando se tratar de funcionário ausente do País ou do Estado, ou, ainda, em casos especiais, a juízo da autoridade competente.

Art. 24 - A autoridade de que der posse verificará, sob pena de responsabilidade:

I - se foram satisfeitas as condições legais para a posse;

II - se do ato de provimento consta a existência de vaga, com os elementos capazes de identificá-la;

III - em caso de acumulação, se pelo órgão competente foi declarada lícita.

Art. 25 - A posse ocorrerá no prazo de 30 (trinta) dias da publicação do ato de provimento no órgão oficial.

Parágrafo único - A requerimento do funcionário ou de seu representante legal, a autoridade competente para dar posse poderá prorrogar o prazo previsto neste artigo, até o máximo de 60 (sessenta) dias contados do seu término.

6.4 Exercício

Ao dirigente da repartição para onde for designado o funcionário compete dar-lhe exercício.

O exercício funcional terá início no prazo de trinta dias, contados da data: da publicação oficial do ato, no caso de reintegração; da posse, nos demais casos.

Art. 31 - O início, a interrupção e o reinício do exercício das atribuições do cargo serão registrados no cadastro individual do funcionário.

Art. 32 - Ao dirigente da repartição para onde for designado o funcionário compete dar-lhe exercício.

Art. 33 - O exercício funcional terá início no prazo de trinta dias, contados da data:

I - da publicação oficial do ato, no caso de reintegração;

II - da posse, nos demais casos.

Art. 34 - O funcionário terá exercício na repartição onde for lotado o cargo por ele ocupado, não podendo dela se afastar, salvo nos casos previstos em lei ou regulamento.

§ 1º - O afastamento não se prolongará por mais de quatro anos consecutivos, salvo:

I - quando para exercer as atribuições de cargo ou função de direção ou de Governo dos Estados, da União, Distrito Federal, Territórios e Municípios e respectivas entidades da administração indireta;

II - quando à disposição da Presidência da República;

III - quando para exercer mandato eletivo, estadual, federal ou municipal, observado, quanto a este, o disposto na legislação especial pertinente;

IV - quando convocado para serviço militar obrigatório;

V - quando se tratar de funcionário no gozo de licença para acompanhar o cônjuge.

§ 2º - Preso preventivamente, pronunciado por crime comum ou denunciado por crime inafiançável, em processo do qual não haja pronúncia, o funcionário será afastado do exercício, até sentença passada em julgado.

§ 3º - O funcionário afastado nos termos do parágrafo anterior terá direito à percepção do benefício do auxílio-reclusão, nos termos desta Lei.

6.5 Estágio probatório

É o triênio de efetivo exercício no cargo de provimento efetivo, contado do início do exercício funcional, durante o qual é observado o atendimento dos requisitos necessários à confirmação do servidor nomeado em virtude de concurso público.

O servidor em estágio probatório não fará jus a ascensão funcional.

As faltas disciplinares cometidas pelo servidor após o decurso do estágio probatório e antes da conclusão da avaliação especial de desempenho serão apuradas por meio de processo administrativo-disciplinar, precedido de sindicância, esta quando necessária.

Art. 27 - Estágio probatório é o triênio de efetivo exercício no cargo de provimento efetivo, contado do início do exercício funcional, durante o qual é observado o atendimento dos requisitos necessários à confirmação do servidor nomeado em virtude de concurso público.

§ 1º - Como condição para aquisição da estabilidade, é obrigatória a avaliação especial de desempenho por comissão instituída para essa finalidade.

§ 2º - A avaliação especial de desempenho do servidor será realizada:

a) extraordinariamente, ainda durante o estágio probatório, diante da ocorrência de algum fato dela motivador, sem prejuízo da avaliação ordinária;

b) ordinariamente, logo após o término do estágio probatório, devendo a comissão ater-se exclusivamente ao desempenho do servidor durante o período do estágio.

§ 3º - Além de outros específicos indicados em lei ou regulamento, os requisitos de que trata este artigo são os seguintes:

I - adaptação do servidor ao trabalho, verificada por meio de avaliação da capacidade e qualidade no desempenho das atribuições do cargo;

II - equilíbrio emocional e capacidade de integração;

III - cumprimento dos deveres e obrigações do servidor público, inclusive com observância da ética profissional.

§ 4º - O estágio probatório corresponderá a uma complementação do concurso público a que se submeteu o servidor, devendo ser obrigatoriamente acompanhado e supervisionado pelo Chefe Imediato.

§ 5º - Durante o estágio probatório, os cursos de treinamento para formação profissional ou aperfeiçoamento do servidor, promovidos gratuitamente pela Administração, serão de participação obrigatória e o resultado obtido pelo servidor será considerado por ocasião da avaliação especial de desempenho, tendo a reprovação caráter eliminatório.

§ 6º Fica vedada qualquer espécie de afastamento dos servidores em estágio probatório, ressalvados os casos previstos nos incisos I, II, III, IV, V, VI, VIII, IX, X, XII, XIII, XV, XVI, XVII e XXI do art. 68 da Lei nº 9.826, de 14 de maio de 1974.

§ 7º - O servidor em estágio probatório não fará jus a ascensão funcional.

§ 8º - As faltas disciplinares cometidas pelo servidor após o decurso do estágio probatório e antes da conclusão da avaliação especial de desempenho serão apuradas por meio de processo administrativo-disciplinar, precedido de sindicância, essa quando necessária.

§ 9º - São independentes as instâncias administrativas da avaliação especial de desempenho e do processo administrativo-disciplinar, na hipótese do parágrafo anterior, sendo que resultando exoneração ou demissão do servidor, em qualquer dos procedimentos, restará prejudicado o que estiver ainda em andamento.

§ 10. Na hipótese de afastamento do servidor em estágio probatório para os fins previstos nos incisos V, VI, VIII, IX, X, XIII, XV, XVI,

XVIII e XIX do art. 68, fica suspenso o estágio probatório durante o período de afastamento, retornando o cômputo após retorno ao exercício efetivo, pelo prazo correspondente ao afastamento.

§ 11. O servidor em estágio probatório poderá exercer cargo de provimento em comissão ou função de direção, chefia ou assessoramento no seu órgão ou entidade de origem, com função ou funções similares ao cargo para o qual foi aprovado em concurso público, computando-se o tempo para avaliação essencial de desempenho do estágio probatório.

§ 12. O servidor em estágio probatório poderá ser cedido para órgão da Administração Pública direta ou indireta para exercer quaisquer cargos de provimento em comissão ou funções de direção, chefia ou assessoramento no âmbito Federal, Municipal ou Estadual, com ônus para o destino, restando suspenso o computo do estágio probatório, voltando este a ser contado a partir do término da cessão e, consequente retorno à origem.

Art. 28 - O servidor que durante o estágio probatório não satisfizer qualquer dos requisitos previstos no § 3º do artigo anterior, será exonerado, nos casos dos itens I e II, e demitido na hipótese do item III.

Parágrafo único - O ato de exoneração ou de demissão do servidor em razão de reprovação na avaliação especial de desempenho será expedido pela autoridade competente para nomear.

Art. 29 – O ato administrativo declaratório da estabilidade do servidor no cargo de provimento efetivo, após cumprimento do estágio probatório e aprovação na avaliação especial de desempenho, será expedido do término do período do estágio probatório.

Art. 30 - O funcionário estadual que, sendo estável, tomar posse em outro cargo para cuja confirmação se exige estágio probatório, será afastado do exercício das atribuições do cargo que ocupava, com suspensão do vínculo funcional nos termos do artigo 66, item I, alíneas a, b e c desta lei.

Parágrafo único - Não se aplica o disposto neste artigo aos casos de acumulação lícita.

6.6 Vacância dos cargos

Art. 62 - A vacância do cargo resultará de:

I - exoneração;

II - demissão;

III - ascensão funcional;

IV - aposentadoria;

V - falecimento.

Art. 63 - Dar-se-á exoneração:

I - a pedido do funcionário;

II - de ofício, nos seguintes casos:

a) quando se tratar de cargo em comissão;

b) quando se tratar de posse em outro cargo ou emprego da União, do Estado, do Município, do Distrito Federal, dos Territórios, de Autarquia, de Empresas Públicas ou de Sociedade de Economia Mista, ressalvados os casos de substituição, cargo de Governo ou de direção, cargo em comissão e acumulação legal desde que, no ato de provimento, seja mencionada esta circunstância;

c) na hipótese do não atendimento do prazo para início de exercício, de que trata o artigo 33;

d) na hipótese do não cumprimento dos requisitos do estágio, nos termos do art. 27.

Art. 64 - A vaga ocorrerá na data:

I - da vigência do ato administrativo que lhe der causa;

II - da morte do ocupante do cargo;

III - da vigência do ato que criar e conceder dotação para o seu provimento ou do que determinar esta última medida, se o cargo já estiver criado;

IV - da vigência do ato que extinguir cargo e autorizar que sua dotação permita o preenchimento de cargo vago.

Parágrafo único - Verificada a vaga serão consideradas abertas, na mesma data, todas as que decorrerem de seu preenchimento.

6.7 Direitos, vantagens e autorizações

6.7.1 Cômputo do tempo de serviço

Tempo de serviço compreende o período de efetivo exercício das atribuições de cargo ou emprego público.

Art. 67 - Tempo de serviço, para os efeitos deste Estatuto, compreende o período de efetivo exercício das atribuições de cargo ou emprego público.

Art. 68 - Será considerado de efetivo exercício o afastamento em virtude de:

I - férias;

II - casamento, até oito dias;

III - luto, até oito dias, por falecimento de cônjuge ou companheiro, parentes, consanguíneos ou afins, até o 2º grau, inclusive madrasta, padrasto e pais adotivos;

IV - luto, até dois dias, por falecimento de tio e cunhado;

V - exercício das atribuições de outro cargo estadual de provimento em comissão, inclusive da Administração Indireta do Estado;

VI - convocação para o Serviço Militar;

VII - júri e outros serviços obrigatórios;

VIII - desempenho de função eletiva federal, estadual ou municipal, observada quanto a esta, a legislação pertinente;

IX - exercício das atribuições de cargo ou função de Governo ou direção, por nomeação do Governador do Estado;

X - licença por acidente no trabalho, agressão não provocada ou doença profissional;

XII - licença à funcionária gestante;

XIII - licença para tratamento de saúde;

XIV - licença para tratamento de moléstias que impossibilitem o funcionário definitivamente para o trabalho, nos termos em que estabelecer Decreto do Chefe do Poder Executivo;

XV - doença, devidamente comprovada, até 36 dias por ano e não mais de 3 (três) dias por mês;

XVI - missão ou estudo noutras partes do território nacional ou no estrangeiro, quando o afastamento houver sido expressamente autorizado pelo Governador do Estado, ou pelos Chefes dos Poderes Legislativo e Judiciário;

XVII - decorrente de período de trânsito, de viagem do funcionário que mudar de sede, contado da data do desligamento e até o máximo de 15 dias;

XVIII - prisão do funcionário, absolvido por sentença transitada em julgado;

XIX - prisão administrativa, suspensão preventiva, e o período de suspensão, neste último caso, quando o funcionário for reabilitado em processo de revisão;

XXI - nascimento de filho, até um dia, para fins de registro civil.

§ 1º - Para os efeitos deste Estatuto, entende-se por acidente de trabalho o evento que cause dano físico ou mental ao funcionário, por efeito ou ocasião do serviço, inclusive no deslocamento para o trabalho ou deste para o domicílio do funcionário.

§ 2º - Equipara-se a acidente no trabalho a agressão, quando não provocada, sofrida pelo funcionário no serviço ou em razão dele.

§ 3º - Por doença profissional, para os efeitos deste Estatuto, entende-se aquela peculiar ou inerente ao trabalho exercido, comprovada, em qualquer hipótese, a relação de causa e efeito.

§ 4º - Nos casos previstos nos §§ 1º, 2º e 3º deste artigo, o laudo resultante da inspeção médica deverá estabelecer, expressamente, a caracterização do acidente no trabalho da doença profissional.

Art. 69. Será computado para efeito de disponibilidade e aposentadoria:

I – o tempo de contribuição para o Regime Geral de Previdência Social – RGPS, bem como para os Regimes Próprios de Previdência Social – RPPS;

II – o período de serviço ativo das Forças Armadas;

III – o tempo de aposentadoria, desde que ocorra reversão;

IV – a licença por motivo de doença em pessoa da família, conforme previsto no art. 99 desta Lei, desde que haja contribuição.

§ 1º No caso previsto no inciso IV, o afastamento superior a 6 (seis) meses obedecerá ao previsto no inciso IV, do art. 66, desta Lei.

§ 2º Na contagem do tempo, de que trata este artigo, deverá ser observado o seguinte:

I – não será admitida a contagem em dobro ou em outras condições especiais;

II – é vedada a contagem de tempo de contribuição, quando concomitantes;

III – não será contado, por um sistema, o tempo de contribuição utilizado para a concessão de algum benefício, por outro.

§ 3º O tempo de contribuição, a que alude o inciso I deste artigo, será computado à vista de certidões passadas com base em folha de pagamento.

Art. 70. A apuração do tempo de contribuição será feita em anos, meses e dias.

§ 1º O ano corresponderá a 365 (trezentos e sessenta e cinco) dias e o mês aos 30 (trinta) dias.

§ 2º Para o cálculo de qualquer benefício, depois de apurado o tempo de contribuição, este será convertido em dias, vedado qualquer forma de arredondamento.

Art. 71. É vedado:

I – o cômputo de tempo fictício para o cálculo de benefício previdenciário;

II – a concessão de aposentadoria especial, nos termos do art. 40, § 4º da Constituição Federal, até que Lei Complementar Federal discipline a matéria;

III – a percepção de mais de uma aposentadoria à conta do Sistema Único de Previdência Social dos Servidores Públicos Civis e Militares, dos Agentes Públicos e dos Membros de Poder do Estado do Ceará – SUPSEC, ressalvadas as decorrentes dos cargos acumuláveis previstos na Constituição Federal;

IV – a percepção simultânea de proventos de aposentadoria decorrente de regime próprio de servidor titular de cargo efetivo, com a remuneração de cargo, emprego ou função pública, ressalvados os cargos acumuláveis previstos na Constituição Federal, os eletivos e os cargos em comissão declarados em Lei de livre nomeação e exoneração.

§ 1º Não se considera fictício o tempo definido em Lei como tempo de contribuição para fins de concessão de aposentadoria quando tenha havido, por parte do servidor, a prestação de serviço ou a correspondente contribuição.

§ 2º A vedação prevista no inciso IV, não se aplica aos membros de Poder e aos inativos, servidores e militares que, até 16 de dezembro de 1998, tenham ingressado novamente no serviço público por concurso público de provas ou de provas e títulos, e pelas demais formas previstas na Constituição Federal, sendo-lhes proibida a percepção de mais de uma aposentadoria pelo Sistema Único de Previdência Social dos Servidores Públicos Civis e Militares, dos Agentes Públicos e dos Membros de Poder do Estado do Ceará – SUPSEC, exceto se decorrentes de cargos acumuláveis previstos na Constituição Federal.

§ 3º O servidor inativo para ser investido em cargo público efetivo não acumulável com aquele que gerou a aposentadoria deverá renunciar aos proventos dessa.

§ 4º O aposentado pelo Sistema Único de Previdência Social dos Servidores Públicos Civis e Militares, dos Agentes Públicos e dos Membros de Poder do Estado do Ceará – SUPSEC, que estiver exercendo ou que voltar a exercer atividade abrangida por este regime é segurado obrigatório em relação a essa atividade, ficando sujeito às contribuições, de que trata esta Lei, para fins de custeio da Previdência Social, na qualidade de contribuinte solidário.

Art. 72. Observadas as disposições do artigo anterior, o servidor poderá desaverbar, em qualquer época, total ou parcialmente, seu tempo de contribuição, desde que não tenha sido computado este tempo para a concessão de qualquer benefício.

6.7.2 Estabilidade e vitaliciedade

Estabilidade é o direito que adquire o funcionário efetivo de não ser exonerado ou demitido, senão por sentença judicial ou inquérito administrativo, em que lhe tenha sido assegurada ampla defesa.

A estabilidade do servidor se dará após três anos de efetivo exercício no serviço público, conforme alteração constitucional pela EC nº 19/98, apesar da Lei Estadual original mencionar apenas dois anos.

Vitaliciedade é algo mais que estabilidade, pois consiste na entrega do cargo do servidor ocupante, de modo que este se aposenta e leva consigo o cargo. O funcionário só perderá o cargo vitalício em virtude de sentença judicial.

> *Art. 73 - Estabilidade é o direito que adquire o funcionário efetivo de não ser exonerado ou demitido, senão em virtude de sentença judicial ou inquérito administrativo, em que se lhe tenha sido assegurada ampla defesa.*
>
> *Art. 74 - A estabilidade assegura a permanência do funcionário no Sistema Administrativo.*
>
> *Art. 75 - O funcionário nomeado em virtude de concurso público adquire estabilidade depois de decorridos dois anos de efetivo exercício.*
>
> *Parágrafo único - A estabilidade funcional é incompatível com o cargo em comissão.*
>
> *Art. 76 - O funcionário perderá o cargo vitalício somente em virtude de sentença judicial.*

6.7.3 Disponibilidade

É o afastamento de exercício de funcionário estável em virtude da extinção do cargo, ou da decretação de sua desnecessidade.

Extinto o cargo ou declarada sua desnecessidade, o servidor ficará em disponibilidade, percebendo remuneração proporcional.

> *Art. 77 - Disponibilidade é o afastamento de exercício de funcionário estável em virtude da extinção do cargo, ou da decretação de sua desnecessidade.*
>
> *§ 1º Extinto o cargo ou declarada sua desnecessidade, o servidor estável ficará em disponibilidade, percebendo remuneração proporcional ao tempo de serviço, não inferior a 20% (vinte por cento) da última remuneração percebida, sendo por cada dia de contribuição, à razão de:*
>
> *I – 1/12.775 (um doze mil, setecentos e setenta e cinco avos) da remuneração por cada dia trabalhado, se homem; e*
>
> *II – 1/10.950 (um dez mil, novecentos e cinquenta avos) da remuneração por cada dia trabalhado, se mulher.*
>
> *§ 2º A apuração do tempo de serviço será feita em dias, sendo o número de dias convertido em anos, considerando-se o ano de 365 (trezentos e sessenta e cinco) dias, permitido o arredondamento para um ano, na conclusão da conversão, o que exceder a 182 (cento e oitenta e dois) dias.*
>
> *§ 3º Aplicam-se aos vencimentos da disponibilidade os mesmos critérios de atualização, estabelecidos para os funcionários ativos em geral.*

6.7.4 Férias

O funcionário gozará de 30 dias de férias por ano, consecutivos ou não, de acordo com a escala organizada pelo dirigente da unidade em que trabalha.

O funcionário não poderá gozar, por ano, mais de dois períodos de férias.

É vedado levar à conta de férias qualquer falta ao serviço, devendo tais ausências, caso não justificadas, serem descontadas da sua remuneração.

A promoção e a remoção não interromperão as férias.

> *Art. 78 - O funcionário gozará trinta dias consecutivos, ou não, de férias por ano, de acordo com a escala organizada pelo dirigente da Unidade Administrativa, na forma do regulamento.*

§ 1º Se a escala não tiver sido organizada, ou houver alteração do exercício funcional, com a movimentação do funcionário, a este caberá requerer, ao superior hierárquico, o gozo das férias, podendo a autoridade, apenas, fixar a oportunidade do deferimento do pedido, dentro do ano a que se vincular o direito do servidor.

§ 2º O funcionário não poderá gozar, por ano, mais de dois períodos de férias.

§ 3º O funcionário terá direito a férias após cada ano de exercício no Sistema Administrativo.

§ 4º É vedado levar à conta de férias qualquer falta ao serviço.

Art. 79 - A promoção, o acesso, a transferência e a remoção não interromperão as férias.

6.8 Licenças

Poderá ser determinada ou prorrogada de ofício ou a pedido.

O ocupante de cargo em comissão, mesmo que não titular de cargo efetivo, terá direito a alguns tipos de licenças (I a IV).

A licença poderá ser determinada ou prorrogada, de ofício ou a pedido.

O pedido de prorrogação de verá ser apresentado antes de finalizada a licença, e, se indeferido, contar-se-á como licença o período compreendido entre a data do término e a do conhecimento oficial do despacho.

Art. 80 - Será licenciado o funcionário:

I - para tratamento de saúde;

III - por motivo de doença em pessoa da família;

IV - quando gestante;

V - para serviço militar obrigatório;

VI - para acompanhar o cônjuge;

Art. 81 - A licença dependente de inspeção médica terá a duração que for indicada no respectivo laudo.

§ 1º Findo esse prazo, o paciente será submetido à nova inspeção, devendo o laudo concluir pela volta do funcionário ao exercício, pela prorrogação da licença ou, se for o caso, pela aposentadoria.

§ 2º Terminada a licença o funcionário reassumirá imediatamente o exercício.

Art. 82 - A licença poderá ser determinada ou prorrogada, de ofício ou a pedido.

Parágrafo único - O pedido de prorrogação deverá ser apresentado antes de finda à licença, e, se indeferido, contar-se-á como licença o período compreendido entre a data do término e a do conhecimento oficial do despacho.

Art. 83 - A licença gozada dentro de sessenta dias, contados da determinação da anterior será considerada como prorrogação.

Art. 84 - O funcionário não poderá permanecer em licença por prazo superior a vinte e quatro meses, salvo nos casos dos itens II, III, V e VI do art. 80, deste Estatuto.

Art. 86 - São competentes para licenciar o funcionário os dirigentes do Sistema Administrativo Estadual, admitida à delegação, na forma do Regulamento.

6.8.1 Tratamento de saúde

Precederá a inspeção médica.

No curso de licença, o funcionário abster-se-á de qualquer atividade remunerada, sob pena de interrupção imediata da mesma licença, com perda total dos vencimentos, até que reassuma o exercício.

Art. 88 - A licença para tratamento de saúde precederá a inspeção médica, nos termos do Regulamento.

Art. 89 - O servidor será compulsoriamente licenciado quando sofrer uma dessas doenças graves, contagiosas ou incuráveis: tuberculose ativa, alienação mental, neoplasia maligna, cegueira, hanseníase, paralisia irreversível e incapacitante, cardiopatia grave, doença de Parkson, espondiloartrose anquilosante, epilepsia vera, nefropatia grave, estado avançado da doença Paget (osteíte deformante), síndrome da deficiência imunológica adquirida – Aids, contaminação por radiação, com base em conclusão da medicina especializada, hepatopatia e outras que forem disciplinadas em Lei.

Art. 90 - Verificada a cura clínica, o funcionário licenciado voltará ao exercício, ainda quando deva continuar o tratamento, desde que comprovada por inspeção médica capacidade para a atividade funcional.

Art. 91 - Expirado o prazo de licença previsto no laudo médico, o funcionário será submetido à nova inspeção, e aposentado, se for julgado inválido.

Parágrafo único. Na hipótese prevista neste artigo, o tempo necessário para a nova inspeção será considerado como de prorrogação da licença e, no caso de invalidez, a inspeção ocorrerá a cada 2 (dois) anos.

Art. 92 - No processamento das licenças para tratamento de saúde será observado sigilo no que diz respeito aos laudos médicos.

Art. 93 - No curso da licença, o funcionário abster-se-á de qualquer atividade remunerada, sob pena de interrupção imediata da mesma licença, com perda total dos vencimentos, até que reassuma o exercício.

Art. 94 - O funcionário não poderá recusar a inspeção médica determinada pela autoridade competente, sob pena de suspensão do pagamento dos vencimentos, até que seja realizado exame.

Art. 95 - Considerado apto em inspeção médica, o funcionário reassumirá o exercício imediatamente, sob pena de se apurarem como faltas os dias de ausência.

Art. 96 - No curso da licença poderá o funcionário requerer inspeção médica, caso se julgue em condições de reassumir o exercício.

Art. 97 - Serão integrais os vencimentos do funcionário licenciado para tratamento de saúde.

Parágrafo único. O pagamento dos vencimentos do servidor licenciado para tratamento de saúde é mantido por recursos do respectivo órgão de origem.

6.8.2 Por motivo de doença em pessoa da família

A doença será comprovada mediante inspeção médica.

A licença só será deferida em razão de doença nos seguintes parentes do licenciado: pais, filhos, cônjuge não separado ou companheiro.

O licenciado perceberá vencimentos integrais por um período de até 6 meses. Após esse período, não fará mais jus a qualquer vencimento. Se o licenciado tiver interesse em se aposentar, deverá recolher mensalmente o percentual de 33% incidente sobre o valor de sua última remuneração para fins de contribuição previdenciária, que será destinada ao SUPSEC. Entretanto, tal forma de contribuição só poderá ser mantido pelo prazo máximo de 4 anos.

Art. 99 – O servidor poderá ser licenciado por motivo de doença na pessoa dos pais, filhos, cônjuge do qual não esteja separado e de companheiro(a), desde que prove ser indispensável a sua assistência pessoal e esta não possa ser prestada simultaneamente com exercício funcional.

§ 1º - Provar-se-á a doença mediante inspeção médica realizada conforme as exigências contidas neste Estatuto quanto à licença para tratamento de saúde.

§ 2º - A necessidade de assistência ao doente, na forma deste artigo, será comprovada mediante parecer do Serviço de Assistência Social, nos termos do Regulamento.

§ 3º. O funcionário licenciado, nos termos desta seção, perceberá vencimentos integrais até 6 (seis) meses. Após este prazo o servidor obedecerá ao disposto no inciso IV, do art. 66 desta Lei, até o limite de 4 (quatro) anos, devendo retornar a suas atividades funcionais imediatamente ao fim do período.

6.8.3 Gestante

Segundo a Lei nº 9.826/74 será concedida a partir de 4 meses de licença para a gestante, que será deferida a partir do 8º mês de gestação, salvo prescrição médica.

Durante o período de licença-maternidade, o exercício de qualquer atividade remunerada a servidora fica vedado, assim como a criança não poderá ser mantida em creche ou organização similar, sob pena de perda do direito e responsabilização administrativa.

Art. 100 – Fica garantida a possibilidade de prorrogação, por mais 60 (sessenta) dias, da licença-maternidade, prevista nos art. 7º, inciso XVIII, e 39, § 3º, da Constituição Federal destinada às servidoras públicas estaduais.

§ 1° - A prorrogação de que trata este artigo será assegurada à servidora estadual mediante requerimento efetivado até o final do primeiro mês após o parto, e concedida imediatamente após a fruição da licença-maternidade de que trata o art. 7º, inciso XVIII, da Constituição Federal. (NR)

§ 2° - Durante o período de prorrogação da licença-maternidade, a servidora estadual terá direito à sua remuneração integral.

§ 3° - É vedado durante a prorrogação da licença-maternidade tratada neste artigo o exercício de qualquer atividade remunerada pela servidora beneficiária, e a criança não poderá ser mantida em creches ou organização similar, sob pena da perda do direito do benefício e consequente apuração da responsabilidade funcional.

§ 4º O pagamento dos vencimentos da servidora em licença-maternidade, inclusive no período de prorrogação, é mantido por recursos do respectivo órgão de origem.

6.8.4 Serviço militar obrigatório

O funcionário que for convocado para o serviço militar será licenciado com vencimentos integrais.

O funcionário terá 30 dias para retornar o exercício do cargo, sem perda dos vencimentos, quando desincorporado.

Art. 101 - O funcionário que for convocado para o serviço militar será licenciado com vencimentos integrais, ressalvado o direito de opção pela retribuição financeira do serviço militar.

§ 1º Ao servidor desincorporado conceder-se-á prazo não excedente a 30 (trinta) dias para que reassuma o exercício do cargo, sem perda de vencimentos.

§ 2º O servidor, de que trata o caput deste artigo, contribuirá para o Sistema Único de Previdência Social dos Servidores Públicos Civis e Militares, dos Agentes Públicos e dos Membros de Poder do Estado do Ceará – SUPSEC, mesmo que faça opção pela retribuição financeira do serviço militar.

Art. 102 - O funcionário, Oficial da Reserva não remunerada das Forças Armadas, será licenciado, com vencimentos integrais, para cumprimento dos estágios previstos pela legislação militar, garantido o direito de opção.

6.8.5 Acompanhar cônjuge

Sem direito a vencimento.

O requerimento dependerá de transferência do cônjuge, de ofício. Ou seja, faz-se necessário que o cônjuge do funcionário tenha sido transferido a pedido da Administração Pública e não por sua livre vontade.

A licença dependerá do requerimento devidamente instruído, admitida a renovação, independente de reassunção do exercício.

Finda a causa da licença, o funcionário deverá retornar ao exercício em até 30 dias, após o qual sua ausência será considerada abandono de cargo.

O cônjuge do funcionário estadual deverá pertencer aos quadros da Administração Pública.

Art. 103 - O funcionário terá direito a licença sem vencimento, para acompanhar o cônjuge, também servidor público, quando, de ofício, for mandado servir em outro ponto do Estado, do Território Nacional, ou no Exterior.

§ 1º - A licença dependerá do requerimento devidamente instruído, admitida à renovação, independentemente de reassunção do exercício.

§ 2º - Finda a causa da licença, o funcionário retornará ao exercício de suas funções, no prazo de trinta dias, após o qual sua ausência será considerada abandono de cargo.

§ 3º - Existindo no novo local de residência repartição estadual, o funcionário nela será lotado, enquanto durar a sua permanência ali.

Art. 104 - Nas mesmas condições estabelecidas no artigo anterior o funcionário será licenciado quando o outro cônjuge esteja no exercício de mandato eletivo fora de sua sede funcional.

6.9 Autorizações

Consiste em afastamento do funcionário em 3 hipóteses:

- ▷ sem prejuízo dos vencimentos, quando:
  - for estudante, para incentivo a sua formação.
  - for realizar missão ou estudo dentro ou fora do País.
  - casamento até 8 dias.
  - luto, até 8 dias em decorrência de falecimento do cônjuge ou companheiro, parentes consanguíneos ou afins, até 2º grau, inclusive madrasta, padrasto ou pais adotivos. Será de até 2 dias por tio ou cunhado.
- ▷ sem direito a percepção de vencimentos: para tratar de interesse particular.
- ▷ com ou sem direito a percepção de vencimento: conforme regulamento, quando para o exercício das atribuições do cargo, função ou emprego em outras entidades.

Art. 110 - Os dirigentes do Sistema Administrativo Estadual autorizarão o funcionário a se afastar do exercício funcional de acordo com o disposto em Regulamento:

I - sem prejuízo dos vencimentos quando:

a) for estudante, para incentivo à sua formação profissional e dentro dos limites estabelecidos neste Estatuto;

b) for estudar em outro ponto do território nacional ou no estrangeiro;

c) por motivo de casamento, até o máximo de 8 (oito) dias;

d) por motivo de luto até 8 (oito) dias, em decorrência de falecimento de cônjuge ou companheiro, parentes consanguíneos ou afins, até o 2º grau, inclusive madrasta, padrasto e pais adotivos;

e) por luto, até 2 (dois) dias, por falecimento de tio e cunhado;

f) for realizar missão oficial em outro ponto do território nacional ou no estrangeiro.

II - sem direito à percepção dos vencimentos, quando se tratar de afastamento para trato de interesses particulares;

III - com ou sem direito à percepção dos vencimentos, conforme se dispuser em regulamento, quando para o exercício das atribuições de cargo, função ou emprego em entidades e órgãos estranhos ao Sistema Administrativo Estadual.

§ 1º Nos casos previstos nas alíneas a e b, o servidor só poderá solicitar exoneração após o seu retorno, desde que trabalhe no mínimo o dobro do tempo em que esteve afastado, ou reembolse o montante corrigido monetariamente que o Estado desembolsou durante seu afastamento.

§ 2º Os dirigentes do Sistema Administrativo Estadual poderão, ainda, autorizar o servidor, ocupante do cargo efetivo ou em comissão, a integrar ou assessorar comissões, grupos de trabalho ou programas, com ou sem afastamento do exercício funcional e sem prejuízo dos vencimentos.

6.9.1 Autorizações para incentivo à formação profissional

Até 2 horas diárias no início ou término do expediente, para funcionários que frequentem curso regular de 1º e 2º graus ou de ensino superior, devidamente comprovados.

Haverá afastamento no período de provas.

Art. 111 - Poderá ser autorizado o afastamento, até duas horas diárias, ao funcionário que frequente curso regular de 1º e 2º graus ou de ensino superior.

Parágrafo único - A autorização prevista neste artigo poderá dispor que a redução do horário dar-se-á por prorrogação do início ou antecipação do término do expediente, diário, conforme considerar mais conveniente ao estudante e aos interesses da repartição.

Art. 112 - Será autorizado o afastamento do exercício funcional nos dias em que o funcionário tiver que prestar exames para ingresso em curso regular de ensino, ou que, estudante, se submeter a provas.

Art. 113 - O afastamento para missão ou estudo fora do Estado em outro ponto do território nacional ou no estrangeiro será autorizado nos mesmos atos que designarem o funcionário a realizar a missão ou estudo, quando do interesse do Sistema Administrativo Estadual.

Art. 114 - As autorizações previstas nesta Seção dependerão de comprovação, mediante documento oficial, das condições previstas para as mesmas, podendo a autoridade competente exigi-la prévia ou posteriormente, conforme julgar conveniente.

Parágrafo único - Concedida a autorização, na dependência da comprovação posterior, sem que esta tenha sido efetuada no prazo estipulado, a autoridade anulará a autorização, sem prejuízo de outras providências que considerar cabíveis.

6.9.2 Afastamento para trato de interesses particulares

Depois de 3 anos de efetivo exercício, o funcionário poderá obter autorização de afastamento para tratar de seus interesses, por período não superior a 4 anos.

Sem remuneração.

O funcionário deverá aguardar em exercício a autorização para o seu afastamento.

Por necessidade da Administração, poderá ser cassada esta licença, devendo o servidor comparecer em até 30 dias, prorrogável por mais 30 dias, sob pena de abandono do cargo.

Nova autorização só será concedida após o lapso de, pelo menos, 1 ano de efetivo exercício contado da data em que o reassumiu.

> *Art. 115 – Depois de três anos de efetivo exercício e após declaração de aquisição de estabilidade no cargo de provimento efetivo, o servidor poderá obter autorização de afastamento para tratar de interesses particulares, por um período não superior a quatro anos e sem percepção de remuneração.*
>
> *Parágrafo único - O funcionário aguardará em exercício a autorização do seu afastamento.*
>
> *Art. 116 - Não será autorizado o afastamento do funcionário removido antes de ter assumido o exercício.*
>
> *Art. 117 - O funcionário poderá, a qualquer tempo, desistir da autorização concedida, reassumindo o exercício das atribuições do seu cargo.*
>
> *Art. 118 - Quando o interesse do Sistema Administrativo o exigir, a autorização poderá ser cassada, a juízo da autoridade competente, devendo, neste caso, o funcionário ser expressamente notificado para apresentar-se ao serviço no prazo de 30 (trinta) dias, prorrogável por igual período, findo o qual caracterizar-se-á o abandono do cargo.*
>
> *Art. 119 - A autorização para afastamento do exercício para o trato de interesses particulares somente poderá ser prorrogada por período necessário para complementar o prazo previsto no art. 115 deste Estatuto.*
>
> *Art. 120 - O funcionário somente poderá receber nova autorização para o afastamento previsto nesta Seção após decorridos, pelo menos, um ano de efetivo exercício contado da data em que o reassumiu, em decorrência do término do prazo autorizado ou por motivo de desistência ou de cassação de autorização concedida.*

6.10 Regime disciplinar

O funcionário público é administrativamente responsável pelos ilícitos que cometer.

6.10.1 Instâncias de responsabilidade

São independentes as instâncias administrativa, civil e penal, de modo que o servidor pode ser responsabilizado em qualquer delas ao mesmo tempo ou individualmente. Ressaltamos que a absolvição em uma delas não gera a absolvição nas demais.

A única absolvição que gera a absolvição nas demais esferas é a criminal, por dois motivos: inexistência de crime ou erro quanto à pessoa que supostamente o cometeu. Nesses casos, sustará a responsabilidade civil ou administrativa decorrente do mesmo fato.

O ilícito administrativo é punível, independentemente de acarretar resultado perturbador do serviço estadual, ou seja, qualquer ilícito em qualquer esfera é passível de punibilidade.

Apuração da responsabilidade funcional: Será de ofício (diretamente pela autoridade) ou mediante representação, pela autoridade de maior hierarquia no órgão ou ente em que tiver ocorrido a irregularidade. Se praticado fora do local de trabalho, a apuração será realizada pela autoridade de maior hierarquia no órgão ou ente a que pertencer o funcionário. Se vários funcionários estiverem envolvidos, a apuração caberá ao Governador do Estado.

6.10.2 Responsabilidade civil

Conduta funcional comissiva (decorrente do ato) ou omissiva (decorrente da omissão), dolosa ou culposa, que acarrete prejuízo para o patrimônio do Estado, de suas entidades ou de terceiros.

Se o prejuízo for causado ao Estado e o servidor não tiver bens para pagar o prejuízo ocasionado, será descontada em folha de pagamento mediante prestações mensais, não excedentes da décima parte do vencimento.

Em caso de prejuízo a terceiro, o Estado pagará o prejuízo (responsabilidade objetiva do Estado), devendo o servidor fazer o ressarcimento por meio de Ação Regressiva.

6.10.3 Responsabilidade penal

Abrange os crimes e contravenções imputados, por lei, ao funcionário.

Sob pena de responsabilidade o funcionário que exercer chefia, ao tomar conhecimento de um ilícito administrativo, está obrigado a representar perante autoridade competente, a fim de que essa promova a apuração, por meio de sindicância ou inquérito.

Se o comportamento irregular configurar, ao mesmo tempo, as três responsabilidades (administrativa, civil e penal), a autoridade adotará as providências cabíveis.

6.10.4 Responsabilidade administrativa

Consiste em conduta irregular do servidor no exercício de suas atribuições funcionais e que fere ao código de conduta disciplinar da sua categoria.

A legítima defesa (agir com o intuito de proteger a si próprio) e o estado de necessidade (com o intuito de agir de acordo com as suas obrigações e em defesa do Estado e de seu patrimônio) excluem a responsabilidade administrativa, desde que praticados com proporcionalidade. O mesmo ocorre com a alienação mental comprovada, que gera a aposentadoria do funcionário.

6.10.5 Aplicação da sanção

Será proporcional ao ilícito, levando-se em conta os antecedentes do funcionário, as circunstâncias em que o ilícito ocorreu, a gravidade da infração e os danos que dela provierem para o serviço estatal de terceiros.

6.10.6 Extinção da responsabilidade administrativa

Morte do funcionário; prescrição do direito de agir do Estado ou de suas entidades em matéria disciplinar.

O direito ao exercício do poder disciplinar prescreve passados 5 anos da data em que o ilícito tiver ocorrido. São imprescritíveis o ilícito de abandono de cargo e a respectiva sanção.

Art. 174 - O funcionário público é administrativamente responsável, perante seus superiores hierárquicos, pelos ilícitos que cometer.

Art. 175 - Considera-se ilícito administrativo a conduta comissiva ou omissiva, do funcionário, que importe em violação de dever geral ou especial, ou de proibição, fixado neste Estatuto e em sua legislação complementar, ou que constitua comportamento incompatível com o decoro funcional ou social.

Parágrafo único - O ilícito administrativo é punível, independentemente de acarretar resultado perturbador do serviço estadual.

Art. 176 - A apuração da responsabilidade funcional será promovida, de ofício, ou mediante representação, pela autoridade de maior hierarquia no órgão ou na entidade administrativa em que tiver ocorrido a irregularidade. Se tratar de ilícito administrativo praticado fora do local de trabalho, a apuração da responsabilidade será promovida pela autoridade de maior hierarquia no órgão ou na entidade a que pertencer o funcionário a quem se imputar a prática da irregularidade.

Parágrafo único - Se se imputar a prática do ilícito a vários funcionários lotados em órgãos diversos do Poder Executivo, a competência para determinar a apuração da responsabilidade caberá ao Governador do Estado.

Art. 177 - A responsabilidade civil decorre de conduta funcional, comissiva ou omissiva, dolosa ou culposa, que acarrete prejuízo para o patrimônio do Estado, de suas entidades ou de terceiros.

§ 1º - A indenização de prejuízo causado ao Estado ou às suas entidades, no que exceder os limites da fiança, quando for o caso, será liquidada mediante prestações mensais descontadas em folha de pagamento, não excedentes da décima parte do vencimento, à falta de outros bens que respondam pelo ressarcimento.

§ 2º - Em caso de prejuízo a terceiro, o funcionário responderá perante o Estado ou suas entidades, por meio de ação regressiva proposta depois de transitar em julgado a decisão judicial, que houver condenado a Fazenda Pública a indenizar o terceiro prejudicado.

Art. 178 - A responsabilidade penal abrange os crimes e contravenções imputados, por lei, ao funcionário, nesta qualidade.

Art. 179 - São independentes as instâncias administrativas civil e penal, e cumuláveis as respectivas cominações.

§ 1º - Sob pena de responsabilidade, o funcionário que exercer atribuições de chefia, tomando conhecimento de um fato que possa vir a se configurar, ou se configure como ilícito administrativo é obrigado a representar perante a autoridade competente, a fim de que esta promova a sua apuração.

§ 2º - A apuração da responsabilidade funcional será feita por meio de sindicância ou de inquérito.

§ 3º - Se o comportamento funcional irregular configurar, ao mesmo tempo, responsabilidade administrativa, civil e penal, a autoridade que determinou o procedimento disciplinar adotará providências para a apuração do ilícito civil ou penal, quando for o caso, durante ou depois de concluídos a sindicância ou o inquérito.

§ 4º - Fixada a responsabilidade administrativa do funcionário, a autoridade competente aplicará a sanção que entender cabível, ou a que for tipificada neste Estatuto para determinados ilícitos. Na aplicação da sanção, a autoridade levará em conta os antecedentes do funcionário, as circunstâncias em que o ilícito ocorreu, a gravidade da infração e os danos que dela provierem para o serviço estatal de terceiros.

§ 5º - A legítima defesa e o estado de necessidade excluem a responsabilidade administrativa.

§ 6º - A alienação mental, comprovada por meio de perícia médica oficial excluirá, também, a responsabilidade administrativa, comunicando o sindicante ou a Comissão Permanente de Inquérito à autoridade competente o fato, a fim de que seja providenciada a aposentadoria do funcionário.

§ 7º - Considera-se legítima defesa o revide moderado e proporcional à agressão ou à iminência de agressão moral ou física, que atinja ou vise a atingir o funcionário, ou seus superiores hierárquicos ou colegas, ou o patrimônio da instituição administrativa a que servir.

§ 8º - Considera-se em estado de necessidade o funcionário que realiza atividade indispensável ao atendimento de uma urgência administrativa, inclusive para fins de preservação do patrimônio público.

§ 9º - O exercício da legítima defesa e de atividades em virtude do estado de necessidade não serão excludentes de responsabilidade administrativa quando houver excesso, imoderação ou desproporcionalidade, culposos ou dolosos, na conduta do funcionário.

Art. 180 - A apuração da responsabilidade do funcionário processar-se-á mesmo nos casos de alteração funcional, inclusive a perda do cargo.

Art. 181 - Extingue-se a responsabilidade administrativa:

I - com a morte do funcionário;

II - pela prescrição do direito de agir do Estado ou de suas entidades em matéria disciplinar.

Art. 182 - O direito ao exercício do poder disciplinar prescreve passados cinco anos da data em que o ilícito tiver ocorrido.

Parágrafo único - São imprescritíveis o ilícito de abandono de cargo e a respectiva sanção.

Art. 183 - O inquérito administrativo para apuração da responsabilidade do funcionário produzirá, preliminarmente, os seguintes efeitos:

I - afastamento do funcionário indiciado de seu cargo ou função, nos casos de prisão preventiva ou prisão administrativa;

II - sobrestamento do processo de aposentadoria voluntária;

III - proibição do afastamento do exercício, salvo o caso do item I deste artigo;

IV - proibição de concessão de licença, ou o seu sobrestamento, salvo a concedida por motivo de saúde;

V - cessação da disposição, com retorno do funcionário ao seu órgão de origem.

Art. 184 - Assegurar-se-á ao funcionário, no procedimento disciplinar, ampla defesa, consistente, sobretudo:

I - no direito de prestar depoimento sobre a imputação que lhe é feita e sobre os fatos que a geraram;

II - no direito de apresentar razões preliminares e finais, por escrito, nos termos deste Estatuto;

III - no direito de ser defendido por advogado, de sua indicação, ou por defensor público, também advogado, designado pela autoridade competente;

IV - no direito de arrolar e inquirir, reinquirir e contraditar testemunhas, e requerer acareações;

V - no direito de requerer todas as provas em direito permitidas, inclusive as de natureza pericial;

VI - no direito de arguir prescrição;

VII - no direito de levantar suspeições e arguir impedimentos.

Art. 185 - A defesa do funcionário no procedimento disciplinar, que é de natureza contraditória, é privativa de advogado, que a exercitará nos termos deste Estatuto e nos da legislação federal pertinente (Estatuto da Ordem dos Advogados do Brasil).

§ 1º - A autoridade competente designará defensor para o funcionário que, pobre na forma da lei, ou revel, não indicar advogado, podendo a indicação recair em advogado do Instituto de Previdência do Estado do Ceará (IPEC).

§ 2º - O funcionário poderá defender-se, pessoalmente, se tiver a qualidade de advogado.

Art. 186 - O funcionário público fica sujeito ao poder disciplinar desde a posse ou, se esta não for exigida, desde o seu ingresso no exercício funcional.

Art. 187 - Se no transcurso do procedimento disciplinar outro funcionário for indiciado, o sindicante ou a Comissão Permanente de Inquérito, conforme o caso reabrirá os prazos de defesa para o novo indiciado.

Art. 188 - A inobservância de qualquer dos preceitos deste Capítulo relativos à forma do procedimento, à competência e ao direito de ampla defesa acarretará a nulidade do procedimento disciplinar.

Art. 189 - Aplica-se o disposto neste Título ao procedimento em que for indiciado aposentado ou funcionário em disponibilidade.

6.11 Deveres

Temos os deveres gerais, quando fixados no Estatuto, e os deveres especiais, quando fixados de acordo com as peculiaridades de suas atribuições.

Art. 190 - Os deveres do funcionário são gerais, quando fixados neste Estatuto e legislação complementar, e especiais, quando fixados tendo em vista as peculiaridades das atribuições funcionais.

Art. 191 - São deveres gerais do funcionário:

I - lealdade e respeito às instituições constitucionais e administrativas a que servir;

II - observância das normas constitucionais, legais e regulamentares;

III - obediência às ordens de seus superiores hierárquicos;

IV - continência de comportamento, tendo em vista o decoro funcional e social;

V - levar, por escrito, ao conhecimento da autoridade superior irregularidades administrativas de que tiver ciência em razão do cargo que ocupa, ou da função que exerça;

VI - assiduidade;

VII - pontualidade;

VIII - urbanidade;

IX - discrição;

X - guardar sigilo sobre a documentação e os assuntos de natureza reservada de que tenha conhecimento em razão do cargo que ocupa, ou da função que exerça;

XI - zelar pela economia e conservação do material que lhe for confiado;

XII - atender às notificações para depor ou realizar perícias ou vistorias, tendo em vista procedimentos disciplinares;

XIII - atender, nos prazos de lei ou regulamentares, as requisições para defesa da Fazenda Pública;

XIV - atender, nos prazos que lhe forem assinados por lei ou regulamento, os requerimentos de certidões para defesa de direitos e esclarecimentos de situações;

XV - providenciar para que esteja sempre em ordem, no assentamento individual, sua declaração de família;

XVI - atender, prontamente, e na medida de sua competência, os pedidos de informação do Poder Legislativo e às requisições do Poder Judiciário;

XVII - cumprir, na medida de sua competência, as decisões judiciais ou facilitar-lhes a execução.

Art. 192 - O funcionário deixará de cumprir ordem de autoridade superior quando:

I - a autoridade de quem emanar a ordem for incompetente;

II - não se contiver a ordem na área da competência do órgão a que servir o funcionário seu destinatário, ou não se referir a nenhuma das atribuições do servidor;

III - for à ordem expedida sem a forma exigida por lei;

IV - não tiver sido a ordem publicada, quando tal formalidade for essencial à sua validade;

V - não tiver a ordem como causa uma necessidade administrativa ou pública, ou visar a fins não estipulados na regra de competência da autoridade da qual promanou ou do funcionário a quem se dirige;

VI - a ordem configurar abuso ou excesso de poder ou de autoridade.

§ 1º - Em qualquer dos casos referidos neste artigo, o funcionário representará contra a ordem, fundamentadamente, à autoridade imediatamente superior a que ordenou.

§ 2º - Se se tratar de ordem emanada do Presidente da Assembleia Legislativa, do Chefe do Poder Executivo, do Presidente do Tribunal de Contas e do Presidente do Conselho de Contas dos Municípios, o funcionário justificará perante essas autoridades a escusa da obediência.

6.12 Proibições

Art. 193 - Ao funcionário é proibido:

I - salvo as exceções constitucionais pertinentes, acumular cargos, funções e empregos públicos remunerados, inclusive nas entidades da Administração Indireta (autarquias, empresas públicas e sociedades de economia mista);

II - referir-se de modo depreciativo às autoridades em qualquer ato funcional que praticar, ressalvado o direito de crítica doutrinária aos atos e fatos administrativos, inclusive em trabalho público e assinado;

III - retirar, modificar ou substituir qualquer documento oficial, com o fim de constituir direito ou obrigação, ou de alterar a verdade dos fatos, bem como apresentar documento falso com a mesma finalidade;

IV - valer-se do exercício funcional para lograr proveito ilícito para si, ou para outrem;

V - promover manifestação de desapreço ou fazer circular ou subscrever lista de donativos, no recinto do trabalho;

VI - coagir ou aliciar subordinados com objetivos político-partidários;

VII - participar de diretoria, gerência, administração, conselho técnico ou administrativo, de empresa ou sociedades mercantis;

VIII - pleitear, como procurador ou intermediário, junto aos órgãos e entidades estaduais, salvo quando se tratar de percepção de vencimentos, proventos ou vantagens de parente consanguíneo ou afim, até o segundo grau civil;

IX - praticar a usura;

X - receber propinas, vantagens ou comissões pela prática de atos de ofício;

XI - revelar fato de natureza sigilosa, de que tenha ciência em razão do cargo ou função, salvo quando se tratar de depoimento em processo judicial, policial ou administrativo;

XII - cometer a outrem, salvo os casos previstos em lei ou ato administrativo, o desempenho de sua atividade funcional;

XIII - entreter-se, nos locais e horas de trabalho, com atividades estranhas às relacionadas com as suas atribuições, causando prejuízos a estas;

XIV - deixar de comparecer ao trabalho sem causa justificada;

XV - ser comerciante;

XVI - contratar com o Estado, ou suas entidades, salvo os casos de prestação de serviços técnicos ou científicos, inclusive os de magistério em caráter eventual;

XVII - empregar bens do Estado e de suas entidades em serviço particular;

XVIII - atender pessoas estranhas ao serviço, no local de trabalho, para o trato de assuntos particulares;

XIX - retirar bens de órgãos ou entidades estaduais, salvo quando autorizado pelo superior hierárquico e desde que para atender a interesse público.

Parágrafo único - Excluem-se da proibição do item XVI os contratos de cláusulas uniformes e os de emprego, em geral, quando, no último caso, não configurarem acumulação ilícita.

Art. 194 - É ressalvado ao funcionário o direito de acumular cargo, funções e empregos remunerados, nos casos excepcionais da Constituição Federal.

§ 1º - Verificada, em inquérito administrativo, acumulação proibida e provada a boa-fé, o funcionário optará por um dos cargos, funções ou empregos, não ficando obrigado a restituir o que houver percebido durante o período da acumulação vedada.

§ 2º - Provada a má-fé, o funcionário perderá os cargos, funções ou empregos acumulados ilicitamente devolvendo ao Estado o que houver percebido no período da acumulação.

Art. 195 - O aposentado compulsoriamente ou por invalidez não poderá acumular seus proventos com a ocupação de cargo ou o exercício de função ou emprego público.

Parágrafo único - Não se compreendem na proibição de acumular nem estão sujeitos a quaisquer limites:

I - a percepção conjunta de pensões civis e militares;

II - a percepção de pensões com vencimento ou salário;

III - a percepção de pensões com vencimentos de disponibilidade e proventos de aposentadoria e reforma;

IV - a percepção de proventos, quando resultantes de cargos legalmente acumuláveis.

6.13 Sanções disciplinares

Art. 196 - As sanções aplicáveis ao funcionário são as seguintes:

I - repreensão;

II - suspensão;

III - multa;

IV - demissão;

V - cassação de disponibilidade;

VI - cassação de aposentadoria.

6.13.1 Repreensão

Aplicada sempre por escrito em casos de falta leve, não cominável com outro tipo de sanção. Consiste na forma mais suave de punição ao servidor, não acarretando qualquer diminuição salarial.

Art. 197 - Aplicar-se-á a repreensão, sempre por escrito, ao funcionário que, em caráter primário, a juízo da autoridade competente, cometer falta leve, não cominável, por este Estatuto, com outro tipo de sanção.

6.13.2 Suspensão

Por escrito, por prazo não superior a 90 dias, nos casos de reincidência de falta leve, e nos ilícitos graves, quando não houver cominação expressa de outro tipo de sanção.

Por conveniência do serviço a suspensão poderá ser convertida em multa, correspondente a 50% por dia de vencimento.

Normalmente é aplicada nas infrações que não sejam tão leves a ponto do servidor sofrer apenas uma repreensão (algo como uma advertência), assim como não sejam tão graves a ponto de estar taxativamente expressa no rol das condutas que geram demissão.

Art. 198 - Aplicar-se-á a suspensão, por meio de ato escrito, por prazo não superior a 90 (noventa) dias, nos casos de reincidência de falta leve, e nos de ilícito grave, salvo a expressa cominação, por lei, de outro tipo de sanção.

6.13.3 Multa

Será aplicada na forma e nos casos expressamente previstos em lei ou regulamento. O objetivo da multa é carrear aos cofres públicos estaduais valor proporcional ao que foi gasto com o funcionário delituoso.

Art. 198 (...)

Parágrafo único - Por conveniência do serviço, a suspensão poderá ser convertida em multa, na base de 50% (cinquenta por cento) por dia de vencimento, obrigado, neste caso, o funcionário a permanecer em exercício.

6.13.4 Demissão

Consiste no afastamento definitivo do funcionário, em razão da gravidade da sanção cometida. Será obrigatoriamente aplicada nos seguintes casos previstos (rol taxativo).

De acordo com a gravidade do ilícito, a demissão poderá ser aplicada com a nota "a bem do serviço público", a qual constará sempre nos casos de demissão por prática de crime contra a Administração Pública e desvio de verba pública. Salvo reabilitação obtida em processo de revisão, o funcionário demitido com esta nota não poderá reingressar nos quadros funcionais do Estado ou de suas entidades, a qualquer título.

***Art. 199** - A demissão será obrigatoriamente aplicada nos seguintes casos:*

I - crime contra a administração pública;

II - crime comum praticado em detrimento de dever inerente à função pública ou ao cargo público, quando de natureza grave, a critério da autoridade competente;

III - abandono de cargo;

IV - incontinência pública e escandalosa e prática de jogos proibidos;

V - insubordinação grave em serviço;

VI - ofensa física ou moral em serviço contra funcionário ou terceiros;

VII - aplicação irregular dos dinheiros públicos, que resultem em lesão para o Erário Estadual ou dilapidação do seu patrimônio;

VIII - quebra do dever de sigilo funcional;

IX - corrupção passiva, nos termos da lei penal;

X - falta de atendimento ao requisito do estágio probatório estabelecido no art. 27, § 1º, item III;

XI - desídia funcional;

XII - descumprimento de dever especial inerente a cargo em comissão.

§ 1º - Considera-se abandono de cargo a deliberada ausência ao serviço, sem justa causa, por trinta (30) dias consecutivos ou 60 (sessenta) dias, interpoladamente, durante 12 (doze) meses.

§ 2º - Entender-se-á por ausência ao serviço com justa causa não só a autorizada por lei, regulamento ou outro ato administrativo, como a que assim for considerada após comprovação em inquérito ou justificação administrativa, esta última requerida ao superior hierárquico pelo funcionário interessado, valendo a justificação, nos termos deste parágrafo, apenas para fins disciplinares.

***Art. 200** - Tendo em vista a gravidade do ilícito, a demissão poderá ser aplicada com a nota "a bem do serviço público", a qual constará sempre nos casos de demissão referidos nos itens I e VII do artigo 199.*

Parágrafo único - Salvo reabilitação obtida em processo disciplinar de revisão, o funcionário demitido com a nota a que se refere este artigo não poderá reingressar nos quadros funcionais do Estado ou de suas entidades, a qualquer título.

***Art. 201** - Ao ato que cominar sanção, precederá sempre procedimento disciplinar, assegurada ao funcionário indiciado ampla defesa, nos termos deste Estatuto, pena de nulidade da cominação imposta.*

Parágrafo único - As sanções referidas nos itens II e VI do artigo 196 serão cominadas por escrito e fundamentalmente, pena de nulidade.

***Art. 202** - São competentes para aplicação das sanções disciplinares:*

I - os Chefes dos Poderes Legislativo e Executivo, em qualquer caso, e privativamente, nos casos de demissão e cassação de aposentadoria ou disponibilidade, salvo se se tratar de punição de funcionário autárquico;

II - os dirigentes superiores das autarquias, em qualquer caso, e, privativamente, nos casos de demissão e cassação, da aposentadoria ou disponibilidade;

III - os Secretários de Estado e demais dirigentes de órgãos subordinados ou auxiliares, em todos os casos, salvo os referidos nos itens I e II;

IV - os chefes de unidades administrativas em geral, nos casos de repreensão, suspensão até 30 (trinta) dias e multa correspondente.

***Art. 203** - Além da pena judicial que couber, serão considerados como de suspensão os dias em que o funcionário, notificado deixar de atender à convocação para prestação de serviços estatais compulsórios, salvo motivo justificado.*

6.13.5 Cassação de disponibilidade ou de aposentadoria

São espécies de penalidades aplicadas ao servidor já aposentado ou em disponibilidade que praticou, quando em atividade, falta grave para a qual é cominada pena de demissão; aceitou ilegalmente cargo ou função pública; praticou a usura em qualquer de suas formas.

Art. 204 - Será cassada a aposentadoria ou disponibilidade se ficar provado, em inquérito administrativo, que o aposentado ou disponível:

I - praticou, quando no exercício funcional, ilícito punível com demissão;

II - aceitou cargo ou função que, legalmente, não poderia ocupar, ou exercer, provada a má-fé;

III - não assumiu o disponível, no prazo legal, o lugar funcional em que foi aproveitado, salvo motivo de força maior;

IV - perdeu a nacionalidade brasileira.

Parágrafo único - A cassação da aposentadoria ou disponibilidade extingue o vínculo do aposentado ou do disponível com o Estado ou suas entidades autárquicas.

Art. 205 - A suspensão preventiva será ordenada pela autoridade que determinar a abertura do inquérito administrativo, se, no transcurso deste, a entender indispensável, nos termos do § 1º deste artigo.

§ 1º - A suspensão preventiva não ultrapassará o prazo de 90 (noventa) dias e somente será determinada quando o afastamento do funcionário for necessário, para que, como indiciado, não venha a influir na apuração de sua responsabilidade.

§ 2º - Suspenso preventivamente, o funcionário terá, entretanto, direito:

I - a computar o tempo de serviço relativo ao período de suspensão para todos os efeitos legais;

II - a computar o tempo de serviço para todos os fins de lei, relativo ao período que ultrapassar o prazo da suspensão preventiva;

III - a perceber os vencimentos relativos ao período de suspensão, se reconhecida a sua inocência no inquérito administrativo;

IV - a perceber as gratificações por tempo de serviço já prestado e o salário-família.

Art. 206 - Os Chefes dos Poderes Legislativo, Executivo e Judiciário, os Presidentes do Tribunal de Contas e do Conselho de Contas dos Municípios, os Secretários de Estado e os dirigentes das Autarquias poderão ordenar a prisão administrativa do funcionário responsável direto pelos dinheiros e valores públicos, ou pelos bens que se encontrarem sob a guarda do Estado ou de suas Autarquias, no caso de alcance ou omissão no recolhimento ou na entrega a quem de direito nos prazos e na forma da lei.

§ 1º - Recolhida aos cofres públicos a importância desviada, a autoridade que ordenou a prisão revogará imediatamente o ato gerador da custódia.

§ 2º - A autoridade que ordenar a prisão, que não poderá ultrapassar a 90 (noventa) dias, comunicará imediatamente o fato à autoridade judiciária competente e providenciará a abertura e realização urgente do processo de tomada de contas.

Art. 207 - A prisão, a que se refere o artigo anterior, será cumprida em local especial.

Art. 208 - Aplica-se à prisão administrativa o disposto no § 2º do art. 205 deste Estatuto.

6.14 Sindicância

Consiste no procedimento sumário (simplificado) por meio do qual o Estado ou suas autarquias reúnem elementos para apurar fatos que possam, ou não, configurar ilícitos administrativos. Será aberto pela autoridade de maior hierarquia, no órgão em que ocorreu a irregularidade.

Excepcionalmente será permitida a delegação de competência ao Governador e aos Secretários de Estado, dirigentes autárquicos e Presidentes da Assembleia Legislativa, Tribunais e Conselhos de Contas Municipais.

A sindicância também poderá ser aberta para apuração de aptidões do funcionário, no período do estágio probatório, para fins de demissão ou exoneração, assegurando sempre a ampla defesa.

A sindicância será realizada por funcionário estável, designado pela autoridade que determinar a sua abertura.

A sindicância antecede o inquérito administrativo, quando for necessário, sendo-lhe anexada como peça informativa e preliminar, devendo ser realizada no prazo máximo de 15 dias, prorrogável por igual período, a pedido do sindicante e desde que a autoridade aceite.

O prazo de defesa do funcionário será de 3 dias.

Art. 209 - A sindicância é o procedimento sumário por meio do qual o Estado ou suas autarquias reúnem elementos informativos para determinar a verdade em torno de possíveis irregularidades que possam configurar, ou não, ilícitos administrativos, aberta pela autoridade de maior hierarquia, no órgão em que ocorreu a irregularidade, ressalvadas em qualquer caso, permitida a delegação de competência:

I - do Governador, em qualquer caso;

II - dos Secretários de Estado, dos dirigentes autárquicos e dos Presidentes da Assembleia Legislativa, Tribunal de Contas e do Conselho de Contas dos Municípios, em suas respectivas áreas funcionais.

§ 1º - Abrir-se-á, também, sindicância para apuração das aptidões do funcionário, no estágio probatório, para fins de demissão ou exoneração, quando for o caso, assegurada ao indiciado ampla defesa, nos termos dos artigos estatutários que disciplinam o inquérito administrativo, reduzidos os prazos neles estabelecidos, à metade.

§ 2º - Aberta a sindicância, suspende-se a fluência do período do estágio probatório.

§ 3º - A sindicância será realizada por funcionário estável, designado pela autoridade que determinar a sua abertura.

§ 4º - A sindicância precede o inquérito administrativo, quando for o caso, sendo-lhe anexada como peça informativa e preliminar.

§ 5º - A sindicância será realizada no prazo máximo de 15 (quinze) dias, prorrogável por igual período, a pedido do sindicante, e a critério da autoridade que determinou a sua abertura.

§ 6º - Havendo ostensividade ou indícios fortes de autoria do ilícito administrativo, o sindicante indiciará o funcionário, abrindo-lhe o prazo de 3 (três) dias para defesa prévia. A seguir, com o seu relatório, encaminhará o processo de sindicância à autoridade que determinou a sua abertura.

§ 7º - O sindicante poderá ser assessorado por técnicos, de preferência pertencentes aos quadros funcionais, devendo todos os atos da sindicância serem reduzidos a termo por secretário designado pelo sindicante, dentre os funcionários do órgão a que pertencer.

§ 8º - Ultimada a sindicância, não apurada a responsabilidade administrativa, ou o descumprimento dos requisitos do estágio probatório, o processo será arquivado, fixada a responsabilidade funcional, a autoridade que determinou a sindicância encaminhará os respectivos autos para a Comissão Permanente de Inquérito Administrativo, que funcionará:

I - no Poder Executivo, na Governadoria, nas Secretarias de Estado, órgãos desconcentrados e nas autarquias;

II - no Poder Legislativo, na Diretoria Geral;

III - no Tribunal de Contas e no Conselho de Contas dos Municípios.

6.15 Inquérito administrativo

É procedimento por meio do qual os órgãos e as autarquias do Estado apuram a responsabilidade disciplinar do funcionário.

São competentes para instaurar o inquérito: o Governador, em qualquer caso; os Secretários de Estado, os dirigentes das Autarquias e os Presidentes da Assembleia Legislativa, do Tribunal de Contas e

LEIS

do Conselho de Contas dos Municípios, em suas áreas funcionais, permitida a delegação de competência.

O indiciado poderá requerer provas em 5 dias e apresentar razões finais de defesa e 10 dias.

Procedimento por meio do qual os órgãos e as autarquias do Estado apuram a responsabilidade disciplinar do funcionário.

Será concluído no prazo mínimo de 90 dias, podendo ser prorrogado por igual período, a pedido da comissão ou do indiciado.

Art. 210 - O inquérito administrativo é o procedimento por meio do qual os órgãos e as autarquias do Estado apuram a responsabilidade disciplinar do funcionário. Parágrafo único - São competentes para instaurar o inquérito:

I - o Governador, em qualquer caso;

II - os Secretários de Estado, os dirigentes das Autarquias e os Presidentes da Assembleia Legislativa, do Tribunal de Contas e do Conselho de Contas dos Municípios, em suas áreas funcionais, permitida a delegação de competência.

Art. 211 - O inquérito administrativo será realizado por Comissões Permanentes, instituídas por atos do Governador, do Presidente da Assembleia Legislativa, do Presidente do Tribunal de Contas, do Presidente do Conselho de Contas dos Municípios, dos dirigentes das Autarquias e dos órgãos desconcentrados, permitida a delegação de poder, no caso do Governador, ao Secretário de Administração.

Art. 212 - As Comissões Permanentes de Inquérito Administrativo compor-se-ão de três membros, todos funcionários estáveis do Estado ou de suas autarquias, presidida pelo servidor que for designado pela autoridade competente, que colocará à disposição das Comissões o pessoal necessário ao desenvolvimento de seus trabalhos, inclusive os de secretário e assessoramento.

Art. 213 - Instaurado o inquérito administrativo, a autoridade encaminhará seu ato para a Comissão de Inquérito que for competente, tendo em vista o local da ocorrência da irregularidade verificada, ou a vinculação funcional do servidor a quem se pretende imputar a responsabilidade administrativa.

Art. 214 - Abertos os trabalhos do inquérito, o Presidente da Comissão mandará citar o funcionário acusado, para que, como indiciado, acompanhe, na forma do estabelecido neste Estatuto, todo o procedimento, requerendo o que for do interesse da defesa.

Parágrafo único - A citação será pessoal, mediante protocolo, devendo o servidor dele encarregado consignar, por escrito, a recusa do funcionário em recebê-la. Em caso de não ser encontrado o funcionário, estando ele em lugar incerto e não sabido, a citação far-se-á por edital, publicado no Diário Oficial do Estado, com prazo de 15 (quinze) dias, depois do que, não comparecendo o citado, ser-lhe-á designado defensor, nos termos do art. 184, item III e § 1º do art. 185.

Art. 215 - Citado, o indiciado poderá requerer suas provas no prazo de 5 (cinco) dias, podendo renovar o pedido, no curso do inquérito, se necessário para demonstração de fatos novos.

Art. 216 - A falta de notificação do indiciado ou de seu defensor, para todas as fases do inquérito, determinará a nulidade do procedimento.

Art. 217 - Encerrada a fase probatória, o indiciado será notificado para apresentar, por seu defensor, no prazo de 10 (dez) dias, suas razões finais de defesa.

Art. 218 - Apresentadas as razões finais de defesa, a Comissão encaminhará os autos do inquérito, com relatório circunstanciado e conclusivo, à autoridade competente para o seu julgamento.

Art. 219 - Sob pena de nulidade, as reuniões e as diligências realizadas pela Comissão de Inquérito serão consignadas em atas.

Art. 220 - Da decisão de autoridade julgadora cabe recurso no prazo de 10 (dez) dias, com efeito suspensivo, para a autoridade hierárquica imediatamente superior, ou para a que for indicada em regulamento ou regimento.

Parágrafo único - Das decisões dos Secretários de Estado e do Presidente do Conselho de Contas dos Municípios caberá recurso, com efeito suspensivo, no prazo deste artigo, para o Governador. Das decisões do Presidente da Assembleia Legislativa e do Tribunal de Contas caberá recurso, com os efeitos deste parágrafo, para o Plenário da Assembleia e do Tribunal, respectivamente.

Art. 221- O inquérito administrativo será concluído no prazo máximo de 90 (noventa) dias, podendo ser prorrogado por igual período, a pedido da Comissão, ou a requerimento do indiciado, dirigido à autoridade que determinou o procedimento.

Art. 222 - Em qualquer fase do inquérito será permitida a intervenção do indiciado, por si, ou por seu defensor.

Art. 223 - Havendo mais de um indiciado e diversidade de sanções caberá o julgamento à autoridade competente para imposição da sanção mais grave. Neste caso, os prazos assinados aos indiciados correrão em comum.

Art. 224- O funcionário só poderá ser exonerado, estando respondendo a inquérito administrativo, depois de julgado este com a declaração de sua inocência.

Art. 225 - Recebidos os autos do inquérito, a autoridade julgadora proferirá sua decisão no prazo improrrogável de 20 (vinte) dias.

Art. 226 - Declarada a nulidade do inquérito, no todo ou em parte, por falta do cumprimento de formalidade essencial, inclusive o reconhecimento de direito de defesa, novo procedimento será aberto.

Art. 227 - No caso do artigo anterior e no de esgotamento do prazo para a conclusão do inquérito, o indiciado, se tiver sido afastado de seu cargo, retornará ao seu exercício funcional.

6.16 Revisão

Consiste em recurso do procedimento administrativo de que resultou sanção disciplinar, quando se aduzam fatos ou circunstâncias que possam justificar a inocência do requerente, mencionados ou não no procedimento original. Tratando-se de funcionário falecido ou desaparecido, a revisão poderá ser requerida pelo cônjuge, companheiro, descendente, ascendente colateral consanguíneo até o 2º grau civil.

Não constitui fundamento para a revisão a simples alegação de injustiça da sanção. Trata-se de um recurso e por este motivo depende de fundamentação lícita para a alteração da decisão.

O requerimento devidamente instruído será dirigido à autoridade que aplicou a sanção, ou àquela que a tiver confirmado, em grau de recurso.

Para processar a revisão, a autoridade que receber o requerimento nomeará uma comissão composta de três funcionários efetivos, de categoria igual ou superior à do requerente.

Concluído o encargo da comissão, no prazo de 60 (sessenta) dias, prorrogável por trinta (30) dias, nos casos de força maior, será o processo, com o respectivo relatório, encaminhado à autoridade competente para o julgamento.

Art. 228 - A qualquer tempo poderá ser requerida a revisão do procedimento administrativo de que resultou sanção disciplinar, quando se aduzam fatos ou circunstâncias que possam justificar a inocência do requerente, mencionados ou não no procedimento original.

Parágrafo único - Tratando-se de funcionário falecido ou desaparecido, a revisão poderá ser requerida pelo cônjuge, companheiro, descendente, ascendente colateral consanguíneo até o 2º grau civil.

Art. 229 - Processar-se-á a revisão em apenso ao processo original.

Parágrafo único - Não constitui fundamento para a revisão a simples alegação de injustiça da sanção.

Art. 230 - O requerimento devidamente instruído será dirigido à autoridade que aplicou a sanção, ou àquela que a tiver confirmado, em grau de recurso.

Parágrafo único - Para processar a revisão, a autoridade que receber o requerimento nomeará uma comissão composta de três funcionários efetivos, de categoria igual ou superior à do requerente.

Art. 231 - Na inicial, o requerente pedirá dia e hora para inquirição das testemunhas que arrolar.

Parágrafo único - Será considerada informante a testemunha que, residindo fora da sede onde funcionar a comissão, prestar depoimento por escrito.

Art. 232 - Concluído o encargo da comissão, no prazo de 60 (sessenta) dias, prorrogável por trinta (30) dias, nos casos de força maior, será o processo, com o respectivo relatório, encaminhado à autoridade competente para o julgamento.

Parágrafo único - O prazo para julgamento será de 20 (vinte) dias, prorrogável por igual período, no caso de serem determinadas novas diligências.

Art. 233 - Das decisões proferidas em procedimento de revisão cabe recurso, na forma do art. 220.

Senhores(as), como foi dito em aula, há muitos dispositivos desta Lei inconstitucionais e com certeza esse é o tópico que há mais divergências. De antemão coloquei no material o artigo 40 da CF/88 que é importante para vocês e os artigos que abordam o assunto Previdência e Assistência que ainda se encontram presentes na Lei nº 9.826/74 para que possam dar uma olhada, adianto que grande parte foi revogado ou encontra-se em desuso.

6.17 Previdência e assistência

Art. 150. O Estado assegurará um sistema de previdência público que será mantido com a contribuição de seus servidores, ativos, inativos, pensionistas e do orçamento do Estado, o qual compreenderá os seguintes benefícios:

I – quanto ao servidor:

a) aposentadoria;

II – quanto ao dependente:

a) pensão por morte;

Art. 151. O Estado assegurará a manutenção de um sistema de assistência que, dentre outros, preste os seguintes benefícios e serviços aos servidores e aos seus dependentes:

I - assistência médica;

II - assistência hospitalar;

III - assistência odontológica;

IV - assistência social;

V - auxílio funeral;

VI - auxílio-reclusão.

§ 1º A triagem dos casos apresentados para internamento hospitalar e consequente fiscalização e controle será realizado por um Grupo de Trabalho, cuja composição e atribuições será determinado pelo Governo do Estado através do Instituto de Previdência do Estado – IPEC, mediante ato próprio.

§ 2º É assegurado assistência médica gratuita ao servidor acidentado em serviço ou que tenha contraído doença profissional, por meio do Estado.

6.17.1 Aposentadoria

Art. 152. O servidor será aposentado, conforme as regras estabelecidas no art. 40 da Constituição Federal.

Art. 40. O regime próprio de previdência social dos servidores titulares de cargos efetivos terá caráter contributivo e solidário, mediante contribuição do respectivo ente federativo, de servidores ativos, de aposentados e de pensionistas, observados critérios que preservem o equilíbrio financeiro e atuarial. (2019)

§ 1º O servidor abrangido por regime próprio de previdência social será aposentado: (2019)

I - por incapacidade permanente para o trabalho, no cargo em que estiver investido, quando insuscetível de readaptação, hipótese em que será obrigatória a realização de avaliações periódicas para verificação da continuidade das condições que ensejaram a concessão da aposentadoria, na forma de lei do respectivo ente federativo;

II - compulsoriamente, com proventos proporcionais ao tempo de contribuição, aos 70 (setenta) anos de idade, ou aos 75 (setenta e cinco) anos de idade, na forma de lei complementar;

III - no âmbito da União, aos 62 (sessenta e dois) anos de idade, se mulher, e aos 65 (sessenta e cinco) anos de idade, se homem, e, no âmbito dos Estados, do Distrito Federal e dos Municípios, na idade mínima estabelecida mediante emenda às respectivas Constituições e Leis Orgânicas, observados o tempo de contribuição e os demais requisitos estabelecidos em lei complementar do respectivo ente federativo. (2019)

§ 2º Os proventos de aposentadoria não poderão ser inferiores ao valor mínimo a que se refere o § 2º do art. 201 ou superiores ao limite máximo estabelecido para o Regime Geral de Previdência Social, observado o disposto nos §§ 14 a 16. (2019)

§ 3º As regras para cálculo de proventos de aposentadoria serão disciplinadas em lei do respectivo ente federativo. (2019)

§ 4º É vedada a adoção de requisitos ou critérios diferenciados para concessão de benefícios em regime próprio de previdência social, ressalvado o disposto nos §§ 4º-A, 4º-B, 4º-C e 5º. (2019)

§ 4º-A. Poderão ser estabelecidos por lei complementar do respectivo ente federativo idade e tempo de contribuição diferenciados para aposentadoria de servidores com deficiência, previamente submetidos a avaliação biopsicossocial realizada por equipe multiprofissional e interdisciplinar. (2019)

§ 4º-B. Poderão ser estabelecidos por lei complementar do respectivo ente federativo idade e tempo de contribuição diferenciados para aposentadoria de ocupantes do cargo de agente penitenciário, de agente socioeducativo ou de policial dos órgãos de que tratam o inciso IV do caput do art. 51, o inciso XIII do caput do art. 52 e os incisos I a IV do caput do art. 144. (2019)

§ 4º-C. Poderão ser estabelecidos por lei complementar do respectivo ente federativo idade e tempo de contribuição diferenciados para aposentadoria de servidores cujas atividades sejam exercidas com efetiva exposição a agentes químicos, físicos e biológicos prejudiciais à saúde, ou associação desses agentes, vedada a caracterização por categoria profissional ou ocupação. (2019)

§ 5º Os ocupantes do cargo de professor terão idade mínima reduzida em 5 (cinco) anos em relação às idades decorrentes da aplicação do disposto no inciso III do § 1º, desde que comprovem tempo de efetivo exercício das funções de magistério na educação infantil e no ensino fundamental e médio fixado em lei complementar do respectivo ente federativo. (2019)

§ 6º Ressalvadas as aposentadorias decorrentes dos cargos acumuláveis na forma desta Constituição, é vedada a percepção de mais de uma aposentadoria à conta de regime próprio de previdência social, aplicando-se outras vedações, regras e condições para a acumulação de benefícios previdenciários estabelecidas no Regime Geral de Previdência Social. (2019)

§ 7º Observado o disposto no § 2º do art. 201, quando se tratar da única fonte de renda formal auferida pelo dependente, o benefício de pensão por morte será concedido nos termos de lei do respectivo ente federativo, a qual tratará de forma diferenciada a hipótese de morte dos servidores de que trata o § 4º-B decorrente de agressão sofrida no exercício ou em razão da função. (2019)

§ 8º É assegurado o reajustamento dos benefícios para preservar-lhes, em caráter permanente, o valor real, conforme critérios estabelecidos em lei.

§ 9º O tempo de contribuição federal, estadual, distrital ou municipal será contado para fins de aposentadoria, observado o disposto nos §§ 9º e 9º-A do art. 201, e o tempo de serviço correspondente será contado para fins de disponibilidade. (2019)

§ 10 A lei não poderá estabelecer qualquer forma de contagem de tempo de contribuição fictício.

§ 11 Aplica-se o limite fixado no art. 37, XI, à soma total dos proventos de inatividade, inclusive quando decorrentes da acumulação de cargos ou empregos públicos, bem como de outras atividades sujeitas a contribuição para o regime geral de previdência social, e ao montante

resultante da adição de proventos de inatividade com remuneração de cargo acumulável na forma desta Constituição, cargo em comissão declarado em lei de livre nomeação e exoneração, e de cargo eletivo.

§ 12. Além do disposto neste artigo, serão observados, em regime próprio de previdência social, no que couber, os requisitos e critérios fixados para o Regime Geral de Previdência Social. (2019)

§ 13. Aplica-se ao agente público ocupante, exclusivamente, de cargo em comissão declarado em lei de livre nomeação e exoneração, de outro cargo temporário, inclusive mandato eletivo, ou de emprego público, o Regime Geral de Previdência Social. (2019)

§ 14. A União, os Estados, o Distrito Federal e os Municípios instituirão, por lei de iniciativa do respectivo Poder Executivo, regime de previdência complementar para servidores públicos ocupantes de cargo efetivo, observado o limite máximo dos benefícios do Regime Geral de Previdência Social para o valor das aposentadorias e das pensões em regime próprio de previdência social, ressalvado o disposto no § 16. (2019)

§ 15. O regime de previdência complementar de que trata o § 14 oferecerá plano de benefícios somente na modalidade contribuição definida, observará o disposto no art. 202 e será efetivado por intermédio de entidade fechada de previdência complementar ou de entidade aberta de previdência complementar. (2019)

§ 16. Somente mediante sua prévia e expressa opção, o disposto nos §§ 14 e 15 poderá ser aplicado ao servidor que tiver ingressado no serviço público até a data da publicação do ato de instituição do correspondente regime de previdência complementar.

§ 17. Todos os valores de remuneração considerados para o cálculo do benefício previsto no § 3° serão devidamente atualizados, na forma da lei.

§ 18. Incidirá contribuição sobre os proventos de aposentadorias e pensões concedidas pelo regime de que trata este artigo que superem o limite máximo estabelecido para os benefícios do regime geral de previdência social de que trata o art. 201, com percentual igual ao estabelecido para os servidores titulares de cargos efetivos.

§ 19. Observados critérios a serem estabelecidos em lei do respectivo ente federativo, o servidor titular de cargo efetivo que tenha completado as exigências para a aposentadoria voluntária e que opte por permanecer em atividade poderá fazer jus a um abono de permanência equivalente, no máximo, ao valor da sua contribuição previdenciária, até completar a idade para aposentadoria compulsória. (2019)

§ 20. É vedada a existência de mais de um regime próprio de previdência social e de mais de um órgão ou entidade gestora desse regime em cada ente federativo, abrangidos todos os poderes, órgãos e entidades autárquicas e fundacionais, que serão responsáveis pelo seu financiamento, observados os critérios, os parâmetros e a natureza jurídica definidos na lei complementar de que trata o § 22. (2019)

§ 22. Vedada a instituição de novos regimes próprios de previdência social, lei complementar federal estabelecerá, para os que já existam, normas gerais de organização, de funcionamento e de responsabilidade em sua gestão, dispondo, entre outros aspectos, sobre: (2019)

I - requisitos para sua extinção e consequente migração para o Regime Geral de Previdência Social;

II - modelo de arrecadação, de aplicação e de utilização dos recursos;

III - fiscalização pela União e controle externo e social;

IV - definição de equilíbrio financeiro e atuarial;

V - condições para instituição do fundo com finalidade previdenciária de que trata o art. 249 e para vinculação a ele dos recursos provenientes de contribuições e dos bens, direitos e ativos de qualquer natureza;

VI - mecanismos de equacionamento do deficit atuarial;

VII - estruturação do órgão ou entidade gestora do regime, observados os princípios relacionados com governança, controle interno e transparência;

VIII - condições e hipóteses para responsabilização daqueles que desempenhem atribuições relacionadas, direta ou indiretamente, com a gestão do regime;

IX - condições para adesão a consórcio público;

X - parâmetros para apuração da base de cálculo e definição de alíquota de contribuições ordinárias e extraordinárias.

Parágrafo único. A aposentadoria por invalidez será sempre precedida de licença por período contínuo não inferior a 24 (vinte e quatro) meses, salvo quando a junta médica declarar a incapacidade definitiva para o serviço, ou na hipótese prevista no art. 68, inciso X.

Art. 153. O processo de aposentadoria se inicia:

I - com o requerimento do interessado, no caso de inatividade voluntária;

II - automaticamente, quando o servidor atinge a idade de 70 (setenta) anos;

III- automaticamente, quando o servidor for considerado inválido, na data fixada em laudo emitido pela Perícia Médica Oficial do Estado ou na ocasião, em que verificadas as demais hipóteses do art. 152, parágrafo único, desta Lei.

Art. 154 - O funcionário quando aposentado por invalidez terá provento integral, correspondente aos vencimentos, incorporáveis do cargo efetivo, se a causa for doença grave, incurável ou contagiosa, a que se refere o artigo 89, ou acidente no trabalho, ou doença profissional, nos termos do inciso X do artigo 68; o provento será proporcional ao tempo de serviço, nos demais casos.

§ 1º - Somente nos casos de invalidez decorrente de acidente no trabalho ou doença profissional, como configurados nos §§ 1º, 2º, 3º e 4º do artigo 68, será aposentado o ocupante do cargo de provimento em comissão, hipótese em que o respectivo provento será integral.

§ 2º - O funcionário aposentado em decorrência da invalidez por acidente em serviço, por moléstia profissional, ou por doença grave contagiosa ou incurável, especificada em Lei, é considerado como em efetivo exercício, assegurando-se lhe todos os direitos e vantagens atribuídas aos ocupantes de cargo de igual categoria em atividade, ainda que o mencionado cargo tenha ou venha a mudar a denominação de nível de classificação ou padrão de vencimento.

Art. 156. O servidor aposentado compulsoriamente por motivo de idade, ou nos termos do art. 154, terá os seus proventos proporcionais ao tempo de contribuição.

§ 1º. A proporcionalidade dos proventos, com base no tempo de contribuição, é a fração, cujo numerador corresponde ao total de dias de contribuição e o denominador, o tempo de dias necessário à respectiva aposentadoria voluntária com proventos integrais.

§ 2º. A fração de que trata o parágrafo anterior será aplicada sobre o valor dos proventos calculados conforme a média aritmética simples das maiores remunerações ou subsídios, observando-se, previamente, que o valor encontrado não poderá exceder à remuneração do servidor no cargo efetivo em que se der a aposentadoria.

Art. 157. Os proventos de aposentadoria e as pensões serão reajustados na mesma data em que se der o reajuste dos benefícios do regime geral de previdência social, ressalvadas as aposentadorias concedidas conforme arts. 6º e 7º da Emenda Constitucional Estadual nº 56, de 7 de janeiro de 2004.

6.17.2 Salário-família

Art. 158 - O salário-família é o auxílio pecuniário especial concedido pelo Estado ao funcionário ativo e ao aposentado como contribuição ao custeio das despesas de manutenção de seus dependentes.

Art. 159. O salário-família será pago ao servidor, em quotas, na proporção do respectivo número de filhos ou equiparados, aplicando-se os mesmos parâmetros adotados pelo Instituto Nacional do Seguro Social, quanto à referida prestação assistencial, conforme definido em lei.

Art. 161 - O salário-família será pago, ainda, nos casos em que o funcionário deixar de perceber vencimento ou proventos, sem perda do cargo.

Art. 163 - O salário-família não servirá de base para qualquer contribuição, ainda que para fim de previdência social.

Art. 164 - Será suspenso o pagamento do salário-família ao funcionário que comprovadamente descurar da subsistência e educação dos seus dependentes.

§ 1º - Mediante autorização judicial a pessoa que estiver mantendo os dependentes do funcionário poderá receber o salário-família enquanto durar a situação prevista neste artigo.

§ 2º - O pagamento voltará a ser feito ao funcionário tão logo comprovado o desaparecimento dos motivos determinantes da suspensão.

Art. 165 - Para se habilitar à concessão do salário-família o funcionário, o disponível, ou o aposentado apresentarão uma declaração de dependentes, indicando o cargo que exercer, ou no qual estiver aposentado ou em disponibilidade, mencionando em relação a cada dependente:

I - nome completo, data e local de nascimento, comprovado por certidão do registro civil;

II - grau de parentesco ou dependência;

III - no caso de se tratar de maior de 14 (quatorze) anos, se total e permanentemente inválido para o trabalho, hipótese em que informará a causa e a espécie de invalidez;

**Nova redação dada pelo art. 6º da Lei Complementar nº 159/2016.*

Art. 166 - A declaração do servidor será prestada a seu chefe imediato que a examinará e, após o seu visto, a encaminhará ao órgão competente para o processamento e atendimento da concessão.

Art. 167 - O salário-família será concedido à vista das declarações prestadas, mediante simples despacho que será comunicado ao órgão incumbido da elaboração de folhas de pagamento.

§ 1º - Será concedido ao declarante ativo ou inativo o prazo de 120 (cento e vinte) dias para o esclarecimento de qualquer dúvida na declaração, o que poderá ser feito por meio de quaisquer provas admitidas em direito.

§ 2º - Não sendo apresentado no prazo o esclarecimento de que trata o § 1º, a autoridade concedente determinará a imediata suspensão do pagamento do salário-família, até que seja satisfeita a exigência.

Art. 168 - Verificada, a qualquer tempo, a inexatidão das declarações prestadas, será suspensa a concessão do salário-família e determinada a reposição do indevidamente recebido, mediante o desconto mensal de 10% (dez por cento) da remuneração líquida, em folha de pagamento.

Art. 169 - O funcionário e o aposentado são obrigados a comunicar a autoridade concedente, dentro do prazo de quinze dias, qualquer alteração que se verifique na situação dos dependentes, da qual decorra supressão ou redução do salário-família.

Parágrafo único - A não observância desta disposição acarretará as mesmas providências indicadas no artigo anterior.

Art. 170 - O salário-família será devido em relação a cada dependente, a partir do mês em que tiver ocorrido o ato ou fato que lhe der origem, deixando de ser devido igualmente em relação a cada dependente no mês seguinte ao ato ou fato que determinar a sua supressão.

Art. 171 - O salário-família será pago juntamente com os vencimentos ou proventos, pelos órgãos pagadores, independentemente da publicação do ato de concessão.

6.17.3 Auxílio-funeral

Art. 173 - Será concedido auxílio funeral à família do funcionário falecido, correspondente a 01 (um) mês de seus vencimentos ou proventos, limitado o pagamento à quantia de R$ 1.200,00 (um mil e duzentos reais).

Parágrafo único - Quando não houver pessoa da família do funcionário no local do falecimento, o auxílio funeral será pago a quem promover o enterro, mediante comprovação das despesas.

6.17.4 Auxílio-reclusão

Art. 173-A. O auxílio-reclusão é devido pelo órgão de origem aos dependentes do servidor de baixa renda recolhido à prisão e que, nessa condição, não esteja recebendo remuneração decorrente do seu cargo.

§ 1º Para fins de definição da baixa renda e da qualificação dos dependentes, aplicam-se os mesmos parâmetros adotados pelo Instituto Nacional do Seguro Social, quanto à referida prestação assistencial.

§ 2º O auxílio-reclusão corresponde ao valor da remuneração do servidor, observado o limite da baixa renda, sendo devido pelo período máximo de 12 (doze) meses e, somente, durante o tempo em que estiver recolhido à prisão sob regime fechado ou semiaberto, e enquanto for titular desse cargo.

§ 3º O pagamento do auxílio-reclusão deve estar fundamentado em certidão de efetivo recolhimento à prisão, sendo obrigatória, para a manutenção do pagamento, a apresentação de declaração de permanência na condição de presidiário.

7 PORTARIA Nº1220/2014 - REGIMENTO DOS ESTABELECIMENTOS PRISIONAIS DO CEARÁ

7.1 Sistema penitenciário

O Sistema Penitenciário do Estado do Ceará adota os princípios contidos nas Regras Mínimas para Tratamento dos Reclusos e Recomendações pertinentes, formuladas pela Organização das Nações Unidas -ONU- e respeita as diretrizes fixadas pela Lei 7.210/84 (Lei de Execuções Penais), alterações legislativas posteriores e nas Recomendações Básicas para uma programação prisional editadas pelo Ministério da Justiça.

O Sistema Penitenciário do Estado do Ceará tem como finalidade a vigilância, custódia e assistência aos presos e às pessoas sujeitas a medidas de segurança, assegurando-lhes a preservação da integridade física e moral, a promoção de medidas de integração e reintegração sócio-educativas, conjugadas ao trabalho produtivo.

Configura-se, ainda, como finalidade do sistema penitenciário estadual, a fiscalização e assistência ao egresso, garantindo lhes a promoção de medidas de integração e reintegração sócio-educativas.

O Sistema Penitenciário, pelas suas características especiais, fundamenta-se na hierarquia funcional, disciplina e, sobretudo, na defesa dos direitos e garantias individuais da pessoa humana, organizado em Coordenadoria do Sistema Penal - COSIPE, vinculado ao Poder Executivo como Órgão de Administração da Execução Penal.

A Coordenadoria do Sistema Penal é órgão subordinado diretamente ao Secretário da Justiça e Cidadania do Estado do Ceará, organizada em carreira, com ingresso de seus integrantes na classe inicial, mediante Concurso Público de provas e títulos, chefiada pelo Coordenador Geral, nomeado pelo Governador do Estado do Ceará, preferencialmente entre os membros da Instituição.

A nomeação do Coordenador do Sistema Penal deverá obedecer aos mesmos critérios previstos para a dos Diretores das Unidades Prisionais, constantes do artigo 75 da Lei 7.210/84 (Lei de Execuções Penais).

A Coordenadoria de Inclusão Social do Preso e do Egresso é órgão subordinado diretamente ao Secretário da Justiça e Cidadania do Estado do Ceará, tendo como missão promover a inclusão social do preso e do egresso, através do Núcleo Educacional e de Capacitação Profissionalizante – NECAP, do Núcleo de Empreendedorismo e Economia Solidária – NEES, do Núcleo de Arte e Eventos – NAE e do Núcleo de Gestão de Assistidos e Egressos.

7.2 Estabelecimentos prisionais

O Sistema Penitenciário do Estado do Ceará é constituído pelas seguintes Unidades:

- Centro de Triagem e Observação Criminológica;
- Unidades Prisionais e Casas de Privação Provisória de Liberdade;
- Penitenciárias;
- Colônias Agrícolas, Industriais ou Similares;
- Complexo Hospitalar (Hospital Geral e Sanatório Penal e Hospital de Custódia e Tratamento Psiquiátrico);
- Casas do Albergado;
- Cadeias Públicas.

Os estabelecimentos prisionais buscarão não exceder a sua capacidade populacional máxima projetada.

A fim de garantir que o aprisionamento ocorra em estabelecimento próximo ao contato familiar, deverá ser priorizada a construção de unidades prisionais regionais.

Os estabelecimentos prisionais destinam-se ao condenado, ao submetido à medida de segurança, ao preso provisório e ao egresso.

Em todos os estabelecimentos prisionais será obrigatoriamente observada a separação entre presos provisórios e condenados, bem como a distinção por sexo, delito, faixa etária e antecedentes criminais, para orientar a prisão cautelar, a execução da pena e a medida de segurança.

Nos estabelecimentos prisionais será observada a proporção de, no mínimo, 01 (um) agente penitenciário para cada 25 (vinte e cinco) internos por plantão, sendo vedada a existência de unidade prisional com menos de 2 (dois) agentes por plantão.

Nos estabelecimentos prisionais fica estabelecida a proporção de profissionais da equipe técnica por 500 (quinhentos) detentos, obedecendo-se o seguinte: Médico Clínico – 1; Enfermeiro – 1; Auxiliar de Enfermagem – 1; Odontólogo – 1; Auxiliar de Consultório Dentário – 1; Psicólogo – 1; Assistente Social – 1; Advogado auxiliar da direção - 1; Estagiário de Direito – 2; Terapeuta Ocupacional - 1.

O acesso à justiça integral e gratuito será assegurado aos internos através da Defensoria Pública, instituição autônoma, que disporá de espaço físico adequado para exercer suas funções.

O Centro de Triagem e Observação Criminológica, situado na região metropolitana de Fortaleza, concentrará o recebimento de presos oriundos da Secretaria de Segurança Pública e Defesa Social e das comarcas do interior.

O Centro de Triagem e Observação Criminológica será responsável pela identificação e realização dos exames gerais de admissão dos internos, sendo dotado de equipe técnica que promoverá atendimento social, psicológico, médico, odontológico e jurídico, cujos resultados e desdobramentos serão encaminhados à Comissão de Avaliação de Transferências e Gestão de Vagas – CATVA que deliberará a unidade prisional destinatária para recebimento do preso e, posteriormente, às Comissões Técnicas de Classificação das unidades de recebimento.

As Penitenciárias destinam-se aos condenados ao cumprimento da pena de reclusão, em regime fechado, caracterizando se pelas seguintes condições:

- Segurança externa, através de muralha, com passadiço e guaritas de responsabilidade dos Agentes Penitenciários do quadro efetivo da Secretaria da Justiça e Cidadania.
- Segurança interna realizada por equipe de Agentes Penitenciários do quadro efetivo da Secretaria da Justiça e Cidadania que preserve os direitos do preso, mantenha a Segurança, a ordem e a disciplina da Unidade;
- Acomodação do preso preferencialmente em cela individual;
- Locais de trabalho, atividades sócio-educativas e culturais, esportes, prática religiosa e visitas;
- Trabalho externo, conforme previsto no art.36 da Lei de Execução Penal (LEP).

Os estabelecimentos destinados a mulheres terão estrutura adequada às suas especificidades e os responsáveis pela segurança interna serão, obrigatoriamente, agentes penitenciários do sexo feminino, exceto em eventos críticos ou festivos, garantindo-se, ainda, a obrigatoriedade de existência de uma creche para a acomodação dos recém-nascidos das internas neles recolhidos, nos 06 (seis) primeiros meses de vida, prorrogável por igual período, se necessário

Nas Comarcas onde não existam penitenciárias, suas finalidades serão, excepcionalmente, atribuídas às Cadeias Públicas locais, observadas as normas deste Regimento no que forem aplicáveis, bem como as restrições legais ou decisões judiciais.

Haverá em cada estabelecimento de regime fechado uma Comissão Técnica de Classificação, que proporá o tratamento adequado para cada preso ou internado, além de acompanhar o programa de individualização da pena.

As Casas de Privação Provisória de Liberdade destinam-se aos presos provisórios, devendo apresentar estrutura adequada que garanta o exercício dos direitos elencados no presente Regimento e demais legislações.

Excepcionalmente, visando garantir a integridade física e mental do interno, estas unidades poderão abrigar presos condenados, que deverão permanecer em acomodações separadas dos provisórios.

Os Estabelecimentos Agrícolas, Industriais ou Mistos destinam-se aos condenados e condenadas ao cumprimento da pena em regime semi-aberto, caracterizando-se pelas seguintes condições:

- locais para:
  - trabalho interno agropecuário;
  - trabalho interno industrial;
  - trabalho de manutenção e conservação intra e extra-muros, na circunscrição da Unidade respectiva;
- acomodação em alojamento ou cela individual ou coletiva;
- trabalho externo na forma da Lei;
- locais internos e externos para atividades sócio-educativas e culturais, esportes, prática religiosa e visita conforme dispõe a Lei.

O Hospital Geral e Sanatório Penal destina-se ao tratamento do preso, em regime de internamento, das enfermidades infecto-contagiosas, dos pós-operatórios, das convalescenças e de exames laboratoriais.

O preso acometido de enfermidades, conforme artigo acima, deverá permanecer internado o tempo necessário à sua reabilitação, tendo retorno imediato à sua Unidade Prisional de origem logo após emissão de laudo médico autorizando sua alta.

Os presos ou internados que apresentarem quadro de sorologia positiva HIV, receberão tratamento individualizado, a critério médico.

Aos presos ou internados que apresentarem quadro de dependência química em substâncias entorpecentes será garantido tratamento individualizado adequado às suas necessidades, adotando-se políticas públicas voltadas para esta finalidade, nos termos da lei 11.343/2006, bem como serão incluídos nas atividades do Programa de Ações Continuadas de Assistência aos Drogadictos – PACAD da Sejus.

Na unidade de que trata o caput deste artigo deverão existir leitos destinados ao tratamento de mulheres presas.

O estabelecimento citado no caput deverá funcionar com equipes multidisciplinares em regime de plantão.

a Secretaria da Justiça e Cidadania seguirá as recomendações das portarias interministeriais do Ministério da Saúde e Ministérios da Justiça em relação ao tema saúde, na execução de vagas e atendimentos para os presos em casos de exames e tratamentos de alta complexidade.

Nas unidades prisionais femininas deverão existir estruturas específicas para a assistência integral à saúde da mulher, em atenção às suas peculiaridades.

O Hospital de Custódia e Tratamento Psiquiátrico destina-se ao cumprimento das medidas de segurança e ao tratamento psiquiátrico separadamente, devendo adequar-se às normas aplicáveis ao tratamento das respectivas insanidades.

O preso comprovadamente portador de doença mental deverá ser imediatamente encaminhado ao estabelecimento adequado para seu tratamento, lá não podendo permanecer além do tempo necessário ao seu pronto restabelecimento, atestado pelo serviço médico local.

Em nenhuma hipótese será admitido o ingresso ou permanência de pessoas que não apresentem quadro patológico característico da destinação do respectivo estabelecimento.

Na unidade de que trata o caput deste artigo deverão existir estruturas específicas para a assistência à saúde mental da mulher, em atenção às suas peculiaridades.

A Casa do Albergado destina-se ao cumprimento da pena privativa de liberdade em regime aberto e da pena restritiva de direitos consistente em limitação de fim de semana, acolhendo pessoas do sexo masculino e feminino, garantindo-se a separação adequada com vistas à individualização das penas.

O prédio deverá situar-se em centro urbano, separado dos demais estabelecimentos, e caracterizar-se-á pela ausência de obstáculos físicos contra a fuga.

A Casa do Albergado, além de dispor de local adequado para cursos e palestras, realizará encaminhamentos dos internos à rede de assistência social, de saúde e educação.

A Cadeia Pública destina-se prioritariamente ao recolhimento de presos e presas provisórios.

Nas Comarcas onde não existam penitenciárias, suas finalidades serão, excepcionalmente, atribuídas às Cadeias Públicas locais, observadas as normas deste Regimento Geral no que forem aplicáveis e as restrições legais ou de decisões judiciais, bem como a capacidade populacional máxima da Unidade respectiva.

Ao preso provisório será assegurado regime especial no qual se observará:

- separação dos presos condenados;
- utilização de pertences pessoais permitidos;
- uso de uniforme fornecido pelo Estabelecimento Prisional em quantidade de 03 (três) mudas;
- oferecimento de oportunidade de educação, trabalho e lazer nos termos da legislação pertinente;
- visita e atendimento médico e odontológico, sendo facultado ao preso optar por profissional particular às suas expenças;
- Acesso aos meios de comunicação externos, autorizados por lei.

Nas Cadeias Públicas no interior do Estado as prefeituras municipais oferecerão aos presos e presas os serviços essenciais, conforme determinação do Ministério da Saúde e Ministério da Justiça.

Nas Unidades elencadas no artigo 6º deste Regimento, respeitadas suas especificidades, deverão ainda ser respeitadas as seguintes determinações:

- Segurança externa, através de muralha com passadiço e guaritas de responsabilidade dos Agentes Penitenciários do quadro efetivo da Secretaria da Justiça e Cidadania, submetidos a uma capacitação específica para tal finalidade.
- Segurança interna realizada por equipe de Agentes Penitenciários do quadro efetivo da Secretaria da Justiça e Cidadania que preserve os direitos do preso, mantenha a Segurança, a ordem e a disciplina da Unidade.

Nas situações de conflito mais graves a manutenção ou restabelecimento da ordem será promovida por grupo especial de agentes penitenciários com treinamento e equipamentos específicos.

Em caso de necessidade de intervenção da Polícia Militar, em caráter urgente, em qualquer das unidades referidas no caput deste artigo, sua permanência no interior das mesmas se dará pelo tempo estritamente necessário ao restabelecimento da ordem e da segurança interna, não podendo ultrapassar 90 (noventa) dias, salvo decisão fundamentada da autoridade judiciária competente.

7.3 Estrutura organizacional das unidades

As Unidades Prisionais do Estado do Ceará serão dirigidas por um(a) Diretor(a), que será assessorado pelo(a) Diretor(a) Adjunto(a), pelo Gerente Administrativo, pelo Chefe de Segurança e Disciplina e pelo Chefe de Equipe dos Agentes Penitenciários, sendo ainda integradas pelo Conselho Disciplinar e pela Comissão Técnica de Classificação.

A (o) Diretor(a) da Unidade Prisional, compete:

- Dirigir, coordenar e orientar os trabalhos técnicos, administrativos, operacionais, laborais, educativos, religiosos, esportivos e culturais da Unidade respectiva;
- Adotar medidas necessárias à preservação dos Direitos e Garantias Individuais dos presos;
- Visitar os presos nas dependências do Estabelecimento, anotando suas reclamações e pedidos, procurando solucioná-los de modo adequado, no âmbito de sua competência ou encaminhá-los ao órgão competente, observando as normas de segurança;
- Dar cumprimento as determinações judiciais e prestar aos Juízes, Tribunais, Ministério Público, Defensoria Pública e Conselho Penitenciário as informações que lhe forem solicitadas, relativas aos condenados e aos presos provisórios;
- Assegurar o normal funcionamento da Unidade, observando e fazendo observar as normas da Lei de Execução Penal e do presente Regimento Geral;
- Presidir a Comissão Técnica de Classificação;
- Elaborar o plano de segurança interna do Estabelecimento em conjunto com o Chefe de Segurança e disciplina;
- Conceder audiência ao interno quando solicitada;
- Comparecer nas sessões do Conselho Penitenciário, quando convocado;
- Elaborar o plano operativo anual da Unidade e Administrar o Estabelecimento traçando diretrizes, orientando e controlando a execução das atividades sob sua responsabilidade;
- Realizar mensalmente reuniões com os servidores da Unidade para estudos conjuntos de problemas afetos à mesma;
- Promover mensalmente reunião com os representantes dos internos, realizando o Parlamento Carcerário;
- Propor ao Núcleo de Segurança e Disciplina – NUSED, vinculado à COSIPE, a mudança de lotação dos servidores da Unidade;
- executar as determinações do Coordenador da COSIPE;
- autorizar visitas extraordinárias aos presos, em casos especiais, nos termos deste Regimento;
- Autorizar remoção do preso para Estabelecimento Penal diverso em caráter urgente e excepcional, comunicando imediatamente 'a Comissão de Avaliação de Transferências e Gestão de Vagas – CATVA, que deliberará a unidade prisional destinatária para recebimento do preso. Definida a unidade, deverá ser comunicada a transferência ao Juízo responsável pela prisão, ao Ministério Público, à Defensoria Publica, ao Conselho Penitenciário, no prazo de 24 (vinte e quatro) horas, nos casos expressos neste Regimento;
- mostrar aos visitantes as dependências do estabelecimento nas visitas coletivas, de caráter cultural ou científico, devidamente autorizadas pela COSIPE, esclarecendo-lhes, quando se fizer necessário, os objetivos da execução penal;
- Dar ciência à família do preso, em caso de grave enfermidade, morte ou transferência deste, comunicando ao preso, de igual modo, a doença ou morte de pessoa de sua família e concedendo lhe, se for o caso, permissão para sair;
- Atribuir, em solenidades especiais, prêmios e recompensas aos presos de exemplar comportamento e àqueles que pratiquem atos meritórios;
- Realizar outras atividades dentro de sua área de competência.

O(a) ocupante do cargo de diretor(a) de Unidade Prisional, escolhido preferencialmente entre os servidores de carreira da Secretaria de Justiça e Cidadania, com atenção à sua vocação e preparação profissional específica, deverá satisfazer os seguintes requisitos:

- ser portador(a) de diploma de nível superior em Direito, ou Psicologia, ou Ciências Sociais, ou Pedagogia, ou Serviços Sociais;
- possuir experiência administrativa na área;
- ter idoneidade moral e reconhecida aptidão para o desempenho da função.

O cargo de Diretor do Hospital Geral e Sanatório Penal e do Hospital de Custódia e Tratamento Psiquiátrico deverá ser ocupado por profissional da área de saúde, preferencialmente pertencente ao quadro de servidores estáveis da Secretaria da Justiça e Cidadania.

A (o) Diretor(a) Adjunto, compete:

- Assessorar diretamente o(a) Diretor(a) da Unidade Prisional no desempenho de suas atribuições;
- Substituir, em seus afastamentos, ausências e impedimentos legais, o(a) Diretor(a) da Unidade Prisional, independente de designação especifica, salvo se por prazo superior a 30 (trinta) dias;
- Autorizar a expedição de certidões relativas aos assuntos da Unidade;
- Acompanhar a execução do plano de férias dos servidores da Unidade;
- Exercer outras atividades que lhes sejam determinadas pelo(a) Diretor(a) da Unidade.

A substituição prevista neste artigo, por período igual ou superior a 30 (trinta) dias, propiciará ao substituto os direitos e vantagens do cargo de Diretor(a) da Unidade.

O cargo de Diretor-Adjunto deverá, preferencialmente, ser ocupado por servidor estável de carreira da Secretaria de Justiça e Cidadania.

Ao Gerente Administrativo compete organizar, controlar e executar as atividades de apoio necessárias ao bom funcionamento operacional do Estabelecimento, inclusive a manutenção preventiva e corretiva, competindo-lhe:

- receber, controlar e distribuir gêneros alimentícios, os destinados ao consumo do Estabelecimento;
- supervisionar os serviços de copa e de cozinha;
- requisitar o material de expediente e providenciar a redistribuição junto aos demais serviços do Estabelecimento;
- manter sob sua guarda e responsabilidade todos os pertences do preso, de uso não permitido, fornecendo a estes comprovantes de recebimento;

- manter em bom estado de funcionamento as instalações elétricas, telefônicas, hidrosanitárias e de climatização do prédio requisitando, com antecedência o material que for necessário para este fim;
- elabora o relatório anual das atividades inerentes ao serviço;
- efetuar o balancete mensal do estoque de mercadoria existente;
- proceder á identificação de todo o material permanente em uso na unidade;
- adotar as medidas de segurança contra incêndio nas dependências do estabelecimento especialmente na área de prontuário e almoxarifado;
- providenciar a manutenção preventiva e corretiva de máquinas, equipamentos e móveis em uso na unidade;
- elar pela conservação e limpeza do prédio;
- controlar a manutenção de primeiro escalão, de responsabilidade dos motoristas nas viaturas da unidade;
- executar e controlar os serviços de reprodução xerográfica ou similar de documentos, publicações e impressos de interesse de Unidade;
- organizar a prestação de contas dos suprimentos de fundos destinados ao estabelecimento;
- efetuar o controle diário das folhas e cartões de registro de comparecimento do pessoal em exercício na Unidade;
- preparar dentro dos prazos estipulados os documentos de controle de comparecimento e de alterações relativos ao pessoal, encaminhando- os á COSIPE.

O cargo de Gerente Administrativo deverá ser ocupado por servidor de carreira da Secretaria de Justiça e Cidadania.

Ao Chefe de Segurança e Disciplina compete gerenciar o setor de Segurança e Disciplina, elaborando o plano de segurança interna do Estabelecimento, visando proteger a vida e a incolumidade física dos servidores de carreira, terceirizados e presos e a garantia das instalações físicas, bem como promover o conjunto de medidas que assegurem o cumprimento da disciplina prisional e organizar, controlar e orientar os Agentes Penitenciários no exercício de suas atribuições, competindo-lhe:

- orientar os presos quanto aos seus direitos, deveres e normas de conduta a serem observados, quando de sua chegada à Unidade;
- realizar reuniões com os presos para preleções instrutivas e disciplinares;
- propor a concessão ou suspensão de recompensas aos presos;
- fazer constar no prontuário disciplinar dos presos as ocorrências e alterações havidas com estes;
- controlar a movimentação de presos quando das transferências para outras celas;
- manter atualizada a relação geral dos presos, seus locais de recolhimento noturno, de trabalho e/ou permanência obrigatória;
- opinar quanto aos horários de visitas, rancho, repouso noturno, alvorada e atendimento aos presos;
- encaminhar ao Conselho disciplinar as faltas disciplinares, praticadas por presos para conhecimento e julgamento;
- promover vistorias nos presos e buscas nas dependências do estabelecimento, de caráter preventivo ou sempre que houver fundadas suspeitas de porte ou uso indevido de armas, aparelhos celulares ou de objetos que possam ser utilizados para prática de crimes ou falta disciplinares;
- manter atualizados registros e alterações relativas aos agentes penitenciários;
- elaborar a escala do plantão e organizar a composição das equipes;
- zelar pelo bom funcionamento dos equipamentos e implementos necessários á execução dos serviços de segurança interna;
- promover mensalmente em caráter ordinário, reuniões com os agentes prisionais e extraordinariamente quando necessário;
- propor ao diretor a lista de nomes para escolha e designados dos chefes de equipes;
- assegurar o respeito aos visitantes enquanto permanecerem nas dependências da Unidade;
- manter em arquivo o registro das pessoas que visitam a Unidade;
- comunicar, diariamente, ao diretor c/ou substituto as alterações constantes no relatório de serviço diário;
- manter informado o diretor sobre quaisquer alterações havidas na unidade;
- colaborar nas realizações de eventos de caráter sócio cultural, esportivo e cívico do estabelecimento.

O cargo de Chefe de Segurança e Disciplina deverá ser ocupado preferencialmente por agente penitenciário estável da Secretaria de Justiça e Cidadania.

Ao Chefe de Equipe dos Agentes Penitenciários compete:

- Conferir o relatório da equipe anterior;
- Conferir o material de segurança sob sua responsabilidade, bem como a frequência dos membros de sua equipe, distribuindo as tarefas relativas ao funcionamento da unidade entre os presentes;
- Dar encaminhamento e supervisionar a execução das determinações da Direção e do Chefe de segurança e disciplina;
- Comunicar imediatamente qualquer ocorrência que comprometa a ordem, a segurança e a disciplina da unidade à Direção e ao Chefe de Segurança e Disciplina, relatando, em seguida, de forma circunstanciada, por escrito;
- Em caso de emergência que comprometa a integridade física do preso, autorizar transferência de alojamento no interior da unidade, diante da ausência de seu superior hierárquico;
- Em caso de emergência que comprometa a integridade física do preso, autorizar a saída temporária do mesmo para atendimento médico, mediante escolta, diante da ausência de seu superior hierárquico;
- Exercer a vigilância, em conjunto com os agentes penitenciários de plantão, cumprindo e fazendo cumprir as normas e regulamentos do estabelecimento;
- Elaborar relatório circunstanciado ao final de seu plantão, registrando todas as ocorrências havidas;

O cargo de Chefe de Equipe dos Agentes Penitenciários deverá ser ocupado preferencialmente por agente penitenciário estável da Secretaria de Justiça e Cidadania.

O Conselho Disciplinar, órgão colegiado formado pelo Diretor Adjunto, pelo Chefe de Segurança e Disciplina, por um Assistente Social, um Psicólogo e por um agente penitenciário de notória experiência, tem por finalidade:

- Conhecer, analisar, processar e julgar as faltas disciplinares cometidas pelos internos, aplicando a sanção disciplinar adequada à falta cometida, assegurados o contraditório e a ampla defesa, por Defensor Público ou Advogado constituído pelo interno.
- Conhecer os resultados de eventuais exames criminológicos e acompanhar o perfil comportamental do preso.

O Conselho Disciplinar, que será presidido pelo Diretor Adjunto e nas suas faltas ou impedimentos, pelo Chefe de Segurança e Disciplina, reunir-se-á tantas vezes quantas necessárias para deliberar sobre as tarefas a seu cargo.

Em caso de empate será considerado vencedor o voto favorável ao preso.

As decisões do Conselho de Disciplina serão sempre coletivas e lançadas por escrito, sendo tomadas por maioria simples, observado quorum mínimo de 03 (três) membros para deliberação.

A Comissão Técnica de Classificação, órgão colegiado, deverá ser composta pelo(a) Diretor(a) do Estabelecimento, que a presidirá, dois agentes penitenciários, com larga experiência no penitenciarismo, um Psiquiatra, um Psicólogo, um Assistente Social, e tem por finalidade aquilatar a personalidade do condenado, para determinar o tratamento adequado, competindo-lhe:

- Fixar o programa reeducativo;
- Acompanhar a execução das penas privativas de liberdade;
- Classificar o condenado segundo seus antecedentes e personalidade, para orientar a individualização da execução penal;
- Propor as conversões e as regressões, bem como as progressões;
- Informar, caso seja solicitado, através de parecer técnico, o perfil criminológico do condenado para fins de benefício;
- Zelar pelo cumprimento dos deveres dos presidiários e assegurar a proteção dos seus direitos, cuja suspensão ou restrição competirá a Direção da Unidade ou ao Juiz das Execuções Criminais.

A Comissão Técnica de Classificação, para obtenção de dados reveladores da personalidade dos presos, poderá:

- Entrevistar pessoas;
- Requisitar de órgãos públicos ou privados dados e informações referentes ao preso;
- Realizar outras diligências e exames.

7.4 Fases da execução administrativa da pena

As fases da execução administrativa da pena serão realizadas através de estágios, respeitados os requisitos legais, a estrutura física e os recursos materiais de cada unidade prisional.

- Primeira Fase - procedimentos de inclusão e observação por prazo não superior a 60 (sessenta) dias, realizado pelo Centro de Triagem e Observação Criminológica, e complementados pela Comissão Técnica de Classificação da unidade recebedora;
- Segunda Fase - desenvolvimento do processo da execução da pena compreendendo as várias técnicas promocionais e de evolução sócio- educativas.

A Secretaria da Justiça e Cidadania elaborará Protocolo de Procedimentos Operacionais de Segurança Penitenciária, abrangendo, entre outras atividades e técnicas, uso de algemas; recebimento de presos; padrão de vistorias e de revista pessoal; manuseio de equipamentos de segurança; controle de acesso de pessoas, veículos e materiais; emprego de armas letais e não-letais; uso progressivo e proporcional da força, observando-se procedimentos específicos nos estabelecimentos prisionais femininos.

À Comissão Técnica de Classificação, caberá avaliar a terapêutica penal em relação ao preso sentenciado, propondo as promoções subseqüentes.

As perícias criminológicas, eventualmente requisitadas, deverão ser realizadas pela equipe técnica do Centro de Triagem e Observação Criminológica ou pela Comissão Técnica de Classificação da unidade, observando em cada caso o que for mais adequado.

7.5 Ingresso, transferencia e saída do preso

7.5.1 Ingresso

O ingresso do preso condenado deverá se dar mediante apresentação da guia de recolhimento, expedida pela autoridade judiciária competente, observando-se o disposto nos arts.105 a 107 da Lei 7210/84 (Lei de Execuções Penais).

O ingresso do preso provisório se dará através da apresentação dos seguintes documentos:

- guia de recolhimento expedida pela autoridade policial ou judiciária competente;
- comprovação de que o mesmo foi submetido a exame de corpo de delito;
- comprovante de identificação do preso junto à Delegacia de Capturas;
- Informação sobre os antecedentes criminais do preso, com cópia do auto de prisão em flagrante ou do mandado de prisão judicial.

Toda entrada, transferência ou saída de preso de unidade deverá ser comunicada pela Direção a todos os juízos onde o mesmo responda a procedimento criminal.

Na ocasião do ingresso no Sistema Penitenciário, o preso se submeterá a revista pessoal e de seus pertences, devendo, logo após, ser submetido a higienização corpórea e substituição de seu vestuário pelo uniforme padrão adotado.

No ingresso, o preso terá aberto, em seu nome, um prontuário, devidamente numerado em ordem seriada, onde serão anotados, dentre outros, seus dados de identificação e qualificação, de forma completa, dia e hora da chegada, situação de saúde física e mental, aptidão profissional e alcunhas.

No prontuário ficarão arquivados todos os documentos relativos ao preso, inclusive certidão atualizada de antecedentes criminais do juízo local, bem como do seu domicílio de origem;

A fotografia do preso será parte integrante do prontuário.

Após a abertura do prontuário, o preso receberá instruções a serem cumpridas, sobre as normas do estabelecimento, sendo cientificado dos direitos e deveres prescritos no presente Regimento, e da possibilidade de acesso ao mesmo sempre que desejar.

Em todas as dependências e acomodações das unidades prisionais deverão afixar-se os direitos e deveres dos presos, permanecendo o presente regimento acessível a todos sempre que desejarem consultar.

Os analfabetos serão instruídos oralmente.

Os pertences trazidos com o preso cuja posse não for permitida serão inventariados e colocados em depósito apropriado no Setor da Gerência Administrativa da Unidade Prisional, mediante contra recibo, sendo entregues posteriormente aos seus familiares, ou a pessoa por ele indicada.

Os objetos de valor e jóias serão recolhidos ao Setor de Pecúlio, bem como importâncias em dinheiro serão depositadas em conta corrente do pecúlio disponível, com preenchimento dos respectivos recibos.

O preso será submetido a exames clínicos pelo Serviço de Saúde, devendo ser examinado por médico, que fornecerá atestado sobre as condições físicas apresentadas quando de sua chegada, e relacionará a necessidade de ingestão de medicamentos eventualmente trazidos pelo preso, sob prescrição médica, bem como de dieta diferenciada.

Quando da impossibilidade de cumprir todas as exigências enumeradas nos dispositivos anteriores, na data da inclusão, as mesmas poderão ocorrer nos três dias úteis subseqüentes.

O preso que adentrar pela primeira vez na Unidade cumprirá um período inicial considerado de adaptação e observação, nunca superior a 60 (sessenta) dias, durante o qual será observado seu comportamento no Centro de Triagem e Observação Criminológica e posteriormente, pela Comissão Técnica de Classificação da unidade recebedora.

Nos (10) dez primeiros dias do estágio de adaptação o preso não poderá receber visitas de familiares e amigos, podendo somente receber seu advogado ou Defensor Público.

Durante o período de adaptação o preso será classificado quanto ao grau de periculosidade, comportamento e antecedentes.

7.5.2 Transferência

A transferência do preso de uma unidade prisional para outra, dar-se-á, nas seguintes condições:

- por ordem judicial;
- por interesse técnico-administrativo da administração penitenciária;
- a requerimento do interessado;
- por determinação do Secretário de Justiça e Cidadania, mediante Relatório de Inteligência Prisional

A Comissão de Avaliação de Transferências e Gestão de Vagas – CATVA será formada por equipe multidisciplinar e administrará o ingresso, reingresso e a transferência de presos nas unidades do sistema penitenciário estadual, indicando a unidade para onde o interno será encaminhado, devendo ser presidida pelo Coordenador Adjunto da COSIPE, que executará, privativamente, as atribuições previstas no inciso II do Art.16 do Decreto nº27.385 de 02.03.2004.

A Comissão de Avaliação de Transferências e Gestão de Vagas - CATVA será o órgão competente para a liberação de vagas para presos provisórios e condenados em presídios, casas de privação provisórias de liberdade, penitenciárias, Casa do Albergado, Hospital de Custódia e Manicômio Judiciário do Estado do Ceará, vinculados a Comarca de Fortaleza, obedecendo os procedimentos contidos em Portaria específica, observando as avaliações realizadas pelo Centro de Triagem e Observação Criminológica.

Nos estabelecimentos prisionais não alcançados pelas atribuições da Comissão de Avaliação de Transferências e Gestão de Vagas - CATVA, a regulamentação permanecerá determinada pelo presente Regimento.

Ordem judicial

A transferência provisória ou definitiva do preso de uma unidade prisional para outra, por ordem judicial, dar-se-á nas seguintes circunstâncias:

- por sentença de progressão ou regressão de regime;
- para apresentação judicial dentro e fora da Comarca;
- para tratamento psiquiátrico, desde que haja indicação médica;
- em qualquer circunstância, mais adequada ao cumprimento da sentença, em outro Estado da Federação, a juízo da autoridade judiciária competente.

Interesse técnico-administrativo da administração penitenciária

O preso será transferido por interesse técnico-administrativo da administração penitenciária nas seguintes circunstâncias:

- por solicitação do diretor da unidade, conforme indicação da Comissão Técnica de Classificação e demais áreas de avaliação;
- no caso de doença, que exija tratamento hospitalar do preso, quando a unidade prisional não dispuser de infra-estrutura adequada, devendo a solicitação ser feita pela autoridade médica, ratificada pelo diretor da unidade;
- por interesse da Administração, com vistas a preservação da segurança e disciplina.
- para preservação da segurança pessoal do interno;
- a preservação de condições pessoais favoráveis à individualização da execução penal;
- a preservação de laços afetivos entre o condenado e seus parentes;
- para o exercício de atividades educacionais e/ou laborativas.

Compete à Coordenadoria do Sistema Penal, nas unidades não alcançados pelas atribuições da Comissão de Avaliação de Transferências e Gestão de Vagas, em caráter excepcional, e devidamente justificada, determinar a transferência do preso, de uma a outra unidade prisional.

A transferência de preso condenado ou provisório será, no prazo improrrogável de 24 (vinte e quatro) horas, comunicada, respectivamente, ao juízo das execuções penais ou ao juízo responsável pelo processo.

Requerimento do interessado

Fora das hipóteses que dependam de decisão judicial, o preso, seus familiares ou seu procurador poderão requerer sua transferência, ao diretor do estabelecimento respectivo, para unidade prisional do mesmo regime quando:

- conveniente, por ser na região de residência ou domicílio da família, devidamente comprovado;
- necessária a adoção de Medida Preventiva de Segurança Pessoal, e a unidade prisional não dispuser de recurso para administrá-la.

O diretor do estabelecimento ouvirá a manifestação da Chefia de Segurança e Disciplina e do Serviço Social, devendo ser anexada Certidão Carcerária contendo a data de entrada do preso, o tempo de recolhimento e o seu comportamento carcerário, e encaminhará à CATVA para deliberação.

O pedido conterá:

- petição assinada pelo requerente ou termo de declaração, onde justifique os motivos da pretensão;
- qualificação e extrato da situação processual do sentenciado;
- informações detalhadas das condições de saúde, trabalho, instrução e conduta prisional;
- manifestação do diretor da unidade prisional, sobre a conveniência ou não da transferência.

Quando ocorrer transferência temporária de presos entre as unidades prisionais, deverá haver acompanhamento de informações referentes à disciplina, saúde, execução da pena e visitas dos mesmos, a fim de orientar procedimento na unidade de destino.

No caso de remoção definitiva, além das providências do caput deste artigo, o preso deverá ser acompanhado de seu prontuário e pertences pessoais.

Determinação do secretário de justiça e cidadania, mediante relatório de inteligência prisional

A - Emergencialmente, a transferência se dará por determinação do Secretário de Justiça e Cidadania, através da COINT ou COSIPE.

No prazo de 72 (setenta e duas) horas haverá formalização da transferência emergencial à Comissão de Avaliação de Transferências e Gestão de Vagas - CATVA, em relação aos estabelecimentos prisionais submetidos à sua atuação.

7.5.3 Saída

A saída do preso da Unidade Prisional dar-se-á, nos seguintes casos:

- pelo término do cumprimento da pena, devidamente reconhecido por sentença do Juízo das Execuções Criminais e Corregedor dos Presídios;
- em virtude de algum benefício legal que lhe tenha sido concedido, sempre por ordem escrita da Autoridade Judiciária competente.
- para atendimento de requisições administrativas ou policiais, mediante escolta e autorização escrita do Juiz das Execuções Criminais e Corregedor dos Presídios;
- para atendimento de requisições judiciais, mediante escolta;
- em caráter excepcional, mediante autorização da Direção do Estabelecimento Prisional, nos casos e na forma estabelecidos nos artigos 120 e 121 da Lei de Execuções Penais.

Nas saídas previstas nos incisos I e II, será disponibilizado ao preso:

- a entrevista de desligamento realizada preferencialmente por psicólogo ou assistente social, quando receberá aconselhamento e orientação, além do encaminhamento para a Coordenadoria de Inclusão Social do Preso e do Egresso – CISPE, rede sócio-assistencial, de saúde e de educação;
- orientação, preferencialmente pelo Defensor Público lotado na unidade, sobre as condições jurídicas às quais ficará submetido;
- vestimentas e condições de transporte para o retorno à sua residência de forma digna, desde que localizada no Estado do Ceará ou, em situações excepcionais, a critério da Secretaria da Justiça e Cidadania.

7.6 Direitos, deveres, bens, regalias e recompensas

7.6.1 Direitos

São direitos comuns aos presos, além dos já previstos pela Constituição Federal, Pactos Internacionais, Legislação Penal e Processual Brasileira, Lei de Execuções Penais e demais Leis, os seguintes:

- preservação da individualidade, observando-se:
  - chamamento nominal;
  - uso de número somente para qualificação em documento da administração penal.
- atendimento pela Diretoria do Estabelecimento e/ou demais funcionários;
- prática religiosa;
- tratamento médico-hospitalar, psiquiátrico, psicológico e odontológico gratuito, com os recursos humanos e materiais postos a sua disposição pela Unidade onde se acha recolhido, sendo-lhes garantidos:
  - obtenção de assistência médica pela rede Municipal, Estadual e Federal, quando esgotados ou inexistentes os recursos institucionais, de acordo com a disponibilidade dessas redes;
  - a faculdade de contratar, através de familiares ou dependentes, profissionais médicos e odontológicos de confiança pessoal, a fim de orientar e acompanhar o tratamento que se faça necessário, observadas as normas legais e regulamentares vigentes;
- frequência às atividades desportivas, de lazer e culturais condicionadas à programação da Unidade, dentro das condições de segurança e disciplina, obedecendo-se os a seguinte regra:
  - **a prática de esportes deverá ser realizada em local adequado, pelo período de 02:**00 horas, pelo menos uma vez por semana, sem prejuízo das atividades educacionais e laborativas da Unidade;
- contato com o mundo exterior e acesso aos meios de comunicação social, por meio de:
  - correspondência escrita com familiares e outras pessoas, podendo ser suspenso ou restringido tal direito por ato motivado do Diretor da Unidade, no caso de cometimento de falta grave;
  - leitura de livros, jornais, revistas e demais periódicos, desde que não contenham incitamento à subversão da ordem ou preconceito de religião, raça ou classe social e não comprometam a moral e os bons costumes;
  - programação da Rádio Livre;
  - acesso coletivo a programa de televisão;
  - acesso a sessões cinematográficas, teatrais, artísticas e socioculturais, de acordo com a programação da Unidade respectiva.
- acomodação em celas ou alojamentos coletivos ou individuais, dentro das exigências legais, havendo trocas de roupas de uso pessoal, de cama, banho e material de higiene, fornecidos pela Unidade Prisional ou outros setores devidamente autorizados;
- solicitar à Diretoria mudança de cela ou pavilhão, que poderá ser autorizada após avaliação dos motivos e da capacidade estrutural da Unidade;
- peticionar à Direção do Estabelecimento e demais autoridades;
- receber visitas do cônjuge, da companheira, de parentes e amigos em dias determinados, podendo ser suspenso ou restringido tal direito por ato motivado do Diretor da Unidade, no caso de cometimento de falta grave;
- proteção contra qualquer forma de sensacionalismo;
- receber atestado anual de pena a cumprir;
- assistência jurídica integral desde sua inserção no Sistema Penitenciário, prestada por advogado constituído ou pela Defensoria Pública;
- entrevista reservada com seu advogado constituído ou Defensor Público, no parlatório, individualmente, nos dias úteis e no horário de expediente da Unidade.
- à presa, em caso de gravidez, são asseguradas:
  - assistência pré-natal;
  - alimentação apropriada desde a confirmação da gravidez até o fim da amamentação;
  - internação, com direito a parto em hospital adequado, por meio de escolta;
  - condições para que possa permanecer com seu filho pelo período mínimo de 120 dias após o nascimento, prorrogável por igual período, em local adequado, mesmo que haja restrição de amamentação;
  - condições para que possa permanecer com seu filho pelo período mínimo de 180 dias após o nascimento, prorrogável por igual período, após avaliação médica e de assistente social, em local adequado, quando estiver amamentando;
- reabilitação das faltas disciplinares;
- Em caso de falecimento, doenças, acidentes graves ou transferência do preso para outro estabelecimento, o Diretor comunicará imediatamente ao cônjuge ou, se for o caso, a parente próximo ou a pessoa previamente indicada;

- O preso será informado, imediatamente, do falecimento ou de doença grave do cônjuge, companheira, ascendente, descendente ou irmão, podendo ser permitida a visita a estes, sob custódia;
- Em caso de deslocamento do preso, por qualquer motivo, deve-se evitar sua exposição ao público, assim como resguardá-lo de insultos e da curiosidade geral.
- igualdade de tratamento, exceto quanto à individualização da pena.

Os direitos previstos neste Regimento não excluem outros decorrentes dos princípios por ele adotados.

Nos casos de prisão de natureza civil, o preso deverá permanecer em recinto separado dos demais, aplicando-se, no que couber, as normas destinadas aos presos provisórios.

7.6.2 Deveres dos presos

São deveres dos presos, além dos previstos na legislação pátria:

- respeito às autoridades constituídas, funcionários e companheiros presos;
- comportamento disciplinado e cumprimento fiel da sentença;
- informar-se das normas a serem observadas na Unidade Prisional, respeitando-as;
- acatar as determinações legais solicitadas por qualquer funcionário no desempenho de suas funções;
- -anter comportamento adequado em todo o decurso da execução da pena, progressiva ou não;
- submeter-se à sanção disciplinar imposta;
- Conduta oposta aos movimentos individuais e coletivos de fuga ou de subversão à ordem ou a disciplina;
- zelar pelos bens patrimoniais e materiais que lhe forem destinados, direta ou indiretamente;
- ressarcir o Estado e terceiros pelos danos materiais a que der causa, de forma culposa ou dolosa;
- zelar pelo asseio pessoal e assepsia da cela, alojamento, corredores e sanitários;
- submeter-se às normas contidas neste Regimento Geral, referentes às visitas, orientando-as nesse sentido;
- submeter-se às normas, contidas neste Regimento Geral, que disciplinam a concessão de saídas externas previstas em lei:
- submeter-se às normas contidas neste Regimento Geral, que disciplinam o atendimento nas áreas de:
  - saúde;
  - assistência jurídica;
  - psicológica;
  - serviço social;
  - diretoria;
  - serviços administrativos em geral;
  - atividades escolares, desportivas, religiosas, de trabalho e de lazer;
  - assistência religiosa;
- devolver ao setor competente, quando de sua saída ou da eventual transferência, os objetos fornecidos pela unidade e destinados ao uso próprio;
- abster-se de desviar, para uso próprio ou de terceiros, materiais dos diversos setores da Unidade Prisional;
- abster-se de negociar objetos de sua propriedade, de terceiros ou do patrimônio do Estado;
- abster-se da confecção e posse indevida de instrumentos capazes de ofender a integridade física de outrem, bem como daqueles que possam contribuir para ameaçar, ou obstruir a segurança das pessoas e da Unidade Prisional;
- abster-se de uso e consumo de bebida alcoólica ou de substância que possa causar embriaguez ou dependência física, psíquica ou química; XIX abster-se de transitar ou permanecer em locais não autorizados pela Direção da Unidade.
- abster-se de dificultar ou impedir a vigilância;
- abster-se de quaisquer práticas que possam causar transtornos aos demais presos, bem como prejudicar o controle de segurança, a organização e a disciplina;
- acatar a ordem de contagem da população carcerária, respondendo ao sinal convencionado da autoridade competente para o controle da segurança e disciplina;
- abster-se de utilizar quaisquer objetos, para fins de decoração ou proteção de vigias, portas, janelas e paredes, que possam prejudicar o controle da vigilância;
- abster-se de utilizar sua cela como cozinha;
- submeter-se à requisição das autoridades judiciais, policiais e administrativas;
- submeter-se à requisição dos profissionais de qualquer área técnica para exames ou entrevistas;
- submeter-se às condições estabelecidas para uso de aparelho de rádio e/ou aparelho de TV;
- submeter-se às condições de uso da biblioteca do estabelecimento, caso haja, e de livros de sua propriedade;
- submeter-se às condições estabelecidas para as práticas desportivas e de lazer;
- submeter-se às condições impostas para quaisquer modalidades de transferências e remoção de ordem judicial, técnico-administrativa e a seu requerimento;
- submeter-se aos controles de segurança impostos pelos Agentes Penitenciários ou outros agentes públicos incumbidos de efetuar a escolta externa.

7.6.3 Bens e valores pessoais

A entrada de bens de qualquer natureza obedecerá aos seguintes critérios:

- em se tratando daqueles permitidos, os mesmos deverão ser revistados e devidamente registrados em documento específico:
  - a entrada de bens perecíveis, em espécie e manufaturados, terá sua quantidade devidamente regulada;
  - os bens não perecíveis serão analisados pela unidade prisional quanto à sua necessidade, conveniência e quantidade;
- m se tratando de bens de consumo e patrimoniais trazidos por presos acompanhados ou não de funcionário, quando das saídas externas autorizadas, serão analisados. No caso de não se comprovar a origem será lavrado comunicado do evento, sem prejuízo de outras medidas cabíveis;
- Quando do ingresso de bens e valores através de familiares e afins, serão depositados no setor competente, mediante inventário e contra- recibo:
  - o saldo em dinheiro e os bens existentes serão devolvidos no momento em que o preso seja libertado;
  - no caso de transferência do preso, os valores e bens serão encaminhados à unidade de destino.

Em caso de falecimento do preso, os valores e bens a este pertencentes, devidamente inventariados, serão entregues aos familiares, atendidas as disposições legais pertinentes

7.6.4 Recompensas e regalias

Recompensas

As recompensas têm em vista o bom comportamento reconhecido em favor do preso sentenciado ou do preso provisório, de sua colaboração com a disciplina e de sua dedicação ao trabalho.

São recompensas:

- o elogio;
- a concessão de regalias.

Será considerado para efeito de elogio a prática de ato de excepcional relevância humanitária ou do interesse do bem comum, por portaria do diretor da unidade prisional, devendo constar do prontuário do condenado.

Regalias

Constituem regalias, concedidas aos presos em geral, dentro da Unidade Prisional:

- visitas íntimas;
- assistir coletivamente sessões de cinema, teatro, shows e outras atividades sócio-culturais, fora do horário normal em épocas especiais;
- assistir coletivamente sessões de jogos esportivos em épocas especiais, fora do horário normal;
- participar de atividades coletivas, além da escola e trabalho, em horário pré-estabelecido de acordo com a Unidade do Sistema e Direção;
- participar em exposições de trabalho, pintura e outros, que digam respeito às suas atividades;
- visitas extraordinárias devidamente autorizadas pela direção se comprovada sua necessidade e relevância

Poderão ser acrescidas outras regalias de forma progressiva, acompanhando as diversas fases e regimes de cumprimento da pena;

O preso no regime semi-aberto poderá ter outras regalias, a critério da direção da unidade visando sua reintegração social;

As regalias poderão ser suspensas ou restringidas, por cometimento de falta disciplinar de qualquer natureza ou por ato motivado da direção da Unidade Prisional.

7.7 Disciplina e das faltas disciplinares

7.7.1 Disposições gerais

No aspecto administrativo-disciplinar, este Regimento aplica- se aos presos de ambos os sexos recolhidos na mesma ou em Unidades Prisionais diversas.

Todos os presos da Unidade Prisional serão cientificados das normas disciplinares, no momento de seu ingresso na mesma.

As normas deste Regimento serão aplicadas aos presos, quer dentro do estabelecimento prisional e sua extensão, quer quando estiverem em trânsito ou em execução de serviço externo.

7.7.2 Disciplina

A ordem e a disciplina serão mantidas com firmeza, sem constrangimento, sem impor maiores restrições que as necessárias para manter a segurança e a boa organização da vida em comum, visando o retorno satisfatório do preso a sociedade.

Fique Ligado

A disciplina, a hierarquia, a fraternidade e a civilidade são requisitos importantes para o aprimoramento físico, mental e espiritual na busca da construção de um futuro melhor para o preso.

Os atos de indisciplina serão passíveis das seguintes penalidades:

- advertência verbal;
- repreensão;
- suspensão ou restrição de regalias;
- suspensão ou restrição de direitos, observadas as condições previstas no incisos XIII e XIV do artigo 50 do presente regimento;
- isolamento em local adequado;
- inclusão no regime disciplinar diferenciado, mediante decisão fundamentada do juízo competente.

Advertência verbal é a punição de caráter educativo, aplicado às infrações de natureza leve, e se couber as de natureza média;

Repreensão é a sanção disciplinar na forma escrita, revestida de maior rigor no aspecto educativo, aplicável em casos de infração de natureza média, bem como os reincidentes de natureza leve.

Às faltas leves e médias, poderão ser aplicadas as sanções previstas nos incisos I, II, III do artigo anterior.

Às faltas graves, aplicam-se as sanções previstas nos incisos IV e V do artigo 65 deste Regimento Geral, não podendo qualquer delas exceder a 30 (trinta) dias.

O isolamento será sempre comunicado ao Juízo da Execução.

A autoridade administrativa poderá decretar o isolamento preventivo do faltoso pelo prazo máximo de 10 (dez) dias, no interesse da disciplina e da averiguação do fato.

O tempo de isolamento preventivo será computado no período de cumprimento da sanção disciplinar.

Aplica-se o Regime Disciplinar Diferenciado, na hipótese de falta grave consistente na prática de crime doloso que ocasione subversão da ordem ou disciplina interna, e tem as seguintes características:

- duração máxima de trezentos e sessenta dias, sem prejuízo de repetição da sanção por nova falta grave de mesma espécie, até o limite de um sexto da pena aplicada;
- recolhimento em cela individual;
- visitas semanais de duas pessoas, sem contar os filhos menores de quatorze anos, com duração de duas horas;
- o preso terá direito à saída da cela por duas horas diárias para banho de sol.

O regime disciplinar diferenciado também poderá abrigar presos provisórios ou condenados que apresentem alto risco para a ordem e a segurança do Presídio ou da sociedade.

Estará igualmente sujeito ao regime disciplinar diferenciado o preso provisório ou condenado sob o qual recaiam fundadas suspeitas de envolvimento ou participação, a qualquer título, em organizações criminosas, quadrilha ou bando.

A inclusão de preso no regime disciplinar diferenciado deverá ser requerida, apos deliberação da comissão disciplinar, por meio de parecer circunstanciado, pelo Diretor da Unidade ao Juízo competente, sendo imprescindível a decisão fundamentada da autoridade judiciária para a imposição de tal sanção.

A suspensão e restrição de regalias poderão ser aplicadas isoladas ou cumulativamente, na prática de faltas de qualquer natureza.

Pune-se a tentativa com a sanção correspondente à falta consumada.

7.7.3 Faltas disciplinares

As faltas disciplinares segundo sua natureza classificam se em:

- leves;
- médias;
- graves.

O disposto neste capítulo aplica-se, no que couber, ao preso provisório.

Faltas disciplinares de natureza leve

Considera-se falta disciplinar de natureza leve:

- manusear equipamento de trabalho sem autorização ou sem conhecimento do encarregado, mesmo a pretexto de reparos ou limpeza;
- adentrar em cela ou alojamento alheio, sem autorização;
- desatenção em sala de aula ou no trabalho;
- permutar, penhorar ou dar em garantia objetos de sua propriedade a outro preso sem prévia comunicação da direção da unidade respectiva; V - utilizar-se de bens de propriedade do Estado, de forma diversa para a qual recebeu;
- executar, sem autorização, o trabalho de outrem;
- responder por outrem às chamadas regulamentares;
- ter posse de papéis, documentos, objetos ou valores não cedidos e não autorizados pela Unidade Prisional;
- descuidar da higiene pessoal;
- estar indevidamente trajado;
- proceder de forma grosseira ou discutir com outro preso;
- usar material de serviço para finalidade diversa da qual foi prevista;
- deixar de freqüentar, sem justificativa, as aulas do curso em que esteja matrículado;
- sujar pisos, paredes ou danificar objetos que devam ser conservados;
- portar ou manter na cela ou alojamento, material de jogos não permitidos;
- remeter correspondência, sem registro regular pelo setor competente;
- desobedecer aos horários regulamentares;
- descumprir as prescrições médicas;
- lavar ou secar roupa em locais não permitidos;
- fazer refeições em local e horário não permitidos;
- conversar através de janelas, guichê da cela ou de setor de trabalho ou em local não apropriado;
- mostrar displicência no cumprimento do sinal convencional de recolhimento ou formação;
- fumar em local ou horário não permitido.
- proferir palavras de baixo calão ou faltar com preceitos de educação;
- dirigir-se, referir-se ou responder a qualquer pessoa de modo desrespeitoso;
- tocar instrumentos musicais fora dos locais e horários permitidos pela autoridade competente

Faltas de natureza média

Considera-se falta disciplinar de natureza média:

- utilizar-se do anonimato para fins ilícitos ou causando embaraços à administração;
- provocar direta ou indiretamente alarmes injustificados;
- deixar, sem justo motivo, de responder às revistas ou reuniões em horários pré-estabelecidos, ou aquelas para as quais ocasionalmente for determinado;
- atrasar-se o interno do regime aberto e semi-aberto, para o pernoite;
- atrasar-se, sem justo motivo, o interno do regime semiaberto quando do seu retomo ao Estabelecimento Penal no caso de saídas temporárias autorizadas;
- envolver, indevidamente, o nome de outrem para se esquivar de responsabilidade;
- portar-se de modo indisciplinado ou inconveniente quando das revistas e conferências nominais;
- promover ou concorrer para a discórdia e desarmonia entre os internados, ou cultivar inimizades entre os mesmos;
- portar-se de modo inconveniente, provocando outros internos através de brincadeiras de cunho pernicioso ou sarcástico;
- apresentar, sem fundamento ou em termos desrespeitosos, representação ou petição;
- recriminar ou desconsiderar ato legal de agente da administração da unidade respectiva;
- deixar de realizar a faxina do xadrez, alojamento, banheiro ou corredores, cuja atribuição lhe esteja a cargo, ou fazê-lo com desídia; XIII transitar pêlos corredores dos alojamentos ou das celas despido ou em trajes sumários;
- deixar de fazer uso do uniforme sem autorização;
- fazer qualquer tipo de adaptação nas instalações elétricas ou hidráulicas da Unidade, sem a devida autorização;
- concorrer para que não seja dado cumprimento a qualquer ordem legal, tarefa ou serviço, bem como, concorrer para que seja retardada a sua execução;
- interferir na administração ou execução de qualquer tarefa sem estar para isto autorizado;
- simular doença para esquivar-se do cumprimento de qualquer dever ou ordem legal recebida;
- introduzir, transportar, guardar, fabricar, possuir bebidas alcoólicas ou qualquer outra substância que cause efeitos similares aos do álcool, ou mesmo ingerir tais substâncias, ou concorrer, inequivocamente, para que outrem o faça;
- introduzir, guardar ou possuir remédios, sem a devida autorização da Direção da Unidade;
- solicitar ou receber de qualquer pessoa, vantagem ilícita pecuniária ou em espécie;
- praticar atos de comércio de qualquer natureza, sem a devida autorização, com outros internos, funcionários ou civis;
- manusear equipamento ou material de trabalho sem autorização ou sem conhecimento da administração, mesmo a pretexto de reparos ou limpeza;
- apropriar-se ou apossar-se, sem autorização, de material alheio;
- destruir dolosamente, extraviar, desviar ou ocultar objetos sob sua responsabilidade, fornecidos pela administração;
- fabricar qualquer objeto ou equipamento sem a devida autorização, ou concorrer para que outrem incorra na mesma conduta;
- utilizar material, próprio ou do Estado, para finalidade diversa para a qual foi prevista, causando ou não prejuízos ao erário;
- portar, confeccionar, receber, ter indevidamente, em qualquer lugar do Estabelecimento Penal, objetos passíveis de utilização em fuga;

- permanecer o interno, em dias de visitação, na área destinada à circulação de pessoas, sem que para isto esteja autorizado ou acompanhado de seus visitantes, exceto para responder à chamada nominal ou efetuar suas refeições;
- permitir o interno que seus visitantes, sem autorização de autoridade competente, ingressem nos alojamentos ou celas ou acessem local não permitido;
- comportar-se, quando em companhia de sua esposa, companheira ou diante de outros visitantes, de forma desrespeitosa;
- tomar parte em jogos proibidos ou em aposta ilícitas;
- permanecer em alojamento diferente do seu, sem a devida autorização da Administração ou o consentimento de integrante do local;
- transitar indevidamente por locais não permitidos ou em desacordo com o respectivo estágio em que se encontra;
- comunicar-se, de qualquer forma, com internos em regime de isolamento celular ou entregar aos mesmos quaisquer objetos sem autorização da administração;
- promover barulho no interior do alojamento, celas ou seus corredores, durante o repouso noturno, ou ainda, a qualquer hora, fazê- lo de forma a perturbar a ordem reinante;
- disseminar boato que possa perturbar a ordem ou a disciplina, caso não chegue a constituir crime;
- dificultar a vigilância ou prejudicar o serviço da guarda em qualquer dependência da Unidade;
- praticar autolesão com finalidade de obter regalias;
- praticar fato previsto como crime culposo ou contravenção, independentemente da ação penal;
- usar de ardil para auferir benefícios, induzindo a erro qualquer pessoa;
- favorecer a prostituição ou a promiscuidade de parentes e demais visitantes.

Faltas de natureza grave

Comete falta disciplinar de natureza grave o preso que:

- incitar ou participar de movimento para subverter a ordem ou a disciplina;
- fugir;
- possuir, indevidamente, instrumento capaz de ofender a integridade física de outrem;
- provocar acidente de trabalho;
- descumprir, no regime aberto, as condições impostas;
- desobedecer ao servidor ou desrespeitar a qualquer pessoa com quem deva relacionar-se;
- não executar o trabalho, as tarefas ou as ordens recebidas;
- descumprir, injustificadamente, o condenado à pena restritiva de direitos, a restrição imposta, ou retardar o cumprimento;
- introduzir, receber, vender, fornecer, ainda que gratuitamente, fazer uso, ter em depósito, transportar, trazer consigo, guardar ou emprestar telefone celular ou aparelho de comunicação com o meio exterior, seus componentes ou acessórios;

Atenuantes e das agravantes

São circunstâncias atenuantes na aplicação das penalidades disciplinares:

- primariedade em falta disciplinar;
- natureza e circunstância do fato;
- bons antecedentes prisionais;
- imputabilidade relativa atestada por autoridade médica competente;
- confessar, espontaneamente a autoria da falta ignorada ou imputada a outrem;
- ressarcimento dos danos materiais.

São circunstâncias agravantes, na aplicação das referidas penalidades:

- reincidência em falta disciplinar;
- prática de falta disciplinar durante o prazo de reabilitação de conduta por sanção anterior;

Medidas cautelares

O diretor da Unidade Prisional poderá determinar, por ato motivado, como medida cautelar, o isolamento do preso, por período não superior a 10 (dez) dias, quando:

- pesem contra o preso informações, devidamente comprovadas, de que estaria preste a cometer infração disciplinar de natureza grave;
- pesem contra o preso, informações devidamente comprovadas, de que estaria ameaçada sua integridade física;
- a requerimento do preso, que expressará a necessidade de ser submetido a isolamento cautelar, como medida de segurança pessoal.

Em caso de necessidade, o prazo estabelecido no caput deste artigo poderá, a pedido da direção da unidade respectiva, ser prorrogado por igual período pela autoridade judiciária competente.

7.8 Procedimento disciplinar, sanção e reabilitação

7.8.1 Procedimento disciplinar e sanção disciplinar

Cometida a infração, o preso será conduzido ao setor de disciplina, para o registro da ocorrência, que conterá nome e matrícula dos servidores que dela tiveram conhecimento, os dados capazes de identificar as pessoas ou coisas envolvidas, local e hora da mesma, rol de testemunhas, a descrição clara, concisa e precisa do fato, bem como as alegações do faltoso, quando presente, ao ser interpelado pelo(s) signatário(s) das razões da transgressão, sem tecer comentários ou opiniões pessoais, e outras circunstâncias.

A ocorrência será comunicada imediatamente ao diretor da unidade prisional, para que, no prazo de 03 (três) dias, contados da constatação ou conhecimento do fato, seja iniciado o procedimento disciplinar.

O conselho disciplinar realizará as diligencias indispensáveis à precisa elucidação do fato, inclusive solicitação de perícia técnica, quando necessário, para formar seus elementos de convicção.

Será propiciado ao detento submetido a julgamento pelo Conselho Disciplinar, o mais amplo direito de defesa, seja por advogado constituído ou por Defensor Publico lotado na Unidade Prisional respectiva.

Caso não possua advogado constituído ou não saiba declinar os dados necessários para a intimação do mesmo, na data da audiência de instrução e julgamento, o faltoso será assistido pelo Defensor Publico lotado na Unidade Prisional respectiva.

Caso não haja Defensor Público lotado na Unidade Prisional respectiva, deverá ser intimado para o ato o Defensor Público lotado na Vara de Execuções Criminais com jurisdição sobre a referida Unidade.

Ao preso será dado conhecimento prévio da acusação.

O Conselho Disciplinar ouvirá, no mesmo ato, primeiramente o ofendido e testemunhas, se houverem, e por último o preso, de tudo lavrando-se o termo respectivo.

Concluídas as oitivas necessárias, ato contínuo, será facultado à Defesa, manifestação oral, que será tomada por termo, pelo tempo de 15 (quinze) minutos.

Finda a instrução, passa-se imediatamente ao julgamento acerca da culpabilidade ou inocência do faltoso, bem como acerca da natureza da falta disciplinar a ele imputada, o que deverá ser registrado na ata respectiva, que será assinada por todos os presentes.

Caso seja o detento considerado culpado pela transgressão disciplinar a ele imputada, adotará o Conselho Disciplinar uma das seguintes medidas:

- Tratando-se de faltas de natureza leve ou média, remeterá os autos respectivos ao Diretor do Estabelecimento que aplicará a sanção correspondente, no prazo de 02 (dois) dias;
- Tratando-se de falta grave a aplicação de sanção será de competência do Conselho Disciplinar, por ato de seu presidente, no mesmo prazo acima citado.

Em sendo o preso julgado inocente das imputações que lhe foram feitas, serão os autos respectivos encaminhados ao Diretor do Estabelecimento, a fim de que seja por este determinado seu imediato arquivamento.

Concluído o julgamento respectivo será dada ciência ao preso envolvido e ao seu defensor.

O preso poderá solicitar pessoalmente, ou através de seu patrono, reconsideração do ato punitivo, no prazo de 08 (oito) dias úteis, contados a partir da data em que a decisão lhe haja sido comunicada, nas seguintes hipóteses:

- quando não tiver sido unânime a decisão do Conselho Disciplinar;
- quando a decisão do Conselho Disciplinar tiver sido manifestamente contrária às provas existentes nos autos respectivos;
- quando a sanção aplicada estiver em desacordo com a Lei. Parágrafo Único - o pedido será dirigido à autoridade que aplicar a sanção disciplinar.

O pedido de reconsideração, uma vez apreciado pela autoridade competente, deverá ser despachado no prazo de 08 (oito) dias de seu recebimento, dele não cabendo recurso administrativo.

Após tornar-se definitivo o ato punitivo, o Diretor da unidade prisional determinará as seguintes providências:

- ciência ao preso envolvido e ao seu defensor;
- registro em ficha disciplinar;
- encaminhamento de cópia da sindicância ao Juiz das Execuções e Corregedor dos Presídios e ao Conselho Penitenciário do Estado do Ceará;
- comunicação à autoridade policial competente, quando o fato constituir ilícito penal;
- arquivamento em prontuário penitenciário.

Durante todo o período de cumprimento de sua pena, o preso poderá pedir a revisão da punição sofrida, desde que comprove o surgimento de fato novo, não apreciado por ocasião do anterior julgamento.

A execução da sanção disciplinar será suspensa quando desaconselhada pela unidade de saúde do Estabelecimento Prisional.

Fique Ligado

Uma vez cessada a causa que motivou a suspensão, a execução será iniciada ou terá prosseguimento.

7.8.2 Classificação da conduta e reabilitação

A classificação do preso far-se-á pela Comissão Técnica de Classificação, consoante o rendimento apurado através do cumprimento da pena e mérito prisional.

A conduta disciplinar do preso em regime fechado classificar-se-á em:

- excelente, quando no prazo mínimo de 01 (um) ano não tiver sido cometida infração disciplinar de natureza grave ou média, ou não tiver reincidido na prática de infração disciplinar de natureza leve;
- boa, quando no prazo mínimo de 06 (seis) meses, não tiver cometido infração disciplinar de natureza grave ou média;
- regular, quando for cometida infração disciplinar de natureza média nos últimos 30 (trinta) dias, ou grave, nos últimos 03 (três) meses;
- má, quando for cometida infração disciplinar de natureza grave ou reincidida falta de natureza média, durante o período de reabilitação.

O preso em regime semi-aberto terá a sua conduta disciplinar classificada em:

- excelente, quando não tiver cometido infração disciplinar de natureza grave ou média, ou não tiver reincidido na prática de infração disciplinar de natureza leve, pelo prazo de 06 (seis) meses;
- boa, quando não tiver cometido infração disciplinar de natureza grave ou média pelo prazo de 03 (três) meses;
- regular, quando cometer infração disciplinar de natureza média ou reincidir na prática de infração disciplinar de natureza leve, nos últimos 30 (trinta) dias;
- má, quando cometer infração de natureza grave ou reincidir em infração de natureza média, durante o período de reabilitação.

No caso do preso ser oriundo de outra Unidade Prisional, poderá ser levada em consideração para a classificação de seu comportamento a conduta mantida pelo mesmo no estabelecimento de origem.

O preso em regime fechado, terá os seguintes prazos para reabilitação da conduta, a partir do cumprimento da sanção disciplinar:

- De 01 (um) mês para as faltas de natureza leve;
- De 03 (três) meses para falta de natureza média;
- De 06 (seis) meses para falta de natureza grave.

O preso em regime semi-aberto terá os seguintes prazos para reabilitação da conduta, a partir da data do cumprimento da sanção disciplinar:

- de 30 (trinta) dias para falta de natureza leve;
- 60 (sessenta) dias para falta de natureza média;

Fique Ligado

A infração disciplinar de natureza grave implicará na proposta, feita pelo diretor da unidade ao juízo competente, de regressão do regime.

O preso em regime aberto terá os prazos para reabilitação da conduta, de acordo com o previsto no artigo anterior.

O cometimento da falta disciplinar de qualquer natureza, durante o período de reabilitação acarretará a imediata anulação do tempo de reabilitação até então cumprido.

Com a prática de nova falta disciplinar, exigir-se- á novo tempo para reabilitação que deverá ser somado ao tempo estabelecido para falta anterior.

7.9 Assistência ao preso

7.9.1 Assistência

É dever do Estado dar ao preso assistência material, à saúde, jurídica, educacional, social e religiosa, objetivando prevenir o crime e recuperar o preso, para que possa retornar ao convívio social satisfatoriamente.

Assistência material

A assistência material consistirá no fornecimento de alimentação suficiente, balanceada, vestuário e instalações higiênicas.

A Coordenadoria do Sistema Penal destinará, em cada uma de suas unidades prisionais, instalações e serviços adequados à sua natureza e finalidade, para o atendimento da sua população de internos.

Assistência à saúde

A assistência à saúde será de caráter preventivo e curativo, compreendendo o atendimento médico, odontológico, psicológico, farmacêutico e assistência social, obedecidas as diretrizes estipuladas no Plano Estadual de Saúde no Sistema Penitenciário e pelas Portarias Interministeriais do Ministério da Saúde e Ministério da Justiça.

É facultado ao preso contratar profissional médico e odontológico de sua confiança e às suas expensas, que prestará o atendimento em data e hora a serem marcadas pela Unidade de Saúde do Estabelecimento Prisional.

Havendo necessidade de encaminhamento do preso ao Sistema de Saúde Pública, a autorização será expedida pelo Diretor do Estabelecimento, ou seu representante legal, comunicando-se de imediato ao Juízo da Execução Penal.

Todas as Unidades Prisionais com mais de 100 (cem) presos deverão obedecer à padronização física, técnica e equipe profissional estabelecida para atendimento de saúde nos termos do Plano Estadual de Saúde no Sistema Penitenciário.

Nas demais Unidades, não sendo possível obedecer a mencionada padronização, as ações e serviços de saúde serão realizadas por profissionais da Secretaria de Saúde do Município onde se achem localizadas, garantindo- se no interior da Unidade uma estrutura mínima para tal atendimento, contando com a presença permanente de um profissional de saúde.

Será assegurado acompanhamento médico especial à mulher, principalmente no pré-natal e no pós-parto, extensivo ao recém-nascido.

O preso terá asseguradas as medidas de higiene e conservação da saúde, durante todo o tempo de seu recolhimento, bem como constantes palestras de esclarecimentos e prevenção.

Caberá à Chefia da Unidade de Saúde da Instituição Prisional respectiva comunicar a (o) Diretor(a) sobre casos de moléstias contagiosas, promovendo as medidas necessárias para evitar a disseminação e contágio, propondo as vacinações dos internos e dos funcionários quando julgar necessário.

Caberá ao Conselho da Comunidade local acompanhar o cumprimento do Plano Estadual de Saúde no Sistema Penitenciário.

Assistência jurídica

Aos presos é assegurada assistência jurídica integral desde sua inserção no Sistema Prisional, prestada por advogado constituído ou pela Defensoria Pública Estadual;

Em todos os estabelecimentos penais, haverá local apropriado destinado ao atendimento pelo Defensor Público.

Aos presos que declarem não possuir advogado constituído, será prestada assistência jurídica por meio de Defensor Público do Estado, lotado na unidade respectiva, em Núcleo Especializado da Defensoria Pública ou no Juízo das Execuções Criminais sob cuja jurisdição esta se encontre.

Ao Defensor Público responsável pela Unidade respectiva, compete:

- ▹ manter o preso informado de sua situação jurídico penal;
- ▹ requerer e acompanhar os benefícios penais incidentes na execução, aos quais seu assistido fizer jus;
- ▹ manter contato com o Juízo das Execuções, Tribunais, Conselho Penitenciário e Direção do Estabelecimento, no sentido de velar pela situação do preso;
- ▹ providenciar o recebimento de qualquer benefício extrapenal a que o preso tiver direito;
- ▹ providenciar para que os prazos prisionais não sejam ultrapassados, requerendo o que for de direito.
- ▹ Organizar e manter estatísticas de atendimento dos presos sob seu patrocínio;
- ▹ Requerer, junto aos demais órgãos da estrutura organizacional da Unidade Penitenciária, qualquer ação ou benefício necessário ao bem estar dos presos sob seu patrocínio, bem como de seus familiares;
- ▹ Patrocinar a defesa dos presos assistidos pela Defensoria Pública perante o Conselho Disciplinar;
- ▹ Promover a ação civil pública e todas as espécies de ações capazes de propiciar a adequada tutela dos direitos difusos, coletivos ou individuais homogêneos dos presos.
- ▹ Difundir, no ambiente prisional, a educação e conscientização dos direitos humanos, da cidadania e do ordenamento jurídico.
- ▹ Realizar outras atividades dentro de sua área de competência.

Assistência educacional e qualificação profissional

A assistência educacional compreenderá a instrução escolar, englobando o ensino fundamental e médio, bem como a formação profissional do preso.

A Sejus poderá firmar termo de cooperação com entidade pública ou particular para a promoção de educação superior aos internos.

Quando do ingresso a Unidade Prisional, será feita a pesquisa referente à formação escolar, na fase de triagem.

O ensino fundamental e médio será obrigatório, integrando-se no sistema escolar público, a ser ministrado pela Secretaria de Educação do Estado.

Somente serão dispensados do ensino fundamental, os presos que preencherem os seguintes requisitos:

- ▹ apresentação do Certificado de Conclusão de ensino fundamental, médio ou superior;
- ▹ incapacidade devidamente comprovada e atestada por responsável.

As atividades educacionais podem ser objeto de ação integrada e conveniada com outras entidades públicas, mistas e particulares, que se disponham a instalar escolas, oficinas profissionalizantes na

Unidade Prisional com aprovação do Projeto pela Coordenadoria do Sistema Penal.

O ensino educacional será feito por profissionais da educação utilizando serviço de monitores aptos e treinados, com materiais oferecidos pelo Poder Público.

Os presos que tiverem freqüência e aprovação de acordo com as normas estabelecidas pelo art.126 e §§ da Lei de Execução Penal, terão direito à remição de pena, após análise e avaliação pelo juízo da execução penal competente.

O ensino profissionalizante poderá ser ministrado em nível de iniciação ou de aperfeiçoamento técnico, atendendo-se as características da população urbana e rural, segundo aptidões individuais e demanda do mercado.

A Unidade prisional disporá de uma biblioteca para uso geral dos presos, que será provida de livros instrutivos, recreativos e didáticos, jornais, revistas e outros periódicos e o acesso ao preso dar-se-á:

- para uso na própria biblioteca; e
- para uso na própria cela, mediante autorização da direção da unidade.

A Sejus deverá desenvolver juntamente com a Secretaria de Educação do Estado projeto de remição de pena pela leitura, como forma de estimular e valorizar a participação dos internos em atividades educacionais e culturais, colaborando para a sua reinserção social.

Os livros deverão ser cadastrados, utilizando-se fichas para consultas no local e nas retiradas para leitura em cela.

Qualquer dano ou desvio deverá ser ressarcido pelo seu causador e devidamente punido na forma deste Regimento Geral.

Durante o cumprimento de sanção disciplinar, poderão ser retirados os livros pertencentes à biblioteca, que se encontrarem na posse do infrator.

Quando das saídas sob quaisquer modalidades, o preso deverá devolver os livros sob seu poder.

Assistência social

A assistência social tem por finalidade o amparo ao preso e à sua família, visando prepará-lo para o retorno à liberdade, e será exercida por profissional habilitado.

É facultado o auxílio de entidades públicas ou privadas nas tarefas de atendimento social.

Incumbe ao serviço de Assistência Social, entre outras atribuições:

- Fornecer o diagnóstico Social do interno;
- Prestar Assistência Social ao interno e à sua família;
- Prestar assistência ao interno em caso de hospitalização ou transferência da Unidade por motivo de saúde;
- Entrar em contato com a família do interno para realização de entrevistas ou para esclarecimento;
- Promover, quando necessário, o registro civil do interno e de seus filhos, expedição de documento de identidade e carteira profissional;
- Proceder aos encaminhamentos à rede de assistência social, de saúde e educação
- Integrar a equipe de Saúde nos termos do Plano Estadual de Saúde no Sistema Penitenciário;
- Facilitar o acesso da comunicação entre preso, instituição e família;
- Fomentar debates e ações que reafirmem a real função social da pena entre os servidores do sistema penal;
- Buscar junto às redes sociais de apoio, benefícios que possam resgatar a cidadania dos presos e presas, egressos e familiares;
- Integrar a Comissão Técnica de Classificação;
- Realizar outras atividades dentro de sua área de competência.

Assistência religiosa

A assistência religiosa, respeitada a liberdade constitucional de culto, a legislação vigente e com as cautelas cabíveis, será prestada ao preso, sendo-lhe assegurada a participação nos eventos organizados na Unidade, bem como a posse de livros de instrução religiosa.

À pessoa presa será assegurado o direito à expressão de sua consciência, filosofia ou prática de sua religião de forma individual ou coletiva, devendo ser respeitada a sua vontade de participação, ou abstenção de participação de atividades de cunho religioso.

É assegurado a todas as religiões professadas no interior da Unidade Prisional, através de seus diversos representantes, direito a realização de cultos em dia e hora pré-determinados pela Direção, desde que não coloquem em risco a vida e a integridade dos participantes, vedado o proselitismo religioso e qualquer forma de discriminação ou estigmatização.

Caso o estabelecimento prisional não tenha local adequado para a prática religiosa, as atividades deverão se realizar no pátio, nas galerias ou nas celas, em horários específicos.

Para atuar no estabelecimento prisional o líder ou grupo religioso fará pedido ao Diretor, por escrito, e deverá ser cadastrado na Coordenadoria do Sistema Penal, que normatizará o procedimento de cadastro e fornecerá a respectiva carteira de acesso, válida em todas as unidades prisionais, condicionada a prévio agendamento e respeitando as normas de segurança prisional.

Nenhum religioso poderá iniciar seu trabalho sem antes ser advertido e instruído dos problemas prisionais e devidamente cientificado de que deverá desenvolvê-lo em harmonia com as normas do estabelecimento.

A suspensão do ingresso de representantes religiosos só poderá acontecer por determinação da Direção do estabelecimento ou outra autoridade superior, por motivos justificados e registrada por escrito, dando-se ciência aos interessados com antecedência razoável.

Após procedida a suspensão do ingresso de representantes religiosos, a decisão sobre a extensão a outras unidades prisionais ficará a critério da Coordenadoria do Sistema Penal.

Na realização de eventos internos dever-se-á dar preferência às atividades ecumênicas.

Além dos cultos coletivos, a assistência religiosa poderá ser oferecida individualmente a quem a solicitar, em horário e local previamente agendados e autorizados pela Direção do estabelecimento, sendo garantida a privacidade durante o atendimento religioso pessoal, sem prejuízo da observância das normas de segurança prisional.

De modo algum serão permitidos cultos ou atividades religiosas que possam causar transtornos aos demais internos e servidores penitenciários, ou que venham perturbar as manifestações religiosas de outras denominações.

A assistência religiosa não será instrumentalizada para fins de disciplina, correcionais ou para estabelecer qualquer tipo de regalia, benefício ou privilégio, e será garantida mesmo à pessoa presa submetida a sanção disciplinar.

Assistência psicológica

A assistência psicológica será prestada por profissionais habilitados, por intermédio de programas envolvendo o reeducando, a Instituição e familiares, nos processos de ressocialização e reintegração social.

Incumbe ao serviço de Assistência Psicológica, entre outras atribuições:

- realizar atendimentos iniciais por meio da entrevista de anamnese;
- realizar, periodicamente, acolhimento de internos recém chegados, em caráter interdisciplinar;
- identificar demandas de acompanhamento psicológico;
- acompanhar internos em condições de crises depressivas e outros transtornos mentais;
- contribuir com as ações de promoção da saúde mental, notadamente com a assistência aos dependentes químicos, participando para a proposição e a execução de atividades voltadas à redução de danos e agravos à saúde.
- desenvolver atividades de grupos focais, trabalhando temas pertinentes ao contexto prisional, com viés multidisciplinar;
- proceder aos encaminhamentos à rede de assistência social, de saúde e educação;
- participar da articulação de parcerias para a realização de atividades de promoção da saúde mental, prevenção da dependência química, orientação e assistência aos familiares de presos e egressos.
- destinar, nas unidades femininas, atenção especial às internas gestantes, em estado puerperal e às crianças da creche, principalmente no período de separação entre mãe e filho, assim como contribuir para o fortalecimento dos vínculos da família que irá abrigar a criança

Os exames criminológicos e demais perícias técnicas não poderão ser realizados pelos psicólogos que realizam a assistência aos presos.

7.10 Contato externo

7.10.1 Correspondência escrita

A correspondência escrita entre o preso, seus familiares e afins será feita pelas vias regulamentares.

É livre a correspondência, condicionada a sua expedição e recepção, às normas de segurança e disciplina da unidade prisional.

Os materiais recebidos por via postal deverão ser vistoriados em local apropriado, na presença do preso, observadas as normas de segurança e disciplina da unidade prisional.

Ao Diretor Adjunto da Unidade caberá a vistoria mencionada neste artigo.

7.10.2 Meios de comunicação

O preso terá acesso à leitura de jornais, revistas, periódicos e outros meios de comunicação adquiridos às expensas próprias ou por visitas, desde que submetidos previamente a apreciação da direção da unidade prisional, que avaliará a sua contribuição ao processo educacional e ressocializador, bem como a não infringência às normas de segurança.

A Rádio Livre, radiadora com estúdio na Sejus e transmissão para todas as unidades prisionais por meio de equipamentos técnicos de caixas de som, será responsável pela transmissão de programação voltada para os internos, de cunho cultural, educacional, informativo, esportivo, social, religioso e de entretenimento, operada por profissional de comunicação, promovendo, ainda, a interação entre os internos e seus familiares, bem como aproximando a comunidade carcerária e a administração penitenciária.

O uso do aparelho de rádio difusão poderá ser permitido, mediante autorização por escrito expedida pela Direção da Unidade Prisional, observadas as peculiaridades de cada estabelecimento e comprovada a propriedade do mesmo por documento idôneo, nos locais onde não houver transmissão da rádio livre.

É permitido ao interessado adquirir seu aparelho, com recursos de pecúlio ou de seus visitantes.

O aparelho deverá ser de porte pequeno, a critério da unidade prisional, que deverá atentar para a facilitação de sua revista.

O aparelho de rádio será registrado em livro próprio, a cargo da Direção da Unidade, devendo constar desse registro todos os dados que possibilitem sua perfeita identificação e controle.

O aparelho de rádio não identificado será apreendido pelos agentes da área de segurança e disciplina, que procederá às averiguações de sua origem, sem prejuízo da sanção disciplinar.

O portador do rádio deverá utilizá-lo em sua própria cela em volume compatível com a tranqüilidade dos demais presos, permitido o uso de fone de ouvido.

A Administração não se responsabilizará pelo mau uso, extravio ou desaparecimento do aparelho, nem por danos causados pelo usuário ou por outro preso.

Caso haja necessidade de conserto do aparelho, o mesmo será feito com recurso próprio do preso ou de seus visitantes.

É proibida qualquer espécie de conserto de aparelho de rádio nas dependências internas do estabelecimento, salvo em local determinado e com a devida autorização.

O acesso à televisão pelo preso, qualquer que seja o regime de cumprimento de pena, ocorrerá sob duas modalidades:

- 01 (um) aparelho coletivo de propriedade da unidade prisional;
- 01 (um) aparelho de uso particular em cada cela ou alojamento, mediante prévia autorização por escrito da direção da unidade, comprovada a propriedade do mesmo por documento idôneo.

O aparelho de uso coletivo deverá ser franqueado aos presos, através de programação institucional previamente divulgada, nos seguintes locais:

- em sala de aula, para fins didáticos e sócio-culturais;
- em ambientes coletivos, em horários estabelecidos formalmente, sem prejuízo das atividades de trabalho, escola, esportes e outras prioridades.

O controle do aparelho e da programação compete à área de segurança e disciplina.

Não se permitirá mais de um aparelho de televisão em cada cela, independente da quantidade de presos.

O uso dos meios de comunicação permitidos por este Regimento Geral poderá ser suspenso ou restringido por ato devidamente motivado, ficando seu restabelecimento a critério da direção da unidade.

7.10.3 Visitas

As visitas ao preso se classificam sob duas categorias: as comuns e as conjugais (chamadas visitas íntimas).

Visitas comuns

Os (as) presos (as) poderão receber visitas de cônjuges, companheiras (os) ou parentes, em dias determinados, desde que registrado no rol de visitas do Estabelecimento Prisional e devidamente autorizadas pela direção, e se darão na forma especificada na Portaria Nº692/2013 da Sejus, ou outra portaria que venha a substituí-la, expedida pelo mesmo órgão.

O cadastramento no rol de visitas será lavrado no prazo de até 10 (dez) dias da apresentação dos documentos elencados na referida portaria, devendo as hipóteses de indeferimento serem devidamente motivadas.

As visitas serão limitadas ao número de 02 (dois) visitantes por dia de visita, a fim de proporcionar adequadas condições de revista, preservando as condições de segurança na Unidade Prisional. Quanto à visitação de filhos e netos menores de idade, no dia destinado a essas visitas, não há limite de quantidade.

Os cadastros de visita deverão ser preferencialmente biométricos, sendo renovados a cada 02 (dois) anos e acompanharão o preso em caso de mudança de unidade.

Em não havendo cônjuge, companheira (o), ascendentes e descendentes de primeiro ou segundo grau e colaterais de primeiro grau ou parentes habilitados para a visita, poderá o(a) preso(a) cadastrar até 02 (dois) amigos (as).

A entrada de menores nas unidades prisionais só será permitida aos filhos e netos do(a) preso(a), acompanhados pelo responsável legal e, na falta deste, por aquele que for designado para sua guarda e responsabilidade, pela autoridade judicial competente, devendo apresentar carteira de identidade ou certidão de nascimento.

A entrada do(a) companheiro(a) menor de idade se dará mediante autorização do juízo das execuções, salvo se já possuírem prole em comum, quando deverá ser apresentada certidão de nascimento do(s) filho(s).

Não será permitida a visita a pessoa que:

- não esteja autorizado pela direção;
- não apresente documento de identificação;
- apresentar sintomas de embriagues ou conduta alterada que levem a presunção de consumo de drogas e/ou entorpecentes;
- estiver com gesso, curativos ou ataduras;
- chegar na Unidade Prisional no dia e hora, não estabelecido para visita;
- do sexo masculino que estiver trajando bermuda, calção e/ou camiseta sem mangas;
- do sexo feminino que estiverem trajando mini-saias, miniblusas, roupas excessivamente curtas, decotadas e transparentes;

Cartas, bilhetes ou qualquer outro meio de comunicação escrita, deverão ser entregues aos plantonistas da revista ou ao chefe de equipe que fará o encaminhamento ao preso.

As visitas comuns deverão ocorrer preferencialmente, as quartas-feiras e/ou domingos das 08:00 horas às 16:00 horas, encerrando- se o acesso ao interior da Unidade Prisional às 14:00 horas, em período não superior a 08 (oito) horas, não devendo coincidir com o dia destinado às visitas íntimas.

A critério da Coordenação do Sistema Penal ou da Direção da Unidade Prisional, poderá ser suspensa ou reduzida a visita em caso de risco iminente à segurança e disciplina.

Em caso excepcional, a administração poderá autorizar visita extraordinária, devendo fixar o tempo de sua duração.

O preso recolhido ao pavilhão hospitalar ou enfermaria e impossibilitado de se locomover, ou em tratamento psiquiátrico, poderá receber visita no próprio local, a critério da autoridade médica.

Antes e depois das visitas os presos poderão ser submetidos à revista.

Os visitantes deverão ser revistados antes de adentrarem na unidade.

A revista pessoal (eletrônica, mecânica ou manual) será realizada com respeito à dignidade humana, sendo vedada qualquer forma de desnudamento, tratamento desumano ou degradante.

A revista pessoal deverá ocorrer mediante uso de equipamentos eletrônicos detectores de metais, bodyscanners, aparelhos de raio-X ou similares, ou ainda manualmente, preservando-se a integridade física, psicológica e moral da pessoa revistada.

Onde houver bodyscanners obrigatoriamente este será o meio utilizado para a revista eletrônica.

Considera-se revista manual toda inspeção realizada mediante contato físico da mão do agente público competente sobre a roupa da pessoa revistada, sendo vedados o desnudamento total ou parcial, o toque nas partes íntimas, o uso de espelhos, o uso de cães farejadores, bem como a introdução de quaisquer objetos nas cavidades corporais da pessoa revistada.

A retirada de calçados, casacos, jaquetas e similares, bem como de acessórios, não caracteriza desnudamento.

A revista manual será realizada por servidor habilitado e sempre do mesmo sexo da pessoa revistada.

A revista pessoal em crianças ou adolescentes deve garantir o respeito ao princípio da proteção integral da criança e do adolescente, sendo vedada sua realização sem a presença e o acompanhamento de um responsável legal.

A realização de revista manual ocorrerá nas seguintes hipóteses:

- o estado de saúde impeça que a pessoa a ser revistada se submeta a determinados equipamentos de revista eletrônica, mediante comprovação de laudo médico expedido em até sessenta dias antes da visita, exceto quando atestar enfermidade permanente;
- quando não existir equipamento eletrônico ou este não estiver funcionando;
- após a realização da revista eletrônica, subsistir fundada suspeita de porte ou posse de objetos, produtos ou substâncias, cuja entrada seja proibida.

Os valores e objetos considerados inadequados, encontrados em poder do visitante, serão guardados em local apropriado e restituídos ao término da visita.

Caso a posse constitua delito penal deverão ser tomadas as providências legais cabíveis.

As pessoas idosas, gestantes e deficientes físicos, terão prioridade nos procedimentos adotados para a realização da visita.

O visitante que estiver com maquiagem, peruca e outros complementos que possam dificultar a sua identificação ou revista, poderá ser impedido de ter acesso à unidade prisional, como medida de segurança.

Roupas íntimas, agasalhos e material higiênico não fornecidos pelo Sistema Prisional, bem como, bens de consumo, perecíveis ou não, permitidos e trazidos pelos visitantes nos dias regulamentares de visita, serão entregues no setor da revista, para que seja realizado um minucioso exame na presença do portador, após o que será permitida a entrada no estabelecimento.

A Coordenadoria do Sistema Penal deverá formular anualmente relação dos bens de consumo, perecíveis ou não, que poderão ser admitidos no interior das unidades, da qual se dará ampla publicidade;

As visitas não poderão ingressar nas unidades prisionais levando qualquer pertence que não seja autorizado pela administração, devendo ser vedados apenas aqueles que atentem contra a segurança e disciplina do estabelecimento.

As visitas comuns serão realizadas em local próprio, em condições dignas e que possibilitem a vigilância pelo corpo de segurança. Parágrafo único As unidades prisionais disporão de espaços lúdicos para acolher filhos e netos de presos (as) por ocasião das visitas.

O visitante, familiar ou não, poderá ter seu ingresso suspenso pelo prazo de até 60 (sessenta) dias, por decisão motivada da direção da unidade, quando:

- da visita resulte qualquer fato danoso à segurança e disciplina da unidade, que envolva o visitante ou o preso;
- houver aplicação de sanção disciplinar suspendendo o direito a receber visita;

O visitante, familiar ou não, terá seu cadastro cancelado se praticar qualquer ato tipificado como crime doloso, sendo possível a recuperação do cadastro, por decisão da Direção da Unidade, ouvidos os Setores de Segurança e Disciplina e de Serviço Social, a partir de 6 (seis) meses após a prática do ato.

O preso que cometer falta disciplinar média ou grave poderá ter restringido ou suspenso o direito a visita por até 30 (trinta) dias.

Visita íntima

A visita íntima constitui um direito e tem por finalidade fortalecer as relações afetivas e familiares, devendo ser requerida pelo preso interessado ao Diretor da Unidade.

A orientação sexual dos internos e dos visitantes deverá ser respeitada, não devendo haver qualquer tipo de discriminação.

A visita íntima poderá ser suspensa ou restringida pelo prazo de 30 (trinta) dias por falta disciplinar média ou grave cometida pelo reeducando, bem como por atos do(a) companheiro(a) que causar problemas de ordem moral ou de risco para a segurança ou disciplina.

Os serviços de Saúde e de Assistência Social do Sistema Penitenciário deverão planejar um programa preventivo para a população prisional, nos aspectos sanitário e social, respectivamente, sendo assegurada a distribuição gratuita de preservativos ao preso, quando da realização da visita íntima.

O serviço de Saúde e a Comissão Técnica de Classificação de cada unidade prisional desenvolverão os programas propostos.

Ao preso será facultado receber para visita íntima cônjuge ou companheiro(a) ou pessoa designada pelo mesmo, comprovadas as seguintes condições:

- se cônjuge, comprovar-se-á com a competente Certidão de Casamento;
- se companheiro(a), comprovar-se-á com o Registro de Nascimento dos filhos em nome de ambos ou declaração de união estável assinada por duas testemunhas, com firma reconhecida;
- nos demais casos, mediante declaração expressa do(a) preso(a), com a apresentação dos documentos exigidos para as visitas comuns, e avaliação do Serviço Social.

O preso poderá receber a visita íntima de menor de 18 (dezoito) anos, quando:

- legalmente casados;
- nos demais casos, mediante autorização do juízo das execuções, salvo se já possuírem prole em comum, quando deverá ser apresentada certidão de nascimento do(s) filho(s);
- houver prova de emancipação civil do(a) visitante.

Somente será autorizado o registro de um(a) visitante, ficando vedadas as substituições, salvo se ocorrer separação ou divórcio, no decurso do cumprimento de pena, obedecido o prazo mínimo de 6 (seis) meses, com investigação do Serviço Social e decisão da Direção da Unidade Prisional.

Comprovadas as relações previstas nos artigos anteriores, para a concessão de visita íntima, deverão ainda as partes:

- Apresentar atestado de aptidão, do ponto de vista de saúde, através de exames laboratoriais tanto para o(a) preso(a) como para o(a) companheiro(a);
- Submeter-se aos exames periódicos, a critério das respectivas unidades. Art.159 - A periodicidade da visita exclusivamente íntima será mensal, obedecidos os critérios estabelecidos neste Regimento Geral.

O controle da visita íntima, relativamente às condições de acesso, trânsito interno e segurança do(a) preso(a) e de seu cônjuge ou companheiro(a), compete aos integrantes da área de segurança e disciplina.

A visita deverá submeter-se às normas de segurança do estabelecimento.

7.11 Trabalho, remição e pecúlio

A unidade prisional manterá o trabalho do reeducando como dever social e condição de dignidade humana, com finalidade educativa, produtiva e reintegradora.

Aplicam-se à organização e aos métodos de trabalho as precauções relativas à segurança e à higiene.

As modalidades de trabalho classificam-se em interno e externo.

O trabalho interno tem caráter obrigatório, respeitadas as aptidões e a capacidade do preso, observando-se:

- Na atribuição do trabalho, poderão ser levadas em consideração a habilitação, a condição pessoal e as necessidades futuras do interno.
- Os maiores de 60 (sessenta) anos terão ocupação adequada à sua idade.
- Os doentes ou portadores de necessidades especiais, declarados tais pelo órgão competente, terão ocupação compatível com seu estado físico e mental.

A jornada de trabalho não poderá ser inferior a 06 (seis) nem superior a 08 (oito) horas, com descanso aos domingos e feriados, salvo exceções legais.

Conforme o disposto no artigo 126 da Lei de Execução Penal, o detento poderá remir parte do tempo de condenação, à razão de um dia de pena por três trabalhados.

Também se considera, para efeitos de remição, a freqüência regular aos cursos de Ensino Fundamental, Médio e Profissionalizante, bem como a produção intelectual e produção de artesanato.

Deverá existir uma ficha de freqüência, a qual registrará os dias trabalhados, devendo ser assinada diariamente pelo preso(a) e rubricada no final do mês pela autoridade administrativa competente.

A contagem do tempo de remição se dará na forma do art.126 da Lei de Execução Penal.

Para fins de cumulação dos casos de remição, as horas diárias de trabalho e de estudo serão definidas de forma a se compatibilizarem.

O preso impossibilitado, por acidente, de prosseguir no trabalho ou nos estudos continuará a beneficiar-se com a remição.

O condenado que cumpre pena em regime aberto ou semiaberto e o que usufrui liberdade condicional poderão remir, pela frequência a curso de ensino regular ou de educação profissional, parte do tempo de execução da pena ou do período de prova.

O disposto neste artigo aplica-se às hipóteses de prisão cautelar. Art.165 - O Setor de Segurança e Disciplina informará à Unidade de Produção e comercialização sobre eventuais impedimentos da atividade do trabalho do preso trabalhador e seus motivos.

No caso de saída do preso da unidade prisional será comunicada imediatamente para a Unidade de Produção e Comercialização para as providências cabíveis.

7.11.1 Trabalho interno

O trabalho interno será desenvolvido através de qualquer atividade regulamentada, que tenha por objetivo o aprendizado, a formação de hábitos sadios de trabalho, o espírito de cooperação e a socialização do preso.

Considera-se trabalho interno aquele realizado nos limites do estabelecimento, destinado a atender às necessidades peculiares da unidade. Art.168 - Será atribuído horário especial de trabalho aos internos designados para os serviços de conservação, subsistência e manutenção da Unidade.

Compete à unidade prisional propiciar condições de aprendizado aos presos sem experiência profissional na área solicitada.

Para a prestação do trabalho interno, dar-se-á sempre preferência aos presos que tenham índice superior de aproveitamento e maior tempo de cumprimento de pena.

7.11.2 Trabalho externo

O trabalho externo, executado fora dos limites do estabelecimento, será admissível aos presos em regime fechado, quando obedecidas as condições legais, e aos presos em cumprimento de pena em regime semiaberto e aberto.

O cometimento de falta disciplinar de natureza grave implicará na revogação imediata da autorização de trabalho externo, sem prejuízo da sanção disciplinar correspondente, apurada através de procedimento disciplinar.

O preso em cumprimento de pena em regime semiaberto, poderá obter autorização para desenvolver trabalho externo, junto às empresas públicas ou privadas, observadas as seguintes condições:

- Submeter-se à observação criminológica realizada no período de 30 (trinta) dias de sua inclusão, sem qualquer impedimento;
- Manter comportamento disciplinado, seja na unidade prisional, seja na empresa a qual presta serviços;
- Cumprir horário, em jornada estabelecida no respectivo contrato de trabalho;
- Retornar à unidade prisional quando de eventual dispensa portando documento hábil do empregador;
- Ter justificado ao empregador, mediante documento hábil, a falta por motivo de saúde;
- Cumprir rigorosamente o horário da jornada de trabalho estabelecidos pela unidade prisional e empresa.

A unidade prisional deverá manter o controle e fiscalização através de instrumentos próprios, junto à empresa e ao reeducando, para que o mesmo possa cumprir as exigências do artigo anterior.

7.11.3 Pecúlio

O trabalho do(a) preso(a) será remunerado, obedecendo critérios de produtividade, não podendo ser inferior a 3/4 três quartos) do salário mínimo.

O produto da remuneração será depositado em conta bancária, em Banco Oficial ou Privado, conveniado com o Estado.

Quanto aos valores do trabalho do preso, seu pecúlio e deduções previdenciárias, observar-se-á o disposto na Portaria 217/2014 da Sejus.

Toda importância em dinheiro que for apreendida indevidamente com o reeducando e cuja procedência não for esclarecida reverterá ao Estado, por processo administrativo em que se obedeça ao devido processo legal.

Se a origem e propriedade forem legítimas, a importância será depositada no pecúlio reserva do reeducando, sem prejuízo das sanções disciplinares previstas.

Na ocorrência do falecimento do reeducando, o saldo será entregue a familiares, atendidas as disposições pertinentes.

7.12 Disposições finais

O abuso de poder exercido contra o interno será punido administrativamente, sem prejuízo da apuração da responsabilidade penal e civil.

Cada unidade prisional adotará, atendendo suas peculiaridades, horário próprio para tranca e destranca das celas.

A cada mês do ano civil os Administradores das unidades prisionais, após consulta às equipes técnicas das unidades, elaborarão relatório circunstanciado das atividades e funcionamento da respectiva unidade, encaminhando-o ao Coordenador do Sistema Penal do Estado,para as providências que entender cabíveis.

Os funcionários da Unidade Prisional cuidarão para que sejam observados e respeitados os direitos e deveres dos detentos respondendo, nos termos da legislação própria, pelos resultados adversos a que derem causa, por ação ou omissão.

No exercício de suas funções, os funcionários não deverão compactuar com os presos nem praticar atos que possam atentar contra a segurança, ordem ou disciplina, mantendo diálogo com os detentos dentro dos limites funcionais;

Os agentes prisionais levarão ao conhecimento da autoridade competente as reivindicações dos presos objetivando uma solução adequada, bem como as ações ou omissões dos mesmos, que possam comprometer a boa ordem na Unidade Prisional.

Ocorrendo óbito, fuga e evasão, a direção do Estabelecimento comunicará imediatamente ao Juiz da Execução, a Coordenadoria do Sistema Prisional e também solicitará a presença da Polícia Judiciária. Parágrafo Único - Falecendo o interno, os valores e bens devidamente inventariados, serão entregues aos familiares.

Em caso de danos ao Estabelecimento a Diretoria oferecerá a Coordenadoria do Sistema Penitenciário relatório circunstanciado objetivando avaliar os prejuízos e elucidar as irregularidades, encaminhando os resultados a quem de direito.

Cabe ao reeducando ressarcir o Estado pelos danos causados, ao patrimônio físico e material da Unidade Prisional.

Os casos omissos poderão ser resolvidos pelo diretor da Unidade, em conjunto com a Coordenadoria do Sistema Penitenciário, com o conhecimento da Secretária da Justiça e Cidadania, observadas as respectivas competências.

A revisão do Regimento Geral dos Estabelecimentos Prisionais do Estado do Ceará será realizada a cada 4 (quatro) anos, contados a partir de sua publicação, por Comissão Especial a ser designada pelo(a) Secretário(a) da Justiça e Cidadania, composta preferencialmente de forma paritária por membros das instituições com atuação direta no sistema prisional.

Sem prejuízo da citada revisão, serão promovidos encontros anuais de servidores e gestores para discussão, proposição e avaliação das políticas públicas para o sistema penitenciário.

Este Regimento entrará em vigor na data de sua publicação, revogadas as disposições em contrário.

8 PORTARIA Nº20/2024 NORMAS REFERENTES AO PROCEDIMENTO ADMINISTRATIVO DISCIPLINAR

Estabelecer e padronizar as normas referentes ao Procedimento Administrativo Disciplinar, para a apuração das faltas disciplinares cometidas por presos custodiados nas Unidades Prisionais no âmbito da Secretaria da Administração Penitenciária e Ressocialização do Estado do Ceará.

8.1 Disposições preliminares

Este Normativo aplicar-se-á a todos os presos recolhidos em Unidades Prisionais do Estado do Ceará que venham a cometer faltas disciplinares no interior do estabelecimento prisional, bem como quando estiverem em trânsito ou executando trabalho externo.

No aspecto administrativo-disciplinar as normas deste Regimento serão aplicadas aos presos de ambos os sexos, quer dentro do estabelecimento prisional e sua extensão, quer quando estiverem em trânsito ou em execução de serviço externo.

Todos os presos da Unidade Prisional serão cientificados das normas disciplinares, no momento de seu ingresso no sistema Penitenciário do Estado do Ceará.

O Conselho Disciplinar, órgão colegiado formado pelo Diretor Adjunto, ou quem responder pela função, e quatro policiais penais de notória experiência, tem por finalidade:

- conhecer, analisar e processar as faltas disciplinares cometidas pelos internos, elaborando parecer opinativo, que será encaminhado para apreciação do(a) Diretor(a) da Unidade Prisional, ou quem responder pela função, assegurados em todo o procedimento o contraditório e a ampla defesa, por Defensor Público ou Advogado constituído pelo interno ou nomeado para o ato.

Nas Unidades Prisionais que não tenham o cargo de Diretor Adjunto, o Conselho Disciplinar será composto por policiais penais de notória experiência lotados na própria Unidade, indicados pelo diretor.

O parecer opinativo será sempre coletivo e deverá conter as assinaturas de, no mínimo, três dos cinco membros do Conselho Disciplinar, sendo lançado por escrito e tomado por maioria simples.

Em caso de empate será considerado vencedor o voto favorável ao preso.

O Conselho Disciplinar, que será presidido pelo Diretor Adjunto e na sua falta ou impedimento responderá por este o Chefe de Segurança e/ou Policial Penal de notório conhecimento, indicado pelo diretor.

O Conselho reunir-se-á tantas vezes quantas necessárias, para deliberar sobre os casos em análise.

8.2 Registro da ocorrência

O servidor que presenciar fato tipificado como falta disciplinar deverá apresentar à chefia imediata, relatório de ocorrência pormenorizado indicando os indícios de autoria, materialidade infracional e circunstâncias sobre o ocorrido, imediatamente após cessação do fato.

O registro conterá notícia circunstanciada do fato, nome, prontuário, respectiva alocação carcerária da pessoa presa, bem como a identificação de todas as pessoas envolvidas na ocorrência, com a devida qualificação, rol de testemunhas e as providências preliminares adotadas.

A ocorrência será comunicada imediatamente ao Diretor da unidade prisional, para que, no prazo de até 10 (dez) dias, contados da constatação ou conhecimento do fato, seja iniciado o procedimento disciplinar, salvo por outro motivo que não seja possível a instauração, devendo-se respeitar o prazo prescricional de cada infração.

8.3 Disciplina

As faltas disciplinares, segundo sua natureza, classificam-se em:

- leves;
- médias;
- graves.

Fique Ligado

O disposto neste capítulo aplica-se, no que couber, ao preso provisório. Art. 10. Os atos de indisciplina serão passíveis das seguintes penalidades:

- advertência verbal;
- repreensão por escrito;
- suspensão ou restrição de regalias;
- suspensão ou restrição de direitos, excetuando a assistência à saúde, jurídica integral e o direito de entrevista reservada com seu advogado constituído ou Defensor Público.
- isolamento em local adequado.

Advertência verbal é a punição de caráter educativo e administrativo, aplicado às infrações de natureza leve, e se couber as de natureza média.

Repreensão é a sanção disciplinar na forma escrita, revestida de maior rigor no aspecto educativo, aplicável em casos de infração de natureza média, bem como os reincidentes de natureza leve.

As regalias poderão ser suspensas ou restringidas, por ato motivado da Direção da Unidade Prisional, pelo cometimento de falta disciplinar de qualquer natureza.

8.4 Faltas disciplinares

Considera-se falta disciplinar de natureza leve:

- manusear equipamento de trabalho sem autorização ou sem conhecimento do servidor encarregado, mesmo a pretexto de reparos ou limpeza;
- adentrar em cela alheia, sem autorização;
- desatenção em sala de aula ou no trabalho;
- executar, sem autorização, o trabalho de outrem;
- estar indevidamente trajado;
- usar material de serviço para finalidade diversa da qual foi prevista; VIIremeter correspondência, sem registro regular pelo setor competente;
- fazer refeições em local e horário não permitido;
- tocar instrumentos musicais fora dos locais e horários permitidos pela autoridade competente;
- permutar, penhorar ou dar em garantia objetos de sua propriedade a outro preso sem prévia comunicação da Direção da unidade respectiva.

Considera-se falta disciplinar de natureza média:

- utilizar-se do anonimato para fins ilícitos ou causando embaraços à administração;
- provocar direta ou indiretamente alarmes injustificados;
- deixar, sem justo motivo, de responder às revistas ou reuniões em horários pré- estabelecidos, ou aquelas para as quais ocasionalmente for determinado;

- atrasar-se o interno do regime aberto e semiaberto, para o pernoite;
- atrasar-se, sem justo motivo, o interno do regime semiaberto quando do seu retomo aos Estabelecimentos Penais no caso de saídas temporárias autorizadas;
- envolver, indevidamente, o nome de outrem para se esquivar de responsabilidade;
- portar-se de modo indisciplinado ou inconveniente quando das revistas e conferências nominais;
- promover ou concorrer para a discórdia e desarmonia entre os internados, ou cultivar inimizades entre os mesmos;
- portar-se de modo inconveniente, provocando outros internos através de brincadeiras de cunho pernicioso ou sarcástico;
- Apresentar sem fundamento ou em termos desrespeitosos, representação ou petição;
- proceder de forma grosseira ou discutir com outro preso;
- deixar de realizar a faxina da cela, alojamento, banheiro ou corredores, cuja atribuição lhe esteja a cargo, ou fazê-lo com desídia;
- ransitar pelos corredores dos alojamentos ou das celas despido ou em trajes sumários;
- deixar de fazer uso do uniforme sem autorização ou utilizá-lo em desconformidade com o padrão estabelecido por esta Secretaria;
- fazer qualquer tipo de adaptação nas instalações elétricas ou hidráulicas da Unidade, sem a devida autorização;
- ter posse de papéis, documentos, objetos ou valores não cedidos e não autorizados pela Unidade Prisional;
- interferir na administração ou execução de qualquer tarefa sem estar para isto autorizado;
- simular doença para esquivar-se do cumprimento de qualquer dever ou ordem legal recebida;
- introduzir, transportar, guardar, fabricar, possuir bebidas alcoólicas ou qualquer outra substância que cause efeitos similares aos do álcool, ou mesmo ingerir tais substâncias, ou concorrer, inequivocamente, para que outrem o faça;
- introduzir, guardar, possuir, portar remédios ou deixar de usar, para acumular visando fins diversos, sem a devida prescrição médica e autorização da Direção da Unidade;
- solicitar ou receber de qualquer pessoa, vantagem ilícita pecuniária ou em espécie;
- praticar atos de comércio de qualquer natureza;
- manusear equipamento ou material de trabalho sem autorização ou sem conhecimento da administração, mesmo a pretexto de reparos ou limpeza;
- apropriar-se ou apossar-se, sem autorização, de material alheio;
- destruir, extraviar, desviar ou ocultar objetos sob sua responsabilidade, fornecidos pela administração;
- fabricar qualquer objeto ou equipamento sem a devida autorização, ou concorrer para que outrem incorra na mesma conduta;
- utilizar material, próprio ou do Estado, para finalidade diversa para a qual foi prevista, causando ou não prejuízos ao erário;
- portar, confeccionar, receber, ter indevidamente, em qualquer lugar do Estabelecimento Penal, objetos passíveis de utilização em fuga;
- permanecer o interno, em dias de visitação, na área destinada à circulação de pessoas, sem que para isto esteja autorizado ou acompanhado de seus visitantes, exceto para responder à chamada nominal ou efetuar suas refeições;
- permitir o interno que seus visitantes, sem autorização de autoridade competente, acessem local não permitido pela administração;
- -responder por outrem ou deixar de responder às chamadas regulamentares;
- portar ou possuir material de jogo ou tomar parte em jogos proibidos ou em aposta;
- permanecer em cela diferente da sua, sem a devida autorização da Direção;
- transitar indevidamente por locais não permitidos ou em desacordo com o respectivo estágio em que se encontra;
- comunicar-se, de qualquer forma, com internos de cela distinta, ou entregar aos mesmos quaisquer objetos sem autorização da administração;
- promover barulho no interior do alojamento, celas ou seus corredores, durante o repouso noturno, ou ainda, a qualquer hora, fazê-lo de forma a perturbar a ordem e a disciplina;
- disseminar boato que possa perturbar a ordem ou a disciplina.
- dificultar a vigilância ou prejudicar o serviço do Policial Penal em qualquer dependência da Unidade; praticar autolesão com finalidade de obter regalias ou mudança de lotação carcerária, mesmo que transitória;
- praticar fato previsto como crime culposo ou contravenção, independentemente da ação penal;
- usar de ardil para auferir benefícios, induzindo a erro qualquer pessoa;
- favorecer a prostituição ou a promiscuidade de parentes e demais visitantes;
- descuidar da higiene pessoal;
- deixar de frequentar, sem justificativa, as aulas do curso em que esteja matriculado;
- sujar pisos, paredes ou danificar objetos que devam ser conservados;
- portar ou manter na cela ou alojamento, material de jogos não permitidos;
- descumprir as prescrições médicas;
- lavar ou secar roupa em locais não permitidos;
- conversar através de janelas, guichê da cela ou de setor de trabalho ou em local não apropriado;
- mostrar displicência no cumprimento do sinal convencional de recolhimento ou formação.

Comete falta grave a pessoa privada de liberdade que:

- incitar ou participar de movimento para subverter a ordem ou a disciplina;
- fugir;
- possuir, indevidamente, instrumento capaz de ofender a integridade física de outrem;
- provocar acidente de trabalho;
- descumprir, no regime aberto, as condições impostas;
- inobservar os deveres previstos nos incisos II e V, do artigo 39, da Lei 7.210/84.
- tiver em sua posse, utilizar ou fornecer aparelho telefônico, de rádio ou similar, que permita a comunicação com outros presos ou com o ambiente externo;
- recusar submeter-se ao procedimento de identificação do perfil genético. Parágrafo único. O disposto neste artigo aplica-se, no que couber, ao preso provisório.

Comete falta grave o condenado à pena restritiva de direitos que:

- ▷ descumprir, injustificadamente, a restrição imposta;
- ▷ retardar, injustificadamente, o cumprimento da obrigação imposta;
- ▷ inobservar os deveres previstos nos incisos II e V, do artigo 39, da Lei 7.210/84.

8.5 Medidas cautelares

O diretor da Unidade Prisional, ou quem responder pela função, poderá determinar, por ato motivado, como medida cautelar, o isolamento do preso, por período não superior a 10 (dez) dias, quando:

- ▷ para a averiguação do fato e interesse da disciplina, diante de infração de qualquer natureza;
- ▷ pesem contra o preso indício de que ele estaria prestes a cometer ou cometeu infração disciplinar de natureza grave, devidamente constada em relatório de ocorrência produzido pelo policial penal que presenciou o fato;
- ▷ pesem contra o preso, informações devidamente comprovadas, de que estaria ameaçada sua integridade física ou de outrem;
- ▷ a requerimento do preso, que expressará a necessidade de ser submetido a isolamento cautelar, como medida de segurança pessoal.

Em caso de necessidade, o prazo estabelecido no caput deste artigo poderá, a pedido da direção da unidade respectiva, ser prorrogado por igual período pela autoridade judiciária competente.

A participação em atividades coletivas, além da escola e trabalho, poderá ser suspensa ou restringida, cautelarmente, durante o período de isolamento ou averiguação, por ato motivado da direção da Unidade Prisional.

8.6 Apuração preliminar

O relatório de ocorrência poderá ser preliminarmente arquivado mediante decisão motivada do Diretor do Estabelecimento, ou quem responder pela função, quando:

- ▷ fato não acarretar repercussão no ambiente prisional, nem comprometer a ordem, a disciplina ou o controle carcerário;
- ▷ quando o isolamento preventivo, eventualmente aplicado, reputado suficiente como medida pedagógica e disciplinadora;
- ▷ se os antecedentes do preso indicarem em seu favor.

8.7 Local da instauração

O local da apuração será onde a transgressão disciplinar ocorreu, cabendo ao Diretor do Estabelecimento Prisional instaurar procedimento disciplinar no âmbito da Unidade que lhe é subordinada.

Nos casos de cometimento de falta disciplinar em trânsito a instauração do procedimento dar-se-á na Unidade de lotação do preso.

8.8 Instauração

Ao preso, e seu defensor, será dado conhecimento prévio da acusação.

O conhecimento da acusação ao defensor se dará via e-mail válido do advogado ou defensor público, no prazo de até 03 (três) dias após a abertura do processo administrativo disciplinar.

A apuração de falta disciplinar será materializada em processo administrativo disciplinar, assegurando o direito de defesa ao faltoso.

A instauração será deflagrada por meio de portaria, que individualizará o inquirido, consignando data, horário, local e circunstâncias do fato reprovável, eventual prejudicado e a classificação legal em tese da possível falta disciplinar, de forma a permitir o exercício do direito de defesa, juntando-se cópia nos autos.

A instauração de processo disciplinar deverá ser comunicada ao Juiz competente indicado na lei de organização judiciária, e, na sua ausência, ao da sentença, através de ofício.

8.9 Instrução

Serão carreadas para o procedimento disciplinar todas as provas admitidas em direito e necessárias ao cabal esclarecimento dos fatos, assegurando-se ao preso as garantias constitucionais do contraditório e da ampla defesa, com os meios e recursos a elas inerentes, ou seja, o acompanhamento do procedimento pessoalmente ou por intermédio de procurador, arrolar e reinquirir testemunhas, produzir provas e contraprovas e formular quesitos, quando se tratar de prova pericial.

Fique Ligado

A possibilidade do faltoso acompanhar o procedimento administrativo disciplinar pessoalmente é imprescindível de defesa técnica em todo o curso do processo, inclusive no julgamento.

O pedido de prova pericial será indeferido quando a comprovação do fato não depender de conhecimento especial de perito.

Poderão ser indeferidos, mediante despacho fundamentado, os pedidos considerados impertinentes, meramente protelatórios ou de nenhum interesse para o esclarecimento do fato em apuração.

8.10 Interrogatório

O preso será devidamente qualificado e interrogado sobre os fatos que lhe são imputados na portaria de instauração.

É facultado à defesa do preso presenciar o interrogatório, bem como em momento oportuno, quando lhe for dado a palavra, apresentar razões ou quesitos.

O defensor poderá arrolar testemunhas e requerer diligências necessárias ao esclarecimento do fato objeto da apuração, observado o disposto no parágrafo único do artigo 24 desta portaria.

8.11 Testemunhas

As testemunhas prestarão depoimento oral, separadamente, de modo que umas não saibam nem ouçam os depoimentos das outras e, na redação do termo, o servidor responsável pela oitiva cingir-se-á, tanto quanto possível, às expressões usadas por elas, reproduzindo fielmente o que for dito.

8.12 Defesa escrita

Concluídas as demais diligências necessárias à instrução, o preso, na pessoa do advogado constituído ou de defensor público nomeado ou lotado na unidade, será notificado, a apresentar defesa escrita no prazo de 15 (quinze) dias, sendo-lhe entregue cópia integral dos autos.

Havendo dois ou mais indiciados, e sendo idêntico o(s) defensor (s), o prazo será comum e de 20 (vinte) dias, salvo a Defensoria Pública que gozará de prazo em dobro.

A recusa do preso em apor o ciente na notificação que lhe for apresentada deverá ser consignada em termo assinado por duas testemunhas.

Caso não possua advogado constituído ou não saiba declinar os dados necessários para a intimação do mesmo, na data da audiência de instrução e julgamento, o faltoso será assistido pelo Defensor Público lotado na Unidade Prisional respectiva.

Caso não haja Defensor Público lotado na Unidade Prisional respectiva, deverá ser intimado para o ato o Defensor Público lotado na Vara de Execuções Criminais com jurisdição sobre a referida Unidade.

O Conselho Disciplinar ouvirá, no mesmo ato, primeiramente o ofendido e testemunhas, se houverem, e por último o preso, de tudo lavrando-se o termo respectivo.

8.13 Prazos

O prazo para conclusão do procedimento disciplinar é de 120 (cento e vinte) dias, a partir de sua instauração, prorrogáveis por mais 30 (trinta) dias, mediante decisão do Diretor do Estabelecimento Penitenciário instaurador, incluindo-se o prazo para defesa escrita e relatório.

A decisão de prorrogação de prazo conterá os motivos que impediram a conclusão no período regular e as providências faltantes.

Os prazos contar-se-ão por dias corridos, não se computando o dia inicial, prorrogando-se o vencimento que cair em domingo, sábado, feriado ou ponto facultativo, para o primeiro dia útil subsequente, ressalvado os casos especiais previstos na legislação.

As prorrogações de prazo serão comunicadas por escrito à Vara de Execuções Penais.

8.14 Sobrestamento

Ocorrendo causa que impeça o prosseguimento das diligências, o procedimento disciplinar poderá ser sobrestado, a requerimento do Presidente do Conselho de Disciplina, pelo prazo necessário, e autorizado mediante despacho fundamentado do diretor do Estabelecimento que determinou sua instauração.

Decorrido o prazo de sobrestamento, o feito prosseguirá em seu regular andamento.

O sobrestamento destina-se, entre outros, ao aguardo da conclusão de exames periciais de difícil elaboração, recebimento de documentos relevante se outras diligências imprescindíveis à elucidação do fato.

Não poderão ser formalizadas quaisquer diligências nos autos durante o prazo de sobrestamento, salvo nos casos de medidas urgentes ou que possam acarretar prejuízo pelo adiamento ou colheita de provas urgentes e/ou não repetíveis.

A concessão do sobrestamento, a sua prorrogação e o reinício da apuração serão comunicados à Vara de Execuções Criminais.

A contagem do prazo do inquérito disciplinar sobrestado prosseguirá quando cessarem os motivos que justificaram o seu sobrestamento.

8.15 Prescrição

Salvo disposição de lei ou decisão judicial em contrário, as faltas graves prescrevem em 03 (três) anos, as médias em (06) seis meses, e as faltas leves em (03) três meses.

O prazo prescricional começa a contar a partir do conhecimento da prática da falta disciplinar e sua autoria pela Administração do Estabelecimento.

A pretensão executória das sanções disciplinares aplicadas prescreve no mesmo prazo previsto no caput.

O prazo prescricional da pretensão punitiva ou da pretensão executória de sanção disciplinar fica suspenso enquanto o preso ou a presa estiver foragido.

8.16 Conclusão

Concluída a apuração, o Presidente do Conselho de Disciplina ou relator por ele designado fará minucioso relatório sobre o que tiver sido apurado, opinando pelo arquivamento ou pela aplicação de sanção disciplinar ao preso, com indicação do dispositivo legal ou regulamentar infringido, remetendo os autos, em qualquer hipótese, ao Diretor do Estabelecimento Prisional que determinou a instauração.

O relatório deverá conter histórico do fato, análise das diligências realizadas com indicação dos indícios de autoria e/ou participação, da materialidade e das circunstâncias da falta disciplinar.

O cabeçalho do relatório conterá o número e origem do procedimento, bem como o nome do preso, filiação e seu número de prontuário.

8.17 Julgamento

Cabe ao Diretor do Estabelecimento Penal proferir julgamento, aplicar sanção disciplinar ou determinar o arquivamento do feito, mencionando as razões do seu convencimento.

Nos casos em que não se verificar ocorrência de prejuízo com o cometimento da falta disciplinar, o procedimento poderá ser arquivado, bem como em razão do isolamento preventivo, eventualmente aplicado, for considerado suficiente como medida satisfatória à manutenção da ordem e da disciplina.

O ato punitivo será editado em Portaria pelo Diretor do Estabelecimento Prisional devendo conter as informações necessárias para a identificação do custodiado, a sanção aplicada e a norma infringida.

- A aplicação da sanção será de competência do Diretor da Unidade Prisional, ou quem responder pela função, que deverá ser aplicada em um prazo de até 05 (cinco) dias, observado os prazos recursais.
- Em sendo o preso julgado inocente das imputações que lhe foram feitas, serão os autos respectivos encaminhados ao Diretor do Estabelecimento, a fim de que seja por este determinado seu imediato arquivamento.

Concluído o julgamento respectivo será dado ciência ao preso envolvido e ao seu defensor.

Após o julgamento será encaminhada cópia do Processo Disciplinar à Vara de Execuções Penais com a informação de conclusão do procedimento no prazo de até 05 (cinco) dias.

Nos casos em que haja pedido de reconsideração o prazo para o envio da informação de conclusão do processo administrativo disciplinar será de até 05 (cinco) dias após a decisão do recurso.

Na aplicação de sanção disciplinar levar-se-á em conta a natureza, os motivos, as circunstâncias e as consequências do fato, bem como a pessoa do faltoso e seu tempo de cumprimento de pena.

O isolamento, a suspensão e a restrição de direitos não poderão exceder a 30 (trinta) dias, ressalvada à hipótese do regime disciplinar diferenciado, nos termos do art. 58 da LEP.

O isolamento será sempre comunicado à Vara de Execuções Penais.

8.18 Recurso

Cabe pedido de reconsideração, em até 05 (cinco) dias da ciência da decisão que aplicar sanção disciplinar, à autoridade responsável pela instauração e aplicação da penalidade disciplinar, não podendo ser renovado.

O pedido de reconsideração deverá ser apreciado dentro de 30 (trinta) dias.

Caberá recurso à Vara de Execuções Penais da decisão que indeferir o pedido de reconsideração, nos termos da lei.

8.19 Classificação da conduta e da reabilitação

A classificação do preso far-se-á pelo Diretor da Unidade Prisional, ou quem responder pela função, consoante ao rendimento apurado através do cumprimento da pena e mérito prisional.

O comportamento do preso em regime fechado e em regime semiaberto, classificar-se-á em:

- bom comportamento: quando da ausência de cometimento de falta disciplinar de qualquer natureza e participação em projetos promovidos pela Direção.
- comportamento regular: da ausência de cometimento de falta disciplinar de qualquer natureza, ou com período de reabilitação finalizado sem o cometimento de nova infração.
- mau comportamento: quando registrar a prática de falta disciplinar de qualquer natureza sem reabilitação de comportamento.

Fique Ligado

O comportamento do apenado será classificado desde o ingresso do preso no sistema prisional até o momento do requerimento de qualquer informação pelo juiz da execução penal.

No caso do preso ser oriundo de outra Unidade Prisional, poderá ser levado em consideração para a classificação de seu comportamento a conduta registrada no estabelecimento de origem.

O preso em regime fechado, e em regime semiaberto, terá os seguintes prazos para reabilitação da conduta, a partir do cumprimento da sanção disciplinar:

- De 01 (um) mês para as faltas de natureza leve;
- De 06 (seis) meses para falta de natureza média;
- De 01 (um) ano para falta de natureza grave.

Para o preso em regime semiaberto, a infração disciplinar de natureza grave implicará na proposta, feita pelo diretor da unidade ao juízo competente, de regressão do regime.

O bom comportamento é readquirido após 01(um) ano da apuração da ocorrência da última falta registrada, ou antes, após o cumprimento do requisito temporal exigível para a reabilitação.

O comportamento regular é readquirido após 06(seis) meses da ocorrência da última falta registrada, ou antes, após o cumprimento do requisito temporal exigível para a reabilitação.

O cometimento da falta disciplinar de qualquer natureza, durante o período de reabilitação acarretará a imediata anulação do tempo de reabilitação até então cumprido.

A reincidência no cometimento de qualquer falta disciplinar acarretará a imediata regressão do comportamento do custodiado e, ainda exigir-se-á novo tempo para reabilitação que deverá ser somado ao tempo estabelecido para falta anterior.

8.20 Disposições finais

Os casos omissos ou excepcionais serão analisados pela Secretaria da Administração Penitenciária e Ressocialização do Estado do Ceará.

9 PORTARIA Nº506/2023 - USO DE CÂMERAS CORPORAIS PELOS POLICIAIS PENAIS

9.1 Disposições preliminares

Fica obrigatório o uso individual e intransferível de câmeras corporais pelos policiais penais do Estado do Ceará durante o exercício de suas atividades profissionais especialmente naquelas elencadas nesta Portaria e atividades correlatas do Sistema Penitenciário e outras determinadas por serviço.

Após retirada da dockstation onde gera a vinculação do policial penal, a utilização da câmera corporal passa a ser de uso individual e intrans ferível pelo respectivo policial.

A obrigação de que trata o caput deste artigo fica condicionada à disponibilidade dos equipamentos referidos no caput deste artigo e sua distri

buição deverá garantir ao menos O1 (uma) câmera portátil por registro da execução das atividades relacionadas neste normativo.

As câmeras corporais deverão ser acionadas pelos policiais penais no início e desligadas na conclusão de suas atividades, nos termos desta Portaria.

O registro das imagens pelas câmeras de uso individual tem como finalidades:

- ▷ garantia de respeito aos direitos humanos;
- ▷ transparência do serviço do profissional;
- ▷ registro do trabalho no âmbito do Sistema Prisional;
- ▷ análise e refinamento das técnicas operacionais utilizadas;
- ▷ formação de elementos para as atividades de inteligência e para eventual investigação de infrações;
- ▷ operar o sistema de gerenciamento, custódia e compartilhamento de evidências digitais.

As câmeras corporais também deverão ser utilizadas como rádio comunicador podendo ser no agrupamento de câmeras e/ou HT's na freqüência da própria unidade, bem como de todo o sistema Penitenciário que possui a mesma tecnologia de comunicação.

9.2 Captação, armazenamento de imagens e proteção de dados

A utilização das câmeras de uso individual caracteriza gravação ambiental por um dos interlocutores, na qual há interação ou interlocução conhecida entre as partes.

A gestão e o controle administrativo das imagens armazenadas serão exercidos pela Secretaria da Administração Penitenciária e Resssocia- lização, que adotará as medidas cabíveis para esta finalidade.

O arquivamento e conservação das gravações dar-se-á da seguinte forma:

- ▷ todas as gravações deverão ser arquivadas e conservadas por um período mínimo de 60 (sessenta) dias;
- ▷ as gravações deverão ser arquivadas e conservadas por um período mínimo de 12 (doze) meses quando envolver qualquer evidência objeto de apuração.

Fica vedada qualquer divulgação das imagens a terceiros não autorizados, inclusive gravações por meio de equipamentos eletrônicos das imagens transmitidas pelo visor do equipamento, somente permitindo salvaguardá-las em arquivo nos equipamentos da Secretaria da Administração Penitenciária e Ressocialização.

A vedação prevista no caput aplica-se à divulgação de imagens, gravações, áudios ou quaisquer outras formas de mídia, relacionadas às rotinas de serviços nas unidades prisionais.

Responderão civil, penal e administrativamente aqueles que utilizarem de forma irregular as imagens e sons armazenados pelas câmeras corporais, bem como aqueles que realizem o descarte antes do prazo estabelecido.

Os atos ilícitos de natureza grave, que venham a ser objeto do descarte ou perda das imagens antes do prazo estabelecido, implicarão, caso comprovado o dolo, em responsabilização administrativa e criminal, sendo o caso, imediatamente, remetido à Controladoria Geral de Disciplina dos Órgãos de Segurança Pública e Sistema Penitenciário - CGD.

O operador poderá acessar os vídeos por ele registrados ou por outros operacionais, quando estiver sob investigação pela sua conduta, devendo o agendamento do acesso ser requisitado à Direção da Unidade.

Os áudios e imagens produzidos por equipamentos disponibilizados ao uso da SAP, captados por servidores no exercício de suas funções, são de propriedade da instituição, não podendo ser reproduzidos sem autorização da administração superior da Pasta.

E vedada a qualquer servidor a edição de imagens, cortes ou gravações intermitentes de eventos que possam dificultar a elucidação de fatos e a perfeita compreensão da ocorrência.

As informações e os dados provenientes das câmeras corporais poderão ser utilizados como fontes probatórias para os servidores referidos no art. 1º desta Portaria e para as pessoas envolvidas em ocorrência capturada pelas imagens, em inquéritos policiais, procedimentos ou processos administrativos e demandas judiciais em âmbito estadual, mediante solicitação da autoridade competente para proceder às apurações ou mediante deliberação do Secretário responsável pela Pasta.

As informações extraídas das gravações poderão ser objeto de análise e estudo pelos órgãos competentes, de forma que contribuam para o aperfeiçoamento e eficácia das operações policiais.

9.3 Protocolo

A câmera deverá ser acoplada na parte superior do tronco, no centro, canto direito ou esquerdo, sobre o uniforme, suporte ou colete modular de proteção individual, de forma que seu posicionamento possa enquadrar corretamente todas as cenas, sejam elas no exercício de suas atividades rotineiras ou quando embarcado em viatura.

O policial penal deverá conservar as lentes e o microfone da câmera corporal completamente desobstruídos durante o serviço, especialmente no decorrer das gravações intencionais, bem como manter o equipamento voltado para o sítio dos acontecimentos, sendo vedada qualquer ação deliberada que possa prejudicar a captação de imagens e áudio, tais como:

- ▷ sobreposição das mãos, de peças do EPI ou do armamento;
- ▷ corpo do operacional voltado para local diferente daquele onde o fato de interesse policial se desenvolve;
- ▷ afastamento não justificado em relação ao local do fato de interesse policial, prejudicando a captação de vídeo e áudio;
- ▷ acoplamento do equipamento em ponto do colete ou fardamento diverso da parte superior do tronco do policial;

- verificação de resíduos, manchas, tintas, etc. na lente da câmera que obstrua a captação integral do fato de interesse policial.

As câmeras corporais portáteis devem ser utilizadas nas rotinas e procedimentos conforme os normativos desta Secretaria, em especial as elencadas na Instrução Normativa nº. 03/2020 ou naquela que venha a substituí-la, sendo obrigatório o uso nos seguintes casos:

- conferência nominal dos presos;
- distribuição de alimentação aos presos;
- banho de sol durante toda a sua execução;
- rondas internas e externas a UP;
- atividades de saúde, educação, capacitação e trabalhos realizados por esta Secretaria;
- fiscalizações atribuídas à polícia penal por competência originária ou delegadas;
- ambientes de visitação familiar, incluindo a Unidade Penitenciária de Segurança Máxima, conforme preconiza a Lei Nº 18.428/2023;
- escolta de pessoas presas a outros órgãos durante o período em que a custódia/responsabilidade estiver a cargo da polícia penal;
- abordagem policial quando houver participação da polícia penal;
- atendimento de ocorrência de qualquer natureza em que houver participação da polícia penal;
- situações em que se presuma a necessidade do uso seletivo da força;
- nas ocasiões em que o policial penal for acionado por qualquer pessoa em apoio a outras unidades prisionais e/ou outros órgãos;
- intervenções prisionais desde o conhecimento do fato até sua resolução;
- em todas as situações de indisciplina e sublevação da ordem praticada por pessoas presas;
- qualquer interação que possa constituir fato de interesse da SAP;
- nos controles de acesso dos Complexos e Unidades Prisionais.

Todas as atividades realizadas com uso das câmeras corporais deverão constar no livro de ocorrência diária, informando a identificação do equipamento e do policial que utilizou.

São condutas proibidas:

- utilizar as câmeras para gravação de imagens e áudios que não tenham relação com a atribuição do policial;
- alterar, editar, copiar, duplicar ou apagar qualquer gravação de áudio, vídeo ou foto realizado por meio das câmeras, sem autorização legal;
- interromper ou finalizar a gravação antes da conclusão das atividades descritas no art. 16;
- utilizar as câmeras para captação de imagens nos alojamentos e banheiros em qualquer tempo.

Em caso de inoperância da câmera, o policial em posse do equipamento deve:

- registrar em Livro de Ocorrências o fato e o horário que ocorreu;
- reportar o fato imediatamente à chefia imediata, que comunicará o problema a Coordenadoria Especial de Administração Prisional - COEAP;
- substituir a câmera corporal de imediato.

O sistema de captação e retenção de imagens (CFTV), de competência da Célula de Segurança Tecnológica Prisional, subordinado a Coordenadoria de Inteligência - COINT/SAP, será responsável por:

- acompanhar operações em tempo real;
- examinar as gravações realizadas; e
- analisar a conveniência e oportunidade de divulgação dos conteúdos audiovisuais gravados pelas câmeras, por interesse institucional e atender à solicitação de órgãos externos.

O policial penal deve ser treinado na operação das câmeras e respeitar as regras de uso.

Fique Ligado

O treinamento primário será ministrado à Direção das Unidades Prisionais, Supervisores de Núcleos de Segurança e Vigilância e Chefes de Plantão os quais posteriormente poderão treinar os demais servidores para utilização do equipamento, com a supervisão da Escola de Gestão Penitenciária e Ressocialização - EGPR.

Caberá à Direção das Unidades Prisionais, Supervisores de Núcleos de Segurança e Vigilância e Chefes de Plantão:

- zelar pelo correto emprego do equipamento;
- inspecionar se em todas as atividades estão sendo empregadas às câmeras corporais;
- fiscalizar o cumprimento das regras de uso da câmera e a montagem no uniforme;
- classificar as evidências digitais coletadas.

9.4 Perda, extravio, furto, roubo e/ ou mau uso do equipamento

Ocorrendo a perda, extravio, mau uso, furto e/ou roubo de câmera corporal, o policial penal responsável pelo equipamento deverá comunicar o fato imediatamente a chefia imediata, mediante a apresentação de boletim de ocorrência policial, no qual deve conter a identificação da câmera.

A chefia imediata, após tomar conhecimento e mediante o recebimento de cópia do boletim de ocorrência, deverá realizar, concomitantemente, os seguintes procedimentos:

- comunicar o fato ao gestor do contrato e requerer a substituição do equipamento, no prazo de até 72h (setenta e duas horas);
- cientificar à Coordenadoria Especial de Administração Prisional - COEAP sobre o fato;
- noticiar o fato à Controladoria Geral de Disciplina dos Órgãos de Segurança Pública e Sistema Penitenciário - CGD, para abertura de procedimentos disciplinares, visando a apuração da ocorrência de falta funcional e a eventual necessidade de reembolso ao erário, conforme o caso.

As ocorrências previstas no caput deste artigo deverão ser legalmente apuradas a fim de evitar uso indevido e geração de provas espúrias.

9.5 Disposições finais

Os casos omissos ou excepcionais que não estão elencados nesta Portaria serão resolvidos pelo Secretário da Administração Penitenciária e Ressocialização ou por ele encaminhados às pessoas competentes para que, se necessário, seja alterado o presente documento ou elaborado instrumento específico.

A não observância do disposto neste nonnativo, poderá ensejar sanções disciplinares em desfavor do servidor, confonne legislação pertinente.

10 PORTARIA Nº41/2017 - CONTROLE DO ARMAMENTO

10.1 Disposições gerais

Ficam instituídas as normas para o controle, armazenamento, manutenção, distribuição, manuseio, acautelamento do armamento, munições (letal e menos letal), instrumentos de menor potencial ofensivo e demais artefatos bélicos pertencentes à Secretaria da Justiça e Cidadania, bem como, o disciplinamento dos procedimentos internos para a aquisição de armas pessoais de uso permitido e de uso restrito.

Estas normas, para os fins aos quais se destinam, aplicam-se a todos os integrantes da Segurança Penitenciária do Estado do Ceará, estejam eles, à disposição de gabinete, lotados em unidades prisionais, grupos, núcleos, células e coordenadorias desta Pasta, bem como, à disposição de outros órgãos.

A Segurança Penitenciária nas suas ações deverá priorizar pela utilização dos instrumentos de menor potencial ofensivo, exceto, quando pelas circunstâncias, esses não forem eficientes para repelir a situação adversa e/ou injusto.

Os agentes de Segurança Penitenciária, na execução das atividades extramuros, seguindo os princípios expressos no artigo 3º, desta Portaria, observará, necessariamente, o uso diferenciado da força, utilizando moderadamente, o armamento letal, quando conveniente para fazer cessar a situação adversa e/ou injusto.

Não é legítimo o uso de arma de fogo, por parte dos integrantes da Segurança Penitenciária:

- Contra pessoa em fuga que esteja desarmada ou que não represente risco imediato de morte ou de lesão aos agentes penitenciários ou a terceiros; e,
- Contra veículo que desrespeite bloqueio, em via controlada pela segurança penitenciária, exceto quando o ato represente risco de morte ou lesão aos agentes penitenciários ou a terceiros.

O ato de apontar arma de fogo, por parte dos integrantes da Segurança Penitenciária, contra pessoas durante os procedimentos de rotina, abordagem ou intervenção não deverá ser uma prática indiscriminada, mas, utilizada somente em casos necessários, dentro dos padrões técnicos.

Todo integrante da Segurança Penitenciária que, em razão da sua função, possa vir a se envolver em situações de uso da força, deverá portar no mínimo 2 (dois) instrumentos de menor potencial ofensivo e equipamentos de proteção necessários à atuação específica, independentemente de portar ou não arma de fogo.

A Segurança Penitenciária, quadro de servidores efetivos pertencentes à Secretaria da Justiça e Cidadania, instituída pela Lei nº14.582, de 21.12.09, e alterada pela Lei nº14.966, de 13.07.11, caracteriza-se como atividade permanente essencial à administração pública e a justiça criminal, à preservação da ordem, da segurança e disciplina dos estabelecimentos prisionais do Estado do Ceará.

10.2 Princípios

Os integrantes da Segurança Penitenciária, na utilização do armamento, munições (letal e menos letal), instrumentos de menor potencial ofensivo e demais artefatos bélicos, pertencentes à Secretaria da Justiça e Cidadania, bem como, as de uso pessoal deverão observar, necessariamente, aos princípios:

- Legalidade;
- Necessidade;
- Conveniência;
- Moderação;
- Razoabilidade; e,
- Proporcionalidade.

10.3 Armazenamento, controle, distribuição e manutenção do armamento, munição e artefatos bélicos.

10.3.1 Finalidade

O armamento, munições, instrumentos de menor potencial ofensivo e demais artefatos bélicos terão emprego nas atribuições de custódia, na guarda, na vigilância, nas escoltas, nos procedimentos de revistas de pessoas e instalações em geral, no controle de eventos críticos internos e externos, exercidas pela Segurança Penitenciária, com observância às regras e princípios estabelecidos neste ato normativo e legislação pertinente.

Os integrantes da Segurança Penitenciária, no desempenho de suas funções, devem necessariamente, respeitar, proteger e defender a dignidade da pessoa humana, sobretudo, daquelas que estão sob sua responsabilidade.

As informações referentes à dotação, quantidade, qualidade, reserva, registros, de munições, armamento e outros artefatos controlados pertencentes à SEJUS-CE, têm caráter sigiloso, devendo quem as detêm somente prestá-las com anuência da Gestão Superior ou em conformidade com disposição legal.

Todas as armas de fogo pertencentes à Secretaria da Justiça e Cidadania devem ser identificadas pelas respectivas numerações específicas, bem como pelo brasão do Estado do Ceará.

A atividade de Segurança Penitenciária observará, necessariamente, à preservação da ordem e disciplina, da incolumidade das pessoas e do patrimônio institucional, bem como, o cumprimento dos alvarás de soltura, no âmbito do sistema penitenciário.

10.3.2 Uso

O integrante da Segurança Penitenciária do quadro efetivo da Secretaria da Justiça e Cidadania do Estado do Ceará no exercício profissional, deverá estar apto para manuseio das armas de fogo, comprovando que participou efetivamente de cursos práticos e teóricos para cada tipo de arma constantes do rol abaixo discriminado, além de outras legalmente autorizadas:

- Revólver calibre.38;
- Pistola calibre.380;
- Pistola e carabina calibre.40, 357 Magnum e.45 ACP;
- Espingarda calibre 12;
- Fuzil calibre 5.56.

Os integrantes da Segurança Penitenciária, quando em operações nas unidades prisionais do Estado, em regra, utilizarão armamentos menos letais e/ou instrumentos de menor potencial ofensivo.

As distâncias de tiro da munição menos letal devem seguir as especificações do fabricante, como regra.

O armamento referendado no artigo anterior, bem como, de quaisquer outros artefatos de uso controlado, no interior das unidades ou extramuros, condiciona-se à comprovação de capacidade técnica.

É vedado o uso de armas de fogo, carregada com munição letal, no interior das unidades prisionais, exceto, quando a proporcionalidade assim o requerer.

O integrante da Segurança Penitenciária deve vedar o ingresso de armas de fogo ou munições nas unidades prisionais, salvo, aquelas institucionais portadas por agentes penitenciários, policiais militares, civis, federais e demais autoridades, que estejam em efetivo serviço ou em apoio, ou ainda, nos casos expressamente autorizados.

Para os fins desse artigo, considera-se:

- Efetivo serviço, aquele prestado por servidor público, cumprindo escala ou expediente, no âmbito do Sistema Penal;
- Em apoio, aquele prestado por servidor público, cumprindo escala ou expediente extra, no âmbito do Sistema Penal.

O integrante da Segurança Penitenciária, na posse de armamento institucional ou quaisquer outros produtos controlados, deve zelar pelas regras técnicas adequadas à conservação e segurança, respondendo administrativo, civil, penal, ou cumulativamente, pelo uso indevido.

Caberá ao Grupo de Apoio Penitenciário – GAP, criar e alimentar cadastro dos integrantes da Segurança Penitenciaria, onde conste:

- Nome e matrícula do agente penitenciário;
- Curso de habilitação para uso do armamento, especificando o calibre;
- Curso para uso de quaisquer outros artefatos de uso controlado;
- Histórico disciplinar.

Cumpre ainda, ao Grupo de Apoio Penitenciário – GAP, em parceria com a Escola de Gestão Penitenciária e Ressocialização - EGPR, estabelecer cronograma de formação, capacitação, nivelamento, realinhando permanentemente para os membros da Segurança Penitenciária.

O integrante da Segurança Penitenciária, em serviço, poderá portar arma de fogo institucional ostensivamente, privando pela segurança necessária, particularmente, onde haja aglomeração de pessoas, em virtude de evento de qualquer natureza, a exemplo do interior de fóruns, igrejas, escolas, hospitais, cinemas, estádios esportivos, clubes públicos ou privados, aeroportos e outros locais assemelhados, conforme disposto §2º, do artigo 34, do Decreto 5.123/2004.

O uso da arma particular do Agente Penitenciário do Estado do Ceará, não será admitido para serviço da instituição.

Nos postos de guarda, contenção, escoltas, guaritas, bem como, nos acessos e portarias das unidades prisionais, coordenadorias, subcoordenadorias, complexos penitenciários; ou ainda, na sede da SEJUS- CE, os integrantes da Segurança Penitenciária deverão, obrigatoriamente, portar armas institucionais curtas e/ou longas e instrumentos de menor potencial ofensivo; devendo, manterem-se de pé e alertas durante o período de sentinela.

O integrante da Segurança Penitenciária, em regra, ao portar arma de fogo institucional em viagens aéreas, deverá nesta condição entregá-la desmuniciada, à empresa aérea/Infraero/DPF ou ao comandante do voo, no momento do embarque e recolhê-la ao término da viagem (art.48 e incisos, do Decreto nº5.123/2004).

O dano ou extravio doloso ou culposo, de armas, munições ou quaisquer outros instrumentos de menor potencial ofensivo sob a guarda do integrante da Segurança Penitenciária, bem como, a falta de imediata comunicação aos superiores dos fatos aqui expressos, gerará a consequente instauração de procedimento administrativo- disciplinar, sem prejuízo da responsabilidade criminal correspondente.

10.3.3 Manuseio do armamento e munições

Os integrantes da Segurança Penitenciária sempre que dispararem arma de fogo institucional e fizerem uso de munição letal ou de menor potencial ofensivo, deverão preencher relatório circunstanciado.

O relatório deverá conter minimamente as seguintes informações:

- Circunstâncias e justificativa que levaram ao uso da arma de fogo, munição letal ou de menor potencial ofensivo;
- A(s) medida(s) adotada(s) antes de efetuar o(s) disparo(s);
- Eventuais razões de disparos não deflagrados;
- Tipo de arma, munição, quantidade de disparos efetuados;
- Número total de feridos e/ou mortos;
- Quantidade de agentes envolvidos na ocorrência.

Encaminhar-se-á cópia do relatório ao Grupo de Apoio Penitenciário – GAP para fins de controle e providências.

10.3.4 Acautelamento do armamento e munições

A Secretaria da Justiça e Cidadania acautelará armas de fogo para os integrantes da Segurança Penitenciária.

São tipos de cautela regulamentados nesta Portaria:

- A cautela individual, de caráter pessoal e intransferível, de arma de fogo institucional, autorizada aos integrantes da Segurança Penitenciária nos termos da Lei Federal 10.826 de 22 de dezembro de 2003, observadas as disposições deste normativo;
- A cautela em intendência, de armamento empregado na defesa e segurança das unidades prisionais, administrativas ou especializadas, com controle de emprego diário, registrado na intendência da unidade;
- A cautela de urgência, para o atendimento de diligências urgentes, não previstas ou com prazo determinado não superior a 90 (noventa) dias, que não possam ser atendidas pela cautela Individual ou de intendência.

A cautela de arma de fogo institucional tem natureza jurídica de autorização, sendo unilateral, precária e discricionária, não perfazendo a mera apresentação dos documentos previstos, mesmo com o preenchimento dos requisitos elencados, garantia de concessão da cautela requisitada.

É vedado ao integrante da Segurança Penitenciária, que responderá administrativamente, sem prejuízo das responsabilidades cíveis e penais, por utilizar a arma de fogo institucional para fins particulares estranhos a defesa pessoal e funcional, bem como, permitir que terceiros venham portar, deter, adquirir, receber, ter em depósito, transportar, ceder, emprestar, remeter, empregar, manter sob guarda, ocultar, ainda que gratuitamente, acessório, arma de fogo e munição do Estado.

Fique Ligado

Os acautelamentos de arma de fogo, de que trata esta Portaria, em regra, presta-se para fins de defesa individual e funcional.

Acautelamento individual

A cautela individual, de caráter pessoal e intransferível, de arma de fogo institucional, será autorizada aos membros da Segurança Penitenciária por intermédio da Coordenadoria Especial do Sistema Penal, nos termos da Lei Federal nº10.826 de 2003, observadas as disposições desta Portaria.

O requerente do acautelamento individual de arma de fogo deverá protocolar requerimento, no modelo do Anexo I, endereçado à Coordenadoria Especial do Sistema Penal, devendo ser instruído com a seguinte documentação probatória:

- Cópia autenticada da Identidade Funcional ou acompanhada do original que conste autorização para o porte de arma de fogo;

- Certidões Criminais da Justiça Comum, dos Juizados Especiais Criminal do Estado, da Justiça Federal, da Polícia Civil e Federal;
- Certidão da Controladoria Geral de Disciplina dos Órgãos de Segurança Pública e Sistema Penitenciário do Estado do Ceará – CGD, sobre procedimento administrativo disciplinar ou sindicância em nome do requerente;
- Duas fotos 3x4;
- Comprovante de endereço atualizado;
- Declaração do Diretor da Unidade de lotação, a qual justifique a efetiva necessidade de utilização da arma, com exposição dos fatos e circunstâncias laborais.

A cautela individual de arma de fogo de que trata esta Portaria será concedida, preenchidos os requisitos estabelecidos, havendo disponibilidade de armamento e observada à logística da segurança do sistema penitenciário, no prazo de 30 (trinta) dias, mediante Termo de Cautela, com validade de 36 (trinta e seis) meses, na forma do Anexo II, e será precedida de prévia análise e decisão da Coordenadoria Especial, ouvidos os coordenadores, administrativo e operacional, todos do Sistema Penal do Estado.

Aprovada a requisição, a Coordenadoria Especial do Sistema Penal emitirá autorização para o Termo de Cautela junto ao GAP, que procederá ao acautelamento registrando-a no sistema de controle de armamentos.

Ao integrante da Segurança Penitenciária a quem a cautela individual for deferida será concedido o quantitativo de até 30 (trinta) munições.

O armamento e munições acautelados deverão ser apresentados semestralmente ao setor de controle de armamento do GAP, para devida conferência.

Caso o integrante da Segurança Penitenciária tenha efetuado disparo(s) com a munição acautelada, deverá comunicar formalmente o fato ao GAP, justificando as razões do uso dos cartuchos deflagrados, bem como, a impossibilidade da devolução.

Cautela em intendência

O armamento empregado nas escoltas, na defesa e segurança das unidades prisionais, administrativas ou especializadas não poderá ser acautelado individualmente ou em urgência, sendo sua utilização exclusiva para atender a Unidade para qual foi destinado.

O controle de emprego de armamento utilizado nas escoltas e na defesa e segurança das unidades será diário, exigindo-se o visto da chefia imediata da unidade.

Cumpre acompanhamento sistemático, daqueles responsáveis estabelecidos no §2º, do Art.28, desta portaria, o controle dos materiais, equipamentos e o gerenciamento da logística do armamento em intendência empregado na defesa e segurança de sua(s) unidade(s).

Cautela de urgência

O requerimento para cautela de urgência, de arma de fogo institucional e de outros equipamentos de segurança, deverá ser instruído no modelo do Anexo I e endereçado à Coordenadoria Especial do Sistema Penal, contendo necessariamente:

- Declaração informando a efetiva necessidade, expondo os fatos relevantes ou circunstâncias laborais, ordem de serviço ou diligência para qual se destina ou justifique o pleito, com prazo determinado para o início e término;
- Cópia autenticada da Identidade Funcional ou acompanhada do original que conste autorização para o porte de arma de fogo.

A cautela de urgência terá validade pelo prazo das circunstâncias laborais, ordem de serviço ou diligência, não superior a 90 (noventa) dias.

Em quaisquer dos casos de indeferimento de acautelamento de arma de fogo, caberá recurso à Secretaria Executiva da Justiça e Cidadania, a qual decidirá, por ato motivado.

Termo de cautela

O termo de cautela de arma de fogo, acessório ou munição será assinado pelo Coordenador Especial do Sistema Penitenciário do Estado do Ceará, e controlada pelo GAP, observando-se o seguinte:

- Registro em livro próprio, que conterá termos de abertura e encerramento, e no qual serão lançados sucessivamente:
  - Identificação do detentor-usuário (nome, filiação, cargo/ função, RG, CPF, telefone, e-mail, endereço);
  - Dados da arma de fogo, acessório ou munição (tipo, calibre, números patrimonial e de fábrica, espécie, quantidade);
  - Período em que o(s) bem(ns) ficará(ão) sob responsabilidade do requerente, com as assinaturas do responsável pelo setor de controle do GAP e do requerente.
- O registro e guarda das informações relativas à cautela expressa no inciso I, deste artigo, implica o lançamento dos referidos dados em arquivo eletrônico para pronta consulta.

Ao termino do período previsto no termo de cautela, não sendo esse renovado para os fins que destinou o armamento, munições e outros artefatos bélicos deverão ser devolvidos ao GAP mediante recibo.

O GAP deverá providenciar o desenvolvimento e o gerenciamento de programas que possibilite o acesso, em sistema digital interno da SEJUS- CE, aos bancos de dados relativos ao controle de armamento, de forma que seja possível a obtenção das seguintes informações:

- Prontuário da cada arma de fogo;
- Quantidade de armas de fogo sob administração da SEJUS-CE;
- Quantidade de armas de fogo acauteladas:
  - Cautela individual;
  - Cautela em intendência;
  - Cautela de urgência.
- Cautela suspensa;
- Quantidade de armas de fogo cadastradas de propriedade particular;
- Quantidade de armas de fogo furtadas, extraviadas ou roubadas de propriedade da SEJUS-CE.

Os encarregados pela produção e alimentação dos documentos relativos às armas de fogo deverão zelar pela correção de todos os dados, assim como pela sua apresentação, adotando os formulários constantes nesta Portaria.

No caso do integrante da Segurança Penitenciária inativo, pleitear a cautela individual, dada circunstâncias especificas inerentes a função do requerente, observar-se-á, para o caso as regras do acautelamento individual constante nesta portaria.

Fique Ligado

Em sendo deferida a cautela individual para o aposentado, esta, não poderá exceder o prazo de 36 meses.

10.3.5 Aquisição de armas de uso permitido e de uso restrito

A aquisição de arma de uso restrito, munições e renovação do CRAF, por parte dos integrantes da Segurança Penitenciária do Estado do Ceará, estão sujeitos aos preceitos das portarias pelo órgão regulador, bem como, o devido preenchimento dos requisitos constantes no formulário do Anexo III deste Ato Normativo.

Quando, no caso, de aquisição de armas de fogo de uso permitido, obedecerá a disposição legal vigente.

10.3.6 Controle e distribuição

Compete ao Grupo de Apoio Penitenciário – GAP, a guarda, armazenamento, manutenção, controle, distribuição e recolhimento do armamento e munições, pertencentes à Secretaria da Justiça e Cidadania. Parágrafo único. O Diretor do Grupo de Apoio Penitenciário – GAP, no que se refere ao armazenamento, providenciará local (RESERVA) e vigilância adequada para guarda do armamento, munições e outros artefatos controlados da instituição, conforme as regras emanadas pelo órgão regulador.

As armas, munições letais, menos letais e outros artefatos adquiridos, serão distribuídos pelo GAP, que somente as encaminhará para Estabelecimento Penitenciário, grupos, núcleos e servidores, após pareceres dos coordenadores administrativos, operacional, e aquiescência do Coordenador Especial do Sistema Penal.

O Grupo de Apoio Penitenciário – GAP, obrigatoriamente, designará livros próprios e arquivo eletrônico para o devido registro geral do recebimento e da distribuição, do armamento, munição e outros artefatos controlados.

Cumpre também aos estabelecimentos no âmbito do sistema penitenciário, criar livro próprio e arquivo eletrônico para o controle do armamento, munição e outros artefatos controlados; neste sentido, atribuindo-se:

- Na unidade prisional de grande porte, ao chefe de segurança e disciplina;
- Nas subcoordenadorias, os subcoordenadores;
- Nas cadeias públicas, aos seus respectivos administradores ou ao supervisor do Núcleo de Segurança e Disciplina;
- No Grupo de Apoio Penitenciário – GAP ao supervisor de operações;
- Nas demais coordenadorias e núcleos, aos seus respectivos coordenadores ou supervisores.

Nas unidades de grande porte, nos núcleos, subcoordenadorias e coordenadorias, a distribuição e acautelamento diários (cautela em intendência) do armamento, munição e outros artefatos controlados disponíveis, ou seja, o recebimento e repasse desses equipamentos serão feitos em local específico, na passagem de serviço, sempre com o acompanhamento das chefias ou subchefias imediatas, registrando o controle deste material em livro diário assinado pelo agente de serviço, o qual terá a guarda durante o plantão.

O registro no livro diário deverá conter os seguintes dados:

- Nome completo e matrícula do agente penitenciário;
- Arma tipo, calibre e numeração;
- Munição tipo, calibre e quantidade;
- Outros artefatos controlados, descrição e quantidade.

Nas cadeias públicas, a distribuição e acautelamento (cautela em intendência) dar-se-á pelo sistema de revezamento do(s) agente(s) plantonista(s), ou seja, o armamento, munição e outros artefatos controlados disponíveis para o respectivo estabelecimento prisional, serão repassados no ato da transferência do plantão (passagem de serviço); devendo constar no livro diário de ocorrências, os dados listados no parágrafo anterior.

Em quaisquer casos de repasse e recebimento de armamento, munição e outros artefatos controlados, os integrantes da Segurança Penitenciária, deverão realizar a devida conferência pelas partes, com registro das alterações em livro próprio, no ato da transferência do serviço.

Compete a direção do GAP, ou a integrante responsável por ela definido:

- Recolher armamento, munições e outros artefatos controlados, quando houver irregularidades no uso, razões disciplinares, segurança, servidor inapto e outras situações dispostas neste regulamento, emitindo relatório circunstanciado;
- Expedir instruções técnicas para o uso, guarda, manutenção e controle dos armamentos, munições e outros artefatos controlados;
- Receber ou recolher o armamento e demais artefatos controlados nos casos de acautelamentos.

O relatório circunstanciado será encaminhado para a coordenadoria especial, que após pareceres dos coordenadores, administrativo e operacional, decidirá sobre a manutenção do recolhimento.

Caberá ao setor de controle de material bélico do GAP, exclusivamente:

- O recebimento de armamento, munições e outros artefatos controlados, quando adquiridos pela instituição, bem como as de uso restrito para integrantes da Segurança Penitenciária;
- Manutenção de armamento;
- Prestar as informações através de livro próprio contendo as características do armamento e com respectiva numeração;
- Manter atualizados os registros de encaminhamentos e distribuição do armamento junto aos órgãos fiscalizadores;
- Acondicionar e manter o armamento, munições e outros artefatos controlados que, por qualquer motivo, não estiverem em uso nos locais e turnos de serviço, em compartimento próprio conforme regras de segurança;
- Realizar a entrega de armamento, munições e outros artefatos controlados, quando devidamente autorizados;
- Receber ou recolher o armamento e demais artefatos controlados nos casos de acautelamentos.

10.3.7 Manutenção

Constitui responsabilidade das chefias imediatas efetuarem fiscalização diária inspecionando o armamento e munição, conferindo a numeração da arma e do registro, as condições de uso e estado de conservação, bem como, observando o correto preenchimento do livro de passagem e controle do armamento.

Constatadas irregularidades e/ou falha no funcionamento do armamento, esse deverá ser recolhido e informado ao supervisor operacional do GAP, que providenciará a manutenção;

Se necessário, manutenção especializada o armamento com defeito será enviado à assistência técnica.

10.4 Ocorrências

Os integrantes da Segurança Penitenciária, quando, do uso da força, ou da sua ação resultar lesão ou morte de pessoa(s), deverão realizar as seguintes ações:

- ▷ Minimizar os danos e lesões, respeitando e preservando a dignidade humana;
- ▷ Assegurar, junto ao setor de assistência social, que os parentes ou amigos da pessoa ferida ou afetada sejam notificados o mais rápido possível;
- ▷ Facilitar a prestação de socorro ou assistência médica aos feridos;
- ▷ Promover a correta preservação do local da ocorrência; em caso negativo, apresentar justificativa;
- ▷ Comunicar o fato ao seu superior imediato e à autoridade competente;
- ▷ Elaborar relatório, individual ou por via da chefia imediata, circunstanciado, conforme previsto no art.14, §1º, deste regulamento, para os devidos encaminhamentos;
- ▷ Identificar as armas e munições envolvidas, vinculando-as aos seus respectivos portadores no momento da ocorrência;
- ▷ Solicitar perícia criminalística para o exame de local e objetos, bem como exames médico-legais.

Cumpre à direção ou responsável pelo Estabelecimento Prisional:

- ▷ Após a ciência do fato, comunicar a ocorrência aos familiares, ou pessoa indicada no prontuário do interno;
- ▷ Encaminhar ao setor psicossocial o(s) agente(s) de segurança penitenciaria envolvido(s) na ocorrência para o devido acompanhamento, permitindo-lhes superar ou minimizar os efeitos decorrentes;
- ▷ Afastar temporariamente do serviço operacional, em caso de indicação/avaliação psicossocial, tendo em vista a redução do estresse nas ocorrências de resultado letal.

10.5 Responsabilidade

O integrante da Segurança Penitenciária do Estado do Ceará, responde administrativo, civil e penalmente ou cumulativamente pelo uso irregular da arma da instituição, da identidade funcional que expresse a permissão para o porte de arma, bem como, por prestar ou captar informações falsas para a instrução do procedimento administrativo que lhe confira o porte de arma.

Ao integrante da Segurança Penitenciária do Estado do Ceará será imputado a suspensão cautelar ou recolhimento definitivo de sua identidade funcional com a autorização para o porte de arma.

- ▷ A suspensão cautelar da identidade funcional com a autorização para o porte de arma, do agente penitenciário dar-se-á:
  - Quando preso em flagrante ou mandado de prisão pela prática de crime doloso;
  - Quando o agente penitenciário ameaçar quaisquer de seus superiores ou iguais;
  - Quando houver indícios inequívocos (elementos informativos) ou provas circunstanciais de envolvimento do agente penitenciário com o tráfico de drogas, quadrilhas de criminosos, crime organizado ou grupo de extermínio;
  - Quando, comprovadamente por culpa, disparar arma de fogo no exercício de suas atribuições;
  - Portar arma de fogo em estado de embriaguez ou sob efeito de substância entorpecente;
  - Ausentar-se do Estado portando arma de fogo acautelada, salvo quando em exercício de atividade inerente ao Sistema de Segurança Penitenciária e mediante prévia e expressa autorização da Coordenadoria Especial do Sistema Penal;
  - Incorrer em desobediência de qualquer das normas contidas nesta Portaria;
  - Cessado o motivo da necessidade que ensejou a cautela;
  - Quando por recomendação psicológica ou psiquiátrica;
  - Quando dos demais dispositivos jurídicos autorizantes do afastamento de suas atribuições;
  - Quando do uso ilegal ou escuso da arma de fogo, ainda que particular, munições e identidade funcional.
- ▷ O Recolhimento definitivo da identidade funcional com a autorização para o porte de arma, do agente penitenciário dar-se-á, quando:
  - Condenado pela pratica de crime doloso e/ou resultar demissão;
  - Exonerado, demitido ou pedir demissão;
  - De interdição judicial que o incapacite para todos os atos da vida civil;
  - Em caso de óbito.

Fique Ligado

Em qualquer dos casos especificados nesse artigo, dar-se-á o recolhimento da identidade funcional do integrante da Segurança Penitenciária, com a autorização para o porte de arma, ainda que, provisoriamente, bem como ficará desautorizado a manusear e portar arma de fogo institucional durante o período indicado no ato que ensejou a suspenção.

O integrante da atividade de Segurança Penitenciária, afastado das funções, perderá as prerrogativas funcionais e ficará à disposição do Núcleo de Segurança e Disciplina, podendo perdurar pelo prazo em que durar a medida.

Para fins de afastamento, suspensão, demissão, ou outras medidas congêneres, caberá ao Núcleo de Segurança e Disciplina o recolhimento da identidade funcional, arma de fogo, algemas, ou quaisquer outros instrumentos institucionais na posse do servidor.

O Núcleo de Segurança e Disciplina, para os fins desse artigo, elaborará relatório circunstanciado do ato do recolhimento e encaminhará a Coordenadoria Especial do Sistema Penitenciário.

O restabelecimento das prerrogativas funcionais ensejará a devolução da identidade funcional, da arma de fogo, das algemas, ou quaisquer outros instrumentos institucionais ao servidor, pela Coordenadoria Especial do Sistema Penal.

Para os efeitos de apuração de responsabilidade funcional serão consideradas a natureza, a gravidade da infração, os danos que dela provierem para o serviço público ou a terceiros, as circunstâncias agravantes, atenuantes e os antecedentes funcionais.

A suspensão do uso da identidade funcional do agente penitenciário do Estado do Ceará, com a autorização para o porte de arma, poderá ser imediata ou, após o devido processo administrativo.

O agente penitenciário do Estado do Ceará, legalmente afastado do exercício funcional por licença, férias, ou outro motivo correlato não o isentará de responsabilidade pelo uso escuso do armamento e munições, ou da identidade funcional com o porte de arma.

A apuração da responsabilidade funcional do agente penitenciário do Estado do Ceará será precedida de Sindicância que, em caso de substanciosa coleta de elementos informativos da prática de ilícito, propugnar-se-á pela abertura de Procedimento Administrativo Disciplinar, lhe assegurando o contraditório e a ampla defesa.

A legítima defesa, o estrito cumprimento de dever legal ou exercício regular de direito, para fins de Sindicância e Procedimento

Administrativo Disciplinar, devidamente comprovado, excluem a responsabilidade funcional do agente penitenciário do Estado do Ceará.

Os casos de excesso, ainda que no exercício da legítima defesa, do estrito cumprimento de dever legal ou exercício regular de direito não será excludente de responsabilidade administrativa.

10.6 Disposições finais

Os critérios para seleção e formação de agentes de Segurança Penitenciária deverão considerar o perfil psicológico necessário para lidar com situações de estresse, uso da força, armas de fogo e demais artefatos bélicos.

As atividades de treinamento/capacitação/formação ofertadas pela SEJUS-CE, fazem parte do trabalho rotineiro do integrante da Segurança Penitenciária, bem como, constitui uma obrigação funcional, tendo em vista o princípio da eficiência expresso no art.37 da CRFB/88; e, art.14, VIII e art.154, Constituição do Estado do Ceará.

A seleção de instrutores para ministrarem aula em qualquer assunto que englobe a Segurança Penitenciária, deverá levar em conta análise curricular, conhecimento empírico devidamente comprovado, áreas de atuação e conhecimento em direitos humanos, sendo ainda, submetido a avaliação didática, por comissão composta pela EGPR e Coordenadoria Especial - COESP.

Cumpre ao GAP elaborar protocolo próprio para os procedimentos de habilitação para o uso de cada tipo de arma de fogo e instrumento de menor potencial ofensivo que incluam avaliação técnica, psicológica, física e treinamento específico, com previsão de revisão periódica a ser estabelecida pela Coordenadoria Especial - COESP.

Deverá ser estimulado e priorizado, sempre que possível, o uso de técnicas e instrumentos de menor potencial ofensivo pelos integrantes da Segurança Penitenciária, de acordo com a especificidade da função operacional e sem se restringir às unidades especializadas.

Deverão ser incluídos nos currículos dos cursos de formação e programas de educação continuada conteúdos sobre técnicas e manuseio de instrumentos de menor potencial ofensivo.

As armas de menor potencial ofensivo deverão ser separadas e identificadas de forma diferenciada, conforme a necessidade operacional.

A Secretaria da Justiça e Cidadania deve criar comissão permanente interna de acompanhamento do grau de letalidade aplicada ao ambiente carcerário, com o objetivo de mensurar os efeitos do uso efetivo da força, por parte de seus agentes, tendo em vista o implemento de protocolos e políticas de Segurança Penitenciária.

A Secretaria da Justiça e Cidadania deverá, observada a legislação pertinente, oferecer possibilidades de reabilitação e reintegração ao trabalho aos integrantes da Segurança Penitenciária, que, apresentem danos físicos ou psíquicos em decorrência do desempenho de suas atribuições.

Os casos omissos, para os fins deste ato normativo, serão dirimidos pelo Secretário da Justiça e Cidadania do Estado do Ceará, considerando os pareceres dos Coordenadores Operacional, Administrativo e Especial do Sistema Penal.

Constituem partes integrantes deste ato normativo os Anexos, I, II, III, IV, V e VI.

No prazo de 1 (um) ano, a contar da data de sua publicação, será constituída comissão revisora com membros indicados pela Coordenadoria Especial e terá a finalidade de revisar e atualizar, no que couber, este ato normativo.

11 PORTARIA Nº900/2022 - PROCEDIMENTOS DE VISITA

Regulamentar e disciplinar os procedimentos de visita as pessoas privadas de liberdade das Unidades Prisionais do Estado do Ceará.

11.1 Dias de visita

A direção de cada Unidade Prisional, após anuência da administração superior, determinará os dias em que as pessoas privadas de liberdade receberão a visita do cônjuge, companheiro, parentes e amigos, considerando as condições estruturais, de segurança e especificidades de cada estabelecimento, conforme o disposto no Art. 41, inciso X, da Lei nº. 7.210/1984.

Fique Ligado

Fica ainda, a cargo da direção de cada Unidade Prisional, dar publicidade ao cronograma de visitação as pessoas privadas de liberdade.

11.2 Cadastro de visitantes

O cadastro de visita será realizado mediante apresentação dos seguintes documentos:

- Original e fotocópias da Identidade (RG) ou documento oficial de identidade legível com foto (CNH, RG ou CTPS), no qual a fisionomia do visitante não tenha sofrido grandes mudanças, e do CPF, frente e verso;
- Comprovante de residência atual, no máximo de três meses, no nome do postulante a visitante (fatura de água, luz ou telefone). Caso não possua, deverá apresentar declaração simples de próprio punho, devendo ser informada de que poderá receber visita in loco para verificação, não sendo óbice à visitação o fato da pessoa estar em situação de rua ou acolhimento institucional.
- 01(uma) foto 3x4, recente.

Para a realização de cadastro de cônjuge ou companheiro (a) será necessário, para comprovação, a apresentação de documento conforme as especificações dos incisos abaixo:

- Certidão de casamento civil; ou
- Escritura Pública Declaratória de União Estável bilateral, devidamente registrada em cartório; ou
- Certidão de casamento religioso ou;
- Prova de encargos domésticos ou;
- –Comprovação de existência de sociedade ou comunhão nos atos da vida civil ou;
- Declaração do imposto de renda em que conste o (a) interessado (a) como dependente da pessoa privadas de liberdade ou;
- Prova de mesmo domicílio ou;
- Conta bancária conjunta ou;
- certidão de nascimento dos filhos em comum ou;
- Outros documentos que possam levar à convicção do fato a comprovar.

A documentação apresentada pelo visitante deverá ser anterior a data da prisão do visitado.

No cadastro de visitante não haverá discriminação para com as relações homoafetivas.

Para a realização de cadastro de crianças e adolescentes será necessário a apresentação dos seguintes documentos abaixo relacionados:

- Original e cópia do documento oficial, com foto, do responsável legal;
- Original e cópia da certidão de nascimento da criança ou adolescente;
- 01 (uma) foto 3x4 recente.

Para cadastro de visita como parente serão aceitos pedidos para aquelas pessoas que comprovarem o vínculo parental até o 2º grau, mediante documento público, devidamente registrado em cartório.

Caso o postulante à visitação esteja na condição de vítima nos processos criminais imputados a pessoas privadas de liberdade, o cadastro só será realizado mediante expressa autorização judicial.

O cadastro de visita deverá ser revalidado a cada 02 (dois) anos com a reapresentação dos documentos necessários ao cadastro de visitante.

O não cumprimento deste dispositivo implicará na suspensão da visita até a regularização da mesma.

O Cadastro de visitação poderá ser revalidada em até 30 (trinta) dias anteriores a data de seu vencimento.

11.3 Prazos

No caso de cancelamento de visitação de esposo (a), companheiro (a), parente ou amigo (a) por parte da pessoa privada de liberdade, o (a) mesmo (a) terá que cumprir o prazo mínimo de 30 (trinta) dias para requerer a reativação do mesmo cadastro.

Fique Ligado

Se a reativação do cadastro for realizada em até 90 (noventa) dias, não será necessária a realização de novo cadastro.

O (a) esposo (a), companheiro (a), parente ou amigo que tiveram o cadastro cancelado pelas pessoas privadas de liberdade não poderão requerer novo cadastro com o mesmo "status" pelo prazo mínimo de 90 (noventa) dias.

Quando o cancelamento do cadastro de visitante for requerido pelo mesmo, este somente poderá solicitar novo cadastro para visitação após 90 (noventa) dias daquele requerimento.

Somente serão realizados novos cadastros de esposo (a), companheiro (a), parente ou amigo (a) após cumprido o prazo de 90 (noventa) dias do cancelamento do cadastro da última pessoa visitante com o mesmo status cadastrado.

11.4 Acesso de visitantes em dias de visitação

O agendamento de visita poderá/deverá ser feito através de sistema informatizado, com emissão de senha pessoal e intransferível, na internet, em endereço eletrônico a ser disponibilizado pela Secretaria.

Caso a pessoa não tenha acesso à internet, o agendamento poderá ser realizado na sede do Núcleo de Assistência à Família – NUASF. A pessoa interessada em visitar as pessoas privadas de liberdade nas Unidades Prisionais na condição de pais, cônjuge, companheiro (a),-filhos (as), demais parentes e amigos (as) deverá estar devidamente cadastrada, agendada e portando documento oficial com foto.

A criança e o adolescente só poderão ingressar à Unidade Prisional se acompanhadas pelo responsável legal indicado no seu respectivo cadastro.

A permanência de visitante, previamente cadastrado, compreenderá o período das 08h às 12h, para visitas sociais, no número máximo de 02 (duas) pessoas adultas por custodiado nos dias estabelecidos pela direção da Unidade Prisional, respeitando suas características particulares após anuência da Administração Superior da SAP.

A visita social será realizada com vigilância a fim de garantir segurança de todos, podendo ser realizada em ambientes setorizados.

Não será permitida a realização de visita no interior das alas e celas.

Não será permitida, por ato devidamente justificado pelo Diretor, a visita de pessoa que:

- Comprovadamente oferecer risco à segurança da Unidade Prisional;
- Chegar à Unidade Prisional em dia e hora não estabelecido para visitação;
- Não apresentar documento de identificação oficial com foto;
- Apresentar sintomas de embriaguez ou conduta alterada que levem a presunção de consumo de drogas e/ou entorpecentes;
- Estiver visivelmente portando alguma doença infectocontagiosa (ex. catapora, conjuntivite), com o fito de resguardar o bem comum da coletividade;
- Estiver com gesso, curativos ou ataduras e cinta.

Fique Ligado

A direção da Unidade Prisional poderá negar o cadastramento de visitante quando a especificidade fática do delito ao qual respondem ou pelo qual foi condenada guarde relação com a vulneração do ambiente prisional, cabendo-lhe, em tais casos, expor de forma clara os motivos do indeferimento.

11.4.1 Acesso de crianças e dos adolescentes

Nos dias de visita serão limitados a 02 (dois) filhos (as) e/ou netos (as), crianças com idades compreendidas entre 06 (seis) meses a 12 (doze) anos incompletos, somente podendo ingressar nas Unidades Prisionais se acompanhados de pai, mãe ou responsável legal e que visite a mesma pessoa privada de liberdade, portando documento oficial com foto com o devido cadastro e agendamento, nos termos do parágrafo único, art.14.

Ao adolescente, filho ou neto, com idade compreendida entre 12 (doze) anos e 18 (dezoito) anos incompletos, poderá ter seu direito à visita social quando devidamente cadastrado e previamente agendada, em local determinado pela Direção da Unidade, somente podendo ingressar nas Unidades Prisionais se acompanhados de pai, mãe, ou responsável legal, portando documento oficial com foto, nos termos do parágrafo único, art.14.

11.4.2 Visitantes com uso temporário de próteses e objetos de auxílio à locomoção

Ao visitante que faça uso de muletas, cadeira de rodas ou outro objeto que auxilie em sua locomoção deverá comparecer à Unidade Prisional, em horário de expediente, das 08h às 17h, de segunda a sexta-feira, para apresentar os referidos laudos.

As pessoas com deficiência, os idosos com idade igual ou superior a 60 (sessenta) anos, as gestantes, as lactantes, as pessoas com crianças de colo, os obesos ou qualquer pessoa em condição de limitação física, terão atendimento prioritário.

O cadastro do visitante prioritário com limitação temporária deverá ser realizado junto à própria Unidade Prisional ou nas sedes dos Núcleos de Cadastro de Visitante - NUCAV em horário de expediente, das 08h às 17h, de segunda a sexta-feira, apresentando os referidos laudos médicos que comprovem tal condição.

O cadastro do visitante prioritário com limitação permanente deverá ser realizado junto às sedes dos Núcleos de Cadastro de Visitante - NUCAV em horário de expediente, das 08h às 17h, de segunda a sexta-feira, apresentando os referidos laudos médicos que comprovem tal condição.

11.4.3 Mulher grávida

A visitante terá assegurado o seu direito de visitação social, até o 7º (sétimo) mês de gestação, em local designado pela direção da Unidade Prisional.

A comprovação de gestação deverá ser realizada por meio de atestado de acompanhamento pré-natal, onde o NUCAV deverá realizar o cadastro de acesso prioritário até o sétimo mês de gestação.

11.4.4 Custódia e tratamento psiquiátrico

A pessoa privada de liberdade recolhida em ala hospitalar ou enfermaria de Unidade prisional, que por recomendação médica esteja impossibilitado de receber visitação em local determinado, poderá solicitar agendamento de visita social extraordinária, mediante autorização do Diretor, observando as orientações médicas.

A recusa de autorização de visita social, presencial ou por meio de vídeo, por parte da direção do estabelecimento deverá ser justificada e comunicada para a família e para a defesa da pessoa internada.

Por se tratar de estabelecimento para cumprimento de Medida de Segurança e objetivando auxiliar no tratamento do (a) internado (a) portador

(a) de transtorno mental, ficará a cargo e sob a responsabilidade da Direção da Unidade Penal estabelecer horário e número de visitantes.

11.4.5 Setores de triagem

Art. 25. Por se tratar de local de rotina diferenciada a pessoa privada de liberdade só poderá receber visita após o término do período de triagem que será de, no mínimo, 30 (trinta) dias e no máximo de até 60 (sessenta) dias.

11.5 Vestimentas e acessórios aos visitantes

Somente será permitida a entrada de visitante que:

- estiver trajando camisetas ou blusas, com exceção na cor preta, sem botões e sem estampas;
- estiver trajando calças de tecidos finos, com exceção na cor preta, sem cordões, sem massa metálica, sem bolsos, sem botões, e sem estampas;
- estiver trajando saias ou vestidos, com exceção na cor preta, sem estampas, sem cordões, sem massa metálica, sem bolsos e sem botões;
- usando prendedor de cabelo de plástico ou tecido sem nenhum componente metálico.
- estiver calçando sandálias de borracha com solado único, na cor clara e sem estampas, tipo rasteira.

A visitante deverá estar usando roupas na linha do joelho, cobrindo os ombros e os seios, sem transparência.

Será vedada a entrada de peças de vestuário, com bojo e aspas.

Fica vedado o ingresso de visitante portando peças de roupas em duplicidade ou de time de futebol e acessórios, tais como: relógio, boné, óculos esportivo, cinto, grampo de cabelo, fivela ou tipo similar de prendedor de cabelo, bijuterias, peças em prata e/ou ouro, jóias, adornos, afins e o uso ou porte de cigarros e similares.

11.6 Materiais ou objetos com entrada permitida

O ingresso de material de limpeza, peça de vestuário, gêneros alimentícios, produtos para higiene pessoal e medicamentos ficará condicionado ao cumprimento dos critérios de acondicionamento, embalagem, quantidade e periodicidade estabelecidos no ANEXO ÚNICO desta Portaria.

Os medicamentos somente serão aceitos por solicitação e/ou prescrição médica do setor de saúde da Unidade Prisional.

Os materiais poderão ser entregues, por visitante devidamente cadastrado portando documento oficial com foto, a pessoa privada de liberdade para a qual faz visitação em dias e horários estipulados por esta Secretaria e, aos fins de semana, para as pessoas que forem efetivamente visitar pessoa privada de liberdade em qualquer das Unidades Prisionais.

Os materiais que não estiverem em conformidade com o Anexo Único desta portaria, não serão recebidos e a Unidade Prisional não fará a guarda e nem se responsabilizará por materiais abandonados e/ ou não identificados.

Eventuais alterações posteriores referente a lista dos materiais permitidos deverão ser publicizados com antecedência mínima de 07 (sete) dias para os visitantes.

11.7 Revista de visitantes

Os visitantes deverão ser submetidos à revista através de bodyscanner antes de serem conduzidos ao local apropriado e, quando necessário, ao término da visitação, obedecendo aos procedimentos de segurança, preservando a dignidade e a integridade física, psicológica e moral das pessoas.

As revistas devem ser realizadas por procedimentos visuais e eletrônicos, utilizando-se aparelhos de imagens e detectores de metais, dentre outros.

Nos casos em que a revista por aparelho eletrônico de inspeção apontar alguma irregularidade, ou nos casos em que não for possível realizá-la, em razão de indisponibilidade ou das condições de saúde do visitante, a pessoa poderá ser encaminhada para a revista manual.

A revista manual será efetuada em local apropriado à natureza do procedimento, por servidor penal do mesmo gênero do visitante, sendo vedada a revista intima, o desnudamento ou qualquer outra prática vexatória, tais como agachamentos ou saltos.

No caso de visitante travesti, transexual ou intersexual, sua identidade de gênero definirá o gênero de servidor penal responsável pelo procedimento da revista manual, respeitando o direito ao uso do nome social, nos termos da Resolução CNJ nº.270 de 11 de dezembro de 2018, e resolução CNJ nº.348, de 13 de outubro de 2020.

A revista manual deverá obedecer às seguintes diretrizes:

- Autorização pela pessoa a ser revistada;
- Execução por servidor penal do mesmo gênero da pessoa visitante, respeitada a autoidentificação de gênero das travestis, transexuais e intersexuais, nos termos dos parágrafos anteriores;
- Vedação de desnudamento ou toque nas partes íntimas dos visitantes;
- Vedação de revista manual em crianças e adolescentes, conforme os artigos 17 e 18 do Estatuto da Criança e do Adolescente.

Havendo indícios de porte de material proibido que, em tese, tipifique ilícito penal, o visitante será conduzido ao órgão policial local para as providências legais cabíveis, devendo ser oportunizada comunicação previa com membro da família ou advogado.

Crianças com fraldas deverão tê-las substituídas pelo seu responsável, mediante inspeção de servidor penal.

Na impossibilidade, por recomendação médica de passagem pelo bodyscanner, o (a) visitante terá assegurado o seu direito de visitação social em local designado pela direção.

O (a) visitante que se opuser ao cumprimento das determinações supracitadas terá sua entrada proibida.

11.8 Visita íntima

A visita íntima, considerada uma regalia, poderá ser concedida a pessoa privada de liberdade, de forma excepcional e esporádica, desde que preenchidos os requisitos de comportamento, disciplina e a realização do cadastro de cônjuge ou companheiro (a) conforme o art. 4º desta portaria.

A concessão da regalia será deferida pelo Secretário ou a quem ele delegar, de acordo com a conveniência e discricionariedade.

Só poderá haver visita íntima nas unidades prisionais que dispuserem de local apropriado destinado para tal finalidade, onde a mesma ocorrerá a critério da SAP.

Fica vedada a visita íntima no interior das celas ou em qualquer outro local que não esteja destinado para tal fim.

A regalia deverá ser assegurada, vedada as restrições de gênero ou orientação sexual, respeitado o direito ao uso do nome social, nos termos da Resolução CNJ nº. 270 de 11 de dezembro de 2018, e Resolução CNJ nº. 348, de 13 de outubro de 2020.

11.9 Suspensão do direito de visita

A pessoa privada de liberdade que cometer falta disciplinar leve, média ou grave, poderá ter restringido ou suspenso o direito a visita.

Em nenhuma hipótese a suspensão do direito de visitas poderá ser aplicado como sanção coletiva.

Eventual suspensão do direito deverá ser comunicada imediatamente à família da pessoa privada de liberdade.

Deverá ser assegurado o amplo conhecimento às pessoas privadas de liberdade e aos visitantes acerca do rol de atividades compreendidas como conduta ilícitas, explicitando as sanções cabíveis em cada um dos casos.

No caso de realização de conduta ilícita pelo visitante deverá ser instaurado processo administrativo, com garantia da ampla defesa e contraditório, comunicando o interessado, Ministério Público e a Defensoria Pública.

Nos casos em que houver suspensão do direito de visita ou restrição de algum familiar ou amigo a compor o rol de visitantes, é recomendado que sejam ouvidas as equipes multidisciplinares, especialmente as assistentes sociais ou psicólogos, por meio de produção técnica, como relatórios, a fim de que haja manifestação fundamentada acerca do direito à visita e composição de vínculos.

Em caso de rebelião, motins ou situações de perturbação da ordem e disciplina que comprometam a segurança, o diretor da Unidade Prisional poderá suspender as visitas buscando restabelecer a ordem, a segurança e a disciplina da mesma.

O (A) visitante poderá ter seu ingresso suspenso, por decisão motivada da direção da unidade, pelos prazos a seguir:

- 90 (noventa) dias a 180 (cento e oitenta) dias, quando:
  - em decorrência, da sua conduta, resultar qualquer fato danoso à ordem, à segurança e à disciplina da Unidade;

- tentar adentrar a Unidade com qualquer substância ou objetos que comprometam à ordem, à disciplina e à segurança da Unidade.

▷ Pelo período em que perdurar o processo de instrução e julgamento:

- **quando for flagrado tentando entrar na Unidade portando qualquer dos objetos relacionados abaixo:**

Armas de fogo de qualquer espécie e munições;

Explosivos;

Substâncias entorpecentes;

Aparelhos, peças ou acessórios de telefones celulares, chips, bips, pager, ou de qualquer tipo de instrumento de comunicação;

Produto de circulação proibida em Lei;

Instrumento capaz de ofender a integridade física de outrem;

Serra ou qualquer tipo de ferramentas.

- No caso de reincidência de fatos previstos no inciso anterior.

O visitante flagrado por qualquer das condutas previstas neste artigo será apresentado à autoridade policial para as providências cabíveis.

A Unidade Prisional deverá suspender o cadastro da pessoa que tiver com o direito de visita suspenso.

Comprovada a inocência, a visita será restabelecida mediante requerimento da parte interessada.

11.10 Disposições finais

Todos os setores que compõem as Unidades Prisionais deverão cumprir integralmente o presente regulamento, facilitando o processo para todos que dele participam, principalmente as pessoas privadas de liberdade e seus familiares.

A constatação de falha decorrente de negligência, facilitação ou conivência no acesso de visitantes às Unidades Prisionais em desconformidade ao que preconiza esta Portaria estará passível de sanções administrativas, civis e penais, quando cabíveis.

As situações excepcionais serão analisadas pelo Diretor da Unidade Prisional e submetidas à Coordenadoria Especial da Administração Prisional, para deliberações.

QUESTÕES

1 QUESTÕES

01. (IDECAN - 2017 - SEJUC/RN - AGENTE PENITENCIÁRIO) "João ocupa cargo em decorrência de sufrágio universal. Paulo ocupa cargo público de provimento efetivo regido pelas normas legais específicas denominadas de estatutos. Pedro ingressou no serviço público por concurso em uma empresa pública. José, por sua vez, foi contratado por tempo determinado mediante processo seletivo simplificado." A respeito do que foi descrito e segundo as normas gerais aplicáveis aos agentes públicos, é incorreto afirmar que:

a) Paulo é denominado empregado público.

b) João pode ser enquadrado como agente político.

c) Pedro possui vínculo contratual regido pela CLT – Consolidação das Leis do Trabalho.

d) José se enquadra na espécie de agente público que visa atender a necessidade temporária de excepcional interesse público.

A questão versa acerca dos Agentes Públicos. O enunciado cita vários tipos de Agentes Públicos, vamos analisar cada um para melhor entendimento:

- João é agente público.

- Paulo é servidor público (e é aqui que repousa a resposta).

- Pedro é empregado público.

- José é agente público temporário.

Considerando que o enunciado pede para que assinale a alternativa incorreta, devemos assinalar a letra A, visto que Paulo não é empregado público, e sim servidor público.

GABARITO: A.

---

02. (IDECAN - 2017 - SEJUC/RN - AGENTE PENITENCIÁRIO) Acerca do tema responsabilidade civil, criminal e administrativa, é correto afirmar que:

a) a sanção penal exclui a aplicação apenas das sanções administrativas.

b) a sanção penal exclui a aplicação das eventuais sanções civis e administrativas.

c) as penas passíveis de aplicação na esfera administrativa podem envolver, por exemplo, advertência, suspensão, demissão, cassação de aposentadoria ou disponibilidade, destituição de cargo em comissão e destituição de função comissionada.

d) as pessoas jurídicas de direito público, exceto as de direito privado prestadoras de serviços públicos, responderão pelos danos que seus agentes, nessa qualidade, causarem a terceiros, assegurado o direito de regresso contra o responsável nos casos de dolo ou culpa.

A e B: Incorretas. Pode haver responsabilização na esfera administrativa, penal e civil, sem exclusão uma das outras.

C: Correta. Acerca da Responsabilidade civil, conforme o art. 127, da Lei nº 8.112/1990:

***Art. 127* São penalidades disciplinares:**

I - advertência;

II - suspensão;

III - demissão;

IV - cassação de aposentadoria ou disponibilidade;

V - destituição de cargo em comissão;

VI - destituição de função comissionada.

D: Incorreta. *Vide* art. 37, § 6º, da CF/1988:

Art. 37 § 6º *As pessoas jurídicas de direito público e as de direito privado prestadoras de serviços públicos, responderão pelos danos que seus agentes, nessa qualidade, causarem a terceiros, assegurado o direito de regresso contra o responsável nos casos de dolo ou culpa.*

GABARITO: C.

---

03. (IDECAN - 2017 - SEJUC/RN - AGENTE PENITENCIÁRIO) NÃO é exemplo de entidade integrante da Administração Indireta:

a) Autarquia.

b) Empresa Pública.

c) Entidade Paraestatal.

d) Sociedade de Economia Mista.

A Administração Pública indireta é composta por suas entidades, quais sejam: Autarquias, Empresas Públicas, Sociedade de Economia Mista e Fundações Públicas. Portanto, não há o que se falar em Entidade Paraestatal, restando incorreta a alternativa C.

GABARITO: C.

---

04. (IDECAN - 2017 - SEJUC/RN - AGENTE PENITENCIÁRIO) Tendo em vista a organização administrativa da União, analise as disposições a seguir.

I. Não possuem personalidade jurídica.

II. São resultado da desconcentração administrativa.

III. Não têm capacidade para representar em juízo a pessoa jurídica que integram.

IV. Integram a estrutura de uma pessoa política, no caso dos órgãos da administração indireta ou de uma pessoa jurídica administrativa, no caso dos órgãos da administração direta.

São características dos órgãos públicos apenas as disposições:

a) I e II.

b) I e III.

c) I, II e III.

d) II, III e IV.

I, II e III: Corretas. Compõem a Administração Pública Direta os órgãos públicos, fruto da chamada desconcentração. São entes sem personalidade jurídica, incapazes de representar em juízo a pessoa que integram.

IV: Incorreta. Órgãos públicos compõem a Administração Pública Direta.

GABARITO: C.

---

05. (IDECAN - 2017 - SEJUC/RN - AGENTE PENITENCIÁRIO) A Súmula 473 do Supremo Tribunal Federal foi editada nos seguintes termos: "a administração pode anular seus próprios atos, quando eivados de vícios que os tornam ilegais, porque deles não se originam direitos; ou revogá-los, por motivo de conveniência ou oportunidade, respeitados os direitos adquiridos, e ressalvada, em todos os casos, a apreciação judicial". Tal orientação dos Tribunais é expressão de qual princípio administrativo?

a) Princípio da Legalidade.

b) Princípio da Autotutela.

c) Princípio da Continuidade dos Serviços Públicos.

d) Princípio da Indisponibilidade do Interesse Público.

Acerca do tema, também temos o disposto no art. 53, da Lei 9784/1992:

Art. 53 *A Administração deve anular seus próprios atos, quando eivados de vício de legalidade, e pode revogá-los por motivo de conveniência ou oportunidade, respeitados os direitos adquiridos.*

Ambas as disposições legais tratam do Princípio da Autotutela da Administração Pública, que nada mais é que exercer controle sobre seus próprios atos, podendo, inclusive, anulá-los.

Portanto, a alternativa correta é a B.

GABARITO: B.

06. (IDECAN – 2017 – SEJUC/RN – AGENTE PENITENCIÁRIO) "O objetivo fundamental da segurança pública é a preservação da ordem pública e da incolumidade das pessoas e do patrimônio" [art. 144 da CF/1988]. Segundo o constitucionalista Pedro Lenza, podemos distinguir a] polícia administrativa *lato sensu*; b] polícia de segurança, dividida está em X1 e polícia judiciária. As funções de polícia judiciária da União são desempenhadas pela Polícia Federal e a competência remanescente é da X4. No âmbito estadual, a X1 fica a cargo dos seguintes órgãos: X2 e X3.

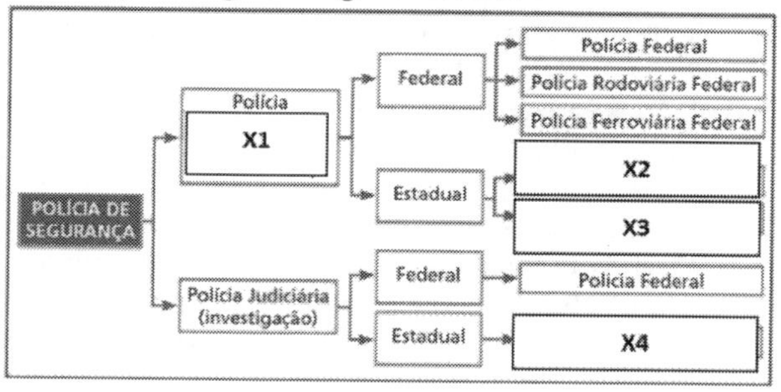

[LENZA, Pedro. *Direito Constitucional Esquematizado*. 16. ed. rev., atual. e ampl. São Paulo: Saraiva, 2012.]

Os termos que podem substituir os códigos em destaque correta e respectivamente são:

a) polícia ostensiva / segurança viária / polícia civil / polícia administrativa.

b) polícia administrativa / forças auxiliares / guarda municipal / polícia civil.

c) polícia ostensiva / polícia militar / guarda municipal / polícia administrativa.

d) polícia administrativa / polícia militar / corpo de bombeiros militar / polícia civil.

O diagrama é completado da seguinte forma:

X1 = Polícia Administrativa, que corresponde às forças policiais responsáveis pela polícia ostensiva (Polícia Federal, Polícia Rodoviária Federal, Polícia Ferroviária Federal), conforme o art. 144, § 1º, II, §§ 2º, 3º e Polícia Militar, ressalvando-se que em relação a esta última (PM), compete também a preservação da ordem pública (art. 144, § 5º). Também entram na polícia administrativa os corpos de bombeiros militares, responsáveis pela execução das atividades de defesa civil (art. 144, § 5º).

Art. 144 *[...] § 1º A polícia federal, instituída por lei como órgão permanente, organizado e mantido pela União e estruturado em carreira, destina-se a: [...]*

II – prevenir e reprimir o tráfico ilícito de entorpecentes e drogas afins, o contrabando e o descaminho, sem prejuízo da ação fazendária e de outros órgãos públicos nas respectivas áreas de competência. [...]

§ 2º A polícia rodoviária federal, órgão permanente, organizado e mantido pela União e estruturado em carreira, destina-se, na forma da lei, ao patrulhamento ostensivo das rodovias federais.

§ 3º A polícia ferroviária federal, órgão permanente, organizado e mantido pela União e estruturado em carreira, destina-se, na forma da lei, ao patrulhamento ostensivo das ferrovias federais. [...]

§ 5º Às polícias militares cabem a polícia ostensiva e a preservação da ordem pública; aos corpos de bombeiros militares, além das atribuições definidas em lei, incumbe a execução de atividades de defesa civil.

§ 6º As polícias militares e os corpos de bombeiros militares, forças auxiliares e reserva do Exército subordinam-se, juntamente com as polícias civis e as polícias penais estaduais e distrital, aos Governadores dos Estados, do Distrito Federal e dos Territórios.

A polícia ostensiva envolve o exercício intencional da atividade policial, prevenindo e reprimindo a prática de delitos, em contraposição à polícia judiciária, investigativa e secreta. Destina-se o policiamento ostensivo a reprimir crimes, contravenções, infrações de trânsito (polícias rodoviária e ferroviária federais), zelar pela incolumidade da vida e do patrimônio das pessoas e o desestímulo às infrações legais.

X2 = Polícia Militar, que está subordinada aos Governadores de Estado e do DF, exercendo o papel de polícia administrativa, atua preventivamente, evitando que o crime aconteça ou repressivamente, para combate aos delitos.

X3 = Corpo de Bombeiros Militar, igualmente subordinado aos Governadores de Estado e do DF, responsável pela execução das atividades de defesa civil.

X4 = Polícia civil, que exerce as funções de polícia judiciária ou investigativa, de apuração de infrações, exercida pelo delegado de polícia, atividades essas de natureza jurídica, essenciais e exclusivas de Estado (art. 144, § 4º, CF):

Art. 144 *[...] § 4º às polícias civis, dirigidas por delegados de polícia de carreira, incumbem, ressalvada a competência da União, as funções de polícia judiciária e a apuração de infrações penais, exceto as militares.*

O diagrama ficou então assim:

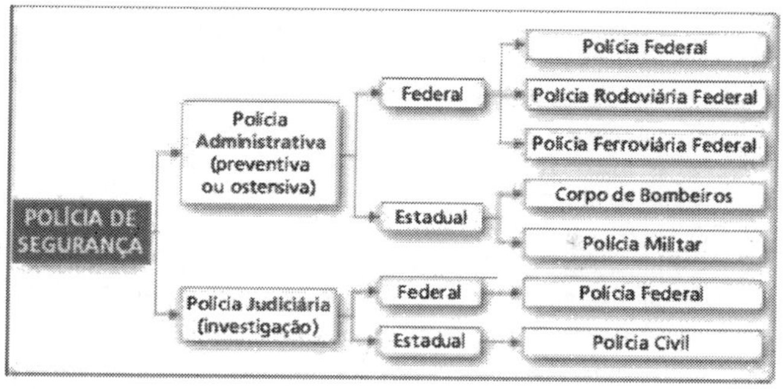

GABARITO: D.

---

07. (IDECAN – 2017 – SEJUC/RN – AGENTE PENITENCIÁRIO) Considerando a regulação da matéria nas Constituições brasileiras no que concerne à forma e sistema de governo e à chefia de Estado e chefia de Governo, é incorreto afirmar que:

a) por um curto espaço de tempo vigorou no Brasil o sistema de governo parlamentarista, instituído por uma Emenda Constitucional.

b) manter relações com Estados estrangeiros e acreditar nos seus representantes diplomáticos é um exemplo de atribuição do Presidente da República com natureza de chefe de Governo.

c) o ato das disposições constitucionais transitórias da Constituição Federal de 1988 estabeleceu que o eleitorado definiria, através de plebiscito a ser realizado em 1993, a forma e o sistema de governo que vigorariam no País.

d) o sistema de governo presidencialista adotado no país é uma influência da experiência norte-americana e tem como uma de suas características a ampla liberdade para escolher os Ministros de Estado, que o auxiliam e podem ser demitidos *ad nutum*, a qualquer tempo.

A: Correta. O sistema adotado pela CRFB/1988 é o presidencialismo, mas o Brasil já viveu, na sua história política, duas experiências parlamentaristas: uma na época do Império; outra às vésperas do golpe militar de 1964, via emenda constitucional nº 4, de 02.09.1961.

B: Incorreta. Nesse caso, temos um exemplo de atribuição do Presidente da República com natureza de chefe de Estado. No nosso sistema o Presidente da República assume tanto as funções de Chefe de Governo (com suas atribuições dentro do país) como as de Chefe de Estado (representando o Brasil no exterior).

C: Correta. ADCT art. 2º:

Art. 2º *No dia 7 de setembro de 1993 o eleitorado definirá, através de plebiscito, a forma (república ou monarquia constitucional) e o sistema de governo (parlamentarismo ou presidencialismo) que devem vigorar no País.*

D: Correta. O presidencialismo é o sistema de governo com forte influência norte-americana, e tem como características principais a concentração das funções executivas na figura do Presidente da República e a existência de uma separação de funções mais acentuada entre os Poderes Executivo e Legislativo, assim como ampla liberdade para escolher os Ministros de Estado, que auxiliam o Presidente e podem ser demitidos *ad nutum*, a qualquer tempo.

GABARITO: B.

08. **(IDECAN – 2017 – SEJUC/RN – AGENTE PENITENCIÁRIO)** Nos termos da Constituição Federal, é dever da família, da sociedade e do Estado assegurar à criança, ao adolescente e ao jovem, com absoluta prioridade, o direito à vida, à saúde, à alimentação, à educação, ao lazer, à profissionalização, à cultura, à dignidade, ao respeito, à liberdade e à convivência familiar e comunitária, além de colocá-los a salvo de toda forma de negligência, discriminação, exploração, violência, crueldade e opressão. São proteções constitucionais à criança e ao adolescente, exceto:

a) Idade mínima de quatorze anos para admissão ao trabalho, permitida a jornada noturna, mas vedado o trabalho perigoso ou insalubre aos menores.

b) Obediência aos princípios de brevidade, excepcionalidade e respeito à condição peculiar de pessoa em desenvolvimento, quando da aplicação de qualquer medida privativa da liberdade.

c) Garantia de pleno e formal conhecimento da atribuição de ato infracional, igualdade na relação processual e defesa técnica por profissional habilitado, segundo dispuser a legislação tutelar específica.

d) Estímulo do Poder Público, através de assistência jurídica, incentivos fiscais e subsídios, nos termos da lei, ao acolhimento, sob a forma de guarda, de criança ou adolescente órfão ou abandonado.

***Art. 227** É dever da família, da sociedade e do Estado assegurar à criança, ao adolescente e ao jovem, com absoluta prioridade, o direito à vida, à saúde, à alimentação, à educação, ao lazer, à profissionalização, à cultura, à dignidade, ao respeito, à liberdade e à convivência familiar e comunitária, além de colocá-los a salvo de toda forma de negligência, discriminação, exploração, violência, crueldade e opressão. [...]*

§ 3º O direito a proteção especial abrangerá os seguintes aspectos:

I - Idade mínima de quatorze anos para admissão ao trabalho, observado o disposto no art. 7º, XXXIII;

IV - garantia de pleno e formal conhecimento da atribuição de ato infracional, igualdade na relação processual e defesa técnica por profissional habilitado, segundo dispuser a legislação tutelar específica;

V - obediência aos princípios de brevidade, excepcionalidade e respeito à condição peculiar de pessoa em desenvolvimento, quando da aplicação de qualquer medida privativa da liberdade;

VI - estímulo do Poder Público, através de assistência jurídica, incentivos fiscais e subsídios, nos termos da lei, ao acolhimento, sob a forma de guarda, de criança ou adolescente órfão ou abandonado.

Art. 7º **São direitos dos trabalhadores urbanos e rurais, além de outros que visem à melhoria de sua condição social: [...]**

XXXIII - proibição de trabalho noturno, perigoso ou insalubre a menores de dezoito e de qualquer trabalho a menores de dezesseis anos, salvo na condição de aprendiz, a partir de quatorze anos'.

A: Incorreta. De acordo com o art. 227, §3º, I cumulado como art. 7º, XXXIII da CRFB/1988, o trabalho a partir dos 14 anos de idade será admissível na condição de menor aprendiz, sendo expressamente proibido o trabalho noturno, perigoso ou insalubre a menores de 18 anos.

B: Correta. De acordo com o art. 227, §3º, V, da CRFB/1988.

C: Correta. Está em conformidade com o art. 227, §3º, IV, da CRFB/1988.

D: Correta. É o que estabelece a norma constitucional inscrita no art. 227, §3º, VI.

GABARITO: A.

09. **(IDECAN – 2017 – SEJUC/RN – AGENTE PENITENCIÁRIO)** A respeito da temática dos direitos e garantias fundamentais, analise as afirmativas a seguir.

I. O *habeas corpus* pode ser formulado sem advogado, não tendo de obedecer a formalidades processuais ou instrumentais, sendo, por força do art. 5º, LXXVII, da Constituição Federal, gratuita.

II. A segurança pública é não apenas dever do Estado, como também direito e responsabilidade de todos, sendo exercida para a preservação da ordem pública e da incolumidade das pessoas e do patrimônio.

III. A lei considerará crimes inafiançáveis e insuscetíveis de graça ou anistia a prática da tortura, o tráfico ilícito de entorpecentes e drogas afins, o terrorismo e os definidos como crimes hediondos, por eles respondendo os mandantes, os executores e os que, podendo evitá-los, se omitirem.

Estão corretas as afirmativas:

a) I, II e III.

b) I e II, apenas.

c) I e III, apenas.

d) II e III, apenas.

I: Correta. O *habeas corpus* é remédio constitucional que pode ser postulado por qualquer pessoa cujo direito de liberdade tenha sido suprimido ou colocado em risco, dispensando a capacidade postulatória do agente sendo, portanto, dispensável a figura do advogado para a propositura desta ação autônoma.

Dessa forma, o art. 654, *caput*, do Código de Processo Penal:

***Art. 654** O habeas corpus poderá ser impetrado por qualquer pessoa, em seu favor ou de outrem, bem como pelo Ministério Público.*

Nesta linha de raciocínio, destacamos o posicionamento Fernando da Costa Tourinho Filho, para quem *"o habeas corpus pode ser impetrado por qualquer pessoa, inclusive pelo próprio beneficiário, tenha ou não capacidade postulatória"*. (Prática de Processo Penal, ed. Jalovi, p.393).

II: Correta. Está em harmonia com a norma do art. 144, *caput*, da CRFB/1988:

***Art. 144** A segurança pública, dever do Estado, direito e responsabilidade de todos, é exercida para a preservação da ordem pública e da incolumidade das pessoas e do patrimônio, através dos seguintes órgãos.*

III: Correta. Está em harmonia com a norma do art. 5º, XLIII, da Constituição Federal:

***Art. 5º** Todos são iguais perante a lei, sem distinção de qualquer natureza, garantindo-se aos brasileiros e aos estrangeiros residentes no País a inviolabilidade do direito à vida, à liberdade, à igualdade, à segurança e à propriedade, nos termos seguintes:*

XLIII - a lei considerará crimes inafiançáveis e insuscetíveis de graça ou anistia a prática da tortura, o tráfico ilícito de entorpecentes e drogas afins, o terrorismo e os definidos como crimes hediondos, por eles respondendo os mandantes, os executores e os que, podendo evitá-los, se omitirem.

GABARITO: A.

10. **(IDECAN – 2017 – SEJUC/RN – AGENTE PENITENCIÁRIO)** Majoritariamente entende-se que, de acordo com o conceito analítico, crime é um:

a) Fato típico e antijurídico.

b) Fato antijurídico e culpável.

c) Fato típico, antijurídico e culpável.

d) Fato típico, antijurídico, culpável e punível.

A: Incorreta. Trata-se do conceito analítico de crime adotado pela corrente minoritária (teoria bipartida), para a qual o crime é um fato típico e antijurídico (ilícito), sendo a culpabilidade apenas um pressuposto de aplicação da pena, não configurando elemento do crime.

B: Incorreta. Para o conceito analítico de crime majoritariamente aceito, o fato deve ser típico, ilícito (antijurídico) e culpável.

C: Correta. De acordo com a Teoria Tripartite (doutrina majoritária), o conceito analítico de crime é composto de três elementos: Fato típico, antijurídico (ilícito) e culpável. O fato típico: é uma conduta prevista no tipo penal incriminador. Seus elementos são: conduta (dolosa ou culposa); resultado, nexo de causalidade e tipicidade. A antijuridicidade (ilicitude) representa a conduta típica não permitida (justificada) pela norma, que é contrária ao ordenamento jurídico como um todo. Já a culpabilidade é o juízo de reprovação que recai sobre a conduta praticada pelo agente. Seus elementos são: imputabilidade, potencial consciência da ilicitude e exigibilidade de conduta diversa.

D: Incorreta. A punibilidade não é elemento do crime, mas sim sua consequência jurídica (efeito do crime). Trata-se do direito que tem o Estado de aplicar a sanção penal prevista na norma incriminadora, contra o agente que praticou determinada infração penal.

GABARITO: C.

---

11. (IDECAN – 2017 – SEJUC/RN – AGENTE PENITENCIÁRIO) Ensina a doutrina que na relação entre a tipicidade e a ilicitude a existência do fato típico gera uma presunção relativa de que também é ilícito. Esta teoria, adotada pelo Código Penal e pela doutrina majoritária brasileira, é chamada de teoria:

a) Da autonomia.

b) Da indiciariedade.

c) Da absoluta dependência.

d) Dos elementos negativos do tipo.

A: Incorreta. Para a teoria da autonomia ou da absoluta independência não há qualquer relação entre a tipicidade e a antijuridicidade. São substratos independentes na construção analítica de crime.

B: Correta. A doutrina majoritária brasileira, no que diz respeito à relação entre a tipicidade e a ilicitude, adotou a teoria da indiciariedade ou da "*ratio cognoscendi*". Idealizada por Mayer em 1915, a referida teoria sustenta que a existência do fato típico gera uma presunção (relativa) de que também é ilícito. Não há uma absoluta independência entre esses dois substratos do crime, mas uma relativa dependência. Assim, praticado o fato típico há indícios da ilicitude da conduta, no entanto, demonstrado alguma causa excludente da ilicitude, exclui-se a antijuridicidade e o fato permanece típico.

C: Incorreta. A teoria da absoluta dependência ou "*ratio essendi*", desenvolvida por Mezger, em 1930, apresenta o conceito de tipo total do injusto, colocando a ilicitude no campo da tipicidade. Assim, a ilicitude é vista como a essência da tipicidade, numa absoluta relação de dependência entre esses elementos do delito. Portanto, não havendo ilicitude, não há fato típico.

D: Incorreta: Para a teoria dos elementos negativos do tipo não há diferença entre ilicitude e antijuridicidade. Assim, o fato seria típico se fosse previsto em lei e não fosse acobertado por nenhuma das causas excludentes de ilicitude.

GABARITO: B.

---

12. (IDECAN – 2017 – SEJUC/RN – AGENTE PENITENCIÁRIO) Sobre o Concurso de Pessoas estabelece o Código Penal que quem, de qualquer modo, concorre para o crime incide nas penas a este cominadas, na medida de sua culpabilidade. Sobre o tema, assinale a alternativa incorreta.

a) Se a participação for de menor importância, a pena pode ser diminuída de um sexto à metade.

b) Não se comunicam as circunstâncias e as condições de caráter pessoal, salvo quando elementares do crime.

c) O ajuste, a determinação ou instigação e o auxílio, salvo disposição expressa em contrário, não são puníveis, se o crime não chega, pelo menos, a ser tentado.

d) Se algum dos concorrentes quis participar de crime menos grave, ser-lhe-á aplicada a pena deste; essa pena será aumentada até metade, na hipótese de ter sido previsível o resultado mais grave.

A: Incorreta. De acordo com o art. 29, § 1º, CP:

Art. 29 § 1º Se a participação for de menor importância, a pena pode ser diminuída de um sexto a um terço.

Portanto, a diminuição não é de um sexto à metade. A participação de menor importância é aquela em que o agente contribui para a produção do resultado, mas de forma menos decisiva, razão pela qual deve ser verificada exclusivamente no caso concreto.

B: Correta. É o que dispõe o art. 30, do CP:

Art. 30 Não se comunicam as circunstâncias e as condições de caráter pessoal, salvo quando elementares do crime.

Assim, as circunstâncias e condições de caráter pessoal, ou subjetivas, não se comunicam, pouco importando se ingressaram ou não na esfera de conhecimento dos demais agentes. Por sua vez, as elementares do crime, sejam de caráter pessoal ou não, comunicam-se a todos os agentes, desde que tenham entrado na esfera de conhecimento de cada um.

C: Correta. Prevê o art. 31, do CP, que o ajuste, a determinação ou instigação e o auxílio, salvo disposição expressa em contrário, não são puníveis, se o crime não chega, pelo menos, a ser tentado.

D: Correta. Conforme dispõe o art. 29, § 2º, do CP, se algum dos concorrentes quis participar de crime menos grave, ser-lhe-á aplicada a pena deste; essa pena será aumentada até metade, na hipótese de ter sido previsível o resultado mais grave.

GABARITO: A.

---

13. (IDECAN – 2017 – SEJUC/RN – AGENTE PENITENCIÁRIO) A teoria que aponta e evidencia a parcela de responsabilidade que deve ser atribuída à sociedade quando da prática de determinadas infrações penais pelos seus cidadãos é chamada de teoria:

a) Da coculpabilidade.

b) Psicológica normativa.

c) Social da culpabilidade.

d) Psicológica da culpabilidade.

A questão requer conhecimento acerca da culpabilidade e suas teorias.

Defendida por Raúl Zaffaroni, a teoria da coculpabilidade dispõe que o Estado possui parcela da responsabilidade social pelas práticas criminosas dos indivíduos em razão das desigualdades sociais. Assim, a responsabilidade pela prática de um fato delituoso, deve ser dividida entre Estado, sociedade, e o sujeito ativo do crime. Não configura causa de exclusão da culpabilidade, mas pode ser utilizada como fundamento de aplicação da atenuante inominada, previsto no art. 66, do CP:

Art. 66 A pena poderá ser ainda atenuada em razão de circunstância relevante, anterior ou posterior ao crime, embora não prevista expressamente em lei.

Pela teoria psicológico-normativa, o dolo e a culpa são trabalhados na culpabilidade, juntamente a imputabilidade e a exigibilidade de conduta diversa. Assim, a culpabilidade passa a ser psicológica e normativa ao mesmo tempo, pela verificação da existência de imputabilidade, dolo ou culpa e a condição de exigibilidade de conduta diversa.

Para a teoria psicológica da culpabilidade, a culpabilidade consiste no liame psicológico que se estabelece entre a conduta e o resultado, por meio do dolo ou da culpa. O nexo psíquico entre conduta e resultado esgota-se no dolo e na culpa, que passam a constituir, assim, as duas únicas espécies de culpabilidade.

Assim, da análise das alternativas, a teoria que aponta e evidencia a parcela de responsabilidade que deve ser atribuída à sociedade quando da prática de determinadas infrações penais pelos seus cidadãos é a teoria da co-culpabilidade disposta na letra A.

GABARITO: A.

14. **(IDECAN – 2017 – SEJUC/RN – AGENTE PENITENCIÁRIO)** O crime de peculato tem a seguinte descrição típica: "apropriar-se o funcionário público de dinheiro, valor ou qualquer outro bem móvel, público ou particular, de que tem a posse em razão do cargo, ou desviá-lo, em proveito próprio ou alheio". Quanto ao sujeito ativo ele pode ser classificado como um crime:
    a) Próprio.
    b) Impróprio.
    c) Plurissubjetivo.
    d) De mão própria.

A: Correta. O peculato é crime próprio, pois somente pode ser praticado por funcionário público no exercício de sua função. O conceito de funcionário público é extraído do art. 327, do CP:

Art. 327 *Considera-se funcionário público, para os efeitos penais, quem, embora transitoriamente ou sem remuneração, exerce cargo, emprego ou função pública.*

B: Incorreta. Não existe a referida classificação (crime impróprio) quanto ao sujeito do crime

C: Incorreta. O crime plurissubjetivo é aquele que, obrigatoriamente, exige o concurso de pessoas para a sua configuração, como exemplo nos delitos de organização criminosa e associação criminosa. Por sua vez, o crime de peculato é delito unissubjetivo, ou seja, pode ser praticado por apenas uma ou várias pessoas (concurso eventual de agentes).

D: Incorreta. O crime de mão própria é aquele que somente pode ser cometido por agente específico, conforme designado no tipo penal, não admitindo coautoria, de modo que a atuação pessoal do sujeito ativo não pode ser substituída por mais ninguém. Exemplo é o crime de falso testemunho (art. 342, do CP), o qual só pode ser praticado pela pessoa que presta o depoimento.

GABARITO: A.

15. **(IDECAN – 2017 – SEJUC/RN – AGENTE PENITENCIÁRIO)** Nos termos expressos da Declaração Universal dos Direitos Humanos, o fundamento da liberdade, da justiça e da paz no mundo encontra amparo no(a):
    a) Prescindibilidade de proteção dos direitos fundamentais da pessoa humana.
    b) Reconhecimento de que todos os países signatários abominam a pena de morte.
    c) Poder soberano dos países signatários da declaração universal dos direitos humanos.
    d) Dignidade inerente a todos os membros da família humana e de seus direitos iguais e inalienáveis.

A: Incorreta. Os direitos fundamentais são imprescindíveis.

B e C: Incorretas. Não há previsão nesse sentido na DUDH.

D: Correta. Reproduz a primeira consideração do preâmbulo da Declaração Universal dos Direitos Humanos, segundo o qual deve reconhecer a dignidade inerente a todos os membros da família humana e de seus direitos iguais e inalienáveis é o fundamento da liberdade, da justiça e da paz no mundo.

GABARITO: D.

16. **(IDECAN – 2017 – SEJUC/RN – AGENTE PENITENCIÁRIO)** A Declaração Universal dos Direitos Humanos estabelece que todos os seres humanos nascem livres e iguais em dignidade e direitos. A interpretação dessa norma, em face da Constituição brasileira, permite afirmar que:
    a) é constitucional a atribuição supervalorizada de pontos na prova de títulos em concurso público.
    b) as ações afirmativas que estabelecem cotas em concurso são repudiadas na jurisprudência pátria.
    c) os direitos fundamentais têm caráter absoluto, mesmo em face do princípio de convivência das liberdades.
    d) o direito à saúde é direito de todos e representa consequência constitucional indissociável do direito à vida.

A: Incorreta. Não há qualquer previsão normativa sobre essa hipótese, que é diferente da política de ações afirmativas.

B: Incorreta. As ações afirmativas são consideradas constitucionais pela jurisprudência brasileira.

C: Incorreta. Especialmente em razão do princípio da convivência das liberdades, não se fala, em regra, de que os direitos fundamentais têm caráter absoluto, afinal sequer a vida é absoluta.

D: Correta. Além da própria Declaração Universal dos Direitos Humanos mencionar expressamente o direito à saúde no art. 25, ele é considerado uma das decorrências mais básicas do direito à vida no seu aspecto qualitativo.

GABARITO: D.

17. **(IDECAN – 2017 – SEJUC/RN – AGENTE PENITENCIÁRIO)** A Declaração Universal dos Direitos Humanos estabelece que todo ser humano acusado de um ato delituoso tem o direito de ser presumido inocente até que a sua culpabilidade tenha sido provada de acordo com a lei, em julgamento público no qual lhe tenham sido asseguradas todas as garantias necessárias à sua defesa. A interpretação dessa norma, em face da Constituição brasileira, permite afirmar que:
    a) é vedada a prisão de qualquer cidadão antes do trânsito em julgado da ação condenatória penal.
    b) ninguém pode ser investigado, denunciado ou condenado com base, unicamente, em provas ilícitas.
    c) a ampla defesa deve ser interpretada de modo restrito, pois não alcança as fases recursais no processo.
    d) o fato de o réu estar sendo processado por outros crimes é suficiente para condená-lo nos demais processos.

A: Incorreta. Não é vedada qualquer prisão antes do trânsito em julgado, pois a motivação cautelar permite a ocorrência da prisão processual.

B: Correta. É a única que representa uma conclusão válida a partir da premissa da Declaração Universal dos Direitos Humanos reproduzida na questão, uma vez que, se a prova da culpabilidade deve atender a lei, e a própria Constituição Federal afirma serem inadmissíveis as provas ilícitas, pode-se concluir pela validade da afirmativa.

C: Incorreta. A ampla defesa alcança todas as fases do processo, inclusive as recursais.

D: Incorreta. A existência de processos em curso não é fator idôneo a justificar a condenação ou mesmo o aumento da sanção, pois até o trânsito em julgado da sentença penal condenatória não há certeza sobre a responsabilidade penal.

GABARITO: B.

18. **(IDECAN – 2017 – SEJUC/RN – AGENTE PENITENCIÁRIO)** Conforme expressa previsão na Declaração Universal dos Direitos Humanos, ninguém:

a) será submetido à tortura.

b) será preso, detido ou exilado.

c) pode mudar de nacionalidade.

d) pode reunir-se sem autorização.

A: Correta. De acordo com o art. 5 da Declaração Universal dos Direitos Humanos, ninguém será submetido à tortura, nem a tratamento ou castigo cruel, desumano ou degradante.

B: Incorreta. As medidas são proibidas se arbitrárias.

C; Incorreta. É possível a mudança.

D: Incorreta. A reunião não precisa de autorização.

GABARITO: A.

---

19. **(IDECAN – 2017 – SEJUC/RN – AGENTE PENITENCIÁRIO)** Quanto à Declaração Universal dos Direitos Humanos, analise as afirmativas a seguir.

I. Todo ser humano tem direito à liberdade de pensamento, consciência e religião; este direito inclui a liberdade de mudar de religião ou crença e a liberdade de manifestar essa religião ou crença, pelo ensino, pela prática, pelo culto e pela observância, em público ou em particular.

II. Todo ser humano tem direito à liberdade de opinião e expressão; este direito inclui a liberdade de, sem interferência, ter opiniões e de procurar, receber e transmitir informações e ideias por quaisquer meios e independentemente de fronteiras.

III. Todo ser humano tem o direito de fazer parte no governo de seu país diretamente ou por intermédio de representantes livremente escolhidos.

Está(ão) correta(s) a(s) afirmativa(s):

a) I, II e III.

b) I, apenas.

c) III, apenas.

d) I e II, apenas.

I: Correta. Apresenta corretamente previsão expressa no art. 18 da DUDH.

II: Correta. Apresenta corretamente previsão expressa no art. 19 da DUDH.

III: Correta. Apresenta corretamente previsão expressa no art. 21.1 da DUDH.

GABARITO: A.

---

20. **(IDECAN – 2017 – SEJUC/RN – AGENTE PENITENCIÁRIO)** Quanto aos Direitos Fundamentais, na visão do ordenamento jurídico constitucional brasileiro, analise as afirmativas a seguir.

I. A prática do racismo constitui crime inafiançável e imprescritível, sujeito à pena de reclusão, nos termos da lei.

II. Não há crime sem lei anterior que o defina, nem pena sem prévia cominação legal.

III. A lei regulará a individualização da pena e adotará, entre outras, a de trabalhos forçados.

Está(ão) correta(s) apenas a(s) afirmativa(s):

a) I.

b) III.

c) I e II.

d) I e III.

Art. 5º Todos são iguais perante a lei, sem distinção de qualquer natureza, garantindo-se aos brasileiros e aos estrangeiros residentes no País a inviolabilidade do direito à vida, à liberdade, à igualdade, à segurança e à propriedade, nos termos seguintes: [...]

XXXIX – não há crime sem lei anterior que o defina, nem pena sem prévia cominação legal;

XLII – a prática do racismo constitui crime inafiançável e imprescritível, sujeito à pena de reclusão, nos termos da lei;

XLVI – a lei regulará a individualização da pena e adotará, entre outras, as seguintes:

XLVII – não haverá penas: [...]

c) de trabalhos forçados.

I: Correta. A assertiva está em conformidade com a norma inscrita no art. 5º, XLII, da CRFB/1988.

II: Correta. Na forma do art. 5º, XXXIX, da CRFB/1988.

III: Incorreta. A Constituição Federal vedou, de forma resoluta, as penas de trabalhos forçados, conforme assegura o art. 5º, XLVII, c, da Constituição Federal.

GABARITO: C.

---

21. **(IDECAN – 2017 – SEJUC/RN – AGENTE PENITENCIÁRIO)** No que concerne a Declaração Universal dos Direitos Humanos, analise as afirmativas a seguir.

I. Todo ser humano tem direito a um padrão de vida capaz de assegurar-lhe, e a sua família, saúde e bem-estar, inclusive alimentação, vestuário, habitação, cuidados médicos e os serviços sociais indispensáveis, e direito à segurança em caso de desemprego, doença, invalidez, viuvez, velhice ou outros casos de perda dos meios de subsistência em circunstâncias fora de seu controle.

II. Todo ser humano que trabalha tem direito a uma remuneração justa e satisfatória, que lhe assegure, assim como à sua família, uma existência compatível com a dignidade humana, ao que é vedado acrescer outros meios de proteção social.

III. Todo ser humano tem direito à instrução. A instrução será gratuita, pelo menos nos graus elementares e fundamentais. A instrução elementar será obrigatória. A instrução técnico-profissional será acessível a todos, bem como a instrução superior, esta, baseada no mérito.

Está(ão) correta(s) apenas a(s) afirmativa(s):

a) I.

b) III.

c) I e II.

d) I e III.

I: Correta. Reproduz textualmente o art. 25.1 da DUDH

II: Incorreta. De acordo com o art. 23.3 da DUDH, todo ser humano que trabalha tem direito a uma remuneração justa e satisfatória que lhe assegure, assim como à sua família, uma existência compatível com a dignidade humana e a que se acrescentarão, se necessário, outros meios de proteção social.

III: Correta. Expressa o exato conteúdo do art. 26.1.

GABARITO: D.

---

22. **(IDECAN – 2017 – SEJUC/RN – AGENTE PENITENCIÁRIO)** A Constituição da República reconhece a instituição do júri, com a organização que lhe der a lei, assegurados, exceto:

a) Sigilo das votações.

b) Plenitude de defesa.

c) Soberania dos veredictos.

d) Participação de parentes do réu.

A resposta é D. Lembre-se que o enunciado pediu a exceção:

A participação de parentes do réu não constitui princípio reitor do Tribunal do Júri, conforme leitura do art. 5º, XXXVIII, a, b, c, d da CRFB/1988:

***Art. 5º** Todos são iguais perante a lei, sem distinção de qualquer natureza, garantindo-se aos brasileiros e aos estrangeiros residentes no País a inviolabilidade do direito à vida, à liberdade, à igualdade, à segurança e à propriedade, nos termos seguintes:*

XXXVIII - é reconhecida a instituição do júri, com a organização que lhe der a lei, assegurados:

a) a plenitude de defesa;

b) o sigilo das votações;

c) a soberania dos veredictos;

d) a competência para o julgamento dos crimes dolosos contra a vida.

As demais alternativas estão corretas, porque estão em harmonia com o dispositivo constitucional apresentado.

GABARITO: D.

---

23. **(IDECAN - 2017 - SEJUC/RN - AGENTE PENITENCIÁRIO)** Quanto à Constituição Federal de 1988, analise as afirmativas a seguir.

I. Às presidiárias serão asseguradas condições para que possam permanecer com seus filhos durante o período de amamentação.

II. A pena será cumprida em estabelecimentos distintos, de acordo com a natureza do delito, a idade e o sexo do apenado.

III. Será vedada ação privada nos crimes de ação pública, mesmo se esta não for intentada no prazo legal.

Está(ão) correta(s) apenas a(s) afirmativa(s):

a) I.

b) III.

c) I e II.

d) I e III.

***Art. 5º** Todos são iguais perante a lei, sem distinção de qualquer natureza, garantindo-se aos brasileiros e aos estrangeiros residentes no País a inviolabilidade do direito à vida, à liberdade, à igualdade, à segurança e à propriedade, nos termos seguintes: [...]*

XLVIII - a pena será cumprida em estabelecimentos distintos, de acordo com a natureza do delito, a idade e o sexo do apenado;

L - às presidiárias serão asseguradas condições para que possam permanecer com seus filhos durante o período de amamentação;

LIX - será admitida ação privada nos crimes de ação pública, se esta não for intentada no prazo legal.

I: Correta. De acordo com o art. 5º, L, da CRFB/1988, serão asseguradas às presidiárias condições para que possam permanecer com seus filhos durante o período de amamentação.

II: Correta. Está conforme o art. 5º, XLVIII, da CRFB/1988.

III: Incorreta. Nos termos do art. 5º, LIX, da CRFB/88, será admitida ação privada nos crimes de ação pública, se esta não for intentada no prazo legal.

GABARITO: C.

---

24. **(IDECAN - 2017 - SEJUC/RN - AGENTE PENITENCIÁRIO)** Nos termos da Constituição Federal de 1988, quanto à prisão é correto afirmar que:

a) Ninguém será levado à prisão ou nela mantido, quando a lei admitir a liberdade provisória, desde que efetuado o necessário pagamento da fiança.

b) A prisão de qualquer pessoa e o local onde se encontre serão comunicados imediatamente ao juiz competente e, na sua falta, à família do preso ou à pessoa por ele indicada.

c) O preso será informado de seus direitos, entre os quais o de permanecer calado, sendo-lhe assegurada a assistência da família e, mediante pagamento, a presença de advogado.

d) Ninguém será preso senão em flagrante delito ou por ordem escrita e fundamentada de autoridade judiciária competente, salvo nos casos de transgressão militar ou crime propriamente militar, definidos em lei.

A: Incorreta. A liberdade provisória pode ser concedida com ou sem o pagamento de fiança. Nesse sentido, é o que assegura o artigo 5º, LXVI, da CF/1988:

***Art. 5º** LXVI - ninguém será levado à prisão ou nela mantido, quando a lei admitir a liberdade provisória, com ou sem fiança.*

B: Incorreta. Nos termos do art. 5º, LXII, da CF/1988:

***Art. 5º** LXII - a prisão de qualquer pessoa e o local onde se encontre serão comunicados imediatamente ao juiz competente e à família do preso ou à pessoa por ele indicada.*

C: Incorreta. A assistência de advogado independe de pagamento. Assim assegura o art. 5º, LXIII, da CF/1988:

***Art. 5º** LXIII - o preso será informado de seus direitos, entre os quais o de permanecer calado, sendo-lhe assegurada a assistência da família e de advogado.*

D: Correta. Nos termos do art. 5º, LXI, da CF/1988:

***Art. 5º** LXI - ninguém será preso senão em flagrante delito ou por ordem escrita e fundamentada de autoridade judiciária competente, salvo nos casos de transgressão militar ou crime propriamente militar, definidos em lei.*

GABARITO: D.

---

25. **(IDECAN - 2017 - SEJUC/RN - AGENTE PENITENCIÁRIO)** Sobre as Regras de Mandela, assinale a afirmativa correta.

a) Antecedem aquelas previstas no Congresso sobre Prevenção ao Crime e Tratamento de Infratores que ocorreu em 1955.

b) Consideram a preocupação, de longa data, do Mercosul pela humanização da justiça criminal e da proteção dos direitos humanos.

c) Determinam que, a despeito das variedades das condições jurídicas, sociais, econômicas e geográficas no mundo, todas as regras devem ser sempre aplicadas em todos os lugares.

d) Reconhecem que um sistema de justiça criminal efetivo, justo, responsável e humano é baseado no compromisso de salvaguardar a proteção dos direitos humanos na administração da justiça.

A alternativa D está correta, pois de acordo com a própria estrutura das Regras Mínimas das Nações Unidas para o Tratamento de Reclusos (Regras de Mandela) que pressupõe a uma atuação justa do sistema de justiça criminal como forma de garantir, efetivamente, a proteção dos direitos humanos dos reclusos.

GABARITO: D.

---

26. **(IDECAN - 2017 - SEJUC/RN - AGENTE PENITENCIÁRIO)** Nos termos da Constituição Federal de 1988, a pena de banimento:

a) é vedada no Brasil.

b) equivale à perda de bens.

c) aplica-se aos crimes hediondos.

d) depende de regulamentação em lei.

A pena de banimento consiste na retirada forçada de um nacional de seu país, em razão da prática de determinado fato que atente com a ordem política interna ou forma de governo estabelecida.

Dentre as penas vedadas pela Constituição Federal, está a de banimento, conforme prevê o art. 5º, inciso XLVII:

Art. 5º XLVII - não haverá penas:

a) de morte, salvo em caso de guerra declarada, nos termos do art. 84, XIX.

b) de caráter perpétuo.

c) de trabalhos forçados.

d) de banimento.

e) cruéis.

Portanto, conforme se observa, a pena de banimento é vedada no Brasil.

GABARITO: A.

---

27. **(IDECAN - 2017 - SEJUC/RN - AGENTE PENITENCIÁRIO)** São Regras de Mandela, exceto:

a) Deverá existir um sistema padronizado de gerenciamento dos registros dos presos em todos os locais de encarceramento.

b) Indivíduos presos por dívidas, ou outros presos civis, devem ser mantidos separados dos indivíduos presos por infrações criminais.

c) O regime prisional deve acentuar as diferenças entre a vida no cárcere e aquela em liberdade visando a reduzir a responsabilidade dos presos ou o respeito à sua dignidade como seres humanos.

d) As administrações prisionais devem fazer todos os ajustes possíveis para garantir que os presos portadores de deficiências físicas, mentais ou outra incapacidade tenham acesso completo e efetivo à vida prisional em base de igualdade.

A alternativa C é a incorreta. É a única que não representa regra prevista nas Regras Mínimas das Nações Unidas para o Tratamento de Reclusos. Note que o objetivo do sistema prisional é minimizar a diferença entre a vida no cárcere e aquela em liberdade e não acentuá-la.

As demais alternativas representam, corretamente, normas expressamente previstas nas Regras 6 (Em todos os locais em que haja pessoas detidas, deve existir um sistema uniformizado de registo dos reclusos. Este sistema pode ser um banco de dados ou um livro de registo, com páginas numeradas e assinadas. Devem existir procedimentos que garantam um sistema seguro de auditoria e que impeçam o acesso não autorizado ou a modificação de qualquer informação contida no sistema), 11.[c] (Pessoas detidas por dívidas ou outros reclusos do foro civil devem ser mantidos separados dos reclusos do foro criminal 1) e 5.1 (O regime prisional deve procurar minimizar as diferenças entre a vida durante a detenção e aquela em liberdade que tendem a reduzir a responsabilidade dos reclusos ou o respeito à sua dignidade como seres humanos).

GABARITO: C.

---

28. **(IDECAN - 2017 - SEJUC/RN - AGENTE PENITENCIÁRIO)** Em relação às Regras de Mandela, analise as afirmativas a seguir.

I. Todo preso que não trabalhar a céu aberto deve ter pelo menos uma hora diária de exercícios ao ar livre, se o clima permitir.

II. As administrações prisionais devem assegurar a proporcionalidade entre a sanção disciplinar e a infração para a qual foi estabelecida e devem manter registros apropriados de todas as sanções disciplinares impostas.

III. Os presos devem ter acesso aos documentos relacionados aos seus processos judiciais e serem autorizados a mantê-los consigo, sem que a administração prisional tenha acesso a estes.

Está(ão) correta(s) a(s) afirmativa(s):

a) I, II e III.

b) I, apenas.

c) III, apenas.

d) I e III, apenas.

I: Correta. De acordo com a regra 23.1 das Regras de Mandela.

II: Correta. De acordo com a regra 39.2 das Regras de Mandela.

III: Correta. De acordo com a regra 53 das Regras de Mandela.

GABARITO: A.

---

29. **(IDECAN - 2017 - SEJUC/RN - AGENTE PENITENCIÁRIO)** Acerca das Regras de Mandela, analise as afirmativas a seguir.

I. Toda unidade prisional deve ter uma biblioteca para uso de todas as categorias de presos, adequadamente provida de livros de lazer e de instrução, e os presos devem ser incentivados a fazer uso dela.

II. Todo preso deve ter o direito de atender às necessidades de sua vida religiosa, participando de celebrações realizadas nas unidades prisionais e mantendo consigo livros de prática e de ensino de sua confissão.

III. Se um preso trouxer quaisquer drogas ou medicamentos, o médico ou outro profissional da saúde farão imediata apreensão e incineração do material apreendido.

Está(ão) correta(s) apenas a(s) afirmativa(s):

a) I.

b) III.

c) I e II.

d) I e III.

I: Correta. Apresenta o texto da regra 64 das Regras de Mandela.

II: Correta. Apresenta o texto da regra 66 das Regras de Mandela.

III: Incorreta. Diverge do que dispõe a regra 67.4 das Regras de Mandela: "Se o recluso for portador de medicamentos ou estupefacientes no momento da admissão, o médico ou outro profissional de saúde qualificado decidirá sobre a sua utilização".

GABARITO: C.

---

30. **(IDECAN - 2017 - SEJUC/RN - AGENTE PENITENCIÁRIO)** "Toda cultura e cada sociedade institui uma moral, isto é, valores concernentes ao bem e ao mal, ao permitido e ao proibido, e à conduta correta. No entanto, a simples existência da moral não significa a presença explícita de uma ética, entendida como filosofia moral, isto é, uma reflexão que discuta, problematize e interprete o significado dos valores morais."

31. **(CHAUI, Marilena. Convite à filosofia.)**

A partir do trecho anterior, pode-se concluir que:

a) Ética é o estudo dos valores morais.

b) Ética e moral são conceitos sinônimos.

c) Tanto a moral quanto a ética são universais.

d) Moral é uma ciência, enquanto ética é a conduta humana.

A alternativa A é a correta. A afirmativa representa o pensamento expresso no trecho citado. De acordo com o pensamento corrente, a ética é a parte da filosofia destinada ao estudo do comportamento humano, cuja principal fonte, logicamente, são os valores morais inseridos nos diversos grupos sociais. Esse estudo propõe-se a construir um modelo teórico que vise à universalidade dos comportamentos considerados corretos.

GABARITO: A.

---

32. **(IDECAN - 2017 - SEJUC/RN - AGENTE PENITENCIÁRIO)** Aristóteles distingue vícios e virtudes pelo critério do excesso, da falta e da moderação. Um vício é um sentimento ou uma conduta excessivos, ou, ao contrário, deficientes. Uma virtude é um sentimento ou uma conduta moderados. A partir do trecho anterior, assinale a alternativa que apresenta, nesta ordem: uma virtude, um vício por excesso e um vício por deficiência.

a) Prudência, moleza e ambição.

b) Coragem, temeridade e covardia.

c) Vileza, magnificência e vulgaridade.

d) Condescendência, amizade e enfado.

A: Incorreta. "Moleza" não é um vício por excesso.

B: Correta.

C: Incorreta. "Vileza" não é virtude.

D: Incorreta. "Amizade" não é um vício por excesso.

GABARITO: B.

---

33. **(IDECAN – 2017 – SEJUC/RN – AGENTE PENITENCIÁRIO)** No que tange à ética profissional, observe o seguinte comando deontológico dos servidores públicos federais: "a função pública deve ser tida como exercício profissional e, portanto, se integra na vida particular de cada servidor público. Assim, os fatos e atos verificados na conduta do dia a dia em sua vida privada poderão acrescer ou diminuir o seu bom conceito na vida funcional". A partir do comando ético anterior pode-se concluir que:

a) O servidor pode agir como quiser na sua vida pessoal, já que a imagem individual jamais afetará a sua imagem pública.

b) O servidor público deve ser leal à instituição pública a que serve, devendo, por exemplo, abster-se de comentar fatos internos da repartição nas redes sociais.

c) O preceito ético apresentado no enunciado está equivocado porque a função pública não é uma profissão e sim um meio de o servidor obter estabilidade financeira.

d) Um agente público que cumpre sua missão no trabalho não pode ser questionado quanto a atividades ilícitas ou imorais que exerce fora do horário de expediente.

A: Incorreta. A vida pessoal do servidor público também deve observar valores éticos inerentes à sua atividade profissional.

B: Correta. Seguindo as regras deontológicas do Código de Ética Profissional do Servidor Público Civil do Poder Executivo Federal, pode-se afirmar que a lealdade institucional é uma consequência da ética profissional, especialmente em relação à proteção do sigilo profissional.

C: Incorreta. A função pública é uma profissão.

D: Incorreta. A vida pessoal do servidor não é independente de sua vida funcional.

GABARITO: B.

---

34. **(IDECAN – 2017 – SEJUC/RN – AGENTE PENITENCIÁRIO)** No que tange à ética do servidor público, espera-se que sua conduta seja pautada por valores éticos, os quais não inclui:

a) Desídia.

b) Presteza.

c) Probidade.

d) Camaradagem.

"Desídia", sinônimo de "negligência", não reflete um valor ético do servidor público. Conforme prevê a regra deontológica XI, do Código de Ética Profissional do Servidor Público Civil do Poder Executivo Federal, o servidor deve prestar toda a sua atenção às ordens legais de seus superiores, velando atentamente por seu cumprimento, e, assim, evitando a conduta negligente. Os repetidos erros, o descaso e o acúmulo de desvios tornam-se, às vezes, difíceis de corrigir e caracterizam até mesmo imprudência no desempenho da função pública.

GABARITO: A.

---

35. **(IDECAN – 2017 – SEJUC/RN – AGENTE PENITENCIÁRIO)** No campo do exercício ético da profissão de agente penitenciário, deve-se esperar do agente público, exceto:

a) Decoro para com os superiores hierárquicos.

b) Respeito aos direitos fundamentais dos detentos.

c) Temeridade no exercício das atividades cotidianas.

d) Hombridade com os visitantes e parentes dos detentos.

A alternativa C é a correta. Deve-se esperar do agente penitenciário (atualmente chamado de policial penal) justamente a ausência de temeridade no exercício de suas atividades cotidianas. Vale mencionar que o Código de Ética Profissional do Servidor Público Civil do Poder Executivo Federal prevê que é dever fundamental do servidor público ter respeito à hierarquia, porém sem **nenhum temor** de representar contra qualquer comprometimento indevido da estrutura em que se funda o Poder Estatal, reforçando que a temeridade não é valor do servidor público.

GABARITO: C.

---

36. **(IDECAN – 2017 – SEJUC/RN – AGENTE PENITENCIÁRIO)** Considere as seguintes afirmativas sobre teclas de atalho no Sistema Operacional Microsoft Windows 10 (Configuração Padrão – Idioma Português Brasil).

I. F6 é utilizado para renomear o item selecionado.

II. Ctrl+Esc é utilizado para abrir o gerenciador de tarefas.

III. Alt+Enter é utilizado para exibir as propriedades do item selecionado.

Está(ão) correta(s) apenas a(s) afirmativa(s):

a) I.

b) II.

c) III.

d) II e III.

I: Incorreta. A tecla utilizada para renomear algum item no sistema operacional Windows é a tecla F2. A tecla F6 promove deslocamento via teclado pelos menus do programa. O cursor do computador vai se deslocando ao indicador de texto para diferentes partes do programa. Se você está em um *site*, o cursor vai se mover até a barra de endereço do buscador.

II: Incorreta. Ctrl+Shift+Esc é a tecla utilizada para abrir o gerenciador de tarefas, somente o Ctrl+Esc é utilizado para abrir o botão Inicio, antigo menu iniciar.

III: Correta. Alt+Enter é de fato utilizado para exibir as propriedades do item selecionado.

GABARITO: C.

---

37. **(IDECAN – 2017 – SEJUC/RN – AGENTE PENITENCIÁRIO)** Utilizando o *prompt* de comandos do MS-DOS, um usuário digitou o seguinte comando:

C:\Arquivos de Programas RFB\IRPF2017>dir /w

Pode-se afirmar que o resultado da execução do comando será:

a) A modificação do diretório "C:\Arquivos de Programas RFB\IRPF2017" para um diretório superior.

b) A modificação do diretório "C:\Arquivos de Programas RFB\IRPF2017" para um diretório inferior que não contenha arquivos ocultos.

c) A listagem dos arquivos e diretórios existentes em "C:\Arquivos de Programas RFB\IRPF2017" organizados visualmente na posição horizontal.

d) A listagem dos arquivos e diretórios existentes em "C:\Arquivos de Programas RFB\IRPF2017" organizados visualmente na posição vertical e com pausas para uma melhor visualização.

O sistema operacional *windows* assim como o *Linux* também poderá operar utilizando o modo de linha de comandos, essas linhas de comando são utilizadas no CMD ou *prompt* de comandos:

Dentro desses comandos está o DIR que é usado para listar arquivos e diretórios.

Existe uma variação do DIR utilizando o /W que organiza o diretório para visualização na horizontal.

Outra variação /P que mostra a listagem no mesmo formato que /W, mas os arquivos são classificados por coluna.

GABARITO: C.

---

38. **(IDECAN – 2017 – SEJUC/RN – AGENTE PENITENCIÁRIO)** Considere a planilha produzida com a ferramenta *Microsoft Office Excel* 2007 (configuração padrão).

	A	B	C	D	E	F
1	Crime	2014	2015	2016	2017	
2	Furto	5000	6400	6700	6100	
3	Roubo	600	900	400	1000	
4	Homicídio	1400	2000	600	900	
5	Latrocínio	300	400	500	600	
6						
7						

Analise as afirmativas a seguir, marque V para as verdadeiras e F para as falsas.

( ) Se na célula A7 for digitada a fórmula =MÉDIASE(B4:D4;">1000"), o resultado apresentado será 1225.

( ) Se na célula B7 for digitada a fórmula =ARRED(((C3-B3)/7);2), o resultado apresentado será 42,86.

( ) Se na célula C7 for digitada a fórmula =SE((B4+C4)<B2;POTÊNCIA(B5;2);(D5-E5)), o resultado apresentado será 90.000.

( ) Se na célula D7 for digitada a fórmula =SE(NÃO(B3>C3);"SIM";"NÃO"), o resultado apresentado será NÃO.

A sequência está correta em:

a) V, V, F, F.

b) V, F, V, F.

c) F, V, V, F.

d) F, F, V, V.

Na ordem em que as afirmativas foram apresentadas:

(F) Quando o usuário digita a fórmula de MÉDIASE de B4:D4 e determina o critério maior que 1.000, os valores que contemplariam essa fórmula seria 1.400 e 2.000, portanto, o usuário os somariam e dividiria-os por 2, obtendo assim 1.700.

(V) Ao usar a fórmula ARRED, ou seja, uma fórmula de arredondamento o usuário, primeiramente, deverá subtrair C3 e B3 e depois dividir por 7, retornando obteria o valor de 42,85714. Nesse momento, faria o arredondamento obtendo o valor 42,86.

(V) Quando a fórmula SE é utilizada, devemos entender que ela é um teste lógico que vai retornar um valor, que pode ser verdadeiro ou falso. Nesse caso, vamos dividi-las em partes:

1ª Parte: =SE. Teste lógico⇒ B4+C4<B2, devemos analisar se a soma de B4+C4 é menor que B2... B4(1.400) + C4(2.000) < 5000, ou seja, 3.400 é menor que 5.000 condição verdadeira.

2ª Parte: POTÊNCIA(B5;2) que será retornado, porque o teste lógico foi verdadeiro ⇒ 300 ^ 2 ⇒ 300 · 300 = 90.000.

3ª Parte: D5-E5 que será retornado, caso a condição (teste lógico) fosse falso.

(F) Se na célula D7 for digitada a fórmula =SE(NÃO(B3>C3);"SIM";"NÃO"), o resultado apresentado será NÃO.

=SE(Não): é como se fosse a negação do raciocínio lógico, se o teste lógico for verdadeiro retorna falso e se for falso, retorna verdadeiro.

No caso do teste lógico ⇒ B3(600)>C3(900) é falso, porém como a fórmula é SE: não vai retornar verdadeiro... retornando assim "SIM".

GABARITO: C.

---

39. **(IDECAN – 2017 – SEJUC/RN – AGENTE PENITENCIÁRIO)** Na guia Início da ferramenta *Microsoft Office Word* 2007 (configuração padrão), estão localizadas as principais funções de formatação do editor de textos. É incorreto afirmar que o recurso:

a) limpar formatação está localizado no grupo Estilo.

b) diminuir recuo está localizado no grupo Parágrafo.

c) cor do realce do texto está localizado no grupo Fonte.

d) formatar pincel está localizado no grupo Área de Transferência.

A: Incorreta. Limpar formatação está localizado no grupo Fonte, um ícone que tem como apagar.

B: Correta. Diminui recuo está localizado no grupo Parágrafo.

C: Correta. Realce, o marcador de textos do *microsoft word*, e de fato está no grupo fonte.

D: Correta. Dentro da área de transferência, ainda consta com o recurso copiar, colar e recortar.

GABARITO: A.

---

40. **(IDECAN – 2017 – SEJUC/RN – AGENTE PENITENCIÁRIO)** Analise as seguintes afirmativas sobre a ferramenta *Microsoft Office Excel* 2007 (configuração padrão).

I. O assistente para criação de tabelas dinâmicas está disponível no grupo Tabelas da guia Dados.

II. O recurso Proteger Planilha está disponível no grupo Alterações da guia Exibição.

III. O recurso que permite adicionar formas como retângulos e círculos está disponível no grupo Ilustrações da guia Inserir.

Está(ão) correta(s) apenas a(s) afirmativa(s):

a) I.

b) II.

c) III.

d) II e III.

I: Incorreta. O caminho para o assistente de criação de tabelas dinâmicas está disponível na guia Inserir >> grupo tabelas >> tabela dinâmica.

II: Incorreta. O caminho para proteger planilha é guia Revisão >> grupo alterações >> proteger planilha.

III: Correta. Caminho correto para adicionar o recurso para adicionar formas.

GABARITO: C.

Texto para as próximas 5 questões.

Acorrentados

Quem coleciona selos para o filho do amigo; quem acorda de madrugada e estremece no desgosto de si mesmo ao lembrar que há muitos anos feriu a quem amava; quem chora no cinema ao ver o reencontro de pai e filho; quem segura sem temor uma lagartixa e lhe faz com os dedos uma carícia; quem se detém no caminho para ver melhor a flor silvestre; quem se ri das próprias rugas; quem decide aplicar-se ao estudo de uma língua morta depois de um fracasso sentimental; quem procura na cidade os traços da cidade que passou; quem se deixa tocar pelo símbolo da porta fechada; quem costura roupa para os lázaros; quem envia bonecas às filhas dos lázaros; quem diz a uma visita pouco familiar: Meu pai só gostava desta cadeira; quem manda livros aos presidiários; quem se comove ao ver passar de cabeça branca aquele ou aquela, mestre ou mestra, que foi a fera do colégio; quem escolhe na venda verdura fresca para o canário; quem se lembra todos os dias do amigo morto; quem jamais negligencia os ritos da amizade; quem guarda, se lhe deram de presente, o isqueiro que não mais funciona; quem, não tendo o hábito de beber, liga o telefone internacional no segundo uísque a fim de conversar com amigo ou amiga; quem coleciona pedras, garrafas e galhos ressequidos; quem passa mais de dez minutos a fazer mágicas para as crianças; quem guarda as cartas do noivado com uma fita; quem sabe construir uma boa fogueira; quem entra em delicado transe diante dos velhos troncos, dos musgos e dos liquens; quem procura decifrar no desenho da madeira o hieróglifo da existência; quem não se acanha de achar o pôr-do-sol uma perfeição; quem se desata em sorriso à visão de uma cascata; quem leva a sério os transatlânticos que passam; quem visita sozinho os lugares onde já foi feliz ou infeliz; quem de repente liberta os pássaros do viveiro; quem sente pena da pessoa amada e não sabe explicar o motivo; quem julga adivinhar o pensamento do cavalo; todos eles são presidiários da ternura e andarão por toda a parte acorrentados, atados aos pequenos amores da armadilha terrestre.

(CAMPOS, Paulo Mendes. **O anjo bêbado**. Rio de Janeiro: Sabiá, 1969.)

41. **(IDECAN – 2017 – SEJUC/RN – AGENTE PENITENCIÁRIO)** Acerca da estrutura textual é possível afirmar que:

a) o narrador surpreende pela objetividade com que trata os fatos apresentados.

b) por meio da exposição de fatos, a progressão textual é comprometida propositalmente.

c) por meio da narrativa, o texto produz um efeito de "estranhamento" a partir de marcas subjetivas.

d) o tema abordado é explorado a partir da exposição de fatos e dinâmica narrativa, predominantemente.

A: **Incorreta. Não há objetividade, mas, sim, subjetividade.**

B: **Incorreta. A estrutura textual é composta de segmentos genéricos, e não de notícias factuais.**

C: **Correta. A afirmativa está de acordo com as ideias do texto.**

D: **Incorreta. No texto, não há exposição de fatos.**

GABARITO: C.

42. **(IDECAN – 2017 – SEJUC/RN – AGENTE PENITENCIÁRIO)** *"[...] todos eles são presidiários da ternura e andarão por toda a parte acorrentados, atados aos pequenos amores da armadilha terrestre."* O fragmento destacado anteriormente promove, no contexto,

a) a compreensão do sentido das sequências anteriores.

b) uma quebra de expectativa causando surpresa ao leitor.

c) a continuidade do mesmo procedimento estrutural anterior.

d) uma segmentação do texto de caráter opositivo aos fatos anteriores.

A: **Correta. O trecho destacado é composto de figuras de linguagem e, consequentemente, conclui o que foi afirmado anteriormente.**

B: **Incorreta. Não há quebra de expectativa.**

C: **Incorreta. Ao final, existe mudança na estrutura do texto. O autor encerra os fragmentos e conclui seu pensamento de forma direta, sem criar novas sequências para uma conclusão.**

D: **Incorreta. No último trecho, o autor não se opõe às ideias do texto; ele apenas as esclarece.**

GABARITO: A.

43. **(IDECAN – 2017 – SEJUC/RN – AGENTE PENITENCIÁRIO)** Em relação ao conto de Paulo Mendes Campos, analise as afirmativas a seguir.

I. O cotidiano é apresentado sob uma nova perspectiva, saindo do comum, do habitual.

II. A subjetividade característica do gênero textual apresentado é reforçada, também, pela escolha do campo semântico utilizado no texto.

III. O tema abordado é constituído a partir de elementos descritivos que compõem um cenário em que o próprio leitor pode se reconhecer, tendo em vista a universalidade da matéria tratada.

Está(ão) correta(s) apenas a(s) afirmativa(s):

a) I.

b) III.

c) I e II.

d) II e III.

I: **Correta. O texto apresenta diversos comportamentos cotidianos, mas que não correspondem aos habituais.**

II: **Correta. O texto demonstra características pessoais, bem como palavras e expressões com sentidos diretamente ligados à subjetividade.**

III: **Incorreta. O erro está em o "leitor pode se reconhecer".**

GABARITO: C.

44. **(IDECAN – 2017 – SEJUC/RN – AGENTE PENITENCIÁRIO)** De acordo com as normas da linguagem padrão, assinale a afirmativa correta.

a) Em substituição a "*se lhe dera de presente*" é facultativo o emprego de "se lhes deram de presente".

b) Com as devidas adequações, a substituição de "*quem manda livros aos presidiários*" por "quem lhes manda livros" estaria correta.

c) Em "*[...] quem segura sem temor uma lagartixa e lhe faz [...]*", a substituição de "lagartixa" por "lagartixas" provoca a alteração para o plural da forma verbal "faz".

d) A substituição das ocorrências de "*quem*" por "aquele que" exigiria o uso do acento grave indicativo de crase em função da regência verbal, resultando em "àquele que".

A: **Incorreta. Em: "[...] quem guarda, se lhe deram de presente [...]", "lhe" deve concordar com "quem".**

B: **Correta. O verbo "mandar", nesse contexto, é transitivo direto e indireto: quem manda, manda algo (livros) a alguém (objeto indireto), logo, o emprego do "lhes" está correto, pois esse pronome tem a função de objeto indireto e refere-se "aos presidiários".**

C: **Incorreta. O verbo "fazer", no texto, concorda com "quem", e não com "lagartixa", portanto, permanece no singular.**

D: **Incorreta. Não há verbo exigindo preposição.**

GABARITO: B.

45. **(IDECAN – 2017 – SEJUC/RN – AGENTE PENITENCIÁRIO)** Algumas imagens produzidas no texto, utilizando termos como "*acorrentados*", "*presidiários*", "*atados*" e "*armadilha*" demonstram:

a) Repetitividade para que haja reconhecimento da ideia desenvolvida.

b) Uma produtividade metonímica em que ocorre uma síntese na identificação dos elementos.

c) O uso de metáforas como recurso de expressão que permite a projeção de determinadas analogias.

d) Um efeito expressivo que conduz o leitor a uma conclusão de que há um valor negativo, segundo o ponto de vista narrativo em relação aos fatos apresentados.

A: **Incorreta. Não há repetitividade, mas evolução de ideia.**

B: **Incorreta. Não existe metonímia, pois não há uma relação objetiva entre os conceitos de "prisão", "armadilha", "atado" e "acorrentado", ou seja, a relação é semântica.**

C: **Correta. Há uso de metáforas, pois as palavras não apresentam sentido denotativo, ou seja, não existe uma armadilha ou prisão factual, mas, sim, simbólica.**

D: Incorreta. Não há valoração expressa negativa; ao contrário, o texto descreve ações positivas.

GABARITO: C.

Texto para as próximas 10 questões.

Sobre o ouvir

O ato de ouvir exige humildade de quem ouve. E a humildade está nisso: saber, não com a cabeça mas com o coração, que é possível que o outro veja mundos que nós não vemos. Mas isso, admitir que o outro vê coisas que nós não vemos, implica reconhecer que somos meio cegos... Vemos pouco, vemos torto, vemos errado.

Bernardo Soares diz que aquilo que vemos é aquilo que somos. Assim, para sair do círculo fechado de nós mesmos, em que só vemos nosso próprio rosto refletido nas coisas, é preciso que nos coloquemos fora de nós mesmos. Não somos o umbigo do mundo. E isso é muito difícil: reconhecer que não somos o umbigo do mundo!

Para se ouvir de verdade, isso é, para nos colocarmos dentro do mundo do outro, é preciso colocar entre parêntesis, ainda que provisoriamente, as nossas opiniões. Minhas opiniões! É claro que eu acredito que as minhas opiniões são a expressão da verdade. Se eu não acreditasse na verdade daquilo que penso, trocaria meus pensamentos por outros. E se falo é para fazer com que aquele que me ouve acredite em mim, troque os seus pensamentos pelos meus.

É norma de boa educação ficar em silêncio enquanto o outro fala. Mas esse silêncio não é verdadeiro. É apenas um tempo de espera: estou esperando que ele termine de falar para que eu, então, diga a verdade. A prova disto está no seguinte: se levo a sério o que o outro está dizendo, que é diferente do que penso, depois de terminada a sua fala eu ficaria em silêncio, para ruminar aquilo que ele disse, que me é estranho.

Mas isso jamais acontece. A resposta vem sempre rápida e imediata. A resposta rápida quer dizer: "Não preciso ouvi-lo. Basta que eu me ouça a mim mesmo. Não vou perder tempo ruminando o que você disse. Aquilo que você disse não é o que eu diria, portanto está errado...".

(ALVES, Rubem. **Sobre o ouvir**. Ostra feliz não faz pérola. São Paulo: Planeta do Brasil, 2008.)

46. (IDECAN – 2017 – SEJUC/RN – AGENTE PENITENCIÁRIO) Acerca das ideias trazidas ao texto pode-se afirmar que:

a) É necessário que o outro reconheça o que somos para que ele seja compreendido.

b) A visão do outro é diferente da nossa, de modo que aquilo que o outro enxerga podemos ver, mas sob outra perspectiva.

c) Sair de si mesmo é condição fundamental para que a visão que possuímos sobre as coisas seja ampliada ou até mesmo modificada.

d) Para que a nossa visão seja ampliada, todo o entendimento prévio deve ser reputado como nada, para a partir daí estabelecermos novos paradigmas.

A: Incorreta. Nós não queremos compreender o outro, então mesmo que ele nos reconheça, não será compreendido.

B: Incorreta. Já que não enxergamos o que o outro vê.

C: Correta. De acordo com o trecho: "[...] Assim, para sair do círculo fechado de nós mesmos, em que só vemos nosso próprio rosto refletido nas coisas, é preciso que nos coloquemos fora de nós mesmos [...]."

D: Incorreta. O texto não menciona anular nosso entendimento prévio e, sim, colocar um parênteses.

GABARITO: C.

47. (IDECAN – 2017 – SEJUC/RN – AGENTE PENITENCIÁRIO) "*E a humildade está nisso: saber, não com a cabeça mas com o coração, que é possível que o outro veja mundos que nós não vemos.*" [1º §] O período anterior é composto de orações cuja classificação sintática as distingue umas das outras. A oração "*que o outro veja mundos*" possui a mesma classificação sintática da oração destacada em:

a) É indiscutível que sua situação seja lastimável.

b) Espero apenas isso: que mudes teus conceitos.

c) Desejo que sua recuperação seja breve e satisfatória.

d) Creio que sua regeneração está mais próxima do que pensam.

A: Correta. Trata-se de oração subordinada substantiva subjetiva.

B: Incorreta. Classifica-se como oração subordinada substantiva apositiva.

C: Incorreta. Classifica-se como oração subordinada substantiva objetiva direta.

D: Incorreta. Classifica-se como oração subordinada substantiva objetiva indireta.

GABARITO: A.

48. (IDECAN – 2017 – SEJUC/RN – AGENTE PENITENCIÁRIO) O autor afirma que há uma necessidade de que reconheçamos "*que não somos o umbigo do mundo*". Acerca da expressão empregada pelo autor pode-se afirmar que:

a) há uma referência à palavra "*mundo*" que revela um juízo de valor de forma ostensiva e valorativamente negativa.

b) é possível reconhecer o efeito conotativo empregado com o objetivo de traduzir um posicionamento do enunciador.

c) Independente da situação comunicativa, os termos "*umbigo*" e "*mundo*" apresentam conceitos e sentidos imutáveis.

d) a referenciação jocosa do termo "*umbigo*" associado a "*mundo*" permite-nos concluir que o autor faz um alerta à sociedade.

A: Incorreta. Não há um juízo de valor de forma ostensiva e valorativamente negativa.

B: Correta. "Umbigo" é usado em sentido figurado ou conotativo e significa "centro".

C: Incorreta. Não há conceitos e sentidos imutáveis.

D: Incorreta. "Jocoso" é adjetivo masculino que qualifica aquilo que é "engraçado", que é "cômico".

GABARITO: B.

49. (IDECAN – 2017 – SEJUC/RN – AGENTE PENITENCIÁRIO) Sabendo-se que a coesão "ajuda a perceber a coerência na compreensão dos textos" [Koch; Travaglia, 1997], pode-se afirmar que em "*E a humildade está nisso: saber, não com a cabeça mas com o coração, que é possível que o outro veja mundos que nós não vemos. Mas isso, admitir que o outro vê coisas que nós não vemos, implica reconhecer que somos meio cegos...*" [1º §]

a) As duas ocorrências do vocábulo "*isso*" possuem o mesmo referente e, deste modo, a mesma função.

b) O processo de recorrência poderia ser intensificado acrescentando-se a expressão "*ainda que*" antes de "*não com a cabeça*".

c) A retomada através do termo "*nisso*" demonstra a progressão textual, retomando a informação trazida anteriormente.

d) A partir do emprego do pronome "*isso*" é possível estabelecer conexões textuais em que funções diferentes contribuem para a progressão textual.

A: Incorreta. O primeiro vocábulo "isso" tem o seguinte referente: "[...] saber, não com a cabeça mas com o coração, que é possível que o outro veja mundos que nós não vemos [...]". Já o segundo vocábulo "isso"

tem o seguinte referente: "[...] admitir que o outro vê coisas que nós não vemos [...]".

B: Incorreta. Há mudança no sentido da frase e não altera a intensidade da recorrência.

C: Incorreta. O termo retoma algo ainda não mencionado.

D: Correta. Os termos "isso" estabelecem a coesão necessária para a adequada progressão do texto.

GABARITO: D.

---

50. **(IDECAN – 2017 – SEJUC/RN – AGENTE PENITENCIÁRIO)** Tendo em vista o foco narrativo do texto, pode-se afirmar que:

a) a imparcialidade é fator fundamental para que o texto seja impregnado pelo ponto de vista do autor.

b) as entrelinhas do texto demonstram uma imparcialidade parcial do autor em relação ao assunto apresentado.

c) os fatos são relatados e descritos sem que haja a intenção de influenciar o leitor com observações ou opiniões, mas apenas de apresentá-las.

d) é marcado por características subjetivas, opiniões em relação aos fatos, unindo-se o autor aos leitores em determinadas afirmações.

A, B e C: Incorretas. As afirmativas expressam, basicamente, a imparcialidade.

D: Correta. É possível perceber características subjetivas, opiniões em relação aos fatos e a união do autor com os leitores.

GABARITO: D.

---

51. **(IDECAN – 2017 – SEJUC/RN – AGENTE PENITENCIÁRIO)** Existem palavras que possuem regras diferentes quanto à concordância de acordo com a classe gramatical a qual pertencem como ocorre com o termo "*meio*" em "*implica reconhecer que somos meio cegos...*". A concordância gramatical só não está correta em:

a) A despesa com este projeto está cada vez mais caro, não havia tal previsão.

b) Digo que aquelas pessoas são bastante cuidadosas em relação ao trabalho que executam cotidianamente.

c) Foi um evento em que conheci bastantes pessoas cujo contato foi providencial para futuros planejamentos.

d) Nunca disse que tal trabalho custaria barato, pelo contrário, exige disponibilidade para grandes investimentos.

A: Incorreta. O correto é: "A despesa com este projeto está cada vez mais cara [...]".

B: Correta. "Bastante cuidadosas" = "muito cuidadosas".

C: Correta. "Bastantes pessoas" = "muitas pessoas".

D: Correta. "[...] tal trabalho custaria barato [...]".

GABARITO: A.

---

52. **(IDECAN – 2017 – SEJUC/RN – AGENTE PENITENCIÁRIO)** A respeito da referência à fala de Bernardo Soares, no 2º §, pode-se afirmar que:

a) constitui o desenvolvimento da principal ideia apresentada no texto.

b) reflete a diversidade de recursos e estilos linguísticos utilizados pelo autor em seu texto.

c) mostra a expressão de uma determinada ideia conceitual, a partir da qual o texto terá uma sequência lógica.

d) é considerada uma contra-argumentação em relação às ideias expressas pelo autor acerca de seu posicionamento.

A: Incorreta. A ideia principal do texto está no título.

B: Incorreta. Não há ocorrência sobre isso na fala de Bernardo.

C: Correta. Essa é exatamente a ideia expressa no texto.

D: Incorreta. Caso fosse uma contra-argumentação, certamente, o autor não citaria a fala de Bernardo Soares no texto.

GABARITO: C.

---

53. **(IDECAN – 2017 – SEJUC/RN – AGENTE PENITENCIÁRIO)** "*Para se ouvir de verdade, isso é, para nos colocarmos dentro do mundo do outro, é preciso colocar entre parêntesis, ainda que provisoriamente, as nossas opiniões.*" [3º §] Em relação ao trecho destacado anteriormente, pode-se afirmar que as correções linguística e semântica estão preservadas na reescrita:

a) Para se ouvir de verdade, para nos colocarmos dentro do mundo do outro, é preciso colocar entre parêntesis nossos juízos, ainda que provisoriamente.

b) Para: ouvir de verdade, colocarmos dentro do mundo do outro; é preciso colocarmos entre parêntesis, ainda que provisoriamente, as nossas opiniões.

c) Para nos colocarmos dentro do mundo, do outro, para se ouvir de verdade, isso é, precisa-se colocar entre parêntesis, ainda que provisoriamente, nossos conceitos.

d) Para ouvir de verdade – deste modo –, para nos colocar dentro do mundo do outro, é preciso colocar entre parêntesis, ainda que temporariamente, as nossas opiniões.

A: Correta. A exclusão do termo "isso é" não modifica a oração, porque continua sendo uma explicação. Já a substituição de "as nossas opiniões" por "nossos juízos" mantém o sentido e correção da oração.

B: Incorreta. Não está correto o uso da preposição "para" seguida de dois-pontos e um aposto explicativo.

C: Incorreta. Essa construção também não está correta, pois "do outro" como aposto explicativo não apresenta coerência com o termo "mundo". Por fim, na oração original, o termo "do mundo do outro" tem sentido restritivo, já na reescrita, é explicativo.

D: Incorreta. Na oração principal, o termo "isso é" apresenta a explicação do termo antecedente "ouvir de verdade". Na reescrita, o termo "deste modo" não inicia uma explicação do termo antecedente, mas, sim, uma afirmação.

GABARITO: A.

---

54. **(IDECAN – 2017 – SEJUC/RN – AGENTE PENITENCIÁRIO)** No 2º §, após a referência à fala de Bernardo Soares, um novo período é iniciado com o vocábulo "*assim*" cuja produção de sentido reflete:

a) Ideia de acréscimo.

b) Ideia de conclusão lógica.

c) Explicação, a razão do fato.

d) Ressalva que indica compensação.

A: Incorreta. Não apresenta ideia de acréscimo, mas, sim, de conclusão.

B: Correta. As conjunções conclusivas são: logo, pois, então, portanto, assim etc.

C: Incorreta. As conjunções explicativas exprimem razão, motivo.

D: Incorreta. Não há ideia de oposição ou ressalva.

GABARITO: B.

55. **(IDECAN – 2017 – SEJUC/RN – AGENTE PENITENCIÁRIO)** As formas verbais "*acreditasse*" e "*trocaria*" em "*Se eu não acreditasse na verdade daquilo que penso, trocaria meus pensamentos por outros. E se falo é para fazer com que aquele que me ouve acredite em mim, troque os seus pensamentos pelos meus.*" [3º §] mesmo pertencendo a tempos e modos verbais diferentes,

a) pertencem cronologicamente ao passado, tendo seu uso favorecido no discurso narrativo.

b) situam os fatos num intervalo de tempo do qual faz parte o próprio momento da enunciação.

c) representam fatos como não concluídos e os situam num intervalo de tempo relativo a um universo hipotético.

d) estão associados com o aspecto concluso do processo, visto como consumado no momento da enunciação verbal.

A: Incorreta. "Trocaria" está no futuro do pretérito do indicativo.

B: Incorreta. Em: "Se eu não **acreditasse** (pretérito imperfeito do subjuntivo) naquilo que eu penso (presente do indicativo) hoje, já **teria** (futuro do pretérito do indicativo) trocado os meus pensamentos por outros e hoje aqueles pensamentos trocados não mais **existiriam** (futuro do pretérito do indicativo) no presente".

C: Correta. "Acreditasse" (pretérito imperfeito do subjuntivo) e "trocaria" (futuro do pretérito do indicativo).

D: Incorreta. Não há conclusão no trecho citado.

GABARITO: C.